¡Necesito entenc[...] para poder usarl[...]

otras **formas posibles de escribir** una **palabra**

carromato **2** (*Ferrocarril*) vagón

favour (*USA* **favor**) /ˈfeɪvə(r)/ ◆ *n* favor: *to ask a favour of sb* pedir un favor a algn

pronunciación y **acento**

photograph /ˈfəʊtəgrɑːf; *USA* -græf/ ◆ *n* (*tb abrev* **photo**) fotografia ◆ **1** *vt* fotografiar **2** *vi* salir en una foto: *He photographs well.* Sale bien en fotos. **photographer** /fəˈtɒgrəfə(r)/ *n* fotógrafo, -a **photographic** /ˌfəʊtəˈgræfɪk/ *adj* fotográfico **photography** /fəˈtɒgrəfi/ *n* fotografía

ejemplos que te van a ayudar a ver cómo se usa la palabra

fortunate /ˈfɔːtʃənət/ *adj* afortunado: *to be fortunate* tener suerte

notas de vocabulario para que aprendas palabras relacionadas con la que vas a usar

gato, -a ◆ *nm-nf* cat

Tom-cat o **tom** es un gato macho, **kittens** son los gatitos. Los gatos ronronean (**purr**) y hacen miau (**miaow**).

notas culturales que te van a explicar detalles interesantes y prácticos sobre las costumbres británicas

correo *nm* **1** (*cartas*) post: *Me llegó en el ~ del jueves.* It came in Thursday's post. ◊ *votar por ~* to vote by post ☛ *Ver nota en* MAIL **2** (*oficina*) post office: *¿Dónde está el ~?* Where's the post office?

En Gran Bretaña los **post offices** (oficinas de correo) además de vender estampillas, realizan también algunas gestiones administrativas: pago del impuesto de circulación y "TV licence", cobro de las pensiones, etc.

palabras que se usan sólo en situaciones concretas, por ejemplo, al hablar con tus amigos, pero no con tu profesor

dodgy /ˈdɒdʒi/ *adj* (**-ier, -iest**) (*coloq, esp GB*) problemático: *Sounds a bit dodgy to me.* Me huele un poco raro. ◊ *a dodgy situation* una situación delicada

afiche *nm* poster: *poner/pegar un ~* to stick up a poster

afición *nf* ~ (**a/por**) interest (**in *sth***): *Ahora hay menos ~ por la lectura.* Nowadays there's less interest in reading.

aficionado, -a ◆ *pp, adj* **1** (*amateur*) amateur: *una compañía de actores ~s* an amateur theatre company **2** (*entusiasta*) keen **on *sth***: *Soy muy ~ al tenis.* I'm very keen on tennis. ◆ *nm-nf* (*amateur*) amateur: *No tocan mal por ser ~s.* They don't play badly for amateurs.

afilado, -a *pp, adj* sharp *Ver tb* AFILAR

afilar *vt* to sharpen

afiliarse *v pron* ~ (**a**) to join: *Decidí afiliarme al partido.* I decided to join the party.

afinar *vt* (*instrumento musical*) to tune LOC **afinar la puntería** to take better aim

afirmar *vt* to state, to say (*más coloq*): *Afirmó sentirse preocupado.* He said that he was worried. LOC **afirmar con la cabeza** to nod (your head)

afirmativo, -a *adj* affirmative

aflojar ◆ *vt* to loosen: *Le aflojé la corbata.* I loosened his tie. ◆ **aflojarse** *v pron* **1** (*gen*) to loosen: *Me aflojé el cinturón.* I loosened my belt. **2** (*tornillo, nudo*) to come loose: *Se aflojó el nudo.* The knot has come loose.

afluente *nm* tributary [*pl* tributaries]

afónico, -a *adj* LOC **estar afónico** to have lost your voice **quedarse afónico** to lose your voice

afortunado, -a *adj* lucky, fortunate (*más formal*)

África *nf* Africa

africano, -a *adj, nm-nf* African

afrontar *vt* to face up to *sth*: *~ la realidad* to face up to reality

afuera ◆ *adv* **1** ~ (**de**) outside: *Vamos ~.* Let's go outside. ◊ *~ del país* outside the country ◊ *Lavá la botella por ~ y por adentro.* Wash the bottle both inside and out. ◊ *desde ~* from outside **2** (*no en casa*) out: *comer ~* to eat out ◊ *A los chicos les gusta jugar más ~ que adentro.* The children like playing outdoors rather than indoors. **3** (*de viaje*) away: *La semana pasada estuve ~ por vacaciones.* I was away on holiday last week. **4** (*el campo*): *la gente de ~* country people ◆ **afueras** *nf* outskirts: *Viven en las ~s de Roma.* They live on the outskirts of Rome. LOC *Ver* AHÍ

agachar ◆ *vt* to lower: *~ la cabeza* to lower your head ◆ **agacharse** *v pron* to bend down LOC **¡agachate!/¡agáchense!** duck!

agarrado, -a *pp, adj Ver tb* AGARRAR

agarrar ◆ *vt* **1** (*asir*) to grab: *Me agarró del brazo.* He grabbed me by the arm. **2** (*sujetar*) to hold: *Agarrá esto para que no se caiga.* Hold this and don't let it fall. **3** (*atrapar, contraer*) to catch: *Si agarro a ese mocoso lo mato.* If I catch the little brat I'll kill him. ◊ *~ una pulmonía* to catch pneumonia **4** (*calle*) to take **5** (*TV, Radio*) to pick *sth* up ◆ **agarrarse** *v pron* **agarrarse** (**a**) to hold on (**to *sth/sb***): *Agarrate a mí.* Hold on to me. LOC **agarrar al toro por los cuernos** to take the bull by the horns **agarrarlas (todas) al vuelo** to catch on fast **agarrarle la mano a algo** to get the hang of sth: *Todavía no le agarré la mano a la computadora.* I still haven't got the hang of the computer. **agarrarse a golpes** to come to blows (*with sb*): *Se agarraron a golpes porque lo miró mal.* They came to blows because he gave him a dirty look. **agarrársela(s) con algn** to take it out on sb *Ver tb* HÁBITO, TORO

agarrotado, -a *pp, adj* stiff: *Tengo las piernas agarrotadas.* My legs are stiff.

agazaparse *v pron* to crouch (down)

agencia *nf* agency [*pl* agencies] LOC **agencia de viajes** travel agency [*pl* travel agencies]

agenda *nf* **1** (*calendario*) diary [*pl* diaries] **2** (*de direcciones y teléfonos*) address book

agente *nmf* **1** (*representante*) agent: *Eso trátelo con mi ~.* See my agent about that. **2** (*policía*) policeman/woman [*pl* policemen/women] LOC **agente de tráfico** traffic warden: *El ~ de tráfico me hizo la boleta por mal estacionamiento.* The traffic warden gave me a parking ticket.

ágil *adj* (*persona*) agile

agilidad *nf* agility

agitado, -a *pp, adj* **1** (*vida, día*) hectic **2** (*mar*) rough *Ver tb* AGITAR

agitar *vt* **1** (*botella*) to shake: *Agítese antes de usarlo.* Shake (well) before using. **2** (*pañuelo, brazos*) to wave **3** (*alas*) to flap

agobiante *adj* **1** (*persona*) tiresome **2** (*calor*) stifling

agobiar *vt* (*exigencias, problemas*) to overwhelm

agonía *nf* agony [*pl* agonies]

agonizar *vi* to be dying

agosto *nm* August (*abrev* Aug) ☛ *Ver ejemplos en* ENERO LOC **hacer el/su agosto** to make a fortune

agotado, -a *pp, adj* **1** (*cansado*) worn out, exhausted (*más formal*) **2** (*existencias*) sold out **3** (*libros*) out of print *Ver tb* AGOTAR

agotador, ~a *adj* exhausting

agotamiento *nm* exhaustion

agotar ♦ *vt* **1** (*gen*) to exhaust: *~ un tema* to exhaust a subject **2** (*existencias, reservas*) to use *sth* up: *Hemos agotado las existencias.* We've used up all our supplies. **3** (*cansar*) to wear *sb* out: *Los chicos me agotan.* The children wear me out. ♦ **agotarse** *v pron* **1** (*gen*) to run out: *Se me está agotando la paciencia.* My patience is running out. **2** (*libros, entradas*) to sell out

agraciado, -a *pp, adj* **1** (*físico*) attractive **2** (*número*) winning

agradable *adj* pleasant LOC **agradable a la vista/al oído** pleasing to the eye/ear

agradar *vi* to please *sb* [*vt*]: *Trata de ~ a todo el mundo.* He tries to please everyone.

agradecer *vt* to thank *sb* (**for *sth*/*doing sth***): *Les agradezco mucho que hayan venido.* Thank you very much for coming.

agradecido, -a *pp, adj* grateful: *Le estoy muy ~.* I am very grateful to you. *Ver tb* AGRADECER

agradecimiento *nm* gratitude: *Deberías mostrar tu ~.* You should show your gratitude. ◊ *unas palabras de ~* a few words of thanks

agrandar *vt* to enlarge

agrario, -a *adj* (*ley, reforma*) agrarian

agravar ♦ *vt* to make *sth* worse ♦ **agravarse** *v pron* to get worse

agredir *vt* to attack

agregado, -a *pp, adj* LOC *Ver* IMPUESTO; *Ver tb* AGREGAR

agregar *vt* to add *sth* (**to *sth***)

agresión *nf* aggression: *un pacto de no ~* a non-aggression pact

agresivo, -a *adj* aggressive

agrícola *adj* agricultural LOC *Ver* FAENA, PRODUCTO

agricultor, ~a *nm-nf* farmer

agricultura *nf* agriculture, farming (*más coloq*)

agridulce *adj* sweet and sour

agrietar(se) *vt, v pron* **1** (*gen*) to crack **2** (*piel*) to chap

agrio, -a *adj* **1** (*leche, vino, carácter*) sour **2** (*limón, experiencia*) bitter

agrónomo, -a *adj* agricultural LOC *Ver* INGENIERO, PERITO

agrupar ♦ *vt* to put *sth/sb* in a group ♦ **agruparse** *v pron* to get into groups: *~se de tres en tres* to get into groups of three

agua *nf* water LOC **agua corriente** running water **agua de la canilla** tap water **agua dulce/salada** fresh/salt water: *peces de ~ salada* salt-water fish **agua mineral con/sin gas** fizzy/still mineral water **agua oxigenada** hydrogen peroxide **agua potable** drinking water **estar con el agua al cuello** to be in deep water *Ver tb* AHOGAR, BALDAZO, BOLSA[1], CLARO, GOTA, HELADO, MOLINO

aguacero *nm* (heavy) shower

aguachento, -a *adj* watery

aguafiestas *nmf* spoilsport

aguanieve *nf* sleet

aguantar ♦ *vt* **1** (*gen*) to put up with *sth/sb*: *Vas a tener que ~ el dolor.* You'll have to put up with the pain.

> Cuando la frase es negativa se usa mucho **to stand**: *No aguanto este calor.* I can't stand this heat. ◊ *No los aguanto.* I can't stand them. ◊ *¡No hay quien te aguante!* You're unbearable!

2 (*peso*) to take: *El puente no aguantó el peso del camión.* The bridge couldn't take the weight of the lorry. ♦ *vi* **1** (*durar*) to last: *La alfombra aguantará otro año.* The carpet will last another year. **2** (*esperar*) to hold on: *Aguantá, que ya casi llegamos.* Hold on, we're almost there. **3** (*resistir*) to hold: *Esta estantería no aguantará.* This shelf won't hold. LOC **aguantar la respiración** to hold your breath **aguantárselas** *v pron* to grin and bear it: *Yo también tengo hambre, pero me las aguanto.* I'm hungry as well, but I grin and bear it. ◊ *Si no te gusta, te las aguantás.* If you don't like it, tough!

aguante *nm* **1** (*físico*) stamina: *Tienen muy poco ~.* They have very little stamina. **2** (*paciencia*) patience: *¡Tenés un ~!* You're so patient!

aguardiente *nm* eau-de-vie

aguarrás *nm* white spirit

aguaviva *nf* jellyfish [*pl* jellyfish]

agudo, -a ♦ *adj* **1** (*gen*) sharp: *una inteligencia aguda* a sharp mind **2**

(*ángulo, dolor*) acute: *un dolor ~* an acute pain **3** (*sonido, voz*) high-pitched **4** (*gracioso*) witty: *un comentario ~* a witty remark **5** (*palabra*): *Es una palabra aguda.* The accent is on the last syllable. ◆ *nm* (*Mús*) treble [*incontable*]: *No se oyen bien los ~s.* You can't hear the treble very well.

aguijón *nm* (*insecto*) sting: *clavar el ~* to sting

águila *nf* eagle

aguja *nf* **1** (*gen*) needle: *enhebrar una ~* to thread a needle ◊ *~s de pino* pine needles **2** (*de reloj*) hand LOC *Ver* BUSCAR

agujero *nm* hole: *hacer un ~* to make a hole

ahí *adv* there: *~ van.* There they go ◊ *~ lo tenés.* There it is. ◊ *¡Parate ~!* Stand over there! LOC **ahí abajo/arriba** down/up there: *¿Están mis libros ~ abajo?* Are my books down there? **ahí adentro/afuera** in/out there: *~ afuera hace un frío que pela.* It's freezing out there. **ahí mismo** right there **¡ahí va!** (*¡agarralo!*) catch! **por ahí 1** (*lugar determinado*) over there **2** (*lugar no determinado*): *Estuve por ~.* I've been out. ◊ *ir por ~ a dar una vuelta* to go out for a walk *Ver tb* SALIR

ahijado, -a *nm-nf* **1** (*sin distinción de sexo*) godchild [*pl* godchildren]: *Tengo dos ~s: un varón y una mujer.* I've got two godchildren: a boy and a girl. **2** (*sólo masculino*) godson **3** (*sólo femenino*) god-daughter

ahogar ◆ *vt* **1** (*asfixiar*) to suffocate: *El humo me ahogaba.* The smoke was suffocating me. **2** (*en agua*) to drown ◆ **ahogarse** *v pron* **1** (*asfixiarse*) to suffocate: *Por poco se ahogan con el humo del incendio.* They nearly suffocated in the smoke from the fire. **2** (*en agua*) to drown **3** (*respirar mal*) to be unable to breathe: *Cuando me da asma me ahogo.* When I have an asthma attack, I can't breathe. **4** (*al atragantarse*) to choke: *Casi me ahogo con esa espina.* I almost choked on that bone. **5** (*motor*) to stall: *Se me ahogó el coche.* I stalled the car. LOC **ahogarse en un vaso de agua** to get worked up over nothing

ahora *adv* now: *¿Qué voy a hacer ~?* What am I going to do now? ◊ *~ voy.* I'm coming. LOC **ahora mismo 1** (*en este momento*) right now: *~ mismo no puedo.* I can't do it right now. **2** (*enseguida*) right away: *~ mismo te lo doy.* I'll give it to you right away. **de ahora en adelante** from now on **hasta ahora** up until now

ahorcado *nm* hangman: *jugar al ~* to play hangman

ahorcar(se) *vt, v pron* to hang (yourself)

En el sentido de *ahorcar* el verbo **to hang** es regular y por lo tanto forma el pasado añadiendo **-ed**.

ahorrador, ~a ◆ *adj* thrifty ◆ *nm-nf* saver LOC **ser poco ahorrador** to be bad with money

ahorrar *vt, vi* to save: *~ tiempo/dinero* to save time/money

ahorro *nm* saving: *mis ~s de toda la vida* my life savings LOC *Ver* CAJA, LIBRETA

ahumado, -a *pp, adj* smoked

ahumar ◆ *vt* **1** (*alimentos*) to smoke **2** (*habitación*) to fill *sth* with smoke ◆ **ahumarse** *v pron* **1** (*habitación*) to fill with smoke **2** (*ennegrecerse*) to blacken

ahuyentar *vt* to frighten *sth/sb* away

aire *nm* air: *~ puro* fresh air LOC **aire acondicionado** air-conditioning **al aire**: *con el pecho al ~* bare-chested ◊ *un vestido con la espalda al ~* a backless dress **al aire libre** in the open air: *un concierto al ~ libre* an open-air concert **darse aires de superioridad** to put on airs **estar en el aire** to be on the air **saltar/volar por los aires** to blow up **tomar aire** to get a breath of fresh air *Ver tb* BOMBA², EJÉRCITO, POZO, RIFLE

airear ◆ *vt* to air ◆ **airearse** *v pron* to get some fresh air

aislado, -a *pp, adj* isolated: *casos ~s* isolated cases *Ver tb* AISLAR

aislador, ~a *adj* LOC *Ver* CINTA

aislante ◆ *adj* insulating ◆ *nm* insulator

aislar *vt* **1** (*separar*) to isolate *sth/sb* (***from sth/sb***) **2** (*incomunicar*) to cut *sth/sb* off (***from sth/sb***): *Las inundaciones aislaron el pueblo.* The village was cut off by the floods. **3** (*con material aislante*) to insulate

ajedrez *nm* **1** (*juego*) chess **2** (*tablero y piezas*) chess set LOC *Ver* TABLERO

ajeno, -a *adj* **1** (*de otro*) somebody else's: *en casa ajena* in somebody else's house **2** (*de otros*) other people's: *meterse en los problemas ~s* to interfere in other people's lives

ajetreado, -a *pp, adj* **1** (*persona*) busy **2** (*día*) hectic

ají *nm* pepper LOC **ají molido** chilli

powder **ají morrón** red pepper **ají picante** chilli

ajo *nm* garlic LOC *Ver* CABEZA, DIENTE

ajuar *nm* trousseau [*pl* trousseaus/ trousseaux]

ajustado, -a *pp, adj* tight: *un vestido muy ~* a tight-fitting dress *Ver tb* AJUSTAR

ajustar ◆ *vt* **1** (*gen*) to adjust: *~ la televisión* to adjust the television **2** (*apretar*) to tighten: *~ un tornillo* to tighten a screw ◆ **ajustarse** *v pron* **ajustarse** (**a**) to fit in (**with** ***sth***): *Es lo que mejor se ajusta a nuestras necesidades.* It's what suits our needs best. LOC **ajustar las cuentas con algn** to settle accounts with sb

al *prep* **+ inf 1** (*gen*) when: *Se largaron a reír al verme.* They burst out laughing when they saw me. **2** (*simultaneidad*) as: *Lo vi al salir.* I saw him as I was leaving. *Ver tb* A

ala *nf* **1** (*gen*) wing: *las ~s de un avión* the wings of a plane ◊ *el ~ conservadora del partido* the conservative wing of the party **2** (*sombrero*) brim: *un sombrero de ~ ancha* a wide-brimmed hat LOC **ala delta 1** (*aparato*) hang-glider **2** (*deporte*) hang-gliding

alabanza *nf* praise [*incontable*]: *merecer ~s* to merit praise

alabar *vt* to praise *sth/sb* (**for** ***sth***): *Lo alabaron por su valentía.* They praised him for his courage.

alacrán *nm* scorpion

aladeltismo *nm* hang-gliding

alambrado *nm* wire fence

alambrar *vt* to fence

alambre *nm* wire LOC **alambre de púa** barbed wire

álamo *nm* poplar

alarde *nm* LOC **hacer alarde de** to show off about *sth*

alardear *vi* ~ (**de**) to boast (**about/of** ***sth***)

alargado, -a *pp, adj* long *Ver tb* ALARGAR

alargar ◆ *vt* **1** (*gen*) to extend: *~ una ruta* to extend a road **2** (*prenda*) to lengthen **3** (*duración*) to prolong: *~ la guerra* to prolong the war **4** (*estirar, brazo, mano*) to stretch *sth* out ◆ **alargarse** *v pron* **1** (*gen*) to get longer: *Los días se van alargando.* The days are getting longer. **2** (*prolongarse demasiado*) to drag on: *La reunión se alargó hasta las dos.* The meeting dragged on till two. **3** (*hablando, explicando*) to go on for too long

alarma *nf* alarm: *dar la (voz de) ~* to raise the alarm ◊ *Saltó la ~.* The alarm went off. LOC **alarma de incendios** fire alarm

alarmante *adj* alarming

alarmarse *v pron* ~ (**por**) to be alarmed (**at** ***sth***)

alba *nf* dawn: *al ~* at dawn

albahaca *nf* basil

albañil *nm* **1** (*gen*) builder **2** (*que sólo pone ladrillos*) bricklayer

albergar ◆ *vt* to house ◆ **albergarse** *v pron* to shelter

albergue *nm* **1** (*residencia*) hostel: *un ~ juvenil* a youth hostel **2** (*de montaña*) shelter

albóndiga *nf* meatball

alborotado, -a *pp, adj* **1** (*excitado*) in a state of excitement: *Los ánimos están ~s.* Feelings are running high. **2** (*con confusión*) in confusion: *La gente corría alborotada.* People were running around in confusion. *Ver tb* ALBOROTAR

alborotar ◆ *vt* **1** (*desordenar*) to mess *sth* up: *El viento nos alborotó el pelo.* The wind messed up our hair. **2** (*revolucionar*) to stir *sb* up: *~ al resto de la clase* to stir up the rest of the class ◆ **alborotarse** *v pron* to get excited

alboroto *nm* **1** (*lío*) racket: *¿A qué viene tanto ~?* What's all the racket about? **2** (*disturbio*) disturbance: *El ~ hizo que viniera la policía.* The disturbance led the police to intervene.

álbum *nm* album

alcance *nm* **1** (*gen*) reach: *fuera de tu ~* out of your reach **2** (*arma, emisora, telescopio*) range: *misiles de medio ~* medium-range missiles

alcancía *nf* money box

alcantarilla *nf* **1** (*cloaca*) sewer **2** (*sumidero*) drain

alcantarillado *nm* sewage system

alcanzar ◆ *vt* **1** (*gen*) to reach: *~ un acuerdo* to reach an agreement **2** (*conseguir*) to achieve: *~ los objetivos* to achieve your objectives **3** (*agarrar*) to catch *sb* up: *No pude ~los.* I couldn't catch them up. ◊ *A este paso no los vamos a ~ nunca.* At this rate we'll never catch up with them. ◆ *vi* **1** (*ser suficiente*) to be enough: *La comida no va a ~ para todos.* There won't be enough food for everybody. **2**

(*llegar*) to reach: *No alcanzo.* I can't reach.

alcaparra *nf* caper

alcaucil *nm* artichoke

alcohol *nm* alcohol LOC **sin alcohol** non-alcoholic *Ver tb* CERVEZA

alcohólico, -a *adj, nm-nf* alcoholic

alcoholismo *nm* alcoholism

aldea *nf* small village

aldeano, -a *nm-nf* villager

alegar *vt* **1** (*gen*) to claim: *Alegan que existió fraude.* They're claiming that there was a fraud. ◊ *Alegan no tener plata.* They claim not to have money. **2** (*razones, motivos*) to cite: *Alegó motivos personales.* He cited personal reasons.

alegrar ◆ *vt* **1** (*hacer feliz*) to make *sb* happy: *La carta me alegró mucho.* The letter made me very happy. **2** (*animar*) **(a)** (*persona*) to cheer *sb* up: *Tratamos de ~ a los ancianos.* We tried to cheer the old people up. **(b)** (*fiesta*) to liven *sth* up: *Los magos alegraron la fiesta.* The magicians livened up the party. **3** (*casa, lugar*) to brighten *sth* up ◆ **alegrarse** *v pron* **1** (*estar contento*) **(a) alegrarse** (**de/por**) to be pleased (**about *sth*/to do *sth***): *Me alegro de saberlo.* I am pleased to hear it. **(b) alegrarse por algn** to be delighted **for sb**: *Me alegro por ustedes.* I'm delighted for you. **2** (*cara, ojos*) to light up: *Se le alegró la cara.* His face lit up.

alegre *adj* **1** (*feliz*) happy **2** (*de buen humor*) cheerful: *Tiene un carácter ~.* He's a cheerful person. **3** (*música, espectáculo*) lively **4** (*color, habitación*) bright

alegría *nf* joy: *gritar/saltar de ~* to shout/jump for joy LOC **¡qué/cuánta alegría!** great! *Ver tb* CABER, SALTAR

alejar ◆ *vt* **1** (*retirar*) to move *sth/sb* away (**from *sth*/*sb***): *Tenés que ~lo de la ventana.* You should move it away from the window. **2** (*distanciar*) to distance *sth/sb* (**from *sth*/*sb***): *El desacuerdo nos alejó de mis padres.* The disagreement distanced us from my parents. ◆ **alejarse** *v pron* **alejarse (de)** **1** (*apartarse*) to move away (**from *sth*/*sb***): *~se de un objetivo* to move away from a goal ◊ *No se alejen mucho.* Don't go too far away. **2** (*camino*) to leave

¡aleluya! *interj* alleluia!

alemán, -ana *adj, nm-nf, nm* German: *los alemanes* the Germans ◊ *hablar ~* to speak German LOC *Ver* PASTOR, PERRO

Alemania *nf* Germany

alergia *nf* ~ (**a**) allergy [*pl* allergies] (**to *sth***): *tener ~ a algo* to be allergic to sth

alérgico, -a *adj* ~ (**a**) allergic (**to *sth***)

alero *nm* **1** (*techo*) eaves [*pl*] **2** (*Dep*) winger

alerta ◆ *nf* alert: *en estado de ~* on alert ◊ *Dieron la (voz de) ~.* They gave the alert. ◆ *adj* alert (***to sth***)

alertar *vt* to alert *sb* (***to sth***): *Nos alertaron del riesgo.* They alerted us to the risk.

aleta *nf* **1** (*pez*) fin **2** (*buceador, foca*) flipper **3** (*vehículo*) wing

alfabético, -a *adj* alphabetical

alfabeto *nm* alphabet

alfalfa *nf* alfalfa

alféizar *nm* (*ventana*) windowsill

alfil *nm* bishop

alfiler *nm* pin LOC **alfiler de gancho** safety pin

alfombra *nf* **1** (*grande*) carpet **2** (*chica*) rug

alfombrar *vt* to carpet

alfombrita *nf* mat

alga *nf* **1** (*de agua dulce*) weed [*incontable*]: *El estanque está lleno de ~s.* The pond is full of weed. **2** (*de agua salada*) seaweed [*incontable*]

También existe la palabra **algae**, pero es científica.

algarrobo *nm* carob tree

álgebra *nf* algebra

algo ◆ *pron* something, anything ☛ La diferencia entre **something** y **anything** es la misma que hay entre **some** y **any**. *Ver nota en* SOME. ◆ *adv* **1 + adj** rather: *~ ingenuo* rather naive ☛ *Ver nota en* FAIRLY **2 + verbo** a bit: *Mi hija me ayuda ~.* My daughter helps me a bit. LOC **¿algo más?** (*negocio*) anything else? **en algo** in any way: *Si en ~ puedo ayudarlos…* If I can help you in any way… **o algo así** or something like that **por algo será** there must be a reason

algodón *nm* **1** (*planta, fibra*) cotton **2** (*Med*) cotton wool [*incontable*]: *Me tapé los oídos con algodones.* I put cotton wool in my ears. LOC **algodón de azúcar/dulce** candyfloss

alguacil *nm* dragonfly [*pl* dragonflies]

alguien *pron* somebody, anybody: *¿Creés que vendrá ~?* Do you think anybody will come? ☛ La diferencia entre **somebody** y **anybody** es la misma que hay entre **some** y **any**. *Ver nota en* SOME.

Nótese que **somebody** y **anybody** llevan el verbo en singular, pero sin embargo suelen ir seguidos de un pronombre en plural (p.ej. 'their'): *Alguien dejó el tapado.* Somebody's left their coat behind.

algún *adj Ver* ALGUNO

alguno, -a ◆ *adj* **1** (*gen*) some, any: *Te compré ~s libros para que te entretengas.* I've bought you some books to pass the time. ◊ *¿Hay algún problema?* Are there any problems? ☛ *Ver nota en* SOME. **2** (*con número*) several: *~s centenares de personas* several hundred people **3** (*uno que otro*) the occasional: *Habrá algún chubasco liviano.* There will be the occasional light shower. ◆ *pron*: *~s de ustedes son muy vagos.* Some of you are very lazy. ◊ *Seguro que ha sido ~ de ustedes.* It must have been one of you. ◊ *~s protestaron.* Some (people) protested. LOC **alguna cosa** something, anything ☛ La diferencia entre **something** y **anything** es la misma que hay entre **some** y **any**. *Ver nota en* SOME. **algunas veces** sometimes **alguna vez** ever: *¿Estuviste ahí alguna vez?* Have you ever been there? **algún día** some day **en algún lugar/en alguna parte** somewhere, anywhere ☛ La diferencia entre **somewhere** y **anywhere** es la misma que hay entre **some** y **any**. *Ver nota en* SOME.

aliado, -a ◆ *pp, adj* allied ◆ *nm-nf* ally [*pl* allies] *Ver tb* ALIARSE

alianza *nf* **1** (*unión*) alliance: *una ~ entre cinco partidos* an alliance between five parties **2** (*anillo*) wedding ring

aliarse *v pron* ~ (**con/contra**) to form an alliance (**with/against** ***sth/sb***)

alicate *nm* nail clippers [*pl*]: *Necesito un ~.* I need a pair of nail clippers.

aliento *nm* breath: *tener mal ~* to have bad breath LOC **sin aliento** out of breath: *Estoy sin ~.* I'm out of breath.

alimaña *nf* pest

alimentación *nf* **1** (*acción*) feeding **2** (*dieta*) diet: *una ~ balanceada* a balanced diet **3** (*comida*) food

alimentar ◆ *vt* to feed *sth/sb* (**on/with** ***sth***): *~ a los caballos con heno* to feed the horses (on) hay ◆ *vi* to be nourishing: *Alimenta mucho.* It's very nourishing. ◆ **alimentarse** *v pron* **alimentarse de** to live **on** ***sth***

alimenticio, -a *adj* food [*n atrib*]: *productos ~s* foodstuffs

alimento *nm* **1** (*comida*) food: *~s enlatados* tinned food(s) **2** (*valor nutritivo*): *Las lentejas tienen mucho ~.* Lentils are very nourishing. LOC **alimento balanceado 1** (*para ganado*) fodder **2** (*para perros*) dried dog food *Ver tb* PROCESADORA

alineación *nf* (*Dep*) line-up

alinear *vt* **1** (*poner en hilera*) to line *sth/sb* up **2** (*Dep*) to field

alisar *vt* to smooth

aliscafo *nm* hovercraft

alistarse *v pron* ~ (**en**) to enlist (**in** ***sth***)

aliviar *vt* to relieve: *~ el dolor* to relieve pain ◊ *El masaje me alivió un poco.* The massage made me feel a bit better.

alivio *nm* relief: *¡Qué ~!* What a relief! ◊ *Fue un ~ para todos.* It came as a relief to everybody.

aljaba *nf* fuchsia

allá *adv* **1** (*lugar*) (over) there: *Dejalo ~.* Leave it (over) there. ◊ *de La Plata para ~* from La Plata onwards **2** ~ **en/por…** (*tiempo*) back **in…**: *~ por los años 60* back in the 60s LOC **allá abajo/arriba** down/up there **allá dentro/fuera** in/out there **allá vos** it's up to you **¡allá voy!** here I come! **el más allá** the afterlife **más allá 1** (*más lejos*) further on: *seis kilómetros más ~* six kilometres further on **2** (*hacia un lado*) further over: *correr la mesa más ~* to move the table further over **más allá de** beyond: *más ~ del río* beyond the river *Ver tb* ACÁ

allanar *vt* **1** (*suelo*) to level **2** (*policía*) to raid

allí *adv* there: *Tengo un amigo ~.* I have a friend there. ◊ *¡~ están!* There they are! ◊ *a 30 kilómetros de ~* 30 kilometres from there ◊ *una chica que pasaba por ~* a girl who was passing by LOC **allí abajo/arriba** down/up there **allí dentro/fuera** in/out there **allí mismo** right there **es allí donde…** that's where…: *Es ~ donde me caí.* That's where I fell.

alma *nf* **1** (*gen*) soul: *No había ni un ~.* There wasn't a soul. **2** (*carácter, mente*) spirit: *un ~ noble* a noble spirit

almacén *nm* **1** (*de comestibles*) (grocery) shop: *Voy al ~ a comprar manteca.* I'm going to the shop for some butter. ◊ *el ~ de la esquina* the corner shop **2** (*edificio*) warehouse

almacenar *vt* to store

almanaque *nm* calendar

almeja *nf* clam
almendra *nf* almond
almendro *nm* almond tree
almíbar *nm* syrup
almirante *nmf* admiral
almohada *nf* pillow LOC *Ver* CONSULTAR
almohadón *nm* cushion
almorzar ◆ *vi* to have lunch ◆ *vt* to have *sth* for lunch
almuerzo *nm* lunch
alocado, -a *adj* **1** (*atolondrado*) scatty **2** (*precipitado, imprudente*) rash: *una decisión alocada* a rash decision
alojar ◆ *vt* **1** (*gen*) to accommodate: *El hotel puede ~ a 200 personas.* The hotel can accommodate 200 people. **2** (*sin cobrar*) to put *sb* up: *Después del incendio nos alojaron en un colegio.* After the fire, they put us up in a school. ◆ **alojarse** *v pron* to stay: *Nos alojamos en un hotel.* We stayed in a hotel.
alpargata *nf* espadrille
alpinismo *nm* mountaineering: *hacer ~* to go mountaineering
alpiste *nm* birdseed
alquilar *vt*

- **referido a la persona que toma algo en alquiler** to hire, to rent

> **To hire** se emplea para un plazo breve de tiempo, como en el caso de un coche o disfraz: *Alquiló un traje para el casamiento.* He hired a suit for the wedding. ◇ *Te valdría la pena alquilar un coche.* You might as well hire a car.
> **To rent** implica períodos más largos, por ejemplo cuando alquilamos una casa o un departamento: *¿Cuánto me costaría alquilar un departamento de dos dormitorios?* How much would it cost me to rent a two-bedroomed flat?

- **referido a la persona que deja algo en alquiler** to hire *sth* (out), to rent *sth* (out), to let *sth* (out)

> **To hire sth (out)** se emplea para un plazo breve de tiempo: *Viven de alquilar caballos a los turistas.* They make their living hiring (out) horses to tourists.
> **To rent sth (out)** se refiere a períodos largos de tiempo y se suele usar para referirnos a objetos, casas o cuartos: *Alquilan piezas a estudiantes.* They rent (out) rooms to students. ◇ *una empresa que alquila electrodomésticos* a company that rents out household appliances
> **To let sth (out)** se refiere sólo a casas o cuartos: *En nuestro edificio se alquila un departamento.* There's a flat to let in our block.

alquiler *nm* **1** (*acción de alquilar*) hire: *una compañía de ~ de coches* a car hire company **2** (*precio*) **(a)** (*gen*) hire charge **(b)** (*casa, pieza*) rent: *¿Pagaste el ~?* Have you paid the rent? LOC *Ver* COCHE
alquitrán *nm* tar
alrededor ◆ *adv* ~ (**de**) **1** (*en torno a*) around: *las personas a mi ~* the people around me **2** (*aproximadamente*) about: *Llegaremos ~ de las diez y media.* We'll get there at about half past ten. ◆ **alrededores** *nm* (*ciudad*) outskirts LOC *Ver* GIRAR, VUELTA
alta *nf* LOC **dar de/el alta a algn** to discharge sb (from hospital)
altar *nm* altar
alterar ◆ *vt* to alter ◆ **alterarse** *v pron* **1** (*enojarse*) to get angry **2** (*ponerse nervioso*) to get nervous: *¡No te alteres!* Keep calm! LOC **alterar el orden público** to cause a breach of the peace
alternar ◆ *vt, vi* to alternate ◆ *vi* (*con gente*) to socialize
alternativa *nf* ~ (**a**) alternative (**to *sth***): *Es nuestra única ~.* It is our only option.
alterno, -a *adj* alternate: *en días ~s* on alternate days
altillo *nm* attic
altitud *nf* height, altitude (*más formal*): *a 3.000 metros de ~* at an altitude of 3000 metres
alto, -a ◆ *adj* **1** (*gen*) tall, high

> **Tall** se usa para referirnos a personas, árboles y edificios que suelen ser angostos además de altos: *el edificio más alto del mundo* the tallest building in the world ◇ *una chica muy alta* a tall girl. **High** se usa mucho con sustantivos abstractos: *altos niveles de contaminación* high levels of pollution ◇ *altas tasas de interés* high interest rates, y para referirnos a la altura sobre el nivel del mar: *La Paz es la capital más alta del mundo.* La Paz is the highest capital in the world.
> Los antónimos de **tall** son **short** y **small**, y el antónimo de **high** es **low**. Las dos palabras tienen en común el sustantivo **height**, *altura*.

2 (*mando, funcionario*) high-ranking **3** (*clase social, región*) upper: *el ~ Paraná* the upper Paraná **4** (*sonido, voz*) loud: *No pongas la música tan alta.* Don't play the music so loud. ◆ *adv* **1** (*poner, subir*) high: *Ese cuadro está muy ~.* That picture is too high up. **2** (*hablar, tocar*) loudly ◆ *nm* height: *Tiene tres metros de ~.* It is three metres high. LOC **alta fidelidad** hi-fi **alta mar** the high sea(s): *El barco estaba en alta mar.* The ship was on the high sea. **¡alto!** stop! **pasar por alto** to overlook *Ver tb* CLASE, CUELLO, FUEGO, HABLAR, LUZ, POTENCIA, SALTO, TACO

altoparlante *nm* loudspeaker: *Lo anunciaron por los ~s.* They announced it over the loudspeakers.

altura *nf* height: *caerse desde una ~ de tres metros* to fall from a height of three metres LOC **a esta altura** at this stage **a la altura de…**: *una cicatriz a la ~ del codo* a scar near the elbow **altura máxima** maximum headroom **de gran/poca altura** high/low **tener dos, etc metros de altura/alto** (*cosa*) to be two, etc metres high

alucinación *nf* hallucination

alucinar *vi* to hallucinate

alud *nm* avalanche

aludido, -a *pp, adj* LOC **darse por aludido**: *No se dieron por ~s.* They didn't take the hint. ◊ *Enseguida te das por ~.* You always take things personally.

alumbrado *nm* lighting

alumbrar ◆ *vt* to light *sth* (up): *Una gran lámpara alumbra el salón.* The room is lit by a huge lamp. ◆ *vi* to give off light: *Esa bombita alumbra mucho.* That bulb gives off a lot of light. ◊ *Alumbrá debajo de la cama.* Shine a light under the bed.

aluminio *nm* aluminium LOC *Ver* PAPEL

alumno, -a *nm-nf* **1** (*gen*) pupil: *uno de mis ~s* one of my pupils **2** (*universidad*) student

alzada *nf* height

alzar ◆ *vt* to raise: *~ el telón* to raise the curtain ◆ **alzarse** *v pron* **alzarse (contra)** to rebel (**against *sth*/*sb***): *Los militares se alzaron contra el gobierno.* The military rebelled against the government.

ama *nf* LOC *Ver* AMO

amable *adj* ~ (**con**) kind (**to *sb***): *Fueron muy ~s ayudándome.* It was very kind of them to help me. ◊ *Gracias, es usted muy ~.* Thank you, that's very kind of you. LOC **si es tan amable (de…)** if you would be so kind (as to…): *Si fuera tan ~ de cerrar la puerta.* If you would be so kind as to close the door.

amaestrar *vt* to train LOC **sin amaestrar** untrained

amamantar *vt* (*animal*) to suckle

amanecer[1] *nm* **1** (*alba*) dawn: *Nos levantamos al ~.* We got up at dawn. **2** (*salida del sol*) sunrise: *contemplar el ~* to watch the sunrise

amanecer[2] ◆ *v imp* to dawn: *Estaba amaneciendo.* Day was dawning. ◊ *Amaneció con sol.* It was sunny in the morning. ◆ *vi* (*despertarse*) to wake up: *Amanecí con dolor de cabeza.* I woke up with a headache.

amanerado, -a *pp, adj* **1** (*rebuscado*) affected **2** (*afeminado*) effeminate

amante *nmf* lover: *un ~ de la música* a music lover

amapola *nf* poppy [*pl* poppies]

amar *vt* to love

amargado, -a ◆ *pp, adj* bitter: *estar ~ por algo* to be bitter about sth ◆ *nm-nf* misery guts [*pl* misery guts]: *Son un par de ~s.* They're a couple of misery guts. *Ver tb* AMARGAR

amargar ◆ *vt* **1** (*persona*) to make *sb* bitter **2** (*ocasión*) to ruin: *Eso nos amargó las vacaciones.* That ruined our holiday. ◆ **amargarse** *v pron* to get upset: *No te amargues (la vida) por eso.* Don't get upset over something like that. LOC **amargarle la vida a algn** to make sb's life a misery

amargo, -a *adj* bitter

amarillento, -a *adj* yellowish

amarillo, -a ◆ *adj* **1** (*color*) yellow: *Es de color ~.* It is yellow. ◊ *Yo iba de ~.* I was wearing yellow. ◊ *pintar algo de ~* to paint sth yellow ◊ *el chico de la camisa amarilla* the boy in the yellow shirt **2** (*semáforo*) amber ◆ *nm* yellow: *No me gusta el ~.* I don't like yellow. LOC *Ver* PÁGINA, PRENSA

amarra *nf* (*Náut*) mooring rope LOC *Ver* SOLTAR

amarrar *vt* (*Náut*) to moor

amarrete, -a ◆ *adj* stingy ◆ *nm-nf* skinflint

amasar *vt* **1** (*Cocina*) to knead **2** (*fortuna*) to amass LOC *Ver* PALO

amasijar *vt* to beat *sb* to a pulp

amateur *adj, nmf* amateur

amazona *nf* (*jinete*) horsewoman [*pl* horsewomen]

ámbar *nm* amber

ambición *nf* ambition

ambicionar *vt* (*desear*) to want: *Lo que más ambiciono es…* What I want more than anything else is…

ambicioso, -a *adj* ambitious

ambientación *nf* (*película, obra de teatro*) setting

ambiental *adj* **1** (*gen*) background [*n atrib*]: *música ~* background music **2** (*del medio ambiente*) environmental

ambientar *vt* (*novela, película*) to set *sth* ***in…***

ambiente *nm* **1** (*gen*) atmosphere: *un ~ contaminado* a polluted atmosphere ◊ *El local tiene buen ~.* The place has a good atmosphere. ◊ *No hay ~ en la calle.* The streets are dead. **2** (*entorno*) environment: *El ~ familiar nos influye.* Our family environment has a big influence on us. **3** (*cuarto*) room LOC *Ver* DESODORANTE, MEDIO

ambiguo, -a *adj* ambiguous

ambo *nm* two-piece suit

ambos, -as *pron* both (of us, you, them): *Me llevo bien con ~.* I get on well with both of them. ◊ *A ~ nos gusta viajar.* Both of us like travelling./We both like travelling.

ambulancia *nf* ambulance

ambulante *adj* travelling: *un circo ~* a travelling circus LOC *Ver* VENDEDOR

amén *nm* amen

amenaza *nf* threat

amenazador, ~a (*tb* **amenazante**) *adj* threatening

amenazar ◆ *vt* to threaten (***to do sth***): *Amenazaron con acudir a los tribunales.* They threatened to take them to court. ◊ *Lo amenazaron de muerte.* They've threatened to kill him. ◊ *Me amenazó con una navaja.* He threatened me with a knife. ◆ *v imp*: *Amenaza lluvia.* It looks like (it's going to) rain.

ameno, -a *adj* **1** (*entretenido*) entertaining: *una novela muy amena* a very entertaining novel **2** (*agradable*) pleasant: *una conversación muy amena* a very pleasant conversation

América *nf* America

americano, -a *adj, nm-nf* American

ametralladora *nf* machine-gun

amígdala *nf* tonsil: *Me operaron de las ~s.* I had my tonsils out.

amigo, -a ◆ *adj* **1** (*voz*) friendly **2** (*mano*) helping ◆ *nm-nf* friend: *mi mejor ~* my best friend ◊ *Es íntimo ~ mío.* He's a very close friend of mine. LOC **ser muy amigo(s)** to be good friends (*with sb*): *Soy muy ~ de él.* We're good friends.

amiguismo *nm* favouritism

amistad *nf* **1** (*relación*) friendship: *romper una ~* to end a friendship **2** **amistades** friends: *Tiene ~es influyentes.* He's got friends in high places. LOC **entablar/hacer amistad** to become friends

amistoso, -a *adj* friendly

amnesia *nf* amnesia

amnistía *nf* amnesty [*pl* amnesties]

amo, -a *nm-nf* owner LOC **ama de casa** housewife [*pl* housewives] **ama de llaves** housekeeper

amodorrarse *v pron* **1** (*adormilarse*) to get drowsy **2** (*dormirse*) to doze off

amoniaco (*tb* **amoníaco**) *nm* ammonia

amontonar ◆ *vt* **1** (*apilar*) to pile *sth* up **2** (*acumular*) to amass: *~ cachivaches* to amass junk ◆ **amontonarse** *v pron* **1** (*gen*) to pile up: *Se me amontonó el trabajo.* My work piled up. **2** (*apiñarse*) to cram (***into…***): *Se amontonaron en el coche.* They crammed into the car.

amor *nm* love: *una canción/historia de ~* a love-song/love-story ◊ *el ~ de mi vida* the love of my life ◊ *con ~* lovingly LOC **amor propio** pride **hacer el amor a/con** to make love (to/with *sb*) **¡por (el) amor de Dios!** for God's sake!

amoratado, -a *pp, adj* **1** (*de frío*) blue **2** (*con moretones*) black and blue: *Tenía todo el cuerpo ~.* My whole body was black and blue. **3** (*ojo*) black

amordazar *vt* to gag

amorío *nm* (love) affair

amoroso, -a *adj* **1** (*relativo al amor*) love [*n atrib*]: *vida/carta amorosa* love life/letter **2** (*cariñoso*) loving **3** (*encantador*) lovely: *Es un chico ~.* He's a lovely boy. LOC *Ver* DESENGAÑO

amortiguador *nm* shock absorber

amotinarse *v pron* **1** (*preso, masas*) to riot **2** (*Náut, Mil*) to mutiny (***against sth/sb***)

amparar ◆ *vt* to protect *sth/sb* (***against/from sth/sb***): *La ley nos ampara contra los abusos.* The law protects us from abuse. ◆ **ampararse**

v pron **1 ampararse (de)** (*refugiarse*) to shelter **(from *sth*/*sb*)**: *~se de una tormenta* to shelter from a storm **2 ampararse en** (*apoyarse*) to seek the protection **of *sth*/*sb***: *Se amparó en su familia.* He sought the protection of his family.

amparo *nm* **1** (*protección*) protection **2** (*lugar de abrigo*) shelter **3** (*apoyo*) support

amperio *nm* amp

ampliación *nf* **1** (*número, cantidad*) increase: *una ~ de personal* an increase in personnel **2** (*local, negocio, información*) expansion: *la ~ del aeropuerto* the expansion of the airport **3** (*plazo, acuerdo*) extension **4** (*Fot*) enlargement

ampliar *vt* **1** (*gen*) to extend: *~ el local/plazo de matrícula* to extend the premises/registration period **2** (*número, cantidad*) to increase: *La revista amplió su difusión.* The magazine increased its circulation. **3** (*negocio, imperio*) to expand **4** (*Fot*) to enlarge

amplificador *nm* amplifier

amplio, -a *adj* **1** (*gama, margen*) wide: *una amplia gama de productos* a wide range of goods **2** (*lugar*) spacious: *un departamento ~* a spacious flat **3** (*ropa*) baggy

ampolla *nf* blister

amputar *vt* to amputate

amueblar *vt* to furnish LOC **sin amueblar** unfurnished

amuleto *nm* amulet LOC **amuleto de la suerte** good-luck charm

amurallado, -a *pp, adj* walled

analfabeto, -a *adj, nm-nf* illiterate [*adj*]: *ser un ~* to be illiterate ◊ *¡Pero mirá que sos ~!* How stupid can you get!

analgésico *nm* painkiller

análisis *nm* analysis [*pl* analyses] LOC **análisis de sangre** blood test

analizar *vt* to analyse

ananá *nm* pineapple: *cortar el ~ en rodajas* to slice the pineapple

anarquía *nf* anarchy

anarquismo *nm* anarchism

anarquista *adj, nmf* anarchist

anatomía *nf* anatomy [*pl* anatomies]

anca *nf* haunch

ancho, -a ◆ *adj* **1** (*de gran anchura*) wide: *el ~ mar* the wide sea **2** (*ropa*) baggy: *un suéter ~* a baggy jumper ◊ *La cintura me queda ancha.* The waist is too big. **3** (*sonrisa, hombros, espalda*) broad: *Es muy ~ de espaldas.* He's got broad shoulders. ☛ *Ver nota en* BROAD ◆ *nm* width: *¿Cuánto mide de ~?* How wide is it? ◊ *Tiene dos metros de ~.* It is two metres wide. LOC **a mis anchas 1** (*como en casa*) at home: *Ponete a tus anchas.* Make yourself at home. **2** (*con libertad*) quite happily: *Aquí los chicos pueden jugar a sus anchas.* The children can play here quite happily. **quedarse tan ancho** not to be at all bothered

anchoa *nf* anchovy [*pl* anchovies]

anchura *nf* (*medida*) width: *No tiene suficiente ~.* It isn't wide enough.

anciano, -a ◆ *adj* elderly ◆ *nm-nf* elderly man/woman [*pl* elderly men/women]: *los ~s* the elderly LOC **asilo/residencia de ancianos** old people's home

ancla *nf* anchor LOC **echar el ancla/anclas** to drop anchor *Ver tb* LEVAR

andamio *nm* scaffolding [*incontable*]: *Hay ~s por todas partes.* There's scaffolding everywhere.

andar[1] *vi* **1** (*ir*) to go: *Andá a ver si lo encontrás.* Go and see if you can find him. **2** (*funcionar*) to work: *Este reloj no anda.* This clock's not working. **3 ~ a/en** to ride *sth* [*vt*]: *~ a caballo/en bici* to ride a horse/bike **4** (*estar*) to be: *¿Quién anda ahí?* Who's there? ◊ *~ ocupado/deprimido* to be busy/depressed ◊ *¿Qué andás buscando?* What are you looking for? **5 ~ por** to be **about *sth***: *Debe ~ por los 50 años.* He must be about 50. **6 ~ con**: *No te andes con bromas.* Stop fooling around. ◊ *Habrá que ~ con cuidado.* We'll have to be careful. LOC **¡andá!** come on!: *¡Andá, no exageres!* Come on, don't exaggerate! ◊ *¡Andá, dejame en paz!* Come on, leave me alone! ☛ Para otras expresiones con **andar**, véanse las entradas del sustantivo, adjetivo, etc, p.ej. **andar a las corridas** en CORRIDA y **andar con rodeos** en RODEO.

andar[2] *nm* **andares** walk [*sing*]

andén *nm* platform

andinismo *nm* mountaineering

andrajoso, -a *adj* ragged

anécdota *nf* anecdote: *contar una ~* to tell an anecdote

anemia *nf* anaemia LOC **tener anemia** to be anaemic

anémico, -a *adj* anaemic

anestesia *nf* anaesthetic: *Me dieron ~*

general/local. They gave me a general/local anaesthetic.

anestesiar *vt* to anaesthetize

anestesista *nmf* anaesthetist

anfetamina *nf* amphetamine

anfibio, -a ◆ *adj* amphibious ◆ *nm* amphibian

anfiteatro *nm* (*romano*) amphitheatre

anfitrión, -ona *nm-nf* host [*fem* hostess]

ángel *nm* angel: ~ *de la guarda* guardian angel LOC *Ver* SOÑAR

angina *nf* tonsillitis [*incontable, v sing*]

anglicano, -a *adj, nm-nf* Anglican

anglosajón, -ona *adj, nm-nf* Anglo-Saxon

angosto, -a *adj* **1** (*calle, túnel*) narrow **2** (*prendas de vestir*) tight

anguila *nf* eel

angula *nf* elver

ángulo *nm* angle: ~ *recto/agudo/obtuso* right/acute/obtuse angle ◊ *Yo veo las cosas desde otro* ~. I see things from a different angle.

angurriento, -a *adj, nm-nf* greedy [*adj*]: *Es un* ~. He's greedy.

angustia *nf* anguish: *Gritó con tremenda* ~. He cried out in anguish.

angustiado, -a *pp, adj* anxious: *Esperaba* ~. I waited anxiously. *Ver tb* ANGUSTIAR

angustiar ◆ *vt* to worry: *Me angustian los exámenes.* I am worried about my exams. ◆ **angustiarse** *v pron* **angustiarse (por) 1** (*inquietarse*) to worry (**about** ***sth/sb***): *No debés ~te cada vez que llegan tarde.* You mustn't worry every time they're late. **2** (*apenarse*) to get upset (**about** ***sth***)

anidar *vi* ~ (**en**) (*aves*) to nest (**in** ***sth***)

anillo *nm* ring LOC **anillo de circunvalación** ring road **venir como anillo al dedo** to be just right

animado, -a *pp, adj* lively: *La fiesta estuvo muy animada.* It was a very lively party. LOC *Ver* DIBUJO; *Ver tb* ANIMAR

animal *adj, nm* animal [*n*]: ~ *doméstico/salvaje* domestic/wild animal ◊ *el reino* ~ the animal kingdom

animar ◆ *vt* **1** (*persona*) to cheer *sb* up: *Animé a mi hermana y dejó de llorar.* I cheered my sister up and she stopped crying. **2** (*conversación, partido*) to liven *sth* up **3** (*apoyar*) to cheer *sb* on: ~ *a un equipo* to cheer a team on ◆ **animarse** *v pron* **1** (*persona*) to cheer up: *¡Animate hombre!* Cheer up! **2** (*decidirse*) to decide (***to do sth***): *A lo mejor me animo a ir.* I may decide to go. LOC **animar a algn a que haga algo** to encourage sb to do sth: *Yo los animo a que hagan deporte.* I'm encouraging them to take up sport.

ánimo *nm* spirits [*pl*]: *Estábamos bajos de* ~. Our spirits were low. LOC **¡ánimo!** cheer up!

aniquilar *vt* to annihilate: ~ *al adversario* to annihilate the enemy

anís *nm* **1** (*semilla*) aniseed **2** (*licor*) anisette

aniversario *nm* anniversary [*pl* anniversaries]: *nuestro* ~ *de casamiento* our wedding anniversary

ano *nm* anus [*pl* anuses]

anoche *adv* last night

anochecer ◆ *v imp* to get dark: *En invierno anochece temprano.* In winter it gets dark early. ◆ *nm* dusk: *al* ~ at dusk LOC **antes/después del anochecer** before/after dark

anónimo, -a ◆ *adj* anonymous ◆ *nm* (*carta*) anonymous letter LOC *Ver* SOCIEDAD

anorak *nm* anorak

anorexia *nf* anorexia (nervosa)

anormal *adj* abnormal: *un comportamiento* ~ abnormal behaviour

anotar ◆ *vt* to note *sth* down: *Anoté la dirección.* I noted down the address. ◆ **anotarse** *v pron* **1** (*triunfo*) to score: *El equipo se anotó su primera victoria.* The team scored its first victory. **2** (*pasar una actividad*) to put your name down ***for sth***

ansia *nf* **1** ~ (**de**) longing (**for** ***sth***): ~ *de cambio* a longing for change **2** ~ (**por**) desire (**for** ***sth*/*to do sth***): ~ *por mejorar* a desire to improve

ansiedad *nf* anxiety [*pl* anxieties]

antártico, -a ◆ *adj* Antarctic ◆ **Antártico** *nm* Antarctic Ocean LOC *Ver* CÍRCULO

ante *prep* **1** (*gen*) before: *ante las cámaras* before the cameras ◊ *comparecer ante el juez* to appear before the judge **2** (*enfrentado con*) in the face of *sth*: *ante las dificultades* in the face of adversity LOC **ante todo** *Ver* TODO

anteanoche *adv* the night before last

anteayer *adv* the day before yesterday

antebrazo *nm* forearm

antemano *adv* LOC **de antemano** beforehand

antena *nf* **1** (*Radio, TV*) aerial **2** (*Zool*) antenna [*pl* antennae] LOC **antena parabólica** satellite dish

antenoche *adv Ver* ANTEANOCHE

anteojos *nm* **1** (*gen*) glasses, spectacles (*más formal*) (*abrev* specs): *un chico rubio con ~* a fair boy with glasses ◊ *No lo vi porque no llevaba ~.* I couldn't see him because I didn't have my glasses on. ◊ *Tengo que usar ~.* I need glasses. **2** (*motociclista, esquiador, submarinista*) goggles LOC **anteojos de sol** sunglasses

antepasado, -a *nm-nf* ancestor

anteponer *vt* (*poner delante*) to put *sth* in front of *sth*: *Anteponga el adjetivo al nombre.* Put the adjective before the noun.

anterior *adj* previous

antes *adv* **1** (*previamente*) before: *Ya lo habíamos discutido ~.* We had discussed it before. ☛ *Ver nota en* AGO **2** (*más temprano*) earlier: *Los lunes cerramos ~.* We close earlier on Mondays. LOC **antes de** before *sth/doing sth*: *~ de ir a la cama* before going to bed ◊ *~ de Navidad* before Christmas **antes que nada** above all **de antes** previous: *en el trabajo de ~* in my previous job **lo antes posible** as soon as possible *Ver tb* CONSUMIR, CUANTO

antiaéreo, -a *adj* anti-aircraft

antibala (*tb* **antibalas**) *adj* bulletproof LOC *Ver* CHALECO

antibiótico *nm* antibiotic

anticipación *nf* LOC **con anticipación** in advance: *reservar entradas con ~* to book tickets in advance

anticipado, -a *pp, adj* LOC **por anticipado** in advance

anticonceptivo, -a *adj, nm* contraceptive: *los métodos ~s* contraceptive methods

anticuado, -a *adj* old-fashioned

anticuerpo *nm* antibody [*pl* antibodies]

antidisturbios *adj* riot [*n atrib*]: *policía ~* riot police

antidoping LOC **control/prueba antidoping** drug test: *Dio positivo en la prueba ~* He tested positive.

antídoto *nm* ~ (**de/contra**) antidote (**to** *sth*)

antidroga *adj* anti-drug: *organizar una campaña ~* to organize an anti-drug campaign

antifaz *nm* mask

antiguamente *adv* in the olden days

antigüedad *nf* **1** (*cualidad*) age: *la ~ de las viviendas* the age of the housing **2** (*en trabajo*) seniority **3** (*época*) ancient times **4** (*objeto*) antique: *negocio de ~es* antique shop

antiguo, -a *adj* **1** (*viejo*) old: *coches ~s* old cars **2** (*anterior*) former (*formal*), old: *mi ~ jefe* my old boss **3** (*Hist*) ancient: *la Grecia antigua* ancient Greece LOC *Ver* CASCO, CHAPADO

antílope *nm* antelope

antimotines *adj* riot [*n atrib*]: *armas ~* riot weapons

antiparras *nf* goggles

antipático, -a *adj* unpleasant

antirrobo *adj* anti-theft: *sistema ~* anti-theft device

antojarse *v pron*: *Voy a ir cuando se me antoje.* I'll go when I feel like it. ◊ *Al chico se le antojó un robot.* The child took a fancy to a robot.

antojo *nm* whim LOC **tener antojo de** to have a craving for *sth* **tener antojos** to have cravings: *Algunas embarazadas tienen ~s.* Some pregnant women have cravings.

antónimo, -a *adj, nm*: *¿Cuál es el ~ de alto?* What's the opposite of tall? ◊ *Alto y bajo son ~s.* Tall and short are opposites.

antorcha *nf* torch: *la ~ olímpica* the Olympic torch

antro *nm* (*local*) dive

anual *adj* annual

anualmente *adv* annually

anulación *nf* (*matrimonio*) annulment

anular[1] *vt* **1** (*matrimonio*) to annul **2** (*gol, tanto*) to disallow **3** (*votación*) to declare *sth* invalid

anular[2] *nm* (*dedo*) ring finger

anunciar ◆ *vt* (*informar*) to announce: *Anunciaron el resultado por los altoparlantes.* They announced the result over the loudspeakers. ◆ **anunciarse** *v pron* **anunciarse (en…)** (*hacer publicidad*) to advertise (**in…**)

anuncio *nm* announcement (***about sth***)

anzuelo *nm* hook

añadido, -a *pp, adj Ver tb* AÑADIR

añadir *vt* to add

añicos *nm* LOC **hacerse añicos** to shatter

año *nm* year: *todo el ~* all year (round) ◊ *todos los ~s* every year ◊ *~ académico/escolar* academic/school year LOC **año bisiesto** leap year **año(s) luz** light year(s) **de dos, etc años**: *una mujer de treinta ~s* a woman of thirty/a thirty-year-old woman ◊ *A Miguel, de 12 ~s, le gusta el cine.* Miguel, aged 12, likes films. **los años 50, 60, etc** the 50s, 60s, etc **quitarse años** to lie about your age **tener dos, etc años** to be two, etc (years old): *Tengo diez ~s.* I'm ten (years old). ◊ *¿Cuántos ~s tenés?* How old are you? ☛ *Ver nota en* OLD **un año sí y otro no** every other year *Ver tb* CURSO, NOCHE

añorar *vt* (*echar de menos*) to miss

apaciguar ◆ *vt* to appease ◆ **apaciguarse** *v pron* to calm down: *cuando se hayan apaciguado los ánimos* once everybody has calmed down

apagado, -a *pp, adj* **1** (*persona*) listless **2** (*color*) dull **3** (*volcán*) extinct LOC **estar apagado 1** (*luz, aparato*) to be off **2** (*fuego*) to be out *Ver tb* APAGAR

apagar ◆ *vt* **1** (*fuego*) to put *a fire* out **2** (*vela*) to blow *a candle* out **3** (*cigarrillo*) to stub *a cigarette* out **4** (*luz, aparato*) to switch *sth* off ◆ **apagarse** *v pron* to go out: *Se me apagó la vela/el cigarrillo.* My candle/cigarette went out.

apagón *nm* power cut

aparador *nm* sideboard

aparato *nm* **1** (*máquina*) machine: *¿Cómo funciona este ~?* How does this machine work? **2** (*doméstico*) appliance **3** (*radio, televisión*) set **4** (*Anat*) system: *el ~ digestivo* the digestive system **5** (*para los dientes*) brace: *Me tienen que poner un ~.* I've got to wear a brace. **6** (*Gimnasia*) apparatus [*incontable*]

aparatoso, -a *adj* spectacular

aparecer ◆ *vi* **1** (*gen*) to appear: *Aparece mucho en la televisión.* He appears a lot on TV. **2** (*algn/algo que se había perdido*) to turn up: *Perdí los anteojos pero aparecieron.* I lost my glasses but they turned up later. **3** (*figurar*) to be: *Mi número no aparece en la guía.* My number isn't in the directory. **4** (*llegar*) to show up: *A eso de las diez apareció Pedro.* Pedro showed up around ten. ◆ **aparecerse** *v pron* **aparecerse (a/ante)** to appear **(to *sb*)**

aparejador, ~a *nm-nf* quantity surveyor

aparentar ◆ *vt* **1** (*fingir*) to pretend: *Tuve que ~ alegría.* I had to pretend I was happy. **2** (*edad*) to look: *Aparenta unos 50 años.* He looks about 50. ◆ *vi* to show off: *Les gusta ~.* They love showing off.

aparente *adj* apparent: *sin un motivo ~* for no apparent reason

aparición *nf* **1** (*gen*) appearance **2** (*Relig*) vision **3** (*fantasma*) apparition LOC **hacer (su) aparición** to appear

apariencia *nf* appearance LOC *Ver* GUARDAR

apartado, -a ◆ *pp, adj* remote ◆ *nm* **1** (*gen*) section **2** (*párrafo*) paragraph *Ver tb* APARTAR

apartar *vt* **1** (*obstáculo*) to move *sth* (out of the way) **2** (*alejar*) to separate *sth/sb* **from *sth/sb***: *Sus padres lo apartaron de sus amigos.* His parents separated him from his friends. LOC **apartar la vista** to look away

aparte ◆ *adv* **1** (*a un lado*) aside: *Voy a poner estos papeles ~.* I'll set these documents aside. **2** (*separadamente*) separately: *Esto lo pago ~.* I'll pay for this separately. ◆ *adj* **1** (*diferente*) different: *un mundo ~* a different world **2** (*separado*) separate: *Dame un recibo ~ para estas cosas.* Give me a separate receipt for these items. LOC **aparte de 1** (*excepto*) apart from *sth/sb*: *~ de eso no pasó nada.* Apart from that nothing happened. ◊ *No lo dijo nadie ~ de mí.* Nobody said it apart from me. **2** (*además de*) as well as: *~ de lindo, parece práctico.* It's practical as well as pretty. *Ver tb* CASO, PUNTO

apasionado, -a *pp, adj* passionate: *un temperamento muy ~* a very passionate temperament *Ver tb* APASIONAR

apasionante *adj* exciting

apasionar ◆ *vi* to love *sth/doing sth* [*vt*]: *Me apasiona el jazz.* I love jazz. ◆ **apasionarse** *v pron* **apasionarse con/por** to be mad **on *sth/sb***

apedrear *vt* to stone

apego *nm* ~ **(a/por)** affection **for *sth/sb*** LOC **tenerle apego** to be very attached *to sth*

apelación *nf* appeal

apelar *vi* to appeal: *Han apelado a nuestra generosidad.* They have appealed to our generosity. ◊ *Apelaron contra la sentencia.* They appealed against the sentence.

apellidarse *v pron*: *¿Cómo te apellidás?* What's your surname? ◊ *Se apellidan Morán.* Their surname's Morán.

apellido *nm* surname LOC *Ver* NOMBRE

apenado, -a *pp, adj* ~ **(por)** sad **(about *sth*)** *Ver tb* APENAR

apenar ◆ *vt* to sadden: *Me apena pensar que no voy a volver a verte.* It saddens me to think that I won't see you again. ◆ **apenarse** *v pron* **apenarse** (**por**) to be upset (**about** ***sth***)

apenas *adv* **1** (*casi no*) hardly: *~ había cola.* There was hardly any queue. ◇ *~ dijeron nada.* They hardly said anything. ◇ *~ les alcanza para comer.* They've scarcely got enough to eat. **2** (*casi nunca*) hardly ever: *Ahora ~ los vemos.* We hardly ever see them now. ☛ *Ver nota en* ALWAYS **3** (*escasamente*) scarcely: *Hace ~ un año.* Scarcely a year ago. **4** (*en cuanto*) as soon as: *~ llegaron* as soon as they arrived

apéndice *nm* **1** (*Anat*) appendix [*pl* appendixes] **2** (*libro, documento*) appendix [*pl* appendices]

apendicitis *nf* appendicitis

aperitivo *nm* **1** (*bebida*) aperitif [*pl* aperitifs] **2** (*comida*) appetizer

apero *nm* (*de caballo*) harness

apertura *nf* **1** (*gen*) opening: *la ceremonia de ~* the opening ceremony **2** (*comienzo*) beginning: *la ~ del curso* the beginning of the academic year

apestar *vi* ~ (**a**) to stink (**of** ***sth***) LOC *Ver* OLER

apetito *nm* appetite: *El paseo te va a abrir el ~.* The walk will give you an appetite. ◇ *tener buen ~* to have a good appetite

apiadarse *v pron* ~ **de** to take pity **on** ***sb***

apicultura *nf* bee-keeping

apilar *vt* to stack

apiñarse *v pron* to crowd (together)

apio *nm* celery

aplanadora *nf* steamroller

aplastante *adj* overwhelming: *ganar por mayoría ~* to win by an overwhelming majority

aplastar *vt* **1** (*cosa hueca, persona*) to crush **2** (*cosa blanda, insecto*) to squash **3** (*derrotar*) to crush

aplaudir *vt, vi* to applaud

aplauso *nm* applause [*incontable*]: *grandes ~s* loud applause

aplazar *vt* **1** (*gen*) to put *sth* off, to postpone (*más formal*) **2** (*pago*) to defer **3** (*desaprobar*) to fail: *Me aplazaron en el examen.* I failed the exam.

aplazo *nm* fail: *Tengo dos ~s.* I failed in two subjects. ◇ *Hubo muchos ~s en historia.* A lot of people failed history.

aplicable *adj* ~ (**a**) applicable (**to** ***sth/sb***)

aplicación *nf* application

aplicado, -a *pp, adj* **1** (*persona*) hard-working **2** ~ (**a**) applied (**to** ***sth***): *matemática aplicada* applied mathematics *Ver tb* APLICAR

aplicar ◆ *vt* **1** (*gen*) to apply *sth* (**to** ***sth***): *~ una regla* to apply a rule ◇ *Aplique la crema sobre la zona afectada.* Apply the cream to the affected area. **2** (*poner en práctica*) to put *sth* to use: *Vamos a ~ los conocimientos aprendidos.* Let's put what we've learnt to use. ◆ **aplicarse** *v pron* **aplicarse** (**a/en**) to apply yourself (**to** ***sth***): *~se a una tarea* to apply yourself to a task

apoderarse *v pron* ~ **de** to take: *Se apoderaron de las joyas.* They took the jewels.

apodo *nm* nickname

apolítico, -a *adj* apolitical

apología *nf* ~ **de** defence **of** ***sth/sb***

aporrear *vt* **1** (*puerta*) to hammer **at** ***the door*** **2** (*piano*) to bang away **on** ***the piano***

aportar *vt* to contribute: *~ una idea interesante* to contribute an interesting idea

aporte *nm* ~ **a/para** contribution **to** ***sth***

apostar *vt, vi* ~ (**por**) to bet (**on** ***sth/sb***): *~ por un caballo* to bet on a horse ◇ *Te apuesto lo que quieras a que no vienen.* I bet anything you like they won't come. ◇ *¿Qué apostás?* What do you bet?

apóstol *nm* apostle

apoyado, -a *pp, adj* ~ **en/sobre/contra** **1** (*descansando*) resting **on/against** ***sth***: *Tenía la cabeza apoyada en el respaldo.* I was resting my head on the back of the chair. **2** (*inclinado*) leaning **against** ***sth***: *~ contra la pared* leaning against the wall ☛ *Ver dibujo en* LEAN[2]; *Ver tb* APOYAR

apoyar ◆ *vt* **1** (*gen*) to lean *sth* **against** ***sth***: *No lo apoyes contra la pared.* Don't lean it against the wall. ☛ *Ver dibujo en* LEAN[2] **2** (*descansar*) to rest *sth* **on/against** ***sth***: *Apoyá la cabeza en mi hombro.* Rest your head on my shoulder. **3** (*defender*) to support: *~ una huelga/a un compañero* to support a strike/colleague ◆ **apoyarse** *v pron* to lean **on/against** ***sth***: *~se en un bastón/contra una pared* to lean on a stick/against a wall

apoyo *nm* support: *una manifestación*

de ~ a la huelga a demonstration in support of the strike

apreciar *vt* **1** (*cosa*) to value: *Aprecio el trabajo bien hecho.* I value a job well done. **2** (*persona*) to think highly **of *sb***: *Te aprecian mucho.* They think very highly of you. **3** (*percibir*) to see

aprecio *nm* regard (**for *sth*/*sb***) LOC **tenerle mucho aprecio a algn** to be very fond of sb

aprender ◆ *vt, vi* to learn: *~ francés* to learn French ◊ *Deberías ~ a escuchar a los demás.* You should learn to listen to other people. ◊ *Quiero ~ a manejar.* I want to learn to drive. ◆ **aprenderse** *v pron* to learn: *~se tres capítulos* to learn three chapters ◊ *~se algo de memoria* to learn sth by heart

aprendiz, ~a *nm-nf* apprentice: *~ de peluquero* apprentice hairdresser

aprendizaje *nm*: *el ~ de un idioma* learning a language

apresurarse *v pron* ~ **a** to hasten ***to do sth***: *Me apresuré a darles las gracias.* I hastened to thank them.

apretado, -a *pp, adj* **1** (*ajustado*) tight **2** (*gente*) squashed together LOC *Ver* BAILAR; *Ver tb* APRETAR

apretar ◆ *vt* **1** (*botón, pedal*) to press **2** (*tapa, nudo*) to tighten **3** (*gatillo*) to pull **4** (*exigir*) to be strict **with *sb*** ◆ *vi* **1** (*ropa*) to be too tight (**for *sb***): *El pantalón me aprieta.* The trousers are too tight (for me). **2** (*zapatos*) to pinch ◆ **apretarse** *v pron* **apretarse** (**contra**) to squeeze up (**against *sth***) LOC **apretarse el cinturón** to tighten your belt

aprieto *nm* LOC **estar en aprietos/un aprieto** to be in a fix **poner en un aprieto** to put *sb* in a tight spot

aprobación *nf* approval LOC **dar su aprobación** to give your consent (*to sth*)

aprobar *vt* **1** (*examen, ley*) to pass: *Aprobé a la primera.* I passed first time. ◊ *No aprobé ni una materia.* I haven't passed a single subject. **2** (*aceptar*) to approve **of *sth*/*sb***: *No apruebo su comportamiento.* I don't approve of their behaviour.

aprontar ◆ *vt* to get *sth* ready ◆ **aprontarse** *v pron* to get ready: *Se aprontaron para salir.* They got ready to go out.

apropiado, -a *pp, adj* appropriate *Ver tb* APROPIARSE

apropiarse *v pron* ~ **de** to take: *Niegan haberse apropiado de la plata.* They say they didn't take the money.

aprovechador, ~a *nm-nf* sponger: *¡Mirá que sos un ~!* You're a real sponger!

aprovechar ◆ *vt* **1** (*usar*) to use: *~ bien el tiempo* to use your time well **2** (*recursos naturales*) to exploit: *~ la energía solar* to exploit solar energy **3** (*oportunidad, abusar*) to take advantage of *sth/sb*: *Aproveché el viaje para visitar a mi hermano.* I took advantage of the journey to visit my brother. ◆ *vi*: *Aprovechá ahora que no está el jefe.* Seize the chance now that the boss isn't here. ◆ **aprovecharse** *v pron* **aprovecharse** (**de**) to take advantage (**of *sth*/*sb***)

aproximado, -a *pp, adj* LOC *Ver* CÁLCULO; *Ver tb* APROXIMARSE

aproximarse *v pron* to approach, to draw near (*más coloq*): *Se aproximan los exámenes.* The exams are drawing near.

aptitud *nf* **1** (*gen*) aptitude (**for *sth*/*doing sth***): *prueba de ~* aptitude test **2** **aptitudes** gift [*sing*]: *tener ~es musicales* to have a gift for music

apto, -a *adj* suitable (**for *sth*/*to do sth***): *No son ~s para este trabajo.* They're not suitable for this job.

apuesta *nf* bet: *hacer una ~* to make a bet

apuntar *vi* to aim: *Apunté demasiado alto.* I aimed too high. ◊ *Me apuntó con una pistola.* He aimed his gun at me.

apunte *nm* note: *tomar ~s* to take notes

apuñalar *vt* to stab

apuramiento *nm* altitude sickness

apurar ◆ *vt* to rush: *No me apuren.* Don't rush me. ◆ **apurarse** *v pron* to hurry up: *¡Apurate!* Hurry up!

apuro[1] *nm* **1** (*aprieto*) fix: *Eso nos sacaría del ~.* That would get us out of this fix. **2** **apuros** trouble [*sing*]: *un alpinista en ~s* a climber in trouble

apuro[2] *nm* hurry [*incontable*]: *No hay ~.* There's no hurry. ◊ *Con el ~ se me olvidó desenchufarlo.* I was in such a hurry that I forgot to unplug it.

aquel, aquella *adj* that [*pl* those] LOC *Ver* ENTONCES

aquél, aquélla *pron* **1** (*cosa*) that one [*pl* those (ones)]: *Este coche es mío y ~ de Pedro.* This car's mine and that one is Pedro's. ◊ *Prefiero aquéllos.* I prefer those (ones). **2** (*persona*): *¿Conocés a aquéllos?* Do you know those people?

aquello *pron*: *¿Ves ~ de allí?* Can you see that thing over there? ◊ *No te imaginás lo que fue ~.* You can't imagine what it was like. ◊ *~ de tu jefe* that business involving your boss LOC **aquello que...** what...: *Acordate de ~ que tu madre siempre decía.* Remember what your mother always used to say.

aquí *adv* **1** (*lugar*) here: *Ya están ~.* They're here. ◊ *Es ~ mismo.* It's right here. **2** (*ahora*) now: *de ~ en adelante* from now on ◊ *Hasta ~ todo va bien.* Up till now everything's been fine. LOC **(por) aquí cerca** near here **por aquí (por favor)** this way (please)

árabe *nm* (*lengua*) Arabic

arábigo, -a *adj* LOC *Ver* NUMERACIÓN, NÚMERO

arado *nm* plough

arancel *nm* tariff

arandela *nf* **1** (*aro*) metal ring **2** (*para un tornillo*) washer

araña *nf* spider

arañar(se) *vt, v pron* to scratch: *Me arañé los brazos juntando moras.* I scratched my arms picking blackberries.

arañazo *nm* scratch

arar *vt* to plough

araucaria *nf* monkey puzzle

arbitrar *vt* **1** (*Fútbol, Boxeo*) to referee **2** (*Tenis*) to umpire

arbitrario, -a *adj* arbitrary

árbitro, -a *nm-nf* **1** (*Fútbol, Boxeo*) referee **2** (*Tenis*) umpire **3** (*mediador*) arbitrator

árbol *nm* tree: *~ frutal* fruit tree LOC **árbol genealógico** family tree

arboleda *nf* grove

arbusto *nm* bush

arcada *nf* LOC **dar arcadas** to retch: *Me daban ~s.* I was retching.

archipiélago *nm* archipelago [*pl* archipelagos/archipelagoes]

archivador *nm* **1** (*mueble*) filing cabinet **2** (*carpeta*) file

archivar *vt* **1** (*clasificar*) to file **2** (*Informát*) to store: *~ datos* to store data **3** (*asunto*) to shelve

archivo *nm* **1** (*policía*) file **2** (*Hist*) archive(s) [*se usa mucho en plural*]: *un ~ histórico* historical archives

arcilla *nf* clay

arco *nm* **1** (*Arquit*) arch **2** (*Fútbol*) goal: *Tiró al ~ pero falló.* He shot at goal but missed. **3** (*Mat*) arc: *un ~ de 36°* a 36°arc **4** (*Dep, Mús*) bow: *el ~ y las flechas* a bow and arrows LOC **arco iris** rainbow: *¡Mirá!, Salió el ~ iris.* Look! There's a rainbow. *Ver tb* TIRO

arcón *nm* large chest

arder *vi* **1** (*quemarse*) to burn **2** (*comida*) to be boiling hot: *La sopa está que arde.* The soup is boiling hot. LOC **estar que arde** (*persona*) to be fuming: *Tu padre está que arde.* Your father is fuming.

ardiente *adj* burning: *Había un sol ardiente.* The sun was burning hot. LOC *Ver* CAPILLA

ardilla *nf* squirrel

ardor *nm* **1** (*entusiasmo*) enthusiasm **2** (*sensación*) burning (sensation) LOC **ardor estomacal** heartburn

área *nf* area: *el ~ de un rectángulo* the area of a rectangle ◊ *un ~ de servicio* a service area

arena *nf* sand: *jugar en la ~* to play in the sand LOC **arenas movedizas** quicksands *Ver tb* BANCO, CASTILLO

arenque *nm* herring

Argentina *nf* Argentina

argentino, -a *adj, nm-nf* Argentine, Argentinian

argolla *nf* ring

argot *nm* **1** (*lenguaje coloquial*) slang **2** (*profesional*) jargon

argumento *nm* **1** (*razón*) argument: *los ~s a favor y en contra* the arguments for and against **2** (*Cine, Liter*) plot

árido, -a *adj* (*terreno, tema*) dry

Aries *nm, nmf* (*Astrología*) Aries ☛ *Ver ejemplos en* AQUARIUS

arisco, -a *adj* unfriendly

arista *nf* (*Geom*) edge

aristocracia *nf* aristocracy [*v sing o pl*]

aristócrata *nmf* aristocrat

aritmética *nf* arithmetic

arma *nf* **1** (*gen*) weapon: *~s nucleares* nuclear weapons **2** **armas** arms: *un traficante de ~s* an arms dealer LOC **arma blanca** knife **arma de doble filo** double-edged sword **arma de fuego** firearm **arma homicida** murder weapon *Ver tb* CONTRABANDISTA, CONTRABANDO, ESCUDO

armada *nf* navy [*v sing o pl*] [*pl* navies]: *tres buques de la ~* three navy ships

armadura *nf* armour [*incontable*]: *una ~* a suit of armour

armamento *nm* arms [*pl*]: *el control de ~s* arms control LOC *Ver* CARRERA

armar *vt* **1** (*entregar armas*) to arm *sb* (***with sth***): *Armaron a los soldados con fusiles.* They armed the soldiers with guns. **2** (*unir*) to assemble **3** (*carpa*) to put *a tent* up: *Hay que ~ la carpa.* We've got to put the tent up. **4** (*cigarrillo*) to roll LOC **armar lío/despelote** to make a racket **armarse de paciencia** to be patient **armarse de valor** to pluck up courage **armarse un lío** to get confused: *Con tantas puertas me armo un lío.* I get confused with all these doors. **armar un lío** to kick up a fuss *Ver tb* ESCÁNDALO

armario *nm* **1** (*gen*) cupboard **2** (*para ropa*) wardrobe

armazón *nm* **1** (*avión, barco, carpa*) frame **2** (*de anteojos*) frames

armisticio *nm* armistice

armonía *nf* harmony [*pl* harmonies]

armónica *nf* mouth organ

arneses *nm* harness [*sing*]

aro *nm* **1** (*gen*) ring: *los ~s olímpicos* the Olympic rings **2** (*de oreja*) earring: *~s de plata* silver earrings **3** (*Gimnasia*) hoop

aroma *nm* aroma

aromático, -a *adj* aromatic

arpa *nf* harp

arpón *nm* harpoon

arqueología *nf* archaeology

arqueólogo, -a *nm-nf* archaeologist

arquero *nm* goalkeeper

arquitecto, -a *nm-nf* architect

arquitectura *nf* architecture

arrabal *nm* poor neighbourhood

arraigado, -a *pp, adj* deep-rooted: *una costumbre muy arraigada* a deep-rooted custom *Ver tb* ARRAIGAR(SE)

arraigar(se) *vi, v pron* to take root

arrancar ◆ *vt* **1** (*sacar*) to pull *sth* out: *~ un clavo* to pull a nail out **2** (*planta*) to pull *sth* up: *~ los yuyos* to pull the weeds up **3** (*página*) to tear *a page* out **4** (*quitar*) to pull *sth* off: *~ la etiqueta de una camisa* to pull the label off a shirt ◆ *vt, vi* (*motor*) to start

arranque *nm* **1** (*motor*) starting: *Tengo problemas con el ~.* I've got problems starting the car. **2** *~* **de** fit **of *sth***: *un ~ de celos* a fit of jealousy LOC *Ver* LLAVE

arrasar ◆ *vt* to destroy: *El incendio arrasó varios edificios.* The fire destroyed several buildings. ◆ *vi* (*ganar*) to win hands down: *El equipo local arrasó.* The local team won hands down.

arrastrar ◆ *vt* to drag: *No arrastres los pies.* Don't drag your feet. ◆ **arrastrarse** *v pron* **1** (*gatear*) to crawl: *~se por el suelo* to crawl along the floor **2** **arrastrarse (ante)** (*humillarse*) to grovel (**to *sb***)

¡arre! *interj* gee up!

arrear *vt* (*ganado*) to drive

arrecife *nm* reef

arreglado, -a *pp, adj* **1** (*persona*) dressed up: *¿Dónde vas tan arreglada?* Where are you off to all dressed up? ◊ *una señora muy arreglada* a smartly dressed lady **2** (*ordenado*) tidy **3** (*asunto*) sorted out: *Ya está ~ el problema.* The problem's sorted out now. *Ver tb* ARREGLAR

arreglar ◆ *vt* **1** (*reparar*) to mend: *Van a venir a ~ el lavarropas.* They're coming to mend the washing machine. **2** (*hacer obras*) to do *sth* up: *Estamos arreglando el cuarto de baño.* We're doing up the bathroom. **3** (*ordenar*) to tidy *sth* (up) **4** (*asunto, problema*) to sort *sth* out: *No te preocupes que yo lo voy a ~.* Don't worry, I'll sort it out. ◆ **arreglarse** *v pron* **1** (*embellecerse*) to get ready **2** (*mejorar*) to get better, to improve (*más formal*): *Si se arregla la situación económica...* If the economic situation improves... **3** (*salir bien*) to work out: *Al final todo se arregló.* It all worked out in the end. **4** (*ingeniarse*) to manage: *Hay poca comida pero ya nos arreglaremos.* There's not much food but we'll manage. LOC **arreglárselas** to get by

arreglo *nm* **1** (*reparación*) repair: *hacer ~s* to do repairs **2** (*acuerdo*) agreement LOC **no tiene arreglo 1** (*objeto*) it can't be mended **2** (*problema*) it can't be solved **3** (*persona*) he/she is a hopeless case

arremangar(se) *vt, v pron* (*manga, pantalón*) to roll *sth* up: *Se arremangó los pantalones.* He rolled up his trousers.

arrepentido, -a *pp, adj* LOC **estar arrepentido (de)** to be sorry (for/about *sth*) *Ver tb* ARREPENTIRSE

arrepentimiento *nm* **1** (*pesar*) regret **2** (*Relig*) repentance

arrepentirse *v pron ~* **(de) 1** (*lamentar*) to regret: *Me arrepiento de habérselo prestado.* I regret lending it to him. **2** (*pecado*) to repent (***of sth***)

arrestar *vt* **1** (*detener*) to arrest **2** (*encarcelar*) to imprison

arresto *nm* **1** (*detención*) arrest **2** (*prisión*) imprisonment: *10 meses de ~* 10 months' imprisonment

arriar *vt* **1** (*bandera*) to lower: *~ (la) bandera* to lower the flag **2** (*ganado*) to herd

arriba ◆ *adv* **1** (*gen*) up: *aquel castillo allá ~* that castle up there ◊ *cuesta ~* uphill ◊ *de la cintura para ~* from the waist up **2** (*piso*) upstairs: *Viven ~.* They live upstairs. ◊ *los vecinos de ~* our upstairs neighbours ◆ **¡arriba!** *interj* come on!: *¡~ el Athletic!* Come on Athletic! LOC **arriba de todo** at the very top **¡arriba las manos!** hands up! **de arriba abajo 1** (*gen*) up and down: *Me miró de ~ abajo.* He looked me up and down. ◊ *mover algo de ~ abajo* to move something up and down **2** (*completamente*): *cambiar algo de ~ abajo* to change sth completely **hacia arriba** upwards *Ver tb* AHÍ, ALLÁ, ALLÍ, BOCA, CALLE, CUESTA, PARTE[1], PATA, RÍO

arriesgado, -a *pp, adj* **1** (*peligroso*) risky **2** (*audaz*) daring *Ver tb* ARRIESGAR

arriesgar ◆ *vt* to risk: *~ la salud/la plata/la vida* to risk your health/money/life ◆ **arriesgarse** *v pron* to take a risk/risks: *Yo que vos no me arriesgaría.* If I were you, I wouldn't take that risk. LOC *Ver* PELLEJO

arrimar ◆ *vt* to bring *sth* closer (***to sth***): *Arrimá la silla a la estufa.* Bring your chair closer to the gas fire. ◆ **arrimarse** *v pron* **arrimarse (a)** to go/come near: *No te arrimes a la pared.* Don't go near that wall. ◊ *No te arrimes a esa puerta, está recién pintada.* Don't go near that door. It's just been painted.

arrinconar *vt* (*acorralar*) to corner

arrodillarse *v pron* to kneel (down)

arrogante *adj* arrogant

arrojar *vt* to throw: *~ piedras a la policía* to throw stones at the police

arrollado *nm* (*dulce*) Swiss roll LOC **arrollados primavera** spring rolls

arrollar *vt* **1** (*vencer*) to thrash **2** (*hacer un rollo*) to roll *sth* up

arropar(se) *vt, v pron* to wrap (*sb*) up: *Arropate bien.* Wrap up well.

arroyo *nm* stream

arroz *nm* rice LOC **arroz con leche** rice pudding

arrozal *nm* ricefield

arruga *nf* **1** (*piel*) wrinkle **2** (*papel, ropa*) crease

arrugar(se) ◆ *vt, v pron* **1** (*piel*) to wrinkle **2** (*ropa*) to crease: *Esta pollera se arruga enseguida.* This skirt creases very easily. **3** (*papel*) to crumple: *Doblalo bien para que no se arrugue.* Fold it properly so that it doesn't get crumpled. ◆ *vi* (*achicarse*) to chicken out

arruinar ◆ *vt* to ruin: *Este cambio nos arruinó el plan.* This change has ruined our plans. ◆ **arruinarse** *v pron* (*Econ*) to go bankrupt: *Se arruinó comprando acciones.* He went bankrupt buying shares.

arsenal *nm* (*armas*) arsenal

arsénico *nm* arsenic

arte *nm* **1** (*gen*) art: *una obra de ~* a work of art **2** (*habilidad*) talent (***at sth/doing sth***): *Tenés ~ para pintar.* You have a talent for painting. LOC **como por arte de magia** as if by magic *Ver tb* BELLO

artefacto *nm* **1** (*dispositivo*) device: *un ~ explosivo* an explosive device **2** (*aparato extraño*) contraption LOC **artefactos eléctricos** electrical appliances

arteria *nf* artery [*pl* arteries]

artesanía *nf* **1** (*habilidad*) craftsmanship **2** (*productos*) handicrafts [*pl*] LOC **de artesanía** handmade

artesano, -a *nm-nf* craftsman/woman [*pl* craftsmen/women]

ártico, -a ◆ *adj* Arctic ◆ **Ártico** *nm* (*océano*) Arctic Ocean LOC *Ver* CÍRCULO

articulación *nf* **1** (*Anat, Mec*) joint **2** (*pronunciación*) articulation

artículo *nm* article: *Ojalá publiquen mi ~.* I hope my article gets published. ◊ *el ~ definido* the definite article

artificial *adj* artificial LOC *Ver* FUEGO, PULMÓN, RESPIRACIÓN

artillería *nf* artillery

artista *nmf* **1** (*gen*) artist **2** (*Cine, Teat*) actor [*fem* actress]

arveja *nf* pea

arzobispo *nm* archbishop

as *nm* ace: *el as de corazones* the ace of hearts ◊ *ases del ciclismo* ace cyclists ☛ *Ver nota en* CARTA

asa *nf* handle

asadera *nf* roasting pan

asado, -a ◆ *pp, adj* **1** (*al horno*) roast **2** (*a la parrilla*) barbecued ◆ *nm* **1** (*carne*) **(a)** (*al horno*) roast **(b)** (*a la parrilla*) barbecued meat: *un ~ de cordero* barbecued lamb **2** (*reunión*) barbecue: *hacer un* ~ to have a barbecue *Ver tb* ASAR

asalariado, -a *nm-nf* wage earner

asaltante *nmf* **1** (*agresor*) attacker **2** (*ladrón*) raider

asaltar *vt* **1** (*gen*) to raid: *Dos tipos asaltaron el banco.* Two men raided the bank. **2** (*persona*) to mug: *Nos asaltó un enmascarado.* We were mugged by a masked man.

asalto *nm* ~ (**a**) **1** (*gen*) raid (**on** ***sth***): *un ~ a una joyería* a raid on a jeweller's **2** (*a una persona*) attack (**on** ***sb***) **3** (*Boxeo*) round LOC *Ver* CARRO

asamblea *nf* **1** (*reunión*) meeting **2** (*parlamento*) assembly [*pl* assemblies]

asar ◆ *vt* **1** (*carne*) to roast **2** (*papa entera*) to bake ◆ **asarse** *v pron* to roast: *Me estoy asando vivo.* I'm roasting alive.

ascendente *nm* (*Astrología*) ascendant

ascender ◆ *vt* to promote *sb* (***to sth***): *Lo ascendieron a capitán.* He was promoted to captain. ◆ *vi* **1** (*elevarse*) to go up, to rise (*más formal*) **2** (*montañismo*) to climb (up) *sth* **3** (*trabajador*) to be promoted (***to sth***)

ascenso *nm* **1** (*temperatura, precios*) rise: *Habrá un ~ de las temperaturas.* There will be a rise in temperatures. **2** (*montaña*) ascent **3** (*de un empleado, de un equipo*) promotion

ascensor *nm* lift: *llamar al ~* to call the lift

asco *nm* LOC **dar asco**: *Los riñones me dan ~.* I can't stand kidneys. ◊ *Este país da ~.* This country makes me sick. **estar hecho un asco** (*lugar*) to be filthy **¡qué asco!** (*qué repugnante*) how revolting! **¡qué asco de...!**: *¡Qué ~ de tiempo!* What lousy weather! *Ver tb* CARA

ascua *nf* LOC **estar en ascuas** to be on tenterhooks

aseado, -a *pp, adj* **1** (*persona*) clean **2** (*lugar*) tidy *Ver tb* ASEARSE

asearse *v pron* to have a wash

asegurar ◆ *vt* **1** (*garantizar*) to ensure: *~ que todo funcione* to ensure that everything works **2** (*afirmar*) to assure: *Asegura que no los vio.* She assures us she didn't see them. **3** (*con una compañía de seguros*) to insure *sth/sb* (***against sth***): *Quiero ~ el auto contra incendio y robo.* I want to insure my car against fire and theft. ◆ **asegurarse** *v pron* (*comprobar*) to make sure (***of sth/that...***): *Asegurate de cerrar las ventanas.* Please make sure you close the windows.

asentir *vi* LOC **asentir con la cabeza** to nod

aseo *nm* (*limpieza*) cleanliness: *el ~ de la casa* cleaning the house LOC **aseo personal** personal hygiene

aserrín *nm* sawdust

asesinar *vt* to murder: *Parece que lo asesinaron.* He seems to have been murdered.

> Existe también el verbo **to assassinate** y los sustantivos **assassination** (*asesinato*) y **assassin** (*asesino*), pero sólo se usan cuando nos referimos a un personaje importante: *¿Quién asesinó al ministro?* Who assassinated the minister? ◊ *Hubo un intento de asesinato contra el Presidente.* There was an assassination attempt on the President. ◊ *un asesino a sueldo* a hired assassin.

asesinato *nm* murder: *cometer un ~* to commit (a) murder ☛ *Ver nota en* ASESINAR

asesino, -a ◆ *nm-nf* murderer ☛ *Ver nota en* ASESINAR ◆ *adj* (*mirada*) murderous LOC *Ver* MANO

asfaltar *vt* to tarmac: *Asfaltaron la calle.* They've tarmacked the road.

asfalto *nm* Tarmac®

asfixia *nf* suffocation, asphyxia (*más formal*)

asfixiar ◆ *vt* **1** (*con humo, gas*) to suffocate, to asphyxiate (*más formal*) **2** (*con una almohada*) to smother ◆ **asfixiarse** *v pron* to suffocate

así *adv, adj* **1** (*de este modo, como éste*) like this: *Sostenelo ~.* Hold it like this. **2** (*de ese modo, como ése*) like that: *Quiero un coche ~.* I want a car like that. ◊ *Con gente ~ da gusto trabajar.* It's nice working with people like that. ◊ *Yo soy ~.* That's the way I am. LOC **así de grande, gordo, etc** this big, fat etc **así que** so: *No llegaban, ~ que me fui.* They didn't come so I left. ◊ *¡~ que se mudan!* So you're moving, are you? **¡así se habla/hace!** well said/done! **y así sucesivamente** and so on (and so forth) *Ver tb* ALGO

Asia *nf* Asia

asiático, -a *adj, nm-nf* Asian

asiento *nm* seat

asignar *vt* to assign

asilo *nm* **1** (*residencia*) home **2** (*Pol*)

asylum: *buscar ~ político* to seek political asylum LOC *Ver* ANCIANO

asimilar *vt* to assimilate

asistencia *nf* **1** (*presencia*) attendance **2** (*a enfermos*) care: *~ médica/sanitaria* medical/health care LOC *Ver* FALTA

asistente *adj, nmf* ~ (**a**) present [*adj*] (**at** *sth*): *entre los ~s a la reunión* among those present at the meeting LOC **asistente social** social worker

asistir *vi* ~ (**a**) (*acudir*) to attend: *~ a una clase/una reunión* to attend a lesson/meeting

asma *nf* asthma

asmático, -a *adj, nm-nf* asthmatic

asno, -a *nm-nf* ass

asociación *nf* association

asociar ◆ *vt* to associate *sth/sb* (**with** *sth/sb*): *~ el calor a las vacaciones* to associate good weather with the holidays ◆ **asociarse** *v pron* to form a partnership (**to do** *sth*)

asomar ◆ *vt*: *~ la cabeza por la ventana* to put your head out of the window ◊ *~ la cabeza por la puerta* to put your head round the door ◆ **asomarse** *v pron*: *Me asomé a la ventana para verlo mejor.* I put my head out of the window to get a better look. ◊ *Asomate al balcón.* Come out onto the balcony.

asombrarse *v pron* to be amazed: *Se asombraron al vernos.* They were amazed to see us. ◊ *Me asombré del desorden.* I was amazed by the mess.

asombro *nm* amazement: *mirar con ~* to look in amazement ◊ *poner cara de ~* to look amazed

aspa *nf* (*molino*) sail

aspecto *nm* **1** (*apariencia*) look: *Tu abuela no tiene muy buen ~.* Your granny doesn't look very well. **2** (*faceta*) aspect: *el ~ jurídico* the legal aspect

aspereza *nf* roughness LOC *Ver* LIMAR

áspero, -a *adj* rough

aspiradora *nf* vacuum cleaner: *pasar la ~* to vacuum

aspirante *nmf* ~ (**a**) candidate (**for** *sth*): *los ~s al puesto* the candidates for the job

aspirar ◆ *vt* **1** (*respirar*) to breathe *sth* in **2** (*máquina*) to suck *sth* up ◆ *vi* ~ **a** to aspire **to** *sth*: *~ a ganar un sueldo decente* to aspire to a decent salary

aspirina *nf* aspirin: *tomarse una ~* to take an aspirin

asqueroso, -a *adj* **1** (*sucio*) filthy **2** (*repugnante*) disgusting

asta *nf* **1** (*bandera*) flagpole **2** (*toro*) horn LOC *Ver* MEDIO

asterisco *nm* asterisk

astilla *nf* splinter LOC *Ver* TAL

astillero *nm* shipyard

astro *nm* star

astrología *nf* astrology

astrólogo, -a *nm-nf* astrologer

astronauta *nmf* astronaut

astronomía *nf* astronomy

astrónomo, -a *nm-nf* astronomer

astucia *nf* **1** (*habilidad*) shrewdness: *tener mucha ~* to be very shrewd **2** (*malicia*) cunning

astuto, -a *adj* **1** (*hábil*) shrewd: *un hombre muy ~* a very shrewd man **2** (*malicioso*) cunning: *Elaboraron un plan ~.* They devised a cunning plan.

asunto *nm* **1** (*tema*) matter: *un ~ de interés general* a matter of general interest **2** (*Pol*) affair LOC **no es asunto mío** it's none of my, your, etc business *Ver tb* DESCUBRIR

asustar ◆ *vt* to scare, to frighten (*más formal*): *Me asustó el perro.* The dog frightened, me. ◊ *¿Te asusta la oscuridad?* Are you scared of the dark? ◆ **asustarse** *v pron* to be scared, to be frightened (*más formal*): *Te asustás por nada.* You're frightened of everything.

atacar *vt* to attack

atado *nm* **1** (*de ropa*) bundle **2** (*de verdura*) bunch **3** (*de cigarrillos*) packet

atajar *vt* to catch: *El arquero atajó un penal.* The goalie stopped a penalty.

atajo *nm* short cut: *tomar un ~* to take a short cut

ataque *nm* **1** ~ (**a/contra**) attack (**on** *sth/sb*): *un ~ al corazón* a heart attack **2** (*risa, tos*) fit: *Le dio un ~ de tos.* He had a coughing fit. LOC **ataque de nervios** nervous breakdown *Ver tb* CARDÍACO

atar ◆ *vt* to tie *sth/sb* (up): *Nos ataron las manos.* They tied our hands. ◊ *Atá bien el paquete.* Tie the parcel tightly. ◆ **atar(se)** *vt, v pron* to do *sth* up: *No puedo ~me los zapatos.* I can't do my shoes up.

atardecer *nm* dusk: *al ~* at dusk

atareado, -a *pp, adj* busy

ataúd *nm* coffin

atención ◆ *nf* attention ◆ **¡atención!** *interj* attention please LOC **con atención** attentively **poner/prestar aten-**

ción to pay attention (*to sth/sb*) *Ver tb* LLAMAR

atender ◆ *vt* **1** (*recibir*) to see: *Tienen que ~ a muchas personas.* They have to see lots of people. **2** (*en un negocio*) to serve: *¿Lo atienden?* Are you being served? **3** (*tarea, problema, solicitud*) to deal with *sth*: *Sólo atendemos casos urgentes.* We only deal with emergencies. **4** (*contestar*) to answer: *~ llamadas/el teléfono* to answer calls/ the phone ◆ *vi* to pay attention (***to sth*/ *sb***): *No atienden a lo que el profesor dice.* They don't pay any attention to what the teacher says. ◆ **atenderse** *v pron* **atenderse con** (*médico*) to be treated **by *sb***: *¿Con qué médico te atendiste?* Which doctor treated you?

atenerse *v pron* ~ **a 1** (*reglas, órdenes*) to abide by *sth*: *Nos atendremos a las normas.* We'll abide by the rules. **2** (*consecuencias*) to face: *Aténganse a las consecuencias.* You'll have to face the consequences. LOC **(no) saber a qué atenerse** (not) to know what to expect

atentado *nm* **1** (*ataque*) attack (***on sth*/ *sb***): *un ~ contra un cuartel del ejército* an attack on an army barracks **2** (*intento de asesinato*) attempt on *sb's* life: *un ~ contra dos diputados* an attempt on the lives of two MPs

atentamente *adv* (*fórmula de despedida*) yours faithfully, yours sincerely ☛ *Ver págs 308–9.* LOC *Ver* SALUDAR

atentar *vi* ~ **contra** to make an attempt on *sb's* life: *Atentaron contra el juez.* They made an attempt on the judge's life.

atento, -a *adj* **1** (*prestando atención*) attentive: *Escuchaban ~s.* They listened attentively. **2** (*amable*) kind LOC **estar atento a algo 1** (*mirar*) to watch out for sth: *estar ~ a la llegada del tren* to watch out for the arrival of the train **2** (*prestar atención*) to pay attention to sth

ateo, -a *nm-nf* atheist: *ser ~* to be an atheist

aterrador, ~a *adj* terrifying

aterrizaje *nm* landing LOC **aterrizaje forzoso** emergency landing *Ver tb* TREN

aterrizar *vi* to land: *Aterrizaremos en Gatwick.* We shall be landing at Gatwick.

aterrorizar *vt* **1** (*dar miedo*) to terrify: *Me aterrorizaba que pudieran derribar la puerta.* I was terrified they might knock the door down. **2** (*con violencia*) to terrorize: *Esos matones aterrorizan a los vecinos.* Those thugs terrorize the neighbourhood.

atizar *vt* (*fuego*) to poke

atlántico, -a ◆ *adj* Atlantic ◆ **Atlántico** *nm* Atlantic (Ocean)

atlas *nm* atlas [*pl* atlases]

atleta *nmf* athlete

atlético, -a *adj* athletic

atletismo *nm* athletics [*sing*]

atmósfera *nf* atmosphere: *~ cargada/ de malestar* stuffy/uneasy atmosphere

atmosférico, -a *adj* atmospheric: *condiciones atmosféricas* atmospheric conditions

atómico, -a *adj* atomic LOC *Ver* REACTOR

átomo *nm* atom

atontado, -a ◆ *pp, adj* **1** (*alelado*) groggy: *Esas pastillas me dejaron ~.* Those pills have made me groggy. **2** (*por un golpe*) stunned ◆ *nm-nf* dimwit *Ver tb* ATONTAR

atontar *vt* **1** (*marear*) to make *sb* dopey **2** (*volver tonto*) to dull your senses: *Esas revistas te atontan.* Magazines like these dull your senses.

atorarse *v pron* ~ **con** to choke **on *sth***: *Me atoré con un pedazo de pan.* I choked on a piece of bread.

atormentar *vt* to torment

atornillar *vt* to screw *sth* down/in/on: *~ la última pieza* to screw on the last bit

atorrante *adj, nmf* layabout [*n*]

atracar *vt, vi* (*barco*) to dock

atracción *nf* attraction: *una ~ turística* a tourist attraction ◊ *sentir ~ por algn* to be attracted to sb LOC *Ver* PARQUE

atracón *nm* LOC **darse un atracón** to stuff yourself full (*of sth*)

atractivo, -a ◆ *adj* attractive ◆ *nm* **1** (*cosa que atrae*) attraction: *uno de los ~s de la ciudad* one of the city's attractions **2** (*interés*) appeal [*incontable*] **3** (*persona*) charm

atraer *vt* **1** (*gen*) to attract: *~ a los turistas* to attract tourists ◊ *Me atraen los hombres altos.* I'm attracted to tall men. **2** (*idea*) to appeal **to *sb***

atragantarse *v pron* **1** ~ **(con)** to choke **(on *sth*)**: *Me atraganté con una espina.* I choked on a fish bone. **2** (*objeto*) to get stuck in *sb's* throat: *Se le atragantó un carozo de aceituna.* An olive stone got stuck in his throat.

atrapado, -a *pp, adj* LOC **estar/**

quedarse atrapado to be trapped *Ver tb* ATRAPAR

atrapar *vt* to catch

atrás *adv* at/on the back: *Siempre se sientan ~.* They always sit at the back. ◊ *El precio está ~.* The price is on the back. ◊ *Vamos a ponernos más ~.* Let's sit further back. LOC **andar atrás de algn** (*gustar*) to be after sb **años, días, etc atrás** years, days, etc ago **atrás de** behind: *desde ~ de la línea de la mitad de la cancha* from behind the halfway line **dejar atrás** to leave *sth/sb* behind **echarse/volverse atrás** (*desdecirse*) to go back on your word **hacia/para atrás** backwards: *caminar hacia ~* to walk backwards **por atrás** from behind *Ver tb* CUENTA, MARCHA, PARTE[1]

atrasado, -a *pp, adj* **1** (*publicación, sueldo*) back: *los números ~s de una revista* the back numbers of a magazine **2** (*país, región*) backward **3** (*reloj*) slow: *Tu reloj está ~.* Your watch is slow. LOC **tener trabajo, etc atrasado** to be behind with your work, etc *Ver tb* ATRASAR

atrasar ◆ *vt* (*reloj*) to put *sth* back: *~ el reloj una hora* to put the clock back an hour ◆ **atrasar**(**se**) *vi, v pron* (*reloj*) to be slow: (*Se*) *atrasa de cinco minutos.* It's five minutes slow.

atraso *nm* **1** (*demora*) delay [*pl* delays] **2** (*subdesarrollo*) backwardness

atravesar ◆ *vt* **1** (*cruzar*) to cross: *~ la frontera* to cross the border **2** (*perforar, experimentar*) to go through *sth*: *Atraviesan una grave crisis.* They're going through a serious crisis. ◊ *La bala le atravesó el corazón.* The bullet went through his heart. ◆ **atravesarse** *v pron* to block *sb's* path: *Se nos atravesó un elefante.* An elephant blocked our path.

atreverse *v pron ~* (**a**) to dare (***do sth***): *No me atrevo a pedirle plata.* I daren't ask him for money. ☛ *Ver nota en* DARE[1]

atrevido, -a *pp, adj* **1** (*insolente*) cheeky **2** (*gen*) daring: *una blusa/decisión atrevida* a daring blouse/decision *Ver tb* ATREVERSE

atributo *nm* attribute

atropellado *pp, adj* (*por un vehículo*): *Murió ~.* He died after being run over by a car. *Ver tb* ATROPELLAR

atropellar *vt* to run *sb* over: *Me atropelló un auto.* I was run over by a car.

atún *nm* tuna [*pl* tuna]

audaz *adj* bold

audición *nf* **1** (*oído*) hearing: *perder la ~* to lose your hearing **2** (*prueba*) audition

audiencia *nf* audience: *el programa de mayor ~* the programme with the largest audience

auditorio *nm* **1** (*audiencia*) audience **2** (*edificio*) concert hall

aula *nf* **1** (*de escuela*) classroom **2** (*de universidad*) lecture room

aullar *vi* to howl

aullido *nm* howl

aumentar ◆ *vt* **1** (*gen*) to increase: *~ la competitividad* to increase competition **2** (*lupa, microscopio*) to magnify ◆ *vi* to increase: *Aumenta la población.* The population is increasing.

aumento *nm* **1** (*gen*) rise, increase (*más formal*) (***in sth***): *un ~ de la población* an increase in population **2** (*anteojos*) strength: *¿Cuánto ~ tienen tus anteojos?* How strong are your glasses?

aun *adv* even: *~ así no lo aceptaría.* Even so, I wouldn't accept it.

aún *adv* **1** (*en oraciones afirmativas e interrogativas*) still **2** (*en oraciones negativas e interrogativas-negativas*) yet ☛ *Ver nota en* STILL[1] **3** (*en oraciones comparativas*) even

aunque *conj* **1** (*a pesar de que*) although, though (*más coloq*)

> **Although** es más formal que **though**. Si se quiere dar más énfasis se puede usar **even though**: *No quisieron venir, aunque sabían que estarías.* They didn't want to come, although/though/even though they knew you'd be here.

2 (*incluso si*) even if: *Vení, ~ sea tarde.* Come along even if it's late.

auriculares *nm* headphones

aurora *nf* dawn

ausencia *nf* absence

ausentarse *v pron ~* (**de**) **1** (*no ir*) to stay off: *~ de la escuela* to stay off school **2** (*estar fuera*) to be away (**from ...**)

ausente ◆ *adj* absent (***from ...***): *Estaba ~ de la reunión.* He was absent from the meeting. ◆ *nmf* absentee

austeridad *nf* austerity

austero, -a *adj* austere

austral *adj* southern

Australia *nf* Australia

australiano, -a *adj, nm-nf* Australian LOC *Ver* COTORRITA

austríaco, -a *adj, nm-nf* Austrian: *los ~s* the Austrians

auténtico, -a *adj* genuine, authentic (*más formal*): *un Renoir ~* an authentic Renoir

autito *nm* LOC **autitos chocadores** dodgems: *subirse en los ~s chocadores* to go on the dodgems

auto *nm* (*coche*) car LOC **auto de carrera** racing car **auto sport** sports car

autoadhesivo, -a *adj* self-adhesive: *una etiqueta autoadhesiva* a self-adhesive label

autobiografía *nf* autobiography [*pl* autobiographies]

autobiográfico, -a *adj* autobiographical

autóctono, -a *adj* indigenous, native (*más coloq*)

autodefensa *nf* self-defence

autodidacta *adj, nmf* self-taught [*adj*]: *Fue esencialmente un ~.* He was basically self-taught.

autógrafo *nm* autograph

automático, -a *adj* automatic LOC *Ver* CAJERO, CONTESTADOR, PILOTO

automóvil *nm* car LOC *Ver* CEMENTERIO

automovilismo *nm* motor racing

automovilista *nmf* motorist

autonomía *nf* **1** (*autogobierno*) autonomy **2** (*independencia*) independence: *la ~ del poder judicial* the independence of the judiciary

autónomo, -a *adj* **1** (*gen*) autonomous **2** (*trabajador*) self-employed

autopista *nf* motorway [*pl* motorways] LOC **autopista de dos carriles** dual carriageway

autopsia *nf* post-mortem

autor, ~a *nm-nf* **1** (*escritor*) author **2** (*compositor musical*) composer **3** (*crimen*) perpetrator

autoridad *nf* authority [*pl* authorities]

autorización *nf* permission

autorizar *vt* **1** (*acción*) to authorize: *No autorizaron la huelga.* They haven't authorized the strike. **2** (*dar derecho*) to give *sb* the right (***to do sth***): *El cargo nos autoriza a usar un coche oficial.* The job gives us the right to use an official car.

autorretrato *nm* self-portrait

autoservicio *nm* **1** (*restaurante*) self-service restaurant **2** (*supermercado*) supermarket **3** (*estación de servicio*) self-service petrol station

auxilio *nm* help: *un grito de ~* a cry for help LOC *Ver* PRIMERO, RUEDA

avalancha *nf* avalanche

avanzar *vi* to advance

avaricia *nf* greed

avaro, -a ◆ *adj* miserly ◆ *nm-nf* miser

ave *nf* bird

avellana ◆ *nf* hazelnut ◆ *nm* (*color*) hazel: *ojos de color ~* hazel eyes

avellano *nm* hazel

avemaría *nf* Hail Mary: *rezar tres ~s* to say three Hail Marys

avena *nf* oats [*pl*]

avenida *nf* avenue (*abrev* Ave)

aventura *nf* **1** (*peripecia*) adventure: *Vivimos una ~ fascinante.* We had a fascinating adventure. **2** (*amorío*) fling

aventurero, -a ◆ *adj* adventurous ◆ *nm-nf* adventurer

avergonzar ◆ *vt* **1** (*humillar*) to make *sb* feel ashamed: *~ a la familia* to make your family feel ashamed **2** (*abochornar*) to embarrass: *Tu manera de vestir me avergüenza.* The way you dress embarrasses me. ◆ **avergonzarse** *v pron* **1** (*arrepentirse*) to be ashamed (**of sth/doing sth**): *Me avergüenzo de haberles mentido.* I'm ashamed of having told them a lie. **2** (*sentirse incómodo*) to be embarrassed: *Se avergüenzan de su propia ignorancia.* They're embarrassed by their own ignorance.

averiguar *vt* to find *sth* out, to discover (*más formal*)

avestruz *nm* ostrich

aviación *nf* **1** (*gen*) aviation: *~ civil* civil aviation **2** (*fuerzas aéreas*) air force

avinagrado, -a *pp, adj* (*vino*) vinegary

avión *nm* aeroplane, plane (*más coloq*) LOC **ir/viajar en avión** to fly **por avión** (*correo*) airmail

avioneta *nf* light aircraft [*pl* light aircraft]

avisar *vt* **1** (*informar*) to let *sb* know (**about sth**): *Avisame cuando lleguen.* Let me know when they arrive. **2** (*advertir*) to warn: *Te aviso que si no me pagás...* I'm warning you that if you don't pay... LOC **sin avisar**: *Vinieron sin ~.* They turned up unexpectedly. ◊ *Se fue de casa sin ~.* He left home without saying anything.

aviso *nm* **1** (*gen*) notice: *Cerrado hasta nuevo ~.* Closed until further notice. **2** (*advertencia*) warning: *sin previo ~*

without prior warning **3** (*Period, TV*) advertisement, advert [*más coloq*] ad LOC **avisos clasificados** classified ads

avispa *nf* wasp

avispero *nm* (*nido*) wasps' nest

axila *nf* armpit

¡ay! *interj* **1** (*de dolor*) ow! **2** (*de aflicción*) oh (dear)!

ayer *adv* yesterday LOC **antes de ayer** the day before yesterday **ayer por la noche** last night **de ayer**: *el diario de ~* yesterday's paper ◊ *Este pan es de ~.* This bread isn't fresh.

ayuda *nf* help [*incontable*]: *Gracias por tu ~.* Thanks for your help. ◊ *Necesito ~.* I need some help.

ayudante *adj, nmf* assistant

ayudar *vt, vi* to help *sb* (***to do sth***): *¿Te ayudo?* Can I help you?

ayunar *vi* to fast

ayunas LOC **en ayunas**: *Estoy en ~.* I've had nothing to eat or drink.

ayuno *nm* fast: *40 días de ~* 40 days of fasting

azabache *nm* jet: *negro como el ~* jet black

azada *nf* hoe

azafata *nf* (*de vuelo*) stewardess

azafrán *nm* saffron

azahar *nm* orange blossom

azar *nm* **1** (*casualidad*) chance: *juego de ~* game of chance **2** (*destino*) fate LOC **al azar** at random: *Elegí un número al ~.* Choose a number at random.

azorado, -a *pp, adj* amazed

azotea *nf* (flat) roof [*pl* roofs]

azúcar *nm o nf* sugar: *un terrón de ~* a lump of sugar LOC **azúcar impalpable** icing sugar **azúcar negra** brown sugar *Ver tb* ALGODÓN, FÁBRICA

azucarero *nm* sugar bowl LOC *Ver* REMOLACHA

azucena *nf* lily [*pl* lilies]

azufre *nm* sulphur

azul *adj, nm* blue ☛ *Ver ejemplos en* AMARILLO LOC **azul celeste/marino** sky/navy blue **azul Francia** royal blue **azul turquesa** turquoise *Ver tb* PRÍNCIPE

azulejo *nm* tile

Bb

baba *nf* **1** (*de persona*) dribble **2** (*de animal*) foam LOC **caérsele la baba a algn** to dote *on sb*: *Se le cae la ~ por sus nietos.* She dotes on her grandchildren.

babear *vi* to dribble

babero *nm* bib

Babia *nf* LOC **estar en Babia** to be daydreaming

babor *nm* port: *a ~* to port

babosa *nf* slug

baby-fútbol *nm* five-a-side football

baca *nf* roof-rack

bacalao *nm* cod [*pl* cod]

bache *nm* **1** (*agujero*) pothole: *Estas calles tienen muchos ~s.* These roads are full of potholes. **2** (*dificultad*) bad patch: *atravesar un ~* to go through a bad patch

bachillerato *nm* secondary school

bacilo *nm* bacillus [*pl* bacilli]

bacteria *nf* bacterium [*pl* bacteria]

bafle *nm* (loud)speaker

bagual *nm* unbroken horse

bahía *nf* bay [*pl* bays]

bailar ◆ *vt, vi* **1** (*danza*) to dance: *¿Bailás?* Would you like to dance? ◊ *~ un tango* to dance a tango **2** (*trompo*) to spin ◆ *vi* **1** (*estar suelto*) to be loose: *Me baila un diente.* I've got a loose tooth. **2** (*quedar grande*) to be too big (***for sb***): *Esta pollera me baila.* This skirt's too big for me. LOC **bailar apretado** to have a slow dance **bailar con la renga** to draw the short straw **sacar a bailar** to ask *sb* to dance

bailarín, -ina *nm-nf* dancer

baile *nm* **1** (*fiesta, danza*) dance: *El ~ empieza a las doce.* The dance begins at twelve. **2** (*acción*) dancing: *Me gusta mucho el ~.* I like dancing very much. LOC **baile de disfraces** fancy dress ball *Ver tb* PISTA

baja *nf* **1** (*precio*) fall (***in sth***): *una ~ en el precio del pan* a fall in the price of bread **2** (*ausencia autorizada*) sick leave: *pedir/solicitar la ~* to go on sick leave **3** (*Mil*) casualty [*pl* casualties]

bajada *nf* **1** (*descenso*) descent: *durante la ~* during the descent **2** (*cuesta*) slope: *La calle tiene mucha ~.* The street slopes steeply. **3** (*Econ*) fall (***in sth***): *Continúa la ~ de las tasas de interés.* Interest rates continue to fall. LOC **bajada de bandera** minimum fare **en bajada** downhill

bajamar *nf* low tide

bajar ◆ *vt* **1** (*gen*) to get *sth* down: *¿Me ayuda a ~ la valija?* Could you help me get my suitcase down? **2** (*traer, poner más abajo*) to bring *sth* down: *Bajalo un poco más.* Bring it down a bit. **3** (*llevar*) to take *sth* down: *¿Tenemos que ~ esta silla al segundo?* Do we have to take this chair down to the second floor? **4** (*ir/venir abajo*) to go/come down: *~ la cuesta* to go down the hill **5** (*cabeza*) to bow **6** (*vista, voz*) to lower **7** (*volumen*) to turn *sth* down **8** (*precio*) to bring *a price* down, to lower (*más formal*) ◆ *vi* **1** (*ir/venir abajo*) to go/to come down: *¿Puede ~ a recepción, por favor?* Can you come down to reception, please? **2** (*temperatura, río*) to fall: *La temperatura ha bajado.* The temperature has fallen. **3** (*hinchazón*) to go down **4** (*marea*) to go out **5** (*precios*) to come down: *El pan ha vuelto a ~.* (The price of) bread has come down again. ◆ **bajar(se)** *vi, v pron* **bajar(se) (de) 1** (*automóvil*) to get out (**of *sth***): *Nunca (te) bajes de un coche en marcha.* Never get out of a moving car. **2** (*transporte público, caballo, bici*) to get off (*sth*): *~(se) de un colectivo* to get off a bus LOC *Ver* ESCALERA

bajo¹ *nm* **1** (*vivienda*) ground-floor flat **2** (*voz*) bass

bajo² *prep* under: *Nos resguardamos bajo un paraguas.* We sheltered under an umbrella. ◊ *bajo la lluvia* in the rain

bajo³ *adv* **1** (*a poca altura*) low: *Los pájaros vuelan ~.* The birds are flying low. **2** (*suave*) quietly: *Toca más ~.* Play more quietly.

bajo, -a *adj* **1** (*persona*) short **2 ~ (en)** low (**in *sth***): *una sopa baja en calorías* a low-calorie soup ◊ *La tele está demasiado baja.* The volume is on too low. **3** (*voz*) quiet: *hablar en voz baja* to speak quietly/softly **4** (*metales nobles*) low quality: *oro ~* low quality gold **5** (*pobre*) poor: *los barrios ~s de la ciudad* the poor areas of the city LOC **estar bajo de moral** to be in low spirits *Ver tb* CLASE, CONTROL, GOLPE, HABLAR, LUZ, PAÍS

bala *nf* (*arma*) bullet LOC **como una bala** like a shot *Ver tb* PRUEBA

balance *nm* **1** (*gen*) balance: *~ positivo/negativo* a positive/negative balance **2** (*número de víctimas*) toll

balancear(se) *vt, v pron* **1** (*gen*) to swing **2** (*cuna, mecedora*) to rock

balanza *nf* **1** (*instrumento*) scales [*pl*]: *~ de baño* bathroom scales **2** (*Com*) balance

balar *vi* to bleat

balazo *nm* **1** (*disparo*) shot **2** (*herida*) bullet wound

balbucear (*tb* **balbucir**) ◆ *vt, vi* (*adulto*) to stammer: *Balbuceó unas palabras.* He stammered a few words. ◆ *vi* (*bebé*) to babble

balcón *nm* balcony [*pl* balconies]: *salir al ~* to go out onto the balcony

baldazo *nm* LOC **caer como un baldazo de agua fría** to come as a complete shock: *Lo que me dijo me cayó como un ~ de agua fría.* What he told me came as a complete shock.

balde¹ *nm* bucket

balde² LOC **en balde** in vain

baldío, -a ◆ *adj*: *terreno ~* area of waste land ◆ *nm* piece of land LOC *Ver* TERRENO

baldosa *nf* **1** (*interior*) floor tile **2** (*exterior*) paving stone

balín *nm* pellet

baliza *nf* **1** (*Náut*) buoy [*pl* buoys] **2** (*Aviación*) beacon

ballena *nf* whale

ballet *nm* ballet

balneario *nm* seaside resort

balón *nm* ball

balsa *nf* (*embarcación*) raft

bambolearse *v pron* to sway

bambú *nm* bamboo: *una mesa de ~* a bamboo table

banana *nf* banana

banca *nf* **1** (*bancos*) banks [*pl*]: *la ~ japonesa* Japanese banks **2** (*sector*) banking: *los sectores de ~ y comercio* the banking and business sectors

bancar ◆ *vt* **1** (*persona*) to put up with *sth/sb*: *Ya nadie banca al director.* Nobody can stand the director any more. **2** (*pagar*) to fund ◆ **bancarse** *v pron*: *¡No me banco más sus mentiras!* I can't stand his lies any more.

bancario, -a *adj* LOC *Ver* GIRO, TRANSFERENCIA

bancarrota *nf* bankruptcy LOC **estar en bancarrota** to be bankrupt

banco *nm* **1** (*gen, Fin*) bank: *~ de datos/sangre* data/blood bank **2** (*asiento*) bench **3** (*iglesia*) pew **4** (*peces*) shoal LOC **banco de arena** sandbank

banda *nf* **1** (*patota*) gang: *una ~ de camorreros* a gang of hooligans **2** (*grupo musical*) band LOC **banda sonora** soundtrack

bandada *nf* **1** (*aves*) flock **2** (*peces*) shoal

bandeja *nf* tray [*pl* trays] LOC **poner/servir en bandeja** to hand *sb sth* on a plate

bandera *nf* **1** (*gen*) flag: *Las ~s están a media asta.* The flags are flying at half-mast. **2** (*Mil*) colours [*pl*] LOC **bandera blanca** white flag *Ver tb* BAJADA, JURAR

banderín *nm* pennant

bandido, -a *nm-nf* **1** (*delincuente*) bandit **2** (*pillo*) rascal

bando *nm* **1** (*Mil, Pol*) faction **2** (*en juegos*) side: *Vamos a jugar en ~s distintos.* We'll be playing on different sides.

banquero, -a *nm-nf* banker

banqueta *nf* piano stool

banquete *nm* banquet (*formal*), dinner: *Dieron un ~ en su honor.* They organized a dinner in his honour.

banquillo *nm* **1** (*Dep*) bench: *Me dejaron en el ~.* I was left on the bench. **2** (*Jur*) dock: *estar en el ~* to be in the dock

banquina *nf* **1** (*autopista*) hard shoulder **2** (*ruta*) verge

banquito *nm* stool

bañadera *nf* bath

bañado, -a *pp, adj* bathed: *~ en lágrimas/sudor/sangre* bathed in tears/sweat/blood LOC **bañado en oro/plata** gold-plated/silver-plated *Ver tb* BAÑAR

bañar ◆ *vt* **1** (*gen*) to bath **2** (*en metal*) to plate *sth* (**with sth**) **3** (*Cocina*) to coat *sth* (**in/with sth**): *~ una torta en chocolate* to coat a cake in chocolate ◆ **bañarse** *v pron* **1** (*bañadera*) to have a bath **2** (*nadar*) to go for a swim

baño *nm* **1** (*en la bañadera*) bath: *Me di un ~ de espuma.* I had a bubble bath. **2** (*mar, pileta*) swim: *¿Nos damos un ~?* Shall we go for a swim? **3** (*cuarto de baño*) bathroom **4** (*w.c.*) loo (*coloq*), toilet ☛ *Ver nota en* TOILET **5 baños** baths: *los ~s romanos* the Roman baths LOC **baño de espuma** bubble bath **baño María** bain-marie: *cocinar algo al ~ María* to cook sth in a bain-marie *Ver tb* CUARTO, GEL, GORRA, SAL, SALIDA, TRAJE

bar *nm* **1** (*bebidas alcohólicas*) pub **2** (*cafetería*) snack bar ☛ *Ver pág 314.*

barajar *vt* to shuffle

baranda *nf* **1** (*de una escalera*) banister(s) [*se usa mucho en plural*]: *bajar por la ~* to slide down the banisters **2** (*de un balcón*) railing(s) [*se usa mucho en plural*]

barato, -a ◆ *adj* cheap: *Aquél es más ~.* That one's cheaper. ◆ *adv*: *comprar algo ~* to buy sth cheaply ◊ *Ese negocio vende ~.* Prices are low in that shop.

barba *nf* beard: *dejarse ~* to grow a beard ◊ *un hombre con ~* a bearded man

barbaridad *nf* **1** (*gen*) barbarity **2** (*disparate*) nonsense [*incontable*]: *¡No digas ~es!* Don't talk nonsense! LOC **¡qué barbaridad!** good heavens!

bárbaro, -a ◆ *adj* **1** (*Hist*) barbarian **2** (*excelente*) terrific: *¡Es un tipo ~!* He's a terrific guy! ◆ *nm-nf* (*Hist*) barbarian ◆ *adv*: *pasarlo ~* to have a terrific time LOC **¡qué bárbaro! 1** (*sorpresa*) good Lord! **2** (*admiración*) how wonderful!

barca *nf* (small) boat: *dar un paseo en ~* to go out in a boat ☛ *Ver nota en* BOAT

barcino, -a *adj* **1** (*gato*) tabby **2** (*pelaje*) striped

barco *nm* **1** (*buque*) ship **2** (*más pequeño*) boat ☛ *Ver nota en* BOAT LOC **barco a remos** rowing boat **barco de vapor** steamship **barco de vela** sailing boat **ir en barco** to go by boat/ship

barítono *nm* baritone

barniz *nm* **1** (*madera*) varnish **2** (*cerámica*) glaze

barnizar *vt* **1** (*madera*) to varnish **2** (*cerámica*) to glaze

barómetro *nm* barometer

barón, -esa *nm-nf* baron [*fem* baroness]

barquillo *nm* wafer

barra *nf* bar: *Tomaban café sentados en la ~.* They were sitting at the bar having a coffee.

barranco *nm* ravine

barrendero, -a *nm-nf* road sweeper

barrer ◆ *vt* **1** (*limpiar, arrasar*) to sweep: *Una ola de terror barrió el país.* A wave of terror swept the country. **2** (*derrotar*) to thrash: *Los vamos a ~.* We're going to thrash you. ◆ *vi* to sweep up: *Si vos barrés, yo lavo los platos.* If you sweep up, I'll do the dishes.

barrera *nf* **1** (*gen*) barrier: *La ~ estaba subida.* The barrier was up. ◊ *la ~ de la comunicación* the language barrier **2** (*Fútbol*) wall

barricada *nf* barricade: *construir una ~* to build a barricade

barriga *nf* **1** (*estómago*) tummy [*pl* tummies]: *Me duele un poco la ~.* I've got tummy ache. **2** (*panza*) paunch: *Estás criando ~.* You're getting a paunch.

barril *nm* barrel LOC *Ver* CERVEZA

barrilete *nm* kite: *El ~ se enredó en un árbol.* The kite became entangled in a tree.

barrio *nm* **1** (*gen*) area: *Yo me crié en este ~.* I grew up in this area. **2** (*en las afueras*) suburb **3** (*zona típica*) quarter: *el ~ gótico* the Gothic quarter LOC **del barrio** local: *el carnicero del ~* the local butcher

barro *nm* **1** (*lodo*) mud: *¡No se metan en el ~!* Stay away from that mud! **2** (*arcilla*) clay LOC **de barro** earthenware: *macetas de ~* earthenware pots

barroco, -a *adj, nm* baroque

barrote *nm* iron bar

barullo *nm* **1** (*ruido*) racket **2** (*confusión*) muddle

basar ◆ *vt* to base *sth* **on sth**: *Basaron la película en una novela.* They've based the film on a novel. ◆ **basarse** *v pron* **basarse en 1** (*persona*) to have grounds (***for sth/doing sth***): *¿En qué se basa para decir eso?* What grounds do you have for saying that? **2** (*teoría, película*) to be based **on** ***sth***

base *nf* **1** (*gen*) base: *un jarrón con ~ pequeña* a vase with a small base ◊ *~ militar* military base **2** (*fundamento*) basis [*pl* bases]: *La confianza es la ~ de la amistad.* Trust is the basis of friendship. LOC **base de datos** database **base espacial** space station *Ver tb* SALARIO

básico, -a *adj* basic

básquet *nm* basketball: *jugar al ~* to play basketball

bastante ◆ *adj* **1** (*número considerable, mucho*): *Hace ~ tiempo que no voy a verla.* It's quite a long time since I last visited her. ◊ *Tengo ~s cosas que hacer.* I've got quite a lot of things to do. **2** (*suficiente*) enough: *No tenemos ~ plata.* We haven't got enough money. ◆ *pron* **1** (*mucho*) quite a lot **2** (*suficiente*) enough: *No, gracias; ya comimos ~s.* No thank you; we've had enough. ◆ *adv* **1** **+ adj/adv** quite: *Es ~ inteligente.* He's quite intelligent. ◊ *Leen ~ bien para su edad.* They read quite well for their age. ☛ *Ver nota en* FAIRLY **2** (*lo suficiente*) enough: *Hoy no comiste ~.* You haven't eaten enough today. **3** (*mucho*) quite a lot: *Aprendí ~ en tres meses.* I learnt quite a lot in three months.

bastar *vi* to be enough: *Bastará con 100 pesos.* 100 pesos will be enough. LOC **¡basta!** that's enough!

basto (*tb* **bastos**) *nm* (*Naipes*) ☛ *Ver nota en* CARTA

bastón *nm* walking stick

basura *nf* rubbish [*incontable*]: *En esta calle hay mucha ~.* There's a lot of rubbish in this street. LOC **tirar algo a la basura** to throw sth away *Ver tb* CAMIÓN

basural *nm* tip

basurero, -a ◆ *nm-nf* dustman [*pl* dustmen] ◆ *nm* (*vertedero*) tip

basurita *nf* speck (of dust)

batalla *nf* battle LOC *Ver* CAMPO

batallón *nm* battalion

batata *nf* sweet potato [*pl* sweet potatoes] LOC **tener batata** to be shy

bate *nm* bat: *~ de béisbol* baseball bat

batería ◆ *nf* **1** (*Electrón, Mil*) battery [*pl* batteries]: *Se quedó sin ~.* The battery is flat. **2** (*Mús*) drums [*pl*]: *Jeff Porcaro en la ~.* Jeff Porcaro on drums. ◆ *nmf* drummer LOC **batería de cocina** set of saucepans ☛ *Ver dibujo en* SAUCEPAN

batidora *nf* mixer

batifondo *nm* **1** (*ruido*) uproar **2** (*desorden*) mess

batir *vt* **1** (*gen*) to beat: *~ huevos* to beat eggs ◊ *~ al contrincante* to beat your opponent **2** (*crema*) to whip **3** (*récord*) to break: *~ el récord mundial* to beat the world record

batón *nm* housecoat

batuta *nf* baton

baúl *nm* **1** (*equipaje*) trunk **2** (*auto*) boot

bautismal *adj* baptismal: *pila ~* (baptismal) font

bautismo *nm* **1** (*iglesia católica*) baptism **2** (*iglesia protestante*) christening

bautizar *vt* **1** (*sacramento*) **(a)** (*iglesia católica*) to baptize **(b)** (*iglesia protestante*) to christen: *La vamos a ~ con el nombre de Marta.* We're going to christen her Marta. **2** (*barco, invento*) to name

baya *nf* (*Bot*) berry [*pl* berries]

baza *nf* (*Naipes*) trick

bazo *nm* spleen

bebé (*tb* **bebe**) *nm* baby [*pl* babies]

bebedor, ~a *nm-nf* heavy drinker

beber(se) *vt, vi, v pron* to drink

bebida *nf* drink: ~ *no alcohólica* non-alcoholic drink

bebido, -a *pp, adj* **1** (*ligeramente*) tipsy **2** (*borracho*) drunk *Ver tb* BEBER(SE)

beca *nf* **1** (*del Estado*) grant **2** (*de entidad privada*) scholarship

beige *adj, nm* beige ☛ *Ver ejemplos en* AMARILLO

béisbol *nm* baseball

belga *adj, nmf* Belgian: *los ~s* the Belgians

Bélgica *nf* Belgium

bélico, -a *adj* **1** (*actitud*) warlike **2** (*armas, juguetes*) war [*n atrib*]: *películas bélicas* war films

belleza *nf* beauty [*pl* beauties] LOC *Ver* CONCURSO, SALÓN

bello, -a *adj* beautiful LOC **bellas artes** fine art [*sing*] **la Bella Durmiente** Sleeping Beauty

bellota *nf* acorn

bendecir *vt* to bless LOC **bendecir la mesa** to say grace

bendición *nf* blessing LOC **dar/echar la bendición** to bless *sth/sb*

bendito, -a *adj* holy

beneficiar ◆ *vt* ~ (**a**) to benefit *sth/sb* ◆ **beneficiarse** *v pron* **beneficiarse** (**con/de**) to benefit (**from** ***sth***): *Se beneficiaron con el descuento.* They benefited from the reduction.

beneficio *nm* **1** (*bien*) benefit **2** (*Com, Fin*) profit: *dar/obtener ~s* to produce/make a profit LOC **en beneficio de** to the advantage of *sth/sb*: *en ~ tuyo* to your advantage

beneficioso, -a *adj* beneficial

benéfico, -a *adj* charity [*n atrib*]: *obras benéficas* charity work ◊ *una institución benéfica* a charity

bengala *nf* LOC *Ver* LUZ

benigno, -a *adj* **1** (*tumor*) benign **2** (*clima*) mild

benjamín, -ina *nm-nf* youngest child [*pl* youngest children]

berberecho *nm* cockle

berenjena *nf* aubergine

bermudas *nf* Bermuda shorts

berreta *adj* tacky

berrinche *nm* tantrum: *estar con/tener un ~* to have a tantrum

berro *nm* watercress [*incontable*]

besar *vt* to kiss: *Le besó la mano.* He kissed her hand. ◊ *Me besó en la frente.* She kissed me on the forehead.

beso *nm* kiss: *Dale un ~ a tu prima.* Give your cousin a kiss. ◊ *Nos dimos un ~.* We kissed. LOC **tirar un beso** to blow (*sb*) a kiss *Ver tb* COMER

bestia ◆ *nf* beast ◆ *adj, nmf* brute [*n*]: *¡Qué ~ sos!* You're such a brute! LOC **a lo bestia** like crazy: *Manejan a lo ~.* They drive like crazy.

bestial *adj* **1** (*enorme*) huge: *Tengo un hambre ~.* I'm famished. **2** (*genial*) great

bestialidad *nf* **1** (*brutalidad*): *Hicieron muchas ~es.* They did a lot of disgusting things. **2** (*grosería*): *decir ~es* to be rude **3** (*estupidez*): *hacer/decir muchas ~es* to do/say a lot of stupid things LOC **una bestialidad** (*cantidad, número*) loads (*of sth*): *una ~ de gente* loads of people

besugo *nm* bream [*pl* bream]

betún *nm* (*calzado*) (shoe) polish

Biblia *nf* Bible

bíblico, -a *adj* biblical

bibliografía *nf* bibliography [*pl* bibliographies]

biblioteca *nf* **1** (*edificio, conjunto de libros*) library [*pl* libraries] **2** (*mueble*) bookcase LOC *Ver* RATA

bibliotecario, -a *nm-nf* librarian

bicarbonato *nm* bicarbonate

bíceps *nm* biceps [*pl* biceps]

bicho *nm* **1** (*insecto*) insect, creepy-crawly (*coloq*) [*pl* creepy-crawlies] **2** (*cualquier animal*) animal LOC **bicho bolita** woodlouse [*pl* woodlice] **bicho de luz** firefly [*pl* fireflies] **¿qué bicho te picó?** what's up with you, him, her, etc? **ser un bicho raro** to be a bit of an oddball **ser un (mal) bicho** to be a nasty piece of work

bici *nf* bike

bicicleta *nf* bicycle, bike (*más coloq*): *¿Sabés andar en ~?* Can you ride a bike? ◊ *ir en ~ al trabajo* to cycle to work ◊ *dar un paseo en ~* to go for a ride on your bicycle LOC **bicicleta de carrera/montaña** racing/mountain bike

bidé *nm* bidet

bidón *nm* drum

bien[1] *adv* **1** (*gen*) well: *portarse ~* to behave well ◊ *Hoy no me siento ~.* I don't feel well today. ◊ *—¿Cómo está tu padre? —Muy ~, gracias.* 'How's your father?' 'Very well, thanks.' **2** (*de acuerdo, adecuado*) OK: *Les parecía ~.* They thought it was OK. ◊ *—¿Me lo prestás? —Está ~, pero tené cuidado.* 'Can I borrow it?' 'OK, but be careful.' **3** (*calidad, aspecto, olor, sabor*) good: *¡Qué ~ huele!* That smells really good! **4** (*correctamente*): *Contesté ~ la pregunta.* I got the right answer. ◊ *Hablás ~ el castellano.* You speak good Spanish. LOC **andar/estar bien de** to have plenty of *sth* **¡(muy) bien!** (very) good! ☛ Para otras expresiones con **bien**, véanse las entradas del adjetivo, verbo, etc, p.ej. **bien considerado** en CONSIDERADO y **llevarse bien** en LLEVAR.

bien[2] *conj* LOC **o bien... o bien...** either... or...: *Voy a ir o ~ en tren, o ~ en ómnibus.* I'll go either by train or by coach.

bien[3] *nm* **1** (*lo bueno*) good: *el ~ y el mal* good and evil **2 bienes** possessions LOC **bienes de consumo** consumer goods **por el bien de** for the good of *sth/sb* **por tu bien** for your, his, her, etc own good *Ver tb* MAL

bien[4] *adj* well-to-do: *Son de familia ~.* They're from a well-to-do family. LOC *Ver* GENTE, NIÑO

bienestar *nm* well-being

bienvenida *nf* welcome: *dar la ~ a algn* to welcome sb

bienvenido, -a *adj* welcome

bife *nm* steak LOC **bife de lomo** fillet steak: *¡Mozo! Tráigame un ~ con ensalada.* Can I have a steak and salad please?

bigote *nm* **1** (*persona*) moustache: *un hombre con ~* a man with a moustache ◊ *Papá Noel tenía unos grandes ~s.* Father Christmas had a large moustache. **2** (*gato*) whiskers [*pl*]

bijutería (*tb* **bijouterie**) *nf* costume jewellery

bikini *nm Ver* BIQUINI

biliar *adj* LOC *Ver* VESÍCULA

bilingüe *adj* bilingual

bilis *nf* bile

billar *nm* **1** (*juego*) billiards [*sing*]: *jugar al ~* to play billiards **2** (*mesa*) billiard table LOC *Ver* SALA

billete *nm* **1** (*plata*) (bank)note: *~s de 100 pesos* 100 peso notes **2** (*lotería*) ticket

billetera *nf* wallet

billón *nm* (*un millón de millones*) trillion ☛ *Ver nota en* BILLION

binario, -a *adj* binary

bingo *nm* **1** (*juego*) bingo: *jugar al ~* to play bingo **2** (*sala*) bingo hall

binoculares *nm* binoculars

biodegradable *adj* biodegradable

biografía *nf* biography [*pl* biographies]

biología *nf* biology

biólogo, -a *nm-nf* biologist

biquini *nm* bikini [*pl* bikinis]

birome *nf* Biro® [*pl* Biros]

bisabuelo, -a *nm-nf* **1** (*gen*) great-grandfather [*fem* great-grandmother] **2 bisabuelos** great-grandparents

bisagra *nf* hinge

bisiesto *adj* LOC *Ver* AÑO

bisnieto, -a *nm-nf* **1** (*gen*) great-grandson [*fem* great-granddaughter] **2 bisnietos** great-grandchildren

bisonte *nm* bison [*pl* bison]

bisturí *nm* scalpel

bit *nm* bit

bizco, -a *adj* cross-eyed

bizcochuelo *nm* sponge cake

biznieto, -a *nm-nf Ver* BISNIETO

blanca *nf* (*Mús*) minim

Blancanieves *n pr* Snow White

blanco, -a ◆ *adj* white: *pescado/vino ~* white fish/wine ☛ *Ver ejemplos en* AMARILLO ◆ *nm-nf* (*persona*) white man/woman [*pl* white men/women] ◆ *nm* **1** (*color*) white **2** (*diana*) target: *dar en el ~* to hit the target LOC **en blanco** blank: *un cheque/página en ~* a blank cheque/page **en blanco y negro** black and white: *ilustraciones en ~ y negro* black and white illustrations **más blanco que la nieve** as white as snow **quedarse en blanco** to go blank *Ver tb* ARMA, BANDERA, CHEQUE, PUNTA, VOTO

blando, -a *adj* **1** (*gen*) soft: *queso ~* soft cheese ◊ *un profesor ~* a soft teacher **2** (*carne*) tender LOC *Ver* TAPA

blanquear *vt* **1** (*gen*) to whiten **2** (*encalar*) to whitewash **3** (*plata*) to launder

blasfemar *vi* to blaspheme (***against sth/sb***)

blasfemia *nf* blasphemy [*incontable*]: *decir ~s* to blaspheme

blindado, -a *pp, adj* **1** (*vehículo*) armoured: *un coche ~* an armoured car **2** (*puerta*) reinforced

bloc *nm* writing pad

bloque *nm* **1** (*gen*) block: *un ~ de mármol* a marble block **2** (*Pol*) bloc

bloquear ◆ *vt* **1** (*obstruir*) to block: *~ el paso/una ruta* to block access/a road ◊ *~ a un jugador* to block a player **2** (*Mil*) to blockade ◆ **bloquearse** *v pron* (*persona*) to freeze

bloqueo *nm* **1** (*Dep*) block **2** (*Mil*) blockade

blusa *nf* blouse

blusón *nm* smock

bobada *nf* nonsense [*incontable*]: *decir ~s* to talk a lot of nonsense ◊ *Dejá de hacer ~s.* Stop being silly.

bobina *nf* **1** (*hilo*) reel **2** (*Electrón*) (*alambre*) coil

bobo, -a *adj, nm-nf* **1** (*zonzo*) silly [*adj*] **2** (*ingenuo*) naive [*adj*]: *Sos un ~.* You're so naive.

boca *nf* **1** (*Anat*) mouth: *No hables con la ~ llena.* Don't talk with your mouth full. **2** (*entrada*) entrance: *la ~ del subte* the entrance to the underground LOC **boca abajo/arriba** (*acostado*) face down/up **boca de incendio/riego** hydrant **quedarse con la boca abierta** (*por sorpresa*) to be dumbfounded *Ver tb* ABRIR, CALLAR, PALABRA

bocacalle *nf* side street: *Está en una ~ de la calle Salta.* It's in a side street off Salta Street.

bocado *nm* bite: *Se lo comieron de un ~.* They ate it all in one bite.

boceto *nm* **1** (*Arte*) sketch **2** (*idea general*) outline

bochar *vt* (*en un examen*) to fail

bochas *nf* bowls [*sing*]

bocho *nm* genius [*pl* geniuses]

bocina *nf* horn: *tocar la ~* to sound your horn

bocón, -ona *nm-nf* big mouth: *¡Qué ~ sos!* You and your big mouth!

boda *nf* wedding LOC **bodas de oro/plata** golden/silver wedding [*sing*]

bodega *nf* **1** (*para vino*) wine cellar **2** (*barco, avión*) hold: *en las ~s del barco* in the ship's hold

bofetada *nf* (*tb* **bofetón** *nm*) slap (in the face): *Me dio una ~.* She slapped me (in the face).

boicot *nm* boycott

boicotear *vt* to boycott

boina *nf* beret

bol *nm* bowl

bola *nf* **1** (*gen*) ball: *una ~ de cristal* a crystal ball **2** (*mentira*) lie: *Me metió una ~ tremenda.* He told me one heck of a lie. LOC **bola de nieve** snowball **bolas de naftalina** mothballs **estar en bolas** to be starkers

boleta *nf* **1** (*lotería, multa*) ticket: *llenar una ~* to fill in a ticket ◊ *Me hicieron una ~.* I got a ticket. **2** (*recibo*) receipt

boletería *nf* ticket office

boletín *nm* bulletin: *~ informativo* news bulletin LOC **boletín de calificaciones** school report

boleto *nm* **1** (*transporte*) ticket: *El ~ del colectivo aumentó de nuevo.* The bus fare has gone up again. **2** (*lotería, rifa*) ticket **3** (*quiniela*) coupon

boliche *nm* disco [*pl* discos]: *El sábado vamos de ~ en ~.* On Saturday we go out clubbing.

bolillero *nm* (*lotería*) lottery drum

bolita *nf* marble: *jugar a las ~s* to play marbles LOC *Ver* BICHO

bollo *nm* **1** (*panadería*) bun **2** (*puñetazo*) punch

bolsa[1] *nf* **1** (*gen*) bag: *una ~ de plástico* a plastic bag ◊ *una ~ de caramelos* a bag of sweets **2** (*grande*) sack **3** (*de papas fritas*) packet ☛ *Ver dibujo en* CONTAINER LOC **bolsa de agua caliente** hot-water bottle **bolsa de dormir** sleeping bag **bolsa de trabajo** job vacancies **¡la bolsa o la vida!** your money or your life!

bolsa[2] *nf* stock exchange: *la ~ londinense* the London Stock Exchange

bolsillo *nm* pocket: *Está en el ~ de mi saco.* It's in my coat pocket. LOC **de bolsillo** pocket(-sized): *guía de ~* pocket guide *Ver tb* DINERO, LIBRO

bolsón *nm* **1** (*de viaje*) holdall **2** (*de deporte*) sports bag

bomba[1] *nf* **1** (*Mil*) bomb: *~ atómica* atomic bomb ◊ *colocar una ~* to plant a bomb **2** (*noticia*) bombshell **3** (*persona*) knockout LOC **bomba de olor** stink bomb **carta/coche/paquete bomba** letter/car/parcel bomb

bomba[2] *nf* (*Tec*) pump LOC **bomba de aire** air pump

bombacha *nf* **bombachas** knickers ☛ Nótese que *unas bombachas* se dice **a pair of knickers**: *Tenés unas bombachas limpias en el cajón.* You've got a clean pair of knickers in the drawer. LOC *Ver* MEDIA[2]

bombardear *vt* to bombard: *Me bombardearon a preguntas.* They bombarded me with questions.

bombero *nmf* fireman/woman [*pl* firemen/women] LOC **los bomberos** the fire brigade [*sing*] *Ver tb* COCHE, CUARTEL, CUERPO

bombita *nf* light bulb

bombo *nm* (*Mús*) bass drum LOC **con bombos y platillos** with a great song and dance: *Lo anunciaron con ~s y platillos.* They made a great song and dance about it.

bombón *nm* chocolate: *una caja de bombones* a box of chocolates

bonachón, -ona *adj* good-natured

bondad *nf* goodness LOC **tener la bondad de** to be so good as *to do sth*: *¿Tiene la ~ de ayudarme?* Would you be so good as to help me?

bondadoso, -a *adj* ~ (**con**) kind (**to** ***sth/sb***)

bonificación *nf* bonus [*pl* bonuses]

bonito *nm* (*pez*) tuna [*pl* tuna]

bono *nm* voucher

boquiabierto, -a *adj* (*sorprendido*) speechless

boquilla *nf* (*Mús*) mouthpiece

borda *nf* side of the ship: *asomarse por la ~* to lean over the side of the ship LOC **echar/tirar por la borda** (*fig*) to throw *sth* away: *echar por la ~ una ocasión de oro* to throw away a golden opportunity

bordado, -a ◆ *pp, adj* (*Costura*) embroidered: *~ a mano* hand-embroidered ◆ *nm* embroidery [*incontable*]: *un vestido con ~s en las mangas* a dress with embroidery on the sleeves *Ver tb* BORDAR

bordar *vt* (*Costura*) to embroider

borde *nm* **1** (*gen*) edge: *al ~ de la mesa* on the edge of the table **2** (*objeto circular*) rim: *el ~ del vaso* the rim of the glass LOC **al borde de** (*fig*) on the verge of *sth*: *al ~ de las lágrimas* on the verge of tears

bordo *nm* LOC **a bordo** on board: *subir a ~ del avión* to get on board the plane

bordó *adj, nm* maroon ☛ *Ver ejemplos en* AMARILLO

borla *nf* LOC **borla de fraile** doughnut

borrachera *nf*: *agarrarse/tener una ~ (de whisky)* to get drunk (on whisky)

borracho, -a ◆ *adj* drunk ◆ *nm-nf* drunk, drunkard (*más formal*)

borrador *nm* **1** (*texto provisional*) draft **2** (*de pizarrón*) board duster LOC **en borrador** in rough

borrar ◆ *vt* **1** (*con goma*) to rub *sth* out: *~ una palabra* to rub out a word **2** (*pizarrón*) to clean **3** (*Informát*) to delete ◆ **borrarse** *v pron* **borrarse (de)** to withdraw (**from** ***sth***)

borrasca *nf* storm

borrascoso, -a *adj* stormy

borrón *nm* ~ (**en**) smudge (**on** ***sth***): *hacer borrones* to make smudges LOC **hacer borrón y cuenta nueva** to make a fresh start

borroso, -a *adj* **1** (*impreciso*) blurred: *Sin anteojos veo todo ~.* Everything is blurred without my glasses. **2** (*escritura*) illegible

bosque *nm* wood ☛ *Ver nota en* FOREST

bosta *nf* dung LOC **bosta de vaca** cowpat

bostezar *vi* to yawn

bostezo *nm* yawn

bota[1] *nf* boot: *~s de cuero* leather boots LOC **bota de goma** Wellington (boot) *Ver tb* GATO

bota[2] *nf* (*vino*) wineskin

botánica *nf* botany

botar *vt* (*buque*) to launch

bote *nm* boat LOC **bote salvavidas** lifeboat

botella *nf* bottle LOC **de/en botella** bottled: *Compramos la leche en ~.* We buy bottled milk. *Ver tb* VERDE

botín[1] *nm* (*bota*) ankle boot LOC **botines de fútbol** football boots

botín[2] *nm* (*plata*) loot

botiquín *nm* **1** (*maletín*) first-aid kit **2** (*armario*) medicine chest

botón *nm* **1** (*ropa*) button: *Se te desabrochó un ~.* One of your buttons is undone. **2** (*control*) knob: *El ~ rojo es el del volumen.* The red knob is the volume control. **3** (*insignia*) badge **4** **botones** (*en un hotel*) bellboy

bóveda *nf* vault

bowling *nm* **1** (*juego*) ten-pin bowling **2** (*lugar*) bowling alley [*pl* bowling alleys]

boxeador *nm* boxer

boxear *vi* to box

boxeo *nm* boxing LOC *Ver* COMBATE

bozal *nm* muzzle

bragueta *nf* flies [*pl*]: *Tenés la ~ abierta.* Your flies are undone.

brasa *nf* ember LOC **a la brasa** charcoal-grilled: *costillas a la ~* charcoal-grilled chops

brasero *nm* brazier

Brasil *nm* Brazil

brasileño, -a *adj, nm-nf* Brazilian

bravo, -a ◆ *adj* (*animal*) fierce ◆ **¡bravo!** *interj* bravo!

braza *nf* (*Náut*) fathom

brazada *nf* (*Natación, remos*) stroke

brazalete *nm* armband

brazo *nm* **1** (*gen*) arm: *Me rompí el ~.* I've broken my arm. **2** (*lámpara*) bracket **3** (*río*) branch LOC **ponerse con los brazos en cruz** to stretch your arms out to the side **quedarse de brazos cruzados**: *No te quedes ahí de ~s cruzados y hacé algo.* Don't just stand there! Do something. *Ver tb* CRUZAR, TOMADO

brecha *nf* gap: *la ~ entre importaciones y exportaciones* the gap between imports and exports ◊ *la ~ generacional* the generation gap

bretel *nm* strap

breve *adj* short: *una estadía ~* a short stay LOC **en breve** shortly **en breves palabras** in a few words **ser breve** (*hablando*) to be brief

bricolaje *nm* do-it-yourself (*abrev* DIY)

brigada *nf* **1** (*Mil*) brigade **2** (*policía*) squad: *la ~ antimotines/antidroga* the riot/drug squad

brillante ◆ *adj* **1** (*luz, color*) bright **2** (*superficie*) shiny **3** (*fenomenal*) brilliant ◆ *nm* diamond

brillar *vi* to shine: *Sus ojos brillaban de alegría.* Their eyes shone with joy. ◊ *¡Cómo brilla!* Look how shiny it is! LOC **no todo lo que brilla es oro** all that glitters is not gold

brillo *nm* gleam LOC **sacar brillo** to make *sth* shine

brindar ◆ *vi* ~ (**a/por**) to drink a toast (**to *sth*/*sb***): *~ a la salud de algn* to drink to sb's health ◊ *Brindemos por su felicidad.* Let's drink (a toast) to their happiness. ◆ *vt* **1** (*dedicar*) to dedicate *sth* **to *sb*** **2** (*proporcionar*) to provide: *~ ayuda* to provide help ◆ **brindarse** *v pron* **brindarse a** to offer ***to do sth***

brindis *nm* toast LOC **hacer un brindis** to drink a toast (*to sth/sb*)

brisa *nf* breeze

británico, -a ◆ *adj* British ◆ *nm-nf* Briton: *los ~s* the British LOC *Ver* ISLA

brocha *nf* brush ☛ *Ver dibujo en* BRUSH LOC **brocha de afeitar** shaving brush

broche *nm* **1** (*Costura*) fastener **2** (*papel*) staple: *A estos dos papeles hay que ponerles un ~.* Staple these two pages together. **3** (*joya*) brooch **4** (*ropa*) clothes peg LOC **broche de presión** press stud

brochette *nf* skewer

broma *nf* joke: *Le hicieron muchas ~s.* They played a lot of jokes on him. LOC **broma pesada** practical joke **de/en broma** jokingly: *Lo digo en ~.* I'm only joking. **¡ni en broma!** no way! *Ver tb* FUERA

bromear *vi* to joke

bromista *adj, nmf* joker [*n*]: *Es muy ~.* He's a real joker.

bronca *nf* **1** (*enojo*) anger: *Tenía mucha ~ porque perdimos.* He was very angry because we lost. **2** (*pelea*) row

bronce *nm* bronze

bronceado *nm* (sun)tan

bronceador *nm* suntan lotion

broncearse *v pron* to get a suntan

bronquitis *nf* bronchitis [*incontable*]

brotar *vi* **1** (*plantas*) to sprout **2** (*flores*) to bud **3** (*líquido*) to gush (out) (***from sth***)

brote *nm* **1** (*gen*) shoot **2** (*flor*) bud **3** (*epidemia, violencia*) outbreak: *un ~ de cólera* an outbreak of cholera

bruces LOC **caerse de bruces** to fall flat on your face

bruja *nf* witch

brujería *nf* witchcraft

brujo *nm* **1** (*hechicero*) wizard **2** (*en tribus primitivas*) witch doctor

brújula *nf* compass

bruma *nf* mist

brusco, -a *adj* **1** (*repentino*) sudden **2** (*persona*) abrupt

brutal *adj* (*violento*) brutal

bruto, -a ◆ *adj* **1** (*necio*) thick: *¡No seas ~!* Don't be so thick! **2** (*grosero*) crude **3** (*peso, ingresos*) gross ◆ *nm-nf* **1** (*necio*) idiot **2** (*grosero*) slob

buceador, ~a *nm-nf* diver

bucear *vi* to dive

buceo *nm* diving: *practicar el ~* to go diving

budín *nm* **1** (*torta*) Madeira cake **2** (*mujer*) stunner LOC **budín inglés** fruit cake

budismo *nm* Buddhism

budista *adj, nmf* Buddhist

buen *adj Ver* BUENO

buen mozo *adj* good-looking

bueno, -a ◆ *adj* **1** (*gen*) good: *Es una buena noticia.* That's good news. ◊ *Es ~*

hacer ejercicio. It is good to take exercise. ◊ *Soy buena para la pintura.* I'm good at painting. **2** (*amable*) kind: *Fueron muy ~s conmigo.* They were very nice to me. **3** (*comida*) tasty **4** (*correcto*) right: *No andás por buen camino.* You're on the wrong road. ◆ *nm-nf* goody [*pl* goodies]: *Ganó el ~.* The good guy won. ◊ *Lucharon los ~s contra los malos.* There was a fight between the goodies and the baddies. ◆ *adv*: *—¿Querés ir al cine? —Bueno.* 'Would you like to go to the cinema?' 'OK.' ◊ *~, yo pienso que...* Well, I think that... LOC **buen mozo** *Ver* BUEN MOZO **el bueno de...** good old...: *el ~ de Enrique* good old Enrique **¡(muy) buenas!** good day! **por las buenas**: *Es mejor que lo hagas por las buenas.* It would be better if you did it willingly. ◊ *Te lo pido por las buenas.* I'm asking you nicely. **por las buenas o por las malas** whether you like it or not, whether he/she likes it or not, etc ☛ Para otras expresiones con **bueno**, véanse las entradas del sustantivo, p.ej. **¡buen provecho!** en PROVECHO y **hacer buenas migas** en MIGA.

buey *nm* ox [*pl* oxen] LOC *Ver* OJO

búfalo *nm* buffalo [*pl* buffalo/buffaloes]

bufanda *nf* scarf [*pl* scarves]

bufé (*tb* **bufet**) *nm* buffet

búho *nm* owl

buitre *nm* vulture

bujía *nf* (*Mec*) spark plug

buldog *nm* bulldog

bullicio *nm* **1** (*ruido*) racket **2** (*actividad*) hustle and bustle: *el ~ de la capital* the hustle and bustle of the capital

bulto *nm* **1** (*Med*) lump: *Me salió un ~ en la mano.* I've got a lump on my hand. **2** (*equipaje*) luggage [*incontable*]: *Llevás demasiados ~s.* You've got too much luggage. **3** (*objeto indeterminado*) shape: *Me pareció ver un ~ que se movía.* I thought I saw a shape moving.

buque *nm* ship LOC **buque de guerra** warship

buraco *nm* (large) hole LOC **hacerle un buraco a algn** to thrash sb: *Nos hicieron un ~.* They really thrashed us.

burbuja *nf* bubble LOC **hacer burbujas** to bubble **tener burbujas** (*bebida*) to be fizzy: *Tiene muchas ~s.* It's very fizzy.

burdo, -a *adj* **1** (*persona, tejido, lenguaje*) coarse **2** (*superficie*) rough

burgués, -esa *adj* middle-class

burguesía *nf* middle class

burla *nf* mockery [*incontable*]: *un tono de ~* a mocking tone LOC **hacer burla** to make fun *of sth/sb*: *No me hagas ~.* Don't make fun of me.

burlar ◆ *vt* (*eludir*) to evade: *~ la justicia* to evade justice ◆ **burlarse** *v pron* **burlarse (de)** to make fun **of *sth/sb***

burlón, -ona *adj* (*gesto, sonrisa*) mocking

burocracia *nf* (*excesivo papeleo*) red tape

burrada *nf*: *Eso fue una verdadera ~.* That was a really stupid thing to do. ◊ *decir ~s* to talk nonsense

burro, -a ◆ *adj* **1** (*estúpido*) thick **2** (*terco*) pigheaded ◆ *nm-nf* **1** (*animal*) donkey [*pl* donkeys] **2** (*persona*) idiot: *el ~ de mi cuñado* my idiotic brother-in-law LOC **burro de carga** (*persona*) dogsbody [*pl* dogsbodies]

busca ◆ *nf* ~ (**de**) search (**for *sth/sb***) ◆ *nm* bleeper LOC **en busca de** in search of *sth/sb*

buscador, ~a *nm-nf* LOC **buscador de oro** gold prospector **buscador de tesoros** treasure hunter

buscar ◆ *vt* **1** (*gen*) to look for *sth/sb*: *Busco trabajo.* I'm looking for work. **2** (*sistemáticamente*) to search **for *sth/sb***: *Usan perros para ~ drogas.* They use dogs to search for drugs. **3** (*en un libro, en una lista*) to look *sth* up: *~ una palabra en el diccionario* to look a word up in the dictionary **4** (*recoger a algn*) **(a)** (*en coche*) to pick *sb* up: *Fuimos a ~lo a la estación.* We picked him up at the station. **(b)** (*andando*) to meet **5** (*conseguir y traer*) to get: *Fui a ~ al médico.* I went to get the doctor. ◆ *vi* ~ (**en/por**) to look (**in/through *sth***): *Busqué en el archivo.* I looked in the file. LOC **buscar una aguja en un pajar** to look for a needle in a haystack **ir a buscar** to go and get *sth/sb*: *Tengo que ir a buscar pan.* I've got to go and get some bread. **se busca** wanted: *Se busca departamento.* Flat wanted. **te la estás buscando** you're asking for it *Ver tb* ANDAR

búsqueda *nf* ~ (**de**) search (**for *sth/sb***): *Abandonaron la ~ del cadáver.* They abandoned the search for the body. ◊ *la ~ de una solución pacífica* the search for a peaceful solution LOC **a la búsqueda de** in search of *sth*

busto *nm* bust

butaca *nf* (*Cine, Teat*) seat

buzo *nm* **1** (*persona*) diver: *El ~ encontró el coche hundido en el río.* The diver found the car at the bottom of the river. **2** (*ropa*) sweatshirt

buzón *nm* **1** (*en la calle*) postbox **2** (*en una casa*) letter box LOC **echar al buzón** to post

byte *nm* (*Informát*) byte

Cc

cabal *adj* (*persona*) upright LOC (**no**) **estar en sus cabales** (not) to be in your right mind

cabalgar *vi* ~ (**en**) to ride (**on *sth***): *~ en mula es muy divertido.* Riding (on) a mule is great fun.

cabalgata *nf* ride

caballar *adj* LOC *Ver* GANADO

caballería *nf* **1** (*animal*) mount **2** (*Mil*) cavalry [*v sing o pl*] **3** (*caballeros andantes*) chivalry

caballeriza *nf* stable

caballero *nm* **1** (*gen*) gentleman [*pl* gentlemen]: *Mi abuelo era todo un ~.* My grandfather was a real gentleman. **2** (*Hist*) knight LOC **de caballero(s)**: *sección de ~s* menswear department

caballete *nm* **1** (*Arte*) easel **2** (*soporte*) trestle

caballo *nm* **1** (*animal, Gimnasia*) horse **2** (*Ajedrez*) knight **3** (*Mec*) horsepower (*abrev* hp): *un motor de doce ~s* a twelve horsepower engine LOC **a caballo entre...** halfway between... **andar a caballo** to ride (a horse): *Me gusta andar a ~.* I like riding. **caballo de carrera(s)** racehorse **caballo de mar** sea horse *Ver tb* CARRERA, COLA[1], POTENCIA

cabaña *nf* (*choza*) hut

cabecear *vi* **1** (*afirmar, de sueño*) to nod **2** (*caballo*) to toss its head **3** (*Dep*): *~ a la red* to head the ball into the net

cabecera *nf* **1** (*gen*) head: *sentarse en la ~ de la mesa* to sit at the head of the table **2** (*cama*) headboard **3** (*diario*) headline **4** (*página, documento*) heading

cabecilla *nmf* ringleader

cabello *nm* hair

caber *vi* **1** ~ (**en**) to fit (**in/into *sth***): *Mi ropa no cabe en la valija.* My clothes won't fit in the suitcase. ◊ *¿Quepo?* Is there room for me? **2** ~ **por** to go **through *sth***: *El piano no cabía por la puerta.* The piano wouldn't go through the door. **3** (*ropa*) to fit: *Ya no me cabe este pantalón.* These trousers don't fit me any more. LOC **no cabe duda** there is no doubt **no caber en sí de contento/alegría** to be beside yourself with joy *Ver tb* DENTRO

cabestrillo *nm* sling: *con el brazo en ~* with your arm in a sling

cabeza *nf* **1** (*gen*) head: *tener buena/mala ~ para las matemáticas* to have a good head/to have no head for maths **2** (*lista, liga*) top: *en la ~ de la lista* at the top of the list **3** (*juicio*) sense: *¡Qué poca ~ tenés!* You've got no sense! LOC **cabeza abajo** upside down ☛ *Ver dibujo en* REVÉS **cabeza de ajo(s)** head of garlic **cabeza de familia** head of the household **de cabeza** headlong: *tirarse a la pileta de ~* to dive headlong into the swimming pool **estar a la cabeza** to be in the lead **estar mal/tocado de la cabeza** to be touched **metérsele a algn en la cabeza hacer algo** to take it into your head to do sth **por cabeza** a/per head **ser un cabeza de chorlito** to be a scatterbrain **tener la cabeza a/llena de pájaros** to have your head in the clouds **tener la cabeza dura** to be stubborn *Ver tb* ABRIR, AFIRMAR, ASENTIR, DOLOR, ENTRAR, LAVAR, PERDER, PIE, SITUAR, SUBIR

cabezazo *nm* **1** (*golpe*) butt **2** (*Dep*) header LOC **dar un cabezazo** (**a la pelota**) to head the ball

cabezón, -ona *adj, nm-nf* LOC **ser** (**un**) **cabezón** (*ser terco*) to be pigheaded

cabina *nf* **1** (*avión*) cockpit **2** (*barco*) cabin **3** (*camión*) cab LOC **cabina electoral** polling booth **cabina** (**telefónica/de teléfonos**) telephone box

cabizbajo, -a *adj* downcast

cable *nm* cable LOC **cable a tierra** earth: *Hace falta un ~ a tierra.* This needs to be earthed.

cabo ◆ *nm* **1** (*extremo*) end **2** (*Náut*)

rope **3** (*Geog*) cape: *el ~ de Buena Esperanza* the Cape of Good Hope ◆ *nmf* (*Mil*) corporal: *el ~ Ramos* Corporal Ramos LOC **al cabo de** after: *al ~ de un año* after a year **de cabo a rabo** from beginning to end **llevar a cabo** to carry *sth* out *Ver tb* FIN

cabra *nf* goat [*fem* nanny-goat] LOC *Ver* LOCO

cabrero, -a *adj* furious

cabrito *nm* (*animal*) kid

caca *nf* poo LOC **hacer caca** to do a poo (*coloq*)

cacao *nm* **1** (*planta*) cacao [*pl* cacaos] **2** (*en polvo*) cocoa LOC *Ver* MANTECA

cacarear *vi* **1** (*gallo*) to crow **2** (*gallina*) to cluck

cacería *nf* **1** (*gen*) hunt: *una ~ de elefantes* an elephant hunt **2** (*caza menor*) shoot LOC **ir de cacería 1** (*gen*) to go hunting **2** (*caza menor*) to go shooting

cacerola *nf* saucepan ☛ *Ver dibujo en* SAUCEPAN

cachada *nf* practical joke: *hacerle una ~ a algn* to play a practical joke on sb

cachar *vt* **1** (*gen*) to catch: *Me cachó copiando.* She caught me copying. **2** (*burlarse*) to tease

cachear *vt* to frisk (*coloq*), to search: *Cachearon a todos los pasajeros.* All the passengers were searched.

cachetada *nf* (*tb* **cachetazo** *nm*) LOC **dar una cachetada** to slap *sb*

cachete *nm* cheek: *Tiene los ~s colorados.* Her cheeks are red.

cachiporra *nf* (*de policía*) truncheon

cachivache *nm* junk [*incontable*]: *Tenés la habitación llena de ~s.* Your room is full of junk. LOC *Ver* CUARTO

cacho *nm* bit

cachorro, -a *nm-nf* **1** (*perro*) puppy [*pl* puppies] **2** (*león, tigre*) cub

cachuzo, -a *adj* clapped-out

cactus (*tb* **cacto**) *nm* cactus [*pl* cacti/cactuses]

cada *adj* **1** (*gen*) each: *Dieron un regalo a ~ chico.* They gave each child a present. ☛ *Ver nota en* EVERY **2** (*con expresiones de tiempo, con expresiones numéricas*) every: *~ semana/vez* every week/time ◊ *~ diez días* every ten days **3** (*con valor exclamativo*): *¡Decís ~ cosa!* The things you come out with! LOC **cada cosa a su tiempo** all in good time **cada cual** everyone **¿cada cuánto?** how often? **cada dos días, semanas, etc** every other day, week, etc **cada dos por tres** forever **cada loco con su tema** each to his own **cada muerte de obispo** once in a blue moon: *Viene a visitarnos ~ muerte de obispo.* He comes to see us once in a blue moon. **cada uno** each (one): *~ uno valía 500 pesos.* Each one cost 500 pesos. ◊ *Nos dieron una bolsa a ~ uno.* They gave each of us a bag./They gave us a bag each. **cada vez más** more and more: *~ vez hay más problemas.* There are more and more problems. ◊ *Estás ~ vez más linda.* You're looking prettier and prettier. **cada vez mejor/peor** better and better/worse and worse **cada vez menos**: *Tengo ~ vez menos plata.* I've got less and less money. ◊ *~ vez hay menos alumnos.* There are fewer and fewer students. ◊ *Nos vemos ~ vez menos.* We see less and less of each other. **cada vez que…** whenever…

cadáver *nm* corpse, body [*pl* bodies] (*más coloq*) LOC *Ver* DEPÓSITO

cadena *nf* **1** (*gen*) chain **2** (*Radio*) station **3** (*TV*) channel LOC **cadena perpetua** life imprisonment

cadera *nf* hip

cadete *nmf* cadet

caducar *vi* **1** (*documento, plazo*) to expire **2** (*alimento*) to go past its sell-by date **3** (*medicamento*) to be out of date: *¿Cuándo caduca?* When does it have to be used by?

caduco, -a *adj* LOC *Ver* HOJA

caer ◆ *vi* **1** (*gen*) to fall: *La maceta cayó del balcón.* The plant pot fell off the balcony. ◊ *~ en la trampa* to fall into the trap ◊ *Mi cumpleaños cae en martes.* My birthday falls on a Tuesday. ◊ *Caía la noche.* Night was falling. **2** *~* **(en)** (*entender*) to get *sth* [*vt*]: *Ya caigo.* Now I get it. **3** (*persona*): *Le caíste muy bien a mi madre.* My mother really liked you. ◊ *Me cae pésimo.* I can't stand him. ◊ *¿Qué tal te cayó su novia?* What did you think of his girlfriend? ◆ **caerse** *v pron* **1** (*gen*) to fall: *Cuidado, no te caigas.* Careful you don't fall. ◊ *Se me caen los pantalones.* My trousers are falling down. **2** (*diente, pelo*) to fall out: *Se le cae el pelo.* His hair is falling out. LOC **caer mal 1** (*comida*) not to agree *with sb*: *La salsa que comí me cayó muy mal.* That sauce I ate disagreed with me. **2** (*persona*) to rub *sb* up the wrong way: *Ese chico me cae mal.* That guy rubs me up the wrong way. **caérsele algo a algn** to drop sth: *Se me cayó el helado.* I dropped my ice cream. ☛ Para otras expresiones con **caer**, véanse las entradas del sustantivo, adjetivo, etc, p.ej. **caerse de bruces** en BRUCES y **caer como moscas** en MOSCA.

café *nm* **1** (*gen*) coffee: *¿Te gustaría un ~?* Would you like some/a coffee? **2** (*establecimiento*) café ☛ *Ver pág 314.* LOC **café expreso** espresso [*pl* espressos] **café solo/con leche** black/white coffee **tener mal café** to be bad-tempered

cafeína *nf* caffeine: *sin ~* caffeine free

cafetal *nm* coffee plantation

cafetera *nf* **1** (*para hacer café*) coffee pot **2** (*auto*) banger LOC **cafetera eléctrica** coffee-maker

cafetería *nf* snack bar ☛ *Ver pág 314.*

cafetero, -a *adj* **1** (*gen*) coffee [*n atrib*]: *la industria cafetera* the coffee industry **2** (*persona*): *ser muy ~* to be very fond of coffee

cafúa *nf* nick: *estar en la ~* to be in the nick

cagón, -ona *adj, nmf* chicken [*adj*]: *No seas ~.* Don't be chicken.

caída *nf* **1** (*gen*) fall: *una ~ de tres metros* a three-metre fall ◊ *la ~ del gobierno* the fall of the government **2** *~ de* (*descenso*) fall **in *sth***: *una ~ de los precios* a fall in prices **3** (*pelo*) loss: *prevenir la ~ del pelo* to prevent hair loss LOC **a la caída de la tarde/noche** at dusk/nightfall **caída libre** free fall

caído, -a ◆ *pp, adj* fallen: *un pino ~* a fallen pine ◆ *nm*: *los ~s en la guerra* those who died in the war LOC **caído del catre** naive **caído del cielo 1** (*inesperado*) out of the blue **2** (*oportuno*): *Nos viene ~ del cielo.* It's a real godsend. *Ver tb* CAER

caimán *nm* alligator

caja *nf* **1** (*gen*) box: *una ~ de cartón* a cardboard box ◊ *una ~ de bombones* a box of chocolates ☛ *Ver dibujo en* CONTAINER **2** (*botellas*) **(a)** (*gen*) crate **(b)** (*vino*) case **3** (*supermercado*) check-out **4** (*otros negocios*) cash desk **5** (*banco*) cashier's desk LOC **caja de ahorros** savings bank **caja de cambios/velocidades** gearbox **caja de herramientas** toolbox **caja fuerte** safe [*pl* safes] **caja negra** black box **caja registradora** till **hacer la caja** to cash up

cajero, -a *nm-nf* cashier LOC **cajero automático** cash machine

cajón *nm* **1** (*mueble*) drawer **2** (*de madera*) crate **3** (*ataúd*) coffin

cal *nf* lime

cala *nf* cove

calabozo *nm* cell

calamar *nm* squid [*pl* squid]

calambre *nm* cramp [*incontable*]: *Me dan ~s en las piernas.* I get cramp in my legs.

calamidad *nf* **1** (*desgracia*) misfortune: *pasar ~es* to suffer misfortune **2** (*persona*) useless [*adj*]: *Sos una ~.* You're useless.

calar *vt* (*adivinar las intenciones*) to see through *sb*: *La calé enseguida.* I saw through her immediately.

calavera *nf* skull

calcar *vt* to trace: *papel de ~* tracing paper

calcinado, -a *pp, adj* charred *Ver tb* CALCINAR

calcinar *vt* to burn *sth* down: *El fuego calcinó la fábrica.* The fire burnt the factory down.

calcio *nm* calcium

calco *nm* copy [*pl* copies]: *Ese dibujo no es un original, es un ~.* That drawing isn't an original, it's a copy.

calculadora *nf* calculator

calcular *vt* **1** (*gen*) to work *sth* out, to calculate (*más formal*): *Calculá cuánto necesitamos.* Work out/calculate how much we need. **2** (*suponer*) to reckon: *Calculo que habrá 60 personas.* I reckon there must be around 60 people.

cálculo *nm* calculation: *Según mis ~s son 105.* It's 105 according to my calculations. ◊ *Tengo que hacer unos ~s antes de decidir.* I have to make some calculations before deciding. LOC **hacer un cálculo aproximado** to make a rough estimate

caldera *nf* boiler

caldito *nm* stock cube

caldo *nm* **1** (*para cocinar*) stock: *~ de pollo* chicken stock **2** (*sopa*) broth [*incontable*]: *Para mí el ~ de verduras.* I'd like the vegetable broth.

calefacción *nf* heating: *~ central* central heating

calefón *nm* water heater

calendario *nm* calendar

calentador *nm* heater

calentamiento *nm* warm-up: *ejercicios de ~* warm-up exercises ◊ *Primero haremos un poco de ~.* We're going to warm up first.

calentar ◆ *vt* **1** (*gen*) to heat *sth* up: *Voy a ~te la cena.* I'll heat up your dinner. **2** (*templar*) to warm *sth/sb* up ◆ **calentarse** *v pron* **1** (*ponerse muy caliente*) to get very hot: *El motor se calentó demasiado.* The engine overheated. **2** (*templarse, Dep*) to warm up

calesita *nf* merry-go-round

calibre *nm* calibre: *una pistola del ~ 38* a 38 calibre gun

calidad *nf* quality: *la ~ de vida en las ciudades* the quality of life in the cities ◊ *fruta de ~* quality fruit LOC **en calidad de** as: *en ~ de portavoz* as a spokesperson *Ver tb* RELACIÓN

cálido, -a *adj* warm

caliente *adj* **1** (*gen*) hot: *agua ~* hot water **2** (*templado*) warm: *La casa está ~.* The house is warm. ☛ *Ver nota en* FRÍO LOC *Ver* BOLSA[1], VENDER

calificación *nf* **1** (*nota escolar*) mark: *buenas calificaciones* good marks ◊ *Obtuvo la mejor ~.* She got the highest/best mark. **2** (*descripción*) description: *Su comportamiento no merece otra ~.* His behaviour cannot be described in any other way. LOC *Ver* BOLETÍN

calificar *vt* **1** (*corregir*) to mark **2** (*a un alumno*) to give *sb* a mark: *La calificaron con sobresaliente.* They gave her an A. **3** (*describir*) to label *sb* (**as *sth***): *La calificaron de excéntrica.* They labelled her as eccentric.

caligrafía *nf* handwriting

callado, -a *pp, adj* **1** (*gen*) quiet: *Tu hermano está muy ~ hoy.* Your brother is very quiet today. **2** (*en completo silencio*) silent: *Permaneció ~.* He remained silent. LOC **más callado que un muerto** as quiet as a mouse *Ver tb* CALLAR

callar ◆ *vt* **1** (*persona*) to get *sb* to be quiet: *¡Callá a esos chicos!* Get those children to be quiet! **2** (*información*) to keep quiet about *sth* ◆ **callar(se)** *vi, v pron* **1** (*no hablar*) to say nothing: *Prefiero ~(me).* I'd rather say nothing. **2** (*dejar de hablar o hacer ruido*) to go quiet, to shut up (*coloq*): *Dáselo, a ver si (se) calla.* Give it to him and see if he shuts up. LOC **¡callate (la boca)!** be quiet! shut up! (*coloq*)

calle *nf* **1** (*gen*) street (*abrev* St): *una ~ peatonal* a pedestrian street ◊ *Está en la ~ San Martín.* It's in San Martín Street.

> Cuando se menciona el número de la casa se usa la preposición **at**: *Vivimos en la calle San Martín 49.* We live at 49 San Martín Street. ☛ *Ver nota en* STREET

2 (*Dep*) lane: *el corredor de la ~ dos* the athlete in lane two LOC **calle arriba/abajo** up/down the street **quedarse en la calle** (*sin trabajo*) to lose your job

callecita *nf* side street

callejero, -a *adj* LOC *Ver* PERRO

callejón *nm* alleyway [*pl* alleyways] LOC **callejón sin salida** cul-de-sac [*pl* cul-de-sacs]

callo *nm* **1** (*dedo del pie*) corn **2** (*mano, planta del pie*) callus [*pl* calluses]

calma *nf* calm: *mantener la ~* to keep calm LOC **¡(con) calma!** calm down! **calma chicha** dead calm **tomarse algo con calma** to take sth easy: *Tomatelo con ~.* Take it easy. *Ver tb* PERDER

calmante *nm* **1** (*dolor*) painkiller **2** (*nervios*) tranquillizer

calmar ◆ *vt* **1** (*nervios*) to calm **2** (*dolor*) to relieve **3** (*hambre, sed*) to satisfy ◆ **calmarse** *v pron* to calm down

calmo, -a *adj* calmo LOC **calmo como un mar de aceite** as calm as a lake

calor *nm* **1** (*temperatura*) heat: *Hoy aprieta el ~.* It's stiflingly hot today. **2** (*vergüenza*) embarrassment: *¡Qué ~!* How embarrassing! **3** (*sudor*) hot flush LOC **hacer calor** to be hot: *Hace mucho ~.* It's very hot. ◊ *¡Qué ~ hace!* It's so hot! ◊ *Hoy hace un ~ agobiante.* It's stiflingly hot today. **tener calor** to be/feel hot: *Tengo ~.* I'm hot. ☛ *Ver nota en* FRÍO; *Ver tb* ENTRAR

caloría *nf* calorie: *una dieta baja en ~s* a low-calorie diet ◊ *quemar ~s* to burn off calories

caluroso, -a *adj* **1** (*muy caliente*) hot: *Fue un día muy ~.* It was a very hot day. **2** (*tibio, fig*) warm: *una noche/bienvenida calurosa* a warm night/welcome

calva *nf* bald patch

calvo, -a *adj* bald: *quedarse ~* to go bald

calzada *nf* road

calzado *nm* footwear: *~ de cuero* leather footwear

calzar ◆ *vt* **1** (*zapato*) to wear: *Calzaba zapatos sin taco.* She wore flat shoes. **2** (*número*) to take: *¿Qué número calzás?* What size do you take? **3** (*persona*) to put *sb's* shoes on: *¿Podés ~ al chico?* Can you put the little boy's shoes on for him? ◆ **calzarse** *v pron* to put your shoes on

calzas *nf* leggings

calzoncillo *nm* **calzoncillos** underpants [*pl*] ☛ Nótese que *unos calzoncillos* se dice **a pair of underpants.**

cama *nf* bed: *irse a la ~* to go to bed ◊ *¿Todavía estás en la ~?* Are you still in bed? ◊ *meterse en la ~* to get into bed ◊ *salir de la ~* to get out of bed LOC **cama individual/de matrimonio** single/ double bed *Ver tb* COCHE, SALTO, SOFÁ

camada *nf* **1** (*animales*) litter **2** (*Educ*): *la ~ del 95* the class of 95

camaleón *nm* chameleon

cámara ◆ *nf* **1** (*gen*) chamber: *la ~ legislativa* the legislative chamber ◊ *música de ~* chamber music **2** (*Cine, Fot*) camera ◆ *nmf* cameraman/woman [*pl* cameramen/women] LOC **a/en cámara lenta** in slow motion **cámara de fotos/fotográfica** camera

camarada *nmf* **1** (*Pol*) comrade **2** (*amigo*) mate

camarón *nm* prawn

camarote *nm* cabin

cambiante *adj* changing

cambiar ◆ *vt* **1** (*gen*) to change *sth* (**for** *sth*): *Voy a ~ mi coche por uno más grande.* I'm going to change my car for a bigger one. **2** (*plata*) to change *sth* (***into sth***): *~ pesos a/en libras* to change pesos into pounds **3** (*intercambiar*) to exchange *sth* (**for sth**): *Si no te queda bien lo podés ~.* You can exchange it if it doesn't fit you. ◆ *vi ~* (**de**) to change: *~ de trabajo/tren* to change jobs/trains ◊ *No van a ~.* They're not going to change. ◊ *~ de tema* to change the subject ◆ **cambiarse** *v pron* **1 cambiarse** (**de**) to change: *~se de zapatos* to change your shoes **2** (*persona*) to get changed: *Voy a ~me porque tengo que salir.* I'm going to get changed because I have to go out. LOC **cambiar de opinión** to change your mind **cambiar(se) de casa** to move house

cambio *nm* **1** ~ (**de**) (*gen*) change (**in/of** ***sth***): *un ~ de temperatura* a change in temperature ◊ *Ha habido un ~ de planes.* There has been a change of plan. **2** (*intercambio*) exchange: *un ~ de impresiones* an exchange of views **3** (*plata suelta*) change: *Me dieron mal el ~.* They gave me the wrong change. ◊ *¿Tiene ~ de 100 pesos?* Have you got change for 100 pesos? **4** (*Fin*) exchange rate **5** (*poca plata*) small change: *Necesito ~ para el boleto.* I need some change to buy the ticket. **6** (*bicicleta, auto*) gear: *una bicicleta de cinco ~s* a five gear bicycle LOC **a cambio** (**de/de que**) in return (for *sth/doing sth*): *No recibieron nada a ~.* They got nothing in return. ◊ *a ~ de que me ayudes con las matemáticas* in return for you helping me with my maths **cambio de guardia** changing of the Guard **en cambio** on the other hand *Ver tb* CAJA, PALANCA

camello, -a *nm-nf* camel

camelo *nm* lie: *Eso que te contaron es puro ~.* What you were told was all a lie.

camilla *nf* stretcher

caminar ◆ *vi* to walk ◆ *vt* to cover: *Hemos caminado 150km.* We've covered 150km. LOC **ir caminando** to go on foot

caminata *nf* trek LOC **dar una caminata** to do a lot of walking

camino *nm* **1** (*ruta no asfaltada*) track **2** (*ruta, medio*) way: *No me acuerdo del ~.* I can't remember the way. ◊ *Me la encontré en el ~.* I met her on the way. **3** ~ (**a/de**) (*senda*) path (**to** ***sth***): *el ~ a la fama* the path to fame LOC (**estar/ir**) **camino a...** to be on the/your way to... **ir por buen/mal camino** to be on the right/wrong track **ponerse en camino** to set off *Ver tb* ABRIR, MEDIO

camión *nm* lorry [*pl* lorries] LOC **camión cisterna** tanker **camión de la basura** dustcart **camión de mudanzas** removal van

camionero, -a *nm-nf* lorry driver

camioneta *nf* van

camisa *nf* shirt LOC **camisa de fuerza** straitjacket

camiseta *nf* **1** (*ropa interior*) vest **2** (*Dep*) shirt: *la ~ número 11* the number 11 shirt

camisón *nm* nightdress, nightie (*coloq*)

camorra *nf* fight: *buscar ~* to be looking for a fight ◊ *armar ~* to start a fight

camorrero, -a *adj, nm-nf* troublemaker [*n*]: *Unos ~s me destrozaron el bar.* Some hooligans wrecked my bar. ◊ *¡No seas ~!* Don't go making trouble!

camote *nm* LOC **tener un camote con algn** to have a crush on sb

campamento *nm* camp: *ir de ~* to go camping

campana *nf* **1** (*gen*) bell: *¿Oís las ~s?* Can you hear the bells ringing? **2** (*extractor*) extractor hood

campanada *nf* **1** (*campana*): *Sonaron las ~s.* The bells rang out. **2** (*reloj*) stroke: *las doce ~s de medianoche* the twelve strokes of midnight LOC **dar dos, etc campanadas** to strike two, etc: *El reloj dio seis ~s.* The clock struck six.

campanario *nm* belfry [*pl* belfries]

campaña *nf* (*Com, Pol, Mil*) campaign: *~ electoral* election campaign

campeón, -ona *nm-nf* champion: *el ~ del mundo/de Europa* the world/ European champion

campeonato *nm* championship: *los Campeonatos Mundiales de Atletismo* the World Athletics Championships

campera *nf* jacket: *una ~ de cuero* a leather jacket

campesino, -a *nm-nf* **1** (*agricultor*) farmworker

También se puede decir **peasant**, pero tiene connotaciones de pobreza.

2 (*persona del campo*) countryman/ woman [*pl* countrymen/women]: *los ~s* country people

camping *nm* campsite LOC **hacer camping** to camp **ir de camping** to go camping

campo *nm* **1** (*naturaleza*) country: *vivir en el ~* to live in the country **2** (*tierra de cultivo*) field: *~s de cebada* barley fields **3** (*paisaje*) countryside: *El ~ está precioso en septiembre.* The countryside looks lovely in September. **4** (*ámbito, Fís, Informát*) field: *~ magnético* magnetic field ◊ *el ~ de la ingeniería* the field of engineering **5** (*campamento*) camp: *~ de concentración/prisioneros* concentration/ prison camp LOC **campo de batalla** battlefield **campo de golf** golf course **en campo contrario** (*Dep*) away: *jugar en ~ contrario* to play away *Ver tb* FAENA, MEDIO, PRODUCTO

camuflaje *nm* camouflage

camuflar *vt* to camouflage

cana[1] *nf* (*pelo*) grey hair: *tener ~s* to have grey hair LOC **echar una cana al aire** to let your hair down

cana[2] ◆ *nmf* (*policía*) cop ◆ *nf* cops [*pl*]: *Viene la ~.* The cops are coming.

canadiense *adj, nmf* Canadian

canal *nm* **1** (*estrecho marítimo natural, TV, Informát*) channel: *un ~ de televisión* a TV channel ◊ *el ~ de la Mancha* the Channel **2** (*estrecho marítimo artificial, de riego*) canal: *el ~ de Suez* the Suez Canal ☛ *Ver nota en* TELEVISION

canario *nm* (*pájaro*) canary [*pl* canaries]

canasta *nf* basket: *una ~ de paja* a wicker basket LOC **canasta familiar** average family shopping bill

cancelar *vt* **1** (*gen*) to cancel: *~ un vuelo/una reunión* to cancel a flight/ meeting **2** (*deuda*) to settle

Cáncer *nm, nmf* (*Astrología*) Cancer ☛ *Ver ejemplos en* AQUARIUS

cáncer *nm* cancer [*incontable*]: *~ de pulmón* lung cancer

cancha *nf* **1** (*tenis, frontón, basketball, squash*) court: *Los jugadores ya están en la ~.* The players are on court. **2** (*fútbol, rugby*) **(a)** (*terreno*) pitch: *una ~ de rugby* a rugby pitch ◊ *La ~ está en muy buen estado.* The pitch is in very good condition. **(b)** (*estadio*) ground: *la ~ de Boca* Boca's ground **3** (*de golf*) course **4** (*de polo*) field LOC **tener cancha** to have a way *with sth/sb*: *Tiene mucha ~ con los negocios.* He's got a lot of business sense.

canchero, -a *adj* skilful LOC **hacerse el canchero** to show off

canción *nf* song LOC **canción de cuna** lullaby [*pl* lullabies]

candado *nm* padlock: *cerrado con ~* padlocked

candidato, -a *nm-nf* ~ (**a**) candidate (**for** ***sth***): *el ~ a la presidencia del club* the candidate for chair of the club

candidatura *nf* ~ (**a**) candidacy (**for** ***sth***): *renunciar a una ~* to withdraw your candidacy ◊ *Presentó su ~ al senado.* He is standing for the senate.

canela *nf* cinnamon

canelón *nm* **canelones** cannelloni [*incontable*]

cangrejo *nm* **1** (*de mar*) crab **2** (*de río*) crayfish [*pl* crayfish]

canguro *nm* kangaroo [*pl* kangaroos]

caníbal *adj, nmf* cannibal [*n*]: *una tribu ~* a cannibal tribe

canibalismo *nm* cannibalism

canilla *nf* **1** (*del agua*) tap: *La ~ de agua fría pierde.* The cold water tap is leaking. ◊ *abrir/cerrar la ~* to turn the tap on/off **2** (*pierna*) shin LOC *Ver* AGUA

canillita *nmf* **1** (*vendedor*) newspaper vendor **2** (*repartidor*) newspaper boy/ girl

canino, -a *adj* canine LOC *Ver* HAMBRE

canjear *vt* to exchange *sth* (***for sth***): *~ un vale* to exchange a voucher

canoa *nf* canoe

canoso, -a *adj* grey

cansado, -a *pp, adj* **1** ~ (**de**) (*agotado*) tired (**from** ***sth/doing sth***): *Están ~s de* *tanto correr.* They're tired from all that running. **2** ~ **de** (*harto*) tired **of *sth*/*sb*/ *doing sth***: *¡Estoy ~ de vos!* I'm tired of you! LOC *Ver* VISTA; *Ver tb* CANSAR

cansancio *nm* tiredness LOC *Ver* MUERTO

cansar ◆ *vt* **1** (*agotar*) to tire *sth/sb* (out) **2** (*aburrir, hartar*): *Me cansa tener que repetir las cosas.* I get tired of having to repeat things. ◆ *vi* to be tiring: *Este trabajo cansa mucho.* This work is very tiring. ◆ **cansarse** *v pron* **cansarse** (**de**) to get tired (**of *sth*/*sb*/ *doing sth***): *Se cansa enseguida.* He gets tired very easily.

cantante *nmf* singer LOC *Ver* VOZ

cantar ◆ *vt, vi* to sing ◆ *vi* **1** (*chicharra, pájaro pequeño*) to chirp **2** (*gallo*) to crow LOC **cantar las cuarenta/las verdades** to tell *sb* a few home truths **cantar victoria** to celebrate

cántaro *nm* pitcher LOC *Ver* LLOVER

cantautor, ~a *nm-nf* singer-songwriter

cante *nm* singing: *~ jondo* flamenco singing

cantera *nf* quarry [*pl* quarries]

cantidad *nf* **1** (*gen*) amount: *una ~ chica de pintura/agua* a small amount of paint/water ◊ *¿Qué ~ necesitás?* How much do you need? **2** (*personas, objetos*) number: *¡Qué ~ de autos!* What a lot of cars! ◊ *Había ~ de gente.* There were loads of people. **3** (*plata*) amount, sum (*formal*) **4** (*magnitud*) quantity: *Prefiero la calidad a la ~.* I prefer quality to quantity. LOC **en cantidades industriales** in huge amounts

cantimplora *nf* water bottle

canto[1] *nm* **1** (*arte*) singing: *estudiar ~* to study singing **2** (*canción, poema*) song: *un ~ a la belleza* a song to beauty

canto[2] *nm* **1** (*borde*) edge **2** (*cuchillo*) back LOC **de canto** on its/their side: *poner algo de ~* to put sth on its side

canto[3] *nm* (*piedra*) pebble LOC **canto rodado** pebble

canturrear *vt, vi* to hum

caña *nf* **1** (*junco*) reed **2** (*bambú, azúcar*) cane: *~ de azúcar* sugar cane LOC **caña** (**de pescar**) fishing rod

cañería *nf* pipe: *la ~ de desagüe* the drainpipe

cañita *nf* LOC **cañita voladora** rocket

caño *nm* pipe: *Se rompió un ~.* A pipe has burst. LOC **caño de escape** exhaust

cañón *nm* **1** (*de artillería*) cannon **2** (*fusil*) barrel: *una escopeta de dos caños* a double-barrelled shotgun **3** (*Geog*) canyon: *el ~ del Colorado* the Grand Canyon

cañonero *nm* (*Fútbol*) top scorer

caoba *nf* mahogany

caos *nm* chaos [*incontable*]: *La noticia causó el ~.* The news caused chaos.

capa *nf* **1** (*gen*) layer: *la ~ de ozono* the ozone layer **2** (*pintura, barniz*) coat **3** (*prenda*) **(a)** (*larga*) cloak **(b)** (*corta*) cape

capacidad *nf* ~ (**de/para**) **1** (*gen*) capacity (**for *sth***): *una gran ~ de trabajo* a great capacity for work ◊ *un hotel con ~ para 300 personas* a hotel with capacity for 300 guests **2** (*aptitud*) ability (***to do sth***): *Tiene ~ para hacerlo.* She has the ability to do it.

capacitación *nf* training

capacitado, -a *pp, adj* (*persona*) qualified

capar *vt* to castrate

caparazón *nm* shell: *un ~ de tortuga* a tortoise shell

capataz *nmf* foreman/woman [*pl* foremen/women]

capaz *adj* ~ (**de**) capable (**of *sth*/*doing sth***): *Quiero gente ~ y trabajadora.* I want capable, hard-working people. LOC **ser capaz de** to be able *to do sth*: *No sé cómo fueron capaces de decírselo así.* I don't know how they could tell her like that. ◊ *No soy ~ de aprenderlo.* I just can't learn it.

capellán *nm* chaplain

Caperucita LOC **Caperucita Roja** Little Red Riding Hood

capicúa *nm* palindromic number

capilla *nf* chapel LOC **capilla ardiente** chapel of rest

capital ◆ *nf* capital ◆ *nm* (*Fin*) capital

capitalismo *nm* capitalism

capitalista *adj, nmf* capitalist

capitán, -ana ◆ *nm-nf* captain: *el ~ del equipo* the team captain ◆ *nmf* (*Mil*) captain

capítulo *nm* **1** (*libro*) chapter: *¿Por qué ~ vas?* What chapter are you on? **2** (*Radio, TV*) episode

capo *nm* **1** (*jefe*) boss **2** (*experto*) expert

capó *nm* (*coche*) bonnet

capota *nf* (*coche*) hood

capricho *nm* (*antojo*) whim: *los ~s de la moda* the whims of fashion LOC **dar un capricho a algn** to give sb a treat

caprichoso, -a *adj* **1** (*que quiere*

cosas): *¡Qué chico más ~!* That child's never satisfied! **2** (*que cambia de idea*): *Tiene un carácter ~.* He's always changing his mind. ◊ *un cliente ~* a fussy customer

Capricornio *nm, nmf* Capricorn ☛ *Ver ejemplos en* AQUARIUS

captar *vt* **1** (*atención*) to capture **2** (*público*) to attract **3** (*comprender*) to grasp: *No captaron el mensaje del autor.* They didn't grasp the point the author was making. **4** (*emisora, señal*) to pick *sth* up LOC *Ver* INDIRECTA

captura *nf* **1** (*fugitivo*) capture **2** (*armas, drogas*) seizure

capturar *vt* **1** (*fugitivo*) to capture **2** (*armas, drogas*) to seize

capucha *nf* hood

capuchón *nm* top: *Perdí el ~ de mi lapicera.* I lost the top of my pen.

capullo *nm* **1** (*flor*) bud **2** (*insecto*) cocoon

caqui *nm* khaki: *unos pantalones ~* a pair of khaki trousers ☛ *Ver ejemplos en* AMARILLO

cara *nf* **1** (*rostro*) face **2** (*disco, Geom*) side LOC **cara a cara** face to face **cara dura**: *¡Qué ~ dura!* What a cheek! ◊ *Sos un ~ dura.* You've got a cheek! **cara o ceca** heads or tails **dar la cara** to face the music **partirle/romperle la cara a algn** to smash sb's face in **poner cara de asco** to make a face: *No pongas ~ de asco y cométela.* Don't make a face—just eat it. **tener buena/mala cara** (*persona*) to look well/ill *Ver tb* COSTAR, VUELTA

carabina *nf* (*arma*) carbine

caracol *nm* **1** (*de tierra*) snail **2** (*de mar*) winkle LOC *Ver* ESCALERA

caracola *nf* conch

carácter *nm* **1** (*gen*) character: *un defecto de mi ~* a character defect **2** (*índole*) nature LOC **tener buen/mal carácter** to be good-natured/ ill-tempered **tener mucho/poco carácter** to be strong-minded/weak-minded

característica *nf* **1** (*rasgo*) characteristic **2** (*de teléfono*) code: *¿Cuál es la ~ de tu barrio?* What's the code for where you live?

característico, -a *adj* characteristic

caracterizar ◆ *vt* **1** (*distinguir*) to characterize: *El orgullo caracteriza a este pueblo.* Pride characterizes this people. **2** (*disfrazar*) to dress *sb* up **as** ***sth/sb***: *Me caracterizaron de anciana.* They dressed me up as an old lady. ◆ **caracterizarse** *v pron* **caracterizarse de** to dress up **as** ***sth/sb***

caracú *nm* marrow LOC **hasta el caracú**: *estar metido con algn hasta el ~* to be head over heels in love with sb

caradura *adj, nmf* cheeky (person)

¡caramba! *interj* **1** (*sorpresa*) goodness me! **2** (*enojo*) for heaven's sake!

carambola *nf* stroke of luck: *¡Qué ~!* What a stroke of luck! LOC **de carambola** by sheer luck

caramelo *nm* **1** (*golosina*) sweet **2** (*azúcar quemado*) caramel

carátula *nf* title page

carbón *nm* coal LOC **carbón vegetal** charcoal

carbonizar(se) *vt, v pron* to burn

carbono *nm* carbon LOC *Ver* DIÓXIDO, HIDRATO, MONÓXIDO

carburante *nm* fuel

carcajada *nf* roar of laughter [*pl* roars of laughter] LOC *Ver* REÍR, SOLTAR

cárcel *nf* prison: *ir a la ~* to go to prison ◊ *Lo metieron en la ~.* They put him in prison.

carcelero, -a *nm-nf* jailer

cardenal *nm* (*Relig*) cardinal

cardíaco, -a *adj* LOC **ataque/paro cardíaco** cardiac arrest

cárdigan *nm* cardigan

cardinal *adj* cardinal

cardo *nm* thistle

carecer *vi* ~ **de** to lack *sth* [*vt*]: *Carecemos de medicinas.* We lack medicines. LOC **carece de sentido** it doesn't make sense

careta *nf* mask

carga *nf* **1** (*acción*) loading: *La ~ del buque llevó varios días.* Loading the ship took several days. ◊ *~ y descarga* loading and unloading **2** (*peso*) load: *~ máxima* maximum load **3** (*mercancía*) **(a)** (*avión, barco*) cargo [*pl* cargoes] **(b)** (*camión*) load **4** (*explosivo, munición, Electrón*) charge: *una ~ eléctrica* an electric charge **5** (*obligación*) burden **6** (*bolígrafo*) refill LOC **¡a la carga!** charge! *Ver tb* BURRO, TREN, VAGÓN

cargado, -a *pp, adj* **1** ~ **(de/con)** loaded (**with** ***sth***): *Venían ~s de valijas.* They were loaded down with suitcases. ◊ *un arma cargada* a loaded weapon **2** ~ **de** (*responsabilidades*) burdened down **with** ***sth*** *Ver tb* CARGAR

cargador, ~a ◆ *nm-nf* **1** (*camiones*) loader **2** (*aviones*) baggage handler

◆ *nm* (*Electrón*) charger: ~ *de pilas* battery charger

cargamento *nm* **1** (*avión, barco*) cargo [*pl* cargoes] **2** (*camión*) load **3** (*mercancías*) shipment: *un ~ de 500kg de hachís* a 500kg shipment of hashish

cargar ◆ *vt* **1** (*gen*) to load: *Cargaron el camión de cajas.* They loaded the lorry with boxes. ◊ ~ *un arma* to load a weapon **2** (*lapicera, encendedor*) to fill **3** (*pila, batería*) to charge **4** (*persona*) to make fun of *sth/sb*: *Me van a ~ todo el día mañana.* They're going to be making fun of me all day tomorrow. ◆ *vi* **1** ~ **con** (*responsabilidad*) to shoulder *sth* [*vt*] **2** ~ (**contra**) (*Mil*) to charge LOC **cargar nafta** to refuel

cargo *nm* **1** (*gen*) post: *un ~ importante* an important post **2** (*Pol*) office: *el ~ de intendente* the office of mayor **3 cargos** (*Jur*) charges LOC **hacerse cargo de 1** (*responsabilizarse*) to take charge of *sth* **2** (*cuidar de algn*) to look after *sb* **tener cargo de conciencia** to feel guilty: *Tengo ~ de conciencia.* I feel guilty.

cargoso, -a *adj, nm-nf* pain [*n*]: *un tipo muy ~* a real pain

caricatura *nf* caricature: *hacer una ~* to draw a caricature

caricia *nf* caress LOC **hacer caricias** to caress

caridad *nf* charity: *vivir de la ~* to live on charity

caries *nf* **1** (*enfermedad*) tooth decay [*incontable*]: *para prevenir las ~* to prevent tooth decay **2** (*agujero*) hole: *Tengo una ~ en la muela.* I've got a hole in my tooth.

carilla *nf* side

cariño *nm* **1** (*afecto*) affection **2** (*delicadeza*) loving care: *Trata sus cosas con todo ~.* He treats his things with loving care. **3** (*apelativo*) sweetheart: *¡~ mío!* Sweetheart! LOC **con cariño** (*en cartas*) with love **tenerle cariño a algo/algn** to be fond of sth/sb **tomarle cariño a algo/algn** to become fond of sth/sb

cariñoso, -a *adj* **1** ~ (**con**) affectionate (**towards** ***sth/sb***) **2** (*abrazo, saludos*) warm

caritativo, -a *adj* ~ (**con**) charitable (**to/towards** ***sb***)

carnada *nf* bait

carnal *adj* (*sensual*) carnal

carnaval *nm* carnival LOC *Ver* MARTES

carne *nf* **1** (*Anat, Relig, fruta*) flesh **2** (*alimento*) meat: *Me gusta la ~ bien cocida.* I like my meat well done.

> El inglés suele emplear distintas palabras para referirse al animal y a la carne que se obtiene de ellos: del *chancho* (**pig**) se obtiene **pork**, de la *vaca* (**cow**), **beef**, del *ternero* (**calf**), **veal**. **Mutton** es la carne de la *oveja* (**sheep**), y del *cordero* (**lamb**) se obtiene la carne de cordero o **lamb**.

LOC **carne picada** mince **en carne viva** raw: *Tenés la rodilla en ~ viva.* Your knee is red and raw. **ser de carne y hueso** to be only human *Ver tb* PARRILLA, UÑA

carné (*tb* **carnet**) *nm* card LOC **carné de identidad/socio** identity/membership card *Ver tb* FOTO

carnear *vt* (*ganado*) to slaughter

carnero *nm* ram LOC *Ver* VUELTA

carnicería *nf* **1** (*negocio*) butcher's [*pl* butchers] **2** (*matanza*) massacre

carnicero, -a *nm-nf* (*lit y fig*) butcher

carnívoro, -a *adj* carnivorous

caro, -a ◆ *adj* expensive, dear (*más coloq*) ◆ *adv*: *comprar/pagar algo muy ~* to pay a lot for sth LOC **costar/pagar caro** to cost *sb* dearly: *Pagarán ~ su error.* Their mistake will cost them dearly.

carozo *nm* stone: *Voy a guardar el ~ de la palta para plantarlo.* I'm going to keep this avocado stone and plant it.

carpa[1] *nf* (*pez*) carp [*pl* carp]

carpa[2] *nf* **1** (*campamento, circo*) tent **2** (*entoldado*) marquee: *Había una ~ en el jardín para los invitados a la fiesta.* There was a marquee in the garden for the guests.

carpeta *nf* folder

carpintería *nf* carpentry

carpintero, -a *nm-nf* carpenter

carrera *nf* **1** (*Dep*) race: ~ *de relevos/embolsados* relay/sack race **2 carreras** (*caballos*) races **3** (*licenciatura*) degree: *¿En qué ~ te recibiste?* What did you do your degree in? **4** (*profesión*) career: *Estoy en el mejor momento de mi ~.* I'm at the peak of my career. LOC **carrera de armamentos** arms race **carrera de caballos** horse race **tomar carrera** to take a run *Ver tb* AUTO, BICICLETA, CABALLO

carreta *nf* cart

carretel *nm* reel

carretilla *nf* wheelbarrow

carril *nm* **1** (*ruta*) lane: ~ *de colectivos/bicicletas* bus/cycle lane **2** (*raíl*) rail LOC *Ver* AUTOPISTA

carrito *nm* trolley [*pl* trolleys]: ~ *de supermercado* supermarket trolley

carro *nm* **1** (*vehículo*) cart **2** (*supermercado, aeropuerto*) trolley [*pl* trolleys] **3** (*máquina de escribir*) carriage LOC **carro de asalto** armoured car

carrocería *nf* bodywork [*incontable*]

carromato *nm* wagon

carroña *nf* carrion

carroza *nf* **1** (*tirada por caballos*) carriage **2** (*en un desfile*) float

carruaje *nm* carriage

carta *nf* **1** (*misiva*) letter: *mandar una ~* to post a letter ◊ *¿Tengo ~?* Are there any letters for me? ◊ *~ certificada/urgente* registered/express letter **2** (*naipe*) card: *jugar a las ~s* to play cards

Los palos de las cartas españolas (*oros, copas, espadas* y *bastos*) no tienen traducción porque en Gran Bretaña se usan las cartas francesas. Las cartas francesas son 52 divididas en cuatro *palos* o **suits**: **hearts** (*corazones*), **diamonds** (*diamantes*), **clubs** (*tréboles*) y **spades** (*picas*). Cada palo tiene un **ace** (*as*), **king** (*rey*), **queen** (*reina*), **jack** (*jota*), y nueve cartas numeradas del 2 al 10. Antes de empezar a jugar, se *baraja* (**shuffle**), se *corta* (**cut**) y se *reparten* las cartas (**deal**).

3 (*menú*) menu **4** (*documento*) charter LOC **carta de navegación** chart **tirar las cartas** to tell *sb's* fortune *Ver tb* BOMBA[1], LLORAR

cartabón *nm* set square

cartearse *v pron* ~ (**con**) to write **to *sb***

cartel[1] *nm* sign: *poner un ~* to put up a sign LOC *Ver* PROHIBIDO

cartel[2] (*tb* **cártel**) *nm* cartel: *el ~ de Cali* the Cali cartel

cartelera *nf* (*sección de diario*) listings [*pl*]: *~ teatral* theatre listings LOC **en cartelera** on: *Lleva un mes en ~*. It has been on for a month.

cartera *nf* (*bolso de mujer*) handbag

carterista *nmf* pickpocket

cartero, -a *nm-nf* postman/woman [*pl* postmen/women]

cartón *nm* **1** (*material*) cardboard: *cajas de ~* cardboard boxes **2** (*huevos, cigarrillos, leche*) carton ☛ *Ver dibujo en* CONTAINER

cartuchera *nf* pencil case

cartucho *nm* (*proyectil, de lapicera*) cartridge

cartulina *nf* card

casa *nf* **1** (*vivienda*) **(a)** (*gen*) house **(b)** (*departamento*) flat **(c)** (*edificio*) block of flats [*pl* blocks of flats] ☛ *Ver pág 315.* **2** (*hogar*) home: *No hay nada como estar en ~*. There's no place like home. **3** (*empresa*) company [*pl* companies]: *una ~ discográfica* a record company LOC **casa de empeño** pawnshop **casa de socorro** first-aid post **casa rodante** caravan **en casa** at home: *Me quedé en ~*. I stayed at home. ◊ *¿Está tu madre en ~?* Is your mother in? **en casa de** at *sb's* (house): *Voy a estar en ~ de mi hermana.* I'll be at my sister's house. ☛ En lenguaje coloquial se omite la palabra 'house': *Voy a estar en ~ de Ana.* I'll be at Ana's. **ir a casa** to go home **ir a casa de** to go to *sb's* (house): *Voy a ir a ~ de mis padres.* I'll go to my parents' (house). **pasar por casa de algn** to drop in (on sb): *Voy a pasar por tu ~ mañana.* I'll drop in tomorrow. *Ver tb* AMO, CAMBIAR, GRANDE, LLEGAR

casado, -a ◆ *pp, adj*: *estar ~* (*con algn*) to be married (to sb) ◆ *nm-nf* married man/woman LOC *Ver* RECIÉN; *Ver tb* CASAR

casamiento *nm* **1** (*institución*) marriage **2** (*ceremonia*) wedding: *aniversario de ~* wedding anniversary ◊ *Mañana vamos a un ~*. We're going to a wedding tomorrow.

Wedding se refiere a la ceremonia, **marriage** suele referirse al matrimonio como institución. En Gran Bretaña los casamientos se pueden celebrar en una *iglesia* (a **church wedding**) o en un *registro civil* (a **registry office wedding**). La novia (**bride**) suele llevar *damas de honor* (**bridesmaids**). El *novio* (**groom**) no lleva *madrina*, sino que va acompañado del **best man** (normalmente su mejor amigo). Tampoco se habla del *padrino*, aunque la novia normalmente entra con su padre. Después de la ceremonia se da una *recepción* (a **reception**).

casar ◆ *vi* ~ (**con**) to tally (**with *sth***): *Las cuentas no casaban.* The accounts didn't tally. ◆ **casarse** *v pron* **1** (*gen*) to get married: *¿Sabés quién se casa?* Guess who's getting married? **2 casarse con** to marry *sb*: *Nunca me voy a ~ con vos.* I'll never marry you. LOC **casarse por iglesia/por civil** to get married in church/a registry office ☛ *Ver nota en* CASAMIENTO

cascabel *nm* bell LOC *Ver* SERPIENTE

cascada *nf* waterfall
cascajo *nm* wreck [*pl*]
cascanueces *nm* nutcrackers [*pl*]
cascar *vt* (*pegar*) to belt
cáscara *nf* **1** (*huevo, nuez*) shell: ~ *de huevo* eggshell **2** (*limón, naranja*) peel **3** (*banana*) skin **4** (*cereal*) husk **5** (*queso*) rind
cascarón *nm* eggshell
cascarrabias *nmf* grouch
casco *nm* **1** (*cabeza*) helmet: *usar un* ~ to wear a helmet **2** (*animal*) hoof [*pl* hoofs/hooves] **3** (*barco*) hull **4** (*de una estancia*) farmhouse LOC **casco antiguo/viejo** old town
cascote *nm* (*escombros*) rubble [*incontable*]: *La calle estaba llena de ~s.* The street was full of rubble.
caserío *nm* hamlet
casero, -a ◆ *adj* **1** (*gen*) home-made: *dulce* ~ home-made jam **2** (*persona*) home-loving ◆ *nm-nf* caretaker
casete ◆ *nm* (*grabador*) cassette recorder ◆ *nm o nf* (*cinta*) cassette

> También se puede decir **tape**. **Rewind** es rebobinar y **fast forward** pasar hacia adelante.

casi *adv* **1** (*en frases afirmativas*) almost, nearly: ~ *me caigo.* I almost/nearly fell. ◊ *Estaba ~ lleno.* It was almost/nearly full. ◊ *Yo ~ diría que…* I would almost say… ☛ *Ver nota en* NEARLY **2** (*en frases negativas*) hardly: *No la veo ~ nunca.* I hardly ever see her. ◊ *No vino ~ nadie.* Hardly anybody came. ◊ *No queda ~ nada.* There's hardly anything left. LOC **casi, casi** very nearly: *~, ~ llegaban a mil personas.* There were very nearly a thousand people.
casilla *nf* **1** (*Ajedrez, Damas*) square **2** (*perro*) kennel LOC **casilla de correos** post-office box (*abrev* PO box) **sacar a algn de sus casillas** to drive sb up the wall
casillero *nm* **1** (*mueble*) pigeon-holes [*pl*] **2** (*marcador*) scoreboard **3** (*formulario*) box: *marcar el ~ con una cruz* to put a tick in the box
casino *nm* **1** (*juego*) casino [*pl* casinos] **2** (*de socios*) club
caso *nm* case: *en cualquier ~* in any case LOC **el caso es que…** **1** (*el hecho es que…*) the fact is (that)…: *El ~ es que no puedo ir.* The fact is I can't go. **2** (*lo que importa*) the main thing is that…: *No importa cómo, el ~ es que vaya.* It doesn't matter how he goes, the main thing is that he goes. **en caso de** in the event of *sth*: *Romper en ~ de incendio.* Break the glass in the event of fire. **en caso de que…** if…: *En ~ de que te pregunte…* If he asks you… **en el mejor/peor de los casos** at best/worst **en todo caso** in any case **hacer caso a/de** to take notice of *sth/sb* **hacer/venir al caso** to be relevant **ser un caso** to be a right one **ser un caso aparte** to be something else **yo en tu caso** if I were you *Ver tb* TAL
caspa *nf* dandruff
casta *nf* **1** (*animal*) breed **2** (*grupo social*) caste LOC **de casta** thoroughbred
castaña *nf* chestnut LOC **sacarle a algn las castañas del fuego** to get sb out of a fix
castañetear *vi* (*dientes*) to chatter
castaño, -a ◆ *adj* brown: *ojos ~s* brown eyes ◊ *Tiene el pelo ~.* He's got brown hair. ◆ *nm* chestnut (tree)
castañuelas *nf* castanets
castellano *nm* (*idioma*) Spanish
castidad *nf* chastity
castigar *vt* **1** (*gen*) to punish *sb* (**for** ***sth***): *Me castigaron por mentir.* I was punished for telling lies. ◊ *Nos castigaron sin recreo.* We were kept in at break. **2** (*Dep*) to penalize
castigo *nm* punishment: *Habrá que ponerles un ~.* They'll have to be punished. ◊ *levantar un ~* to withdraw a punishment
castillo *nm* castle LOC **castillo de arena** sandcastle
casto, -a *adj* chaste
castor *nm* beaver
castrar *vt* to castrate
casual *adj* chance [*n atrib*]: *un encuentro ~* a chance meeting
casualidad *nf* chance: *Nos conocimos de/por pura ~.* We met by sheer chance. ◊ *¿No tendrás por ~ su teléfono?* You wouldn't have their number by any chance? LOC **da la casualidad (de) que…** it so happens that… **¡qué casualidad!** what a coincidence!
catalán *nm* (*idioma*) Catalan
catalizador *nm* (*de coche*) catalytic converter
catálogo *nm* catalogue
catarata *nf* **1** (*cascada*) waterfall **2** (*Med*) cataract

catástrofe *nf* catastrophe

catecismo *nm* catechism

catedral *nf* cathedral

catedrático, -a *nm-nf* **1** (*de instituto*) head of department **2** (*de universidad*) professor

categoría *nf* **1** (*sección*) category [*pl* categories] **2** (*nivel*) level: *un torneo de ~ intermedia* an intermediate-level tournament **3** (*estatus*) status: *mi ~ profesional* my professional status LOC **de categoría** (*nivel, calidad*) first-rate **de primera/segunda/tercera categoría** first-rate/second-rate/third-rate

categórico, -a *adj* categorical

catolicismo *nm* Catholicism

católico, -a *adj, nm-nf* Catholic: *ser ~* to be a Catholic

catorce *nm, adj, pron* **1** (*gen*) fourteen **2** (*fecha*) fourteenth ☛ *Ver ejemplos en* ONCE *y* SEIS

catre *nm* (folding) bed LOC *Ver* CAÍDO

cauce *nm* **1** (*río*) river bed **2** (*fig*) channel

caucho *nm* rubber

caudal *nm* (*agua*) flow: *el ~ del río* the flow of the river

caudaloso, -a *adj* large: *El Paraná es un río muy ~*. The Paraná is a very large river.

caudillo *nm* **1** (*líder*) leader **2** (*jefe militar*) commander

causa *nf* **1** (*origen, ideal*) cause: *la ~ principal del problema* the main cause of the problem ◊ *Lo abandonó todo por la ~*. He left everything for the cause. **2** (*motivo*) reason: *sin ~ aparente* for no apparent reason LOC **a/por causa de** because of *sth/sb*

causar *vt* **1** (*ser la causa de*) to cause: *~ la muerte/heridas/daños* to cause death/injury/damage **2** (*alegría, pena*): *Me causó una gran alegría/pena*. It made me very happy/sad. LOC *Ver* SENSACIÓN

cautela *nf* LOC **con cautela** cautiously

cauteloso, -a (*tb* **cauto, -a**) *adj* cautious

cautivante *adj* captivating

cautivar *vt* (*atraer*) to captivate

cautiverio *nm* captivity

cautivo, -a *adj, nm-nf* captive

cavar *vt, vi* to dig

caverna *nf* cavern

caviar *nm* caviar

cavilar *vi* to think deeply (***about sth***): *después de mucho ~* after much thought

caza[1] *nf* **1** (*gen*) hunting: *No me gusta la ~*. I don't like hunting. ◊ *ir de ~* to go hunting **2** (*caza menor*) shooting LOC **andar/ir a la caza de** to be after *sth/sb* **caza mayor** big game hunting **caza menor** shooting *Ver tb* FURTIVO, TEMPORADA

caza[2] *nm* (*avión*) fighter (plane)

cazador, ~a *nm-nf* hunter LOC *Ver* FURTIVO

cazar ◆ *vt* **1** (*gen*) to hunt **2** (*capturar*) to catch: *~ mariposas* to catch butterflies **3** (*con escopeta*) to shoot **4** (*entender*) to understand: *No cacé ni una palabra*. I didn't understand a word. ◆ *vi* **1** (*gen*) to hunt **2** (*con escopeta*) to shoot LOC **cazar el chiste** to get the joke *Ver tb* PROHIBIDO

cazuela *nf* casserole ☛ *Ver dibujo en* SAUCEPAN

cebada *nf* barley

cebador *nm* choke

cebar *vt* **1** (*engordar*) to fatten *sth/sb* up **2** (*mate*) to brew

cebo *nm* bait

cebolla *nf* onion LOC **cebolla de verdeo** spring onion

cebollita *nf* LOC **cebollitas en vinagre** pickled onions

cebra *nf* zebra LOC *Ver* PASO

ceca *nf* LOC *Ver* CARA

ceder ◆ *vt* to hand *sth* over (***to sb***): *~ el poder* to hand over power ◊ *Cedieron el edificio a la municipalidad*. They handed over the building to the council. ◆ *vi* **1** (*transigir*) to give in (***to sth/ sb***): *Es importante saber ~*. It's important to know how to give in gracefully. **2** (*intensidad, fuerza*) to ease off: *El viento cedió*. The wind eased off. **3** (*romperse*) to give way: *La estantería cedió por el peso*. The shelf gave way under the weight of the books. LOC **ceda el paso** give way: *No vi el ceda el paso*. I didn't see the Give Way sign. **ceder el paso** to give way **ceder la palabra** to hand over to *sb*

cedro *nm* cedar

cegar *vt* to blind: *Las luces me cegaron*. I was blinded by the lights.

ceguera *nf* blindness

ceja *nf* eyebrow

celador, ~a *nm-nf* **1** (*en un examen*) invigilator **2** (*en clase*) monitor

celda *nf* cell

celebración *nf* **1** (*fiesta, aniversario*) celebration **2** (*acontecimiento*): *La ~ de las elecciones será en junio.* The elections will be held in June.

celebrar ◆ *vt* **1** (*festejar*) to celebrate: *~ un cumpleaños* to celebrate a birthday **2** (*llevar a cabo*) to hold: *~ una reunión* to hold a meeting ◆ **celebrarse** *v pron* to take place

celeste ◆ *adj* **1** (*del cielo*) heavenly **2** (*ojos*) blue ◆ *adj, nm* pale blue

celo *nm* **celos** jealousy [*incontable, v sing*]: *No son más que ~s.* That's just jealousy. ◊ *Sentía ~s.* He felt jealous. LOC **dar celos a algn** to make sb jealous **estar en celo 1** (*hembra*) to be on heat **2** (*macho*) to be in rut **tener celos (de algn)** to be jealous (of sb) *Ver tb* COMIDO

celofán *nm* Cellophane®: *papel de ~* Cellophane wrapping

celosía *nf* lattice

celoso, -a *adj, nm-nf* jealous [*adj*]: *Es un ~.* He's very jealous.

célula *nf* cell

celular *adj* cellular

celulitis *nf* cellulite

cementerio *nm* **1** (*gen*) cemetery [*pl* cemeteries] **2** (*de iglesia*) graveyard LOC **cementerio de automóviles** breaker's yard

cemento *nm* cement

cena *nf* dinner, supper: *¿Qué hay para la ~?* What's for dinner? ☛ *Ver pág 314.*

cenar ◆ *vi* to have dinner, supper ◆ *vt* to have *sth* for dinner, supper: *~ un pollo al horno* to have roast chicken for supper ☛ *Ver pág 314.*

cencerro *nm* bell

cenicero *nm* ashtray [*pl* ashtrays]

Cenicienta *n pr* Cinderella

cenit *nm* zenith

ceniza *nf* ash: *esparcir las ~s* to scatter the ashes LOC *Ver* MIÉRCOLES

censo *nm* census [*pl* censuses] LOC **censo electoral** electoral register

censor, ~a *nm-nf* censor

censura *nf* censorship

censurar *vt* **1** (*libro, película*) to censor **2** (*reprobar*) to censure

centella *nf* spark

centellear *vi* to flash

centena *nf* hundred: *unidades, decenas y ~s* hundreds, tens and units

centenar *nm* (*cien aproximadamente*) a hundred or so: *un ~ de espectadores* a hundred or so spectators LOC **centenares de...** hundreds of...: *~es de personas* hundreds of people

centenario *nm* centenary [*pl* centenaries]: *el ~ de su fundación* the centenary of its founding ◊ *el sexto ~ de su nacimiento* the 600th anniversary of his birth

centeno *nm* rye

centésimo, -a *adj, pron, nm-nf* hundredth: *una centésima de segundo* a hundredth of a second

centígrado, -a *adj* centigrade (*abrev* C): *cincuenta grados ~s* fifty degrees centigrade

centímetro *nm* **1** (*medida*) centimetre (*abrev* cm): *~ cuadrado/cúbico* square/cubic centimetre ☛ *Ver Apéndice 1.* **2** (*cinta para medir*) tape-measure

centinela *nmf* **1** (*Mil*) sentry [*pl* sentries] **2** (*vigía*) lookout

centolla *nf* lobster

centrado, -a *pp, adj* **1** (*en el centro*): *El título no está bien ~.* The heading isn't in the centre. **2** (*persona*) settled *Ver tb* CENTRAR

central ◆ *adj* central: *calefacción ~* central heating ◆ *nf* **1** (*energía*) power station: *una ~ nuclear* a nuclear power station **2** (*oficina principal*) head office LOC **central telefónica** telephone exchange

centrar ◆ *vt* **1** (*colocar en el centro*) to centre: *~ la fotografía en una página* to centre the photo on a page **2** (*atención, mirada*) to focus *sth* **on** *sth*: *Centraron sus críticas en el gobierno.* They focussed their criticism on the government. **3** (*esfuerzos*) to concentrate (*your efforts*) (**on** *sth*/*doing sth*) ◆ *vi* (*Dep*) to cross: *Rápidamente centró y su compañero marcó gol.* He crossed quickly and his team-mate scored. ◆ **centrarse** *v pron* **1 centrarse en** (*girar en torno*) to centre **on/around** *sth*/*doing sth*: *La vida del estudiante se centra en el estudio.* Students' lives centre around studying. **2** (*adaptarse*) to settle down

céntrico, -a *adj*: *calles céntricas* city centre streets ◊ *un departamento ~* a flat in the centre of town

centro *nm* centre: *el ~ de la ciudad* the city centre ◊ *el ~ de atención* the centre of attention LOC **centro comercial** shopping centre **centro cultural** arts centre **centro médico** health centre **ir al centro** to go into town

ceño *nm* frown LOC *Ver* FRUNCIR

cepa *nf* **1** (*vid*) vine **2** (*árbol*) stump

cepillar ◆ *vt* **1** (*prenda de vestir, pelo*) to brush **2** (*madera*) to plane ◆ **cepillarse** *v pron* to brush: *~se la chaqueta/el pelo* to brush your jacket/hair

cepillo *nm* **1** (*gen*) brush ☛ *Ver dibujo en* BRUSH **2** (*madera*) plane LOC **cepillo de dientes/pelo** toothbrush/hairbrush **cepillo de uñas** nail brush

cera *nf* **1** (*gen*) wax **2** (*oídos*) earwax

cerámica *nf* pottery

cerca *adv* near (by): *Vivimos muy ~.* We live very near by. LOC **cerca de 1** (*a poca distancia*) near: *~ de aquí* near here **2** (*casi*) nearly: *El tren se retrasó ~ de una hora.* The train was nearly an hour late. **de cerca**: *Dejame verlo de ~.* Let me see it close up. *Ver tb* AQUÍ

cercanías *nf* outskirts

cercano, -a *adj* **1** ~ (**a**) (*gen*) close **to** ***sth***: *un amigo/pariente ~* a close friend/relative ◊ *fuentes cercanas a la familia* sources close to the family **2** ~ **a** (*referido a distancia*) near *sth/sb*, close **to *sth*/*sb***: *un pueblo ~ a Londres* a village close to/near London ☛ *Ver nota en* NEAR

cercar *vt* **1** (*poner una valla*) to fence *sth* in **2** (*rodear*) to surround

cerco *nm* **1** (*valla*) fence **2** (*de arbustos*) hedge

cerdo, -a ◆ *nm-nf* pig

> **Pig** es el sustantivo genérico, **boar** se refiere sólo al macho y su plural es 'boar' o 'boars'. Para referirnos sólo a la hembra usamos **sow**. **Piglet** es la cría del cerdo.

◆ *nm* (*carne*) pork: *lomo de ~* loin of pork

cereal *nm* **1** (*planta, grano*) cereal **2 cereales** cereal [*gen incontable*]: *Desayuno ~es.* I have cereal for breakfast.

cerebral *adj* (*Med*) brain [*n atrib*]: *un tumor ~* a brain tumour LOC *Ver* CONMOCIÓN

cerebro *nm* **1** (*Anat*) brain **2** (*persona*) brains [*sing*]: *el ~ de la banda* the brains behind the gang

ceremonia *nf* ceremony [*pl* ceremonies]

cereza *nf* cherry [*pl* cherries]

cerezo *nm* cherry tree

cero *nm* **1** (*gen*) nought: *un cinco y dos ~s* a five and two noughts ◊ *~ coma cinco* nought point five **2** (*temperaturas, grados*) zero: *temperaturas bajo ~* temperatures below zero ◊ *Estamos a diez grados bajo ~.* It's minus ten. **3** (*para teléfonos*) O ☛ Se pronuncia 'ou': *Mi teléfono es el veintinueve, ~ dos, cuarenta.* My telephone number is two nine O two four O. **4** (*Dep*) **(a)** (*gen*) nil: *uno a ~* one nil ◊ *un empate ~ a ~* a goalless draw **(b)** (*Tenis*) love: *quince a ~* fifteen love LOC **empezar/partir de cero** to start from scratch **ser un cero a la izquierda** to be a nobody ☛ *Ver Apéndice 1.*

cerrado, -a *pp, adj* **1** (*gen*) closed, shut (*más coloq*) ☛ *Ver nota en* SHUT **2** (*con llave*) locked **3** (*espacio*) enclosed **4** (*noche*) dark **5** (*curva*) sharp **6** (*acento*) broad: *En Glasgow hablan un inglés muy ~.* They speak English with a broad accent in Glasgow. LOC *Ver* HERMÉTICAMENTE; *Ver tb* CERRAR

cerradura *nf* lock

cerrajero, -a *nm-nf* locksmith

cerrar ◆ *vt* **1** (*gen*) to close, to shut (*más coloq*): *Cerrá la puerta.* Shut the door. ◊ *Cerré los ojos.* I closed my eyes. **2** (*gas, llave de paso, canilla*) to turn *sth* off **3** (*sobre*) to seal **4** (*botella*) to put the top on *sth* ◆ *vi* to close, to shut (*más coloq*): *No cerramos para el almuerzo.* We don't close for lunch. ◆ **cerrarse** *v pron* to close, to shut (*más coloq*): *Se me cerró la puerta.* The door closed on me. ◊ *Se me cerraban los ojos.* My eyes were closing. LOC **¡cerrá el pico!** shut up! **cerrar con cerrojo** to bolt *sth* **cerrar con llave** to lock **cerrar la puerta en las narices a algn** to shut the door in sb's face **cerrar(se) de un golpe/portazo** to slam *Ver tb* ABRIR

cerrojo *nm* bolt LOC **correr/poner el cerrojo** to bolt *sth Ver tb* CERRAR, DESCORRER

certeza (*tb* **certidumbre**) *nf* certainty [*pl* certainties] LOC **tener la certeza de que...** to be certain that...

certificado, -a ◆ *pp, adj* **1** (*documento*) certified **2** (*carta, correo*) registered: *por correo ~* by registered post ◆ *nm* certificate: *~ de defunción* death certificate LOC **certificado escolar** school leaving certificate *Ver tb* CERTIFICAR

certificar *vt* **1** (*dar por cierto*) to certify **2** (*carta, paquete*) to register

cervatillo *nm* fawn ☛ *Ver nota en* CIERVO

cerveza *nf* beer: *Me da dos ~s, por favor.* Two beers, please. ◊ *Nos tomamos unas ~s con los de la oficina.* We had a few beers with the crowd from the office. LOC **cerveza de barril** draught beer **cerveza negra** stout **cerveza sin alcohol** alcohol-free beer *Ver tb* FÁBRICA, JARRA

cesar *vi* **1** ~ (**de**) to stop (***doing sth***) **2** ~ (**en**) (*dimitir*) to resign (**from *sth***) LOC **sin cesar** incessantly

césped *nm* **1** (*gen*) grass: *No pisar el ~.* Keep off the grass. **2** (*en un jardín privado*) lawn

cesto *nm* (big) basket LOC **cesto de la ropa sucia** laundry basket

chabacano, -a *adj* vulgar

chacal *nm* jackal

chacota *nf* LOC **tomarse algo a la chacota** to treat sth as a joke

chal *nm* shawl: *un ~ de seda* a silk shawl

chalé (*tb* **chalet**) *nm* **1** (*en la ciudad*) house: *un ~ en las afueras de Montevideo* a house on the outskirts of Montevideo **2** (*en la costa*) villa **3** (*en el campo*) cottage

chaleco *nm* waistcoat LOC **chaleco antibalas** bulletproof vest **chaleco salvavidas** life jacket

chambón, -ona *adj* clumsy

champán (*tb* **champaña**) *nm* champagne

champiñón *nm* mushroom

champú *nm* shampoo [*pl* shampoos]: ~ *anticaspa* anti-dandruff shampoo

chamuscar *vt* to singe

chanchada *nf* **1** (*suciedad*) filthy [*adj*]: *La calle quedó hecha una ~.* The street was filthy. **2** (*asquerosidad*) disgusting [*adj*]: *Lo que estás haciendo con la comida es una ~.* What you're doing with your food is disgusting.

chancho, -a ◆ *adj* filthy ◆ *nm-nf* pig ☛ *Ver nota en* CERDO

chanchullo *nm* fiddle: *¡Qué ~!* What a fiddle! LOC **hacer chanchullos** to be on the fiddle

chancleta *nf* slipper: *En casa uso ~s.* I wear slippers at home.

changa *nf* odd job: *hacer una ~* to do an odd job

changador *nm* porter

changüí *nm* (*Dep*) head start

changuito® *nm* shopping trolley [*pl* shopping trolleys]

chanta *adj*, *nmf* unreliable [*adj*]: *Raúl es un ~.* Raúl is very unreliable.

chantaje *nm* blackmail LOC **hacer chantaje** to blackmail

chantajear *vt* to blackmail *sb* (***into doing sth***)

chantajista *nmf* blackmailer

chapa *nf* **1** (*auto*) number plate **2** (*carrocería*) bodywork: *Saldrá caro porque hay que arreglar la ~.* It'll be expensive because they've got to repair the bodywork. **3** (*de sheriff, policía*) badge LOC **chapa y pintura** bodywork and paint job *Ver tb* NÚMERO

chapado, -a *pp*, *adj* (*metal*) plated: *un anillo ~ en oro* a gold-plated ring LOC **chapado a la antigua** old-fashioned; *Ver tb* CHAPAR

chapar ◆ *vt* (*agarrar*) to catch ◆ *vi* (*besarse*) to snog

chaparrón *nm* downpour: *¡Qué ~!* What a downpour!

chapotear *vi* to splash about: *Los chicos chapoteaban en los charcos.* The children were splashing about in the puddles.

chapucero, -a *adj*, *nm-nf* (*persona*) slapdash [*adj*]: *Ese plomero es un ~.* That plumber is really slapdash.

chapurrear *vt* to have a smattering of *sth*: *~ el italiano* to have a smattering of Italian

chapuza *nf* botch-up: *Ese dibujo es una ~.* You've made a real botch-up of that drawing.

chapuzón *nm* dip LOC **darse un chapuzón** to go for a dip

chaqué *nm* morning coat LOC **ir de chaqué** to wear morning dress

chaqueta *nf* jacket LOC **chaqueta militar** army jacket

charco *nm* **1** (*grande*) pool **2** (*chico*) puddle

charla *nf* **1** (*conversación*) chat **2** (*conferencia*) talk (**on *sth*/*sb***)

charlar *vi* to chat (***to sb***) (***about sth***)

charlatán, -ana ◆ *adj* talkative ◆ *nm-nf* **1** (*hablador*) chatterbox **2** (*indiscreto*) gossip

charol *nm* patent leather: *una cartera de ~* a patent leather bag

chárter *adj*, *nm*: *un* (*vuelo*) *~* a charter flight

chascar ◆ *vt* **1** (*lengua*) to click **2** (*látigo*) to crack **3** (*dedos*) to snap ◆ *vi* **1** (*látigo*) to crack **2** (*madera*) to crackle

chasis *nm* chassis [*pl* chassis]

chasquido *nm* **1** (*látigo*) crack **2** (*madera*) crackle **3** (*lengua*) click: *dar un ~ con la lengua* to click your tongue **4** (*dedos*) snap

chatarra *nf* scrap [*incontable*]: *vender un coche como ~* to sell a car for scrap ◊ *Esta heladera es una ~.* This fridge is only fit for scrap.

chatarrero, -a *nm-nf* scrap merchant

chato, -a *adj* **1** (*nariz*) snub **2** (*zapatos*) flat

¡chau! *interj* bye!

chaucha *nf* green bean **LOC** *Ver* COSTAR

¡che! *interj* hey (you)!: *¡Che! ¿Qué hacés?* Hey you! What are you up to?

chelín *nm* shilling

cheque *nm* cheque: *depositar un ~* to pay a cheque in **LOC** **cheque de viaje** traveller's cheque **cheque en blanco/sin fondos** blank/bad cheque *Ver tb* PAGAR

chequeo *nm* check-up: *hacerse un ~* to have a check-up

chequera *nf* cheque book

cheto, -a ◆ *adj* posh: *la zona cheta de la ciudad* the posh part of the city ◆ *adj, nm-nf* snob [*n*]: *No puede ser más ~.* He is a real snob.

chica *nf* (*criada*) maid *Ver tb* CHICO

chicato, -a *adj* short-sighted

chicha *nf* (*bebida*) alcoholic drink made from fermented maize **LOC** **ni chicha ni limonada** neither fish nor fowl *Ver tb* CALMA

chicharra *nf* (*insecto*) cicada

chicharrón *nm* crackling [*incontable*]

chiche *nm* **1** (*juguete*) toy [*pl* toys]: *¿Guardaste los ~s?* Have you put your toys away? **2** (*primor*): *Tiene la casa que es un ~.* Her house is spotless.

chichón *nm* lump: *tener un ~ en la frente* to have a lump on your forehead

chicle *nm* chewing gum [*incontable*]: *Comprame un ~ de menta.* Buy me some spearmint chewing gum.

chico, -a ◆ *adj* **1** (*pequeño*) small: *El cuarto es demasiado ~.* The room is too small. ◊ *Todas las polleras me quedan chicas.* All my skirts are too small for me now. **2** (*joven*) little: *cuando yo era ~* when I was little ◆ *nm-nf* **1** (*gen*) boy [*fem* girl]: *el ~ de la oficina* the office boy **2 chicos** (*niños y niñas*) children, kids (*coloq*) **3** (*joven*) young man/woman [*pl* young men/women]: *un ~ de 25 años* a young man of twenty-five

chiflado, -a ◆ *pp, adj* (*loco*) touched ◆ *nm-nf* crackpot **LOC** **estar chiflado (por algo/algn)** to be mad (about sth/sb) *Ver tb* CHIFLAR

chifladura *nf* **1** (*locura*) madness **2** (*idea*) wild notion

chiflar ◆ *vt, vi* **1** (*gen*) to whistle: *Chifló al taxi para pararlo.* He whistled for the taxi to stop. **2** (*abuchear*) to boo: *El actor era tan malo que no hicieron más que ~lo.* The actor was so bad they booed him. ◆ **chiflarse** *v pron* (*enloquecer*) to go mad: *Después de perder tanta plata se chifló.* After losing so much money he went mad.

Chile *m* Chile

chileno, -a *nm-nf* Chilean

chillar *vi* **1** (*berrear*) to scream **2** (*aves, frenos*) to screech **3** (*chancho*) to squeal **4** (*ratón*) to squeak

chillido *nm* **1** (*persona*) shriek **2** (*ave, frenos*) screech **3** (*chancho*) squeal **4** (*ratón*) squeak

chillón, -ona *adj* **1** (*persona*) noisy **2** (*sonido, color*) loud

chimenea *nf* **1** (*hogar*) fireplace: *Prendé la ~.* Light the fire. ◊ *sentados al lado de la ~* sitting by the fireplace **2** (*conducto de salida del humo*) chimney [*pl* chimneys]: *Desde aquí se ven las ~s de la fábrica.* You can see the factory chimneys from here. **3** (*de barco*) funnel

chimento *nm* piece of gossip

chimichurri *nm* hot sauce

chimpancé *nm* chimpanzee

China *nf* China

chinche *nf* **1** (*insecto*) bedbug **2** (*clavito*) drawing-pin

chinchín *nm* (*brindis*) cheers!

chinchudo, -a *adj* grumpy

chinchulín *nm* chitterlings [*pl*]

chingar *vi* **1** (*Dep*) to miss the mark **2** (*hacer un error*) to cock *sth* up

chino, -a ◆ *adj, nm* Chinese: *hablar ~* to speak Chinese ◆ *nm-nf* Chinese man/woman [*pl* Chinese men/women]: *los ~s* the Chinese **LOC** *Ver* CUENTO, TINTA

chip *nm* chip

chiquero *nm* pigsty [*pl* pigsties]

chiquilín, -ina ◆ *adj* childish ◆ *nm-nf* kid

chiquito, -a *nm-nf* kid

chirlo *nm* smack: *darle un ~ a algn en la cola* to smack sb on their bottom

chirriar *vi* **1** (*bicicleta*) to squeak:

La cadena de mi bicicleta chirría. My bicycle chain squeaks. **2** (*puerta*) to creak **3** (*frenos*) to screech **4** (*ave*) to squawk

chirrido *nm* **1** (*bicicleta*) squeak **2** (*puerta*) creak **3** (*frenos*) screech **4** (*ave*) squawk

¡chis! *interj* **1** (*¡silencio!*) sh! **2** (*¡oiga!*) hey!

chisme *nm* (*cuento*) gossip [*incontable*]: *contar ~s* to gossip ◊ *No quiero ~s en la oficina.* I don't want any gossip in the office. ◊ *¿Sabés el último ~?* Have you heard the latest gossip?

chismear *vi* to gossip

chismorrear *vi* to gossip

chismosear *vi* to gossip

chismoso, -a ◆ *adj* gossipy ◆ *nm-nf* gossip: *¡Es un ~!* He's such a gossip!

chispa *nf* spark LOC **estar algn que echa chispas** to be hopping mad **tener chispa** to be witty

chispazo *nm* spark: *pegar un ~* to send out sparks

chispear *v imp* (*llover*) to spit: *Sólo chispeaba.* It was only spitting.

chistar *vi* LOC **sin chistar** without saying a word

chiste *nm* **1** (*hablado*) joke: *contar un ~* to tell a joke **2** (*dibujo*) cartoon LOC *Ver* CAZAR

chistoso, -a *adj* funny

chivo, -a *nm-nf* kid LOC *Ver* OLOR

chocador *adj* LOC *Ver* AUTITO

chocante *adj* shocking

chocar ◆ *vi* **1** (*colisionar*) to crash: *El coche chocó contra una pared.* The car crashed into a wall. ◊ *La pelota chocó contra la puerta.* The ball crashed against the door. **2** (*sorprender*) to surprise: *Me chocó que se presentase sin avisar.* I was surprised he didn't tell us he was coming. ◆ *vt*: *¡Chocá esos cinco!/ ¡Chocala!* Put it there!

chochear *vi* to go senile

chocho, -a *adj* thrilled

chocolate *nm* **1** (*gen*) chocolate: *una tableta de ~* a bar of chocolate **2** (*líquido*) hot chocolate

chocolatín *nm* chocolate bar

chofer *nmf* **1** (*coche privado*) chauffeur **2** (*camión, colectivo*) driver

chomba *nf* polo shirt

chopería *nf* pub

choque *nm* **1** (*colisión, ruido*) crash **2** (*enfrentamiento*) clash

chorizo *nm* chorizo

chorlito *nm* LOC *Ver* CABEZA

chorrear *vi* **1** (*gotear*) to drip **2** (*estar empapado*) to be dripping wet: *Estas sábanas están chorreando.* These sheets are dripping wet.

chorro *nm* **1** (*gen*) jet **2** (*abundante*) gush **3** (*Cocina*) dash: *Añadir un ~ de limón.* Add a dash of lemon. **4** (*ladrón*) thief [*pl* thieves] LOC **a chorros**: *salir a ~s* to gush out

choza *nf* hut

chubasco *nm* shower: *inestable con claros y ~s* changeable with sunny spells and showers

chúcaro, -a *adj* unfriendly

chuchería *nf* trinket

chucho *nm* (*de frío*) shiver: *Tiene ~s de frío.* He's shivering. LOC **tener chucho** (*tener miedo*) to be afraid (*of sth/sb/ doing sth*), to be scared (*más coloq*): *Tiene mucho ~ a los perros.* He's very scared of dogs. ◊ *¿Tenías ~ de no pasar el examen?* Were you afraid you'd fail?

chueco, -a *adj* **1** (*objeto*) crooked **2** (*persona*) knock-kneed

chumbo *nm* gun

chupada *nf* suck: *El chico le daba ~s al chupetín.* The boy was sucking his lolly.

chupado, -a *pp, adj* **1** (*delgado*) skinny ☛ *Ver nota en* FLACO **2** (*borracho*) drunk *Ver tb* CHUPAR

chupar ◆ *vt* **1** (*gen*) to suck **2** (*absorber*) to soak *sth* up: *Este planta chupa mucha agua.* This plant soaks up a lot of water. ◆ *vi* (*tomar*) to drink LOC **chupar como una esponja** to drink like a fish **chuparle las medias a algn** to suck up to sb: *Le chupa las medias al profesor.* He sucks up to the teacher. **chuparse el dedo 1** (*lit*) to suck your thumb **2** (*fig*): *¿Te creés que me chupo el dedo?* Do you think I'm stupid? **chuparse los dedos** to lick your fingers: *Estaba para ~se los dedos.* It was delicious.

chupatintas *nmf* pen-pusher

chupete *nm* dummy [*pl* dummies]

chupetín *nm* lollipop

churrasco *nm* steak LOC **churrasco de lomo** fillet steak

churro *nm* **1** (*comida*) kind of doughnut **2** (*persona*) hunk: *¡Es un ~!* He's a hunk!

chusmear *vt*: *Me chusmeó sobre Carlos.* She told me the gossip about Carlos.

cicatriz *nf* scar: *Me quedó una ~.* I was left with a scar.

cicatrizar *vi* to heal

ciclismo *nm* cycling: *hacer ~* to cycle

ciclista *nmf* cyclist LOC *Ver* VUELTA

ciclo *nm* cycle: *un ~ de cuatro años* a four-year cycle

ciclón *nm* cyclone

ciego, -a ◆ *adj* ~ (**de**) blind (**with** ***sth***): *quedarse ~* to go blind ◆ *nm-nf* blind man/woman [*pl* blind men/women]: *una colecta para los ~s* a collection for the blind LOC **a ciegas**: *Lo compraron a ciegas.* They bought it without seeing it. *Ver tb* GALLINA

cielo *nm* **1** (*firmamento*) sky [*pl* skies] **2** (*Relig*) heaven LOC **cielo raso** *Ver* CIELORRASO *Ver tb* CAÍDO, SÉPTIMO

cielorraso *nm* ceiling: *una mancha de humedad en el ~* a damp patch on the ceiling

ciempiés *nm* centipede

cien *nm, adj, pron* **1** (*gen*) a hundred: *Hoy cumple ~ años.* She's a hundred today. ◊ *Había ~ mil personas.* There were a hundred thousand people. **2** (*centésimo*) hundredth: *Soy el ~ de la lista.* I'm hundredth on the list. ☛ *Ver Apéndice 1.* LOC **(al) cien por cien** a hundred per cent **cien mil veces** hundreds of times

ciencia *nf* **1** (*gen*) science **2 ciencias** (*Educ*) science [*sing*]: *mi profesor de ~s* my science teacher ◊ *Estudié ~s.* I studied science. LOC **ciencias empresariales** business studies [*sing*] **ciencias naturales** natural science [*sing*]

ciencia-ficción *nf* science fiction

científico, -a ◆ *adj* scientific ◆ *nm-nf* scientist

ciento *nm, adj* (a) hundred [*pl* hundred]: *~ sesenta y tres* a hundred and sixty-three ◊ *varios ~s* several hundred ☛ *Ver Apéndice 1.* LOC **cientos de...** hundreds of...: *~s de libras* hundreds of pounds **por ciento** per cent: *un/el 50 por ~ de la población* 50 per cent of the population *Ver tb* TANTO

cierre *nm* **1** (*acto de cerrar*) closure **2** (*collar, cartera*) clasp **3** (*ropa*) zip: *No puedo subir el ~.* I can't do my zip up. ◊ *Bajame el ~ (del vestido).* Unzip my dress for me. LOC **cierre relámpago** zip *Ver tb* FECHA, LIQUIDACIÓN

cierto, -a *adj* **1** (*gen*) certain: *con cierta inquietud* with a certain anxiety ◊ *Sólo están a ciertas horas del día.* They're only there at certain times of the day. **2** (*verdadero*) true: *Es ~.* It's true. LOC **hasta cierto punto** up to a point **por cierto** by the way

ciervo, -a *nm-nf* deer [*pl* deer]

La palabra **deer** es el sustantivo genérico, **stag** (o **buck**) se refiere sólo al ciervo macho y **doe** sólo a la hembra. **Fawn** es el cervatillo.

cifra *nf* **1** (*gen*) figure: *un número de tres ~s* a three-figure number **2** (*teléfono*) digit: *un teléfono de seis ~s* a six-digit phone number **3** (*plata*) figure: *una ~ de un millón de pesos* a figure of one million pesos

cigarrillo *nm* cigarette LOC *Ver* QUIOSCO

cigüeña *nf* stork

cilíndrico, -a *adj* cylindrical

cilindro *nm* cylinder

cima *nf* top: *llegar a la ~* to reach the top

cimientos *nm* foundations

cinc *nm Ver* ZINC

cincel *nm* chisel

cinco *nm, adj, pron* **1** (*gen*) five **2** (*fecha*) fifth ☛ *Ver ejemplos en* SEIS

cincuenta *nm, adj, pron* **1** (*gen*) fifty **2** (*cincuentavo*) fiftieth ☛ *Ver ejemplos en* SESENTA

cine *nm* cinema: *ir al ~* to go to the cinema ◊ *el ~ latinoamericano* Latin American cinema LOC **de cine** (*festival, director, crítico*) film: *un actor/director de ~* a film actor/director

cinematográfico, -a *adj* film [*n atrib*]: *la industria cinematográfica* the film industry

cínico, -a ◆ *adj* cynical ◆ *nm-nf* cynic

cinta *nf* **1** (*casete, video*) tape: *una ~ virgen* a blank tape ☛ *Ver nota en* CASETE **2** (*para el pelo, máquina de escribir*) ribbon LOC **cinta adhesiva/aisladora** sticky/insulating tape **cinta de video** videotape **cinta Dúrex®/Scotch®** Sellotape® **cinta para el pelo** hair ribbon

cinto *nm* belt

cintura *nf* waist: *Tengo 60cm de ~.* I've got a 24inch waist.

cinturón *nm* belt: *ser ~ negro* to be a black belt LOC **cinturón (de seguridad)** seat belt *Ver tb* APRETAR

ciprés *nm* cypress

circo *nm* **1** (*espectáculo*) circus [*pl* circuses] **2** (*anfiteatro*) amphitheatre

circuito *nm* **1** (*Dep*) track: *El piloto dio*

diez vueltas al ~. The driver did ten laps of the track. **2** (*Electrón*) circuit

circulación *nf* **1** (*gen*) circulation: *mala ~ de la sangre* poor circulation **2** (*tráfico*) traffic LOC *Ver* CÓDIGO

circular[1] *adj, nf* circular: *una mesa* ~ a round table ◊ *remitir una* ~ to send out a circular

circular[2] ◆ *vt, vi* to circulate: *La sangre circula por las venas.* Blood circulates through your veins. ◊ ~ *una carta* to circulate a letter ◆ *vi* **1** (*coche*) to drive: *Circulen con precaución.* Drive carefully. **2** (*tren, colectivo*) to run **3** (*rumor*) to go round LOC **¡circulen!** move along!

círculo *nm* **1** (*gen*) circle: *formar un* ~ to form a circle **2** (*asociación*) society [*pl* societies] LOC **círculo polar ártico/antártico** Arctic/Antarctic Circle **círculo vicioso** vicious circle

circunferencia *nf* **1** (*círculo*) circle: *El diámetro divide una ~ en dos partes iguales.* The diameter divides a circle into two equal halves. ◊ *dos ~s concéntricas* two concentric circles **2** (*perímetro*) circumference: *La Tierra tiene unos 40.000 kilómetros de* ~. The earth has a circumference of about 40000 kilometres.

circunstancia *nf* circumstance

circunvalación *nf* LOC *Ver* ANILLO

cirio *nm* candle

ciruela *nf* plum LOC **ciruela seca** prune

ciruelo *nm* plum tree

cirugía *nf* surgery: ~ *estética/plástica* cosmetic/plastic surgery

ciruja *nmf* tramp

cirujano, -a *nm-nf* surgeon

cisma *nm* schism

cisne *nm* swan

cisterna *nf* **1** (*depósito*) tank **2** (*baño*) cistern LOC *Ver* CAMIÓN

cita *nf* **1** (*amigos, pareja*) date **2** (*médico, abogado*) appointment: *Tengo una ~ con el dentista.* I've got a dental appointment. **3** (*frase*) quotation, quote (*coloq*)

citar ◆ *vt* **1** (*convocar*) to arrange to meet *sb* **2** (*Jur*) to summons **3** (*hacer referencia*) to quote (**from** ***sth/sb***) ◆ **citarse** *v pron* **citarse** (**con**) to arrange to meet (*sb*)

cítricos *nm* citrus fruits

ciudad *nf* **1** (*importante*) city [*pl* cities] **2** (*más chica*) town LOC **ciudad natal** home town

ciudadanía *nf* citizenship

ciudadano, -a ◆ *adj*: *por razones de seguridad ciudadana* for reasons of public safety ◊ *El intendente pidió la colaboración ciudadana.* The mayor asked everyone to work together. ◆ *nm-nf* citizen: *ser ~ de la República Argentina* to be an Argentine citizen ◊ *Dio las gracias a todos los ~s de Córdoba.* He thanked the people of Cordoba. LOC *Ver* INSEGURIDAD

cívico, -a *adj* public-spirited: *sentido* ~ public-spiritedness

civil ◆ *adj* civil: *un enfrentamiento* ~ a civil disturbance ◆ *nmf* civilian LOC *Ver* CASAR, ESTADO, REGISTRO

civilización *nf* civilization

civilizado, -a *pp, adj* civilized

civismo *nm* community spirit

clamar ◆ *vt* (*exigir*) to demand ◆ *vi* (*gritar*) to shout

clamor *nm* **1** (*gritos*) shouts [*pl*]: *el ~ de la muchedumbre* the shouts of the crowd **2** (*en espectáculos*) cheers [*pl*]: *el ~ del público* the cheers of the audience

clan *nm* clan

clandestino, -a *adj* clandestine

clara *nf* egg white

claraboya *nf* skylight

clarear *v imp* **1** (*despejarse*) to clear up **2** (*amanecer*) to get light

claridad *nf* **1** (*luz*) light **2** (*fig*) clarity

clarificar *vt* to clarify

clarín *nm* bugle

clarinete *nm* clarinet

claro, -a ◆ *adj* **1** (*gen*) clear **2** (*color*) light: *verde* ~ light green **3** (*luminoso*) bright **4** (*pelo*) fair **5** (*poco espeso*) thin ◆ *nm* **1** (*bosque*) clearing **2** (*Meteor*) sunny spell **3 claritos** (*pelo*) highlights ◆ *adv* clearly: *No oigo* ~. I can't hear clearly. ◆ **¡claro!** *interj* of course! LOC **claro que no** of course not **claro que sí** of course **dejar claro** to make *sth* clear **estar más claro que el agua** to be crystal clear **la tiene clara** he/she is quite clear (about it) **poner en claro** to make *sth* clear **tenerlo claro** to understand

clase *nf* **1** (*gen, Ciencias, Sociol*) class: *Estudiamos en la misma* ~. We were in the same class. ◊ *viajar en primera* ~ to travel first class **2** (*variedad*) kind: *distintas ~s de pan* different kinds of bread **3** (*aula*) classroom **4** (*lección*) lesson: *~s de manejar* driving lessons ◊ ~ *particular* private lesson LOC **clase alta/baja/media** upper/lower/middle class(es) [*se usa mucho en plural*] **dar**

clase to teach: *Doy ~ en un colegio privado.* I teach at an independent school. **tener clase** to have class: *José es un hombre que tiene ~, siempre se viste muy bien.* José's got a lot of class, he's always well-dressed. *Ver tb* COMPAÑERO

clásico, -a ◆ *adj* **1** (*Arte, Hist, Mús*) classical **2** (*típico*) classic: *el ~ comentario* the classic remark ◆ *nm* classic

clasificación *nf* **1** (*gen*) classification: *la ~ de las plantas* the classification of plants **2** (*Dep*): *partido de ~* qualifying match ◊ *El tenista alemán encabeza la ~ mundial.* The German player is number one in the world rankings. ◊ *la ~ general de la liga* the league table

clasificado, -a *pp, adj* LOC *Ver* AVISO; *Ver tb* CLASIFICAR

clasificar ◆ *vt* **1** (*gen*) to classify: *~ los libros por materias* to classify books according to subject **2** (*calificar*) to mark ◆ **clasificarse** *v pron* **clasificarse (para)** to qualify (**for *sth***): *~se para la final* to qualify for the final LOC **clasificarse en segundo, tercer, etc lugar** to come second, third, etc

clasificatorio, -a *adj* qualifying

clasista ◆ *adj* class-conscious ◆ *nmf* snob

claudicar *vi* to surrender

claustro *nm* **1** (*Arquit*) cloister **2** (*conjunto de profesores*) staff [*pl*] **3** (*reunión*) staff meeting

claustrofobia *nf* claustrophobia: *tener ~* to suffer from claustrophobia

claustrofóbico, -a *adj* claustrophobic

cláusula *nf* clause

clausura *nf* (*cierre*) closure LOC **de clausura** closing: *acto/discurso de ~* closing ceremony/speech

clausurar(se) *vt, v pron* to end

clavado, -a *pp, adj* **1** (*fijo*) stuck: *Estuve dos horas ~ en la puerta.* I was stuck waiting at the door for two hours. **2** (*en punto*) on the dot: *las seis y media clavadas* half past six on the dot *Ver tb* CLAVAR

clavar ◆ *vt* **1** (*clavo, estaca*) to hammer *sth* ***into sth***: *~ clavos en la pared* to hammer nails into the wall **2** (*cuchillo, puñal*) to stick *sth* ***into sth/sb***: *Clavó el cuchillo en la mesa.* He stuck the knife into the table. **3** (*diente*) to sink *your teeth* ***into sth***: *Clavó los dientes en la sandía.* He sank his teeth into the watermelon. **4** (*sujetar algo con clavos*) to nail: *Clavaron el cuadro en la pared.* They nailed the picture onto the wall. **5** (*estafar*) to rip *sb* off ◆ **clavarse** *v pron*: *Me clavé una espina en el dedo.* I've got a thorn in my finger. ◊ *Tené cuidado, te vas a ~ el alfiler/las tijeras.* Be careful you don't hurt yourself with that pin/the scissors.

clave *nf* **1** (*código*) code **2** ~ (**de/para**) key (**to *sth***): *la ~ de su éxito* the key to their success **3** (*fundamental*) key [*n atrib*]: *factor/persona ~* key factor/person **4** (*Mús*) clef LOC **clave de sol/fa** treble/bass clef **ser clave** to be central *to sth*

clavel *nm* carnation

clavícula *nf* collarbone

clavo *nm* **1** (*gen*) nail **2** (*Cocina*) clove LOC **dar en el clavo** to hit the nail on the head

clero *nm* clergy [*pl*]

cliché *nm* cliché

cliente, -a *nm-nf* **1** (*negocio, restaurante*) customer: *uno de mis mejores ~s* one of my best customers **2** (*empresa*) client

clima *nm* **1** (*lit*) climate: *un ~ húmedo* a damp climate **2** (*fig*) atmosphere: *un ~ de cordialidad/tensión* a friendly/tense atmosphere

climatizado, -a *pp, adj* air-conditioned LOC *Ver* PILETA

clímax *nm* climax

clínica *nf* clinic LOC *Ver* HISTORIA

clip *nm* **1** (*papel*) paper clip **2** (*pelo*) hair clip **3** (*video*) video [*pl* videos]

cloaca *nf* sewer

cloro *nm* chlorine

clorofila *nf* chlorophyll

club *nm* club

coacción *nf* coercion

coaccionar *vt* to coerce *sb* (***into doing sth***)

coagular(se) *vt, v pron* to clot

coágulo *nm* clot

coala *nm* *Ver* KOALA

coalición *nf* coalition

coartada *nf* alibi [*pl* alibis]: *tener una buena ~* to have a good alibi

cobarde ◆ *adj* cowardly: *No seas ~.* Don't be so cowardly. ◆ *nmf* coward

cobardía *nf* cowardice [*incontable*]: *Es una ~.* It's an act of cowardice.

cobijar ◆ *vt* to shelter *sb* (***from sth***) ◆ **cobijarse** *v pron* **cobijarse (de)** to shelter (**from *sth***): *~se del frío* to shelter from the cold

cobra *nf* cobra

cobrador, ~a *nm-nf* **1** (*colectivo*) conductor **2** (*deudas, recibos*) collector

cobrar ◆ *vt, vi* **1** (*gen*) to charge (*sb*) (***for sth***): *Me cobraron tres pesos por un café.* They charged me three pesos for a coffee. ◇ *¿Me cobra, por favor?* Can I have the bill, please? **2** (*salario*): *Todavía no cobré las clases.* I still haven't been paid for those classes. ◇ *¡El jueves cobramos!* Thursday is pay day! ◆ *vt* **1** (*cheque*) to cash **2** (*adquirir*) to gain: *~ fuerza* to gain momentum **3** (*costar*) to cost: *La guerra cobró muchas vidas.* The war has cost many lives. ◆ *vi* to get a smack: *¡Vas a ~!* You'll get a smack! ◆ **cobrarse** *v pron*: *Cóbrese, por favor.* Here you are. ◇ *¿Te cobrás las bebidas?* How much are the drinks? LOC **cobrar de más/menos** to overcharge/undercharge *Ver tb* IMPORTANCIA

cobre *nm* copper LOC *Ver* VALER

cobro *nm* **1** (*pago*) payment **2** (*recaudación*) charging LOC *Ver* LLAMADA, LLAMAR

Coca-Cola® *nf* Coke®

cocaína *nf* cocaine

cocción *nf* cooking: *tiempo de ~* cooking time

cocear *vi* to kick

coche *nm* **1** (*automóvil*) car: *ir en ~* to go by car **2** (*vagón, carruaje*) carriage **3** (*para bebé*) pram LOC **coche cama** sleeping car **coche comedor** dining car **coche de alquiler** hire car **coche de bomberos** fire engine **coche de carreras** racing car **coche fúnebre** hearse *Ver tb* ACCIDENTE, BOMBA[1]

cochera *nf* garage

cochinada *nf* mess [*incontable*]: *No hagas ~s con la comida.* Don't make a mess with your food.

cochino, -a *nm-nf* dirty beast

cocido, -a *pp, adj* cooked: *Me gusta la carne bien cocida.* I like my meat well done.

> Un bife poco cocido se dice **rare** y en su punto **medium rare**.

LOC *Ver* JAMÓN

cocina *nf* **1** (*lugar*) kitchen **2** (*aparato*) cooker **3** (*arte de cocinar*) cookery: *un curso/libro de ~* a cookery course/book **4** (*gastronomía*) cooking: *la ~ china* Chinese cooking LOC *Ver* BATERÍA

cocinar ◆ *vt, vi* to cook: *No sé ~.* I can't cook. ◆ **cocinarse** *v pron* (*tener calor*) to boil: *Me estoy cocinando con esta campera.* I'm boiling in this jacket.

cocinero, -a *nm-nf* cook: *ser buen ~* to be a good cook

coco *nm* **1** (*fruto*) coconut **2** (*cabeza*) nut

cocodrilo *nm* crocodile LOC *Ver* LÁGRIMA

cocotero *nm* coconut palm

cóctel *nm* **1** (*bebida*) cocktail **2** (*reunión*) cocktail party

codazo *nm* **1** (*violento, para abrirse paso*): *Me abrí paso a ~s.* I elbowed my way through the crowd. **2** (*para llamar la atención*) nudge: *Me dio un ~.* He gave me a nudge.

codearse *v pron* ~ **con** to rub shoulders **with *sb***

codera *nf* (*parche*) elbow patch

codicia *nf* **1** (*avaricia*) greed **2** ~ **de** lust **for *sth***: *su ~ de poder/riquezas* their lust for power/riches

codiciar *vt* (*ambicionar*) to covet

codificar *vt* (*Informát*) to encode

código *nm* code LOC **código de (la) circulación** Highway Code **código de teléfonos** code: *¿Cuál es el ~ de Buenos Aires?* What's the code for Buenos Aires? **código postal** postcode

codo *nm* elbow LOC *Ver* HABLAR

codorniz *nf* quail [*pl* quail/quails]

coeficiente *nm* coefficient LOC **coeficiente de inteligencia** intelligence quotient (*abrev* IQ)

coexistencia *nf* coexistence

cofradía *nf* brotherhood

cofre *nm* case

cogote *nm* back of the neck

cogotudo, -a *adj* stuck-up

coherencia *nf* coherence

cohete *nm* rocket

cohibir ◆ *vt* to inhibit ◆ **cohibirse** *v pron* to feel inhibited

coima *nf* bribe

coincidencia *nf* coincidence LOC **da la coincidencia de que...** it just so happens (that)...

coincidir *vi* **1** (*estar de acuerdo*) to agree (***with sb***) (***on/about sth***): *Coinciden conmigo en que es un chico estupendo.* They agree with me (that) he's a great lad. ◇ *Coincidimos en todo.* We agree on everything. **2** (*en un lugar*): *Coincidimos en el congreso.* We were both at the conference. **3** (*acontecimientos, resultados*) to coincide (***with sth***):

Espero que no me coincida con los exámenes. I hope it doesn't coincide with my exams.

cola[1] *nf* **1** (*animal*) tail **2** (*vestido*) train: *El vestido tiene un poco de ~.* The dress has a short train. **3** (*fila*) queue: *ponerse en la ~* to join the queue ◊ *Había mucha ~ para el cine.* There was a long queue for the cinema. **4** (*trasero*) bottom, bum (*más coloq*): *El pantalón te queda muy justo en la ~.* Those trousers are very tight on your bottom. LOC **¡a la cola!** get in the queue! **cola de caballo** ponytail **hacer cola** to queue *Ver tb* PIANO

cola[2] *nf* (*pegamento*) glue

colaboración *nf* collaboration: *hacer algo en ~ con algn* to do sth in collaboration with sb

colaborador, ~a *nm-nf* collaborator

colaborar *vi* ~ (**con**) (**en**) to collaborate (**with** ***sb***) (**on** ***sth***)

colado, -a *pp, adj, nm-nf* gatecrasher [*n*] LOC **ir de colado** (*en una moto*) to ride pillion *Ver tb* COLAR

colador *nm* **1** (*gen*) strainer **2** (*verduras*) colander

colar ◆ *vt* **1** (*infusión*) to strain **2** (*café*) to filter **3** (*verduras*) to drain ◆ **colarse** *v pron* **1** (*líquido*) to seep ***through sth*** **2** (*persona*) **(a)** (*gen*) to sneak in: *Vi cómo se colaban.* I noticed them sneaking in. ◊ *Nos colamos en el colectivo sin pagar.* We sneaked onto the bus without paying. **(b)** (*en una cola*) to push in: *¡Oiga, no se cuele!* Hey! No pushing in! **3** (*equivocarse*) to slip up LOC **colarse en una fiesta** to gatecrash a party

colcha *nf* bedspread

colchón *nm* mattress

colchoneta *nf* **1** (*gimnasio*) mat **2** (*camping, playa*) air-bed

colección *nf* collection

coleccionar *vt* to collect

coleccionista *nmf* collector

colecta *nf* collection LOC **hacer una colecta** (*con fines caritativos*) to collect for charity

colectivero *nm* bus driver

colectivo, -a ◆ *adj* collective ◆ *nm* **1** (*transporte*) bus: *tomar/perder el ~* to catch/miss the bus **2** (*grupo*) collective LOC *Ver* PARADA

colega *nmf* colleague: *un ~ mío* a colleague of mine

colegial, ~a *nm-nf* schoolboy/girl [*pl* schoolchildren]

colegio *nm* **1** (*Educ*) school: *Los chicos están en el ~.* The children are at school. ◊ *ir al ~* to go to school ☛ *Ver nota en* SCHOOL **2** (*asociación*) association: *el ~ de médicos* the medical association LOC **colegio de curas/monjas** Catholic school **colegio de pupilos** boarding-school **colegio electoral** polling station **colegio privado/público** independent/state school *Ver tb* MESA

cólera *nm* (*enfermedad*) cholera

colesterol *nm* cholesterol: *Me subió el ~.* My cholesterol (level) has gone up.

colgado, -a *pp, adj* ~ **en/de** hanging **on/from** ***sth*** LOC **colgado al teléfono** on the phone **mal colgado**: *Creo que tienen el teléfono mal ~.* They must have left the phone off the hook. *Ver tb* COLGAR

colgante *nm* pendant

colgar ◆ *vt* **1** (*gen*) to hang *sth* ***from/on sth*** **2** (*prenda de vestir*) to hang *sth* up **3** (*ahorcar*) to hang: *Lo colgaron en 1215.* He was hanged in 1215. ☛ *Ver nota en* AHORCAR(SE) ◆ *vi* to hang (***from/on sth***) LOC **colgar** (**el teléfono**) to hang up: *Se enojó y me colgó el teléfono.* He got angry and hung up. ◊ *No cuelgue, por favor.* Please hold the line. **colgar los guantes** to retire **colgar los libros** to give up studying

cólico *nm* colic [*incontable*]

coliflor *nf* cauliflower

colimba ◆ *nf* military service ◆ *nm* (*persona*) conscript

colina *nf* hill

colirio *nm* eye drops [*pl*]

colisión *nf* collision (***with sth***): *una ~ de frente* a head-on collision

colita *nf* pigtail

colitis *nf* diarrhoea [*incontable*]

collage *nm* collage: *hacer un ~* to make a collage

collar *nm* **1** (*adorno*) necklace: *un ~ de esmeraldas* an emerald necklace **2** (*perro, gato*) collar

collarín *nm* (surgical) collar

colmar *vt* LOC *Ver* GOTA

colmena *nf* beehive

colmillo *nm* **1** (*persona*) canine (tooth) **2** (*elefante, jabalí*) tusk

colmo *nm* LOC **para colmo** to make matters worse **ser el colmo** to be the limit

colocado, -a *pp, adj* LOC **estar colocado 1** (*drogado*) to be high **2** (*tener trabajo*) to be employed: *estar bien ~* to have a good job *Ver tb* COLOCAR

colocar ◆ *vt* **1** (*gen*) to place **2** (*bomba*) to plant **3** (*emplear*) to find *sb* a job (***with sb***) ◆ **colocarse** *v pron* **1** (*situarse*) to stand: *Colócate ahí.* Stand over there. **2 colocarse** (**de/como**) to get a job (**as** ***sth***) **3 colocarse** (**con**) (*drogas*) to get high (**on** ***sth***)

Colombia *nf* Colombia

colombiano, -a *adj, nm-nf* Colombian

colon *nm* colon

colonia[1] *nf* **1** (*gen*) colony [*pl* colonies] **2** (*grupo de viviendas*) housing estate

colonia[2] *nf* (*perfume*) cologne [*incontable*]: *ponerse* ~ to put (some) cologne on

colonial *adj* colonial

colonización *nf* colonization

colonizador, ~a ◆ *adj* colonizing ◆ *nm-nf* colonizer

colonizar *vt* to colonize

colono, -a *nm-nf* settler

coloquial *adj* colloquial

coloquio *nm* discussion (***about sth***)

color *nm* colour LOC **de colores** coloured: *lápices de ~es* coloured pencils **en color**: *una televisión en* ~ a colour TV *Ver tb* PEZ, TIZA

colorado, -a *adj* red LOC **estar colorado como un tomate** to be as red as a beetroot **ponerse colorado** to blush

colorante *adj, nm* colouring LOC **sin colorantes** no artificial colourings

colorear *vt* to colour *sth* (in)

colorido *nm* colouring: *una ceremonia de gran* ~ a very colourful ceremony

colorín *nm* LOC **colorín colorado...** and they all lived happily ever after

colorinche *adj* **1** (*colorido*) colourful: *Esa camisa es muy ~.* That shirt is very colourful. **2** (*de mal gusto*) garish

columna *nf* **1** (*gen*) column **2** (*Anat*) spine LOC **columna vertebral 1** (*Anat*) spinal column **2** (*fig*) backbone

coma[1] *nm* (*Med*) coma: *estar en* ~ to be in a coma LOC *Ver* ESTADO

coma[2] *nf* **1** (*puntuación*) comma ☛ *Ver págs 312–3.* **2** (*Mat*) point: *cuarenta ~ cinco* (*40,5*) forty point five (40·5) ☛ *Ver Apéndice 1.* LOC *Ver* PUNTO

comadreja *nf* weasel

comandante *nmf* major

comando *nm* **1** (*Mil*) commando [*pl* commandos/commandoes] **2** (*terrorista*) cell

combate *nm* combat [*incontable*]: *soldados caídos en* ~ soldiers killed in combat ◊ *Hubo feroces ~s.* There was fierce fighting. LOC **de combate** fighter: *avión/piloto de* ~ fighter plane/pilot *Ver tb* FUERA

combatiente *nmf* combatant

combatir ◆ *vt* to combat: ~ *a la guerrilla* to combat the guerrillas ◆ *vi* ~ (**contra/por**) to fight (**against/for** ***sth/sb***): ~ *contra los rebeldes* to fight (against) the rebels

combinación *nf* **1** (*gen*) combination: *la ~ de una caja fuerte* the combination of a safe **2** (*prenda*) slip

combinar ◆ *vt* **1** (*gen*) to combine **2** (*ropa*) to match *sth* (***with sth***) ◆ *vi* **1** (*colores*) to go **with** ***sth***: *El negro combina bien con todos los colores.* Black goes well with any colour. **2** (*ropa*) to match: *Esos zapatos no combinan con la cartera.* Those shoes don't match the handbag.

combustible ◆ *adj* combustible ◆ *nm* fuel

combustión *nf* combustion

comedia *nf* comedy [*pl* comedies] LOC **comedia musical** musical

comedirse *v pron* to offer (***to do sth***): *Se comedió a llamarlo.* He offered to call him.

comedor *nm* **1** (*casa, hotel*) dining-room **2** (*colegio, fábrica*) canteen ☛ *Ver pág 314.* **3** (*muebles*) dining-room suite LOC *Ver* COCHE

comentar *vt* **1** (*decir*) to say: *Se limitó a ~ que estaba enfermo.* He would only say he was sick. **2** (*tema*) to discuss

comentario *nm* comment, remark (*más coloq*): *hacer un* ~ to make a comment/remark LOC **comentario de texto** textual criticism **hacer comentarios** to comment (*on sth/sb*) **sin comentarios** no comment

comentarista *nmf* commentator

comenzar *vt, vi* ~ (**a**) to start (***sth/doing sth/to do sth***): *Comencé a sentirme mal.* I started to feel ill.

comer ◆ *vt* **1** (*ingerir*) to eat: *Deberías ~ algo antes de salir.* You should eat something before you go. **2** (*insectos*) to eat *sb* alive: *Me comieron los mosquitos.* I've been eaten alive by the mosquitoes. **3** (*Ajedrez, Damas*) to take ◆ *vi* to eat: *Tu hijo no quiere ~.* Your son won't eat. ◆ **comerse** *v pron* **1** (*ingerir*) to eat: *~se un sandwich* to eat a sandwich **2** (*omitir*) to miss *sth* out: *~se una palabra* to miss a word out LOC **comer a besos** to smother *sb* with kisses **comer como una fiera** to eat like a horse

comerse las uñas to bite your nails **dar de comer** to feed

comercial *adj* commercial LOC *Ver* CENTRO, GALERÍA

comercializar *vt* to market

comerciante *nmf* (*dueño de una negocio*) shopkeeper

comerciar *vi* ~ **con 1** (*producto*) to trade (**in *sth***): ~ *con armas* to trade in arms **2** (*persona*) to do business (**with *sb***)

comercio *nm* **1** (*negocio*) trade: ~ *exterior* foreign trade **2** (*negocio*) shop: *Tienen un pequeño* ~. They have a small shop. ◊ *¿A qué hora abren los ~s?* What time do the shops open?

comestible *adj* edible

cometa *nm* comet

cometer *vt* **1** (*delito*) to commit **2** (*error*) to make

cometido *nm* **1** (*encargo*) assignment **2** (*obligación*) duty [*pl* duties]

cómic *nm* comic

comicios *nm* elections

cómico, -a ◆ *adj* **1** (*gracioso*) funny **2** (*de comedia*) comedy [*n atrib*]: *actor* ~ comedy actor ◆ *nm-nf* comedian [*fem* comedienne] LOC *Ver* PELÍCULA

comida *nf* **1** (*alimento*) food: *Tenemos la heladera llena de* ~. The fridge is full of food. **2** (*desayuno, almuerzo, cena*) meal: *una* ~ *liviana* a light meal

comido, -a *pp, adj*: *Ya vinieron ~s.* They had already eaten. LOC **comido por la envidia/la rabia/los celos** eaten up with envy/anger/jealousy *Ver tb* COMER

comienzo *nm* start, beginning (*más formal*) LOC **a comienzos de…** at the beginning of… **dar comienzo** to begin **estar en sus comienzos** to be in its early stages

comillas *nf* inverted commas ☛ *Ver págs 312–3.* LOC **entre comillas** in inverted commas

comilón, -ona ◆ *adj* greedy ◆ *nm-nf* big eater

comilona *nf* feast: *darse/pegarse una* ~ to have a feast

comino *nm* cumin LOC **un comino** not a thing: *No oigo un* ~. I can't hear a thing. ◊ *Me importa un* ~. I couldn't care less.

comisaría *nf* police station

comisario *nm* superintendent

comisión *nf* commission: *una* ~ *del 10%* a 10% commission LOC **a comisión** on commission

comité *nm* committee [*v sing o pl*]

como ◆ *adv* **1** (*modo, en calidad de, según*) as: *Respondí* ~ *pude.* I answered as best I could. ◊ *Me lo llevé* ~ *recuerdo.* I took it home as a souvenir. ◊ ~ *te iba diciendo…* As I was saying… **2** (*comparación, ejemplo*) like: *Tiene un auto* ~ *el nuestro.* He's got a car like ours. ◊ *infusiones* ~ *la manzanilla y la menta* herbal teas like camomile and peppermint ◊ *suave* ~ *la seda* smooth as silk **3** (*aproximadamente*) about: *Llamé* ~ *a diez personas.* I rang about ten people. ◆ *conj* **1** (*condición*) if: ~ *llegues tarde, no podremos ir.* If you're late, we won't be able to go. **2** (*causa*) as: ~ *llegué temprano, me preparé un café.* As I was early, I made myself a coffee. LOC **como que/si** as if: *Me trata* ~ *si fuera su hija.* He treats me as if I were his daughter.

En este tipo de expresiones lo más correcto es decir 'as if I/he/she/it **were**', pero hoy en día en el lenguaje hablado se usa mucho 'as if I/he/she/it **was**'.

como sea/venga 1 (*a cualquier precio*) at all costs: *Tenemos que ganar* ~ *venga.* We must win at all costs. **2** (*no importa*): *—¿Cómo querés el café? —Como sea.* 'How do you like your coffee?' 'As it comes.'

cómo ◆ *adv* **1** (*interrogación*) how: *¿~ se traduce esta palabra?* How do you translate this word? ◊ *No sabemos* ~ *pasó.* We don't know how it happened. **2** (*¿por qué?*) why: *¿~ no me lo dijiste?* Why didn't you tell me? **3** (*cuando no se ha oído o entendido algo*) sorry: *¿Cómo? ¿Podés repetir?* Sorry? Can you say that again? **4** (*exclamación*): *¡~ te parecés a tu padre!* You're just like your father! ◆ **¡cómo!** *interj* (*enojo, asombro*) what!: *¡Cómo! ¿No estás vestido todavía?* What! Aren't you dressed yet? LOC **¿cómo es?** (*descripción*) what is he, she, it, etc like? **¿cómo es eso?** how come? **¿cómo es que…?** how come?: *¿~ es que no saliste?* How come you didn't go out? **¿cómo estás?** how are you? **¡cómo no!** of course! **¿cómo que…?** (*asombro, enojo*): *¿~ que no lo sabías?* What do you mean, you didn't know? **¡cómo voy a…!** how am I, are you, etc supposed to…!: *¡~ lo iba a saber!* How was I supposed to know!

cómoda *nf* chest of drawers [*pl* chests of drawers]

comodidad *nf* **1** (*confort*) comfort **2** (*conveniencia*) convenience: *la ~ de tener el subte cerca* the convenience of having the underground nearby

comodín *nm* joker

cómodo, -a *adj* **1** (*confortable*) comfortable: *sentirse ~* to feel comfortable **2** (*conveniente*) convenient: *Es muy ~ olvidarse del asunto.* It's very convenient to forget about it. LOC **ponerse cómodo** to make yourself comfortable

compact disc (*tb* **compacto**) *nm* **1** (*disco*) compact disc (*abrev* CD) **2** (*aparato*) CD player

compacto, -a *adj* compact LOC *Ver* DISCO

compadecer(se) *vt, v pron* **compadecer(se) (de)** to feel sorry **for** ***sb***

compaginar *vt* (*organizar*) to sort *sth* out

compañerismo *nm* comradeship

compañero, -a *nm-nf* **1** (*amigo*) companion **2** (*en pareja*) partner **3** (*en trabajo*) colleague LOC **compañero de clase** classmate **compañero de cuarto/departamento** room-mate/flatmate **compañero de equipo** team-mate

compañía *nf* company [*pl* companies]: *Trabaja en una ~ de seguros.* He works for an insurance company. LOC **compañía aérea** airline **hacer compañía a algn** to keep sb company

comparable *adj* ~ **a/con** comparable **to/with** ***sth/sb***

comparación *nf* comparison: *Esta casa no tiene ~ con la anterior.* There's no comparison between this house and the old one. LOC **en comparación con** compared to/with *sth/sb*

comparar *vt* to compare *sth/sb* (**to/with** ***sth/sb***): *¡No compares esta ciudad con la mía!* Don't go comparing this town to mine!

compartimiento *nm* compartment

compartir *vt* to share: *~ un departamento* to share a flat

compás *nm* **1** (*Mat, Náut*) compass **2** (*Mús*) **(a)** (*tiempo*) time: *el ~ de tres por cuatro* three four time **(b)** (*división de pentagrama*) bar: *los primeros compases de una sinfonía* the first bars of a symphony LOC **compás de espera** temporary halt: *Es mejor abrir un ~ de espera.* It's best to call a temporary halt. *Ver tb* MARCAR

compasión *nf* pity, compassion (*más formal*) LOC **tener compasión de algn** to take pity on sb

compasivo, -a *adj* ~ (**con**) compassionate (**towards** ***sb***)

compatible *adj* compatible

compatriota *nmf* fellow countryman/woman [*pl* fellow countrymen/women]

compenetrarse *v pron* ~ (**con**) to get on well (**with** ***sb***)

compensación *nf* compensation

compensar ◆ *vt* **1** (*dos cosas*) to make up for *sth*: *para ~ la diferencia de precios* to make up for the difference in price **2** (*a una persona*) to repay *sb* (**for** ***sth***): *No sé cómo ~les por todo lo que hicieron.* I don't know how to repay them for all they've done. ◆ *vi*: *A la larga compensa.* It's worth it in the long run.

competencia *nf* **1** (*rivalidad*) competition: *La ~ siempre es buena.* Competition is a good thing. **2** (*eficacia, habilidad*) competence: *falta de ~* incompetence LOC **hacer la competencia** to compete with *sth/sb*

competente *adj* competent: *un profesor ~* a competent teacher

competición *nf* competition

competir *vi* to compete: *~ por el título* to compete for the title ◊ *~ con empresas extranjeras* to compete with foreign companies

compinche *adj, nmf* mate [*n*]: *Son muy ~s.* They're great mates.

complacer *vt* to please: *Es bastante difícil ~los.* They're rather hard to please.

complejo, -a *adj, nm* complex: *un ~ de oficinas* an office complex ◊ *tener ~ de gordo* to have a complex about being fat ◊ *tener ~ de superioridad* to have a superiority complex ◊ *Es un problema muy ~.* It's a very complex problem.

complemento *nm* **1** (*suplemento*) supplement: *como ~ a su dieta* as a dietary supplement **2** (*accesorio*) accessory [*pl* accessories]: *bijutería y ~s* costume jewellery and accessories **3** (*Gram*) object

completar *vt* to complete

completo, -a *adj* **1** (*entero*) complete: *la colección completa* the complete collection **2** (*lleno*) full: *El hotel está ~.* The hotel is full. LOC *Ver* JORNADA, PENSIÓN

complicado, -a *pp, adj* complicated *Ver tb* COMPLICAR

complicar ◆ *vt* **1** (*dificultar*) to complicate **2** (*implicar*) to implicate *sb* ***in sth*** ◆ **complicarse** *v pron* to become complicated LOC **complicarse la vida** to make life difficult for yourself

cómplice *nmf* accomplice (***in/to sth***)

complot *nm* plot

componer ◆ *vt* **1** (*formar*) to make *sth* up: *Cuatro relatos componen el libro.* The book is made up of four stories. **2** (*Mús*) to compose **3** (*arreglar*) to repair, to fix (*más coloq*): *A este aparato no hay quien lo componga.* It's imposible to fix this thing. ◆ **componerse** *v pron* **componerse de** to consist **of** ***sth***: *El curso se compone de seis materias.* The course consists of six subjects.

comportamiento *nm* behaviour [*incontable*]: *Tuvieron un ~ ejemplar.* Their behaviour was exemplary.

comportarse *v pron* to behave

composición *nf* composition

compositor, ~a *nm-nf* composer

compostura *nf* repair: *taller de ~s* repair shop

compota *nf* stewed fruit: *~ de manzana* stewed apple LOC *Ver* OJO

compra *nf* purchase: *una buena ~* a good buy LOC **hacer las compras** to do the shopping **ir/salir de compras** to go shopping *Ver tb* COMPROBANTE

comprar *vt* to buy: *Quiero ~les un regalo.* I want to buy them a present. ◊ *¿Me lo comprás?* Will you buy it for me? ◊ *Le compré la bici a un amigo.* I bought the bike from a friend. LOC **comprar en cuotas** to buy *sth* on hire purchase

comprender ◆ *vt, vi* (*entender*) to understand: *Mis padres no me comprenden.* My parents don't understand me. ◊ *Como usted comprenderá...* As you will understand... ◆ *vt* **1** (*darse cuenta*) to realize: *Han comprendido su importancia.* They've realized how important it is. **2** (*incluir*) to include

comprendido, -a *pp, adj*: *chicos de edades comprendidas entre los 11 y 13 años* children aged between 11 and 13 *Ver tb* COMPRENDER

comprensión *nf* understanding LOC **tener/mostrar comprensión** to be understanding (*towards sb*)

comprensivo, -a *adj* understanding (***towards sb***)

compresa *nf* compress

comprimido, -a *pp, adj, nm* (*pastilla*) tablet LOC *Ver* RIFLE

comprobante *nm* **1** (*de identidad*) proof **2** (*de zapatería*) ticket LOC **comprobante de compra/pago** receipt

comprobar *vt* to check

comprometedor, ~a *adj* compromising

comprometer ◆ *vt* **1** (*obligar*) to commit *sb* ***to sth/doing sth*** **2** (*poner en un compromiso*) to put *sb* in an awkward position ◆ **comprometerse** *v pron* **1** (*dar tu palabra*) to promise (***to do sth***): *No me comprometo a ir.* I'm not promising I'll go. **2** (*en matrimonio*) to get engaged (***to sb***)

comprometido, -a *pp, adj* (*situación*) awkward *Ver tb* COMPROMETER

compromiso *nm* **1** (*obligación*) commitment: *El matrimonio es un gran ~.* Marriage is a great commitment. **2** (*acuerdo*) agreement **3** (*cita, matrimonial*) engagement **4** (*aprieto*) awkward situation: *Me ponés en un ~.* You're putting me in an awkward position. LOC **por compromiso** out of a sense of duty **sin compromiso** without obligation

compuesto, -a ◆ *pp, adj* **1** (*gen*) compound: *palabras compuestas* compound words **2** ~ **de/por** consisting **of** ***sth*** ◆ *nm* compound *Ver tb* COMPONER

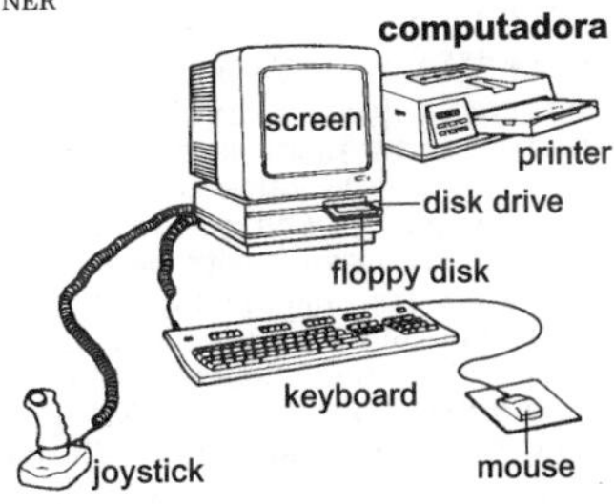

computadora *nf* computer LOC **computadora personal** personal computer (*abrev* PC)

comulgar *vi* (*Relig*) to take Communion

común *adj* **1** (*gen*) common: *un problema ~* a common problem ◊ *características comunes a un grupo* characteristics common to a group **2** (*compartido*) joint: *un esfuerzo ~* a joint effort LOC **común y corriente** ordinary **poner algo en común** to discuss sth

tener algo en común **1** (*aficiones*) to share sth **2** (*parecerse*) to have sth in common *Ver tb* NAFTA, SENTIDO

comuna *nf* town

comunicación *nf* **1** (*gen*) communication: *la falta de* ~ lack of communication **2** (*teléfono*): *Se cortó la* ~. We were cut off. **LOC** *Ver* MEDIO

comunicado, -a ◆ *pp, adj* (*transporte*): *Toda esa zona está mal comunicada.* All that area is poorly served by public transport. ◆ *nm* announcement *Ver tb* COMUNICAR

comunicar ◆ *vt* to communicate *sth* (***to sb***): *Comunicaron sus sospechas a la policía.* They communicated their suspicions to the police. ◆ **comunicar(se)** *vi, v pron* **comunicar(se) (con)** **1** (*gen*) to communicate (**with** ***sth/sb***): *Mi cuarto (se) comunica con el tuyo.* My room communicates with yours. ◊ *Me cuesta ~me con los demás.* I find it difficult to communicate with other people. **2** (*ponerse en contacto*) to get in touch **with** ***sb***: *No puedo ~(me) con ellos.* I can't get in touch with them.

comunidad *nf* community [*v sing o pl*] [*pl* communities] **LOC comunidad de vecinos** residents' association

comunión *nf* communion **LOC hacer la (primera) comunión** to take (your first) Communion

comunismo *nm* communism

comunista *adj, nmf* communist

con *prep* **1** (*gen*) with: *Vivo con mis padres.* I live with my parents. ◊ *Pegalo con una chinche.* Stick it up with a drawing pin. ◊ *¿Con qué lo limpiás?* What do you clean it with? ☛ A veces se traduce por 'and': *pan con manteca* bread and butter ◊ *agua con azúcar* sugar and water. También se puede traducir por 'to': *¿Con quién hablabas?* Who were you talking to? ◊ *Es muy simpática con todo el mundo.* She is very nice to everybody. **2** (*contenido*) of: *una valija con ropa* a suitcase (full) of clothes ◊ *un balde con agua y jabón* a bucket of soapy water **3** (*a pesar de*): *Con lo duro que trabajan y no lo van a terminar.* They're working so hard but they won't get it done. ◊ *¡Pero con lo que te gusta el chocolate!* But you're so fond of chocolate! **4 + inf**: *Con estudiar el fin de semana, aprobarás.* You'll pass if you study at the weekend. ◊ *Será suficiente con llamarlos por teléfono.* All you'll need to do is phone them. **LOC con (tal de) que...** as long as...: *con tal de que me avises* as long as you tell me

cóncavo, -a *adj* concave

concebir ◆ *vt* **1** (*idea, plan, novela*) to conceive **2** (*entender*) to understand: *¡Es que no lo concibo!* I just don't understand! ◆ *vt, vi* (*quedar embarazada*) to conceive

conceder *vt* **1** (*gen*) to give: ~ *un préstamo a algn* to give sb a loan ◊ *¿Me concede unos minutos, por favor?* Could you spare me a couple of minutes, please? **2** (*premio, beca*) to award: *Me concedieron una beca.* I was awarded a scholarship. **3** (*reconocer*) to acknowledge: *Hay que ~les algún mérito.* We have to acknowledge that they have some merit.

concejal, ~a *nm-nf* (town) councillor

concejo *nm* (town) council

concentración *nf* concentration: *falta de* ~ lack of concentration

concentrado, -a ◆ *pp, adj* **1** (*persona*): *Estaba tan ~ en la lectura que no te oí entrar.* I was so immersed in the book that I didn't hear you come in. **2** (*sustancia*) concentrated ◆ *nm* concentrate: ~ *de uva* grape concentrate *Ver tb* CONCENTRAR

concentrar ◆ *vt* to concentrate ◆ **concentrarse** *v pron* **concentrarse (en)** to concentrate (**on** ***sth***): *Concentrate en lo que hacés.* Concentrate on what you are doing.

concepto *nm* **1** (*idea*) concept **2** (*opinión*) opinion: *No sé qué ~ tenés de mí.* I don't know what you think of me.

conciencia *nf* **1** (*sentido moral*) conscience: *tener la ~ limpia* to have a clear conscience **2** (*conocimiento*) consciousness: ~ *de clase* class consciousness **LOC a conciencia** thoroughly *Ver tb* CARGO, REMORDER, REMORDIMIENTO, TRANQUILO

concientizar ◆ *vt* to make *sb* aware (***of sth***) ◆ **concientizarse** *v pron* to become aware (***of sth***)

concierto *nm* **1** (*recital*) concert **2** (*composición musical*) concerto [*pl* concertos]

concilio *nm* council

conciso, -a *adj* concise

conciudadano, -a *nm-nf* fellow citizen

concluir ◆ *vt, vi* (*terminar*) to conclude, to finish (*más coloq*) ◆ *vt* (*deducir*) to conclude *sth* (**from** ***sth***):

Concluyeron que era inocente. They concluded that he was innocent.

conclusión *nf* conclusion: *llegar a/sacar una* ~ to reach/draw a conclusion

concordar *vi* ~ **(con) (en que...)** to agree **(with** *sth/sb***) (that...)**: *Tu respuesta no concuerda con la de él.* Your answer doesn't agree with his. ◊ *Todos concuerdan en que fue un éxito.* Everyone agrees (that) it was a success.

concretar *vt* **1** (*precisar*) to specify **2** (*fecha*) to fix

concreto, -a *adj* **1** (*específico*) specific: *las tareas concretas que desempeñan* the specific tasks they perform **2** (*preciso*) definite: *una fecha concreta* a definite date

concurrido, -a *pp, adj* **1** (*lleno de gente*) crowded **2** (*popular*) popular

concursante *nmf* contestant

concursar *vi* **1** (*en un concurso*) to take part (*in sth*) **2** (*para un puesto*) to compete

concurso *nm* **1** (*juegos de habilidad, Dep*) competition **2** (*Radio, TV*) **(a)** (*de preguntas y respuestas*) quiz show **(b)** (*de juegos y pruebas*) game show LOC **concurso de belleza** beauty contest **concurso hípico** horse show

condado *nm* county [*pl* counties]

conde, -esa *nm-nf* count [*fem* countess]

condecoración *nf* medal

condecorar *vt* to award *sb* a medal (*for sth*)

condena *nf* sentence LOC **poner una condena** to give *sb* a sentence

condenado, -a *pp, adj* **1** (*convicto*) convicted: *El hombre ~ fue trasladado.* The convicted man was transferred. **2** ~ **a** (*predestinado*) doomed **to** *sth* **3** (*maldito*) wretched: *¡Ese ~ perro...!* That wretched dog...! LOC **condenado a muerte** condemned person *Ver tb* CONDENAR

condenar ◆ *vt* **1** (*desaprobar*) to condemn **2** (*Jur*) **(a)** (*a una pena*) to sentence *sb* (*to sth*): *~ a algn a muerte* to sentence sb to death **(b)** (*por un delito*) to convict *sb* (*of sth*) ◆ **condenarse** *v pron* to go to hell

condensado, -a *pp, adj* LOC *Ver* LECHE; *Ver tb* CONDENSAR(SE)

condensar(se) *vt, v pron* to condense

condesa *nf Ver* CONDE

condescendiente *adj* **1** (*amable*) kind (*to sb*) **2** (*transigente*) tolerant (*of/towards sb*): *Sus padres son muy ~s con él.* His parents are very tolerant (towards him). **3** (*con aires de superioridad*) condescending: *una sonrisita ~* a condescending smile

condición *nf* **1** (*gen*) condition: *Ésa es mi única ~.* That is my one condition. ◊ *Lo hago con la ~ de que me ayudes.* I'll do it on condition that you help me. ◊ *Ellos pusieron las condiciones.* They laid down the conditions. ◊ *La mercadería llegó en perfectas condiciones.* The goods arrived in perfect condition. **2** (*social*) background LOC **estar en condiciones de 1** (*físicamente*) to be fit *to do sth* **2** (*tener la posibilidad*) to be in a position *to do sth* **sin condiciones** unconditional: *una rendición sin condiciones* an unconditional surrender ◊ *Aceptó sin condiciones.* He accepted unconditionally.

condicional *adj* conditional LOC *Ver* LIBERTAD

condicionar *vt* to condition: *La educación te condiciona.* You are conditioned by your upbringing.

condimentar *vt* to season *sth* (*with sth*)

condimento *nm* seasoning

condón *nm* condom

conducción *nf* **1** (*dirección*) leadership **2** (*Electrón, Fís*) conduction LOC *Ver* ACADEMIA

conducir *vt, vi* to lead: *Las pistas nos condujeron al ladrón.* The clues led us to the thief. ◊ *Este camino conduce al palacio.* This path leads to the palace. LOC *Ver* REGISTRO

conducta *nf* behaviour [*incontable*]

conducto *nm* **1** (*tubo*) pipe **2** (*Med*) duct

conductor, ~a *nm-nf* driver LOC *Ver* ESCUELA

En inglés **conductor** significa *cobrador* o *revisador*.

conectar *vt* **1** (*unir*) to connect *sth* (up) (*with/to sth*): *~ la impresora a la computadora* to connect the printer to the computer **2** (*enchufar*) to plug *sth* in

conejito *nm* LOC **conejito de la India** guinea pig

conejo, -a *nm-nf* rabbit

Rabbit es el sustantivo genérico, **buck** se refiere sólo al macho y su plural es 'buck' o 'bucks'. Para referirnos sólo a la hembra usamos **doe**.

conexión *nf* **1** ~ **(con)** connection **(to/ with *sth*)** **2** ~ **(entre)** connection **(between ...)**

confección *nf* LOC *Ver* CORTE

confeccionar *vt* to make

conferencia *nf* **1** (*charla*) lecture **2** (*congreso*) conference LOC *Ver* PRENSA

conferenciante *nmf* lecturer

confesar ◆ *vt, vi* **1** (*gen*) to confess **(to *sth*/*doing sth*)**: *Tengo que ~ que prefiero el tuyo.* I must confess I prefer yours. ◊ *~ un crimen/asesinato* to confess to a crime/murder ◊ *Confesaron haber robado el banco.* They confessed to robbing the bank. **2** (*cura*) to hear (*sb's*) confession: *Los domingos no confiesan.* They don't hear confessions on Sundays. ◊ *¿Quién te confiesa?* Who is your confessor? ◆ **confesarse** *v pron* **1** (*Relig*) **(a)** (*gen*) to go to confession **(b)** **confesarse de** to confess *sth*, to confess **(to *doing sth*)** **2** (*declararse*): *Se confesaron autores/culpables del crimen.* They confessed they had committed the crime. LOC **confesar la verdad** to tell the truth

confesión *nf* confession

confesionario *nm* confessional

confesor *nm* confessor

confiable *adj* **1** (*cifras*) reliable **2** (*persona*) reliable **3** (*honesto*) trustworthy

confianza *nf* **1** ~ **(en)** confidence **(in *sth*/*sb*)**: *No tienen mucha ~ en él.* They don't have much confidence in him. **2** (*naturalidad, amistad*): *tratar a algn con ~* to treat sb in a friendly way ◊ *Te lo puedo decir porque tenemos ~.* I can tell you because we're friends. LOC **confianza en uno mismo** self-confidence: *No tengo ~ en mí mismo.* I lack self-confidence. **de confianza** trustworthy: *un empleado de ~* a trustworthy employee **en confianza** in confidence *Ver tb* DIGNO

confianzudo, -a *adj* cheeky

confiar ◆ *vi* ~ **en** **1** (*fiarse*) to trust *sth/ sb* [*vt*]: *Confiá en mí.* Trust me. ◊ *No confío en los bancos.* I don't trust banks. **2** (*esperar*) to hope: *Confío en que no llueva.* I hope it doesn't rain. ◊ *Confío en que lleguen a tiempo.* I hope they arrive on time. ◆ *vt* to entrust *sth/sb* **with *sth***: *Sé que puedo ~le la organización de la fiesta.* I know I can entrust him with the arrangements for the party. ◆ **confiarse** *v pron* to be overconfident

confidencial *adj* confidential

confirmar *vt* to confirm

confiscar *vt* to seize: *La policía confiscó 10kg de cocaína.* The police seized 10kg of cocaine.

confitería *nf* **1** (*cafetería*) tearoom **2** (*negocio*) cake shop **3** (*ramo comercial*) confectionery

conflicto *nm* conflict: *un ~ entre las dos potencias* a conflict between the two powers LOC **conflicto de intereses** clash of interests

conformarse *v pron* ~ **(con)** **1** (*gen*) to be happy **(with *sth*/*doing sth*)**: *Me conformo con pasar.* I'll be happy with a pass. ◊ *Se conforman con poco.* They're easily pleased. **2** (*resignarse*): *No me gusta, pero voy a tener que conformarme.* I don't like it, but I'll have to get used to the idea.

conforme ◆ *conj* as: *Se sentaban ~ iban entrando.* They sat down as they arrived. ◆ *adj* LOC **estar conforme** **(con)** **1** (*de acuerdo*) to agree with (*sth*): *Estoy ~ con las condiciones del contrato.* I agree with the terms of the contract. **2** (*contento*) to be satisfied (with *sth/sb*)

conformista *adj, nmf* conformist [*n*]

confundir ◆ *vt* **1** (*mezclar*) to mix *sth* up: *La bibliotecaria confundió todos los libros.* The librarian has mixed up all the books. ◊ *Separalos, no los confundas.* Separate them, don't mix them up. **2** (*dejar perplejo*) to confuse: *No me confundas.* Don't confuse me. **3** (*equivocar*) to mistake *sth/sb* **for *sth*/*sb***: *Creo que me confundiste con otra persona.* I think you've mistaken me for somebody else. ◊ *~ la sal con el azúcar* to mistake the salt for the sugar ◆ **confundirse** *v pron* **confundirse (de)** (*equivocarse*): *~se de puerta* to knock/ ring at the wrong door ◊ *Todo el mundo se puede ~.* We all make mistakes.

confusión *nf* **1** (*falta de claridad*) confusion: *crear ~* to cause confusion **2** (*equivocación*) mistake: *Debió de ser una ~.* It must have been a mistake.

confuso, -a *adj* **1** (*poco claro*) confusing: *Sus indicaciones eran muy confusas.* His directions were very confusing. **2** (*desconcertado*) confused

congelador *nm* freezer

congelar ◆ *vt* to freeze ◆ **congelarse** *v pron* **1** (*helarse*) to freeze (over): *El lago se congeló.* The lake has frozen over. **2** (*tener frío*) to be freezing: *Me* *estoy congelando.* I'm freezing. **3** (*Med*) to get frostbite

congénito, -a *adj* congenital

congestionado, -a *pp, adj* **1** (*calles*) congested: *Las calles están congestionadas por el tráfico.* The streets are congested with traffic. **2** (*nariz*) blocked up: *Todavía tengo la nariz muy congestionada.* My nose is still blocked up. **3** (*cara*) flushed *Ver tb* CONGESTIONAR

congestionar ◆ *vt*: *El accidente congestionó el tráfico.* The accident caused traffic congestion. ◆ **congestionarse** *v pron* (*enrojecer*) to go red in the face

congreso *nm* congress LOC **Congreso de los Diputados** Congress ≃ Parliament (*GB*) ☛ *Ver pág 316.*

cónico, -a *adj* conical

conjugar *vt* to conjugate

conjunción *nf* conjunction

conjuntivitis *nf* conjunctivitis [*incontable*]

conjunto *nm* **1** (*de objetos, obras*) collection **2** (*totalidad*) whole: *el ~ de la industria alemana* German industry as a whole **3** (*musical*) group **4** (*ropa*) outfit **5** (*Mat*) set

conjuro *nm* spell

conmigo *pron pers* with me: *Vení ~.* Come with me. ◊ *No quiere hablar ~.* He doesn't want to speak to me. LOC **conmigo mismo** with myself: *Estoy contenta ~ misma.* I'm very pleased with myself.

conmoción *nf* shock LOC **conmoción cerebral** concussion

conmovedor, ~a *adj* moving

conmover *vt* to move

conmutador *nm* switchboard

cono *nm* cone LOC **Cono Sur** Southern Cone: *Los países del ~ Sur.* The Southern Cone countries.

conocer *vt* **1** (*gen*) to know: *Los conozco de la universidad.* I know them from university. ◊ *Conozco muy bien París.* I know Paris very well. **2** (*a una persona por primera vez*) to meet: *Los conocí durante las vacaciones.* I met them during the holidays. **3** (*saber de la existencia*) to know **of *sth/sb***: *¿Conocés un buen hotel?* Do you know of a good hotel? LOC **conocer algo como la palma de la mano** to know sth like the back of your hand **conocer de vista** to know *sb* by sight **se conoce que...** it seems (that)... *Ver tb* ENCANTADO

conocido, -a ◆ *pp, adj* (*famoso*) well known ◆ *nm-nf* acquaintance *Ver tb* CONOCER

conocimiento *nm* knowledge [*incontable*]: *Pusieron a prueba sus ~s.* They put their knowledge to the test. LOC **perder/recobrar el conocimiento** to lose/regain conciousness **sin conocimiento** unconscious

conquista *nf* conquest

conquistador, ~a ◆ *adj* conquering ◆ *nm-nf* **1** (*gen*) conqueror: *Guillermo el Conquistador* William the Conqueror **2** (*América*) conquistador [*pl* conquistadores/conquistadors]

conquistar *vt* **1** (*Mil*) to conquer **2** (*enamorar*) to win *sb's* heart

consagrar *vt* **1** (*Relig*) to consecrate **2** (*dedicar*) to devote *sth* (**to *sth***): *Consagraron su vida al deporte.* They devoted their lives to sport. **3** (*lograr fama*) to establish *sth/sb* (**as *sth***): *La exposición lo consagró como pintor.* The exhibition established him as a painter.

consciente *adj* **1** ~ (**de**) conscious, aware (*más coloq*) (**of *sth***) **2** (*Med*) conscious

consecuencia *nf* **1** (*secuela*) consequence: *pagar las ~s* to suffer the consequences **2** (*resultado*) result: *como ~ de aquello* as a result of that

conseguir ◆ *vt* **1** (*obtener*) to obtain, to get (*más coloq*): *~ una visa* to obtain a visa ◊ *~ que algn haga algo* to get sb to do sth **2** (*lograr*) to achieve: *para ~ nuestros objetivos* to achieve our aims **3** (*ganar*) to win: *~ una medalla* to win a medal ◆ *vi* to get through: *No puedo ~ con ese número.* I can't get through to that number.

consejo *nm* **1** (*recomendación*) advice [*incontable*]: *Te voy a dar un ~.* I'm going to give you some advice. ◊ *No sigas sus ~s.* Don't follow their advice. **2** (*organismo*) council LOC **consejo de administración** board of directors **el consejo de ministros** the Cabinet [*v sing o pl*] ☛ *Ver pág 316.*

consentimiento *nm* consent

consentir *vt* **1** (*tolerar*) to allow: *No voy a ~ que me trates así.* I won't allow you to treat me like this. ◊ *No se lo consientas.* Don't let him get away with it. **2** (*mimar*) to spoil: *Sus padres lo consienten demasiado.* His parents really spoil him.

conservador, ~a *adj, nm-nf* conservative

conservante *nm* preservative

conservar *vt* **1** (*comida*) to preserve **2** (*cosas*) to keep: *Todavía conservo sus cartas.* I've still got his letters. **3** (*calor*) to retain

conservatorio *nm* school of music

consideración *nf* **1** (*reflexión, cuidado*) consideration: *tomar algo en ~* to take sth into consideration **2** ~ (**por/hacia**) (*respeto*) respect (**for** *sb*) LOC **con/sin consideración** considerately/inconsiderately

considerado, -a *pp, adj* (*respetuoso*) considerate LOC **bien/mal considerado**: *un médico bien ~* a highly regarded doctor ◊ *El apostar está mal ~ en este país.* Betting is frowned upon in this country. *Ver tb* CONSIDERAR

considerar *vt* **1** (*sopesar*) to weigh *sth* up, to consider (*más formal*): *~ los pros y los contras* to weigh up the pros and cons **2** (*ver, apreciar*) to regard *sth/sb* (**as** *sth*): *La considero nuestra mejor jugadora.* I regard her as our best player.

consigo *pron pers* **1** (*él, ella*) with him/her **2** (*usted, ustedes*) with you **3** (*ellos, ellas*) with them LOC **consigo mismo** with himself, herself, etc

consistir *vi* ~ **en** to consist **of** *sth*/**doing** *sth*: *Mi trabajo consiste en atender al público.* My work consists of dealing with the public.

consola *nf* **1** (*mueble*) console table **2** (*panel de controles*) control panel

consolación *nf* consolation: *premio de ~* consolation prize

consolar *vt* to console: *Traté de ~lo por la pérdida de su madre.* I tried to console him for the loss of his mother.

consonante *nf* consonant

conspiración *nf* conspiracy [*pl* conspiracies]

constancia *nf* (*perseverancia*) perseverance

constante *adj* **1** (*continuo*) constant **2** (*perseverante*) hard-working: *Mi hijo es muy ~ en sus estudios.* My son works hard at his studies.

constar *vi* **1** (*ser cierto*) to be sure (**of** *sth*/**that...**): *Me consta que ellos no lo hicieron.* I'm sure they didn't do it. **2** ~ **de** to consist **of** *sth*: *La obra consta de tres actos.* The play consists of three acts.

constelación *nf* constellation

constitución *nf* constitution LOC *Ver* HIERRO

constitucional *adj* constitutional

constituir *vt* to be, to constitute (*formal*): *Puede ~ un riesgo para la salud.* It may be a health hazard.

construcción *nf* building, construction (*más formal*): *en ~* under construction ◊ *Trabajan en la ~.* They're builders.

constructor, ~a *nm-nf* builder

construir *vt, vi* to build: *~ un futuro mejor* to build a better future ◊ *No han empezado a ~ todavía.* They haven't started building yet.

consuelo *nm* consolation: *Es un ~ saber que no soy el único.* It is (of) some consolation to know that I am not the only one. ◊ *buscar ~ en algo* to seek consolation in sth

cónsul *nmf* consul

consulado *nm* consulate

consulta *nf* **1** (*pregunta*) question: *¿Le puedo hacer una ~?* Could I ask you something? **2** (*Med*) surgery [*pl* surgeries]: *La doctora tiene ~ hoy.* The doctor holds surgery today. LOC **de consulta** reference: *libros de ~* reference books

consultar *vt* **1** (*gen*) to consult *sth/sb* (**about** *sth*): *Nos consultaron sobre ese tema.* They consulted us about this matter. **2** (*palabra, dato*) to look *sth* up: *Consultalo en el diccionario.* Look it up in the dictionary. LOC **consultar algo con la almohada** to sleep on sth

consultorio *nm* (*de médico*) surgery LOC **consultorio sentimental 1** (*Period*) problem page **2** (*Radio*) advice programme

consumición *nf* (*bebida*) drink: *una entrada con derecho a ~* a ticket entitling you to a drink

consumidor, ~a ◆ *adj* consuming: *países ~es de petróleo* oil-consuming countries ◆ *nm-nf* consumer

consumir *vt* **1** (*gen*) to consume: *un país que consume más de lo que produce* a country which consumes more than it produces **2** (*energía*) to use: *Este radiador consume mucha electricidad.* This radiator uses a lot of electricity. LOC **consumir preferentemente antes de...** best before...

consumo *nm* consumption LOC *Ver* BIEN[3]

contabilidad *nf* (*cuentas*) accounts [*pl*]: *la ~ de una empresa* a firm's accounts LOC **llevar la contabilidad** to do the accounts

contactar(se) *vt, vi, v pron* ~ (**con**) to contact: *Intenté ~me con mi familia.* I tried to contact my family.

contacto *nm* contact LOC **mantenerse/ponerse en contacto con algn** to keep/get in touch with sb **poner a algn en contacto con algn** to put sb in touch with sb *Ver tb* LLAVE

contado LOC **al contado** cash: *pagar algo al ~* to pay cash for sth

contador, ~a *nm-nf* accountant

contaduría *nf* accountancy

contagiar ◆ *vt* to pass *sth* on ***to sb***: *Le contagió la varicela.* He passed the chickenpox on to her. ◆ **contagiarse** *v pron* to become infected

contagioso, -a *adj* contagious

contaminación *nf* **1** (*gen*) pollution: ~ *atmosférica* atmospheric pollution **2** (*radiactiva, alimenticia*) contamination

contaminar *vt, vi* **1** (*gen*) to pollute: *Los vertidos de la fábrica contaminan el río.* Waste from the factory is polluting the river. **2** (*radiactividad, alimentos*) to contaminate

contante *adj* LOC **contante y sonante** cash *Ver tb* PLATA

contar ◆ *vt* **1** (*enumerar, calcular*) to count: *Contó el número de pasajeros.* He counted the number of passengers. **2** (*explicar*) to tell: *Nos contaron un cuento.* They told us a story. ◊ *Contame lo de ayer.* Tell me about yesterday. ◆ *vi* **1** (*gen*) to count: *Contá hasta 50.* Count to 50. **2** ~ **con** (*confiar*) to count on *sth/sb*: *Cuento con ellos.* I'm counting on them. LOC **contar con los dedos** to count on your fingers **¿qué contás?** how are things? *Ver tb* LARGO

contemplar *vt* to contemplate: ~ *un cuadro/una posibilidad* to contemplate a painting/possibility

contemporáneo, -a *adj, nm-nf* contemporary [*pl* contemporaries]

contenedor *nm* **1** (*de basura*) bin **2** (*de mercancías*) container

contener *vt* **1** (*gen*) to contain: *Este texto contiene algunos errores.* This text contains a few mistakes. **2** (*aguantarse*) to hold *sth* back: *El chiquito no podía ~ las lágrimas.* The little boy couldn't hold back his tears.

contenido *nm* contents [*pl*]: *el ~ de un frasco* the contents of a bottle

contentarse *v pron* ~ **con** to be satisfied **with *sth***: *Se contenta con poco.* He's easily pleased.

contento, -a *adj* **1** (*feliz*) happy **2** ~ (**con/de**) (*satisfecho*) pleased (**with *sth/sb***): *Estamos ~s con el nuevo profesor.* We're pleased with the new teacher. LOC *Ver* CABER

contestación *nf* reply [*pl* replies]: *Espero ~.* I await your reply.

contestador *nm* LOC **contestador (automático)** answering machine

contestar ◆ *vt* ~ (**a**) to answer *sth*, to reply **to *sth*** (*más formal*): *Nunca contestan a mis cartas.* They never answer my letters. ◆ *vi* **1** (*dar una respuesta*) to answer, to reply (*más formal*) **2** (*replicar*) to answer back: *¡No me contestes!* Don't answer (me) back!

continente *nm* continent

continuación *nf* continuation LOC **a continuación** (*ahora*) next: *Y a ~ les ofrecemos una película de terror.* And next we have a horror film.

continuar *vi* **1** (*gen*) to go on (***with sth/doing sth***), to continue (***with sth/to do sth***) (*más formal*): *Vamos a ~ apoyándote.* We shall go on supporting you. **2** (*estar todavía*) to be still...: *Continúa haciendo mucho calor.* It's still very hot. LOC **continuará...** to be continued...

contorno *nm* **1** (*perfil*) outline **2** (*medida*) measurement: ~ *de cintura* waist measurement

contra *prep* **1** (*gen*) against: *la lucha contra el crimen* the fight against crime ◊ *Ponete contra la pared.* Stand against the wall. **2** (*con verbos como lanzar, disparar, tirar*) at: *Lanzaron piedras contra las ventanas.* They threw stones at the windows. **3** (*con verbos como chocar, arremeter*) into: *Mi auto chocó contra la pared.* My car crashed into the wall. ◊ *Se estrelló contra un árbol.* He hit a tree. **4** (*golpe, ataque*) on: *Se dio un buen golpe contra el cemento.* She fell down on the concrete. ◊ *un atentado contra su vida* an attempt on his life **5** (*resultado*) to: *Ganaron por once votos contra seis.* They won by eleven votes to six. **6** (*tratamiento, vacuna*) for: *una cura contra el cáncer* a cure for cancer **7** (*enfrentamiento*) versus (*abrev* v, vs): *River contra Peñarol* River v Peñarol LOC **en contra (de)** against (*sth/sb*): *¿Estás a favor o en contra?* Are you for or against? ◊ *en contra de su voluntad* against their will **llevarle la contra a algn** to go against sb *Ver tb* PRO[2]

contraatacar *vi* to fight back

contraataque *nm* counter-attack

contrabajo *nm* (*instrumento*) double-bass

contrabandista *nmf* smuggler LOC **contrabandista de armas** gun-runner

contrabando *nm* **1** (*actividad*) smuggling **2** (*mercancía*) contraband LOC **contrabando de armas** gun-running **pasar algo de contrabando** to smuggle sth in

contradecir *vt* to contradict

contradicción *nf* contradiction

contradictorio, -a *adj* contradictory

contraer ◆ *vt* **1** (*gen*) to contract: ~ *un músculo* to contract a muscle ◊ ~ *deudas/la malaria* to contract debts/malaria **2** (*compromisos, obligaciones*) to take *sth* on ◆ **contraerse** *v pron* (*materiales, músculos*) to contract LOC **contraer matrimonio** to get married (*to sb*)

contraluz *nm o nf* LOC **a contraluz** against the light

contramano LOC **a/de/en contramano** in the wrong direction: *La moto venía a ~.* The motorbike was coming down the street in the wrong direction.

contrapeso *nm* counterweight

contraportada *nf* **1** (*libro*) back cover **2** (*revista, diario*) back page

contrariedad *nf* setback

contrario, -a ◆ *adj* **1** (*equipo, opinión, teoría*) opposing **2** (*dirección, lado*) opposite **3** ~ (**a**) (*persona*) opposed (**to** ***sth***) ◆ *nm-nf* opponent LOC **al/por el contrario** on the contrary **de lo contrario** otherwise (**todo**) **lo contrario** (quite) the opposite: *Sus profesores opinan lo ~.* His teachers think the opposite. *Ver tb* CAMPO, SENTIDO

contraseña *nf* password

contrastar *vt, vi* ~ (**con**) to contrast (*sth*) (**with** ***sth***): ~ *unos resultados con otros* to contrast one set of results with another

contraste *nm* contrast

contratar *vt* **1** (*gen*) to take *sb* on, to contract (*más formal*) **2** (*deportista, artista*) to sign *sb* on/up

contratiempo *nm* **1** (*problema*) setback **2** (*accidente*) mishap

contrato *nm* contract

contribuir *vi* **1** (*gen*) to contribute (*sth*) (**to/towards** ***sth***): *Contribuyeron con diez millones de pesos a la construcción del hospital.* They contributed ten million pesos to the construction of the hospital. **2** ~ **a hacer algo** to help **to do sth**: *Contribuirá a mejorar la imagen del colegio.* It will help (to) improve the school's image.

contribuyente *nmf* taxpayer

contrincante *nmf* rival

control *nm* **1** (*gen*) control: ~ *de natalidad* birth control ◊ *perder el* ~ to lose control **2** (*de policía, Dep*) checkpoint LOC **control remoto** remote control **estar bajo/fuera de control** to be under/out of control *Ver tb* ANTIDOPING

controlar *vt* to control: ~ *a la gente/una situación* to control people/a situation

conurbano *nm* suburbs [*pl*]

convencer ◆ *vt* **1** (*gen*) to convince *sb* (***of sth/to do sth/that...***): *Nos convencieron de que estaba bien.* They convinced us that it was right. **2** (*persuadir*) to persuade *sb* (**to do sth**): *A ver si lo convencés para que venga.* See if you can persuade him to come. ◆ *vi* to be convincing ◆ **convencerse** *v pron* **convencerse de** to get *sth* into your head: *Tenés que ~te de que se acabó.* You must get it into your head that it's over.

conveniente *adj* convenient: *una hora/un lugar* ~ a convenient time/place LOC **ser conveniente**: *Creo que es ~ que salgamos de madrugada.* I think it's a good idea to leave early.

convenio *nm* agreement

convenir ◆ *vi* **1** (*ser conveniente*) to suit: *Hacé lo que más te convenga.* Do whatever suits you best. **2** (*ser aconsejable*): *No te conviene trabajar tanto.* You shouldn't work so hard. ◊ *Convendría repasarlo.* We should go over it again. ◆ *vt, vi* ~ (**en**) to agree **on sth/to do sth**: *Hay que ~ la fecha de la reunión.* We must agree on the date of the meeting.

conventillo *nm* crowded block of flats

convento *nm* **1** (*de monjas*) convent **2** (*de monjes*) monastery [*pl* monasteries]

conversación *nf* conversation: *un tema de ~* a topic of conversation

conversar *vi* to talk (**to/with sb**) (**about sth/sb**): *Conversamos sobre temas de actualidad.* We talked about current affairs.

convertir ◆ *vt* **1** (*gen*) to turn *sth/sb* **into sth**: *Convirtieron su casa en museo.*

His house was turned into a museum. **2** (*Relig*) to convert *sb* (***to sth***) ◆ **convertirse** *v pron* **1 convertirse en** (*llegar a ser*) to become **2 convertirse en** (*transformarse*) to turn into *sth*: *El príncipe se convirtió en sapo.* The prince turned into a frog. **3 convertirse** (**a**) (*Relig*) to convert (**to *sth***): *Se convirtieron al Islam.* They have converted to Islam. LOC **convertirse en realidad** to come true

convexo, -a *adj* convex

convidar *vt* ~ (**con algo**) to offer sth ***to sb***: *¿No me convidás con bombones?* Aren't you going to offer me any chocolates?

convivir *vi* to live together, to live with *sb*: *Convivieron antes de casarse.* They lived together before they got married. ◊ *Conviví con ella.* I lived with her.

convocar *vt* **1** (*huelga, elecciones, reunión*) to call: ~ *una huelga general* to call a general strike **2** (*citar*) to summon: ~ *a los líderes a una reunión* to summon the leaders to a meeting

convocatoria *nf* call: *una ~ de huelga/elecciones* a strike call/a call for elections

coñac *nm* brandy [*pl* brandies]

cooperar *vi* ~ (**con**) (**en**) to cooperate (**with *sb***) (**on *sth***): *Se negó a ~ con ellos en el proyecto.* He refused to cooperate with them on the project.

coordenada *nf* LOC *Ver* EJE

coordinar *vt* to coordinate

copa *nf* **1** (*vaso*) (wine) glass **2** (*bebida*) drink: *tomarse unas ~s* to have a few drinks **3** (*árbol*) top **4 Copa** (*Dep*) Cup: *la Copa Davis* the Davis Cup **5 copas** (*Naipes*) ☛ *Ver nota en* CARTA LOC **tener unas copas de más** to have a few too many *Ver tb* SOMBRERO

coparse *v pron* (*con algo*) to be really into sth: *Me copa el rock.* I'm really into rock music.

copia *nf* copy [*pl* copies]: *hacer/sacar una ~* to make a copy

copiar ◆ *vt, vi* to copy *sth* (***from sth/sb***): *¿Copiaste este cuadro del original?* Did you copy this painting from the original? ◊ *Se lo copié a Luis.* I copied it from Luis. ◆ *vt* (*escribir*) to copy *sth* down: *Copiaban lo que el profesor iba diciendo.* They copied down what the teacher said.

copiloto *nmf* **1** (*avión*) copilot **2** (*automóvil*) co-driver

copión, -ona *nm-nf* copycat

copo *nm* flake: *~s de nieve* snowflakes

coqueta ◆ *adj* (*que coquetea*) flirtatious ◆ *nf* flirt: *Es una ~.* She's a flirt.

coquetear *vi* to flirt (***with sb***)

coral[1] *nm* (*Zool*) coral

coral[2] *adj* choral

corazón *nm* **1** (*gen*) heart: *en el fondo de su ~* at the bottom of his heart ◊ *en pleno ~ de la ciudad* in the very heart of the city **2** (*fruta*) core: *Pelar y quitar el ~.* Peel and remove the core. **3** (*dedo*) middle finger **4 corazones** (*Naipes*) hearts ☛ *Ver nota en* CARTA LOC **de todo corazón** from the heart: *Lo digo de todo ~.* I'm speaking from the heart. **tener buen corazón** to be kind-hearted

corbata *nf* tie: *Todo el mundo iba de ~.* They were all wearing ties. LOC **corbata moñito** bow-tie

corchea *nf* (*Mús*) quaver

corcho *nm* **1** (*gen*) cork **2** (*pesca*) float

cordero, -a *nm-nf* (*animal, carne*) lamb: ~ *asado* roast lamb

corderoy *nm* corduroy: *Ponete los pantalones de ~.* Wear your corduroy trousers.

cordillera *nf* mountain range: *la ~ de los Andes* the Andes

cordón *nm* **1** (*cuerda*) cord **2** (*zapato*) (shoe)lace: *atarse los cordones de los zapatos* to do your shoelaces up **3** (*electricidad*) lead LOC **cordón de la vereda** kerb **cordón policial** police cordon **cordón umbilical** umbilical cord

córnea *nf* cornea

cornear *vt* to gore

córner *nm* corner

corneta *nf* bugle

coro *nm* (*Arquit*) (*coral*) choir

corona *nf* **1** (*de un rey, la monarquía, diente, moneda*) crown **2** (*de flores*) wreath

coronación *nf* (*de un rey*) coronation

coronar *vt* to crown: *Lo coronaron rey.* He was crowned king.

coronel *nmf* colonel

coronilla *nf* **1** (*gen*) crown **2** (*calva*) bald patch LOC **estar hasta la coronilla** to be sick to death *of sth/sb/doing sth*

corpiño *nm* bra

corporal *adj* **1** (*gen*) body [*n atrib*]: *lenguaje/temperatura ~* body language/temperature **2** (*necesidades, funciones, contacto*) bodily: *las necesidades ~es* bodily needs

corpulento, -a *adj* hefty

corral *nm* farmyard

corralito *nm* playpen: *El bebé se quedó dormido en el ~.* The baby's gone to sleep in the playpen.

correa *nf* **1** (*gen*) strap: *~ del reloj* watch strap **2** (*para perro*) lead

corrección *nf* correction: *hacer correcciones en un texto* to make corrections to a text

correcto, -a *adj* correct: *el resultado ~* the correct result ◊ *Tu abuelo es muy ~.* Your grandfather is very correct.

corredizo, -a *adj* LOC *Ver* NUDO, PUERTA

corredor, ~a ◆ *nm-nf* **1** (*atleta*) runner **2** (*ciclista*) cyclist ◆ *nm* (*Arquit*) corridor

corregir *vt* to correct: *~ exámenes* to correct exams ◊ *Corregime si lo digo mal.* Correct me if I get it wrong.

correntada *nf* **1** (*de aire*) draught **2** (*de agua*) current

correo *nm* **1** (*cartas*) post: *Me llegó en el ~ del jueves.* It came in Thursday's post. ◊ *votar por ~* to vote by post ☛ *Ver nota en* MAIL **2** (*oficina*) post office: *¿Dónde está el ~?* Where's the post office?

En Gran Bretaña los **post offices** (oficinas de correo) además de vender estampillas, realizan también algunas gestiones administrativas: pago del impuesto de circulación y "TV licence", cobro de las pensiones, etc.

LOC **correo aéreo** airmail **correo expreso** express (mail): *Mandá la carta por ~ expreso.* Send the letter by express mail. **de correo** postal: *huelga/servicio de ~* postal strike/service **mandar algo por correo/poner algo al correo** to post sth *Ver tb* VOTAR

correr ◆ *vi* **1** (*gen*) to run: *Corrían por el patio.* They were running round the playground. ◊ *Salí corriendo detrás de él.* I ran out after him. ◊ *Cuando me vio salió corriendo.* He ran off when he saw me. **2** (*apurarse*) to hurry: *No corras, aún tenés tiempo.* There's no need to hurry, you've still got time. ◊ *¡Corré!* Hurry up! **3** (*automóvil*) to go fast: *Su moto corre mucho.* His motor bike goes very fast. **4** (*manejar rápido*) to drive fast **5** (*líquidos*) to flow: *El agua corría por la calle.* Water flowed down the street. ◆ *vt* **1** (*mover*) to move *sth* (along/down/over/up): *Corré un poco la silla.* Move your chair over a bit. **2** (*cortina*) to draw **3** (*Dep*) to compete **in** ***sth***: *~ los 100 metros lisos* to compete in the 100 metres ◆ **correrse** *v pron* **1** (*moverse una persona*) to move up/over **2** (*tinta, maquillaje*) to run LOC **correr como un galgo** to run like the wind **correr la voz** to spread the word (*that...*) *Ver tb* CERROJO

correspondencia *nf* **1** (*correo*) correspondence **2** (*relación*) relation

corresponder *vi* **1** (*tener derecho*) to be entitled ***to sth***: *Te corresponde lo mismo que a los demás.* You're entitled to exactly the same as the others. **2** (*pertenecer, ser adecuado*): *Poné una cruz donde corresponda.* Tick as appropriate. ◊ *Ese texto corresponde a otra foto.* That text goes with another photo.

correspondiente *adj* **1** ~ (**a**) (*gen*) corresponding (**to** ***sth***): *¿Cuál es la expresión ~ en chino?* What's the corresponding expression in Chinese? ◊ *las palabras ~s a las definiciones* the words corresponding to the definitions **2** (*propio*) own: *Cada estudiante tendrá su título ~.* Each student will have their own degree. **3** (*adecuado*) relevant: *presentar la documentación ~* to produce the relevant documents **4** ~ **a** for: *temas ~s al primer trimestre* subjects for the first term

corresponsal *nmf* correspondent

corrida *nf* (*medias*) ladder: *Tenés una ~ en las medias.* You've got a ladder in your tights. LOC **andar a las corridas** to be rushed off your feet **corrida (de toros)** bullfight

corriente *nf* **1** (*agua, electricidad*) current: *Fueron arrastrados por la ~.* They were swept away by the current. **2** (*aire*) draught LOC **corriente sanguínea** circulation **dar corriente** to give *sb* an electric shock: *¡Te va a dar ~!* You'll get a shock! **ponerse al corriente** to get up to date *Ver tb* AGUA, COMÚN, GENTE, TOMA

corroer(se) *vt, v pron* (*metales*) to corrode

corromper *vt* to corrupt

corrugado, -a *pp, adj*: *cartón/papel ~* corrugated cardboard/paper

corrupción *nf* corruption

cortacésped *nm* lawnmower

cortada *nf* cul-de-sac [*pl* cul-de-sacs]

cortado, -a ◆ *pp, adj* **1** (*cohibido*) embarrassed: *estar/quedarse ~* to be embarrassed **2** (*tímido*) shy ◆ *nm* small black coffee with a dash of milk LOC *Ver* PELO; *Ver tb* CORTAR

cortadora *nf* LOC **cortadora de pasto** lawnmower

cortaplumas *nm* penknife [*pl* penknives]

cortar ◆ *vt* **1** (*gen*) to cut: *Cortalo en cuatro pedazos.* Cut it into four pieces. **2** (*agua, luz, parte del cuerpo, rama*) to cut *sth* off: *Cortaron el teléfono/gas.* The telephone/gas has been cut off. ◊ *La máquina le cortó un dedo.* The machine cut off one of his fingers. **3** (*con tijeras*) to cut *sth* out: *Corté los pantalones siguiendo el molde.* I cut out the trousers following the pattern. **4** (*tráfico*) to stop **5** (*calle*) to close ◆ *vi* to cut: *Este cuchillo no corta.* This knife doesn't cut. ◊ *Tené cuidado que esas tijeras cortan mucho.* Be careful, those scissors are very sharp. ◆ **cortarse** *v pron* **1** (*herirse*) to cut: *Me corté la mano con los vidrios.* I cut my hand on the glass. **2** (*leche, mayonesa*) to curdle **3** (*teléfono*): *Estábamos hablando y de repente se cortó.* We were talking and then suddenly we got cut off. **4** (*turbarse*) to get embarrassed LOC **cortar el pasto** to mow the lawn **cortarse el pelo 1** (*uno mismo*) to cut your hair **2** (*en la peluquería*) to have your hair cut *Ver tb* LARGO

cortaúñas *nm* nail clippers [*pl*]

corte[1] *nm* cut: *Sufrió varios ~s en el brazo.* He got several cuts on his arm. ◊ *un ~ de luz* a power cut LOC **corte de pelo** haircut **corte (y confección)** dressmaking

corte[2] *nf* (*realeza*) court

cortesía *nf* courtesy [*pl* courtesies]: *por ~* out of courtesy

corteza *nf* **1** (*árbol*) bark **2** (*pan*) crust LOC **la corteza terrestre** the earth's crust

cortina *nf* curtain: *abrir/cerrar las ~s* to draw the curtains ◊ *~ de voile* net curtain

corto, -a ◆ *adj* **1** (*gen*) short: *Ese pantalón te queda ~.* Those trousers are too short for you. ◊ *una camisa de manga corta* a short-sleeved shirt **2** (*persona*) dim ◆ *nm* (*Cine*) short LOC **ni corto ni perezoso** without thinking twice **ser corto de vista** to be short-sighted *Ver tb* PANTALÓN, PLAZO, VISTA

cortocircuito *nm* short-circuit

cosa *nf* **1** (*gen*) thing: *Una ~ quedó clara...* One thing is clear... ◊ *Les van bien las ~s.* Things are going well for them. **2** (*algo*) something: *Te quería preguntar una ~.* I wanted to ask you something. **3** (*nada*) nothing, anything: *No hay ~ más impresionante que el mar.* There's nothing more impressive than the sea. **4 cosas** (*asuntos*) affairs: *Quiero solucionar primero mis ~s.* I want to sort out my own affairs first. ◊ *Nunca habla de sus ~s.* He never talks about his personal life. LOC **¡cosas de la vida!** that's life! **entre una cosa y otra** what with one thing and another **¡lo que son las cosas!** would you believe it! **¡qué cosa más rara!** how odd! **ser cosa de algn**: *Esta broma es ~ de mi hermana.* This joke must be my sister's doing. **ser poca cosa 1** (*herida*) not to be serious **2** (*persona*) to be a poor little thing **ver cosa igual/semejante**: *¿Habráse visto ~ igual?* Did you ever see anything like it? *Ver tb* ALGUNO, CADA, CUALQUIERA, OTRO

cosecha *nf* **1** (*gen*) harvest: *Este año habrá buena ~.* There's going to be a good harvest this year. **2** (*vino*) vintage: *la ~ del 85* the 1985 vintage

cosechadora *nf* combine harvester

cosechar *vt, vi* to harvest

coser *vt, vi* to sew: *~ un botón* to sew a button on

cosmético, -a *adj, nm* cosmetic

cósmico, -a *adj* cosmic

cosmos *nm* cosmos

cospel *nm* token

cosquillas *nf* LOC **hacer cosquillas** to tickle **tener cosquillas** to be ticklish: *Tengo muchas ~ en los pies.* My feet are very ticklish.

costa[1] *nf* coast: *Mar del Plata está en la ~ bonaerense.* Mar del Plata is on the coast of the province of Buenos Aires.

costa[2] *nf* LOC **a costa de** at *sb's* expense: *a ~ nuestra* at our expense **a costa de lo que sea/a toda costa** at all costs *Ver tb* VIVIR

costado *nm* side: *Duermo de ~.* I sleep on my side.

costanera *nf* promenade

costar *vi* **1** (*gen*) to cost: *El boleto cuesta 30 libras.* The ticket costs £30. ◊ *El accidente costó la vida a cien personas.* The accident cost the lives of a hundred people. **2** (*resultar difícil*) to find it hard (***to do sth***): *Me cuesta levantarme temprano.* I find it hard to get up early. LOC **costar chaucha y palitos** to be dirt cheap **costar mucho/poco 1** (*plata*) to be expensive/cheap **2** (*esfuerzo*) to be hard/easy **costar un**

ojo de la cara to cost an arm and a leg *Ver tb* CARO, CUÁNTO, TRABAJO

costilla *nf* **1** (*Anat*) rib **2** (*carne*) chop: *~s de cerdo* pork chops

costo *nm* cost: *el ~ de la vida* the cost of living

costra *nf* scab

costumbre *nf* **1** (*de una persona*) habit: *Escuchamos la radio por ~.* We listen to the radio out of habit. **2** (*de un país*) custom: *Es una ~ argentina.* It's an Argentinian custom. LOC **de costumbre** usual: *más simpático que de ~* nicer than usual **tomar la costumbre** to get into the habit (*of doing sth*) *Ver tb* QUITAR

costura *nf* **1** (*labor*) sewing: *una caja de ~* a sewing box **2** (*puntadas*) seam: *Se descosió el tapado por la ~.* The seam of the coat has come undone.

cotidiano, -a *adj* daily

coto *nm* **1** (*vedado*) preserve: *~ de caza* game preserve **2** (*parque natural*) reserve

cotorra *nf* parrot

cotorrita *nf* LOC **cotorrita australiana** budgerigar, budgie (*coloq*)

coyote *nm* coyote

coz *nf* kick: *dar/pegar coces* to kick

cráneo *nm* skull, cranium [*pl* crania] (*científ*)

cráter *nm* crater

crayon *nm* wax crayon

creación *nf* creation

creador, ~a *nm-nf* creator

crear ◆ *vt* **1** (*gen*) to create: *~ problemas* to create problems **2** (*empresa*) to set *sth* up ◆ **crearse** *v pron*: *~se enemigos* to make enemies

creatividad *nf* creativity

creativo, -a *adj* creative

crecer *vi* **1** (*gen*) to grow: *¡Cómo te creció el pelo!* Hasn't your hair grown! **2** (*criarse*) to grow up: *Crecí en el campo.* I grew up in the country. **3** (*río*) to rise LOC **dejarse crecer el pelo, la barba, etc** to grow your hair, a beard, etc

creciente *adj* increasing LOC *Ver* CUARTO, LUNA

crecimiento *nm* growth

crédito *nm* **1** (*préstamo*) loan **2** (*forma de pago*) credit: *comprar algo a ~* to buy sth on credit

credo *nm* creed

crédulo, -a *adj* gullible

creencia *nf* belief [*pl* beliefs]

creer ◆ *vt, vi* **1** (*aceptar como verdad, tener fe*) to believe (***in sth/sb***): *~ en la justicia* to believe in justice ◊ *Nadie me va a creer.* Nobody will believe me. **2** (*pensar*) to think: *Creen haber descubierto la verdad.* They think they've uncovered the truth. ◊ *¿Creés vos?* Do you think so? ◊ *—¿Va a llover mañana? —No creo.* 'Will it rain tomorrow?' 'I don't think so.' ◆ **creerse** *v pron* to think you are *sth/sb*: *Se cree muy vivo.* He thinks he's very clever. ◊ *¿Qué se habrán creído?* Who do they think they are? LOC **creo que sí/no** I think so/I don't think so

creído, -a *pp, adj, nm-nf* (*engreído*) conceited [*adj*]: *ser un ~* to be conceited *Ver tb* CREER

crema *nf* cream: *frutillas con ~* strawberries and cream ◊ *Ponete un poco de ~ en la espalda.* Put some cream on your back. ◊ *una bufanda color ~* a cream (coloured) scarf ◊ *Estaba toda la ~ de la alta sociedad.* The cream of high society was there. LOC **crema de afeitar** shaving cream **crema de enjuague** (hair) conditioner **crema pastelera** custard *Ver tb* HIDRATANTE

crematorio *nm* crematorium [*pl* crematoria]

crepúsculo *nm* twilight

crespo, -a *adj* (*pelo*) curly

cresta *nf* **1** (*gallo*) comb **2** (*otras aves, ola*) crest **3** (*montaña*) ridge

creyente *nmf* believer LOC **no creyente** non-believer

cría *nf* **1** (*animal recién nacido*) baby [*pl* babies]: *una ~ de conejo* a baby rabbit **2** (*crianza*) breeding: *la ~ de perros* dog breeding

criadero *nm* farm LOC **criadero de perros** kennels [*pl*]

criar ◆ *vt* **1** (*amamantar*) **(a)** (*persona*) to feed **(b)** (*animal*) to suckle **2** (*educar*) to bring *sb* up **3** (*ganado*) to rear ◆ **criarse** *v pron* to grow up: *Me crié en la ciudad.* I grew up in the city.

crimen *nm* **1** (*gen*) crime: *cometer un ~* to commit a crime **2** (*asesinato*) murder

criminal *adj, nmf* criminal

crin *nf* **crines** mane [*sing*]

crisis *nf* crisis [*pl* crises]

crisma *nf* (*cabeza*) LOC *Ver* ROMPER

cristal *nm* (*vidrio fino, mineral*) crystal: *una licorera de ~* a crystal decanter

cristalino, -a *adj* (*agua*) crystal clear

cristianismo *nm* Christianity

cristiano, -a *adj, nm-nf* Christian

Cristo *n pr* Christ LOC **antes/después de Cristo** BC/AD

criterio *nm* **1** (*principio*) criterion [*pl* criteria] [*se usa mucho en plural*] **2** (*capacidad de juzgar, Jur*) judgement: *tener buen ~* to have sound judgement **3** (*opinión*) opinion: *según nuestro ~* in our opinion

crítica *nf* **1** (*gen*) criticism: *Estoy harta de tus ~s.* I'm fed up with your criticism. **2** (*en diario*) review, write-up (*más coloq*): *La obra ha tenido una ~ excelente.* The play got an excellent write-up. **3** (*conjunto de críticos*) critics [*pl*]: *bien recibida por la ~* well received by the critics

criticar *vt, vi* to criticize

crítico, -a *nm-nf* critic

crocante *adj* (*alimentos*) crunchy

crochet *nm* LOC *Ver* TEJER

crol *nm* crawl LOC *Ver* NADAR

cromo *nm* (*Quím*) chromium

crónica *nf* (*Period*) report LOC **crónica de sociedad** gossip column

crónico, -a *adj* chronic

cronológico, -a *adj* chronological

cronometrar *vt* to time

cronómetro *nm* (*Dep*) stopwatch

croqueta *nf* croquette

cross *nm* cross-country race: *participar en un ~* to take part in a cross-country race

cruce *nm* **1** (*de rutas*) junction: *Al llegar al ~, doblá a la derecha.* Turn right when you reach the junction. **2** (*para peatones*) pedestrian crossing **3** (*híbrido*) cross: *un ~ de bóxer y doberman* a cross between a boxer and a Dobermann

crucero *nm* (*viaje*) cruise: *hacer un ~* to go on a cruise

crucificar *vt* to crucify

crucifijo *nm* crucifix

crucigrama *nm* crossword: *hacer un ~* to do a crossword

crudo, -a ◆ *adj* **1** (*sin cocinar*) raw **2** (*poco hecho*) underdone **3** (*clima, realidad*) harsh **4** (*ofensivo*) shocking: *unas escenas crudas* some shocking scenes ◆ *nm* crude oil LOC *Ver* JAMÓN

cruel *adj* cruel

crueldad *nf* cruelty [*pl* cruelties]

crujido *nm* **1** (*hojas secas, papel*) rustle **2** (*madera, huesos*) creak

crujir *vi* **1** (*hojas secas*) to rustle **2** (*madera, huesos*) to creak **3** (*dientes*) to grind

crustáceo *nm* crustacean

cruz *nf* cross: *Señale la respuesta con una ~.* Put a cross next to the answer. LOC **Cruz Roja** Red Cross *Ver tb* BRAZO

cruzado, -a *pp, adj* LOC *Ver* BRAZO, PIERNA; *Ver tb* CRUZAR

cruzar ◆ *vt* **1** (*gen*) to cross: *~ la calle/un río* to cross the street/a river ◊ *~ la calle corriendo* to run across the street ◊ *~ el río a nado* to swim across the river ◊ *~ las piernas* to cross your legs **2** (*palabras, miradas*) to exchange ◆ **cruzarse** *v pron* to meet (*sb*): *Nos cruzamos en el camino.* We met on the way. LOC **cruzar los brazos** to fold your arms

cuaderno *nm* **1** (*gen*) notebook **2** (*de ejercicios*) exercise book

cuadra *nf* block: *La farmacia está a dos ~s.* The chemist's is two blocks away.

cuadrado, -a ◆ *adj* **1** (*forma*) square **2** (*torpe*) thick ◆ *nm* square LOC **estar cuadrado** to be shapeless *Ver tb* ELEVADO, RAÍZ; *Ver tb* CUADRAR

cuadrar ◆ *vi* ~ (**con**) to tally (**with** ***sth***): *La noticia no cuadra con lo ocurrido.* The news doesn't tally with what happened. ◆ *vt* (*Com*) to balance ◆ **cuadrarse** *v pron* to stand to attention

cuadrilla *nf* gang

cuadrillé *adj* fine-checked

cuadro *nm* **1** (*Arte*) painting **2** (*Dep*) team **3** **cuadros** (*tela*) check [*sing*]: *unos pantalones a ~s* check trousers ◊ *Los ~s te favorecen.* Check suits you. LOC **cuadro escocés** tartan *Ver tb* ÓLEO

cuádruple ◆ *adj* quadruple ◆ *nm* four times: *¿Cuál es el ~ de cuatro?* What is four times four?

cuajar(se) *vt, v pron* to set

cual *pron rel* **1** (*persona*) whom: *Tengo diez alumnos, de los ~es dos son ingleses.* I've got ten students, two of whom are English. ◊ *la familia para la ~ trabaja* the family he works for ☛ *Ver nota en* WHOM **2** (*cosa*) which: *Le pegó, lo ~ no está nada bien.* He hit her, which just isn't right. ◊ *un trabajo en el ~ me siento muy cómodo* a job I feel very comfortable in ☛ *Ver nota en* WHICH LOC **con lo cual** so: *Lo perdí, con lo ~ no podré prestárselo.* I've lost it, so I won't be able to lend it to him. *Ver tb* CADA

cuál *pron interr* **1** (*gen*) what: *¿~ es la capital de Perú?* What's the capital of Peru? **2** (*entre varios*) which (one): *¿~*

preferís? Which one do you prefer? ☛ *Ver nota en* WHAT

cualidad *nf* quality [*pl* qualities]

cualquiera (*tb* **cualquier**) ◆ *adj* **1** (*gen*) any: *Tomá cualquier colectivo que vaya al centro.* Catch any bus that goes into town. ◊ *en cualquier caso* in any case ☛ *Ver nota en* SOME **2** (*uno cualquiera*) any old: *Traé un trapo ~.* Fetch any old cloth. ◆ **cualquiera** *pron* **1** (*cualquier persona*) anybody: *~ puede equivocarse.* Anybody can make a mistake. **2** (*entre dos*) either (one): *~ de los dos me sirve.* Either (of them) will do. ◊ *—¿Cuál de los dos libros agarro? —Cualquiera.* 'Which of the two books should I take?' 'Either one (of them).' **3** (*entre más de dos*) any (one): *en ~ de esas ciudades* in any one of those cities ◆ **cualquiera** *nmf* (*don nadie*) nobody: *No es más que un ~.* He is just a nobody. LOC **cualquier cosa** anything **cualquier cosa que...** whatever: *Cualquier cosa que pide, se la compran.* They buy her whatever she wants. **en cualquier lugar/parte** anywhere **por cualquier cosa** over the slightest thing: *Discuten por cualquier cosa.* They argue over the slightest thing. *Ver tb* ESTAR

cuando ◆ *adv* when: *~ venga Juan vamos al jardín zoológico.* When Juan gets here, we'll go to the zoo. ◊ *Me atacaron ~ volvía del cine.* I was attacked as I was going home from the cinema. ◊ *Pásese por el banco ~ quiera.* Pop into the bank whenever you want. ◆ *conj* if: *~ lo dicen todos los diarios, será verdad.* If all the papers say so, it must be true. LOC **de cuando en cuando** from time to time *Ver tb* VEZ

cuándo *adv interr* when: *¿~ tenés el examen?* When's your exam? ◊ *Preguntale ~ llegará.* Ask him when he'll be arriving. LOC **¿desde cuándo?** how long...?: *¿Desde ~ jugás al tenis?* How long have you been playing tennis?

También se puede decir **since when?** pero tiene un fuerte matiz irónico: *Pero vos, ¿desde cuándo te interesás por el deporte?* And since when have you been interested in sport?

cuanto, -a ◆ *adj*: *Hacé cuantas pruebas sean necesarias.* Do whatever tests are necessary. ◊ *Lo haré cuantas veces haga falta.* I will do it as many times as I have to. ◆ *pron*: *Le dimos ~ teníamos.* We gave him everything we had. ◊ *Llorá ~ quieras.* Cry as much as you like. LOC **cuanto antes** as soon as possible **cuanto más/menos...** the more/less...: *~ más tiene, más quiere.* The more he has, the more he wants. ◊ *~ más lo pienso, menos lo entiendo.* The more I think about it, the less I understand. **en cuanto** as soon as: *En ~ me vieron, salieron corriendo.* As soon as they saw me, they started running. **en cuanto a...** as for... **unos cuantos** a few: *unos ~s amigos* a few friends ◊ *Unos ~s llegaron tarde.* A few people were late.

cuánto, -a ◆ *adj*

• **uso interrogativo** **1** (+ *sustantivo incontable*) how much: *¿~ plata gastaste?* How much money did you spend? **2** (+ *sustantivo contable*) how many: *¿Cuántas personas había?* How many people were there?

• **uso exclamativo**: *¡~ vino bebieron!* What a lot of wine they've drunk! ◊ *¡A cuántas personas ha ayudado!* He's helped so many people!

◆ *pron* how much [*pl* how many] ◆ *adv* **1** (*uso interrogativo*) how much **2** (*uso exclamativo*): *¡~ los quiero!* I'm so fond of them!

LOC **¿a cuánto está/están?** how much is it/are they? **¿a cuánto estamos?** what's the date today? **¿cuánto es/cuesta/vale?** how much is it? **¿cuánto (tiempo)/cuántos días, meses, etc?** how long...?: *¿~ tardaste en llegar?* How long did it take you to get here? ◊ *¿~s años hace que estás en Londres?* How long have you been living in London? *Ver tb* CADA

cuarenta *nm, adj, pron* **1** (*gen*) forty **2** (*cuadragésimo*) fortieth ☛ *Ver ejemplos en* SESENTA LOC *Ver* CANTAR

cuaresma *nf* Lent: *Estamos en ~.* It's Lent.

cuartel *nm* barracks [*v sing o pl*]: *El ~ está muy cerca de aquí.* The barracks is/are very near here. LOC **cuartel de bomberos** fire station **cuartel general** headquarters [*v sing o pl*]

cuartilla *nf* sheet of paper

cuarto *nm* room: *No entres en mi ~.* Don't go into my room. LOC **cuarto de baño** bathroom **cuarto de cachivaches** boxroom **cuarto de estar** living room *Ver tb* COMPAÑERO

cuarto, -a ◆ *adj, pron, nm-nf* fourth (*abrev* 4th) ☛ *Ver ejemplos en* SEXTO ◆ *nm* quarter: *un ~ de hora/kilo* a quarter of an hour/a kilo ◆ **cuarta** *nf* (*marcha*) fourth (gear) LOC **cuarto creciente/menguante** first/last quarter **cuartos de final** quarter finals **menos cuarto/y cuarto** a quarter to/a quarter past: *Llegaron a las diez menos ~.* They arrived at a quarter to ten. ◊ *Es la una y ~.* It's a quarter past one.

cuatro *nm, adj, pron* **1** (*gen*) four **2** (*fecha*) fourth ☛ *Ver ejemplos en* SEIS LOC **en cuatro patas** on all fours: *ponerse en ~ patas* to get down on all fours

cuatrocientos, -as *adj, pron, nm* four hundred ☛ *Ver ejemplos en* SEISCIENTOS

cúbico, -a *adj* cubic: *metro ~* cubic metre LOC *Ver* RAÍZ

cubierta *nf* (*Náut*) deck: *subir a ~* to go up on deck

cubierto, -a ◆ *pp, adj* **1** ~ **(de/por)** covered **(in/with *sth*)**: *~ de manchas* covered in stains ◊ *El sillón estaba ~ por una sábana.* The chair was covered with a sheet. **2** (*cielo, día*) overcast **3** (*instalación*) indoor: *una pileta cubierta* an indoor swimming pool ◆ *nm* cutlery [*incontable*]: *Sólo me falta poner los ~s.* I've just got to put out the cutlery. ◊ *Todavía no ha aprendido a usar los ~s.* He hasn't learnt how to use a knife and fork yet. LOC **ponerse a cubierto** to take cover *from sth/sb Ver tb* PILETA; *Ver tb* CUBRIR

cubilete *nm* (*para dados*) shaker

cubito *nm* cube: *Poneme sólo un ~ de hielo.* Just give me one ice cube. ◊ *un ~ de caldo de pollo* a chicken stock cube

cubo *nm* (*Geom*) cube

cubrir ◆ *vt* to cover *sth/sb* **(*with sth*)**: *Cubrieron las paredes de propaganda electoral.* They've covered the walls with election posters. ◊ *~ los gastos de transporte* to cover travelling expenses ◆ *vi* (*en el agua*): *El agua cubrió todas las plantaciones.* All the crops were submerged by water.

cucaracha *nf* cockroach

cucha *nf* **1** (*de perro*) kennel **2** (*cama*) bed

cuchara *nf* spoon LOC **cuchara de madera** wooden spoon

cucharada *nf* spoonful: *dos ~s de azúcar* two spoonfuls of sugar

cucharadita *nf* teaspoonful

cucharita *nf* teaspoon

cucharón *nm* ladle

cucheta *nf* **1** (*en casa*) bunk-bed: *Los chicos duermen en ~s.* The children sleep in bunk-beds. **2** (*en barco*) bunk **3** (*en tren*) couchette

cuchichear *vi* to whisper

cuchilla *nf* **1** (*de batidora*) blade **2** (*de cocina*) kitchen knife [*pl* kitchen knives]

cuchillo *nm* knife [*pl* knives]

cuclillas LOC **en cuclillas** squatting **ponerse en cuclillas** to squat

cucú *nm* cuckoo [*pl* cuckoos] LOC *Ver* RELOJ

cucurucho *nm* **1** (*helado*) cornet **2** (*papel*) cone

cuello *nm* **1** (*gen*) neck: *Me duele el ~.* My neck hurts. ◊ *el ~ de una botella* the neck of a bottle **2** (*prenda de vestir*) collar: *el ~ de la camisa* the shirt collar LOC **cuello alto** polo-neck *Ver tb* SOGA, VOZ

cuenca *nf* (*Geog*) basin: *la ~ del Paraná* the Paraná basin

cuenta *nf* **1** (*Com, Fin*) account: *una ~ corriente* a current account **2** (*factura*) bill: *¡Mozo, la ~ por favor!* Could I have the bill, please? ◊ *la ~ de teléfono* the phone bill **3** (*operación aritmética*) sum: *No me salen las ~s.* I can't work this out. **4** (*rosario*) bead LOC **cuenta atrás** countdown **darse cuenta de 1** (*gen*) to realize (*that* ...): *Me di ~ de que no me estaban escuchando.* I realized (that) they weren't listening. **2** (*ver*) to notice *sth/that* ... **hacer cuentas** to work *sth* out **sacar la cuenta** to work *sth* out **tener/tomar en cuenta** to bear *sth* in mind: *Tendré en ~ los consejos que me das.* I'll bear your advice in mind. *Ver tb* AJUSTAR, BORRÓN

cuentakilómetros *nm* ≃ milometer

cuentero, -a *adj, nm-nf* (*mentiroso*) fibber [*n*]: *¡Qué ~ sos!* You're such a fibber!

cuento *nm* **1** (*gen*) story [*pl* stories]: *~s de hadas* fairy stories ◊ *Contame un ~.* Tell me a story. **2** (*mentira*) fib: *No me vengas con ~s.* Don't tell fibs. LOC **cuento chino** tall story **no venir a cuento** to be irrelevant: *Lo que decís no viene a ~.* What you say is irrelevant.

cuerda *nf* **1** (*gen*) rope: *una ~ de saltar* a skipping rope ◊ *Atalo con una ~.* Tie it with some rope. **2** (*Mús*) string: *instrumentos de ~* stringed instruments LOC **cuerdas vocales** vocal cords **dar cuerda a algn** to encourage sb (to talk) **dar cuerda a un reloj** to wind up a clock/watch *Ver tb* SALTAR

cuerdo, -a *adj* sane

cuerno *nm* horn LOC *Ver* AGARRAR

cuero *nm* leather: *una campera de ~* a leather jacket LOC **en cueros** stark naked **sacarle el cuero a algn** to criticize sb

cuerpo *nm* body [*pl* bodies] LOC **a cuerpo de rey** like a king **cuerpo de bomberos** fire brigade **de cuerpo entero** full-length: *una fotografía de ~ entero* a full-length photograph

cuervo *nm* crow

cuesta *nf* slope LOC **a cuestas** on your back **cuesta abajo/arriba** downhill/uphill

cuestión *nf* (*asunto, problema*) matter: *en ~ de horas* in a matter of hours ◊ *Es ~ de vida o muerte.* It's a matter of life or death. LOC **en cuestión** in question **la cuestión es…** the thing is…

cuestionario *nm* questionnaire: *llenar un ~* to fill in a questionnaire

cueva *nf* cave

cuidado ◆ *nm* care ◆ **¡cuidado!** *interj* **1** (*gen*) look out!: *¡Cuidado! Viene un coche.* Look out! There's a car coming. **2** ~ **con**: *¡~ con el perro!* Beware of the dog! ◊ *¡~ con el escalón!* Mind the step! LOC **al cuidado de** in charge of *sth/sb*: *Estoy al ~ de la oficina.* I'm in charge of the office. **con** (**mucho**) **cuidado** (very) carefully **tener cuidado** (**con**) to be careful (with *sth/sb*)

cuidadoso, -a *adj* ~ (**con**) careful (**with** *sth*): *Es muy ~ con sus juguetes.* He is very careful with his toys.

cuidar ◆ *vt* to look after *sth/sb*: *Siempre cuidé mis plantas.* I've always looked after my plants. ◊ *¿Podés ~ a los chicos?* Can you look after the children? ◆ **cuidarse** *v pron* to look after yourself: *No se cuida nada.* She doesn't look after herself at all. ◊ *Cuidate.* Look after yourself. LOC *Ver* LÍNEA

culata *nf* (*arma*) butt LOC *Ver* TIRO

culebra *nf* snake

culinario, -a *adj* culinary

culo *nm* (*botella, vaso*) bottom

culpa *nf* fault: *No es ~ mía.* It isn't my fault. LOC **echar la culpa a algn** (**de algo**) to blame sb (for sth) **por culpa de** because of *sth/sb* **tener la culpa** (**de algo**) to be to blame (for sth): *Nadie tiene la ~ de lo que pasó.* Nobody is to blame for what happened.

culpabilidad *nf* guilt

culpable ◆ *adj* ~ (**de**) guilty (**of** *sth*): *ser ~ de asesinato* to be guilty of murder ◆ *nmf* culprit LOC *Ver* DECLARAR

culpar *vt* to blame *sb* (**for** *sth*): *Me culpan de lo ocurrido.* They blame me for what happened.

cultivar *vt* to grow

cultivo *nm*: *el ~ de tomates* tomato growing

culto, -a ◆ *adj* **1** (*persona*) cultured **2** (*lengua, expresión*) formal ◆ *nm* **1** ~ (**a**) (*veneración*) worship (**of** *sth/sb*): *el ~ al sol* sun worship ◊ *libertad de ~* freedom of worship **2** (*secta*) cult: *miembros de un nuevo ~ religioso* members of a new religious cult **3** (*misa*) service

cultura *nf* culture

cultural *adj* cultural LOC *Ver* CENTRO

cumbre *nf* summit

cumpleaños *nm* birthday [*pl* birthdays]: *El lunes es mi ~.* It's my birthday on Monday. ◊ *¡Feliz ~!* Happy Birthday! ☛ También se puede decir 'Many happy returns!'.

cumplido, -a ◆ *pp, adj* ◆ *nm* compliment LOC **hacer algo por cumplido** to do sth to be polite: *No lo hagas por ~.* Don't do it just to be polite. **sin cumplidos** without ceremony *Ver tb* RECIÉN; *Ver tb* CUMPLIR

cumplir ◆ *vt* **1** (*años*) to be: *En agosto va a cumplir 30.* She'll be 30 in August. ◊ *¿Cuántos años cumplís?* How old are you? **2** (*condena*) to serve ◆ *vt, vi* ~ (**con**) **1** (*orden*) to carry *sth* out **2** (*promesa, obligación*) to fulfil ◆ *vi* **1** (*hacer lo que corresponde*) to do your bit: *Yo he cumplido.* I've done my bit. **2** (*plazo*) to expire ◆ **cumplirse** *v pron* (*realizarse*) to come true: *Se cumplieron sus sueños.* His dreams came true.

cuna *nf* (*bebé*) cot LOC *Ver* CANCIÓN

cundir *vi* (*extenderse*) to spread: *Cundió el pánico.* Panic spread. ◊ *Que no cunda el pánico.* Don't panic.

cuneta *nf* ditch

cuña *nf* wedge LOC **tener cuña** to be well connected: *Entró en la escuela gracias a tener ~ con el director.* He was admitted to the school because of his connections with the headmaster.

cuñado, -a *nm-nf* brother-in-law [*fem* sister-in-law] [*pl* brothers-in-law/sisters-in-law]

cuota *nf* **1** (*socio de una entidad*) fee: *la ~ de socio* the membership fee **2** (*pago por partes*) instalment: *Ya terminé de pagar las ~s del coche.* I've paid off the instalments on my car. LOC *Ver* COMPRAR

cupón *nm* **1** (*vale*) coupon **2** (*para un sorteo*) ticket

cúpula *nf* dome

cura[1] *nf* (*curación, tratamiento*) cure: ~ *de reposo* rest cure LOC **tener/no tener cura** to be curable/incurable

cura[2] *nm* priest LOC *Ver* COLEGIO

curandero, -a *nm-nf* quack

curar ◆ *vt* **1** (*sanar*) to cure (*sb*) (**of sth**): *Esas pastillas me curaron el resfrío.* Those pills have cured my cold. **2** (*herida*) to dress **3** (*alimentos*) to cure ◆ **curarse** *v pron* **1 curarse (de)** (*ponerse bien*) to recover (**from sth**): *El chico se curó del sarampión.* The little boy recovered from the measles. **2** (*herida*) to heal (over/up)

curda *nf*: *¡Ayer me agarré una ~!* I got plastered yesterday!

curiosear *vt, vi* ~ (**en**) to poke around **in sth**

curiosidad *nf* curiosity LOC **por curiosidad** out of curiosity: *Entré por pura ~.* I went in out of pure curiosity. **tener curiosidad (por)** to be curious (about *sth*): *Tengo ~ por saber cómo son.* I'm curious to find out what they're like.

curioso, -a ◆ *adj* curious ◆ *nm-nf* **1** (*mirón*) onlooker **2** (*indiscreto*) busybody [*pl* busybodies]

curita® *nf* plaster

currículo (*tb* **curriculum vitae**) *nm* curriculum vitae (*abrev* cv)

cursi *adj* **1** (*persona*) affected: *¡Qué mujer más ~!* What a naff woman! **2** (*cosa*) flashy: *Viste muy ~.* He's a very flashy dresser.

cursillo *nm* short course

curso *nm* **1** (*gen*) course: *el ~ de un río* the course of a river ◊ *~s de idiomas* language courses **2** (*año académico*) school/academic year: *al final del ~* at the end of the school year LOC **el año/mes en curso** the current year/month *Ver tb* DELEGADO

cursor *nm* cursor

curtir *vt* to tan: *~ pieles* to tan leather hides

curva *nf* **1** (*línea, gráfico*) curve: *dibujar una ~* to draw a curve **2** (*carretera, río*) bend: *una ~ peligrosa/cerrada* a dangerous/sharp bend ◊ *Conducí con cuidado que hay muchas ~s.* There are a lot of bends so drive carefully.

curvo, -a *adj* **1** (*forma*) curved: *una línea curva* a curved line **2** (*doblado*) bent

custodia *nf* custody

custodiar *vt* to guard: *~ a los prisioneros/la caja fuerte* to guard the prisoners/safe

cutícula *nf* cuticle

cutis *nm* **1** (*piel*) skin **2** (*tez*) complexion: *Tu ~ es muy pálido.* You have a very pale complexion.

cuyo, -a *adj rel* whose: *Esa es la chica ~ padre me presentaron.* That's the girl whose father was introduced to me. ◊ *la casa cuyas puertas pintaste* the house whose doors you painted

Dd

dactilografía *nf* typing

dactilógrafo, -a *nm-nf* typist

dado *nm* dice [*pl* dice]: *tirar los ~s* to roll the dice

dado, -a *pp, adj* (*persona*) outgoing *Ver tb* DAR

dálmata *nmf* Dalmatian

daltónico, -a *adj* colour-blind

dama *nf* **1** (*señora*) lady [*pl* ladies] **2** (*empleada de la reina*) lady-in-waiting [*pl* ladies-in-waiting] **3** (*Ajedrez*) queen **4** (*en el juego de damas*) king **5 damas** draughts [*sing*]: *jugar a las ~s* to play draughts LOC **dama de honor** bridesmaid ☛ *Ver nota en* CASAMIENTO

damasco *nm* apricot

danés, -esa ◆ *adj, nm* Danish: *hablar ~* to speak Danish ◆ *nm-nf* Dane: *los daneses* the Danes LOC *Ver* GRANDE

danza *nf* dance

dañar *vt* **1** (*gen*) to damage: *La sequía dañó las cosechas.* The drought damaged the crops. ◊ *El fumar puede ~ la salud.* Smoking can damage your health. **2** (*persona*) to hurt

dañino, -a *adj* harmful

daño *nm* damage (***to sth***) [*incontable*]:

La lluvia ocasionó muchos ~s. The rain has caused a lot of damage. LOC **daños y perjuicios** damages **hacer daño** (*producir un dolor*) to hurt: *¡Ay, me hacés ~!* Ouch, you're hurting me! **hacerse daño** to hurt yourself: *Me hice ~ en la mano.* I hurt my hand.

dar ◆ *vt* **1** (*gen*) to give: *Me dio la llave.* He gave me the key. ◊ *~le un susto a algn* to give sb a fright **2** (*Educ*) **(a)** (*profesor*) to teach: ~ *ciencias* to teach science **(b)** (*alumno*) to have: *Doy clases de piano los lunes.* I have piano lessons on Mondays. **3** (*reloj*) to strike: *El reloj dio las doce.* The clock struck twelve. **4** (*fruto, flores*) to bear **5** (*olor*) to give *sth* off **6** (*calcular*): *¿Cuántos años le das?* How old do you think she is? ◆ *vi* **1** ~ **a** to overlook *sth* [*vt*]: *El balcón da a una plaza.* The balcony overlooks a square. **2** ~ **(con/contra)** (*golpear*) to hit *sth/sb* [*vt*]: *El coche dio contra el árbol.* The car hit the tree. ◊ *La rama me dio en la cabeza.* The branch hit me on the head. **3** (*ataque*) to have: *Le dio un ataque al corazón/de tos.* He had a heart attack/a coughing fit. **4** (*luz*) to shine: *La luz me daba de lleno en los ojos.* The light was shining in my eyes. ◆ **darse** *v pron* **1** (*tomarse*) to have: *~se un baño/una ducha* to have a bath/shower **2 darse (con/contra/en)** to hit: *Se dio con la rodilla en la mesa.* He hit his knee against the table. **3 darse con algn** to mix **with sb**: *No se da con su hermana.* She doesn't have much to do with her sister. LOC **¡dale!** come on!: *¡Dale! caminá más rápido que perdemos el tren.* Come on! Walk faster or we'll miss the train. ◊ *¡Dale!, aguantá un poquito más que sólo faltan dos cuadras.* Come on! Keep going, there are only two blocks to go. **dale que dale** like mad **dárselas de** to act: *dárselas de vivo/inocente* to act clever/innocent **no doy ni una** I, you, etc can't do anything right: *Hoy no das ni una.* You can't do anything right today. ☛ Para otras expresiones con **dar**, véanse las entradas del sustantivo, adjetivo, etc, p.ej. **darse un atracón** en ATRACÓN y **dar la cara** en CARA.

dátil *nm* date

dato *nm* **1** (*información*) information [*incontable*]: *un ~ importante* an important piece of information **2 datos** (*Informát*) data [*incontable*]: *procesamiento de ~s* data processing LOC **datos personales** personal details *Ver tb* BASE

de *prep*

- **posesión 1** (*de algn*): *el libro de Pedro* Pedro's book ◊ *el perro de mis amigos* my friends' dog ◊ *Es de ella/mi abuela.* It's hers/my grandmother's. **2** (*de algo*): *una página del libro* a page of the book ◊ *las piezas de la casa* the rooms in the house ◊ *la catedral de Buenos Aires* Buenos Aires cathedral
- **origen, procedencia** from: *Son de Montevideo.* They are from Montevideo. ◊ *de Buenos Aires a Montevideo* from Buenos Aires to Montevideo
- **en descripciones de personas 1** (*cualidades físicas*) **(a)** (*gen*) with: *una chica de pelo rubio* a girl with fair hair **(b)** (*ropa, colores*) in: *la señora del vestido verde* the lady in the green dress **2** (*cualidades no físicas*) of: *una persona de gran carácter* a person of great character ◊ *una mujer de 30 años* a woman of 30
- **en descripciones de cosas 1** (*cualidades físicas*) **(a)** (*materia*): *un vestido de lino* a linen dress **(b)** (*contenido*) of: *un vaso de leche* a glass of milk **2** (*cualidades no físicas*) of: *un libro de gran interés* a book of great interest
- **tema, materia**: *un libro/profesor de física* a physics book/teacher ◊ *una clase de historia* a history class ◊ *No entiendo de política.* I don't understand anything about politics.
- **con números y expresiones de tiempo**: *más/menos de diez* more/less than ten ◊ *una estampilla de 45 pesos* a 45 peso stamp ◊ *un cuarto de kilo* a quarter of a kilo ◊ *de noche/día* at night/during the day ◊ *a las diez de la mañana* at ten in the morning
- **agente** by: *un libro de Borges* a book by Borges ◊ *seguido de tres jóvenes* followed by three young people
- **causa**: *morirse de hambre* to die of hunger ◊ *Saltamos de alegría.* We jumped for joy.
- **otras construcciones**: *el mejor actor del mundo* the best actor in the world ◊ *Lo rompió de un golpe.* He broke it with one blow. ◊ *de un trago* in one gulp ◊ *¿Qué hay de postre?* What's for pudding? LOC **de a dos, etc** in twos, etc: *Ponelos de a tres.* Put them in threes.

debajo *adv* **1** (*gen*) underneath: *Llevo una camiseta ~.* I'm wearing a T-shirt underneath. **2 ~ de** under: *Está ~ de la mesa.* It's under the table LOC **por**

debajo de below *sth*: *por ~ de la rodilla* below the knee

debate *nm* debate: *hacer un ~* to have a debate

deber[1] ◆ *vt* **1 + sustantivo** to owe: *Te debo 100 pesos/una explicación.* I owe you 100 pesos/an explanation. **2 + inf (a)** (*en presente o futuro*) must: *La ley deberá ser anulada.* The law must be abolished. ☛ *Ver nota en* MUST **(b)** (*en pasado o condicional*) should: *Hace una hora que debías estar aquí.* You should have been here an hour ago. ◊ *No deberías salir así.* You shouldn't go out like that. ◆ *v aux ~* **de 1** (*en frases afirmativas*) must: *Ya debe de estar en casa.* She must be home by now. **2** (*en frases negativas*): *No debe de ser fácil.* It can't be easy. ◆ **deberse** *v pron* to be due ***to sth***: *Esto se debe a la falta de fondos.* This is due to lack of funds.

deber[2] *nm* **1** (*obligación moral*) duty [*pl* duties]: *cumplir con un ~* to do your duty **2 deberes** (*Educ*) homework [*incontable, v sing*]: *hacer los ~es* to do your homework ◊ *El maestro nos da muchos ~es.* Our teacher gives us a lot of homework.

debido, -a *pp, adj* proper LOC **debido a** because of *sth/sb* *Ver tb* DEBER[1]

débil *adj* weak: *Está ~ del corazón.* He has a weak heart. LOC *Ver* PUNTO

debilidad *nf* weakness

debilitar(se) *vt, v pron* to weaken

década *nf* decade LOC **la década de los ochenta, noventa, etc** the eighties, nineties, etc [*pl*]

decadente *adj* decadent

decaído, -a *adj* poorly: *Hoy estoy ~.* I'm feeling rather poorly today.

decano, -a *nm-nf* dean

decapitar *vt* to behead

decena *nf* **1** (*Mat, numeral colectivo*) ten **2** (*aproximadamente*) about ten: *una ~ de personas/veces* about ten people/times

decente *adj* decent

decepción *nf* disappointment: *llevarse una ~* to be disappointed

decepcionante *adj* disappointing

decepcionar *vt* **1** (*desilusionar*) to disappoint: *Me decepcionó la película.* The film was disappointing. **2** (*fallar*) to let *sb* down

decidir ◆ *vt, vi* to decide: *Decidieron vender la casa.* They've decided to sell the house. ◆ **decidirse** *v pron* **1 decidirse (a)** to decide (***to do sth***): *Al final me decidí a salir.* In the end I decided to go out. **2 decidirse por** to decide **on *sth/sb***: *Todos nos decidimos por el rojo.* We decided on the red one. LOC **¡decidite (de una vez)!** make up your mind!

decimal *adj, nm* decimal

décimo, -a *adj, pron, nm-nf* tenth ☛ *Ver ejemplos en* SEXTO LOC **tener unas décimas (de fiebre)** to have a slight temperature

decimotercero, -a *adj, pron* thirteenth ☛ Para *decimocuarto, decimoquinto*, etc, ver Apéndice 1.

decir[1] *vt* to say, to tell

> *Decir* se traduce generalmente por **to say**: *—Son las tres, dijo Rosa.* 'It's three o'clock,' said Rosa. ◊ *¿Qué dijo?* What did he say? Cuando especificamos la persona con la que hablamos, es más común usar **to tell**: *Me dijo que llegaría tarde.* He told me he'd be late. ◊ *¿Quién te lo dijo?* Who told you? **To tell** se usa también para dar órdenes: *Me dijo que me lavara las manos.* She told me to wash my hands. *Ver tb nota en* SAY.

LOC **digamos…** let's say…: *Digamos las seis.* Let's say six o'clock. **digo…** I mean…: *Cuesta cuatro, digo cinco mil pesos.* It costs four, I mean five, thousand pesos. **el qué dirán** what people will say **¡no me digas!** you don't say! **¿qué decís?** (*saludo*): *¿Qué tal?¿Qué decís?* Hi, how are things? **se dice que…** they say that… **sin decir nada** without a word ☛ Para otras expresiones con **decir**, véanse las entradas del sustantivo, adjetivo, etc, p.ej. **no decir ni jota** en JOTA y **decir tonterías** en TONTERÍA.

decir[2] *nm* saying LOC **es un decir** you know what I mean

decisión *nf* **1** (*gen*) decision: *la ~ del árbitro* the referee's decision **2** (*determinación*) determination: *Hace falta mucha ~.* You need a lot of determination. LOC **tomar una decisión** to make/take a decision

decisivo, -a *adj* decisive

declaración *nf* **1** (*gen*) declaration: *una ~ de amor* a declaration of love **2** (*manifestación pública, Jur*) statement: *No quiso hacer declaraciones.* He didn't want to make a statement. ◊ *La policía le tomó ~.* The police took his statement. LOC **declaración de la renta** tax return *Ver tb* PRESTAR

declarar ◆ *vt, vi* **1** (*gen*) to declare: *¿Algo que ~?* Anything to declare? **2** (*en público*) to state: *según declaró el ministro* according to the minister's statement **3** (*Jur*) to testify ◆ **declararse** *v pron* **1** (*gen*) to come out: *~se a favor/en contra de algo* to come out in favour of/against sth **2** (*incendio, epidemia*) to break out **3** (*confesar amor*): *Se me declaró.* He told me he loved me. LOC **declararse culpable/inocente** to plead guilty/not guilty

decoración *nf* **1** (*acción, adorno*) decoration **2** (*estilo*) décor

decorado *nm* set

decorar *vt* to decorate

dedal *nm* thimble

dedicación *nf* dedication: *Tu ~ a los pacientes es admirable.* Your dedication to your patients is admirable.

dedicar ◆ *vt* **1** (*gen*) to devote *sth* ***to sth/sb***: *Dedicaron su vida a los animales.* They devoted their lives to animals. ◊ *¿A qué dedicás el tiempo libre?* How do you spend your free time? **2** (*canción, poema*) to dedicate *sth* (***to sb***): *Dediqué el libro a mi padre.* I dedicated the book to my father. **3** (*ejemplar*) to autograph ◆ **dedicarse** *v pron* **dedicarse a**: *¿A qué te dedicás?* What do you do for a living? ◊ *Se dedica a las antigüedades.* He's in antiques.

dedicatoria *nf* dedication

dedillo LOC **al dedillo** by heart

dedo *nm* **1** (*de la mano*) finger **2** (*del pie*) toe **3** (*medida*) half an inch: *Ponga dos ~s de agua en la olla.* Put an inch of water in the pan. LOC **a dedo**: *Vine a ~.* I hitch-hiked. **dedo anular/corazón/índice** ring/middle/index finger **dedo gordo** big toe **dedo meñique 1** (*de la mano*) little finger **2** (*del pie*) little toe **dedo pulgar** thumb **hacer dedo** to hitch-hike *Ver tb* ANILLO, CHUPAR, CONTAR, DOS, MOVER(SE)

deducir *vt* **1** (*concluir*) to deduce *sth* (***from sth***): *Deduje que no estaba en casa.* I deduced that he wasn't at home. **2** (*restar*) to deduct *sth* (***from sth***)

defecto *nm* **1** (*gen*) defect: *un ~ en el habla* a speech defect **2** (*moral*) fault **3** (*ropa*) flaw ☛ *Ver nota en* MISTAKE

defectuoso, -a *adj* defective, faulty (*más coloq*)

defender ◆ *vt* to defend *sth/sb* (***against sth/sb***) ◆ **defenderse** *v pron* to get by: *No sé mucho inglés pero me defiendo.* I don't know much English but I get by.

defendido, -a *nm-nf* defendant

defensa ◆ *nf* defence: *las ~s del cuerpo* the body's defences ◊ *un equipo con muy buena ~* a team with a very good defence ◆ *nmf* (*Dep*) defender LOC **en defensa propia** in self-defence

defensivo, -a *adj* defensive LOC **estar/ponerse a la defensiva** to be/go on the defensive

defensor, ~a *adj* LOC *Ver* ABOGADO

deficiencia *nf* deficiency [*pl* deficiencies]

deficiente *adj, nmf* mentally deficient [*adj*]

definición *nf* definition

definir *vt* to define

definitivamente *adv* **1** (*para siempre*) for good: *Volvió ~ a su país.* He returned home for good. **2** (*de forma determinante*) definitely

definitivo, -a *adj* **1** (*gen*) final: *el resultado ~* the final result ◊ *el número ~ de víctimas* the final death toll **2** (*solución*) definitive LOC **en definitiva** in short

deformado, -a *pp, adj* (*prenda*) out of shape *Ver tb* DEFORMAR

deformar ◆ *vt* **1** (*cuerpo*) to deform **2** (*prenda*) to pull *sth* out of shape **3** (*imagen, realidad*) to distort ◆ **deformarse** *v pron* **1** (*cuerpo*) to become deformed **2** (*prenda*) to lose its shape

deforme *adj* deformed

defraudar *vt* **1** (*decepcionar*) to disappoint **2** (*estafar*) to defraud

degeneración *nf* degeneration

degenerado, -a *pp, adj, nm-nf* pervert *Ver tb* DEGENERAR(SE)

degenerar(se) *vi, v pron* to degenerate

degradar ◆ *vt* to degrade ◆ **degradarse** *v pron* (*deteriorarse*) to deteriorate: *La tierra se ha degradado mucho.* The soil has deteriorated a lot.

degustar *vt* to taste

dejar ◆ *vt* **1** (*gen*) to leave: *¿Dónde dejaste las llaves?* Where have you left the keys? ◊ *Dejalo para después.* Leave it till later. ◊ *¡Dejame en paz!* Leave me alone! ◊ *~ algo dicho* to leave a message **2** (*abandonar*) to give *sth* up: *~ el trabajo* to give up work **3** (*permitir*) to let *sb* (***do sth***): *Mis padres no me dejan salir por la noche.* My parents don't let me go out at night. ◆ *vi* ~ **de 1** (*parar*) to stop ***doing sth***: *Dejó de llover.* It's stopped raining. **2** (*abandonar una costumbre*) to give up ***doing sth***: *~ de fumar* to give up smoking

◆ *v aux* **+ participio**: *La noticia nos dejó preocupados.* We were worried by the news. ☛ Para expresiones con **dejar**, véanse las entradas del sustantivo, adjetivo, etc, p.ej. **dejarse de historias** en HISTORIA y **sin dejar rastro** en RASTRO.

del *Ver* DE

delantal *nm* **1** (*en casa*) apron: *Ponete el ~ para cocinar.* Put your apron on when you're cooking. **2** (*en la escuela*) school uniform: *¡No te ensucies el ~!* Don't get your uniform dirty! **3** (*de trabajo*) overall **4** (*de laboratorio*) lab coat **5** (*de hospital*) white coat

delante *adv* ~ (**de**) in front (**of** ***sth/sb***): *Me lo contó estando otros ~.* She told me in front of other people. ◊ *~ del televisor* in front of the television

delantero, -a ◆ *adj* front ◆ *nm* (*Dep*) forward: *Juega de ~.* He's a forward. LOC **llevar la delantera** to be in the lead

delatar *vt* to inform **on** ***sb***

delegación *nf* delegation: *una ~ de paz* a peace delegation

delegado, -a *nm-nf* (*Pol*) delegate LOC **delegado de curso** student representative

deletrear *vt* to spell

delfín *nm* dolphin

delgado, -a *adj* thin, slim ☛ *Ver nota en* FLACO

deliberado, -a *pp, adj* deliberate

delicadeza *nf* (*tacto*) tact: *Podías haberlo dicho con más ~.* You could have put it more tactfully. ◊ *Es una falta de ~.* It's very tactless. LOC **tener la delicadeza de** to have the courtesy *to do sth*

delicado, -a *adj* **1** (*gen*) delicate **2** (*situación*) tricky

delicioso, -a *adj* delicious

delincuencia *nf* crime LOC **delincuencia juvenil** juvenile delinquency

delincuente *nmf* criminal

delineante *nmf* draughtsman/woman [*pl* draughtsmen/women]

delinquir *vi* to commit an offence

delirar *vi* **1** (*Med*) to be delirious **2** (*decir bobadas*) to talk nonsense

delito *nm* crime: *cometer un ~* to commit a crime

delta *nm* delta LOC *Ver* ALA

demanda *nf* **1** (*Com*) demand: *la oferta y la ~* supply and demand **2** (*Jur*) claim (**for sth**): *presentar/poner una ~ por algo* to put in a claim for sth

demandar *vt* **1** (*exigir*) to demand **2** (*Jur*) to sue *sb* (**for sth**)

demaquillante *nm* make-up remover

demás ◆ *adj* other: *los ~ estudiantes* (the) other students ◆ *pron* (the) others: *Sólo vino Juan; los ~ se quedaron en casa.* Only Juan came; the others stayed at home. ◊ *ayudar a los ~* to help others LOC **lo demás** the rest: *Lo ~ no importa.* Nothing else matters. **y demás** and so on

demasiado, -a ◆ *adj* **1** (+ *sustantivo incontable*) too much: *Hay demasiada comida.* There is too much food. **2** (+ *sustantivo contable*) too many: *Llevás demasiadas cosas.* You're carrying too many things. ◆ *pron* too much [*pl* too many] ◆ *adv* **1** (*modificando a un verbo*) too much: *Fumás ~.* You smoke too much. **2** (*modificando a un adj o adv*) too: *Vas ~ rápido.* You're going too fast. LOC **demasiadas veces** too often

democracia *nf* democracy [*pl* democracies]

demócrata *nmf* democrat

democrático, -a *adj* democratic

demonio *nm* **1** (*diablo*) devil **2** (*espíritu*) demon LOC **de mil/de todos los demonios**: *Hace un frío de mil ~s.* It's freezing. **ser un demonio** to be a (little) devil *Ver tb* DÓNDE

demora *nf* delay LOC **sin demora** without delay

demorar ◆ *vt* (*tardar*) to take: *La carta demoró dos semanas en llegar.* The letter took two weeks to arrive. ◆ *vi*: *¡No demores!* Don't be long! ◆ **demorarse** *v pron* to be late: *El avión se demoró y perdió la conexión.* The plane was late and she missed her connection.

demostrar *vt* **1** (*probar*) to prove: *Le demostré que estaba equivocado.* I proved him wrong. **2** (*mostrar*) to show

demostrativo, -a *adj* (*carácter*) demonstrative

denegar *vt* to refuse

densidad *nf* **1** (*gen*) density [*pl* densities] **2** (*niebla*) thickness

denso, -a *adj* dense

dentadura *nf* teeth [*pl*]: ~ *postiza* false teeth

dentífrico *nm* toothpaste

dentista *nmf* dentist

dentro *adv* ~ **de 1** (*espacio*) in/inside: ~ *del sobre* in/inside the envelope **2** (*tiempo*) in: ~ *de una semana* in a week ◊ ~ *de un rato* in a little while ◊ ~ *de tres meses* in three months' time LOC **dentro de lo que cabe** all things considered *Ver tb* ALLÁ, ALLÍ

denuncia *nf* **1** (*accidente, delito*) report: *presentar una* ~ to report sth to the police **2** (*contra una persona*) complaint: *presentar una* ~ *contra algn* to make a formal complaint against sb

denunciar *vt* **1** (*gen*) to report *sth/sb* (**to** *sb*): *Denunció el robo de su bicicleta.* He reported the theft of his bicycle. ◊ *Me denunciaron a la policía.* They reported me to the police. **2** (*criticar*) to denounce

departamento *nm* **1** (*sección*) department **2** (*vivienda*) flat LOC *Ver* COMPAÑERO

depender *vi* **1** ~ **de/de que/de si ...** to depend **on sth/on whether ...**: *Depende del tiempo que haga.* It depends on the weather. ◊ *Eso depende de que me traigas la plata.* That depends on whether you bring me the money. ◊ *—¿Vas a venir? —Depende.* 'Will you be coming?' 'That depends.' **2** ~ **de algn** (**que ...**) to be up **to sb** (**whether ...**): *Depende de mi jefe que pueda tener un día libre.* It's up to my boss whether I can have a day off. **3** ~ **de** (*económicamente*) to be dependent **on** ***sth/sb***

depilar(se) *vt, v pron* **1** (*cejas*) to pluck **2** (*piernas, axilas*) **(a)** (*con cera*) to wax: *Me tengo que depilar para ir de vacaciones.* I must have my legs waxed before going on holiday. **(b)** (*con máquina de afeitar*) to shave

deporte *nm* sport: *¿Practicás algún ~?* Do you play any sports? LOC **hacer deporte** to do some sport *Ver tb* PANTALÓN

deportista ◆ *adj* keen on sport: *Siempre fue muy ~.* She's always been very keen on sport. ◆ *nmf* sportsman/woman [*pl* sportsmen/women]

deportivo, -a *adj* **1** (*gen*) sports [*n atrib*]: *competición deportiva* sports competition **2** (*conducta*) sporting: *una conducta poco deportiva* unsporting behaviour LOC *Ver* ROPA

depositar *vt* **1** (*gen*) to place *sth* ***in sth/sb*** **2** (*en el banco*) to pay *sth* in: ~ *5.000 pesos* to pay in 5000 pesos

depósito *nm* **1** (*para almacenar*) warehouse **2** (*Fin*) deposit: *hacer un* ~ to make a deposit LOC **depósito de cadáveres** morgue **depósito de equipajes** left luggage office

depresión *nf* depression

deprimente *adj* depressing

deprimir ◆ *vt* to depress ◆ **deprimirse** *v pron* to get depressed

derecho, -a ◆ *adj* **1** (*diestro*) right: *romperse el pie* ~ to break your right foot **2** (*recto*) straight: *Ese cuadro no está ~.* That picture isn't straight. ◊ *Ponete ~.* Sit up straight. **3** (*erguido*) upright ◆ **derecha** *nf* **1** (*gen*) right: *Es la segunda puerta a la derecha.* It's the second door on the right. ◊ *Cuando llegue al semáforo, doble a la derecha.* Turn right at the traffic lights. ◊ *Movete un poco hacia la derecha.* Move a bit to the right. **2** (*mano*) right hand: *escribir con la derecha* to be right-handed **3** (*pie*) right foot ◆ **derecho** *nm* **1** (*anverso*) right side **2** (*facultad legal o moral*) right: *¿Con qué ~ entrás aquí?* What right do you have to come in here? ◊ *los ~s humanos* human rights ◊ *el ~ de voto* the right to vote **3** (*estudios*) law ◆ **derecho** *adv* straight: *Andate ~ a casa.* Go straight home. LOC **de derecha** right-wing **estar en su derecho** to be within my, your, etc rights: *Estoy en mi ~.* I'm within my rights. **la derecha** (*Pol*) the Right [*v sing o pl*] **¡no hay derecho!** it's not fair! **todo derecho** straight on: *Siga todo ~ hasta el final de la calle.* Go straight on to the end of the road. *Ver tb* HECHO, MANO

deriva *nf* LOC **a la deriva** adrift

derivar(se) *vi, v pron* **derivar(se) de 1** (*Ling*) to derive **from** ***sth*** **2** (*proceder*) to stem **from** ***sth***

derramamiento *nm* LOC **derramamiento de sangre** bloodshed

derramar(se) *vt, v pron* to spill LOC **derramar sangre/lágrimas** to shed blood/tears

derrame *nm* haemorrhage

derretir(se) *vt, v pron* to melt

derribar *vt* **1** (*edificio*) to demolish **2** (*puerta*) to batter *a door* down **3**

(*persona*) to knock *sb* down **4** (*avión, pájaro*) to bring *sth* down
derrochador, ~a ◆ *adj* wasteful ◆ *nm-nf* squanderer
derrochar *vt* (*dinero*) to squander
derrota *nf* defeat
derrotar *vt* to defeat
derruir *vt* to demolish
derrumbamiento *nm* **1** (*hundimiento*) collapse **2** (*demolición*) demolition
derrumbar ◆ *vt* to demolish ◆ **derrumbarse** *v pron* to collapse
desabotonar ◆ *vt* to undo: *Estos botones son difíciles de ~.* These buttons are difficult to undo. ◆ **desabotonarse** *v pron*: *~se la blusa* to unbutton your blouse
desabrigado, -a *pp, adj*: *Estás muy ~.* You're not very warmly dressed.
desabrochar ◆ *vt* to undo ◆ **desabrocharse** *v pron* to come undone: *Se me desabrochó la pollera.* My skirt came undone.
desactivar *vt* to defuse
desafiar *vt* **1** (*retar*) to challenge *sb* (**to** ***sth***): *Te desafío a las damas.* I challenge you to a game of draughts. **2** (*peligro*) to brave
desafilado, -a *pp, adj* blunt
desafinado, -a *pp, adj* out of tune *Ver tb* DESAFINAR
desafinar *vi* **1** (*cantando*) to sing out of tune **2** (*instrumento*) to be out of tune **3** (*instrumentista*) to play out of tune
desafío *nm* challenge
desafortunado, -a *adj* unfortunate
desagotar *vt* to empty
desagradable *adj* unpleasant
desagradar *vi* to dislike *sth/doing sth* [*vt*]: *No me desagrada.* I don't dislike it.
desagradecido, -a *pp, adj* ungrateful
desagüe *nm* waste pipe
desahogarse *v pron* **1** (*gen*) to let off steam **2** ~ **con algn** to confide **in sb**
desalentador, ~a *adj* discouraging
desalmado, -a *adj* heartless
desalojar *vt* **1** (*ocupantes*) to clear: *Desalojen la sala por favor.* Please clear the hall. **2** (*inquilinos*) to evict
desamparado, -a *pp, adj* helpless
desangrarse *v pron* to bleed to death
desanimado, -a *pp, adj* (*deprimido*) depressed *Ver tb* DESANIMAR
desanimar ◆ *vt* to discourage ◆ **desanimarse** *v pron* to lose heart
desaparecer *vi* to disappear LOC **desaparecer del mapa** to vanish off the face of the earth
desaparición *nf* disappearance
desapercibido, -a *adj* unnoticed: *pasar ~* to go unnoticed
desaprobar *vt* to fail: *He desaprobado dos materias.* I've failed two subjects.
desaprovechar *vt* to waste: *No desaproveches esta oportunidad.* Don't waste this opportunity.
desarmar *vt* **1** (*persona, ejército*) to disarm **2** (*deshacer*) to take *sth* to pieces **3** (*separar en pedazos*) to take *sth* apart: *~ una bici* to take a bike apart **4** (*andamio, estantería, carpa*) to take *sth* down
desarme *nm* disarmament: *el ~ nuclear* nuclear disarmament
desarrollado, -a *pp, adj* developed: *los países ~s* developed countries LOC **poco desarrollado** undeveloped *Ver tb* DESARROLLAR(SE)
desarrollar(se) *vt, v pron* to develop: *~ los músculos* to develop your muscles
desarrollo *nm* development LOC *Ver* VÍA
desastre *nm* disaster
desastroso, -a *adj* disastrous
desatar ◆ *vt* (*nudo, cuerda, animal*) to untie ◆ **desatarse** *v pron* **1** (*animal*) to get loose **2** (*paquete, cuerda*) to come undone: *Se me desató un zapato.* One of my laces has come undone.
desatender *vt* (*descuidar*) to neglect
desautorizado, -a *pp, adj* unauthorized
desayunar ◆ *vi* to have breakfast: *Me gusta ~ en la cama.* I like having breakfast in bed. ◊ *antes de ~* before breakfast ◊ *¿Qué querés para ~?* What would you like for breakfast? ◆ *vt* to have *sth* for breakfast: *Sólo desayuno un café.* I just have a coffee for breakfast. ☛ *Ver pág 314.*
desayuno *nm* breakfast: *¿Te preparo el ~?* Shall I get you some breakfast? ☛ *Ver pág 314.*
desbandada *nf* stampede LOC **salir en desbandada** to scatter in all directions
desbarajuste *nm* mess: *¡Qué ~!* What a mess!
desbaratar *vt* to foil: *~ un plan* to foil a plan
desbocado, -a *pp, adj* (*caballo*) runaway *Ver tb* DESBOCARSE
desbocarse *v pron* (*caballo*) to bolt
desbordar ◆ *vt*: *La basura desborda el tacho.* The bin is overflowing with

rubbish. ◆ **desbordarse** *v pron* (*río*) to burst its banks

descafeinado, -a *adj* decaffeinated

descalificación *nf* (*Dep*) disqualification

descalificar *vt* (*Dep*) to disqualify: *Lo descalificaron por hacer trampa.* He was disqualified for cheating.

descalzarse *v pron* to take your shoes off

descalzo, -a *adj* barefoot: *Me gusta andar descalza por la arena.* I love walking barefoot on the sand. ◊ *No andes ~.* Don't go round in your bare feet.

descampado *nm* area of open ground LOC *Ver* DORMIR

descansado, -a *pp, adj* refreshed *Ver tb* DESCANSAR

descansar ◆ *vt, vi* to rest (*sth*) (***on sth***): *Déjame ~ un rato.* Let me rest for a few minutes. ◊ *~ la vista* to rest your eyes ◆ *vi* to have a break: *Terminamos esto y descansamos cinco minutos.* We'll finish this and have a break for five minutes. LOC **¡que descanses!** sleep well!

descanso *nm* **1** (*reposo*) rest: *El médico le mandó ~ y aire fresco.* The doctor prescribed rest and fresh air. **2** (*en el trabajo*) break: *trabajar sin ~* to work without a break **3** (*Dep*) half-time: *En el ~ iban tres a uno.* They were three one at half-time. **4** (*de la escalera*) landing

descapotable *adj, nm* convertible

descarado, -a *adj* cheeky

descarga *nf* **1** (*mercancía*) unloading: *la carga y ~ de mercancías* the loading and unloading of goods **2** (*eléctrica*) shock

descargado, -a *pp, adj* (*pila, batería*) flat *Ver tb* DESCARGAR

descargar ◆ *vt* to unload: *~ un camión/una pistola* to unload a lorry/gun ◆ *vi* to break: *Por fin descargó la tormenta.* The storm finally broke. ◆ **descargarse** *v pron* (*pila, batería*) to go flat

descaro *nm* cheek: *¡Qué ~!* What (a) cheek!

descarrilamiento *nm* derailment

descarrilar *vi* to be derailed: *El tren descarriló.* The train was derailed.

descartar *vt* to rule *sth/sb* out: *~ una posibilidad/a un candidato* to rule out a possibility/candidate

descendencia *nf* descendants [*pl*]

descender *vi* **1** (*ir/bajar*) to go/come down, to descend (*más formal*) **2** (*temperatura, precios, nivel*) to fall **3** ~ **de** (*familia*) to be descended **from *sb***: *Desciende de un príncipe ruso.* He's descended from a Russian prince. **4** (*Dep*) to be relegated: *Han descendido a tercera.* They've been relegated to the third division.

descendiente *nmf* descendant

descenso *nm* **1** (*bajada*) descent: *Es un ~ peligroso.* It's a dangerous descent. ◊ *El avión tuvo problemas en el ~.* The plane had problems during the descent. **2** (*temperatura*) drop ***in sth*** **3** (*precios*) fall ***in sth*** **4** (*Dep*) relegation

descifrar *vt* **1** (*mensaje*) to decode **2** (*escritura*) to decipher **3** (*enigma*) to solve

descodificador *nm* decoder

descodificar *vt* to decode

descolgado, -a *pp, adj* (*teléfono*) off the hook: *Lo habrán dejado ~.* They must have left it off the hook. *Ver tb* DESCOLGAR

descolgar *vt* **1** (*algo colgado*) to take *sth* down: *Ayúdame a ~ el espejo.* Help me take the mirror down. **2** (*teléfono*) to pick up *the phone*

descolorido, -a *adj* faded

descomponer ◆ *vt* **1** (*Quím*) to split *sth* (***into sth***) **2** (*comida*) to rot ◆ **descomponerse** *v pron* **1** (*comida*) to rot **2** (*vehículo, mecanismo*) to break down: *El auto se descompuso ayer.* The car broke down yesterday. **3** (*tiempo*) to become unsettled

descompuesto, -a *pp, adj* LOC **estar descompuesto** to feel unwell *Ver tb* DESCOMPONER

desconcertado, -a *pp, adj* LOC **estar/quedar desconcertado** to be taken aback: *Quedaron ~s ante mi negativa.* They were taken aback by my refusal. *Ver tb* DESCONCERTAR

desconcertar *vt* to disconcert: *Su reacción me desconcertó.* I was disconcerted by his reaction.

desconectar ◆ *vt* **1** (*luz, teléfono*) to disconnect: *Nos desconectaron el teléfono.* Our phone's been disconnected. **2** (*apagar*) to switch *sth* off **3** (*desenchufar*) to unplug ◆ **desconectarse** *v pron* **1** (*aparato*) to switch off **2** (*persona*) to cut yourself off (***from sth/sb***)

desconfiado, -a *pp, adj* wary *Ver tb* DESCONFIAR

desconfiar *vi* ~ **de** not to trust *sth/sb* [*vt*]: *Desconfía hasta de su sombra.* He doesn't trust anyone.

descongelar *vt* (*frigorífico, alimento*) to defrost

desconocer *vt* not to know: *Desconozco el porqué.* I don't know the reason.

desconocido, -a ◆ *pp, adj* **1** (*gen*) unknown: *un equipo* ~ an unknown team **2** (*irreconocible*) unrecognizable: *Estaba* ~ *con ese disfraz.* He was unrecognizable in that disguise. ◊ *Últimamente está desconocida, siempre sonriendo.* She's been a changed woman recently; she's always smiling. ◆ *nm-nf* stranger *Ver tb* DESCONOCER

desconsiderado, -a *pp, adj* inconsiderate

descontado, -a *pp, adj* LOC **dar por descontado que…** to take it for granted that… **por descontado** of course *Ver tb* DESCONTAR

descontar *vt* **1** (*hacer un descuento*) to give a discount (***on sth***): *Descontaban el 10% en todos los juguetes.* They were giving a 10% discount on all toys. **2** (*restar*) to deduct: *Tenés que* ~ *los gastos del viaje.* You have to deduct your travelling expenses. **3** (*no contar*) not to count: *Si descontamos el mes de vacaciones…* If we don't count our month's holiday…

descontento, -a *adj* ~ (**con**) dissatisfied (**with *sth/sb***)

descontrolarse *v pron* to get out of control

descorchar *vt* to uncork

descorrer *vt* to draw *sth* back: ~ *las cortinas* to draw the curtains back LOC **descorrer el cerrojo** to unbolt the door

descortés *adj* rude

descoser ◆ *vt* to unpick ◆ **descoserse** *v pron* to come apart at the seams

descremado, -a *pp, adj* LOC *Ver* LECHE, YOGUR

describir *vt* to describe

descripción *nf* description

descuartizar *vt* **1** (*carnicero*) to carve *sth* up **2** (*asesino*) to chop *sth/sb* into pieces

descubierto, -a *pp, adj* uncovered LOC **al descubierto** (*al aire libre*) in the open air *Ver tb* DESCUBRIR

descubridor, ~a *nm-nf* discoverer

descubrimiento *nm* discovery [*pl* discoveries]

descubrir *vt* **1** (*encontrar, darse cuenta*) to discover: ~ *una isla/vacuna* to discover an island/a vaccine ◊ *Descubrí que no tenía plata.* I discovered I had no money. **2** (*averiguar*) to find *sth* (out): *Descubrí que me engañaban.* I found out that they were deceiving me. **3** (*estatua, placa*) to unveil LOC **se descubrió todo (el asunto)** it all came out

descuento *nm* discount: *Me hicieron un cinco por ciento de* ~. They gave me a five per cent discount. ◊ *Son 5.000 menos el* ~. It's 5000 not including the discount.

descuidado, -a *pp, adj* **1** (*desatendido*) neglected **2** (*poco cuidadoso*) careless **3** (*desprolijo*) scruffy *Ver tb* DESCUIDAR

descuidar ◆ *vt* to neglect: *No hay que* ~ *el jardín.* The garden must not be neglected. ◆ **descuidarse** *v pron*: *Si me descuido, pierdo el tren.* I nearly missed the train.

descuido *nm*: *El accidente ocurrió por un* ~ *del conductor.* The accident was caused by the driver's carelessness. ◊ *El perro se le escapó en un* ~. When she was momentarily distracted the dog ran off.

desde *prep* **1** (*tiempo*) since: *Vivo en esta casa desde 1986.* I've been living in this house since 1986. ◊ *Desde que se fueron…* Since they left… ☛ *Ver nota en* FOR **2** (*lugar, cantidad*) from: *desde abajo* from below ◊ *Desde el departamento se ve la playa.* You can see the beach from the flat. LOC **desde… hasta…** from… to…: *desde el 8 hasta el 15* from the 8th to the 15th

desear *vt* **1** (*suerte*) to wish ***sb sth***: *Te deseo suerte.* I wish you luck. **2** (*anhelar*) to wish for *sth*: *¿Qué más podría* ~*?* What more could I wish for?

desembarcar ◆ *vt* **1** (*mercancía*) to unload **2** (*persona*) to set *sb* ashore ◆ *vi* to disembark

desembocadura *nf* **1** (*río*) mouth **2** (*calle*) end

desembocar *vi* ~ **en 1** (*río*) to flow **into *sth* 2** (*calle, túnel*) to lead **to *sth***

desembolsar *vt* to pay *sth* (out)

desempacar *vt, vi* to unpack

desempatar *vi* **1** (*Dep*) to play off **2** (*Pol*) to break the deadlock

desempate *nm* play-off

desempeñar ◆ *vt* **1** (*cargo*) to hold: ~ *el puesto de decano* to hold the post of dean **2** (*papel*) to play ◆ **desempeñarse**: *Se desempeñó muy bien.* He managed very well.

desempleado, -a *adj, nm-nf* unemployed [*adj*]: *los ~s* the unemployed

desempleo *nm* unemployment

desencajado, -a *pp, adj* **1** (*cara*) contorted **2** (*hueso*) dislocated

desenchufar *vt* to unplug

desenfocado, -a *pp, adj* out of focus

desenfundar *vt* to pull *sth* out

desenganchar *vt* to unhook

desengañar ◆ *vt* **1** (*desilusionar*) to disillusion **2** (*revelar la verdad*) to open *sb's* eyes ◆ **desengañarse** *v pron* **1** (*desilusionarse*) to become disillusioned **2** (*enfrentarse a la verdad*) to face facts: *Desengañate, no van a venir.* Face facts. They're not coming.

desengaño *nm* disappointment LOC **llevarse/sufrir un desengaño amoroso** to be disappointed in love

desenredarse *v pron* LOC **desenredarse el pelo** to get the tangles out of your hair

desenrollar(se) *vt, v pron* **1** (*papel*) to unroll **2** (*cable*) to unwind

desenroscar *vt* to unscrew

desenterrar *vt* to dig *sth* up: *~ un hueso* to dig up a bone

desenvolver ◆ *vt* to unwrap: *~ un paquete* to unwrap a parcel ◆ **desenvolverse** *v pron* to get on: *Se desenvuelve bien en el trabajo/colegio.* He's getting on well at work/school.

deseo *nm* wish: *Hacé un ~.* Make a wish.

desértico, -a *adj* **1** (*zona*) desert [*n atrib*]: *una zona desértica* a desert area **2** (*clima*) arid

desertor, ~a *nm-nf* deserter

desesperación *nf* despair: *para ~ mía/de los médicos* to my despair/the despair of the doctors

desesperado, -a *pp, adj* **1** (*gen*) desperate: *Estoy ~ por verla.* I'm desperate to see her. **2** (*situación, caso*) hopeless LOC **a la desesperada** in desperation *Ver tb* DESESPERAR

desesperar ◆ *vt* to drive *sb* mad: *Le desesperaba no conseguir trabajo.* Not being able to get a job was driving him mad. ◆ **desesperarse** *v pron ~* (**de**) to despair (**of *doing sth***): *No te desesperes, todavía podés pasar.* Don't despair. You can still pass.

desfavorable *adj* unfavourable

desfigurar *vt* **1** (*estropear parte del cuerpo*) to disfigure **2** (*cambiar*) to distort: *~ una imagen/los hechos* to distort an image/the facts

desfiladero *nm* gorge

desfilar *vi* **1** (*gen*) to march **2** (*modelos*) to parade

desfile *nm* parade LOC **desfile de modelos** fashion show

desgarrar(se) *vt, v pron* to tear: *~se el pantalón/un ligamento* to tear your trousers/a ligament

desgastar(se) *vt, v pron* **1** (*ropa, zapatos*) to wear (*sth*) out: *~ unas botas* to wear out a pair of boots ◊ *Se me desgastó el pulóver en los codos.* My sweater's worn at the elbows. **2** (*rocas*) to wear (*sth*) away, to erode (*más formal*)

desgaste *nm* **1** (*rocas*) erosion **2** (*por el uso*) wear: *Esta alfombra sufre mucho ~.* This rug gets very heavy wear.

desgracia *nf* misfortune: *Han tenido muchas ~s.* They've had many misfortunes. LOC **por desgracia** unfortunately **tener la desgracia de** to be unlucky enough *to do sth*

desgraciado, -a ◆ *pp, adj* **1** (*sin suerte*) unlucky **2** (*infeliz*) unhappy: *llevar una vida desgraciada* to lead an unhappy life ◆ *nm-nf* **1** (*pobre*) wretch **2** (*mala persona*) swine

deshabitado, -a *pp, adj* deserted

deshacer ◆ *vt* **1** (*nudo, paquete*) to undo **2** (*cama*) to unmake **3** (*desarmar*) to take *sth* to pieces: *~ un rompecabezas* to take a jigsaw to pieces **4** (*derretir*) to melt ◆ **deshacerse** *v pron* **1** (*nudo, costura*) to come undone **2** (*derretirse*) to melt **3 deshacerse de** to get rid of *sth/sb*: *~se de un coche viejo* to get rid of an old car LOC *Ver* VALIJA

deshielar(se) *vt, v pron* to thaw

deshinchar ◆ *vt* (*desinflar*) to let *sth* down ◆ **deshincharse** *v pron* to go down

deshonesto, -a *adj* dishonest LOC *Ver* PROPOSICIÓN

desierto, -a ◆ *adj* deserted ◆ *nm* desert LOC *Ver* ISLA

designar *vt* **1** (*persona*) to appoint *sb* (***sth*/to *sth***): *Fue designado (como) presidente/para el puesto.* He was appointed chairman/to the post. **2** (*lugar*) to designate *sth* (**as *sth***): *~ Mar del Plata como sede de los Juegos Panamericanos* to designate Mar del Plata as the venue for the Pan-American Games

desigual *adj* (*irregular*) uneven: *un terreno ~* uneven terrain

desigualdad *nf* inequality [*pl* inequalities]

desilusión *nf* disappointment LOC **llevarse una desilusión** to be disappointed

desilusionar *vt* to disappoint

desinfectante *nm* disinfectant

desinfectar *vt* to disinfect

desinflar ◆ *vt* to let *sth* down ◆ **desinflarse** *v pron* (*objeto inflado*) to go down

desinhibido, -a *pp, adj* disinhibited

desintegración *nf* disintegration

desintegrarse *v pron* to disintegrate

desinterés *nm* lack of interest

desistir *vi* ~ (**de**) to give up (***sth*/*doing sth***): *~ de buscar trabajo* to give up looking for work

desleal *adj* disloyal

deslizar ◆ *vt* **1** (*gen*) to slide: *Podés ~ el asiento hacia adelante.* You can slide the seat forward. **2** (*con disimulo*) to slip: *Deslizó la carta en su bolsillo.* He slipped the letter into his pocket. ◆ **deslizarse** *v pron* to slide: *~se sobre el hielo* to slide on the ice

deslumbrante *adj* dazzling: *una luz/actuación ~* a dazzling light/performance

deslumbrar *vt* to dazzle

desmantelar *vt* to dismantle

desmayarse *v pron* to faint

desmayo *nm* fainting fit LOC **darle a algn un desmayo** to faint

desmedido, -a *pp, adj* excessive

desmejorado, -a *pp, adj*: *La encontré un poco desmejorada.* She wasn't looking too well. ◇ *Está muy ~ desde la última vez que lo vi.* He's gone rapidly downhill since the last time I saw him.

desmentir *vt* to deny: *Desmintió las acusaciones.* He denied the accusations.

desmenuzar *vt* **1** (*gen*) to break *sth* into small pieces **2** (*pan, galletitas*) to crumble *sth* (up)

desmontar *vi* to dismount

desmoralizarse *v pron* to lose heart: *Seguí adelante, no te desmoralices.* Keep going, don't lose heart.

desnivel *nm*: *el ~ entre la casa y el jardín* the difference in level between the house and the garden

desnivelado, -a *pp, adj* not level: *El suelo está ~.* The ground is uneven.

desnudar ◆ *vt* to undress ◆ **desnudarse** *v pron* to get undressed: *Se desnudó y se metió en la cama.* He got undressed and went to bed.

desnudo, -a *adj* **1** (*persona*) naked: *El chico está medio ~.* The child is half-naked. **2** (*parte del cuerpo*) (*vacío*) bare: *brazos ~s/paredes desnudas* bare arms/walls ☛ *Ver nota en* NAKED

desnutrido, -a *pp, adj* undernourished

desobedecer *vt* to disobey: *~ órdenes/a tus padres* to disobey orders/your parents

desobediencia *nf* disobedience

desobediente *adj, nmf* disobedient [*adj*]: *¡Sos una ~!* You're a very disobedient girl!

desodorante *nm* deodorant LOC **desodorante de ambientes** air freshener

desolador, ~a *adj* devastating

desolar *vt* to devastate: *La noticia nos desoló.* We were devastated by the news.

desorden *nm* mess: *Perdoname el ~.* Sorry about the mess. ◇ *Tenía la casa en ~.* The house was (in) a mess.

desordenado, -a *pp, adj, nm-nf* untidy [*adj*]: *¡Sos un ~!* You're so untidy! LOC **dejar algo desordenado** to leave sth untidy *Ver tb* DESORDENAR

desordenar *vt* to make *sth* untidy, to mess *sth* up (*más coloq*): *Me desordenaste el armario.* You've made a mess of my wardrobe.

desorganizado, -a *pp, adj, nm-nf* disorganized [*adj*]: *Ya sé que soy un ~.* I know I'm disorganized. *Ver tb* DESORGANIZAR

desorganizar *vt* to disrupt: *La huelga nos desorganizó las clases.* The classes were disrupted by the strike.

desorientar ◆ *vt* (*desconcertar*) to confuse: *Sus instrucciones me desorientaron.* I was confused by his directions. ◆ **desorientarse** *v pron* to get lost

despabilado, -a *pp, adj* wide awake: *El bebé no se quiere dormir, está totalmente ~.* The baby won't go off to sleep, he's wide awake. *Ver tb* DESPABILARSE

despabilarse *v pron* **1** (*gen*) to wake (yourself) up: *Voy a tomar un café para despabilarme.* I'm going to have a coffee to wake myself up. **2** (*avivarse*) to wise up: *Si no te despabilás, se aprovecharán de vos.* If you don't wise up, they'll take advantage of you.

despachar *vt* **1** (*atender*) to serve **2** (*solucionar*) to settle: *Despachamos el tema en media hora.* We settled the matter in half an hour. **3** (*librarse de algn*) to get rid of *sb*: *Nos despachó rápido.* He soon got rid of us. **4** (*en aeropuerto*) to check *sth* in: *Ya despaché las valijas.* I've already checked in the luggage.

despacho *nm* **1** (*oficina*) office: *Nos recibió en su ~.* She saw us in her office. **2** (*en casa*) study [*pl* studies]

despacio ◆ *adv* **1** (*lentamente*) slowly: *Manejá ~.* Drive slowly. **2** (*en voz baja*) softly **3** (*con poco ruido*) quietly: *Cerrá la puerta ~.* Close the door quietly. **4** (*largo y tendido*) at length: *¿Por qué no lo hablamos más ~ durante la cena?* Why don't we talk about it at length over dinner? ◆ **¡despacio!** *interj* slow down! LOC *Ver* TORTUGA

despampanante *adj* stunning

desparejo, -a *adj* **1** (*superficie*) uneven **2** (*rendimiento*) inconsistent

despatarrarse *v pron* to sprawl

despectivo, -a *adj* scornful: *en tono ~* in a scornful tone

despedida *nf* **1** (*gen*) goodbye, farewell (*más formal*): *cena de ~* farewell dinner **2** (*celebración*) leaving party LOC **despedida de soltero/soltera** stag/hen night

despedir ◆ *vt* **1** (*decir adiós*) to see *sb* off: *Fuimos a ~los a la estación.* We went to see them off at the station. **2** (*empleado*) to dismiss, to give *sb* the sack (*más coloq*) **3** (*calor, luz, olor*) to give *sth* off ◆ **despedirse** *v pron* **despedirse (de)** to say goodbye (**to *sth*/*sb***): *Ni siquiera se despidieron.* They didn't even say goodbye.

despegado, -a *pp, adj* **1** (*separado*) unstuck **2** (*persona*) independent: *Es muy despegada de su familia.* She's very independent from her family. *Ver tb* DESPEGAR

despegar ◆ *vt* to pull *sth* off ◆ *vi* (*avión*) to take off: *El avión está despegando.* The plane is taking off. ◆ **despegarse** *v pron* to come off: *Se despegó el asa.* The handle's come off.

despegue *nm* take-off

despeinado, -a *pp, adj* untidy: *Estás ~.* Your hair's untidy. *Ver tb* DESPEINAR(SE)

despeinar(se) *vt, v pron* to mess your/sb's hair up: *No me despeines.* Don't mess my hair up.

despejado, -a *pp, adj* clear: *un cielo ~/una mente despejada* a clear sky/mind *Ver tb* DESPEJAR

despejar ◆ *vt* to clear: *¡Despejen la zona!* Clear the area! ◆ *v imp* (*cielo*) to clear up: *Despejó a eso de las cinco.* It cleared up at about five. ◆ **despejarse** *v pron* **1** (*nubes*) to clear (away) **2** (*despertarse*) to wake up

despelote *nm* **1** (*alboroto*) row: *Armaron un buen ~ en la discoteca.* They kicked up a terrible row at the disco. **2** (*desorden*) mess: *¡Qué ~ que tenés en la oficina!* What a mess your office is in! LOC *Ver* ARMAR

despensa *nf* larder

desperdiciar *vt* to waste

desperdicio *nm* **1** (*gen*) waste **2** **desperdicios** scraps

desperezarse *v pron* to stretch

desperfecto *nm* **1** (*deterioro*) damage [*incontable*]: *Sufrió algunos ~s.* It suffered some damage. **2** (*imperfección*) flaw

despertador *nm* alarm (clock): *Puse el ~ para las siete.* I've set the alarm for seven. ☛ *Ver dibujo en* RELOJ

despertar ◆ *vt* **1** (*persona*) to wake *sb* up: *¿A qué hora querés que te despierte?* What time do you want me to wake you up? **2** (*interés, sospecha*) to arouse ◆ **despertar(se)** *vi, v pron* to wake up LOC **tener (un) buen/mal despertar** to wake up in a good/bad mood

despido *nm* dismissal

despierto, -a *pp, adj* **1** (*no dormido*) awake: *¿Estás ~?* Are you awake? **2** (*despabilado*) bright LOC *Ver* SOÑAR; *Ver tb* DESPERTAR

despistado, -a *pp, adj* **1** (*por naturaleza*) absent-minded **2** (*distraído*) miles away: *Iba ~ y no los vi.* I was miles away and didn't see them. *Ver tb* DESPISTAR

despistar *vt* (*desorientar*) to confuse

despiste *nm* absent-mindedness [*incontable*]: *¡Qué ~ que tenés!* You're so absent-minded!

desplazado, -a *pp, adj* out of place: *sentirse ~* to feel out of place *Ver tb* DESPLAZAR

desplazar ◆ *vt* (*sustituir*) to take the place **of *sth*/*sb***: *La computadora ha desplazado a la máquina de escribir.* Computers have taken the place of typewriters. ◆ **desplazarse** *v pron* to go: *Se desplazan a todos los sitios en taxi.* They go everywhere by taxi.

desplegar *vt* **1** (*mapa, papel*) to unfold **2** (*velas*) to unfurl **3** (*tropas, armamento*) to deploy

despliegue *nm* deployment

desplomarse *v pron* to collapse

despoblación *nf* depopulation

despoblado, -a *pp, adj* (*sin habitantes*) uninhabited

déspota *nmf* tyrant

despreciable *adj* despicable

despreciar *vt* **1** (*menospreciar*) to despise, to look down on *sb* (*más coloq*): *Despreciaban a los otros alumnos.* They looked down on the other pupils. **2** (*rechazar*) to reject: *Despreciaron nuestra ayuda.* They rejected our offer of help.

desprecio *nm* contempt (***for sth/sb***): *mostrar ~ por algn* to show contempt for sb

desprender ◆ *vt* (*separar*) to take *sth* off, to remove (*más formal*): *Desprendé la etiqueta.* Take the price tag off. ◆ **desprenderse** *v pron* **1** (*separarse*) to come undone: *Se te desprendió el broche.* Your brooch has come undone. **2 desprenderse de** to get rid of *sth*: *Se desprendió de varios libros.* He got rid of some books.

desprendido, -a *pp, adj* generous: *Es muy ~, siempre está prestando plata.* He's very generous, he's always lending money. *Ver tb* DESPRENDER

desprendimiento *nm* LOC **desprendimiento de tierras** landslide

desprestigiar *vt* to discredit

desprevenido, -a *adj*: *Lo agarraron ~.* They caught him unawares.

desprolijo, -a *adj* **1** (*objetos*) untidy: *El pintor hizo un trabajo muy ~.* The decorator did a very untidy job. **2** (*personas*) scruffy: *Es un hombre muy ~.* He is a very scruffy man.

desproporcionado, -a *adj* disproportionate (***to sth***)

desprovisto, -a *pp, adj* ~ **de** lacking **in** ***sth***

después *adv* **1** (*más tarde*) afterwards, later (*más coloq*): *~ dijo que no le había gustado.* He said afterwards he hadn't liked it. ◊ *Salieron poco ~.* They came out shortly afterwards. ◊ *Si estudiás ahora, ~ podés ver la tele.* If you do your homework now, you can watch TV later. ◊ *No me lo dijeron hasta mucho ~.* They didn't tell me until much later. **2** (*a continuación*) next: *¿Y qué pasó ~?* And what happened next? LOC **después de** after *sth/doing sth*: *~ de las dos* after two o'clock ◊ *~ de hablar con ellos* after talking to them ◊ *La farmacía está ~ del banco.* The chemist's is after the bank. **después de que** when: *~ de que acabes los deberes poné la mesa.* When you've finished your homework, you can lay the table. **después de todo** after all

despuntar *vi* **1** (*plantas*) to bud: *Ya despuntan los rosales.* The roses are starting to bud. **2** (*alba, día*) to break

destacar ◆ *vt* to point *sth* out: *El profesor destacó varios aspectos de su obra.* The teacher pointed out various aspects of his work. ◆ **destacar(se)** *vi, v pron* to stand out: *El rojo se destaca sobre el verde.* Red stands out against green.

destapador *nm* bottle opener

destapar ◆ *vt* **1** (*quitar la tapa*) to take the lid **off *sth***: *~ una olla* to take the lid off a saucepan **2** (*en la cama*) to pull the bedclothes **off *sb***: *No me destapes.* Don't pull the bedclothes off me. **3** (*cañería*) to unblock ◆ **destaparse** *v pron* (*en la cama*) to throw the bedclothes off

destaponar *vt* (*botella*) to uncork

desteñir(se) ◆ *vt, v pron* to fade: *Se te ha desteñido la pollera.* Your skirt's faded. ◆ *vi*: *Esa camisa roja destiñe.* The colour runs in that red shirt.

destinar *vt* to post: *La han destinado a Córdoba.* She's been posted to Córdoba.

destinatario, -a *nm-nf* addressee

destino *nm* **1** (*sino*) fate **2** (*avión, barco, tren, pasajero*) destination LOC **con destino a ...** for ...: *el ferry con ~ a Colonia* the ferry for Colonia

destornillador *nm* screwdriver

destornillar *vt* to unscrew

destrancar *vt* to unbolt

destrozado, -a *pp, adj* **1** (*abatido*) devastated (***at/by sth***): *~ por la pérdida de su hijo* devastated by the loss of his son **2** (*cansado*) shattered: *Estoy ~ de tanto empapelar.* I'm shattered after all that wallpapering. *Ver tb* DESTROZAR

destrozar *vt* **1** (*gen*) to destroy **2** (*hacer pedazos*) to smash: *Destrozaron los vidrios de la vidriera.* They smashed the shop window. **3** (*arruinar*) to ruin: *~ la vida de algn* to ruin sb's life

destrucción *nf* destruction

destructivo, -a *adj* destructive

destructor *nm* (*Náut*) destroyer

destruir *vt* to destroy

desubicado, -a *adj* **1** (*desorientado*) confused **2** (*desplazado*) out of place

desvalido, -a *adj* helpless

desvalijar *vt* **1** (*lugar, etc*): *Me habían desvalijado el coche.* Everything had been stolen from my car. **2** (*persona*) to rob *sb* of all they have

desván *nm* loft

desvanecerse *v pron* **1** (*desmayarse*) to faint **2** (*desaparecer*) to disappear

desvariar *vi* **1** (*delirar*) to be delirious **2** (*decir disparates*) to talk nonsense

desvelar ◆ *vt* **1** (*despabilar*) to keep *sb* awake **2** (*revelar*) to reveal ◆ **desvelarse 1** (*despabilarse*) to wake up **2** (*desvivirse*) to do your utmost ***for sb***

desventaja *nf* disadvantage LOC **estar en desventaja** to be at a disadvantage

desvergonzado, -a *adj, nm-nf* **1** (*que no tiene vergüenza*) shameless [*adj*]: *ser un ~* to have no shame **2** (*insolente*) cheeky [*adj*]

desvestir ◆ *vt* to undress ◆ **desvestirse** *v pron* to get undressed

desviación *nf* **1** (*tráfico*) diversion **2** ~ (**de**) (*irregularidad*) deviation (**from *sth***)

desviar ◆ *vt* to divert: *~ el tráfico* to divert traffic ◊ *~ los fondos de una sociedad* to divert company funds ◆ **desviarse** *v pron* **1** (*calle*) to branch off: *Vas a ver que la calle se desvía hacia la izquierda.* You'll see that the road branches off to the left. **2** (*coche*) to turn off LOC **desviar la mirada** to avert your eyes **desviarse del tema** to wander off the subject

desvío *nm* diversion

desvivirse *v pron* ~ **por** to be devoted **to *sth/sb***: *Se desviven por sus hijos.* They are devoted to their children.

detalladamente *adv* in detail

detallado, -a *pp, adj* detailed *Ver tb* DETALLAR

detallar *vt* **1** (*contar con detalle*) to give details **of *sth*** **2** (*especificar*) to specify

detalle *nm* **1** (*pormenor*) detail **2** (*atención*) gesture LOC **¡qué detalle!** how thoughtful! **tener muchos detalles** (**con algn**) to be very considerate (to sb)

detallista *adj* precise: *Vos siempre tan ~.* You're always so precise.

detectar *vt* to detect

detective *nmf* detective

detector *nm* detector: *un ~ de mentiras/metales* a lie/metal detector

detención *nf* **1** (*arresto*) arrest **2** (*paralización*) halt: *La falta de material motivó la ~ de las obras.* Lack of materials brought the building work to a halt.

detener ◆ *vt* **1** (*gen*) to stop **2** (*arrestar*) to arrest ◆ **detenerse** *v pron* to stop LOC *Ver* PHOHIBIDO

detenidamente *adv* carefully

detenido, -a ◆ *pp, adj*: *estar/quedar ~* to be under arrest ◆ *nm-nf* person under arrest *Ver tb* DETENER

detergente *nm* **1** (*gen*) detergent **2** (*para lavar los platos*) washing-up liquid: *Se acabó el ~.* We've run out of washing-up liquid.

deteriorar ◆ *vt* to damage ◆ **deteriorarse** *v pron* to deteriorate: *Su salud se deterioraba día a día.* Her health deteriorated by the day.

determinado, -a *pp, adj* **1** (*cierto*) certain: *en ~s casos* in certain cases **2** (*artículo*) definite *Ver tb* DETERMINAR

determinar *vt* to determine: *~ el precio de algo* to determine the price of sth

detestar *vt* to detest *sth/doing sth*, to hate *sth/doing sth* (*más coloq*)

detrás *adv* ~ (**de**) behind: *Los otros vienen ~.* The others are coming behind. ◊ *por ~* from behind

deuda *nf* debt LOC **tener una deuda** to be in debt (*to sth/sb*): *tener una ~ con el banco* to be in debt to the bank

devaluar *vt* to devalue

devanarse *v pron* LOC **devanarse los sesos** to rack your brains

devastador, ~a *adj* devastating

devolución *nf* **1** (*artículo*) return: *la ~ de mercancías defectuosas* the return of defective goods **2** (*plata*) refund

devolver ◆ *vt* **1** (*gen*) to return *sth* (**to *sth/sb***): *¿Devolviste los libros a la biblioteca?* Did you return the books to the library? **2** (*plata*) to refund: *Se le devolverá el importe.* You will have your money refunded. **3** (*vomitar*) to bring *sth* up ◆ *vi* to be sick: *El nene ha devuelto.* The baby has been sick.

devorar *vt* to devour

devoto, -a *adj* (*piadoso*) devout

día *nm* **1** (*gen*) day [*pl* days]: *Pasamos el ~ en Buenos Aires.* We spent the day in Buenos Aires. ◊ *—¿Qué ~ es hoy? —Martes.* 'What day is it today?' 'Tuesday.' ◊ *al ~ siguiente* the following day **2** (*en fechas*): *Llegaron el ~ 10 de abril.* They arrived on 10 April. ☛ Se dice

'April the tenth' o 'the tenth of April': *Termina el ~ 15.* It ends on the 15th. LOC **al/por día** a day: *tres veces al ~* three times a day **¡buenos días!** good morning!, morning! (*más coloq*) **dar los buenos días** to say good morning **de día/durante el día** in the daytime/ during the daytime: *Duermen de ~.* They sleep in the daytime. **día de la madre/del padre** Mother's/Father's Day **día de los inocentes** ≃ April Fool's Day (*GB*) ☛ *Ver nota en* APRIL **día de Navidad** Christmas Day ☛ *Ver nota en* NAVIDAD **día de Reyes** 6 January **día de Todos los Santos** All Saints' Day ☛ *Ver nota en* HALLOWE'EN **día feriado** holiday [*pl* holidays] **día libre 1** (*no ocupado*) free day **2** (*sin ir a trabajar*) day off: *Mañana es mi ~ libre.* Tomorrow's my day off. **día sandwich** long weekend **el día de mañana** in the future **estar al día** to be up to date **hacer buen día** to be a nice day: *Hace buen ~ hoy.* It's a nice day today. **hacerse de día** to get light **poner al día** to bring *sth/sb* up to date **ser de día** to be light **todos los días** every day ☛ *Ver nota en* EVERYDAY **un día sí y otro no** every other day *Ver tb* ALGUNO, HOY, MENÚ, PLENO, QUINCE, VIVIR

diabetes *nf* diabetes [*sing*]

diabético, -a *adj, nm-nf* diabetic

diablo *nm* devil LOC *Ver* ABOGADO

diagnóstico *nm* diagnosis [*pl* diagnoses]

diagonal *adj, nf* diagonal

diagrama *nm* diagram

dialecto *nm* dialect: *un ~ del inglés* a dialect of English

diálogo *nm* conversation: *Tuvimos un ~ interesante.* We had an interesting conversation.

diamante *nm* **1** (*piedra*) diamond **2 diamantes** (*Naipes*) diamonds ☛ *Ver nota en* CARTA

diámetro *nm* diameter

diapositiva *nf* slide: *una ~ en color* a colour slide

diariamente *adv* every day, daily (*más formal*)

diariero, -a *nm-nf* **1** (*vendedor*) newspaper seller **2** (*repartidor*) newspaper boy [*fem* newspaper girl]

diario, -a ◆ *adj* daily ◆ *nm* **1** (*prensa*) newspaper **2** (*personal*) diary [*pl* diaries] LOC **a diario** every day **de/para diario** everyday: *ropa de ~* everyday clothes ☛ *Ver nota en* EVERYDAY *Ver tb* REPARTIDOR

diarrea *nf* diarrhoea [*incontable*]

dibujante *nmf* **1** (*Tec*) draughtsman/ woman [*pl* draughtsmen/women] **2** (*humor*) cartoonist

dibujar *vt* to draw

dibujo *nm* **1** (*Arte*) drawing: *estudiar ~* to study drawing ◊ *un ~* a drawing ◊ *Hacé un ~ de tu familia.* Draw your family. **2** (*motivo*) pattern LOC **dibujo lineal** technical drawing **dibujos animados** cartoons

diccionario *nm* dictionary [*pl* dictionaries]: *Buscalo en el ~.* Look it up in the dictionary. ◊ *un ~ bilingüe* a bilingual dictionary

dicho, -a ◆ *pp, adj* that [*pl* those]: *~ año* that year ◆ *nm* (*refrán*) saying LOC **dicho de otra forma/manera** in other words **dicho y hecho** no sooner said than done *Ver tb* MEJOR; *Ver tb* DECIR[1]

diciembre *nm* December (*abrev* Dec) ☛ *Ver ejemplos en* ENERO

dictado *nm* dictation: *Vamos a hacer un ~.* We're going to do a dictation.

dictador, ~a *nm-nf* dictator

dictadura *nf* dictatorship: *durante la ~ militar* under the military dictatorship

dictar *vt, vi* to dictate LOC **dictar sentencia** to pass sentence

didáctico, -a *adj* LOC *Ver* MATERIAL

diecinueve *nm, adj, pron* **1** (*gen*) nineteen **2** (*fecha*) nineteenth ☛ *Ver ejemplos en* ONCE *y* SEIS

dieciocho *nm, adj, pron* **1** (*gen*) eighteen **2** (*fecha*) eighteenth ☛ *Ver ejemplos en* ONCE *y* SEIS

dieciséis *nm, adj, pron* **1** (*gen*) sixteen **2** (*fecha*) sixteenth ☛ *Ver ejemplos en* ONCE *y* SEIS

diecisiete *nm, adj, pron* **1** (*gen*) seventeen **2** (*fecha*) seventeenth ☛ *Ver ejemplos en* ONCE *y* SEIS

diente *nm* **1** (*Anat*) tooth [*pl* teeth] **2** (*peine*) tooth [*pl* teeth] LOC **diente de ajo** clove of garlic **diente de leche** milk tooth [*pl* milk teeth] *Ver tb* CEPILLO, LAVAR, PASTA

diesel *nm* (*motor*) diesel engine

diestro, -a *adj* (*persona*) right-handed LOC **a diestra y siniestra** right, left and centre

dieta *nf* diet: *estar a ~* to be on a diet

diez *nm, adj, pron* **1** (*gen*) ten **2** (*fechas*) tenth ☛ *Ver ejemplos en* SEIS LOC **sacar un diez** to get top marks

difamar *vt* **1** (*de palabra*) to slander **2** (*por escrito*) to libel

diferencia *nf* **1** ~ **con/entre** difference **between *sth* and *sth***: *Buenos Aires tiene dos horas de ~ con Bogotá.* There's two hours difference between Buenos Aires and Bogotá. ◊ *la ~ entre dos telas* the difference between two fabrics **2** ~ (**de**) difference (**in/of *sth***): *No hay mucha ~ de precio entre los dos.* There's not much difference in price between the two. ◊ *~ de opiniones* difference of opinion LOC **a diferencia de** unlike **con diferencia** by far: *Es el más importante con ~.* It's by far the most important.

diferenciar ◆ *vt* to differentiate *sth* (***from sth***); to differentiate **between *sth* and *sth*** ◆ **diferenciarse** *v pron*: *No se diferencian en nada.* There's no difference between them. ◊ *¿En qué se diferencia?* What's the difference?

diferente ◆ *adj* ~ (**a/de**) different (**from/to *sth/sb***) ◆ *adv* differently: *Pensamos ~.* We think differently.

difícil *adj* difficult

dificultad *nf* difficulty [*pl* difficulties]

difuminar *vt* to blur

difundir ◆ *vt* **1** (*Radio, TV*) to broadcast **2** (*publicar*) to publish **3** (*oralmente*) to spread ◆ **difundirse** *v pron* (*noticia, luz*) to spread

difunto, -a ◆ *adj* late: *el ~ presidente* the late president ◆ *nm-nf* deceased: *los familiares del ~* the family of the deceased

difusión *nf* **1** (*ideas*) dissemination **2** (*programas*) broadcasting **3** (*diario, revista*) circulation

digerir *vt* to digest

digestión *nf* digestion LOC **hacer la digestión**: *Todavía estoy haciendo la ~.* I've only just eaten. ◊ *Hay que hacer la ~ antes de bañarse.* You mustn't go swimming straight after meals. *Ver tb* CORTE[1]

digestivo, -a *adj* digestive: *el aparato ~* the digestive system

digital *adj* digital LOC *Ver* HUELLA

dignarse *v pron* to deign ***to do sth***

dignidad *nf* dignity

digno, -a *adj* **1** (*gen*) decent: *el derecho a un trabajo ~* the right to a decent job **2** ~ **de** worthy **of *sth***: *~ de atención* worthy of attention LOC **digno de confianza** reliable

dilatar(se) *vt, v pron* **1** (*agrandar(se), ampliar(se)*) to expand **2** (*poros, pupilas*) to dilate

dilema *nm* dilemma

diluir ◆ *vt* **1** (*sólido*) to dissolve **2** (*líquido*) to dilute **3** (*salsa, pintura*) to thin ◆ **diluirse** *v pron* (*sólido*) to dissolve

diluvio *nm* flood LOC **el Diluvio Universal** the Flood

dimensión *nf* dimension: *la cuarta ~* the fourth dimension ◊ *las dimensiones de un cuarto* the dimensions of a room LOC **de grandes/enormes dimensiones** huge

diminutivo, -a *adj, nm* diminutive

diminuto, -a *adj* tiny

dimisión *nf* resignation: *Presentó su ~.* He handed in his resignation.

dimitir *vi* ~ (**de**) to resign (**from *sth***): *~ de un cargo* to resign from a post

Dinamarca *nf* Denmark

dinámico, -a ◆ *adj* dynamic ◆ **dinámica** *nf* dynamics [*sing*]

dinamita *nf* dynamite

dinamo (*tb* **dínamo**) *nf* dynamo [*pl* dynamos]

dinastía *nf* dynasty [*pl* dynasties]

dineral *nm* fortune: *Cuesta un ~.* It costs a fortune.

dinero *nm* money [*incontable*]: *¿Tenés ~?* Have you got any money? ◊ *Necesito ~.* I need some money. LOC **andar/estar mal de dinero** to be short of money **dinero contante y sonante** hard cash **dinero de bolsillo** pocket money **dinero suelto** (loose) change

dinosaurio *nm* dinosaur

dios *nm* god LOC **como Dios manda** proper(ly): *una oficina como Dios manda* a proper office ◊ *hacer algo como Dios manda* to do sth properly **¡Dios me libre!** God forbid! **¡Dios mío!** good God! **Dios sabe** God knows **ni Dios** not a soul **¡por Dios!** for God's sake! *Ver tb* AMOR, PEDIR

diosa *nf* goddess

dióxido *nm* dioxide LOC **dióxido de carbono** carbon dioxide

diploma *nm* diploma

diplomacia *nf* diplomacy

diplomado, -a *pp, adj* qualified: *una enfermera diplomada* a qualified nurse

diplomático, -a ◆ *adj* diplomatic ◆ *nm-nf* diplomat

diputado, -a *nm-nf* deputy [*pl* deputies] ≃ Member of Parliament (*abrev* MP) (*GB*) ☛ *Ver pág 316.* LOC *Ver* CONGRESO

dique *nm* dyke LOC **dique (seco)** dry dock

dirección *nf* **1** (*rumbo*) direction: *Iban en ~ contraria.* They were going in the opposite direction. ◊ *salir con ~ a Buenos Aires* to set off for Buenos Aires **2** (*señas*) address: *nombre y ~* name and address LOC **dirección prohibida** (*señal*) no entry

directamente *adv* (*derecho*) straight: *Volvimos ~ a Tucumán.* We went straight back to Tucumán.

directivo, -a ◆ *adj* management [*n atrib*]: *el equipo ~* the management team ◆ *nm-nf* director

directo, -a *adj* **1** (*gen*) direct: *un vuelo ~* a direct flight ◊ *¿Cuál es el camino más ~?* What's the most direct way? **2** (*tren*) through: *el tren ~ a La Plata* the through train to La Plata LOC **en directo** live: *una actuación en ~* a live performance

director, ~a *nm-nf* **1** (*gen*) director: *~ artístico/financiero* artistic/financial director ◊ *un ~ de cine/teatro* a film/theatre director **2** (*colegio*) head **3** (*banco*) manager **4** (*diario, editorial*) editor LOC **director (de orquesta)** conductor **director gerente** managing director

dirigente ◆ *adj* (*Pol*) ruling ◆ *nmf* **1** (*Pol*) leader **2** (*empresa*) manager LOC *Ver* MÁXIMO

dirigir ◆ *vt* **1** (*película, obra de teatro, tráfico*) to direct **2** (*carta, mensaje*) to address *sth* **to sth/sb** **3** (*arma, manguera, telescopio*) to point *sth* **at sth/sb** **4** (*debate, campaña, expedición, partido*) to lead **5** (*negocio*) to run ◆ **dirigirse** *v pron* **1 dirigirse a/hacia** (*ir*) to head for…: *~se hacia la frontera* to head for the border **2 dirigirse a** (*hablar*) to speak **to sb** **3 dirigirse a** (*por carta*) to write **to sb** LOC **dirigir la palabra** to speak *to sb*

discado *nm* dialling: *~ directo* direct dialling

discapacitado, -a *pp, adj, nm-nf* disabled [*adj*]: *ser un ~* to be disabled ◊ *asientos reservados para los ~s* seats for the disabled

discar *vt, vi* to dial

disciplina *nf* **1** (*gen*) discipline: *mantener la ~* to maintain discipline **2** (*materia*) subject

discípulo, -a *nm-nf* **1** (*seguidor*) disciple **2** (*alumno*) pupil

disc jockey *nmf* disc jockey [*pl* disc jockeys] (*abrev* DJ)

disco *nm* **1** (*Mús*) record: *grabar/poner un ~* to make/play a record **2** (*Informát*) disk: *el ~ duro* the hard disk **3** (*Dep*) discus **4** (*objeto circular*) disc LOC **disco compacto** compact disc (*abrev* CD)

discográfico, -a *adj* record [*n atrib*]: *una empresa discográfica* a record company

discoteca *nf* disco [*pl* discos]

discotequero, -a *adj* (*música*) disco [*n atrib*]: *un ritmo ~* a disco beat

discreción *nf* discretion

discreto, -a *adj* **1** (*prudente*) discreet **2** (*mediocre*) unremarkable

discriminación *nf* discrimination (**against sb**): *la ~ racial* racial discrimination ◊ *la ~ de la mujer* discrimination against women

discriminar *vt* to discriminate **against sb**

disculpa *nf* **1** (*excusa*) excuse: *Esto no tiene ~.* There's no excuse for this. **2** (*pidiendo perdón*) apology [*pl* apologies] LOC *Ver* PEDIR

disculpar ◆ *vt* to forgive: *Disculpe la interrupción.* Forgive the interruption. ◊ *Disculpá que llegue tarde.* Sorry I'm late. ◆ **disculparse** *v pron* to apologize (**to sb**) (**for sth**): *Me disculpé con ella por no haber escrito.* I apologized to her for not writing.

discurso *nm* speech: *pronunciar un ~* to give a speech

discusión *nf* **1** (*debate*) discussion **2** (*disputa*) argument

discutido, -a *pp, adj* (*polémico*) controversial *Ver tb* DISCUTIR

discutir ◆ *vt* **1** (*debatir*) to discuss **2** (*cuestionar*) to question: *~ una decisión* to question a decision ◆ *vi* **1** *~* **de/sobre** (*hablar*) to discuss *sth* [*vt*]: *~ de política* to discuss politics **2** (*reñir*) to argue (**with sb**) (**about sth**)

disecar *vt* **1** (*animal*) to stuff **2** (*flor*) to press **3** (*hacer la disección*) to dissect

diseñador, ~a *nm-nf* designer

diseñar *vt* **1** (*gen*) to design **2** (*plan*) to draw *sth* up

diseño *nm* design: *~ gráfico* graphic design

disfraz *nm* fancy dress [*incontable*]: *un lugar donde alquilan disfraces* a shop where you can hire fancy dress LOC *Ver* BAILE

disfrazarse *v pron* ~ (**de**) (*para una fiesta*) to dress up (**as** ***sth/sb***): *Se disfrazó de Cenicienta.* She dressed up as Cinderella.

disfrutar ◆ *vi, vt* to enjoy *sth/doing sth*: *Disfrutamos bailando/con el fútbol.* We enjoy dancing/football. ◊ *Disfruto de buena salud.* I enjoy good health. ◆ *vi* (*pasarlo bien*) to enjoy yourself: *¡Que disfrutes mucho!* Enjoy yourself!

disgustado, -a *pp, adj* upset *Ver tb* DISGUSTAR

disgustar ◆ *vi* to upset *sb* [*vt*]: *Les disgustó mucho que no pasara.* They were very upset he didn't pass. ◆ **disgustarse** *v pron* to get upset: *Se disgusta siempre que llego tarde.* She gets upset whenever I'm late.

disgusto *nm* **1** (*tristeza*) sorrow: *Su decisión les causó un gran ~.* His decision caused them great sorrow. **2** (*desgracia*) mishap: *Corrés tanto que un día vas a tener un ~.* You're going to have an accident if you carry on driving so fast. LOC **a disgusto** unwillingly: *hacer algo a ~* to do sth unwillingly **dar disgustos** to upset: *Da muchos ~s a sus padres.* He's always upsetting his parents. **llevarse un disgusto** to be upset: *Cuando me dieron las notas me llevé un ~.* I was upset when I got my results. *Ver tb* MATAR

disimular ◆ *vt* to hide: *~ la verdad/una cicatriz* to hide the truth/a scar ◆ *vi* to pretend: *Disimulá, hacé como que no sabés nada.* Pretend you don't know anything. ◊ *¡Ahí vienen! ¡Disimulá!* There they are! Pretend you haven't seen them.

disimulo *nm* LOC **con/sin disimulo** surreptitiously/openly

diskette *nm* floppy disk ☛ *Ver dibujo en* COMPUTADORA

dislexia *nf* dyslexia

disléxico, -a *adj, nm-nf* dyslexic

dislocar(se) *vt, v pron* to dislocate

disminución *nf* drop (***in sth***): *una ~ en el número de accidentes* a drop in the number of accidents

disminuir ◆ *vt* to reduce: *Disminuí la velocidad.* Reduce your speed. ◆ *vi* to drop: *Han disminuido los precios.* Prices have dropped.

disolver(se) *vt, v pron* **1** (*en un líquido*) to dissolve: *Disuelva el azúcar en la leche.* Dissolve the sugar in the milk. **2** (*manifestación*) to break (*a demonstration*) up: *La manifestación se disolvió enseguida.* The demonstration broke up immediately.

disparar ◆ *vt, vi* to shoot: *~ una flecha* to shoot an arrow ◊ *¡No disparen!* Don't shoot! ◊ *Disparaban contra todo lo que se movía.* They were shooting at everything that moved. ◊ *~ al blanco* to shoot at goal ◆ **dispararse** *v pron* **1** (*arma, dispositivo*) to go off: *La pistola se disparó.* The pistol went off. **2** (*aumentar*) to shoot up: *Se han disparado los precios.* Prices have shot up. LOC **salir disparando** to shoot out *of...*: *Salieron disparando del banco.* They shot out of the bank.

disparate *nm* **1** (*dicho*) nonsense [*incontable*]: *¡No digas ~s!* Don't talk nonsense! **2** (*hecho*) stupid thing LOC *Ver* SARTA

disparo *nm* shot: *Murió a consecuencia de un ~.* He died from a gunshot wound. ◊ *Oí un ~.* I heard a shot.

dispersar(se) *vt, v pron* to disperse

disponer ◆ *vi* ~ **de 1** (*tener*) to have *sth* [*vt*] **2** (*usar*) to use *sth* [*vt*]: *~ de tus ahorros* to use your savings ◆ **disponerse** *v pron* **disponerse a** to get ready **for *sth*/*to do sth***: *Me disponía a salir cuando llegó mi suegra.* I was getting ready to leave when my mother-in-law arrived.

disponible *adj* available

dispuesto, -a *pp, adj* **1** (*ordenado*) arranged **2** (*preparado*) ready (***for sth***): *Todo está ~ para la fiesta.* Everything is ready for the party. **3** (*servicial*) willing **4** ~ **a** (*decidido*) prepared ***to do sth***: *No estoy ~ a dimitir.* I'm not prepared to resign. *Ver tb* DISPONER

disputado, -a *pp, adj* hard-fought *Ver tb* DISPUTAR

disputar ◆ *vt* (*Dep*) to play ◆ **disputarse** *v pron* to compete **for *sth***

disquería *nf* record shop

distancia *nf* distance: *¿A qué ~ está la próxima estación de servicio?* How far is it to the next petrol station? LOC **a mucha/poca distancia de...** a long way/not far from...: *a poca ~ de nuestra casa* not far from our house *Ver tb* LLAMADA

distante *adj* distant

distinción *nf* **1** (*gen*) distinction: *hacer distinciones* to make distinctions **2** (*premio*) distinction LOC **sin distinción**

de raza, sexo, etc regardless of race, gender, etc

distinguido, -a *pp, adj* distinguished *Ver tb* DISTINGUIR

distinguir ◆ *vt* **1** (*gen*) to distinguish *sth/sb* (***from sth/sb***): *¿Podés ~ los machos de las hembras?* Can you distinguish the males from the females? ◊ *No puedo ~ a los dos hermanos.* I can't tell the difference between the two brothers. **2** (*divisar*) to make *sth* out: *~ una silueta* to make out an outline ◆ **distinguirse** *v pron* **distinguirse por** to be known **for *sth***: *Se distingue por su tenacidad.* He's known for his tenacity.

distinto, -a *adj* **1** ~ (**a/de**) different (**from/to *sth/sb***): *Es muy ~ de/a su hermana.* He's very different from/to his sister. **2 distintos** (*diversos*) various: *los ~s aspectos del problema* the various aspects of the problem

distracción *nf* (*pasatiempo*) pastime: *Su ~ favorita es leer.* Reading is her favourite pastime.

distraer ◆ *vt* **1** (*entretener*) to keep *sb* amused: *Les conté cuentos para ~los.* I told them stories to keep them amused. **2** (*apartar la atención*) to distract *sb* (***from sth***): *No me distraigas (de mi labor).* Don't distract me (from what I'm doing). ◆ **distraerse** *v pron* **1 distraerse haciendo algo** (*pasar el tiempo*) to pass your time **doing sth 2** (*concentración*) to be distracted: *Me distraje un momento.* I was distracted for a moment.

distraído, -a *pp, adj* absent-minded LOC **estar/ir distraído** to be miles away **hacerse el distraído**: *Nos vio pero se hizo el ~.* He saw us but pretended not to. *Ver tb* DISTRAER

distribución *nf* **1** (*gen*) distribution **2** (*casa, departamento*) layout

distribuir *vt* to distribute: *Van a ~ alimentos a/entre los refugiados.* They will distribute food to/among the refugees.

distrito *nm* district LOC **distrito electoral** (*parlamento*) constituency [*pl* constituencies]

disturbio *nm* riot

disuadir *vt* to dissuade *sb* (***from sth/ doing sth***)

diversión *nf* **1** (*pasatiempo*) pastime **2** (*placer*) fun: *Pinto por ~.* I paint for fun. **3** (*espectáculo*) entertainment: *lugares de ~* places of entertainment

diverso, -a *adj* **1** (*variado, diferente*) different: *personas de ~ origen* people from different backgrounds **2 diversos** (*varios*) various: *El libro abarca ~s aspectos.* The book covers various aspects.

divertido, -a *pp, adj* **1** (*gracioso*) funny **2** (*agradable*) enjoyable: *unas vacaciones divertidas* an enjoyable holiday LOC **estar/ser** (**muy**) **divertido** to be (great) fun *Ver tb* DIVERTIR

divertir ◆ *vt* to amuse ◆ **divertirse** *v pron* to have fun LOC **¡que te diviertas!** have a good time!

dividir ◆ *vt* **1** (*gen*) to divide *sth* (up): *~ el trabajo/la torta* to divide (up) the work/cake ◊ *~ algo en tres partes* to divide sth into three parts ◊ *Lo dividieron entre sus hijos.* They divided it between their children. **2** (*Mat*) to divide *sth* (***by sth***): *~ ocho por dos* to divide eight by two ◆ **dividir(se)** *vt, v pron* **dividir(se)** (**en**) to split (**into *sth***): *Ese asunto dividió a la familia.* That affair has split the family. ◊ *~se en dos facciones* to split into two factions

divino, -a *adj* divine

divisa *nf* (*plata*) (foreign) currency [*gen incontable*]: *pagar en ~s* to pay in foreign currency

divisar *vt* to make *sth/sb* out

división *nf* division: *un equipo de primera ~* a first division team

divisorio, -a *adj* LOC *Ver* LÍNEA

divorciado, -a ◆ *pp, adj* divorced ◆ *nm-nf* divorcee *Ver tb* DIVORCIARSE

divorciarse *v pron* ~ (**de**) to get divorced (**from *sb***)

divorcio *nm* divorce

divulgar(se) *vt, v pron* to spread

do *nm* **1** (*nota de la escala*) doh **2** (*tonalidad*) C: *en do mayor* in C major

dobladillo *nm* hem

doblar ◆ *vt* **1** (*plegar*) to fold: *~ un papel en ocho* to fold a piece of paper into eight **2** (*torcer, flexionar*) to bend: *~ la rodilla/una barra de hierro* to bend your knee/an iron bar **3** (*duplicar*) to double: *Doblaron la oferta.* They doubled their offer. **4** (*esquina*) to turn **5** (*película*) to dub: *~ una película al portugués* to dub a film into Portuguese ◆ *vi* **1** (*girar*) to turn: *~ a la derecha* to turn right **2** (*campanas*) to toll ◆ **doblarse** *v pron* **1** (*cantidad*) to double **2** (*torcerse*) to bend

doble ◆ *adj* double ◆ *nm* **1** (*cantidad*) twice as much/many: *Cuesta el ~.* It costs twice as much. ◊ *Gana el ~ que yo.*

She earns twice as much as I do. ◊ *Había el ~ de gente.* There were twice as many people. **2 + adj** twice as ...: *el ~ de ancho* twice as wide **3** (*persona parecida*) double **4** (*Cine*) stand-in LOC **de doble sentido** (*chiste, palabra*) with a double meaning **doble ve** w *Ver tb* ARMA, ESTACIONAR

doblez *nm* fold

doce *nm, adj, pron* **1** (*gen*) twelve **2** (*fecha*) twelfth ☛ *Ver ejemplos en* ONCE *y* SEIS

doceavo, -a *adj, nm* twelfth

docena *nf* dozen: *una ~ de personas* a dozen people ◊ *media ~* half a dozen LOC **la/por docena** by the dozen

doctor, ~a *nm-nf* doctor (*abrev* Dr)

doctorado *nm* PhD: *estudiantes de ~* PhD students

doctrina *nf* doctrine

documentación *nf* **1** (*de una persona*) (identity) papers [*pl*]: *Me pidieron la ~.* They asked to see my (identity) papers. **2** (*de un coche*) documents [*pl*]

documental *nm* documentary [*pl* documentaries]

documento *nm* document LOC **Documento (Nacional) de Identidad** (*abrev* **DNI**) identity card ☛ En Gran Bretaña no hay DNIs.

dólar *nm* dollar

doler *vi* **1** (*gen*) to hurt: *Esto no te va a ~ nada.* This won't hurt (you) at all. ◊ *Me duele la pierna/el estómago.* My leg/stomach hurts. ◊ *Me dolió que no me apoyaran.* I was hurt by their lack of support. **2** (*cabeza, muela*) to ache: *Me duele la cabeza.* I've got a headache.

dolido, -a *pp, adj* **1** (*gen*) hurt: *Está ~ por lo que dijiste.* He's hurt at what you said. **2** ~ **con** upset **with** *sb* *Ver tb* DOLER

dolor *nm* **1** (*físico*) pain: *algo contra/para el ~* something for the pain **2** (*pena*) grief LOC **dolor de cabeza/muelas/oídos** headache/toothache/earache **dolor de estómago** stomachache *Ver tb* ESTREMECER(SE), GRITAR, RETORCER

dolorido, -a *adj* sore: *Tengo el hombro ~.* My shoulder is sore.

doloroso, -a *adj* painful

domador, ~a *nm-nf* tamer

domar *vt* **1** (*gen*) to tame **2** (*caballo*) to break *a horse* in

domesticar *vt* to domesticate

doméstico, -a *adj* **1** (*gen*) household [*n atrib*]: *tareas domésticas* household chores **2** (*animal*) domestic LOC *Ver* LABOR

domicilio *nm*: *cambio de ~* change of address ◊ *reparto/servicio a ~* delivery service

dominante *adj* dominant

dominar *vt* **1** (*gen*) to dominate: *~ a los demás* to dominate other people **2** (*idioma*) to be fluent **in** *sth*: *Domina el ruso.* He's fluent in Russian. **3** (*materia, técnica*) to be good **at** *sth*

domingo *nm* Sunday [*pl* Sundays] (*abrev* Sun) ☛ *Ver ejemplos en* LUNES LOC **Domingo de Ramos/Resurrección** Palm/Easter Sunday

dominguero, -a ◆ *adj* Sunday: *El vestido ~* Sunday dress ◆ *nm-nf* Sunday driver

dominio *nm* **1** (*control*) control: *su ~ de la pelota* his ball control **2** (*lengua*) command **3** (*técnica*) mastery LOC **ser del dominio público** to be common knowledge

dominó *nm* (*juego*) dominoes [*sing*]: *jugar al ~* to play dominoes LOC *Ver* FICHA

don, doña *nm-nf* Mr [*fem* Mrs]: *don José Ruiz* Mr José Ruiz LOC **ser un don nadie** to be a nobody

donador, ~a *nm-nf* donor: *un ~ de sangre* a blood donor

donar *vt* to donate

donativo *nm* donation

donde *adv rel* **1** (*gen*) where: *la ciudad ~ nací* the city where I was born ◊ *Dejalo ~ puedas.* Leave it over there somewhere. ◊ *un lugar ~ vivir* a place to live **2** (*con preposición*): *la ciudad a/hacia ~ se dirigen* the city they're heading for ◊ *un alto de/desde ~ se ve el mar* a hill you can see the sea from ◊ *la calle por ~ pasa el colectivo* the street the bus goes along

dónde *adv interr* where: *¿~ lo pusiste?* Where have you put it? ◊ *¿De ~ sos?* Where are you from? LOC **¿dónde demonios?** where on earth? **¿hacia dónde?** which way?: *¿Hacia ~ fueron?* Which way did they go? **¿por dónde se va a ...?** how do you get to ...?

doña *nf Ver* DON

dorado, -a *pp, adj* **1** (*gen*) gold [*n atrib*]: *un bolso ~* a gold bag ◊ *colores/tonos ~s* gold colours/tones **2** (*época, pelo*) golden: *la época dorada* the golden age

dormir ◆ *vi* **1** (*gen*) to sleep: *No puedo*

~. I can't sleep. ◊ *No dormí nada.* I didn't sleep a wink. **2** (*estar dormido*) to be asleep: *mientras mi madre dormía* while my mother was asleep ◆ *vt* (*chico*) to get *sb* off to sleep ◆ **dormirse** *v pron* **1** (*conciliar el sueño*) to fall asleep, to get to sleep (*más coloq*) **2** (*despertarse tarde*) to oversleep: *Me dormí y llegué tarde a trabajar.* I overslept and was late for work. **3** (*parte del cuerpo*) to go to sleep: *Se me durmió la pierna.* My leg's gone to sleep. LOC **¡a dormir!** time for bed! **dormir al descampado** to sleep in the open **dormir como un lirón/tronco** to sleep like a log *Ver tb* BOLSA, SIESTA

dormitorio *nm* bedroom

dorsal *adj* LOC *Ver* ESPINA

dorso *nm* back: *al ~ de la tarjeta* on the back of the card

dos *nm, adj, pron* **1** (*gen*) two **2** (*fecha*) second ☛ *Ver ejemplos en* SEIS LOC **dos puntos** colon ☛ *Ver págs 312–3.* **en dos patadas** in no time **las/los dos** both: *las ~ manos* both hands ◊ *Fuimos los ~.* Both of us went./We both went. **no tener dos dedos de frente** to be (as) thick as two short planks *Ver tb* CADA, GOTA, VEZ

doscientos, -as *adj, pron, nm* two hundred ☛ *Ver ejemplos en* SEISCIENTOS

dosis *nf* dose

dotado, -a *pp, adj* ~ **de 1** (*de una cualidad*) endowed **with *sth***: *~ de inteligencia* endowed with intelligence **2** (*equipado*) equipped **with *sth***: *vehículos ~s de radio* vehicles equipped with a radio

dote *nf* **1** (*de una mujer*) dowry [*pl* dowries] **2 dotes** talent (***for sth/doing sth***) [*sing*]: *Tiene ~s de cómico.* He has a talent for comedy.

dragón *nm* dragon

drama *nm* drama

dramático, -a *adj* dramatic

droga *nf* **1** (*sustancia*) drug: *una ~ blanda/dura* a soft/hard drug **2 la droga** (*actividad*) drugs [*pl*]: *la lucha contra la ~* the fight against drugs LOC *Ver* TRÁFICO

drogadicto, -a *nm-nf* drug addict

drogar ◆ *vt* to drug ◆ **drogarse** *v pron* to take drugs

dromedario *nm* dromedary [*pl* dromedaries]

ducha *nf* shower: *darse una ~* to have a shower LOC *Ver* GEL

ducharse *v pron* to have a shower

duda *nf* **1** (*incertidumbre*) doubt: *sin ~* (*alguna*) without doubt ◊ *fuera de* (*toda*) *~* beyond (all) doubt **2** (*problema*): *¿Tienen alguna ~?* Are there any questions? LOC **sacar de dudas** to dispel *sb's* doubts *Ver tb* CABER, LUGAR

dudar ◆ *vt, vi* ~ (**de/que ...**) to doubt: *Lo dudo.* I doubt it. ◊ *¿Dudás de mi palabra?* Do you doubt my word? ◊ *Dudo que sea fácil.* I doubt that it'll be easy. ◆ *vi* **1** ~ **de** (*persona*) to mistrust *sb* [*vt*]: *Duda de todos.* She mistrusts everyone. **2** ~ **en** to hesitate ***to do sth***: *No dudes en preguntar.* Don't hesitate to ask. **3** ~ **entre**: *Dudamos entre los dos autos.* We couldn't make up our minds between the two cars.

dudoso, -a *adj* **1** (*incierto*) doubtful: *Estoy algo ~.* I'm rather doubtful. **2** (*sospechoso*) dubious: *un penal ~* a dubious penalty

duelo *nm* (*enfrentamiento*) duel

duende *nm* elf [*pl* elves]

dueño, -a *nm-nf* **1** (*gen*) owner **2** (*bar, pensión*) landlord [*fem* landlady] LOC **dueño/dueña de casa** host/hostess

dulce ◆ *adj* **1** (*gen*) sweet: *un vino ~* a sweet wine **2** (*persona, voz*) gentle ◆ *nm* jam LOC **dulce de membrillo** quince jelly *Ver tb* AGUA, ALGODÓN

dulcera *nf* jam pot

duna *nf* dune

dúo *nm* **1** (*composición*) duet **2** (*pareja*) duo [*pl* duos]

duodécimo, -a *adj, pron, nm-nf* twelfth

duque, -esa *nm-nf* duke [*fem* duchess]

> El plural de **duke** es 'dukes', pero cuando decimos *los duques* refiriéndonos al duque y a la duquesa, se traduce por '**the duke and duchess**'.

duración *nf* **1** (*gen*) length: *la ~ de una película* the length of a film ◊ *¿Cuál es la ~ del contrato?* How long is the contract for? **2** (*bombita, pila*) life: *pilas de larga ~* long-life batteries

durante *prep* during, for: *durante el concierto* during the concert ◊ *durante dos años* for two years

> **During** se usa para referirnos al tiempo o al momento en que se desarrolla una acción, y **for** cuando se especifica la duración de esta acción: *Me sentí mal durante la reunión.* I felt ill during the meeting. ◊ *Anoche llovió durante*

tres horas. Last night it rained for three hours.

durar *vi* to last: *La crisis duró dos años.* The crisis lasted two years. ◊ ~ *mucho* to last a long time ◊ *Duró poco.* It didn't last long.

duraznero *nm* peach tree

durazno *nm* peach

Dúrex® *nm* LOC *Ver* CINTA

durmiente *adj* LOC *Ver* BELLO

duro, -a ◆ *adj* **1** (*gen*) hard: *La manteca está dura.* The butter is hard. ◊ *una vida dura* a hard life ◊ *ser ~ con algn* to be hard on sb **2** (*castigo, clima, crítica, disciplina*) harsh **3** (*fuerte, resistente, carne*) tough: *Hay que ser ~ para sobrevivir.* You have to be tough to survive. **4** (*tieso*) stiff: *Me molesta llevar los cuellos ~s.* I can't stand wearing stiff collars. **5** (*azorado*) amazed: *Me quedé ~ cuando me gritó.* I was amazed when he shouted at me. ◆ *adv* hard: *trabajar ~* to work hard LOC **duro de oído** hard of hearing *Ver tb* CABEZA, CARA, HUEVO, MANO, PAN, TAPA

Ee

e *conj* and

ébano *nm* ebony

ebullición *nf* LOC *Ver* PUNTO

echado, -a *pp, adj* LOC **estar echado** to be lying down *Ver tb* ECHAR

echar ◆ *vt* **1** (*tirar*) to throw: *Echá el dado.* Throw the dice. **2** (*dar*) to give: *Echame un poco de sal.* Give me some salt. **3** (*humo, olor*) to give *sth* off: *La chimenea echaba mucho humo.* The fire was giving off a lot of smoke. **4** (*correo*) to post: ~ *una carta* (*al correo*) to post a letter **5** (*expulsar*) **(a)** (*gen*) to throw *sb* out: *Nos echaron del bar.* We were thrown out of the bar. **(b)** (*escuela*) to expel: *Me echaron del colegio.* I've been expelled from school. **(c)** (*trabajo*) to sack ◆ *vi* ~ **a** to start ***doing sth/to do sth***: *Echaron a correr.* They started to run. ◆ **echarse** *v pron* **1** (*tumbarse*) to lie down **2** (*moverse*) to move: *~se a un lado* to move over **3 echarse a** (*comenzar*) to start ***doing sth/to do sth*** ☛ Para expresiones con **echar**, véanse las entradas del sustantivo, adjetivo, etc, p.ej. **echar una ojeada** en OJEADA y **echar suertes** en SUERTE.

eclesiástico, -a *adj* ecclesiastical

eclipse *nm* eclipse

eco *nm* echo [*pl* echoes]: *Había ~ en la cueva.* The cave had an echo.

ecografía *nf* ultrasound scan

ecología *nf* ecology

ecológico, -a *adj* ecological

ecologismo *nm* environmentalism

ecologista ◆ *adj* environmental: *grupos ~s* environmental groups ◆ *nmf* environmentalist

economía *nf* economy [*pl* economies]: *la ~ de nuestro país* our country's economy

económico, -a *adj* **1** (*que gasta poco*) economical: *un auto muy ~* a very economical car **2** (*Econ*) economic

economista *nmf* economist

ecuación *nf* equation LOC **ecuación de segundo/tercer grado** quadratic/cubic equation

ecuador *nm* equator

ecuatorial *adj* equatorial

ecuatoriano, -a *nm-nf* Ecuadorian

edad *nf* age: *¿Qué ~ tienen?* How old are they? ◊ *a tu ~* at your age ◊ *chicos de todas las ~es* children of all ages LOC **de mi edad** my, your, etc age: *No había ningún chico de mi ~.* There wasn't anybody my age. **estar en la edad del pavo** to be at an awkward age **la Edad Media** the Middle Ages [*pl*]: *la Alta/Baja Edad Media* the Early/Late Middle Ages **no tener edad** to be too young/too old (*for sth/to do sth*) **tener edad** to be old enough (*for sth/to do sth*) *Ver tb* MAYOR, MEDIANO, TERCERO

edición *nf* **1** (*publicación*) publication **2** (*tirada, versión, Radio, TV*) edition: *la primera ~ del libro* the first edition of the book ◊ ~ *pirata/semanal* pirate/weekly edition

edificar *vt, vi* (*construir*) to build

edificio *nm* building: *No queda nadie*

en el ~. There is nobody left in the building.

editar *vt* **1** (*publicar*) to publish **2** (*preparar texto, Informát*) to edit

editor, ~a *nm-nf* **1** (*empresario*) publisher **2** (*textos, Period, Radio, TV*) editor

editorial ◆ *adj* (*sector*) publishing [*n atrib*]: *el mundo ~ de hoy* the publishing world of today ◆ *nm* (*diario*) editorial ◆ *nf* publishing house: *¿De qué ~ es?* Who are the publishers?

educación *nf* **1** (*enseñanza*) education: *~ sanitaria/sexual* health/sex education **2** (*crianza*) upbringing: *Tuvieron una buena ~.* They've been well brought up. LOC **educación física** physical education (*abrev* PE) **ser de buena/mala educación** to be good/bad manners (*to do sth*): *Bostezar es de mala ~.* It's bad manners to yawn. *Ver tb* FALTA

educado, -a *pp, adj* polite LOC **bien/mal educado** well-mannered/rude: *No seas tan mal ~.* Don't be so rude. *Ver tb* EDUCAR

educar *vt* **1** (*enseñar*) to educate **2** (*criar*) to bring *sb* up: *Es difícil ~ bien a los hijos.* It's difficult to bring your children up well. LOC **educar el oído** to train your ear

educativo, -a *adj* **1** (*gen*) educational: *juguetes ~s* educational toys **2** (*sistema*) education [*n atrib*]: *el sistema ~* the education system LOC *Ver* MATERIAL

edulcorante *nm* artificial sweetener

efectivamente *adv* (*respuesta*) that's right: *—¿Dice que lo vendió ayer? —Efectivamente.* 'Did you say you sold it yesterday?' 'That's right.'

efectivo, -a ◆ *adj* effective ◆ *nm* cash LOC *Ver* PAGAR

efecto *nm* **1** (*gen, Ciencias*) effect: *hacer/no hacer ~* to have an effect/no effect **2** (*pelota*) spin: *La pelota iba con ~.* The ball had (a) spin on it. LOC **efecto invernadero** greenhouse effect **efectos (personales)** belongings **en efecto** indeed *Ver tb* SURTIR

efectuar *vt* to carry *sth* out: *~ un ataque/una prueba* to carry out an attack/a test

efervescente *adj* effervescent

eficaz *adj* **1** (*efectivo*) effective: *un remedio ~* an effective remedy **2** (*eficiente*) efficient

eficiente *adj* efficient: *un ayudante muy ~* a very efficient assistant

egoísta *adj, nmf* selfish [*adj*]: *No seas tan ~.* Don't be so selfish. ◊ *Son unos ~s.* They're really selfish.

egresado, -a *nm-nf* **1** (*de una universidad*) graduate **2** (*de un colegio*) school leaver

¡eh! *interj* hey!: *¡Eh, cuidado!* Hey, watch out!

eje *nm* **1** (*ruedas*) axle **2** (*Geom, Geog, Pol*) axis [*pl* axes] LOC **eje de coordenadas** x and y axes [*pl*]

ejecutar *vt* **1** (*realizar*) to carry *sth* out: *~ una operación* to carry out an operation **2** (*pena de muerte, Jur, Informát*) to execute

ejecutivo, -a *adj, nm-nf* executive: *órgano ~* executive body ◊ *un ~ importante* an important executive LOC *Ver* PODER[2]

¡ejem! *interj* ahem!

ejemplar ◆ *adj* exemplary ◆ *nm* (*texto, disco*) copy [*pl* copies]

ejemplo *nm* example: *Espero que les sirva de ~.* Let this be an example to you. LOC **dar ejemplo** to set an example **por ejemplo** for example (*abrev* eg)

ejercer ◆ *vt* **1** (*profesión*) to practise: *~ la abogacía/medicina* to practise law/medicine **2** (*autoridad, poder, derechos*) to exercise ◆ *vi* to practise: *Ya no ejerzo.* I no longer practise.

ejercicio *nm* **1** (*gen*) exercise: *hacer un ~ de matemáticas* to do a maths exercise ◊ *Deberías hacer más ~.* You should take more exercise. **2** (*profesión*) practice

ejército *nm* army [*v sing o pl*] [*pl* armies]: *alistarse en el ~* to join the army LOC **ejército del aire** air force

el, la *art def* the: *El tren llegó tarde.* The train was late. ☛ *Ver nota en* THE
LOC **el/la de... 1** (*posesión*): *La de Marisa es mejor.* Marisa's (one) is better. **2** (*característica*) the one (with...): *el de los ojos verdes/la barba* the one with green eyes/the beard ◊ *Prefiero la de lunares.* I'd prefer the spotted one. **3** (*ropa*) the one in...: *el del saco gris* the one in the grey coat ◊ *la de rojo* the one in red **4** (*procedencia*) the one from...: *el de La Rioja* the one from La Rioja
el/la que... 1 (*persona*) the one (who/that)...: *Ése no es el que vi.* He isn't the one I saw. **2** (*cosa*) the one (which/that)...: *La que compramos ayer era mejor.* The one (that) we bought yesterday was nicer. **3** (*quienquiera*) whoever: *El que llegue primero que haga*

café. Whoever gets there first has to make the coffee.

él *pron pers* **1** (*persona*) **(a)** (*sujeto*) he: *José y él son primos*. José and he are cousins. **(b)** (*complemento, en comparaciones*) him: *Es para él*. It's for him. ◊ *Sos más alta que él*. You're taller than him. **2** (*cosa*) it: *Perdí el reloj y no puedo estar sin él*. I've lost my watch and I can't do without it. LOC **de él** (*posesivo*) his: *No son de ella, son de él*. They're not hers, they're his. **es él** it's him

elaborar *vt* **1** (*producto*) to produce **2** (*preparar*) to prepare: ~ *un informe* to prepare a report

elástico, -a ◆ *adj* **1** (*gen*) elastic **2** (*atleta*) supple ◆ *nm* (*material*) elastic

elección *nf* **1** (*gen*) choice: *no tener* ~ to have no choice **2 elecciones** election(s): *convocar elecciones* to call an election LOC **elecciones generales/legislativas** general election(s) **elecciones municipales** local election(s)

elector, ~a *nm-nf* voter

electorado *nm* electorate [*v sing o pl*]: *El ~ está desilusionado*. The electorate is/are disillusioned.

electoral *adj* electoral: *campaña* ~ electoral campaign ◊ *lista* ~ list of (election) candidates LOC *Ver* CABINA, COLEGIO, DISTRITO, LISTA

electricidad *nf* electricity

electricista *nmf* electrician

eléctrico, -a *adj* electric, electrical

> **Electric** hace referencia a aparatos eléctricos concretos, por ejemplo *electric razor/car/fence*; en frases hechas como *an electric shock*; y en sentido figurado en expresiones como *The atmosphere was electric*. **Electrical** se refiere a la electricidad en un sentido más general, como por ejemplo *electrical engineering, electrical goods* o *electrical appliances*.

LOC *Ver* ARTEFACTO, CAFETERA, ENERGÍA, INSTALACIÓN

electrocutarse *v pron* to be electrocuted

electrodo *nm* electrode

electrodoméstico *nm* electrical appliance

electrónico, -a ◆ *adj* electronic ◆ **electrónica** *nf* electronics [*sing*]

elefante, -a *nm-nf* elephant

elegante *adj* elegant

elegir *vt* **1** (*votar*) to elect: *Van a ~ un nuevo presidente*. They are going to elect a new president. **2** (*optar*) to choose: *No me dieron a ~*. They didn't let me choose. ◊ *~ entre matemáticas y latín* to choose between maths and Latin

elemental *adj* elementary

elemento *nm* **1** (*gen, Quím, Mat*) element: *los ~s de la tabla periódica* the elements of the periodic table **2** (*persona desagradable*) element: *Ese hombre es un ~ destructivo*. That man is a destructive element. **3** (*tipo de persona*) crowd: *Me gustó mucho el ~ que había en esa reunión*. I really liked the crowd that was at that meeting. LOC **estar en su elemento** to be in your element **no estar en su elemento** to be like a fish out of water

elepé *nm* LP

elevado, -a *pp, adj* high: *temperaturas elevadas* high temperatures LOC **elevado al cuadrado/cubo** squared/cubed **elevado a cuatro, etc** (raised) to the power of four, etc *Ver tb* ELEVAR

elevar *vt* to raise: ~ *el nivel de vida* to raise living standards

eliminación *nf* elimination

eliminar *vt* to eliminate

eliminatoria *nf* heat

elipse *nf* ellipse

ella *pron pers* **1** (*persona*) **(a)** (*sujeto*) she: *María y ~ son primas*. She and María are cousins. **(b)** (*complemento, en comparaciones*) her: *Es para ~*. It's for her. ◊ *Sos más alto que ~*. You're taller than her. **2** (*cosa*) it LOC **de ella** (*posesivo*) hers: *Ese collar era de ~*. That necklace was hers. **es ella** it's her

ello *pron* (*complemento*) it

ellos, -as *pron pers* **1** (*sujeto*) they **2** (*complemento, en comparaciones*) them: *Dígaselo a ~*. Tell them. LOC **de ellos** (*posesivo*) theirs **son ellos** it's them

elogiar *vt* to praise

emanciparse *v pron* to become independent

embajada *nf* embassy [*pl* embassies]

embajador, ~a *nm-nf* ambassador

embalado, -a *adj* keen

embalarse *v pron*: *No te embales*. Slow down.

embarazada *pp, adj, nf* pregnant (woman): *Está ~ de cinco meses*. She is five months pregnant.

embarazo *nm* pregnancy [*pl* pregnancies]

embarcación *nf* boat, craft [*pl* craft] (*más formal*) ☛ *Ver nota en* BOAT

embarcadero *nm* pier

embarcar ◆ *vt* **1** (*pasajeros*) to embark **2** (*mercancías*) to load ◆ *vi* to board: *El avión está listo para ~.* The plane is ready for boarding.

embargo *nm* LOC **sin embargo** however, nevertheless (*formal*) **y sin embargo...** and yet...

embarque *nm* LOC *Ver* PUERTA, TARJETA

embarrado, -a *pp, adj* muddy

embarullar ◆ *vt* **1** (*persona*) to confuse: *No me embarulles.* Don't confuse me. **2** (*asunto*) to complicate: *Embarullaste aún más el asunto.* You've complicated things even more. ◆ **embarullarse** *v pron* **embarullarse** (**con**) to get confused (**about/over** ***sth***): *Se embarulla con las fechas.* He gets confused over dates.

embestida *nf* (*toro*) charge

embestir *vt, vi* (*toro*) to charge (**at** ***sth/sb***)

emblema *nm* emblem

embocar *vt* **1** (*pelota*) to put *sth* in the basket **2** (*acertar*) to get *sth* right

embole *nm* (*contratiempo, aburrimiento*): *¡Qué ~!* What a drag! ◇ *La película fue un ~.* The film was a drag.

embolsar(se) *vt, v pron* to pocket: *Se embolsaron un dineral.* They pocketed a fortune.

emborracharse *v pron* ~ (**con**) to get drunk (**on** ***sth***)

emboscada *nf* ambush: *tender una ~ a algn* to lay an ambush for sb

embotellamiento *nm* (*tráfico*) traffic jam

embriague *nm* clutch: *pisar el ~* to put the clutch in

embrión *nm* embryo [*pl* embryos]

embromar ◆ *vt* **1** (*molestar*) to pester: *¡No embromes más al perro!* Stop pestering the dog! **2** (*tomar el pelo, engañar*) to fool *sb* (**into believing** ***sth***): *Te embromaron, la remera no es de puro algodón.* They fooled you, this t-shirt isn't pure cotton. ◆ *vi* **1** (*molestar*): *¡Dejate de ~!* Stop being a pest! **2** (*tomar el pelo, engañar*) to joke: *¡No embromes!* You're joking! ◆ **embromarse** *v pron*: *¡Que se embrome por tonto!* It serves him right for being so silly. ◇ *Si llegás tarde, te embromás.* If you arrive late, that's tough. LOC **¡embromate!** tough! **¡no me embromes!** you're kidding! **¡para que te embromes!** so there!

embrujado, -a *pp, adj* **1** (*persona*) bewitched **2** (*lugar*) haunted: *una casa embrujada* a haunted house

embrujo *nm* spell

embudo *nm* funnel

embutido *nm* cold meats [*pl*]

emergencia *nf* emergency [*pl* emergencies]

emigración *nf* **1** (*personas*) emigration **2** (*animales*) migration

emigrante *adj, nmf* emigrant [*n*]: *trabajadores ~s* emigrant labourers

emigrar *vi* **1** (*gen*) to emigrate **2** (*dentro de un mismo país, animales*) to migrate

eminencia *nf* **1** (*persona*) leading figure **2 Eminencia** Eminence

emisión *nf* **1** (*emanación*) emission **2** (*Radio, TV*) **(a)** (*programa*) broadcast **(b)** (*Tec*) transmission: *problemas con la ~* transmission problems

emisora *nf* (*Radio*) radio station

emitir *vt* (*Radio, TV*) to broadcast

emoción *nf* emotion

emocionante *adj* **1** (*conmovedor*) moving **2** (*apasionante*) exciting

emocionar ◆ *vt* **1** (*conmover*) to move **2** (*apasionar*) to thrill ◆ **emocionarse** *v pron* **1** (*conmoverse*) to be moved (**by** ***sth***) **2** (*apasionarse*) to get excited (**about** ***sth***)

empacar *vt, vi* to pack

empachado, -a *pp, adj* LOC **estar empachado** to have indigestion *Ver tb* EMPACHARSE

empacharse *v pron* to get indigestion

empacho *nm* indigestion [*incontable*]

empalagar *vt, vi* to be (too) sweet (**for** ***sb***): *Este licor empalaga.* This liqueur is too sweet.

empalagoso, -a *adj* **1** (*alimento*) oversweet **2** (*persona*) smarmy

empalmar ◆ *vt* to connect *sth* (**to/with** ***sth***) ◆ *vi* (*transportes*) to connect **with** ***sth***

empalme *nm* **1** (*gen*) connection **2** (*ferrocarril, rutas*) junction

empanada *nf* pasty [*pl* pasties] ☛ *Ver nota en* PIE

empanado, -a *pp, adj* (fried) in breadcrumbs *Ver tb* EMPANAR

empanar *vt* to cover *sth* in breadcrumbs

empañar ◆ *vt* (*vapor*) to cloud ◆ **empañarse** *v pron* to steam up

empapado, -a *pp, adj* soaked through *Ver tb* EMPAPAR

empapar ◆ *vt* **1** (*mojar*) to soak: *El último chaparrón nos empapó.* We got soaked in the last shower. ◊ *¡Me empapaste la pollera!* You've made my skirt soaking wet! **2** (*absorber*) to soak *sth* up, to absorb (*más formal*) ◆ **empaparse** *v pron* to get soaked (through)

empapelado *nm* wallpaper

empapelar *vt* to (wall)paper

empaquetar *vt* to pack *sth* (up)

emparejar ◆ *vt* **1** (*personas*) to pair *sb* off (***with sb***) **2** (*cosas*) to match *sth* (***with sth***): *~ las preguntas con las respuestas* to match the questions with the answers **3 (a)** (*pared, suelo*) level **(b)** (*pelo*) to make *sth* even ◆ **emparejarse** *v pron* to pair off (***with sb***)

emparentado, -a *adj* related

empatado, -a *pp, adj* LOC **ir empatados**: *Cuando me fui iban ~s.* They were even when I left. ◊ *Van ~s cuatro a cuatro.* It's four all. *Ver tb* EMPATAR

empatar *vt, vi* **1** (*Dep*) **(a)** (*referido al resultado final*) to draw (*sth*) (***with sb***): *Empataron (el partido) con el Manchester United.* They drew (the match) with Manchester United. **(b)** (*en el marcador*) to equalize: *Tenemos que ~ antes del descanso.* We must equalize before half-time. **2** (*votación, concurso*) to tie (***with sb***) LOC **empatar a cero** to draw nil nil **empatar uno a uno, etc** to draw one all, etc

empate *nm* **1** ~ (**a**) (*Dep*) draw: *un ~ uno a uno* a one-all draw **2** (*votación, concurso*) tie LOC *Ver* GOL

empecinado, -a *adj* **1** (*terco*) stubborn **2** (*determinado*) determined

empedrado *nm* cobbles [*pl*]

empeine *nm* instep

empeñado, -a *pp, adj* LOC **estar empeñado (en hacer algo)** to be determined (to do sth) *Ver tb* EMPEÑAR

empeñar ◆ *vt* to pawn ◆ **empeñarse** *v pron* **empeñarse (en)** to insist (**on *sth*/*doing sth***): *No te empeñes, que no voy a ir.* I'm not going however much you insist.

empeño *nm* ~ (**en/por**) determination (***to do sth***) LOC **poner empeño** to take pains *with sth/to do sth Ver tb* CASA

empeorar ◆ *vt* to make *sth* worse ◆ *vi* to get worse: *La situación ha empeorado.* The situation has got worse.

emperador, -triz *nm-nf* emperor [*fem* empress]

empezar *vt, vi* ~ (**a**) to begin, to start (***sth*/*doing sth*/*to do sth***): *De repente empezó a llorar.* All of a sudden he started to cry. LOC **para empezar** to start with *Ver tb* CERO

empinado, -a *pp, adj* (*cuesta*) steep

empírico, -a *adj* empirical

empleado, -a ◆ *nm-nf* **1** (*gen*) employee **2** (*oficina*) clerk **3** (*en un negocio*) shop assistant ◆ **empleada** *nf* (*mucama*) maid LOC **empleado administrativo** administrative officer

emplear ◆ *vt* **1** (*dar trabajo*) to employ **2** (*usar*) to use **3** (*tiempo, plata*) to spend: *He empleado demasiado tiempo en esto.* I've spent too long on this. ◊ *~ mal el tiempo* to waste your time ◆ **emplearse** *v pron* to get a job: *Se empleó en una disquería.* He got a job in a record shop.

empleo *nm* **1** (*puesto de trabajo*) job: *conseguir un buen ~* to get a good job ☛ *Ver nota en* WORK[1] **2** (*Pol*) employment LOC **estar sin empleo** to be unemployed *Ver tb* FOMENTO, OFERTA, OFICINA

emplomadura *nf* filling

emplomar *vt* to fill: *Me tienen que ~ tres muelas.* I've got to have three teeth filled.

empollar *vt, vi* (*ave*) to sit (**on *sth***): *Las gallinas empollan casi todo el día.* The hens sit for most of the day.

empotrado, -a *pp, adj* built-in

emprendedor, ~a *adj* enterprising

emprender *vt* **1** (*iniciar*) to begin **2** (*negocio*) to start *sth* (up) **3** (*viaje*) to set off **on *sth***: *~ una gira* to set off on a tour LOC **emprender la marcha/viaje (hacia)** to set out (for…)

empresa *nf* **1** (*Com*) company [*v sing o pl*] [*pl* companies] **2** (*proyecto*) enterprise LOC **empresa estatal/pública** state-owned company **empresa privada** private company

empresarial *adj* business [*n atrib*]: *sentido ~* business sense

empresariales *nf* business studies [*sing*] LOC *Ver* ESTUDIO

empresario, -a *nm-nf* **1** (*gen*) businessman/woman [*pl* businessmen/women] **2** (*espectáculo*) impresario [*pl* impresarios]

empujar *vt* **1** (*gen*) to push: *¡No me empujes!* Don't push me! **2** (*carretilla,* *bicicleta*) to wheel **3** (*obligar*) to push *sb* ***into doing sth***: *Su familia la empujó a que estudiara periodismo.* Her family pushed her into studying journalism.

empujón *nm* shove: *dar un ~ a algn* to give sb a shove LOC **a empujones**: *Salieron a empujones.* They pushed (and shoved) their way out.

empuñar *vt* **1** (*de forma amenazadora*) to brandish **2** (*tener en la mano*) to hold

en *prep*

- **lugar 1** (*adentro*) in/inside: *Las llaves están en el cajón.* The keys are in the drawer. **2** (*dentro, con movimiento*) into: *Entró en la habitación.* He went into the room. **3** (*sobre*) on: *Está en la mesa.* It's on the table. **4** (*sobre, con movimiento*) onto: *Está goteando agua en el suelo.* Water is dripping onto the floor. **5** (*ciudad, país, campo*) in: *Trabajan en San Luis/el campo.* They work in San Luis/the country. **6** (*punto de referencia*) at

> Cuando nos referimos a un lugar sin considerarlo un área, sino como punto de referencia, usamos **at**: *Esperame en la esquina.* Wait for me at the corner. ◊ *Nos encontramos en la estación.* We met at the station. También se usa **at** para referirse a edificios donde la gente trabaja, estudia o se divierte: *Están en el colegio.* They're at school. ◊ *Mis padres están en el cine/teatro.* My parents are at the cinema/theatre. ◊ *Trabajo en el supermercado.* I work at the supermarket.

- **con expresiones de tiempo 1** (*meses, años, siglos, estaciones*) in: *en verano/el siglo XII* in the summer/the twelfth century **2** (*día*) on: *¿Qué hiciste el 31?* What did you do on the 31st? ◊ *Cae en lunes.* It falls on a Monday. **3** (*Navidad, Semana Santa, momento*) at: *Siempre voy a casa en Navidad.* I always go home at Christmas. ◊ *en ese momento* at that moment **4** (*dentro de*) in: *Te veo en una hora.* I'll see you in an hour.
- **otras construcciones 1** (*medio de transporte*) by: *en tren/avión/auto* by train/plane/car **2 + inf** to do sth: *Fuimos los primeros en llegar.* We were the first to arrive.

enamorado, -a *pp, adj* in love: *estar ~ de algn* to be in love with sb *Ver tb* ENAMORAR

enamorar ◆ *vt* to win *sb's* heart ◆ **enamorarse** *v pron* **enamorarse (de)** to fall in love (**with *sth*/*sb***)

enano, -a ◆ *adj* **1** (*gen*) tiny **2** (*Bot, Zool*) dwarf [*n atrib*]: *un pino ~* a dwarf pine ◆ *nm-nf* dwarf [*pl* dwarfs/ dwarves]

encabezamiento *nm* heading

encabezar *vt* to head

encadenar *vt* **1** (*atar*) to chain *sth/sb* (***to sth***) **2** (*ideas*) to link

encajar ◆ *vt* **1** (*colocar, meter*) to fit *sth* (***into sth***) **2** (*juntar*) to fit *sth* together: *Estoy tratando de ~ las piezas del rompecabezas.* I'm trying to fit the pieces of the jigsaw together. ◆ *vi* to fit: *No encaja.* It doesn't fit.

encaje *nm* lace

encalar *vt* to whitewash

encallar *vi* (*embarcación*) to run aground

encaminarse *v pron* ~ **a/hacia** to head (**for ...**): *Se encaminaron hacia su casa.* They headed for home.

encantado, -a *pp, adj* **1** ~ (**con**) (very) pleased (**with *sth*/*sb***) **2** ~ **de/de que** (very) pleased **to do sth/(that ...)**: *Estoy encantada de que hayan venido.* I'm very pleased (that) you've come. **3** (*hechizado*) enchanted: *un príncipe ~* an enchanted prince LOC **encantado (de conocerlo)** pleased to meet you *Ver tb* ENCANTAR

encantador, ~a *adj* lovely

encantamiento *nm* spell: *romper un ~* to break a spell

encantar ◆ *vt* to cast a spell **on *sth*/*sb*** ◆ *vi* to love *sth/doing sth* [*vt*]: *Me encanta ese vestido.* I love that dress. ◊ *Nos encanta ir al cine.* We love going to the cinema.

encanto *nm* charm: *Tiene mucho ~.* He's got a lot of charm. LOC **como por encanto** as if by magic **ser un encanto** to be lovely

encapricharse *v pron* ~ (**con/de**) to take a fancy **to *sth*/*sb***: *Se encaprichó con ese vestido.* She's taken a fancy to that dress.

encapuchado, -a *pp, adj* hooded: *dos hombres ~s* two hooded men

encarcelar *vt* to imprison

encargado, -a *pp, adj, nm-nf* in charge (***of sth*/*doing sth***): *¿Quién es el ~?* Who's in charge? ◊ *el juez ~ del caso* the judge in charge of the case ◊ *Sos la encargada de recoger la plata.* You're in charge of collecting the money. *Ver tb* ENCARGAR

encargar ◆ *vt* **1** (*mandar*) to ask *sb* **to do sth**: *Me encargaron que regara el jardín.* They asked me to water the garden. **2** (*producto*) to order: *Ya le encargamos el sofá al negocio.* We've already ordered the sofa from the shop. ◆ **encargarse** *v pron* **encargarse de 1** (*cuidar*) to look after *sth/sb*: *¿Quién se encarga del nene?* Who will look after the baby? **2** (*ser responsable*) to be in charge **of *sth*/*doing sth***

encargo *nm* (*Com*) order: *hacer/cancelar un ~* to place/cancel an order

encariñado, -a *pp, adj* LOC **estar encariñado con** to be fond of *sth/sb* *Ver tb* ENCARIÑARSE

encariñarse *v pron* ~ **con** to get attached **to *sth*/*sb***

encarrilar *vt* (*tren*) to put *sth* on the rails

encauzar *vt* **1** (*agua*) to channel **2** (*asunto*) to conduct

encendedor *nm* lighter

encender ◆ *vt* **1** (*con llama*) to light: *Encendimos una hoguera para calentarnos.* We lit a bonfire to warm ourselves. **2** (*aparato, luz*) to turn *sth* on: *Encendé la luz.* Turn the light on. ◆ **encenderse** *v pron* (*aparato, luz*) to come on: *Se encendió una luz roja.* A red light has come on.

encendido, -a *pp, adj* **1** (*con llama*) **(a)** (*con el verbo estar*) lit: *Vi que el fuego estaba ~.* I noticed that the fire was lit. **(b)** (*atrás de un sustantivo*) lighted: *un cigarrillo ~* a lighted cigarette **2** (*aparato, luz*) on: *Tenían la luz encendida.* The light was on. *Ver tb* ENCENDER

encerrar ◆ *vt* **1** (*gen*) to shut *sth/sb* up **2** (*con llave, encarcelar*) to lock *sth/sb* up ◆ **encerrarse** *v pron* **1** (*gen*) to shut yourself in **2** (*con llave*) to lock yourself in

encestar *vi* to score (a basket)

encharcado, -a *pp, adj* (*terreno*) covered with puddles

enchastrar ◆ *vt* to make a mess of *sth* ◆ **enchastrarse** *v pron*: *Se enchastró toda de pintura.* She got paint all over herself.

enchastre *nm* mess: *hacer un ~* to make a mess

enchufado, -a *pp, adj* LOC **estar enchufado** (*persona*) to be full of energy *Ver tb* ENCHUFAR

enchufar *vt* (*aparato*) to plug *sth* in

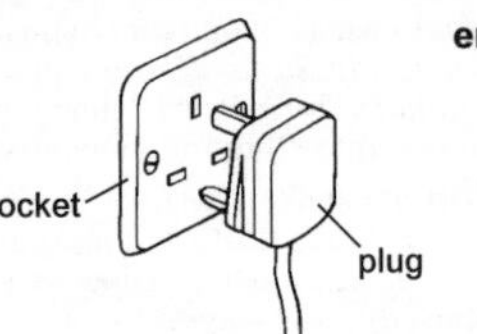

enchufe *nm* **1** (*aparato macho*) plug **2** (*aparato hembra*) socket

encía *nf* gum

enciclopedia *nf* encyclopedia [*pl* encyclopedias]

encima *adv* ~ **(de) 1** (*en*) on: *Dejalo ~ de la mesa.* Leave it on the table. **2** (*sobre*) on top **(of *sth*/*sb*)**: *Lo puse ~ de los otros discos.* I've put it on top of the other records. ◊ *Agarrá el de ~.* Take the top one. **3** (*cubriendo algo*) over: *poner una frazada ~ del sofá* to put a blanket over the sofa **4** (*además*) on top of everything: *¡Y ~ te reís!* And on top of everything, you stand there laughing! LOC **estar encima de algn** to be on sb's back **hacer algo por encima** to do sth superficially **llevar/tener encima** to have *sth* on you: *No tengo un mango ~.* I haven't got a penny on me. **mirar por encima del hombro** to look down your nose at *sb* **por encima de** above: *El agua nos llegaba por ~ de las rodillas.* The water came above our knees. ◊ *Está por ~ de los demás.* He is above the rest. **venirse encima** (*estar cerca*): *La Navidad se nos viene encima.* Christmas is just around the corner. *Ver tb* QUITAR

encina *nf* holm-oak

encoger(se) *vi, v pron* to shrink: *En agua fría no encoge.* It doesn't shrink in cold water. LOC **encogerse de hombros** to shrug your shoulders

encolar *vt* to glue *sth* (together)

encontrar ◆ *vt* to find: *No encuentro mi reloj.* I can't find my watch. ◊ *Encontré a tu padre mucho mejor.* Your father is looking a lot better. ◆ **encontrarse** *v pron* **1 encontrarse (con)** (*citarse*) to meet: *Decidimos ~nos en la librería.* We decided to meet in the bookshop. **2** (*por casualidad*) to run into *sb*: *Me la encontré en el supermercado.* I ran into her in the supermarket. LOC **encontrar defectos a todo** to find fault with everything

encontronazo *nm* run-in: *Tuvo un ~ con el director.* He had a run-in with the headmaster.

encuadernador, ~a *nm-nf* bookbinder

encuadernar *vt* to bind

encubrir *vt* **1** (*gen*) to conceal: ~ *un delito* to conceal a crime **2** (*delincuente*) to harbour

encuentro *nm* **1** (*reunión*) meeting **2** (*Dep*) match

encuesta *nf* **1** (*gen*) survey [*pl* surveys]: *efectuar una* ~ to carry out a survey **2** (*sondeo*) poll: *según las últimas ~s* according to the latest polls

enderezar ◆ *vt* **1** (*poner derecho*) to straighten **2** (*persona*) to correct ◆ **enderezarse** *v pron* to straighten (up): *¡Enderezate!* Stand up straight!

endeudarse *v pron* to get into debt

endibia *nf* chicory [*incontable*]

endulzar *vt* to sweeten

endurecer ◆ *vt* **1** (*gen*) to harden **2** (*músculos*) to firm *sth* up ◆ **endurecerse** *v pron* to harden

enemigo, -a *adj*, *nm-nf* enemy [*n*] [*pl* enemies]: *las tropas enemigas* the enemy troops

enemistarse *v pron* ~ (**con**) to fall out (**with** ***sb***)

energía *nf* energy [*gen incontable*]: ~ *nuclear* nuclear energy ◊ *No tengo ~s ni para levantarme de la cama.* I haven't even the energy to get out of bed. LOC **energía eléctrica** electric power

enero *nm* January (*abrev* Jan): *Los exámenes son en ~.* We've got exams in January. ◊ *Mi cumpleaños es el 12 de ~.* My birthday's (on) January 12. ☛ Se dice 'January the twelfth' o 'the twelfth of January'.

enésimo, -a *adj* (*Mat*) nth LOC **por enésima vez** for the umpteenth time

énfasis *nm* emphasis [*pl* emphases]

enfermedad *nf* **1** (*gen*) illness: *Acaba de salir de una ~ gravísima.* He has just recovered from a very serious illness. **2** (*infecciosa*) disease: ~ *hereditaria* hereditary disease ☛ *Ver nota en* DISEASE

enfermería *nf* infirmary [*pl* infirmaries]

enfermero, -a *nm-nf* nurse

enfermo, -a ◆ *adj* ill, sick

Ill y **sick** significan enfermo, pero no son intercambiables. **Ill** tiene que ir atrás de un verbo: *estar enfermo* to be ill ◊ *caer enfermo* to fall ill; **sick** suele ir adelante de un sustantivo: *cuidar a un animal enfermo* to look after a sick animal, o cuando nos referimos a ausencias en la escuela o el lugar de trabajo: *Hay 15 chicos enfermos.* There are 15 children off sick.
Si usamos **sick** con un verbo como **be** o **feel**, no significa encontrarse enfermo, sino *tener ganas de vomitar*: *Tengo ganas de vomitar.* I feel sick.

◆ *nm-nf* **1** (*gen*) sick person ☛ Cuando nos referimos al conjunto de los enfermos, decimos **the sick**: *cuidar a los enfermos* to look after the sick. **2** (*paciente*) patient LOC **ponerlo enfermo a algn** to make sb sick

enfocar *vt* **1** (*ajustar*) to focus *sth* (**on** ***sth/sb***) **2** (*iluminar*) to shine a light **on** ***sth***: *Enfocame la caja de los fusibles.* Shine a light on the fuse box. **3** (*asunto, problema*) to approach

enfoque *nm* (*Fot*) focus [*pl* focuses/ foci]

enfrentamiento *nm* confrontation

enfrentar ◆ *vt* **1** (*encarar*) to bring *sb* face to face ***with sth/sb*** **2** (*enemistar*) to set *sb* at odds (***with sb***): *Con sus habladurías enfrentaron a las dos hermanas.* With their gossip they set the two sisters at odds. ◆ *vi* (*Dep*) to take *sb* on: *River enfrenta a Gremio por la Recopa Sudamericana.* River takes on Gremio for the Cup Winners' Cup. ◆ **enfrentarse** *v pron* **1 enfrentarse a** (*gen*) to face: *El país se enfrenta a una profunda crisis.* The country is facing a serious crisis. **2 enfrentarse** (**con**) to argue (**with** ***sb***): *Si te enfrentás con ellos será peor.* You'll only make things worse if you argue with them.

enfrente *adv* ~ (**de**) opposite: *Mi casa está ~ del estadio.* My house is opposite the stadium. ◊ *el señor que estaba sentado ~* the man sitting opposite ◊ *El hospital está ~.* The hospital is across the road.

enfriar ◆ *vt* to cool *sth* (down) ◆ **enfriarse** *v pron* to get cold: *Se te está* *enfriando la sopa.* Your soup's getting cold.

enfurecer ◆ *vt* to infuriate ◆ **enfurecerse** *v pron* **enfurecerse** (**con**) (**por**) to become furious (**with *sb***) (**at *sth***)

enganchar ◆ *vt* **1** (*acoplar*) to hitch: ~ *un remolque al tractor* to hitch a trailer to the tractor **2** (*garfio, anzuelo*) to hook **3** (*involucrar*) to rope *sb* ***into doing sth***: *Me engancharon para que los ayude con la mudanza.* They roped me into helping them with the move. ◆ **engancharse** *v pron* **1** (*trabarse*) to get caught: *Se me enganchó el zapato en la alcantarilla.* My shoe has got caught in the grating. **2** (*rasgarse*) to get snagged: *Se me volvieron a ~ las medias.* My tights have got snagged again. **3** (*drogas*) to get hooked (**on *sth***) **4** **engancharse** (**con**) (*entusiasmarse*) to get hooked **on *sth***: *Marcelo se engancha mucho con la música rock.* Marcelo's really hooked on rock music.

engañar ◆ *vt* **1** (*mentir*) to lie **to *sb***: *No me engañes.* Don't lie to me. ◊ *Me engañaron diciéndome que era de oro.* They told me it was gold but it wasn't. ☛ *Ver nota en* LIE[2] **2** (*ser infiel*) to cheat **on *sb*** ◆ **engañarse** *v pron* to fool yourself

engatusar *vt* to sweet-talk *sb* (***into doing sth***)

engendrar *vt* **1** (*concebir*) to conceive **2** (*causar*) to generate

engordar ◆ *vt* (*cebar*) to fatten *sth/sb* (up) ◆ *vi* **1** (*persona*) to put on weight: *Engordé mucho.* I've put on a lot of weight. **2** (*alimento*) to be fattening: *Los caramelos engordan.* Sweets are fattening.

engrampar *vt* to staple

engreído, -a *pp, adj, nm-nf* conceited [*adj*]: *No sos más que un ~.* You're so conceited.

engripado, -a *adj*: *estar ~* to have the flu

engrupir *vt* to fool

engullir *vt* to gobble *sth* (up/down)

enharinar *vt* **1** (*pescado, carne*) to coat *sth* with flour **2** (*molde*) to flour

enhebrar *vt* to thread

enigma *nm* enigma

enjabonar(**se**) *vt, v pron* to soap: *Primero me gusta enjabonarme la espalda.* I like to soap my back first.

enjambre *nm* swarm

enjaular *vt* to cage

enjuagar ◆ *vt* to rinse ◆ **enjuagarse** *v pron*: *~se la boca* to rinse (out) your mouth

enjuague *nm* (fabric) softener LOC *Ver* CREMA

enjugarse *v pron* (*sudor, lágrimas*) to wipe *sth* (away): *Se enjugó las lágrimas.* He wiped his tears away.

enlace *nm* link

enlatar *vt* to can

enlazar *vt, vi* to connect (*sth*) (***to/with sth***)

enloquecedor, ~a *adj* maddening

enloquecer ◆ *vt* to drive *sb* mad ◆ **enloquecer**(**se**) *vi, v pron* to go mad: *El público se enloqueció de entusiasmo.* The audience went mad with excitement.

enmantecar *vt* to butter

enmarcar *vt* to frame

enmascarar ◆ *vt* to mask ◆ **enmascararse** *v pron* to put on a mask

enmendar ◆ *vt* **1** (*errores, defectos*) to correct **2** (*daños*) to repair **3** (*ley*) to amend ◆ **enmendarse** *v pron* to mend your ways

enmienda *nf* (*ley*) amendment (***to sth***)

enmudecer *vi* **1** (*perder el habla*) to go dumb **2** (*callar*) to go quiet

ennegrecer ◆ *vt* to blacken ◆ **ennegrecerse** *v pron* to go black

enojado, -a *pp, adj* ~ (**con**) (**por**) angry (**with *sb***) (**at/about *sth***): *Están ~s conmigo.* They're angry with me. ◊ *Parecés ~.* You look angry. *Ver tb* ENOJAR

enojar ◆ *vt* to make *sb* angry ◆ **enojarse** *v pron* **enojarse** (**con**) (**por**) to get angry (**with *sb***) (**at/about *sth***): *No te enojes con ellos.* Don't get angry with them.

enorgullecer ◆ *vt* to make *sb* proud: *Tu labor nos enorgullece.* We're proud of your achievements. ◆ **enorgullecerse** *v pron* to be proud ***of sth/sb***

enorme *adj* enormous LOC *Ver* DIMENSIÓN

enredadera *nf* creeper

enredar ◆ *vt* **1** (*pelo, cuerdas*) to get *sth* tangled (up) **2** (*involucrar*) to involve *sb* (***in sth***) ◆ *vi* ~ (**con/en**) to mess about (**with *sth***): *Siempre estás enredando en mis cosas.* You're always messing about with my things. ◆ **enredarse** *v pron* **1** (*pelo, cuerdas*) to get tangled (up) **2** **enredarse** (**en**) (*disputa, asunto*) to get involved (**in *sth***)

enrejado *nm* **1** (*jaula, ventana*) bars [*pl*] **2** (*para plantas*) trellis

enriquecer ◆ *vt* **1** (*lit*) to benefit **2** (*fig*) to enrich: *Enriqueció su vocabulario con la lectura.* He enriched his vocabulary by reading. ◆ **enriquecerse** *v pron* to get rich

enrojecer ◆ *vt* to redden ◆ **enrojecer (se)** *vi, v pron* **enrojecer(se)** (**de**) to go red (**with *sth***): *Enrojeció de ira.* He went red with anger.

enrolarse *v pron* ~ (**en**) to enlist (**in *sth***)

enrollar *vt* to roll *sth* up

enroscar *vt* **1** (*tapón*) to screw *sth* on: *Enroscá bien la tapa.* Screw the top on tightly. **2** (*piezas, tuercas*) to screw *sth* together

enrulado, -a *pp, adj* curly: *Tengo el pelo ~.* I've got curly hair. *Ver tb* ENRULAR

enrular ◆ *vt* to curl ◆ **enrularse** *v pron* to go curly: *Con la lluvia se me enruló el pelo.* My hair's gone curly because of the rain.

ensalada *nf* salad LOC **ensalada de frutas** fruit salad **ensalada de lechuga/mixta** green/mixed salad

ensaladera *nf* salad bowl

ensamblar *vt* to assemble

ensanchar ◆ *vt* to widen ◆ **ensancharse** *v pron* **1** (*extenderse*) to widen **2** (*dar de sí*) to stretch: *Estos zapatos se ensancharon.* These shoes have stretched.

ensangrentado, -a *pp, adj* bloodstained *Ver tb* ENSANGRENTAR

ensangrentar *vt* (*manchar*) to get blood on *sth*

ensayar *vt, vi* **1** (*gen*) to practise **2** (*Mús, Teat*) to rehearse

ensayo *nm* **1** (*experimento*) test: *un tubo de ~* a test tube **2** (*Mús, Teat*) rehearsal **3** (*Liter*) essay [*pl* essays] LOC **ensayo general** dress rehearsal

enseguida *adv* straight away

ensenada *nf* inlet

enseñado, -a *pp, adj* LOC **bien enseñado** well-trained **tener a algn mal enseñado**: *Los tenés muy mal ~s.* You spoil them. *Ver tb* ENSEÑAR

enseñanza *nf* **1** (*gen*) teaching **2** (*sistema nacional*) education: *~ primaria/secundaria* primary/secondary education

enseñar *vt* **1** (*gen*) to teach *sth*, to teach *sb* ***to do sth***: *Enseña matemáticas.* He teaches maths. ◊ *¿Quién te enseñó a jugar?* Who taught you how to play? **2** (*mostrar*) to show: *Enseñame tu cuarto.* Show me your room.

ensillar *vt* to saddle *sth* (up)

ensimismado, -a *pp, adj* **1** (*pensativo*) lost in thought **2** ~ (**en**) (*embebido*) engrossed **in *sth***: *Estaba muy ensimismada leyendo el libro.* She was deeply engrossed in her book.

ensordecedor, ~a *adj* deafening: *un ruido ~* a deafening noise

ensordecer ◆ *vt* to deafen ◆ *vi* to go deaf

ensuciar ◆ *vt* to get *sth* dirty: *No me ensucies la mesa.* Don't get the table dirty. ◊ *Te ensuciaste el vestido de aceite.* You've got oil on your dress. ◆ **ensuciarse** *v pron* to get dirty

ensueño *nm* LOC **de ensueño** dream: *una casa de ~* a dream home

entablar *vt* (*comenzar*) to start *sth* (up): *~ una conversación* to start up a conversation LOC *Ver* AMISTAD

entablillar *vt* to put *sth* in a splint

entender ◆ *vt* to understand: *No lo entiendo.* I don't understand. ◆ *vi* **1** (*gen*) to understand: *fácil/difícil de ~* easy/difficult to understand **2** ~ **de** to be well up **in *sth***: *No entiendo mucho de eso.* I don't know much about that. ◆ **entenderse** *v pron* **entenderse** (**con**) to get on (**with *sb***): *Nos entendemos muy bien.* We get on very well. LOC **dar a entender** to imply **entender mal** to misunderstand **no entender un pepino**: *No entendí un pepino de lo que dijo.* I didn't understand a word he said. *Ver tb* INDIRECTA

entendido, -a ◆ *nm-nf* ~ (**en**) expert (**at/in/on *sth***) ◆ *interj*: *¡Entendido!* Right! ◊ *¿Entendido?* All right?

enterado, -a *pp, adj* LOC **estar enterado (de)** to know (about *sth*) **no darse por enterado** to turn a deaf ear (*to sth*) *Ver tb* ENTERARSE

enterarse *v pron* ~ (**de**) **1** (*descubrir*) to find out (**about *sth***) **2** (*noticia*) to hear (**about *sth***): *Ya me enteré de lo de tu abuelo.* I've heard about your grandfather.

entero, -a *adj* **1** (*completo*) whole, entire (*formal*) **2** (*intacto*) intact **3** (*leche*) full-cream LOC *Ver* CUERPO

enterrador, ~a *nm-nf* gravedigger

enterrar *vt* (*lit y fig*) to bury LOC **enterrarse en vida** to shut yourself away

entierro *nm* **1** (*gen*) funeral: *Había*

mucha gente en el ~. There were a lot of people at the funeral. **2** (*sepelio*) burial LOC *Ver* VELA[1]

entonación *nf* intonation

entonar ◆ *vt* **1** (*cantar*) to sing **2** (*marcar el tono*) to pitch ◆ *vi* (*Mús*) to sing in tune ◆ **entonarse** *v pron* to perk up: *Tomate una copa y vas a ver como te entonás.* Have a drink and you'll soon perk up.

entonces *adv* then LOC **en/por aquel entonces** at that time

entornado, -a *pp, adj* (*puerta*) ajar *Ver tb* ENTORNAR

entornar *vt* **1** (*gen*) to half-close **2** (*puerta*) to leave *the door* ajar

entorno *nm* **1** (*ambiente*) environment **2** (*círculo*) circle: *~ familiar* family circle **3** (*alrededores*): *en el ~ de la ciudad* in and around the city

entrada *nf* **1** ~ (**en**) (*acción de entrar*) **(a)** (*gen*) entry (**into *sth***): *Prohibida la ~.* No entry. **(b)** (*club, asociación*) admission (**to *sth***): *No cobran ~ a los socios.* Admission is free for members. **2** (*boleto*) ticket: *No hay ~s.* Sold out. **3** (*puerta*) entrance (***to sth***): *Te espero a/en la ~.* I'll wait for you at the entrance. **4** (*primer pago*) deposit (***on sth***): *dar una ~ del 20%* to pay a 20% deposit **5** (*de una comida*) starter **6 entradas** (*pelo*) receding hairline: *Cada vez tenés más ~s.* Your hairline is receding fast. LOC **entrada gratuita/libre** free admission

entraña *nf* **entrañas** (*Anat*) entrails

entrañable *adj* (*querido*) much-loved

entrar *vi* **1 (a)** (*gen*) to go in/inside: *No me atreví a ~.* I didn't dare to go in. ◊ *El clavo no entró bien.* The nail hasn't gone in properly. **(b)** (*pasar*) to come in/inside: *Hacelo ~.* Ask him to come in. **2** ~ **en (a)** (*gen*) to go into..., to enter (*más formal*): *No entres en mi oficina cuando no estoy.* Don't go into my office when I'm not there. ◊ *~ en detalles* to go into detail **(b)** (*pasar*) to come into..., to enter (*más formal*): *No entres en mi habitación sin llamar.* Knock before you come into my room. **3** ~ **en** (*ingresar*) **(a)** (*profesión, esfera social*) to enter *sth* [*vt*] **(b)** (*institución, club*) to join *sth* [*vt*] **4** (*caber*) **(a)** (*ropa*) to fit: *Esta pollera no me entra.* This skirt doesn't fit (me). **(b)** ~ (**en**) to fit (**in/into *sth***): *No creo que entre en el baúl.* I don't think it'll fit in the boot. **5** (*marchas*) to engage: *La primera nunca entra bien.* First never seems to engage properly. LOC **entrar en calor** to warm up **entrar ganas de** to feel like *doing sth* **entrarle a algn el pánico** to be panic-stricken: *Me entró el pánico.* I was panic-stricken. **no me entra (en la cabeza)**... I, you, etc just don't understand... *Ver tb* PROHIBIDO

entre

a small house **between** two large ones

a house **among** some trees

entre *prep* **1** (*dos cosas, personas*) between: *entre el negocio y el cine* between the shop and the cinema **2** (*más de dos cosas, personas*) among: *Nos sentamos entre los árboles.* We sat among the trees. **3** (*en medio*) somewhere between: *Tenés los ojos entre agrisados y azules.* Your eyes are somewhere between grey and blue. LOC **entre sí 1** (*dos personas*) each other: *Hablaban entre sí.* They were talking to each other. **2** (*varias personas*) among themselves: *Los muchachos lo discutían entre sí.* The boys were discussing it among themselves. **entre tanto** *Ver* ENTRETANTO **entre todos** together: *Lo haremos entre todos.* We'll do it together.

entreabierto, -a *adj* half-open

entreacto *nm* interval

entrecejo *nm* space between the eyebrows

entrecortado, -a *adj* **1** (*voz*) faltering **2** (*frases*) broken

entredicho *nm* **1** (*entre dos personas*) argument **2** (*entre países*) dispute LOC **poner en entredicho** to call *sth* into question

entrega *nf* **1** (*gen*) handing over: *la ~ de la plata* the handing over of the money **2** (*mercancía*) delivery LOC **entrega de medallas** medal ceremony **entrega de premios** prize-giving

entregado, -a *pp, adj* ~ **(a)** devoted (**to *sth/sb***) *Ver tb* ENTREGAR

entregar ◆ *vt* **1** (*gen*) to hand *sth/sb* over (***to sb***): *~ los documentos/las llaves* to hand over the documents/keys ◊ *~ a* *algn a las autoridades* to hand sb over to the authorities **2** (*premio, medallas*) to present *sth* (***to sb***) **3** (*mercancía*) to deliver ◆ **entregarse** *v pron* **entregarse** (**a**) **1** (*rendirse*) to give yourself up, to surrender (*más formal*) (**to *sb***): *Se entregaron a la policía.* They gave themselves up to the police. **2** (*dedicarse*) to devote yourself **to *sth*/*sb***

entrenador, ~a *nm-nf* **1** (*gen*) trainer **2** (*Dep*) coach

entrenamiento *nm* training

entrenar(se) *vt, v pron* to train

entrepierna *nf* crotch

entrepiso *nm* (*edificio*) mezzanine

entretanto *adv* in the meantime

entretener ◆ *vt* **1** (*demorar*) to keep: *No quiero ~te demasiado.* I won't keep you long. **2** (*divertir*) to keep *sb* amused **3** (*distraer*) to keep *sb* busy: *Entretenelo mientras yo entro.* Keep him busy while I go in. ◆ **entretenerse** *v pron* **1 entretenerse** (**con**) (*disfrutar*): *Lo hago por ~me.* I just do it to pass the time. ◊ *Me entretengo con cualquier cosa.* I'm easily amused. **2** (*distraerse*) to hang about (***doing sth***): *No se entretengan y vengan a casa enseguida.* Don't hang about; come home straight away.

entretenido, -a *pp, adj* entertaining LOC **estar entretenido** to be happy (*doing sth*) *Ver tb* ENTRETENER

entretenimiento *nm* **1** (*diversión*) entertainment **2** (*pasatiempo*) pastime

entreverado, -a *pp, adj* (*desordenado*) muddled up

entrevista *nf* **1** (*reunión*) meeting **2** (*trabajo, Period*) interview

entrevistador, ~a *nm-nf* interviewer

entrevistar ◆ *vt* to interview ◆ **entrevistarse** *v pron* **entrevistarse** (**con**) to meet: *Se entrevistó con él en el hotel.* She met him in the hotel.

entristecer ◆ *vt* to sadden ◆ **entristecerse** *v pron* **entristecerse** (**por**) to be sad (**because of/about *sth***)

entrometerse *v pron* ~ (**en**) to interfere (**in *sth***)

entrometido, -a ◆ *pp, adj* meddlesome ◆ *nm-nf* meddler *Ver tb* ENTROMETERSE

enturbiar ◆ *vt* **1** (*líquido*) to make *sth* cloudy **2** (*relaciones, asunto*) to cloud ◆ **enturbiarse** *v pron* **1** (*líquido*) to become cloudy **2** (*relaciones, asunto*) to become muddled

entusiasmado, -a *pp, adj* LOC **estar entusiasmado** (**con**) to be delighted (at/about *sth*) *Ver tb* ENTUSIASMAR

entusiasmar ◆ *vt* to thrill ◆ **entusiasmarse** *v pron* **1** (*excitarse*) **entusiasmarse** (**con/por**) to get excited (**about/over *sth***) **2** (*pasatiempo*) to get keen **on *sth*/*doing sth***: *Se entusiasmó por el ajedrez.* She's got very keen on chess.

entusiasmo *nm* ~ (**por**) enthusiasm (**for *sth***) LOC **con entusiasmo** enthusiastically

enumerar *vt* to list, to enumerate (*formal*)

enunciado *nm* (*problema, teoría*) wording

enunciar *vt* to enunciate

envasado, -a *pp, adj* LOC **envasado al vacío** vacuum-packed *Ver tb* ENVASAR

envasar *vt* **1** (*embotellar*) to bottle **2** (*enlatar*) to can

envase *nm* **1** (*botella*) bottle **2** (*botella vacía*) empty bottle [*pl* empties]: *Tengo que devolver estos ~s.* I've got to take these empties back. **3** (*lata*) can **4** (*caja*) packet

envejecer ◆ *vi* (*persona*) to get old: *Ha envejecido mucho.* He's got very old. ◆ *vt* **1** (*persona, vino*) to age: *La enfermedad lo ha envejecido.* Illness has aged him. **2** (*madera*) to season

envenenar ◆ *vt* to poison ◆ **envenenarse** *v pron*: *Se envenenaron comiendo hongos.* They ate poisonous mushrooms.

enviado, -a *nm-nf* **1** (*emisario*) envoy [*pl* envoys] **2** (*Period*) correspondent: *~ especial* special correspondent

enviar *vt* to send

enviciarse *v pron Ver* VICIARSE

envidia *nf* envy: *hacer algo por ~* to do sth out of envy ◊ *¡Qué ~!* I really envy you! LOC **dar envidia** to make *sb* jealous **tener envidia** to be jealous (*of sth/sb*) *Ver tb* COMIDO, MUERTO

envidiar *vt* to envy

envidioso, -a *adj, nm-nf* envious [*adj*]: *Sos un ~.* You're very envious.

envío *nm* **1** (*acción*) sending **2** (*paquete*) parcel **3** (*Com*) consignment LOC **envío contra reembolso** cash on delivery (*abrev* COD) *Ver tb* GASTO

enviudar *vi* to be widowed

envoltorio *nm* wrapper

envolver *vt* to wrap *sth/sb* (up) (***in sth***): *¿Se lo envolvemos?* Would you like it wrapped? LOC **envolver para regalo** to gift-wrap: *¿Me lo envuelve para regalo?*

Can you gift-wrap it for me, please? *Ver tb* PAPEL

envuelto, -a *pp, adj* LOC **verse envuelto en** to find yourself involved in *sth Ver tb* ENVOLVER

enyesado, -a *pp, adj* in plaster: *Tengo el brazo ~.* My arm's in plaster. *Ver tb* ENYESAR

enyesar *vt* to put *sth* in plaster: *Me enyesaron una pierna.* They put my leg in plaster.

epicentro *nm* epicentre

epidemia *nf* epidemic: *una ~ de cólera* a cholera epidemic

epilepsia *nf* epilepsy

episodio *nm* episode: *una serie de cinco ~s* a serial in five episodes

época *nf* **1** (*gen*) time: *en aquella ~* at that time ◊ *la ~ más fría del año* the coldest time of the year **2** (*era*) age: *la ~ de Felipe II* the age of Philip II LOC **de época** period: *mobiliario de ~* period furniture *Ver tb* GLACIAR

equilátero, -a *adj* LOC *Ver* TRIÁNGULO

equilibrio *nm* **1** (*gen*) balance: *mantener/perder el ~* to keep/lose your balance ◊ *~ de fuerzas* balance of power **2** (*Fís*) equilibrium

equilibrista *nmf* **1** (*acróbata*) acrobat **2** (*en la cuerda floja*) tightrope walker

equino, -a *adj* LOC *Ver* GANADO

equipaje *nm* luggage [*incontable*]: *No llevo mucho ~.* I haven't got much luggage. ◊ *~ de mano* hand luggage LOC **hacer el equipaje** to pack *Ver tb* DÉPOSITO, EXCESO

equipar *vt* **1** (*gen*) to equip *sth/sb* (**with** ***sth***): *~ una oficina con muebles* to equip an office with furniture **2** (*ropa, Náut*) to fit *sth/sb* out (**with sth**): *~ a los chicos para el invierno* to fit the children out for the winter

equipo *nm* **1** (*grupo de personas*) team [*v sing o pl*]: *un ~ de fútbol* a football team ◊ *un ~ de expertos* a team of experts **2** (*equipamiento*) **(a)** (*gen*) equipment [*incontable*]: *un ~ de laboratorio* laboratory equipment **(b)** (*Dep*) gear: *~ de caza/pesca* hunting/fishing gear LOC **equipo de música** hi-fi (system) *Ver tb* COMPAÑERO, TRABAJO

equitación *nf* horseriding LOC *Ver* ESCUELA

equivaler *vi* ~ **a** (*valer*) to be equivalent **to** ***sth***: *Esto equivale a mil pesos.* That would be equivalent to one thousand pesos.

equivocación *nf* **1** (*error*) mistake: *cometer una ~* to make a mistake **2** (*malentendido*) misunderstanding

equivocado, -a *pp, adj* wrong: *estar ~* to be wrong *Ver tb* EQUIVOCARSE

equivocarse *v pron* **1** ~ **(en)** (*confundirse*) to be wrong (**about** ***sth***): *En eso te equivocás.* You're wrong about that. **2** ~ **(de)**: *Se equivocó de número.* You got the wrong number. ◊ *~ de calle* to take the wrong road

era *nf* (*período*) era

erección *nf* erection

erguir *vt* (*cabeza*) to hold *your head* up

erizar ◆ *vt* to set *sb's* teeth on edge: *Ese ruido me eriza.* That noise sets my teeth on edge. ◆ **erizarse** *v pron* **1** (*pelo*) to stand on end **2** (*persona*) to get goose-pimples

erizo *nm* hedgehog LOC **erizo de mar** sea urchin

ermita *nf* hermitage

erosión *nf* erosion

erosionar *vt* to erode

erótico, -a *adj* erotic

errar ◆ *vt* to miss: *Erró el tiro.* He missed (with) his shot. ◆ *vi* (*vagar*) to wander

errata *nf* mistake

erróneo, -a *adj*: *La información era errónea.* The information was incorrect. ◊ *Tomaron la decisión errónea.* They made the wrong decision.

error *nm* mistake: *cometer un ~* to make a mistake ☛ *Ver nota en* MISTAKE

eructar *vi* to burp (*coloq*), to belch

eructo *nm* burp (*coloq*), belch

erupción *nf* **1** (*gen*) eruption **2** (*Med*) rash

esbelto, -a *adj* **1** (*delgado*) slim ☛ *Ver nota en* DELGADO **2** (*elegante*) graceful

escabeche *nm* LOC **en escabeche** in pickling brine

escabullirse *v pron* **1** (*irse*) to slip away **2** ~ **de/de entre** to slip **out of** ***sth***: *~ de las manos* to slip out of your hands

escafandra *nf* diving-suit

escala *nf* **1** (*gen*) scale: *en una ~ de uno a diez* on a scale of one to ten **2** (*viajes*) stopover LOC **escala musical** scale **hacer escala** to stop (over) *in...*

escalada *nf* (*montaña*) climb

escalador, ~a *nm-nf* climber

escalar *vt, vi* to climb

escaleno *adj* LOC *Ver* TRIÁNGULO

escalera *nf* (*de un edificio*) stairs [*pl*],

staircase (*más formal*): *La casa tiene una ~ antigua.* The house has an antique staircase. ◊ *Me caí por las ~s.* I fell down the stairs. LOC **bajar/subir las escaleras** to go downstairs/upstairs **escalera de caracol** spiral staircase **escalera de incendios** fire escape **escalera mecánica** escalator *Ver tb* RODAR

escalofrío *nm* shiver LOC **dar escalofríos** to send shivers down your spine **tener/sentir escalofríos** to shiver

escalón *nm* step

escama *nf* scale

escandalizar *vt* to shock

escándalo *nm* **1** (*asunto*) scandal **2** (*ruido*) racket: *¡Qué ~!* What a racket! LOC **hacer/armar un escándalo** to make a scene

escandaloso, -a *adj* (*risa, color*) loud

escaño *nm* seat

escapada *nf* **1** (*fuga*) escape **2** (*viaje*) short break: *una ~ de fin de semana* a weekend break **3** (*Dep*) breakaway

escapar(se) ◆ *vi, v pron* **escapar(se) (de)** **1** (*lograr salir*) to escape (**from** *sth*/*sb*): *El loro se escapó de la jaula.* The parrot escaped from its cage. **2** (*evitar*) to escape *sth* [*vt*]: *~ de la justicia* to escape arrest ◆ **escaparse** *v pron* **1** (*gas, líquido*) to leak **2** (*involuntariamente*): *Se le escapó una palabrota.* He accidentally swore. **3** (*secreto*) to let *sth* slip: *Se me escapó que estaba embarazada.* I let (it) slip that she was expecting. **4** (*detalles, oportunidad, medio de transporte*) to miss: *No se te escapa nada.* You don't miss a thing. LOC **dejar escapar** **1** (*persona*) to let *sb* get away **2** (*oportunidad*) to let *sth* slip: *Dejaste ~ la mejor ocasión de tu vida.* You've let slip the chance of a lifetime.

escapatoria *nf* way out: *Es nuestra única ~.* It's the only way out.

escape *nm* (*gas, líquido*) leak LOC *Ver* CAÑO

escarabajo *nm* beetle

escarbadientes *nm* toothpick

escarbar *vi, vt* (*tierra*) to dig

escarcha *nf* frost

escarchar *v imp*: *Anoche escarchó.* It was frosty last night.

escarmentado, -a *pp, adj* LOC **estar escarmentado** to have learnt your lesson *Ver tb* ESCARMENTAR

escarmentar ◆ *vt* to teach *sb* a lesson ◆ *vi* to learn your lesson: *No escarmentás, ¿eh?* Will you never learn?

escarola *nf* (*Bot*) endive

escarpín *nm* (*de bebé*) bootee

escasear *vi* to be scarce

escasez *nf* shortage: *Hay ~ de profesorado.* There is a shortage of teachers.

escaso, -a *adj* **1** (+ *sustantivo contable en plural*) few: *a ~s metros de distancia* a few metres away **2** (+ *sustantivo incontable*) little: *La ayuda que recibieron fue escasa.* They received very little help. ◊ *debido al ~ interés* due to lack of interest ◊ *productos de escasa calidad* poor quality products **3** (*apenas*) only just (*coloq*), barely: *Tiene tres años ~s.* She is only just three. LOC **andar escaso de** to be short of *sth*

escena *nf* scene: *acto primero, ~ segunda* act one, scene two LOC **poner en escena** to stage *Ver tb* PUESTA

escenario *nm* **1** (*teatro, auditorio*) stage: *salir al ~* to come onto the stage **2** (*lugar*) scene: *el ~ del crimen* the scene of the crime

escenificar *vt* **1** (*representar*) to stage **2** (*adaptar*) to dramatize

esclarecer *vt* **1** (*explicar*) to clarify **2** (*delito*) to clear *sth* up: *~ un asesinato* to clear a murder up

esclavitud *nf* slavery

esclavizado, -a *pp, adj* LOC **tener esclavizado a algn** to treat sb like a slave *Ver tb* ESCLAVIZAR

esclavizar *vt* to enslave

esclavo, -a *adj, nm-nf* slave [*n*]: *Los tratan como a ~s a ustedes.* You are treated like slaves. ◊ *ser ~ de la plata* to be a slave to money

esclusa *nf* lock

escoba *nf* **1** (*gen*) broom, brush ☛ *Ver dibujo en* BRUSH **2** (*de bruja*) broomstick

escobilla *nf* (*cuarto de baño*) toilet brush

escobillón *nm* broom ☛ *Ver dibujo en* BRUSH

escocés, -esa ◆ *adj* Scottish ◆ *nm-nf* Scotsman/woman [*pl* Scotsmen/women]: *los escoceses* the Scots LOC *Ver* CUADRO, POLLERA

Escocia *nf* Scotland

escoger *vt, vi* to choose: *Escogé vos.* You choose. ◊ *~ entre dos cosas* to choose between two things ◊ *Hay que ~ del menú.* You have to choose from the menu.

escolar ◆ *adj* **1** (*gen*) school [*n atrib*]: *año/curso* ~ school year ◊ *el comienzo de las vacaciones ~es* the start of the school holidays **2** (*sistema*) education [*n atrib*]: *el sistema* ~ the education system ◆ *nmf* schoolboy [*fem* schoolgirl] [*pl* schoolchildren] LOC *Ver* CENTRO, CERTIFICADO

escolta *nf, nmf* escort

escoltar *vt* to escort

escombro *nm* **escombros** rubble [*incontable, v sing*]: *reducir algo a ~s* to reduce sth to rubble ◊ *un montón de ~s* a pile of rubble

esconder ◆ *vt* to hide: *Lo escondieron abajo de la cama.* They hid it under the bed. ◊ *Escondé el regalo para que no lo vea mi madre.* Hide the present from my mother. ◆ **esconderse** *v pron* **esconderse (de)** to hide (**from** ***sth/sb***): *¿De quién se esconden?* Who are you hiding from?

escondido, -a *pp, adj* (*recóndito*) secluded LOC **a escondidas** in secret **las escondidas** hide-and-seek: *¿Jugamos a las escondidas?* Shall we play hide-and-seek? *Ver tb* ESCONDER

escondite *nm* (*escondrijo*) hiding place

escopeta *nf* **1** (*gen*) rifle **2** (*de perdigones*) shotgun

Escorpio *nm, nmf* (*Astrología*) Scorpio [*pl* Scorpios] ☛ *Ver ejemplos en* AQUARIUS

escorpión *nm* (*alacrán*) scorpion

escotado, -a *pp, adj* low-cut: *Es demasiado ~.* It's too low-cut. ◊ *un vestido ~ atrás* a dress that comes down at the back ◊ *un zapato ~* a strapless shoe *Ver tb* ESCOTAR

escotar *vt* (*prenda*) to lower the neckline of *sth*

escote *nm* **1** (*prenda*) neckline **2** (*pecho*) chest LOC **escote en v** V-neck

escotilla *nf* hatch

escracharse *v pron* to smash (***into sth***): *Se escrachó contra la pared.* He smashed into the wall.

escribano, -a *nm-nf* (*Jur*) notary public [*pl* notaries public]

escribir ◆ *vt* **1** (*gen*) to write: *~ un libro* to write a book **2** (*ortografía*) to spell: *No sé ~lo.* I don't know how to spell it. ◊ *¿Cómo se escribe?* How do you spell it? ◆ *vi* to write: *Nunca me escribís.* You never write to me. ◊ *Todavía no sabe ~.* He can't write yet. ◆ **escribirse** *v pron* **escribirse con**: *Me gustaría ~me con un inglés.* I'd like to have an English pen pal. LOC **escribir a mano** to write *sth* in longhand *Ver tb* MÁQUINA

escrito, -a ◆ *pp, adj*: *poner algo por ~* to put sth in writing ◆ *nm* **1** (*examen*) written test **2** (*documento*) document *Ver tb* ESCRIBIR

escritor, ~a *nm-nf* writer

escritorio *nm* **1** (*mesa*) desk **2** (*oficina*) office **3** (*en una casa*) study [*pl* studies]

escritura *nf* **1** (*gen*) writing **2 Escritura(s)** Scripture: *la Sagrada Escritura/las Escrituras* the Holy Scripture(s)/the Scriptures

escrupuloso, -a *adj* **1** (*aprensivo*) fussy: *Dame tu vaso, no soy ~.* Give me your glass. I'm not fussy. **2** (*honrado*) scrupulous

escrutinio *nm* (*recuento*) count

escuadra *nf* **1** (*regla*) set square **2** (*Mil*) squad

escuadrón *nm* squadron

escuchar *vt, vi* to listen (**to** ***sth/sb***): *Nunca me escuchás.* You never listen to me. ◊ *¡Escuchá! ¿Lo oís?* Listen! Can you hear it?

escudero *nm* squire

escudo *nm* **1** (*gen*) shield: *~ protector* protective shield **2** (*insignia*) emblem LOC **escudo de armas** coat of arms

escuela *nf* **1** (*gen*) school: *Iremos después de la ~.* We'll go after school. ◊ *El lunes no habrá ~.* There'll be no school on Monday. ◊ *Todos los días voy a la ~ en colectivo.* I go to school on the bus every day. ◊ *El martes voy a la ~ para hablar con tu profesor.* On Tuesday I'll go to the school to talk to your teacher. ☛ *Ver nota en* SCHOOL **2** (*academia*) college: *~ de policía* police college LOC **escuela de conductores** driving school **escuela de equitación** riding school **escuela nocturna** evening classes **escuela primaria** primary school **escuela secundaria** secondary school **escuela técnica** technical college

> En Gran Bretaña hay escuelas del estado, **state schools**, y escuelas privadas, **independent schools**. Los **public schools** son un tipo de colegios privados más tradicionales y conocidos, como por ejemplo Eton y Harrow.

esculpir *vt, vi* to sculpt: *Me gustaría ~ en piedra.* I'd like to sculpt in stone.

escultor, ~a *nm-nf* sculptor [*fem* sculptress]

escultura *nf* sculpture

escupir ◆ *vt* **1** (*expectorar*) to spit *sth* (out) **2** (*a algn*) to spit **at sb** ◆ *vi* to spit

escupitajo *nm* spittle [*incontable*]: *Había un ~ en el suelo.* There was some spittle on the ground. ◊ *soltar un ~* to spit

escurridor *nm* (*secador de platos*) plate rack

escurrir ◆ *vt* **1** (*ropa*) to wring *sth* (out) **2** (*platos, verduras, legumbres*) to drain ◆ *vi* **1** (*gen*) to drain: *Poné los platos a ~.* Leave the dishes to drain. **2** (*ropa*) to drip ◆ **escurrirse** *v pron* **escurrirse (de/entre/de entre)** to slip (**out of/from sth**): *El jabón se le escurrió de entre las manos.* The soap slipped out of his hands.

ese *nf* LOC **hacer eses 1** (*gen*) to zigzag **2** (*persona*) to stagger

ese, -a *adj* that [*pl* those]: *a partir de ~ momento* from that moment on ◊ *esos libros* those books

ése, -a *pron* **1** (*cosa*) that one [*pl* those (ones)]: *Yo no quiero ése/ésos.* I don't want that one/those ones. **2** (*persona*): *¡Fue ésa!* It was her fault! ◊ *Yo no voy con ésos.* I'm not going with them.

esencia *nf* essence

esencial *adj* ~ (**para**) essential (**to/for** ***sth***)

esfera *nf* **1** (*gen, Geom*) sphere **2** (*reloj*) face

esférico, -a *adj* spherical

esfinge *nf* sphinx

esforzarse *v pron* ~ (**en/para/por**) to try (hard) (***to do sth***): *Se esforzaron mucho.* They tried very hard.

esfuerzo *nm* **1** (*gen*) effort: *Hacé un ~ y comé algo.* Make an effort to eat something. ◊ *No deberías hacer ~s, todavía no estás recuperado.* You shouldn't overdo it, you're still recovering. **2** (*intento*) attempt (***at doing sth/to do sth***): *en un último ~ por evitar el desastre* in a last attempt to avoid disaster LOC **sin esfuerzo** effortlessly

esfumarse *v pron* to vanish LOC **¡esfumate!** get lost!

esgrima *nf* (*Dep*) fencing

esgrimir *vt* (*arma*) to wield

eslalon *nm* slalom

eslogan *nm* slogan

esmaltar *vt* to enamel

esmalte *nm* enamel LOC **esmalte de uñas** nail varnish

esmeralda *nf* emerald

esmerarse *v pron* ~ (**en/por**) to try very hard (***to do sth***): *Esmerate un poco más.* Try a bit harder.

esmero *nm* LOC **con esmero** (very) carefully

esmoquin *nm* dinner jacket

esnob ◆ *adj* snobbish ◆ *nmf* snob

eso *pron* that: *¿Qué es ~?* What's that? ◊ *~ es, muy bien.* That's right, very good. LOC **a eso de** at about: *a ~ de la una* at about one o'clock ☛ *Ver nota en* AROUND[1] **por eso** (*por esa razón*) so, therefore (*formal*)

esófago *nm* oesophagus [*pl* oesophagi/ oesophaguses]

esos, -as *adj Ver* ESE

ésos, -as *pron Ver* ÉSE

espacial *adj* space [*n atrib*]: *misión/ vuelo ~* space mission/flight LOC *Ver* AERONAVE, BASE, NAVE, TRAJE

espacio *nm* **1** (*gen, Mús*) space **2** (*lugar*) room: *En mi valija hay ~ para tu pulóver.* There is room for your jumper in my suitcase. **3** (*ejercicio, formulario*) gap: *Completá los ~s con preposiciones.* Fill in the gaps with prepositions. **4** (*Radio, TV*) programme **5** (*rato libre*) free time [*incontable*]: *El lunes por la tarde tengo un ~.* I've got some free time on Monday afternoon.

espada *nf* **1** (*arma*) sword **2 espadas** (*Naipes*) ☛ *Ver nota en* CARTA LOC **estar entre la espada y la pared** to be between the devil and the deep blue sea

espagueti *nm* **espaguetis** spaghetti [*incontable, v sing*]

espalda *nf* **1** (*gen*) back: *Me duele la ~.* My back hurts. **2** (*natación*) backstroke: *100 metros ~* 100 metres backstroke LOC **dar la espalda** to turn your back on *sth/sb* **de espaldas**: *Ponete de ~s a la pared.* Stand with your back to the wall. ◊ *ver a algn de ~s* to see sb from behind **hacer algo a espaldas de algn** to do sth behind sb's back *Ver tb* NADAR

espantapájaros *nm* scarecrow

espantar ◆ *vt* **1** (*asustar*) to terrify **2** (*ahuyentar*) to drive *sth/sb* away ◆ *vi* **1** (*detestar*) to hate *sth/doing sth* [*vt*]: *Me espanta viajar sola.* I hate travelling alone. **2** (*horrorizar*) to appal: *Nos espantaron las condiciones del hospital.* We were appalled by conditions at the hospital.

espanto *nm* (*miedo*) fear LOC **¡qué espanto!** how awful!

espantoso, -a *adj* dreadful

España *nf* Spain

español, ~a ◆ *adj, nm* Spanish: *hablar ~* to speak Spanish ◆ *nm-nf* Spaniard: *los ~es* the Spanish

esparcir *vt* to scatter

espárrago *nm* asparagus [*incontable*]

esparto *nm* esparto

espátula *nf* spatula

especia *nf* spice

especial *adj* special LOC **en especial 1** (*sobre todo*) especially: *Me gustan mucho los animales, en ~ los perros.* I'm very fond of animals, especially dogs. ☛ *Ver nota en* SPECIALLY **2** (*en concreto*) in particular: *Sospechan de uno de ellos en ~.* They suspect one of them in particular.

especialidad *nf* speciality [*pl* specialities]

especialista *nmf* ~ (**en**) specialist (**in** ***sth***): *un ~ en informática* a computer specialist

especializarse *v pron* ~ (**en**) to specialize (**in** ***sth***)

especialmente *adv* **1** (*sobre todo*) especially: *Me encantan los animales, ~ los gatos.* I love animals, especially cats. **2** (*en particular*) particularly: *Estoy ~ preocupada por el abuelo.* I'm particularly concerned about grandad. ◊ *No es un hombre ~ corpulento.* He's not a particularly fat man. **3** (*expresamente*) specially: *~ diseñado para discapacitados* specially designed for disabled people ☛ *Ver nota en* SPECIALLY

especie *nf* **1** (*Biol*) species [*pl* species] **2** (*clase*) kind: *Era una ~ de barniz.* It was a kind of varnish.

especificar *vt* to specify

específico, -a *adj* specific

espécimen *nm* specimen

espectacular *adj* spectacular

espectáculo *nm* **1** (*gen*) spectacle: *un ~ impresionante* an impressive spectacle **2** (*función*) show LOC **dar un espectáculo** to make a scene *Ver tb* MUNDO

espectador, ~a *nm-nf* **1** (*Teat, Mús*) member of the audience **2** (*Dep*) spectator

espejismo *nm* mirage

espejo *nm* mirror LOC **espejo retrovisor** rear-view mirror **mirarse en el espejo** to look (at yourself) in the mirror

espera *nf* wait LOC *Ver* COMPÁS, LISTA, SALA

esperanza *nf* hope LOC **esperanza de vida** life expectancy

esperar ◆ *vt* to wait for *sth/sb*, to expect, to hope

> Los tres verbos **to wait**, **to expect** y **to hope** significan esperar, pero no deben confundirse:
> **To wait** indica que una persona espera, sin hacer otra cosa, a que alguien llegue o a que algo suceda por fin: *Espérame, por favor.* Wait for me, please. ◊ *Estoy esperando el colectivo.* I'm waiting for the bus. ◊ *Estamos esperando a que deje de llover.* We are waiting for it to stop raining.
> **To expect** se usa cuando lo esperado es lógico y muy probable: *Había más tráfico de lo que yo esperaba.* There was more traffic than I had expected. ◊ *Esperaba carta de él ayer, pero no recibí ninguna.* I was expecting a letter from him yesterday, but didn't receive one. Si una mujer está embarazada, también se dice **expect**: *Está esperando un bebé.* She's expecting a baby.
> Con **to hope** se expresa el deseo de que algo suceda o haya sucedido: *Espero volver a verte pronto.* I hope to see you again soon. ◊ *Espero que sí/no.* I hope so/not.

◆ *vi* to wait: *Estoy harta de ~.* I'm fed up of waiting.

esperma *nf* sperm

espesar(se) *vt, v pron* to thicken

espeso, -a *adj* thick: *La salsa está muy espesa.* This sauce is very thick.

espía *nmf* spy [*pl* spies]

espiar *vt, vi* to spy (**on** ***sb***): *No me espíes.* Don't spy on me.

espiga *nf* (*cereal*) ear

espín LOC *Ver* PUERCO

espina *nf* **1** (*Bot*) thorn **2** (*pez*) bone LOC **espina dorsal** spine

espinaca *nf* spinach: *Me encanta la ~.* I love spinach.

espionaje *nm* spying: *Me acusan de ~.* I've been accused of spying. ◊ *Se dedica al ~.* He's a spy.

espiral *adj, nf* spiral

espiritismo *nm* spiritualism LOC **hacer espiritismo** to attend a séance

espíritu *nm* **1** (*gen*) spirit: *~ de equipo* team spirit **2** (*alma*) soul LOC **Espíritu Santo** Holy Spirit

espiritual *adj* spiritual

espléndido, -a *adj* splendid: *Fue una cena espléndida.* It was a splendid dinner.

espolvorear *vt* to sprinkle *sth* (***with sth***)

esponja *nf* **1** (*gen*) sponge **2** (*para vajilla*) scourer LOC *Ver* CHUPAR

esponjoso, -a *adj* (*bizcochuelo, pan*) light

espontáneo, -a *adj* **1** (*impulsivo*) spontaneous **2** (*natural*) natural

esporádico, -a *adj* sporadic

esposar *vt* to handcuff

esposas *nf* handcuffs LOC **ponerle las esposas a algn** to handcuff sb

esposo, -a *nm-nf* husband [*fem* wife, *pl* wives]

espuela *nf* spur

espuma *nf* **1** (*gen*) foam **2** (*cerveza, huevo*) froth **3** (*jabón, champú*) lather **4** (*pelo*) mousse LOC **hacer espuma 1** (*olas*) to foam **2** (*jabón*) to lather *Ver tb* BAÑO

espumante *adj* (*vino*) sparkling

esquelético, -a *adj* (*flaco*) skinny ☛ *Ver nota en* FLACO

esqueleto *nm* **1** (*Anat*) skeleton **2** (*estructura*) framework

esquema *nm* **1** (*diagrama*) diagram **2** (*resumen*) outline

esquí *nm* **1** (*tabla*) ski [*pl* skis] **2** (*Dep*) skiing LOC **esquí acuático** water-skiing: *hacer ~ acuático* to go water-skiing *Ver tb* ESTACIÓN, PISTA

esquiador, ~a *nm-nf* skier

esquiar *vi* to ski: *Me gusta mucho ~.* I love skiing. ◊ *Esquían todos los fines de semana.* They go skiing every weekend.

esquilar *vt* to shear

esquimal *nmf* Eskimo [*pl* Eskimo/ Eskimos]

esquina *nf* corner: *El café está en la ~ de Callao y Corrientes.* The café is on the corner of Callao and Corrientes. LOC *Ver* VUELTA

esquinazo *nm* LOC **dar el esquinazo** to give *sb* the slip

esquirol *nmf* blackleg

esquivar *vt* **1** (*gen*) to dodge **2** (*persona*) to avoid

esquizofrenia *nf* schizophrenia

esquizofrénico, -a *adj, nm-nf* schizophrenic

esta *adj Ver* ESTE

ésta *pron Ver* ÉSTE

estabilidad *nf* stability

estabilizar(se) *vt, v pron* to stabilize: *El enfermo se ha estabilizado.* The patient's condition has stabilized.

estable *adj* stable

establecer ◆ *vt* **1** (*crear*) to set *sth* up: *~ una compañía* to set up a company **2** (*determinar, ordenar*) to establish: *~ la identidad de una persona* to establish the identity of a person **3** (*récord*) to set ◆ **establecerse** *v pron* **1** (*afincarse*) to settle **2** (*en un negocio*) to set up: *~te por tu cuenta* to set up your own business

establo *nm* stable

estación *nf* **1** (*gen*) station: *¿Dónde está la ~ de ómnibus?* Where's the bus station? **2** (*del año*) season **3** (*emisora*) radio station LOC **estación de esquí** ski resort **estación de servicio** petrol station **estación de tren** railway/train station *Ver tb* JEFE

estacionamiento *nm* **1** (*parking*) car park **2** (*espacio*) parking space: *No encuentro ~.* I can't find a parking space. LOC *Ver* PLAYA

estacionar *vt, vi* to park: *¿Dónde estacionaste?* Where did you park? LOC **estacionar en doble fila** to double-park *Ver tb* PROHIBIDO

estadía *nf* **1** (*gen*) stay: *su ~ en el hospital* his stay in hospital **2** (*gastos*) living expenses [*pl*]: *pagar los viajes y la ~* to pay travel and living expenses

estadio *nm* (*Dep*) stadium [*pl* stadiums/stadia]

estadística *nf* **1** (*ciencia*) statistics [*sing*] **2** (*cifra*) statistic

estado *nm* **1** (*gen*) state: *la seguridad del ~* state security **2** (*condición médica*) condition: *Su ~ no reviste gravedad.* Her condition isn't serious. LOC **en estado de coma** in a coma **en mal estado 1** (*alimento*): *agua en mal ~* contaminated water ◊ *El pescado estaba en mal ~.* The fish was off. **2** (*ruta*) in a bad state of repair **estado civil** marital status **estar en estado** to be expecting *Ver tb* GOLPE

Estados Unidos *nm* (the) United States (*abrev* US/USA) [*v sing o pl*]

estafa *nf* swindle

estafar *vt* to swindle *sb* (**out of *sth***): *Ha estafado millones de libras a los inversores.* He has swindled investors out of millions of pounds.

estalactita *nf* stalactite

estalagmita *nf* stalagmite

estallar *vi* **1** (*bomba*) to explode **2**

(*globo*) to burst **3** (*guerra, epidemia*) to break out **4** (*escándalo, tormenta*) to break

estallido *nm* **1** (*bomba*) explosion **2** (*guerra*) outbreak

estampa *nf* (*dibujo*) picture

estampado, -a *pp, adj* (*tela*) patterned *Ver tb* ESTAMPAR

estampar *vt* to print

estampida *nf* stampede

estampilla *nf* (*correo*) stamp: *Dos ~s para España, por favor.* Two stamps for Spain, please. ◊ *Ponele una ~ a la postal.* Put a stamp on the postcard. ☛ *Ver nota en* STAMP

estancado, -a *pp, adj* (*agua*) stagnant *Ver tb* ESTANCARSE

estancarse *v pron* **1** (*agua*) to stagnate **2** (*negociación*) to come to a standstill

estancia *nf* ranch

estanciero, -a *nm-nf* farmer

estándar *adj, nm* standard

estandarte *nm* banner

estanque *nm* (*jardín, parque*) pond

estante *nm* shelf [*pl* shelves]

estantería *nf* shelves [*pl*]: *Esa ~ está torcida.* Those shelves are crooked.

estaño *nm* tin

estar ◆ *v copul, vi* **1** (*gen*) to be: *¿Dónde está la biblioteca?* Where's the library? ◊ *¿Está Ana?* Is Ana in? ◊ *~ enfermo/cansado* to be ill/tired **2** (*aspecto*) to look: *Hoy estás buen mozo.* You look very nice today. ◆ *v aux* **+ gerundio** to be **doing sth**: *Estaban jugando.* They were playing. ◆ **estarse** *v pron* to be: *~se callado/quieto* to be quiet/still LOC **está bien 1** (*de acuerdo*) OK: *—¿Me lo prestás? —Está bien.* 'Can I borrow it?' 'OK.' **2** (*¡basta!*) that's enough **¿estamos?** all right? **estar a 1** (*fecha*): *Estamos a tres de mayo.* It's the third of May. **2** (*temperatura*): *En Jujuy están a 30°C.* It's 30°C in Jujuy. **3** (*precio*): *¿A cuánto están las bananas?* How much are the bananas? **estar con** (*apoyar*) to be behind *sb*: *¡Ánimo, estamos con vos!* Go for it, we're behind you! **estar por…** to be about…: *Está por llover.* It's about to rain. **estar/ponerse bien** to be/get well **estar por caer en cualquier momento** to be due to arrive any time now: *María está por caer en cualquier momento.* María is due to arrive any time now. **estar que…**: *Estoy que me caigo de sueño.* I'm dead on my feet. **no estar para** not to be in the mood for *sth*: *No estoy para chistes.* I'm not in the mood for jokes. ☛ Para otras expresiones con **estar**, véanse las entradas del sustantivo, adjetivo, etc, p.ej. **estar al día** en DÍA y **estar de acuerdo** en ACUERDO.

estatal *adj* state [*n atrib*]: *escuela ~* state school LOC *Ver* EMPRESA

estático, -a *adj* static

estatua *nf* statue

estatura *nf* height: *Es bajo de ~.* He's short. ◊ *Es una mujer de mediana ~.* She's of average height.

estatuto *nm* statute

este *nm* east (*abrev* E): *en/por el ~* in the east ◊ *en la costa ~* on the east coast

este, -a *adj* **1** (*gen*) this [*pl* these]: *~ libro es aburrido.* This book is boring. **2** (*vacilación*) er: *Quería decirte que, ~…* I wanted to tell you…er…

éste, -a *pron* **1** (*cosa*) this one [*pl* these (ones)]: *Prefiero aquel traje a ~.* I prefer that suit to this one. ◊ *¿Preferís éstos?* Do you prefer these ones? **2** (*persona*): *¿Quién es ~?* Who on earth is this?

estela *nf* **1** (*embarcación*) wake **2** (*avión*) vapour trail

estelar *adj* **1** (*Astron*) stellar **2** (*fig*) star [*n atrib*]: *un papel ~ en la nueva película* a star part in the new film

estera *nf* mat

estéreo *adj, nm* stereo [*n*] [*pl* stereos]: *un grabador ~* a stereo cassette player

estéril *adj* sterile

esterilizar *vt* to sterilize

esterilla *nf* wicker

esterlina *adj* sterling: *libras ~s* pounds sterling

esternón *nm* breastbone

estética *nf* aesthetics [*sing*]

esteticista *nmf* beautician

estético, -a *adj* aesthetic

estiércol *nm* dung

estilista *nmf* stylist

estilizar *vt* (*hacer delgado*): *Ese vestido te estiliza la figura.* That dress makes you look very slim.

estilo *nm* **1** (*gen*) style: *tener mucho ~* to have a lot of style **2** (*Natación*) stroke: *~ espalda/pecho* backstroke/breaststroke ◊ *~ mariposa* butterfly (stroke) LOC **algo por el estilo** something like that: *pimienta o algo por el ~* pepper or something like that **estilo de vida** lifestyle

estima *nf* esteem LOC **tener estima a/por algn** to think highly of sb

estimado, -a *pp, adj* (*cartas*) dear ☞ *Ver págs 308–9.*

estimulante ◆ *adj* stimulating ◆ *nm* stimulant: *La cafeína es un ~.* Caffeine is a stimulant.

estimular *vt* to stimulate

estímulo *nm* stimulus [*pl* stimuli] (**to *sth*/to do *sth***)

estirado, -a *pp, adj* (*altivo*) stiff *Ver tb* ESTIRAR

estirar ◆ *vt* **1** (*gen*) to stretch: *~ una cuerda* to stretch a rope tight **2** (*brazo, pierna*) to stretch *sth* out **3** (*plata*) to spin *sth* out **4** (*alisar*) to smooth ◆ **estirarse** *v pron* (*desperezarse*) to stretch ◆ **estirar(se)** *vi, v pron* (*crecer*) to shoot up LOC **estirar la pata** to snuff it

estirón *nm* LOC **dar/pegar un estirón** (*crecer*) to shoot up

esto *pron* (*gen*) this: *Hay que terminar con ~.* We've got to put a stop to this. ◊ *¿Qué es ~?* What's this?

estomacal *adj* stomach [*n*] LOC *Ver* ARDOR, PESADEZ

estómago *nm* stomach: *Me duele el ~.* I've got stomach-ache. LOC **ser un estómago resfriado** to be a blabbermouth *Ver tb* ACIDEZ, DOLOR, PESADEZ

estorbar *vt, vi* to be in *sb's* way, to be in the way: *Si te estorban esas cajas decímelo.* Tell me if those boxes are in your way. ◊ *¿Estorbo?* Am I in the way?

estornudar *vi* to sneeze ☞ *Ver nota en* ¡ACHÍS!

estrago *nm* LOC **hacer estragos** to create havoc

estrangular *vt* to strangle

estrategia *nf* strategy [*pl* strategies]

estratégico, -a *adj* strategic

estrato *nm* (*Geol, Sociol*) stratum [*pl* strata]

estrechar(se) *vt, v pron* **1** (*gen*) to narrow: *La ruta se estrecha a 50 metros.* The road narrows in 50 metres. **2** (*abrazar*) to embrace

estrecho, -a ◆ *adj* narrow ◆ *nm* strait(s) [*se usa mucho en plural*]: *el ~ de Magallanes* the Straits of Magellan

estrella *nf* star: *~ polar* pole star ◊ *un hotel de tres ~s* a three-star hotel ◊ *una ~ de cine* a film star LOC **estrella federal** poinsettia **estrella fugaz** shooting star **estrella invitada** celebrity guest **ver las estrellas** to see stars

estrellado, -a *pp, adj* **1** (*noche, cielo*) starry **2** (*figura*) star-shaped *Ver tb* ESTRELLAR

estrellar ◆ *vt* to smash *sth* (**into/against *sth***): *Estrellaron el auto contra un árbol.* They smashed the car into a tree. ◆ **estrellarse** *v pron* **1 estrellarse (contra)** (*chocarse*) to crash (**into *sth***): *~se contra otro vehículo* to crash into another vehicle **2** (*fracasar*) to founder

estrellita *nf* (*fuego artificial*) sparkler

estremecer(se) *vt, v pron* to shake LOC **estremecerse de dolor** to wince with pain

estrenar *vt* **1** (*gen*): *Estreno zapatos.* I'm wearing new shoes. ◊ *¿Estrenás auto?* Is that a new car you're driving? **2** (*película*) to première **3** (*obra de teatro*) to stage *sth* for the first time

estreno *nm* **1** (*película*) première **2** (*obra de teatro*) first night

estreñido, -a *pp, adj* constipated *Ver tb* ESTREÑIR

estreñimiento *nm* constipation

estreñir ◆ *vt* to make *sb* constipated ◆ **estreñirse** *v pron* to become constipated

estrés *nm* stress LOC **tener estrés** to be suffering from stress

estresante *adj* stressful

estría *nf* **1** (*gen*) groove **2** (*piel*) stretch mark

estribillo *nm* **1** (*canción*) chorus **2** (*poema*) refrain

estribo *nm* stirrup

estribor *nm* starboard LOC **a estribor** to starboard

estricto, -a *adj* strict

estridente *adj* **1** (*sonido*) shrill **2** (*color*) gaudy

estrofa *nf* verse

estropear ◆ *vt* **1** (*gen*) to spoil: *Nos estropeaste los planes.* You've spoilt our plans. **2** (*aparato*) to break ◆ **estropearse** *v pron* to break down

estructura *nf* structure

estruendo *nm* racket

estuario *nm* estuary [*pl* estuaries]

estuche *nm* **1** (*pinturas, maquillaje, joyas*) box **2** (*instrumento musical*) case

estudiante *nmf* student: *un grupo de ~s de medicina* a group of medical students LOC *Ver* RESIDENCIA

estudiar *vt, vi* to study: *Me gustaría ~ francés.* I'd like to study French. ◊ *Estudia en un colegio privado.* She's at a private school. LOC **estudiar de memoria** to learn *sth* by heart *Ver tb* MATAR

estudio *nm* **1** (*gen*) study [*pl* studies]: *Han realizado ~s sobre la materia.* They've done studies on the subject. **2** (*Cine, TV, Fot*) studio [*pl* studios] **3** **estudios** education [*sing*]: *~s primarios* primary education LOC **estudio jurídico/de abogacía** legal practice **estudios empresariales** business studies [*pl*] *Ver tb* JEFE, PLAN, PROGRAMA

estudioso, -a *adj* studious

estufa *nf* fire: *~ eléctrica/de gas* electric/gas fire

estupendo, -a *adj* fantastic

estúpido, -a ◆ *adj* stupid ◆ *nm-nf* idiot

etapa *nf* stage: *Hicimos el viaje en dos ~s.* We did the journey in two stages. LOC **por etapas** in stages

etcétera *nm* et cetera (*abrev* etc)

eternidad *nf* eternity LOC **una eternidad** ages: *Tardaste una ~.* You've been ages.

eterno, -a *adj* eternal

ético, -a ◆ *adj* ethical ◆ **ética** *nf* ethics [*sing*]

etimología *nf* etymology [*pl* etymologies]

etiqueta *nf* **1** (*gen*) label: *la ~ de un paquete/una botella* the label on a parcel/bottle **2** (*precio*) price tag **3** (*Informát*) tag LOC **de etiqueta** formal: *traje de ~* formal dress

etiquetar *vt* to label

etnia *nf* ethnic group

étnico, -a *adj* ethnic

eucalipto *nm* eucalyptus [*pl* eucalyptuses/eucalypti]

Eucaristía *nf* Eucharist

euforia *nf* euphoria

eufórico, -a *adj* euphoric

eurodiputado, -a (*tb* **europarlamentario, -a**) *nm-nf* Euro MP

Europa *nf* Europe

europeo, -a *adj, nm-nf* European

eutanasia *nf* euthanasia

evacuación *nf* evacuation

evacuar *vt* **1** (*desalojar*) to vacate: *El público evacuó el cine.* The public vacated the cinema. **2** (*trasladar*) to evacuate: *~ a los refugiados* to evacuate the refugees

evadido, -a *nm-nf* escapee

evadir ◆ *vt* **1** (*eludir*) to evade: *~ impuestos* to evade taxes **2** (*plata*) to smuggle *money* out of the country ◆ **evadirse** *v pron* **evadirse (de)** to escape **(from *sth*)**

evaluación *nf* (*Educ*) assessment

evaluar *vt* to assess

evangelio *nm* gospel: *el ~ según San Juan* the gospel according to Saint John

evaporación *nf* evaporation

evaporar(se) *vt, v pron* to evaporate

evasión *nf* **1** (*fuga*) escape **2** (*distracción*) distraction LOC **evasión de impuestos** tax evasion

evasiva *nf* excuse: *Siempre estás con ~s.* You're always making excuses.

evidencia *nf* evidence LOC **poner a algn en evidencia** to make a fool of sb

evidente *adj* obvious

evitar *vt* **1** (*impedir*) to prevent: *~ una catástrofe* to prevent a disaster **2** (*rehuir*) to avoid *sth/sb/doing sth*: *Me evita a toda costa.* He does everything he can to avoid me. LOC **no lo puedo evitar** I, you, etc can't help it **si puedo evitarlo** if I, you, etc can help it

evocar *vt* to evoke

evolución *nf* **1** (*Biol*) evolution **2** (*desarrollo*) development

evolucionar *vi* **1** (*Biol*) to evolve **2** (*desarrollarse*) to develop

exactitud *nf* **1** (*gen*) exactness **2** (*descripción, reloj*) accuracy LOC **con exactitud** exactly: *No se sabe con ~.* We don't know exactly.

exacto, -a ◆ *adj* **1** (*no aproximado*) exact: *Necesito las medidas exactas.* I need the exact measurements. ◊ *dos kilos ~s* exactly two kilos **2** (*descripción, reloj*) accurate: *No me dieron una descripción muy exacta.* They didn't give me a very accurate description. **3** (*idéntico*) identical: *Las dos copias son exactas.* The two copies are identical. ◆ **¡exacto!** *interj* exactly!

exageración *nf* exaggeration

exagerado, -a *pp, adj* **1** (*gen*) exaggerated: *No seas ~.* Don't exaggerate. **2** (*excesivo*) excessive: *El precio me parece ~.* I think the price is excessive. *Ver tb* EXAGERAR

exagerar *vt, vi* to exaggerate: *~ la importancia de algo* to exaggerate the importance of sth ◊ *No exageres.* Don't exaggerate.

exaltado, -a ◆ *pp, adj* angry (***about***

sth) ◆ *nm-nf* hothead: *un grupo de ~s* a group of hotheads *Ver tb* EXALTAR

exaltar ◆ *vt* (*alabar*) to praise ◆ **exaltarse** *v pron* to get heated

examen *nm* examination, exam (*más coloq*): *dar un ~* to do an exam LOC **estar de exámenes** to be sitting exams **examen de ingreso** entrance exam **examen de manejo** driving test **examen de vista** eye test **examen final** finals [*pl*] **examen médico** check-up **examen tipo test** multiple-choice exam *Ver tb* MESA, PRESENTAR, RENDIR

examinador, ~a *nm-nf* examiner

examinar *vt* to examine

excavación *nf* excavation

excavadora *nf* digger

excavar *vt* **1** (*gen*) to dig: *~ un túnel* to dig a tunnel ◊ *~ la tierra* to dig in the earth **2** (*Arqueología*) to excavate

excelencia *nf* LOC **por excelencia** par excellence **Su Excelencia** His/Her Excellency **Su/Vuestra Excelencia** Your Excellency

excelente *adj* excellent

excepción *nf* exception LOC **a/con excepción de** except (for) *sth/sb*

excepcional *adj* exceptional

excepto *prep* except (**for**) ***sth/sb***: *todos excepto yo* everybody except me ◊ *todos excepto el último* all of them except (for) the last one

exceptuar *vt*: *Exceptuando a uno, el resto son veteranos.* Except for one, the rest are all veterans.

excesivo, -a *adj* excessive: *Tienen una excesiva afición por el fútbol.* They're much too fond of football.

exceso *nm* ~ (**de**) excess (**of *sth***) LOC **con/en exceso** too much **exceso de equipaje** excess baggage

excitar ◆ *vt* **1** (*gen*) to excite **2** (*nervios*) to make *sb* nervous ◆ **excitarse** *v pron* to get excited (***about/over sth***)

exclamación *nf* (*signo de puntuación*) exclamation mark ☛ *Ver págs 312–3.*

exclamar *vi, vt* to exclaim

excluir *vt* to exclude *sth/sb* (**from *sth***)

exclusive *adv* exclusive: *hasta el 24 de enero ~* till 24 January exclusive

exclusivo, -a ◆ *adj* exclusive ◆ **exclusiva** *nf* (*reportaje*) exclusive

excomulgar *vt* to excommunicate

excomunión *nf* excommunication

excursión *nf* excursion LOC **ir/salir de excursión** to go on an excursion

excursionismo *nm* rambling: *hacer ~* to go rambling

excursionista *nmf* rambler

excusa *nf* excuse (**for *sth*/*doing sth***): *Siempre pone ~s para no venir.* He always finds an excuse not to come.

exento, -a *adj* ~ (**de**) **1** (*exonerado*) exempt (**from *sth***) **2** (*libre*) free (**from *sth***)

exhalar ◆ *vt* **1** (*gas, vapor, olor*) to give *sth* off **2** (*suspiro, queja*): *~ un suspiro de alivio* to heave a sigh of relief ◊ *~ un gemido de dolor* to groan with pain ◆ *vi* to breathe out, to exhale (*formal*)

exhaustivo, -a *adj* thorough, exhaustive (*formal*)

exhausto, -a *adj* exhausted

exhibición *nf* exhibition

exhibicionismo *nm* **1** (*gen*) exhibitionism **2** (*sexual*) indecent exposure

exhibicionista *nmf* **1** (*gen*) exhibitionist **2** (*sexual*) flasher (*coloq*)

exhibir ◆ *vt* **1** (*exponer*) to exhibit **2** (*película*) to show ◆ **exhibirse** *v pron* (*presumir*) to show off

exigencia *nf* **1** (*requerimiento*) requirement **2** (*pretensión*) demand (***for sth/that…***)

exigente *adj* **1** (*que pide mucho*) demanding **2** (*estricto*) strict

exigir *vt* **1** (*pedir*) to demand *sth* (***from sb***): *Exijo una explicación.* I demand an explanation. **2** (*requerir*) to require: *Exige una capacitación especial.* It requires special training. LOC *Ver* RESCATE

exiliado, -a ◆ *pp, adj* exiled ◆ *nm-nf* exile *Ver tb* EXILIAR

exiliar ◆ *vt* to exile *sb* (**from…**) ◆ **exiliarse** *v pron* **exiliarse** (**a/en**) to go into exile (**in…**)

exilio *nm* exile

existencia *nf* **1** (*hecho de existir*) existence **2 existencias (a)** (*gen*) stocks: *Se nos están acabando las ~s de carne.* Our stocks of meat are running low. **(b)** (*Com*) stock [*sing*]

existir *vi* **1** (*gen*) to exist: *Esa palabra no existe.* That word doesn't exist. **2** (*haber*): *No existe una voluntad de colaboración.* There is no spirit of cooperation.

éxito *nm* **1** (*gen*) success **2** (*disco, canción*) hit: *su último ~* their latest hit LOC **tener éxito** to be successful

exitoso, -a *adj* sucessful: *una gira exitosa* a succesful tour

exorcismo *nm* exorcism

exótico, -a *adj* exotic

expandir ◆ *vt* **1** (*gen*) to expand **2** (*incendio, rumor*) to spread ◆ **expandirse** *v pron* to spread

expansión *nf* **1** (*gen*) expansion **2** (*diversión*) relaxation

expatriado, -a *pp, adj, nm-nf* expatriate [*n*]: *sudamericanos ~s en España* expatriate South Americans living in Spain *Ver tb* EXPATRIAR

expatriar ◆ *vt* to exile ◆ **expatriarse** *v pron* to emigrate

expectativa *nf* **1** (*esperanza*) expectation: *Superó mis ~s.* It exceeded my expectations. **2** (*perspectiva*) prospect: *~s electorales* electoral prospects **3** (*espera*) waiting: *Se acabó la ~.* The waiting came to an end. **4** (*interés*) expectancy: *La ~ está creciendo.* Expectancy is growing. LOC **estar a la expectativa** to be on the lookout (*for sth*)

expedición *nf* (*viaje*) expedition

expediente *nm* **1** (*documentación*) file: *los ~s municipales* council files **2** (*empleado, estudiante*) record: *tener un buen ~ académico* to have a good academic record **3** (*Jur*) proceedings [*pl*] LOC *Ver* ABRIR

expedir *vt* **1** (*carta, paquete*) to send **2** (*Administración*) to issue: *~ un pasaporte* to issue a passport

expensas *nf*: *a nuestras ~* at our expense LOC **expensas comunes** service charges

experiencia *nf* experience: *años de ~ laboral* years of work experience ◊ *Fue una gran ~.* It was a great experience. LOC **sin experiencia** inexperienced

experimentado, -a *pp, adj* (*persona*) experienced *Ver tb* EXPERIMENTAR

experimental *adj* experimental: *con carácter ~* on an experimental basis

experimentar ◆ *vi ~* (**con**) to experiment (**with** ***sth***) ◆ *vt* **1** (*aumento, mejoría*) to show **2** (*cambio*) to undergo

experimento *nm* experiment: *hacer un ~* to carry out an experiment

experto, -a *nm-nf ~* (**en**) expert (**at/in** ***sth/doing sth***)

expirar *vi* to expire

explanada *nf* open area

explicación *nf* explanation

explicar ◆ *vt* to explain *sth* (***to sb***): *Me explicó sus problemas.* He explained his problems to me. ◆ **explicarse** *v pron* (*entender*) to understand LOC **¿me explico?** do you see what I mean?

explorador, ~a *nm-nf* explorer

explorar *vt* (*país, región*) to explore

explosión *nf* explosion: *una ~ nuclear* a nuclear explosion ◊ *la ~ demográfica* the population explosion LOC **hacer explosión** to explode

explosivo, -a *adj, nm* explosive

explotar *vi* (*hacer explosión*) to explode

exponer ◆ *vt* **1** (*cuadro*) to exhibit **2** (*ideas*) to present **3** (*vida*) to risk ◆ **exponerse** *v pron* **exponerse a** to expose yourself **to *sth***: *No te expongas demasiado al sol.* Don't stay out in the sun too long. LOC **exponerse a que...** to risk *sth*: *Te expones a que te multen.* You're risking a fine.

exportación *nf* export LOC *Ver* IMPORTACIÓN

exportador, ~a ◆ *adj* exporting: *los países ~es de petróleo* the oil exporting countries ◆ *nm-nf* exporter

exportar *vt* to export

exposición *nf* **1** (*de arte*) exhibition: *una ~ de fotografías* an exhibition of photographs ◊ *hacer una ~* to put on an exhibition **2** (*de un tema*) presentation

expresar *vt* to express

expresión *nf* expression LOC *Ver* LIBERTAD

expresivo, -a *adj* **1** (*gen*) expressive: *una expresiva pieza musical* an expressive piece of music **2** (*mirada*) meaningful **3** (*afectuoso*) affectionate

expreso, -a *adj, nm* express LOC *Ver* CAFÉ, CORREO

exprimidor *nm* **1** (*manual*) lemon-squeezer **2** (*eléctrico*) juice extractor

exprimir *vt* (*fruta*) to squeeze

expulsar *vt* **1** (*gen*) to expel *sb* (***from...***): *La van a ~ del colegio.* They're going to expel her (from school). **2** (*Dep*) to send *sb* off: *Fue expulsado de la cancha.* He was sent off (the pitch).

expulsión *nf* **1** (*gen*) expulsion: *Este año hubo tres expulsiones en la escuela.* There have been three expulsions from the school this year. **2** (*Dep*) sending-off [*pl* sendings-off]

exquisito, -a *adj* **1** (*comida, bebida*) delicious **2** (*gusto, objeto*) exquisite

éxtasis *nm* ecstasy [*pl* ecstasies]

extender ◆ *vt* **1** (*desdoblar, desplegar*) to spread *sth* (out): *~ un mapa sobre la mesa* to spread a map out on the table **2**

(*alargar*) to extend: ~ *una mesa* to extend a table **3** (*brazo*) to stretch out *your arm* **4** (*alas, manteca, pintura*) to spread ◆ **extender(se)** *vi, v pron* to spread: *La epidemia se extendió por todo el país.* The epidemic spread through the whole country. ◆ **extenderse** *v pron* **1** (*en el espacio*) to stretch: *El jardín se extiende hasta el lago.* The garden stretches down to the lake. **2** (*en el tiempo*) to last: *El debate se extendió durante horas.* The debate lasted for hours.

extendido, -a *pp, adj* **1** (*general*) widespread **2** (*brazos*) outstretched *Ver tb* EXTENDER

extensión *nf* **1** (*superficie*) area: *una ~ de 30 metros cuadrados* an area of 30 square metres **2** (*teléfono*) extension

extenso, -a *adj* **1** (*grande*) extensive **2** (*largo*) long

exterior ◆ *adj* **1** (*gen*) outer: *la capa ~ de la Tierra* the outer layer of the earth **2** (*comercio, política*) foreign: *política ~* foreign policy ◆ *nm* outside: *el ~ de la casa* the outside of the house ◊ *desde el ~ del teatro* from outside the theatre LOC *Ver* MINISTERIO, MINISTRO

exterminar *vt* to exterminate

externo, -a ◆ *adj* **1** (*gen*) external: *influencias externas* external influences **2** (*capa, superficie*) outer: *la capa externa de la piel* the outer layer of skin ◆ *nm-nf* day pupil LOC *Ver* USO

extinción *nf* (*especie*) extinction: *en peligro de ~* in danger of extinction

extinguidor *nm* fire extinguisher

extinguir ◆ *vt* **1** (*fuego*) to put *sth* out **2** (*especie*) to wipe *sth* out ◆ **extinguirse** *v pron* **1** (*fuego*) to go out **2** (*especie*) to become extinct

extirpar *vt* (*Med*) to remove

extra ◆ *adj* **1** (*superior*) top quality **2** (*adicional*) extra: *una capa ~ de barniz* an extra coat of varnish ◆ *nmf* (*Cine, Teat*) extra LOC *Ver* HORA

extraer *vt* **1** (*gen*) to extract *sth* ***from sth/sb***: ~ *oro de una mina* to extract gold from a mine ◊ ~ *información de algn* to extract information from sb **2** (*sangre*) to take *a blood sample* ***from sb***

extraescolar *adj*: *actividades ~es* extracurricular activities

extranjero, -a ◆ *adj* foreign ◆ *nm-nf* foreigner LOC **al/en el extranjero** abroad

extrañar ◆ *vt* **1** (*sorprender*) to surprise: *Me extrañó ver tanta gente.* I was surprised to see so many people. **2** (*añorar*) to miss: *Extraño mucho mi cama.* I really miss my bed. **3** (*tener nostalgia*) to be homesick for *sth/sb* ◆ **extrañarse** *v pron* to be surprised (***at sth/sb***): *No me extraña que no quiera venir.* I'm not surprised he doesn't want to come. LOC **ya me extrañaba a mí** I thought it was strange

extraño, -a ◆ *adj* strange: *Oí un ruido ~.* I heard a strange noise. ◆ *nm-nf* stranger

extraordinario, -a *adj* **1** (*excelente*) excellent: *La comida estaba extraordinaria.* The food was excellent. **2** (*especial*) special: *edición extraordinaria* special edition **3** (*convocatoria, reunión*) extraordinary: *convocatoria extraordinaria* extraordinary meeting

extraterrestre ◆ *adj* extraterrestrial ◆ *nmf* alien

extraviado, -a *pp, adj* **1** (*persona, cosa*) lost **2** (*animal*) stray *Ver tb* EXTRAVIAR

extraviar ◆ *vt* to lose ◆ **extraviarse** *v pron* **1** (*persona*) to get lost **2** (*animal*) to stray **3** (*objeto*) to be missing: *Se extraviaron mis anteojos.* My glasses are missing.

extremar *vt*: ~ *las precauciones* to take strict precautions ◊ ~ *las medidas de control* to implement tight controls

extremidad *nf* **1** (*extremo*) end **2 extremidades** (*cuerpo*) extremities

extremo, -a ◆ *adj* extreme: *un caso ~* an extreme case ◊ *hacer algo con extrema precaución* to do sth with extreme care ◆ *nm* **1** (*punto más alto y más bajo*) extreme: *ir de un ~ a otro* to go from one extreme to another **2** (*punta*) end: *Agarrá el mantel por los ~s.* Take hold of the ends of the tablecloth. ◊ *Viven en el otro ~ de la ciudad.* They live at the other end of town. LOC *Ver* ORIENTE

extrovertido, -a *adj* extrovert [*n*]: *Es muy ~.* He's a real extrovert.

Ff

fa *nm* **1** (*nota de la escala*) fah **2** (*tonalidad*) F: *fa mayor* F major LOC *Ver* CLAVE

fábrica *nf* **1** (*gen*) factory [*pl* factories]: *una ~ de conservas* a canning factory **2** (*cemento, acero, ladrillos*) works [*v sing o pl*]: *Van a cerrar la ~ de acero.* The steelworks is/are closing down. LOC **fábrica de azúcar/papel** sugar mill/ paper mill **fábrica de cerveza** brewery [*pl* breweries]

fabricación *nf* manufacture, making (*más coloq*): *~ de aviones* aircraft manufacture LOC **de fabricación española, holandesa, etc** made in Spain, Holland, etc

fabricado, -a *pp, adj* LOC **fabricado en...** made in... *Ver tb* FABRICAR

fabricante *nmf* manufacturer

fabricar *vt* to manufacture, to make (*más coloq*): *~ coches* to manufacture cars LOC **fabricar en serie** to mass-produce

facha *nf* (*aspecto*) look: *No me gusta mucho la ~ que tiene.* I don't much like the look of him. ◊ *¡Mirá la ~ que tenés!* Look at the state of you! LOC **hacer facha** to show off: *Van al club sólo para hacer ~.* They only go to the club to show off.

fachada *nf* **1** (*Arquit*) façade (*formal*), front: *la ~ del hospital* the front of the hospital **2** (*fig*) cover: *La empresa es sólo una ~.* The firm is just a cover.

fácil *adj* **1** (*gen*) easy: *Es más ~ de lo que parece.* It's easier than it looks. ◊ *Eso es ~ de decir.* That's easy to say. **2** (*probable*): *No es ~ que me lo den.* They're unlikely to let me have it. ◊ *Es ~ que llegue tarde.* He will probably be late.

facón *nm* sheath knife [*pl* sheath knives]

factor *nm* factor: *un ~ clave* a key factor

factura *nf* **1** (*Com*) bill: *la ~ del gas/de la luz* the gas/electricity bill ◊ *hacer la ~* to make out the bill **2** (*panadería*) pastries [*pl*]: *una docena de ~* a dozen pastries

facturar *vt* (*Com*) **1** (*mercancías*) to invoice (*formal*), to bill *sb* (**for** *sth*): *¿Ya te facturaron lo que compraste?* Have you been invoiced for what you bought? **2** (*volumen de ventas*) to have a turnover of...: *La empresa factura 100 millones de dólares al año.* The company has an annual turnover of 100 million dollars.

facultad *nf* **1** (*capacidad*) faculty [*pl* faculties]: *en plena posesión de sus ~es mentales* in full possession of his mental faculties ◊ *Ha perdido ~es.* He's lost his faculties. **2** (*Educ*) **(a)** (*universidad*) university: *un compañero de la ~* a friend of mine from university **(b) Facultad** Faculty [*pl* Faculties]: *~ de Filosofía y Letras* Faculty of Arts

faena *nf* LOC **faenas agrícolas/del campo** farm work [*sing*]

faenar *vt* (*carnear*) to slaughter

faisán *nm* pheasant

faja *nf* **1** (*fajín*) sash **2** (*ropa interior*) girdle

fajar *vt* **1** (*estafar*) to rip *sb* off: *Che, ¡cuánto te fajaron!* They really ripped you off! **2** (*dar una paliza*) to beat *sb* up

fajo *nm* bundle: *un ~ de billetes nuevos* a bundle of crisp notes

falda *nf* **1** (*montaña*) lower slope: *La casa está en la ~ de la montaña.* The house is on the lower slope of the mountain. **2** (*sobre las rodillas*) lap

faldero, -a *adj* LOC *Ver* PERRO

falla *nf* **1** (*desperfecto*) fault: *una ~ en la instalación eléctrica* a fault in the electrical system **2** (*defecto*) flaw

fallado, -a *adj* defective

fallar ◆ *vi* **1** (*gen*) to fail: *Me falla la vista.* My eyesight's failing. **2** (*a un amigo*) to let *sb* down: *Me fallaste de nuevo.* You've let me down again. ◆ *vt* to miss: *El cazador falló el tiro.* The hunter missed. LOC **¡no falla!** it, he, etc is always the same: *Seguro que llega tarde, no falla nunca.* He's bound to be late; he's always the same.

fallecer *vi* to pass away

fallo *nm* **1** (*error*) mistake, error (*más formal*): *debido a un ~ humano* due to human error **2** (*defecto*) fault: *un ~ en los frenos* a fault in the brakes ☛ *Ver nota en* MISTAKE

falluto, -a *adj* two-faced

falsificación *nf* forgery [*pl* forgeries]

falsificar *vt* to forge

falso, -a *adj* **1** (*gen*) false: *una falsa alarma* a false alarm **2** (*de imitación*) fake: *diamantes ~s* fake diamonds

falta *nf* **1** ~ **de** (*carencia*) lack **of** *sth*: *su ~ de ambición/respeto* his lack of ambition/respect **2** (*error*) mistake: *muchas ~s de ortografía* a lot of spelling mistakes **3** (*fútbol*) foul: *hacer (una) ~* to commit a foul LOC **falta (de asistencia)** absence: *Ya tenés tres ~s este mes.* That's three times you've been absent this month. ◊ *No quiero que me pongan ~.* I don't want to be marked absent. **falta de educación** rudeness: *¡Qué ~ de educación!* How rude! **hace(n) falta** to need *sth/to do sth* [*vt*]: *Me hace ~ un auto.* I need a car. ◊ *Hacen ~ cuatro sillas más.* We need four more chairs. ◊ *Llevátelo, no me hace ~.* Take it, I don't need it. ◊ *Te hace ~ estudiar más.* You need to study harder. ◊ *No hace ~ que vengas.* You don't have to come. **sin falta** without fail

faltar *vi* **1** (*necesitar*) to need *sth/sb* [*vt*]: *Les falta cariño.* They need affection. ◊ *Aquí falta un director.* This place needs a manager. ◊ *Me faltan dos monedas para poder llamar.* I need two coins to make a phone call. ◊ *Faltan medicinas en muchos hospitales.* Many hospitals need medicines. **2** (*no estar*) to be missing: *¿Falta alguien?* Is there anybody missing? **3** ~ (**a**) (*no acudir a un lugar*) to miss *sth* [*vt*]: *~ a una clase* to miss a lesson **4** (*quedar tiempo*): *Faltan diez minutos (para que se termine la clase).* There are ten minutes to go (till the end of the lesson). ◊ *¿Falta mucho para almorzar?* Is it long till lunch? ◊ *¿Te falta mucho?* Are you going to be long? LOC **faltar el respeto** to show no respect *to sb* **faltarle un tornillo a algn** to have a screw loose **¡lo que faltaba!** that's all I/we needed!

fama *nf* **1** (*celebridad*) fame: *alcanzar la ~* to achieve fame **2** ~ (**de**) (*reputación*) reputation (**for** *sth***/doing** *sth*): *tener buena/mala ~* to have a good/bad reputation ◊ *Tiene ~ de ser muy estricto.* He has a reputation for being very strict.

familia *nf* family [*v sing o pl*] [*pl* families]: *una ~ numerosa* a large family ◊ *¿Cómo está tu ~?* How's your family? ◊ *Mi ~ vive en Francia.* My family live in France. ◊ *Mi ~ es del norte.* My family is/are from the north.

Hay dos formas posibles de expresar el apellido de la familia en inglés: con la palabra **family** ('the Robertson family') o poniendo el apellido en plural ('the Robertsons').

LOC **madre/padre de familia** mother/father **ser de familia** to run in the family: *El padre también bebe, es de ~.* His father's a drinker too, it runs in the family. *Ver tb* CABEZA

familiar ♦ *adj* **1** (*de la familia*) family [*n atrib*]: *lazos ~es* family ties **2** (*conocido*) familiar: *una cara ~* a familiar face ♦ *nmf* (*pariente*) relative LOC *Ver* CANASTA

famoso, -a *adj* ~ (**por**) **1** (*célebre*) famous (**for** *sth*): *hacerse ~* to become famous **2** (*de mala fama*) notorious (**for** *sth*): *Es ~ por su mal carácter.* He's notorious for his bad temper.

fan *nmf* fan

fanático, -a *nm-nf* fanatic

fanfarrón, -ona *adj, nm-nf* show-off [*n*]: *¡No seas ~!* Don't be a show-off! ◊ *Ese hombre es un ~.* That man is a show-off!

fantasía *nf* fantasy [*pl* fantasies]: *Son ~s suyas.* That's just a fantasy of his.

fantasma *nm* ghost: *un cuento de ~s* a ghost story

fantástico, -a *adj* fantastic

farmacéutico, -a *nm-nf* chemist

farmacia *nf* **1** (*negocio*) chemist's [*pl* chemists]: *¿Dónde hay una ~ por acá?* Is there a chemist's near here? ☛ *Ver nota en* PHARMACY **2** (*estudios*) pharmacy LOC **farmacia de turno** duty chemist

faro *nm* **1** (*torre*) lighthouse **2** (*coche, moto*) headlight **3** (*bicicleta*) (bicycle) lamp

farol *nm* **1** (*del alumbrado público*) street light: *El coche chocó contra el ~.* The car crashed into the street light. **2** (*en un jardín*) lamp

farolito *nm* paper lantern LOC **farolitos de colores** fairy lights

fascículo *nm* instalment: *publicar/vender algo en/por ~s* to publish/sell sth in instalments

fascinante *adj* fascinating

fascinar *vt* to fascinate: *Esos trucos fascinaron a los chicos.* The children were fascinated by those tricks.

fascismo *nm* fascism

fascista *adj, nmf* fascist

fase *nf* stage, phase (*más formal*): *la ~ previa/clasificatoria* the preliminary/qualifying stage

faso *nm* fag

fastidiar *vt, vi* (*molestar*) to annoy: *Dejá de ~ a los chicos.* Stop annoying the children. ◊ *Me fastidia mucho tener que ir.* I'm really annoyed that I've got to go. ◊ *¿No te fastidia madrugar tanto?* Doesn't having to get up so early bother you?

fatal *adj* fatal: *un accidente ~* a fatal accident

fato *nm* **1** (*asunto*) deal: *Ese ~ lo llevó a la ruina.* That deal ruined him. **2** (*romance*) affair: *Tiene un ~ con el vecino.* She's having an affair with the neighbour.

fauna *nf* fauna

favor *nm* favour: *¿Me hacés un ~?* Can you do me a favour? ◊ *pedirle un ~ a algn* to ask sb a favour LOC **a favor de** in favour of *sth/sb/doing sth*: *Estamos a ~ de actuar.* We're in favour of taking action. **por favor** please

favorable *adj* favourable

favorecer *vt* **1** (*gen*) to favour: *Estas medidas nos favorecen.* These measures favour us. **2** (*ropa, peinado*) to suit: *Te favorece el rojo.* Red suits you.

favoritismo *nm* favouritism

favorito, -a *adj, nm-nf* favourite

fax *nm* fax: *mandar un ~* to send a fax ◊ *Lo mandaron por ~.* They faxed it.

fe *nf* faith (***in sth/sb***)

febrero *nm* February (*abrev* Feb) ☛ *Ver ejemplos en* ENERO

fecha *nf* **1** (*gen*) date: *¿A qué ~ estamos?* What's the date today? ◊ *Tiene ~ del 3 de mayo.* It is dated 3 May. **2 fechas** (*época*) time [*sing*]: *en/por estas ~s* at/around this time (of the year) LOC **fecha de vencimiento** sell-by date **fecha límite/tope/de cierre 1** (*solicitud*) closing date **2** (*proyecto*) deadline **tener fecha para** to be due: *El bebé de mi hermana tiene ~ para octubre.* My sister's baby is due in October. *Ver tb* PASADO

fecundar *vt* to fertilize

federación *nf* federation

felicidad *nf* **1** (*dicha*) happiness: *cara de ~* a happy face **2 felicidades** best wishes (**on...**): *Te deseo muchas ~es por tu cumpleaños.* Best wishes on your birthday. LOC **¡felicidades!** happy birthday!

felicitaciones *nf* ~ (**por**) congratulations (**on *sth/doing sth***): *~ por tu nuevo trabajo/por haber pasado* congratulations on your new job/on passing your exams

felicitar *vt* **1** (*gen*) to congratulate *sb* (***on sth***): *Lo felicité por el ascenso.* I congratulated him on his promotion. ◊ *¡Te felicito!* Congratulations! **2** (*fiestas*) to wish *sb* (a) happy...: *Me felicitaron para Navidad.* They wished me a happy Christmas.

feliz *adj* happy LOC **¡Feliz cumpleaños!** Happy birthday! **¡Feliz Navidad!** Happy/Merry Christmas! *Ver tb* VIAJE

felpudo *nm* doormat

femenino, -a *adj* **1** (*gen*) female: *el sexo ~* the female sex **2** (*Dep, moda*) women's: *el equipo ~* the women's team **3** (*característico de la mujer, Gram*) feminine: *Usa ropa muy femenina.* She wears very feminine clothes. ☛ *Ver nota en* FEMALE

feminista *adj, nmf* feminist

fenomenal *adj* fantastic

fenómeno *nm* **1** (*gen*) phenomenon [*pl* phenomena]: *~s climatológicos* meteorological phenomena **2** (*prodigio*) fantastic [*adj*]: *Este actor es un ~.* This actor is fantastic.

feo, -a *adj* **1** (*aspecto*) ugly: *una persona/casa fea* an ugly person/house **2** (*desagradable*) nasty: *Ésa es una costumbre muy fea.* That's a very nasty habit.

féretro *nm* coffin

feria *nf* **1** (*gen*) fair: *~ del libro* book fair ◊ *Ayer fuimos a la ~.* We went to the fair yesterday. **2** (*mercado*) market: *En la ~ la fruta es más barata.* The fruit is cheaper at the market.

feriado *nm* bank holiday: *Cierran los fines de semana y ~s.* They close on weekends and bank holidays. ◊ *Mañana es ~ nacional.* It's a public holiday tomorrow. LOC *Ver* DÍA

fermentar *vt, vi* to ferment

feroz *adj* fierce LOC *Ver* HAMBRE

ferretería *nf* **1** (*negocio*) ironmonger's [*pl* ironmongers] **2** (*objetos*) hardware: *artículos de ~* hardware

ferrocarril *nm* railway

ferry *nm* ferry [*pl* ferries]

fértil *adj* (*tierra, persona*) fertile

festín *nm* feast: *¡Qué ~ que nos dimos!* What a feast we had!

festival *nm* festival

festividad *nf* **1** (*día festivo*) holiday [*pl* holidays]: *la ~ del primero de mayo* the May Day holiday **2** (*Relig*) feast

festivo, -a *adj* LOC *Ver* DÍA

feta *nf* slice LOC **en fetas** sliced

feto *nm* foetus [*pl* foetuses]

fiable *adj* reliable

fiaca ◆ *adj* lazy: *¡Sos muy ~, nunca hacés nada!* You're very lazy; you never do a thing! ◆ *nmf* lazybones [*pl* lazybones] LOC **dar fiaca**: *¡Me da ~, lavar los platos!* I can't be bothered to do the washing-up! **hacer fiaca** to laze about

fiambre *nm* cold meat

fiambrera *nf* meat slicer

fiambrería *nf* delicatessen

fianza *nf* **1** (*Jur*) bail [*incontable*]: *una ~ de tres millones de pesos* bail of three million pesos **2** (*Com*) deposit LOC *Ver* LIBERTAD

fiar ◆ *vt* to let *sb* have *sth* on credit: *Me fiaron el pan.* They let me have the bread on credit. ◆ *vi* to give credit ◆ **fiarse** *v pron* **fiarse de** to trust: *No me fío de ella.* I don't trust her. LOC **ser de fiar** to be trustworthy

fibra *nf* fibre

ficción *nf* fiction

ficha *nf* **1** (*tarjeta*) (index) card **2** (*pieza de juego*) counter: *Se perdió una ~.* We've lost a counter. **3** (*cospel*) token: *una ~ de teléfono* a telephone token LOC **ficha médica/policial** medical/police record **fichas de dominó** dominoes

fichar ◆ *vt* (*policía*) to open a file **on sb** ◆ *vi* (*en trabajo*) **1** (*al entrar*) to clock in **2** (*al salir*) to clock off

fichero *nm* **1** (*mueble*) filing cabinet **2** (*caja*) card index

fidelidad *nf* faithfulness LOC *Ver* ALTO

fideo *nm* **1** (*pasta fina*) noodle: *sopa de ~s* noodle soup **2 fideos** (*pasta en general*) pasta LOC **estar hecho un fideo** to be as thin as a rake

fiebre *nf* **1** (*temperatura anormal*) temperature: *Te bajó/subió la ~.* Your temperature has gone down/up. ◊ *tener ~* to have a temperature ◊ *Tiene 38° de ~.* He's got a temperature of 38°. **2** (*enfermedad, fig*) fever: *~ amarilla* yellow fever LOC *Ver* DÉCIMO

fiel *adj* **1** ~ (**a**) (*leal*) faithful (**to** ***sth/sb***) **2** ~ **a** (*creencias, palabra*) true **to** ***sth***: *~ a sus ideas* true to his ideas

fieltro *nm* felt

fiera *nf* wild animal LOC **estar/ponerse hecho una fiera** to be furious/to blow your top *Ver tb* COMER

fierro *nm* **1** (*hierro*) iron **2** (*pedazo de metal*) piece of metal: *Le dio con un ~ por la cabeza.* He hit him over the head with a metal bar. LOC **meterle fierro** to step on it

fiesta *nf* **1** (*celebración*) party [*pl* parties]: *dar una ~ de cumpleaños* to hold a birthday party **2 fiestas**: *las ~s navideñas* the Christmas festivities ◊ *las ~s del pueblo* the town festival LOC **fiesta nacional** (*fiesta oficial*) public holiday: *Mañana es ~ nacional.* It's a public holiday tomorrow. *Ver tb* COLAR

figura *nf* figure: *una ~ de plastilina* a plasticine figure ◊ *una ~ política* a political figure

figurar ◆ *vi* **1** (*hallarse*) to be: *España figura entre los países de la UE.* Spain is one of the EU countries. **2** (*destacar*) to stand out from the crowd: *Les encanta ~.* They love standing out from the crowd. ◆ **figurarse** *v pron* to imagine: *Me figuro que ya habrán salido.* I imagine they must have left by now. ◊ *Ya me lo figuraba yo.* I thought as much.

figurita *nf* sticker

fijamente *adv* LOC **mirar fijamente** to stare at *sth/sb*: *Me miró fijamente.* He stared at me.

fijar ◆ *vt* **1** (*gen*) to fix: *~ un precio/una fecha* to fix a price/date **2** (*atención*) to focus ◆ **fijarse** *v pron* **fijarse** (**en**) **1** (*darse cuenta*) to see: *¿Te fijaste si estaban?* Did you see if they were there? **2** (*prestar atención*) to pay attention (**to** ***sth***): *sin ~se en los detalles* without paying attention to detail **3** (*mirar*) to look **at** ***sth/sb***: *Se fijaba mucho en vos.* He was looking at you a lot. LOC *Ver* PROHIBIDO

fijo, -a *adj* **1** (*gen*) fixed: *Las patas están fijas al piso.* The legs are fixed to the ground. **2** (*permanente*) permanent: *un puesto/contrato ~* a permanent post/contract

fila *nf* **1** (*uno al lado de otro*) row: *Se sentaron en la primera/última ~.* They sat in the front/back row. **2** (*uno detrás de otro*) line: *Hagan una ~.* Get in line. **3 filas** (*Mil, Pol*) ranks LOC (**en**) **fila india** (in) single file *Ver tb* ESTACIONAR, ROMPER

filet *nm* (*pescado*) fillet: *~s de merluza* hake fillets

filmadora *nf* camcorder

filmar *vt* to film LOC *Ver* VIDEO

filo *nm* cutting edge LOC *Ver* ARMA

filología *nf* philology

filoso, -a *adj* (*cuchillo, hoja*) sharp

filosofía *nf* philosophy [*pl* philosophies]

filósofo, -a *nm-nf* philosopher

filtrar ◆ *vt* to filter ◆ **filtrarse** *v pron* **1** (*gen*) to filter (in/out) (***through sth***): *La luz se filtraba por los resquicios.* Light was filtering in through the cracks. **2** (*líquido*) to leak (in/out) (***through sth***): *Se filtró agua por la pared.* Water has leaked in through the wall.

filtro *nm* filter

fin *nm* **1** (*gen*) end: *a ~ de mes* at the end of the month ◊ *No es el ~ del mundo.* It's not the end of the world. **2** (*película, novela*) the end **3** (*finalidad*) purpose LOC **a fin/fines de...** at the end of...: *A ~ de año vuelvo a Buenos Aires.* I go back to Buenos Aires at the end of the year. **al fin y al cabo** after all **al/por fin** at last **en fin 1** (*bien*) well: *En ~, así es la vida.* Well, that's life. **2** (*en resumen*) in short **fin de semana** weekend: *Sólo nos vemos los ~es de semana.* We only see each other at weekends.

final ◆ *adj* final: *la decisión ~* the final decision ◆ *nm* **1** (*gen*) end: *a dos minutos del ~* two minutes from the end **2** (*novela, película*) ending: *un ~ feliz* a happy ending ◆ *nf* final: *la ~ de copa* the Cup Final LOC *Ver* CUARTO, EXAMEN, OCTAVO, PUNTO, RECTA, RESULTADO

finalista *adj, nmf* finalist [*n*]: *Quedó ~ del torneo.* He reached the final. ◊ *los equipos ~s* the finalists

fingir *vt, vi* to pretend: *Seguro que está fingiendo.* He's probably just pretending. ◊ *Fingieron no vernos.* They pretended they hadn't seen us.

finlandés, -esa ◆ *adj, nm* Finnish: *hablar ~* to speak Finnish ◆ *nm-nf* Finn: *los finlandeses* the Finns

fino, -a *adj* **1** (*delgado*) fine: *un lápiz ~* a fine pencil **2** (*dedos, talle*) slender **3** (*elegante*) posh (*coloq*): *¡Qué ~ te volviste!* You've become very posh! **4** (*educado*) polite **5** (*vista, oído*) keen

firma *nf* **1** (*nombre*) signature: *Juntaron cien ~s.* They collected a hundred signatures. **2** (*acto*) signing: *Hoy es la ~ del contrato.* The signing of the contract takes place today.

firmar *vt, vi* to sign: *Firme en la línea de puntos.* Sign on the dotted line.

firme *adj* firm: *un colchón ~* a firm mattress ◊ *Me mostré ~.* I stood firm. LOC **¡firmes!** attention! **ponerse firme** to stand to attention *Ver tb* TIERRA

firulete *nm* **1** (*en ropa*) frill **2** (*en firma*) flourish

fiscal ◆ *adj* tax [*n atrib*]: *los impuestos ~es* taxes ◆ *nmf* public prosecutor LOC *Ver* FRAUDE

física *nf* physics [*sing*]

físico, -a ◆ *adj* physical ◆ *nm-nf* (*científico*) physicist ◆ *nm* (*aspecto*) appearance: *El ~ es muy importante.* Appearance is very important. LOC *Ver* EDUCACIÓN

flaco, -a *adj* **1** (*delgado*) thin

> **Thin** es la palabra más general para decir flaco o delgado y se puede usar para personas, animales o cosas. **Slim** se usa para referirnos a una persona flaca y con buen físico. Existe también la palabra **skinny**, que significa *flacucho*.

2 (*débil*) weak

flamante *adj* **1** (*espléndido*) smart **2** (*nuevo*) brand-new

flamenco, -a ◆ *adj, nm* (*cante y baile*) flamenco ◆ *nm* (*ave*) flamingo [*pl* flamingos/flamingoes]

flan *nm* crème caramel

flaquear *vi* to flag: *Me flaquean las fuerzas.* My strength is flagging.

flash *nm* flash

flauta *nf* flute LOC *Ver* PAN, PITO

flautista *nmf* flautist

flecha *nf* arrow

flechazo *nm* love at first sight: *Fue un ~.* It was love at first sight.

fleco *nm* **flecos 1** (*adorno*) fringe: *una campera de cuero con ~s* a fringed leather jacket **2** (*borde deshilachado*) frayed edge

flemón *nm* abscess

flequillo *nm* fringe

flexible *adj* flexible

flojo, -a *adj* **1** (*poco apretado*) **(a)** (*gen*) loose: *un tornillo ~* a loose screw **(b)** (*elástico, cuerda*) slack **2** (*no fuerte*) weak: *un café ~* a weak coffee **3** (*sin calidad*) poor: *Tus deberes están bastante ~s.* Your homework is quite poor. LOC **estar flojo en algo** to be weak at/in sth: *Estoy muy ~ en historia.* I'm very weak at history.

flor *nf* **1** (*gen*) flower: *~es secas* dried flowers **2** (*árbol frutal, arbusto*) blossom [*gen incontable*]: *las ~es del almendro* almond blossom LOC **en flor** in bloom

flora *nf* flora

florecer *vi* **1** (*planta*) to flower **2** (*árbol*

frutal, arbusto) to blossom **3** (*fig*) to flourish: *La industria está floreciendo.* Industry is flourishing.

florería *nf* florist's [*pl* florists]

florero *nm* vase

flota *nf* fleet

flotar *vi* to float: *La pelota flotaba en el agua.* The ball was floating on the water.

flote LOC **a flote** afloat: *El barco/negocio sigue a ~.* The ship/business is still afloat. **sacar a flote 1** (*barco*) to refloat **2** (*negocio*) to put *a business* back on its feet **salir a flote** (*fig*) to pull through

fluido, -a ◆ *pp, adj* **1** (*circulación, diálogo*) free-flowing **2** (*lenguaje, estilo*) fluent ◆ *nm* fluid *Ver tb* FLUIR

fluir *vi* to flow

flúor *nm* **1** (*gas*) fluorine **2** (*dentífrico*) fluoride

fluorescente ◆ *adj* fluorescent ◆ *nm* fluorescent light

fluvial *adj* river [*n atrib*]: *el transporte ~* river transport

foca *nf* seal

foco *nm* **1** (*gen*) focus [*pl* focuses/foci]: *Son el ~ de todas las miradas.* They're the focus of attention. **2** (*lámpara*) **(a)** (*gen*) spotlight: *Varios ~s iluminaban el monumento.* Several spotlights lit up the monument. **(b)** (*estadio*) floodlight

fogueo *nm* LOC **de fogueo** blank: *munición de ~* blank ammunition

folclore (*tb* **folklore**) *nm* folklore

follaje *nm* foliage

folleto *nm* **1** (*librito*) **(a)** (*de publicidad*) brochure: *un ~ de viajes* a holiday brochure **(b)** (*de información, de instrucciones*) booklet **2** (*hoja*) leaflet: *Agarré un ~ con el horario.* I picked up a leaflet with the timetable in it.

fomentar *vt* to promote

fomento *nm* promotion LOC **fomento de empleo** job creation

fondo *nm* **1** (*gen*) bottom: *llegar al ~ del asunto* to get to the bottom of things **2** (*mar, río*) bed **3 (a)** (*calle, pasillo*) end: *Está al ~ del pasillo, a la derecha.* It's at the end of the corridor on the right. **(b)** (*cuarto, escenario*) back: *al ~ del restaurante* at the back of the restaurant ◊ *el cuarto del ~* the back room **4** (*vaquita*) kitty [*pl* kitties]: *hacer un ~* (*común*) to have a kitty **5 fondos** (*plata*) funds: *recaudar ~s* to raise funds LOC **a fondo 1** (*con sustantivo*) thorough: *una revisión a ~* a thorough review **2** (*con verbo*) thoroughly: *Limpialo a ~.* Clean it thoroughly. **de fondo** cross-country [*n atrib*]: *un esquiador de ~* a cross-country skier **en el fondo 1** (*a pesar de las apariencias*) deep down: *Decís que no, pero en el ~ sí que te importa.* You say you don't mind, but deep down you do. **2** (*en realidad*) basically: *En el ~ todos pensamos lo mismo.* We are basically in agreement. **sin fondo** bottomless *Ver tb* CHEQUE, MÚSICA

footing *nm* jogging: *hacer ~* to go jogging

forcejear *vi* to struggle

forense *nmf* forensic scientist

forestal *adj* forest [*n atrib*]: *un guarda/incendio ~* a forest ranger/fire

forjar *vt* to forge LOC **forjarse ilusiones** to get your hopes up

forma *nf* **1** (*contorno*) shape: *en ~ de cruz* in the shape of a cross ◊ *El cuarto tiene ~ rectangular.* The room is rectangular. **2** (*modo*) way [*pl* ways]: *Si lo hacés de esta ~ es más fácil.* It's easier if you do it this way. ◊ *Es su ~ de ser.* It's just the way he is. ◊ *¡Qué ~ de manejar!* What a way to drive! LOC **de forma espontánea, indefinida, etc** spontaneously, indefinitely, etc **de todas formas** anyway **estar/ponerse en forma** to be/get fit *Ver tb* DICHO, MANTENER, PLENO

formación *nf* **1** (*gen*) formation: *la ~ de un gobierno* the formation of a government **2** (*educación*) education

formado, -a *pp, adj* LOC **estar formado por** to consist of *sth/sb Ver tb* FORMAR

formal *adj* **1** (*gen*) formal: *un noviazgo ~* a formal engagement **2** (*de fiar*) reliable

formar ◆ *vt* **1** (*crear*) to form: *~ un grupo* to form a group **2** (*educar*) to educate ◆ *vi* (*Mil*) to fall in: *¡A ~!* Fall in! ◆ **formarse** *v pron* **1** (*hacerse*) to form **2** (*educarse*) to train

fórmula *nf* formula [*pl* formulas/formulae]

formulario *nm* form: *llenar un ~* to fill in a form

forrado, -a *pp, adj* LOC **estar forrado** (*tener plata*) to be rolling in it *Ver tb* FORRAR

forrar *vt* **1** (*el interior*) to line *sth* (***with sth***): *~ una caja de terciopelo* to line a box with velvet **2** (*el exterior*) to cover *sth* (***with sth***): *~ un libro con papel* to cover a book with paper

forro *nm* **1** (*interior*) lining: *poner un ~ a un saco* to put a lining in a coat **2** (*exterior*) cover

fortaleza *nf* **1** (*fuerza*) strength **2** (*fortificación*) fortress

fortuna *nf* **1** (*riqueza*) fortune **2** (*suerte*) fortune, luck (*más coloq*): *probar ~* to try your luck

forzado, -a *pp, adj* LOC *Ver* TRABAJO; *Ver tb* FORZAR

forzar *vt* to force

forzoso, -a *adj* LOC *Ver* ATERRIZAJE

fosa *nf* **1** (*zanja*) ditch **2** (*sepultura*) grave LOC **fosa nasal** nostril

fosforescente *adj* phosphorescent LOC *Ver* MARCADOR

fósforo *nm* **1** (*Quím*) phosphorus **2** (*fuego*) match: *encender un ~* to strike a match ◇ *una caja de ~s* a box of matches

fósil *nm* fossil

foso *nm* **1** (*zanja*) ditch **2** (*de castillo*) moat

foto *nf* photo [*pl* photos]: *un álbum de ~s* a photograph album ◇ *Me sacó una ~.* He took my photo. LOC **foto de carné** passport photo **sacarse una foto** to have your photo taken *Ver tb* CÁMARA

fotocopia *nf* photocopy [*pl* photocopies]: *hacer/sacar una ~ de algo* to photocopy sth

fotocopiadora *nf* photocopier

fotocopiar *vt* to photocopy

fotogénico, -a *adj* photogenic

fotografía *nf* **1** (*actividad*) photography **2** (*foto*) photograph

fotografiar *vt* to photograph

fotográfico, -a *adj* LOC *Ver* CÁMARA, MÁQUINA, MONTAJE

fotógrafo, -a *nm-nf* photographer

foyer *nm* foyer

fracasado, -a *nm-nf* failure

fracasar *vi* **1** (*gen*) to fail **2** (*planes*) to fall through

fracaso *nm* failure

fracción *nf* **1** (*porción, Mat*) fraction **2** (*Pol*) faction

fractura *nf* fracture

fracturar(se) *vt, v pron* to fracture

frágil *adj* fragile

fragmento *nm* fragment

fraile *nm* monk LOC *Ver* BORLA

frambuesa *nf* raspberry [*pl* raspberries]

francamente *adv* (*muy*) really: *Es ~ difícil.* It's really hard.

francés, -esa ◆ *adj, nm* French: *hablar ~* to speak French ◆ *nm-nf* Frenchman/woman [*pl* Frenchmen/women]: *los franceses* the French

Francia *nf* France LOC *Ver* AZUL

franco *nm* (*moneda*) franc

franco, -a *adj* **1** (*sincero*) frank **2** (*claro*) marked: *un ~ deterioro* a marked decline

franela *nf* **1** (*textil*) flannel **2** (*limpieza*) duster

franelear *vi* to pet: *La pareja franeleaba en el zaguán.* The couple were petting in the hall.

franja *nf* strip

franquear *vt* (*carta, paquete*) to pay postage **on *sth***

franqueza *nf* frankness: *Hablemos con ~.* Let's be frank.

frasco *nm* **1** (*colonia, remedio*) bottle **2** (*conservas, dulce*) jar

frase *nf* **1** (*oración*) sentence **2** (*locución*) phrase LOC **frase hecha** set phrase

fraternal (*tb* **fraterno, -a**) *adj* brotherly, fraternal (*más formal*): *el amor ~* brotherly love

fraude *nm* fraud LOC **fraude fiscal** tax evasion

fraudulento, -a *adj* fraudulent

frazada *nf* blanket: *Ponele otra ~.* Put another blanket on him.

frecuencia *nf* frequency [*pl* frequencies] LOC **con frecuencia** frequently, often (*más coloq*)

frecuentar *vt* **1** (*lugar*) to frequent **2** (*amigos*) to go around **with *sb***: *Ya no frecuento ese grupo de amigos.* I don't go around with that group of friends any more.

frecuente *adj* **1** (*reiterado*) frequent: *Tengo ~s ataques de asma.* I have frequent asthma attacks. **2** (*habitual*) common: *Es una práctica ~ en este país.* It is (a) common practice in this country.

free shop *nm* duty free shop

freír(se) *vt, v pron* to fry

frenada *nf*: *Se oyó una ~.* There was a screech of brakes. LOC **dar una frenada** to slam on the brakes

frenar *vi* to brake: *Frené de golpe.* I slammed on the brakes. LOC *Ver* SECO

freno *nm* **1** (*vehículo*) brake: *Me fallaron los ~s.* My brakes failed. ◇ *poner/sacar el ~* to put on/release the brake(s) **2** (*reducción*) curb (**on *sth***):

un ~ a las exportaciones a curb on exports LOC **freno de mano** handbrake

frente ♦ *nf* (*Anat*) forehead ♦ *nm* front: *un ~ frío* a cold front LOC **al frente** forward: *Di un paso al ~.* I took a step forward. **al frente de** in charge of *sth*: *Está al ~ de la empresa.* He's in charge of the company. **hacer frente a algo/algn** to stand up to sth/sb *Ver tb* DOS

fresco, -a ♦ *adj* **1** (*temperatura, ropa*) cool: *El día está algo ~.* It is rather cool today. ☛ *Ver nota en* FRÍO **2** (*comida*) fresh **3** (*noticia*) latest: *noticias frescas* the latest news ♦ *adj, nm-nf* (*persona*) cheeky so-and-so [*n*]: *El muy ~ me estafó.* The cheeky so-and-so swindled me. LOC **hacer fresco** to be chilly: *Por la noche hace ~.* It's chilly at night. **tomar el fresco** to get some fresh air

fresno *nm* ash (tree)

frigorífico *nm* meat processing plant

frío, -a *adj, nm* cold: *Cerrá la puerta, que entra ~.* Shut the door, you're letting the cold in.

> No se deben confundir las siguientes palabras: **cold** y **cool**, **hot** y **warm**.
> **Cold** indica una temperatura más baja que **cool** y muchas veces desagradable: *Ha sido un invierno muy frío.* It's been a terribly cold winter. **Cool** significa *fresco* más que frío: *Afuera hace calor, pero aquí está fresquito.* It's hot outside but it's nice and cool in here.
> **Hot** describe una temperatura bastante más caliente que **warm**. **Warm** es más bien *cálido, templado* y muchas veces tiene connotaciones agradables.
> Compárense los siguientes ejemplos: *No lo puedo tomar, está muy caliente.* I can't drink it, it's too hot. ◊ *¡Qué calor hace acá!* It's too hot here! ◊ *Sentate al lado del fuego, pronto vas a entrar en calor.* Sit by the fire, you'll soon warm up.

LOC **hacer frío** to be cold: *Hace mucho ~ en la calle.* It's very cold outside. ◊ *¡Hace un ~ terrible!* It's freezing! **pasar/tener frío** to be/feel cold: *Tengo ~ en las manos.* My hands are cold. **tomar frío** to catch cold *Ver tb* BALDAZO, MORIR(SE), MUERTO, SANGRE, TEMBLAR

friolento, -a *adj, nm-nf*: *Soy muy ~.* I feel the cold a lot.

frito, -a *pp, adj* fried LOC **estar frito 1** (*dormido*) to be fast asleep **2** (*muerto*) to be a goner **quedarse frito** to doze off *Ver tb* HUEVO, PAPA[2]; *Ver tb* FREÍR(SE)

frondoso, -a *adj* leafy

frontal *adj* **1** (*ataque*) frontal **2** (*choque, enfrentamiento*) head-on

frontera *nf* border, frontier (*más formal*): *pasar la ~* to cross the border ◊ *en la ~ francesa* on the French border ☛ *Ver nota en* BORDER

fronterizo, -a *adj* **1** (*gen*) border [*n atrib*]: *región fronteriza* border area **2** (*limítrofe*) neighbouring: *dos países ~s* two neighbouring countries

frontón *nm* **1** (*juego*) pelota **2** (*cancha*) pelota court

frotar(se) *vt, v pron* to rub LOC **frotarse las manos** to rub your hands together

fruncido, -a *pp, adj* (*altivo*) stiff

fruncir *vt* (*Costura*) to gather LOC **fruncir el ceño** to frown

frustración *nf* frustration

fruta *nf* fruit [*gen incontable*]: *¿Querés ~?* Do you want some fruit? ◊ *una ~* a piece of fruit LOC *Ver* ENSALADA

frutal *adj* fruit [*n atrib*]: *un árbol ~* a fruit tree

frutería *nf* greengrocer's [*pl* greengrocers]

frutero, -a ♦ *nm-nf* greengrocer ♦ **frutera** *nf* fruit bowl

frutilla *nf* strawberry [*pl* strawberries]

fruto *nm* fruit LOC **frutos secos 1** (*de cáscara dura*) nuts **2** (*fruto desecado*) dried fruit [*incontable, v sing*]

fuego *nm* **1** (*gen*) fire: *encender el ~* to light the fire **2** (*para cigarrillo*) light: *¿Tenés ~?* Have you got a light? **3** (*cocina*) stove: *Tengo la comida en el ~.* The food's on the stove. LOC **alto el fuego/cese del fuego** ceasefire **a fuego lento/vivo** over a low/high heat **fuegos artificiales** fireworks *Ver tb* ARMA, PRENDER

fuel (*tb* **fuel-oil**) *nm* oil

fuente *nf* **1** (*manantial*) spring **2** (*en una plaza, en un jardín*) fountain **3** (*bandeja*) dish: *una ~ de carne* a dish of meat **4** (*origen*) source: *~s cercanas al gobierno* sources close to the government LOC **saber algo de buena(s) fuente(s)** to have sth on good authority: *Lo que te digo lo sé de buenas ~s.* I have on good authority what I'm telling you.

fuera ♦ *adv* **1** ~ **(de)** (*lugar*) outside: *~ de Latinoamérica/del país* outside Latin America/the country ◊ *por ~* on the outside **2** ~ **de** (*fig*) out **of *sth***: *~ de control/peligro* out of control/danger ◊ *~ de lo común/habitual/normal* out of the ordinary ◆ **¡fuera!** *interj* get out!: *¡~ de aquí!* Get out of here! LOC **dejar a algn fuera de combate** to knock sb out **estar fuera de combate 1** (*gen*) to be out of action **2** (*Boxeo*) to be knocked out **fuera (de) bromas** joking apart **fuera de sí** beside himself, herself, etc **fuera de tono** inappropriate *Ver tb* ALLÁ, ALLÍ, CONTROL

fuerte ◆ *adj* **1** (*gen*) strong: *un queso/olor muy ~* a very strong cheese/smell **2** (*lluvia, nevada, tráfico, pesado*) heavy: *un ~ ritmo de trabajo* a heavy work schedule **3** (*dolor, crisis, descenso*) severe **4** (*abrazo, comida*) big: *un desayuno ~* a big breakfast ◆ *adv* **1** (*con fuerza, intensamente*) hard: *tirar ~ de una cuerda* to pull a rope hard **2** (*firmemente*) tight: *¡Agarrate ~!* Hold on tight! **3** (*sonido*) loud: *No hables tan ~.* Don't talk so loud. ◊ *Ponelo más ~.* Turn it up. ◆ *nm* (*fortaleza*) fort LOC **estar fuerte** to be a stunner *Ver tb* ABRAZO, CAJA

fuerza *nf* **1** (*potencia, Fís, Mil, Pol*) force: *la ~ de la gravedad* the force of gravity ◊ *las ~s armadas* the armed forces **2** (*energía física*) strength [*incontable*]: *recobrar las ~s* to get your strength back ◊ *No tengo ~s para continuar.* I don't have the strength to carry on. LOC **a la fuerza 1** (*forzando*) by force: *Los sacaron a la ~.* They removed them by force. **2** (*por necesidad*): *Tengo que hacerlo a la ~.* I just have to do it. **fuerza de voluntad** will-power **fuerzas aéreas** air force [*sing*] *Ver tb* CAMISA

fuga *nf* **1** (*huida*) flight: *emprender la ~* to take flight **2** (*gas, agua*) leak

fugarse *v pron* **1** (*de un país*) to flee [*vt*]: *Se fugaron del país.* They have fled the country. **2** (*de la cárcel*) to escape (***from sth***) **3** (*de casa, del colegio*) to run away (***from sth***)

fugaz *adj* fleeting LOC *Ver* ESTRELLA

fugitivo, -a *nm-nf* fugitive

fulano, -a *nm-nf* so-and-so [*pl* so-and-so's]: *Imaginate que viene ~...* Just suppose so-and-so comes... LOC **(señor/don) Fulano de Tal** Mr So-and-so

fulbito *nm* table football

fulminante *adj* **1** (*instantáneo*) immediate: *un éxito ~* an immediate success **2** (*mirada*) withering **3** (*muerte*) sudden

fumador, ~a *nm-nf* smoker LOC **¿fumador o no fumador?** (*en transportes, en restaurantes*) smoking or non-smoking?

fumar *vt, vi* to smoke: *~ en pipa* to smoke a pipe ◊ *Deberías dejar de ~.* You should give up smoking. LOC *Ver* PROHIBIDO, ROGAR

función *nf* **1** (*gen*) function: *Nuestra ~ es informar.* Our function is to inform. **2** (*Teat*) performance: *una ~ de gala* a gala performance

funcionamiento *nm* operation: *poner algo en ~* to put sth into operation

funcionar *vi* **1** (*gen*) to work: *La alarma no funciona.* The alarm doesn't work. ◊ *¿Cómo funciona?* How does it work? **2** ~ **(con)** to run (**on *sth***): *Este coche funciona con gasoil.* This car runs on diesel. LOC **no funciona** (*en un cartel*) out of order

funcionario, -a *nm-nf* civil servant

funda *nf* **1** (*estuche*) case: *una ~ de anteojos* a glasses case **2** (*disco*) sleeve **3** (*almohada*) pillowcase **4** (*acolchado, almohadón*) cover

fundación *nf* (*institución*) foundation

fundador, ~a *adj, nm-nf* founder [*n*]: *los miembros ~es* the founder members

fundamental *adj* fundamental

fundar *vt* to found

fundir(se) ◆ *vt, v pron* to melt: *~ queso* to melt cheese ◆ **fundirse** *v pron* (*arruinarse*) to go bankrupt: *La empresa se fundió.* The company went bankrupt.

fúnebre *adj* **1** (*para un funeral*) funeral [*n atrib*]: *la marcha ~* the funeral march **2** (*triste*) mournful LOC *Ver* COCHE, POMPA

funeral *nm* funeral

funeraria *nf* undertaker's [*pl* undertakers]

furgoneta *nf* van

furia *nf* fury LOC **con furia** furiously **estar hecho una furia** to be in a rage **ponerse hecho una furia** to fly into a rage

furioso, -a *adj* furious: *Estaba ~ con ella.* I was furious with her.

furtivo, -a *adj* furtive LOC **cazador/pescador furtivo** poacher **caza/pesca furtiva** poaching

fusible *nm* fuse: *Saltaron los ~s.* The fuses have blown.

fusil *nm* rifle

fusión *nf* **1** (*Fís*) fusion: *la ~ nuclear* nuclear fusion **2** (*hielo, metales*) melting **3** (*empresas, partidos políticos*) merger LOC *Ver* PUNTO

fútbol *nm* football, soccer (*más coloq*)

En Estados Unidos sólo se dice **soccer**, para diferenciarlo del fútbol americano.

LOC *Ver* BOTÍN

futbolista *nmf* footballer

futuro, -a *adj, nm* future: *el ~ presidente* the future president ◊ *en el ~* in future

Gg

gabardina *nf* (*tela*) gabardine

gabinete *nm* (*Pol*) Cabinet [*v sing o pl*]

gacela *nf* gazelle

gaita *nf* (*Mús*) bagpipe(s) [*se usa mucho en plural*]: *tocar la ~* to play the bagpipes

gaitero, -a *nm-nf* piper

gajes *nm* LOC **ser gajes del oficio** to be part and parcel of the job

gajo *nm* **1** (*naranja*) segment **2** (*planta*) cutting

gala *nf* gala: *Vamos a asistir a la función de ~.* We'll attend the gala opening. ◊ *una cena de ~* a gala dinner LOC **ir/vestir de gala** to be dressed up

galáctico, -a *adj* galactic

galante *adj* gallant

galápago *nm* turtle

galardón *nm* award

galardonado, -a *pp, adj* prizewinning: *un autor/libro ~* a prizewinning author/book *Ver tb* GALARDONAR

galardonar *vt* to award *sb* a prize

galaxia *nf* galaxy [*pl* galaxies]

galera *nf* top hat

galería *nf* **1** (*Arte, Teat*) gallery [*pl* galleries]: *una ~ de arte* an art gallery ☛ *Ver nota en* MUSEUM **2** (*balcón*) balcony [*pl* balconies] LOC **galerías (comerciales)** shopping centre [*sing*]

Gales *nm* Wales

galés, -esa ◆ *adj, nm* Welsh: *hablar ~* to speak Welsh ◆ *nm-nf* Welshman/woman [*pl* Welshmen/women]: *los galeses* the Welsh

galgo *nm* greyhound LOC *Ver* CORRER

gallego *nm* (*idioma*) Galician

galletita *nf* biscuit

gallina ◆ *nf* hen ◆ *adj, nmf* (*cobarde*) chicken [*n*]: *¡No seas tan ~!* Don't be such a chicken! LOC **la gallina/gallinita ciega** blind man's buff *Ver tb* PIEL

gallinero *nm* **1** (*para gallinas*) hen house **2** (*griterío*) madhouse **3 el gallinero** (*Teat*) the gods [*pl*] (*coloq*), the gallery

gallo *nm* **1** (*ave*) cock **2** (*nota desafinada*) wrong note: *Le salió un ~.* He hit the wrong note. LOC *Ver* MISA, PATA

galón[1] *nm* (*uniforme*) stripe

galón[2] *nm* (*medida*) gallon

galopar *vi* to gallop: *salir a ~* to go for a gallop

galope *nm* gallop LOC **al galope**: *El caballo se puso al ~.* The horse started to gallop. ◊ *Se fueron al ~.* They galloped off.

galpón *nm* shed

gama *nf* range: *una amplia ~ de colores* a wide range of colours

gambeta *nf* (*Fútbol*) dribble

gambetear *vi* (*Fútbol*) to dribble

gamulán® *nm* sheepskin jacket

gamuza *nm* suede: *zapatos de ~* suede shoes

gana *nf* LOC **como me dé la gana** however I, you, etc want: *Lo voy a hacer como me dé la ~.* I'll do it however I want. **con/sin ganas** enthusiastically/half-heartedly **darle a algn la (real) gana** to want *to do sth*: *Lo hago por que me da la ~.* I'm doing it because I want to. **de buena/mala gana** willingly/reluctantly: *Lo hizo de mala ~.* She did it reluctantly. **hacer lo que me dé la gana** to do as I, you, etc please: *Hacé lo que te dé la ~.* Do what you like. **irse las ganas** to go off the idea (*of doing sth*): *Se me fueron las ~ de ir al cine.* I've gone off the idea of going to the cinema. **¡las ganas!** you wish! **tener/sentir ganas (de)** to feel like *sth/doing sth*: *Tengo ~s de comer algo.* I feel like having something to eat. *Ver tb* ENTRAR

ganadería *nf* **1** (*actividad*) livestock farming **2** (*conjunto de ganado*) livestock

ganadero, -a *nm-nf* livestock farmer

ganado *nm* livestock LOC **ganado caballar/equino** horses [*pl*] **ganado**

lanar/ovino sheep [*pl*] **ganadoporcino** pigs [*pl*] **ganado** (**vacuno**) cattle [*pl*]

ganador, ~a ◆ *adj* winning ◆ *nm-nf* winner

ganancia *nf* profit LOC *Ver* PÉRDIDA

ganar ◆ *vt* **1** (*sueldo, sustento*) to earn: *Este mes gané poco.* I didn't earn much this month. ◊ *~se la vida* to earn your living **2** (*premio, partido, guerra*) to win: *~ la lotería* to win the lottery ◊ *¿Quién ganó el partido?* Who won the match? **3** (*a un contrincante*) to beat: *Inglaterra le ganó a Alemania.* England beat Germany. **4** (*conseguir*) to gain (***by/from sth/doing sth***): *¿Qué gano yo con decírtelo?* What do I gain by telling you? ◆ **ganarse** *v pron* **1** (*plata, respeto*) to earn: *Se ganó el respeto de todos.* He has earned everybody's respect. **2** (*castigo, recompensa*) to deserve: *Te has ganado unas buenas vacaciones.* You deserve a holiday. LOC **ganarse el pan** to earn your living **ganar tiempo** to save time **salir ganando** to do well (*out of sth*): *Salí ganando con la reorganización.* I've done well out of the reorganization. *Ver tb* TERRENO

gancho *nm* hook LOC **hacer gancho a algn con algn** to set sb up with sb: *Voy a la fiesta si me hacés ~ con Martín.* I'll go to the party if you set me up with Martín. *Ver tb* ALFILER

ganga *nf* bargain

gangrena *nf* gangrene

gángster *nm* gangster

ganso, -a *nm-nf* goose [*pl* geese]

> Si queremos especificar que se trata de un ganso macho, decimos **gander**.

garabatear *vt, vi* **1** (*dibujar*) to doodle **2** (*escribir*) to scribble

garabato *nm* **1** (*dibujo*) doodle **2** (*escritura*) scribble

garage (*tb* **garaje**) *nm* garage

garantía *nf* guarantee

garantizar *vt* **1** (*gen*) to guarantee: *Garantizamos la calidad del producto.* We guarantee the quality of the product. **2** (*asegurar*) to assure: *Van a venir, te lo garantizo.* They'll come, I assure you.

garbanzo *nm* chickpea

garbo *nm* LOC **andar con garbo** to walk gracefully **tener garbo** to be graceful

garfio *nm* hook

garganta *nf* **1** (*Anat*) throat: *Me duele la ~.* I've got a sore throat. **2** (*Geog*) gorge LOC *Ver* NUDO

gargantilla *nf* choker

gárgaras *nf* LOC **hacer gárgaras** to gargle

garita *nf* sentry box LOC **garita de señales** signal box

garra *nf* **1** (*animal*) claw **2** (*ave de rapiña*) talon **3** (*personalidad*) fighting spirit: *Es una persona con ~.* He's got fighting spirit.

garrafa *nf* cylinder: *~ de gas/oxígeno* gas/oxygen cylinder ◊ *Se acabó la ~ de gas.* The bottle gas has ran out.

garrapata *nf* tick

garrocha *nf* pole LOC *Ver* SALTO

garronero, -a *nm-nf* scrounger

garrote *nm* **1** (*gen*) stick **2** (*tortura*) garrotte

garúa *nf* drizzle

gas *nm* **1** (*gen*) gas: *Hay olor a ~.* It smells of gas. **2 gases** (*Med*) wind [*incontable, v sing*]: *El bebé tiene ~es.* The baby's got wind. LOC **gases lacrimógenos** tear gas [*incontable, v sing*] *Ver tb* AGUA

gasa *nf* **1** (*tejido*) gauze **2** (*vendaje*) bandage

gaseosa *nf* soft drink

gaseoso, -a *adj* **1** (*Quím*) gaseous **2** (*bebida*) fizzy

gasóleo (*tb* **gas-oil**, **gasoil**) *nm* diesel

gastado, -a *pp, adj* (*desgastado*) worn out *Ver tb* GASTAR

gastar ◆ *vt* **1** (*plata*) to spend *sth* (***on sth/sb***) **2** (*consumir*) to use: *~ menos electricidad* to use less electricity **3** (*agotar*) to use *sth* up: *Me gastaste toda la colonia.* You've used up all my cologne. ◆ **gastarse** *v pron* to waste your breath: *No te gastes con ése.* Don't waste your breath on him.

gasto *nm* **1** (*plata*) expense: *No gano ni para los ~s.* I don't earn enough to cover my expenses. **2** (*agua, energía, nafta*) consumption LOC **gastos de envío** postage and packing [*sing*]

gatear *vi* to crawl

gatillo *nm* trigger: *apretar el ~* to pull the trigger

gato, -a ◆ *nm-nf* cat

> **Tom-cat** o **tom** es un gato macho, **kittens** son los gatitos. Los gatos ronronean (**purr**) y hacen miau (**miaow**).

◆ *nm* (*auto*) jack LOC **el Gato con Botas** Puss in Boots **gato siamés** Siamese **hay gato encerrado** there's something fishy here **ir a gatas** to crawl **pasar gato por liebre** to take *sb* in *Ver tb* PERRO

gaucho, -a ◆ *adj* **1** (*relativo al gaucho*) gaucho [*n atrib*]: *costumbres gauchas* gaucho customs **2** (*servicial*) helpful: *Es un tipo muy ~.* He's a very helpful guy. ◆ *nm* gaucho [*pl* gauchos]

gaviota *nf* seagull

gay *adj, nm* gay

gel *nm* gel LOC **gel de baño/ducha** shower gel

gelatina *nf* **1** (*sustancia*) gelatine **2** (*Cocina*) jelly [*pl* jellies]

gemelo, -a ◆ *adj, nm-nf* (identical) twin [*n*] ◆ **gemelos** *nm* cuff links

gemido *nm* **1** (*persona*) groan: *Se podían oír los ~s del enfermo.* You could hear the sick man groaning. **2** (*animal*) whine: *los ~s del perro* the whining of the dog

Géminis *nm, nmf* (*Astrología*) Gemini ☛ *Ver ejemplos en* AQUARIUS

gemir *vi* **1** (*persona*) to groan **2** (*animal*) to whine

gene (*tb* **gen**) *nm* gene

genealógico, -a *adj* genealogical LOC *Ver* ÁRBOL

generación *nf* generation

general[1] *adj* general LOC **en general/por lo general** as a general rule *Ver tb* CUARTEL, ELECCIÓN, ENSAYO

general[2] *nmf* (*Mil*) general

generalizar *vt, vi* to generalize: *No se puede ~.* You can't generalize.

generar *vt* to generate

género *nm* **1** (*tipo*) kind: *problemas de ese ~* problems of that kind **2** (*Arte, Liter*) genre **3** (*Gram*) gender **4** (*tela*) material ☛ *Ver nota en* TELA LOC **género policíaco** crime writing

generoso, -a *adj* generous: *Es muy ~ con sus amigos.* He is very generous to his friends.

genético, -a ◆ *adj* genetic ◆ **genética** *nf* genetics [*sing*]

genial *adj* brilliant: *una idea/un pianista ~* a brilliant idea/pianist LOC **pasarla/pasarlo genial** to have a great time: *¡Lo estamos pasando ~!* We are having a great time!

genio *nm* ~ (**con/para**) (*lumbrera*) genius [*pl* geniuses] (**at *sth*/*doing sth***): *Sos un ~ haciendo arreglos.* You're a genius at doing repairs.

genital ◆ *adj* genital ◆ **genitales** *nm* genitals

gente *nf* people [*pl*]: *Había mucha ~.* There were a lot of people. ◊ *La ~ lloraba de alegría.* People were crying with joy. LOC **como la gente** decent **gente bien** well-off people **gente corriente** ordinary people **ser buena gente** to be nice *Ver tb* ABARROTADO

geografía *nf* geography

geográfico, -a *adj* geographical

geología *nf* geology

geológico, -a *adj* geological

geometría *nf* geometry

geométrico, -a *adj* geometric(al)

geranio *nm* geranium

gerente *nmf* manager LOC *Ver* DIRECTOR

germen *nm* germ

germinar *vi* to germinate

gesticular *vi* **1** (*con las manos*) to gesticulate **2** (*con la cara*) to pull a face, to grimace (*formal*)

gesto *nm* **1** (*gen*) gesture: *un ~ simbólico* a symbolic gesture ◊ *comunicarse/hablar por ~s* to communicate by gesture **2** (*cara*) expression: *con ~ pensativo* with a thoughtful expression LOC **hacer un gesto/gestos 1** (*con la mano*) to signal (*to sb*): *Me hizo un ~ para que entrara.* He signalled to me to come in. **2** (*con la cara*) to pull a face/faces (*at sb*)

gigante ◆ *adj* **1** (*gen*) gigantic **2** (*Bot*) giant [*n atrib*]: *un olmo ~* a giant elm ◆ **gigante, -a** *nm-nf* giant [*fem* giantess]

gigantesco, -a *adj* enormous

gimnasia *nf* **1** (*gen*) gymnastics [*sing*]: *el campeonato de ~ deportiva* the gymnastics championships **2** (*educación física*) physical education (*abrev* PE): *un profesor de ~* a PE teacher LOC **hacer gimnasia** to exercise, to work out (*más coloq*)

gimnasio *nm* gymnasium, gym (*más coloq*)

ginebra *nf* gin

gira *nf* tour LOC **estar/ir de gira** to be/go on tour

girar *vt, vi* to turn: *~ el volante hacia la derecha* to turn the steering wheel to the right LOC **girar alrededor de algo/algn** to revolve around sth/sb: *La Tierra gira alrededor del Sol.* The earth revolves around the sun.

girasol *nm* sunflower

giratorio, -a *adj* LOC *Ver* PUERTA

giro *nm* LOC **giro bancario** banker's draft **giro en U** U-turn **giro postal** postal order *Ver tb* LUZ

gitano, -a *adj, nm-nf* gypsy [*n*] [*pl* gypsies] LOC *Ver* BRAZO

glacial *adj* **1** (*viento*) icy **2** (*temperatura*) freezing **3** (*período, zona*) glacial

glaciar *nm* glacier LOC **época/periodo glaciar** Ice Age

glándula *nf* gland

globo *nm* **1** (*gen*) balloon: *una excursión en ~* a balloon trip **2** (*en una historieta*) speech bubble LOC **el globo terráqueo** the globe

gloria *nf* **1** (*gen*) glory: *fama y ~* fame and glory **2** (*persona célebre*) great name: *las viejas ~s del deporte* the great sporting names of the past

glorieta *nf* bandstand

glotón, -ona ◆ *adj* greedy ◆ *nm-nf* glutton

glucosa *nf* glucose

gobernador, ~a *nm-nf* governor

gobernante ◆ *adj* governing ◆ *nmf* leader

gobernar *vt* to govern

gobierno *nm* government [*v sing o pl*]: *~ de la provincia/república* regional/central government

gol *nm* goal: *meter un ~* to score a goal LOC **el gol del empate** the equalizer **gol en contra** an own goal

golear *vt, vi*: *Alemania goleó a Holanda por cinco a cero.* Germany thrashed Holland five nil.

golf *nm* golf LOC *Ver* CAMPO, SALSA

golfo *nm* gulf: *el ~ Pérsico* the Persian Gulf

golondrina *nf* swallow

golosina *nf* sweet

goloso, -a *adj, nm-nf*: *ser muy/un ~* to have a sweet tooth ◇ *la gente golosa* people with a sweet tooth

golpe *nm* **1** (*gen*) blow: *un buen ~ en la cabeza* a severe blow to the head ◇ *Su muerte fue un duro ~ para nosotros.* Her death came as a heavy blow. ◇ *Lo mataron a ~s.* They beat him to death. **2** (*accidente*): *Me di un ~ en la cabeza.* I've banged my head. ◇ *No corras o nos vamos a dar un ~.* Slow down or we'll have an accident. **3** (*moretón*) bruise **4** (*para llamar la atención*) knock: *Oí un ~ en la puerta.* I heard a knock on the door. ◇ *Di unos ~s en la puerta a ver si había alguien.* I knocked on the door to see if anybody was in. **5** (*Dep*) stroke LOC **darle un golpe de teléfono a algn** (*llamar*) to give *sb* a ring **de golpe (y porrazo)** out of the blue: *Bueno, si se lo decís de ~ y porrazo...* Well, if you tell him out of the blue... **de (un) golpe** in one go **golpe de estado** coup **un golpe bajo**: *Eso fue un ~ bajo.* That was below the belt. *Ver tb* AGARRAR, CERRAR

golpear *vt* **1** (*gen*) to bang: *Esa puerta golpea la pared.* That door is banging against the wall. **2** (*repetidamente*) to beat (**against/on** *sth*): *El granizo golpeaba los vidrios.* The hail was beating against the windows. ◇ *Golpeaban los tambores con fuerza.* They were beating the drums.

goma *nf* **1** (*gen*) rubber: *¿Me prestás la ~ de borrar?* Will you lend me your rubber? **2** (*neumático*) tyre LOC *Ver* BOTA

gomina *nf* (hair) gel

gomita *nf* (*banda elástica*) elastic band

gordo, -a ◆ *adj* **1** (*persona, animal*) fat **2** (*grueso*) thick **3** (*grave*) serious: *un error ~* a serious mistake ◆ *nm-nf* fat man/woman [*pl* fat men/women] ◆ *nm* (*lotería*) first prize LOC *Ver* DEDO, PEZ, SUDAR, VISTA

gorila *nm* **1** (*animal*) gorilla **2** (*guardaespaldas*) bodyguard

gorra *nf* cap LOC **gorra de baño 1** (*para pileta*) swimming cap **2** (*para ducha*) shower cap

gorrión *nm* sparrow

gorro *nm* hat: *un ~ de lana/de cocinero* a woolly/chef's hat

gota *nf* drop LOC **ser como dos gotas de agua** to be as like as two peas in a pod **ser la gota que colma el vaso** to be the last straw *Ver tb* SUDAR

gotear *vi* **1** (*gen*) to drip: *Esa canilla gotea.* That tap's dripping. **2** (*cañería*) to leak

gotera *nf* leak: *Cada vez que llueve tenemos ~s.* The roof leaks every time it rains.

gótico, -a *adj, nm* Gothic

gozar *vi* ~ (**con/de**) to enjoy ***sth*/*doing sth***: *Gozan fastidiando a la gente.* They enjoy annoying people. ◇ *~ de buena salud* to enjoy good health

grabación *nf* recording

grabado *nm* **1** (*gen*) engraving **2** (*en un libro*) illustration

grabador *nm* (*tb* **grabadora** *nf*) tape recorder

grabar *vt* **1** (*sonido, imagen*) to record **2** (*metal, piedra*) to engrave LOC *Ver* VIDEO

gracia *nf* **1** (*encanto, simpatía*) charm: *No es linda pero tiene ~.* She's not pretty but there's something about her all the same. **2** (*elegancia, Relig*) grace LOC **dar las gracias** to thank *sb* (**for sth/doing sth**): *sin darme las ~s* without thanking me **¡gracias!** thanks! (*coloq*), thank you!: *muchas ~s* thank you very much **gracias a...** thanks to *sth/sb*: *~s a vos, me dieron el puesto.* Thanks to you, I got the job. **hacer gracia** to amuse: *Me hace ~ su forma de hablar.* The way he talks amuses me. **tener gracia** to be funny: *Tus chistes no tienen ~.* Your jokes aren't funny. ◊ *No tiene ~ ¿sabés?* It's not funny, you know.

gracioso, -a *adj* funny, amusing (*formal*): *Ese chiste no me parece ~.* I don't find that joke very funny. LOC **hacerse el gracioso** to play the clown

grada *nf* stand: *Las ~s estaban llenas.* The stands were full.

grado *nm* **1** (*gen*) degree: *Estamos a dos ~s bajo cero.* It's two degrees below zero. ◊ *quemaduras de tercer ~* third-degree burns **2** (*escuela*) grade: *Empieza el primer ~ con seis años de edad.* He starts first grade when he's six. ◊ *Tuve que repetir de ~.* I had to repeat a year. **3 grados** (*alcohol*): *Este vino tiene 12 ~s.* The alcoholic content of this wine is 12%. ◊ *Esta cerveza tiene muchos ~s.* This beer is very strong.

graduar *vt* (*regular*) to adjust: *Graduá la temperatura, por favor.* Please adjust the temperature.

graffiti *nm* graffiti [*incontable*]: *un ~* a piece of graffiti

gráfico, -a ◆ *adj* graphic ◆ **gráfico** *nm* (*tb* **gráfica** *nf*) graph LOC *Ver* REPORTERO

gramática *nf* grammar

gramo *nm* gram(me) (*abrev* g) ☛ *Ver Apéndice 1.*

gran *adj* LOC *Ver* GRANDE

Gran Bretaña *nf* Great Britain (*abrev* GB)

grande ◆ *adj* **1** (*tamaño*) large, big (*más coloq*): *una casa/ciudad ~* a big house/city ◊ *¿~ o chico?* Large or small? ☛ *Ver nota en* BIG **2** (*fig*) big: *un gran problema* a big problem **3** (*número, cantidad*) large: *una gran cantidad de arena* a large amount of sand ◊ *una gran cantidad de gente* a large number of people **4** (*importante, notable*) great: *un gran músico* a great musician **5** (*edad*) old: *Soy más ~ que mi hermano.* I'm older than my brother. ◊ *Es el alumno más ~ de la clase.* He's the oldest student in the class. ☛ *Ver nota en* ELDER **6** (*adulto*) grown-up: *Sus hijos son ya ~s.* Their children are grown-up now. ◆ *nmf* **1** ~ (**de**) oldest (one) (**in/of...**): *El ~ tiene quince años.* The oldest (one) is fifteen. ◊ *la más ~ de las tres hermanas* the oldest of the three sisters ☛ *Ver nota en* ELDER **2 grandes** (*adultos*) grown-ups: *Los ~es no van a llegar hasta las ocho.* The grown-ups won't get here till eight. LOC **a grandes rasgos** in general terms **de grande** when I, you, etc grow up: *De ~ quiero ser médico.* I want to be a doctor when I grow up. **gran danés** Great Dane **grande como una casa** huge: *una mentira ~ como una casa* a huge lie **grandes tiendas** department store [*sing*] **hacerse grande** to grow up (**la/una**) **gran parte de** most of: *Una gran parte del público eran chicos.* Most of the audience were children. *Ver tb* DIMENSIÓN, POTENCIA

granel LOC **a granel 1** (*vino*) from the cask **2** (*sin envasar*) loose: *bombones a ~* loose chocolates

granero *nm* barn

granito *nm* granite

granizada *nf* hailstorm

granizado *nm* **1** (*bebida*) drink with crushed ice **2** (*helado*) chocolate chip ice cream

granizar *v imp* to hail: *Anoche granizó.* It hailed last night.

granizo *nm* hail

granja *nf* **1** (*Agricultura*) farm **2** (*casa*) farmhouse: *La ~ tenía techo de tejas.*

granjero, -a *nm-nf* farmer

grano *nm* **1** (*gen*) grain: *un ~ de arena* a grain of sand **2** (*semilla*) seed **3** (*café*) bean **4** (*en la piel*) spot: *Me salieron ~s.* I've come out in spots. LOC **ir al grano** to get to the point

grapa *nf* grappa

grapadora *nf* stapler

grasa ◆ *nf* **1** (*gen*) fat: *Esta carne tiene mucha ~.* There's a lot of fat on this meat. ◊ *~ de la leche* milk fat **2** (*refinada*) lard **3** (*lubricante*) grease ◆ *adj* (*persona*) common: *¡Héctor es tan ~!* Héctor's so common!

grasiento, -a *adj* greasy

graso, -a *adj* (*cutis, pelo, comida*) greasy: *un champú para pelo ~* a shampoo for greasy hair

gratis *adj, adv* free: *La bebida era ~.* The drinks were free. ◊ *Los jubilados viajan ~.* Pensioners travel free. ◊ *trabajar ~* to work for nothing

grato, -a *adj* **1** (*agradable*) pleasant: *una grata sorpresa* a pleasant surprise **2** (*placentero*) pleasing: *~ al oído* pleasing to the ear

gratuito, -a *adj* free LOC *Ver* ENTRADA

grava *nf* gravel

grave *adj* **1** (*gen*) serious: *un problema/una enfermedad ~* a serious problem/illness **2** (*solemne*) solemn: *expresión ~* solemn expression **3** (*sonido, nota*) low: *El bajo produce sonidos ~s.* The bass guitar produces low notes. **4** (*voz*) deep

gravedad *nf* **1** (*Fís*) gravity **2** (*importancia*) seriousness LOC **de gravedad** seriously: *Está herido de ~.* He's seriously injured.

gravemente *adv* seriously

graznar *vi* **1** (*cuervo*) to caw **2** (*pato*) to quack

Grecia *nf* Greece

gremio *nm* **1** (*oficio*) trade **2** (*artesanos, artistas*) guild **3** (*sindicato*) trade union

griego, -a ♦ *adj, nm* Greek: *hablar ~* to speak Greek ♦ *nm-nf* Greek man/woman [*pl* Greek men/women]: *los ~s* the Greeks

grieta *nf* crack

grillo *nm* cricket

gripe *nf* flu [*incontable*]: *Tengo ~.* I've got (the) flu.

gris ♦ *adj* **1** (*color*) grey ☛ *Ver ejemplos en* AMARILLO **2** (*tiempo*) dull: *Hace un día ~.* It's a dull day. ♦ *nm* grey LOC *Ver* ZORRO

grisín *nm* bread stick

gritar *vt, vi* to shout (***at sb***): *El profesor nos gritó para que nos calláramos.* The teacher shouted at us to be quiet. ◊ *Gritaron pidiendo ayuda.* They shouted for help. ☛ *Ver nota en* SHOUT LOC **gritar de dolor** to cry out in pain

grito *nm* **1** (*gen*) shout: *Oímos un ~.* We heard a shout. **2** (*auxilio, dolor, alegría*) cry [*pl* cries]: *~s de alegría* cries of joy LOC **a gritos/grito pelado** at the top of your voice **dar/pegar un grito** to shout: *Pegale un ~ a tu hermano para que venga.* Give your brother a shout. **poner el grito en el cielo** to hit the roof

grosella *nf* redcurrant LOC **grosella negra** blackcurrant

grosero, -a *adj, nm-nf* rude [*adj*]: *Sos un ~.* You're so rude.

grosor *nm* thickness: *Esta madera tiene dos centímetros de ~.* This piece of wood is two centimetres thick.

grúa *nf* **1** (*máquina*) crane **2** (*para vehículos*) **(a)** (*gen*) breakdown truck **(b)** (*de la policía*): *Si dejás el auto ahí, se lo va a llevar la ~.* If you leave your car there it'll be towed away. ◊ *Me llevó el auto la ~.* My car has been towed away.

grueso, -a *adj* thick

grumo *nm* lump: *una salsa con ~s* a lumpy sauce

gruñir *vi* **1** (*persona, cerdo*) to grunt **2** (*perro, león*) to growl **3** (*refunfuñar*) to grumble

gruñón, -ona *adj, nm-nf* grumpy [*adj*]: *Es una gruñona.* She's really grumpy.

grupo *nm* group: *Nos pusimos en ~s de seis.* We got into groups of six. ◊ *Me gusta el trabajo en ~.* I enjoy group work. LOC **grupo sanguíneo** blood group

gruta *nf* **1** (*natural*) cave **2** (*artificial*) grotto [*pl* grottoes/grottos]

guadaña *nf* scythe

guante *nm* glove LOC *Ver* COLGAR

guantera *nf* glove compartment

guapo, -a *adj, nm-nf* (*bravucón*) cocky [*adj*]: *No te hagas el ~.* Don't be so cocky. ◊ *hacerse el ~* to get cocky

guarda *nmf* **1** (*gen*) guard: *~ de seguridad* security guard **2** (*zoo*) keeper

guardabarro *nm* mudguard

guardaespaldas *nmf* bodyguard: *rodeado de ~* surrounded by bodyguards

guardar *vt* **1** (*gen*) to keep: *Guardá la entrada.* Keep your ticket. ◊ *~ un secreto* to keep a secret ◊ *¿Me puede ~ el lugar?* Could you please keep my place in the queue? **2** (*guardar*) to put *sth* away: *Ya guardé toda la ropa de invierno.* I've put away all my winter clothes. **3** (*custodiar*) to guard: *Dos soldados guardan la entrada al cuartel.* Two soldiers guard the entrance to the barracks. LOC **guardar las apariencias** to keep up appearances **guardarle rencor a algn** to bear sb a grudge: *No le guardo ningún rencor.* I don't bear him any grudge.

guardarropa *nm* (*en locales públicos*) cloakroom

guardería *nf* nursery [*pl* nurseries]

guardia ◆ *nmf* policeman/woman [*pl* policemen/women] ◆ *nf* guard LOC **de guardia** on duty: *el médico de ~* the doctor on duty ◊ *estar de ~* to be on duty **estar en guardia** to be on your guard **guardia de tráfico** traffic warden **hacer guardia** to mount guard *Ver tb* CAMBIO

guardián, -ana *nm-nf* guardian LOC *Ver* PERRO

guarecer ◆ *vt* to shelter *sb* (***from sth***) ◆ **guarecerse** *v pron* to take shelter (***from sth***)

guarida *nf* **1** (*gen*) den **2** (*ladrones*) hideout

guarnago, -a *adj* rude

guarnición *nf* **1** (*Cocina*) garnish: *una ~ de verduras* a garnish of vegetables **2** (*Mil*) garrison

guau *nm* woof

guerra *nf* war: *estar en ~* to be at war ◊ *en la Primera Guerra Mundial* during the First World War ◊ *declarar la ~ a algn* to declare war on sb LOC *Ver* BUQUE

guerrero, -a ◆ *adj* warlike ◆ *nm-nf* warrior

guerrilla *nf* **1** (*grupo*) guerrillas [*pl*] **2** (*tipo de guerra*) guerrilla warfare

gueto *nm* ghetto [*pl* ghettoes]

guía ◆ *nmf* (*persona*) guide ◆ *nf* **1** (*gen*) guide: *~ turística/de hoteles* tourist/hotel guide **2** (*estudios*) prospectus [*pl* prospectuses]: *La universidad publica una ~ anual.* The university publishes a prospectus every year. LOC **guía (telefónica/de teléfonos)** telephone directory, phone book (*más coloq*): *Buscalo en la ~.* Look it up in the telephone directory.

guiar *vt* to guide LOC **guiarse por algo** to go by sth: *No deberías ~te por las apariencias.* You can't go by appearances.

guinda *nf* cherry [*pl* cherries]

guiñar *vt, vi* to wink (***at sb***): *Me guiñó el ojo.* He winked at me.

guiño *nm* wink

guión *nm* (*Ortografía*) **1** (*gen*) hyphen **2** (*diálogo*) dash ☛ *Ver págs 312–3.*

guiso *nm* stew: *un ~ de lentejas* a lentil stew

guita *nf* cash, dough (*coloq*): *¿Tenés ~ suficiente para el viaje?* Have you got enough cash for the trip? LOC **hacer guita** to make a packet

guitarra *nf* guitar

guitarrista *nmf* guitarist

gula *nf* greed

gusano *nm* **1** (*gen*) worm **2** (*en los alimentos*) maggot **3** (*de mariposa*) caterpillar LOC **gusano de seda** silkworm

gustar *vi* **1** (*gen*) to like *sth/doing sth* [*vt*]: *No me gusta.* I don't like it. ◊ *Les gusta pasear.* They like walking. ◊ *Me gusta cómo explica.* I like the way she explains things. **2** (*atraer sentimentalmente*) to fancy *sb* [*vt*]: *Creo que le gustás.* I think he fancies you. LOC **me gusta más** I, you, etc prefer *sth/doing sth*: *Me gusta más el vestido rojo.* I prefer the red dress.

gusto *nm* **1** (*gen*) taste: *Tenemos ~s totalmente diferentes.* Our tastes are completely different. ◊ *Hizo un comentario de mal ~.* His remark was in bad taste. ◊ *para todos los ~s* to suit all tastes **2** (*sabor*) flavour LOC **estar a gusto** to feel comfortable **¡mucho gusto!** pleased to meet you! **tener gusto a** to taste of *sth*: *tener ~ a fruta* to taste of fruit ◊ *tener ~ a quemado* to taste burnt

Hh

haba *nf* broad bean

haber ◆ *v aux* **1** (*tiempos compuestos*) to have: *He terminado.* I've finished. ◊ *Me habían dicho que vendrían.* They had told me they would come. **2** *~* **que** must: *Hay que ser valiente.* You must be brave. ◆ **haber** *v imp* there is, there are

There is se usa con sustantivos en singular e incontables: *Hay una botella de vino en la mesa.* There's a bottle of

wine on the table. ◊ *No hay pan.* There isn't any bread. ◊ *No había nadie.* There wasn't anybody.
There are se usa con sustantivos en plural: *¿Cuántas botellas de vino hay?* How many bottles of wine are there?

LOC **de haber...** if...: *De ~lo sabido no le habría dicho nada.* If I'd known, I wouldn't have said anything. **¡haberlo dicho, hecho, etc!** you should have said so, done it, etc: *¡~lo dicho antes de salir!* You should have said so before we left! ☛ Para otras expresiones con **haber**, véanse las entradas del sustantivo, adjetivo, etc, p.ej. **no hay derecho** en DERECHO y **no hay mal que por bien no venga** en MAL.

hábil *adj* **1** (*gen*) skilful: *un jugador muy ~* a very skilful player **2** (*astuto*) clever: *una maniobra muy ~* a clever move **3** (*día*) working: *los días ~es* working days ◊ *Para cobrar el cheque, espere tres días ~s.* You must wait three working days to cash the cheque.

habilidad *nf* skill

habilidoso, -a *adj* handy

habilitar *vt* (*edificio, local*) to convert

habitación *nf* **1** (*gen*) room **2** (*dormitorio*) bedroom LOC **habitación individual** single room

habitante *nmf* inhabitant

habitar *vt, vi* ~ (**en**) to live **in**...: *la fauna que habita (en) los bosques* the animals that live in the woods

hábitat *nm* habitat

hábito *nm* habit LOC **tomar/agarrar el hábito** to get into the habit (*of doing sth*)

habitual *adj* **1** (*acostumbrado*) usual **2** (*cliente, lector, visitante*) regular

habituarse *v pron* ~ (**a**) to get used **to** ***sth/doing sth***: *Terminarás por habituarte.* You'll get used to it eventually.

habla *nf* speech LOC **de habla francesa, hispana, etc** French-speaking, Spanish-speaking, etc **sin habla** speechless: *Me dejó sin ~.* It left me speechless.

hablado, -a *pp, adj* spoken: *el inglés ~* spoken English *Ver tb* HABLAR

hablador, ~a ◆ *adj* talkative ◆ *nm-nf* chatterbox

hablante *nmf* speaker

hablar ◆ *vt* **1** (*idioma*) to speak: *¿Hablás ruso?* Do you speak Russian? **2** (*tratar*) to talk **about** ***sth***: *Ya lo hablaremos.* We'll talk about it. ◆ *vi* ~ (**con** algn) (**de/sobre algo/algn**) to speak, to talk (**to sb**) (**about sth/sb**)

To speak y **to talk** tienen prácticamente el mismo significado, aunque **to speak** es el término más general: *Hablá más despacio.* Speak more slowly. ◊ *hablar en público* to speak in public ◊ *¿Puedo hablar con Juan?* Can I speak to Juan? **To talk** se usa más cuando nos referimos a una conversación o a un comentario, o cuando nos referimos a varios hablantes: *hablar de política* to talk about politics ◊ *Están hablando de nosotros.* They're talking about us. ◊ *Hablan de mudarse de casa.* They're talking about moving. ◊ *Estuvimos hablando toda la noche.* We talked all night.

LOC **hablá más alto/bajo** speak up/lower your voice **hablar hasta por los codos** to talk nineteen to the dozen **¡ni hablar!** no way! **no hablarse con algn** not to be on speaking terms with sb *Ver tb* ASÍ

hacer ◆ *vt*

• se traduce por **to make** en los siguientes casos: **1** (*fabricar*): *~ bicicletas/una blusa* to make bicycles/a blouse **2** (*plata, ruido, cama*): *Nunca hacés la cama por la mañana.* You never make your bed in the morning. **3** (*comentario, promesa, esfuerzo*): *Tenés que ~ un esfuerzo.* You must make an effort. **4** (*amor*): *Hacé el amor y no la guerra.* Make love, not war. **5** (*convertir en*): *Dicen que los sufrimientos te hacen más fuerte.* They say suffering makes you stronger. ☛ *Ver ejemplos en* MAKE[1]

• se traduce por **to do** en los siguientes casos: **1** cuando hablamos de una actividad sin decir de qué se trata: *¿Qué hacemos esta tarde?* What shall we do this afternoon? ◊ *Hago lo que puedo.* I do what I can. ◊ *Contame lo que hacés en el colegio.* Tell me what you do at school. **2** cuando nos referimos a actividades como lavar, planchar, limpiar y comprar: *¿Cuándo hacés la compra?* When do you do the shopping? ◊ *Si vos hacés el baño, yo hago la cocina.* If you do the bathroom, I'll do the kitchen. **3** (*estudios*): *~ los deberes/un examen/un curso* to do your homework/an exam/a course ◊ *~ sumas y restas* to do sums **4** (*favor*): *¿Me hacés un favor?* Will you do me a favour? ☛ *Ver ejemplos en* DO[2]

• **hacer (que...)** to get *sb* ***to do sth***: *Nos hacen venir todos los sábados.*

They're getting us to come in every Saturday. ◊ *Hice que cambiaran la llanta.* I got them to change the tyre.

• **otros usos: 1** (*escribir*) to write: ~ *una redacción* to write an essay **2** (*pintar, dibujar*) to paint, to draw: ~ *un cuadro/una raya* to paint a picture/to draw a line **3** (*nudo*) to tie: ~ *un moño* to tie a bow **4** (*distancia*): *Todos los días hago 50km.* I travel/drive 50km every day. ◊ *A veces hacemos cinco kilómetros corriendo.* We sometimes go for a five-kilometre run. **5** (*pregunta*) to ask: *¿Por qué hacés tantas preguntas?* Why do you ask so many questions? **6** (*papel*) to play: *Hice el papel de Julieta.* I played the part of Juliet. **7** (*deportes*): ~ *judo/aerobismo* to do judo/aerobics ◊ ~ *ciclismo/andinismo* to go cycling/climbing

◆ *vi* ~ **de 1** (*oficio*) to work **as *sth***: *Hago de jardinero.* I'm working as a gardener. **2** (*ejercer*) to act **as *sth***: *No hagas de padre conmigo.* Don't act as if you were my father. **3** (*cosa*) to serve **as *sth***: *Una caja de cartón hacía de mesa.* A cardboard box served as a table. ◆ *v imp* **1** (*tiempo meteorológico*): *Hace frío/calor.* It's cold/hot. ◊ *Hizo buen tiempo el verano pasado.* We had very nice weather last summer. **2** (*tiempo cronológico*): *Me casé hace diez años.* I got married ten years ago. ◊ *Se habían conocido hacía pocos meses.* They had met a few months earlier. ◊ *¿Hace mucho que vivís aquí?* Have you been living here long? ◊ *Hace años que nos conocemos.* We've known each other for ages. ☛ *Ver nota en* AGO ◆ **hacerse** *v pron* **1 + sustantivo** to become: *Se hizo taxista.* He became a taxi driver. **2 + adj**: *La última clase se me hace eterna.* The last lesson seems to go on for ever. **3 hacerse el/la + adj** to pretend to be *sth*: *No te hagas el sordo.* It's no good pretending to be deaf. ◊ *No te hagas la viva conmigo.* Don't try and be clever with me. **4** (*cuando otra persona realiza la acción*) to have *sth* done: *Se están haciendo una casa.* They're having a house built.

LOC **desde hace/hacía…** for…: *Viven aquí desde hace dos años.* They've been living here for two years. **hacer bien/mal** to be right/wrong (*to do sth*): *¿Hice bien en ir?* Was I right to go? **hacer como que/si…** to pretend: *Hizo como que no me había visto.* He pretended he hadn't seen me. **hacerse pasar por…** to pass yourself off as *sth/sb*: *Se hizo pasar por el hijo del dueño.* He passed himself off as the owner's son. **hacer una de las suyas** to be up to his, her, etc old tricks again: *Nacho volvió a ~ una de las suyas.* Nacho's been up to his old tricks again. **¿qué hacés? 1** (*profesión*) what do you do?: *—¿Qué hace?—Es profesora.* 'What does she do?' 'She's a teacher.' **2** (*en este instante*) what are you doing?: *—Hola, ¿qué hacés? —Estoy viendo una película.* 'Hi, what are you doing?' 'Watching a film.' ☛ Para otras expresiones con **hacer**, véanse las entradas del sustantivo, adjetivo, etc, p.ej. **hacerse el tonto** en TONTO y **hacer trampa** en TRAMPA.

hacha *nf* axe

hacia *prep* **1** (*dirección*) towards: *ir hacia algo/algn* to go towards sth/sb **2** (*tiempo*) at about: *Voy a llegar hacia las tres.* I'll be there at about three. ◊ *hacia principios de verano* in early summer ☛ *Ver nota en* AROUND[1]

hacienda *nf* **Hacienda** the Treasury LOC *Ver* MINISTERIO, MINISTRO

hada *nf* fairy [*pl* fairies]: *un cuento de ~s* a fairy story

halagar *vt* to flatter

halcón *nm* falcon

hall *nm* hall

hallar ◆ *vt* to find ◆ **hallarse** *v pron* to be

hallazgo *nm* **1** (*descubrimiento*) discovery [*pl* discoveries]: *Los científicos han hecho un gran ~.* Scientists have made an important discovery. **2** (*persona, cosa*) find: *La nueva bailarina es un auténtico ~.* The new dancer is a real find.

hamaca *nf* swing LOC **hamaca (paraguaya)** hammock

hamacar ◆ *vt* to give *sb* a swing ◆ **hamacarse** *v pron* to have a swing

hambre *nf* hunger, starvation, famine

> No deben confundirse las palabras **hunger**, **starvation** y **famine**:
> **Hunger** es el término general y se usa en casos como: *hacer huelga de hambre* to go on (a) hunger strike, o para expresar un deseo: *hambre de conocimiento/poder* hunger for knowledge/power.
> **Starvation** se refiere al hambre sufrida durante un período prolongado de tiempo: *Lo dejaron morir de hambre.* They let him die of starvation. El verbo **to starve** significa *morir de hambre* y

se usa mucho en la expresión: *Me muero de hambre.* I'm starving.
Famine es hambre que normalmente afecta a un gran número de personas y suele ser consecuencia de una catástrofe natural: *una población debilitada por el hambre* a population weakened by famine ◊ *A la larga sequía siguieron meses de hambre.* The long drought was followed by months of famine.

LOC **pasar hambre** to go hungry **tener hambre** to be hungry **tener un hambre canina/feroz** to be starving *Ver tb* MATAR, MUERTO

hambriento, -a *adj* **1** (*gen*) hungry: *La nena está hambrienta.* The baby is hungry. **2** (*muerto de hambre*) starving

hamburguesa *nf* hamburger, burger (*más coloq*)

hámster *nm* hamster

handbol *nm* handball

haragán, -ana ◆ *adj* lazy ◆ *nm-nf* lazybones [*pl* lazybones]: *Es un ~.* He's a lazybones.

harapo *nm* rag

harina *nf* flour

hartarse *v pron* **1** ~ (**de**) (*cansarse*) to be fed up (**with** ***sth/sb/doing sth***): *Ya me harté de tus quejas.* I'm fed up with your complaints. **2** (*llenarse*) to be full (up): *Comí hasta hartarme.* I ate till I was full (up).

harto, -a *adj* **1** (*lleno*) full **2** ~ (**de**) (*cansado*) fed up (**with** ***sth/sb/doing sth***): *Me tenés ~.* I'm fed up with you.

hasta ◆ *prep*

- **tiempo** until, till (*más coloq*)

Until se usa tanto en inglés formal como informal. **Till** se usa sobre todo en inglés hablado y no suele aparecer al principio de la frase: *No voy a llegar hasta las siete.* I won't be there until seven. ◊ *¿Hasta cuándo te quedás?* How long are you staying?

- **lugar 1** (*distancia*) as far as...: *Vinieron conmigo hasta Bariloche.* They came with me as far as Bariloche. **2** (*altura, longitud, cantidad*) up to...: *El agua llegó hasta aquí.* The water came up to here. **3** (*hacia abajo*) down to...: *La pollera me llega hasta los tobillos.* The skirt comes down to my ankles.
- **saludos** see you...: *¡Hasta mañana/el lunes!* See you tomorrow/on Monday! ◊ *¡Hasta luego!* Bye!

◆ *adv* even: *Hasta yo lo hice.* Even I did it.

haya *nf* beech (tree)

hazaña *nf* exploit LOC **ser toda una hazaña** to be quite a feat

hebilla *nf* **1** (*zapato, cinturón*) buckle **2** (*pelo*) (hair) slide

hebra *nf* (piece of) thread

hechicero, -a *nm-nf* wizard [*fem* witch]

hechizar *vt* to cast a spell (**on** ***sb***): *La bruja hechizó al príncipe.* The witch cast a spell on the Prince.

hechizo *nm* spell: *estar bajo un ~* to be under a spell

hecho, -a ◆ *pp, adj* made: *¿De qué está ~?* What's it made of? ◊ *~ a mano/máquina* handmade/machine-made ◆ *nm* **1** (*gen*) fact **2** (*acontecimiento*) event: *su versión de los ~s* his version of the events LOC **¡bien hecho!** well done! **de hecho** in fact **hecho y derecho** grown: *un hombre ~ y derecho* a grown man **mal hecho**: *Si se lo dijiste, mal ~.* You shouldn't have told him. *Ver tb* CRISTO, DICHO, FRASE, TRATO

hectárea *nf* hectare (*abrev* ha)

helada *nf* frost

heladera *nf* fridge, refrigerator (*más formal*): *Guardá la leche en la ~.* Put the milk away in the fridge.

heladería *nf* ice cream parlour

helado, -a ◆ *pp, adj* **1** (*congelado*) frozen: *un estanque ~* a frozen pond **2** (*persona, habitación*) freezing: *Estoy ~.* I'm freezing! ◆ *nm* ice cream: *~ de chocolate* chocolate ice cream LOC **helado de palito** ice lolly [*pl* ice lollies] *Ver tb* TARTA; *Ver tb* HELAR(SE)

helar(se) ◆ *vt, vi, v pron* to freeze: *El frío heló las cañerías.* The pipes are frozen. ◊ *Nos vamos a ~ de frío.* We're going to freeze to death. ◆ *v imp*: *Anoche heló.* There was a frost last night.

helecho *nm* fern

hélice *nf* (*avión, barco*) propeller

helicóptero *nm* helicopter

helio *nm* helium

hembra *nf* **1** (*gen*) female: *un leopardo ~* a female leopard ☛ *Ver nota en* FEMALE **2** (*enchufe*) socket ☛ *Ver dibujo en* ENCHUFE

hemisferio *nm* hemisphere: *el ~ norte/sur* the northern/southern hemisphere

hemorragia *nf* haemorrhage

heno *nm* hay

hepatitis *nf* hepatitis [*incontable*]

herbívoro, -a *adj* herbivorous

herboristería *nf* health food shop

heredar *vt* to inherit *sth* (***from sb***): *A su muerte heredé sus propiedades.* On his death I inherited all his property.

heredero, -a *nm-nf* ~ (**de**) heir (**to** ***sth***): *el ~/la heredera del trono* the heir to the throne

También existe el femenino **heiress**, pero sólo se usa para referirnos a una *rica heredera*.

LOC *Ver* PRÍNCIPE

hereditario, -a *adj* hereditary

herencia *nf* inheritance

herida *nf* **1** (*gen*) injury [*pl* injuries] **2** (*bala, navaja*) wound

Es difícil saber cuándo usar **wound** y cuándo **injury**, o los verbos **to wound** y **to injure**.
Wound y **to wound** se usan para referirnos a heridas causadas por un arma (p.ej. una navaja, pistola, etc) de forma deliberada: *heridas de bala* gunshot wounds ◊ *La herida no tardará en cicatrizar.* The wound will soon heal. ◊ *Lo hirieron en la guerra.* He was wounded in the war.
Si la herida es resultado de un accidente se usa **injury** o **to injure**, que también se puede traducir a veces por *lesión* o *lesionarse*: *Sólo sufrió heridas leves.* He only suffered minor injuries. ◊ *Los pedazos de vidrio hirieron a varias personas.* Several people were injured by flying glass. ◊ *El casco protege a los jugadores de posibles lesiones cerebrales.* Helmets protect players from brain injuries.

herido, -a *nm-nf* casualty [*pl* casualties]

herir *vt* **1** (*gen*) to injure **2** (*bala, navaja*) to wound ☛ *Ver nota en* HERIDA

hermanastro, -a *nm-nf* stepbrother [*fem* stepsister]

Para referirnos a un hermano por parte de padre o de madre decimos **half-brother** y **half-sister**: *Son hermanos por parte de padre.* They're half-brothers.

hermandad *nf* **1** (*entre hombres*) brotherhood **2** (*entre mujeres*) sisterhood **3** (*gremio*) association

hermano, -a *nm-nf* **1** (*pariente*) brother [*fem* sister]: *Tengo un ~ mayor.* I have an older brother. ◊ *mi hermana chica* my youngest sister ◊ *Son dos ~s y tres hermanas.* There are two boys and three girls.

Cuando decimos *hermanos* refiriéndonos a hermanos y hermanas, se traduce en inglés por **'brothers and sisters'**: *¿Tenés hermanos?* Have you got any brothers and sisters? ◊ *Somos seis hermanos.* I've got five brothers and sisters.

2 (*comunidad religiosa*) brother [*fem* sister]: *el ~ Francisco* brother Francis LOC **hermano por parte de padre/madre** ☛ *Ver nota en* HERMANASTRO **hermanos siameses** Siamese twins *Ver tb* PRIMO

herméticamente *adv* LOC **herméticamente cerrado** airtight

hermético, -a *adj* airtight

hermoso, -a *adj* beautiful

hermosura *nf* beauty: *¡Qué ~!* How beautiful!

hernia *nf* hernia

héroe, heroína *nm-nf* hero [*pl* heroes] [*fem* heroine]

heroína *nf* (*droga*) heroin

herradura *nf* horseshoe

herramienta *nf* tool LOC *Ver* CAJA

herrar *vt* to shoe

herrería *nf* forge

herrero, -a *nm-nf* blacksmith

hervir *vt, vi* to boil: *La leche está hirviendo.* The milk is boiling. ◊ *Poné a ~ las papas.* Put the potatoes on to boil. ◊ *Me hierve la sangre cuando me acuerdo.* Just thinking about it makes my blood boil.

heterosexual *adj, nmf* heterosexual

hexágono *nm* hexagon

hibernar *vi* to hibernate

hidratante *adj* moisturizing LOC **crema/leche hidratante** moisturizer

hidratar *vt* (*piel*) to moisturize

hidrato *nm* hydrate LOC **hidratos de carbono** carbohydrates

hidráulico, -a *adj* hydraulic: *energía/bomba hidráulica* hydraulic power/pump

hidroavión *nm* seaplane

hidroeléctrico, -a *adj* hydroelectric

hidrógeno *nm* hydrogen

hiedra *nf* ivy

hielo *nm* ice [*incontable*]: *Sacá unos ~s.* Bring me some ice. ◊ *una bandeja para el ~* an ice cube tray LOC *Ver* HOCKEY, PISTA, ROMPER

hiena *nf* hyena
hierba *nf* (*Med, Cocina*) herb
hierro *nm* iron: *una barra de ~* an iron bar ◊ *~ forjado/fundido* wrought/cast iron LOC **tener una constitución/naturaleza de hierro** to have an iron constitution
hígado *nm* liver
higiene *nf* hygiene: *la ~ bucal/corporal* oral/personal hygiene
higiénico, -a *adj* hygienic LOC *Ver* PAPEL, TOALLA
higo *nm* fig
higuera *nf* fig tree
hijastro, -a *nm-nf* stepson [*fem* stepdaughter] [*pl* stepchildren]
hijo, -a *nm-nf* son [*fem* daughter] [*pl* children]: *Tienen dos hijas y un ~.* They have two daughters and a son. ◊ *No tenemos ~s.* We don't have any children. LOC **hijo de papá** daddy's boy/girl **hijo único** only child: *Soy ~ único.* I'm an only child.
hilera *nf* **1** (*fila*) row: *una ~ de chicos/árboles* a row of children/trees **2** (*Mil, hormigas*) column
hilo *nm* **1** (*gen*) thread: *un carretel de ~* a reel of thread ◊ *Perdí el ~ de la conversación.* I've lost the thread of the argument. **2** (*metal*) wire: *~ de acero/cobre* steel/copper wire **3** (*tela*) linen: *una pollera de ~* a linen skirt
himno *nm* hymn LOC **himno nacional** national anthem
hincapié *nm* LOC **hacer hincapié en algo** to stress sth
hincha *nmf* **1** (*Dep*) supporter, fan (*más coloq*) **2** (*persona molesta*) pain
hinchado, -a *pp, adj* **1** (*gen*) swollen: *un brazo/pie ~* a swollen arm/foot **2** (*estómago*) bloated *Ver tb* HINCHAR
hinchar ◆ *vt* **1** (*molestar*) to annoy **2** (*Dep*) to support ◆ *vi* (*causar molestia*) to be a pain ◆ **hincharse** *v pron* to swell (up): *Se me hinchó el tobillo.* My ankle has swollen up.
hinchazón *nf* (*Med*) swelling: *Parece que bajó la ~.* The swelling seems to have gone down.
hindú *adj, nmf* (*Relig*) Hindu
hinduismo *nm* Hinduism
hinojo *nm* fennel
hipermercado *nm* superstore
hípica *nf* riding
hípico, -a *adj* riding [*n atrib*]: *club/concurso ~* riding club/competition
hipnotizar *vt* to hypnotize
hipo *nm* hiccups [*pl*]: *Tengo ~.* I've got the hiccups. ◊ *sacar/parar el ~* to cure the hiccups
hipócrita ◆ *adj* hypocritical ◆ *nmf* hypocrite
hipódromo *nm* racecourse
hipopótamo *nm* hippo [*pl* hippos]

Hippopotamus es la palabra científica.

hipoteca *nf* mortgage
hipótesis *nf* hypothesis [*pl* hypotheses]
hippy (*tb* **hippie**) *adj, nmf* hippie
hispanohablante ◆ *adj* Spanish-speaking ◆ *nmf* Spanish speaker
histeria *nf* hysteria: *Le dio un ataque de ~.* He became hysterical.
histérico, -a *adj, nm-nf* hysterical [*adj*] LOC **ponerse histérico** to have hysterics **ser un histérico** to get worked up about things
historia *nf* **1** (*gen*) history: *~ antigua/natural* ancient/natural history ◊ *Pasé el examen de ~.* I've passed history. **2** (*relato*) story [*pl* stories]: *Contanos una ~.* Tell us a story. LOC **dejarse de historias** to stop making excuses **historia clínica** medical history *Ver tb* LARGO
historiador, ~a *nm-nf* historian
histórico, -a *adj* **1** (*gen*) historical: *documentos/personajes ~s* historical documents/figures **2** (*importante*) historic: *un triunfo/acuerdo ~* a historic victory/agreement
historieta *nf* (*tira cómica, cómic*) cartoon: *Les encantan las ~s de Batman.* They love Batman comics.
hobby *nm* hobby [*pl* hobbies]: *Su ~ es la fotografía.* Her hobby is photography.
hocico *nm* **1** (*gen*) muzzle **2** (*cerdo*) snout
hockey *nm* hockey LOC **hockey sobre hielo/patines** ice hockey
hogar *nm* **1** (*casa*) home: *~ dulce ~.* Home sweet home. **2** (*familia*) family: *casarse y fundar un ~* to get married and start a family **3** (*chimenea*) fireplace
hogareño, -a *adj* (*persona*) home-loving: *ser muy ~* to love being at home
hoguera *nf* bonfire: *hacer una ~* to make a bonfire ☛ *Ver nota en* BONFIRE NIGHT
hoja *nf* **1** (*gen*) leaf [*pl* leaves]: *las ~s de un árbol* the leaves of a tree ◊ *En otoño se caen las ~s.* Leaves fall off the trees in autumn. **2** (*libro, diario*) page **3** (*folio*) sheet (of paper): *Dame una ~ de*

papel. Can I have some paper, please? ◊ *una ~ en blanco* a clean sheet of paper **4** (*arma blanca, herramienta*) blade LOC **de hoja caduca/perenne** deciduous/evergreen **hoja de afeitar** razor blade *Ver tb* VUELTA

hojalata *nf* tin plate

hojaldre *nm* puff pastry LOC *Ver* MESA

hojear *vt* **1** (*pasar hojas*) to flick through *sth*: *~ una revista* to flick through a magazine **2** (*mirar por encima*) to glance **at *sth***: *~ el diario* to glance at the paper

¡hola! *interj* hi! (*coloq*), hello!

holandés, -esa ◆ *adj, nm* Dutch: *hablar ~* to speak Dutch ◆ *nm-nf* Dutchman/woman [*pl* Dutchmen/women]: *los holandeses* the Dutch

hollín *nm* soot

holocausto *nm* holocaust: *un ~ nuclear* a nuclear holocaust

holograma *nm* hologram

hombre *nm* **1** (*gen*) man [*pl* men]: *el ~ contemporáneo* modern man ◊ *tener una conversación de ~ a ~* to have a man-to-man talk ◊ *el ~ de la calle* the man in the street **2** (*humanidad*) mankind: *la evolución del ~* the evolution of mankind ☛ *Ver nota en* MAN[1] LOC **hacerse hombre** to grow up **hombre lobo** werewolf [*pl* werewolves] **hombre rana** frogman [*pl* frogmen] *Ver tb* NEGOCIO

hombrera *nf* shoulder pad

hombro *nm* shoulder LOC *Ver* ENCIMA, ENCOGER(SE)

homenaje *nm* homage [*incontable*]: *hacer un ~ a algn* to pay homage to sb LOC **en homenaje a** in honour of *sth/sb*

homicida *nmf* murderer [*fem* murderess] LOC *Ver* ARMA

homicidio *nm* homicide

homogéneo, -a *adj* homogeneous

homónimo *nm* homonym

homosexual *adj, nmf* homosexual

honda *nf* catapult

hondo, -a *adj* deep: *Es un pozo muy ~.* It's a very deep well. LOC *Ver* PLATO

Honduras *nf* Honduras

honestidad *nf* honesty: *Nadie duda de su ~.* Nobody doubts his honesty.

honesto, -a *adj* honest: *una persona honesta* an honest person

hongo *nm* **1** (*comestible*) mushroom **2** (*no comestible*) fungus [*pl* fungi/funguses] LOC **hongo venenoso** toadstool *Ver tb* SOMBRERO

honor *nm* **1** (*gen*) honour: *el invitado de ~* the guest of honour ◊ *Es un gran ~ para mí estar hoy aquí.* It's a great honour for me to be here today. **2** (*buen nombre*) good name: *El ~ del banco está en peligro.* The bank's good name is at risk. LOC **tener el honor de** to have the honour of *doing sth* *Ver tb* DAMA, PALABRA

honra *nf* honour LOC **¡(y) a mucha honra!** and proud of it!

honradez *nf* honesty

honrado, -a *pp, adj* honest *Ver tb* HONRAR

honrar *vt* **1** (*mostrar respeto*) to honour *sb* (**with sth**): *un acto para ~ a los soldados* a ceremony to honour the soldiers **2** (*ennoblecer*) to do *sb* credit: *Tu comportamiento te honra.* Your behaviour does you credit.

hora *nf* **1** (*gen*) hour: *La clase dura dos ~s.* The class lasts two hours. ◊ *120km por ~* 120km an hour **2** (*reloj, momento, horario*) time: *¿Qué ~ es?* What time is it? ◊ *¿A qué ~ vienen?* What time are they coming? ◊ *a cualquier ~ del día* at any time of the day ◊ *~s de consulta/oficina/visita* surgery/office/visiting hours ◊ *a la ~ del almuerzo/de la cena* at lunchtime/dinner time **3** (*cita*) appointment: *Tengo ~ con el dentista.* I've got a dental appointment. LOC **entre horas** between meals: *Nunca como entre ~.* I never eat between meals. **hora pico** rush hour **horas extras** overtime [*sing*] **ser hora de**: *Es ~ de irse a la cama.* It's time to go to bed. ◊ *Creo que ya es ~ de que nos vayamos.* I think it's time we were going. ◊ *Ya era ~ de que nos escribieras.* It was about time you wrote to us. **¡ya era hora!** about time too! *Ver tb* PEDIR, ÚLTIMO

horario *nm* **1** (*clases, tren*) timetable **2** (*consulta, trabajo*) hours [*pl*]: *El ~ de oficina es de nueve a tres.* Office hours are nine to three. LOC **horario al público** opening hours [*pl*]

horca *nf* **1** (*de colgar*) gallows [*pl* gallows] **2** (*Agricultura*) pitchfork

horchata *nf* tiger nut milk

horizontal *adj* horizontal

horizonte *nm* horizon: *en el ~* on the horizon

hormiga *nf* ant

hormigón *nm* concrete

hormigueo *nm* pins and needles [*pl*]:

Siento un ~ en las yemas de los dedos. I've got pins and needles in my fingers.

hormiguero *nm* **1** (*agujero*) ants' nest **2** (*montículo*) anthill LOC *Ver* oso

hormona *nf* hormone

hornalla *nf* **1** (*de gas*) burner **2** (*de cocina eléctrica*) ring

horno *nm* **1** (*gen*) oven: *encender el ~* to turn the oven on ◊ *Es un ~ acá adentro.* It's like an oven in here. **2** (*Tec*) furnace **3** (*cerámica, ladrillos*) kiln LOC **al horno** roast: *pollo al ~* roast chicken

horóscopo *nm* horoscope

horquilla *nf* **1** (*para cabello*) hairpin **2** (*Agricultura*) fork

horrible *adj* awful

horror *nm* **1** (*miedo*) horror: *un grito de ~* a cry of horror ◊ *los ~es de la guerra* the horrors of war **2** (*mucho*): *Les gustó ~es.* They loved them. ◊ *Había un ~ de coches.* There were loads of cars. LOC **¡qué horror!** how awful! **tenerle horror a** to hate *sth/doing sth*

horrorizar ◆ *vt* to frighten: *Le horroriza la oscuridad.* He's frightened of the dark. ◆ *vi* to hate *sth/doing sth* [*vt*]: *Me horroriza ese vestido.* I hate that dress.

horroroso, -a *adj* **1** (*aterrador*) horrific: *un incendio ~* a horrific fire **2** (*muy feo*) hideous: *Tiene una nariz horrorosa.* He's got a hideous nose. **3** (*malo*) awful: *Hace un tiempo ~.* The weather is awful.

hortaliza *nf* vegetable

hospedarse *v pron* to stay

hospital *nm* hospital ☛ *Ver nota en* SCHOOL

hospitalidad *nf* hospitality

hospitalizar *vt* to hospitalize

hostal *nm* hotel

hotel *nm* hotel

hotelería *nf* (*estudios*) catering and hotel management

hoy *adv* today: *Hay que terminarlo ~.* We've got to get it finished today. LOC **de hoy**: *la música de ~* present-day music ◊ *el diario de ~* today's paper ◊ *Este pan no es de ~.* This bread isn't fresh. **de hoy en adelante** from now on **hoy (en) día** nowadays

hoyito *nm* dimple

hoyo *nm* hole: *hacer/cavar un ~* to dig a hole

hoz *nf* sickle

hueco, -a ◆ *adj* hollow: *Esta pared está hueca.* This wall is hollow. ◊ *sonar a ~* to sound hollow ◆ *nm* (*cavidad*) space: *Aprovechá este ~.* Use this space.

huelga *nf* strike: *estar/ponerse en ~* to be/go on strike ◊ *una ~ general/de hambre* a general/hunger strike

huelguista *nmf* striker

huella *nf* **1** (*pie, zapato*) footprint **2** (*animal, vehículo*) track: *~s de oso* bear tracks LOC **huellas digitales** fingerprints **sin dejar huella** without trace: *Desaparecieron sin dejar ~.* They disappeared without trace.

huérfano, -a *adj, nm-nf* orphan [*n*]: *~s de guerra* war orphans ◊ *ser ~* to be an orphan LOC **huérfano de madre/padre** motherless/fatherless **quedarse huérfano de madre/padre** to lose your mother/father

huerta *nf* **1** (*gen*) vegetable **2** (*huerto grande*) market garden **3** (*de árboles frutales*) orchard

hueso *nm* (*Anat*) bone LOC *Ver* CARNE, PIEL

huésped *nmf* guest

hueva *nf* **huevas 1** (*Zool*) spawn [*incontable*]: *~s de rana* frog spawn **2** (*Cocina*) roe [*incontable*]

huevo *nm* egg: *poner un ~* to lay an egg LOC **huevo duro/frito** hard-boiled/fried egg **huevo poché** poached egg **huevos revueltos** scrambled eggs

huida *nf* escape, flight (*más formal*)

huir ◆ *vi ~* (**de**) to escape (**from *sth/sb***): *Huyeron de la prisión.* They escaped from prison. ◆ *vt, vi ~* (**de**) to avoid *sth/sb*: *No nos huyas.* Don't try to avoid us. ◊ *Conseguimos ~ de la prensa.* We managed to avoid the press. LOC **huir del país** to flee the country

hule *nm* oilcloth

humanidad *nf* humanity [*pl* humanities]

humanitario, -a *adj* humanitarian: *ayuda humanitaria* humanitarian aid

humano, -a ◆ *adj* **1** (*gen*) human: *el cuerpo ~* the human body ◊ *los derechos ~s* human rights **2** (*comprensivo, justo*) humane: *un sistema judicial más ~* a more humane judicial system ◆ *nm* human being

humareda *nf* cloud of smoke

humedad *nf* **1** (*gen*) damp: *Esta pared tiene ~.* This wall is damp. **2** (*atmósfera*) humidity

humedecer ◆ *vt* to dampen: *~ la ropa para plancharla* to dampen clothes before ironing them ◆ **humedecerse** *v pron* to get wet

húmedo, -a *adj* **1** (*gen*) damp: *Estas medias están húmedas.* These socks are damp. **2** (*aire, calor*) humid **3** (*lugar*) wet: *un país ~* a wet country ☛ *Ver nota en* MOIST

humildad *nf* humility

humilde *adj* humble

humillante *adj* humiliating

humo *nm* **1** (*gen*) smoke: *Había demasiado ~.* There was too much smoke. ◊ *Salía ~ por la puerta.* There was smoke coming out of the door. **2** (*coche*) fumes [*pl*]: *el ~ del caño de escape* exhaust fumes **3 humos** (*arrogancia*) airs: *tener muchos ~s* to put on airs LOC *Ver* SUBIR

humor *nm* **1** (*gen*) humour: *tener sentido del ~* to have a sense of humour ◊ *~ negro* black humour **2** (*comicidad*) comedy: *una serie de ~* a comedy series LOC **estar de buen/mal humor** to be in a good/bad mood **estar de humor** to be in the mood (*for sth/doing sth*) **poner a algn de mal humor** to make sb angry **tener buen/mal humor** to be good-tempered/bad-tempered

humorista *nmf* humorist

hundido, -a *pp, adj* **1** (*barco*) sunken: *un galeón ~* a sunken galleon **2** (*persona*) depressed *Ver tb* HUNDIR

hundir ◆ *vt* **1** (*gen*) to sink: *Una bomba hundió el barco.* A bomb sank the boat. ◊ *~ los pies en la arena* to sink your feet into the sand **2** (*persona*) to destroy ◆ **hundirse** *v pron* **1** (*irse al fondo*) to sink **2** (*derrumbarse*) to collapse: *El puente se hundió.* The bridge collapsed.

huracán *nm* hurricane

hurgar ◆ *vi* ~ **en** to rummage **in/through** ***sth***: *No hurgues en mis cosas.* Don't rummage through my things. ◆ **hurgarse** *v pron* to pick: *~se las narices* to pick your nose

hurguetear *vt, vi* ~ **en algo** to rummage round **in sth**

¡hurra! *interj* hurrah!

husmear ◆ *vi* **1** (*olfatear*) to sniff around **2** (*curiosear*) to snoop around: *La policía estuvo husmeando por aquí.* The police have been snooping around here. ◆ *vt* (*olfatear*) to sniff

Ii

iceberg *nm* iceberg

ida *nf* outward journey: *durante la ~* on the way there LOC **ida y vuelta** there and back (*coloq*): *Son tres horas ~ y vuelta.* It's three hours there and back. *Ver tb* PARTIDO, PASAJE

idea *nf* **1** (*ocurrencia*) idea: *Tengo una ~.* I've got an idea. **2** (*concepto*) concept: *la ~ de la democracia* the concept of democracy **3 ideas** (*ideología*) convictions: *~s políticas/religiosas* political/religious convictions LOC **¡ni idea!** I haven't a clue!

ideal *adj, nm* ideal: *Eso sería lo ~.* That would be ideal/the ideal thing. ◊ *Es un hombre sin ~es.* He's a man without ideals.

idealista ◆ *adj* idealistic ◆ *nmf* idealist

idealizar *vt* to idealize

ídem *pron* (*en una lista*) ditto ☛ *Ver nota en* DITTO

idéntico, -a *adj* ~ (**a**) identical (**to** ***sth/sb***): *Es ~ al mío.* It's identical to mine.

identidad *nf* identity [*pl* identities] LOC *Ver* CARNÉ, DOCUMENTO

identificar ◆ *vt* to identify ◆ **identificarse** *v pron* **identificarse con** to identify **with** ***sth/sb***: *No acababa de ~me con el personaje principal.* I couldn't quite identify with the main character. LOC **sin identificar** unidentified

ideología *nf* ideology [*pl* ideologies]

idioma *nm* language

idiota ◆ *adj* stupid ◆ *nmf* idiot: *¡Qué ~ (es)!* What an idiot (he is)! ◊ *¡Qué ~ sos!* You stupid thing!

idiotez *nf* stupidity: *el colmo de la ~* the height of stupidity LOC **decir idioteces** to talk nonsense

ido, -a *pp, adj* **1** (*distraído*) absent-minded **2** (*loco*) crazy *Ver tb* IR

ídolo *nm* idol

iglesia *nf* (*institución, edificio*) church: *la Iglesia católica* the Catholic Church ☛ *Ver nota en* SCHOOL LOC *Ver* CASAR

ignorante ◆ *adj* ignorant ◆ *nmf* ignoramus [*pl* ignoramuses]

ignorar *vt* **1** (*desconocer*) not to know: *Ignoro si salieron ya.* I don't know if they've already left. **2** (*hacer caso omiso*) to ignore

igual ◆ *adj* **1** (*gen*) equal: *Todos los ciudadanos son ~es.* All citizens are equal. ◊ *A es ~ a B.* A is equal to B. **2** ~ (**a/que**) (*idéntico*) the same (**as *sth/sb***): *Esa pollera es ~ a la tuya.* That skirt is the same as yours. ◆ *nmf* equal ◆ *adv* **1** ~ **de** equally: *Son ~ de culpables.* They are equally guilty. **2** ~ **de ... que** **as ... as**: *Son ~ de responsables que nosotros.* They are as responsible as we are. LOC *Ver* COSA

igualar *vt* **1** (*Dep*) to equalize **2** (*terreno*) to level

igualmente *adv* equally LOC **¡igualmente!** the same to you!

ilegal *adj* illegal

ileso, -a *adj* unharmed: *resultar ~* to escape unharmed

ilimitado, -a *adj* unlimited

iluminado, -a *pp, adj* ~ (**con**) lit (up) (**with *sth***): *La cocina estaba iluminada con velas.* The kitchen was lit (up) with candles. *Ver tb* ILUMINAR

iluminar *vt* to light *sth* up: ~ *un monumento* to light a monument up

ilusión *nf* **1** (*noción falsa*) illusion **2** (*sueño*) dream: *Era la ~ de su vida.* It was her dream. LOC **hacerse ilusiones** to build up your hopes *Ver tb* FORJAR

ilusionado, -a *pp, adj* **1** (*esperanzado*) enthusiastic: *Vine muy ~ al puesto.* I was very enthusiastic when I started. **2** ~ **con** excited **about *sth/doing sth***: *Están muy ~s con el viaje.* They're really excited about the trip.

iluso, -a ◆ *adj* gullible ◆ *nm-nf* mug: *Es un pobre ~.* He's a real mug.

ilustración *nf* (*dibujo*) illustration

ilustrar *vt* to illustrate

ilustre *adj* illustrious: *personalidades ~s* illustrious figures

imagen *nf* **1** (*gen*) image: *Los espejos distorsionaban su ~.* The mirrors distorted his image. ◊ *Me gustaría un cambio de ~.* I'd like to change my image. **2** (*Cine, TV*) picture

imaginación *nf* imagination

imaginario, -a *adj* imaginary

imaginar(se) *vt, v pron* to imagine: *Me imagino (que sí).* I imagine so. ◊ *¡Imagínate!* Just imagine!

imán *nm* magnet

imbancable *adj* unbearable

imbécil ◆ *adj* stupid: *No seas ~.* Don't be stupid. ◆ *nmf* idiot: *¡Callate, ~!* Be quiet, you idiot!

imitación *nf* imitation LOC **de imitación** fake

imitar *vt* **1** (*copiar*) to imitate **2** (*parodiar*) to mimic: *Imita muy bien a los profesores.* He's really good at mimicking the teachers.

impacientar ◆ *vt* to exasperate ◆ **impacientarse** *v pron* **impacientarse** (**por**) to get worked up (**about *sth***)

impaciente *adj* impatient

impacto *nm* **1** (*colisión, impresión, repercusión*) impact: *el ~ ambiental* the impact on the environment **2** (*agujero*) hole: *dos ~s de bala* two bullet holes

impalpable *adj* LOC *Ver* AZÚCAR

impar *adj* odd: *número ~* odd number

imparcial *adj* unbiased

impecable *adj* impeccable

impedimento *nm* **1** (*obstáculo*) obstacle **2** (*Jur*) impediment

impedir *vt* **1** (*paso*) to block *sth* (up): ~ *la entrada* to block the entrance (up) **2** (*imposibilitar*) to prevent *sth/sb* (**from doing *sth***): *La lluvia impidió que se celebrara el casamiento.* The rain prevented the wedding from taking place. ◊ *Nada te lo impide.* There's nothing stopping you.

impenetrable *adj* impenetrable

imperativo, -a *adj, nm* imperative

imperfección *nf* imperfection

imperialismo *nm* imperialism

imperio *nm* empire

impermeable ◆ *adj* waterproof ◆ *nm* mac

> **Mac** es la abreviatura de **mackintosh**, pero esta última forma se usa mucho menos.

impersonal *adj* impersonal

impertinente *adj* impertinent

implantar *vt* to introduce: *Quieren ~ un nuevo sistema.* They want to introduce a new system.

implicar *vt* **1** (*mezclar a algn en algo*) to implicate: *Lo implicaron en el asesinato.* He was implicated in the murder. **2** (*significar*) to imply

imponer ◆ *vt* to impose: ~ *condiciones/una multa* to impose conditions/a fine ◆ **imponerse** *v pron* to prevail (***over***

sth/sb): *La justicia se impuso.* Justice prevailed.

importación *nf* import: *la ~ de trigo* the import of wheat ◊ *reducir la ~* to reduce imports LOC **de importación** imported: *un auto de ~* an imported car **de importación y exportación** import-export: *un negocio de ~ y exportación* an import-export business

importador, ~a *nm-nf* importer

importancia *nf* importance LOC **adquirir/cobrar importancia** to become important **no tiene importancia** it doesn't matter **sin importancia** unimportant *Ver tb* QUITAR, RESTAR

importante *adj* **1** (*gen*) important: *Es ~ que asistas a clase.* It's important for you to attend lectures. **2** (*considerable*) considerable: *un número ~ de ofertas* a considerable number of offers

importar[1] *vt* to import: *Argentina importa maquinarias.* Argentina imports machinery.

importar[2] *vi* **1** (*tener importancia*) to matter: *Lo que importa es la salud.* Health is what matters most. ◊ *No importa.* It doesn't matter. **2** (*preocupar*) to care (**about sth/sb**): *No me importa lo que piensen.* I don't care what they think. ◊ *No parecen ~le sus hijos.* He doesn't seem to care about his children. ◊ *¡Claro que me importa!* Of course I care! LOC **me importa un comino, cuerno, pepino, pito, etc** I, you, etc couldn't care less **no me importa** I, you, etc don't mind (*sth/doing sth*): *No me importa levantarme temprano.* I don't mind getting up early. **¿te importa...?** do you mind...?: *¿Te importa cerrar la puerta?* Do you mind shutting the door? ◊ *¿Te importa que abra la ventana?* Do you mind if I open the window?

importe *nm* **1** (*cantidad*) amount: *el ~ de la deuda* the amount of the debt **2** (*costo*) cost: *el ~ de la reparación* the cost of the repair

imposible *adj, nm* impossible: *No pidas ~s.* Don't ask (for) the impossible.

impotente *adj* impotent

imprenta *nf* **1** (*taller*) printer's **2** (*máquina*) printing press

imprescindible *adj* essential

impresión *nf* **1** (*sensación*) impression **2** (*proceso*) printing: *listo para ~* ready for printing LOC **me da la impresión de que...** I get the feeling that...

impresionante *adj* **1** (*gen*) impressive: *un logro ~* an impressive achievement **2** (*espectacular*) striking: *una belleza ~* striking beauty

impresionar *vt* **1** (*gen*) to impress: *Me impresiona su eficacia.* I am impressed by her efficiency. **2** (*emocionar*) to move: *El final me impresionó mucho.* The ending was very moving. **3** (*desagradablemente*) to shock: *Nos impresionó el accidente.* We were shocked by the accident.

impreso, -a *adj* printed: *~ en Argentina* printed in Argentina

impresora *nf* printer ☛ *Ver dibujo en* COMPUTADORA

imprevisto, -a ♦ *adj* unforeseen ♦ *nm*: *Ha surgido un ~.* Something unexpected has come up. ◊ *Tengo plata ahorrada para ~s.* I've got some money put aside for a rainy day.

imprimir *vt* **1** (*imprenta*) to print **2** (*huella*) to imprint

improvisar *vt* to improvise

imprudente *adj* **1** (*gen*) rash **2** (*conductor*) careless

impuesto *nm* tax: *libre de ~s* tax free LOC **Impuesto al Valor Agregado** value added tax (*abrev* VAT) *Ver tb* EVASIÓN

impulsar *vt* **1** (*gen*) to drive: *La curiosidad me impulsó a entrar.* Curiosity drove me to enter. **2** (*estimular*) to stimulate: *~ la producción* to stimulate production

impulsivo, -a *adj* impulsive

impulso *nm* **1** (*gen*) impulse: *actuar por ~* to act on impulse **2** (*empujón*) boost: *El buen tiempo ha dado gran ~ al turismo.* The good weather has given tourism a boost.

impuro, -a *adj* impure

inaccesible *adj* inaccessible

inaceptable *adj* unacceptable

inadaptado, -a *adj* maladjusted

inadecuado, -a *adj* inappropriate

inadvertido, -a *adj* unnoticed: *pasar ~* to go unnoticed

inagotable *adj* **1** (*inacabable*) inexhaustible **2** (*incansable*) tireless

inaguantable *adj* unbearable

inalámbrico, -a *adj* cordless: *un teléfono ~* a cordless telephone

inapreciable *adj* (*valioso*) invaluable: *su ~ ayuda* their invaluable help

inauguración *nf* opening, inauguration (*formal*): *la ceremonia de ~* the opening ceremony ◊ *Había unas cien* *personas en la* ~. There were a hundred people at the inauguration.

inaugurar *vt* to open, to inaugurate (*formal*)

incapaz *adj* ~ **de** incapable **of** *sth*/**doing** *sth*: *Son incapaces de prestar atención.* They are incapable of paying attention.

incautar(se) *vt, v pron* to seize: *La policía incautó 10 kilos de cocaína.* The police seized 10 kilos of cocaine.

incendiar ◆ *vt* to set fire **to** *sth*: *Un loco incendió la escuela.* A madman has set fire to the school. ◆ **incendiarse** *v pron* to catch fire: *El establo se incendió.* The stable caught fire.

incendio *nm* fire: *apagar un* ~ to put out a fire LOC **incendio provocado** arson *Ver tb* ALARMA, BOCA, ESCALERA

incidente *nm* incident

incinerar *vt* **1** (*gen*) to incinerate **2** (*cadáver*) to cremate

incisivo *nm* incisor

inclinar ◆ *vt* **1** (*gen*) to tilt: *Incliná el paraguas un poco.* Tilt the umbrella a bit. **2** (*cabeza para asentir o saludar*) to nod ◆ **inclinarse** *v pron* **1** (*lit*) to lean: *El edificio se inclina hacia un lado.* The building leans over to one side. **2 inclinarse por** (*fig*): *Nos inclinamos por el partido verde.* Our sympathies lie with the Green Party.

incluido, -a *pp, adj* including: *con el IVA* ~ including VAT LOC **todo incluido** all-in: *Son 25 pesos todo* ~. It's 25 pesos all-in. *Ver tb* INCLUIR

incluir *vt* to include: *El precio incluye el servicio.* The price includes a service charge.

inclusive *adv* inclusive: *hasta el sábado* ~ up to and including Saturday ◊ *del 3 al 7* ~ from the 3rd to the 7th inclusive

incluso *adv* even: ~ *me dieron plata.* They even gave me money. ◊ *Eso sería* ~ *mejor.* That would be even better.

incógnito, -a *adj* LOC **de incógnito** incognito: *viajar de* ~ to travel incognito

incoherente *adj* **1** (*confuso*) incoherent: *palabras ~s* incoherent words **2** (*ilógico*) inconsistent: *comportamiento* ~ inconsistent behaviour

incoloro, -a *adj* colourless

incombustible *adj* fireproof

incomible *adj* inedible

incómodo, -a *adj* uncomfortable

incompatible *adj* incompatible

incompetente *adj, nmf* incompetent

incompleto, -a *adj* **1** (*gen*) incomplete: *información incompleta* incomplete information **2** (*sin acabar*) unfinished

incomprensible *adj* incomprehensible

incomunicado, -a *adj* **1** (*gen*) cut off: *Nos quedamos ~s por la nieve.* We were cut off by the snow. **2** (*preso*) in solitary confinement

inconfundible *adj* unmistakable

inconsciente ◆ *adj* unconscious: *El paciente está* ~. The patient is unconscious. ◊ *un gesto* ~ an unconscious gesture ◆ *adj, nmf* (*irresponsable*) irresponsible [*adj*]: *Sos un* ~. You're so irresponsible.

incontable *adj* **1** (*gen*) countless **2** (*Ling*) uncountable

inconveniente ◆ *adj* **1** (*inoportuno, molesto*) inconvenient: *una hora* ~ an inconvenient time **2** (*no apropiado*) inappropriate: *un comentario* ~ an inappropriate comment ◆ *nm* **1** (*dificultad, obstáculo*) problem: *Surgieron algunos ~s.* Some problems have arisen. **2** (*desventaja*) disadvantage: *Tiene ventajas e ~s.* It has its advantages and disadvantages.

incorporación *nf* ~ (**a**) (*entrada*) entry (**into** *sth*): *la* ~ *de Paraguay al Mercosur* Paraguay's entry into Mercosur

incorporado, -a *pp, adj* **1** ~ **a** (*gen*) incorporated **into** *sth*: *nuevos vocablos ~s al idioma* new words incorporated into the language **2** (*Tec*) built-in: *con antena incorporada* with a built-in aerial *Ver tb* INCORPORAR

incorporar ◆ *vt* **1** (*persona*) to include *sb* (**in** *sth*): *Me incorporaron al equipo.* I've been included in the team. **2** (*territorio*) to annex **3** (*persona acostada*) to sit *sb* up: *Lo incorporé para que no se ahogara.* I sat him up so he wouldn't choke. ◆ **incorporarse** *v pron* **incorporarse** (**a**) **1** (*gen*) to join *sth* [*vt*] **2** (*trabajo*) to start *sth* [*vt*]: *El lunes me incorporo a mi nuevo empleo.* I start my new job on Monday.

incorrecto, -a *adj* **1** (*erróneo*) incorrect **2** (*conducta*) impolite

increíble *adj* incredible

incrustarse *v pron* **1** (*bala*) to embed itself: *La bala se incrustó en la pared.* The bullet embedded itself in the wall.

2 (*chocar*): *Se incrustó contra un árbol.* He smashed into a tree.

incubadora *nf* incubator

incubar(se) *vt, v pron* to incubate

inculto, -a *adj, nm-nf* ignorant [*adj*]: *Sos un ~.* You're so ignorant.

incultura *nf* lack of culture

incumplidor, ~a *adj* unreliable

incurable *adj* incurable

incursión *nf* (*Mil*) raid

indagación *nf* enquiry [*pl* enquiries]

indecente *adj* **1** (*espectáculo, gesto, lenguaje*) obscene **2** (*ropa*) indecent

indeciso, -a *adj, nm-nf* (*de carácter*) indecisive [*adj*]: *ser un ~* to be indecisive

indefenso, -a *adj* defenceless

indefinido, -a *adj* **1** (*período, Ling*) indefinite: *una huelga indefinida* an indefinite strike **2** (*color, edad, forma*) indeterminate

indemallable *adj* ladderproof

indemnizar *vt* to pay *sb* compensation (***for sth***)

independencia *nf* independence

independiente *adj* independent

independizarse *v pron* **1** (*individuo*) to leave home **2** (*país, colonia*) to gain independence

indestructible *adj* indestructible

India *nf* India LOC *Ver* CONEJITO

indicación *nf* **1** (*gen*) sign **2 indicaciones (a)** (*instrucciones*) instructions: *Siga las indicaciones del folleto.* Follow the instructions in the leaflet. **(b)** (*camino*) directions

indicado, -a *pp, adj* **1** (*conveniente*) suitable **2** (*convenido*) specified: *la fecha indicada en el documento* the date specified in the document **3** (*aconsejable*) advisable *Ver tb* INDICAR

indicador *nm* indicator LOC **indicador de nafta/presión** petrol/pressure gauge

indicar *vt* **1** (*mostrar*) to show, to indicate (*más formal*): *~ el camino* to show the way **2** (*señalar*) to point *sth* out (***to sb***): *Indicó que se trataba de un error.* He pointed out that it was a mistake.

índice *nm* **1** (*gen*) index **2** (*dedo*) index finger LOC **índice de natalidad** birth rate

índico, -a ◆ *adj* Indian ◆ **Índico** *nm* Indian Ocean

indiferencia *nf* indifference (***to sth/sb***)

indiferente *adj* indifferent (***to sth/sb***), not interested (***in sth/sb***) (*más coloq*): *Es ~ a la moda.* She isn't interested in fashion. LOC **me es indiferente** I, you, etc don't care **ser indiferente**: *Es ~ que sea blanco o negro.* It doesn't matter whether it's black or white.

indígena ◆ *adj* indigenous ◆ *nmf* native

indigestión *nf* indigestion

indignado, -a *pp, adj* indignant (***at/about/over sth***) *Ver tb* INDIGNAR

indignante *adj* outrageous

indignar ◆ *vt* to infuriate ◆ **indignarse** *v pron* **indignarse (con) (por)** to get angry (**with *sb***) (**about *sth***)

indigno, -a *adj* **1** (*despreciable*) contemptible **2** ~ **de** unworthy **of *sth/sb***: *una conducta indigna de un director* behaviour unworthy of a director

indio, -a *adj, nm-nf* Indian: *los ~s* the Indians LOC *Ver* FILA

indirecta *nf* hint LOC **captar/entender la indirecta** to take the hint *Ver tb* LARGAR

indirecto, -a *adj* indirect

indiscreción *nf*: *Fue una ~ por su parte preguntarlo.* She shouldn't have asked. ◊ *si no es ~* if you don't mind my asking

indiscutible *adj* indisputable

indispensable *adj* essential LOC **lo indispensable** the bare essentials [*v pl*]

indispuesto, -a *adj* (*enfermo*) not well: *No vino a clase porque está ~.* He hasn't come to school because he's not well. LOC **estar indispuesta** (*menstruación*) to have your period

individual *adj* individual LOC *Ver* CAMA, HABITACIÓN

individuo, -a *nm-nf* individual

indudable *adj* undoubted LOC **es indudable que...** there is no doubt that...

indulto *nm* pardon: *El juez le concedió el ~.* The judge pardoned him.

industria *nf* industry [*pl* industries]: *~ alimentaria/siderúrgica* food/iron and steel industry

industrial ◆ *adj* industrial ◆ *nmf* industrialist LOC *Ver* CANTIDAD

industrialización *nf* industrialization

industrializar ◆ *vt* to industrialize ◆ **industrializarse** *v pron* to become industrialized

inédito, -a *adj* (*desconocido*) previously unknown

ineficaz *adj* **1** (*gen*) ineffective: *un*

tratamiento ~ ineffective treatment **2** (*persona*) inefficient

ineficiente *adj* (*persona*) inefficient

ineludible *adj* unavoidable

inepto, -a *adj* incompetent

inercia *nf* inertia LOC **por inercia** through force of habit

inesperado, -a *adj* unexpected

inestable *adj* **1** (*gen*) unstable: *Tiene un carácter muy* ~. He's very unstable. **2** (*tiempo*) changeable

inevitable *adj* inevitable

inexperiencia *nf* inexperience

inexperto, -a *adj* inexperienced

infaltable *adj* inevitable

infancia *nf* childhood

infante *nmf* LOC *Ver* JARDÍN

infantería *nf* infantry [*v sing o pl*] LOC **infantería de marina** marines [*pl*]

infantil *adj* **1** (*de chico*) children's: *literatura/programación* ~ children's books/programmes **2** (*inocente*) childlike: *una sonrisa* ~ a childlike smile **3** (*peyorativo*) childish, infantile (*más formal*): *No seas* ~. Don't be childish.

infarto *nm* heart attack

infección *nf* infection

infeccioso, -a *adj* infectious

infectar ◆ *vt* to infect *sth/sb* (***with sth***) ◆ **infectarse** *v pron* to become infected: *Se infectó la herida.* The wound has become infected.

infeliz ◆ *adj* unhappy ◆ *nmf* (*inocentón*) fool

inferior *adj* ~ (**a**) **1** (*gen*) inferior (**to *sth/sb***): *de una calidad ~ a la suya* inferior to yours **2** (*menor*) lower (**than *sth***): *una tasa de natalidad ~ a la del año pasado* a lower birth rate than last year

infidelidad *nf* infidelity [*pl* infidelities]

infiel *adj* unfaithful (***to sth/sb***): *Le fue* ~. He has been unfaithful to her.

infierno *nm* hell: *ir al* ~ to go to hell

infinidad *nf* (*multitud*) a great many: *una ~ de gente/cosas* a great many people/things

infinito, -a *adj* infinite: *Las posibilidades son infinitas.* The possibilities are infinite. ◊ *Se necesita una paciencia infinita.* You need infinite patience.

inflación *nf* inflation

inflador *nm* bicycle pump

inflamación *nf* (*Med*) swelling, inflammation (*formal*)

inflamarse *v pron* (*Med*) to swell: *Se me inflamó un poco el tobillo.* My ankle is a bit swollen.

inflar *vt* (*con inflador*) to blow *sth* up

influencia *nf* influence (***on/over sth/sb***): *No tengo ~ sobre él.* I have no influence over him.

influir *vi* ~ **en** to influence *sth/sb* [*vt*]: *No quiero ~ en tu decisión.* I don't want to influence your decision.

información *nf* **1** (*gen*) information (**on/about *sth/sb***) [*incontable*]: *pedir* ~ to ask for information **2** (*noticias*) news [*sing*]: *La televisión ofrece mucha ~ deportiva.* There's a lot of sports news on television. **3** (*telefónica*) directory enquiries [*pl*] **4** (*recepción*) information desk LOC *Ver* OFICINA

informal ◆ *adj* **1** (*acto*) informal: *una reunión* ~ an informal gathering **2** (*ropa*) casual: *ropa* ~ casual clothes ◆ *adj, nmf* unreliable [*adj*]: *Es un ~, siempre llega tarde.* He's very unreliable; he's always late.

informar ◆ *vt* **1** (*notificar*) to inform *sb* (**of/about *sth***): *Debemos ~ a la policía del accidente.* We must inform the police of the accident. **2** (*anunciar*) to announce: *La radio informó que...* It was announced on the radio that... ◆ *vi* ~ (**de/acerca de**) (*dar un informe*) to report (**on *sth***): *~ de lo decidido en la reunión* to report on what was decided at the meeting ◆ **informarse** *v pron* **informarse** (**de/sobre/acerca de**) to find out (**about *sth/sb***): *Tengo que ~me de lo sucedido.* I've got to find out what happened.

informática *nf* **1** (*gen*) computing **2** (*carrera*) computer science

informe *nm* **1** (*documento, exposición oral*) report: *el ~ anual de una sociedad* the company's annual report **2 informes** information [*incontable, v sing*]: *de acuerdo con sus ~s* according to their information

infracción *nf* **1** (*gen*) offence: *una ~ de tránsito* a traffic offence **2** (*acuerdo, contrato, regla*) breach ***of sth***: *una ~ de la ley* a breach of the law

infradotado, -a *nm-nf* moron

infrarrojo, -a *adj* infrared

infundado, -a *adj* unfounded

infundir *vt* **1** (*miedo*) to instil *sth* (***in/into sb***) **2** (*sospechas*) to arouse *sb's suspicions* **3** (*respeto, confianza*) to inspire *sth* (***in sb***)

infusión *nf* herbal tea

ingeniar *vt* to think *sth* up, to devise

(*más formal*) LOC **ingeniárselas** to find a way (*to do sth/of doing sth*): *Nos las ingeniamos para entrar en la fiesta.* We found a way to get into the party. ◊ *Ingeniátelas como puedas.* You'll have to manage somehow.

ingeniería *nf* engineering

ingeniero, -a *nm-nf* engineer: ~ *civil* civil engineer LOC **ingeniero agrónomo** agriculturalist **ingeniero técnico** engineer

ingenio *nm* **1** (*inventiva*) ingenuity **2** (*humor*) wit **3** (*máquina, aparato*) device

ingenioso, -a *adj* ingenious

ingenuo, -a *adj, nm-nf* **1** (*inocente*) innocent **2** (*crédulo*) naive [*adj*]: *¡Sos un ~!* You're so naive!

ingerir *vt* to consume

Inglaterra *nf* England

ingle *nf* groin

inglés, -esa ◆ *adj, nm* English: *hablar ~* to speak English ◆ *nm-nf* Englishman/woman [*pl* Englishmen/women]: *los ingleses* the English LOC *Ver* BUDÍN

ingrato, -a *adj* **1** (*persona*) ungrateful **2** (*trabajo, tarea*) thankless

ingrediente *nm* ingredient

ingresar ◆ *vi* ~ (**en**) (*Mil*) (*club*) to join *sth* [*vt*]: ~ *en el ejército* to join the army ◆ *vt* (*plata*) to pay *sth* in: ~ *plata en una cuenta bancaria* to pay money into a bank account

ingreso *nm* **1** (*entrada*) **(a)** (*ejército*) enlistment (***in sth***) **(b)** (*organización*) entry (***into sth***): *el ~ de Uruguay en el Mercosur* Uruguay's entry into Mercosur **2** (*plata*) deposit **3 ingresos (a)** (*persona, institución*) income [*sing*] **(b)** (*Estado, municipio*) revenue [*sing*] LOC *Ver* EXAMEN

inhabitado, -a *adj* uninhabited

inhalador *nm* inhaler

inhalar *vt* to inhale

inherente *adj* ~ (**a**) inherent (**in *sth*/*sb***): *problemas ~s al cargo* problems inherent in the job

inhibido, -a *pp, adj* inhibited

inhumano, -a *adj* **1** (*gen*) inhuman **2** (*injusto*) inhumane

iniciación *nf* ~ (**a**) **1** (*gen*) introduction (**to *sth***): ~ *a la música* an introduction to music **2** (*rito*) initiation (**into *sth***)

inicial *adj, nf* initial

iniciar *vt* **1** (*comenzar*) to begin: ~ *la reunión* to begin the meeting **2** (*reformas*) to initiate

iniciativa *nf* initiative: *tener ~* to show initiative ◊ *tomar la ~* to take the initiative LOC **por iniciativa propia** on your own initiative

inicio *nm* **1** (*principio*) beginning: *desde los ~s de su carrera* right from the beginning of his career **2** (*guerra, enfermedad*) outbreak

injusticia *nf* injustice: *Cometieron muchas ~s.* Many injustices were done. LOC **ser una injusticia**: *Es una ~.* It's not fair.

injusto, -a *adj* ~ (**con/para**) unfair (**on/to *sb***): *Es ~ para los demás.* It's unfair on the others.

inmaduro, -a *adj, nm-nf* (*persona*) immature [*adj*]

inmejorable *adj* **1** (*resultado, referencia, tiempo*) excellent **2** (*calidad, nivel*) top **3** (*precio, récord*) unbeatable

inmenso, -a *adj* **1** (*gen*) immense: *de una importancia inmensa* of immense importance **2** (*sentimientos*) great: *una alegría/pena inmensa* great happiness/sorrow LOC **la inmensa mayoría** the vast majority [*pl*]

inmigración *nf* immigration

inmigrado, -a *nm-nf* (*tb* **inmigrante** *nmf*) immigrant

inmigrar *vi* to immigrate

inmobiliaria *nf* estate agent's [*pl* estate agents]

inmoral *adj* immoral

inmortal *adj, nmf* immortal

inmóvil *adj* still: *permanecer ~* to stand still

inmundo, -a *adj* **1** (*lugar*) filthy **2** (*gusto*) disgusting: *¡No seas tan ~!* Don't be so revolting!

inmunidad *nf* immunity: *gozar de/tener ~ diplomática* to have diplomatic immunity

inmutarse *v pron*: *No se inmutaron.* They didn't turn a hair.

innato, -a *adj* innate

innegable *adj* undeniable

innovador, ~a *adj* innovative

innumerable *adj* innumerable

inocente ◆ *adj, nmf* innocent: *hacerse el ~* to play the innocent ◊ *Soy ~.* I'm innocent. ◆ *adj* **1** (*ingenuo*) naive **2** (*broma*) harmless LOC *Ver* DECLARAR, DÍA

inodoro *nm* toilet

inodoro, -a *adj* odourless

inofensivo, -a *adj* harmless

inolvidable *adj* unforgettable

inoportuno, -a *adj* inopportune: *un momento ~* an inopportune moment LOC **¡qué inoportuno!** what a nuisance!

inoxidable *adj* (*acero*) stainless

inquieto, -a *adj* **1** (*agitado, activo*) restless: *un chico ~* a restless child **2** ~ **(por)** (*preocupado*) worried **(about *sth*/*sb*)**: *Estoy ~ por los chicos.* I'm worried about the children.

inquietud *nf* **1** (*preocupación*) anxiety **2 inquietudes** interest [*sing*]: *Es una persona sin ~es.* He's got no interest in anything.

inquilino, -a *nm-nf* tenant

insatisfecho, -a *adj* dissatisfied **(*with sth*/*sb*)**

inscribir ◆ *vt* **1** (*en un registro*) to register: *~ un nacimiento* to register a birth **2** (*matricular*) to enrol *sb*: *Voy a ~ a mi hijo en el colegio.* I'm going to enrol my son in school. **3** (*grabar*) to inscribe ◆ **inscribirse** *v pron* **1** (*curso*) to enrol **(*for*/*on sth*)** **2** (*organización, partido*) to join **3** (*competición, concurso*) to enter

inscripción *nf* **1** (*grabado*) inscription **2 (a)** (*registro*) registration **(b)** (*curso, ejército*) enrolment

insecticida *nm* insecticide

insecto *nm* insect

inseguridad *nf* **1** (*falta de confianza*) insecurity **2** (*tiempo, trabajo, proyecto*) uncertainty [*pl* uncertainties] LOC **inseguridad ciudadana** lack of safety in the streets

inseguro, -a *adj* **1** (*sin confianza en uno mismo*) insecure **2** (*peligroso*) unsafe **3** (*paso, voz*) unsteady

insensible *adj* **1** ~ **(a)** insensitive **(to *sth*)**: *~ al frío/sufrimiento* insensitive to cold/suffering **2** (*miembro, nervio*) numb

inservible *adj* useless

insignia *nf* badge

insignificante *adj* insignificant

insinuación *nf* **1** (*sugerencia*) hint **2** (*ofensiva*) insinuation

insinuar *vt* **1** (*sugerir*) to hint: *Insinuó que había aprobado.* He hinted that I'd passed. **2** (*algo desagradable*) to insinuate: *¿Qué insinuás, que miento?* Are you insinuating that I'm lying?

insistente *adj* **1** (*con palabras*) insistent **2** (*actitud*) persistent

insistir *vi* ~ **(en/sobre)** to insist **(on *sth*/*doing sth*)**: *Insistió en que fuéramos.* He insisted that we go.

insolación *nf* sunstroke [*incontable*]: *agarrar(se) una ~* to get sunstroke

insolencia *nf* impudence [*incontable*]: *No pienso tolerar esas ~s.* I will not tolerate such impudence.

insomnio *nm* insomnia

insonorizar *vt* to soundproof

insoportable *adj* unbearable

inspeccionar *vt* to inspect

inspector, ~a *nm-nf* inspector

inspiración *nf* inspiration

inspirar ◆ *vt* to inspire (*sb*) **(with *sth*)**: *Ese médico no me inspira ninguna confianza.* That doctor doesn't inspire me with confidence. ◆ **inspirarse** *v pron* **inspirarse (en)** to get inspiration **(from *sth*)**: *El autor se inspiró en un hecho real.* The author got his inspiration from a real-life event.

instalación *nf* **1** (*gen*) installation **2 instalaciones** facilities: *instalaciones deportivas* sports facilities LOC **instalación eléctrica** (electrical) wiring

instalar ◆ *vt* to install ◆ **instalarse** *v pron* **1** (*en una ciudad, país*) to settle (down) **2** (*en una casa*) to move ***into sth***: *Acabamos de ~nos en la nueva casa.* We've just moved into our new house.

instantáneo, -a *adj* instantaneous

instante *nm* moment: *en ese mismo ~* at that very moment

instinto *nm* instinct LOC **por instinto** instinctively

institución *nf* (*organismo*) institution

instituto *nm* institute

instrucción *nf* **1** (*Mil*) training **2 instrucciones** instructions: *instrucciones de uso* instructions for use

instructor, ~a *nm-nf* instructor

instrumental *nm* instruments [*pl*]: *el ~ médico* medical instruments

instrumento *nm* instrument

insubordinado, -a *adj* insubordinate (*formal*), rebellious

insuficiencia *nf* **1** (*deficiencia*) inadequacy [*pl* inadequacies] **2** (*Med*) failure: *~ cardíaca/renal* heart/kidney failure

insuficiente *adj* **1** (*escaso*) insufficient **2** (*deficiente*) inadequate

insultar *vt* to insult

insulto *nm* insult

insuperable *adj* **1** (*hazaña, belleza*)

matchless **2** (*dificultad*) insuperable **3** (*calidad, oferta*) unbeatable

insustituible *adj* irreplaceable

intachable *adj* irreproachable

intacto, -a *adj* **1** (*no tocado*) untouched **2** (*no dañado*) intact: *Su reputación permaneció intacta.* His reputation remained intact.

integración *nf* ~ (**en**) integration (**into** ***sth***)

integral *adj* **1** (*total*) comprehensive: *una reforma* ~ a comprehensive reform **2** (*comida*) **(a)** (*pan, harina*) wholemeal **(b)** (*arroz*) brown

integrar ◆ *vt* **1** (*grupo, organización*) to make *sth* up: *El comité está integrado por personas de varias nacionalidades.* The committe is made up of people of many nationalities. **2** ~ **algo/a algn a/en algo** (*incorporar*) to incorporate sth/sb **in sth** ◆ **integrarse** *v pron* ~ (**en**) (*adaptarse*) to integrate (**into** ***sth***)

integridad *nf* integrity

íntegro, -a *adj* whole: *mi sueldo* ~ my whole salary

intelectual *adj, nmf* intellectual

inteligencia *nf* intelligence LOC *Ver* COEFICIENTE

inteligente *adj* intelligent

intemperie *nf* LOC **a la intemperie** out in the open

intención *nf* intention: *tener malas intenciones* to have evil intentions LOC **con (mala) intención** maliciously **hacer algo con buena intención** to mean well: *Lo hizo con buena* ~. He meant well. **tener intención de** to intend *to do sth*: *Tenemos* ~ *de comprar un departamento.* We intend to buy a flat.

intencionado, -a *adj* deliberate LOC **bien/mal intencionado** well-meaning/malicious

intendente, -a *nm-nf* mayor

intensidad *nf* **1** (*gen*) intensity **2** (*corriente eléctrica, viento, voz*) strength

intensificar(se) *vt, v pron* to intensify

intensivo, -a *adj* intensive LOC *Ver* TERAPIA

intenso, -a *adj* **1** (*gen*) intense: *una ola de frío/calor* ~ intense cold/heat **2** (*vigilancia*) close **3** (*negociaciones*) intensive

intentar *vt* to try (*sth/to do sth*): *Intentalo.* Just try.

intento *nm* attempt LOC **al primer, segundo, etc intento** at the first, second, etc attempt

intercambiar *vt* to exchange, to swap (*coloq*): ~ *prisioneros* to exchange prisoners ◊ ~ *figuritas* to swap stickers

intercambio *nm* exchange LOC *Ver* VIAJE

interceder *vi* ~ (**a favor de/por**) to intervene (**on** ***sb's*** **behalf**): *Intercedieron por mí.* They intervened on my behalf.

interés *nm* **1** ~ (**en/por**) interest (**in** ***sth/sb***): *La novela suscitó un gran* ~. The novel aroused a lot of interest. ◊ *tener* ~ *en la política* to be interested in politics ◊ *a un 10% de* ~ at 10% interest **2** (*egoísmo*) self-interest: *Lo hicieron por puro* ~. They did it in their own self-interest. LOC **hacer algo sin ningún interés** to show no interest in sth: *Trabajan sin ningún* ~. They show no interest in their work. *Ver tb* CONFLICTO

interesante *adj* interesting

interesar ◆ *vi* to be interested **in** ***sth/doing sth***: *Nos interesa el arte.* We're interested in art. ◊ *¿Te interesa participar?* Are you interested in taking part? ◆ *vt* ~ **a algn (en algo)** to interest sb (**in sth**): *No consiguió* ~ *al público en la reforma.* He didn't manage to interest the public in the reforms. ◆ **interesarse** *v pron* **interesarse por 1** (*mostrar interés*) to show (an) interest **in** ***sth***: *El director se interesó por mi obra.* The director showed (an) interest in my work. **2** (*preocuparse*) to ask **after** ***sth/sb***: *Se interesó por mi salud.* He asked after my health.

interferencia *nf* interference [*incontable*]: *Se produjeron* ~*s en la emisión.* The programme has been affected by interference. ◊ *Hay muchas* ~*s.* We're getting a lot of interference.

interferir *vi* ~ (**en**) to meddle, to interfere (*más formal*) (**in** ***sth***): *Dejá de* ~ *en mis asuntos.* Stop meddling in my affairs.

interior ◆ *adj* **1** (*gen*) inner: *una habitación* ~ an inner room **2** (*bolsillo*) inside **3** (*comercio, política*) domestic ◆ *nm* interior: *el* ~ *de un edificio/país* the interior of a building/country LOC *Ver* MINISTERIO, MINISTRO, ROPA

interjección *nf* interjection

intermediario, -a *nm-nf* **1** (*mediador*) mediator: *La ONU actuó de* ~ *en el conflicto.* The UN acted as a mediator in the conflict. **2** (*mensajero*) go-between [*pl* go-betweens] **3** (*Com*) middleman [*pl* middlemen]

intermedio, -a ◆ *adj* intermediate ◆ *nm* interval

interminable *adj* endless

internacional *adj* international

internado *nm* boarding school

internar *vt*: *Lo internaron en el hospital.* He was admitted to hospital. ◊ *Internaron a su padre en un asilo.* They got their father into a home.

interno, -a[1] *adj* **1** (*gen*) internal: *órganos ~s* internal organs **2** (*dentro de un país*) domestic: *comercio ~* domestic trade **3** (*cara, parte*) inner: *la parte interna del muslo* the inner thigh

interno, -a[2] ◆ *nm-nf* **1** (*cárcel*) inmate **2** (*residente*) resident ◆ *nm* (*teléfono*) extension: *¿Me puede dar con el ~ 120?* Could you put me through to extension 120 please?

interpretación *nf* interpretation

interpretar *vt* **1** (*gen*) to interpret: *~ la ley* to interpret the law **2** (*Cine, Teat, Mús*) to perform

intérprete *nmf* **1** (*gen*) interpreter **2** (*Teat, Cine, Mús*) performer

interrogación *nf* question LOC *Ver* SIGNO

interrogar *vt* to question

interrogatorio *nm* interrogation

interrumpir *vt* **1** (*gen*) to interrupt: *~ la emisión* to interrupt a programme ◊ *No me interrumpas.* Don't interrupt me. **2** (*tráfico, clase*) to disrupt: *Las obras van a ~ el tráfico.* The roadworks will disrupt the traffic.

interruptor *nm* switch

interurbano, -a *adj* inter-city: *servicios ~s* inter-city services

intervalo *nm* interval: *a ~s de media hora* at half-hourly intervals ◊ *Me encontré con ellos en el ~.* I met them during the interval.

intervenir ◆ *vi* **1** ~ (**en**) to intervene (**in *sth***): *Tuvo que ~ la policía.* The police had to intervene. **2** (*hablar*) to speak ◆ *vt* **1** (*operar*) to operate (**on *sb***) **2** (*teléfono*) to tap **3** (*emisora, universidad*) to take *sth* over

intestino *nm* intestine: *~ delgado/grueso* small/large intestine

intimidad *nf* **1** (*vida privada*) private life: *No le gusta que se metan en su ~.* He doesn't like people interfering in his private life. ◊ *el derecho a la ~* the right to privacy **2** (*relación estrecha*) intimacy

íntimo, -a *adj* **1** (*gen*) intimate: *una conversación íntima* an intimate conversation **2** (*amistad, relación*) close: *Son ~s amigos.* They're very close friends.

intolerable *adj* intolerable

intomable *adj* undrinkable

intriga *nf* (*curiosidad*): *¡Qué ~! Contámelo.* How intriguing. Tell me more! ◊ *¿No tenés ~ por saber dónde están?* Aren't you intrigued to know where they are?

intrigar *vt* to intrigue: *Ahora me intriga.* I'm intrigued now.

intrincado, -a *adj* complicated

introducción *nf* introduction: *una ~ a la música* an introduction to music

introducir *vt* to put *sth* in, to put *sth* **into *sth***, to insert (*más formal*): *Introduzca la moneda en la ranura.* Insert the coin in the slot.

introvertido, -a ◆ *adj* introverted ◆ *nm-nf* introvert

intruso, -a *nm-nf* intruder

intuición *nf* intuition: *Contesté por ~.* I answered intuitively.

intuir *vt* to sense

inundación *nf* flood

inundar(se) *vt, v pron* to flood: *Se inundaron los campos.* The fields flooded.

inútil ◆ *adj* useless: *cachivaches ~es* useless junk ◊ *Es un esfuerzo ~.* It's a waste of time. ◆ *nmf* good-for-nothing LOC **es inútil (que ...)**: *Es ~ que intentes convencerlo.* It's pointless trying to convince him. ◊ *Es ~ que grites.* There's no point in shouting.

invadir *vt* to invade

inválido, -a ◆ *adj* (*Med*) disabled ◆ *nm-nf* disabled person

invasión *nf* invasion

invasor, ~a ◆ *adj* invading ◆ *nm-nf* invader

invencible *adj* invincible

inventar ◆ *vt* (*descubrir*) to invent: *Gutenberg inventó la imprenta.* Gutenberg invented the printing press. ◆ **inventar(se)** *vt, v pron* to make *sth* up: *~(se) una excusa* to make up an excuse ◊ *Te lo inventaste.* You've made it up.

invento *nm* invention: *Esto es un ~ mío.* This is an invention of mine.

inventor, ~a *nm-nf* inventor

invernadero *nm* greenhouse LOC *Ver* EFECTO

inversión *nf* (*Fin*) investment

inverso, -a *adj* **1** (*proporción*) inverse

2 (*orden*) reverse **3** (*dirección*) opposite: *en sentido ~ a la rotación* in the opposite direction to the rotation LOC **a la inversa** the other way round

invertebrado, -a *adj, nm* invertebrate

invertir *vt* (*tiempo, plata*) to invest: *Invertieron diez millones en la compañía.* They've invested ten million in the company.

investigación *nf* ~ (**de/sobre**) **1** (*gen*) investigation (**into *sth***): *Habrá una ~ sobre el accidente.* There'll be an investigation into the accident. **2** (*científica, académica*) research [*incontable*] (**into/on *sth***): *Están haciendo un trabajo de ~ sobre la malaria.* They're doing research on malaria.

investigador, ~a *nm-nf* **1** (*gen*) investigator **2** (*científico, académico*) researcher

investigar *vt* **1** (*gen*) to investigate: *~ un caso* to investigate a case **2** (*científico, académico*) to do research **into/on *sth***: *Están investigando el virus del SIDA.* They're doing research on the Aids virus.

invierno *nm* winter: *ropa de ~* winter clothes ◊ *Nunca uso la bicicleta en ~.* I never ride my bike in the winter.

invisible *adj* invisible

invitación *nf* invitation (***to sth/to do sth***)

invitado, -a *pp, adj, nm-nf* guest [*n*]: *el artista ~* the guest artist ◊ *Los ~s llegarán a las siete.* The guests will arrive at seven. LOC *Ver* ESTRELLA; *Ver tb* INVITAR

invitar ♦ *vt* to invite *sb* (***to sth/to do sth***): *Me invitó a su fiesta de cumpleaños.* She invited me to her birthday party. ♦ *vi* (*pagar*): *Invito yo.* I'll get this one. ◊ *Invita la casa.* It's on the house.

inyección *nf* injection: *dar una ~ a algn* to give sb an injection

ir ♦ *vi* **1** (*gen*) to go: *Van a Roma.* They're going to Rome. ◊ *ir en coche/tren/avión* to go by car/train/plane ◊ *ir a pie* to go on foot ◊ *¿Cómo te va (con tu novio)?* How are things going (with your boyfriend)? **2** (*estar*) to be: *ir bien/mal vestido* to be well/badly dressed ♦ *v aux* **1** ~ **a hacer algo (a)** (*gen*) to be going **to do sth**: *Vamos a vender la casa.* We're going to sell the house. ◊ *Íbamos a comer cuando sonó el teléfono.* We were just going to eat when the phone rang. **(b)** (*en órdenes*) to go **and do sth**: *Andá a hablar con tu padre.* Go and talk to your father. **(c)** (*en sugerencias*): *¡Vamos a comer!* Let's go and eat! ◊ *¡Vamos a ver!* Let's see! **2** ~ **haciendo algo** to start **doing sth**: *Vayan preparando la mesa.* Start laying the table. ♦ **irse** *v pron* **1** (*marcharse*) to leave: *Mañana me voy a Italia.* I'm leaving for Italy tomorrow. ◊ *irse de casa* to leave home **2** (*mancha, luz, dolor*) to go: *Se fue el dolor.* The pain's gone. **3** (*líquido, gas*) to leak LOC **(a mí) ni me va ni me viene** that's nothing to do with me, you, etc **ir a dar a** (*calle*) to lead to *sth*: *Este camino va a dar al pueblo.* This track leads to the village. **ir con** (*combinar*) to go with *sth*: *Esas medias no van con estos zapatos.* Those socks don't go with these shoes. **ir de** (*vestido*) to be dressed as *sth/sb*/in *sth*: *Fui de payaso.* I was dressed as a clown. ◊ *ir de azul* to be dressed in blue **ir en algo** to depend on sth **ir por** (*llegarse*) to be up to *sth*: *Voy por la página 100.* I'm up to page 100. **¡vamos!** come on!: *¡Vamos, que perdemos el tren!* Come on or we'll miss the train! **¡(ya) voy!** coming! ☛ Para otras expresiones con **ir**, véanse las entradas del sustantivo, adjetivo, etc, p.ej. **ir empatados** en EMPATADO e **ir al grano** en GRANO.

iris *nm* iris LOC *Ver* ARCO

Irlanda *nf* Ireland LOC **Irlanda del Norte** Northern Ireland

irlandés, -esa ♦ *adj, nm* Irish: *hablar ~* to speak Irish ♦ *nm-nf* Irishman/woman [*pl* Irishmen/women]: *los irlandeses* the Irish

ironía *nf* irony [*pl* ironies]: *una de las ~s de la vida* one of life's little ironies

irónico, -a *adj, nm-nf* ironic [*adj*]: *ser un ~* to be ironic

irracional *adj* irrational: *un miedo ~* irrational fear

irreal *adj* unreal

irreconocible *adj* unrecognizable

irregular *adj* **1** (*gen*) irregular: *verbos ~es* irregular verbs ◊ *un latido ~* an irregular heartbeat **2** (*anormal*) abnormal: *una situación ~* an abnormal situation

irremediable *adj* irremediable: *una pérdida/un error ~* an irremediable loss/mistake ◊ *Eso ya es ~.* Nothing can be done about it now.

irreparable *adj* irreparable

irrepetible *adj* (*excelente*) unique: *una experiencia/obra de arte ~* a unique experience/work of art

irresistible *adj* irresistible: *un atractivo/una fuerza ~* an irresistible attraction/force ◊ *Tenían unas ganas ~s de verse.* They were dying to see each other.

irrespetuoso, -a *adj* **~ con/para con** disrespectful (**to/towards *sth*/*sb***)

irrespirable *adj* **1** (*aire*) unbreathable **2** (*ambiente*) unbearable

irresponsable *adj, nmf* irresponsible [*adj*]: *¡Sos un ~!* You're so irresponsible!

irreversible *adj* irreversible

irritar ◆ *vt* to irritate ◆ **irritarse** *v pron* **1 irritarse** (**con**) (**por**) to get annoyed (**with *sb***) (**about *sth***): *Se irrita por nada.* He gets annoyed very easily. **2** (*Med*) to get irritated

irrompible *adj* unbreakable

isla *nf* island: *las Islas Canarias* the Canary Islands LOC **isla desierta** desert island **las Islas Británicas** the British Isles

islámico, -a *adj* Islamic

isleño, -a *nm-nf* islander

isósceles *adj* LOC *Ver* TRIÁNGULO

istmo *nm* isthmus [*pl* isthmuses]: *el ~ de Panamá* the Isthmus of Panama

Italia *nf* Italy

italiano, -a *adj, nm-nf, nm* Italian: *los ~s* the Italians ◊ *hablar ~* to speak Italian

itinerario *nm* itinerary [*pl* itineraries], route (*más coloq*)

IVA *nm* VAT

izquierdo, -a ◆ *adj* left: *Me rompí el brazo ~.* I've broken my left arm. ◊ *la orilla izquierda del Sena* the left bank of the Seine ◆ **izquierda** *nf* left: *Siga por la izquierda.* Keep left. ◊ *manejar por la izquierda* to drive on the left ◊ *la casa de la izquierda* the house on the left ◊ *La ruta se desvía hacia la izquierda.* The road bears left. LOC **de izquierda** left-wing: *grupos de izquierda* left-wing groups **la izquierda** (*Pol*) the Left [*v sing o pl*]: *La izquierda ganó las elecciones.* The Left has/have won the election. *Ver tb* CERO, LEVANTAR, MANO

Jj

¡ja! *interj* ha! ha!

jabalí *nm* wild boar [*pl* wild boar]

jabalina *nf* (*Dep*) javelin: *lanzamiento de ~* javelin throwing

jabón *nm* soap [*incontable*]: *una barra de ~* a bar of soap ◊ *agua y ~* soap and water LOC **jabón en polvo** washing powder *Ver tb* PAN

jabonera *nf* soap dish

jacarandá *nm* jacaranda

jacinto *nm* hyacinth

jadear *vi* to pant

jaguar *nm* jaguar

jalea *nf* LOC **jalea real** royal jelly

jamás *adv* never: *~ conocí a alguien así.* I've never known anyone like him. ☛ *Ver nota en* ALWAYS LOC *Ver* NUNCA

jamón *nm* ham LOC **jamón cocido** cooked ham **jamón crudo** cured ham

Japón *nm* Japan

japonés, -esa ◆ *adj, nm* Japanese: *hablar ~* to speak Japanese ◆ *nm-nf* Japanese man/woman [*pl* Japanese men/women]: *los japoneses* the Japanese

jaque *nm* check LOC **jaque mate** checkmate: *hacer ~ mate* to checkmate

jaqueca *nf* migraine

jarabe *nm* mixture: *~ para la tos* cough mixture

jardín *nm* garden LOC **jardín de infantes** nursery school

jardinera *nf* **1** (*macetero*) window box **2** (*tb* **jardinero** *nm*) (*pantalón*) dungarees [*pl*]

jardinería *nf* gardening

jardinero, -a *nm-nf* gardener

jarra *nf* jug LOC **jarra de cerveza** beer mug

jarro *nm* mug

jarrón *nm* vase

jaula *nf* cage

jefatura *nf* (*oficina central*) headquarters (*abrev* HQ) [*v sing o pl*]: *La ~ de policía está al final de la calle.* The police headquarters is/are at the end of the street.

jefe, -a *nm-nf* **1** (*superior*) boss: *ser el ~* to be the boss **2** (*de un grupo*) head: *~ de departamento/estado* head of department/state **3** (*de una asociación*) leader: *el ~ de un partido* the party leader **4** (*de una tribu*) chief LOC **jefe de estación** station master **jefe de estudios 1** (*en el colegio*) deputy head **2** (*en una academia*) director of studies

jengibre *nm* ginger

jerarquía *nf* hierarchy [*pl* hierarchies]

jerez *nm* sherry

jerga *nf* **1** (*profesional*) jargon: *la ~ médica* medical jargon **2** (*argot*) slang **3** (*jeringozo*) gobbledygook

jeringa *nf* (*Med*) syringe

jeringuilla *nf* (*Med*) syringe

jeroglífico *nm* hieroglyph

Jesucristo *n pr* Jesus Christ

jesuita *adj, nm* Jesuit

jeta *nf* face

jilguero *nm* goldfinch

jinete *nmf* **1** (*persona que va a caballo*) rider **2** (*jockey*) jockey [*pl* jockeys]

jirafa *nf* giraffe

jockey *nmf* jockey [*pl* jockeys]

joda *nf* **1** (*broma*) joke: *No te lo tomes en ~.* Don't treat it as a joke. ◊ *Aquello era una ~.* It was a joke. **2** (*fiesta*) party: *Nos fuimos de ~.* We went out to party. LOC **estar de joda** to have a party **ir(se) de joda** to go out on the town

jogging *nm* **1** (*actividad*) jogging **2** (*ropa*) tracksuit

jopo *nm* quiff

jornada *nf* **1** (*gen*) day [*pl* days]: *una ~ de ocho horas* an eight-hour day ◊ *al final de la ~* at the end of the day **2 jornadas** (*congreso*) conference [*sing*] LOC **jornada completa/media jornada**: *Buscan a alguien que trabaje la ~ completa.* They're looking for someone to work full time. ◊ *trabajar media ~* to have a part-time job ◊ *Los chicos van a la escuela de ~ completa.* The children go to school all day. **jornada laboral** working day

jornalero, -a *nm-nf* casual labourer

joroba *nf* hump

jorobado, -a ◆ *pp, adj* **1** (*giboso*) hunched **2** (*embromado*) in a bad way: *Ando ~ del hígado.* My liver's in a bad way. **3** (*delicado*) tricky: *Este asunto es muy ~.* This is a very tricky matter. ◆ *nm-nf* hunchback *Ver tb* JOROBAR

jorobar *vt* **1** (*fastidiar*) to get on *sb's* nerves **2** (*estropear*) to muck *sth* up: *Alguien jorobó el video.* Somebody's mucked up the video.

jota *nf* (*Naipes*) jack ☛ *Ver nota en* CARTA LOC **no decir ni jota** not to say a word **no saber ni jota** not to know a thing (*about sth*): *No sé ni ~ de francés.* I don't know a word of French. **no ver ni jota** to be blind as a bat

joven ◆ *adj* young ◆ *nmf* **1** (*chico*) young man **2** (*chica*) girl, young woman (*más formal*) **3 jóvenes** young people

joya *nf* **1** (*gen*) jewellery [*incontable, v sing*]: *Las ~s estaban en la caja fuerte.* The jewellery was in the safe. ◊ *~s robadas* stolen jewellery **2** (*cosa, persona*) treasure: *Sos una ~.* You're a treasure.

joyería *nf* jeweller's [*pl* jewellers]

joyero, -a ◆ *nm-nf* jeweller ◆ *nm* jewellery box

juanete *nm* bunion

jubilación *nf* **1** (*retiro*) retirement **2** (*pensión*) pension

jubilado, -a ◆ *pp, adj* retired: *estar ~* to be retired ◆ *nm-nf* pensioner

jubilarse *v pron* to retire

judaísmo *nm* Judaism

judicial *adj* LOC *Ver* PODER[2]

judío, -a ◆ *adj* Jewish ◆ *nm-nf* Jew

judo *nm* judo

juego *nm* **1** (*gen*) game: *~ de pelota* ball game ◊ *El tenista uruguayo gana tres ~s a uno.* The Uruguayan is winning by three games to one. **2** (*azar*) gambling **3** (*conjunto*) set: *~ de llaves* set of keys ◊ *~ de cubiertos* cutlery set LOC **estar (algo) en juego** to be at stake **hacer juego (con)** to match: *Los aros hacen ~ con el collar.* The earrings match the necklace. ◊ *Lleva pollera y saco haciendo ~.* She's wearing a skirt and matching jacket. **juego de azar** game of chance **juego de chicos** child's play **juego de mesa/salón** board game **juego de palabras** pun **juego de sillones** three-piece suite **juego limpio/sucio** fair/foul play **Juegos Olímpicos** Olympic Games **poner en juego** to put *sth* at stake *Ver tb* TERRENO

jueves *nm* Thursday [*pl* Thursdays] (*abrev* Thur(s)) ☛ *Ver ejemplos en*

LUNES LOC **Jueves Santo** Maundy Thursday

juez *nmf* judge

jugada *nf* move LOC **hacer una mala jugada** to play a dirty trick *on sb*

jugador, ~a *nm-nf* **1** (*competidor*) player **2** (*que apuesta*) gambler

jugar ◆ *vt* **1** (*gen*) to play: ~ *un partido de fútbol/una partida de cartas* to play a game of football/cards ◊ *El trabajo juega un papel importante en mi vida.* Work plays an important part in my life. **2** (*plata*) to put *money* **on sth**: ~ *300 pesos a un caballo* to put 300 pesos on a horse ◆ *vi* **1** ~ (**a**) (*gen*) to play: ~ *al fútbol* to play football **2** (*apostar*) to gamble ◆ **jugarse** *v pron* **1** (*apostar*) to gamble *sth* (away) **2** (*arriesgarse*) to risk: *~se la vida* to risk your life LOC **jugar a la lotería** to buy a lottery ticket **jugar limpio/sucio** to play fair/dirty *Ver tb* PASADA, PELLEJO, SOGA

jugarreta *nf* LOC **hacer una jugarreta** to play a dirty trick *on sb*

jugo *nm* **1** (*gen*) juice: ~ *de ananá* pineapple juice ◊ ~ *de naranja natural* fresh orange juice **2** (*salsa*) gravy LOC **sacar jugo a algo** to get the most out of sth

jugoso, -a *adj* **1** (*gen*) juicy **2** (*carne*) succulent

juguete *nm* toy [*pl* toys] LOC **de juguete** toy: *camión de* ~ toy lorry

juguetería *nf* toyshop

juguetón, -ona *adj* playful

juicio *nm* **1** (*cualidad*) judgement: *Confío en el ~ de las personas.* I trust people's judgement. **2** (*sensatez*) (common) sense: *Carecés totalmente de ~.* You're totally lacking in common sense. **3** (*opinión*) opinion: *emitir un ~* to give an opinion **4** (*Jur*) trial LOC **a mi juicio** in my, your, etc opinion **hacer juicio** to take *sth/sb* to court *Ver tb* MUELA, PERDER, SANO

juicioso, -a *adj* sensible

julio *nm* July (*abrev* Jul) ☛ *Ver ejemplos en* ENERO

jungla *nf* jungle

junio *nm* June (*abrev* Jun) ☛ *Ver ejemplos en* ENERO

juntar *vt* **1** (*poner juntos*) to put *sth/sb* together: *¿Juntamos las mesas?* Shall we put the tables together? **2** (*unir*) to join *sth* (together): *Junté los dos pedazos.* I've joined the two pieces (together). **3** (*reunir*) to get *people* together **4** (*coleccionar*) to collect: ~ *estampillas* to collect stamps

junto, -a ◆ *adj* **1** (*gen*) together: *todos ~s* all together ◊ *Siempre estudiamos ~s.* We always study together. **2** (*cerca*) close together: *Los árboles están muy ~s.* The trees are very close together. ◆ *adv* **1** ~ **a** next to: *El cine está ~ al café.* The cinema is next to the café. **2** ~ **con** with

Júpiter *nm* Jupiter

jurado *nm* jury [*v sing o pl*] [*pl* juries]: *El ~ salió para deliberar.* The jury retired to consider its verdict.

juramento *nm* oath [*pl* oaths] LOC *Ver* PRESTAR

jurar *vt, vi* to swear LOC **jurar bandera** to swear allegiance to the flag **jurar lealtad a algo/algn** to swear allegiance to sth/sb

jurídico, -a *adj* legal LOC *Ver* ESTUDIO

justicia *nf* **1** (*gen*) justice: *Espero que se haga ~.* I hope justice is done. **2** (*organización estatal*) law: *No hagas ~ por tu cuenta.* Don't take the law into your own hands.

justificar *vt* to justify

justo, -a ◆ *adj* **1** (*razonable*) fair: *una decisión justa* a fair decision **2** (*correcto, exacto*) right: *el precio ~* the right price **3** (*apretado*) tight: *Esta pollera me queda muy justa.* This skirt is too tight for me. **4 justos** (*suficientes*) just enough: *Tenemos los platos ~s.* We have just enough plates. ◆ *adv* just, exactly (*formal*): *Lo encontré ~ donde dijiste.* I found it just where you told me. LOC **justo cuando...** just as...: *Llegaron ~ cuando nos íbamos.* They arrived just as we were leaving.

juvenil *adj* **1** (*carácter*) youthful: *la moda ~* young people's fashion **2** (*Dep*) junior LOC *Ver* DELINCUENCIA

juventud *nf* **1** (*edad*) youth **2** (*los jóvenes*) young people [*pl*]: *A la ~ de hoy en día le gusta tener libertad.* The young people of today like to have their freedom.

juzgado *nm* court

juzgar *vt* to judge LOC **juzgar mal** to misjudge

Kk

karaoke *nm* karaoke

karate (*tb* **kárate**) *nm* karate: *hacer ~* to do karate

kart *nm* go-kart

kermesse *nf* charity fair

kilo *nm* kilo [*pl* kilos] (*abrev* kg) ☛ *Ver Apéndice 1.* LOC **estar un kilo** to be great

kilogramo *nm* kilogram(me) (*abrev* kg) ☛ *Ver Apéndice 1.*

kilómetro *nm* kilometre (*abrev* km) ☛ *Ver Apéndice 1.*

kilovatio *nm* kilowatt (*abrev* kw)

kimono *nm Ver* QUIMONO

kinesiólogo, -a *nm-nf* physiotherapist

kiosco *nm Ver* QUIOSCO

kiwi *nm* kiwi fruit [*pl* kiwi fruit]

kleenex® *nm* tissue

koala *nm* koala (bear)

Ll

la[1] ◆ *art def* the: *La casa es vieja.* The house is old. ☛ *Ver nota en* THE ◆ *pron pers* **1** (*ella*) her: *La sorprendió.* He surprised her. **2** (*cosa*) it: *Dejame que la vea.* Let me see it. **3** (*usted*) you LOC **la de/que...** *Ver* EL

la[2] *nm* **1** (*nota de la escala*) lah **2** (*tonalidad*) A: *la menor* A minor

laberinto *nm* **1** (*gen*) labyrinth **2** (*en un jardín*) maze

labio *nm* lip LOC *Ver* LÁPIZ, LEER, PINTAR

labor *nf* **1** (*trabajo*) work [*incontable*]: *Llevaron a cabo una gran ~.* They did some great work. **2** (*de coser*) needlework [*incontable*] **3** (*de tejido*) knitting [*incontable*] LOC **labores domésticas** housework [*incontable, v sing*]

laborable *adj* working: *los días ~s* working days

laboratorio *nm* laboratory [*pl* laboratories], lab (*más coloq*)

labrador, ~a *nm-nf* **1** (*propietario*) small farmer **2** (*jornalero*) farm labourer

laburante *nmf* worker

laburar *vi* to work

laburo *nm* work: *ir al ~* to go to work

laca *nf* lacquer [*incontable*]

lacio, -a *adj* straight

lacrimógeno, -a *adj* LOC *Ver* GAS

lácteo, -a *adj* LOC *Ver* VÍA

ladera *nf* hillside

lado *nm* **1** (*gen*) side: *Un triángulo tiene tres ~s.* A triangle has three sides. ◊ *ver el ~ bueno de las cosas* to look on the bright side **2** (*lugar*) place: *de un ~ para otro* from one place to another ◊ *¿Nos vamos a otro ~?* Shall we go somewhere else? ◊ *en algún/ningún ~* somewhere/nowhere **3** (*dirección*) way: *Fueron por otro ~.* They went a different way. ◊ *mirar por todos ~s* to look in all directions ◊ *Se fueron cada uno por su ~.* They all went their separate ways. LOC **al lado 1** (*cerca*) really close by: *Está acá al ~.* It's really close by. **2** (*contiguo*) next door: *el edificio de al ~* the building next door ◊ *los vecinos de al ~* the next-door neighbours **al lado de** next to *sth/sb*: *Se sentó al ~ de su amiga.* She sat down next to her friend. ◊ *Ponete a mi ~.* Stand next to me. **de lado** sideways: *ponerse de ~* to turn sideways **estar/ponerse del lado de algn** to be on/take sb's side: *¿De qué ~ estás?* Whose side are you on? **por un lado...por otro (lado)** on the one hand...on the other (hand) *Ver tb* OTRO

ladrar *vi* to bark (***at sb/sth***): *El perro no dejaba de ~nos.* The dog wouldn't stop barking at us.

ladrillo *nm* brick

ladrón, -ona *nm-nf* **1** (*gen*) thief [*pl* thieves]: *Los de esa frutería son unos ladrones.* The people who run that greengrocer's are crooks. **2** (*en una casa*) burglar **3** (*en un banco*) robber ☛ *Ver nota en* THIEF

lagaña *nf* sleep [*incontable*]: *Tiene los*

ojos llenos de ~s. Your eyes are full of sleep.

lagartija *nf* small lizard

lagarto, -a *nm-nf* lizard

lago *nm* lake

lágrima *nf* tear LOC **lágrimas de cocodrilo** crocodile tears *Ver tb* DERRAMAR(SE)

laguna *nf* **1** (*lago*) (small) lake **2** (*omisión*) gap

laja *nf* slab

lamentable *adj* **1** (*aspecto, condición*) pitiful **2** (*desafortunado*) regrettable

lamentar ◆ *vt* to regret *sth/doing sth/to do sth*: *Lamentamos haberles causado tanto trastorno.* We regret having caused you so much trouble. ◊ *Lamentamos comunicarle que…* We regret to inform you that… ◊ *Lo lamento mucho.* I am terribly sorry. ◆ **lamentarse** *v pron* to complain (***about sth***): *Ahora no sirve de nada ~se.* It's no use complaining now.

lamer *vt* to lick

lámina *nf* **1** (*hoja*) sheet **2** (*ilustración*) plate: *~s en color* colour plates

lámpara *nf* lamp: *una ~ de escritorio* a desk lamp LOC **lámpara de pie** standard lamp

lana *nf* wool LOC **de lana** woollen: *un pulóver de ~* a woollen jumper **lana virgen** new wool

lanar *adj* LOC *Ver* GANADO

lancha *nf* launch LOC **lancha a motor** motor boat

langosta *nf* **1** (*de mar*) lobster **2** (*insecto*) locust

langostino *nm* **1** (*grande*) king prawn **2** (*pequeño*) prawn

lánguido, -a *adj* languid

lanza *nf* spear

lanzamiento *nm* **1** (*misil, satélite, producto*) launch: *el ~ de su nuevo disco* the launch of their new album **2** (*bomba*) dropping **3** (*Dep*) throw: *Su último ~ fue el mejor.* His last throw was the best one.

lanzar ◆ *vt* **1** (*en un juego o deporte*) to throw *sth* ***to sb***: *Lanzale la pelota a tu compañero.* Throw the ball to your team-mate. **2** (*con intención de hacer daño*) to throw *sth* ***at sb*** ☛ *Ver nota en* THROW[1] **3** (*misil, producto*) to launch **4** (*bomba*) to drop ◆ **lanzarse** *v pron* **1** (*arrojarse*) to throw yourself: *Me lancé al agua.* I threw myself into the water. **2 lanzarse sobre** to pounce **on** ***sth/sb***: *Se lanzaron sobre mí/la plata.* They pounced on me/the money. LOC *Ver* PARACAÍDAS

lapicera *nf* pen

lápida *nf* gravestone

lápiz *nm* pencil: *lápices de colores* coloured pencils LOC **a lápiz** in pencil **lápiz de labios** lipstick

largar ◆ *vt* **1** (*soltar*) to let go of *sth*: *¡Largá la rama!* Let the branch go! **2** (*sermón, discurso*) to give **3** (*olor, humo*) to give *sth* off: *Larga mucho humo.* It gives off a lot of smoke. **4** (*plata*) to cough *sth* up **5** (*dejar*) to dump: *Lo largó y se quedó con el anillo.* She dumped him and kept the ring. ◆ **largarse a** to start ***doing sth/to do sth***: *Se largó a correr cuando vio el colectivo.* He started to run when he saw the bus. ◊ *Se largó a llover.* It started to rain. LOC **largarse a llorar** to burst into tears **largarse a reír** to burst out laughing **largar una indirecta** to drop a hint

largo, -a ◆ *adj* long: *El saco te queda muy ~.* That coat is too long for you. ◆ *nm* length: *nadar seis ~s* to swim six lengths ◊ *¿Cuánto mide de ~?* How long is it? ◊ *Tiene cincuenta metros de ~.* It's fifty metres long. LOC **a lo largo** lengthways **a lo largo de 1** (*referido a espacio*) along… **2** (*referido a tiempo*) throughout…: *a lo ~ del día* throughout the day **es largo de contar/una larga historia** it's a long story **hacerse largo** to drag: *El día se me está haciendo muy ~.* Today is really dragging on. **¡largo (de aquí)!** clear off! **pasar de largo** to go straight past *sth/sb* **tener para largo**: *Yo acá tengo para ~.* I'm going to be a long time. *Ver tb* LLAMADA, PLAZO, SALTO, VISTA

las *art def, pron pers Ver* LOS

lasaña *nf* lasagne

láser *nm* laser LOC *Ver* RAYO

lástima *nf* pity: *¡Qué ~!* What a pity! ◊ *Es una ~ tirarlo.* It's a pity to throw it away.

lastimar *vt* to hurt

lata *nf* **1** (*envase*) can, tin

> **Can** se usa para hablar de bebidas en lata: *una lata de Coca-Cola* a can of Coke. Para otros alimentos se puede usar **can** o **tin**: *una lata de sardinas* a can/tin of sardines. *Ver dibujo en* CONTAINER.

2 (*material*) tin LOC **de/en lata** tinned

lateral *adj, nm* side [*n*]: *una calle ~* a side street

latido *nm* (*corazón*) (heart)beat

latifundio *nm* large estate

latigazo *nm* **1** (*golpe*) lash **2** (*chasquido*) crack

látigo *nm* whip

latín *nm* Latin

latino, -a *adj* Latin: *la gramática latina* Latin grammar ◊ *el temperamento ~* the Latin temperament

latir *vi* to beat

latitud *nf* latitude

latón *nm* brass

laucha *nf* mouse LOC *Ver* POBRE

laurel *nm* **1** (*Cocina*) bay leaf [*pl* bay leaves]: *una hoja de ~* a bay leaf ◊ *No tengo ~.* I haven't got any bay leaves. **2** (*árbol*) bay tree **3** (*de jardín*) oleander

lava *nf* lava

lavadero *nm* **1** (*negocio*) laundry [*pl* laundries] **2** (*en una casa*) utility room

lavado, -a *pp, adj* **1** (*descolorido*) washed-out **2** (*persona*) pasty-faced *Ver tb* LAVAR

lavanda *nf* lavender

lavandería *nf* **1** (*servicio*) laundry **2** (*establecimiento*) launderette

lavandina *nf* bleach

lavaplatos *nm* dishwasher

lavar ◆ *vt* to wash: *~ la ropa* to wash your clothes ◆ **lavarse** *v pron*: *Me gusta ~me con agua caliente.* I like to wash in hot water. ◊ *~se los pies* to wash your feet ◊ *Lavate bien.* Wash yourself thoroughly. ◊ *Me lavé antes de acostarme.* I had a wash before I went to bed. LOC **lavar a mano** to wash *sth* by hand **lavar el piso** to mop the floor: *Hay que barrer y ~ el piso de la cocina.* The floor needs sweeping and mopping. **lavar los platos** to do the washing-up: *¡Otra vez me toca ~ los platos!* It's not my turn to wash the dishes again! **lavarse la cabeza** to wash your hair **lavarse los dientes** to brush your teeth

lavarropas *nm* washing machine: *Pongo el ~ dos veces al día.* I do two loads of washing a day.

lavatorio *nm* washbasin: *Se tapó el ~.* The washbasin is blocked.

laverrap *nm* launderette

laxante *adj, nm* laxative

le *pron pers* **1** (*él/ella/ello*) **(a)** (*complemento*) him/her/it: *Le compramos la casa.* We bought our house from him/ her. ◊ *Vi a mi jefa pero no le hablé.* I saw my boss but I didn't speak to her. ◊ *Le vamos a comprar un vestido.* We're going to buy her a dress. ◊ *No le des importancia.* Ignore it. **(b)** (*partes del cuerpo, efectos personales*): *Le quitaron el carné.* They took away his identity card. ◊ *Le arreglaron la pollera.* She's had her skirt mended. **2** (*usted*) **(a)** (*complemento*) you: *Le hice una pregunta.* I asked you a question. **(b)** (*partes del cuerpo, efectos personales*): *Tenga cuidado, o le robarán la cartera.* Be careful or they'll steal your bag.

leal *adj* **1** (*persona*) loyal (***to sth/sb***) **2** (*animal*) faithful (***to sb***)

lealtad *nf* loyalty (***to sth/sb***) LOC **con lealtad** loyally *Ver tb* JURAR

lección *nf* lesson LOC **tomar la lección** to test *sb* (*on sth*): *Repasá los verbos, que luego te voy a tomar la ~.* Revise your verbs and then I'll test you (on them).

leche *nf* milk: *Se nos acabó la ~.* We've run out of milk. ◊ *¿Compro ~?* Shall I get some milk? LOC **leche descremada** skimmed milk **leche en polvo** powdered milk **leche entera/condensada** full-cream/condensed milk *Ver tb* ARROZ, CAFÉ, DIENTE, HIDRATANTE

lechero, -a ◆ *adj* dairy [*n atrib*]: *una vaca lechera* a dairy cow ◆ *nm-nf* milkman [*pl* milkmen]

lechón *nm* sucking pig

lechuga *nf* lettuce LOC *Ver* ENSALADA

lechuza *nf* barn owl

lector, ~a *nm-nf* reader

lectura *nf* reading: *Mi pasatiempo favorito es la ~.* My favourite hobby is reading.

leer *vt, vi* to read: *Leeme la lista.* Read me the list. ◊ *Me gusta ~.* I like reading. LOC **leer los labios** to lip-read **leer para sí** to read to yourself

legal *adj* (*Jur*) legal

legalizar *vt* to legalize

legislación *nf* legislation

legislar *vi* to legislate

legislativo, -a *adj* LOC *Ver* ELECCIÓN, PODER²

legumbre *nf* **1** (*verdura*) vegetable **2** (*garbanzos, lentejas, etc*) pulse LOC **legumbres secas** pulses

lejano, -a *adj* distant: *un lugar/ pariente ~* a distant place/relative

lejos *adv* ~ (**de**) far (away), a long way (away) (*más coloq*) (**from *sth/sb***): *No queda muy ~ de acá.* It isn't very far (away) from here. LOC **a lo lejos** in the distance **de/desde lejos** from a distance *Ver tb* LLEGAR

lema *nm* **1** (*Com, Pol*) slogan **2** (*regla de conducta*) motto [*pl* mottoes]

lencería *nf* (*ropa interior*) lingerie

lengua *nf* **1** (*Anat*) tongue: *sacar la ~ a algn* to stick your tongue out at sb **2** (*idioma*) language LOC **las malas lenguas** gossip [*incontable*]: *Dicen las malas ~s que...* Gossip has it that... **lengua materna** mother tongue **no tener lengua** to have lost your tongue **tirarle a algn de la lengua** to make sb talk *Ver tb* PELO

lenguado *nm* sole [*pl* sole]

lenguaje *nm* **1** (*gen*) language **2** (*hablado*) speech

lengüeta *nf* tongue

lente *nm* lens [*pl* lenses]: *el ~ de la cámara* the camera lens ◊ *~s de contacto* contact lenses *Ver tb* LENTES

lenteja *nf* lentil

lentes *nm* glasses

lento, -a *adj* slow LOC **lento pero seguro** slowly but surely *Ver tb* CÁMARA, FUEGO, TORTUGA

leña *nf* firewood

leñador, ~a *nm-nf* woodcutter

leño *nm* log

Leo *nm, nmf* (*Astrología*) Leo [*pl* Leos] ☛ *Ver ejemplos en* AQUARIUS

león, -ona *nm-nf* lion [*fem* lioness]

leopardo *nm* leopard

lepra *nf* leprosy

leproso, -a ◆ *adj* leprous ◆ *nm-nf* leper

lerdo, -a ◆ *adj* slow ◆ *nm-nf* slowcoach

les *pron pers* **1** (*a ellos, a ellas*) **(a)** (*complemento*) them: *Les di todo lo que tenía.* I gave them everything I had. ◊ *Les compré una torta.* I bought them a cake./I bought a cake for them. **(b)** (*partes del cuerpo, efectos personales*): *Les robaron el bolso.* Their bag was stolen. **2** (*a ustedes*) **(a)** (*complemento*) you: *¿Les hago un café?* Would you like a coffee? **(b)** (*partes del cuerpo, efectos personales*): *¿Les llevo los abrigos?* Shall I take your coats?

lesbiana *nf* lesbian

lesión *nf* **1** (*gen*) injury [*pl* injuries]: *lesiones graves* serious injuries **2** (*herida*) wound: *lesiones de bala* bullet wounds **3** (*hígado, riñón, cerebro*) damage [*incontable*] ☛ *Ver nota en* HERIDA

lesionado, -a ◆ *pp, adj* injured: *Está ~.* He is injured. ◆ *nm-nf* injured person: *la lista de los ~s* the list of people injured *Ver tb* LESIONARSE

lesionarse *v pron* to hurt yourself: *Me lesioné la pierna.* I hurt my leg. ☛ *Ver nota en* HERIDA

letargo *nm* lethargy

letra *nf* **1** (*abecedario, grafía*) letter **2** (*caracteres*) character: *las ~s chinas* Chinese characters **3** (*escritura*) writing **4** (*canción*) lyrics [*pl*]: *La ~ de esta canción es muy difícil.* The lyrics of this song are very difficult. LOC *Ver* PIE, PUÑO

letrero *nm* **1** (*nota*) notice: *Había un ~ en la puerta.* There was a notice on the door. **2** (*rótulo*) sign: *Poné el ~ de cerrado en la puerta.* Put the closed sign on the door. LOC **letrero luminoso** neon sign

leucemia *nf* leukaemia

levadizo, -a *adj* LOC *Ver* PUENTE

levadura *nf* yeast

levantar ◆ *vt* **1** (*gen*) to raise: *Levantá el brazo izquierdo.* Raise your left arm. ◊ *~ la moral/voz* to raise your spirits/voice **2** (*peso, tapa*) to lift *sth* up: *Levantá esa tapa.* Lift that lid up. **3** (*recoger*) to pick *sth/sb* up: *Lo levantaron entre todos.* They picked him up between them. ◆ **levantarse** *v pron* **1** (*ponerse de pie*) to stand up **2** (*de la cama, viento*) to get up: *Suelo ~me temprano.* I usually get up early. LOC **levantar la mesa** to clear the table **levantar la perdiz** to give the game away **levantarse a algn** to chat sb up **levantarse con el pie izquierdo** to get out of bed on the wrong side

levante *nm* pick-up

levar *vt* LOC **levar anclas** to weigh anchor

leve *adj* slight

ley *nf* **1** (*gen*) law: *la ~ de la gravedad* the law of gravity ◊ *ir contra la ~* to break the law **2** (*parlamento*) act LOC *Ver* PROYECTO

leyenda *nf* legend

liberación *nf* **1** (*país*) liberation **2** (*presos*) release

liberado, -a *pp, adj* **1** (*gen*) freed **2** (*mujer*) liberated *Ver tb* LIBERAR

liberal *adj, nmf* liberal

liberar *vt* **1** (*país*) to liberate **2** (*prisionero*) to free

libertad *nf* freedom LOC **libertad bajo**

fianza/provisional bail: *salir en ~ bajo fianza* to be released on bail **libertad condicional** parole **libertad de expresión** freedom of speech **libertad de prensa** freedom of the press

Libra *nf, nmf* (*Astrología*) Libra ☛ *Ver ejemplos en* AQUARIUS

libra *nf* **1** (*plata*) pound: *cincuenta ~s* (*£50*) fifty pounds ◊ *~s esterlinas* pounds sterling **2** (*peso*) pound (*abrev* lb) ☛ *Ver Apéndice 1.*

librar ◆ *vt* to save *sth/sb* ***from sth/ doing sth***: *Eso me libra de toda responsabilidad.* That absolves me of all responsibility. ◊ *¡Dios me libre!* God forbid! ◊ *Líbranos del mal.* Deliver us from evil. ◆ **librarse** *v pron* **librarse (de) 1** (*escaparse*) to get out of *sth/ doing sth*: *Me libré de la colimba.* I got out of doing military service. **2** (*desembarazarse*) to get rid of *sth/sb*: *Quiero ~me de esta estufa.* I want to get rid of this heater. LOC **librarse por un pelo** to escape by the skin of your teeth *Ver tb* DIOS

libre *adj* **1** (*gen*) free: *Soy ~ de hacer lo que quiera.* I'm free to do what I want. ◊ *¿Está ~ esta silla?* Is this seat free? **2** (*disponible*) vacant: *No quedan asientos ~s.* There are no vacant seats. LOC *Ver* AIRE, CAÍDA, DÍA, ENTRADA, LUCHA

librería *nf* **1** (*negocio*) bookshop **2** (*estantería*) bookcase

librero, -a *nm-nf* bookseller

libreta *nf* notebook LOC **libreta de ahorro(s)** savings book

libreto *nm* (*Cine*) script

libro *nm* book LOC **libro de bolsillo** paperback **libro de texto** textbook *Ver tb* COLGAR, SUSPENSO

licencia *nf* licence: *~ de pesca/armas* fishing/gun licence

licenciado, -a *pp, adj, nm-nf* ~ **(en)** graduate [*n*] **(in** ***sth*****)**: *~ en Ciencias Biológicas* a biology graduate ◊ *un ~ de la Universidad de Londres* a graduate from London University

licenciatura *nf* **1** (*título*) degree **2** (*estudios*) degree course

licor *nm* liqueur: *un ~ de manzana* an apple liqueur

licuado *nm* milk shake: *un ~ de banana* a banana milk shake

licuadora *nf* liquidizer

líder *nmf* leader

liebre *nf* hare LOC *Ver* GATO

liendre *nf* nit

lienzo *nm* canvas

liero, -a ◆ *adj* (*ruidoso*) naughty: *unos chicos muy ~s* very naughty children ◆ *nm-nf* troublemaker

liga *nf* **1** (*gen*) league: *la ~ de básquet* the basketball league **2** (*cinta*) garter

ligamento *nm* ligament: *sufrir una fractura/rotura de ~s* to tear a ligament

ligar ◆ *vt* **1** (*obtener*) to get: *Ligué la mejor parte.* I got the best part. **2** (*castigo*) to get it: *¡Si no comés, vas a ~la!* If you don't eat you're going to get it! ◆ **ligarse** *v pron* **1** (*castigo*) to get: *Se ligó una cachetada.* He got a slap. **2** (*teléfono*): *Se ligó la línea.* There's a crossed line.

ligeramente *adv* slightly: *~ inestable* slightly unsettled

ligero, -a *adj* **1** (*gen*) slight: *ligera presión* slight pressure ◊ *un ~ acento cordobés* a slight Córdoba accent **2** (*rápido*) fast: *un corredor ~* a fast runner **3** (*música*) light LOC **hacer algo a la ligera** to do sth hastily **tomarse algo a la ligera** to take sth lightly

light *adj* (*alimentos dietéticos*) diet [*n atrib*]: *mayonesa ~* diet mayonnaise ☛ *Ver nota en* LOW-CALORIE

lija *nf* sandpaper

lijar *vt* to sand

lila *nf, nm* lilac: *El ~ te queda muy bien.* Lilac suits you.

lima *nf* **1** (*herramienta*) file: *~ de uñas* nail file **2** (*fruta*) lime LOC *Ver* COMER

limar *vt* to file LOC **limar asperezas** to smooth things over

limbo *nm* limbo LOC **estar en el limbo** to have your head in the clouds

limitación *nf* limitation: *Conoce sus limitaciones.* He knows his limitations.

limitado, -a *pp, adj* limited: *un número ~ de lugares* a limited number of places LOC *Ver* SOCIEDAD; *Ver tb* LIMITAR

limitar ◆ *vt* to limit ◆ *vi* ~ **con** to border **on...**: *Argentina limita con Chile.* Argentina borders on Chile. ◆ **limitarse** *v pron* **limitarse a**: *Limítese a responder a la pregunta.* Just answer the question.

límite *nm* **1** (*gen*) limit: *el ~ de velocidad* the speed limit **2** (*Geog, Pol*) boundary [*pl* boundaries] ☛ *Ver nota en* BORDER LOC **sin límite** unlimited: *kilometraje sin ~* unlimited mileage ◊ *Tiene una paciencia sin ~.* She has unlimited patience. *Ver tb* FECHA

limón *nm* lemon: *un vestido amarillo ~*

a lemon yellow dress LOC *Ver* RALLADURA

limonada *nf* (traditional) lemonade LOC *Ver* CHICHA

limonero *nm* lemon tree

limosna *nf*: *Le dimos una ~.* We gave him some money. ◊ *Una ~ por favor.* Can you spare some change, please? LOC *Ver* PEDIR

limpiaparabrisas *nm* windscreen wiper

limpiar ◆ *vt* **1** (*gen*) to clean: *Tengo que ~ los vidrios.* I've got to clean the windows. **2** (*pasar un trapo*) to wipe **3** (*sacar brillo*) to polish ◆ **limpiarse** *v pron* to clean yourself up LOC **limpiar en seco** to dry-clean **limpiarse la nariz** to wipe your nose

limpieza *nf* **1** (*acción de limpiar*) cleaning: *productos de ~* cleaning products **2** (*pulcritud*) cleanliness LOC **limpieza en seco** dry-cleaning

limpio, -a ◆ *adj* **1** (*gen*) clean: *El hotel estaba bastante ~.* The hotel was quite clean. ◊ *Mantené limpia tu ciudad.* Keep your city tidy. **2** (*sin plata*) skint ◆ *adv* fair: *jugar ~* to play fair LOC **pasar en limpio** to make a fair copy *of sth* **sacar en limpio 1** (*entender*) to get *sth* out of *sth*: *No saqué nada en ~.* I haven't got anything out of it. **2** (*plata*) to clear: *Sacó en ~ cinco millones de pesos.* He cleared five million pesos. *Ver tb* JUEGO, JUGAR

lince *nm* lynx LOC **ser un lince** not to miss a trick: *Es un ~.* She never misses a trick.

lindo, -a ◆ *adj* **1** (*aspecto físico*) good-looking: *un nene muy ~* a very good-looking boy **2** (*personalidad*) lovely: *¡Es una persona tan linda!* She's such a lovely person! **3** (*objeto, casa*) nice ◆ *adv* beautifully: *Cantaba muy ~.* She had a beautiful voice. LOC **de lo lindo**: *divertirse de lo ~* to have a great time **¡qué lindo!** how lovely!: *¿El regalo es para mí?¡Qué ~!* Is that present for me? How lovely!

línea *nf* line: *una ~ recta* a straight line LOC **cuidar/mantener la línea** to watch your weight **línea de meta** finishing line **línea divisoria** dividing line **por línea materna/paterna** on my, your, etc mother's/father's side

lineal *adj* LOC *Ver* DIBUJO

lingote *nm* ingot

lingüística *nf* linguistics [*sing*]

lino *nm* **1** (*Bot*) flax **2** (*tela*) linen

linterna *nf* torch

lío *nm*: *¡Qué ~!* What a mess! ◊ *Lo metieron en un ~.* They got him into trouble. LOC **estar en un lío** to be in trouble **hacerse un lío** (*confundirse*) to get into a muddle *Ver tb* ARMAR

liquidación *nf* (*rebaja*) sale LOC **liquidación por cierre de negocio** clearance sale

liquidar *vt* **1** (*deuda*) to settle **2** (*negocio*) to liquidate **3** (*matar*) to bump *sb* off

líquido, -a *adj, nm* liquid: *Sólo puedo tomar ~s.* I can only have liquids.

lira *nf* (*moneda*) lira

lírica *nf* lyric poetry

lirio *nm* iris

lirón *nm* dormouse [*pl* dormice] LOC *Ver* DORMIR

liso, -a *adj* **1** (*llano*) flat **2** (*suave*) smooth **3** (*sin adornos, de un solo color*) plain

lista *nf* list: *~ de compras* shopping list LOC **lista de espera** waiting list **lista electoral** electoral roll **pasar lista** to take the register

listo, -a *adj* ready: *Estamos ~s para salir.* We're ready to leave. LOC *Ver* PREPARADO

litera *nf* **1** (*en barco*) bunk **2** (*en tren*) couchette

literatura *nf* literature

litro *nm* litre (*abrev* l): *medio ~* half a litre ☛ *Ver Apéndice 1.*

liviano, -a *adj* **1** (*gen*) light: *una comida liviana* a light meal ◊ *ropa liviana* light clothing **2** (*poco serio*) lightweight: *una película liviana* a lightweight film

living *nm* sitting room

llaga *nf* ulcer

llama[1] *nf* (*de fuego*) flame LOC **estar en llamas** to be ablaze

llama[2] *nf* (*animal*) llama

llamada *nf* call: *hacer una ~ (telefónica)* to make a (phone) call ◊ *la ~ del deber* the call of duty LOC **llamada a cobro revertido** reverse charge call **llamada de larga distancia** long-distance call

llamado, -a ◆ *pp, adj* (*por un nombre*) so-called: *el ~ Tercer Mundo* the so-called Third World ◆ *nm Ver* LLAMADA; *Ver tb* LLAMAR

llamar ◆ *vt* to call: *Se llama Ignacio pero lo llaman Nacho.* His name's Ignacio but they call him Nacho. ◊ *~ a la* *policía* to call the police ◊ *Llamame cuando llegues.* Give me a ring when you get there. ◆ *vi* **1** (*teléfono*) to call: *¿Quién llama?* Who's calling? **2** (*puerta*) to knock: *Están llamando a la puerta* Someone's knocking at the door. ◆ **llamarse** *v pron* to be called: *¿Cómo te llamás?* What's your name? ◊ *Me llamo Ana.* I'm called Ana./My name's Ana. LOC **llamar a cobro revertido** to reverse the charges **llamar la atención 1** (*sobresalir*) to attract attention: *Se viste así para ~ la atención.* He dresses like that to attract attention. **2** (*sorprender*) to surprise: *Nos llamó la atención que volvieras sola.* We were surprised that you came back alone. **3** (*retar*) to tell *sb* off **llamar por teléfono** to telephone *sb*, to give *sb* a ring (*más coloq*) *Ver tb* PAN

llamativo, -a *adj* **1** (*noticia*) striking **2** (*ostentoso*) flashy: *un coche muy ~* a flashy car

llano, -a ◆ *adj* **1** (*gen*) flat **2** (*sencillo*) simple ◆ *nm* plain

llanto *nm* crying

llanura *nf* plain

llave *nf* **1** ~ (**de**) (*gen*) key [*pl* keys] (**to** ***sth***): *la ~ del armario* the key to the wardrobe ◊ *la ~ de la puerta* the door key **2** (*Mec*) spanner LOC **bajo llave** under lock and key **llave de arranque/de contacto** ignition key **llave de paso** (*del agua*) stopcock **poner llave** to lock up *Ver tb* AMO, CERRAR

llavero *nm* keyring

llegada *nf* arrival

llegar *vi* **1** (*gen*) to arrive (**at/in ...**): *Llegamos al aeropuerto/hospital a las cinco.* We arrived at the airport/hospital at five o'clock. ◊ *Llegué a Inglaterra hace un mes.* I arrived in England a month ago. ☛ *Ver nota en* ARRIVE **2** (*alcanzar*) to reach: *¿Llegás?* Can you reach? ◊ *~ a una conclusión* to reach a conclusion **3** (*altura*) to come up *to sth*: *Mi hija ya me llega al hombro.* My daughter comes up to my shoulder. **4** ~ **hasta** (*extenderse*) to go **as far as...**: *La estancia llega hasta el río.* The estate goes as far as the river. **5** (*tiempo*) to come: *cuando llegue el verano* when summer comes ◊ *Ha llegado el momento de...* The time has come to... LOC **estar por llegar** to be due any time: *Tu padre debe estar por ~.* Your father must be due any time now. **llegar a casa** to arrive home, to get home (*más coloq*) **llegar a hacer algo** (*lograr*) to manage to do sth **llegar a la/en hora** to arrive on time **llegar a las manos** to come to blows **llegar a ser** to become **llegar a tiempo** to be on time **llegar lejos** to go far **llegar tarde/temprano** to be late/early **si no llega a ser por él** if it hadn't been for him, her, etc: *Si no llega a ser por él, me mato.* If it hadn't been for him, I would have been killed.

llenar ◆ *vt* **1** (*gen*) to fill *sth/sb* (***with sth***): *Llená la jarra de agua.* Fill the jug with water. ◊ *No lo llenes tanto que se rebalsa.* Don't fill it too much or it'll run over. **2** (*formulario, impreso*) to fill *sth* in: *~ un formulario* to fill in a form **3** (*satisfacer*) to satisfy: *Aquel estilo de vida no me llenaba.* That lifestyle didn't satisfy me. ◆ **llenarse** *v pron* **1** (*gen*) to fill (up) (***with sth***): *La casa se llenó de invitados.* The house filled (up) with guests. **2** (*comiendo*) to stuff yourself (***with sth***)

lleno, -a *adj* **1** (*gen*) full (**of** ***sth***): *Esta habitación está llena de humo.* This room is full of smoke. ◊ *No quiero más, estoy ~.* I don't want any more, I'm full. ◊ *El colectivo estaba ~ hasta el techo.* The bus was full to bursting. **2** (*cubierto*) covered ***in/with sth***: *El techo estaba ~ de telarañas.* The ceiling was covered in cobwebs. LOC *Ver* CABEZA, LUNA

llevadero, -a *adj* bearable

llevar ◆ *vt* **1** (*gen*) to take: *Llevá las sillas a la cocina.* Take the chairs to the kitchen. ◊ *Me llevará un par de días arreglarlo.* It'll take me a couple of days to fix it. ◊ *Llevé el perro al veterinario.* I took the dog to the vet.

> Cuando el hablante se ofrece a llevarle algo al oyente, se usa **to bring**: *No hace falta que vengas, te lo llevo el viernes.* You don't need to come, I'll bring it on Friday.

☛ *Ver dibujo en* TAKE **2** (*carga*) to carry: *Se ofreció a ~le la valija.* He offered to carry her suitcase. **3** (*manejar*) to drive: *¿Quién llevaba el coche?* Who was driving? **4** (*tiempo*) to have been (***doing sth***): *Llevan dos horas esperando.* They've been waiting for two hours. ◊ *¿Cuánto tiempo llevás en Buenos Aires?* How long have you been in Buenos Aires? ◆ *vi* to lead to *sth*: *Esta calle lleva a la desembocadura del río.* This road leads to the mouth of the river. ◆ *v aux* + **participio** to have:

Llevo vistas tres películas esta semana. I've seen three films this week. ◆ **llevarse** *v pron* **1** (*robar*) to take: *El ladrón se llevó el video.* The thief took the video. **2** (*Mat*) to carry: *22 y me llevo dos.* 22 and carry two. LOC **llevarle a algn dos, etc años, etc** to be two, etc years older than sb: *Me lleva seis meses.* She's six months older than me. **llevarse bien/mal** to get on well/badly (*with sb*) **para llevar** to take away: *una pizza para ~* a pizza to take away ☛ Para otras expresiones con **llevar**, véanse las entradas del sustantivo, adjetivo, etc, p.ej. **llevar la voz cantante** en VOZ y **llevarse un disgusto** en DISGUSTO.

llorar *vi* **1** (*gen*) to cry: *No llores.* Don't cry. ◊ *ponerse a ~* to burst out crying ◊ *~ de alegría/rabia* to cry with joy/rage **2** (*ojos*) to water: *Me lloran los ojos.* My eyes are watering. LOC **llorar a moco tendido** to cry your eyes out **llorar la carta** to tell a sob story *Ver tb* LARGAR, RISA

llorón, -ona *adj, nm-nf* cry-baby [*n*] [*pl* cry-babies]: *No seas tan ~.* Don't be such a cry-baby. LOC *Ver* SAUCE

llover *v imp* to rain: *Estuvo lloviendo toda la tarde.* It was raining all afternoon. ◊ *¿Llueve?* Is it raining? LOC **llover a cántaros** to pour: *Está lloviendo a cántaros.* It's pouring. *Ver tb* PARECER

llovizna *nf* drizzle

lloviznar *v imp* to drizzle

lluvia *nf* **1** (*gen*) rain: *La ~ no me dejó dormir.* The rain kept me awake. ◊ *un día de ~* a rainy day ◊ *Éstas son unas buenas botas para la ~.* These boots are good for wet weather. **2** ~ **de** (*billetes, regalos*) shower **of** ***sth*** **3** ~ **de** (*balas, piedras, golpes, insultos*) hail **of** ***sth*** LOC **bajo la lluvia** in the rain **lluvia ácida** acid rain **lluvia radiactiva** radioactive fallout

lluvioso, -a *adj* **1** (*zona, país, temporada*) wet **2** (*día, tarde, tiempo*) rainy

lo ◆ *art def* (*para sustantivar*) the...thing: *lo interesante/difícil es...* the interesting/difficult thing is... ◆ *pron pers* **1** (*él*) him: *Lo eché de casa.* I threw him out of the house. **2** (*cosa*) it: *¿Dónde lo tenés?* Where is it? ◊ *No lo creo.* I don't believe it. ☛ Cuando se usa como complemento directo de algunos verbos como *decir*, *saber* y *ser* no se traduce: *Te lo digo mañana.* I'll tell you tomorrow. ◊ *Todavía no sos médico, pero lo serás.* You are not a doctor yet, but you will be. **3** (*usted*) you LOC **lo cual** which: *lo cual no es cierto* which isn't true **lo de... 1** (*posesión*): *Todo ese equipaje es lo de Juan.* All that luggage is Juan's. **2** (*asunto*): *Lo del viaje fue muy inesperado.* The journey came as a real surprise. ◊ *Lo de la fiesta era una broma ¿no?* What you said about the party was a joke, wasn't it? **lo mío 1** (*posesión*) my, your, etc things: *Todo lo mío es tuyo.* Everything I've got is yours. **2** (*afición*) my, your etc thing: *Lo suyo es la música.* Music's his thing. **lo que...** what: *No te imaginás lo que fue aquello.* You can't imagine what it was like. ◊ *Voy a hacer lo que digas.* I'll do whatever you say. ◊ *Haría lo que fuera por aprobar.* I'd do anything to pass.

lobo, -a *nm-nf* wolf [*pl* wolves]

Si queremos especificar que se trata de una hembra, decimos **she-wolf**.

LOC *Ver* HOMBRE

local ◆ *adj* local ◆ *nm* premises [*pl*]: *El ~ es bastante grande.* The premises are quite big. LOC *Ver* TREN

localidad *nf* **1** (*pueblo*) village **2** (*ciudad pequeña*) town **3** (*Cine, Teat*) seat LOC **no hay localidades** sold out

localizar *vt* **1** (*encontrar*) to locate: *Han localizado su paradero.* They've located his whereabouts. **2** (*contactar*) to get hold of *sb*: *Llevo toda la mañana tratando de ~te.* I've been trying to get hold of you all morning.

loción *nf* lotion

loco, -a ◆ *adj* mad: *volverse ~* to go mad ◊ *El chocolate me vuelve ~.* I'm mad about chocolate. ◆ *nm-nf* madman/woman [*pl* madmen/women] LOC **estar como loco (con)** (*encantado*) to be crazy about *sth/sb* **estar loco como una cabra** to be off your rocker **estar loco de** to be beside yourself with *sth*: *Está loca de alegría.* She's beside herself with joy. **estar loco de remate** to be round the bend **estar/quedar loco de la vida** to be thrilled **hacerse el loco** to show off *Ver tb* CADA

locura *nf* (*disparate*) crazy thing: *He hecho muchas ~s.* I've done a lot of crazy things. ◊ *Es una ~ ir solo.* It's crazy to go alone.

locutor, ~a *nm-nf* (*de noticias*) newsreader

lodo *nm* mud

lógico, -a *adj* **1** (*normal*) natural: *Es ~ que te preocupes.* It's only natural that you're worried. **2** (*Fil*) logical

lograr *vt* **1** (*gen*) to get, to achieve (*más formal*): *Logré buenos resultados.* I got good results. **2 + inf** to manage ***to do sth***: *Logré convencerlos.* I managed to persuade them. **3** ~ **que...** to get *sb* ***to do sth***: *No vas a ~ que vengan.* You'll never get them to come.

logro *nm* achievement

lombriz *nf* worm

lomo *nm* **1** (*Anat*) back **2** (*Cocina*) loin: *~ de cerdo* (loin of) pork **3** (*libro*) spine LOC *Ver* BIFE, CHURRASCO

longitud *nf* **1** (*gen*) length: *Tiene dos metros de ~.* It is two metres long. **2** (*Geog*) longitude

loquero *nm* madhouse: *Esta casa es un ~.* This is a madhouse!

loro *nm* **1** (*ave*) parrot **2** (*persona*) windbag

los, las ◆ *art def* the: *los libros que compré ayer* the books I bought yesterday ☛ *Ver nota en* THE ◆ *pron pers* **1** (*ellos, ellas*) them: *Los/las vi en el cine.* I saw them at the cinema. **2** (*ustedes*) you LOC **de los/las de...**: *un terremoto de los de verdad* a really violent earthquake ◊ *El diseño del coche es de los de antes.* The design of the car is old-fashioned. **los/las de... 1** (*posesión*): *los de mi abuela* my grandmother's **2** (*característica*) the ones (with...): *Prefiero los de punta fina.* I prefer the ones with a fine point. ◊ *Me gustan las de cuadros.* I like the checked ones. **3** (*ropa*) the ones in...: *las de rojo* the ones in red **4** (*procedencia*) the ones from...: *los de Vicente López* the ones from Vicente López **los/las hay**: *Los hay con muy poca plata.* There are some with very little money. ◊ *Decime si los hay o no.* Tell me if there are any or not. **los/las que... 1** (*personas*): *los que se encontraban en la casa* the ones who were in the house ◊ *los que tenemos que madrugar* those of us who have to get up early ◊ *Entrevistamos a todos los que se presentaron.* We interviewed everyone who applied. **2** (*cosas*) the ones (which/that)...: *las que compramos ayer* the ones we bought yesterday

losa *nf* flagstone LOC **losa radiante** underfloor heating

lote *nm* **1** (*gen*) set: *un ~ de libros* a set of books **2** (*Com*) batch

lotería *nf* lottery [*pl* lotteries] LOC *Ver* JUGAR

loto *nm* lotus [*pl* lotuses]

loza *nf* china: *un plato de ~* a china plate

lucha *nf* ~ (**contra/por**) fight (**against/ for** ***sth/sb***): *la ~ contra la contaminación/por la igualdad* the fight against pollution/for equality LOC **lucha libre** wrestling

luchador, ~a ◆ *adj, nm-nf* fighter [*n*]: *Es un hombre muy ~.* He's a real fighter. ◆ *nm-nf* (*deportista*) wrestler

luchar *vi* **1** (*gen*) to fight (***for/against sth/sb***); to fight *sth/sb*: *~ por la libertad* to fight for freedom ◊ *~ contra los prejuicios raciales* to fight racial prejudice **2** (*Dep*) to wrestle

lúcido, -a *adj* lucid

lucir ◆ *vt* (*ropa*) to wear ◆ *vi* **1** (*astro*) to shine **2** (*resaltar*) to look nice: *Esa figura luce mucho ahí.* That figure looks very nice there. ◆ **lucirse** *v pron* to show off: *Lo hace para ~se.* He just does it to show off.

ludo *nm* ludo

luego *adv* then: *Se baten los huevos y ~ se añade el azúcar.* Beat the eggs and then stir in the sugar. ◊ *Primero está el hospital y ~ la farmacia.* First there's the hospital and then the chemist's. LOC **desde luego** of course: *¡Desde ~ que no!* Of course not! **¡hasta luego!** bye!

lugar *nm* **1** (*gen*) place: *Me gusta este ~.* I like this place. ◊ *En esta fiesta estoy fuera de ~.* I feel out of place at this party. **2** (*posición, puesto*) position: *ocupar un ~ importante en la empresa* to have an important position in the firm **3** (*pueblo*) village: *los del ~* the people from the village **4** (*asiento*) seat: *¿Queda algún ~ en el colectivo?* Are there any seats left on the bus? **5** (*en un curso*) place: *Ya no quedan ~es.* There are no places left. LOC **dar lugar a algo** to cause sth **en lugar de** instead of *sth/sb/doing sth*: *En ~ de salir tanto, más te valdría estudiar.* Instead of going out so much, you'd be better off studying. **en primer, segundo, etc lugar 1** (*posición*) first, second, etc: *El equipo francés quedó clasificado en último ~.* The French team came last. **2** (*en un discurso*) first of all, secondly, etc: *En último ~...* Last of all... **lugar de nacimiento 1** (*gen*) birthplace **2** (*en impresos*) place of birth **sin lugar a dudas**

undoubtedly **tener lugar** to take place: *El accidente tuvo ~ a las dos de la madrugada.* The accident took place at two in the morning. **yo en tu lugar** if I were you: *Yo, en tu ~, aceptaría la invitación.* If I were you, I'd accept the invitation. *Ver tb* ALGUNO, CLASIFICAR, CUALQUIERA, NINGUNO, OTRO

lúgubre *adj* gloomy

lujo *nm* luxury [*pl* luxuries]: *No puedo permitirme esos ~s.* I can't afford such luxuries. LOC **a todo lujo** in style: *Viven a todo ~.* They live in style. **de lujo** luxury: *un apartamento de ~* a luxury apartment

lujoso, -a *adj* luxurious

lujuria *nf* lust

lumbre *nf* fire

luminoso, -a *adj* **1** (*gen*) bright: *una habitación/idea luminosa* a bright room/idea **2** (*que despide luz*) luminous: *un reloj ~* a luminous watch LOC *Ver* LETRERO

luna *nf* **1** (*gen*) moon: *un viaje a la Luna* a trip to the moon **2** (*cristal*) glass **3** (*espejo*) mirror LOC **estar en la luna** to be miles away **luna creciente/menguante** waxing/waning moon **luna de miel** honeymoon **luna llena/nueva** full/new moon

lunar ◆ *adj* lunar ◆ *nm* **1** (*piel*) mole **2** (*dibujo*) polka dot: *una pollera de ~es* a polka-dot skirt

lunático, -a *adj, nm-nf* lunatic

lunes *nm* Monday [*pl* Mondays] (*abrev* Mon): *el ~ por la mañana/tarde* on Monday morning/afternoon ◇ *Los ~ no trabajo.* I don't work on Mondays. ◇ *un ~ sí y otro no* every other Monday ◇ *Ocurrió el ~ pasado.* It happened last Monday. ◇ *Nos vamos a ver el ~ que viene.* We'll meet next Monday. ◇ *Mi cumpleaños cae en ~ este año.* My birthday falls on a Monday this year. ◇ *Se van a casar el ~ 25 de julio.* They're getting married on Monday July 25. ☛ Se lee: 'Monday the twenty-fifth of July'

lunfardo *nm* slang

lungo, -a *adj* very tall

lupa *nf* magnifying glass

lustrabotas *nmf* shoeshine

lustrar *vt* to polish: *~ los zapatos/el piso del living* to polish your shoes/the living room floor

lustre *nm* shine LOC **sacar lustre a algo** to polish sth

luto *nm* mourning: *un día de ~* a day of mourning LOC **estar de/llevar luto** to be in mourning (*for sb*) **ir de luto** to be dressed in mourning

luz *nf* **1** (*gen*) light: *prender/apagar la ~* to turn the light on/off ◇ *Hay mucha ~ en este departamento.* This flat gets a lot of light. **2** (*electricidad*) electricity: *Con la tormenta se cortó la ~.* The electricity went off during the storm. **3** (*día*) daylight **4 luces** (*inteligencia*): *tener muchas/pocas luces* to be bright/dim LOC **dar a luz** to give birth (to *sb*): *Dio a ~ una nena.* She gave birth to a baby girl. **luces altas** headlights **luces bajas** dipped headlights: *Puse las luces bajas.* I dipped my headlights. **luces de posición** sidelights **luz de bengala** flare **luz de giro** indicator **sacar a la luz** to bring *sth* (out) into the open **salir a la luz** (*secreto*) to come to light *Ver tb* AÑO, BICHO, MESITA, PLENO

Mm

macabro, -a *adj* macabre

macana *nf* **1** (*mentira*) lie: *decir ~s* to tell lies **2** (*travesura*): *¡No hagan ~!* Don't be naughty!

macaneador, ~a *nm-nf* liar

macanudo, -a *adj, adv* great: *un tipo ~* a great guy ◇ *—¿Salimos esta noche? —¡Macanudo!* 'Are we going out tonight?' 'Yes, great!'

macarrón *nm* **1** (*galletita*) macaroon **2 macarrones** macaroni [*incontable, v sing*]: *Los macarrones son fáciles de hacer.* Macaroni is easy to cook.

maceta *nf* flowerpot

machacar ◆ *vt* to crush: *~ ajo/nueces* to crush garlic/nuts ◆ *vt, vi* to go over (and over) *sth*: *Les machaqué la canción hasta que se la aprendieron.* I went over and over the song until they learnt it.

machete *nm* **1** (*cuchillo*) machete **2** (*para copiar*) crib

machismo *nm* machismo

machista *adj*, *nmf* sexist: *publicidad/sociedad ~* sexist advertising/society ◊ *Mi jefe es un verdadero ~.* My boss is really sexist.

macho ◆ *adj*, *nm* **1** (*gen*) male: *una camada de dos ~s y tres hembras* a litter of two males and three females ◊ *¿Es ~ o hembra?* Is it male or female? ☛ *Ver nota en* FEMALE **2** (*varonil*) macho [*adj*]: *Ese tipo se hace el ~.* He's a bit of a macho man. ◆ *nm* (*enchufe*) plug ☛ *Ver dibujo en* ENCHUFE

macizo, -a *adj* (*objeto*) solid

madeja *nf* skein

madera *nf* **1** (*material*) wood [*gen incontable*]: *El roble es una ~ de gran calidad.* Oak is a high quality wood. ◊ *~ procedente de Noruega* wood from Norway ◊ *hecho de ~* made of wood **2** (*tabla*) piece of wood: *Esa ~ puede servir para tapar el agujero.* We could use that piece of wood to block up the hole. **3** (*de construcción*) timber: *las ~s del techo* the roof timbers LOC **de madera** wooden: *una silla/viga de ~* a wooden chair/beam **madera de pino, roble, etc** pine, oak, etc: *una mesa de ~ de pino* a pine table *Ver tb* CUCHARA, TOCAR

madero *nm* **1** (*tronco*) log **2** (*tablón*) piece of timber

madrastra *nf* stepmother

madre *nf* mother: *ser ~ de dos hijos* to be the mother of two children LOC **¡madre mía!** good heavens! **madre soltera** single parent **madre superiora** Mother Superior *Ver tb* DÍA, FAMILIA, HUÉRFANO

madriguera *nf* **1** (*gen*) den: *una ~ de león/lobo* a lion's/wolf's den **2** (*conejo*) burrow

madrina *nf* **1** (*bautizo*) godmother **2** (*confirmación*) sponsor **3** (*casamiento*) woman who accompanies the groom, usually his mother ☛ *Ver nota en* CASAMIENTO

madrugada *nf*: *a las dos de la ~* at two in the morning ◊ *en la ~ del sábado* in the early hours of Saturday morning

madrugar *vi* to get up early

madurar *vi* **1** (*fruta*) to ripen **2** (*persona*) to mature

maduro, -a *adj* **1** (*fruta*) ripe **2** (*de mediana edad*) middle-aged: *un hombre ya ~* a middle-aged man **3** (*sensato*) mature: *Javier es muy ~ para su edad.* Javier is very mature for his age. LOC **caerse de maduro** to be obvious

maestro, -a *nm-nf* **1** (*educador*) teacher **2** ~ (**de/en**) (*figura destacada*) master: *un ~ del ajedrez* a chess master LOC *Ver* OBRA

mafia *nf* mafia: *la ~ de la droga* the drugs mafia ◊ *la Mafia* the Mafia

magdalena *nf* fairy cake

magia *nf* magic: *~ blanca/negra* white/black magic LOC *Ver* ARTE

mágico, -a *adj* (*ilusionismo*) magic: *poderes ~s* magic powers LOC *Ver* VARITA

magisterio *nm* (*estudios*) teacher training: *Elena estudió magisterio en Mendoza.* Elena trained as a teacher in Mendoza.

magma *nm* magma

magnate *nmf* tycoon, magnate (*más formal*)

magnético, -a *adj* magnetic

magnetismo *nm* magnetism

magnífico, -a *adj*, *interj* wonderful: *Hizo un tiempo ~.* The weather was wonderful. ◊ *una magnífica nadadora* a wonderful swimmer

mago, -a *nm-nf* (*ilusionista*) magician LOC *Ver* REY

maicena® *nf* cornflour

maíz *nm* **1** (*planta*) maize **2** (*grano*) sweetcorn

Majestad *nf* Majesty [*pl* Majesties]: *Su ~* His/Her/Your Majesty

mal ◆ *adj Ver* MALO ◆ *adv* **1** (*gen*) badly: *portarse/hablar ~* to behave/speak badly ◊ *un trabajo ~ pagado* a poorly/badly paid job ◊ *Mi abuela oye muy ~.* My grandmother's hearing is very bad. ◊ *¡Qué ~ lo pasamos!* What a terrible time we had! **2** (*calidad, aspecto*) bad: *Esa campera no está ~.* That jacket's not bad. **3** (*equivocadamente, moralmente*): *Elegiste ~.* You made the wrong choice. ◊ *contestar ~ a una pregunta* to give the wrong answer ◊ *Está ~ que le contestes a tu madre.* It's wrong to answer your mother back. ◆ *nm* **1** (*daño*) harm: *No te deseo ningún ~.* I don't wish you any harm. **2** (*problema*) problem: *La venta de la casa nos salvó de ~es mayores.* The sale of the house saved us any further problems. **3** (*Fil*) evil: *el bien y el ~* good and evil LOC **andar/estar mal de** to be short of *sth* **estar/sentirse mal** to be/feel ill **mal de Parkinson** Parkinson's disease **no hay**

mal que por bien no venga every cloud has a silver lining ☛ Para otras expresiones con **mal**, véanse las entradas del sustantivo, adjetivo, etc, p.ej. **estar mal de la cabeza** en CABEZA y **¡menos mal!** en MENOS.

malcriado, -a *adj* spoilt: *¡Qué chico ~!* What a spoilt brat!

malcriar *vt* to spoil

maldad *nf* wickedness [*incontable*]: *Siempre se han caracterizado por su ~.* Their wickedness is notorious. ◊ *Fue una ~ de su parte.* It was a wicked thing to do.

maldecir *vt* to curse

maldición *nf* curse: *Nos cayó una ~.* There's a curse on us. ◊ *echarle una ~ a algn* to put a curse on sb ◊ *No paraba de soltar maldiciones.* He kept cursing and swearing.

maldito, -a *pp, adj* **1** (*lit*) damned **2** (*fig*) wretched: *¡Estos ~s zapatos me aprietan!* These wretched shoes are too tight for me! *Ver tb* MALDECIR

maleducado, -a *pp, adj, nm-nf* rude [*adj*]: *¡Que chicos tan ~s!* What rude children! ◊ *Sos un ~.* You're so rude!

malentendido *nm* misunderstanding: *Ha habido un ~.* There has been a misunderstanding.

malestar *nm* **1** (*indisposición*): *Siento un ~ general.* I don't feel very well. **2** (*inquietud*) unease: *Sus palabras causaron ~ en medios políticos.* His words caused unease in political circles.

maletín *nm* (doctor's) bag

malgastar *vt* to waste

malhablado, -a *adj, nm-nf* foul-mouthed [*adj*]: *ser un ~* to be foul-mouthed

malherido, -a *pp, adj* badly injured

maligno, -a *adj* (*Med*) malignant

malla *nf* **1** (*de hombre*) swimming trunks [*pl*]: *Esa ~ te queda chica.* Those swimming trunks are too small for you. ☛ Nótese que *una malla* se dice a **pair of swimming trunks**. **2** (*de mujer*) swimming costume **3** (*ballet, Gimnasia*) leotard **4** (*red*) mesh **5** (*metálica*) wire netting

malo, -a ◆ *adj* **1** (*gen*) bad: *una mala persona* a bad person ◊ *~s modales/mala conducta* bad manners/behaviour ◊ *Tuvimos muy mal tiempo.* We had very bad weather. **2** (*inadecuado*) poor: *mala alimentación/visibilidad* poor food/visibility ◊ *debido al mal estado del terreno* due to the poor condition of the ground **3** (*travieso*) naughty: *No seas ~ y tomate la leche.* Don't be naughty—drink up your milk. **4** ~ **en/para** (*torpe*) bad **at sth/doing sth**: *Soy malísimo en matemáticas.* I'm hopeless at maths. ◆ *nm-nf* villain, baddy [*pl* baddies] (*coloq*): *El ~ muere en el último acto.* The villain dies in the last act. ◊ *Al final luchan los buenos contra los ~s.* At the end there is a fight between the goodies and the baddies. LOC **lo malo es que...** the trouble is (that)... ☛ Para otras expresiones con **malo**, véanse las entradas del sustantivo, p.ej. **tener mala onda** en ONDA y **hacer una mala jugada** en JUGADA.

malpensado, -a *adj, nm-nf* **1** (*que siempre sospecha*) suspicious [*adj*]: *Sos un ~.* You've got a really suspicious mind. **2** (*obsceno*) dirty-minded: *¡Qué ~ sos!* What a dirty mind you've got!

maltratar *vt* to mistreat: *Dijeron que los habían maltratado.* They said they had been mistreated. ◊ *Nos maltrataron física y verbalmente.* We were subjected to physical and verbal abuse.

malva ◆ *nf* (*flor*) mallow ◆ *nm* (*color*) mauve ☛ *Ver ejemplos en* AMARILLO

malvado, -a *adj* wicked

malvón *nm* geranium

mama *nf* breast: *cáncer de ~* breast cancer

mamá *nf* mum ☛ Los chicos pequeños suelen decir **mummy**.

mamadera *nf* bottle

mamado, -a *pp, adj* drunk LOC **ni mamado** no way! *Ver tb* MAMAR

mamar *vi* to feed: *En cuanto termina de ~ se duerme.* He falls asleep as soon as he's finished feeding. LOC **dar de mamar** to breastfeed

mameluco *nm* overall

mamífero *nm* mammal

mampara *nf* **1** (*en un mostrador de banco*) screen **2** (*pared*) partition

manada *nf* **1 (a)** (*gen*) herd: *una ~ de elefantes* a herd of elephants **(b)** (*lobos, perros*) pack **(c)** (*leones*) pride **2** (*gente*) crowd

manantial *nm* spring: *agua de ~* spring water

manar *vi* to flow (**from sth/sb**)

mancha *nf* **1** (*suciedad*) stain: *una ~ de grasa* a grease stain **2** (*leopardo*) spot

manchado, -a *pp, adj* **1** ~ **(de)** (*embadurnado*) stained (**with sth**): *Tenés la camisa manchada de vino.* You've got a wine stain on your shirt. ◊ *una carta* *manchada de sangre/tinta* a bloodstained/ink-stained letter **2** (*animal*) spotted *Ver tb* MANCHAR

manchar ◆ *vt* to get *sth* dirty: *No manches el mantel.* Don't get the tablecloth dirty. ◊ *Manchaste el suelo de barro.* You've got mud on the floor. ◆ **mancharse** *v pron* to get dirty

manco, -a *adj* **1** (*sin un brazo*) one-armed **2** (*sin una mano*) one-handed

mandado *nm* errand: *hacer un ~* to run an errand

mandamiento *nm* (*Relig*) commandment

mandar ◆ *vt* **1** (*ordenar*) to tell *sb* ***to do sth***: *Mandó a los chicos que se callaran.* He told the children to be quiet. **2** (*enviar*) to send: *Te mandé una carta.* I've sent you a letter. ◊ *El ministerio mandó a un inspector.* The ministry sent an inspector. **3** (*llevar*) to have *sth* done: *Lo voy a ~ a limpiar.* I'm going to have it cleaned. ◆ *vi* **1** (*gobierno*) to be in power **2** (*ser el jefe*) to be the boss (*coloq*), to be in charge LOC **mandarse a mudar** to up and go **mandarse la parte** to show off *Ver tb* CORREO, DIOS

mandarina *nf* tangerine

mandíbula *nf* jaw

mando *nm* **1 (a)** (*liderazgo*) leadership: *tener don de ~* to be a born leader **(b)** (*Mil*) command: *entregar/tomar el ~* to hand over/take command **2** (*Informát*) joystick ☛ *Ver dibujo en* COMPUTADORA **3 mandos** controls: *cuadro de ~s* control panel

mandón, -ona *adj, nm-nf* bossy [*adj*]: *Sos un ~.* You're very bossy.

mandonear *vi* to boss people around

manejar ◆ *vt* **1** (*auto, camión*) to drive **2** (*moto*) to ride **3** (*objetos*) to handle: *~ un arma/una herramienta* to handle a weapon/tool **4** (*máquina*) to operate **5** (*manipular*) to manipulate: *No te dejes ~.* Don't let yourself be manipulated. ◆ *vi* (*vehículo*) to drive: *Estoy aprendiendo a ~.* I'm learning to drive.

manejo *nm* **1** (*de aparato, de máquina*) operation **2** (*de un idioma*) command **3** (*fondos, negocio*) management **4** (*auto*) driving LOC *Ver* EXAMEN

manera *nf* ~ **(de)** way [*pl* ways] **(of *doing sth*)**: *su ~ de hablar/vestir* her way of speaking/dressing LOC **a mi manera** my, your, etc way **de todas maneras** anyway **manera de ser**: *Es mi ~ de ser.* It's just the way I am. **no haber manera de** to be impossible *to do sth*: *No hubo ~ de arrancar el auto.* It was impossible to start the car. **¡qué manera de ...!** what a way to ...!: *¡Qué ~ de hablar!* What a way to speak! *Ver tb* DICHO, NINGUNO

manga *nf* sleeve: *una camisa de ~ larga/corta* a long-sleeved/short-sleeved shirt LOC **sin mangas** sleeveless

mango[1] *nm* **1** (*asa*) handle **2** (*plata*) peso LOC **andar/estar sin un mango** to be broke

mango[2] *nm* (*fruta*) mango [*pl* mangoes]

manguear *vt, vi* to scrounge: *¿Te puedo ~ un cigarrillo?* Can I scrounge a cigarette? ◊ *Siempre anda mangueando.* He's forever on the scrounge.

manguera *nf* hose

maní *nm* peanut

manía *nf* quirk: *Todo el mundo tiene sus pequeñas ~s.* Everybody's got their own little quirks. ◊ *¡Qué ~!* You're getting obsessed about it! LOC **tener la manía de hacer algo** to have the strange habit of doing sth **tenerle manía a algo** to hate sth **tenerle/tomarle manía a algn** to have got it in for sb: *El profesor me tomó ~.* The teacher's got it in for me. *Ver tb* QUITAR

maniático, -a *adj* (*quisquilloso*) fussy

manicomio *nm* psychiatric hospital

manifestación *nf* **1** (*protesta*) demonstration **2** (*expresión*) expression: *una ~ de apoyo* an expression of support **3** (*declaración*) statement

manifestante *nmf* demonstrator

manifestar ◆ *vt* **1** (*opinión*) to express **2** (*mostrar*) to show ◆ **manifestarse** *v pron* to demonstrate: *~se en contra/a favor de algo* to demonstrate against/in favour of sth

manifiesto *nm* manifesto [*pl* manifestos/manifestoes]: *el ~ comunista* the Communist Manifesto

manija *nf* **1** (*gen*) handle: *Se rompió la ~ de la valija.* The handle's broken on the suitcase. **2** (*cajón, puerta*) knob LOC **darle manija a algn** to egg sb on **darse manija** to get worked up

manijero, -a *adj* manipulative

maniobra *nf* manoeuvre

maniobrar *vi* **1** (*gen*) to manoeuvre **2** (*ejército*) to be on manoeuvres

manipular *vt* **1** (*deshonestamente*) to

manipulate: ~ *los resultados de las elecciones* to manipulate the election results **2** (*lícitamente*) to handle: ~ *alimentos* to handle food

maniquí *nm* dummy [*pl* dummies]

manivela *nf* handle, crank (*téc*)

manjar *nm* delicacy [*pl* delicacies]

mano *nf* **1** (*gen*) hand: *Levantá la ~*. Put your hand up. ◊ *estar en buenas ~s* to be in good hands **2** (*animal*) forefoot [*pl* forefeet] **3** (*pintura*) coat LOC **a mano 1** (*cerca*) at hand: *¿Tenés un diccionario a ~?* Have you got a dictionary at hand? **2** (*manualmente*) by hand: *Hay que lavarlo a ~*. It needs washing by hand. ◊ *hecho a ~* handmade **a mano derecha/izquierda** on the right/left **atraco/robo a mano armada 1** (*lit*) armed robbery **2** (*fig*) daylight robbery **con las manos en la masa** red-handed: *Lo agarraron con las ~s en la masa*. He was caught red-handed. **dar la mano** to hold *sb's* hand: *Dame la ~*. Hold my hand. **dar(se) la mano** to shake hands (*with sb*): *Se dieron la ~*. They shook hands. **dar una mano** (*ayudar*) to give *sb* a hand **de la mano** hand in hand (*with sb*): *Paseaban* (*tomados*) *de la ~*. They were walking along hand in hand. **de mano única/de una mano** one-way: *una calle de ~ única* a one-way street **en mano** in person: *Entrégueselo en ~*. Give it to him in person. **írsele a algn la mano** to go over the top **la mano asesina** the murderer **mano de obra** labour **mano dura** firm hand **¡manos arriba!** hands up! **ser mano suelta** to be generous: *Era tan ~ suelta, que se quedó sin nada*. He was so generous that he ended up with nothing. **tomarle la mano a algo** to get the hang of sth *Ver tb* ¡ADIÓS!, AGARRAR, CONOCER, ESCRIBIR, FRENO, FROTAR(SE), LAVAR, LLEGAR, PÁJARO, SALUDAR, SEGUNDO, TEJIDO, TOMADO

manojo *nm* bunch

manopla *nf* mitten

manosear *vt* to fondle

manotón *nm* swipe

mansión *nf* mansion

manso, -a *adj* **1** (*animal*) tame **2** (*persona*) meek: *más ~ que un cordero* as meek as a lamb

manta *nf* blanket: *Ponele una ~*. Put a blanket over him.

manteca *nf* butter: *pan con ~* bread and butter LOC **manteca de cacao** lipsalve *Ver tb* UNTAR

mantel *nm* tablecloth

mantener ◆ *vt* **1** (*conservar*) to keep: ~ *la comida caliente* to keep food hot ◊ ~ *una promesa* to keep a promise **2** (*económicamente*) to support: ~ *a una familia de ocho* to support a family of eight **3** (*afirmar*) to maintain **4** (*sujetar*) to hold: *Mantené bien la botella*. Hold the bottle tight. ◆ **mantenerse** *v pron* to live **on sth**: *~se a base de comida enlatada* to live on tinned food LOC **mantenerse en forma** to keep fit **mantenerse en pie** to stand (up): *No puede ~se en pie*. He can't stand (up) any more. **mantener vivo** to keep *sth/sb* alive: ~ *viva la ilusión* to keep your hopes alive *Ver tb* CONTACTO, LÍNEA

mantenimiento *nm* maintenance

manual *adj, nm* manual: ~ *de instrucciones* instruction manual LOC *Ver* TRABAJO

manubrio *nm* handlebars [*pl*]

manufacturar *vt* to manufacture

manuscrito *nm* manuscript

manzana *nf* **1** (*fruta*) apple **2** (*de casas*) block LOC *Ver* VUELTA

manzanilla *nf* **1** (*planta*) camomile **2** (*infusión*) camomile tea

manzano *nm* apple tree

maña *nf* **1** (*habilidad*) skill **2 mañas** cunning [*incontable*]: *Empleó todas sus ~s para que lo ascendieran*. He used all his cunning to get promotion. LOC **tener/darse maña** to be good *at sth/doing sth*: *tener ~ para la carpintería* to be good at woodwork

mañana ◆ *nf* morning: *Se va esta ~*. He's leaving this morning. ◊ *a la ~ siguiente* the following morning ◊ *a las dos de la ~* at two o'clock in the morning ◊ *El examen es el lunes por la ~*. The exam is on Monday morning. ◊ *Salimos ~ por la ~*. We're leaving tomorrow morning. ☛ *Ver nota en* MORNING ◆ *nm* future: *No pienses en el ~*. Don't think about the future. ◆ *adv* tomorrow: ~ *es sábado ¿no?* Tomorrow is Saturday, isn't it? ◊ *el diario de ~* tomorrow's paper LOC **¡hasta mañana!** see you tomorrow! *Ver tb* DÍA, MEDIO, NOCHE, PASADO

mañero, -a *adj* fussy

mapa *nm* map: *Está en el ~*. It's on the map. LOC *Ver* DESAPARECER

mapamundi *nm* world map

maqueta *nf* model

maquillaje *nm* make-up [*incontable*]: *Ana compra ~ carísimo.* Ana buys very expensive make-up.

maquillar ◆ *vt* to make *sb* up ◆ **maquillarse** *v pron* to put on your make-up: *No tuve tiempo de ~me.* I didn't have time to put on my make-up.

máquina *nf* **1** (*gen*) machine: *~ de coser* sewing machine **2** (*tren*) engine LOC **escribir/pasar a máquina** to type **máquina de afeitar** electric razor **máquina de escribir** typewriter **máquina fotográfica** camera **máquina slot** slot machine **máquina tragamonedas** fruit machine

maquinaria *nf* machinery

maquinista *nmf* train driver

maquinita *nf* LOC **maquinita (de afeitar)** safety razor

mar *nm o nf* sea: *Este verano quiero ir al ~.* I want to go to the seaside this summer.

En inglés **sea** se escribe con mayúscula cuando aparece con el nombre de un mar: *el mar Negro* the Black Sea.

LOC **hacerse a la mar** to put out to sea **mar adentro** out to sea **por mar** by sea *Ver tb* ALTO, CABALLO, CALMO, ERIZO, ORILLA

maratón *nm o nf* marathon

maravilla *nf* wonder LOC **hacer maravillas** to work wonders: *Este jarabe hace ~s.* This cough mixture works wonders. **¡qué maravilla!** how wonderful!

maravilloso, -a *adj* wonderful

marca *nf* **1** (*señal*) mark **2** (*productos de limpieza, alimentos, ropa*) brand: *una ~ de vaqueros* a brand of jeans **3** (*autos, motos, computadoras, cigarrillos*) make: *¿Qué ~ de computadora tenés?* What make of computer have you got? **4** (*récord*) record: *batir/establecer una ~* to beat/set a record LOC **de marca**: *productos de ~* brand name goods ◊ *ropa de ~* designer clothes **marca (registrada)** (registered) trade mark

marcado, -a *pp, adj* (*fuerte*) strong: *hablar con ~ acento correntino* to speak with a strong Corrientes accent *Ver tb* MARCAR

marcador *nm* **1** (*de libro*) bookmark **2** (*rotulador*) felt-tip pen LOC **marcador fosforescente** highlighter

marcar ◆ *vt* **1** (*gen*) to mark: *~ el suelo con tiza* to mark the ground with chalk **2** (*ganado*) to brand **3** (*indicar*) to say: *El reloj marcaba las cinco.* The clock said five o'clock. ◆ *vt, vi* **1** (*Dep*) to score: *Marcaron (tres goles) en el primer tiempo.* They scored (three goals) in the first half. **2** (*teléfono*) to dial: *Marcaste mal.* You dialled the wrong number. **3** (*pelo*) to set LOC **marcar el compás/ritmo** to beat time/the rhythm

marcha *nf* **1** (*Mil, Mús, manifestación*) march **2** (*bicicleta, coche*) gear: *cambiar de ~* to change gear **3** (*velocidad*) speed: *reducir la ~* to reduce speed LOC **a toda marcha** at top speed **dar marcha atrás** to reverse **sobre la marcha** as I, you, etc go (along): *Lo decidiremos sobre la ~.* We'll decide as we go along. *Ver tb* EMPRENDER

marchanta *nf* LOC **hacer algo a la marchanta** to do sth any old way **tirar algo a la marchanta** to waste sth

marchar *vi* (*Mil*) to march

marchito, -a *adj* (*flor*) withered

marcial *adj* martial

marciano, -a *adj, nm-nf* Martian

marco *nm* **1** (*cuadro, puerta, anteojos*) frame **2** (*moneda*) mark

marea *nf* tide: *~ alta/baja* high/low tide ◊ *Subió/bajó la ~.* The tide has come in/gone out. LOC **marea negra** oil slick *Ver tb* VIENTO

mareado, -a *pp, adj* **1** (*gen*) sick: *Estoy un poco ~.* I'm feeling rather sick. **2** (*harto*) sick and tired: *Me tiene ~ con la idea de la moto.* I'm sick and tired of him going on about that motor bike. *Ver tb* MAREAR

marear ◆ *vt* **1** (*gen*) to make *sb* feel sick: *Ese olor me marea.* That smell makes me feel sick. **2** (*hartar*) to get on *sb's* nerves: *La están mareando con esa música.* Their music is getting on her nerves. ◊ *¡No me marees!* Don't go on at me! ◆ **marearse** *v pron* **1** (*gen*) to get sick: *Me mareo en el asiento de atrás.* I get sick if I sit in the back seat. **2** (*perder el equilibrio*) to feel dizzy **3** (*en el mar*) to get seasick

maremoto *nm* tidal wave

mareo *nm* dizziness: *sufrir/tener ~s* to feel dizzy LOC *Ver* PASTILLA

marfil *nm* ivory

margarina *nf* margarine

margarita *nf* daisy [*pl* daisies]

margen ◆ *nf* bank ◆ *nm* **1** (*en una página*) margin **2** (*libertad*) room (**for sth**): *~ de duda* room for doubt LOC **al**

margen: *Lo dejan al ~ de todo.* They leave him out of everything.

marginado, -a ◆ *pp, adj* **1** (*persona*) left out: *sentirse ~* to feel left out **2** (*zona*) deprived ◆ *nm-nf* outcast *Ver tb* MARGINAR

marginar *vt* to shun

marica *nm* poof

marido *nm* husband

marihuana *nf* marijuana

marina *nf* navy [*v sing o pl*]: *la Marina Mercante* the Merchant Navy LOC *Ver* INFANTERÍA

marinero, -a *adj, nm* sailor [*n*]: *una gorra marinera* a sailor hat

marino, -a ◆ *adj* **1** (*gen*) marine: *vida/contaminación marina* marine life/pollution **2** (*aves, sal*) sea [*n atrib*] ◆ *nm* sailor LOC *Ver* AZUL

mariposa *nf* butterfly [*pl* butterflies]: *los 200 metros ~* the 200 metres butterfly LOC *Ver* NADAR

marisco *nm* shellfish [*incontable*]

marisma *nf* marsh

marítimo, -a *adj* **1** (*pueblo, zona*) coastal **2** (*puerto, ruta*) sea [*n atrib*]: *puerto ~* sea port

marketing *nm* marketing

mármol *nm* marble

marmota *adj* (*persona*) dopey

marqués, -esa *nm-nf* marquis [*fem* marchioness]

marrón *adj, nm* brown ☛ *Ver ejemplos en* AMARILLO

Marte *nm* Mars

martes *nm* Tuesday [*pl* Tuesdays] (*abrev* Tue(s)) ☛ *Ver ejemplos en* LUNES LOC **Martes de Carnaval** Shrove Tuesday

El Martes de Carnaval también se llama **Pancake Day** porque es típico comer panqueques con jugo de limón y azúcar.

martes trece ≈ Friday the thirteenth (*GB*)

martillo *nm* hammer

mártir *nmf* martyr

marxismo *nm* marxism

marzo *nm* March (*abrev* Mar) ☛ *Ver ejemplos en* ENERO

más ◆ *adv*

- **uso comparativo** more (***than sth/sb***): *Es ~ alta/inteligente que yo.* She's taller/more intelligent than me. ◊ *Vos viajaste ~ que yo.* You have travelled more than me/than I have. ◊ *~ de cuatro semanas* more than four weeks ◊ *Me gusta ~ que el tuyo.* I like it better than yours. ◊ *durar/trabajar ~* to last longer/work harder ◊ *Son ~ de las dos.* It's gone two.

En comparaciones como *más blanco que la nieve, más sordo que una tapia*, etc el inglés usa la construcción **as...as**: 'as white as snow', 'as deaf as a post'.

- **uso superlativo** most (***in/of...***): *el edificio ~ antiguo de la ciudad* the oldest building in the town ◊ *el ~ simpático de todos* the nicest one of all ◊ *el negocio que ~ libros vendió* the shop that has sold most books

Cuando el superlativo se refiere sólo a dos cosas o personas, se usa la forma **more** o **-er**. Compárense las frases siguientes: *¿Cuál es la cama más cómoda (de las dos)?* Which bed is more comfortable? ◊ *¿Cuál es la cama más cómoda de la casa?* Which is the most comfortable bed in the house?

- **con pronombres negativos, interrogativos e indefinidos** else: *Si tenés algo ~ que decirme...* If you've got anything else to tell me... ◊ *¿Alguien ~?* Anyone else? ◊ *nada/nadie ~* nothing/nobody else ◊ *¿Qué ~ puedo hacer por ustedes?* What else can I do for you?
- **otras construcciones 1** (*exclamaciones*): *¡Qué paisaje ~ hermoso!* What lovely scenery! ◊ *¡Es ~ aburrido!* He's so boring! **2** (*negaciones*) only: *No sabemos ~ que lo que dijo la radio.* We only know what it said on the radio. ◊ *Esto no lo sabe nadie ~ que vos.* Only you know this.

◆ *nm, prep* plus: *Dos ~ dos, cuatro.* Two plus two is four.

LOC **a más no poder**: *Gritamos a ~ no poder.* We shouted as loud as we could. **de lo más...** really: *una cara de lo ~ antipática* a really nasty face **de más 1** (*que sobra*) too much, too many: *Hay dos sillas de ~.* There are two chairs too many. ◊ *Pagaste tres libras de ~.* You paid three pounds too much. **2** (*de sobra*) spare: *No te preocupes, yo llevo una birome de ~.* Don't worry. I've got a spare pen. **más bien** rather: *Es ~ bien feo, pero muy simpático.* He's rather ugly, but very nice. **más o menos** *Ver* MENOS **más que nada** particularly **por más que** however much: *Por ~ que grites...* However much you shout... **¿qué más da?** what difference does it make? **sin más ni más** just like that ☛ Para otras expresiones con **más**, véanse las entradas del adjetivo, adverbio, etc, p.ej. **más callado que un muerto** en CALLADO y **más que nunca** en NUNCA.

masa *nf* **1** (*gen*) mass: ~ *atómica* atomic mass ◇ *una ~ de gente* a mass of people **2** (*pan*) dough **3** (*panqueques*) batter **4** (*de tarta*) pastry LOC **de masas** mass: *cultura/movimientos de ~s* mass culture/movements **masa de hojaldre** puff pastry *Ver tb* MANO

masaje *nm* massage [*incontable*]: *¿Me hacés ~s en la espalda?* Can you massage my back for me?

mascar *vt, vi* to chew

máscara *nf* mask

mascota *nf* mascot

masculino, -a *adj* **1** (*gen*) male: *la población masculina* the male population **2** (*Dep, moda*) men's: *la prueba masculina de los 100 metros* the men's 100 metres **3** (*característico del hombre, Gram*) masculine ☛ *Ver nota en* MALE

masita *nf* biscuit

masivo, -a *adj* huge, massive (*más formal*): *una afluencia masiva de turistas* a huge influx of tourists

masticar *vt, vi* to chew: *Hay que ~ bien la comida.* You should chew your food thoroughly.

mástil *nm* **1** (*barco*) mast **2** (*bandera*) flagpole

masturbarse *v pron* to masturbate

mata *nf* bush

matadero *nm* slaughterhouse

matanza *nf* slaughter

matar *vt, vi* to kill: ~ *el tiempo* to kill time ◇ *¡Te voy a ~!* I'm going to kill you! LOC **matar a disgustos** to make *sb's* life a misery **matar a tiros/de un tiro** to shoot *sb* dead **matar dos pájaros de un tiro** to kill two birds with one stone **matar el hambre**: *Compramos fruta para ~ el hambre.* We bought some fruit to keep us going. **matarse estudiando/trabajando** to work like mad

matasellos *nm* postmark

match *nm* match: *un ~ de boxeo* a boxing match

mate[1] *nm* (*Ajedrez*) mate LOC *Ver* JAQUE

mate[2] *adj* (*sin brillo*) matt

mate[3] *nm* (*infusión*) maté

matemáticas (*tb* **matemática**) *nf* mathematics (*abrev* maths) [*v sing o pl*]: *Es bueno en ~.* He's good at maths.

matemático, -a ◆ *adj* mathematical ◆ *nm-nf* mathematician

materia *nf* **1** (*gen*) matter: ~ *orgánica* organic matter **2** (*asignatura, tema*) subject: *ser un experto en la ~* to be an expert on the subject ◇ *Matemáticas es la ~ que menos le gusta.* Maths is his least favourite subject. LOC **materia previa** resit **materia prima** raw material

material ◆ *adj* material ◆ *nm* **1** (*materia, datos*) material: *un ~ resistente al fuego* fire-resistant material ◇ *Tengo todo el ~ que necesito para el artículo.* I've got all the material I need for the article. **2** (*equipo*) equipment [*incontable*]: ~ *de pintura/laboratorio* painting/laboratory equipment LOC **material didáctico/educativo** teaching materials [*pl*]

materialista ◆ *adj* materialistic ◆ *nmf* materialist

maternal *adj* motherly, maternal (*más formal*)

maternidad *nf* **1** (*condición*) motherhood, maternity (*formal*) **2** (*clínica*) maternity ward

materno, -a *adj* **1** (*maternal*) motherly: *amor ~* motherly love **2** (*parentesco*) maternal: *abuelo ~* maternal grandfather LOC *Ver* LENGUA, LÍNEA

matete *nm* muddle

matinal *adj* morning [*n atrib*]: *un vuelo ~* a morning flight

matiz *nm* **1** (*color*) shade **2** (*rasgo*) nuance: *matices de significado* nuances of meaning ◇ *un ~ irónico* a touch of irony

matizar *vt* (*colores*) to blend

matón *nm* bully [*pl* bullies]

matonear *vt* to bully

matorral *nm* scrub [*incontable*]: *Estábamos escondidos en unos ~es.* We were hidden in the scrub.

matraca *nf* rattle

matrícula *nf* **1** (*inscripción*) registration fee(s): *pagar la ~* to pay your fees. **2** (*vehículo*) **(a)** (*número*) registration number: *Apunté la ~.* I wrote down the registration number. **(b)** (*placa*) number plate

matricular(se) *vt, v pron* to enrol (*sb*) (**in sth**): *Todavía no me matriculé.* I still haven't enrolled.

matrimonio *nm* **1** (*gen*) marriage

☛ *Ver nota en* CASAMIENTO **2** (*pareja*) (married) couple LOC *Ver* CAMA, CONTRAER, PROPOSICIÓN

matriz *nf* **1** (*Anat*) womb **2** (*Mat*) matrix [*pl* matrices/matrixes]

matufia *nf* shady deal

matutino, -a *adj* morning [*n atrib*]: *al final de la sesión matutina* at the end of the morning session

maullar *vi* to miaow

máximo, -a ◆ *adj* maximum: *temperatura máxima* maximum temperature ◊ *Tenemos un plazo ~ de diez días para pagar.* We've got a maximum of ten days in which to pay. ◊ *el ~ anotador de la liga* the top scorer in the league ◆ *nm* maximum: *un ~ de diez personas* a maximum of ten people ◆ **máxima** *nf* maximum temperature: *Tucumán tuvo una máxima de 35°C.* Tucumán was the hottest place with 35°C. LOC **al máximo**: *Debemos aprovechar los recursos al ~.* We must make maximum use of our resources. ◊ *Me esforcé al ~.* I tried my best. **como máximo** at most **máximo dirigente** leader *Ver tb* ALTURA

mayo *nm* May ☛ *Ver ejemplos en* ENERO

mayonesa *nf* mayonnaise [*incontable*]

mayor ◆ *adj* **1** (*anciano*) old **2** (*Mús*) major: *en do ~* in C major
◆ *nmf* **1 ~ (de)** oldest (one) **(in/of ...)**: *El ~ tiene quince años.* The oldest (one) is fifteen. ◊ *la ~ de las tres hermanas* the oldest of the three sisters ☛ *Ver nota en* ELDER **2 mayores** (*adultos*) grown-ups: *Los ~es no van a llegar hasta las ocho.* The grown-ups won't get here till eight. LOC **al por mayor** wholesale **la mayor parte (de)** most (of *sth/sb*): *La ~ parte son católicos.* Most of them are Catholics. **ser mayor de edad**: *Cuando sea ~ de edad podré votar.* I'll be able to vote when I'm eighteen. ◊ *Puede sacarse el registro de conducir porque es ~ de edad.* He can get his driving licence because he is over eighteen. *Ver tb* CAZA[1], PERSONA

mayordomo *nm* butler

mayoría *nf* majority [*pl* majorities]: *obtener la ~ absoluta* to get an absolute majority LOC **la mayoría de...** most (of...): *A la ~ de nosotros nos gusta.* Most of us like it. ◊ *La ~ de los ingleses prefiere vivir en el campo.* Most English people prefer to live in the country. ☛ *Ver nota en* MOST LOC *Ver* INMENSO

mayúscula *nf* capital letter LOC **con mayúscula** with a capital letter **en mayúsculas** in capitals

mazapán *nm* marzipan

mazo *nm* **1** (*martillo*) mallet **2** (*naipes*) pack LOC **irse al mazo** to give up (doing sth)

me *pron pers* **1** (*complemento*) me: *¿No me viste?* Didn't you see me? ◊ *Dámelo.* Give it to me. ◊ *¡Comprámelo!* Buy it for me. **2** (*partes del cuerpo, efectos personales*): *Me voy a lavar las manos.* I'm going to wash my hands. **3** (*reflexivo*) (myself): *Me vi en el espejo.* I saw myself in the mirror. ◊ *Me vestí enseguida.* I got dressed straight away.

mear *vi* to pee

mecánica *nf* mechanics [*sing*]

mecánico, -a ◆ *adj* mechanical ◆ *nm-nf* mechanic LOC *Ver* ESCALERA

mecanismo *nm* mechanism: *el ~ de un reloj* a watch mechanism

mecanografiar *vt* to type

mecedora *nf* rocking chair

mecer(se) *vt, v pron* (*cuna, bebé, barca*) to rock

mecha *nf* **1** (*vela*) wick **2** (*bomba*) fuse

mechón *nm* lock

medalla *nf* medal: *~ de oro* gold medal LOC *Ver* ENTREGA

media[1] *nf* **1** (*Mat*) mean **2** (*reloj*): *Son las tres y ~.* It's half past three.

media[2] *nf* **1** (*corta*) sock: *un par de ~s de algodón* a pair of cotton socks **2 medias** tights LOC **caérsele las medias a algn** to be gobsmacked **medias bombacha** tights: *~s bombacha talle único* one size tights **medias soquete** socks *Ver tb* CHUPAR

mediados LOC **a mediados de...** in the middle of... **hacia mediados de...** around the middle of...

medialuna *nf* **1** (*factura*) croissant: *Me gustan las ~s con café con leche.* I like croissants with white coffee. ☛ *Ver dibujo en* PAN **2** (*Gimnasia*) cartwheel: *Se lastimó la espalda haciendo una ~.* She hurt her back doing a cartwheel.

mediano, -a *adj* **1** (*gen*) medium: *de tamaño ~* of medium size ◊ *Uso el talle ~.* I take a medium size. **2** (*regular*) average: *de mediana estatura/inteligencia* of average height/intelligence LOC **de mediana edad** middle-aged *Ver tb* PLAZO

medianoche *nf* midnight: *Llegaron a la ~.* They arrived at midnight.

medicamento *nm* medicine

medicina *nf* medicine: *recetar una ~* to prescribe a medicine

médico, -a ◆ *adj* medical: *una revisación médica* a medical examination ◆ *nm-nf* doctor: *ir al ~* to go to the doctor's **LOC** *Ver* EXAMEN, FICHA, ORDEN, RECONOCIMIENTO

medida *nf* **1** (*extensión*) measurement: *¿Qué ~s tiene esta habitación?* What are the measurements of this room? ◊ *El sastre me tomó las ~s.* The tailor took my measurements. **2** (*unidad, norma*) measure: *pesos y ~s* weights and measures ◊ *Habrá que tomar ~s al respecto.* Something must be done about it. **LOC (hecho) a medida** (made) to measure

medidor *nm* meter: *el ~ de gas* the gas meter

medieval *adj* medieval

medio, -a ◆ *adj* **1** (*la mitad de*) half a, half an: *media botella de vino* half a bottle of wine ◊ *media hora* half an hour **2** (*promedio, normal*) average: *temperatura/velocidad media* average temperature/speed ◊ *un chico de inteligencia media* a boy of average intelligence ◆ *adv* half: *Cuando llegó estábamos ~ dormidos.* We were half asleep when he arrived. ◆ *nm* **1** (*centro*) middle: *una plaza con un quiosco en el ~* a square with a newsstand in the middle **2** (*entorno*) environment **3** (*Mat*) half [*pl* halves]: *Dos ~s suman un entero.* Two halves make a whole. **4** (*procedimiento, recurso*) means [*pl* means]: *~ de transporte* means of transport ◊ *No tienen ~s para comprar una casa.* They lack the means to buy a house. **LOC a media asta** at half-mast **a media mañana/tarde** in the middle of the morning/afternoon **a medias**: *No me gustan las cosas hechas a medias.* I don't like half measures. **a medio camino** halfway: *A ~ camino paramos a descansar.* We stopped to rest halfway. **en medio de** in the middle of *sth* **estar/ponerse en el medio** to be/get in the way: *No puedo pasar, siempre estás en el ~.* I can't get by—you're always (getting) in the way. **medio ambiente** environment **medio campo** midfield: *un jugador de ~ campo* a midfield player **medio (de comunicación)** medium [*pl* media]: *un ~ tan poderoso como la televisión* a powerful medium like TV **medio mundo** lots of people [*pl*] **y medio** and a half: *kilo y ~ de tomates* one and a half kilos of tomatoes ◊ *Tardamos dos horas y media.* It took us two and a half hours. *Ver tb* CLASE, EDAD, JORNADA, PENSIÓN, TÉRMINO, VUELTA

mediodía *nm* midday: *Llegaron al ~.* They arrived at lunchtime. ◊ *la comida del ~* the midday meal

medir ◆ *vt* **1** (*gen*) to measure: *~ la cocina* to measure the kitchen **2** (*lenguaje*) to mind: *Medí tus palabras.* Mind your language. ◆ *vi*: *—¿Cuánto medís?* 'How tall are you?' ◊ *La mesa mide 1,50m de largo por 1m de ancho.* The table is 1·50m long by 1m wide.

meditar *vt, vi* ~ **(sobre)** to think **(about** ***sth*****)**: *Meditó sobre su respuesta.* He thought about his answer.

mediterráneo, -a *adj, nm* Mediterranean

médula (*tb* **medula**) *nf* marrow: *~ ósea* bone marrow

medusa *nf* jellyfish [*pl* jellyfish]

mejicano, -a *adj, nm-nf Ver* MEXICANO

Méjico *nm Ver* MÉXICO

mejilla *nf* cheek

mejillón *nm* mussel

mejor ◆ *adj, adv* (*uso comparativo*) better **(*than sth/sb*)**: *Tienen un departamento ~ que el nuestro.* Their flat is better than ours. ◊ *Me siento mucho ~.* I feel much better. ◊ *cuanto antes ~* the sooner the better ◊ *Cantás ~ que yo.* You're a better singer than me. ◆ *adj, adv, nmf* (*uso superlativo*) ~ **(de)** best **(in/of/that...)**: *mi ~ amigo* my best friend ◊ *el ~ equipo de la liga* the best team in the league ◊ *Es la ~ de la clase.* She's the best in the class. ◊ *el que ~ canta* the one who sings best **LOC a lo mejor** maybe **hacer algo lo mejor posible** to do your best: *Presentate al examen y hacelo lo ~ posible.* Go to the exam and do your best. **mejor dicho** I mean: *cinco, ~ dicho, seis* five, I mean six *Ver tb* CADA, CASO

mejorar ◆ *vt* **1** (*gen*) to improve: *~ las calles* to improve the roads **2** (*enfermo*) to make *sb* feel better ◆ *vi* to improve: *Si las cosas no mejoran...* If things don't improve... ◆ **mejorarse** *v pron* to get better: *¡Que te mejores!* Get well soon!

mejoría *nf* improvement **(*in sth/sb*)**: *la ~ de su estado de salud* the improvement in his health

mejunje *nm* concoction

melancólico, -a *adj* melancholic

melena *nf* hair: *llevar ~ suelta* to wear your hair loose

mellizo, -a *adj, nm-nf* twin [*n*]

melodía *nf* tune

melón *nm* melon

membrillo *nm* quince

memorable *adj* memorable

memoria *nf* **1** (*gen*) memory: *Tenés buena ~.* You've got a good memory. ◊ *perder la ~* to lose your memory **2 memorias** (*autobiografía*) memoirs LOC **de memoria** by heart: *saberse algo de ~* to know something by heart **hacer memoria** to try to remember *Ver tb* ESTUDIAR

memorizar *vt* to memorize

mención *nf* mention

mencionar *vt* to mention LOC **sin mencionar** not to mention

mendigar *vt, vi* to beg (**for *sth***): *~ comida* to beg for food

mendigo, -a *nm-nf* beggar

mendrugo *nm* crust (of bread)

menguante *adj* (*luna*) waning LOC *Ver* CUARTO

menjunje *nm Ver* MEJUNJE

menopausia *nf* menopause

menor ◆ *adj* **1** (*uso comparativo*) younger (***than sb***): *Sos ~ que ella.* You're younger than her. **2** (*uso superlativo*) ~ (**de**) (*edad*) youngest (**in...**): *el alumno ~ de la clase* the youngest student in the class ◊ *el hermano ~ de María* María's youngest brother **3** (*Mús*) minor: *una sinfonía en mi ~* a symphony in E minor

◆ *nmf* **1** ~ (**de**) youngest (one) (**in/of...**): *La ~ tiene cinco años.* The youngest (one) is five. ◊ *el ~ de la clase* the youngest in the class **2** (*menor de edad*) minor: *No se sirve alcohol a ~es.* Alcohol will not be served to minors. LOC **al por menor** retail **menor de 18, etc años**: *Prohibida la entrada a los ~es de 18 años.* No entry for under-18s. *Ver tb* CAZA[1], PAÑO

menos ◆ *adv*

• **uso comparativo** less (***than sth/sb***): *A mí servime ~.* Give me less. ◊ *Tardé ~ de lo que pensaba.* It took me less time than I thought it would. ☛ Con sustantivos contables es más correcta la forma **fewer**, aunque cada vez más gente usa **less**: *Había menos gente/autos que ayer.* There were fewer people/cars than yesterday. *Ver tb nota en* LESS.

• **uso superlativo** least (***in/of...***): *la ~ habladora de la familia* the least talkative member of the family ◊ *el alumno que ~ trabaja* the student who works least ☛ Con sustantivos contables es más correcta la forma **fewest**, aunque cada vez más gente usa **least**: *la clase con menos alumnos* the class with fewest pupils *Ver tb nota en* LESS.

◆ *prep* **1** (*excepto*) except: *Fueron todos ~ yo.* Everybody went except me. **2** (*hora*) to: *Son las doce ~ cinco.* It's five to twelve. **3** (*Mat*) minus: *Cinco ~ tres, dos.* Five minus three is two. ◆ *nm* (*signo matemático*) minus (sign)

LOC **al menos** at least **a menos que** unless: *a ~ que deje de llover* unless it stops raining **de menos** too little, too few: *Me dieron mil pesos de ~.* They gave me a thousand pesos too little. ◊ *tres tenedores de ~* three forks too few **lo menos** the least: *¡Es lo ~ que puedo hacer!* It's the least I can do! ◊ *lo ~ posible* as little as possible **más o menos** more or less **¡menos mal!** thank goodness! **por lo menos** at least

mensaje *nm* message

mensajero, -a *nm-nf* messenger

menstruación *nf* menstruation

mensual *adj* monthly: *un sueldo ~* a monthly salary

menta *nf* mint

mental *adj* mental

mentalidad *nf* mentality [*pl* mentalities] LOC **tener una mentalidad abierta/estrecha** to be open-minded/narrow-minded

mente *nf* mind LOC **tener algo en mente** to have sth in mind: *¿Tenés algo en ~?* Do you have anything in mind?

mentir *vi* to lie: *¡No me mientas!* Don't lie to me! ☛ *Ver nota en* LIE[2]

mentira *nf* lie: *contar/decir ~s* to tell lies ◊ *¡Eso es ~!* That isn't true! LOC **una mentira piadosa** a white lie *Ver tb* PARECER

mentiroso, -a ◆ *adj* deceitful: *una persona mentirosa* a deceitful person ◆ *nm-nf* liar

mentón *nm* chin

menú *nm* menu: *No estaba en el ~.* It wasn't on the menu. LOC **menú del día** set menu

menudo, -a *adj* (*persona*) slight LOC **a menudo** often

meñique *nm* **1** (*de la mano*) little finger **2** (*del pie*) little toe

mercado *nm* market: *Lo compré en el ~.* I bought it at the market. LOC

mercado de pulgas flea market **mercado negro** black market

mercancía *nf* goods [*pl*]: *La ~ era defectuosa.* The goods were damaged.

mercería *nf* (*sección*) haberdashery

mercurio *nm* **1** (*Quím*) mercury **2 Mercurio** (*planeta*) Mercury

merecer(se) *vt, v pron* to deserve: (*Te*) *merecés un castigo.* You deserve to be punished. ◊ *El equipo mereció perder.* The team deserved to lose.

merecido, -a *pp, adj* well deserved: *una victoria bien merecida* a well deserved victory LOC **lo tenés bien merecido** it serves you right *Ver tb* MERECER(SE)

merengue *nm* (*Cocina*) meringue

meridiano *nm* meridian

merienda *nf* tea: *Terminá la ~.* Finish your tea.

mérito *nm* merit LOC **tener mérito** to be praiseworthy

merluza *nf* hake [*pl* hake]

mermelada *nf* **1** (*gen*) jam: *~ de durazno* peach jam **2** (*de cítricos*) marmalade

mero, -a *adj* mere: *Fue una mera casualidad.* It was mere coincidence.

mersa ◆ *adj* **1** (*ropa, lugar*) tacky **2** (*persona*) common ◆ *nmf*: *Ése es un ~.* He's dead common.

mes *nm* month: *Dentro de un ~ empiezan las vacaciones.* The holidays start in a month. ◊ *el ~ pasado/que viene* last/next month ◊ *a primeros de ~* at the beginning of the month LOC **al mes 1** (*cada mes*) a month: *¿Cuánto gastás al ~?* How much do you spend a month? **2** (*transcurrido un mes*) within a month: *Al ~ de empezar se enfermó.* Within a month of starting he fell ill. **estar de dos, etc meses** to be two, etc months pregnant **por mes** monthly: *Nos pagan por ~.* We're paid monthly. **un mes sí y otro no** every other month *Ver tb* CURSO

mesa *nf* table: *No pongas los pies en la ~.* Don't put your feet on the table. ◊ *¿Nos sentamos a la ~?* Shall we sit at the table? LOC **mesa de examen** examining board: *Me tocó una ~ de examen muy estricta.* The examiners were very strict. **mesa (de oficina/colegio)** desk **mesa redonda** (*lit y fig*) round table **poner la mesa** to lay/set the table *Ver tb* BENDECIR, JUEGO, LEVANTAR, TENIS

mesada *nf* work surface

meseta *nf* plateau [*pl* plateaus/ plateaux]

mesita *nf* LOC **mesita de luz** bedside table

mesón *nm* inn

mestizo, -a *adj, nm-nf* (person) of mixed race

meta *nf* **1** (*Atletismo*) finishing line: *el primero en cruzar la ~* the first across the finishing line **2** (*objetivo*) goal: *alcanzar una ~* to achieve a goal

metáfora *nf* metaphor

metal *nm* metal

metálico, -a *adj* **1** (*gen*) metal [*n atrib*]: *una barra metálica* a metal bar **2** (*color, sonido*) metallic

metejón *nm* crush: *Tiene un ~ bárbaro con Daniel.* She's got a real crush on Daniel.

meteorito *nm* meteor

meteorológico, -a *adj* weather [*n atrib*], meteorological (*formal*): *un informe ~* a weather bulletin

meter ◆ *vt* **1** (*gen*) to put: *Meté el coche en el garage.* Put the car in the garage. ◊ *¿Dónde metiste mis llaves?* Where have you put my keys? ◊ *Metí 2.000 pesos en mi cuenta.* I put 2000 pesos into my account. **2** (*gol, canasta*) to score ◆ **meterse** *v pron* **1** (*introducirse*) to get into *sth*: *~se en la cama/ducha* to get into bed/the shower ◊ *Se me metió una piedra en el zapato.* I've got a stone in my shoe. **2** (*involucrarse, interesarse*) to get involved ***in sth***: *~se en política* to get involved in politics **3** (*en los asuntos de otro*) to interfere (***in sth***): *Se meten en todo.* They interfere in everything. **4 meterse con** (*criticar*) to pick on *sb* **5 meterse con** (*amorío*) to get involved **with *sb***: *Se metió con un hombre mucho más viejo que ella.* She was involved with an older man. LOC **meter la pata** to put your foot in it **meter las narices** to poke/stick your nose *into sth* **meterle el perro a algn** to con sb **meter púa** to stir up trouble

metida *nf* LOC **metida de pata** blunder

metido, -a ◆ *pp, adj* nosy: *¡No seas ~!* Don't be so nosy! ◆ *nm-nf* busybody [*pl* busybodies] LOC **estar metido con algn** to be involved with sb: *Está metida con Ricardo desde hace seis meses.* She's been involved with Ricardo for six months now. **estar metido en algo** to be into sth: *Está ~ en política.* He's really into politics. *Ver tb* METER

método *nm* method

metralleta *nf* sub-machine gun

métrico, -a *adj* metric: *el sistema ~* the metric system

metro *nm* metre (*abrev* m): *los 200 ~s estilo pecho* the 200 metres breast-stroke ◊ *Se vende por ~.* It's sold by the metre. ☛ *Ver Apéndice 1.*

mexicano, -a *adj, nm-nf* Mexican

México *nm* (*país*) Mexico

mezcla *nf* **1** (*gen*) mixture: *una ~ de aceite y vinagre* a mixture of oil and vinegar **2** (*tabaco, alcohol, café, té*) blend **3** (*racial, social, musical*) mix

mezclar ◆ *vt* **1** (*gen*) to mix: *Hay que ~ bien los ingredientes.* Mix the ingredients well. **2** (*desordenar*) to get *sth* mixed up: *No mezcles las fotos.* Don't get the photos mixed up. ◆ **mezclarse** *v pron* **1** (*alternar*) to mix ***with sb***: *No quiere ~se con la gente del pueblo.* He doesn't want to mix with people from the village. **2** (*meterse*) to get mixed up (***in sth***): *No quiero ~me en asuntos de familia.* I don't want to get mixed up in family affairs.

mezquita *nf* mosque

mi[1] *adj pos* my: *mis amigos* my friends

mi[2] *nm* **1** (*nota de la escala*) mi **2** (*tonalidad*) E: *mi mayor* E major

mí *pron pers* me: *¿Es para mí?* Is it for me? ◊ *No me gusta hablar de mí misma.* I don't like talking about myself.

miau *nm* miaow ☛ *Ver nota en* GATO

micro *nm* bus

microbio *nm* microbe, germ (*más coloq*)

micrófono *nm* microphone, mike (*más coloq*)

microondas *nm* microwave (oven)

microscopio *nm* microscope

miedo *nm* fear (***of sth/sb/doing sth***): *el ~ a volar/al fracaso* fear of flying/failure LOC **dar miedo** to frighten, to scare (*más coloq*): *Sus amenazas no me dan ningún ~.* His threats don't frighten me. **por miedo a/de** for fear of *sth/sb/doing sth*: *No lo hice por ~ a que me retaran.* I didn't do it for fear of being scolded. **¡qué miedo!** how scary! **tener miedo** to be afraid (*of sth/sb/doing sth*), to be scared (*más coloq*): *Tiene mucho ~ a los perros.* He's very scared of dogs. ◊ *¿Tenías ~ de no pasar el examen?* Were you afraid you'd fail? *Ver tb* MORIR(SE), MUERTO, PELÍCULA

miel *nf* honey LOC *Ver* LUNA

miembro *nm* **1** (*gen*) member: *hacerse ~* to become a member **2** (*Anat*) limb

mientras ◆ *adv* in the meantime ◆ *conj* **1** (*simultaneidad*) while: *Canta ~ pinta.* He sings while he paints. **2** (*tanto tiempo como, siempre que*) as long as: *Aguantá ~ te sea posible.* Put up with it as long as you can. LOC **mientras que** while **mientras tanto** in the meantime

miércoles *nm* Wednesday [*pl* Wednesdays] (*abrev* Wed) ☛ *Ver ejemplos en* LUNES LOC **Miércoles de Ceniza** Ash Wednesday

miga *nf* crumb: *~s de galletita* biscuit crumbs LOC **hacer buenas migas** to get on well (*with sb*)

migración *nf* migration

migraña *nf* migraine

mil *nm, adj, pron* **1** (*gen*) (a) thousand: *~ personas* a thousand people ◊ *un billete de cinco ~ pesos* a five-thousand peso note

> **Mil** puede traducirse también por **one thousand** cuando va seguido de otro número: *mil trescientos sesenta* one thousand three hundred and sixty, o para dar énfasis: *Te dije mil, no dos mil.* I said one thousand, not two.
>
> De 1.100 a 1.900 es muy frecuente usar las formas **eleven hundred**, **twelve hundred**, etc: *una carrera de mil quinientos metros* a fifteen hundred metre race.

2 (*años*): *en 1600* in sixteen hundred ◊ *1713* seventeen thirteen ◊ *el año 2000* the year two thousand ☛ *Ver Apéndice 1.* LOC **a/por miles** in their thousands **miles de...** thousands of...: *~es de moscas* thousands of flies **mil millones** (a) billion: *Costó tres ~ millones de pesos.* It cost three billion pesos. ☛ *Ver nota en* BILLION; *Ver tb* CIEN, DEMONIO

milagro *nm* miracle

milanesa *nf* escalope

milésimo, -a *adj, pron, nm-nf* thousandth: *una milésima de segundo* a thousandth of a second

milico *nm* soldier LOC **los milicos** the military

milímetro *nm* millimetre (*abrev* mm) ☛ *Ver Apéndice 1.*

militar ◆ *adj* military: *uniforme ~* military uniform ◆ *nmf* soldier: *Mi padre era ~.* My father was in the army. LOC *Ver* CHAQUETA, SERVICIO

milla *nf* mile

millar *nm* thousand [*pl* thousand]: *dos ~es de libros* two thousand books LOC

millares de... thousands of...: *~es de personas* thousands of people

millón *nm* million [*pl* million]: *dos millones trescientos quince* two million three hundred and fifteen ◊ *Tengo un ~ de cosas para hacer.* I've got a million things to do. ☛ *Ver Apéndice 1.* LOC **millones de...** millions of...: *millones de partículas* millions of particles *Ver tb* MIL

millonario, -a *nm-nf* millionaire [*fem* millionairess]

mimar *vt* **1** (*abrazar*) to hug **2** (*tratar con excesiva tolerancia*) to make a fuss of *sb*

mimbre *nm* wicker: *una canasta de ~* a wicker basket

mímica *nf* (*lenguaje*) sign language LOC **hacer mímica** to mime

mimo ◆ *nm* **mimos 1** (*cariño*) fuss [*incontable*]: *Los chicos necesitan ~s.* Children need to be made a fuss of. **2** (*excesiva tolerancia*): *No le hagas tantos ~s.* Don't spoil him. ◆ *nmf* mime artist

mina[1] *nf* **1** (*gen*) mine: *una ~ de carbón* a coal mine **2** (*lápiz*) lead

mina[2] *nf* (*chica*) chick

mineral *nm* mineral LOC *Ver* AGUA

minero, -a ◆ *adj* mining [*n atrib*]: *varias empresas mineras* several mining companies ◆ *nm-nf* miner

minestrón *nm* LOC *Ver* SOPA

miniatura *nf* miniature

minifalda *nf* miniskirt

mínimo, -a ◆ *adj* **1** (*menor*) minimum: *la tarifa mínima* the minimum charge **2** (*insignificante*) minimal: *La diferencia entre ellos era mínima.* The difference between them was minimal. ◆ *nm* minimum: *reducir al ~ la contaminación* to cut pollution to a minimum LOC **como mínimo** at least *Ver tb* SALARIO

ministerio *nm* (*Pol, Relig*) ministry [*pl* ministries] LOC **Ministerio de Hacienda** Ministry of Finance ≃ Treasury (*GB*) **Ministerio del Interior** Ministry of the Interior ≃ Home Office (*GB*) **Ministerio de Relaciones Exteriores** Ministry of Foreign Affairs ≃ Foreign Office (*GB*)

ministro, -a *nm-nf* minister: *el Ministro argentino de Educación* the Argentinian Education Minister

Nótese que en Gran Bretaña el jefe de un ministerio no se llama 'minister' sino **Secretary of State** o simplemente **Secretary**: *el Ministro de Educación* the Secretary of State for Education/ Education Secretary.

LOC **Ministro de Hacienda** ≃ Chancellor of the Exchequer (*GB*) **Ministro del Interior** ≃ Home Secretary (*GB*) **Ministro de Relaciones Exteriores** ≃ Foreign Secretary (*GB*) *Ver tb* CONSEJO, PRIMERO

minoría *nf* minority [*v sing o pl*] [*pl* minorities] LOC **ser minoría** to be in the minority

minúsculo, -a ◆ *adj* **1** (*diminuto*) tiny **2** (*letra*) small, lower case (*más formal*): *una "m" minúscula* a small 'm' ◆ **minúscula** *nf* small letter, lower case letter (*más formal*)

minuta *nf* quick meal

minutero *nm* minute hand

minuto *nm* minute: *Espere un ~.* Just a minute. LOC *Ver* PULSACIÓN

mío, -a *adj pos, pron pos* mine: *Estos libros son ~s.* These books are mine.

Nótese que *un amigo mío* se traduce por **a friend of mine** porque significa *uno de mis amigos.*

miope *adj* short-sighted

miopía *nf* short-sightedness

mirada *nf* **1** (*gen*) look: *tener una ~ inexpresiva* to have a blank look (on your face) **2** (*vistazo*) glance: *Sólo me dio tiempo a echar una ~ rápida al diario.* I only had time for a glance at the newspaper. LOC *Ver* DESVIAR

mirador *nm* viewpoint

mirar ◆ *vt* **1** (*gen*) to look **at *sth*/*sb***: *~ el reloj* to look at the clock **2** (*observar*) to watch: *Estaban mirando cómo jugaban los chicos.* They were watching the children play. ◆ *vi* to look: *~ hacia arriba/abajo* to look up/down ◊ *~ por una ventana/un agujero* to look out of a window/through a hole LOC **¡mirá que...!**: *¡Mirá que casarse con ese sinvergüenza!* Fancy marrying that good-for-nothing! ◊ *¡Mirá que sos despistado!* You're so absent-minded! **se mire como/por donde se mire** whichever way you look at it ☛ Para otras expresiones con **mirar**, véanse las entradas del sustantivo, adjetivo, etc, p.ej. **mirar de reojo** en REOJO y **mirar fijamente** en FIJAMENTE.

mirilla *nf* spyhole

mirlo *nm* blackbird

misa *nf* mass LOC **misa del gallo** midnight mass

miserable ◆ *adj* **1** (*sórdido, escaso*)

miserable: *un cuarto/sueldo* ~ a miserable room/wage **2** (*persona, vida*) wretched ◆ *nmf* **1** (*malvado*) wretch **2** (*tacaño*) miser

miseria *nf* **1** (*pobreza*) poverty **2** (*cantidad pequeña*) pittance: *Gana una* ~. He earns a pittance. LOC *Ver* VILLA

misil *nm* missile

misión *nf* mission

misionero, -a *nm-nf* missionary [*pl* missionaries]

mismo, -a ◆ *adj* **1** (*idéntico*) same: *al ~ tiempo* at the same time ◇ *Vivo en la misma casa que él.* I live in the same house as him. **2** (*uso enfático*): *Yo ~ lo vi.* I saw it myself. ◇ *estar en paz con vos* ~ to be at peace with yourself ◇ *la princesa misma* the princess herself ◆ *pron* same one: *Es la misma que vino ayer.* She's the same one who came yesterday. ◆ *adv*: *delante ~ de mi casa* right in front of my house ◇ *Te prometo hacerlo hoy ~.* I promise you I'll get it done today. LOC **lo mismo** the same: *Déme lo ~ de siempre.* I'll have the same as usual. **me da lo mismo** I, you, etc don't mind: *—¿Café o té? —Me da lo ~.* 'Coffee or tea?' 'I don't mind.' *Ver tb* AHÍ, AHORA, ALLÍ, CONFIANZA, RENGUEAR

misterio *nm* mystery [*pl* mysteries]

misterioso, -a *adj* mysterious

mitad *nf* half [*pl* halves]: *La ~ de los diputados votó en contra.* Half the MPs voted against. ◇ *en la primera ~ del partido* in the first half of the match ◇ *partir algo por la* ~ to cut sth in half LOC **a mitad de precio** half-price: *Lo compré a ~ de precio.* I bought it half-price. **a/por** (**la**) **mitad** (**de**): *Vamos a hacer una parada a ~ de camino.* We'll stop halfway. ◇ *La botella estaba por la* ~. The bottle was half empty.

mitin *nm* meeting: *dar un* ~ to hold a meeting

mito *nm* **1** (*leyenda*) myth **2** (*persona famosa*) legend: *Es un ~ del fútbol argentino.* He's an Argentinian football legend.

mitología *nf* mythology

mixto, -a *adj* (*colegio, instituto*) coeducational LOC *Ver* ENSALADA

mobiliario *nm* furniture

mochila *nf* rucksack

moco *nm* **mocos** LOC **no ser moco de pavo**: *Ganó casi un millón; no es ~ de pavo.* He won almost a million pesos, no mean feat. **tener mocos** to have a runny nose *Ver tb* LLORAR

moda *nf* fashion: *seguir la* ~ to follow fashion LOC (**estar/ponerse**) **de moda** (to be/become) fashionable: *un bar de* ~ a fashionable bar **pasarse de moda** to go out of fashion *Ver tb* PASADO

modales *nm* manners: *tener buenos* ~ to have good manners

modelo ◆ *nm* **1** (*gen*) model: *un ~ a escala* a scale model **2** (*ropa*) style: *Tenemos varios ~s de saco.* We've got several styles of jacket. ◆ *nmf* (*persona*) model LOC *Ver* DESFILE

moderado, -a *pp, adj* moderate

moderador, -a *nm-nf* moderator

moderar *vt* (*velocidad*) to reduce

modernizar(**se**) *vt, v pron* to modernize

moderno, -a *adj* modern

modess® *nm* sanitary towel

modestia *nf* modesty

modesto, -a *adj* modest

modificar *vt* **1** (*cambiar*) to change **2** (*Gram*) to modify

modisto, -a ◆ *nm-nf* (*diseñador*) designer ◆ **modista** *nf* (*costurera*) dressmaker

modo *nm* **1** (*manera*) way [*pl* ways] (**of doing sth**): *un ~ especial de reír* a special way of laughing ◇ *Lo hace del mismo ~ que yo.* He does it the same way as me. **2 modos** (*modales*) manners: *malos ~s* bad manners LOC **a mi modo** my, your, etc way: *Déjenlos que lo hagan a su ~.* Let them do it their way. **de modo que** (*por lo tanto*) so: *Estudiaste poco, de ~ que no podés aprobar.* You haven't studied much, so you won't pass. **de todos modos** anyway *Ver tb* NINGUNO

modorra *nf* drowsiness

moflete *nm* chubby cheek

moho *nm* mould LOC **criar/tener moho** to go/be mouldy

mojado, -a *pp, adj* wet *Ver tb* MOJAR

mojar ◆ *vt* **1** (*gen*) to get *sth/sb* wet: *No mojes el suelo.* Don't get the floor wet. **2** (*sopa, leche, salsa*) to dip: *~ el pan en la sopa* to dip your bread in the soup ◆ **mojarse** *v pron* to get wet: *~se los pies* to get your feet wet ◇ *¿Te mojaste?* Did you get wet?

molde *nm* **1** (*Cocina*) tin **2** (*de yeso*) cast: *un ~ de yeso* a plaster cast **3** (*Costura*) pattern LOC **quedarse en el molde** to keep your mouth shut *Ver tb* PAN

molécula *nf* molecule

moler *vt* **1** (*café, trigo*) to grind **2** (*cansar*) to wear *sb* out LOC **moler a palos** to give *sb* a beating

molestar ◆ *vt* **1** (*importunar*) to bother: *Perdoná que te moleste a estas horas.* I'm sorry to bother you so late. **2** (*interrumpir*) to disturb: *No quiere que la molesten mientras trabaja.* She doesn't want to be disturbed while she's working. ◆ *vi* to be a nuisance: *No quiero ~.* I don't want to be a nuisance. ◆ **molestarse** *v pron* (*tomarse trabajo*) **molestarse (en)** to bother (***to do sth***): *Ni se molestó en contestar mi carta.* He didn't even bother to reply to my letter. LOC **no molestar** do not disturb **¿te molesta que...?** do you mind if...?: *¿Te molesta que fume?* Do you mind if I smoke?

molestia *nf* **1** (*dolor*) discomfort [*incontable*] **2 molestias** inconvenience [*sing*]: *causar ~s a algn* to cause inconvenience to sb ◊ *Disculpen las ~s.* We apologize for any inconvenience. LOC **si no es molestia** if it's no bother **tomarse la molestia de** to take the trouble *to do sth*

molesto, -a *adj* annoying

molido, -a *pp, adj* LOC *Ver* AJÍ; *Ver tb* MOLER

molinete *nm* turnstile: *Hay que pasar por el ~.* You have to go though the turnstile.

molino *nm* mill LOC **molino de agua/viento** watermill/windmill

momento *nm* **1** (*gen*) moment: *Esperá un ~.* Hold on a moment. **2** (*período*) time [*incontable*]: *en estos ~s de crisis* at this time of crisis LOC **al momento 1** (*en este momento*) at the moment **2** (*enseguida*) immediately **del momento** contemporary: *el mejor cantante del ~* the best contemporary singer **por el momento** for the time being: *Por el ~ tengo bastante trabajo.* I've got enough work for the time being. *Ver tb* NINGUNO

momia *nf* mummy [*pl* mummies]

monaguillo *nm* altar boy

monarca *nmf* monarch

monarquía *nf* monarchy [*pl* monarchies]

monasterio *nm* monastery [*pl* monasteries]

mondongo *nm* tripe [*incontable*]

moneda *nf* **1** (*pieza*) coin: *¿Tenés una ~ de 10?* Have you got a 10 peso coin? **2** (*unidad monetaria*) currency [*pl* currencies]: *la ~ francesa* the French currency

monedero *nm* purse

¡mongo! *interj* nonsense!

monitor, ~a ◆ *nm-nf* (*en la escuela*) prefect ◆ *nm* (*pantalla*) monitor

monje, -a *nm* monk [*fem* nun] LOC *Ver* COLEGIO

mono, -a ◆ *adj* pretty: *Va siempre muy mona.* She always looks very pretty. ◊ *¡Qué nene más ~!* What a pretty baby! ◆ *nm-nf* (*animal*) monkey [*pl* monkeys]

monolito *nm* monolith

monólogo *nm* monologue

monopatín *nm* scooter

monopolio *nm* monopoly [*pl* monopolies]

monótono, -a *adj* monotonous

monóxido *nm* monoxide LOC **monóxido de carbono** carbon monoxide

monstruo *nm* **1** (*gen*) monster: *un ~ de tres ojos* a three-eyed monster **2** (*genio*) genius [*pl* geniuses]: *un ~ de las matemáticas* a mathematical genius

montado, -a *pp, adj*: *~ en un caballo/una motocicleta* riding a horse/a motor bike *Ver tb* MONTAR

montaje *nm* **1** (*máquina*) assembly: *una cadena de ~* an assembly line **2** (*truco*) set-up: *Seguro que todo es un ~.* I bet it's all a set-up. **3** (*Cine*) editing LOC **montaje fotográfico** photomontage

montaña *nf* **1** (*gen*) mountain: *en lo alto de una ~* at the top of a mountain **2** (*tipo de paisaje*) mountains [*pl*]: *Prefiero la ~ a la playa.* I prefer the mountains to the seaside. LOC **montaña rusa** roller-coaster *Ver tb* BICICLETA

montañoso, -a *adj* mountainous LOC *Ver* SISTEMA

montar ◆ *vt* to assemble ◆ *vi* to ride: *botas/traje de ~* riding boots/clothes ◆ **montar(se)** *vi, v pron* to get on (*sth*): *Se montó al caballo.* She got on the horse.

monte *nm* **1** (*gen*) mountain **2** (*con nombre propio*) Mount: *el ~ Everest* Mount Everest

montgomery *nm* duffel coat

montón *nm* **1** (*pila*) pile: *un ~ de arena/libros* a pile of sand/books **2** (*muchos*) lot (***of sth***): *un ~ de problemas* a lot of problems ◊ *Tenés montones de amigos.* You've got lots of friends. LOC **del montón** ordinary: *una chica del ~* an ordinary girl

montura *nf* (*silla de montar*) saddle

monumento *nm* monument

moñito *nm* LOC *Ver* CORBATA

moño *nm* bow: *una blusa con ~s rojos* a blouse with red bows

moquette *nf* fitted carpet

mora *nf* mulberry [*pl* mulberries]

morado, -a *adj, nm* purple ☛ *Ver ejemplos en* AMARILLO

moral ◆ *adj* moral ◆ *nf* **1** (*principios*) morality **2** (*ánimo*) morale: *La ~ está baja.* Morale is low. LOC *Ver* BAJO

moraleja *nf* moral

morcilla *nf* black pudding

mordaza *nf* gag LOC **ponerle una mordaza a algn** to gag sb: *Los asaltantes le pusieron una ~.* The robbers gagged him.

mordedura *nf* bite

morder *vt, vi* to bite: *El perro me mordió en la pierna.* The dog bit my leg. ◊ *Mordí la manzana.* I bit into the apple. LOC **morder el anzuelo** to swallow the bait

mordisco *nm* bite LOC **dar/pegar un mordisco** to bite

mordisquear *vt* to nibble

moretón *nm* bruise: *Tengo un ~ en el brazo.* I've got a bruise on my arm.

morfina *nf* morphine

moribundo, -a *adj* dying

morir(se) *vi, v pron* to die: *~ de un infarto/en un accidente* to die of a heart attack/in an accident LOC **morirse de aburrimiento** to be bored stiff **morirse de frío** to be freezing **morirse de miedo** to be scared stiff **morirse por hacer algo** to be dying to do sth *Ver tb* MOSCA, RISA

morisqueta *nf* LOC **hacer morisquetas** to pull faces

moro, -a ◆ *adj* Moorish ◆ *nm-nf* Moor

morocho, -a ◆ *adj* (*piel, raza*) dark: *un hombre ~* a dark-haired man ◆ *nm-nf* black person

morondanga *nf* LOC **de morondanga** lousy: *Es un músico de ~.* He's a lousy musician.

morrón *adj* LOC *Ver* AJÍ

morsa *nf* walrus [*pl* walruses]

morse *nm* Morse Code

mortadela *nf* mortadella

mortal ◆ *adj* **1** (*gen*) mortal: *Los seres humanos son ~es.* Human beings are mortal. ◊ *pecado ~* mortal sin **2** (*enfermedad, accidente*) fatal **3** (*veneno, enemigo*) deadly **4** (*aburrimiento, ruido, trabajo*) dreadful: *La película es de una pesadez ~.* The film is dreadfully boring. ◆ *nmf* mortal LOC *Ver* RESTO, SALTO

mortalidad *nf* mortality

mortero *nm* mortar

mosaico *nm* mosaic

mosca *nf* fly [*pl* flies] LOC **caer/morirse como moscas** to drop like flies

mosquito *nm* mosquito [*pl* mosquitoes]

mostaza *nf* mustard

mostrador *nm* **1** (*negocio, aeropuerto*) counter **2** (*bar*) bar

mostrar ◆ *vt* to show: *Mostraron mucho interés por ella.* They showed great interest in her. ◆ **mostrarse** *v pron* (*parecer*) to seem: *Se mostraba algo pesimista.* He seemed rather pessimistic.

mota *nf* speck

motín *nm* mutiny [*pl* mutinies]

motivar *vt* **1** (*causar*) to cause **2** (*incentivar*) to motivate

motivo *nm* reason (**for** *sth*): *el ~ de nuestro viaje* the reason for our trip ◊ *por ~s de salud* for health reasons ◊ *Se enojó conmigo sin ningún ~.* He got angry with me for no reason.

moto (*tb* **motocicleta**) *nf* motor bike: *ir en ~* to ride a motor bike

motociclismo *nm* motorcycling

motociclista *nmf* motorcyclist

motocross *nm* motocross

motor, ~a ◆ *adj* motive: *potencia motora* motive power ◆ *nm* engine, motor ☛ *Ver nota en* ENGINE LOC *Ver* LANCHA, VUELO

movedizo, -a *adj* LOC *Ver* ARENA

mover(se) *vt, vi, v pron* to move: *~ una pieza de ajedrez* to move a chess piece ◊ *Te toca ~.* It's your move. ◊ *Movete un poco para que me siente.* Move up a bit so I can sit down. LOC **no mover un dedo** to be bone idle: *Es un vago, no mueve un dedo.* He's bone idle.

movido, -a *pp, adj* **1** (*ajetreado*) busy: *Tuvimos un mes muy ~.* We've had a very busy month. **2** (*foto*) blurred *Ver tb* MOVER(SE)

móvil *adj* mobile

movimiento *nm* **1** (*gen*) movement: *un leve ~ de la mano* a slight movement of the hand ◊ *el ~ obrero/romántico* the labour/Romantic movement **2** (*marcha*) motion: *El coche estaba en ~.* The car was in motion. ◊ *poner algo en ~* to set sth in motion **3** (*actividad*) activity

mozo, -a *nm-nf* waiter [*fem* waitress] LOC **buen mozo** *Ver* BUEN MOZO

mu *nm* moo LOC **no decir ni mu** not to open your mouth

mucamo, -a *nm-nf* servant [*fem* maid]

muchacho, -a ◆ *nm-nf* **1** (*gen*) boy, lad (*más coloq*) **2 muchachos** (*chicos y chicas*) youngsters ◆ **muchacha** *nf* (*de servicio*) maid

muchedumbre *nf* crowd

mucho, -a ◆ *adj*

• **en oraciones afirmativas** a lot of *sth*: *Tengo ~ trabajo.* I've got a lot of work. ◊ *Había ~s coches.* There were a lot of cars.

• **en oraciones negativas e interrogativas 1** (+ *sustantivo incontable*) much, a lot of *sth* (*más coloq*): *No tiene mucha suerte.* He doesn't have much luck. ◊ *¿Tomás ~ café?* Do you drink a lot of coffee? **2** (+ *sustantivo contable*) many, a lot of *sth* (*más coloq*): *No había ~s ingleses.* There weren't many English people.

• **otras construcciones**: *¿Tenés mucha hambre?* Are you very hungry? ◊ *hace ~ tiempo* a long time ago

◆ *pron* **1** (*en oraciones afirmativas*) a lot: *~s de mis amigos* a lot of my friends **2** (*en oraciones negativas e interrogativas*) much [*pl* many] ☛ *Ver nota en* MANY ◆ *adv* **1** (*gen*) a lot: *Se parece ~ a su padre.* He's a lot like his father. ◊ *Tu amigo viene ~ por aquí.* Your friend comes round here a lot. ◊ *trabajar ~* to work hard **2** (*con formas comparativas*) much: *Sos ~ mayor que ella.* You're much older than her. ◊ *~ más interesante* much more interesting **3** (*mucho tiempo*) a long time: *Llegaron ~ antes que nosotros.* They got here a long time before us. ◊ *hace ~* a long time ago **4** (*en respuestas*) very: *—¿Estás cansado? —No ~.* 'Are you tired?' 'Not very.' ◊ *—¿Te gustó? —Mucho.* 'Did you like it?' 'Very much.'

LOC **como mucho** at most **ni mucho menos** far from it **por mucho que...** however much...: *Por ~ que insistas...* However much you insist...

mudanza *nf* move LOC **estar de mudanza** to be moving (house) *Ver tb* CAMIÓN

mudarse *v pron* ~ (**de**) to move: *~se de casa* to move house LOC *Ver* MANDAR

mudo, -a *adj* dumb: *Es ~ de nacimiento.* He was born dumb. LOC *Ver* PELÍCULA

mueble *nm* **1** (*gen*) piece of furniture: *un ~ muy elegante* a lovely piece of furniture **2 muebles** (*conjunto*) furniture [*incontable, v sing*]: *Los ~s estaban cubiertos de polvo.* The furniture was covered in dust.

mueca *nf* LOC **hacer muecas** to make/pull faces (*at sb*)

muela *nf* (back) tooth [*pl* (back) teeth] LOC **muela del juicio** wisdom tooth *Ver tb* DOLOR

muelle *nm* wharf [*pl* wharves]

muerte *nf* death LOC **dar muerte a algo/algn** to kill sth/sb **de mala muerte** horrible: *un barrio de mala ~* a horrible neighbourhood *Ver tb* CONDENADO, PENA

muerto, -a *pp, adj, nm-nf* dead [*adj*]: *La habían dado por muerta.* They had given her up for dead. ◊ *El pueblo está ~ durante el invierno.* The town is dead in winter. ◊ *los ~s en la guerra* the war dead ◊ *Hubo tres ~s en el accidente.* Three people were killed in the accident. LOC **muerto de cansancio** dead tired **muerto de envidia** green with envy **muerto de frío/hambre** freezing/starving **muerto de miedo** scared to death **muerto de sed** dying of thirst *Ver tb* CALLADO, NATURALEZA, PUNTO, VIVO; *Ver tb* MORIR(SE)

muestra *nf* **1** (*Med, Estadística, mercancía*) sample: *una ~ de sangre* a blood sample **2** (*prueba*) token: *una ~ de amor* a token of love **3** (*señal*) sign: *dar ~s de cansancio* to show signs of fatigue

mufa *nf* huff: *estar de ~* to be in a huff

mugir *vi* **1** (*vaca*) to moo **2** (*toro*) to bellow

mugre *nf* filth

mugriento, -a *adj* filthy: *¡Qué ~ tenés el auto!* Your car's filthy!

mujer *nf* **1** (*gen*) woman [*pl* women] **2** (*esposa*) wife [*pl* wives] LOC *Ver* NEGOCIO

mula *nf* mule LOC **meter la mula** (*hacer trampa*) to cheat

muleta *nf* (*para caminar*) crutch: *andar con ~s* to walk on crutches

mullido, -a *pp, adj* soft

multa *nf* fine LOC **poner una multa** to fine: *Le pusieron una ~.* He's been fined.

multinacional ◆ *adj* multinational ◆ *nf* multinational company [*pl* multinational companies]

múltiple *adj* **1** (*no simple*) multiple:

una fractura ~ a multiple fracture **2** (*numerosos*) numerous: *en ~s casos* on numerous occasions

multiplicación *nf* multiplication

multiplicar *vt, vi* (*Mat*) to multiply: ~ *dos por cuatro* to multiply two by four ◊ *¿Ya sabés ~?* Do you know how to do multiplication yet?

multirracial *adj* multiracial

multitud *nf* **1** (*muchedumbre*) crowd [*v sing o pl*] **2** ~ **de** (*muchos*) a lot **of** *sth*: (*una*) ~ *de problemas* a lot of problems

mundial ◆ *adj* world [*n atrib*]: *el récord* ~ the world record ◆ *nm* world championship: *los Mundiales de Atletismo* the World Athletics Championships ◊ *el Mundial de Fútbol* the World Cup

mundo *nm* world: *dar la vuelta al* ~ to go round the world LOC **el mundo del espectáculo** show business **todo el mundo** everybody *Ver tb* MEDIO, VUELTA

munición *nf* ammunition [*incontable*]: *quedarse sin municiones* to run out of ammunition

municipal *adj* municipal LOC *Ver* ELECCIÓN

municipalidad *nf* **1** (*concejo*) council [*v sing o pl*]: *la* ~ *de Buenos Aires* the Buenos Aires council **2** (*edificio*) town hall

muñeca *nf* **1** (*juguete*) doll: *¿Te gusta jugar con ~s?* Do you like playing with dolls? **2** (*parte del cuerpo*) wrist: *fracturarse la* ~ to fracture your wrist

muñeco *nm* **1** (*juguete*) doll: *un* ~ *de trapo* a rag doll **2** (*de un ventrílocuo, maniquí*) dummy [*pl* dummies] LOC **muñeco de nieve** snowman [*pl* snowmen] **muñeco de peluche** soft toy

muñequera *nf* wristband

mural *nm* mural

muralla *nf* wall(s) [*se usa mucho en plural*]: *la* ~ *medieval* the medieval walls

murciélago *nm* bat

murmullo *nm* murmur: *el* ~ *de su voz/del viento* the murmur of his voice/the wind

murmurar ◆ *vt, vi* (*hablar en voz baja*) to mutter ◆ *vi* (*chismosear*) to gossip (***about sth/sb***)

muro *nm* wall

musa *nf* muse LOC **quedarse musa** to keep quiet

muscular *adj* muscle [*n atrib*]: *una lesión* ~ a muscle injury

músculo *nm* muscle

musculoso, -a *adj* muscular

museo *nm* museum: *Está en el Museo del Prado.* It's in the Prado Museum. ☛ *Ver nota en* MUSEUM

musgo *nm* moss

música *nf* music: *No me gusta la* ~ *clásica.* I don't like classical music. LOC **música de fondo** background music **música en vivo** live music *Ver tb* EQUIPO

musical *adj, nm* musical LOC *Ver* COMEDIA, ESCALA

músico *nmf* musician

muslo *nm* **1** (*gen*) thigh **2** (*ave*) leg

mustio, -a *adj* limp

musulmán, -ana *adj, nm-nf* Muslim

mutante *adj, nmf* mutant

mutilar *vt* to mutilate

mutuamente *adv* each other, one another: *Se odian* ~. They hate each other. ☛ *Ver nota en* EACH OTHER

mutuo, -a *adj* mutual

muy *adv* **1** (*gen*) very: *Están* ~ *bien/cansados.* They're very well/tired. ◊ ~ *despacio/temprano* very slowly/early **2** (+ *sustantivo*): *El* ~ *sinvergüenza se fue sin pagar.* The swine's gone off without paying. ◊ *Es* ~ *hombre.* He's a real man. LOC **muy bien** (*de acuerdo*) OK **Muy Sr mío/Sra mía** Dear Sir/Madam ☛ *Ver págs 308–9.* **por muy ... que ...** however ...: *Por* ~ *simpático que sea ...* However nice he is ...

Nn

nabo *nm* turnip

nabo, -a ◆ *adj* stupid ◆ *nm-nf* twit

nácar *nm* mother-of-pearl

nacer *vi* **1** (*persona, animal*) to be born: *¿Dónde naciste?* Where were you born? ◊ *Nací en 1981.* I was born in 1981. **2** (*río*) to rise **3** (*planta, pelo, plumas*) to grow LOC **nacer para actor, cantante, etc** to be a born actor, singer, etc

nacido, -a *pp, adj* LOC *Ver* RECIÉN; *Ver tb* NACER

naciente *adj* (*sol*) rising

nacimiento *nm* **1** (*gen*) birth: *fecha de ~* date of birth **2** (*río*) source **3** (*pelo, uña*) root **4** (*belén*) crib LOC **de nacimiento**: *Es ciega de ~.* She was born blind. ◊ *ser uruguayo de ~* to be Uruguayan by birth *Ver tb* LUGAR

nación *nf* nation LOC *Ver* ORGANIZACIÓN

nacional *adj* **1** (*de la nación*) national: *la bandera ~* the national flag **2** (*no internacional*) domestic: *el mercado ~* the domestic market ◊ *vuelos/salidas ~es* domestic flights/departures LOC *Ver* DOCUMENTO, FIESTA, HIMNO, ROPA, RUTA

nacionalidad *nf* **1** (*gen*) nationality [*pl* nationalities] **2** (*ciudadanía*) citizenship

nacionalizar ◆ *vt* to nationalize ◆ **nacionalizarse** *v pron* to become a British, Argentine, etc citizen

nada ◆ *pron* **1** (*gen*) nothing, anything

> **Nothing** se usa cuando el verbo va en forma afirmativa en inglés y **anything** cuando va en negativa: *No queda nada.* There's nothing left. ◊ *No tengo nada que perder.* I've nothing to lose. ◊ *No quiero nada.* I don't want anything. ◊ *No tienen nada en común.* They haven't anything in common. ◊ *¿No querés nada?* Don't you want anything?

2 (*Tenis*) love: *treinta, ~* thirty love ◆ *adv* at all: *No está ~ claro.* It's not at all clear. LOC **de nada 1** (*sin importancia*) little: *Es un rasguño de ~.* It's only a little scratch. **2** (*exclamación*) you're welcome: *—Gracias por la cena. —¡De ~!* 'Thank you for the meal.' 'You're welcome!'

> También se puede decir **don't mention it**.

¡nada de eso! no way! **nada más 1** (*eso es todo*) that's all **2** (*sólo*) only: *Tengo un hijo ~ más.* I only have one son. **nada más y nada menos que... 1** (*persona*) none other than...: *~ más y ~ menos que el Presidente* none other than the President **2** (*cantidad*) no less than...: *~ más y ~ menos que 100 personas* no less than 100 people

nadador, ~a *nm-nf* swimmer

nadar *vi* to swim: *No sé ~.* I can't swim. LOC **nadar crol** to do the crawl **nadar espalda** to do backstroke **nadar pecho/mariposa** to do (the) breast-stroke/butterfly

nadie *pron* nobody: *Eso no lo sabe ~.* Nobody knows that. ◊ *No había ~ más.* There was nobody else there.

> Nótese que cuando el verbo en inglés va en forma negativa, usamos **anybody**: *Está enojado y no habla con nadie.* He is angry and won't talk to anybody.

LOC *Ver* DON

nado LOC **a nado**: *Cruzaron el río a ~.* They swam across the river.

nafta *nf* petrol LOC **nafta común** three-star petrol **nafta sin plomo** unleaded petrol **nafta súper** four-star petrol *Ver tb* CARGAR, INDICADOR

naftalina *nf* LOC *Ver* BOLA

naipe *nm* (playing) card ☛ *Ver nota en* CARTA

naranja ◆ *nf* (*fruta*) orange ◆ *adj, nm* (*color*) orange ☛ *Ver ejemplos en* AMARILLO LOC *Ver* RALLADURA

naranjada *nf* orangeade

naranjo *nm* orange tree

narcótico *nm* **narcóticos** drugs

narcotraficante *nmf* drug dealer

narcotráfico *nm* drug trafficking

nariz *nf* nose: *Sonate la ~.* Blow your nose. LOC **estar hasta las narices (de)** to be fed up (with *sth/sb/doing sth*) **nariz para arriba** stuck-up *Ver tb* CERRAR, LIMPIAR, METER

narrador, ~a *nm-nf* narrator

narrar *vt* to tell

nasal *adj* LOC *Ver* TABIQUE

nata *nf* (*de leche hervida*) skin

natación *nf* swimming

natal *adj* native: *país* ~ native country LOC *Ver* CIUDAD

natalidad *nf* birth rate LOC *Ver* ÍNDICE

nativo, -a *adj, nm-nf* native

nato, -a *adj* born: *un músico* ~ a born musician

natural *adj* **1** (*gen*) natural: *causas ~es* natural causes ◊ *¡Es ~!* It's only natural! **2** (*fruta, flor*) fresh **3** (*espontáneo*) unaffected: *un gesto* ~ an unaffected gesture LOC **ser natural de...** to come from... *Ver tb* CIENCIA

naturaleza *nf* nature LOC **naturaleza muerta** still life **por naturaleza** by nature *Ver tb* HIERRO

naturalidad *nf*: *con la mayor ~ del mundo* as if it were the most natural thing in the world LOC **con naturalidad** naturally

naturalmente *adv* of course: *Sí, ~ que sí.* Yes, of course.

naufragar *vi* to be wrecked

naufragio *nm* shipwreck

náufrago, -a *nm-nf* castaway [*pl* castaways]

náusea *nf* LOC **dar náuseas** to make *sb* feel sick **sentir/tener náuseas** to feel sick

náutico, -a *adj* sailing: *club* ~ sailing club

navaja *nf* (*arma*) knife [*pl* knives]: *Me amenazaron con una ~ en la calle.* They pulled a knife on me in the street. LOC *Ver* PUNTA

navajazo *nm* knife wound: *Tenía un ~ en la cara.* He had a knife wound on his face. LOC **dar un navajazo** to stab

nave *nf* **1** (*Náut*) ship **2** (*iglesia*) nave LOC **nave espacial** spaceship

navegación *nf* navigation LOC *Ver* CARTA

navegar *vi* **1** (*barcos*) to sail **2** (*aviones*) to fly

navidad (*tb* **Navidad**) *nf* Christmas: *¡Feliz Navidad!* Happy Christmas! ◊ *Siempre nos reunimos en Navidad.* We always get together at Christmas.

> En Gran Bretaña apenas se celebra el día de Nochebuena o **Christmas Eve**. El día más importante es el 25 de diciembre, llamado **Christmas Day**. La familia se levanta por la mañana y todos abren los regalos que ha traído **Father Christmas**. Hacia las 3 de la tarde habla la Reina por la televisión, y después se come el **Christmas dinner**: pavo y **Christmas pudding** (una especie de budín de frutos secos). **Boxing Day** es el día después de Navidad y es fiesta feriada.

navideño, -a *adj* Christmas [*n atrib*]

necesario, -a *adj* necessary: *Haré lo que sea ~.* I'll do whatever's necessary. ◊ *No lleves más de lo ~.* Only take what you need. ◊ *No es ~ que vengas.* You don't have to come. LOC **si es necesario** if necessary

neceser *nm* sponge bag

necesidad *nf* **1** (*cosa imprescindible*) necessity [*pl* necessities]: *La calefacción es una ~.* Heating is a necessity. **2** ~ (**de**) need (**for *sth*/*to do sth***): *No veo la ~ de ir en coche.* I don't see the need to go by car. LOC **no hay necesidad** there's no need (*for sth/to do sth*) **pasar necesidades** to suffer hardship *Ver tb* PRIMERO

necesitado, -a ◆ *pp, adj* (*pobre*) needy ◆ *nm-nf*: *ayudar a los ~s* to help the poor *Ver tb* NECESITAR

necesitar *vt* to need

necrológico, -a *nm-nf* LOC *Ver* NOTA

negar ◆ *vt* **1** (*hecho*) to deny ***sth*/*doing sth*/*that...***: *Negó haber robado el cuadro.* He denied stealing the picture. **2** (*permiso, ayuda*) to refuse: *Nos negaron la entrada en el país.* We were refused admittance into the country. ◆ **negarse** *v pron* **negarse a** to refuse ***to do sth***: *Se negaron a pagar.* They refused to pay.

negativa *nf* refusal

negativo, -a *adj, nm* negative

negociación *nf* negotiation

negociante *nmf* businessman/woman [*pl* businessmen/women]

negociar *vt, vi* to negotiate

negocio *nm* **1** (*Com*) business: *hacer ~s* to do business ◊ *Muchos ~s han fracasado.* A lot of businesses have gone broke. ◊ *Los ~s son los ~s.* Business is business. ◊ *Estoy aquí por/de ~s.* I'm here on business. **2** (*local*) shop: *El ~ de la esquina es caro.* The corner shop is expensive. LOC **hombre/mujer de negocios** businessman/woman [*pl* businessmen/women] *Ver tb* LIQUIDACIÓN

negro, -a ◆ *adj, nm* black ☞ *Ver ejemplos en* AMARILLO ◆ *nm-nf* black man/woman [*pl* black men/women] LOC **en negro** cash in hand: *Trabaja en ~.* He works cash in hand. ◊ *Compré el coche en ~.* I bought the car on the black market. *Ver tb* AZÚCAR, BLANCO, CAJA, CERVEZA, GROSELLA, MAREA, MERCADO, OVEJA, PUNTO

nene, -a *nf-nm* little boy [*fem* little girl]: *El ~ de Ana está enfermo.* Ana's little boy is ill.

Neptuno *nm* Neptune

nervio *nm* **1** (*gen*) nerve: *Eso son los ~s.* That's nerves. **2** (*carne*) gristle [*incontable*]: *Esta carne tiene muchos ~s.* This meat is very gristly. LOC **poner los nervios de punta** to set *sb's* nerves on edge *Ver tb* ATAQUE

nerviosismo *nm* nervousness

nervioso, -a *adj* **1** (*gen*) nervous: *el sistema ~* the nervous system ◊ *estar ~* to be nervous **2** (*Anat, célula, fibra, impulso*) nerve [*n atrib*]: *tejido ~* nerve tissue LOC **poner nervioso a algn** to get on sb's nerves **ponerse nervioso** to get worked up

neto, -a *adj* net: *ingresos ~s* net income ◊ *peso ~* net weight

neumático *nm* tyre

neutral *adj* neutral

neutro, -a *adj* **1** (*gen*) neutral **2** (*Biol, Gram*) neuter

neutrón *nm* neutron

nevada *nf* snowfall

nevado, -a *pp, adj* (*cubierto de nieve*) snow-covered *Ver tb* NEVAR

nevar *v imp* to snow: *Creo que va a ~.* I think it's going to snow. LOC *Ver* PARECER

ni *conj* **1** (*doble negación*) neither ... nor ...: *Ni vos ni yo hablamos inglés.* Neither you nor I speak English. ◊ *Ni lo sabe ni le importa.* He neither knows nor cares. ◊ *No dijo ni que sí ni que no.* He didn't say either yes or no. **2** (*ni siquiera*) not even: *Ni él mismo sabe lo que gana.* Not even he knows how much he earns. LOC **ni aunque** even if: *ni aunque me paguen* not even if they paid me **¡ni que fuera ...!** anyone would think ...: *¡Ni que yo fuera millonario!* Anyone would think I was a millionaire! **ni una palabra, un día, etc más** not another word, day, etc more **ni uno** not a single (one): *No me queda ni un peso.* I haven't got a single peso left. **ni yo (tampoco)** neither am I, do I, have I, etc: *—Yo no voy a la fiesta. —Ni yo tampoco.* 'I'm not going to the party.' 'Neither am I.'

nicotina *nf* nicotine

nido *nm* nest: *hacer un ~* to build a nest

niebla *nf* fog: *Hay mucha ~.* It's very foggy.

nieto, -a *nm-nf* **1** (*gen*) grandson [*fem* granddaughter] **2 nietos** grandchildren

nieve *nf* snow LOC *Ver* BLANCO, BOLA, MUÑECO, PUNTO

ningún *adj Ver* NINGUNO

ninguno, -a ◆ *adj* no, any: *No es ningún imbécil.* He's no fool.

Se usa **no** cuando el verbo va en forma afirmativa en inglés: *Aún no ha llegado ningún alumno.* No pupils have arrived yet. ◊ *No mostró ningún entusiamo.* He showed no enthusiasm. **Any** se usa cuando el verbo va en negativa: *No le dio ninguna importancia.* He didn't pay any attention to it.

◆ *pron* **1** (*entre dos personas o cosas*) neither, either

Neither se usa cuando el verbo va en forma afirmativa en inglés: *—¿Cuál de los dos preferís? —Ninguno.* 'Which one do you prefer?' 'Neither (of them).' **Either** se usa cuando va en negativa: *No me peleé con ninguno de los dos.* I didn't argue with either of them.

2 (*entre más de dos personas o cosas*) none: *Había tres, pero no queda ~.* There were three, but there are none left. ◊ *~ de los concursantes acertó.* None of the contestants got the right answer. LOC **de ninguna manera/de ningún modo** no way! (*coloq*), certainly not!: *No quiso quedarse de ninguna manera.* He absolutely refused to stay. **en ningún lugar/en ninguna parte** nowhere, anywhere

Nowhere se usa cuando el verbo va en afirmativa en inglés: *¡Al final no vamos a ningún sitio!* We'll go nowhere in the end. **Anywhere** se usa cuando va en negativa: *No lo encuentro en ninguna parte.* I can't find it anywhere.

en ningún momento never: *En ningún momento pensé que lo harían.* I never thought they would do it.

niña *nf* (*del ojo*) pupil LOC **ser la niña de los ojos de algn** to be the apple of sb's eye

niñera *nf* nanny [*pl* nannies]

niñez *nf* childhood

niño, -a *nm-nf* **1** (*sin distinción de sexo*) **(a)** (*gen*) child [*pl* children] **(b)** (*recién nacido*) baby [*pl* babies]: *tener un ~* to have a baby **2** (*masculino*) boy **3** (*femenino*) girl LOC **niño bien** rich kid **niño**

prodigio child prodigy [*pl* child prodigies] *Ver tb* JUEGO

nitrógeno *nm* nitrogen

nivel *nm* **1** (*gen*) level: ~ *del agua/mar* water/sea level ◊ *a todos los ~es* in every respect **2** (*calidad, preparación*) standard: *un excelente ~ de juego* an excellent standard of play LOC **nivel de vida** standard of living *Ver tb* PASO

nivelar *vt* **1** (*superficie, terreno*) to level **2** (*desigualdades*) to even *sth* out

no ◆ *adv* **1** (*respuesta*) no: *No, gracias.* No, thank you. ◊ *Dije que no.* I said no. **2** (*referido a verbos, adverbios, frases*) not: *No lo sé.* I don't know. ◊ *No es un buen ejemplo.* It's not a good example. ◊ *¿Empezamos ahora o no?* Are we starting now or not? ◊ *Por supuesto que no.* Of course not. ◊ *Que yo sepa, no.* Not as far as I know. **3** (*doble negación*): *No sale nunca.* He never goes out. ◊ *No sé nada de fútbol.* I know nothing about football. **4** (*palabras compuestas*) non-: *no fumador* non-smoker ◊ *fuentes no oficiales* unofficial sources ◆ *nm* no [*pl* noes]: *un no categórico* a categorical no LOC **¿a que no...? 1** (*confirmando*): *¿A que no vinieron?* They haven't come, have they? **2** (*desafío*) I bet...: *¿A que no ganás?* I bet you don't win. **¿no?**: *Hoy es jueves ¿no?* Today is Thursday, isn't it? ◊ *Lo compraste, ¿no?* You did buy it, didn't you? ◊ *Vas a llegar tarde, ¿no?* You're going to be late, aren't you? ☛ Para otras expresiones con **no**, véanse las entradas del verbo, sustantivo, etc, p.ej. **no pegar ojo** en PEGAR y **no obstante** en OBSTANTE.

noble ◆ *adj* **1** (*gen*) noble **2** (*madera, material*) fine ◆ *nmf* nobleman/woman [*pl* noblemen/women]

nobleza *nf* nobility

noche *nf* night: *el lunes por la ~* on Monday night ◊ *las diez de la ~* ten o'clock at night LOC **¡buenas noches!** good night!

> **Good night** se usa sólo como fórmula de despedida. Si se quiere saludar con *buenas noches*, se dice **good evening**: *Buenas noches, damas y caballeros.* Good evening ladies and gentlemen.

dar las buenas noches to say goodnight **de la noche a la mañana** overnight **de noche 1** (*trabajar, estudiar*) at night **2** (*función, vestido*) evening: *sesión de ~* evening performance **esta noche** tonight **hacerse de noche** to get dark **noche de Año Nuevo** New Year's Eve: *¿Qué hiciste en la ~ de Año Nuevo?* What did you do on New Year's Eve? *Ver tb* AYER, CAÍDA, TRAJE

Nochebuena *nf* Christmas Eve: *El día de ~ nos reunimos todos.* We all get together on Christmas Eve. ☛ *Ver nota en* NAVIDAD

noción *nf* notion LOC **tener nociones de algo** to have a basic grasp of sth

nocivo, -a *adj* ~ (**para**) harmful (**to** ***sth/sb***)

nocturno, -a *adj* **1** (*gen*) night [*n atrib*]: *servicio ~ de colectivos* night bus service **2** (*clases*) evening [*n atrib*] LOC *Ver* ESCUELA

nogal *nm* walnut (tree)

nómade ◆ *adj* nomadic ◆ *nmf* nomad

nombrar *vt* **1** (*citar*) to mention *sb's name*: *sin ~lo* without mentioning his name **2** (*designar a algn para un cargo*) to appoint

nombre *nm* **1 (a)** (*gen*) name **(b)** (*en formularios*) first name ☛ *Ver nota en* MIDDLE NAME **2** (*Gram*) noun: ~ *común* common noun LOC **de nombre** by name: *Le conozco de ~, pero no me lo presentaron todavía.* I know him by name but I've never actually met him. **en nombre de** on behalf of *sb*: *Le dio las gracias en ~ del presidente.* He thanked her on behalf of the president. **nombre de pila** Christian name **nombre propio** proper noun **nombre y apellido** full name

nómina *nf* **1** (*sueldo*) pay **2** (*lista de empleados*) payroll

nominar *vt* to nominate *sb* (***for sth***): *Fue nominada al Oscar.* She was nominated for an Oscar.

nordeste (*tb* **noreste**) *nm* **1** (*punto cardinal, región*) north-east (*abrev* NE) **2** (*viento, dirección*) north-easterly

norma *nf* rule LOC **tener por norma hacer/no hacer algo** to always/never do sth

normal *adj* **1** (*común*) normal: *el curso ~ de los acontecimientos* the normal course of events ◊ *Es lo ~.* That's the normal thing. **2** (*corriente*) ordinary: *un empleo ~* an ordinary job **3** (*estándar*) standard: *el procedimiento ~* the standard procedure LOC *Ver* GENTE

normalizar ◆ *vt* (*relaciones, situación*) to restore *sth* to normal ◆ **normalizarse** *v pron* to return to normal

noroeste *nm* **1** (*punto cardinal, región*) north-west (*abrev* NW) **2** (*dirección, viento*) north-westerly

norte *nm* north (*abrev* N): *en el ~ de Argentina* in the north of Argentina ◊ *en la costa ~* on the north coast LOC *Ver* IRLANDA

Noruega *nf* Norway

noruego, -a *adj, nm-nf, nm* Norwegian: *los ~s* the Norwegians ◊ *hablar ~* to speak Norwegian

nos *pron pers* **1** (*complemento*) us: *Nos vieron.* They've seen us. ◊ *Nunca nos dicen la verdad.* They never tell us the truth. ◊ *Nos mintieron.* They've lied to us. ◊ *Nos prepararon la cena.* They've made supper for us. **2** (*partes del cuerpo, efectos personales*): *Nos quitamos el saco.* We took our coats off. **3** (*reflexivo*) (ourselves): *Nos divertimos mucho.* We enjoyed ourselves very much. ◊ *Nos acabamos de bañar.* We've just had a bath. ◊ *¡Vámonos!* Let's go! **4** (*recíproco*) each other, one another: *Nos queremos mucho.* We love each other very much. ☛ *Ver nota en* EACH OTHER

nosotros, -as *pron pers* **1** (*sujeto*) we: *Vos no lo sabés. ~ sí.* You don't know. We do. ◊ *Lo vamos a hacer ~.* We'll do it. **2** (*complemento, en comparaciones*) us: *¿Vienen con ~?* Are you coming with us? ◊ *Hace menos deporte que ~.* He does less sport than us. LOC **entre nosotros** (*confidencialmente*) between ourselves **somos nosotros** it's us

nota *nf* **1** (*gen*) note: *Te dejé una ~ en la cocina.* I left you a note in the kitchen. **2** (*Educ*) mark: *sacar buenas/malas ~s* to get good/bad marks LOC **las notas** report [*sing*]: *El jueves me dan las ~s.* I'm getting my report on Thursday. **nota necrológica** obituary [*pl* obituaries] **tomar nota** to take note (*of sth*)

notar ♦ *vt* **1** (*advertir*) to notice: *No noté ningún cambio.* I haven't noticed any change. **2** (*encontrar*): *Lo noto muy triste.* He seems very sad. ♦ **notarse** *v pron* **1** (*sentirse*) to feel: *Se nota la tensión.* You can feel the tension. **2** (*verse*) to show: *No se le notan los años.* He doesn't look his age. LOC **se nota que...** you can tell (that)...: *Se notaba que estaba nerviosa.* You could tell she was nervous.

notario, -a *nm-nf* ≃ solicitor ☛ *Ver nota en* ABOGADO LOC **notario público** notary public [*pl* notaries public]

noticia *nf* **1** (*gen*) news [*incontable, v sing*]: *Te tengo que dar una buena/mala ~.* I've got some good/bad news for you. ◊ *Las ~s son alarmantes.* The news is alarming. **2** (*Period, TV*) news item LOC **tener noticias de algn** to hear from sb: *¿Tienen ~s de su hermana?* Have you heard from your sister?

noticiero *nm* news (bulletin) [*sing*]: *¿A qué hora es el ~?* What time is the news on? ◊ *Lo pasaron por el ~ de las ocho.* It was on the eight o'clock news. ◊ *Ni siquiera pude ver el ~ hoy.* I haven't even had time to watch the news today. ◊ *El ~ dijo que mañana hay paro general.* They said on the news that there would be a general strike tomorrow.

notificar *vt* to notify *sb* **of *sth***: *Notificamos el robo a la policía.* We notified the police of the theft.

novato, -a ♦ *adj* inexperienced ♦ *nm-nf* **1** (*gen*) beginner **2** (*colegio*) new pupil **3** (*cuartel*) new recruit

novecientos, -as *adj, pron, nm* nine hundred ☛ *Ver ejemplos en* SEISCIENTOS

novedad *nf* **1** (*gen*) novelty [*pl* novelties]: *la ~ de la situación* the novelty of the situation ◊ *La computadora es para mí una ~.* Computers are a novelty to me. ◊ *la gran ~ de la temporada* the latest thing **2** (*cambio*) change: *No hay ~ en el estado del enfermo.* There's no change in the patient's condition. **3** (*noticia*) news [*incontable, v sing*]: *¿Alguna ~?* Any news?

novela *nf* **1** (*libro*) novel: *~ de aventuras/espionaje* adventure/spy novel **2** (*TV*) soap opera LOC **novela rosa/policíaca** romantic/detective novel

novelista *nmf* novelist

noveno, -a *adj, pron, nm-nf* ninth ☛ *Ver ejemplos en* SEXTO

noventa *nm, adj, pron* **1** (*gen*) ninety **2** (*nonagésimo*) ninetieth ☛ *Ver ejemplos en* SESENTA

noviembre *nm* November (*abrev* Nov) ☛ *Ver ejemplos en* ENERO

novillo *nm* young bull

novio, -a *nm-nf* **1** (*gen*) boyfriend [*fem* girlfriend]: *¿Tenés novia?* Have you got a girlfriend? **2** (*comprometido*) fiancé [*fem* fiancée] **3** (*en el casamiento, recién casados*) (bride)groom [*fem* bride] ☛ *Ver nota en* CASAMIENTO LOC **los novios 1** (*en un casamiento*) the bride and groom **2** (*recién casados*) the newlyweds **ser novios**: *Hace dos años que somos ~s.* We've been going out together for two years. *Ver tb* VESTIDO

nube *nf* cloud LOC **estar en las nubes** to have your head in the clouds

nublado, -a *pp, adj* cloudy *Ver tb* NUBLARSE

nublarse *v pron* **1** (*cielo*) to cloud over **2** (*vista*) to be blurred

nubosidad *nf* LOC **nubosidad variable** patchy cloud

nuca *nf* nape (of the neck) LOC **estar de la nuca** to be crazy

nuclear *adj* nuclear LOC *Ver* REACTOR

núcleo *nm* nucleus [*pl* nuclei]

nudillo *nm* knuckle

nudo *nm* knot: *hacer/deshacer un ~* to tie/undo a knot LOC **nudo corredizo** slip-knot **tener un nudo en la garganta** to have a lump in your throat

nuera *nf* daughter-in-law [*pl* daughters-in-law]

nuestro, -a ◆ *adj pos* our: *nuestra familia* our family ◆ *pron pos* ours: *El coche de ustedes es mejor que el ~.* Your car is better than ours.

> Nótese que *una amiga nuestra* se traduce por **a friend of ours** porque significa *una de nuestras amigas.*

nueve *nm, adj, pron* **1** (*gen*) nine **2** (*fecha*) ninth ☛ *Ver ejemplos en* SEIS

nuevo, -a *adj* **1** (*gen*) new: *¿Son ~s esos zapatos?* Are those new shoes? **2** (*adicional*) further: *Se han presentado ~s problemas.* Further problems have arisen. LOC **de nuevo** again *Ver tb* LUNA, NOCHE, NUEVA

nuez *nf* walnut LOC **nuez de Adán** Adam's apple **nuez moscada** nutmeg

nulo, -a *adj* **1** (*inválido*) invalid: *un acuerdo ~* an invalid agreement **2** (*inexistente*) non-existent: *Las posibilidades son prácticamente nulas.* The chances are almost non-existent. **3 ~ en/para** hopeless **at *sth*/*doing sth***: *Soy ~ para el deporte.* I'm hopeless at sport.

numeración *nf* numbers [*pl*] LOC **numeración arábiga/romana** Arabic/Roman numerals [*pl*]

numeral *nm* numeral

numerar ◆ *vt* to number ◆ **numerarse** *v pron* to number off

número *nm* **1** (*gen*) number: *un ~ de teléfono* a telephone number ◊ *~ par/impar* even/odd number **2** (*talle*) size: *¿Qué ~ de zapatos calzás?* What size shoe do you take? **3** (*publicación*) issue (*formal*), number: *un ~ atrasado* a back issue **4** (*Teat*) act: *un ~ de circo* a circus act LOC **estar en números rojos** to be in the red **número de chapa** registration number **número primo** prime number **números arábigos/romanos** Arabic/Roman numerals

numeroso, -a *adj* **1** (*grande*) large: *una familia numerosa* a large family **2** (*muchos*) numerous: *en numerosas ocasiones* on numerous occasions

nunca *adv* never, ever

> **Never** se usa cuando el verbo va en afirmativa en inglés: *Nunca estuve en París.* I've never been to Paris. **Ever** se usa con conceptos negativos o palabras como **nobody**, **nothing**, etc: *sin ver nunca el sol* without ever seeing the sun ◊ *Nunca pasa nada.* Nothing ever happens. ☛ *Ver nota en* ALWAYS

LOC **casi nunca** hardly ever: *No nos vemos casi ~.* We hardly ever see each other. **como nunca** better than ever **más que nunca** more than ever: *Hoy hace más calor que ~.* It's hotter than ever today. **nunca jamás** never ever: *~ jamás volveré a prestarle nada.* I'll never ever lend him anything again. **nunca más** never again

nupcial *adj* wedding [*n atrib*]

nutria *nf* otter

nutrición *nf* nutrition

nutritivo, -a *adj* nutritious

ñu *nm* wildebeest [*pl* wildebeest]

Oo

o *conj* or: *¿Té o café?* Tea or coffee? ◊ *O te comés todo, o no salís a jugar.* If you don't eat it all up, you're not going out to play.

oasis *nm* oasis [*pl* oases]

obedecer ◆ *vt* to obey: ~ *a tus padres* to obey your parents ◆ *vi* to do as you are told: *¡Obedecé!* Do as you're told!

obediente *adj* obedient

obispo *nm* bishop LOC *Ver* CADA

objetar *vt* to object

objetivo, -a ◆ *adj* objective ◆ *nm* **1** (*finalidad*) objective, aim (*más coloq*): *~s a largo plazo* long-term objectives **2** (*Mil*) target **3** (*Fot*) lens

objeto *nm* **1** (*cosa, Gram*) object **2** (*propósito*) purpose LOC **objetos perdidos** lost property [*sing*]: *oficina de ~s perdidos* lost property office

oblea *nf* wafer

oblicuo, -a *adj* oblique

obligación *nf* obligation LOC **tener (la) obligación de** to be obliged *to do sth*

obligado, -a *pp, adj* LOC **estar obligado a** to have *to do sth*: *Estamos ~s a cambiarlo.* We have to change it. **sentirse/verse obligado** to feel obliged *to do sth Ver tb* OBLIGAR

obligar *vt* to force *sb* ***to do sth***: *Me obligaron a entregar la valija.* They forced me to hand over the case.

obligatorio, -a *adj* compulsory: *la enseñanza obligatoria* compulsory education LOC *Ver* ESCUELA

oboe *nm* oboe

obra *nf* **1** (*gen*) work: *una ~ de arte* a work of art ◊ *la ~ completa de Machado* the complete works of Machado **2** (*acción*) deed: *realizar buenas ~s* to do good deeds **3** (*lugar en construcción*) site: *Hubo un accidente en la ~.* There was an accident at the site. **4 obras** (*de ruta*) roadworks LOC **obra maestra** masterpiece **obra (teatral/de teatro)** play [*pl* plays] *Ver tb* MANO

obrero, -a ◆ *adj* **1** (*familia, barrio*) working-class **2** (*sindicato*) labour [*n atrib*]: *el movimiento ~* the labour movement ◆ *nm-nf* worker LOC *Ver* ABEJA

obsceno, -a *adj* obscene

observación *nf* observation: *capacidad de ~* powers of observation LOC **estar en observación** to be under observation

observador, ~a ◆ *adj* observant ◆ *nm-nf* observer

observar *vt* **1** (*mirar*) to observe, to watch (*más coloq*): *Observaba a la gente desde mi ventana.* I was watching people from my window. **2** (*notar*) to notice: *¿Observaste algo extraño en él?* Have you noticed anything odd about him?

observatorio *nm* observatory [*pl* observatories]

obsesión *nf* obsession (***with sth/sb/doing sth***): *una ~ por las motos/ganar* an obsession with motor bikes/winning LOC **tener obsesión por** to be obsessed with *sth/sb/doing sth*

obsesionar ◆ *vt* to obsess: *Lo obsesionan los libros.* He's obsessed with books. ◆ **obsesionarse** *v pron* to become obsessed (***with sth/sb/doing sth***)

obstaculizar *vt* to block

obstáculo *nm* obstacle

obstante LOC **no obstante** nevertheless, however (*más coloq*)

obstruir *vt* **1** (*cañería, pileta*) to block **2** (*dificultar*) to obstruct: ~ *la justicia* to obstruct justice

obtener *vt* to obtain, to get (*más coloq*): ~ *un préstamo/el apoyo de algn* to get a loan/sb's support

obvio, -a *adj* obvious

oca *nf* goose [*pl* geese]

ocasión *nf* **1** (*vez*) occasion: *en numerosas ocasiones* on numerous occasions **2** (*oportunidad*) opportunity [*pl* opportunities], chance (*más coloq*) (***to do sth***): *una ~ única* a unique opportunity

occidental ◆ *adj* western: *el mundo ~* the western world ◆ *nmf* westerner

occidente *nm* west: *las diferencias entre Oriente y Occidente* the differences between East and West

océano *nm* ocean

> En inglés **ocean** se escribe con mayúscula cuando aparece con el nombre de un océano: *el océano Índico* the Indian Ocean.

ochenta *nm, adj, pron* **1** (*gen*) eighty **2**

(*octogésimo*) eighthieth ☛ *Ver ejemplos en* SESENTA

ocho *nm, adj, pron* **1** (*gen*) eight **2** (*fecha*) eighth ☛ *Ver ejemplos en* SEIS

ochocientos, -as *adj, pron, nm* eight hundred ☛ *Ver ejemplos en* SEISCIENTOS

ocio *nm* leisure: *tiempo/ratos de ~* leisure time

octavo, -a *adj, pron, nm-nf* eighth ☛ *Ver ejemplos en* SEXTO LOC **octavos de final** round prior to quarter-finals

octubre *nm* October (*abrev* Oct) ☛ *Ver ejemplos en* ENERO

oculista *nmf* eye specialist

ocultar ♦ *vt* to hide *sth/sb* (**from sth/sb**): *Me ocultaron de la policía.* They hid me from the police. ◊ *No tengo nada que ~.* I have nothing to hide. ♦ **ocultarse** *v pron* to hide (**from sth/sb**): *el lugar donde se ocultaban* the place where they were hiding

ocupado, -a *pp, adj* **1** ~ (**en/con**) (*persona*) busy (**with sth/sb**); busy (**doing sth**): *Si llaman, diga que estoy ~.* If anyone calls, say I'm busy. **2** (*teléfono, baño*) engaged **3** (*asiento, taxi*) taken: *¿Está ~ este lugar?* Is this seat taken? **4** (*país*) occupied *Ver tb* OCUPAR

ocupar *vt* **1** (*espacio, tiempo*) to take up *sth*: *Ocupa media página.* It takes up half a page. ◊ *Ocupa todo mi tiempo libre.* It takes up all my spare time. **2** (*cargo oficial*) to hold **3** (*país*) to occupy

ocurrencia *nf* idea LOC **¡qué ocurrencia(s)!** what will you, he, etc think of next?

ocurrir ♦ *vi* to happen, to occur (*más formal*): *Lo que ocurrió fue…* What happened was that… ◊ *No quiero que vuelva a ~.* I don't want it to happen again. ♦ **ocurrirse** *v pron* to occur **to sb**; to think **of sth/doing sth**: *Se me acaba de ~ que…* It has just occurred to me that… ◊ *¿Se te ocurre algo?* Can you think of anything?

odiar *vt* to hate *sth/sb/doing sth*: *Odio cocinar.* I hate cooking.

odio *nm* hatred (**for/of sth/sb**)

odioso, -a *adj* horrible

oeste *nm* west (*abrev* W): *en/por el ~* in the west ◊ *en la costa ~* on the west coast ◊ *más al ~* further west LOC *Ver* PELÍCULA

ofender ♦ *vt* to offend ♦ **ofenderse** *v pron* to take offence (**at sth**): *Te ofendés por cualquier tontería.* You take offence at the slightest thing.

ofendidizo, -a *adj* oversensitive

ofensa *nf* offence

ofensiva *nf* offensive

ofensivo, -a *adj* offensive

oferta *nf* **1** (*gen*) offer: *una ~ especial* a special offer **2** (*Econ, Fin*) supply: *La demanda supera a la ~.* Demand outstrips supply. LOC **de/en oferta** on special offer **ofertas de empleo** job vacancies

oficial ♦ *adj* official ♦ *nmf* (*policía, Mil*) officer LOC **no oficial** unofficial

oficina *nf* office: *~ de correos* post office ◊ *Voy a estar en la ~.* I'll be at the office. LOC **oficina de empleo** job centre **oficina de información y turismo** tourist information centre *Ver tb* MESA

oficinista *nmf* office worker

oficio *nm* trade: *Es plomero de ~.* He is a plumber by trade. ◊ *aprender un ~* to learn a trade LOC **el oficio mudo** (*juego*) charades [*v sing*] *Ver tb* GAJES

ofrecer ♦ *vt* to offer: *Nos ofrecieron un café.* They offered us a cup of coffee. ♦ **ofrecerse** *v pron* **ofrecerse** (**a/para**) to volunteer (**to do sth**): *Me ofrecí para llevarlos a casa.* I volunteered to take them home.

oído *nm* **1** (*Anat*) ear **2** (*sentido*) hearing LOC **al oído**: *Decímelo al ~.* Whisper it in my ear. **de oído** by ear: *Toco el piano de ~.* I play the piano by ear. **tener buen oído** to have a good ear *Ver tb* DOLOR, DURO, EDUCAR, ZUMBAR

oír *vt* **1** (*percibir sonidos*) to hear: *No oyeron el despertador.* They didn't hear the alarm. ◊ *No te oí entrar.* I didn't hear you come in. **2** (*escuchar*) to listen (**to sth/sb**): *~ la radio* to listen to the radio LOC **¡oiga!** excuse me! *Ver tb* PARED

ojal *nm* buttonhole

¡ojalá! *interj* **1** (*espero que*) I hope…: *¡~ ganen!* I hope they win! ◊ *—Vas a ver que aprobás. —¡Ojalá!* 'I'm sure you'll pass.' 'I hope so!' **2** (*ya quisiera yo*) if only: *¡~ pudiera ir!* If only I could go!

ojeada *nf* glance: *con una sola ~* at a glance LOC **echar una ojeada** to have a (quick) look (*at sth*)

ojeras *nf* bags under the eyes: *¡Qué ~ tenés!* You've got huge bags under your eyes.

ojo *nm* **1** (*gen*) eye: *Es morocha de ~s verdes.* She has dark hair and green eyes. ◊ *tener los ~s saltones* to have bulging eyes **2** (*cerradura*) keyhole **3** (*cuidado*) (be) careful: *¡~ con esa jarra!*

(Be) careful with that jug! ◊ *Debés tener ~ con lo que hacés.* You must be careful what you do. LOC **a ojo** roughly: *Lo calculé a ~.* I worked it out roughly. **con los ojos vendados** blindfold **echarle un ojo a algo/algn** (*cuidar*) to keep an eye on sth/sb **mirar a los ojos** to look into *sb's* eyes **mirarse a los ojos** to look into each other's eyes **ojo de buey** (*ventana*) porthole **ojos que no ven...** what the eye doesn't see, the heart doesn't grieve over **poner/tener un ojo en compota** to give sb/have a black eye *Ver tb* ABRIR, COSTAR, NIÑA, PEGAR, PINTAR, SOMBRA, VENDAR, VISTA

ojota *nf* flip-flop

ola *nf* wave

oleaje *nm* swell: *un fuerte ~* a heavy swell

óleo *nm* oil LOC **cuadro/pintura al óleo** oil painting *Ver tb* PINTAR

oler *vt, vi* ~ (**a**) to smell (**of** ***sth***): *~ a pintura* to smell of paint ◊ *¿A qué huele?* What's that smell? ◊ *Ese perfume huele bien.* That perfume smells nice. ☛ *Ver nota en* SMELL LOC **oler a quemado** to smell of burning **oler mal**: *Ese asunto me huele mal.* I've got a bad feeling about it. **oler que apesta** to stink

olfatear *vt* **1** (*oler*) to sniff **2** (*seguir el rastro*) to scent

olfato *nm* (*sentido*) smell LOC **tener olfato** to have a nose *for sth*: *Tienen ~ para las antigüedades.* They have a nose for antiques.

olimpiada (*tb* **olimpíada**) *nf* Olympics [*pl*] LOC **las Olimpiadas** the Olympic Games

olímpico, -a *adj* Olympic: *el récord ~* the Olympic record LOC *Ver* JUEGO, VILLA

olivar *nm* olive grove

olivo *nm* olive tree

olla *nf* saucepan LOC **olla** (**a presión**) pressure cooker ☛ *Ver dibujo en* SAUCEPAN

olmo *nm* elm (tree)

olor *nm* smell (**of** ***sth***): *Había ~ a rosas/quemado.* There was a smell of roses/burning. LOC **olor a chivo** body odour *Ver tb* BOMBA

oloroso, -a *adj* sweet-smelling

olvidadizo, -a *adj* forgetful

olvidarse *v pron* **1** (*gen*) to forget: *Me olvidé de comprar el jabón en polvo.* I forgot to buy the washing-powder. **2** (*dejar*) to leave *sth* (behind): *Me olvidé el paraguas en el colectivo.* I left my umbrella on the bus.

ombligo *nm* navel, tummy-button (*coloq*)

omelette *nf* omelette

omitir *vt* to omit, to leave *sth* out (*más coloq*)

ómnibus *nm* coach

once *nm, adj, pron* **1** (*gen*) eleven **2** (*fecha*) eleventh **3** (*títulos*) the Eleventh: *Alfonso XI* Alfonso XI ☛ Se lee: 'Alfonso the Eleventh'. *Ver ejemplos en* SEIS

onceavo, -a *adj, nm* eleventh

onda *nf* wave: *~ sonora/expansiva* sound/shock wave ◊ *~ corta/media/larga* short/medium/long wave LOC **tener mala onda** to be in a foul mood **tirar buena onda** to bring *sb* good luck

ondear *vi* (*bandera*) to fly

ondulado, -a *pp, adj* **1** (*pelo*) wavy **2** (*superficie*) undulating

ONU *nf* UN

opaco, -a *adj* opaque

opción *nf* option: *No tiene otra ~.* He has no option.

opcional *adj* optional

ópera *nf* opera

operación *nf* **1** (*gen*) operation: *una ~ policial* a police operation **2** (*Fin*) transaction

operar ◆ *vt* to operate **on** ***sb***: *Me operaron de apendicitis.* I had my appendix out. ◆ *vi* to operate ◆ **operarse** *v pron* to have an operation: *Tengo que ~me del pie.* I've got to have an operation on my foot.

opiante *adj* boring

opiar *vt* to bore *sb* stiff

opinar *vt* to think: *¿Qué opinás?* What do you think?

opinión *nf* opinion: *en mi ~* in my opinion LOC **tener buena/mala opinión de** to have a high/low opinion of *sth/sb* *Ver tb* CAMBIAR

opio *nm* **1** (*droga*) opium **2** (*aburrimiento*) boredom LOC **ser un opio** (*ser aburrido*) to be boring

oponente *nmf* opponent

oponer ◆ *vt* to offer: *~ resistencia a algo/algn* to offer resistance to sth/sb ◆ **oponerse** *v pron* **1 oponerse a** to oppose: *~se a una idea* to oppose an idea **2** (*poner reparos*) to object: *Voy a ir a la fiesta si mis padres no se oponen.* I'll go to the party if my parents don't object.

oportunidad *nf* **1** (*gen*) chance, opportunity [*pl* opportunities] (*más formal*): *Tuve la ~ de ir al teatro.* I had the chance to go to the theatre. **2** (*ganga*) bargain

oportuno, -a *adj* **1** (*en buen momento*) timely: *una visita oportuna* a timely visit **2** (*adecuado*) appropriate: *Tu respuesta no fue muy oportuna.* Your reply wasn't very appropriate.

oposición *nf* opposition (***to sth/sb***): *el líder de la ~* the leader of the opposition

opresivo, -a *adj* oppressive

oprimir *vt* to oppress

optar *vi* ~ **por** to opt **for *sth*/*to do sth***: *Optaron por seguir estudiando.* They opted to carry on studying.

optativo, -a *adj* optional

óptico, -a ◆ *adj* optical ◆ **óptica** *nf* (*establecimiento*) optician's [*pl* opticians]

optimismo *nm* optimism

optimista ◆ *adj* optimistic ◆ *nmf* optimist

opuesto, -a *pp, adj* **1** (*extremo, lado, dirección*) opposite: *El frío es lo ~ al calor.* Cold is the opposite of heat. **2** (*dispar*) different: *Mis dos hermanos son totalmente ~s.* My two brothers are totally different. LOC *Ver* POLO

oración *nf* **1** (*Relig*) prayer: *rezar una ~* to say a prayer **2** (*Gram*) **(a)** (*gen*) sentence: *una ~ compuesta* a complex sentence **(b)** (*proposición*) clause: *una ~ subordinada* a subordinate clause

oral *adj* oral

orar *vi* to pray

órbita *nf* (*Astron*) orbit

orden ◆ *nm* order: *en/por ~ alfabético* in alphabetical order ◊ *por ~ de importancia* in order of importance ◆ *nf* **1** (*gen*) order: *por ~ del juez* by order of the court ◊ *la ~ franciscana* the Franciscan Order **2** (*Jur*) warrant: *una ~ de registro* a search warrant LOC **orden (médica)** referral note: *una ~ para el otorrino* a referral note for the ENT specialist *Ver tb* ALTERAR

ordenado, -a *pp, adj* tidy: *una chica muy ordenada/un cuarto muy ~* a very tidy girl/room *Ver tb* ORDENAR

ordenar *vt* **1** (*cuarto*) to tidy *a room* up: *¿Podrías ~ tu cuarto?* Could you tidy your bedroom up? **2** (*apuntes, carpetas*) to put *sth* in order: *~ las tarjetas alfabéticamente* to put the cards in alphabetical order **3** (*mandar*) to order *sb* ***to do sth***: *Me ordenó que me sentara.* He ordered me to sit down.

ordeñar *vt* to milk

ordinario, -a ◆ *adj* (*habitual*) ordinary: *acontecimientos ~s* ordinary events ◆ *adj, nm-nf* (*vulgar*) common [*adj*]: *Son unos ~s.* They're common.

orégano *nm* oregano

oreja *nf* ear

orejón *nm* **1** (*damasco*) dried apricot **2** (*durazno*) dried peach LOC **ser el último orejón del tarro** to be a nobody

orfanato (*tb* **orfelinato**) *nm* orphanage

organismo *nm* **1** (*Biol*) organism **2** (*organización*) organization

organización *nf* organization: *organizaciones internacionales* international organizations ◊ *una ~ juvenil* a youth group LOC **Organización de las Naciones Unidas** (*abrev* **ONU**) the United Nations (*abrev* UN)

organizador, ~a ◆ *adj* organizing ◆ *nm-nf* organizer

organizar ◆ *vt* to organize ◆ **organizarse** *v pron* (*persona*) to get yourself organized: *Debería ~me mejor.* I should get myself better organized.

órgano *nm* (*Anat, Mús*) organ

orgullo *nm* pride: *herir el ~ de algn* to hurt sb's pride

orgulloso, -a *adj, nm-nf* proud [*adj*]: *Está ~ de sí mismo.* He is proud of himself. ◊ *Son unos ~s.* They're very proud.

orientado, -a *pp, adj* LOC **estar orientado a/hacia** (*edificio, cuarto*) to face: *El balcón está ~ hacia el sudeste.* The balcony faces south-east. *Ver tb* ORIENTAR

oriental ◆ *adj* eastern: *Europa Oriental* Eastern Europe ◆ *nmf* oriental [*adj*]: *En mi clase hay dos ~es.* There are two Eastern people in my class.

Existe la palabra **Oriental** como sustantivo en inglés, pero es preferible no usarla porque puede ofender.

orientar ◆ *vt* **1** (*colocar*) to position: *~ una antena* to position an aerial **2** (*dirigir*) to direct: *El policía los orientó.* The policeman directed them. ◆ **orientarse** *v pron* (*encontrar el camino*) to find your way around

oriente *nm* east LOC **el Oriente Próximo/Extremo Oriente** the Near/Far East

origen *nm* origin LOC **dar origen a** to give rise to *sth*

original *adj, nm* original **LOC** *Ver* VERSIÓN

originar ◆ *vt* to lead to *sth* ◆ **originarse** *v pron* to start: *Se originó un incendio en el bosque.* A fire started in the woods.

orilla *nf* **1** (*borde*) edge: *a la ~ del camino* at the edge of the path **2** (*río*) bank: *a ~s del Sena* on the banks of the Seine **3** (*lago, mar*) shore **LOC a la orilla del mar/río** on the seashore/riverside

orina *nf* urine

orinar ◆ *vi* to urinate, to pass water (*más coloq*) ◆ **orinarse** *v pron* to wet yourself

oro *nm* **1** (*gen*) gold: *tener un corazón de ~* to have a heart of gold ◊ *una medalla de ~* a gold medal **2 oros** (*Naipes*) ☛ *Ver nota en* CARTA **LOC** *Ver* BAÑADO, BODA, BUSCADOR, ORO, SIGLO

orquesta *nf* **1** (*de música clásica*) orchestra **2** (*de música ligera*) band: *una ~ de baile/jazz* a dance/jazz band **LOC** *Ver* DIRECTOR

ortografía *nf* spelling: *faltas de ~* spelling mistakes

orzuelo *nm* sty(e) [*pl* sties/styes]: *Me salió un ~.* I've got a stye.

oscilar *vi* **1** (*lámpara, péndulo*) to swing **2 ~ entre** (*precios, temperaturas*) to vary **from *sth* to *sth***: *El precio oscila entre las cinco y las siete libras.* The price varies from five to seven pounds.

oscurecer ◆ *vt* to darken ◆ **oscurecer(se)** *v imp, v pron* to get dark

oscuridad *nf* **1** (*lit*) darkness: *la ~ de la noche* the darkness of the night ◊ *Me da miedo la ~.* I'm afraid of the dark. **2** (*fig*) obscurity: *vivir en la ~* to live in obscurity

oscuro, -a *adj* **1** (*lit*) dark: *azul ~* dark blue **2** (*fig*) obscure: *un ~ poeta* an obscure poet **3** (*pelo, piel*) dark: *Mi hermana es mucho más oscura que yo.* My sister's much darker than me. **LOC a oscuras** in the dark: *Nos quedamos a oscuras.* We were left in the dark.

oso, -a *nm-nf* bear: *~ polar* polar bear **LOC oso de peluche** teddy bear **oso hormiguero** anteater

ostra *nf* oyster **LOC** *Ver* ABURRIR

otoño *nm* autumn: *en ~* in (the) autumn

otorgar *vt* to award *sth* (***to sb***)

otro, -a ◆ *adj* another, other

> **Another** se usa con sustantivos en singular y **other** con sustantivos en plural: *No hay otro tren hasta las cinco.* There isn't another train until five. ◊ *en otra ocasión* on another occasion ◊ *¿Tenés otros colores?* Have you got any other colours? **Other** también se usa en expresiones como: *la otra noche* the other night ◊ *mi otro hermano* my other brother.
> A veces **another** va seguido de un número y un sustantivo plural cuando tiene el sentido de "más": *Me quedan otros tres exámenes.* I've got another three exams to do. También se puede decir en estos casos 'I've got three more exams.'

◆ *pron* another (one) [*pl* others]: *un día u ~* one day or another ◊ *¿Tenés ~?* Have you got another (one)? ◊ *No me gustan. ¿Tenés ~s?* I don't like these ones. Have you got any others? ☛ **El otro, la otra** se traducen por 'the other one': *¿Dónde está el otro?* Where's the other one? **LOC en otro lugar/sitio/en otra parte** somewhere else **lo otro 1** (*la otra cosa*) the other thing: *¿Cuál era lo ~ que querías?* What was the other thing you wanted? **2** (*lo demás*) the rest: *Lo ~ no importa.* The rest doesn't matter. **otra cosa** something else: *Había otra cosa que quería decirte.* There was something else I wanted to tell you.

> Si la oración es negativa podemos decir **nothing else** o **anything else**, dependiendo de si hay o no otra partícula negativa en la frase: *No hay otra cosa.* There's nothing else./There isn't anything else. ◊ *No pudieron hacer otra cosa.* They couldn't do anything else.

otra vez again: *Me aplazaron otra vez.* I've failed again. **otro(s) tanto(s)** as much/as many again: *Me pagó 50 pesos y todavía me debe ~ tanto.* He's paid me 50 pesos and still owes me as much again. **por otra parte/otro lado** on the other hand *Ver tb* COSA, MES, SEMANA, SITIO

oval (*tb* **ovalado, -a**) *adj* oval

ovario *nm* ovary [*pl* ovaries]

oveja *nf* sheep [*pl* sheep]: *un rebaño de ~s* a flock of sheep **LOC oveja negra** black sheep

ovejero, -a *nm-nf* **LOC** *Ver* PERRO

overol *nm* (*ropa de trabajo*) overalls [*pl*]: *Llevaba un ~ azul.* He was wearing blue overalls.

ovillo *nm* ball: *un ~ de lana* a ball of wool **LOC hacerse un ovillo** to curl up

ovino, -a *adj* **LOC** *Ver* GANADO

ovni *nm* UFO [*pl* UFOs]

oxidado, -a *pp, adj* rusty *Ver tb* OXIDAR(SE)

oxidar(se) *vt, v pron* to rust: *Se oxidó la tijera.* The scissors have rusted.

oxígeno *nm* oxygen

oyente *nmf* **1** (*Radio*) listener **2** (*Educ*) unregistered student

ozono *nm* ozone: *la capa de ~* the ozone layer

Pp

pabellón *nm* **1** (*exposición*) pavilion: *el ~ de Francia* the French pavilion **2** (*Dep*) sports hall **3** (*hospital*) block

pacer *vi* to graze

pachorra *nf* drowsiness

paciencia *nf* patience: *Se me está acabando la ~.* My patience is wearing thin. LOC **¡paciencia!** be patient! **tener paciencia** to be patient: *Hay que tener ~.* You must be patient. *Ver tb* ARMAR

paciente *adj, nmf* patient

pacificar ◆ *vt* to pacify ◆ **pacificarse** *v pron* to calm down

pacífico, -a ◆ *adj* peaceful ◆ **Pacífico** *adj, nm* Pacific: *el (océano) Pacífico* the Pacific (Ocean)

pacifista *nmf* pacifist

pactar ◆ *vt* to agree **on *sth***: *Pactaron un alto el fuego.* They agreed on a ceasefire. ◆ *vi* to make an agreement (***with sb***) (***to do sth***)

pacto *nm* agreement: *romper un ~* to break an agreement

padecer *vt, vi* ~ (**de**) to suffer (**from *sth***): *Padece dolores de cabeza.* He suffers from headaches. LOC **padecer de la espalda, del corazón, etc** to have back, heart, etc trouble

padrastro *nm* **1** (*gen*) stepfather **2** (*pellejo*) hangnail

padre *nm* **1** (*gen*) father: *Es ~ de dos hijos.* He is the father of two children. **2 padres** (*padre y madre*) parents LOC *Ver* DÍA, FAMILIA, HUÉRFANO

padrenuestro *nm* Our Father: *rezar dos ~s* to say two Our Fathers

padrino *nm* **1** (*bautizo*) godfather **2** (*casamiento*) man who accompanies the bride, usually her father ☛ *Ver nota en* CASAMIENTO **3 padrinos** godparents

paella *nf* paella

paga *nf* **1** (*sueldo*) pay **2** (*propina*) pocket money

pagano, -a *adj* pagan

pagar ◆ *vt* to pay (**for**) ***sth***: *~ las deudas/los impuestos* to pay your debts/taxes ◊ *Mi abuelo me paga los estudios.* My grandfather is paying for my education. ◆ *vi* to pay: *Pagan bien.* They pay well. LOC **¡me las vas a pagar!** you'll pay for this! **pagar con cheque/tarjeta** to pay (*for sth*) by cheque/credit card **pagar el pato** to carry the can **pagar en efectivo** to pay (*for sth*) in cash *Ver tb* CARO

página *nf* page (*abrev* p): *en la ~ tres* on page three LOC **páginas amarillas** yellow pages *Ver tb* VUELTA

pago *nm* (*plata*) payment: *efectuar/hacer un ~* to make a payment LOC *Ver* COMPROBANTE

país *nm* country [*pl* countries] LOC **los Países Bajos** the Netherlands *Ver tb* HUIR

paisaje *nm* landscape ☛ *Ver nota en* SCENERY

paisano, -a *nm-nf* **1** (*compatriota*) fellow countryman/woman [*pl* fellow countrymen/women] **2** (*pueblerino*) countryman/woman [*pl* countrymen/women] LOC **de paisano 1** (*militar*) in civilian dress **2** (*policía*) in plain clothes

paja *nf* straw

pajar *nm* hay loft LOC *Ver* BUSCAR

pájaro *nm* bird LOC **más vale pájaro en mano...** a bird in the hand is worth two in the bush *Ver tb* CABEZA, MATAR

pajarón, -ona *adj* scatty

paje *nm* page

pajuerano, -a *adj, nm-nf* country bumpkin [*n*]: *No seas tan ~.* Don't be such a country bumpkin.

pala *nf* **1** (*gen*) shovel **2** (*playa*) spade: *jugar con el balde y la ~* to play with your bucket and spade **3** (*para basura*) dustpan

palabra *nf* word: *una ~ de tres letras* a

three-letter word ◊ *Te doy mi ~.* I give you my word. ◊ *No dijo ni ~.* He didn't say a word. ◊ *en otras ~s* in other words LOC **dejar a algn con la palabra en la boca** to cut sb short: *Me dejó con la ~ en la boca y se fue.* He cut me short and walked off. **¡palabra (de honor)!** honest! **tener la última palabra** to have the last word (*on sth*) **tomar la palabra** to take *sb* at their word *Ver tb* BREVE, CEDER, DIRIGIR, JUEGO, SOLTAR

palabrerío *nm* waffle: *Lo que dijo fue todo un ~.* What he said was a whole lot of waffle.

palabrota *nf* swear word: *decir ~s* to swear

palacio *nm* palace

paladar *nm* palate LOC *Ver* VELO

palanca *nf* lever: *En caso de emergencia, tirar de la ~.* In an emergency, pull the lever. LOC **palanca de cambio** gear lever **tener palanca** to be well connected: *Tiene ~ con el presidente.* She is well connected with the president.

palangana *nf* bowl

palco *nm* box

paleta *nf* **1** (*albañil*) trowel **2** (*pintor*) palette

palidecer *vi* to go pale

pálido, -a *adj* pale: *rosa ~* pale pink LOC **ponerse/quedarse pálido** to go pale **¡qué pálida!** what a blow!

palillo *nm* **palillos 1** (*para tambor*) drumsticks **2** (*para comida*) chopsticks

palito *nm* ice lolly [*pl* ice lollies]: *¿Me da un ~ helado de frutilla?* Could I have a strawberry lolly please? LOC *Ver* COSTAR, PISAR

paliza *nf* beating: *Boca les dio una buena ~.* Boca gave them a sound beating. LOC **dar una paliza a algn** (*pegar*) to beat sb up

palma *nf* **1** (*mano*) palm **2** (*árbol*) palm (tree) **3** (*cansancio*) exhaustion LOC **dar palmas 1** (*aplaudir*) to clap **2** (*acompañamiento*) to clap in time (*to sth*): *Lo acompañaban dando ~s* They clapped in time to the music. *Ver tb* CONOCER

palmada *nf* pat: *Me dio una ~ en la espalda.* He gave me a pat on the back. LOC **dar palmadas** to clap: *Dio tres ~s.* He clapped three times.

palmado, -a *adj* (*cansado*) exhausted

palmera *nf* palm (tree)

palo *nm* **1** (*gen*) stick **2** (*barco*) mast **3** (*Naipes*) suit ☛ *Ver nota en* CARTA **4** (*golf*) (golf) club LOC **de palo** wooden: *pata de ~* wooden leg **estar hecho un palo** to be as thin as a rake **ni a palos** for love nor money: *Este chico no come ni a ~s.* This child won't eat for love nor money. **palo de amasar** rolling pin *Ver tb* MOLER, TAL

paloma *nf* **1** (*gen*) pigeon: *una ~ mensajera* a carrier pigeon **2** (*blanca*) dove: *la ~ de la paz* the dove of peace

palomar *nm* dovecote

palpar(se) *vt, vi, v pron* to feel: *El médico me palpó el vientre.* The doctor felt my stomach. ◊ *Se palpó los bolsillos.* He felt his pockets.

palpitar *vi* to beat

pálpito *nm* hunch: *Me dio el ~ que…* I had a hunch that…

palta *nf* avocado [*pl* avocados]

pampa *nf* pampa

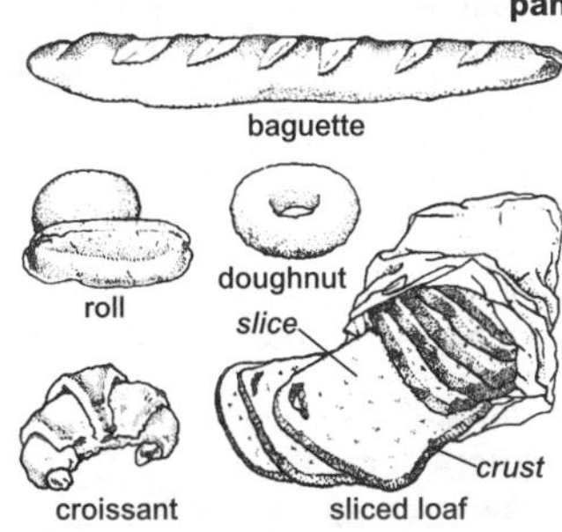

pan *nm* bread [*incontable*]: *Me gusta el ~ recién hecho.* I like freshly-baked bread. ◊ *¿Querés ~?* Do you want some bread? ☛ *Ver nota en* BREAD LOC **(llamar) al pan pan y al vino vino** to call a spade a spade **pan de jabón** bar of soap **pan de molde** sliced bread **pan duro** stale bread **pan flauta** baguette **pan rallado** breadcrumbs [*pl*] *Ver tb* GANAR, VENDER

panadería *nf* baker's [*pl* bakers]

panadero, -a *nm-nf* baker

panal *nm* honeycomb

panameño, -a *nm-nf* Panamanian

pancarta *nf* banner

panceta *nf* bacon

pancho *nm* hot dog

páncreas *nm* pancreas

panda *nm* (*animal*) panda

pandereta *nf* tambourine

pandilla *nf* friends [*pl*]: *Va a venir toda la ~.* All my friends are coming.

panfleto *nm* pamphlet

pánico *nm* panic LOC **tenerle pánico a algo/algn** to be scared stiff of sth/sb: *Le tienen ~ al mar.* They're scared stiff of the sea. *Ver tb* ENTRAR, PRESA

panorama *nm* **1** (*vista*) view: *contemplar un hermoso ~* to look at a lovely view **2** (*perspectiva*) prospect

panqueque *nm* pancake ☛ *Ver nota en* MARTES

pantalla *nf* **1** (*gen*) screen: *una ~ de computadora* a computer screen ☛ *Ver dibujo en* COMPUTADORA **2** (*lámpara*) lampshade LOC **pantalla chica** (*televisión*) the box

pantalón (*tb* **pantalones**) *nm* trousers [*pl*]: *No encuentro el ~ del piyama.* I can't find my pyjama trousers.

Trousers es una palabra plural en inglés, por lo tanto para referirnos a *un pantalón* o *unos pantalones* usamos **some/a pair of trousers**: *Llevaba un pantalón viejo.* He was wearing some old trousers/an old pair of trousers. ◊ *Necesito unos pantalones negros.* I need a pair of black trousers.

LOC **pantalón corto/de deporte** shorts [*pl*] **pantalones vaqueros** jeans *Ver tb* POLLERA

pantano *nm* (*terreno*) marsh

pantera *nf* panther

pañal *nm* nappy [*pl* nappies]: *cambiar el ~ a un bebé* to change a baby's nappy

paño *nm* (*trapo*) cloth LOC **en paños menores** in your underwear

pañoleta *nf* shawl

pañuelo *nm* **1** (*de bolsillo*) handkerchief [*pl* handkerchiefs/handkerchieves] **2** (*cabeza, cuello*) scarf [*pl* scarves] LOC **pañuelo de papel** tissue

papa[1] *nm* pope: *el ~ Juan Pablo II* Pope John Paul II

papa

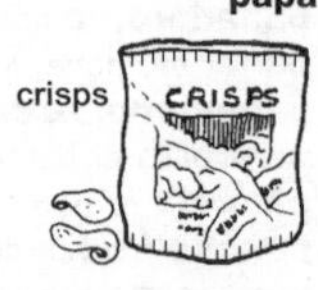

papa[2] *nf* potato [*pl* potatoes] LOC **papas fritas 1** (*de bolsa*) crisps **2** (*Cocina*) chips **ser una papa** (*ser fácil*) to be dead easy *Ver tb* PURÉ

papá *nm* **1** (*padre*) dad: *Preguntáselo a ~.* Ask your dad. ☛ Los chicos pequeños suelen decir **daddy**. **2 papás** mum and dad LOC **Papá Noel** Father Christmas ☛ *Ver nota en* NAVIDAD; *Ver tb* HIJO

papagayo *nm* parrot

papel *nm* **1** (*material*) paper [*incontable*]: *una hoja de ~* a sheet of paper ◊ *La vereda está llena de ~es.* The pavement is covered in bits of paper. ◊ *servilletas de ~* paper napkins ◊ *~ cuadriculado/reciclado* squared/recycled paper **2** (*hoja*) piece of paper: *anotar algo en un ~* to note sth down on a piece of paper **3** (*personaje, función*) part: *hacer el ~ de Otelo* to play the part of Othello ◊ *Jugará un ~ importante en la reforma.* It will play an important part in the reform. LOC **papel de aluminio** foil **papel de envolver/regalo** wrapping paper **papel higiénico** toilet paper **papel picado** confetti **papel principal/secundario** (*Cine, Teat*) leading/supporting role *Ver tb* FÁBRICA, PAÑUELO, VASO

papeleo *nm* paperwork

papelera *nf* waste-paper basket: *Tiralo a la ~.* Throw it in the waste-paper basket.

papelería *nf* stationer's [*pl* stationers]

papeleta *nf* **1** (*electoral*) ballot paper **2** (*sorteo, rifa*) raffle ticket

papelón *nm* embarrassing situation

paperas *nf* mumps [*sing*]: *tener ~* to have (the) mumps

papilla *nf* (*de bebé*) baby food

paquete *nm* **1** (*comida, cigarrillos*) packet: *un ~ de cigarrillos* a packet of cigarettes ☛ *Ver dibujo en* CONTAINER **2** (*bulto*) parcel: *mandar un ~ por correo* to post a parcel ☛ *Ver nota en* PARCEL LOC *Ver* BOMBA[1]

paquete, -a *adj* smart

par ◆ *adj* even: *números ~es* even numbers ◆ *nm* **1** (*pareja*) pair: *un ~ de medias* a pair of socks **2** (*número indefinido*) couple: *hace un ~ de meses* a couple of months ago LOC **a la par** (*a la vez*) at the same time **de par en par** wide open: *dejar la puerta de ~ en ~* to leave the door wide open

para *prep* **1** (*gen*) for: *muy útil para la lluvia* very useful for the rain ◊ *demasiado complicado para mí* too complicated for me ◊ *¿Para qué lo querés?*

What do you want it for? **2 + inf** to do sth: *Vinieron para quedarse.* They've come to stay. ◊ *Lo hice para no molestarte.* I did it so as not to bother you. **3** (*futuro*): *Lo necesito para el lunes.* I need it for Monday. ◊ *Estará terminado para el otoño.* It will be finished by autumn. **4** (*dirección*): *Ahora mismo voy para casa.* I'm going home now. ◊ *Van para allá.* They're on their way. LOC **para eso**: *Para eso, me compro uno nuevo.* I might as well buy a new one. ◊ *¿Para eso me hiciste venir?* You got me here just for that? **para que...** so (that)...: *Los retó para que no lo volvieran a hacer.* He told them off so that they wouldn't do it again. **para sí** to yourself: *hablar para sí* to talk to yourself

parábola *nf* **1** (*Biblia*) parable **2** (*Geom*) parabola

parabólico, -a *adj* LOC *Ver* ANTENA

parabrisas *nm* windscreen

paracaídas *nm* parachute LOC **lanzarse/tirarse en paracaídas** to parachute

paracaidista *nmf* parachutist

parada *nf* stop: *Bajate en la próxima ~.* Get off at the next stop. LOC **parada de colectivos** bus stop **parada de taxis** taxi rank **tener parada** to stop: *Este tren tiene ~ en todas las estaciones.* This train stops at every station.

parado, -a *pp, adj* **1** (*paralizado*) at a standstill: *Las obras están paradas desde hace dos meses.* The roadworks have been at a standstill for two months. **2** (*de pie*) standing (up) LOC **salir bien/mal parado** to come off well/badly *Ver tb* PARAR

paragolpes *nm* bumper

paraguas *nm* umbrella: *abrir/cerrar un ~* to put up/take down an umbrella

Paraguay *nm* Paraguay

paraguayo, -a *adj, nm-nf* Paraguayan LOC *Ver* HAMACA

paragüero *nm* umbrella stand

paraíso *nm* paradise LOC **paraíso terrenal** heaven on earth

paraje *nm* spot

paralelas *nf* parallel bars

paralelo, -a *adj* ~ (**a**) parallel (**to** ***sth***): *líneas paralelas* parallel lines

parálisis *nf* paralysis [*incontable*]

paralítico, -a *adj* paralysed: *quedarse ~ de la cintura para abajo* to be paralysed from the waist down

paralizar *vt* to paralyse

páramo *nm* moor

parar ◆ *vt* **1** (*gen*) to stop: *Pará el coche.* Stop the car. **2** (*gol*) to save **3** (*poner de pie*) to stand: *Parala en la cama para que llegue mejor.* Stand her on the bed so that she can reach better. ◆ **parar(se)** *vi, v pron* to stop: *El tren no paró.* The train didn't stop. ◊ *Me paré a hablar con una amiga.* I stopped to talk to a friend. LOC **ir a parar** to end up: *Fueron a ~ a la cárcel.* They ended up in prison. ◊ *¿Dónde habrá ido a ~?* Where can it have got to? **no parar** to be always on the go **sin parar** non-stop: *trabajar sin ~* to work non-stop *Ver tb* SECO

pararrayos *nm* lightning conductor

parásito *nm* parasite

parche *nm* patch

parcial ◆ *adj* **1** (*incompleto*) partial: *una solución ~* a partial solution **2** (*partidista*) biased ◆ *nm* mid-year assessment exam

parecer ◆ *vi* **1** (*dar la impresión*) to seem: *Parecen (estar) seguros.* They seem certain. ◊ *Parece que fue ayer.* It seems like only yesterday. **2** (*tener aspecto*) **(a) + adj** to look: *Parece más joven de lo que es.* She looks younger than she really is. **(b) + sustantivo** to look like *sth/sb*: *Parece una actriz.* She looks like an actress. **3** (*opinar*) to think: *Me pareció que no tenía razón.* I thought he was wrong. ◊ *¿Qué te parecieron mis primos?* What did you think of my cousins? ◊ *No me parece bien que no los llames.* I think you ought to phone them. ◊ *¿Te parece bien mañana?* Is tomorrow all right? ◆ **parecerse** *v pron* **parecerse** (**a**) **1** (*personas*) **(a)** (*físicamente*) to look alike, to look like *sb*: *Se parecen mucho.* They look very much alike. ◊ *Te parecés mucho a tu hermana.* You look very much like your sister. **(b)** (*en carácter*) to be alike, to be like *sb*: *Nos llevamos mal porque nos parecemos mucho.* We don't get on because we are so alike. ◊ *En eso te parecés a tu padre.* You're like your father in that. **2** (*cosas*) to be similar (**to** ***sth***): *Se parece mucho al mío.* It's very similar to mine. LOC **al parecer/según parece** apparently **parece mentira** (**que...**): *¡Parece mentira!* I can hardly believe it! ◊ *Parece mentira que seas tan despistado.* How can you be so absent-minded? **parece que va a llover/nevar** it looks like rain/snow

parecido, -a ◆ *pp, adj* ~ **(a) 1** (*personas*) alike, like *sb*: *¡Son tan ~s!* You're so alike! ◊ *Sos muy parecida a tu madre.* You're like your mother. **2** (*cosas*) similar (**to *sth***): *Tienen estilos ~s.* They have similar styles. ◊ *Ese vestido es muy ~ al de Ana.* That dress is very similar to Ana's. ◆ *nm* similarity LOC **algo parecido** something like that *Ver tb* PARECER

pared *nf* wall: *Hay varios afiches en la ~.* There are several posters on the wall. LOC **las paredes oyen** walls have ears *Ver tb* ESPADA, SUBIR

pareja *nf* **1** (*relación amorosa*) couple: *Hacen muy buena ~.* They make a really nice couple. **2** (*animales, equipo*) pair: *la ~ vencedora del torneo* the winning pair **3** (*cónyuge, compañero, de juegos, de baile*) partner: *No puedo jugar porque no tengo ~.* I can't play because I haven't got a partner. ◊ *Ana vino con su ~.* Ana came with her partner. LOC **en parejas** two by two: *Entraron en ~s.* They went in two by two.

parejo, -a *adj* **1** (*dobladillo, piso*) even **2** (*flequillo*) straight

parentela *nf* relations [*pl*]

parentesco *nm* relationship LOC **tener parentesco con algn** to be related to sb

paréntesis *nm* (*signo*) brackets [*pl*]: *abrir/cerrar el ~* to open/close (the) brackets ☛ *Ver págs 312–3.* LOC **entre paréntesis** in brackets

pariente, -a *nm-nf* relation: *~ cercano/lejano* close/distant relation

parir *vt, vi* to give birth (***to sth/sb***)

parlamentario, -a ◆ *adj* parliamentary ◆ *nm-nf* Member of Parliament (*abrev* MP) ☛ *Ver pág 316.*

parlamento *nm* parliament [*v sing o pl*] ☛ *Ver pág 316.*

parlanchín, -ina ◆ *adj* talkative ◆ *nm-nf* chatterbox

parlante *nm* (*de un equipo de música*) speaker

paro *nm* (*huelga*) strike LOC *Ver* CARDÍACO

parpadear *vi* **1** (*ojos*) to blink **2** (*luz*) to flicker

párpado *nm* eyelid

parque *nm* park LOC **parque de diversiones** amusement park

parra *nf* grapevine

párrafo *nm* paragraph

parrilla *nf* **1** (*Cocina*) grill **2** (*al aire libre*) barbecue LOC **carne/pescado a la parrilla** grilled meat/fish

párroco *nm* parish priest

parroquia *nf* **1** (*iglesia*) parish church **2** (*comunidad*) parish

parte[1] *nf* **1** (*gen*) part: *tres ~s iguales* three equal parts ◊ *¿En qué ~ de la ciudad vivís?* What part of the town do you live in? ◊ *las dos terceras ~s* two thirds ◊ *Andate a hacer ruido a otra ~.* Go and make a noise somewhere else. ◊ *Esto te lo arreglan en cualquier ~.* This can be repaired anywhere. **2** (*persona*) party [*pl* parties]: *la ~ contraria* the opposing party LOC **de parte de algn** on behalf of sb: *de ~ de todos nosotros* on behalf of us all **¿de parte de quién?** (*por teléfono*) who's calling? **en/por todas partes** everywhere **la parte de abajo/arriba** the bottom/top **la parte de atrás/adelante** the back/front **por mi parte** as far as I am, you are, etc concerned: *Por nuestra ~ no hay ningún problema.* As far as we're concerned there's no problem. **por partes** bit by bit: *Estamos arreglando el techo por ~s.* We're repairing the roof bit by bit. **por una parte ... por la otra ...** on the one hand ... on the other ...: *Por una ~ me alegro, pero por la otra me da pena.* On the one hand I'm pleased, but on the other I think it's sad. **tomar parte en algo** to take part in sth *Ver tb* ALGUNO, CUALQUIERA, GRANDE, MAYOR, NINGUNO, OTRO, SALUDAR, SEXTO

parte[2] *nm* report: *~ médico/meteorológico* medical/weather report LOC **dar parte** to inform *sb* (*of/about sth*)

partera *nf* midwife [*pl* midwives]

participación *nf* **1** (*intervención*) participation: *la ~ del público* audience participation **2** (*casamiento*) wedding invitation: *¿Te mandaron la ~ del casamiento?* Have they sent you an invitation to the wedding?

participante ◆ *adj* participating: *los países ~s* the participating countries ◆ *nmf* participant

participar *vi* ~ **(en)** to participate, to take part (*más coloq*) (**in *sth***): *~ en un proyecto* to participate in a project

partícula *nf* particle

particular *adj* **1** (*gen*) characteristic: *Cada vino tiene su sabor ~.* Each wine has its own characteristic taste. **2**

(*privado*) private: *clases ~es* private tuition

partida *nf* **1** (*nacimiento, matrimonio, defunción*) certificate **2** (*mercancía*) consignment

partidario, -a ◆ *adj* ~ **de** in favour **of *sth*/doing *sth***: *No soy ~ de hacer eso.* I'm not in favour of doing that. ◆ *nm-nf* supporter

partido *nm* **1** (*Pol*) party [*pl* parties] **2** (*Dep*) match: *ver un ~ de fútbol* to watch a football match **3** (*juego*) game: *jugar un ~ de ajedrez* to play a game of chess **4** (*zona administrativa*) administrative area LOC **partido de ida/vuelta** first/second leg **sacar partido a/de algo** to make the most of sth

partir ◆ *vt* **1** (*con cuchillo*) to cut *sth* (up): *~ la torta* to cut up the cake **2** (*con las manos*) to break *sth* (off): *¿Me partís un pedazo de pan?* Could you break me off a piece of bread? **3** (*nueces*) to crack ◆ *vi* (*irse*) to leave (**for...**): *Parten mañana hacia Madrid.* They're leaving for Madrid tomorrow. ◆ **partirse** *v pron* **1** (*gen*) to split: *Si te caés, te vas a ~ la cabeza.* You'll split your head open if you fall. **2** (*diente, alma*) to break LOC **a partir de** from...(on): *a ~ de las nueve de la noche* from 9pm onwards ◊ *a ~ de entonces* from then on ◊ *a ~ de mañana* starting from tomorrow *Ver tb* CARA, CERO

partitura *nf* score

parto *nm* birth LOC **estar de parto** to be in labour

pasa *nf* LOC **pasa de uva** raisin

pasada *nf* LOC **de pasada** in passing **hacer/jugar una mala pasada** to play a dirty trick *on sb*

pasadizo *nm* passage

pasado, -a ◆ *pp, adj* **1** (*día, semana, mes, verano, etc*) last: *el martes ~* last Tuesday **2** (*Gram, época*) past: *siglos ~s* past centuries **3** (*comida*) **(a)** (*demasiado cocinada*) overdone **(b)** (*estropeada*) off ◆ *nm* past LOC **estar pasado de fecha** (*producto*) to be past its sell-by date **pasado de moda** (*ropa*) unfashionable **pasado mañana** the day after tomorrow *Ver tb* PASAR

pasador *nm* catch: *poner el ~* to put the catch on

pasaje *nm* **1** (*transporte*) ticket: *un ~ de avión* a plane ticket ◊ *sacar un ~* to buy a ticket **2** (*calle*) alley [*pl* alleys] LOC **pasaje de ida** single (ticket) **pasaje de ida y vuelta** return (ticket)

pasajero, -a *nm-nf* passenger: *un barco de ~s* a passenger boat

pasamano *nm* **1** (*de una escalera*) banister **2** (*colectivo, tren*) handrail

pasamontañas *nm* balaclava

pasaporte *nm* passport

pasar ◆ *vi* **1** (*gen*) to pass: *La moto pasó a toda velocidad.* The motor bike passed at top speed. ◊ *Pasaron tres horas.* Three hours passed. ◊ *Ya pasaron dos días desde que llamó.* It's two days since he phoned. ◊ *¡Cómo pasa el tiempo!* Doesn't time fly! ◊ *Ese colectivo pasa por el museo.* That bus goes past the museum. **2** (*auto*) to overtake: *El camión me pasó en la curva.* The lorry overtook me on the bend. **3** (*entrar*) to come in: *¿Puedo ~?* May I come in? **4** (*ir*) to go: *Mañana paso por el banco.* I'll go to the bank tomorrow. **5** (*ocurrir*) to happen: *A mí me pasó lo mismo.* The same thing happened to me. ◆ *vt* **1** (*gen*) to pass: *¿Me pasás ese libro?* Can you pass me that book, please? ◊ *Teje para ~ el tiempo.* She knits to pass the time. **2** (*período de tiempo*) to spend: *Pasamos la tarde/dos horas charlando.* We spent the afternoon/two hours chatting. ◆ **pasarse** *v pron* **1** (*ir demasiado lejos*): *No te pases comiendo.* Don't eat too much. ◊ *¡Esta vez te pasaste!* You've gone too far this time! ◊ *~se de parada* to go past your stop **2** (*comida*) **(a)** (*ponerse mala*) to go off **(b)** (*demasiado cocinada*) to be overcooked: *Se te pasó el arroz.* The rice is overcooked. **3** (*olvidarse*) to forget: *Se me pasó completamente lo del entrenamiento.* I completely forgot about the training session. LOC **¿pasa algo?** anything the matter? **pasarlo bien** to have a good time **pasarlo mal** to have a hard time: *Lo está pasando muy mal.* She's having a very hard time. **pasar por algo/algn** to pass for sth/sb: *Esa chica pasa por italiana.* That girl could easily pass for an Italian. **pasar sin** to manage without *sth/sb*: *No puedo ~ sin el coche.* I can't manage without a car. **¿qué pasa?** (*¿hay problemas?*) what's the matter? ☛ Para otras expresiones con **pasar**, véanse las entradas del sustantivo, adjetivo, etc, p.ej. **pasar gato por liebre** en GATO y **pasar el rato** en RATO.

pasatiempo *nm* **1** (*afición*) hobby [*pl* hobbies] **2 pasatiempos** (*en un diario*) puzzles: *la página de ~s* the puzzle page

pascua *nf* (*Semana Santa*) Easter

pase *nm* pass: *No podés entrar sin ~.* You can't get in without a pass.

pasear *vt, vi* to walk: *~ al perro* to walk the dog ◊ *Todos los días salgo a ~.* I go for a walk every day.

paseo *nm* **1** (*a pie*) walk **2** (*en bicicleta, en caballo*) ride **3** (*avenida*) avenue LOC **dar un paseo** to go for a walk

pasillo *nm* **1** (*gen*) corridor: *No corras por los ~s.* Don't run along the corridors. **2** (*iglesia, avión, teatro*) aisle

pasión *nf* passion LOC **tener pasión por algo/algn** to be mad about sth/sb

pasivo, -a ◆ *adj* passive ◆ **pasiva** *nf* (*Gram*) passive (voice)

paso *nm* **1** (*gen*) step: *dar un ~ adelante/atrás* to step forward/back ◊ *un ~ hacia la paz* a step towards peace **2** (*acción de pasar*) passage: *el ~ del tiempo* the passage of time **3** (*camino*) way (through): *Por aquí no hay ~.* There's no way through. **4 pasos** footsteps: *Me pareció oír ~s.* I thought I heard footsteps. LOC **abrir/dejar paso** to make way (*for sth/sb*): *¡Dejen ~ a la ambulancia!* Make way for the ambulance! ◊ *Nos abrimos ~ a codazos entre la gente.* We elbowed our way through the crowd. **a paso de tortuga** at snail's pace **de paso 1** (*en el camino*) on the way: *Me agarra de ~.* It's on my way. **2** (*al mismo tiempo*): *Lleve esto a la oficina y de ~ hable con la secretaria.* Take this to the office, and while you're there have a word with the secretary. **paso a nivel/de cebra/de peatones** level/zebra/pedestrian crossing **paso a paso** step by step **paso subterráneo 1** (*para peatones*) subway [*pl* subways] **2** (*para coches*) underpass **salir del paso** to get by: *Estudian lo mínimo para salir del ~.* They do just enough work to get by. *Ver tb* ACELERAR, CEDER, LLAVE, PROHIBIDO

paspadura *nf* **1** (*gen*) chapped skin [*incontable*] **2** (*de bebé*) nappy rash [*incontable*]: *Esta crema es muy buena para las ~s.* This cream is very good for nappy rash.

pasparse *v pron* **1** (*gen*) to get chapped skin **2** (*bebé*): *El bebé tiene la cola paspada.* The baby has nappy rash.

pasta *nf* **1** (*engrudo*) paste: *Mézclese hasta que la ~ quede espesa.* Mix to a thick paste. **2** (*fideos*) pasta LOC **pasta de dientes** toothpaste **tener pasta de artista, líder, etc** to be a born artist, leader, etc

pastar *vt, vi* to graze

pastel *nm* (*Arte*) pastel

pastelero, -a *adj* LOC *Ver* CREMA

pastilla *nf* **1** (*píldora*) tablet **2** (*caramelo*) pastille LOC **pastillas contra el mareo** travel-sickness pills

pasto *nm* grass: *Hay que cortar el ~.* The grass needs cutting. LOC *Ver* CORTADOR, CORTAR

pastor, ~a *nm-nf* shepherd [*fem* shepherdess] LOC **pastor alemán** Alsatian *Ver tb* PERRO

pata *nf* **1** (*gen*) leg: *la ~ de la mesa* the table leg **2** (*pie*) **(a)** (*cuadrúpedo con uñas*) paw: *El perro se lastimó la ~.* The dog has hurt its paw. **(b)** (*pezuña*) hoof [*pl* hoofs/hooves]: *las ~s de un caballo* a horse's hooves **3** (*animal*) duck ☛ *Ver nota en* PATO LOC **mala pata** bad luck: *¡Qué mala ~ tienen!* They're so unlucky! **pata de pollo** chicken drumstick **patas arriba**: *La casa está ~s arriba.* The house is a tip. **patas de gallo** crow's feet **patas de rana** flippers *Ver tb* CUATRO, ESTIRAR, METIDA

patada *nf* **1** (*puntapié*) kick: *Le dio una ~ a la mesa.* He kicked the table. **2** (*en el suelo*) stamp **3** (*de electridad*) shock LOC **echar a algn a patadas** to kick sb out *Ver tb* DOS

patalear *vi* **1** (*en el suelo*) to stamp (your feet) **2** (*en el aire*) to kick (your feet)

pataleta *nf* tantrum: *agarrarse una ~* to throw a tantrum

patatús *nm* LOC **darle a algn un patatús 1** (*desmayarse*) to faint **2** (*disgustarse*) to have a fit

paté *nm* pâté

patear(se) *vi, vt, v pron* (*caminar mucho*) to traipse round: *Nos pateamos la ciudad entera.* We traipsed round the whole city.

patente[1] *nf* **1** (*de un invento*) patent **2** (*auto*) number plate

patente[2] *adv* clearly

paternal *adj* fatherly, paternal (*más formal*)

paternidad *nf* fatherhood, paternity (*formal*)

paterno, -a *adj* **1** (*paternal*) fatherly **2** (*parentesco*) paternal: *abuelo ~* paternal grandfather LOC *Ver* LÍNEA

patilla *nf* **1** (*pelo*) sideboard **2** (*anteojos*) arm

patín *nm* **1** (*con ruedas*) roller skate **2** (*con cuchilla*) ice-skate LOC *Ver* HOCKEY

patinador, ~a *nm-nf* skater

patinaje *nm* skating: ~ *sobre hielo/artístico* ice-skating/figure-skating LOC *Ver* PISTA

patinar *vi* **1** (*persona*) to skate **2** (*vehículo*) to skid

patineta *nf* skateboard

patio *nm* **1** (*gen*) courtyard **2** (*colegio*) playground

patito, -a *nm-nf* duckling LOC **hacer patitos** to skim stones

pato, -a *nm-nf* duck

Duck es el sustantivo genérico. Para referirnos sólo al macho decimos **drake**. **Ducklings** son los patitos.

LOC *Ver* PAGAR

patota *nf* gang

patotero, -a *nm-nf* hooligan

patria *nf* (native) country

patriota *nmf* patriot

patriotismo *nm* patriotism

patrocinador, ~a *nm-nf* sponsor

patrocinar *vt* to sponsor

patrón, -ona ◆ *nm-nf* (*Relig*) patron saint: *San Martín de Tours es el ~ de Buenos Aires.* Saint Martin of Tours is the patron saint of Buenos Aires. ◆ *nm* **1** (*Dibujo*) template **2** (*jefe*) boss

patrullar *vt, vi* to patrol

patrullero *nm* (*auto*) police car

pausa *nf* pause LOC **hacer una pausa** to have a short break

pava *nf* kettle

pavada *nf* **1** (*dicho, acción*) silly thing **2** (*cosa fácil*) doddle

pavimento *nm* **1** (*de asfalto*) road surface **2** (*de adoquines*) paving

pavo, -a *nm-nf* turkey [*pl* turkeys] LOC **pavo real** peacock [*fem* peahen] *Ver tb* EDAD

payasada *nf* LOC **hacer payasadas** to play the fool: *Siempre estás haciendo ~s.* You're always playing the fool.

payaso, -a *nm-nf* clown LOC **hacer el payaso** to clown around

paz *nf* peace: *plan de ~* peace plan ◊ *en tiempo(s) de ~* in peacetime LOC **dejar en paz** to leave *sth/sb* alone: *No me dejan en ~.* They won't leave me alone. **hacer las paces** to make it up (*with sb*): *Hicieron las paces.* They've made it up.

pe *nf* LOC **de pe a pa** from beginning to end

peaje *nm* toll

peatón *nm* pedestrian LOC *Ver* PASO

peatonal *adj* pedestrian [*n atrib*]: *calle ~* pedestrian street LOC *Ver* SENDA

pebete *nm* bap

peca *nf* freckle: *Me salieron muchas ~s.* I've come out in freckles.

pecado *nm* sin

pecador, ~a *nm-nf* sinner

pecar *vi* to sin LOC **pecar de** to be too...: *Pecás de confiado.* You're too trusting.

pecera *nf* fish tank

pecho *nm* **1** (*gen*) chest **2** (*sólo mujer*) **(a)** (*busto*) bust **(b)** (*mama*) breast LOC **dar el pecho** to breastfeed **tomarse algo a pecho 1** (*en serio*) to take sth seriously: *Se toma el trabajo demasiado a ~.* He takes his work too seriously. **2** (*ofenderse*) to take sth to heart: *Era una broma, no te lo tomes a ~.* It was a joke; don't take it to heart. *Ver tb* NADAR

pechuga *nf* (*ave*) breast: *~ de pollo* chicken breast

pedagogía *nf* education

pedagógico, -a *adj* educational

pedal *nm* pedal

pedalear *vi* to pedal

pedante ◆ *adj* pedantic ◆ *nmf* pedant

pedazo *nm* piece, bit (*más coloq*): *un ~ de torta* a piece of cake LOC **caerse algo a pedazos** to fall to pieces **hacerse pedazos** to smash (to pieces)

pediatra *nmf* paediatrician

pedido *nm* order: *hacer un ~* to place an order

pedir *vt* **1** (*gen*) to ask (*sb*) **for *sth***: *~ pan/la cuenta* to ask for bread/the bill ◊ *~ ayuda a los vecinos* to ask the neighbours for help **2** (*permiso, favor, cantidad*) to ask (*sb*) (*sth*): *Te quiero ~ un favor.* I want to ask you a favour. ◊ *Piden dos mil libras.* They're asking two thousand pounds. **3** *~* **a algn que haga algo** to ask sb **to do sth**: *Me pidió que esperara.* He asked me to wait. **4** (*encargar*) to order: *De primer plato pedimos sopa.* We ordered soup as a starter. LOC **pedir disculpas/perdón** to apologize (*to sb*) (*for sth*) **pedir hora** to make an appointment **pedir (limosna)** to beg **pedir prestado** to borrow: *Me pidió prestado el coche.* He borrowed my car. ☛ *Ver dibujo en* BORROW **te pido por Dios/por lo que más quieras que...** I beg you to... *Ver tb* RESCATE

pedo *nm* (*gases*) fart LOC **tirarse un pedo** to fart

pedrada *nf*: *Lo recibieron a ~s.* They threw stones at him.

pedregullo *nm* gravel

pegadizo, -a *adj* (*música*) catchy

pegado, -a *pp, adj* LOC **estar pegado a** (*muy cerca*) to be right next to… *Ver tb* PEGAR

pegajoso, -a *adj* **1** (*que adhiere*) sticky **2** (*cargante*) clingy

pegamento *nm* glue

pegar ◆ *vt* **1** (*golpear*) to hit **2** (*adherir*) to stick: *~ una etiqueta en un paquete* to stick a label on a parcel ◊ *~ una taza rota* to stick a broken cup together **3** (*acercar*) to put *sth* **against** *sth*: *Pegó la cama a la ventana.* He put his bed against the window. ◆ *vi* **1** (*ropa, colores*) to go (**with** *sth*): *La campera no pega con la pollera.* The jacket doesn't go with the skirt. **2** (*sol, bebida*) to be strong ◆ **pegarse** *v pron* **1** (*pelearse*) to fight **2** (*adherirse, comida*) to stick LOC **no pegar ojo** not to sleep a wink **pegársele a algn un acento** to pick up an accent **pegar un tiro** to shoot: *Se pegó un tiro.* He shot himself. *Ver tb* ESTIRÓN, GRITO, MORDISCO, TORTA

pegote *nm* sticky mess

peinado, -a ◆ *pp, adj*: *¿Todavía no estás peinada?* Haven't you done your hair yet? ◆ *nm* hairstyle LOC **ir bien/mal peinado**: *Iba muy bien peinada.* Her hair looked really nice. ◊ *Siempre va muy mal ~.* His hair always looks a mess. *Ver tb* PEINAR

peinar ◆ *vt* **1** (*gen*) to comb *sb's* hair: *Dejame que te peine.* Let me comb your hair. **2** (*zona*) to comb ◆ **peinarse** *v pron* to comb your hair: *Peinate antes de salir.* Comb your hair before you go out.

peine *nm* comb

pelado, -a *pp, adj* bald: *Mi abuelo es ~.* My grandfather is bald. LOC **quedarse pelado** to go bald *Ver tb* GRITO; *Ver tb* PELAR

peladura *nf* peeling: *~s de papa* potato peelings

pelapapas *nm* potato peeler

pelar ◆ *vt* **1** (*gen*) to peel: *~ una naranja* to peel an orange **2** (*mariscos*) to shell ◆ **pelarse** *v pron* to peel: *Se te va a ~ la nariz.* Your nose will peel.

peldaño *nm* step

pelea *nf* fight: *meterse en una ~* to get into a fight

pelear(se) *vi, v pron* **1** (*luchar*) to fight (**for/against/over** *sth/sb*): *Los chicos se peleaban por los juguetes.* The children were fighting over the toys. **2** (*reñir*) to quarrel

pelela *nf* potty [*pl* potties]

peletería *nf* furrier's [*pl* furriers]

pelícano (*tb* **pelicano**) *nm* pelican

película *nf* film LOC **dar/pasar una película** to show a film **película cómica/de risa** comedy [*pl* comedies] **película del oeste** western **película de miedo** horror film **película muda** silent film **película policial** thriller *Ver tb* SUSPENSO

peligrar *vi* to be in danger

peligro *nm* danger: *Está en ~.* He's in danger. ◊ *fuera de ~* out of danger

peligroso, -a *adj* dangerous

pelirrojo, -a ◆ *adj* red-haired, ginger (*más coloq*) ◆ *nm-nf* redhead

pellejo *nm* **1** (*gen*) skin **2** (*en una uña*) hangnail LOC **arriesgar/jugarse el pellejo** to risk your neck

pellizcar *vt* to pinch

pellizcón *nm* LOC **dar/pegar un pellizcón** to pinch

pelo *nm* **1** (*gen*) hair: *tener el ~ enrulado/lacio* to have curly/straight hair **2** (*piel de animal*) coat: *Ese perro tiene un ~ muy suave.* That dog has a silky coat. LOC **no tener pelos en la lengua** not to mince your words **pelo cortado al rape** crewcut **ponérsele los pelos de punta a algn**: *Se me pusieron los ~s de punta.* My hair stood on end. **por un pelo** by the skin of your teeth: *Se libraron del accidente por un ~.* They missed having an accident by the skin of their teeth. **tomarle el pelo a algn** to pull sb's leg *Ver tb* CEPILLO, CINTA, CORTAR, CORTE[1], DESENREDARSE, LIBRAR, RECOGER, SOLTAR, TOMADURA

pelón *nm* nectarine

pelota *nf* ball: *una ~ de tenis* a tennis ball

pelotón *nm* (*ciclismo*) bunch

peluca *nf* wig

peluche *nm* plush LOC *Ver* MUÑECO, OSO

peludo, -a ◆ *adj* **1** (*gen*) hairy: *unos brazos ~s* hairy arms **2** (*animal*) long-haired ◆ *nm* armadillo

peluquería *nf* **1** (*gen*) hairdresser's [*pl* hairdressers] **2** (*para hombres*) barber's [*pl* barbers]

peluquero, -a *nm-nf* **1** (*gen*) hairdresser **2** (*para hombres*) barber

peluquín *nm* toupee

pelusa *nf* **1** (*cara, fruta*) down **2** (*tela, suciedad*) ball of fluff

pena *nf* **1** (*tristeza*) sorrow: *ahogar las ~s* to drown your sorrows **2** (*lástima*) pity: *¡Qué ~ que no puedas venir!* What a pity you can't come! **3** (*condena*) sentence **4 penas** (*problemas*) troubles: *No me cuentes tus ~s.* Don't tell me your troubles. LOC **dar pena 1** (*persona*) to feel sorry *for sb*: *Esos chicos me dan mucha ~.* I feel very sorry for those children. **2** (*cosa, situación*): *Me da ~ que se tengan que ir.* I'm sorry you have to go. **pena de muerte** death penalty *Ver tb* VALER

penal ◆ *adj* penal ◆ *nm* penalty [*pl* penalties]: *meter un gol de ~* to score from a penalty ◊ *meter un ~* to score a penalty

pendiente ◆ *adj* **1** (*asunto, factura, problema*) outstanding **2** (*decisión, veredicto*) pending ◆ *nf* slope: *una ~ suave/pronunciada* a gentle/steep slope LOC **estar pendiente** (**de algo/algn**) **1** (*vigilar*) to keep an eye on sth/sb: *Estate ~ de los chicos.* Keep an eye on the children. **2** (*estar atento*) to be attentive (to sth/sb): *Estaba muy ~ de sus invitados.* He was very attentive to his guests. **3** (*estar esperando*) to be waiting (for sth): *Estamos ~s de su decisión.* We're waiting for his decision.

pene *nm* penis

penetrante *adj* **1** (*gen*) penetrating: *una mirada ~* a penetrating look **2** (*frío, viento*) bitter

penetrar *vt, vi* ~ (**en**) **1** (*entrar*) to enter, to get into *sth* (*más coloq*): *El agua penetró en el sótano.* The water got into the cellar. **2** (*bala, flecha, sonido*) to pierce: *La bala le penetró el corazón.* The bullet pierced his heart.

penicilina *nf* penicillin

península *nf* peninsula

penique *nm* penny [*pl* pence]: *Cuesta 50 ~s.* It's 50 pence. ◊ *una moneda de cinco ~s* a five-pence piece ☛ *Ver Apéndice 1.*

penitencia *nf* penance: *hacer ~* to do penance LOC **poner en petinencia** to punish

pensamiento *nm* thought LOC *Ver* ADIVINAR

pensar *vt, vi* **1** ~ (**en**) to think (**about/of sth/sb**); to think (**about/of *doing sth***): *Pensá un número.* Think of a number. ◊ *¿En qué pensás?* What are you thinking about? ◊ *Estamos pensando en casarnos.* We're thinking about getting married. ◊ *¿En quién pensás?* Who are you thinking about? **2** (*opinar*) to think *sth* **of sth/sb**: *¿Qué pensás de Juan?* What do you think of Juan? ◊ *No pienses mal de ellos.* Don't think badly of them. **3** (*tener decidido*): *Pensábamos irnos mañana.* We were going to go tomorrow. ◊ *No pienso ir.* I'm not going. ◊ *¿Pensás venir?* Are you going to come? LOC **¡ni pensarlo!** no way! **pensalo/pensátelo** think it over **pensándolo bien...** on second thoughts...

pensativo, -a *adj* thoughtful

pensión *nf* **1** (*jubilación, subsidio*) pension: *una ~ a la viudez* a widow's pension **2** (*hostal*) guest house LOC **pensión completa/media pensión** full/half board

pensionista *nmf* pensioner

pentagrama *nm* staff

penúltimo, -a ◆ *adj* penultimate, last *sth/sb* but one (*más coloq*): *el ~ capítulo* the penultimate chapter ◊ *la penúltima parada* the last stop but one ◆ *nm-nf* last but one

peñón *nm* rock: *el Peñón* (*de Gibraltar*) the Rock (of Gibraltar)

peón *nm* **1** (*Agricultura*) labourer **2** (*Ajedrez*) pawn

peor ◆ *adj, adv* (*uso comparativo*) worse (***than sth/sb***): *Este auto es ~ que aquél.* This car is worse than that one. ◊ *Hoy me siento mucho ~.* I feel much worse today. ◊ *Fue ~ de lo que me esperaba.* It was worse than I had expected. ◊ *Cocina ~ que su madre.* She's a worse cook than her mother. ◆ *adj, adv, nmf* (*uso superlativo*) ~ (**de**) worst (**in/of...**): *Soy el ~ corredor del mundo.* I'm the worst runner in the world. ◊ *la ~ de todas* the worst of all ◊ *el que ~ canta* the one who sings worst LOC *Ver* CADA, CASO

pepinito *nm* gherkin: *~s en vinagre* pickled gherkins

pepino *nm* cucumber

pepita *nf* **1** (*semilla*) seed **2** (*oro*) nugget: *~s de oro* gold nuggets

pequeño, -a *adj* **1** (*gen*) small: *un ~ problema/detalle* a small problem/detail ☛ *Ver nota en* SMALL **2** (*poco importante*) minor: *unos ~s cambios* a few minor changes

pera *nf* **1** (*fruta*) pear **2** (*mentón*) chin

peral *nm* pear tree

percha *nf* **1** (*de armario*) hanger: *Colgá el traje en una ~.* Put your suit on a hanger. **2** (*de pie*) coat stand **3** (*de pared*) coat hook

perdedor, ~a ◆ *adj* losing: *el equipo ~* the losing team ◆ *nm-nf* loser: *ser un buen/mal ~* to be a good/bad loser

perder ◆ *vt* **1** (*gen*) to lose: *~ altura/peso* to lose height/weight ◊ *Perdí el reloj.* I've lost my watch. **2** (*medio de transporte, oportunidad*) to miss: *~ el colectivo/avión* to miss the bus/plane ◊ *¡No pierda esta oportunidad!* Don't miss this opportunity! **3** (*desperdiciar*) to waste: *~ el tiempo* to waste time ◊ *sin ~ un minuto* without wasting a minute ◆ *vi* **1** *~* (**a**) to lose (**at** ***sth***): *Perdimos.* We've lost. ◊ *~ al ajedrez* to lose at chess **2** (*salir perjudicado*) to lose out: *Vos sos el único que pierde.* You're the only one to lose out. ◆ *vt, vi* **1** (*líquido, gas*) to leak: *El tanque pierde (nafta).* The tank is leaking (petrol). ◊ *~ aceite/gas* to have an oil/gas leak **2** (*aire*) to lose air ◆ **perderse** *v pron* **1** (*gen*) to get lost: *Si no llevás mapa te vas a ~.* If you don't take a map you'll get lost. **2** (*película, espectáculo*) to miss: *No te pierdas esa película.* Don't miss that film. LOC **echar algo a perder** to ruin sth **perder algo/a algn de vista** to lose sight of sth/sb **perder el rastro** to lose track *of sth/sb* **perder la cabeza/el juicio** to go mad **perder la calma** to lose your temper **salir perdiendo** to lose out *Ver tb* CONOCIMIENTO

pérdida *nf* **1** (*gen*) loss: *Su partida fue una gran ~.* His leaving was a great loss. ◊ *sufrir ~s económicas* to lose money **2** (*de tiempo*) waste: *Esto es una ~ de tiempo.* This is a waste of time. **3 pérdidas** (*daños*) damage [*incontable, v sing*]: *Las ~s a causa de la tormenta son cuantiosas.* The storm damage is extensive. LOC **no tiene pérdida** you can't miss it **pérdidas y ganancias** profit and loss

perdido, -a *pp, adj* **1** (*gen*) lost: *Estoy completamente perdida.* I'm completely lost. **2** (*perro*) stray LOC *Ver* OBJETO; *Ver tb* PERDER

perdiz *nf* partridge LOC *Ver* LEVANTAR

perdón ◆ *nm* forgiveness ◆ **¡perdón!** *interj* sorry! ☛ *Ver nota en* EXCUSE LOC *Ver* PEDIR

perdonar *vt* **1** (*gen*) to forgive *sb* (**for** ***sth/doing sth***): *¿Me perdonás?* Will you forgive me? ◊ *Jamás le perdonaré lo que me hizo.* I'll never forgive him for what he did. **2** (*deuda, obligación, condena*) to let *sb* off *sth*: *Me perdonó los 30 pesos que le debía.* He let me off the 30 pesos I owed him. LOC **perdoná, perdone, etc 1** (*para pedir disculpas*) sorry: *¡Ay! Perdone, ¿lo pisé?* Sorry, did I stand on your foot? **2** (*para llamar la atención*) excuse me: *¡Perdone! ¿Tiene hora?* Excuse me! Have you got the time, please? **3** (*cuando no se ha oído bien*) sorry, I beg your pardon (*más formal*): *—Soy la señora de Rodríguez. —¿Perdone? ¿Señora de quién?* 'I am Mrs Rodríguez.' 'Sorry? Mrs who?' ☛ *Ver nota en* EXCUSE

peregrinación *nf* (*tb* **peregrinaje** *nm*) pilgrimage: *ir en ~* to go on a pilgrimage

peregrino, -a *nm-nf* pilgrim

perejil *nm* parsley

perenne *adj* LOC *Ver* HOJA

pereza *nf*: *Después de comer me da mucha ~.* I always feel very sleepy after lunch. ◊ *¡Qué ~ tener que levantarme ahora!* I really don't feel like getting up now.

perezoso, -a *adj, nm-nf* lazy [*adj*]: *Mi hermano es un ~.* My brother is really lazy. LOC *Ver* CORTO

perfeccionar *vt* (*mejorar*) to improve: *Quiero ~ mi alemán.* I want to improve my German.

perfecto, -a *adj* perfect

perfil *nm* **1** (*persona*) profile: *Es más lindo de ~.* He's better looking in profile. ◊ *un retrato de ~* a profile portrait ◊ *Ponete de ~.* Stand sideways. **2** (*edificio, montaña*) outline

perfilar *vt* (*dibujo*) to draw the outline **of** ***sth***

perfumado, -a *pp, adj* scented *Ver tb* PERFUMAR

perfumar ◆ *vt* to perfume ◆ **perfumarse** *v pron* to put perfume on

perfume *nm* perfume

perfumería *nf* perfumery [*pl* perfumeries]

perímetro *nm* perimeter

periódico, -a ◆ *adj* periodic ◆ *nm* newspaper, paper (*más coloq*)

periodismo *nm* journalism

periodista *nmf* journalist

período *nm* period LOC **tener el período** to have your period *Ver tb* GLACIAR

perito *nmf* expert (***in sth***) LOC **perito agrónomo** agronomist

perjudicar *vt* **1** (*salud*) to damage **2** (*intereses*) to prejudice

perjudicial *adj* ~ (**para**) (*salud*) bad (**for *sth*/*sb***): *El cigarrillo es ~ para la salud.* Cigarettes are bad for your health.

perjuicio *nm* harm: *ocasionar un ~ a algn* to cause/do sb harm LOC **ir en perjuicio de algn** to go against sb *Ver tb* DAÑO

perla *nf* pearl

permanecer *vi* to remain, to be (*más coloq*): *~ pensativo/sentado* to remain thoughtful/seated ◊ *Permanecí despierta toda la noche.* I was awake all night.

permanente ◆ *adj* permanent ◆ *nf* perm LOC **hacerse la permanente** to have your hair permed

permiso *nm* **1** (*autorización*) permission (***to do sth***): *pedir/dar ~* to ask for/give permission **2** (*documento*) permit: *~ de residencia/trabajo* residence/work permit **3** (*vacación*) leave: *Estoy de ~.* I'm on leave. ◊ *He pedido una semana de ~.* I've asked for a week off. LOC **con (su) permiso**: *Con ~, ¿puedo pasar?* May I come in? ◊ *Me siento acá, con su ~.* I'll sit here, if you don't mind.

permitir ◆ *vt* **1** (*dejar*) to let *sb* (***do sth***): *Permítame ayudarlo.* Let me help you. ◊ *No me lo permitirían.* They wouldn't let me. **2** (*autorizar*) to allow *sb* ***to do sth***: *No permiten entrar sin corbata.* You are not allowed in without a tie. ☛ *Ver nota en* ALLOW ◆ **permitirse** *v pron* **1** (*atreverse, tomarse*) to take: *Se permite demasiadas confianzas con ellos.* He takes too many liberties with them. **2** (*económicamente*) to afford: *No nos lo podemos ~.* We can't afford it. LOC **¿me permite...?** may I...?: *¿Me permite su encendedor?* May I use your lighter?

permutación *nf* (*Mat*) permutation

pero ◆ *conj* but: *lento ~ seguro* slowly but surely ◆ *nm* (*defecto*) fault: *Le encontrás ~s a todo.* You find fault with everything.

perpendicular ◆ *adj* perpendicular (***to sth***) ◆ *nf* perpendicular

perpetuo, -a *adj* perpetual LOC *Ver* CADENA

perplejo, -a *adj* puzzled: *Me quedé ~.* I was puzzled.

perra *nf* (*animal*) bitch ☛ *Ver nota en* PERRO

perrera *nf* dog pound

perrito, -a *nm-nf* puppy [*pl* puppies] ☛ *Ver nota en* PERRO

perro, -a *nm-nf* dog

> Para referirnos sólo a la hembra, decimos **bitch**. A los perros recién nacidos se les llama **puppies**.

LOC **de perros** lousy: *un día de ~s* a lousy day **llevarse como perro y gato** to fight like cat and dog **perro callejero** stray (dog) **perro de San Bernardo** St Bernard **perro faldero** (*lit y fig*) lapdog **perro guardián** guard dog **perro que ladra...** his/her bark is worse than his/her bite **perro ovejero alemán** Alsatian **perro pastor** sheepdog *Ver tb* CRIADERO, METER, VIDA

persecución *nf* **1** (*gen*) pursuit: *La policía iba en ~ de los ladrones.* The police went in pursuit of the robbers. **2** (*Pol, Relig*) persecution

perseguir *vt* **1** (*gen*) to pursue: *~ un coche/objetivo* to pursue a car/an objective **2** (*Pol, Relig*) to persecute

persiana *nf* shutters [*pl*]: *subir/bajar las ~s* to raise/lower the shutters

persistente *adj* persistent

persistir *vi* to persist (***in sth***)

persona *nf* person [*pl* people]: *miles de ~s* thousands of people LOC **persona mayor** grown-up **por persona** a head: *25 pesos por ~* 25 pesos a head **ser (una) buena persona** to be nice: *Son muy buenas ~s.* They're very nice.

personaje *nm* **1** (*de un libro, una película*) character: *el ~ principal* the main character **2** (*persona importante*) personality [*pl* personalities]

personal ◆ *adj* personal ◆ *nm* staff [*v sing o pl*] LOC *Ver* ASEO, COMPUTADORA, DATO, EFECTO

personalidad *nf* personality [*pl* personalities]

perspectiva *nf* **1** (*gen*) perspective: *A ese cuadro le falta ~.* The perspective's not quite right in that painting. **2** (*vista*) view **3** (*en el futuro*) prospect: *buenas ~s* good prospects

perspicacia *nf* insight

perspicaz *adj* perceptive

persuadir ◆ *vt* to persuade ◆ **persuadirse** *v pron* to become convinced (***of sth*/*that...***)

persuasivo, -a *adj* persuasive

pertenecer *vi* to belong ***to sth*/*sb***: *Este collar perteneció a mi abuela.* This necklace belonged to my grandmother.

perteneciente *adj* ~ **a** belonging **to** ***sth/sb***: *los países ~s al Mercosur* the countries belonging to Mercosur

pertenencia *nf* **1** (*a un partido, club, etc*) membership **2 pertenencias** belongings

pertinente *adj* relevant

Perú *nm* Peru

peruano, -a *adj, nm-nf* Peruvian

pervertir *vt* to pervert

pesa *nf* weight: *Tiene mucho músculo porque levanta ~s.* He's very muscular because he does weight lifting. LOC **hacer pesas** to do weight training

pesadez *nf* (*cansancio*) heaviness: *Tengo ~ en los brazos.* My arms feel very heavy. LOC **pesadez estomacal/de estómago** indigestion

pesadilla *nf* nightmare: *Anoche tuve una ~.* I had a nightmare last night.

pesado, -a ◆ *pp, adj* **1** (*gen*) heavy: *una valija/comida pesada* a heavy suitcase/meal **2** (*aburrido*) boring **3** (*tiempo*) sultry ◆ *adj, nm-nf* (*hincha*) pain [*n*]: *Son unos ~s.* They're a pain. ◊ *No seas ~.* Don't be such a pain. LOC *Ver* BROMA; *Ver tb* PESAR[1]

pésame *nm* condolences [*pl*]: *Mi más sentido ~.* My deepest condolences. LOC **dar el pésame** to offer *sb* your condolences

pesar[1] ◆ *vt* to weigh: *~ una valija* to weigh a suitcase ◆ *vi* **1** (*gen*) to weigh: *¿Cuánto pesás?* How much do you weigh? ◊ *¡Cómo pesa!* It weighs a ton! **2** (*tener mucho peso*) to be heavy: *¡Este paquete sí que pesa!* This parcel is very heavy. ◊ *¿Te pesa?* Is it very heavy? ◊ *¡No pesa nada!* It hardly weighs a thing! LOC **pesar una tonelada** to weigh a ton

pesar[2] *nm* (*tristeza*) sorrow LOC **a pesar de algo** in spite of sth: *Fuimos a ~ de la lluvia.* We went in spite of the rain. **a pesar de que...** although...: *A ~ de que implicaba riesgos...* Although it was risky...

pesca *nf* fishing: *ir de ~* to go fishing LOC *Ver* FURTIVO

pescadería *nf* fishmonger's [*pl* fishmongers]

pescadero, -a *nm-nf* fishmonger

pescadilla *nf* small hake [*pl* small hake]

pescado *nm* fish [*incontable*]: *Voy a comprar ~.* I'm going to buy some fish. ◊ *Es un tipo de ~.* It's a kind of fish. ☛ *Ver nota en* FISH LOC *Ver* PARRILLA

pescador, ~a *nm-nf* fisherman/woman [*pl* fishermen/women] LOC *Ver* FURTIVO

pescar ◆ *vi* to fish: *Habían salido a ~.* They'd gone out fishing. ◆ *vt* (*agarrar*) to catch: *Pesqué dos truchas.* I caught two trout. ◊ *~ una pulmonía* to catch pneumonia LOC *Ver* CAÑA

pesebre *nm* (*nacimiento*) crib: *Vamos a poner el ~.* Let's set up the crib.

pesimista ◆ *adj* pessimistic ◆ *nmf* pessimist

pésimo, -a *adj* dreadful

peso *nm* **1** (*gen*) weight: *ganar/perder ~* to put on/lose weight ◊ *vender algo al ~* to sell sth by weight ◊ *~ bruto/neto* gross/net weight **2** (*plata*) peso [*pl* pesos]: *Se devaluó el ~.* The peso has been devalued. LOC **de peso** (*fig*) **1** (*persona*) influential **2** (*asunto*) weighty **no tener ni un peso** to be broke *Ver tb* QUITAR

pesquero, -a ◆ *adj* fishing [*n atrib*]: *un puerto ~* a fishing port ◆ *nm* fishing boat

pestaña *nf* (*ojo*) eyelash

pestañear *vi* to blink LOC **sin pestañear** without batting an eyelid: *Escuchó la noticia sin ~.* He heard the news without batting an eyelid.

peste *nf* (*enfermedad*) plague LOC **decir pestes (de)** to slag *sth/sb* off

petaca *nf* **1** (*para tabaco*) tobacco pouch **2** (*para licores*) hip flask **3** (*polvera*) compact

pétalo *nm* petal

petardo *nm* banger

petición *nf* **1** (*gen*) request **2** (*instancia*) petition: *redactar una ~* to draw up a petition

petirrojo *nm* robin

petiso, -a ◆ *adj* (*de baja estatura*) short ◆ *nm* (*caballo*) pony [*pl* ponies]

petróleo *nm* oil: *un pozo de ~* an oil well

petrolero *nm* oil tanker

pez *nm* fish [*pl* fish]: *peces de agua dulce* freshwater fish ◊ *Hay dos peces en la pecera.* There are two fish in the goldfish bowl. ☛ *Ver nota en* FISH LOC **pez de colores** goldfish [*pl* goldfish] **pez gordo** big shot

pezón *nm* **1** (*persona*) nipple **2** (*animal*) teat

pezuña *nf* hoof [*pl* hoofs/hooves]

piadoso, -a *adj* devout LOC *Ver* MENTIRA

pianista *nmf* pianist

piano *nm* piano [*pl* pianos]: *tocar una pieza al ~* to play a piece of music on the piano LOC **piano de cola** grand piano

piar *vi* to chirp

pibe, -a *nm-nf* kid

picado, -a ◆ *pp, adj* **1** (*diente*) bad **2** (*mar*) choppy ◆ **picada** *nf* nibbles [*pl*] ◆ LOC **caer en picada** to nosedive *Ver tb* CARNE, PAPEL; *Ver tb* PICAR

picador *nm* hummingbird

picadura *nf* **1** (*mosquito, serpiente*) bite: *una ~ de serpiente* a snake bite **2** (*abeja, avispa*) sting

picante *adj* (*Cocina*) hot: *una salsa ~* a hot sauce LOC *Ver* AJÍ

picaporte *nm* door-handle

picar ◆ *vt, vi* **1** (*pájaro*) to peck **2** (*mosquito, serpiente*) to bite **3** (*abeja, avispa*) to sting **4** (*comer*): *¿Querés ~ algo?* Do you fancy something to eat? ◊ *Acabo de ~ un poco de queso.* I've just had some cheese. ◊ *Nos dieron unas cosas para ~.* They gave us some nibbles. ◆ *vt* **1** (*carne*) to mince **2** (*cebolla, verdura*) to chop *sth* (up) **3** (*billete, boleto*) to punch ◆ *vi* **1** (*producir picazón*) to itch: *Este pulóver pica.* This jumper makes me itch. **2** (*parte del cuerpo*) to sting: *Me pican los ojos.* My eyes are stinging. **3** (*pez*) to bite: *¡Picó uno!* I've got a bite! **4** (*ser picante*) to be hot **5** (*pelota*) to bounce ◆ **picarse** *v pron* **1** (*diente, fruta*) to go bad **2** (*vino*) to go off LOC *Ver* BICHO

picardía *nf* craftiness: *tener mucha ~* to be very crafty ◊ *Tenés que hacerlo con ~.* You have to be crafty.

picazón *nf* **1** (*comezón*) itch: *Tengo ~ en la espalda.* I've got an itchy back. **2** (*ardor*) stinging **3** (*garganta*) tickle

pichicata *nf* injection

pichicatearse *v pron* to take drugs

pichón *nm* young bird

picnic *nm* picnic: *ir de ~* to go for a picnic

pico *nm* **1** (*pájaro*) beak **2** (*montaña*) peak: *los ~s cubiertos de nieve* the snow-covered peaks **3** (*herramienta*) pick **4** (*de jarra, tetera*) spout LOC **y pico 1** (*gen*) odd: *dos mil y ~ de pesos/personas* two thousand odd pesos/people ◊ *Tiene treinta y ~.* He's thirty something. **2** (*hora*) just after: *Eran las dos y ~.* It was just after two. *Ver tb* CERRAR, HORA

picotazo *nm* peck: *El loro me dio un ~.* The parrot pecked me.

pie *nm* **1** (*gen*) foot [*pl* feet]: *el ~ derecho/izquierdo* your right/left foot ◊ *tener los ~s planos* to have flat feet **2** (*estatua, columna*) pedestal **3** (*copa*) stem **4** (*lámpara*) stand LOC **al pie de la letra** word for word **andar con pies de plomo** to tread carefully **a pie** on foot **de pies a cabeza** from top to toe **estar de pie** to be standing (up) **hacer pie**: *No hago ~.* My feet don't touch the bottom. **no tener ni pies ni cabeza** to be absurd **poner el pie** to trip *sb* up: *Le pusiste el ~.* You tripped him up. **ponerse de pie** to stand up *Ver tb* LÁMPARA, LEVANTAR, MANTENER, PLANTA

piedad *nf* **1** (*compasión*) mercy (**on *sb***): *Señor ten ~.* Lord have mercy. **2** (*devoción*) piety **3** (*imagen, escultura*) pietà

piedra *nf* stone: *una pared de ~* a stone wall ◊ *una ~ preciosa* a precious stone LOC **quedarse como una piedra** to be speechless

piel *nf* **1** (*Anat*) skin: *tener la ~ blanca* to have fair skin **2** (*con pelo*) fur: *un saco de ~* a fur coat **3** (*fruta*) skin: *Sacale la ~ a las uvas.* Peel the grapes. LOC **piel de gallina** goose-pimples: *Se me puso la ~ de gallina.* I got goose-pimples. **quedarse/ser/estar piel y hueso** to be nothing but skin and bone: *Después de la enfermedad quedó ~ y hueso.* He's nothing but skin and bone after his illness.

pierna *nf* leg: *romperse una ~* to break your leg ◊ *cruzar/estirar las ~s* to cross/stretch your legs LOC **con las piernas cruzadas** cross-legged

pieza *nf* **1** (*gen, Ajedrez, Mús*) piece **2** (*Mec*) part: *una ~ de repuesto* a spare part **3** (*cuarto*) room: *Mi casa tiene tres ~s.* Mi house has three rooms.

pigmento *nm* pigment

pila *nf* **1** (*montón*) pile: *una ~ de diarios* a pile of newspapers **2** (*gran cantidad*): *Tienen una ~ de plata.* They've got loads of money. ◊ *Ese tipo tiene ya una ~ de años.* That bloke's getting on. **3** (*Electrón*) battery [*pl* batteries]: *Se acabaron las ~s.* The batteries have run out. LOC **ponerse las pilas** to get cracking *Ver tb* NOMBRE

pilar *nm* pillar

píldora *nf* pill

pileta *nf* **1** (*en la cocina/el lavadero*)

sink: *Dejé los platos sucios en la ~.* I left the dirty dishes in the sink. **2** (*de natación*) swimming pool: *El agua de la ~ está fría* The water in the swimming pool is cold. LOC **pileta climatizada/cubierta** heated/indoor pool

pilotear *vt* (*avión*) to fly

piloto ◆ *nmf* **1** (*avión*) pilot **2** (*coche*) racing driver ◆ *nm* (*prenda*) raincoat: *No te olvides el ~ que llueve mucho.* Don't forget your raincoat—it's pouring. LOC **piloto automático** automatic pilot: *El avión iba con el ~ automático.* The plane was on automatic pilot.

pimentón *nm* paprika

pimienta *nf* pepper

pimiento *nm* **1** (*colorado, verde*) pepper **2** (*picante*) chilli [*pl* chillies]: *¡Cuidado con ese ~, está muy picante!* Look out, that chilli is very hot.

pimpollo *nm* (*de flor*) bud

pinar *nm* pine wood

pincel *nm* paintbrush

pinchar ◆ *vt* **1** (*gen*) to prick: *~ a algn con un alfiler* to prick sb with a pin **2** (*pelota, goma*) to puncture **3** (*Med*) to give *sb* an injection ◆ *vi* **1** (*planta espinosa*) to be prickly: *Tené cuidado que pinchan.* Be careful, they're very prickly. **2** (*quedarse en llanta*) to have a puncture: *Pinché dos veces en una semana.* I've had two punctures in a week. ◆ **pincharse** *v pron* **1** (*goma*) to puncture: *Se me pinchó una goma.* I've got a puncture. **2 pincharse (con)** to prick yourself (**on/with *sth***): *~se con una aguja* to prick yourself on/with a needle

pinchazo *nm* (*tb* **pinchadura** *nf*) puncture: *arreglar un ~* to mend a puncture

pincho *nm* spike: *Ese cardo tiene ~s.* That thistle's got spikes.

ping-pong® *nm* ping-pong

pingüino *nm* penguin

pino *nm* pine (tree)

pinta *nf* **1** (*aspecto*) look: *No me gusta la ~ de ese pescado.* I don't like the look of that fish. **2** (*medida*) pint ☛ *Ver Apéndice 1.* LOC **tener pinta (de)** to look (like *sth*): *Con ese traje tenés ~ de payaso.* You look like a clown in that suit. ◊ *Esas masitas tienen muy buena ~.* Those cakes look very nice.

pintada *nf* graffiti [*incontable*]: *Había ~s por toda la pared.* There was graffiti all over the wall. ◊ *Había una ~ que decía...* There was graffiti saying...

pintado, -a *pp, adj* LOC **pintado de** painted: *Las paredes están pintadas de azul.* The walls are painted blue. **quedar pintado** to fit like a glove **venir pintado** to be perfect: *Ese trabajo me viene ~.* A job like that is just perfect for me. *Ver tb* RECIÉN; *Ver tb* PINTAR

pintar ◆ *vt, vi* to paint: *~ una pared de rojo* to paint a wall red ◊ *Me gusta ~.* I like painting. ◆ *vt* (*colorear*) to colour *sth* (in): *El chico había pintado la casa de azul.* The little boy had coloured the house blue. ◊ *Dibujó una pelota y luego la pintó.* He drew a ball and then coloured it in. ◆ **pintarse** *v pron* **1** (*gen*) to paint: *~se las uñas* to paint your nails **2** (*maquillarse*) to put on your make-up: *No tuve tiempo de ~me.* I didn't have time to put on my make-up. LOC **pintar al óleo/a la acuarela** to paint in oils/watercolours **pintarse los labios/ojos** to put on your lipstick/eye make-up

pintor, ~a *nm-nf* painter

pintoresco, -a *adj* picturesque: *un paisaje ~* a picturesque landscape

pintura *nf* **1** (*gen*) painting: *La ~ es una de mis aficiones.* Painting is one of my hobbies. **2** (*producto*) paint: *una mano de ~* a coat of paint **3 pinturas** (*lápices de colores*) coloured pencils LOC *Ver* CHAPA, ÓLEO

pinza *nf* **1** (*cangrejo, langosta*) pincer **2 pinzas (a)** (*gen*) tweezers: *unas ~s para las cejas* tweezers **(b)** (*herramienta*) pliers **(c)** (*azúcar, hielo, carbón*) tongs

piña *nf* **1** (*de pino*) pine cone **2** (*trompada*) punch

piñón *nm* (*Bot*) pine nut

pío *nm* (*sonido*) tweet

piojo *nm* louse [*pl* lice]

piola ◆ *adj* **1** (*astuto*) on the ball **2** (*de moda*) trendy ◆ *nf* cord LOC **hacerse el piola** to try to be clever

piolín *nm* string

pionero, -a ◆ *adj* pioneering ◆ *nm-nf* pioneer (***in sth***): *un ~ de la cirugía estética* a pioneer in cosmetic surgery

pipa *nf* **1** (*para fumar*) pipe: *fumar en ~* to smoke a pipe ◊ *la ~ de la paz* the pipe of peace **2** (*semilla de girasol*) sunflower seed LOC **fumarse a algn en pipa** to take sb for a ride

pipeta *nf* pipette

pique *nm* **1** (*auto*) acceleration: *Este auto tiene un ~ bárbaro.* This car has got great acceleration. **2 piques** (*Naipes*) spades ☛ *Ver nota en* CARTA

LOC **irse a pique 1** (*negocio*) to go bust **2** (*plan*) to fall through

piquete *nmf* picket

pirado, -a *pp, adj* nuts: *estar* ~ to be nuts *Ver tb* PIRARSE

piragua *nf* canoe

piragüismo *nm* canoeing: *hacer* ~ to go canoeing

pirámide *nf* pyramid

piraña *nf* piranha

pirarse *v pron* to clear off LOC **pirárselas** to leg it

pirata *adj, nmf* pirate [*n*]: *un barco/una emisora* ~ a pirate boat/radio station

piratear *vt* **1** (*disco, video*) to pirate **2** (*entrar en un sistema informático*) to hack **into** ***sth***

pirómano, -a *nm-nf* arsonist

piropo *nm* **1** (*cumplido*) compliment **2** (*en la calle*): *decir un* ~ to whistle at sb

pirueta *nf* pirouette

pis *nm* pee LOC **hacer pis** to have a pee

pisada *nf* **1** (*sonido*) footstep **2** (*huella*) footprint

pisar ♦ *vt* **1** (*gen*) to step **on/in** ***sth***: *~le el pie a algn* to step on sb's foot ◊ *~ un charco* to step in a puddle **2** (*tierra*) to tread *sth* down **3** (*acelerador, freno*) to put your foot **on** ***sth*** **4** (*dominar*) to walk all over *sb*: *No te dejes ~*. Don't let people walk all over you. **5** (*Cocina*) to mash **6** (*atropellar*) to run over ♦ *vi* to tread LOC **pisarse el palito** to give yourself away *Ver tb* PROHIBIDO

Piscis *nm, nmf* Pisces ☛ *Ver ejemplos en* AQUARIUS

piso *nm* (*suelo, planta*) floor: *Vivo en el tercer* ~. I live on the third floor. LOC **de dos, etc pisos** (*edificio*) two-storey, etc: *un bloque de cinco ~s* a five-storey block *Ver tb* LAVAR, SERRUCHAR

pisotear *vt* **1** (*pisar*) to stamp **on** ***sth*** **2** (*fig*) to trample **on** ***sth***: ~ *los derechos de algn* to trample on sb's rights

pisotón *nm* LOC **dar un pisotón a algn** to tread on sb's foot

pista *nf* **1** (*huella*) track(s) [*se usa mucho en plural*]: *seguir la ~ de un animal* to follow an animal's tracks ◊ *Le perdí la ~ a Manolo.* I've lost track of Manolo. **2** (*dato*) clue: *Dame más ~s.* Give me more clues. **3** (*carreras*) track: *una ~ al aire libre/cubierta* an outdoor/indoor track **4** (*Aeronáut*) runway [*pl* runways] LOC **estar sobre la pista de algn** to be on sb's trail **pista de baile** dance floor **pista de esquí** ski slope **pista de hielo/patinaje** ice rink/skating-rink

pistacho *nm* pistachio [*pl* pistachios]

pistola *nf* gun, pistol (*téc*) LOC *Ver* PUNTA

pitada *nf* puff: *dar una ~ a un cigarrillo* to have a puff of a cigarette

pitazo *nm* whistle

pito *nm* whistle LOC **entre pitos y flautas** what with one thing and another **hacer sonar/tocar el pito** to blow the whistle

pitón *nm* python

pituco, -a *adj* (*elegante*) elegant

piyama (*tb* **pijama**) *nm* pyjamas [*pl*]: *Ese ~ te queda chico.* Those pyjamas are too small for you. ☛ Nótese que *un piyama* se dice **a pair of pyjamas**: *Meté dos ~s en la valija.* Pack two pairs of pyjamas.

pizarrón *nm* blackboard: *salir al* ~ to go out to the blackboard

pizca *nf*: *una ~ de sal* a pinch of salt ◊ *una ~ de humor* a touch of humour

pizza *nf* pizza

placa *nf* **1** (*lámina, Fot, Geol*) plate: *~s de acero* steel plates ◊ *La ~ de la puerta dice "dentista".* The plate on the door says 'dentist'. **2** (*conmemorativa*) plaque: *una ~ conmemorativa* a commemorative plaque **3** (*policía*) badge **4** (*chapa*) number plate

placard *nm* fitted cupboard

placer *nm* pleasure: *un viaje de* ~ a pleasure trip ◊ *Tengo el ~ de presentarles al Dr García.* It is my pleasure to introduce Dr García.

plaga *nf* plague: *una ~ de mosquitos* a plague of mosquitoes

plan *nm* plan: *Cambié de ~es.* I've changed my plans. ◊ *¿Tienen ~es para el sábado?* Have you got anything planned for Saturday? LOC **plan de estudios** curriculum [*pl* curriculums/curricula]

plancha *nf* (*electrodoméstico*) iron LOC **a la plancha** grilled **hacer la plancha** to float

planchar ♦ *vt* to iron: ~ *una camisa* to iron a shirt ♦ *vi* to do the ironing: *Hoy me toca ~.* I've got to do the ironing today.

planear[1] *vt* (*organizar*) to plan: ~ *la fuga* to plan your escape

planear[2] *vi* (*avión, pájaro*) to glide

planeta *nm* planet

planificación *nf* planning

planilla *nf* form

plano, -a ◆ *adj* flat: *una superficie plana* a flat surface ◆ *nm* **1** (*nivel*) level: *Las casas están construidas en distintos ~s.* The houses are built on different levels. ◊ *en el ~ personal* on a personal level **2** (*diagrama*) **(a)** (*ciudad, subte*) map **(b)** (*Arquit*) plan **3** (*Cine*) shot LOC *Ver* PRIMERO

planta *nf* **1** (*Bot*) plant **2** (*piso*) floor: *Vivo en la ~ baja.* I live on the ground floor. LOC **planta del pie** sole

plantación *nf* plantation

plantado, -a *pp, adj* LOC **dejar plantado** to stand *sb* up *Ver tb* PLANTAR

plantar *vt* **1** (*gen*) to plant **2** (*dar un plantón*) to stand *sb* up

planteamiento *nm* formulation

plantear ◆ *vt* to raise: *~ dudas/preguntas* to raise doubts/questions ◊ *El libro plantea temas muy importantes.* The book raises very important issues. ◆ **plantearse** *v pron* to think (**about sth/doing sth**): *¡Eso ni me lo planteo!* I don't even think about that!

plantel *nm* **1** (*personal*) staff [*v sing o pl*] **2** (*fútbol*) squad: *El equipo tiene un nuevo ~.* The team has a new line up.

plantilla *nf* insole

plástico, -a ◆ *adj* plastic: *la cirugía plástica* plastic surgery ◆ *nm* plastic [*gen incontable*]: *un envase de ~* a plastic container ◊ *Tapalo con un ~.* Cover it with a plastic sheet. LOC *Ver* VASO

plastificar *vt* to laminate

plastilina® *nf* plasticine®

plata *nf* **1** (*metal*) silver: *un anillo de ~* a silver ring **2** (*dinero*) money: *¿Tenés ~?* Have you got any money? LOC *Ver* BAÑADO, BODA, PODRIDO

plataforma *nf* platform

plátano *nm* plane tree

platea *nf* stalls

plateado, -a *pp, adj* **1** (*color*) silver: *pintura plateada* silver paint **2** (*bañado en plata*) silver-plated

platillo *nm* **1** (*taza*) saucer **2 platillos** cymbals LOC *Ver* BOMBO

platino *nm* platinum

plato *nm* **1** (*utensilio*) **(a)** (*gen*) plate: *¡Ya se rompió otro ~!* There goes another plate! **(b)** (*para debajo de la taza*) saucer **2** (*comida*) dish: *un ~ típico del país* a national dish **3** (*parte de la comida*) course: *De primer ~ tomé sopa.* I had soup for my first course. ◊ *el ~ fuerte* the main course LOC **plato hondo/sopero** soup plate **plato playo/de postre** dinner/dessert plate **plato volador** flying saucer *Ver tb* LAVAR, SECAR, SEGUNDO

playa *nf* beach: *Pasamos el verano en la ~.* We spent the summer on the beach. LOC **playa de estacionamiento** car park

playo, -a *adj* shallow LOC *Ver* PLATO

plaza *nf* square LOC **plaza de toros** bullring

plazo *nm* **1** (*período*): *el ~ de inscripción* the enrolment period ◊ *Tenemos un mes de ~ para pagar.* We've got a month to pay. ◊ *El ~ vence mañana.* The deadline is tomorrow. **2** (*pago*) instalment: *pagar algo a ~s* to pay for sth in instalments LOC **a corto/mediano/largo plazo** in the short/medium/long term

plegable *adj* folding: *una cama ~* a folding bed

plegar *vt* to fold

pleito *nm* lawsuit

pleno, -a *adj* full: *Soy miembro de ~ derecho.* I'm a full member. ◊ *~s poderes* full powers LOC **a plena luz del día** in broad daylight **en pleno…** (right) in the middle of…: *en ~ invierno* in the middle of winter ◊ *en ~ centro de la ciudad* right in the centre of the city **estar en plena forma** to be in peak condition

pliegue *nm* fold: *La tela caía formando ~s.* The material hung in folds.

plomero, -a *nm-nf* plumber

plomo ◆ *nm* **1** (*metal*) lead **2** (*pesadez, aburrimiento*): *¡Qué ~ de libro!* What a boring book! ◊ *Esa clase es un ~.* That class is really boring. ◊ *Ese tipo me parece un ~.* I find that bloke so boring. ◆ *adj* pain [*n*]: *¡Que chico más ~!* What a pain that child is! LOC **ser plomo** to be a pain *Ver tb* NAFTA, PIE

pluma *nf* feather: *un colchón de ~s* a feather mattress

plumero *nm* feather duster

plumón *nm* duvet

plural *adj, nm* plural

Plutón *nm* Pluto

plutonio *nm* plutonium

población *nf* **1** (*conjunto de personas*) population: *la ~ activa* the working population **2** (*localidad*) **(a)** (*ciudad grande*) city [*pl* cities] **(b)** (*ciudad pequeña*) town **(c)** (*pueblo*) village

poblado *nm* village

pobre ◆ *adj* poor ◆ *nmf* **1** (*gen*) poor man/woman [*pl* poor men/women]: *los* *ricos y los ~s* the rich and the poor **2** (*desgraciado*) poor thing: *¡Pobre! Tiene hambre.* He's hungry, poor thing! LOC **ser más pobre que una rata/laucha** to be as poor as a church mouse

pobreza *nf* poverty

pochoclo *nm* popcorn: *¿Querés ~?* Would you like some popcorn?

poco, -a ◆ *adj* **1** (+ *sustantivo incontable*) little, not much (*más coloq*): *Tienen muy ~ interés.* They have very little interest. ◊ *Tengo poca plata.* I don't have much money. **2** (+ *sustantivo contable*) few, not many (*más coloq*): *en muy pocas ocasiones* on very few occasions ◊ *Tiene ~s amigos.* He hasn't got many friends. ☛ *Ver nota en* LESS ◆ *pron* little [*pl* few]: *Vinieron muy ~s.* Very few came. ◆ *adv* **1** (*gen*) not much: *Come ~ para lo alto que está.* He doesn't eat much for his height. **2** (*poco tiempo*) not long: *La vi hace ~.* I saw her not long ago/recently. **3** (+ *adj*) not very: *Es ~ inteligente.* He's not very intelligent. LOC **a poco de** shortly after: *a ~ de irte* shortly after you left **poco a poco/de a poco** gradually **poco más/menos (de)** just over/under: *~ menos de 5.000 personas* just under 5000 people **por poco** nearly: *Por ~ me pisan.* I was nearly run over. **un poco** a little, a bit (*más coloq*): *un ~ más/mejor* a little more/better ◊ *un ~ de azúcar* a bit of sugar ◊ *Esperá un ~.* Wait a bit. **unos pocos** a few: *unos ~s claveles* a few carnations ◊ *—¿Cuántos querés? —Dame unos ~s.* 'How many would you like?' 'Just a few.' ☛ *Ver nota en* FEW ☛ Para otras expresiones con **poco**, véanse las entradas del sustantivo, adjetivo, etc, p.ej. **ser poca cosa** en COSA y **al poco tiempo** en TIEMPO.

podar *vt* to prune

poder[1] *vt, vi* **1** (*gen*) can ***do sth***, to be able ***to do sth***: *Puedo escoger Londres o Madrid.* I can choose London or Madrid. ◊ *No podía creerlo.* I couldn't believe it. ◊ *Desde entonces no pudo caminar más.* He hasn't been able to walk since then. ☛ *Ver nota en* CAN[2] **2** (*tener permiso*) can, may (*más formal*): *¿Puedo hablar con Andrés?* Can I talk to Andrés? ☛ *Ver nota en* MAY **3** (*probabilidad*) may, could, might

El uso de **may**, **could**, **might** depende del grado de probabilidad de realizarse la acción: **could** y **might** expresan menor probabilidad que **may**: *Pueden llegar en cualquier momento.* They may arrive at any minute. ◊ *Podría ser peligroso.* It could/might be dangerous.

LOC **no poder más** (*estar cansado*) to be exhausted **poder con** to cope with *sth*: *No puedo con tantos deberes.* I can't cope with so much homework. **puede (que...)** maybe: *Puede que sí, puede que no.* Maybe, maybe not. **se puede/no se puede**: *¿Se puede?* May I come in? ◊ *No se puede fumar aquí.* You can't smoke in here. ☛ Para otras expresiones con **poder**, véanse las entradas del sustantivo, adjetivo, etc, p.ej. **a más no poder** en MÁS y **sálvese quien pueda** en SALVAR.

poder[2] *nm* power: *tomar el ~* to seize power LOC **el poder ejecutivo/judicial/legislativo** the executive/judiciary/legislature

poderoso, -a *adj* powerful

podrido, -a *pp, adj* **1** (*pasado*) rotten: *una manzana/sociedad podrida* a rotten apple/society **2** (*harto*) fed up LOC **estar podrido en plata** to be rolling in it

poema *nm* poem

poesía *nf* **1** (*género*) poetry: *la ~ épica* epic poetry **2** (*poema*) poem

poeta *nmf* poet

poético, -a *adj* poetic

poetisa *nf* poet

polaco, -a ◆ *adj, nm* Polish: *hablar ~* to speak Polish ◆ *nm-nf* Pole: *los ~s* the Poles

polar *adj* polar LOC *Ver* CÍRCULO

polea *nf* pulley [*pl* pulleys]

polémico, -a ◆ *adj* controversial ◆ **polémica** *nf* controversy [*pl* controversies]

polen *nm* pollen

polera *nf* turtle neck: *una ~ azul* a blue turtle neck

policía ◆ *nmf* policeman/woman [*pl* policemen/women] ◆ *nf* police [*pl*]: *La ~ está investigando el caso.* The police are investigating the case.

policíaco, -a *adj* LOC *Ver* GÉNERO, NOVELA

policial *adj* LOC *Ver* CORDÓN, FICHA, PELÍCULA

polideportivo *nm* sports centre

polígono *nm* (*Geom*) polygon

polilla *nf* moth

politécnico, -a *adj* polytechnic

política *nf* **1** (*Pol*) politics [*sing*]: *meterse en ~* to get involved in politics

2 (*postura, programa*) policy [*pl* policies]: *la ~ exterior* foreign policy

político, -a ◆ *adj* **1** (*Pol*) political: *un partido ~* a political party **2** (*diplomático*) diplomatic **3** (*familia*) in-law: *padre ~* father-in-law ◊ *mi familia política* my in-laws ◆ *nm-nf* politician: *un ~ de izquierda* a left-wing politician

póliza *nf* (*seguros*) policy [*pl* policies]: *hacerse una ~* to take out a policy

polizón *nmf* stowaway [*pl* stowaways]: *colarse de ~* to stow away

pollera *nf* skirt LOC **pollera escocesa** **1** (*gen*) tartan skirt **2** (*traje típico*) kilt **pollera pantalón** culottes [*pl*]

pollito *nm* chick

pollo *nm* chicken: *~ asado* roast chicken LOC *Ver* PATA

polo *nm* (*Geog, Fís*) pole: *el ~ Norte/Sur* the North/South Pole LOC **ser polos opuestos** (*carácter*) to be like chalk and cheese

Polonia *nf* Poland

polvareda *nf* cloud of dust: *levantar una ~* to raise a cloud of dust

polvo *nm* **1** (*suciedad*) dust: *Hay mucho ~ en el estante de los libros.* There's a lot of dust on the bookshelf. ◊ *Estás levantando ~.* You're kicking up the dust. **2** (*Cocina, Quím, tocador*) powder LOC **estar hecho polvo** (*cansado*) to be shattered **limpiar/quitar el polvo (a/de)** to dust (*sth*) *Ver tb* LECHE

pólvora *nf* gunpowder

polvoriento, -a *adj* dusty

pomada *nf* ointment

pomelo *nm* grapefruit [*pl* grapefruit/grapefruits]

pomo *nm* **1** (*tubo*) tube: *Se acabó el ~ de témpera roja.* The tube of red paint has run out. **2** (*de agua*) water bottle used to squirt people at carnival time LOC **un pomo** nothing: *No veo un ~.* I can't see a thing.

pompa *nf* **1** (*burbuja*) bubble: *hacer ~s de jabón* to blow bubbles **2** (*solemnidad*) pomp LOC **pompas fúnebres** **1** (*entierro*) funeral [*sing*] **2** (*funeraria*) undertaker's

pomposo, -a *adj* pompous: *un lenguaje retórico y ~* rhetorical, pompous language

pómulo *nm* cheekbone

poner ◆ *vt* **1** (*colocar*) to put: *Poné los libros sobre la mesa/en una caja.* Put the books on the table/in a box. **2** (*aparato*) to put *sth* on: *~ la radio* to put on the radio **3** (*disco*) to play **4** (*reloj*) to set: *Poné el despertador a las seis.* Set the alarm for six. **5** (*vestir*) to put *sth* on (**for sb**): *Ponele la bufanda a tu hermano.* Put your brother's scarf on for him. **6** (*huevos*) to lay **7** (*obra de teatro*) to put *a play* on **8** (*sábana, mantel*) to put *sth* on: *Poné el mantel/la sábana.* Put the tablecloth on the table./Put the sheet on the bed. ◆ **ponerse** *v pron* **1** (*de pie*) to stand: *Ponete a mi lado.* Stand next to me. **2** (*sentado*) to sit **3** (*vestirse*) to put *sth* on: *¿Qué me pongo?* What shall I put on? **4** (*sol*) to set **5 + adj**: *Se puso triste con la noticia.* She was saddened by the news. ◊ *¡Se puso tan contento!* He was so happy! **6 ponerse a** to start ***doing sth*/*to do sth***: *Se puso a nevar.* It started to snow. ◊ *Ponete a estudiar.* Get on with some work. **7 ponerse de** to get covered **in *sth***: *¡Cómo te pusiste de pintura!* You're covered in paint! ☛ Para expresiones con **poner**, véanse las entradas del sustantivo, adjetivo, etc, p.ej. **ponerse rojo** en ROJO y **poner en un aprieto** en APRIETO.

pontífice *nm* pontiff: *el Sumo Pontífice* the Supreme Pontiff

pony *nm* pony [*pl* ponies]

popa *nf* stern

popular *adj* popular

por *prep*

- **lugar** **1** (*con verbos de movimiento*): *circular por la derecha/izquierda* to drive on the right/left ◊ *¿Pasás por una farmacia?* Are you going past a chemist's? ◊ *pasar por el centro de París* to go through the centre of Paris ◊ *Voy a pasar por tu casa mañana.* I'll drop in tomorrow. ◊ *viajar por Europa* to travel round Europe **2** (*con verbos como tomar, agarrar*) by: *Lo agarré por el brazo.* I grabbed him by the arm.
- **tiempo** **1** (*tiempo determinado*): *por la mañana/tarde* in the morning/afternoon ◊ *por la noche* at night ◊ *mañana por la mañana/noche* tomorrow morning/night **2** (*duración*) for: *sólo por unos días* only for a few days ☛ *Ver nota en* FOR
- **causa**: *Se suspende por el mal tiempo.* It's been cancelled because of bad weather. ◊ *hacer algo por plata* to do sth for money ◊ *Lo despidieron por robar/vago.* He was sacked for stealing/being lazy.
- **finalidad**: *Por vos haría cualquier cosa.* I'd do anything for you. ◊ *por ver*

las noticias to watch the news ◊ *por no perderlo* so as not to miss it

- **agente** by: *firmado por...* signed by... ◊ *pintado por El Greco* painted by El Greco
- **hacia/en favor de** for: *sentir cariño por algn* to feel affection for sb ◊ *¡Vote por nosotros!* Vote for us!
- **con expresiones numéricas**: *4 por 3 son 12.* 4 times 3 is 12. ◊ *Mide 7 por 2.* It measures 7 by 2. ◊ *50 libras por hora* 50 pounds an/per hour
- **otras construcciones 1** (*medio, instrumento*): *por correo/mar/avión* by post/sea/air **2** (*sustitución*): *Ella va a ir por mí.* She'll go instead of me. ◊ *Lo compré por dos millones.* I bought it for two million pesos. **3** (*sucesión*) by: *uno por uno* one by one ◊ *paso por paso* step by step **4 + adj/adv** however: *Por simple que...* However simple... ◊ *Por mucho que trabajes...* However much you work...

LOC **por mí** as far as I am, you are, etc concerned **por qué** why: *No dijo por qué no venía.* He didn't say why he wasn't coming. ◊ *¿Por qué no?* Why not?

porcelana *nf* porcelain

porcentaje *nm* percentage

porcino, -a *adj* LOC *Ver* GANADO

porción *nf* **1** (*de un todo*) portion **2** (*en un reparto*) share **3** (*de comida*) helping: *Las porciones son demasiado grandes.* The helpings are too large.

pornografía *nf* pornography

pornográfico, -a *adj* pornographic

poro *nm* pore

poroso, -a *adj* porous

poroto *nm* bean

porque *conj* because: *No viene ~ no quiere.* He's not coming because he doesn't want to.

porqué *nm* ~ (**de**) reason (**for** ***sth***): *el ~ de la huelga* the reason for the strike LOC **¿por qué?** *Ver* POR

porquería *nf* **1** (*suciedad*): *En esta cocina hay mucha ~.* This kitchen is filthy. **2** (*golosina*) junk (food) [*incontable, v sing*]: *Dejá de comer ~s.* Stop eating junk food. **3** (*basura*) rubbish: *La película es una ~.* The film is rubbish. **4** (*persona*): *Ese tipo es una ~.* That man's disgusting.

porrazo *nm* LOC *Ver* GOLPE

porro *nm* joint

portaaviones *nm* aircraft carrier

portada *nf* **1** (*libro, revista*) cover **2** (*disco*) sleeve

portaequipaje *nm* **1** (*auto*) roof-rack **2** (*tren, ómnibus*) luggage rack

portafolios *nm* briefcase

portal *nm* (entrance) hall

portarse *v pron* to behave: ~ *bien/mal* to behave well/badly ◊ *Portate bien.* Be good.

portátil *adj* portable: *una televisión ~* a portable television

portavianda *nm* lunchbox

portavoz *nmf* spokesperson [*pl* spokespersons/spokespeople]

> Existen las formas **spokesman** y **spokeswoman**, pero se prefiere usar **spokesperson** porque se refiere tanto a un hombre como a una mujer: *los portavoces de la oposición* spokespersons for the opposition.

portazo *nm* bang LOC **dar un portazo** to slam the door *Ver tb* CERRAR

portería *nf* **1** (*en un edificio*) caretaker's desk **2** (*en una universidad*) porter's lodge

portero, -a *nm-nf* **1** (*de un edificio público*) caretaker **2** (*de un edificio privado*) porter LOC **portero eléctrico** Entryphone®

portón *nm* gate

portugués, -esa ♦ *adj, nm* Portuguese: *hablar ~* to speak Portuguese. ♦ *nm-nf* Portuguese man/woman [*pl* Portuguese men/women]: *los portugueses* the Portuguese

porvenir *nm* future: *tener un buen ~* to have a good future ahead of you

posafuentes *nm* mat

posar ♦ *vi* (*para una foto*) to pose ♦ **posarse** *v pron* **1 posarse** (**en/sobre**) (*aves, insectos*) to land (**on** ***sth***) **2** (*polvo, sedimento*) to settle (**on** ***sth***)

posavasos *nm* coaster

posdata *nf* postscript (*abrev* PS)

poseer *vt* (*ser dueño*) to own

posesivo, -a *adj* possessive

posibilidad *nf* possibility [*pl* possibilities] LOC **tener** (**muchas**) **posibilidades de...** to have a (good) chance of *doing sth*

posible *adj* **1** (*gen*) possible: *Es ~ que ya hayan llegado.* It's possible that they've already arrived. **2** (*potencial*) potential: *un ~ accidente* a potential accident LOC **hacer** (**todo**) **lo posible**

por/para to do your best *to do sth* *Ver tb* ANTES, MEJOR

posición *nf* position: *Terminaron en última ~.* They finished last.

positivo, -a *adj* positive: *La prueba dio positiva.* The test was positive.

posponer *vt* to put *sth* off, to postpone (*más formal*): *Tuvieron que ~ la reunión una semana.* They had to postpone the meeting for a week.

postal ◆ *adj* postal ◆ *nf* postcard LOC *Ver* CÓDIGO, GIRO

poste *nm* **1** (*gen*) pole: *~ telegráfico* telegraph pole **2** (*Dep*) (goal) post: *La pelota dio en el ~.* The ball hit the post.

póster *nm* poster

postergar *vt* to postpone, to put *sth* off (*más coloq*)

posterior *adj* ~ (**a**) **1** (*tiempo*): *un suceso ~* a subsequent event ◊ *los años ~es a la guerra* the years after the war **2** (*lugar*): *en la parte ~ del colectivo* at the back of the bus ◊ *la fila ~ a la de ustedes* the row behind yours

postizo, -a *adj* false: *dentadura postiza* false teeth

postre *nm* dessert, pudding (*más coloq*): *¿Qué hay de ~?* What's for pudding? ◊ *De ~ comí una torta.* I had cake for dessert. LOC *Ver* PLATO

postulación *nf* application

postulante *nmf* **1** (*Pol*) candidate **2** (*para un trabajo*) applicant

postular ◆ *vt* **1** (*proponer*) to propose **2** (*político*) to nominate ◆ **postularse** **postularse (a/para)** *v pron* to apply (**for** ***sth***)

postura *nf* **1** (*del cuerpo*) position: *dormir en mala ~* to sleep in an awkward position **2** (*actitud*) stance

potable *adj* drinkable LOC *Ver* AGUA

potencia *nf* power: *~ atómica/económica* atomic/economic power ◊ *una ~ de 80 vatios* 80 watts of power LOC **de alta/gran potencia** powerful **potencia (en caballos)** horsepower (*abrev* hp)

potente *adj* powerful

potro, -a ◆ *nm-nf* foal

> **Foal** es el sustantivo genérico. Para referirnos sólo al macho decimos **colt**. **Filly** se refiere sólo a la hembra y su plural es 'fillies'.

◆ *nm* (*Gimnasia*) vaulting horse

pozo *nm* **1** (*gen*) hole **2** (*de agua*) well **3** (*de petróleo*) well **4** (*bache*) pothole LOC **pozo de aire** air pocket

práctica *nf* **1** (*gen*) practice: *En teoría funciona, pero en la ~...* It's all right in theory, but in practice... ◊ *poner algo en ~* to put sth into practice **2** (*Educ*) practical

prácticamente *adv* practically

practicante ◆ *adj* practising: *Soy católico ~.* I'm a practising Catholic. ◆ *nmf* nurse

practicar *vt* **1** (*gen*) to practise: *~ la medicina* to practise medicine **2** (*deporte*) to play: *¿Practicás algún deporte?* Do you play any sports?

práctico, -a *adj* practical

pradera *nf* meadow

prado *nm* meadow

preámbulo *nm* **1** (*prólogo*) introduction **2** (*rodeos*): *Dejate de ~s.* Stop beating about the bush.

precaución *nf* precaution: *tomar precauciones contra incendios* to take precautions against fire LOC **con precaución** carefully: *Circulen con ~.* Drive carefully. **por precaución** as a precaution

preceder *vt* ~ **a** to precede, to go/come before *sth/sb* (*más coloq*): *El adjetivo precede al nombre.* The adjective goes before the noun. ◊ *Al incendio precedió una gran explosión.* A huge explosion preceded the fire.

precepto *nm* rule

precinto *nm* seal

precio *nm* price: *~s de fábrica* factory prices ◊ *¿Qué ~ tiene la habitación doble?* How much is a double room? LOC **hacer precio** to give *sb* a discount: *Lo llevo si me hace ~.* I'll take it if you give me a discount. *Ver tb* MITAD, RELACIÓN

precioso, -a *adj* **1** (*valioso*) precious: *el ~ don de la libertad* the precious gift of freedom ◊ *una piedra preciosa* a precious stone **2** (*persona, cosa*) lovely: *¡Qué gemelos tan ~s!* What lovely twins!

preciosura *nf* lovely [*adj*]: *Ese vestido es una ~.* That dress is lovely.

precipicio *nm* precipice

precipitaciones *nf* (*lluvia*) rainfall [*incontable, v sing*]: *~ abundantes* heavy rainfall

precipitado, -a *pp, adj* hasty *Ver tb* PRECIPITARSE

precipitarse *v pron* **1** (*sin pensar*) to be hasty: *No te precipites, pensalo bien.*

Don't be hasty. Think it over. **2** (*arrojarse*) to throw yourself **out of *sth***: *El paracaidista se precipitó al vacío desde el avión.* The parachutist jumped out of the plane.

precisar *vt* **1** (*necesitar*) to need, to require (*más formal*) **2** (*especificar*) to specify: ~ *hasta el mínimo detalle* to specify every detail

precisión *nf* accuracy LOC **con precisión** accurately

preciso, -a *adj*: *decir algo en el momento* ~ to say sth at the right moment LOC **ser preciso** (*necesario*): *No fue* ~ *recurrir a los bomberos.* They didn't have to call the fire brigade. ◊ *Es* ~ *que vengas.* You must come.

precoz *adj* (*chico*) precocious

predecir *vt* to foretell

predicar *vt, vi* to preach

predominante *adj* predominant

preescolar *adj* pre-school: *chicos en edad* ~ pre-school children

prefabricado, -a *pp, adj* prefabricated

prefacio *nm* preface

preferencia *nf* preference

preferible *adj* preferable LOC **ser preferible**: *Es* ~ *que no entres ahora.* It would be better not to go in now.

preferido, -a *pp, adj, nm-nf* favourite *Ver tb* PREFERIR

preferir *vt* to prefer *sth/sb* (**to *sth/sb***): *Prefiero el té al café.* I prefer tea to coffee. ◊ *Prefiero estudiar por las mañanas.* I prefer to study in the morning.

Cuando se pregunta qué prefiere una persona, se suele usar **would prefer** si se trata de dos cosas o **would rather** si se trata de dos acciones, por ejemplo: *¿Preferís té o café?* Would you prefer tea or coffee? ◊ *¿Preferís ir al cine o ver un video?* Would you rather go to the cinema or watch a video? Para contestar a este tipo de preguntas se suele usar **I would rather, he/she would rather**, etc o **I'd rather, he'd/she'd rather**, etc: *—¿Preferís té o café? —Prefiero té.* 'Would you prefer tea or coffee?' 'I'd rather have tea, please.' ◊ *—¿Querés salir? —No, prefiero quedarme en casa esta noche.* 'Would you like to go out?' 'No, I'd rather stay at home tonight.'

Nótese que **would rather** siempre va seguido de infinitivo sin TO.

prefijo *nm* prefix

pregonar *vt* (*divulgar*): *Lo fue pregonando por todo el colegio.* He went and told the whole school.

pregunta *nf* question: *contestar a una* ~ to answer a question LOC **hacer una pregunta** to ask a question

preguntar ◆ *vt, vi* to ask ◆ *vi* ~ **por 1** (*buscando algo/a algn*) to ask **for *sth/sb***: *Vino un señor preguntando por vos.* A man was asking for you. **2** (*interesándose por algn*) to ask **after *sb***: *Preguntale por el nene.* Ask after her little boy. **3** (*interesándose por algo*) to ask **about *sth***: *Le pregunté por el examen.* I asked her about the exam. ◆ **preguntarse** *v pron* to wonder: *Me pregunto quién será a estas horas.* I wonder who it can be at this time of night.

preguntón, -ona *adj* nosey

prehistórico, -a *adj* prehistoric

prejuicio *nm* prejudice

prematuro, -a *adj* premature

premiar *vt* to award *sb* a prize: *Premiaron al novelista.* The novelist was awarded a prize. ◊ *Fue premiado con un Oscar.* He was awarded an Oscar.

premio *nm* **1** (*gen*) prize: *Gané el primer* ~. I won first prize. ◊ ~ *consuelo* consolation prize **2** (*recompensa*) reward: *como* ~ *a tu esfuerzo* as a reward for your efforts LOC *Ver* ENTREGA

prenatal *adj* antenatal

prenda *nf* **1** (*ropa*) garment **2 prendas** (*juego*) forfeits LOC *Ver* SOLTAR

prendedor *nm* brooch

prender ◆ *vt* (*con alfileres*) to pin *sth* (**to/on *sth***): *Prendí la manga con alfileres.* I pinned on the sleeve. ◆ *vt, vi* to light: *Si está mojado no prende.* It won't light if it's wet. ◆ **prenderse** *v pron* (*encenderse*) to catch fire LOC **prender fuego** to set light *to sth*: *Prendieron fuego al carbón.* They set light to the coal.

prensa *nf* **1** (*Tec, imprenta*) press: ~ *hidraúlica* hydraulic press **2 la prensa** (*periodistas*) the press [*v sing o pl*]: *Acudió toda la* ~ *internacional.* All the international press was/were there. LOC **conferencia/rueda de prensa** press conference **prensa amarilla** gutter press *Ver tb* LIBERTAD

prensar *vt* to press

preñado, -a *pp, adj* pregnant

preocupación *nf* worry [*pl* worries]

preocupar ◆ *vt* to worry: *Me preocupa la salud de mi padre.* My father's health worries me. ◆ **preocuparse** *v pron* **preocuparse (por)** to worry (**about** ***sth/sb***): *No te preocupes por mí.* Don't worry about me.

preparación *nf* **1** (*gen*) preparation: *tiempo de ~: 10 minutos* preparation time: 10 minutes **2** (*entrenamiento*) training: *~ profesional/física* professional/physical training

preparado, -a *pp, adj* (*listo*) ready: *La habitación está preparada.* The room is ready. LOC **preparados, listos, ¡ya!** ready, steady, go! *Ver tb* PREPARAR

preparar ◆ *vt* to prepare, to get *sth/sb* ready (*más coloq*) (**for** ***sth***): *~ la cena* to get supper ready ◆ **prepararse** *v pron* **prepararse para** to prepare **for** ***sth***: *Se prepara para el examen de manejo.* He's preparing for his driving test.

preparativos *nm* preparations

preposición *nf* preposition

presa *nf* prey [*incontable*]: *aves de ~* birds of prey LOC **ser presa del pánico** to be seized by panic

presagio *nm* omen

prescindir *vi* ~ **de 1** (*privarse*) to do without (*sth*): *No puedo ~ del auto.* I can't do without the car. **2** (*deshacerse*) to dispense with *sb*: *Prescindieron del entrenador.* They dispensed with the trainer.

presencia *nf* **1** (*gen*) presence: *Su ~ me pone nerviosa.* I get nervous when he's around. **2** (*apariencia*) appearance: *buena/mala ~* pleasant/unattractive appearance

presencial *adj* LOC *Ver* TESTIGO

presenciar *vt* **1** (*ser testigo*) to witness: *Mucha gente presenció el accidente.* Many people witnessed the accident. **2** (*estar presente*) to attend: *Presenciaron el partido más de 10.000 espectadores.* More than 10000 spectators attended the match.

presentación *nf* presentation: *La ~ es muy importante.* Presentation is very important.

presentador, ~a *nm-nf* presenter

presentar ◆ *vt* **1** (*gen*) to present (*sb*) (**with** ***sth***); to present (*sth*) (***to sb***): *~ un programa* to present a programme ◊ *Presentó las pruebas ante el juez.* He presented the judge with the evidence. **2** (*renuncia*) to tender: *Presentó su renuncia.* She tendered her resignation. **3** (*denuncia, demanda, queja*) to make: *~ una denuncia* to make an official complaint **4** (*persona*) to introduce *sb* (***to sb***): *¿Cuándo nos la vas a ~?* When are you going to introduce her to us? ◊ *Les presento a mi marido.* This is my husband.

Hay varias formas de presentar a la gente en inglés según el grado de formalidad de la situación, por ejemplo: 'John, meet Mary.' (*informal*); 'Mrs Smith, this is my daughter Jane' (*informal*); 'May I introduce you. Sir Godfrey, this is Mr Jones. Mr Jones, Sir Godfrey.' (*formal*). Cuando se presenta a alguien, se puede responder 'Hello' o 'Nice to meet you' si la situación es informal, o 'How do you do?' si es formal. A 'How do you do?' la otra persona responde 'How do you do?'

◆ **presentarse** *v pron* **1** (*a elecciones*) to stand (***for sth***): *~se a diputado* to stand for parliament **2** (*aparecer*) to turn up: *Se presenta cuando le da la gana.* He turns up whenever he feels like it. LOC **presentarse (a un examen)** to take an exam: *No me presenté.* I didn't take the exam. **presentarse como voluntario** to volunteer

presente ◆ *adj, nmf* present [*adj*]: *los ~s* those present ◆ *nm* (*Gram*) present

presentimiento *nm* feeling: *Tengo el ~ de que...* I have a feeling that...

presentir *vt* to have a feeling (***that...***): *Presiento que vas a aprobar.* I've got a feeling that you're going to pass.

preservativo *nm* condom

presidencia *nf* **1** (*gen*) presidency [*pl* presidencies]: *la ~ de un país* the presidency of a country **2** (*club, comité, empresa, partido*) chairmanship

presidencial *adj* presidential

presidente, -a *nm-nf* **1** (*gen*) president **2** (*club, comité, empresa, partido*) chairman/woman [*pl* chairmen/women]

Cada vez se usa más la palabra **chairperson** [*pl* chairpersons] para evitar el sexismo.

presidiario, -a *nm-nf* convict

presidio *nm* prison

presidir *vt* to preside **at/over** ***sth***: *El secretario presidirá la asamblea.* The secretary will preside at/over the meeting.

presión *nf* **1** (*gen*) pressure: *la ~ atmosférica* atmospheric pressure **2** (*Med*) blood pressure LOC *Ver* BROCHE, INDICADOR, OLLA

presionar *vt* **1** (*apretar*) to press **2**

(*forzar*) to put pressure on *sb* (**to do sth**): *No lo presiones.* Don't put pressure on him.

preso, -a ♦ *adj*: *estar* ~ to be in prison ◊ *Se lo llevaron* ~. They took him prisoner. ♦ *nm-nf* prisoner

prestado, -a *pp, adj*: *No es mío, es* ~. It's not mine. I borrowed it. ◊ *¿Por qué no se lo pedís* ~*?* Why don't you ask him if you can borrow it? LOC *Ver* PEDIR; *Ver tb* PRESTAR

préstamo *nm* loan

prestar *vt* to lend: *Le presté mis libros.* I lent her my books. ◊ *¿Me lo prestás?* Can I borrow it? ◊ *¿Me prestás 100 pesos?* Can you lend me 100 pesos, please? ☛ *Ver dibujo en* BORROW LOC **prestar declaración** to give evidence **prestar juramento** to take an oath *Ver tb* ATENCIÓN

prestigio *nm* prestige LOC **de mucho prestigio** very prestigious

presumido, -a *pp, adj* vain *Ver tb* PRESUMIR

presumir *vi* to show off: *Les encanta* ~. They love showing off.

presunto, -a *adj* alleged: *el* ~ *criminal* the alleged criminal

presupuesto *nm* **1** (*cálculo anticipado*) estimate: *Pedí un* ~ *para el baño.* I've asked for an estimate for the bathroom. **2** (*de gastos*) budget: *No quiero pasarme del* ~. I don't want to exceed my budget.

pretender *vt* **1** (*querer*): *¿Qué pretendés de mí?* What do you want from me? ◊ *Si pretendés ir sola, ni lo sueñes.* Don't even think about going alone. ◊ *¿No pretenderá quedarse en casa?* He's not expecting to stay at our house, is he? ◊ *No pretenderás que me lo crea, ¿no?* You don't expect me to believe that, do you? **2** (*intentar*) to try ***to do sth***: *¿Qué pretende decirnos?* What's he trying to tell us?

pretexto *nm* excuse: *Siempre encuentra algún* ~ *para no lavar los platos.* He always finds some excuse not to wash up.

prevención *nf* prevention

prevenido, -a *pp, adj* **1** (*preparado*) prepared: *estar* ~ *para algo* to be prepared for sth **2** (*prudente*) prudent: *ser* ~ to be prudent *Ver tb* PREVENIR

prevenir *vt* **1** (*evitar*) to prevent: ~ *un accidente* to prevent an accident **2** (*avisar*) to warn *sb* ***about sth***: *Te previne de lo que planeaban.* I warned you about what they were planning.

prever *vt* to foresee

previo, -a *adj*: *experiencia previa* previous experience ◊ *sin* ~ *aviso* without prior warning

previsor, ~a *adj* far-sighted

primario, -a ♦ *adj* primary: *color* ~ primary colour ◊ *enseñanza primaria* primary education ♦ **primaria** *nf* (*escuela*) primary school: *maestra de primaria* primary school teacher LOC *Ver* ESCUELA

primavera *nf* spring: *en* ~ in (the) spring LOC *Ver* ARROLLADO

primer *adj Ver* PRIMERO

primera *nf* **1** (*automóvil*) first (gear): *Puse* ~ *y salí rajando.* I put it into first and sped off. **2** (*clase*) first class: *viajar en* ~ to travel first class LOC **a la primera** first time: *Me salió bien a la* ~. I got it right first time.

primero, -a ♦ *adj* **1** (*gen*) first (*abrev* 1st): *primera clase* first class ◊ *Me gustó desde el primer momento.* I liked it from the first moment. **2** (*principal*) main, principal (*más formal*): *el primer país azucarero del mundo* the principal sugar-producing country in the world ♦ *pron, nm-nf* **1** (*gen*) first (one): *Fuimos los* ~*s en salir.* We were the first (ones) to leave. ◊ *llegar* ~ to come first **2** (*mejor*) top: *Sos el* ~ *de la clase.* You're top of the class. ♦ *adv* first: *Prefiero hacer los deberes* ~. I'd rather do my homework first. LOC **de primera necesidad** absolutely essential **primer ministro** prime minister ☛ *Ver pág 316.* **primeros auxilios** first aid [*incontable, v sing*] **primer plano** close-up

primitivo, -a *adj* primitive

primo, -a *nm-nf* (*pariente*) cousin LOC **primo hermano/segundo** first/second cousin *Ver tb* MATERIA, NÚMERO

princesa *nf* princess

principal *adj* main, principal (*más formal*): *comida/oración* ~ main meal/clause ◊ *Eso es lo* ~. That's the main thing. LOC *Ver* ACTOR, CUARENTA, PAPEL

príncipe *nm* prince

> El plural de **prince** es 'princes', pero si nos referimos a la pareja de príncipes, decimos **prince and princess**: *Los príncipes nos recibieron en palacio.* The prince and princess received us at the palace.

LOC **príncipe azul** Prince Charming **príncipe heredero** Crown prince

principiante, -a *nm-nf* beginner
principio *nm* **1** (*comienzo*) beginning: *al ~ de la novela* at the beginning of the novel ◊ *desde el ~* from the beginning **2** (*concepto, moral*) principle LOC **al principio** at first **a principio(s) de ...** at the beginning of...: *a ~s del año* at the beginning of the year ◊ *a ~s de enero* in early January
prioridad *nf* priority [*pl* priorities]
prisión *nf* prison
prisionero, -a *nm-nf* prisoner LOC **hacer prisionero** to take *sb* prisoner
privado, -a *pp, adj* private: *en ~* in private LOC *Ver* COLEGIO, EMPRESA
privilegiado, -a ◆ *pp, adj* **1** (*excepcional*) exceptional: *una memoria privilegiada* an exceptional memory **2** (*favorecido*) privileged: *las clases privilegiadas* the privileged classes ◆ *nm-nf* privileged [*adj*]: *Somos unos ~s.* We're privileged people.
privilegio *nm* privilege
pro[1] *prep* for: *la organización pro ciegos* the society for the blind LOC **en pro de** in favour of *sth/sb*
pro[2] *nm* LOC **los pros y los contras** the pros and cons
proa *nf* bow(s) [*se usa mucho en plural*]
probabilidad *nf* ~ (**de**) chance (**of *sth*/*doing sth***): *Creo que tengo muchas ~es de aprobar.* I think I've got a good chance of passing. ◊ *Tiene pocas ~es.* He hasn't got much chance.
probable *adj* likely, probable (*más formal*): *Es ~ que no esté en casa.* He probably won't be in. ◊ *Es muy ~ que llueva.* It's likely to rain. LOC **poco probable** unlikely
probador *nm* fitting room ☛ También se dice **changing room**.
probar ◆ *vt* **1** (*demostrar*) to prove: *Esto prueba que yo tenía razón.* This proves I was right. **2** (*comprobar que funciona*) to try *sth* out: *~ la lavadora* to try out the washing machine **3** (*comida, bebida*) **(a)** (*por primera vez*) to try: *Nunca he probado el caviar.* I've never tried caviar. **(b)** (*saborear, degustar*) to taste: *Probá esto. ¿Le falta sal?* Taste this. Does it need salt? ◆ *vi* ~ (**de**) to try (***doing sth***): *¿Probaste de abrir la ventana?* Did you try opening the window? ◊ *Probé con todo y no hay manera.* I've tried everything but with no success. ◆ **probar(se)** *vt, v pron* (*ropa*) to try *sth* on
probeta *nf* test tube

problema *nm* problem
procedencia *nf* origin
procedente *adj* ~ **de** from...: *el tren ~ de La Pampa* the train from La Pampa
proceder *vi* ~ **de** to come **from...**: *La sidra procede de la manzana.* Cider comes from apples.
procedimiento *nm* procedure [*gen incontable*]: *según los ~s establecidos* according to established procedure
prócer *nm* national hero [*pl* national heroes]
procesador *nm* processor: *~ de datos/textos* data/word processor
procesadora *nf* LOC **procesadora de alimentos** food processor
procesamiento *nm* processing LOC *Ver* TEXTO
procesar *vt* **1** (*juzgar*) to prosecute *sb* (**for *sth*/*doing sth***): *La procesaron por fraude.* She was prosecuted for fraud. **2** (*producto, Informát*) to process
procesión *nf* procession
proceso *nm* **1** (*gen*) process: *un ~ químico* a chemical process **2** (*Jur*) proceedings [*pl*]
procurar *vt* **1** ~ **hacer algo** to try **to do sth**: *~ establecer las causas de algo* to try to establish the causes of sth **2** ~ **que** to make sure (**that...**): *Procuren que todo esté en orden.* Make sure everything's OK.
Prode *nm* (football) pools [*pl*]
prodigio *nm* (*persona*) prodigy [*pl* prodigies] LOC *Ver* NIÑO
producción *nf* **1** (*gen*) production: *la ~ del acero* steel production **2** (*agrícola*) harvest **3** (*industrial, artística*) output
producir *vt* to produce: *~ aceite/papel* to produce oil/paper LOC *Ver* VÉRTIGO
producto *nm* product: *~s de belleza/limpieza* beauty/cleaning products LOC **productos agrícolas/del campo** agricultural/farm produce ☛ *Ver nota en* PRODUCT
productor, ~a ◆ *adj* producing: *un país ~ de petróleo* an oil-producing country ◆ *nm-nf* producer ◆ **productora** *nf* production company [*pl* production companies]
profesión *nf* profession, occupation ☛ *Ver nota en* WORK[1]
profesional *adj, nmf* professional: *un ~ del ajedrez* a professional chess player
profesor, ~a *nm-nf* **1** (*gen*) teacher: *un ~ de geografía* a geography teacher **2** (*de universidad*) lecturer

profesorado *nm* teachers [*pl*]: *El ~ está muy descontento.* The teachers are very unhappy. ◊ *la capacitación del ~* teacher training

profeta, -isa *nm-nf* prophet [*fem* prophetess]

profundidad *nf* depth: *a 400 metros de ~* at a depth of 400 metres LOC **poca profundidad** shallowness

profundo, -a *adj* deep: *una voz profunda* a deep voice ◊ *sumirse en un sueño ~* to fall into a deep sleep LOC **poco profundo** shallow

programa *nm* **1** (*gen*) programme: *un ~ de televisión* a TV programme ◊ *~ cómico* comedy programme **2** (*Informát*) program **3** (*temario de una materia*) syllabus [*pl* syllabuses] LOC **programa de estudios** curriculum

programación *nf* programmes [*pl*]: *la ~ infantil* children's programmes

programador, ~a *nm-nf* (*Informát*) programmer

programar ◆ *vt* **1** (*elaborar*) to plan **2** (*aparato*) to set: *~ el video* to set the video ◆ *vt, vi* (*Informát*) to program

progresar *vi* to make progress: *Progresó mucho.* He's made good progress.

progreso *nm* progress [*incontable*]: *hacer ~s* to make progress

prohibido, -a *pp, adj*: *circular por dirección prohibida* to drive the wrong way LOC **prohibido cazar** no hunting **prohibido el paso/entrar** no entry **prohibido estacionar** no parking **prohibido estacionar y detenerse** keep clear (at all times) **prohibido fijar carteles** bill sticking prohibited **prohibido fumar** no smoking **prohibido pisar el césped** keep off the grass *Ver tb* DIRECCIÓN; *Ver tb* PROHIBIR

prohibir ◆ *vt* **1** (*gen*) to forbid *sb* ***to do sth***: *Mi padre me prohibió salir de noche.* My father has forbidden me to go out at night. ◊ *Le prohibieron los dulces.* She's been forbidden to eat sweets. **2** (*oficialmente*) to ban *sth/sb* (**from doing sth**): *Prohibieron la circulación por el centro.* Traffic has been banned in the town centre. ◆ **prohibirse** *v pron*: *Se prohibe fumar.* No smoking allowed.

prójimo *nm* neighbour: *amar al ~* to love your neighbour

prolijo, -a *adj* **1** (*persona, letra*) neat: *Su letra es muy prolija.* She's got very neat handwriting. **2** (*cuarto, etc*) tidy

prólogo *nm* prologue

prolongar ◆ *vt* to prolong (*formal*), to make *sth* longer: *~ la vida de un enfermo* to prolong a patient's life ◆ **prolongarse** *v pron* to go on: *La reunión se prolongó demasiado.* The meeting went on too long.

promedio *nm* average LOC **como promedio** on average

promesa *nf* promise: *cumplir/hacer una ~* to keep/make a promise

prometer *vt* to promise: *Te prometo que volveré.* I promise I'll come back. ◊ *Te lo prometo.* I promise.

promoción *nf* promotion: *la ~ de una película* the promotion of a film

promover *vt* (*fomentar*) to promote: *~ el diálogo* to promote dialogue

pronombre *nm* pronoun

pronosticar *vt* to forecast

pronóstico *nm* **1** (*predicción*) forecast: *el ~ del tiempo* the weather forecast **2** (*Med*) prognosis [*pl* prognoses]: *Sufrió heridas de ~ grave.* He was seriously injured. ◊ *¿Cuál es el ~ de los especialistas?* What do the specialists think?

pronto, -a ◆ *adj* ready: *La cena está pronta.* Dinner is ready. ◆ *adv* **1** (*enseguida*) soon: *Volvé ~.* Come back soon. ◊ *lo más ~ posible* as soon as possible **2** (*rápidamente*) quickly: *Por favor, doctor, venga ~.* Please, doctor, come quickly. **3** (*temprano*) early LOC **de pronto** suddenly **¡hasta pronto!** see you soon!

prontuario *nm* police record

pronunciación *nf* pronunciation

pronunciar ◆ *vt* **1** (*sonidos*) to pronounce **2** (*discurso*) to give: *~ un discurso* to give a speech ◆ *vi*: *Pronunciás muy bien.* Your pronunciation is very good. ◆ **pronunciarse** *v pron* **pronunciarse en contra/a favor de** to speak out **against/in favour of *sth***: *~se en contra de la violencia* to speak out against violence

propaganda *nf* **1** (*publicidad*) advertising: *hacer ~ de un producto* to advertise a product **2** (*material publicitario*): *Estaban repartiendo ~ de la nueva discoteca.* They were handing out flyers for the new disco. ◊ *En el buzón no había más que ~.* The letter box was full of adverts. **3** (*Pol*) propaganda: *~ electoral* election propaganda

propagar(se) *vt, v pron* to spread: *El viento propagó las llamas.* The wind spread the flames.

propenso, -a *adj* ~ **a** prone **to *sth*/to *do sth***

propiedad *nf* property [*pl* properties]: ~ *particular/privada* private property ◊ *las ~es medicinales de las plantas* the medicinal properties of plants

propietario, -a *nm-nf* owner

propina *nf* tip: *¿Dejamos ~?* Shall we leave a tip? ◊ *Le di tres libras de ~.* I gave him a three-pound tip.

propio, -a *adj* **1** (*de uno*) my, your, etc own: *Todo lo que hacés es en beneficio ~.* Everything you do is for your own benefit. **2** (*mismo*) himself [*fem* herself] [*pl* themselves]: *El ~ pintor inauguró la exposición.* The painter himself opened the exhibition. **3** (*característico*) typical **of *sb***: *Llegar tarde es ~ de ella.* It's typical of her to be late. **LOC** *Ver* AMOR, DEFENSA, INICIATIVA, NOMBRE

proponer ◆ *vt* **1** (*medida, plan*) to propose: *Te propongo un trato.* I've got a deal for you. **2** (*acción*) to suggest ***doing sth*/(*that...*)**: *Propongo ir al cine esta tarde.* I suggest going to the cinema this evening. ◊ *Propuso que nos fuéramos.* He suggested (that) we should leave. ◆ **proponerse** *v pron* to set out ***to do sth***: *Me propuse terminarlo.* I set out to finish it.

proporción *nf* **1** (*relación, tamaño*) proportion: *El largo debe estar en ~ con el ancho.* The length must be in proportion to the width. **2** (*Mat*) ratio: *La ~ de chicos y chicas es de uno a tres.* The ratio of boys to girls is one to three.

proposición *nf* proposal **LOC hacer proposiciones deshonestas** to make improper suggestions

propósito *nm* **1** (*intención*) intention: *buenos ~s* good intentions **2** (*objetivo*) purpose: *El ~ de esta reunión es...* The purpose of this meeting is... **LOC a propósito 1** (*adrede*) on purpose **2** (*por cierto*) by the way

propuesta *nf* proposal: *Desestimaron la ~.* The proposal was turned down. **LOC propuesta de matrimonio** proposal (of marriage): *hacerle una ~ de matrimonio a algn* to propose to sb

prórroga *nf* **1** (*de un plazo*) extension **2** (*Dep*) extra time

prosa *nf* prose

proscrito, -a *adj* banned

prospecto *nm* **1** (*de instrucciones*) instructions [*pl*]: *¿Leíste el ~?* Have you read the instructions? **2** (*de propaganda*) leaflet

prosperar *vi* to prosper

prosperidad *nf* prosperity

próspero, -a *adj* prosperous

prostituta *nf* prostitute

protagonista *nmf* main character

protagonizar *vt* to star **in *sth***: *Protagonizan la película dos actores desconocidos.* Two unknown actors star in this film.

protección *nf* protection

protector, ~a *adj* protective (***towards sb***)

proteger *vt* to protect *sb* (***against/from sth/sb***): *El sombrero te protege del sol.* Your hat protects you from the sun.

protegido, -a *pp, adj* (*lugar*) sheltered *Ver tb* PROTEGER

proteína *nf* protein

protesta *nf* protest: *Ignoraron las ~s de los alumnos.* They ignored the pupils' protests. ◊ *una carta de ~* a letter of protest

protestante *adj, nmf* Protestant

protestantismo *nm* Protestantism

protestar *vi* **1** ~ (**por**) (*quejarse*) to complain (**about *sth***): *Dejate de ~.* Stop complaining. **2** ~ (**contra/por**) (*reivindicar*) to protest (**against/about *sth***): *~ contra una ley* to protest against a law

prototipo *nm* **1** (*primer ejemplar*) prototype: *el ~ de las nuevas locomotoras* the prototype for the new engines **2** (*modelo*) epitome: *el ~ del hombre moderno* the epitome of modern man

provecho *nm* benefit **LOC ¡buen provecho!** enjoy your meal! **sacar provecho** to benefit *from sth*

proveedor, ~a *nm-nf* supplier

proveer *vt* to supply *sth/sb* (***with sth***): *La compañía provee de carbón a toda la provincia.* The company supplies the whole province with coal.

proverbio *nm* proverb

providencia *nf* providence

provincia *nf* province: *un pueblo de la ~ de Salta* a town in the province of Salta

provisional *adj* provisional **LOC** *Ver* LIBERTAD

provisorio, -a *adj* temporary

provocado, -a *pp, adj* **LOC** *Ver* INCENDIO; *Ver tb* PROVOCAR

provocar *vt* **1** (*enojar*) to provoke **2** (*causar*) to cause: *~ un accidente* to cause an accident **3** (*incendio*) to start

proximidad *nf* nearness, proximity

(*más formal*): *la ~ del mar* the nearness/proximity of the sea

próximo, -a *adj* **1** (*siguiente*) next: *la próxima parada* the next stop ◊ *el mes/martes ~* next month/Tuesday **2** (*en el tiempo*): *La Navidad/primavera está próxima.* It will soon be Christmas/spring. LOC *Ver* ORIENTE

proyectar *vt* **1** (*reflejar*) to project: *~ una imagen sobre una pantalla* to project an image onto a screen **2** (*Cine*) to show: *~ diapositivas/una película* to show slides/a film

proyectil *nm* projectile

proyecto *nm* **1** (*gen*) project: *Estamos casi al final del ~.* We're almost at the end of the project. **2** (*plan*) plan: *¿Tenés algún ~ para el futuro?* Have you got any plans for the future? LOC **proyecto de ley** bill

proyector *nm* projector

prudencia *nf* good sense LOC **con prudencia** carefully: *manejar con ~* to drive carefully

prudente *adj* **1** (*sensato*) sensible: *un hombre/una decisión ~* a sensible man/decision **2** (*cauto*) careful

prueba *nf* **1** (*gen*) test: *una ~ de aptitud* an aptitude test ◊ *hacerse la ~ del embarazo* to have a pregnancy test **2** (*Mat*) proof **3** (*Dep*): *Hoy comienzan las ~s de salto en alto.* The high jump competition begins today. **4** (*Jur*) evidence [*incontable*]: *No hay ~s contra mí.* There's no evidence against me. LOC **a prueba** on trial: *Me admitieron a ~ en la fábrica.* I was taken on at the factory for a trial period. **a prueba de balas** bulletproof **poner a prueba a algn** to test sb *Ver tb* ANTIDOPING

psicología *nf* psychology

psicólogo, -a *nm-nf* psychologist

psiquiatra *nmf* psychiatrist

psiquiatría *nf* psychiatry

psiquiátrico *nm* psychiatric hospital

púa *nf* **1** (*animal*) spine **2** (*de tocadiscos*) stylus [*pl* styluses/styli] LOC *Ver* ALAMBRE

pub *nm* pub ☛ *Ver pág 314.*

pubertad *nf* puberty

pubis *nm* pubis

publicación *nf* publication LOC **de publicación semanal** weekly: *una revista de ~ semanal* a weekly magazine

publicar *vt* **1** (*gen*) to publish: *~ una novela* to publish a novel **2** (*divulgar*) to publicize

publicidad *nf* **1** (*gen*) publicity: *Le dieron demasiada ~ al caso.* The case has had too much publicity. **2** (*propaganda*) advertising: *hacer ~ en la tele* to advertise on TV

publicitario, -a *adj* advertising [*n atrib*]: *una campaña publicitaria* an advertising campaign

público, -a ◆ *adj* **1** (*gen*) public: *la opinión pública* public opinion ◊ *transporte ~* public transport **2** (*del Estado*) state [*n atrib*]: *una escuela pública* a state school ◊ *el sector ~* the state sector ◆ *nm* **1** (*gen*) public [*v sing o pl*]: *abierto/cerrado al ~* open/closed to the public ◊ *El ~ está a favor de la nueva ley.* The public is/are in favour of the new law. ◊ *hablar en ~* to speak in public **2** (*clientela*) clientele: *un ~ selecto* a select clientele **3** (*espectadores*) audience [*v sing o pl*] LOC *Ver* ALTERAR, COLEGIO, DOMINIO, EMPRESA, HORARIO, NOTARIO, RELACIÓN

puchero *nm* (*plato*) stew LOC **hacer pucheros** to pout

pucho *nm* cigarette

pudiente *adj* wealthy

pudor *nm* shame

pudrirse *v pron* **1** (*descomponerse*) to rot **2** (*aburrirse*) to be bored

pueblo *nm* **1** (*gente*) people [*pl*]: *el ~ español* the Spanish people **2** (*con población pequeña*) village **3** (*con población grande*) town

puente *nm* bridge: *un ~ colgante* a suspension bridge LOC **puente aéreo** shuttle service **puente levadizo** drawbridge

puerco, -a *nm-nf* pig: *Come como un ~.* He eats like a pig. ☛ *Ver nota en* CERDO LOC **puerco espín 1** (*chico*) hedgehog **2** (*grande*) porcupine

puerro *nm* leek

puerta *nf* **1** (*gen*) door: *la ~ de calle/trasera* the front/back door ◊ *Llaman a la ~.* There's somebody at the door. **2** (*de una ciudad, palacio*) gate LOC **puerta corrediza/giratoria** sliding/revolving door **puerta de embarque** gate **puerta de servicio** tradesman's entrance *Ver tb* CERRAR

puerto *nm* port: *un ~ comercial/pesquero* a commercial/fishing port

pues ◆ *conj* (*porque*) as: *No pudo venir ~ se encontraba enfermo.* He couldn't come as he was ill. ◆ *adv* (*por lo tanto*) then

puesta *nf* LOC **puesta a punto** (*motor*)

tuning **puesta de sol** sunset **puesta en escena** production

puestero, -a *nm-nf* stallholder

puesto, -a ♦ *pp, adj* **1** (*gen*): *Voy a dejar la mesa puesta.* I'll leave the table laid. ◊ *No lo envuelva, me lo llevo ~.* There's no need to put it in a bag. I'll wear it. **2** (*bien arreglado*) smart ♦ *nm* **1** (*lugar*) place: *El ciclista uruguayo ocupa el primer ~.* The Uruguayan cyclist is in first place. ◊ *llegar en tercer ~* to be third ◊ *¡Todo el mundo a sus ~s!* Places, everyone! **2** (*empleo*) job: *postularse a un ~ de trabajo* to apply for a job ◊ *Su mujer tiene un buen ~.* His wife's got a good job. ☛ *Ver nota en* WORK[1] **3 (a)** (*en un mercado*) stall **(b)** (*en una feria*) stand LOC **tener puesto** to wear: *Tiene puesta una pollera nueva.* She's wearing a new skirt. *Ver tb* PONER

púgil *nm* boxer

pulcritud *nf* neatness

pulga *nf* flea LOC **tener pocas pulgas** to have a bad temper *Ver tb* MERCADO

pulgada *nf* inch (*abrev* in) ☛ *Ver Apéndice 1.*

pulgar *nm* thumb

Pulgarcito *n pr* Tom Thumb

pulir *vt* to polish

pulmón *nm* lung LOC **pulmón artificial** iron lung

pulmonar *adj* lung [*n atrib*]: *una infección ~* a lung infection

pulmonía *nf* pneumonia [*incontable*]: *agarrarse una ~* to catch pneumonia

pulóver *nm* sweater

pulpa *nf* pulp

púlpito *nm* pulpit

pulpo *nm* octopus [*pl* octopuses]

pulsación *nf* (*corazón*) pulse rate: *Con el ejercicio aumenta el número de pulsaciones.* Your pulse rate increases after exercise. LOC **pulsaciones por minuto** (*dactilografía*): *160 pulsaciones por minuto* forty words per minute

pulsar *vt* **1** (*gen*) to press: *Pulse la tecla dos veces.* Press the key twice. **2** (*timbre*) to ring

pulseada *nf* LOC **hacer una pulseada** to arm-wrestle

pulsera *nf* **1** (*brazalete*) bracelet **2** (*de reloj*) strap LOC *Ver* RELOJ

pulso *nm* **1** (*Med*) pulse: *Tenés el ~ muy débil.* You have a very weak pulse. ◊ *El médico me tomó el ~.* The doctor took my pulse. **2** (*mano firme*) (steady) hand: *tener buen ~* to have a steady hand ◊ *Me tiembla el ~.* My hand is trembling. **3** (*teléfono, contador*) unit LOC **a pulso** with my, your, etc bare hands: *Me levantó a ~.* He lifted me up with his bare hands.

pulverizador *nm* spray [*pl* sprays]

pulverizar *vt* **1** (*rociar*) to spray **2** (*destrozar*) to pulverize

puma *nm* puma

punguista *nmf* pickpocket

punta *nf* **1** (*cuchillo, arma, lapicera, lápiz*) point **2** (*lengua, dedo, isla, iceberg*) tip: *Lo tengo en la ~ de la lengua.* It's on the tip of my tongue. **3** (*extremo, pelo*) end: *~s florecidas* split ends ◊ *en la otra ~ de la mesa* at the other end of the table LOC **a punta de navaja/pistola** at knifepoint/gunpoint **de punta a punta**: *Recorrimos el museo de ~ a ~.* We walked round the museum from one end to the other. **de punta en blanco** dressed up to the nines **sacar punta** (*afilar*) to sharpen *Ver tb* NERVIO, PELO, TECNOLOGÍA

puntada *nf* **1** (*Costura*) stitch: *Dale una ~ a ese dobladillo.* Put a stitch in the hem. ◊ *No puedo correr más, que me da una ~.* I can't run any further or I'll get a stitch. **2** (*dolor*) sharp pain: *Tengo ~s en la barriga.* I've got sharp pains in my stomach.

puntaje *nm* mark(s) [*se usa mucho en plural*]: *Obtuvo el ~ más alto de todos.* He got the highest mark of all. ◊ *el ~ máximo* top marks

puntería *nf* aim: *¡Qué ~ la mía!* What a good aim I've got! LOC **tener buena/mala puntería** to be a good/bad shot *Ver tb* AFINAR

puntiagudo, -a *adj* pointed

puntilla *nf* lace edging LOC **en puntillas** on tiptoe: *andar en ~s* to walk on tiptoe ◊ *Entré/salí en ~s.* I tiptoed in/out.

punto *nm* **1** (*gen*) point: *en todos los ~s del país* all over the country ◊ *Pasemos al siguiente ~.* Let's go on to the next point. ◊ *Perdimos por dos ~s.* We lost by two points. **2** (*signo de puntuación*) full stop ☛ *Ver págs 312–3.* **3** (*grado*) extent: *¿Hasta qué ~ es cierto?* To what extent is this true? **4** (*Costura, Med*) stitch: *Me dieron tres ~s.* I had three stitches. LOC **a/en su punto** (*carne*) medium rare **a punto de nieve** stiffly beaten: *batir las claras a ~ de nieve* to beat egg whites until they are stiff **con puntos y comas** down to the last detail **en punto** precisely: *Son las dos en ~.* It's two o'clock precisely. **estar a punto**

de hacer algo **1** (*gen*) to be about to do sth: *Está a ~ de terminar.* It's about to finish. **2** (*por poco*) to nearly do sth: *Estuvo a ~ de perder la vida.* He nearly lost his life. **punto débil/flaco** weak point **punto de ebullición/fusión** boiling point/melting point **punto de vista** point of view **punto final** full stop **punto muerto 1** (*auto*) neutral **2** (*negociaciones*) deadlock **punto negro** blackhead **puntos suspensivos** dot dot dot **punto y aparte** new paragraph **punto y coma** semicolon ☛ *Ver págs 312–3. Ver tb* CIERTO, DOS, PUESTA

puntuación *nf* punctuation: *signos de ~* punctuation marks

puntual *adj* punctual

> **Punctual** se suele usar para referirnos a la cualidad o virtud de una persona: *Es importante ser puntual.* It's important to be punctual. Cuando nos referimos a la idea de *llegar a tiempo* se usa la expresión **on time**: *Procurá ser/llegar puntual.* Try to get there on time. ◊ *Este chico nunca es puntual.* He's always late./He's never on time.

puntualidad *nf* punctuality

puntuar *vt* to punctuate

punzante *adj* sharp: *un objeto ~* a sharp object

puñado *nm* handful: *un ~ de arroz* a handful of rice

puñal *nm* dagger

puñalada *nf* stab

puñetazo *nm* pùnch: *Me dio un ~ en el estómago.* He punched me in the stomach.

puño *nm* **1** (*mano cerrada*) fist **2** (*manga*) cuff **3** (*bastón, paraguas*) handle **4** (*espada*) hilt LOC **de su puño y letra** in his/her own handwriting

pupila *nf* (*del ojo*) pupil

pupilo, -a *nm-nf* boarder LOC *Ver* COLEGIO

pupitre *nm* desk

purasangre *nm* thoroughbred

puré *nm* **1** (*muy espeso*) purée: *~ de tomate/manzana* tomato/apple purée **2** (*sopa cremosa*) soup [*incontable*]: *~ de lentejas* lentil soup LOC **estar hecho puré** to be shattered **puré de papas** mashed potato [*incontable*]

pureza *nf* purity

purgatorio *nm* purgatory

purificar *vt* to purify

puritanismo *nm* puritanism

puritano, -a ◆ *adj* **1** (*remilgado*) puritanical **2** (*Relig*) Puritan ◆ *nm-nf* Puritan

puro *nm* cigar

puro, -a *adj* **1** (*gen*) pure: *oro ~* pure gold ◊ *por pura casualidad* purely by chance **2** (*enfático*) simple: *la pura verdad* the simple truth LOC *Ver* SUGESTIÓN

púrpura *nf* purple

pus *nm* pus

Qq

que[1] *pron rel*

- **sujeto 1** (*personas*) who: *el hombre ~ vino ayer* the man who came yesterday ◊ *Mi hermana, ~ vive ahí, dice que es precioso.* My sister, who lives there, says it's lovely. **2** (*cosas*) that: *el auto ~ está estacionado en la plaza* the car that's parked in the square ☛ Cuando **que** equivale a *el cual, la cual,* etc, se traduce por **which**: *Este edificio, ~ antes fue sede del Gobierno, hoy es una biblioteca.* This building, which previously housed the Government, is now a library.
- **complemento** ☛ El inglés prefiere no traducir **que** cuando funciona como complemento, aunque también es correcto usar **that/who** para personas y **that/which** para cosas: *el chico ~ conociste en Roma* the boy (that/who) you met in Rome ◊ *la revista ~ me prestaste ayer* the magazine (that/which) you lent me yesterday LOC **el que/la que/los que/las que** *Ver* EL

que[2] *conj* **1** (*con oraciones subordinadas*) (that): *Dijo ~ vendría esta semana.* He said (that) he would come this week. ◊ *Quiero ~ viajes en primera.* I want you to travel first class. **2** (*en comparaciones*): *Mi hermano es más alto ~ vos.* My brother's taller than you.

3 (*en mandatos*): *¡~ lo pasen bien!* Have a good time! 4 (*resultado*) (that): *Estaba tan cansada ~ me quedé dormida.* I was so tired (that) I fell asleep. 5 (*otras construcciones*): *Subí la radio ~ no la oigo.* Turn the radio up—I can't hear it. ◊ *Cuando lavo el auto queda ~ parece nuevo.* When I wash the car, it looks like new. ◊ *No hay día ~ no llueva.* There isn't a single day when it doesn't rain. ◊ *¡Cómo decís! ¿~ se pasó el plazo?* What! It's too late to apply? LOC **¡que sí/no!** yes/no!

qué ◆ *adj*

• **interrogación** what: *¿~ hora es?* What time is it? ◊ *¿En ~ piso vivís?* What floor do you live on? ☛ Cuando existen sólo pocas posibilidades solemos usar **which**: *¿Qué auto usamos hoy? ¿El tuyo o el mío?* Which car shall we take today? Yours or mine?

• **exclamación** 1 (+ *sustantivos contables en plural e incontables*) what: *¡~ casas más lindas!* What lovely houses! ◊ *¡~ valor!* What courage! 2 (+ *sustantivos contables en singular*) what a: *¡~ vida!* What a life! 3 (*cuando se traduce por adjetivo*) how: *¡~ rabia/horror!* How annoying/awful!

◆ *pron* what: *¿Qué? Hablá más fuerte.* What? Speak up. ◊ *No sé ~ querés.* I don't know what you want. ◆ *adv* how: *¡~ interesante!* How interesting!

LOC **¡qué bien!** great! **¡qué de…!** what a lot of…!: *¡~ de turistas!* What a lot of tourists! **¡qué mal!** oh no! **¿qué tal? 1** (*saludo*) how are things? **2** (*¿cómo está/están?*) how is/are…?: *¿~ tal tus padres?* How are your parents? **3** (*¿cómo es/son?*) what is/are *sth/sb* like?: *¿~ tal la película?* What was the film like? **¿y a mí qué?** what's it to me, you, etc?

quebrada *nf* stream

quebrado *nm* fraction

quebrar ◆ *vt* **1** (*lápiz, palo*) to snap **2** (*vaso, plato*) to break **3** (*rajar*) to crack **4** (*diente*) to chip ◆ *vi* to go bankrupt: *Se quebró la pierna.* She broke her leg.

queda *nf* LOC *Ver* TOQUE

quedar ◆ *vi* **1** (*haber*) to be left: *¿Queda café?* Is there any coffee left? ◊ *Quedan tres días para las vacaciones.* There are three days left before we go on holiday. ◊ *Quedan cinco kilómetros para Mendoza.* It's still five kilometres to Mendoza. **2** (*tener*) to have *sth* left: *Todavía nos quedan dos botellas.* We've still got two bottles left. ◊ *No me queda plata.* I haven't got any money left. **3** (*citarse*) to meet: *¿Dónde quedamos?* Where shall we meet? ◊ *Quedé con ella a las tres.* I arranged to meet her at three o'clock. **4** (*estar situado, llegar*) to be: *¿Dónde queda tu hotel?* Where is your hotel? ◊ *Quedamos terceros en el concurso.* We were third in the competition. ◊ *El colegio me queda muy cerca de casa.* My school is very near my house. **5** (*ropa*): *¿Qué tal le queda la campera?* How does the jacket look on her? ◊ *La pollera me quedaba grande.* The skirt was too big for me. ◊ *Ese suéter te queda muy bien.* That sweater really suits you. **6 ~ en** to agree ***to do sth***: *Quedamos en vernos el martes.* We agreed to meet on Tuesday. **7** (*memoria*) to sink in: *Estudio mucho pero no me queda.* I study a lot but it doesn't sink in. ◆ **quedarse** *v pron* **1** (*en un lugar*) to stay: *~se en la cama/en casa* to stay in bed/at home **2 + adj** to go: *~se pelado/ciego* to go bald/blind **3 quedarse (con)** to keep: *Quédese con el cambio.* Keep the change. LOC **quedar bien/mal** to make a good/bad impression (*on sb*): *Quedé muy mal con Raúl.* I made a bad impression on Raúl. **quedarse sin algo** to run out of sth: *Me quedé sin cambio.* I've run out of change. ☛ Para otras expresiones con **quedar**, véanse las entradas del sustantivo, adjetivo, etc, p.ej. **quedarse en el molde** en MOLDE y **quedar pintado** en PINTADO.

queja *nf* complaint

quejarse *v pron* ~ **(de/por)** to complain, to moan (*más coloq*) **(about *sth/sb*)**

quejido *nm* **1** (*de dolor*) moan **2** (*lamento, suspiro*) sigh **3** (*animal*) whine

quejoso, -a *adj, nm-nf* whinger [*n*]

quemado, -a *pp, adj* burnt: *tener gusto a ~* to taste burnt LOC *Ver* OLER; *Ver tb* QUEMAR

quemadura *nf* **1** (*gen*) burn: *~s de segundo grado* second-degree burns **2** (*con líquido hirviendo*) scald LOC **quemadura de sol** sunburn [*incontable*]: *Esta crema es para las ~s de sol.* This cream is for sunburn.

quemante *adj* burning

quemar ◆ *vt* **1** (*gen*) to burn: *Vas a ~ la omelette.* You're going to burn the omelette. **2** (*edificio, bosque*) to burn *sth* down: *Quemó ya tres edificios.* He's already burnt down three buildings. ◆ *vi* to be hot: *¡Cómo quema!* It's very hot!

◆ **quemarse** *v pron* **1 quemarse** (**con**) (*persona*) to burn *sth/yourself* (**on** *sth*): *~se la lengua* to burn your tongue ◊ *Me quemé con la sartén.* I burnt myself on the frying-pan. **2** (*comida*) to be burnt **3** (*agotarse*) to burn yourself out **4** (*con el sol*) to get sunburnt: *Enseguida me quemo.* I get sunburnt very easily.

quemo *nm*: *¡Qué ~!* How embarrassing!

quena *nf* pan pipes

querer ◆ *vt* **1** (*amar*) to love **2** (*algo, hacer algo*) to want: *¿Cuál querés?* Which one do you want? ◊ *Quiero salir.* I want to go out. ◊ *Quiere que vayamos a su casa.* He wants us to go to his house. ◊ *De entrada, quiero sopa de pescado.* I'd like fish soup to start with. ☛ *Ver nota en* WANT ◆ *vi* to want to: *No quiero.* I don't want to. ◊ *Por supuesto que quiere.* Of course he wants to. LOC **querer decir** to mean: *¿Qué quiere decir esta palabra?* What does this word mean? **queriendo** (*a propósito*) on purpose **quisiera...** I, he, etc would like *to do sth*: *Quisiera saber por qué siempre llegás tarde.* I'd like to know why you're always late. **sin querer**: *Perdoname, fue sin ~.* Sorry, it was an accident.

querido, -a *pp, adj* dear *Ver tb* QUERER

queso *nm* cheese: *~ rallado* grated cheese ◊ *No me gusta el ~.* I don't like cheese. ◊ *un sandwich de ~* a cheese sandwich

quicio *nm* LOC **sacar de quicio** to drive *sb* mad

quiebra *nf* bankruptcy [*pl* bankruptcies]

quien *pron rel* **1** (*sujeto*) who: *Fue mi hermano ~ me lo dijo.* It was my brother who told me. ◊ *Aquí no hay ~ trabaje.* No one here does any work. **2** (*complemento*) ☛ El inglés prefiere no traducir **quien** cuando funciona como complemento, aunque también es correcto usar **who** o **whom**: *Es a mi madre a ~ quiero ver.* It's my mother I want to see. ◊ *Fue a él a ~ se lo dije.* He was the one I told. ◊ *El chico con ~ la vi ayer es su primo.* The boy (who) I saw her with yesterday is her cousin. ◊ *la actriz de ~ se ha escrito tanto* the actress about whom so much has been written **3** (*cualquiera*) whoever: *Invitá a ~ quieras.* Invite whoever you want. ◊ *~ esté a favor, que levante la mano.* Those in favour, raise your hands. ◊ *Paco, Julián o ~ sea* Paco, Julián or whoever

quién *pron interr* who: *¿~ es?* Who is it? ◊ *¿A ~ viste?* Who did you see? ◊ *¿~es vienen?* Who's coming? ◊ *¿Para ~ es este regalo?* Who is this present for? ◊ *¿De ~ hablás?* Who are you talking about? LOC **¿de quién...?** (*posesión*) whose...?: *¿De ~ es este tapado?* Whose is this coat?

quienquiera *pron* whoever: *~ que sea el culpable recibirá su castigo.* Whoever is responsible will be punished.

quieto, -a *adj* still: *estarse/quedarse ~* to keep still

quilla *nf* skittle: *jugar a la ~* to play skittles

química *nf* chemistry

químico, -a ◆ *adj* chemical ◆ *nm-nf* chemist

quimono *nm* kimono [*pl* kimonos]

quince *nm, adj, pron* **1** (*gen*) fifteen **2** (*fecha*) fifteenth ☛ *Ver ejemplos en* ONCE *y* SEIS LOC **quince días** fortnight: *Sólo vamos ~ días.* We're only going for a fortnight.

quinceañero, -a *nm-nf* (*adolescente*) teenager

quincena *nf* (*quince días*) two weeks [*pl*]: *la segunda ~ de enero* the last two weeks of January

quiniela *nf* lottery

quinientos, -as *adj, pron, nm* five hundred ☛ *Ver ejemplos en* SEISCIENTOS

quinoto *nm* kumquat

quinta *nf* **1** (*casa en el campo*) country house: *Nos vamos a pasar el fin de semana a la ~.* We're going to spend the weekend at the house in the country. **2** (*terreno de cultivo*) (plot of) land **3** (*marcha*) fifth (gear)

quinto, -a *adj, pron, nm-nf* fifth ☛ *Ver ejemplos en* SEXTO

quiosco *nm* stand LOC **quiosco de cigarrillos** newsagent's **quiosco de revistas** news-stand: *El ~ de revistas abre todos los días.* The news-stand opens every day.

En Gran Bretaña los **newsagents** venden además de diarios y revistas golosinas y cigarrillos. Los **news-stands** son pequeños puestos callejeros que venden sólo diarios y generalmente se arman y desarman cada día.

quiquiriquí *nm* cock-a-doodle-doo

quirófano *nm* (operating) theatre

quirúrgico, -a *adj* surgical: *una intervención quirúrgica* an operation

quisquilloso, -a *adj* **1** (*exigente*) fussy **2** (*susceptible*) touchy

quiste *nm* cyst

quitamanchas *nm* stain remover

quitar ♦ *vt* **1** (*gen*) to take *sth* off/down/out: *Quitá tus cosas de mi escritorio.* Take your things off my desk. ◊ *Quitó el cartel.* He took the sign down. **2** (*Mat*) (*sustraer*) to take *sth* away (**from *sth*/*sb***): *Si a tres le quitás uno…* If you take one (away) from three… ◊ *Me quitaron el registro de conducir.* I had my driving licence taken away. **3** (*mancha*) to remove, to get *a stain* out (*más coloq*) **4** (*dolor*) to relieve ♦ **quitarse** *v pron* **1** (*ropa, anteojos, maquillaje*) to take *sth* off: *Quitate los zapatos.* Take your shoes off. **2** (*mancha*) to come out LOC **quitarle importancia a algo** to play sth down: *Siempre le quita importancia a sus triunfos.* She always plays down her achievements. **quitarse de encima a algn** to get rid of sb **quitarse la costumbre/manía** to kick the habit (*of doing sth*): *~se la costumbre de morderse las uñas* to kick the habit of biting your nails **quitarse un peso de encima**: *Me quité un gran peso de encima.* That's a great load off my mind. *Ver tb* POLVO

quizá (*tb* **quizás**) *adv* perhaps: *—¿Creés que va a venir? —Quizá sí.* 'Do you think she'll come?' 'Perhaps.'

Rr

rábano (*tb* **rabanito**) *nm* radish

rabia *nf* **1** (*ira*) anger **2** (*Med*) rabies [*sing*]: *El perro tenía la ~.* The dog had rabies. LOC **dar rabia** to drive *sb* mad: *Me da muchísima ~.* It really drives me mad. *Ver tb* COMIDO

rabieta *nf* tantrum: *Le dan muchas ~s.* He's always throwing tantrums.

rabioso, -a *adj* (*Med*) rabid: *un perro ~* a rabid dog

rabo *nm* tail LOC *Ver* CABO

racha *nf* **1** (*serie*) run: *una ~ de suerte* a run of good luck ◊ *una ~ de desgracias* a series of misfortunes **2** (*viento*) gust LOC **pasar una mala racha** to be going through a bad patch

racial *adj* racial: *la discriminación ~* racial discrimination ◊ *relaciones ~es* race relations

racimo *nm* bunch

ración *nf* (*Mil*) ration

racional *adj* rational

racionamiento *nm* rationing: *el ~ del agua* water rationing

racismo *nm* racism

racista *adj, nmf* racist

radar *nm* radar [*incontable*]: *los ~es enemigos* enemy radar

radiactivo, -a *adj* radioactive LOC *Ver* LLUVIA

radiador *nm* radiator

radiante *adj* **1** (*brillante*) bright: *Brillaba un sol ~.* The sun was shining brightly. **2** (*persona*) radiant: *~ de alegría* radiant with happiness LOC *Ver* LOSA

radical *adj, nmf* radical

radicar ♦ *vi* ~ **en** to lie **in *sth***: *El éxito del grupo radica en su originalidad.* The group's success lies in their originality. ♦ **radicarse** *v pron* to settle: *Se radicaron en Villa Mercedes.* They settled in Villa Mercedes.

radio[1] *nm* (*Geom*) radius [*pl* radii]

radio[2] *nm* (*Quím*) radium

radio[3] *nf* radio [*pl* radios]: *oír/escuchar la ~* to listen to the radio LOC **en/por la radio** on the radio: *Lo oí en la ~.* I heard it on the radio. ◊ *hablar por la ~* to speak on the radio

radioaficionado, -a *nm-nf* radio ham

radiograbador *nm* (*tb* **radiograbadora** *nf*) radio cassette player

radiografía *nf* X-ray [*pl* X-rays]: *hacer una ~* to take an X-ray

radioyente *nmf* listener

ráfaga *nf* **1** (*viento*) gust **2** (*disparos*) burst: *una ~ de disparos* a burst of gunfire

raído, -a *pp, adj* threadbare

raíz *nf* root LOC **echar raíces 1** (*planta*) to take root **2** (*persona*) to put down roots **raíz cuadrada/cúbica** square/cube root: *La ~ cuadrada de 49 es 7.* The square root of 49 is 7.

rajadura *nf* crack: *La pared tenía una*

enorme ~. There was a huge crack in the wall.

rajar ◆ *vt* **1** (*cortar*) to slit: *Me rajaron las gomas.* They slit my tyres. **2** (*echar a algn*) to kick *sb* out ◆ *vi* (*salir disparando*) to run away ◆ **rajarse** *v pron* **1** (*gen*) to crack: *El espejo se rajó.* The mirror has cracked. **2** (*irse de un lugar*) to beat it LOC **sacar rajando a algn** to send sb packing **salir rajando** to scarper

rallado, -a *pp, adj* LOC *Ver* PAN; *Ver tb* RALLAR

ralladura *nf* LOC **ralladura de limón/naranja** grated lemon/orange rind

rallar *vt* to grate

rama *nf* branch: *la ~ de un árbol* the branch of a tree ◇ *una ~ de la filosofía* a branch of philosophy LOC **andarse/irse por las ramas** to beat about the bush

rambla *nf* promenade

ramo *nm* **1** (*de flores*) bunch **2** (*sector*) sector LOC *Ver* DOMINGO

rampa *nf* ramp

rana *nf* frog LOC *Ver* HOMBRE, PATA

rancho *nm* shack

rancio, -a *adj* **1** (*manteca*) rancid: *Tiene gusto ~.* It tastes rancid. **2** (*pan*) stale **3** (*olor*) musty: *El sótano olía a ~.* The basement smelt musty.

rango *nm* rank

ranura *nf* slot: *Hay que introducir la moneda por la ~.* You have to put the coin in the slot.

rapar *vt* (*pelo*) to crop

rapaz *nf* (*ave*) bird of prey

rape *nm* LOC *Ver* PELO

rapidez *nf* speed LOC **con rapidez** quickly

rápido, -a ◆ *adj* **1** (*breve*) quick: *¿Puedo hacer una llamada rápida?* Can I make a quick phone call? **2** (*veloz*) fast: *un corredor ~* a fast runner ☛ *Ver nota en* FAST[1] ◆ *adv* quickly ◆ **¡rápido!** *interj* hurry up! ◆ *nm* (*río*) rapids [*pl*]

raptar *vt* to kidnap

rapto *nm* kidnapping

raptor, ~a *nm-nf* kidnapper

raqueta *nf* racket: *una ~ de tenis* a tennis racket

raro, -a *adj* **1** (*extraño*) strange: *una manera muy rara de hablar* a very strange way of speaking ◇ *¡Qué ~!* How strange! **2** (*poco común*) rare: *una planta rara* a rare plant LOC *Ver* BICHO, COSA

ras *nm* LOC **a ras de** level with *sth*: *a ~ del suelo* along the floor

rasca *adj* (*lugar*) grotty

rascacielos *nm* skyscraper

rascar ◆ *vt* **1** (*con las uñas*) to scratch: *Oí al perro rascando la puerta.* I heard the dog scratching at the door. **2** (*superficie*) to scrape *sth* (**off** *sth*): *Rascamos la pintura del suelo.* We scraped the paint off the floor. ◆ **rascarse** *v pron* to scratch: *~se la cabeza* to scratch your head

rasgado, -a *pp, adj* (*ojos*) almond-shaped *Ver tb* RASGAR

rasgar ◆ *vt* to tear *sth* (up) ◆ **rasgarse** *v pron* to tear

rasgo *nm* **1** (*gen*) feature: *los ~s distintivos de su obra* the distinctive features of her work **2** (*personalidad*) characteristic **3** (*de la lapicera*) stroke LOC *Ver* GRANDE

rasguñar *vt* to scratch

rasguño *nm* scratch

raso, -a ◆ *adj* **1** (*llano*) flat **2** (*cucharada, medida*) level ◆ *nm* satin LOC *Ver* SOLDADO

raspar ◆ *vt* **1** (*arañar*) to scratch **2** (*quitar*) to scrape *sth* (**off** *sth*): *Raspá el papel de la pared.* Scrape the paper off the wall. ◆ *vi* to be rough: *Esta toalla raspa.* This towel is rough. ◆ **rasparse** *v pron* to graze: *~se la mano* to graze your hand

rastra *nf* LOC **a rastras**: *Se acercó a ~s.* He crawled over. ◇ *Trajo la bolsa a ~s.* He dragged the bag in. ◇ *No querían irse, los tuve que sacar a ~s.* They didn't want to go so I had to drag them away.

rastrear *vt* **1** (*seguir la pista*) to follow: *Los perros rastreaban el olor.* The dogs followed the scent. **2** (*zona*) to comb

rastreo *nm* search: *Realizaron un ~ de los bosques.* They searched the woods.

rastrillo *nm* rake

rastro *nm* trail: *Los perros siguieron el ~.* The dogs followed the trail. ◇ *No había ni ~ de ella.* There was no trace of her. LOC **sin dejar rastro** without trace *Ver tb* PERDER

rata ◆ *nf* rat ◆ *adj, nmf* (*persona*) mean [*adj*] LOC **hacerse la rata** to play truant **rata de biblioteca** bookworm *Ver tb* POBRE

ratificar *vt* **1** (*tratado, acuerdo*) to ratify **2** (*noticia*) to confirm

rato *nm* while: *Un ~ más tarde sonó el teléfono.* The telephone rang a while later. LOC **al (poco) rato** shortly after:

Llegaron al poco ~ de que vos te fuiste. They arrived shortly after you left. **a ratos** sometimes **para rato**: *Todavía tengo para ~, no me esperes.* I've still got a lot to do, so don't wait for me. **pasar el rato** to pass the time

ratón *nm* (*animal, Informát*) mouse [*pl* mice] ☛ *Ver dibujo en* COMPUTADORA LOC **el ratón/ratoncito Pérez** the tooth fairy

ratonera *nf* **1** (*trampa*) mousetrap **2** (*madriguera*) mousehole

raya *nf* **1** (*gen*) line: *marcar una ~* to draw a line **2** (*listas*) stripe: *una camisa a ~s* a striped shirt **3** (*pelo*) parting: *un peinado con ~ al medio* a hairstyle with a centre parting **4** (*pantalón*) crease LOC **pasarse de la raya** to go too far: *Esta vez te pasaste de la ~.* This time you've gone too far. **tener a algn a raya** to keep a tight rein on sb

rayado, -a *pp, adj* **1** (*papel*) lined **2** (*prenda*) striped **3** (*loco*) crazy *Ver tb* RAYAR

rayar ◆ *vt* to scratch ◆ *vi* ~ (**en/con**) to border **on *sth***: *Mi admiración por él rayaba en la devoción.* My admiration for him bordered on devotion.

rayo *nm* **1** (*gen*) ray [*pl* rays]: *un ~ de sol* a ray of sunshine ◊ *los ~s del sol* the sun's rays **2** (*Meteorología*) lightning [*incontable*]: *Los ~s y los truenos me asustan.* Thunder and lightning frighten me. **3** (*rueda*) spoke LOC **rayo láser** laser beam **rayos X** X-rays

rayuela *nf* hopscotch: *jugar a la ~* to play hopscotch

raza *nf* **1** (*humana*) race **2** (*animal*) breed: *¿De qué ~ es?* What breed is it? LOC **de raza** (*perro*) pedigree

razia *nf* raid

razón *nf* reason (**for *sth*/*doing sth***): *La ~ de su renuncia es obvia.* The reason for his resignation is obvious. LOC **no tener razón** to be wrong **tener razón** to be right

razonable *adj* reasonable

razonamiento *nm* reasoning

razonar ◆ *vi* (*pensar*) to think: *No razonaba con claridad.* He wasn't thinking clearly. ◆ *vt* (*explicar*) to give reasons **for *sth***: *Razoná tu respuesta.* Give reasons for your answer.

re *nm* **1** (*nota de la escala*) ray **2** (*tonalidad*) D: *re mayor* D major

reabastecer ◆ *vt* **1** (*avión*) to refuel **2** (*alimentos*) to restock ◆ **reabastecerse** *v pron* **reabastecerse** (**de**) **1** (*de combustible*) to refuel (**with *sth***) **2** (*de comida*) to stock up (**on/with *sth***)

reacción *nf* reaction

reaccionar *vi* to react

reactor *nm* **1** (*motor*) jet engine **2** (*avión*) jet LOC **reactor atómico/nuclear** nuclear reactor

readmitir *vt* to readmit *sb* (**to...**) *Lo readmitieron al colegio.* He was readmitted to school.

real[1] *adj* (*caso, historia*) true LOC *Ver* GANA

real[2] *adj* (*de reyes*) royal LOC *Ver* JALEA, PAVO

realidad *nf* reality [*pl* realities] LOC **en realidad** actually **hacerse realidad** to come true *Ver tb* CONVERTIR

realismo *nm* realism

realista ◆ *adj* realistic ◆ *nmf* realist

realización *nf* **1** (*proyecto, trabajo*) carrying out: *Yo me encargo de la ~ del plan.* I'll take charge of carrying out the plan. **2** (*objetivo, sueño*) fulfilment

realizar ◆ *vt* **1** (*llevar a cabo*) to carry *sth* out: *~ un proyecto* to carry out a project **2** (*sueño, objetivo*) to fulfil ◆ **realizarse** *v pron* **1** (*hacerse realidad*) to come true: *Mis sueños se realizaron.* My dreams came true. **2** (*persona*) to fulfil yourself

realmente *adv* really

realzar *vt* to enhance

reanimar ◆ *vt* to revive ◆ **reanimarse** *v pron* **1** (*fortalecerse*) to get your strength back **2** (*volver en sí*) to regain consciousness

reanudar *vt* **1** (*gen*) to resume: *~ el trabajo* to resume work **2** (*amistad, relación*) to renew

rearme *nm* rearmament

rebaja *nf* discount: *Nos hicieron una ~.* They gave us a discount.

rebajar ◆ *vt* **1** (*gen*) to reduce: *~ una condena* to reduce a sentence ◊ *Nos rebajó un 15 por ciento.* He gave us a 15 per cent reduction. **2** (*color*) to soften **3** (*humillar*) to humiliate: *Me rebajó adelante de todos.* He humiliated me in front of everyone. ◆ *vi* (*adelgazar*): *~ de peso* lo lose weight ◆ **rebajarse** *v pron* **1 rebajarse** (**a hacer algo**) to lower yourself (**by doing sth**): *No me rebajaría a aceptar tu plata.* I wouldn't lower myself by accepting your money. **2 rebajarse ante algn** to bow down **to sb**

rebalsar(se) *vi, v pron* to overflow

rebanada *nf* slice: *dos ~s de pan* two slices of bread ☛ *Ver dibujo en* PAN

rebaño *nm* **1** (*ovejas*) flock **2** (*ganado*) herd

rebelarse *v pron* ~ (**contra**) to rebel (**against *sth*/*sb***)

rebelde ◆ *adj* **1** (*gen*) rebel [*n atrib*]: *el general ~* the rebel general **2** (*espíritu*) rebellious **3** (*chico*) difficult ◆ *nmf* rebel

rebelión *nf* rebellion

rebenque *nm* riding crop

rebobinar *vt* to rewind

rebosante *adj* ~ (**de**) overflowing (**with *sth***): *~ de alegría* overflowing with joy

rebotar *vi* **1** (*gen*) to bounce (***off sth***): *La pelota rebotó en el aro.* The ball bounced off the hoop. **2** (*bala*) to ricochet (***off sth***)

rebote *nm* rebound LOC **de rebote** on the rebound

rebuznar *vi* to bray

recaer *vi* **1** (*Med*) to have a relapse **2** (*vicio*) to go back to your old ways **3** ~ **en** (*responsabilidad, sospecha*) to fall **on *sb***: *Todas las sospechas recayeron sobre mí.* Suspicion fell on me.

recalcar *vt* to stress

recalentar ◆ *vt* to warm *sth* up ◆ **recalentarse** *v pron* to overheat

recapacitar ◆ *vt* to think *sth* over ◆ *vi* to think things over

recargado, -a *pp, adj* **1** (*de peso*) overloaded **2** (*estética*): *Iba un poco recargada para mi gusto.* She was a bit overdressed for my taste. *Ver tb* RECARGAR

recargar *vt* **1** (*cargar de nuevo*) **(a)** (*pila, batería*) to recharge **(b)** (*arma*) to reload **2** (*de peso*) to overload

recargo *nm* surcharge

recaudar *vt* to collect

recepción *nf* reception

recepcionista *nmf* **1** (*gen*) receptionist **2** (*de congresos*) hostess

receptor *nm* receiver

receta *nf* **1** (*Cocina*) recipe (***for sth***): *Tenés que darme la ~ de este plato.* You must give me the recipe for this dish. **2** (*Med*) prescription: *Sólo se vende con ~.* Only available on prescription.

recetar *vt* to prescribe

rechazar *vt* to turn *sth/sb* down: *Rechazaron nuestra propuesta.* Our proposal was turned down.

rechupete LOC **de rechupete** delicious

recibir ◆ *vt* **1** (*gen*) to receive, to get (*más coloq*): *Recibí tu carta.* I received/got your letter. **2** (*persona*) to welcome: *Salió a ~nos.* He came out to welcome us. ◆ **recibirse** *v pron* to graduate (**in *sth***): *Se recibió en Derecho el año pasado.* She graduated in law last year.

recibo *nm* **1** (*comprobante*) receipt: *Para cambiarlo necesita el ~.* You'll need the receipt if you want to exchange it. **2** (*factura*) bill: *el ~ de la luz* the electricity bill

reciclar *vt* (*materiales*) to recycle

recién *adv* recently: *~ creado* recently formed LOC **los recién casados** the newly-weds **recién cumplidos**: *Tengo 15 años ~ cumplidos.* I've just turned 15. **recién pintado** (*cartel*) wet paint **un recién nacido** a newborn baby

reciente *adj* **1** (*acontecimiento*) recent **2** (*huella*) fresh

recipiente *nm* container

recitar *vt* to recite

reclamación *nf* complaint: *hacer/presentar una ~* to make/lodge a complaint

reclamar ◆ *vt* to demand: *Reclaman justicia.* They are demanding justice. ◆ *vi* to complain: *Deberías ~, no funciona.* This doesn't work so you ought to complain.

reclame *nm* (*televisión*) advert: *un ~ de cerveza* a beer advert

reclinable *adj* reclining: *asientos ~s* reclining seats

reclinar ◆ *vt* to lean *sth* (**on *sth*/*sb***): *Reclinó la cabeza en mi hombro.* He leant his head on my shoulder. ◆ **reclinarse** *v pron* (*persona*) to lean back (***against sth*/*sb***)

recluso, -a *nm-nf* prisoner

recluta *nmf* recruit

recobrar ◆ *vt* **1** (*gen*) to regain, to get *sth* back (*más coloq*): *~ la plata* to get your money back **2** (*salud, memoria*) to recover, to get *sth* back (*más coloq*): *~ la memoria* to get your memory back ◆ **recobrarse** *v pron* to recover (***from sth***): *~se de una enfermedad* to recover from an illness LOC *Ver* CONOCIMIENTO

recogepelotas *nmf* ballboy [*fem* ballgirl]

recoger *vt* **1** (*objeto caído*) to pick *sth* up: *Recogé el pañuelo.* Pick up the handkerchief. **2** (*reunir*) to collect: *~ firmas* to collect signatures **3** (*ir a buscar*) to pick *sth/sb* up: *~ a los chicos del colegio* to pick the children up from school

LOC **recogerse el pelo** (*en una colita*) to tie your hair back

recogido, -a *pp, adj* (*pelo*) up: *Estás mejor con el pelo ~.* You look better with your hair up. *Ver tb* RECOGER

recomendación *nf* recommendation: *Fuimos por ~ de mi hermano.* We went on my brother's recommendation.

recomendado, -a *pp, adj* **1** (*persona*) recommended: *muy ~* highly recommended **2** (*carta*) registered

recomendar *vt* to recommend

recompensa *nf* reward LOC **en/como recompensa (por)** as a reward (for *sth*)

recompensar *vt* to reward *sb* (***for sth***)

reconciliarse *v pron* to make (it) up (***with sb***): *Se pelearon pero se han reconciliado.* They quarrelled but they've made (it) up now.

reconocer *vt* **1** (*gen*) to recognize: *No la reconocí.* I didn't recognize her. **2** (*admitir*) to admit: *~ un error* to admit a mistake

reconocido, -a *pp, adj* (*apreciado*) well known: *un ~ sociólogo* a well known sociologist *Ver tb* RECONOCER

reconocimiento *nm* recognition LOC **reconocimiento (médico)** medical: *Tenés que hacerte un ~ médico.* You have to have a medical.

reconquista *nf* reconquest

reconstruir *vt* **1** (*gen*) to rebuild **2** (*hechos, suceso*) to reconstruct

recopilar *vt* to collect

récord *nm* record: *batir/tener un ~* to break/hold a record

recordar *vt* **1** (*por asociación*) to remind *sb* **of** ***sth/sb***: *Me recuerda a mi hermano.* He reminds me of my brother. ☛ *Ver nota en* REMIND **2** (*acordarse*) to remember ***sth/doing sth***: *No recuerdo su nombre.* I can't remember his name. ☛ *Ver nota en* REMEMBER LOC **que yo recuerde** as far as I remember **te recuerdo que...** remember...: *Te recuerdo que mañana tenés un examen.* Remember you've got an exam tomorrow.

recorrer *vt* **1** (*gen*) to go **round...**: *Recorrimos Francia en tren.* We went round France by train. **2** (*distancia*) to cover, to do (*más coloq*): *Tardamos tres horas en ~ un kilómetro.* It took us three hours to do one kilometre.

recorrido *nm* route: *el ~ del colectivo* the bus route

recortar *vt* **1** (*artículo, figura*) to cut *sth* out: *Recorté la foto de una revista vieja.* I cut the photograph out of an old magazine. **2** (*lo que sobra*) to trim **3** (*gastos*) to cut

recostarse *v pron* to lie down: *Se recostó unos minutos.* He lay down for a few minutes.

recova *nf* arcade

recreo *nm* break: *A las once salimos al ~.* Break is at eleven. LOC **de recreo** recreational

recta *nf* straight line LOC **recta final 1** (*Dep*) home straight **2** (*fig*) closing stages [*pl*]: *en la ~ final de la campaña* in the closing stages of the campaign

rectangular *adj* rectangular

rectángulo *nm* rectangle LOC *Ver* TRIÁNGULO

rectificar *vt* **1** (*gen*) to rectify: *La empresa tendrá que ~ los daños.* The company will have to rectify the damage. **2** (*actitud, conducta*) to improve

recto, -a ◆ *adj* straight ◆ *nm* rectum [*pl* rectums/recta]

recuadro *nm* (*casilla*) box

recuerdo *nm* **1** (*memoria*) memory [*pl* memories]: *Guardo un buen ~ de su amistad.* I have happy memories of our friendship. **2** (*turismo*) souvenir **3** **recuerdos** regards: *Dale ~s de mi parte.* Give him my regards. ◊ *Mi madre te manda ~s.* My mother sends her regards.

recuperar ◆ *vt* **1** (*gen*) to recover: *Confío en que recupere la vista.* I'm sure he'll recover his sight. **2** (*tiempo, clases*) to make *sth* up: *Tenés que ~ tus horas de trabajo.* You'll have to make up the time. ◆ **recuperarse** *v pron* **recuperarse de** to recover **from** ***sth*** LOC *Ver* TERRENO

recurrir *vi* ~ **a 1** (*usar*) to resort **to** ***sth*** **2** (*pedir ayuda*) to turn **to** ***sb***: *No tenía a quién ~.* I had no one to turn to.

recurso *nm* **1** (*medio*) resort: *como último ~* as a last resort **2** **recursos** resources: *~s humanos/económicos* human/economic resources

red *nf* **1** (*Dep, Caza, Pesca*) net **2** (*Informát, Comunicaciones*) network: *la ~ de ferrocarriles/rutas* the railway/road network **3** (*organizaciones, sucursales*) chain

redacción *nf* essay [*pl* essays]: *hacer una ~ sobre tu ciudad* to write an essay on your town

redactar *vt, vi* to write: ~ *una carta* to write a letter ◊ *Para ser tan chico redacta bien.* He writes well for his age.

redactor, ~a *nm-nf* (*Period*) journalist

redada *nf* raid: *efectuar una* ~ to carry out a raid

redoblar *vi* (*tambor*) to roll

redonda *nf* (*Mús*) semibreve

redondear *vt* **1** (*gen*) to round *sth* off: ~ *un negocio* to round off a business deal **2** (*precio, cifra*) to round *sth* up/down

redondo, -a *adj* round: *en números ~s* in round figures LOC **a la redonda**: *No había ninguna casa en diez kilómetros a la redonda.* There were no houses within ten kilometres. **salir redondo** to turn out perfectly: *Nos salió todo ~.* It all turned out perfectly for us. *Ver tb* MESA

reducción *nf* reduction

reducido, -a *pp, adj* (*pequeño*) small *Ver tb* REDUCIR

reducir *vt* to reduce: ~ *la velocidad* to reduce speed ◊ *El fuego redujo la casa a cenizas.* The fire reduced the house to ashes. LOC **todo se reduce a...** it all boils down to...

redundancia *nf* redundancy

reelegir *vt* to re-elect: *Lo han reelegido como su representante.* They've re-elected him as their representative.

reembolsar *vt* **1** (*cantidad pagada*) to refund **2** (*gastos*) to reimburse

reembolso *nm* LOC **contra reembolso** cash on delivery (*abrev* COD) *Ver tb* ENVÍO

reemplazar *vt* to replace *sth/sb* (***with sth/sb***)

reencarnación *nf* reincarnation

reencarnarse *v pron* ~ (**en**) to be reincarnated (**in/as *sth/sb***)

referencia *nf* reference (***to sth/sb***): *servir de/como* ~ to serve as a (point of) reference ◊ *Con ~ a su carta...* With reference to your letter... ◊ *tener buenas ~s* to have good references LOC **hacer referencia a** to refer to *sth/sb*

referéndum (*tb* **referendo**) *nm* referendum [*pl* referendums/referenda]

referente *adj* ~ **a** regarding *sth/sb* LOC **(en lo) referente a** with regard to *sth/sb*

referirse *v pron* ~ **a** to refer **to *sth/sb***: *¿A qué te referís?* What are you referring to?

refilón LOC **de refilón**: *Me miraba de ~.* He was looking at me out of the corner of his eye. ◊ *La vi sólo de ~.* I only caught a glimpse of her.

refinería *nf* refinery [*pl* refineries]

reflejar *vt* to reflect

reflejo, -a ◆ *adj* reflex [*n atrib*]: *un acto* ~ a reflex action ◆ *nm* **1** (*gen*) reflection: *Veía mi ~ en el espejo.* I could see my reflection in the mirror. **2** (*reacción*) reflex: *tener buenos ~s* to have good reflexes **3 reflejos** (*pelo*) highlights

reflexionar *vi* ~ (**sobre**) to reflect (**on *sth***)

reforestación *nf* reafforestation

reforma *nf* **1** (*gen*) reform **2** (*en un edificio*) alteration: *cerrado por ~s* closed for alterations

reformar ◆ *vt* **1** (*gen*) to reform: ~ *una ley/a un delincuente* to reform a law/delinquent **2** (*edificio*) to make alterations **to *sth*** ◆ **reformarse** *v pron* to mend your ways

reformatorio *nm* young offenders' institution

reforzar *vt* to reinforce *sth* (***with sth***)

refrán *nm* saying: *Como dice el ~...* As the saying goes...

refregar ◆ *vt* **1** (*puños, cuello*) to scrub **2** (*echar en cara*) to reproach ◆ **refregarse** *v pron* to rub: *El chiquito se refregaba los ojos.* The little boy was rubbing his eyes.

refrescante *adj* refreshing

refrescar ◆ *vt* **1** (*enfriar*) to cool **2** (*memoria*) to refresh **3** (*conocimientos*) to brush up **on *sth***: *Necesito ~ mi inglés.* I have to brush up on my English. ◆ *v imp* to get cooler: *Por las noches refresca.* It gets cooler at night. ◆ **refrescarse** *v pron* to freshen up

refrigerar *vt* to refrigerate

refuerzo *nm* reinforcement

refugiado, -a *nm-nf* refugee: *un campo de ~s* a refugee camp

refugiar ◆ *vt* to shelter *sth/sb* (***from sth/sb***) ◆ **refugiarse** *v pron* **refugiarse** (**de**) to take refuge (**from *sth***): *~se de la lluvia* to take refuge from the rain

refugio *nm* refuge: *un ~ de montaña* a mountain refuge

refunfuñar *vi* to grumble (***about sth***)

regadera *nf* watering can

regadío *nm* irrigation: *tierra de* ~ irrigated land

regalar *vt* **1** (*hacer un regalo*) to give: *Me regaló un ramo de flores.* She gave me a bunch of flowers. **2** (*cuando no se* *quiere algo*) to give *sth* away: *Voy a ~ tus muñecas.* I'm going to give your dolls away.

regalo *nm* **1** (*obsequio*) present **2** (*fig*) gift: *La última pregunta fue un ~.* That last question was an absolute gift. LOC *Ver* ENVOLVER, PAPEL

regañadientes LOC **a regañadientes** reluctantly

regañar *vt* to tell *sb* off (***for sth/doing sth***)

regar *vt* **1** (*planta, jardín*) to water **2** (*esparcir*) to scatter

regatear *vt, vi* (*precio*) to haggle (***over/about sth***)

regenerar ◆ *vt* to regenerate ◆ **regenerarse** *v pron* **1** (*gen*) to regenerate **2** (*persona*) to mend your ways

regente *adj, nmf* regent: *el príncipe ~* the Prince Regent

régimen *nm* **1** (*Pol, normas*) regime: *un ~ muy liberal* a very liberal regime **2** (*dieta*) diet: *estar a ~* to be on a diet

regimiento *nm* regiment LOC **para un regimiento** to feed an army: *Tenemos comida para un ~.* We've got enough food here to feed an army.

región *nf* region

regional *adj* regional

regir ◆ *vt* **1** (*país, sociedad*) to rule **2** (*empresa, proyecto*) to run ◆ *vi* to be in force: *El convenio rige desde el pasado día 15.* The agreement has been in force since the 15th.

registrado, -a *pp, adj* LOC *Ver* MARCA; *Ver tb* REGISTRAR

registrador, ~a *adj* LOC *Ver* CAJA

registrar ◆ *vt* **1** (*inspeccionar*) to search **2** (*grabar, hacer constar*) to record: *~ información* to record information ◆ **registrarse** *v pron* to register

registro *nm* **1** (*inscripción*) registration **2** (*inspección*) search **3** (*lugar, oficina*) registry [*pl* registries] LOC **registro civil** registry office **registro de conducir** driving licence **sacar(se) el registro de conducir** to pass your driving test

regla *nf* **1** (*gen*) rule: *Va contra las ~s del colegio.* It's against the school rules. ◊ *por ~ general* as a general rule **2** (*instrumento*) ruler **3** (*menstruación*) period LOC **en regla** in order

reglamentario, -a *adj* regulation [*n atrib*]: *uniforme ~* regulation uniform

reglamento *nm* regulations [*pl*]

regocijarse *v pron* to be delighted (***at/with sth***): *Se regocijaron con la noticia.* They were delighted at the news.

regocijo *nm* delight

regresar *vi* to go/come back (***to...***): *No quieren ~ a su país.* They don't want to go back to their own country. ◊ *Creo que regresan mañana.* I think they're coming back tomorrow.

regreso *nm* return (***to...***): *a mi ~ a la ciudad* on my return to the city

reguero *nm* trail: *un ~ de sangre* a trail of blood

regular[1] *vt* to regulate

regular[2] ◆ *adj* **1** (*gen*) regular: *verbos ~es* regular verbs **2** (*mediocre*) poor: *Sus notas han sido muy ~es.* His marks have been very poor. **3** (*mediano*) medium: *de altura ~* of medium height ◆ *adv*: *—¿Qué tal te va? —Regular.* 'How are things?' 'So so.' ◊ *El negocio va ~.* Business isn't going too well. ◊ *La abuela está ~ (de salud).* Granny is poorly. LOC *Ver* VUELO

regularidad *nf* regularity LOC **con regularidad** regularly

rehabilitación *nf* rehabilitation: *programas para la ~ de delincuentes juveniles* rehabilitation programmes for young offenders

rehabilitar *vt* to rehabilitate

rehacer *vt* to redo LOC **rehacer la vida** to rebuild your life

rehén *nmf* hostage

rehuir *vt* to avoid ***sth/sb/doing sth***: *Rehuyó mi mirada.* She avoided my gaze.

rehusar *vt* to refuse *sth/to do sth*: *Rehusaron venir.* They refused to come. ◊ *Rehusé su invitación.* I turned their invitation down.

reina *nf* queen LOC *Ver* ABEJA

reinado *nm* reign

reinar *vi* **1** (*gobernar*) to reign **2** (*prevalecer*) to prevail

reincidir *vi* ~ (**en**) to relapse (**into *sth/doing sth***)

reiniciar *vt* to resume: *~ el trabajo* to resume work

reino *nm* **1** (*gen*) kingdom: *el ~ animal* the animal kingdom **2** (*ámbito*) realm LOC **el Reino Unido** the United Kingdom (*abrev* UK)

reintegro *nm* **1** (*gen*) refund **2** (*en un sorteo*) return of stake

reír ◆ *vi* to laugh: *largarse a ~* to burst out laughing ◆ **reírse** *v pron* **1 reírse con algn** to have a laugh **with sb**:

Siempre nos reímos con él. We always have a laugh with him. **2 reírse de** to laugh **at *sth/sb***: *¿De qué te reís?* What are you laughing at? ◊ *Siempre se ríen de mí.* They always laugh at me. LOC **reír(se) a carcajadas** to split your sides (laughing)

reivindicación *nf* **1** (*derecho*) claim (***for sth***) **2** ~ (**de**) (*atentado*): *No se ha producido una ~ de la bomba.* Nobody has claimed responsibility for the bomb.

reivindicar *vt* **1** (*reclamar*) to claim **2** (*atentado*) to claim responsibility **for *sth***

reja *nf* **1** (*ventana*) grille **2 rejas** bars: *entre ~s* behind bars

rejilla *nf* **1** (*gen*) grille **2** (*alcantarilla*) grating

rejuvenecer *vt* to make *sb* look younger

relación *nf* **1** ~ (**con**) (*gen*) relationship (**with *sth/sb***): *mantener relaciones con algn* to have a relationship with sb ◊ *Nuestra ~ es puramente laboral.* Our relationship is strictly professional. **2** ~ (**entre**) (*conexión*) connection (**between…**) LOC **con/en relación a** in/with relation to *sth/sb* **relación calidad precio** value for money **relaciones públicas** public relations (*abrev* PR) *Ver tb* MINISTERIO, MINISTRO

relacionado, -a *pp, adj* ~ (**con**) related (**to *sth***) *Ver tb* RELACIONAR

relacionar ◆ *vt* to relate *sth* (***to/with sth***): *Los médicos relacionan los problemas del corazón con el estrés.* Doctors relate heart disease with stress. ◆ **relacionarse** *v pron* **relacionarse** (**con**) to mix (**with *sb***)

relajación *nf* **1** (*gen*) relaxation: *técnicas de ~* relaxation techniques **2** (*tensión*) easing: *la ~ de las tensiones internacionales* the easing of international tension

relajar ◆ *vt* to relax: *Relajá la mano.* Relax your hand. ◆ **relajarse** *v pron* **1** (*gen*) to relax: *Tenés que ~te.* You must relax. **2** (*reglas, disciplina*) to become lax

relamer ◆ *vt* to lick *sth* clean ◆ **relamerse** *v pron* to lick your lips

relámpago *nm* **1** (*tormenta*) lightning [*incontable*]: *Un ~ y un trueno anunciaron la tormenta.* A flash of lightning and a clap of thunder heralded the storm. ◊ *Me asustan los ~s.* Lightning frightens me. **2** (*rápido*) lightning [*n atrib*]: *un viaje/una visita ~* a lightning trip/visit LOC *Ver* CIERRE

relatar *vt* to relate

relatividad *nf* relativity

relativo, -a *adj* **1** (*no absoluto*) relative: *Bueno, eso es ~.* Well, that depends. **2** ~ **a** relating **to *sth***

relato *nm* **1** (*cuento*) story [*pl* stories]: *un ~ histórico* a historical story **2** (*descripción*) account: *hacer un ~ de los hechos* to give an account of events

relax *nm*: *Pintar me sirve de ~.* Painting relaxes me. ◊ *No tengo ni un momento de ~.* I don't get a moment's rest.

relevar ◆ *vt* **1** (*sustituir*) to take over (**from *sb***): *Estuve de guardia hasta que me relevó un compañero.* I was on duty until a colleague took over from me. **2** (*de un cargo*) to relieve *sb* **of *sth***: *Fue relevado del cargo.* He was relieved of his duties. ◆ **relevarse** *v pron* to take turns (***at sth/doing sth***)

relevo *nm* **1** (*gen*) relief: *El ~ no tardará en llegar.* The relief will be here soon. **2** (*turno*) shift: *¿Quién va a organizar los ~s?* Who is going to organize the shifts? **3 relevos** (*Dep*): *una carrera de ~s* a relay race

relieve *nm* **1** (*Geog*): *una región de ~ accidentado* an area with a rugged landscape ◊ *un mapa en ~* a relief map **2** (*importancia*) significance: *un acontecimiento de ~ internacional* an event of international significance

religión *nf* religion

religioso, -a ◆ *adj* religious ◆ *nm-nf* monk [*fem* nun]

relinchar *vi* to neigh

reliquia *nf* relic

rellenar *vt* **1** (*gen*) to fill *sth* (***with sth***): *Rellené las tartas de/con fruta.* I filled the tarts with fruit. **2** (*volver a llenar*) to refill: *No hacía más que ~ los vasos.* He just kept on refilling everybody's glasses.

relleno *nm* **1** (*gen*) filling: *tortas con ~ de crema* cream cakes **2** (*almohadón*) stuffing

reloj *nm* **1** (*gen*) clock: *¿Qué hora tiene el ~ de la cocina?* What time does the kitchen clock say? **2** (*de pulsera, de bolsillo*) watch: *Tengo el ~ atrasado.* My watch is slow. LOC **como un reloj** on the dot: *Estuvo a las dos, como un ~.* She was there at two on the dot. **contra reloj** against the clock: *Trabajamos ~ reloj.* We worked against the clock. **reloj de cucú** cuckoo clock **reloj de sol**

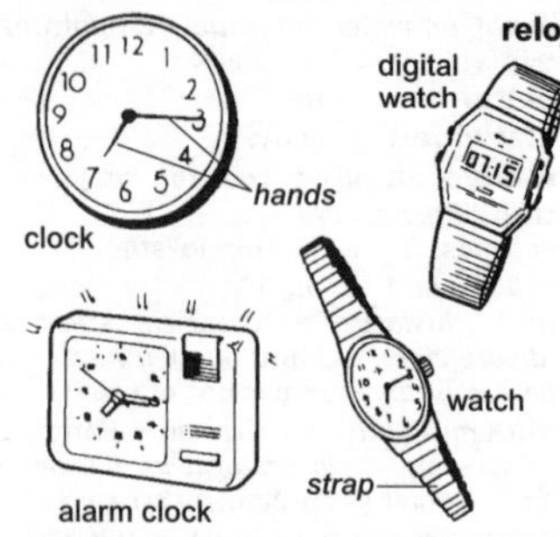

sundial **reloj pulsera** wristwatch *Ver tb* CUERDA

relojear *vt* to eye *sth/sb* up

relojería *nf* watchmaker's [*pl* watchmakers]

relojero, -a *nm-nf* watchmaker

relucir *vi* to shine LOC *Ver* TRAPO

remar *vi* to row

rematar *vt* **1** (*gen*) to finish *sth/sb* off: *Voy a ~ el informe este fin de semana.* I'll finish off the report this weekend. **2** (*vender*) to auction **3** (*Dep*) to shoot: *La pelota pasó al capitán, que remató la jugada.* The ball went to the captain, who scored a goal.

remate *nm* **1** (*término*) end **2** (*extremo*) top: *el ~ de una torre* the top of a tower **3** (*subasta*) auction **4** (*borde*) edging: *un ~ de encaje* a lace edging **5** (*Dep*) shot: *El arquero atajó el ~.* The goalkeeper saved the shot. LOC **ir a remate** to be auctioned **sacar algo a remate** to auction sth off *Ver tb* LOCO

remediar *vt* **1** (*solucionar*) to remedy: *~ la situación* to remedy the situation **2** (*daño*) to repair: *Quisiera ~ el daño que he causado.* I'd like to repair the damage I've caused. LOC **no lo puedo remediar** I, you, etc can't help it

remedio *nm* **1** ~ (**para/contra**) remedy [*pl* remedies] (**for** ***sth***) **2** (*Med*) medicine LOC **no tener más remedio (que...)** to have no choice (but to...)

remendar *vt* **1** (*gen*) to mend **2** (*medias*) to darn

remera *nf* **1** (*sin botones*) T-shirt **2** (*con botones*) polo shirt

remiendo *nm* (*Costura*) patch

remilgado, -a *adj* affected: *Ese chico es muy ~.* That boy is very affected.

remite *nm* return address

remitente *nmf* sender

remo *nm* **1** (*instrumento*) oar **2** (*Dep*) rowing: *practicar el ~* to row ◊ *un club de ~* a rowing club LOC **a remo**: *Cruzaron el estrecho a ~.* They rowed across the straits. *Ver tb* BARCO

remojar *vt* to soak

remojo *nm*: *Poné los garbanzos en ~.* Soak the chickpeas.

remolacha *nf* beetroot LOC **remolacha azucarera** sugar beet

remolcador *nm* (*auto*) breakdown truck

remolcar *vt* to tow

remolino *nm* **1** (*gen*) eddy [*pl* eddies] **2** (*en río*) whirlpool **3** (*pelo*) cow-lick

remolque *nm* trailer

remontar ◆ *vt* **1** (*cuesta, río*) to go up *sth* **2** (*dificultad*) to overcome **3** (*partido, marcador*) to turn *sth* round: *El equipo no consiguió ~ el partido.* The team didn't manage to turn the match round. ◆ **remontarse** *v pron* **remontarse a** (*hecho, tradición*) to date back **to** ***sth*** LOC **remontar vuelo** to soar

remorder *vi* LOC **remorderle a algn la conciencia** to have a guilty conscience

remordimiento *nm* remorse [*incontable*] LOC **tener remordimientos (de conciencia)** to feel guilty

remoto, -a *adj* remote: *una posibilidad remota* a remote possibility LOC *Ver* CONTROL

remover *vt* **1** (*tierra*) to turn *sth* over **2** (*asunto*) to bring *sth* up

renacimiento *nm* **1** (*resurgimiento*) revival **2 Renacimiento** Renaissance

renacuajo *nm* tadpole

rencor *nm* resentment LOC *Ver* GUARDAR

rencoroso, -a *adj* resentful

rendición *nf* surrender

rendido, -a *pp, adj* (*agotado*) worn out, exhausted (*más formal*) *Ver tb* RENDIR

rendija *nf* crack

rendimiento *nm* **1** (*gen*) performance: *su ~ en los estudios* his academic performance ◊ *un motor de alto ~* a high-performance engine **2** (*producción*) output

rendir ◆ *vt* (*cansar*) to tire *sb* out ◆ *vi* **1** (*persona*): *Rindo mucho mejor por la mañana.* I work much better in the mornings. **2** (*alimento*): *La pasta rinde mucho.* Pasta goes a long way. ◆ **rendirse** *v pron* **1** (*gen*) to give up: *No te rindas.* Don't give up. **2** (*Mil*) to surrender (**to** ***sth/sb***) LOC **rendir culto** to worship **rendir examen** to take an exam

renegar *vi* ~ **de** to renounce *sth* [*vt*]: ~ *de la religión/política* to renounce your religion/politics

renglón *nm* line

rengo, -a ◆ *adj* **1** (*persona*): *estar* ~ (*de un pie*) to have a limp ◊ *Se quedó* ~ *después del accidente.* The accident left him with a limp. **2** (*animal*) lame **3** (*mueble*) wobbly ◆ *nm-nf* cripple LOC **andar/estar rengo** to limp *Ver tb* BAILAR

renguear *vi* ~ (**de**) **1** (*ser rengo*) to be lame (**in** *sth*): *Rengueo del pie derecho.* I'm lame in my right foot. **2** (*por lesión*) to limp: *Todavía rengueo un poco, pero estoy mejor.* I'm still limping, but I feel better. **3** (*mueble*) to be wobbly LOC **renguear del mismo pie** to have the same faults (*as sb*)

renguera *nf* limp: *Casi no se le nota la* ~. He's got a very slight limp.

reno *nm* reindeer [*pl* reindeer]

renovación *nf* **1** (*gen*) renewal: *la fecha de* ~ the renewal date **2** (*estructural*) renovation: *Están haciendo renovaciones en el edificio.* They're doing renovation work in the building.

renovar *vt* **1** (*gen*) to renew: ~ *un contrato/el pasaporte* to renew a contract/your passport **2** (*edificio*) to renovate **3** (*modernizar*) to modernize

renta *nf* **1** (*alquiler*) rent **2** (*Fin, ingresos*) income: *el impuesto sobre la* ~ income tax LOC *Ver* DECLARACIÓN

rentable *adj* profitable: *un negocio* ~ a profitable deal

renuncia *nf* resignation

renunciar *vt* ~ **a 1** (*gen*) to renounce: ~ *a una herencia/un derecho* to renounce an inheritance/a right **2** (*puesto*) to resign (**from** *sth*): *Renunció a su cargo.* She resigned from her post.

reñido, -a *pp, adj* hard-fought: *El partido estuvo muy* ~. It was a hard-fought match.

reo *nmf* accused

reojo LOC **mirar de reojo** to look *at sb* out of the corner of your eye

reparación *nf* repair: *reparaciones en el acto* repairs while you wait ◊ *Esta casa necesita reparaciones.* This house is in need of repair.

reparar ◆ *vt* to repair ◆ *vi* ~ **en** to notice *sth*/(*that...*): *Reparé en que sus zapatos estaban mojados.* I noticed (that) his shoes were wet.

reparo *nm* reservation LOC **poner reparos** to find fault *with sth*

repartidor, ~a *nm-nf* delivery man/woman [*pl* delivery men/women] LOC **repartidor de diarios** paperboy [*pl* paperboys] [*fem* papergirl]

repartir *vt* **1** (*dividir*) to share *sth* (out): ~ *el trabajo* to share the work out **2 (a)** (*distribuir*) to distribute **(b)** (*correo, mercancías*) to deliver **(c)** (*naipes, golpes*) to deal

reparto *nm* **1** (*distribución*) distribution **2** (*mercancías, correo*) delivery [*pl* deliveries] **3** (*Cine, Teat*) cast

repasador *nm* tea towel: *Pasame un* ~ *limpio.* Hand me a clean tea towel.

repasar *vt* **1** (*revisar*) to check: ~ *un texto* to check a text **2** (*Educ, estudiar*) to revise

repaso *nm* **1** (*Educ*) revision: *Hoy vamos a hacer* ~. We're going to do some revision today. ◊ *dar un* ~ *a algo* to revise sth **2** (*revisión, inspección*) check

repatriar *vt* to repatriate

repelente *adj, nmf* (*persona*) repulsive [*n*]: *un chico* ~ a horrible child

repente *nm* LOC **de repente** suddenly

repentino, -a *adj* sudden

repercusión *nf* repercussion

repercutir *vi* to have repercussions: *Podría* ~ *en la economía.* It could have repercussions on the economy.

repertorio *nm* (*musical*) repertoire

repetición *nf* repetition

repetir ◆ *vt* to repeat: *¿Puede repetírmelo?* Could you repeat that please? ◊ *No te lo pienso* ~. I'm not going to tell you again. ◆ *vi* **1** (*servirse otro poco*) to have another helping: *¿Puedo* ~*?* Can I have another helping? **2** (*ajo, cebolla, ají*) to repeat (**on** *sb*): *Estoy repitiendo el ají.* The peppers are repeating (on me). **3** (*volver a hacer*) to do *sth* again: *Lo voy a tener que* ~. I'm going to have to do it again. ◆ **repetirse** *v pron* **1** (*acontecimiento*) to happen again: *¡Y que no se repita!* And don't let it happen again! **2** (*persona*) to repeat yourself

repicar *vt, vi* to ring

repisa *nf* **1** (*gen*) ledge **2** (*chimenea*) mantelpiece **3** (*ventana*) windowsill

repleto, -a *adj* ~ (**de**) full (**of** *sth*/*sb*)

replicar *vt* to retort: *—¿Quién pidió tu*

opinión? —replicó. 'Who asked you?' he retorted.

repollito *nm* LOC **repollitos de Bruselas** Brussels sprouts

repollo *nm* cabbage

reponer ◆ *vt* **1** (*algo roto*) to replace **2** (*plata*) to put back ◆ **reponerse** *v pron* **reponerse (de)** to recover (**from *sth***)

reportaje *nm* documentary [*pl* documentaries]: *Esta noche pasan un ~ sobre la India.* There's a documentary about India tonight.

reportero, -a *nm-nf* reporter LOC **reportero gráfico** press photographer

reposacabezas *nm* headrest

reposar *vi* **1** (*gen*) to rest: *Necesitás ~.* You need to rest. **2** (*yacer*) to lie: *Sus restos reposan en este cementerio.* His remains lie in this cemetery. ☛ *Ver nota en* LIE[2]

reposera *nf* deckchair

reposo *nm* **1** (*descanso*) rest: *Los médicos le recomendaron ~.* The doctors told him to rest. **2** (*paz*) peace: *No tengo ni un momento de ~.* I don't get a moment's peace.

repostería *nf* confectionery: *No soy muy buena con la ~.* I'm not very good at baking.

represa *nf* **1** (*en un río*) dam **2** (*artificial*) reservoir

represalia *nf* reprisal: *Esperemos que no haya ~s contra los vecinos.* Let's hope there are no reprisals against the local people.

representación *nf* **1** (*gen*) representation **2** (*Teat*) performance

representante *nmf* **1** (*gen*) representative: *el ~ del partido* the party representative **2** (*Cine, Teat*) agent: *el ~ de la actriz* the actress's agent

representar *vt* **1** (*organización, país*) to represent: *Representaron a Argentina en las Olimpíadas.* They represented Argentina in the Olympics. **2** (*cuadro, estatua*) to depict: *El cuadro representa una batalla.* The painting depicts a battle. **3** (*simbolizar*) to symbolize: *El verde representa la esperanza.* Green symbolizes hope. **4** (*Teat*) **(a)** (*obra*) to perform **(b)** (*papel*) to play: *Representó el papel de Otelo.* He played the part of Othello. **5** (*edad*) to look: *Representa unos 30 años.* She looks about 30.

representativo, -a *adj* representative

represión *nf* repression

represivo, -a *adj* repressive

reprimido, -a *pp, adj, nm-nf* repressed [*adj*]: *Es un ~.* He's repressed.

reprochar *vt* to reproach *sb* **for *sth*/ doing *sth***: *Me reprochó el no haberlo llamado.* He reproached me for not telephoning him.

reproducción *nf* reproduction

reproducir(se) *vt, v pron* to reproduce

reptar *vi* **1** (*serpiente*) to slither **2** (*persona*) to crawl

reptil *nm* reptile

república *nf* republic

republicano, -a *adj, nm-nf* republican

repuesto *nm* **1** (*gen*) spare part **2** (*birome*) refill LOC **de repuesto** spare: *un rollo de ~* a spare film

repugnante *adj* revolting

reputación *nf* reputation: *tener buena/ mala ~* to have a good/bad reputation

requisar *vt* to seize: *La policía les requisó los documentos.* The police seized their documents.

requisito *nm* requirement (**for *sth*/to do *sth***)

res *nf* (farm) animal

resaca *nf* **1** (*mar*) undertow **2** (*barro*) silt

resaltar ◆ *vt* **1** (*color, belleza*) to bring *sth* out **2** (*poner énfasis*) to highlight ◆ *vi* to stand out (**from *sth***) LOC **hacer resaltar** to bring *sth* out

resbalar ◆ *vi* **1** (*vehículo*) to skid **2** (*superficie*) to be slippery **3** ~ (**por**) to slide (**along/down *sth***): *La lluvia resbalaba por los cristales.* The rain slid down the windows. ◆ **resbalarse** *v pron* to slip (**on *sth***): *Me resbalé con una mancha de aceite.* I slipped on a patch of oil. LOC **resbalarle algo a algn** not to care about sth: *Los estudios le resbalan.* He doesn't care about school.

resbalón *nm* slip: *dar/pegarse un ~* to slip

resbaloso, -a *adj* slippery

rescatar *vt* **1** (*salvar*) to rescue *sb* (**from *sth***) **2** (*recuperar*) to recover *sth* (**from *sth*/*sb***): *Pudieron ~ la plata.* They were able to recover the money.

rescate *nm* **1** (*salvación*) rescue: *las tareas de ~* rescue work ◊ *equipo de ~* rescue team **2** (*pago*) ransom: *pedir un elevado ~* to demand a high ransom LOC **exigir/pedir rescate por algn** to hold sb to ransom

rescoldo *nm* embers [*pl*]

reseco, -a *adj* very dry

resentirse *v pron* (*enojarse*) to be annoyed (***with sb***) (***about sth***): *Se resintió con ella porque le mintió.* He was annoyed with her because she'd lied to him.

reserva ◆ *nf* **1** (*hotel, viaje, restaurante*) reservation: *hacer una ~* to make a reservation **2** ~ (**de**) reserve(s) [*se usa mucho en plural*]: *una buena ~ de carbón* good coal reserves ◊ *~s de petróleo* oil reserves **3** (*nafta*) reserve tank **4** (*animales, plantas*) reserve ◆ *nmf* (*Dep*) reserve

reservado, -a *pp, adj* (*persona*) reserved *Ver tb* RESERVAR

reservar *vt* **1** (*guardar*) to save: *Reservame un lugar.* Save me a place. **2** (*pedir con anticipación*) to book: *Quiero ~ una mesa para tres.* I'd like to book a table for three.

resfriarse *v pron* to catch a cold

resfrío *nm* cold

resguardar ◆ *vt* to protect *sth/sb* ***against/from sth*** ◆ **resguardarse** *v pron* **resguardarse** (**de**) to shelter (**from** ***sth***): *~se de la lluvia* to shelter from the rain

residencia *nf* residence LOC **residencia de estudiantes** hall (of residence) *Ver tb* ANCIANO

residuo *nm* **residuos** waste [*incontable, v sing*]: *~s tóxicos* toxic waste

resina *nf* resin

resistencia *nf* (*física*) strength: *No tengo mucha ~.* I'm not very strong.

resistir ◆ *vt* **1** (*soportar*) to withstand: *La villa miseria no resistió el vendaval.* The shanty town didn't withstand the hurricane. **2** (*peso*) to take: *El puente no resistirá el peso de ese camión.* The bridge won't take the weight of that lorry. **3** (*tentación*) to resist *sth/doing sth*: *No lo pude ~ y me comí todas las masas.* I couldn't resist eating all the cakes. ◆ *vi* to hold up ◆ **resistirse** *v pron* to refuse ***to do sth***: *Me resistía a creerlo.* I refused to believe it.

resolver *vt* **1** (*problema, misterio, caso*) to solve **2** ~ **hacer algo** to resolve **to do sth**: *Resolvimos no decírselo.* We resolved not to tell her.

resonar *vi* **1** (*metal, voz*) to ring **2** (*retumbar*) to resound

resoplar *vi* to puff and pant: *Dejá de ~.* Stop puffing and panting.

respaldar *vt* to back *sth/sb* up: *Mis padres siempre me respaldaron.* My parents always backed me up.

respaldo *nm* **1** (*silla*) back **2** (*apoyo*) support

respectivo, -a *adj* respective

respecto *nm* LOC **con respecto a** with regard to *sth/sb*

respetable *adj* respectable: *una persona/cantidad ~* a respectable person/amount

respetar *vt* **1** (*estimar*) to respect *sth/sb* (**for** ***sth***): *~ las opiniones de los demás* to respect other people's opinions **2** (*código, signo*) to obey: *~ las señales de tránsito* to obey road signs

respeto *nm* **1** ~ (**a/hacia**) (*consideración, veneración*) respect (**for** ***sth/sb***): *el ~ a los demás/la naturaleza* respect for others/nature **2** ~ **a** (*miedo*) fear **of** ***sth***: *tenerle ~ al agua* to be afraid of water LOC *Ver* FALTAR

respetuoso, -a *adj* respectful

respiración *nf*: *ejercicios de ~* breathing exercises ◊ *contener la ~* to hold your breath LOC **respiración artificial** artificial respiration **respiración boca a boca** mouth-to-mouth resuscitation *Ver tb* AGUANTAR

respirar *vt, vi* to breathe: *~ aire puro* to breathe fresh air ◊ *Respirá hondo.* Take a deep breath. LOC **no dejar a algn ni respirar** not to give sb a minute's peace

respiratorio, -a *adj* respiratory

resplandecer *vi* to shine

resplandeciente *adj* shining

resplandor *nm* **1** (*gen*) brightness: *el ~ de la lámpara* the brightness of the lamp **2** (*fuego*) blaze

responder ◆ *vt, vi* ~ (**a**) to answer, to reply (*más formal*): *Tengo que ~ a estas cartas.* I have to reply to these letters. ◊ *~ a una pregunta* to answer a question ◆ *vi* **1** (*reaccionar*) to respond (**to** ***sth***): *~ a un tratamiento* to respond to treatment ◊ *Los frenos no respondían.* The brakes didn't respond. **2** ~ **de/por** to answer **for** ***sth/sb***: *¡No respondo de mí!* I won't answer for my actions! ◊ *Yo respondo por él.* I'll answer for him.

responsabilidad *nf* responsibility [*pl* responsibilities]

responsabilizarse *v pron* **responsabilizarse** (**de**) to assume responsibility (**for** ***sth***): *Me responsabilizo de mis decisiones.* I assume responsibility for my decisions.

responsable ◆ *adj* responsible (***for sth***): *¿Quién es el ~ de este barullo?* Who is responsible for this row? ◆ *nmf* (*encargado*) person in charge: *el ~ de* *las obras* the person in charge of the building work ◊ *Los ~s se entregaron.* Those responsible gave themselves up.

respuesta *nf* **1** (*contestación*) answer, reply [*pl* replies] (*más formal*): *No hemos obtenido ~.* We haven't had a reply. ◊ *una ~ clara* a clear answer ◊ *Quiero una ~ a mi pregunta.* I want an answer to my question. **2** (*reacción*) response (***to sth***): *una ~ favorable* a favourable response

resquebrajar(se) *vt, v pron* to crack

resta *nf* (*Mat*) subtraction

restablecer ◆ *vt* **1** (*gen*) to restore: *~ el orden* to restore order **2** (*diálogo, negociaciones*) to resume ◆ **restablecerse** *v pron* to recover (***from sth***): *Tardó varias semanas en ~se.* He took several weeks to recover.

restar *vt* to subtract (*formal*), to take *sth* away: *~ 3 de 7* to take 3 away from 7 LOC **restar(le) importancia a algo** to play sth down

restauración *nf* restoration

restaurador, ~a *nm-nf* restorer

restaurante *nm* restaurant ☛ *Ver pág 314.*

restaurar *vt* to restore

resto *nm* **1** (*gen*) rest: *El ~ te lo voy a contar mañana.* I'll tell you the rest tomorrow. **2** (*Mat*) remainder: *¿Cuánto te da de ~?* What's the remainder? **3 restos (a)** (*comida*) leftovers **(b)** (*Arqueología*) remains LOC **restos mortales** mortal remains

resucitar ◆ *vi* (*Relig*) to rise from the dead ◆ *vt* (*Med*) to resuscitate

resultado *nm* result: *como ~ de la pelea* as a result of the fight LOC **dar/no dar resultado** to be successful/ unsuccessful **resultado final** (*Dep*) final score

resultar *vi* **1** (*ser, quedar*) to be: *Resulta difícil de creer.* It's hard to believe. ◊ *Su cara me resulta familiar.* His face is familiar to me. **2 ~ que...** to turn out (**that...**): *Resultó que se conocían.* It turned out (that) they knew each other.

resumen *nm* summary [*pl* summaries]: *~ informativo* news summary LOC **en resumen** in short

resumir *vt* **1** (*gen*) to summarize: *~ un libro* to summarize a book **2** (*concluir*) to sum *sth* up: *Resumiendo,...* To sum up,...

resurrección *nf* resurrection LOC *Ver* DOMINGO

retar *vt* **1** (*reprender*) to tell *sb* off: *Me retaron por llegar tarde.* I was told off for being late. **2 ~ a algn a hacer algo** to challenge *sb* to do sth: *Me retó a zambullirme.* He challenged me to dive in.

retardado, -a ◆ *pp, adj* **1** (*persona*) mentally handicapped **2** (*demorado*) delayed: *de acción retardada* delayed-action ◆ *nm-nf* (*como insulto*) cretin

retazo *nm* remnant

retención *nf* (*de líquido*) retention

retener *vt* **1** (*guardar*) to keep **2** (*memorizar*) to remember **3** (*detener*) to hold: *~ a algn en contra de su voluntad* to hold sb against their will

retina *nf* retina

retirada *nf* **1** (*de una profesión*) retirement: *Anunció su ~ del fútbol.* He announced his retirement from football. **2** (*de soldados vencidos*) retreat: *El general ordenó la ~.* The general ordered a retreat.

retirado, -a *pp, adj* **1** (*jubilado*) retired **2** (*remoto*) remote *Ver tb* RETIRAR

retirar ◆ *vt* to withdraw (*sth/sb*) (***from sth***): *~le el registro a algn* to withdraw sb's licence ◊ *~ una revista de la circulación* to withdraw a magazine from circulation ◆ **retirarse** *v pron* **1** (*irse*) to withdraw (***from sth***): *~se de una lucha* to withdraw from a fight **2** (*jubilarse*) to retire (***from sth***): *Se retiró de la política.* He retired from politics. **3** (*Mil*) to retreat

retiro *nm* **1** (*jubilación*) retirement **2** (*pensión*) retirement pension **3** (*lugar*) retreat

reto *nm* **1** (*desafío*) challenge **2** (*reprimenda*) telling-off [*pl* tellings-off]: *Se merecía un ~.* The deserved a telling-off.

retocar *vt* (*pintura, fotos*) to retouch

retoque *nm* finishing touch: *dar los últimos ~s a un dibujo* to put the finishing touches to a drawing

retorcer *vt* to twist: *Me retorció el brazo.* He twisted my arm. LOC **retorcerse de dolor** to writhe in pain **retorcerse de risa** to double up with laughter

retorcijón *nm* cramp: *retorcijones de barriga* stomach cramps

retornable *adj* returnable LOC **no retornable** non-returnable

retorno *nm* return

retransmisión *nf* broadcast: *una ~ en*

directo/diferido a live/recorded broadcast

retransmitir *vt* to broadcast

retrasado, -a ◆ *pp, adj* **1** (*atrasado*) behind (***with sth***): *Voy muy ~ en mi trabajo.* I'm very behind with my work. **2** (*país, región*) backward ◆ *adj, nm-nf* retarded [*adj*]: *~s mentales* mentally retarded people *Ver tb* RETRASAR

retrasar ◆ *vt* **1** (*retardar*) to hold *sth/sb* up, to delay (*más formal*): *Retrasaron todos los vuelos.* All the flights were delayed. **2** (*reloj*) to put *sth* back: *~ el reloj una hora* to put your watch back an hour ◆ *vi* (*reloj*) to be slow: *Este reloj retrasa diez minutos.* This watch is ten minutes slow. ◆ **retrasarse** *v pron* **1** (*llegar tarde*) to be late **2** (*en trabajo*) to fall behind (***in/with sth***): *Empezó a ~se en sus estudios.* He began to fall behind in his studies.

retraso *nm* **1** (*demora*) delay [*pl* delays]: *Algunos vuelos sufrieron ~s.* Some flights were subject to delays. ◊ *Empezó con cinco minutos de ~.* It began five minutes late. **2** (*subdesarrollo*) backwardness LOC **llevar/tener retraso** to be late: *El tren lleva cinco horas de ~.* The train is five hours late.

retratar *vt* **1** (*pintar*) to paint *sb's* portrait: *El artista la retrató en 1897.* The artist painted her portrait in 1897. **2** (*Fot*) to take a photograph (**of *sth/sb***) **3** (*describir*) to portray: *La obra retrata la vida aristocrática.* The play portrays aristocratic life.

retrato *nm* **1** (*cuadro*) portrait **2** (*foto*) photograph **3** (*descripción*) portrayal

retroceder *vi* **1** (*gen*) to go back: *Éste no es el camino, retrocedamos.* We're going the wrong way, let's go back. **2** (*echarse atrás*) to back down: *No voy a ~ ante las dificultades.* I won't back down in the face of adversity.

retroceso *nm* **1** (*movimiento*) backward movement **2** (*de arma*) recoil **3** (*Econ*) recession: *~ económico* economic recession

retrovisor *nm* rear-view mirror LOC *Ver* ESPEJO

retumbar *vt* to resound

reuma *nm* rheumatism

reunificar *vt* to reunify

reunión *nf* **1** (*gen*) meeting: *Mañana tenemos una ~ importante.* We've got an important meeting tomorrow. **2** (*encuentro*) reunion: *una ~ de ex alumnos* a school reunion

reunir ◆ *vt* **1** (*gen*) to gather *sth/sb* together: *Reuní a mis amigas/la familia.* I gathered my friends/family together. **2** (*información*) to collect **3** (*plata*) to raise **4** (*cualidades*) to have: *~ cualidades para ser líder* to have leadership qualities ◆ **reunirse** *v pron* to meet: *Nos vamos a ~ esta tarde.* We'll meet this evening.

revalidar *vt* to recognize: *~ un título* to have a degree recognized

revancha *nf* revenge LOC **tomarse la revancha** to get/take your revenge (*for sth*)

revelado *nm* developing

revelar *vt* **1** (*gen*) to reveal: *Nunca nos reveló su secreto.* He never revealed his secret to us. **2** (*Fot*) to develop

reventado, -a *pp, adj* (*cansado*) shattered *Ver tb* REVENTAR(SE)

reventar(se) *vt, vi, v pron* to burst: *Si comés más vas a reventar.* If you eat any more you'll burst. LOC **me revienta** I, you, etc hate *doing sth*: *Me revienta tener que levantarme temprano.* I hate having to get up early.

reverencia *nf* LOC **hacer una reverencia 1** (*hombres*) to bow **2** (*mujeres*) to curtsey

reversible *adj* reversible

reverso *nm* **1** (*papel*) back **2** (*moneda*) reverse

revertido, -a *pp, adj* LOC *Ver* LLAMADA

revés *nm* **1** (*tela*) wrong side **2** (*Dep*) backhand **3** (*contratiempo*) setback: *sufrir un ~* to suffer a setback LOC **al revés 1** (*mal*) wrong: *¡Todo me está* *saliendo al ~!* Everything's going wrong for me! **2** (*al contrario*) the other way round: *Yo lo hice al ~ que vos.* I did it the other way round from you. **al/del revés 1** (*con lo de arriba abajo*) upside down **2** (*con lo de adentro afuera*) inside out: *Tenés puesto el suéter al ~.* Your jumper's on inside out. **3** (*con lo de delante para atrás*) back to front

revestir *vt* (*cubrir*) to cover

revisación *nf* LOC **revisación médica** check-up

revisar *vt* to check: *Vinieron a ~ el gas.* They came to check the gas.

revisión *nf* revision

revista *nf* **1** (*publicación*) magazine **2** (*Teat*) revue **3** (*Mil*) review: *pasar ~ a las tropas* to review the troops LOC *Ver* QUIOSCO

revistero, -a *nm-nf* newsagent

revivir *vt, vi* to revive: *~ el pasado/una vieja amistad* to revive the past/an old friendship

revolcar ◆ *vt* to knock *sb* over ◆ **revolcarse** *v pron* **1** (*gen*) to roll about: *Nos revolcamos en el pasto.* We rolled about on the lawn. **2** (*en agua, barro*) to wallow

revolotear *vi* to fly about

revoltoso, -a *adj, nm-nf* naughty [*adj*]: *Sos un ~.* You're very naughty.

revolución *nf* revolution

revolucionar *vt* **1** (*transformar*) to revolutionize **2** (*alborotar*) to stir *sb* up: *No revoluciones a todo el mundo.* Don't stir everybody up.

revolucionario, -a *adj, nm-nf* revolutionary [*pl* revolutionaries]

revolver ◆ *vt* **1** (*dar vueltas*) **(a)** (*gen*) to stir: *Revolvelo bien.* Stir it well. **(b)** (*ensalada*) to toss **2** (*desordenar*) **(a)** (*gen*) to mess *sth* up: *No revuelvas los cajones.* Don't mess the drawers up. **(b)** (*ladrones*) to turn *sth* upside down: *Los ladrones revolvieron el departamento.* The burglars turned the flat upside down. **3** (*estómago*) to turn ◆ *vi* (*hurguetear*) to rummage: *Estuvo revolviendo en la cartera un rato.* She spent some time rummaging through her bag.

revólver *nm* revolver

revuelta *nf* revolt

revuelto, -a *pp, adj* **1** (*desordenado*) untidy **2** (*agitado*) worked up: *El pueblo anda ~ con las elecciones.* People are worked up about the elections. **3** (*estómago*) upset: *Tengo el estómago ~.* I've got an upset stomach. LOC *Ver* HUEVO; *Ver tb* REVOLVER

rey *nm* **1** (*monarca*) king

> El plural de **king** es regular ('kings'), pero cuando decimos *los reyes* refiriéndonos al rey y la reina, se dice **the king and queen**.

2 Reyes Epiphany LOC **los Reyes Magos** the Three Wise Men *Ver tb* CUERPO, DÍA, VIDA

rezagado, -a ◆ *pp, adj*: *Vamos, no te quedes ~.* Come on, don't get left behind. ◆ *nm-nf* straggler

rezar ◆ *vt* to say: *~ una oración* to say a prayer ◆ *vi* ~ (**por**) to pray (**for *sth*/*sb***)

rezongar *vi* to grumble: *¡Dejá de ~!* Stop grumbling!

ría *nf* estuary [*pl* estuaries]

riachuelo *nm* stream

ribera *nf* **1** (*orilla*) bank **2** (*vega*) riverside

rico, -a ◆ *adj* **1** ~ (**en**) rich (**in *sth***): *una familia rica* a rich family ◊ *~ en minerales* rich in minerals **2** (*comida*) delicious: *¡Mmm! ¡Qué ~!* Delicious! **3** (*mono*) sweet: *¡Qué bebé más ~!* What a sweet little baby! ◆ *nm-nf* rich man/woman [*pl* rich men/women]: *los ~s* the rich

ridiculez *nf*: *¡Qué ~!* How ridiculous! ◊ *Lo que dice es una ~.* He's talking rubbish.

ridiculizar *vt* to ridicule

ridículo, -a *adj* ridiculous LOC **dejar/poner a algn en ridículo** to make a fool of sb **hacer el ridículo** to make a fool of yourself

riego *nm* (*Agricultura*) irrigation LOC *Ver* BOCA

riel *nm* rail

rienda *nf* rein LOC **dar rienda suelta** to give free rein *to sth/sb* **llevar las riendas** to be in charge (*of sth*)

riesgo *nm* risk: *Corren el ~ de perder su plata.* They run the risk of losing their money. LOC **contra todo riesgo** (*seguro*) comprehensive

rifa *nf* raffle

rifar *vt* to raffle

rifle *nm* rifle LOC **rifle de aire comprimido** airgun

rígido, -a *adj* **1** (*duro*) rigid **2** (*severo*) strict: *Tiene padres muy ~s.* She has very strict parents.

riguroso, -a *adj* **1** (*estricto*) strict **2** (*minucioso*) thorough **3** (*castigo*) harsh

rima *nf* rhyme

rimar *vi* to rhyme

rimbombante *adj* (*lenguaje*) pompous

rímel *nm* mascara: *ponerse ~* to apply mascara

rincón *nm* corner: *en un tranquilo ~ de San Juan* in a quiet corner of San Juan

rinoceronte *nm* rhino [*pl* rhinos]

> **Rhinoceros** es la palabra científica.

riñón *nm* **1** (*órgano*) kidney [*pl* kidneys] **2 riñones** (*zona lumbar*) lower back [*sing*]

río *nm* river

> En inglés **river** se escribe con mayúscula cuando aparece con el nombre de un río: *el río Amazonas* the River Amazon.

LOC **río abajo/arriba** downstream/ upstream

rioplatense *adj* of/from the River Plate

ripio *nm* gravel: *un camino de ~* a gravel path

riqueza *nf* **1** (*plata*) wealth [*incontable*]: *amontonar ~s* to amass wealth **2** (*calidad*) richness: *la ~ del terreno* the richness of the land

risa *nf* **1** (*gen*) laugh: *una ~ nerviosa/ contagiosa* a nervous/contagious laugh ◊ *¡Qué ~!* What a laugh! **2 risas** laughter [*incontable*]: *Se oían las ~s de los chicos.* You could hear the children's laughter. LOC **dar risa** to make *sb* laugh **me dio risa** I, you, etc got the giggles **llorar/morirse de risa** to fall about laughing *Ver tb* PELÍCULA, RETORCER

risueño, -a *adj* **1** (*cara*) smiling **2** (*persona*) cheerful

ritmo *nm* **1** (*Mús*) rhythm, beat (*más coloq*): *seguir el ~* to keep time **2** (*velocidad*) rate: *el ~ de crecimiento* the growth rate LOC **ritmo de vida** pace of life **tener ritmo 1** (*persona*) to have a good sense of rhythm **2** (*melodía*) to have a good beat *Ver tb* MARCAR

rito *nm* rite

ritual *nm* ritual

rival *adj, nmf* rival

robar ◆ *vt* **1** (*banco, negocio, persona*) to rob: *~ un banco* to rob a bank **2** (*plata, objetos*) to steal: *Me robaron el reloj.* My watch has been stolen. **3** (*casa, caja fuerte*) to break into *sth*: *Le enseñaron a ~ cajas fuertes.* They taught him how to break into a safe. ◆ *vi* **1** (*gen*) to steal: *Lo echaron del colegio por ~.* He was expelled for stealing. **2** (*a una persona*) to rob: *¡Me robaron!* I've been robbed! **3** (*en una casa*): *Robaron en casa de los vecinos.* Our neighbours' house has been broken into. ☛ *Ver nota en* ROB **4** (*Naipes*) to draw: *Te toca ~.* It's your turn to draw.

roble *nm* oak (tree)

robo *nm* **1** (*de un banco, un negocio, o una persona*) robbery [*pl* robberies]: *el ~ al supermercado* the supermarket robbery ◊ *Fui víctima de un ~.* I was robbed. **2** (*de objetos*) theft: *acusado de ~* accused of theft ◊ *~ de coches/ bicicletas* car/bicycle theft **3** (*a una casa, oficina*) burglary [*pl* burglaries]: *El domingo hubo tres ~s en esta calle.* There were three burglaries in this street on Sunday. **4** (*estafa*) rip-off: *¡Qué ~!* What a rip-off! ☛ *Ver nota en* THEFT LOC *Ver* MANO

robot *nm* robot

robusto, -a *adj* robust

roca *nf* rock

roce *nm* **1** (*rozamiento*) rubbing **2** (*discusión*) clash: *Ya tuve varios ~s con él.* I've already clashed with him several times.

rociar *vt* to spray *sth* (***with sth***): *Hay que ~ las plantas dos veces al día.* The plants should be sprayed twice a day.

rocío *nm* dew

rocoso, -a *adj* rocky

rodado *pp, adj* LOC *Ver* CANTO[3]; *Ver tb* RODAR

rodaja *nf* slice: *una ~ de melón* a slice of melon LOC **en rodajas**: *Cortalo en ~s.* Slice it. ◊ *ananá en ~s* pineapple rings

rodaje *nm* **1** (*Cine*) filming, shooting (*más coloq*): *el ~ de una serie de televisión* the filming of a TV series **2** (*coche*): *El coche está todavía en ~.* I'm still running my car in.

rodante *adj* LOC *Ver* CASA

rodar ◆ *vi* **1** (*dar vueltas*) to roll: *Las rocas rodaron por el precipicio.* The rocks rolled down the cliff. **2** (*ir de un lado a otro*) to lie around: *Esta carta lleva un mes rodando por la oficina.* This letter has been lying around the office for a month now. ◆ *vt* (*película*) to film, to shoot (*más coloq*) LOC **rodar escaleras abajo** to fall down the stairs

rodear ◆ *vt* **1** (*gen*) to surround *sth/sb* (***with sth/sb***): *Hemos rodeado al enemigo.* We've surrounded the enemy. ◊ *Sus amigas la rodearon para felicitarla.* She was surrounded by friends wanting to congratulate her. **2** (*con los* *brazos*): *Me rodeó con los brazos.* He put his arms around me. ◆ *vt, vi* ~ (**por**) to make a detour: *Podemos ~ (por) el bosque.* We can make a detour through the woods. ◆ **rodearse** *v pron* **rodearse de** to surround yourself **with *sth/sb***: *Les encanta ~se de gente joven.* They love to surround themselves with young people.

rodeo *nm* **1** (*desvío*) detour: *Tuvimos que dar un ~ de cinco kilómetros.* We had to make a five-kilometre detour. **2** (*espectáculo*) rodeo [*pl* rodeos] LOC **andar con rodeos** to beat about the bush

rodete *nm* bun

rodilla *nf* knee LOC **de rodillas**: *Todo el mundo estaba de ~s.* Everyone was kneeling down. ◊ *Vas a tener que pedírmelo de ~s.* You'll have to get down on your knees and beg. **ponerse de rodillas** to kneel (down)

rodillera *nf* **1** (*Dep*) kneepad **2** (*Med*) knee support **3** (*parche*) knee patch

rodillo *nm* roller

roedor *nm* rodent

roer *vt* to gnaw (**at**) ***sth***: *El perro roía su hueso.* The dog was gnawing (at) its bone.

rogar *vt* **1** (*suplicar*) to beg (*sb*) **for *sth***; to beg (*sth*) **of *sb***: *Le rogaron misericordia.* They begged him for mercy. ◊ *Les rogué que me soltaran.* I begged them to let me go. **2** (*pedir*): *Calmate, te lo ruego.* Calm down, please. ◊ *Me rogaron que me fuera.* They asked me to go. **3** (*rezar*) to pray: *Roguemos al Señor.* Let us pray. LOC **hacerse rogar** to play hard to get **se ruega no fumar** please do not smoke **se ruega silencio** silence please

rojizo, -a *adj* reddish

rojo, -a *adj, nm* red ☛ *Ver ejemplos en* AMARILLO LOC **al rojo vivo** (*metal*) red-hot **ponerse rojo** to go red *Ver tb* CAPERUCITA, CRUZ, NÚMERO

rollo *nm* **1** (*gen*) roll: *~s de papel higiénico* toilet rolls **2** (*Fot*) film: *Se me veló todo el ~.* The whole film is blurred.

románico, -a *adj* (*Arquit*) Romanesque

romano, -a *adj* Roman LOC *Ver* NUMERACIÓN, NÚMERO

romántico, -a *adj, nm-nf* romantic

rombo *nm* rhombus [*pl* rhombuses]

romero *nm* rosemary

rompecabezas *nm* **1** (*de piezas*) jigsaw: *hacer un ~* to do a jigsaw **2** (*acertijo*) puzzle

rompeolas *nm* breakwater

romper ◆ *vt* **1** (*gen*) to break: *Rompí la ventana de un pelotazo.* I broke the window with my ball. ◊ *~ una promesa* to break a promise **2** (*papel, tela*) to tear: *Rompí mi pollera con un clavo.* I've torn my skirt on a nail. ◊ *Rompió la carta.* He tore up the letter. **3** (*ropa, zapatos*) to wear *sth* out: *Rompe todos los suéteres por los codos.* He wears out all his jumpers at the elbows. ◆ *vi* **1** ~ **con** to fall out **with *sb***: *~ con los suegros* to fall out with your in-laws **2** (*novios*) to split up (**with *sb***) ◆ **romperse** *v pron* **1** (*gen*) to break: *Me rompí el brazo jugando al fútbol.* I broke my arm playing football. ◊ *Se rompió sola.* It broke of its own accord. **2** (*tela, papel*) to tear: *Esta tela se rompe fácilmente.* This material tears easily. **3** (*cuerda*) to snap **4** (*ropa, zapatos*) to wear out: *Seguro que se rompen a los dos días.* They're bound to wear out in no time. LOC **romper el hielo** to break the ice **romper filas** to fall out **romperse la crisma** to crack your head open *Ver tb* CARA

rompevientos *nm* cagoule

ron *nm* rum

roncar *vi* to snore

ronco, -a *adj* (*afónico*) hoarse: *Me quedé ~ de gritar.* I shouted myself hoarse.

ronda *nf* **1** (*gen*) round: *Esta ~ la pedís vos.* It's your round. ◊ *Tu casa no está incluida en mi ~.* Your house isn't on my round. **2** (*de chicos*) circle: *Bailaban en ~.* They danced in a circle. LOC **hacer la ronda 1** (*policía*) to pound the beat **2** (*soldado, vigilante*) to be on patrol **3** (*repartidor*) to do your round

ronquera *nf* hoarseness

ronronear *vi* to purr

ronroneo *nm* purr: *Se oía el ~ del gato.* You could hear the cat purring.

roña *nf* (*mugre*) dirt: *Tenés ~ en el cuello.* You've got dirt on your collar.

roñoso, -a *adj* **1** (*mugriento*) grimy **2** (*tacaño*) stingy

ropa *nf* **1** (*de persona*) clothes [*pl*]: *~ infantil* children's clothes ◊ *~ usada/sucia* second-hand/dirty clothes ◊ *¿Qué ~ me pongo hoy?* What shall I wear today? **2** (*de uso doméstico*) linen: *~ blanca/de cama* household/bed linen

LOC **ropa deportiva** sportswear **ropa interior** underwear *Ver tb* CESTO

ropero *nm* wardrobe

rosa ◆ *nf* rose ◆ *adj, nm* pink ☛ *Ver ejemplos en* AMARILLO LOC *Ver* NOVELA

rosado, -a *adj* **1** (*color*) pink **2** (*vino*) rosé

rosal *nm* rose bush

rosario *nm* (*Relig*) rosary [*pl* rosaries]: *rezar el ~* to say the rosary

rosca *nf* **1** (*pan*) ring-shaped bun **2** (*tornillo*) thread LOC **pasarse de rosca** to go too far

rostro *nm* face: *La expresión de su ~ lo decía todo.* The look on his face said it all. LOC **hacer rostro** to show off

rotación *nf* rotation: *~ de cultivos* crop rotation

rotisería *nf* (*negocio*) delicatessen

rotonda *nf* roundabout

rótula *nf* kneecap

rotular *vt* (*poner rótulos*) to put the lettering **on *sth***

rótulo *nm* **1** (*en un cartel, mapa*) lettering [*incontable*]: *Los ~s son demasiado pequeños.* The lettering's too small. **2** (*letrero*) sign

rotundo, -a *adj* **1** (*contundente*) resounding: *un sí/fracaso ~* a resounding 'yes'/flop **2** (*negativa*) emphatic

rozar *vt, vi* **1** (*gen*) to brush (***against sth/sb***): *Le rocé el vestido.* I brushed against her dress. ◊ *La pelota me rozó la pierna.* The ball grazed my leg. **2** (*raspar*) to rub: *Estas botas me rozan atrás.* These boots rub at the back. ◊ *El guardabarros roza con la rueda.* The mudguard rubs against the wheel.

rubeola *nf* German measles [*sing*]

rubí *nm* ruby [*pl* rubies]

rubio, -a *adj* fair, blond(e)

> **Fair** se usa sólo si el rubio es natural y **blond** tanto si es natural como si es teñido: *Es rubio.* He's got fair/blond hair. ☛ *Ver tb nota en* BLOND

LOC *Ver* TABACO, TEÑIR

rubor *nm* blusher: *ponerse un poco de ~* to put on some blusher

rueda *nf* **1** (*gen*) wheel: *~ delantera/trasera* front/back wheel ◊ *cambiar la ~* to change the wheel **2** (*neumático*) tyre: *Se me pinchó una ~.* I've got a puncture. **3** (*personas*) circle: *hacer una ~* to form a circle **4** (*juego*) ring-a-ring-a-roses LOC **rueda de auxilio** spare tyre *Ver tb* PRENSA, SILLA

ruedo *nm* hem: *Tenés el ~ descosido.* Your hem has come undone.

ruego *nm* plea

rugby *nm* rugby: *un partido de ~* a rugby match

rugido *nm* roar

rugir *vi* to roar

ruido *nm* noise: *No hagas ~.* Don't make any noise. ◊ *Oí ~s raros y me dio miedo.* I heard some strange noises and got frightened. ◊ *¿Escuchaste algún ~?* Did you hear a noise?

ruidoso, -a *adj* noisy

ruina *nf* ruin: *La ciudad estaba en ~s.* The city was in ruins. ◊ *las ~s de una ciudad romana* the ruins of a Roman city ◊ *~ económica* financial ruin LOC **estar en la ruina** to be broke **ser la/una ruina**: *Los casamientos son una ~.* Weddings cost a fortune.

ruiseñor *nm* nightingale

rulero *nm* roller

ruleta *nf* roulette

rulo *nm* **1** (*pelo*) curl **2** (*Aeronáut*) loop

rumba *nf* rumba

rumbo *nm* **1** (*camino, dirección*) direction **2** (*avión, barco*) course: *El barco puso ~ sur.* The ship set course southwards. LOC **(con) rumbo a** bound for: *El barco iba con ~ a Brasil.* The ship was bound for Brazil.

rumiante *adj, nm* ruminant

rumiar *vi* (*vaca*) to ruminate (*téc*), to chew the cud

rumor *nm* **1** (*noticia*) rumour: *Corre el ~ de que se van a casar.* There's a rumour going round that they're getting married. **2** (*murmullo*) murmur

rumorear *vt* LOC **se rumorea que...** there are rumours (that...): *Se rumorea que han hecho un fraude.* There are rumours about a fraud.

rural *adj* rural

Rusia *nf* Russia

ruso, -a *adj, nm-nf, nm* Russian: *los ~s* the Russians ◊ *hablar ~* to speak Russian LOC *Ver* MONTAÑA

rústico, -a *adj* rustic

ruta *nf* **1** (*itinerario*) route: *la ~ de la seda* the silk route ◊ *¿Qué ~ seguiremos?* What route will we take? **2** (*camino*) road: *No puedo salir a la ~ con este auto.* I can't go on the road in this car. ◊ *La ~ está en muy mal estado.* The road is in a very bad state. LOC **ruta nacional** A-road **ruta secundaria/vecinal** B-road

rutina *nf* routine: *inspecciones de ~* routine inspections ◊ *la ~ diaria* the daily routine ◊ *Se ha convertido en ~.* It's become a routine.

Ss

sábado *nm* Saturday [*pl* Saturdays] (*abrev* Sat) ☛ *Ver ejemplos en* LUNES

sábana *nf* sheet

sabandija *nmf* (*chico*) little monkey

saber ◆ *vt* **1** (*gen*) to know: *No supe qué contestar.* I didn't know what to say. ◊ *No sé nada de mecánica.* I don't know anything about mechanics. ◊ *Sabía que volvería.* I knew he would be back. ◊ *¡Ya sé!* I know! **2 ~ hacer algo** can: *¿Sabés nadar?* Can you swim? ◊ *No sé escribir a máquina.* I can't type. **3** (*enterarse*) to find out: *Lo supe ayer.* I found out yesterday. **4** (*idioma*) to speak: *Sabe mucho inglés.* He speaks good English. ◆ *vi* **1** (*gen*) to know: *Le tengo mucho aprecio, ¿sabés?* I'm very fond of her, you know. ◊ *¿Sabés? Ricardo se casa.* Know what? Ricardo's getting married. ◊ *Nunca se sabe.* You never know. **2 ~ de** (*tener noticias*) to hear **of sth/sb**: *Nunca más supimos de él.* That was the last we heard of him. LOC **no sé qué/cuántos** something or other: *Me habló de no sé qué.* He talked to me about something or other. **¡qué sé yo!/¡yo qué sé!** how should I know? **que yo sepa** as far as I know ☛ Para otras expresiones con **saber**, véanse las entradas del sustantivo, verbo, etc, p.ej. **no saber ni jota** en JOTA y **saber a qué atenerse** en ATENERSE.

sabiduría *nf* wisdom

sabio, -a *adj* wise

sabor *nm* ~ (**a**) **1** (*gusto*) taste (**of** ***sth***): *El agua no tiene ~.* Water is tasteless. ◊ *Tiene un ~ muy raro.* It tastes very strange. **2** (*gusto que se añade a un producto*) flavour: *Viene en siete ~es distintos.* It comes in seven different flavours. ◊ *¿De qué ~ lo querés?* Which flavour would you like? LOC **con sabor a** flavoured: *un yogur con ~ a banana* a banana-flavoured yogurt

saborear *vt* to savour: *Le gusta ~ su café.* He likes to savour his coffee.

sabotaje *nm* sabotage

sabotear *vt* to sabotage

sabroso, -a *adj* delicious

sacacorchos *nm* corkscrew

sacapuntas *nm* pencil sharpener

sacar ◆ *vt* **1** (*fuera*) to take *sth/sb* out (**of** ***sth***): *Sacó una carpeta del cajón.* He took a folder out of the drawer. ◊ *El dentista le sacó una muela.* The dentist took his tooth out. ◊ *~ la basura* to take the rubbish out **2** (*conseguir*) to get: *¿Cuánto sacaste en matemáticas?* What did you get in maths? ◊ *No sé de dónde sacó la plata.* I don't know where she got the money from. **3** (*parte del cuerpo*) to stick *sth* out: *No me saques la lengua.* Don't stick your tongue out at me. ◊ *~ la cabeza por la ventanilla* to stick your head out of the window ◊ *¡Casi me sacás un ojo!* You nearly poked my eye out! **4** (*producir*) to make *sth* (**from** ***sth***): *Sacan la manteca de la leche.* They make butter from milk. ◆ *vt, vi* (*Tenis*) to serve ◆ **sacarse** *v pron*: *¡Sacate las manos de los bolsillos!* Take your hands out of your pockets. ☛ Para expresiones con **sacar**, véanse las entradas del sustantivo, adjetivo, etc, p.ej. **sacar de quicio** en QUICIO y **sacar punta** en PUNTA.

sacarina *nf* saccharin

sacerdote *nm* priest

saciar *vt* **1** (*hambre, ambición, deseo*) to satisfy **2** (*sed*) to quench

saco *nm* coat

sacón *nm* jacket: *un ~ tres cuartos* a three-quarter length jacket

sacramento *nm* sacrament

sacrificar ◆ *vt* to sacrifice: *Sacrificó su carrera para tener hijos.* She sacrificed her career to have children. ◊ *Lo sacrifiqué todo para sacar adelante a mi familia.* I sacrificed everything for my family. ◆ **sacrificarse** *v pron* **sacrificarse** (**por/para**) to make sacrifices: *Mis padres se han sacrificado mucho.* My parents have made a lot of sacrifices.

sacrificio *nm* sacrifice: *Vas a tener que*

hacer algunos ~s. You'll have to make some sacrifices.

sacudida *nf* (*eléctrica*) shock: *Me dio una buena ~.* I got an electric shock.

sacudir ◆ *vt* to shake: *Sacudí el mantel.* Shake the tablecloth. ◊ *~ la arena* (*de la toalla*) to shake the sand off (the towel) ◆ **sacudirse** *v pron* to brush *sth* (off): *~se la caspa del tapado* to brush the dandruff off your coat

sádico, -a *nm-nf* sadist

Sagitario *nm, nmf* (*Astrología*) Sagittarius ☛ *Ver ejemplos en* AQUARIUS

sagrado, -a *adj* **1** (*Relig*) holy: *un lugar ~* a holy place ◊ *la Sagrada Familia* the Holy Family **2** (*intocable*) sacred: *Los domingos para mí son ~s.* My Sundays are sacred.

sal *nf* salt: *~ fina/gruesa* fine/cooking salt LOC **sales de baño** bath salts

sala *nf* **1** (*gen*) room: *~ de reuniones* meeting room **2** (*Cine*) screen: *La ~ 1 es la más grande.* Screen 1 is the largest. **3** (*hospital*) ward LOC **sala de billar** billiard hall [*sing*] **sala de espera** waiting-room **sala de estar** sitting room

salado, -a *pp, adj* salty LOC *Ver* AGUA

salame *nm* **1** (*comida*) salami **2** (*persona*) idiot: *No seas ~.* Don't be such an idiot.

salario *nm* salary [*pl* salaries] LOC **salario base/mínimo** basic/minimum wage

salchicha *nf* sausage

saldar *vt* (*cuenta, deuda*) to settle

saldo *nm* **1** (*en una cuenta*) balance **2** (*rebaja*) sale

salero *nm* (*para la sal*) salt cellar

salida *nf* **1** (*acción de salir*) way out (**of *sth***): *a la ~ del cine* on the way out of the cinema **2** (*puerta*) exit: *la ~ de emergencia* the emergency exit **3** (*avión, tren*) departure: *~s nacionales/internacionales* domestic/international departures ◊ *el tablero de ~s* the departures board LOC **salida de baño** bathrobe **salida del sol** sunrise *Ver tb* CALLEJÓN

salir ◆ *vi* **1** (*ir/venir afuera*) to go/come out: *¿Salimos al jardín?* Shall we go out into the garden? ◊ *No quería ~ del baño.* He wouldn't come out of the bathroom. ◊ *Salí a ver qué pasaba.* I went out to see what was going on. **2** (*partir*) to leave: *¿A qué hora sale el avión?* What time does the plane leave? ◊ *Salimos de casa a las dos.* We left home at two. ◊ *El tren sale del andén número cinco.* The train leaves from platform five. ◊ *~ para Rosario* to leave for Rosario **3** (*socialmente*) to go out: *Anoche salimos a cenar.* We went out for a meal last night. **4** (*producto, flor*) to come out: *El disco/libro sale en abril.* The record/book is coming out in April. **5** (*sol*) **(a)** (*amanecer*) to rise **(b)** (*de entre las nubes*) to come out: *Por la tarde salió el sol.* The sun came out in the afternoon. **6 ~ de** (*superar*): *~ de una operación* to pull through an operation ◊ *~ de la droga* to come off drugs **7 ~ a algn** (*parecerse*) to take after sb **8 ~ con algn** to go out with somebody: *Sale con esa chica desde hace un año.* He's been going out with that girl for a year. **9** (*resultar*) to turn out: *¿Qué tal te salió la receta?* How did the recipe turn out? ◊ *El viaje salió fenomenal.* The trip turned out really well. **10** (*saber hacer algo*): *Todavía no me sale bien la vertical.* I still can't do handstands properly. ◆ **salirse** *v pron* **1** (*gen*) to come off: *Se salió una pieza.* A piece has come off. ◊ *El auto se salió de la ruta.* The car came off the road. **2** (*líquido*) to leak LOC **¡salí (de ahí)!/¡salí del medio!** get out of the way! **salirse con la suya** to get your own way ☛ Para otras expresiones con **salir**, véanse las entradas del sustantivo, adjetivo, etc, p.ej. **salir redondo** en REDONDO y **salir del paso** en PASO.

saliva *nf* saliva

salmo *nm* psalm

salmón ◆ *nm* salmon [*pl* salmon] ◆ *adj, nm* (*color*) salmon ☛ *Ver ejemplos en* AMARILLO

salón *nm* (*de un hotel*) lounge LOC **salón de actos** main hall **salón de belleza** beauty salon

salpicar *vt* to splash *sth/sb* (**with *sth***): *Un coche me salpicó los pantalones.* A car splashed my trousers.

salsa *nf* **1** (*gen*) sauce: *~ de tomate* tomato sauce ◊ *~ blanca* white sauce **2** (*de jugo de carne*) gravy LOC **salsa golf** cocktail sauce

saltamontes *nm* grasshopper

saltar ◆ *vt* to jump: *El caballo saltó la valla.* The horse jumped the fence. ◆ *vi* **1** (*gen*) to jump: *Saltaron al agua/por la ventana.* They jumped into the water/out of the window. ◊ *Salté de la silla cuando oí el timbre.* I jumped up from my chair when I heard the bell. ◊ ~ *sobre algn* to jump on sb **2** (*alarma*) to go off **3** (*tapones, fusibles*) to blow: *Traeme una vela que saltaron los tapones.* Bring me a candle, the fuses have blown. ◆ **saltarse** *v pron* **1** (*omitir*) to skip: *~se una comida* to skip a meal **2** (*cola, semáforo*) to jump: *~se un semáforo* to jump the lights LOC **saltar a la cuerda** to skip **saltar a la vista** to be obvious **saltar de alegría** to jump for joy *Ver tb* AIRE, SOGA

salto *nm* **1** (*gen*) jump: *Los chicos daban ~s de alegría.* The children were jumping for joy. ◊ *Atravesé el arroyo de un ~.* I jumped over the stream. **2** (*pájaro, conejo, canguro*) hop: *El conejo se escapó dando ~s.* The rabbit hopped away to safety. **3** (*de trampolín*) dive **4** (*salto vigoroso, progreso*) leap LOC **salto con garrocha** pole-vault **salto de cama** dressing gown **salto en alto/largo** high jump/long jump **salto mortal** somersault

saltón, -ona *adj* (*ojos*) bulging

salud *nf* health: *estar bien/mal de ~* to be in good/poor health LOC **¡salud! 1** (*al brindar*) cheers! **2** (*al estornudar*) bless you! ☛ *Ver nota en* ¡ACHÍS! *Ver tb* CENTRO

saludable *adj* healthy

saludar *vt* to say hello (*to sb*), to greet (*más formal*): *Me vio pero no me saludó.* He saw me but didn't say hello. LOC **lo saluda atentamente** Yours faithfully, Yours sincerely ☛ *Ver págs 308–9.* **saludalo de mi parte** give him my regards **saludar con la mano** to wave (*to sb*)

saludo *nm* **1** (*gen*) greeting **2 saludos** best wishes, regards (*más formal*): *Te mandan ~s.* They send their regards.

salvación *nf* salvation: *Sos mi ~.* You've saved my life.

salvador, ~a *nm-nf* saviour

salvajada *nf* atrocity [*pl* atrocities]: *hacer una ~* to commit an atrocity

salvaje *adj* **1** (*gen*) wild: *animales ~s* wild animals **2** (*pueblo, tribu*) uncivilized

salvar ◆ *vt* **1** (*gen*) to save: *El cinturón de seguridad le salvó la vida.* The seat belt saved his life. **2** (*obstáculo*) to cross: *~ un río* to cross a river ◆ **salvarse** *v pron* to survive LOC **¡sálvese quien pueda!** every man for himself!

salvavida *nmf* lifeguard

salvavidas *nm* lifebelt LOC *Ver* BOTE, CHALECO

salvo *prep* except: *Todos vinieron salvo él.* Everybody came except him. LOC **estar a salvo** to be safe **salvo que...** unless...: *Lo voy a hacer, salvo que me digas lo contrario.* I'll do it, unless you say otherwise.

San *adj* Saint (*abrev* St)

sanar *vi* **1** (*herida*) to heal **2** (*enfermo*) to recover

sanata *nf* (*charla*) drivel

sanción *nf* **1** (*castigo*) sanction: *sanciones económicas* economic sanctions **2** (*multa*) fine

sancionar *vt* **1** (*penalizar*) to penalize **2** (*económicamente*) to sanction

sandalia *nf* sandal

sandía *nf* watermelon

sandwich *nm* sandwich: *un ~ de queso* a cheese sandwich LOC *Ver* DÍA

sangrar *vt, vi* to bleed: *Estoy sangrando por la nariz.* I've got a nosebleed.

sangre *nf* blood: *donar ~* to give blood LOC **a sangre fría** in cold blood **tener sangre fría** (*serenidad*) to keep your cool *Ver tb* ANÁLISIS, DERRAMAMIENTO, DERRAMAR(SE), SUDAR

sangría *nf* (*bebida*) sangria

sangriento, -a *adj* **1** (*lucha*) bloody **2** (*herida*) bleeding

sanguíneo, -a *adj* blood [*n atrib*]: *grupo ~* blood group LOC *Ver* CORRIENTE

sanidad *nf* **1** (*pública*) public health **2** (*higiene*) sanitation

sanitario, -a *adj* **1** (*de salud*) health [*n atrib*]: *medidas sanitarias* health measures **2** (*de higiene*) sanitary

sano, -a *adj* **1** (*clima, vida, ambiente, cuerpo, comida*) healthy **2** (*en forma*) fit **3** (*madera*) sound LOC **no estar en su sano juicio** not to be in your right mind **sano y salvo** safe and sound

santiamén *nm* LOC **en un santiamén** in no time at all

santo, -a ◆ *adj* **1** (*Relig*) holy: *la santa Biblia* the Holy Bible **2** (*enfático*): *No salimos de casa en todo el ~ día.* We didn't go out of the house all day. ◆ *nm-nf* **1** (*gen*) saint: *Esa mujer es una santa.* That woman is a saint. **2** (*título*) Saint (*abrev* St) ◆ *nm* saint's day: *¿Cuándo es tu ~?* When is your saint's day? ☛ En Gran Bretaña no se celebran los santos. LOC **ser un santo varón** to be a saint *Ver tb* ESPÍRITU, JUEVES, SEMANA, VIERNES

santuario *nm* shrine
sapo *nm* toad
saque *nm* **1** (*Fútbol*) kick-off **2** (*Tenis*) service
saquear *vt* **1** (*ciudad*) to sack **2** (*despensa*) to raid **3** (*robar*) to loot
saqueo *nm* plunder
saquito *nm*: ~ *de té* tea bag
sarampión *nm* measles [*sing*]
sarcástico, -a *adj* sarcastic
sardina *nf* sardine
sargento *nmf* sergeant
sarta *nf* string LOC **decir una sarta de disparates/tonterías** to talk a load of rubbish **una sarta de mentiras** a pack of lies
sartén *nf* frying-pan ☛ *Ver dibujo en* SAUCEPAN
sastre *nmf* tailor
satélite *nm* satellite LOC *Ver* VÍA
satén *nm* satin
satisfacción *nf* satisfaction
satisfacer ◆ *vt* **1** (*gen*) to satisfy: ~ *el hambre/la curiosidad* to satisfy your hunger/curiosity **2** (*sed*) to quench **3** (*ambición, sueño*) to fulfil ◆ *vi* **1** (*gen*) to satisfy *sb* [*vt*]: *Nada le satisface.* He's never satisfied. **2** (*complacer*) to please *sb* [*vt*]: *Me satisface poder hacerlo.* I'm pleased to be able to do it.
satisfactorio, -a *adj* satisfactory
satisfecho, -a *pp, adj* **1** (*gen*) satisfied (***with sth***): *un cliente* ~ a satisfied customer **2** (*complacido*) pleased (***with sth/sb***): *Estoy muy satisfecha con el rendimiento de mis alumnos.* I'm very pleased with the way my pupils are working. LOC **darse por satisfecho** to be happy *with sth*: *Me daría por ~ con pasar.* I'd be happy with a pass. **satisfecho de sí mismo** self-satisfied *Ver tb* SATISFACER
Saturno *nm* Saturn
sauce *nm* willow LOC **sauce llorón** weeping willow
sauna *nf* sauna
savia *nf* (*Bot*) sap
saxofón *nm* saxophone (*abrev* sax)
Scotch® *nm* LOC *Ver* CINTA
se *pron pers*
• **reflexivo 1** (*él, ella, ello*) himself, herself, itself: *Se compró un compact.* He bought himself a CD. ◊ *Se lastimó.* She hurt herself. **2** (*usted, ustedes*) yourself [*pl* yourselves] **3** (*ellos, ellas*) themselves **4** (*partes del cuerpo, efectos personales*): *Se lavó las manos.* He washed his hands. ◊ *Se secó el pelo.* She dried her hair.
• **recíproco** each other, one another: *Se quieren.* They love each other. ☛ *Ver nota en* EACH OTHER
• **pasivo**: *Se construyó hace años.* It was built a long time ago. ◊ *Se registraron tres muertos.* Three deaths were recorded. ◊ *Se dice que están arruinados.* They are said to be broke. ◊ *No se admiten tarjetas de crédito.* No credit cards. ◊ *Se prohíbe fumar.* No smoking.
• **impersonal**: *Se vive bien aquí.* Life here is terrific. ◊ *Se los recompensará.* They'll get their reward.
• **en lugar de le, les** him, her, you, them: *Se lo di.* I gave it to him/her. ◊ *Se lo robamos.* We stole it from them.
secador *nm* hairdryer
secante *nm* blotting paper
secar ◆ *vt, vi* to dry ◆ **secarse** *v pron* **1** (*gen*) to dry: *Se secó las lágrimas.* He dried his tears. **2** (*planta, río, estanque, tierra, herida*) to dry up: *El estanque se había secado.* The pond had dried up. LOC **secar los platos** to dry up
secarropas *nm* tumble-drier
sección *nf* **1** (*gen, Arquit, Mat*) section **2** (*negocio*) department: ~ *de caballeros* menswear department **3** (*diario, revista*) pages [*pl*]: *la ~ deportiva* the sports pages LOC **sección transversal** cross-section
seco, -a *adj* **1** (*gen*) dry: *¿Está ~?* Is it dry? ◊ *un clima muy ~* a very dry climate **2** (*persona*) unfriendly **3** (*sin vida*) dead: *hojas secas* dead leaves **4** (*frutos, flores*) dried: *higos ~s* dried figs **5** (*sonido, golpe*) sharp LOC **a secas** just: *Me dijo que no, a secas.* He just said 'no'. **frenar/parar en seco** to stop dead *Ver tb* CIRUELA, DIQUE, FRUTO, LIMPIAR, LIMPIEZA
secretaría *nf* **1** (*oficina para matricularse*) admissions office **2** (*cargo*) secretariat: *la ~ de la ONU* the UN secretariat **3** (*oficina del secretario*) secretary's office
secretariado *nm* (*estudios*) secretarial course
secretario, -a *nm-nf* secretary [*pl* secretaries]
secreto, -a *adj, nm* secret LOC **en secreto** secretly
secta *nf* sect
sector *nm* **1** (*zona, industria*) sector **2** (*grupo de personas*) section: *un pequeño*

~ *de la población* a small section of the population

secuencia *nf* sequence

secuestrador, ~a *nm-nf* **1** (*de una persona*) kidnapper **2** (*de un avión*) hijacker

secuestrar *vt* **1** (*persona*) to kidnap **2** (*avión*) to hijack

secuestro *nm* **1** (*de una persona*) kidnapping **2** (*de un avión*) hijacking

secundario, -a ◆ *adj* secondary ◆ *nf* senior school: *Juan está en la secundaria.* Juan is at senior shool. LOC *Ver* ESCUELA, PAPEL, RUTA

sed *nf* thirst LOC **tener/pasar sed** to be thirsty: *Tengo mucha ~.* I'm very thirsty. *Ver tb* MUERTO

seda *nf* silk: *una camisa de ~* a silk shirt LOC *Ver* GUSANO

sedante *nm* sedative

sede *nf* headquarters (*abrev* HQ) [*v sing o pl*]

sediento, -a *adj* thirsty

sedimento *nm* sediment

seducción *nf* seduction

seducir *vt* to seduce

seductor, ~a ◆ *adj* seductive ◆ *nm-nf* seducer

segar *vt* to cut

segmento *nm* segment

segregar *vt* to segregate *sth/sb* (**from *sth/sb***)

seguidilla *nf* series: *una ~ de desastres* a series of disasters

seguido, -a *pp, adj* in a row: *cuatro veces seguidas* four times in a row ◊ *Lo hizo tres días ~s.* He did it three days running. LOC **en seguida** *Ver* ENSEGUIDA *Ver tb* ACTO *y* SEGUIR

seguir ◆ *vt* **1** (*gen*) to follow: *Seguime.* Follow me. **2** (*estudios*) to do: *Estoy siguiendo un curso de francés.* I'm doing a French course. ◆ *vi* **1** (*gen*) to go on (***doing sth***): *Seguí hasta la plaza.* Go on till you reach the square. ◊ *Siguieron trabajando hasta las nueve.* They went on working till nine. **2** (*en una situación*) to be still...: *¿Sigue enferma?* Is she still poorly? ◊ *Sigo en el mismo trabajo.* I'm still in the same job.

según ◆ *prep* according to *sth/sb*: *~ ella/los planes* according to her/the plans ◆ *adv* **1** (*dependiendo de*) depending on *sth*: *~ sea el tamaño* depending on what size it is ◊ *Tal vez lo haga, ~.* I might do it; it depends. **2** (*de acuerdo con, a medida que*) as: *~ van entrando* as they come in

segundero *nm* second hand

segundo, -a ◆ *adj, pron, nm-nf* second (*abrev* 2nd) ☛ *Ver ejemplos en* SEXTO ◆ *nm* second ◆ **segunda** *nf* (*marcha*) second (gear) LOC **de segunda mano** second-hand **segundo plato** main course: *¿Qué querés de ~ plato?* What would you like as a main course? *Ver tb* ECUACIÓN, PRIMO

seguramente *adv* probably

seguridad *nf* **1** (*contra accidente*) safety: *la ~ ciudadana/vial* public/road safety **2** (*contra un ataque/robo, garantía*) security: *controles de ~* security checks **3** (*certeza*) certainty **4** (*en sí mismo*) self-confidence LOC **Seguridad Social** ≃ National Health Service (*GB*) *Ver tb* CINTURÓN

seguro, -a ◆ *adj* **1** (*sin riesgo*) safe: *un lugar ~* a safe place **2** (*convencido*) sure: *Estoy segura de que van a venir.* I'm sure they'll come. **3** (*firme, bien sujeto*) secure ◆ *nm* **1** (*póliza*) insurance [*incontable*]: *sacarse un ~ de vida* to take out life insurance **2** (*mecanismo*) safety catch ◆ *adv* for certain: *No lo saben ~.* They don't know for certain. LOC **seguro que...**: *~ que llegan tarde.* They're bound to be late. *Ver tb* LENTO

seis *nm, adj, pron* **1** (*gen*) six: *el número ~* number six ◊ *sacar ~ en un examen* to get six in an exam ◊ *El ~ sigue al cinco.* Six comes after five. ◊ *~ y tres son nueve.* Six and three are/make nine. ◊ *~ por tres (son) dieciocho.* Three sixes (are) eighteen. **2** (*fecha, sexto*) sixth: *en el minuto ~* in the sixth minute ◊ *Fuimos el 6 de mayo.* We went on 6 May ☛ Se lee: 'the sixth of May'. LOC **a las seis** at six o'clock **dar las seis** to strike six: *Dieron las ~ en el reloj.* The clock struck six. **las seis menos cinco, etc** five, etc to six **las seis menos cuarto** a quarter to six **las seis y cinco, etc** five, etc past six **las seis y cuarto** a quarter past six **las seis y media** half past six **seis de cada diez** six out of ten **son las seis** it's six o'clock ☛ Para más información sobre el uso de los números, fechas, etc, ver Apéndice 1.

seiscientos, -as ◆ *adj, pron* six hundred: *~ cuarenta y dos* six hundred and forty-two ◊ *Éramos ~ en el casamiento.* There were six hundred of us at the wedding. ◊ *hace ~ años* six hundred years ago ◆ *nm* six hundred LOC **seiscientos un(o), seiscientos dos, etc** six hundred and one, six hundred and two, etc ☛ *Ver Apéndice 1.*

selección *nf* **1** (*gen*) selection **2** (*equipo*) (national) team: *la ~ de fútbol* the football team

seleccionado *nm* (national) team: *el ~ argentino de rugby* Argentina's rugby team

seleccionar *vt* to select

selecto, -a *adj* select: *un grupo/restaurante ~* a select group/restaurant

sellar *vt* **1** (*cerrar*) to seal: *~ un sobre/una amistad* to seal an envelope/a friendship **2** (*marcar con un sello*) to stamp: *~ una carta/un pasaporte* to stamp a letter/passport

sello *nm* (rubber) stamp: *A ese papel le falta el ~ oficial.* That paper needs the official stamp.

selva *nf* jungle

semáforo *nm* traffic lights [*pl*]: *un ~ en rojo* a red light

semana *nf* week: *la ~ pasada/que viene* last/next week ◊ *dos veces por ~* twice a week LOC **Semana Santa** Easter: *¿Qué van a hacer en Semana Santa?* What are you doing at Easter?

También existe la expresión **Holy Week**, pero se usa solamente para referirse a las festividades religiosas.

una semana sí y otra no every other week *Ver tb* FIN

semanal *adj* **1** (*de cada semana*) weekly: *una revista ~* a weekly magazine **2** (*por semana*): *Tenemos una hora ~ de gimnasia.* We have one hour of PE a week.

sembrar *vt* **1** (*gen*) to sow: *~ trigo/un campo* to sow wheat/a field **2** (*hortalizas*) to plant: *Sembraron ese campo de papas.* They've planted that field with potatoes.

semejante *adj* **1** (*parecido*) similar: *un modelo ~ a éste* a model similar to this one **2** (*tal*): *¿Cómo pudiste hacer ~ cosa?* How could you do a thing like that? LOC *Ver* COSA

semejanza *nf* similarity [*pl* similarities]

semen *nm* semen

semicírculo *nm* semicircle

semicorchea *nf* (*Mús*) semiquaver

semifinal *nf* semifinal

semifinalista *nmf* semifinalist

semilla *nf* seed

seminario *nm* **1** (*clase*) seminar **2** (*Relig*) seminary [*pl* seminaries]

senado *nm* senate

senador, ~a *nm-nf* senator

sencillez *nf* simplicity

sencillo, -a *adj* **1** (*gen*) simple: *una comida sencilla* a simple meal **2** (*persona*) straightforward

senda *nf* path LOC **senda peatonal** zebra crossing

seno *nm* breast

sensación *nf* feeling LOC **causar/hacer sensación 1** (*hacer furor*) to cause a sensation **2** (*emocionar*) to make an impression *on sb*: *Volver a verlo me causó una gran ~.* Seeing him again made a deep impression on me.

sensacional *adj* sensational

sensatez *nf* good sense

sensato, -a *adj* sensible

sensibilidad *nf* sensitivity

sensible *adj* **1** (*gen*) sensitive (***to sth***): *Mi piel es muy ~ al sol.* My skin is very sensitive to the sun. ◊ *Es una chica muy ~.* She's a very sensitive child. **2** (*grande*) noticeable: *una mejora ~* a noticeable improvement

sensual *adj* sensual

sentada *nf* (*protesta*) sit-in LOC **de/en una sentada** in one go

sentado, -a *pp, adj* sitting, seated (*más formal*): *Estaban ~s a la mesa.* They were sitting at the table. ◊ *Se quedaron ~s.* They remained seated. LOC **dar algo por sentado** to assume sth *Ver tb* SENTAR

sentador, ~a *adj* flattering

sentar ◆ *vt* to sit: *Sentó al bebé en su cochecito.* He sat the baby in its pram. ◆ **sentarse** *v pron* to sit (down): *Siéntese.* Sit down, please. ◊ *Nos sentamos en el suelo.* We sat (down) on the floor. LOC **sentar bien/mal 1** (*alimentos*) to agree/not to agree *with sb*: *El café no me sienta bien.* Coffee doesn't agree with me. **2** (*hacer buen/mal efecto*) to do *sb* good/no good: *Me sentó bien el descanso.* The rest did me good. **sentar (la) cabeza** to settle down

sentencia *nf* (*Jur*) sentence LOC *Ver* DICTAR

sentenciar *vt* to sentence *sb* ***to sth***

sentido *nm* **1** (*gen*) sense: *los cinco ~s* the five senses ◊ *~ del humor* sense of humour ◊ *No tiene ~.* It doesn't make sense. **2** (*significado*) meaning **3** (*dirección*) direction LOC **sentido común**

common sense **sentido contrario** opposite direction *Ver tb* CARECER, DOBLE, SEXTO

sentimental *adj* **1** (*gen*) sentimental: *valor* ~ sentimental value **2** (*vida*) love [*n atrib*]: *vida* ~ love life LOC *Ver* CONSULTORIO

sentimiento *nm* feeling

sentir ◆ *vt* **1** (*gen*) to feel: ~ *frío/hambre* to feel cold/hungry **2** (*oír*) to hear **3** (*lamentar*) to be sorry **about *sth*/(*that*...)**: *Siento no poder ayudarte.* I'm sorry (that) I can't help you. ◊ *Sentimos mucho tu desgracia.* We're very sorry about your bad luck. ◆ **sentirse** *v pron* to feel: *Me siento muy bien.* I feel very well. LOC **lo siento** (**mucho**) I'm (very) sorry *Ver tb* ESCALOFRÍO, GANA, MAL, NÁUSEA, OBLIGADO, SIMPATÍA, SOLO

seña *nf* **1** (*gesto*) sign **2** (*en un negocio*) deposit: *dejar una* ~ to leave a deposit LOC **hacer señas** to signal: *Me hacían ~s para que parase.* They were signalling to me to stop.

señal *nf* **1** (*gen*) sign: *~es de tráfico* road signs ◊ *Es una buena/mala ~.* It's a good/bad sign. ◊ *en ~ de protesta* as a sign of protest **2** (*marca*) mark LOC **dar señales** to show signs *of sth/doing sth* **hacer una señal/señales** to signal: *El conductor me hacía ~es.* The driver was signalling to me.

señalador *nm* bookmark

señalar *vt* **1** (*marcar*) to mark: *Señalá las faltas con un lápiz rojo.* Mark the mistakes in red pencil. **2** (*mostrar, afirmar*) to point *sth* out: ~ *algo en un mapa* to point sth out on a map ◊ *Señaló que...* He pointed out that...

señalizar *vt* to signpost

señor, ~a ◆ *nm-nf* **1** (*adulto*) man [*fem* lady] [*pl* men/ladies]: *Hay un ~ que quiere hablar con vos.* There's a man who wants to talk to you. ◊ *una peluquería de señoras* a ladies' hairdresser **2** (*delante del apellido*) Mr [*fem* Mrs] [*pl* Mr and Mrs]: *¿Está el ~ López?* Is Mr López in? ◊ *los ~es Soler* Mr and Mrs Soler **3** (*delante del nombre o de cargos*): *La señora Luisa es la costurera.* Luisa is the dressmaker. ◊ *el ~ intendente* the mayor **4** (*para llamar la atención*) excuse me!: *¡Señor! Se le cayó el boleto.* Excuse me! You've dropped your ticket. **5** (*de cortesía*) sir [*fem* madam] [*pl* gentlemen/ladies]: *Buenos días ~.* Good morning, sir. ◊ *Señoras y señores...* Ladies and gentlemen... ◆ *nm* **Señor** Lord ◆ **señora** *nf* (*esposa*) wife [*pl* wives] LOC **¡no señor!** no way! **¡señor!** good Lord! **¡sí señor!** too right! *Ver tb* MUY

señorita *nf* **1** (*fórmula de cortesía*) Miss, Ms

> **Miss** se usa con el apellido o con el nombre y el apellido: 'Miss Jones' o 'Miss Mary Jones'. Nunca se usa sólo con el nombre propio: *Llame a la señorita Elena/a la señorita Pelayo.* Phone Elena/Miss Pelayo.
> **Ms** se usa para mujeres cuando no se conoce o no se quiere especificar su estado civil.

2 (*maestra*) teacher: *La ~ da muchos deberes.* Our teacher gives us a lot of homework. **3** (*para llamar la atención*) excuse me: *¡Señorita! ¿Me puede atender, por favor?* Excuse me! Can you serve me please?

separación *nf* **1** (*gen*) separation **2** (*distancia*) gap: *Hay siete metros de ~.* There's a seven-metre gap.

separado, -a *pp, adj* **1** (*matrimonio*) separated: *—¿Soltera o casada? —Separada.* 'Married or single?' 'Separated.' **2** (*distinto*) separate: *llevar vidas separadas* to lead separate lives LOC **por separado** separately *Ver tb* SEPARAR

separar ◆ *vt* **1** (*gen*) to separate *sth/sb* (***from sth/sb***): *Separá las pelotas rojas de las verdes.* Separate the red balls from the green ones. **2** (*alejar*) to move *sth/sb* away (***from sth/sb***): ~ *la mesa de la ventana* to move the table away from the window **3** (*guardar*) to put *sth* aside: *Sepáreme un pan.* Put a loaf aside for me. ◆ **separarse** *v pron* **1** (*gen*) to separate, to split up (*más coloq*): *Se separó de su marido.* She separated from her husband. ◊ *Nos separamos a mitad de camino.* We split up halfway. **2** (*apartarse*) to move away (***from sth/sb***): *~se de la familia* to move away from your family

separatista *adj, nmf* separatist

septiembre (*tb* **setiembre**) *nm* September (*abrev* Sept) ☛ *Ver ejemplos en* ENERO

séptimo, -a *adj, pron, nm-nf* seventh ☛ *Ver ejemplos en* SEXTO LOC **estar en el séptimo cielo** to be in seventh heaven

sepultura *nf* grave

sequía *nf* drought

ser[1] ◆ *v copul, vi* **1** (*gen*) to be: *Es alta.* She's tall. ◊ *Soy de Salta.* I'm from Salta. ◊ *Dos y dos son cuatro.* Two and two are four. ◊ *Son las siete.* It's seven o'clock. ◊ *—¿Cuánto es? —Son 320 pesos.* 'How much is it?' '(It's) 320 pesos.' ◊ *—¿Quién es? —Ana.* 'Who's that?' 'It's Ana.' ◊ *En mi familia somos seis.* There are six of us in my family.

En inglés se usa el artículo indefinido **a/an** delante de profesiones en oraciones con el verbo 'to be': *Es médico/ingeniero.* He's a doctor/an engineer.

2 ~ **de** (*material*) to be made **of *sth***: *Es de aluminio.* It's made of aluminium. ◆ *v aux* to be: *Será juzgado el lunes.* He will be tried on Monday. LOC **a no ser que...** unless... **es más** what's more **¡eso es!** that's right! **es que...**: *Es que no tengo ganas.* I just don't feel like it. ◊ *¡Es que es muy caro!* It's very expensive! ◊ *¿Es que no se conocían?* Didn't you know each other, then? **lo que sea** whatever **no sea que/no vaya a ser que** (just) in case **o sea**: *¿O sea que se van mañana?* So you're leaving tomorrow, are you? ◊ *El día 17, o sea el martes pasado.* The 17th, that is to say last Tuesday. **por si fuera poco** to top it all **¿qué es de...?**: *¿Qué es de tu hermana?* What's your sister been up to? ◊ *¿Qué es de tu vida?* What have you been up to? **sea como sea/sea lo que sea/sea quien sea** no matter how/what/who **ser bueno/malo en/para** to be good/bad at *sth*: *Soy buena para la pintura.* I am good at painting. ◊ *Soy malo en matemáticas.* I am bad at maths **si no es/fuera por** if it weren't for *sth/sb* **si yo fuera** if I were **soy yo** it's me, you, etc ☛ Para otras expresiones con **ser**, véanse las entradas del sustantivo, adjetivo, etc, p.ej. **ser el colmo** en COLMO y **ser tartamudo** en TARTAMUDO.

ser[2] *nm* being: *un ~ humano/vivo* a human/living being

sereno, -a ◆ *adj* calm ◆ *nm* nightwatchman [*pl* nightwatchmen]

serial *nm* serial ☛ *Ver nota en* SERIES

serie *nf* series [*pl* series]: *una ~ de desgracias* a series of disasters ◊ *una nueva ~ de televisión* a new TV series ☛ *Ver nota en* SERIES LOC *Ver* FABRICAR

serio, -a *adj* **1** (*gen*) serious: *un libro/asunto ~* a serious book/matter **2** (*cumplidor*) reliable: *Es un hombre de negocios ~.* He's a reliable businessman. LOC **en serio** seriously: *tomar algo en ~* to take sth seriously ◊ *¿Lo decís en ~?* Are you serious? **ponerse serio con algn** to get cross with sb

sermón *nm* (*Relig*) sermon LOC **dar un sermón** to give *sb* a lecture

serpentina *nf* streamer

serpiente *nf* snake LOC **serpiente de cascabel** rattlesnake

serruchar *vt* to saw *sth* (up): *Serruché la madera.* I sawed up the wood. LOC **serrucharle el piso a algn** to undermine sb's position

serrucho *nm* handsaw

servicio *nm* **1** (*gen, Tenis*) service: *~ de colectivos* bus service **2** (*doméstico*) domestic help LOC **hacer el servicio (militar)** to do (your) military service **servicio de urgencias** casualty department *Ver tb* ESTACIÓN

servilleta *nf* napkin: *~s de papel* paper napkins

servilletero *nm* napkin-ring

servir ◆ *vt* to serve: *Tardaron mucho en ~nos.* They took a long time to serve us. ◊ *¿Te sirvo un poco más?* Would you like some more? ◆ *vi* **1** (*gen, Tenis*) to serve: *~ en la marina* to serve in the navy **2** ~ **de/como/para** to serve **as *sth*/ *to do sth***: *Sirvió para aclarar las cosas.* It served to clarify things. ◊ *La caja me sirvió de mesa.* I used the box as a table. **3** ~ **para** (*usarse*) to be (used) **for *doing sth***: *Sirve para cortar.* It is used for cutting. ◊ *¿Para qué sirve?* What do you use it for? ◆ **servirse** *v pron* (*comida*) to help yourself (**to *sth***): *Me serví ensalada.* I helped myself to salad. ◊ *Sírvase usted mismo.* Help yourself. LOC **no servir 1** (*utensilio*) to be no good (*for doing sth*): *Este cuchillo no sirve para cortar carne.* This knife is no good for cutting meat. **2** (*persona*) to be no good *at sth/doing sth*: *No sirvo para enseñar.* I'm no good at teaching. *Ver tb* BANDEJA

sesenta *nm, adj, pron* **1** (*gen*) sixty **2** (*sexagésimo*) sixtieth: *Sos el ~ en la lista.* You're sixtieth on the list. ◊ *el ~ aniversario* the sixtieth anniversary LOC **los sesenta** (*los años 60*) the sixties **sesenta y un(o), sesenta y dos, etc** sixty-one, sixty-two, etc ☛ *Ver Apéndice 1.*

sesión *nf* **1** (*gen*) session: *~ de entrenamiento/clausura* training/closing session **2** (*Cine*) showing **3** (*Teat*) performance

seso *nm* brain LOC *Ver* DEVANARSE

setecientos, -as *adj, pron, nm* seven hundred ☛ *Ver ejemplos en* SEISCIENTOS

setenta *nm, adj, pron* **1** (*gen*) seventy **2** (*septuagésimo*) seventieth ☛ *Ver ejemplos en* SESENTA

seudónimo *nm* pseudonym

severo, -a *adj* **1** (*intenso*) severe: *un golpe ~* a severe blow **2** ~ (**con**) (*estricto*) strict (**with** ***sb***): *Mi padre era muy ~ con nosotros.* My father was very strict with us. **3** (*castigo, crítica*) harsh

sexista *adj, nmf* sexist

sexo *nm* sex

sexto, -a ♦ *adj* **1** (*gen*) sixth: *la sexta hija* the sixth daughter **2** (*en títulos*): *Felipe VI* Philip VI ☛ Se lee: 'Philip the Sixth'. ☛ *Ver Apéndice 1.* ♦ *pron, nm-nf* sixth: *Es el ~ de la familia.* He's sixth in the family. ◊ *Fui ~ en cruzar la meta.* I was the sixth to finish. ♦ *nm* **1** (*gen*) sixth: *cinco ~s* five sixths **2** (*piso*) sixth floor: *Vivo en el ~.* I live on the sixth floor. **3** (*vivienda*) sixth-floor flat: *Viven en un departamento en el ~ piso.* They live in a sixth-floor flat. LOC **la/una sexta parte** a sixth **sexto sentido** sixth sense

sexual *adj* **1** (*gen*) sexual: *acoso ~* sexual harassment **2** (*educación, órganos, vida*) sex [*n atrib*]

sexualidad *nf* sexuality

shopping *nm* shopping mall

si[1] *nm* (*Mús*) **1** (*nota de la escala*) ti **2** (*tonalidad*) B: *si mayor* B major

si[2] *conj* **1** (*gen*) if: *Si llueve no vamos a ir.* If it rains, we won't go. ◊ *Si fuera rico me compraría una moto.* If I were rich, I'd buy a motorbike. ☛ Es más correcto decir 'if I/he/she/it **were**', pero hoy en día en el lenguaje hablado se suele usar 'if I/he/she/it **was**'. **2** (*duda*) whether: *No sé si quedarme o irme.* I don't know whether to stay or go. **3** (*deseo*) if only: *¡Si me lo hubieras dicho antes!* If only you had told me before! **4** (*protesta*) but: *¡Si no me lo habías dicho!* But you didn't tell me! **5** (*enfático*) really: *Si será despistada.* She's really scatterbrained. LOC **si no** otherwise

sí[1] ♦ *adv* **1** (*gen*) yes: *—¿Querés un poco más? —Sí.* 'Would you like a bit more?' 'Yes, please.' **2** (*énfasis*): *Sí que estoy contenta.* I am really happy. ◊ *Ella no va a ir, pero yo sí.* She's not going but I am. ♦ *nm*: *Contestó con un tímido sí.* He shyly said yes. ◊ *Aún no me ha dado el sí.* He still hasn't said yes. LOC **¡eso sí que no!** definitely not!

sí[2] *pron pers* **1** (*él*) himself: *Hablaba para sí (mismo).* He was talking to himself. **2** (*ella*) herself: *Sólo sabe hablar de sí misma.* She can only talk about herself. **3** (*ello*) itself: *El problema se solucionó por sí solo.* The problem solved itself. **4** (*ellos, ellas*) themselves **5** (*impersonal, usted*) yourself: *querer algo para sí* to want sth for yourself ☛ *Ver nota en* YOU **6** (*ustedes*) yourselves LOC **de por sí/en sí (mismo)** in itself

siamés, -esa *adj* LOC *Ver* GATO, HERMANO

sida (*tb* **SIDA**) *nm* AIDS/Aids

siderurgia *nf* iron and steel industry

siderúrgico, -a *adj* iron and steel [*n atrib*]: *el sector ~ argentino* the Argentinian iron and steel sector

sidra *nf* cider

siembra *nf* sowing

siempre *adv* always: *~ decís lo mismo.* You always say the same thing. ◊ *~ viví con mis primos.* I've always lived with my cousins. ☛ *Ver nota en* ALWAYS LOC **como siempre** as usual **de siempre** (*acostumbrado*) usual: *Nos vemos en el lugar de ~.* We'll meet in the usual place. **lo de siempre** the usual thing **para siempre 1** (*permanentemente*) for good: *Me voy de Argentina para ~.* I'm leaving Argentina for good. **2** (*eternamente*) for ever: *Nuestro amor es para ~.* Our love will last for ever. **siempre que...** whenever...: *~ que vamos de vacaciones te enfermás.* Whenever we go on holiday you get ill.

sien *nf* temple

sierra *nf* **1** (*herramienta*) saw **2** (*región*) mountains [*pl*]: *una casita en la ~* a cottage in the mountains **3** (*Geog*) mountain range

siesta *nf* siesta LOC **dormir/echarse una siesta** to have a siesta

siete *nm, adj, pron* **1** (*gen*) seven **2** (*fecha*) seventh ☛ *Ver ejemplos en* SEIS LOC **tener siete vidas** to have nine lives

sifón *nm* (*botella*) siphon

sigilosamente *adv* very quietly

sigla *nf* **siglas**: *¿Cuáles son las ~s de...?* What's the abbreviation for...? ◊ *GMT son las ~s de Greenwich Mean Time.* GMT stands for 'Greenwich Mean Time'.

siglo *nm* **1** (*cien años*) century [*pl*

centuries]: *en el ~ XX* in the 20th century ☛ Se lee: 'in the twentieth century'. **2** (*era*) age: *Vivimos en el ~ de las computadoras.* We live in the computer age. LOC **Siglo de Oro** Golden Age

significado *nm* meaning

significar *vt, vi* to mean (*sth*) (***to sb***): *¿Qué significa esta palabra?* What does this word mean? ◊ *Él significa mucho para mí.* He means a lot to me.

signo *nm* **1** (*gen*) sign: *los ~s del zodíaco* the signs of the zodiac **2** (*imprenta, fonética*) symbol LOC **signo de admiración/interrogación** exclamation/question mark ☛ *Ver págs 312–3.*

siguiente ◆ *adj* next: *al día ~* the next day ◆ *nmf* next one: *Que pase la ~.* Tell the next one to come in. LOC **lo siguiente** the following

sílaba *nf* syllable

silbar *vt, vi* **1** (*gen*) to whistle: *~ una canción* to whistle a tune **2** (*para desaprobar*) to boo

silbato *nm* whistle: *El árbitro tocó el ~.* The referee blew the whistle.

silbido *nm* **1** (*gen*) whistle: *el ~ del viento* the whistling of the wind **2** (*protesta, serpiente*) hiss **3** (*oídos*) buzzing

silenciar *vt* **1** (*persona*) to silence **2** (*suceso*) to hush *sth* up

silencio *nm* silence: *En la clase había ~ absoluto.* There was total silence in the classroom. LOC **¡silencio!** be quiet! *Ver tb* ROGAR

silencioso, -a *adj* **1** (*en silencio, callado*) silent: *La casa estaba completamente silenciosa.* The house was totally silent. ◊ *un motor ~* a silent engine **2** (*tranquilo*) quiet: *una calle muy silenciosa* a very quiet street

silla *nf* **1** (*mueble*) chair: *sentado en una ~* sitting on a chair ◊ *~ plegadiza* folding chair **2** (*de chico*) pushchair LOC **silla de ruedas** wheelchair

sillón *nm* armchair: *sentado en un ~* sitting in an armchair LOC *Ver* JUEGO

silueta *nf* silhouette

silvestre *adj* wild

simbólico, -a *adj* symbolic

simbolizar *vt* to symbolize

símbolo *nm* symbol

simétrico, -a *adj* symmetrical

similar *adj* ~ (**a**) similar (**to *sth*/*sb***)

simio, -a *nm-nf* ape

simpatía *nf* charm LOC **sentir/tener simpatía hacia/por algn** to like sb

simpático, -a *adj* nice: *Es una chica muy simpática.* She's a very nice girl. ◊ *Me pareció/cayó muy ~.* I thought he was very nice.

> Nótese que **sympathetic** no significa simpático sino *comprensivo, compasivo*: *Todos fueron muy comprensivos.* Everyone was very sympathetic.

LOC **hacerse el simpático**: *Se estaba haciendo el ~.* He was trying to be nice.

simpatizante *nmf* sympathizer: *ser ~ del partido liberal* to be a liberal party sympathizer

simpatizar *vi* (*llevarse bien*) to get on (well) (***with sb***)

simple *adj* **1** (*sencillo, fácil*) simple: *No es tan ~ como parece.* It's not as simple as it looks. **2** (*mero*): *Es un ~ apodo.* It's just a nickname. LOC **a simple vista** at first glance

simplificar *vt* to simplify

simultáneo, -a *adj* simultaneous

sin *prep* **1** (*gen*) without: *sin azúcar* without sugar ◊ *sin pensar* without thinking ◊ *Salió sin decir nada.* She went out without saying anything. ◊ *Salieron sin que nadie los viera.* They left without anybody seeing them. **2** (*por hacer*): *Los platos estaban todavía sin lavar.* The dishes still hadn't been done. ◊ *Tuve que dejar el trabajo sin terminar.* I had to leave the work unfinished. LOC **sin embargo** *Ver* EMBARGO

sinagoga *nf* synagogue

sinceridad *nf* sincerity

sincero, -a *adj* sincere

sincronizar *vt* to synchronize: *Sincronicemos los relojes.* Let's synchronize our watches.

sindicato *nm* (trade) union: *el ~ de mineros* the miners' union

síndrome *nm* syndrome LOC **síndrome de abstinencia** withdrawal symptoms [*pl*] **síndrome de inmunodeficiencia adquirida** (*abrev* (**SIDA**)) Acquired Immune Deficiency Syndrome (*abrev* AIDS)

sinfonía *nf* symphony [*pl* symphonies]

sinfónico, -a *adj* **1** (*música*) symphonic **2** (*orquesta*) symphony [*n atrib*]: *orquesta sinfónica* symphony orchestra

singular *adj* (*Gram*) singular

siniestro, -a ◆ *adj* sinister: *aspecto ~* sinister appearance ◆ *nm* **1** (*accidente*) accident **2** (*de causa natural*) disaster LOC *Ver* DIESTRO

sino *conj* but: *no sólo en Montevideo, ~*

también en otros lugares not only in Montevideo but in other places as well

sinónimo, -a ◆ *adj* ~ (**de**) synonymous (**with *sth***) ◆ *nm* synonym

síntoma *nm* symptom

sintonizar *vt, vi* to tune in (***to sth***): ~ (*con*) *la BBC* to tune in to the BBC

sinvergüenza *nmf* scoundrel

siquiera *adv* **1** (*en frase negativa*) even: *Ni ~ me llamaste.* You didn't even phone me. ◊ *sin vestirme ~* without even getting dressed **2** (*al menos*) at least: *Dame ~ una idea.* At least give me an idea.

sirena *nf* **1** (*señal acústica*) siren: *~ de policía* police siren **2** (*mujer-pez*) mermaid

sirviente, -a *nm-nf* servant

sísmico, -a *adj* seismic

sistema *nm* **1** (*gen*) system: *~ político/ educativo* political/education system ◊ *el ~ solar* the solar system **2** (*método*) method: *los ~s pedagógicos modernos* modern teaching methods LOC **sistema montañoso** mountain range

sitio *nm* **1** (*gen*) place: *un ~ para dormir* a place to sleep **2** (*espacio*) room: *¿Hay ~?* Is there any room? ◊ *Creo que no habrá ~ para todos.* I don't think there'll be enough room for everybody. **3** (*asiento*) seat: *La gente buscaba ~.* People were looking for seats. LOC **hacer sitio** to make room (*for sth/sb*) **ir de un sitio a/para otro** to rush around **ponerle a algn en su sitio** to put sb in their place *Ver tb* ALGUNO, CUALQUIERA, NINGUNO, OTRO

situación *nf* situation: *una ~ difícil* a difficult situation

situado, -a *pp, adj* situated *Ver tb* SITUAR

situar ◆ *vt* **1** (*colocar*) to put, to place (*más formal*): *Me sitúa en una posición muy comprometida.* This puts me in a very awkward position. **2** (*en un mapa*) to find: *Situame Suiza en el mapa.* Find Switzerland on the map. ◆ **situarse** *v pron* (*clasificación*) to be: *~se entre las cinco primeras* to be among the top five LOC **situarse a la cabeza** to lead the field

slogan *nm Ver* ESLOGAN

slot *nf* LOC *Ver* MÁQUINA

smoking *nm Ver* ESMOQUIN

snob *adj, nmf Ver* ESNOB

¡so! *interj* whoa!

sobar *vt* **1** (*cosa*) to finger: *Dejá de ~ la tela.* Stop fingering the material. **2** (*persona*) to paw

soberano, -a *adj, nm-nf* sovereign

sobornar *vt* to bribe

soborno *nm*: *intento de ~* attempted bribery ◊ *aceptar ~s* to accept/take bribes

sobra *nf* **1** (*exceso*) surplus: *Hay ~ de mano de obra barata.* There is a surplus of cheap labour. **2 sobras** (*restos*) leftovers LOC **de sobra 1** (*suficiente*) plenty (of *sth*): *Hay comida de ~.* There's plenty of food. ◊ *Tenemos tiempo de ~.* We have plenty of time. **2** (*muy bien*) very well: *Sabés de ~ que no me gusta.* You know very well that I don't like it.

sobrar ◆ *vi* **1** (*quedar*): *Sobra queso de anoche.* There's some cheese left (over) from last night. **2** (*haber más de lo necesario*): *Sobra tela para la pollera.* There's plenty of material for the skirt. ◊ *Sobran dos sillas.* There are two chairs too many. **3** (*estar de más*) **(a)** (*cosa*) to be unnecessary: *Sobran las palabras.* Words are unnecessary. **(b)** (*persona*) to be in the way: *Aquí sobramos.* We're in the way here. ◆ *vt* to patronize LOC **sobrarle algo a algn 1** (*quedar*) to have sth left: *Me sobran dos caramelos.* I've got two sweets left. **2** (*tener demasiado*) to have too much/ many…: *Me sobra trabajo.* I've got too much work.

sobre[1] *nm* **1** (*carta*) envelope **2** (*envoltorio*) packet: *un ~ de sopa* a packet of soup

sobre[2] *prep* **1** (*encima de*) on: *sobre la mesa* on the table **2** (*por encima, sin tocar*) over: *Volamos sobre Madrid.* We flew over Madrid. **3** (*temperatura*) above: *un grado sobre cero* one degree above zero **4** (*acerca de*) about: *una película sobre Escocia* a film about Scotland LOC **sobre todo** *Ver* TODO

sobrecargado, -a *pp, adj* overloaded: *una línea sobrecargada* an overloaded line

sobredosis *nf* overdose

sobremesa *nf* after-dinner chat: *estar de ~* to have an after-dinner chat ◊ *La ~ estuvo muy agradable.* We had a very nice chat after dinner.

sobrenatural *adj* supernatural

sobrenombre *nm* nickname: *Lo llaman "Pepe" de ~.* His nickname is 'Pepe'.

sobrentenderse (*tb* **sobreentenderse**) *v pron* to be understood

sobrepasar *vt* **1** (*cantidad, límite, medida, esperanzas*) to exceed: *Sobrepasó los 170km por hora.* It exceeded 170km an hour. **2** (*rival, récord*) to beat

sobresaliente ◆ *adj* outstanding: *una actuación* ~ an outstanding performance ◆ *nm* (*Educ*) ≃ A: *Saqué tres ~s.* I got three A's.

sobresalir *vi* **1** (*objeto, parte del cuerpo*) to stick out, to protrude (*formal*) **2** (*destacar, resaltar*) to stand out (**from sth/sb**): *Sobresale entre sus compañeras.* She stands out from her friends.

sobresaltar *vt* to startle

sobretodo *nm* overcoat

sobreviviente ◆ *adj* surviving ◆ *nmf* survivor

sobrevivir *vi* to survive

sobrino, -a *nm-nf* nephew [*fem* niece]

Cuando decimos *sobrinos* refiriéndonos a sobrinos y sobrinas, se traduce en inglés por **nephews and nieces**: *¿Cuántos sobrinos tenés?* How many nephews and nieces have you got?

sobrio, -a *adj* sober

sociable *adj* sociable

social *adj* social LOC *Ver* ASISTENTE, SEGURIDAD

socialismo *nm* socialism

socialista *adj, nmf* socialist

sociedad *nf* **1** (*gen*) society [*pl* societies]: *una ~ de consumo* a consumer society **2** (*Com*) company [*pl* companies] LOC **sociedad anónima** public limited company (*abrev* plc) **sociedad limitada** limited company (*abrev* Ltd)

socio, -a *nm-nf* **1** (*club*) member: *hacerse ~ de un club* to become a member of a club/to join a club **2** (*Com*) partner

sociología *nf* sociology

sociólogo, -a *nm-nf* sociologist

socorrer *vt* to help

socorro ◆ *nm* help ◆ **¡socorro!** *interj* help! LOC *Ver* CASA

soda *nf* (*bebida*) soda water LOC **tomarse algo con soda 1** (*reaccionar bien*) to take sth very well **2** (*no preocuparse*) to take it easy

sofá *nm* sofa LOC **sofá cama** sofa bed

sofisticado, -a *adj* sophisticated

sofocante *adj* stifling: *Hacía un calor ~.* It was stiflingly hot.

sofocar ◆ *vt* **1** (*fuego*) to smother **2** (*rebelión*) to put *sth* down ◆ **sofocarse** *v pron* **1** (*de calor*) to suffocate: *Me estaba sofocando en el subte.* I was suffocating on the underground. **2** (*quedarse sin aliento*) to get out of breath

soga *nf* **1** (*cuerda*) rope **2** (*juego*) skipping LOC **estar con la soga al cuello** to be in a fix **jugar/saltar a la soga** to skip: *Están saltando a la ~.* They are skipping.

soja *nf* soya

sol[1] *nm* sun: *Me daba el ~ en la cara.* The sun was shining on my face. ◊ *sentarse al ~* to sit in the sun ◊ *una tarde de ~* a sunny afternoon LOC **de sol a sol** from morning to night **haber sol** to be sunny **tomar sol** to sunbathe *Ver tb* ANTEOJOS, PUESTA, QUEMADURA, RELOJ, SALIDA

sol[2] *nm* **1** (*nota de la escala*) soh **2** (*tonalidad*) G: *~ bemol* G flat LOC *Ver* CLAVE

solamente *adv Ver* SÓLO

solapa *nf* **1** (*chaqueta*) lapel **2** (*libro, sobre*) flap

solar[1] *adj* (*del sol*) solar

solar[2] *nm* (*terreno*) plot

soldado *nmf* soldier LOC **soldado raso** private

soldar *vt* to solder

soleado, -a *adj* sunny

solemne *adj* solemn

soler *vi* **1** (*en presente*) to usually do sth: *No suelo desayunar.* I don't usually have breakfast. ☛ *Ver nota en* ALWAYS **2** (*en pasado*) used to do sth: *Solíamos visitarlo en el verano.* We used to visit him in the summer. ◊ *No solíamos salir.* We didn't use to go out. ☛ *Ver nota en* USED TO

solfeo *nm* music theory

solicitante *nmf* applicant (**for sth**)

solicitar *vt* **1** (*gen*) to request: *~ una entrevista* to request an interview **2** (*empleo, beca*) to apply **for sth**

solicitud *nf* **1** (*petición*) request (**for sth**): *una ~ de información* a request for information **2** (*instancia*) application (**for sth**): *una ~ de trabajo* a job application ◊ *llenar una ~* to fill in an application (form)

solidez *nf* solidity

solidificar(se) *vt, v pron* **1** (*gen*) to solidify **2** (*agua*) to freeze

sólido, -a *adj, nm* solid

solista *nmf* soloist

solitario, -a ◆ *adj* **1** (*sin compañía*) solitary: *Lleva una vida solitaria.* She leads a solitary life. **2** (*lugar*) lonely: *las calles solitarias* the lonely streets ◆ *nm* (*Naipes*) patience [*incontable*]: *hacer un* ~ to play a game of patience

sollozo *nm* sob

solo, -a ◆ *adj* **1** (*sin compañía*) alone: *Estaba sola en casa.* She was alone in the house. **2** (*sin ayuda*) by myself, yourself, etc: *El nene ya come* ~. He can eat by himself now. ☛ *Ver nota en* ALONE ◆ *nm* solo [*pl* solos]: *hacer un* ~ to play/sing a solo LOC **estar a solas** to be alone **estar/sentirse solo** to be/feel lonely **quedarse solo** to be (left) on your own

sólo (*tb* **solamente**) *adv* only: *Trabajo ~ los sábados.* I only work on Saturdays. ◊ *Es ~ un chico.* He's only a child. ◊ *Tan ~ te pido una cosa.* I'm just asking you one thing. LOC **no sólo ... sino también ...** not only ... but also ...

soltar ◆ *vt* **1** (*largar*) to let go **of *sth/sb***: *¡Soltame!* Let go of me! **2** (*dejar caer*) to drop **3** (*dejar libre*) to set *sth/sb* free, to release (*más formal*) **4** (*perro*) to set *a dog* loose **5** (*cable, cuerda*) to let *sth* out: *Soltá un poco de cuerda.* Let the rope out a bit. **6** (*plata*) to cough *sth* up **7** (*grito, suspiro*) to let *sth* out ◆ **soltarse** *v pron* **1** (*separarse*) to let go (**of *sth/sb***): *No te sueltes de mi mano.* Don't let go of my hand. **2 soltarse (en)** to get the hang **of *sth***: *Ya se está soltando en inglés.* She's getting the hang of English now. LOC **no soltar palabra/prenda** not to say a word **soltar amarras** to cast off **soltarse el pelo** to let your hair down **soltar una carcajada** to burst out laughing

soltero, -a ◆ *adj* single: *ser/estar* ~ to be single ◆ *nm-nf* single man/woman [*pl* single men/women] LOC *Ver* DESPEDIDA, MADRE

solterón, -ona *nm-nf* bachelor [*fem* old maid]: *Es un ~ empedernido.* He is a confirmed bachelor.

soltura *nf* **1** (*desparpajo*) self-confidence: *Se desenvuelve con* ~. He's very confident. **2** (*facilidad*): *Habla francés con* ~. She speaks fluent French. ◊ *manejar con* ~ to drive well

soluble *adj* soluble: *aspirina* ~ soluble aspirin

solución *nf* solution (***to sth***): *encontrar la ~ del problema* to find a solution to the problem

solucionar *vt* to solve: *Lo solucionaron con una llamada.* They solved the problem with a phone call.

solvente *adj* solvent

sombra

sombra *nf* **1** (*ausencia de sol*) shade: *Nos sentamos a la* ~. We sat in the shade. ◊ *El árbol daba ~ al coche.* The car was shaded by the tree. ◊ *Me estás haciendo* ~. You're keeping the sun off me. **2** (*silueta*) shadow: *proyectar una* ~ to cast a shadow ◊ *No es ni la ~ de lo que era.* She is a shadow of her former self. LOC **sombra (de ojos)** eyeshadow

sombreado, -a *adj* shady

sombrero *nm* hat LOC **sombrero de copa** top hat **sombrero de hongo** bowler hat

sombrilla *nf* (*playa*) sunshade

someter ◆ *vt* **1** (*dominar*) to subdue **2** (*exponer*) to subject *sth/sb* ***to sth***: *~ a los presos a torturas* to subject prisoners to torture ◊ *Sometieron el metal al calor.* The metal was subjected to heat. **3** (*buscar aprobación*) to submit *sth* (***to sth/sb***): *Tienen que ~ el proyecto al consejo.* The project must be submitted to the council. ◆ **someterse** *v pron* (*rendirse*) to surrender (***to sb***) LOC **someter a votación** to put *sth* to the vote

somnífero *nm* sleeping pill

sonado, -a *pp, adj* (*comentado*) much talked-about: *la sonada dimisión del ministro* the much talked-about resignation of the minister LOC **estar sonado** to be in trouble *Ver tb* SONAR

sonajero *nm* rattle

sonámbulo, -a *nm-nf* sleepwalker

sonante *adj* LOC *Ver* CONTANTE, DINERO

sonar ◆ *vi* **1** (*alarma, sirena*) to go off **2** (*timbre, campana, teléfono*) to ring **3** ~ (**a**) to sound: *Esta pared suena a hueco.* This wall sounds hollow. ◊ *El piano suena de maravilla.* The piano sounds great. ◊ *¿Cómo te suena este párrafo?* How does this paragraph sound to you? **4** (*ser familiar*) to ring a bell: *Ese nombre me suena.* That name rings a bell. ◆ **sonarse** *v pron* (*nariz*) to blow your nose LOC **¡sonamos!** we've had it! *Ver tb* PITO

sonda *nf* (*Med*) probe

sondear *vt* **1** (*persona*) to sound *sb* out (***about/on sth***) **2** (*opinión, mercado*) to test

sondeo *nm* (*opinión, mercado*) poll: *un ~ de opinión* an opinion poll

sonido *nm* sound

sonoro, -a *adj* **1** (*Tec*) sound [*n atrib*]: *efectos ~s* sound effects **2** (*voz*) loud LOC *Ver* BANDA

sonreír *vi* to smile (***at sb***): *Me sonrió.* He smiled at me.

sonriente *adj* smiling

sonrisa *nf* smile

sonrojarse *v pron* to blush

sonrosado, -a *adj* rosy

soñador, ~a *nm-nf* dreamer

soñar ◆ *vi* ~ **con 1** (*durmiendo*) to dream **about *sth/sb***: *Anoche soñé con vos.* I dreamt about you last night. **2** (*desear*) to dream **of *doing sth***: *Sueño con una moto.* I dream of having a motor bike. ◊ *Sueñan con ser famosos.* They dream of becoming famous. ◆ *vt* to dream: *No sé si lo soñé.* I don't know if I dreamt it. LOC **ni lo sueñes** no chance **soñar con los angelitos** to have sweet dreams **soñar despierto** to daydream

sopa *nf* soup: *~ de sobre/fideos* packet/ noodle soup LOC **hasta en la sopa** all over the place **sopa de minestrón** minestrone

sopero, -a ◆ *adj* soup [*n atrib*]: *cuchara sopera* soup spoon ◆ **sopera** *nf* soup tureen LOC *Ver* PLATO

soplar ◆ *vt* **1** (*para apagar algo*) to blow *sth* out: *~ una vela* to blow out a candle **2** (*para enfriar algo*) to blow **on *sth***: *~ la sopa* to blow on your soup **3** (*decir en voz baja*) to whisper: *Me soplaba las respuestas.* He whispered the answers to me. **4** (*a la policía*) to grass ◆ *vi* to blow

soplo *nm* **1** (*gen*) blow: *Apagó todas las velas de un ~.* He blew out all the candles in one go. **2** (*viento*) gust

soplón, -ona *nm-nf* **1** (*gen*) tell-tale **2** (*de la policía*) grass

soportar *vt* to put up with *sth/sb*: *~ el calor* to put up with the heat ☛ Cuando la frase es negativa se usa mucho **to stand**: *No la soporto.* I can't stand her. ◊ *No soporto tener que esperar.* I can't stand waiting.

soporte *nm* **1** (*gen*) support **2** (*estantería*) bracket

soprano *nf* soprano [*pl* sopranos]

soquete *nm* LOC *Ver* MEDIA[2]

sorber *vt, vi* **1** (*gen*) to sip **2** (*con una pajita*) to suck

sorbet *nm* sorbet

sorbo *nm* sip: *tomar un ~ de café* to have a sip of coffee LOC *Ver* BEBER(SE)

sordera *nf* deafness

sórdido, -a *adj* sordid

sordo, -a *adj, nm-nf* deaf [*adj*]: *un colegio especial para ~s* a special school for the deaf ◊ *quedarse ~* to go deaf LOC **hacerse el sordo** to turn a deaf ear (*to sth/sb*) **sordo como una tapia** as deaf as a post

sordomudo, -a ◆ *adj* deaf and dumb ◆ *nm-nf* deaf mute

sorprendente *adj* surprising

sorprender ◆ *vt* **1** (*gen*) to surprise: *Me sorprende que no haya llegado todavía.* I'm surprised he hasn't arrived yet. **2** (*agarrar desprevenido*) to catch *sb* (unawares): *Los sorprendió robando.* He caught them stealing. ◊ *Sorprendieron a los ladrones.* They caught the robbers unawares. ◆ **sorprenderse** *v pron* to be surprised: *Se sorprendieron al vernos.* They were surprised to see us.

sorprendido, -a *pp, adj* surprised *Ver tb* SORPRENDER

sorpresa *nf* surprise LOC **tomar por sorpresa** to take *sb* by surprise

sortear *vt* **1** (*echar a la suerte*) to draw lots **for *sth*** **2** (*rifar*) to raffle **3** (*golpe, obstáculo*) to dodge **4** (*dificultad, trabas*) to overcome

sorteo *nm* **1** (*lotería*) draw **2** (*rifa*) raffle

sortija *nf* ring

SOS *nm* SOS: *mandar un ~* to send out an SOS

sosegado, -a *pp, adj* calm *Ver tb* SOSEGARSE

sosegarse *v pron* to calm down

sosiego *nm* calm

soso, -a *adj* **1** (*comida*) tasteless: *La sopa está algo sosa.* This soup needs a little salt. **2** (*persona*) dull **3** (*chiste*): *Los chistes que cuentan son ~s.* Their jokes aren't funny.

sospecha *nf* suspicion

sospechar *vt* to suspect: *Sospechan al joven de ser terrorista.* They suspect the young man of being a terrorist. LOC **¡ya (me) lo sospechaba!** just as I thought!

sospechoso, -a ◆ *adj* suspicious ◆ *nm-nf* suspect

sostener ◆ *vt* **1** (*sujetar*) to hold **2** (*peso, carga*) to support **3** (*afirmar*) to maintain ◆ **sostenerse** *v pron* to stand up

sostenido, -a *pp, adj* (*Mús*) sharp: *fa ~* F sharp *Ver tb* SOSTENER

sotana *nf* cassock

sótano *nm* basement

spiedo *nm* spit LOC **al spiedo** spit-roast: *pollo al ~* spit-roast chicken

sport *nm* LOC **de sport** casual: *zapatos/ropa de ~* casual shoes/clothes *Ver tb* AUTO

squash *nm* squash

stop *nm* (*tráfico*) stop sign

stress *nm Ver* ESTRÉS

su *adj pos* **1** (*de él*) his **2** (*de ella*) her **3** (*de objeto, animal, concepto*) its **4** (*de ellos/ellas*) their **5** (*impersonal*) their: *Cada cual tiene su opinión.* Everyone has their own opinion. **6** (*de usted, de ustedes*) your

suave *adj* **1** (*color, luz, música, piel, ropa, voz*) soft **2** (*superficie*) smooth **3** (*brisa, persona, curva, pendiente, sonido*) gentle **4** (*castigo, clima, sabor*) mild **5** (*ejercicios, lluvia, viento*) light

suavizar *vt* **1** (*piel*) to moisturize **2** (*pelo*) to condition

subcampeón, -ona *nm-nf* runner-up [*pl* runners-up]

subconsciente *adj, nm* subconscious

subdesarrollado, -a *adj* under-developed

subdesarrollo *nm* underdevelopment

súbdito, -a *nm-nf* subject: *una súbdita británica* a British subject

subibaja *nm* seesaw

subida *nf* **1** (*acción*) ascent **2** (*pendiente*) hill: *al final de esta ~* at the top of this hill **3** (*aumento*) rise (*in sth*): *una ~ de precios* a rise in prices

subido, -a *pp, adj* (*color*) bright *Ver tb* SUBIR

subir ◆ *vt* **1** (*llevar*) to take/bring *sth* up: *Subió las valijas a la habitación.* He took the suitcases up to the room. **2** (*poner más arriba*) to put *sth* up: *Subilo un poco más.* Put it a bit higher. **3** (*levantar*) to lift *sth* up: *Subí el equipaje al tren.* I lifted the luggage onto the train. **4** (*ir/venir arriba*) to go/come up: *~ una calle* to go up a street **5** (*volumen*) to turn *sth* up **6** (*precios*) to put *sth* up, to raise (*más formal*) ◆ *vi* **1** (*ir/venir arriba*) to go/come up: *Subimos al segundo piso.* We went up to the second floor. ◊ *~ al techo* to go up onto the roof **2** (*temperatura, río*) to rise **3** (*marea*) to come in **4** (*precios*) to go up (in price): *Subió la nafta.* Petrol has gone up in price. **5** (*volumen, voz*) to get louder ◆ **subir(se)** *vi, v pron* **subir(se) (a)** **1** (*automóvil*) to get in, to get into *sth*: *Subí al taxi.* I got into the taxi. **2** (*transporte público, caballo, bici*) to get on (*sth*) LOC **subirse a la cabeza** to go to your head **subírsele los humos a algn** to become high and mighty **subirse por las paredes** to hit the roof *Ver tb* ESCALERA

subjetivo, -a *adj* subjective

subjuntivo, -a *adj, nm* subjunctive

sublevación *nf* uprising

sublime *adj* sublime

submarino, -a ◆ *adj* underwater ◆ *nm* submarine

subordinado, -a *pp, adj, nm-nf* subordinate

subrayar *vt* to underline

subsidio *nm* benefit: *~ de enfermedad* sickness benefit

subsistir *vi* to subsist (***on sth***)

subte *nm* tube: *Tomamos el último ~.* We caught the last tube.

subterráneo, -a ◆ *adj* underground ◆ *nm* underground: *Podemos ir en ~.* We can go on the underground. LOC *Ver* PASO

subtítulo *nm* subtitle

suburbio *nm* suburb

subvencionar *vt* to subsidize

sucedáneo *nm* substitute (***for sth***)

suceder *vi* **1** (*ocurrir*) to happen (***to sth/sb***): *¡Que no vuelva a ~!* Don't let it happen again! **2** (*cargo, trono*) to succeed: *Su hijo le sucederá en el trono.* His son will succeed to the throne.

sucesión *nf* succession

sucesivamente *adv* successively LOC *Ver* ASÍ

suceso *nm* **1** (*acontecimiento*) event: *los ~s de los últimos días* the events of the past few days **2** (*incidente*) incident

sucesor, ~a *nm-nf* ~ (**a**) successor (**to** ***sth/sb***): *Todavía no nombraron a su sucesora.* They've yet to name her successor.

suciedad *nf* dirt

sucio, -a *adj* dirty LOC *Ver* CESTO, JUEGO, JUGAR, TRAPO

suculento, -a *adj* succulent

sucursal *nf* branch

sudado *-a, pp, adj* sweaty *Ver tb* SUDAR

sudar *vi* to sweat LOC **sudar la gota gorda/sangre/tinta** to sweat blood

sudeste *nm* **1** (*punto cardinal, región*) south-east (*abrev* SE): *la fachada ~ del edificio* the south-east face of the building **2** (*viento, dirección*) south-easterly: *en dirección ~* in a south-easterly direction

sudoeste *nm* **1** (*punto cardinal, región*) south-west (*abrev* SW) **2** (*viento, dirección*) south-westerly

sudor *nm* sweat

Suecia *nf* Sweden

sueco, -a ◆ *adj, nm* Swedish: *hablar ~* to speak Swedish ◆ *nm-nf* Swede: *los ~s* the Swedes

suegro, -a *nm-nf* **1** (*gen*) father-in-law [*fem* mother-in-law] **2 suegros** parents-in-law, in-laws (*más coloq*)

suela *nf* sole: *zapatos con ~ de goma* rubber-soled shoes

sueldo *nm* **1** (*gen*) pay [*incontable*]: *pedir un aumento de ~* to ask for a pay increase **2** (*mensual*) salary [*pl* salaries]

suelo *nm* **1** (*superficie de la tierra*) ground: *caer al ~* to fall (to the ground) **2** (*dentro de un edificio*) floor **3** (*terreno*) land

suelto, -a ◆ *adj* loose: *una página suelta* a loose page ◊ *Siempre llevo el pelo ~.* I always wear my hair loose. ◊ *Creo que hay un tornillo ~.* I think there's a screw loose. ◆ *nm* small change LOC *Ver* DINERO, MANO, RIENDA

sueño *nm* **1** (*descanso*) sleep: *debido a la falta de ~* due to lack of sleep ◊ *No dejes que te quite el ~.* Don't lose any sleep over it. **2** (*somnolencia*) drowsiness: *Estas pastillas producen ~.* These pills make you drowsy. **3** (*lo soñado, ilusión*) dream: *Fue un ~ hecho realidad.* It was a dream come true. LOC **caerse de sueño** to be dead on your feet **dar sueño** to make *sb* drowsy **tener sueño** to be sleepy

suerte *nf* **1** (*fortuna*) luck: *¡Buena ~ con el examen!* Good luck with your exam! ◊ *dar/traer buena/mala ~* to bring good/bad luck **2** (*destino*) fate LOC **de la suerte** lucky: *mi número de la ~* my lucky number **echar suertes** to toss for *sth*: *Echamos ~s para eso.* We tossed for it. **por suerte** fortunately **tener mala suerte** to be unlucky **tener suerte** to be lucky *Ver tb* ADIVINAR, AMULETO

suéter *nm* sweater

suficiente ◆ *adj* enough: *No tengo arroz ~ para tantas personas.* I haven't got enough rice for all these people. ◊ *¿Serán ~s?* Will there be enough? ◊ *Gano lo ~ para vivir.* I earn enough to live on. ◆ *nm* (*exámenes*) pass ≃ D

sufrido, -a *pp, adj* (*persona*) long-suffering *Ver tb* SUFRIR

sufrimiento *nm* suffering

sufrir ◆ *vt* **1** (*gen*) to suffer: *~ una derrota/lesión* to suffer a defeat/an injury **2** (*tener*) to have: *~ un accidente/ataque al corazón* to have an accident/a heart attack ◊ *La ciudad sufre problemas de tráfico.* The city has traffic problems. **3** (*cambio*) to undergo ◆ *vi* ~ (**de**) to suffer (**from** ***sth***): *Sufre del corazón.* He suffers from heart trouble. LOC *Ver* DESENGAÑO

sugerencia *nf* suggestion

sugerir *vt* to suggest

sugestión *nf* LOC **es** (**pura**) **sugestión** it's all in the mind

sugestionar ◆ *vt* to influence ◆ **sugestionarse** *v pron* to convince yourself ***that...***

suicidarse *v pron* to commit suicide

suicidio *nm* suicide

Suiza *nf* Switzerland

suizo, -a ◆ *adj* Swiss ◆ *nm-nf* Swiss man/woman [*pl* Swiss men/women]: *los ~s* the Swiss

sujetar ◆ *vt* **1** (*agarrar*) to hold: *Sujetá bien el paraguas.* Hold the umbrella tight. **2** (*asegurar*) to fasten: *~ unos papeles con un clip* to fasten papers together with a paper clip ◆ **sujetarse** *v pron* **sujetarse** (**a**) (*agarrarse*) to hold on (**to** ***sth***): *Sujetate a mi brazo.* Hold on to my arm.

sujeto, -a ◆ *pp, adj* **1** (*atado*) fastened: *El equipaje iba bien ~.* The luggage was tightly fastened. **2** (*tomado*): *Dos policías lo tenían ~.* Two policemen were holding him down. **3** (*fijo*) secure: *El* *gancho no estaba bien ~*. The hook wasn't secure. **4** ~ **a** (*sometido*) subject **to** ***sth***: *Estamos ~s a las reglas del club.* We are subject to the rules of the club. ◆ *nm* **1** (*tipo*) character **2** (*Gram*) subject *Ver tb* SUJETAR

suma *nf* sum: *hacer una ~* to do a sum

sumar *vt, vi* to add (*sth*) up: *Sumá dos y cinco.* Add up two and five. ◊ *¿Saben ~?* Can you add up?

sumergible *adj* water-resistant

sumergir(se) *vt, v pron* to submerge

suministrar *vt* to supply (*sb*) (**with** ***sth***): *Me suministró los datos.* He supplied me with the information.

sumiso, -a *adj* submissive

súper *nm* supermarket LOC *Ver* NAFTA

superar ◆ *vt* **1** (*dificultad, problema*) to overcome, to get over *sth* (*más coloq*): *Superé el miedo a volar.* I've got over my fear of flying. **2** (*récord*) to beat **3** (*ser mejor*) to surpass: *~ las expectativas* to surpass expectations ◊ *El equipo argentino superó a los italianos en juego.* The Argentinian team outplayed the Italians. ◆ **superarse** *v pron* to better yourself

superficial *adj* superficial

superficie *nf* **1** (*gen*) surface: *la ~ del agua* the surface of the water **2** (*Mat*) (*extensión*) area

superfluo, -a *adj* **1** (*gen*) superfluous: *detalles ~s* superfluous detail **2** (*gastos*) unnecessary

superior ◆ *adj* **1** ~ (**a**) (*gen*) higher (**than** ***sth/sb***): *una cifra 20 veces ~ a la normal* a figure 20 times higher than normal ◊ *estudios ~es* higher education **2** ~ (**a**) (*calidad*) superior (**to** ***sth/sb***): *Fue ~ a su rival.* He was superior to his rival. **3** (*posición*) top: *el ángulo ~ izquierdo* the top left-hand corner ◊ *el labio ~* the upper/top lip ◆ *nm* superior

superiora *nf* (*Relig*) Mother Superior

superioridad *nf* superiority LOC *Ver* AIRE

supermercado *nm* supermarket

superpoblado, -a *pp, adj* overpopulated

superstición *nf* superstition

supersticioso, -a *adj* superstitious

supervisar *vt* to supervise

suplemento *nm* supplement: *el ~ dominical* the Sunday supplement

suplente *adj, nmf* **1** (*gen*) relief [*n atrib*]: *un conductor ~* a relief driver **2** (*maestro*) supply teacher **3** (*Fútbol*) substitute [*n*]: *estar de ~* to be a substitute

súplica *nf* plea

suplicar *vt* to beg (*sb*) (**for** ***sth***): *Le supliqué que no lo hiciera.* I begged him not to do it. ◊ *~ piedad* to beg for mercy

suplicio *nm* **1** (*tortura*) torture: *Estos tacos son un ~*. These high heels are torture. **2** (*experiencia*) ordeal: *Esas horas de incertidumbre fueron un ~*. Those hours of uncertainty were an ordeal.

suponer *vt* **1** (*creer*) to suppose: *Supongo que vendrán.* I suppose they'll come. ◊ *Supongo que sí/no.* I suppose so/not. **2** (*significar*) to mean: *Esos ahorros suponen mucho para nosotros.* Those savings mean a lot to us. LOC **suponé/supongamos que...** supposing...

suposición *nf* supposition

supositorio *nm* suppository [*pl* suppositories]

supremacía *nf* supremacy (***over sth/sb***)

supremo, -a *adj* supreme LOC *Ver* TRIBUNAL

suprimir *vt* **1** (*omitir, excluir*) to leave *sth* out: *Yo suprimiría este párrafo.* I'd leave this paragraph out. **2** (*abolir*) to abolish: *~ una ley* to abolish a law

supuesto, -a *pp, adj* (*presunto*) alleged: *el ~ culpable* the alleged culprit LOC **dar por supuesto** to take *sth* for granted **por supuesto** (**que...**) of course *Ver tb* SUPONER

sur *nm* south (*abrev* S): *en el ~ de Francia* in the south of France ◊ *Queda al ~ de Rosario* It's south of Rosario. ◊ *en la costa ~* on the south coast LOC *Ver* CONO

surco *nm* **1** (*agricultura, arruga*) furrow **2** (*en el agua*) wake **3** (*disco, metal*) groove

surf *nm* surfing: *hacer/practicar el ~* to go surfing

surgir *vi* to arise: *Espero que no surja ningún problema.* I hope that no problems arise.

surmenage *nm* breakdown

suroeste *nm Ver* SUDOESTE

surtido, -a ◆ *pp, adj* (*variado*) assorted: *bombones ~s* assorted chocolates ◆ *nm* selection: *Tienen muy poco ~*. They've got a very poor selection. *Ver tb* SURTIR

surtidor *nm* **1** (*fuente*) fountain **2** (*nafta*) pump

surtir *vt* LOC **surtir efecto** to have an effect

susceptible *adj* (*irritable*) touchy

suscribirse *v pron* ~ (**a**) **1** (*publicación*) to take out a subscription (**to *sth***) **2** (*asociación*) to become a member (**of *sth***)

suscripción *nf* subscription

susodicho, -a *adj, nm-nf* above-mentioned [*adj*]: *los ~s* the above-mentioned

suspender *vt* **1** (*interrumpir*) to suspend: *El árbitro suspendió el partido media hora.* The referee suspended the game for half an hour. **2** (*posponer*) to postpone

suspensivo, -a *adj* LOC *Ver* PUNTO

suspenso *nm* suspense LOC **estar/quedarse en suspenso** to be on tenterhooks: *Hasta que reciba la carta, estoy en ~.* I'll be on tenterhooks until I get the letter. **libro/película de suspenso** thriller: *Me gustan las películas de ~.* I like thrillers.

suspirar *vi* to sigh

suspiro *nm* sigh

sustancia *nf* substance

sustancial *adj* substantial

sustancioso, -a *adj* (*comida*) nourishing

sustantivo *nm* noun

sustento *nm* **1** (*alimento*) sustenance **2** (*soporte, apoyo*) support

sustitución *nf* **1** (*permanente*) replacement **2** (*temporal, Dep*) substitution

sustituir *vt* (*suplir*) to stand in **for *sb***: *Me va a ~ mi ayudante.* My assistant will stand in for me.

sustituto, -a *nm-nf* **1** (*permanente*) replacement: *Están buscando un ~ para el jefe de personal.* They're looking for a replacement for the personnel manager. **2** (*suplente*) stand-in

susto *nm* **1** (*miedo, sobresalto*) fright: *¡Qué ~ me diste!* What a fright you gave me! **2** (*falsa alarma*) scare LOC **llevarse un susto mortal** to get the fright of your life

sustraer *vt* (*Mat*) to subtract

susurrar *vt, vi* to whisper

susurro *nm* whisper

sutil *adj* subtle

suyo, -a *adj pos, pron pos* **1** (*de él*) his: *Es culpa suya.* It's his fault. ◊ *un despacho junto al ~* an office next to his **2** (*de ella*) hers

> Nótese que *un amigo suyo* se traduce por 'a friend of yours, his, hers, theirs' porque significa *uno de sus amigos*.

3 (*de animal*) its **4** (*de usted/ustedes*) yours **5** (*de ellas/ellos*) theirs

Tt

tabaco *nm* tobacco: *~ de pipa* pipe tobacco LOC **tabaco rubio/negro** Virginia/black tobacco

tábano *nm* horsefly [*pl* horseflies]

tabique *nm* partition: *tirar un ~* to knock down a partition LOC **tabique nasal** nasal septum (*científ*)

tabla *nf* **1** (*de madera sin alisar*) plank: *un puente construido con ~s* a bridge made from planks **2** (*de madera pulida, plancha*) board: *~ de planchar* ironing board ◊ *una ~ de windsurf* a windsurfer **3** (*lista, índice, Mat*) table: *~ de equivalencias* conversion table ◊ *saberse las ~s (de multiplicar)* to know your (multiplication) tables **4** (*de pollera*) pleat: *una pollera de ~s* a pleated skirt LOC **la tabla del dos, etc** the two, etc times table

tablero *nm* **1** (*gen*) board: *Lo escribió en el ~.* He wrote it up on the board. **2** (*panel*) panel: *~ de control/mandos* control/instrument panel **3** (*auto*) dashboard LOC **tablero de ajedrez** chessboard

tableta *nf* **1** (*Med*) tablet **2** (*chocolate*) bar

tabú *nm* taboo [*pl* taboos]: *un tema/una palabra ~* a taboo subject/word

tacaño, -a ◆ *adj* mean, stingy (*más coloq*) ◆ *nm-nf* skinflint

taca-taca *adv* cash: *Pagamos el auto ~.* We paid cash for the car.

tachadura *nf* (*tb* **tachón** *nm*) crossing

out [*pl* crossings out]: *lleno de ~s* full of crossings out

tachar *vt* to cross *sth* out: *~ todos los adjetivos.* Cross out all the adjectives.

tachero, -a *nm-nf* taxi driver

tacho[1] *nm* (*de la basura*) dustbin: *Hay que acordarse de sacar el ~ de la basura.* We must remember to take the dustbin out. LOC **irse al tacho** to collapse

tacho[2] *nm* taxi

tachuela *nf* (*clavo*) tack

taco *nm* heel: *Se me rompió el ~.* I've broken my heel. ◊ *Nunca lleva ~s.* She never wears high heels. LOC **de taco alto** high-heeled

táctica *nf* **1** (*estrategia*) tactics [*pl*]: *la ~ de guerra de los romanos* Roman military tactics ◊ *un cambio de ~* a change of tactics **2** (*maniobra*) tactic: *una brillante ~ electoral* a brilliant electoral tactic

tacto *nm* sense of touch: *tener un ~ muy desarrollado* to have a highly developed sense of touch ◊ *reconocer algo por el ~* to recognize sth by touch LOC **tener tacto** to be tactful

tajada *nf* slice

tajante *adj* adamant: *una negativa ~* an adamant refusal

tajo *nm* cut: *Ella tenía un ~ en la frente.* She had a cut on her forehead.

tal *adj* **1** (+ *sustantivos contables en plural e incontables*) such: *en ~es situaciones* in such situations ◊ *un hecho de ~ gravedad* a matter of such importance **2** (+ *sustantivos contables en singular*) such a: *¿Cómo podés decir ~ cosa?* How can you say such a thing? LOC **con tal de** to: *Haría cualquier cosa con ~ de ganar.* I'd do anything to win. **de tal palo tal astilla** like father like son **el/la tal** the so-called: *La ~ esposa no era más que su cómplice.* His so-called wife was only his accomplice. **en tal caso** in that case (**ser**) **tal para cual** to be two of a kind **tal como** the way: *Se escribe ~ como suena.* It's spelt the way it sounds. **tales como...** such as... **tal vez** maybe **un/una tal** a: *Lo llamó un ~ Luis Moreno.* A Luis Moreno rang for you. *Ver tb* FULANO, QUÉ

taladrar *vt* (*pared, madera*) to drill a hole **in *sth***: *Los albañiles taladraron el cemento.* The workmen drilled a hole in the cement.

taladro *nm* drill

talar *vt* (*árboles*) to fell

talco *nm* talc

talento *nm* **1** (*habilidad*) talent (**for *sth*/*doing sth***): *Tiene ~ para la música/pintar.* He has a talent for music/painting. **2** (*inteligencia*) ability: *Tiene ~ pero no le gusta estudiar.* He's got ability but doesn't like studying.

talla *nf* carving

tallar *vt* **1** (*madera, piedra*) to carve: *~ algo en coral* to carve sth in coral **2** (*joya, cristal*) to cut

tallarín *nm* **tallarines** spaghetti [*incontable, v sing*]: *Me encantan los tallarines.* I love spaghetti.

talle *nm* size: *¿Qué ~ de camisa usás?* What size shirt do you take? ◊ *No tienen el ~.* They haven't got the right size.

taller *nm* **1** (*gen*) workshop: *un ~ de teatro/carpintería* a theatre/joiner's workshop **2** (*Mec*) garage **3** (*Arte*) studio [*pl* studios]

tallo *nm* stem

talón[1] *nm* (*pie, zapato*) heel

talón[2] *nm* counterfoil

talonario *nm* (*billetes, recibos*) book

tamaño *nm* size: *¿Qué ~ tiene la caja?* What size is the box? ◊ *ser del/tener el mismo ~* to be the same size

tambalear(se) *vi, v pron* to stagger LOC **hacer tambalear** to shake

también *adv* also, too, as well

> **Too** y **as well** suelen ir al final de la frase: *Yo también quiero ir.* I want to go too/as well. ◊ *Yo también llegué tarde.* I was late too/as well. **Also** es la variante más formal y se coloca adelante del verbo principal, o atrás si es un verbo auxiliar: *También venden zapatos.* They also sell shoes. ◊ *Conocí a Jane y también a sus padres.* I've met Jane and I've also met her parents.

LOC **yo también** me too: *—Quiero un sandwich. —Yo ~.* 'I want a sandwich.' 'Me too.' *Ver tb* SÓLO

tambo *nm* dairy farm

tambor *nm* drum: *tocar el ~* to play the drum ◊ *el ~ de una lavadora* the drum of a washing machine

tampoco *adv* neither, nor, either: *—No vi esa película. —Yo ~.* 'I haven't seen that film.' 'Neither have I./Me neither./Nor have I.' ◊ *—No me gusta. —A mí ~.* 'I don't like it.' 'Nor do I./Neither do I./I don't either.' ◊ *Yo ~ fui.* I didn't go either. ☛ *Ver nota en* NEITHER

tampón *nm* tampon

tan *adv* **1** (*delante de adjetivo/adverbio*) so: *No creo que sea ~ ingenuo.* I don't think he's so naive. ◊ *No creí que llegarías ~ tarde.* I didn't think you'd be this late. ◊ *Es ~ difícil que...* It's so hard that... **2** (*detrás de sustantivo*) such: *No me esperaba un regalo ~ caro.* I wasn't expecting such an expensive present. ◊ *Son unos chicos ~ buenos que...* They're such good children that... ◊ *¡Qué casa ~ linda tenés!* What a lovely house you've got! LOC **tan...como...** as...as...: *Es ~ buen mozo como su padre.* He's as good looking as his father. ◊ *~ pronto como llegues* as soon as you arrive

tanda *nf* **1** (*grupo*) party [*pl* parties] **2** (*publicidad*): *una ~ de avisos* a series of commercials

tangente *adj, nf* tangent

tango *nm* tango [*pl* tangos]

tanque *nm* tank: *~ de nafta* petrol tank

tantear *vt* **1** (*persona*) to sound *sb* out **2** (*situación*) to weigh *sth* up

tanto *nm* **1** (*cantidad*) so much: *Me dan ~ al mes.* They give me so much a month. **2** (*gol*) goal: *marcar un ~* to score a goal LOC **poner al tanto** to fill *sb* in (*on sth*): *Me puso al ~ de la situación.* He filled me in on what was happening. **un tanto** (*bastante*) rather **un tanto por ciento** a percentage *Ver tb* MIENTRAS, OTRO

tanto, -a ◆ *adj* **1** (+ *sustantivo incontable*) so much: *No me pongas ~ arroz.* Don't give me so much rice. ◊ *Nunca había pasado tanta hambre.* I'd never been so hungry. **2** (+ *sustantivo contable*) so many: *¡Había tanta gente!* There were so many people! ◊ *¡Tenía ~s problemas!* He had so many problems! ◆ *pron* so much [*pl* so many]: *¿Por qué compraste ~s?* Why did you buy so many? ◆ *adv* **1** (*gen*) so much: *Comí ~ que no me puedo mover.* I've eaten so much (that) I can't move. **2** (*tanto tiempo*) so long: *¡Hace ~ que no te veo!* I haven't seen you for so long! **3** (*tan rápido*) so fast: *No corras ~ con el coche.* Don't drive so fast. **4** (*tan a menudo*) so often LOC **a/hasta las tantas** in/until the small hours **entre tanto** *Ver* ENTRETANTO **no ser para tanto**: *¡Sé que te duele, pero no es para ~!* I know it hurts but it's not as bad as all that! **por (lo) tanto** therefore **tanto...como... 1** (*en comparaciones*) **(a)** (+ *sustantivo incontable*) as much...as...: *Tomé tanta cerveza como vos.* I drank as much beer as you. **(b)** (+ *sustantivo contable*) as many...as...: *No tenemos ~s amigos como antes.* We haven't got as many friends as we had before. **2** (*los dos*) both...and...: *Lo sabían ~ él como su hermana.* He and his sister both knew. **tanto si...como si...** whether...or...: *~ si llueve como si no* whether it rains or not **y tantos 1** (*con cantidad, con edad*) odd: *cuarenta y tantas personas* forty-odd people **2** (*con año*): *mil novecientos sesenta y ~s* nineteen sixty something *Ver tb* MIENTRAS

tap *nm* tap-dancing

tapa *nf* **1** (*olla*) lid: *Poné la ~.* Put the lid on. **2** (*libro*) cover LOC **de tapa blanda/dura** paperback/hardback

tapadera *nf* **1** (*tapa*) lid **2** (*fig*) cover: *La empresa es sólo una ~.* The firm is just a cover.

tapado *nm* winter coat

tapar ◆ *vt* **1** (*cubrir*) to cover *sth/sb* (***with sth***): *~ una herida con una venda* to cover a wound with a bandage **2** (*abrigar*) to wrap *sth/sb* up (***in sth***): *La tapé con una frazada.* I wrapped her up in a blanket. **3** (*con una tapa*) to put the lid **on *sth***: *Tapá la olla.* Put the lid on the saucepan. **4** (*con un tapón*) to put the top **on *sth***: *~ la pasta de dientes* to put the top on the toothpaste **5** (*agujero, gotera*) to stop *sth* (up) (***with sth***): *Tapé los agujeros con yeso.* I stopped (up) the holes with plaster. **6** (*obstruir*) to block: *La basura tapó el desagüe.* The rubbish blocked the drainpipe. **7** (*la vista*) to block *sb's* view **of *sth***: *No me tapes la televisión.* Don't block my view of the TV. ◆ **taparse** *v pron* **1** (*nariz*) to get blocked: *Se me tapó la nariz.* My nose is blocked. **2 taparse (con)** to wrap up (**in *sth***): *Tapate bien.* Wrap up well.

tapicería *nf* (*coche, mueble*) upholstery [*incontable*]

tapita *nf* (*zapatos*) heel: *Estas botas necesitan ~s.* These boots need new heels.

tapiz *nm* tapestry [*pl* tapestries]

tapizar *vt* (*mueble, coche*) to upholster

tapón *nm* **1** (*gen*) top **2** (*de corcho*) cork **3** (*Tec, bañadera, para los oídos*) plug: *ponerse tapones en los oídos* to put plugs in your ears **4** (*cera*) earwax [*incontable*] **5 tapones** fuses: *Saltaron los tapones de la luz.* The fuses have blown.

taponarse *v pron* to get blocked: *Se me taponó la nariz.* My nose is blocked.

tapujos *nm* LOC **sin tapujos** openly

taquigrafía *nf* shorthand

tarántula *nf* tarantula

tararear *vt, vi* to hum

tardar *vi* to take (time) ***to do sth***: *¡Cómo tarda tu hermana!* Your sister's taking a long time! ◊ *Tardaron bastante en contestar.* It took them a long time to reply. ◊ *Tardé dos meses en recuperarme.* It took me two months to get better. LOC **no tardar nada** not to be long: *No tardes.* Don't be long. **se tarda...** it takes...: *En coche se tarda dos horas.* It takes two hours by car.

tarde ◆ *nf* afternoon, evening: *El concierto es por la ~.* The concert is in the afternoon/evening. ◊ *Llegaron el domingo por la ~.* They arrived on Sunday afternoon/evening. ◊ *Te veo mañana por la ~.* I'll see you tomorrow afternoon/evening. ◊ *¿Qué hacés esta ~?* What are you doing this afternoon/evening? ◊ *a las cuatro de la ~* at four o'clock in the afternoon

Afternoon se usa desde el mediodía hasta aproximadamente las seis de la tarde, y **evening** desde las seis de la tarde hasta la hora de acostarse. *Ver tb nota en* MORNING.

◆ *adv* **1** (*gen*) late: *Nos levantamos ~.* We got up late. ◊ *Me voy, que se hace ~.* I'm off; it's getting late. **2** (*demasiado tarde*) too late: *Es ~ para llamarlos por teléfono.* It's too late to ring them. LOC **¡buenas tardes!** good afternoon/evening! **tarde o temprano** sooner or later *Ver tb* CAÍDA, LLEGAR

tarea *nf* **1** (*actividad*) task: *una ~ imposible* an impossible task **2** (*deberes*) homework [*incontable*]: *No nos dieron ~ para el lunes.* We haven't got any homework to do for Monday.

tarima *nf* platform

tarjeta *nf* card: *~ de crédito* credit card ◊ *~ de Navidad* Christmas card ◊ *Le sacaron ~ amarilla.* He was given a yellow card. LOC **tarjeta de embarque** boarding card **tarjeta telefónica** phonecard *Ver tb* PAGAR

tarro *nm* jar ☛ *Ver dibujo en* CONTAINER LOC *Ver* OREJÓN

tarta *nf* (*de hojaldre*) tart, pie: *una ~ de manzana* an apple tart/pie ☛ *Ver nota en* PIE LOC **tarta helada** ice cream cake

tartamudear *vt* to stutter

tartamudo, -a *adj, nm-nf*: *los ~s* people who stutter LOC **ser tartamudo** to have a stutter

tasa *nf* **1** (*índice*) rate: *la ~ de natalidad* the birth rate **2** (*impuesto*) tax **3** (*cuota*) fee: *~s académicas* tuition fees

tatarabuelo, -a *nm-nf* **1** (*gen*) great-great-grandfather [*fem* great-great-grandmother] **2 tatarabuelos** great-great-grandparents

tatetí *nm* noughts and crosses: *¿Jugamos al ~?* Shall we play noughts and crosses?

tatuaje *nm* tattoo [*pl* tattoos]

Tauro *nm, nmf* (*Astrología*) Taurus ☛ *Ver ejemplos en* AQUARIUS

taxi *nm* taxi LOC *Ver* PARADA

taxista *nmf* taxi driver

taza *nf* **1** (*gen*) cup: *una ~ de café* a cup of coffee **2** (*baño*) bowl **3** (*auto*) hubcap

tazón *nm* bowl

te *pron pers* **1** (*complemento*) you: *¿Te vio?* Did he see you? ◊ *Te traje un libro.* I've brought you a book. ◊ *Te voy a escribir pronto.* I'll write to you soon. ◊ *Te lo compré.* I bought it for you. **2** (*partes del cuerpo, efectos personales*): *Sacate el saco.* Take your coat off. **3** (*reflexivo*) (yourself): *Te vas a hacer daño.* You'll hurt yourself. ◊ *Vestite.* Get dressed.

té *nm* tea: *¿Querés un té?* Would you like a cup of tea?

teatral *adj* LOC *Ver* OBRA

teatro *nm* theatre: *el ~ clásico/moderno* classical/modern theatre ◊ *~ de títeres* puppet theatre ◊ *~ de variedades* variety theatre LOC *Ver* OBRA

techo *nm* **1** (*exterior, auto*) roof [*pl* roofs] **2** (*interior*) ceiling: *Hay una mancha de humedad en el ~.* There's a damp patch on the ceiling.

tecla *nf* key [*pl* keys]: *tocar una ~* to press a key

teclado *nm* keyboard ☛ *Ver dibujo en* COMPUTADORA

teclear *vt* (*computadora*) to key *sth* in: *Teclee su número personal.* Key in your personal identification number (PIN).

técnica *nf* **1** (*método*) technique **2** (*tecnología*) technology: *los avances de la ~* technological advances

técnico, -a ◆ *adj* technical: *Estudié en una escuela técnica.* I went to a technical college. ◆ *nm-nf* technician LOC *Ver* ESCUELA, INGENIERO

tecnología *nf* technology [*pl* technologies] LOC **tecnología de punta** state-of-the-art technology

teja *nf* tile

tejer *vt* **1** (*gen*) to weave: ~ *una canasta* to weave a basket **2** (*pulóver*) to knit **3** (*araña, gusano*) to spin LOC **tejer al crochet** to crochet

tejido, -a ◆ *pp, adj* knitted: *un chaleco* ~ a knitted waistcoat ◆ *nm* **1** (*tela*) fabric ☛ *Ver nota en* TELA **2** (*Anat*) tissue LOC **tejido a mano** hand-knitted *Ver tb* TEJER

tela *nf* cloth, material, fabric

> **Cloth** es la palabra más general para decir tela y se puede usar tanto para referirnos a la tela con la que se hacen los trajes, cortinas, etc como para describir de qué está hecha una cosa: *Está hecho de tela.* It's made of cloth. ◊ *una bolsa de tela* a cloth bag. **Material** y **fabric** se usan sólo para referirnos a tela que se usa en sastrería y tapicería, aunque **fabric** suele indicar que tiene distintos colores. **Material** y **fabric** son sustantivos contables e incontables, mientras que **cloth** suele ser incontable cuando significa tela: *Algunas telas encogen al lavar.* Some materials/fabrics shrink when you wash them. ◊ *Necesito más tela para las cortinas.* I need to buy some more cloth/material/fabric for the curtains.

LOC **tela de vaquero** denim: *una campera de ~ de vaquero* a denim jacket

telaraña *nf* cobweb

tele *nf Ver* TELEVISIÓN

telecomunicaciones *nf* telecommunications [*pl*]

teleférico *nm* cable car

telefonear *vt, vi* to telephone, to phone (*coloq*)

telefónico, -a *adj* telephone, phone (*coloq*) [*n atrib*]: *hacer una llamada telefónica* to make a phone call LOC *Ver* CABINA, CENTRAL, GUÍA, TARJETA

telefonista *nmf* telephonist

teléfono *nm* **1** (*aparato*) telephone, phone (*coloq*): *¡Ana, ~!* Phone for you, Ana! ◊ *Está hablando por ~ con su madre.* She's on the phone to her mother. ◊ *¿Podés contestar el ~?* Can you answer the phone? **2** (*número*) phone number: *¿Tenés mi ~?* Have you got my phone number? LOC **teléfono inalámbrico** cordless telephone *Ver tb* CABINA, CÓDIGO, COLGADO, COLGAR, GOLPE, GUÍA, LLAMAR

telegrama *nm* telegram: *mandar un ~* to send a telegram

telenovela *nf* soap (opera)

teleobjetivo *nm* telephoto lens

telepatía *nf* telepathy

telescopio *nm* telescope

telesilla *nm* chairlift

telespectador, ~a *nm-nf* viewer

telesquí *nm* ski lift

teletexto *nm* teletext

televisar *vt* to televise

televisión *nf* television (*abrev* TV), telly (*coloq*): *salir en la ~* to be on television ◊ *Encendé/apagá la ~.* Turn the TV on/off. ◊ *¿Qué dan en la ~ esta noche?* What's on the telly tonight? ◊ *Estábamos viendo la ~.* We were watching television. ☛ *Ver nota en* TELEVISION

televisor *nm* television (set) (*abrev* TV)

télex *nm* telex [*pl* telexes]

telón *nm* curtain: *Subieron el ~.* The curtain went up.

tema *nm* **1** (*gen*) subject: *el ~ de una charla/poema* the subject of a talk/poem ◊ *No cambies de ~.* Don't change the subject. **2** (*Mús*) theme **3** (*cuestión importante*) question: *~s ecológicos/económicos* ecological/economic questions LOC *Ver* CADA, DESVIAR

temario *nm* syllabus [*pl* syllabuses]

temblar *vi* **1** ~ (**de**) to tremble (**with *sth***): *La mujer temblaba de miedo.* The woman was trembling with fear. ◊ *Le temblaba la voz.* His voice trembled. **2** (*edificio, muebles*) to shake: *El terremoto hizo ~ el pueblo entero.* The earthquake made the whole village shake. LOC **temblar de frío** to shiver

temblor *nm* tremor: *un ligero ~ en la voz* a slight tremor in his voice ◊ *un ~ de tierra* an earth tremor

temer ◆ *vt* to be afraid ***of sth/sb/doing sth***: *Le teme a la oscuridad.* He's afraid of the dark. ◊ *Temo equivocarme.* I'm afraid of making mistakes. ◆ **temerse** *v pron* to be afraid: *Me temo que no van a venir.* I'm afraid they won't come.

temible *adj* fearful

temor *nm* fear: *No lo dije por ~ a que se enojara.* I didn't say it for fear of offending him.

temperamento *nm* temperament: *Tiene mucho ~.* He is very temperamental.

temperatura *nf* temperature: *Mañana*

bajará la ~. The temperatures will fall tomorrow.

tempestad *nf* storm

templado, -a *pp, adj* (*clima*) mild

templo *nm* temple

temporada *nf* **1** (*período de tiempo*) time: *Llevaba enfermo una larga ~.* He had been ill for a long time. **2** (*época*) season: *la ~ futbolística* the football season ◊ *la ~ alta/baja* the high/low season LOC **de temporada** seasonal **temporada de caza** open season

temporal ◆ *adj* temporary ◆ *nm* storm

temprano, -a *adj, adv* early: *Llegó por la mañana ~.* He arrived early in the morning. LOC *Ver* TARDE

tenaz *adj* tenacious

tenazas *nf* pliers

tendedero *nm* **1** (*cuerda*) clothes line **2** (*plegable*) clothes horse **3** (*lugar*) drying-room

tendencia *nf* **1** (*gen*) tendency [*pl* tendencies]: *Tiene ~ a engordar.* He has a tendency to put on weight. **2** (*moda*) trend: *las últimas ~s de la moda* the latest trends in fashion

tender ◆ *vt* (*ropa*) **1** (*fuera*) to hang *sth* out: *Todavía tengo que ~ la ropa.* I've still got to hang the washing out. **2** (*adentro*) to hang *sth* up [*vt*] ◆ *vi* ~ **a**: *Tiende a complicar las cosas.* He tends to complicate things. ◊ *La economía tiende a recuperarse.* The economy is recovering. ◆ **tenderse** *v pron* to lie down ☛ *Ver nota en* LIE[2]

tendero, -a *nm-nf* shopkeeper

tendido, -a *pp, adj* **1** (*persona*) lying: *Estaba ~ en el sofá.* He was lying on the sofa. **2** (*ropa*): *La ropa está tendida.* The washing is on the line. LOC *Ver* LLORAR; *Ver tb* TENDER

tendón *nm* tendon

tenebroso, -a *adj* sinister

tenedor *nm* fork

tener ◆ *vt*

• **posesión** to have

> Existen dos formas para expresar *tener* en presente: *to have got* y *to have.* **To have got** es más frecuente y no necesita un auxiliar en oraciones negativas e interrogativas: *¿Tenés hermanos?* Have you got any brothers or sisters? ◊ *No tiene plata.* He hasn't got any money. **To have** siempre va acompañado de un auxiliar en interrogativa y negativa: Do you have any brothers or sisters? ◊ He doesn't have any money. En los demás tiempos verbales se us[a] *to have*: *Cuando era chica tenía un[a] bicicleta.* I had a bicycle when I wa[s] little.

• **estados, actitudes 1** (*edad, tamaño*) to be: *Mi hija tiene diez años.* M[y] daughter is ten (years old). ◊ *Tiene tre[s] metros de largo.* It's three metres long **2** (*sentir, tener una actitud*) to be

> Cuando "tener" significa "sentir", e[l] inglés usa el verbo *to be* con un adje[ti]tivo mientras que en castellano usamo[s] un sustantivo: *Tengo mucha hambre* I'm very hungry. ◊ *tener calor/frío/sed/miedo* to be hot/cold/thirsty/frightene[d] ◊ *Le tengo un gran cariño a tu madre* I'm very fond of your mother. ◊ *tene[r] cuidado/paciencia* to be careful [/] patient.

• **en construcciones con adjetivos** *Me tiene harta de tanto esperar.* I'm sic[k] of waiting for him. ◊ *Tenés las mano[s] sucias.* Your hands are dirty. ◊ *Tengo [a] mi madre enferma.* My mother is ill.

◆ *v aux* **1** ~ **que hacer algo** to have t[o] **do sth**: *Tuvieron que irse enseguida* They had to leave straight away. *Tenés que decírselo.* You must tell him ☛ *Ver nota en* MUST **2** + **participio**: *L[o] tienen todo planeado.* It's all arranged. *Su comportamiento nos tiene preocupados.* We're worried about the way he'[s] been behaving.

LOC **tenerla con algn** to have it in fo[r] sb **tener que ver** (*asunto*) to have to d[o] with *sth/sb*: *Pero ¿eso qué tiene que ver* What's that got to do with it? ◊ *Eso n[o] tiene nada que ver.* That's got nothing to do with it. ☛ Para otras expresione[s] con **tener**, véanse las entradas de sustantivo, adjetivo, etc, p.ej. **tene[r] cuña** en CUÑA y **tener sueño** en SUEÑO.

teniente *nmf* lieutenant

tenis *nm* tennis LOC **tenis de mes[a]** table tennis

tenista *nmf* tennis player

tenor *nm* tenor

tensar *vt* to tighten: *~ las cuerdas d[e] una raqueta* to tighten the strings of [a] racket

tensión *nf* **1** (*gen*) tension: *la ~ de un[a] cuerda* the tension of a rope ◊ *Hub[o] mucha ~ durante la cena.* There was [a] lot of tension during dinner. **2** (*eléc[-]trica*) voltage: *cables de alta ~* hig[h] voltage cables

tenso, -a *adj* tense

tentación *nf* temptation: *No pude resistir la ~ de comérmelo.* I couldn't resist the temptation to eat it up. ◊ *caer en la ~* to fall into temptation

tentáculo *nm* tentacle

tentador, ~a *adj* tempting

tentar *vt* **1** (*inducir*) to tempt: *Me tienta la idea de irme de vacaciones.* I'm tempted to go on holiday. **2** (*palpar*) to feel

tentativa *nf* attempt

tenue *adj* (*luz, sonido, línea*) faint

teñir ◆ *vt* to dye: *~ una camisa de rojo* to dye a shirt red ◆ **teñirse** *v pron* to dye your hair: *~se de castaño* to dye your hair dark brown ◊ *Me toca ~me esta semana.* I've got to dye my hair this week. LOC **teñirse de rubio** to bleach your hair

teología *nf* theology

teoría *nf* theory [*pl* theories]

teórico, -a *adj* theoretical

terapia *nf* therapy [*pl* therapies]: *~ de grupo* group therapy LOC **Terapia Intensiva** intensive care unit

tercer *adj Ver* TERCERO

tercero, -a ◆ *adj, pron, nm-nf* third (*abrev* 3rd) ☛ *Ver ejemplos en* SEXTO ◆ *nm* third party: *seguro a/contra ~s* third-party insurance ◆ **tercera** *nf* (*marcha*) third (gear) LOC **la tercera es la vencida** third time lucky **tercera edad**: *actividades para la tercera edad* activities for senior citizens *Ver tb* ECUACIÓN

tercio *nm* third: *dos ~s de la población* two thirds of the population

terciopelo *nm* velvet

terco, -a *adj* stubborn LOC **terco como una mula** (as) stubborn as a mule

térmico, -a *adj* thermal

terminación *nf* ending

terminado, -a *pp, adj*: *una palabra terminada en "d"* a word ending in 'd' ◊ *~ en punta* coming to a point *Ver tb* TERMINAR

terminal *adj, nf, nm* terminal: *enfermos ~es* terminally ill patients ◊ *~ de pasajeros* passenger terminal

terminar ◆ *vt* to finish ◆ *vi* **1** ~ (**en algo**) to end (**in** ***sth***): *Las fiestas terminan el próximo lunes.* The festivities end next Monday. ◊ *La manifestación terminó en tragedia.* The demonstration ended in tragedy. **2** ~ (**de hacer algo**) to finish (**doing sth**): *Terminé de hacer los deberes.* I've finished doing my homework. **3** ~ **haciendo/por hacer algo** to end up **doing sth**: *Terminamos riéndonos.* We ended up laughing. **4** ~ **como/igual que...** to end up **like** ***sth/sb***: *Vas a ~ igual que tu padre.* You'll end up like your father. ◆ **terminarse** *v pron* **1** (*acabarse*) to run out: *Se terminó el azúcar.* The sugar's run out. ◊ *Se nos terminó el pan.* We've run out of bread. **2** (*llegar a su fin*) to be over: *Se terminó la fiesta.* The party's over. LOC **¡terminala!** stop it!

término *nm* **1** (*gen*) term: *en ~s generales* in general terms **2** (*fin*) end LOC **por término medio** on average

termo *nm* Thermos® flask

termómetro *nm* thermometer LOC **poner el termómetro** to take *sb's* temperature

termostato *nm* thermostat

ternero, -a ◆ *nm-nf* calf [*pl* calves] ◆ **ternera** *nf* (*Cocina*) veal

ternura *nf* tenderness: *tratar a algn con ~* to treat sb tenderly

terráqueo, -a *adj* LOC *Ver* GLOBO

terrateniente *nmf* landowner

terraza *nf* **1** (*Arquit*) (flat) roof [*pl* roofs] **2** (*Agricultura*) terrace

terremoto *nm* earthquake

terrenal *adj* LOC *Ver* PARAÍSO

terreno *nm* **1** (*tierra*) (plot of) land: *Compraron un ~.* They bought some land. ◊ *un ~ muy fértil* a very fertile plot of land **2** (*fig*) field: *el ~ de la biología* the field of biology LOC **ganar/recuperar terreno** to gain ground **sobre el terreno 1** (*en el lugar*) on the spot **2** (*sobre la marcha*) as I, you, etc go along **terreno baldío** wasteland **terreno de juego** pitch

terrestre *adj* land [*n atrib*]: *un animal/ataque ~* a land animal/attack LOC *Ver* CORTEZA

terrible *adj* terrible

territorio *nm* territory [*pl* territories]

terrón *nm* lump: *un ~ de azúcar* a sugar lump

terror *nm* terror LOC **de terror** (*película, novela*) horror [*n atrib*]: *una película de ~* a horror film

terrorífico, -a *adj* terrifying

terrorismo *nm* terrorism

terrorista *adj, nmf* terrorist

tertulia *nf* get-together: *hacer/tener una ~* to have a get-together

tesis *nf* thesis [*pl* theses]

tesón *nm* determination: *trabajar con ~* to work with determination

tesorero, -a *nm-nf* treasurer

tesoro *nm* treasure: *encontrar un ~ escondido* to find hidden treasure ◊ *¡Sos un ~!* You're a treasure! LOC *Ver* BUSCADOR

test *nm* LOC *Ver* EXAMEN

testamento *nm* **1** (*Jur*) will: *hacer un ~* to make a will **2 Testamento** Testament: *el Antiguo/Nuevo Testamento* the Old/New Testament

testarudo, -a *adj* stubborn

testículo *nm* testicle

testigo *nmf* witness LOC **ser testigo de algo** to witness sth **testigo presencial** eyewitness

tetera *nf* teapot

tetina *nf* (*mamadera*) teat

tétrico, -a *adj* gloomy

textil *adj* textile [*n atrib*]: *una fábrica ~* a textile factory

texto *nm* text LOC **procesamiento/tratamiento de textos** word processing *Ver tb* COMENTARIO, LIBRO

textualmente *adv* word for word

textura *nf* texture

tez *nf* complexion

tibio, -a *adj* lukewarm

tiburón *nm* shark

ticket *nm* **1** (*recibo*) receipt **2** (*entrada*) ticket

tiempo *nm* **1** (*gen*) time: *en ~s de los romanos* in Roman times ◊ *Hace mucho ~ que vivo acá.* I've been living here for a long time. ◊ *en mi ~ libre* in my spare time ◊ *¿Cuánto ~ hace que estudiás inglés?* How long have you been studying English? **2** (*meteorológico*) weather: *Ayer hizo buen/mal ~.* The weather was good/bad yesterday. **3** (*bebé*): *¿Qué ~ tiene?* How old is she? **4** (*Dep*) half [*pl* halves]: *el primer ~* the first half **5** (*verbal*) tense LOC **al poco tiempo** soon afterwards **a tiempo**: *Todavía estás a ~ de mandarlo.* You've still got time to send it. **con el tiempo** in time: *Lo vas a entender con el ~.* You'll understand in time. **con tiempo (de sobra)** in good time: *Avisame con ~.* Let me know in good time. **del tiempo** seasonal **hacer tiempo** to while away your time *Ver tb* CADA, CUÁNTO, GANAR, LLEGAR

tienda *nf* shop

tierno, -a *adj* tender: *un churrasco ~* a tender steak ◊ *una mirada tierna* a tender look

tierra *nf* **1** (*por oposición al mar, campo estancias*) land [*incontable*]: *viajar por ~* to travel by land ◊ *cultivar la ~* to work the land ◊ *Vendió las ~s de su familia.* He sold his family's land. **2** (*para plantas, terreno*) soil: *~ para las macetas* soil for the plants ◊ *una ~ fértil* fertile soil **3** (*suelo*) ground: *Cayó a ~* He fell to the ground. **4** (*patria*) home *costumbres de mi ~* customs from back home **5** (*polvo*) dust **6 Tierra** (*planeta*) earth: *La Tierra es un planeta.* The earth is a planet. LOC **echar por tierra** to ruin **tierra adentro** inland **¡tierra a la vista!** land ahoy! **tierra firme** dry land **Tierra Santa** the Holy Land **tomar tierra** to land *Ver tb* CABLE, DESPRENDIMIENTO

tifón *nm* typhoon

tigre, -esa *nm-nf* tiger [*fem* tigress]

tijera *nf* scissors [*pl*]

> **Scissors** es una palabra plural en inglés, por lo tanto para referirnos a *unas tijeras* usamos **some/a pair of scissors**: *Necesito una tijera nueva.* I need some new scissors/a new pair of scissors.

tilo *nm* (*infusión*) lime tea

timbre *nm* **1** (*botón para llamar*) bell *tocar el ~* to ring the bell **2** (*voz*) pitch *Tiene un ~ de voz muy alto.* He has a very high-pitched voice.

tímido, -a *adj, nm-nf* shy [*adj*]: *Es un ~.* He's shy.

timón *nm* rudder LOC **ir al timón** to steer: *¿Quién va al ~?* Who's at the helm?

tímpano *nm* (*oído*) eardrum

tinieblas *nf* darkness [*sing*]

tinta *nf* ink: *un dibujo en ~* an ink drawing LOC **tinta china** Indian ink *Ver tb* SUDAR

tinto ◆ *adj* (*vino*) red ◆ *nm* red wine

tintorería *nf* dry-cleaner's [*pl* dry-cleaners]

tintura *nf* dye

tío, -a *nm-nf* **1** (*familiar*) uncle [*fem* aunt, auntie (*más coloq*)]: *el ~ Daniel* Uncle Daniel **2 tíos** uncle and aunt: *Voy a casa de mis ~s.* I'm going to my uncle and aunt's.

típico, -a *adj* **1** (*característico*) typical (**of sth/sb**): *Eso es ~ de Pepe.* That's just typical of Pepe. **2** (*tradicional*) traditional: *un baile/traje* ~ a traditional dance/costume

tipo *nm* **1** (*gen*) kind (**of** *sth*): *el ~ de persona nerviosa* the nervous kind ◊ *todo ~ de gente/animales* all kinds of people/animals ◊ *No es mi ~.* He's not my type. **2** (*individuo*) guy [*pl* guys]: *¡Qué ~ más feo!* What an ugly guy!

tira *nf* **1** (*papel, tela*) strip: *Cortá el papel en ~s.* Cut the paper into strips. ◊ *~ cómica* comic strip **2** (*zapato*) strap

tirada *nf* **1** (*turno*) throw **2** (*imprenta*) print run: *una ~ de 200.000 ejemplares.* a print run of 200000 copies

tirado, -a *pp, adj* **1** (*en el suelo*) lying (around): *~ en el suelo* lying on the ground ◊ *Lo dejaron todo ~.* They left everything lying around. **2** (*muy barato*) dirt cheap LOC **dejar a algn tirado** to abandon sb *Ver tb* TIRAR

tirador, ~a ◆ *nm-nf* shot: *Es un buen ~.* He's a good shot. ◆ *nm* **1** (*vestido*) shoulder trap **2 tiradores** (*para pantalones*) braces

tiranizar *vt* to tyrannize

tirante *adj* **1** (*gen*) tight: *Poné la cuerda bien ~.* Make sure the rope is tight. **2** (*ambiente, situación*) tense

tirar ◆ *vt* **1** (*gen*) to throw *sth* (**to** *sb*): *Los chicos tiraban piedras.* The children were throwing stones. ◊ *Tirale la pelota a tu compañero.* Throw the ball to your team-mate.

Cuando se tira algo a alguien con intención de hacerle daño, se usa **to throw sth at sb**: *Le tiraban piedras al pobre gato.* They were throwing stones at the poor cat.

2 (*desechar*) to throw *sth* away: *Tiralo, está muy viejo.* Throw it away, it's really old now. **3** (*derramar*) to spill: *Tené cuidado, vas a ~ el café.* Be careful or you'll spill the coffee. **4** (*hacer caer*) to knock *sth/sb* over: *Cuidado con ese jarrón, no lo tires.* Careful you don't knock that vase over. **5** (*malgastar*) to waste: *~ la plata* to waste money ◆ *vi* **1** ~ (**de**) (*gen*) to pull *sth* [*vt*]: *Tirá la cadena.* Pull the chain. **2** ~ **a**: *Tiene el pelo tirando a rubio.* He's got blondish hair. ◊ *rosa tirando a rojo* pinky red ◊ *Tira un poco a la familia de su madre.* He looks a bit like his mother's side of the family. **3** (*disparar, Dep*) to shoot (**at** *sth/sb*): *~ al arco* to shoot at goal ◆ **tirarse** *v pron* (*lanzarse*) to jump: *~se por la ventana/al agua* to jump out of the window/into the water LOC **tirando**: *¿Cómo anda tu madre? Tirando.* How's your mother? Not so bad. ◊ *Vamos tirando.* We're doing OK. ☛ Para otras expresiones con **tirar**, véanse las entradas del sustantivo, adjetivo, etc, p.ej. **tirar algo a la basura** en BASURA y **tirar la toalla** en TOALLA.

tiritar *vi* ~ (**de**) to shiver (**with** *sth*): *~ de frío* to shiver with cold

tiro *nm* **1** (*lanzamiento*) throw **2** (*disparo, Dep*) shot: *un ~ al arco* a shot at goal **3** (*herida de disparo*) bullet wound: *un ~ en la cabeza* a bullet wound in the head **4** (*chimenea*) draught LOC **salir el tiro por la culata** to backfire **tiro al arco** archery *Ver tb* MATAR, PEGAR

tirón *nm* **1** (*gen*) tug: *dar un ~ de pelo* to give sb's hair a tug ◊ *Sentí un ~ en la manga.* I felt a tug on my sleeve. **2** (*robo*): *ser víctima de un ~* to have your bag snatched LOC **de un tirón** in one go: *Hicimos todas las compras de un ~.* We did all the shopping in one go.

tiroteo *nm* **1** (*entre policía y delincuentes*) shoot-out: *Murió en el ~.* He died in the shoot-out. **2** (*ruido de disparos*) shooting [*incontable*]: *Escuchamos un ~ en la calle.* We heard shooting out in the street. **3** (*durante una guerra*) fighting

títere *nm* **1** (*muñeco*) puppet **2 títeres** (*teatro*) puppet show [*sing*]

titilar *vi* to twinkle: *Titilan las estrellas en el cielo.* The stars are twinkling in the sky.

titulado, -a *pp, adj* (*libro, película*) called, entitled (*más formal*) *Ver tb* TITULAR[1]

titular[1] *vt* to call: *No sé cómo ~ el poema.* I don't know what to call the poem.

titular[2] ◆ *adj*: *el equipo ~* the first team ◊ *un jugador ~* a first team player ◆ *nmf* (*pasaporte, cuenta bancaria*) holder ◆ *nm* headline: *Estaba en los ~es de esta mañana.* It was in the headlines this morning.

título *nm* **1** (*gen*) title: *¿Qué ~ le pusiste a tu novela?* What title have you given your novel? ◊ *Mañana van a pelear por el ~.* They're fighting for the title tomorrow. **2** (*estudios*) degree: *obtener el ~ de abogado* to get a degree in law ◊ *~ universitario* university degree **3** (*diploma*) degree certificate: *Quiero enmarcar el ~.* I want to frame my degree certificate.

tiza *nf* chalk [*gen incontable*]: *Dame una ~.* Give me a piece of chalk. ◊ *Traeme unas ~s.* Bring me some chalk. LOC **tizas de colores** coloured chalks

toalla *nf* towel: *~ de baño/de mano* bath/hand towel LOC **tirar la toalla** to throw in the towel **toalla higiénica** sanitary towel

tobillera *nf* ankle support

tobillo *nm* ankle: *Me torcí el ~.* I've sprained my ankle.

tobogán *nm* (*parque*) slide

tocadiscos *nm* record player

tocar ◆ *vt* **1** (*gen*) to touch: *¡No lo toques!* Don't touch it! **2** (*palpar*) to feel: *¿Me dejás ~ la tela?* Can I feel the fabric? **3** (*Mús*) to play: *~ la guitarra/un villancico* to play the guitar/a carol **4** (*hacer sonar*) **(a)** (*campana, timbre*) to ring **(b)** (*bocina, sirena*) to sound ◆ *vi* **1** (*Mús*) to play **2** (*turno*) to be *sb's* turn (***to do sth***): *Te toca tirar.* It's your turn to throw. ◊ *¿Ya me toca?* Is it my turn yet? **3** (*en un sorteo*) to win: *Me tocó una muñeca.* I won a doll. LOC **¡toco madera!** touch wood! *Ver tb* PITO

tocayo, -a *nm-nf* namesake: *¡Somos ~s!* We've got the same name!

todavía *adv* **1** (*en oraciones afirmativas e interrogativas*) still: *¿~ vivís en Londres?* Do you still live in London? **2** (*en oraciones negativas e interrogativas-negativas*) yet: *~ no están maduras.* They're not ripe yet. ◊ *—¿~ no te contestaron? —No, ~ no.* 'Haven't they written back yet?' 'No, not yet.' ☛ *Ver nota en* STILL[1] **3** (*en oraciones comparativas*) even: *Ella pinta ~ mejor.* She paints even better.

todo *nm* whole: *considerado como un ~* taken as a whole

todo, -a ◆ *adj* **1** (*gen*) all: *Hice ~ el trabajo.* I've done all the work. ◊ *Estuviste ~ el mes enfermo.* You've been ill all month. ◊ *Van a limpiar ~s los edificios del pueblo.* They're going to clean up all the buildings in the village.

> Con un sustantivo contable en singular, el inglés prefiere usar **the whole**: *Van a limpiar todo el edificio.* They're going to clean the whole building.

2 (*cada*) every: *~s los días me levanto a las siete.* I get up at seven every day. ☛ *Ver nota en* EVERY ◆ *pron* **1** (*gen*) all: *Eso es ~ por hoy.* That's all for today. ◊ *ante/después de ~* above/after all ◊ *A ~s nos gustó la obra.* We all/All of us liked the play. **2** (*todas las cosas*) everything: *~ lo que te dije era verdad.* Everything I told you was true. **3** (*cualquier cosa*) anything: *Mi loro come de ~.* My parrot eats anything. **4 todos** everyone, everybody [*sing*]: *~s dicen lo mismo.* Everyone says the same thing.

> Nótese que **everyone** y **everybody** llevan el verbo en singular, pero sin embargo suelen ir seguidos de un pronombre en plural (p.ej. 'their'): *¿Todos tienen sus lápices?* Has everyone got their pencils?

LOC **ante todo** above all **a todo esto** by the way **por toda Argentina, todo el mundo, etc** throughout Argentina, the world, etc **sobre todo** especially ☛ Para otras expresiones con **todo**, véanse las entradas del sustantivo, adjetivo, etc, p.ej. **todo el mundo** en MUNDO y **a todo tren** en TREN.

toldo *nm* awning

tolerar *vt* **1** (*soportar*) to bear, to tolerate (*más formal*): *No tolera a las personas como yo.* He can't bear people like me. **2** (*consentir*) to let *sb* get away with *sth*: *Te toleran demasiadas cosas.* They let you get away with too much.

toma *nf* **1** (*gen*) taking: *la ~ de la ciudad* the taking of the city **2** (*Cine, TV*) take LOC **toma de corriente** socket: *¿Hay alguna ~ de corriente?* Is there a socket?

tomado, -a *pp, pp* LOC **tomados de la mano** holding hands **tomados del brazo** arm in arm *Ver tb* TOMAR

tomadura *nf* LOC **tomadura de pelo 1** (*burla*) joke **2** (*estafa*) rip-off

tomar ◆ *vt* **1** (*gen*) to take: *~ una decisión* to take a decision ◊ *~ apuntes/precauciones* to take notes/precautions ◊ *¿Por quién me tomás?* Who do you take me for? **2** (*beber*) to drink: *~ una Coca* to drink a coke **3** (*beber*) to have: *¿Qué vas a ~?* What are you going to have? ◆ *vi* **1** (*gen*): *Tomá, es para vos.* Here, it's for you. **2** (*beber*) to drink: *~ de la canilla/botella* to drink from the tap/bottle ◆ **tomarse** *v pron* **1** (*gen*) to take: *Decidí ~me unos días de descanso.* I've decided to take a few days off. ◊ *No deberías habértelo tomado así.* You shouldn't have taken it like that. **2** (*beberse*) to drink: *Tomátelo todo.* Drink it up. ◊ *Se tomaron una botella entera de vino.* They drank a whole bottle of wine. LOC **¡tomá!** so there!: *Ahora no voy, ¡tomá!* Now I'm not going, so there! ◊ *Le dije toda la verdad, ¡tomá!* I told him all the truth, so there! **tomar a**

algn por algo to think sb is sth: *Parece que me tomás por idiota.* You seem to think I'm an idiot. **¡tomátelas!** get lost ☛ Para otras expresiones con **tomar**, véanse las entradas del sustantivo, p.ej. **tomar sol** en SOL y **tomarle el pelo a algn** en PELO.

omate *nm* tomato [*pl* tomatoes] LOC **ponerse como un tomate** to go as red as a beetroot *Ver tb* COLORADO

omillo *nm* thyme

omo *nm* volume

on *nm* LOC **sin ton ni son** for no particular reason

onalidad *nf* **1** (*Mús*) key [*pl* keys] **2** (*color*) tone

onelada *nf* ton LOC *Ver* PESAR

ónica *nf* (*bebida*) tonic: *Dos ~s, por favor.* Two tonics, please.

ónico, -a ◆ *adj* (*Ling*) stressed ◆ *nm* tonic

onina *nf* dolphin

ono *nm* **1** (*gen*) tone: *¡No me hables en ese ~!* Don't speak to me in that tone of voice! ◊ *el ~ para marcar/de ocupado* the dialling/engaged tone **2** (*color*) shade **3** (*Mús*) key [*pl* keys] LOC *Ver* FUERA

ontear *vi* to fool around (***with sb***)

ontería ◆ *nf* (*acción, dicho*) silly thing: *Siempre discutimos por ~s.* We're always arguing over silly little things. ◆ **¡tonterías!** *interj* nonsense! [*incontable*]: *¡Ésas son ~s!* That's nonsense! LOC **decir tonterías** to talk nonsense **dejarse de tonterías** to stop messing about *Ver tb* SARTA

onto, -a ◆ *adj* silly, stupid

> **Silly** y **stupid** son prácticamente sinónimos, aunque **stupid** es un poco más fuerte: *una excusa tonta* a silly excuse ◊ *No seas tan tonto, y dejá de llorar.* Don't be so stupid; stop crying.

◆ *nm-nf* fool LOC **hacerse el tonto** to play the fool

opadora *nf* bulldozer

oparse *v pron* ~ **con** to bump **into *sth*/*sb***

tope *nm* **1** (*en trenes, en estaciones*) buffer **2** (*límite*) limit: *¿Hay una edad ~?* Is there an age limit? LOC **a tope/hasta los topes**: *El supermercado estaba a ~.* The supermarket was packed. ◊ *Estoy a ~ de trabajo.* I'm up to my eyes in work. *Ver tb* FECHA

tópico, -a ◆ *adj* (*común*) hackneyed ◆ *nm* cliché LOC *Ver* USO

topo *nm* mole

toque *nm* **1** (*golpecito*) tap **2** (*matiz*) touch: *dar el ~ final a algo* to put the finishing touch to sth LOC **toque de queda** curfew

tórax *nm* thorax [*pl* thoraxes/thoraces]

torbellino *nm* whirlwind

torcedura *nf* sprain

torcer ◆ *vt* **1** (*gen*) to twist: *Le torció el brazo.* She twisted his arm. **2** (*cabeza*) to turn **3** (*ropa*) to wring *sth* out ◆ **torcerse** *v pron* (*tobillo, muñeca*) to sprain: *Se torció el tobillo.* He sprained his ankle.

torcido, -a *pp, adj* **1** (*dientes, nariz*) crooked **2** (*cuadro, ropa*) not straight: *¿No ves que el cuadro está ~?* Can't you see the picture isn't straight? **3** (*muñeca, tobillo*) sprained *Ver tb* TORCER

torear *vt, vi* to fight (a bull) LOC **torear a algn** to tease sb

torero, -a ◆ *nm-nf* bullfighter ◆ **torera** *nf* bolero jacket

tormenta *nf* storm: *Se avecina una ~.* There's a storm brewing. ◊ *Parece que va a haber ~.* It looks like there's going to be a storm.

tormento *nm* **1** (*tortura*) torture **2** (*persona, animal*) pest: *Este chico es un ~.* This child's a pest.

tornado *nm* tornado [*pl* tornadoes]

torneo *nm* **1** (*gen*) tournament **2** (*atletismo*) meeting

tornillo *nm* **1** (*gen*) screw: *apretar un ~* to put a screw in **2** (*para tuerca*) bolt LOC *Ver* FALTAR

torniquete *nm* (*Med*) tourniquet

torno *nm* **1** (*mecanismo elevador*) winch **2** (*alfarero*) (potter's) wheel **3** (*dentista*) drill

toro *nm* **1** (*animal*) bull **2** **toros**: *ir a los ~s* to go to a bullfight ◊ *A mi hermano le encantan los ~s.* My brother loves bullfighting. LOC *Ver* AGARRAR, CORRIDA, PLAZA

torpe *adj* clumsy

torpedo *nm* torpedo [*pl* torpedoes]

torpeza *nf* **1** (*gen*) clumsiness **2** (*lentitud*) slowness

torrar *vt* to roast

torre *nf* **1** (*gen*) tower **2** (*electricidad*) pylon **3** (*telecomunicaciones*) mast **4** (*Ajedrez*) rook, castle (*más coloq*) LOC **torre de vigilancia** watch tower

torreja *nf* French toast [*incontable*]

torrencial *adj* torrential: *lluvias ~es* torrential rain

torrente *nm* (*río*) torrent

torso *nm* torso [*pl* torsos]

torta *nf* **1** (*repostería*) cake: *una ~ de casamiento/cumpleaños* a wedding/birthday cake **2** (*bofetada*) smack LOC **dar/pegar una torta/un tortazo** to smack

tortazo *nm* smack LOC *Ver* TORTA

tortícolis *nm o nf* crick in your neck: *Me produjo ~.* It's given me a crick in my neck.

tortilla *nf* omelette

tortuga *nf* **1** (*de tierra*) tortoise **2** (*de mar*) turtle LOC **ir más despacio/lento que una tortuga** to go at a snail's pace *Ver tb* PASO

tortura *nf* torture: *métodos de ~* methods of torture

torturar *vt* to torture

tos *nf* cough: *El humo del cigarrillo me da ~.* Cigarette smoke makes me cough.

toser *vi* to cough

tostada *nf* toast [*incontable*]: *Se me quemaron las ~s.* I burnt the toast. ◊ *una ~ con mermelada* a slice of toast with jam

tostador *nm* toaster

tostar *vt* **1** (*pan, nueces*) to toast **2** (*café*) to roast **3** (*piel*) to tan

total ◆ *adj, nm* total ◆ *adv* after all: *~, mañana no tenés que trabajar.* After all, you don't have to go to work tomorrow. LOC **en total** altogether: *Somos diez en ~.* There are ten of us altogether.

tóxico, -a *adj* toxic

toxicómano, -a *nm-nf* drug addict

trabajador, ~a ◆ *adj* hard-working ◆ *nm-nf* worker: *~es calificados/no calificados* skilled/unskilled workers

trabajar *vi, vt* to work: *Trabaja para una compañía inglesa.* She works for an English company. ◊ *Nunca trabajé de profesora.* I've never worked as a teacher. ◊ *¿En qué trabaja tu hermana?* What does your sister do? ◊ *~ la tierra* to work the land LOC *Ver* MATAR

trabajo *nm* **1** (*gen*) work [*incontable*]: *Tengo mucho ~.* I've got a lot of work to do. ◊ *Tenés que ponerte al día con el ~ atrasado.* You must get up to date with your work. ◊ *Me dieron la noticia en el ~.* I heard the news at work. **2** (*empleo*) job: *dar (un) ~ a algn* to give sb a job ◊ *un ~ bien pagado* a well-paid job ◊ *quedarse sin ~* to lose your job ☛ *Ver nota en* WORK[1] **3** (*en el colegio*) project: *hacer un ~ sobre el medio ambiente* to do a project on the environment LO **costar, llevar, etc trabajo**: *Me cuesta ~ madrugar.* I find it hard to get up earl ◊ *Este vestido me dio mucho ~.* Thi dress was a lot of work. **dar trabajo** t give *sb* trouble: *Estos chicos dan much ~.* These kids are a real handful. **esta sin trabajo** to be out of work **trabaj de/en equipo** teamwork **trabajos forzados** hard labour [*sing*] **trabajos manuales** arts and crafts

trabalenguas *nm* tongue-twister

trabarse *v pron* **1** (*gen*) to get stuck *Siempre me trabo en esa palabra.* always get stuck on that word. **2** (*mecanismo*) to jam

tractor *nm* tractor

tradición *nf* tradition: *seguir una familiar* to follow a family tradition

tradicional *adj* traditional

traducción *nf* translation (***from sth***) (***into sth***): *hacer una ~ del castellano a ruso* to do a translation from Spanish into Russian

traducir *vt, vi* to translate (***from sth***) (***into sth***): *~ un libro del francés a inglés* to translate a book from French into English ☛ *Ver nota en* INTERPRET

traductor, ~a *nm-nf* translator

traer ◆ *vt* **1** (*gen*) to bring: *¿Qué queré que te traiga?* What shall I bring you ☛ *Ver dibujo en* TAKE **2** (*causar*) t cause: *El nuevo sistema nos va a problemas.* The new system is going t cause problems. ◆ **traerse** *v pron* t bring *sth/sb* (with you): *Traete un almohada.* Bring a pillow with you LOC **traerse algo** (**entre manos**) to b up to sth: *¿Qué te traés entre manos* What are you up to?

traficante *nmf* dealer: *un ~ de arma* an arms dealer

traficar *vi* ~ **con/en** to deal **in** ***sth***: *Traficaban con drogas.* They dealt i drugs.

tráfico *nm* traffic: *Hay mucho ~ en e centro.* There's a lot of traffic in th town centre. LOC **tráfico de droga** (*delito*) drug trafficking *Ver tb* AGENTE

traga *nmf* swot

tragamoneda *nf* LOC *Ver* MÁQUINA

tragar ◆ *vt* **1** (*ingerir*) to swallow: *M duele la garganta al ~.* My throat hurt when I swallow. **2** (*soportar*) to put u with *sth*: *No sé cómo podés ~ tanto.* don't know how you put up with it. ◆ *v* **1** (*ingerir*) to swallow **2** (*estudiar*) t swot: *Tuve que ~ todo el fin de semana.* spent all weekend swotting. ◆ **tragars**

v pron to swallow: *Me tragué un carozo de aceituna.* I swallowed an olive stone. ◊ *~se el orgullo* to swallow your pride ◊ *Se tragó lo del ascenso de Miguel.* He's swallowed the story about Miguel's promotion. ◊ *~se un libro/una película* to get through a book/to sit through a film LOC **no tragar a algn** not to stand sb: *A ése no lo trago.* I can't stand that guy.

tragedia *nf* tragedy [*pl* tragedies]

trágico, -a *adj* tragic

trago *nm* drink: *un ~ de agua* a drink of water LOC **tomarse algo de (un) trago** to drink sth in one go

traición *nf* **1** (*gen*) betrayal **2** (*contra el Estado*) treason: *Lo van a juzgar por alta ~.* He will be tried for high treason. LOC **a traición**: *Le dispararon a ~.* They shot him in the back. ◊ *Lo hicieron a ~.* They went behind his back.

traicionar *vt* **1** (*gen*) to betray: *~ a un compañero/una causa* to betray a friend/cause **2** (*nervios*) to let *sb* down: *Los nervios me traicionaron.* My nerves let me down.

traidor, ~a *nm-nf* traitor

traje *nm* **1** (*dos piezas*) suit: *Juan lleva un ~ muy elegante.* Juan is wearing a very smart suit. **2** (*de un país, de una región*) dress [*incontable*]: *Me encanta el ~ típico gaucho.* I really like tradicional gaucho dress. LOC **traje de baño 1** (*de hombre*) swimming trunks [*pl*] **2** (*de mujer*) swimming costume **traje de noche** evening dress **traje espacial** spacesuit

trajín *nm* hustle and bustle: *Tanto ~ acabará conmigo.* All this rushing around will finish me off.

trama *nf* plot

tramar *vt* to plot: *Sé que están tramando algo.* I know they're up to something.

tramitar *vt* to process

trámite *nm* procedure [*incontable*]: *Cumplió con los ~s habituales.* He followed the usual procedure. LOC **en trámite(s) de** in the process of *doing sth*: *Estamos en ~s de divorcio.* We are in the process of getting a divorce.

tramo *nm* **1** (*ruta*) stretch **2** (*escalera*) flight

trampa *nf* **1** (*gen*) trap: *caer en una ~* to fall into a trap ◊ *tenderle una ~ a algn* to set a trap for sb **2** (*en un juego*) cheating [*incontable*]: *Hacés ~ otra vez y estás eliminado.* Any more cheating and you're out of the game. ◊ *Eso es ~.* That's cheating. LOC **hacer trampa** to cheat: *Siempre hacés ~.* You always cheat. **tener trampa** to have a catch: *Esa oferta tiene ~.* There's a catch to that offer.

trampilla *nf* trapdoor

trampolín *nm* **1** (*gen*) springboard: *La gimnasta saltó del ~.* The gymnast jumped off the springboard. **2** (*Natación*) diving board: *tirarse del ~* to dive from the board

tramposo, -a *adj, nm-nf* cheat [*n*]: *No seas tan ~.* Don't be such a cheat.

trancarse *v pron* to get blocked

tranquilidad *nf* **1** (*gen*) calm: *un ambiente de ~* an atmosphere of calm ◊ *¡Qué ~, no tener que trabajar!* What a relief, no work! ◊ *la ~ del campo* the peace of the countryside **2** (*espíritu*) peace of mind: *Para tu ~, te voy a decir que es cierto.* For your peace of mind, I can tell you it is true.

tranquilizante *nm* (*medicamento*) tranquillizer

tranquilizar ◆ *vt* **1** (*gen*) to calm *sb* down: *No consiguió ~la.* He couldn't calm her down. **2** (*aliviar*) to reassure: *Las noticias lo tranquilizaron.* The news reassured him. ◆ **tranquilizarse** *v pron* to calm down: *Tranquilizate, que pronto llegarán.* Calm down, they'll soon be here.

tranquilo, -a *adj* **1** (*gen*) calm: *Es una mujer muy tranquila.* She's a very calm person. ◊ *La mar está tranquila.* The sea is calm. **2** (*lento*) laid-back: *Es tan ~ que me pone nerviosa.* He is so laid-back he makes me nervous. **3** (*apacible*) quiet: *Vivo en una zona tranquila.* I live in a quiet area. LOC **tener la conciencia tranquila** to have a clear conscience

transatlántico *nm* liner

transbordo *nm* LOC **hacer transbordo** to change: *Tuvimos que hacer dos ~s.* We had to change twice.

transcripción *nf* transcription: *una ~ fonética* a phonetic transcription

transcurrir *vi* **1** (*tiempo*) to pass: *Han transcurrido dos días desde su partida.* Two days have passed since he left. **2** (*ocurrir*) to take place

transeúnte *nmf* passer-by [*pl* passers-by]

transferencia *nf* transfer LOC **transferencia bancaria** credit transfer

transferir *vt* to transfer

transformador *nm* transformer

transformar ◆ *vt* to transform *sth/sb* (**into** ***sth***): ~ *un lugar/a una persona* to transform a place/person ◆ **transformarse** *v pron* **transformarse en** to turn **into** ***sth/sb***: *La rana se transformó en príncipe.* The frog turned into a prince.

tránsfuga *nmf* (*sinvergüenza*) rogue

transfusión *nf* transfusion: *Le hicieron dos transfusiones (de sangre).* He was given two (blood) transfusions.

transición *nf* transition

transistor *nm* (transistor) radio

transitivo, -a *adj* transitive

transmitir ◆ *vt* to transmit: ~ *una enfermedad* to transmit a disease ◊ *Les transmitimos la noticia.* We passed the news on to them. ◆ *vt, vi* (*programa*) to broadcast: ~ *un partido* to broadcast a match

transparentar(se) *vi, v pron*: *Esa tela se transparenta demasiado.* That material is really see-through. ◊ *Con esa pollera se te transparentan las piernas.* You can see your legs through that skirt.

transparente *adj* **1** (*gen*) transparent: *El vidrio es ~.* Glass is transparent. **2** (*ropa*): *una blusa ~* a see-through blouse ◊ *Es demasiado ~.* You can see right through it.

transpiración *nf* perspiration

transpirar *vi* to perspire

transportador *nm* (*Mat*) protractor

transportar *vt* to carry

transporte *nm* transport: ~ *público/escolar* public/school transport ◊ *El ~ marítimo es más barato que el aéreo.* Sending goods by sea is cheaper than by air.

transportista *nmf* carrier

transversal *adj* transverse: *eje ~* transverse axis ◊ *Hizo un corte ~.* He made a cross section. LOC *Ver* SECCIÓN

tranvía *nm* tram

trapecio *nm* **1** (*circo*) trapeze **2** (*Geom*) trapezium [*pl* trapeziums]

trapecista *nmf* trapeze artist

trapo *nm* **1** (*limpieza*) cloth: *Pasale un ~ a la mesa por favor.* Can you give the table a wipe? **2 trapos** (*ropa*) clothes LOC **sacar (a relucir) los trapos sucios** to wash your dirty linen in public **trapo de cocina** tea towel **trapo de piso** floorcloth **trapo viejo** old rag

tráquea *nf* windpipe, trachea [*pl* tracheas/tracheae] (*científ*)

tras *prep* **1** (*después de*) after: *día tras día* day after day **2** (*detrás de*) behind: *La puerta se cerró tras ella.* The door closed behind her. **3** (*más allá de*) beyond: *Tras las montañas está el mar.* Beyond the mountains is the sea.

trasero, -a ◆ *adj* back: *la puerta trasera* the back door ◆ *nm* bottom, backside (*coloq*)

trasladar ◆ *vt* **1** (*gen*) to move: *Trasladaron todas mis cosas a la otra oficina.* They moved all my things to the other office. **2** (*destinar*) to transfer: *Lo trasladaron al servicio de inteligencia.* He's been transferred to the intelligence service. ◆ **trasladarse** *v pron* to move: *Nos trasladamos al número tres.* We moved to number three.

traslado *nm* **1** (*mudanza, desplazamiento*) move **2** (*cambio de destino*) transfer

traslucir *vt* to reveal

trasluz *nm* LOC **al trasluz** against the light: *mirar los negativos al ~* to look at the negatives against the light

trasmano LOC **a trasmano** out of the way: *Nos queda muy a ~.* It's well out of our way.

trasnochar *vi* to stay up late

traspapelarse *v pron* to be mislaid

traspasar *vt* **1** (*atravesar*) to go **through** ***sth***: ~ *la barrera del sonido* to go through the sound barrier **2** (*líquido*) to soak **3** (*negocio*) to sell

traspié *nm* LOC **dar un traspié** to trip

trasplantar *vt* to transplant

trasplante *nm* transplant

trastornar ◆ *vt* **1** (*gen*) to upset: *La huelga trastornó todos mis planes.* The strike has upset all my plans. **2** (*volver loco*) to drive *sb* out of their mind ◆ **trastornarse** *v pron* **1** (*persona*) to go crazy **2** (*planes*) to be upset

tratado *nm* (*Pol*) treaty [*pl* treaties]

tratamiento *nm* **1** (*gen*) treatment: *un ~ contra la celulitis* treatment for cellulite **2** (*Informát*) processing LOC *Ver* TEXTO

tratar ◆ *vt* **1** (*gen*) to treat: *Nos gusta que nos traten bien.* We like people to treat us well. **2** (*discutir*) to deal with *sth*: *Vamos a tratar estas cuestiones mañana.* We will deal with these matters tomorrow. ◆ *vi* **1** ~ **de/sobre** (*gen*) to be **about** ***sth***: *La película trata sobre el mundo del espectáculo.* The film is about show business. **2** ~ **con** to deal **with** ***sth/sb***: *No trato con ese tipo de* *gente.* I don't have any dealings with people like that. **3** (*intentar*) to try ***to do sth***: *Tratá de llegar a tiempo.* Try to/and get there on time. ◆ **tratarse** *v pron* **tratarse de** to be **about *sth/sb/ doing sth***: *Se trata de tu hermano.* It's about your brother. ◊ *Se trata de aprender, no de aprobar.* It's about learning, not just passing. LOC **tratar a algn de vos/usted** to be on familiar/formal terms with sb

tratativas *nf*: *Todavía estan en ~.* They are still negotiating.

trato *nm* **1** (*gen*) treatment: *el mismo ~ para todos* the same treatment for everyone **2** (*relación*): *Debemos mejorar nuestro ~ con los vecinos.* We must try to get on with our neighbours a bit better. ◊ *Nuestro ~ no es muy bueno.* We don't get on very well. **3** (*acuerdo*) deal: *hacer/cerrar un ~* to make/close a deal LOC **malos tratos** ill-treatment [*incontable*]: *Sufrieron malos ~s en la cárcel.* They were subjected to ill-treatment in prison. **tener/no tener trato con algn** to see/not to see sb: *No tengo demasiado ~ con ellos.* I don't see much of them. **trato hecho** it's a deal!

trauma *nm* trauma

través LOC **a través de** through: *Corría a ~ del bosque.* He was running through the wood. ◊ *Huyeron a ~ del parque/de los campos.* They ran across the park/fields.

travesaño *nm* crossbar: *La pelota dio en el ~.* The ball hit the crossbar.

travesti *nmf* transvestite

travesura *nf* prank LOC **hacer travesuras** to play pranks

travieso, -a *adj* naughty

trayecto *nm* route: *Este tren hace el ~ Buenos Aires-Mar del Plata.* This train runs on the Buenos Aires-Mar del Plata route.

trayectoria *nf* trajectory [*pl* trajectories]

trazar *vt* **1** (*línea, plano*) to draw **2** (*plan, proyecto*) to devise (*formal*), to draw *sth* up: *~ un plan* to draw up a plan

trébol *nm* **1** (*Bot*) clover **2 tréboles** (*Naipes*) clubs

trece *nm, adj, pron* **1** (*gen*) thirteen **2** (*fecha*) thirteenth ☛ *Ver ejemplos en* ONCE *y* SEIS LOC *Ver* MARTES

treceavo, -a *adj, nm* thirteenth ☛ Para *catorceavo, quinceavo*, etc, ver Apéndice 1.

trecho *nm* stretch: *un ~ peligroso* a dangerous stretch of road

tregua *nf* truce: *romper una ~* to break a truce

treinta *nm, adj, pron* **1** (*gen*) thirty **2** (*trigésimo*) thirtieth ☛ *Ver ejemplos en* SESENTA

tremendo, -a *adj* **1** (*gen*) terrible: *un disgusto/dolor ~* a terrible blow/pain **2** (*positivo*) tremendous: *El nene tiene una fuerza tremenda.* That child is tremendously strong. ◊ *Tuvo un éxito ~.* It was a tremendous success.

tren *nm* train: *tomar/perder el ~* to catch/miss the train ◊ *Fui a Londres en ~.* I went to London by train. LOC **a todo tren 1** (*con lujo*) in style **2** (*muy rápido*) flat out **tren de aterrizaje** undercarriage: *bajar el ~ de aterrizaje* to lower the undercarriage **tren de carga** goods train **tren local** local train **tren de vida** lifestyle *Ver tb* ESTACIÓN

trenza *nf* plait: *Hacete una ~.* Do your hair in a plait.

trepar *vi* to climb, to climb (up) *sth*: *~ a un árbol* to climb (up) a tree

tres *nm, adj, pron* **1** (*gen*) three **2** (*fecha*) third ☛ *Ver ejemplos en* SEIS LOC *Ver* CADA

trescientos, -as *adj, pron, nm* three hundred ☛ *Ver ejemplos en* SEISCIENTOS

triangular *adj* triangular

triángulo *nm* triangle LOC **triángulo equilátero/escaleno/isósceles** equilateral/scalene/isosceles triangle **triángulo rectángulo** right-angled triangle

tribu *nf* tribe

tribuna *nf* stand: *Tenemos entradas para la ~.* We've got stand tickets.

tribunal *nm* court: *comparecer ante el ~* to appear before the court LOC **llevar a los tribunales** to take *sth/sb* to court **Tribunal Supremo** ≃ High Court (*GB*)

triciclo *nm* tricycle, trike (*coloq*)

trigo *nm* wheat

trigonometría *nf* trigonometry

trillar *vt* to thresh

trillizos, -as *nm-nf* triplets

trimestral *adj* quarterly: *revistas/facturas ~es* quarterly magazines/bills

trimestre *nm* **1** (*gen*) quarter **2** (*Educ*) term

trinar *vi* (*pájaro*) to sing

trinchera *nf* trench

trineo *nm* **1** (*gen*) sledge **2** (*de caballos*) sleigh: *Papá Noel viaja siempre en ~.*

Father Christmas always travels by sleigh.

trinidad *nf* trinity

trino *nm* trill

trío *nm* trio [*pl* trios]

tripa *nf* gut

triple ◆ *adj* triple: ~ *salto* triple jump ◆ *nm* three times: *Nueve es el ~ de tres.* Nine is three times three. ◊ *Éste es el ~ de grande que el otro.* This one's three times bigger than the other one. ◊ *Gana el ~ que yo.* He earns three times as much as me.

triplicado, -a *pp, adj* LOC **por triplicado** in triplicate *Ver tb* TRIPLICAR(SE)

triplicar(se) *vt, v pron* to treble

tripulación *nf* crew [*v sing o pl*]

tripular *vt* **1** (*barco*) to sail **2** (*avión*) to fly

triste *adj* **1** (*gen*) sad: *estar/sentirse ~* to be/feel sad **2** (*deprimente, deprimido, pieza*) gloomy: *un paisaje/una pieza ~* a gloomy landscape/room

tristeza *nf* **1** (*gen*) sadness **2** (*melancolía*) gloominess

triturar *vt* **1** (*cosas duras*) to crush **2** (*papel*) to shred

triunfal *adj* **1** (*arco, entrada*) triumphal **2** (*gesto, regreso*) triumphant

triunfar *vi* **1** (*tener éxito*) to succeed: *~ en la vida* to succeed in life ◊ *Esta canción va a ~ en el extranjero.* This song will do well abroad. **2** ~ **(en)** (*ganar*) to win: *~ a cualquier precio* to win at any price **3** ~ **(sobre)** to triumph (**over** ***sth/sb***): *Triunfaron sobre sus enemigos.* They triumphed over their enemies.

triunfo *nm* **1** (*Pol, Mil*) victory [*pl* victories] **2** (*logro personal, proeza*) triumph: *un ~ de la ingeniería* a triumph of engineering **3** (*Mús, éxito*) hit: *sus últimos ~s cinematográficos* his latest box-office hits **4** (*Naipes*) trump

trivial *adj* trivial

trivialidad *nf* **1** (*cosa trivial*) triviality [*pl* trivialities] **2** (*comentario*) trite remark: *decir ~es* to make trite remarks

triza *nf* LOC **hacer trizas 1** (*gen*) to shatter: *Terminé hecho ~s.* I was shattered by the end. **2** (*papel, tela*) to tear *sth* to shreds

trocear *vt* to cut *sth* into pieces

trofeo *nm* trophy [*pl* trophies]

tromba *nf* whirlwind LOC **entrar/pasar como una tromba** to come in/go past like a whirlwind: *Ella pasó como una ~* She went past like a whirlwind.

trombón *nm* (*instrumento*) trombone

trompa *nf* **1** (*elefante*) trunk **2** (*insecto*) proboscis **3** (*avión*) nose

trompada *nf* punch: *Me dio una ~ en el estómago.* He punched me in the stomach.

trompeta *nf* (*instrumento*) trumpet

trompo *nm* spinning top: *hacer girar un ~* to spin a top

tronar *v imp* to thunder: *¡Está tronando!* It's thundering!

tronco *nm* **1** (*árbol, Anat*) trunk **2** (*leño*) log LOC *Ver* DORMIR

trono *nm* throne: *subir al ~* to come to the throne ◊ *el heredero del ~* the heir to the throne

tropa *nf* troop

tropel *nm* herd

tropezar(se) *vi, v pron* **tropezar(se) (con) 1** (*caerse*) to trip (**over** ***sth***): *~ con una raíz* to trip over a root **2** (*problemas*) to come up against *sth*: *Tropezamos con serias dificultades.* We've come up against serious difficulties.

tropezón *nm* (*traspié*) stumble

tropical *adj* tropical

trópico *nm* tropic: *el ~ de Cáncer/Capricornio* the tropic of Cancer/Capricorn

trote *nm* trot: *ir al ~* to go at a trot LOC **no estar para muchos/esos trotes**: *Yo no estoy para esos ~s.* I'm not up to it any more. **tener a algn al trote** to have sb on the go: *El profesor nos tiene al ~.* The teacher has us on the go.

trozo *nm* piece: *un ~ de pan* a piece of bread ◊ *Cortá la carne en ~s.* Cut the meat into pieces.

trucha *nf* trout [*pl* trout]

trucho, -a *adj* fake: *un documento ~* a forged document

truco *nm* trick

trueno *nm* thunder [*incontable*]: *¿No oíste un ~?* Wasn't that a clap of thunder? ◊ *Los ~s pararon.* The thunder's stopped. ◊ *rayos y ~s* thunder and lightning

trufa *nf* truffle

tu *adj pos* your: *tus libros* your books

tú *pron pers* you

tubazo *nm* ring: *Dame un ~ mañana.* Give me a ring tomorrow.

tuberculosis *nf* tuberculosis (*abrev* TB)

tubo *nm* **1** (*de conducción*) pipe **2** (*recipiente*) tube: *un ~ de pasta de dientes* a tube of toothpaste ☛ *Ver dibujo en* CONTAINER **3** (*teléfono*) receiver: *descolgar el ~* to pick up the phone

tuco *nm* (*Cocina*) tomato sauce

tuerca *nf* nut

tuerto, -a *adj* one-eyed LOC **ser tuerto** to be blind in one eye

tugurio *nm* **1** (*vivienda pobre*) hovel **2** (*bar*) dive

tulipán *nm* tulip

tumba *nf* **1** (*gen*) grave **2** (*mausoleo*) tomb: *la ~ de Marx* Marx's tomb

tumor *nm* tumour: *~ benigno/cerebral* benign/brain tumour

tumulto *nm* (*multitud*) crowd

túnel *nm* tunnel: *pasar por un ~* to go through a tunnel

tupido, -a *pp, adj* **1** (*gen*) dense **2** (*tela*) densely woven

turbante *nm* turban

turbio, -a *adj* **1** (*líquido*) cloudy **2** (*asunto*) shady

turismo *nm* **1** (*industria*) tourism **2** (*turistas*) tourists [*pl*]: *un 40% del ~ que visita nuestra zona* 40% of the tourists visiting our area LOC **hacer turismo 1** (*por un país*) to tour: *hacer ~ por África* to tour round Africa **2** (*por una ciudad*) to go sightseeing *Ver tb* OFICINA

turista *nmf* tourist

turnarse *v pron* ~ (**con**) (**para**) to take it in turns (**with *sb***) (***to do sth***): *Nos turnamos para hacer la limpieza de la casa.* We take it in turns to do the housework.

turno *nm* **1** (*orden*) turn: *Esperá tu ~ en la cola.* Wait your turn in the queue. **2** (*trabajo*) shift: *~ de día/noche* day/night shift LOC **estar de turno** to be on duty *Ver tb* FARMACIA

turquesa *nf* LOC *Ver* AZUL

turrón *nm* Spanish nougat [*incontable*]

tutear(se) *vt, v pron* to be on familiar terms (**with *sb***)

tutor, ~a *nm-nf* **1** (*Jur*) guardian **2** (*profesor*) tutor

tuyo, -a *adj pos, pron pos* yours: *Esos zapatos no son ~s.* Those shoes aren't yours. ◊ *No es asunto ~.* That's none of your business.

Nótese que *un amigo tuyo* se traduce por 'a friend of yours' porque significa *uno de tus amigos.*

Uu

u *conj* or

ubicación *nf* location

ubicado *pp, adj* situated *Ver tb* UBICAR

ubicar ◆ *vt* **1** (*colocar, identificar*) to place: *Todavía no lo ubico.* I still can't place him. **2** (*localizar*) to find: *No puedo ~ su número de teléfono.* I can't find his telephone number. ◆ **ubicarse** *v pron* **1** (*situarse*): *Tenés que ~te en la primera fila si querés ver bien.* You have to sit in the front row if you want to get a good view. **2** (*en un empleo*) to get a good job **3** (*orientarse*) to find your way around: *Faltan dos cuadras, ¿te ubicás ahora?* We're two blocks away—do you know where you are now?

¡ufa! *interj* **1** (*alivio, cansancio, sofoco*) phew!: *¡Ufa, qué calor!* Phew, it's hot! **2** (*asco*) ugh!: *¡Ufa, qué olor!* Ugh, what an awful smell!

úlcera *nf* ulcer

últimamente *adv* lately

ultimátum *nm* ultimatum [*pl* ultimatums]

último, -a ◆ *adj* **1** (*gen*) last: *el ~ episodio* the last episode ◊ *estos ~s días* the last few days ◊ *Te lo digo por última vez.* I'm telling you for the last time. **2** (*más reciente*) latest: *la última moda* the latest fashion **3** (*más alto*) top: *en el ~ piso* on the top floor **4** (*más bajo*) bottom: *Están en última posición de la liga.* They are bottom of the league. ◆ *nm-nf* **1** (*gen*) last (one): *Fuimos los ~s en llegar.* We were the last (ones) to arrive. **2** (*mencionado en último lugar*) latter LOC **a última hora 1** (*en último momento*) at the last moment **2** (*al final de un día*) late: *a última hora de la tarde de ayer* late yesterday evening ◊ *a última hora del martes* late last Tuesday **ir/vestir a la última** to be fashionably dressed *Ver tb* OREJÓN

ultraderecha *nf* extreme right

umbilical *adj* LOC *Ver* CORDÓN

umbral *nm* threshold: *en el ~ del nuevo siglo* on the threshold of the new century

un, una ◆ *art indef* **1** a, an ☛ La forma **an** se emplea delante de sonido vocálico: *un árbol* a tree ◊ *un brazo* an arm ◊ *una hora* an hour **2 unos** some: *Necesito unos zapatos nuevos.* I need some new shoes. ◊ *Ya que vas, comprá unas bananas.* Get some bananas while you're there. ◊ *Tenés unos ojos lindísimos.* You've got beautiful eyes. ◆ *adj Ver* UNO

unanimidad *nf* unanimity LOC **por unanimidad** unanimously

undécimo, -a *adj, pron, nm-nf* eleventh

único, -a ◆ *adj* **1** (*solo*) only: *la única excepción* the only exception **2** (*excepcional*) extraordinary: *una mujer única* an extraordinary woman **3** (*sin igual*) unique: *una obra de arte única* a unique work of art ◆ *nm-nf* only one: *Es la única que sabe nadar.* She's the only one who can swim. LOC *Ver* DIRECCIÓN, HIJO, MANO

unidad *nf* **1** (*gen*) unit: *~ de medida* unit of measurement **2** (*unión*) unity: *falta de ~* lack of unity

unido, -a *pp, adj* close: *una familia muy unida* a very close family ◊ *Están muy ~s.* They're very close. LOC *Ver* ORGANIZACIÓN, REINO; *Ver tb* UNIR

unificar *vt* to unify

uniforme ◆ *adj* **1** (*gen*) uniform: *de tamaño ~* of uniform size **2** (*superficie*) even ◆ *nm* uniform LOC **con/de uniforme**: *soldados de ~* uniformed soldiers ◊ *colegiales con ~* children in school uniform

unión *nf* **1** (*gen*) union: *la ~ monetaria* monetary union **2** (*unidad*) unity: *La ~ es nuestra mejor arma.* Unity is our best weapon. **3** (*acción*) joining (together): *la ~ de las dos partes* the joining together of the two parts LOC **Unión Europea** (**UE**) European Union (*abrev* EU)

unir ◆ *vt* **1** (*intereses, personas*) to unite: *los objetivos que nos unen* the aims that unite us **2** (*piezas, objetos*) to join **3** (*ruta, ferrocarril*) to link ◆ **unirse** *v pron* **unirse a** to join: *Se unieron al grupo.* They joined the group.

universal *adj* **1** (*gen*) universal: *La Ley de gravedad es una ley ~.* The law of gravity is universal. **2** (*historia, literatura*) world [*n atrib*]: *historia ~* world history LOC *Ver* DILUVIO

universidad *nf* university [*pl* universities]: *ir a la ~* to go to university

universo *nm* universe

uno, -a ◆ *adj* **1** (*cantidad*) one: *Dije un kilo, no dos.* I said one kilo, not two. **2** (*primero*) first **3 unos** (*aproximadamente*): *~s quince días* about a fortnight ◊ *Sólo voy a estar ~s días.* I'll only be there a few days. ◊ *Tendrá ~s 50 años.* He must be about 50. ◆ *pron* **1** (*gen*) one: *No tenía corbata y le presté una.* He didn't have a tie, so I lent him one. **2** (*uso impersonal*) you, one (*más formal*): *~ no sabe a qué atenerse.* You don't know what to think, do you? **3 unos**: *A ~s les gusta y a otros no.* Some (people) like it; some don't. ◆ *nm* one: *~, dos, tres* one, two, three LOC **¡a la una, a las dos, a las tres!** ready, steady, go! **de a uno** one by one: *Metelos de a ~.* Put them in one by one. **es la una** it's one o'clock (**los**) **unos a** (**los**) **otros** each other, one another: *Se ayudaban (los) ~s a (los) otros.* They helped each other. ☛ *Ver nota en* EACH OTHER ☛ Para más información sobre el uso del numeral uno, ver ejemplos en SEIS.

untar *vt* to spread *sth* **on sth**: *~ las tostadas con/de mermelada* to spread jam on toast LOC **untar con manteca** to butter

uña *nf* **1** (*mano*) (finger)nail: *comerse las ~s* to bite your nails **2** (*pie*) toenail LOC **ser uña y carne** to be inseparable *Ver tb* CEPILLO, COMER, ESMALTE

uñeta *nf* (*Mús*) plectrum [*pl* plectra]

uranio *nm* uranium

Urano *nm* Uranus

urbano, -a *adj* urban

urgencia *nf* (*emergencia*) emergency [*pl* emergencies]: *en caso de ~* in case of emergency LOC *Ver* SERVICIO

urgente *adj* urgent: *un pedido/trabajo ~* an urgent order/job

urna *nf* **1** (*cenizas*) urn **2** (*Pol*) ballot box

urraca *nf* magpie

Uruguay *nm* Uruguay

uruguayo, -a *adj, nm-nf* Uruguayan

usado, -a *pp, adj* **1** (*de segunda mano*) second-hand: *ropa usada* second-hand clothes **2** (*desgastado*) worn out: *unos zapatos ~s* worn out shoes *Ver tb* USAR

usar *vt* **1** (*utilizar*) to use: *Uso mucho la computadora.* I use the computer a lot. **2** (*ponerse*) to wear: *¿Qué colonia usás?*

What cologne do you wear? ◊ *Usa anteojos.* She wears glasses.

uso *nm* use: *instrucciones de ~* instructions for use LOC **de uso externo/tópico** (*pomada*) for external application

usted, ustedes *pron pers* you: *Todo se lo debo a ~es.* I owe it all to you. LOC **el de usted** yours: *¿Son éstos los de ~es?* Are these yours? *Ver tb* TRATAR

usuario, -a *nm-nf* user

utensilio *nm* **1** (*herramienta*) tool **2** (*cocina*) utensil

útero *nm* womb

útil ◆ *adj* useful ◆ **útiles** *nm* equipment [*incontable, v sing*]

utilidad *nf* usefulness LOC **tener mucha utilidad** to be very useful

utilizar *vt* to use

utopía *nf* Utopia

uva *nf* grape LOC *Ver* PASA

Vv

vaca *nf* **1** (*animal*) cow **2** (*carne*) beef LOC **estar como una vaca** to be very fat *Ver tb* BOSTA

vacación *nf* holiday [*pl* holidays] LOC **estar/ir(se) de vacaciones** to be/go on holiday

vaciadero *nm* dump

vaciar *vt* to empty *sth* (out): *Vaciemos esta caja.* Let's empty (out) that box.

vacío, -a ◆ *adj* empty: *una caja/casa vacía* an empty box/house ◆ *nm* vacuum LOC *Ver* ENVASADO

vacuna *nf* vaccine: *la ~ contra la polio* the polio vaccine

vacunar *vt* to vaccinate *sth/sb* (***against sth***): *Tenemos que ~ al perro contra la rabia.* We've got to have the dog vaccinated against rabies.

vacuno, -a *adj* LOC *Ver* GANADO

vado *nm* (*de un río*) ford

vagabundo, -a ◆ *adj* **1** (*persona*) wandering **2** (*animal*) stray ◆ *nm-nf* tramp

vagar *vi* to wander: *Pasaron toda la noche vagando por las calles de la ciudad.* They spent all night wandering the city streets.

vagina *nf* vagina

vago, -a[1] ◆ *adj* lazy ◆ *nm-nf* slacker

vago, -a[2] *adj* vague: *una respuesta vaga* a vague answer ◊ *un ~ parecido* a vague resemblance

vagón *nm* carriage: *~ de pasajeros* passenger carriage LOC **vagón de carga** freight wagon

vaguear *vi* to laze around

vaho *nm* **1** (*vapor*) steam **2** (*aliento*) breath

vainilla *nf* vanilla

vaivén *nm* swinging: *el ~ del péndulo* the swinging of the pendulum

vajilla *nf* **1** (*gen*) crockery [*incontable*] **2** (*juego completo*) dinner service

vale *nm* (*cupón*) voucher

valentía *nf* courage

valer ◆ *vt* **1** (*costar*) to cost: *El libro valía 15 pesos.* The book cost 15 pesos. **2** (*tener un valor*) to be worth: *Una libra vale cerca de 1,6 pesos.* One pound is worth about 1.6 pesos. ◆ *vi* **1** ~ **por** to entitle *sb* **to** ***sth***: *Este cupón vale por un descuento.* This coupon entitles you to a discount. **2** (*estar permitido*) to be allowed: *No vale hacer trampa.* No cheating. ◆ **valerse** *v pron* **valerse de** to use: *Se valió de todos los medios para triunfar.* He used every means possible to get on. LOC **más vale...**: *Más vale que agarres el paraguas.* You'd better take your umbrella. ◊ *Más te vale decir la verdad.* You're better off telling the truth. **¡no vale!** (*no es justo*) that's not fair! **no valer para nada** to be useless **no valer un cobre** to be worthless **valer la pena** to be worth *doing sth*: *Vale la pena leerlo.* It's worth reading. ◊ *No vale la pena.* It's not worth it. **valerse (por sí mismo)** to get around (on your own) *Ver tb* CUÁNTO

válido, -a *adj* valid

valiente *adj, nmf* brave [*adj*]: *¡Sos un ~!* You're very brave!

valija *nf* (suit)case: *~ de escolar* school bag LOC **hacer/deshacer las valijas** to pack/unpack

valioso, -a *adj* valuable

valla *nf* **1** (*cerco*) fence **2** (*Dep*) hurdle: *los 500 metros ~s* the 500 metres hurdles

valle *nm* valley [*pl* valleys]

valor *nm* **1** (*gen*) value: *Tiene un gran ~ sentimental para mí.* It has great sentimental value for me. **2** (*precio*) price: *Las joyas alcanzaron un ~ muy alto.* The jewels fetched a very high price. **3** (*valentía*) courage: *Me falta ~.* I haven't got the courage. LOC **sin valor** worthless *Ver tb* ARMAR, IMPUESTO

valorar *vt* (*apreciar*) to appreciate: *Valoro tu amistad.* I appreciate your friendship.

vals *nm* waltz

valuar *vt* to value: *Valuaron el anillo en un millón de pesos.* The ring was valued at a million pesos.

válvula *nf* valve: *la ~ de escape/seguridad* the exhaust/safety valve

vampiro *nm* **1** (*murciélago*) vampire bat **2** (*Cine*) vampire

vandalismo *nm* vandalism

vanguardia *nf* **1** (*Mil*) vanguard **2** (*Arte*) avant-garde: *teatro de ~* avant-garde theatre

vanguardismo *nm* (*Arte, Liter*) avant-gardism

vanidad *nf* vanity

vanidoso, -a *adj, nm-nf* vain [*adj*]: *Sos un ~.* You're so vain.

vano, -a *adj* vain: *un intento ~* a vain attempt LOC **en vano** in vain

vapor *nm* **1** (*gen*) steam: *una locomotora a ~* a steam engine ◊ *una plancha a ~* a steam iron **2** (*Quím*) vapour: *~es tóxicos* toxic vapours LOC **al vapor** steamed *Ver tb* BARCO

vaquero, -a *adj* LOC *Ver* TELA

vaqueros *nm* jeans

vaqueta *nf* calfskin

vaquita *nf* LOC **hacer una vaquita** to club together: *Toda la clase hizo una ~ para comprar el regalo.* The whole class clubbed together to buy her a present. **vaquita de San Antonio** ladybird

vara *nf* **1** (*palo*) stick **2** (*rama*) branch

variable ◆ *adj* (*carácter*) changeable ◆ *nf* variable LOC *Ver* NUBOSIDAD

variación *nf* variation: *ligeras variaciones de presión* slight variations in pressure

variar *vt, vi* **1** (*dar variedad, ser variado*) to vary: *Los precios varían según el restaurante.* Prices vary depending on the restaurant. ◊ *Hay que ~ la alimentación.* You should vary your diet. **2** (*cambiar*) to change: *No varía en plural.* It doesn't change in the plural. LOC **para variar** for a change

várice *nf* varicose vein

varicela *nf* chickenpox

variedad *nf* variety [*pl* varieties]

varilla *nf* rod

varios, -as *adj, pron* several: *en varias ocasiones* on several occasions ◊ *Hay varias posibilidades.* There are several possibilities. ◊ *~ de ustedes van a tener que estudiar más.* Several of you will have to work harder.

varita *nf* stick LOC **varita mágica** magic wand

varón *nm* (*hijo*) boy: *Nos gustaría un ~.* We would like a boy. LOC *Ver* SANTO

varonera *nf* tomboy

varonil *adj* manly, virile (*formal*): *una voz ~* a manly voice

vasco, -a *adj, nm, nm-nf* Basque: *el País Vasco* the Basque Country

vasija *nf* **1** (*gen*) vessel **2** (*de barro*) large earthenware jar

vaso *nm* **1** (*gen*) glass: *un ~ de agua* a glass of water **2** (*Anat, Bot*) vessel: *~s capilares/sanguíneos* capillary/blood vessels LOC **vaso de plástico/papel** plastic/paper cup *Ver tb* AHOGAR, GOTA

vatio *nm* watt: *una bombita de 60 ~s* a 60-watt light bulb

vecinal *adj* LOC *Ver* RUTA

vecindario *nm* **1** (*barrio*) neighbourhood: *una de las escuelas del ~* one of the schools in the neighbourhood **2** (*vecinos*) residents [*pl*]: *Todo el ~ salió a la calle.* All the residents took to the streets.

vecino, -a ◆ *adj* neighbouring: *países ~s* neighbouring countries ◆ *nm-nf* neighbour: *¿Qué tal son tus ~s?* What are your neighbours like? LOC *Ver* COMUNIDAD

veda *nf* ban

vegetación *nf* **1** (*gen*) vegetation **2** **vegetaciones** (*Med*) adenoids

vegetal ◆ *adj* vegetable [*n atrib*]: *aceites ~es* vegetable oils ◊ *el reino ~* the vegetable kingdom ◆ *nm* vegetable LOC *Ver* CARBÓN

vegetar *vi* **1** (*Bot*) to grow **2** (*persona*) to be a vegetable

vegetariano, -a *adj, nm-nf* vegetarian: *ser ~* to be a vegetarian

vehículo *nm* vehicle

veinte *nm, adj, pron* **1** (*gen*) twenty **2** (*vigésimo*) twentieth: *el siglo ~* the twentieth century ☛ *Ver ejemplos en* SESENTA

vejestorio *nm* old man/woman

vejez *nf* old age

vejiga *nf* bladder

vela[1] *nf* candle: *prender/apagar una ~* to light/put out a candle LOC **estar/pasarse la noche en vela 1** (*gen*) to stay up all night **2** (*con un enfermo*) to keep watch (*over sb*) **¿quién te dio velas en este entierro?** who asked you to butt in?

vela[2] *nf* **1** (*de un barco*) sail **2** (*Dep*) sailing: *practicar la ~* to go sailing LOC *Ver* BARCO

velada *nf* evening

velar ◆ *vt* **1** (*cadáver*) to keep vigil **over sb 2** (*enfermo*) to sit up **with sb** ◆ *vi* ~ **por** to look after *sth/sb*: *Tu padrino va a velar por vos.* Your godfather will look after you.

velarse *v pron* (*rollo*) to be exposed: *No abras la máquina que se vela el rollo.* Don't open the camera or you'll expose the film.

velatorio *nm* wake

velero *nm* sailing boat

veleta *nf* weathervane

vello *nm* (*Anat*) hair: *tener ~ en las piernas* to have hair on your legs

velo *nm* veil LOC **velo del paladar** soft palate

velocidad *nf* **1** (*rapidez*) speed: *la ~ del sonido* the speed of sound ◊ *trenes de gran ~* high-speed trains **2** (*Mec*) gear: *cambiar de ~* to change gear ◊ *un coche con cinco ~es* a car with a five-speed gearbox LOC *Ver* CAJA

velocímetro *nm* speedometer

velocista *nmf* sprinter

velódromo *nm* velodrome, cycle track (*más coloq*)

velorio *nm* wake

veloz *adj* fast: *No es tan ~ como yo.* He isn't as fast as me. ☛ *Ver nota en* FAST[1]

vena *nf* vein LOC **estar en vena** to be in the mood

venado *nm* deer ☛ *Ver nota en* CIERVO

vencedor, ~a ◆ *adj* **1** (*gen*) winning: *el equipo ~* the winning team **2** (*país, ejército*) victorious ◆ *nm-nf* **1** (*gen*) winner: *el ~ del concurso* the winner of the competition **2** (*Mil*) victor

vencer ◆ *vt* **1** (*Dep*) to beat: *Nos vencieron en la semifinal.* We were beaten in the semifinal. **2** (*Mil*) to defeat **3** (*rendir*) to overcome: *Me venció el sueño.* I was overcome with sleep. ◆ *vi* **1** (*gen*) to win: *Venció el equipo visitante.* The visiting team won. **2** (*plazo*) to expire: *El plazo venció ayer.* The deadline expired yesterday. **3** (*pago*) to be due: *El pago del préstamo vence hoy.* Repayment of the loan is due today.

vencido, -a ◆ *pp, adj*: *darse por ~* to give in ◆ *nm-nf* loser: *vencedores y ~s* winners and losers LOC *Ver* TERCERO; *Ver tb* VENCER

vencimiento *nm* LOC *Ver* FECHA

venda *nf* bandage: *Me puse una ~ en el dedo.* I bandaged (up) my finger.

vendado, -a *pp, adj* LOC *Ver* OJO; *Ver tb* VENDAR

vendar *vt* to bandage *sth/sb* (up): *Me vendaron el tobillo.* They bandaged (up) my ankle. ◊ *La vendaron de pies a cabeza.* She was bandaged from head to foot. LOC **vendarle los ojos a algn** to blindfold sb

vendaval *nm* hurricane

vendedor, ~a *nm-nf* **1** (*que viaja*) salesman/woman [*pl* salesmen/women] **2** (*de negocio*) shop assistant LOC **vendedor ambulante** hawker

vender ◆ *vt* to sell: *Venden el departamento de arriba.* The upstairs flat is for sale. ◆ **venderse** *v pron* **1** (*estar a la venta*) to be on sale: *Se venden en el mercado.* They are on sale in the market. **2** (*dejarse sobornar*) to sell yourself LOC **se vende** for sale **venderse como pan caliente** to sell like hot cakes

vendimia *nf* grape harvest

vendimiar *vi* to harvest grapes

veneno *nm* poison

venenoso, -a *adj* poisonous LOC *Ver* HONGO

venezolano, -a *nm-nf* Venezuelan

venganza *nf* revenge

vengarse *v pron* to take revenge (**on sb**) (**for sth**): *Se vengó de lo que le hicieron.* He took revenge for what they'd done to him. ◊ *Me voy a vengar de él.* I'll get my revenge on him.

venir ◆ *vi* **1** (*gen*) to come: *¡Vení acá!* Come here! ◊ *Nunca venís a verme.* You never come to see me. ◊ *No me vengas con excusas.* Don't come to me with excuses. **2** (*volver*) to be back: *Vengo enseguida.* I'll be back in a minute. ◆ *v aux* ~ **haciendo algo** to have been **doing sth**: *Hace años que te vengo diciendo lo mismo.* I've been telling you the same thing for years. LOC **que**

viene next: *el martes que viene* next Tuesday **venir bien/mal** (*convenir*) to suit/not to suit: *Mañana me viene muy mal.* Tomorrow doesn't suit me. ☛ Para otras expresiones con **venir**, véanse las entradas del sustantivo, adjetivo, etc, p.ej. **no venir a cuento** en CUENTO y **venir pintado** en PINTADO.

venta *nf* sale: *en ~* for sale

ventaja *nf* advantage: *Vivir en el campo tiene muchas ~s.* Living in the country has a lot of advantages. LOC **llevarle ventaja a algn** to have an advantage over sb

ventajista *nmf* opportunist

ventana *nf* window

ventanilla *nf* **1** (*auto, estación, oficinas*) window: *Bajá/subí la ~.* Open/shut the window. **2** (*Cine, Teat*) box office

ventilación *nf* ventilation

ventilador *nm* fan

ventilar *vt* (*cuarto, ropa*) to air

ventrílocuo, -a *nm-nf* ventriloquist

Venus *nm* Venus

ver ◆ *vt* **1** (*gen*) to see: *Hace mucho que no la veo.* I haven't seen her for a long time. ◊ *¿Ves?, ya te volviste a caer.* You see? You've fallen down again. ◊ *No veo por qué.* I don't see why. ◊ *¿Ves aquel edificio de ahí?* Can you see that building over there? **2** (*televisión*) to watch: *~ la tele* to watch TV **3** (*examinar*) to look at *sth*: *Necesito ~lo con más calma.* I need more time to look at it. ◆ *vi* to see: *Esperá, voy a ~.* Wait, I'll go and see. ◆ **verse** *v pron* **1 verse (con)** to meet (*sb*): *Me vi con tu hermana en el parque.* I met your sister in the park. **2** (*estar*) to be: *Nunca me había visto en una situación igual.* I'd never been in a situation like that. LOC **a ver si... 1** (*deseo*) I hope...: *A ~ si apruebo esta vez.* I hope I pass this time. **2** (*temor*) what if...: *¡A ~ si les pasó algo!* What if something has happened to them? **3** (*ruego, mandato*) how about...?: *A ~ si me escribís de una vez.* How about writing to me sometime? **ver venir algo** to see it coming: *Me lo venía venir.* I could see it coming ☛ Para otras expresiones con **ver**, véanse las entradas del sustantivo, adjetivo, etc, p.ej. **tener que ver** en TENER y **ver visiones** en VISIÓN.

veraneante *nmf* holiday-maker

veranear *vi* to spend the summer: *~ en la playa* to spend the summer by the sea

veraneo *nm* holiday: *estar/ir de ~* to be/go on holiday

verano *nm* summer: *En ~ hace mucho calor.* It's very hot in (the) summer. ◊ *las vacaciones de ~* the summer holidays

verbo *nm* verb

verdad *nf* truth: *Decí la ~.* Tell the truth. LOC **ser verdad** to be true: *No puede ser ~.* It can't be true. **¿verdad?**: *Este auto es más rápido, ¿verdad?* This car's faster, isn't it? ◊ *No te gusta la leche, ¿verdad?* You don't like milk, do you? *Ver tb* CANTAR, CONFESAR

verdadero, -a *adj* true: *la verdadera historia* the true story

verde ◆ *adj* **1** (*gen*) green ☛ *Ver ejemplos en* AMARILLO **2** (*fruta*) unripe: *Todavía están ~s.* They're not ripe yet. **3** (*obsceno*) dirty: *chistes ~s* dirty jokes ◆ *nm* **1** (*color*) green **2** (*pasto*) grass **3 los verdes** (*Pol*) the Greens LOC **estar verde de envidia** to be green with envy **verde botella** bottle-green *Ver tb* VIEJO, ZONA

verdeo *nm* LOC *Ver* CEBOLLA

verdugo *nm* executioner

verdulería *nf* greengrocer's [*pl* greengrocers]

verdura *nf* vegetable(s) [*se usa mucho en plural*]: *frutas y ~s* fruit and vegetables ◊ *La ~ es muy sana.* Vegetables are good for you. ◊ *sopa de ~s* vegetable soup

vereda *nf* pavement LOC *Ver* CORDÓN

vergonzoso, -a *adj* disgraceful

vergüenza *nf* **1** (*timidez, sentido del ridículo*) embarrassment: *¡Qué ~!* How embarrassing! **2** (*sentido de culpabilidad, modestia*) shame: *No tenés ~.* You've got no shame. ◊ *Le daba ~ confesarlo.* He was ashamed to admit it. LOC **dar/pasar vergüenza** to be embarrassed: *Me da ~ preguntarles.* I'm too embarrassed to ask them.

verídico, -a *adj* true

verificar *vt* to check

verja *nf* **1** (*cerco*) railing(s) [*se usa mucho en plural*]: *saltar una ~ de hierro* to jump over some iron railings **2** (*puerta*) gate: *Cerrá la ~, por favor.* Shut the gate, please.

verruga *nf* wart

versión *nf* version LOC **en versión original** (*película*) with subtitles

verso *nm* **1** (*línea de un poema*) line **2** (*género literario*) poetry **3** (*poema*) verse **4** (*excusa, mentira*) story [*pl* stories]: *No me vengas con ~s.* Don't come to me with stories. LOC **hacerse el verso a algn** to try to con sb

vértebra *nf* vertebra [*pl* vertebrae]

vertebrado, -a *adj, nm* vertebrate

vertebral *adj* LOC *Ver* COLUMNA

verter *vt* **1** (*en un recipiente*) to pour: *~ el contenido en un recipiente.* Pour the contents into a container. **2** (*residuos*) to dump

vertical *adj* **1** (*gen*) vertical: *una línea ~* a vertical line **2** (*posición*) upright: *en posición ~* in an upright position LOC **hacer la vertical** to do a handstand

vértice *nm* vertex [*pl* vertexes/ vertices]

vértigo *nm* vertigo: *tener ~* to get vertigo LOC **dar/producir vértigo** to make *sb* dizzy

vesícula *nf* LOC **vesícula** (**biliar**) gall bladder

vestido *nm* dress LOC **vestido de novia** wedding dress

vestir ◆ *vt* **1** (*gen*) to dress: *Vestí a los chicos.* I got the children dressed. **2** (*llevar*) to wear: *Él vestía un traje gris.* He was wearing a grey suit. ◆ **vestir(se)** *vi, v pron* **vestir(se)** (**de**) to dress (**in** *sth*): *~ bien/de blanco* to dress well/in white ◆ **vestirse** *v pron* to get dressed: *Vestite o vas a llegar tarde.* Get dressed or you'll be late. LOC *Ver* GALA, ÚLTIMO

vestuario *nm* **1** (*ropa, Cine, Teat*) wardrobe **2** (*Dep*) changing room

veterano, -a ◆ *adj* experienced: *el jugador más ~ del equipo* the most experienced player in the team ◆ *nm-nf* veteran: *ser ~* to be a veteran

veterinaria *nf* veterinary science

veterinario, -a *nm-nf* vet

veto *nm* veto [*pl* vetoes]

vez *nf* time: *tres veces al año* three times a year ◊ *Te lo dije cien veces.* I've told you hundreds of times. ◊ *Gano cuatro veces más que él.* I earn four times as much as he does. LOC **a la vez** at the same time: *Lo dijimos a la ~.* We said it at the same time. ◊ *Terminamos a la ~.* We finished at the same time. **a veces** sometimes **de una vez**: *¡Contestalo de una ~!* Hurry up and answer! **de una vez por todas** once and for all **de vez en cuando** from time to time **dos veces** twice **en vez de** instead of *sth/ sb/doing sth* **érase/había una vez...** once upon a time there was... **una vez** once *Ver tb* ALGUNO, CADA, CIEN, DEMASIADO, OTRO

vía *nf* **1** (*Ferrocarril*) **(a)** (*rieles*) track: *la ~ del tren* the train track **(b)** (*andén*) platform **2 vías** (*Med*) tract [*sing*]: *~s respiratorias* respiratory tract LOC **en vías de desarrollo** developing: *países en ~s de desarrollo* developing countries (**por**) **vía aérea** (*correo*) (by) airmail **Vía Láctea** Milky Way **vía satélite** satellite: *una conexión ~ satélite* a satellite link

viajante *nmf* sales rep

viajar *vi* to travel: *~ en avión/coche* to travel by plane/car

viaje *nm* journey [*pl* journeys], trip, travel

> Las palabras **travel**, **journey** y **trip** no deben confundirse.
> El sustantivo **travel** es incontable y se refiere a la actividad de viajar en general: *Sus principales aficiones son los libros y los viajes.* Her main interests are reading and travel. **Journey** y **trip** se refieren a un viaje concreto. **Journey** indica sólo el desplazamiento de un lugar a otro: *El viaje fue agotador.* The journey was exhausting. **Trip** incluye también la estadía: *¿Qué tal tu viaje a París?* How did your trip to Paris go? ◊ *un viaje de negocios* a business trip
> Otras palabras que se usan para referirnos a viajes son **voyage** y **tour**. **Voyage** es un viaje largo por mar: *Colón es famoso por sus viajes al Nuevo Mundo.* Columbus is famous for his voyages to the New World. **Tour** es un viaje organizado donde se va parando en distintos lugares: *Jane va a hacer un viaje por Tierra Santa.* Jane is going on a tour around the Holy Land.

LOC **¡buen/feliz viaje!** have a good trip! **estar/irse de viaje** to be/go away **viaje de intercambio** exchange visit *Ver tb* AGENCIA, CHEQUE, EMPRENDER

viajero, -a *nm-nf* **1** (*pasajero*) passenger **2** (*turista*) traveller: *un ~ incansable* a tireless traveller

vial *adj* road [*n atrib*]: *mapa ~* road map ◊ *educación ~* road safety awareness

vianda *nf* packed lunch

viáticos *nm* travelling expenses

víbora *nf* viper

vibrar *vi* to vibrate

vicepresidente, -a *nm-nf* vice-president

vicesecretario, -a *nm-nf* deputy secretary [*pl* deputy secretaries]

viceversa *adv* vice versa

vichar *vi* to peep

viciarse *v pron* ~ (**con**) to get hooked (**on** ***sth***)

vicio *nm* **1** (*gen*) vice: *No tengo ~s.* I don't have any vices. **2** (*adicción*) addiction: *El juego se convirtió en ~.* Gambling became an addiction. LOC **darse al vicio** to turn to drink, drugs, etc **tomar/tener el vicio de algo** to get/ be addicted to sth

vicioso, -a *adj* depraved LOC *Ver* CÍRCULO

víctima *nf* victim: *ser ~ de un robo* to be the victim of a burglary

victoria *nf* **1** (*gen*) victory [*pl* victories] **2** (*Dep*) win: *una ~ en campo contrario* an away win LOC *Ver* CANTAR

victorioso, -a *adj* LOC **salir victorioso** to triumph

vid *nf* vine

vida *nf* **1** (*gen*) life [*pl* lives]: *¿Qué es de tu ~?* How's life? **2** (*sustento*) living: *ganarse la ~* to make a living LOC **con vida** alive: *Siguen con ~.* They're still alive. **darse la gran vida/una vida de reyes** to live the life of Riley **de toda la vida**: *La conozco de toda la ~.* I've known her all my life. ◊ *amigos de toda la ~* lifelong friends **en la vida** never: *En la ~ vi una cosa igual.* I've never seen anything like it. **¡esto es vida!** this is the life! **llevar una vida de perros** to lead a dog's life **para toda la vida** for life *Ver tb* ABRIR, AMARGAR, BOLSA[1], COMPLICAR, COSA, ENTERRAR, ESPERANZA, NIVEL, RITMO, SIETE, TREN

video *nm* **1** (*gen*) video [*pl* videos] **2** (*aparato*) video recorder LOC **filmar/ grabar en video** to film/to tape *Ver tb* CINTA

videocámara *nf* video camera

videoclip *nm* video [*pl* videos]

videoclub *nm* video shop

videojuego *nm* video game

videoteca *nf* video library [*pl* video libraries]

vidriera *nf* shop window LOC **ir a mirar vidrieras** to go window-shopping

vidriero, -a *nm-nf* glazier: *El ~ arregló el vidrio roto de la ventana.* The glazier fixed the broken window-pane.

vidrio *nm* **1** (*gen*) glass [*incontable*]: *una botella de ~* a glass bottle ◊ *Me corté con ~ roto.* I cut myself on a piece of broken glass. **2** (*lámina*) pane: *el ~ de la ventana* the window-pane

vieira *nf* scallop

viejo, -a ◆ *adj* old: *estar/ponerse ~* to look/get old ◆ *nm-nf* old man/woman [*pl* old men/women] LOC **viejo verde** dirty old man *Ver tb* CASCO, TRAPO

viento *nm* wind LOC **contra viento y marea** come hell or high water **hacer viento** to be windy: *Hacía demasiado ~.* It was too windy. *Ver tb* MOLINO

vientre *nm* **1** (*abdomen*) belly [*pl* bellies] **2** (*matriz*) womb

viernes *nm* Friday [*pl* Fridays] (*abrev* Fri) ☛ *Ver ejemplos en* LUNES LOC **Viernes Santo** Good Friday

viga *nf* **1** (*madera*) beam **2** (*metal*) girder

vigente *adj* current LOC **estar vigente** to be in force

vigía *nmf* lookout

vigilancia *nf* (*control*) surveillance: *Van a aumentar la ~.* They're going to step up surveillance. LOC *Ver* TORRE

vigilante *nmf* guard

vigilar *vt* **1** (*prestar atención, atender*) to keep an eye on *sth/sb* **2** (*enfermo*) to look after *sb* **3** (*custodiar*) to guard: *~ la frontera/a los presos* to guard the border/prisoners **4** (*examen*) to invigilate

vigor *nm* **1** (*Jur*) force: *entrar en ~* to come into force **2** (*energía*) vigour

villa *nf* LOC **villa miseria** shanty town **villa olímpica** Olympic village

villancico *nm* (Christmas) carol

vilo LOC **en vilo** (*intranquilo*) on tenterhooks: *Nos tuviste en ~ toda la noche.* You've kept us on tenterhooks all night.

vinagre *nm* vinegar LOC *Ver* CEBOLLITAS

vinagrera *nf* cruets

vinagreta *nf* vinaigrette

vincha *nf* (head)band: *una ~ para el pelo* a hair band

vínculo *nm* link

vinícola *adj* wine [*n atrib*]: *industria ~* wine industry ◊ *región ~* wine-growing region

vinicultor, ~a *nm-nf* wine-grower

vino *nm* wine: *¿Querés un ~?* Would you like a glass of wine? ◊ *~ blanco/tinto/de mesa* white/red/table wine LOC *Ver* PAN

viña *nf* (*tb* **viñedo** *nm*) vineyard

viñeta *nf* (*tira cómica*) comic strip

violación *nf* **1** (*delito*) rape **2** (*transgresión, profanación*) violation

violador, ~a *nm-nf* rapist

violar *vt* **1** (*forzar*) to rape **2** (*incumplir*) to break **3** (*profanar*) to violate

violencia *nf* violence

violentar *vt* **1** (*forzar*) to force: ~ *una cerradura* to force a lock **2** (*incomodar*) to make *sb* uncomfortable

violento, -a *adj* **1** (*gen*) violent: *una película violenta* a violent film **2** (*incómodo*) embarrassing: *una situación violenta* an embarrassing situation

violeta *adj, nf, nm* violet ☛ *Ver ejemplos en* AMARILLO

violín *nm* violin

violinista *nmf* violinist

violoncelo *nm* cello [*pl* cellos]

virar *vi* (*barco*) to put about

virgen ◆ *adj* **1** (*gen*) virgin: *bosques vírgenes* virgin forests ◊ *aceite de oliva* ~ extra virgin olive oil **2** (*cinta*) blank ◆ *nmf* virgin: *la Virgen de Luján* the Virgin of Luján ◊ *ser* ~ to be a virgin *Ver tb* LANA

virginidad *nf* virginity

Virgo *nm, nmf* (*Astrología*) Virgo [*pl* Virgos] ☛ *Ver ejemplos en* AQUARIUS

viril *adj* manly, virile (*formal*)

virilidad *nf* manliness

virtualmente *adv* virtually

virtud *nf* virtue: *tu mayor* ~ your greatest virtue

virtuoso, -a *adj* (*honesto*) virtuous

viruela *nf* **1** (*Med*) smallpox **2** (*ampolla*) pockmark

virus *nm* virus [*pl* viruses]

visa *nf* visa: ~ *de entrada/salida* entry/exit visa

visar *vt* (*pasaporte*) to stamp a visa in *a passport*

viscoso, -a *adj* viscous

visera *nf* **1** (*de gorra*) peak **2** (*de casco*) visor **3** (*de deportista*) eye-shade

visibilidad *nf* visibility: *poca* ~ poor visibility

visible *adj* visible

visión *nf* **1** (*vista*) (eye)sight: *perder la* ~ *en un ojo* to lose the sight of one eye **2** (*punto de vista*) view: *una* ~ *personal/de conjunto* a personal/overall view **3** (*alucinación*) vision: *tener una* ~ to have a vision **4** (*capacidad*): *un político con mucha* ~ a very far-sighted politician ◊ *Tenés mucha* ~ *para los negocios.* You've got a good eye for business. LOC **ver visiones** to hallucinate

visita *nf* **1** (*gen*) visit: *horario de* ~(*s*) visiting hours **2** (*visitante*) visitor: *Me parece que tenés* ~. I think you've got visitors/a visitor. LOC **hacer una visita** to pay *sb* a visit

visitante ◆ *adj* visiting: *el equipo* ~ the visiting team ◆ *nmf* visitor: *los ~s del palacio* visitors to the palace

visitar *vt* to visit: *Fui a ~lo al hospital.* I went to visit him in hospital.

visón *nm* mink

víspera *nf* day before (*sth*): *Dejé todo preparado la* ~. I got everything ready the day before. ◊ *la* ~ *del examen* the day before the exam

> También existe la palabra **eve**, que se usa cuando es la víspera de una fiesta religiosa o de un acontecimiento importante: *la víspera de año nuevo* New Year's Eve ◊ *Llegaron la víspera de las elecciones.* They arrived on the eve of the elections.

LOC **en vísperas de** just before *sth*: *en ~s de exámenes* just before the exams

vista *nf* **1** (*gen*): *Lo operaron de la* ~. He had an eye operation. ◊ *La zanahoria es muy buena para la* ~. Carrots are very good for your eyes. **2** (*panorama*) view: *la* ~ *desde mi habitación* the view from my room ◊ *con ~s al mar* overlooking the sea LOC **corto/largo de vista** short/long-sighted **dejar algo a la vista**: *Dejalo a la* ~ *para que no se me olvide.* Leave it where I can see it or I'll forget. **en vista de** in view of *sth*: *en* ~ *de lo ocurrido* in view of what has happened **hacer la vista gorda** to turn a blind eye (*to sth*) **¡hasta la vista!** see you! **no sacar la vista/los ojos** (**de encima**) not to take your eyes off *sth/sb* **tener** (**la**) **vista cansada** to be long-sighted *Ver tb* APARTAR, CONOCER, CORTO, EXAMEN, PERDER, PUNTO, SALTAR, SIMPLE, TIERRA

vistazo *nm* look: *Con un* ~ *tengo suficiente.* Just a quick look will do. LOC **dar/echar un vistazo** to have a look (*at sth/sb*)

visto, -a *pp, adj* LOC **estar bien/mal visto** to be well thought of/frowned upon **estar muy visto** to be unoriginal: *Eso ya está muy* ~. That's not very original. ◊ *La minifalda está muy vista.* Miniskirts have been around for ages. **por lo visto** apparently **visto bueno** approval *Ver tb* VER

vistoso, -a *adj* colourful

visual *adj* visual

vital *adj* **1** (*Biol*) life [*n atrib*]: *el ciclo* ~ the life cycle **2** (*persona*) full of life **3** (*decisivo*) vital

vitalidad *nf* vitality

vitamina *nf* vitamin: *la* ~ *C* vitamin C

viticultura *nf* wine-growing

vitreaux *nm* stained-glass window

vitrina *nf* glass cabinet

viudo, -a ◆ *adj* widowed: *Se quedó viuda muy joven.* She was widowed at an early age. ◆ *nm-nf* widower [*fem* widow]

viva ◆ *nm* cheer: *¡Tres ~s al campeón!* Three cheers for the champion! ◆ **¡viva!** *interj* hooray!: *¡~, aprobé!* Hooray! I've passed! ◊ *¡~ el presidente!* Long live the president!

víveres *nm* provisions

vivero *nm* **1** (*plantas*) nursery [*pl* nurseries]: *un ~ de árboles* a tree nursery **2** (*peces*) fish farm

vivienda *nf* **1** (*gen*) housing [*incontable*]: *el problema de la ~* the housing problem **2** (*casa*) house: *buscar ~* to look for a house **3** (*departamento*) flat: *bloques de ~s* blocks of flats

vivir ◆ *vi* **1** (*gen*) to live: *Vivió casi setenta años.* He lived for almost seventy years. ◊ *¿Dónde vivís?* Where do you live? ◊ *Viven en Rosario/el segundo piso.* They live in Rosario/on the second floor. ◊ *¡Qué bien vivís!* What a nice life you have! **2** (*subsistir*) to live on *sth*: *No sé de qué viven.* I don't know what they live on. ◊ *Vivimos con 600 pesos al mes.* We live on 600 pesos a month. **3** (*existir*) to be alive: *Mi bisabuelo aún vive.* My great-grandfather is still alive. ◆ *vt* to live (***through sth***): *Viví tu vida.* Live your own life. ◊ *~ una mala experiencia* to live through a bad experience LOC **no dejar vivir** not to leave *sb* in peace: *El jefe no nos deja ~.* Our boss won't leave us in peace. **vivir a costa de algn** to live off sb **vivir al día** to live from hand to mouth

vivo, -a *adj* **1** (*gen*) living: *seres ~s* living beings ◊ *lenguas vivas* living languages **2** (*persona*) clever **3** (*luz, color, ojos*) bright **4** (*activo*) lively: *una ciudad viva* a lively city LOC **en vivo** (*en directo*) live **estar vivo** to be alive: *¿Está ~?* Is he alive? **vivo o muerto** dead or alive *Ver tb* CARNE, FUEGO, MANTENER, MÚSICA, ROJO

vocabulario *nm* vocabulary [*pl* vocabularies]

vocación *nf* vocation

vocal ◆ *adj* vocal ◆ *nf* (*letra*) vowel ◆ *nmf* member LOC *Ver* CUERDA

vocalizar *vi* to speak clearly

vocear *vt, vi* to shout

vodka *nm* vodka

volado *nm* frill

volador, ~a *adj* flying LOC *Ver* PLATO

volante ◆ *adj* flying ◆ *nm* **1** (*automóvil*) steering wheel **2** (*propaganda*) leaflet

volar ◆ *vi* **1** (*gen*) to fly: *Volamos a Río de Janeiro desde Buenos Aires.* We flew to Rio de Janeiro from Buenos Aires. ◊ *El tiempo vuela.* Time flies. **2** (*con el viento*) to blow away: *El sombrero voló por los aires.* His hat blew away. ◆ *vt* (*hacer explotar*) to blow *sth* up: *~ un edificio* to blow up a building LOC **volando** (*rápido*) in a rush: *Fuimos volando a la estación.* We rushed off to the station. *Ver tb* AIRE

volcán *nm* volcano [*pl* volcanoes]

volcar ◆ *vt* **1** (*derribar*) to knock *sth* over: *Los chicos volcaron el tacho.* The children knocked the dustbin over. **2** (*líquidos*) to spill: *Volqué un poco de vino en la alfombra.* I spilt some wine on the carpet. **3** (*vaciar*) to empty *sth* out ◆ **volcar(se)** *vi, v pron* to overturn: *El coche volcó al patinar.* The car skidded and overturned. ◆ **volcarse** *v pron* **volcarse con** to do anything **for *sb***: *Se vuelca con sus nietos.* She will do anything for her grandchildren.

voleibol *nm* volleyball

voltaje *nm* voltage

voltear *vt* **1** (*botella*) to knock *a bottle* over **2** (*puerta*) to knock *a door* down

voltio *nm* volt

voluble *adj* changeable

volumen *nm* volume: *Compré el primer ~.* I bought the first volume. ◊ *bajar/subir el ~* to turn the volume down/up

voluntad *nf* **1** (*gen*) will: *No tiene ~ propia.* He has no will of his own. ◊ *contra mi ~* against my will **2** (*deseo*) wishes [*pl*]: *Debemos respetar su ~.* We must respect his wishes. LOC **buena voluntad** goodwill: *mostrar buena ~* to show goodwill *Ver tb* FUERZA

voluntario, -a ◆ *adj* voluntary ◆ *nm-nf* volunteer: *Trabajo de ~.* I work as a volunteer. LOC *Ver* PRESENTAR

volver ◆ *vi* **1** (*regresar*) to go/come back: *Volví a casa.* I went back home. ◊

Volvé acá. Come back here. ◊ *¿A qué hora vas a ~?* What time will you be back? **2 ~ a hacer algo** to do sth again: *No vuelvas a decirlo.* Don't say that again. ◆ *vt* to turn: *Volví la cabeza.* I turned my head. ◊ *Me volvió la espalda.* He turned his back on me. ◆ **volverse** *v pron* (*convertirse*) to become: *Se volvió muy tranquilo.* He's become very calm. ◊ *~se loco* to go mad LOC **volver en sí** to come round

vomitar ◆ *vt* to bring *sth* up: *Vomité toda la cena.* I brought up all my dinner. ◆ *vi* to be sick, to vomit (*más formal*): *Tengo ganas de ~.* I think I'm going to be sick.

vómito *nm* vomit, sick (*más coloq*)

vos *pron pers* **1** (*sujeto*) you: *~ y yo* you and I ◊ *¿Lo hiciste ~?* Did you do it? ◊ *¿Sos ~?* Is that you? **2** (*en comparaciones, con preposiciones*) you: *Es para ~.* It's for you. ◊ *Hablaban de ~.* They were talking about you. LOC *Ver* TRATAR

votación *nf* vote LOC **hacer una votación** to vote *Ver tb* SOMETER

votar *vt, vi* to vote (*for sth/sb*): *Voté a los verdes.* I voted Green/for the Greens. ◊ *~ a favor/en contra de algo* to vote for/against sth LOC **votar por correo** to have a postal vote

voto *nm* **1** (*Pol*) vote: *100 ~s a favor y dos en contra* 100 votes in favour, two against **2** (*Relig*) vow LOC **voto en blanco** blank ballot paper

voz *nf* voice: *decir algo en ~ alta/baja* to say sth in a loud/quiet voice LOC **a voz en cuello** at the top of your voice **llevar la voz cantante** to be the boss *Ver tb* CORRER

vuelo *nm* **1** (*gen*) flight: *el ~ Buenos Aires-Montevideo* the Buenos Aires-Montevideo flight ◊ *~s nacionales/internacionales* domestic/international flights **2** (*prenda*): *Esa pollera tiene mucho ~.* That skirt's very full. LOC **vuelo regular** scheduled flight **vuelo sin motor** gliding *Ver tb* AGARRAR, REMONTAR

vuelta *nf* **1** (*regreso*) return: *la ~ a la normalidad* the return to normality ◊ *Te veré a la ~.* I'll see you when I get back. **2** (*Dep*) lap: *Dieron tres ~s a la pista.* They did three laps of the track. LOC **a la vuelta** on the way back **a la vuelta de la esquina** (just) round the corner: *El verano está a la ~ de la esquina.* Summer's just round the corner. **dar (dos, etc) vueltas a/alrededor de algo** to go round sth (twice, etc): *La luna da ~s alrededor de la Tierra.* The moon goes round the earth. **dar la vuelta a la manzana/al mundo** to go round the block/world **darle vueltas a algo 1** (*gen*) to turn sth: *Siempre le doy dos ~s a la llave.* I always turn the key twice. **2** (*pensar*) to worry about sth: *Dejate de darle ~s al asunto.* Stop worrying about it. **dar media vuelta** to turn round **darse vuelta** to turn (**to/towards** *sth/sb*): *Se dio ~ y me miró.* She turned round and looked at me. ◊ *Se dio ~ hacia Elena.* He turned towards Elena. **dar vuelta algo** to turn sth over: *Da ~ el bife.* Turn the steak over. **dar vuelta la cara** to look the other way **dar vuelta la hoja/página** to turn over **dar vueltas** to spin: *La Tierra da ~s sobre su eje.* The earth spins on its axis. (**ir/salir a**) **dar una vuelta** to go out (for a walk) **vuelta al mundo** (*parque de diversiones*) big wheel **vuelta carnero** somersault **vuelta ciclista** cycle race *Ver tb* IDA, PASAJE

vueltero, -a *adj* difficult

vuelto *nm* change: *Quédese con el ~.* Keep the change.

vulgar *adj* vulgar

Ww

walkie-talkie *nm* walkie-talkie

walkman® *nm* Walkman® [*pl* Walkmans]

waterpolo *nm* water polo

whisky *nm* whisky [*pl* whiskies]

windsurf *nm* windsurfing: *practicar el ~* to go windsurfing

xenofobia *nf* xenophobia

xilofón *nm* xylophone

Yy

y *conj* **1** (*copulativa*) and: *chicos y chicas* boys and girls **2** (*en interrogaciones*) and what about...?: *¿Y vos?* And what about you? **3** (*para expresar las horas*) past: *Son las dos y diez.* It's ten past two. LOC **¿y qué?** so what?

ya *adv* **1** (*referido al pasado*) already: *¿Ya lo terminaste?* Have you finished it already? ☛ *Ver nota en* YET **2** (*referido al presente*) now: *Estaba muy enfermo pero ya está bien.* He was very ill but he's fine now. **3** (*referido al futuro*): *Ya veremos.* We'll see. ◊ *Ya te escribirán.* They'll write to you (eventually). **4** (*uso enfático*): *Ya lo sé.* I know. ◊ *Sí, ya entiendo.* Yes, I understand. ◊ *Ya vas a ver.* Just you wait and see. LOC **ya no...**: *Ya no vivo ahí.* I don't live there any more. **¡ya voy!** coming!

yacaré *nm* cayman

yacimiento *nm* **1** (*Geol*) deposit **2** (*Arqueología*) site

yanqui *adj, nmf* Yankee [*n*]: *la hospitalidad* ~ Yankee hospitality

yate *nm* yacht

yegua *nf* mare

yema *nf* **1** (*huevo*) (egg) yolk **2** (*dedo*) (finger)tip: *No siento las ~s de los dedos.* I can't feel my fingertips. ◊ *la ~ del pulgar* the tip of the thumb

yerba *nf* (*marihuana*) pot LOC **yerba mate** gourd

yerno *nm* son-in-law [*pl* sons-in-law]

yerra *nf* branding

yeso *nm* plaster

yeta *nf* jinx LOC **tener yeta** to have bad luck: *Desde que vine a esta ciudad tengo ~.* I've had bad luck ever since I arrived in this city.

yo *pron pers* **1** (*sujeto*) I: *Vamos a ir mi hermana y yo.* My sister and I will go. ◊ *Lo voy a hacer yo mismo.* I'll do it myself. **2** (*en comparaciones, con preposición*) me: *excepto yo* except (for) me ◊ *Llegaste antes que yo.* You got here before me. LOC **soy yo** it's me **¿yo?** me?: *¿Quién decís? ¿Yo?* Who do you mean? Me? **yo que vos** if I were you: *Yo que vos no iría.* I wouldn't go if I were you.

yodo *nm* iodine

yoga *nm* yoga: *hacer* ~ to practise yoga

yogur *nm* yoghurt LOC **yogur descremado** low-fat yoghurt

yudo *nm* judo

yugular *adj, nf* jugular

yuyo *nm* **1** (*hierba*) herb: *té de ~s* herbal tea **2** (*mala hierba*) weed: *Hay que sacar los ~s del jardín.* The garden needs weeding.

Zz

zafiro *nm* sapphire

zaguán *nm* hallway

zambullirse *v pron* (*bañarse*) to dive

zanahoria *nf* carrot

zancada *nf* stride

zancadilla *nf* LOC **hacer una zancadilla** to trip *sb* up: *Le hiciste una ~.* You tripped him up.

zángano, -a *nm-nf* lazybones [*pl* lazybones]

zanja *nf* trench

zanjar *vt* to put an end to *sth*

zapallito *nm* **1** (*grande*) marrow **2** (*pequeño*) courgette

zapallo *nm* pumpkin

zapatería *nf* shoe shop

zapatero, -a *nm-nf* shoemaker

zapatilla *nf* **1** (*pantufla*) slipper **2** (*Dep*) trainer **3** (*ballet, tenis*) shoe

zapato *nm* shoe: *~s chatos* flat shoes ◊ *~s de taco* high-heeled shoes

zarandear *vt* to shake: *La zarandeó para que dejara de gritar.* He shook her to stop her shouting.

zarpar *vi* ~ (**hacia/con rumbo a**) to set sail (**for…**): *El buque zarpó hacia Malta.* The boat set sail for Malta.

zarza *nf* bramble

zarzamora *nf* blackberry [*pl* blackberries]

¡zas! *interj* bang!

zigzag *nm* zigzag: *un camino en ~* a zigzag path

zinc *nm* zinc

zodíaco *nm* zodiac: *los signos del ~* the signs of the zodiac

zombi *adj, nmf* zombie [*n*]

zona *nf* **1** (*área*) area: *~ industrial/residencial* industrial/residential area **2** (*Anat, Geog, Mil*) zone: *~ fronteriza/neutral* border/neutral zone LOC **zona norte, etc** north, etc: *la ~ sur de la ciudad* the south of the city **zonas verdes** parks

zoo (*tb* **zoológico**) *nm* zoo [*pl* zoos]

zoquete *nm* sock

zorrino *nm* skunk

zorro, -a ◆ *nm-nf* (*animal*) fox [*fem* vixen] ◆ *nm* (*piel*) fox fur: *un saco de ~* a fox fur coat LOC **zorro gris** traffic policeman [*pl* traffic policemen]

zorzal *nm* thrush

zueco *nm* clog

zumbar *vt, vi* LOC **salir zumbando** to rush off: *Miró su reloj y salió zumbando.* He looked at his watch and rushed off. **zumbarle los oídos** to have a buzzing in your ears

zumbido *nm* **1** (*insecto*) buzzing [*incontable*]: *Se oían los ~s de las moscas.* You could hear the flies buzzing. **2** (*máquina*) humming [*incontable*]

zurcir *vt* to darn

zurdo, -a *adj* left-handed: *ser ~* to be left-handed

Hojas de estudio

Ésta es la lista de apartados que elaboramos para ayudarte con el inglés:

Preposiciones de lugar

The lamp is **above/ over** the table.

The meat is **on** the table.

The cat is **under** the table.

The truck is **in front of** the car.

The car is **behind** the truck.

Sam is **between** Tom and Kim.

Kim is **next to/beside** Sam.

The bird is **in/ inside** the cage.

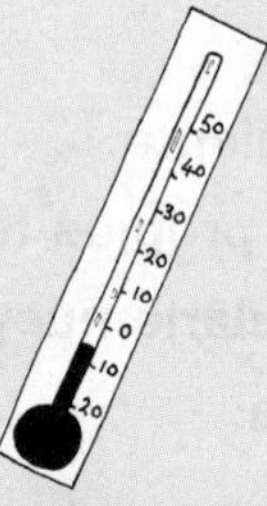

The temperature is **below** zero.

The girl is leaning **against** the wall.

Tom is **opposite/ across from** Kim.

The house is **among** the trees.

Preposiciones de movimiento

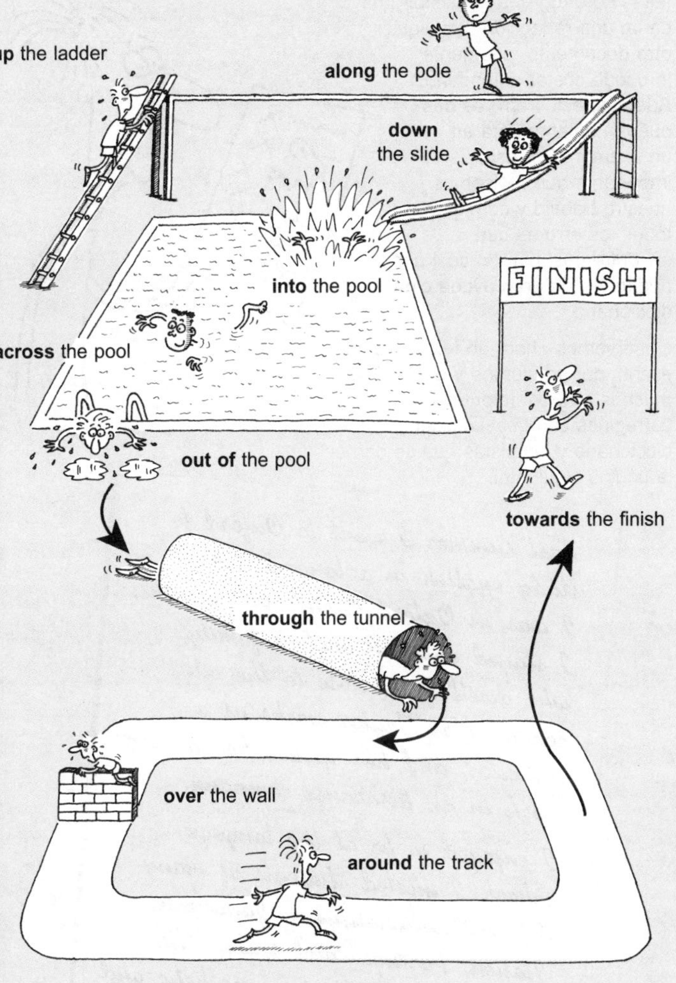

Cómo corregir nuestros propios textos

Si se cometen muchos errores y faltas de ortografía al escribir una carta, una redacción o cualquier otro documento, a la gente le puede costar entenderlo. Además, estos errores nos pueden bajar la nota en un examen. Por eso, es importante que revisemos nuestro trabajo y corrijamos todos los errores que encontremos, para lo cual nos puede ser de gran ayuda este diccionario.

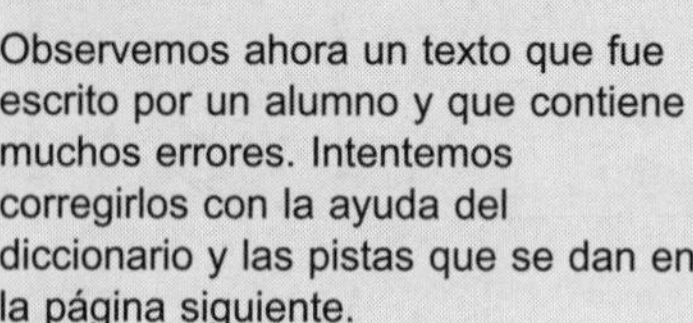

Observemos ahora un texto que fue escrito por un alumno y que contiene muchos errores. Intentemos corregirlos con la ayuda del diccionario y las pistas que se dan en la página siguiente.

Last summer I went to Oxford to study english in a langage school. I was in Oxford during two months. I stayed with an english family, who dwell quite close to the city centre. Mrs Taylor works as a sollicitor, and her spouse has a good work in an insuranse company.

I enjoyed to be at the langage school. I meeted students of many diferent nationalitys – Japanesse, Italien, Portugal and spain. The professors were very sympathetic and teached me a lot, but I didn't like making so many homeworks!

Pistas para la corrección de textos

1 ¿Usamos la palabra correcta?

En este diccionario se incluyen notas sobre palabras que la gente tiende a confundir. Buscamos entradas como ***sympathetic***, ***work*** o cualquier otra que nos haga dudar.

2 ¿Elegimos el estilo más adecuado?

Puede ser que algunas de las palabras que usamos sean demasiado formales o informales para el texto que escribimos. Lo comprobamos en las entradas correspondientes del diccionario.

3 ¿Combinamos correctamente las palabras?

¿Se dice *to **make** your **homework*** o *to **do** your **homework***? Si no estamos seguros, consultamos las entradas de los verbos correspondientes, donde vamos a encontrar un ejemplo que lo aclare.

4 ¿Qué preposición debemos usar?

¿Se dice ***close to*** o ***close from***? Las preposiciones en inglés pueden llegar a ser una pesadilla ... ¡¡parece que cada sustantivo, adjetivo y verbo lleva una preposición diferente!! Este diccionario nos va a ayudar a la hora de hacer la elección.

Ahora ya podemos darle la vuelta a la página para comprobar las respuestas.

5 ¿Acertamos con la estructura sintáctica?

¿***Enjoy to do sth*** o ***enjoy doing sth***? La entrada ***enjoy*** nos va a ayudar a solucionar esta duda. Debemos asegurarnos de comprobar este tipo de estructuras en el texto.

6 ¿Cometimos faltas de ortografía?

Debemos tener cuidado con aquellas palabras que se parecen a las de nuestra lengua, ya que a menudo se escriben de distinta manera. Debemos fijarnos también en los nombres de países y nacionalidades (hay una lista en el apéndice 4). Tenemos que comprobar las terminaciones del plural, las formas en *-ing*, las dobles consonantes, etc.

7 ¿Es el texto gramaticalmente correcto?

¿Nos fijamos si los sustantivos son contables o incontables? ¿Usamos el pasado y el participio correctos en los verbos? Debemos consultar la lista de verbos irregulares del apéndice 2 para asegurarnos.

Respuestas

Last summer I went to Oxford to study **E**nglish in a lang**u**age school. I was in Oxford **for** two months. I stayed with an **E**nglish family, who **live** quite close to the city centre. Mrs Taylor works as a solicitor, and her **husband** has a good **job** in an insuran**ce** company.

I enjoyed **being** at the lang**u**age school. I **met** students of many di**ff**erent nationalities – Japan**ese**, Italian, Portu**gue**se and **Spanish**. The **teachers** were very **nice** and **taught** me a lot, but I didn't like **doing** so **much** homework!

Cómo archivar el vocabulario nuevo

A la hora de aprender vocabulario, es importante ordenar y archivar todas aquellas palabras nuevas que queremos recordar. Éstas son algunas sugerencias sobre cómo hacerlo.

Cuadernos de vocabulario

A

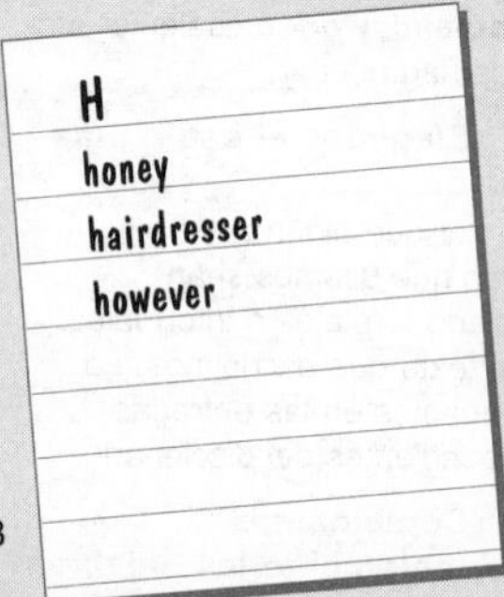

B

A muchos estudiantes les gusta tener un cuaderno especial para anotar el vocabulario. Hay dos maneras de organizar dicho cuaderno: por *temas* (como en el dibujo A) o por *orden alfabético* (dibujo B). Escribimos unas cuantas palabras al principio, y añadimos después otras a medida que las vayamos aprendiendo.

Fichas de vocabulario

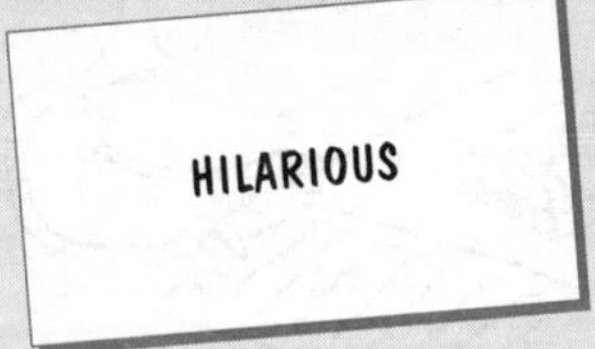

parte delantera de la ficha

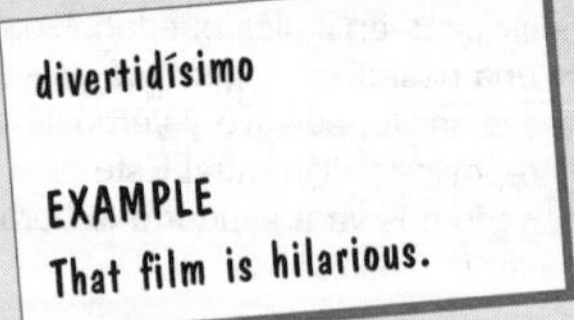

parte trasera de la ficha

Otra manera de organizar el vocabulario es escribir cada palabra nueva en una ficha y guardar todas las fichas en un fichero. Escribimos la palabra en una cara de la ficha y la traducción, acompañada de algún ejemplo, en la otra cara. Esto nos vendrá bien cuando queramos repasar lo que aprendimos: miramos la palabra e intentamos recordar cómo se traduce al castellano; o, si preferimos, miramos la traducción y tratamos de adivinar de qué palabra se trata.

Cómo anotar información adicional sobre una palabra

Puede ser que nos interese recordar ciertos detalles sobre una palabra. Los buscamos en el diccionario y decidimos cuáles queremos anotar en el cuaderno o en las fichas de vocabulario. Tratemos de dar siempre un ejemplo, nos va a ayudar a recordar cómo se usa la palabra en inglés.

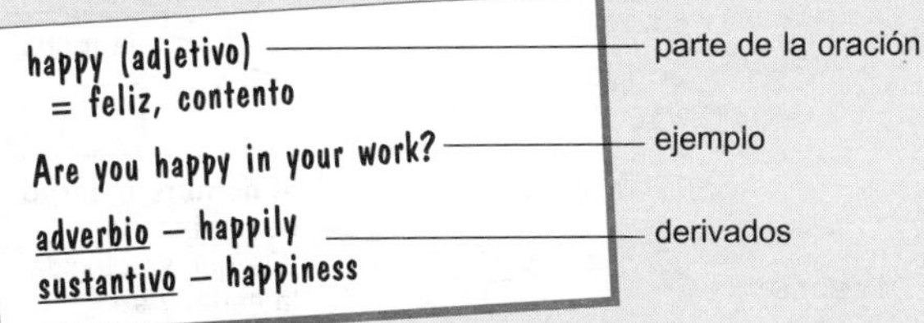

Ejercicio 1

Decidir, con la ayuda del diccionario, cuáles son los detalles más importantes de las siguientes palabras, y a continuación anotarlos.

bleed **deaf** **on the ball** **fluent** **swap**

Cuadros sinópticos y diagramas

A veces puede ser interesante agrupar las palabras por familias. Observemos los dos métodos que se muestran a continuación.

a) Cuadros sinópticos

Deporte	Persona	Lugar
football	footballer	pitch
athletics	athlete	track
golf	golfer	course
tennis	tennis player	court

b) Diagramas

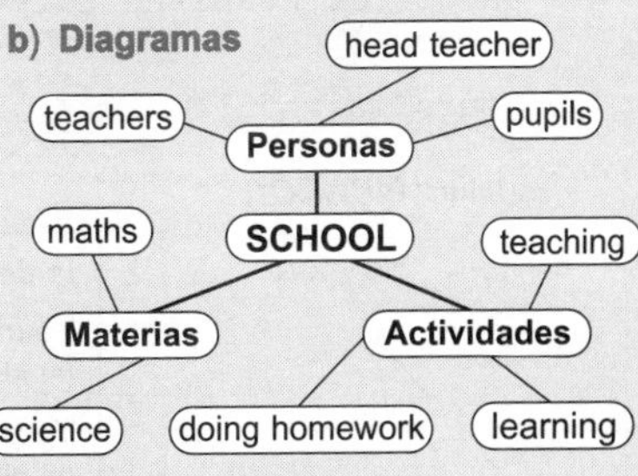

Ejercicio 2

a) *Hacer un cuadro sinóptico usando palabras que se refieran a trabajos, lugares de trabajo y cosas que la gente usa en el trabajo.*

b) *Hacer un diagrama que muestre vocabulario relacionado con las vacaciones. Pueden agruparse las palabras según se refieran a lugares donde alojarse, métodos de transporte o actividades.*

Cómo redactar una carta

Cartas formales

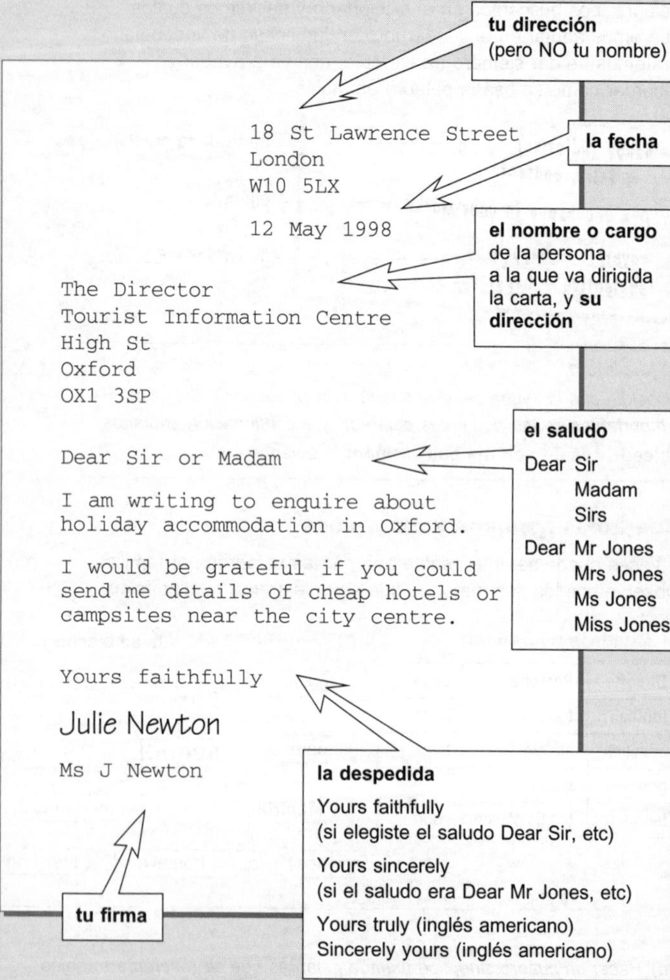
18 St Lawrence Street
London
W10 5LX

12 May 1998

The Director
Tourist Information Centre
High St
Oxford
OX1 3SP

Dear Sir or Madam

I am writing to enquire about holiday accommodation in Oxford.

I would be grateful if you could send me details of cheap hotels or campsites near the city centre.

Yours faithfully

Julie Newton

Ms J Newton

Recordar que este tipo de cartas deben redactarse en estilo formal y que por lo tanto debemos evitar usar contracciones como *I'm*, *I'd*, etc.

Cartas informales

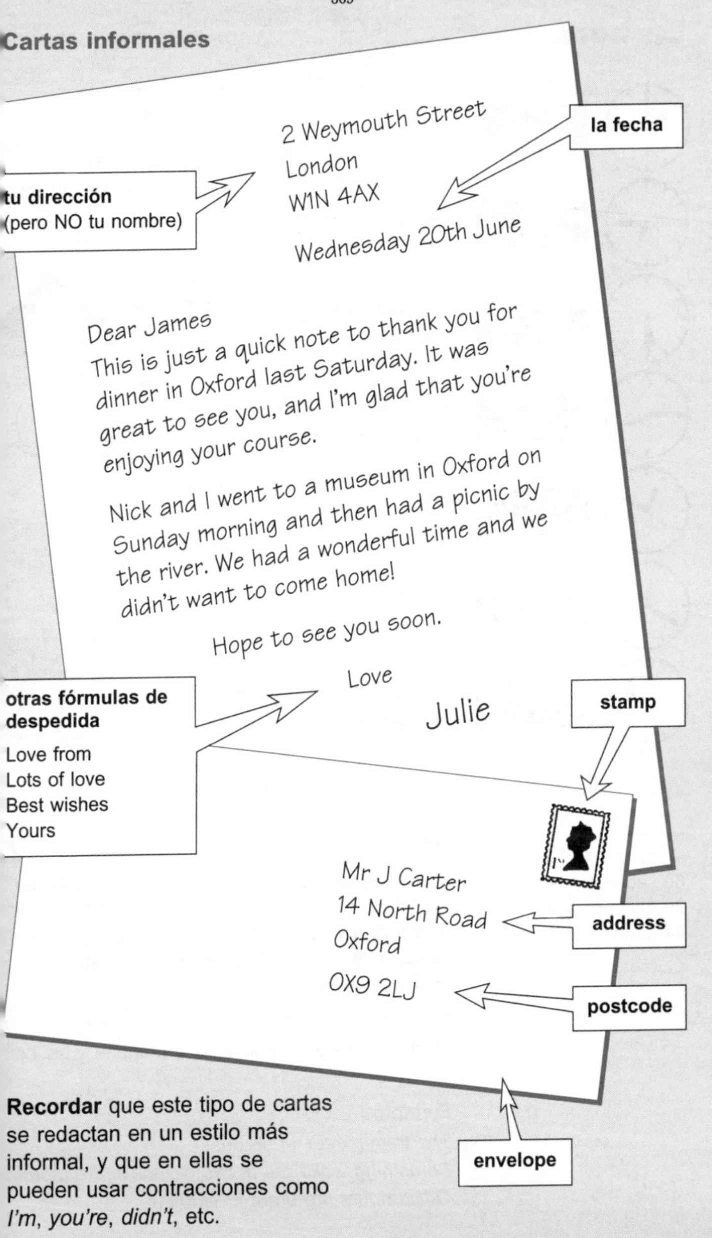

Recordar que este tipo de cartas se redactan en un estilo más informal, y que en ellas se pueden usar contracciones como *I'm*, *you're*, *didn't*, etc.

La hora

* El "reloj de veinticuatro horas" no se usa en el lenguaje hablado, salvo para leer horarios de trenes y micros.

60 seconds	= 1 minute
60 minutes	= 1 hour
24 hours	= 1 day

Si queremos especificar que son las 06:00 y no las 18:00, podemos expresarlo como *six o'clock* ***in the morning***. 15:30 se diría *half past three* ***in the afternoon*** y 22:00 sería *ten o'clock* ***in the evening***.

En lenguaje más formal se usa *am/pm* para distinguir entre las horas de la mañana y las de la tarde.

Ejemplos

The train leaves at 06:56.
Something woke me at two o'clock in the mornin
Office hours are 9 am to 4:30 pm.

Vamos a llamar por teléfono

¿Cómo se expresan los números de teléfono?

36920 three six nine two o (se pronuncia /əʊ/)
25844 two five eight double four

Para hacer una *llamada telefónica* (a **telephone call**), *levantamos el tubo* (**pick up** the **receiver**) y *marcamos un número de teléfono* (**dial** a telephone number). Cuando *el teléfono suena* (the telephone **rings**), la persona a la que llamamos *lo contesta* (**answers** it). Si esa persona está hablando por teléfono en ese momento, el teléfono estará *ocupado* (**engaged**).

La puntuación inglesa

. El *punto y seguido* o **full stop** (.), que se llama **period** en inglés americano, pone fin a la frase, siempre que ésta no sea una pregunta o una exclamación:

We're leaving now.
That's all.
Thank you.

También se usa en abreviaturas:

Acacia Ave.
Walton St.

? El *signo de interrogación* o **question mark** (**?**) se pone al final de una frase interrogativa directa:

'Who's that man?' Jenny asked.

pero nunca al final de una interrogativa indirecta:

Jenny asked who the man was.

! El *signo de admiración* o **exclamation mark** (**!**), **exclamation point** en inglés americano, se pone al final de una frase que expresa sorpresa, entusiasmo, miedo, etc:

What an amazing story!
How well you look!
Oh no! The cat's been run over!

También se usa con interjecciones y palabras onomatopéyicas:

Bye!
Ow!
Crash!

, La coma o **comma** (**,**) indica una breve pausa dentro de una frase:

I ran all the way to the station, but I still missed the train.
However, he may be wrong.

También usamos la coma para citar a una persona o para introducir una frase en estilo directo:

Fiona said, 'I'll help you.'
'I'll help you', said Fiona, 'but you'll have to wait till Monday.'

La coma puede separar los elementos de una enumeración o de una lista (no es obligatoria delante de *'and'*).

It was a cold, rainy day.
This shop sells records, tapes, and compact discs.

: Los *dos puntos* o **colon** (**:**) se usan para introducir citas largas o listas de objetos:

There is a choice of main course: roast beef, turkey or omelette.

; El *punto y coma* o **semicolon** (**;**) se usa para separar dos partes bien diferenciadas dentro de una oración:

John wanted to go; I did not.

También puede separar elementos de una lista cuando ya hemos usado la coma:

The school uniform consists of navy skirt or trousers; grey, white or pale blue shirt; navy jumper or cardigan.

El *apóstrofo* o **apostrophe** (') puede indicar dos cosas:

a) que se ha omitido una letra, como en el caso de las contracciones

hasn't, don't, I'm y *he's*

b) el genitivo sajón:

Peter's scarf
Jane's mother
my friend's car

Cuando un sustantivo termina en *s*, no siempre es necesario añadir una segunda *s*, p. ej. en

Jesus' family

Observemos que la posición del apóstrofo es distinta cuando acompaña a sustantivos que están en singular y en plural:

the girl's keys
(= las llaves de una chica)
the girls' keys
(= las llaves de varias chicas)

Las *comillas simples y dobles*, **quotation marks** (' ') e **inverted commas** (“ ”), se usan para introducir las palabras o los pensamientos de una persona:

'Come and see,' said Martin.
Angela shouted, 'Over here!'
'Will they get here on time?' she wondered.

Las comillas también pueden introducir el título de un libro, de una película, etc:

'Pinocchio' is the first film I ever saw.
'Have you read “Emma”?' he asked.

Cuando queremos destacar una palabra, o bien la usamos con un sentido poco común o irónico, dicha palabra suele aparecer entre comillas:

The word “conversation” is often spelt incorrectly.
The “experts” were unable to answer a simple question.

El *guión* o **hyphen** (-) se usa para unir dos palabras que forman una unidad:

mother-in-law
a ten-ton truck

También se usa para unir un prefijo a una palabra:

non-violent
anti-British

y en números compuestos:

thirty-four
seventy-nine

Cuando tenemos que separar una palabra al final de una línea, lo hacemos por medio de un guión.

La *raya* o **dash** (–) se usa para separar una frase o explicación dentro de una oración más amplia. También la podemos encontrar al final de la oración, para resumir su contenido:

A few people – not more than ten – had already arrived.
The burglars had taken the furniture, the TV and stereo, the paintings – absolutely everything.

El *paréntesis* o **brackets ( )**, también llamado **parentheses** en los EEUU, sirve para resaltar información adicional dentro de una oración:

Two of the runners (Johns and Smith) finished the race in under an hour.

Los números y letras que indican distintos apartados se marcan también mediante paréntesis:

The camera has three main advantages:
1) *its compact size*
2) *its low price and*
3) *the quality of the photographs.*

What would you do if you won a lot of money?
a) *save it*
b) *travel round the world*
c) *buy a new house*

¡A comer!

En Gran Bretaña

La mayoría de los **cafés** abren sólo hasta media tarde y no ofrecen bebidas alcohólicas. Éstas se toman en el **pub**, donde a veces se sirven también almuerzos y cenas rápidos. **Cafeteria** o **canteen** es el local donde comen los estudiantes cuando están en el colegio y los empleados en el trabajo. En un **tea-shop** (o **coffee-shop** en los shoppings) podemos tomar un café o un té con tortas.

Un **restaurant** es un lugar más refinado y más caro que un **café**, donde se sirven comidas completas. En el **café** se sirven solamente aperitivos y comidas ligeras. En un **take-away** se vende la comida ya lista para llevar y consumir fuera del local.

En Estados Unidos

La gente disfruta de comer afuera en una variedad de restaurantes ya que no resulta tan caro en los Estados Unidos como en otros países.

Si una persona está apurada, puede ir a un **fast-food restaurant**, donde la comida se puede ordenar desde el auto (**the drive-through**) o en el mostrador (**at the counter**). Pueden pedir la comida para comer ahí mismo (**to eat in**) o para llevar (**to go**). Otra manera de ahorrar tiempo es comprar comida preparada (**takeout**) en una rotisería (**deli** o **delicatessen**) para luego servir y comerla en casa.

El desayuno

El desayuno tradicional inglés o **cooked breakfast** (huevos, panceta, salchichas, etc) se toma normalmente los sábados y los domingos. Entre semana es más normal tomar café (o té) con tostadas o pancitos, cereales, etc.

En Estados Unidos algunos restaurantes ofrecen un **brunch** especial los domingos, que es una combinación de desayuno y almuerzo tipo buffet que incluye carnes, ensaladas, huevos revueltos, pan y postres.

El almuerzo, la merienda y la cena

Dinner, **lunch**, **tea** y **supper** significan cosas distintas según las personas y las regiones.

Dinner es la comida principal y se prepara normalmente al final de la tarde. Algunas personas llaman esta comida **supper**.

Al mediodía se suele tomar el **lunch**, que es casi siempre una comida ligera, como una ensalada o un sandwich.

En Gran Bretaña **tea** puede ser la merienda-cena que se les da a los chicos o el té con galletitas que meriendan los mayores.

Gran Bretaña/ EEUU	Argentina/ Uruguay
breakfast	desayuno
lunch/dinner	almuerzo/ comida
tea (sólo GB)	merienda (merienda-cena para los chicos)
dinner/supper	cena

Las casas en Gran Bretaña

Una **detached house** es una vivienda unifamiliar que no tiene ningún edificio adosado.

Una **semi-detached house** está adosada a otra casa por uno de sus lados.

Una **terraced house** forma parte de una hilera de casas adosadas entre sí.

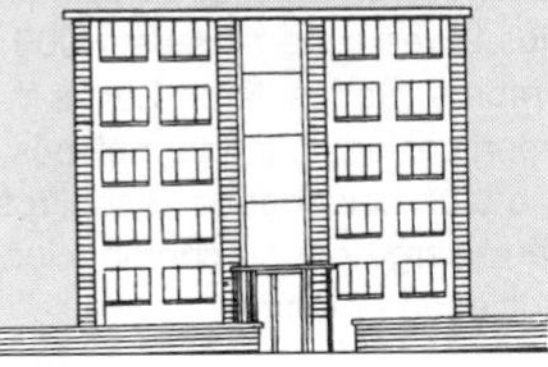

Un **block of flats** es un edificio moderno, dividido en apartamentos y más alto que las casas tradicionales.

Un **cottage** es una casa pequeña, a menudo antigua y de aspecto agradable, construida en el campo o en un pueblo pequeño.

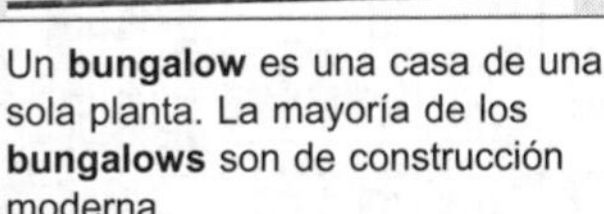

Un **bungalow** es una casa de una sola planta. La mayoría de los **bungalows** son de construcción moderna.

En Gran Bretaña, la mayoría de la gente vive en una casa, excepto en las grandes ciudades, donde muchas personas viven en apartamentos. Cuando alguien quiere comprar o vender una casa, se pone en contacto con un **estate agent** (agencia inmobiliaria) y pide un **mortgage** (hipoteca) a una **building society** (una sociedad de ahorro y préstamo para la vivienda). La gente que vive en una casa alquilada tiene que pagar el alquiler (the **rent**) al dueño o dueña de la casa (the **landlord/lady**).

Las instituciones británicas

El parlamento

El parlamento británico (the **British Parliament**) está dividido en dos cámaras, la Cámara de los Comunes (the **House of Commons**) y la Cámara de los Lores (the **House of Lords**). La Cámara de los Comunes está compuesta por 650 parlamentarios (**Members of Parliament** o **MPs**) elegidos directamente por los ciudadanos británicos. La Cámara de los Lores tiene más de 1.000 miembros. Se les llama **Lords** y pueden ser aristócratas, obispos, etc, o bien ciudadanos escogidos para el cargo por su contribución a la sociedad británica.

El gobierno

El primer ministro (the **Prime Minister**) escoge a unos 20 ministros (**ministers**) para formar su gabinete (**Cabinet**). La mayoría de los miembros del gabinete están a cargo de un ministerio, p. ej., el **Chancellor of the Exchequer** está al frente del Ministerio de Hacienda (the **Treasury**), y el **Foreign Secretary** dirige el Ministerio de Relaciones Exteriores (the **Foreign Office**).

Las elecciones

Cada cinco años se celebran las elecciones generales (a **general election**), y los habitantes de cada distrito electoral (**constituency**) votan a un político para que les represente en el parlamento. También se celebran elecciones locales (**local elections**), en las que la gente vota a un intendente para la intendencia de su ciudad, barrio o distrito. Todas las personas mayores de 18 años tienen derecho a votar.

Aa

A, a /eɪ/ *n* (*pl* **A's**, **a's** /eɪz/) **1** A, a: *A for Andrew* A de Andrés ◊ *'bean' (spelt) with an 'a'* bean con "a" ◊ *'Awful' begins/starts with an 'A'.* "Awful" empieza con "A". ◊ *'Data' ends in an 'a'.* "Data" termina en "a". **2** (*Educ*) sobresaliente: *to get (an) A in English* sacar un sobresaliente en inglés **3** (*Mús*) la

a /ə, eɪ/ (*tb* **an** /ən, æn/) *art indef* ☛ **A, an** corresponde al castellano *un, una* excepto en los siguientes casos: **1** (*números*): *a hundred and twenty people* ciento veinte personas **2** (*profesiones*): *My mother is a solicitor.* Mi madre es abogada. **3** por: *200 words a minute* 200 palabras por minuto ◊ *50p a dozen* 50 peniques la docena **4** (*con desconocidos*) un(a) tal: *Do we know a Tim Smith?* ¿Conocemos a un tal Tim Smith?

aback /əˈbæk/ *adv Ver* TAKE

abandon /əˈbændən/ *vt* abandonar: *We abandoned the attempt.* Abandonamos el intento. ◊ *an abandoned baby/car/village* un bebé/auto/pueblo abandonado

abbess /ˈæbes/ *n* madre superiora

abbey /ˈæbi/ *n* (*pl* **-eys**) abadía

abbot /ˈæbət/ *n* abad

abbreviate /əˈbriːvieɪt/ *vt* abreviar **abbreviation** *n* **1** abreviación **2** abreviatura

ABC /ˌeɪ biː ˈsiː/ *n* **1** abecedario **2** abecé

abdicate /ˈæbdɪkeɪt/ *vt, vi* abdicar: *to abdicate (all) responsibility* declinar toda responsabilidad

abdomen /ˈæbdəmən/ *n* abdomen **abdominal** /æbˈdɒmɪnl/ *adj* abdominal

abduct /əbˈdʌkt, æb-/ *vt* secuestrar **abduction** *n* secuestro

abide /əˈbaɪd/ *vt* soportar: *I can't abide them.* No los puedo soportar. PHR V **to abide by sth 1** (*veredicto, decisión*) acatar algo **2** (*promesa*) cumplir con algo

ability /əˈbɪləti/ *n* (*pl* **-ies**) **1** (*talento*) capacidad, aptitud: *her ability to accept change* su capacidad para aceptar los cambios ◊ *Despite his ability as a dancer...* A pesar de sus aptitudes como bailarín... **2** habilidad

ablaze /əˈbleɪz/ *adj* **1** en llamas: *to set sth ablaze* prender fuego a algo **2 to be ~ with sth** resplandecer de algo: *The garden was ablaze with flowers.* El jardín estaba inundado de flores.

able[1] /ˈeɪbl/ *adj* **to be ~ to do sth** poder hacer algo: *Will he be able to help you?* ¿Podrá ayudarte? ◊ *They are not yet able to swim.* No saben nadar todavía. ☛ *Ver nota en* CAN[2] LOC *Ver* BRING

able[2] /ˈeɪbl/ *adj* (**abler**, **ablest**) capaz

abnormal /æbˈnɔːml/ *adj* anormal **abnormality** /ˌæbnɔːˈmæləti/ *n* (*pl* **-ies**) anormalidad

aboard /əˈbɔːd/ *adv, prep* a bordo: *aboard the ship* a bordo del barco ◊ *Welcome aboard.* Bienvenidos a bordo.

abode /əˈbəʊd/ *n* (*formal*) domicilio LOC *Ver* FIXED

abolish /əˈbɒlɪʃ/ *vt* abolir **abolition** *n* abolición

abominable /əˈbɒmɪnəbl; *USA* -mən-/ *adj* abominable

abort /əˈbɔːt/ **1** *vt, vi* (*Med*) abortar **2** *vt* abortar: *They aborted the launch.* Abortaron el lanzamiento.

abortion /əˈbɔːʃn/ *n* aborto (*intencionado*): *to have an abortion* abortarse ☛ *Comparar con* MISCARRIAGE

abortive /əˈbɔːtɪv/ *adj* fracasado: *an abortive coup/attempt* un golpe de estado/intento fracasado

abound /əˈbaʊnd/ *vi* ~ (**with sth**) abundar (en algo)

about[1] /əˈbaʊt/ *adv* **1** (*tb* **around**) más o menos: *about the same height as you* más o menos de tu misma altura **2** (*tb* **around**) a eso de: *I got home at about half past seven.* Llegué a casa a eso de las siete y media. ☛ *Ver nota en* AROUND[1] **3** (*tb* **around**) por acá: *She's somewhere about.* Está por acá. ◊ *There are no jobs about at the moment.* Por ahora no sale ningún trabajo. **4** casi: *Dinner's about ready.* La cena está casi lista. LOC **to be about to do sth** estar a punto de hacer algo

about[2] /əˈbaʊt/ (*tb* **around**, **round**) *part*

adv **1** de un lado a otro: *I could hear people moving about.* Oía gente yendo de un lado para otro. **2** acá y allá: *People were standing about in the street.* Había gente parada en la calle. ☛ Para los usos de **about** en PHRASAL VERBS ver las entradas de los verbos correspondientes, p. ej. **to lie about** en LIE[2].

about[3] /əˈbaʊt/ *prep* **1** por: *papers strewn about the room* papeles desparramados por la habitación ◊ *She's somewhere about the place.* Anda por algún lado. **2** sobre: *a book about flowers* un libro sobre flores ◊ *What's the book about?* ¿De qué trata el libro? **3** [*con adjetivos*]: *angry/happy about sth* enojado por/contento con algo **4** (*característica*): *There's something about her I like.* Tiene algo que me agrada. LOC **how/what about?**: *What about his car?* ¿Y su auto? ◊ *How about going swimming?* ¿Qué les parece ir a nadar?

above[1] /əˈbʌv/ *adv* arriba: *the people in the flat above* la gente del departamento de arriba ◊ *children aged eleven and above* chicos de once años y mayores

above[2] /əˈbʌv/ *prep* **1** por encima de, más arriba de: *1000 metres above sea level* 1.000 metros por encima del nivel del mar ◊ *I live in a house above the village.* Vivo en una casa más arriba del pueblo. **2** más de: *above 50%* más del 50% LOC **above all** sobre todo

abrasive /əˈbreɪsɪv/ *adj* **1** (*persona*) brusco y desagradable **2** (*superficie*) áspero: *abrasive paper* papel de lija

abreast /əˈbrest/ *adv* ~ (**of sth/sb**): *to cycle two abreast* andar en bicicleta parejo con algn ◊ *A car came abreast of us.* Un auto se puso a nuestra altura. LOC **to be/keep abreast of sth** estar/mantenerse al corriente de algo

abroad /əˈbrɔːd/ *adv* en el extranjero: *to go abroad* ir al extranjero ◊ *Have you ever been abroad?* ¿Estuviste alguna vez en el extranjero?

abrupt /əˈbrʌpt/ *adj* **1** (*cambio*) repentino, brusco **2** (*persona*) brusco, cortante: *He was very abrupt with me.* Fue muy brusco conmigo.

absence /ˈæbsəns/ *n* **1** ausencia: *absences due to illness* ausencias por enfermedad **2** [*sing*] ausencia, falta: *the complete absence of noise* la total ausencia de ruido ◊ *in the absence of new evidence* a falta de nuevas pruebas LOC *Ver* CONSPICUOUS

absent /ˈæbsənt/ *adj* **1** ausente **2** distraído

absentee /ˌæbsənˈtiː/ *n* ausente

absent-minded /ˌæbsənt ˈmaɪndɪd/ *adj* distraído

absolute /ˈæbsəluːt/ *adj* absoluto

absolutely /ˈæbsəluːtli/ *adv* **1** absolutamente: *You are absolutely right.* Tenés toda la razón. ◊ *Are you absolutely sure/certain that…?* ¿Estás completamente seguro de que…? ◊ *It's absolutely essential/necessary that…* Es imprescindible que… **2** [*en negativa*]: *absolutely nothing* absolutamente nada **3** (*mostrando acuerdo con algn*): *Oh absolutely!* ¡Por supuesto!

absolve /əbˈzɒlv/ *vt* ~ **sb** (**from/of sth**) absolver a algn (de algo)

absorb /əbˈsɔːb/ *vt* **1** absorber, asimilar: *The root hairs absorb the water.* Los pelos de la raíz absorben el agua. ◊ *easily absorbed into the bloodstream* fácilmente asimilado por la sangre ◊ *to absorb information* asimilar información **2** amortiguar: *to absorb the shock* amortiguar el golpe

absorbed /əbˈsɔːbd/ *adj* absorto

absorbing /əbˈsɔːbɪŋ/ *adj* interesantísimo (*libro, película, etc*)

absorption /əbˈsɔːpʃn/ *n* **1** (*líquidos*) absorción **2** (*minerales, ideas*) asimilación

abstain /əbˈsteɪn/ *vi* ~ (**from sth**) abstenerse (de algo)

abstract /ˈæbstrækt/ ◆ *adj* abstracto ◆ *n* (*Arte*) obra de arte abstracto LOC **in the abstract** en abstracto

absurd /əbˈsɜːd/ *adj* absurdo: *How absurd!* ¡Qué disparate! ◊ *You look absurd in that hat.* Ese sombrero te queda ridículo. **absurdity** *n* (*pl* **-ies**) absurdo: *our absurdities and inconsistencies* nuestros absurdos e incoherencias ◊ *the absurdity of…* lo absurdo de…

abundance /əˈbʌndəns/ *n* abundancia

abundant /əˈbʌndənt/ *adj* abundante

abuse /əˈbjuːz/ ◆ *vt* **1** abusar de: *to abuse your power* abusar de su poder **2** insultar **3** maltratar ◆ /əˈbjuːs/ *n* **1** abuso: *human rights abuses* abusos contra los derechos humanos **2** [*incontable*] insultos: *They shouted abuse at* *him.* Lo insultaron a gritos. **3** malos tratos **abusive** *adj* insultante, grosero

academic /ˌækəˈdemɪk/ *adj* **1** académico **2** especulativo

academy /əˈkædəmi/ *n* (*pl* **-ies**) academia

accelerate /əkˈseləreɪt/ *vt, vi* acelerar **acceleration** *n* **1** aceleración **2** (*vehículo*) pique **accelerator** *n* acelerador

accent /ˈæksent, ˈæksənt/ *n* **1** acento **2** énfasis **3** tilde

accentuate /əkˈsentʃueɪt/ *vt* **1** acentuar **2** resaltar **3** agravar

accept /əkˈsept/ **1** *vt, vi* aceptar **2** *vt, vi* admitir: *I've been accepted by the University.* La universidad me admitió. **3** *vt* (*máquina*): *The machine only accepts 10p coins.* La máquina sólo funciona con monedas de diez peniques. LOC *Ver* FACE VALUE

acceptable /əkˈseptəbl/ *adj* ~ (**to sb**) aceptable (para algn)

acceptance /əkˈseptəns/ *n* **1** aceptación **2** aprobación

access /ˈækses/ *n* ~ (**to sth/sb**) acceso (a algo/algn)

accessible /əkˈsesəbl/ *adj* accesible

accessory /əkˈsesəri/ *n* (*pl* **-ies**) accesorio LOC **accessory** (**to sth**) cómplice (de algo)

accident /ˈæksɪdənt/ *n* **1** accidente **2** casualidad LOC **by accident 1** accidentalmente **2** por casualidad **3** por descuido **accidental** /ˌæksɪˈdentl/ *adj* **1** accidental **2** casual

acclaim /əˈkleɪm/ ◆ *vt* aclamar ◆ *n* [*incontable*] elogios

accommodate /əˈkɒmədeɪt/ *vt* **1** alojar **2** (*vehículo*): *The car can accommodate four people.* El auto tiene capacidad para cuatro personas.

accommodation /əˌkɒməˈdeɪʃn/ *n* **1** (*GB*) alojamiento **2** vivienda

accompaniment /əˈkʌmpənimənt/ *n* acompañamiento

accompany /əˈkʌmpəni/ *vt* (*pret, pp* **-ied**) acompañar

accomplice /əˈkʌmplɪs; *USA* əˈkɒm-/ *n* cómplice

accomplish /əˈkʌmplɪʃ; *USA* əˈkɒm-/ *vt* llevar a cabo

accomplished /əˈkʌmplɪʃt/ *adj* consumado

accomplishment /əˈkʌmplɪʃmənt/ *n* **1** logro **2** talento

accord /əˈkɔːd/ ◆ *n* acuerdo LOC **in accord** (**with sth/sb**) en concordancia (con algo/algn) **of your own accord** por decisión propia ◆ **1** *vi* ~ **with sth** (*formal*) concordar con algo **2** *vt* (*formal*) otorgar, conceder

accordance /əˈkɔːdns/ *n* LOC **in accordance with sth** de acuerdo con algo

accordingly /əˈkɔːdɪŋli/ *adv* **1** por lo tanto, por consiguiente **2** en consecuencia: *to act accordingly* obrar en consecuencia

according to *prep* según

accordion /əˈkɔːdiən/ *n* acordeón

account /əˈkaʊnt/ ◆ *n* **1** (*Fin, Com*) cuenta: *current account* cuenta corriente **2** factura **3 accounts** [*pl*] contabilidad **4** relato, relación LOC **by/from all accounts** por lo que dicen **of no account** sin ninguna importancia **on account of sth** a causa de algo **on no account**; **not on any account** bajo ningún concepto, de ninguna manera **on this/that account** según esto/eso **to take account of sth**; **to take sth into account** tener algo en cuenta **to take sth/sb into account** considerar algo/a algn ◆ *vi* ~ (**to sb**) **for sth** rendir cuentas (a algn) de algo

accountable /əˈkaʊntəbl/ *adj* ~ (**to sb**) (**for sth**) responsable (ante algn) (de algo) **accountability** /əkaʊntəˈbɪləti/ *n* responsabilidad de la que hay que rendir cuenta

accountancy /əˈkaʊntənsi/ *n* contaduría

accountant /əˈkaʊntənt/ *n* contador, -ora

accumulate /əˈkjuːmjəleɪt/ *vt, vi* acumular(se) **accumulation** *n* acumulación

accuracy /ˈækjərəsi/ *n* precisión

accurate /ˈækjərət/ *adj* exacto: *an accurate shot* un disparo certero

accusation /ˌækjuˈzeɪʃn/ *n* acusación

accuse /əˈkjuːz/ *vt* ~ **sb** (**of sth**) acusar a algn (de algo): *He was accused of murder.* Lo acusaron de asesinato. **the accused** *n* (*pl* **the accused**) el acusado, la acusada **accusingly** *adv*: *to* *look accusingly at sb* lanzar una mirada acusadora a algn

accustomed /ə'kʌstəmd/ *adj* ~ **to sth** acostumbrado a algo: *to be accustomed to sth* estar acostumbrado a algo ◊ *to become/get/grow accustomed to sth* acostumbrarse a algo

ace /eɪs/ *n* as

ache /eɪk/ ◆ *n* dolor *Ver tb* BACKACHE, HEADACHE, TOOTHACHE ◆ *vi* doler

achieve /ə'tʃiːv/ *vt* **1** (*objetivo, éxito*) alcanzar **2** (*resultados*) conseguir **achievement** *n* logro

aching /'eɪkɪŋ/ *adj* dolorido

acid /'æsɪd/ ◆ *n* ácido ◆ *adj* **1** (*sabor*) ácido, agrio **2** (*tb* **acidic**) ácido **acidity** /ə'sɪdəti/ *n* acidez

acid rain *n* lluvia ácida

acknowledge /ək'nɒlɪdʒ/ *vt* **1** reconocer **2** (*carta*) acusar recibo de **3** darse por enterado **acknowledg(e)ment** *n* **1** reconocimiento **2** acuse de recibo **3** agradecimiento (*en un libro, etc*)

acne /'ækni/ *n* acné

acorn /'eɪkɔːn/ *n* bellota

acoustic /ə'kuːstɪk/ *adj* acústico **acoustics** *n* [*pl*] acústica

acquaintance /ə'kweɪntəns/ *n* **1** amistad **2** conocido LOC **to make sb's acquaintance/to make the acquaintance of sb** (*formal*) conocer a algn (*por primera vez*) **acquainted** *adj* familiarizado: *to become/get acquainted with sb* (llegar a) conocer a algn

acquiesce /ˌækwi'es/ *vi* (*formal*) ~ (**in sth**) consentir (algo/en algo); aceptar (algo) **acquiescence** *n* consentimiento

acquire /ə'kwaɪə(r)/ *vt* **1** (*conocimientos, posesiones*) adquirir **2** (*información*) obtener **3** (*reputación*) adquirir, hacerse **4** hacerse con, apoderarse de

acquisition /ˌækwɪ'zɪʃn/ *n* adquisición

acquit /ə'kwɪt/ *vt* (-tt-) ~ **sb (of sth)** absolver a algn (de algo) **acquittal** *n* absolución

acre /'eɪkə(r)/ *n* acre

acrobat /'ækrəbæt/ *n* acróbata

across /ə'krɒs; *USA* ə'krɔːs/ *part adv, prep* **1** [*suele traducirse por un verbo*] de un lado a otro: *to swim across* cruzar a nado ◊ *to walk across the border* cruzar la frontera a pie ◊ *to take the path across the fields* tomar el camino que atraviesa los campos **2** al otro lado: *We were across in no time.* Llegamos al otro lado en un abrir y cerrar de ojos. ◊ *from across the room* desde el otro lado de la habitación **3** sobre, a lo largo de: *a bridge across the river* un puente sobre el río ◊ *A branch lay across the path.* Había una rama atravesada en el camino. **4** de ancho: *The river is half a mile across.* El río tiene media milla de ancho. ☛ Para los usos de **across** en PHRASAL VERBS ver las entradas de los verbos correspondientes, p.ej. **to come across** en COME.

acrylic /ə'krɪlɪk/ *adj, n* acrílico

act /ækt/ ◆ *n* **1** acto: *an act of violence/kindness* un acto de violencia/amabilidad **2** (*Teat*) acto **3** número: *a circus act* un número de circo **4** (*Jur*) decreto LOC **in the act of doing sth** en el momento de hacer algo **to get your act together** (*coloq*) organizarse **to put on an act** (*coloq*) fingir ◆ **1** *vi* actuar **2** *vi* comportarse **3** *vt* (*Teat*) hacer el papel de LOC *Ver* FOOL

acting[1] /'æktɪŋ/ *n* teatro: *his acting career* su carrera como actor ◊ *Her acting was awful.* Su actuación fue muy mala.

acting[2] /'æktɪŋ/ *adj* en funciones: *He was acting chairman at the meeting.* Actuó como presidente en la reunión. ☛ Sólo se usa antes de sustantivos.

action /'ækʃn/ *n* **1** acción **2** medidas: *Drastic action is needed.* Hay que tomar medidas drásticas. **3** acto **4** (*Mil*) acción: *to go into action* entrar en acción LOC **in action** en acción **out of action**: *This machine is out of action.* Esta máquina no funciona. **to put sth into action** poner algo en práctica **to take action** tomar medidas *Ver tb* COURSE

activate /'æktɪveɪt/ *vt* activar

active /'æktɪv/ *adj* **1** activo: *to take an active part in sth* participar activamente en algo ◊ *to take an active interest in sth* interesarse mucho en algo **2** (*volcán*) en actividad

activity /æk'tɪvəti/ *n* (*pl* **-ies**) **1** actividad **2** bullicio

actor /'æktə(r)/ *n* actor, actriz ☛ *Ver nota en* ACTRESS

actress /'æktrəs/ *n* actriz

Hay mucha gente que prefiere el término **actor** tanto para el femenino como para el masculino.

actual /ˈæktʃuəl/ *adj* **1** exacto: *What were his actual words?* ¿Qué es lo que dijo exactamente? **2** verdadero: *based on actual events* basado en hechos reales **3** propiamente dicho: *the actual city centre* el centro propiamente dicho ☛ *Comparar con* CURRENT sentido 1, PRESENT-DAY LOC **in actual fact** en realidad

actually /ˈæktʃuəli/ *adv* **1** en realidad, de hecho: *He's actually very bright.* La verdad es que es muy inteligente. **2** exactamente: *What did she actually say?* ¿Qué dijo exactamente? **3** *Actually, my name's Sue, not Ann.* A propósito, me llamo Sue, no Ann. **4** (*para dar énfasis*): *You actually met her?* ¿En realidad la conociste? **5** hasta: *He actually expected me to leave.* Hasta esperaba que me fuera. ☛ *Comparar con* AT PRESENT *en* PRESENT, CURRENTLY *en* CURRENT

acupuncture /ˈækjʊpʌŋktʃə(r)/ *n* acupuntura

acute /əˈkjuːt/ *adj* **1** extremo: *to become more acute* agudizarse **2** agudo: *acute angle* ángulo agudo ◊ *acute appendicitis* apendicitis aguda **3** (*remordimiento*) profundo

AD /ˌeɪˈdiː/ *abrev* **anno domini** después de Cristo

ad /æd/ *n* (*coloq*) **advertisement** aviso (*reclame*)

adamant /ˈædəmənt/ *adj* ~ (**about/in sth**) firme, categórico en cuanto a algo: *He was adamant about staying behind.* Se empeñó en quedarse.

adapt /əˈdæpt/ *vt, vi* adaptar(se) **adaptable** *adj* **1** (*persona*): *to learn to be adaptable* aprender a adaptarse **2** (*aparatos, etc*) adaptable **adaptation** *n* adaptación

adaptor /əˈdæptə(r)/ *n* adaptador

add /æd/ *vt* añadir LOC **to add A and B together** sumar A y B PHR V **to add sth on** (**to sth**) añadir algo (a algo) **to add to sth 1** aumentar algo **2** ampliar algo **to add up** (*coloq*) encajar: *His story doesn't add up.* Hay cosas en su relato que no encajan. **to add** (**sth**) **up** sumar (algo) **to add up to sth** sumar algo: *The bill adds up to £40.* La cuenta suma 40 libras.

adder /ˈædə(r)/ *n* víbora

addict /ˈædɪkt/ *n* adicto, -a: *drug addict* toxicómano **addicted** /əˈdɪktɪd/ *adj* adicto **addiction** /əˈdɪkʃn/ *n* adicción **addictive** /əˈdɪktɪv/ *adj* adictivo

addition /əˈdɪʃn/ *n* **1** incorporación **2** adquisición **3** (*Mat*): *Children are taught addition and subtraction.* Los chicos aprenden a sumar y a restar. LOC **in addition** por añadidura **in addition** (**to sth**) además (de algo) **additional** *adj* adicional

additive /ˈædətɪv/ *n* aditivo

address /əˈdres; *USA* ˈædres/ ◆ *n* **1** dirección: *address book* libreta de direcciones **2** discurso LOC *Ver* FIXED ◆ /əˈdres/ *vt* **1** (*carta, etc*) dirigir **2** ~ **sb** dirigirse a algn **3** ~ (**yourself to**) **sth** hacer frente a algo

adept /əˈdept/ *adj* hábil

adequate /ˈædɪkwət/ *adj* **1** adecuado **2** aceptable

adhere /ədˈhɪə(r)/ *vi* (*formal*) ~ **to sth** adherirse (a algo) **adherence** *n* ~ (**to sth**) **1** adherencia (a algo) **2** observación (de algo) **adherent** *n* adepto, -a

adhesive /ədˈhiːsɪv/ *adj, n* adhesivo

adjacent /əˈdʒeɪsnt/ *adj* adyacente

adjective /ˈædʒɪktɪv/ *n* adjetivo

adjoining /əˈdʒɔɪnɪŋ/ *adj* contiguo, colindante

adjourn /əˈdʒɜːn/ **1** *vt* pasar a cuarto intermedio **2** *vt, vi* (*reunión, sesión*) suspender(se)

adjust /əˈdʒʌst/ **1** *vt* ajustar, arreglar **2** *vt, vi* ~ (**sth**) (**to sth**) adaptar algo (a algo); adaptarse (a algo) **adjustment** *n* **1** ajuste, modificación **2** adaptación

administer /ədˈmɪnɪstə(r)/ *vt* **1** administrar **2** (*organización*) dirigir **3** (*castigo*) aplicar

administration /ədˌmɪnɪˈstreɪʃn/ *n* administración, dirección

administrative /ədˈmɪnɪstrətɪv/ *adj* administrativo

administrator /ədˈmɪnɪstreɪtə(r)/ *n* administrador, -ora

admirable /ˈædmərəbl/ *adj* admirable

admiral /ˈædmərəl/ *n* almirante

admiration /ˌædməˈreɪʃn/ *n* admiración

admire /əd'maɪə(r)/ *vt* admirar, elogiar **admirer** *n* admirador, -ora **admiring** *adj* lleno de admiración

admission /əd'mɪʃn/ *n* **1** entrada, admisión **2** reconocimiento **3** (*hospital*) internación

admit /əd'mɪt/ (**-tt-**) **1** *vt* ~ **sb** dejar entrar, admitir, internar a algn **2** *vt, vi* ~ (**to**) **sth** confesar algo (*crimen*), reconocer algo (*error*) **admittedly** *adv*: *Admittedly*... Hay que admitir que...

adolescent /ˌædə'lesnt/ *adj, n* adolescente **adolescence** *n* adolescencia

adopt /ə'dɒpt/ *vt* adoptar **adopted** *adj* adoptivo **adoption** *n* adopción

adore /ə'dɔː(r)/ *vt* encantar: *I adore cats.* Me encantan los gatos.

adorn /ə'dɔːn/ *vt* adornar

adrenalin /ə'drenəlɪn/ *n* adrenalina

adrift /ə'drɪft/ *adj* a la deriva

adult /'ædʌlt, ə'dʌlt/ ◆ *adj* adulto, mayor de edad ◆ *n* adulto, -a

adultery /ə'dʌltəri/ *n* adulterio

adulthood /'ædʌlthʊd/ *n* adultez

advance /əd'vɑːns; *USA* -'væns/ ◆ *n* **1** avance **2** (*sueldo*) adelanto LOC **in advance 1** de antemano **2** con antelación **3** por adelantado ◆ *adj* anticipado: *advance warning* previo aviso ◆ **1** *vi* avanzar **2** *vt* hacer avanzar **advanced** *adj* avanzado **advancement** *n* **1** desarrollo **2** (*trabajo*) ascenso

advantage /əd'vɑːntɪdʒ; *USA* -'væn-/ *n* **1** ventaja **2** provecho LOC **to take advantage of sth 1** sacar provecho de algo **2** aprovecharse de algo **to take advantage of sth/sb** abusar de algo/algn **advantageous** /ˌædvən'teɪdʒəs/ *adj* ventajoso

advent /'ædvent/ *n* **1** llegada **2 Advent** (*Relig*) adviento

adventure /əd'ventʃə(r)/ *n* aventura **adventurer** *n* aventurero, -a **adventurous** *adj* **1** aventurero **2** aventurado **3** audaz

adverb /'ædvɜːb/ *n* adverbio

adversary /'ædvəsəri; *USA* -seri/ *n* (*pl* **-ies**) adversario, -a

adverse /'ædvɜːs/ *adj* **1** adverso **2** (*crítica*) negativo **adversely** *adv* negativamente

adversity /əd'vɜːsəti/ *n* (*pl* **-ies**) adversidad

advert /'ædvɜːt/ *n* (*GB, coloq*) aviso (*reclame*)

advertise /'ædvətaɪz/ **1** *vt* publicitar **2** *vi* hacer publicidad **3** *vi* ~ **for sth/sb** colocar un aviso para algo/algn **advertisement** /əd'vɜːtɪsmənt; *USA* ˌædvər'taɪzmənt/ (*tb* **advert**, **ad**) *n* ~ (**for sth/sb**) aviso, reclame (de algo/algn) **advertising** *n* **1** publicidad: *advertising campaign* campaña publicitaria **2** anuncios

advice /əd'vaɪs/ *n* [*incontable*] consejo(s): *a piece of advice* un consejo ◊ *I asked for her advice.* Le pedí un consejo. ◊ *to seek/take legal advice* consultar a un abogado

advisable /əd'vaɪzəbl/ *adj* aconsejable

advise /əd'vaɪz/ *vt, vi* **1** aconsejar, recomendar: *to advise sb to do sth* aconsejar a algn que haga algo ◊ *You would be well advised to*... Sería prudente... **2** asesorar **adviser** (*USA* **advisor**) *n* consejero, -a, asesor, -ora **advisory** *adj* consultivo

advocacy /'ædvəkəsi/ *n* ~ **of sth** apoyo a algo

advocate /'ædvəkeɪt/ *vt* apoyar

aerial /'eəriəl/ ◆ *n* (*USA* **antenna**) antena (*Radio, TV*) ◆ *adj* aéreo

aerobics /eə'rəʊbɪks/ *n* [*sing*] ejercicios aeróbicos

aerodynamic /ˌeərəʊdaɪ'næmɪk/ *adj* aerodinámico

aeroplane /'eərəpleɪn/ (*USA* **airplane**) *n* avión

aesthetic /iːs'θetɪk/ (*USA* **esthetic** /es'θetɪk/) *adj* estético

affair /ə'feə(r)/ *n* **1** asunto: *the Watergate affair* el caso Watergate **2** acontecimiento **3** aventura (amorosa), asunto: *to have an affair with sb* tener un romance con algn LOC *Ver* STATE[1]

affect /ə'fekt/ *vt* **1** afectar, influir en **2** conmover, emocionar ☛ *Comparar con* EFFECT

affection /ə'fekʃn/ *n* cariño **affectionate** *adj* ~ (**towards sth/sb**) cariñoso (con algo/algn)

affinity /ə'fɪnəti/ *n* (*pl* **-ies**) **1** afinidad **2** simpatía

affirm /ə'fɜːm/ *vt* afirmar, sostener

afflict /ə'flɪkt/ *vt* afligir: *to be afflicted with* sufrir de

affluent /ˈæfluənt/ *adj* rico, adinerado **affluence** *n* riqueza, lujo

afford /əˈfɔːd/ *vt* **1** permitirse (el lujo): *Can you afford it?* ¿Te lo podés permitir? **2** proporcionar **affordable** *adj* accesible

afield /əˈfiːld/ *adv* LOC **far/further afield** muy lejos/más allá: *from as far afield as...* desde lugares tan lejanos como...

afloat /əˈfləʊt/ *adj* a flote

afraid /əˈfreɪd/ *adj* **1 to be ~ (of sth/sb)** tener miedo (de algo/algn) **2 to be ~ to do sth** no atreverse a hacer algo **3 to be ~ for sb** temer por algn LOC **I'm afraid (that...)** me temo que..., lo siento, pero...: *I'm afraid so/not.* Me temo que sí/no.

afresh /əˈfreʃ/ *adv* de nuevo

after /ˈɑːftə(r); *USA* ˈæf-/ ◆ *adv* **1** después: *soon after* poco después ◊ *the day after* al día siguiente **2** detrás: *She came running after.* Llegó corriendo detrás. ◆ *prep* **1** después de: *after doing your homework* después de hacer los deberes ◊ *after lunch* después de almorzar ◊ *the day after tomorrow* pasado mañana **2** detrás de, tras: *time after time* una y otra vez **3** (*búsqueda*): *They're after me.* Me están buscando. ◊ *What are you after?* ¿Qué estás buscando? ◊ *She's after a job in advertising.* Está buscando un trabajo en publicidad. **4** *We named him after you.* Le pusimos tu nombre. LOC **after all** después de todo, al fin y al cabo ◆ *conj* después de que

aftermath /ˈɑːftəmɑːθ; *USA* ˈæf-/ *n* [*sing*] secuelas LOC **in the aftermath of** en el período subsiguiente a

afternoon /ˌɑːftəˈnuːn; *USA* ˌæf-/ *n* tarde: *tomorrow afternoon* mañana a la tarde LOC **good afternoon** buenas tardes ☛ *Ver nota en* MORNING, TARDE

afterthought /ˈɑːftəθɔːt; *USA* ˈæf-/ *n* ocurrencia posterior

afterwards /ˈɑːftəwədz; *USA* ˈæf-/ (*USA tb* **afterward**) *adv* después: *shortly/soon afterwards* poco después

again /əˈgen, əˈgeɪn/ *adv* otra vez, de nuevo: *once again* una vez más ◊ *never again* nunca más ◊ *Don't do it again.* No vuelvas a hacerlo. LOC **again and again** una y otra vez **then/there again** por otra parte *Ver tb* NOW, OVER, TIME, YET

against /əˈgenst, əˈgeɪnst/ *prep* **1** (*contacto*) contra: *Put the piano against the wall.* Ponga el piano contra la pared. **2** (*oposición*) en contra de, contra: *We were rowing against the current.* Remábamos contra la corriente. **3** (*contraste*) sobre: *The mountains stood out against the blue sky.* Las montañas se recortaban sobre el azul del cielo. ☛ Para los usos de **against** en PHRASAL VERBS ver las entradas de los verbos correspondientes, p.ej. **to come up against** en COME.

age /eɪdʒ/ ◆ *n* **1** edad: *to be six years of age* tener seis años **2** vejez: *It improves with age.* Mejora con el tiempo. **3** época, era **4** eternidad: *It's ages since I saw her.* Hace años que no la veo. LOC **age of consent** edad legal para mantener relaciones sexuales **to come of age** alcanzar la mayoría de edad **under age** demasiado joven, menor de edad *Ver tb* LOOK[1] ◆ *vt, vi* (*pt pres* **ageing** *o* **aging** *pret, pp* **aged** /eɪdʒd/) (hacer) envejecer

aged /ˈeɪdʒd/ ◆ *adj* **1** de ...años de edad: *He died aged 81.* Murió a la edad de 81 años. **2** /ˈeɪdʒɪd/ anciano ◆ /ˈeɪdʒɪd/ *n* [*pl*] **the aged** los ancianos

ageing (*tb* **aging**) /ˈeɪdʒɪŋ/ ◆ *adj* **1** avejentado **2** (*irón*) no tan joven ◆ *n* envejecimiento

agency /ˈeɪdʒənsi/ *n* (*pl* **-ies**) agencia, organismo

agenda /əˈdʒendə/ *n* orden del día

agent /ˈeɪdʒənt/ *n* agente, representante

aggravate /ˈægrəveɪt/ *vt* **1** agravar **2** molestar **aggravating** *adj* irritante **aggravation** *n* **1** molestia **2** agravamiento

aggression /əˈgreʃn/ *n* [*incontable*] agresión, agresividad: *an act of aggression* un asalto

aggressive /əˈgresɪv/ *adj* agresivo

agile /ˈædʒaɪl; *USA* ˈædʒl/ *adj* ágil **agility** /əˈdʒɪləti/ *n* agilidad

aging *Ver* AGEING

agitated /ˈædʒɪteɪtɪd/ *adj* agitado: *to get agitated* inquietarse **agitation** *n* **1** ansiedad, perturbación **2** (*Pol*) agitación

ago /əˈgəʊ/ *adv* hace: *ten years ago* hace diez años ◊ *How long ago did she die?*

¿Cuánto hace que murió? ◊ *as long ago as 1950* allá en 1950

Ago se usa con el pasado simple y el pasado continuo, pero nunca con el pretérito perfecto: *She arrived a few minutes ago.* Llegó hace unos minutos. Con el pretérito pluscuamperfecto se usa **before** o **earlier**: *She had arrived two days before.* Había llegado dos días antes. ☛ *Ver ejemplos en* FOR sentido 3

agonize, -ise /ˈægənaɪz/ *vi* ~ (**about/over sth**) atormentarse (por/con motivo de algo): *to agonize over a decision* preocuparse mucho tratando de decidir algo **agonized, -ised** *adj* angustiado **agonizing, -ising** *adj* **1** angustioso, acongojante **2** (*dolor*) insoportable

agony /ˈægəni/ *n* (*pl* **-ies**) **1** *to be in agony* tener unos dolores espantosos **2** (*coloq*): *It was agony!* ¡Fue una pesadilla!

agree /əˈgriː/ **1** *vi* ~ (**with sb**) (**on/about sth**) estar de acuerdo (con algn) (en/sobre algo): *They agreed with me on all the major points.* Estuvieron de acuerdo conmigo en todos los puntos fundamentales. **2** *vi* ~ (**to sth**) consentir (en algo); acceder (a algo): *He agreed to let me go.* Dejó que me fuera. **3** *vt* acordar: *It was agreed that...* Se acordó que... **4** *vi* llegar a un acuerdo **5** *vi* concordar **6** *vt* (*informe, etc*) aprobar PHR V **to agree with sb** sentarle bien a algn (*comida, clima*): *The climate didn't agree with him.* El clima no le sentaba bien. **agreeable** *adj* **1** agradable **2** ~ (**to sth**) conforme (con algo)

agreement /əˈgriːmənt/ *n* **1** conformidad, acuerdo **2** convenio, acuerdo **3** (*Com*) contrato LOC **in agreement with** de acuerdo con

agriculture /ˈægrɪkʌltʃə(r)/ *n* agricultura **agricultural** /ˌægrɪˈkʌltʃərəl/ *adj* agrícola

ah! /ɑː/ *interj* ¡ah!

ahead /əˈhed/ ◆ *part adv* **1** hacia adelante: *She looked* (*straight*) *ahead.* Miró hacia adelante. **2** próximo: *during the months ahead* durante los próximos meses **3** delante: *the road ahead* la ruta por delante LOC **to be ahead** llevar ventaja ☛ Para los usos de **ahead** en PHRASAL VERBS ver las entradas de los verbos correspondientes, p.ej. **to press ahead** en PRESS. ◆ *prep* ~ **of sth/sb 1** (por) delante de algo/algn: *directly ahead of us* justo delante de nosotros **2** antes que algo/algn LOC **to be/get ahead of sth/sb** llevar ventaja a/adelantarse a algo/algn

aid /eɪd/ ◆ *n* **1** ayuda **2** auxilio: *to come/go to sb's aid* acudir en auxilio de algn **3** apoyo LOC **in aid of sth/sb** a beneficio de algo/algn ◆ *vt* ayudar, facilitar

Aids (*tb* **AIDS**) /eɪdz/ *abrev* **acquired immune deficiency syndrome** SIDA (síndrome de inmunodeficiencia adquirida)

ailment /ˈeɪlmənt/ *n* problema (de salud)

aim /eɪm/ ◆ **1** *vt, vi* **to aim** (**sth**) (**at sth/sb**) (*arma*) apuntar (a algo/algn) (con algo) **2** *vt* **to aim sth at sth/sb** dirigir algo contra algo/algn: *to be aimed at sth/doing sth* tener como objetivo algo/hacer algo ◊ *She aimed a blow at his head.* Le dirigió un golpe a la cabeza. **3** *vi* **to aim at/for sth** aspirar a algo **4** *vi* **to aim to do sth** tener la intención de hacer algo ◆ *n* **1** objetivo, propósito **2** puntería LOC **to take aim** apuntar

aimless /ˈeɪmləs/ *adj* sin propósito **aimlessly** *adv* sin rumbo

ain't /eɪnt/ (*coloq*) **1** = AM/IS/ARE NOT *Ver* BE **2** = HAS/HAVE NOT *Ver* HAVE

air /eə(r)/ ◆ *n* aire: *air fares* tarifas aéreas ◊ *air pollution* contaminación atmosférica LOC **by air** en avión, por vía aérea **in the air**: *There's something in the air.* Se está tramando algo. **to be on the air** transmitir **to give yourself/put on airs** darse aires (**up**) **in the air**: *The plan is still up in the air.* El proyecto sigue en el aire. *Ver tb* BREATH, CLEAR, OPEN, THIN ◆ *vt* **1** airear **2** (*ropa*) orear **3** (*queja*) ventilar

air-conditioned /ˈeə kəndɪʃənd/ *adj* climatizado **air-conditioning** *n* aire acondicionado

aircraft /ˈeəkrɑːft/ *n* (*pl* **aircraft**) avión, aeronave

airfield /ˈeəfiːld/ *n* aeródromo

air force *n* [*v sing o pl*] fuerza(s) aérea(s)

air hostess *n* azafata

airline /ˈeəlaɪn/ *n* aerolínea **airliner** *n* avión (de pasajeros)

airmail /ˈeəmeɪl/ *n* correo aéreo: *by airmail* por vía aérea

airplane /ˈeəpleɪn/ *n* (*USA*) avión

airport /ˈeəpɔːt/ *n* aeropuerto

air raid *n* ataque aéreo

airtight /ˈeətaɪt/ *adj* hermético

aisle /aɪl/ *n* pasillo

akin /əˈkɪn/ *adj* ~ **to sth** semejante a algo

alarm /əˈlɑːm/ ◆ *n* **1** alarma: *to raise/sound the alarm* dar la alarma **2** (*tb* **alarm clock**) (reloj) despertador ☛ *Ver dibujo en* RELOJ **3** (*tb* **alarm bell**) alarma LOC *Ver* FALSE ◆ *vt* alarmar: *to be/become/get alarmed* alarmarse **alarming** *adj* alarmante

alas! /əˈlæs/ *interj* ¡por desgracia!

albeit /ˌɔːlˈbiːɪt/ *conj* (*formal*) aunque

album /ˈælbəm/ *n* álbum

alcohol /ˈælkəhɒl; *USA* -hɔːl/ *n* alcohol: *alcohol-free* sin alcohol **alcoholic** /ˌælkəˈhɒlɪk/ *adj, n* alcohólico, -a

ale /eɪl/ *n* cerveza

alert /əˈlɜːt/ ◆ *adj* alerta ◆ *n* **1** alerta: *to be on the alert* estar alerta **2** aviso: *bomb alert* alerta de bomba ◆ *vt* ~ **sb** (**to sth**) alertar a algn (de algo)

algae /ˈældʒiː, ˈælgi/ *n* [*v sing o pl*] algas

algebra /ˈældʒɪbrə/ *n* álgebra

alibi /ˈæləbaɪ/ *n* coartada

alien /ˈeɪliən/ ◆ *adj* **1** extraño **2** extranjero **3** ~ **to sth/sb** ajeno a algo/algn ◆ *n* **1** (*formal*) extranjero, -a **2** extraterrestre **alienate** *vt* enajenar

alight /əˈlaɪt/ *adj*: *to be alight* estar ardiendo LOC *Ver* SET[2]

align /əˈlaɪn/ **1** *vt* ~ **sth** (**with sth**) alinear algo (con algo) **2** *v refl* ~ **yourself with sb** (*Pol*) aliarse con algn

alike /əˈlaɪk/ ◆ *adj* **1** parecido: *to be/look alike* parecerse **2** igual: *No two are alike.* No hay dos iguales. ◆ *adv* igual, del mismo modo: *It appeals to young and old alike.* Atrae a viejos y jóvenes por igual. LOC *Ver* GREAT

alive /əˈlaɪv/ *adj* [*nunca delante de sustantivo*] **1** vivo, con vida: *to stay alive* sobrevivir **2** en el mundo: *He's the best player alive.* Es el mejor jugador del mundo. ☛ *Comparar con* LIVING LOC **alive and kicking** vivito y coleando **to keep sth alive 1** (*tradición*) conservar algo **2** (*recuerdo*) mantener fresco algo **to keep yourself alive** sobrevivir

all /ɔːl/ ◆ *adj* **1** todo: *all four of us* los cuatro **2** *He denied all knowledge of the crime.* Negó tener conocimiento alguno del crimen. LOC **on all fours** a gatas *Ver tb* FOR ◆ *pron* **1** todo: *I ate all of it.* Me lo comí todo. ◊ *All of us liked it.* Nos gustó a todos. ◊ *Are you all going?* ¿Todos ustedes van? **2** *All I want is…* Lo único que quiero es… LOC **all in all** en conjunto, al fin y al cabo **all the more** tanto más, aún más **at all**: *if it's at all possible* si existe la más mínima posibilidad **in all** en total **not at all** *Ver* NOT ◆ *adv* **1** todo: *all in white* todo de blanco ◊ *all alone* completamente solo **2** *all excited* muy emocionado **3** (*Dep*): *The score is two all.* Están empatados dos a dos. LOC **all along** (*coloq*) todo el tiempo **all but** casi: *It was all but impossible.* Era casi imposible. **all over 1** por todas partes **2** *That's her all over.* Eso es muy típico de ella. **all the better** tanto mejor **all too** demasiado **to be all for sth** estar totalmente a favor de algo

allegation /ˌæləˈgeɪʃn/ *n* acusación

allege /əˈledʒ/ *vt* alegar **alleged** *adj* presunto **allegedly** *adv* supuestamente

allegiance /əˈliːdʒəns/ *n* lealtad

allergic /əˈlɜːdʒɪk/ *adj* ~ (**to sth**) alérgico (a algo)

allergy /ˈælədʒi/ *n* (*pl* **-ies**) alergia

alleviate /əˈliːvieɪt/ *vt* aliviar **alleviation** *n* alivio

alley /ˈæli/ *n* (*pl* **-eys**) (*tb* **alleyway**) callejón

alliance /əˈlaɪəns/ *n* alianza

allied /əˈlaɪd, ˈælaɪd/ *adj* ~ (**to sth**) **1** relacionado (con algo) **2** (*Pol*) aliado (a algo)

alligator /ˈælɪgeɪtə(r)/ *n* caimán

allocate /ˈæləkeɪt/ *vt* asignar **allocation** *n* asignación

allot /əˈlɒt/ *vt* (**-tt-**) ~ **sth** (**to sth/sb**) asignar algo (a algo/algn) **allotment** *n* **1** asignación **2** (*GB*) parcela

all-out /ˌɔːl ˈaʊt/ *adj* (*esfuerzo*) total

allow /əˈlaʊ/ *vt* **1** ~ **sth/sb to do sth** permitir a algo/algn que haga algo: *Dogs are not allowed.* No se admiten perros.

Allow se usa indistintamente en inglés formal como coloquial. La forma pasiva **be allowed to** es muy corriente. **Permit** es una palabra muy formal y se usa fundamentalmente en lenguaje escrito. **Let** es informal y se usa mucho en inglés hablado.

2 conceder **3** calcular **4** admitir PHR V **to allow for sth** tener algo en cuenta **allowable** *adj* admisible, permisible

allowance /ə'laʊəns/ *n* **1** límite permitido **2** subvención LOC **to make allowances for sth/sb** tener algo en cuenta/ ser indulgente con algn

alloy /'ælɔɪ/ *n* aleación

all right (*tb* **alright**) *adj, adv* **1** bien: *Did you get here all right?* ¿Llegaste bien? **2** (*adecuado*): *The food was all right.* La comida no estuvo mal. **3** (*consentimiento*) de acuerdo **4** *That's him all right.* Seguro que es él.

all-round /ˌɔːl 'raʊnd/ *adj* **1** general **2** (*persona*) completo

all-time /'ɔːl taɪm/ *adj* de todos los tiempos

ally /ə'laɪ/ ◆ *vt, vi* (*pret, pp* **allied**) ~ (**yourself**) **with/to sth/sb** aliarse con algo/algn ◆ /'ælaɪ/ *n* (*pl* **-ies**) aliado, -a

almond /'ɑːmənd/ *n* **1** almendra **2** (*tb* **almond tree**) almendro

almost /'ɔːlməʊst/ *adv* casi ☛ *Ver nota en* NEARLY

alone /ə'ləʊn/ *adj, adv* **1** solo: *Are you alone?* ¿Estás sola?

Nótese que **alone** no se usa delante de sustantivos y es una palabra neutra, mientras que **lonely** sí puede ir adelante de sustantivos y siempre tiene connotaciones negativas: *I want to be alone.* Quiero estar solo. ◇ *She was feeling very lonely.* Se sentía muy sola. ◇ *a lonely house* una casa solitaria.

2 sólo: *You alone can help me.* Sólo vos podés ayudarme. LOC **to leave/let sth/ sb alone** dejar algo/a algn en paz *Ver tb* LET[1]

along /ə'lɒŋ; *USA* ə'lɔːŋ/ ◆ *prep* por, a lo largo de: *a walk along the beach* un paseo por la playa ◆ *part adv*: *I was driving along.* Iba manejando. ◇ *Bring some friends along* (*with you*). Traé a algunos amigos.

Along se emplea a menudo con verbos de movimiento en tiempos continuos cuando no se menciona ningún destino y generalmente no se traduce en castellano.

LOC **along with** junto con **come along!** ¡vamos! ☛ Para los usos de **along** en PHRASAL VERBS ver las entradas de los verbos correspondientes, p.ej. **to get along** en GET.

alongside /əˌlɒŋ'saɪd; *USA* əlɔːŋ'saɪd/ *prep, adv* junto (a): *A car drew up alongside.* Un auto se paró junto al nuestro.

aloud /ə'laʊd/ *adv* **1** en voz alta **2** bien fuerte

alphabet /'ælfəbet/ *n* alfabeto

already /ɔːl'redi/ *adv* ya: *We got there at 6.30 but Martin had already left.* Llegamos a las 6.30, pero Martin ya se había ido. ◇ *Have you already eaten?* ¿Ya comiste? ◇ *Surely you are not going already!* ¡No me digas que ya te vas! ☛ *Ver nota en* YET

alright /ɔːl'raɪt/ *Ver* ALL RIGHT

also /'ɔːlsəʊ/ *adv* también, además: *I've also met her parents.* También conocí a sus padres. ◇ *She was also very intelligent.* Además era muy inteligente. ☛ *Ver nota en* TAMBIÉN

altar /'ɔːltə(r)/ *n* altar

alter /'ɔːltə(r)/ **1** *vt, vi* cambiar **2** *vt* (*ropa*) arreglar: *The skirt needs altering.* La pollera necesita arreglos. **alteration** *n* **1** cambio **2** (*ropa*) arreglo

alternate /ɔːl'tɜːnət/ ◆ *adj* alterno ◆ /'ɔːltəneɪt/ *vt, vi* alternar(se)

alternative /ɔːl'tɜːnətɪv/ ◆ *n* alternativa: *She had no alternative but to…* No tuvo más remedio que… ◆ *adj* alternativo

although (*USA tb* **altho**) /ɔːl'ðəʊ/ *conj* aunque

altitude /'æltɪtjuːd; *USA* -tuːd/ *n* altitud

altogether /ˌɔːltə'geðə(r)/ *adv* **1** completamente: *I don't altogether agree.* No estoy completamente de acuerdo. **2** en total **3** *Altogether, it was disappointing.* En general, fue decepcionante.

aluminium /ˌæljə'mɪniəm/ (*USA* **aluminum** /ə'luːmɪnəm/) *n* aluminio

always /ˈɔːlweɪz/ *adv* siempre LOC **as always** como siempre

La posición de los *adverbios de frecuencia* (**always**, **never**, **ever**, **usually**, etc) depende del verbo al que acompañan, es decir, van atrás de los verbos auxiliares y modales (**be**, **have**, **can**, etc) y adelante de los demás verbos: *I have never visited her.* Nunca fui a visitarla. ◊ *I am always tired.* Siempre estoy cansado. ◊ *I usually go shopping on Mondays.* Generalmente voy de compras los lunes.

am[1] /əm, m, æm/ *Ver* BE

am[2] (*USA* **AM**) /ˌeɪ ˈem/ *abrev* de la mañana: *at 11am* a las once de la mañana ☛ *Ver nota en* PM

amalgam /əˈmælgəm/ *n* amalgama

amalgamate /əˈmælgəmeɪt/ *vt, vi* fusionar(se)

amateur /ˈæmətə(r)/ *adj, n* aficionado, -a, amateur

amaze /əˈmeɪz/ *vt* asombrar: *to be amazed at/by sth* quedar asombrado por algo **amazement** *n* asombro **amazing** *adj* asombroso

ambassador /æmˈbæsədə(r)/ *n* embajador, -ora

amber /ˈæmbə(r)/ *adj, n* ámbar

ambiguity /ˌæmbɪˈgjuːəti/ *n* (*pl* **-ies**) ambigüedad

ambiguous /æmˈbɪgjuəs/ *adj* ambiguo

ambition /æmˈbɪʃn/ *n* ambición

ambitious /æmˈbɪʃəs/ *adj* ambicioso

ambulance /ˈæmbjələns/ *n* ambulancia

ambush /ˈæmbʊʃ/ *n* emboscada

amen /ɑːˈmen, eɪˈmen/ *interj, n* amén

amend /əˈmend/ *vt* corregir **amendment** enmienda

amends /əˈmendz/ *n* [*pl*] LOC **to make amends (to sb) (for sth)** compensar (a algn) (por algo)

amenities /əˈmiːnətiz; *USA* əˈmenətiz/ *n* [*pl*] **1** comodidades **2** instalaciones (*públicas*)

amiable /ˈeɪmiəbl/ *adj* amable

amicable /ˈæmɪkəbl/ *adj* amistoso

amid /əˈmɪd/ (*tb* **amidst** /əˈmɪdst/) *prep* (*formal*) entre, en medio de: *Amid all the confusion, the thieves got away.* En medio de tanta confusión, los ladrones se escaparon.

ammunition /ˌæmjuˈnɪʃn/ *n* [*incontable*] **1** municiones: *live ammunition* fuego real **2** (*fig*) argumentos (*para discutir*)

amnesty /ˈæmnəsti/ *n* (*pl* **-ies**) amnistía

among /əˈmʌŋ/ (*tb* **amongst** /əˈmʌŋst/) *prep* entre (*más de dos cosas/personas*): *I was among the last to leave.* Fui uno de los últimos en irse. ☛ *Ver dibujo en* ENTRE

amount /əˈmaʊnt/ ◆ *vi* ~ **to sth 1** ascender a algo: *Our information doesn't amount to much.* No tenemos muchos datos. ◊ *John will never amount to much.* John nunca va a llegar a nada. **2** equivaler a algo ◆ *n* **1** cantidad **2** (*factura*) importe **3** (*dinero*) suma LOC **any amount of**: *any amount of money* todo el dinero que quiera

amphibian /æmˈfɪbiən/ *adj, n* anfibio

amphitheatre (*USA* **-ter**) /ˈæmfɪθɪətə(r)/ *n* anfiteatro

ample /ˈæmpl/ *adj* **1** abundante **2** (*suficiente*) bastante **3** (*extenso*) amplio **amply** *adv* ampliamente

amplify /ˈæmplɪfaɪ/ *vt* (*pret, pp* **-fied**) **1** amplificar **2** (*relato, etc*) ampliar **amplifier** *n* amplificador

amuse /əˈmjuːz/ *vt* **1** hacer gracia **2** distraer, divertir **amusement** *n* **1** diversión **2** atracción: *amusement arcade* salón de juegos ◊ *amusement park* parque de diversiones **amusing** *adj* divertido, gracioso

an *Ver* A

anaemia (*USA* **anemia**) /əˈniːmiə/ *n* anemia **anaemic** (*USA* **anemic**) *adj* anémico

anaesthetic (*USA* **anesthetic**) /ˌænəsˈθetɪk/ *n* anestesia: *to give sb an anaesthetic* anestesiar a algn

analogy /əˈnælədʒi/ *n* (*pl* **-ies**) analogía: *by analogy with* por analogía con

analyse (*USA* **analyze**) /ˈænəlaɪz/ *vt* analizar

analysis /əˈnæləsɪs/ *n* (*pl* **-yses** /-əsiːz/) análisis LOC **in the last/final analysis** a fin de cuentas

analyst /ˈænəlɪst/ *n* **1** analista **2** psicólogo, -a

analytic(al) /ˌænəˈlɪtɪk(l)/ *adj* analítico

anarchist /ˈænəkɪst/ *adj, n* anarquista

anarchy /ˈænəki/ *n* anarquía **anarchic** /əˈnɑːkɪk/ *adj* anárquico

anatomy /əˈnætəmi/ *n* (*pl* **-ies**) anatomía

ancestor /ˈænsestə(r)/ *n* antepasado, -a **ancestral** /ænˈsestrəl/ *adj* ancestral: *ancestral home* casa ancestral **ancestry** /ˈænsestri/ *n* (*pl* **-ies**) ascendencia

anchor /ˈæŋkə(r)/ ◆ *n* **1** ancla **2** (*fig*) soporte LOC **at anchor** anclado *Ver tb* WEIGH ◆ *vt, vi* anclar

ancient /ˈeɪnʃənt/ *adj* **1** antiguo **2** (*coloq*) viejísimo

and /ænd, ənd/ *conj* **1** y **2** con: *bacon and eggs* huevos con panceta **3** (*números*): *one hundred and three* ciento tres **4** a: *Come and help me.* Vení a ayudarme. **5** [*con comparativos*]: *bigger and bigger* más y más grande **6** (*repetición*): *They shouted and shouted.* Gritaron sin parar. ◊ *I've tried and tried.* Lo intenté varias veces. LOC *Ver* TRY

anecdote /ˈænɪkdəʊt/ *n* anécdota

anemia, anemic (*USA*) *Ver* ANAEMIA

anesthetic (*USA*) *Ver* ANAESTHETIC

angel /ˈeɪndʒl/ *n* ángel: *guardian angel* ángel de la guarda

anger /ˈæŋgə(r)/ ◆ *n* ira ◆ *vt* enojar

angle /ˈæŋgl/ *n* **1** ángulo **2** punto de vista LOC **at an angle** inclinado

angling /ˈæŋglɪŋ/ *n* pesca (con caña)

angry /ˈæŋgri/ *adj* (**-ier**, **-iest**) **1** ~ (**at/about sth**); ~ (**with sb**) enojado (por algo); enojado (con algn) **2** (*cielo*) tormentoso LOC **to get angry** enojarse **to make sb angry** hacer enojar a algn **angrily** *adv* con ira

anguish /ˈæŋgwɪʃ/ *n* angustia **anguished** *adj* angustiado

angular /ˈæŋgjələ(r)/ *adj* **1** angular **2** (*facciones*) anguloso **3** (*complexión*) huesudo

animal /ˈænɪml/ *n* animal: *animal experiments* experimentos con animales

animate /ˈænɪmət/ ◆ *adj* animado (*vivo*) ◆ /ˈænɪmeɪt/ *vt* animar

ankle /ˈæŋkl/ *n* tobillo

anniversary /ˌænɪˈvɜːsəri/ *n* (*pl* **-ies**) aniversario

announce /əˈnaʊns/ *vt* anunciar (*hacer público*) **announcement** *n* anuncio (*en público*) LOC **to make an announcement** comunicar algo **announcer** *n* locutor, -ora (*radio, etc*)

annoy /əˈnɔɪ/ *vt* molestar **annoyance** *n* enojo: *Much to our annoyance, she decided to leave early.* Nos causó mucha rabia que decidiera partir temprano. **annoyed** *adj* enojado LOC **to get annoyed** enojarse **annoying** *adj* molesto

annual /ˈænjuəl/ *adj* anual **annually** *adv* anualmente

anonymity /ˌænəˈnɪməti/ *n* anonimato

anonymous /əˈnɒnɪməs/ *adj* anónimo

another /əˈnʌðə(r)/ ◆ *adj* otro: *another one* otro (más) ◊ *another five* cinco más ◊ *I'll do it another time.* Lo voy a hacer en otro momento. ☛ *Ver nota en* OTRO ◆ *pron* otro, -a: *one way or another* de una manera u otra ☛ El plural del *pron* **another** es **others**. *Ver tb* ONE ANOTHER

answer /ˈɑːnsə(r); *USA* ˈænsər/ ◆ *n* **1** respuesta: *I phoned, but there was no answer.* Llamé, pero no contestaron. **2** solución **3** (*Mat*) resultado LOC **in answer (to sth)** en respuesta (a algo) **to have/know all the answers** saberlo todo ◆ **1** *vt, vi* ~ (**sth/sb**) contestar (a algo/algn): *to answer the door* abrir la puerta **2** *vt* (*acusación, propósito*) responder a **3** *vt* (*ruegos*) oír PHR V **to answer back** contestar mal (*con insolencia*) **to answer for sth/sb** responder por algo/algn **to answer to sb (for sth)** responder ante algn (de algo) **to answer to sth** responder a algo (*descripción*)

ant /ænt/ *n* hormiga

antagonism /ænˈtægənɪzəm/ *n* antagonismo **antagonistic** *adj* hostil

antenna /ænˈtenə/ *n* **1** (*pl* **-nae** /-niː/) (*insecto*) antena **2** (*pl* **-s**) (*USA, TV, Radio*) antena

anthem /ˈænθəm/ *n* himno

anthology /ænˈθɒlədʒi/ *n* (*pl* **-ies**) antología

anthropology /ˌænθrəˈpɒlədʒi/ *n* antropología **anthropological** /ˌænθrəpəˈlɒdʒɪkl/ *adj* antropológico **anthropologist** /ˌænθrəˈpɒlədʒɪst/ *n* antropólogo, -a

antibiotic /ˌæntibaɪˈɒtɪk/ *adj, n* antibiótico

antibody /ˈæntibɒdi/ *n* (*pl* **-ies**) anticuerpo

anticipate /ænˈtɪsɪpeɪt/ *vt* **1** ~ **sth** prever algo: *as anticipated* de acuerdo con lo previsto ◊ *We anticipate some* *difficulties.* Calculamos tener algunas dificultades. **2** ~ **sth/sb** anticiparse a algo/algn

anticipation /æn,tɪsɪˈpeɪʃn/ *n* **1** previsión **2** expectación

antics /ˈæntɪks/ *n* [*pl*] payasadas

antidote /ˈæntidəʊt/ *n* ~ (**for/to sth**) antídoto (contra algo)

antiquated /ˈæntɪkweɪtɪd/ *adj* anticuado

antique /ænˈtiːk/ ◆ *n* (*objeto*) antigüedad: *an antique shop* una casa/un negocio de antigüedades ◆ *adj* antiguo (*generalmente de objetos valiosos*)
antiquity /ænˈtɪkwəti/ *n* (*pl* **-ies**) antigüedad

antithesis /ænˈtɪθəsɪs/ *n* (*pl* **-ses** /ænˈtɪθəsiːz/) antítesis

antler /ˈæntlə(r)/ *n* **1** [*incontable*] asta de ciervo, reno, alce **2 antlers** [*pl*] cornamenta

anus /ˈeɪnəs/ *n* (*pl* ~**es**) ano

anxiety /æŋˈzaɪəti/ *n* (*pl* **-ies**) **1** inquietud, preocupación **2** (*Med*) ansiedad **3** ~ **for sth/to do sth** ansia de algo/de hacer algo

anxious /ˈæŋkʃəs/ *adj* **1** ~ (**about sth**) preocupado (por algo): *an anxious moment* un momento de inquietud **2** ~ **to do sth** ansioso por hacer algo
anxiously *adv* con ansias

any /ˈeni/ ◆ *adj, pron* ☛ *Ver nota en* SOME

• **frases interrogativas 1** *Have you got any cash?* ¿Tenés plata? **2** algo (de): *Do you know any French?* ¿Sabés algo de francés? **3** algún: *Are there any problems?* ¿Hay algún problema? ☛ En este sentido el sustantivo suele ir en plural en inglés.

• **frases negativas 1** *He hasn't got any friends.* No tiene amigos. ◊ *There isn't any left.* No queda nada. ☛ *Ver nota en* NINGUNO **2** [*uso enfático*]: *We won't do you any harm.* No te vamos a hacer ningún daño.

• **frases condicionales 1** *If I had any relatives...* Si tuviera parientes... **2** algo (de): *If he's got any sense, he won't go.* Si tiene un poco de sentido común, no va a ir. **3** algún: *If you see any mistakes, tell me.* Si ves algún error, decime. ☛ En este sentido el sustantivo suele ir en plural en inglés.

En las frases condicionales en muchos casos se puede emplear la palabra **some** en vez de **any**: *If you need some help, tell me.* Si necesitás ayuda, decime.

• **frases afirmativas 1** cualquier(a): *just like any other boy* igual que cualquier otro chico **2** *Take any one you like.* Tomá el que quieras. **3** todo: *Give her any help she needs.* Dale toda la ayuda que necesite.
◆ *adv* [*antes de comparativo*] más: *She doesn't work here any longer.* No trabaja más acá. ◊ *I can't walk any faster.* No puedo caminar más rápido. ◊ *She doesn't live here any more.* No vive más acá.

anybody /ˈenibɒdi/ (*tb* **anyone**) *pron* **1** alguien: *Is anybody there?* ¿Hay alguien? **2** [*en frases negativas*] nadie: *I can't see anybody.* No veo a nadie. ☛ *Ver nota en* NOBODY **3** [*en frases afirmativas*]: *Invite anybody you like.* Invitá a quien quieras. ◊ *Ask anybody.* Preguntale a cualquiera. **4** [*en frases comparativas*] nadie: *He spoke more than anybody.* Habló más que nadie. ☛ *Ver nota en* EVERYBODY, SOMEBODY LOC **anybody else** alguien más: *Anybody else would have refused.* Cualquier otro se habría negado. *Ver tb* GUESS

anyhow /ˈenihaʊ/ *adv* **1** (*coloq* **any old how**) de cualquier manera **2** (*tb* **anyway**) de todas formas

anyone /ˈeniwʌn/ *Ver* ANYBODY

anyplace /ˈenipleɪs/ (*USA*) *Ver* ANYWHERE

anything /ˈeniθɪŋ/ *pron* **1** algo: *Is anything wrong?* ¿Pasa algo? ◊ *Is there anything in these rumours?* ¿Hay algo de verdad en estos rumores? **2** [*en frases afirmativas*] cualquier cosa, todo: *We'll do anything you say.* Vamos a hacer lo que nos digas. **3** [*frases negativas y comparativas*] nada: *He never says anything.* Nunca dice nada. ◊ *It was better than anything he'd seen before.* Nunca había visto nada mejor. ☛ *Ver nota en* NOBODY, SOMETHING LOC **anything but**: *It was anything but pleasant.* Fue todo menos agradable. ◊ *'Are you tired?' 'Anything but.'* —¿Estás cansado? —¡Para nada! **if anything**: *I'm* *a pacifist, if anything.* En todo caso, soy pacifista.

anyway /ˈeniweɪ/ *Ver* ANYHOW sentido 2

anywhere /ˈenɪweə(r)/ (*USA* **anyplace**) *adv, pron* **1** [*en frases interrogativas*] a/en algún lugar/alguna parte **2** [*en frases afirmativas*]: *I'd live anywhere.* Viviría en cualquier lugar. ◊ *anywhere you like* donde quieras **3** [*en frases negativas*] a/en/por ningún lugar/ninguna parte: *I didn't go anywhere special.* No fui a ningún lugar en especial. ◊ *I haven't got anywhere to stay.* No tengo donde quedarme. ☛ *Ver nota en* NOBODY **4** [*en frases comparativas*]: *more beautiful than anywhere* más hermoso que cualquier otro lugar ☛ *Ver nota en* SOMEWHERE **LOC** *Ver* NEAR

apart /əˈpɑːt/ *adv* **1** *The two men were five metres apart.* Los dos hombres estaban a cinco metros uno del otro. ◊ *They are a long way apart.* Están muy lejos el uno del otro. **2** aislado **3** separado: *They live apart.* Viven separados. ◊ *I can't pull them apart.* No puedo separarlos. **LOC to take sth apart 1** desarmar algo **2** (*fig*) hacer pedazos algo *Ver tb* JOKE, POLE

apart from (*USA tb* **aside from**) *prep* aparte de

apartment /əˈpɑːtmənt/ *n* departamento

apathy /ˈæpəθi/ *n* apatía **apathetic** /ˌæpəˈθetɪk/ *adj* apático

ape /eɪp/ ◆ *n* simio ◆ *vt* imitar

apologetic /əˌpɒləˈdʒetɪk/ *adj* de disculpa: *an apologetic look* una mirada de disculpa ◊ *to be apologetic* (*about sth*) disculparse (por algo)

apologize, -ise /əˈpɒlədʒaɪz/ *vi* ~ (**for sth**) disculparse (por algo)

apology /əˈpɒlədʒi/ *n* (*pl* **-ies**) disculpa **LOC to make no apologies/apology (for sth)** no disculparse (por algo)

apostle /əˈpɒsl/ *n* apóstol

appal (*USA tb* **appall**) /əˈpɔːl/ *vt* (**-ll-**) horrorizar: *He was appalled at/by her behaviour.* Estaba horrorizado con su comportamiento. **appalling** *adj* espantoso, horrible

apparatus /ˌæpəˈreɪtəs; *USA* -ˈrætəs/ *n* [*incontable*] aparato (*en un gimnasio, laboratorio*)

apparent /əˈpærənt/ *adj* **1** evidente: *t… become apparent* hacerse evidente **…** aparente: *for no apparent reason* si… motivo aparente **apparently** *adv* a… parecer: *Apparently not.* Parece que n…

appeal /əˈpiːl/ ◆ *vi* **1** ~ **(to sb) for st…** pedir algo (a algn) **2** ~ **to sb to do st…** hacer un llamado a algn para que hag… algo **3** apelar **4** ~ (**to sb**) atraer (a algn… **5** ~ (**against sth**) (*sentencia, etc*) apela… (en contra de algo) ◆ *n* **1** llamado: *a… appeal for help* una solicitud de ayu… da **2** súplica **3** atractivo **4** recurso: *ap… peal(s) court* tribunal de apelació… **appealing** *adj* **1** atractivo: *to look ap… pealing* verse atractivo **2** suplicante

appear /əˈpɪə(r)/ *vi* **1** aparecer: *t… appear on TV* salir en televisión **2** pare… cer: *You appear to have made a mistak…* Parece que cometiste un error. = SEE… **3** (*fantasma*) aparecerse **4** (*acusado…*) comparecer **appearance** *n* **1** aparien… cia **2** aparición **LOC to keep up appear… ances** mantener las apariencias

appendicitis /əˌpendəˈsaɪtɪs/ *n* apendi… citis

appendix /əˈpendɪks/ *n* **1** (*pl* **-dice…** /-dɪsiːz/) (*escrito*) apéndice **2** (*pl* **-dixes…**) (*Anat*) apéndice

appetite /ˈæpɪtaɪt/ *n* **1** apetito: *to giv… sb an appetite* abrir el apetito a algn **…** apetencia **LOC** *Ver* WHET

applaud /əˈplɔːd/ *vt, vi* aplaudi… **applause** *n* [*incontable*] aplausos: *a bi… round of applause* un fuerte aplauso

apple /ˈæpl/ *n* **1** manzana **2** (*tb* **appl… tree**) manzano

appliance /əˈplaɪəns/ *n* aparat… *electrical/kitchen appliances* electrodo… mésticos

applicable /ˈæplɪkəbl, əˈplɪkəbl/ *ad…* aplicable

applicant /ˈæplɪkənt/ *n* postulant… aspirante

application /ˌæplɪˈkeɪʃn/ *n* **1** solicitu… *application form* solicitud **2** aplicació…

applied /əˈplaɪd/ *adj* aplicado

apply /əˈplaɪ/ (*pret, pp* **applied**) **1** *v…* aplicar **2** *vt* (*fuerza, etc*) ejercer: *t… apply the brakes* frenar **3** *vi* hacer un… solicitud **4** *vi* ser aplicable: *In thi… case, the condition does not apply.* E… este caso, no es aplicable esta condi… ción. **PHR V to apply for sth** solicita… algo **to apply to sth/sb** aplicarse …

algo/algn: *This applies to men and women.* Esto se aplica tanto a los hombres como a las mujeres. **to apply yourself (to sth)** aplicarse (a algo)

appoint /ə'pɔɪnt/ *vt* **1** nombrar **2** (*formal*) (*hora, lugar*) fijar **appointment** *n* **1** (*acto*) nombramiento **2** puesto **3** cita (*profesional*)

appraisal /ə'preɪzl/ *n* evaluación, estimación

appreciate /ə'priːʃieɪt/ **1** *vt* apreciar **2** *vt* (*ayuda, etc*) agradecer **3** *vt* (*problema, etc*) comprender **4** *vi* revalorizarse **appreciation** *n* **1** (*gen, Fin*) apreciación **2** agradecimiento **3** valoración **appreciative** *adj* **1** ~ **(of sth)** agradecido (por algo) **2** (*mirada, comentario*) de admiración **3** (*público*) agradecido

apprehend /ˌæprɪ'hend/ *vt* detener, capturar **apprehension** *n* aprensión: *filled with apprehension* lleno de aprensión **apprehensive** *adj* aprensivo

apprentice /ə'prentɪs/ *n* **1** aprendiz, -iza: *apprentice plumber* aprendiz de plomero **2** principiante **apprenticeship** *n* aprendizaje

approach /ə'prəʊtʃ/ ◆ **1** *vt, vi* acercarse (a) **2** *vt* ~ **sb** (*para ayuda*) acudir a algn **3** *vt* (*tema, persona*) abordar ◆ *n* **1** llegada **2** aproximación **3** acceso **4** enfoque

appropriate[1] /ə'prəʊprɪeɪt/ *vt* apropiarse de

appropriate[2] /ə'prəʊprɪət/ *adj* **1** apropiado, adecuado **2** (*momento, etc*) oportuno **appropriately** *adv* apropiadamente, adecuadamente

approval /ə'pruːvl/ *n* aprobación, visto bueno LOC **on approval** a prueba

approve /ə'pruːv/ **1** *vt* aprobar **2** *vi* ~ **(of sth)** estar de acuerdo (con algo) **3** *vi* ~ **(of sb)**: *I don't approve of him.* No tengo un buen concepto de él. **approving** *adj* de aprobación

approximate /ə'prɒksɪmət/ ◆ *adj* aproximado ◆ /ə'prɒksɪmeɪt/ *vi* ~ **to sth** aproximarse a algo **approximately** *adv* aproximadamente

apricot /'eɪprɪkɒt/ *n* **1** damasco **2** (*tb* **apricot tree**) damasco **3** color damasco

April /'eɪprəl/ *n* (*abrev* **Apr**) abril: *April Fool's Day* día de los inocentes ☛ *Ver nota y ejemplos en* JANUARY

April Fool's Day es el primero de abril.

apron /'eɪprən/ *n* delantal

apt /æpt/ *adj* (**apter**, **aptest**) acertado LOC **to be apt to do sth** tener tendencia a hacer algo **aptly** *adv* acertadamente

aptitude /'æptɪtjuːd; *USA* -tuːd/ *n* aptitud

aquarium /ə'kweəriəm/ *n* (*pl* **-riums** *o* **-ria**) acuario

Aquarius /ə'kweəriəs/ *n* Acuario: *My sister is (an) Aquarius.* Mi hermana es de Acuario. ◊ *born under Aquarius* nacido bajo el signo de Acuario

aquatic /ə'kwætɪk/ *adj* acuático

arable /'ærəbl/ *adj* cultivable: *arable farming* agricultura ◊ *arable land* tierra de cultivo

arbitrary /'ɑːbɪtrəri; *USA* 'ɑːbɪtreri/ *adj* **1** arbitrario **2** indiscriminado

arbitrate /'ɑːbɪtreɪt/ *vt, vi* arbitrar **arbitration** *n* arbitraje

arc /ɑːk/ *n* arco

arcade /ɑː'keɪd/ *n* **1** galería: *amusement arcade* salón de juegos con maquinitas **2** [*sing*] portal

arch /ɑːtʃ/ ◆ *n* arco ◆ *vt, vi* **1** (*espalda*) arquear(se) **2** (*cejas*) enarcar(se)

archaeology (*USA* **archeology**) /ˌɑːki'ɒlədʒi/ *n* arqueología **archaeological** (*USA* **archeological**) /ˌɑːkiə'lɒdʒɪkl/ *adj* arqueológico **archaeologist** (*USA* **archeologist**) /ˌɑːki'ɒlədʒɪst/ *n* arqueólogo, -a

archaic /ɑː'keɪɪk/ *adj* arcaico

archbishop /ˌɑːtʃ'bɪʃəp/ *n* arzobispo

archer /'ɑːtʃə(r)/ *n* arquero, -a **archery** *n* tiro al arco

architect /'ɑːkɪtekt/ *n* arquitecto, -a

architecture /'ɑːkɪtektʃə(r)/ *n* arquitectura **architectural** /ˌɑːkɪ'tektʃərəl/ *adj* arquitectónico

archive /'ɑːkaɪv/ *n* archivo

archway /'ɑːtʃweɪ/ *n* arco (*arquitectónico*)

ardent /'ɑːdnt/ *adj* ferviente, entusiasta

ardour (*USA* **ardor**) /'ɑːdə(r)/ *n* fervor

arduous /'ɑːdjuəs; *USA* -dʒʊ-/ *adj* arduo

are /ə(r), ɑː(r)/ *Ver* BE

area /'eəriə/ *n* **1** superficie **2** (*Mat*) área **3** (*Geog*) zona, región: *area manager* director regional **4** (*de uso específico*) zona, recinto **5** (*de actividad, etc*) área

arena /əˈriːnə/ *n* **1** (*Dep*) estadio **2** (*circo*) pista **3** (*plaza de toros*) ruedo **4** (*fig*) ámbito

aren't /ɑːnt/ = ARE NOT *Ver* BE

arguable /ˈɑːgjuəbl/ *adj* **1** *It is arguable that...* Podemos afirmar que... **2** discutible **arguably** *adv* probablemente

argue /ˈɑːgjuː/ **1** *vi* discutir **2** *vt, vi* argumentar: *to argue for/against* dar argumentos a favor de/en contra de

argument /ˈɑːgjumənt/ *n* **1** discusión: *to have an argument* discutir ☛ *Comparar con* ROW³ **2** ~ (**for/against sth**) argumento a favor de/en contra de algo

arid /ˈærɪd/ *adj* árido

Aries /ˈeəriːz/ *n* Aries ☛ *Ver ejemplos en* AQUARIUS

arise /əˈraɪz/ *vi* (*pret* **arose** /əˈrəʊz/ *pp* **arisen** /əˈrɪzn/) **1** (*problema*) surgir **2** (*oportunidad*) presentarse **3** (*tormenta*) levantarse **4** (*situación, etc*) producirse: *should the need arise* si fuera preciso **5** (*cuestión, etc*) plantearse **6** (*antic*) alzarse

aristocracy /ˌærɪˈstɒkrəsi/ *n* [*v sing o pl*] (*pl* **-ies**) aristocracia

aristocrat /ˈærɪstəkræt; *USA* əˈrɪst-/ *n* aristócrata **aristocratic** /ˌærɪstəˈkrætɪk/ *adj* aristocrático

arithmetic /əˈrɪθmətɪk/ *n* aritmética: *mental arithmetic* cálculo mental

ark /ɑːk/ *n* arca

arm /ɑːm/ ◆ *n* **1** brazo: *I've broken my arm.* Me rompí el brazo.

> Nótese que en inglés las partes del cuerpo van normalmente precedidas por un adjetivo posesivo (*my, your, her, etc*).

arm

arm in arm

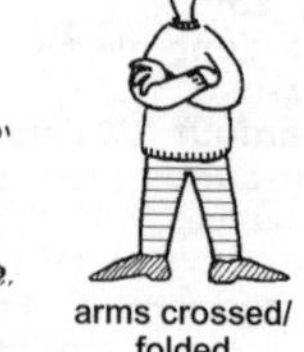

arms crossed/folded

2 (*camisa, etc*) manga LOC **arm in arm (with sb)** del brazo (de algn) *Ver tb* CHANCE, FOLD ◆ *vt, vi* armar(se): *to arm yourself with sth* armarse con/de algo

armament /ˈɑːməmənt/ *n* armamento: *armaments factory* fábrica de armamento

armchair /ɑːmˈtʃeə(r)/ *n* sillón

armed /ɑːmd/ *adj* armado

armed forces (*tb* **armed services**) *n* fuerzas armadas

armed robbery *n* asalto a mano armada

armistice /ˈɑːmɪstɪs/ *n* armisticio

armour (*USA* **armor**) /ˈɑːmə(r)/ *n* [*incontable*] **1** armadura: *a suit of armour* una armadura **2** blindaje LOC *Ver* CHINK **armoured** (*USA* **armored**) *adj* **1** (*vehículo*) blindado **2** (*barco*) acorazado

armpit /ˈɑːmpɪt/ *n* axila

arms /ɑːmz/ *n* [*pl*] **1** armas: *arms race* carrera armamentista **2** escudo (de armas) LOC **to be up in arms (about/over sth)** estar en pie de guerra (por algo)

army /ˈɑːmi/ *n* [*sing o pl*] (*pl* **armies**) ejército

arose *pret de* ARISE

around¹ /əˈraʊnd/ (*tb* **about**) *adv* **1** más o menos: *around 200 people* alrededor de 200 personas **2** hacia: *around 1850* hacia 1850

> En expresiones temporales, la palabra **about** suele ir precedida por las preposiciones **at**, **on**, **in**, etc, mientras que la palabra **around** no requiere preposición: *around/at about five o'clock* a eso de las cinco ◊ *around/on about 15 June* hacia el 15 de junio.

3 por acá: *There are few good teachers around.* No hay muchos profesores buenos por acá.

around² /əˈraʊnd/ (*tb* **round, about**) *part adv* **1** de acá para allá: *I've been dashing (a)round all morning.* Llevo toda la mañana de acá para allá. **2** a su alrededor: *to look (a)round* mirar (algn) a su alrededor ☛ Para los usos de **around** en PHRASAL VERBS ver las entradas de los verbos correspondientes, p.ej. **to lie around** en LIE².

around³ /əˈraʊnd/ (*tb* **round**) *prep* **1** por: *to travel (a)round the world* viajar por todo el mundo **2** alrededor de: *sitting (a)round the table* sentados alrededor de la mesa

arouse /əˈraʊz/ *vt* **1** suscitar **2** excitar (sexualmente) **3** ~ **sb (from sth)** despertar a algn (de algo)

arrange /əˈreɪndʒ/ *vt* **1** disponer **2** ordenar **3** (*evento*) organizar **4** ~ **for sb to do sth** asegurarse de que algn haga algo **5** ~ **to do sth/that…** quedar en hacer algo/en que… **6** (*Mús*) arreglar **arrangement** *n* **1** disposición **2** arreglo **3** acuerdo **4 arrangements** [*pl*] preparativos

arrest /əˈrest/ ◆ *vt* **1** (*delincuente*) detener **2** (*formal*) (*inflación, etc*) contener **3** (*atención*) atraer ◆ *n* **1** detención **2** *cardiac arrest* paro cardíaco LOC **to be under arrest** estar/quedar detenido

arrival /əˈraɪvl/ *n* **1** llegada **2** (*persona*): *new/recent arrivals* recién llegados

arrive /əˈraɪv/ *vi* **1** llegar

¿**Arrive in** o **arrive at**? **Arrive in** se usa cuando se llega a un país o a una población: *When did you arrive in England?* ¿Cuándo llegaste a Inglaterra? **Arrive at** se usa seguido de lugares específicos como un edificio, una estación, etc: *We'll phone you as soon as we arrive at the airport.* Los vamos a llamar en cuanto lleguemos al aeropuerto. El uso de **at** seguido del nombre de una población implica que se está considerando esa población como un punto en un itinerario. Nótese que "llegar a casa" se dice *to get home.*

2 (*coloq*) (*éxito*) llegar a la cima

arrogant /ˈærəgənt/ *adj* arrogante **arrogance** *n* arrogancia

arrow /ˈærəʊ/ *n* flecha

arson /ˈɑːsn/ *n* incendio intencional

art /ɑːt/ *n* **1** arte: *a work of art* una obra de arte **2 the arts** [*pl*] las Bellas Artes: *the Arts Minister* el ministro de Cultura **3 arts** [*pl*] (*materia*) letras: *Bachelor of Arts* Licenciado (en una carrera de Humanidades) **4** maña

artery /ˈɑːtəri/ *n* (*pl* **-ies**) arteria

arthritis /ɑːˈθraɪtɪs/ *n* artritis **arthritic** *adj, n* artrítico, -a

artichoke /ˈɑːtɪtʃəʊk/ *n* alcaucil

article /ˈɑːtɪkl/ *n* **1** artículo: *definite/indefinite article* artículo definido/indefinido **2** *articles of clothing* prendas de vestir

articulate[1] /ɑːˈtɪkjələt/ *adj* capaz de expresarse con claridad

articulate[2] /ɑːˈtɪkjʊleɪt/ *vt, vi* articular: *articulated lorry* camión articulado

artificial /ˌɑːtɪˈfɪʃl/ *adj* artificial

artillery /ɑːˈtɪləri/ *n* artillería

artisan /ˌɑːtɪˈzæn; *USA* ˈɑːrtɪzn/ *n* artesano, -a

artist /ˈɑːtɪst/ *n* artista

artistic /ɑːˈtɪstɪk/ *adj* artístico

artwork /ˈɑːtwɜːk/ *n* material gráfico (*en una publicación*)

as /əz, æz/ ◆ *prep* **1** (*en calidad de*) como: *Treat me as a friend.* Tratame como a un amigo. ◊ *Use this plate as an ashtray.* Usá este plato como cenicero. **2** (*con profesiones*) de: *to work as a waiter* trabajar de mozo **3** (*cuando algn es/era*) de: *as a child* de chico

Nótese que para comparaciones y ejemplos usamos **like**: *a car like yours* un auto como el tuyo ◊ *Romantic poets, like Byron, Shelley, etc* poetas románticos como Byron, Shelley, etc.

◆ *adv* **1 as…as** tan…como: *She is as tall as me/as I am.* Es tan alta como yo. ◊ *as soon as possible* lo antes posible ◊ *I earn as much as her/as she does.* Gano tanto como ella. **2** (*según*) como: *as you can see* como podés ver ◆ *conj* **1** mientras: *I watched her as she combed her hair.* La miré mientras se peinaba. **2** como: *as you weren't there…* como no estabas… **3** tal como: *Leave it as you find it.* Dejalo tal como lo encuentres. LOC **as for sth/sb** en cuanto a algo/algn **as from** (*esp USA* **as of**): *as from/of 12 May* a partir del 12 de mayo **as if/as though** como si: *as if nothing had happened* como si no hubiera pasado nada **as it is** vista la situación **as many 1** tantos: *We no longer have as many members.* Ya no tenemos tantos socios. **2** otros tantos: *four jobs in as many months* cuatro trabajos en otros tantos meses **as many again/more** otros tantos **as many as 1** *I didn't win as many as him.* No gané tantos como él. **2** hasta: *as many as ten people* hasta diez personas **3** *You ate three times as many as I did.* Comiste tres veces lo que yo. **as many…as** tantos…como **as much**: *I don't have as much as you.* No tengo tanto como vos. ◊ *I thought as much.* Eso es lo que a mí me parecía. **as much again** otro tanto **as to sth/as regards sth** en cuanto a algo **as yet** hasta ahora

asbestos /æsˈbestəs, əzˈbestəs/ *n* amianto

ascend /əˈsend/ (*formal*) **1** *vi* ascender **2** *vt* (*escaleras, trono*) subir (a)

ascendancy /əˈsendənsi/ *n* ~ (**over sth/sb**) ascendiente (sobre algo/algn)

ascent /əˈsent/ *n* ascenso

ascertain /ˌæsəˈteɪn/ *vt* (*formal*) averiguar

ascribe /əˈskraɪb/ *vt* ~ **sth to sth/sb** atribuir algo a algo/algn

ash /æʃ/ *n* **1** (*tb* **ash tree**) fresno **2** ceniza

ashamed /əˈʃeɪmd/ *adj* ~ (**of sth/sb**) avergonzado (de algo/algn) LOC **to be ashamed to do sth** darle vergüenza a uno hacer algo

ashore /əˈʃɔː(r)/ *adv, prep* en/a tierra: *to go ashore* desembarcar

ashtray /ˈæʃtreɪ/ *n* cenicero

Ash Wednesday *n* miércoles de Ceniza

aside /əˈsaɪd/ ◆ *adv* **1** a un lado **2** en reserva ◆ *n* aparte (*Teatro*)

aside from *prep* (*esp USA*) aparte de

ask /ɑːsk; *USA* æsk/ **1** *vt, vi* **to ask (sb) (sth)** preguntar (algo) (a algn): *to ask a question* hacer una pregunta ◊ *to ask about sth* preguntar acerca de algo **2** *vt, vi* **to ask (sb) for sth** pedir algo (a algn) **3** *vt* **to ask sb to do sth** pedir a algn que haga algo **4** *vt* **to ask sb (to sth)** invitar a algn (a algo) LOC **don't ask me!** (*coloq*) ¡qué sé yo! **for the asking** con sólo pedirlo **to ask for trouble/it** (*coloq*) buscársela **to ask sb out** pedirle a algn que salga con uno (como pareja) **to ask sb round** invitar a algn (a tu casa) PHR V **to ask after sb** preguntar cómo está algn **to ask for sb** preguntar por algn (*para verlo*)

asleep /əˈsliːp/ *adj* dormido: *to fall asleep* dormirse ◊ *fast/sound asleep* profundamente dormido

Nótese que **asleep** no se usa antes de un sustantivo, por lo tanto, para traducir "un chico dormido" tendríamos que decir *a sleeping baby.*

asparagus /əˈspærəgəs/ *n* [*incontable*] espárrago(s)

aspect /ˈæspekt/ *n* **1** (*de una situación etc*) aspecto **2** (*Arquit*) orientación

asphalt /ˈæsfælt; *USA* -fɔːlt/ *n* asfalto

asphyxiate /əsˈfɪksieɪt/ *vt* asfixiar

aspiration /ˌæspəˈreɪʃn/ *n* aspiración

aspire /əˈspaɪə(r)/ *vi* ~ **to sth** aspirar a algo: *aspiring musicians* aspirantes a músicos

aspirin /ˈæsprɪn, ˈæspərɪn/ *n* aspirina

ass /æs/ *n* **1** (*animal*) burro **2** (*coloq*) (*idiota*) burro

assailant /əˈseɪlənt/ *n* (*formal*) agresor, -ora

assassin /əˈsæsɪn; *USA* -sn/ *n* asesino -a **assassinate** *vt* asesinar **assassination** *n* asesinato ☛ *Ver nota en* ASESINAR

assault /əˈsɔːlt/ ◆ *vt* agredir ◆ *n* **1** agresión **2** ~ (**on sth/sb**) ataque (contra algo/algn)

assemble /əˈsembl/ **1** *vt, vi* reunir(se) **2** *vt* (*Mec*) armar

assembly /əˈsembli/ *n* (*pl* **-ies**) **1** asamblea **2** reunión de profesores y alumnos **3** ensamblaje: *assembly line* cadena de montaje

assert /əˈsɜːt/ *vt* **1** afirmar **2** (*derechos, etc*) hacer valer LOC **to assert yourself** imponerse **assertion** *n* afirmación

assertive /əˈsɜːtɪv/ *adj* firme, que se hace valer

assess /əˈses/ *vt* **1** (*propiedad, etc*) valorar **2** (*impuestos, etc*) calcular **assessment** *n* **1** valoración **2** análisis **assessor** *n* tasador, -ora

asset /ˈæset/ *n* **1** ventaja, factor positivo: *to be an asset to sth/sb* ser muy valioso para algo/algn **2 assets** [*pl*] (*Com*) bienes

assign /əˈsaɪn/ *vt* **1** ~ **sth to sb** asignar algo a algn **2** ~ **sb to sth** asignar a algn a algo

assignment /əˈsaɪnmənt/ *n* **1** (*en colegio*) trabajo **2** misión **3** (*en el extranjero*) destino

assimilate /əˈsɪməleɪt/ **1** *vt* asimilar **2** *vi* ~ **into sth** asimilarse a algo

assist /əˈsɪst/ *vt* (*formal*) *vi* ayudar, asistir **assistance** *n* (*formal*) **1** ayuda **2** auxilio

assistant /əˈsɪstənt/ *n* **1** ayudante **2** (*tb* **sales/shop assistant**) vendedor, -ora **3** *the assistant manager* el subgerente

associate[1] /əˈsəʊʃiət/ *n* socio, -a

associate² /ə'səʊʃieɪt/ **1** *vt* ~ **sth/sb with sth/sb** relacionar algo/a algn con algo/algn **2** *vi* ~ **with sb** tratar con algn

association /əˌsəʊsi'eɪʃn/ *n* **1** asociación **2** implicación

assorted /ə'sɔːtɪd/ *adj* **1** variados **2** (*galletitas, etc*) surtidos

assortment /ə'sɔːtmənt/ *n* variedad, surtido

assume /ə'sjuːm; *USA* ə'suːm/ *vt* **1** suponer **2** dar por sentado **3** (*expresión, nombre falso*) adoptar **4** (*significado*) adquirir **5** (*control*) asumir

assumption /ə'sʌmpʃn/ *n* **1** supuesto **2** (*de poder, etc*) toma

assurance /ə'ʃɔːrəns; *USA* ə'ʃʊərəns/ *n* **1** garantía **2** confianza

assure /ə'ʃʊə(r)/ **1** *vt* asegurar **2** *vt* ~ **sb of sth** prometer algo a algn **3** *vt* ~ **sb of sth** convencer a algn de algo **4** *v refl* ~ **yourself that…** asegurarse de que… **assured** *adj* seguro LOC **to be assured of sth** tener algo asegurado

asterisk /'æstərɪsk/ *n* asterisco

asthma /'æsmə; *USA* 'æzmə/ *n* asma **asthmatic** *adj, n* asmático, -a

astonish /ə'stɒnɪʃ/ *vt* asombrar **astonishing** *adj* asombroso **astonishingly** *adv* increíblemente **astonishment** *n* asombro

astound /ə'staʊnd/ *vt* dejar atónito: *We were astounded to find him playing chess with his dog.* Quedamos atónitos cuando lo encontramos jugando ajedrez con su perro. **astounding** *adj* increíble

astray /ə'streɪ/ *adv* LOC **to go astray** extraviarse

astride /ə'straɪd/ *adv, prep* ~ (**sth**) a caballo (sobre algo)

astrology /ə'strɒlədʒi/ *n* astrología

astronaut /'æstrənɔːt/ *n* astronauta

astronomy /ə'strɒnəmi/ *n* astronomía **astronomer** *n* astrónomo, -a **astronomical** /ˌæstrə'nɒmɪkl/ *adj* astronómico

astute /ə'stjuːt; *USA* ə'stuːt/ *adj* astuto

asylum /ə'saɪləm/ *n* **1** asilo **2** (*tb* **lunatic asylum**) (*antic*) manicomio

at /æt, ət/ *prep* **1** (*posición*) en: *at home* en casa ◊ *at the door* en la puerta ◊ *at the top* en lo alto ☛ *Ver nota en* EN **2** (*tiempo*): *at 3.35* a las 3.35 ◊ *at dawn* al amanecer ◊ *at times* a veces ◊ *at night* a la noche ◊ *at Christmas* en Navidad ◊ *at the moment* en este momento **3** (*precio, frecuencia, velocidad*) a: *at 70kph* a 70km/h ◊ *at full volume* a todo volumen ◊ *two at a time* de dos en dos **4** (*hacia*): *to stare at sb* mirar fijamente a algn **5** (*reacción*): *surprised at sth* sorprendido por algo ◊ *At this, she fainted.* Y entonces, se desmayó. **6** (*actividad*) en: *She's at work.* Está en el trabajo. ◊ *to be at war* estar en guerra ◊ *children at play* chicos jugando

ate *pret de* EAT

atheism /'eɪθiɪzəm/ *n* ateísmo **atheist** *n* ateo, -a

athlete /'æθliːt/ *n* atleta

athletic /æθ'letɪk/ *adj* atlético **athletics** *n* [*sing*] atletismo

atlas /'ætləs/ *n* **1** atlas **2** (*de rutas*) mapa

atmosphere /'ætməsfɪə(r)/ *n* **1** atmósfera **2** ambiente

atom /'ætəm/ *n* **1** átomo **2** (*fig*) ápice

atomic /ə'tɒmɪk/ *adj* atómico: *atomic weapons* armas nucleares

atrocious /ə'trəʊʃəs/ *adj* **1** atroz **2** pésimo **atrocity** /ə'trɒsəti/ *n* (*pl* **-ies**) atrocidad

attach /ə'tætʃ/ *vt* **1** atar **2** unir **3** (*documentos*) adjuntar **4** (*fig*): *to attach importance to sth* dar importancia a algo **attached** *adj*: *to be attached to sth/sb* tenerle cariño a algo/algn LOC *Ver* STRING **attachment** *n* **1** accesorio **2** ~ **to sth** apego a algo

attack /ə'tæk/ ◆ *n* ~ (**on sth/sb**) ataque (contra algo/algn) ◆ *vt, vi* atacar **attacker** *n* agresor, -ora

attain /ə'teɪn/ *vt* alcanzar **attainment** *n* éxito

attempt /ə'tempt/ ◆ *vt* intentar: *to attempt to do sth* intentar hacer algo ◆ *n* **1** ~ (**at doing/to do sth**) intento (de hacer algo) **2** atentado **attempted** *adj*: *attempted robbery* intento de robo ◊ *attempted murder* asesinato frustrado

attend /ə'tend/ **1** *vt, vi* ~ (**sth**) asistir (a algo) **2** *vi* ~ **to sth/sb** ocuparse de algo/algn **attendance** *n* asistencia LOC **in attendance** presente

attendant /ə'tendənt/ *n* encargado, -a

attention /ə'tenʃn/ ◆ *n* atención: *for the attention of…* a la atención de… LOC *Ver* CATCH, FOCUS, PAY ◆ **attention!** *interj* (*Mil*) ¡firmes!

attentive /ə'tentɪv/ *adj* atento

attic /ˈætɪk/ *n* altillo

attitude /ˈætɪtjuːd; *USA* -tuːd/ *n* actitud

attorney /əˈtɜːni/ *n* (*pl* **-eys**) **1** (*USA*) abogado, -a **2** apoderado, -a

Attorney-General /əˌtɜːni ˈdʒenrəl/ *n* **1** (*GB*) asesor, -ora legal del gobierno **2** (*USA*) procurador, -ora general

attract /əˈtrækt/ *vt* **1** atraer **2** (*atención*) llamar **attraction** *n* **1** atracción **2** atractivo **attractive** *adj* **1** (*persona*) atractivo **2** (*salario, etc*) interesante

attribute /ˈætrɪbjuːt/ ◆ *n* atributo ◆ /əˈtrɪbjuːt/ *vt* ~ **sth to sth** atribuir algo a algo

aubergine /ˈəʊbəʒiːn/ ◆ *n* berenjena ◆ *adj* (*color*) violeta

auction /ˈɔːkʃn, ˈɒkʃn/ ◆ *n* remate ◆ *vt* rematar **auctioneer** /ˌɔːkʃəˈnɪə(r)/ *n* rematador, -ora

audible /ˈɔːdəbl/ *adj* audible

audience /ˈɔːdiəns/ *n* **1** [*v sing o pl*] (*teatro, etc*) público **2** ~ **with sb** audiencia con algn

audit /ˈɔːdɪt/ ◆ *n* auditoría ◆ *vt* auditar

audition /ɔːˈdɪʃn/ ◆ *n* audición ◆ *vi* ~ **for sth** presentarse a una audición para algo

auditor /ˈɔːdɪtə(r)/ *n* auditor, -ora

auditorium /ˌɔːdɪˈtɔːriəm/ *n* (*pl* **-ria** o **-riums**) auditorio

August /ˈɔːgəst/ *n* (*abrev* **Aug**) agosto ☛ *Ver nota y ejemplos en* JANUARY

aunt /ɑːnt; *USA* ænt/ *n* tía: *Aunt Louise* la tía Louise ◊ *my aunt and uncle* mis tíos **auntie** (*tb* **aunty**) (*coloq*) *n* tía

au pair /ˌəʊˈpeə(r)/ *n* au pair

austere /ɒˈstɪə(r), ɔːˈstɪə(r)/ *adj* austero **austerity** *n* austeridad

authentic /ɔːˈθentɪk/ *adj* auténtico

authenticity /ˌɔːθenˈtɪsəti/ *n* autenticidad

author /ˈɔːθə(r)/ *n* autor, -ora

authoritarian /ɔːˌθɒrɪˈteəriən/ *adj, n* autoritario, -a

authoritative /ɔːˈθɒrətətɪv; *USA* -teɪtɪv/ *adj* **1** (*libro, etc*) de gran autoridad **2** (*voz, etc*) serio

authority /ɔːˈθɒrəti/ *n* (*pl* **-ies**) autoridad LOC **to have it on good authority that...** saber de buena fuente que...

authorization, -isation /ˌɔːθəraɪˈzeɪʃn; *USA* -rɪˈz-/ *n* autorización

authorize, -ise /ˈɔːθəraɪz/ *vt* autorizar

autobiographical /ˌɔːtəˌbaɪəˈgræfɪkl/ *adj* autobiográfico

autobiography /ˌɔːtəbaɪˈɒgrəfi/ *n* (*pl* **-ies**) autobiografía

autograph /ˈɔːtəgrɑːf; *USA* -græf/ ◆ *n* autógrafo ◆ *vt* firmar

automate /ˈɔːtəmeɪt/ *vt* automatizar

automatic /ˌɔːtəˈmætɪk/ ◆ *adj* automático ◆ *n* **1** arma automática **2** auto automático **automatically** *adv* automáticamente

automation /ˌɔːtəˈmeɪʃn/ *n* automatización

automobile /ˈɔːtəməbiːl, -məʊ-/ *n* (*esp USA*) automóvil

autonomous /ɔːˈtɒnəməs/ *adj* autónomo **autonomy** *n* autonomía

autopsy /ˈɔːtɒpsi/ *n* (*pl* **-ies**) autopsia

autumn /ˈɔːtəm/ (*USA* **fall**) *n* otoño

auxiliary /ɔːgˈzɪliəri/ *adj, n* ayudante

avail /əˈveɪl/ *n* LOC **to no avail** en vano

available /əˈveɪləbl/ *adj* disponible

avalanche /ˈævəlɑːnʃ; *USA* -læntʃ/ *n* avalancha

avant-garde /ˌævɒŋ ˈgɑːd/ *adj* vanguardista

avenue /ˈævənjuː; *USA* -nuː/ *n* **1** (*abrev* **Ave**) avenida **2** (*fig*) camino

average /ˈævərɪdʒ/ ◆ *n* promedio: *on average* como media ◆ *adj* **1** medio: *average earnings* el sueldo medio **2** (*coloq, pey*) mediocre ◆ PHR V **to average out (at sth)**: *It averages out at 10%.* Sale a un promedio del 10%.

aversion /əˈvɜːʃn/ *n* aversión

avert /əˈvɜːt/ *vt* **1** (*mirada*) apartar **2** (*crisis, etc*) evitar

aviation /ˌeɪviˈeɪʃn/ *n* aviación

avid /ˈævɪd/ *adj* ávido

avocado /ˌævəˈkɑːdəʊ/ *n* (*pl* ~**s**) palta

avoid /əˈvɔɪd/ *vt* **1** ~ **(doing) sth** evitar (hacer) algo: *She avoided going.* Evitó ir. **2** (*responsabilidad, etc*) eludir

await /əˈweɪt/ *vt* (*formal*) ~ **sth 1** estar a la espera de algo **2** aguardar algo: *A surprise awaited us.* Nos esperaba una sorpresa. ☛ *Comparar con* WAIT

awake /əˈweɪk/ ◆ *adj* **1** despierto **2** ~ **to sth** (*peligro, etc*) consciente de algo ◆ *vt, vi* (*pret* **awoke** /əˈwəʊk/ *pp* **awoken** /əˈwəʊkən/) despertar(se)

Los verbos **awake** y **awaken** sólo se emplean en lenguaje formal o literario. La expresión normal es **to wake (sb) up**.

awaken /əˈweɪkən/ **1** *vt, vi* despertar (se) ☛ *Ver nota en* AWAKE **2** *vt* ~ **sb to sth** (*peligro, etc*) advertir a algn de algo

award /əˈwɔːd/ ◆ *vt* (*premio, etc*) conceder ◆ *n* premio, galardón

aware /əˈweə(r)/ *adj* ~ **of sth** consciente de algo LOC **as far as I am aware** que yo sepa **to make sb aware of sth** informar a algn de algo *Ver tb* BECOME **awareness** *n* conciencia

away /əˈweɪ/ *part adv* **1** (*indicando distancia*): *The hotel is two kilometres away.* El hotel está a dos kilómetros. ◊ *It's a long way away.* Queda muy lejos. **2** [*con verbos de movimiento*] irse de una determinada manera: *He limped away.* Se fue rengueando. **3** [*uso enfático con tiempos continuos*]: *I was working away all night.* Me pasé toda la noche trabajando. **4** por completo: *The snow had melted away.* La nieve se había derretido por completo. **5** (*Dep*) visitante: *an away win* una victoria como visitante LOC *Ver* RIGHT ☛ Para los usos de **away** en PHRASAL VERBS ver las entradas de los verbos correspondientes, p.ej. **to get away** en GET.

awe /ɔː/ *n* admiración LOC **to be in awe of sb** sentirse intimidado por algn **awesome** *adj* impresionante

awful /ˈɔːfl/ *adj* **1** (*accidente, etc*) horroroso **2** *an awful lot of money* un montón de dinero **awfully** *adv* terriblemente: *I'm awfully sorry.* Lo siento muchísimo.

awkward /ˈɔːkwəd/ *adj* **1** (*momento, etc*) inoportuno **2** (*sensación, etc*) incómodo **3** (*persona*) difícil **4** (*movimiento*) desgarbado

awoke *pret de* AWAKE

awoken *pp de* AWAKE

axe (*USA* **ax**) /æks/ ◆ *n* hacha LOC **to have an axe to grind** tener un interés particular en algo ◆ *vt* **1** (*servicio, etc*) cortar **2** despedir

axis /ˈæksɪs/ *n* (*pl* **axes** /ˈæksiːz/) eje

axle /ˈæksl/ *n* eje (*de ruedas*)

aye (*tb* **ay**) /aɪ/ *interj, n* (*antic*) sí: *The ayes have it.* Ganaron los síes. ☛ **Aye** *es corriente en Escocia y en el norte de Inglaterra.*

Bb

B, b /biː/ *n* (*pl* **B's**, **b's** /biːz/) **1** B, b: *B for Benjamin* B de Bariloche ☛ *Ver ejemplos en* A, A **2** (*Educ*) muy bueno: *to get (a) B in Science* sacar un muy bueno en Ciencias **3** (*Mús*) si

babble /ˈbæbl/ ◆ *n* **1** (*voces*) murmullo **2** (*bebé*) balbuceo ◆ *vt, vi* farfullar, balbucear

babe /beɪb/ *n* (*USA, coloq*) muñeca (*chica*)

baby /ˈbeɪbi/ *n* (*pl* **babies**) **1** bebé: *a newborn baby* un recién nacido ◊ *a baby girl* una beba **2** (*animal*) cría **3** (*USA, coloq*) nena

babysit /ˈbeɪbisɪt/ *vi* (**-tt-**) (*pret* **-sat**) ~ (**for sb**) cuidar a un bebé/chico (de algn) **babysitter** *n* baby sitter

bachelor /ˈbætʃələ(r)/ *n* soltero: *a bachelor flat* un departamento de soltero

back[1] /bæk/ ◆ *n* **1** parte de atrás **2** dorso **3** revés **4** espalda: *to lie on your back* estar acostado boca arriba **5** (*silla*) respaldo LOC **at the back of your/sb's mind** en lo (más) recóndito de la mente **back to back** espalda con espalda **back to front** al revés ☛ *Ver dibujo en* REVÉS **behind sb's back** a espaldas de algn **to be glad, pleased, etc to see the back of sth/sb** alegrarse de sacarse algo/algn de encima **to be on sb's back** estar encima de algn **to get/put sb's back up** sacar de quicio a algn **to have your back to the wall** estar entre la espada y la pared *Ver tb* BREAK[1], PAT, TURN ◆ *adj* **1** trasero: *the back door* la puerta trasera **2** (*número* *de revista*) atrasado LOC **by/through the back door** de una manera ilegal/en cubierta ◆ *adv, part adv* **1** (*movimiento, posición*) hacia atrás: *Stand well back.* Manténganse alejados. ◊ *a mile back* una milla más atrás **2** (*regreso, repetición*) de vuelta: *They are back in power.* Volvieron al poder. ◊ *on the way back* a la vuelta ◊ *to go there and back* ir y volver **3** (*tiempo*) allá: *back in the seventies* allá por los años setenta ◊ *a few years back* hace algunos años **4** (*reciprocidad*): *He smiled back* (*at her*). Le devolvió la sonrisa. LOC **to get/have your own back** (**on sb**) (*coloq*) vengarse (de algn) **to go, travel, etc back and forth** ir y venir ☛ Para los usos de **back** en PHRASAL VERBS ver las entradas de los verbos correspondientes, p.ej. **to go back** en GO[1].

back[2] /bæk/ **1** *vt* ~ **sth/sb** (**up**) respaldar algo/a algn **2** *vt* financiar **3** *vt* apostar por **4** *vi* ~ (**up**) dar marcha atrás PHR V **to back away** (**from sth/sb**) retroceder (ante algo/algn) **to back down**; (*USA*) **to back off** retractarse **to back on to sth**: *Our house backs on to the river.* La parte de atrás de nuestra casa da al río. **to back out** (**of an agreement, etc**) echarse atrás (de un acuerdo, etc)

backache /ˈbækeɪk/ *n* dolor de espalda

backbone /ˈbækbəʊn/ *n* **1** columna vertebral **2** fortaleza, empuje

backcloth /ˈbækklɒθ/ (*tb* **backdrop** /ˈbækdrɒp/) *n* telón de fondo

backfire /ˌbækˈfaɪə(r)/ *vi* **1** (*auto*) estallar **2** ~ (**on sb**) (*fig*) salirle (a algn) el tiro por la culata

background /ˈbækgraʊnd/ *n* **1** fondo **2** contexto **3** clase social, educación, formación

backing /ˈbækɪŋ/ *n* **1** respaldo, apoyo **2** (*Mús*) acompañamiento

backlash /ˈbæklæʃ/ *n* reacción violenta

backlog /ˈbæklɒg/ *n* atraso: *a huge backlog of work* un montón de trabajo atrasado

backpack /ˈbækpæk/ *n* mochila

back seat *n* (*auto*) asiento trasero LOC **to take a back seat** pasar a segundo plano

backside /ˈbæksaɪd/ *n* (*coloq*) trasero

backstage /ˌbækˈsteɪdʒ/ *adv* entre bastidores

back-up /ˈbæk ʌp/ *n* **1** refuerzos, asistencia **2** (*Informát*) copia

backward /ˈbækwəd/ *adj* **1** hacia atrás: *a backward glance* una mirada hacia atrás **2** atrasado

backward(s) /ˈbækwədz/ *adv* **1** hacia atrás **2** de espaldas: *He fell backwards.* Se cayó de espaldas. **3** al revés LOC **backward(s) and forward(s)** para adelante y para atrás

backyard /ˌbækˈjɑːd/ (*tb* **yard**) *n* (*GB*) patio

bacon /ˈbeɪkən/ *n* panceta ☛ *Comparar con* HAM, GAMMON

bacteria /bækˈtɪəriə/ *n* [*pl*] bacterias

bad /bæd/ *adj* (*comp* **worse** /wɜːs/ *superl* **worst** /wɜːst/) **1** malo: *It's bad for your health.* Es malo para la salud. ◊ *This film's not bad.* Esta película no es mala. **2** grave **3** (*dolor de cabeza, etc*) fuerte LOC **to be bad at sth**: *I'm bad at Maths.* Soy malo para matemática. **to be in sb's bad books**: *I'm in his bad books.* Me tiene en la lista negra. **to go through/hit a bad patch** (*coloq*) pasar/tener una mala racha **too bad 1** una pena: *It's too bad you can't come.* Es una pena que no puedas venir. **2** (*irón*) ¡mala suerte! *Ver tb* FAITH, FEELING

bade *pret de* BID

badge /bædʒ/ *n* **1** insignia, chapa **2** (*fig*) símbolo

badger /ˈbædʒə(r)/ *n* tejón

bad language *n* palabrotas

badly /ˈbædli/ *adv* (*comp* **worse** /wɜːs/ *superl* **worst** /wɜːst/) **1** mal: *It's badly made.* Está mal hecho. **2** (*dañar, etc*): *The house was badly damaged.* La casa sufrió muchos daños. **3** (*necesitar, etc*) con urgencia LOC (**not**) **to be badly off** (no) andar mal de fondos

badminton /ˈbædmɪntən/ *n* bádminton

bad-tempered /ˌbæd ˈtempəd/ *adj* de mal carácter

baffle /ˈbæfl/ *vt* **1** desconcertar **2** frustrar **baffling** *adj* desconcertante

bag /bæg/ *n* bolsa, bolso, cartera ☛ *Ver dibujo en* CONTAINER LOC **bags of sth** (*coloq*) un montón de algo **to be in the bag** (*coloq*) estar asegurado *Ver tb* LET[1], PACK

baggage /ˈbægɪdʒ/ *n* equipaje

bagpipe /ˈbægpaɪp/ (*tb* **bagpipes**, **pipes**) *n* gaita: *bagpipe music* música de gaita

baguette /bæˈget/ *n* pan flauta ☛ *Ver dibujo en* PAN

bail /beɪl/ *n* [*incontable*] fianza, libertad bajo fianza LOC **to go/stand bail (for sb)** pagar la fianza (de algn)

bailiff /ˈbeɪlɪf/ *n* alguacil

bait /beɪt/ *n* carnada

bake /beɪk/ **1** *vt, vi* (*pan, torta*) hacer(se), hornear(se): *a baking tin* un molde para horno **2** *vt, vi* (*papas*) hornear(se) **baker** *n* **1** panadero, -a **2 baker's** panadería **bakery** *n* (*pl* **-ies**) panadería

baked beans *n* [*pl*] porotos en salsa de tomate: *a can of baked beans* una lata de porotos en salsa de tomate

balance /ˈbæləns/ ◆ *n* **1** equilibrio: *to lose your balance* perder el equilibrio **2** (*Fin*) saldo, balance **3** (*instrumento*) balanza LOC **on balance** bien mirado *Ver tb* CATCH ◆ **1** *vi* ~ **(on sth)** mantener el equilibrio (sobre algo) **2** *vt* ~ **sth (on sth)** mantener algo en equilibrio (sobre algo) **3** *vt* equilibrar **4** *vt* compensar, contrarrestar **5** *vt, vi* (*cuentas*) (hacer) cuadrar

balcony /ˈbælkəni/ *n* (*pl* **-ies**) balcón

bald /bɔːld/ *adj* pelado

ball /bɔːl/ *n* **1** (*Dep*) pelota, balón **2** esfera, ovillo **3** baile (de etiqueta) LOC **(to be) on the ball** (*coloq*) (estar) al tanto **to have a ball** (*coloq*) pasarlo bárbaro **to start/set the ball rolling** empezar

ballad /ˈbæləd/ *n* balada, romance

ballet /ˈbæleɪ/ *n* ballet

ballet dancer *n* bailarín, -ina

balloon /bəˈluːn/ *n* globo

ballot /ˈbælət/ *n* votación

ballot box *n* urna (*electoral*)

ballroom /ˈbɔːlruːm/ *n* salón de baile: *ballroom dancing* baile de salón

bamboo /ˌbæmˈbuː/ *n* bambú

ban /bæn/ ◆ *vt* **(-nn-)** prohibir ◆ *n* **ban (on sth)** prohibición (de algo)

banana /bəˈnɑːnə; *USA* bəˈnænə/ *n* banana: *banana skin* cáscara de banana

band /bænd/ *n* **1** cinta, franja **2** (*en baremos*) escalón (de tributación), escala **3** (*Mús, Radio*) banda: *a jazz band* un grupo de jazz **4** (*de ladrones, etc*) banda

bandage /ˈbændɪdʒ/ ◆ *n* vendaje ◆ *vt* vendar

bandwagon /ˈbændwægən/ *n* LOC **to climb/jump on the bandwagon** (*coloq*) subirse al mismo carro

bang /bæŋ/ ◆ **1** *vt* dar un golpe en: *He banged his fist on the table.* Dio un golpe en la mesa con el puño. ◊ *I banged the box down on the floor.* Tiré la caja al suelo de un golpe. **2** *vt* ~ **your head, etc (against/on sth)** darse en la cabeza, etc (con algo) **3** *vi* ~ **into sth/sb** darse contra algo/algn **4** *vi* (*petardo, etc*) explotar **5** *vi* (*puerta, etc*) dar golpes ◆ *n* **1** golpe **2** explosión ◆ (*coloq*) *adv* justo, completamente: *bang on time* justo a tiempo ◊ *bang up to date* completamente al día LOC **bang goes sth** se acabó algo **to go bang** (*coloq*) estallar ◆ **bang!** *interj* ¡pum!

banger /ˈbæŋə(r)/ *n* (*GB, coloq*) **1** salchicha **2** petardo **3** (*auto*) cachila: *an old banger* una cachila

banish /ˈbænɪʃ/ *vt* desterrar

banister /ˈbænɪstə(r)/ *n* baranda, pasamanos

bank[1] /bæŋk/ *n* orilla (*de río, lago*) ☛ *Comparar con* SHORE

bank[2] /bæŋk/ ◆ *n* banco: *bank manager* director de banco ◊ *bank statement* estado de cuenta ◊ *bank account* cuenta bancaria ◊ *bank balance* saldo bancario LOC *Ver* BREAK[1] ◆ **1** *vt* (*dinero*) depositar **2** *vi* tener una cuenta: *Who do you bank with?* ¿En qué banco tenés cuenta? PHR V **to bank on sth/sb** contar con algo/algn **banker** *n* banquero, -a

bank holiday *n* (*GB*) feriado

bankrupt /ˈbæŋkrʌpt/ *adj* en bancarrota LOC **to go bankrupt** ir a la bancarrota **bankruptcy** *n* bancarrota, quiebra

banner /ˈbænə(r)/ *n* pancarta, estandarte

banning /ˈbænɪŋ/ *n* prohibición

banquet /ˈbæŋkwɪt/ *n* banquete

baptism /ˈbæptɪzəm/ *n* bautismo, bautizo **baptize, -ise** *vt* bautizar

bar /bɑː(r)/ ◆ *n* **1** barra: *a bar of soap/chocolate* una barra de jabón/chocolate **2** bar ☛ *Ver pág 314.* **3** (*Mús*) compás **4** prohibición LOC **behind bars** (*coloq*) entre rejas ◆ *vt* **(-rr-)** **to bar sb from**

doing sth prohibir a algn hacer algo LOC **to bar the way** cerrar el paso ◆ *prep* excepto

barbarian /bɑːˈbeəriən/ *n* bárbaro, -a (*Hist*) **barbaric** /bɑːˈbærɪk/ *adj* bárbaro (*cruel*)

barbecue /ˈbɑːbɪkjuː/ *n* parrilla, asado

barbed wire /ˌbɑːbd ˈwaɪə(r)/ *n* alambre de púa

barber /ˈbɑːbə(r)/ *n* peluquero: *the barber's* la peluquería de caballero

bar chart *n* gráfico de barras

bare /beə(r)/ *adj* (**barer**, **barest**) **1** desnudo ☛ *Ver nota en* NAKED **2** descubierto **3** ~ (**of sth**): *a room bare of furniture* una habitación sin muebles **4** mínimo: *the bare essentials* lo mínimo **barely** *adv* apenas

barefoot /ˈbeəfʊt/ *adv* descalzo

bargain /ˈbɑːgən/ ◆ *n* **1** trato **2** ganga LOC **into the bargain** además *Ver tb* DRIVE ◆ *vi* **1** negociar **2** regatear PHR V **to bargain for sth** (*coloq*) esperar algo **bargaining** **1** negociación: *pay bargaining* negociaciones salariales **2** regateo

barge /bɑːdʒ/ *n* barcaza

baritone /ˈbærɪtəʊn/ *n* barítono

bark[1] /bɑːk/ *n* corteza (*de árbol*)

bark[2] /bɑːk/ ◆ *n* ladrido ◆ **1** *vi* ladrar **2** *vt, vi* (*persona*) gritar **barking** *n* ladridos

barley /ˈbɑːli/ *n* cebada

barmaid /ˈbɑːmeɪd/ *n* moza

barman /ˈbɑːmən/ *n* (*pl* **-men** /-mən/) (*USA* **bartender**) barman, mozo

barn /bɑːn/ *n* granero

barometer /bəˈrɒmɪtə(r)/ *n* barómetro

baron /ˈbærən/ *n* barón

baroness /ˈbærənəs/ *n* baronesa

barracks /ˈbærəks/ *n* [*v sing o pl*] cuartel

barrage /ˈbærɑːʒ; *USA* bəˈrɑːʒ/ *n* **1** (*Mil*) descarga de fuego **2** (*quejas, preguntas, etc*) aluvión

barrel /ˈbærəl/ *n* **1** barril, tonel **2** cañón

barren /ˈbærən/ *adj* árido, improductivo (*tierra, etc*)

barricade /ˌbærɪˈkeɪd/ ◆ *n* barricada ◆ *vt* bloquear (con una barricada) PHR V **to barricade yourself in** encerrarse (poniendo barricadas)

barrier /ˈbæriə(r)/ *n* barrera

barrister /ˈbærɪstə(r)/ *n* abogado, -a ☛ *Ver nota en* ABOGADO

barrow /ˈbærəʊ/ *n Ver* WHEELBARROW

bartender /ˈbɑːtendə(r)/ *n* (*USA*) barman

base /beɪs/ ◆ *n* base ◆ *vt* **1** basar **2 to be based in/at** tener su base en

baseball /ˈbeɪsbɔːl/ *n* béisbol

basement /ˈbeɪsmənt/ *n* sótano

bash /bæʃ/ ◆ *vt, vi* (*coloq*) **1** golpear fuertemente **2** ~ **your head, elbow, etc** (**against/on/into sth**) darse un golpe en la cabeza, el codo, etc (con algo) ◆ *n* golpe fuerte LOC **to have a bash** (**at sth**) (*coloq*) animarse (a hacer algo)

basic /ˈbeɪsɪk/ ◆ *adj* **1** fundamental **2** básico **3** elemental ◆ **basics** *n* [*pl*] lo esencial, la base **basically** *adv* básicamente

basin /ˈbeɪsn/ *n* **1** (*tb* **washbasin**) lavatorio ☛ *Comparar con* SINK **2** bol **3** (*Geog*) cuenca

basis /ˈbeɪsɪs/ *n* (*pl* **bases** /ˈbeɪsiːz/) base: *on the basis of sth* basándose en algo LOC *Ver* REGULAR

basket /ˈbɑːskɪt; *USA* ˈbæskɪt/ *n* canasta, canasto: *a waste-paper basket* una papelera LOC *Ver* EGG

basketball /ˈbɑːskɪtbɔːl; *USA* ˈbæs-/ *n* básquet

bass /beɪs/ ◆ *n* **1** (*cantante*) bajo **2** graves: *to turn up the bass* subir los graves **3** (*tb* **bass guitar**) bajo **4** (*tb* **double bass**) contrabajo ◆ *adj* bajo ☛ *Comparar con* TREBLE[2]

bat[1] /bæt/ *n* murciélago

bat[2] /bæt/ ◆ *n* bate ◆ *vt, vi* (**-tt-**) batear LOC **not to bat an eyelid** (*coloq*): *without batting an eyelid* sin inmutarse

batch /bætʃ/ *n* lote

bath /bɑːθ; *USA* bæθ/ ◆ *n* (*pl* **~s** /bɑːðz *USA* bæðz/) **1** baño: *to have/take a bath* darse un baño **2** bañadera ◆ *vt* (*GB*) bañar

bathe /beɪð/ **1** *vt* (*ojos, herida*) lavar **2** *vi* (*GB*) bañarse

bathroom /ˈbɑːθruːm; *USA* ˈbæθ-/ *n* **1** (*GB*) baño (*cuarto*) **2** (*USA, eufemismo*) baño (*inodoro*) ☛ *Ver nota en* TOILET

baton /ˈbætn, ˈbætɒn; *USA* bəˈtɒn/ *n* **1** (*policía*) cachiporra **2** (*Mús*) batuta **3** (*Dep*) testigo

battalion /bəˈtæliən/ *n* batallón

batter /ˈbætə(r)/ **1** *vt* ~ **sb** apalear

algn: *to batter sb to death* matar a algn a palos **2** *vt, vi* ~ **(at/on) sth** aporrear algo PHR V **to batter sth down** derribar algo a golpes **battered** *adj* deformado

battery /ˈbætəri/ *n* (*pl* **-ies**) **1** batería, pila (*Elec*) **2** de cría intensiva: *a battery hen* gallina ponedora ☛ *Comparar con* FREE-RANGE

battle /ˈbætl/ ◆ *n* batalla, lucha LOC *Ver* FIGHT, WAGE ◆ *vi* **1** ~ **(with/against sth/sb) (for sth)** luchar (con/contra algo/algn) (por algo) **2** ~ **(on)** seguir luchando

battlefield /ˈbætlfiːld/ (*tb* **battleground**) *n* campo de batalla

battlements /ˈbætlmənts/ *n* [*pl*] almenas (*castillo, fortaleza*)

battleship /ˈbætlʃɪp/ *n* acorazado

bauble /ˈbɔːbl/ *n* adorno, chuchería

bawl /bɔːl/ **1** *vi* vociferar, berrear **2** *vt* gritar

bay /beɪ/ ◆ *n* **1** bahía **2** *loading bay* zona de carga **3** (*tb* **bay tree**) laurel **4** caballo alazán LOC **to hold/keep sth/sb at bay** mantener algo/a algn a raya ◆ *vi* aullar

bayonet /ˈbeɪənət/ *n* bayoneta

bay window *n* ventana (*en forma de mirador redondo*)

bazaar /bəˈzɑː(r)/ *n* **1** bazar **2** feria a beneficio, kermesse *Ver tb* FÊTE

BC /ˌbiːˈsiː/ *abrev* **before Christ** antes de Cristo

be /bi, biː/ ☛ Para los usos de **be** con **there** ver THERE.

• **v intransitivo 1** ser: *Life is unfair.* La vida es injusta. ◊ *'Who is it?' 'It's me.'* —¿Quién es? —Soy yo. ◊ *It's John's.* Es de John. ◊ *Be quick!* ¡Apurate! ◊ *I was late.* Llegué tarde. **2** (*estado*) estar: *How are you?* ¿Cómo estás? ◊ *Is he alive?* ¿Está vivo?

Compárense las dos oraciones: *He's bored.* Está aburrido. ◊ *He's boring.* Es aburrido. Con adjetivos terminados en **-ed**, como *interested, tired*, etc, el verbo **to be** expresa un estado y se traduce por "estar", mientras que con adjetivos terminados en *-ing*, como *interesting, tiring*, etc, expresa una cualidad y se traduce por "ser".

3 (*localización*) estar: *Mary's upstairs.* Mary está arriba. **4** (*origen*) ser: *She's from Italy.* Es italiana. **5** [*sólo en tiempo perfecto*] visitar: *I've never been to Argentina.* Nunca estuve en Argentina. ◊ *Has the plumber been yet?* ¿Ya vino el plomero? ◊ *I've been into town.* Fui al centro. ☛ A veces **been** se usa como participio de **go**. *Ver nota en* GO[1]. **6** tener: *I'm right, aren't I?* ¿Tengo razón, no? ◊ *I'm hot/afraid.* Tengo calor/miedo. ◊ *Are you in a hurry?* ¿Estás apurado?

Nótese que en castellano se usa **tener** con sustantivos como *calor, frío, hambre, sed*, etc, mientras que en inglés se usa **be** con el adjetivo correspondiente.

7 (*edad*) tener: *He is ten (years old).* Tiene diez años. ☛ *Ver nota en* OLD, YEAR **8** (*tiempo*): *It's cold/hot.* Hace frío/calor. ◊ *It's foggy.* Hay niebla. **9** (*medida*) medir: *He is six feet tall.* Mide 1,80m. **10** (*hora*) ser: *It's two o'clock.* Son las dos. **11** (*precio*) costar: *How much is that dress?* ¿Cuánto cuesta ese vestido? **12** (*Mat*) ser: *Two and two is/are four.* Dos y dos son cuatro.

• **v auxiliar 1** [*con participios para formar la voz pasiva*]: *He was killed in the war.* Lo mataron en la guerra. ◊ *It is said that he is/He is said to be rich.* Dicen que es rico. **2** [*con -ing para formar tiempos continuos*]: *What are you doing?* ¿Qué hacés/Qué estás

be

presente	*contracciones*	*negativa contracciones*	*pasado*
I **am**	I**'m**	I**'m not**	I **was**
you **are**	you**'re**	you **aren't**	you **were**
he/she/it **is**	he**'s**/she**'s**/it**'s**	he/she/it **isn't**	he/she/it **was**
we **are**	we**'re**	we **aren't**	we **were**
you **are**	you**'re**	you **aren't**	you **were**
they **are**	they**'re**	they **aren't**	they **were**

forma en -ing **being** *participio pasado* **been**

haciendo? ◊ *I'm just coming!* ¡Ya voy! **3** [*con infinitivo*]: *I am to inform you that...* Debo informarle que... ◊ *They were to be married.* Se iban a casar. ☛ Para expresiones con **be**, véanse las entradas del sustantivo, adjetivo, etc, p.ej. **to be a drain on sth** en DRAIN. PHR V **to be through (to sth/sb)** (*GB*) estar en línea (con algo/algn) **to be through (with sth/sb)** haber terminado (con algo/algn)

beach /biːtʃ/ ◆ *n* playa ◆ *vt* varar

beacon /ˈbiːkən/ *n* **1** faro **2** almenara (*hoguera*) **3** (*tb* **radio beacon**) radiobaliza

bead /biːd/ *n* **1** cuenta **2 beads** [*pl*] collar de cuentas **3** (*de sudor, etc*) gota

beak /biːk/ *n* pico

beaker /ˈbiːkə(r)/ *n* vaso alto (*de plástico*)

beam /biːm/ ◆ *n* **1** viga, travesaño **2** (*de luz*) rayo **3** (*de linterna, etc*) haz de luz **4** sonrisa radiante ◆ **1** *vi*: *to beam at sb* hacerle una sonrisa radiante a algn **2** *vt* transmitir (*programa, mensaje*)

bean /biːn/ *n* **1** (*semilla*): *kidney beans* porotos ◊ *broad beans* habas *Ver tb* BAKED BEANS **2** (*vaina*) chaucha **3** (*café, cacao*) grano

bear¹ /beə(r)/ *n* oso

bear² /beə(r)/ (*pret* **bore** /bɔː(r)/ *pp* **borne** /bɔːn/) **1** *vt* aguantar **2** *vt* (*firma, etc*) llevar **3** *vt* (*carga*) soportar **4** *vt* (*gastos*) hacerse cargo de **5** *vt* (*responsabilidad*) asumir **6** *vt* resistir: *It won't bear close examination.* No resistirá un examen a fondo. **7** *vt* (*formal*) (*hijo*) dar a luz **8** *vt* (*cosecha, resultado*) producir **9** *vi* (*ruta, etc*) doblar LOC **to bear a grudge** guardar rencor **to bear a resemblance to sth/sb** tener un parecido a algo/algn **to bear little relation to sth** tener poca relación con algo **to bear sth/sb in mind** tener a algo/algn en cuenta *Ver tb* GRIN PHR V **to bear sth/sb out** confirmar algo/lo que algn dijo **to bear with sb** tener paciencia con algn **bearable** *adj* tolerable

beard /bɪəd/ *n* barba **bearded** *adj* barbudo, con barba

bearer /ˈbeərə(r)/ *n* **1** (*noticias, cheque*) portador, -ora **2** (*documento*) titular

bearing /ˈbeərɪŋ/ *n* (*Náut*) marcación LOC **to get/take your bearings** orientarse **to have a bearing on sth** tener que ver con algo

beast /biːst/ *n* animal, bestia: *wild beasts* fieras

beat /biːt/ ◆ (*pret* **beat** *pp* **beaten** /ˈbiːtn/) **1** *vt* golpear **2** *vt* (*metal, huevos, alas*) batir **3** *vt* (*tambor*) tocar **4** *vt, vi* dar golpes (en) **5** *vi* (*corazón*) latir **6** *vi* ~ **against/on sth** golpear (sobre) algo **7** *vt* ~ **sb (at sth)** vencer a algn (a algo) **8** *vt* (*récord*) batir **9** *vt* (*fig*): *Nothing beats home cooking.* No hay nada como la cocina casera. LOC **to beat about the bush** andarse con rodeos **off the beaten track** (en un lugar) apartado PHR V **to beat sb up** dar una paliza a algn ◆ *n* **1** ritmo **2** (*tambor*) redoble **3** (*policía*) ronda **beating** *n* **1** (*castigo, derrota*) paliza **2** batir **3** (*corazón*) latido LOC **to take a lot of/some beating** ser difícil de superar

beautiful /ˈbjuːtɪfl/ *adj* **1** hermoso **2** magnífico **beautifully** *adv* estupendamente

beauty /ˈbjuːti/ *n* (*pl* **-ies**) **1** belleza **2** (*persona o cosa*) preciosidad

beaver /ˈbiːvə(r)/ *n* castor

became *pret de* BECOME

because /bɪˈkɒz; *USA* -kɔːz/ *conj* porque **because of** *prep* a causa de, debido a: *because of you* por vos

beckon /ˈbekən/ **1** *vi* ~ **to sb** hacer señas a algn **2** *vt* llamar con señas

become /bɪˈkʌm/ *vi* (*pret* **became** /bɪˈkeɪm/ *pp* **become**) **1** [+ *sustantivo*] llegar a ser, convertirse en, hacerse: *She became a doctor.* Se recibió de doctora. **2** [+ *adj*] ponerse, volverse: *to become fashionable* ponerse de moda ◊ *She became aware that...* Se dio cuenta de que... *Ver tb* GET LOC **to become aware of sth** darse cuenta de algo **to become of sth/sb** pasar con algo/algn: *What will become of me?* ¿Qué va a ser de mí?

bed /bed/ *n* **1** cama: *a single/double bed* una cama simple/matrimonial ◊ *to make the bed* hacer la cama

Nótese que en las siguientes expresiones no se usa el artículo determinado en inglés: *to go to bed* irse a la cama ◊ *It's time for bed.* Es hora de irse a la cama.

2 (*tb* **river bed**) lecho (*de un río*) **3** (*t*

sea bed) fondo (*del océano*) **4** (*flores*) cantero *Ver tb* FLOWER BED

bed and breakfast (*tb abrev* **B & B, b & b**) *n* pensión con desayuno

bedclothes /ˈbedkləʊðz/ (*tb* **bedding**) *n* [*pl*] ropa de cama

bedroom /ˈbedruːm/ *n* dormitorio

bedside /ˈbedsaɪd/ *n* cabecera: *bedside table* mesa de luz

bedsit /ˈbedsɪt/ *n* (*GB*) departamento de un ambiente

bedspread /ˈbedspred/ *n* colcha

bedtime /ˈbedtaɪm/ *n* hora de acostarse

bee /biː/ *n* abeja

beech /biːtʃ/ (*tb* **beech tree**) *n* haya

beef /biːf/ *n* carne de vaca: *roast beef* rosbif ☛ *Ver nota en* CARNE

beefburger /ˈbiːfbɜːgə(r)/ *n* hamburguesa ☛ *Comparar con* BURGER, HAMBURGER

beehive /ˈbiːhaɪv/ *n* colmena

been /biːn, bɪn; *USA* bɪn/ *pp de* BE

beer /bɪə(r)/ *n* cerveza ☛ *Comparar con* BITTER, ALE, LAGER

beetle /ˈbiːtl/ *n* escarabajo

beetroot /ˈbiːtruːt/ (*USA* **beet**) *n* remolacha (*cocinada*)

before /bɪˈfɔː(r)/ ◆ *adv* antes: *the day/week before* el día/la semana anterior ◇ *I've never seen her before.* Nunca la vi antes. ◆ *prep* **1** antes de (que), antes que: *before lunch* antes de comer ◇ *the day before yesterday* antes de ayer ◇ *He arrived before me.* Llegó antes que yo. **2** delante de: *right before my eyes* delante de mis propios ojos **3** delante de: *He puts his work before everything else.* Antepone su trabajo a todo lo demás. ◆ *conj* antes de: *before he goes on holiday* antes de irse de vacaciones

beforehand /bɪˈfɔːhænd/ *adv* de antemano

beg /beg/ (**-gg-**) **1** *vt, vi* **to beg** (**sth/for sth**) (**from sb**) mendigar: *They had to beg* (*for*) *scraps from shopkeepers.* Tenían que mendigar sobras a los vendedores. **2** *vt* **to beg sb to do sth** suplicar a algn que haga algo ☛ *Comparar con* ASK LOC **to beg sb's pardon 1** pedir perdón a algn **2** pedir a algn que repita lo que dijo **beggar** *n* mendigo, -a

begin /bɪˈgɪn/ *vt, vi* (**-nn-**) (*pret* **began** /bɪˈgæn/ *pp* **begun** /bɪˈgʌn/) ~ (**doing/to do sth**) empezar (a hacer algo): *Shall I begin?* ¿Empiezo? LOC **to begin with 1** para empezar **2** al principio **beginner** *n* principiante **beginning** *n* **1** comienzo, principio: *at/in the beginning* al principio ◇ *from beginning to end* del principio al fin **2** origen

behalf /bɪˈhɑːf; *USA* -ˈhæf/ *n* LOC **on behalf of sb/on sb's behalf**; (*USA*) **in behalf of sb/in sb's behalf** en nombre de algn/en su nombre

behave /bɪˈheɪv/ *vi* ~ **well, badly, etc** (**towards sb**) comportarse bien, mal, etc (con algn): *Behave yourself!* ¡Portate bien! ◇ *well-behaved* bien educado

behaviour (*USA* **behavior**) /bɪˈheɪvjə(r)/ *n* comportamiento

behind /bɪˈhaɪnd/ ◆ *prep* **1** detrás/atrás de, tras: *I put it behind the cupboard.* Lo puse detrás del armario. ◇ *What's behind this sudden change?* ¿Qué hay detrás de este cambio repentino? **2** retrasado con respecto a: *to be behind schedule* estar retrasado (con respecto a los planes) **3** a favor de ◆ *adv* **1** atrás: *to leave sth behind* dejar algo atrás ◇ *to look behind* mirar hacia atrás ◇ *He was shot from behind.* Le dispararon por la espalda. ◇ *to stay behind* quedarse ☛ *Comparar con* FRONT **2** ~ (**in/with sth**) atrasado (en/con algo) ◆ *n* (*eufemismo*) trasero

being /ˈbiːɪŋ/ *n* **1** ser: *human beings* seres humanos **2** existencia LOC **to come into being** crearse

belated /bɪˈleɪtɪd/ *adj* tardío

belch /beltʃ/ ◆ *vi* eructar ◆ *n* eructo

belief /bɪˈliːf/ *n* **1** creencia **2** ~ **in sth** confianza, fe en algo LOC **beyond belief** increíble **in the belief that…** confiando en que… *Ver tb* BEST

believe /bɪˈliːv/ *vt, vi* creer: *I believe so.* Creo que sí. LOC **believe it or not** aunque no lo creas *Ver tb* LEAD[2] PHR V **to believe in sth/sb** creer en algo, confiar en algo/algn **believable** *adj* creíble **believer** *n* creyente LOC **to be a** (**great/firm**) **believer in sth** ser (gran) partidario de algo

bell /bel/ *n* **1** campana, campanilla **2** timbre: *to ring the bell* tocar el timbre

bellow /ˈbeləʊ/ ◆ **1** *vi* bramar **2** *vt, vi* gritar ◆ *n* **1** bramido **2** grito

belly /ˈbeli/ *n* (*pl* **-ies**) **1** (*coloq*) (*persona*) barriga **2** (*animal*) panza

belong /bɪˈlɒŋ; *USA* -ˈlɔːŋ/ *vi* **1** ~ **to sth/sb** pertenecer a algo/algn: *Who does this pencil belong to?* ¿De quién es este lápiz? **2** deber estar: *Where does this belong?* ¿Dónde va esto? **belongings** *n* [*pl*] pertenencias

below /bɪˈləʊ/ ◆ *prep* (por) debajo de, bajo: *five degrees below freezing* cinco grados bajo cero ◆ *adv* (más) abajo: *above and below* arriba y abajo

belt /belt/ *n* **1** cinturón **2** (*Mec*) cinta, correa: *conveyor belt* cinta transportadora **3** (*Geog*) zona LOC **below the belt** golpe bajo: *That remark was rather below the belt.* Ese comentario fue un golpe bajo.

bemused /bɪˈmjuːzd/ *adj* perplejo

bench /bentʃ/ *n* **1** (*asiento*) banco **2** (*GB, Pol*) bancada **3 the bench** la magistratura

benchmark /ˈbentʃmɑːk/ *n* punto de referencia

bend /bend/ ◆ (*pret, pp* **bent** /bent/) **1** *vt, vi* doblar(se) **2** *vi* (*tb* **to bend down**) agacharse, inclinarse PHR V **to be bent on** (**doing**) **sth** estar empeñado en (hacer) algo ◆ *n* **1** curva **2** (*tubería*) codo

beneath /bɪˈniːθ/ ◆ *prep* (*formal*) **1** bajo, debajo de **2** indigno de ◆ *adv* abajo

benefactor /ˈbenɪfæktə(r)/ *n* benefactor, -ora

beneficial /ˌbenɪˈfɪʃl/ *adj* beneficioso, provechoso

benefit /ˈbenɪfɪt/ ◆ *n* **1** beneficio: *to be of benefit to* ser beneficioso para **2** subsidio: *unemployment benefit* subsidio de desempleo **3** función benéfica LOC **to give sb the benefit of the doubt** conceder a algn el beneficio de la duda ◆ (*pret, pp* **-fited**, *USA tb* **-fitted**) **1** *vt* beneficiar **2** *vi* ~ (**from/by sth**) beneficiarse (con algo); sacar provecho (de algo)

benevolent /bəˈnevələnt/ *adj* **1** benévolo **2** benéfico **benevolence** *n* benevolencia

benign /bɪˈnaɪn/ *adj* benigno

bent /bent/ ◆ *pret, pp de* BEND ◆ *n* ~ (**for sth**) facilidad (para algo); inclinación (por algo)

bequeath /bɪˈkwiːð/ *vt* (*formal*) ~ **sth** (**to sb**) legar algo (a algn)

bequest /bɪˈkwest/ *n* (*formal*) legado

bereaved /bɪˈriːvd/ *adj* (*formal*) afligido por la muerte de un ser querido **bereavement** *n* pérdida (de un ser querido)

beret /ˈbereɪ; *USA* bəˈreɪ/ *n* boina

berry /ˈberi/ *n* (*pl* **-ies**) baya

berserk /bəˈsɜːk/ *adj* loco: *to go berserk* volverse loco

berth /bɜːθ/ ◆ *n* **1** (*barco*) camarote **2** (*tren*) litera **3** (*Náut*) atracadero ◆ *vt, vi* atracar (*un barco*)

beset /bɪˈset/ *vt* (**-tt-**) (*pret, pp* **beset**) (*formal*) acosar: *beset by doubts* acosado por las dudas

beside /bɪˈsaɪd/ *prep* junto a, al lado de LOC **beside yourself** (**with sth**) fuera de sí (por algo)

besides /bɪˈsaɪdz/ ◆ *prep* **1** además de **2** aparte de: *No one writes to me besides you.* No me escribe nadie más que vos. ◆ *adv* además

besiege /bɪˈsiːdʒ/ *vt* **1** (*lit y fig*) asediar **2** acosar

best /best/ ◆ *adj* (*superl de* **good**) mejor: *the best dinner I've ever had* la mejor cena que comí en mi vida ◊ *the best footballer in the world* el mejor futbolista del mundo ◊ *my best friend* mi mejor amigo *Ver tb* GOOD, BETTER LOC **best before**: *best before January 1999* consumir antes de enero 1999 **best wishes**: *Best wishes, Ann.* Un fuerte abrazo, Ann. ◊ *Give her my best wishes.* Dale mis saludos. ◆ *adv* (*superl de* **well**) **1** mejor: *best dressed* mejor vestido ◊ *Do as you think best.* Hacé lo que te parezca mejor. **2** más: *best-known* más conocido LOC **as best you can** lo mejor que puedas ◆ *n* **1 the best** el/la mejor: *She's the best by far.* Ella es la mejor de lejos. **2 the best** lo mejor: *to want the best for sb* querer lo mejor para algn **3** (**the**) ~ **of sth**: *We're* (*the*) *best of friends.* Somos excelentes amigos. LOC **at best** en el mejor de los casos **to be at its/your best** estar algo/algn en su mejor momento **to do/try your** (**level/very**) **best** hacer todo lo posible **to make the best of sth** sacar el máximo provecho de algo **to the best of your belief/knowledge** que se sepa

best man *n* padrino (de casamiento) ☛ *Ver nota en* CASAMIENTO

best-seller /ˌbest ˈseləə(r)/ *n* best-seller

bet /bet/ ◆ *vi* (**-tt-**) (*pret, pp* **bet** *o* **betted**) **to bet on sth** apostar en algo LOC **I bet (that)...** (*coloq*): *I bet you he doesn't come.* ¡Te apuesto que no viene! ◆ *n* apuesta: *to place/put a bet (on sth)* apostar (por algo)

betide /bɪˈtaɪd/ LOC *Ver* WOE

betray /bɪˈtreɪ/ *vt* **1** (*país, principios*) traicionar **2** (*secreto*) revelar **betrayal** *n* traición

better /ˈbetə(r)/ ◆ *adj* (*comp de* **good**) mejor: *It was better than I expected.* Fue mejor de lo que esperaba. ◊ *He is much better today.* Hoy está mucho mejor. *Ver tb* BEST, GOOD LOC **to be little/no better than...** no valer más que... **to get better** mejorar **to have seen/known better days** no ser lo que era *Ver tb* ALL ◆ *adv* **1** (*comp de* **well**) mejor: *She sings better than me/than I (do).* Canta mejor que yo. **2** más: *I like him better than before.* Me gusta más que antes. LOC **better late than never** (*refrán*) más vale tarde que nunca **better safe than sorry** (*refrán*) más vale prevenir que curar **I'd, you'd, etc better/best (do sth)** ser mejor (que haga, hagas, etc algo): *I'd better be going now.* Me tengo que ir. **to be better off (doing sth)**: *He'd be better off leaving now.* Más le valdría irse ahora. **to be better off (without sth/sb)** estar mejor (sin algo/algn) *Ver tb* KNOW, SOON ◆ *n* (algo) mejor: *I expected better of him.* Esperaba más de él. LOC **to get the better of sb** vencer a algn: *His shyness got the better of him.* Lo venció la timidez.

betting shop *n* oficina de apuestas

between /bɪˈtwiːn/ ◆ *prep* entre (*dos cosas/personas*) ☛ *Ver dibujo en* ENTRE ◆ *adv* (*tb* **in between**) en medio

beware /bɪˈweə(r)/ *vi* ~ **(of sth/sb)** tener cuidado (con algo/algn)

bewilder /bɪˈwɪldə(r)/ *vt* dejar perplejo **bewildered** *adj* perplejo **bewildering** *adj* desconcertante **bewilderment** *n* perplejidad

bewitch /bɪˈwɪtʃ/ *vt* embrujar

beyond /bɪˈjɒnd/ *prep, adv* más allá LOC **to be beyond sb** (*coloq*): *It's beyond me.* No lo puedo entender.

bias /ˈbaɪəs/ *n* **1** ~ **towards sth/sb** predisposición a favor de algo/algn **2** ~ **against sth/sb** prejuicios contra algo/algn **3** parcialidad **biassed** (*tb* **biased**) *adj* parcial

bib /bɪb/ *n* **1** babero **2** pechera (*de delantal*)

bible /ˈbaɪbl/ *n* Biblia **biblical** *adj* bíblico

bibliography /ˌbɪbliˈɒgrəfi/ *n* (*pl* **-ies**) bibliografía

biceps /ˈbaɪseps/ *n* (*pl* **biceps**) bíceps

bicker /ˈbɪkə(r)/ *vi* discutir (*por asuntos triviales*)

bicycle /ˈbaɪsɪk(ə)l/ *n* bicicleta: *to ride a bicycle* andar en bicicleta

bid /bɪd/ ◆ *vt, vi* (**-dd-**) (*pret, pp* **bid**) **1** (*subasta*) pujar **2** (*Com*) hacer ofertas LOC *Ver* FAREWELL ◆ *n* **1** (*subasta*) puja **2** (*Com*) oferta **3** intento: *to make a bid for sth* intentar conseguir algo **bidder** *n* postor, -ora

bide /baɪd/ *vt* LOC **to bide your time** esperar el momento oportuno

biennial /baɪˈeniəl/ *adj* bienal

big /bɪg/ ◆ *adj* (**bigger**, **biggest**) **1** grande: *the biggest desert in the world* el desierto más grande del mundo

> **Big** y **large** describen el tamaño, la capacidad o la cantidad de algo, pero **big** es menos formal.

2 mayor: *my big sister* mi hermana mayor **3** (*decisión*) importante **4** (*error*) grave LOC **a big cheese/fish/noise/shot** (*coloq*) un pez gordo **big business**: *This is big business.* Esto es una mina de oro. **the big time** (*coloq*) el estrellato ◆ *adv* (**bigger**, **biggest**) (*coloq*) a lo grande: *Let's think big.* Vamos a planearlo a lo grande.

bigamy /ˈbɪgəmi/ *n* bigamia

bigoted /ˈbɪgətɪd/ *adj* intolerante

bike /baɪk/ *n* (*coloq*) **1** bici **2** (*tb* **motor bike**) moto

bikini /bɪˈkiːni/ *n* bikini

bilingual /ˌbaɪˈlɪŋgwəl/ *adj, n* bilingüe

bill[1] /bɪl/ ◆ *n* **1** (*USA* **check**) factura: *phone/gas bills* cuentas del teléfono/del gas ◊ *a bill for 5000 pesos* una factura de 5.000 pesos **2** (*restaurante, hotel*) cuenta: *The bill, please.* La cuenta, por favor. **3** programa **4** proyecto de ley **5** (*USA*): *a ten-dollar bill* un billete de diez dólares LOC **to fill/fit the bill** satisfacer los requisitos *Ver tb* FOOT ◆ *vt*

1 *to bill sb for sth* mandar la cuenta de algo a algn **2** anunciar (*en un programa*)

bill² /bɪl/ *n* pico

billboard /ˈbɪlbɔːd/ *n* (*USA*) cartel publicitario

billiards /ˈbɪliədz/ *n* [*sing*] billar **billiard** *adj*: *billiard ball/room/table* bola/salón/mesa de billar

billing /ˈbɪlɪŋ/ *n*: *to get top/star billing* encabezar el reparto

billion /ˈbɪljən/ *adj, n* mil millones

Antiguamente **a billion** equivalía a un billón, pero hoy en día equivale a mil millones. **A trillion** equivale a un millón de millones, es decir, a un billón.

☛ *Ver Apéndice 1.*

bin /bɪn/ *n* **1** tarro: *waste-paper bin* papelera **2** (*GB*) *Ver* DUSTBIN

binary /ˈbaɪnəri/ *adj* binario

bind¹ /baɪnd/ *vt* (*pret, pp* **bound** /baʊnd/) **1** ~ **sth/sb** (**together**) atar algo/a algn **2** ~ **sth/sb** (**together**) (*fig*) unir, ligar algo/a algn **3** ~ **sb/yourself** (**to sth**) obligar a algn/obligarse (a algo)

bind² /baɪnd/ *n* (*coloq*) **1** lata: *It's a terrible bind.* Es una lata. **2** apuro: *I'm in a bit of a bind.* Estoy en un apuro.

binder /ˈbaɪndə(r)/ *n* archivador

binding /ˈbaɪndɪŋ/ ◆ *n* **1** encuadernación **2** ribete ◆ *adj* ~ (**on/upon sb**) vinculante (para algn)

binge /bɪndʒ/ ◆ *n* (*coloq*) comilona ◆ *vi* atracarse de comida, emborracharse

bingo /ˈbɪŋgəʊ/ *n* bingo

binoculars /bɪˈnɒkjələz/ *n* [*pl*] binoculares, prismáticos

biochemical /ˌbaɪəʊˈkemɪkl/ *adj* bioquímico

biochemist /ˌbaɪəʊˈkemɪst/ *n* bioquímico, -a **biochemistry** *n* bioquímica

biographical /ˌbaɪəˈgræfɪkl/ *adj* biográfico

biography /baɪˈɒgrəfi/ *n* (*pl* **-ies**) biografía **biographer** *n* biógrafo, -a

biology /baɪˈɒlədʒi/ *n* biología **biological** /baɪəˈlɒdʒɪkl/ *adj* biológico **biologist** /baɪˈɒlədʒɪst/ *n* biólogo, -a

bird /bɜːd/ *n* ave, pájaro: *bird of prey* ave de rapiña LOC *Ver* EARLY

biro® /ˈbaɪrəʊ/ (*tb* **Biro**) *n* (*pl* **~s**) birome

birth /bɜːθ/ *n* **1** nacimiento **2** natalidad **3** parto **4** cuna, origen LOC **to give birth** (**to sth/sb**) dar a luz (a algo/algn)

birthday /ˈbɜːθdeɪ/ *n* **1** cumpleaños: *Happy birthday!* ¡Feliz cumpleaños! ◊ *birthday card* tarjeta de cumpleaños **2** aniversario

birthplace /ˈbɜːθpleɪs/ *n* lugar de nacimiento

biscuit /ˈbɪskɪt/ *n* galletita

bishop /ˈbɪʃəp/ *n* **1** obispo **2** alfil

bit¹ /bɪt/ *n* trocito, pedacito: *I've got a bit of shopping to do.* Tengo que hacer algunas compras. LOC **a bit 1** un poco: *a bit tired* un poco cansado **2** mucho: *It rained quite a bit.* Llovió mucho. **a bit much** (*coloq*) demasiado **bit by bit** poco a poco **bits and pieces** (*coloq*) cositas **not a bit; not one** (**little**) **bit** en absoluto: *I don't like it one little bit.* No me gusta nada. **to bits**: *to pull/tear sth to bits* hacer algo pedazos ◊ *to fall to bits* hacerse pedazos ◊ *to smash* (*sth*) *to bits* hacer algo/hacerse añicos ◊ *to take sth to bits* desarmar algo **to do your bit** (*coloq*) hacer tu parte

bit² /bɪt/ *n* freno (*para un caballo*)

bit³ /bɪt/ *n* (*Informát*) bit

bit⁴ *pret de* BITE

bitch /bɪtʃ/ *n* perra ☛ *Ver nota en* PERRO

bite /baɪt/ ◆ (*pret* **bit** /bɪt/ *pp* **bitten** /ˈbɪtn/) **1** *vt, vi* ~ (**into sth**) morder (algo): *to bite your nails* comerse las uñas **2** *vt* (*insecto*) picar ◆ *n* **1** mordisco **2** bocado **3** picadura

bitter /ˈbɪtə(r)/ ◆ *adj* (**-est**) **1** amargo **2** resentido **3** glacial ◆ *n* (*GB*) cerveza amarga **bitterly** *adv* amargamente: *It's bitterly cold.* Hace un frío de morirse. **bitterness** *n* amargura

bizarre /bɪˈzɑː(r)/ *adj* **1** (*suceso*) insólito **2** (*aspecto*) estrafalario

black /blæk/ ◆ *adj* (**-er, -est**) **1** (*lit y fig*) negro: *black eye* ojo negro ◊ *black market* mercado negro **2** (*cielo, noche*) oscuro **3** (*café, té*) solo ◆ *n* **1** negro **2** (*persona*) negro, -a ◆ PHR V **to black out** perder el conocimiento

blackberry /ˈblækbəri, -beri/ *n* (*pl* **-ies**) **1** mora **2** zarza

blackbird /ˈblækbɜːd/ *n* mirlo

blackboard /ˈblækbɔːd/ *n* pizarrón

blackcurrant /ˌblækˈkʌrənt/ *n* grosella negra

blacken /ˈblækən/ *vt* **1** (*reputación, etc*) manchar **2** ennegrecer

blacklist /ˈblæklɪst/ ◆ *n* lista negra ◆ *vt* poner en la lista negra

blackmail /ˈblækmeɪl/ ◆ *n* chantaje ◆ *vt* chantajear **blackmailer** *n* chantajista

blacksmith /ˈblæksmɪθ/ (*tb* **smith**) *n* herrero, -a

bladder /ˈblædə(r)/ *n* vejiga

blade /bleɪd/ *n* **1** (*cuchillo, etc*) hoja **2** (*patín*) cuchilla **3** (*ventilador*) aspa **4** (*remo*) pala **5** (*pasto*) brizna

blame /bleɪm/ ◆ *vt* **1** culpar: *He blames it on her/He blames her for it.* Le echa la culpa a ella. ☛ Nótese que **to blame sb for sth** es igual que **to blame sth on sb**. **2** [*en oraciones negativas*]: *You couldn't blame him for being annoyed.* No me extraña que se enojara. **LOC to be to blame** (**for sth**) tener la culpa (de algo) ◆ *n* ~ (**for sth**) culpa (de algo) **LOC to lay/to put the blame** (**for sth**) **on sb** echar la culpa (de algo) a algn

bland /blænd/ *adj* (**-er**, **-est**) soso

blank /blæŋk/ ◆ *adj* **1** (*papel, cheque, etc*) en blanco **2** (*pared, espacio, etc*) desnudo **3** (*cassette*) virgen **4** (*municiones*) de fogueo **5** (*expresión*) vacío ◆ *n* **1** espacio en blanco **2** (*tb* **blank cartridge**) bala de fogueo

blanket /ˈblæŋkɪt/ ◆ *n* frazada ◆ *adj* general ◆ *vt* cubrir (*por completo*)

blare /bleə(r)/ *vi* ~ (**out**) sonar a todo volumen

blasphemy /ˈblæsfəmi/ *n* [*gen incontable*] blasfemia **blasphemous** *adj* blasfemo

blast /blɑːst; *USA* blæst/ ◆ *n* **1** explosión **2** onda expansiva **3** ráfaga: *a blast of air* una ráfaga de viento **LOC** *Ver* FULL ◆ *vt* volar (*con explosivos*) **PHR V to blast off** (*Aeronáut*) despegar ◆ **blast!** *interj* maldito **blasted** *adj* (*coloq*) maldito

blatant /ˈbleɪtnt/ *adj* descarado

blaze /bleɪz/ ◆ *n* **1** incendio **2** hoguera **3** [*sing*] **a ~ of sth**: *a blaze of colour* una explosión de color ◊ *in a blaze of publicity* con mucha publicidad ◆ *vi* **1** arder **2** brillar **3** (*fig*): *eyes blazing* echando fuego por los ojos

blazer /ˈbleɪzə(r)/ *n* saco, blazer: *a school blazer* el blazer del uniforme

bleach /bliːtʃ/ ◆ *vt* decolorar ◆ *n* cloro

bleak /bliːk/ *adj* (**-er**, **-est**) **1** (*paisaje*) inhóspito **2** (*tiempo*) crudo **3** (*día*) gris y deprimente **4** (*fig*) poco prometedor **bleakly** *adv* desoladamente **bleakness** *n* **1** desolación **2** crudeza

bleed /bliːd/ *vi* (*pret, pp* **bled** /bled/) sangrar **bleeding** *n* hemorragia

blemish /ˈblemɪʃ/ ◆ *n* imperfección ◆ *vt* manchar

blend /blend/ ◆ **1** *vt, vi* mezclar(se) **2** *vi* entremezclarse **PHR V to blend in** (**with sth**) armonizar (con algo) ◆ *n* mezcla **blender** *n Ver* LIQUIDIZER *en* LIQUID

bless /bles/ *vt* (*pret, pp* **blessed** /blest/) bendecir **LOC bless you! 1** ¡que Dios te bendiga! **2** ¡salud! (*al estornudar*) ☛ *Ver nota en* ¡ACHÍS! **to be blessed with sth** gozar de algo

blessed /ˈblesɪd/ *adj* **1** santo **2** bendito **3** (*coloq*): *the whole blessed day* todo el santo día

blessing /ˈblesɪŋ/ *n* **1** bendición **2** [*gen sing*] visto bueno **LOC it's a blessing in disguise** (*refrán*) no hay mal que por bien no venga

blew *pret de* BLOW

blind /blaɪnd/ ◆ *adj* ciego **LOC** *Ver* TURN ◆ *vt* **1** (*momentáneamente*) deslumbrar **2** cegar ◆ *n* **1** persiana **2 the blind** los ciegos **blindly** *adv* ciegamente **blindness** *n* ceguera

blindfold /ˈblaɪndfəʊld/ ◆ *n* venda (*en los ojos*) ◆ *vt* vendar los ojos a ◆ *adv* con los ojos vendados

blink /blɪŋk/ ◆ *vi* parpadear ◆ *n* parpadeo

bliss /blɪs/ *n* [*incontable*] (una) dicha **blissful** *adj* dichoso

blister /ˈblɪstə(r)/ *n* **1** ampolla **2** (*pintura*) burbuja

blistering /ˈblɪstərɪŋ/ *adj* abrasador (*calor*)

blitz /blɪts/ *n* **1** (*Mil*) ataque relámpago **2** (*coloq*) ~ (**on sth**) campaña (contra algo)

blizzard /ˈblɪzəd/ *n* ventisca (de nieve)

bloated /ˈbləʊtɪd/ *adj* hinchado

blob /blɒb/ *n* gota (*líquido espeso*)

bloc /blɒk/ *n* [*v sing o pl*] bloque

block /blɒk/ ◆ *n* **1** (*piedra, hielo, etc*)

bloque **2** (*edificios*) manzana, bloque **3** (*entradas, acciones, etc*) paquete: *a block booking* una reserva en grupo **4** obstáculo, impedimento: *a mental block* un bloqueo mental LOC *Ver* CHIP ◆ *vt* **1** atascar, bloquear **2** cercar **3** impedir

blockade /blɒˈkeɪd/ ◆ *n* bloqueo (*Mil*) ◆ *vt* bloquear (*puerto, ciudad, etc*)

blockage /ˈblɒkɪdʒ/ *n* **1** obstrucción **2** bloqueo **3** atasco

blockbuster /ˈblɒkbʌstə(r)/ *n* libro o película que rompe récords

block capitals (*tb* **block letters**) *n* [*pl*] mayúsculas de imprenta

bloke /bləʊk/ *n* (*GB, coloq*) tipo

blond (*tb* **blonde**) /blɒnd/ ◆ *adj* (**-er**, **-est**) rubio ◆ *n* rubio, -a ☛ La variante **blonde** se suele escribir cuando nos referimos a una mujer. *Ver nota en* RUBIO

blood /blʌd/ *n* sangre: *blood group* grupo sanguíneo ◊ *blood pressure* presión arterial ◊ *blood test* análisis de sangre LOC *Ver* FLESH *Ver tb* COLD-BLOODED

bloodshed /ˈblʌdʃed/ *n* derramamiento de sangre

bloodshot /ˈblʌdʃɒt/ *adj* con derrames

blood sports *n* [*pl*] caza

bloodstream /ˈblʌdstriːm/ *n* corriente sanguínea

bloody /ˈblʌdi/ ◆ *adj* (**-ier**, **-iest**) **1** ensangrentado **2** sanguinolento **3** (*batalla, etc*) sangriento ◆ *adj, adv* (*GB, coloq*): *That bloody car!* ¡Ese auto de porquería!

bloom /bluːm/ ◆ *n* flor ◆ *vi* florecer

blossom /ˈblɒsəm/ ◆ *n* flor (*de árbol frutal*) ◆ *vi* florecer ☛ *Comparar con* FLOWER

blot /blɒt/ ◆ *n* **1** borrón **2** ~ **on sth** (*fig*) mancha en algo ◆ *vt* (**-tt-**) **1** (*carta, etc*) borronear **2** (*con secante*) secar: *blotting-paper* (papel) secante PHR V **to blot sth out 1** (*memoria, etc*) borrar algo **2** (*panorama, luz, etc*) tapar algo

blotch /blɒtʃ/ *n* mancha (*esp en la piel*)

blouse /blaʊz; *USA* blaʊs/ *n* blusa

blow /bləʊ/ ◆ (*pret* **blew** /bluː/ *pp* **blown** /bləʊn/*o* **blowed**) **1** *vi* soplar **2** *vi* (*movido por el viento*): *to blow shut/open* cerrarse/abrirse de golpe **3** *vi* (*silbato*) sonar **4** *vt* (*silbato*) tocar **5** *vt* (*viento, etc*) llevar: *The wind blew us towards the island.* El viento nos llevó hacia la isla. LOC **blow it!** ¡maldita sea! **to blow your nose** sonarse (la nariz) PHR V **to blow away** irse volando (llevado por el viento)
to blow down/over ser derribado por el viento **to blow sth/sb down/over** derribar algo/a algn (*el viento*)
to blow sth out apagar algo
to blow over pasar sin más (*tormenta, escándalo*)
to blow up 1 (*bomba, etc*) explotar **2** (*tormenta, escándalo*) estallar **3** (*coloq*) calentarse **to blow sth up 1** (*reventar*) volar algo **2** (*globo, etc*) inflar algo **3** (*Fot*) ampliar algo **4** (*coloq*) (*asunto*) exagerar algo
◆ *n* ~ (**to sth/sb**) golpe (para algo/algn) LOC **a blow-by-blow account, description, etc** (**of sth**) un relato, descripción, etc (de algo) con lujo de detalles **at one blow/at a single blow** de un (solo) golpe **come to blows** (**over sth**) irse a las manos (por algo)

blue /bluː/ ◆ *adj* **1** azul **2** (*coloq*) triste **3** (*película, etc*) verde ◆ *n* **1** azul **2 the blues** [*v sing o pl*] (*Mús*) blues **3 the blues** [*v sing o pl*] la depre LOC **out of the blue** de repente

blueprint /ˈbluːprɪnt/ *n* ~ (**for sth**) anteproyecto (de algo)

bluff /blʌf/ ◆ *vi* blufear ◆ *n* bluffing

blunder /ˈblʌndə(r)/ ◆ *n* metida de pata ◆ *vi* cometer una equivocación

blunt /blʌnt/ ◆ *vt* desafilar ◆ *adj* (**-er**, **-est**) **1** mocho **2** desafilado: *blunt instrument* instrumento contundente **3** (*negativa*) liso y llano: *to be blunt with sb* hablar a algn sin vueltas **4** (*comentario*) brusco

blur /blɜː(r)/ ◆ *n* imagen borrosa ◆ *vt* (**-rr-**) **1** poner borroso **2** *vt* (*diferencia*) atenuar **blurred** *adj* borroso

blurt /blɜːt/ PHR V **to blurt sth out** largar algo

blush /blʌʃ/ ◆ *vi* sonrojarse, ponerse colorado ◆ *n* sonrojo **blusher** *n* rubor

boar /bɔː(r)/ *n* (*pl* **boar** *o* **~s**) **1** jabalí **2** cerdo macho ☛ *Ver nota en* CERDO

board /bɔːd/ ◆ *n* **1** tabla: *ironing board* tabla de planchar **2** (*tb* **blackboard**) pizarrón **3** (*tb* **noticeboard**) tablero de anuncios **4** (*ajedrez, etc*) tablero **5** cartoné (*encuadernación*) **6 the board** (*tb* **the board of directors**) [*v sing o pl*] junta directiva **7** (*comida*) pensión: *full/half board* pensión completa/ media pensión LOC **above board** limpio **across the board** en todos los niveles: *a 10% pay increase across the board* un aumento general de sueldo del 10% **on board** a bordo ◆ **1** *vt* ~ **sth** (**up/over**) cubrir algo con tablas **2** *vi* embarcar **3** *vt* subir a

oarder /ˈbɔːdə(r)/ *n* **1** (*alumno*) pupilo, -a **2** (*casa de huéspedes*) huésped

oarding card (*tb* **boarding pass**) *n* tarjeta de embarque

oarding house *n* casa de huéspedes

oarding school *n* internado

oast /bəʊst/ ◆ **1** *vi* ~ (**about/of sth**) alardear (de algo) **2** *vt* (*formal*) gozar de: *The town boasts a famous museum.* La ciudad tiene un museo famoso. ◆ *n* alarde **boastful** *adj* **1** presuntuoso **2** pretencioso

oat /bəʊt/ *n* **1** barco: *to go by boat* ir en barco **2** barca: *rowing boat* bote de remos ◊ *boat race* regata **3** buque LOC *Ver* SAME

Boat y **ship** tienen significados muy similares, pero **boat** se suele usar para embarcaciones más chicas.

ob /bɒb/ *vi* (**-bb-**) **to bob** (**up and down**) (*en el agua*) balancearse PHR V **to bob up** surgir

obby /ˈbɒbi/ *n* (*pl* **-ies**) (*GB, coloq*) (*policía*) cana

ode /bəʊd/ *vt* (*formal*) presagiar, augurar LOC **to bode ill/well** (**for sth/sb**) ser de mal agüero/buena señal (para algo/algn)

odice /ˈbɒdɪs/ *n* canesú

odily /ˈbɒdɪli/ ◆ *adj* del cuerpo, corporal ◆ *adv* **1** a la fuerza **2** en conjunto

ody /ˈbɒdi/ *n* (*pl* **bodies**) **1** cuerpo **2** cadáver **3** [*v sing o pl*] grupo: *a government body* un organismo gubernamental **4** conjunto LOC **body and soul** en cuerpo y alma

odyguard /ˈbɒdigɑːd/ *n* **1** guardaespaldas **2** (*grupo*) guardia personal

odywork /ˈbɒdiwɜːk/ *n* [*incontable*] carrocería

og /bɒg/ ◆ *n* **1** ciénaga **2** (*GB, coloq*) inodoro ◆ *v* (**-gg-**) PHR V **to get bogged down 1** (*fig*) estancarse **2** (*lit*) empantanarse **boggy** *adj* pantanoso

bogey (*tb* **bogy**) /ˈbəʊgi/ *n* (*pl* **bogeys**) (*tb* **bogeyman**) cuco, el viejo de la bolsa

bogus /ˈbəʊgəs/ *adj* falso, fraudulento

boil[1] /bɔɪl/ *n* forúnculo

boil[2] /bɔɪl/ ◆ **1** *vt, vi* hervir **2** *vt* (*huevo*) cocinar PHR V **to boil down to sth** reducirse a algo **to boil over** desbordarse ◆ *n* LOC **to be on the boil** estar hirviendo **boiling** *adj* hirviendo: *boiling point* punto de ebullición ◊ *boiling hot* que pela

boiler /ˈbɔɪlə(r)/ *n* caldera: *boiler suit* overol

boisterous /ˈbɔɪstərəs/ *adj* bullicioso, alborotado

bold /bəʊld/ *adj* (**-er**, **est**) **1** valiente **2** osado, atrevido **3** bien definido, marcado **4** llamativo LOC **to be/make so bold** (**as to do sth**) (*formal*) atreverse (a hacer algo) *Ver tb* FACE[1] **boldly** *adv* **1** resueltamente **2** audazmente, atrevidamente **3** marcadamente **boldness** *n* **1** valentía **2** audacia, atrevimiento

bolster /ˈbəʊlstə(r)/ *vt* **1** ~ **sth** (**up**) reforzar algo **2** ~ **sb** (**up**) alentar a algn

bolt[1] /bəʊlt/ ◆ *n* **1** cerrojo **2** perno **3** *a bolt of lightning* un rayo ◆ *vt* **1** cerrar con cerrojo **2** ~ **A to B**; ~ **A and B together** tornillar A a B

bolt[2] /bəʊlt/ ◆ **1** *vi* (*caballo*) desbocarse **2** *vi* salir disparando **3** *vt* ~ **sth** (**down**) engullir algo ◆ *n* LOC **to make a bolt/dash/run for it** intentar escapar

bomb /bɒm/ ◆ *n* **1** bomba: *bomb disposal* desarticulación de bombas ◊ *bomb scare* amenaza de bomba ◊ *to plant a bomb* poner una bomba **2 the bomb** la bomba atómica LOC **to go like a bomb** (*coloq*) ir como un rayo *Ver tb* COST ◆ **1** *vt, vi* bombardear **2** *vt, vi* poner una bomba (*en un edificio, etc*) **3** *vi* ~ **along, down, up, etc** (*GB, coloq*) ir a todo pique

bombard /bɒmˈbɑːd/ *vt* **1** bombardear **2** (*a preguntas, etc*) acribillar **bombardment** *n* bombardeo

bomber /ˈbɒmə(r)/ *n* **1** (*avión*) bombardero **2** persona que pone bombas

bombing /ˈbɒmɪŋ/ *n* **1** bombardeo **2** atentado con explosivos

bombshell /ˈbɒmʃel/ *n* bomba: *The news came as a bombshell.* La noticia cayó como una bomba.

bond /bɒnd/ ◆ *vt* unir ◆ *n* **1** pacto **2** lazos **3** bono: *Government bonds* bonos del Tesoro **4 bonds** [*pl*] cadenas

bone /bəʊn/ ◆ *n* **1** hueso **2** (*pez*) espina LOC **bone dry** completamente seco **to be a bone of contention** ser la manzana de la discordia **to have a bone to pick with sb** tener una queja sobre algn **to make no bones about sth** no andar con vueltas en cuanto a algo *Ver tb* CHILL, WORK[2] ◆ *vt* deshuesar

bone marrow *n* médula

bonfire /ˈbɒnfaɪə(r)/ *n* hoguera

Bonfire Night *n* (*GB*)

El 5 de noviembre se celebra en Gran Bretaña lo que llaman **Bonfire Night**. La gente hace hogueras por la noche y hay fuegos artificiales para recordar aquel 5 de noviembre de 1605 cuando Guy Fawkes intentó quemar el Parlamento.

bonnet /ˈbɒnɪt/ *n* **1** (*bebé*) gorrita **2** (*señora*) sombrero **3** (*USA* **hood**) capó

bonus /ˈbəʊnəs/ *n* **1** plus: *a productivity bonus* un plus de productividad **2** (*fig*) ventaja añadida

bony /ˈbəʊni/ *adj* **1** óseo **2** lleno de espinas/huesos **3** huesudo

boo /buː/ ◆ *vt, vi* abuchear ◆ *n* (*pl* **boos**) abucheo ◆ **boo!** *interj* ¡bu!

booby-trap /ˈbuːbi træp/ *n* trampa (explosiva)

book[1] /bʊk/ *n* **1** libro: *book club* club del libro **2** libreta **3** cuaderno **4** (*cheques*) chequera **5 the books** [*pl*] las cuentas: *to do the books* llevar las cuentas LOC **to be in sb's good books** gozar del favor de algn **to do sth by the book** hacer algo según las normas *Ver tb* BAD, COOK, LEAF, TRICK

book[2] /bʊk/ **1** *vt, vi* reservar, hacer una reserva **2** *vt* contratar **3** *vt* (*coloq*) (*policía*) fichar **4** *vt* (*Dep*) sancionar LOC **to be booked up 1** agotarse las localidades **2** (*coloq*): *I'm booked up.* Tengo la agenda completa. PHR V **to book in** registrarse

bookcase /ˈbʊkkeɪs/ *n* biblioteca (*mueble*)

booking /ˈbʊkɪŋ/ *n* (*esp GB*) reserva

booking office *n* (*esp GB*) boletería

booklet /ˈbʊklət/ *n* folleto

bookmaker /ˈbʊkmeɪkə(r)/ (*tb* **bookie**) *n* corredor, -ora de apuestas

bookseller /ˈbʊkˌselə(r)/ *n* librero, -a

bookshelf /ˈbʊkʃelf/ *n* (*pl* **-shelve**[s] /-ʃelvz/) estante para libros

bookshop /ˈbʊkʃɒp/ (*USA tb* **book-store**) *n* librería

boom /buːm/ ◆ *vi* resonar, retumbar ◆ *n* estruendo

boost /buːst/ ◆ *vt* **1** (*ventas, confianza*) aumentar **2** (*moral*) levantar ◆ *n* [1] aumento **2** estímulo grato

boot /buːt/ *n* **1** bota **2** (*USA* **trunk**) (*auto*) baúl LOC *Ver* TOUGH

booth /buːð; *USA* buːθ/ *n* **1** puesto (*de feria, etc*) **2** cabina: *polling/telephone booth* cabina electoral/telefónica

booty /ˈbuːti/ *n* botín

booze /buːz/ ◆ *n* (*coloq*) chupi, chupe ◆ *vi* (*coloq*): *to go out boozing* salir a tomar

border /ˈbɔːdə(r)/ ◆ *n* **1** frontera

Border y **frontier** se usan para referirse a la división entre países o estados, pero sólo **border** suele usarse para hablar de fronteras naturales: *The river forms the border between the two countries.* El río constituye la frontera entre los dos países. Por otro lado, **boundary** se usa para las divisiones entre áreas más chicas, como por ejemplo los condados.

2 (*jardín*) cantero **3** borde, ribete ◆ *vt* limitar con, lindar con PHR V **to border on sth** estar en el límite de algo

borderline /ˈbɔːdəlaɪn/ *n* límites LOC **a borderline case** un caso dudoso

bore[1] *pret de* BEAR[2]

bore[2] /bɔː(r)/ ◆ *vt* **1** aburrir **2** (*agujero*) hacer (*con taladro*) ◆ *n* **1** (*persona*) aburrido, -a **2** pesado, -a **3** (*escopeta*) calibre **bored** *adj* aburrido: *I am bored.* Estoy aburrido. **boredom** *n* aburrimiento **boring** *adj* aburrido: *He is boring.* Es aburrido.

born /bɔːn/ ◆ *pp* nacido LOC **to be born** nacer: *She was born in Bath.* Nació en Bath. ◊ *He was born blind.* Es ciego de nacimiento. ◆ *adj* [*sólo antes de sustantivo*] nato: *He's a born actor.* Es un actor nato.

borne *pp de* BEAR[2]

borough /ˈbʌrə; *USA* -rəʊ/ *n* municipio

borrow /ˈbɒrəʊ/ *vt* ~ **sth (from sth/sb)** pedir (prestado) algo (a algo/algn) ☛ Lo más común en castellano es

borrow

She's **lending** her son some money.

He's **borrowing** some money from his mother.

cambiar la estructura, y emplear un verbo como "prestar": *Could I borrow a pen?* ¿Me prestás una birome? **borrower** *n* prestatario, -a **borrowing** *n* crédito: *public sector borrowing* crédito al sector público

bosom /ˈbʊzəm/ *n* **1** (*ret*) pecho, busto **2** (*fig*) seno

boss /bɒs/ ◆ *n* (*coloq*) jefe, -a ◆ *vt* ~ **sb about/around** (*pey*) dar órdenes a algn; mandonear a algn **bossy** *adj* (**-ier**, **-iest**) (*pey*) mandón

botany /ˈbɒtəni/ *n* botánica **botanical** /bəˈtænɪkl/ (*tb* **botanic**) *adj* botánico **botanist** /ˈbɒtənɪst/ *n* botánico, -a

both /bəʊθ/ ◆ *pron, adj* ambos, -as, los/las dos: *both of us* nosotros dos ◊ *Both of us went./We both went.* Fuimos los dos. ◆ *adv* **both ... and ...** a la vez ... y ...: *The report is both reliable and readable.* El informe es a la vez fiable e interesante. ◊ *both you and me* tanto vos como yo ◊ *He both plays and sings.* Toca y canta. LOC *Ver* NOT ONLY ... BUT ALSO *en* ONLY

bother /ˈbɒðə(r)/ ◆ **1** *vt* molestar **2** *vt* preocupar: *What's bothering you?* ¿Qué es lo que te preocupa? **3** *vi* ~ (**to do sth**) molestarse (en hacer algo): *He didn't even bother to say thank you.* No se molestó ni siquiera en dar las gracias. **4** *vi* ~ **about sth/sb** preocuparse por algo/algn LOC **I can't be bothered (to do sth)** no me da la gana (de hacer algo) **I'm not bothered** me da lo mismo ◆ *n* molestia ◆ **bother!** *interj* ¡pucha!

bottle /ˈbɒtl/ ◆ *n* **1** botella **2** frasco **3** mamadera ◆ *vt* **1** embotellar **2** envasar

bottle bank *n* contenedor de vidrio

bottom /ˈbɒtəm/ *n* **1** (*colina, página, escaleras*) pie **2** (*mar, barco, taza*) fondo **3** (*Anat*) trasero **4** (*calle*) final **5** último: *He's bottom of the class.* Es el último de la clase. **6** *bikini bottom* la bombacha del biquini ◊ *pyjama bottoms* pantalones de piyama LOC **to be at the bottom of sth** estar detrás de algo **to get to the bottom of sth** llegar al fondo de algo *Ver tb* ROCK[1]

bough /baʊ/ *n* rama

bought *pret, pp de* BUY

boulder /ˈbəʊldə(r)/ *n* roca (*grande*)

bounce /baʊns/ ◆ **1** *vt, vi* rebotar **2** *vi* (*coloq*) (*cheque*) ser devuelto PHR V **to bounce back** (*coloq*) recuperarse ◆ *n* rebote

bound[1] /baʊnd/ ◆ *vi* saltar ◆ *n* salto

bound[2] /baʊnd/ *adj* ~ **for...** con destino a...

bound[3] *pret, pp de* BIND[1]

bound[4] /baʊnd/ *adj* **1 to be ~ to do sth**: *You're bound to pass the exam.* Seguro que aprobás el examen. **2** obligado (*por la ley o el deber*) LOC **bound up with sth** ligado a algo

boundary /ˈbaʊndri/ *n* (*pl* **-ies**) límite, frontera ☛ *Ver nota en* BORDER

boundless /ˈbaʊndləs/ *adj* ilimitado

bounds /baʊndz/ *n* [*pl*] límites LOC **out of bounds** prohibido

bouquet /buˈkeɪ/ *n* **1** (*flores*) ramo **2** buqué

bourgeois /ˌbʊəˈʒwɑː/ *adj, n* burgués, -esa

bout /baʊt/ *n* **1** (*actividad*) racha **2** (*enfermedad*) ataque **3** (*boxeo*) combate

bow[1] /bəʊ/ *n* **1** moño **2** (*Dep, violín*) arco

bow[2] /baʊ/ ◆ **1** *vi* inclinarse, hacer una reverencia **2** *vt* (*cabeza*) inclinar, bajar ◆ *n* **1** reverencia **2** (*tb* **bows** [*pl*]) (*Náut*) proa

bowel /ˈbaʊəl/ *n* **1** (*Med*) [*a menudo pl*] intestino(s) **2 bowels** [*pl*] (*fig*) entrañas

bowl[1] /bəʊl/ *n* **1** bol ☛ **Bowl** se usa en muchas formas compuestas, cuya traducción es generalmente una sola palabra: *a fruit bowl* un frutero ◊ *a sugar bowl* una azucarera ◊ *a salad bowl* una ensaladera. **2** plato hondo **3** tazón **4** (*inodoro*) taza

bowl[2] /bəʊl/ ◆ *n* **1** (*bolos*) bola **2 bowls** [*sing*] bochas ◆ *vt, vi* lanzar (la pelota)

bowler /ˈbəʊlə(r)/ *n* **1** (*Dep, críquet*)

lanzador, -ora **2** (*tb* **bowler hat**) sombrero de hongo

bowling /ˈbəʊlɪŋ/ *n* [*incontable*] bowling: *bowling alley* bowling

bow tie *n* (*corbata*) moño

box[1] /bɒks/ ◆ *n* **1** caja: *cardboard box* caja de cartón ☛ *Ver dibujo en* CONTAINER **2** estuche **3** (*correo*) buzón **4** (*Teat*) palco **5** (*teléfono*) cabina **6 the box** (*coloq, GB*) la tele ◆ *vt* (*tb* **to box up**) embalar

box[2] /bɒks/ *vt, vi* boxear (contra)

boxer /ˈbɒksə(r)/ *n* **1** boxeador **2** bóxer

boxing /ˈbɒksɪŋ/ *n* boxeo

Boxing Day *n* 26 de diciembre ☛ *Ver nota en* NAVIDAD

box number *n* casilla de correos

box-office /ˈbɒks ɒfɪs/ *n* boletería

boy /bɔɪ/ *n* **1** chico: *It's a boy!* ¡Es un nene! ◊ *I've got three children, two boys and one girl.* Tengo tres hijos: dos chicos y una chica. **2** hijo: *his eldest boy* su hijo mayor **3** chico, muchacho: *boys and girls* chicos y chicas

boycott /ˈbɔɪkɒt/ ◆ *vt* boicotear ◆ *n* boicot

boyfriend /ˈbɔɪfrend/ *n* novio: *Is he your boyfriend, or just a friend?* ¿Es tu novio o sólo un amigo?

boyhood /ˈbɔɪhʊd/ *n* niñez

boyish /ˈbɔɪɪʃ/ *adj* **1** (*hombre*) aniñado, juvenil **2** (*mujer*): *She has a boyish figure.* Tiene figura de hombre.

bra /brɑː/ *n* corpiño

brace /breɪs/ ◆ *n* **1** (*para los dientes*) aparato **2 braces** (*USA* **suspenders**) [*pl*] tiradores ◆ *v refl* ~ **yourself** (**for sth**) prepararse (para algo) PHR V **to brace up** (*USA*) animarse **bracing** *adj* estimulante

bracelet /ˈbreɪslət/ *n* pulsera

bracket /ˈbrækɪt/ ◆ *n* **1** paréntesis: *in brackets* entre paréntesis ☛ *Ver pág 312–3.* **2** (*Tec*) soporte **3** categoría: *the 20–30 age bracket* el grupo de entre 20 y 30 años ◆ *vt* **1** poner entre paréntesis **2** agrupar

brag /bræg/ *vi* (**-gg-**) ~ (**about sth**) fanfarronear (de algo)

braid /breɪd/ *n* (*USA*) *Ver* PLAIT

brain /breɪn/ *n* **1** cerebro: *He's the brains of the family.* Es el cerebro de la familia. **2 brains** [*pl*] sesos **3** mente LOC **to have sth on the brain** (*coloq*) tener algo metido en la cabeza *Ver tb* PICK, RACK **brainless** *adj* insensato, estúpido **brainy** *adj* (**-ier**, **-iest**) (*coloq*) inteligente

brainwash /ˈbreɪnwɒʃ/ *vt* ~ **sb** (**into doing sth**) lavar el cerebro a algn (para que haga algo) **brainwashing** *n* lavado de cerebro

brake /breɪk/ ◆ *n* freno: *to put on/apply the brake(s)* frenar/poner el freno ◆ *vt, vi* frenar: *to brake hard* frenar de golpe

bramble /ˈbræmbl/ *n* zarzamora

bran /bræn/ *n* salvado

branch /brɑːntʃ; *USA* bræntʃ/ ◆ *n* **1** rama **2** sucursal: *your nearest/local branch* la sucursal más cercana/del barrio ◆ PHR V **to branch off** desviarse, ramificarse **to branch out** (**into sth**) extenderse (a algo), comenzar (con algo): *They are branching out into Eastern Europe.* Están comenzando a operar en Europa del Este.

brand /brænd/ ◆ *n* **1** (*Com*) marca (*productos de limpieza, tabaco, ropa, alimentos*) ☛ *Comparar con* MAKE[2] **2** forma: *a strange brand of humour* un sentido del humor muy peculiar ◆ *vt* **1** (*ganado*) marcar **2** ~ **sb** (**as sth**) etiquetar a algn (de algo)

brandish /ˈbrændɪʃ/ *vt* blandir

brand new *adj* completamente nuevo

brandy /ˈbrændi/ *n* coñac

brash /bræʃ/ *adj* (*pey*) atrevido **brashness** *n* desparpajo

brass /brɑːs; *USA* bræs/ *n* **1** latón, metal dorado **2** [*v sing o pl*] (*Mús*) instrumentos de metal

bravado /brəˈvɑːdəʊ/ *n* fanfarronería

brave /breɪv/ ◆ *vt* **1** (*peligro, intemperie, etc*) desafiar **2** (*dificultades*) soportar ◆ *adj* (**-er**, **-est**) valiente LOC *Ver* FACE[1]

brawl /brɔːl/ *n* revuelta

breach /briːtʃ/ ◆ *n* **1** (*contrato, etc*) incumplimiento **2** (*ley*) violación **3** (*relaciones*) ruptura **4** (*seguridad*) fallo LOC **breach of confidence/faith/trust** abuso de confianza ◆ *vt* **1** (*contrato, etc*) incumplir **2** (*ley*) violar **3** (*muro, defensas*) abrir una brecha en

bread /bred/ *n* **1** [*incontable*] pan: *I bought a loaf/two loaves of bread.* Compré un pan/dos panes. ◊ *a slice of bread* una rebanada de pan **2** [*contable*] (tipo de) pan ☛ Nótese que el plural **breads** sólo se usa para referirse a distintos tipos de pan, no a varias piezas de pan. *Ver dibujo en* PAN

breadcrumbs /ˈbredkrʌmz/ *n* [*pl*] pan rallado: *fish in breadcrumbs* milanesa de pescado

breadth /bredθ/ *n* **1** amplitud **2** anchura

break[1] /breɪk/ (*pret* **broke** /brəʊk/ *pp* **broken** /ˈbrəʊkən/) **1** *vt* romper: *to break sth in two/in half* romper algo en dos/por la mitad ◊ *She's broken her leg.* Se rompió la pierna. ☛ **Break** no se usa con materiales flexibles, como la tela o el papel. *Ver tb* ROMPER **2** *vi* romperse, hacerse pedazos **3** *vt* (*ley*) violar **4** *vt* (*promesa, palabra*) no cumplir **5** *vt* (*récord*) batir **6** *vt* (*caída*) amortiguar **7** *vt* (*viaje*) interrumpir **8** *vi* hacer un descanso: *Let's break for coffee.* Paremos para tomar un café. **9** *vt* (*voluntad*) quebrantar **10** *vt* (*mala costumbre*) dejar **11** *vt* (*código*) descifrar **12** *vt* (*caja fuerte*) forzar **13** *vi* (*tiempo*) cambiar **14** *vi* (*tormenta, escándalo*) estallar **15** *vi* (*noticia, historia*) hacerse público **16** *vi* (*voz*) quebrarse, cambiar **17** *vi* (*olas, aguas*) romper: *Her waters broke.* Rompió aguas. LOC **break it up!** ¡basta! **to break the bank** (*coloq*) arruinar: *A meal out won't break the bank.* Salir a comer no nos va a arruinar. **to break the news (to sb)** dar la (mala) noticia (a algn) **to break your back (to do sth)** sudar la gota gorda (para hacer algo) *Ver tb* WORD

PHR V **to break away (from sth)** separarse (de algo), romper (con algo)

to break down 1 (*auto*) pararse: *We broke down.* Se nos paró el coche. **2** (*máquina*) estropearse **3** (*persona*) venirse abajo: *He broke down and cried.* Se largó a llorar. **4** (*negociaciones*) romperse **to break sth down 1** echar abajo algo **2** desintegrar algo **3** descomponer algo

to break in forzar la entrada **to break into sth 1** (*ladrones*) entrar en algo por la fuerza **2** (*mercado*) introducirse en algo **3** (*empezar a hacer algo*): *to break into a run* largarse a correr ◊ *He broke into a cold sweat.* Le dio un sudor frío.

to break off dejar de hablar **to break sth off 1** quebrar algo (*en pedazos*) **2** romper algo (*compromiso*)

to break out 1 (*epidemia*) declararse **2** (*guerra, violencia*) estallar **3** (*incendio*) producirse **4** llenarse: *I've broken out in spots.* Me llené de granos.

to break through sth abrirse camino a través de algo

to break up 1 (*reunión*) disolverse **2** (*relación*) terminarse **3** *The school breaks up on 20 July.* Las clases terminan el 20 de julio. **to break (up) with sb** romper con algn **to break sth up** disolver, hacer fracasar algo

break[2] /breɪk/ *n* **1** rotura, abertura **2** descanso, vacaciones cortas, recreo: *a coffee break* un descanso para tomar café **3** ruptura, cambio: *a break in the routine* un cambio de rutina **4** (*coloq*) golpe de suerte LOC **to give sb a break** dar un respiro a algn **to make a break (for it)** intentar escapar *Ver tb* CLEAN

breakdown /ˈbreɪkdaʊn/ *n* **1** falla **2** (*salud*) crisis: *a nervous breakdown* una crisis nerviosa **3** (*estadística*) análisis

breakfast /ˈbrekfəst/ *n* desayuno: *to have breakfast* desayunar ☛ *Ver pág 314. Ver tb* BED AND BREAKFAST

break-in /ˈbreɪk ɪn/ *n* robo

breakthrough /ˈbreɪkθruː/ *n* avance (importante)

breast /brest/ *n* seno, pecho (*de mujer*): *breast cancer* cáncer de mama

breath /breθ/ *n* aliento: *to take a deep breath* respirar hondo LOC **a breath of fresh air** un soplo de aire fresco **(to be) out of/short of breath** (estar) sin aliento **to get your breath (again/back)** recuperar el aliento **to say sth, speak, etc under your breath** decir algo, hablar, etc entre dientes **to take sb's breath away** dejar a algn boquiabierto *Ver tb* CATCH, HOLD, WASTE

breathe /briːð/ **1** *vi* respirar **2** *vt, vi* ~ **(sth) (in/out)** aspirar, espirar (algo) LOC **not to breathe a word (of/about sth) (to sb)** no decir una palabra (de algo) (a algn) **to breathe down sb's neck** (*coloq*) estar encima de algn **to breathe life into sth/sb** infundir vida a algo/algn **breathing** *n* respiración: *heavy breathing* respiración fuerte

breathless /ˈbreθləs/ *adj* jadeante, sin aliento

breathtaking /ˈbreθteɪkɪŋ/ *adj* impresionante, vertiginoso

breed /bri:d/ ◆ (*pret, pp* **bred** /bred/) **1** *vi* (*animal*) reproducirse **2** *vt* (*ganado*) criar **3** *vt* producir, engendrar: *Dirt breeds disease.* La suciedad produce enfermedad. ◆ *n* raza, casta

breeze /bri:z/ *n* brisa

brew /bru:/ **1** *vt* (*cerveza*) elaborar **2** *vt, vi* (*té*) hacer(se) **3** *vi* (*fig*) avecinarse: *Trouble is brewing.* Se está armando lío.

bribe /braɪb/ ◆ *n* coima, soborno ◆ *vt* ~ **sb (into doing sth)** sobornar a algn (para que haga algo) **bribery** *n* coima, soborno

brick /brɪk/ ◆ *n* ladrillo **LOC** *Ver* DROP ◆ **PHR V to brick sth in/up** enladrillar algo

bride /braɪd/ *n* novia (*en un casamiento*) **LOC the bride and groom** los novios

bridegroom /ˈbraɪdgru:m/ (*tb* **groom**) *n* novio (*en un casamiento*): *the bride and groom* los novios

bridesmaid /ˈbraɪdzmeɪd/ *n* dama de honor ☛ *Ver nota en* CASAMIENTO

bridge /brɪdʒ/ ◆ *n* **1** puente **2** vínculo ◆ *vt* **LOC to bridge a/the gap between...** acortar la distancia entre...

bridle /ˈbraɪdl/ *n* brida

brief /bri:f/ *adj* (**-er**, **-est**) breve **LOC in brief** en pocas palabras **briefly** *adv* **1** brevemente **2** en pocas palabras

briefcase /ˈbri:fkeɪs/ *n* portafolios

briefs /bri:fs/ *n* [*pl*] **1** calzoncillos **2** bombachas ☛ *Ver nota en* PAIR

bright /braɪt/ ◆ *adj* (**-er**, **-est**) **1** brillante, luminoso: *bright eyes* ojos vivos **2** (*color*) vivo **3** (*sonrisa, expresión, carácter*) radiante, alegre **4** (*inteligente*) listo **LOC** *Ver* LOOK[1] ◆ *adv* (**-er**, **-est**) brillantemente

brighten /ˈbraɪtn/ **1** *vi* ~ **(up)** animarse, despejar (*tiempo*) **2** *vt* ~ **sth (up)** animar algo

brightly /ˈbraɪtli/ *adv* **1** brillantemente **2** *brightly lit* con mucha iluminación ◊ *brightly painted* pintado con colores vivos **3** radiantemente, alegremente

brightness /ˈbraɪtnəs/ *n* **1** brillo, claridad **2** alegría **3** inteligencia

brilliant /ˈbrɪliənt/ *adj* **1** brillante **2** genial **brilliance** *n* **1** brillo, resplandor **2** brillantez

brim /brɪm/ *n* **1** borde: *full to the brim* lleno hasta el borde **2** ala (*de sombrero*)

bring /brɪŋ/ *vt* (*pret, pp* **brought** /brɔ:t/) ☛ *Ver nota en* LLEVAR **1** ~ **(with you)** traer (consigo) **2** llevar: *Can I bring a friend to your party?* ¿Puedo llevar a un amigo a tu fiesta? ☛ *Ver dibujo en* TAKE **3** (*acciones judiciales*) entablar **LOC to be able to bring yourself to do sth**: *I couldn't bring myself to tell her.* No tuve coraje para decírselo. **to bring sb to justice** llevar a algn ante los tribunales **to bring sb up to date** poner a algn al día **to bring sth home to sb** hacer que algn comprenda algo **to bring sth (out) into the open** sacar algo a la luz **to bring sth to a close** concluir algo **to bring sth/sb to life** animar algo/a algn **to bring sth up to date** actualizar algo **to bring tears to sb's eyes/a smile to sb's face** hacerle llorar/sonreír a algn **to bring up the rear** ir a la cola *Ver tb* CHARGE, PEG, QUESTION

PHR V to bring sth about/on provocar algo

to bring sth back 1 restaurar algo **2** hacer pensar en algo

to bring sth down 1 derribar algo, derrocar algo **2** (*inflación, etc*) reducir algo, bajar algo

to bring sth forward adelantar algo

to bring sth in introducir algo (*ley*)

to bring sth off (*coloq*) lograr algo

to bring sth on yourself buscarse algo

to bring sth out 1 producir algo **2** publicar algo **3** realzar algo

to bring sb round/over (to sth) convencer a algn (de algo) **to bring sb round/to** hacer que algn vuelva en sí

to bring sth/sb together reconciliar, unir algo/a algn

to bring sb up criar a algn: *She was brought up by her granny.* La crió su abuela. ☛ *Comparar con* EDUCATE, RAISE sentido 8 **to bring sth up 1** vomitar algo **2** sacar algo a colación

brink /brɪŋk/ *n* borde: *on the brink of war* al borde de la guerra

brisk /brɪsk/ *adj* (**-er**, **-est**) **1** (*paso*) enérgico **2** (*negocio*) activo

brittle /ˈbrɪtl/ *adj* **1** quebradizo **2** (*fig*) frágil

broach /brəʊtʃ/ *vt* abordar

broad /brɔ:d/ *adj* (**-er**, **-est**) **1** ancho **2** (*sonrisa*) amplio **3** (*esquema, acuerdo*) general, amplio: *in the broadest sense of the word* en el sentido más amplio de la palabra

Para referirnos a la distancia entre los dos extremos de algo es más corriente usar **wide**: *The gate is four metres wide.* El portón tiene cuatro metros de ancho. **Broad** se usa para referirnos a características geográficas: *a broad expanse of desert* una amplia extensión de desierto, y también en frases como: *broad shoulders* espalda ancha.

LOC **in broad daylight** en pleno día

broad bean *n* haba

broadcast /ˈbrɔːdkɑːst; *USA* ˈbrɔːdkæst/ ◆ (*pret, pp* **broadcast**) **1** *vt* (*Radio, TV*) transmitir **2** *vt* (*opinión, etc*) propagar **3** *vi* emitir ◆ *n* transmisión: *party political broadcast* espacio electoral

broaden /ˈbrɔːdn/ *vt, vi* ~ (**out**) ensanchar(se)

broadly /ˈbrɔːdli/ *adv* **1** ampliamente: *smiling broadly* con una amplia sonrisa **2** en general: *broadly speaking* hablando en términos generales

broccoli /ˈbrɒkəli/ *n* brócoli

brochure /ˈbrəʊʃə(r); *USA* brəʊˈʃʊər/ *n* folleto (*esp de viajes o publicidad*)

broke /brəʊk/ ◆ *adj* (*coloq*) seco (*sin dinero*) LOC **to go broke** quebrar (*negocio*) ◆ *pret de* BREAK[1]

broken /ˈbrəʊkən/ ◆ *adj* **1** roto **2** (*corazón, hogar*) destrozado ◆ *pp de* BREAK[1]

bronchitis /brɒŋˈkaɪtɪs/ *n* [*incontable*] bronquitis: *to catch bronchitis* agarrarse una bronquitis

bronze /brɒnz/ ◆ *n* bronce ◆ *adj* de (color) bronce

brooch /brəʊtʃ/ *n* prendedor

brood /bruːd/ *vi* ~ (**on/over sth**) dar vueltas a algo

brook /brʊk/ *n* arroyo

broom /bruːm, brʊm/ *n* **1** escoba ☛ *Ver dibujo en* BRUSH **2** (*Bot*) retama **broomstick** *n* (palo de) escoba

broth /brɒθ; *USA* brɔːθ/ *n* [*incontable*] caldo

brother /ˈbrʌðə(r)/ *n* **1** hermano: *Does she have any brothers or sisters?* ¿Tiene hermanos? ◊ *Brother Luke* el Hermano Luke **2** (*fig*) compañero **brotherhood** *n* [*v sing o pl*] **1** hermandad **2** fraternidad **brotherly** *adj* fraternal

brother-in-law /ˈbrʌðər ɪn lɔː/ *n* (*pl* **-ers-in-law**) cuñado

brought *pret, pp de* BRING

brow /braʊ/ *n* **1** (*Anat*) frente ☛ La palabra más común es **forehead**. **2** [*gen pl*] (*tb* **eyebrow**) ceja **3** (*colina*) cima

brown /braʊn/ ◆ *adj* (**-er**, **-est**) **1** marrón **2** (*pelo*) castaño **3** (*piel*) moreno **4** (*oso*) pardo **5** *brown rice* arroz integral ◊ *brown bread* pan negro ◊ *brown sugar* azúcar negra ◊ *brown paper* papel madera ◆ *n* marrón ◆ *vt, vi* dorar(se) **brownish** *adj* pardusco

brownie /ˈbraʊni/ *n* **1** (*GB tb* **Brownie**) niña exploradora **2** (*USA*) tortita de chocolate

browse /braʊz/ *vi* **1** ~ (**through sth**) (*negocio*) echar un vistazo (a algo) **2** ~ (**through sth**) (*revista*) hojear (algo)

browser /ˈbraʊzə(r)/ *n* (*Informát*) navegador

bruise /bruːz/ ◆ *n* **1** moretón **2** (*fruta*) machucón ◆ **1** *vt, vi* ~ (**yourself**) (*persona*) magullar(se) **2** *vt* (*fruta*) machucar **bruising** *n* [*incontable*]: *He had a lot of bruising.* Tenía muchos moretones.

brush /brʌʃ/ ◆ *n* **1** cepillo **2** escobillón **3** pincel **4** brocha **5** (*Electrón*) escobilla **6** cepillado **7** ~ **with sth** (*fig*) roce con algo ◆ *vt* **1** cepillar: *to brush your hair/teeth* cepillarse el pelo/los dientes **2** barrer **3** ~ **past/against sth/sb** rozarse contra algo/con algn PHR V **to brush sth aside** hacer caso omiso de algo **to brush sth up/to brush up on sth** pulir algo (*idioma, etc*)

brusque /bru:sk; *USA* brʌsk/ *adj* brusco (*comportamiento, voz*)

Brussels sprout (*tb* **sprout**) *n* repollito de Bruselas

brutal /ˈbru:tl/ *adj* brutal **brutality** /bru:ˈtæləti/ *n* (*pl* **-ies**) brutalidad

brute /bru:t/ ◆ *n* **1** bestia **2** bruto ◆ *adj* bruto **brutish** *adj* brutal

bubble /ˈbʌbl/ ◆ *n* burbuja: *to blow bubbles* hacer burbujas ◆ *vi* **1** borbotear **2** burbujear **bubbly** *adj* (**-ier**, **-iest**) **1** burbujeante, efervescente **2** (*persona*) alegre

bubble bath *n* espuma de baño

bubblegum /ˈbʌblgʌm/ *n* chicle globo

buck¹ /bʌk/ *n* macho (*de ciervo, conejo*) ☛ *Ver nota en* CIERVO, CONEJO

buck² /bʌk/ *vi* corcovear LOC **to buck the trend** ir contra la corriente PHR V **to buck sb up** (*coloq*) animar a algn

buck³ /bʌk/ *n* **1** (*USA, coloq*) (*dólar*) mango **2** [*gen pl*] (*coloq*) platal LOC **the buck stops here** yo soy el último responsable **to make a fast/quick buck** hacer plata fácil

bucket /ˈbʌkɪt/ *n* **1** balde **2** (*máquina excavadora*) pala LOC *Ver* KICK

buckle /ˈbʌkl/ ◆ *n* hebilla ◆ **1** *vt* ~ **sth (up)** abrochar algo **2** *vi* (*piernas*) doblarse **3** *vt, vi* (*metal*) deformar(se)

bud /bʌd/ *n* **1** (*flor*) capullo **2** (*Bot*) brote

Buddhism /ˈbʊdɪzəm/ *n* budismo **Buddhist** *adj, n* budista

budding /ˈbʌdɪŋ/ *adj* en flor

buddy /ˈbʌdi/ *n* (*pl* **-ies**) (*coloq*) amigote ☛ Se emplea sobre todo entre chicos y se usa mucho en Estados Unidos.

budge /bʌdʒ/ *vt, vi* **1** mover(se) **2** (*opinión*) ceder

budgerigar /ˈbʌdʒərɪˌgɑ:(r)/ *n* cotorrita australiana

budget /ˈbʌdʒɪt/ ◆ *n* **1** presupuesto: *a budget deficit* un déficit presupuestario **2** (*Pol*) presupuestos generales ◆ **1** *vt* hacer los presupuestos para **2** *vi* (*gastos*) planificarse **3** *vi* ~ **for sth** contar con algo **budgetary** *adj* presupuestario

buff /bʌf/ ◆ *n* aficionado, -a: *a film buff* un aficionado del cine ◆ *adj, n* beige

buffalo /ˈbʌfələʊ/ *n* (*pl* **buffalo** *o* **~es**) **1** búfalo **2** (*USA*) bisonte

buffer /ˈbʌfə(r)/ *n* **1** (*lit y fig*) amortiguador **2** (*vía*) tope **3** (*Informát*) memoria intermedia **4** (*GB, coloq*) (*tb* **old buffer**) vejestorio

buffet¹ /ˈbʊfeɪ; *USA* bəˈfeɪ/ *n* **1** cafetería: *buffet car* coche bar/restaurante **2** bufé

buffet² /ˈbʌfɪt/ *vt* zarandear **buffeting** *n* zarandeo

bug /bʌg/ ◆ *n* **1** chinche, bicho **2** (*coloq*) virus, infección **3** (*coloq*) (*Informát*) error de programación **4** (*coloq*) micrófono oculto ◆ *vt* (**-gg-**) **1** poner un micrófono escondido en **2** escuchar mediante un micrófono oculto **3** (*coloq, esp USA*) sacar de quicio

buggy /ˈbʌgi/ *n* (*pl* **-ies**) **1** todoterreno **2** (*esp USA*) cochecito de niño (*tipo silla*)

build /bɪld/ *vt* (*pret, pp* **built** /bɪlt/) **1** construir **2** crear, producir PHR V **to build sth in 1** empotrar algo **2** (*fig*) incorporar algo **to build on sth** partir de la base de algo **to build up 1** intensificarse **2** acumularse **to build sth/sb up** poner algo/a algn muy bien **to build sth up 1** (*colección*) acumular algo **2** (*negocio*) crear algo

builder /ˈbɪldə(r)/ *n* constructor, -ora

building /ˈbɪldɪŋ/ *n* **1** edificio **2** construcción

building site *n* **1** solar **2** (*construcción*) obra

building society *n* (*GB*) banco hipotecario

build-up /ˈbɪld ʌp/ *n* **1** aumento gradual **2** acumulación **3** ~ **(to sth)** preparación (para algo) **4** propaganda

built *pret, pp de* BUILD

built-in /ˌbɪlt ˈɪn/ *adj* **1** empotrado **2** incorporado

built-up /ˌbɪlt ˈʌp/ *adj* edificado: *built-up areas* zonas edificadas

bulb /bʌlb/ *n* **1** (*Bot*) bulbo **2** (*tb* **light bulb**) bombita eléctrica

bulge /bʌldʒ/ ◆ *n* **1** bulto **2** (*coloq*) aumento (transitorio) ◆ *vi* **1** ~ **(with sth)** estar repleto (de algo) **2** sobresalir, abultar

bulk /bʌlk/ *n* **1** volumen: *bulk buying* compra al por mayor **2** mole **3 the bulk (of sth)** la mayor parte (de algo) LOC **in bulk 1** al por mayor **2** a granel **bulky** *adj* (**-ier**, **-iest**) voluminoso

bull /bʊl/ *n* **1** toro **2** (*dardos*) centro de la diana

bulldoze /ˈbʊldəʊz/ *vt* **1** (*con excavadora*) aplanar **2** derribar

bullet /ˈbʊlɪt/ *n* bala

bulletin /ˈbʊlətɪn/ *n* **1** (*declaración*) parte **2** boletín: *news bulletin* boletín de noticias ◊ *bulletin-board* tablero de anuncios

bulletproof /ˈbʊlɪtpruːf/ *adj* antibalas

bullfight /ˈbʊlfaɪt/ *n* corrida de toros **bullfighter** *n* torero, -a **bullfighting** *n* toreo

bullion /ˈbʊliən/ *n* oro/plata (*en lingotes*)

bullring /ˈbʊlrɪŋ/ *n* plaza de toros

bull's-eye /ˈbʊlz aɪ/ *n* (centro del) blanco

bully /ˈbʊli/ ◆ *n* (*pl* **-ies**) matón, -ona ◆ *vt* (*pret, pp* **bullied**) intimidar

bum /bʌm/ ◆ *n* (*coloq*) **1** (*GB*) traste (*trasero*) **2** (*USA*) vagabundo, -a ◆ *v* (*coloq*) PHR V **to bum around** vaguear

bumble-bee /ˈbʌmbl biː/ *n* abejorro

bump /bʌmp/ ◆ **1** *vt* ~ **sth (against/on sth)** dar(se) con algo (contra/en algo) **2** *vi* ~ **into sth/sb** darse con algo/algn PHR V **to bump into sb** toparse con algn **to bump sb off** (*coloq*) liquidar a algn ◆ *n* **1** golpe **2** sacudida **3** (*Anat*) chichón **4** bache **5** abolladura

bumper /ˈbʌmpə(r)/ ◆ *n* paragolpes: *bumper cars* autitos chocadores ◆ *adj* abundante

bumpy /ˈbʌmpi/ *adj* (**-ier**, **-iest**) **1** (*superficie*) desigual **2** (*calle*) lleno de baches **3** (*viaje*) agitado

bun /bʌn/ *n* **1** bollo (dulce) **2** rodete

bunch /bʌntʃ/ ◆ *n* **1** (*uvas, bananas*) racimo **2** (*flores*) ramo **3** (*hierbas, llaves*) manojo **4** [*v sing o pl*] (*coloq*) grupo ◆ *vt, vi* agrupar(se), amontonar(se)

bundle /ˈbʌndl/ ◆ *n* **1** (*ropa, papeles*) atado **2** haz **3** (*billetes*) fajo ◆ *vt* (*tb* **to bundle sth together/up**) empaquetar algo

bung /bʌŋ/ ◆ *n* tapón ◆ *vt* **1** taponar **2** (*GB, coloq*) meter

bungalow /ˈbʌŋgələʊ/ *n* bungalow ☛ *Ver pág 315.*

bungle /ˈbʌŋgl/ **1** *vt* echar a perder **2** *vi* fracasar, meter la pata

bunk /bʌŋk/ *n* cucheta LOC **to do a bunk** (*GB, coloq*) picárselas, rajar

bunny /ˈbʌni/ (*tb* **bunny-rabbit**) *n* conejito

bunting /ˈbʌntɪŋ/ *n* [*incontable*] banderines

buoy /bɔɪ; *USA* ˈbuːi/ ◆ *n* boya ◆ PHR V **to buoy sb up** animar a algn **to buoy sth up** mantener algo a flote

buoyant /ˈbɔɪənt; *USA* ˈbuːjənt/ *adj* (*Econ*) con tendencia alcista

burble /ˈbɜːbl/ *vi* **1** (*arroyo*) susurrar **2** ~ **(on) (about sth)** tener verborragia, no parar de hablar (sobre algo)

burden /ˈbɜːdn/ ◆ *n* **1** carga **2** peso ◆ *vt* **1** cargar **2** (*fig*) agobiar **burdensome** *adj* agobiante

bureau /ˈbjʊərəʊ/ *n* (*pl* **-reaux** *o* **-reaus** /-rəʊz/) **1** (*GB*) escritorio **2** (*USA*) cómoda **3** (*esp USA, Pol*) departamento (de gobierno) **4** agencia: *travel bureau* agencia de viajes

bureaucracy /bjʊəˈrɒkrəsi/ *n* (*pl* **-ies**) burocracia **bureaucrat** /ˈbjʊərəkræt/ *n* burócrata **bureaucratic** /ˌbjʊərəˈkrætɪk/ *adj* burocrático

burger /ˈbɜːgə(r)/ *n* (*coloq*) hamburguesa

> La palabra **burger** se usa mucho en compuestos como *cheeseburger* hamburguesa de queso.

burglar /ˈbɜːglə(r)/ *n* ladrón, -ona: *burglar alarm* alarma antirrobo ☛ *Ver nota en* THIEF **burglary** *n* (*pl* **-ies**) robo (*en una casa*) ☛ *Ver nota en* THEFT **burgle** *vt* robar en ☛ *Ver nota en* ROB

burgundy /ˈbɜːgəndi/ *n* **1** (*tb* **Burgundy**) (*vino*) borgoña **2** bordó

burial /ˈberiəl/ *n* entierro

burly /ˈbɜːli/ *adj* (**-ier**, **-iest**) fornido

burn /bɜːn/ ◆ (*pret, pp* **burnt** /bɜːnt/ *o* **burned**) ☛ *Ver nota en* DREAM **1** *vt, vi* quemar: *to be badly burnt* sufrir graves quemaduras **2** *vi* (*lit y fig*) arder: *a burning building* un edificio en llamas ◊ *to burn to do sth/for sth* morirse de ganas de (hacer) algo **3** *vi* arder **4** *vi* (*luz, etc*): *He left the lamp burning.* Dejó la lámpara prendida. **5** *vt*: *The boiler burns oil.* La caldera consume gasoil. ◆ *n* quemadura

burner /ˈbɜːnə(r)/ *n* hornalla (*cocina*)

burning /ˈbɜːnɪŋ/ *adj* **1** ardiente **2** (*vergüenza*) terrible **3** (*tema*) candente

burnt /bɜːnt/ ◆ *pret, pp de* BURN ◆ *adj* quemado

burp /bɜːp/ ◆ **1** *vi* eructar **2** *vt* (*bebé*) hacer eructar ◆ *n* eructo

burrow /ˈbʌrəʊ/ ◆ *n* madriguera ◆ *vt* excavar

burst /bɜːst/ ◆ *vt, vi* (*pret, pp* **burst**) **1** reventar(se) **2** explotar: *The river burst its banks.* El río se desbordó. LOC **to be bursting to do sth** reventar por hacer algo **to burst open** abrirse de golpe **to burst out laughing** largar(se) a reír PHR V **to burst into sth 1** *to burst into a room* irrumpir en un cuarto **2** *to burst into tears* largar(se) a llorar **to burst out** salir de golpe (*de un cuarto*) ◆ *n* **1** (*ira, etc*) arranque **2** (*disparos*) ráfaga **3** (*aplausos*) salva

bury /ˈberi/ *vt* (*pp* **buried**) **1** enterrar, sepultar **2** (*cuchillo, etc*) clavar **3** *She buried her face in her hands.* Ocultó la cara en las manos.

bus /bʌs/ *n* (*pl* **buses**) colectivo: *bus conductor/driver* cobrador/conductor de colectivo ◊ *bus stop* parada (de colectivo)

bush /bʊʃ/ *n* **1** arbusto: *a rose bush* un rosal ☛ *Comparar con* SHRUB **2 the bush** el monte LOC *Ver* BEAT **bushy** *adj* **1** (*barba*) tupido **2** (*cola*) peludo **3** (*planta*) frondoso

busily /ˈbɪzɪli/ *adv* afanosamente

business /ˈbɪznəs/ *n* **1** [*incontable*] negocios **2** [*antes de sustantivo*]: *business card* tarjeta comercial ◊ *business studies* ciencias empresariales ◊ *a business trip* un viaje de negocios **3** negocio, empresa **4** asunto: *It's none of your business!* ¡Eso no te incumbe! **5** (*en una reunión*): *any other business* dudas y preguntas LOC **business before pleasure** (*refrán*) primero es la obligación que la devoción **on business** en viaje de negocios **to do business with sb** hacer negocios con algn **to get down to business** ir al grano **to go out of business** quebrar **to have no business doing sth** no tener derecho a hacer algo *Ver tb* BIG, MEAN[1], MIND

businesslike /ˈbɪznəslaɪk/ *adj* **1** formal **2** sistemático

businessman /ˈbɪznəsmən/ *n* (*pl* **-men** /-mən/) hombre de negocios

businesswoman /ˈbɪznɪswʊmən/ *n* (*pl* **-women**) mujer de negocios

busk /bʌsk/ *vi* tocar música en un lugar público **busker** *n* músico callejero

bust[1] /bʌst/ *n* **1** (*escultura*) busto **2** (*Anat*) pecho

bust[2] /bʌst/ ◆ *vt, vi* (*pret, pp* **bust** *o* **busted**) (*coloq*) romper(se) ☛ *Ver nota en* DREAM ◆ *adj* (*coloq*) roto LOC **to go bust** ir a la quiebra

bustle /ˈbʌsl/ ◆ *vi* ~ (**about**) trajinar ◆ *n* (*tb* **hustle and bustle**) bullicio, ajetreo **bustling** *adj* bullicioso

busy /ˈbɪzi/ ◆ *adj* (**busier**, **busiest**) **1** ~ (**at/with sth**) ocupado (con algo) **2** (*lugar*) concurrido **3** (*temporada*) alto **4** (*programa*) apretado **5** (*USA*) (*teléf*) ocupado: *The line is busy.* Está ocupado. ◆ *v refl* ~ **yourself with (doing) sth** ocuparse con algo/haciendo algo

busybody /ˈbɪzibɒdi/ *n* (*pl* **-ies**) metido, -a

but /bʌt, bət/ ◆ *conj* **1** pero **2** sino: *Not only him but me too.* No sólo él, sino yo también. ◊ *What could I do but cry?* ¿Qué podía hacer más que llorar? ◆ *prep* excepto: *nobody but you* sólo vos LOC **but for sth/sb** de no haber sido por algo/algn **we can but hope, try, etc** sólo nos queda esperar, intentar, etc

butcher /ˈbʊtʃə(r)/ ◆ *n* carnicero, -a ◆ *vt* **1** (*animal*) carnear **2** (*persona*) descuartizar

butcher's /ˈbʊtʃəz/ (*tb* **butcher's shop**) *n* carnicería

butler /ˈbʌtlə(r)/ *n* mayordomo

butt /bʌt/ ◆ *n* **1** barril **2** aljibe **3** culata **4** (*cigarrillo*) colilla **5** (*coloq, USA*) traste **6** blanco ◆ *vt* dar un cabezazo a PHR V **to butt in** (*coloq*) interrumpir

butter /ˈbʌtə(r)/ ◆ *n* manteca ◆ *vt* untar con manteca

buttercup /ˈbʌtəkʌp/ *n* ranúnculo

butterfly /ˈbʌtəflaɪ/ *n* (*pl* **-ies**) mariposa LOC **to have butterflies (in your stomach)** tener un nudo en el estómago

buttock /ˈbʌtək/ *n* nalga

button /ˈbʌtn/ ◆ *n* botón ◆ *vt, vi* ~ (**sth**) (**up**) abrochar(se)

buttonhole /ˈbʌtnhəʊl/ *n* ojal

buttress /ˈbʌtrəs/ *n* contrafuerte

buy /baɪ/ ◆ *vt* (*pret, pp* **bought** /bɔːt/) **1 to buy sth for sb**; **to buy sb sth** comprar algo a algn/para algn: *He* *bought his girlfriend a present.* Compró un regalo para su novia. ◊ *I bought one for myself for £10.* Yo me compré uno por diez libras. **2 to buy sth from sb** comprar algo a algn ◆ *n* compra: *a good buy* una buena compra **buyer** *n* comprador, -ora

buzz /bʌz/ ◆ *n* **1** zumbido **2** (*voces*) murmullo **3** *I get a real buzz out of flying.* Ir en avión me encanta. **4** (*coloq*) tubazo ◆ *vi* zumbar PHR V **buzz off!** (*coloq*) ¡tomatelás!

buzzard /ˈbʌzəd/ *n* aguilucho

buzzer /ˈbʌzə(r)/ *n* timbre

by /baɪ/ ◆ *prep* **1** por: *by post* por correo ◊ *ten (multiplied) by six* diez (multiplicado) por seis ◊ *designed by Wren* diseñado por Wren **2** al lado de, junto a: *Sit by me.* Sentate a mi lado. **3** antes de, para: *to be home by ten o'clock* estar en casa para las diez **4** de: *by day/night* de día/noche ◊ *by birth/profession* de nacimiento/profesión ◊ *a novel by Steinbeck* una novela de Steinbeck **5** en: *to go by boat, car, bicycle* ir en barco, auto, bicicleta ◊ *two by two* de dos en dos **6** según: *by my watch* según mi reloj **7** con: *to pay by cheque* pagar con un cheque **8** a: *little by little* poco a poco **9** a base de: *by working hard* a base de trabajo duro **10 by doing sth** haciendo algo: *Let me begin by saying...* Permítanme comenzar diciendo... LOC **to have/keep sth by you** tener algo a mano ◆ *adv* LOC **by and by** dentro de poco **by the by** a propósito **to go, drive, run, etc by** pasar por delante (en coche, corriendo, etc) **to keep/put sth by** guardar algo para más tarde *Ver tb* LARGE

bye! /baɪ/ (*tb* **bye-bye!** /ˌbaɪˈbaɪ, bəˈbaɪ/) *interj* (*coloq*) ¡chau!

by-election /ˈbaɪ ɪlekʃn/ *n*: *She won the by-election.* Ganó las elecciones parciales.

bygone /ˈbaɪgɒn/ *adj* pasado

by-law /ˈbaɪ lɔː/ (*tb* **bye-law**) *n* ordenanza municipal

bypass /ˈbaɪpɑːs; *USA* -pæs/ ◆ *n* (anillo de) circunvalación ◆ *vt* **1** circunvalar **2** evitar

by-product /ˈbaɪ prɒdʌkt/ *n* **1** (*lit*) subproducto **2** (*fig*) consecuencia

bystander /ˈbaɪstændə(r)/ *n* presente: *seen by bystanders* visto por los presentes

Cc

C, c /siː/ *n* (*pl* **C's, c's** /siːz/) **1** C, c: *C for Charlie* C de Córdoba ☛ *Ver ejemplos en* A, A **2** (*Educ*) bueno: *to get (a) C in Physics* sacar un bueno en Física **3** (*Mús*) do

cab /kæb/ *n* **1** taxi **2** cabina (*de un camión*)

cabbage /ˈkæbɪdʒ/ *n* repollo

cabin /ˈkæbɪn/ *n* **1** (*Náut*) camarote **2** (*Aeronáut*) cabina (de pasajeros): *pilot's cabin* cabina de mando **3** cabaña

cabinet /ˈkæbɪnət/ *n* **1** armario: *bathroom cabinet* armario de baño ◊ *drinks cabinet* bargueño **2 the Cabinet** [*v sing o pl*] gabinete ☛ *Ver pág 316.*

cable /ˈkeɪbl/ *n* **1** cable **2** amarra

cable car *n* teleférico

cackle /ˈkækl/ ◆ *n* **1** cacareo **2** carcajada desagradable ◆ *vi* **1** (*gallina*) cacarear **2** (*persona*) reírse a carcajadas

cactus /ˈkæktəs/ *n* (*pl* ~**es** *o* **cacti** /ˈkæktaɪ/) cacto, cactus

cadet /kəˈdet/ *n* cadete

Caesarean (*USA* **Cesarian**) /siˈzeəriən/ (*tb* **Caesarean section**) *n* cesárea

café /ˈkæfeɪ; *USA* kæˈfeɪ/ *n* café ☛ *Ver pág 314.*

cafeteria /ˌkæfəˈtɪəriə/ *n* cafetería ☛ *Ver pág 314.*

caffeine /ˈkæfiːn/ *n* cafeína

cage /keɪdʒ/ ◆ *n* jaula ◆ *vt* enjaular

cagey /ˈkeɪdʒi/ *adj* (**cagier, cagiest**) ~ (**about sth**) (*coloq*) reservado: *He's very cagey about his family.* No suelta prenda sobre su familia.

cake /keɪk/ *n* torta: *birthday cake* torta de cumpleaños LOC **to want to have your cake and eat it** (*coloq*) querer la chancha y los veinte *Ver tb* PIECE

caked /keɪkt/ *adj* ~ **with sth** cubierto de algo: *caked with mud* cubierto de barro

calamity /kəˈlæməti/ *n* (*pl* **-ies**) calamidad

calculate /ˈkælkjuleɪt/ *vt* calcular LOC **to be calculated to do sth** estar pensado para hacer algo **calculating** *adj* calculador **calculation** *n* cálculo

calculator /ˈkælkjuleɪtə(r)/ *n* calculadora

calendar /ˈkælɪndə(r)/ *n* almanaque: *calendar month* mes (de calendario)

calf[1] /kɑːf; *USA* kæf/ *n* (*pl* **calves** /kɑːvz; *USA* kævz/) **1** becerro, ternero ☛ *Ver nota en* CARNE **2** cría (*de foca, etc*)

calf[2] /kɑːf; *USA* kæf/ *n* (*pl* **calves** /kɑːvz; *USA* kævz/) pantorrilla

calibre (*USA* **caliber**) /ˈkælɪbə(r)/ *n* calibre, valía

call /kɔːl/ ◆ *n* **1** grito, llamada **2** (*Ornitología*) canto **3** visita **4** (*tb* **phone call**, **ring**) llamada (telefónica) **5** ~ **for sth**: *There isn't much call for such things.* Hay poca demanda para esas cosas. LOC **(to be) on call** (estar) de guardia *Ver tb* CLOSE[1], PORT ◆ **1** *vi* ~ **(out) (to sb) (for sth)** llamar a gritos (a algn) (pidiendo algo): *I thought I heard somebody calling.* Creí que había oído a alguien llamar. ◊ *She called to her father for help.* Pidió ayuda a su padre a gritos. **2** *vt* ~ **sth (out)** gritar algo, llamar: *Why didn't you come when I called (out) your name?* ¿Por qué no viniste cuando te llamé? **3** *vt, vi* llamar (por teléfono) **4** *vt* (*taxi, ambulancia*) llamar **5** *vt* llamar: *Please call me at seven o'clock.* Por favor llamame a las siete. **6** *vt* llamar: *What's your dog called?* ¿Cómo se llama el perro? **7** *vi* ~ **(in/round) (on sb)**; ~ **(in/round) (at...)** visitar (a algn), pasarse (por...): *Let's call (in) on John/at John's house.* Pasemos por lo de John. ◊ *He was out when I called (round) (to see him).* No estaba cuando fui a su casa. ◊ *Will you call in at the supermarket for some eggs?* ¿Podés pasar por el supermercado a comprar huevos? **8** *vi* ~ **at** (*tren*) tener parada en **9** *vt* (*reunión, elección*) convocar LOC **to call it a day** (*coloq*) dejarlo por hoy: *Let's call it a day.* Dejémoslo por hoy. *Ver tb* QUESTION

PHR V **to call by** (*coloq*) pasar: *Could you call by on your way home?* ¿Podés pasar al volver a casa?

to call for sb ir a buscar a algn: *I'll call for you at seven o'clock.* Paso a buscarte a las siete. **to call for sth** requerir algo: *The situation calls for prompt action.* La situación requiere acción rápida.

to call sth off cancelar algo, abandonar algo

to call sb out llamar a algn: *to call out the troops/the fire brigade* llamar al ejército/a los bomberos

to call sb up 1 (*esp USA*) (*por teléfono*) llamar a algn **2** llamar a algn a las filas

caller /ˈkɔːlə(r)/ *n* **1** el/la que llama (por teléfono) **2** visita

callous /ˈkæləs/ *adj* insensible, cruel

calm /kɑːm; *USA* kɑːlm/ ◆ *adj* **(-er, -est)** tranquilo ◆ *n* calma ◆ *vt, vi* ~ **(sb) (down)** calmar(se), tranquilizar(se): *Just calm down a bit!* ¡Tranquilizate un poco!

calorie /ˈkæləri/ *n* caloría

calves *plural de* CALF[1,2]

came *pret de* COME

camel /ˈkæml/ *n* camello

camera /ˈkæmərə/ *n* cámara (fotográfica): *a television/video camera* una cámara de televisión/video

camouflage /ˈkæməflɑːʒ/ ◆ *n* camuflaje ◆ *vt* camuflar

camp /kæmp/ ◆ *n* campamento: *concentration camp* campo de concentración ◆ *vi* acampar: *to go camping* ir de camping

campaign /kæmˈpeɪn/ ◆ *n* campaña ◆ *vi* ~ **(for/against sth/sb)** hacer campaña (a favor de/en contra de algo/algn) **campaigner** *n* militante

campsite /ˈkæmpsaɪt/ (*tb* **camping site**) *n* camping

campus /ˈkæmpəs/ *n* (*pl* **~es**) ciudad universitaria

can[1] /kæn/ ◆ *n* lata: *a can of sardines* una lata de sardinas ◊ *a petrol can* un bidón (de nafta) LOC *Ver* CARRY ☛ *Ver nota en* LATA *y dibujo en* CONTAINER ◆ *vt* **(-nn-)** enlatar, hacer conservas en lata de

can[2] /kən, kæn/ *v modal* (*neg* **cannot** /ˈkænɒt/ *o* **can't** /kɑːnt; *USA* kænt/

pret **could** /kəd, kʊd/ *neg* **could not** *o* **couldn't** /ˈkʊdnt/)

Can es un verbo modal al que sigue un infinitivo sin TO, y las oraciones interrogativas y negativas se construyen sin el auxiliar *do*. Sólo tiene presente: *I can't swim.* No sé nadar; y pasado, que también tiene un valor condicional: *He couldn't do it.* No pudo hacerlo. ◊ *Could you come?* ¿Podrías venir? Con otros tiempos verbales usamos **to be able to**: *Will you be able to come?* ¿Podrás venir? ◊ *I'd like to be able to go.* Me gustaría poder ir.

- **posibilidad** poder: *We can catch a bus from here.* Podemos tomar un colectivo acá. ◊ *She can be very forgetful.* A veces es muy olvidadiza.
- **conocimentos, habilidades** saber: *They can't read or write.* No saben leer ni escribir. ◊ *Can you swim?* ¿Sabés nadar? ◊ *He couldn't answer the question.* No supo contestar la pregunta.
- **permiso** poder: *Can I open the window?* ¿Puedo abrir la ventana? ◊ *You can't go swimming today.* No podés ir a nadar hoy. ☛ *Ver nota en* MAY
- **ofrecimientos, sugerencias, pedidos** poder: *Can I help?* ¿Puedo ayudarlo? ◊ *We can eat in a restaurant, if you want.* Podemos comer en un restaurante si querés. ◊ *Could you help me with this box?* ¿Me puede ayudar con esta caja? ☛ *Ver nota en* MUST
- **con verbos de percepción**: *You can see it everywhere.* Se puede ver por todas partes. ◊ *She could hear them clearly.* Los oía claramente. ◊ *I can smell something burning.* Hay olor a quemado. ◊ *She could still taste the garlic.* Todavía tenía el gusto del ajo en la boca.
- **incredulidad, perplejidad**: *I can't believe it.* No lo puedo creer. ◊ *Whatever can they be doing?* ¿Qué estarán haciendo? ◊ *Where can she have put it?* ¿Dónde lo habrá puesto?

canal /kəˈnæl/ *n* **1** canal **2** tubo, conducto: *the birth canal* el canal del parto

canary /kəˈneəri/ *n* (*pl* **-ies**) canario

cancel /ˈkænsl/ *vt, vi* (**-ll-**, *USA* **-l-**) **1** (*vuelo, pedido, vacaciones*) cancelar ☛ *Comparar con* POSTPONE **2** (*contrato*) anular **PHR V to cancel (sth) out** eliminarse, eliminar algo **cancellation** *n* cancelación

Cancer /ˈkænsə(r)/ *n* Cáncer ☛ *Ver ejemplos en* AQUARIUS

cancer /ˈkænsə(r)/ *n* [*incontable*] cáncer

candid /ˈkændɪd/ *adj* franco

candidate /ˈkændɪdət, -deɪt; *USA* -deɪt/ *n* **1** candidato, -a **2** persona que se presenta a un examen **candidacy** *n* candidatura

candle /ˈkændl/ *n* **1** vela **2** (*Relig*) cirio

candlelight /ˈkændl laɪt/ *n* luz de una vela

candlestick /ˈkændlstɪk/ *n* candelabro

candy /ˈkændi/ *n* **1** [*incontable*] golosinas **2** (*pl* **-ies**) (*USA*) golosina (*caramelo, bombón, etc*)

cane /keɪn/ *n* **1** (*Bot*) caña **2** mimbre **3** bastón **4 the cane** reglazo

canister /ˈkænɪstə(r)/ *n* **1** lata (*de café, té, galletitas*) **2** bomba lacrimógena

cannibal /ˈkænɪbl/ *n* caníbal

cannon /ˈkænən/ *n* (*pl* **cannon** *o* **~s**) cañón

canoe /kəˈnuː/ *n* canoa, piragua **canoeing** *n* piragüismo

canopy /ˈkænəpi/ *n* (*pl* **-ies**) **1** toldo, marquesina **2** dosel **3** (*fig*) techo

canteen /kænˈtiːn/ *n* cantina ☛ *Ver pág 314.*

canter /ˈkæntə(r)/ *n* medio galope

canvas /ˈkænvəs/ *n* **1** lona **2** (*Arte*) tela

canvass /ˈkænvəs/ **1** *vt, vi* ~ (**sb**) (**for sth**) pedir apoyo (a algn) (para algo) **2** *vt, vi* (*Pol*): *to canvass for/on behalf of sb* hacer campaña por algn ◊ *to go out canvassing* (*for votes*) salir a juntar votos **3** *vt* (*opinión*) sondear

canyon /ˈkænjən/ *n* cañón (*Geol*)

cap /kæp/ ◆ *n* **1** gorra **2** cofia **3** gorro **4** tapa, tapón ◆ *vt* (**-pp-**) superar **LOC to cap it all** para colmo

capability /ˌkeɪpəˈbɪləti/ *n* (*pl* **-ies**) **1** capacidad, aptitud **2 capabilities** [*pl*] potencial

capable /ˈkeɪpəbl/ *adj* capaz

capacity /kəˈpæsəti/ *n* (*pl* **-ies**) **1** capacidad: *filled to capacity* completo **2** nivel máximo de producción: *at full capacity* a pleno rendimiento **LOC in your capacity as sth** en su calidad de algo

cape /keɪp/ *n* **1** capa **2** (*Geog*) cabo

caper /ˈkeɪpə(r)/ ◆ *vi* ~ (**about**) saltar ◆ *n* (*coloq*) broma, travesura

capillary /kəˈpɪləri; *USA* ˈkæpɪləri/ *n* (*pl* **-ies**) capilar

capital[1] /ˈkæpɪtl/ ◆ *n* **1** (*tb* **capital city**) capital **2** (*tb* **capital letter**) mayúscula **3** (*Arquit*) capitel ◆ *adj* **1** capital: *capital punishment* pena de muerte **2** mayúsculo

capital[2] /ˈkæpɪtl/ *n* capital: *capital gains* plusvalía ◊ *capital goods* bienes de capital LOC **to make capital (out) of sth** sacar partido de algo **capitalism** *n* capitalismo **capitalist** *adj*, *n* capitalista **capitalize, -ise** *vt* (*Fin*) capitalizar PHR V **to capitalize on sth** aprovecharse de algo, sacar partido de algo

capitulate /kəˈpɪtʃuleɪt/ *vi* ~ (**to sth/sb**) capitular (ante algo/algn)

capricious /kəˈprɪʃəs/ *adj* caprichoso

Capricorn /ˈkæprɪkɔːn/ *n* Capricornio ☛ *Ver ejemplos en* AQUARIUS

capsize /kæpˈsaɪz; *USA* ˈkæpsaɪz/ *vt*, *vi* volcar(se)

capsule /ˈkæpsjuːl; *USA* ˈkæpsl/ *n* cápsula

captain /ˈkæptɪn/ ◆ *n* **1** (*Dep*, *Náut*) capitán, -ana **2** (*avión*) comandante ◆ *vt* capitanear, ser el capitán de **captaincy** *n* capitanía

caption /ˈkæpʃn/ *n* **1** encabezamiento, título **2** nota al pie (de foto) **3** (*Cine*, *TV*) rótulo

captivate /ˈkæptɪveɪt/ *vt* cautivar **captivating** *adj* cautivante, encantador

captive /ˈkæptɪv/ ◆ *adj* cautivo LOC **to hold/take sb captive/prisoner** tener preso/apresar a algn ◆ *n* preso, -a, cautivo, -a **captivity** /kæpˈtɪvəti/ *n* cautividad

captor /ˈkæptə(r)/ *n* captor, -ora

capture /ˈkæptʃə(r)/ ◆ *vt* **1** capturar **2** (*interés*, *etc*) atraer **3** (*Mil*) tomar **4** (*fig*): *She captured his heart.* Le conquistó el corazón. **5** (*Arte*) captar ◆ *n* **1** captura **2** (*ciudad*) toma

car /kɑː(r)/ *n* **1** (*tb* **motor car**, *USA* **automobile**) auto, automóvil: *by car* en auto ◊ *car accident* accidente de auto ◊ *car bomb* coche-bomba **2** (*tren*): *dining car* coche comedor **3** (*USA*) (*tren*) vagón

caramel /ˈkærəmel/ *n* **1** caramelo (*azúcar quemado*) **2** color caramelo

carat (*USA* **karat**) /ˈkærət/ *n* quilate

caravan /ˈkærəvæn/ *n* **1** (*USA* **trailer**) casa rodante: *caravan site* cámping para casas rodantes **2** carro **3** caravana (*de camellos*)

carbohydrate /ˌkɑːbəʊˈhaɪdreɪt/ *n* hidrato de carbono

carbon /ˈkɑːbən/ *n* **1** carbono: *carbon dating* datar por medio de la técnica del carbono 14 ◊ *carbon dioxide/monoxide* dióxido/monóxido de carbono **2** *carbon paper* papel carbónico ☛ *Comparar con* COAL

carbon copy *n* (*pl* **-ies**) **1** copia al carbón **2** (*fig*) réplica: *She's a carbon copy of her sister.* Es idéntica a su hermana.

carburettor /ˌkɑːbəˈretə(r)/ (*USA* **carburetor** /ˌkɑːrbəˈreɪtər/) *n* carburador

carcass (*tb* **carcase**) /ˈkɑːkəs/ *n* **1** restos (*de pollo*, *etc*) **2** res muerta lista para carnear

card /kɑːd/ *n* **1** tarjeta **2** ficha: *card index* fichero **3** (*de socio*, *de identidad*, *etc*) carnet **4** carta, naipe **5** [*incontable*] cartulina LOC **on the cards** (*coloq*) probable **to get your cards/give sb their cards** (*coloq*) ser despedido/despedir a algn *Ver tb* LAY[1], PLAY

cardboard /ˈkɑːdbɔːd/ *n* cartón

cardholder /ˈkɑːdˌhəʊldə(r)/ *n* poseedor, -ora de tarjeta (de crédito)

cardiac /ˈkɑːdiæk/ *adj* cardíaco

cardigan /ˈkɑːdɪgən/ *n* cárdigan

cardinal /ˈkɑːdɪnl/ ◆ *adj* **1** (*pecado*, *etc*) capital **2** (*regla*, *etc*) fundamental ◆ *n* (*Relig*) cardenal

care /keə(r)/ ◆ *n* **1** ~ (**over sth/in doing sth**) cuidado (con algo/al hacer algo): *to take care* tener cuidado **2** atención: *child care provision* servicio de cuidado de niños **3** preocupación LOC **care of sb** (*correo*) en casa de algn (cuando no se trata de la dirección permanente del destinatario) **that takes care of that** eso cierra la cuestión **to take care of sth/sb** encargarse de algo/algn **to take care of yourself/sth/sb** cuidarse/cuidar algo/a algn **to take sb into/put sb in care** poner a algn (esp a un chico) al cuidado del juzgado de menores ◆ *vi* **1** ~ (**about sth**) importarle a algn (algo): *See if I care.* ¿Y a mí qué me importa? **2** ~ **to do sth** querer hacer algo LOC **for all I,**

you, etc care por lo que a mí me importa, a vos te importa, etc **I, you, etc couldn't care less** me, te, etc importa un comino PHR V **to care for sb 1** querer a algn **2** cuidar a algn **to care for sth** gustarle algo a algn

career /kə'rɪə(r)/ ◆ *n* carrera (*actividad profesional*): *career prospects* perspectivas profesionales ☛ *Comparar con* DEGREE sentido 2 ◆ *vi* correr a toda velocidad

carefree /'keəfri:/ *adj* libre de preocupaciones

careful /'keəfl/ *adj* **1** *to be careful (about/of/with sth)* tener cuidado (con algo) **2** (*trabajo, etc*) cuidadoso **carefully** *adv* con cuidado, cuidadosamente: *to listen/think carefully* escuchar con atención/pensar bien LOC *Ver* TREAD

careless /'keələs/ *adj* **1** ~ (**about sth**) descuidado, despreocupado (con algo): *to be careless of sth* no preocuparse por algo **2** imprudente

carer /'keərə(r)/ *n* persona que cuida (*de persona anciana o enferma*)

caress /kə'res/ ◆ *n* caricia ◆ *vt* acariciar

caretaker /'keəteɪkə(r)/ ◆ *n* (*GB*) portero, -a ◆ *adj* interino

cargo /'kɑ:gəʊ/ *n* (*pl* ~**es**, *USA* ~**s**) **1** carga **2** cargamento

caricature /'kærɪkətjʊə(r)/ ◆ *n* caricatura ◆ *vt* caricaturizar

caring /'keərɪŋ/ *adj* caritativo: *a caring image* una imagen caritativa

carnation /kɑ:'neɪʃn/ *n* clavel

carnival /'kɑ:nɪvl/ *n* carnaval

carnivore /'kɑ:nɪvɔ:(r)/ *n* carnívoro **carnivorous** *adj* carnívoro

carol /'kærəl/ *n* villancico

car park *n* estacionamiento

carpenter /'kɑ:pəntə(r)/ *n* carpintero, -a **carpentry** *n* carpintería

carpet /'kɑ:pɪt/ ◆ *n* alfombra ◆ *vt* alfombrar **carpeting** *n* [*incontable*] alfombrado

carriage /'kærɪdʒ/ *n* **1** carruaje **2** (*USA* **car**) (*Ferrocarril*) vagón **3** (*correo*) transporte **carriageway** *n* carril

carrier /'kæriə(r)/ *n* **1** portador **2** empresa de transportes

carrier bag *n* (*GB*) bolsa (*de plástico/papel*)

carrot /'kærət/ *n* **1** zanahoria **2** (*fig*) incentivo

carry /'kæri/ (*pret, pp* **carried**) **1** *vt* llevar: *to carry a gun* estar armado ☛ *Ver nota en* WEAR **2** *vt* soportar **3** *vt* (*votación*) aprobar **4** *v refl* ~ **yourself**: *She carries herself well.* Camina con mucha elegancia. **5** *vi* oírse: *Her voice carries well.* Tiene una voz muy fuerte. LOC **to carry the can** (**for sth**) (*coloq*) cargar con la culpa (de algo) **to carry the day** triunfar **to carry weight** tener gran peso

PHR V **to carry sth/sb away 1** (*lit*) llevar(se) algo/a algn **2** (*fig*): *Don't get carried away.* No te entusiasmes.

to carry sth off 1 salir airoso de algo **2** realizar algo **to carry sth/sb off** llevar(se) algo/a algn

to carry on (**with sb**) (*coloq*) tener una aventura (con algn) **to carry on** (**with sth/doing sth**); **to carry sth on** continuar (con algo/haciendo algo): *to carry on a conversation* mantener una conversación

to carry sth out 1 (*promesa, orden, etc*) cumplir algo **2** (*plan, investigación, etc*) llevar a cabo algo

to carry sth through llevar a término algo

carry-on /'kæri ɒn/ *n* (*coloq, esp GB*) lío

cart /kɑ:t/ ◆ *n* carro ◆ *vt* acarrear PHR V **to cart sth about/around** (*coloq*) cargar con algo **to cart sth/sb off** (*coloq*) llevarse (algo/a algn)

carton /'kɑ:tn/ *n* caja, cartón ☛ *Ver dibujo en* CONTAINER

cartoon /kɑ:'tu:n/ *n* **1** caricatura **2** tira cómica **3** dibujos animados **4** (*Arte*) cartón **cartoonist** *n* caricaturista

cartridge /'kɑ:trɪdʒ/ *n* **1** cartucho **2** (*de cámara, etc*) rollo

carve /kɑ:v/ **1** *vt, vi* esculpir: *carved out of/from/in marble* esculpido en mármol **2** *vt, vi* (*madera*) tallar **3** *vt* (*iniciales, etc*) grabar **4** *vt, vi* (*carne*) trinchar PHR V **to carve sth out** (**for yourself**) ganarse algo **to carve sth up** (*coloq*) repartir algo **carving** *n* escultura, talla

cascade /kæ'skeɪd/ *n* cascada

case[1] /keɪs/ *n* **1** (*gen, Med, Gram*) caso: *It's a case of…* Se trata de… **2** argumento(s): *There is a case for…* Hay razones para… **3** (*Jur*) causa: *the case for the defence/prosecution* la defensa/la acusación LOC **in any case** en cualquier caso **(just) in case** por si acaso **to make (out) a case (for sth)** presentar argumentos convincentes (para algo) *Ver tb* BORDERLINE, JUST

case[2] /keɪs/ *n* **1** estuche **2** cajón (*de embalaje*) **3** caja (*de vino*) **4** valija

cash /kæʃ/ ◆ *n* [*incontable*] dinero (en efectivo): *to pay (in) cash* pagar en efectivo ◊ *cash card* tarjeta de cajero automático ◊ *cash price* precio al contado ◊ *cash dispenser/cashpoint* cajero automático ◊ *cash flow* movimiento de fondos ◊ *cash desk* caja ◊ *to be short of cash* andar corto de plata LOC **cash down** pago al contado **cash on delivery** (*abrev* **COD**) pago contra entrega *Ver tb* HARD ◆ *vt* hacer efectivo: *to cash a cheque* cobrar un cheque PHR V **to cash in (on sth)** aprovecharse (de algo) **to cash sth in** cobrar/vender algo (*cheque, acciones, etc*)

cashier /kæˈʃɪə(r)/ *n* cajero, -a

cashmere /ˌkæʃˈmɪə(r)/ *n* cachemir

cashpoint® /ˈkæʃpɔɪnt/ (*tb* **cash dispenser**) *n* cajero automático

casino /kəˈsiːnəʊ/ *n* (*pl* ~**s**) casino

cask /kɑːsk; *USA* kæsk/ *n* barril

casket /ˈkɑːskɪt; *USA* ˈkæskɪt/ *n* **1** cofre (*para joyas, etc*) **2** (*USA*) ataúd

casserole /ˈkæsərəʊl/ *n* **1** (*tb* **casserole dish**) cacerola ☛ *Ver dibujo en* SAUCEPAN **2** guiso

cassette /kəˈset/ *n* cassette: *cassette deck/player/recorder* platina/reproductor/grabador

cast /kɑːst; *USA* kæst/ ◆ *n* **1** [*v sing o pl*] (*Teat*) reparto **2** (*Arte*) vaciado ◆ *vt* (*pret, pp* **cast**) **1** (*Teat*): *to cast sb as Othello* dar a algn el papel de Otelo **2** arrojar, lanzar **3** (*mirada*) echar **4** (*sombra*) proyectar **5** (*voto*) emitir: *to cast your vote* votar LOC **to cast an eye/your eye(s) over sth** echar un vistazo a algo **to cast a spell on sth/sb** hechizar algo/a algn **to cast doubt (on sth)** hacer dudar (de algo) PHR V **to cast about/around for sth** buscar algo **to cast sth/sb aside** dejar de lado algo/a algn **to cast sth off** deshacerse de algo

castaway /ˈkɑːstəweɪ; *USA* ˈkæst-/ *n* náufrago, -a

caste /kɑːst; *USA* kæst/ *n* casta: *caste system* sistema de castas

cast iron ◆ *n* hierro fundido ◆ *adj* **1** de hierro fundido **2** (*constitución*) de hierro **3** (*coartada*) sin mella

castle /ˈkɑːsl; *USA* ˈkæsl/ *n* **1** castillo **2** (*ajedrez*) (*tb* **rook**) torre

castrate /kæˈstreɪt; *USA* ˈkæstreɪt/ *vt* castrar **castration** *n* castración

casual /ˈkæʒuəl/ *adj* **1** (*ropa*) informal **2** (*trabajo*) ocasional: *casual worker* trabajador por hora **3** superficial: *a casual acquaintance* un conocido ◊ *a casual glance* un vistazo **4** (*encuentro*) fortuito **5** (*comentario*) sin importancia **6** (*comportamiento*) despreocupado, informal: *casual sex* promiscuidad sexual **casually** *adv* **1** como por casualidad **2** informalmente **3** temporalmente **4** despreocupadamente

casualty /ˈkæʒuəlti/ *n* (*pl* **-ies**) víctima, baja

cat /kæt/ *n* **1** gato: *cat food* comida para gatos ☛ *Ver nota en* GATO **2** felino: *big cat* felino salvaje LOC *Ver* LET[1]

catalogue (*USA tb* **catalog**) /ˈkætəlɒg; *USA* -lɔːg/ ◆ *n* **1** catálogo **2** (*fig*): *a catalogue of disasters* una serie de desastres ◆ *vt* catalogar **cataloguing** *n* catalogación

catalyst /ˈkætəlɪst/ *n* catalizador

catapult /ˈkætəpʌlt/ ◆ *n* honda ◆ *vt* catapultar

cataract /ˈkætərækt/ *n* catarata (*Geog, Med*)

catarrh /kəˈtɑː(r)/ *n* catarro

catastrophe /kəˈtæstrəfi/ *n* catástrofe **catastrophic** /ˌkætəˈstrɒfɪk/ *adj* catastrófico

catch /kætʃ/ (*pret, pp* **caught** /kɔːt/) ◆ **1** *vt, vi* atrapar, agarrar: *Here, catch!* ¡Agarrá! **2** *vt* sorprender **3** *vt* (*USA, coloq*) ir a ver: *I'll catch you later.* Te veo más tarde. **4** *vt* ~ **sth (in/on sth)** enganchar algo (en/con algo): *He caught his finger in the door.* Se agarró el dedo con la puerta. **5** *vt* (*Med*) contagiarse de **6** *vt* oír, entender **7** *vi* (*fuego*) prenderse LOC **to catch fire** incendiarse **to catch it** (*coloq*): *You'll catch it!* ¡Te la estás buscando! **to catch sb off balance** tomar desprevenido a algn **to catch sb's attention/eye** captar la atención de algn **to catch sight/a glimpse of sth/sb** vislumbrar algo/a algn **to**

catch your breath 1 recuperar el aliento **2** contener la respiración **to catch your death** (**of cold**) (*coloq*) agarrarse una pulmonía *Ver tb* BALANCE, CROSSFIRE, EARLY, FANCY

PHR V **to catch at sth** *Ver* TO CLUTCH AT STH *en* CLUTCH

to catch on (*coloq*) ponerse de moda **to catch on** (**to sth**) (*coloq*) entender (algo) **to catch sb out 1** pescar en falta a algn **2** (*béisbol, etc*) eliminar a algn al tomar la pelota

to be caught up in sth estar metido en algo **to catch up** (**on sth**) ponerse al día (con algo) **to catch up** (**with sb**)/**to catch sb up** alcanzar a algn

◆ *n* **1** acción de agarrar (especialmente una pelota) **2** captura **3** (*peces*) pesca **4** (*coloq, fig*): *He's a good catch.* Es un buen partido. **5** cierre, cerradura **6** (*fig*) trampa: *It's a catch-22* (*situation*). Es un callejón sin salida. **catching** *adj* contagioso **catchy** *adj* (**-ier**, **-iest**) pegadizo (*fig*), fácil de recordar

catchment area *n* distrito

catchphrase /ˈkætʃfreɪz/ *n* dicho (*de persona famosa*)

catechism /ˈkætəkɪzəm/ *n* catecismo

categorical /ˌkætəˈɡɒrɪkl; *USA* -ˈɡɔːr-/ (*tb* **categoric**) *adj* **1** (*respuesta*) categórico **2** (*rechazo*) rotundo **3** (*regla*) terminante **categorically** *adv* categóricamente

categorize, -ise /ˈkætəɡəraɪz/ *vt* clasificar

category /ˈkætəɡəri; *USA* -ɡɔːri/ *n* (*pl* **-ies**) categoría

cater /ˈkeɪtə(r)/ *vi* abastecer: *to cater for a party* proveer la comida para una fiesta ◊ *to cater for all tastes* satisfacer todos los gustos **catering** *n* comida: *the catering industry* la hotelería

caterpillar /ˈkætəpɪlə(r)/ *n* **1** oruga, gata peluda **2** (*tb* **Caterpillar track®**) cadena (*de tanque, etc*)

cathedral /kəˈθiːdrəl/ *n* catedral

Catholic /ˈkæθlɪk/ *adj, n* católico, -a **Catholicism** /kəˈθɒləsɪzəm/ *n* catolicismo

cattle /ˈkætl/ *n* [*pl*] ganado

caught *pret, pp de* CATCH LOC *Ver* CROSSFIRE

cauldron /ˈkɔːldrən/ (*tb* **caldron**) *n* olla grande

cauliflower /ˈkɒlɪflaʊə(r); *USA* ˈkɔːli-/ *n* coliflor

cause /kɔːz/ ◆ *vt* causar LOC *Ver* HAVOC ◆ *n* **1** ~ (**of sth**) causa (de algo) **2** ~ (**for sth**) motivo, razón (de/para algo): *cause for complaint/to complain* motivo de queja LOC *Ver* ROOT[1]

causeway /ˈkɔːzweɪ/ *n* ruta o camino más elevado que el terreno a los lados

caustic /ˈkɔːstɪk/ *adj* **1** cáustico **2** (*fig*) mordaz

caution /ˈkɔːʃn/ ◆ *vt* **1** ~ **against sth** advertir sobre algo **2** amonestar ◆ *n* **1** precaución, cautela: *to exercise extreme caution* extremar las precauciones **2** amonestación LOC **to throw/fling caution to the winds** cerrar los ojos y darle para adelante **cautionary** *adj* **1** de advertencia **2** ejemplar: *a cautionary tale* un relato ejemplar

cautious /ˈkɔːʃəs/ *adj* ~ (**about/of sth**) cuidadoso (con algo): *a cautious driver* un conductor precavido **cautiously** *adv* con cuidado

cavalry /ˈkævlri/ *n* [*v sing o pl*] caballería

cave /keɪv/ ◆ *n* cueva: *cave painting* pintura rupestre ◆ PHR V **to cave in 1** derrumbarse **2** (*fig*) ceder

cavern /ˈkævən/ *n* caverna **cavernous** *adj* grande y profundo

cavity /ˈkævəti/ *n* (*pl* **-ies**) **1** cavidad **2** caries

cease /siːs/ *vt, vi* (*formal*) cesar, terminar: *to cease to do sth* dejar de hacer algo

ceasefire /ˈsiːsfaɪə(r)/ *n* alto el fuego, cese del fuego

ceaseless /ˈsiːsləs/ *adj* incesante

cede /siːd/ *vt* ~ **sth** (**to**) ceder algo (a)

ceiling /ˈsiːlɪŋ/ *n* **1** techo **2** altura máxima **3** (*fig*) tope, límite

celebrate /ˈselɪbreɪt/ **1** *vt* celebrar **2** *vi* festejar **3** *vt* (*formal*) alabar **celebrated** *adj* ~ (**for sth**) célebre (por algo) **celebration** *n* celebración: *in celebration of* en conmemoración de **celebratory** /ˌseləˈbreɪtəri/ *adj* conmemorativo, festivo

celebrity /səˈlebrəti/ *n* (*pl* **-ies**) celebridad

celery /ˈseləri/ *n* apio

cell /sel/ *n* **1** celda **2** (*Anat, Pol*) célula **3** (*Electrón*) pila

cellar /ˈselə(r)/ *n* sótano
cellist /ˈtʃelɪst/ *n* violonchelista
cello /ˈtʃeləʊ/ *n* (*pl* ~**s**) violonchelo
cellphone /ˈselfəʊn/ (*tb* **cellular phone**) *n* (teléfono) celular
cellular /ˈseljələ(r)/ *adj* celular
cement /sɪˈment/ ◆ *n* cemento ◆ *vt* **1** revestir de cemento, pegar con cemento **2** (*fig*) consolidar
cemetery /ˈsemətri; *USA* -teri/ *n* (*pl* **-ies**) cementerio municipal ☛ *Comparar con* CHURCHYARD
censor /ˈsensə(r)/ ◆ *n* censor, -ora ◆ *vt* censurar **censorship** *n* [*incontable*] censura
censure /ˈsenʃə(r)/ ◆ *vt* ~ **sb** (**for**) censurar a algn (por) ◆ *n* censura
census /ˈsensəs/ *n* (*pl* ~**es**) censo
cent /sent/ *n* (*USA*) centavo
centenary /senˈtiːnəri; *USA* ˈsentəneri/ *n* (*pl* **-ies**) centenario
center (*USA*) *Ver* CENTRE
centimetre /ˈsentɪmiːtə(r)/ *n* (*abrev* **cm**) centímetro
centipede /ˈsentɪpiːd/ *n* ciempiés
central /ˈsentrəl/ *adj* **1** (*en una población*) céntrico: *central London* el centro de Londres **2** central: *central heating* calefacción central **3** principal **centralize, -ise** *vt* centralizar **centralization, -isation** *n* centralización **centrally** *adv* centralmente
centre (*USA* **center**) /ˈsentə(r)/ ◆ *n* **1** centro: *the town centre* el centro de la ciudad **2** núcleo: *a centre of commerce* un centro comercial **3 the centre** [*v sing o pl*] (*Pol*) el centro: *a centre party* un partido de centro **4** (*rugby*) centrohalf ◆ *vt, vi* centrar(se) PHR V **to centre (sth) on/upon/(a)round sth/sb** centrar algo/centrarse en/alrededor de algo/algn
centre forward *n* centrodelantero
centre half *n* centrohalf
century /ˈsentʃəri/ *n* (*pl* **-ies**) **1** siglo **2** (*críquet*) cien carreras
cereal /ˈsɪəriəl/ *n* cereal(es)
cerebral /ˈserəbrəl; *USA* səˈriːbrəl/ *adj* cerebral
ceremonial /ˌserɪˈməʊniəl/ *adj, n* ceremonial
ceremony /ˈserəməni; *USA* -məʊni/ *n* (*pl* **-ies**) ceremonia
certain /ˈsɜːtn/ ◆ *adj* **1** seguro: *That's far from certain.* Eso no es para nada seguro. ◊ *It is certain that he'll be elected.* Seguro que lo van a elegir. **2** cierto: *to a certain extent* hasta cierto punto **3** tal: *a certain Mr Brown* un tal Sr Brown LOC **for certain** con seguridad **to make certain (that...)** asegurarse (de que...) **to make certain of (doing) sth** asegurarse de (que se haga) algo ◆ *pron* ~ **of...**: *certain of those present* algunos de los presentes **certainly** *adv* **1** sin duda alguna ☛ *Comparar con* SURELY **2** (*como respuesta*) por supuesto: *Certainly not!* ¡Por supuesto que no! **certainty** *n* (*pl* **-ies**) certeza
certificate /səˈtɪfɪkət/ *n* **1** certificado: *doctor's certificate* certificado médico **2** (*nacimiento, etc*) partida
certify /ˈsɜːtɪfaɪ/ *vt* (*pret, pp* **-fied**) **1** certificar **2** (*tb* **to certify insane**): *He was certified* (*insane*). Lo declararon fuera de sus facultades mentales. **certification** *n* certificación
Cesarian (*USA*) *Ver* CAESAREAN
chain /tʃeɪn/ ◆ *n* **1** cadena: *chain mail* cota de malla ◊ *chain reaction* reacción en cadena **2** (*Geog*) cordillera LOC **in chains** encadenado ◆ *vt* ~ **sth/sb (up)** encadenar algo/a algn
chainsaw /ˈtʃeɪnsɔː/ *n* sierra mecánica
chain-smoke /ˈtʃeɪn sməʊk/ *vi* fumar uno atrás del otro
chair /tʃeə(r)/ ◆ *n* **1** silla: *Pull up a chair.* Sentate. ◊ *easy chair* sillón **2 the chair** (*reunión*) la presidencia, el presidente, la presidenta **3** (*USA*) (*tb* **the electric chair**) la silla eléctrica **4** cátedra ◆ *vt* presidir (*reunión*)
chairman /ˈtʃeəmən/ *n* (*pl* **-men** /-mən/) presidente ☛ Se prefiere usar la forma **chairperson**, que se refiere tanto a un hombre como a una mujer.
chairperson /ˈtʃeəpɜːsn/ *n* presidente, -a
chairwoman /ˈtʃeəwʊmən/ *n* (*pl* **-women**) presidenta ☛ Se prefiere usar la forma **chairperson**, que se refiere tanto a un hombre como a una mujer.
chalet /ˈʃæleɪ/ *n* chalé (*esp de estilo suizo*)
chalk /tʃɔːk/ ◆ *n* [*gen incontable*] **1** (*Geol*) piedra caliza **2** tiza: *a piece/stick*

of chalk una tiza ◆ PHR V **to chalk sth up** anotarse algo

challenge /ˈtʃælɪndʒ/ ◆ *n* **1** desafío: *to issue a challenge to sb* desafiar a algn **2** reto ◆ *vt* **1** desafiar **2** dar el alto a **3** (*derecho, etc*) poner en duda **4** (*trabajo, etc*) estimular **challenger** *n* **1** (*Dep*) aspirante **2** desafiador, -ora **challenging** *adj* estimulante, exigente

chamber /ˈtʃeɪmbə(r)/ *n* cámara: *chamber music* música de cámara ◊ *chamber of commerce* cámara de comercio

champagne /ʃæmˈpeɪn/ *n* champán

champion /ˈtʃæmpiən/ ◆ *n* **1** (*Dep, etc*) campeón, -ona: *the defending/reigning champion* el actual campeón **2** (*causa*) defensor, -ora ◆ *vt* defender **championship** *n* campeonato: *world championship* campeonato mundial

chance /tʃɑːns; *USA* tʃæns/ ◆ *n* **1** azar **2** casualidad: *a chance meeting* un encuentro casual **3** posibilidad **4** oportunidad **5** riesgo LOC **by (any) chance** por casualidad **on the (off) chance** por si acaso **the chances are (that)...** (*coloq*) lo más probable es que... **to take a chance (on sth)** correr el riesgo (de algo) **to take chances** arriesgarse *Ver tb* STAND ◆ *vt* ~ **doing sth** correr el riesgo de hacer algo LOC **to chance your arm/luck** (*coloq*) arriesgarse PHR V **to chance on/upon sth/sb** encontrarse con algo/algn por casualidad

chancellor /ˈtʃɑːnsələ(r); *USA* ˈtʃæns-/ *n* **1** canciller: *Chancellor of the Exchequer* Ministro de Economía y Hacienda **2** (*GB*) (*universidad*) rector honorario, rectora honoraria

chandelier /ˌʃændəˈlɪə(r)/ *n* (lámpara de) araña

change /tʃeɪndʒ/ ◆ **1** *vt, vi* cambiar (se): *to change your mind* cambiar de opinión **2** *vt* ~ **sth/sb (into sth)** convertir algo/a algn (en algo) **3** *vi* ~ **from sth (in)to sth** pasar de algo a algo LOC **to change hands** cambiar de manos **to change places (with sb) 1** cambiarse el lugar (con algn) **2** (*fig*) cambiarse (por algn) **to change your mind** cambiar de opinión **to change your tune** (*coloq*) cambiar de actitud PHR V **to change back into sth 1** (*ropa*) ponerse algo otra vez **2** volver a convertirse en algo **to change into sth 1** ponerse algo **2** transformarse en algo **to change over (from sth to sth)** cambiar (de algo a algo) ◆ *n* **1** cambio: *a change of socks* otro par de medias **2** transbordo **3** [*incontable*] monedas: *loose change* cambio en monedas/plata chica **4** (*dinero*) vuelto LOC **a change for the better/worse** un cambio para mejor/peor **a change of heart** un cambio de actitud **for a change** para variar **the change of life** la menopausia **to make a change** cambiar las cosas *Ver tb* CHOP **changeable** *adj* variable

changeover /ˈtʃeɪndʒəʊvə(r)/ *n* cambio (*p.ej. de un sistema político a otro*)

changing room *n* probador, vestuario

channel /ˈtʃænl/ ◆ *n* **1** (*TV*) cadena, canal **2** (*Radio*) banda **3** cauce **4** canal (de navegación) **5** (*fig*) vía ◆ *vt* (**-ll-**, *USA tb* **-l-**) **1** encauzar **2** acanalar

chant /tʃɑːnt; *USA* tʃænt/ ◆ *n* **1** (*Relig*) canto (litúrgico) **2** (*multitud*) cántico, canción ◆ *vt, vi* **1** (*Relig*) cantar **2** (*multitud*) gritar, corear

chaos /ˈkeɪɒs/ *n* [*incontable*] caos: *to cause chaos* provocar un caos **chaotic** /keɪˈɒtɪk/ *adj* caótico

chap /tʃæp/ *n* (*coloq, GB*) tipo: *He's a good chap.* Es un buen tipo.

chapel /ˈtʃæpl/ *n* capilla

chaplain /ˈtʃæplɪn/ *n* capellán

chapped /tʃæpt/ *adj* paspado

chapter /ˈtʃæptə(r)/ *n* **1** capítulo **2** época LOC **chapter and verse** con lujo de detalles

char /tʃɑː(r)/ *vt, vi* (**-rr-**) carbonizar(se), chamuscar(se)

character /ˈkærəktə(r)/ *n* **1** carácter: *character references* referencias personales ◊ *character assassination* difamación **2** (*coloq*) tipo: *He's quite a character.* Es todo un personaje. **3** (*Liter*) personaje: *the main character* el protagonista **4** reputación LOC **in/out of character** típico/poco típico (de algn)

characteristic /ˌkærəktəˈrɪstɪk/ ◆ *adj* característico ◆ *n* rasgo, característica **characteristically** *adv*: *His answer was characteristically frank.* Respondió con la franqueza que lo caracteriza.

characterize, -ise /ˈkærəktəraɪz/ *vt* **1** ~ **sth/sb as sth** calificar algo/a algn de algo **2** caracterizar: *It is characterized by...* Se caracteriza por...

characterization, -isation *n* descripción, caracterización

charade /ʃəˈrɑːd; *USA* ʃəˈreɪd/ *n* (*fig*) farsa

charcoal /ˈtʃɑːkəʊl/ *n* **1** carbón vegetal **2** (*Arte*) carbonilla **3** (*tb* **charcoal grey**) color gris oscuro

charge /tʃɑːdʒ/ ◆ *n* **1** acusación **2** (*Mil*) carga **3** (*Dep*) ataque **4** (*animales*) embestida **5** cargo: *free of charge* gratis/sin cargo adicional **6** cargo: *to leave a child in a friend's charge* dejar a un amigo a cargo de un chico **7** carga (*eléctrica o de un arma*) LOC **in charge** (**of sth/sb**) a cargo (de algo/algn): *Who's in charge here?* ¿Quién es el encargado acá? **in/under sb's charge** a cargo/bajo el cuidado de algn **to bring/press charges against sb** presentar cargos contra algn **to have charge of sth** estar a cargo de algo **to take charge** (**of sth**) hacerse cargo (de algo) *Ver tb* EARTH, REVERSE ◆ **1** *vt* ~ **sb** (**with sth**) acusar a algn (de algo) **2** *vt, vi* ~ ((**at**) **sth/sb**) (*Mil, Dep*) lanzarse (contra algo/algn): *The children charged down/up the stairs.* Los chicos subieron/bajaron las escaleras corriendo. **3** *vt, vi* ~ (**at sth/sb**) (*animal*) embestir (algo/a algn) **4** *vt, vi* cobrar **5** *vt* (*pistola, pila*) cargar **6** *vt* (*formal*) encomendar PHR V **to charge sth** (**up**) (**to sb**) cargar algo a la cuenta (de algn) **chargeable** *adj* **1** imponible, sujeto a pago **2** ~ **to sb** (*pago*) a cargo de algn

chariot /ˈtʃæriət/ *n* carro

charisma /kəˈrɪzmə/ *n* carisma **charismatic** /ˌkærɪzˈmætɪk/ *adj* carismático

charitable /ˈtʃærətəbl/ *adj* **1** caritativo **2** bondadoso **3** (*organización*) benéfico

charity /ˈtʃærəti/ *n* (*pl* **-ies**) **1** caridad **2** comprensión **3** (*organismo*) organización benéfica: *for charity* con fines benéficos

charm /tʃɑːm/ ◆ *n* **1** encanto **2** amuleto: *a charm bracelet* una pulsera de dijes **3** hechizo LOC *Ver* WORK[2] ◆ *vt* encantar: *a charmed life* una vida afortunada PHR V **to charm sth from/out of sth/sb** conseguir algo de algo/algn por medio del encanto **charming** *adj* encantador

chart /tʃɑːt/ ◆ *n* **1** carta de navegación **2** gráfico: *flow chart* organigrama **3 the charts** [*pl*] (*discos*) los top cuarenta ◆ *vt*: *to chart the course/the progress of sth* hacer un gráfico de la trayectoria/del progreso de algo

charter /ˈtʃɑːtə(r)/ ◆ *n* **1** estatutos: *royal charter* autorización de la corona **2** flete: *a charter flight* un vuelo chárter ◊ *a charter plane/boat* un avión/barco fletado ◆ *vt* **1** otorgar autorización a **2** (*avión*) fletar **chartered** *adj* diplomado: *chartered accountant* contador público

chase /tʃeɪs/ ◆ **1** *vt, vi* (*lit y fig*) perseguir: *He's always chasing (after) women.* Siempre anda atrás de las mujeres. **2** *vt* (*coloq*) andar detrás de PHR V **to chase about, around, etc** correr de un lado para otro **to chase sth/sb away, off, out, etc** echar/ahuyentar algo/a algn **to chase sth up** (*GB, coloq*) agilizar algo ◆ *n* **1** persecución **2** (*animales*) caza

chasm /ˈkæzəm/ *n* abismo

chassis /ˈʃæsi/ *n* (*pl* **chassis** /ˈʃæsiz/) chasis

chaste /tʃeɪst/ *adj* **1** casto **2** (*estilo*) sobrio

chastened /ˈtʃeɪsnd/ *adj* **1** escarmentado **2** (*tono*) sumiso **chastening** *adj* que sirve de escarmiento

chastity /ˈtʃæstəti/ *n* castidad

chat /tʃæt/ ◆ *n* charla: *chat show* programa de entrevistas ◆ *vi* (**-tt-**) ~ (**to/with sb**) (**about sth**) charlar (con algn) (de algo) PHR V **to chat sb up** (*GB, coloq*) tratar de levantarse a algn **chatty** *adj* (**-ier, -iest**) **1** (*persona*) charlatán **2** (*carta*) informal

chatter /ˈtʃætə(r)/ ◆ *vi* **1** ~ (**away/on**) parlotear **2** (*mono*) chillar **3** (*pájaro*) trinar **4** (*dientes*) rechinar ◆ *n* parloteo

chauffeur /ˈʃəʊfə(r); *USA* ʃəʊˈfɜːr/ ◆ *n* chofer ◆ *vt* ~ **sb around** hacer de chofer para algn; llevar en auto a algn

chauvinism /ˈʃəʊvɪnɪzəm/ *n* chovinismo, patriotismo en exceso

chauvinist /ˈʃəʊvɪnɪst/ ◆ *n* chovinista patriota en exceso ◆ *adj* (*tb* **chauvinistic**) /ˌʃəʊvɪˈnɪstɪk/ chovinista

cheap /tʃiːp/ ◆ *adj* (**-er, -est**) **1** barato **2** económico **3** de mala calidad **4** (*coloq*) (*comentario, chiste, etc*) ordinario **5** (*coloq, USA*) tacaño LOC **cheap at the price** regalado ◆ *adv* (*coloq*) (**-er, -est**) barato LOC **not to come cheap** (*coloq*)

Success doesn't come cheap. La fama cuesta cara. **to be going cheap** (*coloq*) estar rebajado ◆ *n* LOC **on the cheap** (*coloq*) barato **cheapen** *vt* abaratar: *to cheapen yourself* rebajarse **cheaply** *adv* barato, a bajo precio

cheat /tʃiːt/ ◆ **1** *vi* hacer trampa **2** *vi* (*colegio*) copiar(se) **3** *vt* engañar PHR V **to cheat sb (out) of sth** quitar algo a algn (por medio de engaños) **to cheat on sb** engañar a algn (*siendo infiel*) ◆ *n* **1** tramposo, -a **2** engaño, trampa

check /tʃek/ ◆ **1** *vt* comprobar, revisar *Ver tb* DOUBLE-CHECK **2** *vt, vi* asegurar (se) **3** *vt* contener **4** *vi* detenerse LOC **to check (sth) for sth** comprobar que no haya algo (en algo) PHR V **to check in (at…); to check into…** registrarse (*en un hotel*) **to check sth in** chequear algo (*equipaje*) **to check sth off** tachar algo de una lista **to check out (of…)** saldar la cuenta e irse (*de un hotel*) **to check sth/sb out** (*USA*) hacer averiguaciones sobre algo/algn **to check (up) on sth/sb** hacer averiguaciones sobre algo/algn ◆ *n* **1** comprobación, revisión **2** investigación **3** jaque *Ver tb* CHECKMATE **4** (*USA*) *Ver* CHEQUE **5** (*USA*) *Ver* BILL[1] sentido 1 LOC **to hold/keep sth in check** contener/controlar algo **checked** (*tb* **check**) *adj* a cuadros

check-in /ˈtʃek ɪn/ *n* chequeo (*en un aeropuerto*)

checklist /ˈtʃeklɪst/ *n* lista

checkmate /ˈtʃekmeɪt/ (*tb* **mate**) *n* jaque mate

checkout /ˈtʃekaʊt/ *n* **1** caja (*en un supermercado*) **2** acto de pagar e irse de un hotel

checkpoint /ˈtʃekpɔɪnt/ *n* puesto de control

check-up /ˈtʃek ʌp/ *n* **1** chequeo (*médico*) **2** comprobación

cheek /tʃiːk/ *n* **1** mejilla **2** (*fig*) cara dura: *What (a) cheek!* ¡Qué caradurìa! LOC *Ver* TONGUE **cheeky** *adj* (**-ier**, **-iest**) caradura

cheer /tʃɪə(r)/ ◆ **1** *vt, vi* aclamar, ovacionar **2** *vt* animar, alegrar: *to be cheered by sth* animarse con algo PHR V **to cheer sb on** alentar a algn **to cheer (sth/sb) up** alegrar (algo), animar (a algn): *Cheer up!* ¡Animate! ◆ *n* ovación, hurra: *Three cheers for…* ¡Tres hurras por…! **cheerful** *adj* **1** alegre **2** agradable **cheery** *adj* (**-ier**, **-iest**) alegre

cheering /ˈtʃɪərɪŋ/ ◆ *n* [*incontable*] hurras ◆ *adj* alentador, reconfortante

cheerio! /ˌtʃɪəriˈəʊ/ *interj* (*GB*) ¡chau!

cheers! /tʃɪəz/ *interj* (*GB*) **1** ¡salud! **2** ¡chau! **3** ¡gracias!

cheese /tʃiːz/ *n* queso: *Would you like some cheese?* ¿Querés queso? ◊ *a wide variety of cheeses* una gran variedad de quesos LOC *Ver* BIG

cheesecake /ˈtʃiːzkeɪk/ *n* tarta de queso

cheetah /ˈtʃiːtə/ *n* chita

chef /ʃef/ *n* chef

chemical /ˈkemɪkl/ ◆ *adj* químico ◆ *n* sustancia química

chemist /ˈkemɪst/ *n* **1** farmacéutico, -a ☛ *Comparar con* PHARMACIST **2** químico, -a **chemist's (shop)** farmacia ☛ *Ver nota en* PHARMACY

chemistry /ˈkemɪstri/ *n* química

cheque (*USA* **check**) /tʃek/ *n* cheque: *by cheque* con cheque ◊ *cheque card* tarjeta bancaria que garantiza el pago de cheques

cheque book (*USA* **checkbook**) *n* chequera

cherish /ˈtʃerɪʃ/ *vt* **1** (*libertad, tradiciones*) valorar **2** (*persona*) querer, cuidar **3** (*esperanza*) guardar **4** (*recuerdo*) guardar con cariño

cherry /ˈtʃeri/ *n* (*pl* **-ies**) **1** cereza **2** (*tb* **cherry tree**) (*árbol*) cerezo: *cherry blossom* flor del cerezo **3** (*tb* **cherry red**) (*color*) rojo cereza

cherub /ˈtʃerəb/ *n* (*pl* **~s** *o* **~im**) angelito

chess /tʃes/ *n* ajedrez: *chessboard* tablero de ajedrez

chest /tʃest/ *n* **1** baúl: *chest of drawers* cómoda **2** pecho (*tórax*) ☛ *Comparar con* BREAST LOC **to get it/sth off your chest** (*coloq*) quitarse un peso de encima, desahogarse

chestnut /ˈtʃesnʌt/ ◆ *n* **1** castaña **2** (*árbol, madera*) castaño **3** (*coloq*) cuento viejo ◆ *adj, n* (color) caoba

chew /tʃuː/ *vt* ~ **sth (up)** masticar algo: *chewing gum* chicle PHR V **to chew sth over** (*coloq*) masticar algo

chewing gum *n* [*incontable*] chicle

chick /tʃɪk/ *n* pollito

chicken /ˈtʃɪkɪn/ ◆ *n* **1** (*carne*) pollo

2 (*ave*) gallina *Ver tb* COCK, HEN **3** (*coloq*) gallina ◆ PHR V **to chicken out** (*coloq*) achicarse ◆ *adj* (*coloq*) cobarde

chickenpox /ˈtʃɪkɪnpɒks/ *n* [*incontable*] varicela

chickpea /ˈtʃɪkpiː/ *n* garbanzo

chicory /ˈtʃɪkəri/ *n* [*incontable*] achicoria

chief /tʃiːf/ ◆ *n* jefe, -a ◆ *adj* principal **chiefly** *adv* **1** sobre todo **2** principalmente

chieftain /ˈtʃiːftən/ *n* cacique (*de tribu o clan*)

child /tʃaɪld/ *n* (*pl* ~**ren** /ˈtʃɪldrən/) **1** chico, -a: *child benefit* asignaciones familiares ◇ *child care* puericultura ◇ *child care provisions* servicios de cuidado de los niños ◇ *child-minder* niñero ◇ *children's clothes/television* ropa para chicos/programación infantil **2** hijo, -a: *an only child* un hijo único **3** (*fig*) producto LOC **child's play** (*coloq*) juego de chicos **childbirth** *n* parto **childhood** *n* infancia, niñez **childish** *adj* **1** infantil **2** (*pey*) inmaduro: *to be childish* portarse como un chico **childless** *adj* sin hijos **childlike** *adj* (*aprob*) de (un) chico

chili (*USA*) *Ver* CHILLI

chill /tʃɪl/ ◆ *n* **1** frío **2** resfriado: *to catch/get a chill* resfriarse **3** escalofrío ◆ **1** *vt* helar **2** *vt, vi* (*comestibles*) enfriar(se), refrigerar(se): *frozen and chilled foods* alimentos congelados y refrigerados LOC **to chill sb to the bone/marrow** helar a algn hasta los huesos **chilling** *adj* escalofriante **chilly** *adj* (**-ier**, **-iest**) frío

chilli (*USA* **chili**) /ˈtʃɪli/ *n* (*pl* ~**es**) **1** (*tb* **chilli pepper**) ají picante **2** ají molido

chime /tʃaɪm/ ◆ *n* **1** repique **2** campanada ◆ *vi* sonar PHR V **to chime in** (**with sth**) (*coloq*) interrumpir (diciendo algo)

chimney /ˈtʃɪmni/ *n* (*pl* **-eys**) chimenea: *chimney sweep* deshollinador

chimp /tʃɪmp/ *n* (*coloq*) *Ver* CHIMPANZEE

chimpanzee /ˌtʃɪmpænˈziː/ *n* chimpancé

chin /tʃɪn/ *n* mentón LOC **to keep your chin up** (*coloq*) poner al mal tiempo buena cara *Ver tb* CUP

china /ˈtʃaɪnə/ *n* **1** porcelana **2** vajilla (de porcelana)

chink /tʃɪŋk/ *n* grieta, abertura LOC **a chink in sb's armour** el punto débil de algn

chip /tʃɪp/ ◆ *n* **1** pedacito **2** (*madera*) astilla **3** cachadura **4** papa frita (*larga*) ☛ *Ver dibujo en* PAPA[2] **5** (*USA*) *Ver* CRISP **6** (*casino*) ficha **7** (*Electrón*) chip LOC **a chip off the old block** (*coloq*) de tal palo tal astilla **to have a chip on your shoulder** (*coloq*) estar resentido ◆ *vt, vi* cachar(se) PHR V **to chip away at sth** socavar algo **to chip in** (**with sth**) (*coloq*) **1** (*comentario*) interrumpir (diciendo algo) **2** (*dinero*) contribuir (con algo) **chippings** *n* [*pl*] **1** grava (*piedras pequeñas*) **2** (*tb* **wood chippings**) virutas de madera

chirp /tʃɜːp/ ◆ *n* **1** gorjeo **2** (*grillo*) canto ◆ *vi* **1** gorjear **2** (*grillo*) cantar **chirpy** *adj* alegre

chisel /ˈtʃɪzl/ ◆ *n* cincel ◆ *vt* **1** cincelar: *finely chiselled features* rasgos finos **2** (*con cincel*) tallar

chivalry /ˈʃɪvəlri/ *n* **1** caballería **2** caballerosidad

chives /tʃaɪvz/ *n* [*pl*] cebolla de verdeo

chloride /ˈklɔːraɪd/ *n* cloruro

chlorine /ˈklɔːriːn/ *n* cloro

chock-a-block /ˌtʃɒk ə ˈblɒk/ *adj* ~ (**with sth**) colmado (de algo)

chock-full /ˌtʃɒk ˈfʊl/ *adj* ~ (**of sth**) lleno hasta el tope (de algo)

chocolate /ˈtʃɒklət/ ◆ *n* **1** chocolate: *milk/plain chocolate* chocolate con/sin leche **2** bombón ◆ *adj* **1** (*salsa, torta, etc*) de chocolate **2** color chocolate

choice /tʃɔɪs/ ◆ *n* **1** ~ (**between...**) elección (entre...): *to make a choice* elegir **2** selección **3** posibilidad: *If I had the choice...* Si dependiera de mí... LOC **out of/from choice** por decisión propia **to have no choice** no tener más remedio ◆ *adj* (**-er**, **-est**) **1** de calidad **2** elegido

choir /ˈkwaɪə(r)/ *n* [*v sing o pl*] coro: *choir boy* niño de coro

choke /tʃəʊk/ ◆ **1** *vi* ~ (**on sth**) atragantarse (con algo): *to choke to death* asfixiarse **2** *vt* ahogar, estrangular **3** *vt* ~ **sth** (**up**) (**with sth**) atascar algo (con algo) PHR V **to choke sth back** contener algo ◆ *n* cebador

cholera /ˈkɒlərə/ *n* cólera

cholesterol /kəˈlestərɒl/ *n* colesterol

choose /tʃuːz/ (*pret* **chose** /tʃəʊz/ *pp*

chosen /tʃəʊzn/) **1** *vi* ~ **between A and/or B** elegir entre A y B **2** *vt* ~ **A from B** elegir A de entre B **3** *vt* ~ **sth/sb as sth** elegir algo/a algn como algo **4** *vt* (*Dep*) seleccionar **5** *vt, vi* ~ (**to do sth**) decidir (hacer algo) **6** *vi* preferir: *whenever I choose* cuando quiero LOC *Ver* PICK **choosy** *adj* (**-ier**, **-iest**) (*coloq*) exigente, quisquilloso

chop /tʃɒp/ ◆ *vt, vi* (**-pp-**) **1** ~ **sth** (**up**) (**into sth**) cortar algo (en algo): *to chop sth in two* partir algo por la mitad ◊ *chopping board* tabla de picar **2** picar, trocear **3** (*GB, coloq*) reducir LOC **to chop and change** cambiar de opinión varias veces PHR V **to chop sth down** talar algo **to chop sth off** (**sth**) cortar algo ◆ *n* **1** hachazo **2** golpe **3** (*carne*) costilla **chopper** *n* **1** hacha **2** (*carne*) cuchilla **3** (*coloq*) helicóptero **choppy** *adj* (**-ier**, **-iest**) picado (*mar*)

chopsticks /ˈtʃɒpstɪks/ *n* [*pl*] palitos chinos

choral /ˈkɔːrəl/ *adj* coral (*de coro*)

chord /kɔːd/ *n* acorde

chore /tʃɔː(r)/ *n* trabajo (*rutinario*): *household chores* quehaceres domésticos

choreography /ˌkɒriˈɒgrəfi; *USA* ˌkɔːri-/ *n* coreografía **choreographer** *n* coreógrafo, -a

chorus /ˈkɔːrəs/ ◆ *n* [*v sing o pl*] **1** (*Mús, Teat*) coro: *chorus girl* corista **2** estribillo LOC **in chorus** a coro ◆ *vt* corear

chose *pret de* CHOOSE

chosen *pp de* CHOOSE

Christ /kraɪst/ (*tb* **Jesus**, **Jesus Christ**) *n* Cristo

christen /ˈkrɪsn/ *vt* bautizar (con el nombre de) **christening** *n* bautismo

Christian /ˈkrɪstʃən/ *adj, n* cristiano, -a **Christianity** /ˌkrɪstiˈænəti/ *n* cristianismo

Christian name (*tb* **first name**) *n* nombre de pila

Christmas /ˈkrɪsməs/ *n* Navidad: *Christmas Day* Día de Navidad ◊ *Christmas Eve* Nochebuena ◊ *Merry/Happy Christmas!* ¡Feliz Navidad! ☛ *Ver nota en* NAVIDAD

chrome /krəʊm/ *n* cromo

chromium /ˈkrəʊmiəm/ *n* cromo: *chromium-plating/plated* cromado

chromosome /ˈkrəʊməsəʊm/ *n* cromosoma

chronic /ˈkrɒnɪk/ *adj* **1** crónico **2** (*mentiroso, alcohólico, etc*) empedernido

chronicle /ˈkrɒnɪkl/ ◆ *n* crónica ◆ *vt* registrar

chrysalis /ˈkrɪsəlɪs/ *n* (*pl* ~**es**) crisálida

chubby /ˈtʃʌbi/ *adj* (**-ier**, **-iest**) rellenito *Ver tb* FAT

chuck /tʃʌk/ *vt* (*coloq*) **1** tirar **2** ~ **sth** (**in/up**) dejar algo PHR V **to chuck sth away/out** tirar algo (a la basura) **to chuck sb out** echar a algn

chuckle /ˈtʃʌkl/ ◆ *vi* reírse para uno mismo ◆ *n* risita

chum /tʃʌm/ *n* (*coloq*) amigo, -a

chunk /tʃʌŋk/ *n* pedazo **chunky** *adj* (**-ier**, **-iest**) macizo

church /tʃɜːtʃ/ *n* iglesia: *church hall* salón parroquial LOC **to go to church** ir a misa ☛ *Ver nota en* SCHOOL

churchyard /ˈtʃɜːtʃjɑːd/ (*tb* **graveyard**) *n* cementerio (*alrededor de una iglesia*) ☛ *Comparar con* CEMETERY

churn /tʃɜːn/ **1** *vt* ~ **sth** (**up**) (*agua, barro*) remover algo **2** *vi* (*aguas*) agitarse **3** *vi* (*estómago*) revolverse PHR V **to churn sth out** (*coloq*) fabricar algo a rolete (*libros, etc*)

chute /ʃuːt/ *n* **1** tobogán (*para mercancías o desechos*) **2** tobogán (*en una pileta de natación*)

cider /ˈsaɪdə(r)/ *n* sidra

cigar /sɪˈgɑː(r)/ *n* cigarro

cigarette /ˌsɪgəˈret; *USA* ˈsɪgərət/ *n* cigarrillo: *cigarette butt/end* colilla

cinder /ˈsɪndə(r)/ *n* ceniza

cinema /ˈsɪnəmə/ *n* cine

cinnamon /ˈsɪnəmən/ *n* canela

circle /ˈsɜːkl/ ◆ *n* **1** círculo, circunferencia: *the circumference of a circle* el perímetro de una circunferencia **2** rueda: *to stand in a circle* hacer una rueda **3** (*Teat*) anfiteatro (*primer piso*) LOC **to go round in circles** no hacer progresos *Ver tb* FULL, VICIOUS ◆ *vt* **1** dar una vuelta/vueltas a **2** rodear **3** marcar con un círculo

circuit /ˈsɜːkɪt/ *n* **1** gira **2** vuelta **3** pista **4** (*Electrón*) circuito

circular /ˈsɜːkjələ(r)/ ◆ *adj* redondo, circular ◆ *n* circular

circulate /ˈsɜːkjəleɪt/ *vt, vi* (hacer) circular

circulation /ˌsɜːkjəˈleɪʃn/ *n* **1** circulación **2** (*diario*) tirada

circumcise /ˈsɜːkəmsaɪz/ *vt* circuncidar **circumcision** /ˌsɜːkəmˈsɪʒn/ *n* circuncisión

circumference /səˈkʌmfərəns/ *n* circunferencia: *the circumference of a circle* el perímetro de una circunferencia ◊ *the circumference of the earth* la circunferencia de la Tierra

circumstance /ˈsɜːkəmstəns/ *n* **1** circunstancia **2 circumstances** [*pl*] situación económica LOC **in/under no circumstances** en ningún caso **in/under the circumstances** dadas las circunstancias

circus /ˈsɜːkəs/ *n* circo

cistern /ˈsɪstən/ *n* **1** cisterna **2** depósito

cite /saɪt/ *vt* **1** citar **2** (*USA, Mil*) mencionar

citizen /ˈsɪtɪzn/ *n* ciudadano, -a **citizenship** *n* ciudadanía

citrus /ˈsɪtrəs/ *adj* cítrico: *citrus fruit(s)* cítricos

city /ˈsɪti/ *n* (*pl* **cities**) **1** ciudad: *city centre* centro de la ciudad **2 the City** la City (*centro financiero de Londres*)

civic /ˈsɪvɪk/ *adj* **1** municipal: *civic centre* centro municipal **2** cívico

civil /ˈsɪvl/ *adj* **1** civil: *civil strife* disensión social ◊ *civil law* código/derecho civil ◊ *civil rights/liberties* derechos del ciudadano ◊ *the Civil Service* la Administración Pública ◊ *civil servant* funcionario (del Estado) **2** educado, atento

civilian /səˈvɪliən/ *n* civil

civilization, -isation /ˌsɪvəlaɪˈzeɪʃn; *USA* -əlɪˈz-/ *n* civilización

civilized, -ised /ˈsɪvəlaɪzd/ *adj* civilizado

clad /klæd/ *adj* (*formal*) ~ **(in sth)** vestido (de algo)

claim /kleɪm/ ◆ **1** *vt, vi* ~ **(for sth)** reclamar (algo) **2** *vt* afirmar, sostener **3** *vt* (*atención*) merecer **4** *vt* (*vidas*) cobrarse ◆ *n* **1** ~ **(for sth)** reclamación (de algo) **2** ~ **(against sth/sb)** reclamación, demanda (contra algo/algn) **3** ~ **(on sth/sb)** derecho (sobre algo/algn) **4** ~ **(to sth)** derecho (a algo) **5** afirmación, pretensión LOC *Ver* LAY[1], STAKE

claimant *n* demandante

clam /klæm/ ◆ *n* almeja ◆ *v* (**-mm-**) PHR V **to clam up** (*coloq*) cerrar el pico

clamber /ˈklæmbə(r)/ *vi* trepar (*esp con dificultad*)

clammy /ˈklæmi/ *adj* (**-ier**, **-iest**) sudoroso, pegajoso

clamour (*USA* **clamor**) /ˈklæmə(r)/ ◆ *n* clamor, griterío ◆ *vi* **1** clamar **2** ~ **for sth** pedir algo a gritos **3** ~ **against sth** protestar a gritos contra algo

clamp /klæmp/ ◆ *n* **1** (*tb* **cramp**) broche **2** abrazadera **3** cepo ◆ *vt* **1** sujetar **2** poner el cepo a PHR V **to clamp down on sth/sb** (*coloq*) ajustar los tornillos a algo/algn

clampdown /ˈklæmpdaʊn/ *n* ~ **(on sth)** restricción (de algo); medidas drásticas (contra algo)

clan /klæn/ *n* [*v sing o pl*] clan

clandestine /klænˈdestɪn/ *adj* (*formal*) clandestino

clang /klæŋ/ ◆ *n* son (*metálico*) ◆ *vt, vi* (hacer) sonar

clank /klæŋk/ *vi* hacer un ruido metálico (*cadenas, maquinaria*)

clap /klæp/ ◆ (**-pp-**) **1** *vt, vi* aplaudir **2** *vt*: *to clap your hands (together)* golpear las palmas de las manos ◊ *to clap sb on the back* dar una palmada en la espalda a algn ◆ *n* **1** aplauso **2** *a clap of thunder* un trueno **clapping** *n* aplausos

clarify /ˈklærəfaɪ/ *vt* (*pret, pp* **-fied**) aclarar **clarification** *n* aclaración

clarinet /ˌklærəˈnet/ *n* clarinete

clarity /ˈklærəti/ *n* lucidez, claridad

clash /klæʃ/ ◆ **1** *vt, vi* (hacer) chocar (*con ruido*) **2** *vi* ~ **(with sb)** tener un enfrentamiento (con algn) **3** *vi* ~ **(with sb) (on/over sth)** discrepar (con algn) (en algo) **4** *vi* (*fechas*) coincidir, chocar **5** *vi* (*colores*) no combinar ◆ *n* **1** estruendo **2** enfrentamiento **3** ~ **(on/over sth)** discrepancia (por algo): *a clash of interests* un conflicto de intereses

clasp /klɑːsp; *USA* klæsp/ ◆ *n* cierre ◆ *vt* apretar

class /klɑːs; *USA* klæs/ ◆ *n* **1** clase *They're in class.* Están en clase. ◊ *class struggle/system* lucha/sistema de clases **2** categoría: *They are not in the same class.* No tienen comparación

LOC **in a class of your/its own** sin par ◆ *vt* ~ **sth/sb (as sth)** clasificar algo/a algn (como algo)

classic /ˈklæsɪk/ *adj, n* clásico, típico: *It was a classic case.* Fue un caso típico.

classical /ˈklæsɪkl/ *adj* clásico

classification /ˌklæsɪfɪˈkeɪʃn/ *n* **1** clasificación **2** categoría

classify /ˈklæsɪfaɪ/ *vt* (*pret, pp* **-fied**) clasificar **classified** *adj* **1** clasificado: *classified advertisements/ads* avisos clasificados **2** confidencial

classmate /ˈklɑːsmeɪt; *USA* ˈklæs-/ *n* compañero, -a de clase

classroom /ˈklɑːsruːm, -rʊm; *USA* ˈklæs-/ *n* aula, clase

classy /ˈklɑːsi; *USA* ˈklæsi/ *adj* (**-ier**, **-iest**) con mucho estilo

clatter /ˈklætə(r)/ ◆ *n* (*tb* **clattering** /-ərɪŋ/) **1** estrépito **2** (*tren*) traqueteo ◆ **1** *vt, vi* hacer ruido (*con platos, etc*) **2** *vi* (*tren*) traquetear

clause /klɔːz/ *n* (*Gram, Jur*) claúsula

claw /klɔː/ ◆ *n* **1** garra **2** (*gato*) uña **3** (*cangrejo*) pinza **4** (*máquina*) garfio ◆ *vt* arañar

clay /kleɪ/ *n* arcilla, barro

clean /kliːn/ ◆ *adj* (**-er**, **-est**) **1** limpio: *to wipe clean* limpiar **2** (*Dep*) que juega limpio **3** (*papel, etc*) en blanco LOC **to make a clean break (with sth)** cortar por completo (con algo) ◆ *vt, vi* limpiar(se) PHR V **to clean sth from/off sth** limpiar algo de algo **to clean sb out** (*coloq*) pelar a algn **to clean sth out** limpiar algo a fondo **to clean (sth) up** limpiar (algo): *to clean up your image* mejorar algn su imagen **cleaning** *n* limpieza (*trabajo*) **cleanliness** /ˈklenlinəs/ *n* limpieza (*cualidad*) **cleanly** *adv* limpiamente

clean-cut /ˌkliːn ˈkʌt/ *adj* **1** pulcro **2** (*rasgos*) muy bien perfilado

cleaner /ˈkliːnə(r)/ *n* **1** limpiador, -ora **2 cleaners** [*pl*] tintorería

cleanse /klenz/ *vt* ~ **sth/sb (of sth) 1** limpiar a fondo algo/a algn (de algo) **2** (*fig*) purificar algo/a algn (de algo) **cleanser** *n* **1** producto de limpieza **2** (*para cara*) crema de limpieza

clean-shaven /ˌkliːn ˈʃeɪvn/ *adj* afeitado

clean-up /ˈkliːn ʌp/ *n* limpieza

clear /klɪə(r)/ ◆ *adj* (**-er**, **-est**) **1** claro: *Are you quite clear about what the job involves?* ¿Tenés claro lo que implica el trabajo? **2** (*tiempo, cielo, ruta*) despejado **3** (*cristal*) transparente **4** (*recepción*) nítido **5** (*conciencia*) tranquilo **6** libre: *clear of debt* libre de deudas ◊ *to keep next weekend clear* dejar libre el fin de semana que viene LOC **(as) clear as day** claro como el agua **(as) clear as mud** nada claro **in the clear** (*coloq*) **1** fuera de sospecha **2** fuera de peligro **to make sth clear/plain (to sb)** dejar algo claro (a algn) *Ver tb* CRYSTAL ◆ **1** *vi* (*tiempo*) despejar(se) **2** *vt* (*duda*) despejar **3** *vi* (*agua*) aclararse **4** *vt* (*cañería*) destapar **5** *vt* (*de gente*) desalojar **6** *vt* ~ **sb (of sth)** absolver a algn (de algo): *to clear your name* limpiar tu nombre **7** *vt* (*obstáculo*) salvar LOC **to clear the air** aclarar las cosas **to clear the table** levantar la mesa PHR V **to clear (sth) away/up** recoger (algo) **to clear off** (*coloq*) irse **to clear sth out** ordenar algo **to clear up** despejarse **to clear sth up** dejar algo claro ◆ *adv* (**-er**, **-est**) **1** claramente **2** completamente LOC **to keep/stay/steer clear (of sth/sb)** mantenerse alejado (de algo/algn)

clearance /ˈklɪərəns/ *n* **1** despeje: *a clearance sale* una liquidación **2** espacio libre **3** autorización

clear-cut /ˌklɪə ˈkʌt/ *adj* definido

clear-headed /ˌklɪə ˈhedɪd/ *adj* de mente despejada

clearing /ˈklɪərɪŋ/ *n* claro (*de bosque*)

clearly /klɪəli/ *adv* claramente

clear-sighted /ˌklɪə ˈsaɪtɪd/ *adj* lúcido

cleavage /ˈkliːvɪdʒ/ *n* escote

clef /klef/ *n* clave (*Mús*)

clench /klentʃ/ *vt* apretar (*puños, dientes*)

clergy /ˈklɜːdʒi/ *n* [*pl*] clero

clergyman /ˈklɜːdʒimən/ *n* (*pl* **-men** /-mən/) **1** clérigo **2** sacerdote anglicano ☛ *Ver nota en* PRIEST

clerical /ˈklerɪkl/ *adj* **1** de oficina: *clerical staff* personal administrativo **2** (*Relig*) eclesiástico

clerk /klɑːk; *USA* klɜːrk/ *n* **1** oficinista, empleado, -a **2** (*municipalidad, juzgado*) secretario, -a **3** (*USA*) (*tb* **desk clerk**) recepcionista **4** (*USA*) (*en negocio*) vendedor, -ora

clever /ˈklevə(r)/ *adj* (**-er**, **-est**) **1** vivo **2** hábil: *to be clever at sth* tener aptitud para algo **3** ingenioso **4** astuto LOC **to be too clever** pasarse de vivo **cleverness** *n* inteligencia, habilidad, astucia

cliché /ˈkliːʃeɪ/ *n* cliché

click /klɪk/ ◆ *n* **1** clic **2** chasquido **3** taconazo ◆ **1** *vt*: *to click your heels* dar un taconazo ◊ *to click your fingers* chasquear los dedos **2** *vi* (*cámara, etc*) hacer clic **3** *vi* (*hacerse amigos*) enganchar **4** *vi* caer en la cuenta LOC **to click open/shut** abrir(se)/cerrar(se) con un clic

client /ˈklaɪənt/ *n* **1** cliente, -a **2** (*de abogado*) defendido, -a

clientele /ˌkliːənˈtel; *USA* ˌklaɪənˈtel/ *n* clientela

cliff /klɪf/ *n* acantilado, precipicio

climate /ˈklaɪmət/ *n* clima: *the economic climate* las condiciones económicas

climax /ˈklaɪmæks/ *n* clímax

climb /klaɪm/ ◆ *vt, vi* **1** escalar **2** subir: *The road climbs steeply.* La ruta es muy empinada. **3** trepar **4** (*sociedad*) ascender LOC **to go climbing** hacer andinismo *Ver tb* BANDWAGON PHR V **to climb down 1** (*fig*) dar marcha atrás **2** bajar **to climb out of sth 1** *to climb out of bed* levantarse de la cama **2** (*auto, etc*) bajarse de algo **to climb (up) on to sth** subirse a algo **to climb up sth** subirse a algo, trepar por algo ◆ *n* **1** escalada, subida **2** pendiente

climber /ˈklaɪmə(r)/ *n* andinista

clinch /klɪntʃ/ *vt* **1** (*trato, etc*) cerrar **2** (*partido, etc*) ganar **3** (*victoria, etc*) conseguir: *That clinched it.* Eso fue decisivo.

cling /klɪŋ/ *vi* (*pret, pp* **clung** /klʌŋ/) ~ **(on) to sth/sb** (*lit y fig*) agarrarse/aferrarse a algo/algn: *to cling to each other* abrazarse estrechamente **clinging** *adj* **1** (*tb* **clingy**) (*ropa*) ajustado **2** (*pey*) (*persona*) pegajoso

clinic /ˈklɪnɪk/ *n* clínica

clinical /ˈklɪnɪkl/ *adj* **1** clínico **2** (*fig*) imparcial

clink /klɪŋk/ **1** *vi* tintinear **2** *vt*: *They clinked glasses.* Brindaron.

clip /klɪp/ ◆ *n* **1** clip **2** (*joya*) prendedor ◆ *vt* (**-pp-**) **1** cortar, recortar **2** ~ **sth (on) to sth** prender algo a algo (con un clip) PHR V **to clip sth together** unir algo (con un clip)

clique /kliːk/ *n* camarilla

cloak /kləʊk/ ◆ *n* capa ◆ *vt* envolver *cloaked in secrecy* rodeado de un gra secreto

cloakroom /ˈkləʊkruːm/ *n* **1** guardarropa **2** (*GB, eufemismo*) baño ☛ *Ve nota en* TOILET

clock /klɒk/ ◆ *n* **1** reloj (*de pared o d mesa*) **2** (*coloq*) cuentakilómetros (*coloq*) taxímetro LOC **(a)round th clock** las veinticuatro horas ◆ *vt* cronometrar PHR V **to clock in/on** fichar (*e el trabajo*) **to clock off/out** fichar (*a salir*) **to clock sth up** registrar algo acumular algo **clockwise** *adv, adj* en e sentido de las agujas del reloj

clockwork /ˈklɒkwɜːk/ ◆ *adj* co mecanismo de relojería ◆ *n* mecanismo LOC **like clockwork** como un reloj, pedir de boca

clog /klɒg/ ◆ *n* zueco ◆ *vt, vi* ~ **(sth) (up)** obstruir(se), tapar(se)

cloister /ˈklɔɪstə(r)/ *n* claustro

close¹ /kləʊs/ ◆ *adj* (**-er**, **-est**) (*pariente*) cercano **2** (*amigo*) íntimo (*vínculos, etc*) estrecho **4** (*vigilancia*) estricto **5** (*examen*) minucioso **6** (*Dep*) (*partido*) muy reñido **7** (*tiempo*) pesad **8** ~ **to sth** cerca de algo, al lado de algo *close to tears* casi llorando **9** ~ **to s** (*emocionalmente*) unido a algn LOC **i that was a close call/shave** (*coloq*) m salvé, te salvaste, etc por un pelo **t keep a close eye/watch on sth/s** mantener algo/a algn bajo estricta vigilancia ◆ *adv* (**-er**, **-est**) (*tb* **close by**) cerca LOC **close on** casi **close togethe** juntos **closely** *adv* **1** estrechamente atentamente **3** (*examinar*) minuciosamente **closeness** *n* **1** proximidad intimidad

close² /kləʊz/ ◆ **1** *vt, vi* cerrar(se) **2** *vt vi* (*reunión, etc*) concluir(se) LOC **t close your mind to sth** no querer sabe nada de algo PHR V **to close down** (*empresa*) cerrar (definitivamente) (*emisora*) cerrar la emisión **to close sth down** cerrar algo (*empresa, etc*) **t close in** (*día*) acortarse **to close in (o sth/sb)** (*niebla, noche, enemigo*) venirs encima (de algo/algn) ◆ *n* final *towards the close of* sobre el final d LOC **to come/draw to a close** llegar su fin *Ver tb* BRING **closed** *adj* cerrado *a closed door* una puerta cerrada

close-knit /ˌkləʊs ˈnɪt/ *adj* muy unid (*comunidad, etc*)

closet /ˈklɒzɪt/ *n* (*USA*) armario, placard

close-up /ˈkləʊs ʌp/ *n* primer plano

closing /ˈkləʊzɪŋ/ *adj* **1** último **2** (*fecha*) límite **3** *closing time* hora de cierre

closure /ˈkləʊʒə(r)/ *n* cierre

clot /klɒt/ *n* **1** coágulo **2** (*GB, coloq, joc*) bobo, -a

cloth /klɒθ; *USA* klɔːθ/ *n* (*pl* ~s /klɒθs; *USA* klɔːðz/) **1** tela ☛ *Ver nota en* TELA **2** trapo

clothe /kləʊð/ *vt* ~ **sb/yourself** (**in sth**) vestir alguien, vestirse (de algo)

clothes /kləʊðz; *USA* kləʊz/ *n* [*pl*] ropa: *clothes line* soga para tender la ropa ◊ *clothes-peg* broche (para tender la ropa) ☛ *Comparar con* ROPA

clothing /ˈkləʊðɪŋ/ *n* ropa: *the clothing industry* la industria textil ☛ *Comparar con* ROPA

cloud /klaʊd/ ◆ *n* nube ◆ **1** *vt* (*juicio*) ofuscar **2** *vt* (*asunto*) complicar **3** *vi* (*expresión*) ensombrecerse PHR V **to cloud over** nublarse **cloudless** *adj* despejado **cloudy** *adj* (**-ier**, **-iest**) **1** nublado **2** (*recuerdo*) vago

clout /klaʊt/ ◆ *n* (*coloq*) **1** cachetazo **2** (*fig*) influencia ◆ *vt* (*coloq*) dar un cachetazo a

clove /kləʊv/ *n* **1** clavo de olor (*especia*) **2 clove of garlic** diente de ajo

clover /ˈkləʊvə(r)/ *n* trébol

clown /klaʊn/ *n* payaso, -a

club /klʌb/ ◆ *n* **1** club **2** *Ver* NIGHTCLUB **3** cachiporra **4** palo (*de golf*) **5 clubs** [*pl*] (*cartas*) trébol ☛ *Ver nota en* CARTA ◆ *vt, vi* (**-bb-**) aporrear: *to club sb to death* matar a algn a garrotazos PHR V **to club together** (**to do sth**) hacer una vaquita (para hacer algo)

clue /kluː/ *n* **1** ~ (**to sth**) pista (de algo) **2** indicio **3** (*crucigrama*) definición LOC **not to have a clue** (*coloq*) **1** no tener ni idea **2** ser un inútil

clump /klʌmp/ *n* grupo (*plantas, etc*)

clumsy /ˈklʌmzi/ *adj* (**-ier**, **-iest**) **1** torpe, desgarbado **2** tosco

clung *pret, pp de* CLING

cluster /ˈklʌstə(r)/ ◆ *n* grupo ◆ PHR V **to cluster/be clustered** (**together**) **round sth/sb** amontonarse alrededor de algo/algn

clutch /klʌtʃ/ ◆ *vt* **1** (*tener*) apretar, estrechar **2** (*tomar*) agarrar PHR V **to clutch at sth** agarrarse a/de algo ◆ *n* **1** embrague **2 clutches** [*pl*] (*pey*) garras

clutter /ˈklʌtə(r)/ ◆ *n* (*pey*) desorden, confusión ◆ *vt* (*pey*) ~ **sth** (**up**) atestar algo

coach /kəʊtʃ/ ◆ *n* **1** ómnibus **2** (*Ferrocarril*) vagón, coche *Ver tb* CARRIAGE sentido 2 **3** carruaje **4** entrenador, -ora **5** profesor, -ora particular ◆ **1** *vt* (*Dep*) entrenar: *to coach a swimmer for the Olympics* entrenar a una nadadora para las Olimpíadas **2** *vt, vi* ~ (**sb**) (**for/in sth**) dar clases particulares (de algo) (a algn) **coaching** *n* entrenamiento, preparación

coal /kəʊl/ *n* **1** carbón **2** pedazo de carbón: *hot/live coals* brasas

coalfield /ˈkəʊlfiːld/ *n* **1** yacimiento de carbón **2** [*gen pl*] mina de carbón

coalition /ˌkəʊəˈlɪʃn/ *n* [*v sing o pl*] coalición

coal mine (*tb* **pit**) *n* mina de carbón

coarse /kɔːs/ *adj* (**-er**, **-est**) **1** (*arena, etc*) grueso **2** (*tela, manos*) áspero **3** vulgar **4** (*lenguaje, persona*) grosero **5** (*chiste*) verde

coast /kəʊst/ ◆ *n* costa ◆ *vi* **1** (*auto*) ir en punto muerto **2** (*bicicleta*) ir sin pedalear **coastal** *adj* costero

coastguard /ˈkəʊstgɑːd/ *n* (servicio de) guardacostas

coastline /ˈkəʊstlaɪn/ *n* litoral

coat /kəʊt/ ◆ *n* **1** abrigo, saco: *coat-hanger* percha **2 white coat** delantal blanco (*médico*) **3** (*animal*) pelo, lana **4** (*pintura*) capa, mano ◆ *vt* ~ **sth** (**in/with sth**) cubrir, bañar, rebozar algo (de algo) **coating** *n* capa, baño

coax /kəʊks/ *vt* ~ **sb into/out of** (**doing**) **sth**; ~ **sb to do sth** engatusar, persuadir a algn (para que haga/deje de hacer algo) PHR V **to coax sth out of/from sb** sonsacar algo a algn

cobble /ˈkɒbl/ (*tb* **cobblestone**) *n* adoquín

cobweb /ˈkɒbweb/ *n* telaraña

cocaine /kəʊˈkeɪn/ *n* cocaína

cock /kɒk/ ◆ *n* **1** gallo **2** macho ◆ *vt* **1** (*esp animales*) levantar (*pata, orejas*) **2** (*fusil*) montar

cockney /ˈkɒkni/ ◆ *adj* del este de Londres ◆ *n* **1** (*pl* **-eys**) nativo, -a del este de Londres **2** dialecto de éstos

cockpit /ˈkɒkpɪt/ *n* cabina (del piloto)

cocktail /ˈkɒkteɪl/ *n* **1** cóctel **2** ensalada de frutas **3** (*coloq, fig*) mezcla

cocoa /ˈkəʊkəʊ/ *n* **1** cacao **2** (*bebida*) chocolate

coconut /ˈkəʊkənʌt/ *n* coco

cocoon /kəˈkuːn/ *n* **1** (*gusano*) capullo **2** (*fig*) caparazón

cod /kɒd/ *n* (*pl* **cod**) bacalao

code /kəʊd/ *n* **1** código **2** (*mensaje*) clave: *code name* nombre de guerra

coercion /kəʊˈɜːʃn/ *n* coacción

coffee /ˈkɒfi; *USA* ˈkɔːfi/ *n* **1** café: *coffee bar/shop* cafetería **2** color café

coffin /ˈkɒfɪn; *USA* ˈkɔːfɪn/ *n* ataúd

cog /kɒg/ *n* **1** rueda dentada **2** (*de rueda dentada*) diente

cogent /ˈkəʊdʒənt/ *adj* contundente

coherent /kəʊˈhɪərənt/ *adj* **1** coherente **2** (*habla*) inteligible

coil /kɔɪl/ ◆ *n* **1** rollo, espiral **2** (*serpiente*) anillo **3** (*anticonceptivo*) diu ◆ **1** *vt* ~ **sth (up)** enrollar algo **2** *vt, vi* ~ **(yourself) up (around sth)** enroscarse (en algo)

coin /kɔɪn/ ◆ *n* moneda ◆ *vt* acuñar

coincide /ˌkəʊɪnˈsaɪd/ *vi* ~ **(with sth)** coincidir (con algo)

coincidence /kəʊˈɪnsɪdəns/ *n* **1** casualidad **2** (*formal*) coincidencia

coke /kəʊk/ *n* **1 Coke®** Coca-Cola® **2** (*coloq*) coca **3** coque

cold /kəʊld/ ◆ *adj* (**-er**, **-est**) frío ☛ *Ver nota en* FRÍO LOC **to be cold 1** (*persona*) tener frío **2** (*tiempo*) hacer frío **3** (*objeto*) estar frío **4** (*lugares, períodos de tiempo*) ser (muy) frío **to get cold 1** enfriarse **2** tomar frío **3** (*tiempo*) ponerse frío **to get/have cold feet** (*coloq*) tener chucho ◆ *n* **1** frío **2** resfriado: *to catch (a) cold* resfriarse ◆ *adv* de improviso

cold-blooded /ˌkəʊld ˈblʌdɪd/ *adj* **1** (*Biol*) de sangre fría **2** desalmado

collaboration /kəˌlæbəˈreɪʃn/ *n* **1** colaboración **2** colaboracionismo

collapse /kəˈlæps/ ◆ *vi* **1** derrumbarse, desplomarse **2** caer desmayado **3** (*negocio, etc*) hundirse **4** (*valor*) caer en picada **5** (*mueble, etc*) plegarse ◆ *n* **1** derrumbamiento **2** caída en picada **3** (*Med*) colapso

collar /ˈkɒlə(r)/ *n* **1** (*camisa, etc*) cuello **2** (*perro*) collar

collateral /kəˈlætərəl/ *n* garantía

colleague /ˈkɒliːg/ *n* colega, compañero, -a (*de profesión*)

collect /kəˈlekt/ ◆ **1** *vt* recoger: *collected works* obras completas **2** *vt* ~ **sth (up/together)** juntar, reunir algo **3** *vt* (*datos*) recopilar **4** *vt* (*fondos, impuestos*) recaudar **5** *vt* (*estampillas, monedas*) coleccionar **6** *vi* (*muchedumbre*) reunirse **7** *vi* (*polvo, agua*) acumularse ◆ *adj, adv* (*USA*) a cobrar LOC *Ver* REVERSE **collection** *n* **1** colección **2** recolección **3** (*en iglesia*) colecta **4** conjunto, grupo **collector** *n* coleccionista

collective /kəˈlektɪv/ *adj, n* colectivo cooperativa

college /ˈkɒlɪdʒ/ *n* **1** universidad *Ver tb* TECHNICAL COLLEGE **2** (*GB*) colegio universitario (*Oxford, Cambridge, etc*)

collide /kəˈlaɪd/ *vi* ~ **(with sth/sb)** chocar (con algo/algn)

colliery /ˈkɒliəri/ *n* (*pl* **-ies**) (*GB*) mina de carbón *Ver tb* COAL MINE

collision /kəˈlɪʒn/ *n* choque

collusion /kəˈluːʒn/ *n* confabulación

colon /ˈkəʊlən/ *n* **1** colon **2** dos puntos ☛ *Ver págs 312–3.*

colonel /ˈkɜːnl/ *n* coronel

colonial /kəˈləʊniəl/ *adj* colonial

colony /ˈkɒləni/ *n* [*v sing o pl*] (*pl* **-ies**) colonia

colossal /kəˈlɒsl/ *adj* colosal

colour (*USA* **color**) /ˈkʌlə(r)/ ◆ *n* **1** color: *colour-blind* daltónico **2 colours** [*pl*] (*equipo, partido, etc*) colores **3 colours** [*pl*] (*Mil*) bandera LOC **to be/feel off colour** (*coloq*) no sentirse bien ◆ *vt* **1** colorear, pintar **2** (*afectar*) marcar **3** (*juicio*) ofuscar PHR V **to colour sth in** colorear algo **to colour (up) (at sth)** ponerse colorado (ante algo) **coloured** (*USA* **colored**) *adj* **1** de colores: *cream-coloured* (de) color crema **2** (*pey*) (*persona*) de color **3** (*exagerado*) adornado **colourful** (*USA* **colorful**) *adj* **1** lleno de color, llamativo **2** (*personaje, vida*) interesante **colouring** (*USA* **coloring**) *n* **1** colorido **2** tez **3** colorante **colourless** (*USA* **colorless**) *adj* **1** incoloro, sin color **2** (*personaje, estilo*) gris

colt /kəʊlt/ *n* potro ☛ *Ver nota en* POTRO

column /ˈkɒləm/ *n* columna

coma /ˈkəʊmə/ *n* coma (*Med*)

comb /kəʊm/ ◆ *n* **1** peine **2** (*adorno*) peineta ◆ **1** *vt* peinar **2** *vt, vi* ~ **(through) sth (for sth/sb)** rastrear algo (en busca de algo/algn)

combat /ˈkɒmbæt/ ◆ *n* [*incontable*] combate ◆ *vt* combatir, luchar contra

combination /ˌkɒmbɪˈneɪʃn/ *n* combinación

combine /kəmˈbaɪn/ **1** *vt, vi* combinar(se) **2** *vi* ~ **with sth/sb** (*Com*) fusionarse con algo/algn **3** *vt* (*cualidades*) reunir

come /kʌm/ *vi* (*pret* **came** /keɪm/ *pp* **come**) **1** venir: *to come running* venir corriendo **2** llegar **3** recorrer **4** (*posición*) ser: *to come first* ser el/lo primero ◊ *It came as a surprise.* Fue una sorpresa. **5** (*resultar*): *to come undone* desatarse **6** ~ **to/into + sustantivo**: *to come to a halt* pararse ◊ *to come into a fortune* heredar una fortuna LOC **come what may** pase lo que pase **to come to nothing; not to come to anything** quedar en la nada **when it comes to (doing) sth** cuando se trata de (hacer) algo ☛ Para otras expresiones con **come**, véanse las entradas del sustantivo, adjetivo, etc, p.ej. **to come of age** en AGE.

PHR V **to come about (that…)** ocurrir, suceder (que…)

to come across sth/sb encontrar algo/ encontrarse con algn

to come along 1 aparecer, presentarse **2** venir también **3** *Ver* TO COME ON

to come apart deshacerse

to come away (from sth) desprenderse (de algo) **to come away (with sth)** marcharse, irse (con algo)

to come back volver

to come by sth 1 (*obtener*) conseguir algo **2** (*recibir*) adquirir algo

to come down 1 (*precios, temperatura*) bajar **2** desplomarse, venirse abajo

to come forward ofrecerse

to come from… ser de…: *Where do you come from?* ¿De dónde sos?

to come in 1 entrar: *Come in!* ¡Pase! **2** llegar **to come in for sth** (*crítica, etc*) recibir algo

to come off 1 (*mancha*) sacarse **2** (*pieza*): *Does it come off?* ¿Se puede sacar? **3** (*coloq*) tener éxito, resultar (*plan*) **to come off (sth)** caerse, desprenderse (de algo)

to come on 1 (*actor*) salir a la escena **2** (*tb* **to come along**) progresar

to come out 1 salir **2** ponerse de manifiesto **3** declararse homosexual **to come out with sth** largar algo, salir con algo

to come over (to…) (*tb* **to come round (to…)**) venir (a…) **to come over sb** invadir a algn: *I can't think what came over me.* No sé qué me pasó.

to come round (*tb* **to come to**) volver en sí **to come round (to…)** (*tb* **to come over (to…)**) venir (a…)

to come through (sth) sobrevivir (algo)

to come to sth 1 ascender a algo **2** llegar a algo

to come up 1 (*planta, sol*) salir **2** (*tema*) surgir **to come up against sth** tropezar con algo **to come up to sb** acercarse a algn

comeback /ˈkʌmbæk/ *n*: *to make/ stage a comeback* reaparecer en escena

comedian /kəˈmiːdiən/ *n* (*fem* **comedienne** /kəˌmiːdiˈen/) humorista, cómico, -a

comedy /ˈkɒmədi/ *n* (*pl* **-ies**) **1** comedia **2** comicidad

comet /ˈkɒmɪt/ *n* cometa

comfort /ˈkʌmfət/ ◆ *n* **1** bienestar, comodidad **2** consuelo **3 comforts** [*pl*] comodidades ◆ *vt* consolar

comfortable /ˈkʌmftəbl; *USA* -fərt-/ *adj* **1** cómodo **2** (*victoria*) fácil **3** (*mayoría*) amplio **comfortably** *adv* (*ganar*) cómodamente LOC **to be comfortably off** vivir bien

comic /ˈkɒmɪk/ ◆ *adj* cómico ◆ *n* **1** (*USA* **comic book**) historieta **2** humorista, cómico, -a

coming /ˈkʌmɪŋ/ ◆ *n* **1** llegada **2** (*Relig*) advenimiento ◆ *adj* próximo

comma /ˈkɒmə/ *n* coma (*Ortografía*) ☛ *Ver págs 312–3.*

command /kəˈmɑːnd; *USA* -ˈmænd/ ◆ **1** *vt* ordenar **2** *vt, vi* tener el mando (de) **3** *vt* (*recursos*) disponer de **4** *vt* (*vista*) tener **5** *vt* (*respeto*) infundir **6** *vt* (*atención*) llamar ◆ *n* **1** orden **2** (*Informát*) orden, comando **3** (*Mil*) mando **4** (*idioma*) dominio **commander** *n* **1** (*Mil*) comandante **2** jefe, -a

commemorate /kəˈmeməreɪt/ *vt* conmemorar

commence /kəˈmens/ *vt, vi* (*formal*) dar comienzo (a)

commend /kə'mend/ *vt* **1** elogiar **2** (*formal*) ~ **sb to sb** recomendar a algn a algn **commendable** *adj* meritorio, digno de mención

comment /'kɒment/ ◆ *n* **1** comentario **2** [*incontable*] comentarios: *'No comment.'* "Sin comentarios." ◆ *vi* **1** ~ (**that…**) comentar (que…) **2** ~ (**on sth**) hacer comentarios (sobre algo)

commentary /'kɒməntri; *USA* -teri/ *n* (*pl* **-ies**) **1** (*Dep*) comentarios **2** (*texto*) comentario

commentator /'kɒmen,teɪtə(r)/ *n* comentarista

commerce /'kɒmɜːs/ *n* comercio ☛ Se usa más la palabra **trade**.

commercial /kə'mɜːʃl/ ◆ *adj* **1** comercial **2** (*derecho*) mercantil **3** (*TV, Radio*) financiado por medio de la publicidad ☛ *Ver nota en* TELEVISION ◆ *n* aviso, propaganda

commission /kə'mɪʃn/ ◆ *n* **1** (*porcentaje, organismo*) comisión **2** encargo ◆ *vt* encargar

commissioner /kə'mɪʃənə(r)/ *n* comisionado (*a cargo de un departamento*)

commit /kə'mɪt/ (**-tt-**) **1** *vt* cometer **2** *vt* ~ **sth/sb to sth** entregar algo/a algn a algo: *to commit sth to memory* aprenderse algo de memoria **3** *v refl* ~ **yourself** (**to sth/to doing sth**) comprometerse (a algo/a hacer algo) ☛ *Comparar con* ENGAGED *en* ENGAGE **4** *v refl* ~ **yourself** (**on sth**) definirse (en algo) **commitment** *n* **1** ~ (**to sth/to do sth**) compromiso (con algo/de hacer algo) ☛ *Comparar con* ENGAGEMENT sentido 1 **2** entrega

committee /kə'mɪti/ *n* [*v sing o pl*] comité

commodity /kə'mɒdəti/ *n* (*pl* **-ies**) **1** producto **2** (*Fin*) mercancía

common /'kɒmən/ ◆ *adj* **1** corriente **2** ~ (**to sth/sb**) común (a algo/algn): *common sense* sentido común **3** (*pey*) ordinario, vulgar ☛ *Comparar con* ORDINARY LOC **in common** en común ◆ *n* **1** (*tb* **common land**) tierra comunal **2 the Commons** *Ver* THE HOUSE OF COMMONS **commonly** *adv* generalmente

commonplace /'kɒmənpleɪs/ *adj* normal

commotion /kə'məʊʃn/ *n* revuelo

communal /'kɒmjənl, kə'mjuːnl/ *adj* comunal

commune /'kɒmjuːn/ *n* [*v sing o pl*] comuna

communicate /kə'mjuːnɪkeɪt/ **1** *vt* ~ **sth** (**to sth/sb**) comunicar algo (a algo/algn) **2** *vi* ~ (**with sth/sb**) comunicarse (con algo/algn) **communication** *n* **1** comunicación **2** mensaje

communion /kə'mjuːniən/ (*tb* **Holy Communion**) *n* comunión

communiqué /kə'mjuːnɪkeɪ; *USA* kə,mjuːnə'keɪ/ *n* comunicado

communism /'kɒmjunɪzəm/ *n* comunismo **communist** *adj, n* comunista

community /kə'mjuːnəti/ *n* [*v sing o pl*] (*pl* **-ies**) **1** comunidad: *community centre* centro social **2** (*de expatriados*) colonia

commute /kə'mjuːt/ *vi* viajar para ir al trabajo **commuter** *n* persona que tiene que viajar para ir al trabajo

compact /kəm'pækt/ ◆ *adj* compacto ◆ /'kɒmpækt/ *n* (*tb* **powder compact**) polvera

compact disc *n* (*abrev* **CD**) disco compacto, CD

companion /kəm'pæniən/ *n* compañero, -a **companionship** *n* compañerismo

company /'kʌmpəni/ *n* (*pl* **-ies**) **1** compañía **2** [*v sing o pl*] (*Com*) compañía, empresa LOC **to keep sb company** hacer compañía a algn *Ver tb* PART

comparable /'kɒmpərəbl/ *adj* ~ (**to/with sth/sb**) comparable (a algo/algn)

comparative /kəm'pærətɪv/ *adj* **1** comparativo **2** relativo

compare /kəm'peə(r)/ **1** *vt* ~ **sth with/to sth** comparar algo con algo **2** *vi* ~ (**with sth/sb**) compararse (con algo/algn)

comparison /kəm'pærɪsn/ *n* ~ (**of sth and/to/with sth**) comparación (de algo con algo) LOC **there's no comparison** no hay punto de comparación

compartment /kəm'pɑːtmənt/ *n* compartimento

compass /'kʌmpəs/ *n* **1** brújula **2** (*tb* **compasses** [*pl*]) compás

compassion /kəm'pæʃn/ *n* compasión **compassionate** *adj* compasivo

compatible /kəm'pætəbl/ *adj* compatible

compel /kəm'pel/ *vt* (**-ll-**) (*formal*) **1** obligar **2** forzar **compelling** *adj*

1 irresistible 2 (*motivo*) apremiante 3 (*argumento*) convincente *Ver tb* COMPULSION

compensate /ˈkɒmpenseɪt/ 1 *vt, vi* ~ (**sb**) (**for sth**) compensar (a algn) (por algo) 2 *vt* ~ **sb** (**for sth**) indemnizar a algn (por algo) 3 *vi* ~ (**for sth**) contrarrestar (algo) **compensation** *n* 1 compensación 2 indemnización

compete /kəmˈpiːt/ *vi* 1 ~ (**against/with sb**) (**in sth**) (**for sth**) competir (con algn) (en algo) (por algo) 2 ~ (**in sth**) (*Dep*) tomar parte (en algo)

competent /ˈkɒmpɪtənt/ *adj* 1 ~ (**as/at/in sth**) competente (como/para/en algo) 2 ~ (**to do sth**) competente (para hacer algo) **competence** *n* aptitud, eficiencia

competition /ˌkɒmpəˈtɪʃn/ *n* 1 competición, concurso 2 ~ (**with sb/between ...**) (**for sth**) enfrentamiento (con algn/entre ...) (por algo) 3 **the competition** [*v sing o pl*] la competencia

competitive /kəmˈpetətɪv/ *adj* competitivo

competitor /kəmˈpetɪtə(r)/ *n* competidor, -ora, concursante *Ver tb* CONTESTANT *en* CONTEST

compile /kəmˈpaɪl/ *vt* compilar

complacency /kəmˈpleɪsnsi/ *n* ~ (**about sth/sb**) autosatisfacción (con algo/algn) **complacent** *adj* satisfecho de sí mismo

complain /kəmˈpleɪn/ *vi* 1 ~ (**to sb**) (**about/at/of sth**) quejarse (a algn) (de algo) 2 ~ (**that ...**) quejarse (de que ...) **complaint** *n* 1 queja, reclamo 2 (*Med*) afección

complement /ˈkɒmplɪmənt/ ◆ *n* 1 ~ (**to sth**) complemento (para algo) 2 dotación ◆ *vt* complementar ☛ *Comparar con* COMPLIMENT **complementary** /ˌkɒmplɪˈmentri/ *adj* ~ (**to sth**) complementario (a algo)

complete /kəmˈpliːt/ ◆ *vt* 1 completar 2 terminar 3 (*impreso*) completar, llenar ◆ *adj* 1 completo 2 total 3 (*éxito*) rotundo 4 terminado **completely** *adv* completamente, totalmente **completion** *n* 1 conclusión 2 formalización del contrato de venta (*de una casa*)

complex /ˈkɒmpleks/ ◆ *adj* complejo, complicado ◆ *n* complejo

complexion /kəmˈplekʃn/ *n* 1 tez, cutis 2 (*fig*) aire

compliance /kəmˈplaɪəns/ *n* obediencia: *in compliance with* conforme a

complicate /ˈkɒmplɪkeɪt/ *vt* complicar **complicated** *adj* complicado **complication** *n* complicación

compliment /ˈkɒmplɪmənt/ ◆ *n* 1 cumplido: *to pay sb a compliment* hacer un cumplido a algn 2 **compliments** [*pl*] (*formal*) saludos: *with the compliments of* con un atento saludo de ◆ *vt* ~ **sb** (**on sth**) felicitar a algn (por algo) ☛ *Comparar con* COMPLEMENT **complimentary** /ˌkɒmplɪˈmentri/ *adj* 1 elogioso, favorable 2 (*entrada, etc*) de regalo

comply /kəmˈplaɪ/ *vi* (*pret, pp* **complied**) ~ (**with sth**) obedecer (algo)

component /kəmˈpəʊnənt/ ◆ *n* 1 componente 2 (*Mec*) pieza ◆ *adj*: *component parts* partes integrantes

compose /kəmˈpəʊz/ 1 *vt* (*Mús*) componer 2 *vt* (*escrito*) redactar 3 *vt* (*pensamientos*) poner en orden 4 *v refl* ~ **yourself** serenarse **composed** *adj* sereno **composer** *n* compositor, -ora

composition /ˌkɒmpəˈzɪʃn/ *n* 1 composición 2 (*colegio*) redacción *Ver tb* ESSAY

compost /ˈkɒmpɒst/ *n* abono

composure /kəmˈpəʊʒə(r)/ *n* calma

compound /ˈkɒmpaʊnd/ ◆ *adj, n* compuesto ◆ *n* recinto ◆ /kəmˈpaʊnd/ *vt* agravar

comprehend /ˌkɒmprɪˈhend/ *vt* comprender (*en su totalidad*) *Ver tb* UNDERSTAND **comprehensible** *adj* ~ (**to sb**) entendible, comprensible, entendible (para algn) **comprehension** *n* comprensión

comprehensive /ˌkɒmprɪˈhensɪv/ *adj* global, completo

comprehensive school *n* (*GB*) escuela secundaria estatal

compress /kəmˈpres/ *vt* 1 comprimir 2 (*argumento, tiempo*) condensar **compression** *n* compresión

comprise /kəmˈpraɪz/ *vt* 1 constar de 2 formar

compromise /ˈkɒmprəmaɪz/ ◆ *n* acuerdo ◆ 1 *vi* ~ (**on sth**) llegar a un acuerdo (en algo) 2 *vt* comprometer **compromising** *adj* comprometedor

compulsion /kəmˈpʌlʃn/ *n* ~ (**to do sth**) 1 obligación (de hacer algo) 2 deseo irresistible (de hacer algo)

compulsive /kəmˈpʌlsɪv/ *adj* **1** (*libro*) absorbente **2** compulsivo **3** (*jugador*) empedernido

compulsory /kəmˈpʌlsəri/ *adj* **1** obligatorio **2** (*despido*) forzoso LOC **compulsory purchase** expropiación

computer /kəmˈpjuːtə(r)/ *n* computadora: *computer programmer* programador de computadoras ☛ *Ver dibujo en* COMPUTADORA **computerize, -ise** *vt* computarizar **computing** *n* informática

comrade /ˈkɒmreɪd; *USA* -ræd/ *n* **1** (*Pol*) camarada **2** compañero, -a

con /kɒn/ ◆ *n* (*coloq*) estafa: *con artist/man* estafador LOC *Ver* PRO ◆ *vt* (*coloq*) (**-nn-**) **to con sb** (**out of sth**) estafar a algn (en/por algo)

conceal /kənˈsiːl/ *vt* **1** ocultar **2** (*alegría*) disimular

concede /kənˈsiːd/ *vt* **1** conceder **2** ~ **that…** admitir que…

conceit /kənˈsiːt/ *n* vanidad **conceited** *adj* vanidoso

conceivable /kənˈsiːvəbl/ *adj* concebible **conceivably** *adv* posiblemente

conceive /kənˈsiːv/ *vt, vi* **1** concebir **2** ~ (**of**) **sth** imaginar algo

concentrate /ˈkɒnsntreɪt/ *vt, vi* concentrar(se) **concentration** *n* concentración

concept /ˈkɒnsept/ *n* concepto

conception /kənˈsepʃn/ *n* **1** concepción **2** idea

concern /kənˈsɜːn/ ◆ **1** *vt* tener que ver con: *as far as I am concerned* en cuanto a mí **2** *vt* referirse a **3** *v refl* ~ **yourself with sth** interesarse por algo **4** *vt* preocupar ◆ *n* **1** preocupación **2** interés **3** negocio **concerned** *adj* preocupado LOC **to be concerned with sth** tratar de algo **concerning** *prep* **1** acerca de **2** en lo que se refiere a

concert /ˈkɒnsət/ *n* concierto: *concert hall* sala de conciertos

concerted /kənˈsɜːtɪd/ *adj* **1** (*ataque*) coordinado **2** (*intento, esfuerzo*) conjunto

concerto /kənˈtʃɜːtəʊ/ *n* (*pl* ~**s**) concierto (*composición musical*)

concession /kənˈseʃn/ *n* **1** concesión **2** (*Fin*) desgravación

conciliation /kənˌsɪliˈeɪʃn/ *n* conciliación **conciliatory** /kənˈsɪliətəri/ *adj* conciliador

concise /kənˈsaɪs/ *adj* conciso

conclude /kənˈkluːd/ **1** *vt, vi* concluir **2** *vt* ~ **that…** llegar a la conclusión de que… **3** *vt* (*acuerdo*) concertar **conclusion** *n* conclusión LOC *Ver* JUMP

conclusive /kənˈkluːsɪv/ *adj* definitivo, decisivo

concoct /kənˈkɒkt/ *vt* **1** (*frec pey*) elaborar **2** (*pretexto*) inventar **3** (*plan, intriga*) tramar **concoction** *n* **1** mezcolanza **2** (*líquido*) mejunje

concord /ˈkɒŋkɔːd/ *n* concordia, armonía

concourse /ˈkɒŋkɔːs/ *n* foyer (*de edificio*)

concrete /ˈkɒŋkriːt/ ◆ *adj* concreto, tangible ◆ *n* hormigón

concur /kənˈkɜː(r)/ *vi* (**-rr-**) (*formal*) ~ (**with sth/sb**) (**in sth**) estar de acuerdo, coincidir (con algo/algn) (en algo) **concurrence** *n* acuerdo **concurrent** *adj* simultáneo **concurrently** *adv* al mismo tiempo

concussion /kənˈkʌʃn/ *n* conmoción cerebral

condemn /kənˈdem/ *vt* **1** ~ **sth/sb** (**for/as**) condenar algo/a algn (por) **2** ~ **sb** (**to sth/to do sth**) condenar a algn (a algo/a hacer algo) **3** (*edificio*) declarar en ruinas **condemnation** *n* condena

condensation /ˌkɒndenˈseɪʃn/ *n* **1** condensación **2** vaho **3** (*texto*) versión resumida

condense /kənˈdens/ *vt, vi* ~ (**sth**) (**into/to sth**) **1** condensar algo (en algo); condensarse (en algo) **2** resumir algo (en algo); resumirse (en algo)

condescend /ˌkɒndɪˈsend/ *vi* ~ **to do sth** dignarse a hacer algo

condition /kənˈdɪʃn/ ◆ *n* **1** estado, condición **2** *to be out of condition* no estar en forma **3** (*contrato*) requisito **4** **conditions** [*pl*] circunstancias, condiciones LOC **on condition** (**that…**) con la condición de que… **on no condition** (*formal*) bajo ningún concepto **on one condition** (*formal*) con una condición *Ver tb* MINT ◆ *vt* **1** condicionar, determinar **2** acondicionar **conditional** *adj* condicional: *to be conditional on/upon sth* depender de algo **conditioner** *n* suavizante

condolence /kənˈdəʊləns/ *n* [*gen pl*]

condolencia: *to give/send your condolences* dar el pésame

condom /ˈkɒndɒm/ *n* preservativo, condón

condone /kənˈdəʊn/ *vt* **1** perdonar **2** (*abuso*) sancionar

conducive /kənˈdjuːsɪv; *USA* -ˈduːs-/ *adj* ~ **to sth** propicio para algo

conduct /ˈkɒndʌkt/ ◆ *n* **1** conducta **2** ~ **of sth** gestión de algo ◆ /kənˈdʌkt/ **1** *vt* guiar **2** *vt* dirigir **3** *vt* (*investigación*) llevar a cabo **4** *vt* (*orquesta*) dirigir **5** *v refl* ~ **yourself** (*formal*) comportarse **6** *vt* (*Electrón*) conducir **conductor** *n* **1** (*Mús*) director, -ora **2** (*GB*) (*colectivo*) cobrador, -ora

Para referirnos al conductor de un colectivo, decimos **driver**.

3 (*USA*) (*GB* **guard**) (*Ferrocarril*) guarda de tren **4** (*Electrón*) conductor

cone /kəʊn/ *n* **1** cono **2** (*helado*) cucurucho **3** (*Bot*) piña (*de pino, etc*)

confectionery /kənˈfekʃənəri/ *n* [*incontable*] **1** productos de confitería **2** golosinas

confederation /kənˌfedəˈreɪʃn/ *n* confederación

confer /kənˈfɜː(r)/ *vi* (**-rr-**) **1** deliberar **2** ~ **with sb** consultar a algn **3** ~ **sth (on)** (*título, etc*) conceder algo (a)

conference /ˈkɒnfərəns/ *n* **1** congreso: *conference hall* sala de conferencias ☛ *Comparar con* LECTURE **2** (*discusión*) reunión

confess /kənˈfes/ **1** *vt* confesar **2** *vi* confesarse: *to confess to sth* confesar algo **confession** *n* **1** confesión **2** (*crimen*) declaración de culpabilidad

confide /kənˈfaɪd/ *vt* ~ **sth to sb** confiar secretos, etc a algn PHR V **to confide in sb** hacer confidencias a algn

confidence /ˈkɒnfɪdəns/ *n* **1** ~ **(in sth/sb)** confianza (en algo/algn): *confidence trick* estafa **2** confidencia LOC **to take sb into your confidence** hacer confidencias a algn *Ver tb* BREACH, STRICT, VOTE **confident** *adj* **1** seguro (de sí mismo) **2** *to be confident of sth* confiar en algo ◊ *to be confident that...* estar seguro de que... **confidential** /ˌkɒnfɪˈdenʃl/ *adj* **1** confidencial **2** (*tono, etc*) de confianza **confidently** *adv* con toda seguridad

confine /kənˈfaɪn/ *vt* **1** encerrar, recluir: *to be confined to bed* tener que guardar cama **2** limitar **confined** *adj* limitado (*espacio*) **confinement** *n* confinamiento, reclusión LOC *Ver* SOLITARY

confines /ˈkɒnfaɪnz/ *n* [*pl*] (*formal*) límites

confirm /kənˈfɜːm/ *vt* confirmar **confirmed** *adj* empedernido

confirmation /ˌkɒnfəˈmeɪʃn/ *n* confirmación

confiscate /ˈkɒnfɪskeɪt/ *vt* confiscar

conflict /ˈkɒnflɪkt/ ◆ *n* conflicto ◆ /kənˈflɪkt/ *vi* ~ **(with sth)** discrepar (de algo) **conflicting** *adj* discrepante: *conflicting evidence* pruebas contradictorias

conform /kənˈfɔːm/ *vi* **1** ~ **to sth** atenerse a algo **2** seguir las reglas **3** ~ **with/to sth** ajustarse a algo **conformist** *n* conformista **conformity** (*formal*) *n* conformidad: *in conformity with* de conformidad con

confront /kənˈfrʌnt/ *vt* hacer frente a, enfrentarse con: *They confronted him with the facts.* Le hicieron afrontar los hechos. **confrontation** *n* enfrentamiento

confuse /kənˈfjuːz/ *vt* **1** ~ **sth/sb with sth/sb** confundir algo/a algn con algo/algn **2** (*persona*) desorientar **3** (*asunto*) complicar **confused** *adj* **1** confuso **2** (*persona*) desorientado: *to get confused* desorientarse/ofuscarse **confusing** *adj* confuso ☛ *Comparar con* CONFUSO **confusion** *n* confusión

congeal /kənˈdʒiːl/ *vi* coagularse

congenial /kənˈdʒiːniəl/ *adj* agradable LOC **congenial to sb** atractivo para algn **congenial to sth** propicio para algo

congenital /kənˈdʒenɪtl/ *adj* congénito

congested /kənˈdʒestɪd/ *adj* ~ **(with sth)** congestionado (de algo) **congestion** *n* colapso, congestión

conglomerate /kənˈglɒmərət/ *n* grupo (*de empresas*)

congratulate /kənˈgrætʃuleɪt/ *vt* ~ **sb (on)** felicitar a algn (por) **congratulation** *n* felicitación LOC **congratulations!** ¡felicitaciones!

congregate /ˈkɒŋgrɪgeɪt/ *vi* congregarse **congregation** *n* [*v sing o pl*] feligreses

congress /ˈkɒŋgres; *USA* -grəs/ *n*

[*v sing o pl*] congreso **congressional** /kən'greʃənl/ *adj* del congreso

conical /'kɒnɪkl/ *adj* cónico

conifer /'kɒnɪfə(r)/ *n* conífera

conjecture /kən'dʒektʃə(r)/ *n* **1** conjetura **2** [*incontable*] conjeturas

conjunction /kən'dʒʌŋkʃn/ *n* (*Gram*) conjunción LOC **in conjunction with** conjuntamente con

conjure /'kʌndʒə(r)/ *vi* hacer juegos de manos PHR V **to conjure sth up 1** (*imagen, etc*) evocar algo **2** hacer aparecer algo como por arte de magia **3** (*espíritu*) invocar **conjurer** *n* mago, -a

connect /kə'nekt/ **1** *vt, vi* (*gen, Electrón*) conectar(se) **2** *vt* (*cuartos*) comunicar **3** *vt* emparentar: *connected by marriage* emparentados políticamente **4** *vt* ~ **sth/sb** (**with sth/sb**) relacionar algo/a algn (con algo/algn) **5** *vt* ~ **sb** (**with sb**) (*teléf*) comunicar, conectar a algn (con algn) **connection** *n* **1** conexión **2** relación **3** (*transporte*) transbordo LOC **in connection with** en relación con **to have connections** tener conexiones, contactos

connoisseur /ˌkɒnə'sɜː(r)/ *n* experto, -a

conquer /'kɒŋkə(r)/ *vt* **1** conquistar **2** vencer, derrotar **conqueror** *n* **1** conquistador, -ora **2** vencedor, -ora

conquest /'kɒŋkwest/ *n* conquista

conscience /'kɒnʃəns/ *n* (*moral*) conciencia LOC **to have sth on your conscience** tener algo sobre la conciencia *Ver tb* EASE

conscientious /ˌkɒnʃi'enʃəs/ *adj* concienzudo: *conscientious objector* objetor de conciencia

conscious /'kɒnʃəs/ *adj* **1** consciente **2** (*esfuerzo, decisión*) deliberado **consciously** *adv* deliberadamente **consciousness** *n* **1** conocimiento **2 consciousness** (**of sth**) conciencia (de algo)

conscript /'kɒnskrɪpt/ *n* conscripto, -a **conscription** *n* conscripción, colimba

consecrate /'kɒnsɪkreɪt/ *vt* consagrar

consecutive /kən'sekjətɪv/ *adj* consecutivo

consent /kən'sent/ ◆ *vi* ~ (**to sth**) acceder (a algo) ◆ *n* consentimiento LOC *Ver* AGE

consequence /'kɒnsɪkwəns; *USA* -kwens/ *n* **1** [*gen pl*] consecuencia: *a*/*in consequence of sth* a consecuencia de algo **2** (*formal*) importancia

consequent /'kɒnsɪkwənt/ *adj* (*formal*) **1** consiguiente **2** ~ **on/upon sth** que resulta de algo **consequently** *adv* por consiguiente

conservation /ˌkɒnsə'veɪʃn/ *n* conservación, ahorro: *conservation area* zona protegida

conservative /kən'sɜːvətɪv/ ◆ *adj* **1** conservador **2 Conservative** (*Pol*) conservador *Ver tb* TORY ◆ *n* conservador, -ora

conservatory /kən'sɜːvətri; *USA* -tɔːri/ *n* (*pl* **-ies**) **1** patio de invierno **2** (*Mús*) conservatorio

conserve /kən'sɜːv/ *vt* **1** conservar **2** (*energía*) ahorrar **3** (*fuerzas*) reservar **4** (*naturaleza*) proteger

consider /kən'sɪdə(r)/ *vt* **1** considerar: *to consider doing sth* pensar en hacer algo **2** tener en cuenta

considerable /kən'sɪdərəbl/ *adj* considerable **considerably** *adv* bastante

considerate /kən'sɪdərət/ *adj* ~ (**towards sth/sb**) considerado (con algo/algn)

consideration /kənˌsɪdə'reɪʃn/ *n* **1** consideración: *It is under consideration.* Lo están considerando. **2** factor LOC **to take sth into consideration** tener algo en cuenta

considering /kən'sɪdərɪŋ/ *conj* teniendo en cuenta

consign /kən'saɪn/ *vt* ~ **sth/sb** (**to sth**) abandonar algo/a algn (a/en algo): *consigned to oblivion* dejado en el olvido **consignment** *n* **1** envío **2** pedido

consist /kən'sɪst/ PHR V **to consist of sth** consistir en algo, estar formado de algo

consistency /kən'sɪstənsi/ *n* (*pl* **-ies**) **1** consistencia **2** (*actitud*) coherencia

consistent /kən'sɪstənt/ *adj* **1** (*persona*) consecuente **2** ~ (**with sth**) en concordancia (con algo) **consistently** *adv* **1** constantemente **2** (*actuar*) consecuentemente

consolation /ˌkɒnsə'leɪʃn/ *n* consuelo

console /kən'səʊl/ *vt* consolar

consolidate /kən'sɒlɪdeɪt/ *vt, vi* consolidar(se)

consonant /'kɒnsənənt/ *n* consonante

consortium /kən'sɔːtiəm; *USA* -'sɔːrʃɪəm/ *n* (*pl* **-tia** /-tɪə; *USA* -ʃɪə/) consorcio

conspicuous /kən'spɪkjuəs/ *adj* **1** llamativo: *to make yourself conspicuous* llamar la atención **2** (*irón*) **to be ~ for sth** distinguirse por algo **3** visible LOC **to be conspicuous by your/its absence** brillar algn/algo por su ausencia **conspicuously** *adv* notablemente

conspiracy /kən'spɪrəsi/ *n* (*pl* **-ies**) **1** conspiración **2** conjura **conspiratorial** /kənˌspɪrə'tɔːriəl/ *adj* conspirador

conspire /kən'spaɪə(r)/ *vi* conspirar

constable /'kʌnstəbl; *USA* 'kɒn-/ *n* (agente de) policía

constant /'kɒnstənt/ ◆ *adj* **1** constante, continuo **2** (*amigo, seguidor, etc*) fiel ◆ *n* constante **constantly** *adv* constantemente

constipated /'kɒnstɪpeɪtɪd/ *adj* constipado

constipation /ˌkɒnstɪ'peɪʃn/ *n* constipación

constituency /kən'stɪtjuənsi/ *n* (*pl* **-ies**) **1** distrito electoral **2** votantes

constituent /kən'stɪtjuənt/ *n* **1** (*Pol*) elector, -ora **2** componente

constitute /'kɒnstɪtjuːt/ *vt* constituir

constitution /ˌkɒnstɪ'tjuːʃn; *USA* -'tuːʃn/ *n* constitución **constitutional** *adj* constitucional

constraint /kən'streɪnt/ *n* **1** coacción **2** limitación

constrict /kən'strɪkt/ *vt* **1** apretar **2** limitar

construct /kən'strʌkt/ *vt* construir ☛ La palabra más corriente es **build**. **construction** *n* construcción

construe /kən'struː/ *vt* interpretar

consul /'kɒnsl/ *n* cónsul

consulate /'kɒnsjələt; *USA* -səl-/ *n* consulado

consult /kən'sʌlt/ *vt, vi* consultar: *consulting room* consultorio **consultant** *n* **1** asesor, -ora **2** (*Med*) especialista **consultancy** *n* asesoría **consultation** *n* consulta

consume /kən'sjuːm; *USA* -'suːm/ *vt* consumir: *He was consumed with envy.* Se moría de envidia. **consumer** *n* consumidor, -ora

consummate /kən'sʌmət/ ◆ *adj* (*formal*) **1** consumado **2** (*habilidad, etc*) extraordinario ◆ /'kɒnsəmeɪt/ *vt* (*formal*) **1** culminar **2** (*matrimonio*) consumar

consumption /kən'sʌmpʃn/ *n* **1** consumo **2** (*antic, Med*) tuberculosis

contact /'kɒntækt/ ◆ *n* (*gen, Electrón*) contacto: *contact lens* lente de contacto LOC **to make contact (with sth/sb)** ponerse en contacto (con algo/algn) ◆ *vt* ponerse en contacto con

contagious /kən'teɪdʒəs/ *adj* contagioso

contain /kən'teɪn/ *vt* contener: *to contain yourself* contenerse **container** *n* **1** recipiente **2** contenedor: *container lorry/ship* camión/buque contenedor

container

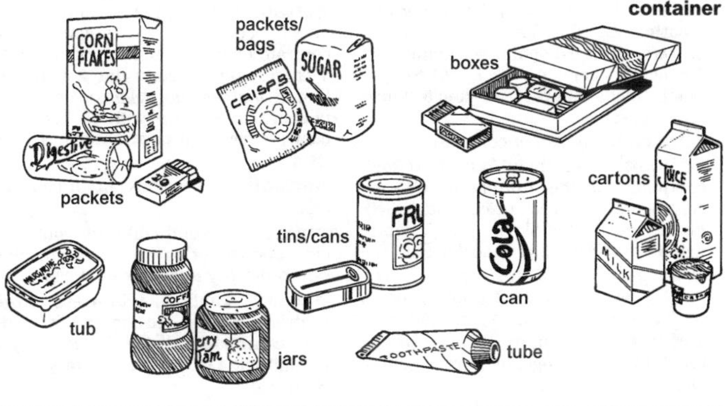

contaminate /kən'tæmmeɪt/ *vt* contaminar

contemplate /'kɒntəmpleɪt/ **1** *vt, vi* contemplar, meditar (sobre) **2** *vt* considerar: *to contemplate doing sth* considerar la idea de hacer algo

contemporary /kən'temprəri; *USA* -pəreri/ ◆ *adj* **1** contemporáneo **2** de la época ◆ *n* (*pl* **-ies**) contemporáneo, -a

contempt /kən'tempt/ *n* **1** desprecio **2** (*tb* **contempt of court**) desacato (al tribunal) LOC **beneath contempt** despreciable *Ver tb* HOLD **contemptible** *adj* despreciable **contemptuous** *adj* desdeñoso, despectivo

contend /kən'tend/ **1** *vi* ~ **with sth** luchar contra algo: *She's had a lot of problems to contend with.* Tuvo que enfrentarse con muchos problemas. **2** *vi* ~ (**for sth**) competir, luchar (por algo) **3** *vt* afirmar **contender** *n* contendiente

content[1] /'kɒntent/ (*tb* **contents** [*pl*]) *n* contenido: *table of contents* índice de materias

content[2] /kən'tent/ ◆ *adj* ~ (**with sth/to do sth**) contento (con algo/con hacer algo); satisfecho con algo ◆ *v refl* ~ **yourself with sth** contentarse con algo con **contented** *adj* satisfecho **contentment** *n* contento, satisfacción

contention /kən'tenʃn/ *n* **1** contienda: *the teams in contention for...* los equipos en la contienda por... **2** controversia LOC *Ver* BONE

contentious /kən'tenʃəs/ *adj* **1** polémico **2** camorrero, -a

contest /kən'test/ ◆ *vt* **1** (*afirmación*) rebatir **2** (*decisión*) impugnar **3** (*premio, escaño*) disputar ◆ /'kɒntest/ *n* **1** concurso, competición **2** (*fig*) competición, lucha **contestant** /kən'testənt/ *n* concursante

context /'kɒntekst/ *n* contexto

continent /'kɒntɪnənt/ *n* **1** (*Geog*) continente **2 the Continent** (*GB*) el continente europeo (*excluyendo GB*) **continental** /ˌkɒntɪ'nentl/ *adj* continental: *continental quilt* acolchado

contingency /kən'tɪndʒənsi/ *n* (*pl* **-ies**) **1** eventualidad **2** contingencia: *contingency plan* plan de emergencia

contingent /kən'tɪndʒənt/ *n* [*v sing o pl*] **1** (*Mil*) contingente **2** representación

continual /kən'tɪnjuəl/ *adj* continuo **continually** *adv* continuamente

> **¿Continual o continuous? Continual** y **continually** suelen emplearse para describir acciones que se repiten sucesivamente y a menudo tienen un matiz negativo: *His continual phone calls started to annoy her.* Sus continuas llamadas empezaban a molestarla. **Continuous** y **continuously** se usan para describir acciones ininterrumpidas: *There has been a continuous improvement in his work.* Su trabajo muestra una mejora constante. ◊ *It has rained continuously here for three days.* Hace tres días que llueve sin parar.

continuation /kənˌtɪnju'eɪʃn/ *n* continuación

continue /kən'tɪnjuː/ *vt, vi* continuar, seguir: *to continue doing sth/to do sth* continuar haciendo algo **continued** *adj* continuo **continuing** *adj* continuado

continuity /ˌkɒntɪ'njuːəti; *USA* -'nuː-/ *n* continuidad

continuous /kən'tɪnjuəs/ *adj* constante, continuo **continuously** *adv* continuamente, sin parar ☛ *Ver nota en* CONTINUAL

contort /kən'tɔːt/ **1** *vt* (re)torcer **2** *vi* contorsionarse, retorcerse

contour /'kɒntʊə(r)/ *n* contorno

contraband /'kɒntrəbænd/ *n* contrabando

contraception /ˌkɒntrə'sepʃn/ *n* anticoncepción **contraceptive** *adj, n* anticonceptivo

contract /'kɒntrækt/ ◆ *n* contrato LOC **under contract (to sth/sb)** bajo contrato (con algo/algn) ◆ /kən'trækt/ **1** *vt* (*trabajador*) contratar **2** *vt* (*enfermedad, matrimonio, deudas*) contraer **3** *vi* contraerse **4** *vi* ~ **with sb** hacer un contrato con algn **contractor** *n* contratista

contraction /kən'trækʃən/ *n* contracción

contradict /ˌkɒntrə'dɪkt/ *vt* contradecir **contradiction** *n* contradicción **contradictory** *adj* contradictorio

contrary /'kɒntrəri; *USA* -treri/ ◆ *adj* contrario ◆ *adv* ~ **to sth** en contra de algo; contrario a algo ◆ **the contrary** *n* lo contrario LOC **on the contrary** por el contrario

contrast /kən'trɑːst; *USA* -'træst/ ◆ *vt, vi* ~ (**A and/with B**) contrastar (A con B) ◆ /'kɒntrɑːst; *USA* -træst/ *n* contraste

contribute /kən'trɪbjuːt/ **1** *vt, vi* contribuir **2** *vt, vi* ~ (**sth**) **to sth** (*artículo*) escribir (algo) para algo **3** *vi* ~ **to sth** (*debate*) participar en algo **contributor** *n* **1** contribuyente **2** (*publicación*) colaborador, -ora **contributory** *adj* **1** que contribuye **2** (*plan de jubilación*) contributivo

contribution /ˌkɒntrɪ'bjuːʃn/ *n* **1** contribución, aporte **2** (*publicación*) artículo

control /kən'trəʊl/ ◆ *n* **1** control, mando, dominio: *to be in control of sth* tener el control de algo/tener algo bajo control **2 controls** [*pl*] mandos LOC **to be out of control 1** estar fuera de control: *Her car went out of control.* Perdió el control del auto. **2** (*persona*) rebelarse ◆ **1** *vt* controlar, tener el mando de **2** *vt* (*auto*) manejar **3** *v refl* ~ **yourself** dominarse **4** *vt* (*ley*) regular **5** *vt* (*gastos, inflación*) contener

controversial /ˌkɒntrə'vɜːʃl/ *adj* controvertido, polémico

controversy /'kɒntrəvɜːsi, kən'trɒvəsi/ *n* (*pl* **-ies**) ~ (**about/over sth**) controversia (acerca de algo)

convene /kən'viːn/ **1** *vt* convocar **2** *vi* reunirse

convenience /kən'viːniəns/ *n* **1** comodidad: *public conveniences* baños públicos **2** conveniencia

convenient /kən'viːniənt/ *adj* **1** *if it's convenient* (*for you*) si te viene bien **2** (*momento*) oportuno **3** práctico **4** (*accesible*) a mano **5** ~ **for sth** bien situado en relación con algo **conveniently** *adv* oportunamente (*tb irón*)

convent /'kɒnvənt; *USA* -vent/ *n* convento

convention /kən'venʃn/ *n* **1** congreso **2** convencionalismo **3** (*acuerdo*) convención **conventional** *adj* convencional LOC **conventional wisdom** sabiduría popular

converge /kən'vɜːdʒ/ *vi* **1** converger **2** ~ (**on sth**) (*personas*) juntarse (en algo) **convergence** *n* convergencia

conversant /kən'vɜːsnt/ *adj* (*formal*) ~ **with sth** versado en algo: *to become conversant with* familiarizarse con

conversation /ˌkɒnvə'seɪʃn/ *n* conversación: *to make conversation* dar conversación

converse[1] /kən'vɜːs/ *vi* (*formal*) conversar

converse[2] /'kɒnvɜːs/ **the converse** *n* lo contrario **conversely** *adv* a la inversa

conversion /kən'vɜːʃn; *USA* kən'vɜːrʒn/ *n* ~ (**from sth**) (**into/to sth**) conversión (de algo) (en/a algo)

convert /kən'vɜːt/ ◆ *vt, vi* **1** ~ (**sth**) (**from sth**) (**into/to sth**) convertir algo (de algo) (en algo); convertirse (de algo) (en algo): *The sofa converts* (*in*)*to a bed.* El sofá se hace cama. **2** ~ (**sb**) (**from sth**) (**to sth**) (*Relig*) convertir a algn (de algo) (a algo); convertirse (de algo) (a algo) ◆ /'kɒnvɜːt/ *n* ~ (**to sth**) converso, -a (a algo)

convertible /kən'vɜːtəbl/ ◆ *adj* ~ (**into/to sth**) convertible (en algo) ◆ *n* convertible (*auto*)

convey /kən'veɪ/ *vt* **1** (*formal*) llevar, transportar **2** (*idea, agradecimiento*) expresar **3** (*saludos*) enviar **4** (*propiedad*) traspasar **conveyor** (*tb* **conveyor belt**) *n* cinta transportadora

convict /kən'vɪkt/ ◆ *vt* ~ **sb** (**of sth**) declarar culpable a algn (de algo) ◆ /'kɒnvɪkt/ *n* presidiario, -a: *an escaped convict* un preso fugado **conviction** *n* **1** ~ (**for sth**) condena (por algo) **2** ~ (**that...**) convicción (de que...): *to lack conviction* no ser convincente

convince /kən'vɪns/ *vt* **1** ~ **sb** (**that.../of sth**) convencer a algn (de que.../de algo) **2** (*esp USA*) determinar **convinced** *adj* convencido **convincing** *adj* convincente

convulse /kən'vʌls/ *vt* convulsionar: *convulsed with laughter* muerto de risa **convulsion** *n* [*gen pl*] convulsión

cook /kʊk/ ◆ **1** *vi* (*persona*) cocinar, hacer la comida **2** *vi* (*comida*) cocinar **3** *vt* preparar: *The potatoes aren't cooked.* Las papas no están cocinadas. LOC **to cook the books** (*coloq, pey*) falsificar los libros de contabilidad PHR V **to cook sth up** (*coloq*): *to cook up an excuse* inventarse una excusa ◆ *n* cocinero, -a

cooker /'kʊkə(r)/ *n* cocina (*aparato*) *Ver tb* STOVE

cookery /'kʊkəri/ *n* [*incontable*]

cocina: *Oriental cookery* la cocina oriental

cooking /ˈkʊkɪŋ/ *n* [*incontable*] cocina: *French cooking* la cocina francesa ◊ *to do the cooking* hacer la comida ◊ *cooking apple* manzana para cocinar

cool /kuːl/ ◆ *adj* (**-er**, **-est**) **1** fresco ☛ *Ver nota en* FRÍO **2** (*coloq*) impasible **3** ~ (**about sth/towards sb**) indiferente (a algo/algn) **4** (*acogida*) frío LOC **to keep/stay cool** no perder la calma: *Keep cool!* ¡Tranquilo! ◆ *vt*, *vi* ~ (**sth**) (**down/off**) enfriarse, enfriar algo PHR V **to cool (sb) down/off** calmarse, calmar a algn ◆ **the cool** *n* [*incontable*] el fresco LOC **to keep/lose your cool** (*coloq*) mantener/perder la calma

cooperate /kəʊˈɒpəreɪt/ *vi* **1** ~ (**with sb**) (**in doing/to do sth**) cooperar (con algn) (para hacer algo) **2** ~ (**with sb**) (**on sth**) cooperar (con algn) (en algo) **3** colaborar **cooperation** *n* **1** cooperación **2** colaboración

cooperative /kəʊˈɒpərətɪv/ ◆ *adj* **1** cooperativo **2** dispuesto a colaborar ◆ *n* cooperativa

coordinate /kəʊˈɔːdɪnəɪt/ *vt* coordinar

cop /kɒp/ *n* (*coloq*) cana (*policía*)

cope /kəʊp/ *vi* ~ (**with sth**) arreglárselas (con algo); hacer frente a algo: *I can't cope.* No puedo más.

copious /ˈkəʊpiəs/ *adj* (*formal*) copioso, abundante

copper /ˈkɒpə(r)/ *n* **1** cobre **2** (*coloq*, *GB*) cana (*policía*)

copy /ˈkɒpi/ ◆ *n* (*pl* **copies**) **1** copia **2** (*libro, disco, etc*) ejemplar **3** (*revista, etc*) número **4** texto (*para imprimir*) ◆ *vt* (*pret, pp* **copied**) **1** ~ **sth** (**down/out**) (**in/into sth**) copiar algo (en algo) **2** fotocopiar **3** ~ **sth/sb** copiar, imitar algo/a algn

copyright /ˈkɒpiraɪt/ ◆ *n* derechos de autor, copyright ◆ *adj* registrado, protegido por los derechos de autor

coral /ˈkɒrəl; *USA* ˈkɔːrəl/ ◆ *n* coral ◆ *adj* de coral, coralino

cord /kɔːd/ *n* **1** cordón **2** (*USA*) *Ver* FLEX **3** (*coloq*) corderoy **4 cords** [*pl*] pantalón de corderoy

cordon /ˈkɔːdn/ ◆ *n* cordón ◆ PHR V **to cordon sth off** acordonar algo

corduroy /ˈkɔːdərɔɪ/ *n* corderoy

core /kɔː(r)/ *n* **1** (*fruta*), corazón **2** centro, núcleo: *a hard core* un núcleo arraigado LOC **to the core** hasta la médula

cork /kɔːk/ *n* corcho

corkscrew /ˈkɔːkskruː/ *n* sacacorchos

corn /kɔːn/ *n* **1** (*GB*) cereal **2** (*USA*) maíz **3** callo

corner /ˈkɔːnə(r)/ ◆ *n* **1** (*desde dentro*) rincón **2** (*desde fuera*) esquina **3** (*tb* **corner kick**) córner, tiro de esquina LOC (**just**) **round the corner** a la vuelta de la esquina ◆ **1** *vt* acorralar **2** *vi* tomar una curva **3** *vt* monopolizar: *to corner the market in sth* monopolizar el mercado de algo

cornerstone /ˈkɔːnəstəʊn/ *n* piedra angular

cornflour /ˈkɔːnflaʊə(r)/ *n* maicena®

corollary /kəˈrɒləri; *USA* ˈkɒrəleri/ *n* ~ (**of/to sth**) (*formal*) corolario (de algo)

coronation /ˌkɒrəˈneɪʃn; *USA* ˌkɔːr-/ *n* coronación

coroner /ˈkɒrənə(r); *USA* ˈkɔːr-/ *n* juez de instrucción (*en casos de muerte violenta o accidentes*)

corporal /ˈkɔːpərəl/ ◆ *n* (*Mil*) cabo ◆ *adj*: *corporal punishment* castigo corporal

corporate /ˈkɔːpərət/ *adj* **1** colectivo **2** corporativo

corporation /ˌkɔːpəˈreɪʃn/ *n* [*v sing o pl*] **1** intendencia, municipalidad **2** corporación

corps /kɔː(r)/ *n* [*v sing o pl*] (*pl* **corps** /kɔːz/) cuerpo

corpse /kɔːps/ *n* cadáver

correct /kəˈrekt/ ◆ *adj* correcto: *Would I be correct in saying…?* ¿Me equivoco si digo…? ◆ *vt* corregir

correlation /ˌkɒrəˈleɪʃn; *USA* ˌkɔːr-/ *n* ~ (**with sth**)/(**between** …) correlación (con algo)/(entre …)

correspond /ˌkɒrəˈspɒnd; *USA* ˌkɔːr-/ *vi* **1** ~ (**with sth**) coincidir (con algo) **2** ~ (**to sth**) equivaler (a algo) **3** ~ (**with sb**) cartearse (con algn) **correspondence** *n* correspondencia **correspondent** *n* corresponsal **corresponding** *adj* correspondiente

corridor /ˈkɒrɪdɔː(r); *USA* ˈkɔːr-/ *n* pasillo

corrosion /kəˈrəʊʒn/ *n* corrosión

corrugated /ˈkɒrəgeɪtɪd/ *adj* corrugado

corrupt /kəˈrʌpt/ ◆ *adj* **1** corrupto,

deshonesto **2** degenerado ◆ *vt* corromper, sobornar **corruption** *n* corrupción

cosmetic /kɒzˈmetɪk/ *adj* cósmetico: *cosmetic surgery* cirugía estética **cosmetics** *n* [*pl*] cosméticos

cosmopolitan /ˌkɒzməˈpɒlɪtən/ *adj, n* cosmopolita

cost /kɒst; *USA* kɔːst/ ◆ *vt* **1** (*pret, pp* **cost**) costar, valer **2** (*pret, pp* **costed**) (*Com*) presupuestar LOC **to cost a bomb** costar un platal *Ver tb* EARTH ◆ *n* **1** costo: *whatever the cost* cueste lo que cueste ◊ *cost-effective* rentable *Ver tb* PRICE **2 costs** [*pl*] costos, gastos LOC **at all costs** a toda costa *Ver tb* COUNT **costly** *adj* (**-ier**, **-iest**) costoso

costume /ˈkɒstjuːm; *USA* -tuːm/ *n* **1** traje **2 costumes** [*pl*] (*Teat*) vestuario

cosy (*USA* **cozy**) /ˈkəʊzi/ *adj* (**-ier**, **-iest**) acogedor

cot /kɒt/ *n* **1** (*USA* **crib**) cuna **2** (*USA*) catre

cottage /ˈkɒtɪdʒ/ *n* casita (*de campo*) ☛ *Ver pág 315.*

cotton /ˈkɒtn/ *n* **1** algodón **2** hilo (*de algodón*)

cotton wool *n* [*incontable*] algodón

couch /kaʊtʃ/ ◆ *n* diván, sofá ◆ *vt* (*formal*) ~ **sth (in sth)** expresar algo (en algo)

cough /kɒf; *USA* kɔːf/ ◆ **1** *vi* toser **2** *vt* ~ **sth up** escupir algo PHR V **to cough (sth) up** (*GB, coloq*) soltar (algo) ◆ *n* tos

could *pret de* CAN[2]

council /ˈkaʊnsl/ *n* [*v sing o pl*] **1** consejo municipal, municipalidad: *council flat/house* vivienda de alquiler económico perteneciente a la municipalidad **2** consejo **councillor** (*USA tb* **councilor**) *n* concejal, -ala

counsel /ˈkaʊnsl/ ◆ *n* **1** (*formal*) consejo *Ver tb* ADVICE **2** (*pl* **counsel**) abogado, -a ☛ *Ver nota en* ABOGADO ◆ *vt* (**-ll-**, *USA* **-l-**) (*formal*) aconsejar **counselling** (*USA tb* **counseling**) *n* asesoramiento, orientación **counsellor** (*USA tb* **counselor**) *n* **1** asesor, -ora, consejero, -a **2** (*USA o Irl*) abogado, -a

count[1] /kaʊnt/ **1** *vt, vi* ~ **(sth) (up)** contar (algo) **2** *vi* ~ **(as sth)** contar (como algo) **3** *vi* ~ **(for sth)** importar, contar (para algo) **4** *vi* valer **5** *v refl*: *to count yourself lucky* considerarse afortunado LOC **to count the cost (of sth)** pagar las consecuencias (de algo) PHR V **to count down** hacer la cuenta regresiva **to count sth/sb in** contar algo/a algn **to count on sth/sb** contar con algo/algn **to count sth/sb out** (*coloq*) no contar con algo/algn **to count towards sth** contribuir a algo

count[2] /kaʊnt/ *n* **1** conde **2** recuento, cuenta

countdown /ˈkaʊntdaʊn/ *n* ~ **(to sth)** cuenta regresiva (de algo)

countenance /ˈkaʊntənəns/ ◆ *vt* (*formal*) aprobar, tolerar ◆ *n* rostro, semblante

counter /ˈkaʊntə(r)/ ◆ **1** *vi* rebatir, contraatacar **2** *vt* (*ataque*) contestar, responder a ◆ *n* **1** (*juego*) ficha **2** contador **3** mostrador ◆ *adv* ~ **to sth** en contra de algo

counteract /ˌkaʊntərˈækt/ *vt* contrarrestar

counter-attack /ˈkaʊntər ətæk/ *n* contraataque

counterfeit /ˈkaʊntəfɪt/ *adj* falso

counterpart /ˈkaʊntəpɑːt/ *n* **1** homólogo, -a **2** equivalente

counter-productive /ˌkaʊntə prəˈdʌktɪv/ *adj* contraproducente

countess /ˈkaʊntəs/ *n* condesa

countless /ˈkaʊntləs/ *adj* innumerable

country /ˈkʌntri/ *n* (*pl* **-ies**) **1** país **2** [*sing*] patria **3** [*incontable*] (*tb* **the country**) campo: *country life* la vida de campo **4** zona, tierra

countryman /ˈkʌntrimən/ *n* (*pl* **-men** /-mən/) **1** compatriota **2** campesino, -a ☛ *Ver nota en* CAMPESINO

countryside /ˈkʌntrisaɪd/ *n* [*incontable*] **1** campo **2** paisaje

countrywoman /ˈkʌntriwʊmən/ *n* (*pl* **-women**) **1** compatriota **2** campesina

county /ˈkaʊnti/ *n* (*pl* **-ies**) condado

coup /kuː/ *n* (*pl* **~s** /kuːz/) (*Fr*) **1** (*tb* **coup d'état** /kuːdeɪˈtɑː/) (*pl* **~s d'état**) golpe (de estado) **2** éxito

couple /ˈkʌpl/ ◆ *n* **1** pareja (*relación amorosa*): *a married couple* un matrimonio **2** par LOC **a couple of** un par de, unos, -as cuantos, -as ◆ *vt* **1** asociar, acompañar: *coupled with sth* junto con algo **2** acoplar, enganchar

coupon /ˈkuːpɒn/ *n* cupón, vale

courage /ˈkʌrɪdʒ/ *n* valor LOC *Ver* DUTCH, PLUCK **courageous** /kəˈreɪdʒəs/

adj **1** (*persona*) valiente **2** (*intento*) valeroso

courgette /kʊəˈʒet/ *n* zapallito

courier /ˈkʊriə(r)/ *n* **1** guía de turismo (*persona*) **2** mensajero, -a

course /kɔːs/ *n* **1** curso, transcurso **2** (*barco, avión, río*) rumbo, curso: *to be on/off course* seguir el rumbo/un rumbo equivocado **3** ~ **(in/on sth)** (*Educ*) curso (de algo) **4** ~ **of sth** (*Med*) tratamiento de algo **5** (*golf*) campo **6** (*carreras*) pista **7** (*comida*) plato LOC **a course of action** una línea de acción **in the course of sth** en el transcurso de algo **of course** por supuesto *Ver tb* DUE, MATTER

court /kɔːt/ ♦ *n* **1** ~ **(of law)** juzgado, tribunal: *a court case* un pleito ◊ *court order* orden judicial *Ver tb* HIGH COURT **2** (*Dep*) cancha **3 Court** corte LOC **to go to court (over sth)** ir a juicio (por algo) **to take sb to court** demandar a algn ♦ *vt* **1** cortejar **2** (*peligro, etc*) exponerse a

courteous /ˈkɜːtiəs/ *adj* cortés

courtesy /ˈkɜːtəsi/ *n* (*pl* **-ies**) cortesía LOC **(by) courtesy of sb** (por) gentileza de algn

court martial *n* (*pl* **~s martial**) consejo de guerra

courtship /ˈkɔːtʃɪp/ *n* noviazgo

courtyard /ˈkɔːtjɑːd/ *n* patio

cousin /ˈkʌzn/ (*tb* **first cousin**) *n* primo (hermano), prima (hermana)

cove /kəʊv/ *n* ensenada

covenant /ˈkʌvənənt/ *n* convenio, pacto

cover /ˈkʌvə(r)/ ♦ **1** *vt* ~ **sth (up/over) (with sth)** cubrir algo (con algo) **2** *vt* ~ **sth/sb in/with sth** cubrir algo/a algn de algo **3** *vt* (*olla, cara*) tapar **4** *vt* (*timidez, etc*) disimular **5** *vt* abarcar **6** *vt* tratar, encargarse de **7** *vi* ~ **for sb** sustituir a algn PHR V **to cover (sth) up** (*pey*) ocultar (algo) **to cover up for sb** encubrir a algn ♦ *n* **1** cubierta **2** funda **3** (*tarro, libro*) tapa **4** (*revista*) portada **5 the covers** [*pl*] las frazadas **6** ~ **(for sth)** (*fig*) pantalla (para algo) **7** identidad falsa **8** (*Mil*) protección **9** ~ **(for sb)** sustitución (de algn) **10** ~ **(against sth)** seguro (contra algo) LOC **from cover to cover** del principio al fin **to take cover (from sth)** resguardarse (de algo) **under cover of sth** al amparo de algo *Ver tb* DIVE **coverage** *n* cobertura **covering** *n* **1** envoltura **2** capa

covert /ˈkʌvət; *USA* ˈkəʊvɜːrt/ *adj* **1** secreto, encubierto **2** (*mirada*) furtivo

cover-up /ˈkʌvər ʌp/ *n* (*pey*) encubrimiento

covet /ˈkʌvət/ *vt* codiciar

cow /kaʊ/ *n* vaca ☛ *Ver nota en* CARNE

coward /ˈkaʊəd/ *n* cobarde **cowardice** *n* [*incontable*] cobardía **cowardly** *adj* cobarde

cowboy /ˈkaʊbɔɪ/ *n* **1** vaquero **2** (*GB, coloq*) pirata (*albañil, plomero, etc*)

coy /kɔɪ/ *adj* (**coyer**, **coyest**) **1** tímido (*por coquetería*) **2** reservado

cozy /ˈkəʊzi/ *adj* (*USA*) *Ver* COSY

crab /kræb/ *n* cangrejo

crack /kræk/ ♦ *n* **1** ~ **(in sth)** grieta (en algo) **2** ~ **(in sth)** (*fig*) defecto (de algo) **3** rendija, abertura **4** chasquido, (r)estallido LOC **the crack of dawn** (*coloq*) el amanecer ♦ **1** *vt, vi* rajar(se): *a cracked cup* una taza rajada **2** *vt* ~ **sth (open)** abrir algo **3** *vi* ~ **(open)** abrirse (*rompiéndose*) **4** *vt* (*nuez*) cascar **5** *vt* ~ **sth (on/against sth)** golpear algo (contra algo) **6** *vt, vi* chasquear **7** *vi* desmoronarse **8** *vt* (*resistencia*) quebrantar **9** *vt* (*coloq*) resolver **10** *vi* (*voz*) quebrarse **11** *vt* (*coloq*) (*chiste*) contar LOC **to get cracking** (*coloq*) poner manos a la obra PHR V **to crack down (on sth/sb)** tomar medidas enérgicas (contra algo/algn) **to crack up** (*coloq*) agotarse (*física o mentalmente*)

crackdown /ˈkrækdaʊn/ *n* ~ **(on sth)** medidas enérgicas (contra algo)

cracker /ˈkrækə(r)/ *n* **1** galletita salada **2** petardo **3** (*tb* **Christmas cracker**) petardo sorpresa

crackle /ˈkrækl/ ♦ *vi* crujir ♦ *n* (*tb* **crackling**) crujido, chisporroteo

cradle /ˈkreɪdl/ ♦ *n* (*lit y fig*) cuna ♦ *vt* acunar

craft /krɑːft; *USA* kræft/ ♦ *n* **1** artesanía: *a craft fair* una feria de artesanías **2** (*destreza*) oficio **3** embarcación ♦ *vt* fabricar artesanalmente

craftsman /ˈkrɑːftsmən; *USA* ˈkræfts-/ *n* (*pl* **-men** /-mən/) **1** artesano, -a **2** (*fig*) artista **craftsmanship** *n* **1** artesanía **2** arte

crafty /ˈkrɑːfti; *USA* ˈkræfti/ *adj* (**-ier**, **-iest**) astuto, ladino

crag /kræg/ *n* peñasco **craggy** *adj* escarpado

cram /kræm/ **1** *vt* ~ **A into B** embutir, llenar B de A; meter A en B (*a presión*) **2** *vi* ~ **into sth** meterse con dificultad en algo; colmar algo **3** *vi* (*coloq*) tragar

cramp /kræmp/ ◆ *n* [*incontable*] **1** (*muscular*) calambre, tirón **2 cramps** (*tb* **stomach cramps**) [*pl*] retorcijones ◆ *vt* (*movimiento, desarrollo, etc*) obstaculizar **cramped** *adj* **1** (*letra*) apretado **2** (*espacio*) estrecho

crane /kreɪn/ *n* **1** (*Ornitología*) grulla **2** (*Mec*) grúa

crank /kræŋk/ *n* **1** (*Mec*) manivela **2** (*coloq*) bicho raro

crash /kræʃ/ ◆ *n* **1** estrépito **2** accidente, choque: *crash helmet* casco **3** (*Com*) quiebra **4** (*bolsa*) caída ◆ **1** *vt* (*auto*) tener un accidente con: *He crashed his car last Monday.* Tuvo un accidente con el auto el lunes pasado. **2** *vt, vi* ~ (**sth**) (**into sth**) (*vehículo*) estrellar algo/estrellarse (contra algo): *He crashed into a lamp-post.* Se estrelló contra un poste de luz. ◆ *adj* (*curso, dieta*) intensivo

crash landing *n* aterrizaje forzoso

crass /kræs/ *adj* (*pey*) **1** sumo **2** imbécil

crate /kreɪt/ *n* cajón

crater /ˈkreɪtə(r)/ *n* cráter

crave /kreɪv/ **1** *vt, vi* ~ (**for**) **sth** anhelar algo **2** *vt* (*antic*) (*perdón*) suplicar **craving** *n* ~ (**for sth**) ansia, antojo (de algo)

crawl /krɔːl/ ◆ *vi* **1** gatear, arrastrarse **2** (*tb* **to crawl along**) (*tráfico*) avanzar a paso de tortuga **3** (*coloq*) ~ (**to sb**) chuparle las medias a algn LOC **crawling with sth** lleno/cubierto de algo ◆ *n* **1** paso de tortuga **2** (*natación*) crol

crayon /ˈkreɪən/ *n* **1** lápiz de color, crayón **2** (*Arte*) pastel

craze /kreɪz/ *n* moda, fiebre

crazy /ˈkreɪzi/ *adj* (**-ier**, **-iest**) (*coloq*) **1** loco **2** (*idea*) disparatado **3** *crazy paving* enlozado de diseño irregular

creak /kriːk/ *vi* crujir, chirriar

cream[1] /kriːm/ ◆ *n* **1** crema: *cream cheese* queso crema **2** crema, pomada **3 the cream** la crem de la crem ◆ *adj, n* color crema **creamy** *adj* (**-ier**, **-iest**) cremoso

cream[2] /kriːm/ *vt* batir PHR V **to cream sth off** quedarse con lo mejor de algo

crease /kriːs/ ◆ *n* **1** arruga, pliegue **2** (*pantalón*) raya ◆ *vt, vi* arrugar(se)

create /kriˈeɪt/ *vt* crear, producir: *to create a fuss* armar revuelo **creation** *n* creación **creative** *adj* creativo

creator /kriːˈeɪtə(r)/ *n* creador, -ora

creature /ˈkriːtʃə(r)/ *n* criatura: *living creatures* seres vivos ◊ *a creature of habit* un animal de costumbres ◊ *creature comforts* necesidades básicas

crèche /kreʃ/ *n* (*GB*) guardería infantil

credentials /krəˈdenʃlz/ *n* [*pl*] **1** credenciales **2** (*para un trabajo*) currículum

credibility /ˌkredəˈbɪləti/ *n* credibilidad

credible /ˈkredəbl/ *adj* verosímil, creíble

credit /ˈkredɪt/ ◆ *n* **1** crédito: *on credit* a crédito ◊ *creditworthy* solvente **2** saldo positivo: *to be in credit* tener saldo positivo **3** (*contabilidad*) haber **4** mérito **5 credits** [*pl*] títulos de crédito LOC **to be a credit to sth/sb** hacer honor a algo/algn **to do sb credit** honrar a algn ◆ *vt* **1** ~ **sth/sb with sth** atribuir el mérito de algo a algo/algn **2** (*Fin*) abonar **3** creer **creditable** *adj* meritorio **creditor** *n* acreedor, -ora

creed /kriːd/ *n* credo

creek /kriːk; *USA* krɪk/ *n* **1** (*GB*) arroyo **2** (*USA*) riachuelo LOC **to be up the creek** (**without a paddle**) (*coloq*) estar en apuros

creep /kriːp/ ◆ *vi* (*pret, pp* **crept**) **1** deslizarse (sigilosamente): *to creep up on sb* aproximarse sigilosamente a algn/tomar desprevenido a algn **2** (*fig*): *A feeling of drowsiness crept over him.* Lo invadió una modorra. **3** (*planta*) trepar ◆ *n* (*coloq*) chupamedias LOC **to give sb the creeps** (*coloq*) ponerle a algn los pelos de punta **creepy** *adj* (**-ier**, **-iest**) (*coloq*) espeluznante

cremation /krəˈmeɪʃn/ *n* cremación (*del cadáver*)

crematorium /ˌkreməˈtɔːriəm/ *n* (*pl* **-riums** *o* **-ria** /-ɔːrɪə/) (*USA* **crematory** /ˈkremətɔːri/) crematorio

crept *pret, pp de* CREEP

crescendo /krəˈʃendəʊ/ *n* (*pl* ~**s**) **1** (*Mús*) crescendo **2** (*fig*) cúspide

crescent /ˈkresnt/ *n* **1** media luna: *a crescent moon* la media luna **2** calle en forma de media luna

cress /kres/ *n* berro

crest /krest/ *n* **1** cresta **2** (*colina*) cima **3** (*Heráldica*) divisa

crestfallen /ˈkrestfɔːlən/ *adj* cabizbajo

crevice /ˈkrevɪs/ *n* grieta (*en roca*)

crew /kruː/ *n* [*v sing o pl*] **1** tripulación: *cabin crew* tripulación (de un avión) **2** (*remo, cine*) equipo

crew-cut /ˈkruː kʌt/ *n* corte de pelo al rape

crib /krɪb/ ◆ *n* **1** pesebre **2** (*USA*) cuna **3** (*examen*) machete ◆ *vt, vi* copiar, plagiar

cricket /ˈkrɪkɪt/ *n* **1** (*Zool*) grillo **2** (*Dep*) críquet **cricketer** *n* jugador, -ora de críquet

crime /kraɪm/ *n* **1** delito, crimen **2** delincuencia

criminal /ˈkrɪmɪnl/ ◆ *adj* **1** delictivo, criminal: *criminal damage* daños y perjuicios ◊ *a criminal record* antecedentes penales **2** (*derecho*) penal **3** inmoral ◆ *n* delincuente, criminal

crimson /ˈkrɪmzn/ *adj* carmesí

cringe /krɪndʒ/ *vi* **1** (*por miedo*) encogerse **2** (*fig*) morirse de vergüenza

cripple /ˈkrɪpl/ ◆ *n* inválido, -a ◆ *vt* **1** dejar inválido **2** (*fig*) perjudicar seriamente **crippling** *adj* **1** (*enfermedad*) que deja inválido **2** (*deuda*) agobiante

crisis /ˈkraɪsɪs/ *n* (*pl* **crises** /-siːz/) crisis

crisp /krɪsp/ ◆ *adj* (**-er**, **-est**) **1** crocante **2** (*verduras*) fresco **3** (*papel*) tieso **4** (*tiempo*) seco y frío **5** (*manera*) tajante ◆ *n* (*tb* **potato crisp**) (*USA* **potato chip**, **chip**) papa frita (*de bolsa*) ☛ *Ver dibujo en* PAPA[2] **crisply** *adv* tajantemente **crispy** *adj* (**-ier**, **-iest**) crocante

criterion /kraɪˈtɪəriən/ *n* (*pl* **-ria** /-rɪə/) criterio

critic /ˈkrɪtɪk/ *n* **1** criticón, -ona **2** (*cine, etc*) crítico, -a **critical** *adj* **1** crítico: *to be critical of sth/sb* criticar algo/a algn ◊ *critical acclaim* el aplauso de la crítica **2** (*persona*) criticón **3** (*momento*) crítico, crucial **4** (*estado*) crítico **critically** *adv* **1** críticamente **2** *critically ill* gravemente enfermo

criticism /ˈkrɪtɪsɪzəm/ *n* **1** crítica **2** [*incontable*] críticas: *He can't take criticism.* No soporta que lo critiquen. **3** [*incontable*] crítica: *literary criticism* crítica literaria

criticize, -ise /ˈkrɪtɪsaɪz/ *vt* criticar

critique /krɪˈtiːk/ *n* análisis crítico

croak /krəʊk/ ◆ *vi* **1** croar **2** (*fig*) gruñir ◆ *n* (*tb* **croaking**) croar

crochet /ˈkrəʊʃeɪ; *USA* krəʊˈʃeɪ/ *n* crochet

crockery /ˈkrɒkəri/ *n* [*incontable*] loza, vajilla

crocodile /ˈkrɒkədaɪl/ *n* cocodrilo

crocus /ˈkrəʊkəs/ *n* (*pl* **~es** /-siz/) azafrán (*planta*)

crony /ˈkrəʊni/ *n* (*pl* **-ies**) (*pey*) compinche

crook /krʊk/ *n* (*coloq*) ladrón **crooked** /ˈkrʊkɪd/ *adj* (**-er**, **-est**) **1** torcido **2** (*camino*) tortuoso **3** (*coloq*) (*persona*) deshonesto **4** (*acción*) poco limpio

crop /krɒp/ ◆ *n* **1** cosecha **2** cultivo **3** (*fig*) montón ◆ *vt* (**-pp-**) **1** (*pelo*) cortar muy corto **2** (*animales*) pastar PHR V **to crop up** surgir, aparecer

croquet /ˈkrəʊkeɪ; *USA* krəʊˈkeɪ/ *n* croquet

cross /krɒs; *USA* krɔːs/ ◆ *n* **1** cruz **2** ~ (**between ...**) cruce, mezcla (de ...) ◆ **1** *vt, vi* cruzar, atravesar: *Shall we cross over?* ¿Cruzamos al otro lado? **2** *vt, vi* ~ (**each other/one another**) cruzarse **3** *v refl* ~ **yourself** persignarse **4** *vt* llevar la contra a **5** *vt* ~ **sth with sth** (*Zool, Bot*) cruzar algo con algo LOC **cross your fingers** (**for me**) cruzá los dedos (para mí) **to cross your mind** pasar por la mente, ocurrírsele a uno *Ver tb* DOT PHR V **to cross sth off/out/through** tachar algo: *to cross sb off the list* borrar a algn de la lista ◆ *adj* (**-er**, **-est**) **1** enojado: *to get cross* enojarse **2** (*viento*) en contra

crossbar /ˈkrɒsbɑː(r); *USA* ˈkrɔːs-/ *n* **1** barra **2** (*Dep*) travesaño

crossbow /ˈkrɒsbəʊ; *USA* ˈkrɔːs-/ *n* ballesta

cross-country /ˌkrɒs ˈkʌntri; *USA* ˌkrɔːs/ *adj, adv* cross-country

cross-examine /ˌkrɒs ɪgˈzæmɪn; *USA* ˌkrɔːs/ *vt* interrogar

cross-eyed /ˈkrɒs aɪd; *USA* ˈkrɔːs/ *adj* bizco

crossfire /ˈkrɒsfaɪə(r); *USA* ˈkrɔːs-/ *n*

fuego cruzado, tiroteo (cruzado) LOC **to get caught in the crossfire** estar en el medio

crossing /ˈkrɒsɪŋ; *USA* ˈkrɔːs-/ *n* **1** (*viaje*) travesía **2** (*ruta*) cruce **3** paso a nivel **4** paso para peatones *Ver tb* ZEBRA CROSSING **5** *border crossing* paso fronterizo

cross-legged

cross-legged

with her legs crossed

cross-legged /ˌkrɒs ˈlegd; *USA* ˌkrɔːs/ *adj, adv* con las piernas cruzadas

crossly /krɒsli/ *adv* con enojo

crossover /ˈkrɒsəʊvə(r)/ *n* paso

cross purposes *n* LOC **at cross purposes**: *We're (talking) at cross purposes.* Acá hay un malentendido.

cross-reference /ˌkrɒs ˈrefrəns; *USA* ˌkrɔːs/ *n* referencia

crossroads /ˈkrɒsrəʊdz; *USA* ˈkrɔːs-/ *n* **1** cruce, encrucijada **2** (*fig*) encrucijada

cross-section /ˌkrɒs ˈsekʃn; *USA* ˌkrɔːs/ *n* **1** sección **2** muestra representativa

crossword /ˈkrɒswɜːd; *USA* ˈkrɔːs-/ (*tb* **crossword puzzle**) *n* crucigrama

crotch /krɒtʃ/ *n Ver* CRUTCH

crouch /kraʊtʃ/ *vi* agacharse, agazaparse, ponerse en cuclillas

crow /krəʊ/ ◆ *n* cuervo LOC **as the crow flies** en línea recta ◆ *vi* **1** cantar **2** ~ (**over sth**) jactarse (de algo)

crowbar /ˈkrəʊbɑː(r)/ *n* palanca

crowd /kraʊd/ ◆ *n* [*v sing o pl*] **1** multitud **2** (*espectadores*) concurrencia **3 the crowd** (*pey*) las masas **4** (*coloq*) gente, grupo (de amigos) LOC **crowds of/a crowd of** un montón de *Ver tb* FOLLOW ◆ *vt* (*espacio*) llenar PHR V **to crowd (a)round (sth/sb)** amontonarse (alrededor de algo/algn) **to crowd in** entrar en banda **to crowd sth/sb in** amontonar algo/a algn **crowded** *adj* **1** lleno (de gente) **2** (*fig*) repleto

crown /kraʊn/ ◆ *n* **1** corona: *crown prince* príncipe heredero **2 the Crown** (*GB, Jur*) el estado **3** (*cabeza*) coronilla **4** (*sombrero*) copa **5** (*colina*) cumbre **6** (*diente*) corona ◆ *vt* coronar

crucial /ˈkruːʃl/ *adj* ~ (**to/for sth/sb**) crucial (para algo/algn)

crucifix /ˈkruːsəfɪks/ *n* crucifijo

crucify /ˈkruːsɪfaɪ/ *vt* (*pret, pp* **-fied**) (*lit y fig*) crucificar

crude /kruːd/ *adj* (**-er**, **-est**) **1** burdo ☛ *Comparar con* RAW **2** grosero

crude oil *n* crudo (*petróleo*)

cruel /kruːəl/ *adj* (**-ller**, **-llest**) ~ (**to sth/sb**) cruel (con algo/algn) **cruelty** *n* (*pl* **-ies**) crueldad

cruise /kruːz/ ◆ *vi* **1** hacer un crucero **2** (*avión*) volar (a velocidad de crucero) **3** (*auto*) ir a velocidad constante ◆ *n* crucero (*viaje*) **cruiser** *n* **1** (*barco*) crucero **2** (*tb* **cabin-cruiser**) lancha a motor con camarotes

crumb /krʌm/ *n* **1** miga **2** (*fig*) migaja **3 crumbs!** ¡pero, qué cosa!

crumble /ˈkrʌmbl/ **1** *vi* ~ (**away**) desmoronarse, deshacerse **2** *vt* deshacer **3** *vt, vi* (*Cocina*) desmenuzar(se) **crumbly** *adj* (**-ier**, **-iest**) que se desmorona, que se deshace en migas

crumple /ˈkrʌmpl/ *vt, vi* ~ (**sth**) (**up**) arrugarse, arrugar algo

crunch /krʌntʃ/ ◆ **1** *vt* ~ **sth** (**up**) morder algo (*haciendo ruido*) **2** *vt, vi* (hacer) crujir ◆ *n* crujido **crunchy** *adj* (**-ier**, **-iest**) crocante

crusade /kruːˈseɪd/ *n* cruzada **crusader** *n* **1** (*Hist*) persona que forma parte de una cruzada **2** luchador, -ora

crush /krʌʃ/ ◆ *vt* **1** aplastar: *to be crushed to death* morir aplastado **2** ~ **sth** (**up**) (*roca, etc*) triturar algo: *crushed ice* hielo picado **3** (*ajo, etc*) machacar **4** (*fruta*) exprimir **5** moler **6** (*ropa*) arrugar **7** (*ánimo*) abatir ◆ *n* **1** (*gentío*) aglomeración **2** ~ (**on sb**) (*coloq*) enamoramiento (breve) (de algn): *I had a crush on my teacher.* Me enamoré de mi profesora. **3** (*fruta*) jugo **crushing** *adj* aplastante (*derrota, golpe*)

crust /krʌst/ *n* corteza ☛ *Ver dibujo en* PAN **crusty** *adj* (**-ier**, **-iest**) (de corteza) crujiente

crutch /krʌtʃ/ *n* **1** muleta **2** (*fig*) apoyo **3** (*tb* **crotch**) entrepierna

crux /krʌks/ *n* quid (*de la cuestión*)

cry /kraɪ/ (*pret, pp* **cried**) ◆ **1** *vi* **to cry (over sth/sb)** llorar (por algo/algn): *to cry for joy* llorar de alegría ◊ *cry-baby* llorón **2** *vt, vi* **to cry (sth) (out)** gritar (algo) LOC **it's no use crying over spilt milk** a lo hecho, pecho **to cry your eyes/heart out** llorar a lágrima viva PHR V **to cry off** echarse atrás **to cry out for sth** (*fig*) pedir algo a gritos ◆ *n* (*pl* **cries**) **1** grito **2** llanto: *to have a (good) cry* desahogarse llorando LOC *Ver* HUE **crying** *adj* LOC **a crying shame** una verdadera lástima

crypt /krɪpt/ *n* cripta

cryptic /ˈkrɪptɪk/ *adj* críptico

crystal /ˈkrɪstl/ *n* (*gen, Quím*) cristal LOC **crystal clear 1** cristalino **2** (*significado*) claro como el agua

cub /kʌb/ *n* **1** (*león, tigre, zorro*) cachorro **2** osezno **3** lobezno **4 the Cubs** [*pl*] los cachorros

cube /kju:b/ *n* **1** cubo **2** (*esp alimento*) cubito: *sugar cube* terrón de azúcar **cubic** *adj* cúbico

cubicle /ˈkju:bɪkl/ *n* **1** cubículo **2** probador **3** (*pileta*) vestuario **4** (*baños*) inodoro

cuckoo /ˈkʊku:/ *n* (*pl* **~s**) cucú

cucumber /ˈkju:kʌmbə(r)/ *n* pepino

cuddle /ˈkʌdl/ ◆ **1** *vt* tener en brazos **2** *vt, vi* abrazar(se) PHR V **to cuddle up (to sb)** acurrucarse junto a algn ◆ *n* abrazo **cuddly** *adj* (**-ier**, **-iest**) (*aprob, coloq*) mimoso: *cuddly toy* muñeco de peluche

cue /kju:/ ◆ *n* **1** señal **2** (*Teat*) entrada: *He missed his cue.* Perdió su entrada. **3** ejemplo: *to take your cue from sb* seguir el ejemplo de algn **4** (*tb* **billiard cue**) taco (*de billar*) LOC **(right) on cue** en el momento preciso ◆ *vt* **1 to cue sb (in)** dar la señal a algn **2 to cue sb (in)** (*Teat*) dar la entrada a algn

cuff /kʌf/ ◆ *n* **1** (*ropa*) puño **2** manotazo LOC **off the cuff** de improviso ◆ *vt* dar un manotazo a

cuff link *n* gemelo (*de camisa*)

cuisine /kwɪˈzi:n/ *n* (*Fr*) cocina (*arte de cocinar*)

cul-de-sac /ˈkʌl də sæk/ *n* (*pl* **~s**) (*Fr*) callejón sin salida

cull /kʌl/ *vt* **1** (*información*) recopilar **2** (*animales*) matar (*para controlar el número*)

culminate /ˈkʌlmɪneɪt/ *vi* (*formal*) **~ in sth** culminar en algo **culmination** *n* culminación

culottes /kju:ˈlɒts/ *n* [*pl*] pollera pantalón

culprit /ˈkʌlprɪt/ *n* culpable

cult /kʌlt/ *n* **1** **~ (of sth/sb)** culto (a algo/algn) **2** moda

cultivate /ˈkʌltɪveɪt/ *vt* **1** cultivar **2** (*fig*) fomentar **cultivated** *adj* **1** (*persona*) culto **2** cultivado **cultivation** *n* cultivo

cultural /ˈkʌltʃərəl/ *adj* cultural

culture /ˈkʌltʃə(r)/ *n* **1** cultura: *culture shock* shock cultural **2** (*Biol, Bot*) cultivo **cultured** *adj* **1** (*persona*) culto **2** *cultured pearl* perla cultivada

cum /kʌm/ *prep*: *a kitchen-cum-dining room* una cocina-comedor

cumbersome /ˈkʌmbəsəm/ *adj* **1** engorroso **2** voluminoso

cumulative /ˈkju:mjələtɪv; *USA* -leɪtɪv/ *adj* **1** acumulado **2** acumulativo

cunning /ˈkʌnɪŋ/ ◆ *adj* **1** (*persona, acción*) astuto **2** (*aparato*) ingenioso **3** (*USA*) (*atractivo*) buen mozo ◆ *n* [*incontable*] astucia, maña **cunningly** *adv* astutamente

cup /kʌp/ ◆ *n* **1** taza: *paper cup* vaso de papel ☛ *Ver dibujo en* MUG **2** (*premio*) copa LOC **(not) to be sb's cup of tea** (*coloq*) (no) ser santo de la devoción de algn ◆ *vt* (*manos*) ahuecar: *She cupped a hand over the receiver.* Tapó el teléfono con la mano. LOC **to cup your chin/face in your hands** apoyar la pera/la cara en las manos

cupboard /ˈkʌbəd/ *n* armario, placard, alacena: *cupboard love* amor interesado

> **Wardrobe** es un armario para colgar ropa.

cupful /ˈkʌpfʊl/ *n* taza (*cantidad*)

curate /ˈkjʊərət/ *n* (*iglesia anglicana*) eclesiástico que ayuda al párroco

curative /ˈkjʊərətɪv/ *adj* curativo

curator /kjʊəˈreɪtə(r); *USA* ˈkjʊərətər/ *n* conservador, -ora (*de museo*)

curb /kɜ:b/ ◆ *n* **1** (*fig*) freno **2** (*USA*) (*tb* **kerb**) cordón (de la vereda) ◆ *vt* frenar

curd /kɜ:d/ *n* cuajada: *curd cheese* requesón

curdle /ˈkɜːdl/ *vt, vi* cortar(se) (*leche, etc*)

cure /kjʊə(r)/ ◆ *vt* **1** curar **2** (*fig*) sanar **3** (*alimentos*) curar ◆ *n* **1** cura, curación **2** (*fig*) remedio

curfew /ˈkɜːfjuː/ *n* toque de queda

curious /ˈkjʊəriəs/ *adj* **1** (*interesado*) curioso: *I'm curious to...* Tengo curiosidad por... **2** (*extraño*) curioso **curiosity** /ˌkjʊəriˈɒsəti/ *n* (*pl* **-ies**) **1** curiosidad **2** cosa rara

curl /kɜːl/ ◆ *n* **1** rulo **2** (*humo*) voluta ◆ **1** *vt, vi* enrular(se) **2** *vi*: *The smoke curled upwards.* El humo subía en espiral. PHR V **to curl up 1** enrularse **2** acurrucarse **curly** *adj* (**-ier**, **-iest**) enrulado

currant /ˈkʌrənt/ *n* **1** pasa de Corinto **2** grosella (negra)

currency /ˈkʌrənsi/ *n* (*pl* **-ies**) **1** moneda: *foreign/hard currency* divisa extranjera/fuerte **2** aceptación: *to gain currency* generalizarse

current /ˈkʌrənt/ ◆ *n* corriente ◆ *adj* **1** actual: *current affairs* temas de actualidad *Ver tb* ACCOUNT **2** generalizado **currently** *adv* actualmente

curriculum /kəˈrɪkjələm/ *n* (*pl* **~s** *o* **-a** /-lə/) plan de estudios

curry /ˈkʌri/ ◆ *n* (*pl* **-ies**) (plato al) curry ◆ *vt* (*pp* **curried**) LOC **to curry favour (with sb)** adular (a algn)

curse /kɜːs/ ◆ *n* **1** maldición **2** maleficio **3** desgracia **4 the curse** (*coloq*) la regla ◆ *vt, vi* maldecir LOC **to be cursed with sth** estar atormentado por algo, padecer de algo

cursory /ˈkɜːsəri/ *adj* rápido, superficial

curt /kɜːt/ *adj* (*manera de hablar*) brusco

curtail /kɜːˈteɪl/ *vt* acortar **curtailment** *n* **1** (*poder*) limitación **2** interrupción

curtain /ˈkɜːtn/ *n* **1** cortina: *to draw the curtains* abrir/correr las cortinas ◊ *lace/net curtains* visillos **2** (*Teat*) telón **3** (*coloq*) **curtains** [*pl*] ~ **(for sth/sb)** el fin (para algo/algn)

curtsy (*tb* **curtsey**) /ˈkɜːtsi/ ◆ *vi* (*pret, pp* **curtsied** *o* **curtseyed**) (*sólo mujeres*) hacer una reverencia ◆ *n* (*pl* **-ies** *o* **-eys**) reverencia

curve /kɜːv/ ◆ *n* curva ◆ *vi* describir/hacer una curva **curved** *adj* **1** curvo **2** (*tb* **curving**) en curva, arqueado

cushion /ˈkʊʃn/ ◆ *n* **1** almohadón **2** (*fig*) colchón ◆ *vt* **1** amortiguar **2** ~ **sth/sb (against sth)** (*fig*) proteger algo/a algn (de algo)

custard /ˈkʌstəd/ *n* [*incontable*] crema pastelera

custodian /kʌˈstəʊdiən/ *n* **1** guardián, -ana **2** (*museo, etc*) conservador, -ora

custody /ˈkʌstədi/ *n* **1** custodia: *in custody* bajo custodia **2** *to remand sb in custody* ordenar la detención de algn

custom /ˈkʌstəm/ *n* **1** costumbre **2** clientela **customary** *adj* acostumbrado, habitual: *It is customary to...* Es costumbre... **customer** *n* cliente

customs /ˈkʌstəmz/ *n* [*pl*] **1** (*tb* **customs duty**) derechos de aduana **2** (*tb* **the customs**) aduana

cut /kʌt/ ◆ (**-tt-**) (*pret, pp* **cut**) **1** *vt, vi* cortar(se): *to cut sth in half* partir algo por la mitad *Ver tb* CHOP **2** *vt* (*piedra preciosa*) tallar: *cut glass* cristal tallado **3** *vt* (*fig*) herir **4** *vt* reducir, recortar **5** *vt* (*precio*) rebajar *Ver tb* SLASH **6** *vt* (*suprimir*) cortar **7** *vt* (*motor*) apagar LOC **cut it/that out!** (*coloq*) ¡cortala! **to cut it/things fine** dejar algo hasta el último momento **to cut sth short** truncar algo **to cut sth/sb short** interrumpir algo/a algn

PHR V **to cut across sth 1** trascender algo **2** tomar un atajo a través de algo

to cut back (on sth) recortar algo **to cut sth back** podar algo

to cut down (on sth): *to cut down on smoking* fumar menos **to cut sth down 1** talar algo **2** reducir algo

to cut in (on sth/sb) 1 (*coche*) meterse (delante de algo/algn) **2** interrumpir (algo/a algn)

to cut sb off 1 desheredar a algn **2** (*teléf*): *I've been cut off.* Se cortó la línea.

to cut sth off 1 cortar algo: *to cut 20 seconds off the record* mejorar el récord en 20 segundos **2** (*pueblo*) aislar algo: *to be cut off* quedar incomunicado

to be cut out to be sth; to be cut out for sth (*coloq*) estar hecho para algo, tener pasta para algo **to cut sth out 1** recortar algo **2** (*información*) suprimir algo **3** *to cut out sweets* dejar de comer caramelos

to cut sth up cortar algo (en pedazos), picar algo

◆ *n* **1** corte, incisión **2** reducción, recorte, rebaja **3** (*carne*) corte **4** (*ropa*) corte **5** (*coloq*) (*ganancias*) parte LOC **a**

cut above sth/sb (*coloq*) (algo) superior a algo/algn *Ver tb* SHORT CUT

cutback /ˈkʌtbæk/ *n* recorte, reducción

cute /kjuːt/ *adj* (**cuter**, **cutest**) (*coloq, a veces ofen*) buen mozo, lindo

cutlery /ˈkʌtləri/ *n* [*incontable*] cubiertos

cutlet /ˈkʌtlət/ *n* costilla

cut-off /ˈkʌt ɒf/ (*tb* **cut-off point**) *n* límite

cut-price /ˌkʌt ˈpraɪs/ *adj, adv* rebajado

cut-throat /ˈkʌt-θrəʊt/ *adj* despiadado

cutting /ˈkʌtɪŋ/ ◆ *n* **1** (*diario, etc*) recorte **2** (*Bot*) gajo ◆ *adj* **1** (*viento*) cortante **2** (*comentario*) hiriente

cv (*tb* **CV**) /ˌsiː ˈviː/ *abrev* **curriculum vitae** currículum vitae

cyanide /ˈsaɪənaɪd/ *n* cianuro

cycle /ˈsaɪkl/ ◆ *n* **1** ciclo **2** (*obras*) serie **3** bicicleta ◆ *vi* ir en bicicleta: *to go cycling* ir de paseo en bici **cyclic** (*tb* **cyclical**) *adj* cíclico **cycling** *n* ciclismo **cyclist** *n* ciclista

cyclone /ˈsaɪkləʊn/ *n* ciclón

cylinder /ˈsɪlɪndə(r)/ *n* **1** cilindro **2** (*gas*) garrafa **cylindrical** /səˈlɪndrɪkl/ *adj* cilíndrico

cymbal /ˈsɪmbl/ *n* platillo (*música*)

cynic /ˈsɪnɪk/ *n* mal pensado, -a, desconfiado, -a **cynical** *adj* **1** que desconfía de todo **2** sin escrúpulos **cynicism** *n* **1** desconfianza **2** falta de escrúpulos

cypress /ˈsaɪprəs/ *n* ciprés

cyst /sɪst/ *n* quiste

cystic fibrosis /ˌsɪstɪk faɪˈbrəʊsɪs/ *n* [*incontable*] fibrosis pulmonar

czar (*tb* **tsar**) /zɑː(r)/ *n* zar

czarina (*tb* **tsarina**) /zɑːˈriːnə/ *n* zarina

D d

D, d /diː/ *n* (*pl* **D's, d's** /diːz/) **1** D, d: *D for David* D de dedo ☛ *Ver ejemplos en* A, A **2** (*Educ*) aprobado: *to get (a) D in Maths* sacar un regular en Matemática **3** (*Mús*) re

dab /dæb/ ◆ *vt, vi* (**-bb-**) **to dab (at) sth** tocar algo ligeramente PHR V **to dab sth on (sth)** poner un poco de algo (en algo) ◆ *n* poquito

dad /dæd/ (*tb* **daddy** /ˈdædi/) *n* (*coloq*) papá

daffodil /ˈdæfədɪl/ *n* narciso

daft /dɑːft; *USA* dæft/ *adj* (**-er**, **-est**) (*coloq*) bobo, ridículo

dagger /ˈdægə(r)/ *n* puñal, daga

daily /ˈdeɪli/ ◆ *adj* diario, cotidiano ◆ *adv* a diario, diariamente ◆ *n* (*pl* **-ies**) diario

dairy /ˈdeəri/ *n* (*pl* **-ies**) lechería

dairy farm *n* tambo **dairy farming** *n* industria lechera

dairy produce (*tb* **dairy products**) *n* productos lácteos

daisy /ˈdeɪzi/ *n* (*pl* **-ies**) margarita

dale /deɪl/ *n* valle

dam /dæm/ ◆ *n* presa (*de un río*) ◆ *vt* represar

damage /ˈdæmɪdʒ/ ◆ *vt* **1** dañar **2** perjudicar **3** estropear ◆ *n* **1** [*incontable*] daño **2** **damages** [*pl*] daños y perjuicios **damaging** *adj* perjudicial

Dame /deɪm/ *n* (*GB*) título aristocrático concedido a mujeres

damn /dæm/ ◆ *vt* condenar ◆ (*tb* **damned**) (*coloq*) *adj* maldito ◆ **damn!** *interj* ¡pucha! **damnation** *n* condenación **damning** *adj* contundente (*críticas, pruebas*)

damp /dæmp/ ◆ *adj* (**-er**, **-est**) húmedo ☛ *Ver nota en* MOIST ◆ *n* humedad ◆ *vt* **1** (*tb* **dampen**) mojar **2** ~ **sth (down)** amortiguar algo; sofocar algo

dance /dɑːns; *USA* dæns/ ◆ *vt, vi* bailar ◆ *n* baile **dancer** *n* bailarín, -ina **dancing** *n* baile

dandelion /ˈdændɪlaɪən/ *n* diente de león

dandruff /ˈdændrʌf/ *n* caspa

danger /ˈdeɪndʒə(r)/ *n* peligro LOC **to be in danger of sth** estar en peligro de algo: *They're in danger of losing their* *jobs.* Corren el peligro de quedarse sin empleo. **dangerous** *adj* **1** peligroso **2** nocivo

dangle /ˈdæŋgl/ *vi* colgar

dank /dæŋk/ *adj* (**-er**, **-est**) (*pey*) húmedo y frío

dare[1] /deə(r)/ *v modal, vi* (*neg* **dare not** *o* **daren't** /deənt/ *o* **don't/doesn't dare** *pret* **dared not** *o* **didn't dare**) (*en frases negativas y en preguntas*) atreverse a LOC **don't you dare** ni se te ocurra: *Don't (you) dare tell her!* ¡No se te ocurra decírselo! **how dare you!** ¡cómo te atrevés! **I dare say** diría yo

Cuando **dare** es un verbo modal le sigue un infinitivo sin TO, y construye las oraciones negativas e interrogativas y el pasado sin el auxiliar *do*: *Nobody dared speak.* Nadie se atrevió a hablar. ◊ *I daren't ask my boss for a day off.* No me animo a pedirle a mi jefe un día libre.

dare[2] /deə(r)/ *vt* ~ **sb** (**to do sth**) desafiar a algn (a hacer algo)

daring /ˈdeərɪŋ/ ◆ *n* atrevimiento, osadía ◆ *adj* atrevido, audaz

dark /dɑːk/ ◆ **the dark** *n* la oscuridad LOC **before/after dark** antes/después del anochecer ◆ *adj* (**-er**, **-est**) **1** oscuro: *to get/grow dark* anochecer ◊ *dark green* verde oscuro **2** (*persona, tez*) moreno **3** secreto **4** triste, pesimista: *These are dark days.* Estamos en tiempos difíciles. LOC **a dark horse** una persona de talentos ocultos

darken /ˈdɑːkən/ *vt, vi* oscurecer(se)

dark glasses *n* [*pl*] anteojos oscuros, lentes negros

darkly /ˈdɑːkli/ *adv* **1** misteriosamente **2** con pesimismo

darkness /ˈdɑːknəs/ *n* oscuridad, tinieblas: *in darkness* a oscuras

darkroom /ˈdɑːkruːm/ *n* cuarto oscuro

darling /ˈdɑːlɪŋ/ *n* encanto: *Hello, darling!* ¡Hola, mi amor!

dart[1] /dɑːt/ *n* dardo: *to play darts* jugar a los dardos

dart[2] /dɑːt/ *vi* precipitarse PHR V **to dart away/off** salir disparando

dash /dæʃ/ ◆ *n* **1** ~ (**of sth**) pizca (de algo) **2** guión ☛ *Ver págs 312–3.* **3** raya LOC **to make a dash for sth** precipitarse hacia algo *Ver tb* BOLT[2] ◆ **1** *vi* apurarse: *I must dash.* Tengo que apurarme. **2** *vi* ir a toda prisa: *He dashed across the room.* Cruzó el cuarto a toda prisa. ◊ *I dashed upstairs.* Subí las escaleras corriendo. **3** *vt* (*esperanzas, etc*) desbaratar PHR V **to dash sth off** hacer algo a toda prisa

dashboard /ˈdæʃbɔːd/ *n* tablero de mando (*auto*)

data /ˈdeɪtə, ˈdɑːtə; *USA* ˈdætə/ *n* **1** [*sing*] (*Informát*) datos **2** [*v sing o pl*] información

database /ˈdeɪtəbeɪs/ *n* base de datos

date[1] /deɪt/ ◆ *n* **1** fecha **2** (*coloq*) cita LOC **out of date 1** pasado de moda **2** anticuado **3** caducado **up to date 1** al día **2** actualizado **to date** hasta la fecha *Ver tb* BRING ◆ *vt* **1** fechar **2** (*fósiles, cuadros*) datar **dated** *adj* **1** pasado de moda **2** anticuado

date[2] /deɪt/ *n* dátil (*fruta*)

daughter /ˈdɔːtə(r)/ *n* hija

daughter-in-law /ˈdɔːtər ɪn lɔː/ *n* (*pl* **-ers-in-law**) nuera

daunting /ˈdɔːntɪŋ/ *adj* sobrecogedor: *the daunting task of…* la impresionante tarea de…

dawn /dɔːn/ ◆ *n* amanecer: *from dawn till dusk* de la mañana a la noche LOC *Ver* CRACK ◆ *vi* amanecer

day /deɪ/ *n* **1** día: *all day* todo el día **2** jornada **3 days** [*pl*] época LOC **by day/night** de día/noche **day after day** día tras día **day by day** día a día **day in, day out** todos los días sin excepción **from one day to the next** de un día para otro **one/some day**; **one of these days** algún día, un día de éstos **the day after tomorrow** pasado mañana **the day before yesterday** antes de ayer **these days** hoy en día **to this day** aún ahora *Ver tb* BETTER, CALL, CARRY, CLEAR, EARLY, FINE

daydream /ˈdeɪdriːm/ ◆ *n* ensueño ◆ *vi* soñar despierto

daylight /ˈdeɪlaɪt/ *n* luz del día: *in daylight* de día LOC *Ver* BROAD

day off *n* día libre

day return *n* pasaje de ida y vuelta para un mismo día

daytime /ˈdeɪtaɪm/ *n* día: *in the daytime* de día

day-to-day /ˌdeɪ tə ˈdeɪ/ *adj* día a día

day trip *n* excursión de un día

daze /deɪz/ *n* LOC **in a daze** aturdido **dazed** *adj* aturdido

dazzle /ˈdæzl/ *vt* deslumbrar

dead /ded/ ◆ *adj* **1** muerto **2** (*hojas*) seco **3** (*brazos, etc*) dormido **4** (*pilas*) gastado **5** (*teléfono*): *The line's gone dead.* Se cortó la línea. ◆ *adv* completamente: *You are dead right.* Tenés toda la razón. LOC *Ver* FLOG, DROP, STOP ◆ *n* LOC **in the/at dead of night** en plena noche **deaden** *vt* **1** (*sonido*) amortiguar **2** (*dolor*) aliviar

dead end *n* callejón sin salida

dead heat *n* empate

deadline /ˈdedlaɪn/ *n* plazo de entrega, fecha límite

deadlock /ˈdedlɒk/ *n* punto muerto

deadly /ˈdedli/ *adj* (**-ier**, **-iest**) mortal LOC *Ver* EARNEST

deaf /def/ *adj* (**-er**, **-est**) sordo: *deaf and dumb* sordomudo **deafen** *vt* ensordecer **deafening** *adj* ensordecedor **deafness** *n* sordera

deal[1] /diːl/ *n* LOC **a good/great deal** mucho: *It's a good/great deal warmer today.* Hace mucho más calor hoy.

deal[2] /diːl/ *n* **1** trato **2** contrato

deal[3] /diːl/ *vt, vi* (*pret, pp* **dealt** /delt/) (*golpe, naipes*) dar PHR V **to deal in sth** comerciar en algo: *to deal in drugs/arms* traficar en drogas/armas **to deal with sb 1** tratar a/con algn **2** castigar a algn **3** ocuparse de algn **to deal with sth 1** (*un problema*) resolver algo **2** (*una situación*) manejar algo **3** (*un tema*) tratar de algo

dealer /ˈdiːlə(r)/ *n* **1** vendedor, -ora, comerciante **2** (*de drogas, armas*) traficante **3** (*naipes*) mano

dealing /ˈdiːlɪŋ/ *n* (*drogas, armas*) tráfico LOC **to have dealings with sth/sb** tratar con algo/algn

dealt *pret, pp de* DEAL[3]

dean /diːn/ *n* **1** deán **2** (*universidad*) decano, -a

dear /dɪə(r)/ ◆ *adj* (**-er**, **-est**) **1** querido **2** (*carta*): *Dear Sir* Estimado señor ◇ *Dear Jason,...* Querido Jason:... ☛ *Ver págs 308–9.* **3** (*GB*) caro LOC **oh dear!** ¡qué cosa! ◆ *n* querido, -a **dearly** *adv* mucho

death /deθ/ *n* muerte: *death certificate* certificado de defunción ◇ *death penalty/sentence* pena/condena de muerte ◇ *to beat sb to death* matar a algn a palos LOC **to put sb to death** dar muerte a algn *Ver tb* CATCH, MATTER, SICK **deathly** *adj* (**-lier**, **-liest**) sepulcral: *deathly cold/pale* frío/pálido como un muerto

debase /dɪˈbeɪs/ *vt* ~ **sth/sb/yourself** degradarse/degradar algo/a algn

debatable /dɪˈbeɪtəbl/ *adj* discutible

debate /dɪˈbeɪt/ ◆ *n* debate ◆ *vt, vi* debatir

debit /ˈdebɪt/ ◆ *n* débito ◆ *vt* cobrar

debris /ˈdeɪbriː; *USA* dəˈbriː/ *n* escombros

debt /det/ *n* deuda LOC **to be in debt** tener deudas **debtor** *n* deudor, -ora

decade /ˈdekeɪd; *USA* dɪˈkeɪd/ *n* década

decadent /ˈdekədənt/ *adj* decadente **decadence** *n* decadencia

decaffeinated /ˌdiːˈkæfɪneɪtɪd/ *adj* descafeinado

decay /dɪˈkeɪ/ ◆ *vi* **1** (*dientes*) picarse **2** descomponerse **3** decaer ◆ *n* [*incontable*] **1** (*tb* **tooth decay**) caries **2** descomposición

deceased /dɪˈsiːst/ ◆ *adj* (*formal*) difunto ◆ **the deceased** *n* el difunto, la difunta

deceit /dɪˈsiːt/ *n* **1** (*hipocresía*) falsedad **2** engaño **deceitful** *adj* **1** mentiroso **2** engañoso

deceive /dɪˈsiːv/ *vt* engañar

December /dɪˈsembə(r)/ *n* (*abrev* **Dec**) diciembre ☛ *Ver nota y ejemplos en* JANUARY

decency /ˈdiːsnsi/ *n* decencia, decoro

decent /ˈdiːsnt/ *adj* **1** decente, correcto **2** adecuado, aceptable **3** amable

deception /dɪˈsepʃn/ *n* engaño

deceptive /dɪˈseptɪv/ *adj* engañoso

decide /dɪˈsaɪd/ **1** *vi* ~ (**against sth/sb**) decidirse (en contra de algo/algn) **2** *vi* ~ **on sth/sb** optar por algo/algn **3** *vt* decidir, determinar **decided** *adj* **1** (*claro*) marcado **2** ~ (**about sth**) decidido, resuelto (en algo)

decimal /ˈdesɪml/ *adj, n* decimal: *decimal point* coma decimal

decipher /dɪˈsaɪfə(r)/ *vt* descifrar

decision /dɪˈsɪʒn/ *n* ~ (**on/against sth**) decisión (sobre/en contra de algo): *decision-making* toma de decisiones

decisive /dɪˈsaɪsɪv/ *adj* **1** decisivo **2** decidido, resuelto

deck /dek/ *n* **1** (*Náut*) cubierta **2** (*colectivo*) piso **3** (*USA*) mazo **4** (*tb* **cassette deck**, **tape deck**) deck

deckchair /ˈdektʃeə(r)/ *n* reposera

declaration /ˌdekləˈreɪʃn/ *n* declaración

declare /dɪˈkleə(r)/ **1** *vt* declarar **2** *vi* ~ **for/against sth/sb** pronunciarse a favor/en contra de algo/algn

decline /dɪˈklaɪn/ ◆ **1** *vt* declinar **2** *vi* ~ **to do sth** negarse a hacer algo **3** *vi* disminuir ◆ *n* **1** disminución **2** decadencia, deterioro

decompose /ˌdiːkəmˈpəʊz/ *vt, vi* descomponer(se), pudrir(se)

décor /ˈdeɪkɔː(r); *USA* deɪˈkɔːr/ *n* [*incontable*] decoración

decorate /ˈdekəreɪt/ *vt* **1** ~ **sth** (**with sth**) adornar algo (con/de algo) **2** empapelar, pintar **3** ~ **sb** (**for sth**) condecorar a algn (por algo) **decoration** *n* **1** decoración **2** adorno **3** condecoración

decorative /ˈdekərətɪv; *USA* ˈdekəreɪtɪv/ *adj* decorativo

decoy /ˈdiːkɔɪ/ *n* señuelo

decrease /dɪˈkriːs/ ◆ **1** *vi* disminuir **2** *vt* reducir ◆ /ˈdiːkriːs/ *n* ~ (**in sth**) disminución, reducción (en/de algo)

decree /dɪˈkriː/ ◆ *n* decreto ◆ *vt* (*pret, pp* **decreed**) decretar

decrepit /dɪˈkrepɪt/ *adj* decrépito

dedicate /ˈdedɪkeɪt/ *vt* dedicar, consagrar **dedication** *n* **1** dedicación **2** dedicatoria

deduce /dɪˈdjuːs; *USA* dɪˈduːs/ *vt* deducir (*teoría, conclusión, etc*)

deduct /dɪˈdʌkt/ *vt* deducir (*impuestos, gastos, etc*) **deduction** *n* deducción

deed /diːd/ *n* **1** (*formal*) acción, obra **2** hazaña **3** (*Jur*) escritura

deem /diːm/ *vt* (*formal*) considerar

deep /diːp/ ◆ *adj* (**-er**, **-est**) **1** profundo **2** de profundidad: *This pool is only one metre deep.* Esta pileta sólo tiene un metro de profundidad. **3** (*respiración*) hondo **4** (*voz, sonido, etc*) grave **5** (*color*) intenso **6** ~ **in sth** sumido, absorto en algo ◆ *adv* (**-er**, **-est**) muy profundo, con profundidad: *Don't go in too deep!* ¡No te vayas a lo hondo! LOC **deep down** (*coloq*) en el fondo **to go/run deep** estar muy arraigado **deeply** *adv* profundamente, a fondo, muchísimo

deepen /ˈdiːpən/ *vt, vi* hacer(se) más profundo, aumentar

deep-freeze /ˌdiːp ˈfriːz/ *n* Ver FREEZER

deer /dɪə(r)/ *n* (*pl* **deer**) ciervo ☛ *Ver nota en* CIERVO

default /dɪˈfɔːlt/ ◆ *n* **1** incumplimiento **2** incomparecencia LOC **by default** por incomparecencia ◆ *vi* **1** no comparecer **2** ~ (**on sth**) dejar incumplido (algo) ◆ *adj* (*Informát*) por defecto

defeat /dɪˈfiːt/ ◆ *vt* **1** derrotar **2** (*fig*) frustrar ◆ *n* derrota: *to admit/accept defeat* darse por vencido

defect[1] /dɪˈfekt/ *vi* **1** ~ (**from sth**) desertar (de algo) **2** ~ **to sth** pasarse a algo **defection** *n* **1** deserción **2** exilio **defector** *n* desertor, -ora

defect[2] /ˈdiːfekt, dɪˈfekt/ *n* defecto ☛ *Ver nota en* MISTAKE **defective** /dɪˈfektɪv/ *adj* defectuoso

defence (*USA* **defense**) /dɪˈfens/ *n* **1** ~ (**of sth**) (**against sth**) defensa (de algo) (contra algo) **2 the defence** [*v sing o pl*] (*juicio*) la defensa **defenceless** *adj* indefenso **defend** /dɪˈfend/ *vt* ~ **sth/sb** (**against/from sth/sb**) defender, proteger algo/a algn (de algo/algn) **defendant** *n* acusado, -a, inculpado, -a ☛ *Comparar con* PLAINTIFF **defensive** /dɪˈfensɪv/ *adj* ~ (**about sth**) a la defensiva (sobre algo) LOC **to put sb/to be on the defensive** poner a algn/estar a la defensiva

defer /dɪˈfɜː(r)/ *vt* (**-rr-**) ~ **sth to sth** posponer algo para algo **deference** /ˈdefərəns/ *n* deferencia, respeto LOC **in deference to sth/sb** por deferencia a algo/algn

defiance /dɪˈfaɪəns/ *n* desafío, desobediencia **defiant** *adj* desafiante

deficiency /dɪˈfɪʃnsi/ *n* (*pl* **-ies**) deficiencia **deficient** *adj* ~ (**in sth**) deficiente (en algo)

define /dɪˈfaɪn/ *vt* ~ **sth** (**as sth**) definir algo (como algo)

definite /ˈdefɪnət/ *adj* **1** definitivo, concreto **2** ~ (**about sth/that ...**) seguro (sobre algo/de que ...) **3** definido: *definite article* artículo definido **definitely** *adv* **1** definitivamente **2** sin duda alguna

definition /ˌdefɪˈnɪʃn/ *n* definición

definitive /dɪˈfɪnətɪv/ *adj* definitivo, determinante

deflate /diːˈfleɪt/ *vt, vi* deshinchar(se), desinflar(se)

deflect /dɪˈflekt/ *vt* ~ **sth** (**from sth**) desviar algo (de algo)

deform /dɪˈfɔːm/ *vt* deformar **deformed** *adj* deforme **deformity** *n* (*pl* **-ies**) deformidad

defrost /ˌdiːˈfrɒst; *USA* ˌdiːˈfrɔːst/ *vt* descongelar

deft /deft/ *adj* hábil

defunct /dɪˈfʌŋkt/ *adj* (*formal*) muerto, fallecido

defuse /ˌdiːˈfjuːz/ *vt* **1** (*bomba*) desactivar **2** (*tensión, crisis*) atenuar

defy /dɪˈfaɪ/ *vt* (*pret, pp* **defied**) **1** desafiar **2** ~ **sb to do sth** retar, desafiar a algn a que haga algo

degenerate /dɪˈdʒenəreɪt/ *vi* ~ (**from sth**) (**into sth**) degenerar (de algo) (a algo) **degeneration** *n* degeneración

degrade /dɪˈgreɪd/ *vt* degradar **degradation** *n* degradación

degree /dɪˈgriː/ *n* **1** grado **2** título: *a university degree* un título universitario ◊ *to choose a degree course* elegir una carrera LOC **by degrees** poco a poco

deity /ˈdeɪəti/ *n* (*pl* **-ies**) deidad

dejected /dɪˈdʒektɪd/ *adj* desanimado

delay /dɪˈleɪ/ ◆ **1** *vt* retrasar: *The train was delayed.* El tren se retrasó. ☛ *Comparar con* LATE **2** *vi* esperar, tardar: *Don't delay!* ¡No esperes! **3** *vt* aplazar: *delayed action* de acción retardada ◆ *n* retraso **delaying** *adj* dilatorio: *delaying tactics* tácticas de distracción

delegate /ˈdelɪgət/ ◆ *n* delegado, -a ◆ /ˈdelɪgeɪt/ *vt* ~ **sth** (**to sb**) encomendar algo (a algn) **delegation** *n* [*v sing o pl*] delegación

delete /dɪˈliːt/ *vt* borrar, tachar **deletion** *n* borrado, eliminación

deliberate[1] /dɪˈlɪbərət/ *adj* deliberado

deliberate[2] /dɪˈlɪbəreɪt/ *vi* ~ (**about/on sth**) (*formal*) deliberar (sobre algo) **deliberation** *n* [*gen pl*] deliberación

delicacy /ˈdelɪkəsi/ *n* (*pl* **-ies**) **1** delicadeza **2** manjar

delicate /ˈdelɪkət/ *adj* delicado: *delicate china* porcelana fina ◊ *a delicate colour* un color suave ◊ *a delicat[e] flavour* un exquisito sabor

delicatessen /ˌdelɪkəˈtesn/ *n* fiambrería (*especializada en productos importados*)

delicious /dɪˈlɪʃəs/ *adj* delicioso

delight[1] /dɪˈlaɪt/ *n* deleite: *the delight of travelling* el placer de viajar LOC **t[o] take delight in** (**doing**) **sth** deleitarse e[n] (hacer) algo

delight[2] /dɪˈlaɪt/ **1** *vt* encantar **2** *vi* ~ **i[n]** (**doing**) **sth** regocijarse en algo[/] haciendo algo **delighted** *adj* **1** ~ (**a[t]** / **with sth**) encantado (con algo) **2** ~ (**t[o]** **do sth/that…**) encantado (de hace[r] algo/de que…)

delightful /dɪˈlaɪtfl/ *adj* encantador

delinquent /dɪˈlɪŋkwənt/ *adj, n* delin[-]cuente **delinquency** *n* delincuencia

delirious /dɪˈlɪriəs/ *adj* delirante: *deli[-]rious with joy* loco de contento **deliriu[m]** *n* delirio

deliver /dɪˈlɪvə(r)/ *vt* **1** (*correo, géneros*) repartir **2** (*recado*) comunicar [3] (*discurso*) pronunciar **4** (*Med*) asistir [a] un parto **5** (*golpe*) dar **delivery** *n* (*p[l]* **-ies**) **1** reparto **2** entrega **3** parto LO[C] *Ver* CASH

delta /ˈdeltə/ *n* delta

delude /dɪˈluːd/ *vt* engañar

deluge /ˈdeljuːdʒ/ ◆ *n* (*formal*) [1] aluvión **2** (*fig*) lluvia ◆ *vt* ~ **sth/s[b]** (**with sth**) inundar algo/a algn (de algo)

delusion /dɪˈluːʒn/ *n* engaño, espe[-]jismo

de luxe /də ˈlʌks, -ˈlʊks/ *adj* de lujo

demand /dɪˈmɑːnd; *USA* dɪˈmænd/ ◆ *[n]* **1** ~ (**for sb to do sth**) exigencia (de qu[e] algn haga algo) **2** ~ (**that…**) exigenci[a] (de que…) **3** ~ (**for sth/sb**) demanda (d[e] algo/algn) LOC **in demand** solicitad[o] **on demand** a petición *Ver tb* SUPPLY ◆ *vt* **1** exigir **2** requerir **demanding** *ad[j]* exigente

demise /dɪˈmaɪz/ *n* (*formal*) falleci[-]miento: *the demise of the business* e[l] fracaso del negocio

demo /ˈdeməʊ/ *n* (*pl* **~s**) (*coloq*) mani[-]festación

democracy /dɪˈmɒkrəsi/ *n* (*pl* **-ies**) democracia **democrat** /ˈdeməkræt/ *[n]* demócrata **democratic** /ˌdeməˈkrætɪk/ *adj* democrático

demographic /ˌdeməˈgræfɪk/ *adj* demográfico

demolish /dɪˈmɒlɪʃ/ *vt* derribar **demolition** *n* demolición

demon /ˈdiːmən/ *n* demonio **demonic** *adj* diabólico

demonstrate /ˈdemənstreɪt/ **1** *vt* demostrar **2** *vi* ~ (**against/in favour of sth/sb**) manifestarse (en contra/a favor de algo/algn) **demonstration** *n* **1** demostración **2** ~ (**against/in favour of sth/sb**) manifestación (en contra/a favor de algo/algn)

demonstrative /dɪˈmɒnstrətɪv/ *adj* **1** cariñoso **2** (*Gram*) demostrativo

demonstrator /ˈdemənstreɪtə(r)/ *n* manifestante

demoralize, -ise /dɪˈmɒrəlaɪz; *USA* -ˈmɔːr-/ *vt* desmoralizar

demure /dɪˈmjʊə(r)/ *adj* recatado

den /den/ *n* guarida

denial /dɪˈnaɪəl/ *n* **1** ~ (**that.../of sth**) negación (de que.../de algo) **2** ~ **of sth** denegación, rechazo de algo

denim /ˈdenɪm/ *n* tela de vaquero

denomination /dɪˌnɒmɪˈneɪʃn/ *n* secta

denounce /dɪˈnaʊns/ *vt* ~ **sth/sb** (**to sb**) (**as sth**) denunciar algo/a algn (a algn) (como algo): *An informer denounced him to the police* (*as a terrorist*). Un delator lo denunció a la policía (como terrorista).

dense /dens/ *adj* (**-er**, **-est**) denso **density** *n* (*pl* **-ies**) densidad

dent /dent/ ◆ *n* abolladura ◆ *vt, vi* abollar(se)

dental /ˈdentl/ *adj* dental

dentist /ˈdentɪst/ *n* dentista

denunciation /dɪˌnʌnsiˈeɪʃn/ *n* denuncia

deny /dɪˈnaɪ/ *vt* (*pret, pp* **denied**) **1** negar **2** (*verdad*) desmentir

deodorant /diˈəʊdərənt/ *n* desodorante

depart /dɪˈpɑːt/ *vi* (*formal*) ~ (**for...**) (**from...**) salir (hacia...) (de...)

department /dɪˈpɑːtmənt/ *n* (*abrev* **Dept**) **1** departamento, sección **2** ministerio **departmental** /ˌdiːpɑːtˈmentl/ *adj* departamental

department store *n* grandes tiendas

departure /dɪˈpɑːtʃə(r)/ *n* **1** ~ (**from...**) partida (de...) **2** (*de avión, tren*) salida

depend /dɪˈpend/ *vi* LOC **that depends**; **it (all) depends** depende PHR V **to depend on/upon sth/sb 1** contar con algo/algn **2** confiar en algo/algn **to depend on sth/sb** (**for sth**) depender de algo/algn (para algo) **dependable** *adj* fiable

dependant (*esp USA* **-ent**) /dɪˈpendənt/ *n* persona bajo el cargo de otra **dependence** *n* ~ (**on/upon sth/sb**) dependencia (de algo/algn) **dependent** *adj* **1 to be ~ on/upon sth/sb** depender de algo/algn **2** (*persona*) poco independiente

depict /dɪˈpɪkt/ *vt* representar

depleted /dɪˈpliːtɪd/ *adj* reducido

deplore /dɪˈplɔː(r)/ *vt* **1** condenar **2** lamentar

deploy /dɪˈplɔɪ/ *vt, vi* desplegar(se)

deport /dɪˈpɔːt/ *vt* deportar **deportation** *n* deportación

depose /dɪˈpəʊz/ *vt* destituir, deponer

deposit /dɪˈpɒzɪt/ ◆ *vt* **1** (*dinero*) ingresar, depositar **2** ~ **sth** (**with sb**) (*bienes*) dejar algo (a cargo de algn) ◆ *n* **1** (*Fin*) depósito: *deposit account* cuenta a plazo fijo **2** ingreso, depósito: *safety deposit box* caja de seguridad **3** (*alquiler*) depósito **4** ~ (**on sth**) seña, anticipo inicial (para algo) **5** depósito, sedimento

depot /ˈdepəʊ; *USA* ˈdiːpəʊ/ *n* **1** depósito, almacén **2** (*para vehículos*) garage **3** (*USA*) estación (*de tren o de ómnibus*)

depress /dɪˈpres/ *vt* deprimir **depression** *n* depresión

deprivation /ˌdeprɪˈveɪʃn/ *n* pobreza, privación

deprive /dɪˈpraɪv/ *vt* ~ **sth/sb of sth** privar algo/a algn de algo **deprived** *adj* necesitado

depth /depθ/ *n* profundidad LOC **in depth** a fondo, en profundidad

deputation /ˌdepjuˈteɪʃn/ *n* [*v sing o pl*] delegación

deputize, -ise /ˈdepjətaiz/ *vi* ~ (**for sb**) sustituir a algn

deputy /ˈdepjəti/ *n* (*pl* **-ies**) **1** sustituto, -a, suplente: *deputy chairman* vicepresidente **2** (*Pol*) diputado, -a

deranged /dɪˈreɪndʒd/ *adj* trastornado, loco

deregulation /ˌdiːregjʊˈleɪʃn/ *n* liberalización (*ventas, servicios, etc*)

derelict /ˈderəlɪkt/ *adj* abandonado (*edificio*)

deride /dɪˈraɪd/ *vt* ridiculizar, burlarse de

derision /dɪˈrɪʒn/ *n* burla **derisive** /dɪˈraɪsɪv/ *adj* burlón **derisory** /dɪˈraɪsəri/ *adj* irrisorio

derivation /ˌderɪˈveɪʃn/ *n* derivación **derivative** *n* derivado

derive /dɪˈraɪv/ **1** *vt* ~ **sth from sth** obtener, sacar algo de algo: *to derive comfort from sth* hallar consuelo en algo **2** *vt, vi* ~ **from sth** derivar de algo

derogatory /dɪˈrɒgətri; *USA* -tɔːri/ *adj* despectivo

descend /dɪˈsend/ *vt, vi* (*formal*) descender **descendant** *n* descendiente

descent /dɪˈsent/ *n* **1** descenso **2** ascendencia

describe /dɪˈskraɪb/ *vt* ~ **sth/sb (as sth)** describir algo/a algn (como algo) **description** *n* descripción

desert[1] /ˈdezət/ *n* desierto

desert[2] /dɪˈzɜːt/ **1** *vt* ~ **sth/sb** abandonar algo/a algn **2** *vi* (*Mil*) desertar **deserted** *adj* desierto **deserter** *n* desertor, -ora

deserve /dɪˈzɜːv/ *vt* merecer LOC *Ver* RICHLY *en* RICH **deserving** *adj* digno

design /dɪˈzaɪn/ ◆ *n* **1** ~ **(for/of sth)** diseño (de algo) **2** plan **3** diseño ◆ *vt* diseñar

designate /ˈdezɪgneɪt/ *vt* **1** ~ **sth/sb (as) sth** (*formal*) designar algo/a algn algo **2** nombrar

designer /dɪˈzaɪnə(r)/ *n* diseñador, -ora

desirable /dɪˈzaɪərəbl/ *adj* deseable

desire /dɪˈzaɪə(r)/ ◆ *n* **1** ~ **(for sth/sb)** deseo (de/por algo/algn) **2** ~ **(to do sth)** deseo (de hacer algo) **3** ~ **(for sth/to do sth)** ansias (de algo/de hacer algo): *He had no desire to see her.* No tenía nada de ganas de verla. ◆ *vt* desear

desk /desk/ *n* escritorio (*de trabajo*)

desktop /ˈdesktɒp/ *adj*: *a desktop computer* una computadora personal ◊ *desktop publishing* tratamiento de textos avanzado

desolate /ˈdesələt/ *adj* **1** (*paisaje*) desolado, desierto **2** (*futuro*) desolador **desolation** *n* **1** desolación **2** desconsuelo

despair /dɪˈspeə(r)/ ◆ *vi* (*formal*) ~ **(of sth/doing sth)** perder las esperanzas (de algo/de hacer algo) ◆ *n* desesperación **despairing** *adj* desesperado

despatch /dɪˈspætʃ/ *n, vt Ver* DISPATCH

desperate /ˈdespərət/ *adj* desesperado

despicable /dɪˈspɪkəbl/ *adj* despreciable

despise /dɪˈspaɪz/ *vt* despreciar

despite /dɪˈspaɪt/ *prep* a pesar de

despondent /dɪˈspɒndənt/ *adj* abatido, desalentado

despot /ˈdespɒt/ *n* déspota

dessert /dɪˈzɜːt/ (*tb* **sweet**) *n* postre ☛ La palabra más corriente es **pudding**.

dessertspoon /dɪˈzɜːtspuːn/ *n* **1** cuchara de postre **2** (*tb* **dessertspoonful**) cucharada (*de postre*)

destination /ˌdestɪˈneɪʃn/ *n* destino (*de avión, barco, etc*)

destined /ˈdestɪnd/ *adj* (*formal*) destinado: *It was destined to fail.* Estaba condenado a fracasar.

destiny /ˈdestəni/ *n* (*pl* **-ies**) destino (*fortuna*)

destitute /ˈdestɪtjuːt; *USA* -tuːt/ *adj* pobre

destroy /dɪˈstrɔɪ/ *vt* destruir **destroyer** *n* destructor

destruction /dɪˈstrʌkʃn/ *n* destrucción **destructive** *adj* destructivo

detach /dɪˈtætʃ/ *vt* ~ **sth (from sth)** separar algo (de algo) **detachable** *adj* que se puede separar

detached /dɪˈtætʃt/ *adj* **1** imparcial **2** (*vivienda*) no unido a otra casa: *detached house* chalé ☛ *Comparar con* SEMI-DETACHED *y ver pág 315.*

detachment /dɪˈtætʃmənt/ *n* **1** imparcialidad **2** (*Mil*) destacamento

detail /ˈdiːteɪl; *USA* dɪˈteɪl/ ◆ *n* detalle, pormenor LOC **in detail** en detalle, detalladamente **to go into detail(s)** entrar en detalles ◆ *vt* detallar **detailed** *adj* detallado

detain /dɪˈteɪn/ *vt* retener **detainee** /ˌdiːteɪˈniː/ *n* detenido, -a

detect /dɪˈtekt/ *vt* **1** detectar **2** (*fraude*) descubrir **detectable** *adj* detectable **detection** *n* descubrimiento: *to escape detection* pasar inadvertido/desapercibido

detective /dɪˈtektɪv/ *n* detective: *detective story* novela policial

detention /dɪˈtenʃn/ *n* detención: *detention centre* centro de detención preventiva

deter /dɪˈtɜː(r)/ *vt* (-rr-) ~ **sb (from doing sth)** disuadir a algn (de hacer algo)

detergent /dɪˈtɜːdʒənt/ *adj, n* detergente

deteriorate /dɪˈtɪəriəreɪt/ *vi* deteriorarse, empeorar **deterioration** *n* deterioro

determination /dɪˌtɜːmɪˈneɪʃn/ *n* determinación

determine /dɪˈtɜːmɪn/ *vt* determinar, decidir: *determining factor* factor determinante ◊ *to determine the cause of an accident* determinar la causa de un accidente **determined** *adj* ~ **(to do sth)** resuelto (a hacer algo)

determiner /dɪˈtɜːmɪnə(r)/ *n* (*Gram*) determinante

deterrent /dɪˈterənt; *USA* -ˈtɜː-/ *n* **1** escarmiento **2** argumento disuasorio **3** (*Mil*) fuerza disuasoria: *nuclear deterrent* fuerza disuasoria nuclear

detest /dɪˈtest/ *vt* detestar *Ver tb* HATE

detonate /ˈdetəneɪt/ *vt, vi* detonar

detour /ˈdiːtʊə(r); *USA* dɪˈtʊər/ *n* desvío ☛ *Comparar con* DIVERSION

detract /dɪˈtrækt/ *vi* ~ **from sth** restar mérito a algo: *The incident detracted from our enjoyment of the evening.* El incidente le restó placer a nuestra velada.

detriment /ˈdetrɪmənt/ *n* LOC **to the detriment of sth/sb** en detrimento de algo/algn **detrimental** /ˌdetrɪˈmentl/ *adj* ~ **(to sth/sb)** perjudicial (para/a algo/algn)

devalue /ˌdiːˈvæljuː/ *vt, vi* devaluar(se) **devaluation** *n* devaluación

devastate /ˈdevəsteɪt/ *vt* **1** devastar, asolar **2** (*persona*) desolar, destrozar **devastating** *adj* **1** devastador **2** desastroso **devastation** *n* devastación

develop /dɪˈveləp/ **1** *vt, vi* desarrollar(se) **2** *vt* (*plan, estrategia*) elaborar **3** *vt, vi* (*Fot*) revelar(se) **4** *vt* (*terreno*) urbanizar, construir en **developed** *adj* desarrollado **developer** *n* constructor, -ora **developing** *adj* en (vías de) desarrollo

development /dɪˈveləpmənt/ *n* **1** desarrollo, evolución: *development area* área de desarrollo ◊ *There has been a new development.* Ha cambiado la situación. **2** (*de terrenos*) urbanización **3** (*tb* **developing**) (*Fot*) revelado

deviant /ˈdiːviənt/ *adj, n* **1** desviado, -a **2** (*sexual*) pervertido, -a

deviate /ˈdiːvieɪt/ *vi* ~ **(from sth)** desviarse (de algo) **deviation** *n* ~ **(from sth)** desviación (de algo)

device /dɪˈvaɪs/ *n* **1** aparato, dispositivo, mecanismo: *explosive device* artefacto explosivo ◊ *nuclear device* arma nuclear **2** (*plan*) astucia, estratagema LOC *Ver* LEAVE

devil /ˈdevl/ *n* demonio, diablo: *You lucky devil!* ¡Qué suertudo!

devious /ˈdiːviəs/ *adj* **1** artero, intrincado **2** (*método, persona*) poco escrupuloso

devise /dɪˈvaɪz/ *vt* idear, elaborar

devoid /dɪˈvɔɪd/ *adj* ~ **of sth** desprovisto, exento de algo

devolution /ˌdiːvəˈluːʃn; *USA* ˌdev-/ *n* **1** descentralización **2** (*de poderes*) delegación

devote /dɪˈvəʊt/ **1** *v refl* ~ **yourself to sth/sb** dedicarse a algo/algn **2** *vt* ~ **sth to sth/sb** dedicar algo a algo/algn **3** *vt* ~ **sth to sth** (*recursos*) destinar algo a algo **devoted** *adj* ~ **(to sth/sb)** fiel, leal (a algo/algn): *They're devoted to each other.* Están dedicados el uno al otro.

devotee /ˌdevəˈtiː/ *n* devoto, -a

devotion /dɪˈvəʊʃn/ *n* ~ **(to sth/sb)** devoción (por/a algo/algn)

devour /dɪˈvaʊə(r)/ *vt* devorar

devout /dɪˈvaʊt/ *adj* **1** devoto, piadoso **2** (*esperanza, deseo*) sincero **devoutly** *adv* **1** piadosamente, con devoción **2** sinceramente

dew /djuː; *USA* duː/ *n* rocío

dexterity /dekˈsterəti/ *n* destreza

diabetes /ˌdaɪəˈbiːtiːz/ *n* [*incontable*] diabetes **diabetic** *adj, n* diabético, -a

diabolic /ˌdaɪəˈbɒlɪk/ (*tb* **diabolical**) *adj* diabólico

diagnose /ˈdaɪəgnəʊz; *USA* ˌdaɪəgˈnəʊs/ *vt* ~ **sth (as sth)** diagnosticar: *I've been diagnosed as having hepatitis.* Me diagnosticaron una hepatitis. **diagnosis** /ˌdaɪəgˈnəʊsɪs/ *n* (*pl* **-oses** /-ˈnəʊsiːz/) diagnóstico **diagnostic** /ˌdaɪəgˈnɒstɪk/ *adj* diagnóstico

diagonal /daɪˈægənl/ *adj, n* diagonal **diagonally** *adv* diagonalmente

diagram /ˈdaɪəgræm/ *n* diagrama

dial /ˈdaɪəl/ ◆ *n* **1** (*instrumento*) cuadrante **2** (*teléfono*) disco **3** (*reloj*) esfera ◆ *vt* (**-ll-**, *USA* **-l-**) marcar: *to dial a wrong number* marcar un número equivocado

dialect /ˈdaɪəlekt/ *n* dialecto

dialling code *n* característica (*número telefónico*)

dialling tone *n* tono de discado

dialogue (*USA tb* **dialog**) /ˈdaɪəlɒg; *USA* -lɔːg/ *n* diálogo

diameter /daɪˈæmɪtə(r)/ *n* diámetro: *It is 15cm in diameter.* Tiene 15cm de diámetro.

diamond /ˈdaɪəmənd/ *n* **1** diamante **2** rombo **3** *diamond jubilee* sexagésimo aniversario **4 diamonds** [*pl*] (*en cartas*) diamantes ☛ *Ver nota en* CARTA

diaphragm /ˈdaɪəfræm/ *n* diafragma

diarrhoea (*USA* **diarrhea**) /ˌdaɪəˈrɪə/ *n* [*incontable*] diarrea

diary /ˈdaɪəri/ *n* (*pl* **-ies**) **1** diario **2** agenda

dice[1] /daɪs/ *n* (*pl* **dice**) dado: *to roll/throw the dice* tirar/lanzar los dados ◊ *to play dice* jugar a los dados

dice[2] /daɪs/ *vt* cortar en trozos

dictate /dɪkˈteɪt; *USA* ˈdɪkteɪt/ *vt, vi* ~ (**sth**) (**to sb**) dictar (algo) (a algn) PHR V **to dictate to sb**: *You can't dictate to your children how to run their lives.* No podés decirles a tus hijos cómo vivir su vida. **dictation** *n* dictado

dictator /dɪkˈteɪtə(r); *USA* ˈdɪkteɪtər/ *n* dictador, -ora **dictatorship** *n* dictadura

dictionary /ˈdɪkʃənri; *USA* -neri/ *n* (*pl* **-ies**) diccionario

did *pret de* DO

didactic /daɪˈdæktɪk/ *adj* (*formal, a veces pey*) didáctico

didn't /ˈdɪd(ə)nt/ = DID NOT *Ver* DO

die /daɪ/ *vi* (*pret, pp* **died** *pt pres* **dying**) (*lit y fig*) morir: *to die of/from sth* morir de algo LOC **to be dying for sth/to do sth** morirse por algo/por hacer algo PHR V **to die away 1** disminuir poco a poco hasta desaparecer **2** (*ruido*) alejarse hasta perderse **to die down 1** apagarse gradualmente, disminuir **2** (*viento*) amainar **to die off** morir uno tras otro **to die out 1** (*Zool*) extinguirse **2** (*tradiciones*) desaparecer

diesel /ˈdiːzl/ *n* diesel: *diesel fuel/oil* gas-oil

diet /ˈdaɪət/ ◆ *n* dieta, régimen ☛ *Comparar con* REGIME LOC **to be/go on a diet** estar/ponerse a régime ☛ *Ver nota en* LOW-CALORIE ◆ *vi* estar ponerse a régimen **dietary** *adj* dietétic

differ /ˈdɪfə(r)/ *vi* **1** ~ (**from sth/sb**) se diferente (de algo/algn) **2** ~ (**with sb** (**about/on sth**) no estar de acuerdo (co algn) (sobre/en algo)

difference /ˈdɪfrəns/ *n* diferencia: *t make up the difference* (*in price*) pone la diferencia (en el precio) ◊ *a differenc of opinion* una diferencia de opinió LOC **it makes all the difference** l cambia todo **it makes no difference** d lo mismo **what difference does i make?** ¿qué importa?

different /ˈdɪfrənt/ *adj* **1** ~ (**from sth sb**) diferente, distinto (a/de algo/algn **2** ~ (**than sth/sb**) (*USA*) diferente distinto (a/de algo/algn) **differentl** *adv* de otra manera, de distinta maner

differentiate /ˌdɪfəˈrenʃieɪt/ *vt, vi* ~ **between A and B**; ~ **A from B** distin guir, diferenciar entre A y B; A de **differentiation** *n* diferenciación

difficult /ˈdɪfɪkəlt/ *adj* difícil **difficult** *n* (*pl* **-ies**) **1** dificultad: *with great diffi culty* a duras penas **2** (*situación difíci* apuro, aprieto: *to get/run into difficul ties* verse en un apuro/encontrarse e apuros ◊ *to make difficulties for s* poner obstáculos a algn

diffident /ˈdɪfɪdənt/ *adj* que tiene poc confianza en sí mismo **diffidence** falta de confianza en sí mismo

dig /dɪg/ ◆ *vt, vi* (**-gg-**) (*pret, pp* **du** /dʌg/) **1** cavar: *to dig for sth* cavar e busca de algo **2 to dig** (**sth**) **into st** clavar algo/clavarse en algo: *The chair back was digging into his back.* E respaldo de la silla se le estab clavando en la espalda. LOC **to dig you heels in** mantenerse firme PHR V **to di in** (*coloq*) (*comida*) atacar **to dig sth/s out** sacar algo/a algn (cavando) **to di sth up 1** (*planta*) sacar de la tierra (*un objeto oculto*) desenterrar **3** (*calle* levantar ◆ *n* excavación **digger** *n* exca vadora

digest[1] /ˈdaɪdʒest/ *n* **1** resumen compendio

digest[2] /daɪˈdʒest/ *vt, vi* digerir(se **digestion** *n* digestión

digit /ˈdɪdʒɪt/ *n* dígito **digital** *adj* digita

dignified /ˈdɪgnɪfaɪd/ *adj* digno

dignitary /ˈdɪgnɪtəri; *USA* -teri/ *n* dignatario, -a
dignity /ˈdɪgnəti/ *n* dignidad
digression /daɪˈgreʃn/ *n* digresión
dike *Ver* DYKE
dilapidated /dɪˈlæpɪdeɪtɪd/ *adj* **1** ruinoso **2** (*vehículo*) destartalado
dilemma /dɪˈlemə, daɪ-/ *n* dilema
dilute /daɪˈljuːt; *USA* -ˈluːt/ *vt* **1** diluir **2** (*fig*) suavizar, debilitar
dim /dɪm/ ◆ *adj* (**dimmer**, **dimmest**) **1** (*luz*) débil, tenue **2** (*recuerdo, noción*) vago **3** (*perspectiva*) poco prometedor, sombrío **4** (*coloq*) (*persona*) bruto **5** (*vista*) turbio ◆ (**-mm-**) **1** *vt* (*luz*) bajar **2** *vi* (*luz*) apagarse poco a poco **3** *vt, vi* (*fig*) empañar(se), apagar(se)
dime /daɪm/ *n* (*Can, USA*) moneda de 10 centavos
dimension /dɪˈmenʃn, daɪ-/ *n* dimensión
diminish /dɪˈmɪnɪʃ/ *vt, vi* disminuir
diminutive /dɪˈmɪnjətɪv/ ◆ *adj* diminuto ◆ *adj, n* diminutivo
dimly /ˈdɪmli/ *adv* **1** (*iluminar*) débilmente **2** (*recordar*) vagamente **3** (*ver*) apenas
dimple /ˈdɪmpl/ *n* hoyuelo
din /dɪn/ *n* [*sing*] **1** (*de gente*) alboroto **2** (*de máquinas*) estruendo
dine /daɪn/ *vi* (*formal*) ~ (**on sth**) cenar, almorzar (algo) *Ver tb* DINNER **PHR V to dine out** cenar/comer afuera **diner** *n* **1** comensal **2** (*USA*) parador
dinghy /ˈdɪŋgi/ *n* (*pl* **dinghies**) **1** bote, barca **2** (*de goma*) bote inflable
dingy /ˈdɪndʒi/ *adj* (**-ier**, **-iest**) **1** (*deprimente*) sombrío **2** sucio
dining room *n* comedor
dinner /ˈdɪnə(r)/ *n* **1** [*incontable*] cena, almuerzo: *to have dinner* cenar/almorzar **2** cena (de gala) ☛ *Ver nota en* NAVIDAD **3** (*tb* **dinner party**) (*entre amigos*) cena ☛ *Ver pág 314.*
dinner jacket *n* esmoquin
dinosaur /ˈdaɪnəsɔː(r)/ *n* dinosaurio
diocese /ˈdaɪəsɪs/ *n* diócesis
dioxide /daɪˈɒksaɪd/ *n* dióxido
dip /dɪp/ ◆ (**-pp-**) **1** *vt* **to dip sth (in/into sth)** meter, mojar, bañar algo (en algo) **2** *vi* descender **3** *vt, vi* bajar: *to dip the headlights* (*of a car*) bajar las luces (de un coche) ◆ *n* **1** (*coloq*) chapuzón **2** (*Geog*) depresión **3** declive **4** (*precios, etc*) baja
diploma /dɪˈpləʊmə/ *n* diploma
diplomacy /dɪˈpləʊməsi/ *n* diplomacia
diplomat /ˈdɪpləmæt/ *n* diplomático, -a
diplomatic /ˌdɪpləˈmætɪk/ *adj* (*lit y fig*) diplomático **diplomatically** *adv* diplomáticamente, con diplomacia
dire /ˈdaɪə(r)/ *adj* (**direr**, **direst**) **1** (*formal*) horrible, extremo **2** (*coloq*) atroz
direct /dɪˈrekt, daɪ-/ ◆ *vt* dirigir: *Could you direct me to...?* ¿Podría indicarme el camino a...? ◆ *adj* **1** directo **2** franco **3** total ◆ *adv* **1** directo: *You don't have to change, the train goes direct to London.* No tiene que hacer trasbordo, el tren va directo a Londres. **2** en persona
direct debit *n* débito bancario
direction /dɪˈrekʃn, daɪ-/ *n* **1** dirección, sentido **2 directions** [*pl*] instrucciones: *to ask (sb) for directions* preguntar (a algn) el camino a algún lugar
directive /dɪˈrektɪv, daɪ-/ *n* directiva
directly /dɪˈrektli, daɪ-/ *adv* **1** directamente: *directly opposite (sth)* justo enfrente (de algo) **2** enseguida
directness /dɪˈrektnəs, daɪ-/ *n* franqueza
director /dɪˈrektə(r), daɪ-/ *n* director, -ora
directorate /dɪˈrektərət, daɪ-/ *n* **1** junta directiva **2** Dirección General (de...)
directory /dəˈrektəri, daɪ-/ *n* (*pl* **-ies**) guía (*telefónica, etc*), directorio
dirt /dɜːt/ *n* **1** suciedad, mugre **2** tierra **3** (*coloq*) grosería, chanchada **LOC** *Ver* TREAT
dirty /ˈdɜːti/ ◆ *vt, vi* (*pret, pp* **dirtied**) ensuciar(se) ◆ *adj* (**-ier**, **-iest**) **1** (*lit y fig*) sucio **2** (*chiste, libro, etc*) verde: *dirty word* palabrota **3** (*coloq*) sucio: *dirty trick* mala jugada
disability /ˌdɪsəˈbɪləti/ *n* (*pl* **-ies**) **1** incapacidad **2** (*Med*) discapacidad
disabled /dɪsˈeɪbld/ ◆ *adj* incapacitado ◆ **the disabled** *n* [*pl*] los discapacitados
disadvantage /ˌdɪsədˈvɑːntɪdʒ; *USA* -ˈvæn-/ *n* desventaja **LOC to put sb/be at a disadvantage** poner a algn/estar en desventaja **disadvantaged** *adj*

perjudicado **disadvantageous** *adj* desventajoso

disagree /ˌdɪsəˈgriː/ *vi* (*pret, pp* **-reed**) ~ (**with sth/sb**) (**about/on sth**) no estar de acuerdo (con algo/algn) (sobre algo): *He disagreed with her on how to spend the money.* No estuvo de acuerdo con ella sobre cómo gastar el dinero. PHR V **to disagree with sb** sentarle mal a algn (*comida, clima*) **disagreeable** *adj* desagradable **disagreement** *n* **1** desacuerdo **2** discrepancia

disappear /ˌdɪsəˈpɪə(r)/ *vi* desaparecer: *It disappeared into the bushes.* Desapareció entre los arbustos. **disappearance** *n* desaparición

disappoint /ˌdɪsəˈpɔɪnt/ *vt* decepcionar, defraudar **disappointed** *adj* **1** ~ (**about/at/by sth**) decepcionado, defraudado (por algo) **2** ~ (**in/with sth/sb**) decepcionado (con algo/algn): *I'm disappointed in you.* Me decepcionaste. **disappointing** *adj* decepcionante **disappointment** *n* decepción

disapproval /ˌdɪsəˈpruːvl/ *n* desaprobación

disapprove /ˌdɪsəˈpruːv/ *vi* **1** ~ (**of sth**) desaprobar (algo) **2** ~ (**of sb**) tener mala opinión (de algn) **disapproving** *adj* de desaprobación

disarm /dɪsˈɑːm/ *vt, vi* desarmar(se) **disarmament** *n* desarme

disassociate /ˌdɪsəˈsəʊʃieɪt/ *Ver* DISSOCIATE

disaster /dɪˈzɑːstə(r); *USA* -ˈzæs-/ *n* desastre **disastrous** *adj* desastroso, catastrófico

disband /dɪsˈbænd/ *vt, vi* disolver(se)

disbelief /ˌdɪsbɪˈliːf/ *n* incredulidad

disc (*tb USA* **disk**) /dɪsk/ *n* disco *Ver tb* DISK

discard /dɪˈskɑːd/ *vt* desechar, deshacerse de

discern /dɪˈsɜːn/ *vt* **1** percibir **2** discernir

discernible /dɪˈsɜːnəbl/ *adj* perceptible

discharge /dɪsˈtʃɑːdʒ/ ◆ *vt* **1** (*residuos*) descargar **2** (*Mil*) licenciar **3** (*Med*) (*paciente*) dar de alta **4** (*deber*) desempeñar ◆ /ˈdɪstʃɑːdʒ/ *n* **1** (*eléctrica, de cargamento, de artillería*) descarga **2** (*residuo*) descarga **3** (*Mil*) licenciamiento **4** (*Jur*): *conditional discharge* libertad condicional **5** (*Med*) supuración

disciple /dɪˈsaɪpl/ *n* discípulo, -a

discipline /ˈdɪsəplɪn/ ◆ *n* disciplina ◆ *vt* disciplinar **disciplinary** *adj* disciplinario

disc jockey *n* (*pl* **-eys**) (*abrev* **DJ**) disc jockey

disclose /dɪsˈkləʊz/ *vt* (*formal*) revelar **disclosure** /dɪsˈkləʊʒə(r)/ *n* revelación

disco /ˈdɪskəʊ/ (*tb* **discotheque** /ˈdɪskətek/) *n* (*pl* ~**s**) boliche, discoteca

discolour (*USA* **discolor**) /dɪsˈkʌlə(r)/ *vt, vi* decolorar

discomfort /dɪsˈkʌmfət/ *n* [*incontable*] incomodidad

disconcerted /ˌdɪskənˈsɜːtɪd/ *adj* desconcertado **disconcerting** *adj* desconcertante

disconnect /ˌdɪskəˈnekt/ *vt* **1** desconectar **2** (*luz*) cortar **disconnected** *adj* inconexo, incoherente

discontent /ˌdɪskənˈtent/ (*tb* **discontentment**) *n* ~ (**with/over sth**) descontento (con algo) **discontented** *adj* descontento

discontinue /ˌdɪskənˈtɪnjuː/ *vt* suspender, interrumpir

discord /ˈdɪskɔːd/ *n* **1** (*formal*) discordia **2** (*Mús*) disonancia **discordant** /dɪsˈkɔːdənt/ *adj* **1** (*opiniones*) discorde **2** (*sonido*) disonante

discount[1] /dɪsˈkaʊnt; *USA* ˈdɪskaʊnt/ *vt* **1** descartar, ignorar **2** (*Com*) descontar, rebajar

discount[2] /ˈdɪskaʊnt/ *n* descuento LOC **at a discount** rebajado

discourage /dɪsˈkʌrɪdʒ/ *vt* **1** desanimar **2** ~ **sth** oponerse a algo; aconsejar que no se haga algo **3** ~ **sb from doing sth** disuadir a algn de hacer algo **discouraging** *adj* desalentador

discover /dɪsˈkʌvə(r)/ *vt* descubrir **discovery** *n* (*pl* **-ies**) descubrimiento

discredit /dɪsˈkredɪt/ *vt* desacreditar

discreet /dɪˈskriːt/ *adj* discreto

discrepancy /dɪsˈkrepənsi/ *n* (*pl* **-ies**) discrepancia

discretion /dɪˈskreʃn/ *n* **1** discreción **2** albedrío LOC **at sb's discretion** a juicio de algn

discriminate /dɪˈskrɪmɪneɪt/ *vi* **1** ~ (**between ...**) distinguir (entre...) **2** ~ **against/in favour of sb** discriminar a algn; discriminar a favor de algn **discriminating** *adj* perspicaz **discrimination** *n* **1** discernimiento, buen gusto **2** discriminación

discuss /dɪˈskʌs/ *vt* ~ **sth (with sb)** hablar, tratar de algo (con algn) **discussion** *n* debate, deliberación ☛ *Comparar con* ARGUMENT

disdain /dɪsˈdeɪn/ *n* desdén, desprecio

disease /dɪˈziːz/ *n* enfermedad, afección

En general, **disease** se usa para enfermedades específicas como *heart disease, Parkinson's disease*, mientras que **illness** se suele referir a la enfermedad como estado o al período en que uno está enfermo. *Ver ejemplos en* ILLNESS

diseased *adj* enfermo

disembark /ˌdɪsɪmˈbɑːk/ *vi* ~ **(from sth)** desembarcar (de algo) (*barcos y aviones*)

disenchanted /ˌdɪsɪnˈtʃɑːntɪd/ *adj* ~ **(with sth/sb)** decepcionado, desilusionado (con algo/algn)

disentangle /ˌdɪsɪnˈtæŋgl/ *vt* **1** desenredar **2** ~ **sth/sb (from sth)** liberar algo/a algn (de algo)

disfigure /dɪsˈfɪgə(r); *USA* -gjər/ *vt* desfigurar

disgrace /dɪsˈgreɪs/ ◆ *vt* deshonrar: *to disgrace yourself* deshonrar su nombre ◆ *n* **1** desgracia, deshonra **2** ~ **(to sth/sb)** vergüenza (para algo/algn) LOC **in disgrace (with sb)** desacreditado (ante algn) **disgraceful** *adj* vergonzoso

disgruntled /dɪsˈgrʌntld/ *adj* **1** ~ **(at/about sth)** descontento (por algo) **2** ~ **(with sb)** disgustado (con algn)

disguise /dɪsˈgaɪz/ ◆ *vt* **1** ~ **sth/sb (as sth/sb)** disfrazar, disimular algo/a algn (de algo/algn) **2** (*voz*) cambiar **3** (*emoción*) disimular ◆ *n* disfraz LOC **in disguise** disfrazado *Ver tb* BLESSING

disgust /dɪsˈgʌst/ *n* asco, repugnancia

dish /dɪʃ/ ◆ *n* **1** (*guiso*) plato: *the national dish* el plato típico **2** (*para servir*) fuente: *to wash/do the dishes* lavar los platos ◆ PHR V **to dish sth out 1** (*comida*) servir algo **2** (*dinero*) repartir algo a manos llenas **to dish sth up** servir algo

disheartened /dɪsˈhɑːtnd/ *adj* desalentado, desanimado **disheartening** *adj* desalentador

dishevelled (*USA* **disheveled**) /dɪˈʃevld/ *adj* **1** (*pelo*) despeinado **2** (*ropa, apariencia*) desprolijo

dishonest /dɪsˈɒnɪst/ *adj* **1** (*persona*) deshonesto **2** fraudulento **dishonesty** *n* falta de honestidad

dishonour (*USA* **dishonor**) /dɪsˈɒnə(r)/ ◆ *n* deshonor, deshonra ◆ *vt* deshonrar **dishonourable** (*USA* **dishonorable**) *adj* deshonroso

dishwasher /ˈdɪʃwɒʃə(r)/ *n* lavavajillas, lavaplatos

disillusion /ˌdɪsɪˈluːʒn/ ◆ *n* (*tb* **disillusionment**) ~ **(with sth)** desilusión, desencanto (con algo) ◆ *vt* desilusionar, desencantar

disinfect /ˌdɪsɪnˈfekt/ *vt* desinfectar **disinfectant** *n* desinfectante

disintegrate /dɪsˈɪntɪgreɪt/ *vt, vi* desintegrar(se), desmoronar(se) **disintegration** *n* desintegración, desmoronamiento

disinterested /dɪsˈɪntrəstɪd/ *adj* desinteresado

disjointed /dɪsˈdʒɔɪntɪd/ *adj* incoherente

disk /dɪsk/ *n* **1** (*esp USA*) *Ver* DISC **2** (*Informát*) disco

disk drive *n* unidad de disco ☛ *Ver dibujo en* COMPUTADORA

diskette /dɪsˈket/ *n* disquette

dislike /dɪsˈlaɪk/ ◆ *vt* no gustar, tener aversión a ◆ *n* ~ **(of sth/sb)** aversión (por/a algo/algn); antipatía (a/hacia algn) LOC **to take a dislike to sth/sb** tomarle aversión a algo/algn, tomarle antipatía a algn

dislocate /ˈdɪsləkeɪt; *USA* -ləʊk-/ *vt* dislocarse **dislocation** *n* dislocación

dislodge /dɪsˈlɒdʒ/ *vt* ~ **sth/sb (from sth)** desalojar, sacar algo/a algn (de algo)

disloyal /dɪsˈlɔɪəl/ *adj* ~ **(to sth/sb)** desleal (a algo/con algn) **disloyalty** *n* deslealtad

dismal /ˈdɪzməl/ *adj* **1** triste **2** (*coloq*) pésimo

dismantle /dɪsˈmæntl/ *vt* **1** desarmar **2** (*fig, buque, edificio*) desmantelar

dismay /dɪsˈmeɪ/ ◆ *n* ~ **(at sth)** consternación (ante algo) ◆ *vt* llenar de consternación

dismember /dɪsˈmembə(r)/ *vt* **1** descuartizar **2** desmembrar

dismiss /dɪsˈmɪs/ *vt* **1** ~ **sb** (**from sth**) despedir, destituir a algn (de algo) **2** ~ **sth/sb** (**as sth**) descartar, desechar algo/a algn (por ser algo) **dismissal** *n* **1** despido **2** rechazo **dismissive** *adj* desdeñoso

dismount /dɪsˈmaʊnt/ *vi* ~ (**from sth**) desmontar, bajarse (de algo)

disobedient /ˌdɪsəˈbiːdiənt/ *adj* ~ (**to sth/sb**) desobediente (de algo/a algn) **disobedience** *n* desobediencia

disobey /ˌdɪsəˈbeɪ/ *vt, vi* desobedecer

disorder /dɪsˈɔːdə(r)/ *n* desorden: *in disorder* desordenado **disorderly** *adj* **1** desordenado **2** indisciplinado, descontrolado LOC *Ver* DRUNK[1]

disorganized, -ised /dɪsˈɔːgənaɪzd/ *adj* desorganizado

disorientate /dɪsˈɔːriənteɪt/ *vt* desorientar

disown /dɪsˈəʊn/ *vt* repudiar

dispatch (*tb* **despatch**) /dɪˈspætʃ/ ◆ *vt* (*formal*) **1** enviar **2** (*reunión, comida*) despachar ◆ *n* **1** envío **2** (*Period*) despacho

dispel /dɪˈspel/ *vt* (**-ll-**) disipar

dispense /dɪˈspens/ *vt* repartir PHR V **to dispense with sth/sb** prescindir de algo/algn

disperse /dɪˈspɜːs/ *vt, vi* dispersar(se) **dispersal** (*tb* **dispersion**) *n* dispersión

displace /dɪsˈpleɪs/ *vt* **1** desplazar (a) **2** reemplazar

display /dɪˈspleɪ/ ◆ *vt* **1** exponer, exhibir **2** (*emoción, etc*) mostrar, manifestar **3** (*Informát*) mostrar en pantalla ◆ *n* **1** exposición, exhibición **2** demostración **3** (*Informát*) pantalla (*de información*) LOC **on display** expuesto

disposable /dɪˈspəʊzəbl/ *adj* **1** descartable **2** (*Fin*) disponible

disposal /dɪˈspəʊzl/ *n* desecho, vertido LOC **at your/sb's disposal** a su disposición/a la disposición de algn

disposed /dɪˈspəʊzd/ *adj* dispuesto LOC **to be ill/well disposed towards sth/sb** estar mal/bien dispuesto hacia algo/algn

disposition /ˌdɪspəˈzɪʃn/ *n* modo de ser, manera

disproportionate /ˌdɪsprəˈpɔːʃənət/ *adj* desproporcionado

disprove /ˌdɪsˈpruːv/ *vt* refutar (*teoría*)

dispute /dɪˈspjuːt/ ◆ *n* **1** discusión **2** conflicto, disputa LOC **in dispute 1** en discusión **2** (*Jur*) en litigio ◆ *vt, v* discutir, poner en duda

disqualify /dɪsˈkwɒlɪfaɪ/ *vt* (*pret, pp* **-fied**) descalificar: *to disqualify sb from doing sth* inhabilitar a algn para hacer algo

disregard /ˌdɪsrɪˈgɑːd/ ◆ *vt* hacer caso omiso de (*consejo, error*) ◆ *n* ~ (**for/of sth/sb**) indiferencia (hacia algo/algn)

disreputable /dɪsˈrepjətəbl/ *adj* **1** de mala reputación **2** (*método, aspecto*) vergonzoso

disrepute /ˌdɪsrɪˈpjuːt/ *n* desprestigio

disrespect /ˌdɪsrɪˈspekt/ *n* falta de respeto

disrupt /dɪsˈrʌpt/ *vt* desbaratar, interrumpir **disruption** *n* trastorno, molestia(s)

disruptive /dɪsˈrʌptɪv/ *adj* molesto, que causa molestias

dissatisfaction /ˌdɪsˌsætɪsˈfækʃn/ *n* insatisfacción

dissatisfied /dɪˈsætɪsfaɪd/ *adj* ~ (**with sth/sb**) descontento (con algo/algn)

dissent /dɪˈsent/ *n* desacuerdo **dissenting** *adj* en desacuerdo, contrario

dissertation /ˌdɪsəˈteɪʃn/ *n* ~ (**on sth**) tesis (sobre algo)

dissident /ˈdɪsɪdənt/ *adj, n* disidente

dissimilar /dɪˈsɪmɪlə(r)/ *adj* ~ (**from/to sth/sb**) distinto (de algo/algn)

dissociate /dɪˈsəʊʃieɪt/ (*tb* **disassociate** /ˌdɪsəˈsəʊʃieɪt/) **1** *v refl* ~ **yourself from sth/sb** desvincularse de algo/algn **2** *vt* disociar

dissolve /dɪˈzɒlv/ **1** *vt, vi* disolver(se) **2** *vi* desvanecerse

dissuade /dɪˈsweɪd/ *vt* ~ **sb** (**from sth/doing sth**) disuadir a algn (de algo/hacer algo)

distance /ˈdɪstəns/ ◆ *n* distancia: *from/at a distance* a distancia LOC **in the distance** a lo lejos ◆ *vt* ~ **sb** (**from sth/sb**) distanciar a algn (de algo/algn) **distant** *adj* **1** distante, lejano **2** (*pariente*) lejano

distaste /dɪsˈteɪst/ *n* ~ (**for sth/sb**) aversión (a algo/algn) **distasteful** *adj* desagradable

distil (*USA* **distill**) /dɪˈstɪl/ *vt* (**-ll-**) ~ **sth** (**off/out**) (**from sth**) destilar algo (de algo) **distillery** *n* destilería

distinct /dɪˈstɪŋkt/ *adj* **1** claro **2** ~

(**from sth**) distinto (de algo): *as distinct from sth* en contraposición a algo **distinction** *n* **1** distinción **2** honor **distinctive** *adj* particular

distinguish /dɪˈstɪŋgwɪʃ/ **1** *vt* ~ **A** (**from B**) diferenciar A (de B) **2** *vi* ~ **between A and B** diferenciar entre A y B **3** *v refl* ~ **yourself** distinguirse

distort /dɪˈstɔːt/ *vt* **1** deformar, distorsionar **2** (*fig*) tergiversar **distortion** *n* **1** distorsión **2** tergiversación

distract /dɪˈstrækt/ *vt* ~ **sb** (**from sth**) distraer a algn (de algo) **distracted** *adj* distraído **distraction** *n* distracción: *to drive sb to distraction* volver loco a algn

distraught /dɪˈstrɔːt/ *adj* angustiado

distress /dɪˈstres/ *n* **1** angustia **2** dolor **3** peligro: *a distress signal* una señal de peligro **distressed** *adj* afligido **distressing** *adj* penoso

distribute /dɪˈstrɪbjuːt/ *vt* ~ **sth** (**to/among sth/sb**) repartir, distribuir algo (a/entre algo/algn) **distribution** *n* distribución **distributor** *n* distribuidor, -ora

district /ˈdɪstrɪkt/ *n* **1** distrito, región **2** zona

distrust /dɪsˈtrʌst/ ◆ *n* [*sing*] desconfianza ◆ *vt* desconfiar de **distrustful** *adj* desconfiado

disturb /dɪˈstɜːb/ *vt* **1** molestar, interrumpir: *I'm sorry to disturb you.* Disculpá que te moleste. **2** (*silencio, sueño*) perturbar LOC **do not disturb** no molestar **to disturb the peace** perturbar la paz y el orden **disturbance** *n* **1** molestia: *to cause a disturbance* causar disturbios **2** disturbios **disturbed** *adj* trastornado **disturbing** *adj* inquietante

disuse /dɪsˈjuːs/ *n* desuso: *to fall into disuse* caer en desuso **disused** *adj* abandonado

ditch /dɪtʃ/ ◆ *n* zanja ◆ *vt* (*coloq*) largar, tirar

dither /ˈdɪðə(r)/ *vi* (*coloq*) ~ (**about sth**) vacilar (sobre algo)

ditto /ˈdɪtəʊ/ *n* ídem

Ditto se suele referir al símbolo (") que se usa para evitar las repeticiones en una lista.

dive /daɪv/ ◆ *vi* (*pret* **dived** *o USA* **dove** /dəʊv/ *pp* **dived**) **1** ~ (**from/off sth**) (**into sth**) tirarse de cabeza (desde algo) (en/algo) **2** (*submarino*) sumergirse **3** ~ (**down**) (**for sth**) (*persona*) bucear (en busca de algo) **4** (*avión*) bajar en picada **5** ~ **into/under sth** meterse en/debajo de algo LOC **to dive for cover** meterse debajo de algo para protegerse ◆ *n* zambullida **diver** *n* buzo, -a

diverge /daɪˈvɜːdʒ/ *vi* **1** ~ (**from sth**) (*líneas, rutas*) separarse (de algo) **2** (*formal*) (*opiniones*) diferir **divergence** *n* divergencia **divergent** *adj* divergente

diverse /daɪˈvɜːs/ *adj* diverso **diversification** *n* diversificación **diversify** *vt, vi* (*pret, pp* **-fied**) diversificar(se)

diversion /daɪˈvɜːʃn; *USA* -ˈvɜːrʒn/ *n* desvío (*ocasionado por obras, etc*)

diversity /daɪˈvɜːsəti/ *n* diversidad

divert /daɪˈvɜːt/ *vt* ~ **sth/sb** (**from sth**) (**to sth**) desviar algo/a algn (de algo) (a algo)

divide /dɪˈvaɪd/ **1** *vt* ~ **sth** (**up**) (**into sth**) dividir algo (en algo) **2** *vi* ~ (**up**) **into sth** dividirse en algo **3** *vt* ~ **sth** (**out/up**) (**between/among sb**) dividir, repartir algo (entre algn) **4** *vt* ~ **sth** (**between A and B**) dividir, repartir algo (entre A y B) **5** *vt* separar **6** *vt* ~ **sth by sth** (*Mat*) dividir algo por algo **divided** *adj* dividido

dividend /ˈdɪvɪdend/ *n* dividendo

divine /dɪˈvaɪn/ *adj* divino

diving /daɪvɪŋ/ *n* buceo

diving board *n* trampolín

division /dɪˈvɪʒn/ *n* **1** división **2** sección, departamento (*en una empresa*) **divisional** *adj* divisionario

divorce /dɪˈvɔːs/ ◆ *n* divorcio ◆ *vt* divorciarse de: *to get divorced* divorciarse **divorcee** /dɪˌvɔːˈsiː/ *n* divorciado, -a

divulge /daɪˈvʌldʒ/ *vt* ~ **sth** (**to sb**) divulgar algo (a algn)

DIY /ˌdiː aɪ ˈwaɪ/ *abrev* **do-it-yourself**

dizzy /ˈdɪzi/ *adj* (**-ier**, **-iest**) mareado **dizziness** *n* mareo, vértigo

DJ /ˌdiː ˈdʒeɪ/ *abrev* **disc jockey**

do[1] /duː/ *v aux* ☛ En castellano, **do** no se traduce. Lleva el tiempo y la persona del verbo principal de la oración.

- **frases interrogativas y negativas**: *Does she speak French?* ¿Habla francés? ◊ *Did you go home?* ¿Fueron a casa? ◊ *She didn't go to Paris.* No fue a París. ◊ *He doesn't want to come with us.* No quiere venir con nosotros.

do	negativa contracciones
presente	
I **do**	I **don't**
you **do**	you **don't**
he/she/it **does**	he/she/it **doesn't**
we **do**	we **don't**
you **do**	you **don't**
they **do**	they **don't**
pasado	**did**
forma en -ing	**doing**
participio pasado	**done**

• **question tags 1** [*oración afirmativa*]: **do** + n't + sujeto (pron pers)?: *John lives here, doesn't he?* John vive acá, ¿no? **2** [*oración negativa*]: **do** + sujeto (pron pers)?: *Mary doesn't know, does she?* Mary no lo sabe, ¿no? **3** [*oración afirmativa*]: **do** + sujeto (pron pers)?: *So you told them, did you?* O sea que se lo dijiste, ¿no?

• **en afirmativas con un uso enfático**: *He does look tired.* Sí que tiene pinta de cansado. ◊ *Well, I did warn you.* Bueno, yo te avisé. ◊ *Oh, do be quiet!* ¡Callate, por favor!

• **para evitar repeticiones**: *He drives better than he did a year ago.* Maneja mejor que hace un año. ◊ *She knows more than he does.* Ella sabe más que él. ◊ *'Who won?' 'I did.'* —¿Quién ganó? —Yo. ◊ *'He smokes.' 'So do I.'* —Él fuma. —Yo también. ◊ *Peter didn't go and neither did I.* Peter no fue y yo tampoco. ◊ *You didn't know her but I did.* Vos no la conocías pero yo sí.

do² /duː/ (*3ª pers sing pres* **does** /dʌz/ *pret* **did** /dɪd/ *pp* **done** /dʌn/)

• *vt, vi* hacer ☛ Usamos **to do** cuando hablamos de una actividad sin decir exactamente de qué se trata, como por ejemplo, cuando va acompañado de palabras como *something*, *nothing*, *anything*, *everything*, etc : *What are you doing this evening?* ¿Qué vas a hacer esta tarde? ◊ *Are you doing anything tomorrow?* ¿Hacés algo mañana? ◊ *We'll do what we can to help you.* Vamos a hacer lo que podamos para ayudarte. ◊ *What does she want to do?* ¿Qué quiere hacer? ◊ *I've got nothing to do.* No tengo nada que hacer. ◊ *What can I do for you?* ¿En qué puedo servirle? ◊ *I have a number of things to do today.* Hoy tengo varias cosas que hacer. ◊ *Do as you please.* Hacé lo que quieras. ◊ *Do as you're told!* ¡Hacé lo que te digo!

• **to do + the, my, etc + -ing** *vt* (*obligaciones y hobbies*) hacer: *to do the washing up* lavar los platos ◊ *to do the ironing* planchar ◊ *to do the/your shopping* hacer las compras

• **to do + (the, my, etc) + sustantivo** *vt*: *to do your homework* hacer los deberes ◊ *to do a test/an exam* dar un examen ◊ *to do an English course* hacer un curso de inglés ◊ *to do business* hacer negocios ◊ *to do your duty* cumplir con tu deber ◊ *to do your job* hacer tu trabajo ◊ *to do the housework* limpiar la casa ◊ *to do your hair/to have your hair done* arreglarse el pelo/ir a la peluquería

• **otros usos 1** *vt*: *to do your best* hacer lo que se pueda ◊ *to do good* hacer el bien ◊ *to do sb a favour* hacerle un favor a algn **2** *vi* ser suficiente, servir: *Will £10 do?* ¿Será suficiente con diez libras? ◊ *All right, a pencil will do.* Está bien, un lápiz es igual. **3** *vi* venir bien: *Will next Friday do?* ¿Te viene bien el viernes? **4** *vi* ir: *She's doing well at school.* Le va bien en la escuela. ◊ *How's the business doing?* ¿Qué tal va el negocio? ◊ *He did badly in the exam.* Le fue mal en el examen.

LOC **it/that will never/won't do**: *It (simply) won't do.* No puede ser. ◊ *It would never do to...* No estaría bien que... **that does it!** (*coloq*) ¡se acabó! **that's done it** (*coloq*) ¡la hicimos buena! **that will do!** ¡basta! **to be/have to do with sth/sb** tener que ver con algo/algn: *What's it got to do with you?* ¡Y a vos qué te importa! ☛ Para otras expresiones con **do**, véanse las entradas del sustantivo, adjetivo, etc, p.ej. **to do your bit** en BIT[1].

PHR V **to do away with sth** deshacerse de algo, abolir algo

to do sth up 1 abrochar(se) algo **2** atar(se) algo **3** envolver algo **4** renovar algo

to do with 1 *I could do with a good night's sleep.* Me haría bien dormir toda la noche. ◊ *We could do with a holiday.* Nos vendrían bien unas vacaciones. **2** *She won't have anything to do with him.* No quiere tener nada que ver con él.

to do without (sth/sb) pasarse sin algo/algn ☛ *Ver tb ejemplos en* MAKE[1]

do[3] /duː/ *n* (*pl* **dos** *o* **do's** /duːz/) LOC **do's and don'ts** reglas

docile /ˈdəʊsaɪl; *USA* ˈdɒsl/ *adj* dócil

dock[1] /dɒk/ ◆ *n* **1** dársena **2 docks** [*pl*] puerto ◆ **1** *vt, vi* (*Náut*) atracar (en un muelle) **2** *vi* llegar en barco **3** *vt, vi* (*Aeronáut*) acoplar(se)

dock[2] /dɒk/ *n* banquillo (de los acusados)

dock[3] /dɒk/ *vt* reducir (*sueldo*)

doctor /ˈdɒktə(r)/ ◆ *n* (*abrev* **Dr**) **1** (*Med*) médico, -a **2** ~ (**of sth**) (*título*) doctor, -ora (en algo) ◆ *vt* (*coloq*) **1** falsificar **2** (*comestibles*) adulterar

doctorate /ˈdɒktərət/ *n* doctorado

doctrine /ˈdɒktrɪn/ *n* doctrina

document /ˈdɒkjumənt/ ◆ *n* documento ◆ *vt* documentar

documentary /ˌdɒkjuˈmentri/ *adj, n* (*pl* **-ies**) documental

dodge /dɒdʒ/ **1** *vi* echarse a un lado, esquivarse: *She dodged round the corner.* Dobló rápidamente la esquina. ◊ *to dodge awkward questions* eludir preguntas embarazosas **2** *vt* (*golpe*) esquivar **3** *vt* (*perseguidor*) eludir, evadir

dodgy /ˈdɒdʒi/ *adj* (**-ier**, **-iest**) (*coloq, esp GB*) problemático: *Sounds a bit dodgy to me.* Me huele un poco raro. ◊ *a dodgy situation* una situación delicada ◊ *a dodgy wheel* una rueda defectuosa

doe /dəʊ/ *n* cierva, coneja, liebre hembra ☛ *Ver nota en* CIERVO, CONEJO

does /dəz, dʌz/ *Ver* DO

doesn't /ˈdʌz(ə)nt/ = DOES NOT *Ver* DO

dog /dɒg; *USA* dɔːg/ ◆ *n* perro ☛ *Ver nota en* PERRO LOC *Ver* TREAT ◆ *vt* (**-gg-**) seguir: *He was dogged by misfortune.* Lo persiguió la mala suerte.

dogged /ˈdɒgɪd; *USA* ˈdɔːgɪd/ *adj* (*aprob*) tenaz **doggedly** *adv* tenazmente

doggie (*tb* **doggy**) /ˈdɒgi; *USA* ˈdɔːgi/ *n* (*coloq*) perrito

dogsbody /ˈdɒgzbɒdi; *USA* ˈdɔːg-/ *n* (*pl* **-ies**) (*GB*) cadete, -a

do-it-yourself /ˌduː ɪt jəˈself/ *n* (*abrev* **DIY**) hágalo usted mismo

the dole /dəʊl/ *n* (*GB, coloq*) subsidio de desempleo: *to be/go on the dole* estar/quedarse cesante

doll /dɒl; *USA* dɔːl/ *n* muñeca

dollar /ˈdɒlə(r)/ *n* dólar: *a dollar bill* un billete de dólar

dolly /ˈdɒli; *USA* ˈdɔːli/ *n* muñequita

dolphin /ˈdɒlfɪn/ *n* delfín

domain /dəˈmeɪn/ *n* **1** (*lit*) propiedad **2** campo: *outside my domain* fuera de mi competencia

dome /dəʊm/ *n* cúpula **domed** *adj* abovedado

domestic /dəˈmestɪk/ *adj* **1** doméstico **2** nacional **domesticated** *adj* **1** doméstico **2** casero

dominant /ˈdɒmɪnənt/ *adj* dominante **dominance** *n* dominación

dominate /ˈdɒmɪneɪt/ *vt, vi* dominar **domination** *n* dominio

domineering /ˌdɒmɪˈnɪərɪŋ/ *adj* dominante

dominion /dəˈmɪniən/ *n* dominio

domino /ˈdɒmɪnəʊ/ *n* **1** (*pl* ~**es**) ficha de dominó **2 dominoes** [*sing*]: *to play dominoes* jugar al dominó

donate /dəʊˈneɪt; *USA* ˈdəʊneɪt/ *vt* donar **donation** *n* **1** donativo **2** [*incontable*] donación

done /dʌn/ ◆ *pp de* DO[2] ◆ *adj* hecho

donkey /ˈdɒŋki/ *n* (*pl* **-eys**) burro

donor /ˈdəʊnə(r)/ *n* donante

don't /dəʊnt/ = DO NOT *Ver* DO[1,2]

doom /duːm/ *n* [*sing*] **1** (*formal*) perdición: *to send a man to his doom* mandar a un hombre a la muerte **2** pesimismo **doomed** *adj* condenado: *doomed to failure* destinado al fracaso

door /dɔː(r)/ *n* **1** puerta **2** *Ver* DOORWAY LOC (**from**) **door to door** de puerta en puerta: *a door-to-door salesman* un vendedor a domicilio **out of doors** al aire libre

doorbell /ˈdɔːbel/ *n* timbre (*de puerta*)

doormat /ˈdɔːmæt/ *n* felpudo

doorstep /ˈdɔːstep/ *n* umbral LOC **on your doorstep** a un paso

doorway /ˈdɔːweɪ/ *n* entrada (*de puerta*)

dope[1] /dəʊp/ *n* (*coloq*) imbécil

dope[2] /dəʊp/ *vt* drogar, dopar

dope test *n* prueba antidoping

dormant /ˈdɔːmənt/ *adj* inactivo

dormitory /ˈdɔːmətri; *USA* -tɔːri/ *n* (*pl* **-ies**) dormitorio

dosage /ˈdəʊsɪdʒ/ *n* dosificación

dose /dəʊs/ *n* dosis

dot /dɒt/ ◆ *n* punto LOC **on the dot** (*coloq*) a la hora en punto ◆ *vt* (**-tt-**) poner un punto sobre LOC **to dot your/the i's and cross your/the t's** dar los últimos retoques

dote /dəʊt/ *vi* ~ **on sth/sb** adorar algo/a algn **doting** *adj* devoto

double[1] /ˈdʌbl/ ◆ *adj* doble: *double figures* número de dos cifras ◇ *She earns double what he does.* Gana el doble que él. ◆ *adv*: *to see double* ver doble ◇ *bent double* encorvado ◇ *to fold a blanket double* doblar una frazada en dos

double[2] /ˈdʌbl/ *n* **1** doble **2 doubles** [*pl*] dobles: *mixed doubles* dobles mixtos

double[3] /ˈdʌbl/ **1** *vt, vi* duplicar(se) **2** *vt* ~ **sth** (**up/over/across/back**) doblar algo (en dos) **3** *vi* ~ **as sth** hacer de doble PHR V **to double back** volver sobre sus pasos **to double (sb) up**: *to be doubled up with laughter* doblarse de risa ◇ *to double up with pain* doblarse de dolor

double-barrelled /ˌdʌbl ˈbærəld/ *adj* **1** (*escopeta*) de dos cañones **2** (*GB*) (*apellido*) compuesto

double bass *n* contrabajo

double bed *n* cama matrimonial

double-breasted /ˌdʌbl ˈbrestɪd/ *adj* cruzado

double-check /ˌdʌbl ˈtʃek/ *vt* volver a comprobar

double-cross /ˌdʌbl ˈkrɒs/ *vt* traicionar

double-decker /ˌdʌbl ˈdekə(r)/ (*tb* **double-decker bus**) *n* colectivo de dos pisos

double-edged /ˌdʌbl ˈedʒd/ *adj* de doble filo

double glazed *adj* con vidrio doble

double glazing *n* doble vidrio

doubly /ˈdʌbli/ *adv* doblemente: *to make doubly sure of sth* volver a asegurarse de algo

doubt /daʊt/ ◆ *n* **1** ~ (**about sth**) duda (sobre algo) **2** ~ **as to** (**whether**)... duda sobre (si)... LOC **beyond a/all/any doubt** fuera de toda duda **in doubt** dudoso **no doubt; without (a) doubt** sin duda *Ver tb* BENEFIT, CAST ◆ *vt, vi* dudar **doubter** *n* escéptico, -a **doubtless** *adv* sin duda

doubtful /ˈdaʊtfl/ *adj* dudoso: *to be doubtful about (doing) sth* tener dudas sobre (si hacer) algo **doubtfully** *adv* sin convicción

dough /dəʊ/ *n* masa

doughnut /ˈdəʊnʌt/ *n* rosca ☛ *Ver dibujo en* PAN

dour /dʊə(r)/ *adj* (*formal*) austero

douse (*tb* **dowse**) /daʊs/ *vt* ~ **sth/sb** (**in/with sth**) empapar algo/a algn (de algo)

dove[1] /dʌv/ *n* paloma

dove[2] (*USA*) *pret de* DIVE

dowdy /ˈdaʊdi/ *adj* (**-ier**, **-iest**) (*pey*) **1** (*ropa*) sin gracia **2** (*persona*) vestido con poca gracia

down[1] /daʊn/ *part adv* **1** abajo: *face down* boca abajo **2** bajo: *Inflation is down this month.* La inflación bajó este mes. ◇ *to be £50 down* faltarle a algn 50 libras **3** *Ten down, five to go.* Van diez, quedan cinco. **4** (*Informát*): *The computer's down.* La computadora no está funcionando. LOC **down with sth/sb!** ¡abajo algo/algn! **to be/feel down** (*coloq*) estar con la depre ☛ Para los usos de **down** en PHRASAL VERBS ver las entradas de los verbos correspondientes, p.ej. **to go down** en GO[1].

down[2] /daʊn/ *prep* abajo: *down the hill* colina abajo ◇ *down the corridor on the right* al fondo del pasillo a la derecha ◇ *He ran his eyes down the list.* Recorrió la lista de arriba abajo.

down[3] /daʊn/ *n* **1** plumones **2** pelusa

down-and-out /ˈdaʊn ən ˌaʊt/ *n* vagabundo, -a

downcast /ˈdaʊnkɑːst; *USA* -kæst/ *adj* abatido

downfall /ˈdaʊnfɔːl/ *n* [*sing*] caída: *Drink will be your downfall.* La bebida va a ser tu ruina.

downgrade /ˈdaʊngreɪd/ *vt* ~ **sth/sb** (**from ... to ...**) bajar de categoria algo/a algn (de ... a ...)

downhearted /ˌdaʊnˈhɑːtɪd/ *adj* desanimado

downhill /ˌdaʊnˈhɪl/ *adv, adj* cuesta abajo LOC **to be** (**all**) **downhill** (**from here/there**) (todo) andar sobre ruedas (de aquí en adelante) **to go downhill** ir de mal en peor

download /ˈdaʊnləʊd/ *vt* (*Informát*) bajar

downmarket /ˌdaʊnˈmɑːkɪt/ *adj* de/para la gran masa, vulgar

downpour /ˈdaʊnpɔː(r)/ *n* chaparrón

downright /ˈdaʊnraɪt/ ◆ *adj* total:

downright stupidity absoluta estupidez ◆ *adv* completamente

the downs /daʊnz/ *n* [*pl*] las lomas

downside /ˈdaʊnsaɪd/ *n* inconveniente

Down's syndrome *n* síndrome de Down

downstairs /ˌdaʊnˈsteəz/ ◆ *adv* (escaleras) abajo ◆ *adj* (en el/del piso de) abajo ◆ *n* [*sing*] planta baja

downstream /ˌdaʊnˈstriːm/ *adv* río abajo

down-to-earth /ˌdaʊn tuː ˈɜːθ/ *adj* práctico, realista

downtown /ˌdaʊnˈtaʊn/ *adv* (*USA*) a/en el centro (*de la ciudad*)

downtrodden /ˈdaʊntrɒdn/ *adj* oprimido

downturn /ˈdaʊntɜːn/ *n* bajada: *a downturn in sales* una disminución en las ventas

down under *adv*, *n* (en) las antípodas

downward /ˈdaʊnwəd/ ◆ *adj* hacia abajo: *a downward trend* una tendencia a la baja ◆ *adv* (*tb* **downwards**) hacia abajo

downy /daʊni/ *adj* con pelusa

dowry /ˈdaʊri/ *n* (*pl* **-ies**) dote

dowse *Ver* DOUSE

doze /dəʊz/ ◆ *vi* dormitar PHR V **to doze off** quedarse medio dormido ◆ *n* siestita

dozen /ˈdʌzn/ *n* (*abrev* **doz**) docena: *There were dozens of people.* Había muchísima gente. ◊ *two dozen eggs* dos docenas de huevos

dozy /ˈdəʊzi/ *adj* (**-ier**, **-iest**) medio dormido

drab /dræb/ *adj* monótono, gris

draft /drɑːft; *USA* dræft/ ◆ *n* **1** borrador: *a draft bill* un anteproyecto de ley **2** (*Fin*) orden de pago, letra de cambio **3** (*USA*) **the draft** conscripción **4** (*USA*) *Ver* DRAUGHT ◆ *vt* **1** hacer un borrador de **2** (*USA, Mil*) llamar al servicio militar **3** ~ **sth/sb** (**in**) destacar algo/a algn

drafty (*USA*) *Ver* DRAUGHTY

drag[1] /dræg/ *n* **1 a drag** (*coloq*) (*persona, cosa*) un plomo **2** (*coloq*): *a man dressed in drag* un hombre vestido de mujer

drag[2] /dræg/ (**-gg-**) **1** *vt, vi* arrastrar (se) **2** *vi* (*tiempo*) pasar lentamente **3** *vt* (*Náut*) dragar **4** *vi* ~ (**on**) hacerse eterno

dragon /ˈdrægən/ *n* dragón

dragonfly /ˈdrægənflaɪ/ (*pl* **-ies**) *n* alguacil (*insecto*)

drain /dreɪn/ ◆ *n* **1** desagüe **2** alcantarilla LOC **to be a drain on sth** ser un gasto continuo de algo ◆ *vt* **1** (*platos, verduras, etc*) escurrir **2** (*terreno, lago, etc*) drenar LOC **to be/feel drained** estar/sentirse agotado: *She felt drained of all energy.* Se sentía completamente agotada. PHR V **to drain away 1** (*lit*) perderse **2** (*fig*) consumirse (*lentamente*) **drainage** *n* drenaje

draining board *n* escurridor

drainpipe /ˈdreɪnpaɪp/ *n* caño del desagüe

drama /ˈdrɑːmə/ *n* **1** obra de teatro **2** drama: *drama school* escuela de arte dramático ◊ *drama student* estudiante de arte dramático **dramatic** *adj* dramático **dramatically** *adv* dramáticamente, de modo impresionante

dramatist /ˈdræmətɪst/ *n* dramaturgo, -a **dramatization, -isation** *n* dramatización **dramatize, -ise** *vt, vi* (*lit y fig*) dramatizar

drank *pret de* DRINK

drape /dreɪp/ *vt* **1** ~ **sth across/round/over sth** (*tejido*) colgar algo sobre algo **2** ~ **sth/sb** (**in/with sth**) cubrir, envolver algo/a algn (en/con algo)

drastic /ˈdræstɪk/ *adj* **1** drástico **2** grave **drastically** *adv* drásticamente

draught /drɑːft/ (*USA* **draft** /dræft/) *n* **1** corriente (*de aire*) **2 draughts** [*sing*] damas (*juego*) LOC **on draught** de barril

draughtsman /ˈdrɑːftsmən; *USA* ˈdræfts-/ *n* (*pl* **-men** /-mən/) dibujante

draughty /ˈdrɑːfti/ (*USA* **drafty** /ˈdræfti/) *adj* (**-ier**, **-iest**) con muchas corrientes (*de aire*)

draw[1] /drɔː/ *n* **1** [*gen sing*] sorteo ☛ *Comparar con* RAFFLE **2** empate

draw[2] /drɔː/ (*pret* **drew** /druː/ *pp* **drawn** /drɔːn/) **1** *vt, vi* dibujar, trazar **2** *vi*: *to draw level with sb* alcanzar a algn ◊ *to draw near* acercarse **3** *vt* (*cortinas*) correr, descorrer **4** *vt* (*conclusión*) sacar: *to draw comfort from sth/sb* consolarse en algo/algn ◊ *to draw inspiration from sth* inspirarse en algo ◊ *to draw a distinction* hacer una distinción ◊ *to draw an analogy/a parallel* establecer una analogía/un paralelo **5** *vt* (*sueldo*) cobrar **6** *vt* provocar, causar **7** *vt* ~ **sb** (**to sth/sb**) atraer a algn (hacia algo/algn) **8** *vi* (*Dep*) empatar LOC *Ver* CLOSE[2]

PHR V **to draw back** retroceder, retirarse **to draw sth back** retirar algo, descorrer algo

to draw in (*tren*) entrar en la estación

to draw on/upon sth hacer uso de algo

to draw out 1 (*día*) alargarse **2** (*tren*) salir de la estación

to draw up pararse **to draw sth up 1** redactar algo **2** (*silla*) acercar algo

drawback /ˈdrɔːbæk/ *n* ~ (**of/to sth/to doing sth**) inconveniente, desventaja (de algo/de hacer algo)

drawer /drɔː(r)/ *n* cajón

drawing /ˈdrɔːɪŋ/ *n* dibujo

drawing pin *n* chinche (*de sujetar papel*)

drawing-room /ˈdrɔːɪŋ ruːm/ *n* salón

drawl /drɔːl/ *n* voz cansina

drawn[1] *pp de* DRAW[2]

drawn[2] /drɔːn/ *adj* demacrado

dread /dred/ ◆ *n* terror ◆ *vt* tener terror a: *I dread to think what will happen.* No quiero ni pensar qué va a pasar. **dreadful** *adj* **1** terrible, espantoso **2** horrible, pésimo: *I feel dreadful.* Me siento muy mal. ◊ *I feel dreadful about what happened.* Me siento muy mal por lo que pasó. ◊ *How dreadful!* ¡Qué horror! **dreadfully** *adv* **1** terriblemente **2** muy mal **3** muy: *I'm dreadfully sorry.* Lo siento muchísimo.

dream /driːm/ ◆ *n* (*lit y fig*) sueño: *to have a dream about sth/sb* soñar con algo/algn ◊ *to go around in a dream/live in a dream world* vivir en las nubes ◆ (*pret, pp* **dreamt** /dremt/ *o* **dreamed**) **1** *vt, vi* ~ (**about/of sth/doing sth**) soñar (con algo/con hacer algo): *I dreamt (that) I could fly.* Soñé que podía volar. **2** *vt* imaginar: *I never dreamt (that) I'd see you again.* Nunca me imaginé que te iba a volver a ver.

Algunos verbos poseen tanto formas regulares como irregulares para el pasado y el participio pasado: **dream**: **dreamed/dreamt**, **spoil**: **spoiled/spoilt**, etc. En inglés británico se prefieren las formas irregulares (**dreamt**, **spoilt**, etc), mientras que en inglés americano se usan las formas regulares (**dreamed**, **spoiled**, etc). Sin embargo, cuando el participio funciona como adjetivo siempre se usa la forma irregular: *a spoilt child* un chico malcriado.

dreamer *n* soñador, -ora **dreamy** *adj* (**-ier**, **-iest**) **1** soñador, distraído **2** vago **dreamily** *adv* distraídamente

dreary /ˈdrɪəri/ (*tb antic* **drear** /drɪə(r)/) *adj* (**-ier**, **-iest**) **1** deprimente **2** aburrido

dredge /dredʒ/ *vt, vi* dragar **dredger** (*tb* **dredge**) *n* draga

drench /drentʃ/ *vt* empapar: *to get drenched to the skin/drenched through* empaparse ◊ (*absolutely*) *drenched* hecho una sopa

dress /dres/ ◆ *n* **1** vestido **2** [*incontable*] ropa: *to have no dress sense* no saber vestirse *Ver tb* FANCY DRESS ◆ **1** *vt, vi* vestir(se): *to dress as sth* vestirse de algo ◊ *to dress smartly* vestir bien ☛ Cuando nos referimos simplemente a la acción de vestirse decimos **get dressed**. **2** *vt* (*herida*) curar **3** *vt* (*ensalada*) preparar LOC (**to be**) **dressed in sth** (ir) vestido de algo PHR V **to dress (sb) up (as sth/sb)** disfrazarse/disfrazar a algn (de algo/algn) **to dress (sb) up (in sth)** disfrazarse/disfrazar a algn (con algo) **to dress sth up** disfrazar algo **to dress up** ponerse de punta en blanco

dress circle *n* (*GB, Teat*) platea

dresser /ˈdresə(r)/ *n* **1** aparador **2** (*USA*) tocador

dressing /ˈdresɪŋ/ *n* **1** vendaje **2** aderezo, vinagreta

dressing gown *n* salto de cama

dressing room *n* vestuario, camarín

dressing table *n* tocador

dressmaker /ˈdresmeɪkə(r)/ (*tb* **dress designer**) *n* diseñador, -ora de ropa **dressmaking** *n* corte y confección

drew *pret de* DRAW[2]

dribble /ˈdrɪbl/ **1** *vi* babear **2** *vt, vi* gambetear

dried *pret, pp de* DRY

drier (*tb* **dryer**) /ˈdraɪə(r)/ *n* secador *Ver tb* TUMBLE-DRIER

drift /drɪft/ ◆ *vi* **1** flotar **2** (*arena, nieve*) amontonarse **3** ir a la deriva: *to drift into (doing) sth* dejarse llevar a hacer algo ◆ *n* **1** [*sing*] idea general **2** montón: *snow drifts* montones de nieve **drifter** *n* vagabundo, -a

drill /drɪl/ ◆ *n* **1** taladro: *a dentist's drill*

un torno de dentista **2** instrucción **3** ejercicio **4** rutina ◆ *vt* **1** taladrar, perforar **2** hacer practicar

drily *Ver* DRYLY

drink /drɪŋk/ ◆ *n* bebida: *a drink of water* un trago de agua ◊ *to go for a drink* ir a tomar algo ◊ *a soft drink* una bebida sin alcohol ◆ *vt, vi* (*pret* **drank** /dræŋk/ *pp* **drunk** /drʌŋk/) beber, tomar: *Don't drink and drive.* Si tomás, no manejes. LOC **to drink sb's health** beber a la salud de algn PHR V **to drink (a toast) to sth/sb** brindar por algo/algn **to drink sth down/up** beber algo de un trago **to drink sth in** embeberse en algo **drinker** *n* bebedor, -ora **drinking** *n* el beber

drinking water *n* agua potable

drip /drɪp/ ◆ *vi* (**-pp-**) gotear LOC **to be dripping with sth** estar chorreando algo ◆ *n* **1** gota **2** (*Med*) suero: *to be on a drip* estar con suero

drive /draɪv/ ◆ (*pret* **drove** /drəʊv/ *pp* **driven** /ˈdrɪvn/) **1** *vt, vi* manejar: *Can you drive?* ¿Sabés manejar? **2** *vi* viajar en coche: *Did you drive?* ¿Viniste en coche? **3** *vt* llevar (en coche) **4** *vt*: *to drive cattle* arrear ganado ◊ *to drive sb crazy* volver loco a algn ◊ *to drive sb to drink* llevar a algn a la bebida **5** *vt* impulsar LOC **to be driving at sth**: *What are you driving at?* ¿Qué querés decir? **to drive a hard bargain** ser un negociador duro PHR V **to drive away; to drive off** irse en coche **to drive sth/sb back/off** ahuyentar algo/a algn **to drive (sb) on** alentar (a algn) ◆ *n* **1** vuelta, viaje (*en coche, etc*): *to go for a drive* dar una vuelta en coche **2** (*USA* **driveway**) (*en una casa*) camino de la entrada **3** (*Dep*) golpe directo, drive **4** empuje **5** campaña **6** (*Mec*) mecanismo de transmisión: *four-wheel drive* doble tracción ◊ *a left-hand drive car* un coche con el volante a la izquierda **7** (*Informát*): *disk drive* unidad de disco

drive-in /ˈdraɪv ɪn/ *n* (*USA*) autocine u otro tipo de lugar al aire libre donde se sirve a los clientes sin que tengan que salir del coche

driven *pp de* DRIVE

driver /ˈdraɪvə(r)/ *n* chofer: *train driver* maquinista LOC **to be in the driver's seat** tener la sartén por el mango

driving licence (*USA* **driver's license**) *n* registro de conducir

driving school *n* escuela de manejo

driving test *n* examen de manejo

drizzle /ˈdrɪzl/ ◆ *n* llovizna ◆ *vi* lloviznar

drone /drəʊn/ ◆ *vi* zumbar: *to drone on about sth* hablar sobre algo en un tono monótono ◆ *n* zumbido

drool /druːl/ *vi* babear: *to drool over sth/sb* caérsele la baba a uno por algo/algn

droop /druːp/ *vi* **1** caer **2** (*flor*) marchitarse **3** (*ánimo*) decaer **drooping** (*tb* **droopy**) *adj* **1** caído **2** (*flor*) marchito

drop /drɒp/ ◆ *n* **1** gota: *Would you like a drop of wine?* ¿Querés un vinito? **2** [*sing*] caída: *a sheer drop* un precipicio ◊ *a drop in prices* una caída de los precios ◊ *a drop in temperature* un descenso de la temperatura LOC **at the drop of a hat** sin pensarlo dos veces **to be (only) a drop in the ocean** no ser más que una gota de agua en el océano ◆ (**-pp-**) **1** *vi* caer: *He dropped to his knees.* Se arrodilló. **2** *vt* dejar caer: *to drop a bomb* lanzar una bomba ◊ *to drop anchor* anclar **3** *vi* desplomarse: *I feel ready to drop.* Estoy que me caigo. ◊ *to work till you drop* matarse trabajando **4** *vt, vi* disminuir, caer: *to drop prices* rebajar precios **5** *vt* ~ **sth/sb (off)** (*paquete, pasajero*) dejar algo/a algn **6** *vt* omitir: *He's been dropped from the team.* Lo sacaron del equipo. **7** *vt* ~ **sb** dejar de ver a algn **8** *vt* ~ **sth** (*hábito, actitud*) dejar algo/de hacer algo: *Drop everything!* ¡Largá todo! ◊ *Can we drop the subject?* ¿Cambiamos de tema? LOC **to drop a brick** (*coloq*) meter la pata **to drop a hint (to sb)/drop (sb) a hint** soltar una indirecta (a algn) **to drop dead** (*coloq*) caerse muerto: *Drop dead!* ¡Morite! **to drop sb a line** (*coloq*) mandarle unas líneas a algn *Ver tb* LET[1] PHR V **to drop back; to drop behind** quedarse atrás, rezagarse **to drop by/in/over/round**: *Why don't you drop by?* ¿Por qué no pasás por casa? ◊ *They dropped in for breakfast.* Cayeron para desayunar. ◊ *Drop round some time.* Vení a vernos un día de estos. **to drop in on sb** caer en la casa de algn **to drop off** (*coloq*) quedarse dormido **to drop out (of sth)** retirarse (de algo): *to drop* *out* (*of university*) dejar los estudios ◊ *to drop out* (*of society*) automarginarse

drop-out /ˈdrɒp aʊt/ *n* marginado, -a

droppings /ˈdrɒpɪŋz/ *n* [*pl*] excrementos (*de animales o pájaros*)

drought /draʊt/ *n* sequía

drove *pret de* DRIVE

drown /draʊn/ *vt, vi* ahogar(se) PHR V **to drown sth/sb out** ahogar (algo/a algn): *His words were drowned out by the music.* La música ahogó sus palabras.

drowsy /ˈdraʊzi/ *adj* (**-ier**, **-iest**) medio dormido: *This drug can make you drowsy.* Este fármaco puede producir somnolencia.

drudgery /ˈdrʌdʒəri/ *n* trabajo pesado

drug /drʌg/ ◆ *n* **1** (*Med*) fármaco, medicamento: *drug company* empresa farmacéutica **2** droga: *to be on drugs* ser drogadicto ◆ *vt* (**-gg-**) drogar

drug abuse *n* abuso de drogas

drug addict *n* drogadicto, -a **drug addiction** *n* drogadicción

drugstore /ˈdrʌgstɔː(r)/ *n* (*USA*) farmacia que también vende comestibles, periódicos, etc *Ver tb* PHARMACY

drum /drʌm/ ◆ *n* **1** (*Mús*) tambor, batería: *to play the drums* tocar la batería **2** tambor, bidón ◆ (**-mm-**) **1** *vi* tocar el tambor **2** *vt, vi* ~ (**sth**) **on sth** tamborilear (con algo) en algo PHR V **to drum sth into sb/into sb's head** machacarle algo a algn **to drum sb out (of sth)** echar a algn (de algo) **to drum sth up** esforzarse por conseguir algo (*apoyo, clientes, etc*): *to drum up interest in sth* fomentar el interés en algo **drummer** *n* baterista

drumstick /ˈdrʌmstɪk/ *n* **1** (*Mús*) baqueta **2** (*Cocina*) pata (*de pollo, etc*)

drunk[1] /drʌŋk/ ◆ *adj* borracho: *to be drunk with joy* estar loco de alegría LOC **drunk and disorderly**: *to be charged with being drunk and disorderly* ser acusado de borrachera y alboroto **to get drunk** emborracharse ◆ *n* *Ver* DRUNKARD

drunk[2] *pp de* DRINK

drunkard /ˈdrʌŋkəd/ *n* borracho, -a

drunken /ˈdrʌŋkən/ *adj* borracho: *to be charged with drunken driving* ser acusado de manejar en estado de embriaguez **drunkenness** *n* embriaguez

dry /draɪ/ ◆ *adj* (**drier**, **driest**) **1** seco: *dry white wine* vino blanco seco ◊ *Tonight will be dry.* Esta noche no va a llover. **2** árido **3** (*humor*) irónico LOC *Ver* BONE, HIGH[1], HOME, RUN ◆ *vt, vi* (*pret, pp* **dried**) secar(se): *He dried his eyes.* Se secó las lágrimas. PHR V **to dry out** secarse **to dry up** (*río*) secarse **to dry sth up** secar algo (*platos, etc*) ◆ *n* LOC **in the dry** a cubierto

dry-clean /draɪ ˈkliːn/ *vt* limpiar en seco **dry-cleaner's** *n* tintorería **dry-cleaning** *n* limpieza en seco

dryer *Ver* DRIER

dry land *n* tierra firme

dryly (*tb* **drily**) /ˈdraɪli/ *adv* en tono seco

dryness /ˈdraɪnəs/ *n* **1** sequedad **2** aridez **3** (*humor*) ironía

dual /ˈdjuːəl; *USA* ˈduːəl/ *adj* doble

dual carriageway *n* (*GB*) ruta de doble carril

dub /dʌb/ *vt* (**-bb-**) doblar: *dubbed into English* doblado al inglés **dubbing** *n* doblaje

dubious /ˈdjuːbiəs; *USA* ˈduː-/ *adj* **1** *to be dubious about sth* tener dudas acerca de algo **2** (*pey*) (*conducta*) sospechoso **3** (*honor*) discutible **dubiously** *adv* **1** de un modo sospechoso **2** en tono dudoso

duchess (*tb* **Duchess** *en títulos*) /ˈdʌtʃəs/ *n* duquesa

duck /dʌk/ ◆ *n* pato ☛ *Ver nota en* PATO ◆ **1** *vi* agachar la cabeza: *He ducked behind a rock.* Se escondió detrás de una roca. **2** *vt* (*responsabilidad*) eludir PHR V **to duck out of sth** (*coloq*) zafarse de algo

duct /dʌkt/ *n* conducto

dud /dʌd/ ◆ *adj* (*coloq*) **1** defectuoso **2** inútil **3** (*cheque*) sin fondos ◆ *n* (*coloq*): *This battery is a dud.* Esta pila es defectuosa.

due /djuː; *USA* duː/ ◆ *adj* **1** *the money due to them* el dinero que se les debe ◊ *Our thanks are due to...* Damos nuestras gracias a... ◊ *Payment is due on the fifth.* El próximo pago vence el cinco. **2** *The bus is due (in) at five o'clock.* El horario de llegada del micro es a las cinco. ◊ *She's due to arrive soon.* Debe llegar pronto. ◊ *She's due back on*

Thursday. Se la espera el jueves. **3 due (for) sth**: *I reckon I'm due (for) a holiday.* Creo que me merezco unas vacaciones. **4** debido: *with all due respect* con el debido respeto ◊ *It's all due to her efforts.* Se lo debemos todo a su esfuerzo. LOC **in due course** a su debido tiempo ◆ **dues** *n* [*pl*] cuota LOC **to give sb their due** para ser justo ◆ *adv*: *due south* directamente al sur

duel /ˈdjuːəl; *USA* ˈduːəl/ *n* (*enfrentamiento*) duelo

duet /djuˈet; *USA* duːˈet/ *n* dúo (*pieza musical*)

duffel coat /ˈdʌfl kəʊt/ *n* montgomery

dug *pret, pp de* DIG

duke (*tb* **Duke** *en títulos*) /djuːk; *USA* duːk/ *n* duque

dull /dʌl/ *adj* (**-er**, **-est**) **1** (*tiempo*) gris **2** (*color*) apagado **3** (*superficie*) deslustrado **4** (*luz*) sombrío: *a dull glow* una luz mortecina **5** (*dolor, ruido*) sordo **6** aburrido, soso **7** (*filo*) desafilado **dully** *adv* con desgano

duly /ˈdjuːli; *USA* ˈduːli/ *adv* **1** debidamente **2** a su debido tiempo

dumb /dʌm/ *adj* (**-er**, **-est**) **1** mudo: *to be deaf and dumb* ser sordomudo **2** (*coloq*) tonto **dumbly** *adv* sin hablar

dumbfounded (*tb* **dumfounded**) /dʌmˈfaʊndɪd/ (*tb* **dumbstruck**) *adj* mudo de asombro

dummy /ˈdʌmi/ ◆ *n* (*pl* **-ies**) **1** maniquí **2** imitación **3** chupete **4** (*coloq*) imbécil ◆ *adj* postizo: *dummy run* ensayo

dump /dʌmp/ ◆ *vt* **1** verter, tirar: *No dumping.* Prohibido tirar basura. ◊ *dumping ground* basural **2** (*coloq, pey*) largar **3** deshacerse de ◆ *n* **1** basural **2** (*Mil*) depósito **3** (*coloq, pey*) tugurio

dumpling /ˈdʌmplɪŋ/ *n* bola de una masa especial que se come en Gran Bretaña con los guisos

dumps /dʌmps/ *n* [*pl*] LOC **to be (down) in the dumps** (*coloq*) andar con la depre

dune /djuːn; *USA* duːn/ (*tb* **sand-dune**) *n* duna

dung /dʌŋ/ *n* bosta, estiércol

dungarees /ˌdʌŋgəˈriːz/ *n* [*pl*] jardinera

dungeon /ˈdʌndʒən/ *n* mazmorra

duo /ˈdjuːəʊ; *USA* ˈduːəʊ/ *n* (*pl* **duos**) dúo

dupe /djuːp; *USA* duːp/ *vt* engañar

duplicate /ˈdjuːplɪkeɪt; *USA* ˈduː-/ ◆ *vt* duplicar ◆ /ˈdjuːplɪkət; *USA* ˈduː-/ *adj, n* duplicado: *a duplicate (letter)* una copia

durable /ˈdjʊərəbl; *USA* ˈdʊə-/ ◆ *adj* duradero ◆ *n* [*pl*] (*tb* **consumer durables**) electrodomésticos **durability** /ˌdjʊərəˈbɪləti; *USA* ˌdʊə-/ *n* durabilidad

duration /djuˈreɪʃn; *USA* du-/ *n* duración LOC **for the duration** (*coloq*) durante el tiempo que dure

duress /djuˈres; *USA* du-/ *n* LOC **to do sth under duress** hacer algo bajo presión

during /ˈdjʊərɪŋ; *USA* ˈdʊər-/ *prep* durante: *during the meal* mientras comíamos ☛ *Ver ejemplos en* FOR 3 *y nota en* DURANTE

dusk /dʌsk/ *n* crepúsculo: *at dusk* al atardecer

dusky /ˈdʌski/ *adj* (**-ier**, **-iest**) moreno

dust /dʌst/ ◆ *n* polvo: *gold dust* oro en polvo ◆ *vt, vi* limpiar el polvo PHR V **to dust sth/sb down/off** quitarle el polvo a algo/algn **to dust sth with sth** espolvorear algo de algo

dustbin /ˈdʌstbɪn/ *n* tacho de basura

duster /ˈdʌstə(r)/ *n* franela (*de limpiar*): *feather duster* plumero

dustman /ˈdʌstmən/ *n* (*pl* **-men** /-mən/) barrendero, basurero

dustpan /ˈdʌstpæn/ *n* pala (*de recoger basura*)

dusty /ˈdʌsti/ *adj* (**-ier**, **-iest**) polvoriento

Dutch /dʌtʃ/ *adj* LOC **Dutch courage** (*coloq, joc*) valor infundido por el alcohol **to go Dutch (with sb)** pagar a medias (con algn)

dutiful /ˈdjuːtɪfl; *USA* ˈduː-/ *adj* (*formal*) obediente, concienzudo **dutifully** *adv* obedientemente, como es debido

duty /ˈdjuːti; *USA* ˈduːti/ *n* (*pl* **duties**) **1** deber, obligación: *to do your duty (by sb)* cumplir uno con su deber (para con algn) **2** obligación, función: *duty officer* oficial de guardia ◊ *the duties of the president* las obligaciones del presidente **3** ~ **(on sth)** aranceles (sobre algo) *Ver tb* TARIFF sentido 2 LOC **to be on/off duty** estar/no estar de guardia

duty-free /ˈdjuːtɪ friː; *USA* ˈduːti-/ *adj* libre de impuestos

duvet /ˈduːveɪ/ *n* acolchado, plumón

dwarf /dwɔːf/ ◆ *n* (*pl* **dwarfs** *o* **dwarves** /dwɔːvz/) enano, -a ◆ *vt* empequeñecer: *a house dwarfed by skyscrapers* una casa empequeñecida por los rascacielos

dwell /dwel/ *vi* (*pret, pp* **dwelt** /dwelt/ *o* **dwelled**) ~ **in/at sth** (*antic, ret*) vivir en algo PHR V **to dwell on/upon sth 1** insistir en algo, extenderse en algo **2** dejarse obsesionar por algo **dwelling** (*tb* **dwelling place**) *n* morada, vivienda

dwindle /ˈdwɪndl/ *vi* disminuir, reducirse: *to dwindle* (*away*) (*to nothing*) quedar reducido (a nada)

dye /daɪ/ ◆ *vt, vi* (*3ª pers sing pres* **dyes** *pret, pp* **dyed** *pt pres* **dyeing**) teñir(se): *to dye sth blue* teñir algo de azul ◆ *n* tintura (*para el pelo, la ropa, etc*)

dying /ˈdaɪɪŋ/ *adj* **1** (*persona*) moribundo, agonizante **2** (*palabras, momentos, etc*) último: *her dying wish* su último deseo ◊ *a dying breed* una raza en vías de extinción

dyke /daɪk/ (*tb* **dike**) *n* **1** dique **2** acequia

dynamic /daɪˈnæmɪk/ *adj* dinámico

dynamics /daɪˈnæmɪks/ *n* [*pl*] dinámica

dynamism /ˈdaɪnəmɪzəm/ *n* dinamismo

dynamite /ˈdaɪnəmaɪt/ ◆ *n* (*lit y fig*) dinamita ◆ *vt* dinamitar

dynamo /ˈdaɪnəməʊ/ *n* (*pl* ~**s**) dínamo

dynasty /ˈdɪnəsti; *USA* ˈdaɪ-/ *n* (*pl* **-ies**) dinastía

dysentery /ˈdɪsəntri; *USA* -teri/ *n* disentería

dyslexia /dɪsˈleksiə/ *n* dislexia **dyslexic** *adj, n* disléxico, -a

dystrophy /ˈdɪstrəfi/ *n* distrofia

Ee

E, e /iː/ *n* (*pl* **E's**, **e's** /iːz/) **1** E, e: *E for Edward* E de Enrique ☛ *Ver ejemplos en* A, A **2** (*Educ*) desaprobado: *to get* (*an*) *E in French* sacar (un) aprobado bajo en Francés **3** (*Mús*) mi

each /iːtʃ/ ◆ *adj* cada: *each for himself* cada cual por su cuenta

> **Each** casi siempre se traduce por "cada (uno)" y **every** por "todo(s)". Una excepción importante es cuando se expresa la repetición de algo a intervalos fijos de tiempo: *The Olympics are held every four years.* Los Juegos Olímpicos se celebran cada cuatro años. *Ver tb nota en* EVERY.

◆ *pron* cada uno (*de dos o más*) ◆ *adv* cada uno: *We have two each.* Tenemos dos cada uno.

each other *pron* uno a otro (*mutuamente*) ☛ **Each other** se suele usar para referirse a dos personas y **one another** a más de dos: *We love each other.* Nos queremos. ◊ *They all looked at one another.* Todos se miraron (entre sí).

eager /ˈiːgə(r)/ *adj* ~ (**for sth/to do sth**) ávido (de algo); ansioso (por hacer algo): *eager to please* ansioso por complacer **eagerly** *adv* con impaciencia/ilusión **eagerness** *n* ansias

eagle /ˈiːgl/ *n* águila

ear[1] /ɪə(r)/ *n* **1** oreja **2** oído: *to have an ear/a good ear for sth* tener buen oído para algo LOC **to be all ears** (*coloq*) ser todo oídos **to be up to your ears/eyes in sth** estar hasta el cuello de algo *Ver tb* PLAY, PRICK

ear[2] /ɪə(r)/ *n* espiga

earache /ˈɪəreɪk/ *n* [*gen sing*] dolor de oídos

eardrum /ˈɪədrʌm/ *n* tímpano

earl /ɜːl/ *n* conde

early /ˈɜːli/ ◆ *adj* (**-ier**, **-iest**) **1** temprano **2** (*muerte*) prematuro **3** (*jubilación*) anticipado **4** (*primero*): *my earliest memories* mis primeros recuerdos ◊ *at an early age* a una edad temprana ◆ *adv* (**-ier**, **-iest**) **1** temprano **2** con anticipación **3** prematuramente

4 a principios de: *early last week* a principios de la semana pasada LOC **as early as…**: *as early as 1988* ya en 1988 **at the earliest** no antes de **early bird** (*joc*) madrugador **early on** al poco de empezar: *earlier on* anteriormente **it's early days (yet)** (*esp GB*) es demasiado pronto **the early bird catches the worm** (*refrán*) al que madruga, Dios lo ayuda **the early hours** la madrugada

earmark /ˈɪəmɑːk/ *vt* (*fig*) destinar

earn /ɜːn/ *vt* **1** (*dinero*) ganar: *to earn a living* ganarse la vida **2** merecer(se)

earnest /ˈɜːnɪst/ *adj* **1** (*carácter*) serio **2** (*deseo, etc*) ferviente LOC **in (deadly) earnest 1** de veras **2** en serio: *She was in deadly earnest.* Hablaba con la mayor seriedad. **earnestly** *adv* con empeño **earnestness** *n* fervor

earnings /ˈɜːnɪŋz/ *n* [*pl*] ingresos

earphones /ˈɪəfəʊnz/ *n* [*pl*] auriculares

earring /ˈɪərɪŋ/ *n* (*joya*) aro

earshot /ˈɪəʃɒt/ *n* LOC **(to be) out of/within earshot** (estar) fuera del/al alcance del oído

earth /ɜːθ/ ◆ *n* **1 the Earth** (*planeta*) la Tierra **2** (*Geol*) tierra **3** (*Electrón*) tierra LOC **how/what/why, etc on earth/in the world** (*coloq*) ¿cómo/qué/por qué demonios?: *What on earth are you doing?* ¿Qué demonios estás haciendo? **to charge/cost/pay the earth** (*coloq*) cobrar/costar/pagar un platal **to come back/down to earth (with a bang/bump)** (*coloq*) bajar de las nubes ◆ *vt* (*Electrón, esp GB*) conectar a tierra

earthly /ˈɜːθli/ *adj* **1** (*lit*) terrenal **2** (*coloq, fig*) concebible: *You haven't an earthly (chance) of winning.* No tenés la más remota posibilidad de ganar. ☛ En este sentido suele usarse en frases negativas o interrogativas.

earthquake /ˈɜːθkweɪk/ (*tb* **quake**) *n* terremoto

ease /iːz/ ◆ *n* **1** facilidad **2** desahogo **3** alivio LOC **(to be/feel) at (your) ease** (estar/sentirse) relajado *Ver tb* ILL, MIND ◆ *vt* **1** (*dolor*) aliviar **2** (*tensión*) reducir **3** (*tráfico*) disminuir **4** (*situación*) suavizar **5** (*restricción*) aflojar LOC **to ease sb's conscience/mind** tranquilizar la conciencia/mente de algn PHR V **to ease (sth/sb) across, along, etc sth** mover (algo/a algn) cuidadosamente a través de/a lo largo de, etc algo **to ease off/up** aligerarse **to ease up on sth/sb** moderarse con algo/algn

easel /ˈiːzl/ *n* caballete (*de artista*)

easily /ˈiːzəli/ *adv* **1** fácilmente *Ver tb* EASY **2** seguramente: *It's easily the best.* Es seguramente el mejor. **3** muy probablemente

east /iːst/ ◆ *n* **1** (*tb* **the east**, **the East**) (*abrev* **E**) (el) este: *Cambridge is in the East of England.* Cambridge está al este de Inglaterra. ◊ *eastbound* en/con dirección este **2 the East** (el) Oriente ◆ *adj* (del) este, oriental: *east winds* vientos del este ◆ *adv* al este: *They headed east.* Fueron hacia el este. *Ver tb* EASTWARD(S)

Easter /ˈiːstə(r)/ *n* Pascua: *Easter egg* huevo de Pascua

eastern /ˈiːstən/ (*tb* **Eastern**) *adj* (del) este, oriental

eastward(s) /ˈiːstwəd(z)/ *adv* hacia el este *Ver tb* EAST*adv*

easy /ˈiːzi/ ◆ *adj* (**-ier**, **-iest**) **1** fácil **2** tranquilo: *My mind is easier now.* Estoy más tranquilo ahora. LOC **I'm easy** (*coloq, esp GB*) me da lo mismo ◆ *adv* (**-ier**, **-iest**) LOC **easier said than done** más fácil decirlo que hacerlo **take it easy!** ¡calmate! **to go easy on/with sth** (*coloq*) no pasarse con algo **to go easy on/with sb** ser poco severo con algn **to take it/things easy** tomarse las cosas con calma *Ver tb* FREE

easygoing /ˌiːziˈɡəʊɪŋ/ *adj* tolerante: *She's very easygoing.* Es muy tranquila.

eat /iːt/ *vt, vi* (*pret* **ate** /et; *USA* eɪt/ *pp* **eaten** /ˈiːtn/) comer LOC **to be eaten up with sth** estar consumido por algo **to be eating sb** estar inquietando a algn: *What's eating you?* ¿Qué te pica? **to eat out of sb's hand** estar sometido a algn: *She had him eating out of her hand.* Lo tenía totalmente dominado. **to eat your words** tragarse las palabras *Ver tb* CAKE PHR V **to eat away at sth/to eat sth away 1** (*lit*) erosionar(se) **2** (*fig*) consumir(se) **to eat into sth 1** corroer algo, desgastar algo **2** (*fig*) mermar algo (*reservas*) **to eat out** comer afuera **to eat (sth) up** comérselo todo **to eat sth up** (*fig*) devorar algo: *This car eats up petrol!* Este coche chupa un montón de nafta. **eater** *n*: *He's a big eater*. Es un comilón.

eavesdrop /ˈiːvzdrɒp/ *vi* (**-pp-**) ~ (**on sth/sb**) escuchar (algo/a algn) a escondidas

ebb /eb/ ◆ *vi* **to ebb** (**away**) **1** (*marea*) bajar **2** (*fig*) disminuir ◆ **the ebb** *n* [*sing*] (*lit y fig*) (el) reflujo LOC **on the ebb** en decadencia **the ebb and flow** (**of sth**) los altibajos (de algo)

ebony /ˈebəni/ *n* ébano

echo /ˈekəʊ/ ◆ *n* (*pl* **echoes**) **1** eco, resonancia **2** (*fig*) imitación ◆ **1** *vt* ~ **sth** (**back**): *The tunnel echoed back their words*. El eco del túnel repitió sus palabras. **2** *vt* (*fig*) repetir, reflejar algo **3** *vi* resonar

ecological /ˌiːkəˈlɒdʒɪkl/ *adj* ecológico **ecologically** *adv* ecológicamente

ecology /iˈkɒlədʒi/ *n* ecología **ecologist** *n* ecologista

economic /ˌiːkəˈnɒmɪk, ˌekəˈnɒmɪk/ *adj* **1** (*desarrollo, crecimiento, política*) económico ☛ *Comparar con* ECONOMICAL **2** rentable

economical /ˌiːkəˈnɒmɪkl, ˌekəˈnɒmɪkl/ *adj* (*combustible, aparato, estilo*) económico ☛ A diferencia de **economic**, **economical** puede ser calificado por palabras como *more*, *less*, *very*, etc : *a more economical car* un coche más económico LOC **to be economical with the truth** decir la verdad a medias **economically** *adv* económicamente

economics /ˌiːkəˈnɒmɪks, ˌekəˈnɒmɪks/ *n* [*sing*] **1** economía **2** (*Educ*) ciencias económicas **economist** *n* economista

economize, -ise /ɪˈkɒnəmaɪz/ *vi* economizar: *to economize on petrol* ahorrar nafta

economy /ɪˈkɒnəmi/ *n* (*pl* **-ies**) economía: *to make economies* economizar ◊ *economy size* envase económico

ecstasy /ˈekstəsi/ *n* (*pl* **-ies**) éxtasis: *to be in/go into ecstasy/ecstasies* (*over sth*) extasiarse (con algo) **ecstatic** /ɪkˈstætɪk/ *adj* extasiado

edge /edʒ/ ◆ *n* **1** filo (*de cuchillo, etc*) **2** borde LOC **to be on edge** estar con los nervios de punta **to have an/the edge on/over sth/sb** (*coloq*) tener ventaja sobre algo/algn **to take the edge off sth** suavizar algo ◆ *vt, vi* ~ (**sth**) (**with sth**) bordear (algo) (de algo) PHR V **to edge** (**your way**) **along, away, etc** avanzar, alejarse, etc poco a poco: *I edged slowly towards the door*. Me fui acercando poco a poco hacia la puerta.

edgy /ˈedʒi/ *adj* (*coloq*) nervioso

edible /ˈedəbl/ *adj* comestible

edit /ˈedɪt/ *vt* **1** (*libro*) preparar una edición de **2** (*texto*) editar **edition** *n* edición

editor /ˈedɪtə(r)/ *n* director, -ora (*de diario, etc*): *the arts editor* el director de la sección de cultura

educate /ˈedʒukeɪt/ *vt* educar (*académicamente*): *He was educated abroad*. Se educó en el extranjero. ☛ *Comparar con* RAISE, TO BRING SB UP *en* BRING **educated** *adj* culto LOC **an educated guess** una predicción con fundamento

education /ˌedʒuˈkeɪʃn/ *n* **1** educación, enseñanza **2** pedagogía **educational** *adj* educativo, educacional, docente

eel /iːl/ *n* anguila

eerie (*tb* **eery**) /ˈɪəri/ *adj* (**-ier**, **-iest**) misterioso, horripilante

effect /ɪˈfekt/ ◆ *n* efecto: *It had no effect on her*. No le hizo ningún efecto. LOC **for effect** para impresionar **to come into effect** entrar en vigor **in effect** en realidad **to take effect 1** surtir efecto **2** entrar en vigor **to no effect** inútilmente **to this effect** con este propósito *Ver tb* WORD ◆ (*formal*) *vt* efectuar (*una cura, un cambio*) ☛ *Comparar con* AFFECT

effective /ɪˈfektɪv/ *adj* **1** (*sistema, medicina*) ~ (**in doing sth**) eficaz (para hacer algo) **2** de mucho efecto **effectively** *adv* **1** eficazmente **2** en efecto **effectiveness** *n* eficacia

effeminate /ɪˈfemɪnət/ *adj* afeminado

efficient /ɪˈfɪʃnt/ *adj* **1** (*persona*) eficiente **2** (*máquina, etc*) de buen rendimiento **efficiency** *n* eficiencia **efficiently** *adv* eficientemente

effort /ˈefət/ *n* **1** esfuerzo: *to make an effort* esforzarse/hacer un esfuerzo **2** intento

eg /ˌiː ˈdʒiː/ *abrev* por ejemplo (= p.ej.)

egg /eg/ ◆ *n* huevo LOC **to put all your eggs in one basket** jugárselo todo a una carta ◆ PHR V **to egg sb on** (**to do sth**) incitar a algn (a que haga algo)

eggplant /ˈegplɑːnt; *USA* ˈegplænt/ *n* (*esp USA*) *Ver* AUBERGINE

eggshell /ˈegʃel/ *n* cáscara de huevo

ego /ˈegəʊ; *USA* ˈiːgəʊ/ *n* ego: *to boost sb's ego* alimentar el amor propio de algn

eight /eɪt/ *adj, pron, n* ocho ☛ *Ver ejemplos en* FIVE **eighth 1** *adj* octavo **2** *pron, adv* el octavo, la octava, los octavos, las octavas **3** *n* octava parte, octavo ☛ *Ver ejemplos en* FIFTH

eighteen /ˌeɪˈtiːn/ *adj, pron, n* dieciocho ☛ *Ver ejemplos en* FIVE **eighteenth 1** *adj* decimoctavo **2** *pron, adv* el decimoctavo, la decimoctava, los decimoctavos, las decimoctavas **3** *n* dieciochava parte, dieciochavo ☛ *Ver ejemplos en* FIFTH

eighty /ˈeɪti/ *adj, pron, n* ochenta ☛ *Ver ejemplos en* FIFTY, FIVE **eightieth 1** *adj, pron* octogésimo **2** *n* ochentava parte, ochentavo ☛ *Ver ejemplos en* FIFTH

either /ˈaɪðə(r), ˈiːðə(r)/ ◆ *adj* **1** cualquiera de los dos: *Either kind of flour will do.* Cualquiera de los dos tipos de harina sirve. ◊ *either way...* de cualquiera de las dos maneras... **2** ambos: *on either side of the road* en ambos lados de la calle **3** [*en frases negativas*] ninguno de los dos ◆ *pron* **1** cualquiera, uno u otro **2** ninguno: *I don't want either of them.* No quiero ninguno de los dos. ☛ *Ver nota en* NINGUNO ◆ *adv* **1** tampoco: *'I'm not going.' 'I'm not either.'* —No pienso ir. —Yo tampoco. **2** **either... or...** o... o... ☛ *Comparar con* ALSO, TOO *y ver nota en* NEITHER

eject /iˈdʒekt/ **1** *vt* (*formal*) expulsar **2** *vt* arrojar **3** *vi* eyectar

elaborate[1] /ɪˈlæbərət/ *adj* complicado, intrincado

elaborate[2] /ɪˈlæbəreɪt/ *vi* ~ (**on sth**) dar detalles (sobre algo)

elapse /ɪˈlæps/ *vi* (*formal*) pasar (*tiempo*)

elastic /ɪˈlæstɪk/ ◆ *adj* **1** elástico **2** flexible ◆ *n* elástico

elastic band *n* gomita (elástica)

elated /iˈleɪtɪd/ *adj* eufórico

elbow /ˈelbəʊ/ *n* codo

elder /ˈeldə(r)/ *adj, pron* mayor: *Pitt the Elder* Pitt el Viejo

Los comparativos más normales de **old** son **older** y **oldest**: *He is older than me.* Es mayor que yo. ◊ *the oldest building in the city* el edificio más antiguo de la ciudad. Cuando se comparan las edades de las personas, sobre todo de los miembros de una familia, **elder** y **eldest** se usan muy a menudo como adjetivos y como pronombres: *my eldest brother* mi hermano el mayor ◊ *the elder of the two brothers* el mayor de los dos hermanos. Nótese que **elder** y **eldest** no se pueden usar con *than* y como adjetivos sólo pueden ir adelante del sustantivo.

elderly *adj* mayor, de edad: *an elderly gentleman* un señor mayor ◊ *the elderly* los ancianos

eldest /ˈeldɪst/ *adj, pron* mayor ☛ *Ver nota en* ELDER

elect /ɪˈlekt/ *vt* elegir **election** *n* elección ☛ *Ver pág 316.* **electoral** *adj* electoral **electorate** *n* [*v sing o pl*] electorado

electric /ɪˈlektrɪk/ *adj* eléctrico **electrical** *adj* eléctrico ☛ *Ver nota en* ELÉCTRICO **electrician** /ɪˌlekˈtrɪʃn/ *n* electricista **electricity** /ɪˌlekˈtrɪsəti/ *n* electricidad: *to switch off the electricity* cortar la corriente **electrification** *n* electrificación **electrify** *vt* (*pret, pp* **-fied**) **1** electrificar **2** (*fig*) electrizar

electrocute /ɪˈlektrəkjuːt/ *vt* **to be electrocuted** electrocutarse

electrode /ɪˈlektrəʊd/ *n* electrodo

electron /ɪˈlektrɒn/ *n* electrón

electronic /ɪˌlekˈtrɒnɪk/ *adj* electrónico **electronics** *n* [*sing*] electrónica

elegant /ˈelɪgənt/ *adj* elegante **elegance** *n* elegancia

element /ˈelɪmənt/ *n* elemento

elementary /ˌelɪˈmentri/ *adj* elemental: *elementary school* escuela primaria

elephant /ˈelɪfənt/ *n* elefante

elevator /ˈelɪveɪtə(r)/ *n* (*USA*) ascensor

eleven /ɪˈlevn/ *adj, pron, n* once ☛ *Ver ejemplos en* FIVE **eleventh 1** *adj* undécimo **2** *pron, adv* el undécimo, la undécima, los undécimos, las undécimas **3** *n* onceava parte, onceavo ☛ *Ver ejemplos en* FIFTH

elicit /iˈlɪsɪt/ *vt* (*formal*) obtener

eligible /ˈelɪdʒəbl/ *adj*: *to be eligible for sth* tener derecho a algo ◊ *an eligible* *bachelor* un buen candidato/partido

eliminate /ɪˈlɪmɪneɪt/ *vt* **1** eliminar **2** (*enfermedad, pobreza*) erradicar

elk /elk/ *n* alce

elm /elm/ (*tb* **elm tree**) *n* olmo

elope /ɪˈləʊp/ *vi* fugarse con su enamorado

eloquent /ˈeləkwənt/ *adj* elocuente

else /els/ *adv* [*con pronombres indefinidos, interrogativos o negativos, y con adverbios*]: *Did you see anybody else?* ¿Viste a alguien más? ◊ *anyone else* alguna otra persona ◊ *everyone/everything else* todos los/todo lo demás ◊ *It must have been somebody else.* Debió ser otro. ◊ *nobody else* nadie más ◊ *Anything else?* ¿Algo más? ◊ *somewhere else* a/en otra parte **elsewhere** *adv* a/en otro lugar/otra parte

elude /iˈluːd/ *vt* escaparse de **elusive** *adj* escurridizo

emaciated /ɪˈmeɪʃieɪtɪd/ *adj* demacrado

email /ˈiːmeɪl/ *n* correo electrónico ◆ *vt* enviar un mensaje de correo electrónico a

emanate /ˈeməneɪt/ *vi* ~ **from sth/sb** emanar, provenir de algo/algn

emancipation /ɪˌmænsɪˈpeɪʃn/ *n* emancipación

embankment /ɪmˈbæŋkmənt/ *n* terraplén

embargo /ɪmˈbɑːgəʊ/ *n* (*pl* ~**es** /-gəʊz/) prohibición, embargo

embark /ɪmˈbɑːk/ *vt, vi* **1** ~ (**for...**) embarcar (con rumbo a...) **2** ~ **on sth** emprender algo

embarrass /ɪmˈbærəs/ *vt* avergonzar, turbar **embarrassing** *adj* incómodo **embarrassment** *n* **1** vergüenza **2** (*persona o cosa que incomoda*) estorbo

embassy /ˈembəsi/ *n* (*pl* **-ies**) embajada

embedded /ɪmˈbedɪd/ *adj* **1** empotrado **2** (*dientes, espada*) clavado

ember /ˈembə(r)/ *n* brasa

embezzlement /ɪmˈbezlmənt/ *n* desfalco

embittered /ɪmˈbɪtəd/ *adj* amargado

embody /ɪmˈbɒdi/ *vt* (*pret, pp* **-died**) (*formal*) encarnar **embodiment** *n* personificación

embrace /ɪmˈbreɪs/ ◆ *vt, vi* abrazar(se) ◆ *n* abrazo

embroider /ɪmˈbrɔɪdə(r)/ *vt, vi* bordar **embroidery** *n* [*incontable*] bordado

embryo /ˈembriəʊ/ *n* (*pl* ~**s** /-əʊz/) embrión

emerald /ˈemərəld/ *n* esmeralda

emerge /iˈmɜːdʒ/ *vi* ~ (**from sth**) emerger, surgir (de algo): *It emerged that...* Salió a relucir que... **emergence** *n* aparición, surgimiento

emergency /iˈmɜːdʒənsi/ *n* (*pl* **-ies**) emergencia: *emergency exit* salida de emergencia

emigrate /ˈemɪgreɪt/ *vi* emigrar **emigrant** *n* emigrante **emigration** *n* emigración

eminent /ˈemɪnənt/ *adj* eminente

emission /iˈmɪʃn/ *n* (*formal*) emanación

emit /iˈmɪt/ *vt* (**-tt-**) **1** (*rayos, sonidos*) emitir **2** (*olores, vapores*) despedir

emotion /ɪˈməʊʃn/ *n* emoción **emotional** *adj* emocional, excitable **emotive** *adj* emotivo

empathy /ˈempəθi/ *n* empatía

emperor /ˈempərə(r)/ *n* emperador

emphasis /ˈemfəsɪs/ *n* (*pl* **-ases** /-əsiːz/) ~ (**on sth**) énfasis (en algo) **emphatic** *adj* categórico, enfático

emphasize, -ise /ˈemfəsaɪz/ *vt* enfatizar, recalcar

empire /ˈempaɪə(r)/ *n* imperio

employ /ɪmˈplɔɪ/ *vt* emplear **employee** *n* empleado, -a **employer** *n* patrón, -ona **employment** *n* empleo, trabajo ☛ *Ver nota en* WORK[1]

empress /ˈemprəs/ *n* emperatriz

empty /ˈempti/ ◆ *adj* **1** vacío **2** vano, inútil ◆ (*pret, pp* **emptied**) **1** *vt* ~ **sth** (**out**) (**onto/into sth**) vaciar, verter algo (en algo) **2** *vt* (*habitación, edificio*) desalojar **3** *vi* ~ vaciarse, quedar vacío **emptiness** *n* **1** vacío **2** (*fig*) futilidad

empty-handed /ˌempti ˈhændɪd/ *adj* con las manos vacías

enable /ɪˈneɪbl/ *vt* ~ **sb to do sth** posibilitar a algn hacer algo

enact /ɪˈnækt/ *vt* (*formal*) **1** (*Teat*) representar **2** llevar a cabo

enamel /ɪˈnæml/ *n* esmalte

enchanting /ɪnˈtʃɑːntɪŋ; *USA* -ˈtʃænt-/ *adj* encantador

encircle /ɪnˈsɜːkl/ *vt* rodear, cercar

enclose /ɪnˈkləʊz/ *vt* **1** ~ **sth (with sth)** cercar algo (de algo) **2** adjuntar: *I enclose... / Please find enclosed...* Se adjunta... **enclosure** *n* documento adjunto, anexo

encore /ˈɒŋkɔː(r)/ ◆ *interj* ¡otra! ◆ *n* repetición, bis

encounter /ɪnˈkaʊntə(r)/ ◆ *vt (formal)* encontrarse con ◆ *n* encuentro

encourage /ɪnˈkʌrɪdʒ/ *vt* **1** ~ **sb (in sth/to do sth)** animar, alentar a algn (en algo/a hacer algo) **2** fomentar, estimular **encouragement** *n* ~ **(to sb) (to do sth)** aliento, estímulo (a algn) (para hacer algo) **encouraging** *adj* alentador

encyclopedia (*tb* **-paedia**) /ɪnˌsaɪkləˈpiːdiə/ *n* enciclopedia

end /end/ ◆ *n* **1** final, extremo: *from end to end* de punta a punta **2** (*palo, etc*) punta **3** (*vela, etc*) cabo **4** *the east end of town* la parte/zona del este de la ciudad **5** (*tiempo*) fin, final: *at the end of* al final/a finales de ◇ *from beginning to end* de principio a fin **6** propósito, fin **7** (*Dep*) campo, lado LOC **(to be) at an end** llegar a su fin, haber terminado (ya) **in the end** al final **on end 1** de punta **2** *for days on end* durante varios días **to be at the end of your tether** no poder uno más *Ver tb* LOOSE, MEANS[1], ODDS, WIT ◆ *vt, vi* terminar, acabar PHR V **to end in sth 1** (*forma*) terminar en algo **2** (*resultado*) acabar en algo: *Their argument ended in tears.* Su discusión acabó en lágrimas. **to end up (as sth/doing sth)** terminar (siendo algo/haciendo algo) **to end up (in...)** ir a parar (a...) (*lugar*)

endanger /ɪnˈdeɪndʒə(r)/ *vt* poner en peligro

endear /ɪnˈdɪə(r)/ *vt (formal)* ~ **sb/yourself to sb** hacerse querer por algn; ganarse la simpatía de algn **endearing** *adj* atractivo

endeavour (*USA* **-vor**) /ɪnˈdevə(r)/ ◆ *n (formal)* esfuerzo ◆ *vi (formal)* ~ **to do sth** esforzarse por hacer algo

ending /ˈendɪŋ/ *n* final

endless /ˈendləs/ *adj* **1** interminable, sin fin: *endless possibilities* infinitas posibilidades **2** (*paciencia*) incansable

endorse /ɪnˈdɔːs/ *vt* **1** aprobar **2** (*cheque*) endosar **endorsement** *n* **1** aprobación **2** endoso **3** (*registro de conducir*) constancia de infracción

endow /ɪnˈdaʊ/ *vt* ~ **sth/sb with sth** dotar algo/a algn de algo **endowment** *n* dotación (*dinero*)

endurance /ɪnˈdjʊərəns; *USA* -ˈdʊə-/ *n* resistencia

endure /ɪnˈdjʊə(r); *USA* -ˈdʊər/ **1** *vt* soportar, aguantar ☛ En la forma negativa es más corriente decir **can't bear** o **can't stand**. **2** *vi* perdurar **enduring** *adj* duradero

enemy /ˈenəmi/ *n* (*pl* **-ies**) enemigo, -a

energy /ˈenədʒi/ *n* [*gen incontable*] (*pl* **-ies**) energía **energetic** /ˌenəˈdʒetɪk/ *adj* enérgico

enforce /ɪnˈfɔːs/ *vt* hacer cumplir (*ley*) **enforcement** *n* aplicación

engage /ɪnˈgeɪdʒ/ **1** *vt* ~ **sb (as sth)** (*formal*) contratar a algn (como algo) **2** *vt* (*formal*) (*tiempo, pensamientos*) ocupar **3** *vt* (*formal*) (*atención*) llamar **4** *vi* ~ **(with sth)** (*Mec*) encajar (con algo) PHR V **to engage in sth** dedicarse a algo **to engage sb in sth** ocupar a algn en algo **engaged** *adj* **1** ocupado, comprometido **2** (*GB*) (*USA* **busy**) (*teléfono*) ocupado **3** ~ **(to sb)** comprometido (con algn): *to get engaged* comprometerse **engaging** *adj* atractivo

engagement /ɪnˈgeɪdʒmənt/ *n* **1** compromiso matrimonial **2** (*período*) noviazgo **3** cita, compromiso

engine /ˈendʒɪn/ *n* **1** motor: *The engine is overheating.* El motor del coche está recalentado.

> La palabra **engine** se usa para referirnos al motor de un vehículo y **motor** para el de los electrodomésticos. **Engine** normalmente es de nafta y **motor**, eléctrico.

2 (*tb* **locomotive**) locomotora: *engine driver* maquinista

engineer /ˌendʒɪˈnɪə(r)/ ◆ *n* **1** ingeniero, -a **2** (*teléfono, mantenimiento, etc*) técnico, -a **3** (*en barco*) maquinista **4** (*USA*) maquinista (*de tren*) ◆ *vt* **1** (*coloq, frec pey*) tramar **2** construir

engineering /ˌendʒɪˈnɪərɪŋ/ *n* ingeniería

engrave /ɪnˈgreɪv/ *vt* ~ **B on A/A with B** grabar B en A **engraving** *n* grabado

engrossed /ɪnˈgrəʊst/ *adj* absorto

enhance /ɪnˈhɑːns; *USA* -ˈhæns/ *vt* **1** aumentar, mejorar **2** (*aspecto*) realzar

enjoy /ɪnˈdʒɔɪ/ *vt* **1** disfrutar de: *Enjoy*

your meal! ¡Buen provecho! **2** ~ **doing sth** gustarle a algn hacer algo LOC **to enjoy yourself** pasarlo bien: *Enjoy yourself!* ¡Que te diviertas! **enjoyable** *adj* agradable, divertido **enjoyment** *n* satisfacción, disfrute: *He spoilt my enjoyment of the film.* Me arruinó la película.

enlarge /ɪnˈlɑːdʒ/ *vt* ampliar **enlargement** *n* ampliación

enlighten /ɪnˈlaɪtn/ *vt* ~ **sb** (**about/as to/on sth**) aclarar (algo) a algn **enlightened** *adj* **1** (*persona*) culto **2** (*política*) inteligente **enlightenment** *n* (*formal*) **1** aclaración **2 the Enlightenment** el Siglo de las Luces

enlist /ɪnˈlɪst/ **1** *vi* ~ (**in/for sth**) (*Mil*) alistarse (en algo) **2** *vt* ~ **sth/sb** (**in/for sth**) reclutar algo/a algn (en/para algo)

enmity /ˈenməti/ *n* enemistad

enormous /ɪˈnɔːməs/ *adj* enorme **enormously** *adv* enormemente: *I enjoyed it enormously.* Me gustó muchísimo.

enough /ɪˈnʌf/ ◆ *adj, pron* suficiente, bastante: *Is that enough food for ten?* ¿Será suficiente comida para diez? ◊ *That's enough!* ¡Basta! ◊ *I've saved up enough to go on holiday.* Ahorré lo suficiente para ir de vacaciones. LOC **to have had enough** (**of sth/sb**) estar harto (de algo/algn) ◆ *adv* **1** ~ (**for sth/sb**) (lo) bastante (para algo/algn) **2** ~ (**to do sth**) (lo) bastante (como para hacer algo): *Is it near enough to go on foot?* ¿Está bastante cerca como para ir caminando? ☛ Nótese que **enough** siempre aparece después del adjetivo y **too** adelante: *You're not old enough./You're too young.* Sos demasiado joven. *Comparar con* TOO LOC **curiously, oddly, strangely, etc enough** lo curioso, extraño, etc es que…

enquire (*tb* **inquire**) /ɪnˈkwaɪə(r)/ (*formal*) **1** *vt* preguntar **2** *vi* ~ (**about sth/sb**) pedir información (sobre algo/algn) **enquiring** (*tb* **inquiring**) *adj* **1** (*mente*) curioso **2** (*mirada*) inquisitiva **enquiry** *Ver* INQUIRY

enrage /ɪnˈreɪdʒ/ *vt* enfurecer

enrich /ɪnˈrɪtʃ/ *vt* ~ **sth/sb** (**with sth**) enriquecer algo/algn (con algo)

enrol (*esp USA* **enroll**) /ɪnˈrəʊl/ *vt, vi* (**-ll-**) ~ (**sb**) (**in/as sth**) inscribirse/inscribir a algn, matricularse/matricular a algn (en/como algo) **enrolment** (*esp USA* **enrollment**) *n* inscripción, matrícula

ensure (*USA* **insure**) /ɪnˈʃʊə(r)/ *vt* asegurar (*garantizar*)

entangle /ɪnˈtæŋgl/ *vt* ~ **sth/sb** (**in/with sth**) enredar algo/a algn (en algo) **entanglement** *n* enredo

enter /ˈentə(r)/ **1** *vt* entrar en: *The thought never entered my head.* La idea ni se me pasó por la cabeza. **2** *vt, vi* ~ (**for**) **sth** inscribirse en algo **3** *vt* (*colegio, universidad*) matricularse en **4** *vt* (*hospital, sociedad*) ingresar en **5** *vt* ~ **sth** (**up**) (**in sth**) anotar algo (en algo) PHR V **to enter into sth 1** (*negociaciones*) iniciar **2** (*un acuerdo*) llegar a **3** tener que ver: *What he wants doesn't enter into it.* Lo que él quiera no tiene nada que ver.

enterprise /ˈentəpraɪz/ *n* **1** (*actividad*) empresa **2** espíritu emprendedor **enterprising** *adj* emprendedor

entertain /ˌentəˈteɪn/ **1** *vt, vi* recibir (*en casa*) **2** *vt* ~ **sb** (**with sth**) (*divertir*) entretener a algn (con algo) **3** *vt* (*idea*) contemplar **entertainer** *n* artista de variedades **entertaining** *adj* entretenido, divertido **entertainment** *n* entretenimiento, diversión

enthralling /ɪnˈθrɔːlɪŋ/ *adj* cautivante

enthusiasm /ɪnˈθjuːziæzəm; *USA* -ˈθuː-/ *n* ~ (**for/about sth**) entusiasmo (por algo) **enthusiast** *n* entusiasta **enthusiastic** /ɪnˌθjuːziˈæstɪk/ *adj* entusiasta

entice /ɪnˈtaɪs/ *vt* tentar, atraer

entire /ɪnˈtaɪə(r)/ *adj* entero, todo **entirely** *adv* totalmente, enteramente **entirety** *n* totalidad

entitle /ɪnˈtaɪtl/ *vt* **1** ~ **sb to** (**do**) **sth** dar derecho a algn a (hacer) algo **2** (*libro*) titular **entitlement** *n* derecho

entity /ˈentəti/ *n* (*pl* **-ies**) entidad, ente

entrance /ˈentrəns/ *n* ~ (**to sth**) entrada (de algo)

entrant /ˈentrənt/ *n* ~ (**for sth**) participante (en algo)

entrepreneur /ˌɒntrəprəˈnɜː(r)/ *n* empresario, -a

entrust /ɪnˈtrʌst/ *vt* ~ **sb with sth/sth to sb** confiar algo a algn

entry /ˈentri/ *n* (*pl* **-ies**) **1** ~ (**into sth**) entrada, ingreso (en algo): *No entry.*

Prohibido pasar. **2** (*diario*) apunte, anotación **3** (*diccionario*) entrada

enunciate /ɪˈnʌnsieɪt/ *vt, vi* pronunciar, articular

envelop /ɪnˈveləp/ *vt* ~ **sth/sb (in sth)** envolver algo/a algn (en algo)

envelope /ˈenvələʊp, ˈɒn-/ *n* sobre (*para carta*)

enviable /ˈenviəbl/ *adj* envidiable **envious** *adj* envidioso: *to be envious of* tener envidia de/envidiar

environment /ɪnˈvaɪrənmənt/ **the environment** *n* el medio ambiente **environmental** /ɪnˌvaɪrənˈmentl/ *adj* del medio ambiente **environmentalist** *n* ecologista

envisage /ɪnˈvɪzɪdʒ/ *vt* imaginar(se)

envoy /ˈenvɔɪ/ *n* enviado, -a

envy /ˈenvi/ ◆ *n* envidia ◆ *vt* (*pret, pp* **envied**) envidiar

enzyme /ˈenzaɪm/ *n* enzima

ephemeral /ɪˈfemərəl/ *adj* efímero

epic /ˈepɪk/ ◆ *n* épica, epopeya ◆ *adj* épico

epidemic /ˌepɪˈdemɪk/ *n* epidemia

epilepsy /ˈepɪlepsi/ *n* epilepsia **epileptic** /ˌepɪˈleptɪk/ *adj, n* epiléptico, -a

episode /ˈepɪsəʊd/ *n* episodio

epitaph /ˈepɪtɑːf; *USA* -tæf/ *n* epitafio

epitome /ɪˈpɪtəmi/ *n* LOC **to be the epitome of sth** ser la más pura expresión de algo

epoch /ˈiːpɒk; *USA* ˈepək/ *n* (*formal*) época

equal /ˈiːkwəl/ ◆ *adj, n* igual: *equal opportunities* igualdad de oportunidades LOC **to be on equal terms (with sb)** tener una relación de igual a igual (con algn) ◆ *vt* (**-ll-**) (*USA* **-l-**) **1** igualar **2** (*Mat*): *13 plus 29 equals 42.* 13 más 29 son 42. **equality** /ɪˈkwɒləti/ *n* igualdad **equally** *adv* **1** igualmente **2** equitativamente

equate /iˈkweɪt/ *vt* ~ **sth (to/with sth)** equiparar, comparar algo (con algo)

equation /ɪˈkweɪʒn/ *n* ecuación

equator /ɪˈkweɪtə(r)/ *n* ecuador

equilibrium /ˌiːkwɪˈlɪbriəm, ˌek-/ *n* equilibrio

equinox /ˈiːkwɪnɒks, ˈek-/ *n* equinoccio

equip /ɪˈkwɪp/ *vt* (**-pp-**) ~ **sth/sb (with sth) (for sth)** equipar, proveer algo/a algn (con/de algo) (para algo) **equipment** *n* [*incontable*] equipo, equipamiento

equitable /ˈekwɪtəbl/ *adj* (*formal*) equitativo, justo

equivalent /ɪˈkwɪvələnt/ *adj, n* ~ **(to sth)** equivalente (a algo)

era /ˈɪərə/ *n* era

eradicate /ɪˈrædɪkeɪt/ *vt* erradicar

erase /ɪˈreɪz; *USA* ɪˈreɪs/ *vt* ~ **sth (from sth)** borrar algo (de algo) ☛ Para las marcas de lápiz usamos **rub out**. **eraser** (*USA*) (*GB* **rubber**) *n* goma (de borrar)

erect /ɪˈrekt/ ◆ *vt* erigir ◆ *adj* **1** erguido **2** (*pene*) erecto **erection** *n* erección

erode /ɪˈrəʊd/ *vt* erosionar

erotic /ɪˈrɒtɪk/ *adj* erótico

errand /ˈerənd/ *n* mandado: *to run errands for sb* hacer mandados para algn

erratic /ɪˈrætɪk/ *adj* (*frec pey*) irregular

error /ˈerə(r)/ *n* (*formal*) error: *to make an error* hacer un error ◊ *The letter was sent to you in error.* Se le envió la carta por error. ☛ **Mistake** es un término más corriente que **error**. Sin embargo, en algunas construcciones sólo se puede usar **error**: *human error* error humano ◊ *an error of judgement* una equivocación. *Ver nota en* MISTAKE LOC *Ver* TRIAL

erupt /ɪˈrʌpt/ *vi* **1** (*volcán*) entrar en erupción **2** (*violencia*) estallar

escalate /ˈeskəleɪt/ *vt, vi* **1** aumentar **2** intensificar(se) **escalation** *n* escalada

escalator /ˈeskəleɪtə(r)/ *n* escalera mecánica

escapade /ˌeskəˈpeɪd, ˈeskəpeɪd/ *n* aventura

escape /ɪˈskeɪp/ ◆ **1** *vi* ~ **(from sth/sb)** escapar (de algo/algn) **2** *vt, vi* salvarse (de): *They escaped unharmed.* Salieron ilesos. **3** *vi* (*gas, líquido*) fugarse LOC **to escape (sb's) notice** pasar inadvertido (a algn) *Ver tb* LIGHTLY ◆ *n* **1** ~ **(from sth)** fuga (de algo): *to make your escape* darse a la fuga **2** (*de gas, fluido*) escape LOC *Ver* NARROW

escort /ˈeskɔːt/ ◆ *n* **1** [*v sing o pl*] escolta **2** (*formal*) acompañante ◆ /ɪˈskɔːt/ *vt* ~ **sb (to sth)** acompañar a algn (a algo)

especially /ɪˈspeʃəli/ *adv* sobre todo, especialmente ☛ *Ver nota en* SPECIALLY

espionage /ˈespiənɑːʒ/ *n* espionaje

essay /ˈeseɪ/ *n* **1** (*Liter*) ensayo **2** (*colegio*) redacción

essence /ˈesns/ *n* esencia **essential** *adj* **1** ~ (**to/for sth**) imprescindible (para algo) **2** fundamental **essentially** *adv* básicamente

establish /ɪˈstæblɪʃ/ *vt* ~ **sth/sb/ yourself** establecer(se) **established** *adj* **1** (*negocio*) sólido **2** (*religión*) oficial **establishment** *n* **1** establecimiento **2** institución **3 the Establishment** (*GB*) el "establishment", el sistema

estate /ɪˈsteɪt/ *n* **1** finca **2** (*bienes*) herencia **3** *Ver* HOUSING ESTATE

estate agent *n* agente inmobiliario

estate (car) *n* rural (*auto*)

esteem /ɪˈstiːm/ *n* LOC **to hold sth/sb in high/low esteem** tener una buena/ mala opinión de algo/algn

esthetic (*USA*) *Ver* AESTHETIC

estimate /ˈestɪmət/ ◆ *n* **1** cálculo **2** valoración **3** (*cálculo previo*) presupuesto ◆ /ˈestɪmeɪt/ *vt* calcular

estimation /ˌestɪˈmeɪʃn/ *n* juicio

estranged /ɪˈstreɪndʒd/ *adj* LOC **to be estranged from sb 1** estar enemistado con algn **2** vivir separado de algn

estuary /ˈestʃuəri; *USA* -ueri/ *n* (*pl* **-ies**) estuario

etching /etʃɪŋ/ *n* grabado (*al aguafuerte*)

eternal /ɪˈtɜːnl/ *adj* eterno **eternity** *n* eternidad

ether /ˈiːθə(r)/ *n* éter **ethereal** *adj* etéreo

ethics /ˈeθɪks/ *n* [*sing*] ética **ethical** *adj* ético

ethnic /ˈeθnɪk/ *adj* étnico

ethos /ˈiːθɒs/ *n* (*formal*) carácter

etiquette /ˈetɪket, -kət/ *n* etiqueta, protocolo (*modales*)

euro /ˈjʊərəʊ/ *n* (*pl* ~**s**) euro

Euro-MP /ˈjʊərəʊ empiː/ *n* eurodiputado, -a

evacuate /ɪˈvækjueɪt/ *vt* evacuar (*a personas*) **evacuee** /ɪˌvækjuˈiː/ *n* evacuado, -a

evade /ɪˈveɪd/ *vt* evadir, eludir

evaluate /ɪˈvæljueɪt/ *vt* evaluar

evaporate /ɪˈvæpəreɪt/ *vt, vi* evaporar(se) **evaporation** *n* evaporación

evasion /ɪˈveɪʒn/ *n* evasión **evasive** *adj* evasivo

eve /iːv/ *n* LOC **on the eve of sth 1** (*lit*) la víspera de algo **2** (*fig*) en vísperas de algo

even[1] /ˈiːvn/ ◆ *adj* **1** (*superficie*) llano, liso **2** (*color*) uniforme **3** (*temperatura*) constante **4** (*competición, puntuación*) igualado **5** (*número*) par ☛ *Comparar con* ODD ◆ PHR V **to even out** allanar(se), nivelar(se) **to even sth out** repartir algo equitativamente **to even sth up** nivelar algo

even[2] /ˈiːvn/ *adv* **1** [*uso enfático*] aún, hasta: *He didn't even open the letter.* Ni siquiera abrió la carta. **2** [*con adj o adv comparativo*] aun LOC **even if/though** aunque, aun cuando **even so** aun así, no obstante

evening /ˈiːvnɪŋ/ *n* **1** tarde, noche: *tomorrow evening* mañana a la tarde/noche ◊ *an evening class* una clase nocturna ◊ *evening dress* traje de noche/de etiqueta ◊ *the evening meal* la cena ◊ *an evening paper* un diario de la tarde ☛ *Ver nota en* MORNING, TARDE **2** atardecer LOC **good evening** buenas tardes, buenas noches ☛ *Ver nota en* NOCHE

evenly /ˈiːvənli/ *adv* **1** de modo uniforme **2** (*repartir, etc*) equitativamente

event /ɪˈvent/ *n* suceso, acontecimiento LOC **at all events/in any event** en todo caso **in the event** al final **in the event of sth** en caso de (que) **eventful** *adj* memorable

eventual /ɪˈventʃuəl/ *adj* final **eventually** *adv* finalmente

ever /ˈevə(r)/ *adv* nunca, jamás: *more than ever* más que nunca ◊ *for ever (and ever)* para siempre (jamás) ◊ *Has it ever happened before?* ¿Pasó alguna vez antes? LOC **ever since** desde entonces ☛ *Ver nota en* ALWAYS, NUNCA

every /ˈevri/ *adj* cada, todos (los): *every (single) time* cada vez ◊ *every 10 minutes* cada 10 minutos

Usamos **every** para referirnos a todos los elementos de un grupo en conjunto: *Every player was on top form.* Todos los jugadores estaban en plena forma. **Each** se usa para referirnos individualmente a cada uno de ellos: *The Queen* *shook hands with each player after the game.* La Reina le dio la mano a cada jugador después del partido. *Ver tb nota en* EACH.

LOC **every last...** hasta el último... **every now and again/then** de vez en cuando **every other** uno sí y otro no: *every other week* cada dos semanas **every so often** alguna que otra vez

everybody /ˈevribɒdi/ (*tb* **everyone** /ˈevriwʌn/) *pron* todos, todo el mundo

Everybody, **anybody** y **somebody** llevan el verbo en singular, pero suelen ir seguidos por un pronombre en plural, salvo en lenguaje formal: *Somebody has left their coat behind.* Alguien se olvidó el saco.

everyday /ˈevrideɪ/ *adj* cotidiano, de todos los días: *for everyday use* para uso diario ◊ *in everyday use* de uso corriente

Everyday sólo se usa antes de un sustantivo. No se debe confundir con la expresión **every day,** que significa "todos los días".

everything /ˈevriθɪŋ/ *pron* todo

everywhere /ˈevriweə(r)/ *adv* (en/a/por) todas partes

evict /ɪˈvɪkt/ *vt* ~ **sth/sb** (**from sth**) desalojar algo/a algn (de algo)

evidence /ˈevɪdəns/ *n* [*incontable*] **1** (*derecho*) pruebas: *insufficient evidence* falta de pruebas **2** (*derecho*) testimonio **evident** *adj* ~ (**to sb**) (**that...**) evidente (para algn) (que...) **evidently** *adv* obviamente

evil /ˈiːvl/ ◆ *adj* malvado, muy malo ◆ *n* (*formal*) mal

evocative /ɪˈvɒkətɪv/ *adj* ~ (**of sth**) evocador (de algo)

evoke /ɪˈvəʊk/ *vt* evocar

evolution /ˌiːvəˈluːʃn; *USA* ˌev-/ *n* evolución

evolve /iˈvɒlv/ *vi* evolucionar

ewe /juː/ *n* oveja hembra

exact /ɪgˈzækt/ *adj* exacto

exacting /ɪgˈzæktɪŋ/ *adj* exigente

exactly /ɪgˈzæktli/ *adv* exactamente LOC **exactly!** ¡exacto!

exaggerate /ɪgˈzædʒəreɪt/ *vt* exagerar **exaggerated** *adj* exagerado

exam /ɪgˈzæm/ *n* examen: *to sit an exam* dar/rendir un examen

examination /ɪgˌzæmɪˈneɪʃn/ *n* (*formal*) **1** examen **2** reconocimiento, revisión **examine** *vt* revisar, examinar

example /ɪgˈzɑːmpl; *USA* -ˈzæmpl/ *n* ejemplo LOC **for example** (*abrev* **eg**) por ejemplo *Ver tb* SET[2]

exasperate /ɪgˈzɑːspəreɪt/ *vt* exasperar **exasperation** *n* exasperación

excavate /ˈekskəveɪt/ *vt, vi* excavar

exceed /ɪkˈsiːd/ *vt* exceder(se en), superar **exceedingly** *adv* sumamente

excel /ɪkˈsel/ *vi* (-ll-) ~ **in/at sth** sobresalir, destacarse en algo

excellent /ˈeksələnt/ *adj* excelente **excellence** *n* excelencia

except /ɪkˈsept/ *prep* **1** ~ (**for**) **sth/sb** excepto algo/algn **2** ~ **that...** excepto que... **exception** *n* excepción **exceptional** *adj* excepcional

excerpt /ˈeksɜːpt/ *n* ~ (**from sth**) pasaje, fragmento (de algo)

excess /ɪkˈses/ *n* exceso **excessive** *adj* excesivo

exchange /ɪksˈtʃeɪndʒ/ ◆ *n* cambio, intercambio ◆ *vt* **1** ~ **A for B** cambiar A por B **2** ~ **sth** (**with sb**) cambiar algo (con algn)

the Exchequer /ɪksˈtʃekə(r)/ *n* (*GB*) Ministerio de Economía y Hacienda

excite /ɪkˈsaɪt/ *vt* excitar **excitable** *adj* excitable **excited** *adj* excitado, emocionado **excitement** *n* emoción **exciting** *adj* emocionante

exclaim /ɪkˈskleɪm/ *vi* exclamar **exclamation** *n* exclamación

exclamation mark *n* signo de admiración ☛ *Ver págs 312–3.*

exclude /ɪkˈskluːd/ *vt* ~ **sth/sb** (**from sth**) excluir algo/a algn (de algo) **exclusion** *n* ~ (**of sth/sb**) (**from sth**) exclusión (de algo/algn) (de algo)

exclusive /ɪkˈskluːsɪv/ *adj* **1** exclusivo **2** ~ **of sth/sb** sin incluir algo/a algn

excursion /ɪkˈskɜːʃn; *USA* -ɜːrʒn/ *n* excursión

excuse /ɪkˈskjuːs/ ◆ *n* ~ (**for sth/doing sth**) excusa (por/para algo/hacer algo) ◆ /ɪkˈskjuːz/ *vt* **1** ~ **sth/sb** (**for sth/doing sth**) disculpar algo/a algn (por algo/por hacer algo) **2** ~ **sb** (**from sth**) dispensar a algn (de algo)

Se dice **excuse me** cuando se quiere interrumpir o abordar a algn: *Excuse me, sir!* ¡Perdone, señor!

Decimos **sorry** cuando tenemos que pedir perdón por algo que hemos hecho: *I'm sorry I'm late.* Siento llegar tarde. ◊ *Did I hit you? I'm sorry!* ¿Te di? ¡Perdoná! En inglés americano se usa **excuse me** en vez de **sorry**.

execute /ˈeksɪkjuːt/ *vt* ejecutar **execution** *n* ejecución **executioner** *n* verdugo

executive /ɪgˈzekjətɪv/ *n* ejecutivo, -a

exempt /ɪgˈzempt/ ◆ *adj* ~ (**from sth**) exento (de algo) ◆ *vt* ~ **sth/sb** (**from sth**) eximir algo/a algn (de algo); dispensar a algn (de algo) **exemption** *n* exención

exercise /ˈeksəsaɪz/ ◆ *n* ejercicio ◆ **1** *vi* hacer ejercicio **2** *vt* (*derecho, poder*) ejercer

exert /ɪgˈzɜːt/ **1** *vt* ~ **sth** (**on sth/sb**) ejercer algo (sobre algo/algn) **2** *v refl* ~ **yourself** esforzarse **exertion** *n* esfuerzo

exhaust[1] /ɪgˈzɔːst/ *n* **1** (*tb* **exhaust fumes**) gases del caño de escape **2** (*tb* **exhaust pipe**) caño de escape

exhaust[2] /ɪgˈzɔːst/ *vt* agotar **exhausted** *adj* exhausto **exhausting** *adj* agotador **exhaustion** *n* agotamiento **exhaustive** *adj* exhaustivo

exhibit /ɪgˈzɪbɪt/ ◆ *n* objeto expuesto ◆ **1** *vt, vi* exponer **2** *vt* manifestar

exhibition /ˌeksɪˈbɪʃn/ *n* exposición

exhilarating /ɪgˈzɪləreɪtɪŋ/ *adj* estimulante, emocionante **exhilaration** *n* euforia

exile /ˈeksaɪl/ ◆ *n* **1** exilio **2** (*persona*) exiliado, -a ◆ *vt* exiliar

exist /ɪgˈzɪst/ *vi* **1** ~ (**in sth**) existir (en algo) **2** ~ (**on sth**) subsistir (a base de algo) **existence** *n* existencia **existing** *adj* existente

exit /ˈeksɪt/ *n* salida

exotic /ɪgˈzɒtɪk/ *adj* exótico

expand /ɪkˈspænd/ *vt, vi* **1** (*metal, etc*) dilatar(se) **2** (*negocio*) ampliar(se) **PHR V to expand on sth** ampliar algo

expanse /ɪkˈspæns/ *n* ~ (**of sth**) extensión (de algo)

expansion /ɪkˈspænʃn/ *n* **1** expansión **2** desarrollo

expansive /ɪkˈspænsɪv/ *adj* comunicativo

expatriate /ˌeksˈpætriət; *USA* -ˈpeɪt-/ *n* expatriado, -a

expect /ɪkˈspekt/ *vt* **1** ~ **sth** (**from sth/sb**) esperar algo (de algo/algn) ☛ Ve[r] *nota en* ESPERAR **2** (*esp GB, coloq*) sup[o]ner **expectant** *adj* expectante: *expec[t]ant mother* mujer embarazad[a]

expectancy *n* expectación *Ver tb* LIF[E] EXPECTANCY **expectation** *n* ~ (**of st[h]**) expectativa (de algo) LOC **agains[t]/contrary to** (**all**) **expectation**(**s**) contr[a] todas las expectativas

expedition /ˌekspəˈdɪʃn/ *n* expedició[n]

expel /ɪkˈspel/ *vt* (-**ll**-) ~ **sth/sb** (**fro[m] sth**) expulsar algo/a algn (de algo)

expend /ɪkˈspend/ *vt* ~ **sth** (**on/upo[n] sth/doing sth**) (*formal*) emplear alg[o] (en algo/hacer algo)

expendable /ɪkˈspendəbl/ *adj* (*forma[l]*) **1** (*cosas*) desechable **2** (*personas*) pre[s]cindible

expenditure /ɪkˈspendɪtʃə(r)/ *n* ga[s]to(s)

expense /ɪkˈspens/ *n* gasto(s), cos[to] **expensive** *adj* caro, costoso

experience /ɪkˈspɪəriəns/ ◆ *n* expe[riencia] ◆ *vt* experimentar **experien[ced]** *adj* experimentado

experiment /ɪkˈsperɪmənt/ ◆ *n* exper[i]mento ◆ *vi* ~ (**on/with sth**) hacer expe[ri]mentos, experimentar (con algo)

expert /ˈekspɜːt/ *adj, n* ~ (**at/in/on st[h]/at doing sth**) experto, -a, perito, -a (e[n] algo/en hacer algo) **expertis[e]** /ˌekspɜːˈtiːz/ *n* conocimientos (técn[i]cos), pericia

expire /ɪkˈspaɪə(r)/ *vi* vencer, caduca[r]: *My passport's expired.* Mi pasaport[e] venció. **expiry** *n* vencimiento

explain /ɪkˈspleɪn/ *vt* ~ **sth** (**to sb**) explicar, aclarar algo (a algn): *Explai[n] this to me.* Explicame esto. **explanatio[n]** *n* ~ (**of/for sth**) explicación, aclaració[n] (de algo) **explanatory** /ɪkˈsplænətr[i]; *USA* -tɔːri/ *adj* explicativo, aclaratori[o]

explicit /ɪkˈsplɪsɪt/ *adj* explícito

explode /ɪkˈspləʊd/ *vt, vi* estalla[r], explotar

exploit[1] /ˈeksplɔɪt/ *n* proeza, hazaña

exploit[2] /ɪkˈsplɔɪt/ *vt* explotar (*perso[n]nas, recursos*) **exploitation** *n* explota[]ción

explore /ɪkˈsplɔː(r)/ *vt, vi* explora[r] **exploration** *n* exploración, investiga[]ción **explorer** *n* explorador, -ora

explosion /ɪkˈspləʊʒn/ *n* explosió[n] **explosive** *adj, n* explosivo

xport /ˈekspɔːt/ ◆ *n* (artículo de) exportación ◆ /ɪkˈspɔːt/ *vt, vi* exportar

xpose /ɪkˈspəʊz/ **1** *vt* ~ **sth/sb** (**to sth**) exponer algo/a algn (a algo) **2** *v refl* ~ **yourself** (**to sth**) exponerse (a algo) **3** *vt* (*persona culpable*) desenmascarar **exposed** *adj* descubierto **exposure** *n* **1** ~ (**to sth**) exposición (a algo): *to die of exposure* morir de frío (a la intemperie) **2** (*de falta*) descubrimiento, revelación

xpress /ɪkˈspres/ ◆ *adj* **1** (*Ferrocarril*) rápido **2** (*entrega*) urgente **3** (*deseo, etc*) expreso ◆ *adv* **1** por envío urgente **2** en tren rápido ◆ *vt* ~ **sth** (**to sb**) expresar algo (a algn): *to express yourself* expresarse ◆ *n* **1** (*tb* **express train**) rápido **2** servicio/envío urgente

xpression /ɪkˈspreʃn/ *n* **1** expresión **2** muestra, expresión: *as an expression of his gratitude* como muestra de agradecimiento **3** expresividad

xpressive /ɪkˈspresɪv/ *adj* expresivo

xpressly /ɪkˈspresli/ *adv* expresamente

xpulsion /ɪkˈspʌlʃn/ *n* expulsión

xquisite /ˈekskwɪzɪt, ɪkˈskwɪzɪt/ *adj* exquisito

xtend /ɪkˈstend/ **1** *vt* extender, ampliar **2** *vi* extenderse: *to extend as far as sth* llegar hasta algo **3** *vt* (*estadía, vida*) prolongar **4** *vt* (*plazo, crédito*) prorrogar **5** *vt* (*mano*) tender **6** *vt* (*bienvenida*) dar

xtension /ɪkˈstenʃn/ *n* **1** extensión **2** ~ (**to sth**) ampliación, anexo (de algo): *to build an extension to sth* hacer ampliaciones a algo **3** (*período*) prolongación **4** (*plazo*) prórroga **5** (*teléfono*) extensión **6** (*teléfono*) interno (*número*)

xtensive /ɪkˈstensɪv/ *adj* **1** extenso **2** (*daños*) cuantioso **3** (*conocimiento*) amplio **4** (*uso*) frecuente **extensively** *adv* **1** extensamente **2** (*usar*) comúnmente

xtent /ɪkˈstent/ *n* alcance, grado: *the full extent of the losses* el valor real de las pérdidas LOC **to a large/great extent** en gran parte **to a lesser extent** en menor grado **to some/a certain extent** hasta cierto punto **to what extent** hasta qué punto

xterior /ɪkˈstɪəriə(r)/ ◆ *adj* exterior ◆ *n* **1** exterior **2** (*persona*) aspecto

xterminate /ɪkˈstɜːmɪneɪt/ *vt* exterminar

external /ɪkˈstɜːnl/ *adj* externo, exterior

extinct /ɪkˈstɪŋkt/ *adj* **1** (*animal*) extinto, desaparecido: *to become extinct* extinguirse **2** (*volcán*) inactivo

extinguish /ɪkˈstɪŋgwɪʃ/ *vt* extinguir, apagar ☛ La palabra más corriente es **put out**. **extinguisher** *n* extinguidor

extort /ɪkˈstɔːt/ *vt* ~ **sth** (**from sb**) **1** (*dinero*) obtener algo (de algn) mediante extorsión **2** (*confesión*) sacar algo (a algn) por la fuerza **extortion** *n* extorsión

extortionate /ɪkˈstɔːʃənət/ *adj* **1** (*precio*) exorbitante **2** (*exigencia*) excesivo

extra /ˈekstrə/ ◆ *adj* **1** adicional, de más, extra: *extra charge* recargo ◊ *Wine is extra.* El vino no está incluido. **2** de sobra **3** (*Dep*): *extra time* prórroga ◆ *adv* súper, extra: *to pay extra* pagar un suplemento ◆ *n* **1** extra **2** (*precio*) suplemento **3** (*Cine*) extra

extract /ɪkˈstrækt/ ◆ *vt* **1** ~ **sth** (**from sth**) extraer algo (de algo) **2** ~ **sth** (**from sth/sb**) conseguir algo (de algo/algn) ◆ /ˈekstrækt/ *n* **1** extracto **2** pasaje

extraordinary /ɪkˈstrɔːdnri; *USA* -dəneri/ *adj* extraordinario

extravagant /ɪkˈstrævəgənt/ *adj* **1** extravagante **2** exagerado **extravagance** *n* extravagancia

extreme /ɪkˈstriːm/ *adj, n* extremo: *with extreme care* con sumo cuidado **extremely** *adv* extremadamente **extremist** *n* extremista **extremity** /ɪkˈstreməti/ *n* (*pl* **-ies**) extremidad

extricate /ˈekstrɪkeɪt/ *vt* (*formal*) ~ **sth/sb** (**from sth**) sacar algo/a algn (de algo)

extrovert /ˈekstrəvɜːt/ *n* extrovertido, -a

exuberant /ɪgˈzjuːbərənt; *USA* -ˈzuː-/ *adj* desbordante de vida y entusiasmo

exude /ɪgˈzjuːd; *USA* -ˈzuːd/ *vt, vi* **1** (*formal*) exudar **2** (*fig*) irradiar

eye /aɪ/ ◆ *n* ojo: *to have sharp eyes* tener ojos de águila LOC **before your very eyes** delante de tu nariz **in the eyes of sb/in sb's eyes** en opinión de algn **in the eyes of the law** a los ojos de la ley (**not**) **to see eye to eye with sb** (no) estar plenamente de acuerdo con algn **to keep an eye on sth/sb** vigilar algo/a algn *Ver tb* BRING, CAST, CATCH,

CLOSE[1], CRY, EAR[1], MEET[1], MIND, NAKED, TURN ◆ *vt* (*pt pres* **eyeing**) ojear

eyeball /ˈaɪbɔːl/ *n* globo ocular

eyebrow /ˈaɪbraʊ/ *n* ceja LOC *Ver* RAISE

eye-catching /ˈaɪ kætʃɪŋ/ *adj* vistoso

eyelash /ˈaɪlæʃ/ (*tb* **lash**) *n* pestaña

eye-level /ˈaɪ levl/ *adj* a la altura d los ojos

eyelid /ˈaɪlɪd/ (*tb* **lid**) *n* párpado LO *Ver* BAT[2]

eyesight /ˈaɪsaɪt/ *n* vista

eyewitness /ˈaɪwɪtnəs/ *n* testig ocular

Ff

F, f /ef/ *n* (*pl* **F's, f's** /efs/) **1** F, f: *F for Frederick* F de Francia ☛ *Ver ejemplos en* A, A **2** (*Educ*) desaprobado: *to get (an) F in History* sacar un desaprobado en Historia **3** (*Mús*) fa

fable /ˈfeɪbl/ *n* fábula

fabric /ˈfæbrɪk/ *n* **1** tejido, tela ☛ *Ver nota en* TELA **2 the ~ (of sth)** [*sing*] (*lit y fig*) la estructura (de algo)

fabulous /ˈfæbjələs/ *adj* **1** fabuloso **2** de leyenda

façade /fəˈsɑːd/ *n* (*lit y fig*) fachada

face[1] /feɪs/ *n* **1** cara, rostro: *to wash your face* lavarse la cara ◊ *face down(wards)/up(wards)* boca abajo/ arriba **2** cara: *the South face of...* la cara sur de... ◊ *a rock face* una pared de roca **3** esfera (*de reloj*) **4** superficie LOC **face to face** cara a cara: *to come face to face with sth* enfrentarse con algo **in the face of sth 1** a pesar de algo **2** frente a algo **on the face of it** (*coloq*) a primera vista **to make/pull faces/a face** hacer muecas **to put a bold, brave, good, etc face on it/on sth** poner al mal tiempo buena cara **to sb's face** a la cara ☛ *Comparar con* BEHIND SB'S BACK *en* BACK[1] *Ver tb* BRING, CUP, SAVE, STRAIGHT

face[2] /feɪs/ *vt* **1** estar de cara a: *They sat down facing each other.* Se sentaron uno frente al otro. **2** dar a: *a house facing the park* una casa que da al parque **3** enfrentarse con **4** (*fig*) afrontar: *to face facts* afrontar los hechos **5** (*sentencia, multa*) correr el riesgo de recibir **6** revestir LOC *Ver* LET[1] PHR V **to face up to sth/sb** enfrentarse a algo/ algn

faceless /ˈfeɪsləs/ *adj* anónimo

facelift /ˈfeɪslɪft/ *n* **1** estiramient (*facial*) **2** (*fig*) recondicionamiento

facet /ˈfæsɪt/ *n* faceta

facetious /fəˈsiːʃəs/ *adj* (*pey*) burlón

face value *n* valor nominal LOC **t accept/take sth at its face value** toma algo literalmente

facial /ˈfeɪʃl/ ◆ *adj* facial ◆ *n* trata miento facial

facile /ˈfæsaɪl; *USA* ˈfæsl/ *adj* (*pe* simplista

facilitate /fəˈsɪlɪteɪt/ *vt* (*formal*) facili tar

facility /fəˈsɪləti/ *n* **1** [*sing*] facilidad **facilities** [*pl*]: *sports/banking facilitie* instalaciones deportivas/servicios ban carios

fact /fækt/ *n* hecho: *in fact* de hecho *the fact that...* el hecho de que... LO **facts and figures** (*coloq*) toda la infor mación **the facts of life** (*eufemismo*) d dónde vienen los chicos, la sexualida *Ver tb* ACTUAL, MATTER, POINT

factor /ˈfæktə(r)/ *n* factor

factory /ˈfæktəri/ *n* (*pl* **-ies**) fábrica: *shoe factory* una fábrica de zapatos *factory workers* obreros de fábrica

factual /ˈfæktʃuəl/ *adj* basado e hechos reales

faculty /ˈfæklti/ *n* (*pl* **-ies**) **1** facultad *Arts Faculty* Facultad de Filosofía Letras **2** (*USA*) cuerpo docente

fad /fæd/ *n* **1** manía **2** moda

fade /feɪd/ *vt, vi* **1** decolorar(se) **2** (*tela* desteñir(se) PHR V **to fade away** ir desa pareciendo poco a poco

fag /fæg/ *n* **1** [*sing*] (*coloq*) pesadez (*GB, coloq*) (*cigarrillo*) pucho **3** (*USA* *ofen*) maricón

ail /feɪl/ ◆ **1** *vt* (*examen, candidato*) aplazar **2** *vi* ~ (**in sth**) fracasar (en algo): *to fail in your duty* no cumplir con tu deber **3** *vi* ~ **to do sth**: *They failed to notice anything unusual.* No notaron nada extraño. **4** *vi* (*fuerzas, motor, etc*) fallar **5** *vi* (*salud*) deteriorarse **6** *vi* (*cosecha*) arruinarse **7** *vi* (*negocio*) quebrar ◆ *n* aplazo LOC **without fail** sin falta

ailing /ˈfeɪlɪŋ/ ◆ *n* **1** debilidad **2** defecto ◆ *prep* a falta de: *failing this* si esto no es posible

ailure /ˈfeɪljə(r)/ *n* **1** fracaso **2** falla: *heart failure* paro cardíaco ◊ *engine failure* falla del motor **3** ~ **to do sth**: *His failure to answer puzzled her.* Le extrañó que no contestara.

aint /feɪnt/ ◆ *adj* (**-er**, **-est**) **1** (*sonido*) débil **2** (*rastro*) leve **3** (*parecido*) ligero **4** (*esperanza*) pequeño **5** ~ (**from/with sth**) mareado (de/por algo): *to feel faint* estar mareado ◆ *vi* desmayarse ◆ *n* [*sing*] desmayo **faintly** *adv* **1** débilmente **2** vagamente

air /feə(r)/ ◆ *n* feria: *a trade fair* una feria de muestras ◊ *a fun fair* un parque de diversiones ◆ *adj* (**-er**, **-est**) **1** ~ (**to/on sb**) justo, imparcial (con algn) **2** (*tiempo*) despejado **3** (*pelo*) rubio ☞ *Ver nota en* RUBIO **4** (*idea*) bastante bueno: *a fair size* bastante grande LOC **fair and square 1** merecidamente **2** claramente **fair game** objeto legítimo de persecución o burla **fair play** juego limpio **to have, etc (more than) your fair share of sth**: *We had more than our fair share of rain.* Nos llovió más de la cuenta.

air-haired /ˌfeə ˈheəd/ *adj* rubio

airly /ˈfeəli/ *adv* **1** justamente, equitativamente **2** [*antes de adj o adv*] bastante: *It's fairly easy.* Es bastante fácil. ◊ *It's fairly good.* No está mal. ◊ *fairly quickly* bastante rápido

Los adverbios **fairly**, **quite**, **rather** y **pretty** modifican la intensidad de los adjetivos o adverbios a los que acompañan, y pueden significar "bastante", "hasta cierto punto" o "no muy". **Fairly** es el de grado más bajo.

airy /ˈfeəri/ *n* (*pl* **-ies**) hada: *fairy tale* cuento de hadas ◊ *fairy godmother* hada madrina

faith /feɪθ/ *n* ~ (**in sth/sb**) fe (en algo/algn) LOC **in bad/good faith** de mala/buena fe **to put your faith in sth/sb** confiar en algo/algn *Ver tb* BREACH

faithful /ˈfeɪθfl/ *adj* fiel, leal **faithfully** *adv* fielmente LOC *Ver* YOURS

fake /feɪk/ ◆ *n* imitación ◆ *adj* falso ◆ **1** *vt* (*firma, documento*) falsificar **2** *vt, vi* fingir

falcon /ˈfɔːlkən; *USA* ˈfælkən/ *n* halcón

fall /fɔːl/ ◆ *n* **1** (*lit y fig*) caída **2** baja, descenso **3** *a fall of snow* una nevada **4** (*USA*) otoño **5** [*gen pl*] (*Geog*) catarata ◆ *vi* (*pret* **fell** /fel/ *pp* **fallen** /ˈfɔːlən/) **1** (*lit y fig*) caer(se) **2** (*precio, temperatura*) bajar

A veces el verbo **fall** tiene el sentido de "volverse", "quedarse", "ponerse", p.ej. *He fell asleep.* Se quedó dormido. ◊ *He fell ill.* Cayó enfermo.

LOC **to fall in love** (**with sb**) enamorarse (de algn) **to fall short of sth** no alcanzar algo **to fall victim to sth** sucumbir a algo, enfermarse de algo *Ver tb* FOOT

PHR V **to fall apart** deshacerse

to fall back retroceder **to fall back on sth/sb** recurrir a algo/algn

to fall behind (**sth/sb**) quedar(se) atrás, quedarse detrás de (algo/algn) **to fall behind with sth** retrasarse con algo/en hacer algo

to fall down 1 (*persona, objeto*) caerse **2** (*plan*) fracasar

to fall for sb (*coloq*) enamorarse de algn

to fall for sth (*coloq*) tragarse algo (*cuento, mentira*)

to fall in 1 (*techo*) desplomarse **2** (*Mil*) formar

to fall off descender, flojear

to fall on/upon sb recaer en algn

to fall out (**with sb**) pelearse (con algn)

to fall over caerse **to fall over sth/sb** tropezar con algo/algn

to fall through fracasar, irse a pique

fallen /ˈfɔːlən/ ◆ *adj* caído ◆ *pp de* FALL

false /fɔːls/ *adj* **1** falso **2** (*dentadura, etc*) postizo **3** (*reclamación*) fraudulento LOC **a false alarm** una falsa alarma **a false move** un paso en falso **a false start 1** (*Dep*) salida nula **2** intento fallido

falsify /ˈfɔːlsɪfaɪ/ *vt* (*pret, pp* **-fied**) falsificar

falter /ˈfɔːltə(r)/ *vi* **1** (*persona*) vacilar **2** (*voz*) quebrar

fame /feɪm/ *n* fama

familiar /fəˈmɪliə(r)/ *adj* **1** familiar (*conocido*) **2** ~ **with sth/sb** familiarizado con algo/algn **familiarity** /fəˌmɪliˈærəti/ *n* **1** ~ **with sth** conocimientos de algo **2** confianza

family /ˈfæməli/ *n* [*v sing o pl*] (*pl* **-ies**) familia: *family name* apellido ◊ *family man* hombre de familia ◊ *family tree* árbol genealógico ☛ *Ver nota en* FAMILIA LOC *Ver* RUN

famine /ˈfæmɪn/ *n* hambre ☛ *Ver nota en* HAMBRE

famous /ˈfeɪməs/ *adj* famoso

fan /fæn/ ◆ *n* **1** abanico **2** ventilador **3** fan, hincha ◆ *vt* (**-nn-**) **1 to fan (yourself)** abanicar(se) **2** (*disputa, fuego*) atizar PHR V **to fan out** desplegarse en abanico

fanatic /fəˈnætɪk/ *n* fanático, -a **fanatic(al)** *adj* fanático

fanciful /ˈfænsɪfl/ *adj* **1** (*idea*) extravagante **2** (*persona*) fantasioso

fancy /ˈfænsi/ (*pl* **-ies**) ◆ *n* **1** capricho **2** fantasía ◆ *adj* fuera de lo corriente: *nothing fancy* nada extravagante ◆ *vt* (*pret, pp* **fancied**) **1** imaginarse **2** (*coloq*) desear **3** (*GB, coloq*) gustar: *I don't fancy him.* No me gusta. LOC **fancy (that)!** ¡quién lo diría! **to catch/take sb's fancy** cautivar a algn: *whatever takes your fancy* lo que más te guste **to fancy yourself as sth** (*coloq*) creerse (ser) algo **to take a fancy to sth/sb** encapricharse con algo/algn

fancy dress *n* [*incontable*] disfraz

fantastic /fænˈtæstɪk/ *adj* fantástico

fantasy /ˈfæntəsi/ *n* (*pl* **-ies**) fantasía

far /fɑː(r)/ ◆ *adj* (*comp* **farther** /ˈfɑːðə(r)/ *o* **further** /ˈfɜːðə(r)/ *superl* **farthest** /ˈfɑːðɪst/ *o* **furthest** /ˈfɜːðɪst/) **1** extremo: *the far end* el otro extremo **2** opuesto: *on the far bank* en la margen opuesta **3** (*antic*) lejano ◆ *adv* (*comp* **farther** /ˈfɑːðə(r)/ *o* **further** /ˈfɜːðə(r)/ *superl* **furthest** /ˈfɜːðɪst/) *Ver tb* FURTHER, FURTHEST **1** lejos: *Is it far?* ¿Queda lejos? ◊ *How far is it?* ¿A qué distancia está? ☛ En este sentido se usa en frases negativas o interrogativas. En frases afirmativas es mucho más frecuente decir **a long way**. **2** [*con preposiciones*] muy: *far above/far beyond sth* muy por encima/mucho más allá de algo **3** [*con comparativos*] mucho: *It's far easier for him.* I mucho más fácil para él. LOC **as far** a hasta **as/so far as** por lo que: *as far as know* que yo sepa **as/so far as sth/sb concerned** por lo que se refiere a alg algn **by far** por mucho, de lejos **far and wide** por todas partes **far away** mu lejos **far from it** (*coloq*) ni mucho men **to be far from (doing) sth** distar much de (hacer) algo **to go too far** pasarse **so far as** en la medida en que **so far** hasta ahora **2** hasta cierto punto *Ver* AFIELD, FEW

faraway /ˈfɑːrəweɪ/ *adj* **1** remoto (*expresión*) distraído

fare /feə(r)/ ◆ *n* tarifa, precio d pasaje ◆ *vi* (*formal*): *to fare well/bad* irle bien/mal a uno

farewell /ˌfeəˈwel/ ◆ *interj* (*anti formal*) adiós ◆ *n* despedida: *farewe party* fiesta de despedida LOC **to bi say farewell to sth/sb** despedirse c algo/algn

farm /fɑːm/ ◆ *n* chacra, estancia ◆ **1** *v vi* cultivar **2** *vt* criar

farmer /ˈfɑːmə(r)/ *n* estanciero, - agricultor, -ora

farmhouse /ˈfɑːmhaʊs/ *n* casco de estancia (*casa*)

farming /ˈfɑːmɪŋ/ *n* agricultura, gana dería

farmyard /ˈfɑːmjɑːd/ *n* corral

fart /fɑːt/ ◆ *n* (*coloq*) pedo ◆ *vi* (*coloq* tirarse un pedo

farther /ˈfɑːðə(r)/ *adv* (*comp de fa* más lejos: *I can swim farther than yo* Puedo nadar más lejos que vos. ☛ *Ve nota en* FURTHER

farthest /ˈfɑːðɪst/ *adj, adv* (*superl d* **far**) *Ver* FURTHEST

fascinate /ˈfæsɪneɪt/ *vt* fascinar **fascinating** *adj* fascinante

fascism /ˈfæʃɪzəm/ *n* fascismo **fascis** *adj, n* fascista

fashion /ˈfæʃn/ ◆ *n* **1** moda **2** [*sing* manera LOC **to be/go out of fashio** estar pasado/pasar de moda **to be in come into fashion** estar/ponerse d moda *Ver tb* HEIGHT ◆ *vt* moldear, hace

fashionable /ˈfæʃnəbl/ *adj* de moda

fast[1] /fɑːst; *USA* fæst/ ◆ *adj* (**-er**, **-est**) rápido

Tanto **fast** como **quick** significan rápido, pero **fast** suele usarse para describir a una persona o cosa que se mueve a mucha velocidad: *a fast horse/car/runner* un caballo/coche/corredor rápido, mientras que **quick** se refiere a algo que se realiza en un breve espacio de tiempo: *a quick decision/visit* una decisión/visita rápida.

2 (*reloj*) adelantado LOC *Ver* BUCK[3] ◆ *adv* (**-er**, **-est**) rápido, rápidamente

fast[2] /fɑːst; *USA* fæst/ ◆ *adj* **1** fijo **2** (*color*) que no destiñe ◆ *adv*: *fast asleep* profundamente dormido LOC *Ver* HOLD, STAND

fast[3] /fɑːst; *USA* fæst/ ◆ *vi* ayunar ◆ *n* ayuno

fasten /ˈfɑːsn; *USA* ˈfæsn/ **1** *vt* ~ **sth** (**down**) asegurar algo **2** *vt* ~ **sth** (**up**) abrochar algo **3** *vt* sujetar, fijar: *to fasten sth* (*together*) unir algo **4** *vi* cerrarse, abrocharse

fastidious /fəˈstɪdiəs, fæ-/ *adj* puntilloso, exigente

fat /fæt/ ◆ *adj* (**fatter**, **fattest**) gordo: *You're getting fat.* Estás engordando. ☛ Otras palabras menos directas que **fat** son **chubby**, **stout**, **plump** y **overweight**. ◆ *n* grasa

fatal /ˈfeɪtl/ *adj* **1** ~ (**to sth/sb**) mortal (para algo/algn) **2** (*formal*) fatídico **fatality** /fəˈtæləti/ *n* (*pl* **-ies**) muerto

fate /feɪt/ *n* destino, suerte **fated** *adj* predestinado **fateful** *adj* fatídico

father /ˈfɑːðə(r)/ ◆ *n* padre: *Father Christmas* Papá Noel ☛ *Ver nota en* NAVIDAD ◆ *vt* engendrar LOC **like father, like son** de tal palo, tal astilla

father-in-law /ˈfɑːðər ɪn lɔː/ *n* (*pl* **-ers-in-law**) suegro

fatigue /fəˈtiːg/ ◆ *n* fatiga, cansancio ◆ *vt* cansar

fatten /ˈfætn/ *vt* **1** (*un animal*) cebar **2** (*alimento*) engordar: *Butter is very fattening.* La manteca engorda mucho. *Ver tb* TO LOSE/PUT ON WEIGHT *en* WEIGHT

fatty /ˈfæti/ *adj* **1** (**-ier**, **-iest**) (*Med*) adiposo **2** (*alimento*) graso

fault /fɔːlt/ ◆ *vt* criticar: *He can't be faulted.* Es irreprochable. ◆ *n* **1** defecto, falla ☛ *Ver nota en* MISTAKE **2** culpa: *Whose fault is it?* ¿Quién tiene la culpa? **3** (*Dep*) falta **4** (*Geol*) falla LOC **to be at fault** tener la culpa *Ver tb* FIND

faultless /ˈfɔːltləs/ *adj* sin tacha, impecable

faulty /ˈfɔːlti/ *adj* (**-ier**, **-iest**) defectuoso

fauna /ˈfɔːnə/ *n* fauna

favour (*USA* **favor**) /ˈfeɪvə(r)/ ◆ *n* favor: *to ask a favour of sb* pedir un favor a algn LOC **in favour of** (**doing**) **sth** a favor de (hacer) algo *Ver tb* CURRY ◆ *vt* **1** favorecer **2** preferir, ser partidario de (*idea*)

favourable (*USA* **favor-**) /ˈfeɪvərəbl/ *adj* **1** ~ (**for sth**) favorable (para algo) **2** ~ (**to/toward sth/sb**) a favor (de algo/algn)

favourite (*USA* **favor-**) /ˈfeɪvərɪt/ ◆ *n* favorito, -a ◆ *adj* preferido

fawn /fɔːn/ ◆ *n* cervatillo ☛ *Ver nota en* CIERVO ◆ *adj*, *n* beige

fax /fæks/ ◆ *n* fax ◆ *vt* **1 to fax sb** mandar un fax a algn **2 to fax sth** (**to sb**) mandar algo por fax (a algn)

fear /fɪə(r)/ ◆ *vt* temer a: *I fear so.* Me temo que sí. ◆ *n* miedo, temor: *to shake with fear* temblar de miedo LOC **for fear of** (**doing**) **sth** por temor a (hacer) algo **for fear** (**that/lest**)... por temor a... **in fear of sth/sb** con miedo de algo/algn

fearful /ˈfɪəfl/ *adj* horrendo, terrible

fearless /ˈfɪələs/ *adj* intrépido

fearsome /ˈfɪəsəm/ *adj* temible

feasible /ˈfiːzəbl/ *adj* factible **feasibility** /ˌfiːzəˈbɪləti/ *n* viabilidad

feast /fiːst/ ◆ *n* **1** festín **2** (*Relig*) fiesta ◆ *vi* banquetear

feat /fiːt/ *n* proeza, hazaña

feather /ˈfeðə(r)/ *n* pluma

feature /ˈfiːtʃə(r)/ ◆ *n* **1** característica **2 features** [*pl*] facciones ◆ *vt*: *featuring Jack Lemmon* protagonizada por Jack Lemmon **featureless** *adj* sin rasgos característicos

February /ˈfebruəri; *USA* -ueri/ *n* (*abrev* **Feb**) febrero ☛ *Ver nota y ejemplos en* JANUARY

fed *pret, pp de* FEED

federal /ˈfedərəl/ *adj* federal

federation /ˌfedəˈreɪʃn/ *n* federación

fed up *adj* ~ (**about/with sth/sb**) (*coloq*) harto (de algo/algn)

fee /fiː/ *n* **1** [*gen pl*] honorarios **2** cuota (*de club*) **3** *school fees* cuota del colegio

feeble /ˈfiːbl/ *adj* (**-er**, **-est**) **1** débil **2** (*pey*) (*excusa*) pobre

feed /fi:d/ ◆ (*pret, pp* **fed** /fed/) **1** *vi* ~ (**on sth**) alimentarse, nutrirse (de algo) **2** *vt* dar de comer a, alimentar **3** *vt* (*datos, etc*) suministrar ◆ *n* **1** comida **2** forraje

feedback /ˈfi:dbæk/ *n* reacción

feel /fi:l/ ◆ (*pret, pp* **felt** /felt/) **1** *vt* sentir, tocar: *He feels the cold a lot.* Es muy sensible al frío. ◊ *She felt the water.* Comprobó la temperatura del agua. **2** *vi* sentirse: *I felt like a fool.* Me sentí como un idiota. ◊ *to feel sick/sad* sentirse enfermo/triste ◊ *to feel cold/hungry* tener frío/hambre **3** *vt, vi* (*pensar*) opinar: *How do you feel about him?* ¿Qué opinás de él? **4** *vi* (*cosa*) parecer: *It feels like leather.* Parece de cuero. LOC **to feel as if/as though...**: *I feel as if I'm going to be sick.* Me parece que voy a vomitar. **to feel good** sentirse bien **to feel like (doing) sth**: *I felt like hitting him.* Me dieron ganas de pegarle. **to feel sorry for sb** compadecer a algn: *I felt sorry for the children.* Los chicos me dieron lástima. **to feel sorry for yourself** sentir lástima de uno mismo **to feel yourself** sentirse bien **to feel your way** ir a tientas *Ver tb* COLOUR, DOWN, DRAIN, EASE PHR V **to feel about (for sth)** buscar algo a tientas **to feel for sb** sentir pena por algn **to feel up to (doing) sth** sentirse capaz de (hacer) algo ◆ *n*: *Let me have a feel.* Dejame tocarlo. LOC **to get the feel of sth/of doing sth** (*coloq*) familiarizarse con algo

feeling /ˈfi:lɪŋ/ *n* **1** ~ (**of...**) sensación (de...): *I've got a feeling that...* Tengo la sensación de que... **2** [*sing*] (*opinión*) sentir **3** [*gen pl*] sentimiento **4** sensibilidad: *to lose all feeling* perder toda la sensibilidad LOC **bad/ill feeling** resentimiento *Ver tb* MIXED *en* MIX

feet *plural de* FOOT

fell /fel/ **1** *pret de* FALL **2** *vt* (*árbol*) talar **3** *vt* derribar

fellow /ˈfeləʊ/ *n* **1** compañero, -a: *fellow countryman* compatriota ◊ *fellow passenger* compañero de viaje ◊ *fellow Argentines* compatriotas argentinos **2** (*coloq*) tipo: *He's a nice fellow.* Es un buen tipo.

fellowship /ˈfeləʊʃɪp/ *n* **1** compañerismo **2** beca

felt[1] *pret, pp de* FEEL

felt[2] /felt/ *n* pañolenci

female /ˈfi:meɪl/ ◆ *adj* **1** femenino ☛ Se aplica a las características físicas de las mujeres: *the female figure* la figura femenina. *Comparar con* FEMININE **2** hembra

> **Female** y **male** especifican el sexo de personas o animales: *a female friend, a male colleague; a female rabbit, a male eagle, etc.*

3 de la mujer: *female equality* la igualdad de la mujer ◆ *n* hembra

feminine /ˈfemənɪn/ *adj, n* femenino (*propio de la mujer*)

> **Feminine** se aplica a las cualidades que consideramos típicas de una mujer. Compárese con EFFEMINATE.

feminism /ˈfemənɪzəm/ *n* feminismo **feminist** *n* feminista

fence[1] /fens/ ◆ *n* **1** cerco **2** alambrado ◆ *vt* cercar

fence[2] /fens/ *vi* practicar esgrima **fencing** *n* esgrima

fend /fend/ PHR V **to fend for yourself** arreglárselas solo **to fend sth/sb off** rechazar algo/a algn

ferment /fəˈment/ ◆ *vt, vi* fermentar ◆ /ˈfɜ:ment/ *n* agitación (*fig*)

fern /fɜ:n/ *n* helecho

ferocious /fəˈrəʊʃəs/ *adj* feroz

ferocity /fəˈrɒsəti/ *n* ferocidad

ferry /ˈferi/ ◆ *n* (*pl* **-ies**) **1** ferry: *car ferry* transbordador de coches **2** balsa (*para cruzar ríos*) ◆ *vt* (*pret, pp* **ferried**) transportar

fertile /ˈfɜ:taɪl; *USA* ˈfɜ:rtl/ *adj* **1** fértil, fecundo **2** (*fig*) abonado

fertility /fəˈtɪləti/ *n* fertilidad

fertilization, -isation /ˌfɜ:təlaɪˈzeɪʃn/ *n* fertilización

fertilize, -ise /ˈfɜ:təlaɪz/ *vt* **1** fertilizar **2** abonar **fertilizer, -iser** *n* **1** fertilizante **2** abono

fervent /ˈfɜ:vənt/ (*tb* **fervid**) *adj* ferviente

fester /ˈfestə(r)/ *vi* infectarse

festival /ˈfestɪvl/ *n* **1** (*de arte, cine*) festival **2** (*Relig*) fiesta

fetch /fetʃ/ *vt* **1** traer **2** buscar, ir a recoger ☛ *Ver dibujo en* TAKE **3** alcanzar (*precio*)

fête /feɪt/ *n* fiesta: *the village fête* la fiesta del pueblo *Ver tb* BAZAAR

feud /fjuːd/ ◆ *n* enemistad (*de mucho tiempo*) ◆ *vi* ~ (**with sth/sb**) contender (con algo/algn)

feudal /ˈfjuːdl/ *adj* feudal **feudalism** *n* feudalismo

fever /ˈfiːvə(r)/ *n* (*lit y fig*) fiebre **feverish** *adj* febril

few /fjuː/ *adj, pron* **1** (**fewer**, **fewest**) pocos: *every few minutes* cada pocos minutos ◊ *fewer than six* menos de seis ☛ *Ver nota en* LESS **2 a few** unos cuantos, algunos

> ¿**Few** o **a few**? *Few* tiene un sentido negativo y equivale a "poco". *A few* tiene un sentido mucho más positivo, equivale a "unos cuantos", "algunos". Compará las siguientes oraciones: *Few people turned up.* Vino poca gente. ◊ *I've got a few friends coming for dinner.* Vienen unos cuantos amigos a cenar.

LOC **a good few**; **quite a few**; **not a few** un buen número (de), bastantes **few and far between** escasos, contadísimos

fiancé (*fem* **fiancée**) /fiˈɒnseɪ; *USA* ˌfiːɑːnˈseɪ/ *n* novio, -a

fib /fɪb/ ◆ *n* (*coloq*) cuento (*mentira*) ◆ *vi* (*coloq*) (**-bb-**) contar cuentos

fibre (*USA* **fiber**) /ˈfaɪbə(r)/ *n* (*lit y fig*) fibra **fibrous** *adj* fibroso

fickle /ˈfɪkl/ *adj* inconstante

fiction /ˈfɪkʃn/ *n* ficción

fiddle /ˈfɪdl/ ◆ *n* (*coloq*) **1** violín **2** estafa ◆ **1** *vt* (*coloq*) (*gastos, etc*) falsear **2** *vi* tocar el violín **3** *vi* ~ (**about/around**) **with sth** juguetear con algo LOC *Ver* FIT[1] PHR V **to fiddle around** perder el tiempo **fiddler** *n* violinista

fiddly /ˈfɪdli/ *adj* (*coloq*) complicado

fidelity /fɪˈdeləti; *USA* faɪ-/ *n* ~ (**to sth/sb**) fidelidad (a algo/algn) ☛ La palabra más corriente es **faithfulness**.

field /fiːld/ *n* (*lit y fig*) campo

fiend /fiːnd/ *n* **1** desalmado, -a **2** (*coloq*) fanático, -a **fiendish** *adj* (*coloq*) endiablado

fierce /fɪəs/ *adj* (**-er**, **-est**) **1** (*animal*) feroz **2** (*oposición*) fuerte

fifteen /ˌfɪfˈtiːn/ *adj, pron, n* quince ☛ *Ver ejemplos en* FIVE **fifteenth** **1** *adj* decimoquinto **2** *pron, adv* el decimoquinto, la decimoquinta, los decimoquintos, las decimoquintas **3** *n* quinceava parte, quinceavo ☛ *Ver ejemplos en* FIFTH

fifth (*abrev* **5th**) /fɪfθ/ ◆ *adj* quinto: *We live on the fifth floor.* Vivimos en el quinto piso. ◊ *It's his fifth birthday today.* Hoy cumple cinco años. ◆ *pron, adv* el quinto, la quinta, los quintos, las quintas: *She came fifth in the world championships.* Salió quinta en los campeonatos del mundo. ◊ *the fifth to arrive* el quinto en llegar ◊ *I was fifth on the list.* Yo era el quinto de la lista. ◊ *I've had four cups of coffee already, so this is my fifth.* Ya me tomé cuatro tazas de café, así que ésta es la quinta. ◆ *n* **1** quinto, quinta parte: *three fifths* tres quintos **2 the fifth** el (día) cinco: *They'll be arriving on the fifth of March.* Van a llegar el (día) cinco de marzo. **3** (*tb* **fifth gear**) quinta: *to change into fifth* poner en quinta

> La abreviatura de los números ordinales se hace poniendo el número en cifra seguido por las dos últimas letras de la palabra: *1st, 2nd, 3rd, 20th, etc.*

☛ *Ver Apéndice 1.*

fifty /ˈfɪfti/ *adj, pron, n* cincuenta: *the fifties* los años cincuenta ◊ *to be in your fifties* tener cincuenta y pico de años ☛ *Ver ejemplos en* FIVE LOC **to go fifty-fifty** pagar a medias **fiftieth** **1** *adj, pron* quincuagésimo **2** *n* cincuentava parte, cincuentavo ☛ *Ver ejemplos en* FIFTH y Apéndice 1.

fig /fɪg/ *n* **1** higo **2** (*tb* **fig tree**) higuera

fight /faɪt/ ◆ *n* **1** ~ (**for/against sth/sb**) lucha, pelea (por/contra algo/algn): *A fight broke out in the pub.* Se armó una pelea en el bar. **2** combate

> Cuando se trata de un conflicto continuado (normalmente en situaciones de guerra), se suele usar **fighting**: *There has been heavy/fierce fighting in the capital.* Hubo combates intensos/encarnizados en la capital.

3 ~ (**to do sth**) lucha (por hacer algo) LOC **to give up without a fight** rendirse sin luchar **to put up a good/poor fight** oponer/no oponer (mucha) resistencia *Ver tb* PICK ◆ (*pret, pp* **fought** /fɔːt/) **1** *vi, vt* ~ (**against/with sth/sb**) (**about/over sth**) luchar (contra algo/algn) (por algo): *They fought (against/with) the Germans.* Lucharon contra los alemanes. **2** *vi, vt* ~ (**sb/with sb**) (**about/over sth**) pelearse (con algn) (por algo): *They* *fought (with) each other about/over the money.* Se pelearon por la plata. **3** *vt* (*corrupción, droga*) combatir LOC **to fight a battle (against sth)** librar una batalla (contra algo) **to fight it out**: *They must fight it out between them.* Deben arreglarlo entre ellos. **to fight tooth and nail** luchar a brazo partido **to fight your way across, into, through, etc sth** abrirse camino hacia, en, por, etc algo PHR V **to fight back** contraatacar **to fight for sth** luchar por algo **to fight sth/sb off** repeler algo/a algn

fighter /ˈfaɪtə(r)/ *n* **1** luchador, -ora, combatiente **2** caza (*avión*)

figure /ˈfɪgə(r); *USA* ˈfɪgjər/ ◆ *n* **1** cifra, número **2** [*gen sing*] cantidad, suma **3** figura: *a key figure* un personaje clave **4** silueta: *to have a good figure* tener una buena silueta LOC **to put a figure on sth** dar una cifra sobre algo, poner precio a algo *Ver tb* FACT ◆ **1** *vi* ~ **(in sth)** figurar (en algo) **2** (*coloq*) *vi*: *It/That figures.* Se entiende. **3** *vt* (*esp USA*) figurarse: *It's what I figured.* Es lo que me figuraba. PHR V **to figure sth out** entender algo

file /faɪl/ ◆ *n* **1** carpeta **2** expediente: *to be on file* estar archivado **3** (*Informát*) fichero **4** (*herramienta*) lima **5** fila: *in single file* en fila india LOC *Ver* RANK ◆ **1** *vt* ~ **sth (away)** archivar algo **2** *vt* (*demanda*) presentar **3** *vt* limar **4** *vi* ~ **(past sth)** desfilar (ante algo) **5** *vi* ~ **in/out, etc** entrar/salir, etc en fila

fill /fɪl/ **1** *vi* ~ **(with sth)** llenarse (de algo) **2** *vt* ~ **sth (with sth)** llenar algo (de algo) **3** *vt* (*grieta*) rellenar **4** *vt* (*diente*) emplomar **5** *vt* (*cargo*) ocupar LOC *Ver* BILL[1] PHR V **to fill in (for sb)** sustituir (a algn) **to fill sth in/out** llenar algo (*formulario, etc*) **to fill sb in (on sth)** poner a algn al tanto (de algo)

fillet /ˈfɪlɪt/ *n* filet

filling /ˈfɪlɪŋ/ *n* **1** emplomadura **2** relleno

film /fɪlm/ ◆ *n* **1** película (*capa fina*) **2** película: *film-maker* cineasta ◊ *film-making* cinematografía ◊ *film star* estrella de cine ◆ *vt* filmar **filming** *n* rodaje

filter /ˈfɪltə(r)/ ◆ *n* filtro ◆ *vt, vi* filtrar(se)

filth /fɪlθ/ *n* **1** mugre **2** groserías **3** inmundicias (*revistas, etc*)

filthy /ˈfɪlθi/ *adj* (**-ier**, **-iest**) **1** (*costumbre, etc*) asqueroso **2** (*manos, mente*) sucio **3** obsceno **4** (*coloq*) desagradable: *a filthy temper* un carácter insoportable

fin /fɪn/ *n* aleta

final /ˈfaɪnl/ ◆ *n* **1** *the men's final(s)* la final masculina **2 finals** [*pl*] (exámenes) finales ◆ *adj* último, final LOC *Ver* ANALYSIS, STRAW

finally /ˈfaɪnəli/ *adv* **1** por último **2** finalmente **3** por fin, al final

finance /ˈfaɪnæns, fəˈnæns/ ◆ *n* finanzas: *finance company* (compañía) financiera ◊ *the finance minister* el secretario de Hacienda ◆ *vt* financiar **financial** /faɪˈnænʃl, fəˈnæ-/ *adj* financiero, económico: *financial year* año fiscal

find /faɪnd/ *vt* (*pret, pp* **found** /faʊnd/) **1** encontrar, hallar **2** buscar: *They came here to find work.* Vinieron para buscar trabajo. **3** *to find sb guilty* declarar a algn culpable LOC **to find fault (with sth/sb)** encontrar faltas (a algo/algn) **to find your feet** acostumbrarse **to find your way** encontrar el camino *Ver tb* MATCH[2], NOWHERE PHR V **to find (sth) out** enterarse (de algo) **to find sb out** descubrirle el juego a algn **finding** *n* **1** descubrimiento **2** fallo

fine /faɪn/ ◆ *adj* (**finer**, **finest**) **1** excelente: *I'm fine.* Estoy bien. ◊ *You're a fine one to talk!* ¡Mirá quién habla! **2** (*seda, polvo, etc*) fino **3** (*rasgos*) delicado **4** (*tiempo*) bueno: *a fine day* un día precioso **5** (*distinción*) sutil LOC *Ver* CUT ◆ *adv* (*coloq*) bien: *That suits me fine.* Eso me viene muy bien. LOC **one fine day** un buen día ◆ *n* multa ◆ *vt* ~ **sb (for doing sth)** multar a algn (por hacer algo)

fine art (*tb* **the fine arts**) *n* bellas artes

finger /ˈfɪŋgə(r)/ *n* dedo (*de la mano*): *little finger* dedo meñique ◊ *forefinger/first finger* dedo índice ◊ *middle finger* dedo mayor ◊ *ring finger* dedo anular *Ver tb* THUMB ☛ *Comparar con* TOE LOC **to be all fingers and thumbs** ser un chambón **to put your finger on sth** señalar/identificar algo (con precisión) *Ver tb* CROSS, WORK[2]

fingernail /ˈfɪŋgəneɪl/ *n* uña (*de la mano*)

fingerprint /ˈfɪŋgəprɪnt/ *n* huella dactilar

fingertip /ˈfɪŋgətɪp/ *n* yema del dedo

LOC **to have sth at your fingertips** dominar algo (*tema, materia, etc*)

finish /ˈfɪnɪʃ/ ◆ **1** *vt, vi* ~ (**sth/doing sth**) terminar (algo/de hacer algo) **2** *vt* ~ **sth** (**off/up**) (*comida*) acabar (algo) PHR V **to finish up**: *He could finish up dead.* Podría acabar muerto. ◆ *n* **1** acabado **2** llegada

finishing line *n* línea de llegada

fir /fɜː(r)/ (*tb* **fir tree**) *n* abeto

fire /ˈfaɪə(r)/ ◆ **1** *vt, vi* disparar: *to fire at sth/sb* hacer fuego sobre algo/algn **2** *vt* (*insultos*) largar **3** *vt* (*coloq*) ~ **sb** despedir a algn **4** *vt* (*imaginación*) estimular ◆ *n* **1** fuego **2** estufa **3** incendio **4** disparos LOC **on fire** en llamas: *to be on fire* estar ardiendo **to be/come under fire 1** encontrarse bajo fuego enemigo **2** (*fig*) ser objeto de severas críticas *Ver tb* CATCH, FRYING-PAN, SET[2]

firearm /ˈfaɪərɑːm/ *n* [*gen pl*] arma de fuego

fire engine *n* coche de bomberos

fire escape *n* escalera de incendios

fire extinguisher (*tb* **extinguisher**) *n* extinguidor

firefighter /ˈfaɪəˌfaɪtə(r)/ *n* bombero

fireman /ˈfaɪəmən/ *n* (*pl* **-men** /-mən/) bombero

fireplace /ˈfaɪəpleɪs/ *n* hogar (*chimenea*)

fire station *n* cuartel de bomberos

firewood /ˈfaɪəwʊd/ *n* leña

firework /ˈfaɪəwɜːk/ *n* **1** cohete **2 fireworks** [*pl*] fuegos artificiales

firing /ˈfaɪərɪŋ/ *n* tiroteo: *firing line* línea de fuego ◊ *firing squad* pelotón de fusilamiento

firm /fɜːm/ ◆ *n* [*v sing o pl*] firma, empresa ◆ *adj* (**-er**, **-est**) firme LOC **a firm hand** mano dura **to be on firm ground** pisar tierra firme *Ver tb* BELIEVER *en* BELIEVE ◆ *adv* LOC *Ver* HOLD

first (*abrev* **1st**) /fɜːst/ ◆ *adj* primero: *a first night* un estreno ◊ *first name* nombre de pila ◆ *adv* **1** primero: *to come first in the race* ganar la carrera **2** por primera vez: *I first came to Oxford in 1989.* Vine a Oxford por primera vez en 1989. **3** en primer lugar **4** antes: *Finish your dinner first.* Antes terminá de cenar. ◆ *pron* el primero, la primera, los primeros, las primeras ◆ *n* **1 the first** el primero (de mes) **2** (*tb* **first gear**) primera ☛ *Ver ejemplos en* FIFTH LOC **at first** al principio **at first hand** de primera mano **first come, first served** por orden de llegada **first of all 1** al principio **2** en primer lugar **first thing** a primera hora **first things first** lo primero es lo primero **from first to last** de principio a fin **from the (very) first** desde el primer momento **to put sth/sb first** poner algo/a algn por encima de todo *Ver tb* HEAD[1]

first aid *n* primeros auxilios: *first aid kit* botiquín

first class ◆ *n* primera (clase): *first class ticket* pasaje de primera ◊ *first class stamp* estampilla de franqueo expreso ◆ *adv* en primera: *to travel first class* viajar en primera ◊ *to send sth first class* mandar algo expreso

first-hand /ˌfɜːst ˈhænd/ *adj, adv* de primera mano

firstly /ˈfɜːstli/ *adv* en primer lugar

first-rate /ˌfɜːst ˈreɪt/ *adj* excelente, de primera categoría

fish /fɪʃ/ *n* **1** [*contable*] pez **2** [*incontable*] pescado: *fish and chips* pescado con papas fritas

> **Fish** como sustantivo contable tiene dos formas para el plural: **fish** y **fishes**. **Fish** es la forma más normal. **Fishes** es una forma antigua, técnica o literaria.

LOC **an odd/a queer fish** (*coloq*) un tipo raro **like a fish out of water** como sapo de otro pozo *Ver tb* BIG

fisherman /ˈfɪʃəmən/ *n* (*pl* **-men** /-mən/) pescador

fishing /ˈfɪʃɪŋ/ *n* pesca

fishmonger /ˈfɪʃmʌŋgə(r)/ *n* (*GB*) pescadero, -a: *fishmonger's* pescadería

fishy /ˈfɪʃi/ *adj* (**-ier**, **-iest**) **1** a pescado (*oler, saber*) **2** (*coloq*) sospechoso, raro: *There's something fishy going on.* Acá hay gato encerrado.

fist /fɪst/ *n* puño **fistful** *n* puñado

fit[1] /fɪt/ *adj* (**fitter**, **fittest**) **1 fit** (**for sth/sb/to do sth**) apto, en condiciones, adecuado (para algo/algn/para hacer algo): *a meal fit for a king* una comida digna de un rey **2 fit to do sth** (*coloq*) listo (para hacer algo) **3** en forma LOC **(as) fit as a fiddle** rebosante de salud **to keep fit** mantenerse en forma

fit[2] /fɪt/ ◆ (**-tt-**) (*pret, pp* **fitted**, *USA* **fit**)

1 *vi* **to fit (in/into sth)** caber: *It doesn't fit in/into the box.* No cabe en la caja. **2** *vt* entrar en: *These shoes don't fit (me).* Estos zapatos no me caben. **3** *vt* **to fit sth with sth** equipar algo con algo **4** *vt* **to fit sth on(to) sth** poner algo a/en algo **5** *vt* encajar con: *to fit a description* encajar con una descripción LOC **to fit (sb) like a glove** venir (a algn) como anillo al dedo *Ver tb* BILL[1] PHR V **to fit in (with sth/sb)** encajar (con algo/algn) ◆ *n* LOC **to be a good, tight, etc fit** quedar a algn bien, ajustado, etc

fit[3] /fɪt/ *n* ataque (*de risa, tos, etc*) LOC **to have/throw a fit**: *She'll have/throw a fit!* ¡Le va a dar un ataque!

fitness /ˈfɪtnəs/ *n* (buen) estado físico

fitted /ˈfɪtɪd/ *adj* **1** (*alfombra*) de pared a pared **2** (*cuarto*) amueblado **3** (*armario*) empotrado: *a fitted cupboard* un placard

fitting /ˈfɪtɪŋ/ ◆ *adj* apropiado ◆ *n* **1** repuesto, pieza **2** (*vestido*) prueba: *fitting room* probador

five /faɪv/ *adj, pron, n* cinco: *page/chapter five* la página/el capítulo (número) cinco ◊ *five past nine* las nueve y cinco ◊ *on 5 May* el 5 de mayo ◊ *all five of them* los cinco ◊ *There were five of us.* Éramos cinco. ☛ *Ver Apéndice 1.* **fiver** *n* (*GB, coloq*) (billete de) cinco libras

fix /fɪks/ ◆ *n* (*coloq*) lío: *to be in/get yourself into a fix* estar/meterse en un lío ◆ *vt* **1 to fix sth (on sth)** fijar algo (en algo) **2** arreglar **3** establecer **4 to fix sth (for sb)** (*comida*) preparar algo (para algn) **5** (*coloq*) arreglar (*partido, resultado*) **6** (*coloq*) ajustar las cuentas PHR V **to fix on sth/sb** decidirse por algo/algn **to fix sb up (with sth)** (*coloq*) procurar algo a algn **to fix sth up 1** arreglar algo **2** reparar/retocar algo

fixed /fɪkst/ *adj* fijo LOC **(of) no fixed abode/address** sin paradero fijo

fixture /ˈfɪkstʃə(r)/ *n* **1** accesorio fijo de una casa **2** cita deportiva **3** (*coloq*) inamovible

fizz /fɪz/ *vi* **1** estar en efervescencia **2** silbar

fizzy /ˈfɪzi/ *adj* (**-ier**, **-iest**) con gas, gaseoso

flabby /ˈflæbi/ *adj* (*coloq, pey*) (**-ier**, **-iest**) fofo

flag /flæg/ ◆ *n* **1** bandera **2** banderín ◆ *vi* (**-gg-**) flaquear

flagrant /ˈfleɪgrənt/ *adj* flagrante

flair /fleə(r)/ *n* **1** [*sing*] ~ **for sth** aptitud para algo **2** elegancia

flake /fleɪk/ ◆ *n* copo, escama ◆ *vi* ~ **(off/away)** descascararse

flamboyant /flæmˈbɔɪənt/ *adj* **1** (*persona*) extravagante **2** (*vestido*) llamativo

flame /fleɪm/ *n* (*lit y fig*) llama

flammable /ˈflæməbl/ (*tb* **inflammable**) *adj* inflamable

flan /flæn/ *n* tarta ☛ *Ver nota en* PIE

> La palabra castellana **flan** se traduce **crème caramel** en inglés.

flank /flæŋk/ ◆ *n* **1** (*persona*) costado **2** (*animal*) ijada **3** (*Mil*) flanco ◆ *vt* flanquear

flannel /ˈflænl/ *n* **1** franela **2** toalla de cara

flap /flæp/ ◆ *n* **1** (*sobre*) solapa **2** (*cartera*) tapa **3** (*mesa*) hoja plegable **4** (*Aeronáut*) alerón ◆ (**-pp-**) **1** *vt, vi* agitar(se) **2** *vt* (*alas*) batir

flare /fleə(r)/ ◆ *n* **1** bengala **2** destello **3** acampanamiento ◆ *vi* **1** llamear **2** (*fig*) estallar: *Tempers flared.* Se encendieron los ánimos. PHR V **to flare up 1** (*fuego*) avivarse **2** (*conflicto*) estallar **3** (*problema*) reavivarse

flash /flæʃ/ ◆ *n* **1** destello: *a flash of lightning* un relámpago **2** (*fig*) golpe: *a flash of genius* un golpe de genio **3** (*Fot*) (*noticias*) flash LOC **a flash in the pan**: *It was no flash in the pan.* No ocurrió de carambola. **in a/like a flash** en un santiamén ◆ **1** *vi* centellear, brillar: *It flashed on and off.* Se encendía y apagaba. **2** *vt* dirigir (*luz*): *to flash your headlights* hacer señales con las luces **3** *vt* mostrar rápidamente (*imagen*) PHR V **to flash by, past, through, etc** pasar, cruzar, etc como un rayo

flashy /ˈflæʃi/ *adj* (**-ier**, **-iest**) ostentoso, llamativo

flask /flɑːsk; *USA* flæsk/ *n* **1** termo **2** (*licores*) petaca (*para mezclar o conservar líquidos*)

flat /flæt/ ◆ *n* **1** departamento **2 the ~ of sth** la parte plana de algo: *the flat of your hand* la palma de la mano **3** [*gen pl*] (*Geog*): *mud flats* pantanos **4** (*Mús*) bemol ☛ *Comparar con* SHARP **5** (*USA*, *coloq*) pinchazo ◆ *adj* (**flatter**, **flattest**) **1** plano, liso, llano **2** (*rueda*) desinflado **3** (*batería*) descargado **4** (*bebida*) sin gas **5** (*Mús*) desafinado **6** (*precio, etc*) único ◆ *adv* (**flatter**, **flattest**): *to lie down flat* acostarse completamente LOC **flat out** a tope (*trabajar, correr, etc*) **in 10 seconds, etc flat** en sólo 10 segundos, etc

flatly /ˈflætli/ *adv* rotundamente, de lleno (*decir, rechazar, negar*)

flatten /ˈflætn/ **1** *vt* ~ **sth** (**out**) aplanar algo, alisar algo **2** *vt* ~ **sth/sb** aplastar, arrasar algo/a algn **3** *vi* ~ (**out**) (*paisaje*) aplanarse

flatter /ˈflætə(r)/ **1** *vt* adular, halagar: *I was flattered by your invitation.* Me halagó tu invitación. **2** *vt* (*ropa, etc*) favorecer **3** *v refl* ~ **yourself** (**that**) hacerse ilusiones (de que) **flattering** *adj* favorecedor, halagador

flaunt /flɔːnt/ *vt* (*pey*) ~ **sth** alardear de algo

flavour (*USA* **flavor**) /ˈfleɪvə(r)/ ◆ *n* sabor, gusto ◆ *vt* dar sabor a, condimentar

flaw /flɔː/ *n* **1** (*objetos*) desperfecto **2** (*plan, carácter*) falla, defecto **flawed** *adj* defectuoso **flawless** *adj* impecable

flea /fliː/ *n* pulga: *flea market* mercado de pulgas

fleck /ˈflek/ *n* ~ (**of sth**) mota de algo (*polvo, color*)

flee /fliː/ (*pret, pp* **fled** /fled/) **1** *vi* huir, escapar **2** *vt* abandonar

fleet /fliːt/ *n* [*v sing o pl*] flota (*de coches, pesquera*)

flesh /fleʃ/ *n* **1** carne **2** (*de fruta*) pulpa LOC **flesh and blood** carne y hueso **in the flesh** en persona **your own flesh and blood** (pariente) de tu propia sangre

flew *pret de* FLY

flex /fleks/ ◆ *n* (*USA* **cord**) cable ◆ *vt* flexionar

flexible /ˈfleksəbl/ *adj* flexible

flick /flɪk/ ◆ *n* **1** chasquido **2** movimiento rápido: *a flick of the wrist* un giro de muñeca ◆ *vt* **1** pegar **2** ~ **sth** (**off, on, etc**) mover algo rápidamente PHR V **to flick through** (**sth**) hojear algo rápidamente

flicker /ˈflɪkə(r)/ ◆ *vi* parpadear: *a flickering light* una luz vacilante ◆ *n* **1** (*luz*) parpadeo **2** (*fig*) atisbo

flight /flaɪt/ *n* **1** vuelo **2** huida **3** (*aves*) bandada **4** (*escalera*) tramo LOC **to take (to) flight** darse a la fuga

flimsy /ˈflɪmzi/ *adj* (**-ier**, **-iest**) **1** (*tela*) fino **2** (*objetos, excusa*) endeble, débil

flinch /flɪntʃ/ *vi* **1** retroceder **2** ~ **from sth/from doing sth** echarse atrás ante algo/a la hora de hacer algo

fling /flɪŋ/ ◆ *vt* (*pret, pp* **flung** /flʌŋ/) **1** ~ **sth** (**at sth**) arrojar, lanzar algo (contra algo): *She flung her arms around him.* Le echó los brazos al cuello. **2** dar un empujón a: *He flung open the door.* Abrió la puerta de un golpe. LOC *Ver* CAUTION ◆ *n* **1** juerga **2** aventura amorosa

flint /flɪnt/ *n* **1** pedernal **2** piedra (*de encendedor*)

flip /flɪp/ (**-pp-**) **1** *vt* echar: *to flip a coin* tirar a cara o ceca **2** *vt, vi* ~ (**sth**) (**over**) dar a algo/darse la vuelta **3** *vi* (*coloq*) perder los estribos

flippant /ˈflɪpənt/ *adj* ligero, frívolo

flirt /flɜːt/ ◆ *vi* flirtear ◆ *n* seductor, -ora: *He's a terrible flirt.* Siempre está flirteando.

flit /flɪt/ *vi* (**-tt-**) revolotear

float /fləʊt/ ◆ **1** *vi* flotar **2** *vi* (*nadador*) hacer la plancha **3** *vt* (*barco*) poner a flote **4** *vt* (*proyecto, idea*) proponer ◆ *n* **1** corcho **2** boya **3** flotador **4** (*carnaval*) carroza

flock /flɒk/ ◆ *n* **1** rebaño (*de ovejas*) **2** bandada **3** tropel ◆ *vi* **1** agruparse **2** ~ **into/to sth** acudir en tropel a algo

flog /flɒg/ *vt* (**-gg-**) **1** azotar **2** ~ **sth** (**off**) (**to sb**) (*GB, coloq*) vender algo (a algn) LOC **to flog a dead horse** gastar pólvora en chimangos

flood /flʌd/ ◆ *n* **1** inundación **2 the Flood** (*Relig*) el Diluvio **3** (*fig*) torrente, avalancha ◆ *vt, vi* inundar(se) PHR V **to flood in** inundarse de gente

flooding /ˈflʌdɪŋ/ *n* [*incontable*] inundación, inundaciones

floodlight /ˈflʌdlaɪt/ ◆ *n* foco ◆ *vt* (*pret, pp* **floodlighted** *o* **floodlit** /-lɪt/) iluminar con focos

floor /flɔː(r)/ ◆ *n* **1** piso: *on the floor* en el piso **2** planta **3** (*mar, valle*) fondo ◆ *vt* **1** (*contrincante*) derribar **2** (*coloq, fig*) dejar fuera de combate

floorboard /ˈflɔːbɔːd/ *n* tabla (*del piso*)

flop /flɒp/ ◆ *n* (*coloq*) fracaso ◆ *vi* (**-pp-**)

1 desplomarse **2** (*coloq*) (*obra, negocio*) fracasar

floppy /flɒpi/ *adj* (**-ier**, **-iest**) **1** flojo, flexible **2** (*orejas*) colgante

floppy disk (*tb* **floppy**, **diskette**) *n* disquete ☛ *Ver dibujo en* COMPUTADORA

flora /ˈflɔːrə/ *n* [*sing*] flora

floral /ˈflɔːrəl/ *adj* de flores: *floral tribute* corona de flores

florist /ˈflɒrɪst; *USA* ˈflɔːr-/ *n* florista **florist's** *n* florería

flounder /ˈflaʊndə(r)/ *vi* **1** vacilar **2** balbucear **3** caminar con dificultad

flour /ˈflaʊə(r)/ *n* harina

flourish /ˈflʌrɪʃ/ ◆ **1** *vi* prosperar, florecer **2** *vt* (*arma*) blandir ◆ *n* **1** floreo **2** *a flourish of the pen* una rúbrica

flow /fləʊ/ ◆ *n* **1** flujo **2** caudal **3** circulación **4** suministro ◆ *vi* (*pret, pp* **-ed**) **1** (*lit y fig*) fluir: *to flow into the sea* desembocar en el mar **2** circular **3** flotar **4** (*marea*) subir LOC *Ver* EBB PHR V **to flow in/out**: *Is the tide flowing in or out?* ¿La marea está subiendo o bajando? **to flow in/into sth** llegar sin parar a algo

flower /ˈflaʊə(r)/ ◆ *n* flor ☛ *Comparar con* BLOSSOM ◆ *vi* florecer

flower bed *n* cantero

flowering /ˈflaʊərɪŋ/ ◆ *n* florecimiento ◆ *adj* que da flores (*planta*)

flowerpot /ˈflaʊəpɒt/ *n* maceta

flown *pp de* FLY

flu /fluː/ *n* [*incontable*] (*coloq*) gripe

fluctuate /ˈflʌktʃueɪt/ *vi* ~ (**between ...**) fluctuar, variar (entre ...)

fluent /ˈfluːənt/ *adj* **1** (*Ling*): *She's fluent in Russian.* Habla ruso con fluidez. ◊ *She speaks fluent French.* Domina el francés. **2** (*orador*) elocuente **3** (*estilo*) fluido

fluff /flʌf/ *n* **1** pelusa: *a piece of fluff* una pelusa **2** (*aves*) peluca **3** (*en el cuerpo humano*) vello **fluffy** *adj* (**-ier**, **-iest**) **1** lanudo, velludo, cubierto de pelusa **2** mullido, esponjoso

fluid /ˈfluːɪd/ ◆ *adj* **1** fluido, líquido **2** (*plan*) flexible **3** (*situación*) variable, inestable **4** (*estilo, movimiento*) fluido, suelto ◆ *n* **1** líquido **2** (*Quím, Biol*) fluido

fluke /fluːk/ *n* (*coloq*) carambola

flung *pret, pp de* FLING

flurry /ˈflʌri/ *n* (*pl* **-ies**) **1** ráfaga: *a flurry of snow* una nevisca **2** ~ (**of sth**) (*de actividad, emoción*) frenesí (de algo)

flush /flʌʃ/ ◆ *n* rubor: *hot flushes* calores ◆ **1** *vi* ruborizarse **2** *vt* (*inodoro*) tirar la cadena

fluster /ˈflʌstə(r)/ *vt* aturdir: *to get flustered* ponerse nervioso

flute /fluːt/ *n* flauta

flutter /ˈflʌtə(r)/ ◆ **1** *vi* (*pájaro*) revolotear, aletear **2** *vt, vi* (*alas*) agitar(se), batir(se) **3** *vi* (*cortina, bandera, etc*) ondear **4** *vt* (*objeto*) menear ◆ *n* **1** (*alas*) aleteo **2** (*pestañas*) pestañeo **3** *all of a/in a flutter* alterado/nervioso

fly /flaɪ/ ◆ *n* (*pl* **flies**) **1** mosca **2** (*tb* **flies** [*pl*]) bragueta ◆ (*pret* **flew** /fluː/ *pp* **flown** /fləʊn/) **1** *vi* volar: *to fly away/off* salir volando **2** *vi* (*persona*) ir/viajar en avión: *to fly in/out/back* llegar/partir/regresar (en avión) **3** *vt* (*avión*) pilotar **4** *vt* (*pasajeros o mercancías*) transportar (en avión) **5** *vi* ir rápido: *I must fly.* Me voy corriendo. **6** *vi* (*repentinamente*): *The wheel flew off.* La rueda salió disparada. ◊ *The door flew open.* La puerta se abrió de golpe. **7** *vi* (*flotar al aire*) ondear **8** *vt* (*bandera*) izar **9** *vt* (*barrilete*) remontar LOC **to fly high** ser exitoso *Ver tb* CROW, LET[1], TANGENT PHR V **to fly at sb** lanzarse sobre algn

flying /ˈflaɪɪŋ/ ◆ *n* pilotaje, aviación: *flying lessons* clases de vuelo ◆ *adj* volador

flying saucer *n* plato volador

flying start *n* LOC **to get off to a flying start** empezar con el pie derecho

flyover /ˈflaɪəʊvə(r)/ *n* viaducto

foam /fəʊm/ ◆ *n* **1** espuma **2** (*tb* **foam rubber**) gomaespuma ◆ *vi* echar espuma

focus /ˈfəʊkəs/ ◆ *n* (*pl* ~**es** *o* **foci** /ˈfəʊsaɪ/) foco LOC **to be in focus/out of focus** estar enfocado/fuera de foco ◆ (**-s-** *o* **-ss-**) **1** *vt, vi* enfocar **2** *vt* ~ **sth on sth** concentrar algo (esfuerzo, etc) en algo LOC **to focus your attention/mind on sth** centrarse en algo

fodder /ˈfɒdə(r)/ *n* forraje

foetus (*USA* **fetus**) /ˈfiːtəs/ *n* feto

fog /fɒg; *USA* fɔːg/ ◆ *n* niebla ☛ *Comparar con* HAZE, MIST ◆ *vi* (**-gg-**) (*tb* **to fog up**) empañarse

foggy /ˈfɒgi; *USA* ˈfɔːgi/ *adj* (**-ier**, **-iest**): *a foggy day* un día de niebla

foil /fɔɪl/ ◆ *n* lámina: *aluminium foil* papel de aluminio ◆ *vt* frustrar

fold /fəʊld/ ◆ **1** *vt, vi* doblar(se), plegar (se) **2** *vi* (*coloq*) (*empresa, negocio*) quebrar **3** *vi* (*coloq*) (*obra de teatro*) cerrar LOC **to fold your arms** cruzar los brazos PHR V **to fold (sth) back/down/ up** doblar algo/doblarse ◆ *n* **1** pliegue **2** redil

folder /ˈfəʊldə(r)/ *n* carpeta

folding /ˈfəʊldɪŋ/ *adj* plegable ☛ Se usa sólo antes de sustantivo : *a folding table/bed* una mesa/cama plegable

folk /fəʊk/ ◆ *n* **1** gente: *country folk* gente de pueblo **2 folks** [*pl*] (*coloq*) gente **3 folks** [*pl*] (*coloq*) parientes ◆ *adj* folklórico, popular

follow /ˈfɒləʊ/ *vt, vi* **1** seguir **2** (*explicación*) entender **3** ~ (**from sth**) resultar, ser la consecuencia (de algo) LOC **as follows** como sigue **to follow the crowd** dejarse llevar por la corriente PHR V **to follow on** seguir: *to follow on from sth* ser una consecuencia de algo **to follow sth through** seguir con algo hasta el final **to follow sth up** redondear algo, completar algo

follower /ˈfɒləʊə(r)/ *n* seguidor, -ora

following /ˈfɒləʊɪŋ/ ◆ *adj* siguiente ◆ *n* **1 the following** [*v sing o pl*] lo siguiente/lo que sigue **2** seguidores ◆ *prep* tras: *following the burglary* tras el robo

follow-up /ˈfɒləʊ ʌp/ *n* continuación

fond /fɒnd/ *adj* (**-er**, **-est**) **1** [*antes de sustantivo*] cariñoso: *fond memories* gratos recuerdos ◊ *a fond smile* una sonrisa cariñosa **2 to be ~ of sb** tenerle cariño a algn **3 to be ~ of (doing) sth** ser aficionado a (hacer) algo **4** (*esperanza*) vano

fondle /ˈfɒndl/ *vt* acariciar

food /fuːd/ *n* alimento, comida LOC (**to give sb**) **food for thought** (dar a algn) algo en que pensar

food processor *n* procesadora de alimentos

foodstuffs /ˈfuːdstʌfs/ *n* [*pl*] alimentos

fool /fuːl/ ◆ *n* (*pey*) imbécil, loco LOC **to act/play the fool** hacer(se) el zonzo **to be no fool** no tener un pelo de zonzo **to be nobody's fool** no dejarse engañar por nadie **to make a fool of yourself/sb** ponerse/poner a algn en ridículo ◆ **1** *vi* bromear **2** *vt* engañar PHR V **to fool about/around** perder el tiempo: *Stop fooling about with that knife!* ¡Pará de jugar con ese cuchillo!

foolish /ˈfuːlɪʃ/ *adj* **1** idiota **2** ridículo

foolproof /ˈfuːlpruːf/ *adj* infalible

foot /fʊt/ ◆ *n* **1** (*pl* **feet** /fiːt/) pie: *at the foot of the stairs* al pie de las escaleras **2** (*pl* **feet** *o* **foot**) (*abrev* **ft**) (*unidad de longitud*) pie (*30,48 centímetros*) ☛ *Ver Apéndice 1.* LOC **on foot** a pie **to fall/ land on your feet** salirle a algn las cosas redondas **to put your feet up** descansar **to put your foot down** ponerse firme **to put your foot in it** meter la pata *Ver tb* COLD, FIND, SWEEP ◆ *vt* LOC **to foot the bill (for sth)** pagar los gastos (de algo)

football /ˈfʊtbɔːl/ *n* **1** fútbol **2** pelota (de fútbol) **footballer** *n* futbolista

footing /ˈfʊtɪŋ/ *n* [*incontable*] **1** equilibrio: *to lose your footing* perder el equilibrio **2** (*fig*) situación: *on an equal footing* en igualdad de condiciones

footnote /ˈfʊtnəʊt/ *n* nota (a pie de página)

footpath /ˈfʊtpɑːθ; *USA* -pæθ/ *n* sendero, vereda: *public footpath* camino público

footprint /ˈfʊtprɪnt/ *n* [*gen pl*] huella

footstep /ˈfʊtstep/ *n* pisada, paso

footwear /ˈfʊtweə(r)/ *n* [*incontable*] calzado

for /fə(r), fɔː(r)/ ◆ *prep* **1** para: *a letter for you* una carta para vos ◊ *What's it for?* ¿Para qué sirve? ◊ *the train for Glasgow* el tren que va a Glasgow ◊ *It's time for supper.* Es hora de cenar. **2** por: *for her own good* por su propio bien ◊ *What can I do for you?* ¿Qué puedo hacer por usted? ◊ *to fight for your country* luchar por tu país **3** (*en expresiones de tiempo*) durante, desde hace: *They are going for a month.* Se van por un mes. ◊ *How long are you here for?* ¿Cuánto tiempo vas a estar acá? ◊ *I haven't seen him for two days.* Hace dos días que no lo veo.

¿**For** o **since**? Cuando **for** se traduce por "desde hace" se puede confundir con **since**, "desde". Las dos palabras se usan para expresar el tiempo que ha durado la acción del verbo, pero **for** especifica la duración de la acción y

since el comienzo de dicha acción: *I've been living here for three months.* Vivo acá desde hace tres meses. ◊ *I've been living here since August.* Vivo acá desde agosto. Nótese que en ambos casos se usa el pretérito perfecto o el pluscuamperfecto, nunca el presente. *Ver tb nota en* AGO

4 [*con infinitivo*]: *There's no need for you to go.* No hace falta que vayas. ◊ *It's impossible for me to do it.* Me es imposible hacerlo. **5** (*otros usos de for*): *I for Irene* I de Irene ◊ *for miles and miles* milla tras milla ◊ *What does he do for a job?* ¿De qué trabaja? LOC **for all**: *for all his wealth* a pesar de toda su riqueza **to be for/against sth** estar a favor/en contra de algo **to be for it** (*coloq*): *He's for it now!* ¡Se la van a dar! ☛ Para los usos de **for** en PHRASAL VERBS ver las entradas de los verbos correspondientes, p.ej. **to look for** en LOOK. ◆ *conj* (*formal, antic*) ya que

forbade (*tb* **forbad**) *pret de* FORBID

forbid /fəˈbɪd/ *vt* (*pret* **forbade** /fəˈbæd; *USA* fəˈbeɪd/ *o* **forbad** *pp* **forbidden** /fəˈbɪdn/) ~ **sb to do sth** prohibir a algn hacer algo: *It is forbidden to smoke.* Se prohibe fumar. ◊ *They forbade them from entering.* Les prohibieron entrar. **forbidding** *adj* imponente, amenazante

force /fɔːs/ ◆ *n* (*lit y fig*) fuerza: *the armed forces* las fuerzas armadas LOC **by force** a la fuerza **in force** en vigor: *to be in/come into force* estar/entrar en vigor ◆ *vt* ~ **sth/sb (to do sth)** forzar, obligar a algo/algn (a hacer algo) PHR V **to force sth on sb** imponer algo a algn

forcible /ˈfɔːsəbl/ *adj* **1** a/por la fuerza **2** convincente **forcibly** *adv* **1** por la fuerza **2** enérgicamente

ford /fɔːd/ ◆ *n* vado ◆ *vt* vadear

fore /fɔː(r)/ ◆ *adj* delantero, anterior ◆ *n* proa LOC **to be/come to the fore** destacarse/hacerse importante

forearm /ˈfɔːrɑːm/ *n* antebrazo

forecast /ˈfɔːkɑːst; *USA* -kæst/ ◆ *vt* (*pret, pp* **forecast** *o* **forecasted**) pronosticar ◆ *n* pronóstico

forefinger /ˈfɔːfɪŋgə(r)/ *n* dedo índice

forefront /ˈfɔːfrʌnt/ *n* LOC **at/in the forefront of sth** en la vanguardia de algo

foreground /ˈfɔːgraʊnd/ *n* primer plano

forehead /ˈfɒrɪd, ˈfɔːhed; *USA* ˈfɔːrɪd/ *n* (*Anat*) frente

foreign /ˈfɒrən; *USA* ˈfɔːr-/ *adj* **1** extranjero **2** exterior: *foreign exchange* divisas ◊ *Foreign Office/Secretary* Ministerio/Ministro de Relaciones Exteriores **3** (*formal*) ~ **to sth/sb** ajeno a algo/algn

foreigner /ˈfɒrənə(r)/ *n* extranjero, -a

foremost /ˈfɔːməʊst/ ◆ *adj* más destacado ◆ *adv* principalmente

forerunner /ˈfɔːrʌnə(r)/ *n* precursor, -ora

foresee /fɔːˈsiː/ *vt* (*pret* **foresaw** /fɔːˈsɔː/ *pp* **foreseen** /fɔːˈsiːn/) prever **forseeable** *adj* previsible LOC **for/in the foreseeable future** en un futuro cercano

foresight /ˈfɔːsaɪt/ *n* previsión

forest /ˈfɒrɪst; *USA* ˈfɔːr-/ *n* bosque: *rainforest* selva tropical

Tanto **forest** como **wood** significan "bosque", pero **wood** es más chico.

foretell /fɔːˈtel/ *vt* (*pret, pp* **foretold** /fɔːˈtəʊld/) (*formal*) predecir

forever /fəˈrevə(r)/ *adv* **1** (*tb* **for ever**) para siempre **2** siempre

foreword /ˈfɔːwɜːd/ *n* prefacio

forgave *pret de* FORGIVE

forge /fɔːdʒ/ ◆ *n* fragua ◆ *vt* **1** (*lazos, metal*) forjar **2** (*dinero, etc*) falsificar PHR V **to forge ahead** progresar con rapidez

forgery /ˈfɔːdʒəri/ *n* (*pl* **-ies**) falsificación

forget /fəˈget/ (*pret* **forgot** /fəˈgɒt/ *pp* **forgotten** /fəˈgɒtn/) **1** *vt, vi* ~ **(sth/to do sth)** olvidarse (de algo/hacer algo): *He forgot to pay me.* Se olvidó de pagarme. **2** *vt* (*dejar de pensar en*) olvidar LOC **not forgetting...** sin olvidarse de... PHR V **to forget about sth/sb 1** olvidarse de algo/algn **2** olvidar algo/a algn **forgetful** *adj* **1** olvidadizo **2** descuidado

forgive /fəˈgɪv/ *vt* (*pret* **forgave** /fəˈgeɪv/ *pp* **forgiven** /fəˈgɪvn/) perdonar: *Forgive me for interrupting.* Perdoname por interrumpir. **forgiveness** *n* perdón: *to ask (for) forgiveness (for sth)* pedir perdón (por algo) **forgiving** *adj* indulgente

forgot *pret de* FORGET

forgotten *pp de* FORGET

fork /fɔːk/ ◆ *n* **1** tenedor **2** (*Agric*), horca **3** bifurcación ◆ *vi* **1** (*camino*) bifurcarse **2** (*persona*): *to fork left* doblar para la izquierda PHR V **to fork out (for/on sth)** (*coloq*) largar la guita (para algo)

form /fɔːm/ ◆ *n* **1** forma: *in the form of sth* en forma de algo **2** formulario: *tax form* formulario de impuestos ◊ *application form* solicitud **3** normas: *as a matter of form* para respetar las normas **4** (*colegio*) año: *in the first form* en primero LOC **in/off form** en forma/ en baja forma *Ver tb* SHAPE ◆ **1** *vt* formar, constituir: *to form an idea (of sth/sb)* formarse una idea (de algo/ algn) **2** *vi* formarse

formal /ˈfɔːml/ *adj* **1** (*modales, etc*) formal **2** (*comida/ropa*) de etiqueta **3** (*declaración, etc*) oficial **4** (*formación*) convencional

formality /fɔːˈmæləti/ *n* (*pl* **-ies**) **1** formalidad, ceremonia **2** trámite: *legal formalities* requisitos legales

formally /ˈfɔːməli/ *adv* **1** oficialmente **2** de etiqueta

format /ˈfɔːmæt/ *n* formato

formation /fɔːˈmeɪʃn/ *n* formación

former /ˈfɔːmə(r)/ ◆ *adj* **1** antiguo: *the former champion* el ex-campeón **2** anterior: *in former times* en tiempos pasados **3** primero: *the former option* la primera opción ◆ **the former** *pron* aquello, aquél, -la, -los, -las: *The former was much better than the latter.* Aquélla fue mucho mejor que ésta. ☛ *Comparar con* LATTER

formerly /ˈfɔːməli/ *adv* **1** anteriormente **2** antiguamente

formidable /ˈfɔːmɪdəbl/ *adj* **1** extraordinario, formidable **2** (*tarea*) tremendo

formula /ˈfɔːmjələ/ *n* (*pl* ~**s** *o en uso científico* **-lae** /ˈfɔːmjʊliː/) fórmula

forsake /fəˈseɪk/ *vt* (*pret* **forsook** /fəˈsʊk/ *pp* **forsaken** /fəˈseɪkən/) **1** (*formal*) ~ **sth** renunciar a algo **2** abandonar

fort /fɔːt/ *n* fortificación, fuerte

forth /fɔːθ/ *adv* (*formal*) en adelante: *from that day forth* desde aquel día LOC **and (so on and) so forth** y demás *Ver tb* BACK[1]

forthcoming /ˌfɔːθˈkʌmɪŋ/ *adj* **1** venidero, próximo: *the forthcoming election* las próximas elecciones **2** de próxima aparición **3** disponible ☛ No se usa antes de sustantivo : *No offer was forthcoming.* No hubo ninguna oferta. **4** (*persona*) comunicativo ☛ No se usa antes de sustantivo.

forthright /ˈfɔːθraɪt/ *adj* **1** (*persona*) directo **2** (*oposición*) enérgico

fortieth *Ver* FORTY

fortification /ˌfɔːtɪfɪˈkeɪʃn/ *n* fortalecimiento

fortify /ˈfɔːtɪfaɪ/ *vt* (*pret, pp* **fortified**) **1** fortificar **2** ~ **sb/yourself** fortalecer(se)

fortnight /ˈfɔːtnaɪt/ *n* quincena (*dos semanas*): *a fortnight today* dentro de quince días

fortnightly /ˈfɔːtnaɪtli/ ◆ *adj* quincenal ◆ *adv* cada quince días, quincenalmente

fortress /ˈfɔːtrəs/ *n* fortaleza

fortunate /ˈfɔːtʃənət/ *adj* afortunado: *to be fortunate* tener suerte

fortune /ˈfɔːtʃuːn/ *n* **1** fortuna: *to be worth a fortune* valer una fortuna **2** suerte LOC *Ver* SMALL

forty /ˈfɔːti/ *adj, pron, n* cuarenta ☛ *Ver ejemplos en* FIFTY, FIVE **fortieth** **1** *adj, pron* cuadragésimo **2** *n* cuarentava parte, cuarentavo ☛ *Ver ejemplos en* FIFTH

forward /ˈfɔːwəd/ ◆ *adj* **1** hacia adelante **2** delantero: *a forward position* una posición avanzada **3** para el futuro: *forward planning* planificación para el futuro **4** atrevido, caradura ◆ *adv* **1** (*tb* **forwards**) adelante, hacia adelante **2** en adelante: *from that day forward* a partir de entonces LOC *Ver* BACKWARD(S) ◆ *vt* ~ **sth (to sb)** remitir algo (a algn): *please forward* se ruega enviar ◊ *forwarding address* dirección (a la que han de remitirse las cartas) ◆ *n* delantero, -a

fossil /ˈfɒsl/ *n* (*lit y fig*) fósil

foster /ˈfɒstə(r)/ *vt* **1** fomentar **2** acoger en una familia

fought *pret, pp de* FIGHT

foul /faʊl/ ◆ *adj* **1** (*agua, lenguaje*) sucio **2** (*comida, olor, sabor*) asqueroso **3** (*carácter, humor, tiempo*) horrible ◆ *n* falta (*Dep*) ◆ *vt* cometer una falta contra (*Dep*) PHR V **to foul sth up** estropear algo

foul play *n* crimen

found¹ *pret, pp de* FIND

found² /faʊnd/ *vt* **1** fundar **2** fundamentar: *founded on fact* basado en la realidad

foundation /faʊnˈdeɪʃn/ *n* **1** fundación **2 the foundations** [*pl*] los cimientos **3** fundamento **4** (*tb* **foundation cream**) base de maquillaje

founder /ˈfaʊndə(r)/ *n* fundador, -ora

fountain /ˈfaʊntən; *USA* -tn/ *n* fuente, surtidor

fountain pen *n* lapicera

four /fɔː(r)/ *adj, pron, n* cuatro ☛ *Ver ejemplos en* FIVE

fourteen /ˌfɔːˈtiːn/ *adj, pron, n* catorce ☛ *Ver ejemplos en* FIVE **fourteenth 1** *adj* decimocuarto **2** *pron, adv* el decimocuarto, la decimocuarta, los decimocuartos, las decimocuartas **3** *n* catorceava parte, catorceavo ☛ *Ver ejemplos en* FIFTH

fourth (*abrev* **4th**) /fɔːθ/ ◆ *adj* cuarto ◆ *pron, adv* el cuarto, la cuarta, los cuartos, las cuartas ◆ *n* **1 the fourth** el (día) cuatro **2** (*tb* **fourth gear**) cuarta ☛ *Ver ejemplos en* FIFTH

Para hablar de proporciones, "un cuarto" se dice **a quarter**: *We ate a quarter of the cake each.* Nos comimos un cuarto de la torta cada uno.

fowl /faʊl/ *n* (*pl* **fowl** *o* **~s**) ave (*de corral*)

fox /fɒks/ *n* (*fem* **vixen** /ˈvɪksn/) zorro

foyer /ˈfɔɪeɪ; *USA* ˈfɔɪər/ *n* hall

fraction /ˈfrækʃn/ *n* fracción

fracture /ˈfræktʃə(r)/ ◆ *n* fractura ◆ *vt, vi* fracturar(se)

fragile /ˈfrædʒaɪl; *USA* -dʒl/ *adj* (*lit y fig*) frágil, delicado

fragment /ˈfrægmənt/ ◆ *n* fragmento, parte ◆ /frægˈment/ *vt, vi* fragmentar (se)

fragrance /ˈfreɪgrəns/ *n* fragancia, aroma, perfume

fragrant /ˈfreɪgrənt/ *adj* aromático, perfumado

frail /freɪl/ *adj* frágil, delicado ☛ Se aplica sobre todo a personas ancianas o enfermas.

frame /freɪm/ ◆ *n* **1** marco **2** armazón, estructura **3** (*anteojos*) montura LOC **frame of mind** estado de ánimo ◆ *vt* **1** enmarcar **2** (*pregunta, etc*) formular **3** (*coloq*) ~ **sb** declarar en falso para incriminar a algn

framework /ˈfreɪmwɜːk/ *n* **1** armazón, estructura **2** marco, coyuntura

franc /fræŋk/ *n* franco (*moneda*)

frank /fræŋk/ *adj* franco, sincero

frantic /ˈfræntɪk/ *adj* frenético, desesperado

fraternal /frəˈtɜːnl/ *adj* fraternal

fraternity /frəˈtɜːnəti/ *n* (*pl* **-ies**) **1** fraternidad **2** hermandad, cofradía, sociedad

fraud /frɔːd/ *n* **1** (*delito*) fraude **2** (*persona*) impostor, -ora

fraught /frɔːt/ *adj* **1** ~ **with sth** lleno, cargado de algo **2** preocupante, tenso

fray /freɪ/ *vt, vi* desgastar(se), raer(se), deshilachar(se)

freak /friːk/ *n* (*coloq, pey*) bicho raro

freckle /ˈfrekl/ *n* peca **freckled** *adj* pecoso

free /friː/ ◆ *adj* (**freer** /ˈfriːə(r)/ **freest** /ˈfriːɪst/) **1** libre: *free speech* libertad de expresión ◊ *free will* libre albedrío ◊ *to set sb free* poner a algn en libertad ◊ *to be free of/from sth/sb* estar libre de algo/algn **2** (*sin atar*) suelto, libre **3** gratis, gratuito: *admission free* entrada libre ◊ *free of charge* gratis **4** ~ **with sth** generoso con algo **5** (*pey*) desvergonzado: *to be too free* (*with sb*) tomarse demasiadas libertades (con algn) LOC **free and easy** relajado, informal **of your own free will** por voluntad propia **to get, have, etc a free hand** tener libertad de acción ◆ *vt* (*pret, pp* **freed**) **1** ~ **sth/sb** (**from sth**) liberar algo/a algn (de algo) **2** ~ **sth/sb of/from sth** librar, eximir algo/a algn de algo **3** ~ **sth/sb** (**from sth**) soltar algo/a algn (de algo) ◆ *adv* gratis **freely** *adv* **1** libremente, copiosamente **2** generosamente

freedom /ˈfriːdəm/ *n* **1** ~ (**of sth**) libertad (de algo): *freedom of speech* libertad de expresión **2** ~ (**to do sth**) libertad (para hacer algo) **3** ~ **from sth** inmunidad contra algo

free-range /ˌfriː ˈreɪndʒ/ *adj* de corral: *free-range eggs* huevos de corral ☛ *Comparar con* BATTERY sentido 2

freeway /ˈfriːweɪ/ *n* (*USA*) autopista

freeze /friːz/ ◆ (*pret* **froze** /frəʊz/ *pp*

frozen /ˈfrəʊzn/) **1** *vt, vi* helar(se), congelar(se): *I'm freezing!* ¡Estoy muerto de frío! ◊ *freezing point* punto de congelación **2** *vt, vi* (*comida, precios, salarios, fondos*) congelar(se) **3** *vi* quedarse rígido: *Freeze!* ¡No te muevas! ◆ *n* **1** (*tb* **freeze-up**) helada **2** (*de salarios, precios*) congelación

freezer /ˈfriːzə(r)/ (*tb* **deep-freeze**) *n* congelador, freezer

freight /freɪt/ *n* carga

French window (*USA tb* **French door**) *n* puerta ventana

frenzied /ˈfrenzid/ *adj* frenético, enloquecido

frenzy /ˈfrenzi/ *n* [*gen sing*] frenesí

frequency /ˈfriːkwənsi/ *n* (*pl* **-ies**) frecuencia

frequent /ˈfriːkwənt/ ◆ *adj* frecuente ◆ /friˈkwent/ *vt* frecuentar

frequently /ˈfriːkwəntli/ *adv* con frecuencia, frecuentemente ☛ *Ver nota en* ALWAYS

fresh /freʃ/ *adj* (**-er**, **-est**) **1** nuevo, otro **2** reciente **3** (*alimentos, aire, tiempo, tez*) fresco **4** (*agua*) dulce LOC *Ver* BREATH **freshly** *adv* recién: *freshly baked* recién sacado del horno **freshness** *n* **1** frescura **2** novedad

freshen /ˈfreʃn/ **1** *vt* ~ **freshen sth (up)** dar nueva vida a algo **2** *vi* (*viento*) refrescar PHR V **to freshen (yourself) up** arreglarse

freshwater /ˈfreʃˌwɔːtə(r)/ *adj* de agua dulce

fret /fret/ *vi* (**-tt-**) ~ (**about/at/over sth**) apurarse, preocuparse (por algo)

friar /ˈfraɪə(r)/ *n* fraile

friction /ˈfrɪkʃn/ *n* **1** fricción, rozamiento **2** fricción, desavenencia

Friday /ˈfraɪdeɪ, ˈfraɪdi/ *n* (*abrev* **Fri**) viernes ☛ *Ver ejemplos en* MONDAY LOC **Good Friday** Viernes Santo

fridge /frɪdʒ/ *n* (*coloq*) heladera: *fridge-freezer* heladera con freezer

fried /fraɪd/ ◆ *pret, pp de* FRY ◆ *adj* frito

friend /frend/ *n* **1** amigo, -a **2** ~ **of/to sth** partidario, -a de algo LOC **to be friends (with sb)** ser amigo (de algn) **to have friends in high places** tener palanca **to make friends** hacer amigos **to make friends with sb** hacerse amigo (de algn)

friendly /ˈfrendli/ *adj* (**-ier**, **-iest**) **1** (*persona*) simpático, amable ☛ Nótese que **sympathetic** se traduce por "compasivo". **2** (*relación, consejo*) amistoso **3** (*gesto, palabras*) amable **4** (*ambiente, lugar*) acogedor **5** (*partido*) amistoso **friendliness** *n* simpatía, cordialidad

friendship /ˈfrendʃɪp/ *n* amistad

fright /fraɪt/ *n* susto: *to give sb/get a fright* dar un susto a algn/darse un susto

frighten /ˈfraɪtn/ *vt* asustar, dar miedo a **frightened** *adj* asustado: *to be frightened (of sth/sb)* tener miedo (a/de algo/algn) LOC *Ver* WIT **frightening** *adj* alarmante, aterrador

frightful /ˈfraɪtfl/ *adj* **1** horrible, espantoso **2** (*coloq*) (*para enfatizar*): *a frightful mess* un desorden terrible **frightfully** *adv* (*coloq*): *I'm frightfully sorry.* Lo siento muchísimo.

frigid /ˈfrɪdʒɪd/ *adj* frígido

frill /frɪl/ *n* **1** (*costura*) volado **2** [*gen pl*] (*fig*) adorno: *no frills* sin adornos

fringe /frɪndʒ/ ◆ *n* **1** flequillo **2** flecos **3** (*fig*) margen ◆ *vt* LOC **to be fringed by/with sth** estar bordeado por/con algo

frisk /frɪsk/ **1** *vt* (*coloq*) palpar **2** *vi* juguetear **frisky** *adj* juguetón

frivolity /frɪˈvɒləti/ *n* frivolidad

frivolous /ˈfrɪvələs/ *adj* frívolo

fro /frəʊ/ *adv Ver* TO

frock /frɒk/ *n* vestido

frog /frɒg; *USA* frɔːg/ *n* **1** rana **2** (*coloq, ofen*) franchute, -a

from /frəm, frɒm/ *prep* **1** de (*procedencia*): *from Madrid to London* de Madrid a Londres ◊ *I'm from New Zealand.* Soy de Nueva Zelandia. ◊ *from bad to worse* de mal en peor ◊ *the train from San Luis* el tren (procedente) de San Luis ◊ *a present from a friend* un regalo de un amigo ◊ *to take sth away from sb* quitarle algo a algn **2** (*tiempo, situación*) desde: *from above/below* desde arriba/abajo ◊ *from time to time* de vez en cuando ◊ *from yesterday* desde ayer ☛ *Ver nota en* SINCE **3** por: *from choice* por elección ◊ *from what I can gather* por lo que yo entiendo **4** entre: *to choose from...* elegir entre... **5** con: *Wine is made from grapes.* El vino se hace con uvas. **6** (*Mat*): *13 from 34 leaves 21.* 34 menos 13 son 21. LOC **from...on**: *from now on* de ahora en adelante ◊ *from then on* desde entonces ☛ Para los usos de **from** en PHRASAL VERBS ver las entradas de los verbos correspondientes, p.ej. **to hear from** en HEAR.

front /frʌnt/ ◆ *n* **1 the ~ (of sth)** el frente, la (parte) delantera (de algo): *If you can't see the board, sit at the front.* Si no ves el pizarrón, sentate adelante. ◊ *The number is shown on the front of the bus.* El número está puesto en la parte delantera del colectivo. **2 the front** (*Mil*) el frente **3** fachada: *a front for sth* una fachada para algo **4** terreno: *on the financial front* en el terreno económico ◆ *adj* delantero, de delante (*rueda, habitación, etc*) ◆ *adv* LOC **in front** adelante: *the row in front* la fila de adelante ☛ *Ver dibujo en* DELANTE **up front** (*coloq*) por adelantado *Ver tb* BACK[1] ◆ *prep* LOC **in front of 1** delante de **2** ante ☛ Nótese que **enfrente de** se traduce por **opposite**. *Ver dibujo en* ENFRENTE

front cover *n* portada

front door *n* puerta de entrada

frontier /ˈfrʌntɪə(r); *USA* frʌnˈtiər/ *n* ~ **(with sth/between…)** frontera (con algo/entre…) ☛ *Ver nota en* BORDER

front page *n* primera plana

front row *n* primera fila

frost /frɒst; *USA* frɔːst/ ◆ *n* **1** helada **2** escarcha ◆ *vt, vi* cubrir de escarcha **frosty** *adj* (**-ier**, **-iest**) **1** helado **2** cubierto de escarcha

froth /frɒθ; *USA* frɔːθ/ ◆ *n* espuma ◆ *vi* hacer espuma

frown /fraʊn/ ◆ *n* ceño ◆ *vi* fruncir el ceño PHR V **to frown on/upon sth** desaprobar algo

froze *pret de* FREEZE

frozen *pp de* FREEZE

fruit /fruːt/ *n* **1** [*gen incontable*] fruta: *fruit and vegetables* frutas y verduras ◊ *tropical fruits* frutas tropicales **2** fruto: *the fruit(s) of your labours* el fruto de su trabajo

fruitful /ˈfruːtfl/ *adj* fructífero, provechoso

fruition /fruˈɪʃn/ *n* realización: *to come to fruition* verse realizado

fruitless /ˈfruːtləs/ *adj* infructuoso

frustrate /frʌˈstreɪt; *USA* ˈfrʌstreɪt/ *vt* frustrar, desbaratar

fry /fraɪ/ *vt, vi* (*pret, pp* **fried** /fraɪd/) freír(se)

frying-pan /ˈfraɪɪŋ pæn/ (*USA* **frypan**) *n* sartén ☛ *Ver dibujo en* SAUCEPAN LOC **out of the frying-pan into the fire** de Guatemala a guatepeor

fuel /ˈfjuːəl/ *n* **1** combustible **2** carburante

fugitive /ˈfjuːdʒətɪv/ *adj, n* ~ **(from sth/sb)** fugitivo, -a, prófugo, -a (de algo/algn)

fulfil (*USA* **fulfill**) /fʊlˈfɪl/ *vt* (**-ll-**) **1** (*promesa*) cumplir **2** (*tarea*) llevar a cabo **3** (*deseo*) satisfacer **4** (*función*) realizar

full /fʊl/ ◆ *adj* (**-er**, **-est**) **1 ~ (of sth)** lleno (de algo) **2 ~ of sth** obsesionado por algo **3 ~ (up)** hasta arriba: *I'm full up.* Ya no puedo más. **4** (*hotel, instrucciones*) completo **5** (*discusiones*) extenso **6** (*sentido*) amplio **7** (*investigación*) detallado **8** (*ropa*) amplio, suelto LOC **(at) full blast** a tope **(at) full speed** a toda velocidad **full of yourself** (*pey*): *You're very full of yourself.* Estás hecho un creído. **in full** detalladamente, íntegramente **in full swing** en plena marcha **to come full circle** volver al principio **to the full** al máximo ◆ *adv* **1** *full in the face* en plena cara **2** muy: *You know full well that…* Sabés muy bien que…

full board *n* pensión completa

full-length /ˌfʊl ˈleŋθ/ *adj* **1** (*espejo*) de cuerpo entero **2** (*ropa*) largo

full stop (*tb* **full point**, *USA* **period**) *n* punto ☛ *Ver págs 312–3.*

full-time /ˌfʊl ˈtaɪm/ *adj, adv* jornada completa

fully /ˈfʊli/ *adv* **1** completamente **2** del todo **3** por lo menos: *fully two hours* por lo menos dos horas

fumble /ˈfʌmbl/ *vi* ~ **(with sth)** manipular torpemente algo

fume /fjuːm/ ◆ *n* [*gen pl*] humo: *poisonous fumes* gases tóxicos ◆ *vi* echar humo (*de rabia*)

fun /fʌn/ ◆ *n* diversión: *to have fun* pasarla bien ◊ *to take the fun out of sth* quitar toda la gracia a algo LOC **to make fun of sth/sb** reírse de algo/algn *Ver tb* POKE ◆ *adj* (*coloq*) divertido, entretenido

function /ˈfʌŋkʃn/ ◆ *n* **1** función

2 ceremonia ◆ *vi* **1** funcionar **2** ~ **as sth** servir, hacer de algo

fund /fʌnd/ ◆ *n* **1** fondo (*de dinero*) **2 funds** [*pl*] fondos ◆ *vt* financiar, subvencionar

fundamental /ˌfʌndəˈmentl/ ◆ *adj* ~ (**to sth**) fundamental (para algo) ◆ *n* [*gen pl*] fundamento

funeral /ˈfjuːnərəl/ *n* **1** funeral, entierro: *funeral parlour* funeraria **2** cortejo fúnebre

fungus /ˈfʌŋgəs/ *n* (*pl* **-gi** /-gaɪ, -dʒaɪ/ *o* **-guses** /-gəsɪz/) hongo

funnel /ˈfʌnl/ ◆ *n* **1** embudo **2** (*de un barco*) chimenea ◆ *vt* (**-ll-**, *USA* **-l-**) canalizar

funny /ˈfʌni/ *adj* (**-ier**, **-iest**) **1** gracioso, divertido **2** extraño, raro

fur /fɜː(r)/ *n* **1** pelo (*de animal*) **2** piel: *a fur coat* un tapado de piel

furious /ˈfjʊəriəs/ *adj* **1** ~ (**at sth/with sb**) furioso (con algo/algn) **2** (*esfuerzo, lucha, tormenta*) violento **3** (*debate*) acalorado **furiously** *adv* violentamente, furiosamente

furnace /ˈfɜːnɪs/ *n* caldera

furnish /ˈfɜːnɪʃ/ *vt* **1** ~ **sth** (**with sth**) amueblar algo (con algo): *a furnished flat* un departamento amueblado **2** ~ **sth/sb with sth** suministrar algo a algo/algn **furnishings** *n* [*pl*] mobiliario

furniture /ˈfɜːnɪtʃə(r)/ *n* [*incontable*] mobiliario, muebles: *a piece of furniture* un mueble

furrow /ˈfʌrəʊ/ ◆ *n* surco ◆ *vt* hacer surcos en: *a furrowed brow* una frente arrugada

furry /ˈfɜːri/ *adj* (**-ier**, **-iest**) **1** peludo **2** de peluche

further /ˈfɜːðə(r)/ ◆ *adj* **1** (*tb* **farther**) más lejos: *Which is further?* ¿Cuál está más lejos? **2** más: *until further notice* hasta nuevo aviso ◊ *for further details/information...* para más información... ◆ *adv* **1** (*tb* **farther**) más lejos: *How much further is it to Oxford?* ¿Cuánto falta para Oxford? **2** además: *Further to my letter...* En relación a mi carta... **3** más: *to hear nothing further* no tener más noticias LOC *Ver* AFIELD

> **¿Farther** o **further?** Los dos son comparativos de **far**, pero sólo son sinónimos cuando nos referimos a distancias: *Which is further/farther?* ¿Cuál está más lejos?

furthermore /ˌfɜːðəˈmɔː(r)/ *adv* además

furthest /ˈfɜːðɪst/ *adj*, *adv* (*superl de* **far**) más lejano/alejado: *the furthest corner of Europe* el punto más lejano de Europa

fury /ˈfjʊəri/ *n* furia, rabia

fuse /fjuːz/ ◆ *n* **1** fusible **2** mecha **3** (*USA tb* **fuze**) detonador ◆ **1** *vi* fundirse **2** *vt* ~ **sth** (**together**) soldar algo

fusion /ˈfjuːʒn/ *n* fusión

fuss /fʌs/ ◆ *n* [*incontable*] alboroto, lío LOC **to make a fuss of/over sb** mimar a algn **to make a fuss of/over sth** dar demasiada importancia a algo **to make, kick up, etc a fuss** (**about/over sth**) armar un escándalo (por algo) ◆ *vi* **1** ~ (**about**) preocuparse (*por una pavada*) **2** ~ **over sb** mimar a algn

fussy /ˈfʌsi/ *adj* (**-ier**, **-iest**) **1** quisquilloso **2** ~ (**about sth**) exigente (con algo)

futile /ˈfjuːtaɪl; *USA* -tl/ *adj* inútil

future /ˈfjuːtʃə(r)/ ◆ *n* **1** futuro: *in the near future* en un futuro cercano **2** porvenir LOC **in future** en el futuro, de ahora en adelante *Ver tb* FORESEE ◆ *adj* futuro

fuzzy /ˈfʌzi/ *adj* (**-ier**, **-iest**) **1** velludo, peludo **2** borroso **3** (*mente*) aturdido

Gg

G, g /dʒiː/ *n* (*pl* **G's**, **g's** /dʒiːz/) **1** G, g: *G for George* G de Gerardo ☛ *Ver ejemplos en* A, A **2** (*Mús*) sol
gab /gæb/ *n* LOC *Ver* GIFT
gable /ˈgeɪbl/ *n* hastial (*triángulo de fachada que soporta el techo*)
gadget /ˈgædʒɪt/ *n* aparato
gag /gæg/ ◆ *n* **1** (*lit y fig*) mordaza **2** gag ◆ *vt* (**-gg-**) (*lit y fig*) amordazar
gage (*USA*) *Ver* GAUGE
gaiety /ˈgeɪəti/ *n* alegría
gain /geɪn/ ◆ *n* **1** ganancia **2** aumento, subida ◆ **1** *vt* adquirir, ganar: *to gain control* adquirir control **2** *vt* aumentar, subir, ganar: *to gain two kilos* engordar dos kilos ◊ *to gain speed* ganar velocidad **3** *vi* ~ **by/from (doing) sth** beneficiarse de (hacer) algo **4** *vi* (*reloj*) adelantarse PHR V **to gain on sth/sb** ir alcanzando algo/a algn
gait /geɪt/ *n* [*sing*] paso, andares
galaxy /ˈgæləksi/ *n* (*pl* **-ies**) galaxia
gale /geɪl/ *n* temporal
gallant /ˈgælənt/ *adj* **1** (*formal*) valiente **2** *tb* /ˌgəˈlænt/ galante **gallantry** *n* valentía
gallery /ˈgæləri/ *n* (*pl* **-ies**) **1** (*tb* **art gallery**) museo ☛ *Ver nota en* MUSEUM **2** (*negocio*) galería **3** (*Teat*) galería
galley /ˈgæli/ *n* (*pl* **-eys**) **1** cocina (*en un avión o un barco*) **2** (*Náut*) galera
gallon /ˈgælən/ *n* (*abrev* **gall**) galón
gallop /ˈgæləp/ ◆ *vt, vi* (hacer) galopar ◆ *n* (*lit y fig*) galope
the gallows /ˈgæləʊz/ *n* (la) horca
gamble /ˈgæmbl/ ◆ *vt, vi* (*dinero*) jugar PHR V **to gamble on doing sth** confiar en hacer algo, arriesgarse a hacer algo ◆ *n* **1** jugada **2** (*fig*): *to be a gamble* ser arriesgado **gambler** *n* jugador, -ora **gambling** *n* juego
game /geɪm/ ◆ *n* **1** juego **2** partido ☛ *Comparar con* MATCH[2] **3** (*naipes, ajedrez*) partida **4 games** [*pl*] educación física **5** [*incontable*] caza LOC *Ver* FAIR, MUG ◆ *adj*: *Are you game?* ¿Sos pata?
gammon /ˈgæmən/ *n* [*incontable*] jamón cocinado ☛ *Comparar con* BACON, HAM

gang /gæŋ/ ◆ *n* **1** [*v sing o pl*] banda, patota **2** cuadrilla ◆ PHR V **to gang up on sb** juntarse contra algn
gangster /ˈgæŋstə(r)/ *n* gángster
gangway /ˈgæŋweɪ/ *n* **1** pasarela **2** (*GB*) pasillo (*entre sillas, etc*)
gaol /dʒeɪl/ *Ver* JAIL
gap /gæp/ *n* **1** hueco, abertura **2** espacio **3** (*tiempo*) intervalo **4** (*fig*) separación **5** (*deficiencia*) laguna, vacío LOC *Ver* BRIDGE
gape /geɪp/ *vi* **1** ~ **(at sth/sb)** mirar boquiabierto (algo/a algn) **2** abrirse, quedar abierto **gaping** *adj* enorme: *a gaping hole* un agujero enorme
garage /ˈgærɑːʒ, ˈgærɪdʒ; *USA* gəˈrɑːʒ/ *n* **1** garage **2** taller **3** estación de servicio
garbage /ˈgɑːbɪdʒ/ *n* (*USA*) [*incontable*] (*lit y fig*) basura
garbled /ˈgɑːbld/ *adj* confuso
garden /ˈgɑːdn/ ◆ *n* jardín ◆ *vi* trabajar en el jardín **gardener** *n* jardinero, -a **gardening** *n* jardinería
gargle /ˈgɑːgl/ *vi* hacer gárgaras
garish /ˈgeərɪʃ/ *adj* colorinche (*color, ropa*)
garland /ˈgɑːlənd/ *n* guirnalda
garlic /ˈgɑːlɪk/ *n* [*incontable*] ajo: *clove of garlic* diente de ajo
garment /ˈgɑːmənt/ *n* (*formal*) prenda (*de vestir*)
garnish /ˈgɑːnɪʃ/ ◆ *vt* adornar, aderezar ◆ *n* adorno
garrison /ˈgærɪsn/ *n* [*v sing o pl*] guarnición (*militar*)
gas /gæs/ ◆ *n* (*pl* ~**es**, *tb USA* **gasses**) **1** gas: *gas mask* máscara antigás **2** (*USA, coloq*) nafta ◆ *vt* (**-ss-**) asfixiar con gas
gash /gæʃ/ *n* herida profunda
gasoline /ˈgæsəliːn/ *n* (*USA*) nafta
gasp /gɑːsp/ ◆ **1** *vi* dar un grito ahogado **2** *vi* jadear: *to gasp for air* hacer esfuerzos para respirar **3** *vt* ~ **sth (out)** decir algo con voz entrecortada ◆ *n* jadeo, grito ahogado
gas station *n* (*USA*) estación de servicio
gate /geɪt/ *n* puerta, portón, cancela

gatecrash /ˈgeɪtkræʃ/ *vt, vi* colarse (en)

gateway /ˈgeɪtweɪ/ *n* **1** entrada, puerta **2** ~ **to sth** (*fig*) pasaporte hacia algo

gather /ˈgæðə(r)/ **1** *vi* juntarse, reunirse **2** *vi* (*muchedumbre*) formarse **3** *vt* ~ **sth/sb (together)** reunir/juntar algo; reunir a algn **4** *vt* (*flores, fruta*) recoger **5** *vt* deducir, tener entendido **6** *vt* ~ **sth (in)** (*costura*) fruncir algo **7** *vt* (*velocidad*) cobrar PHR V **to gather round** acercarse **to gather round sth/sb** agruparse en torno a algo/algn **to gather sth up** recoger algo **gathering** *n* reunión

gaudy /ˈgɔːdi/ *adj* (**-ier**, **-iest**) (*pey*) colorinche, mersa

gauge (*USA* **gage**) /geɪdʒ/ ◆ *n* **1** medida **2** (*Ferrocarril*) trocha **3** indicador ◆ *vt* **1** calibrar, calcular **2** juzgar

gaunt /gɔːnt/ *adj* demacrado

gauze /gɔːz/ *n* gasa

gave *pret de* GIVE

gay /geɪ/ ◆ *adj* **1** gay **2** (*antic*) alegre ◆ *n* gay, homosexual

gaze /geɪz/ ◆ *vi* ~ **(at sth/sb)** mirar fijamente (algo/a algn): *They gazed into each other's eyes.* Se miraron fijamente a los ojos. ◆ *n* [*sing*] mirada fija y larga

GCSE /ˌdʒiːsiːesˈiː/ *abrev* (*GB*) **General Certificate of Secondary Education** Certificado de Educación Secundaria

gear /gɪə(r)/ ◆ *n* **1** equipo: *camping gear* equipo de camping **2** (*automóvil*) velocidad: *out of gear* en punto muerto ◊ *to change gear* cambiar de velocidad *Ver tb* REVERSE **3** (*Mec*) engranaje ◆ PHR V **to gear sth to/towards sth** adaptar algo a algo, enfocar algo a algo **to gear (sth/sb) up (for/to do sth)** prepararse (para algo/para hacer algo), preparar algo/a algn (para algo/para hacer algo)

gearbox /ˈgɪəbɒks/ *n* caja de cambios

geese *plural de* GOOSE

gem /dʒem/ *n* **1** piedra preciosa **2** (*fig*) joya

Gemini /ˈdʒemɪnaɪ/ *n* Géminis ☛ *Ver ejemplos en* AQUARIUS

gender /ˈdʒendə(r)/ *n* **1** (*Gram*) género **2** sexo

gene /dʒiːn/ *n* gene

general /ˈdʒenrəl/ ◆ *adj* general: *as a general rule* por regla general ◊ *the general public* el público/la gente (en general) LOC **in general** en general ◆ *n* general

general election *n* elecciones generales

generalize, -ise /ˈdʒenrəlaɪz/ *vi* ~ **(about sth)** generalizar (sobre algo) **generalization, -isation** *n* generalización

generally /ˈdʒenrəli/ *adv* generalmente, por lo general: *generally speaking...* en términos generales...

general practice *n* (*GB*) medicina general

general practitioner *n* (*abrev* **GP**) (*GB*) médico clínico

general-purpose /ˌdʒenrəl ˈpɜːpəs/ *adj* de uso general

generate /ˈdʒenəreɪt/ *vt* generar **generation** *n* generación: *the older/younger generation* los mayores/jóvenes ◊ *the generation gap* la brecha generacional

generator /ˈdʒenəreɪtə(r)/ *n* generador

generosity /ˌdʒenəˈrɒsəti/ *n* generosidad

generous /ˈdʒenərəs/ *adj* **1** (*persona, regalo*) generoso **2** (*ración*) abundante: *a generous helping* una buena porción

genetic /dʒəˈnetɪk/ *adj* genético **genetics** *n* [*sing*] genética

genial /ˈdʒiːniəl/ *adj* afable

genital /ˈdʒenɪtl/ *adj* genital **genitals** (*tb* **genitalia** /ˌdʒenɪˈteɪliə/) *n* [*pl*] (*formal*) genitales

genius /ˈdʒiːniəs/ *n* (*pl* **geniuses**) genio

genocide /ˈdʒenəsaɪd/ *n* genocidio

gent /dʒent/ *n* **1 the Gents** [*sing*] (*GB, coloq*) baño (de caballeros) **2** (*coloq, joc*) caballero

genteel /dʒenˈtiːl/ *adj* (*pey*) refinado **gentility** /dʒenˈtɪləti/ *n* (*aprob, irón*) finura

gentle /ˈdʒentl/ *adj* (**-er**, **-est**) **1** (*persona, carácter*) amable, benévolo **2** (*brisa, caricia, ejercicio*) leve **3** (*animal*) manso **4** (*declive, toque*) ligero **gentleness** *n* **1** amabilidad **2** suavidad **3** mansedumbre **gently** *adv* **1** suavemente **2** (*freír*) a fuego lento **3** (*persuadir*) poco a poco

gentleman /ˈdʒentlmən/ *n* (*pl* **-men** /-mən/) caballero *Ver tb* LADY

genuine /ˈdʒenjuɪn/ *adj* **1** (*cuadro*) auténtico **2** (*persona*) sincero

geography /dʒiˈɒɡrəfi/ *n* geografía **geographer** /dʒiˈɒɡrəfə(r)/ *n* geógrafo, -a **geographical** /ˌdʒiːəˈɡræfɪkl/ *adj* geográfico

geology /dʒiˈɒlədʒi/ *n* geología **geological** /ˌdʒiːəˈlɒdʒɪkl/ *adj* geológico **geologist** /dʒiˈɒlədʒɪst/ *n* geólogo, -a

geometry /dʒiˈɒmətri/ *n* geometría **geometric** /dʒɪəˈmetrɪk/ (*tb* **geometrical** /-ɪkl/) *adj* geométrico

geriatric /ˌdʒeriˈætrɪk/ *adj, n* geriátrico, -a

germ /dʒɜːm/ *n* germen, microbio

get /ɡet/ (-tt-) (*pret* **got** /ɡɒt/ *pp* **got**, *USA* **gotten** /ˈɡɒtn/)

• **to get + n/pron** *vt* recibir, conseguir, obtener: *to get a shock* llevarse un susto ◊ *to get a letter* recibir una carta ◊ *How much did you get for your car?* ¿Cuánto te dieron por el auto? ◊ *She gets bad headaches.* Sufre de fuertes dolores de cabeza. ◊ *I didn't get the joke.* No pesqué el chiste.

• **to get + objeto + infinitivo o -ing** *vt* **to get sth/sb doing sth/to do sth** hacer, conseguir que algo/algn haga algo: *to get the car to start* hacer que el coche arranque ◊ *to get him talking* hacerlo hablar

• **to get + objeto + participio** *vt* (*con actividades que queremos que sean realizadas por otra persona para nosotros*): *to get your hair cut* cortarse el pelo ◊ *You should get your watch repaired.* Deberías llevar tu reloj a arreglar. ☛ *Comparar con* HAVE sentido 6

• **to get + objeto + adj** *vt* (*conseguir que algo se vuelva/haga…*): *to get sth right* acertar algo ◊ *to get the children ready for school* preparar a los chicos para el colegio ◊ *to get* (*yourself*) *ready* arreglarse

• **to get + adj** *vi* volverse, hacerse: *to get wet* mojarse ◊ *It's getting late.* Se está haciendo tarde. ◊ *to get better* mejorar/recuperarse

• **to get + participio** *vt*: *to get fed up with sth* hartarse de algo ◊ *to get used to sth* acostumbrarse a algo ◊ *to get lost* perderse

Algunas combinaciones frecuentes de **to get + participio** se traducen por verbos pronominales: *to get bored* aburrirse ◊ *to get divorced* divorciarse ◊ *to get dressed* vestirse ◊ *to get drunk* emborracharse ◊ *to get married* casarse. Para conjugarlos, añadimos la forma correspondiente de **get**: *She soon got used to it.* Se acostumbró enseguida. ◊ *I'm getting dressed.* Me estoy vistiendo. ◊ *We'll get married in the summer.* Nos vamos a casar este verano. **Get + participio** se usa también para expresar acciones que ocurren o se realizan de forma accidental, inesperada o repentina: *I got caught in a heavy rainstorm.* Me pescó una tormenta muy fuerte. ◊ *Simon got hit by a ball.* A Simon le dieron un pelotazo.

• **otros usos 1** *vi* **to get to do sth** llegar a hacer algo: *to get to know sb* (llegar a) conocer a algn **2** *vt, vi* **to have got** (**to do**) **sth** tener (que hacer) algo *Ver tb* HAVE **3** *vi* **to get to…** (*movimiento*) llegar a…: *Where have they got to?* ¿Dónde se metieron?

LOC **to get away from it all** (*coloq*) alejarse del mundanal ruido **to get** (**sb**) **nowhere**; **not to get** (**sb**) **anywhere** (*coloq*) no llevar (a algn) a ninguna parte **to get there** lograrlo ☛ Para otras expresiones con **get**, véanse las entradas del sustantivo, adjetivo, etc, p.ej. **to get the hang of sth** en HANG.

PHR V **to get about/(a)round 1** (*persona, animal*) salir, moverse **2** (*rumor, noticia*) circular, correr

to get sth across (**to sb**) comunicar algo (a algn)

to get ahead (**of sb**) adelantarse (a algn)

to get along with sb; **to get along** (**together**) llevarse bien (con algn)

to get (**a**)**round to** (**doing**) **sth** encontrar tiempo para (hacer) algo

to get at sb (*coloq*) agarrárselas con algn **to get at sth** (*coloq*) insinuar algo: *What are you getting at?* ¿Qué querés decir?

to get away (**from…**) irse, salir (de…)

to get away with (**doing**) **sth** quedarse sin castigo por (hacer) algo

to get back regresar **to get back at sb** (*coloq*) vengarse de algn **to get sth back** recuperar, recobrar algo

to get behind (**with sth**) retrasarse (con/en algo)

to get by (lograr) pasar

to get down 1 bajar **2** (*chicos*) levantarse (de la mesa) **to get down to (doing) sth** ponerse a hacer algo **to get sb down** (*coloq*) deprimir a algn

to get in; **to get into sth 1** (*tren*) llegar (a algún lugar) **2** (*persona*) volver (a casa) **3** subirse (a algo) (*vehículo*) **to get sth in** recoger algo

to get off (sth) 1 salir (del trabajo) **2** (*vehículo*) bajar (de algo) **to get off with sb** (*GB, coloq*) levantarse a algn, meterse con algn **to get sth off (sth)** quitar algo (de algo)

to get on 1 (*tb* **to get along**) irle a algn: *How did you get on?* ¿Cómo te fue? **2** tener éxito **3** (*tb* **to get along**) arreglárselas **to get on**; **to get onto sth** subirse (a algo) **to get on to sth** ponerse a hablar de algo, pasar a considerar algo **to get on with sb**; **to get on (together)** (*tb* **to get along**) llevarse bien (con algn) **to get on with sth** seguir con algo: *Get on with your work!* ¡Sigan trabajando! **to get sth on** poner(se) algo

to get out (of sth) 1 salir (de algo): *Get out (of here)!* ¡Fuera de aquí! **2** (*vehículo*) bajar (de algo) **to get out of (doing) sth** salvarse de (hacer) algo **to get sth out of sth/sb** sacar algo de algo/algn

to get over sth 1 (*problema, timidez*) superar algo **2** olvidar algo **3** recuperarse de algo

to get round sb (*coloq*) convencer a algn **to get (a)round to (doing) sth** encontrar tiempo para (hacer) algo

to get through sth 1 (*dinero, comida*) consumir algo **2** (*tarea*) terminar algo **to get through (to sb)** (*por teléfono*), comunicarse (con algn) **to get through to sb** entenderse con algn

to get together (with sb) reunirse (con algn) **to get sth/sb together** reunir, juntar algo/a algn

to get up levantarse **to get up to sth 1** llegar a algo **2** meterse en algo **to get sb up** levantar a algn de la cama

getaway /ˈgetəweɪ/ *n* fuga: *getaway car* coche usado para la fuga

ghastly /ˈgɑːstli; *USA* ˈgæstli/ *adj* (**-ier**, **-iest**) espantoso: *the whole ghastly business* todo el asqueroso asunto

ghetto /ˈgetəʊ/ *n* (*pl* ~**s**) gueto

ghost /gəʊst/ *n* fantasma LOC **to give up the ghost** entregar el alma **ghostly** *adj* (**-ier**, **-iest**) fantasmal

ghost story *n* cuento de fantasmas

giant /ˈdʒaɪənt/ *n* gigante

gibberish /ˈdʒɪbərɪʃ/ *n* pavadas

giddy /ˈgɪdi/ *adj* (**-ier**, **-iest**) mareado: *The dancing made her giddy.* El baile la mareó.

gift /gɪft/ *n* **1** regalo *Ver tb* PRESENT **2** ~ **(for sth/doing sth)** don (para algo/hacer algo) **3** (*coloq*) ganga LOC **to have the gift of the gab** tener mucha labia *Ver tb* LOOK[1] **gifted** *adj* dotado

gift token (*tb* **gift voucher**) *n* vale de regalo

gift-wrap /ˈgɪft ræp/ *vt* envolver en papel de regalo

gig /gɪg/ *n* (*coloq*) actuación (*musical*)

gigantic /dʒaɪˈgæntɪk/ *adj* gigantesco

giggle /ˈgɪgl/ ◆ *vi* ~ **(at sth/sb)** reírse tontamente (de algo/algn) ◆ *n* **1** risita **2** broma: *I only did it for a giggle.* Sólo lo hice para reírme. **3 the giggles** [*pl*]: *a fit of the giggles* un ataque de risa

gilded /ˈgɪldɪd/ (*tb* **gilt** /gɪlt/) *adj* dorado

gimmick /ˈgɪmɪk/ *n* truco publicitario o de promoción

gin /dʒɪn/ *n* ginebra: *a gin and tonic* un gin-tonic

ginger /ˈdʒɪndʒə(r)/ ◆ *n* jengibre ◆ *adj* pelirrojo: *ginger hair* pelo colorado ◊ *a ginger cat* un gato colorado

gingerly /ˈdʒɪndʒəli/ *adv* cautelosamente, sigilosamente

gipsy *Ver* GYPSY

giraffe /dʒəˈrɑːf; *USA* -ˈræf/ *n* jirafa

girl /gɜːl/ *n* chica

girlfriend /ˈgɜːlfrend/ *n* **1** novia **2** (*esp USA*) amiga

gist /dʒɪst/ *n* LOC **to get the gist of sth** captar lo esencial de algo

give /gɪv/ ◆ (*pret* **gave** /geɪv/ *pp* **given** /ˈgɪvn/) **1** *vt* ~ **sth (to sb)**; ~ **(sb) sth** dar algo (a algn): *I gave each of the boys an apple.* Le di una manzana a cada uno de los chicos. ◊ *It gave us rather a shock.* Nos dio un buen susto. **2** *vi* ~ **(to sth)** dar dinero (para algo) **3** *vi* ceder **4** *vt* (*tiempo, pensamiento*) dedicar **5** *vt* contagiar: *You've given me your cold.* Me pasaste tu resfrío. **6** *vt* conceder: *I'll give you that.* Te reconozco eso. **7** *vt* dar: *to give a lecture* dar una conferencia LOC **don't give me that!** ¡no me salgas con eso! **give or take sth**: *an* *hour and a half, give or take a few minutes* una hora y media, más o menos **not to give a damn, a hoot, etc (about sth/sb)** (*coloq*) importar a algn un pepino/cuerno (algo/algn): *She doesn't give a damn about it.* Le importa un pepino. ☛ Para otras expresiones con **give**, véanse las entradas del sustantivo, adjetivo, etc, p.ej. **to give rise to sth** en RISE.

PHR V **to give sth away** regalar algo **to give sth/sb away** delatar algo/a algn

to give (sb) back sth; to give sth back (to sb) devolver algo (a algn)

to give in (to sth/sb) ceder, rendirse (frente a algo/algn) **to give sth in** entregar algo

to give sth out repartir algo

to give up abandonar, rendirse **to give sth up; to give up doing sth** dejar algo, dejar de hacer algo: *to give up hope* perder las esperanzas ◊ *to give up smoking* dejar de fumar

◆ *n* LOC **give and take** concesiones mutuas

given /ˈgɪvn/ ◆ *adj, prep* dado ◆ *pp de* GIVE

glad /glæd/ *adj* (**gladder**, **gladdest**) **1 to be ~ (about sth/to do sth/that...)** alegrarse (de algo/de hacer algo/de que...): *I'm glad (that) you could come.* Me alegro de que pudieras venir. **2 to be ~ to do sth** tener mucho gusto en hacer algo: *'Can you help?' 'I'd be glad to.'* —¿Podés ayudar? —Con mucho gusto. **3 to be ~ of sth** agradecer algo

Glad y **pleased** se usan para referirse a una circunstancia o un hecho concretos: *Are you glad/pleased about getting the job?* ¿Estás contento de haber conseguido el trabajo? **Happy** describe un estado mental y puede preceder al sustantivo al que acompaña: *Are you happy in your new job?* ¿Estás contento en tu nuevo trabajo? ◊ *a happy occasion* una ocasión feliz ◊ *happy memories* recuerdos felices.

gladly *adv* con gusto

glamour (*USA* **glamor**) /ˈglæmə(r)/ *n* glamour **glamorous** *adj* **1** (*persona*) seductor **2** (*trabajo*) atractivo

glance /glɑːns; *USA* glæns/ ◆ *vi* ~ **at/down/over/through sth** echar un vistazo/una mirada a algo ◆ *n* mirada (rápida), vistazo: *to take a glance at sth* echar un vistazo a algo LOC **at a glance** a simple vista

gland /glænd/ *n* glándula

glare /gleə(r)/ ◆ *n* **1** luz deslumbrante **2** mirada airada ◆ *vi* ~ **at sth/sb** mirar airadamente a algo/algn **glaring** *adj* **1** (*error*) evidente **2** (*expresión*) airado **3** (*luz*) deslumbrante **glaringly** *adv*: *glaringly obvious* muy evidente

glass /glɑːs; *USA* glæs/ *n* **1** [*incontable*] vidrio: *a pane of glass* un vidrio ◊ *broken glass* vidrios rotos **2** copa, vaso: *a glass of water* un vaso de agua **3 glasses** (*tb* **spectacles**) [*pl*] anteojos: *I need a new pair of glasses.* Necesito unos anteojos nuevos. LOC *Ver* RAISE ☛ *Ver nota en* PAIR

glaze /gleɪz/ ◆ *n* **1** (*cerámica*) esmalte **2** (*Cocina*) glaseado ◆ *vt* **1** (*cerámica*) esmaltar **2** (*cocina*) glasear *Ver tb* DOUBLE GLAZING PHR V **to glaze over** ponerse vidrioso **glazed** *adj* **1** (*ojos*) inexpresivo **2** (*cerámica*) esmaltado

gleam /gliːm/ ◆ *n* **1** destello **2** brillo ◆ *vi* **1** destellar **2** brillar, relucir **gleaming** *adj* reluciente

glean /gliːn/ *vt* sacar (*información*)

glee /gliː/ *n* regocijo **gleeful** *adj* eufórico **gleefully** *adv* con euforia

glen /glen/ *n* valle estrecho

glide /glaɪd/ ◆ *n* deslizamiento ◆ *vi* **1** deslizarse **2** (*en el aire*) planear **glider** *n* planeador

glimmer /ˈglɪmə(r)/ *n* **1** luz tenue **2** ~ **(of sth)** (*fig*) chispa (de algo): *a glimmer of hope* un rayo de esperanza

glimpse /glɪmps/ ◆ *n* visión momentánea LOC *Ver* CATCH ◆ *vt* vislumbrar

glint /glɪnt/ ◆ *vi* **1** destellar **2** (*ojos*) brillar ◆ *n* **1** destello **2** (*ojos*) chispa

glisten /ˈglɪsn/ *vi* relucir (*esp superficie mojada*)

glitter /ˈglɪtə(r)/ ◆ *vi* relucir ◆ *n* **1** brillo **2** (*fig*) esplendor

gloat /gləʊt/ *vi* ~ **(about/over sth)** relamerse, regocijarse (de algo)

global /ˈgləʊbl/ *adj* **1** mundial **2** global

globe /gləʊb/ *n* **1** globo **2** globo terráqueo

gloom /gluːm/ *n* **1** penumbra **2** tristeza **3** pesimismo **gloomy** *adj* (**-ier, -iest**) **1** (*lugar*) oscuro **2** (*día*) triste **3** (*pronóstico*) poco prometedor **4** (*aspecto, voz, etc*) triste **5** (*carácter*) melancólico

glorious /ˈglɔːriəs/ *adj* **1** glorioso **2** espléndido

glory /ˈglɔːri/ ◆ *n* **1** gloria **2** esplendor ◆ *vi* ~ **in sth 1** vanagloriarse de algo **2** enorgullecerse de algo

gloss /glɒs/ ◆ *n* **1** brillo **2** (*tb* **gloss paint**) pintura de esmalte ☛ *Comparar con* MATT **3** (*fig*) lustre **4** ~ (**on sth**) glosa (de algo) ◆ PHR V **to gloss over sth** pasar algo por alto **glossy** *adj* (**-ier**, **-iest**) reluciente, lustroso

glossary /ˈglɒsəri/ *n* (*pl* **-ies**) glosario

glove /glʌv/ *n* guante LOC *Ver* FIT[2]

glow /gləʊ/ ◆ *vi* **1** estar candente **2** brillar (suavemente) **3** (*cara*) enrojecerse **4** ~ (**with sth**) (*esp salud*) rebosar (de algo) ◆ *n* **1** luz suave **2** rubor **3** (sentimiento de) satisfacción

glucose /ˈgluːkəʊs/ *n* glucosa

glue /gluː/ ◆ *n* cola (*de pegar*), pegamento ◆ *vt* (*pt pres* **gluing**) pegar

glutton /ˈglʌtn/ *n* **1** glotón, -ona **2** ~ **for sth** (*coloq, fig*) amante de algo: *to be a glutton for punishment* ser masoquista

gnarled /nɑːld/ *adj* **1** (*árbol, mano*) retorcido **2** (*tronco*) nudoso

gnaw /nɔː/ *vt, vi* **1** ~ (**at**) **sth** roer algo **2** ~ (**at**) **sb** atormentar a algn

gnome /nəʊm/ *n* gnomo

go[1] /gəʊ/ *vi* (*3ª pers sing pres* **goes** /gəʊz/ *pret* **went** /went/ *pp* **gone** /gɒn; *USA* gɔːn/) **1** ir: *I went to bed at ten o'clock.* Me fui a la cama a las diez. ◊ *to go home* irse a casa

> **Been** se usa como participio pasado de **go** para expresar que alguien ha ido a un lugar y ha vuelto: *Have you ever been to London?* ¿Estuviste en Londres alguna vez? **Gone** implica que esa persona no ha regresado todavía: *John's gone to Peru. He'll be back in May.* John se fue a Perú. Va a volver en mayo.

2 irse **3** (*tren, etc*) salir **4 to go + -ing** ir: *to go fishing/swimming/camping* ir a pescar/a nadar/de camping **5 to go for a + sustantivo** ir: *to go for a walk* ir a dar un paseo **6** (*progreso*) ir, salir: *How's it going?* ¿Cómo te va? ◊ *All went well.* Todo salió bien. **7** (*máquina*) funcionar **8** volverse, quedarse: *to go mad/blind/pale* volverse loco/quedarse ciego/palidecer *Ver tb* BECOME **9** hacer (*emitir un sonido*): *Cats go 'miaow'.* Los gatos hacen "miau". **10** desaparecer, terminarse: *My headache's gone.* Se me pasó el dolor de cabeza. ◊ *Is it all gone?* ¿Se acabó? **11** gastarse, romperse **12** (*tiempo*) pasar LOC **to be going to do sth**: *We're going to buy a house.* Vamos a comprar una casa. ◊ *He's going to fall!* ¡Se va a caer! **to go all out** hacer lo imposible, mover cielo y tierra ☛ Para otras expresiones con **go**, véanse las entradas del sustantivo, adjetivo, etc, p.ej. **to go astray** en ASTRAY.

PHR V **to go about** (*tb* **to go (a)round**) **1** [*con adj o -ing*] andar: *to go about naked* andar desnudo **2** (*rumor*) circular **to go about (doing) sth**: *How should I go about telling him?* ¿Cómo debería decírselo?

to go ahead (with sth) seguir adelante (con algo)

to go along with sth/sb estar conforme con algo/con lo que dice algn

to go (a)round (*tb* **to go about**) **1** [*con adj o -ing*] andar (por ahí) **2** (*rumor*) circular

to go away 1 irse (de viaje) **2** (*mancha*) desaparecer

to go back volver **to go back on sth** faltar a algo (*promesa, etc*)

to go by pasar: *as time goes by* con el tiempo

to go down 1 bajar **2** (*barco*) hundirse **3** (*sol*) ponerse **to go down (with sb)** (*película, obra*) ser recibido (por algn)

to go for sb atacar a algn **to go for sth/sb** ir por algo/algn: *That goes for you too.* Eso va para vos también.

to go in entrar **to go in for (doing) sth** interesarse por (hacer) algo (*hobby, etc*)

to go in (sth) caber (en algo)

to go into sth 1 decidir dedicarse a algo (*profesión*) **2** examinar algo: *to go into (the) details* entrar en detalles

to go off 1 irse **2** (*arma*) dispararse **3** (*bomba*) explotar **4** (*alarma*) sonar **5** (*luz*) apagarse **6** (*alimentos*) pasarse **7** (*acontecimiento*) salir: *It went off well.* Salió muy bien. **to go off sth/sb** perder interés en algo/algn **to go off with sth** llevarse algo

to go on 1 seguir adelante **2** (*luz*) encenderse **3** suceder: *What's going on here?* ¿Qué pasa acá? **4** (*situación*)

continuar, durar **to go on (about sth/sb)** no parar de hablar (de algo/algn) **to go on (with sth/doing sth)** seguir (con algo/haciendo algo)
to go out 1 salir **2** (*luz*) apagarse
to go over sth 1 examinar algo **2** (*de nuevo*) repasar algo **to go over to sth** pasarse a algo (*opinión, partido*)
to go round 1 girar, dar vueltas **2** (*cantidad*) alcanzar **to go through** ser aprobado (*ley, etc*) **to go through sth 1** revisar, registrar algo **2** (*de nuevo*) repasar algo **3** sufrir, pasar por algo **to go through with sth** llevar algo a cabo, seguir adelante con algo
to go together hacer juego, armonizar
to go up 1 subir **2** (*edificio*) levantarse **3** estallar, explotar
to go with sth ir bien, hacer juego con algo
to go without pasar privaciones **to go without sth** pasarse sin algo

go² /gəʊ/ *n* (*pl* **goes** /gəʊz/) **1** turno: *Whose go is it?* ¿A quién le toca? *Ver* TURN **2** (*coloq*) empuje LOC **to be on the go** (*coloq*) no parar **to have a go (at sth/doing sth)** (*coloq*) probar suerte (con algo), intentar (hacer algo)

goad /gəʊd/ *vt* ~ **sb (into doing sth)** provocar a algn (a hacer algo)

go-ahead /ˈgəʊ əhed/ ◆ **the go-ahead** *n* luz verde ◆ *adj* emprendedor

goal /gəʊl/ *n* **1** arco **2** gol **3** (*fig*) meta **goalkeeper** (*tb coloq* **goalie**) *n* arquero, -a **goalpost** *n* poste del arco

goat /gəʊt/ *n* cabra

gobble /ˈgɒbl/ *vt* ~ **sth (up/down)** engullir algo

go-between /ˈgəʊ bɪtwiːn/ *n* intermediario, -a

god /gɒd/ *n* **1** dios **2 God** [*sing*] Dios LOC *Ver* KNOW, SAKE

godchild /ˈgɒdtʃaɪld/ *n* ahijado, -a

god-daughter /ˈgɒd dɔːtə(r)/ *n* ahijada

goddess /ˈgɒdes/ *n* diosa

godfather /ˈgɒdfɑːðə(r)/ *n* padrino

godmother /ˈgɒdmʌðə(r)/ *n* madrina

godparent /ˈgɒdpeərənt/ *n* **1** padrino, madrina **2 godparents** [*pl*] padrinos

godsend /ˈgɒdsend/ *n* regalo del cielo

godson /ˈgɒdsʌn/ *n* ahijado

goggles /ˈgɒglz/ *n* [*pl*] antiparras

going /ˈgəʊɪŋ/ ◆ *n* **1** [*sing*] (*ida*) partida **2** *Good going!* ¡Bien hecho! ◊ *That was good going.* Se hizo buen progreso. ◊ *The path was rough going.* El camino estaba en muy mal estado. LOC **to get out, etc while the going is good** irse, etc mientras se puede ◆ *adj* LOC **a going concern** un negocio próspero **the going rate (for sth)** la tarifa existente (para algo)

gold /gəʊld/ *n* oro: *a gold bracelet* una pulsera de oro LOC **(as) good as gold** muy bien portado

gold dust *n* oro en polvo

golden /ˈgəʊldən/ *adj* **1** de oro **2** (*color y fig*) dorado LOC *Ver* WEDDING

goldfish /ˈgəʊldfɪʃ/ *n* pez de colores

golf /gɒlf/ *n* golf: *golf course* cancha de golf **golf club** *n* **1** club de golf **2** palo de golf **golfer** *n* golfista

gone /gɒn; *USA* gɔːn/ ◆ *pp de* GO¹ ◆ *prep*: *It was gone midnight.* Eran las doce pasadas.

gonna /ˈgɒnə/ (*coloq*) = GOING TO *en* GO¹

good /gʊd/ ◆ *adj* (*comp* **better** /ˈbetə(r)/ *superl* **best** /best/) **1** bueno: *good nature* bondad **2** *to be good at sth* tener aptitud para algo **3** ~ **to sb** bueno, amable con algn **4** *Vegetables are good for you.* Las verduras son buenas para la salud. LOC **as good as** prácticamente **good for you, her, etc!** (*coloq*) ¡bien hecho! ☛ Para otras expresiones con **good**, véanse las entradas del sustantivo, adjetivo, etc, p.ej. **a good many** en MANY. ◆ *n* **1** bien **2 the good** los buenos LOC **for good** para siempre **to be no good (doing sth)** no servir de nada (hacer algo) **to do sb good** hacer bien a algn

goodbye /ˌgʊdˈbaɪ/ *interj*, *n* adiós, chau: *to say goodbye* despedirse ☛ Otras palabras más informales son: **bye**, **cheerio** y **cheers**.

good-humoured /ˌgʊd ˈhjuːməd/ *adj* **1** afable **2** de buen humor

good-looking /ˌgʊd ˈlʊkɪŋ/ *adj* buen mozo

good-natured /ˌgʊd ˈneɪtʃəd/ *adj* **1** amable **2** de buen corazón

goodness /ˈgʊdnəs/ ◆ *n* **1** bondad **2** valor nutritivo ◆ *interj* ¡Dios mío! LOC *Ver* KNOW

goods /gʊdz/ *n* [*pl*] **1** bienes **2** artículos, mercancías, productos

goodwill /ˌgʊdˈwɪl/ *n* buena voluntad

goose /guːs/ *n* (*pl* **geese** /giːs/) (*masc* **gander** /ˈgændə(r)/) ganso, -a, oca

gooseberry /ˈgʊzbəri; *USA* ˈguːsberi/ *n* (*pl* **-ies**) grosella verde

goose-pimples /ˈguːs pɪmplz/ *n* [*pl*] (*tb* **goose-flesh**) piel de gallina

gorge /gɔːdʒ/ *n* cañón (*Geog*)

gorgeous /ˈgɔːdʒəs/ *adj* **1** magnífico **2** (*coloq*) divino

gorilla /gəˈrɪlə/ *n* gorila

gory /ˈgɔːri/ *adj* (**gorier**, **goriest**) **1** sangriento **2** morboso

go-slow /ˌgəʊ ˈsləʊ/ *n* trabajo a reglamento

gospel /ˈgɒspl/ *n* evangelio

gossip /ˈgɒsɪp/ ◆ *n* **1** [*incontable*] (*pey*) chismes **2** (*pey*) chismoso, -a ◆ *vi* ~ (**with sb**) (**about sth**) chusmear (con algn) (de algo)

got *pret, pp de* GET

Gothic /ˈgɒθɪk/ *adj* gótico

gotten (*USA*) *pp de* GET

gouge /gaʊdʒ/ *vt* hacer (*agujero*) PHR V **to gouge sth out** excavar algo

gout /gaʊt/ *n* (*enfermedad*) gota

govern /ˈgʌvn/ **1** *vt, vi* gobernar **2** *vt* (*acto, negocio*) regir **governing** *adj* rector

governess /ˈgʌvənəs/ *n* institutriz

government /ˈgʌvənmənt/ *n* [*v sing o pl*] gobierno LOC **in government** en el gobierno **governmental** /ˌgʌvnˈmentl/ *adj* gubernamental

governor /ˈgʌvənə(r)/ *n* **1** gobernador, -ora **2** director, -ora

gown /gaʊn/ *n* **1** vestido largo **2** (*Educ, Jur*) toga **3** (*Med*) bata

GP /ˌdʒiːˈpiː/ *abrev* **general practitioner**

grab /græb/ ◆ (**-bb-**) **1** *vt* agarrar **2** *vt* (*atención*) captar **3** *vi* ~ **at sth/sb** tratar de agarrar algo/a algn **4** *vt* ~ **sth** (**from sth/sb**) quitarle algo (a algn) PHR V **to grab hold of sth/sb** agarrar algo/a algn ◆ *n* LOC **to make a grab for/at sth** intentar arrebatar algo

grace /greɪs/ ◆ *n* **1** gracia, elegancia **2** plazo: *five days' grace* cinco días de gracia **3** *to say grace* bendecir la mesa ◆ *vt* **1** adornar **2** ~ **sth/sb** (**with sth**) honrar algo/a algn (con algo) **graceful** *adj* **1** grácil, elegante **2** delicado (*cortés*)

gracious /ˈgreɪʃəs/ *adj* **1** cortés, gentil **2** elegante, lujoso

grade /greɪd/ ◆ *n* **1** clase, categoría **2** (*Educ*) nota **3** (*USA, Educ*) curso **4** (*USA, Geog*) pendiente LOC **to make the grade** (*coloq*) tener éxito ◆ *vt* **1** clasificar **2** (*USA, Educ*) calificar (*examen*) **grading** *n* clasificación

gradient /ˈgreɪdiənt/ *n* (*GB*) pendiente

gradual /ˈgrædʒuəl/ *adj* **1** gradual, paulatino **2** (*pendiente*) suave **gradually** *adv* paulatinamente, poco a poco

graduate /ˈgrædʒʊət/ ◆ *n* **1** ~ (**in sth**) recibido, -a (de algo) **2** (*USA*) egresado, -a ◆ /ˈgrædʒʊeɪt/ **1** *vi* ~ (**in sth**) recibirse (de algo) **2** *vi* ~ (**in sth**) (*USA*) egresar (de algo) **3** *vt* graduar **graduation** *n* entrega de títulos

graffiti /grəˈfiːti/ *n* [*incontable*] graffiti

graft /grɑːft; *USA* græft/ ◆ *n* (*Bot, Med*) injerto ◆ *vt* ~ **sth** (**onto sth**) injertar algo (en algo)

grain /greɪn/ *n* **1** [*incontable*] cereales **2** grano **3** veta (*madera*)

gram (*tb* **gramme**) /græm/ *n* (*abrev* **g**) gramo ☛ *Ver Apéndice 1.*

grammar /ˈgræmə(r)/ *n* gramática (*libro, reglas*)

grammar school *n* **1** (*GB*) escuela (para alumnos de 12 a 18 años) **2** (*USA*) escuela primaria

grammatical /grəˈmætɪkl/ *adj* **1** gramatical **2** (gramaticalmente) correcto

gramme /græm/ *n Ver* GRAM

gramophone /ˈgræməfəʊn/ *n* (*antic*) gramófono

grand /grænd/ ◆ *adj* (**-er**, **-est**) **1** espléndido, magnífico, grandioso **2** (*antic, coloq, Irl*) estupendo **3 Grand** (*títulos*) gran **4** *grand piano* piano de cola ◆ *n* (*pl* **grand**) (*coloq*) mil dólares o libras

grandad /ˈgrændæd/ *n* (*coloq*) abuelo, nono

grandchild /ˈgræntʃaɪld/ *n* (*pl* **-children**) nieto, -a

granddaughter /ˈgrændɔːtə(r)/ *n* nieta

grandeur /ˈgrændʒə(r)/ *n* grandiosidad, grandeza

grandfather /ˈgrænfɑːðə(r)/ *n* abuelo

grandma /ˈgrænmɑː/ *n* (*coloq*) abuela, nona

grandmother /ˈgrænmʌðə(r)/ *n* abuela

grandpa /ˈgrænpɑː/ *n* (*coloq*) abuelo, nono

grandparent /ˈgrænpeərənt/ *n* abuelo, -a

grandson /ˈgrænsʌn/ *n* nieto

grandstand /ˈgrændstænd/ *n* (*Dep*) tribuna

granite /ˈgrænɪt/ *n* granito

granny /ˈgræni/ *n* (*pl* **-ies**) (*coloq*) abuela, nona

grant /grɑːnt/ ◆ *vt* ~ **sth** (**to sb**) conceder algo (a algn) LOC **to take sth/sb for granted** dar algo por descontado, no saber valorar a algn ◆ *n* **1** subvención **2** (*Educ*) beca

grape /greɪp/ *n* uva

grapefruit /ˈgreɪpfruːt/ *n* (*pl* **grapefruit** *o* ~**s**) pomelo

grapevine /ˈgreɪpvaɪn/ *n* **1** viña **2 the grapevine** (*fig*) radio pasillo: *to hear sth on the grapevine* oír algo por ahí

graph /grɑːf; *USA* græf/ *n* gráfico

graphic /ˈgræfɪk/ *adj* gráfico **graphics** *n* [*pl*]: *computer graphics* gráficos por computadora

grapple /ˈgræpl/ *vi* ~ (**with sth/sb**) (*lit y fig*) luchar (con algo/algn)

grasp /grɑːsp; *USA* græsp/ ◆ *vt* **1** agarrar **2** (*oportunidad*) aprovechar **3** comprender ◆ *n* **1** (*fig*) alcance: *within/beyond the grasp of* al alcance/fuera del alcance de **2** conocimiento **grasping** *adj* codicioso

grass /grɑːs; *USA* græs/ *n* pasto, césped

grasshopper /ˈgrɑːshɒpə(r)/ *n* saltamontes

grassland /ˈgrɑːslænd, -lənd/ (*tb* **grasslands** [*pl*]) *n* pampa

grass roots *n* bases

grassy /ˈgrɑːsi; *USA* ˈgræsi/ *adj* (**-ier**, **-iest**) cubierto de pasto

grate /greɪt/ ◆ **1** *vt* rallar **2** *vi* chirriar **3** *vi* ~ (**on sth/sb**) (*fig*) irritar (algo/a algn) ◆ *n* rejilla (*de chimenea*)

grateful /ˈgreɪtfl/ *adj* ~ (**to sb**) (**for sth**); ~ (**that...**) agradecido (a algn) (por algo); agradecido (de que...)

grater /ˈgreɪtə(r)/ *n* rallador

gratitude /ˈgrætɪtjuːd; *USA* -tuːd/ *n* ~ (**to sb**) (**for sth**) gratitud (a algn) (por algo)

grave /greɪv/ ◆ *adj* (**-er**, **-est**) (*formal*) grave, serio ☛ La palabra más corriente es **serious**. ◆ *n* tumba

gravel /ˈgrævl/ *n* predregullo

graveyard /ˈgreɪvjɑːd/ (*tb* **churchyard**) *n* cementerio (*alrededor de una iglesia*) ☛ *Comparar con* CEMETERY

gravity /ˈgrævəti/ *n* **1** (*Fís*) gravedad **2** (*formal*) seriedad ☛ Una palabra más corriente es **seriousness**.

gravy /ˈgreɪvi/ *n* salsa (*hecha con el jugo de la carne*)

gray /greɪ/ (*USA*) *Ver* GREY

graze /greɪz/ ◆ **1** *vi* pastar **2** *vt* ~ **sth** (**against/on sth**) (*pierna, etc*) raspar algo (con algo) **3** *vt* rozar ◆ *n* raspadura (*Med*)

grease /griːs/ ◆ *n* **1** grasa **2** (*Mec*) lubricante ◆ *vt* engrasar **greasy** *adj* (**-ier**, **-iest**) grasiento

great /greɪt/ ◆ *adj* (**-er**, **-est**) **1** gran, grande: *in great detail* con gran detalle ◇ *the world's greatest tennis player* la mejor tenista del mundo ◇ *We're great friends.* Somos muy amigos. ◇ *I'm not a great reader.* No soy de leer mucho. **2** (*distancia*) largo **3** (*edad*) avanzado **4** (*cuidado*) mucho **5** (*coloq*) excelente: *We had a great time.* La pasamos genial. ◇ *It's great to see you!* ¡Qué alegría verte! **6** ~ **at sth** muy bueno en algo **7** (*coloq*) muy: *a great big dog* un perro enorme LOC **great minds think alike** los grandes cerebros siempre coinciden *Ver tb* BELIEVER *en* BELIEVE, DEAL[1], EXTENT ◆ *n* [*gen pl*] (*coloq*): *one of the jazz greats* una de las grandes figuras del jazz **greatly** *adv* muy, mucho: *greatly exaggerated* muy exagerado ◇ *It varies greatly.* Varía mucho. **greatness** *n* grandeza

great-grandfather /ˌgreɪt ˈgrænfɑːðə(r)/ *n* bisabuelo

great-grandmother /ˌgreɪt ˈgrænmʌðə(r)/ *n* bisabuela

greed /griːd/ *n* **1** ~ (**for sth**) codicia, avaricia (de algo) **2** gula **greedily** *adv* **1** codiciosamente **2** vorazmente **greedy** *adj* (**-ier**, **-iest**) **1** ~ (**for sth**) codicioso (de algo) **2** angurriento

green /griːn/ ◆ *adj* (**-er**, **-est**) verde ◆ *n* **1** verde **2 greens** [*pl*] verduras **3** prado **greenery** *n* verde, follaje

greengrocer /ˈgriːnˌgrəʊsə(r)/ *n* (*GB*) verdulero, -a: *greengrocer's* (*shop*) verdulería

greenhouse /ˈgriːnhaʊs/ *n* invernadero: *greenhouse effect* efecto invernadero

greet /griːt/ *vt* **1** ~ **sb** saludar a algn: *He greeted me with a smile.* Me recibió con una sonrisa. ☛ *Comparar con* SALUTE **2** ~ **sth with sth** recibir, acoger algo con algo **greeting** *n* **1** saludo **2** recibimiento

grenade /grəˈneɪd/ *n* granada (*de mano*)

grew *pret de* GROW

grey (*USA tb* **gray**) /greɪ/ ◆ *adj* (**-er**, **-est**) **1** (*lit y fig*) gris **2** (*pelo*) blanco: *to go/turn grey* encanecer ◊ *grey-haired* canoso ◆ *n* (*pl* **greys**) gris

greyhound /ˈgreɪhaʊnd/ *n* galgo

grid /grɪd/ *n* **1** rejilla **2** (*eléc, gas*) red **3** (*mapa*) cuadrícula

grief /griːf/ *n* ~ (**over/at sth**) dolor, pesar (por algo) LOC **to come to grief** (*coloq*) **1** fracasar **2** sufrir un accidente

grievance /ˈgriːvns/ *n* ~ (**against sb**) **1** (motivo de) queja (contra algn) **2** (*de trabajadores*) reivindicación (contra algn)

grieve /griːv/ (*formal*) **1** *vt* afligir, dar pena a **2** *vi* ~ (**for/over/about sth/sb**) llorar la pérdida (de algo /algn) **3** *vi* ~ **at/about/over sth** lamentarse de algo; afligirse por algo

grill /grɪl/ ◆ *n* **1** grill **2** (*plato*) parrillada **3** *Ver* GRILLE ◆ **1** *vt, vi* asar(se) a la parrilla **2** *vt* (*coloq, fig*) matar a preguntas

grille (*tb* **grill**) /grɪl/ *n* rejilla, reja

grim /grɪm/ *adj* (**grimmer**, **grimmest**) **1** (*persona*) severo, ceñudo **2** (*lugar*) triste, lúgubre **3** deprimente, triste **4** macabro, siniestro

grimace /grɪˈmeɪs; *USA* ˈgrɪməs/ ◆ *n* mueca ◆ *vi* ~ (**at sth/sb**) hacer muecas (a algo/algn)

grime /graɪm/ *n* mugre **grimy** *adj* (**-ier**, **-iest**) mugriento

grin /grɪn/ ◆ *vi* (**-nn-**) ~ (**at sth/sb**) sonreír de oreja a oreja (a algo/algn) LOC **to grin and bear it** poner al mal tiempo buena cara ◆ *n* sonrisa

grind /graɪnd/ ◆ (*pret, pp* **ground** /graʊnd/) **1** *vt, vi* moler(se) **2** *vt* afilar **3** *vt* (*dientes*) rechinar **4** *vt* (*esp USA*) (*carne*) picar LOC **to grind to a halt/standstill** **1** pararse chirriando **2** (*proceso*) detenerse gradualmente *Ver tb* AXE ◆ *n* (*coloq*): *the daily grind* la rutina cotidiana

grip /grɪp/ ◆ (**-pp-**) **1** *vt, vi* agarrar(se), asir(se) **2** *vt* (*mano*) apretar **3** *vt* (*atención*) absorber ◆ *n* ~ (**on sth/sb**) **1** agarre, adherencia (a algo/algn) **2** (*fig*) dominio, control, presión (sobre algo/algn) **3** mango, asa LOC **to come/get to grips with sth/sb** (*lit y fig*) enfrentarse a algo/algn **gripping** *adj* fascinante, que se agarra

grit /grɪt/ ◆ *n* **1** pedregullo **2** valor, determinación ◆ *vt* (**-tt-**) cubrir con pedregullo LOC **to grit your teeth** **1** apretar los dientes **2** (*fig*) armarse de valor

groan /grəʊn/ ◆ *vi* **1** ~ (**with sth**) gemir (de algo) **2** (*muebles, etc*) crujir **3** ~ (**on**) (**about/over sth**) quejarse (de algo) **4** ~ (**at sth/sb**) quejarse (a algo/algn) ◆ *n* **1** gemido **2** quejido **3** crujido

grocer /ˈgrəʊsə(r)/ *n* **1** almacenero, -a **2** **grocer's** (*tb* **grocery shop**, **grocery store**) almacén **groceries** *n* [*pl*] productos de almacén

groggy /ˈgrɒgi/ *adj* (**-ier**, **-iest**) mareado, grogui

groin /grɔɪn/ *n* bajo vientre: *a groin injury* una herida en la ingle

groom /gruːm/ ◆ *n* **1** mozo, -a de cuadra **2** = BRIDEGROOM LOC *Ver* BRIDE ◆ *vt* **1** (*caballo*) cepillar **2** (*pelo*) arreglar **3** ~ **sb** (**for sth/to do sth**) preparar a algn (para algo/para hacer algo)

groove /gruːv/ *n* ranura, estría, surco

grope /grəʊp/ *vi* **1** andar a tientas **2** ~ (**about**) **for sth** buscar algo a tientas; titubear buscando algo

gross /grəʊs/ ◆ *n* (*pl* **gross** *o* **grosses**) gruesa (*doce docenas*) ◆ *adj* (**-er**, **-est**) **1** repulsivamente gordo **2** grosero **3** (*exageración*) flagrante **4** (*error, negligencia*) craso **5** (*injusticia, indecencia*) grave **6** (*total*) bruto ◆ *vt* recaudar, ganar (*en bruto*) **grossly** *adv* extremadamente

grotesque /grəʊˈtesk/ *adj* grotesco

ground /graʊnd/ ◆ *n* **1** (*lit*) suelo, tierra, terreno **2** (*fig*) terreno **3** zona, campo (*de juego*) **4** **grounds** [*pl*] jardines **5** [*gen pl*] motivo, razón **6** **grounds** [*pl*] poso, sedimento LOC **on the ground** en el suelo, sobre el terreno **to get off the ground** **1** ponerse en marcha, resultar factible **2** (*avión*) despegar **to give/**

lose ground (**to sth/sb**) ceder/perder terreno (frente a algo/algn) **to the ground** (*destruir*) completamente *Ver tb* FIRM, MIDDLE, THIN ◆ *vt* **1** (*avión*) impedir que despegue **2** (*coloq*) no dejar salir ◆ *pret, pp de* GRIND ◆ *adj* **1** molido **2** (*esp USA*) (*carne*) picado **grounding** *n* [*sing*] ~ (**in sth**) base, conceptos fundamentales (de algo) **groundless** *adj* infundado

ground floor *n* **1** planta baja **2 ground-floor** [*antes de sustantivo*] de/en la planta baja *Ver tb* FLOOR

group /gruːp/ ◆ *n* [*v sing o pl*] (*gen, Mús*) grupo ◆ *vt, vi* ~ (**together**) agrupar(se) **grouping** *n* agrupación

grouse /graʊs/ *n* (*pl* **grouse**) urogallo

grove /grəʊv/ *n* arboleda

grovel /ˈgrɒvl/ *vi* (-**ll**-, *USA* -**l**-) (*pey*) ~ (**to sb**) humillarse (ante algn) **grovelling** *adj* servil

grow /grəʊ/ (*pret* **grew** /gruː/ *pp* **grown** /grəʊn/) **1** *vi* crecer **2** *vt* (*pelo, barba*) dejar crecer **3** *vt* cultivar **4** *vi* hacerse: *to grow old/rich* envejecer/enriquecerse **5** *vi*: *He grew to rely on her.* Llegó a depender de ella. PHR V **to grow into sth** convertirse en algo **to grow on sb** empezar a gustarle a uno cada vez más **to grow up 1** desarrollarse **2** crecer: *when I grow up* cuando sea grande ◇ *Oh, grow up!* ¡No seas chiquilín! *Ver tb* GROWN-UP **growing** *adj* creciente

growl /graʊl/ ◆ *vi* gruñir ◆ *n* gruñido

grown /grəʊn/ ◆ *adj* adulto: *a grown man* un adulto ◆ *pp de* GROW

grown-up /ˌgrəʊn ˈʌp/ ◆ *adj* mayor ◆ /ˈgrəʊn ʌp/ *n* adulto

growth /grəʊθ/ *n* **1** crecimiento **2** ~ (**in/of sth**) aumento (de algo) **3** [*sing*] brotes **4** tumor

grub /grʌb/ *n* **1** larva **2** (*coloq*) morfi

grubby /ˈgrʌbi/ *adj* (-**ier**, -**iest**) (*coloq*) sucio

grudge /grʌdʒ/ ◆ *vt* ~ **sb sth 1** envidiar algo a algn **2** escatimar algo a algn ◆ *n* rencor: *to bear sb a grudge/have a grudge against sb* guardar rencor a algn LOC *Ver* BEAR[2] **grudgingly** *adv* de mala gana, a regañadientes

gruelling (*USA* **grueling**) /ˈgruːəlɪŋ/ *adj* muy duro, penoso

gruesome /ˈgruːsəm/ *adj* espantoso, horrible

gruff /grʌf/ *adj* (*voz*) tosco, áspero

grumble /ˈgrʌmbl/ ◆ *vi* refunfuñar: *to grumble about/at/over sth* quejarse de algo ◆ *n* queja

grumpy /ˈgrʌmpi/ *adj* (-**ier**, -**iest**) (*coloq*) gruñón

grunt /grʌnt/ ◆ *vi* gruñir ◆ *n* gruñido

guarantee /ˌgærənˈtiː/ ◆ *n* ~ (**of sth/that…**) garantía (de algo/de que…) ◆ *vt* **1** garantizar **2** (*préstamo*) avalar

guard /gɑːd/ ◆ *vt* **1** proteger, guardar **2** ~ **sb** vigilar a algn PHR V **to guard against sth** protegerse contra algo ◆ *n* **1** guardia, vigilancia: *to be on guard* estar alerta ◇ *guard dog* perro guardián **2** guardia, centinela **3** [*v sing o pl*] guardia (*grupo de soldados*) **4** (*maquinaria*) dispositivo de seguridad **5** (*GB, Ferrocarril*) guarda LOC **to be off/on your guard** estar desprevenido/alerta **guarded** *adj* cauteloso, precavido

guardian /ˈgɑːdiən/ *n* **1** guardián, -ana: *guardian angel* ángel de la guarda **2** tutor, -ora

guerrilla (*tb* **guerilla**) /gəˈrɪlə/ *n* guerrillero, -a: *guerrilla war(fare)* guerra de guerrillas

guess /ges/ ◆ *vt, vi* **1** ~ (**at sth**) adivinar, imaginar (algo) **2** (*coloq, esp USA*) creer, pensar: *I guess so/not.* Supongo que sí/no. ◆ *n* suposición, conjetura, cálculo: *to have/make a guess* (*at sth*) intentar adivinar (algo) ◇ *guesswork* conjeturas LOC **it's anybody's guess** nadie lo sabe *Ver tb* HAZARD

guest /gest/ *n* **1** invitado, -a **2** huésped: *guest house* casa de huéspedes/pensión

guidance /ˈgaɪdns/ *n* orientación, supervisión

guide /gaɪd/ ◆ *n* **1** (*persona*) guía **2** (*tb* **guidebook**) guía (*turística*) **3** (*tb* **Guide**, **Girl Guide**) guía (*de los scouts*) ◆ *vt* **1** guiar, orientar: *to guide sb to sth* llevar a algn hasta algo **2** influenciar **guided** *adj* con guía

guideline /ˈgaɪdlaɪn/ *n* directriz, pauta

guilt /gɪlt/ *n* culpa, culpabilidad **guilty** *adj* (-**ier**, -**iest**) culpable LOC *Ver* PLEAD

guinea pig /ˈgɪni pɪg/ *n* (*lit y fig*) cobayo, conejito de Indias

guise /gaɪz/ *n* apariencia

guitar /gɪˈtɑː(r)/ *n* guitarra

gulf /gʌlf/ *n* **1** (*Geog*) golfo **2** abismo, sima

gull /gʌl/ (*tb* **seagull**) *n* gaviota

gullible /ˈgʌləbl/ *adj* crédulo

gulp /gʌlp/ ◆ *vt* **1** ~ **sth** (**down**) tragarse algo **2** *vi* tragar saliva ◆ *n* trago

gum /gʌm/ *n* **1** (*Anat*) encía **2** goma, pegamento **3** chicle *Ver* BUBBLEGUM, CHEWING GUM

gun /gʌn/ ◆ *n* **1** arma (*de fuego*) **2** escopeta *Ver tb* MACHINE-GUN, PISTOL, RIFLE, SHOTGUN ◆ *v* (**-nn-**) PHR V **to gun sb down** (*coloq*) matar/herir gravemente a algn a tiros

gunfire /ˈgʌnfaɪə(r)/ *n* fuego (*disparos*)

gunman /ˈgʌnmən/ *n* (*pl* **-men** /-mən/) hombre armado

gunpoint /ˈgʌnpɔɪnt/ *n* LOC **at gunpoint** a punta de pistola

gunpowder /ˈgʌnpaʊdə(r)/ *n* pólvora

gunshot /ˈgʌnʃɒt/ *n* disparo

gurgle /ˈgɜːgl/ *vi* gorjear, gorgotear

gush /gʌʃ/ *vi* **1** ~ (**out**) (**from sth**) salir a borbotones, manar (de algo) **2** ~ (**over sth/sb**) (*pey, fig*) hablar con demasiado entusiasmo (de algo/algn)

gust /gʌst/ *n* ráfaga

gusto /ˈgʌstəʊ/ *n* (*coloq*) entusiasmo

gut /gʌt/ ◆ *n* **1 guts** [*pl*] (*coloq*) tripas **2 guts** [*pl*] (*fig*) agallas **3** intestino: *a gut reaction/feeling* una reacción visceral/ un instinto ◆ *vt* (**-tt-**) **1** destripar **2** destruir por dentro

gutter /ˈgʌtə(r)/ *n* **1** alcantarilla: *the gutter press* la prensa amarilla **2** canaleta

guy /gaɪ/ *n* (*coloq*) tipo

guzzle /ˈgʌzl/ *vt* ~ **sth** (**down/up**) (*coloq*) engullirse, tragarse algo

gymnasium /dʒɪmˈneɪziəm/ (*pl* **-siums** *o* **-sia** /-ziə/) (*coloq* **gym**) *n* gimnasio

gymnastics /dʒɪmˈnæstɪks/ (*coloq* **gym**) *n* [*sing*] gimnasia **gymnast** /ˈdʒɪmnæst/ *n* gimnasta

gynaecologist (*USA* **gyne-**) /ˌgaɪnəˈkɒlədʒɪst/ *n* ginecólogo, -a

gypsy (*tb* **gipsy**, **Gypsy**) /ˈdʒɪpsi/ *n* (*pl* **-ies**) gitano, -a

Hh

H, h /eɪtʃ/ *n* (*pl* **H's**, **h's** /ˈeɪtʃɪz/) H, h: *H for Harry* H de huevo ☛ *Ver ejemplos en* A, A

habit /ˈhæbɪt/ *n* **1** costumbre, hábito **2** (*Relig*) hábito

habitation /ˌhæbɪˈteɪʃn/ *n* habitación: *not fit for human habitation* no apto para ser habitado

habitual /həˈbɪtʃuəl/ *adj* habitual

hack[1] /hæk/ *vt, vi* ~ (**at**) **sth** golpear algo (*con algo cortante*)

hack[2] /hæk/ *vt, vi* ~ (**into**) (**sth**) (*Informát, coloq*) lograr acceso (a algo) ilegalmente **hacking** *n* acceso ilegal

had /həd, hæd/ *pret, pp de* HAVE

hadn't /ˈhæd(ə)nt/ = HAD NOT *Ver* HAVE

haemoglobin (*USA* **hem-**) /ˌhiːməˈgləʊbɪn/ *n* hemoglobina

haemorrhage (*USA* **hem-**) /ˈhemərɪdʒ/ *n* hemorragia

haggard /ˈhægəd/ *adj* demacrado

haggle /ˈhægl/ *vi* ~ (**over/about sth**) regatear (por algo)

hail[1] /heɪl/ ◆ *n* [*incontable*] granizo ◆ *vi* granizar

hail[2] /heɪl/ *vt* **1** llamar a (*para atraer la atención*) **2** ~ **sth/sb as sth** aclamar algo/a algn como algo

hailstone /ˈheɪlstəʊn/ *n* piedra (*de granizo*)

hailstorm /ˈheɪlstɔːm/ *n* granizada

hair /heə(r)/ *n* **1** pelo, cabello **2** vello LOC *Ver* PART

hairbrush /ˈheəbrʌʃ/ *n* cepillo (*para el pelo*) ☛ *Ver dibujo en* BRUSH

haircut /ˈheəkʌt/ *n* corte de pelo: *to have/get a haircut* cortarse el pelo

hairdo /ˈheəduː/ *n* (*pl* ~**s**) (*coloq*) peinado

hairdresser /ˈheəˌdresə(r)/ *n* peluquero, -a **hairdresser's** *n* peluquería (*negocio*) **hairdressing** *n* peluquería (*arte*)

hairdryer /ˈheədraɪə(r)/ *n* secador (*de pelo*)

hairpin /ˈheəpɪn/ *n* horquilla: *hairpin bend* curva muy cerrada

hairstyle /ˈheəstaɪl/ *n* peinado

hairy /ˈheəri/ *adj* (**-ier**, **-iest**) peludo

half /hɑːf; *USA* hæf/ ◆ *n* (*pl* **halves** /hɑːvz; *USA* hævz/) mitad, medio: *The second half of the book is more interesting.* La segunda mitad del libro es más interesante. ◊ *two and a half hours* dos horas y media ◊ *Two halves make a whole.* Dos mitades hacen un entero. LOC **to break, etc sth in half** partir, etc algo por la mitad **to go halves** (**with sb**) ir a medias (con algn) ◆ *adj, pron* mitad, medio: *half the team* la mitad del equipo ◊ *half an hour* media hora ◊ *to cut sth by half* reducir algo a la mitad LOC **half** (**past**) **one, two, etc** la una, las dos, etc y media ◆ *adv* a medio, a medias: *The job will have been only half done.* Habrán hecho el trabajo sólo a medias. ◊ *half built* a medio construir

half board *n* media pensión

half-brother /ˈhɑːf brʌðə(r); *USA* ˈhæf-/ *n* medio hermano ☛ *Ver nota en* HERMANASTRO

half-hearted /ˌhɑːf ˈhɑːtɪd; *USA* ˈhæf-/ *adj* desganado **half-heartedly** *adv* sin entusiasmo

half-sister /ˈhɑːf sɪstə(r); *USA* ˈhæf-/ *n* media hermana ☛ *Ver nota en* HERMANASTRO

half-term /ˌhɑːf ˈtɜːm; *USA* ˌhæf-/ *n* (*GB*) vacaciones escolares de una semana a mediados de cada trimestre

half-time /ˌhɑːf ˈtaɪm; *USA* ˌhæf-/ *n* (*Dep*) medio tiempo

halfway /ˌhɑːfˈweɪ; *USA* ˌhæf-/ *adj, adv* a medio camino, a mitad: *halfway between London and Glasgow* a medio camino entre Londres y Glasgow

halfwit /ˈhɑːfwɪt; *USA* ˈhæf-/ *n* zonzo, -a

hall /hɔːl/ *n* **1** (*tb* **hallway**) hall, entrada **2** (*de conciertos o reuniones*) sala **3** (*tb* **hall of residence**) residencia universitaria

hallmark /ˈhɔːlmɑːk/ *n* **1** (*de metales preciosos*) contraste **2** (*fig*) sello

Hallowe'en /ˌhæləʊˈiːn/ *n*

> **Hallowe'en** (31 de octubre) significa la víspera de Todos los Santos y es la noche de los fantasmas y las brujas. Mucha gente vacía un zapallo, le da forma de cara y coloca una vela adentro. Los chicos se disfrazan y van por las casas pidiendo caramelos o dinero. Cuando se les abre la puerta dicen **trick or treat** ("o nos das algo o te hacemos una broma").

hallucination /həˌluːsɪˈneɪʃn/ *n* alucinación

hallway *Ver* HALL

halo /ˈheɪləʊ/ *n* (*pl* **haloes** *o* **~s**) halo, aureola

halt /hɔːlt/ ◆ *n* parada, alto, interrupción LOC *Ver* GRIND ◆ *vt, vi* parar(se), detener(se): *Halt!* ¡Alto!

halting /ˈhɔːltɪŋ/ *adj* vacilante, titubeante

halve /hɑːv; *USA* hæv/ *vt* **1** partir por la mitad **2** reducir a la mitad

halves *plural de* HALF

ham /hæm/ *n* jamón cocido

hamburger /ˈhæmbɜːgə(r)/ (*tb* **burger**) *n* hamburguesa

hamlet /ˈhæmlət/ *n* aldea, caserío

hammer /ˈhæmə(r)/ ◆ *n* martillo ◆ *vt* **1** martillear **2** (*coloq, fig*) dar una paliza a PHR V **to hammer sth in** clavar algo (a martillazos)

hammock /ˈhæmək/ *n* hamaca (paraguaya)

hamper[1] /ˈhæmpə(r)/ *n* (*GB*) canasta (*para alimentos*)

hamper[2] /ˈhæmpə(r)/ *vt* obstaculizar

hamster /ˈhæmstə(r)/ *n* hámster

hand /hænd/ ◆ *n* **1** mano **2** [*sing*] (*tb* **handwriting**) letra **3** (*reloj, etc*) aguja ☛ *Ver dibujo en* RELOJ **4** peón, jornalero **5** (*Náut*) tripulante **6** (*naipes*) mano **7** (*medida*) palmo LOC **by hand** a mano: *made by hand* hecho a mano ◊ *delivered by hand* entregado en mano (**close/near**) **at hand** a mano: *He lives close at hand.* Vive muy cerca. **hand in hand 1** tomados de la mano **2** (*fig*) muy unido, a la par **hands up!** ¡arriba las manos! **in hand 1** disponible, en reserva **2** entre manos **on hand** disponible **on the one hand... on the other** (**hand**)... por un lado... por otro... **out of hand 1** descontrolado **2** sin pensarlo **to give/lend sb a hand** darle una mano a algn **to hand** a mano *Ver tb* CHANGE, CUP, EAT, FIRM, FIRST, FREE, HEAVY, HELP, HOLD, MATTER, PALM, SHAKE, UPPER ◆ *vt* pasar PHR V **to hand sth back (to sb)** devolver algo (a algn) **to hand sth in (to sb)** entregar algo (a algn) **to hand sth out (to sb)** repartir algo (a algn)

handbag /ˈhændbæg/ (*USA* **purse**) *n* cartera

handbook /ˈhændbʊk/ *n* manual, guía

handbrake /ˈhændbreɪk/ *n* freno de mano

handcuff /ˈhændkʌf/ *vt* esposar **handcuffs** *n* [*pl*] esposas

handful /ˈhændfʊl/ *n* (*pl* ~**s**) (*lit y fig*) puñado: *a handful of students* un puñado de estudiantes LOC **to be a (real) handful** (*coloq*) ser una pesadilla

handicap /ˈhændikæp/ ◆ *n* **1** (*Med*) impedimento físico **2** (*Dep*) desventaja, handicap ◆ *vt* (**-pp-**) **1** perjudicar **2** (*Dep*) compensar **handicapped** *adj* discapacitado

handicrafts /ˈhændikrɑːfts; *USA* -kræfts/ *n* [*pl*] artesanía

handkerchief /ˈhæŋkətʃɪf, -tʃiːf/ *n* (*pl* **-chiefs** *o* **-chieves** /-tʃiːvz/) pañuelo (*de bolsillo*)

handle /ˈhændl/ ◆ *n* **1** mango ☛ *Ver dibujo en* SAUCEPAN **2** manija **3** asa ☛ *Ver dibujo en* MUG ◆ *vt* **1** manejar **2** (*maquinaria*) operar **3** (*gente*) tratar **4** soportar

handlebars /ˈhændlbɑːz/ *n* [*pl*] manubrio

handmade /ˌhændˈmeɪd/ *adj* hecho a mano, de artesanía

En inglés se pueden formar adjetivos compuestos para todas las destrezas manuales: p. ej. **hand-built** (construido a mano), **hand-knitted** (tejido a mano), **hand-painted** (pintado a mano), etc.

handout /ˈhændaʊt/ *n* **1** donativo **2** folleto **3** declaración (*por escrito para la prensa*)

handshake /ˈhændʃeɪk/ *n* apretón de manos

handsome /ˈhænsəm/ *adj* **1** buen mozo ☛ Se aplica sobre todo a los hombres. **2** (*regalo*) generoso

handwriting /ˈhændraɪtɪŋ/ *n* **1** escritura **2** letra

handwritten /ˌhændˈrɪtn/ *adj* escrito a mano

handy /ˈhændi/ *adj* (**-ier**, **-iest**) **1** práctico **2** a mano

hang /hæŋ/ ◆ (*pret, pp* **hung** /hʌŋ/) **1** *vt* colgar **2** *vi* estar colgado **3** *vi* (*ropa, pelo*) caer **4** (*pret, pp* **hanged**) *vt, vi* ahorcar(se) **5** *vi* ~ (**above/over sth/sb**) colgar (sobre algo/algn) PHR V **to hang about/around** (*coloq*) **1** vaguear **2** esperar (*sin hacer nada*) **to hang (sth) out** tender algo **to hang up (on sb)** (*coloq*) colgar (a algn) (*el teléfono*) ◆ *n* LOC **to get the hang of sth** (*coloq*) tomarle la mano a algo

hangar /ˈhæŋə(r)/ *n* hangar

hanger /ˈhæŋə(r)/ (*tb* **clothes hanger**, **coat-hanger**) *n* percha

hang-glider /ˈhæŋ glaɪdə(r)/ *n* ala delta **hang-gliding** *n* aladeltismo

hangman /ˈhæŋmən/ *n* (*pl* **-men** /-mən/) **1** verdugo (*de horca*) **2** (*juego*) el ahorcado

hangover /ˈhæŋəʊvə(r)/ *n* resaca

hang-up /ˈhæŋ ʌp/ *n* (*argot*) trauma, complejo

haphazard /hæpˈhæzəd/ *adj* al azar, de cualquier manera

happen /ˈhæpən/ *vi* ocurrir, suceder, pasar: *whatever happens* pase lo que pase ◊ *if you happen to go into town* si por casualidad vas al centro **happening** *n* suceso, acontecimiento

happy /ˈhæpi/ *adj* (**-ier**, **-iest**) **1** feliz: *a happy marriage/memory/child* un matrimonio/recuerdo/chico feliz **2** contento: *Are you happy in your work?* ¿Estás contento con tu trabajo? ☛ *Ver nota en* GLAD **happily** *adv* **1** felizmente **2** afortunadamente **happiness** *n* felicidad

harass /ˈhærəs, həˈræs/ *vt* hostigar, acosar **harassment** *n* hostigamiento, acoso

harbour (*USA* **harbor**) /ˈhɑːbə(r)/ ◆ *n* puerto ◆ *vt* **1** proteger, dar cobijo a **2** (*sospechas*) albergar

hard /hɑːd/ ◆ *adj* (**-er**, **-est**) **1** duro **2** difícil: *It's hard to tell.* Es difícil saber con seguridad. ◊ *It's hard for me to say no.* Me cuesta decir que no. ◊ *hard to please* exigente **3** duro, agotador: *a hard worker* una persona trabajadora **4** (*persona, trato*) duro, severo, cruel **5** (*bebida*) alcohólico LOC **hard cash** dinero contante **hard luck** (*coloq*) mala pata **the hard way** por la vía difícil **to**

have/give sb a hard time pasar/hacer pasar a algn un mal rato **to take a hard line (on/over sth)** adoptar una linea dura (en algo) *Ver tb* DRIVE ◆ *adv* (**-er**, **-est**) **1** (*trabajar, llover*) duro, mucho: *She hit her head hard.* Se dio un fuerte golpe en la cabeza. ◊ *to try hard* esforzarse **2** (*tirar*) fuerte **3** (*pensar*) detenidamente **4** (*mirar*) fijamente LOC **to be hard put to do sth** tener dificultad en hacer algo **to be hard up** andar corto de plata

hardback /ˈhɑːdbæk/ *n* libro de tapa dura: *hardback edition* edición de tapa dura ☛ *Comparar con* PAPERBACK

hard disk *n* disco duro

harden /ˈhɑːdn/ **1** *vt, vi* endurecer(se) **2** *vt* (*fig*) curtir: *hardened criminal* criminal habitual **hardening** *n* endurecimiento

hardly /ˈhɑːdli/ *adv* **1** apenas: *I hardly know her.* Apenas la conozco. **2** difícilmente: *It's hardly surprising.* No es ninguna sorpresa. ◊ *He's hardly the world's best cook.* No es el mejor cocinero del mundo. **3** *hardly anybody* casi nadie ◊ *hardly ever* casi nunca

hardship /ˈhɑːdʃɪp/ *n* apuro, privación

hardware /ˈhɑːdweə(r)/ *n* **1** ferretería: *hardware store* ferretería **2** (*Mil*) armamentos **3** (*Informát*) hardware

hard-working /ˌhɑːd ˈwɜːkɪŋ/ *adj* trabajador

hardy /ˈhɑːdi/ *adj* (**-ier**, **-iest**) **1** robusto **2** (*Bot*) resistente

hare /heə(r)/ *n* liebre

harm /hɑːm/ ◆ *n* daño, mal: *He meant no harm.* No tenía malas intenciones. ◊ *There's no harm in asking.* No se pierde nada con preguntar. ◊ (*There's*) *no harm done.* No pasó nada. LOC **out of harm's way** a buen recaudo **to come to harm**: *You'll come to no harm.* No te va a pasar nada. **to do more harm than good** ser peor el remedio que la enfermedad ◆ *vt* **1** (*persona*) hacer daño a **2** (*cosa*) dañar **harmful** *adj* dañino, nocivo, perjudicial **harmless** *adj* **1** inocuo **2** inocente, inofensivo

harmony /ˈhɑːməni/ *n* (*pl* **-ies**) armonía

harness /ˈhɑːnɪs/ ◆ *n* [*sing*] arnés ◆ *vt* **1** (*caballo*) poner el arnés **2** (*rayos solares*) aprovechar

harp /hɑːp/ ◆ *n* arpa ◆ PHR V **to harp on (about) sth** hablar repetidamente de algo

harsh /hɑːʃ/ *adj* (**-er**, **-est**) **1** (*textura, voz*) áspero **2** (*color, luz*) fuerte **3** (*ruido, etc*) estridente **4** (*clima, etc*) riguroso **5** (*castigo, etc*) severo **6** (*palabra, profesor*) duro **harshly** *adv* duramente, severamente

harvest /ˈhɑːvɪst/ ◆ *n* cosecha ◆ *vt* cosechar

has /həz, hæz/ *Ver* HAVE

hasn't /ˈhæz(ə)nt/ = HAS NOT *Ver* HAVE

hassle /ˈhæsl/ ◆ *n* (*coloq*) **1** (*complicación*) lío: *It's a lot of hassle.* Es mucho lío. **2** molestias: *Don't give me any hassle!* ¡No me hinches! ◆ *vt* (*coloq*) molestar

haste /heɪst/ *n* apuro LOC **in haste** con apuro **hasten** /ˈheɪsn/ **1** *vi* apurarse **2** *vt* acelerar **hastily** *adv* precipitadamente **hasty** *adj* (**-ier**, **-iest**) precipitado

hat /hæt/ *n* sombrero LOC *Ver* DROP

hatch[1] /hætʃ/ *n* **1** escotilla **2** ventanilla (*para pasar comida*)

hatch[2] /hætʃ/ **1** *vi* ~ (**out**) salir del huevo **2** *vi* (*huevo*) abrirse **3** *vt* incubar **4** *vt* ~ **sth** (**up**) tramar algo

hate /heɪt/ ◆ *vt* **1** odiar **2** lamentar: *I hate to bother you, but...* Siento molestarte, pero... ◆ *n* **1** odio **2** (*coloq*): *pet hate* enemigo principal **hateful** *adj* odioso **hatred** *n* odio

haul /hɔːl/ ◆ *vt* tirar, arrastrar ◆ *n* **1** (*distancia*) camino **2** redada (*de peces*) **3** botín

haunt /hɔːnt/ ◆ *vt* **1** (*fantasma*) aparecerse en **2** (*lugar*) frecuentar **3** (*pensamiento*) atormentar ◆ *n* lugar predilecto **haunted** *adj* embrujado (*casa*)

have /həv, hæv/ ◆ *v aux* haber: *'I've finished my work.' 'So have I.'* —Terminé mi trabajo. —Yo también. ◊ *He's gone home, hasn't he?* Se fue a casa, ¿no? ◊ *'Have you seen it?' 'Yes, I have./No, I haven't.'* —¿Lo viste? —Sí./No. ◆ *vt* **1** (*tb* **to have got**) tener: *She's got a new car.* Tiene un auto nuevo. ◊ *to have flu/a headache* tener gripe/dolor de cabeza ☛ *Ver nota en* TENER **2** ~ (**got**) **sth to do** tener algo que hacer: *I've got a bus to catch.* Tengo que tomar el colectivo. **3** ~ (**got**) **to do sth** tener que hacer algo: *I've got to go to the bank.* Tengo que ir al banco. ◊ *Did you*

have		*negativa*	*pasado*
presente	*contracciones*	*contracciones*	*contracciones*
I **have**	I**'ve**	I **haven't**	I**'d**
you **have**	you**'ve**	you **haven't**	you**'d**
he/she/it **has**	he**'s**/she**'s**/it**'s**	he/she/it **hasn't**	he**'d**/she**'d**/it**'d**
we **have**	we**'ve**	we **haven't**	we**'d**
you **have**	you**'ve**	you **haven't**	you**'d**
they **have**	they**'ve**	they **haven't**	they**'d**
pasado **had**	*forma en -ing* **having**	*participio pasado* **had**	

have to pay a fine? ¿Tuviste que pagar una multa? ◊ *It has to be done.* Hay que hacerlo. **4** (*tb* **to have got**) llevar: *Have you got any money on you?* ¿Llevás plata encima? **5** tomar: *to have a bath/wash* darse un baño/lavarse ◊ *to have a cup of coffee* tomar un café ◊ *to have breakfast/lunch/dinner* desayunar/almorzar/cenar ☛ Nótese que la estructura **to have + sustantivo** a menudo se expresa en castellano con un verbo. **6** ~ **sth done** hacer/mandar hacer algo: *to have your hair cut* cortarse el pelo ◊ *to have a dress made* mandar hacer un vestido ◊ *She had her bag stolen.* Le robaron la cartera. **7** consentir: *I won't have it!* ¡No lo permito! LOC **to have had it** (*coloq*): *The TV has had it.* La tele sonó. **to have it (that)**: *Rumour has it that...* Se dice que... ◊ *As luck would have it...* Como quiso la suerte... **to have to do with sth/sb** tener que ver con algo/algn: *It has nothing to do with me.* No tiene nada que ver conmigo. ☛ Para otras expresiones con **have**, véanse las entradas del sustantivo, adjetivo, etc, p.ej. **to have a sweet tooth** en SWEET. PHR V **to have sth back**: *Let me have it back soon.* Devolvémelo pronto. **to have sb on** (*coloq*) tomar el pelo a algn: *You're having me on!* ¡Me estás tomando el pelo! **to have sth on 1** (*ropa*) llevar algo puesto: *He's got a tie on today.* Hoy lleva corbata. **2** estar ocupado con algo: *I've got a lot on.* Estoy muy ocupado. ◊ *Have you got anything on tonight?* ¿Tenés algún plan para esta noche?

haven /ˈheɪvn/ *n* refugio

haven't /ˈhæv(ə)nt/ = HAVE NOT *Ver* HAVE

havoc /ˈhævək/ *n* estragos LOC **to wreak/cause/play havoc with sth** hacer estragos en algo

hawk /hɔːk/ *n* halcón

hay /heɪ/ *n* heno: *hay fever* alergia al polen

hazard /ˈhæzəd/ ◆ *n* peligro, riesgo: *a health hazard* un riesgo para la salud ◆ *vt* LOC **to hazard a guess** aventurar una opinión **hazardous** *adj* peligroso, arriesgado

haze /heɪz/ *n* bruma ☛ *Comparar con* FOG, MIST

hazel /ˈheɪzl/ ◆ *n* avellano ◆ *adj* color avellana

hazelnut /ˈheɪzlnʌt/ *n* avellana

hazy /ˈheɪzi/ *adj* (**hazier**, **haziest**) **1** brumoso **2** (*idea, etc*) vago **3** (*persona*) confuso

he /hiː/ ◆ *pron pers* él: *He's in Paris.* Está en París. ☛ El *pron pers* no se puede omitir en inglés. *Comparar con* HIM ◆ *n* [*sing*]: *Is it a he or a she?* ¿Es macho o hembra?

head[1] /hed/ *n* **1** cabeza: *It never entered my head.* Jamás se me ocurrió. ◊ *to have a good head for business* tener pasta para los negocios **2 a/per head** por cabeza: *ten pounds a head* diez libras por cabeza **3** cabecera: *the head of the table* la cabecera de la mesa **4** jefe, -a: *the heads of government* los jefes de gobierno **5** director, -ora (*de un colegio*) LOC **head first** de cabeza **heads or tails?** ¿cara o ceca? **not to make head or tail of sth** no conseguir entender algo: *I can't make head (n)or tail of it.* No consigo entenderlo. **to be/go above/over your head** pasarle por encima **to go to your head** subírsele a la cabeza a algn *Ver tb* HIT, SHAKE, TOP[1]

head[2] /hed/ *vt* **1** encabezar **2** (*Dep*) cabecear PHR V **to head for sth** dirigirse a algo, ir camino de algo

headache /ˈhedeɪk/ *n* dolor de cabeza, rompedero de cabeza

heading /ˈhedɪŋ/ *n* encabezamiento

headlight /ˈhedlaɪt/ (*tb* **headlamp**) *n* faro

headline /ˈhedlaɪn/ *n* **1** titular **2 the headlines** [*pl*] resumen de noticias

headmaster /ˌhedˈmɑːstə(r)/ *n* director (*de un colegio*)

headmistress /ˌhedˈmɪstrəs/ *n* directora (*de un colegio*)

head office *n* (*sede*) central

head-on /hed ˈɒn/ *adj, adv* de frente: *a head-on collision* una colisión de frente

headphones /ˈhedfəʊnz/ *n* [*pl*] auriculares

headquarters /ˌhedˈkwɔːtəz/ *n* (*abrev* **HQ**) [*v sing o pl*] (*sede*) central

head start *n*: *You had a head start over me.* Me llevabas ventaja.

headway /ˈhedweɪ/ *n* LOC **to make headway** avanzar

heal /hiːl/ **1** *vi* cicatrizar, sanar **2** *vt* ~ **sth/sb** sanar, curar algo/a algn

health /helθ/ *n* salud: *health centre* centro de salud LOC *Ver* DRINK

healthy /ˈhelθi/ *adj* (**-ier**, **-iest**) **1** (*lit*) sano **2** saludable (*estilo de vida, etc*)

heap /hiːp/ ◆ *n* montón ◆ *vt* ~ **sth** (**up**) amontonar algo

hear /hɪə(r)/ (*pret, pp* **heard** /hɜːd/) **1** *vt, vi* oír: *I couldn't hear a thing.* No oía nada. ◊ *I heard someone laughing.* Oí a alguien riéndose. **2** *vt* escuchar **3** *vt* (*Jur*) ver PHR V **to hear about sth** enterarse de algo **to hear from sb** tener noticias de algn **to hear of sth/sb** oír hablar de algo/algn

hearing /ˈhɪərɪŋ/ *n* **1** (*tb* **sense of hearing**) oído **2** (*Jur*) vista, audiencia

heart /hɑːt/ *n* **1** corazón: *heart attack/failure* ataque/paro cardíaco **2** (*centro*): *the heart of the matter* el quid de la cuestión **3** (*de lechuga, etc*) corazón **4 hearts** [*pl*] (*en cartas*) corazones ☛ *Ver nota en* CARTA LOC **at heart** en el fondo **by heart** de memoria **to take heart** alentarse **to take sth to heart** tomar algo a pecho **your/sb's heart sinks**: *When I saw the queue my heart sank.* Cuando vi la cola se me cayó el alma a los pies. *Ver tb* CHANGE, CRY, SET[2]

heartbeat /ˈhɑːtbiːt/ *n* latido (*del corazón*)

heartbreak /ˈhɑːtbreɪk/ *n* congoja, angustia **heartbreaking** *adj* que parte el corazón, angustioso **heartbroken** *adj* acongojado, angustiado

hearten /ˈhɑːtn/ *vt* animar **heartening** *adj* alentador

heartfelt /ˈhɑːtfelt/ *adj* sincero

hearth /hɑːθ/ *n* **1** chimenea **2** (*lit y fig*) hogar

heartless /ˈhɑːtləs/ *adj* inhumano, cruel

hearty /ˈhɑːti/ *adj* (**-ier**, **-iest**) **1** (*enhorabuena*) cordial **2** (*persona*) jovial (*a veces en exceso*) **3** (*comida*) abundante

heat /hiːt/ ◆ *n* **1** calor **2** (*Dep*) prueba clasificatoria LOC **to be on heat**; (*USA*) **to be in heat** estar en celo ◆ *vt, vi* ~ (**up**) calentar(se) **heated** *adj* **1** *a heated pool* una pileta climatizada ◊ *centrally heated* con calefacción central **2** (*discusión, persona*) acalorado **heater** *n* calentador (*aparato*)

heath /hiːθ/ *n* zona de arbustos

heathen /ˈhiːðn/ *n* no creyente

heather /ˈheðə(r)/ *n* brezo

heating /ˈhiːtɪŋ/ *n* calefacción

heatwave /ˈhiːtweɪv/ *n* ola de calor

heave /hiːv/ ◆ **1** *vt, vi* arrastrar(se) (*con esfuerzo*) **2** *vi* ~ (**at/on sth**) tirar con esfuerzo (de algo) **3** *vt* (*coloq*) arrojar (*algo pesado*) ◆ *n* tirón, empujón

heaven /ˈhevn/ (*tb* **Heaven**) *n* (*Relig*) cielo LOC *Ver* KNOW, SAKE

heavenly /ˈhevnli/ *adj* **1** (*Relig*) celestial **2** (*Astron*) celeste **3** (*coloq*) divino

heavily /ˈhevɪli/ *adv* **1** muy, mucho: *heavily loaded* muy cargado ◊ *to rain heavily* llover muchísimo **2** pesadamente

heavy /ˈhevi/ *adj* (**-ier**, **-iest**) **1** pesado: *How heavy is it?* ¿Cuánto pesa? **2** más de lo normal: *heavy traffic* un tráfico denso **3** (*facciones, movimiento*) torpe LOC **with a heavy hand** con mano dura

heavyweight /ˈheviweɪt/ *n* **1** peso pesado **2** (*fig*) figura (importante)

heckle /ˈhekl/ *vt, vi* interrumpir

hectare /ˈhekteə(r)/ *n* hectárea

hectic /ˈhektɪk/ *adj* frenético

he'd /hiːd/ **1** = HE HAD *Ver* HAVE **2** = HE WOULD *Ver* WOULD

hedge /hedʒ/ ◆ *n* **1** cerco **2** ~ (**against sth**) protección (contra algo) ◆ *vt, vi* esquivar

hedgehog /ˈhedʒhɒg; *USA* -hɔːg/ *n* erizo

heed /hiːd/ ◆ *vt* (*formal*) prestar atención a ◆ *n* LOC **to take heed (of sth)** hacer caso (de algo)

heel /hiːl/ *n* **1** talón **2** taco LOC *Ver* DIG

hefty /ˈhefti/ *adj* (**-ier**, **-iest**) (*coloq*) **1** fornido **2** (*objeto*) pesado **3** (*golpe*) fuerte

height /haɪt/ *n* **1** estatura **2** altura **3** (*Geog*) altitud **4** (*fig*) cumbre, colmo: *at/in the height of summer* en pleno verano LOC **the height of fashion** la última moda ☛ *Ver nota en* ALTO

heighten /ˈhaɪtn/ *vt, vi* intensificar, aumentar

heir /eə(r)/ *n* ~ (**to sth**) heredero, -a (de algo)

heiress /ˈeərəs/ *n* heredera

held *pret, pp de* HOLD

helicopter /ˈhelɪkɒptə(r)/ *n* helicóptero

hell /hel/ *n* infierno: *to go to hell* ir al infierno ☛ Nótese que **hell** no lleva artículo. LOC **a/one hell of a...** (*coloq*): *I got a hell of a shock.* Me llevé un susto terrible. **hellish** *adj* infernal

he'll /hiːl/ = HE WILL *Ver* WILL

hello /həˈləʊ/ *interj, n* hola: *Say hello for me.* Saludá de mi parte.

helm /helm/ *n* timón

helmet /ˈhelmɪt/ *n* casco

help /help/ ◆ **1** *vt, vi* ayudar: *Help!* ¡Socorro! ◊ *How can I help you?* ¿En qué puedo servirle? **2** *v refl* ~ **yourself** (**to sth**) servirse algo LOC **a helping hand**: *to give/lend (sb) a helping hand* dar una mano (a algn) **can/could not help sth**: *I couldn't help laughing.* No pude contener la risa. ◊ *He can't help it.* No lo puede evitar. **it can't/couldn't be helped** no hay/había remedio PHR V **to help (sb) out** echar un cable (a algn) ◆ *n* [*incontable*] **1** ayuda: *It wasn't much help.* No sirvió de mucho. **2** asistencia

helper /ˈhelpə(r)/ *n* ayudante

helpful /ˈhelpfl/ *adj* **1** servicial **2** amable **3** (*consejo, etc*) útil

helping /ˈhelpɪŋ/ *n* porción

helpless /ˈhelpləs/ *adj* **1** indefenso **2** desamparado **3** imposibilitado

helter-skelter /ˌheltə ˈskeltə(r)/ ◆ *n* tobogán (*en espiral*) ◆ *adj* caótico

hem /hem/ ◆ *n* dobladillo ◆ *vt* (**-mm-**) hacer el dobladillo de PHR V **to hem sth/sb in 1** cercar algo/a algn **2** cohibir a algn

hemisphere /ˈhemɪsfɪə(r)/ *n* hemisferio

hemo- (*USA*) *Ver* HAEMO-

hen /hen/ *n* gallina

hence /hens/ *adv* **1** (*tiempo*) desde ahora: *3 years hence* de acá a 3 años **2** (*por esta razón*) de ahí, por eso

henceforth /ˌhensˈfɔːθ/ *adv* (*formal*) de ahora en adelante

hepatitis /ˌhepəˈtaɪtɪs/ *n* [*incontable*] hepatitis

her /hə, ɜː(r), ə(r), hɜː(r)/ ◆ *pron pers* **1** [*como objeto directo*] la: *I saw her.* La vi. **2** [*como objeto indirecto*] le, a ella: *I asked her to come.* Le pedí que viniera. ◊ *I said it to her.* Se lo dije a ella. **3** [*después de preposición y del verbo* **to be**] ella: *I think of her often.* Pienso en ella a menudo. ◊ *She took it with her.* Se lo llevó con ella. ◊ *It wasn't her.* No fue ella. ☛ *Comparar con* SHE ◆ *adj pos* su(s) (*de ella*): *her book(s)* su(s) libro(s) ☛ **Her** se usa también para referirse a coches, barcos o naciones. *Comparar con* HERS *y ver nota en* MY

herald /ˈherəld/ ◆ *n* heraldo ◆ *vt* anunciar (*llegada, comienzo*) **heraldry** *n* heráldica

herb /hɜːb; *USA* ɜːrb/ *n* hierba **herbal** *adj* (a base) de hierbas: *herbal tea* infusión

herd /hɜːd/ ◆ *n* manada, piara (*de vacas, cabras y cerdos*) ☛ *Comparar con* FLOCK ◆ *vt* arriar

here /hɪə(r)/ ◆ *adv* acá, aquí: *I live a mile from here.* Vivo a una milla de acá. ◊ *Please sign here.* Firme acá, por favor.

En las oraciones que empiezan con **here** el verbo se coloca atrás del sujeto si éste es un pronombre: *Here they are, at last!* ¡Por fin llegaron! ◊ *Here it is, on the table!* Acá está, encima de la mesa. Y antes si es un sustantivo: *Here comes the bus.* Ya viene el colectivo.

LOC **here and there** aquí y allá **here you are** aquí tiene **to be here** llegar: *They'll be here any minute.* Están a punto de llegar. ◆ *interj* **1** ¡che! (*llamada de atención*) **2** (*ofreciendo algo*) ¡tomá! **3** (*respuesta*) ¡presente!

hereditary /həˈredɪtri; *USA* -teri/ *adj* hereditario

heresy /ˈherəsi/ *n* (*pl* **-ies**) herejía
heritage /ˈherɪtɪdʒ/ *n* [*gen sing*] patrimonio
hermit /ˈhɜːmɪt/ *n* ermitaño, -a
hero /ˈhɪərəʊ/ *n* (*pl* ~**es**) **1** protagonista (*de novela, película, etc*) **2** (*persona*) héroe, heroína: *sporting heroes* los héroes del deporte **heroic** /həˈrəʊɪk/ *adj* heroico **heroism** /ˈherəʊɪzəm/ *n* heroísmo
heroin /ˈherəʊɪn/ *n* heroína (*droga*)
heroine /ˈherəʊɪn/ *n* heroína (*persona*)
herring /ˈherɪŋ/ *n* (*pl* **herring** *o* ~**s**) arenque LOC *Ver* RED
hers /hɜːz/ *pron pos* suyo, -a, -os, -as (*de ella*): *a friend of hers* un amigo suyo ◊ *Where are hers?* ¿Dónde están los suyos?
herself /hɜːˈself/ *pron* **1** [*uso reflexivo*] se, a ella misma: *She bought herself a book.* Se compró un libro. **2** [*después de preposición*] sí (misma): *'I am free', she said to herself.* "Soy libre" — se dijo a sí misma. **3** [*uso enfático*] ella misma: *She told me the news herself.* Me contó la noticia ella misma.
he's /hiːz/ **1** = HE IS *Ver* BE **2** = HE HAS *Ver* HAVE
hesitant /ˈhezɪtənt/ *adj* vacilante, indeciso
hesitate /ˈhezɪteɪt/ *vi* **1** dudar: *Don't hesitate to call.* No dudes en llamar. **2** vacilar **hesitation** *n* vacilación, duda
heterogeneous /ˌhetərəˈdʒiːniəs/ *adj* heterogéneo
heterosexual /ˌhetərəˈsekʃuəl/ *adj, n* heterosexual
hexagon /ˈheksəgən; *USA* -gɒn/ *n* hexágono
heyday /ˈheɪdeɪ/ *n* (días de) apogeo
hi! /haɪ/ *interj* (*coloq*) ¡hola!
hibernate /ˈhaɪbəneɪt/ *vi* hibernar **hibernation** *n* hibernación
hiccup (*tb* **hiccough**) /ˈhɪkʌp/ *n* **1** hipo: *I got* (*the*) *hiccups.* Me dio hipo. **2** (*coloq*) problema
hid *pret de* HIDE[1]
hidden /ˈhɪdn/ ◆ *pp de* HIDE[1] ◆ *adj* oculto, escondido
hide[1] /haɪd/ *vi* (*pret* **hid** /hɪd/ *pp* **hidden** /ˈhɪdn/) **1** ~ (**from sb**) esconderse, ocultarse (de algn): *The child was hiding under the bed.* El nene estaba escondido debajo de la cama. **2** ~ **sth** (**from sb**) ocultar algo (a algn): *The trees hid the house from view.* Los árboles ocultaban la casa.
hide[2] /haɪd/ *n* piel (*de animal*)
hide-and-seek /ˌhaɪd n ˈsiːk/ *n* escondidas: *to play hide-and-seek* jugar a las escondidas
hideous /ˈhɪdiəs/ *adj* espantoso
hiding[1] /ˈhaɪdɪŋ/ *n* LOC **to be in/go into hiding** estar escondido/ocultarse
hiding[2] /ˈhaɪdɪŋ/ *n* (*coloq*) paliza
hierarchy /ˈhaɪərɑːki/ *n* (*pl* **-ies**) jerarquía
hieroglyphics /ˌhaɪərəˈglɪfɪks/ *n* jeroglíficos
hi-fi /ˈhaɪ faɪ/ *adj, n* (*coloq*) (equipo de) alta fidelidad
high[1] /haɪ/ *adj* (**-er**, **-est**) **1** (*precio, techo, velocidad*) alto ☛ *Ver nota en* ALTO **2** *to have a high opinion of sb* tener buena opinión de algn ◊ *high hopes* grandes esperanzas **3** (*viento*) fuerte **4** (*ideales, ganancias*) elevado: *to set high standards* exigir muy buen nivel ◊ *I have it on the highest authority.* Lo sé de muy buena fuente. ◊ *She has friends in high places.* Tiene amigos muy influyentes. **5** *the high life* la gran vida ◊ *the high point of the evening* el mejor momento de la tarde **6** (*sonido*) agudo **7** *in high summer* en pleno verano ◊ *high season* temporada alta **8** (*coloq*) ~ (**on sth**) dopado, tomado (de algo) (*drogas, alcohol*) LOC **high and dry** plantado: *to leave sb high and dry* dejar plantado a algn **to be X metres, feet, etc high** medir X metros, pies, etc de altura: *The wall is six feet high.* La pared mide seis pies de alto. ◊ *How high is it?* ¿Cuánto mide de alto? *Ver tb* ESTEEM, FLY
high[2] /haɪ/ ◆ *n* punto alto ◆ *adv* (**-er -est**) alto, a gran altura
highbrow /ˈhaɪbraʊ/ *adj* (*frec pey*) culto, intelectual
high-class /ˌhaɪ ˈklɑːs/ *adj* de categoría
High Court *n* Tribunal Supremo
higher education *n* educación universitaria
high jump *n* salto en alto
highland /ˈhaɪlənd/ *n* [*gen pl*] región montañosa
high-level /ˌhaɪ ˈlevl/ *adj* de alto nivel

highlight /ˈhaɪlaɪt/ ◆ *n* **1** punto culminante, aspecto notable **2** [*gen pl*] (*en el pelo*) mechitas, claritos ◆ *vt* poner de relieve, (hacer) resaltar

highly /ˈhaɪli/ *adv* **1** muy, altamente, sumamente: *highly unlikely* altamente improbable **2** *to think/speak highly of sb* tener muy buena opinión/hablar muy bien de algn

highly strung *adj* nervioso

Highness /ˈhaməs/ *n* alteza

high-powered /ˌhaɪ ˈpaʊəd/ *adj* **1** (*coche*) de gran potencia **2** (*persona*) enérgico, dinámico

high pressure /ˌhaɪ ˈpreʃə/ ◆ *n* (*Meteor*) alta presión ◆ *adj* estresante

high-rise /ˈhaɪ raɪz/ ◆ *n* torre (*de muchos pisos*) ◆ *adj* **1** (*edificio*) de muchos pisos **2** (*departamento*) de un edificio alto

high school *n* (*esp USA*) escuela de enseñanza secundaria

high street *n* calle principal: *high-street shops* negocios de la calle principal

high-tech (*tb* **hi-tech**) /ˌhaɪ ˈtek/ *adj* (*coloq*) de alta tecnología

high tide (*tb* **high water**) *n* pleamar, marea alta

highway /ˈhaɪweɪ/ *n* **1** (*esp USA*) ruta, autopista **2** vía pública: *Highway Code* código de circulación

hijack /ˈhaɪdʒæk/ ◆ *vt* **1** secuestrar **2** (*fig*) acaparar ◆ *n* secuestro **hijacker** *n* secuestrador, -ora

hike /haɪk/ ◆ *n* caminata ◆ *vi* ir de excursión a pie **hiker** *n* caminante, excursionista

hilarious /hɪˈleəriəs/ *adj* divertidísimo, muy cómico

hill /hɪl/ *n* **1** colina, cerro **2** cuesta, pendiente **hilly** *adj* montañoso

hillside /ˈhɪlsaɪd/ *n* ladera

hilt /hɪlt/ *n* empuñadura LOC **(up) to the hilt 1** hasta el cuello **2** (*apoyar*) incondicionalmente

him /hɪm/ *pron pers* **1** [*como objeto directo*] lo, le: *I saw him.* Lo vi. ◊ *I hit him.* Le pegué. **2** [*como objeto indirecto*] le: *Give it to him.* Dáselo. **3** [*después de preposición y del verbo* **to be**] él: *He always has it with him.* Siempre lo tiene con él. ◊ *It must be him.* Debe ser él. ☛ *Comparar con* HE

himself /hɪmˈself/ *pron* **1** [*uso reflexivo*] se **2** [*después de preposición*] sí (mismo): *'I tried', he said to himself.* "Lo intenté" — se dijo a sí mismo. **3** [*uso enfático*] él mismo: *He said so himself.* Él mismo lo dijo.

hinder /ˈhɪndə(r)/ *vt* obstacularizar, dificultar: *It seriously hindered him in his work.* Lo obstacularizó muchísimo en su trabajo. ◊ *Our progress was hindered by bad weather.* El mal tiempo dificultó nuestro trabajo.

hindrance /ˈhɪndrəns/ *n* ~ **(to sth/sb)** estorbo, obstáculo (para algo/algn)

hindsight /ˈhaɪndsaɪt/ *n*: *with (the benefit of)/in hindsight* viéndolo a posteriori

Hindu /ˌhɪnˈduː; *USA* ˈhɪnduː/ *adj, n* hindú **Hinduism** *n* hinduismo

hinge /hɪndʒ/ ◆ *n* bisagra, gozne ◆ PHR V **to hinge on sth** depender de algo

hint /hɪnt/ ◆ *n* **1** insinuación, indirecta **2** indicio **3** consejo ◆ **1** *vi* ~ **at sth** referirse indirectamente a algo **2** *vt, vi* ~ **(to sb) that…** insinuar (a algn) que…

hip /hɪp/ *n* cadera

hippopotamus /ˌhɪpəˈpɒtəməs/ *n* (*pl* **-muses** /-məsɪz/ *o* **-mi** /-maɪ/) (*tb* **hippo**) hipopótamo

hire /ˈhaɪə(r)/ ◆ *vt* **1** alquilar **2** (*persona*) contratar ☛ *Ver nota en* ALQUILAR ◆ *n* alquiler: *Bicycles for hire.* Se alquilan bicicletas. ◊ *hire purchase* compra en cuotas

his /hɪz/ ◆ *adj pos* su(s) (*de él*): *his bag(s)* su(s) bolsa(s) ◆ *pron pos* suyo, -a, -os, -as (*de él*): *a friend of his* un amigo suyo ◊ *He lent me his.* Me prestó el suyo. ☛ *Ver nota en* MY

hiss /hɪs/ ◆ **1** *vi* sisear, silbar **2** *vt, vi* (*desaprobación*) silbar ◆ *n* silbido, siseo

historian /hɪˈstɔːriən/ *n* historiador, -ora

historic /hɪˈstɒrɪk; *USA* -ˈstɔːr-/ *adj* histórico **historical** *adj* histórico ☛ *Comparar con* HISTÓRICO

history /ˈhɪstri/ *n* (*pl* **-ies**) **1** historia **2** (*Med*) historia clínica

hit /hɪt/ ◆ *vt* (**-tt-**) (*pret, pp* **hit**) **1** golpear: *to hit a nail* darle a un clavo **2** alcanzar: *He's been hit in the leg by a bullet.* Fue alcanzado en la pierna por una bala. **3** chocar contra **4 to hit sth (on/against sth)** golpearse algo (con/

contra algo): *I hit my knee against the table.* Me golpeé la rodilla contra la mesa. **5** (*pelota*) dar a **6** afectar: *Rural areas have been worst hit by the strike.* Las zonas rurales han sido las más afectadas por la huelga. LOC **to hit it off (with sb)** (*coloq*): *Pete and Sue hit it off immediately.* Pete y Sue se llevaron bien desde el principio. **to hit the nail on the head** dar en el clavo *Ver tb* HOME PHR V **to hit back (at sth/sb)** contestar (a algo/algn), devolver el golpe (a algo/algn) **to hit out (at sth/sb)** lanzarse (contra algo/algn) ◆ *n* **1** golpe **2** éxito

hit-and-run /ˌhɪt ən ˈrʌn/ *adj*: *a hit-and-run driver* un conductor que atropella a alguien y se da a la fuga

hitch[1] /hɪtʃ/ *vt, vi*: *to hitch* (*a ride*) hacer dedo ◊ *Can I hitch a lift with you as far as the station?* ¿Me podés llevar hasta la estación? PHR V **to hitch sth up 1** (*pantalones*) subirse algo un poco **2** (*pollera*) levantarse

hitch[2] /hɪtʃ/ *n* problema: *without a hitch* sin problema

hitch-hike /ˈhɪtʃ haɪk/ *vi* hacer dedo **hitch-hiker** *n* persona que hace dedo

hi-tech *Ver* HIGH-TECH

hive /haɪv/ (*tb* **beehive**) *n* colmena

hoard /hɔːd/ ◆ *n* **1** tesoro **2** provisión ◆ *vt* acaparar

hoarding /ˈhɔːdɪŋ/ (*USA* **billboard**) *n* cartel publicitario

hoarse /hɔːs/ *adj* ronco

hoax /həʊks/ *n* broma de mal gusto: *a hoax bomb warning* un aviso de bomba falso

hob /hɒb/ *n* hornalla

hockey /ˈhɒki/ *n* hockey

hoe /həʊ/ *n* azada

hog /hɒg; *USA* hɔːg/ ◆ *n* cerdo ◆ *vt* (*coloq*) acaparar

hoist /hɔɪst/ *vt* izar, levantar

hold /həʊld/ ◆ (*pret, pp* **held** /held/) **1** *vt* sostener, tener en la mano: *to hold hands* ir tomados de la mano **2** *vt* agarrarse a **3** *vt, vi* (*peso*) aguantar **4** *vt* (*criminal, rehén, etc*) retener, tener detenido **5** *vt* (*opinión*) sostener **6** *vt* tener espacio para: *It won't hold you all.* No van a caber todos. **7** *vt* (*puesto, cargo*) ocupar **8** *vt* (*conversación*) mantener **9** *vt* (*reunión, elecciones*) tener **10** *vt* (*poseer*) tener **11** *vt* (*formal*) considerar **12** *vi* (*oferta, acuerdo*) ser válido **13** *vt* (*título*) ostentar **14** *vi* (*en el teléfono*) esperar LOC **don't hold your breath!** ¡esperá sentado! **hold it!** (*coloq*) ¡pará! **to hold fast to sth** aferrarse a algo **to hold firm to sth** mantenerse firme en algo **to hold hands (with sb)** ir de la mano (con algn) **to hold sb to ransom** (*fig*) chantajear a algn **to hold sth/sb in contempt** despreciar algo/a algn **to hold the line** no colgar el teléfono **to hold your breath** contener el aliento *Ver tb* BAY, CAPTIVE, CHECK, ESTEEM

PHR V **to hold sth against sb** (*coloq*) tener algo en contra de algn

to hold sth/sb back refrenar algo/a algn **to hold sth back** ocultar algo

to hold forth mandarse una perorata

to hold on (to sth/sb) agarrarse (a algo/algn) **to hold sth on/down** sujetar algo

to hold out 1 (*provisiones*) durar **2** (*persona*) aguantar

to hold up (a bank, etc) asaltar (un banco, etc) **to hold sth/sb up** retrasar algo/a algn

to hold with sth estar de acuerdo con algo

◆ *n* **1** *to keep a firm hold of sth* tener algo bien agarrado **2** (*yudo*) llave **3** ~ **(on/over sth/sb)** influencia, control (sobre algo/algn) **4** (*barco, avión*) bodega LOC **to take hold of sth/sb** agarrar algo/a algn **to get hold of sb** ponerse en contacto con algn

holdall /ˈhəʊldɔːl/ *n* bolso de mano

holder /ˈhəʊldə(r)/ *n* **1** titular **2** poseedor, -ora **3** recipiente

hold-up /ˈhəʊld ʌp/ *n* **1** (*tráfico*) embotellamiento **2** retraso **3** asalto

hole /həʊl/ *n* **1** agujero **2** perforación **3** (*calle*) bache **4** boquete **5** madriguera **6** (*coloq*) apuro (*dificultad*) **7** (*Dep*) hoyo LOC *Ver* PICK

holiday /ˈhɒlədeɪ/ ◆ *n* **1** feriado **2** (*USA* **vacation**) vacaciones: *to be/go on holiday* estar/ir de vacaciones ◆ *vi* estar de vacaciones

holiday-maker /ˈhɒlədeɪ meɪkə(r)/ *n* veraneante

holiness /ˈhəʊlinəs/ *n* santidad

hollow /ˈhɒləʊ/ ◆ *adj* **1** hueco **2** (*cara, ojos*) hundido **3** (*sonido*) sordo **4** (*fig*) poco sincero, falso ◆ *n* **1** hoyo

2 hondonada **3** hueco ◆ *vt* (*tb* **to hollow sth out**) ahuecar algo

holly /ˈhɒli/ *n* acebo

holocaust /ˈhɒləkɔːst/ *n* holocausto

holy /ˈhəʊli/ *adj* (**holier**, **holiest**) **1** santo **2** sagrado **3** bendito

homage /ˈhɒmɪdʒ/ *n* [*incontable*] (*formal*) homenaje: *to pay homage to sth/sb* rendir homenaje a algo/algn

home /həʊm/ ◆ *n* **1** (*hogar*) casa, hogar **2** (*de ancianos, etc*) hogar, residencia **3** (*fig*) cuna **4** (*Zool*) hábitat **5** (*carrera*) llegada LOC **at home 1** en casa **2** a sus anchas **3** en su país ◆ *adj* **1** (*vida*) familiar: *home comforts* las comodidades del hogar **2** (*cocina, películas, etc*) casero **3** (*no extranjero*) nacional: *the Home Office* el Ministerio del Interior **4** (*Dep*) de/en casa **5** (*pueblo, país*) natal ◆ *adv* **1** a casa: *to go home* irse a casa **2** (*fijar, clavar, etc*) a fondo LOC **home and dry** a salvo **to hit/strike home** dar en el blanco *Ver tb* BRING

homeland /ˈhəʊmlænd/ *n* tierra natal, patria

homeless /ˈhəʊmləs/ ◆ *adj* sin hogar ◆ **the homeless** *n* [*pl*] las personas sin hogar

homely /ˈhəʊmli/ *adj* (**-ier**, **-iest**) **1** (*GB*) (*persona*) sencillo **2** (*ambiente, lugar*) familiar **3** (*USA, pey*) feúcho

home-made /ˌhəʊm ˈmeɪd/ *adj* casero, hecho en casa

homesick /ˈhəʊmsɪk/ *adj* nostálgico: *to be/feel homesick* extrañar (*casa, familia, país*)

homework /ˈhəʊmwɜːk/ *n* [*incontable*] (*colegio*) deberes

homicide /ˈhɒmɪsaɪd/ *n* homicidio ☛ *Comparar con* MANSLAUGHTER, MURDER **homicidal** /ˌhɒmɪˈsaɪdl/ *adj* homicida

homogeneous /ˌhɒməˈdʒiːniəs/ *adj* homogéneo

homosexual /ˌhɒməˈsekʃuəl/ *adj, n* homosexual **homosexuality** /ˌhɒməsekʃuˈæləti/ *n* homosexualidad

honest /ˈɒnɪst/ *adj* **1** (*persona*) honrado **2** (*afirmación*) franco, sincero **3** (*sueldo*) justo **honestly** *adv* **1** honradamente **2** [*uso enfático*] de verdad, francamente

honesty /ˈɒnəsti/ *n* **1** honradez, honestidad **2** franqueza

honey /ˈhʌni/ *n* **1** miel **2** (*coloq, USA*) (*tratamiento*) mi amor

honeymoon /ˈhʌnimuːn/ *n* (*lit y fig*) luna de miel

honk /hɒŋk/ *vt, vi* tocar la bocina

honorary /ˈɒnərəri; *USA* ˈɒnəreri/ *adj* **1** honorífico **2** (*doctor*) honoris causa **3** (*no remunerado*) honorario

honour (*USA* **honor**) /ˈɒnə(r)/ ◆ *n* **1** honor **2** (*título*) condecoración **3** **honours** [*pl*] distinción: (*first class*) *honours degree* licenciatura (con la nota más alta) **4 your Honour**, **his/her Honour** su Señoría LOC **in honour of sth/sb; in sth's/sb's honour** en honor de/a algo/algn ◆ *vt* **1** ~ **sth/sb** (**with sth**) honrar algo/a algn (con algo) **2** ~ **sth/sb** (**with sth**) condecorar a algn (con algo) **3** (*opinión, etc*) respetar **4** (*compromiso/deuda*) cumplir (con)

honourable (*USA* **honorable**) /ˈɒnərəbl/ *adj* **1** honorable **2** honroso

hood /hʊd/ *n* **1** capucha **2** (*coche*) capota **3** (*USA*) *Ver* BONNET

hoof /huːf/ *n* (*pl* ~**s** *o* **hooves** /huːvz/) casco, pezuña

hook /hʊk/ ◆ *n* **1** gancho, garfio **2** (*pesca*) anzuelo LOC **off the hook** descolgado (*teléfono*) **to let sb/get sb off the hook** (*coloq*) dejar que algn se salve/sacar a algn del apuro ◆ *vt, vi* enganchar LOC **to be hooked** (**on sb**) (*coloq*) estar loco (por algn) **to be/get hooked** (**on sth**) (*coloq*) estar enganchado/engancharse (a algo)

hooligan /ˈhuːlɪgən/ *n* patotero, -a **hooliganism** *n* patoterismo

hoop /huːp/ *n* aro

hooray! /hʊˈreɪ/ *interj Ver* HURRAH

hoot /huːt/ ◆ *n* **1** (*lechuza*) ululato **2** (*bocina*) bocinazo ◆ **1** *vi* (*lechuza*) ulular **2** *vi* ~ (**at sth/sb**) (*coche*) tocar la bocina (a algo/algn) **3** *vt* (*bocina*) tocar

Hoover® /ˈhuːvə(r)/ ◆ *n* aspiradora ◆ *vt, vi* pasar la aspiradora (a)

hooves /huːvz/ *n plural de* HOOF

hop /hɒp/ ◆ *vi* (**-pp-**) **1** (*persona*) saltar en un pie **2** (*animal*) dar saltitos ◆ *n* **1** salto **2** (*Bot*) lúpulo

hope /həʊp/ ◆ *n* **1** ~ (**of/for sth**) esperanza (de/para algo) **2** ~ (**of doing sth/that…**) esperanza (de hacer algo/de que…) ◆ **1** *vi* ~ (**for sth**) esperar (algo) **2** *vt* ~ **to do sth/that…** esperar hacer algo/que…: *I hope not/so.* Espero que no/sí. LOC **I should hope not!** ¡faltaría más! ☛ *Ver nota en* ESPERAR

hopeful /ˈhəʊpfl/ *adj* **1** (*persona*) esperanzado, confiado: *to be hopeful that…* tener la esperanza de que… **2** (*situación*) prometedor, esperanzador **hopefully** *adv* **1** con optimismo, con esperanzas **2** con un poco de suerte

hopeless /ˈhəʊpləs/ *adj* **1** inútil, desastroso **2** (*tarea*) imposible **hopelessly** *adv* (*enfático*) totalmente

horde /hɔːd/ *n* (*a veces pey*) multitud: *hordes of people* montones de gente

horizon /həˈraɪzn/ *n* **1 the horizon** el horizonte **2 horizons** [*gen pl*] (*fig*) perspectiva

horizontal /ˌhɒrɪˈzɒntl; *USA* ˌhɔːr-/ *adj, n* horizontal

hormone /ˈhɔːməʊn/ *n* hormona

horn /hɔːn/ *n* **1** cuerno, asta **2** (*Mús*) trompa **3** (*coche, etc*) bocina

horoscope /ˈhɒrəskəʊp; *USA* ˈhɔːr-/ *n* horóscopo

horrendous /hɒˈrendəs/ *adj* **1** horrendo **2** (*coloq*) (*excesivo*) tremendo

horrible /ˈhɒrəbl; *USA* ˈhɔːr-/ *adj* horrible

horrid /ˈhɒrɪd; *USA* ˈhɔːrɪd/ *adj* horrible, horroroso

horrific /həˈrɪfɪk/ *adj* horripilante, espantoso

horrify /ˈhɒrɪfaɪ; *USA* ˈhɔːr-/ *vt* (*pret, pp* **-fied**) horrorizar **horrifying** *adj* horroroso, horripilante

horror /ˈhɒrə(r); *USA* ˈhɔːr-/ *n* horror: *horror film* película de terror

horse /hɔːs/ *n* caballo LOC *Ver* DARK, FLOG, LOOK[1]

horseman /ˈhɔːsmən/ *n* (*pl* **-men** /-mən/) jinete

horsepower /ˈhɔːspaʊə(r)/ *n* (*pl* **horsepower**) (*abrev* **hp**) caballo de vapor

horseshoe /ˈhɔːsʃuː/ *n* herradura

horsewoman /ˈhɔːswʊmən/ *n* (*pl* **-women**) amazona

horticulture /ˈhɔːtɪkʌltʃə(r)/ *n* horticultura **horticultural** /ˌhɔːtɪˈkʌltʃərəl/ *adj* hortícola

hose /həʊz/ (*tb* **hosepipe**) *n* manguera

hospice /ˈhɒspɪs/ *n* hospital (*para incurables*)

hospitable /hɒˈspɪtəbl, ˈhɒspɪtəbl/ *adj* hospitalario

hospital /ˈhɒspɪtl/ *n* hospital ☛ *Ve nota en* SCHOOL

hospitality /ˌhɒspɪˈtæləti/ *n* hospitali dad

host /həʊst/ ◆ *n* **1** multitud, montón: *host of admirers* una multitud de admi radores **2** (*fem tb* **hostess**) anfitrión -ona **3** (*TV*) conductor, -ora **4 the Hos** (*Relig*) la hostia ◆ *vt*: *Barcelona hoste the 1992 Olympic Games.* Barcelona fu la sede de los Juegos Olímpicos de 1992

hostage /ˈhɒstɪdʒ/ *n* rehén

hostel /ˈhɒstl/ *n* hostal: *youth hoste* albergue juvenil

hostess /ˈhəʊstəs, -tes/ *n* **1** anfitriona **2** (*TV*) conductora **3** azafata

hostile /ˈhɒstaɪl; *USA* -tl/ *adj* **1** hostil (*territorio*) enemigo

hostility /hɒˈstɪləti/ *n* hostilidad

hot /hɒt/ *adj* (**hotter**, **hottest**) **1** (*agua comida, objeto*) caliente ☛ *Ver nota e* FRÍO **2** (*día*) caluroso: *in hot weathe* cuando hace calor **3** (*sabor*) picant LOC **to be hot 1** (*persona*) tener calor (*tiempo*): *It's very hot.* Hace much calor. *Ver tb* PIPING *en* PIPE

hotel /həʊˈtel/ *n* hotel

hotly /ˈhɒtli/ *adv* ardientemente, enér gicamente

hound /haʊnd/ ◆ *n* perro de caza ◆ *v* acosar

hour /ˈaʊə(r)/ *n* **1** hora: *half an hou* media hora **2 hours** [*pl*] horario: *office opening hours* el horario de oficina apertura **3** [*gen sing*] momento LO **after hours** después del horario d trabajo/atención **on the hour** a la hor en punto *Ver tb* EARLY **hourly** *adv, ad* cada hora

house /haʊs/ ◆ *n* (*pl* **~s** /ˈhaʊzɪz/) casa **2** (*Teat*) sala de espectáculos *There was a full house.* Estaba lleno LOC **on the house** cortesía de la cas *Ver tb* MOVE ◆ /haʊz/ *vt* alojar, alber gar

household /ˈhaʊshəʊld/ *n*: *a larg household* una casa de mucha gente *household chores* quehaceres domésti cos **householder** *n* dueño, -a de casa

housekeeper /ˈhaʊskiːpə(r)/ *n* ama d llaves **housekeeping** *n* **1** administra ción de la casa **2** gastos de la casa

the House of Commons (*tb* **the Commons**) *n* [*v sing o pl*] la Cámara d los Comunes ☛ *Ver pág 316.*

the House of Lords (*tb* **the Lords**) *n* [*v sing o pl*] la Cámara de los Lores ☛ *Ver pág 316.*

the Houses of Parliament *n* el Parlamento (británico)

housewife /ˈhaʊswaɪf/ *n* (*pl* **-wives**) ama de casa

housework /ˈhaʊswɜːk/ *n* [*incontable*] tareas domésticas

housing /ˈhaʊzɪŋ/ *n* [*incontable*] vivienda, alojamiento

housing estate *n* urbanización

hover /ˈhɒvə(r); *USA* ˈhʌvər/ *vi* **1** (*ave*) planear **2** (*objeto*) quedarse suspendido (en el aire) **3** (*persona*) rondar

hovercraft /ˈhɒvəkrɑːft/ *n* (*pl* **hovercraft**) alíscafo

how /haʊ/ ◆ *adv interr* **1** cómo: *How can that be?* ¿Cómo puede ser? ◊ *Tell me how to spell it.* Decime cómo se escribe. ◊ *How is your job?* ¿Cómo va el trabajo? **2** *How are you?* ¿Cómo andás? **3** *How old are you?* ¿Cuántos años tenés? ◊ *How fast were you going?* ¿A qué velocidad ibas? **4** **how many** cuántos **how much** cuánto: *How much is it?* ¿Cuánto es? ◊ *How many letters did you write?* ¿Cuántas cartas escribiste? LOC **how about?**: *How about it?* ¿Qué te parece? **how are you?** ¿cómo estás? **how come ... ?** ¿cómo es que ... ? **how do you do?** mucho gusto

> **How do you do?** se usa en presentaciones formales, y se contesta con *how do you do?* En cambio **how are you?** se usa en situaciones informales, y se responde según se encuentre uno: *fine, very well, not too well, etc.*

◆ *adv* (*formal*) ¡qué ... !: *How cold it is!* ¡Qué frío hace! ◊ *How you've grown!* ¡Cómo creciste! ◆ *conj* como: *I dress how I like.* Me visto como quiero.

however /haʊˈevə(r)/ ◆ *adv* **1** sin embargo **2** por muy/mucho que: *however strong you are* por muy fuerte que seas ◊ *however hard he tries* por mucho que trate ◆ *conj* (*tb* **how**) como: *how(ever) you like* como quieras ◆ *adv interr* cómo: *However did she do it?* ¿Cómo consiguió hacerlo?

howl /haʊl/ ◆ *n* **1** aullido **2** grito ◆ *vi* **1** aullar **2** dar alaridos

hub /hʌb/ *n* **1** (*rueda*) cubo **2** (*fig*) eje

hubbub /ˈhʌbʌb/ *n* barullo, alboroto

huddle /ˈhʌdl/ ◆ *vi* **1** amontonarse **2** apiñarse ◆ *n* grupo

hue /hjuː/ *n* (*formal*) **1** (*color, significado*) matiz **2** color LOC **hue and cry** griterío

huff /hʌf/ *n* mufa: *to be in a huff* estar mufado

hug /hʌg/ ◆ *n* abrazo: *to give sb a hug* darle un abrazo a algn ◆ *vt* (**-gg-**) abrazar

huge /hjuːdʒ/ *adj* enorme

hull /hʌl/ *n* casco (*de un barco*)

hullo *Ver* HELLO

hum /hʌm/ ◆ *n* **1** zumbido **2** (*voces*) murmullo ◆ (**-mm-**) **1** *vi* zumbar **2** *vt, vi* tararear **3** *vi* (*coloq*) bullir: *to hum with activity* bullir de actividad

human /ˈhjuːmən/ *adj, n* humano: *human being* ser humano ◊ *human rights* derechos humanos ◊ *human nature* la naturaleza humana ◊ *the human race* el género humano

humane /hjuːˈmeɪn/ *adj* humanitario, humano

humanitarian /hjuːˌmænɪˈteəriən/ *adj* humanitario

humanity /hjuːˈmænəti/ *n* **1** humanidad **2** **humanities** [*pl*] humanidades

humble /ˈhʌmbl/ ◆ *adj* (**-er**, **-est**) humilde ◆ *vt*: *to humble yourself* adoptar una actitud humilde

humid /ˈhjuːmɪd/ *adj* húmedo **humidity** /hjuːˈmɪdəti/ *n* humedad

> **Humid** y **humidity** sólo se refieren a la humedad atmosférica. ☛ *Ver nota en* MOIST

humiliate /hjuːˈmɪlieɪt/ *vt* humillar **humiliating** *adj* humillante, vergonzoso **humiliation** *n* humillación

humility /hjuːˈmɪləti/ *n* humildad

hummingbird /ˈhʌmɪŋbɜːd/ *n* picaflor

humorous /ˈhjuːmərəs/ *adj* humorístico, divertido

humour (*USA* **humor**) /ˈhjuːmə(r)/ ◆ *n* **1** humor **2** (*comicidad*) gracia ◆ *vt* seguirle la corriente a, complacer

hump /hʌmp/ *n* joroba, giba

hunch[1] /hʌntʃ/ *n* corazonada, presentimiento

hunch[2] /hʌntʃ/ *vt, vi* ~ (**sth**) (**up**) encorvar algo/encorvarse

hundred /ˈhʌndrəd/ ◆ *adj, pron* cien, ciento ☛ *Ver ejemplos en* FIVE ◆ *n* ciento, centenar **hundredth 1** *adj, pron* centésimo **2** *n* centésima parte ☛ *Ver ejemplos en* FIFTH

hung *pret, pp de* HANG

hunger /ˈhʌŋɡə(r)/ ◆ *n* hambre ☛ *Ver nota en* HAMBRE ◆ PHR V **to hunger for/after sth** anhelar algo, tener sed de algo

hungry /ˈhʌŋgri/ *adj* (**-ier**, **-iest**) hambriento: *I'm hungry.* Tengo hambre.

hunk /hʌŋk/ *n* (buen) trozo

hunt /hʌnt/ ◆ *vt, vi* **1** cazar, ir de caza **2** ~ (**for sth/sb**) buscar (algo/a algn) ◆ *n* **1** caza, cacería **2** búsqueda, busca **hunter** *n* cazador, -ora

hunting /ˈhʌntɪŋ/ *n* caza, cacería

hurdle /ˈhɜːdl/ *n* **1** valla **2** (*fig*) obstáculo

hurl /hɜːl/ *vt* **1** lanzar, arrojar **2** (*insultos, etc*) largar

hurrah! /həˈrɑː/ (*tb* **hooray!**) *interj* ~ (**for sth/sb**) ¡viva (algo/algn)!

hurricane /ˈhʌrɪkən; *USA* -keɪn/ *n* huracán

hurried /ˈhʌrid/ *adj* apurado, rápido

hurry /ˈhʌri/ ◆ *n* [*sing*] apuro LOC **to be in a hurry** estar apurado ◆ *vt, vi* (*pret, pp* **hurried**) apurar(se), apresurar (se) PHR V **to hurry up** (*coloq*) apurarse

hurt /hɜːt/ (*pret, pp* **hurt**) **1** *vt* lastimar, hacer daño a: *to get hurt* hacerse daño **2** *vi* doler: *My leg hurts.* Me duele la pierna. **3** *vt* (*apenar*) herir, ofender **4** *vt* (*intereses, reputación, etc*) perjudicar, dañar **hurtful** *adj* hiriente, cruel, perjudicial

hurtle /ˈhɜːtl/ *vi* precipitarse

husband /ˈhʌzbənd/ *n* marido

hush /hʌʃ/ ◆ *n* [*sing*] silencio ◆ PHR V **to hush sth/sb up** acallar algo/a algn

husky /ˈhʌski/ ◆ *adj* (**-ier**, **-iest**) ronco ◆ *n* (*pl* **-ies**) perro esquimal

hustle /ˈhʌsl/ ◆ *vt* **1** empujar a **2** (*coloq*) apurar a ◆ *n* LOC **hustle and bustle** ajetreo

hut /hʌt/ *n* choza, cabaña

hybrid /ˈhaɪbrɪd/ *adj, n* híbrido

hydrant /ˈhaɪdrənt/ *n* boca de riego: *fire hydrant* boca de incendio

hydraulic /haɪˈdrɔːlɪk/ *adj* hidráulico

hydroelectric /ˌhaɪdrəʊɪˈlektrɪk/ *adj* hidroeléctrico

hydrogen /ˈhaɪdrədʒən/ *n* hidrógeno

hyena (*tb* **hyaena**) /haɪˈiːnə/ *n* hiena

hygiene /ˈhaɪdʒiːn/ *n* higiene **hygienic** *adj* higiénico

hymn /hɪm/ *n* himno

hype /haɪp/ ◆ *n* (*coloq*) propaganda (exagerada) ◆ PHR V **to hype sth (up)** (*coloq*) publicitar algo exageradamente

hypermarket /ˈhaɪpəmɑːkɪt/ *n* (*GB*) hipermercado

hyphen /ˈhaɪfn/ *n* guión ☛ *Ver págs 312–3.*

hypnosis /hɪpˈnəʊsɪs/ *n* hipnosis

hypnotic /hɪpˈnɒtɪk/ *adj* hipnótico

hypnotism /ˈhɪpnətɪzəm/ *n* hipnotismo **hypnotist** *n* hipnotizador, -ora

hypnotize, -ise /ˈhɪpnətaɪz/ *vt* (*lit y fig*) hipnotizar

hypochondriac /ˌhaɪpəˈkɒndriæk/ *n* hipocondríaco, -a

hypocrisy /hɪˈpɒkrəsi/ *n* hipocresía

hypocrite /ˈhɪpəkrɪt/ *n* hipócrita **hypocritical** /ˌhɪpəˈkrɪtɪkl/ *adj* hipócrita

hypothesis /haɪˈpɒθəsɪs/ *n* (*pl* **-ses** /-siːz/) hipótesis

hypothetical /ˌhaɪpəˈθetɪkl/ *adj* hipotético

hysteria /hɪˈstɪəriə/ *n* histeria

hysterical /hɪˈsterɪkl/ *adj* **1** (*risa, etc*) histérico **2** (*coloq*) para morirse de risa

hysterics /hɪˈsterɪks/ *n* [*pl*] **1** ataque de histeria **2** (*coloq*) ataque de risa

Ii

I, i /aɪ/ *n* (*pl* **I's, i's** /aɪz/) I, i: *I for Isaac* I de Italia ☛ *Ver ejemplos en* A, A

I /aɪ/ *pron pers* yo: *I am 15 (years old).* Tengo quince años. ☛ El *pron pers* no se puede omitir en inglés. *Comparar con* ME 3

ice /aɪs/ ◆ *n* [*incontable*] hielo: *ice cube* cubito de hielo ◆ *vt* glasear

iceberg /ˈaɪsbɜːg/ *n* iceberg

icebox /ˈaɪsbɒks/ *n* **1** (*USA*) heladera **2** congelador

ice cream *n* helado

ice lolly /ˌaɪs ˈlɒli/ *n* (*pl* **-ies**) palito helado

ice rink *n* pista de hielo

ice-skate /ˈaɪs skeɪt/ ◆ *n* patín de cuchilla ◆ *vi* patinar sobre hielo **ice-skating** *n* patinaje sobre hielo

icicle /ˈaɪsɪkl/ *n* carámbano

icing /ˈaɪsɪŋ/ *n* glaseado: *icing sugar* azúcar impalpable

icon (*tb* **ikon**) /ˈaɪkɒn/ *n* **1** (*Relig*) ícono **2** (*Informát*) símbolo gráfico

icy /ˈaɪsi/ *adj* (**icier**, **iciest**) **1** helado **2** (*fig*) gélido, glacial

I'd /aɪd/ **1** = I HAD *Ver* HAVE **2** = I WOULD *Ver* WOULD

idea /aɪˈdɪə/ *n* **1** idea **2** ocurrencia: *What an idea!* ¡Qué ocurrencia! LOC **to get/have the idea that...** tener la impresión de que... **to get the idea** darse la idea **to give sb ideas** meter a algn ideas en la cabeza **to have no idea** no tener idea

ideal /aɪˈdiːəl/ ◆ *adj* ~ (**for sth/sb**) ideal (para algo/algn) ◆ *n* ideal

idealism /aɪˈdiːəlɪzəm/ *n* idealismo **idealist** *n* idealista **idealistic** /ˌaɪdiəˈlɪstɪk/ *adj* idealista

idealize, -ise /aɪˈdiːəlaɪz/ *vt* idealizar

ideally /aɪˈdiːəli/ *adv* en el mejor de los casos: *to be ideally suited* complementarse de una forma ideal ◊ *Ideally, they should all help.* Lo ideal sería que todos ayudaran.

identical /aɪˈdentɪkl/ *adj* ~ (**to/with sth/sb**) idéntico a algo/algn

identification /aɪˌdentɪfɪˈkeɪʃn/ *n* identificación: *identification papers* documento de identidad ◊ *identification parade* rueda de reconocimiento

identify /aɪˈdentɪfaɪ/ *vt* (*pret, pp* **-fied**) **1** ~ **sth/sb as sth/sb** identificar algo/a algn como algo/algn **2** ~ **sth with sth** identificar algo con algo

identity /aɪˈdentəti/ *n* (*pl* **-ies**) **1** identidad **2** *a case of mistaken identity* un error de identificación

ideology /ˌaɪdiˈɒlədʒi/ *n* (*pl* **-ies**) ideología

idiom /ˈɪdiəm/ *n* **1** modismo, locución **2** (*individuo, época*) lenguaje

idiosyncrasy /ˌɪdiəˈsɪŋkrəsi/ *n* idiosincrasia

idiot /ˈɪdiət/ *n* (*coloq, pey*) idiota **idiotic** /ˌɪdiˈɒtɪk/ *adj* estúpido

idle /ˈaɪdl/ ◆ *adj* (**idler**, **idlest**) **1** haragán **2** desocupado **3** (*maquinaria*) parado **4** vago, inútil ◆ PHR V **to idle sth away** desperdiciar algo **idleness** *n* ociosidad, haraganería

idol /ˈaɪdl/ *n* ídolo **idolize, -ise** *vt* idolatrar

idyllic /ɪˈdɪlɪk; *USA* aɪˈd-/ *adj* idílico

ie /ˌaɪ ˈiː/ *abrev* es decir

if /ɪf/ *conj* **1** si: *If he were here...* Si estuviera él aquí... **2** cuando, siempre que: *if in doubt* en caso de duda **3** (*tb* **even if**) aunque, incluso si LOC **if I were you** yo que vos, yo en tu lugar **if only** ojalá: *If only I had known!* ¡De haberlo sabido! **if so** de ser así

igloo /ˈɪgluː/ *n* (*pl* ~**s**) iglú

ignite /ɪgˈnaɪt/ *vt, vi* prender (fuego a), encender(se) **ignition** *n* **1** ignición **2** (*Mec*) encendido

ignominious /ˌɪgnəˈmɪniəs/ *adj* vergonzoso

ignorance /ˈɪgnərəns/ *n* ignorancia

ignorant /ˈɪgnərənt/ *adj* ignorante: *to be ignorant of sth* desconocer algo

ignore /ɪgˈnɔː(r)/ *vt* **1** ~ **sth/sb** no hacer caso de algo/a algn **2** ~ **sb** ignorar a algn **3** ~ **sth** pasar algo por alto

I'll /aɪl/ **1** = I SHALL *Ver* SHALL **2** = I WILL *Ver* WILL

ill /ɪl/ ◆ *adj* **1** (*USA* **sick**) enfermo: *to fall/be taken ill* caer enfermo ◊ *to feel ill* sentirse mal **2** malo ☛ *Ver nota en* ENFERMO ◆ *adv* mal: *to speak ill of sb* hablar mal de algn ☛ Se emplea mucho en compuestos, p.ej. **ill-fated** desafortunado, **ill-equipped** mal equipado, **ill-advised** imprudente, poco aconsejable. LOC **ill at ease** incómodo, molesto *Ver tb* BODE, DISPOSED, FEELING ◆ *n* (*formal*) mal, daño

illegal /ɪˈliːgl/ *adj* ilegal

illegible /ɪˈledʒəbl/ *adj* ilegible

illegitimate /ˌɪləˈdʒɪtəmət/ *adj* ilegítimo

ill feeling *n* rencor

ill health *n* mala salud

illicit /ɪˈlɪsɪt/ *adj* ilícito

illiterate /ɪˈlɪtərət/ *adj* **1** analfabeto **2** ignorante

illness /ˈɪlnəs/ *n* enfermedad: *mental illness* enfermedad mental ◊ *absences due to illness* ausencias por enfermedad ☛ *Ver nota en* DISEASE

illogical /ɪˈlɒdʒɪkl/ *adj* ilógico

ill-treatment /ˌɪl ˈtriːtmənt/ *n* maltrato

illuminate /ɪˈluːmɪneɪt/ *vt* iluminar **illuminating** *adj* revelador **illumination** *n* **1** iluminación **2** **illuminations** [*pl*] (*GB*) luces

illusion /ɪˈluːʒn/ *n* ilusión (*idea equivocada*) LOC **to be under an illusion** engañarse a uno mismo

illusory /ɪˈluːsəri/ *adj* ilusorio

illustrate /ˈɪləstreɪt/ *vt* ilustrar **illustration** *n* **1** ilustración **2** ejemplo

illustrious /ɪˈlʌstriəs/ *adj* ilustre

I'm /aɪm/ = I AM *Ver* BE

image /ˈɪmɪdʒ/ *n* imagen **imagery** *n* imágenes

imaginary /ɪˈmædʒɪnəri; *USA* -əneri/ *adj* imaginario

imagination /ɪˌmædʒɪˈneɪʃn/ *n* imaginación **imaginative** /ɪˈmædʒɪnətɪv/ *adj* imaginativo

imagine /ɪˈmædʒɪn/ *vt* imaginar(se)

imbalance /ɪmˈbæləns/ *n* desequilibrio

imbecile /ˈɪmbəsiːl; *USA* -sl/ *n* imbécil

imitate /ˈɪmɪteɪt/ *vt* imitar

imitation /ˌɪmɪˈteɪʃn/ *n* **1** (*acción y efecto*) imitación **2** copia, reproducción

immaculate /ɪˈmækjələt/ *adj* **1** inmaculado **2** (*ropa*) impecable

immaterial /ˌɪməˈtɪəriəl/ *adj* irrelevante

immature /ˌɪməˈtjʊə(r); *USA* -ˈtʊər/ *adj* inmaduro

immeasurable /ɪˈmeʒərəbl/ *adj* inconmensurable

immediate /ɪˈmiːdiət/ *adj* **1** inmediato: *to take immediate action* actuar de inmediato **2** (*familia, parientes*) más cercano **3** (*necesidad, etc*) urgente

immediately /ɪˈmiːdiətli/ ◆ *adv* **1** inmediatamente **2** directamente ◆ *conj* (*GB*) en cuanto: *immediately I saw her* en cuanto la vi

immense /ɪˈmens/ *adj* inmenso

immerse /ɪˈmɜːs/ *vt* (*lit y fig*) sumergir(se) **immersion** *n* inmersión

immigrant /ˈɪmɪgrənt/ *adj*, *n* inmigrante

immigration /ˌɪmɪˈgreɪʃn/ *n* inmigración

imminent /ˈɪmɪnənt/ *adj* inminente

immobile /ɪˈməʊbaɪl; *USA* -bl/ *adj* inmóvil

immobilize, -ise /ɪˈməʊbəlaɪz/ *vt* inmovilizar

immoral /ɪˈmɒrəl; *USA* ɪˈmɔːrəl/ *adj* inmoral

immortal /ɪˈmɔːtl/ *adj* **1** (*alma, vida*) inmortal **2** (*fama*) imperecedero **immortality** /ˌɪmɔːˈtæləti/ *n* inmortalidad

immovable /ɪˈmuːvəbl/ *adj* **1** (*objeto*) inmóvil **2** (*persona, actitud*) inflexible

immune /ɪˈmjuːn/ *adj* ~ (**to/against sth**) inmune (a algo) **immunity** *n* inmunidad

immunize, -ise /ˈɪmjʊnaɪz/ *vt* ~ **sb** (**against sth**) inmunizar, vacunar a algn (contra algo) **immunization, -isation** *n* inmunización

imp /ɪmp/ *n* **1** diablito **2** pillo

impact /ˈɪmpækt/ *n* **1** (*lit y fig*) impacto **2** (*auto*) choque

impair /ɪmˈpeə(r)/ *vt* deteriorar, debilitar: *impaired vision* vista debilitada **impairment** *n* deficiencia

impart /ɪmˈpɑːt/ *vt* **1** conferir **2** ~ **sth** (**to sb**) impartir algo (a algn)

impartial /ɪmˈpɑːʃl/ *adj* imparcial

impasse /ˈæmpɑːs; *USA* ˈɪmpæs/ *n* (*fig*) callejón sin salida

impassioned /ɪmˈpæʃnd/ *adj* apasionado

impassive /ɪmˈpæsɪv/ *adj* impasible

impatience /ɪmˈpeɪʃns/ *n* impaciencia

impatient /ɪmˈpeɪʃnt/ *adj* impaciente

impeccable /ɪmˈpekəbl/ *adj* impecable

impede /ɪmˈpiːd/ *vt* obstaculizar

impediment /ɪmˈpedɪmənt/ *n* **1** ~ (**to sth/sb**) obstáculo (para algo/algn) **2** (*habla*) defecto

impel /ɪmˈpel/ *vt* (-**ll**-) impulsar

impending /ɪmˈpendɪŋ/ *adj* inminente

impenetrable /ɪmˈpenɪtrəbl/ *adj* impenetrable

imperative /ɪmˈperətɪv/ ◆ *adj* **1** (*esencial*) urgente, imprescindible **2** (*tono de voz*) imperativo ◆ *n* imperativo

imperceptible /ˌɪmpəˈseptəbl/ *adj* imperceptible

imperfect /ɪmˈpɜːfɪkt/ *adj*, *n* imperfecto

imperial /ɪmˈpɪəriəl/ *adj* imperial **imperialism** *n* imperialismo

impersonal /ɪmˈpɜːsənl/ *adj* impersonal

impersonate /ɪmˈpɜːsəneɪt/ *vt* **1** imitar **2** hacerse pasar por

impertinent /ɪmˈpɜːtɪnənt/ *adj* impertinente

impetus /ˈɪmpɪtəs/ *n* **1** impulso, ímpetu **2** (*Fís*) impulso

implausible /ɪmˈplɔːzəbl/ *adj* inverosímil

implement /ˈɪmplɪmənt/ ◆ *n* instrumento, implemento ◆ *vt* **1** llevar a cabo, realizar **2** (*decisión*) poner en práctica **3** (*ley*) aplicar **implementation** *n* **1** realización, puesta en práctica **2** (*ley*) aplicación

implicate /ˈɪmplɪkeɪt/ *vt* ~ **sb** (**in sth**) involucrar a algn (en algo)

implication /ˌɪmplɪˈkeɪʃn/ *n* **1** ~ (**for sth/sb**) consecuencia (para algo/algn) **2** implicación (*delito*)

implicit /ɪmˈplɪsɪt/ *adj* **1** ~ (**in sth**) implícito (en algo) **2** absoluto

implore /ɪmˈplɔː(r)/ *vt* implorar, suplicar

imply /ɪmˈplaɪ/ *vt* (*pret*, *pp* **implied**) **1** dar a entender **2** implicar, suponer

import /ɪmˈpɔːt/ ◆ *vt* **1** importar **2** (*fig*) traer ◆ *n* /ˈɪmpɔːt/ importación

important /ɪmˈpɔːtnt/ *adj* importante: *vitally important* de suma importancia **importance** *n* importancia

impose /ɪmˈpəʊz/ *vt* ~ **sth** (**on sth/sb**) imponer algo (a/sobre algo/algn) PHR V **to impose on/upon sth/sb** abusar (de la hospitalidad) de algo/algn **imposing** *adj* imponente **imposition** *n* ~ (**on sth/sb**) **1** imposición (sobre algo/algn) (*restricción, etc*) **2** molestia

impossible /ɪmˈpɒsəbl/ ◆ *adj* **1** imposible **2** intolerable ◆ **the impossible** *n* lo imposible **impossibility** /ɪmˌpɒsəˈbɪləti/ *n* imposibilidad

impotence /ˈɪmpətəns/ *n* impotencia **impotent** *adj* impotente

impoverished /ɪmˈpɒvərɪʃt/ *adj* empobrecido

impractical /ɪmˈpræktɪkl/ *adj* poco práctico

impress /ɪmˈpres/ **1** *vt* impresionar a **2** *vt* ~ **sth on/upon sb** recalcar algo a algn **3** *vi* causar buena impresión

impression /ɪmˈpreʃn/ *n* **1** impresión: *to be under the impression that…* tener la impresión de que… **2** imitación

impressive /ɪmˈpresɪv/ *adj* impresionante

imprison /ɪmˈprɪzn/ *vt* encarcelar a **imprisonment** *n* encarcelamiento *Ver tb* LIFE

improbable /ɪmˈprɒbəbl/ *adj* improbable, poco probable

impromptu /ɪmˈprɒmptjuː; *USA* -tuː/ *adj* improvisado

improper /ɪmˈprɒpə(r)/ *adj* **1** incorrecto, indebido **2** impropio **3** (*transacción*) irregular

improve /ɪmˈpruːv/ *vt*, *vi* mejorar PHR V **to improve on/upon sth** superar algo **improvement** *n* **1** ~ (**on/in sth**) mejora (de algo): *to be an improvement on sth* suponer una mejora sobre **2** reforma

improvise /ˈɪmprəvaɪz/ *vt*, *vi* improvisar

impulse /ˈɪmpʌls/ *n* impulso LOC **on impulse** sin pensar

impulsive /ɪmˈpʌlsɪv/ *adj* impulsivo

in /ɪn/ ◆ *prep* **1** en: *in here/there* acá/ahí dentro **2** [*después de superlativo*] de: *the best shops in town* los mejores negocios de la ciudad **3** (*tiempo*): *in the morning* por la mañana ◇ *in the daytime* de día ◇ *ten in the morning* las diez de la mañana **4** *I'll see you in two days (time)*. Te veo dentro de dos días. ◇ *He did it in two days.* Lo hizo en dos días. **5**

por: *5p in the pound* cinco peniques por libra ◊ *one in ten people* una de cada diez personas **6** (*descripción, método*): *the girl in glasses* la chica de anteojos ◊ *covered in mud* cubierto de barro ◊ *Speak in English.* Hablá en inglés. **7 + ing**: *In saying that, you're contradicting yourself.* Al decir eso te contradecís a vos mismo. LOC **in that** en tanto que ◆ *part adv* **1 to be in** estar (*en casa*): *Is anyone in?* ¿Hay alguien? **2** (*tren, etc*): *to be/get in* haber llegado/llegar ◊ *Applications must be in by…* Las solicitudes deben llegar antes del… **3** de moda LOC **to be in for sth** (*coloq*) estar por ligar algo: *He's in for a surprise!* ¡Qué sorpresa que se va a llevar! **to be/get in on sth** (*coloq*) participar en algo, enterarse de algo **to have (got) it in for sb** (*coloq*): *He's got it in for me.* Las tiene conmigo. ☛ Para los usos de **in** en PHRASAL VERBS ver las entradas de los verbos correspondientes, p.ej. **to go in** en GO[1]. ◆ *n* LOC **the ins and outs (of sth)** los pormenores (de algo)

inability /ˌɪnəˈbɪləti/ *n* ~ **(of sb) (to do sth)** incapacidad (de algn) (para hacer algo)

inaccessible /ˌɪnækˈsesəbl/ *adj* **1** ~ **(to sb)** inaccesible (para algn) **2** (*fig*) incomprensible (para algn)

inaccurate /ɪnˈækjərət/ *adj* inexacto, impreciso

inaction /ɪnˈækʃn/ *n* pasividad

inadequate /ɪnˈædɪkwət/ *adj* **1** insuficiente **2** incapaz

inadvertently /ˌɪnədˈvɜːtəntli/ *adv* por descuido, sin darse cuenta

inappropriate /ˌɪnəˈprəʊpriət/ *adj* ~ **(to/for sth/sb)** poco apropiado, impropio (para algo/algn)

inaugural /ɪˈnɔːgjərəl/ *adj* **1** inaugural **2** (*discurso*) de apertura

inaugurate /ɪˈnɔːgjəreɪt/ *vt* **1** ~ **sb (as sth)** investir a algn (como algo) **2** inaugurar

incapable /ɪnˈkeɪpəbl/ *adj* **1** ~ **of (doing) sth** incapaz de (hacer) algo **2** incompetente

incapacity /ˌɪnkəˈpæsəti/ *n* ~ **(for sth/to do sth)** incapacidad (para algo/hacer algo)

incense /ˈɪnsens/ *n* incienso

incensed /ɪnˈsenst/ *adj* ~ **(by/at sth)** furioso (por algo)

incentive /ɪnˈsentɪv/ *n* ~ **(to do sth)** incentivo (para hacer algo)

incessant /ɪnˈsesnt/ *adj* incesante **incessantly** *adv* sin parar

incest /ˈɪnsest/ *n* incesto

inch /ɪntʃ/ *n* (*abrev* **in**) pulgada (*25,4 milímetros*) ☛ *Ver Apéndice 1.* LOC **not to give an inch** no ceder en lo más mínimo

incidence /ˈɪnsɪdəns/ *n* ~ **of sth** frecuencia, tasa, caso de algo

incident /ˈɪnsɪdənt/ *n* incidente, episodio: *without incident* sin novedad

incidental /ˌɪnsɪˈdentl/ *adj* **1** ocasional, fortuito **2** sin importancia, secundario, marginal **3** ~ **to sth** propio de algo **incidentally** *adv* **1** a propósito **2** de paso

incisive /ɪnˈsaɪsɪv/ *adj* **1** (*comentario*) cortante, punzante **2** (*tono*) mordaz **3** (*cerebro*) penetrante

incite /ɪnˈsaɪt/ *vt* ~ **sb (to sth)** incitar a algn (a algo)

inclination /ˌɪnklɪˈneɪʃn/ *n* **1** inclinación, tendencia **2** ~ **to/for/towards sth** disposición para algo/a hacer algo **3** ~ **to do sth** deseo de hacer algo

incline /ɪnˈklaɪn/ ◆ *vt, vi* inclinar(se) ◆ /ˈɪŋklaɪn/ *n* pendiente **inclined** *adj* **to be ~ to do sth 1** (*voluntad*) inclinarse a hacer algo; estar dispuesto a hacer algo **2** (*tendencia*) ser propenso a algo/hacer algo

include /ɪnˈkluːd/ *vt* ~ **sth/sb (in/among sth)** incluir algo/a algn (en algo) **including** *prep* incluido, inclusive

inclusion /ɪnˈkluːʒn/ *n* inclusión

inclusive /ɪnˈkluːsɪv/ *adj* **1** incluido: *to be inclusive of sth* incluir algo **2** inclusive

incoherent /ˌɪnkəʊˈhɪərənt/ *adj* incoherente

income /ˈɪŋkʌm/ *n* ingresos: *income tax* impuesto a la renta

incoming /ˈɪnkʌmɪŋ/ *adj* entrante

incompetent /ɪnˈkɒmpɪtənt/ *adj, n* incompetente

incomplete /ˌɪnkəmˈpliːt/ *adj* incompleto

incomprehensible /ɪnˌkɒmprɪˈhensəbl/ *adj* incomprensible

inconceivable /ˌɪnkənˈsiːvəbl/ *adj* inconcebible

inconclusive /ˌɪnkənˈkluːsɪv/ *adj* no concluyente: *The meeting was inconclusive.* La reunión no llegó a ninguna conclusión.

incongruous /ɪnˈkɒŋgruəs/ *adj* incongruente

inconsiderate /ˌɪnkənˈsɪdərət/ *adj* desconsiderado

inconsistent /ˌɪnkənˈsɪstənt/ *adj* inconsecuente

inconspicuous /ˌɪnkənˈspɪkjuəs/ *adj* **1** apenas visible **2** poco llamativo: *to make yourself inconspicuous* procurar pasar inadvertido

inconvenience /ˌɪnkənˈviːniəns/ ◆ *n* **1** [*incontable*] inconveniente **2** molestia ◆ *vt* incomodar

inconvenient /ˌɪnkənˈviːniənt/ *adj* **1** molesto, incómodo **2** (*momento*) inoportuno

incorporate /ɪnˈkɔːpəreɪt/ *vt* **1** ~ **sth (in/into sth)** incorporar algo (a algo) **2** ~ **sth (in/into sth)** incluir algo (en algo) **3** (*USA, Com*) constituir en sociedad anónima: *incorporated company* sociedad anónima

incorrect /ˌɪnkəˈrekt/ *adj* incorrecto

increase /ˈɪŋkriːs/ ◆ *n* ~ **(in sth)** aumento (de algo) LOC **on the increase** (*coloq*) en aumento ◆ **1** *vt, vi* aumentar **2** *vt, vi* incrementar(se) **increasing** *adj* creciente **increasingly** *adv* cada vez más

incredible /ɪnˈkredəbl/ *adj* increíble

indecisive /ˌɪndɪˈsaɪsɪv/ *adj* **1** indeciso **2** no concluyente

indeed /ɪnˈdiːd/ *adv* **1** [*uso enfático*] de verdad: *Thank you very much indeed!* ¡Muchísimas gracias! **2** (*comentario, respuesta o reconocimiento*) de veras: *Did you indeed?* ¿De veras? **3** (*formal*) en efecto, de hecho

indefensible /ˌɪndɪˈfensəbl/ *adj* intolerable (*comportamiento*)

indefinite /ɪnˈdefɪnət/ *adj* **1** vago **2** indefinido: *indefinite article* artículo indefinido **indefinitely** *adv* **1** indefinidamente **2** por tiempo indefinido

indelible /ɪnˈdeləbl/ *adj* imborrable

indemnity /ɪnˈdemnəti/ *n* **1** indemnización **2** indemnidad

independence /ˌɪndɪˈpendəns/ *n* independencia

independent /ˌɪndɪˈpendənt/ *adj* **1** independiente **2** (*colegio*) privado

in-depth /ˌɪn ˈdepθ/ *adj* exhaustivo, a fondo

indescribable /ˌɪndɪˈskraɪbəbl/ *adj* indescriptible

index /ˈɪndeks/ *n* **1** (*pl* **indexes**) (*libro*) índice: *index finger* dedo índice ◊ *index-linked* actualizado según el costo de vida ◊ *the retail price index* el índice de precios al consumidor **2** (*pl* **indexes**) (*tb* **card index**) (*archivo*) ficha **3** (*pl* **indices** /ˈɪndɪsiːz/) (*Mat*) exponente

indicate /ˈɪndɪkeɪt/ **1** *vt* indicar **2** *vi* poner la luz de giro

indication /ˌɪndɪˈkeɪʃn/ *n* **1** indicación **2** indicio, señal

indicative /ɪnˈdɪkətɪv/ *adj* indicativo

indicator /ˈɪndɪkeɪtə(r)/ *n* **1** indicador **2** (*coche*) luz de giro

indices *plural de* INDEX sentido 3

indictment /ɪnˈdaɪtmənt/ *n* **1** acusación **2** procesamiento **3** (*fig*) crítica

indifference /ɪnˈdɪfrəns/ *n* indiferencia

indifferent /ɪnˈdɪfrənt/ *adj* **1** indiferente **2** (*pey*) mediocre

indigenous /ɪnˈdɪdʒənəs/ *adj* (*formal*) autóctono

indigestion /ˌɪndɪˈdʒestʃən/ *n* [*incontable*] indigestión

indignant /ɪnˈdɪgnənt/ *adj* indignado

indignation /ˌɪndɪgˈneɪʃn/ *n* indignación

indignity /ɪnˈdɪgnəti/ *n* humillación

indirect /ˌɪndəˈrekt, -daɪˈr-/ *adj* indirecto **indirectly** *adv* indirectamente

indiscreet /ˌɪndɪˈskriːt/ *adj* indiscreto

indiscretion /ˌɪndɪˈskreʃn/ *n* indiscreción

indiscriminate /ˌɪndɪˈskrɪmɪnət/ *adj* indiscriminado

indispensable /ˌɪndɪˈspensəbl/ *adj* imprescindible

indisputable /ˌɪndɪˈspjuːtəbl/ *adj* irrefutable

indistinct /ˌɪndɪˈstɪŋkt/ *adj* confuso (*poco claro*)

individual /ˌɪndɪˈvɪdʒuəl/ ◆ *adj* **1** suelto **2** individual **3** personal **4** particular, original ◆ *n* individuo **individually** *adv* **1** por separado **2** individualmente

individualism /ˌɪndɪˈvɪdʒuəlɪzəm/ *n* individualismo

indoctrination /ɪnˌdɒktrɪˈneɪʃn/ *n* adoctrinamiento

indoor /ˈɪndɔː(r)/ *adj* interior: *indoor (swimming) pool* pileta cubierta ◊ *indoor activities* actividades bajo techo

indoors /ˌɪnˈdɔːz/ *adv* en casa

induce /ɪnˈdjuːs; *USA* -ˈduːs/ *vt* **1** ~ **sb to do sth** inducir a algn a hacer algo **2** causar **3** (*Med*) provocar el parto de

induction /ɪnˈdʌkʃn/ *n* iniciación: *an induction course* un curso de introducción

indulge /ɪnˈdʌldʒ/ **1** *vt*: *to indulge yourself* darse/hacerse el gusto **2** *vt* (*capricho*) complacer, satisfacer **3** *vi* ~ (**in sth**) darse el gusto de algo

indulgence /ɪnˈdʌldʒəns/ *n* **1** tolerancia **2** vicio, placer **indulgent** *adj* indulgente

industrial /ɪnˈdʌstriəl/ *adj* **1** industrial: *industrial estate* parque industrial **2** laboral **industrialist** *n* industrial

industrialization, -isation /ɪnˌdʌstrɪəlaɪˈzeɪʃn; *USA* -lɪˈz-/ *n* industrialización

industrialize, -ise /ɪnˈdʌstrɪəlaɪz/ *vt* industrializar

industrious /ɪnˈdʌstriəs/ *adj* trabajador

industry /ˈɪndəstri/ *n* (*pl* **-ies**) **1** industria **2** (*formal*) aplicación

inedible /ɪnˈedəbl/ *adj* (*formal*) no comestible

ineffective /ˌɪnɪˈfektɪv/ *adj* **1** ineficaz **2** (*persona*) incapaz

inefficiency /ˌɪnɪˈfɪʃnsi/ *n* incompetencia **inefficient** *adj* **1** ineficaz **2** incompetente

ineligible /ɪnˈelɪdʒəbl/ *adj* **to be** ~ (**for sth/to do sth**) no tener derecho a/para algo/hacer algo

inept /ɪˈnept/ *adj* inepto

inequality /ˌɪnɪˈkwɒləti/ *n* (*pl* **-ies**) desigualdad

inert /ɪˈnɜːt/ *adj* inerte

inertia /ɪˈnɜːʃə/ *n* inercia

inescapable /ˌɪnɪˈskeɪpəbl/ *adj* ineludible

inevitable /ɪnˈevɪtəbl/ *adj* inevitable **inevitably** *adv* inevitablemente

inexcusable /ˌɪnɪkˈskjuːzəbl/ *adj* imperdonable

inexhaustible /ˌɪnɪgˈzɔːstəbl/ *adj* inagotable

inexpensive /ˌɪnɪkˈspensɪv/ *adj* económico

inexperience /ˌɪnɪkˈspɪəriəns/ *n* inexperiencia **inexperienced** *adj* sin experiencia: *inexperienced in business* inexperto en los negocios

inexplicable /ˌɪnɪkˈsplɪkəbl/ *adj* inexplicable

infallible /ɪnˈfæləbl/ *adj* infalible **infallibility** /ɪnˌfæləˈbɪləti/ *n* infalibilidad

infamous /ˈɪnfəməs/ *adj* infame

infancy /ˈɪnfənsi/ *n* **1** infancia: *in infancy* de chico **2** (*fig*): *It was still in its infancy.* Todavía estaba en pañales.

infant /ˈɪnfənt/ ◆ *n* nene chiquito: *infant school* escuela primaria (hasta los 7 años) ◊ *infant mortality rate* tasa de mortalidad infantil ☛ **Baby**, **toddler** y **child** son palabras más comunes. ◆ *adj* naciente

infantile /ˈɪnfəntaɪl/ *adj* (*ofen*) infantil

infantry /ˈɪnfəntri/ *n* [*v sing o pl*] infantería

infatuated /ɪnˈfætʃueɪtɪd/ *adj* ~ (**with/by sth/sb**) encaprichado (con algo/algn) **infatuation** *n* ~ (**with/for sth/sb**) encaprichamiento (con algo/algn)

infect /ɪnˈfekt/ *vt* **1** infectar **2** (*fig*) contagiar **infection** *n* infección **infectious** *adj* infeccioso

infer /ɪnˈfɜː(r)/ *vt* (**-rr-**) **1** deducir **2** insinuar **inference** *n* conclusión: *by inference* por deducción

inferior /ɪnˈfɪərɪə(r)/ *adj*, *n* inferior **inferiority** /ɪnˌfɪəriˈɒrəti/ *n* inferioridad: *inferiority complex* complejo de inferioridad

infertile /ɪnˈfɜːtaɪl; *USA* -tl/ *adj* estéril **infertility** /ˌɪnfɜːˈtɪləti/ *n* esterilidad

infest /ɪnˈfest/ *vt* infestar **infestation** *n* plaga

infidelity /ˌɪnfɪˈdeləti/ *n* (*formal*) infidelidad

infiltrate /ˈɪnfɪltreɪt/ *vt*, *vi* infiltrar(se)

infinite /ˈɪnfɪnət/ *adj* infinito **infinitely** *adv* muchísimo

infinitive /ɪnˈfɪnətɪv/ *n* infinitivo

infinity /ɪnˈfɪnəti/ *n* **1** infinidad **2** infinito

infirm /ɪnˈfɜːm/ *adj* débil, enfermizo **infirmity** *n* (*pl* **-ies**) **1** debilidad **2** enfermedad

infirmary /ɪnˈfɜːməri/ *n* (*pl* **-ies**) hospital

inflamed /ɪnˈfleɪmd/ *adj* **1** (*Med*) inflamado **2** ~ (**by/with sth**) (*fig*) acalorado (por algo)

inflammable /ɪnˈflæməbl/ *adj* inflamable

Nótese que **inflammable** y **flammable** son sinónimos.

inflammation /ˌɪnfləˈmeɪʃn/ *n* inflamación

inflate /ɪnˈfleɪt/ *vt, vi* inflar(se)

inflation /ɪnˈfleɪʃn/ *n* inflación

inflexible /ɪnˈfleksəbl/ *adj* inflexible

inflict /ɪnˈflɪkt/ *vt* ~ **sth** (**on sb**) **1** (*sufrimiento, derrota*) infligir algo (a algn) **2** (*daño*) causar algo (a algn) **3** (*coloq, gen joc*) imponer algo (a algn)

influence /ˈɪnfluəns/ ◆ *n* **1** influencia **2** palanca ◆ *vt* **1** ~ **sth** influir en/sobre algo **2** ~ **sb** influenciar a algn

influential /ˌɪnfluˈenʃl/ *adj* influyente

influenza /ˌɪnfluˈenzə/ (*formal*) (*coloq* **flu** /fluː/) *n* gripe

influx /ˈɪnflʌks/ *n* afluencia

inform /ɪnˈfɔːm/ **1** *vt* ~ **sb** (**of/about sth**) informar a algn (de algo) **2** *vi* ~ **against/on sb** delatar a algn **informant** *n* informante

informal /ɪnˈfɔːml/ *adj* **1** (*charla, reunión, etc*) informal, no oficial **2** (*persona, tono*) informal, sencillo, franco **3** (*vestir*) de sport

information /ˌɪnfəˈmeɪʃn/ *n* [*incontable*] información: *a piece of information* un dato ◊ *I need some information on...* Necesito información sobre...

information technology *n* informática

informative /ɪnˈfɔːmətɪv/ *adj* informativo

informer /ɪnˈfɔːmə(r)/ *n* soplón -ona

infrastructure /ˈɪnfrəˌstrʌktʃə(r)/ *n* infraestructura

infrequent /ɪnˈfriːkwənt/ *adj* poco frecuente

infringe /ɪnˈfrɪndʒ/ *vt* infringir, violar

infuriate /ɪnˈfjʊərieɪt/ *vt* enfurecer **infuriating** *adj* exasperante

ingenious /ɪnˈdʒiːniəs/ *adj* ingenioso

ingenuity /ˌɪndʒəˈnjuːəti; *USA* -ˈnuː-/ *n* ingenio

ingrained /ɪnˈgreɪnd/ *adj* arraigado

ingredient /ɪnˈgriːdiənt/ *n* ingrediente

inhabit /ɪnˈhæbɪt/ *vt* habitar

inhabitant /ɪnˈhæbɪtənt/ *n* habitante

inhale /ɪnˈheɪl/ **1** *vi* respirar **2** *vi* (*fumador*) tragarse el humo **3** *vt* inhalar

inherent /ɪnˈhɪərənt, -ˈher-/ *adj* ~ (**in sth/sb**) inherente (a algo/algn) **inherently** *adv* intrínsecamente

inherit /ɪnˈherɪt/ *vt* heredar **inheritance** *n* herencia

inhibit /ɪnˈhɪbɪt/ *vt* **1** ~ **sb** (**from doing sth**) impedir a algn (hacer algo) **2** (*un proceso, etc*) dificultar **inhibited** *adj* cohibido **inhibition** *n* inhibición

inhospitable /ˌɪnhɒˈspɪtəbl/ *adj* **1** inhospitalario **2** (*fig*) inhóspito

inhuman /ɪnˈhjuːmən/ *adj* inhumano, despiadado

initial /ɪˈnɪʃl/ ◆ *adj, n* inicial ◆ *vt* (**-ll-**, *USA* **-l-**) poner las iniciales en **initially** *adv* en un principio, inicialmente

initiate /ɪˈnɪʃieɪt/ *vt* **1** (*formal*) iniciar **2** (*proceso*) entablar **initiation** *n* iniciación

initiative /ɪˈnɪʃətɪv/ *n* iniciativa

inject /ɪnˈdʒekt/ *vt* inyectar **injection** *n* inyección

injure /ˈɪndʒə(r)/ *vt* herir, lesionar: *Five people were injured in the crash.* Cinco personas resultaron heridas en el accidente. ☛ *Ver nota en* HERIDA **injured** *adj* **1** herido, lesionado **2** (*tono*) ofendido

injury /ˈɪndʒəri/ *n* (*pl* **-ies**) **1** herida, lesión: *injury time* tiempo de descuento ☛ *Ver nota en* HERIDA **2** (*fig*) perjuicio

injustice /ɪnˈdʒʌstɪs/ *n* injusticia

ink /ɪŋk/ *n* tinta

inkling /ˈɪŋklɪŋ/ *n* [*sing*] ~ (**of sth/that...**) indicio, idea (de algo/de que...)

inland /ˈɪnlənd/ ◆ *adj* (del) interior ◆ /ˌɪnˈlænd/ *adv* hacia el interior

Inland Revenue *n* (*GB*) Dirección General Impositiva

in-laws /ˈɪn lɔːz/ *n* [*pl*] (*coloq*) familia política, suegros

inlet /ˈɪnlet/ *n* **1** ensenada **2** entrada

inmate /ˈɪnmeɪt/ *n* interno, -a (*en un recinto vigilado*)

inn /ɪn/ *n* (*GB*) **1** taberna **2** (*antic*) posada

innate /ɪˈneɪt/ *adj* innato

inner /ˈɪnə(r)/ *adj* **1** interior **2** íntimo

innermost /ˈɪnəməʊst/ *adj* **1** (*fig*) más secreto/íntimo **2** más recóndito

innocent /ˈɪnəsnt/ *adj* inocente **innocence** *n* inocencia

innocuous /ɪˈnɒkjuəs/ *adj* **1** (*comentario*) inofensivo **2** (*sustancia*) inocuo

innovate /ˈɪnəveɪt/ *vi* introducir novedades **innovation** *n* innovación **innovative** (*tb* **innovatory**) *adj* innovador

innuendo /ˌɪnjuˈendəʊ/ *n* (*pey*) insinuación

innumerable /ɪˈnjuːmərəbl; *USA* ɪˈnuː-/ *adj* innumerable

inoculate /ɪˈnɒkjuleɪt/ (*tb* **innoculate**) *vt* vacunar **inoculation** *n* vacuna

input /ˈɪnpʊt/ *n* **1** contribución **2** (*Informát*) entrada

inquest /ˈɪŋkwest/ *n* ~ (**on sb/into sth**) investigación (judicial) (acerca de algn/algo)

inquire *Ver* ENQUIRE

inquiry (*tb* **enquiry**) /ɪnˈkwaɪəri; *USA* ˈɪnkwəri/ *n* (*pl* **-ies**) **1** (*formal*) pregunta **2** **inquiries** [*pl*] oficina de información **3** investigación

inquisition /ˌɪnkwɪˈzɪʃn/ *n* (*formal*) interrogatorio

inquisitive /ɪnˈkwɪzətɪv/ *adj* inquisitivo

insane /ɪnˈseɪn/ *adj* loco

insanity /ɪnˈsænəti/ *n* demencia, locura

insatiable /ɪnˈseɪʃəbl/ *adj* insaciable

inscribe /ɪnˈskraɪb/ *vt* ~ **sth** (**in/on sth**) grabar algo (en algo) **inscribed** *adj* grabado: *a plaque inscribed with a quotation from Dante* una placa grabada con una cita de Dante

inscription /ɪnˈskrɪpʃn/ *n* inscripción (*en piedra, etc*), dedicatoria (*de un libro*)

insect /ˈɪnsekt/ *n* insecto **insecticide** /ɪnˈsektɪsaɪd/ *n* insecticida

insecure /ˌɪnsɪˈkjʊə(r)/ *adj* inseguro **insecurity** *n* inseguridad

insensitive /ɪnˈsensətɪv/ *adj* **1** ~ (**to sth**) (*persona*) insensible (a algo) **2** (*acto*) falto de sensibilidad **insensitivity** /ɪnˌsensəˈtɪvəti/ *n* insensibilidad

inseparable /ɪnˈseprəbl/ *adj* inseparable

insert /ɪnˈsɜːt/ *vt* introducir, insertar

inside /ɪnˈsaɪd/ ◆ *n* **1** interior: *The door was locked from the inside.* La puerta estaba cerrada del lado de adentro. **2** **insides** [*pl*] (*coloq*) tripas LOC **inside out 1** al revés: *You've got your jumper on inside out.* Tenés el pulóver al revés. ☛ *Ver dibujo en* REVÉS **2** de arriba abajo: *She knows these streets inside out.* Se conoce estas calles como la palma de la mano. ◆ *adj* [*antes de sustantivo*] **1** interior, interno: *the inside pocket* el bolsillo interior **2** interno: *inside information* información de adentro ◆ *prep* (*USA* **inside of**) (a)dentro de: *Is there anything inside the box?* ¿Hay algo adentro de la caja? ◆ *adv* (a)dentro: *Let's go inside.* Vamos adentro. ◊ *Pete's inside.* Pete está adentro. **insider** *n* alguien de adentro (*empresa, grupo*)

insight /ˈɪnsaɪt/ *n* **1** perspicacia, entendimiento **2** ~ (**into sth**) idea, percepción (de algo)

insignificant /ˌɪnsɪgˈnɪfɪkənt/ *adj* insignificante **insignificance** *n* insignificancia

insincere /ˌɪnsɪnˈsɪə(r)/ *adj* falso, hipócrita **insincerity** *n* insinceridad

insinuate /ɪnˈsɪnjueɪt/ *vt* insinuar **insinuation** *n* insinuación

insist /ɪnˈsɪst/ *vi* **1** ~ (**on sth**) insistir (en algo) **2** ~ **on** (**doing**) **sth** empeñarse en (hacer) algo: *She always insists on a room to herself.* Siempre se empeña en tener un cuarto para ella sola.

insistence /ɪnˈsɪstəns/ *n* insistencia **insistent** *adj* insistente

insolent /ˈɪnsələnt/ *adj* insolente **insolence** *n* insolencia

insomnia /ɪnˈsɒmniə/ *n* insomnio

inspect /ɪnˈspekt/ *vt* **1** inspeccionar **2** (*equipaje*) registrar **inspection** *n* inspección **inspector** *n* inspector, -ora

inspiration /ˌɪnspəˈreɪʃn/ *n* inspiración

inspire /ɪnˈspaɪə(r)/ *vt* **1** inspirar **2** ~ **sb** (**with sth**) (*entusiasmo, etc*) infundir algo (en algn)

instability /ˌɪnstəˈbɪləti/ *n* inestabilidad

install (*USA tb* **instal**) /ɪnˈstɔːl/ *vt* instalar

installation /ˌɪnstəˈleɪʃn/ *n* instalación

instalment (*USA tb* **installment**) /ɪnˈstɔːlmənt/ *n* **1** (*publicaciones*) entrega, fascículo **2** (*televisión*) episodio **3** ~ (**on sth**) (*pago*) cuota (de algo): *to pay in instalments* pagar en cuotas

instance /ˈmstəns/ *n* caso LOC **for instance** por ejemplo

instant /ˈmstənt/ ◆ *n* instante ◆ *adj* **1** inmediato **2** *instant coffee* café instantáneo **instantly** *adv* inmediatamente, de inmediato

instantaneous /ˌmstənˈtemiəs/ *adj* instantáneo

instead /mˈsted/ ◆ *adv* en vez de eso ◆ *prep* ~ **of sth/sb** en vez de algo/algn

instigate /ˈmstɪgeɪt/ *vt* instigar **instigation** *n* instigación

instil (*USA* **instill**) /mˈstɪl/ *vt* (**-ll-**) ~ **sth (in/into sb)** infundir algo (a algn)

instinct /ˈmstɪŋkt/ *n* instinto **instinctive** /mˈstɪŋktɪv/ *adj* instintivo

institute /ˈmstɪtjuːt; *USA* -tuːt/ ◆ *n* instituto, centro ◆ *vt* (*formal*) iniciar (*investigación*)

institution /ˌmstɪˈtjuːʃn; *USA* -ˈtuːʃn/ *n* institución **institutional** *adj* institucional

instruct /mˈstrʌkt/ *vt* **1** ~ **sb (in sth)** enseñar (algo) a algn **2** dar instrucciones

instruction /mˈstrʌkʃn/ *n* **1 instruction(s) (to do sth)** instrucción, -iones (para hacer algo) **2** ~ **(in sth)** capacitación (en algo)

instructive /mˈstrʌktɪv/ *adj* instructivo

instructor /mˈstrʌktə(r)/ *n* profesor, -ora, instructor, -ora

instrument /ˈmstrəmənt/ *n* instrumento

instrumental /ˌmstrəˈmentl/ *adj* **1 to be ~ in doing sth** jugar un papel decisivo al hacer algo **2** (*Mús*) instrumental

insufferable /mˈsʌfrəbl/ *adj* insufrible

insufficient /ˌmsəˈfɪʃnt/ *adj* insuficiente

insular /ˈmsjələ(r); *USA* -sələr/ *adj* estrecho de miras, cerrado

insulate /ˈmsjuleɪt; *USA* -səl-/ *vt* aislar **insulation** *n* aislamiento

insult /ˈmsʌlt/ ◆ *n* insulto ◆ /mˈsʌlt/ *vt* insultar **insulting** *adj* insultante

insurance /mˈʃɔːrəns; *USA* -ˈʃʊər-/ *n* [*incontable*] seguro (*Fin*)

insure /mˈʃʊə(r)/ *vt* **1** ~ **sth/sb (against sth)** asegurar algo/a algn (contra algo): *to insure sth for £5000* asegurar algo en 5.000 libras **2** (*USA*) *Ver* ENSURE

intake /ˈmteɪk/ *n* **1** (*personas*) número admitido: *We have an annual intake of 20.* Admitimos a 20 cada año. **2** (*de comida, etc*) consumo

integral /ˈmtɪgrəl/ *adj* esencial: *an integral part of sth* una parte fundamental de algo

integrate /ˈmtɪgreɪt/ *vt, vi* integrar(se) **integration** *n* integración

integrity /mˈtegrəti/ *n* integridad

intellectual /ˌmtəˈlektʃuəl/ *adj, n* intelectual **intellectually** *adv* intelectualmente

intelligence /mˈtelɪdʒəns/ *n* inteligencia **intelligent** *adj* inteligente **intelligently** *adv* inteligentemente

intend /mˈtend/ *vt* **1** ~ **to do sth** pensar hacer algo; tener la intención de hacer algo **2 intended for sth/sb** destinado a algo/algn: *It is intended for Sally.* Está destinado a Sally. ◊ *They're not intended for eating/to be eaten.* No son para comer. **3** ~ **sb to do sth**: *I intend you to take over.* Es mi intención que te hagas cargo. ◊ *You weren't intended to hear that remark.* No fue mi intención que oyeras ese comentario. **4** ~ **sth as sth**: *It was intended as a joke.* Se suponía que era una broma.

intense /mˈtens/ *adj* (**-er**, **-est**) **1** intenso **2** (*emociones*) ardiente, fuerte **3** (*persona*) nervioso, serio **intensely** *adv* intensamente, sumamente **intensify** *vt, vi* (*pret, pp* **-fied**) intensificar(se), aumentar(se) **intensity** *n* intensidad, fuerza

intensive /mˈtensɪv/ *adj* intensivo: *intensive care* terapia intensiva

intent /mˈtent/ ◆ *adj* **1** (*concentrado*) atento **2 to be ~ on/upon doing sth** estar resuelto a hacer algo **3 to be ~ on/upon (doing) sth** estar absorto en algo/haciendo algo ◆ *n* LOC **to all intents (and purposes)** en efecto

intention /mˈtenʃn/ *n* intención: *to have the intention of doing sth* tener la intención de hacer algo ◊ *I have no intention of doing it.* No tengo intención de hacerlo. **intentional** *adj* intencionado *Ver tb* DELIBERATE[1] **intentionally** *adv* intencionadamente

intently /mˈtentli/ *adv* atentamente

interact /ˌmtərˈækt/ *vi* **1** (*personas*) relacionarse entre sí **2** (*cosas*) influirse mutuamente **interaction** *n* **1** relación (*entre personas*) **2** interacción

intercept /ˌɪntəˈsept/ *vt* interceptar

interchange /ˌɪntəˈtʃeɪndʒ/ ◆ *vt* intercambiar ◆ /ˈɪntətʃeɪndʒ/ *n* intercambio **interchangeable** /ˌɪntəˈtʃeɪndʒəbl/ *adj* intercambiable

interconnect /ˌɪntəkəˈnekt/ *vi* **1** interconectarse, conectarse entre sí **2** (*tb* **intercommunicate**) comunicarse entre sí **interconnected** *adj*: *to be interconnected* estar interconectado **interconnection** *n* conexión

intercourse /ˈɪntəkɔːs/ *n* (*formal*) relaciones sexuales, coito

interest /ˈɪntrəst/ ◆ *n* **1** ~ **(in sth)** interés (por algo): *It is of no interest to me.* No me interesa. **2** afición: *her main interest in life* lo que más le interesa en la vida **3** (*Fin*) interés LOC **in sb's interest(s)** en interés de algn **in the interest(s) of sth** en aras de/con el fin de: *in the interest(s) of safety* por razones de seguridad *Ver tb* VEST[2] ◆ *vt* **1** interesar **2** ~ **sb in sth** hacer que algn se interese en algo

interested /ˈɪntrəstɪd/ *adj* interesado: *to be interested in sth* interesarse en algo

interesting /ˈɪntrəstɪŋ/ *adj* interesante **interestingly** *adv* curiosamente

interfere /ˌɪntəˈfɪə(r)/ *vi* **1** ~ **(in sth)** entrometerse (en algo) **2** ~ **with sth** toquetear algo **3** ~ **with sth** interponerse en algo, dificultar algo **interference** *n* [*incontable*] **1** ~ **(in sth)** intromisión (en algo) **2** (*Radio*) interferencias **3** (*USA*, *Dep*) *Ver* OBSTRUCTION **interfering** *adj* metido

interim /ˈɪntərɪm/ ◆ *adj* provisional ◆ *n* LOC **in the interim** en el interín

interior /ɪnˈtɪəriə(r)/ *adj*, *n* interior

interlude /ˈɪntəluːd/ *n* intervalo

intermediate /ˌɪntəˈmiːdiət/ *adj* intermedio

intermission /ˌɪntəˈmɪʃn/ *n* intervalo, entreacto (*Teat*)

intern /ɪnˈtɜːn/ *vt* internar, recluir

internal /ɪnˈtɜːnl/ *adj* interno, interior: *internal affairs* asuntos internos ◇ *internal injuries* heridas internas ◇*internal market* mercado interior **internally** *adv* internamente, interiormente

international /ˌɪntəˈnæʃnəl/ ◆ *adj* internacional ◆ *n* (*Dep*) **1** campeonato internacional **2** jugador, -ora internacional **internationally** *adv* internacionalmente

Internet /ˈɪntənet/ (*tb* **the Net**) *n* Internet

interpret /ɪnˈtɜːprɪt/ *vt* **1** interpretar, entender **2** traducir

> **Interpret** se usa para referirse a la traducción oral, y **translate** a la traducción escrita.

interpretation *n* interpretación **interpreter** *n* intérprete ☛ *Comparar con* TRANSLATOR *en* TRANSLATE

interrelated /ˌɪntərɪˈleɪtɪd/ *adj* interrelacionado

interrogate /ɪnˈterəgeɪt/ *vt* interrogar **interrogation** *n* interrogación **interrogator** *n* interrogador, -ora

interrogative /ˌɪntəˈrɒgətɪv/ *adj* interrogativo

interrupt /ˌɪntəˈrʌpt/ *vt*, *vi* interrumpir: *I'm sorry to interrupt.* Perdoná que te interrumpa. **interruption** *n* interrupción

intersect /ˌɪntəˈsekt/ *vi* cruzarse, cortar(se) **intersection** *n* intersección, cruce

interspersed /ˌɪntəˈspɜːst/ *adj* ~ **with sth** intercalado con algo

intertwine /ˌɪntəˈtwaɪn/ *vt*, *vi* entrelazar(se)

interval /ˈɪntəvl/ *n* **1** intervalo **2** (*GB*, *Teat*) entreacto **3** (*Dep*) entretiempo

intervene /ˌɪntəˈviːn/ *vi* (*formal*) **1** ~ **(in sth)** intervenir (en algo) **2** (*tiempo*) transcurrir **3** interponerse **intervening** *adj* intermedio

intervention /ˌɪntəˈvenʃn/ *n* intervención

interview /ˈɪntəvjuː/ ◆ *n* entrevista ◆ *vt* entrevistar **interviewee** /ˌɪntəvjuːˈiː/ *n* entrevistado, -a **interviewer** *n* entrevistador, -ora

interweave /ˌɪntəˈwiːv/ *vt*, *vi* (*pret* **-wove** /-ˈwəʊv/ *pp* **-woven** /-ˈwəʊvn/) entretejer(se)

intestine /ɪnˈtestɪn/ *n* intestino: *small/large intestine* intestino delgado/grueso

intimacy /ˈɪntɪməsi/ *n* intimidad

intimate[1] /ˈɪntɪmət/ *adj* **1** (*amigo, restaurante, etc*) íntimo **2** (*amistad*) estrecho **3** (*formal*) (*conocimiento*) profundo

intimate[2] /ˈɪntɪmeɪt/ *vt* ~ **sth (to sb)** (*formal*) dar a entender, insinuar algo (a algn) **intimation** *n* (*formal*) indicación, indicio

intimidate /ɪnˈtɪmɪdeɪt/ *vt* intimidar **intimidation** *n* intimidación

into /ˈɪntə/ ☛ Antes de vocal y al final de la frase se pronuncia /ˈɪntuː/. *prep* **1** (*dirección*) en, dentro de: *to come into a room* entrar en una habitación ◊ *He put it into the box.* Lo metió adentro de la caja. **2** a: *to get into a bus* subir al colectivo ◊ *She went into town.* Fue al centro. ◊ *to translate into Spanish* traducir al castellano **3** (*tiempo, distancia*): *long into the night* bien entrada la noche ◊ *far into the distance* a lo lejos **4** (*Mat*): *12 into 144 goes 12 times.* 144 dividido por 12 son 12. LOC **to be into sth** (*coloq*): *She's into motor bikes.* Es muy aficionada a las motos. ☛ Para los usos de **into** en PHRASAL VERBS ver las entradas de los verbos correspondientes, p.ej. **to look into** en LOOK[1].

intolerable /ɪnˈtɒlərəbl/ *adj* intolerable, insufrible

intolerance /ɪnˈtɒlərəns/ *n* intolerancia, intransigencia

intolerant /ɪnˈtɒlərənt/ *adj* (*pey*) intolerante

intonation /ˌɪntəˈneɪʃn/ *n* entonación

intoxicated /ɪnˈtɒksɪkeɪtɪd/ *adj* (*formal, lit y fig*) ebrio

intoxication /ɪnˌtɒksɪˈkeɪʃn/ *n* embriaguez

intrepid /ɪnˈtrepɪd/ *adj* intrépido

intricate /ˈɪntrɪkət/ *adj* complicado, complejo

intrigue /ˈɪntriːg, ɪnˈtriːg/ ◆ *n* intriga ◆ /ɪnˈtriːg/ **1** *vi* complotar **2** *vt* fascinar, intrigar **intriguing** *adj* intrigante, fascinante

intrinsic /ɪnˈtrɪnsɪk, -zɪk/ *adj* intrínseco

introduce /ˌɪntrəˈdjuːs; *USA* -ˈduːs/ *vt* **1** ~ **sth/sb** (**to sb**) presentar algo/algn (a algn) ☛ *Ver nota en* PRESENTAR **2** ~ **sb to sth** iniciar a algn en algo **3** (*producto, reforma, etc*) introducir

introduction /ˌɪntrəˈdʌkʃn/ *n* **1** presentación **2** ~ (**to sth**) prólogo (de algo) **3** [*sing*] ~ **to sth** iniciación a/en algo **4** [*incontable*] introducción (*producto, reforma, etc*)

introductory /ˌɪntrəˈdʌktəri/ *adj* **1** (*capítulo, curso*) preliminar **2** (*oferta*) introductorio

introvert /ˈɪntrəvɜːt/ *n* introvertido, -a

intrude /ɪnˈtruːd/ *vi* (*formal*) **1** importunar, molestar **2** ~ (**on/upon sth**) entrometerse, inmiscuirse (en algo) **intruder** *n* intruso, -a **intrusion** *n* **1** [*incontable*] invasión **2** [*contable*] intromisión **intrusive** *adj* intruso

intuition /ˌɪntjuˈɪʃn; *USA* -tu-/ *n* intuición

intuitive /ɪnˈtjuːɪtɪv; *USA* -ˈtuː-/ *adj* intuitivo

inundate /ˈɪnʌndeɪt/ *vt* ~ **sth/sb** (**with sth**) inundar algo/a algn (de algo): *We were inundated with applications.* Nos vimos inundados de solicitudes.

invade /ɪnˈveɪd/ *vt, vi* invadir **invader** *n* invasor, -ora

invalid /ˈɪnvəlɪd, ˈɪnvəliːd/ ◆ *n* inválido, -a ◆ /ɪnˈvælɪd/ *adj* no válido

invalidate /ɪnˈvælɪdeɪt/ *vt* invalidar, anular

invaluable /ɪnˈvæljuəbl/ *adj* inestimable

invariably /ɪnˈveəriəbli/ *adv* invariablemente

invasion /ɪnˈveɪʒn/ *n* invasión

invent /ɪnˈvent/ *vt* inventar **invention** *n* **1** invención **2** invento **inventive** *adj* **1** (*poderes*) de invención **2** que tiene mucha imaginación **inventiveness** *n* inventiva **inventor** *n* inventor, -ora

inventory /ˈɪnvəntri; *USA* -tɔːri/ *n* (*pl* **-ies**) inventario

invert /ɪnˈvɜːt/ *vt* invertir: *in inverted commas* entre comillas

invertebrate /ɪnˈvɜːtɪbrət/ *adj, n* invertebrado

invest /ɪnˈvest/ **1** *vt* invertir **2** *vi* ~ (**in sth**) invertir (en algo)

investigate /ɪnˈvestɪgeɪt/ *vt, vi* investigar

investigation /ɪnˌvestɪˈgeɪʃn/ *n* ~ **into sth** investigación de algo

investigative /ɪnˈvestɪgətɪv; *USA* -geɪtɪv/ *adj*: *investigative journalism* periodismo de investigación

investigator /ɪnˈvestɪgeɪtə(r)/ *n* investigador, -ora

investment /ɪnˈvestmənt/ *n* ~ (**in sth**) inversión (en algo)

investor /ɪnˈvestə(r)/ *n* inversor, -ora

invigorating /ɪnˈvɪgəreɪtɪŋ/ *adj* vigorizante, estimulante

invincible /ɪnˈvɪnsəbl/ *adj* invencible

invisible /ɪnˈvɪzəbl/ *adj* invisible

invitation /ˌɪnvɪˈteɪʃn/ *n* invitación

invite /ɪnˈvaɪt/ ◆ *vt* **1** ~ **sb (to/for sth)/(to do sth)** invitar a algn (a algo)/(a hacer algo): *to invite trouble* buscarse problemas **2** (*sugerencias, aportes*) pedir, solicitar PHR V **to invite sb back 1** invitar a algn a casa (*para corresponder a su invitación previa*) **2** invitar a algn a volver con uno a su casa **to invite sb in** invitar a algn a entrar **to invite sb out** invitar a algn a salir **to invite sb over/round** invitar a algn a casa ◆ /ˈɪnvaɪt/ *n* (*coloq*) invitación **inviting** /ɪnˈvaɪtɪŋ/ *adj* **1** atractivo, tentador **2** (*comida*) apetitoso

invoice /ˈɪnvɔɪs/ ◆ *n* ~ **(for sth)** factura, cuenta (de algo) ◆ *vt* ~ **sth/sb** pasar factura a algo/algn

involuntary /ɪnˈvɒləntri/ *adj* involuntario

involve /ɪnˈvɒlv/ *vt* **1** suponer, implicar: *The job involves me/my living in London.* El trabajo requiere que viva en Londres. **2** ~ **sb in sth** hacer participar a algn en algo: *to be involved in sth* participar en algo **3** ~ **sb in sth** meter, enredar a algn en algo: *Don't involve me in your problems.* No me metas en tus problemas. **4** ~ **sb in sth** (*esp crimen*) involucrar a algn en algo: *to be/get involved in sth* estar involucrado/involucrarse en algo **5 to be/become/get involved with sb** (*pey*) estar metido, meterse con algn **6 to be/become/get involved with sb** (*emocionalmente*) estar metido, meterse con algn **involved** *adj* complicado, enrevesado **involvement** *n* **1** ~ **(in sth)** implicación, compromiso, participación (en algo) **2** ~ **(with sb)** compromiso, relación (con algn)

inward /ˈɪnwəd/ ◆ *adj* **1** (*pensamientos, etc*) interior, íntimo: *to give an inward sigh* suspirar uno para sí **2** (*dirección*) hacia dentro ◆ *adv* (*tb* **inwards**) hacia dentro **inwardly** *adv* **1** por dentro **2** (*suspirar, sonreír, etc*) para sí

IQ /ˌaɪˈkjuː/ *abrev* **intelligence quotient** coeficiente intelectual: *She's got an IQ of 120.* Tiene un coeficiente intelectual de 120.

iris /ˈaɪrɪs/ *n* **1** (*Anat*) iris **2** (*Bot*) lirio

iron /ˈaɪən; *USA* ˈaɪərn/ ◆ *n* **1** (*Quím*) hierro: *the Iron Curtain* la cortina de hierro **2** (*para ropa*) plancha ◆ *vt* planchar PHR V **to iron sth out 1** (*arrugas*) planchar algo **2** (*problemas, etc*) resolver algo **ironing** *n* **1** planchado: *to do the ironing* planchar ◊ *ironing board* tabla de planchar **2** ropa para planchar, ropa planchada

ironic /aɪˈrɒnɪk/ *adj* irónico: *It is ironic that we only won the last match.* Es irónico que sólo ganamos el último partido. ☛ *Comparar con* SARCASTIC *en* SARCASM **ironically** *adv* irónicamente, con ironía: *He smiled ironically.* Sonrió con sorna.

irony /ˈaɪrəni/ *n* (*pl* **-ies**) ironía

irrational /ɪˈræʃənl/ *adj* irracional **irrationality** /ɪræʃəˈnæləti/ *n* irracionalidad **irrationally** *adv* de forma irracional

irrelevant /ɪˈreləvənt/ *adj* que no viene al caso: *irrelevant remarks* observaciones que no vienen al caso **irrelevance** *n* algo que no viene al caso: *the irrelevance of the curriculum to their own life* lo poco que el programa tiene que ver con sus vidas

irresistible /ˌɪrɪˈzɪstəbl/ *adj* irresistible **irresistibly** *adv* irresistiblemente

irrespective of /ˌɪrɪˈspektɪv əv/ *prep* independientemente de

irresponsible /ˌɪrɪˈspɒnsəbl/ *adj* irresponsable: *It was irresponsible of you.* Fue una irresponsabilidad de tu parte. **irresponsibility** /ˌɪrɪˌspɒnsəˈbɪləti/ *n* irresponsabilidad **irresponsibly** *adv* de forma irresponsable

irrigation /ˌɪrɪˈgeɪʃn/ *n* irrigación

irritable /ˈɪrɪtəbl/ *adj* irritable **irritability** /ˌɪrɪtəˈbɪləti/ *n* irritabilidad **irritably** *adv* con irritación

irritate /ˈɪrɪteɪt/ *vt* irritar: *He's easily irritated.* Se irrita con facilidad. **irritating** *adj* irritante: *How irritating!* ¡Qué bronca! **irritation** *n* irritación

is /s, z, ɪz/ *Ver* BE

Islam /ɪzˈlɑːm, ˈɪzlɑːm/ *n* Islam

island /ˈaɪlənd/ *n* (*abrev* **I**, **Is**) isla: *a desert island* una isla desierta **islander** *n* isleño, -a

isle /aɪl/ *n* (*abrev* **I**, **Is**) isla ☛ Se usa sobre todo en nombres de lugares, p.ej. *the Isle of Man. Comparar con* ISLAND

isn't /ˈɪznt/ = IS NOT *Ver* BE

isolate /ˈaɪsəleɪt/ *vt* ~ **sth/sb (from sth/sb)** aislar algo/a algn (de algo/algn)

isolated *adj* aislado **isolation** *n* aislamiento LOC **in isolation (from sth/sb)** aislado (de algo/algn): *Looked at in isolation...* Considerado fuera del contexto...

issue /ˈɪʃuː, ˈɪsjuː/ ◆ *n* **1** asunto, cuestión **2** emisión, provisión **3** (*de una revista, etc*) número LOC **to make an issue (out) of sth** hacer de algo un problema: *Let's not make an issue of it.* No lo convirtamos en un problema. ◆ **1** *vt* ~ **sth (to sb)** distribuir algo (a algn) **2** *vt* ~ **sb with sth** proveer a algn de algo **3** *vt* (*visado, etc*) expedir **4** *vt* publicar **5** *vt* (*estampillas, etc*) poner en circulación **6** *vt* (*llamada*) emitir **7** *vi* ~ **from sth** (*formal*) salir de algo

it /ɪt/ *pron pers*

• **como sujeto y objeto** ☛ **It** sustituye a un animal o una cosa. También se puede usar para referirse a un bebé. **1** [*como sujeto*] él, ella, ello: *Where is it?* ¿Dónde está? ◊ *The baby is crying, I think it's hungry.* El bebé está llorando, creo que tiene hambre. ◊ *Who is it?* ¿Quién es? ◊ *It's me.* Soy yo. ☛ El *pron pers* no se puede omitir en inglés. **2** [*como objeto directo*] lo, la: *Did you buy it?* ¿Lo compraste? ◊ *Give it to me.* Dámelo. **3** [*como objeto indirecto*] le: *Give it some milk.* Dale un poco de leche. **4** [*después de preposición*]: *That box is heavy. What's inside it?* Esa caja pesa mucho, ¿qué hay adentro?

• **frases impersonales** ☛ En muchos casos **it** carece de significado, y se usa como sujeto gramatical para construir oraciones que en castellano suelen ser impersonales. Normalmente no se traduce. **1** (*de tiempo, distancia y tiempo atmosférico*): *It's ten past twelve.* Son las doce y diez. ◊ *It's May 12.* Es el 12 de mayo. ◊ *It's two miles to the beach.* Hay dos millas hasta la playa. ◊ *It's a long time since they left.* Hace mucho tiempo que se fueron. ◊ *It's raining.* Está lloviendo. ◊ *It's hot.* Hace calor. **2** (*en otras construcciones*): *Does it matter what colour the hat is?* ¿Importa de qué color es el sombrero? ◊ *I'll come at seven if it's convenient.* Vengo a las siete, si te viene bien. ◊ *It's Jim who's the clever one, not his brother.* Es Jim el que es inteligente, no su hermano.

LOC **that's it 1** ya está **2** eso es todo **3** ya está bien **4** eso es **that's just it** ahí está el problema **this is it** llegó la hora

italics /ɪˈtælɪks/ *n* [*pl*] cursiva

itch /ɪtʃ/ ◆ *n* picazón ◆ *vi* picar: *My leg itches.* Me pica la pierna. ◊ *to be itching to do sth* tener muchas ganas de hacer algo **itchy** *adj* que pica: *My skin is itchy.* Me pica la piel.

it'd /ˈɪtəd/ **1** = IT HAD *Ver* HAVE **2** = IT WOULD *Ver* WOULD

item /ˈaɪtəm/ *n* **1** artículo **2** (*tb* **news item**) noticia

itinerary /aɪˈtɪnərəri; *USA* -reri/ *n* (*pl* **-ies**) itinerario

it'll /ˈɪtl/ = IT WILL *Ver* WILL

its /ɪts/ *adj pos* su(s) (*que pertenece a una cosa, un animal o un bebé*): *The table isn't in its place.* La mesa no está en su lugar. ☛ *Ver nota en* MY

it's /ɪts/ **1** = IT IS *Ver* BE **2** = IT HAS *Ver* HAVE ☛ *Comparar con* ITS

itself /ɪtˈself/ *pron* **1** [*uso reflexivo*] se: *The cat was washing itself.* El gato se estaba lavando. **2** [*uso enfático*] él mismo, ella misma, ello mismo **3** *She is kindness itself.* Es la bondad personificada. LOC **by itself 1** por sí mismo **2** solo **in itself** de por sí

I've /aɪv/ = I HAVE *Ver* HAVE

ivory /ˈaɪvəri/ *n* marfil

ivy /ˈaɪvi/ *n* hiedra

Jj

J, j /dʒeɪ/ *n* (*pl* **J's, j's** /dʒeɪz/) J, j: *J for Jack* J de Juan ☛ *Ver ejemplos en* A, A

jab /dʒæb/ ◆ *vt, vi* (**-bb-**) pinchar: *She jabbed at a potato with her fork.* Pinchó una papa con su tenedor. PHR V **to jab sth into sth/sb** clavar algo en algo/a algn ◆ *n* **1** inyección **2** pinchazo **3** golpe

jack /dʒæk/ *n* **1** (*Mec*) gato **2** (*tb* **knave**) jota (*carta francesa*)

jackal /ˈdʒækl/ *n* chacal

jackdaw /ˈdʒækdɔː/ *n* grajilla

jacket /ˈdʒækɪt/ *n* **1** saco, campera **2** (*de un libro*) sobrecubierta

jackpot /ˈdʒækpɒt/ *n* premio gordo

jade /dʒeɪd/ *adj, n* jade

jaded /ˈdʒeɪdɪd/ *adj* (*pey*) agotado, con falta de entusiasmo

jagged /ˈdʒægɪd/ *adj* dentado

jaguar /ˈdʒægjʊə(r)/ *n* jaguar

jail /dʒeɪl/ *n* cárcel

jam /dʒæm/ ◆ *n* **1** dulce ☛ *Comparar con* MARMALADE **2** congestión: *traffic jam* embotellamiento **3** (*coloq*) lío: *to be in/get into a jam* estar/meterse en un lío ◆ (**-mm-**) **1** *vt* **to jam sth into, under, etc sth** meter algo a la fuerza en, debajo, etc de algo: *He jammed the flowers into a vase.* Metió las flores en un jarrón, todas apretujadas. **2** *vt, vi* apretujar(se): *The three of them were jammed into a phone booth.* Los tres estaban apretujados en una cabina telefónica. **3** *vt, vi* trabarse, obstruir(se) **4** *vt* (*Radio*) interferir

jangle /ˈdʒæŋgl/ *vt, vi* (hacer) sonar de manera discordante

January /ˈdʒænjuəri; *USA* -jʊeri/ *n* (*abrev* **Jan**) enero: *They are getting married this January/in January.* Se van a casar en enero. ◇ *on January 1st* el primero de enero ◇ *every January* todos los meses de enero ◇ *next January* en enero del año que viene ☛ Los nombres de los meses en inglés se escriben con mayúscula.

jar[1] /dʒɑː(r)/ *n* **1** tarro, frasco ☛ *Ver dibujo en* CONTAINER **2** jarra

jar[2] /dʒɑː(r)/ (**-rr-**) **1** *vi* **to jar (on sth/sb)** irritar (algo/a algn) **2** *vi* **to jar (with sth)** (*fig*) desentonar (con algo) **3** *vt* golpear

jargon /ˈdʒɑːgən/ *n* jerga

jasmine /ˈdʒæzmɪn; *USA* ˈdʒæzmən/ *n* jazmín

jaundice /ˈdʒɔːndɪs/ *n* ictericia **jaundiced** *adj* amargado

javelin /ˈdʒævlɪn/ *n* jabalina

jaw /dʒɔː/ *n* **1** [*gen pl*] (*persona*) mandíbula **2** (*animal*) quijada **3** **jaws** [*pl*] fauces

jazz /dʒæz/ ◆ *n* jazz ◆ PHR V **to jazz sth up** animar algo **jazzy** (*coloq*) *adj* vistoso

jealous /ˈdʒeləs/ *adj* **1** celoso: *He's very jealous of her male friends.* Tiene muchos celos de sus amigos. **2** envidioso: *I'm very jealous of your new car.* Tu coche nuevo me da mucha envidia. **jealousy** *n* [*gen incontable*] (*pl* **-ies**) celos, envidia

jeans /dʒiːnz/ *n* [*pl*] (pantalones) vaqueros ☛ *Ver nota en* PAIR

Jeep® /dʒiːp/ *n* jeep, vehículo todo terreno

jeer /dʒɪə(r)/ ◆ *vt, vi* ~ **(at) (sth/sb)** **1** burlarse (de algo/algn) **2** abuchear (a algo/algn) ◆ *n* burla, abucheo

jelly /ˈdʒeli/ *n* (*pl* **-ies**) **1** gelatina (*de sabores*) **2** jalea

jellyfish /ˈdʒelifɪʃ/ *n* (*pl* **jellyfish** *o* **~es**) aguaviva

jeopardize, -ise /ˈdʒepədaɪz/ *vt* poner en peligro

jeopardy /ˈdʒepədi/ *n* LOC **(to be, put, etc) in jeopardy** (estar, poner, etc) en peligro

jerk /dʒɜːk/ ◆ *n* **1** sacudida, tirón **2** (*coloq, pey*) idiota ◆ *vt, vi* sacudir(se), mover(se) a sacudidas

jet[1] /dʒet/ *n* **1** (*tb* **jet aircraft**) jet, reactor **2** (*de agua, gas*) chorro

jet[2] /dʒet/ *n* azabache: *jet-black* negro azabache

jetty /ˈdʒeti/ *n* (*pl* **-ies**) embarcadero, escollera

Jew /dʒuː/ *n* judío, -a *Ver tb* JUDAISM

jewel /ˈdʒuːəl/ *n* **1** joya **2** piedra

preciosa **jeweller** (*USA* **jeweler**) *n* joyero, -a **jeweller's** (*tb* **jeweller's shop**) *n* joyería **jewellery** (*tb* **jewelry**) *n* [*incontable*] joyas: *jewellery box/case* alhajero

Jewish /ˈdʒuːɪʃ/ *adj* judío

jigsaw /ˈdʒɪgsɔː/ (*tb* **jigsaw puzzle**) *n* rompecabezas

jingle /ˈdʒɪŋgl/ ◆ *n* **1** [*sing*] tintineo **2** jingle ◆ *vt, vi* (hacer) tintinear

jinx /dʒɪŋks/ ◆ *n* (*coloq*) yeta ◆ *vt* (*coloq*) enyetar

job /dʒɒb/ *n* **1** (puesto de) trabajo, empleo ☛ *Ver nota en* WORK[1] **2** tarea **3** deber, responsabilidad LOC **a good job** (*coloq*): *It's a good job you've come.* Menos mal que viniste. **out of a job** sin trabajo

jobcentre /ˈdʒɒbˌsentə(r)/ *n* (*GB*) bolsa de empleo

jobless /ˈdʒɒbləs/ *adj* desocupado

jockey /ˈdʒɒki/ *n* (*pl* **-eys**) jockey

jog /dʒɒg/ ◆ *n* [*sing*] **1** empujoncito **2** *to go for a jog* ir a hacer footing ◆ (**-gg-**) **1** *vt* empujar (ligeramente) **2** *vi* hacer jogging LOC **to jog sb's memory** refrescar la memoria a algn

jogger /ˈdʒɒgə(r)/ *n* persona que hace footing

jogging /ˈdʒɒgɪŋ/ *n* footing, aerobismo

join /dʒɔɪn/ ◆ *n* **1** unión **2** costura ◆ **1** *vt* ~ **sth** (**on**)**to sth** unir, juntar algo con algo **2** *vi* ~ **up** (**with sth/sb**) juntarse (con algo/algn); unirse a algo/algn **3** *vt* ~ **sb** reunirse con algn **4** *vt, vi* (*club, etc*) hacerse socio (de), afiliarse (a) **5** *vt, vi* (*empresa*) unirse (a) **6** *vt* (*organización*) ingresar en PHR V **to join in** (**sth**) participar en (algo)

joiner /ˈdʒɔɪnə(r)/ *n* (*GB*) carpintero, -a

joint[1] /dʒɔɪnt/ *adj* conjunto, mutuo, colectivo

joint[2] /dʒɔɪnt/ *n* **1** (*Anat*) articulación **2** junta, ensambladura **3** corte de carne **4** (*argot, pey*) antro **5** (*argot*) porro **jointed** *adj* articulado, plegable

joke /dʒəʊk/ ◆ *n* **1** chiste: *to tell a joke* contar un chiste **2** broma: *to play a joke on sb* hacerle una broma a algn **3** [*sing*] ridiculez: *The new dog laws are a joke.* La nueva ley sobre perros es una ridiculez. ◆ *vi* ~ (**with sb**) bromear (con algn) LOC **joking apart** hablando en serio

joker /ˈdʒəʊkə(r)/ *n* **1** (*coloq*) bromista **2** (*coloq*) payaso **3** (*cartas*) comodín

jolly /ˈdʒɒli/ ◆ *adj* (**-ier**, **-iest**) alegre, jovial ◆ *adv* (*GB, coloq*) muy

jolt /dʒəʊlt/ ◆ **1** *vi* traquetear **2** *vt* sacudir ◆ *n* **1** sacudida **2** susto

jostle /ˈdʒɒsl/ *vt, vi* empujar(se), codear (se)

jot /dʒɒt/ *v* (**-tt-**) PHR V **to jot sth down** apuntar algo

journal /ˈdʒɜːnl/ *n* **1** revista, periódico (*especializado*) **2** diario **journalism** *n* periodismo **journalist** *n* periodista

journey /ˈdʒɜːni/ *n* (*pl* **-eys**) viaje, recorrido ☛ *Ver nota en* VIAJE

joy /dʒɔɪ/ *n* **1** alegría: *to jump for joy* saltar de alegría **2** encanto LOC *Ver* PRIDE **joyful** *adj* alegre **joyfully** *adv* alegremente

joystick /ˈdʒɔɪstɪk/ *n* (*Aeronáut, Informát*) mando ☛ *Ver dibujo en* COMPUTADORA

jubilant /ˈdʒuːbɪlənt/ *adj* jubiloso **jubilation** *n* júbilo

jubilee /ˈdʒuːbɪliː/ *n* aniversario

Judaism /ˈdʒuːdeɪɪzəm; *USA* -dəɪzəm/ *n* judaísmo

judge /dʒʌdʒ/ ◆ *n* **1** juez **2** (*de competición*) juez, árbitro, -a **3** ~ (**of sth**) conocedor, -ora (de algo) ◆ *vt, vi* juzgar, considerar, calcular: *judging by/from...* a juzgar por...

judgement (*tb* **judgment** *esp Jur*) /ˈdʒʌdʒmənt/ *n* juicio: *to use your own judgement* actuar según su propio criterio

judicious /dʒuˈdɪʃəs/ *adj* juicioso **judiciously** *adv* juiciosamente

judo /ˈdʒuːdəʊ/ *n* yudo

jug /dʒʌg/ (*USA* **pitcher**) *n* jarra

juggle /ˈdʒʌgl/ *vt, vi* **1** ~ (**sth/with sth**) hacer malabarismos (con algo) **2** ~ (**with**) **sth** (*fig*) dar vueltas a algo: *She juggles home, career and children.* Se las arregla para llevar casa, trabajo e hijos al mismo tiempo.

juice /dʒuːs/ *n* jugo **juicy** *adj* (**-ier**, **-iest**) **1** jugoso **2** (*coloq*) (*cuento, etc*) jugoso

July /dʒuˈlaɪ/ *n* (*abrev* **Jul**) julio ☛ *Ver nota y ejemplos en* JANUARY

jumble /ˈdʒʌmbl/ ◆ *vt* ~ **sth** (**up**)

revolver algo ◆ *n* **1** revoltijo **2** (*GB*) objetos o ropa usados para una kermesse

jumbo /ˈdʒʌmbəʊ/ *adj* (*coloq*) (de tamaño) súper

jump /dʒʌmp/ ◆ *n* **1** salto *Ver tb* HIGH JUMP, LONG JUMP **2** aumento ◆ **1** *vt, vi* saltar: *to jump up and down* dar saltos ◊ *to jump up* levantarse de un salto **2** *vi* sobresaltarse: *It made me jump.* Me sobresaltó. **3** *vi* aumentar LOC **to jump the queue** (*GB*) colarse **to jump to conclusions** sacar conclusiones precipitadas **jump to it** (*coloq*) ¡volando! *Ver tb* BANDWAGON PHR V **to jump at sth** aprovechar una oportunidad con entusiasmo

jumper /ˈdʒʌmpə(r)/ *n* **1** (*GB*) pulóver ☛ *Ver nota en* SWEATER **2** saltador, -ora

jumpy /ˈdʒʌmpi/ *adj* (**-ier**, **-iest**) (*coloq*) nervioso

junction /ˈdʒʌŋkʃn/ *n* cruce (*Aut*)

June /dʒuːn/ *n* (*abrev* **Jun**) junio ☛ *Ver nota y ejemplos en* JANUARY

jungle /ˈdʒʌŋgl/ *n* selva

junior /ˈdʒuːniə(r)/ ◆ *adj* **1** subalterno **2** (*abrev* **Jr**) júnior **3** (*GB*): *junior school* escuela primaria ◆ *n* **1** subalterno, -a **2** [*precedido de adjetivos posesivos*]: *He is three years her junior.* Es tres años más joven que ella. **3** (*GB*) : alumno, -a de escuela primaria

junk /dʒʌŋk/ *n* [*incontable*] **1** (*coloq*) cachivaches **2** baratijas

junk food *n* (*coloq, pey*) [*incontable*] porquerías (*comida*)

junk mail *n* propaganda (*distribuida por correo*)

Jupiter /ˈdʒuːpɪtə(r)/ *n* Júpiter

juror /ˈdʒʊərə(r)/ *n* miembro del jurado

jury /ˈdʒʊəri/ *n* [*v sing o pl*] (*pl* **-ies**) jurado

just /dʒʌst/ ◆ *adv* **1** justo, exactamente: *It's just what I need.* Es justo lo que necesito. ◊ *That's just it!* ¡Exacto! ◊ *just here* aquí mismo **2** ~ **as** justo cuando; justo como: *She arrived just as we were leaving.* Llegó justo cuando nos íbamos. ◊ *It's just as I thought.* Es justo como/lo que yo pensaba. **3** ~ **as...as...** tan...como...: *She's just as clever as her mother.* Es igual de inteligente que su madre. **4 to have ~ done sth** acabar de hacer algo: *She has just left.* Acaba de irse. ◊ *We had just arrived when...* Acabábamos de llegar cuando... ◊ *'Just married'* "Recién casados" **5** (**only**) ~ por muy poco: *I can* (*only*) *just reach the shelf.* Llego al estante a duras penas. **6** ~ **over/under**: *It's just over a kilo.* Pasa un poco del kilo. **7** ahora: *I'm just going.* Ahora mismo me voy. **8 to be ~ about/going to do sth** estar a punto de hacer algo: *I was just about/going to phone you.* Estaba a punto de llamarte. **9** sencillamente: *It's just one of those things.* Es una de esas cosas, nada más. **10** *Just let me say something* ¡Dejame hablar un momento! **11** sólo: *I waited an hour just to see you.* Esperé una hora solamente para poder verte. ◊ *just for fun* para reírnos un poco LOC **it is just as well (that...)** menos mal (que)... **just about** (*coloq*) casi: *I know just about everyone.* Conozco más o menos a todo el mundo. **just in case** por si acaso **just like 1** igual que: *It was just like old times.* Fue como en los viejos tiempos. **2** típico de: *It's just like her to be late.* Es muy propio de ella llegar tarde. **just like that** sin más **just now 1** en estos momentos **2** hace un momento ◆ *adj* **1** justo **2** merecido

justice /ˈdʒʌstɪs/ *n* **1** justicia **2** juez: *justice of the peace* juez de paz LOC **to do justice to sth/sb 1** hacerle justicia a algo/algn **2** *We couldn't do justice to her cooking.* No pudimos hacer los honores a su comida. **to do yourself justice**: *He didn't do himself justice in the exam.* Podía haber hecho el examen mucho mejor. *Ver tb* BRING, MISCARRIAGE

justifiable /ˌdʒʌstɪˈfaɪəbl, ˈdʒʌstɪfaɪəbl/ *adj* justificable **justifiably** *adv* justificadamente: *She was justifiably angry.* Estaba enojada, y con razón.

justify /ˈdʒʌstɪfaɪ/ *vt* (*pret, pp* **-fied**) justificar

justly /ˈdʒʌstli/ *adv* justamente, con razón

jut /dʒʌt/ *v* (**-tt-**) PHR V **to jut out** sobresalir

juvenile /ˈdʒuːvənaɪl/ ◆ *n* menor ◆ *adj* **1** juvenil **2** (*pey*) infantil

juxtapose /ˌdʒʌkstəˈpəʊz/ *vt* (*formal*) contraponer **juxtaposition** *n* contraposición

Kk

K, k /keɪ/ *n* (*pl* **K's**, **k's** /keɪz/) K, k: *K for king* k de kilo ☛ *Ver ejemplos en* A, A

kaleidoscope /kəˈlaɪdəskəʊp/ *n* calidoscopio

kangaroo /ˌkæŋgəˈruː/ *n* (*pl* ~**s**) canguro

karate /kəˈrɑːti/ *n* karate

kebab /kɪˈbæb/ *n* brochette

keel /kiːl/ ◆ *n* quilla ◆ PHR V **to keel over** (*coloq*) desplomarse

keen /kiːn/ *adj* (**-er**, **-est**) **1** entusiasta **2 to be ~ (that.../to do sth)** estar ansioso (de que.../de hacer algo); tener ganas (de hacer algo) **3** (*interés*) grande **4** (*olfato*) fino **5** (*oído, inteligencia*) agudo LOC **to be keen on sth/sb** gustarle a uno algo/algn **keenly** *adv* **1** con entusiasmo **2** (*sentir*) profundamente

keep /kiːp/ ◆ (*pret, pp* **kept** /kept/) **1** *vi* quedarse, permanecer: *Keep still!* ¡Quedate quieto! ◊ *Keep quiet!* ¡Callate! ◊ *to keep warm* no enfriarse **2** *vi* ~ **(on) doing sth** seguir haciendo algo; no parar de hacer algo: *He keeps interrupting me.* No para de interrumpirme. **3** *vt* [*con adj, adv o -ing*] mantener, tener: *to keep sb waiting* hacer esperar a algn ◊ *to keep sb amused/happy* tener a algn entretenido/contento ◊ *Don't keep us in suspense.* No nos tengas en suspenso. **4** *vt* entretener, retener: *What kept you?* ¿Por qué tardaste tanto? **5** *vt* guardar, tener: *Will you keep my place in the queue?* ¿Me guardás el lugar en la cola? **6** *vt* (*no devolver*) quedarse con: *Keep the change.* Quédese con el vuelto. **7** *vt* (*negocio*) tener, ser propietario de **8** *vt* (*animales*) criar, tener **9** *vt* (*secreto*) guardar **10** *vi* (*alimentos*) conservarse (fresco), durar **11** *vt* (*diario*) escribir, llevar **12** *vt* (*cuentas, registro*) llevar **13** *vt* (*familia, persona*) mantener **14** *vt* (*cita*) acudir a **15** *vt* (*promesa*) cumplir ☛ Para expresiones con **keep**, véanse las entradas del sustantivo, adjetivo, etc, p.ej. **to keep your word** en WORD.

PHR V **to keep away (from sth/sb)** mantenerse alejado (de algo/algn) **to keep sth/sb away (from sth/sb)** mantener alejado algo/a algn (de algo/algn)

to keep sth (back) from sb ocultar algo a algn

to keep sth down mantener algo bajo

to keep sb from (doing) sth impedir, no dejar a algn hacer algo **to keep (yourself) from doing sth** evitar hacer algo

to keep off (sth) no acercarse (a algo), no tocar (algo): *Keep off the grass.* Prohibido pisar el césped. **to keep sth/sb off (sth/sb)** no dejar a algo/algn acercarse (a algo/algn): *Keep your hands off me!* ¡No me toques!

to keep on (at sb) (about sth/sb) no parar de darle charla (a algn) (sobre algo/algn)

to keep (sth/sb) out (of sth) no dejar (a algo/algn) entrar (en algo): *Keep Out!* ¡Prohibida la entrada!

to keep (yourself) to yourself guardar las distancias **to keep sth to yourself** guardarse algo (para sí)

to keep up (with sth/sb) seguir el ritmo (de algo/algn) **to keep sth up** mantener algo, seguir haciendo algo: *Keep it up!* ¡Dale!

◆ *n* manutención

keeper /ˈkiːpə(r)/ *n* **1** (*zoo*) cuidador, -ora **2** (*en museo*) conservador, -ora **3** portero, -a

keeping /ˈkiːpɪŋ/ *n* LOC **in/out of keeping (with sth)** de acuerdo/en desacuerdo (con algo) **in sb's keeping** al cuidado de algn

kennel /ˈkenl/ *n* cucha (*de perro*)

kept *pret, pp de* KEEP

kerb (*esp USA* **curb**) /kɜːb/ *n* cordón (*de la vereda*)

ketchup /ˈketʃəp/ *n* ketchup

kettle

kettle /ˈketl/ *n* pava

key /kiː/ ◆ *n* (*pl* **keys**) **1** llave: *the car keys* las llaves del auto **2** (*Mús*) tono **3** tecla **4 key (to sth)** clave (de algo):

Exercise is the key (to good health). El ejercicio es la clave (de la buena salud). ◆ *adj* clave ◆ *vt* **to key sth (in)** teclear algo

keyboard /ˈkiːbɔːd/ *n* teclado ☛ *Ver dibujo en* COMPUTADORA

keyhole /ˈkiːhəʊl/ *n* ojo de la cerradura

khaki /ˈkɑːki/ *adj, n* caqui

kick /kɪk/ ◆ **1** *vt* dar una patada a **2** *vt* (*pelota*) golpear (*con el pie*): *to kick the ball into the river* tirar la pelota al río de una patada **3** *vi* (*persona*) patalear **4** *vi* (*animal*) cocear LOC **to kick the bucket** (*coloq*) estirar la pata *Ver tb* ALIVE PHR V **to kick off** dar el puntapié inicial **to kick sb out (of sth)** (*coloq*) echar a algn (de algo) ◆ *n* **1** puntapié, patada **2** (*coloq*): *for kicks* para divertirse

kick-off /ˈkɪk ɒf/ *n* puntapié inicial

kid /kɪd/ ◆ *n* **1** (*coloq*) chico, -a: *How are your wife and the kids?* ¿Qué tal tu mujer y los chicos? **2** (*coloq, esp USA*) : *his kid sister* su hermanita **3** (*Zool*) cabrito **4** (*cuero*) cabritilla ◆ (**-dd-**) **1** *vt, vi* (*coloq*) estar bromeando: *Are you kidding?* ¿Estás bromeando? **2** *v refl* **to kid yourself** engañarse a sí mismo

kidnap /ˈkɪdnæp/ *vt* (**-pp-**, *USA* **-p-**) secuestrar **kidnapper** *n* secuestrador, -ora **kidnapping** *n* secuestro

kidney /ˈkɪdni/ *n* (*pl* **-eys**) riñón

kill /kɪl/ ◆ *vt, vi* matar: *Smoking kills.* Fumar mata. ◊ *She was killed in a car crash.* Se mató en un accidente de coche. LOC **to kill time** matar el tiempo PHR V **to kill sth/sb off** exterminar algo, matar a algn ◆ *n* (*animal matado*) pieza LOC **to go/move in for the kill** entrar a matar **killer** *n* asesino, -a

killing /ˈkɪlɪŋ/ *n* matanza LOC **to make a killing** hacer un gran negocio

kiln /kɪln/ *n* horno para cerámica

kilo /ˈkiːləʊ/ (*tb* **kilogramme**, **kilogram**) /ˈkɪləgræm/ *n* (*pl* ~**s**) (*abrev* **kg**) kilo(gramo) ☛ *Ver Apéndice 1.*

kilometre (*USA* **-meter**) /kɪlˈɒmɪtə(r)/ *n* (*abrev* **km**) kilómetro

kilt /kɪlt/ *n* pollera escocesa

kin /kɪn/ (*tb* **kinsfolk**) *n* [*pl*] (*antic, formal*) familia *Ver tb* NEXT OF KIN

kind[1] /kaɪnd/ *adj* (**-er**, **-est**) amable

kind[2] /kaɪnd/ *n* tipo, clase: *the best of its kind* el mejor de su categoría LOC **in kind 1** en especie **2** (*fig*) con la misma moneda **kind of** (*coloq*) en cierto modo: *kind of scared* como asustado *Ver tb* NOTHING

kindly /ˈkaɪndli/ ◆ *adv* **1** amablemente **2** *Kindly leave me alone!* ¡Haceme el favor de dejarme en paz! LOC **not to take kindly to sth/sb** no gustarle algo/algn a uno ◆ *adj* (**-ier**, **-iest**) amable

kindness /ˈkaɪndnəs/ *n* **1** amabilidad, bondad **2** favor

king /kɪŋ/ *n* rey

kingdom /ˈkɪŋdəm/ *n* reino

kingfisher /ˈkɪŋfɪʃə(r)/ *n* martín pescador

kinship /ˈkɪnʃɪp/ *n* parentesco

kiosk /ˈkiːɒsk/ *n* **1** kiosco **2** (*antic, GB*) (*teléf*) cabina

kipper /ˈkɪpə(r)/ *n* arenque ahumado

kiss /kɪs/ ◆ *vt, vi* besar(se) ◆ *n* beso LOC **the kiss of life 1** respiración artificial **2** el boca a boca

kit /kɪt/ *n* **1** equipo **2** kit para armar

kitchen /ˈkɪtʃɪn/ *n* cocina

kite /kaɪt/ *n* barrilete

kitten /ˈkɪtn/ *n* gatito ☛ *Ver nota en* GATO

kitty /ˈkɪti/ *n* (*pl* **-ies**) (*coloq*) fondo (*de dinero*), vaquita

knack /næk/ *n* habilidad: *to get the knack of sth* tomarle la mano a algo

knead /niːd/ *vt* amasar

knee /niː/ *n* rodilla LOC **to be/go (down) on your knees** estar/ponerse de rodillas

kneecap /ˈniːkæp/ *n* rótula

kneel /niːl/ *vi* (*pret, pp* **knelt** /nelt/, *esp USA* **kneeled**) ☛ *Ver nota en* DREAM ~ **(down)** arrodillarse

knew *pret de* KNOW

knickers /ˈnɪkəz/ *n* [*pl*] (*GB*) bombacha: *a pair of knickers* una bombacha ☛ *Ver nota en* PAIR

knife /naɪf/ ◆ *n* (*pl* **knives** /naɪvz/) cuchillo ◆ *vt* acuchillar

knight /naɪt/ ◆ *n* **1** caballero **2** (*ajedrez*) caballo ◆ *vt* nombrar caballero/Sir **knighthood** *n* título de caballero

knit /nɪt/ (**-tt-**) (*pret, pp* **knitted**) **1** *vt, vi* ~ **sth (for sb)** tejer algo (a algn) **2** *Ver* CLOSE-KNIT **knitting** *n* [*incontable*] tejido: *knitting needle* aguja (de tejer)

knitwear /ˈnɪtweə(r)/ *n* [*incontable*] prendas tejidas

knob /nɒb/ *n* **1** (*de puerta, cajón*) manija **2** (*de radio, televisor*) perilla **3** (*árbol*) nudo

knock /nɒk/ ◆ **1** *vt, vi* golpear: *to knock your head on the ceiling* pegarse la cabeza contra el techo **2** *vi*: *to knock at/on the door* llamar a la puerta **3** *vt* (*coloq*) criticar PHR V **to knock sb down** atropellar a algn **to knock sth down** derribar algo **to knock off** (**sth**) (*coloq*): *to knock off* (*work*) terminar de trabajar **to knock sth off** hacer un descuento de algo (*una cantidad*) **to knock sth/sb off** (**sth**) tirar algo/a algn (de algo) **to knock sb out 1** (*boxeo*) dejar nocaut a algn **2** dejar inconsciente a algn **3** (*coloq*) dejar boquiabierto a algn **to knock sth/sb over** tirar algo/a algn ◆ *n* **1** *There was a knock at the door.* Llamaron a la puerta. **2** (*lit y fig*) golpe

knockout /ˈnɒkaʊt/ *n* **1** nocaut **2** *knock-out* (*tournament*) eliminatoria

knot /nɒt/ ◆ *n* **1** nudo **2** grupito (*de gente*) ◆ *vt* (**-tt-**) hacer un nudo a, anudar

know /nəʊ/ ◆ (*pret* **knew** /njuː; *USA* nuː/ *pp* **known** /nəʊn/) **1** *vt, vi* ~ (**how to do sth**) saber (hacer algo): *to know how to swim* saber nadar ◊ *Let me know if...* Avisame si... **2** *vt*: *I've never known anyone to...* Nunca se ha visto que... **3** *vt* conocer: *to get to know sb* llegar a conocer a algn LOC **for all you know** por lo (poco) que uno sabe **God/goodness/Heaven knows** (bien) sabe Dios **to know best** saber uno lo que hace **to know better** (**than that/than to do sth**): *You ought to know better!* ¡Parece mentira que hayas hecho eso! ◊ *I should have known better.* Tendría que haberme avivado. **you never know** nunca se sabe *Ver tb* ANSWER, ROPE PHR V **to know of sth/sb** saber de algo/algn: *Not that I know of.* Que yo sepa, no. ◆ *n* LOC **to be in the know** (*coloq*) estar al tanto

knowing /ˈnəʊɪŋ/ *adj* (*mirada*) de complicidad **knowingly** *adv* intencionadamente

knowledge /ˈnɒlɪdʒ/ *n* [*incontable*] **1** conocimiento(s): *not to my knowledge* que yo sepa, no **2** saber LOC **in the knowledge that...** a sabiendas de que... **knowledgeable** *adj* que posee muchos conocimientos sobre algo

known *pp de* KNOW

knuckle /ˈnʌkl/ ◆ *n* nudillo ◆ PHR V **to knuckle down** (**to sth**) (*coloq*) poner manos a la obra **to knuckle under** (*coloq*) ceder

Koran /kəˈrɑːn; *USA* -ˈræn/ *n* Corán

Ll

L, l /el/ *n* (*pl* **L's**, **l's** /elz/) L, l: *L for Lucy* L de Luisa ☛ *Ver ejemplos en* A, A

label /ˈleɪbl/ ◆ *n* etiqueta ◆ *vt* (**-ll-**, *USA* **-l-**) **1** etiquetar, poner etiquetas a **2** ~ **sth/sb as sth** (*fig*) calificar algo/a algn de algo

laboratory /ləˈbɒrətri; *USA* ˈlæbrətɔːri/ *n* (*pl* **-ies**) laboratorio

laborious /ləˈbɔːriəs/ *adj* **1** laborioso **2** penoso

labour (*USA* **labor**) /ˈleɪbə(r)/ ◆ *n* **1** [*incontable*] trabajo **2** [*incontable*] mano de obra: *parts and labour* los repuestos y la mano de obra ◊ *labour relations* relaciones laborales **3** [*incontable*] parto: *to go into labour* entrar en parto **4 Labour** (*tb* **the Labour Party**) [*v sing o pl*] (*GB*) el Partido Laborista ☛ *Comparar con* LIBERAL sentido 3, TORY ◆ *vi* esforzarse **laboured** (*USA* **labored**) *adj* **1** dificultoso **2** pesado **labourer** (*USA* **laborer**) *n* peón

labyrinth /ˈlæbərɪnθ/ *n* laberinto

lace /leɪs/ ◆ *n* **1** encaje **2** (*tb* **shoelace**) cordón ◆ *vt, vi* atar(se) (*con un lazo*)

lack /læk/ ◆ *vt* ~ **sth** carecer de algo LOC **to be lacking** faltar **to be lacking in sth** carecer de algo ◆ *n* [*incontable*] falta, carencia

lacquer /ˈlækə(r)/ *n* laca

lacy /ˈleɪsi/ *adj* de encaje

lad /læd/ *n* (*coloq*) muchacho

ladder /ˈlædə(r)/ *n* **1** escalera de mano **2** corrida (*en las medias, etc*) **3** (*fig*) escala (*social, profesional, etc*)

laden /ˈleɪdn/ *adj* ~ (**with sth**) cargado (de algo)

ladies /ˈleɪdiz/ *n* **1** *plural de* LADY **2** *Ver* LADY sentido 4

lady /ˈleɪdi/ *n* (*pl* **ladies**) **1** señora: *Ladies and gentlemen...* Señoras y señores... *Ver tb* GENTLEMAN **2** dama **3** **Lady** Lady (*como título nobiliario*) *Ver tb* LORD **4** **Ladies** [*sing*] (*GB*) baño de señoras

ladybird /ˈleɪdibɜːd/ *n* vaquita de San Antonio

lag /læg/ ◆ *vi* (**-gg-**) LOC **to lag behind (sth/sb)** quedarse atrás (con respecto a algo/algn) ◆ *n* (*tb* **time lag**) retraso

lager /ˈlɑːgə(r)/ *n* cerveza rubia ☛ *Comparar con* BEER

lagoon /ləˈguːn/ *n* laguna

laid *pret, pp de* LAY[1]

laid-back /ˌleɪd ˈbæk/ *adj* (*coloq*) tranquilo

lain *pp de* LIE[2]

lake /leɪk/ *n* lago

lamb /læm/ *n* cordero ☛ *Ver nota en* CARNE

lame /leɪm/ *adj* **1** rengo **2** (*excusa, etc*) poco convincente

lament /ləˈment/ *vt, vi* ~ (**for/over sth/sb**) lamentar(se) (de algo/algn)

lamp /læmp/ *n* lámpara

lamp-post /ˈlæmp pəʊst/ *n* poste de luz

lampshade /ˈlæmpʃeɪd/ *n* pantalla (de lámpara)

land /lænd/ ◆ *n* **1** tierra: *by land* por tierra ◊ *on dry land* en tierra firme **2** tierra(s): *arable land* tierra de cultivo ◊ *a plot of land* un solar/terreno **3** **the land** el campo: *to work on the land* dedicarse a la agricultura **4** país: *the finest in the land* el mejor del país ◆ **1** *vt, vi* ~ (**sth/sb**) (**at...**) desembarcar (algo/a algn) (en...) **2** *vt* (*avión*) poner en tierra **3** *vi* aterrizar **4** *vi* caer: *The ball landed in the water.* La pelota cayó al agua. **5** *vi* (*pájaro*) posarse **6** *vt* (*coloq*) (*lograr*) conseguir, obtener LOC *Ver* FOOT PHR V **to land sb with sth/sb** (*coloq*) encajarle algo/algn a algn: *I got landed with the washing up.* A mí me encajaron lavar los platos.

landing /ˈlændɪŋ/ *n* **1** aterrizaje **2** desembarco **3** (*escalera*) descanso

landlady /ˈlændleɪdi/ *n* (*pl* **-ies**) **1** dueña (*de una casa para alquilar*) **2** patrona (*de un pub o una pensión*)

landlord /ˈlændlɔːd/ *n* **1** dueño (*de una casa para alquilar*) **2** patrón (*de un pub o una pensión*)

landmark /ˈlændmɑːk/ *n* **1** (*lit*) punto destacado **2** (*fig*) hito

landowner /ˈlændəʊnə(r)/ *n* terrateniente

landscape /ˈlændskeɪp/ *n* paisaje ☛ *Ver nota en* SCENERY

landslide /ˈlændslaɪd/ *n* **1** (*lit*) desprendimiento (*de tierras*) **2** (*tb* **landslide victory**) (*fig*) victoria aplastante

lane /leɪn/ *n* **1** camino **2** callejón **3** carril: *slow/fast lane* carril lento/rápido **4** (*Dep*) andarivel

language /ˈlæŋgwɪdʒ/ *n* **1** lenguaje: *to use bad language* decir palabrotas **2** idioma, lengua

lantern /ˈlæntən/ *n* farol

lap[1] /læp/ *n* falda

lap[2] /læp/ *n* (*Dep*) vuelta

lap[3] /læp/ (**-pp-**) **1** *vi* (*agua*) chapotear **2** *vt* **to lap sth** (**up**) lamer algo PHR V **to lap sth up** (*coloq*) tragarse algo

lapel /ləˈpel/ *n* solapa

lapse /læps/ ◆ *n* **1** error, lapso **2** ~ (**into sth**) caída (en algo) **3** (*de tiempo*) lapso, período: *after a lapse of six years* al cabo de seis años ◆ *vi* **1** ~ (**from sth**) (**into sth**) caer (de algo) (en algo): *to lapse into silence* quedarse callado **2** (*Jur*) caducar

larder /ˈlɑːdə(r)/ *n* despensa

large /lɑːdʒ/ ◆ *adj* (**-er**, **-est**) **1** grande: *small, medium or large* chica, mediana o grande ◊ *to a large extent* en gran parte **2** extenso, amplio ☛ *Ver nota en* BIG LOC **by and large** en términos generales *Ver tb* EXTENT ◆ *n* LOC **at large 1** en libertad **2** en general: *the world at large* todo el mundo

largely /ˈlɑːdʒli/ *adv* en gran parte

large-scale /ˈlɑːdʒ skeɪl/ *adj* **1** a gran escala, extenso **2** (*mapa*) a gran escala

lark /lɑːk/ *n* alondra

laser /ˈleɪzə(r)/ *n* láser: *laser printer* impresora láser

lash /læʃ/ ◆ *n* **1** azote **2** *Ver* EYELASH ◆ *vt* **1** azotar **2** (*rabo*) sacudir PHR V **to lash out at/against sth/sb 1** pegar contra algo/algn **2** arremeter contra algo/algn

lass /læs/ (*tb* **lassie** /ˈlæsi/) *n* muchacha (*esp en Escocia y el N de Inglaterra*)

last /lɑːst; *USA* læst/ ◆ *adj* **1** último: *last thing at night* lo último por la noche ☛ *Ver nota en* LATE **2** pasado: *last month* el mes pasado ◊ *last night* anoche ◊ *the night before last* anteanoche LOC **as a/in the last resort** como último recurso **to have the last laugh** reírse el último **to have the last word** tener la última palabra *Ver tb* ANALYSIS, EVERY, FIRST, STRAW, THING ◆ *n* **1 the last (of sth)** el último/la última (de algo): *the last but one* el penúltimo/la penúltima **2 the last** el/la anterior LOC **at (long) last** por fin ◆ *adv* **1** último: *He came last.* Llegó último. **2** por última vez LOC **(and) last but not least** y por último, aunque no por ello de menor importancia ◆ **1** *vt, vi* ~ **(for) hours, days, etc** durar horas, días, etc **2** *vi* perdurar **lasting** *adj* duradero, permanente **lastly** *adv* por último

latch /lætʃ/ ◆ *n* **1** aldaba **2** pestillo ◆ PHR V **to latch on (to sth)** (*coloq*) caer (*explicación, etc*)

late /leɪt/ ◆ *adj* (**later**, **latest**) **1** tarde, tardío: *to be late* llegar tarde ◊ *My flight was an hour late.* Mi vuelo se retrasó una hora. **2** *in the late 19th century* a finales del siglo XIX ◊ *in her late twenties* cerca de los treinta **3 latest** lo último, más reciente

El superlativo **latest** significa el más reciente, el más nuevo: *the latest technology* la tecnología más reciente. El adjetivo **last** significa el último de una serie: *The last bus is at twelve.* El último micro sale a las doce. **4** [*antes de sustantivo*] difunto LOC **at the latest** a más tardar ◆ *adv* (**later**) tarde: *He arrived half an hour late.* Llegó media hora tarde. LOC **later on** más tarde *Ver tb* BETTER, SOON

lately /ˈleɪtli/ *adv* últimamente

lather /ˈlɑːðə(r); *USA* ˈlæð-/ *n* espuma

latitude /ˈlætɪtjuːd; *USA* -tuːd/ *n* latitud

the latter /ˈlætə(r)/ *pron* el segundo ☛ *Comparar con* FORMER

laugh /lɑːf; *USA* læf/ ◆ *vi* reír(se) LOC *Ver* BURST PHR V **to laugh at sth/sb 1** reírse de algo/algn **2** burlarse de algo/algn ◆ *n* **1** risa, carcajada **2** (*coloq*) (*suceso o persona*): *What a laugh!* ¡Es para morirse de risa! LOC **to be good for a laugh** ser divertido *Ver tb* LAST **laughable** *adj* risible **laughter** *n* [*incontable*] risa(s): *to roar with laughter* reírse a carcajadas

launch[1] /lɔːntʃ/ ◆ *vt* **1** (*proyectil, ataque, campaña*) lanzar **2** (*buque nuevo*) botar PHR V **to launch into sth** (*discurso, etc*) comenzar algo ◆ *n* lanzamiento

launch[2] /lɔːntʃ/ *n* lancha

launderette /lɔːnˈdret/ *n* lavadero automático ☛ *Comparar con* LAUNDRY

laundry /ˈlɔːndri/ *n* (*pl* **-ies**) **1** ropa para lavar/lavada: *to do the laundry* lavar la ropa ☛ La palabra más corriente para "ropa para lavar" es **washing**. **2** lavadero industrial: *laundry service* servicio de lavadero ☛ *Comparar con* LAUNDERETTE

lava /ˈlɑːvə/ *n* lava

lavatory /ˈlævətri/ *n* (*pl* **-ies**) (*formal*) **1** inodoro **2** baño ☛ *Ver nota en* TOILET

lavender /ˈlævəndə(r)/ *n* lavanda

lavish /ˈlævɪʃ/ *adj* **1** pródigo, generoso **2** abundante

law /lɔː/ *n* **1** (*tb* **the law**) ley: *against the law* en contra de la ley **2** (*carrera*) derecho LOC **law and order** orden público *Ver tb* EYE **lawful** *adj* legal, legítimo *Ver tb* LEGAL

lawn /lɔːn/ *n* césped

lawsuit /ˈlɔːsuːt/ *n* juicio

lawyer /ˈlɔːjə(r)/ *n* abogado, -a ☛ *Ver nota en* ABOGADO

lay[1] /leɪ/ *vt, vi* (*pret, pp* **laid** /leɪd/) **1** colocar, poner **2** (*cimientos*) echar **3** (*cable, etc*) tender **4** extender ☛ *Ver nota en* LIE[2] **5** (*huevos*) poner LOC **to lay claim to sth** reclamar algo **to lay your cards on the table** poner las cartas sobre la mesa *Ver tb* BLAME, TABLE PHR V **to lay sth aside** poner algo a un lado **to lay sth down 1** (*armas*) deponer **2** (*regla, principio, etc*) estipular, establecer **to lay sb off** (*coloq*) despedir a algn **to lay sth on 1** (*gas, luz, etc*) instalar algo **2** (*coloq*) (*facilitar*) proveer algo **to lay sth out 1** (*sacar a la vista*) disponer algo **2** (*argumento*) exponer algo

3 (*jardín, ciudad*) hacer el trazado de algo: *well laid out* bien distribuido/ planificado

lay[2] *pret de* LIE[2]

lay[3] /leɪ/ *adj* **1** laico **2** (*no experto*) no especializado en la materia

lay-by /ˈleɪ baɪ/ *n* (*pl* **-bys**) (*GB*) área de descanso (*ruta*)

layer /ˈleɪə(r)/ *n* **1** capa **2** (*Geol*) estrato **layered** *adj* en capas

lazy /ˈleɪzi/ *adj* (**lazier**, **laziest**) **1** vago **2** haragán

lead[1] /led/ *n* plomo **leaded** *adj* con plomo

lead[2] /liːd/ ◆ *n* **1** iniciativa **2** (*competición*) ventaja: *to be in the lead* llevar la delantera **3** (*Teat*) papel principal **4** (*naipes*) mano: *It's your lead.* Sos mano. **5** (*indicio*) pista **6** (*de perro, etc*) correa **7** (*Electrón*) cable ◆ (*pret, pp* **led** /led/) **1** *vt* llevar, conducir **2** *vt* ~ **sb** (**to do sth**) llevar a algn (a hacer algo) **3** *vi* ~ **to/into sth** (*puerta, etc*) dar, llevar (a algo): *This door leads into the garden.* Esta puerta da al jardín. ◊ *This road leads back to town.* Por esta calle se vuelve a la ciudad. **4** *vi* ~ **to sth** dar lugar a algo **5** *vt* (*vida*) llevar **6** *vi* llevar la delantera **7** *vt* encabezar **8** *vt, vi* (*naipes*) bajar LOC **to lead sb to believe (that)...** hacer creer a algn (que)... **to lead the way (to sth)** mostrar el camino (a algo) PHR V **to lead up to sth** preparar el terreno para algo **leader** *n* líder, dirigente **leadership** *n* **1** liderazgo **2** [*v sing o pl*] (*cargo*) directiva **leading** *adj* principal, más importante

leaf /liːf/ *n* (*pl* **leaves** /liːvz/) hoja LOC **to take a leaf out of sb's book** seguir el ejemplo de algn *Ver tb* TURN **leafy** *adj* (**-ier**, **-iest**) frondoso: *leafy vegetables* verduras de hoja

leaflet /ˈliːflət/ *n* folleto

league /liːg/ *n* **1** (*alianza*) liga **2** (*coloq*) (*categoría*) clase LOC **in league (with sb)** confabulado (con algn)

leak /liːk/ ◆ *n* **1** agujero, gotera **2** fuga, escape **3** (*fig*) filtración ◆ **1** *vi* (*recipiente*) gotear, perder **2** *vi* (*gas o líquido*) salirse, escaparse **3** *vt* dejar escapar

lean[1] /liːn/ *adj* (**-er**, **-est**) **1** (*persona, animal*) delgado, flaco **2** magro

lean[2] /liːn/ (*pret, pp* **leant** /lent/ *o* **leaned**) ☛ *Ver nota en* DREAM **1** *vi*

She is **leaning against** a tree. He is **leaning out of** a window.

inclinar(se), ladear(se): *to lean out of the window* asomarse a la ventana ◊ *to lean back/forward* inclinarse hacia atrás/adelante **2** *vt, vi* ~ **against/on sth** apoyar(se) contra/en algo **leaning** *n* inclinación

leap /liːp/ ◆ *vi* (*pret, pp* **leapt** /lept/ *o* **leaped**) **1** saltar **2** (*corazón*) dar un salto ◆ *n* salto

leap year *n* año bisiesto

learn /lɜːn/ *vt, vi* (*pret, pp* **learnt** /lɜːnt/ *o* **learned**) ☛ *Ver nota en* DREAM **1** aprender **2** ~ **(of/about) sth** enterarse de algo LOC **to learn your lesson** escarmentar *Ver tb* ROPE **learner** *n* aprendiz, -iza, principiante **learning** *n* **1** (*acción*) aprendizaje **2** (*conocimientos*) erudición

lease /liːs/ ◆ *n* contrato de arrendamiento LOC *Ver* NEW ◆ *vt* ~ **sth (to/from sb)** alquilar algo (a algn) (*propietario o inquilino*)

least /liːst/ ◆ *pron* (*superl de* **little**) menos: *It's the least I can do.* Es lo menos que puedo hacer. LOC **at least** al menos, por lo menos **not in the least** en absoluto **not least** especialmente *Ver tb* LAST ◆ *adj* menor ◆ *adv* menos: *when I least expected it* cuando menos lo esperaba

leather /ˈleðə(r)/ *n* cuero

leave /liːv/ ◆ (*pret, pp* **left** /left/) **1** *vt, vi* dejar: *Leave it to me.* Yo me encargo. **2** *vt, vi* irse (de), salir (de) **3** *vi* **to be left** quedar: *You've only got two days left.* Sólo te quedan dos días. ◊ *to be left over* sobrar LOC **to leave sb to their own devices/to themselves** dejar que algn se las arregle solo *Ver tb* ALONE PHR V **to leave behind** dejar (atrás), olvidar

◆ *n* licencia (*vacaciones*) LOC **on leave** de licencia

leaves *plural de* LEAF

lecture /ˈlektʃə(r)/ ◆ *n* **1** conferencia: *to give a lecture* dar una conferencia ☛ *Comparar con* CONFERENCE **2** (*reprimenda*) sermón LOC **lecture theatre** aula magna ◆ **1** *vi* ~ (**on sth**) dar una conferencia/conferencias (sobre algo) **2** *vt* ~ **sb** (**for/about sth**) sermonear a algn (por/sobre algo) **lecturer** *n* **1** ~ (**in sth**) (*de universidad*) profesor, -ora (de algo) **2** conferenciante

led *pret, pp de* LEAD²

ledge /ledʒ/ *n* **1** repisa: *the window ledge* el antepecho **2** (*Geog*) plataforma, saliente

leek /liːk/ *n* puerro

left¹ *pret, pp de* LEAVE

left² /left/ ◆ *n* **1** izquierda: *on the left* a la izquierda **2 the Left** [*v sing o pl*] (*Pol*) la izquierda ◆ *adj* izquierdo ◆ *adv* a la izquierda: *Turn/Go left.* Doblá a la izquierda.

left-hand /ˈleft hænd/ *adj* a/de (la) izquierda: *on the left-hand side* a mano izquierda **left-handed** *adj* zurdo

left luggage office *n* depósito de equipaje

leftover /ˈleftəʊvə(r)/ *adj* sobrante **leftovers** *n* [*pl*] sobras

left wing *adj* izquierdista

leg /leg/ *n* **1** pierna **2** (*de animal/mueble*) pata **3** (*carne*) pierna, muslo **4** (*pantalón*) pernera LOC **to give sb a leg up** (*coloq*) ayudar a algn a subirse a algo **not to have a leg to stand on** (*coloq*) no tener uno nada que lo respalde *Ver tb* PULL, STRETCH

legacy /ˈlegəsi/ *n* (*pl* **-ies**) **1** legado **2** (*fig*) patrimonio

legal /ˈliːgl/ *adj* jurídico, legal: *to take legal action against sb* hacerle juicio a algn *Ver tb* LAWFUL *en* LAW **legality** /lɪˈgæləti/ *n* legalidad **legalization, -isation** *n* legalización **legalize, -ise** *vt* legalizar

legend /ˈledʒənd/ *n* leyenda **legendary** *adj* legendario

leggings /ˈlegɪŋz/ *n* [*pl*] calzas

legible /ˈledʒəbl/ *adj* legible

legion /ˈliːdʒən/ *n* legión

legislate /ˈledʒɪsleɪt/ *vi* ~ (**for/against sth**) legislar (para/contra algo) **legislation** *n* legislación **legislative** *adj* legislativo **legislature** *n* (*formal*) asamblea legislativa

legitimacy /lɪˈdʒɪtɪməsi/ *n* (*formal*) legitimidad

legitimate /lɪˈdʒɪtɪmət/ *adj* **1** legítimo, lícito **2** justo, válido

leisure /ˈleʒə(r); *USA* ˈliːʒər/ *n* ocio: *leisure time* tiempo libre LOC **at your leisure** cuando te venga bien

leisure centre *n* polideportivo

leisurely /ˈleʒəli; *USA* ˈliːʒərli/ ◆ *adj* pausado, relajado ◆ *adv* tranquilamente

lemon /ˈlemən/ *n* limón

lemonade /ˌleməˈneɪd/ *n* **1** gaseosa (*con gusto a limón*) **2** limonada

lend /lend/ *vt* (*pret, pp* **lent** /lent/) prestar LOC *Ver* HAND ☛ *Ver dibujo en* BORROW

length /leŋθ/ *n* **1** largo, longitud: *20 metres in length* 20 metros de largo **2** duración: *for some length of time* durante un buen rato/una temporada LOC **to go to any, great, etc lengths** (**to do sth**) hacer todo lo posible (por hacer algo) **lengthen** *vt, vi* alargar(se), prolongar(se) **lengthy** *adj* (**-ier**, **-iest**) largo

lenient /ˈliːniənt/ *adj* **1** indulgente **2** (*tratamiento*) poco severo

lens /lenz/ *n* (*pl* **lenses**) **1** (*cámara*) objetivo **2** lente: *contact lenses* lentes de contacto

lent *pret, pp de* LEND

lentil /ˈlentl/ *n* lenteja

Leo /ˈliːəʊ/ *n* (*pl* **Leos**) Leo ☛ *Ver ejemplos en* AQUARIUS

leopard /ˈlepəd/ *n* leopardo

lesbian /ˈlezbiən/ *n* lesbiana

less /les/ ◆ *adv* ~ (**than ...**) menos (que/de ...): *less often* con menos frecuencia LOC **less and less** cada vez menos *Ver tb* EXTENT, MORE ◆ *adj, pron* ~ (**than ...**) menos (que/de ...): *I have less than you.* Tengo menos que vos.

Less se usa como comparativo de **little** y normalmente va con sustantivos incontables: *'I've got very little money.' 'I have even less money (than you).'* —Tengo poco dinero. —Yo tengo aún menos (que vos). **Fewer** es el comparativo de **few** y normalmente va con sustantivos en plural: *fewer accidents,* *people, etc* menos accidentes, gente, etc. Sin embargo, en el inglés hablado se usa más **less** que **fewer**, aunque sea con sustantivos en plural.

lessen **1** *vi* disminuir **2** *vt* reducir **lesser** *adj* menor: *to a lesser extent* en menor grado

lesson /ˈlesn/ *n* **1** clase: *four English lessons a week* cuatro clases de inglés por semana ☛ *Comparar con* CLASE **2** lección LOC *Ver* LEARN, TEACH

let[1] /let/ *vt* (**-tt-**) (*pret*, *pp* **let**) dejar, permitir: *to let sb do sth* dejar a algn hacer algo ◊ *My dad won't let me smoke in my bedroom.* Mi papá no me deja fumar en mi cuarto. *Ver nota en* ALLOW.

Let us + infinitivo sin TO se usa para hacer sugerencias. Excepto en el habla formal, normalmente se usa la contracción **let's**: *Let's go!* ¡Vamos! En negativa, se usa **let's not** *o* **don't let's**: *Let's not argue.* No discutamos.

LOC **let alone** mucho menos: *I can't afford new clothes, let alone a holiday.* No me puedo permitir ropa nueva, y mucho menos unas vacaciones. **let's face it** (*coloq*) reconozcámoslo **let us say** digamos **to let fly at sth/sb** atacar algo/a algn **to let fly with sth** disparar con algo **to let off steam** (*coloq*) desahogarse **to let sb know sth** informar a algn de algo **to let sth/sb go; to let go of sth/sb** soltar algo/a algn **to let sth/sb loose** soltar algo/a algn **to let sth slip**: *I let it slip that I was married.* Se me escapó que estaba casado. **to let the cat out of the bag** levantar la perdiz **to let the matter drop/rest** dejar el asunto ahí **to let yourself go** perder las inhibiciones *Ver tb* HOOK PHR V **to let sb down** fallarle a algn **to let sb in/out** dejar entrar/salir a algn **to let sb off (sth)** perdonar (algo) a algn **to let sth off 1** (*arma*) disparar algo **2** (*fuegos artificiales*) hacer estallar algo

let[2] /let/ *vt* (**-tt-**) (*pret*, *pp* **let**) (*GB*) **to let sth (to sb)** alquilar algo (a algn) LOC **to let** se alquila

lethal /ˈliːθl/ *adj* mortal

lethargy /ˈleθədʒi/ *n* aletargamiento **lethargic** /ləˈθɑːdʒɪk/ *adj* letárgico

let's /lets/ = LET US *Ver* LET[1]

letter /ˈletə(r)/ *n* **1** letra **2** carta: *to post a letter* mandar una carta por correo LOC **to the letter** al pie de la letra

letter box *n* **1** (*tb* **postbox**) buzón (*en la calle*) **2** ranura en la puerta de una casa por la que se echan las cartas

lettuce /ˈletɪs/ *n* lechuga

leukaemia (*USA* **leukemia**) /luːˈkiːmiə/ *n* leucemia

level /ˈlevl/ ◆ *adj* **1** raso **2** ~ (**with sth/sb**) al nivel (de algo/algn) LOC *Ver* BEST ◆ *n* nivel: *1000 metres above sea-level* a 1.000 metros sobre el nivel del mar ◊ *noise levels* el nivel de ruido ◊ *high-/low-level negotiations* negociaciones de alto/bajo nivel ◆ *vt* (**-ll-**, *USA* **-l-**) nivelar PHR V **to level sth at sth/sb** dirigir algo a algo/algn (*críticas, etc*) **to level off/out** estabilizarse

level crossing *n* paso a nivel

lever /ˈliːvə(r); *USA* ˈlevər/ *n* palanca **leverage** *n* **1** (*fig*) influencia **2** (*lit*) fuerza de la palanca, apalancamiento

levy /ˈlevi/ ◆ *vt* (*pret*, *pp* **levied**) recaudar (*impuestos, etc*) ◆ *n* **1** recaudación **2** impuesto

liability /ˌlaɪəˈbɪləti/ *n* (*pl* **-ies**) **1** ~ (**for sth**) responsabilidad (por algo) **2** (*coloq*) problema **liable** *adj* **1** responsable: *to be liable for sth* ser responsable de algo **2** ~ **to sth** sujeto a algo **3** ~ **to sth** propenso a algo **4** ~ **to do sth** tendente a hacer algo

liaison /liˈeɪzn; *USA* -zɑːn/ *n* **1** vinculación **2** relación sexual

liar /ˈlaɪə(r)/ *n* mentiroso, -a

libel /ˈlaɪbl/ *n* difamación

liberal /ˈlɪbərəl/ *adj* **1** liberal **2** libre **3 Liberal** (*Pol*) liberal: *the Liberal Democrats* el Partido Demócrata Liberal ☛ *Comparar con* LABOUR sentido 4, TORY

liberate /ˈlɪbəreɪt/ *vt* ~ **sth/sb (from sth)** liberar algo/a algn (de algo) **liberated** *adj* liberado **liberation** *n* liberación

liberty /ˈlɪbəti/ *n* (*pl* **-ies**) libertad *Ver tb* FREEDOM LOC **to take liberties** tomarse libertades

Libra /ˈliːbrə/ *n* Libra ☛ *Ver ejemplos en* AQUARIUS

library /ˈlaɪbrəri; *USA* -breri/ *n* (*pl* **-ies**) biblioteca **librarian** /laɪˈbreəriən/ *n* bibliotecario, -a

lice *plural de* LOUSE

licence (*USA* **license**) /ˈlaɪsns/ *n* **1** licencia: *a driving licence* un registro de conducir *Ver* OFF-LICENCE **2** (*formal*) permiso

lick /lɪk/ ◆ *vt* lamer ◆ *n* lamida

licorice (*USA*) *Ver* LIQUORICE

lid /lɪd/ *n* tapa ☛ *Ver dibujo en* SAUCEPAN

lie[1] /laɪ/ ◆ *vi* (*pret, pp* **lied** *pt pres* **lying**) **to lie** (**to sb**) (**about sth**) mentir (a algn) (sobre algo) ◆ *n* mentira: *to tell lies* decir mentiras

lie[2] /laɪ/ *vi* (*pret* **lay** /leɪ/ *pp* **lain** /leɪn/ *pt pres* **lying**) **1** acostarse, yacer **2** estar: *the life that lay ahead of him* la vida que le esperaba ◊ *The problem lies in...* El problema está en... **3** extenderse PHR V **to lie about/around 1** pasar el tiempo sin hacer nada **2** estar esparcido: *Don't leave all your clothes lying around.* No dejes toda la ropa por ahí tirada. **to lie back** recostarse **to lie down** acostarse **to lie in** (*GB*) (*USA* **to sleep in**) (*coloq*) quedarse en la cama

Compárense los verbos **lie** y **lay**. El verbo **lie** (**lay, lain, lying**) es intransitivo y significa "estar acostado": *I was feeling ill, so I lay down on the bed for a while.* Me sentía mal, así que me acosté un rato. Es importante no confundirlo con **lie** (**lied, lied, lying**), que significa "mentir". Por otro lado, **lay** (**laid, laid, laying**) es transitivo y tiene el significado de "poner sobre": *She laid her dress on the bed to keep it neat.* Puso el vestido sobre la cama para que no se arrugara.

lieutenant /lefˈtenənt; *USA* luːˈt-/ *n* teniente

life /laɪf/ (*pl* **lives** /laɪvz/) *n* **1** vida: *late in life* a una avanzada edad ◊ *a friend for life* un amigo de por vida ◊ *home life* la vida hogareña *Ver* LONG-LIFE **2** (*tb* **life sentence**, **life imprisonment**) cadena perpetua LOC **to come to life** animarse **to take your** (**own**) **life** suicidarse *Ver tb* BREATHE, BRING, FACT, KISS, MATTER, NEW, PRIME, TIME, TRUE, WALK, WAY

lifebelt /ˈlaɪfbelt/ (*tb* **lifebuoy**) *n* salvavidas

lifeboat /ˈlaɪfbəʊt/ *n* bote salvavidas

life expectancy *n* (*pl* **-ies**) esperanza de vida

lifeguard /ˈlaɪfgɑːd/ *n* bañero, -a

life jacket *n* chaleco salvavidas

lifelong /ˈlaɪflɒŋ/ *adj* de toda la vida

lifestyle /ˈlaɪfstaɪl/ *n* estilo de vida

lifetime /ˈlaɪftaɪm/ *n* toda una vida LOC **the chance, etc of a lifetime** la oportunidad, etc de tu vida

lift /lɪft/ ◆ **1** *vt* ~ **sth/sb** (**up**) levantar algo/a algn **2** *vt* (*embargo, toque de queda*) levantar **3** *vi* (*neblina, nubes*) disiparse PHR V **to lift off** despegar ◆ *n* **1** impulso **2** (*USA* **elevator**) ascensor **3** *to give sb a lift* llevar a algn en auto LOC *Ver* THUMB

light /laɪt/ ◆ *n* **1** luz: *to turn on/off the light* prender/apagar la luz **2** (**traffic**) **lights** [*pl*] semáforo **3 a light**: *Have you got a light?* ¿Tenés fuego? LOC **in the light of sth** considerando algo **to come to light** salir a la luz *Ver tb* SET[2] ◆ *adj* (**-er**, **-est**) **1** (*habitación*) luminoso, claro **2** (*color, tono*) claro **3** liviano: *two kilos lighter* dos kilos menos **4** (*golpe, viento*) suave ◆ (*pret, pp* **lit** /lɪt/ *o* **lighted**) **1** *vt, vi* prender(se) **2** *vt* iluminar, alumbrar ☛ Generalmente se usa **lighted** como *adj* antes del sustantivo: *a lighted candle* una vela prendida, y **lit** como verbo: *He lit the candle.* Prendió la vela. PHR V **to light up** (**with sth**) iluminarse (de algo) (*cara, ojos*) ◆ *adv*: *to travel light* viajar con el mínimo de equipaje

light bulb *Ver* BULB

lighten /ˈlaɪtn/ *vt, vi* **1** iluminar(se) **2** alivianar(se) **3** alegrar(se)

lighter /ˈlaɪtə(r)/ *n* encendedor

light-headed /ˌlaɪt ˈhedɪd/ *adj* mareado

light-hearted /ˌlaɪt ˈhɑːtɪd/ *adj* **1** despreocupado **2** (*comentario*) alegre

lighthouse /ˈlaɪthaʊs/ *n* faro

lighting /ˈlaɪtɪŋ/ *n* **1** iluminación **2** *street lighting* alumbrado público

lightly /ˈlaɪtli/ *adv* **1** ligeramente, levemente, suavemente **2** ágilmente **3** a la ligera LOC **to get off/escape lightly** (*coloq*) salir bien parado

lightness /ˈlaɪtnəs/ *n* **1** claridad **2** ligereza **3** suavidad **4** agilidad

lightning /ˈlaɪtnɪŋ/ *n* [*incontable*] relámpago, rayo

lightweight /ˈlaɪtweɪt/ ◆ *n* peso liviano (*boxeo*) ◆ *adj* **1** liviano **2** (*boxeador*) de peso liviano

like[1] /laɪk/ *vt* gustar: *Do you like fish?* ¿Te gusta el pescado? ◊ *I like swimming.*

Me gusta nadar. LOC **if you like** si querés **likeable** *adj* agradable

like² /laɪk/ ◆ *prep* **1** como: *to look/be like sb* parecerse a algn **2** (*comparación*) como, igual que: *He cried like a child.* Lloró como un chico. ◊ *He acted like our leader.* Se comportó como si fuera nuestro líder. **3** (*ejemplo*) como, tal como: *European countries like Spain, France, etc* países europeos (tales) como España, Francia, etc ☛ *Comparar con* AS **4 like + -ing** como + infinitivo: *It's like baking a cake.* Es como hacer una torta. LOC *Ver* JUST ◆ *conj* (*coloq*) **1** como: *It didn't end quite like I expected it to.* No terminó como esperaba. **2** como si *Ver tb* AS IF/THOUGH *en* AS

likely /ˈlaɪkli/ ◆ *adj* (**-ier**, **-iest**) **1** probable: *It isn't likely to rain.* No es probable que llueva. ◊ *She's very likely to ring me/It's very likely that she'll ring me.* Es muy probable que me llame. **2** apropiado ◆ *adv* LOC **not likely!** (*coloq*) ¡ni hablar! **likelihood** *n* [*sing*] probabilidad

liken /ˈlaɪkən/ ~ **to sth to sth** (*formal*) *vt* comparar con algo

likeness /ˈlaɪknəs/ *n* parecido: *a family likeness* un aire de familia

likewise /ˈlaɪkwaɪz/ *adv* (*formal*) **1** de la misma forma: *to do likewise* hacer lo mismo **2** asimismo

liking /ˈlaɪkɪŋ/ *n* LOC **to sb's liking** (*formal*) del agrado de algn **to take a liking to sb** tomarle simpatía a algn

lilac /ˈlaɪlək/ *n* (color) lila

lily /ˈlɪli/ *n* (*pl* **lilies**) **1** lirio **2** azucena

limb /lɪm/ *n* (*Anat*) brazo, pierna (*de persona*)

lime¹ /laɪm/ *n* cal

lime² /laɪm/ ◆ *n* lima, limero ◆ *adj*, *n* (*tb* **lime green**) (color) verde lima

limelight /ˈlaɪmlaɪt/ *n*: *in the limelight* en el candelero

limestone /ˈlaɪmstəʊn/ *n* piedra caliza

limit¹ /ˈlɪmɪt/ *n* límite: *the speed limit* el límite de velocidad LOC **within limits** dentro de ciertos límites **limitation** *n* limitación **limitless** *adj* ilimitado

limit² /ˈlɪmɪt/ *vt* ~ **sth/sb (to sth)** limitar algo/a algn (a algo) **limited** *adj* limitado **limiting** *adj* restrictivo

limousine /ˈlɪməziːn, ˌlɪməˈziːn/ *n* limusina

limp¹ /lɪmp/ *adj* **1** flácido **2** débil

limp² /lɪmp/ ◆ *vi* renguear ◆ *n* renguera: *to have a limp* ser/estar rengo

line¹ /laɪn/ *n* **1** línea, raya **2** fila **3 lines** [*pl*] (*Teat*): *to learn your lines* aprender tu papel **4 lines** [*pl*] copias (*castigo*) **5** cuerda: *a fishing line* una línea (de pesca) ◊ *a clothes line* soga (para tender) **6** línea telefónica: *The line is engaged.* Está ocupado. **7** vía **8** [*sing*]: *the official line* la postura oficial LOC **along/on the same, etc lines** del mismo, etc estilo **in line with sth** conforme a algo *Ver tb* DROP, HARD, HOLD, TOE

line² /laɪn/ *vt* alinear(se) PHR V **to line up (for sth)** ponerse en fila (para algo) **lined** *adj* **1** (*papel*) rayado **2** (*rostro*) arrugado

line³ /laɪn/ *vt* ~ **sth (with sth)** forrar, revestir algo (de algo) **lined** *adj* forrado, revestido **lining** *n* **1** forro **2** revestimiento

line drawing *n* dibujo a lápiz o pluma

linen /ˈlɪnɪn/ *n* **1** lino **2** ropa blanca

liner /ˈlaɪnə(r)/ *n* transatlántico

linger /ˈlɪŋgə(r)/ *vi* **1** (*persona*) quedarse mucho tiempo **2** (*duda, olor, memoria*) perdurar, persistir

linguist /ˈlɪŋgwɪst/ *n* **1** políglota **2** lingüista **linguistic** /lɪŋˈgwɪstɪk/ *adj* lingüístico **linguistics** *n* [*sing*] lingüística

link /lɪŋk/ ◆ *n* **1** eslabón **2** lazo **3** vínculo **4** conexión: *satellite link* conexión vía satélite ◆ *vt* **1** unir: *to link arms* tomarse del brazo **2** vincular, relacionar PHR V **to link up (with sth/sb)** unirse (con algo/algn)

lion /ˈlaɪən/ *n* león: *a lion-tamer* un domador de leones ◊ *a lion-cub* un cachorro de león

lip /lɪp/ *n* labio

lip-read /ˈlɪp riːd/ *vi* (*pret*, *pp* **lip-read** /-red/) leer los labios

lipstick /ˈlɪpstɪk/ *n* lápiz de labios

liqueur /lɪˈkjʊə(r); *USA* -ˈkɜːr/ *n* licor

liquid /ˈlɪkwɪd/ ◆ *n* líquido ◆ *adj* líquido **liquidize, -ise** *vt* licuar **liquidizer, -iser** (*tb* **blender**) *n* licuadora

liquor /ˈlɪkə(r)/ *n* **1** (*GB*) alcohol **2** (*USA*) bebida fuerte

liquorice (*USA* **licorice**) /ˈlɪkərɪs/ *n* regaliz

lisp /lɪsp/ ◆ *n* ceceo ◆ *vt, vi* cecear

list /lɪst/ ◆ *n* lista: *to make a list* hacer una lista ◊ *waiting list* lista de espera ◆ *vt* **1** enumerar, hacer una lista de **2** catalogar

listen /ˈlɪsn/ *vi* **1** ~ (**to sth/sb**) escuchar (algo/a algn) **2** ~ **to sth/sb** hacer caso a algo/algn PHR V **to listen** (**out**) **for** estar atento a **listener** *n* **1** (*Radio*) oyente **2** *a good listener* uno que sabe escuchar

lit *pret, pp de* LIGHT

literacy /ˈlɪtərəsi/ *n* capacidad de leer y escribir

literal /ˈlɪtərəl/ *adj* literal **literally** *adv* literalmente

literary /ˈlɪtərəri; *USA* -reri/ *adj* literario

literate /ˈlɪtərət/ *adj* que sabe leer y escribir

literature /ˈlɪtrətʃə(r); *USA* -tʃʊər/ *n* **1** literatura **2** (*coloq*) información

litre (*USA* **liter**) /ˈliːtə(r)/ *n* (*abrev* **l**) litro ☛ *Ver Apéndice 1.*

litter /ˈlɪtə(r)/ ◆ *n* **1** (*papel, etc en la calle*) basura **2** (*Zool*) camada ◆ *vt* estar esparcido por: *Newspapers littered the floor.* Había diarios tirados por el suelo.

litter bin *n* tacho de basura

little /ˈlɪtl/ ◆ *adj* ☛ El comparativo **littler** y el superlativo **littlest** son poco frecuentes y normalmente se usan **smaller** y **smallest**. **1** chico: *When I was little...* Cuando era chico... ◊ *my little brother* mi hermanito ◊ *little finger* meñique ◊ *Poor little thing!* ¡Pobrecito! **2** poco: *to wait a little while* esperar un poco ☛ *Ver nota en* LESS

> **¿Little** o **a little**? *Little* tiene un sentido negativo y equivale a "poco". *A little* tiene un sentido mucho más positivo, equivale a "algo de". Comparar las siguientes oraciones: *I've got little hope.* Tengo pocas esperanzas. ◊ *You should always carry a little money with you.* Siempre deberías llevar algo de dinero encima.

◆ *n, pron* poco: *There was little anyone could do.* No se pudo hacer nada. ◊ *I only want a little.* Sólo quiero un poco. ◆ *adv* poco: *little more than an hour ago* hace poco más de una hora LOC **little by little** poco a poco **little or nothing** casi nada

live[1] /laɪv/ ◆ *adj* **1** vivo **2** (*bomba, etc*) activado **3** (*Electrón*) conectado **4** (*TV*) en directo **5** (*grabación*) en vivo ◆ *adv* en directo

live[2] /lɪv/ *vi* **1** vivir: *Where do you live?* ¿Dónde vivís? **2** (*fig*) permanecer vivo PHR V **to live for sth** vivir para algo **to live on** seguir viviendo **to live on sth** vivir de algo **to live through sth** sobrevivir algo **to live up to sth** estar a la altura de su fama **to live with sth** aceptar algo

livelihood /ˈlaɪvlihʊd/ *n* medio de subsistencia

lively /ˈlaɪvli/ *adj* (**-ier**, **-iest**) **1** (*persona, imaginación*) vivo **2** (*conversación, fiesta*) animado

liver /ˈlɪvə(r)/ *n* hígado

lives *plural de* LIFE

livestock /ˈlaɪvstɒk/ *n* ganado

living /ˈlɪvɪŋ/ ◆ *n* vida: *to earn/make a living* ganarse la vida ◊ *What do you do for a living?* ¿Cómo te ganás la vida? ◊ *cost/standard of living* costo de vida/nivel de vida ◆ *adj* [*sólo antes de sustantivo*] vivo: *living creatures* seres vivos ☛ *Comparar con* ALIVE LOC **in/within living memory** que se recuerda

living room (*GB* **sitting room**) *n* living

lizard /ˈlɪzəd/ *n* lagarto, lagartija

load /ləʊd/ ◆ *n* **1** carga **2 loads** (**of sth**) [*pl*] (*coloq*) montones (de algo) LOC **a load of** (**old**) **rubbish, etc** (*coloq*): *What a load of rubbish!* ¡Qué cantidad de estupideces! ◆ **1** *vt* ~ **sth** (**into/onto sth/sb**) cargar algo (en algo/algn) **2** *vt* ~ **sth** (**up**) (**with sth**) cargar algo (con/de algo) **3** *vt* ~ **sth/sb** (**down**) cargar (con mucho peso) algo/a algn **4** *vi* ~ (**up**)/(**up with sth**) cargar algo (con algo) **loaded** *adj* cargado LOC **a loaded question** una pregunta con trampa

loaf /ləʊf/ *n* (*pl* **loaves** /ləʊvz/) pan (*de molde, redondo, etc*): *a loaf of bread* un pan ☛ *Ver dibujo en* PAN

loan /ləʊn/ *n* préstamo

loathe /ləʊð/ *vt* abominar **loathing** *n* aborrecimiento

loaves *plural de* LOAF

lobby /ˈlɒbi/ ◆ *n* (*pl* **-ies**) **1** hall, porch **2** [*v sing o pl*] (*Pol*) grupo (*de presión*) ◆ *vt* (*pret, pp* **lobbied**) ~ (**sb**) (**for sth**) presionar (a algn) (para algo)

lobster /ˈlɒbstə(r)/ *n* langosta

local /ˈləʊkl/ *adj* **1** local, de la zona, del barrio: *local authority* gobierno provincial/regional **2** (*Med*) localizado: *local anaesthetic* anestesia local **locally** *adv* de la zona/barrio

locate /ləʊˈkeɪt; *USA* ˈləʊkeɪt/ *vt* **1** localizar **2** situar

location /ləʊˈkeɪʃn/ *n* **1** lugar **2** localización **3** (*persona*) paradero LOC **to be on location** rodar en exteriores

loch /lɒk, lɒx/ *n* (*Escocia*) lago

lock /lɒk/ ◆ *n* **1** cerradura **2** (*canal*) esclusa ◆ *vt, vi* **1** cerrar con llave **2** (*volante, etc*) trabar(se) PHR V **to lock sth away/up** guardar algo bajo llave **to lock sb up** encerrar a algn

locker /ˈlɒkə(r)/ *n* armario (*con compartimentos con llave, usado en vestuarios, etc.*)

lodge /lɒdʒ/ ◆ *n* **1** casa del guarda **2** (*de caza, pesca, etc*) pabellón **3** portería ◆ *vi* **1** ~ **(with sb/at...)** hospedarse (con algn/en casa de...) **2** ~ **in sth** alojarse en algo **lodger** *n* inquilino **lodging** *n* **1** alojamiento: *board and lodging* alojamiento y comida **2 lodgings** [*pl*] piezas

loft /lɒft; *USA* lɔːft/ *n* altillo

log¹ /lɒg; *USA* lɔːg/ *n* **1** tronco **2** leño

log² /lɒg; *USA* lɔːg/ ◆ *n* diario de vuelo/navegación ◆ *vt* (**-gg-**) anotar PHR V **to log in/on** (*Informát*) entrar en sesión **to log off/out** (*Informát*) salir de sesión

logic /ˈlɒdʒɪk/ *n* lógica **logical** *adj* lógico

logo /ˈləʊgəʊ/ *n* (*pl* ~**s**) logotipo

lollipop /ˈlɒlipɒp/ *n* chupetín

lonely /ˈləʊnli/ *adj* **1** solo: *to feel lonely* sentirse solo ☛ *Ver nota en* ALONE **2** solitario **loneliness** *n* soledad **loner** *n* solitario, -a

long¹ /lɒŋ; *USA* lɔːŋ/ ◆ *adj* (**longer** /lɒŋgə(r)/**longest** /lɒŋgɪst/) **1** (*longitud*) largo: *It's two metres long.* Mide dos metros de largo. **2** (*tiempo*): *a long time ago* hace mucho tiempo ◊ *How long are the holidays?* ¿Cuánto duran las vacaciones? LOC **at the longest** como máximo **in the long run** a la larga *Ver tb* TERM ◆ *adv* (**longer** /lɒŋgə(r)/ **longest** /lɒŋgɪst/) **1** mucho (tiempo): *Stay as long as you like.* Quedate todo lo que quieras. ◊ *long ago* hace mucho tiempo ◊ *long before/after* mucho antes/después **2** todo: *the whole night long* toda la noche ◊ *all day long* todo el día LOC **as/so long as** con tal de que **for long** mucho tiempo **no longer/not any longer**: *I can't stay any longer.* No me puedo quedar más.

long² /lɒŋ; *USA* lɔːŋ/ *vi* **1** ~ **for sth/to do sth** ansiar algo/hacer algo **2** ~ **for sb to do sth** estar deseando que algn haga algo **longing** *n* anhelo

long-distance /ˌlɒŋ ˈdɪstəns/ *adj, adv* de larga distancia: *to phone long-distance* hacer una llamada de larga distancia

longitude /ˈlɒndʒɪtjuːd; *USA* -tuːd/ *n* longitud (*Geog*) ☛ *Comparar con* LATITUDE

long jump *n* salto en largo

long-life /ˌlɒŋ ˈlaɪf/ *adj* de larga duración

long-range /ˌlɒŋ ˈreɪndʒ/ *adj* **1** a largo plazo **2** de largo alcance

long-sighted /ˈlɒŋ saɪtɪd/ *adj* hipermétrope

long-standing /ˌlɒŋ ˈstændɪŋ/ *adj* de hace mucho tiempo

long-suffering /ˌlɒŋ ˈsʌfərɪŋ/ *adj* sufrido

long-term /ˌlɒŋ ˈtɜːm/ *adj* a largo plazo

loo /luː/ *n* (*pl* **loos**) (*GB, coloq*) baño ☛ *Ver nota en* TOILET

look¹ /lʊk/ *vi* **1** mirar: *She looked out of the window.* Miró por la ventana. **2** parecer: *You look tired.* Parecés cansada. **3** ~ **onto sth** dar a algo LOC **don't look a gift horse in the mouth** (*refrán*) a caballo regalado no se le miran los dientes **(not) to look yourself** (no) verse bien **to look on the bright side** mirar el lado bueno de las cosas **to look sb up and down** mirar a algn de arriba abajo **to look your age** aparentar uno la edad que tiene

PHR V **to look after yourself/sb** cuidarse/cuidar a algn

to look at sth 1 examinar algo **2** considerar algo

to look at sth/sb mirar algo/a algn **to look back (on sth)** pensar (en algo) pasado

to look down on sth/sb (*coloq*) despreciar algo/a algn

to look for sth/sb buscar algo/a algn

to look forward to sth/doing sth tener ganas de algo/hacer algo

to look into sth investigar algo
to look on mirar (sin tomar parte)
look out: *Look out!* ¡Cuidado! **to look out (for sth/sb)** fijarse (por si se ve algo/algn)
to look sth over examinar algo
to look round 1 volver la cabeza para mirar **2** mirar por ahí **to look round sth** visitar algo
to look up 1 alzar la vista **2** (*coloq*) mejorar **to look up to sb** admirar a algn **to look sth up** buscar algo (*en un diccionario o en un libro*)

look[2] /lʊk/ *n* **1** mirada, vistazo: *to have/take a look at sth* echar un vistazo a algo **2** *to have a look for sth* buscar algo **3** aspecto, aire **4** moda **5 looks** [*pl*] físico: *good looks* belleza

lookout /ˈlʊkaʊt/ *n* vigía LOC **to be on the lookout for sth/sb**; **to keep a lookout for sth/sb** *Ver* TO LOOK OUT (FOR STH/SB) *en* LOOK[1]

loom /luːm/ ◆ *n* telar ◆ *vi* **1** ~ **(up)** surgir, asomar(se) **2** (*fig*) amenazar, vislumbrarse

loony /ˈluːni/ *n* (*pl* **-ies** *adj*) (*coloq, pey*) rayado, -a

loop /luːp/ ◆ *n* **1** curva, vuelta **2** (*con nudo*) lazo ◆ **1** *vi* dar vueltas **2** *vt*: *to loop sth round/over sth* pasar algo alrededor de/por algo

loophole /ˈluːphəʊl/ *n* escapatoria

loose /luːs/ ◆ *adj* (**-er**, **-est**) **1** suelto: *loose change* (dinero) suelto **2** (*que se puede quitar*) flojo **3** (*vestido*) suelto, amplio **4** (*moral*) relajado LOC **to be at a loose end** no tener nada que hacer *Ver tb* LET[1] ◆ *n* LOC **to be on the loose** andar suelto **loosely** *adv* **1** sin apretar **2** libremente, aproximadamente

loosen /ˈluːsn/ **1** *vt, vi* aflojar(se), soltar(se), desatar(se) **2** *vt* (*control*) relajar PHR V **to loosen up 1** relajarse, soltarse **2** entrar en calor

loot /luːt/ ◆ *n* botín ◆ *vt, vi* saquear **looting** *n* saqueo

lop /lɒp/ *vt* (**-pp-**) podar PHR V **to lop sth off/away** cortar algo

lopsided /ˌlɒpˈsaɪdɪd/ *adj* **1** torcido **2** (*fig*) desequilibrado

lord /lɔːd/ *n* **1** señor **2 the Lord** el Señor: *the Lord's Prayer* el padrenuestro **3 the Lords** *Ver* THE HOUSE OF LORDS **4 Lord** (*GB*) (*título*) Lord *Ver tb* LADY **lordship** *n* LOC **your/his Lordship** su Señoría

lorry /ˈlɒri; *USA* ˈlɔːri/ *n* (*pl* **-ies**) (*tb esp USA* **truck**) camión

lose /luːz/ (*pret, pp* **lost** /lɒst; *USA* lɔːst/) **1** *vt, vi* perder: *He lost his title to the Russian.* El ruso le quitó el título. **2** *vt* ~ **sb sth** hacer perder algo a algn: *It lost us the game.* Nos costó el partido. **3** *vi* (*reloj*) atrasarse LOC **to lose your mind** volverse loco **to lose your nerve** acobardarse **to lose sight of sth/sb** perder algo/a algn de vista: *We must not lose sight of the fact that...* Debemos tener presente el hecho de que... **to lose your touch** perder facultades **to lose your way** perderse *Ver tb* COOL, GROUND, TEMPER[1], TOSS, TRACK, WEIGHT PHR V **to lose out (on sth)/(to sth/sb)** (*coloq*) salir perdiendo (en algo)/(con respecto a algo/algn) **loser** *n* perdedor, -ora, fracasado, -a

loss /lɒs; *USA* lɔːs/ *n* pérdida LOC **to be at a loss** estar desorientado

lost /lɒst/ ◆ *adj* perdido: *to get lost* perderse LOC **get lost!** (*argot*) ¡Andate al diablo! ◆ *pret, pp de* LOSE

lost property *n* objetos perdidos

lot[1] /lɒt/ ◆ **the (whole) lot** *n* todo(s): *That's the lot!* ¡Eso es todo! ◆ **a lot**, **lots** *pron* (*coloq*) mucho(s): *He spends a lot on clothes.* Gasta mucho en ropa. ◆ **a lot of**, **lots of** *adj* (*coloq*) mucho(s): *lots of people* un montón de gente ◊ *What a lot of presents!* ¡Qué cantidad de regalos! ☛ *Ver nota en* MANY *Ver tb* MUCHO LOC **to see a lot of sb** ver bastante a algn ◆ *adv* mucho: *It's a lot colder today.* Hoy hace mucho más frío. ◊ *Thanks a lot.* Muchas gracias.

lot[2] /lɒt/ *n* **1** lote **2** grupo: *What do you lot want?* ¿Qué quieren ustedes? ◊ *I don't go out with that lot.* No salgo con ésos. **3** suerte (*destino*)

lotion /ˈləʊʃn/ *n* loción

lottery /ˈlɒtəri/ *n* (*pl* **-ies**) lotería

loud /laʊd/ ◆ *adj* (**-er**, **-est**) **1** (*volumen*) alto **2** (*grito*) fuerte **3** (*color*) fuerte, colorinche ◆ *adv* (**-er**, **-est**) alto: *Speak louder.* Hablá más alto. LOC **out loud** en voz alta

loudspeaker /laʊdˈspiːkə(r)/ (*tb* **speaker**) *n* altoparlante

lounge /laʊndʒ/ ◆ *vi* ~ **(about/around)** haraganear ◆ *n* **1** living **2** sala:

departure lounge sala de embarque **3** salón

louse /laʊs/ *n* (*pl* **lice** /laɪs/) piojo

lousy /ˈlaʊzi/ *adj* (**-ier**, **-iest**) terrible

lout /laʊt/ *n* guarango

lovable /ˈlʌvəbl/ *adj* encantador

love /lʌv/ ◆ *n* **1** amor: *love story/song* historia/canción de amor ☛ Nótese que con personas se dice **love** *for* **somebody** y con cosas **love** *of* **something**. **2** (*Dep*) cero LOC **to be in love (with sb)** estar enamorado (de algn) **to give/send sb your love** dar/mandar cariños a algn **to make love (to sb)** hacer el amor (con algn) *Ver tb* FALL ◆ *vt* **1** amar, querer: *Do you love me?* ¿Me querés? **2** *She loves horses.* Le encantan los caballos. ◊ *I'd love to come.* Me encantaría ir.

love affair *n* aventura amorosa

lovely /ˈlʌvli/ *adj* (**-ier**, **-iest**) **1** precioso **2** encantador **3** muy agradable: *We had a lovely time.* La pasamos muy bien.

lovemaking /ˈlʌvmeɪkɪŋ/ *n* relaciones sexuales

lover /ˈlʌvə(r)/ *n* amante

loving /ˈlʌvɪŋ/ *adj* cariñoso **lovingly** *adv* amorosamente

low /ləʊ/ ◆ *adj* (**lower**, **lowest**) **1** bajo: *low pressure* baja presión ◊ *high and low temperatures* temperaturas altas y bajas ◊ *lower lip* labio inferior ◊ *lower case* minúsculas ◊ *the lower middle classes* la clase media baja ☛ *Comparar con* HIGH[1], UPPER **2** (*voz, sonido*) grave **3** abatido LOC **to keep a low profile** tratar de pasar desapercibido *Ver tb* ESTEEM ◆ *adv* (**lower**, **lowest**) bajo: *to shoot low* disparar bajo LOC *Ver* STOOP ◆ *n* mínimo

low-alcohol /ˌləʊ ˈælkəhɒl/ *adj* de bajo contenido alcohólico

low-calorie /ˌləʊ ˈkæləri/ *adj* bajo en calorías

> **Low-calorie** es el término general para referirnos a los productos bajos en calorías o "light". Para bebidas se usa **diet**: *diet drinks* bebidas dietéticas.

low-cost /ˌləʊ ˈkɒst/ *adj* barato

lower /ˈləʊə(r)/ *vt, vi* bajar

low-fat /ˌləʊ ˈfæt/ *adj* de bajo contenido graso: *low-fat yogurt* yogur descremado

low-key /ˌləʊ ˈkiː/ *adj* discreto

lowlands /ˈləʊləndz/ *n* [*pl*] tierras bajas **lowland** *adj* de las tierras bajas

low tide *n* marea baja

loyal /ˈlɔɪəl/ *adj* ~ (**to sth/sb**) fiel (a algo/algn) **loyalist** *n* partidario, -a del régimen **loyalty** *n* (*pl* **-ies**) lealtad

luck /lʌk/ *n* suerte: *a stroke of luck* un golpe de suerte LOC **no such luck** ¡ojalá! **to be in/out of luck** estar de suerte/tener yeta *Ver tb* CHANCE, HARD

lucky /ˈlʌki/ *adj* (**-ier**, **-iest**) **1** (*persona*) suertudo **2** *It's lucky she's still here.* Qué suerte que todavía está acá! ◊ *a lucky number* un número de la suerte **luckily** *adv* por suerte

ludicrous /ˈluːdɪkrəs/ *adj* ridículo

luggage /ˈlʌgɪdʒ/ (*USA* **baggage**) *n* [*incontable*] equipaje

luggage rack *n* portaequipajes

lukewarm /ˌluːkˈwɔːm/ *adj* tibio

lull /lʌl/ ◆ *vt* **1** calmar **2** arrullar ◆ *n* período de calma

lumber /ˈlʌmbə(r)/ **1** *vt* ~ **sb with sth/sb** hacer a algn cargar con algo/algn **2** *vi* moverse pesadamente **lumbering** *adj* torpe, pesado

lump /lʌmp/ ◆ *n* **1** trozo: *sugar lump* terrón de azúcar **2** grumo **3** (*Med*) bulto ◆ *vt* ~ **sth/sb together** juntar algo/a algn **lumpy** *adj* (**-ier**, **-iest**) **1** (*salsa, etc*) lleno de grumos **2** (*colchón, etc*) lleno de bultos

lump sum *n* pago único

lunacy /ˈluːnəsi/ *n* [*incontable*] locura

lunatic /ˈluːnətɪk/ *n* loco, -a

lunch /lʌntʃ/ ◆ *n* almuerzo: *to have lunch* almorzar ◊ *the lunch hour* la hora del almuerzo LOC *Ver* PACKED *en* PACK ◆ *vi* almorzar ☛ *Ver pág 314.*

lunchtime /ˈlʌntʃtaɪm/ *n* la hora del almuerzo

lung /lʌŋ/ *n* pulmón

lurch /lɜːtʃ/ ◆ *n* sacudida ◆ *vi* **1** tambalearse **2** bambolearse

lure /lʊə(r)/ ◆ *n* atractivo ◆ *vt* atraer

lurid /ˈlʊərɪd/ *adj* **1** (*color*) chillón **2** (*descripción, historia*) horripilante

lurk /lɜːk/ *vi* acechar

luscious /ˈlʌʃəs/ *adj* (*comida*) exquisito

lush /lʌʃ/ *adj* (*vegetación*) exuberante

lust /lʌst/ ◆ *n* **1** lujuria **2** ~ **for sth** sed

de algo ◆ *vi* ~ **after/for sth/sb** codiciar algo; desear a algn

luxurious /lʌgˈʒʊəriəs/ *adj* lujoso

luxury /ˈlʌkʃəri/ *n* (*pl* **-ies**) lujo: *a luxury hotel* un hotel de lujo

lying *Ver* LIE[1,2]

lyric /ˈlɪrɪk/ ◆ **lyrics** *n* [*pl*] letra (*de una canción*) ◆ *adj Ver* LYRICAL

lyrical /ˈlɪrɪkl/ *adj* lírico

M m

M, m /em/ *n* (*pl* **M's**, **m's** /emz/) M, m: *M for Mary* M de María ☛ *Ver ejemplos en* A, A

mac (*tb* **mack**) /mæk/ *n* (*GB, coloq*) *Ver* MACKINTOSH

macabre /məˈkɑːbrə/ *adj* macabro

macaroni /ˌmækəˈrəʊni/ *n* [*incontable*] macarrones

machine /məˈʃiːn/ (*lit y fig*) *n* máquina

machine-gun /məˈʃiːn gʌn/ *n* ametralladora

machinery /məˈʃiːnəri/ *n* maquinaria

mackintosh /ˈmækɪntɒʃ/ (*tb* **mac**, **mack** /mæk/) *n* (*GB*) impermeable

mad /mæd/ *adj* (**madder**, **maddest**) **1** loco: *to be/go mad* estar/volverse loco ◊ *to be mad about sth/sb* estar loco por algo/algn **2** (*coloq, esp USA*) **mad (at/with sb)** furioso (con algn) LOC **like mad** (*coloq*) como loco **madly** *adv* locamente: *to be madly in love with sb* estar perdidamente enamorado de algn **madness** *n* locura

madam /ˈmædəm/ *n* [*sing*] (*formal*) señora

maddening /ˈmædnɪŋ/ *adj* exasperante

made *pret, pp de* MAKE[1]

magazine /ˌmægəˈziːn; *USA* ˈmægəziːn/ *n* (*abrev* **mag**) (*coloq*) revista

maggot /ˈmægət/ *n* gusano

magic /ˈmædʒɪk/ ◆ *n* (*lit y fig*) magia LOC **like magic** como por arte de magia ◆ *adj* mágico **magical** *adj* mágico **magician** *n* mago, -a *Ver tb* CONJURER *en* CONJURE

magistrate /ˈmædʒɪstreɪt/ *n* magistrado, juez municipal: *the magistrates' court* el Juzgado de Paz

magnet /ˈmægnət/ *n* imán **magnetic** /mægˈnetɪk/ *adj* magnético **magnetism** /ˈmægnətɪzəm/ *n* magnetismo **magnetize, -ise** *vt* imantar

magnetic field *n* campo magnético

magnificent /mægˈnɪfɪsnt/ *adj* magnífico **magnificence** *n* magnificencia

magnify /ˈmægnɪfaɪ/ *vt, vi* (*pret, pp* **-fied**) aumentar **magnification** *n* (capacidad de) aumento

magnifying glass *n* lupa

magnitude /ˈmægnɪtjuːd; *USA* -tuːd/ *n* magnitud

mahogany /məˈhɒgəni/ *adj, n* caoba

maid /meɪd/ *n* **1** mucama **2** (*Hist*) doncella

maiden /ˈmeɪdn/ *n* (*Hist*) doncella

maiden name *n* apellido de soltera

> En los países de habla inglesa, la mayoría de las mujeres toman el apellido del marido cuando se casan.

mail /meɪl/ ◆ *n* [*incontable*] (*esp USA*) correo

> La palabra **post** sigue siendo más común que **mail** en el inglés británico, aunque **mail** se ha ido introduciendo, especialmente en compuestos como **electronic mail**, **junk mail** y **airmail**.

◆ *vt* ~ **sth (to sb)** mandar por correo algo (a algn)

mailbox /ˈmeɪlbɒks/ (*USA*) (*GB* **letter box**) *n* buzón

mailman /ˈmeɪlmæn/ *n* (*USA*) (*pl* **-men** /-mən/) *Ver* POSTMAN

mail order *n* venta por correspondencia

maim /meɪm/ *vt* mutilar

main[1] /meɪn/ *adj* principal: *main course* plato principal LOC **in the main** en general **the main thing** lo principal **mainly** *adv* principalmente

tʃ	dʒ	v	θ	ð	s	z	ʃ
chin	June	van	thin	then	so	zoo	she

main² /meɪn/ *n* **1** cañería: *a gas main* una tubería de gas **2 the mains** [*pl*] la red de suministros

mainland /ˈmeɪnlænd/ *n* tierra firme, continente

main line *n* (*Ferrocarril*) línea principal

mainstream /ˈmeɪnstriːm/ *n* corriente principal

maintain /meɪnˈteɪn/ *vt* **1** ~ **sth (with sth/sb)** mantener algo (con algo/algn) **2** conservar: *well-maintained* bien cuidado **3** sostener

maintenance /ˈmeɪntənəns/ *n* **1** mantenimiento **2** manutención

maize /meɪz/ *n* maíz ☛ Cuando nos referimos al maíz cocinado decimos **sweetcorn**. *Comparar con* CORN

majestic /məˈdʒestɪk/ *adj* majestuoso

majesty /ˈmædʒəsti/ *n* (*pl* **-ies**) **1** majestuosidad **2 Majesty** majestad

major /ˈmeɪdʒə(r)/ ◆ *adj* **1** de (gran) importancia: *to make major changes* realizar cambios de importancia ◊ *a major road/problem* una ruta principal/un problema importante **2** (*Mús*) mayor ◆ *n* comandante

majority /məˈdʒɒrəti; *USA* -ˈdʒɔːr-/ *n* (*pl* **-ies**) **1** [*v sing o pl*] mayoría: *The majority was/were in favour.* La mayoría estaba a favor. **2** [*antes de sustantivo*] mayoritario: *majority rule* gobierno mayoritario

make¹ /meɪk/ *vt* (*pret, pp* **made** /meɪd/) **1** (*causar o crear*): *to make an impression* impactar ◊ *to make a note of sth* anotar algo **2** (*llevar a cabo*): *to make an improvement/change* hacer una mejora/un cambio ◊ *to make an effort* hacer un esfuerzo ◊ *to make a phone call* hacer una llamada telefónica ◊ *to make a visit/trip* hacer una visita/un viaje **3** (*proponer*): *to make an offer/a promise* hacer una oferta/una promesa ◊ *to make plans* hacer planes **4** (*otros usos*): *to make a mistake* hacer un error ◊ *to make an excuse* dar una excusa ◊ *to make a comment* hacer un comentario ◊ *to make a noise/hole/list* hacer un ruido/un agujero/una lista **5** ~ **sth (from/out of sth)** hacer algo (con/de algo): *He made a meringue from egg white.* Hizo un merengue con clara de huevo. ◊ *What's it made (out) of?* ¿De qué está hecho? ◊ *made in Japan* hecho en Japón **6** ~ **sth (for sb)** hacer algo (para/a algn): *She makes films for children.* Hace películas para chicos. ◊ *I'll make you a meal/cup of coffee.* Te voy a preparar una comida/taza de café. **7** ~ **sth into sth** convertir algo en algo; hacer algo con algo: *We can make this room into a bedroom.* Podemos convertir esta pieza en dormitorio. **8** ~ **sth/sb + adj/sust**: *He made me angry.* Me hizo enojar. ◊ *That will only make things worse.* Eso sólo empeorará las cosas. ◊ *He made my life hell.* Me hizo la vida imposible. **9** ~ **sth/sb do sth** hacer que algo/algn haga algo ☛ El verbo en infinitivo que viene después de **make** se pone sin TO, salvo en pasiva: *I can't make him do it.* No puedo obligarlo a hacerlo. ◊ *He made me feel guilty.* Me hizo sentir culpable. ◊ *He was made to wait at the police station.* Lo hicieron esperar en la comisaría. **10** ~ **sb sth** hacer a algn algo: *to make sb king* hacer a algn rey **11** llegar a ser: *He'll make a good teacher.* Tiene pasta de profesor. **12** (*plata*) hacer: *She makes lots of money.* Gana una fortuna. **13** (*coloq*) (*conseguir, llegar a*): *Can you make it (to the party)?* ¿Vas a poder venir (a la fiesta)? LOC **to make do with sth** arreglárselas (con algo) **to make it** (*coloq*) triunfar **to make the most of sth** sacar el mayor provecho de algo ☛ Para otras expresiones con **make**, véanse las entradas del sustantivo, adjetivo, etc, p.ej. **to make love** en LOVE.

PHR V **to be made for sb/each other** estar hecho para algn/estar hechos el uno para el otro **to make for sth** contribuir a (mejorar) algo **to make for sth/sb** dirigirse hacia algo/algn: *to make for home* dirigirse hacia casa

to make sth of sth/sb opinar algo de algo/algn: *What do you make of it all?* ¿Qué opinás de todo esto?

to make off (with sth) largarse (con algo)

to make sth out escribir algo: *to make out a cheque for £10* hacer un cheque por valor de diez libras **to make sth/sb out 1** entender algo/a algn **2** distinguir algo/a algn: *to make out sb's handwriting* descifrar la escritura de algn

to make up for sth compensar algo **to make up (with sb)** hacer las paces (con algn) **to make sb up** maquillar a algn

to make sth up 1 formar algo: *the groups that make up our society* los grupos que constituyen nuestra sociedad **2** inventar algo: *to make up an excuse* inventarse una excusa **to make (yourself) up** pintarse

make² /meɪk/ *n* marca (*productos del hogar, coches, etc*) ☛ *Comparar con* BRAND

maker /ˈmeɪkə(r)/ *n* fabricante

makeshift /ˈmeɪkʃɪft/ *adj* provisional, improvisado

make-up /ˈmeɪk ʌp/ *n* [*incontable*] **1** maquillaje **2** constitución **3** carácter

making /ˈmeɪkɪŋ/ *n* fabricación LOC **to be the making of sb** ser la clave del éxito de algn **to have the makings of sth 1** (*persona*) tener pasta de algo **2** (*cosa*) tener lo necesario para ser algo

male /meɪl/ ◆ *adj* **1** masculino ☛ Se aplica a las características físicas de los hombres: *The male voice is deeper than the female.* La voz de los hombres es más profunda que la de las mujeres. *Comparar con* MASCULINE **2** macho ☛ *Ver nota en* FEMALE ◆ *n* macho, varón

malice /ˈmælɪs/ *n* malicia, mala intención **malicious** /məˈlɪʃəs/ *adj* mal intencionado

malignant /məˈlɪgnənt/ *adj* maligno

mall /mæl, mɔːl/ (*tb* **shopping mall**) *n* centro comercial, shopping

malnutrition /ˌmælnjuːˈtrɪʃn; *USA* -nuː-/ *n* desnutrición

malt /mɔːlt/ *n* malta

mammal /ˈmæml/ *n* mamífero

mammoth /ˈmæməθ/ ◆ *n* mamut ◆ *adj* colosal

man¹ /mæn/ *n* (*pl* **men** /men/) hombre: *a young man* un (hombre) joven ◇ *a man's shirt* una camisa de caballero LOC **the man in the street** (*GB*) el hombre de la calle

Man y **mankind** se usan con el significado genérico de "todos los hombres y mujeres". Sin embargo, mucha gente considera este uso discriminatorio, y prefiere usar palabras como **humanity, the human race** (singular) o **humans, human beings, people** (plural).

man² /mæn/ *vt* (**-nn-**) **1** (*oficina*) dotar de personal **2** (*nave*) tripular

manage /ˈmænɪdʒ/ **1** *vt* (*empresa*) dirigir **2** *vt* (*propiedades*) administrar **3** *vi* ~ (**without sth/sb**) arreglárselas (sin algo/algn): *I can't manage on £50 a week.* No me alcanza con 50 libras a la semana. **4** *vt, vi*: *to manage to do sth* conseguir hacer algo ◇ *Can you manage all of it?* ¿Podés con todo eso? ◇ *Can you manage six o'clock?* ¿Podés venir a las seis? ◇ *I couldn't manage another mouthful.* No puedo comer ni un bocado más. **manageable** *adj* **1** manejable **2** (*persona o animal*) tratable, dócil

management /ˈmænɪdʒmənt/ *n* dirección, gestión: *a management committee* comité directivo/consejo de administración ◇ *a management consultant* asesor de dirección de empresas

manager /ˈmænɪdʒə(r)/ *n* **1** director, -ora, gerente **2** (*de una propiedad*) administrador, -ora **3** (*Teat*) mánager, empresario, -a **4** (*Dep*) mánager **manageress** *n* administradora, gerente **managerial** /ˌmænəˈdʒɪəriəl/ *adj* directivo, administrativo, de gerencia

managing director *n* director, -ora general

mandate /ˈmændeɪt/ *n* ~ (**to do sth**) mandato (para hacer algo) **mandatory** /ˈmændətəri; *USA* -tɔːri/ *adj* obligatorio

mane /meɪn/ *n* **1** (*caballo*) crin **2** (*león o persona*) melena

maneuver (*USA*) *Ver* MANOEUVRE

manfully /ˈmænfəli/ *adv* valientemente

mangle /ˈmæŋgl/ *vt* mutilar, destrozar

manhood /ˈmænhʊd/ *n* edad viril

mania /ˈmeɪniə/ *n* manía **maniac** *adj, n* maníaco, -a: *to drive like a maniac* manejar como un loco

manic /ˈmænɪk/ *adj* **1** maníaco **2** frenético

manicure /ˈmænɪkjʊə(r)/ *n* manicura

manifest /ˈmænɪfest/ *vt* manifestar, mostrar: *to manifest itself* manifestarse/hacerse patente **manifestation** *n* manifestación **manifestly** *adv* manifiestamente

manifesto /ˌmænɪˈfestəʊ/ *n* (*pl* ~**s** o ~**es**) manifiesto

manifold /ˈmænɪfəʊld/ *adj* (*formal*) múltiple

manipulate /məˈnɪpjuleɪt/ *vt* manipular, manejar **manipulation** *n* manipulación **manipulative** *adj* manipulador

mankind /mænˈkaɪnd/ *n* género humano ☛ *Ver nota en* MAN[1]

manly /ˈmænli/ *adj* (**-ier**, **-iest**) varonil, viril

man-made /ˌmæn ˈmeɪd/ *adj* artificial

manned /mænd/ *adj* tripulado

manner /ˈmænə(r)/ *n* **1** manera, forma **2** actitud, conducta **3 manners** [*pl*] modales: *good/bad manners* buena educación/mala educación ◊ *It's bad manners to stare.* Es de mala educación mirar fijamente. ◊ *He has no manners.* Es un mal educado.

mannerism /ˈmænərɪzəm/ *n* modismo

manoeuvre (*USA* **maneuver**) /məˈnuːvə(r)/ ◆ *n* maniobra ◆ *vt, vi* maniobrar

manor /ˈmænə(r)/ *n* **1** (*territorio*) señorío **2** (*tb* **manor house**) casa señorial

manpower /ˈmænpaʊə(r)/ *n* mano de obra

mansion /ˈmænʃn/ *n* mansión

manslaughter /ˈmænslɔːtə(r)/ *n* homicidio involuntario ☛ *Comparar con* HOMICIDE, MURDER

mantelpiece /ˈmæntlˌpiːs/ (*tb* **chimney-piece**) *n* repisa de la chimenea

manual /ˈmænjuəl/ ◆ *adj* manual ◆ *n* manual: *a training manual* un manual de instrucciones **manually** *adv* manualmente

manufacture /ˌmænjʊˈfæktʃə(r)/ *vt* **1** fabricar ☛ *Comparar con* PRODUCE **2** (*pruebas*) inventar **manufacturer** *n* fabricante

manure /məˈnjʊə(r)/ *n* abono

manuscript /ˈmænjuskrɪpt/ *adj, n* manuscrito

many /ˈmeni/ *adj, pron* **1** mucho, -a, -os, -as: *Many people would disagree.* Mucha gente no estaría de acuerdo. ◊ *I haven't got many left.* No me quedan muchos. ◊ *In many ways, I regret it.* De cierta manera, lo lamento.

Mucho se traduce según el sustantivo al que acompaña o sustituye. En oraciones afirmativas usamos **a lot (of)**: *She's got a lot of money.* Tiene mucha plata. ◊ *Lots of people are poor.* Mucha gente es pobre. En oraciones negativas e interrogativas usamos **many** o **a lot of** cuando el sustantivo es contable: *I haven't seen many women as bosses.* No he visto muchas mujeres de jefe. Y usamos **much** o **a lot of** cuando el sustantivo es incontable: *I haven't eaten much (food).* No comí mucho. *Ver tb* MUCHO

2 ~ **a sth**: *Many a politician has been ruined by scandal.* Los escándalos arruinaron a muchos políticos. ◊ *many a time* muchas veces LOC **a good/great many** muchísimos *Ver tb* SO

map /mæp/ ◆ *n* **1** mapa **2** (*ciudad*) plano **3** carta LOC **to put sth/sb on the map** dar a conocer algo/a algn ◆ *vt* (**-pp-**) trazar un mapa de PHR V **to map sth out 1** planear algo **2** (*idea*) exponer algo

maple /ˈmeɪpl/ *n* arce

marathon /ˈmærəθən; *USA* -θɒn/ *n* maratón: *to run a marathon* correr una maratón ◊ *The interview was a real marathon.* Fue una entrevista maratónica.

marble /ˈmɑːbl/ *n* **1** mármol: *a marble statue* una estatua de mármol **2** bolita

March /mɑːtʃ/ *n* (*abrev* **Mar**) marzo ☛ *Ver nota y ejemplos en* JANUARY

march /mɑːtʃ/ ◆ *vi* marchar: *The students marched on Parliament.* Los estudiantes se dirigieron al Parlamento. LOC **to get your marching orders** ser despedido *Ver tb* QUICK PHR V **to march sb away/off** llevarse a algn **to march in** entrar resueltamente **to march past (sb)** desfilar (ante algn) **to march up to sb** abordar a algn con resolución ◆ *n* marcha LOC **on the march** en marcha **marcher** *n* manifestante

mare /ˈmeə(r)/ *n* yegua

margarine /ˌmɑːdʒəˈriːn; *USA* ˈmɑːrdʒərɪn/ (*GB, coloq* **marge** /mɑːdʒ/) *n* margarina

margin /ˈmɑːdʒɪn/ *n* margen **marginal** *adj* **1** marginal **2** (*notas*) al margen **marginally** *adv* ligeramente

marina /məˈriːnə/ *n* yacht club

marine /məˈriːn/ ◆ *adj* **1** marino **2** marítimo ◆ *n* infante de marina: *the Marines* la Infantería de Marina

marital /ˈmærɪtl/ *adj* conyugal: *marital status* estado civil

maritime /ˈmærɪtaɪm/ *adj* marítimo

mark /mɑːk/ ◆ *n* **1** marca **2** señal: *punctuation marks* signos de puntuación **3** nota: *a good/poor mark* una nota buena/mala LOC **on your marks, (get) set, go!** preparados, listos, ¡ya! **to be up to the mark** estar a la altura **to make your mark** alcanzar el éxito *Ver tb* OVERSTEP ◆ *vt* **1** marcar **2** señalar **3** (*exámenes*) corregir LOC **to mark time 1** (*Mil*) marcar el paso **2** (*fig*) hacer tiempo **mark my words** acordate de lo que te estoy diciendo PHR V **to mark sth up/down** aumentar/rebajar el precio de algo **marked** /mɑːkt/ *adj* notable **markedly** /ˈmɑːkɪdli/ *adv* (*formal*) de forma notable

marker /ˈmɑːkə(r)/ *n* marca: *a marker buoy* una boya de señalización

market /ˈmɑːkɪt/ ◆ *n* mercado LOC **in the market for sth** (*coloq*) interesado en comprar algo **on the market** en el mercado: *to put sth on the market* poner algo en venta ◆ *vt* **1** vender **2** ~ **sth (to sb)** hacer una oferta de algo (a algn) **marketable** *adj* vendible

marketing /ˈmɑːkətɪŋ/ *n* marketing

market place (*tb* **market square**) *n* plaza del mercado

market research *n* estudio de mercado

marmalade /ˈmɑːməleɪd/ *n* mermelada (*de cítricos*)

maroon /məˈruːn/ *adj*, *n* bordó

marooned /məˈruːnd/ *adj* abandonado (p. ej. en una isla desierta)

marquee /mɑːˈkiː/ *n* carpa (*entoldado*)

marriage /ˈmærɪdʒ/ *n* **1** (*institución*) matrimonio **2** (*ceremonia*) casamiento ☛ *Ver nota en* CASAMIENTO

married /ˈmærid/ *adj* ~ **(to sb)** casado (con algn): *to get married* casarse ◊ *a married couple* un matrimonio

marrow[1] /ˈmærəʊ/ *n* médula LOC *Ver* CHILL

marrow[2] /ˈmærəʊ/ *n* tipo de zapallo

marry /ˈmæri/ *vt*, *vi* (*pret*, *pp* **married**) casar(se) *Ver tb* MARRIED

Mars /mɑːz/ *n* Marte

marsh /mɑːʃ/ *n* pantano

marshal /ˈmɑːʃl/ ◆ *n* **1** mariscal **2** (*USA*) alguacil ◆ *vt* (**-ll-**, *USA* **-l-**) **1** (*tropas*) juntar **2** (*ideas, datos*) ordenar

marshy /ˈmɑːʃi/ *adj* (**-ier**, **-iest**) pantanoso

martial /ˈmɑːʃl/ *adj* marcial

Martian /ˈmɑːʃn/ *adj*, *n* marciano

martyr /ˈmɑːtə(r)/ *n* mártir **martyrdom** *n* martirio

marvel /ˈmɑːvl/ ◆ *n* maravilla, prodigio ◆ *vi* (**-ll-**, *USA* **-l-**) ~ **at sth** maravillarse ante algo **marvellous** (*USA* **marvelous**) *adj* maravilloso, excelente: *We had a marvellous time.* La pasamos de primera. ◊ (*That's*) *marvellous!* ¡Bárbaro!

Marxism /ˈmɑːksɪzəm/ *n* marxismo **Marxist** *adj*, *n* marxista

marzipan /ˈmɑːzɪpæn, ˌmɑːzɪˈpæn/ *n* mazapán

mascara /mæˈskɑːrə; *USA* -ˈskærə/ *n* rímel

mascot /ˈmæskət, -skɒt/ *n* mascota

masculine /ˈmæskjəlɪn/ *adj*, *n* masculino (*propio del hombre*)

> **Masculine** se aplica a las cualidades que consideramos típicas de un hombre.

masculinity /ˌmæskjuˈlɪnəti/ *n* masculinidad

mash /mæʃ/ ◆ *n* (*GB*, *coloq*) puré (de papas) ◆ *vt* **1** ~ **sth (up)** machacar, triturar algo **2** hacer puré de: *mashed potatoes* puré de papas

mask /mɑːsk; *USA* mæsk/ ◆ *n* **1** (*lit y fig*) máscara, careta **2** antifaz **3** (*cirujano*) mascarilla ◆ *vt* **1** (*rostro*) enmascarar **2** tapar **3** (*fig*) encubrir, enmascarar **masked** *adj* **1** enmascarado **2** (*atracador*) encapuchado

mason[1] /ˈmeɪsn/ *n* albañil

mason[2] (*tb* **Mason**) /ˈmeɪsn/ *n* masón **masonic** (*tb* **Masonic**) /məˈsɒnɪk/ *adj* masónico

masonry /ˈmeɪsənri/ *n* albañilería, mampostería

masquerade /ˌmɑːskəˈreɪd; *USA* ˌmæsk-/ ◆ *n* farsa ◆ *vi* ~ **as sth** hacerse pasar por algo; disfrazarse de algo

mass[1] (*tb* **Mass**) /mæs/ *n* (*Relig*, *Mús*) misa

mass[2] /mæs/ ◆ *n* **1** ~ **(of sth)** masa (de algo) **2** montón, gran cantidad: *masses of letters* un montón de cartas **3** [*usado como adj*] masivo, de masas: *a mass grave* una fosa común ◊ *mass hysteria* histeria colectiva ◊ *mass media* medios de comunicación de masas **4 the masses** [*pl*] las masas LOC **the (great) mass of...** la (inmensa) mayoría de... **to be a mass of sth** estar cubierto/lleno de algo ◆ *vt, vi* **1** juntar(se) (en masa), reunir(se) **2** (*Mil*) formar(se), concentrar(se)

massacre /ˈmæsəkə(r)/ ◆ *n* masacre ◆ *vt* masacrar

massage /ˈmæsɑːʒ; *USA* məˈsɑːʒ/ ◆ *vt* hacer masajes a ◆ *n* masaje

massive /ˈmæsɪv/ *adj* **1** enorme, monumental **2** macizo, sólido **massively** *adv* enormemente

mass-produce /ˌmæs prəˈdjuːs/ *vt* fabricar en serie

mass production *n* fabricación en serie

mast /mɑːst; *USA* mæst/ *n* **1** (*barco*) mástil **2** (*televisión*) antena

master /ˈmɑːstə(r); *USA* ˈmæs-/ ◆ *n* **1** amo, dueño, señor **2** maestro **3** (*Náut*) capitán **4** (*cinta*) original **5** *master bedroom* dormitorio principal LOC **a master plan** un plan maestro ◆ *vt* **1** dominar **2** controlar **masterful** *adj* **1** con autoridad **2** dominante

masterly /ˈmɑːstəli; *USA* ˈmæs-/ *adj* magistral

mastermind /ˈmɑːstəmaɪnd; *USA* ˈmæs-/ ◆ *n* cerebro ◆ *vt* planear, dirigir

masterpiece /ˈmɑːstəpiːs; *USA* ˈmæs-/ *n* obra maestra

Master's degree (*tb* **Master's**) *n* máster

mastery /ˈmɑːstəri; *USA* ˈmæs-/ *n* **1** ~ **(of sth)** dominio, maestría (de algo) **2** ~ **(over sth/sb)** supremacía (sobre algo/algn)

masturbate /ˈmæstəbeɪt/ *vi* masturbarse **masturbation** *n* masturbación

mat /mæt/ *n* **1** felpudo **2** colchoneta **3** posafuentes, posavasos **4** maraña *Ver tb* MATTED

match¹ /mætʃ/ *n* fósforo

match² /mætʃ/ *n* **1** (*Dep*) partido, encuentro **2** igual **3** ~ **(for sth/sb)** complemento (para algo/algn) LOC **a good match** un buen partido **to find/to meet your match** encontrar la horma de tu zapato

match³ /mætʃ/ **1** *vt, vi* combinar con **2** *vt* hacer juego (con): *matching shoes and handbag* zapatos y cartera haciendo juego **3** *vt* igualar PHR V **to match up** coincidir **to match up to sth/sb** igualar algo/a algn **to match sth up (with sth)** acoplar algo (a algo)

matchbox /ˈmætʃbɒks/ *n* caja de fósforos

mate¹ /meɪt/ ◆ *n* **1** (*GB, coloq*) amigo, compañero **2** ayudante **3** (*Náut*) segundo de a bordo **4** (*Zool*) pareja ◆ *vt, vi* aparear(se)

mate² /meɪt/ (*tb* **checkmate**) *n* jaque mate

material /məˈtɪəriəl/ ◆ *n* **1** material: *raw materials* materias primas **2** tela ☛ *Ver nota en* TELA ◆ *adj* material **materially** *adv* sensiblemente **materialist** *n* materialista **materialistic** /məˌtɪəriəˈlɪstɪk/ *adj* materialista

materialism /məˈtɪəriəlɪzəm/ *n* materialismo

materialize, -ise /məˈtɪəriəlaɪz/ *vi* convertirse en realidad

maternal /məˈtɜːnl/ *adj* **1** maternal **2** (*familiares*) materno

maternity /məˈtɜːnəti/ *n* maternidad

mathematical /ˌmæθəˈmætɪkl/ *adj* matemático **mathematician** /ˌmæθəməˈtɪʃn/ *n* matemático, -a **mathematics** /ˌmæθəˈmætɪks/ *n* [*sing*] matemática(s)

maths /mæθs/ *n* [*sing*] (*coloq*) matemática(s)

matinée /ˈmætɪneɪ; *USA* ˌmætnˈeɪ/ *n* matiné (*cine, teatro*)

mating /ˈmeɪtɪŋ/ *n* apareamiento LOC **mating season** época de celo

matrimony /ˈmætrɪməni; *USA* -məʊni/ *n* (*formal*) matrimonio **matrimonial** /ˌmætrɪˈməʊniəl/ *adj* matrimonial

matron /ˈmeɪtrən/ *n* enfermera jefe

matt (*USA* **matte**) /mæt/ *adj* **1** mate (*color*) **2** (*tb* **matt paint**) pintura mate ☛ *Comparar con* GLOSS

matted /ˈmætɪd/ *adj* enmarañado

matter /ˈmætə(r)/ ◆ *n* **1** asunto: *I have nothing further to say on the matter.* No tengo nada más que decir al respecto. **2** (*Fís*) materia **3** material: *printed matter* impresos LOC **a matter of hours, minutes, days, etc** cosa de horas, minutos, días, etc **a matter of life and death** cuestión de vida o muerte **a matter of opinion** cuestión de opinión **as a**

matter of course por costumbre **as a matter of fact** en realidad **for that matter** si vamos a eso **no matter who, what, where, when, etc**: *no matter what he says* diga lo que diga ◊ *no matter how rich he is* por muy rico que sea ◊ *no matter what* pase lo que pase **(to be) a matter of...** (ser) cuestión de... **to be the matter (with sth/sb)** (*coloq*) pasarle a algo/algn: *What's the matter with him?* ¿Qué le pasa? ◊ *Is anything the matter?* ¿Pasa algo? ◊ *What's the matter with my dress?* ¿Qué pasa con mi vestido? **to take matters into your own hands** decidir obrar por cuenta propia *Ver tb* LET[1], MINCE, WORSE ◆ *vi* ~ **(to sb)** importar (a algn)

matter-of-fact /ˌmætər əv ˈfækt/ *adj* **1** (*estilo*) prosaico **2** (*persona*) impasible **3** realista

mattress /ˈmætrəs/ *n* colchón

mature /məˈtjʊə(r); *USA* -ˈtʊər/ ◆ *adj* **1** maduro **2** (*Com*) vencido ◆ **1** *vi* madurar **2** *vi* (*Com*) vencer **3** *vt* hacer madurar **maturity** *n* madurez

maul /mɔːl/ *vt* **1** maltratar **2** (*fiera*) herir seriamente

mausoleum /ˌmɔːsəˈliːəm/ *n* mausoleo

mauve /məʊv/ *adj, n* lila

maverick /ˈmævərɪk/ *n* LOC **to be a maverick** no ser convencional

maxim /ˈmæksɪm/ *n* máxima

maximize, -ise /ˈmæksɪmaɪz/ *vt* potenciar, llevar al máximo

maximum /ˈmæksɪməm/ *adj, n* (*pl* **maxima** /ˈmæksɪmə/) (*abrev* **max**) máximo

May /meɪ/ *n* mayo ☛ *Ver nota y ejemplos en* JANUARY

may /meɪ/ *v modal* (*pret* **might** /maɪt/ *neg* **might not** *o* **mightn't** /ˈmaɪtnt/)

> **May** es un verbo modal al que sigue un infinitivo sin TO, y las oraciones interrogativas y negativas se construyen sin el auxiliar *do*. Sólo tiene dos formas: presente, **may**, y pasado, **might**.

1 (*permiso*) poder: *You may come if you wish.* Podés venir si querés. ◊ *May I go to the toilet?* ¿Puedo ir al baño? ◊ *You may as well go home.* Es mejor que vuelvas a casa.

> Para pedir permiso, **may** se considera más cortés que **can**, aunque **can** es mucho más común: *Can I come in?* ¿Puedo pasar? ◊ *May I get down from the table?* ¿Puedo levantarme de la mesa? ◊ *I'll take a seat, if I may.* Voy a tomar asiento, si no le importa. Sin embargo, en el pasado se usa **could** mucho más que **might**: *She asked if she could come in.* Preguntó si podía pasar.

2 (*tb* **might**) (*posibilidad*) poder ser (que): *They may/might not come.* Puede ser que no vengan. ☛ *Ver nota en* PODER[1] LOC **be that as it may** sea como fuere

maybe /ˈmeɪbi/ *adv* quizá(s)

mayhem /ˈmeɪhem/ *n* [*incontable*] alboroto

mayonnaise /ˌmeɪəˈneɪz; *USA* ˈmeɪəneɪz/ *n* mayonesa

mayor /meə(r); *USA* ˈmeɪər/ *n* intendente **mayoress** /meəˈres/ *n* **1** (*tb* **lady mayor**) intendenta **2** esposa del intendente

maze /meɪz/ *n* laberinto

me /miː/ *pron pers* **1** [*como objeto*] me: *Don't hit me.* No me pegues. ◊ *Tell me all about it.* Contame todo. **2** [*después de preposición*] mí: *as for me* en cuanto a mí ◊ *Come with me.* Vení conmigo. **3** [*cuando va sólo o después del verbo* **to be**] yo: *Hello, it's me.* Hola, soy yo. ☛ *Comparar con* I

meadow /ˈmedəʊ/ *n* pradera

meagre (*USA* **meager**) /ˈmiːgə(r)/ *adj* escaso, pobre

meal /miːl/ *n* comida LOC **to make a meal of sth** (*coloq*) hacer algo con una atención o un esfuerzo exagerado *Ver tb* SQUARE

mean[1] /miːn/ *vt* (*pret, pp* **meant** /ment/) **1** querer decir, significar: *Do you know what I mean?* ¿Sabés lo que quiero decir? ◊ *What does 'cuero' mean?* ¿Qué quiere decir "cuero"? **2** ~ **sth (to sb)** significar algo (para algn): *You know how much Jane means to me.* Sabés lo mucho que Jane significa para mí. ◊ *That name doesn't mean anything to me.* Ese nombre no me dice nada. **3** suponer: *His new job means him travelling more.* Su nuevo trabajo le va a llevar más tiempo de viaje. **4** pretender: *I didn't mean to.* Fue sin querer. ◊ *I meant to wash the car today.* Pensaba lavar el coche hoy. **5** decir en serio:

She meant it as a joke. No lo dijo en serio. ◊ *I'm never coming back—I mean it!* ¡No voy a volver nunca, lo digo en serio! LOC **I mean** (*coloq*) quiero decir: *It's very warm, isn't it? I mean, for this time of year.* Hace mucho calor, ¿no? Quiero decir, para esta época del año. ◊ *We went there on Tuesday, I mean Thursday.* Fuimos el martes, quiero decir, el jueves. **to be meant for each other** estar hechos el uno para el otro **to mean business** (*coloq*) ir en serio **to mean well** tener buenas intenciones

mean² /miːn/ *adj* (**-er**, **-est**) **1** ~ (**with sth**) tacaño (con algo) **2** ~ (**to sb**) mezquino (con algn)

mean³ /miːn/ *n* **1** término medio **2** (*Mat*) media **mean** *adj* medio

meander /mɪˈændə(r)/ *vi* **1** (*río*) serpentear **2** (*persona*) deambular **3** (*conversación*) divagar

meaning /ˈmiːnɪŋ/ *n* significado **meaningful** *adj* trascendente **meaningless** *adj* sin sentido

means¹ /miːnz/ *n* [*v sing o pl*] manera LOC **a means to an end** un medio para conseguir un fin **by all means** (*formal*) desde luego *Ver tb* WAY

means² /miːnz/ *n* [*pl*] medios

meant *pret, pp de* MEAN¹

meantime /ˈmiːntaɪm/ *adv* mientras tanto LOC **in the meantime** mientras tanto

meanwhile /ˈmiːnwaɪl/ *adv* mientras tanto

measles /ˈmiːzlz/ *n* [*incontable*] sarampión: *German measles* rubeola

measurable /ˈmeʒərəbl/ *adj* **1** medible **2** perceptible

measure /ˈmeʒə(r)/ ◆ *vt, vi* medir PHR V **to measure sth/sb up (for sth)** medir algo/a algn: *The tailor measured me up for a suit.* El sastre me tomó las medidas para un traje. **to measure up (to sth)** estar a la altura (de algo) ◆ *n* medida: *weights and measures* pesos y medidas ◊ *to take measures to do sth* tomar medidas para hacer algo LOC **a measure of sth** signo de algo **for good measure** para no quedarse cortos **half measures** medias tintas **to make sth to measure** hacer algo a medida

measured /ˈmeʒəd/ *adj* **1** (*lenguaje*) mesurado **2** (*pasos*) acompasado

measurement /ˈmeʒəmənt/ *n* **1** medición **2** medida

meat /miːt/ *n* carne

meatball /ˈmiːtbɔːl/ *n* albóndiga

meaty /ˈmiːti/ *adj* (**-ier**, **-iest**) **1** carnoso **2** (*fig*) jugoso

mechanic /məˈkænɪk/ *n* mecánico, -a **mechanical** *adj* mecánico **mechanically** *adv* mecánicamente: *I'm not mechanically minded.* No sirvo para las máquinas.

mechanics /məˈkænɪks/ *n* **1** [*sing*] mecánica (*ciencia*) **2 the mechanics** [*pl*] (*fig*) mecánica, funcionamiento

mechanism /ˈmekənɪzəm/ *n* mecanismo

medal /ˈmedl/ *n* medalla **medallist** (*USA* **medalist**) *n* medallista

medallion /məˈdæliən/ *n* medallón

meddle /ˈmedl/ *vi* (*pey*) **1** ~ (**in sth**) entrometerse (en algo) **2** ~ **with sth** jugar con algo

media /ˈmiːdiə/ *n* **1 the media** [*pl*] medios de comunicación: *media studies* periodismo **2** *plural de* MEDIUM¹

mediaeval *Ver* MEDIEVAL

mediate /ˈmiːdieɪt/ *vi* mediar **mediation** *n* mediación **mediator** *n* mediador, -ora

medic /ˈmedɪk/ *n* (*coloq*) **1** médico, -a **2** estudiante de medicina

medical /ˈmedɪkl/ ◆ *adj* **1** médico: *medical student* estudiante de medicina **2** clínico ◆ *n* (*coloq*) reconocimiento médico

medication /ˌmedɪˈkeɪʃn/ *n* medicación

medicinal /məˈdɪsɪnl/ *adj* medicinal

medicine /ˈmedsn; *USA* ˈmedɪsn/ *n* medicina

medieval (*tb* **mediaeval**) /ˌmediˈiːvl; *USA* ˌmiːd-/ *adj* medieval

mediocre /ˌmiːdɪˈəʊkə(r)/ *adj* mediocre **mediocrity** /ˌmiːdɪˈɒkrəti/ *n* **1** mediocridad **2** (*persona*) mediocre

meditate /ˈmedɪteɪt/ *vi* ~ (**on sth**) meditar (sobre algo) **meditation** *n* meditación

medium¹ /ˈmiːdɪəm/ ◆ *n* **1** (*pl* **media**) medio **2** (*pl* ~**s**) punto medio *Ver tb* MEDIA ◆ *adj* medio: *I'm medium.* Uso el talle mediano.

medium² /ˈmɪːdɪəm/ *n* médium

medley /ˈmedli/ *n* (*pl* **-eys**) popurrí

meek /miːk/ *adj* (**-er**, **-est**) manso **meekly** *adv* mansamente

meet[1] /miːt/ (*pret, pp* **met** /met/) **1** *vt, vi* encontrar(se): *What time shall we meet?* ¿A qué hora quedamos? ◊ *Our eyes met across the table.* Nuestras miradas se cruzaron en la mesa. ◊ *Will you meet me at the station?* ¿Vas a esperarme en la estación? **2** *vi* reunirse **3** *vt, vi* conocer(se): *Pleased to meet you.* Encantado de conocerlo. ◊ *I'd like you to meet…* Quiero presentarte a… **4** *vt, vi* enfrentar(se) **5** *vt* (*demanda*) satisfacer: *They failed to meet payments on their loan.* No pudieron saldar los pagos del préstamo. LOC **to meet sb's eye** mirar a algn a los ojos *Ver tb* MATCH[2] PHR V **to meet up (with sb)** coincidir (con algn) **to meet with sb** (*USA*) reunirse con algn

meet[2] /miːt/ *n* **1** (*GB*) partida de caza **2** (*USA, Dep*) encuentro *Ver tb* MEETING sentido 3

meeting /ˈmiːtɪŋ/ *n* **1** encuentro: *meeting place* lugar de encuentro **2** (*discusión*) reunión: *Annual General Meeting* junta general anual **3** (*Dep*) encuentro *Ver tb* MEET[2] **4** (*Pol*) reunión

megaphone /ˈmegəfəʊn/ *n* megáfono

melancholy /ˈmelənkɒli/ ◆ *n* melancolía ◆ *adj* **1** (*persona*) melancólico **2** (*cosa*) triste

mêlée /ˈmeleɪ; *USA* ˈmeɪleɪ/ *n* (*Fr*) tumulto

mellow /ˈmeləʊ/ ◆ *adj* (**-er**, **-est**) **1** (*fruta*) maduro **2** (*vino*) añejo **3** (*color*) suave **4** (*sonido*) dulce **5** (*actitud*) comprensivo **6** (*coloq*) alegre (*de beber*) ◆ **1** *vt, vi* (*persona*) ablandarse **2** *vi* (*vino*) envejecer

melodious /məˈləʊdiəs/ *adj* melodioso

melodrama /ˈmelədrɑːmə/ *n* melodrama **melodramatic** /ˌmelədrəˈmætɪk/ *adj* melodramático

melody /ˈmelədi/ *n* (*pl* **-ies**) melodía **melodic** /məˈlɒdɪk/ *adj* melódico

melon /ˈmelən/ *n* melón

melt /melt/ **1** *vt, vi* derretir(se): *melting point* punto de fusión **2** *vi* (*fig*) deshacerse: *to melt in the mouth* deshacerse en la boca **3** *vt, vi* disolver(se) **4** *vt, vi* (*fig*) ablandar(se) PHR V **to melt away** disolverse, fundirse **to melt sth down** fundir algo **melting** *n* **1** derretimiento **2** fundición

melting pot *n* amalgama (*de razas, culturas, etc*) LOC **to be in/go into the melting pot** estar en proceso de cambio

member /ˈmembə(r)/ *n* **1** miembro: *Member of Parliament* (*MP*) diputado ◊ *a member of the audience* uno de los asistentes **2** (*club*) socio **3** (*Anat*) miembro **membership** *n* **1** afiliación: *to apply for membership* solicitar el ingreso ◊ *membership card* carné de socio **2** (número de) miembros/socios

membrane /ˈmembreɪn/ *n* membrana

memento /məˈmentəʊ/ *n* (*pl* **-os** *o* **-oes**) recuerdo (*objeto*)

memo /ˈmeməʊ/ *n* (*pl* ~**s**) (*coloq*) circular: *an inter-office memo* una circular

memoir /ˈmemwɑː(r)/ *n* memorias: *to write your memoirs* escribir sus memorias

memorabilia /ˌmemərəˈbɪliə/ *n* [*pl*] recuerdos (*objetos*)

memorable /ˈmemərəbl/ *adj* memorable

memorandum /ˌmeməˈrændəm/ *n* (*pl* **-anda** /-də/ *o* ~**s**) **1** memorándum, memorando **2** ~ **(to sb)** nota (a algn) **3** (*Jur*) minuta

memorial /məˈmɔːriəl/ *n* ~ **(to sth/sb)** monumento conmemorativo (de algo/algn)

memorize, -ise /ˈmeməraɪz/ *vt* memorizar

memory /ˈmeməri/ *n* (*pl* **-ies**) **1** memoria: *from memory* de memoria *Ver tb* BY HEART *en* HEART **2** recuerdo LOC **in memory of sb/to the memory of sb** en memoria de algn *Ver tb* JOG, LIVING, REFRESH

men *plural de* MAN[1]

menace /ˈmenəs/ ◆ *n* **1** ~ **(to sth/sb)** amenaza (para algo/algn) **2 a menace** (*coloq, joc*) un peligro ◆ *vt* ~ **sth/sb (with sth)** amenazar algo/a algn (con algo) **menacing** *adj* amenazador

menagerie /məˈnædʒəri/ *n* colección de animales salvajes

mend /mend/ ◆ **1** *vt* arreglar *Ver tb* FIX **2** *vi* curarse LOC **to mend your ways** reformarse ◆ *n* remiendo LOC **on the mend** (*coloq*) mejorando **mending** *n* **1** remiendo (*de la ropa*) **2** ropa para remendar

menfolk /ˈmenfəʊk/ *n* [*pl*] hombres

meningitis /ˌmenɪnˈdʒaɪtɪs/ *n* meningitis

menopause /ˈmenəpɔːz/ *n* menopausia

menstrual /ˈmenstruəl/ *adj* menstrual

menstruation /ˌmenstruˈeɪʃn/ *n* menstruación

menswear /ˈmenzweə(r)/ *n* ropa de caballero

mental /ˈmentl/ *adj* **1** mental: *mental hospital* hospital psiquiátrico/manicomio **2** (*coloq, pey*) mal de la cabeza **mentally** *adv* mentalmente: *mentally ill/disturbed* enfermo/trastornado mental

mentality /menˈtæləti/ *n* (*pl* **-ies**) **1** mentalidad **2** (*formal*) intelecto

mention /ˈmenʃn/ ◆ *vt* mencionar, decir, hablar de: *worth mentioning* digno de mención LOC **don't mention it** no hay de qué **not to mention...** por no hablar de..., sin contar... ◆ *n* mención, alusión

mentor /ˈmentɔː(r)/ *n* mentor, -ora

menu /ˈmenjuː/ *n* **1** menú, carta **2** (*Informát*) menú

mercantile /ˈmɜːkəntaɪl; *USA* -tiːl, -tɪl/ *adj* mercantil

mercenary /ˈmɜːsənəri; *USA* -neri/ ◆ *adj* **1** mercenario **2** (*fig*) interesado ◆ *n* (*pl* **-ies**) mercenario, -a

merchandise /ˈmɜːtʃəndaɪz/ *n* [*incontable*] mercancía(s), mercadería(s) **merchandising** *n* comercialización

merchant /ˈmɜːtʃənt/ *n* **1** comerciante, mayorista (que comercia con el extranjero) *Ver tb* DEAL[3], DEALER **2** (*Hist*) mercader **3** *merchant bank* banco mercantil ◊ *merchant navy* marina mercante

merciful *Ver* MERCY

Mercury /ˈmɜːkjəri/ *n* Mercurio

mercury /ˈmɜːkjəri/ (*tb* **quicksilver**) *n* mercurio

mercy /ˈmɜːsi/ *n* **1** compasión, clemencia: *to have mercy on sb* tener compasión de algn ◊ *mercy killing* eutanasia **2** *It's a mercy that...* Es una suerte que... LOC **at the mercy of sth/sb** a merced de algo/algn **merciful** *adj* **1** ~ (**to/towards sb**) compasivo, clemente (con algn) **2** (*suceso*) feliz **mercifully** *adv* **1** compasivamente, con piedad **2** felizmente **merciless** *adj* ~ (**to/towards sb**) despiadado (con algn)

mere /mɪə(r)/ *adj* mero, simple: *He's a mere child.* No es más que un chico. ◊ *mere coincidence* pura casualidad ◊ *the mere thought of him* con sólo pensar en él LOC **the merest...** el menor...: *The merest glimpse was enough.* Un simple vistazo fue suficiente. **merely** *adv* sólo, meramente

merge /mɜːdʒ/ *vt, vi* ~ (**sth**) (**with/into sth**) **1** (*Com*) fusionar algo/fusionarse (con/en algo): *Three small companies merged into one large one.* Tres empresas pequeñas se fusionaron para formar una grande. **2** (*fig*) entremezclar algo/entremezclarse, unir algo/unirse (con/en algo): *Past and present merge in Oxford.* En Oxford se entremezclan el pasado y el presente. **merger** *n* fusión

meringue /məˈræŋ/ *n* merengue

merit /ˈmerɪt/ ◆ *n* mérito: *to judge sth on its merits* juzgar algo según sus méritos ◆ *vt* (*formal*) merecer, ser digno de

mermaid /ˈmɜːmeɪd/ *n* sirena

merry /ˈmeri/ *adj* (**-ier**, **-iest**) **1** alegre: *Merry Christmas!* ¡Feliz Navidad! **2** (*coloq*) alegre (*de beber*) LOC **to make merry** (*antic*) divertirse **merriment** *n* (*formal*) alegría, regocijo: *amid merriment* entre risas

merry-go-round /ˈmeri gəʊ raʊnd/ *n* calesita

mesh /meʃ/ ◆ *n* **1** malla: *wire mesh* tela metálica **2** (*Mec*) engranaje **3** (*fig*) red ◆ *vi* ~ (**with sth**) **1** engranar (con algo) **2** (*fig*) encajar (con algo)

mesmerize, -ise /ˈmezməraɪz/ *vt* hipnotizar

mess /mes/ ◆ *n* **1** desastre: *This kitchen's a mess!* ¡Esta cocina es un desastre! **2** (*coloq, eufemismo*) (*excremento*) inmundicia **3** enredo, lío **4** cochino, -a **5** (*Mil*) (*USA tb* **mess hall**) comedor ◆ *vt* (*USA, coloq*) desordenar

PHR V **to mess about/around 1** hacerse el tonto **2** pasar el rato **to mess sb about/around; to mess about/around with sb** tratar con desconsideración a algn **to mess sth about/around; to mess about/around with sth** hacer un lío

to mess sb up (*coloq*) traumatizar a

algn **to mess sth up 1** ensuciar algo, enredar algo: *Don't mess up my hair!* ¡No me despeines! **2** estropear algo: *to mess things up* embarrarla

to mess with sth/sb (*coloq*) entrometerse en algo/en los asuntos de algn

message /ˈmesɪdʒ/ *n* **1** mensaje **2** encargo LOC **to get the message** (*coloq*) enterarse

messenger /ˈmesɪndʒə(r)/ *n* mensajero, -a

Messiah /məˈsaɪə/ (*tb* **messiah**) *n* Mesías

messy /ˈmesi/ *adj* (**-ier**, **-iest**) **1** sucio **2** revuelto, desordenado **3** (*fig*) embrollado

met *pret, pp de* MEET[1]

metabolism /məˈtæbəlɪzəm/ *n* metabolismo

metal /ˈmetl/ *n* metal: *metalwork* trabajo del metal **metallic** /məˈtælɪk/ *adj* metálico

metamorphose /ˌmetəˈmɔːfəʊz/ *vt, vi* (*formal*) convertir(se) **metamorphosis** /ˌmetəˈmɔːfəsɪs/ *n* (*pl* **-oses** /-əsiːz/) (*formal*) metamorfosis

metaphor /ˈmetəfə(r)/ *n* metáfora **metaphorical** /ˌmetəˈfɒrɪkl; *USA* -ˈfɔːr-/ *adj* metafórico ☛ *Comparar con* LITERAL

metaphysics /ˌmetəˈfɪzɪks/ *n* [*incontable*] metafísica **metaphysical** *adj* metafísico

meteor /ˈmiːtɪɔ(r)/ *n* meteorito **meteoric** /ˌmiːtiˈɒrɪk; *USA* -ˈɔːr-/ *adj* meteórico

meteorite /ˈmiːtiəraɪt/ *n* meteorito

meter /ˈmiːtə(r)/ ◆ *n* **1** medidor **2** (*USA*) *Ver* METRE ◆ *vt* medir

methane /ˈmiːθeɪn/ (*tb* **marsh gas**) *n* metano

method /ˈmeθəd/ *n* método: *a method of payment* un sistema de pago **methodical** /məˈθɒdɪkl/ *adj* metódico **methodology** *n* metodología

Methodist /ˈmeθədɪst/ *adj, n* metodista

methylated spirits /ˌmeθəleɪtɪd ˈspɪrɪts/ (*coloq, GB* **meths**) *n* alcohol de quemar

meticulous /məˈtɪkjələs/ *adj* meticuloso

metre (*USA* **meter**) /ˈmiːtə(r)/ *n* (*abrev* **m**) metro ☛ *Ver Apéndice 1.* **metric** /ˈmetrɪk/ *adj* métrico: *the metric system* el sistema métrico decimal

metropolis /məˈtrɒpəlɪs/ *n* (*pl* **-lises**) metrópoli **metropolitan** /ˌmetrəˈpɒlɪtən/ *adj* metropolitano

miaow /miˈaʊ/ ◆ *interj* miau ◆ *n* maullido ◆ *vi* maullar

mice *plural de* MOUSE

mickey /ˈmɪki/ *n* LOC **to take the mickey (out of sb)** (*coloq*) burlarse (de algn)

micro /ˈmaɪkrəʊ/ (*tb* **microcomputer**) *n* computadora personal

microbe /ˈmaɪkrəʊb/ *n* microbio

microchip /ˈmaɪkrəʊtʃɪp/ (*tb* **chip**) *n* microchip

microcosm /ˈmaɪkrəkɒzəm/ *n* microcosmos

micro-organism /ˌmaɪkrəʊˈɔːgənɪzəm/ *n* microorganismo

microphone /ˈmaɪkrəfəʊn/ *n* micrófono

microprocessor /ˈmaɪkrəʊ ˈprəʊsesə(r)/ *n* microprocesador

microscope /ˈmaɪkrəskəʊp/ *n* microscopio **microscopic** /ˌmaɪkrəˈskɒpɪk/ *adj* microscópico

microwave /ˈmaɪkrəweɪv/ *n* **1** microonda **2** (*tb* **microwave oven**) (horno) microondas

mid /mɪd/ *adj*: *in mid-July* a mediados de julio ◊ *mid-morning* media mañana ◊ *in mid sentence* en la mitad de la frase ◊ *mid-life crisis* crisis de los cuarenta

mid-air /ˌmɪd ˈeə(r)/ *n* en el aire: *in mid-air* en el aire ◊ *to leave sth in mid-air* dejar algo sin resolver

midday /ˌmɪdˈdeɪ/ *n* mediodía

middle /ˈmɪdl/ ◆ *n* **1 the middle** [*sing*] medio, centro: *in the middle of the night* en el medio de la noche **2** (*coloq*) cintura LOC **in the middle of nowhere** (*coloq*) donde el diablo perdió el poncho ◆ *adj* central, medio: *middle finger* dedo mayor ◊ *middle management* ejecutivos de nivel intermedio LOC **the middle ground** terreno neutral **(to take/follow) a middle course** (tomar/seguir) una línea media

middle age *n* madurez **middle-aged** *adj* de mediana edad

middle class *n* clase media: *the middle classes* la clase media **middle-class** *adj* de clase media

middleman /ˈmɪdlmæn/ *n* (*pl* **-men** /-men/) intermediario

middle name *n* segundo nombre

En los países de habla inglesa, mucha gente usa dos nombres y un apellido.

middle-of-the-road /ˌmɪdl əv ðə ˈrəʊd/ *adj* (*frec pey*) moderado

middleweight /ˈmɪdlweɪt/ *n* peso mediano

midfield /ˌmɪdˈfiːld/ *n* centro del campo: *midfield player* centrohalf **midfielder** *n* centrohalf

midge /mɪdʒ/ *n* mosquito

midget /ˈmɪdʒɪt/ *n* enano, -a

midnight /ˈmɪdnaɪt/ *n* medianoche

midriff /ˈmɪdrɪf/ *n* abdomen

midst /mɪdst/ *n* medio: *in the midst of* en medio de LOC **in our midst** entre nosotros

midsummer /ˌmɪdˈsʌmə(r)/ *n* período alrededor del solsticio de verano (*21 de junio*): *Midsummer('s) Day* día de San Juan (24 de junio)

midway /ˌmɪdˈweɪ/ *adv* ~ (**between** ...) a medio camino (entre ...)

midweek /ˌmɪdˈwiːk/ *n* entre semana LOC **in midweek** a mediados de semana

midwife /ˈmɪdwaɪf/ *n* (*pl* **-wives** /-waɪvz/) partera **midwifery** /ˌmɪdˈwɪfəri/ *n* obstetricia

midwinter /ˌmɪdˈwɪntə(r)/ *n* período alrededor del solsticio de invierno (*21 de diciembre*)

miffed /mɪft/ *adj* (*coloq*) molesto

might[1] /maɪt/ *v modal* (*neg* **might not** *o* **mightn't** /ˈmaɪtnt/) **1** *pret de* MAY **2** (*tb* **may**) (*posibilidad*) poder ser (que): *They may/might not come.* Puede ser que no vengan. ◊ *I might be able to.* Es posible que pueda. **3** (*formal*): *Might I make a suggestion?* ¿Podría hacer una sugerencia? ◊ *And who might she be?* Y ¿ésa quién será? ◊ *You might at least offer to help!* Lo menos que podrías hacer es dar una mano. ◊ *You might have told me!* ¡Me lo podrías haber dicho! ☛ *Ver nota en* MAY, PODER[1]

might[2] /maɪt/ *n* [*incontable*] fuerza: *with all their might* con todas sus fuerzas ◊ *military might* poderío militar **mightily** *adv* (*coloq*) enormemente **mighty** *adj* (**-ier**, **-iest**) **1** poderoso, potente **2** enorme

migraine /ˈmiːgreɪn; *USA* ˈmaɪgreɪn/ *n* jaqueca

migrant /ˈmaɪgrənt/ ◆ *adj* **1** (*persona*) emigrante **2** (*animal, ave*) migratorio ◆ *n* emigrante

migrate /maɪˈgreɪt; *USA* ˈmaɪgreɪt/ *vi* migrar **migratory** /ˈmaɪgrətri, maɪˈgreɪtəri; *USA* ˈmaɪgrətɔːri/ *adj* migratorio

mike /maɪk/ *n* micrófono

mild /maɪld/ *adj* (**-er**, **-est**) **1** (*carácter*) apacible **2** (*clima*) templado: *a mild winter* un invierno suave **3** (*sabor, etc*) suave **4** (*enfermedad, castigo*) leve **5** ligero **mildly** *adv* ligeramente, un tanto: *mildly surprised* un tanto sorprendido LOC **to put it mildly** por no decir otra cosa, cuando menos

mildew /ˈmɪldjuː; *USA* ˈmɪlduː/ *n* moho

mild-mannered /ˌmaɪld ˈmænəd/ *adj* apacible, manso

mile /maɪl/ *n* **1** milla **2 miles** (*coloq*): *He's miles better.* Él es mucho mejor. **3** *esp* **the mile** carrera de una milla LOC **miles from anywhere/nowhere** en la loma del peludo **to be miles away** (*coloq*) estar en la luna **to see/tell, etc sth a mile off** (*coloq*) notar algo a la legua **mileage** *n* **1** recorrido en millas, kilometraje **2** (*coloq, fig*) ventaja

milestone /ˈmaɪlstəʊn/ *n* **1** mojón (*en carretera*) **2** (*fig*) hito

milieu /ˈmiːljɜː; *USA* ˌmiːˈljɜː/ *n* (*pl* **-eus** *o* **-eux**) entorno social

militant /ˈmɪlɪtənt/ ◆ *adj* militante ◆ *n* militante

military /ˈmɪlətri; *USA* -teri/ ◆ *adj* militar ◆ *n* [*v sing o pl*] los militares, el ejército

militia /məˈlɪʃə/ *n* [*v sing o pl*] milicia **militiaman** *n* (*pl* **-men** /-mən/) miliciano

milk /mɪlk/ ◆ *n* leche: *milk products* productos lácteos ◊ *milk shake* licuado LOC *Ver* CRY ◆ *vt* **1** ordeñar **2** (*fig*) chupar **milky** *adj* (**-ier**, **-iest**) **1** (*té, café, etc*) con mucha leche **2** lechoso

milkman /ˈmɪlkmən/ *n* (*pl* **-men** /-mən/) lechero

mill /mɪl/ ◆ *n* **1** molino **2** molinillo **3** fábrica: *steel mill* acería ◆ *vt* moler PHR V **to mill about/around** arremolinarse **miller** *n* molinero, -a

millennium /mɪˈleniəm/ *n* (*pl* **-ia** /-nɪə/

o **-iums**) **1** milenio **2 the millennium** (*fig*) la edad de oro

millet /ˈmɪlɪt/ *n* mijo

million /ˈmɪljən/ *adj*, *n* **1** millón ☛ *Ver ejemplos en* FIVE **2** (*fig*) sinfín LOC **one, etc in a million** excepcional **millionth 1** *adj* millonésimo **2** *n* millonésima parte ☛ *Ver ejemplos en* FIFTH

millstone /ˈmɪlstəʊn/ *n* piedra de molino LOC **a millstone round your/sb's neck** una carga enorme (para algn)

mime /maɪm/ ◆ *n* mimo: *a mime artist* un mimo ◆ *vt*, *vi* hacer mímica, imitar

mimic /ˈmɪmɪk/ ◆ *vt* (*pret*, *pp* **mimicked** *pt pres* **mimicking**) imitar ◆ *n* imitador, -ora **mimicry** *n* imitación

mince /mɪns/ ◆ *vt* picar (*carne*) LOC **not to mince matters**; **not to mince** (**your**) **words** no andar con rodeos ◆ *n* (*USA* **ground beef**) carne picada

mincemeat /ˈmɪnsmiːt/ *n* relleno de frutas LOC **to make mincemeat of sth/sb** (*coloq*) hacer pomada algo/a algn

mince pie *n* pastelito navideño relleno de frutas

mind /maɪnd/ ◆ *n* **1** ánimo **2** (*intelecto*) mente, cerebro: *mind-boggling* increíble **3** pensamiento(s): *My mind was on other things.* Estaba pensando en otra cosa. **4** juicio: *to be sound in mind and body* estar sano de cuerpo y alma LOC **in your mind's eye** en tu imaginación **to be in two minds about** (**doing**) **sth** estar indeciso sobre (si hacer) algo **to be on your mind**: *What's on your mind?* ¿Qué te preocupa? **to be out of your mind** (*coloq*) estar loco como una cabra **to come/spring to mind** ocurrírsele a algn **to have a** (**good**) **mind to do sth** (*coloq*) tener ganas de hacer algo **to have a mind of your own** tener sus propias ideas **to have sth/sb in mind** (**for sth**) tener algo/a algn pensado (para algo) **to keep your mind on sth** concentrarse en algo **to make up your mind** decidir(se) **to my mind** en mi opinión **to put/set your/sb's mind at ease/rest** tranquilizarse/tranquilizar a algn **to put/set/turn your mind to sth** centrarse en algo, proponerse algo **to take your/sb's mind off sth** distraerse/distraer a algn de algo *Ver tb* BACK[1], BEAR[2], CHANGE, CLOSE[2], CROSS, FOCUS, FRAME, GREAT, PREY, SIGHT, SLIP, SOUND[2], SPEAK, STATE[1], UPPERMOST ◆ **1** *vt* cuidar de **2** *vt*, *vi* (*importar*): *I wouldn't mind a drink.* No me vendría mal tomar algo. ◊ *Do you mind if I smoke?* ¿Te molesta si fumo? ◊ *I don't mind.* Me da lo mismo. ◊ *Would you mind going tomorrow?* ¿te importaría ir mañana? **3** *vt* preocuparse de: *Don't mind him.* No le hagas caso. **4** *vt*, *vi* tener cuidado (con): *Mind your head!* ¡Cuidado con la cabeza! LOC **do you mind?** (*irón*, *pey*) ¿te importa? **mind you**; **mind** (*coloq*) a decir verdad **never mind** no importa **never you mind** (*coloq*) no preguntes **to mind your own business** no meterse en lo que no le importa a algn PHR V **to mind out** (**for sth/sb**) tener cuidado (con algo/algn) **minder** *n* acompañante, protector, -ora **mindful** *adj* (*formal*) consciente **mindless** *adj* tonto

mine[1] /maɪn/ *pron pos* mío,-a,-os,-as: *a friend of mine* un amigo mío ◊ *Where's mine?* ¿Dónde está la mía? ☛ *Comparar con* MY

mine[2] /maɪn/ ◆ *n* mina: *mine worker* minero ◆ *vt* **1** extraer (*minerales*) **2** (*lit y fig*) minar **3** sembrar minas en **miner** *n* minero, -a

minefield /ˈmaɪnfiːld/ *n* **1** campo minado **2** (*fig*) terreno peligroso/delicado

mineral /ˈmɪnərəl/ *n* mineral: *mineral water* agua mineral

mingle /ˈmɪŋgl/ **1** *vi* circular (*en una fiesta, reunión, etc*): *The president mingled with his guests.* El presidente circuló entre los invitados. **2** *vi* ~ (**with sth**) mezclarse (con algo) **3** *vt* mezclar

miniature /ˈmɪnətʃə(r); *USA* ˈmɪnɪətʃʊər/ *n* miniatura

minibus /ˈmɪnibʌs/ *n* (*GB*) combi, microbús

minicab /ˈmɪnikæb/ *n* (*GB*) radiotaxi

minimal /ˈmɪnɪməl/ *adj* mínimo

minimize, -ise /ˈmɪnɪmaɪz/ *vt* minimizar

minimum /ˈmɪnɪməm/ ◆ *n* (*pl* **minima** /-mə/) (*abrev* **min**) [*gen sing*] mínimo: *with a minimum of effort* con un esfuerzo mínimo ◆ *adj* mínimo: *There is a minimum charge of…* Se cobra un mínimo de…

mining /ˈmaɪnɪŋ/ *n* minería: *the mining industry* la industria minera

minister /ˈmɪnɪstə(r)/ ◆ *n* **1** (*USA* **secretary**) ~ (**for/of sth**) ministro, -a (de algo) ☛ *Ver nota en* MINISTRO **2** ministro, -a (*protestante*) ☛ *Ver nota en* PRIEST ◆ *vi* ~ **to sth/sb** (*formal*) atender a algo/algn **ministerial** /ˌmɪnɪˈstɪəriəl/ *adj* ministerial

ministry /ˈmɪnɪstri/ *n* (*pl* **-ies**) **1** (*USA* **department**) (*Pol*) ministerio **2 the ministry** clero (*protestante*): *to enter/go into/take up the ministry* hacerse pastor/sacerdote

mink /mɪŋk/ *n* visón

minor /ˈmaɪnə(r)/ ◆ *adj* **1** secundario: *minor repairs* arreglos menores ◊ *minor injuries* heridas leves **2** (*Mús*) menor ◆ *n* menor de edad

minority /maɪˈnɒrəti; *USA* -ˈnɔːr-/ *n* [*v sing o pl*] (*pl* **-ies**) minoría: *a minority vote* un voto minoritario LOC **to be in a/the minority** estar en (una/la) minoría

mint /mɪnt/ ◆ *n* **1** menta **2** pastilla de menta **3** (*tb* **the Royal Mint**) la Real Casa de la Moneda **4** [*sing*] (*coloq*) dineral LOC **in mint condition** en perfectas condiciones ◆ *vt* acuñar

minus /ˈmaɪnəs/ ◆ *prep* **1** menos **2** (*coloq*) sin: *I'm minus my car today.* Estoy sin auto hoy. **3** (*temperatura*) bajo cero: *minus five* cinco grados bajo cero ◆ *adj* (*Educ*), menos que la nota: *B minus* (*B-*) B menos ◆ *n* **1** (*tb* **minus sign**) (signo) menos **2** (*coloq*) desventaja: *the pluses and minuses of sth* los pro y los contra de algo

minute[1] /ˈmɪnɪt/ *n* **1** minuto **2** minuto, momento: *Wait a minute!/Just a minute!* ¡Un momento! **3** instante: *at that very minute* en ese preciso instante **4** nota (*oficial*) **5 minutes** [*pl*] actas (*de una reunión*) LOC **not for a/one minute/moment** (*coloq*) ni por un segundo **the minute/moment (that)...** en cuanto...

minute[2] /maɪˈnjuːt; *USA* -ˈnuːt/ *adj* (**-er**, **-est**) **1** diminuto **2** minucioso **minutely** *adv* minuciosamente

miracle /ˈmɪrəkl/ *n* milagro: *a miracle cure* una cura milagrosa LOC **to do/work miracles/wonders** (*coloq*) hacer milagros **miraculous** /mɪˈrækjələs/ *adj* **1** milagroso: *He had a miraculous escape.* Se salvó de milagro. **2** (*coloq*) asombroso

mirage /ˈmɪrɑːʒ, mɪˈrɑːʒ/ *n* espejismo

mirror /ˈmɪrə(r)/ ◆ *n* **1** espejo: *mirror image* imagen invertida **2** (*en coche*) retrovisor **3** (*fig*) reflejo ◆ *vt* reflejar

mirth /mɜːθ/ *n* (*formal*) **1** risa **2** alegría

misadventure /ˌmɪsədˈventʃə(r)/ *n* **1** (*formal*) desgracia **2** (*Jur*): *death by misadventure* muerte accidental

misbehave /ˌmɪsbɪˈheɪv/ *vi* portarse mal **misbehaviour** (*USA* **misbehavior**) *n* mala conducta

miscalculation /ˌmɪskælkjuˈleɪʃn/ *n* error de cálculo

miscarriage /ˌmɪsˈkærɪdʒ, ˈmɪs-/ *n* (*Med*) aborto (*espontáneo*) LOC **miscarriage of justice** error judicial

miscellaneous /ˌmɪsəˈleɪniəs/ *adj* variado: *miscellaneous expenditure* gastos varios

mischief /ˈmɪstʃɪf/ *n* **1** travesura, diablura: *to keep out of mischief* no hacer travesuras **2** daño **mischievous** *adj* **1** (*chico*) travieso **2** (*sonrisa*) pícaro

misconceive /ˌmɪskənˈsiːv/ *vt* (*formal*) interpretar mal: *a misconceived project* un proyecto mal planteado **misconception** *n* idea equivocada: *It is a popular misconception that...* Es un error corriente el creer que...

misconduct /ˌmɪsˈkɒndʌkt/ *n* (*formal*) **1** (*Jur*) mala conducta: *professional misconduct* error profesional **2** (*Com*) mala administración

miser /ˈmaɪzə(r)/ *n* tacaño, -a **miserly** *adj* (*pey*) **1** tacaño **2** mísero

miserable /ˈmɪzrəbl/ *adj* **1** triste, infeliz **2** despreciable **3** miserable: *miserable weather* tiempo deprimente ◊ *I had a miserable time.* La pasé muy mal. **miserably** *adv* **1** tristemente **2** miserablemente: *Their efforts failed miserably.* Sus esfuerzos fueron un fracaso total.

misery /ˈmɪzəri/ *n* (*pl* **-ies**) **1** tristeza, sufrimiento: *a life of misery* una vida de perros **2** [*gen pl*] miseria **3** (*GB, coloq*) amargado, -a LOC **to put sb out of their misery** (*lit y fig*) acabar con la agonía/el sufrimiento de algn

misfortune /ˌmɪsˈfɔːtʃuːn/ *n* desgracia

misgiving /ˌmɪsˈɡɪvɪŋ/ *n* [*gen pl*] duda (*aprensión*)

misguided /ˌmɪsˈɡaɪdɪd/ *adj* (*formal*) equivocado: *misguided generosity* generosidad mal entendida

mishap /ˈmɪshæp/ *n* **1** contratiempo **2** percance

misinform /ˌmɪsɪnˈfɔːm/ *vt* ~ **sb (about sth)** (*formal*) informar mal a algn (sobre algo)

misinterpret /ˌmɪsɪnˈtɜːprɪt/ *vt* interpretar mal **misinterpretation** *n* interpretación errónea

misjudge /ˌmɪsˈdʒʌdʒ/ *vt* **1** juzgar mal **2** calcular mal

mislay /ˌmɪsˈleɪ/ *vt* (*pret, pp* **mislaid**) extraviar

mislead /ˌmɪsˈliːd/ *vt* (*pret, pp* **misled** /-ˈled/) ~ **sb** (**about/as to sth**) llevar a conclusiones erróneas a algn (respecto a algo): *Don't be misled by...* No te dejes engañar por... **misleading** *adj* engañoso

mismanagement /ˌmɪsˈmænɪdʒmənt/ *n* mala administración

misogynist /mɪˈsɒdʒɪnɪst/ *n* misógino

misplaced /ˌmɪsˈpleɪst/ *adj* **1** mal colocado **2** (*afecto, confianza*) inmerecido **3** fuera de lugar

misprint /ˈmɪsprɪnt/ *n* error de imprenta

misread /ˌmɪsˈriːd/ *vt* (*pret, pp* **misread** /-ˈred/) **1** leer mal **2** interpretar mal

misrepresent /ˌmɪsˌreprɪˈzent/ *vt* ~ **sb** tergiversar las palabras de algn

Miss /mɪs/ *n* señorita (=Srta.) ☛ *Ver nota en* SEÑORITA

miss /mɪs/ ◆ **1** *vt, vi* no acertar, fallar: *to miss your footing* tropezar **2** *vt* no ver: *You can't miss it.* Lo va a ver enseguida. ◊ *I missed what you said.* No oí lo que dijiste. ◊ *to miss the point* no entender **3** *vt* (*no llegar a tiempo para*) perder **4** *vt* sentir/advertir la falta de **5** *vt* extrañar **6** *vt* evitar: *to narrowly miss (hitting) sth* esquivar algo por un pelo LOC **not to miss much**; **not to miss a trick** (*coloq*) ser muy despierto PHR V **to miss sth/sb out** olvidarse de algo/a algn **to miss out (on sth)** (*coloq*) perder la oportunidad (de algo) ◆ *n* tiro errado LOC **to give sth a miss** (*coloq*) pasar de algo

missile /ˈmɪsaɪl; *USA* ˈmɪsl/ *n* **1** proyectil **2** (*Mil*) misil

missing /ˈmɪsɪŋ/ *adj* **1** extraviado **2** que falta: *He has a tooth missing.* Le falta un diente. **3** desaparecido: *missing persons* desaparecidos

mission /ˈmɪʃn/ *n* misión

missionary /ˈmɪʃənri; *USA* -neri/ *n* (*pl* **-ies**) misionero, -a

mist /mɪst/ ◆ *n* **1** neblina ☛ *Comparar con* FOG, HAZE **2** (*fig*) bruma: *lost in the mists of time* perdido en la noche de los tiempos ◆ PHR V **to mist over/up** empañar(se) **misty** *adj* (**-ier**, **-iest**) **1** (*tiempo*) con neblina **2** (*fig*) borroso

mistake /mɪˈsteɪk/ ◆ *n* error, equivocación: *to make a mistake* equivocarse

Las palabras **mistake**, **error**, **fault** y **defect** están relacionadas. **Mistake** y **error** significan lo mismo, pero **error** es más formal. **Fault** indica la culpabilidad de una persona: *It's all your fault.* Es todo culpa tuya. También puede indicar una imperfección: *an electrical fault* una falla eléctrica ◊ *He has many faults.* Tiene muchos defectos. **Defect** es una imperfección más grave.

LOC **and no mistake** (*coloq*) sin ninguna duda **by mistake** por equivocación ◆ *vt* (*pret* **mistook** /mɪˈstʊk/ *pp* **mistaken** /mɪˈsteɪkən/) **1** equivocarse de: *I mistook your meaning/what you meant.* Entendí mal lo que dijiste. **2** ~ **sth/sb for sth/sb** confundir algo/a algn con algo/algn LOC **there's no mistaking sth/sb** es imposible confundir a algo/algn **mistaken** *adj* ~ (**about sth/sb**) equivocado (sobre algo/algn): *if I'm not mistaken* si no me equivoco **mistakenly** *adv* erróneamente, por equivocación

mister /ˈmɪstə(r)/ *n* (*abrev* **Mr**) Señor

mistletoe /ˈmɪsltəʊ/ *n* muérdago

mistook *pret de* MISTAKE

mistreat /ˌmɪsˈtriːt/ *vt* maltratar

mistress /ˈmɪstrəs/ *n* **1** señora *Ver tb* MASTER **2** (*de situación, animal*) dueña **3** (*esp GB*) profesora **4** querida

mistrust /ˌmɪsˈtrʌst/ ◆ *vt* desconfiar de ◆ *n* ~ (**of sth/sb**) desconfianza (hacia algo/algn)

misty *Ver* MIST

misunderstand /ˌmɪsʌndəˈstænd/ *vt, vi* (*pret, pp* **misunderstood** /ˌmɪsˌʌndəˈstʊd/) entender mal **misunderstanding** *n* malentendido

misuse /ˌmɪsˈjuːs/ *n* **1** (*palabra*) mal empleo **2** (*fondos*) malversación **3** abuso

mitigate /ˈmɪtɪgeɪt/ *vt* (*formal*) mitigar, atenuar

mix /mɪks/ ◆ **1** *vt, vi* mezclar(se) **2** *vi* **to mix (with sth/sb)** tratar con algo/algn: *She mixes well with other children.* Se relaciona bien con otros chicos. LOC **to be/get mixed up in sth** (*coloq*) estar metido/meterse en algo PHR V **to mix sth in(to sth)** añadir algo (a algo) **to mix sth/sb up (with sth/sb)** confundir algo/a algn (con algo/algn) ◆ *n* **1** mezcla **2** (*Cocina*) preparación de paquete **mixed** *adj* **1** mixto **2** surtido **3** (*tiempo*) variable LOC **to have mixed feelings (about sth/sb)** tener sentimientos encontrados (sobre algo/algn) **mixer** *n* **1** batidora **2** (*coloq*): *to be a good/bad mixer* ser sociable/insociable **mixture** *n* **1** mezcla **2** combinación **mix-up** *n* (*coloq*) confusión

moan /məʊn/ ◆ **1** *vt, vi* gemir, decir gimiendo **2** *vi* ~ (**about sth**) (*coloq*) quejarse (de algo) ◆ *n* **1** gemido **2** (*coloq*) queja

moat /məʊt/ *n* foso (*de castillo*)

mob /mɒb/ ◆ *n* [*v sing o pl*] **1** turba **2** (*coloq*) banda (*de delincuentes*), mafia ◆ *vt* (**-bb-**) acosar

mobile /ˈməʊbaɪl; *USA* -bl *tb* -biːl/ *adj* **1** móvil: *mobile library* biblioteca ambulante ◊ *mobile home* casa rodante **2** (*cara*) cambiante **mobility** /məʊˈbɪləti/ *n* movilidad

mobilize, -ise /ˈməʊbəlaɪz/ **1** *vt, vi* (*Mil*) movilizar(se) **2** *vt* organizar

mock /mɒk/ ◆ **1** *vt* burlarse de **2** *vi* ~ (**at sth/sb**) burlarse (de algo/algn): *a mocking smile* una sonrisa burlona ◆ *n* LOC **to make (a) mock of sth/sb** poner algo/a algn en ridículo ◆ *adj* **1** ficticio: *mock battle* simulacro de combate **2** falso, de imitación **mockery** *n* [*incontable*] **1** burla **2** ~ (**of sth**) parodia (de algo) LOC **to make a mockery of sth** poner algo en ridículo

mode /məʊd/ *n* (*formal*) **1** (*de transporte*) medio **2** (*de producción*) modo **3** (*de pensar*) forma

model /ˈmɒdl/ ◆ *n* **1** modelo **2** maqueta: *scale model* maqueta a escala ◊ *model car* coche en miniatura ◆ *vt, vi* (**-ll-**, *USA* **-l-**) pasar modelos, ser modelo PHR V **to model yourself/sth on sth/sb** basarse/basar algo en algo/algn **modelling** (*USA* **modeling**) *n* **1** modelado **2** trabajo de modelo

moderate /ˈmɒdərət/ ◆ *adj* **1** moderado: *Cook over a moderate heat.* Cocinar a fuego lento. **2** regular ◆ *n* moderado, -a ◆ /ˈmɒdəreɪt/ *vt, vi* moderar(se): *a moderating influence* una influencia moderadora **moderation** *n* moderación LOC **in moderation** con moderación

modern /ˈmɒdn/ *adj* moderno: *to study modern languages* estudiar idiomas **modernity** /məˈdʒɜːnəti/ *n* modernidad **modernize, -ise** *vt, vi* modernizar(se)

modest /ˈmɒdɪst/ *adj* **1** modesto **2** pequeño, moderado **3** (*suma, precio*) módico **4** ~ (**about sth**) (*aprob*) modesto (con algo) **5** recatado **modesty** *n* modestia

modify /ˈmɒdɪfaɪ/ *vt* (*pret, pp* **-fied**) modificar ☛ La palabra más corriente es **change**.

module /ˈmɒdjuːl; *USA* -dʒuːl/ *n* módulo **modular** *adj* modular

mogul /ˈməʊgl/ *n* magnate

moist /mɔɪst/ *adj* húmedo: *a rich, moist fruit cake* un budín de frutas rico y esponjoso ◊ *in order to keep your skin soft and moist* para mantener tu piel suave e hidratada

> Tanto **moist** como **damp** se traducen por "húmedo"; **damp** es el término más frecuente y puede tener un matiz negativo: *damp walls* paredes con humedad ◊ *Use a damp cloth.* Use un trapo húmedo. ◊ *cold, damp, rainy weather* tiempo lluvioso, frío y húmedo.

moisten /ˈmɒɪsn/ *vt, vi* humedecer(se) **moisture** /ˈmɔɪstʃə(r)/ *n* humedad **moisturize, -ise** *vt* hidratar **moisturizer, -iser** *n* crema hidratante

molar /ˈməʊlə(r)/ *n* molar, muela

mold (*USA*) *Ver* MOULD[1,2]

moldy (*USA*) *Ver* MOULDY *en* MOULD[2]

mole /məʊl/ *n* **1** lunar **2** (*lit y fig*) topo

molecule /ˈmɒlɪkjuːl/ *n* molécula **molecular** *adj* molecular

molest /məˈlest/ *vt* **1** agredir sexualmente **2** molestar

mollify /ˈmɒlɪfaɪ/ *vt* (*pret, pp* **-fied**) calmar, apaciguar

molten /ˈməʊltən/ *adj* fundido

mom (*USA, coloq*) *Ver* MUM

moment /ˈməʊmənt/ *n* momento instante: *One moment/Just a moment/Wait a moment.* Un momento. ◊ *I shall only be/I won't be a moment.* Ya termino. LOC **at a moment's notice** inmediatamente, casi sin aviso **at the moment** de momento, por ahora **for the**

moment/present de momento, por ahora **the moment of truth** la hora de la verdad *Ver tb* MINUTE[1], SPUR

momentary /ˈməʊməntri; *USA* -teri/ *adj* momentáneo **momentarily** *adv* momentáneamente

momentous /məˈmentəs, məʊˈm-/ *adj* trascendental

momentum /məˈmentəm, məʊˈm-/ *n* **1** impulso, ímpetu **2** (*Fís*) momento: *to gain/gather momentum* cobrar velocidad

monarch /ˈmɒnək/ *n* monarca **monarchy** *n* (*pl* **-ies**) monarquía

monastery /ˈmɒnəstri; *USA* -teri/ *n* (*pl* **-ies**) monasterio

monastic /məˈnæstɪk/ *adj* monástico

Monday /ˈmʌndeɪ, ˈmʌndi/ *n* (*abrev* **Mon**) lunes ☛ Los nombres de los días de la semana en inglés llevan mayúscula : *every Monday* todos los lunes ◊ *last/next Monday* el lunes pasado/que viene ◊ *the Monday before last/after next* hace dos lunes/dentro de dos lunes ◊ *Monday morning/evening* el lunes por la mañana/tarde ◊ *Monday week/a week on Monday* el lunes que viene no, el siguiente ◊ *I'll see you (on) Monday.* Nos vemos el lunes. ◊ *We usually play badminton on Mondays/on a Monday.* Solemos jugar al bádminton los lunes. ◊ *The museum is open Monday to Friday.* El museo abre de lunes a viernes. ◊ *Did you read the article about Italy in Monday's paper?* ¿Leíste el artículo sobre Italia en el diario del lunes?

monetary /ˈmʌnɪtri; *USA* -teri/ *adj* monetario

money /ˈmʌni/ *n* [*incontable*] plata, dinero: *to spend/save money* gastar/ahorrar dinero ◊ *to earn/make money* ganar/hacer dinero ◊ *money worries* preocupaciones económicas LOC **to get your money's worth** sacarle el jugo al dinero (*en una compra o servicio*)

monitor /ˈmɒnɪtə(r)/ ◆ *n* **1** (*TV, Informát*) monitor **2** (*elecciones*) observador, -ora ◆ *vt* **1** controlar, observar **2** (*Radio*) escuchar **monitoring** *n* control, supervisión

monk /mʌŋk/ *n* monje

monkey /ˈmʌŋki/ *n* (*pl* **-eys**) **1** mono **2** (*coloq*) (*chico*) sabandija

monogamy /məˈnɒgəmi/ *n* monogamia **monogamous** *adj* monógamo

monolithic /ˌmɒnəˈlɪθɪk/ *adj* (*lit y fig*) monolítico

monologue (*USA tb* **monolog**) /ˈmɒnəlɒg; *USA* -lɔːg/ *n* monólogo

monopolize, -ise /məˈnɒpəlaɪz/ *vt* monopolizar

monopoly /məˈnɒpəli/ *n* (*pl* **-ies**) monopolio

monoxide /mɒˈnɒksaɪd/ *n* monóxido

monsoon /ˌmɒnˈsuːn/ *n* **1** monzón **2** época de los monzones

monster /ˈmɒnstə(r)/ *n* monstruo **monstrous** /ˈmɒnstrəs/ *adj* monstruoso

monstrosity /mɒnˈstrɒsəti/ *n* (*pl* **-ies**) monstruosidad

month /mʌnθ/ *n* mes: *£14 a month* 14 libras al mes ◊ *I haven't seen her for months.* Hace meses que no la veo.

monthly /mʌnθli/ ◆ *adj* mensual ◆ *adv* mensualmente ◆ *n* (*pl* **-ies**) publicación mensual

monument /ˈmɒnjumənt/ *n* ~ (**to sth**) monumento (a algo) **monumental** /ˌmɒnjuˈmentl/ *adj* **1** monumental **2** (*fig*) excepcional **3** (*negativo*) descomunal

moo /muː/ *vi* mugir

mood /muːd/ *n* **1** humor: *to be in a good/bad mood* estar de buen/mal humor **2** mal humor: *He's in a mood.* Está de mal humor. **3** ambiente **4** (*Gram*) modo LOC **to be in the/in no mood to do sth/for (doing) sth** (no) estar de humor para (hacer) algo **moody** *adj* (**-ier**, **-iest**) **1** de humor cambiante **2** malhumorado

moon /muːn/ ◆ *n* luna: *moonbeam* rayo de luna ◊ *moonless* sin luna LOC **over the moon** (*coloq*) loco de contento ◆ *vi* ~ (**about/around**) (*coloq*) ir de aquí para allá distraídamente

moonlight /ˈmuːnlaɪt/ ◆ *n* luz de la luna ◆ *vi* (*pret, pp* **-lighted**) (*coloq*) tener un segundo empleo **moonlit** *adj* iluminado por la luna

Moor /mʊə(r)/ *n* moro, -a **Moorish** *adj* moro

moor[1] /mʊə(r)/ *n* **1** páramo **2** (*de caza*) coto

moor[2] /mʊə(r)/ *vt, vi* ~ **sth** (**to sth**)

amarrar algo (a algo) **mooring** *n* **1** **moorings** [*pl*] amarras **2** amarradero

moorland /ˈmʊərlənd/ *n* estepa

mop /mɒp/ ◆ *n* **1** trapeador **2** (*pelo*) pelambre ◆ *vt* (-pp-) **1** limpiar **2** (*cara*) secarse PHR V **to mop sth up** limpiar algo

mope /məʊp/ *vi* abatirse PHR V **to mope about/around** andar deprimido

moped /ˈməʊped/ *n* motoneta

moral /ˈmɒrəl; *USA* ˈmɔːrəl/ ◆ *n* **1** moraleja **2** **morals** [*pl*] moralidad ◆ *adj* **1** moral **2** *a moral tale* un cuento con moraleja **moralistic** /mɒrəˈlɪstɪk/ *adj* (*gen pey*) moralista **morality** /məˈræləti/ *n* moral, moralidad: *standards of morality* valores morales **moralize, -ise** *vt, vi* ~ (**about/on sth**) (*gen pey*) moralizar (sobre algo) **morally** *adv* moralmente: *to behave morally* comportarse honradamente

morale /məˈrɑːl; *USA* -ˈræl/ *n* moral (*ánimo*)

morbid /ˈmɔːbɪd/ *adj* **1** morboso **2** (*Med*) patológico **morbidity** /mɔːˈbɪdəti/ *n* **1** morbosidad **2** (*Med*) patología

more /mɔː(r)/ ◆ *adj* más: *more money than sense* más dinero que buen sentido ◊ *more food than could be eaten* más comida de la que se podía comer ◆ *pron* más: *You've had more to drink than me/than I have.* Tomaste más que yo. ◊ *more than £50* más de 50 libras ◊ *I hope we'll see more of you.* Espero que te veamos más a menudo. ◆ *adv* **1** más ☛ Se usa para formar comparativos de *adjs* y *advs* de dos o más sílabas : *more quickly* más rápido ◊ *more expensive* más caro **2** más: *once more* una vez más ◊ *It's more of a hindrance than a help.* Más que ayudar, estorba. ◊ *That's more like it!* ¡Eso es! ◊ *even more so* aún más LOC **to be more than happy, glad, willing, etc to do sth** hacer algo con mucho gusto **more and more** cada vez más, más y más **more or less** más o menos: *more or less finished* casi terminado **what is more** es más, además *Ver tb* ALL

moreover /mɔːˈrəʊvə(r)/ *adv* además, por otra parte

morgue /mɔːg/ *n* morgue

morning /ˈmɔːnɪŋ/ *n* **1** mañana: *on Sunday morning* el domingo a la mañana ◊ *tomorrow morning* mañana a la mañana ◊ *on the morning of the wedding* la mañana del casamiento **2** madrugada: *in the early hours of Sunday morning* en la madrugada del domingo ◊ *at three in the morning* a las tres de la madrugada **3** [*antes de sustantivo*] de la mañana, matutino: *the morning papers* los diarios matutinos LOC **good morning!** ¡buenos días! ☛ En el uso familiar, muchas veces se dice simplemente **morning!** en vez de **good morning!**

in the morning 1 por la mañana: *eleven o'clock in the morning* las once de la mañana **2** (*del día siguiente*): *I'll ring her up in the morning.* La voy a llamar mañana a la mañana.

Se usa la preposición **in** con **morning**, **afternoon** y **evening** para referirnos a un período determinado del día: *at three o'clock in the afternoon* a las tres de la tarde, y **on** para hacer referencia a un punto en el calendario: *on a cool May morning* en una fría mañana de mayo ◊ *on Monday afternoon* el lunes a la tarde ◊ *on the morning of the 4th of September* la mañana del 4 de septiembre. Sin embargo, en combinación con **tomorrow**, **this**, **that** y **yesterday** no se usa preposición: *They'll leave this evening.* Se van esta tarde. ◊ *I saw her yesterday morning.* La vi ayer a la mañana.

moron /ˈmɔːrɒn/ *n* (*coloq, ofen*) imbécil

morose /məˈrəʊs/ *adj* huraño **morosely** *adv* malhumoradamente

morphine /ˈmɔːfiːn/ *n* morfina

morsel /ˈmɔːsl/ *n* bocado

mortal /ˈmɔːtl/ ◆ *n* mortal ◆ *adj* mortal **mortality** /mɔːˈtæləti/ *n* **1** mortalidad **2** mortandad

mortar /ˈmɔːtə(r)/ *n* **1** (*construcción*) mezcla (de cemento), mortero **2** (*cañón*) mortero **3** (*utensilio*) mortero, almirez

mortgage /ˈmɔːgɪdʒ/ ◆ *n* hipoteca: *mortgage (re)payment* pago hipotecario ◆ *vt* hipotecar

mortify /ˈmɔːtɪfaɪ/ *vt* (*pret, pp* **-fied**) humillar

mortuary /ˈmɔːtʃəri; *USA* ˈmɔːtʃʊeri/ *n* (*pl* **-ies**) morgue

mosaic /məʊˈzeɪk/ *n* mosaico

Moslem *Ver* MUSLIM

mosque /mɒsk/ *n* mezquita

mosquito /məsˈkiːtəʊ, mɒs-/ *n* (*pl* **-oes**) mosquito: *mosquito net* mosquitero

moss /mɒs; *USA* mɔːs/ *n* musgo

most /məʊst/ ◆ *adj* **1** más, la mayor parte de: *Who got (the) most votes?* ¿Quién consiguió la mayoría de los votos? ◊ *We spent most time in Rome.* Pasamos la mayor parte del tiempo en Roma. **2** la mayoría de, casi todo: *most days* casi todos los días ◆ *pron* **1** el, la, lo, los, las más: *I ate (the) most.* Yo fui el que más comió. ◊ *the most I could offer you* lo máximo que le podría ofrecer **2** la mayoría de: *most of the day* casi todo el día ◊ *Most of you know.* La mayoría de ustedes sabe.

Most es el superlativo de **much** y de **many** y se usa con sustantivos incontables o en plural: *Who's got most time?* ¿Quién es el que tiene más tiempo? ◊ *most children* la mayoría de los chicos. Sin embargo, delante de pronombres o cuando el sustantivo al que precede lleva *the* o un adjetivo posesivo o demostrativo, se usa **most of**: *most of my friends* la mayoría de mis amigos ◊ *most of us* la mayoría de nosotros ◊ *most of these records* la mayoría de estos discos.

◆ *adv* **1** más ☛ Se usa para formar el superlativo de locuciones adverbiales, adjetivos y adverbios de dos o más sílabas : *This is the most interesting book I've read for a long time.* Éste es el libro más interesante que he leído en mucho tiempo. ◊ *What upset me (the) most was that…* Lo que más me dolió fue que… ◊ *most of all* sobre todo **2** muy: *most likely* muy probablemente LOC **at (the) most** como mucho/máximo **mostly** *adv* principalmente, por lo general

moth /mɒθ; *USA* mɔːθ/ (*tb* **clothes-moth**) *n* polilla

mother /ˈmʌðə(r)/ ◆ *n* madre ◆ *vt* **1** criar **2** mimar **motherhood** *n* maternidad **mother-in-law** *n* (*pl* **-ers-in-law**) suegra **motherly** *adj* maternal **mother-to-be** *n* (*pl* **-ers-to-be**) futura mamá **mother tongue** *n* lengua materna

motif /məʊˈtiːf/ *n* **1** motivo, adorno **2** tema

motion /ˈməʊʃn/ ◆ *n* **1** movimiento: *motion picture* película de cine **2** (*en reunión*) moción LOC **to go through the motions (of doing sth)** (*coloq*) fingir (hacer algo) **to put/set sth in motion** poner algo en marcha *Ver tb* SLOW ◆ **1** *vi* ~ **to/for sb to do sth** hacer señas a algn para que haga algo **2** *vt* indicar con señas: *to motion sb in* indicar a algn que entre **motionless** *adj* inmóvil

motivate /ˈməʊtɪveɪt/ *vt* motivar

motive /ˈməʊtɪv/ *n* ~ (**for sth**) motivo, móvil (de algo): *He had an ulterior motive.* Andaba detrás de algo. ☛ La traducción más normal de "motivo" es **reason**.

motor /ˈməʊtə(r)/ *n* **1** motor ☛ *Ver nota en* ENGINE **2** (*GB, antic, joc*) auto **motoring** *n* automovilismo **motorist** *n* conductor, -ora de coche **motorize, -ise** *vt* motorizar

motor bike *n* (*coloq*) moto

motor boat *n* lancha a motor

motor car *n* (*formal, antic*) coche

motorcycle /ˈməʊtəsaɪkl/ *n* motocicleta

motor racing *n* carreras de autos

motorway /ˈməʊtəweɪ/ *n* autopista

mottled /ˈmɒtld/ *adj* moteado

motto /ˈmɒtəʊ/ *n* (*pl* **-oes**) lema

mould[1] (*USA* **mold**) /məʊld/ ◆ *n* molde ◆ *vt* moldear

mould[2] (*USA* **mold**) /məʊld/ *n* moho **mouldy** (*USA* **moldy**) *adj* mohoso

mound /maʊnd/ *n* **1** montículo **2** montón

mount /maʊnt/ ◆ *n* **1** monte **2** soporte, montura **3** (*animal*) montura, caballería **4** (*de cuadro*) marco ◆ **1** *vt* (*caballo, etc*) subirse a **2** *vt* (*cuadro*) enmarcar **3** *vt* organizar **4** *vt* instalar **5** *vi* ~ (**up**) (**to sth**) crecer (hasta alcanzar algo) **mounting** *adj* creciente

mountain /ˈmaʊntən; *USA* -ntn/ *n* **1** montaña: *mountain range* cordillera **2 the mountains** [*pl*] (*por contraste con la costa*) la montaña **mountaineer** /ˌmaʊntɪˈnɪə(r)/ *n* andinista **mountaineering** /ˌmaʊntɪˈnɪərɪŋ/ *n* andinismo **mountainous** /ˈmaʊntənəs/ *adj* montañoso

mountainside /ˈmaʊntənsaɪd/ *n* ladera de montaña

mourn /mɔːn/ **1** *vi* lamentarse **2** *vi* estar de luto **3** *vt*: *to mourn sth/sb* lamentar algo/llorar la muerte de algn

mourner *n* doliente **mournful** *adj* triste, lúgubre **mourning** *n* luto, duelo: *in mourning* de luto

mouse /maʊs/ *n* (*pl* **mice** /maɪs/) ratón ☛ *Ver dibujo en* COMPUTADORA

mousse /muːs/ *n* **1** mousse **2** espuma (*para el pelo*)

moustache /məˈstɑːʃ/ (*USA* **mustache** /ˈmʌstæʃ/) *n* bigote(s)

mouth /maʊθ/ *n* (*pl* ~**s** /maʊðz/) **1** boca **2** (*de río*) desembocadura LOC *Ver* LOOK[1] **mouthful** *n* **1** bocado **2** (*líquido*) trago

mouthpiece /ˈmaʊθpiːs/ *n* **1** (*Mús*) boquilla **2** (*de teléfono*) micrófono **3** (*fig*) portavoz

movable /ˈmuːvəbl/ *adj* movible

move /muːv/ ◆ *n* **1** movimiento **2** (*de casa*) mudanza **3** (*de trabajo*) cambio **4** (*ajedrez, etc*) jugada, turno **5** paso LOC **to get a move on** (*coloq*) apurarse **to make a move 1** actuar **2** ponerse en marcha *Ver tb* FALSE ◆ **1** *vi* mover(se): *Don't move!* ¡No te muevas! ◊ *It's your turn to move.* Te toca mover. **2** *vt, vi* trasladar(se), cambiar(se) (de lugar): *He has been moved to London.* Lo trasladaron a Londres. ◊ *I'm going to move the car before they give me a ticket.* Voy a mover el auto antes de que me pongan una multa. ◊ *They sold the house and moved to Scotland.* Vendieron la casa y se mudaron a Escocia. **3** *vi* ~ **(in)/(out)** mudarse: *They had to move out.* Tuvieron que dejar la casa. **4** *vt* ~ **sb** conmover a algn **5** *vt* ~ **sb (to do sth)** inducir a algn (a hacer algo) LOC **to move house** cambiar de casa, mudarse (de casa) *Ver tb* KILL

PHR V **to move about/around** moverse (de acá para allá)

to move (sth) away alejarse, alejar algo

to move forward avanzar

to move in instalarse

to move on seguir (viajando)

to move out mudarse

movement /ˈmuːvmənt/ *n* **1** movimiento **2** [*incontable*] ~ **(towards/away from sth)** tendencia (hacia/a distanciarse de algo) **3** (*Mec*) mecanismo

movie /ˈmuːvi/ (*esp USA*) *n* película (*de cine*): *to go to the movies* ir al cine

moving /muːvɪŋ/ *adj* **1** móvil **2** conmovedor

mow /məʊ/ *vt* (*pret* **mowed** *pp* **mown** /məʊn/ *o* **mowed**) segar, cortar PHR V **to mow sb down** aniquilar a algn **mower** *n* cortadora de césped, máquina de cortar el pasto

MP /ˌem ˈpiː/ *abrev* (*GB*) **Member of Parliament** diputado, -a ☛ *Ver pág 316.*

Mr /ˈmɪstə(r)/ *abrev* señor (=Sr.)

Mrs /ˈmɪsɪz/ *abrev* señora (=Sra.)

Ms /mɪz, məz/ *abrev* señorita, señora ☛ *Ver nota en* SEÑORITA

much /mʌtʃ/ ◆ *adj* mucho: *so much traffic* tanto tráfico ◆ *pron* mucho: *How much is it?* ¿Cuánto es? ◊ *as much as you can* todo lo que puedas ◊ *for much of the day* la mayor parte del día ☛ *Ver nota en* MANY *Ver tb* MUCHO ◆ *adv* mucho: *Much to her surprise...* Para gran sorpresa suya... ◊ *much-needed* muy necesario ◊ *much too cold* demasiado frío

LOC **much as** por más que **much the same** prácticamente igual **not much of a...**: *He's not much of an actor.* No es gran cosa como actor. **not so much... as...**: *It wasn't so much what he said as the way he put it.* No fue tanto lo que dijo sino cómo lo dijo. **too much** demasiado: *He eats too much.* Come demasiado. *Ver tb* AS, SO

muck /mʌk/ ◆ *n* **1** abono, estiércol **2** (*coloq, esp GB*) porquería ◆ *v* (*coloq, esp GB*) PHR V **to muck about/around** hacerse el tonto **to muck sth up** echar algo a perder **mucky** *adj* (**-ier**, **-iest**) sucio

mucus /ˈmjuːkəs/ *n* [*incontable*] mucosidad

mud /mʌd/ *n* barro: *mudguard* guardabarros LOC *Ver* CLEAR **muddy** *adj* (**-ier**, **-iest**) **1** embarrado: *muddy footprints* pisadas de barro **2** (*fig*) turbio, poco claro

muddle /ˈmʌdl/ ◆ *vt* **1** ~ **sth (up)** revolver algo **2** ~ **sth/sb (up)** armar un lío con algo/a algn **3** ~ **A (up) with B**; ~ **A and B (up)** confundir A con B ◆ *n* **1** desorden **2** ~ **(about/over sth)** confusión, lío (con algo): *to get (yourself) into a muddle* armarse un lío **muddled** *adj* enrevesado

muffled /ˈmʌfld/ *adj* **1** (*grito*) ahogado **2** (*voz*) apagado **3** ~ **(up) (in sth)** (*ropa*) arropado (en algo)

mug

cup and saucer

mug

mug /mʌg/ ◆ *n* **1** taza (alta), jarro **2** (*coloq, pey, joc*) jeta **3** (*coloq*) bobo, -a LOC **a mug's game** (*pey, GB*) una pérdida de tiempo ◆ *vt* (**-gg-**) asaltar **mugger** *n* asaltante **mugging** *n* atraco, asalto

muggy /ˈmʌgi/ *adj* (**-ier**, **-iest**) pesado (*tiempo*)

mulberry /ˈmʌlbəri; *USA* ˈmʌlberi/ *n* **1** (*tb* **mulberry tree**, **mulberry bush**) morera **2** mora **3** morado

mule /mjuːl/ *n* **1** mulo, -a **2** chinela

mull /mʌl/ PHR V **to mull sth over** meditar algo

multicoloured (*USA* **multicolored**) /ˌmʌltiˈkʌləd/ *adj* multicolor

multinational /ˌmʌltiˈnæʃnəl/ *adj, n* multinacional

multiple /ˈmʌltɪpl/ ◆ *adj* múltiple ◆ *n* múltiplo

multiple sclerosis /ˌmʌltɪpl skləˈrəʊsɪs/ *n* esclerosis múltiple

multiplication /ˌmʌltɪplɪˈkeɪʃn/ *n* multiplicación: *multiplication table/sign* tabla/signo de multiplicar

multiplicity /ˌmʌltɪˈplɪsəti/ *n* ~ **of sth** multiplicidad de algo

multiply /ˈmʌltɪplaɪ/ *vt, vi* (*pret, pp* **-lied**) multiplicar(se)

multi-purpose /ˌmʌlti ˈpɜːpəs/ *adj* multiuso

multi-storey /ˌmʌlti ˈstɔːri/ *adj* de varios pisos: *multi-storey car park* estacionamiento de varios pisos

multitude /ˈmʌltɪtjuːd; *USA* -tuːd/ *n* (*formal*) multitud

mum /mʌm/ (*USA* **mom** /mɒm/) *n* (*coloq*) mamá

mumble /ˈmʌmbl/ *vt, vi* hablar entre dientes, mascullar: *Don't mumble.* Hablá alto y claro.

mummy /ˈmʌmi/ *n* (*pl* **-ies**) **1** (*USA* **mommy** /ˈmɒmi/) mamá **2** momia

mumps /mʌmps/ *n* [*sing*] paperas

munch /mʌntʃ/ *vt, vi* ~ (**on**) **sth** masticar, mascar algo

mundane /mʌnˈdeɪn/ *adj* corriente, mundano

municipal /mjuːˈnɪsɪpl/ *adj* municipal

munitions /mjuːˈnɪʃnz/ *n* municiones

mural /ˈmjʊərəl/ *n* mural

murder /ˈmɜːdə(r)/ ◆ *n* **1** asesinato, homicidio ☛ *Comparar con* MANSLAUGHTER, HOMICIDE **2** (*coloq, fig*) una pesadilla LOC **to get away with murder** (*frec joc, coloq*) hacer lo que le dé la gana a uno ◆ *vt* asesinar, matar ☛ *Ver nota en* ASESINAR **murderer** *n* asesino, -a **murderous** *adj* homicida: *a murderous look* una mirada que mata

murky /mɜːki/ *adj* (**-ier**, **-iest**) **1** lúgubre, sombrío **2** (*lit y fig*) turbio

murmur /mɜːmə(r)/ ◆ *n* murmullo LOC **without a murmur** sin chistar ◆ *vt, vi* susurrar

muscle /ˈmʌsl/ ◆ *n* **1** músculo: *Don't move a muscle!* ¡No muevas ni un pelo! **2** (*fig*) poder ◆ PHR V **to muscle in (on sth)** (*coloq*) participar sin derecho (en algo) **muscular** *adj* **1** muscular **2** musculoso

muse /mjuːz/ ◆ *n* musa ◆ **1** *vi* ~ (**about/over/on/upon sth**) meditar (algo); reflexionar (sobre algo) **2** *vt*: *'How interesting,' he mused.* "Qué interesante," - dijo pensativo.

museum /mjuˈziəm/ *n* museo

> **Museum** se usa para referirse a los museos en los que se exponen esculturas, piezas históricas, científicas, etc. **Gallery** o **art gallery** se usan para referirse a museos en los que se exponen cuadros y esculturas.

mushroom /ˈmʌʃrʊm, -ruːm/ ◆ *n* hongo, champiñón ◆ *vi* (*a veces pey*) multiplicarse

mushy /mʌʃi/ *adj* **1** blando **2** (*coloq, pey*) sentimentaloide

music /ˈmjuːzɪk/ *n* **1** música: *a piece of music* una pieza musical ◊ *music-hall* teatro de revista **2** (*texto*) partitura **musical** *adj* musical, de música: *to be musical* tener talento para la música **musical** (*tb* **musical comedy**) *n* comedia musical **musician** *n* músico **musicianship** *n* maestría musical

musk /mʌsk/ *n* (perfume de) almizcle

Muslim /ˈmʊzlɪm; *USA* ˈmʌzləm/ (*tb*

Moslem /ˈmɒzləm/) *adj*, *n* musulmán, -ana *Ver tb* ISLAM

muslin /ˈmʌzlɪn/ *n* muselina

mussel /ˈmʌsl/ *n* mejillón

must /məst, mʌst/ ◆ *v modal* (*neg* **must not** *o* **mustn't** /ˈmʌsnt/)

> **Must** es un verbo modal al que sigue un infinitivo sin TO, y las oraciones interrogativas y negativas se construyen sin el auxiliar *do*: *Must you go?* ¿Tenés que irte? ◊ *We mustn't tell her.* No podemos decírselo. **Must** sólo tiene la forma del presente: *I must leave early.* Tengo que salir temprano. Cuando necesitamos otras formas usamos **to have to**: *He'll have to come tomorrow.* Va a tener que venir mañana. ◊ *We had to eat quickly.* Tuvimos que comer rápido.

• **obligación y prohibición** deber, tener que: *'Must you go so soon?' 'Yes, I must.'* —¿Tenés que irte tan pronto? —Sí.

> **Must** se emplea para dar órdenes o para hacer que alguien o uno mismo siga un determinado comportamiento: *The children must be back by four.* Los chicos tienen que volver a las cuatro. ◊ *I must stop smoking.* Tengo que dejar de fumar. Cuando las órdenes son impuestas por un agente externo, p.ej. por una ley, una regla, etc, usamos **to have to**: *The doctor says I have to stop smoking.* El médico dice que tengo que dejar de fumar. ◊ *You have to send it before Tuesday.* Tiene que mandarlo antes del martes. En negativa, **must not** o **mustn't** expresan una prohibición: *You mustn't open other people's post.* No podés abrir la correspondencia de otras personas. Sin embargo, **haven't got to** o **don't have to** expresan que algo no es necesario, es decir, que hay una ausencia de obligación: *You don't have to go if you don't want to.* No tenés que ir si no querés.

• **sugerencia** tener que: *You must come to lunch one day.* Tenés que venir a almorzar un día de estos. ☛ En la mayoría de los casos, para hacer sugerencias y dar consejos se usa **ought to** o **should**.

• **probabilidad** deber de: *You must be hungry.* Debés de tener hambre. ◊ *You must be Mr Smith.* Vd. debe de ser el señor Smith.

LOC **if I, you, etc must** si no hay más remedio

◆ *n* (*coloq*): *It's a must.* Es imprescindible. ◊ *His new book is a must.* No te podés perder su último libro.

mustache (*USA*) *Ver* MOUSTACHE

mustard /ˈmʌstəd/ *n* **1** (*planta, semilla y salsa*) mostaza **2** color mostaza

muster /ˈmʌstə(r)/ **1** *vt, vi* reunir(se) **2** *vt* reunir, juntar: *to muster* (*up*) *enthusiasm* cobrar entusiasmo ◊ *to muster a smile* lograr sonreír

musty /ˈmʌsti/ *adj* (**-ier**, **-iest**) **1** rancio: *to smell musty* oler a rancio **2** (*pey, fig*) pasado, rancio, viejo

mutant /ˈmjuːtənt/ *adj*, *n* mutante

mutate /mjuːˈteɪt; *USA* ˈmjuːteɪt/ **1** *vi* ~ (**into sth**) transformarse (en algo) **2** *vi* ~ (**into sth**) (*Biol*) mutar (a algo) **3** *vt* mutar **mutation** *n* mutación

mute /mjuːt/ ◆ *adj* mudo ◆ *n* **1** (*Mús*) sordina **2** (*antic*) (*persona*) mudo, -a ◆ *vt* **1** amortiguar **2** (*Mús*) poner sordina a **muted** *adj* **1** (*sonidos, colores*) sobrio **2** (*crítica, etc*) velado **3** (*Mús*) sordo

mutilate /ˈmjuːtɪleɪt/ *vt* mutilar

mutiny /ˈmjuːtəni/ *n* (*pl* **-ies**) motín **mutinous** *adj* (*fig*) rebelde

mutter /ˈmʌtə(r)/ **1** *vt, vi* ~ (**sth**) (**to sb**) (**about sth**) hablar entre dientes, murmurar (algo) (a algn) (sobre algo) **2** *vi* ~ (**about/against/at sth/sb**) refunfuñar (de algo/algn)

mutton /ˈmʌtn/ *n* (carne de) oveja ☛ *Ver nota en* CARNE

mutual /ˈmjuːtʃuəl/ *adj* **1** mutuo **2** común: *a mutual friend* un amigo en común **mutually** *adv* mutuamente: *mutually beneficial* beneficioso para ambas partes

muzzle /ˈmʌzl/ ◆ *n* **1** hocico **2** bozal **3** (*de arma de fuego*) boca ◆ *vt* **1** poner bozal **2** (*fig*) amordazar

my /maɪ/ *adj pos* mi, mío: *It was my fault.* Fue culpa mía/mi culpa. ◊ *My God!* ¡Dios mío! ◊ *My feet are cold.* Tengo los pies fríos.

> En inglés se usa el posesivo delante de partes del cuerpo y prendas de vestir. *Comparar con* MINE 1

myopia /maɪˈəʊpiə/ *n* miopía **myopic** /maɪˈɒpɪk/ *adj* miope

myriad /ˈmɪriəd/ ◆ *n* miríada, inmensi

dad ◆ *adj*: *their myriad activities* sus muchas actividades

myself /maɪˈself/ *pron* **1** [*uso reflexivo*] me: *I cut myself.* Me corté. ◊ *I said to myself...* Me dije... **2** [*uso enfático*] yo mismo, -a: *I myself will do it.* Lo voy a hacer yo misma. LOC **(all) by myself** solo

mysterious /mɪˈstɪəriəs/ *adj* misterioso

mystery /ˈmɪstri/ *n* (*pl* **-ies**) **1** misterio: *It's a mystery to me.* Para mí es un misterio. **2** *mystery tour* viaje sorpresa ◊ *the mystery assailant* el agresor misterioso **3** obra de teatro, novela, etc de misterio

mystic /ˈmɪstɪk/ ◆ *n* místico, -a ◆ *adj* (*tb* **mystical**) místico **mysticism** *n* misticismo, mística

mystification /ˌmɪstɪfɪˈkeɪʃn/ *n* **1** misterio, perplejidad **2** (*pey*) confusión (*deliberada*)

mystify /ˈmɪstɪfaɪ/ *vt* (*pret, pp* **-fied**) dejar perplejo **mystifying** *adj* desconcertante

mystique /mɪˈstiːk/ *n* (*aprob*) [*sing*] misterio

myth /mɪθ/ *n* mito **mythical** *adj* mítico

mythology /mɪˈθɒlədʒi/ *n* mitología **mythological** /ˌmɪθəˈlɒdʒɪkl/ *adj* mitológico

Nn

N, n /en/ *n* (*pl* **N's, n's** /enz/) N, n: *N for Nellie* N de Nora ☛ *Ver ejemplos en* A, A

nag /næg/ *vt, vi* (**-gg-**) **to nag (at) sb 1** estarle encima a algn **2** (*dolor, sospecha*) angustiar, corroer a algn **nagging** *adj* **1** (*dolor, sospecha*) persistente **2** (*persona*) criticón, pesado

nail /neɪl/ ◆ *n* **1** uña: *nail file* lima de uñas ◊ *nail varnish/polish* esmalte de uñas *Ver tb* FINGERNAIL, TOENAIL **2** clavo LOC *Ver* FIGHT, HIT ◆ PHR V **to nail sb down (to sth)** conseguir que algn se comprometa (a algo), conseguir que algn dé una respuesta concreta (sobre algo) **to nail sth to sth** clavar algo a/en algo

naive (*tb* **naïve**) /naɪˈiːv/ *adj* ingenuo

naked /ˈneɪkɪd/ *adj* **1** desnudo: *stark naked* en cueros

> "Desnudo" se traduce de tres formas en inglés: **bare**, **naked** y **nude**. **Bare** se usa para referirse a partes del cuerpo: *bare arms*, **naked** generalmente se refiere a todo el cuerpo: *a naked body* y **nude** se usa para hablar de desnudos artísticos y eróticos: *a nude figure.*

2 (*llama*) descubierto LOC **with the naked eye** a simple vista

name /neɪm/ ◆ *n* **1** nombre: *What's your name?* ¿Cómo te llamás? ◊ *first/Christian name* nombre (de pila) **2** apellido ☛ *Comparar con* SURNAME **3** fama **4** personaje LOC **by name** de nombre **by/of the name of** (*formal*) llamado **in the name of sth/sb** en nombre de algo/algn ◆ *vt* **1** ~ **sth/sb sth** llamar algo/a algn algo **2** ~ **sth/sb (after sb)**; (*USA*) ~ **sth/sb (for sb)** poner nombre a algn; poner a algo/algn el nombre de algn **3** (*identificar*) nombrar **4** (*fecha, precio*) fijar

nameless /ˈneɪmləs/ *adj* anónimo, sin nombre

namely /ˈneɪmli/ *adv* a saber

namesake /ˈneɪmseɪk/ *n* tocayo, -a

nanny /ˈnæni/ *n* (*pl* **-ies**) (*GB*) niñera

nap /næp/ *n* siesta: *to have/take a nap* dormir una siesta

nape /neɪp/ (*tb* **nape of the neck**) *n* nuca

napkin /ˈnæpkɪn/ (*tb* **table napkin**) *n* servilleta

nappy /ˈnæpi/ *n* (*pl* **-ies**) pañal

narcotic /nɑːˈkɒtɪk/ *adj, n* narcótico

narrate /nəˈreɪt; *USA* ˈnæreɪt/ *vt* narrar, contar **narrator** *n* narrador, -ora

narrative /ˈnærətɪv/ ◆ *n* **1** relato **2** narrativa ◆ *adj* narrativo

narrow /ˈnærəʊ/ ◆ *adj* (**-er**, **-est**) **1** angosto **2** limitado **3** (*ventaja, mayoría*) escaso LOC **to have a narrow escape** escaparse por un pelo ◆ *vt, vi* hacer(se) más angosto, estrechar(se), disminuir PHR V **to narrow (sth) down to sth** reducir algo/reducirse a algo **narrowly** *adv*: *He narrowly escaped drowning.* Por poco se ahogó.

narrow-minded /ˌnærəʊ ˈmaɪndɪd/ *adj* cerrado

nasal /ˈneɪzl/ *adj* **1** nasal **2** (*voz*) gangoso

nasty /ˈnɑːsti; *USA* ˈnæs-/ *adj* (**-ier**, **-iest**) **1** desagradable **2** (*olor*) repugnante **3** (*persona*) antipático: *to be nasty to sb* tratar muy mal a algn **4** (*situación, crimen*) feo **5** grave, peligroso: *That's a nasty cut.* ¡Qué corte feo!

nation /ˈneɪʃn/ *n* nación

national /ˈnæʃnəl/ ◆ *adj* nacional: *national service* servicio militar ◆ *n* ciudadano, -a, súbdito, -a

National Health Service *n* (*abrev* **NHS**) servicio de asistencia sanitaria de la Seguridad Social

National Insurance *n* (*GB*) Seguridad Social: *National Insurance contributions* contribuciones a la Seguridad Social

nationalism /ˈnæʃnəlɪzəm/ *n* nacionalismo **nationalist** *adj, n* nacionalista

nationality /ˌnæʃəˈnæləti/ *n* (*pl* **-ies**) nacionalidad

nationalize, -ise /ˈnæʃnəlaɪz/ *vt* nacionalizar

nationally /ˈnæʃnəli/ *adv* nacionalmente, a escala nacional

nationwide /ˌneɪʃnˈwaɪd/ *adj, adv* en todo el territorio nacional a escala nacional

native /ˈneɪtɪv/ ◆ *n* **1** nativo, -a, natural **2** (*frec pey*) indígena **3** (*se traduce por adj*) originario: *The koala is a native of Australia.* El koala es originario de Australia. ◆ *adj* **1** natal: *native land* patria ◊ *native language/tongue* lengua materna **2** indígena, nativo **3** innato **4** ~ **to...** originario de...

natural /ˈnætʃrəl/ *adj* **1** natural **2** nato, innato

naturalist /ˈnætʃrəlɪst/ *n* naturalista

naturally /ˈnætʃrəli/ *adv* **1** naturalmente, con naturalidad **2** por supuesto

nature /ˈneɪtʃə(r)/ *n* **1** (*tb* **Nature**) naturaleza **2** carácter: *good nature* buen carácter: *It's not in my nature to...* No soy capaz de... **3** [*incontable*] tipo, índole LOC **in the nature of sth** como algo

naughty /ˈnɔːti/ *adj* (**-ier**, **-iest**) **1** (*coloq*) travieso: *to be naughty* portarse mal **2** atrevido

nausea /ˈnɔːziə; *USA* ˈnɔːʒə/ *n* náusea

nauseating /ˈnɔːzieɪtɪŋ/ *adj* asqueroso, nauseabundo

nautical /ˈnɔːtɪkl/ *adj* náutico

naval /ˈneɪvl/ *adj* naval, marítimo

nave /neɪv/ *n* nave

navel /ˈneɪvl/ *n* ombligo

navigate /ˈnævɪgeɪt/ **1** *vi* navegar **2** *vi* (*en coche*) hacer de copiloto **3** *vt* (*barco*) navegar **4** *vt* (*río, mar*) navegar por **navigation** *n* **1** navegación **2** náutica **navigator** *n* navegante

navy /ˈneɪvi/ *n* **1** (*pl* **-ies**) flota **2 the navy, the Navy** [*sing*] la marina **3** (*tb* **navy-blue**) azul marino

Nazi /ˈnɑːtsi/ *n* nazi

near /nɪə(r)/ ◆ *adj* (**-er**, **-est**) **1** (*lit*) cercano: *Which town is nearer?* ¿Qué ciudad está más cerca? ◊ *to get nearer* acercarse

> Nótese que antes de sustantivos se usa el adjetivo **nearby** en vez de **near**: *a nearby village* un pueblo cercano ◊ *The village is very near.* El pueblo está muy cerca. Sin embargo, cuando queremos usar otras formas del adjetivo, como el superlativo, tenemos que usar **near**: *the nearest shop* el negocio más cercano.

2 (*fig*) próximo: *in the near future* en un futuro próximo ◆ *prep* cerca de: *I live near the station.* Vivo cerca de la estación. ◊ *Is there a bank near here?* ¿Hay algún banco cerca de acá? ◊ *near the beginning* hacia el principio ◆ *adv* (**-er**, **-est**) cerca: *I live quite near.* Vivo bastante cerca. ◊ *We are getting near to Christmas.* Ya falta poco para Navidad.

> Nótese que *I live nearby* es más corriente que *I live near*, pero **nearby** no suele ir modificado por **quite, very**, etc: *I live quite near.*

LOC **not to be anywhere near**; **to be nowhere near** estar lejos de ser, no parecerse en nada *Ver tb* HAND ◆ *vt, vi* acercarse (a)

nearby /ˌnɪəˈbaɪ/ ◆ *adj* cercano ◆ *adv* cerca: *She lives nearby.* Vive cerca (de acá/allá). ☛ *Ver nota en* NEAR

nearly /ˈnɪəli/ *adv* casi: *He nearly won.* No ganó por poco.

A menudo **almost** y **nearly** son intercambiables. Sin embargo, sólo **almost** se puede usar para calificar otro adverbio en **-ly**: *almost completely* casi completamente, y sólo **nearly** puede ser calificado por otros adverbios: *I very nearly left.* Me faltó muy poco para irme.

LOC **not nearly** para nada

neat /niːt/ *adj* (**-er**, **-est**) **1** ordenado, bien cuidado **2** (*persona*) prolijo **3** (*letra*) claro **4** (*coloq, esp USA*) estupendo **5** (*bebida*) solo **neatly** *adv* **1** ordenadamente, pulcramente **2** hábilmente

necessarily /ˌnesəˈserəli, ˈnesəsərəli/ *adv* forzosamente, necesariamente

necessary /ˈnesəsəri; *USA* -seri/ *adj* **1** necesario: *Is it necessary for us to meet/necessary that we meet?* ¿Es necesario que nos reunamos? ◊ *if necessary* si resulta necesario **2** inevitable

necessitate /nəˈsesɪteɪt/ *vt* (*formal*) requerir

necessity /nəˈsesəti/ *n* (*pl* **-ies**) **1** necesidad **2** cosa necesaria

neck /nek/ *n* cuello: *to break your neck* desnucarse *Ver tb* PAIN LOC **neck and neck (with sth/sb)** a la par (con algo/algn) **(to be) up to your neck in sth** (estar) metido hasta el cuello en algo *Ver tb* BREATHE, MILLSTONE, RISK, SCRUFF, WRING

necklace /ˈnekləs/ *n* collar

neckline /ˈneklaɪn/ *n* escote

need /niːd/ ◆ *v modal* (*neg* **need not** *o* **needn't** /ˈniːdnt/) (*obligación*) tener que: *You needn't have come.* No hacía falta que vinieras. ◊ *Need I explain it again?* ¿Es necesario que lo explique otra vez?

Cuando **need** es un verbo modal le sigue un infinitivo sin TO, y las oraciones interrogativas y negativas se construyen sin el auxiliar *do.*

◆ *vt* **1** necesitar: *Do you need any help?* ¿Necesitás ayuda? ◊ *It needs painting.* Hace falta pintarlo. **2** ~ **to do sth** (*obligación*) tener que hacer algo: *Do we really need to leave so early?* ¿Es realmente necesario que salgamos tan temprano? ☛ En este sentido se puede usar el verbo modal, pero es más formal: *Need we really leave so early?* ◆ *n* ~ (**for sth**) necesidad (de algo) LOC **if need be** si fuera necesario **to be in need of sth** necesitar algo

needle /ˈniːdl/ *n* aguja LOC *Ver* PIN

needless /ˈniːdləs/ *adj* innecesario LOC **needless to say** demás está decir

needlework /ˈniːdlwɜːk/ *n* [*incontable*] costura, bordado

needy /ˈniːdi/ *adj* necesitado

negative /ˈnegətɪv/ ◆ *adj* negativo ◆ *n* negativo (*de foto*)

neglect /nɪˈglekt/ ◆ *vt* **1** ~ **sth/sb** descuidar algo/a algn **2** ~ **to do sth** olvidar hacer algo ◆ *n* abandono

negligent /ˈneglɪdʒənt/ *adj* negligente **negligence** *n* negligencia

negligible /ˈneglɪdʒəbl/ *adj* insignificante

negotiate /nɪˈgəʊʃieɪt/ **1** *vt, vi* ~ (**sth**) (**with sb**) negociar (algo) (con algn) **2** *vt* (*obstáculo*) salvar **negotiation** *n* [*a menudo pl*] negociación

neigh /neɪ/ ◆ *vi* relinchar ◆ *n* relincho

neighbour (*USA* **neighbor**) /ˈneɪbə(r)/ *n* **1** vecino, -a **2** prójimo, -a **neighbourhood** (*USA* **-borhood**) *n* **1** (*distrito*) barrio **2** (*personas*) vecindario **neighbouring** (*USA* **-boring**) *adj* vecino, contiguo

neither /ˈnaɪðə(r), ˈniːðə(r)/ ◆ *adj, pron* ninguno ☛ *Ver nota en* NINGUNO ◆ *adv* **1** tampoco

Cuando **neither** significa "tampoco" se puede sustituir por **nor**. Con ambos se usa la estructura: **neither/nor + v aux/v modal + sujeto**: *'I didn't go.' 'Neither/nor did I.'* — Yo no fui. — Yo tampoco. ◊ *I can't swim and neither/nor can my brother.* Yo no sé nadar y mi hermano tampoco.

Either puede significar "tampoco", pero requiere un verbo en negativa y su posición en la frase es distinta: *I don't like it, and I can't afford it either.* No me gusta, y tampoco puedo comprarlo. ◊ *My sister didn't go either.* Mi hermana tampoco fue. ◊ *'I haven't*

seen that film.' 'I haven't either.' —No vi esa película. —Yo tampoco.

2 neither ... nor ni ... ni

neon /ˈniːɒn/ *n* neón

nephew /ˈnevjuː, ˈnefjuː/ *n* sobrino: *I've got two nephews and one niece.* Tengo dos sobrinos y una sobrina.

Neptune /ˈneptjuːn; *USA* -tuːn/ *n* Neptuno

nerve /nɜːv/ *n* **1** nervio: *nerve-racking* desesperante **2** valor **3** (*pey, coloq*) cara: *You've got a nerve!* ¡Qué cara dura tenés! LOC **to get on your/sb's nerves** (*coloq*) ponerle a uno/algn los nervios de punta *Ver tb* LOSE

nervous /ˈnɜːvəs/ *adj* **1** (*Anat*) nervioso: *nervous breakdown* depresión nerviosa **2** ~ (**about/of sth/doing sth**) nervioso (ante algo/la idea de hacer algo) **nervousness** *n* nerviosismo

nest /nest/ *n* (*lit y fig*) nido

nestle /ˈnesl/ **1** *vi* acurrucarse **2** *vi* (*pueblo*) estar situado al abrigo de **3** *vt, vi* ~ (**sth**) **against/on, etc sth/sb** recostar algo/recostarse (sobre algo/algn)

net /net/ ◆ *n* **1** (*lit y fig*) red **2** [*incontable*] malla, tul: *net curtains* cortinas de voile ◆ *adj* (*tb* **nett**) **1** (*peso, sueldo*) neto **2** (*resultado*) final **netting** *n* red: *wire netting* tela metálica

netball /ˈnetbɔːl/ *n* juego parecido al básquet muy popular en los colegios de chicas en GB

nettle /ˈnetl/ *n* ortiga

network /ˈnetwɜːk/ ◆ *n* **1** red **2** (*TV*) red de cadenas (de radio y televisión) ◆ *vt* transmitir

neurotic /njʊəˈrɒtɪk; *USA* nʊ-/ *adj, n* neurótico, -a

neutral /ˈnjuːtrəl; *USA* ˈnuː-/ *adj* **1** neutral **2** (*color*) neutro

never /ˈnevə(r)/ *adv* **1** nunca **2** *That will never do.* Eso es totalmente inaceptable. LOC **well, I never (did)!** ¡no me digas! ☛ *Ver nota en* ALWAYS, NUNCA

nevertheless /ˌnevəðəˈles/ *adv* (*formal*) sin embargo

new /njuː; *USA* nuː/ *adj* (**newer, newest**) **1** nuevo: *What's new?* ¿Qué hay de nuevo? **2 new** (**to sth**) nuevo (en algo) **3** nuevo: *a new job* un trabajo nuevo LOC **a new lease of life**; (*USA*) **a new lease on life** una nueva vida (**as**) **good as new** como nuevo *Ver tb* TURN **newly** *adv* recién **newness** *n* novedad

newcomer /ˈnjuːkʌmə(r)/ *n* recién llegado, -a

news /njuːz; *USA* nuːz/ *n* [*incontable*] **1** noticia(s): *The news is not good.* Las noticias no son buenas. ◊ *a piece of news* una noticia ◊ *Have you got any news?* ¿Tenés noticias? ◊ *It's news to me.* Recién me entero. **2 the news** las noticias, el noticiero LOC *Ver* BREAK[1]

newsagent /ˈnjuːʒeɪdzənt/ (*USA* **newsdealer**) *n* vendedor, -ora de diarios y revistas: *newsagent's* quiosco (de diarios y revistas)

newspaper /ˈnjuːsˌpeɪpə(r); *USA* ˈnuːz-/ *n* diario

news-stand /ˈnjuːz stænd; *USA* ˈzuːz/ *n* kiosco, puesto de diarios

new year *n* año nuevo: *New Year's Day/Eve* Día de Año Nuevo/Fin de Año

next /nekst/ ◆ *adj* **1** próximo, siguiente: (*the*) *next time you see her* la próxima vez que la veas ◊ (*the*) *next day* al día siguiente ◊ *next month* el mes que viene ◊ *It's not ideal, but it's the next best thing.* No es ideal, pero es lo mejor que hay. **2** (*contiguo*) de al lado LOC **the next few days, months, etc** los próximos/siguientes días, meses, etc *Ver tb* DAY ◆ **next to** *prep* **1** (*situación*) al lado de, junto a **2** (*orden*) después de **3** casi: *next to nothing* casi nada ◊ *next to last* el penúltimo ◆ *adv* **1** después, ahora: *What shall we do next?* ¿Qué hacemos ahora? ◊ *What did they do next?* ¿Qué hicieron después? **2** *when we next meet* la próxima vez que nos veamos **3** (*comparación*): *the next oldest* el siguiente en antigüedad ◆ **the next** *n* [*sing*] el/la siguiente, el próximo, la próxima: *Who's next?* ¿Quién sigue?

next door *adj, adv*: *next-door neighbour* vecino de al lado ◊ *the room next door* la habitación de al lado ◊ *They live next door.* Viven al lado.

next of kin *n* pariente(s) más cercano(s) *Ver tb* KIN

nibble /ˈnɪbl/ *vt, vi* ~ (**at sth**) mordisquear, picar (algo)

nice /naɪs/ *adj* (**nicer, nicest**) **1** ~ (**to sb**) simpático, amable (con algn) ☛ Nótese que **sympathetic** se traduce por "compasivo". **2** lindo: *You look nice.* Estás muy linda. **3** agradable: *to* *have a nice time* pasarla bien ◊ *It smells nice.* Tiene lindo olor. **4** (*tiempo*) bueno LOC **nice and...** (*coloq*) bastante: *nice and warm* calentito **nicely** *adv* **1** bien **2** amablemente

niche /nɪtʃ, niːʃ/ *n* **1** nicho **2** (*fig*) rincón, lugar

nick /nɪk/ ◆ *n* **1** incisión, corte pequeño, rasguño **2 the nick** (*GB, coloq*) la cana LOC **in the nick of time** justo a tiempo ◆ *vt* **1** hacer(se) un corte en **2 ~ sth (from sth/sb)** afanar algo (de algo a algn)

nickel /ˈnɪkl/ *n* **1** níquel **2** (*Can, USA*) moneda de 5 centavos

nickname /ˈnɪkneɪm/ ◆ *n* apodo, sobrenombre ◆ *vt* apodar

nicotine /ˈnɪkətiːn/ *n* nicotina

niece /niːs/ *n* sobrina

night /naɪt/ *n* **1** noche: *the night before last* anteanoche ◊ *night school* escuela nocturna ◊ *night shift* turno de noche **2** (*Teat*) representación: *first/opening night* estreno LOC **at night** de noche, por la noche: *ten o'clock at night* a las diez de la noche **good night** buenas noches, hasta mañana (*como fórmula de despedida*) *Ver tb* DAY, DEAD ☛ *Ver nota en* NOCHE

nightclub /ˈnaɪtklʌb/ *n* boliche, nightclub

nightdress /ˈnaɪtdres/ *n* (*tb coloq* **nightie**, **nighty**) camisón

nightfall /ˈnaɪtfɔːl/ *n* anochecer

nightingale /ˈnaɪtɪŋgeɪl; *USA* -tng-/ *n* ruiseñor

nightlife /ˈnaɪtlaɪf/ *n* vida nocturna

nightly /ˈnaɪtli/ ◆ *adv* todas las noches, cada noche ◆ *adj* **1** nocturno **2** (*regular*) de todas las noches

nightmare /ˈnaɪtmeə(r)/ *n* (*lit y fig*) pesadilla **nightmarish** *adj* de pesadilla, espeluznante

night-time /ˈnaɪt taɪm/ *n* noche

nil /nɪl/ *n* **1** (*Dep*) cero **2** nulo

nimble /ˈnɪmbl/ *adj* (**-er**, **-est**) **1** ágil **2** (*mente*) despierto

nine /naɪn/ *adj, pron, n* nueve ☛ *Ver ejemplos en* FIVE **ninth** **1** *adj* noveno **2** *pron, adv* el noveno, la novena, los novenos, las novenas **3** *n* novena parte, noveno ☛ *Ver ejemplos en* FIFTH

nineteen /ˌnaɪnˈtiːn/ *adj, pron, n* diecinueve ☛ *Ver ejemplos en* FIVE **nineteenth** **1** *adj* decimonoveno **2** *pron, adv* el decimonoveno, la decimonovena, los decimonovenos, las decimonovenas **3** *n* diecinueveava parte, diecinueveavo ☛ *Ver ejemplos en* FIFTH

ninety /ˈnaɪnti/ *adj, pron, n* noventa ☛ *Ver ejemplos en* FIFTY, FIVE **ninetieth** **1** *adj, pron* nonagésimo **2** *n* noventava parte, noventavo ☛ *Ver ejemplos en* FIFTH

nip /nɪp/ (**-pp-**) **1** *vt* pellizcar **2** *vi* (*coloq*) correr: *to nip out* salir un momento

nipple /ˈnɪpl/ *n* pezón

nitrogen /ˈnaɪtrədʒən/ *n* nitrógeno

no /nəʊ/ ◆ *adj neg* [*antes de sustantivo*] **1** ninguno: *No two people think alike.* No hay dos personas que piensen igual. ☛ *Ver nota en* NINGUNO **2** (*prohibición*): *No smoking.* Prohibido fumar. **3** (*para enfatizar una negación*): *She's no fool.* No es ninguna tonta. ◊ *It's no joke.* No es broma. ◆ *adv neg* [*antes de adj comparativo y adv*] no: *His car is no bigger/more expensive than mine.* Su auto no es más grande/caro que el mío. ◆ *interj* ¡no!

nobility /nəʊˈbɪləti/ *n* nobleza

noble /ˈnəʊbl/ *adj, n* (**-er** /ˈnəʊblə(r)/ **-est** /ˈnəʊblɪst/) noble

nobody /ˈnəʊbədi/ ◆ *pron* (*tb* **no one** /ˈnəʊwʌn/) nadie

> En inglés no se pueden usar dos palabras negativas en la misma frase. Como las palabras **nobody**, **nothing** y **nowhere** son negativas, el verbo siempre tiene que ir en afirmativa: *Nobody saw him.* No lo vio nadie. ◊ *She said nothing.* No dijo nada. ◊ *Nothing happened.* No pasó nada. Cuando el verbo va en negativa tenemos que usar **anybody**, **anything** y **anywhere**: *I didn't see anybody.* No vi a nadie. ◊ *She didn't say anything.* No dijo nada.

◆ *n* (*pl* **-ies**) don nadie

nocturnal /nɒkˈtɜːnl/ *adj* nocturno

nod /nɒd/ ◆ (**-dd-**) **1** *vt, vi* asentir con la cabeza: *He nodded (his head) in agreement.* Asintió (con la cabeza). **2** *vi* **to nod (to/at sb)** saludar con la cabeza (a algn) **3** *vt, vi* indicar/hacer una señal con la cabeza **4** *vi* cabecear PHR V **to nod off** (*coloq*) dormirse ◆ *n* inclinación de la cabeza LOC **to give (sb) the nod** dar permiso (a algn) para hacer algo

noise /nɔɪz/ *n* ruido LOC **to make a noise (about sth)** armar un escándalo (por algo) *Ver tb* BIG **noisily** *adv* ruidosamente, escandalosamente **noisy** *adj* (**-ier**, **-iest**) **1** ruidoso **2** bullicioso

nomad /ˈnəʊmæd/ *n* nómade **nomadic** /nəʊˈmædɪk/ *adj* nómade

nominal /ˈnɒmɪnl/ *adj* nominal **nominally** *adv* en apariencia, de nombre

nominate /ˈnɒmɪneɪt/ *vt* **1** ~ **sb (as sth) (for sth)** nombrar a algn (como algo) (para algo) **2** ~ **sth (as sth)** establecer, designar algo (como algo) **nomination** *n* nombramiento

nominee /ˌnɒmɪˈniː/ *n* candidato, -a

none /nʌn/ ◆ *pron* **1** ninguno, -a, -os, -as: *None (of them) is/are alive now.* Ya no queda ninguno vivo. **2** [*con sustantivos o pronombres incontables*] nada: *'Is there any bread left?' 'No, none.'* —¿Queda algo de pan? —No, no queda nada. **3** (*formal*) nadie: *and none more so than...* y nadie más que... LOC **none but** sólo **none other than** ni más ni menos que ◆ *adv* **1** *I'm none the wiser.* Sigo sin entender nada. ◊ *He's none the worse for it.* No le pasó nada. **2** *none too clean* no muy limpio

nonetheless *adv* /ˌnʌnðəˈles/ sin embargo

non-existent /ˌnɒn ɪgˈzɪstənt/ *adj* inexistente

non-fiction /ˌnɒn ˈfɪkʃn/ *n* obras que no pertenecen al género de ficción

nonsense /ˈnɒnsns; *USA* -sens/ *n* [*incontable*] **1** disparates **2** pavadas, tonterías **nonsensical** /nɒnˈsensɪkl/ *adj* absurdo

non-stop /ˌnɒn ˈstɒp/ ◆ *adj* **1** (*vuelo, etc*) directo **2** ininterrumpido ◆ *adv* **1** directamente, sin hacer escala **2** sin parar, ininterrumpidamente (*hablar, trabajar, etc*)

noodle /ˈnuːdl/ *n* fideo

noon /nuːn/ *n* (*formal*) mediodía: *at noon* al mediodía ◊ *twelve noon* las doce en punto

no one *Ver* NOBODY

noose /nuːs/ *n* nudo corredizo, lazo

nor /nɔː(r)/ *conj, adv* **1** ni **2** (ni...) tampoco: *Nor do I.* Yo tampoco. ☛ *Ver nota en* NEITHER

norm /nɔːm/ *n* norma

normal /ˈnɔːml/ ◆ *adj* normal ◆ *n* lo normal: *Things are back to normal.* Las cosas volvieron a la normalidad. **normally** *adv* normalmente ☛ *Ver nota en* ALWAYS

north /nɔːθ/ ◆ *n* (*tb* **the north**, **the North**) (*abrev* **N**) (el) norte: *Leeds is in the North of England.* Leeds está en el norte de Inglaterra. ◊ *northbound* en/con dirección norte ◆ *adj* (del) norte: *north winds* vientos del norte ◆ *adv* al norte: *We are going north on Tuesday.* Nos vamos al norte el martes. *Ver tb* NORTHWARD(S)

north-east /ˌnɔːθ ˈiːst/ ◆ *n* (*abrev* **NE**) noreste ◆ *adj* (del) noreste ◆ *adv* hacia el noreste **north-eastern** *adj* (del) noreste

northern /ˈnɔːðən/ (*tb* **Northern**) *adj* (del) norte: *She has a northern accent.* Tiene acento del norte. ◊ *the northern hemisphere* el hemisferio norte **northerner** *n* norteño, -a

northward(s) /ˈnɔːθwəd(z)/ *adv* hacia el norte *Ver tb* NORTH *adv*

north-west /ˌnɔːθ ˈwest/ ◆ *n* (*abrev* **NW**) noroeste ◆ *adj* (del) noroeste ◆ *adv* hacia el noroeste **north-western** *adj* (del) noroeste

nose /nəʊz/ ◆ *n* **1** nariz **2** (*avión*) trompa **3** (*lit y fig*) olfato LOC *Ver* BLOW ◆ PHR V **to nose about/around** (*coloq*) husmear

nosey (*tb* **nosy**) /ˈnəʊzi/ *adj* (**-ier**, **-iest**) (*coloq, pey*) curioso, metido

nostalgia /nɒˈstældʒə/ *n* nostalgia

nostril /ˈnɒstrəl/ *n* fosa nasal: *nostrils* nariz

not /nɒt/ *adv* no: *I hope not.* Espero que no. ◊ *I'm afraid not.* Me temo que no. ◊ *Certainly not!* ¡Ni hablar! ◊ *Not any more.* Ya no. ◊ *Not even...* Ni siquiera...

> **Not** se usa para la forma negativa de los verbos auxiliares y modales (**be, do, have, can, must**, etc) y muchas veces se usa la contracción **-n't**: *She is not/isn't going.* ◊ *We did not/didn't go.* ◊ *I must not/mustn't go.* La forma no contraída (**not**) tiene un uso más formal o enfático y se usa para la forma negativa de los verbos subordinados: *He warned me not to be late.* Me advirtió que no llegara tarde. ◊ *I expect not.* Supongo que no. ☛ *Comparar con* NO

LOC **not all that...** no muy... **not**

as ... as all that: *They're not as rich as all that.* No son tan ricos. **not at all 1** no, en absoluto **2** (*respuesta*) de nada **not that ...** no es que ...: *It's not that I mind...* No es que me importe...

notably /ˈnəʊtəbli/ *adv* notablemente

notch /nɒtʃ/ ◆ *n* **1** incisión **2** grado ◆ PHR V **to notch sth up** (*coloq*) anotarse algo

note /nəʊt/ ◆ *n* **1** (*tb Mús*) nota: *to make a note (of sth)* tomar nota (de algo) ◊ *to take notes* tomar apuntes ◊ *notepaper* papel de cartas **2** (*tb* **bank-note**, *USA* **bill**) billete **3** (*piano, etc*) tecla ◆ *vt* advertir, fijarse en PHR V **to note sth down** anotar algo **noted** *adj* ~ (**for/as sth**) célebre (por/por ser algo)

notebook /ˈnəʊtbʊk/ *n* cuaderno, libreta

noteworthy /ˈnəʊtwɜːði/ *adj* digno de mención

nothing /ˈnʌθɪŋ/ *pron* **1** nada ☛ *Ver nota en* NOBODY **2** cero LOC **for nothing 1** gratis **2** en vano **nothing much** no gran cosa **nothing of the kind/sort** nada por el estilo **to have nothing to do with sth/sb** no tener nada que ver con algo/algn

notice /ˈnəʊtɪs/ ◆ *n* **1** anuncio, cartel: *noticeboard* tablón de anuncios **2** aviso: *until further notice* hasta nuevo aviso ◊ *to give one month's notice* avisar con un mes de anticipación **3** notificación de despido, carta de despido **4** reseña LOC **to take no notice/not to take any notice (of sth/sb)** no hacer caso (de algo/algn) *Ver tb* ESCAPE, MOMENT ◆ *vt* **1** darse cuenta **2** prestar atención a, fijarse en **noticeable** *adj* perceptible

notify /ˈnəʊtɪfaɪ/ *vt* (*pret, pp* **-fied**) (*formal*) ~ **sb (of sth)**; ~ **sth to sb** notificar (algo) a algn

notion /ˈnəʊʃn/ *n* **1** ~ (**that...**) noción, idea (de que...) **2** [*incontable*] ~ (**of sth**) idea (de algo): *without any notion of what he would do* sin tener idea de lo que haría

notorious /nəʊˈtɔːriəs/ *adj* (*pey*) ~ (**for/as sth**) conocido, famoso (por/por ser algo)

notwithstanding /ˌnɒtwɪθˈstændɪŋ/ *prep, adv* (*formal*) a pesar de, no obstante

nought /nɔːt/ *n* cero

noun /naʊn/ *n* sustantivo

nourish /ˈnʌrɪʃ/ *vt* **1** nutrir **2** (*formal, fig*) alimentar **nourishing** *adj* nutritivo

novel /ˈnɒvl/ ◆ *adj* original ◆ *n* novela **novelist** *n* escritor, -ora

novelty /ˈnɒvlti/ *n* (*pl* **-ies**) novedad

November /nəʊˈvembə(r)/ *n* (*abrev* **Nov**) noviembre ☛ *Ver nota y ejemplos en* JANUARY

novice /ˈnɒvɪs/ *n* novato, -a, principiante

now /naʊ/ ◆ *adv* **1** ahora: *by now* ya ◊ *right now* ahora mismo **2** ahora bien LOC **(every) now and again/then** de vez en cuando ◆ *conj* **now (that...)** ahora que..., ya que...

nowadays /ˈnaʊədeɪz/ *adv* hoy (en) día

nowhere /ˈnəʊweə(r)/ *adv* a/en/por ningún lado/ninguna parte: *There's nowhere to park.* No hay donde estacionar. ☛ *Ver nota en* NOBODY LOC **to be nowhere to be found/seen** no aparecer por ningún lado *Ver tb* MIDDLE, NEAR

nozzle /ˈnɒzl/ *n* boca, pico

nuance /ˈnjuːɑːns; *USA* ˈnuː-/ *n* matiz

nuclear /ˈnjuːkliə(r); *USA* ˈnuː-/ *adj* nuclear

nucleus /ˈnjuːkliəs; *USA* ˈnuː-/ *n* (*pl* **nuclei** /-kliaɪ/) núcleo

nude /njuːd; *USA* nuːd/ ◆ *adj* desnudo (integral) (*artístico y erótico*) ☛ *Ver nota en* NAKED ◆ *n* desnudo LOC **in the nude** desnudo **nudity** *n* desnudez

nudge /nʌdʒ/ *vt* **1** dar un codazo a *Ver tb* ELBOW **2** empujar suavemente

nuisance /ˈnjuːsns; *USA* ˈnuː-/ *n* **1** molestia **2** (*persona*) pesado, -a

null /nʌl/ *adj* LOC **null and void** nulo

numb /nʌm/ ◆ *adj* entumecido: *numb with shock* paralizado del susto ◆ *vt* **1** entumecer **2** (*fig*) paralizar

number /ˈnʌmbə(r)/ ◆ *n* (*abrev* **No**) número *Ver* REGISTRATION NUMBER LOC **a number of...** varios/ciertos... ◆ *vt* **1** numerar **2** ascender a

number plate *n* chapa de la patente

numerical /njuːˈmerɪkl; *USA* nuː-/ *adj* numérico

numerous /ˈnjuːmərəs; *USA* ˈnuː-/ *adj* (*formal*) numeroso

nun /nʌn/ *n* monja

nurse /nɜːs/ ◆ *n* **1** enfermero, -a **2** (*tb* **nursemaid**) niñera *Ver tb* NANNY ◆ **1** *vt* (*lit y fig*) cuidar **2** *vt, vi* amamantar(se)

3 *vt* acunar 4 *vt* (*sentimientos*) nutrir *Ver tb* NURTURE sentido 2 **nursing** *n* 1 enfermería: *nursing home* geriátrico 2 cuidado (*de enfermos*)

nursery /ˈnɜːsəri/ *n* (*pl* **-ies**) 1 guardería infantil: *nursery education* educación preescolar ◊ *nursery rhyme* canción infantil *Ver tb* CRÈCHE, PLAYGROUP 2 cuarto de los chicos 3 vivero

nurture /ˈnɜːtʃə(r)/ *vt* 1 (*chico*) criar 2 cuidar 3 (*fig*) fomentar

nut /nʌt/ *n* 1 fruta seca, nuez 2 tuerca 3 (*coloq, pey*) (*GB* **nutter**) chiflado, -a 4 fanático, -a **nutty** *adj* (**-ier**, **-iest**) 1 *a nutty flavour* un sabor a nuez 2 (*coloq*) chiflado

nutcase /ˈnʌtkeɪs/ *n* (*coloq*) chiflado, -a

nutcrackers /ˈnʌtkrækəz/ *n* [*pl*] cascanueces

nutmeg /ˈnʌtmeg/ *n* nuez moscada

nutrient /ˈnjuːtriənt; *USA* ˈnuː-/ *n* (*formal*) nutriente, sustancia nutritiva

nutrition /njuˈtrɪʃn; *USA* nu-/ *n* nutrición **nutritional** *adj* nutritivo **nutritious** *adj* nutritivo

nuts /nʌts/ *adj* (*coloq*) 1 loco 2 ~ **about/on sth/sb** loco por algo/algn

nutshell /ˈnʌtʃel/ *n* cáscara (*de nueces*) LOC **(to put sth) in a nutshell** (decir algo) en pocas palabras

nutty *Ver* NUT

nylon /ˈnaɪlɒn/ *n* nylon

nymph /nɪmf/ *n* ninfa

O, o /əʊ/ *n* (*pl* **O's, o's** /əʊz/) 1 O, o: *O for Oliver* O de Oscar ☛ *Ver ejemplos en* A, A 2 cero

> Cuando se nombra el cero en una serie de números, p.ej. 01865, se pronuncia como la letra **O**: /ˌəʊ wʌn eɪt sɪks ˈfaɪv/.

oak /əʊk/ (*tb* **oak tree**) *n* roble

oar /ɔː(r)/ *n* remo

oasis /əʊˈeɪsɪs/ *n* (*pl* **oases** /-siːz/) (*lit y fig*) oasis

oath /əʊθ/ *n* 1 juramento 2 palabrota LOC **on/under oath** bajo juramento

oats /əʊts/ *n* [*pl*] (copos de) avena

obedient /əˈbiːdiənt/ *adj* obediente **obedience** *n* obediencia

obese /əʊˈbiːs/ *adj* (*formal*) obeso

obey /əˈbeɪ/ *vt, vi* obedecer

obituary /əˈbɪtʃuəri; *USA* -tʃʊeri/ *n* (*pl* **-ies**) nota necrológica

object /ˈɒbdʒɪkt/ ◆ *n* 1 objeto 2 objetivo, propósito 3 (*Gram*) complemento ◆ /əbˈdʒekt/ *vi* ~ (**to sth/sb**) oponerse (a algo/algn); estar en contra (de algo/algn): *If he doesn't object.* Si no tiene inconveniente.

objection /əbˈdʒekʃn/ *n* ~ (**to/against sth/doing sth**) objeción (a algo/a hacer algo); protesta contra algo; inconveniente en hacer algo

objective /əbˈdʒektɪv/ *adj, n* objetivo: *to remain objective* mantener la objetividad

obligation /ˌɒblɪˈgeɪʃn/ *n* 1 obligación 2 (*Com*) compromiso LOC **to be under an/no obligation (to do sth)** (no) tener obligación (de hacer algo)

obligatory /əˈblɪgətri; *USA* -tɔːri/ *adj* (*formal*) obligatorio, de rigor

oblige /əˈblaɪdʒ/ *vt* 1 obligar 2 ~ **sb (with sth/by doing sth)** (*formal*) complacer a algn; hacer el favor a algn (de hacer algo) **obliged** *adj* ~ (**to sb**) (**for sth/doing sth**) agradecido (a algn) (por algo/hacer algo) LOC **much obliged** se agradece **obliging** *adj* atento

obliterate /əˈblɪtəreɪt/ *vt* (*formal*) eliminar

oblivion /əˈblɪviən/ *n* olvido

oblivious /əˈblɪviəs/ *adj* ~ **of/to sth** no consciente de algo

oblong /ˈɒblɒŋ; *USA* -lɔːŋ/ ◆ *n* rectángulo ◆ *adj* rectangular

oboe /ˈəʊbəʊ/ *n* oboe

obscene /əbˈsiːn/ *adj* obsceno

obscure /əbˈskjʊə(r)/ ◆ *adj* 1 poco claro 2 desconocido ◆ *vt* oscurecer, esconder

observant /əbˈzɜːvənt/ *adj* observador

observation /ˌɒbzəˈveɪʃn/ *n* observación

observatory /əbˈzɜːvətri; *USA* -tɔːri/ *n* (*pl* **-ies**) observatorio

observe /əbˈzɜːv/ *vt* **1** observar **2** (*formal*) (*fiesta*) celebrar **observer** *n* observador, -ora

obsess /əbˈses/ *vt* obsesionar **obsession** *n* ~ (**with/about sth/sb**) obsesión (con algo/algn) **obsessive** *adj* (*pey*) obsesivo

obsolete /ˈɒbsəliːt/ *adj* obsoleto

obstacle /ˈɒbstəkl/ *n* obstáculo

obstetrician /ˌɒbstəˈtrɪʃn/ *n* obstetra

obstinate /ˈɒbstɪnət/ *adj* obstinado

obstruct /əbˈstrʌkt/ *vt* obstruir

obstruction /əbˈstrʌkʃn/ *n* obstrucción

obtain /əbˈteɪn/ *vt* obtener **obtainable** *adj* que se puede conseguir

obvious /ˈɒbviəs/ *adj* obvio **obviously** *adv* obviamente

occasion /əˈkeɪʒn/ *n* **1** ocasión **2** acontecimiento LOC **on the occasion of sth** (*formal*) con motivo de algo

occasional /əˈkeɪʒənl/ *adj* esporádico: *She reads the occasional book.* Lee algún que otro libro. **occasionally** *adv* de vez en cuando ☛ *Ver nota en* ALWAYS

occupant /ˈɒkjəpənt/ *n* ocupante

occupation /ˌɒkjuˈpeɪʃn/ *n* **1** ocupación **2** profesión ☛ *Ver nota en* WORK[1]

occupational /ˌɒkjuˈpeɪʃənl/ *adj* **1** laboral: *occupational hazards* gajes del oficio **2** (*terapia*) ocupacional

occupier /ˈɒkjʊpaɪə(r)/ *n* ocupante

occupy /ˈɒkjupaɪ/ (*pret, pp* **occupied**) **1** *vt* ocupar **2** *v refl* ~ **yourself** (**in doing sth/with sth**) entretenerse (haciendo algo/con algo)

occur /əˈkɜː(r)/ *vi* (**-rr-**) **1** ocurrir, producirse **2** (*formal*) aparecer **3** ~ **to sb** ocurrirse a algn

occurrence /əˈkʌrəns/ *n* **1** hecho, caso **2** (*formal*) existencia, aparición **3** frecuencia ☛ *Comparar con* OCURRENCIA

ocean /ˈəʊʃn/ *n* océano LOC *Ver* DROP ☛ *Ver nota en* OCÉANO

o'clock /əˈklɒk/ *adv*: *six o'clock* las seis (en punto)

October /ɒkˈtəʊbə(r)/ *n* (*abrev* **Oct**) octubre ☛ *Ver nota y ejemplos en* JANUARY

octopus /ˈɒktəpəs/ *n* (*pl* ~**es**) pulpo

odd /ɒd/ *adj* **1** (**odder**, **oddest**) raro **2** (*número*) impar **3** (*fascículo*) suelto **4** (*zapato*) sin par **5** sobrante **6** *thirty-odd* treinta y pico ◊ *twelve pounds odd* doce libras y pico **7** *He has the odd beer.* Toma una cerveza de vez en cuando. LOC **to be the odd man/one out** ser el único sin pareja, sobrar *Ver tb* FISH

oddity /ˈɒdəti/ *n* (*pl* **-ies**) **1** (*tb* **oddness**) rareza **2** cosa rara **3** (*persona*) bicho raro

oddly /ˈɒdli/ *adv* extrañamente: *Oddly enough...* Lo extraño es que...

odds /ɒdz/ *n* [*pl*] **1** probabilidades: *The odds are that...* Lo más probable es que... **2** apuestas LOC **it makes no odds** da lo mismo **odds and ends** (*GB, coloq*) cosas sin valor, chucherías **to be at odds** (**with sb**) (**over/on sth**) estar en desacuerdo (con algn) (por algo), discrepar (sobre algo)

odour (*USA* **odor**) /ˈəʊdə(r)/ *n* (*formal*) olor: *body odour* olor corporal ☛ **Odour** se usa en contextos más formales que **smell** y a veces implica que es un olor desagradable.

of /əv, ɒv/ *prep* **1** de: *a girl of six* una nena de seis años ◊ *It's made of wood.* Es de madera. ◊ *two kilos of rice* dos kilos de arroz ◊ *It was very kind of him.* Fue muy amable de su parte. **2** (*con posesivos*) de: *a friend of John's* un amigo de John ◊ *a cousin of mine* un primo mío **3** (*con cantidades*): *There were five of us.* Éramos cinco. ◊ *most of all* más que nada ◊ *The six of us went.* Fuimos los seis. **4** (*fechas y tiempo*) de: *the first of March* el primero de marzo **5** (*causa*) de: *What did she die of?* ¿De qué murió?

off /ɒf; *USA* ɔːf/ ◆ *adj* **1** (*comida*) pasado **2** (*leche*) cortado ◆ *part adv* **1** (*a distancia*): *five miles off* a cinco millas de distancia ◊ *some way off* a cierta distancia ◊ *not far off* no (muy) lejos **2** (*quitado*): *You left the lid off.* Lo dejaste destapado. ◊ *with her shoes off* descalza **3** *I must be off.* Tengo que irme. **4** (*coloq*): *The meeting is off.* Se canceló la reunión. **5** (*gas, electricidad*) desconectado **6** (*máquinas, etc*) apagado **7** (*canilla*) cerrado **8** *a day off* un día libre **9** *five per cent off* un cinco por ciento de descuento *Ver* WELL OFF **LOC off and on**; **on and off** de vez en cuando **to be off (for sth)** (*coloq*): *How are you off for cash?* ¿Cómo andás de plata? ☛ *Comparar con* BADLY, BETTER ◆ *prep* **1** de: *to fall off sth* caerse de algo **2** *a street off the main road* una calle que sale de la avenida principal **3** *off the coast* a cierta distancia de la costa **4** (*coloq*) sin ganas de: *to be off your food* estar sin ganas de comer **LOC come off it!** ¡andá! ☛ Para los usos de **off** en PHRASAL VERBS ver las entradas de los verbos correspondientes, p.ej. **to go off** en GO[1].

off-duty /ˈɒf djuːti/ *adj* fuera de servicio

offence (*USA* **offense**) /əˈfens/ *n* **1** delito **2** ofensa **LOC to take offence (at sth)** ofenderse (por algo)

offend /əˈfend/ *vt* ofender: *to be offended* ofenderse **offender** *n* **1** infractor, -ora **2** delincuente

offensive /əˈfensɪv/ ◆ *adj* **1** ofensivo, insultante **2** (*olor, etc*) repugnante ◆ *n* ofensiva

offer /ˈɒfə(r); *USA* ˈɔːf-/ ◆ *vt, vi* ofrecer: *to offer to do sth* ofrecerse a/para hacer algo ◆ *n* oferta **offering** *n* **1** ofrecimiento **2** ofrenda

offhand /ˌɒfˈhænd; *USA* ˌɔːf-/ ◆ *adv* improvisadamente, así, de pronto ◆ *adj* brusco

office /ˈɒfɪs; *USA* ˈɔːf-/ *n* **1** oficina: *office hours* horario de oficina **2** despacho **3** cargo: *to take office* entrar en funciones **LOC in office** en el poder

officer /ˈɒfɪsə(r); *USA* ˈɔːf-/ *n* **1** (*ejército*) oficial **2** (*gobierno*) funcionario, -a **3** (*tb* **police officer**) agente (de policía)

official /əˈfɪʃl/ ◆ *adj* oficial ◆ *n* funcionario, -a **officially** *adv* oficialmente

off-licence /ˈɒf laɪsns/ *n* (*GB*) negocio de vinos y licores

off-peak /ˌɒf ˈpiːk; *USA* ˌɔːf/ *adj* **1** (*precio, tarifa*) de temporada baja **2** (*período*) de menor consumo

off-putting /ˈɒf pʊtɪŋ; *USA* ˈɔːf/ *adj* (*coloq*) **1** desconcertante **2** (*persona*) desagradable

offset /ˈɒfset; *USA* ˈɔːf-/ *vt* (**-tt-**) (*pret, pp* **offset**) contrarrestar

offshore /ˌɒfˈʃɔː(r); *USA* ˌɔːf-/ *adj* **1** (*isla*) cercano a la costa **2** (*brisa*) terral **3** (*pesca*) de bajura

offside /ˌɒfˈsaɪd; *USA* ˌɔːf-/ *adj, adv* fuera de juego, offside

offspring /ˈɒfsprɪŋ; *USA* ˈɔːf-/ *n* (*pl* **offspring**) (*formal*) **1** hijo(s), descendencia **2** cría(s)

often /ˈɒfn, ˈɒftən; *USA* ˈɔːfn/ *adv* **1** a menudo, muchas veces: *How often do you see her?* ¿Cada cuánto la ves? **2** con frecuencia ☛ *Ver nota en* ALWAYS **LOC** *Ver* EVERY

oh! /əʊ/ *interj* **1** ¡oh!, ¡ah! **2** *Oh yes I will.* ¡Sí que lo voy a hacer! ◊ *Oh no you won't!* ¡Ni se te ocurra!

oil /ɔɪl/ ◆ *n* **1** petróleo: *oilfield* yacimiento petrolífero ◊ *oil rig* plataforma/torre de perforación ◊ *oil tanker* petrolero ◊ *oil well* pozo petrolífero **2** aceite **3** (*Arte*) óleo ◆ *vt* lubricar **oily** *adj* (**oilier**, **oiliest**) **1** oleoso **2** aceitoso

oil slick *n* mancha de petróleo

okay (*tb* **OK**) /ˌəʊˈkeɪ/ ◆ *adj, adv* (*coloq*) bien ◆ *interj* ¡bueno! ◆ *vt* dar el visto bueno a ◆ *n* consentimiento, visto bueno

old /əʊld/ ◆ *adj* (**older**, **oldest**) ☛ *Ver nota en* ELDER **1** viejo: *old age* vejez ◊ *old people* (los) ancianos ◊ *the Old Testament* el Antiguo Testamento **2** *How old are you?* ¿Cuántos años tenés? ◊ *She is two (years old).* Tiene dos años.

> Para decir "tengo diez años", decimos *I am ten* o *I am ten years old.* Sin embargo, para decir "un chico de diez años", decimos *a boy of ten* o *a ten-year-old boy.* ☛ *Ver nota en* YEAR

3 (*anterior*) antiguo **LOC** *Ver* CHIP ◆ **the old** *n* [*pl*] los ancianos

old-fashioned /ˌəʊld ˈfæʃnd/ *adj* **1** pasado de moda **2** tradicional

olive /ˈɒlɪv/ ◆ *n* **1** aceituna **2** (*tb* **olive tree**) olivo: *olive oil* aceite de oliva ◆ *adj* **1** (*tb* **olive green**) verde oliva **2** (*piel*) cetrino

the Olympic Games *n* [*pl*] **1** (*Hist*) los Juegos Olímpicos **2** (*tb* **the Olympics**) las Olimpíadas

omelette (*tb* **omelet**) /ˈɒmlət/ *n* omelette

omen /ˈəʊmen/ *n* presagio

ominous /ˈɒmɪnəs/ *adj* ominoso

omission /əˈmɪʃn/ *n* omisión, olvido

omit /əˈmɪt/ *vt* (**-tt-**) **1** ~ **doing/to do sth** dejar de hacer algo **2** omitir

omnipotent /ɒmˈnɪpətənt/ *adj* omnipotente

on /ɒn/ ◆ *part adv* **1** (*con un sentido de continuidad*): *to play on* seguir tocando ◊ *further on* más lejos/más allá ◊ *from that day on* a partir de aquel día **2** (*ropa, etc*) puesto **3** (*máquinas, etc*) conectado, encendido **4** (*canilla*) abierto **5** programado: *When is the film on?* ¿A qué hora empieza la película? LOC **on and on** sin parar *Ver tb* OFF ◆ *prep* **1** (*tb* **upon**) en, sobre: *on the table* en/sobre la mesa ◊ *on the wall* en la pared **2** (*transporte*): *to go on the train/bus* ir en tren/colectivo ◊ *to go on foot* ir caminando **3** (*fechas*): *on Sunday(s)* el/los domingo(s) ◊ *on 3 May* el tres de mayo **4** (*tb* **upon**) [+ *ing*]: *on arriving home* al llegar a casa **5** (*acerca de*) sobre **6** (*consumo*): *to be on drugs* estar tomando drogas ◊ *to live on fruit/on £20 a week* vivir a fruta/mantenerse con 20 libras a la semana **7** *to speak on the telephone* hablar por teléfono **8** (*actividad, estado, etc*) de: *on holiday* de vacaciones ◊ *to be on duty* estar de guardia ☛ Para los usos de **on** en PHRASAL VERBS ver las entradas de los verbos correspondientes, p.ej. **to get on** en GET.

once /wʌns/ ◆ *conj* una vez que: *Once he'd gone...* Una vez que se fue... ◆ *adv* una vez: *once a week* una vez a la semana LOC **at once 1** enseguida **2** al mismo tiempo **once again/more** otra vez **once and for all** de una vez por todas **once in a while** de vez en cuando **once or twice** un par de veces **once upon a time** había una vez

oncoming /ˈɒnkʌmɪŋ/ *adj* en dirección contraria

one[1] /wʌn/ *adj, pron, n* uno, una ☛ *Ver ejemplos en* FIVE

one[2] /wʌn/ ◆ *adj* **1** un(o), una: *one morning* una mañana **2** único: *the one way to succeed* la única forma de triunfar **3** mismo: *of one mind* de la misma opinión ◆ *pron* **1** [*después de adjetivo*]: *the little ones* los chiquitos ◊ *I prefer this/that one.* Prefiero éste/ése. ◊ *Which one?* ¿Cuál? ◊ *another one* otro ◊ *It's better than the old one.* Es mejor que el viejo. **2** el, los, la, las que: *the one at the end* el que está al final **3** uno, una: *I need a pen. Have you got one?* Necesito una birome. ¿Tenés una? ◊ *one of her friends* uno de sus amigos ◊ *to tell one from the other* distinguir el uno del otro **4** [*como sujeto*] (*formal*) uno, -a: *One must be sure.* Uno debe estar seguro. ☛ *Ver nota en* YOU LOC **(all) in one** a la vez **one by one** uno por uno **one or two** unos cuantos

one another *pron* los unos a los otros, el uno al otro ☛ *Ver nota en* EACH OTHER

one-off /ˌwʌn ˈɒf/ *adj, n* (algo) excepcional/único

oneself /wʌnˈself/ *pron* **1** [*uso reflexivo*]: *to cut oneself* cortarse **2** [*uso enfático*] uno mismo: *to do it oneself* hacerlo uno mismo

one-way /ˌwʌn ˈweɪ/ *adj* **1** de mano única **2** (*boleto*) de ida

ongoing /ˈɒngəʊɪŋ/ *adj* **1** en curso **2** actual

onion /ˈʌnjən/ *n* cebolla

on-line /ˌɒn ˈlaɪn/ *adj, adv* en línea (*Informát*)

onlooker /ˈɒnlʊkə(r)/ *n* espectador, -ora

only /ˈəʊnli/ ◆ *adv* solamente, sólo LOC **not only...but also** no sólo...sino (también) **only just 1** *I've only just arrived.* Acabo de llegar. **2** *I can only just see.* Apenas puedo ver. *Ver tb* IF ◆ *adj* único: *He is an only child.* Es hijo único. ◆ *conj* (*coloq*) sólo que, pero

onset /ˈɒnset/ *n* llegada, inicio

onslaught /ˈɒnslɔːt/ *n* ~ **(on sth/sb)** ataque (contra algo/algn)

onto (*tb* **on to**) /ˈɒntə, ˈɒntuː/ *prep* en, sobre, a: *to climb (up) onto sth* subirse a algo PHR V **to be onto sb** (*coloq*) seguir la pista de algn **to be onto sth** haber dado con algo

onward /ˈɒnwəd/ ◆ *adj* (*formal*) hacia delante: *your onward journey* la continuación de tu viaje ◆ *adv* (*tb* **onwards**) **1** hacia adelante **2** en adelante: *from then onwards* a partir de entonces

ooze /uːz/ **1** *vt, vi* ~ **(with) sth** brotar (algo) **2** *vt, vi* ~ **from/out of sth** brotar (de algo)

opaque /əʊˈpeɪk/ *adj* opaco

open /ˈəʊpən/ ◆ *adj* **1** abierto: *Don't leave the door open.* No dejes la puerta abierta. **2** (*vista*) despejado **3** público **4** (*fig*): *to leave sth open* dejar algo pendiente LOC **in the open air** al aire libre *Ver tb* BURST, CLICK, WIDE ◆ **1** *vt, vi* abrir(se) **2** *vt* (*proceso*) empezar **3** *vt, vi* (*edificio, exposición, etc*) inaugurar(se) PHR V **to open into/onto sth** dar a algo **to open sth out** desplegar algo **to open up** (*coloq*) abrirse **to open (sth) up** abrir algo, abrirse: *Open up!* ¡Abra(n)! ◆ **the open** *n* el aire libre LOC **to come (out) into the open** salir a la luz *Ver tb* BRING **opener** *n* abridor **openly** *adv* abiertamente **openness** *n* franqueza

open-air /ˌəʊpən ˈeə(r)/ *adj* al aire libre

opening /ˈəʊpnɪŋ/ ◆ *n* **1** (*hueco*) abertura **2** (*acto*) apertura **3** comienzo **4** (*tb* **opening-night**) (*Teat*) estreno **5** inauguración **6** (*trabajo*) vacante **7** oportunidad ◆ *adj* primero

open-minded /ˌəʊpən ˈmaɪndɪd/ *adj* abierto (*mentalidad*)

opera /ˈɒprə/ *n* ópera: *opera house* teatro de ópera

operate /ˈɒpəreɪt/ **1** *vt, vi* (*máquina*) funcionar, manejar **2** *vi* (*empresa*) operar **3** *vt* (*servicio*) ofrecer **4** *vt* (*negocio*) dirigir **5** *vt, vi* (*Mec*) accionar(se) **6** *vi* ~ **(on sb) (for sth)** (*Med*) operar (a algn) (de algo): *operating theatre* quirófano

operation /ˌɒpəˈreɪʃn/ *n* **1** operación **2** funcionamiento LOC **to be in/come into operation 1** estar/entrar en funcionamiento **2** (*Jur*) estar/entrar en vigor **operational** *adj* **1** de funcionamiento **2** operativo, en funcionamiento

operative /ˈɒpərətɪv; *USA* -reɪt-/ ◆ *adj* **1** en funcionamiento **2** (*Jur*) en vigor **3** (*Med*) operatorio ◆ *n* operario, -a

operator /ˈɒpəreɪtə(r)/ *n* operario, -a: *radio operator* radiotelegrafista ◇ *switchboard operator* telefonista/operador

opinion /əˈpɪniən/ *n* ~ **(of/about sth/sb)** opinión (de/sobre/acerca de algo/algn) LOC **in my opinion** en mi opinión *Ver tb* MATTER

opinion poll *Ver* POLL sentido 4

opponent /əˈpəʊnənt/ *n* **1** ~ **(at/in sth)** adversario, -a, contrincante (en algo) **2** *to be an opponent of sth* ser contrario a algo

opportunity /ˌɒpəˈtjuːnəti; *USA* -ˈtuːn-/ *n* (*pl* **-ies**) ~ **(for/of doing sth)**; ~ **(to do sth)** oportunidad (de hacer algo) LOC **to take the opportunity to do sth/of doing sth** aprovechar la ocasión para hacer algo

oppose /əˈpəʊz/ *vt* **1** ~ **sth** oponerse a algo **2** ~ **sb** enfrentarse a algn **opposed** *adj* contrario: *to be opposed to sth* estar en contra de algo LOC **as opposed to**: *quality as opposed to quantity* calidad más que cantidad **opposing** *adj* contrario

opposite /ˈɒpəzɪt/ ◆ *adj* **1** de enfrente: *the house opposite* la casa de enfrente **2** contrario: *the opposite sex* el sexo opuesto ◆ *adv* enfrente: *She was sitting opposite.* Estaba sentada enfrente. ◆ *prep* ~ **to sth/sb** en frente de algo/algn; frente a algo/algn: *opposite each other* frente a frente ◆ *n* ~ **(of sth)** lo contrario (de algo) ☛ *Ver dibujo en* ENFRENTE

opposition /ˌɒpəˈzɪʃn/ *n* ~ **(to sth/sb)** oposición (a algo/algn)

oppress /əˈpres/ *vt* **1** oprimir **2** agobiar **oppressed** *adj* oprimido **oppression** *n* opresión **oppressive** *adj* **1** opresivo **2** agobiante, sofocante

opt /ɒpt/ *vi* **to opt to do sth** optar por hacer algo PHR V **to opt for sth** optar por algo **to opt out (of sth)** optar por no hacer (algo), no participar (en algo)

optical /ˈɒptɪkl/ *adj* óptico

optician /ɒpˈtɪʃn/ *n* **1** oculista **2 optician's** (*negocio*) óptica

optimism /ˈɒptɪmɪzəm/ *n* optimismo **optimist** *n* optimista **optimistic** /ˌɒptɪˈmɪstɪk/ *adj* ~ **(about sth)** optimista (sobre/en cuanto a algo)

optimum /ˈɒptɪməm/ (*tb* **optimal**) *adj* óptimo

option /ˈɒpʃn/ *n* opción **optional** *adj* opcional, optativo

or /ɔː(r)/ *conj* **1** o, u *Ver tb* EITHER **2** (*de otro modo*) o, si no **3** [*después de negativa*] ni *Ver tb* NEITHER LOC **or so**: *an hour or so* una hora más o menos **sth/sb/somewhere or other** (*coloq*) algo/algn/en alguna parte *Ver tb* RATHER, WHETHER

oral /ˈɔːrəl/ ◆ *adj* **1** (*hablado*) oral **2** (*Anat*) bucal, oral ◆ *n* (examen) oral

orange /ˈɒrɪndʒ; *USA* ˈɔːr-/ ◆ *n* **1** naranja **2** (*tb* **orange tree**) naranjo **3** (*color*) naranja ◆ *adj* (color) naranja, anaranjado

orbit /ˈɔːbɪt/ ◆ *n* (*lit y fig*) órbita ◆ *vt, vi* ~ **(sth/around sth)** orbitar (alrededor de algo)

orchard /ˈɔːtʃəd/ *n* huerta

orchestra /ˈɔːkɪstrə/ *n* [*v sing o pl*] orquesta

orchid /ˈɔːkɪd/ *n* orquídea

ordeal /ɔːˈdiːl, ˈɔːdiːl/ *n* experiencia terrible, suplicio

order /ˈɔːdə(r)/ ◆ *n* **1** (*disposición, calma*) orden: *in alphabetical order* por/en orden alfabético **2** (*mandato*) orden **3** (*Com*) pedido **4** [*v sing o pl*] (*Mil, Relig*) orden LOC **in order 1** en orden, en regla **2** (*aceptable*) permitido **in order that...** para que... **in order to...** para... **in running/working order** en perfecto estado de funcionamiento **out of order** descompuesto: *It's out of order.* No funciona. *Ver tb* LAW, MARCHING *en* MARCH, PECKING *en* PECK ◆ **1** *vt* ~ **sb to do sth** ordenar, mandar a algn hacer algo/que haga algo **2** *vt* ~ **sth** (**for sb**) pedir, encargar algo (para algn) **3** *vt, vi* ~ (**sth**) (**for sb**) (*comida, etc*) pedir (algo) (para algn) **4** *vt* (*formal*) poner en orden, ordenar, organizar PHR V **to order sb about/around** mandar a algn de acá para allá, ser mandón con algn

orderly /ˈɔːdəli/ *adj* **1** ordenado, metódico **2** disciplinado, pacífico

ordinary /ˈɔːdnri; *USA* ˈɔːrdəneri/ *adj* común, normal, medio: *ordinary people* gente común ☛ *Comparar con* COMMON sentido 3 LOC **out of the ordinary** fuera de lo común, extraordinario

ore /ɔː(r)/ *n* mineral metalífero: *gold/iron ore* mineral de oro/hierro

oregano /ˌɒrɪˈgɑːnəʊ/ *n* orégano

organ /ˈɔːgən/ *n* (*Mús, Anat*), órgano

organic /ɔːˈgænɪk/ *adj* orgánico

organism /ˈɔːgənɪzəm/ *n* organismo

organization, -isation /ˌɔːgənaɪˈzeɪʃn; *USA* -nɪˈz-/ *n* organización **organizational, -isational** *adj* organizativo

organize, -ise /ˈɔːgənaɪz/ **1** *vt, vi* organizar(se) **2** *vt* (*pensamientos*) poner en orden **organizer, -iser** *n* organizador, -ora

orgy /ˈɔːdʒi/ *n* (*pl* **-ies**) (*lit y fig*) orgía

orient /ˈɔːrɪənt/ ◆ *vt* (*esp USA*) *Ver* ORIENTATE ◆ **the Orient** *n* Oriente **oriental** /ˌɔːriˈentl/ *adj* oriental

orientate /ˈɔːrienteɪt/ (*USA* **orient**) *vt* ~ **sth/sb** (**towards sth/sb**) orientar algo/a algn (hacia algo/algn): *to orientate yourself* orientarse **orientation** *n* orientación

origin /ˈɒrɪdʒɪn/ *n* **1** origen **2** [*a menudo pl*] origen, ascendencia

original /əˈrɪdʒənl/ ◆ *adj* **1** original **2** primero, primitivo ◆ *n* original LOC **in the original** en su idioma/versión original **originality** /əˌrɪdʒəˈnæləti/ *n* originalidad **originally** *adv* **1** con originalidad **2** en un/al principio, antiguamente

originate /əˈrɪdʒɪneɪt/ **1** *vi* ~ **in/from sth** originarse, tener su origen en algo; provenir de algo **2** *vi* (*comenzar*) nacer, empezar **3** *vt* originar, crear

ornament /ˈɔːnəmənt/ *n* (objeto de) adorno, ornamento **ornamental** /ˌɔːnəˈmentl/ *adj* decorativo, de adorno

ornate /ɔːˈneɪt/ *adj* (*frec pey*) **1** ornamentado, recargado **2** (*lenguaje, estilo*) florido

orphan /ˈɔːfn/ ◆ *n* huérfano, -a ◆ *vt*: *to be orphaned* quedarse huérfano **orphanage** *n* orfanato

orthodox /ˈɔːθədɒks/ *adj* ortodoxo

ostrich /ˈɒstrɪtʃ/ *n* avestruz

other /ˈʌðə(r)/ ◆ *adj* **1** [*con sustantivos en plural*] otro: *other books* otros libros ◊ *Have you got other plans?* ¿Tenés otros planes? **2** [*con sustantivos en singular o en plural cuando va precedido de* the, some *o* any, *adjetivos posesivos o demostrativos*] otro: *All their other children have left home.* Sus otros hijos ya viven por su cuenta. ◊ *That other car was better.* Aquel otro coche era mejor. ◊ *some other time* otro día ☛ *Ver nota en* OTRO LOC **the other day, morning, week, etc** el otro día, la otra mañana, semana, etc *Ver tb* EVERY, OR, WORD ◆ *pron* **1 others** [*pl*] otros, -as: *Others have said this before.* Otros dijeron esto antes. ◊ *Have you got any others?* ¿Tenés más? **2 the other** el otro, la otra: *I'll keep one and she can have the other.* Me quedo con uno y dejo el otro para ella. **3 the others** [*pl*] los, las demás: *This shirt is too small and the others are too big.* Esta camisa es demasiado chica y las demás, demasiado grandes. ◆ **other than** *prep* **1** excepto, aparte de **2** de otra manera que

otherwise /ˈʌðəwaɪz/ ◆ *adv* **1** (*formal*) de otra manera **2** por lo demás ◆ *conj* si no, de no ser así ◆ *adj* distinto

otter /ˈɒtə(r)/ *n* nutria

ouch! /aʊtʃ/ *interj* ¡ay!

ought to /ˈɔːt tə, ˈɔːt tuː/ *v modal* (*neg* **ought not** *o* **oughtn't** /ˈɔːtnt/)

Ought to es un verbo modal, y las oraciones interrogativas y negativas se construyen sin el auxiliar *do*.

1 (*sugerencias y consejos*): *You ought to do it.* Deberías hacerlo. ◊ *I ought to have gone.* Debería haber ido. ☛ *Comparar con* MUST **2** (*probabilidad*): *Five ought to be enough.* Con cinco habrá suficiente.

ounce /aʊns/ *n* (*abrev* **oz**) onza (*28,35 gramos*) ☛ *Ver Apéndice 1.*

our /ɑː(r), ˈaʊə(r)/ *adj pos* nuestro, -a, -os, -as: *Our house is in the centre.* Nuestra casa está en el centro. ☛ *Ver nota en* MY

ours /ɑːz, ˈaʊəz/ *pron pos* nuestro, -a, -os, -as: *a friend of ours* un amigo nuestro ◊ *Where's ours?* ¿Dónde está el nuestro?

ourselves /ɑːˈselvz, aʊəˈselvz/ *pron* **1** [*uso reflexivo*] nos **2** [*uso enfático*] nosotros mismos LOC **by ourselves 1** a solas **2** sin ayuda, solos

out /aʊt/ ◆ *part adv* **1** fuera: *to be out* no estar (en casa)/haber salido **2** *The sun is out.* Salió el sol. **3** pasado de moda **4** (*coloq*) (*posibilidad, etc*) descartado **5** (*luz, etc*) apagado **6** *to call out* (*loud*) llamar en voz alta **7** (*cálculo*) equivocado: *The bill is out by five pounds.* Se equivocaron por cinco libras en la cuenta. **8** (*jugador*) eliminado **9** (*pelota*) fuera (*de la línea*) *Ver tb* OUT OF LOC **to be out to do sth** estar decidido a hacer algo ☛ Para los usos de **out** en PHRASAL VERBS ver las entradas de los verbos correspondientes, p.ej. **to pick out** en PICK. ◆ *n* LOC *Ver* IN

outbreak /ˈaʊtbreɪk/ *n* **1** brote **2** (*guerra*) estallido

outburst /ˈaʊtbɜːst/ *n* **1** explosión **2** (*emoción*) arranque

outcast /ˈaʊtkɑːst; *USA* -kæst/ *n* marginado, -a, paria

outcome /ˈaʊtkʌm/ *n* resultado

outcry /ˈaʊtkraɪ/ *n* (*pl* **-ies**) protestas

outdo /ˌaʊtˈduː/ *vt* (*3ª pers sing pres* **-does** /-ˈdʌz/ *pret* **-did** /-ˈdɪd/ *pp* **-done** /-ˈdʌn/) superar

outdoor /ˈaʊtdɔː(r)/ *adj* al aire libre: *outdoor swimming pool* pileta al aire libre

outdoors /ˌaʊtˈdɔːz/ *adv* al aire libre, afuera

outer /ˈaʊtə(r)/ *adj* externo, exterior

outfit /ˈaʊtfɪt/ *n* (*ropa*) conjunto

outgoing /ˈaʊtgəʊɪŋ/ *adj* **1** que sale, de salida **2** (*Pol*) cesante, saliente **3** extrovertido

outgrow /ˌaʊtˈgrəʊ/ *vt* (*pret* **outgrew** /-ˈgruː/ *pp* **outgrown** /-ˈgrəʊn/) **1** *He's outgrown his shoes.* Sus zapatos le quedaron chicos. **2** (*hábito, etc*) cansarse de, abandonar

outing /ˈaʊtɪŋ/ *n* excursión

outlandish /aʊtˈlændɪʃ/ *adj* estrafalario

outlaw /ˈaʊtlɔː/ ◆ *vt* declarar ilegal ◆ *n* forajido

outlet /ˈaʊtlet/ *n* **1** ~ (**for sth**) desagüe, salida (para algo) **2** ~ (**for sth**) (*fig*) desahogo (para algo) **3** (*Com*) boca de expendio

outline /ˈaʊtlaɪn/ ◆ *n* **1** contorno, perfil **2** líneas generales, esbozo ◆ *vt* **1** perfilar, esbozar **2** exponer en líneas generales

outlive /ˌaʊtˈlɪv/ *vt* ~ **sth/sb** sobrevivir a algo/algn

outlook /ˈaʊtlʊk/ *n* **1** ~ (**onto/over sth**) perspectiva (sobre algo) **2** ~ (**on sth**) (*fig*) punto de vista (sobre algo) **3** ~ (**for sth**) perspectiva, pronóstico (para algo)

outnumber /ˌaʊtˈnʌmbə(r)/ *vt* ~ **sb** superar en número a algn

out of /ˈaʊt əv/ *prep* **1** fuera de: *I want that dog out of the house.* Quiero ese perro fuera de la casa. ◊ *to jump out of bed* saltar de la cama **2** (*causa*) por: *out of interest* por interés **3** de: *eight out of every ten* ocho de cada diez ◊ *to copy sth out of a book* copiar algo de un libro **4** (*material*) de, con: *made out of plastic* (hecho) de plástico **5** sin: *to be out of work* estar sin trabajo

outpost /ˈaʊtpəʊst/ *n* (puesto de) avanzada

output /ˈaʊtpʊt/ *n* **1** producción **2** (*Fís*) potencia

outrage /ˈaʊtreɪdʒ/ ◆ *n* **1** atrocidad **2** escándalo **3** ira ◆ /aʊtˈreɪdʒ/ *vt* ~ **sth/sb** indignar a algo/algn **outrageous**

adj **1** escandaloso, monstruoso **2** extravagante

outright /ˈaʊtraɪt/ ◆ *adv* **1** (*sin reservas*) abiertamente, de plano **2** instantáneamente, de golpe **3** en su totalidad **4** (*ganar*) rotundamente ◆ *adj* **1** abierto **2** (*ganador*) indiscutible **3** (*negativa*) rotundo

outset /ˈaʊtset/ *n* LOC **at/from the outset (of sth)** al/desde el principio (de algo)

outside /ˌaʊtˈsaɪd/ ◆ *n* exterior: *on/from the outside* por/desde afuera ◆ *prep* (*esp USA* **outside of**) (a)fuera de: *Wait outside the door.* Esperá en la puerta. ◆ *adv* afuera ◆ /ˈaʊtsaɪd/ *adj* exterior, de afuera

outsider /ˌaʊtˈsaɪdə(r)/ *n* **1** extraño, -a **2** (*pey*) intruso, -a **3** (*competidor*) desconocido, -a

outskirts /ˈaʊtskɜːts/ *n* [*pl*] afueras

outspoken /aʊtˈspəʊkən/ *adj* sincero, franco

outstanding /aʊtˈstændɪŋ/ *adj* **1** destacado, excepcional **2** (*visible*) sobresaliente **3** (*pago, trabajo*) pendiente

outstretched /ˌaʊtˈstretʃt/ *adj* extendido, abierto

outward /ˈaʊtwəd/ *adj* **1** externo, exterior **2** (*viaje*) de ida **outwardly** *adv* por fuera, aparentemente **outwards** *adv* hacia fuera

outweigh /ˌaʊtˈweɪ/ *vt* pesar más que, importar más que

oval /ˈəʊvl/ *adj* oval, ovalado

ovary /ˈəʊvəri/ *n* (*pl* **-ies**) ovario

oven /ˈʌvn/ *n* horno *Ver tb* STOVE

over /ˈəʊvə(r)/ ◆ *part adv* **1** *to knock sth over* tirar/volcar algo ◊ *to fall over* caer(se) **2** *to turn sth over* dar vuelta algo **3** (*lugar*): *over here/there* por acá/allá ◊ *They came over to see us.* Vinieron a vernos. **4 left over** de sobra: *Is there any food left over?* ¿Queda algo de comida? **5** (*más*): *children of five and over* chicos de cinco años en adelante **6** terminado LOC **(all) over again** otra vez, de nuevo **over and done with** terminado para siempre **over and over (again)** una y otra vez *Ver tb* ALL ◆ *prep* **1** sobre, por encima de: *clouds over the mountains* nubes por encima de las montañas **2** al otro lado de: *He lives over the road.* Vive al otro lado de la calle. **3** más de: (*for*) *over a month* (durante) más de un mes **4** (*tiempo*) durante, mientras: *We'll discuss it over lunch.* Lo discutiremos durante el almuerzo. **5** (*a causa de*): *an argument over money* una discusión por cuestiones de dinero LOC **over and above** además de ☛ Para los usos de **over** en PHRASAL VERBS ver las entradas de los verbos correspondientes, p.ej. **to think over** en THINK.

over- /ˈəʊvə(r)/ *pref* **1** excesivamente: *over-ambitious* excesivamente ambicioso **2** (*edad*) mayor de: *the over-60s* los mayores de sesenta años

overall /ˌəʊvərˈɔːl/ ◆ *adj* **1** total **2** (*general*) global **3** (*ganador*) absoluto ◆ *adv* **1** en total **2** en general ◆ /ˈəʊvərɔːl/ *n* **1** (*GB*) guardapolvo, bata **2 overalls** [*pl*] overol

overbearing /ˌəʊvəˈbeərɪŋ/ *adj* dominante

overboard /ˈəʊvəbɔːd/ *adv* por la borda

overcame *pret de* OVERCOME

overcast /ˌəʊvəˈkɑːst; *USA* -ˈkæst/ *adj* nublado, cubierto

overcharge /ˌəʊvəˈtʃɑːdʒ/ *vt, vi* ~ **(sb) (for sth)** cobrar de más (a algn) (por algo)

overcoat /ˈəʊvəkəʊt/ *n* sobretodo

overcome /ˌəʊvəˈkʌm/ *vt* (*pret* **overcame** /-ˈkeɪm/ *pp* **overcome**) **1** (*dificultad, etc*) superar, dominar **2** abrumar, invadir: *overcome by fumes/smoke* vencido por los gases/el humo ◊ *overcome with/by emotion* invadido por la emoción

overcrowded /ˌəʊvəˈkraʊdɪd/ *adj* lleno (de gente) **overcrowding** *n* congestión, hacinamiento

overdo /ˌəʊvəˈduː/ *vt* (*pret* **overdid** /-ˈdɪd/ *pp* **overdone** /-ˈdʌn/) **1** exagerar, pasarse con **2** cocinar demasiado LOC **to overdo it/things** pasarse (de la raya)

overdose /ˈəʊvədəʊs/ *n* sobredosis

overdraft /ˈəʊvədrɑːft; *USA* -dræft/ *n* sobregiro (*en una cuenta bancaria*)

overdue /ˌəʊvəˈdjuː; *USA* -ˈduː/ *adj* **1** retrasado **2** (*Fin*) vencido y no pagado

overestimate /ˌəʊvərˈestɪmeɪt/ *vt* sobreestimar

overflow /ˌəʊvəˈfləʊ/ ◆ **1** *vt, vi* desbordarse **2** *vi* rebalsar ◆ /ˈəʊvəfləʊ/ *n*

1 desbordamiento 2 derrame 3 (*tb* **overflow pipe**) cañería de desagüe

overgrown /ˌəʊvəˈgrəʊn/ *adj* 1 crecido, grande 2 (*jardín*) abandonado

overhang /ˌəʊvəˈhæŋ/ *vt, vi* (*pret, pp* **overhung** /-ˈhʌŋ/) sobresalir/colgar (por encima): *overhanging* sobresaliente

overhaul /ˌəʊvəˈhɔːl/ ◆ *vt* revisar, poner a punto ◆ /ˈəʊvəhɔːl/ *n* revisación, puesta a punto

overhead /ˈəʊvəhed/ ◆ *adj* 1 elevado 2 (*cable*) aéreo 3 (*luz*) de techo ◆ /ˌəʊvəˈhed/ *adv* por encima de la cabeza, en alto, por lo alto

overhear /ˌəʊvəˈhɪə(r)/ *vt* (*pret, pp* **overheard** /-ˈhɜːd/) oír (*por casualidad*)

overhung *pret, pp de* OVERHANG

overjoyed /ˌəʊvəˈdʒɔɪd/ *adj* 1 ~ (**at sth**) eufórico (por/con algo) 2 ~ (**to do sth**) contentísimo (de hacer algo)

overland /ˈəʊvəlænd/ ◆ *adj* terrestre ◆ *adv* por tierra

overlap /ˌəʊvəˈlæp/ ◆ *vt, vi* (**-pp-**) 1 superponer(se) 2 (*fig*) coincidir en parte (con) ◆ /ˈəʊvəlæp/ *n* 1 superposición 2 (*fig*) coincidencia

overleaf /ˌəʊvəˈliːf/ *adv* a la vuelta de la página

overload /ˈəʊvəˈləʊd/ ◆ *vt* ~ **sth/sb** (**with sth**) sobrecargar algo/a algn (de algo) ◆ /ˈəʊvələʊd/ *n* sobrecarga

overlook /ˌəʊvəˈlʊk/ *vt* 1 dar a, tener vista a 2 pasar por alto 3 no notar 4 (*perdonar*) dejar pasar

overnight /ˌəʊvəˈnaɪt/ ◆ *adv* 1 por la noche 2 (*coloq*) de la noche a la mañana ◆ *adj* 1 de la noche, para una noche 2 (*coloq*) (*éxito*) repentino

overpower /ˌəʊvəˈpaʊə(r)/ *vt* dominar, vencer, reducir **overpowering** *adj* agobiante, arrollador

overran *pret de* OVERRUN

overrate /ˌəʊvəˈreɪt/ *vt* sobreestimar, sobrevalorar

override /ˌəʊvəˈraɪd/ *vt* (*pret* **overrode** /-ˈrəʊd/ *pp* **overridden** /-ˈrɪdn/) 1 ~ **sth/sb** hacer caso omiso de algo/algn 2 tener preferencia **overriding** /ˌəʊvəˈraɪdɪŋ/ *adj* capital, primordial

overrule /ˌəʊvəˈruːl/ *vt* invalidar, anular

overrun /ˌəʊvəˈrʌn/ (*pret* **overran** /-ˈræn/ *pp* **overrun**) 1 *vt* invadir 2 *vi* exceder (*su tiempo*)

oversaw *pret de* OVERSEE

overseas /ˌəʊvəˈsiːz/ ◆ *adj* exterior, extranjero ◆ *adv* en el/al extranjero

oversee /ˌəʊvəˈsiː/ *vt* (*pret* **oversaw** /-ˈsɔː/ *pp* **overseen** /-ˈsiːn/) supervisar, inspeccionar

overshadow /ˌəʊvəˈʃædəʊ/ *vt* 1 (*entristecer*) ensombrecer 2 (*persona, logro*) eclipsar

oversight /ˈəʊvəsaɪt/ *n* omisión, olvido

oversleep /ˌəʊvəˈsliːp/ *vi* (*pret, pp* **overslept** /-ˈslept/) quedarse dormido (*no despertarse a tiempo*)

overspend /ˌəʊvəˈspend/ (*pret, pp* **overspent** /-ˈspent/) 1 *vi* gastar en exceso 2 *vt* (*presupuesto*) pasarse de

overstate /ˌəʊvəˈsteɪt/ *vt* exagerar

overstep /ˌəʊvəˈstep/ *vt* (**-pp-**) pasarse LOC **to overstep the mark** pasarse de la raya

overt /ˈəʊvɜːt; *USA* əʊˈvɜːrt/ *adj* (*formal*) abierto

overtake /ˌəʊvəˈteɪk/ (*pret* **overtook** /-ˈtʊk/ *pp* **overtaken** /-ˈteɪkən/) 1 *vt, vi* (*auto*) pasar 2 *vt* (*fig*) sobrepasar

overthrow /ˌəʊvəˈθrəʊ/ ◆ *vt* (*pret* **overthrew** /-ˈθruː/ *pp* **overthrown** /-ˈθrəʊn/) derrocar ◆ *n* derrocamiento

overtime /ˈəʊvətaɪm/ *n, adv* horas extras

overtone /ˈəʊvətəʊn/ *n* [*gen pl*] connotación

overtook *pret de* OVERTAKE

overture /ˈəʊvətjʊə(r)/ *n* (*Mús*) obertura LOC **to make overtures (to sb)** hacer propuestas (a algn)

overturn /ˌəʊvəˈtɜːn/ 1 *vt, vi* volcar, dar vuelta 2 *vt* (*decisión*) anular

overview /ˈəʊvəvjuː/ *n* (*formal*) perspectiva (general)

overweight /ˌəʊvəˈweɪt/ *adj*: *to be overweight* estar excedido de peso ☛ *Ver nota en* FAT

overwhelm /ˌəʊvəˈwelm/ *vt* 1 abatir, derribar 2 (*fig*) abrumar **overwhelming** *adj* abrumador

overwork /ˌəʊvəˈwɜːk/ *vt, vi* (hacer) trabajar en exceso

owe /əʊ/ *vt, vi* deber, estar en deuda

owing to /ˈəʊɪŋ tu/ *prep* debido a, a causa de

owl /aʊl/ *n* búho, lechuza

own /əʊn/ ◆ *adj, pron* propio, mío, tuyo, suyo, nuestro, vuestro: *It was my own idea.* Fue idea mía. LOC **of your own** propio: *a house of your own* una casa propia **(all) on your own 1** (completamente) solo **2** por sí solo, sin ayuda *Ver tb* BACK[1] ◆ *vt* poseer, tener, ser dueño de PHR V **to own up (to sth)** (*coloq*) confesarse culpable (de algo)

owner /ˈəʊnə(r)/ *n* dueño, -a **ownership** *n* [*incontable*] propiedad

ox /ɒks/ *n* (*pl* **oxen** /ˈɒksn/) buey

oxygen /ˈɒksɪdʒən/ *n* oxígeno

oyster /ˈɔɪstə(r)/ *n* ostra

ozone /ˈəʊzəʊn/ *n* ozono: *ozone layer* capa de ozono

Pp

P, p /piː/ *n* (*pl* **P's**, **p's** /piːz/) P, p: *P for Peter* P de Paco ☛ *Ver ejemplos en* A, A

pace /peɪs/ ◆ *n* **1** paso **2** ritmo LOC **to keep pace (with sth/sb) 1** ir al mismo paso (que algo/algn) **2** mantenerse al corriente (de algo/algn) ◆ *vt, vi* (*con inquietud*) pasearse (por) LOC **to pace up and down (a room, etc)** pasearse con inquietud (por una habitación, etc)

pacemaker /ˈpeɪsmeɪkə(r)/ *n* (*Med*) marcapasos

pacify /ˈpæsɪfaɪ/ *vt* (*pret, pp* **-fied**) **1** (*temores, ira*) apaciguar **2** (*región*) pacificar

pack /pæk/ ◆ *n* **1** mochila **2** paquete: *The pack contains a pen, ten envelopes and twenty sheets of writing paper.* El paquete contiene una birome, diez sobres y veinte hojas de papel carta. ☛ *Ver nota en* PARCEL **3** (*cigarrillos*) paquete **4** (*animal*) carga **5** [*v sing o pl*] (*perros*) jauría **6** [*v sing o pl*] (*lobos*) manada **7** (*USA* **deck**) (*cartas*) mazo ◆ **1** *vt* (*valija*) hacer **2** *vi* hacer las valijas **3** *vt* llevar **4** *vt* embalar **5** *vt* ~ **sth into sth** poner algo en algo **6** *vt* ~ **sth in sth** envolver algo con algo **7** *vt* (*caja*) llenar **8** *vt* (*comida*) empaquetar, envasar **9** *vt* (*habitación*) llenar LOC **to pack your bags** irse PHR V **to pack sth in** (*coloq*) largar algo: *I've packed in my job.* Largué el trabajo. **to pack (sth/sb) into sth** amontonarse en algo, amontonar algo/a algn en algo **to pack up** (*coloq*) sonar (*descomponerse*) **packed** *adj* **1** a tope **2** ~ **with sth** lleno de algo LOC **packed lunch** vianda

package /ˈpækɪdʒ/ ◆ *n* **1** paquete ☛ *Ver nota en* PARCEL **2** (*equipaje*) bulto ◆ *vt* envasar **packaging** *n* embalaje

package holiday (*tb* **package tour**) *n* viaje organizado

packet /ˈpækɪt/ *n* paquete ☛ *Ver dibujo en* CONTAINER *y nota en* PARCEL

packing /ˈpækɪŋ/ *n* embalaje

pact /pækt/ *n* pacto

pad /pæd/ ◆ *n* **1** rodilleras **2** (*papel*) bloc ◆ *vt* (**-dd-**) acolchar PHR V **to pad about, along, around, etc** caminar (con pasos suaves) **to pad sth out** (*fig*) rellenar algo (*libro, etc*) **padding** *n* **1** acolchado **2** (*fig*) relleno

paddle /ˈpædl/ ◆ *n* remo LOC **to have a paddle** mojarse los pies *Ver tb* CREEK ◆ **1** *vt* (*bote*) dirigir (remando) **2** *vi* remar **3** *vi* mojarse los pies

paddock /ˈpædək/ *n* campo (*donde pastan los caballos*)

padlock /ˈpædlɒk/ *n* candado

paediatrician (*USA* **pedi-**) /ˌpiːdiəˈtrɪʃn/ *n* pediatra

pagan /ˈpeɪgən/ *adj, n* pagano, -a

page /peɪdʒ/ ◆ *n* (*abrev* **p**) página ◆ *vt* llamar por el altoparlante

paid /peɪd/ ◆ *pret, pp de* PAY ◆ *adj* **1** (*empleado*) a sueldo **2** (*trabajo*) remunerado LOC **to put paid to sth** acabar con algo

pain /peɪn/ *n* **1** dolor: *Is she in pain?* ¿Le duele? ◊ *painkiller* calmante ◊ *I've got a pain in my neck.* Me duele el cuello. **2** ~ **(in the neck)** (*coloq*) (*esp persona*) plomo LOC **to be at pains to do sth** esforzarse por hacer algo **to take great pains with/over sth** esmerarse mucho en algo **pained** *adj* **1** afligido **2** ofendido **painful** *adj* **1** dolorido: *to be painful* doler **2** doloroso **3** (*deber*) penoso **4** (*decisión*) desagradable **painfully** *adv* terriblemente **painless** *adj* **1** que no duele **2** (*procedimiento*) sin dificultades

painstaking /ˈpeɪnzteɪkɪŋ/ *adj* **1** (*trabajo*) laborioso **2** (*persona*) concienzudo

paint /peɪnt/ ◆ *n* pintura ◆ *vt, vi* pintar **painter** *n* pintor, -ora **painting** *n* **1** pintura **2** cuadro ☛ *Ver dibujo en* BRUSH

paintbrush /ˈpeɪntbrʌʃ/ *n* pincel, brocha

paintwork /ˈpeɪntwɜːk/ *n* pintura (*superficie*)

pair /peə(r)/ ◆ *n* **1** par: *a pair of trousers* unos pantalones/un pantalón

> Las palabras que designan objetos compuestos por dos elementos (como tenazas, tijeras, pantalones, etc), llevan el verbo en plural: *My trousers are very tight.* Los pantalones me quedan muy ajustados. Cuando nos referimos a más de uno, usamos la palabra **pair**: *I've got two pairs of trousers.* Tengo dos pantalones.

2 [*v sing o pl*] pareja (*animales, equipo*): *the winning pair* la pareja ganadora ☛ *Comparar con* COUPLE ◆ PHR V **to pair off/up (with sb)** emparejarse (con algn) **to pair sb off (with sb)** emparejar a algn (con algn)

pajamas (*USA*) *Ver* PYJAMAS

pal /pæl/ *n* (*coloq*) **1** compañero, -a **2** amigo, -a, compañero, -a

palace /ˈpæləs/ *n* palacio

palate /ˈpælət/ *n* paladar

pale /peɪl/ ◆ *adj* (**paler**, **palest**) **1** pálido **2** (*color*) claro **3** (*luz*) tenue LOC **to go/turn pale** palidecer ◆ *n* LOC **beyond the pale** (*conducta*) inaceptable

pall /pɔːl/ ◆ *vi* ~ **(on sb)** cansar (a algn) (*de aburrimiento*) ◆ *n* **1** paño mortuorio **2** (*fig*) manto

pallid /ˈpælɪd/ *adj* pálido

pallor /ˈpælə(r)/ *n* palidez

palm /pɑːm/ ◆ *n* **1** (*mano*) palma **2** (*tb* **palm tree**) palmera, palma LOC **to have sb in the palm of your hand** tener a algn en un puño ◆ PHR V **to palm sth/sb off (on sb)** (*coloq*) encajarle algo/a algn (a algn)

paltry /ˈpɔːltri/ *adj* (**-ier**, **-iest**) insignificante

pamper /ˈpæmpə(r)/ *vt* (*frec pey*) mimar

pamphlet /ˈpæmflət/ *n* **1** folleto **2** (*político*) panfleto

pan /pæn/ *n* término genérico que abarca cacerolas, ollas y sartenes ☛ *Ver dibujo en* SAUCEPAN LOC *Ver* FLASH

pancake /ˈpænkeɪk/ *n* panqueque ☛ *Ver nota en* MARTES

panda /ˈpændə/ *n* panda

pander /ˈpændə(r)/ PHR V **to pander to sth/sb** (*pey*) complacer a algo/algn, condescender con algo/algn

pane /peɪn/ *n* vidrio: *pane of glass* hoja de vidrio ◊ *window-pane* vidrio (de ventana)

panel /ˈpænl/ *n* **1** (*pared, puerta*) panel **2** (*mandos*) tablero **3** [*v sing o pl*] (*TV, Radio*) panel **4** [*v sing o pl*] comisión, jurado **panelled** (*USA* **paneled**) *adj* (revestido) con paneles **panelling** (*USA* **paneling**) *n* revestimiento (*p.ej. de las paredes*): *oak panelling* paneles de roble

pang /pæŋ/ *n* (*lit y fig*) sentimiento fuerte causado por algo angustioso

panic /ˈpænɪk/ ◆ *n* pánico: *panic-stricken* preso del pánico ◆ *vt, vi* (**-ck-**) aterrar(se), dejarse llevar por el pánico

pant /pænt/ *vi* jadear

panther /ˈpænθə(r)/ *n* **1** pantera **2** (*USA*) puma

panties /ˈpæntiz/ *n* (*coloq*) [*pl*] bombacha

pantomime /ˈpæntəmaɪm/ *n* **1** (*GB*) representación teatral con música para la Navidad, basada en cuentos de hadas **2** (*fig*) farsa

pantry /ˈpæntri/ *n* (*pl* **-ies**) despensa

pants /pænts/ *n* [*pl*] **1** (*GB*) calzoncillos **2** (*USA*) pantalones ☛ *Ver nota en* PAIR

paper /ˈpeɪpə(r)/ ◆ *n* **1** [*incontable*] papel: *a piece of paper* una hoja/un pedazo de papel **2** diario **3** (*tb* **wallpaper**) papel pintado **4** **papers** [*pl*] documentación **5** **papers** [*pl*] papeles, papeleo **6** examen **7** (*científico, académico*) artículo, ponencia LOC **on paper** **1** por escrito **2** (*fig*) en teoría ◆ *vt* empapelar

paperback /ˈpeɪpəbæk/ *n* libro de tapa blanda

paperwork /ˈpeɪpəwɜːk/ *n* [*incontable*] **1** papeleo **2** tareas administrativas

par /pɑː(r)/ *n* LOC **below par** (*coloq*) en baja forma **to be on a par with sth/sb** estar en pie de igualdad con algo/algn

parable /ˈpærəbl/ *n* parábola (*cuento*)

parachute /ˈpærəʃuːt/ *n* paracaídas

parade /pəˈreɪd/ ◆ *n* **1** desfile **2** (*tb* **parade ground**) plaza de armas ◆ **1** *vi* desfilar **2** *vi* (*Mil*) pasar revista **3** *vt* (*pey*) (*conocimientos*) hacer alarde de **4** *vt* (*esp por las calles*) exhibir

paradise /ˈpærədaɪs/ *n* paraíso

paradox /ˈpærədɒks/ *n* paradoja

paraffin /ˈpærəfɪn/ *n* kerosene

paragraph /ˈpærəgrɑːf; *USA* -græf/ *n* párrafo

parallel /ˈpærəlel/ ◆ *adj* (en) paralelo ◆ *n* **1** (*gen, Geog*) paralelo **2** paralela

paralyse (*USA* **paralyze**) /ˈpærəlaɪz/ *vt* paralizar

paralysis /pəˈræləsɪs/ *n* [*incontable*] **1** parálisis **2** (*fig*) paralización

paramount /ˈpærəmaʊnt/ *adj* primordial: *of paramount importance* de suma importancia

paranoid /ˈpærənɔɪd/ *n, adj* **1** paranoico, -a **2** (*fig*) maniático, -a

paraphrase /ˈpærəfreɪz/ *vt* parafrasear

parasite /ˈpærəsaɪt/ *n* parásito

parcel /ˈpɑːsl/ (*USA* **package**) *n* paquete

> **Parcel** (USA **package**) se usa para referirse a los paquetes que se mandan por correo. Para hablar de los paquetes que se entregan en mano usamos **package**. **Packet** (USA **pack**) es el término que se usa para referirnos a un paquete o una bolsa que contiene algún producto que se vende en un negocio: *a packet of cigarettes/crisps.* **Pack** se usa para hablar de un conjunto de cosas diferentes que se venden juntas: *The pack contains needles and thread.* El paquete contiene agujas e hilo. *Ver tb* PACKAGING *en* PACKAGE *y dibujo en* CONTAINER

parched /pɑːtʃt/ *adj* **1** reseco **2** (*persona*) muerto de sed

parchment /ˈpɑːtʃmənt/ *n* pergamino

pardon /ˈpɑːdn/ ◆ *n* **1** perdón **2** (*Jur*) indulto LOC *Ver* BEG ◆ *vt* (*formal*) perdonar LOC **pardon?** (*USA* **pardon me?**) ¿cómo dice?, ¿qué dijo? **pardon me!** ¡perdón!

parent /ˈpeərənt/ *n* madre, padre: *parent company* empresa matriz

parentage *n* **1** ascendencia **2** padres

parental /pəˈrentl/ *adj* de los padres

parenthood /ˈpeərənthʊd/ *n* maternidad, paternidad

parish /ˈpærɪʃ/ *n* [*v sing o pl*] parroquia: *parish priest* párroco

park /pɑːk/ ◆ *n* **1** parque: *parkland* zona verde/parque **2** (*USA*) campo (de deportes) ◆ *vt, vi* estacionar

parking /ˈpɑːkɪŋ/ *n* estacionamiento: *parking ticket/fine* multa por estacionar en infracción ◊ *parking meter* parquímetro

parliament /ˈpɑːləmənt/ *n* [*v sing o pl*] parlamento: *Member of Parliament* diputado ☛ *Ver pág 316.* **parliamentary** /ˌpɑːləˈmentri/ *adj* parlamentario

parlour (*USA* **parlor**) /ˈpɑːlə(r)/ *n* sala (de visitas)

parody /ˈpærədi/ *n* (*pl* **-ies**) parodia

parole /pəˈrəʊl/ *n* libertad condicional

parrot /ˈpærət/ *n* loro

parsley /ˈpɑːsli/ *n* perejil

parsnip /ˈpɑːsnɪp/ *n* chirivía

part /pɑːt/ ◆ *n* **1** parte: *in part exchange* como parte de pago **2** pieza **3** (*TV*) episodio **4** (*cine, teatro*) papel **5 parts** [*pl*] región: *She's not from these parts.* No es de acá. LOC **for my part** por mi parte **for the most part** por lo general **on the part of sb/on sb's part**: *It was an error on my part.* Fue un error de mi parte. **the best/better part of sth** la mayor parte de algo: *for the best part of a year* casi un año **to take part (in sth)** tomar parte (en algo) **to take sb's part** ponerse de la parte de algn ◆ **1** *vt, vi* separar(se) **2** *vt, vi* apartar(se) **3** *vt* partir LOC **to part company (with sb)** separarse (de algn), despedirse (de algn) **to part your hair** hacerse la raya PHR V **to part with sth 1** renunciar a algo **2** (*dinero*) gastar algo

partial /ˈpɑːʃl/ *adj* **1** parcial **2** ~ **(towards sth/sb)** parcial (a favor de algo/algn) LOC **to be partial to sth/sb** ser aficionado a algo/algn **partially** *adv* **1** parcialmente **2** de manera parcial

participant /pɑːˈtɪsɪpənt/ *n* participante

participate /pɑːˈtɪsɪpeɪt/ *vi* ~ (**in sth**) participar (en algo) **participation** *n* participación

particle /ˈpɑːtɪkl/ *n* partícula

particular /pəˈtɪkjələ(r)/ ◆ *adj* **1** (*concreto*) en particular: *in this particular case* en este caso en particular **2** (*excepcional*) especial **3** ~ (**about sth**) exigente (con algo) ◆ **particulars** *n* [*pl*] datos **particularly** *adv* **1** particularmente, especialmente **2** en particular

parting /ˈpɑːtɪŋ/ *n* **1** despedida **2** (*pelo*) raya

partisan /ˌpɑːtɪˈzæn, ˈpɑːtɪzæn; *USA* ˈpɑːrtɪzn/ ◆ *adj* parcial ◆ *n* **1** partidario, -a **2** (*Mil*) partisano, -a

partition /pɑːˈtɪʃn/ *n* **1** (*Pol*) división **2** tabique

partly /ˈpɑːtli/ *adv* en parte

partner /ˈpɑːtnə(r)/ *n* **1** (*Com*) socio **2** (*baile, deportes, relación*) pareja **partnership** *n* **1** asociación **2** (*Com*) sociedad (en comandita)

partridge /ˈpɑːtrɪdʒ/ *n* perdiz

part-time /ˌpɑːt ˈtaɪm/ *adj, adv* **1** por horas **2** (*curso*) a tiempo parcial

party /ˈpɑːti/ *n* (*pl* **-ies**) **1** (*reunión*) fiesta **2** (*Pol*) partido **3** grupo **4** (*Jur*) parte LOC **to be (a) party to sth** participar en algo

pass /pɑːs; *USA* pæs/ ◆ *n* **1** (*examen*) aprobado **2** (*permiso*) pase **3** (*colectivo, etc*) abono **4** (*Dep*) pase **5** (*montaña*) paso LOC **to make a pass at sb** (*coloq*) tirarse un lance con algn ◆ **1** *vt, vi* pasar **2** *vt* (*barrera*) cruzar **3** *vt* (*límite*) superar **4** *vt* (*examen, ley*) aprobar **5** *vi* suceder

PHR V **to pass as sth/sb** *Ver* TO PASS FOR STH/SB

to pass away (*eufemismo*) morir

to pass by (sth/sb) pasar al lado (de algo/algn) **to pass sth/sb by 1** dejar algo/a algn de lado **2** ignorar algo/a algn

to pass for sth/sb pasar por algo/algn (*ser tomado por*)

to pass sth/sb off as sth/sb hacer pasar algo/a algn por algo/algn

to pass out desmayarse

to pass sth round circular algo

to pass sth up (*coloq*) rechazar algo (*oportunidad*)

passable /ˈpɑːsəbl; *USA* ˈpæs-/ *adj* **1** aceptable **2** transitable

passage /ˈpæsɪdʒ/ *n* **1** (*tb* **passageway**) pasadizo, pasillo **2** (*extracto*) pasaje **3** paso

passenger /ˈpæsɪndʒə(r)/ *n* pasajero, -a

passer-by /ˌpɑːsə ˈbaɪ; *USA* ˌpæsər/ *n* (*pl* **-s-by** /ˌpɑːsəz ˈbaɪ/) transeúnte

passing /ˈpɑːsɪŋ; *USA* ˈpæs-/ ◆ *adj* **1** pasajero **2** (*referencia*) de pasada **3** (*tráfico*) que pasa ◆ *n* **1** paso **2** (*formal*) desaparición LOC **in passing** de pasada

passion /ˈpæʃn/ *n* pasión **passionate** *adj* apasionado, ardiente

passive /ˈpæsɪv/ ◆ *adj* pasivo ◆ *n* (*tb* **passive voice**) (voz) pasiva

passport /ˈpɑːspɔːt; *USA* ˈpæs-/ *n* pasaporte

password /ˈpɑːswɜːd/ *n* contraseña

past /pɑːst; *USA* pæst/ ◆ *adj* **1** pasado **2** antiguo: *past students* antiguos alumnos **3** último: *the past few days* los últimos días **4** (*tiempo*) acabado: *The time is past.* Se acabó el tiempo. ◆ *n* **1** pasado **2** (*tb* **past tense**) pretérito, pasado ◆ *prep* **1** *half past two* las dos y media ◊ *past midnight* pasada la medianoche ◊ *It's past five o'clock.* Son las cinco pasadas. **2** (*con verbos de movimiento*): *to walk past sth/sb* pasar por delante de algo/al lado de algn **3** más allá de, después de: *It's past your bedtime.* Ya deberías estar en la cama. LOC **not to put it past sb (to do sth)** creer a algn capaz (de hacer algo) ◆ *adv* al lado, por delante: *to walk past* pasar por delante

paste /peɪst/ *n* **1** pasta, engrudo **2** cola **3** paté

pastime /ˈpɑːstaɪm; *USA* ˈpæs-/ *n* pasatiempo

pastor /ˈpɑːstə(r); *USA* ˈpæs-/ *n* pastor (*sacerdote*)

pastoral /ˈpɑːstərəl; *USA* ˈpæs-/ *adj* **1** pastoril, bucólico **2** *pastoral care* atención personal

pastry /ˈpeɪstri/ *n* (*pl* **-ies**) **1** masa (*de una tarta, de factura, etc*) **2** factura (*de panadería*)

pasture /ˈpɑːstʃə(r); *USA* ˈpæs-/ *n* potrero, campo

pat /pæt/ ◆ *vt* (**-tt-**) **1** dar golpecitos a, dar una palmadita a **2** acariciar ◆

n **1** palmadita **2** caricia **3** (*manteca*) pedazo LOC **to give sb a pat on the back** felicitar a algn

patch /pætʃ/ ◆ *n* **1** (*tela*) parche **2** (*color*) mancha **3** (*niebla, etc*) zona **4** terreno (*donde se cultivan verduras, etc*) **5** (*GB, coloq*) (*área de trabajo*) zona LOC **not to be a patch on sth/sb** no tener ni comparación con algo/algn *Ver tb* BAD ◆ *vt* ponerle un parche a PHR V **to patch sth up 1** ponerle parches a algo **2** (*disputa*) resolver algo **patchy** *adj* (**-ier**, **-iest**) **1** irregular: *patchy rain/fog* chaparrones/bancos de niebla **2** desigual **3** (*conocimientos*) con lagunas, incompletos

patchwork /ˈpætʃwɜːk/ *n* **1** labor de aguja a base de parches geométricos **2** (*fig*) mosaico

patent /ˈpeɪtnt; *USA* ˈpætnt/ ◆ *adj* **1** patente **2** (*Com*) patentado ◆ *n* patente ◆ *vt* patentar **patently** *adv* claramente

paternal /pəˈtɜːnl/ *adj* **1** paternal **2** paterno

path /pɑːθ; *USA* pæθ/ *n* **1** (*tb* **pathway**, **footpath**) sendero **2** paso **3** trayectoria **4** (*fig*) camino

pathetic /pəˈθetɪk/ *adj* **1** patético **2** (*coloq*) (*insuficiente*) lamentable

pathological /ˌpæθəˈlɒdʒɪkl/ *adj* patológico **pathology** /pəˈθɒlədʒi/ *n* patología

pathos /ˈpeɪθɒs/ *n* patetismo

patience /ˈpeɪʃns/ *n* **1** [*incontable*] paciencia **2** (*GB*) (*juego de cartas*) solitario LOC *Ver* TRY

patient /ˈpeɪʃnt/ ◆ *n* paciente ◆ *adj* paciente

patio /ˈpætiəʊ/ *n* (*pl* ~**s** /-əʊz/) patio

patriarch /ˈpeɪtriɑːk; *USA* ˈpæt-/ *n* patriarca

patriot /ˈpætrɪət; *USA* ˈpeɪt-/ *n* patriota **patriotic** /ˌpætrɪˈɒtɪk; *USA* ˌpeɪt-/ *adj* patriótico

patrol /pəˈtrəʊl/ ◆ *vt* (**-ll-**) **1** patrullar **2** (*guardia*) hacer la ronda ◆ *n* patrulla

patron /ˈpeɪtrən/ *n* **1** patrocinador, -ora **2** (*antic*) mecenas **3** cliente **patronage** *n* **1** patrocinio **2** (*cliente regular*) apoyo **3** patronazgo

patronize, -ise /ˈpætrənaɪz; *USA* ˈpeɪt-/ *vt* **1** tratar condescendientemente a **2** apadrinar, patrocinar **patronizing, -ising** *adj* condescendiente

pattern /ˈpætn/ *n* **1** dibujo (*en tela, etc*) **2** (*costura, etc*) molde **3** pauta, tendencia **patterned** *adj* estampado

pause /pɔːz/ ◆ *n* pausa *Ver tb* BREAK[2] ◆ *vi* hacer una pausa, pararse

pave /peɪv/ *vt* pavimentar LOC **to pave the way** (**for sth/sb**) preparar el camino (para algo/algn)

pavement /ˈpeɪvmənt/ *n* **1** (*USA* **sidewalk**) vereda **2** (*USA*) pavimento

pavilion /pəˈvɪliən/ *n* (*GB*) pabellón

paving /ˈpeɪvɪŋ/ *n* pavimento: *paving stone* losa

paw /pɔː/ ◆ *n* **1** pata **2** (*coloq, joc*) mano ◆ *vt* manosear

pawn[1] /pɔːn/ *n* (*lit y fig*) peón (*ajedrez*)

pawn[2] /pɔːn/ *vt* empeñar

pawnbroker /ˈpɔːnˌbrəʊkə(r)/ *n* prestamista

pay /peɪ/ ◆ *n* [*incontable*] sueldo: *a pay rise/increase* un aumento de sueldo ◊ *pay claim* reclamación salarial ◊ *pay day* día de pago ◊ *pay packet* sobre del pago *Ver tb* INCOME ◆ (*pret, pp* **paid**) **1** *vt* **to pay sth** (**to sb**) (**for sth**) pagar algo (a algn) (por algo) **2** *vt, vi* **to pay** (**sb**) (**for sth**) pagar (algo) (a algn) **3** *vi* ser rentable **4** *vi* valer la pena **5** *vt, vi* compensar LOC **to pay attention** (**to sth/sb**) prestar atención (a algo/algn) **to pay sb a compliment/pay a compliment to sb** hacer un cumplido a algn **to pay sth/sb a visit** visitar algo/a algn *Ver tb* EARTH

PHR V **to pay sb back** devolver el dinero a algn **to pay sb back sth**; **to pay sth back** devolver algo (a algn)

to pay sth in depositar algo

to pay off (*coloq*) dar fruto, valer la pena **to pay sb off** pagar y despedir a algn **to pay sth off** terminar de pagar algo

to pay up pagar del todo

payable *adj* pagadero

payment /ˈpeɪmənt/ *n* **1** pago **2** [*incontable*]: *in/as payment for* como recompensa a/en pago a

pay-off /ˈpeɪ ɒf/ *n* (*coloq*) **1** pago, soborno **2** recompensa

payroll /ˈpeɪrəʊl/ *n* planilla (*de sueldos*)

PC /ˌpiː ˈsiː/ *abrev* (*pl* **PCs**) **1** **personal computer** computadora personal **2** **police constable** (agente de) policía

PE /ˌpiː ˈiː/ *abrev* **physical education** educación física

pea /piː/ *n* arveja

peace /piːs/ *n* **1** paz **2** tranquilidad: *peace of mind* tranquilidad de conciencia LOC **peace and quiet** paz y tranquilidad **to be at peace (with sth/sb)** estar en armonía (con algo/algn) **to make (your) peace (with sb)** hacer las paces (con algn) *Ver tb* DISTURB **peaceful** *adj* **1** pacífico **2** tranquilo

peach /piːtʃ/ *n* **1** durazno **2** (*tb* **peach tree**) duraznero **3** color durazno

peacock /ˈpiːkɒk/ *n* pavo real

peak /piːk/ ◆ *n* **1** (*montaña*) pico, cumbre **2** punta **3** visera **4** punto máximo ◆ *adj* máximo: *peak hours* horas pico ◇ *in peak condition* en condiciones óptimas ◆ *vi* alcanzar el punto máximo **peaked** *adj* **1** en punta **2** (*gorra*) con visera

peal /piːl/ *n* **1** (*campanas*) repique **2** *peals of laughter* carcajadas

peanut /ˈpiːnʌt/ *n* **1** maní **2** **peanuts** [*pl*] (*coloq*) una miseria

pear /peə(r)/ *n* **1** pera **2** (*tb* **pear tree**) peral

pearl /pɜːl/ *n* **1** perla **2** (*fig*) joya

peasant /ˈpeznt/ *n* **1** campesino, -a ☛ *Ver nota en* CAMPESINO **2** (*coloq, pey*) ordinario, -a

peat /piːt/ *n* turba (*carbón*)

pebble /ˈpebl/ *n* canto rodado

peck /pek/ ◆ **1** *vt, vi* picotear **2** (*coloq*) *vt* dar un besito a LOC **pecking order** (*coloq*) orden jerárquico ◆ *n* **1** picotazo **2** (*coloq*) besito

peckish /ˈpekɪʃ/ *adj* (*coloq*) hambriento: *to feel peckish* tener ganas de picar algo

peculiar /pɪˈkjuːliə(r)/ *adj* **1** extraño **2** especial **3** ~ **(to sth/sb)** peculiar (de algo/algn) **peculiarity** /pɪˌkjuːliˈærəti/ *n* (*pl* **-ies**) **1** peculiaridad **2** [*incontable*] rarezas **peculiarly** *adv* **1** especialmente **2** característicamente **3** de una manera extraña

pedal /ˈpedl/ ◆ *n* pedal ◆ *vi* (*pret* **-ll-**, *USA* **-l-**) pedalear

pedantic /pɪˈdæntɪk/ *adj* (*pey*) **1** pedante **2** afectado

pedestrian /pəˈdestriən/ ◆ *n* peatón: *pedestrian precinct/crossing* zona peatonal/paso peatonal ◆ *adj* (*pey*) poco imaginativo

pediatrician (*USA*) *Ver* PAEDIATRICIAN

pedigree /ˈpedɪgriː/ ◆ *n* **1** (*animal*) pedigrí **2** (*persona*) genealogía **3** casta ◆ *adj* **1** con pedigrí **2** (*caballo*) de raza

pee /piː/ ◆ *vi* (*coloq*) hacer pis ◆ *n* (*coloq*) pis

peek /piːk/ *vi* ~ **at sth/sb** vichar a algo/algn

peel /piːl/ ◆ *vt, vi* pelar(se) PHR V **to peel (away/off)** **1** (*papel pintado*) despegarse **2** (*pintura*) descascararse **to peel sth away/back/off** **1** despegar algo **2** quitar algo ◆ *n* [*incontable*] cáscara

> Para cáscaras duras, como de nuez o de huevo, se usa **shell** en vez de **peel**. Para la cáscara del limón se usa **rind** o **peel**, mientras que para la naranja se usa sólo **peel**. **Skin** se usa para la cáscara de la banana y para otras frutas con pulpa más fina, como el durazno.

peep /piːp/ ◆ *vi* **1** ~ **at sth/sb** echar una ojeada a algo/algn ☛ Implica una mirada rápida y muchas veces cautelosa. **2** ~ **over, through, etc sth** atisbar por encima de, por, etc algo PHR V **to peep out/through** asomarse ◆ *n* **1** vistazo **2** pío LOC **to have/take a peep at sth/sb** echar una ojeada a algo/algn

peer /pɪə(r)/ ◆ *vi* ~ **at sth/sb** mirar algo/a algn ☛ Implica una mirada prolongada que a veces supone esfuerzo. PHR V **to peer out (of sth)** sacar la cabeza (por algo) ◆ *n* **1** igual **2** contemporáneo, -a **3** (*GB*) noble **the peerage** *n* [*v sing o pl*] los pares, la nobleza

peeved /piːvd/ *adj* (*coloq*) molesto (*enojado*)

peg /peg/ ◆ *n* **1** (*tb* **clothes-peg**) broche **2** (*en la pared*) gancho LOC **to bring/take sb down a peg (or two)** bajarle los humos a algn ◆ *vt* (**-gg-**) **1** (*precios, sueldos*) fijar (el nivel de) **2** **to peg sth to sth** vincular algo a algo

pejorative /pɪˈdʒɒrətɪv; *USA* -ˈdʒɔːr-/ *adj* (*formal*) peyorativo

pelican /ˈpelɪkən/ *n* pelícano

pellet /ˈpelɪt/ *n* **1** (*papel, etc*) bola **2** balín **3** (*fertilizantes, etc*) gránulo

pelt /pelt/ ◆ *n* **1** pellejo **2** piel ◆ *vt* (*coloq*) ~ **sb with sth** tirar cosas a algn LOC **to pelt down (with rain)** llover a cántaros PHR V **to pelt along, down, up, etc (sth)** ir a todo trapo (por algún lugar): *They pelted down the hill.* Bajaron la colina a todo trapo.

pelvis /ˈpelvɪs/ *n* pelvis **pelvic** *adj* pelviano

pen /pen/ *n* **1** birome, lapicera **2** corral **3** (*para ovejas*) redil **4** (*bebé*) corralito

penalize, -ise /ˈpiːnəlaɪz/ *vt* **1** penalizar, sancionar **2** perjudicar

penalty /ˈpenlti/ *n* (*pl* **-ies**) **1** (*castigo*) pena **2** multa **3** desventaja **4** (*Dep*) penalización **5** (*fútbol*) penal

pence /pens/ *n* (*abrev* **p**) peniques

pencil /ˈpensl/ *n* lápiz: *pencil-sharpener* sacapuntas

pendant /ˈpendənt/ *n* colgante

pending /ˈpendɪŋ/ ◆ *adj* (*formal*) pendiente ◆ *prep* en espera de

pendulum /ˈpendjələm; *USA* -dʒʊləm/ *n* péndulo

penetrate /ˈpenɪtreɪt/ *vt* penetrar (*organización*) infiltrar PHR V **to penetrate into sth** introducirse en algo **to penetrate through sth** atravesar algo **penetrating** *adj* **1** perspicaz **2** (*mirada, sonido*) penetrante

penfriend /ˈpenfrend/ *n* amigo, -a por correspondencia

penguin /ˈpeŋgwɪn/ *n* pingüino

penicillin /ˌpenɪˈsɪlɪn/ *n* penicilina

peninsula /pəˈnɪnsjələ; *USA* -nsələ/ *n* península

penis /ˈpiːnɪs/ *n* pene

penknife /ˈpennaɪf/ *n* (*pl* **-knives** /-naɪvz/) **1** navaja **2** cortaplumas

penniless /ˈpeniləs/ *adj* sin dinero

penny /ˈpeni/ *n* (*pl* **pence** /pens/ *o* **pennies** /ˈpeniz/) **1** penique: *It was worth every penny.* Valió su precio. **2** (*fig*) centavo **3** (*USA, coloq*) centavo

pension /ˈpenʃn/ ◆ *n* jubilación ◆ PHR V **to pension sb off** jubilar a algn **to pension sth off** desechar algo **pensioner** *n* jubilado, -a

penthouse /ˈpenthaʊs/ *n* penthouse

pent-up /ˈpent ʌp/ *adj* **1** (*ira, etc*) contenido **2** (*deseo*) reprimido

penultimate /penˈʌltɪmət/ *adj* penúltimo

people /ˈpiːpl/ ◆ *n* **1** [*pl*] gente: *People are saying that…* Dice la gente que… **2** personas: *ten people* diez personas ☛ *Comparar con* PERSON **3 the people** [*pl*] (*público*) el pueblo **4** (*nación*) pueblo (*sólo en este sentido es contable*) ◆ *vt* poblar

pepper /ˈpepə(r)/ *n* **1** pimienta: *peppercorn* grano de pimienta **2** (*verdura*) ají

peppermint /ˈpepəmɪnt/ *n* **1** menta **2** (*tb* **mint**) caramelo de menta

per /pə(r)/ *prep* por: *per person* por persona ◇ *£60 per day* 60 libras por día ◇ *per annum* al año

perceive /pəˈsiːv/ *vt* (*formal*) **1** (*observar*) percibir, divisar **2** (*considerar*) interpretar

per cent /pə ˈsent/ *adj, adv* por ciento **percentage** *n* porcentaje: *percentage increase* aumento porcentual

perceptible /pəˈseptəbl/ *adj* **1** perceptible **2** (*mejora, etc*) sensible

perception /pəˈsepʃn/ *n* (*formal*) **1** percepción **2** sensibilidad, perspicacia **3** punto de vista

perceptive /pəˈseptɪv/ *adj* (*formal*) perspicaz

perch /pɜːtʃ/ ◆ *n* **1** (*para pájaros*) percha **2** posición (elevada) **3** (*pez*) perca ◆ *vi* **1** (*pájaro*) posarse **2** (*persona, edificio*) encaramarse ☛ Casi siempre se usa en pasiva o como participio pasado.

percussion /pəˈkʌʃn/ *n* percusión

perennial /pəˈreniəl/ *adj* perenne

perfect[1] /ˈpɜːfɪkt/ *adj* **1** perfecto **2** ~ **for sth/sb** ideal para algo/algn **3** completo: *a perfect stranger* un perfecto extraño

perfect[2] /pəˈfekt/ *vt* perfeccionar

perfection /pəˈfekʃn/ *n* perfección LOC **to perfection** a la perfección **perfectionist** *n* perfeccionista

perfectly /ˈpɜːfɪktli/ *adv* **1** perfectamente **2** completamente

perforate /ˈpɜːfəreɪt/ *vt* perforar **perforated** *adj* perforado **perforation** *n* **1** perforación **2** perforado

perform /pəˈfɔːm/ **1** *vt* (*función*) desempeñar **2** *vt* (*operación, ritual, trabajo*) realizar **3** *vt* (*compromiso*) cumplir **4** *vt* (*danza, obra de teatro*) representar **5** *vt, vi* (*música*) interpretar **6** *vt, vi* (*teatro*) actuar, representar

performance /pəˈfɔːməns/ *n* **1** (*deberes*) cumplimiento **2** (*estudiante, empleado*) rendimiento **3** (*empresa*) resultados **4** (*Cine*) función **5** (*Mús*) actuación, interpretación **6** (*Teat*) representación: *the evening performance* la función de la tarde

performer /pəˈfɔːmə(r)/ *n* **1** (*Mús*) intérprete **2** (*Teat*) actor, actriz **3** (*variedades*) artista

perfume /ˈpɜːfjuːm; *USA* pərˈfjuːm/ *n* perfume

perhaps /pəˈhæps, præps/ *adv* quizá(s), tal vez, a lo mejor: *perhaps not* puede que no *Ver tb* MAYBE

peril /ˈperəl/ *n* peligro, riesgo

perimeter /pəˈrɪmɪtə(r)/ *n* perímetro

period /ˈpɪəriəd/ *n* **1** período: *over a period of three years* a lo largo de tres años **2** época: *period dress/furniture* prendas/muebles de época **3** (*Educ*) clase **4** (*Med*) período, menstruación **5** (*esp USA*) *Ver* FULL STOP

periodic /ˌpɪəriˈɒdɪk/ (*tb* **periodical** /ˌpɪəriˈɒdɪkl/) *adj* periódico

periodical /ˌpɪəriˈɒdɪkl/ *n* revista

perish /ˈperɪʃ/ *vi* (*formal*) perecer, fallecer **perishable** *adj* perecedero

perjury /ˈpɜːdʒəri/ *n* perjurio

perk /pɜːk/ ◆ *v* (*coloq*) PHR V **to perk up** **1** animarse, sentirse mejor **2** (*negocios, tiempo*) mejorar ◆ *n* (*coloq*) beneficio (adicional) (*de un trabajo, etc*)

perm /pɜːm/ ◆ *n* permanente ◆ *vt*: *to have your hair permed* hacerse la permanente

permanent /ˈpɜːmənənt/ *adj* **1** permanente, fijo **2** (*daño*) irreparable, para siempre **permanently** *adv* permanentemente, para siempre

permissible /pəˈmɪsəbl/ *adj* permisible, admisible

permission /pəˈmɪʃn/ *n* ~ (**for sth/to do sth**) permiso, autorización (para algo/para hacer algo)

permissive /pəˈmɪsɪv/ *adj* (*frec pey*) permisivo

permit /pəˈmɪt/ ◆ *vt, vi* (**-tt-**) (*formal*) permitir: *If time permits...* Si da tiempo... ☛ *Ver nota en* ALLOW ◆ /ˈpɜːmɪt/ *n* **1** permiso, autorización **2** (*de entrada*) pase

perpendicular /ˌpɜːpənˈdɪkjələ(r)/ *adj* **1** ~ (**to sth**) perpendicular (a algo) **2** (*pared de roca*) vertical

perpetrate /ˈpɜːpətreɪt/ *vt* (*formal*) cometer

perpetual /pəˈpetʃuəl/ *adj* **1** perpetuo, continuo **2** constante, interminable

perpetuate /pəˈpetʃueɪt/ *vt* perpetuar

perplexed /pəˈplekst/ *adj* perplejo

persecute /ˈpɜːsɪkjuːt/ *vt* ~ **sb** (**for sth**) perseguir a algn (por algo) (*p.ej. raza, religión, etc*) **persecution** *n* persecución

persevere /ˌpɜːsɪˈvɪə(r)/ *vi* **1** ~ (**in/with sth**) perseverar (en algo) **2** ~ (**with sb**) seguir insistiendo (con algn) **perseverance** *n* perseverancia

persist /pəˈsɪst/ *vi* **1** ~ (**in sth/in doing sth**) insistir, empeñarse (en algo/en hacer algo) **2** ~ **with sth** continuar con algo **3** persistir **persistence** *n* **1** perseverancia **2** persistencia **persistent** *adj* **1** porfiado, pertinaz **2** continuo, persistente

person /ˈpɜːsn/ *n* persona ☛ El plural *persons* sólo se usa en lenguaje formal. *Comparar con* PEOPLE LOC **in person** en persona **personal** *adj* personal: *personal assistant* asistente personal ◊ *personal column(s)* (avisos) clasificados LOC **to become/get personal** empezar a hacer alusiones personales **personality** /ˌpɜːsəˈnæləti/ *n* (*pl* **-ies**) personalidad **personalized, -ised** *adj* **1** marcado con las iniciales de uno **2** con membrete **personally** *adv* personalmente: *to know sb personally* conocer a algn personalmente LOC **to take it personally** darse por aludido **to take sth personally** ofenderse por algo

personify /pəˈsɒnɪfaɪ/ *vt* (*pret, pp* **-fied**) personificar

personnel /ˌpɜːsəˈnel/ *n* [*v sing o pl*] (departamento de) personal: *personnel officer* jefe de personal

perspective /pəˈspektɪv/ *n* perspectiva LOC **to put sth in** (**its right/true**) **perspective** poner algo en su lugar

perspire /pəˈspaɪə(r)/ *vi* (*formal*) transpirar **perspiration** *n* **1** sudor **2** transpiración ☛ La palabra más corriente es **sweat**.

persuade /pəˈsweɪd/ *vt* **1** ~ **sb to do sth** persuadir a algn de que haga algo **2** ~ **sb** (**of sth**) convencer a algn (de algo) **persuasion** *n* **1** persuasión **2** creencia, opinión **persuasive** *adj* **1** convincente **2** persuasivo

pertinent /ˈpɜːtɪnənt; *USA* -tənənt/ *adj* (*formal*) pertinente

perturb /pəˈtɜːb/ *vt* (*formal*) perturbar

pervade /pəˈveɪd/ *vt* ~ **sth** **1** (*olor*)

extenderse por algo **2** (*luz*) difundirse por algo **3** (*obra, libro*) dominar algo **pervasive** (*tb* **pervading**) *adj* generalizado

perverse /pəˈvɜːs/ *adj* **1** (*persona*) terco, retorcido **2** (*decisión, comportamiento*) con mala intención **3** (*placer, deseo*) perverso **perversion** *n* **1** corrupción **2** perversión **3** tergiversación

pervert /pəˈvɜːt/ ◆ *vt* **1** tergiversar **2** corromper ◆ /ˈpɜːvɜːt/ *n* pervertido, -a

pessimist /ˈpesɪmɪst/ *n* pesimista **pessimistic** /ˌpesɪˈmɪstɪk/ *adj* pesimista

pest /pest/ *n* **1** insecto o animal dañino: *pest control* control de plagas **2** (*coloq, fig*) plomo

pester /ˈpestə(r)/ *vt* molestar

pet /pet/ ◆ *n* **1** animal doméstico **2** (*pey*) favorito, -a ◆ *adj* **1** preferido **2** (*animal*) domesticado

petal /ˈpetl/ *n* pétalo

peter /ˈpiːtə(r)/ PHR V **to peter out 1** agotarse poco a poco **2** (*conversación*) agotarse

petition /pəˈtɪʃn/ *n* petición

petrol /ˈpetrəl/ (*USA* **gasoline**, **gas**) *n* nafta: *petrol station* estación de servicio

petroleum /pəˈtrəʊliəm/ *n* petróleo

petrol station *n* estación de servicio

petticoat /ˈpetɪkəʊt/ *n* combinación, enaguas

petty /ˈpeti/ (**-ier**, **-iest**) *adj* (*pey*) **1** insignificante **2** (*delito, gasto*) menor: *petty cash* dinero para gastos menores **3** (*persona, conducta*) mezquino

pew /pjuː/ *n* banco de iglesia

phantom /ˈfæntəm/ ◆ *n* fantasma ◆ *adj* ilusorio

pharmaceutical /ˌfɑːməˈsjuːtɪkl; *USA* -ˈsuː-/ *adj* farmacéutico

pharmacist /ˈfɑːməsɪst/ *n* farmacéutico, -a ☛ *Comparar con* CHEMIST

pharmacy /ˈfɑːməsi/ *n* (*pl* **-ies**) farmacia

"Farmacia" se dice **pharmacy** o **chemist's (shop)** en inglés británico y **drugstore** en inglés americano.

phase /feɪz/ ◆ *n* fase, etapa ◆ *vt* hacer por etapas PHR V **to phase sth in/out** introducir/retirar algo por etapas

pheasant /ˈfeznt/ *n* (*pl* **pheasant** *o* **~s**) faisán

phenomena *n plural de* PHENOMENON

phenomenal /fəˈnɒmɪnl/ *adj* fenomenal

phenomenon /fəˈnɒmɪnən; *USA* -nɒn n/ (*pl* **-ena** /-ɪnə/) fenómeno

phew! /fjuː/ *interj* ¡uf!

philanthropist /fɪˈlænθrəpɪst/ *n* filántropo, -a

philosopher /fɪˈlɒsəfə(r)/ *n* filósofo, -a

philosophical /ˌfɪləˈsɒfɪkl/ (*tb* **philosophic**) *adj* filosófico

philosophy /fəˈlɒsəfi/ *n* (*pl* **-ies**) filosofía

phlegm /flem/ *n* flema **phlegmatic** *adj* flemático

phobia /ˈfəʊbiə/ *n* fobia

phone /fəʊn/ *Ver* TELEPHONE

phonecard® /ˈfəʊnkɑːd/ *n* tarjeta telefónica

phone-in /ˈfəʊn ɪn/ *n* programa de radio o televisión en el que el público participa llamando por teléfono

phon(e)y /ˈfəʊnɪ/ *adj* (*coloq*) (**-ier**, **-iest**) falso

photo /ˈfəʊtəʊ/ *n* (*pl* **~s** /-təʊz/) *Ver* PHOTOGRAPH

photocopier /ˈfəʊtəʊˌkɒpiə(r)/ *n* fotocopiadora

photocopy /ˈfəʊtəʊkɒpi/ ◆ *vt* (*pret, pp* **-pied**) fotocopiar ◆ *n* (*pl* **-ies**) fotocopia

photograph /ˈfəʊtəgrɑːf; *USA* -græf/ ◆ *n* (*tb abrev* **photo**) fotografía ◆ **1** *vt* fotografiar **2** *vi* salir en una foto: *He photographs well.* Sale bien en fotos. **photographer** /fəˈtɒgrəfə(r)/ *n* fotógrafo, -a **photographic** /ˌfəʊtəˈgræfɪk/ *adj* fotográfico **photography** /fəˈtɒgrəfi/ *n* fotografía

phrase /freɪz/ ◆ *n* **1** locución: *adverbial phrase* locución adverbial **2** expresión, frase: *phrase book* libro de expresiones y frases (para turistas) *Ver tb* CATCH-PHRASE LOC *Ver* TURN ◆ *vt* **1** expresar **2** (*Mús*) frasear

physical /ˈfɪzɪkl/ ◆ *adj* físico: *physical fitness* buen estado físico ◆ *n* chequeo médico **physically** *adv* físicamente: *physically fit* en buen estado físico ◇ *physically handicapped* discapacitado

physician /fɪˈzɪʃn/ *n* médico, -a

physicist /ˈfɪzɪsɪst/ *n* físico, -a

physics /ˈfɪzɪks/ *n* [*sing*] física

physiology /ˌfɪziˈɒlədʒi/ *n* fisiología

physiotherapy /ˌfɪziəʊˈθerəpi/ *n* fisioterapia (*tratamiento*), kinesiología (*disciplina*) **physiotherapist** *n* kinesiólogo, -a

physique /fɪˈziːk/ *n* físico (*aspecto*)

pianist /ˈpɪənɪst/ *n* pianista

piano /pɪˈænəʊ/ *n* (*pl* ~**s** /-nəʊz/) piano: *piano stool* banqueta de piano

pick /pɪk/ ◆ **1** *vt* elegir, seleccionar ☛ *Ver nota en* CHOOSE **2** *vt* (*flor, fruta, etc*) recolectar, cortar **3** *vt* escarbar: *to pick your teeth* escarbarse los dientes ◊ *to pick your nose* meterse el dedo en la nariz ◊ *to pick a hole* (*in sth*) hacer un agujero (en algo) **4** *vt* ~ **sth from/off sth** quitar, recoger algo de algo **5** *vt* (*cerradura*) forzar **6** *vi* ~ **at sth** picar algo (*comida*) LOC **to pick a fight/quarrel (with sb)** buscar pelea (con algn) **to pick and choose** ser muy exigente **to pick holes in sth** encontrar defectos en algo **to pick sb's brains** explotar los conocimientos de algn **to pick sb's pocket** robarle la billetera a algn **to pick up speed** cobrar velocidad *Ver tb* BONE

PHR V **to pick on sb 1** meterse con algn **2** elegir a algn (*para un trabajo desagradable*)

to pick sth out 1 identificar algo **2** destacar algo **to pick sth/sb out 1** escoger algo/a algn **2** (*en una multitud, etc*) distinguir algo/a algn

to pick up 1 mejorar **2** (*viento*) soplar más fuerte **3** seguir **to pick sb up 1** (*esp en coche*) (ir a) buscar a algn **2** (*coloq*) levantar a alguien **3** detener a algn **to pick sth up 1** aprender algo **2** (*enfermedad, costumbre*) pescar(se) algo **to pick sth/sb up** recoger algo/a algn **to pick yourself up** levantarse

◆ *n* **1** (derecho de) elección, selección: *Take your pick.* Elegí el/la que quieras. **2 the pick (of sth)** lo mejor (de algo) **3** pico (*herramienta*)

pickle /ˈpɪkl/ *n* pickle LOC **to be in a pickle** estar en un lío

pickpocket /ˈpɪkpɒkɪt/ *n* carterista

picnic /ˈpɪknɪk/ *n* picnic

pictorial /pɪkˈtɔːriəl/ *adj* **1** gráfico **2** (*Arte*) pictórico

picture /ˈpɪktʃə(r)/ ◆ *n* **1** cuadro **2** ilustración **3** foto **4** retrato **5** (*fig*) preciosidad **6** imagen, idea **7** (*TV*) imagen **8** (*GB*) película **9 the pictures** [*pl*] el cine LOC **to put sb in the picture** poner a algn al corriente ◆ **1** *v refl* ~ **yourself** imaginarse **2** *vt* retratar, fotografiar

picturesque /ˌpɪktʃəˈresk/ *adj* pintoresco

pie /paɪ/ *n* **1** (*dulce*) tarta: *apple pie* tarta de manzana **2** (*salado*) empanada

> **Pie** es una tarta o empanada de hojaldre o masa que tiene tapa y relleno dulce o salado. **Tart** y **flan** se usan para las tartas dulces que tienen una base de hojaldre o masa pero que no tienen tapa.

piece /piːs/ ◆ *n* **1** pedazo **2** pieza: *to take sth to pieces* desarmar algo **3** trozo **4** (*papel*) hoja **5** *a piece of advice/news* un consejo/una noticia ☛ **A piece of…** o **pieces of…** se usa con sustantivos incontables. **6** (*Mús*) obra **7** (*Period*) artículo **8** moneda LOC **in one piece** sano y salvo **to be a piece of cake** (*coloq*) ser pan comido *Ver tb* BIT[1] ◆ PHR V **to piece sth together 1** (*pruebas, datos, etc*) juntar algo **2** (*pasado*) reconstruir algo, atar cabos

piecemeal /ˈpiːsmiːl/ ◆ *adv* poco a poco ◆ *adj* gradual

pier /pɪə(r)/ *n* muelle, embarcadero

pierce /pɪəs/ *vt* **1** (*bala, cuchillo*) atravesar **2** perforar: *to have your ears pierced* hacerse los agujeros en las orejas **3** (*sonido, etc*) penetrar en **piercing** *adj* **1** (*grito*) agudo **2** (*mirada, ojos*) penetrante

piety /ˈpaɪəti/ *n* devoción (*religiosa*)

pig /pɪg/ *n* **1** cerdo, chancho ☛ *Ver nota en* CARNE, CERDO **2** (*tb* **greedy pig**) glotón, -ona

pigeon /ˈpɪdʒɪn/ *n* paloma

pigeon-hole /ˈpɪdʒɪn həʊl/ *n* casillero

piglet /ˈpɪglət/ *n* lechón ☛ *Ver nota en* CERDO

pigment /ˈpɪgmənt/ *n* pigmento

pigsty /ˈpɪgstaɪ/ *n* (*pl* **-ies**) (*lit y fig*) chiquero

pigtail /ˈpɪgteɪl/ *n* colita (*de cabello*)

pile /paɪl/ ◆ *n* **1** montón **2** ~ **(of sth)** (*coloq*) un montón de algo ◆ *vt* amontonar, apilar: *to be piled with sth* estar colmado de algo PHR V **to pile in/out** entrar/salir en tropel **to pile up 1** amontonarse **2** (*vehículos*) chocarse unos contra otros **to pile sth up** amontonar algo

pile-up /ˈpaɪl ʌp/ *n* accidente múltiple

pilgrim /ˈpɪlgrɪm/ *n* peregrino, -a **pilgrimage** *n* peregrinación

pill /pɪl/ *n* **1** píldora **2 the pill** (*coloq*) (*anticonceptivo*) la píldora

pillar /ˈpɪlə(r)/ *n* pilar

pillar box *n* (*GB*) buzón

pillow /ˈpɪləʊ/ *n* almohada **pillowcase** *n* funda de almohada

pilot /ˈpaɪlət/ ◆ *n* **1** piloto **2** (*TV*) programa piloto ◆ *adj* piloto (*experimental*)

pimple /ˈpɪmpl/ *n* grano (*en la piel*)

PIN /pɪn/ (*tb* **PIN number**) *n* **personal identification number** código personal (*de la tarjeta de crédito*)

pin /pɪn/ ◆ *n* **1** alfiler **2** broche **3** clavija LOC **pins and needles** hormigueo ◆ *vt* (-nn-) **1** (*con alfileres*) prender, sujetar **2** (*persona, brazos*) sujetar PHR V **to pin sb down 1** poner a algn contra la pared (*para que se defina o concrete*) **2** (*en el suelo*) inmovilizar a algn

pincer /ˈpɪnsə(r)/ *n* **1** (*Zool*) pinza **2 pincers** [*pl*] tenazas ☛ *Ver nota en* PAIR

pinch /pɪntʃ/ ◆ **1** *vt* pellizcar **2** *vt, vi* (*zapatos, etc*) apretar **3** *vt* ~ **sth** (**from sth/sb**) (*coloq*) afanar algo (de algo/a algn) ◆ *n* **1** pellizco **2** (*sal, etc*) pizca LOC **at a pinch** en caso de necesidad

pine /paɪn/ ◆ *n* (*tb* **pine tree**) pino ◆ *vi* **1** ~ (**away**) extrañar **2** ~ **for sth/sb** extrañar, añorar algo/a algn

pineapple /ˈpaɪnæpl/ *n* ananá

ping /pɪŋ/ *n* **1** sonido (metálico) **2** (*de bala*) silbido

ping-pong /ˈpɪŋ pɒŋ/ (*tb* **table tennis**) *n* (*coloq*) ping-pong®

pink /pɪŋk/ ◆ *adj* **1** rosa, rosado **2** (*de vergüenza, etc*) colorado ◆ *n* **1** rosa **2** (*Bot*) clavelina

pinnacle /ˈpɪnəkl/ *n* **1** (*fig*) cúspide **2** (*Arquit*) pináculo **3** (*de montaña*) pico

pinpoint /ˈpɪnpɔɪnt/ *vt* **1** localizar exactamente **2** poner el dedo en, precisar

pint /paɪnt/ *n* **1** (*abrev* **pt**) pinta (*0,568 litros*) ☛ *Ver Apéndice 1.* **2** *to have a pint* tomar una cerveza

pin-up /ˈpɪn ʌp/ *n* foto (*de persona atractiva, clavada en la pared*)

pioneer /ˌpaɪəˈnɪə(r)/ ◆ *n* (*lit y fig*) pionero, -a ◆ *vt* ser pionero en **pioneering** *adj* pionero

pious /ˈpaɪəs/ *adj* **1** creyente, devoto **2** (*pey*) beato

pip /pɪp/ *n* pepita

pipe /paɪp/ ◆ *n* **1** caño, conducto **2 pipes** [*pl*] cañería(s) **3** pipa **4** (*Mús*) flauta **5 pipes** [*pl*] *Ver* BAGPIPE ◆ *vt* trasportar (*por cañería, gasoducto, oleoducto*) PHR V **to pipe down** (*coloq*) callarse **piping** *adj* LOC **piping hot** hirviendo

pipeline /ˈpaɪplaɪn/ *n* cañería, gasoducto, oleoducto LOC **to be in the pipeline 1** (*pedido*) estar tramitándose **2** (*cambio, propuesta, etc*) estar preparándose

piracy /ˈpaɪrəsi/ *n* piratería

pirate /ˈpaɪrət/ ◆ *n* pirata ◆ *vt* piratear

Pisces /ˈpaɪsiːz/ *n* Piscis ☛ *Ver ejemplos en* AQUARIUS

pistol /ˈpɪstl/ *n* pistola

piston /ˈpɪstən/ *n* pistón

pit /pɪt/ ◆ *n* **1** fosa **2** (*de carbón*) pozo **3** hoyo (*en una superficie*) **4 the pit** (*GB, Teat*) platea **5** (*garaje*) foso **6 the pits** [*pl*] (*carreras de coches*) box **7** (*esp USA*) carozo (*de una fruta*) LOC **to be the pits** (*coloq*) ser pésimo ◆ *v* (-tt-) PHR V **to pit sth/sb against sth/sb** oponer algo/a algn con algo/algn

pitch /pɪtʃ/ ◆ *n* **1** (*Dep*) cancha, campo **2** (*intensidad*) (*Mús*) tono **3** (*techo*) inclinación **4** (*GB*) puesto (*en mercado, calle*) **5** alquitrán: *pitch-black* negro azabache ◆ **1** *vt* armar (*carpa*) **2** *vt* (*ideas*) expresar **3** *vt* lanzar, arrojar **4** *vi* tirarse **5** *vi* (*barco*) cabecear PHR V **to pitch in** (*coloq*) **1** poner manos a la obra **2** comer con hambre **to pitch in** (**with sth**) ayudar (con algo), colaborar **pitched** *adj* (*batalla*) campal

pitcher /ˈpɪtʃə(r)/ *n* **1** (*GB*) cántaro **2** (*USA*) jarra

pitfall /ˈpɪtfɔːl/ *n* escollo

pith /pɪθ/ *n* pulpa

pitiful /ˈpɪtɪfl/ *adj* **1** lastimoso, conmovedor **2** penoso

pitiless /ˈpɪtiləs/ *adj* **1** despiadado **2** (*fig*) implacable

pity /ˈpɪti/ ◆ *n* **1** pena, compasión **2** lástima, pena LOC **to take pity on sb** apiadarse de algn ◆ *vt* (*pret, pp* **pitied**) compadecerse de: *I pity you.* Me das pena.

pivot /ˈpɪvət/ *n* **1** pivote **2** (*fig*) eje

placard /ˈplækɑːd/ *n* cartel

placate /plə'keɪt; *USA* 'pleɪkeɪt/ *vt* apaciguar a

place /pleɪs/ ◆ *n* **1** lugar **2** (*en superficie*) parte **3** (*asiento, posición*) puesto, plaza, lugar **4** *It's not my place to...* No me corresponde... **5** (*coloq*) casa LOC **all over the place** (*coloq*) **1** en todas partes **2** en desorden **in place** en su lugar **in the first, second, etc place** en primer, segundo, etc lugar **out of place** **1** desplazado, fuera de lugar **2** fuera de lugar **to take place** tener lugar, ocurrir *Ver tb* CHANGE, HAPPEN ◆ *vt* **1** poner, colocar **2** ~ **sb** identificar a algn **3** ~ **sth** (**with sth/sb**) (*pedido, apuesta*) hacer algo (en algo/a algn): *We placed an order for... with...* Hicimos un pedido de... a... **4** situar

plague /pleɪg/ ◆ *n* **1** peste **2** ~ **of sth** plaga de algo ◆ *vt* **1** importunar, atormentar **2** acosar

plaice /pleɪs/ *n* (*pl* **plaice**) platija (*pez*)

plain /pleɪn/ ◆ *adj* (**-er**, **-est**) **1** claro **2** franco, directo **3** sencillo: *plain flour* harina (sin levadura) ◊ *plain chocolate* chocolate amargo **4** liso, neutro, sin dibujo: *plain paper* papel liso **5** (*físico*) sin atractivo LOC **to make sth plain** dejar algo claro *Ver tb* CLEAR ◆ *adv* simplemente: *It's just plain stupid.* Es simplemente estúpido. **plainly** *adv* **1** claramente, con claridad **2** evidentemente

plain clothes *adj* de civil (*ropa*)

plaintiff /'pleɪntɪf/ *n* demandante

plait /plæt/ (*USA* **braid**) *n* trenza

plan /plæn/ ◆ *n* **1** plan, programa **2** plano **3** esquema LOC *Ver* MASTER ◆ (**-nn-**) **1** *vt* planear, proyectar: *What do you plan to do?* ¿Qué pensás hacer? **2** *vi* hacer planes PHR V **to plan sth out** planificar algo

plane /pleɪn/ *n* **1** (*tb* **aeroplane**, *USA* **airplane**) avión: *plane crash* accidente aéreo **2** plano **3** cepillo (de carpintero)

planet /'plænɪt/ *n* planeta

plank /plæŋk/ *n* **1** tabla, tablón **2** (*fig*) elemento fundamental (*de política, etc*)

planner /'plænə(r)/ *n* planificador, -ora

planning /'plænɪŋ/ *n* planificación: *planning permission* permiso de obras

plant /plɑːnt; *USA* plænt/ ◆ *n* **1** planta: *plant pot* maceta **2** (*Mec*) maquinaria, equipo **3** fábrica ◆ *vt* **1** plantar **2** (*jardín, campo*) sembrar **3** (*coloq*) (*objetos robados, etc*) colocar **4** (*dudas, etc*) sembrar

plantation /plæn'teɪʃn, plɑːn-/ *n* **1** (*finca*) plantación **2** arboleda

plaque /plɑːk; *USA* plæk/ *n* placa (*tb dental*)

plaster /'plɑːstə(r); *USA* 'plæs-/ ◆ *n* **1** yeso, revoque **2** (*tb* **plaster of Paris**) yeso: *to put sth in plaster* enyesar algo **3** (*tb* **sticking plaster**) curita ◆ *vt* **1** revocar **2** embadurnar **3** (*fig*) llenar, cubrir

plastic /'plæstɪk/ ◆ *n* plástico ◆ *adj* **1** de plástico **2** (*flexible*) plástico

plasticine® /'plæstəsiːn/ *n* plastilina®

plate /pleɪt/ *n* **1** plato **2** (*metal*) placa, plancha: *plate glass* vidrio cilindrado **3** vajilla (de oro/plata) **4** (*imprenta*) lámina

plateau /'plætəʊ; *USA* plæ'təʊ/ *n* (*pl* ~**s** *o* **-eaux** /-təʊz/) meseta

platform /'plætfɔːm/ *n* **1** tribuna **2** andén **3** (*Pol*) programa

platinum /'plætɪnəm/ *n* platino

platoon /plə'tuːn/ *n* (*Mil*) sección

plausible /'plɔːzəbl/ *adj* **1** creíble **2** (*persona*) convincente

play /pleɪ/ ◆ *n* **1** (*Teat*) obra **2** (*movimiento*) holgura **3** (*de fuerzas, personalidades, etc*) interacción LOC **a play on words** un juego de palabras **at play** jugando **in play** en broma *Ver tb* CHILD, FAIR, FOOL ◆ **1** *vt, vi* jugar **2** *vt* ~ **sb** (*Dep*) jugar con algn **3** *vt* (*naipes*) jugar **4** *vt, vi* (*instrumento*) tocar: *to play the guitar* tocar la guitarra **5** *vt* (*disco, cinta*) poner **6** *vi* (*música*) sonar **7** *vt* (*golpe*) dar **8** *vt* (*broma pesada*) hacer **9** *vt* (*papel dramático*) interpretar, hacer de **10** *vt, vi* (*escena, obra*) representar (se) **11** *vt* hacer(se): *to play the fool* hacerse el tonto **12** *vt* (*manguera*) dirigir LOC **to play it by ear** (*coloq*) improvisar **to play** (**sth**) **by ear** tocar (algo) de oído **to play truant** hacerse la rata **to play your cards well/right** jugar bien tus cartas *Ver tb* HAVOC PHR V **to play along** (**with sb**) seguirle la corriente (a algn) **to play sth down** restar importancia a algo **to play A off against B** enfrentar a A y B **to play** (**sb**) **up** (*coloq*) dar guerra (a algn) **player** *n* **1** jugador, -ora **2** (*Mús*) músico **playful** *adj*

1 juguetón **2** (*humor*) alegre **3** (*comentario*) en broma

playground /ˈpleɪgraʊnd/ *n* patio (de recreo), parque infantil

playgroup /ˈpleɪgruːp/ *n* guardería

playing card (*tb* **card**) *n* carta, naipe

playing field *n* campo de deportes

play-off /ˈpleɪ ɒf/ *n* partido de desempate

playtime /ˈpleɪtaɪm/ *n* recreo

playwright /ˈpleɪraɪt/ *n* dramaturgo, -a

plea /pliː/ *n* **1** ~ (**for sth**) petición (de algo) **2** súplica **3** pretexto: *on a plea of ill health* bajo pretexto de mala salud **4** (*Jur*) declaración, alegación: *plea of guilty/not guilty* declaración de culpabilidad/inocencia LOC **to make a plea for sth** pedir algo

plead /pliːd/ (*pret, pp* **pleaded**, *USA* **pled** /pled/) **1** *vi* ~ (**with sb**) suplicar (a algn) **2** *vi* ~ **for sth** pedir algo **3** *vi* ~ **for sb** hablar en favor de algn **4** *vt* (*defensa*) alegar LOC **to plead guilty/not guilty** declararse culpable/inocente

pleasant /ˈpleznt/ *adj* (**-er**, **-est**) agradable **pleasantly** *adv* **1** agradablemente, gratamente **2** con amabilidad

please /pliːz/ ◆ **1** *vt, vi* complacer **2** *vt* ser un placer para **3** *vi*: *for as long as you please* todo el tiempo que te parezca ◊ *I'll do whatever I please.* Voy a hacer lo que quiera. LOC **as you please** como quieras **please yourself!** ¡Hacé lo que quieras! ◆ *interj* **1** ¡por favor! **2** (*formal*): *Please come in.* Pase por favor. ◊ *Please do not smoke.* Se ruega no fumar. LOC **please do!** ¡por supuesto! **pleased** *adj* **1** contento ☛ *Ver nota en* GLAD **2** ~ (**with sth/sb**) satisfecho (de algo/con algn) LOC **to be pleased to do sth** alegrarse de hacer algo, tener el placer de hacer algo: *I'd be pleased to come.* Me encantaría ir. **pleased to meet you** encantado de conocerlo **pleasing** *adj* **1** grato, agradable **2** (*futuro*) prometedor

pleasure /ˈpleʒə(r)/ *n* placer: *It gives me pleasure to…* Tengo el placer de… LOC **my pleasure** no hay de qué **to take pleasure in sth** disfrutar con algo **with pleasure** con mucho gusto *Ver tb* BUSINESS **pleasurable** *adj* placentero

pled (*USA*) *pret, pp de* PLEAD

pledge /pledʒ/ ◆ *n* **1** promesa, compromiso **2** (*fianza*) prenda ◆ **1** *vt, vi* (*formal*) prometer, comprometerse **2** *vt* (*joyas, etc*) empeñar

plentiful /ˈplentɪfl/ *adj* abundante: *a plentiful supply* un suministro abundante LOC **to be in plentiful supply** abundar

plenty /ˈplenti/ ◆ *pron* **1** mucho, de sobra: *plenty to do* mucho que hacer **2** bastante: *That's plenty, thank you.* Ya alcanza, gracias. ◆ *adv* **1** (*coloq*) lo bastante: *plenty high enough* lo bastante alto **2** (*USA*) mucho LOC **plenty more 1** de sobra **2** (*personas*) otros muchos

pliable /ˈplaɪəbl/ (*tb* **pliant** /ˈplaɪənt/) *adj* **1** flexible **2** influenciable

pliers /ˈplaɪəz/ *n* [*pl*] pinzas: *a pair of pliers* unas pinzas ☛ *Ver nota en* PAIR

plight /plaɪt/ *n* **1** (mala) situación **2** crisis

plod /plɒd/ *vi* (**-dd-**) caminar con dificultad PHR V **to plod away** (**at sth**) trabajar con empeño (en algo)

plonk /plɒŋk/ PHR V **to plonk sth down** dejar caer algo pesadamente

plot /plɒt/ ◆ *n* **1** terreno **2** solar **3** (*libro, película*) argumento **4** complot, intriga ◆ **1** *vt* (**-tt-**) (*rumbo, etc*) trazar **2** *vt* (*intriga*) urdir **3** *vi* conjurarse, intrigar

plough (*USA* **plow**) /plaʊ/ ◆ *n* arado ◆ *vt, vi* arar LOC **to plough** (**your way**) **through sth** abrirse camino por/entre algo PHR V **to plough sth back** (*ganancias*) reinvertir algo **to plough into sth/sb** chocar contra algo/algn

ploy /plɔɪ/ *n* ardid, táctica

pluck /plʌk/ ◆ *vt* **1** tirar, arrancar **2** desplumar **3** (*cejas*) depilarse **4** (*cuerda*) pulsar **5** (*guitarra*) puntear LOC **to pluck up courage** (**to do sth**) armarse de valor (y hacer algo) ◆ *n* (*coloq*) valor, agallas

plug /plʌg/ ◆ *n* **1** tapón **2** (*Electrón*) enchufe (*macho*) ☛ *Ver dibujo en* ENCHUFE **3** bujía **4** (*coloq*) propaganda ◆ *vt* (**-gg-**) **1** (*agujero*) tapar **2** (*escape*) sellar **3** (*oídos*) taponar **4** (*hueco*) rellenar **5** (*coloq*) hacer propaganda de PHR V **to plug sth in**(**to sth**) enchufar algo (en algo)

plum /plʌm/ *n* **1** ciruela **2** (*tb* **plum tree**) ciruelo

plumage /ˈpluːmɪdʒ/ *n* plumaje

plumber /ˈplʌmə(r)/ *n* plomero, -a **plumbing** *n* cañerías, plomería

plummet /ˈplʌmɪt/ *vi* **1** caer en picada **2** (*fig*) bajar drásticamente

plump /plʌmp/ ◆ *adj* **1** regordete, rellenito *Ver tb* FAT **2** mullido ◆ PHR V **to plump for sth/sb** decidirse por algo/ algn, elegir algo/a algn

plunder /ˈplʌndə(r)/ *vt* saquear

plunge /plʌndʒ/ ◆ **1** *vi* caer (en picada), precipitarse **2** *vt* (*fig*) sumir **3** *vi* zambullirse **4** *vt* sumergir **5** *vt* (*en bolsillo, bolsa, etc*) meter **6** *vt* (*cuchillo, etc*) hundir ◆ *n* **1** caída **2** zambullida **3** (*precios*) bajón LOC **to take the plunge** dar el gran paso

plural /ˈplʊərəl/ *adj, n* plural

plus /plʌs/ ◆ *prep* **1** (*Mat*) más: *Five plus six equals eleven.* Cinco más seis son once. **2** además de: *plus the fact that…* además de que… ◆ *conj* además ◆ *adj* **1** como mínimo: *£500 plus* 500 libras como mínimo ◊ *He must be forty plus.* Debe tener cuarenta y pico. **2** (*Electrón, Mat*) positivo ◆ *n* **1** (*tb* **plus sign**) signo (de) más **2 a ~ (for sb)** (*coloq*) un punto a favor (de algn): *the pluses and minuses of sth* los más y los menos de algo

plush /plʌʃ/ *adj* (*coloq*) lujoso, de lujo

Pluto /ˈpluːtəʊ/ *n* Plutón

plutonium /pluːˈtəʊniəm/ *n* plutonio

ply /plaɪ/ ◆ *n* **1** *Ver* PLYWOOD **2** (*papel*) capa **3** (*lana*) hebra ◆ *vt* (*pret, pp* **plied** /plaɪd/) **1** (*formal*) (*oficio*) ejercer: *to ply your trade* desempeñar uno su trabajo **2** (*ruta*) hacer: *This ship plied between the Indies and Spain.* Este barco hacía la ruta entre las Indias y España. PHR V **to ply sb with drink/food** dar de beber/ comer a algn (constantemente) **to ply sb with questions** acosar a algn a preguntas

plywood /ˈplaɪwʊd/ *n* madera contrachapada

pm (*USA* **PM**) /ˌpiː ˈem/ *abrev* de la tarde: *at 4.30pm* a las cuatro y media de la tarde

> Nótese que cuando decimos **am** o **pm** con las horas, no se puede usar **o'clock**: *Shall we meet at three o'clock/ 3pm?* ¿Quedamos a las tres (de la tarde)?

pneumatic /njuːˈmætɪk; *USA* nuː-/ *adj* neumático: *pneumatic drill* taladro neumático

pneumonia /njuːˈməʊniə; *USA* nuː-/ *n* [*incontable*] **1** pulmonía **2** (*Med*) neumonía

PO /ˌpiːˈəʊ/ *abrev* **Post Office**

poach /pəʊtʃ/ **1** *vt* cocinar **2** *vt poached egg* huevo poché **3** *vt, vi* cazar/pescar furtivamente **4** *vt* (*idea*) robar **poacher** *n* cazador, -ora, pescador, -ora (*furtivo*)

pocket /ˈpɒkɪt/ ◆ *n* **1** bolsillo: *pocket money* plata (de bolsillo) ◊ *pocket knife* navaja ◊ *pocket-sized* tamaño bolsillo **2** núcleo LOC **to be out of pocket** terminar perdiendo dinero *Ver tb* PICK ◆ *vt* **1** meterse en el bolsillo **2** embolsarse

pod /pɒd/ *n* vaina (*chauchas, etc*)

podium /ˈpəʊdiəm/ *n* podio

poem /ˈpəʊɪm/ *n* poema

poet /ˈpəʊɪt/ *n* poeta

poetic /pəʊˈetɪk/ *adj* poético: *poetic justice* justicia divina

poetry /ˈpəʊətri/ *n* poesía

poignant /ˈpɔɪnjənt/ *adj* conmovedor

point /pɔɪnt/ ◆ *n* **1** (*gen, Geom*) punto **2** (*gen, Geog*) punta **3** (*Mat*) coma **4** cuestión: *the point is…* la cuestión es… **5** sentido: *What's the point?* ¿Qué sentido tiene? **6** (*tb* **power point**) enchufe **7 points** [*pl*] (*GB, Ferrocarril*) agujas LOC **in point of fact** de hecho **point of view** punto de vista **to be beside the point** no tener nada que ver **to make a point of doing sth** asegurarse de hacer algo **to make your point** dejar clara una idea, propuesta, etc **to take sb's point** entender lo que algn dice **to the point** al caso, al grano *Ver tb* PROVE, SORE, STRONG ◆ **1** *vi* ~ **(at/to sth/sb)** señalar (con el dedo) (algo/a algn); apuntar (hacia algo/algn) **2** *vi* ~ **to sth** (*fig*) indicar, señalar algo **3** *vt* ~ **sth at sb** apuntar a algn con algo: *to point your finger (at sth/sb)* indicar (algo/a algn) con el dedo PHR V **to point sth out (to sb)** señalar algo a (a algn)

point-blank /ˌpɔɪnt ˈblæŋk/ ◆ *adj* **1** *at point-blank range* a quemarropa **2** (*negativa*) tajante ◆ *adv* **1** a quemarropa **2** (*fig*) de forma tajante

pointed /ˈpɔɪntɪd/ *adj* **1** afilado, puntiagudo **2** (*fig*) intencionado

pointer /ˈpɔɪntə(r)/ *n* **1** indicador **2** puntero **3** (*coloq*) sugerencia **4** pista

pointless /ˈpɔɪntləs/ *adj* **1** sin sentido **2** inútil

poise /pɔɪz/ *n* **1** elegancia **2** aplomo **poised** *adj* **1** suspendido **2** con aplomo

poison /ˈpɔɪzn/ ◆ *n* veneno ◆ *vt* **1** envenenar **2** (*mente*) corromper **poisoning** *n* envenenamiento **poisonous** *adj* venenoso

poke /pəʊk/ *vt* dar (*con el dedo, etc*): *to poke your finger into sth* meter el dedo en algo LOC **to poke fun at sth/sb** burlarse de algo/algn PHR V **to poke about/around** (*coloq*) **1** husmear **2** curiosear **to poke out (of sth)/through (sth)** asomar (por algo)

poker /ˈpəʊkə(r)/ *n* **1** atizador **2** póquer

poker-faced /ˌpəʊkə ˈfeɪst/ *adj* de cara impasible

poky /ˈpəʊki/ *adj* (*coloq*) (**pokier**, **pokiest**) diminuto

polar /ˈpəʊlə(r)/ *adj* polar: *polar bear* oso polar

pole /pəʊl/ *n* **1** (*Geog, Fís*) polo **2** palo: *pole-vault* salto con pértiga **3** (*telegráfico*) poste LOC **to be poles apart** estar en extremos opuestos ☛ *Comparar con* SER POLOS OPUESTOS *en* POLO

police /pəˈliːs/ ◆ *n* [*pl*] policía: *police constable/officer* (agente de) policía ◊ *police force* cuerpo de policía ◊ *police state* estado policial ◊ *police station* comisaría (de policía) ◆ *vt* vigilar

policeman /pəˈliːsmən/ *n* (*pl* **-men** /-mən/) policía

policewoman /pəˈliːswʊmən/ *n* (*pl* **-women**) policía

policy /ˈpɒləsi/ *n* (*pl* **-ies**) **1** política **2** (*seguros*) póliza

polio /ˈpəʊliəʊ/ (*formal* **poliomyelitis**) *n* polio(mielitis)

polish /ˈpɒlɪʃ/ ◆ *vt* **1** sacar brillo a, encerar, pulir **2** (*anteojos, zapatos*) limpiar, lustrar **3** (*fig*) pulir PHR V **to polish sb off** liquidar a algn (*matar*) **to polish sth off** (*coloq*) **1** zampar algo **2** (*trabajo*) liquidar algo ◆ *n* **1** lustre **2** brillo **3** (*muebles*) cera **4** (*zapatos*) pomada **5** (*uñas*) esmalte **6** (*fig*) finura, refinamiento **polished** *adj* **1** brillante, pulido **2** (*manera, estilo*) refinado, pulido **3** (*actuación*) impecable

polite /pəˈlaɪt/ *adj* **1** cortés **2** (*persona*) educado **3** (*comportamiento*) correcto

political /pəˈlɪtɪkl/ *adj* político

politician /ˌpɒləˈtɪʃn/ *n* político, -a

politics /ˈpɒlətɪks/ *n* **1** [*v sing o pl*] política **2** [*pl*] opiniones políticas **3** [*sing*] (*materia*) ciencias políticas

poll /pəʊl/ *n* **1** elección **2** votación: *to take a poll on something* someter algo a votación **3 the polls** [*pl*] las urnas **4** encuesta, sondeo

pollen /ˈpɒlən/ *n* polen

pollute /pəˈluːt/ *vt* ~ **sth (with sth) 1** contaminar algo (de algo) **2** (*fig*) corromper **pollution** *n* **1** contaminación **2** (*fig*) corrupción

polo /ˈpəʊləʊ/ *n* polo (*deporte*)

polo neck *n* (cuello) polera

polyester /ˌpɒliˈestə(r); *USA* ˈpɒliːestər/ *n* poliéster

polystyrene /ˌpɒliˈstaɪriːn/ *n* Telgopor®

polythene /ˈpɒlɪθiːn/ *n* polietileno

pomp /pɒmp/ *n* **1** pompa **2** (*pey*) ostentación

pompous /ˈpɒmpəs/ *adj* (*pey*) **1** pomposo **2** (*persona*) presumido

pond /pɒnd/ *n* estanque, laguna

ponder /ˈpɒndə(r)/ *vt, vi* ~ **(on/over sth)** reflexionar (sobre algo)

pony /ˈpəʊni/ *n* (*pl* **ponies**) poni: *pony-trekking* excursión en poni ◊ *ponytail* cola de caballo

poodle /ˈpuːdl/ *n* caniche

pool /puːl/ ◆ *n* **1** laguna **2** charco **3** (*tb* **swimming pool**) pileta (*de natación*) **4** (*luz*) haz **5** (*río*) pozo **6** estanque **7** (*dinero*) fondo (común) **8** billar americano **9 the (football) pools** [*pl*] el prode ◆ *vt* (*recursos, ideas*) aunar, juntar

poor /pʊə(r)/ ◆ *adj* (**-er**, **-est**) **1** pobre **2** malo: *in poor taste* de mal gusto **3** (*nivel*) bajo LOC *Ver* FIGHT ◆ **the poor** *n* [*pl*] los pobres

poorly /pɔːli; *USA* pʊərli/ ◆ *adv* **1** mal **2** pobremente ◆ *adj* mal, enfermo

pop /pɒp/ ◆ *n* **1** pequeño estallido **2** taponazo **3** (*coloq*) (*bebida*) gaseosa **4** (*USA*) papá **5** (música) pop ◆ *adv*: *to go pop* hacer ¡pum!, reventar ◆ (**-pp-**) **1** *vi* dar un taponazo **2** *vi* hacer ¡pum! **3** *vt, vi* (*globo*) explotar **4** *vt* (*corcho*) hacer saltar PHR V **to pop across, back, down, out, etc** (*coloq*) cruzar, volver, bajar, salir, etc (*rápida o repentinamente*) **to pop sth back, in, etc** (*coloq*) devolver, meter, etc algo (*rápida o repentinamente*) **to pop in** hacer una visita relámpago **to pop out (of sth)** salir (de algo) (*de golpe*) **to pop up** aparecer (*de repente*)

popcorn /ˈpɒpkɔːn/ *n* pochoclo

pope /pəʊp/ *n* papa

poplar /ˈpɒplə(r)/ *n* álamo

poppy /ˈpɒpi/ *n* (*pl* **-ies**) amapola

popular /ˈpɒpjələ(r)/ *adj* **1** popular: (*not*) *to be popular with sb* (no) caerle bien a algn **2** de moda: *Polo-necks are very popular this season.* Las poleras se ven mucho esta temporada. **3** corriente: *the popular press* la prensa sensacionalista **4** (*creencia*) generalizado **popularize, -ise** *vt* **1** popularizar **2** vulgarizar

population /ˌpɒpjuˈleɪʃn/ *n* población: *population explosion* explosión demográfica

porcelain /ˈpɔːsəlɪn/ *n* [*incontable*] porcelana

porch /pɔːtʃ/ *n* **1** porche **2** (*USA*) portal, terraza

pore /pɔː(r)/ ◆ *n* poro ◆ PHR V **to pore over sth** estudiar algo detenidamente

pork /pɔːk/ *n* (carne de) cerdo ☛ *Ver nota en* CARNE

porn /pɔːn/ *n* (*coloq*) porno

pornography /pɔːˈnɒgrəfi/ *n* pornografía

porous /ˈpɔːrəs/ *adj* poroso

porpoise /ˈpɔːpəs/ *n* marsopa

porridge /ˈpɒrɪdʒ; *USA* ˈpɔːr-/ *n* [*incontable*] Quáker®, cocido con leche

port /pɔːt/ *n* **1** puerto **2** (*barco*) babor **3** (*vino*) oporto LOC **port of call** puerto de escala

portable /ˈpɔːtəbl/ *adj* portátil

porter /ˈpɔːtə(r)/ *n* **1** (*estación, hotel*) changador **2** portero

porthole /ˈpɔːthəʊl/ *n* ojo de buey

portion /ˈpɔːʃn/ *n* porción

portrait /ˈpɔːtreɪt, -trət/ *n* **1** retrato **2** (*fig*) cuadro

portray /pɔːˈtreɪ/ *vt* **1** retratar **2** ~ **sth/sb (as sth)** (*Teat*) representar algo/a algn (como algo) **portrayal** *n* representación

pose /pəʊz/ ◆ **1** *vi* (*para retratarse*) posar **2** *vi* (*pey*) portarse de forma afectada **3** *vi* ~ **as sth/sb** hacerse pasar por algo/algn **4** *vt* (*dificultad, pregunta*) presentar ◆ *n* **1** postura **2** (*pey*) pose

posh /pɒʃ/ *adj* (**-er, -est**) **1** (*hotel, coche, etc*) de lujo **2** (*zona*) elegante **3** (*esp pey*) (*acento*) afectado **4** (*pey*) pituco

position /pəˈzɪʃn/ ◆ *n* **1** posición **2** situación **3** ~ **(on sth)** (*opinión*) posición respecto a algo **4** (*trabajo*) puesto LOC **to be in a/no position to do sth** estar/no estar en condiciones de hacer algo ◆ *vt* colocar, situar

positive /ˈpɒzətɪv/ *adj* **1** positivo **2** definitivo, categórico **3** ~ **(about sth/that...)** seguro (de algo/de que...) **4** total, auténtico: *a positive disgrace* un escándalo total **positively** *adv* **1** positivamente **2** con optimismo **3** categóricamente **4** verdaderamente

possess /pəˈzes/ *vt* **1** poseer, tener **2** dominar: *What possessed you to do that?* ¿Cómo se te ocurrió hacer eso? **possession** *n* **1** posesión **2** **possessions** [*pl*] pertenencias LOC **to be in possession of sth** tener algo

possibility /ˌpɒsəˈbɪləti/ *n* (*pl* **-ies**) **1** posibilidad: *within/beyond the bounds of possibility* dentro/más allá de lo posible **2** **possibilities** [*pl*] potencial *Ver tb* CHANCE

possible /ˈpɒsəbl/ *adj* posible: *if possible* si es posible ◊ *as quickly as possible* lo más rápido posible LOC **to make sth possible** posibilitar algo **possibly** *adv* posiblemente: *You can't possibly go.* De ninguna manera podés ir.

post /pəʊst/ ◆ *n* **1** poste, estaca, palo **2** (*trabajo*) puesto **3** (*esp USA* **mail**) correo: *postcode* código postal ◊ *first/second post* primer/segundo correo ☛ *Ver nota en* MAIL ◆ *vt* **1** (*esp USA* **to mail**) mandar (por correo) **2** (*Mil*) destinar, enviar **3** (*soldado*) apostar LOC **to keep sb posted (about sth)** tener/mantener a algn al corriente (de algo)

postage /ˈpəʊstɪdʒ/ *n* franqueo: *postage stamp* estampilla

postal /ˈpəʊstl/ *adj* postal, de correo: *postal vote* voto por correo

postbox /pəʊstbɒks/ *n* buzón (*en la calle*) ☛ *Comparar con* LETTER BOX

postcard /ˈpəʊstkɑːd/ *n* (tarjeta) postal

poster /ˈpəʊstə(r)/ *n* **1** (*anuncio*) cartel **2** póster

posterity /pɒˈsterəti/ *n* posteridad

postgraduate /ˌpəʊstˈgrædʒuət/ *adj, n* posgraduado, -a

posthumous /ˈpɒstjʊməs; *USA* ˈpɒstʃəməs/ *adj* póstumo

postman /ˈpəʊstmən/ (*USA* **mailman**) *n* (*pl* **-men** /-mən/) cartero

post-mortem /ˌpəʊst ˈmɔːtəm/ *n* autopsia

post office *n* (oficina de) correo

postpone /pəˈspəʊn/ *vt* posponer

postscript /ˈpəʊstskrɪpt/ *n* **1** posdata **2** (*fig*) nota final

posture /ˈpɒstʃə(r)/ *n* **1** postura **2** actitud

post-war /ˌpəʊst ˈwɔː(r)/ *adj* de la posguerra

postwoman /ˈpəʊstwʊmən/ *n* (*pl* **-women**) cartero (*de sexo femenino*)

pot /pɒt/ *n* **1** olla: *pots and pans* batería de cocina **2** tarro **3** (*planta*) maceta **4** (*coloq*) marihuana LOC **to go to pot** (*coloq*) echarse a perder

potassium /pəˈtæsiəm/ *n* potasio

potato /pəˈteɪtəʊ/ *n* (*pl* **-oes**) papa

potent /ˈpəʊtnt/ *adj* potente, poderoso **potency** *n* fuerza

potential /pəˈtenʃl/ ◆ *adj* potencial ◆ *n* ~ **for sth** potencial de/para algo **potentially** *adv* potencialmente

pothole /ˈpɒthəʊl/ *n* **1** (*Geol*) cueva **2** (*camino*) bache

potted /ˈpɒtɪd/ *adj* **1** en conserva **2** (*relato*) resumido

potter[1] /ˈpɒtə(r)/ (*USA* **putter**) PHR V **to potter about/around** (**sth**) hacer trabajitos (en algo)

potter[2] /ˈpɒtə(r)/ *n* alfarero, -a **pottery** *n* **1** (*lugar, arte*) alfarería **2** (*objetos*) cerámica

potty /ˈpɒti/ ◆ *adj* (**-ier, -iest**) (*GB, coloq*) **1** (*loco*) ido **2** ~ **about sth/sb** loco por algo/algn ◆ *n* (*pl* **-ies**) (*coloq*) pelela

pouch /paʊtʃ/ *n* **1** bolsa pequeña **2** (*tabaco*) petaca **3** (*Zool*) bolsa

poultry /ˈpəʊltri/ *n* [*incontable*] aves (de corral)

pounce /paʊns/ *vi* **1** ~ (**on sth/sb**) abalanzarse (sobre algo/algn) **2** (*fig*) saltar (sobre algo/algn)

pound /paʊnd/ ◆ *n* **1** (*dinero*) libra (£) **2** (*abrev* **lb**) libra (*0,454 kilogramos*) ☛ *Ver Apéndice 1.* ◆ **1** *vi* ~ (**at sth**) golpear (en algo) **2** *vi* correr pesadamente **3** *vi* ~ (**with sth**) latir fuertemente (de algo) (*miedo, emoción, etc*) **4** *vt* machacar **5** *vt* aporrear **pounding** *n* **1** (*lit y fig*) paliza **2** (*olas*) embate

pour /pɔː(r)/ **1** *vi* fluir, correr **2** *vi* (*tb* **to pour with rain**) llover a cántaros **3** *vt* (*bebida*) servir PHR V **to pour in 1** entrar a raudales **2** inundar **to pour sth in** echar algo (*añadir*) **to pour out (of sth) 1** fluir (de algo) **2** (*personas*) salir en tropel (de algo) **to pour sth out 1** (*bebida*) servir algo **2** (*expresar*) sacar algo

pout /paʊt/ *vi* **1** hacer un puchero **2** (*provocativamente*) poner trompitas

poverty /ˈpɒvəti/ *n* **1** pobreza **2** miseria **3** (*de idea*) falta **poverty-stricken** *adj* necesitado

powder /ˈpaʊdə(r)/ ◆ *n* [*gen incontable*] polvo ◆ *vt* empolvar: *to powder your face* empolvarse la cara **powdered** *adj* en polvo

power /ˈpaʊə(r)/ ◆ *n* **1** poder: *power-sharing* poder compartido **2 powers** [*pl*] capacidad, facultades **3** fuerza **4** potencia **5** energía **6** (*electricidad*) luz: *power cut* corte de luz ◊ *power station* central eléctrica ◊ *power point* enchufe LOC **the powers that be** (*esp irón*) los que mandan **to do sb a power of good** (*coloq*) ser muy beneficioso para algn ◆ *vt* impulsar, potenciar **powerful** *adj* **1** poderoso **2** (*máquina*) potente **3** (*brazos, golpe, bebida*) fuerte **4** (*imagen, obra*) intenso **powerless** *adj* **1** sin poder, impotente **2** ~ **to do sth** impotente para hacer algo

practicable /ˈpræktɪkəbl/ *adj* factible

practical /ˈpræktɪkl/ *adj* **1** práctico: *practical joke* broma **2** (*persona*) pragmático **practically** *adv* prácticamente, en forma práctica

practice /ˈpræktɪs/ *n* **1** práctica **2** (*Dep*) entrenamiento **3** (*Mús*) ejercicios **4** (*Med*) consultorio *Ver tb* GENERAL PRACTICE **5** (*profesión*) ejercicio LOC **to be out of practice** haber perdido práctica

practise (*USA* **practice**) /ˈpræktɪs/ **1** *vt, vi* practicar **2** *vi* (*Dep*) entrenarse **3** *vt* (*Dep*) practicar **4** *vt, vi* ~ (**as sth**) (*profesión*) ejercer (de algo) **5** *vt* (*cualidad*) ejercitar **practised** (*USA* **practiced**) *adj* ~ (**in sth**) experto (en algo)

practitioner /prækˈtɪʃənə(r)/ *n* **1**

experto, -a **2** médico, -a *Ver tb* GENERAL PRACTITIONER

pragmatic /præg'mætɪk/ *adj* pragmático

praise /preɪz/ ♦ *vt* **1** elogiar **2** (*a Dios*) alabar ♦ *n* [*incontable*] **1** elogio(s) **2** halago **3** (*Relig*) alabanza **praiseworthy** *adj* loable

pram /præm/ (*USA* **buggy**) *n* cochecito (de bebé)

prawn /prɔːn/ *n* langostino

pray /preɪ/ *vi* rezar, orar

prayer /preə(r)/ *n* oración

preach /priːtʃ/ **1** *vt, vi* (*Relig*) predicar **2** *vi* ~ (**at/to sb**) (*pey*) dar un sermón (a algn) **3** *vt* aconsejar **preacher** *n* predicador, -ora

precarious /prɪ'keəriəs/ *adj* precario

precaution /prɪ'kɔːʃn/ *n* precaución **precautionary** *adj* preventivo

precede /prɪ'siːd/ *vt* **1** preceder a **2** (*discurso*) introducir

precedence /'presɪdəns/ *n* precedencia

precedent /'presɪdənt/ *n* precedente

preceding /prɪ'siːdɪŋ/ *adj* **1** precedente **2** (*tiempo*) anterior

precinct /'priːsɪŋkt/ *n* **1** (*tb* **precincts**) recinto **2** (*GB*) zona: *pedestrian precinct* zona peatonal

precious /'preʃəs/ ♦ *adj* **1** precioso (*valioso*) ☛ *Comparar con* PRECIOSO **2** ~ **to sb** de gran valor para algn ♦ *adv* LOC **precious few/little** muy poco, -a, -os, -as

precipice /'presəpɪs/ *n* precipicio

precise /prɪ'saɪs/ *adj* **1** exacto, preciso **2** (*explicación*) claro **3** (*persona*) meticuloso **precisely** *adv* **1** exactamente, precisamente **2** (*hora*) en punto **3** con precisión **precision** *n* exactitud, precisión

preclude /prɪ'kluːd/ *vt* (*formal*) excluir

precocious /prɪ'kəʊʃəs/ *adj* precoz

preconceived /ˌpriːkən'siːvd/ *adj* preconcebido **preconception** *n* idea preconcebida

precondition /ˌpriːkən'dɪʃn/ *n* condición previa

predator /'predətə(r)/ *n* depredador **predatory** *adj* **1** (*animal*) depredador **2** (*persona*) vividor

predecessor /'priːdɪsesə(r); *USA* 'predə-/ *n* predecesor, -ora

predicament /prɪ'dɪkəmənt/ *n* situación difícil, apuro

predict /prɪ'dɪkt/ *vt* **1** predecir, prever **2** pronosticar **predictable** *adj* previsible **prediction** *n* predicción, pronóstico

predominant /prɪ'dɒmɪnənt/ *adj* predominante **predominantly** *adv* predominantemente

pre-empt /pri 'empt/ *vt* adelantarse a

preface /'prefəs/ *n* **1** prefacio, prólogo **2** (*discurso*) introducción

prefer /prɪ'fɜː(r)/ *vt* (**-rr-**) preferir: *Would you prefer cake or biscuits?* ¿Qué preferís, torta o galletitas? ☛ *Ver nota en* PREFERIR **preferable** /'prefrəbl/ *adj* preferible **preferably** /'prefrəbli/ *adv* preferiblemente **preference** /'prefrəns/ *n* preferencia LOC **in preference to sth/sb** en lugar de algo/algn **preferential** /ˌprefə'renʃl/ *adj* preferente

prefix /'priːfɪks/ *n* prefijo

pregnant /'pregnənt/ *adj* **1** embarazada **2** (*animal*) preñada **pregnancy** *n* (*pl* **-ies**) embarazo

prejudice /'predʒudɪs/ ♦ *n* **1** [*incontable*] prejuicios **2** prejuicio **3** parcialidad LOC **without prejudice to sth/sb** sin detrimento de algo/algn ♦ *vt* **1** (*persona*) predisponer **2** (*decisión, resultado*) influir en **3** perjudicar **prejudiced** *adj* **1** parcial **2** intolerante LOC **to be prejudiced against sth/sb** estar predispuesto contra algo/algn

preliminary /prɪ'lɪmɪnəri; *USA* -neri/ ♦ *adj* **1** preliminar **2** (*Dep*) eliminatorio ♦ **preliminaries** *n* [*pl*] preliminares

prelude /'preljuːd/ *n* **1** (*Mús*) preludio **2** (*fig*) prólogo

premature /'prematjʊə(r); *USA* ˌpriːmə'tʊər/ *adj* prematuro

premier /'premiə(r); *USA* 'priːmiər/ ♦ *n* primer ministro, primera ministra ☛ *Ver pág 316.* ♦ *adj* principal

première /'premɪeə(r); *USA* prɪ'mɪər/ *n* estreno

premises /'premɪsɪz/ *n* [*pl*] **1** (*negocio, bar, etc*) local **2** (*empresa*) oficinas **3** (*gen*) edificio

premium /'priːmiəm/ *n* (*pago*) prima LOC **to be at a premium** escasear

preoccupation /priɒkju'peɪʃn/ *n* ~ (**with sth**) preocupación (por algo) **preoccupied** *adj* **1** preocupado **2** abstraído

preparation /ˌprepəˈreɪʃn/ *n* **1** preparación **2 preparations** [*pl*] (**for sth**) preparativos (para algo)

preparatory /prɪˈpærətri; *USA* -tɔːri/ *adj* preparatorio

prepare /prɪˈpeə(r)/ **1** *vi* ~ **for sth/to do sth** prepararse para algo/para hacer algo; hacer preparativos para algo **2** *vt* preparar LOC **to be prepared to do sth** estar dispuesto a hacer algo

preposterous /prɪˈpɒstərəs/ *adj* absurdo

prerequisite /ˌpriːˈrekwəzɪt/ (*tb* **precondition**) *n* (*formal*) ~ (**for/of sth**) requisito, condición previa (para algo)

prerogative /prɪˈrɒgətɪv/ *n* prerrogativa

prescribe /prɪˈskraɪb/ *vt* **1** (*medicina*) recetar **2** recomendar

prescription /prɪˈskrɪpʃn/ *n* **1** (*lit y fig*) receta **2** (*acción*) prescripción

presence /ˈprezns/ *n* **1** presencia **2** asistencia **3** existencia

present /ˈpreznt/ ◆ *adj* **1** ~ (**at/in sth**) presente (en algo) (*lugar, sustancia*) **2** (*tiempo*) actual **3** (*mes, año*) corriente LOC **to the present day** hasta hoy ◆ *n* **1 the present** (*tiempo*) el presente **2** regalo: *to give sb a present* regalar algo a algn LOC **at present** actualmente *Ver tb* MOMENT ◆ /prɪˈzent/ *vt* **1** presentar: *to present yourself* presentarse **2** ~ **sb with sth**; ~ **sth** (**to sb**) hacer entrega de algo (a algn): ~ *sb with a problem* plantearle a algn un problema **3** (*argumento*) exponer **4** ~ **itself** (**to sb**) (*oportunidad*) presentarse a algn **5** (*Teat*) representar **presentable** /prɪˈzentəbl/ *adj* **1** presentable **2** decente

presentation /ˌpreznˈteɪʃn; *USA* ˌprizen-/ *n* **1** presentación **2** (*argumento*) exposición **3** (*Teat*) representación **4** (*premio*) entrega

present-day /ˌpreznt ˈdeɪ/ *adj* actual

presenter /prɪˈzentə(r)/ *n* presentador, -ora

presently /ˈprezntli/ *adv* **1** (*GB*) [*futuro: generalmente al final de la frase*] en un momento, dentro de poco: *I will follow on presently.* Voy dentro de un momento. **2** (*GB*) [*pasado: generalmente al principio de la frase*] al poco tiempo: *Presently he got up to go.* Al poco tiempo se levantó para irse. **3** (*GB*) luego **4** (*esp USA*) actualmente

preservation /ˌprezəˈveɪʃn/ *n* conservación, preservación

preservative /prɪˈzɜːvətɪv/ *adj, n* conservante

preserve /prɪˈzɜːv/ ◆ *vt* **1** conservar (*comida, etc*) **2** ~ **sth** (**for sth**) preservar algo (para algo) **3** ~ **sb** (**from sth/sb**) preservar, proteger a algn (de algo/algn) ◆ *n* **1** [*gen pl*] conserva, dulce **2** (*caza*) (*lit y fig*) coto: *the exclusive preserve of party members* el coto privado de los miembros del partido

preside /prɪˈzaɪd/ *vi* ~ (**over/at sth**) presidir (algo)

presidency /ˈprezɪdənsi/ *n* (*pl* **-ies**) presidencia

president /ˈprezɪdənt/ *n* presidente, -a **presidential** /ˌprezɪˈdenʃl/ *adj* presidencial

press /pres/ ◆ *n* **1** (*tb* **the Press**) [*v sing o pl*] la prensa: *press conference* rueda de prensa ◊ *press cutting* recorte de prensa ◊ *press release* comunicado de prensa **2** planchado **3** prensa (*artefacto*) **4** (*tb* **printing-press**) imprenta ◆ **1** *vt, vi* apretar **2** *vt* pulsar, presionar **3** *vi* ~ (**up**) **against sb** arrimarse a algn **4** *vt* (*uvas*) pisar **5** *vt* (*aceitunas, flores*) prensar **6** *vt* planchar **7** *vt* ~ **sb** (**for sth/to do sth**) presionar a algn (para que haga algo) LOC **to be pressed for time** andar muy escaso de tiempo *Ver tb* CHARGE PHR V **to press ahead/on** (**with sth**) seguir adelante (con algo) **to press for sth** presionar para que se haga algo

pressing /ˈpresɪŋ/ *adj* acuciante, urgente

press-up /ˈpres ʌp/ (*esp USA* **push-up**) *n* flexión

pressure /ˈpreʃə(r)/ ◆ *n* ~ (**of sth**); ~ (**to do sth**) presión (de algo); presión (para hacer algo): *pressure cooker* olla a presión ◊ *pressure gauge* manómetro ◊ *pressure group* grupo de presión LOC **to put pressure on sb** (**to do sth**) presionar a algn (para que haga algo) ◆ *vt Ver* PRESSURIZE

pressure cooker *n* olla a presión ☛ *Ver dibujo en* SAUCEPAN

pressurize, -ise /ˈpreʃəraɪz/ (*tb* **pressure**) *vt* **1** ~ **sb into (doing) sth**

presionar a algn para que haga algo **2** (*Fís*) presurizar

prestige /preˈstiːʒ/ *n* prestigio **prestigious** *adj* prestigioso

presumably /prɪˈzjuːməbli/ *adv* es de suponer que

presume /prɪˈzjuːm; *USA* -ˈzuːm/ *vt* asumir: *I presume so.* Supongo.

presumption /prɪˈzʌmpʃn/ *n* **1** presunción **2** atrevimiento

presumptuous /prɪˈzʌmptʃuəs/ *adj* impertinente

presuppose /ˌpriːsəˈpəʊz/ *vt* presuponer

pretence (*USA* **pretense**) /prɪˈtens/ *n* **1** [*incontable*] engaño(s): *They abandoned all pretence of objectivity.* Dejaron de fingir que eran objetivos. **2** (*formal*) ostentación

pretend /prɪˈtend/ ◆ *vt, vi* **1** fingir **2** pretender **3** ~ **to be sth** jugar a algo: *They're pretending to be explorers.* Están jugando a los exploradores. ◆ (*coloq*) *adj* **1** de juguete **2** fingido

pretentious /prɪˈtenʃəs/ *adj* pretencioso

pretext /ˈpriːtekst/ *n* pretexto

pretty /ˈprɪti/ ◆ *adj* (**-ier**, **-iest**) **1** lindo **2** (*mujer*) mona LOC **not to be a pretty sight** no ser nada agradable ◆ *adv* bastante *Ver tb* QUITE sentido 1 ☛ *Ver nota en* FAIRLY, RATHER LOC **pretty much/well** más o menos

prevail /prɪˈveɪl/ *vi* **1** (*ley, condiciones*) imperar **2** predominar **3** (*fig*) prevalecer PHR V **to prevail (up)on sb to do sth** (*formal*) convencer a algn para que haga algo **prevailing** (*formal*) *adj* **1** reinante **2** (*viento*) predominante

prevalent /ˈprevələnt/ *adj* (*formal*) **1** difundido **2** predominante **prevalence** *n* **1** difusión **2** predominancia

prevent /prɪˈvent/ *vt* **1** ~ **sb from doing sth** impedir que algn haga algo **2** ~ **sth** evitar, prevenir algo

prevention /prɪˈvenʃn/ *n* prevención

preventive /prɪˈventɪv/ *adj* preventivo

preview /ˈpriːvjuː/ *n* preestreno

previous /ˈpriːviəs/ *adj* anterior LOC **previous to doing sth** antes de hacer algo **previously** *adv* anteriormente

pre-war /ˌpriː ˈwɔː(r)/ *adj* de (la) preguerra

prey /preɪ/ ◆ *n* [*incontable*] (*lit y fig*) presa ◆ *vi* LOC **to prey on sb's mind** preocupar a algn PHR V **to prey on sth/sb 1** cazar algo/a algn **2** vivir a costa de algo/algn

price /praɪs/ ◆ *n* precio: *to go up/down in price* subir/bajar de precio LOC **at any price** a toda costa **not at any price** por nada del mundo *Ver tb* CHEAP ◆ *vt* **1** fijar el precio de **2** valorar **3** poner el precio a **priceless** *adj* que no tiene precio

prick /prɪk/ ◆ *n* **1** punzada **2** pinchazo ◆ *vt* pinchar (*fig*) remorder (*la conciencia*) LOC **to prick up your ears 1** levantar las orejas **2** aguzar el oído

prickly /ˈprɪkli/ *adj* (**-ier**, **-iest**) **1** espinoso **2** que pincha **3** (*coloq*) malhumorado

pride /praɪd/ ◆ *n* **1** ~ (**in sth**) orgullo (por algo) **2** (*pey*) orgullo, soberbia LOC **(to be) sb's pride and joy** (ser) el orgullo de algn **to take pride in sth** hacer algo con orgullo ◆ *vt* LOC **to pride yourself on sth** preciarse de algo

priest /priːst/ *n* sacerdote, cura **priesthood** *n* **1** sacerdocio **2** clero

En inglés se usa la palabra **priest** para referirse normalmente a los sacerdotes católicos. Los párrocos anglicanos se llaman **clergyman** o **vicar**, y los de las demás religiones protestantes, **minister**.

prig /prɪg/ *n* (*pey*) mojigato, -a **priggish** *adj* mojigato, puritano

prim /prɪm/ *adj* (*pey*) (**primmer**, **primmest**) **1** remilgado **2** (*aspecto*) recatado

primarily /ˈpraɪmərəli; *USA* praɪˈmerəli/ *adv* principalmente, sobre todo

primary /ˈpraɪməri; *USA* -meri/ ◆ *adj* **1** primario: *primary school* escuela primaria **2** primordial **3** principal ◆ *n* (*pl* **-ies**) (*USA*) (*tb* **primary election**) elección primaria

prime /praɪm/ ◆ *adj* **1** principal **2** de primera: *a prime example* un ejemplo excelente ◆ *n* LOC **in your prime/in the prime of life** en la flor de la vida ◆ *vt* **1** ~ **sb** (**for sth**) preparar a algn (para algo) **2** ~ **sb** (**with sth**) poner al tanto a algn (de algo)

Prime Minister *n* primer ministro, primera ministra ☛ *Ver pág 316.*

primeval (*tb* **primaeval**) /praɪˈmiːvl/ *adj* primigenio

primitive /ˈprɪmətɪv/ *adj* primitivo

primrose /ˈprɪmrəʊz/ ◆ *n* primavera (*flor*) ◆ *adj, n* amarillo pálido

prince /prɪns/ *n* príncipe

princess /ˌprɪnˈses/ *n* princesa

principal /ˈprɪnsəpl/ ◆ *adj* principal ◆ *n* director, -ora, rector, -ora (*colegio, universidad*)

principle /ˈprɪnsəpl/ *n* (*gen*) principio: *a woman of principle* una mujer de principios LOC **in principle** en principio **on principle** por principio

print /prɪnt/ ◆ *vt* **1** imprimir **2** (*Period*) publicar **3** escribir con letras de imprenta **4** (*tela*) estampar PHR V **to print (sth) out** imprimir (algo) (*Informát*) ◆ *n* **1** (*tipografía*) letra **2** huella **3** (*Arte*) grabado **4** (*Fot*) copia **5** tela estampada LOC **in print 1** (*libro*) en venta **2** publicado **out of print** agotado *Ver tb* SMALL **printer** *n* **1** (*persona*) impresor, -ora **2** (*máquina*) impresora ☛ *Ver dibujo en* COMPUTADORA **3 the printers** [*pl*] (*taller*) imprenta **printing** *n* **1** imprenta (*técnica*): *a printing error* una errata **2** (*libros, etc*) impresión **printout** *n* copia impresa (*esp Informát*)

prior /ˈpraɪə(r)/ ◆ *adj* previo ◆ **prior to** *adv* **1 prior to doing sth** antes de hacer algo **2 prior to sth** anterior a algo **priority** *n* (*pl* **-ies**) ~ (**over sth/sb**) prioridad (sobre algo/algn) LOC **to get your priorities right** saber cuáles son tus prioridades

prise (*USA tb* **prize**) /praɪz/ PHR V **to prise sth apart, off, open, etc (with sth)** separar, quitar, abrir, etc algo (haciendo palanca con algo)

prison /ˈprɪzn/ *n* cárcel: *prison camp* campo de concentración **prisoner** *n* **1** preso, -a **2** (*cautivo*) prisionero, -a **3** detenido, -a **4** (*en juzgado*) acusado, -a LOC *Ver* CAPTIVE

privacy /ˈprɪvəsi; *USA* ˈpraɪv-/ *n* intimidad

private /ˈpraɪvət/ ◆ *adj* **1** privado: *private enterprise* empresa privada ◊ *private eye* detective privado **2** (*de individuo*) particular **3** (*persona*) reservado **4** (*lugar*) íntimo ◆ *n* **1** (*Mil*) soldado raso **2 privates** [*pl*] (*coloq*) partes (pudendas) LOC **in private** en privado **privately** *adv* en privado **privatize, -ise** *vt* privatizar

privilege /ˈprɪvəlɪdʒ/ *n* **1** privilegio **2** (*Jur*) inmunidad **privileged** *adj* **1** privilegiado **2** (*información*) confidencial

privy /ˈprɪvi/ *adj* LOC **to be privy to sth** (*formal*) tener conocimiento de algo

prize[1] /praɪz/ ◆ *n* premio ◆ *adj* **1** premiado **2** de primera **3** (*irón*) de remate **prize** *vt* estimar

prize[2] (*USA*) *Ver* PRISE

pro /prəʊ/ ◆ *n* LOC **the pros and (the) cons** los pros y los contras ◆ *adj, n* (*coloq*) profesional

probable /ˈprɒbəbl/ *adj* probable: *It seems probable that he'll arrive tomorrow.* Parece probable que llegue mañana. **probability** /ˌprɒbəˈbɪləti/ *n* (*pl* **-ies**) probabilidad LOC **in all probability** con toda probabilidad **probably** *adv* probablemente

> En inglés se suele usar el adverbio en los casos en que se usaría *es probable que* en castellano: *They will probably go.* Es probable que vayan.

probation /prəˈbeɪʃn; *USA* prəʊ-/ *n* **1** libertad condicional **2** (*empleado*) prueba: *a three-month probation period* un período de prueba de tres meses

probe /prəʊb/ ◆ *n* sonda ◆ **1** *vt, vi* (*Med*) sondar **2** *vt, vi* explorar **3** *vt* ~ **sb about/on sth** examinar a algn de algo **4** *vi* ~ (**into sth**) investigar (algo) **probing** *adj* (*pregunta*) penetrante

problem /ˈprɒbləm/ *n* problema LOC *Ver* TEETHE **problematic(al)** *adj* **1** problemático **2** (*discutible*) dudoso

procedure /prəˈsiːdʒə(r)/ *n* **1** procedimiento **2** (*gestión*) trámite(s)

proceed /prəˈsiːd, prəʊ-/ *vi* **1** proceder **2** ~ (**to sth/to do sth**) pasar (a algo/a hacer algo) **3** (*formal*) avanzar, ir **4** ~ (**with sth**) continuar, ir adelante (con algo) **proceedings** *n* [*pl*] **1** acto **2** (*Jur*) proceso **3** (*reunión*) actas

proceeds /ˈprəʊsiːdz/ *n* [*pl*] ~ (**of/from sth**) ganancias (de algo)

process /ˈprəʊses; *USA* ˈprɒses/ ◆ *n* **1** (*método*) procedimiento **2** (*Jur*) proceso LOC **in the process** al hacerlo **to be in the process of (doing) sth** estar haciendo algo ◆ *vt* **1** (*alimento, materia prima*) tratar **2** (*solicitud*) tramitar **3** (*Fot*) revelar *Ver tb* DEVELOP **4**

(*Informát*) procesar **processing** *n* **1** tratamiento **2** (*Fot*) revelado **3** (*Informát*) proceso: *word processing* procesamiento de textos

procession /prəˈseʃn/ *n* desfile, procesión

processor /ˈprəʊsesə(r)/ *n* procesador *Ver* MICROPROCESSOR, FOOD PROCESSOR

proclaim /prəˈkleɪm/ *vt* proclamar **proclamation** *n* **1** proclama **2** (*acto*) proclamación

prod /prɒd/ ◆ *vt, vi* (**-dd-**) ~ **(at) sth/sb** pinchar algo/a algn ◆ *n* **1** (*lit y fig*) pinchazo **2** pinche

prodigious /prəˈdɪdʒəs/ *adj* prodigioso

prodigy /ˈprɒdədʒi/ *n* (*pl* **-ies**) prodigio

produce /prəˈdjuːs; *USA* -ˈduːs/ ◆ *vt* **1** producir ☛ *Comparar con* MANUFACTURE **2** (*cultivo*) dar **3** (*cría*) tener **4** ~ **sth (from/out of sth)** sacar algo (de algo) **5** (*Teat*) poner en escena **6** (*Cine, TV*) producir ◆ /ˈprɒdjuːs; *USA* -duːs/ *n* [*incontable*] productos: *produce of France* producto de Francia ☛ *Ver nota en* PRODUCT **producer** *n* **1** (*gen, Cine, TV*) productor, -ora ☛ *Comparar con* DIRECTOR, CONSUMER *en* CONSUME **2** (*Teat*) director, -ora de escena

product /ˈprɒdʌkt/ *n* producto: *Coal was once a major industrial product.* El carbón fue en un tiempo uno de los productos industriales más importantes.

> **Product** se usa para referirse a productos industriales, mientras que **produce** se usa para los productos del campo.

production /prəˈdʌkʃn/ *n* producción: *production line* cadena de producción

productive /prəˈdʌktɪv/ *adj* productivo **productivity** /ˌprɒdʌkˈtɪvəti/ *n* productividad

profess /prəˈfes/ *vt* (*formal*) **1** ~ **to be sth** pretender ser algo; declararse algo **2** ~ **(yourself) sth** declarar(se) algo **3** (*Relig*) profesar **professed** *adj* **1** supuesto **2** declarado

profession /prəˈfeʃn/ *n* profesión ☛ *Ver nota en* WORK[1] **professional** *adj* profesional

professor /prəˈfesə(r)/ *n* (*abrev* **Prof**) **1** (*GB*) catedrático, -a de universidad **2** (*USA*) profesor, -ora de universidad

proficiency /prəˈfɪʃnsi/ *n* ~ **(in sth/doing sth)** competencia, capacidad en algo/para hacer algo **proficient** *adj* ~ **(in/at sth/doing sth)** competente en algo: *She's very proficient in/at swimming.* Es una nadadora muy competente.

profile /ˈprəʊfaɪl/ *n* perfil

profit /ˈprɒfɪt/ ◆ *n* **1** ganancia(s), beneficio(s): *to do sth for profit* hacer algo con fines lucrativos ◊ *to make a profit of £20* hacer una ganancia de 20 libras ◊ *to sell at a profit* vender con ganancia ◊ *profit-making* lucrativo **2** (*fig*) beneficio, provecho ◆ PHR V **to profit from sth** beneficiarse de algo **profitable** *adj* **1** rentable **2** provechoso

profound /prəˈfaʊnd/ *adj* profundo **profoundly** *adv* profundamente, extremadamente

profusely /prəˈfjuːsli/ *adv* profusamente

profusion /prəˈfjuːʒn/ *n* profusión, abundancia LOC **in profusion** en abundancia

programme (*USA* **program**) /ˈprəʊɡræm; *USA* -ɡrəm/ ◆ *n* programa ☛ En lenguaje informático se escribe **program**. ◆ *vt, vi* (**-mm-**, *USA* **-m-**) programar **programmer** (*tb* **computer programmer**) (*USA* **-m-**) *n* programador, -ora **programming** (*USA* **-m-**) *n* programación

progress /ˈprəʊɡres; *USA* ˈprɒɡ-/ ◆ *n* [*incontable*] **1** progreso(s) **2** (*movimiento*) avance: *to make progress* avanzar LOC **in progress** en marcha ◆ /prəˈɡres/ *vi* avanzar

progressive /prəˈɡresɪv/ *adj* **1** progresivo **2** (*Pol*) progresista

prohibit /prəˈhɪbɪt; *USA* prəʊ-/ *vt* (*formal*) **1** ~ **sth/sb (from doing sth)** prohibir algo/a algn (hacer algo) **2** ~ **sth**; ~ **sb (from doing sth)** impedir algo; a algn (hacer algo) **prohibition** *n* prohibición

project /ˈprɒdʒekt/ ◆ *n* proyecto ◆ /prəˈdʒekt/ **1** *vt* proyectar **2** *vi* sobresalir **projection** *n* proyección **projector** *n* proyector (*de cine*): *overhead projector* retroproyector

prolific /prəˈlɪfɪk/ *adj* prolífico

prologue (*USA tb* **prolog**) /ˈprəʊlɒg; *USA* -lɔːg/ *n* ~ **(to sth)** (*lit y fig*) prólogo (de algo)

prolong /prəˈlɒŋ; *USA* -ˈlɔːŋ/ *vt* prolongar, alargar

promenade /ˌprɒməˈnɑːd; *USA* -ˈneɪd/ (*GB, coloq* **prom**) *n* rambla

prominent /ˈprɒmɪnənt/ *adj* **1** prominente **2** importante

promiscuous /prəˈmɪskjuəs/ *adj* promiscuo

promise /ˈprɒmɪs/ ◆ *n* **1** promesa **2** *to show promise* ser prometedor ◆ *vt, vi* prometer **promising** *adj* prometedor

promote /prəˈməʊt/ *vt* **1** promover, fomentar **2** (*en el trabajo*) ascender **3** (*Com*) promocionar **promoter** *n* promotor, -ora **promotion** *n* **1** ascenso **2** promoción, fomento

prompt /prɒmpt/ ◆ *adj* **1** sin dilación **2** (*servicio*) rápido **3** (*persona*) puntual ◆ *adv* en punto ◆ **1** *vt* ~ **sb to do sth** incitar a algn a hacer algo **2** *vt* (*reacción*) provocar **3** *vt, vi* (*Teat*) apuntar **promptly** *adv* **1** con prontitud **2** puntualmente **3** al punto

prone /prəʊn/ *adj* ~ **to sth** propenso a algo

pronoun /ˈprəʊnaʊn/ *n* pronombre

pronounce /prəˈnaʊns/ *vt* **1** pronunciar **2** declarar **pronounced** *adj* **1** (*acento*) fuerte **2** (*mejora*) marcado **3** (*movimiento*) pronunciado

pronunciation /prəˌnʌnsiˈeɪʃn/ *n* pronunciación

proof /pruːf/ *n* **1** [*incontable*] prueba(s) **2** comprobación

prop /prɒp/ ◆ *n* **1** (*lit y fig*) apoyo **2** puntal ◆ *vt* (**-pp-**) ~ **sth (up) against sth** apoyar algo contra algo PHR V **to prop sth up 1** sujetar algo **2** (*pey, fig*) respaldar algo

propaganda /ˌprɒpəˈgændə/ *n* propaganda

propel /prəˈpel/ *vt* (**-ll-**) **1** impulsar **2** (*Mec*) propulsar **propellant** *adj, n* propulsor

propeller /prəˈpelə(r)/ *n* hélice

propensity /prəˈpensəti/ *n* (*formal*) ~ (**for/to sth**) propensión (a algo)

proper /ˈprɒpə(r)/ *adj* **1** debido **2** adecuado **3** de verdad **4** correcto **5** decente **6**: *the house proper* la casa propiamente dicha **properly** *adv* **1** bien **2** (*portarse*) con propiedad **3** adecuadamente

property /ˈprɒpəti/ *n* (*pl* **-ies**) **1** propiedad **2** [*incontable*] bienes: *personal property* bienes muebles

prophecy /ˈprɒfəsi/ *n* (*pl* **-ies**) profecía

prophesy /ˈprɒfəsaɪ/ (*pret, pp* **-sied**) **1** *vt* predecir **2** *vi* profetizar

prophet /ˈprɒfɪt/ *n* profeta

proportion /prəˈpɔːʃn/ *n* proporción: *sense of proportion* sentido de la proporción LOC **out of (all) proportion 1** desmesuradamente **2** desproporcionado *Ver tb* THING **proportional** *adj* ~ (**to sth**) proporcional a algo; en proporción con algo

proposal /prəˈpəʊzl/ *n* **1** propuesta **2** (*tb* **proposal of marriage**) propuesta de matrimonio

propose /prəˈpəʊz/ **1** *vt* (*sugerencia*) proponer **2** *vt* ~ **to do sth/doing sth** proponerse hacer algo **3** *vi* ~ (**to sb**) pedir la mano (a algn)

proposition /ˌprɒpəˈzɪʃn/ *n* **1** proposición **2** propuesta

proprietor /prəˈpraɪətə(r)/ *n* propietario, -a

prose /prəʊz/ *n* prosa

prosecute /ˈprɒsɪkjuːt/ *vt* procesar: *prosecuting lawyer* fiscal **prosecution** *n* **1** juicio, procesamiento **2** [*v sing o pl*] (*abogado*) acusación **prosecutor** *n* fiscal

prospect /ˈprɒspekt/ *n* **1** perspectiva **2** ~ (**of sth/doing sth**) expectativa(s), posibilidad(es) (de algo/hacer algo) **3** (*antic*) panorama, vista **prospective** /prəˈspektɪv/ *adj* **1** futuro **2** probable

prospectus /prəˈspektəs/ *n* prospecto (*folleto promocional*)

prosper /ˈprɒspə(r)/ *vi* prosperar **prosperity** /prɒˈsperəti/ *n* prosperidad **prosperous** *adj* próspero

prostitute /ˈprɒstɪtjuːt; *USA* -tuːt/ *n* **1** prostituta **2 male prostitute** prostituto **prostitution** *n* prostitución

prostrate /ˈprɒstreɪt/ *adj* **1** postrado **2** ~ (**with sth**) abatido (por algo)

protagonist /prəˈtægənɪst/ *n* **1** protagonista **2** ~ (**of sth**) defensor, -ora (de algo)

protect /prəˈtekt/ *vt* ~ **sth/sb (against/from sth)** proteger algo/a algn (contra/de algo) **protection** *n* **1** ~ (**for sth**) protección (de/para algo) **2** ~ (**against sth**) protección (contra algo)

protective /prəˈtektɪv/ *adj* protector

protein /ˈprəʊtiːn/ *n* proteína

protest /ˈprəʊtest/ ◆ *n* protesta ◆

/prəˈtest/ **1** *vi* ~ (**about/at/against sth**) protestar (por/de/contra algo) **2** *vt* declarar **protester** *n* manifestante *Ver tb* DEMONSTRATOR

Protestant /ˈprɒtɪstənt/ *adj, n* protestante

prototype /ˈprəʊtətaɪp/ *n* prototipo

protrude /prəˈtruːd; *USA* prəʊ-/ *vi* ~ (**from sth**) sobresalir (de algo): *protruding teeth* dientes salidos

proud /praʊd/ *adj* (**-er**, **-est**) **1** (*aprob*) ~ (**of sth/sb**) orgulloso (de algo/algn) **2** (*aprob*) ~ (**to do sth/that...**) orgulloso (de hacer algo/de que ...) **3** (*pey*) soberbio **proudly** *adv* con orgullo

prove /pruːv/ *vt* (*pp* **proved**, *USA* **proven** /ˈpruːvn/) **1** ~ **sth** (**to sb**) probar, demostrar algo (a algn) **2** *vt, vi* ~ (**yourself**) (**to be**) **sth** resultar (ser) algo: *The task proved* (*to be*) *very difficult.* La tarea resultó (ser) muy difícil. LOC **to prove your point** demostrar que se está en lo cierto

proven /ˈpruːvn/ ◆ *adj* comprobado ◆ (*USA*) *pp de* PROVE

proverb /ˈprɒvɜːb/ *n* proverbio **proverbial** *adj* **1** proverbial **2** conocido por todos

provide /prəˈvaɪd/ *vt* ~ **sb** (**with sth**); ~ **sth** (**for sb**) proporcionar, suministrar algo a algn PHR V **to provide for sb** mantener a algn **to provide for sth 1** prevenir algo **2** estipular algo

provided /prəˈvaɪdɪd/ (*tb* **providing**) *conj* ~ (**that...**) con la condición de que, con tal (de) que

province /ˈprɒvɪns/ *n* **1** provincia **2 the provinces** [*pl*] provincias **3** competencia: *It's not my province.* Está fuera de mi competencia. **provincial** /prəˈvɪnʃl/ *adj* **1** provincial **2** (*pey*) de provincia, provinciano

provision /prəˈvɪʒn/ *n* **1** ~ **of sth** suministro, abastecimiento de algo **2** *to make provision for sb* asegurar el porvenir de algn ◊ *to make provision against/for sth* prever algo **3 provisions** [*pl*] víveres, provisiones **4** (*Jur*) disposición, estipulación

provisional /prəˈvɪʒənl/ *adj* provisional

proviso /prəˈvaɪzəʊ/ *n* (*pl* ~**s**) condición

provocation /ˌprɒvəˈkeɪʃn/ *n* provocación **provocative** /prəˈvɒkətɪv/ *adj* provocador, provocativo

provoke /prəˈvəʊk/ *vt* **1** (*persona*) provocar **2** ~ **sb into doing sth/to do sth** inducir, incitar a algn a hacer algo **3** ~ **sth** provocar, causar algo

prow /praʊ/ *n* proa

prowess /ˈpraʊəs/ *n* **1** proeza **2** habilidad

prowl /praʊl/ *vt, vi* ~ (**about/around**) rondar, merodear

proximity /prɒkˈsɪməti/ *n* proximidad

proxy /ˈprɒksi/ *n* **1** apoderado, -a, representante **2** poder: *by proxy* por poderes

prude /pruːd/ *n* (*pey*) puritano, -a

prudent /ˈpruːdnt/ *adj* prudente

prune[1] /pruːn/ *n* ciruela seca

prune[2] /pruːn/ *vt* **1** podar **2** (*fig*) recortar **pruning** *n* poda

pry /praɪ/ (*pret, pp* **pried** /praɪd/) **1** *vi* **to pry** (**into sth**) entrometerse (en algo); husmear **2** *vt* (*esp USA*) *Ver* PRISE

PS /ˌpiːˈes/ *abrev* **postscript** posdata (P.D.)

psalm /sɑːm/ *n* salmo

pseudonym /ˈsjuːdənɪm; *USA* ˈsuːdənɪm/ *n* seudónimo

psyche /ˈsaɪki/ *n* psique, psiquis

psychiatry /saɪˈkaɪətri; *USA* sɪ-/ *n* psiquiatría **psychiatric** /ˌsaɪkiˈætrɪk/ *adj* psiquiátrico **psychiatrist** /saɪˈkaɪətrɪst/ *n* psiquiatra

psychic /ˈsaɪkɪk/ *adj* **1** (*tb* **psychical**) psíquico **2** (*persona*): *to be psychic* tener poderes parapsicológicos

psychoanalysis /ˌsaɪkəʊəˈnæləsɪs/ (*tb* **analysis**) *n* psicoanálisis

psychology /saɪˈkɒlədʒi/ *n* psicología **psychological** /ˌsaɪkəˈlɒdʒɪkl/ *adj* psicológico **psychologist** /saɪˈkɒlədʒɪst/ *n* psicólogo, -a

pub /pʌb/ *n* (*GB*) bar ☛ *Ver pág 314.*

puberty /ˈpjuːbəti/ *n* pubertad

pubic /ˈpjuːbɪk/ *adj* púbico: *pubic hair* vello púbico

public /ˈpʌblɪk/ ◆ *adj* público: *public convenience* baños públicos ◊ *public house* bar ◆ *n* **1** público **2 the public** [*v sing o pl*] el público LOC **in public** en público

publication /ˌpʌblɪˈkeɪʃn/ *n* publicación

publicity /pʌbˈlɪsəti/ *n* publicidad

publicity campaign campaña publicitaria

publicize, -ise /ˈpʌblɪsaɪz/ *vt* **1** hacer público **2** promover, promocionar

publicly /ˈpʌblɪkli/ *adv* públicamente

public school *n* **1** (*GB*) colegio privado **2** (*USA*) colegio público ☛ *Ver nota en* ESCUELA

publish /ˈpʌblɪʃ/ *vt* **1** publicar **2** hacer público **publisher** *n* **1** editor, -ora **2** editorial **publishing** *n* campo editorial: *publishing house* casa editora

pudding /ˈpʊdɪŋ/ *n* **1** (*GB*) postre ☛ *Ver nota en* NAVIDAD **2** budín **3** *black pudding* morcilla

puddle /ˈpʌdl/ *n* charco

puff /pʌf/ ◆ *n* **1** soplo, soplido **2** (*humo, vapor*) bocanada **3** (*coloq*) (*cigarrillo*) pitada **4** (*coloq*) aliento ◆ **1** *vi* jadear **2** *vi* ~ **(away) at/on sth** (*pipa, etc*) pitar algo **3** *vt* (*humo*) salir a bocanadas **4** *vt* (*cigarrillo, etc*) pitar PHR V **to puff sb out** (*coloq*) dejar a algn sin aliento **to puff sth out** hinchar algo **to puff up** hincharse **puffed** (*tb* **puffed out**) (*coloq*) *adj* sin aliento **puffy** *adj* (**-ier, -iest**) hinchado (*esp cara*)

pull /pʊl/ ◆ *n* **1** ~ **(at/on sth)** tirón (en algo) **2 the ~ of sth** la atracción, la llamada de algo **3** *It was a hard pull.* Resultó un duro esfuerzo. ◆ **1** *vt* dar un tirón a, tirar de **2** *vi* ~ **(at/on sth)** tirar de algo **3** *vt* (*carro, etc*) tirar de **4** *vt*: *to pull a muscle* darle a algn un tirón en un músculo **5** *vt* (*gatillo*) apretar **6** *vt* (*corcho, muela, pistola*) sacar LOC **to pull sb's leg** (*coloq*) tomarle el pelo a algn **to pull strings (for sb)** (*coloq*) hacer palanca (para algn) **to pull your socks up** (*GB, coloq*) esforzarse para mejorar **to pull your weight** poner todo su esfuerzo *Ver tb* FACE[1]

PHR V **to pull sth apart** partir algo en dos

to pull sth down 1 bajar algo **2** (*edificio*) derribar algo

to pull into sth; pull in (to sth) 1 (*tren*) llegar a algo **2** (*coche*) detenerse en algo

to pull sth off (*coloq*) conseguir algo

to pull out (of sth) 1 retirarse (de algo) **2** salir (de algo) PHR V **to pull sth out** sacar algo **to pull sth/sb out (of sth)** retirar algo/a algn (de algo)

to pull over correrse (*coche, etc*)

to pull yourself together controlarse

to pull up parar **to pull sth up 1** alzar algo **2** (*planta*) arrancar algo

pulley /ˈpʊli/ *n* (*pl* **-eys**) polea

pullover /ˈpʊləʊvə(r)/ *n* pulóver ☛ *Ver nota en* SWEATER

pulp /pʌlp/ *n* **1** pulpa **2** (*de madera*) pasta

pulpit /ˈpʊlpɪt/ *n* púlpito

pulsate /pʌlˈseɪt; *USA* ˈpʌlseɪt/ (*tb* **pulse**) *vi* palpitar, latir

pulse /pʌls/ *n* **1** (*Med*) pulso **2** ritmo **3** pulsación **4** [*gen pl*] legumbre

pumice /ˈpʌmɪs/ (*tb* **pumice stone**) *n* piedra pómez

pummel /ˈpʌml/ (*tb* **pommel**) *vt* (**-ll-**, *USA tb* **-l-**) dar una paliza

pump /pʌmp/ ◆ *n* **1** bomba: *petrol pump* surtidor de nafta **2** zapatilla ◆ **1** *vt* bombear **2** *vi* bombear **3** *vi* (*corazón*) latir **4** ~ **sb (for sth)** (*coloq*) sacar a algn; sacarle algo a algn PHR V **to pump sth up** inflar algo

pumpkin /ˈpʌmpkɪn/ *n* zapallo

pun /pʌn/ *n* **pun (on sth)** juego de palabras (con algo)

punch /pʌntʃ/ ◆ *n* **1** punzón **2** (*para papeles*) perforadora **3** (*bebida*) ponche **4** piña (*trompada*) ◆ *vt* **1** perforar, picar: *to punch a hole in sth* hacer un agujero en algo **2** dar una piña a

punch-up /ˈpʌntʃ ʌp/ *n* (*GB, coloq*) pelea a piñas

punctual /ˈpʌŋktʃuəl/ *adj* puntual ☛ *Ver nota en* PUNTUAL **punctuality** /ˌpʌŋktʃuˈæləti/ *n* puntualidad

punctuate /ˈpʌŋktʃueɪt/ *vt* **1** (*Gram*) puntuar **2** ~ **sth (with sth)** interrumpir algo (con algo)

puncture /ˈpʌŋktʃə(r)/ ◆ *n* pinchadura ◆ **1** *vt, vi* pinchar(se) **2** *vt* (*Med*) perforar

pundit /ˈpʌndɪt/ *n* entendido, -a

pungent /ˈpʌndʒənt/ *adj* **1** acre **2** punzante **3** (*fig*) mordaz

punish /ˈpʌnɪʃ/ *vt* castigar **punishment** *n* **1** castigo **2** (*fig*) paliza

punitive /ˈpjuːnətɪv/ *adj* (*formal*) **1** punitivo **2** abusivo

punk /pʌŋk/ ◆ *n* **1** (*tb* **punk rock**) punk **2** (*pey, coloq, esp USA*) guarango ◆ *adj* punki

punt /pʌnt/ *n* (*GB*) bote largo y plano que se impulsa con una pértiga

punter /ˈpʌntə(r)/ *n* (*GB*) **1** apostador,

-ora **2** (*coloq*) cliente, miembro del público

pup /pʌp/ *n* **1** *Ver* PUPPY **2** cría

pupil /ˈpjuːpl/ *n* **1** alumno, -a **2** discípulo, -a **3** pupila (*del ojo*)

puppet /ˈpʌpɪt/ *n* **1** (*lit*) marioneta **2** (*fig*) títere

puppy /ˈpʌpi/ (*pl* **-ies**) (*tb* **pup** /pʌp/) *n* cachorro

purchase /ˈpɜːtʃəs/ ◆ *n* (*formal*) compra, adquisición LOC *Ver* COMPULSORY ◆ *vt* (*formal*) comprar **purchaser** *n* (*formal*) comprador, -ora

pure /pjʊə(r)/ *adj* (**purer**, **purest**) puro **purely** *adv* puramente, simplemente

purée /ˈpjʊəreɪ; *USA* pjʊəˈreɪ/ *n* puré

purge /pɜːdʒ/ ◆ *vt* ~ **sth/sb** (**of/from sth**) purgar algo/algn (de algo) ◆ *n* **1** purga **2** purgante

purify /ˈpjʊərɪfaɪ/ *vt* (*pret*, *pp* **-fied**) purificar

puritan /ˈpjʊərɪtən/ *adj*, *n* puritano, -a **puritanical** /ˌpjʊərɪˈtænɪkl/ *adj* (*pey*) puritano

purity /ˈpjʊərəti/ *n* pureza

purple /ˈpɜːpl/ *adj*, *n* violeta

purport /pəˈpɔːt/ *vt* (*formal*): *It purports to be…* Pretende ser…

purpose /ˈpɜːpəs/ *n* **1** propósito, motivo: *purpose-built* construido con un fin específico **2** determinación: *to have a/no sense of purpose* (no) tener una meta en la vida LOC **for the purpose of** al efecto de **for this purpose** para este fin **on purpose** a propósito *Ver tb* INTENT **purposeful** *adj* decidido **purposely** *adv* intencionadamente

purr /pɜː(r)/ *vi* ronronear

purse /pɜːs/ ◆ *n* **1** monedero ☛ *Comparar con* WALLET **2** (*USA*) cartera (*de mujer*) ◆ *vt*: *to purse your lips* fruncir la boca

pursue /pəˈsjuː; *USA* -ˈsuː/ *vt* (*formal*) **1** perseguir ☛ La palabra más corriente es **chase**. **2** (*actividad*) dedicarse a **3** (*conversación*) seguir (con)

pursuit /pəˈsjuːt; *USA* -ˈsuːt/ *n* (*formal*) **1** ~ **of sth** búsqueda de algo **2** [*gen pl*] actividad LOC **in pursuit of sth** en busca de algo **in pursuit** (**of sth/sb**) persiguiendo (algo/a algn)

push /pʊʃ/ ◆ *n* empujón LOC **to get/to give sb the push** (*GB*, *coloq*) ser despedido/dar la patada a algn ◆ **1** *vt*, *vi* empujar: *to push past sb* pasar a algn empujando **2** *vt*, *vi* ~ (**on/against**) **sth** (*botón*) apretar **3** *vt* (*coloq*) (*idea*) promover LOC **to be pushed for sth** (*coloq*) andar justo de algo PHR V **to push ahead/forward/on** (**with sth**) seguir adelante (con algo) **to push sb around** (*coloq*) mandonear a algn **to push in** colarse **to push off** (*coloq*) irse

pushchair /ˈpʊʃtʃeə(r)/ *n* cochecito

push-up /ˈpʊʃ ʌp/ *n* (*esp USA*) *Ver* PRESS-UP

pushy /ˈpʊʃi/ *adj* (**-ier**, **-iest**) (*coloq*, *pey*) avasallador

puss /pʊs/ *n* minino **pussy** (*pl* **-ies**) (*tb* **pussy-cat**) *n* gatito

put /pʊt/ *vt* (**-tt-**) (*pret*, *pp* **put**) **1** poner, colocar, meter: *Did you put sugar in my tea?* ¿Me pusiste azúcar en el té? ◊ *to put sb out of work* dejar a algn sin trabajo ◊ *Put them together.* Júntalos. **2** decir, expresar **3** (*pregunta*, *sugerencia*) hacer **4** (*tiempo*, *esfuerzo*) dedicar ☛ Para expresiones con **put**, véanse las entradas del sustantivo, adjetivo, etc, p.ej. **to put sth right** en RIGHT.

PHR V **to put sth across/over** comunicar algo **to put yourself across/over** expresarse

to put sth aside 1 dejar algo a un lado **2** (*dinero*) ahorrar, separar algo

to put sth away guardar algo

to put sth back 1 volver a poner algo en su lugar, guardar algo **2** (*reloj*) retrasar algo **3** (*posponer*) aplazar algo

to put sth by 1 (*dinero*) ahorrar algo **2** (*reservar*) guardar algo

to put sb down (*coloq*) humillar, despreciar a algn **to put sth down 1** poner algo (en el suelo, etc) **2** dejar, soltar algo **3** (*escribir*) tomar nota de algo **4** (*rebelión*) sofocar, reprimir algo **5** (*animal*) sacrificar algo **to put sth down to sth** atribuir algo a algo

to put sth forward 1 (*propuesta*) presentar algo **2** (*sugerencia*) hacer algo **3** (*reloj*) adelantar algo

to put sth into (**doing**) **sth** dedicar algo a (hacer) algo, invertir algo en (hacer) algo

to put sb off 1 decir a algn que no venga **2** distraer a algn **to put sb off** (**sth/doing sth**) sacarle a algn las ganas (de algo/de hacer algo)

to put sth on 1 (*ropa*) ponerse algo

2 (*luz, etc*) prender, encender algo **3** engordar algo: *to put on weight* engordar ◊ *to put on two kilos* engordar dos kilos **4** (*obra de teatro*) hacer algo **5** fingir algo
to put sb out [*gen pasiva*] enojar a algn
to put sth out 1 sacar algo **2** (*luz, fuego*) apagar algo **3** (*mano*) tender algo
to put yourself out (**to do sth**) (*coloq*) molestarse (en hacer algo)
to put sth through llevar a cabo algo (*plan, reforma, etc*) **to put sb through sth** someter a algn a algo **to put sb through** (**to sb**) pasar a algn (con algn) (*por teléfono*)
to put sth to sb sugerir, proponer algo a algn
to put sth together armar algo (*aparato*)
to put sb up alojar a algn **to put sth up 1** (*mano*) levantar algo **2** (*edificio*) construir, levantar algo **3** (*letrero, etc*) poner algo **4** (*precio*) subir algo **to put up with sth/sb** aguantar algo/a algn

putrid /ˈpjuːtrɪd/ *adj* **1** podrido, putrefacto **2** (*color, etc*) asqueroso
putty /ˈpʌti/ *n* masilla (*para ventanas*)
puzzle /ˈpʌzl/ ◆ *n* **1** acertijo **2** misterio ◆ *vt* desconcertar PHR V **to puzzle sth out** resolver algo **to puzzle over sth** devanarse los sesos sobre algo
pygmy /ˈpɪgmi/ ◆ *n* pigmeo, -a ◆ *adj* enano: *pygmy horse* caballo enano
pyjamas /pəˈdʒɑːməz/ (*USA* **pajamas** /-ˈdʒæm-/) *n* [*pl*] piyama: *a pair of pyjamas* un piyama ☛ **Pyjama** se usa en singular cuando va delante de otro sustantivo: *pyjama trousers* el pantalón del piyama. *Ver tb nota en* PAIR
pylon /ˈpaɪlən; *USA* ˈpaɪlɒn/ *n* torre de alta tensión
pyramid /ˈpɪrəmɪd/ *n* pirámide
python /ˈpaɪθn; *USA* ˈpaɪθɒn/ *n* pitón

Q q

Q, q /kjuː/ *n* (*pl* **Q's**, **q's** /kjuːz/) Q, q: *Q for Queenie* Q de Quito ☛ *Ver ejemplos en* A, A
quack /kwæk/ ◆ *n* **1** graznido **2** (*coloq, pey*) curandero, -a ◆ *vi* graznar
quadruple /ˈkwɒdrʊpl; *USA* kwɒˈdruːpl/ ◆ *adj* cuádruple ◆ *vt, vi* cuadruplicar(se)
quagmire /ˈkwægmaɪə(r), kwɒg-/ *n* (*lit y fig*) barrial
quail /kweɪl/ ◆ *n* (*pl* **quail** *o* **~s**) codorniz ◆ *vi* ~ (**at sth/sb**) acobardarse ante algo/algn
quaint /kweɪnt/ *adj* **1** (*idea, costumbre, etc*) curioso **2** (*lugar, edificio*) pintoresco
quake /kweɪk/ ◆ *vi* temblar ◆ (*coloq*) *n* terremoto
qualification /ˌkwɒlɪfɪˈkeɪʃn/ *n* **1** (*diploma, etc*) título **2** requisito **3** modificación: *without qualification* sin reserva **4** calificación
qualified /ˈkwɒlɪfaɪd/ *adj* **1** titulado **2** calificado, capacitado **3** (*éxito, etc*) limitado
qualify /ˈkwɒlɪfaɪ/ (*pret, pp* **-fied**) **1** *vt* ~ sb (**for sth/to do sth**) capacitar a algn (para algo/para hacer algo); dar derecho a algn a algo/a hacer algo **2** *vi* ~ **for sth/to do sth** tener derecho a algo/a hacer algo **3** *vt* (*declaración*) modificar **4** *vi* ~ (**as sth**) obtener el título (de algo) **5** *vi* ~ (**as sth**) contar (como algo) **6** *vi* ~ (**for sth**) cumplir los requisitos (para algo) **7** *vi* ~ (**for sth**) (*Dep*) clasificarse (para algo) **qualifying** *adj* eliminatorio
qualitative /ˈkwɒlɪtətɪv; *USA* -teɪt-/ *adj* cualitativo
quality /ˈkwɒləti/ *n* (*pl* **-ies**) **1** calidad **2** clase **3** cualidad **4** característica
qualm /kwɑːm/ *n* escrúpulo
quandary /ˈkwɒndəri/ *n* LOC **to be in a quandary 1** tener un dilema **2** estar en un aprieto
quantify /ˈkwɒntɪfaɪ/ *vt* (*pret, pp* **-fied**) cuantificar
quantitative /ˈkwɒntɪtətɪv; *USA* -teɪt-/ *adj* cuantitativo
quantity /ˈkwɒntəti/ *n* (*pl* **-ies**) cantidad
quarantine /ˈkwɒrəntiːn; *USA* ˈkwɔːr-/ *n* cuarentena

quarrel /ˈkwɒrəl; *USA* ˈkwɔːrəl/ ◆ *n* **1** pelea **2** queja LOC *Ver* PICK ◆ *vi* (**-ll-**, *USA* **-l-**) ~ (**with sb**) (**about/over sth**) discutir (con algn) (por algo) **quarrelsome** *adj* peleador

quarry /ˈkwɒri; *USA* ˈkwɔːri/ *n* (*pl* **-ies**) **1** presa **2** cantera

quart /kwɔːt/ *n* (*abrev* **qt**) cuarto de galón (= 1,14 litros)

quarter /ˈkwɔːtə(r)/ *n* **1** cuarto: *It's (a) quarter to/past one.* Es la una menos/y cuarto. **2** una cuarta parte: *a quarter full* lleno en una cuarta parte **3** (*recibos, etc*) trimestre **4** barrio **5** (*USA*) veinticinco centavos **6 quarters** [*pl*] (*esp Mil*) cuarteles LOC **in/from all quarters** en/de todas partes

quarter-final /ˌkwɔːtə ˈfaɪnəl/ *n* cuartos de final

quarterly /ˈkwɔːtəli/ ◆ *adj* trimestral ◆ *adv* trimestralmente ◆ *n* revista trimestral

quartet /kwɔːˈtet/ *n* cuarteto

quartz /kwɔːts/ *n* cuarzo

quash /kwɒʃ/ *vt* **1** (*sentencia*) anular **2** (*rebelión*) sofocar **3** (*rumor, sospecha, etc*) poner fin a

quay /kiː/ (*tb* **quayside**) /ˈkiːsaɪd/ *n* muelle

queen /kwiːn/ *n* reina

queer /kwɪə(r)/ ◆ *adj* raro LOC *Ver* FISH ◆ *n* (*argot, ofen*) maricón ☛ *Comparar con* GAY

quell /kwel/ *vt* **1** (*revuelta, etc*) aplastar **2** (*miedo, dudas, etc*) disipar

quench /kwentʃ/ *vt* apagar (*sed, fuego, pasión*)

query /ˈkwɪəri/ ◆ *n* (*pl* **-ies**) (*pregunta*) duda: *Have you got any queries?* ¿Tienen alguna duda? ◆ *vt* (*pret, pp* **queried**) cuestionar

quest /kwest/ *n* (*formal*) búsqueda

question /ˈkwestʃən/ ◆ *n* **1** pregunta: *to ask/answer a question* hacer/contestar una pregunta **2** ~ (**of sth**) cuestión (de algo) LOC **to be out of the question** ser imposible **to bring/call sth into question** poner algo en duda *Ver tb* LOADED *en* LOAD ◆ *vt* **1** hacer preguntas a, interrogar a **2** ~ **sth** dudar de algo **questionable** *adj* dudoso

questioning /ˈkwesʃənɪŋ/ ◆ *n* interrogatorio ◆ *adj* inquisitivo, expectante

question mark *n* signo de interrogación ☛ *Ver págs 312–3.*

questionnaire /ˌkwestʃəˈneə(r)/ *n* cuestionario

queue /kjuː/ ◆ *n* cola (*de personas, etc*) LOC *Ver* JUMP ◆ *vi* ~ (**up**) hacer cola

quick /kwɪk/ ◆ *adj* (**-er**, **-est**) **1** rápido: *Be quick!* ¡Apurate! ☛ *Ver nota en* FAST[1] **2** (*persona, mente, etc*) rápido, listo LOC **a quick temper** una polvorita **quick march!** ¡paso ligero! **to be quick to do sth** no tardar en hacer algo *Ver tb* BUCK[3] ◆ *adv* (**-er**, **-est**) rápido, rápidamente

quicken /ˈkwɪkən/ *vt, vi* **1** acelerar(se) **2** (*ritmo, interés*) avivar(se)

quickly /ˈkwɪkli/ *adv* de prisa, rápidamente

quid /kwɪd/ *n* (*pl* **quid**) (*coloq, GB*) libra: *It's five quid each.* Son cinco libras cada uno.

quiet /ˈkwaɪət/ ◆ *adj* (**-er**, **-est**) **1** (*lugar, vida*) tranquilo **2** callado: *Be quiet!* ¡Callate! **3** silencioso ◆ *n* **1** silencio **2** tranquilidad LOC **on the quiet** a escondidas *Ver tb* PEACE **quieten** (*esp USA* **quiet**) *vt* ~ (**sth/sb**) (**down**) (*esp GB*) calmar (algo/a algn) PHR V **to quieten down** tranquilizarse, calmarse

quietly /ˈkwaɪətli/ *adv* **1** en silencio **2** tranquilamente **3** en voz baja

quietness /ˈkwaɪətnəs/ *n* tranquilidad

quilt /kwɪlt/ (*tb* **continental quilt**) *n* acolchado, plumón

quintet /kwɪnˈtet/ *n* quinteto

quirk /kwɜːk/ *n* **1** rareza **2** capricho **quirky** *adj* extraño

quit /kwɪt/ (**-tt-**) (*pret, pp* **quit** *o* **quitted**) (*coloq*) **1** *vt, vi* (*trabajo, etc*) dejar **2** *vt* (*coloq*) ~ (**doing**) **sth** dejar (de hacer) algo **3** *vi* irse

quite /kwaɪt/ *adv* **1** bastante: *He played quite well.* Jugó bastante bien. **2** totalmente, absolutamente: *quite empty/sure* totalmente vacío/seguro ◊ *She played quite brilliantly.* Tocó bárbaro. ☛ *Ver nota en* FAIRLY LOC **quite a**; **quite some** (*aprob, esp USA*) todo un: *It gave me quite a shock.* Me dio un buen susto. **quite a few** un número considerable

quiver /ˈkwɪvə(r)/ ◆ *vi* temblar, estremecerse ◆ *n* temblor, estremecimiento

quiz /kwɪz/ ◆ *n* (*pl* **quizzes**) concurso, prueba (*de conocimientos*) ◆ *vt* (**-zz-**) ~

sb (**about sth/sb**) interrogar a algn (sobre algo/algn) **quizzical** *adj* inquisitivo

quorum /ˈkwɔːrəm/ *n* [*gen sing*] quórum

quota /ˈkwəʊtə/ *n* **1** cupo **2** cuota, parte

quotation /kwəʊˈteɪʃn/ *n* **1** (*tb* **quote**) (*de un libro, etc*) cita **2** (*Fin*) cotización **3** presupuesto

quotation marks (*tb* **quotes**) *n* [*pl*] comillas ☛ *Ver págs 312–3.*

quote /kwəʊt/ ◆ **1** *vt, vi* citar **2** *vt* dar un presupuesto **3** *vt* cotizar ◆ *n* **1** *Ver* QUOTATION sentido 1 **2** *Ver* QUOTATION sentido 3 **3 quotes** [*pl*] *Ver* QUOTATION MARKS

Rr

R, r /ɑː(r)/ *n* (*pl* **R's**, **r's** /ɑːz/) R, r: *R for Robert* R de Ramón ☛ *Ver ejemplos en* A, A

rabbit /ˈræbɪt/ *n* conejo ☛ *Ver nota en* CONEJO

rabid /ˈræbɪd/ *adj* rabioso

rabies /ˈreɪbiːz/ *n* [*incontable*] rabia (*enfermedad*)

race[1] /reɪs/ *n* raza: *race relations* relaciones raciales

race[2] /reɪs/ ◆ *n* carrera LOC *Ver* RAT ◆ **1** *vi* (*en carrera*) correr **2** *vi* correr a toda velocidad **3** *vi* competir **4** *vi* (*pulso, corazón*) latir muy rápido **5** *vt* ~ **sb** correr una carrera con algn **6** *vt* (*caballo*) hacer correr, presentar

racecourse /ˈreɪskɔːs/ (*USA* **racetrack**) *n* hipódromo

racehorse /ˈreɪshɔːs/ *n* caballo de carreras

racetrack /ˈreɪstræk/ *n* **1** circuito (de automovilismo, etc) **2** (*USA*) *Ver* RACECOURSE

racial /ˈreɪʃl/ *adj* racial

racing /ˈreɪsɪŋ/ *n* carreras: *horse racing* carreras de caballos ◊ *racing car/bike* auto/moto de carrera

racism /ˈreɪsɪzəm/ *n* racismo **racist** *adj, n* racista

rack /ræk/ ◆ *n* **1** soporte **2** (*para equipaje*) portaequipajes *Ver* ROOF-RACK **3 the rack** el potro ◆ *vt* LOC **to rack your brain(s)** devanarse los sesos

racket /ˈrækɪt/ *n* **1** (*tb* **racquet**) raqueta **2** alboroto **3** negocio sucio

racquet *Ver* RACKET sentido 1

racy /ˈreɪsi/ *adj* (**racier**, **raciest**) **1** (*estilo*) vivo **2** (*chiste*) verde

radar /ˈreɪdɑː(r)/ *n* [*incontable*] radar

radiant /ˈreɪdiənt/ *adj* ~ (**with sth**) radiante (de algo): *radiant with joy* radiante de alegría **radiance** *n* resplandor

radiate /ˈreɪdieɪt/ **1** *vt, vi* (*luz, alegría*) irradiar **2** *vi* (*de un punto central*) salir

radiation /ˌreɪdiˈeɪʃn/ *n* radiación: *radiation sickness* enfermedad por radiación

radiator /ˈreɪdɪeɪtə(r)/ *n* radiador

radical /ˈrædɪkl/ *adj, n* radical

radio /ˈreɪdiəʊ/ *n* (*pl* ~**s**) radio: *radio station* emisora (de radio)

radioactive /ˌreɪdiəʊˈæktɪv/ *adj* radiactivo **radioactivity** /ˌreɪdiəʊækˈtɪvəti/ *n* radiactividad

radish /ˈrædɪʃ/ *n* rabanito

radius /ˈreɪdiəs/ *n* (*pl* **radii** /ˈreɪdiaɪ/) radio

raffle /ˈræfl/ *n* rifa

raft /rɑːft; *USA* ræft/ *n* balsa: *life raft* balsa salvavidas

rafter /ˈrɑːftə(r); *USA* ˈræf-/ *n* viga (*del techo*)

rag /ræg/ *n* **1** trapo **2 rags** [*pl*] harapos **3** (*coloq, pey*) pasquín

rage /reɪdʒ/ ◆ *n* (*ira*) rabia: *to fly into a rage* ponerse heho una furia LOC **to be all the rage** hacer furor ◆ *vi* **1** ponerse furioso **2** (*tormenta*) rugir **3** (*batalla*) continuar con furia

ragged /ˈrægɪd/ *adj* **1** (*ropa*) roto **2** (*persona*) harapiento

raging /ˈreɪdʒɪŋ/ *adj* **1** (*dolor, sed*) atroz **2** (*mar*) enfurecido **3** (*tormenta*) violento

raid /reɪd/ ◆ *n* **1** ~ (**on sth**) ataque

(contra algo) **2** ~ (**on sth**) (*robo*) asalto (a algo) **3** (*policial*) redada ◆ *vt* **1** (*policía*) registrar **2** (*fig*) saquear **raider** *n* asaltante

rail /reɪl/ *n* **1** baranda **2** riel **3** (*Ferrocarril*): *rail strike* huelga de ferroviarios ◊ *by rail* por tren

railing /ˈreɪlɪŋ/ (*tb* **railings**) *n* reja

railroad /ˈreɪlrəʊd/ *n* (*USA*) ferrocarril

railway /ˈreɪlweɪ/ *n* **1** ferrocarril: *railway station* estación de tren **2** (*tb* **railway line/track**) vía

rain /reɪn/ ◆ *n* (*lit y fig*) lluvia: *It's pouring with rain.* Está lloviendo a cántaros. ◆ *vi* (*lit y fig*) llover: *It's raining hard.* Está lloviendo mucho.

rainbow /ˈreɪnbəʊ/ *n* arco iris

raincoat /ˈreɪnkəʊt/ *n* piloto (*prenda*)

rainfall /ˈreɪnfɔːl/ *n* [*incontable*] precipitaciones

rainforest /ˈreɪnfɒrɪst/ *n* selva tropical

rainy /ˈreɪni/ *adj* (**-ier**, **-iest**) lluvioso

raise /reɪz/ ◆ *vt* **1** levantar **2** (*salarios, precios*) subir **3** (*esperanzas*) aumentar **4** (*nivel*) mejorar **5** (*alarma*) dar **6** (*tema*) plantear **7** (*préstamo, fondos*) conseguir **8** (*chicos, animales*) criar ☛ *Comparar con* EDUCATE, TO BRING SB UP *en* BRING **9** (*ejército*) reclutar LOC **to raise your eyebrows** (**at sth**) arquear las cejas (por algo) **to raise your glass** (**to sb**) hacer un brindis (por algn) ◆ *n* (*USA*) aumento (*salarial*)

raisin /ˈreɪzn/ *n* pasa de uva *Ver tb* SULTANA

rake /reɪk/ ◆ *n* **1** rastrillo **2** (*Agricultura*) rastro ◆ *vt, vi* rastrillar LOC **to rake it in** hacerse la plata PHR V **to rake sth up** (*coloq*) sacar a relucir algo (*pasado, etc*)

rally /ˈræli/ (*pret, pp* **rallied**) ◆ **1** *vi* ~ (**round**) cerrar filas **2** *vt* ~ **sb** (**round sb**) reunir (a algn) (en torno a algn) **3** *vi* recuperarse ◆ *n* (*pl* **-ies**) **1** mitin **2** (*tenis, etc*) peloteo **3** (*coches*) rally

ram /ræm/ ◆ *n* carnero ◆ (**-mm-**) **1** *vi* **to ram into sth** chocar (con algo) **2** *vt* (*puerta, etc*) empujar con fuerza **3** *vt* **to ram sth in, into, on, etc sth** meter algo en algo a la fuerza

ramble /ˈræmbl/ ◆ *vi* ~ (**on**) (**about sth/sb**) (*fig*) divagar (acerca de algo/algn) ◆ *n* excursión a pie **rambler** *n* excursionista **rambling** *adj* **1** intrincado **2** (*Bot*) trepador **3** (*discurso*) que se va por las ramas

ramp /ræmp/ *n* **1** rampa **2** (*en camino*) desnivel

rampage /ræmˈpeɪdʒ/ ◆ *vi* arrasar ◆ /ˈræmpeɪdʒ/ *n* desmán LOC **to be/go on the rampage** arrasar

rampant /ˈræmpənt/ *adj* **1** desenfrenado **2** (*plantas*) exuberante

ramshackle /ˈræmʃækl/ *adj* destartalado

ran *pret de* RUN

ranch /rɑːntʃ; *USA* ræntʃ/ *n* estancia, granja

rancid /ˈrænsɪd/ *adj* rancio

random /ˈrændəm/ ◆ *adj* al azar ◆ *n* LOC **at random** al azar

rang *pret de* RING[2]

range /reɪndʒ/ ◆ *n* **1** (*montañas*) cadena **2** gama **3** (*productos*) línea **4** escala **5** (*visión, sonido*) campo (de alcance) **6** (*armas*) alcance ◆ **1** *vi* ~ **from sth to sth** extenderse, ir desde algo hasta algo **2** *vi* ~ **from sth to sth**; ~ **between sth and sth** (*cifra*) oscilar entre algo y algo **3** *vt* alinear **4** *vi* ~ (**over/through sth**) recorrer (algo)

rank /ræŋk/ ◆ *n* **1** categoría **2** (*Mil*) grado, rango LOC **the rank and file** las bases (*del partido/sindicato*) ◆ **1** *vt* ~ **sth/sb** (**as sth**) clasificar algo/a algn (como algo); considerar algo/a algn (algo) **2** *vi* situarse: *high-ranking* de alto rango

ransack /ˈrænsæk/ *vt* **1** ~ **sth** (**for sth**) poner algo patas arriba en busca de algo **2** desvalijar

ransom /ˈrænsəm/ *n* rescate LOC *Ver* HOLD

rap /ræp/ ◆ *n* **1** golpe seco **2** (*Mús*) rap ◆ *vt, vi* (**-pp-**) golpear

rape /reɪp/ ◆ *vt* violar ☛ *Ver nota en* VIOLATE ◆ *n* **1** violación **2** (*Bot*) colza **rapist** *n* violador

rapid /ˈræpɪd/ *adj* rápido **rapidity** /rəˈpɪdəti/ *n* (*formal*) rapidez **rapidly** *adv* (muy) rápidamente

rapport /ræˈpɔː(r); *USA* -ˈpɔːrt/ *n* buena onda

rapt /ræpt/ *adj* ~ (**in sth**) ensimismado (en algo)

rapture /ˈræptʃə(r)/ *n* éxtasis **rapturous** *adj* entusiasta

rare[1] /reə(r)/ *adj* (**rarer**, **rarest**) poco

común: *a rare opportunity* una ocasión poco frecuente **rarely** *adv* pocas veces ☛ *Ver nota en* ALWAYS **rarity** *n* (*pl* **-ies**) rareza

rare² /reə(r)/ *adj* jugoso (*carne*)

rash¹ /ræʃ/ *n* sarpullido

rash² /ræʃ/ *adj* (**rasher**, **rashest**) imprudente, precipitado: *In a rash moment I promised her...* En un arrebato le prometí...

raspberry /ˈrɑːzbəri; *USA* ˈræzberi/ *n* (*pl* **-ies**) frambuesa

rat /ræt/ *n* rata **LOC the rat race** (*coloq, pey*) la carrera de la vida

rate¹ /reɪt/ *n* **1** razón (*proporción*): *at a rate of 50 a/per week* a razón de cincuenta por semana ◇ *the exchange rate/the rate of exchange* la tasa de cambio **2** tarifa: *an hourly rate of pay* una tarifa por hora ◇ *interest rate* la tasa de interés **LOC at any rate** de todos modos **at this/that rate** (*coloq*) a este/ese paso

rate² /reɪt/ **1** *vt, vi* estimar, valorar: *highly rated* tenido en gran estima **2** *vt* considerar como

rather /ˈrɑːðə(r); *USA* ˈræð-/ *adv* algo, bastante: *I rather suspect...* Me inclino a sospechar...

> **Rather** con una palabra de sentido positivo implica sorpresa por parte del hablante: *It was a rather nice present.* Fue un regalo realmente lindo. También se usa cuando queremos criticar algo: *This room looks rather untidy.* Este cuarto está bastante desordenado. ☛ *Ver nota en* FAIRLY

LOC I'd, you'd, etc rather... (than): *I'd rather walk than wait for the bus.* Prefiero caminar que esperar el colectivo. **or rather** o mejor dicho **rather than** *prep* mejor que

rating /ˈreɪtɪŋ/ *n* **1** clasificación: *a high/low popularity rating* un nivel alto/bajo de popularidad **2 the ratings** [*pl*] (*TV*) el rating

ratio /ˈreɪʃiəʊ/ *n* (*pl* **~s**) proporción: *The ratio of boys to girls in this class is three to one.* La proporción de chicos a chicas en esta clase es de tres a una.

ration /ˈræʃn/ ◆ *n* ración ◆ *vt* ~ **sth/sb** (**to sth**) racionar algo/a algn (a algo) **rationing** *n* racionamiento

rational /ˈræʃnəl/ *adj* racional, razonable **rationality** /ræʃəˈnæləti/ *n* racionalidad **rationalization, -isation** *n* racionalización **rationalize, -ise** *vt* racionalizar

rattle /ˈrætl/ ◆ **1** *vt* hacer sonar **2** *vi* hacer ruido, tintinear **PHR V rattle along, off, past, etc** traquetear **to rattle sth off** recitar algo mecánicamente ◆ *n* **1** traqueteo **2** matraca

ravage /ˈrævɪdʒ/ *vt* devastar

rave /reɪv/ *vi* **1** ~ (**at/against/about sth/sb**) despotricar (contra algo/algn) **2** ~ (**on**) **about sth/sb** (*coloq*) poner en un pedestal algo/a algn

raven /ˈreɪvn/ *n* cuervo

raw /rɔː/ *adj* **1** crudo **2** sin refinar: *raw silk* seda bruta ◇ *raw material* materia prima **3** (*herida*) en carne viva

ray /reɪ/ *n* rayo: *X-rays* rayos X

razor /ˈreɪzə(r)/ *n* maquinita de afeitar

razor blade *n* gillete®

reach /riːtʃ/ ◆ **1** *vi* ~ **for sth** estirar la mano para agarrar algo **2** *vi* ~ **out** (**to sth/sb**) estirar la mano (a algo/algn) **3** *vt* alcanzar **4** *vt* localizar **5** *vt* llegar a: *to reach an agreement* llegar a un acuerdo ◆ *n* **LOC beyond/out of/within** (**your**) **reach** fuera del alcance/al alcance (de algn) **within** (**easy**) **reach** (**of sth/sb**) a poca distancia (de algo/algn)

react /riˈækt/ *vi* **1** ~ (**to sth/sb**) reaccionar (a/ante algo/algn) **2** ~ (**against sth/sb**) oponerse (a algo/algn) **reaction** *n* ~ (**to sth/sb**) reacción (a/ante algo/algn) **reactionary** *adj* reaccionario

reactor /riˈæktə(r)/ *n* **1** (*tb* **nuclear reactor**) reactor nuclear **2** reactor

read /riːd/ (*pret, pp* **read** /red/) **1** *vt, vi* ~ (**about/of sth/sb**) leer (sobre algo/algn) **2** *vt* ~ **sth** (**as sth**) interpretar algo (como algo) **3** *vi* (*telegrama, etc*) decir, rezar **4** *vi* (*contador, etc*) marcar **PHR V to read on** seguir leyendo **to read sth into sth** atribuir algo a algo **to read sth out** leer algo en voz alta **readable** *adj* legible **reading** *n* lectura: *reading glasses* anteojos

reader /ˈriːdə(r)/ *n* lector, -ora **readership** *n* [*incontable*] número de lectores

ready /ˈredi/ *adj* (**-ier**, **-iest**) **1** ~ (**for sth/to do sth**) listo, preparado (para algo/para hacer algo): *to get ready* prepararse **2** ~ (**to do sth**) dispuesto (a hacer algo): *He's always ready to help his friends.* Siempre está dispuesto a ayudar a sus amigos. **3** ~ **to do sth** a punto de hacer algo **4** a mano **readily** *adv* **1** de buena gana **2** fácilmente **readiness** *n* disposición: (*to do sth*) *in readiness for sth* (hacer algo) en preparación de algo ◊ *her readiness to help* su disposición para ayudar

ready-made /ˈredi meɪd/ *adj* **1** (*ropa, etc*) de confección **2** hecho: *You can buy ready-made curtains.* Se pueden comprar cortinas ya hechas.

real /riːəl/ *adj* **1** real, verdadero: *real life* la vida real **2** verdadero, auténtico: *That's not his real name.* Ése no es su verdadero nombre. ◊ *The meal was a real disaster.* La comida fue un verdadero desastre.

realism /ˈriːəlɪzəm/ *n* realismo **realist** *n* realista **realistic** /ˌriːəˈlɪstɪk/ *adj* realista

reality /riˈæləti/ *n* (*pl* **-ies**) realidad LOC **in reality** en realidad

realize, -ise /ˈriːəlaɪz/ *vt* **1** ~ **sth** darse cuenta de algo: *Not realizing that...* Sin darse cuenta de que... **2** (*plan, ambición*) cumplir **realization, -isation** *n* comprensión

really /ˈriːəli/ *adv* **1** [+ *verbo*] de verdad: *I really mean that.* Te lo digo de verdad. **2** [+ *adj*] muy, realmente: *Is it really true?* ¿Es realmente cierto? **3** (*expresando sorpresa, interés, duda, etc*): *Really?* ¿En serio?

realm /relm/ *n* (*fig*) terreno: *the realms of possibility* el ámbito de lo posible

reap /riːp/ *vt* segar

reappear /ˌriːəˈpɪə(r)/ *vi* reaparecer **reappearance** *n* reaparición

rear[1] /rɪə(r)/ **the rear** *n* [*sing*] (*formal*) la parte trasera: *a rear window* una ventana trasera LOC *Ver* BRING

rear[2] /rɪə(r)/ **1** *vt* criar **2** *vi* ~ (**up**) (*caballo*) pararse en dos patas **3** *vt* erguir

rearrange /ˌriːəˈreɪndʒ/ *vt* **1** arreglar, cambiar **2** (*planes*) volver a organizar

reason /ˈriːzn/ ◆ *n* **1** ~ (**for sth/doing sth**) razón, motivo (de/para algo/para hacer algo) **2** ~ (**why.../that...**) razón, motivo (por la/el que.../de que...) **3** razón, sentido común LOC **by reason of sth** (*formal*) en virtud de algo **in/within reason** dentro de lo razonable **to make sb see reason** hacer entrar en razón a algn *Ver tb* STAND ◆ *vi* razonar **reasonable** *adj* **1** razonable, sensato **2** tolerable, regular **reasonably** *adv* **1** bastante **2** con sensatez **reasoning** *n* razonamiento

reassure /ˌriːəˈʃʊə(r)/ *vt* tranquilizar **reassurance** *n* **1** consuelo, tranquilidad **2** palabras tranquilizadoras **reassuring** *adj* tranquilizador

rebate /ˈriːbeɪt/ *n* descuento

rebel /ˈrebl/ ◆ *n* rebelde ◆ /rɪˈbel/ *vi* (**-ll-**) rebelarse **rebellion** /rɪˈbeljən/ *n* rebelión **rebellious** /rɪˈbeljəs/ *adj* rebelde

rebirth /ˌriːˈbɜːθ/ *n* **1** renacimiento **2** resurgimiento

rebound /rɪˈbaʊnd/ ◆ *vi* **1** ~ (**from/off sth**) rebotar (en algo) **2** ~ (**on sb**) repercutir (en algn) ◆ /ˈriːbaʊnd/ *n* rebote LOC **on the rebound** de rebote

rebuff /rɪˈbʌf/ ◆ *n* **1** desaire **2** rechazo ◆ *vt* **1** desairar **2** rechazar

rebuild /ˌriːˈbɪld/ *vt* (*pret, pp* **rebuilt** /ˌriːˈbɪlt/) reconstruir

rebuke /rɪˈbjuːk/ ◆ *vt* retar ◆ *n* reto

recall /rɪˈkɔːl/ *vt* **1** llamar **2** (*embajador, etc*) retirar **3** (*libro*) reclamar **4** (*parlamento*) convocar **5** recordar *Ver tb* REMEMBER

recapture /ˌriːˈkæptʃə(r)/ *vt* **1** recobrar, reconquistar **2** (*fig*) revivir, reproducir

recede /rɪˈsiːd/ *vi* **1** retroceder: *receding chin* mentón hundido ◊ *receding hair(line)* entradas **2** (*marea*) bajar

receipt /rɪˈsiːt/ *n* **1** ~ (**for sth**) (*formal*) recibo (de algo): *to acknowledge receipt of sth* acusar recibo de algo ◊ *a receipt for your expenses* un recibo de tus gastos **2 receipts** [*pl*] ingresos

receive /rɪˈsiːv/ *vt* **1** recibir **2** (*herida*) sufrir

receiver /rɪˈsiːvə(r)/ *n* **1** (*Radio, TV*) receptor **2** (*teléfono*) receptor, tubo: *to lift/pick up the receiver* levantar el tubo **3** destinatario, -a

recent /ˈriːsnt/ *adj* reciente: *in recent years* en los últimos años **recently** *adv* **1** recientemente: *until recently* hasta hace poco **2** (*tb* **recently-**) recién: *a recently-appointed director* una directora recién nombrada

reception /rɪˈsepʃn/ *n* **1** recepción:

reception desk recepción **2** recibimiento **receptionist** *n* recepcionista

receptive /rɪˈseptɪv/ *adj* ~ **(to sth)** receptivo (a algo)

recess /rɪˈses; *USA* ˈriːses/ *n* **1** (*parlamento*) receso **2** descanso **3** (*USA*) (*en escuela*) recreo **4** (*nicho*) hueco **5** [*gen pl*] escondite, lugar recóndito

recession /rɪˈseʃn/ *n* recesión

recharge /ˌriːˈtʃɑːdʒ/ *vt* recargar

recipe /ˈresəpi/ *n* **1** ~ **(for sth)** (*Cocina*) receta (de algo) **2** ~ **for sth** (*fig*) receta para/de algo

recipient /rɪˈsɪpiənt/ *n* **1** destinatario, -a **2** (*dinero, etc*) beneficiario, -a

reciprocal /rɪˈsɪprəkl/ *adj* recíproco

reciprocate /rɪˈsɪprəkeɪt/ *vt, vi* (*formal*) corresponder

recital /rɪˈsaɪtl/ *n* recital

recite /rɪˈsaɪt/ *vt* **1** recitar **2** enumerar

reckless /ˈrekləs/ *adj* **1** temerario **2** imprudente

reckon /ˈrekən/ *vt* **1** considerar **2** creer **3** calcular PHR V **to reckon on sth/sb** contar con algo/algn **to reckon with sth/sb** contar con algn, tomar algo en consideración: *There is still your father to reckon with.* Todavía hay que vérselas con tu padre. **reckoning** *n* [*sing*] **1** cálculos: *by my reckoning* según mis cálculos **2** cuentas

reclaim /rɪˈkleɪm/ *vt* **1** recuperar **2** (*materiales, etc*) reciclar **reclamation** *n* recuperación

recline /rɪˈklaɪn/ *vt, vi* reclinar(se), recostar(se) **reclining** *adj* reclinable (*silla*)

recognition /ˌrekəgˈnɪʃn/ *n* reconocimiento: *in recognition of sth* en reconocimiento a algo ◊ *to have changed beyond recognition* estar irreconocible

recognize, -ise /ˈrekəgnaɪz/ *vt* reconocer **recognizable, -isable** *adj* reconocible

recoil /rɪˈkɔɪl/ *vi* **1** ~ **(at/from sth/sb)** sentir repugnancia (ante algo/algn) **2** retroceder

recollect /ˌrekəˈlekt/ *vt* recordar **recollection** *n* recuerdo

recommend /ˌrekəˈmend/ *vt* recomendar

recompense /ˈrekəmpens/ ◆ *vt* (*formal*) ~ **sb (for sth)** recompensar a algn (por algo) ◆ *n* (*formal*) [*sing*] recompensa

reconcile /ˈrekənsaɪl/ *vt* **1** reconciliar **2** ~ **sth (with sth)** conciliar algo (con algo) **3** *to reconcile yourself to sth* resignarse a algo **reconciliation** *n* [*sing*] **1** conciliación **2** reconciliación

reconnaissance /rɪˈkɒnɪsns/ *n* reconocimiento (*Mil, etc*)

reconsider /ˌriːkənˈsɪdə(r)/ **1** *vt* reconsiderar **2** *vi* recapacitar

reconstruct /ˌriːkənˈstrʌkt/ *vt* ~ **sth (from sth)** reconstruir algo (a partir de algo)

record /ˈrekɔːd; *USA* ˈrekərd/ ◆ *n* **1** registro: *to make/keep a record of sth* hacer/llevar un registro de algo **2** historial: *a criminal record* antecedentes penales **3** disco: *a record company* una compañía discográfica **4** récord: *to beat/break a record* batir/superar un récord LOC **to put/set the record straight** dejar/poner las cosas claras ◆ /rɪˈkɔːd/ *vt* **1** registrar, anotar **2** ~ **(sth) (from sth) (on sth)** grabar (algo) (de algo) (en algo) **3** (*termómetro, etc*) marcar

record-breaking /ˈrekɔːd breɪkɪŋ/ *adj* sin precedentes

recorder /rɪˈkɔːdə(r)/ *n* **1** flauta dulce **2** *Ver* TAPE RECORDER, VIDEO

recording /rɪˈkɔːdɪŋ/ *n* grabación

record player *n* tocadiscos

recount /rɪˈkaʊnt/ *vt* ~ **sth (to sb)** contar algo (a algn)

recourse /rɪˈkɔːs/ *n* recurso LOC **to have recourse to sth/sb** (*formal*) recurrir a algo/algn

recover /rɪˈkʌvə(r)/ **1** *vt* recuperar, recobrar: *to recover consciousness* recobrar el conocimiento **2** *vi* ~ **(from sth)** recuperarse, reponerse (de algo)

recovery /rɪˈkʌvəri/ *n* **1** (*pl* **-ies**) recuperación, rescate **2** [*sing*] ~ **(from sth)** restablecimiento (de algo)

recreation /ˌrekriˈeɪʃn/ *n* **1** hobby, diversión **2** (hora del) recreo: *recreation ground* campo de deportes

recruit /rɪˈkruːt/ ◆ *n* recluta ◆ *vt* ~ **sb (as/to sth)** reclutar a algn (como/para algo) **recruitment** *n* reclutamiento

rectangle /ˈrektæŋgl/ *n* rectángulo

rector /ˈrektə(r)/ *n* párroco *Ver tb* VICAR **rectory** *n* casa del párroco

recuperate /rɪˈkuːpəreɪt/ **1** (*formal*) *vi* ~ (**from sth**) recuperarse, reponerse (de algo) **2** *vt* recuperar

recur /rɪˈkɜː(r)/ *vi* (**-rr-**) repetirse, volver a aparecer

recycle /ˌriːˈsaɪkl/ *vt* reciclar **recyclable** *adj* reciclable **recycling** *n* reciclaje

red /red/ ◆ *adj* (**redder**, **reddest**) **1** rojo: *a red dress* un vestido rojo **2** (*cara*) colorado **3** (*vino*) tinto LOC **a red herring** una pista falsa ◆ *n* rojo: *The traffic lights are on red.* El semáforo está rojo. **reddish** *adj* rojizo

redeem /rɪˈdiːm/ *vt* **1** redimir: *to redeem yourself* salvarse **2** recompensar **3** ~ **sth** (**from sth/sb**) desempeñar algo (de algo/algn)

redemption /rɪˈdempʃn/ *n* (*formal*) redención

redevelopment /ˌriːdɪˈveləpmənt/ *n* reurbanización

redo /ˌriːˈduː/ *vt* (*pret* **redid** /-ˈdɪd/ *pp* **redone** /-ˈdʌn/) rehacer

red tape *n* papeleo

reduce /rɪˈdjuːs; *USA* -ˈduːs/ **1** *vt* ~ **sth** (**from sth to sth**) reducir, disminuir algo (de algo a algo) **2** *vt* ~ **sth** (**by sth**) disminuir, rebajar algo (en algo) **3** *vi* reducirse **4** *vt* ~ **sth/sb** (**from sth**) **to sth**: *The house was reduced to ashes.* La casa fue reducida a cenizas. ◊ *to reduce sb to tears* hacer llorar a algn **reduced** *adj* rebajado

reduction /rɪˈdʌkʃn/ *n* **1** ~ (**in sth**) reducción (de algo) **2** ~ (**of sth**) rebaja, descuento (de algo): *a reduction of 5%* un descuento del 5%

redundancy /rɪˈdʌndənsi/ *n* (*pl* **-ies**) despido (*por cierre de empresa o reducción de personal*): *redundancy pay* indemnización por despido

redundant /rɪˈdʌndənt/ *adj* **1** *to be made redundant* ser despedido por cierre de empresa o reducción de personal **2** superfluo

reed /riːd/ *n* junco

reef /riːf/ *n* arrecife

reek /riːk/ *vi* (*pey*) ~ (**of sth**) (*lit y fig*) apestar (a algo)

reel /riːl/ ◆ *n* **1** bobina, carretel **2** (*película*) rollo ◆ *vi* **1** tambalearse **2** (*cabeza*) dar vueltas PHR V **to reel sth off** recitar algo (de un tirón)

re-enter /ˌriː ˈentə(r)/ *vt* ~ **sth** volver a entrar, reingresar en algo **re-entry** *n* reingreso

refer /rɪˈfɜː(r)/ (**-rr-**) **1** *vi* ~ **to sth/sb** referirse a algo/algn **2** *vt, vi* remitir(se)

referee /ˌrefəˈriː/ ◆ *n* **1** (*Dep*) árbitro, -a **2** juez, árbitro **3** (*GB*) (*para empleo*) persona que da referencias ◆ *vt, vi* arbitrar

reference /ˈrefərəns/ *n* referencia LOC **in/with reference to sth/sb** (*esp Com*) en/con referencia a algo/algn

referendum /ˌrefəˈrendəm/ *n* (*pl* ~**s**) referéndum

refill /ˌriːˈfɪl/ ◆ *vt* volver a llenar ◆ /ˈriːfɪl/ *n* repuesto, recambio

refine /rɪˈfaɪn/ *vt* **1** refinar **2** (*modelo, técnica, etc*) pulir **refinement** *n* **1** refinamiento **refinery** *n* (*pl* **-ies**) **1** refinería **2** (*Mec*) refinación **3** sutileza

reflect /rɪˈflekt/ **1** *vt* reflejar **2** *vt* (*luz*) reflejar **3** *vi* ~ (**on/upon sth**) reflexionar (en algo) LOC **to reflect on sth/sb**: *to reflect well/badly on sth/sb* decir mucho/poco en favor de algo/algn **reflection** (*GB tb* **reflexion**) *n* **1** reflejo **2** (*acto, pensamiento*) reflexión LOC **on reflection** pensándolo bien **to be a reflection on sth/sb** dar mala impresión de algo/algn

reflex /ˈriːfleks/ (*tb* **reflex action**) *n* reflejo

reform /rɪˈfɔːm/ ◆ *vt, vi* reformar(se) ◆ *n* reforma **reformation** *n* **1** reforma **2** **the Reformation** la Reforma

refrain[1] /rɪˈfreɪn/ *n* (*formal*) estribillo

refrain[2] /rɪˈfreɪn/ *vi* (*formal*) ~ (**from sth**) abstenerse (de algo): *Please refrain from smoking in the hospital.* Se ruega no fumar en el hospital.

refresh /rɪˈfreʃ/ *vt* refrescar LOC **to refresh sb's memory** (**about sth/sb**) refrescar la memoria a algn (sobre algo/algn) **refreshing** *adj* **1** refrescante **2** (*fig*) alentador

refreshments /rɪˈfreʃmənts/ *n* [*pl*] minutas: *The restaurant offers delicious meals and refreshments.* El restaurante ofrece deliciosos almuerzos, cenas y minutas.

> **Refreshment** se usa en singular cuando va adelante de otro sustantivo: *There will be a refreshment stop.* Va a haber una pausa para tomar algo.

refrigerate /rɪˈfrɪdʒəreɪt/ *vt* refrigerar **refrigeration** *n* refrigeración

refrigerator /rɪˈfrɪdʒəreɪtə(r)/ (*coloq* **fridge** /frɪdʒ/) *n* heladera *Ver tb* FREEZER

refuge /ˈrefjuːdʒ/ *n* **1** ~ (**from sth/sb**) refugio (de algo/algn): *to take refuge* refugiarse **2** (*Pol*) asilo ☛ *Comparar con* ASYLUM

refugee /ˌrefjuˈdʒiː; *USA* ˈrefjʊdʒɪː/ *n* refugiado, -a

refund /riˈfʌnd/ ◆ *vt* reembolsar ◆ /ˈriːfʌnd/ *n* reembolso

refusal /rɪˈfjuːzl/ *n* **1** denegación, rechazo **2** ~ (**to do sth**) negativa (a hacer algo)

refuse[1] /rɪˈfjuːz/ **1** *vt* rechazar, rehusar: *to refuse an offer* rechazar una oferta ◊ *to refuse (sb) entry/entry (to sb)* negar la entrada (a algn) **2** *vi* ~ (**to do sth**) negarse (a hacer algo)

refuse[2] /ˈrefjuːs/ *n* [*incontable*] basura

regain /rɪˈgeɪn/ *vt* recuperar: *to regain consciousness* recobrar el conocimiento

regal /ˈriːgl/ *adj* majestuoso

regard /rɪˈgɑːd/ ◆ *vt* **1** ~ **sth/sb as sth** considerar algo/a algn algo **2** (*formal*) ~ **sth/sb** (**with sth**) mirar algo/a algn (con algo) LOC **as regards sth/sb** en lo que se refiere a algo/algn ◆ *n* **1** ~ **to/for sth/sb** respeto a/por algo/algn: *with no regard for/to speed limits* sin respetar los límites de velocidad **2 regards** [*pl*] (*en cartas*) saludos LOC **in this/that/one regard** en este/ese/un aspecto **in/with regard to sth/sb** con respecto a algo/algn **regarding** *prep* referente a **regardless** *adv* (*coloq*) pase lo que pase **regardless of** *prep* sea cual sea, sin tener en cuenta

regime /reɪˈʒiːm, ˈreʒiːm/ *n* régimen (*gobierno, reglas, etc*) ☛ *Comparar con* DIET

regiment /ˈredʒɪmənt/ *n* [*v sing o pl*] regimiento **regimented** *adj* reglamentado

region /ˈriːdʒən/ *n* región LOC **in the region of sth** alrededor de algo

register /ˈredʒɪstə(r)/ ◆ *n* **1** registro **2** (*en el colegio*) lista: *to call the register* pasar lista ◆ **1** *vt* ~ **sth** (**in sth**) registrar algo (en algo) **2** *vi* ~ (**at/for/with sth**) matricularse, inscribirse (en/para/con algo) **3** *vt* (*cifras, etc*) registrar **4** *vt* (*sorpresa, etc*) mostrar **5** *vt* (*correo*) mandar certificado

registered post *n* correo certificado: *to send sth by registered post* mandar algo por correo certificado

registrar /ˌredʒɪˈstrɑː(r), ˈredʒɪstrɑː(r)/ *n* **1** funcionario, -a (*del registro civil, etc*) **2** (*Educ*) secretario académico, secretaria académica (*al cargo de matriculación, exámenes, etc*)

registration /ˌredʒɪˈstreɪʃn/ *n* **1** matriculación **2** inscripción

registration number *n* número de la chapa

registry office /ˈredʒɪstri ɒfɪs/ (*tb* **register office**) *n* registro civil

regret /rɪˈgret/ ◆ *n* **1** ~ (**at/about sth**) pesar (por algo) **2** ~ (**for sth**) remordimiento (por algo) ◆ *vt* (**-tt-**) **1** lamentar **2** arrepentirse de **regretfully** *adv* lamentablemente, con pena **regrettable** *adj* lamentable

regular /ˈregjələ(r)/ ◆ *adj* **1** regular: *to take regular exercise* hacer ejercicio con regularidad **2** habitual LOC **on a regular basis** con regularidad ◆ *n* cliente habitual **regularity** /ˌregjuˈlærəti/ *n* regularidad **regularly** *adv* **1** regularmente **2** con regularidad

regulate /ˈregjuleɪt/ *vt* regular, reglamentar **regulation** *n* **1** regulación **2** [*gen pl*] norma: *safety regulations* normas de seguridad

rehabilitate /ˌriːəˈbɪlɪteɪt/ *vt* rehabilitar **rehabilitation** *n* rehabilitación

rehearse /rɪˈhɜːs/ *vt, vi* ~ (**sb**) (**for sth**) ensayar (con algn) (algo) **rehearsal** *n* ensayo: *a dress rehearsal* un ensayo general

reign /reɪn/ ◆ *n* reinado ◆ *vi* ~ (**over sth/sb**) reinar (sobre algo/algn)

reimburse /ˌriːɪmˈbɜːs/ *vt* **1** ~ **sth** (**to sb**) reembolsar algo (a algn) **2** ~ **sb** (**for sth**) reembolsar a algn (los gastos de algo)

rein /reɪn/ *n* rienda

reindeer /ˈreɪndɪə(r)/ *n* (*pl* **reindeer**) reno

reinforce /ˌriːɪnˈfɔːs/ *vt* reforzar **reinforcement** *n* **1** consolidación, refuerzo **2 reinforcements** [*pl*] (*Mil*) refuerzos

reinstate /ˌriːɪnˈsteɪt/ *vt* (*formal*) ~ **sth/sb** (**in/as sth**) restituir algo/a algn (en algo)

reject /rɪˈdʒekt/ ◆ *vt* rechazar ◆ /ˈriːdʒekt/ *n* **1** marginado, -a **2** cosa defectuosa **rejection** *n* rechazo

rejoice /rɪˈdʒɔɪs/ *vi* (*formal*) ~ (**at/in/over sth**) alegrarse, entusiasmarse (por/con algo)

rejoin /ˌriːˈdʒɔɪn/ *vt* **1** reincorporarse a **2** volver a juntarse con

relapse /rɪˈlæps/ ◆ *vi* recaer ◆ *n* recaída

relate /rɪˈleɪt/ **1** *vt* ~ **sth** (**to sb**) (*formal*) relatar algo (a algn) **2** *vt* ~ **sth to/with sth** relacionar algo con algo **3** *vi* ~ **to sth/sb** estar relacionado con algo/algn **4** *vi* ~ (**to sth/sb**) (*entender*) identificarse (con algo/algn) **related** *adj* **1** relacionado **2** ~ (**to sb**) emparentado (con algn): *to be related by marriage* ser pariente(s) político(s)

relation /rɪˈleɪʃn/ *n* **1** ~ (**to sth/between ...**) relación (con algo/entre ...) **2** pariente, -a **3** parentesco: *What relation are you?* ¿Que parentesco tienen? ◇ *Is he any relation* (*to you*)? ¿Es pariente tuyo? LOC **in/with relation to** (*formal*) con relación a *Ver tb* BEAR[2] **relationship** *n* **1** ~ (**between A and B**); ~ (**of A to/with B**) relación entre A y B **2** (relación de) parentesco **3** relación (*sentimental o sexual*)

relative /ˈrelətɪv/ ◆ *n* pariente, -a ◆ *adj* relativo

relax /rɪˈlæks/ **1** *vt, vi* relajar(se) **2** *vt* aflojar **relaxation** *n* **1** relajación **2** descanso **3** hobby **relaxing** *adj* relajante

relay /ˈriːleɪ/ ◆ *n* **1** relevo, turno **2** (*tb* **relay race**) carrera de postas ◆ /ˈriːleɪ, rɪˈleɪ/ *vt* (*pret, pp* **relayed**) **1** transmitir **2** (*GB, TV, Radio*) transmitir

release /rɪˈliːs/ ◆ *vt* **1** liberar **2** poner en libertad **3** soltar: *to release your grip on sth/sb* soltar algo/a algn **4** (*noticia*) dar a conocer **5** (*disco*) lanzar a la venta **6** (*película*) estrenar ◆ *n* **1** liberación **2** puesta en libertad **3** (*acto*) aparición (*de un disco, etc*), publicación, estreno: *The film is on general release.* Pasan la película en todos los cines.

relegate /ˈrelɪgeɪt/ *vt* **1** relegar **2** (*esp GB, Dep*) bajar **relegation** *n* **1** relegación **2** (*Dep*) descenso

relent /rɪˈlent/ *vi* ceder **relentless** *adj* **1** implacable **2** (*ambición*) tenaz

relevant /ˈreləvənt/ *adj* pertinente, que viene al caso **relevance** (*tb* **relevancy**) *n* pertinencia

reliable /rɪˈlaɪəbl/ *adj* **1** (*persona*) de confianza **2** (*datos*) fiable **3** (*fuente*) fidedigno **4** (*método, aparato*) seguro **reliability** /rɪˌlaɪəˈbɪləti/ *n* fiabilidad

reliance /rɪˈlaɪəns/ *n* ~ **on sth/sb** dependencia de algo/algn; confianza en algo/algn

relic /ˈrelɪk/ *n* reliquia

relief /rɪˈliːf/ *n* **1** alivio: *much to my relief* para mi gran alivio **2** ayuda, auxilio **3** (*persona*) relevo **4** (*Arte, Geog*) relieve

relieve /rɪˈliːv/ **1** *vt* aliviar **2** *v refl* ~ **yourself** (*eufemismo*) hacer uno sus necesidades **3** *vt* relevar PHR V **to relieve sb of sth** quitar algo a algn

religion /rɪˈlɪdʒən/ *n* religión **religious** *adj* religioso

relinquish /rɪˈlɪŋkwɪʃ/ *vt* (*formal*) **1** ~ **sth** (**to sb**) renunciar a algo (en favor de algn) **2** abandonar ☛ La palabra más corriente es **give sth up**.

relish /ˈrelɪʃ/ ◆ *n* ~ (**for sth**) gusto (por algo) ◆ *vt* ~ **sth** disfrutar algo

reluctant /rɪˈlʌktənt/ *adj* ~ (**to do sth**) reacio (a hacer algo) **reluctance** *n* desgana **reluctantly** *adv* de mala gana

rely /rɪˈlaɪ/ (*pret, pp* **relied**) PHR V **to rely on/upon sth/sb** (**to do sth**) depender de, confiar en, contar con algo/algn (para hacer algo)

remain /rɪˈmeɪn/ (*formal*) *vi* **1** quedar(se) ☛ La palabra más corriente es **stay**. **2** (*continuar*) permanecer, seguir siendo **remainder** *n* [*sing*] resto (*tb Mat*) **remains** *n* [*pl*] **1** restos **2** ruinas

remand /rɪˈmɑːnd; *USA* -ˈmænd/ ◆ *vt*: *to remand sb in custody/on bail* poner a algn en prisión preventiva/en libertad bajo fianza ◆ *n* custodia LOC **on remand** detenido

remark /rɪˈmɑːk/ ◆ *vt* comentar, mencionar PHR V **to remark on/upon sth/sb** hacer un comentario sobre algo/algn ◆ *n* comentario **remarkable** *adj* **1** extraordinario **2** ~ (**for sth**) notable (por algo)

remedial /rɪˈmiːdiəl/ *adj* **1** (*acción, medidas*) reparador, rectificador **2** (*clases*) de recuperación

remedy /ˈremədi/ ◆ *n* (*pl* **-ies**) remedio ◆ *vt* (*pret, pp* **-died**) remediar

remember /rɪˈmembə(r)/ *vt, vi* acor

darse (de): *as far as I remember* que yo recuerde ◊ *Remember that we have visitors tonight.* Acordate que tenemos visitas esta noche. ◊ *Remember to phone your mother.* Acordate de llamar a tu mamá.

Remember varía de significado según se use con infinitivo o con una forma terminada en **-ing**. Cuando va seguido de infinitivo, éste hace referencia a una acción que todavía no se ha realizado: *Remember to post that letter.* Acordate de mandar esa carta. Cuando se usa seguido por una forma terminada en **-ing**, éste se refiere a una acción que ya ha tenido lugar: *I remember posting that letter.* Me acuerdo de haber mandado esa carta por correo. ☛ *Comparar con* REMIND

PHR V **to remember sb to sb** mandar saludos de algn a algn: *Remember me to Anna.* Mandale saludos de mi parte a Anna. **remembrance** *n* conmemoración, recuerdo

remind /rɪˈmaɪnd/ *vt* ~ **sb** (**to do sth**) recordar a algn (que haga algo): *Remind me to phone my mother.* Recordame que llame a mi mamá. ☛ *Comparar con 'Remember to phone your mother' en* REMEMBER PHR V **to remind sb of sth/sb**

La construcción **to remind sb of sth/sb** se usa cuando una cosa o una persona te recuerdan a algo o a alguien: *Your brother reminds me of John.* Tu hermano me hace acordar a John. ◊ *That song reminds me of my first girlfriend.* Esa canción me hace acordar a mi primera novia.

reminder *n* **1** recuerdo **2** aviso

reminisce /ˌremɪˈnɪs/ *vi* ~ (**about sth**) rememorar (algo)

reminiscent /ˌremɪˈnɪsnt/ *adj* ~ **of sth/sb** con reminiscencias de algo/algn **reminiscence** *n* recuerdo, evocación

remnant /ˈremnənt/ *n* **1** resto **2** (*fig*) vestigio **3** retazo (*tela*)

remorse /rɪˈmɔːs/ *n* [*incontable*] ~ (**for sth**) remordimiento (por algo) **remorseless** *adj* **1** despiadado **2** implacable

remote /rɪˈməʊt/ *adj* (**-er**, **-est**) **1** (*lit y fig*) remoto, lejano, alejado **2** (*persona*) distante **3** (*posibilidad*) remoto **remotely** *adv* remotamente

remove /rɪˈmuːv/ *vt* **1** ~ **sth** (**from sth**) sacar(se) algo (de algo): *to remove your coat* sacarse el tapado ☛ Es más normal decir **take off**, **take out**, etc. **2** (*fig*) eliminar **3** ~ **sb** (**from sth**) sacar, destituir a algn (de algo) **removable** *adj* que se puede sacar **removal** *n* **1** eliminación **2** mudanza

the Renaissance /rɪˈneɪsns; *USA* ˈrenəsɑːns/ *n* el Renacimiento

render /ˈrendə(r)/ *vt* (*formal*) **1** (*servicio, etc*) prestar **2** hacer: *She was rendered speechless.* Se quedó muda **3** (*Mús, Arte*) interpretar

rendezvous /ˈrɒndɪvuː/ *n* (*pl* **rendezvous** /-z/) **1** cita *Ver tb* APPOINTMENT *en* APPOINT **2** lugar de reunión

renegade /ˈrenɪgeɪd/ *n* (*formal, pey*) renegado, -a, rebelde

renew /rɪˈnjuː; *USA* -ˈnuː/ *vt* **1** renovar **2** (*reestablecer*) reanudar **3** reafirmar **renewable** *adj* renovable **renewal** *n* renovación

renounce /rɪˈnaʊns/ *vt* (*formal*) renunciar a: *He renounced his right to be king.* Renunció al trono.

renovate /ˈrenəveɪt/ *vt* restaurar

renowned /rɪˈnaʊnd/ *adj* ~ (**as/for sth**) famoso (como/por algo)

rent /rent/ ◆ *n* alquiler LOC **for rent** (*esp USA*) se alquila(n) ☛ *Ver nota en* ALQUILAR ◆ *vt* **1** ~ **sth** (**from sb**) alquilar algo (de algn): *I rent a garage from a neighbour.* Un vecino me alquila su garaje. **2** ~ **sth** (**out**) (**to sb**) alquilar algo (a algn): *We rented out the house to some students.* Les alquilamos nuestra casa a unos estudiantes. **rental** *n* alquiler (*coches, productos del hogar, etc*)

reorganize, -ise /ˌriˈɔːgənaɪz/ *vt, vi* reorganizar(se)

rep /rep/ *n* (*coloq*) *Ver* REPRESENTATIVE

repaid *pret, pp de* REPAY

repair /rɪˈpeə(r)/ ◆ *vt* **1** arreglar *Ver tb* FIX, MEND **2** remediar ◆ *n* arreglo: *It's beyond repair.* No tiene arreglo. LOC **in a good state of/in good repair** en buen estado

repay /rɪˈpeɪ/ *vt* (*pret, pp* **repaid**) **1** (*plata, favor*) devolver **2** (*persona*) reembolsar **3** (*préstamo, deuda*) pagar **4** (*amabilidad*) corresponder a **repayment** *n* **1** reembolso, devolución **2** (*cantidad*) pago

repeat /rɪˈpiːt/ ◆ **1** *vt, vi* repetir(se) **2** *vt* (*confidencia*) contar ◆ *n* repetición

repeated *adj* **1** repetido **2** reiterado **repeatedly** *adv* repetidamente, en repetidas ocasiones

repel /rɪˈpel/ *vt* (-ll-) **1** repeler **2** (*oferta, etc*) rechazar **3** repugnar

repellent /rɪˈpelənt/ ◆ *adj* ~ (**to sb**) repelente (para algn) ◆ *n*: *insect repellent* repelente de insectos

repent /rɪˈpent/ *vt, vi* ~ (**of**) **sth** arrepentirse de algo **repentance** *n* arrepentimiento

repercussion /ˌriːpəˈkʌʃn/ *n* [*gen pl*] repercusión

repertoire /ˈrepətwɑː(r)/ *n* repertorio (*de un músico, actor, etc*)

repertory /ˈrepətri; *USA* -tɔːri/ (*tb* **repertory company/theatre** *o coloq* **rep**) *n* compañía de repertorio

repetition /ˌrepəˈtɪʃn/ *n* repetición **repetitive** /rɪˈpetətɪv/ *adj* repetitivo

replace /rɪˈpleɪs/ *vt* **1** colocar de nuevo en su lugar **2** reponer **3** reemplazar **4** (*algo roto*) cambiar: *to replace a broken window* cambiar el vidrio roto de una ventana **5** destituir **replacement** *n* **1** sustitución, reemplazo **2** (*persona*) suplente **3** (*pieza*) repuesto

replay /ˈriːpleɪ/ *n* **1** partido de desempate **2** (*TV*) repetición

reply /rɪˈplaɪ/ ◆ *vi* (*pret, pp* **replied**) responder, contestar *Ver tb* ANSWER ◆ *n* (*pl* **-ies**) contestación, respuesta

report /rɪˈpɔːt/ ◆ **1** *vt* ~ **sth** informar de/sobre algo; comunicar, dar parte de algo **2** *vt* (*crimen, culpable*) denunciar **3** *vi* ~ (**on sth**) informar (acerca de/sobre algo) **4** *vi* ~ **to/for sth** (*trabajo, etc*) presentarse en/a algo: *to report sick* dar parte de enfermo **5** ~ **to sb** rendir cuentas a algn ◆ *n* **1** informe **2** noticia **3** (*Period*) reportaje **4** informe escolar **5** (*pistola*) detonación **reportedly** *adv* según nuestras fuentes **reporter** *n* periodista

represent /ˌreprɪˈzent/ *vt* **1** representar **2** describir **representation** *n* representación

representative /ˌreprɪˈzentətɪv/ ◆ *adj* representativo ◆ *n* **1** representante **2** (*USA, Pol*) diputado, -a

repress /rɪˈpres/ *vt* **1** reprimir **2** contener **repression** *n* represión

reprieve /rɪˈpriːv/ *n* **1** indulto **2** (*fig*) respiro

reprimand /ˈreprɪmɑːnd; *USA* -mænd/ ◆ *vt* retar ◆ *n* reto

reprisal /rɪˈpraɪzl/ *n* represalia

reproach /rɪˈprəʊtʃ/ ◆ *vt* ~ **sb** (**for/with sth**) reprochar (algo) a algn ◆ *n* reproche LOC **above/beyond reproach** por encima de toda crítica

reproduce /ˌriːprəˈdjuːs; *USA* -ˈduːs/ *vt, vi* reproducir(se) **reproduction** *n* reproducción **reproductive** *adj* reproductor

reptile /ˈreptaɪl; *USA* -tl/ *n* reptil

republic /rɪˈpʌblɪk/ *n* república **republican** *adj* republicano

repugnant /rɪˈpʌgnənt/ *adj* repugnante

repulsive /rɪˈpʌlsɪv/ *adj* repulsivo

reputable /ˈrepjətəbl/ *adj* **1** (*persona*) de buena reputación, de confianza **2** (*empresa*) acreditado

reputation /ˌrepjuˈteɪʃn/ *n* reputación, fama

repute /rɪˈpjuːt/ *n* (*formal*) reputación, fama **reputed** *adj* **1** supuesto **2** *He is reputed to be...* Tiene fama de ser.../Se dice que es... **reputedly** *adv* según se dice

request /rɪˈkwest/ ◆ *n* ~ (**for sth**) petición, solicitud (de algo): *to make a request for sth* pedir algo ◆ *vt* ~ **sth** (**from/of sb**) pedir algo (a algn) ☛ La palabra más corriente es **ask**.

require /rɪˈkwaɪə(r)/ *vt* **1** requerir **2** (*formal*) necesitar ☛ La palabra más corriente es **need**. **3** (*formal*) ~ **sb to do sth** exigir a algn que haga algo **requirement** *n* **1** necesidad **2** requisito

rescue /ˈreskjuː/ ◆ *vt* rescatar, salvar ◆ *n* rescate, salvamento: *rescue operation/team* operación/equipo de rescate LOC **to come/go to sb's rescue** acudir en ayuda de algn **rescuer** *n* salvador, -ora

research /rɪˈsɜːtʃ, ˈriːsɜːtʃ/ ◆ *n* [*incontable*] ~ (**into/on sth**) investigación (sobre algo) (*no policial*) ◆ *vi* ~ (**into/on**) **sth** investigar (algo) **researcher** *n* investigador, -ora

resemble /rɪˈzembl/ *vt* parecerse a **resemblance** *n* parecido LOC *Ver* BEAR[2]

resent /rɪˈzent/ *vt* resentirse de/por **resentful** *adj* **1** (*mirada, etc*) de resentimiento **2** resentido **resentment** *n* resentimiento

reservation /ˌrezəˈveɪʃn/ *n* **1** reserva **2** (*duda*) reserva: *I have reservations on* *that subject.* Tengo ciertas reservas sobre ese tema.

reserve /rɪˈzɜːv/ ◆ *vt* **1** reservar **2** (*derecho*) reservarse ◆ *n* **1** reserva(s) **2** **reserves** [*pl*] (*Mil*) la reserva LOC **in reserve** de reserva **reserved** *adj* reservado

reservoir /ˈrezəvwɑː(r)/ *n* **1** (*lit*) embalse **2** (*fig*) montón, pozo

reshuffle /ˌriːˈʃʌfl/ *n* reorganización

reside /rɪˈzaɪd/ *vi* (*formal*) residir

residence /ˈrezɪdəns/ *n* (*formal*) **1** residencia: *hall of residence* residencia universitaria **2** (*ret*) casa

resident /ˈrezɪdənt/ ◆ *n* **1** residente **2** (*hotel*) huésped ◆ *adj* residente: *to be resident* residir **residential** /ˌreziˈdenʃl/ *adj* **1** residencial **2** (*curso*) con alojamiento incluido

residue /ˈrezɪdjuː; *USA* -duː/ *n* residuo

resign /rɪˈzaɪn/ *vt, vi* renunciar PHR V **to resign yourself to sth** resignarse a algo **resignation** *n* **1** renuncia **2** resignación

resilient /rɪˈzɪliənt/ *adj* **1** (*material*) elástico **2** (*persona*) resistente **resilience** *n* **1** elasticidad **2** capacidad de recuperación

resist /rɪˈzɪst/ **1** *vi* resistir **2** *vt* resistirse (a): *I had to buy it, I couldn't resist it.* Tuve que comprarlo, no lo pude resistir. **3** *vt* (*presión, reforma*) oponerse a, oponer resistencia a

resistance /rɪˈzɪstəns/ *n* ~ (**to sth/sb**) resistencia (a algo/algn): *He didn't put up/offer much resistance.* No puso mucha resistencia. ◊ *the body's resistance to diseases* la resistencia del organismo a las enfermedades

resolute /ˈrezəluːt/ *adj* resuelto, decidido ☛ La palabra más corriente es **determined**. **resolutely** *adv* **1** con firmeza **2** resueltamente

resolution /ˌrezəˈluːʃn/ *n* **1** resolución **2** propósito: *New Year resolutions* propósitos para el año nuevo

resolve /rɪˈzɒlv/ (*formal*) **1** *vi* ~ **to do sth** resolverse a hacer algo **2** *vi* acordar: *The senate resolved that...* El Senado acordó que... **3** *vt* (*disputa, crisis*) resolver

resort[1] /rɪˈzɔːt/ ◆ *vi* ~ **to sth** recurrir a algo: *to resort to violence* recurrir a la violencia ◆ *n* LOC *Ver* LAST

resort[2] /rɪˈzɔːt/ *n*: *a seaside resort* un balneario ◊ *a ski resort* un centro de esquí

resounding /rɪˈzaʊndɪŋ/ *adj* rotundo: *a resounding success* un éxito rotundo

resource /rɪˈsɔːs/ *n* recurso **resourceful** *adj* de recursos: *She is very resourceful.* Se da mucha maña para salir de apuros.

respect /rɪˈspekt/ ◆ *n* **1** ~ (**for sth/sb**) respeto, consideración (por algo/algn) **2** concepto: *in this respect* en este sentido LOC **with respect to sth** (*formal*) por lo que respecta a algo ◆ *vt* ~ **sb** (**as/for sth**) respetar a algn (como/por algo): *I respect them for their honesty.* Los respeto por su honradez. ◊ *He respected her as a detective.* La respetaba como detective. **respectful** *adj* respetuoso

respectable /rɪˈspektəbl/ *adj* **1** respetable, decente **2** considerable

respective /rɪˈspektɪv/ *adj* respectivo: *They all got on with their respective jobs.* Todos volvieron a sus respectivos trabajos.

respite /ˈrespaɪt/ *n* **1** respiro **2** alivio

respond /rɪˈspɒnd/ *vi* **1** ~ (**to sth**) responder (a algo): *The patient is responding to treatment.* El paciente está respondiendo al tratamiento. **2** contestar: *I wrote to them last week but they haven't responded.* Les escribí la semana pasada, pero todavía no contestaron. ☛ Para decir "contestar", **answer** y **reply** son palabras más normales.

response /rɪˈspɒns/ *n* ~ (**to sth/sb**) **1** respuesta, contestación (a algo/algn): *In response to your inquiry...* En contestación a su pregunta... **2** reacción (a algo/algn)

responsibility /rɪˌspɒnsəˈbɪləti/ *n* (*pl* **-ies**) ~ (**for sth**); ~ (**for/to sb**) responsabilidad (por algo); responsabilidad (sobre/ante algn): *to take full responsibility for sth/sb* asumir toda la responsabilidad por algo/algn

responsible /rɪˈspɒnsəbl/ *adj* ~ (**for sth/doing sth**); ~ **to sth/sb** responsable (de algo/hacer algo); ante algo/algn: *She's responsible for five patients.* Tiene cinco pacientes a su cargo. ◊ *to act in a responsible way* ser responsable

responsive /rɪˈspɒnsɪv/ *adj* **1** receptivo: *a responsive audience* un público receptivo **2** sensible: *to be responsive (to sth)* ser sensible (a algo)

rest[1] /rest/ ◆ **1** *vt, vi* descansar **2** *vt, vi* ~ **(sth) on/against sth** apoyar algo/ apoyarse en/contra algo **3** *(formal) vi* quedar: *to let the matter rest* dejar el asunto ◆ *n* descanso: *to have a rest* tomarse un descanso ◊ *to get some rest* descansar LOC **at rest** en reposo, en paz **to come to rest** pararse *Ver tb* MIND **restful** *adj* descansado, apacible

rest[2] /rest/ *n* **the ~ (of sth) 1** *[incontable]* el resto (de algo) **2** *[pl]* los/las demás, los otros, las otras (de algo): *the rest of the players* los demás jugadores

restaurant /ˈrestrɒnt; *USA* -tərənt/ *n* restaurante ☛ *Ver pág 314.*

restless /ˈrestləs/ *adj* **1** agitado **2** inquieto: *to become/grow restless* impacientarse **3** *to have a restless night* pasar una mala noche

restoration /ˌrestəˈreɪʃn/ *n* **1** devolución **2** restauración **3** restablecimiento

restore /rɪˈstɔː(r)/ *vt* **1 ~ sth (to sth/sb)** *(formal) (confianza, salud)* devolver algo (a algo/algn) **2** *(orden, paz)* restablecer **3** *(bienes)* restituir **4** *(monarquía)* restaurar

restrain /rɪˈstreɪn/ **1** *vt* **~ sb** contener a algn **2** *v refl* **~ yourself** contenerse **3** *vt* *(entusiasmo)* dominar, contener **4** *vt* *(lágrimas)* contener **restrained** *adj* moderado, medido

restraint /rɪˈstreɪnt/ *n (formal)* **1** compostura **2** limitación, restricción **3** moderación

restrict /rɪˈstrɪkt/ *vt* limitar **restricted** limitado: *to be restricted to sth* estar restringido a algo **restriction** *n* restricción **restrictive** *adj* restrictivo

result /rɪˈzʌlt/ ◆ *n* resultado: *As a result of…* Como resultado de… ◆ *vi* ~ **(from sth)** ser el resultado (de algo); originarse (por algo) PHR V **to result in sth** terminar en algo

resume /rɪˈzjuːm; *USA* -ˈzuːm/ *(formal)* **1** *vt, vi* reanudar(se) **2** *vt* recobrar, volver a tomar **resumption** *n [sing]* *(formal)* reanudación

resurgence /rɪˈsɜːdʒəns/ *n (formal)* resurgimiento

resurrect /ˌrezəˈrekt/ *vt* resucitar: *to resurrect old traditions* hacer revivir viejas tradiciones **resurrection** *n* resurrección

resuscitate /rɪˈsʌsɪteɪt/ *vt* reanimar **resuscitation** *n* reanimación

retail /ˈriːteɪl/ ◆ *n* venta al por menor: *retail price* precio de venta al público ◆ *vt, vi* vender(se) al público **retailer** *n* (comerciante) minorista

retain /rɪˈteɪn/ *vt (formal)* **1** quedarse con **2** conservar **3** retener

retaliate /rɪˈtælieɪt/ *vi* ~ **(against sth/ sb)** vengarse (de algo/algn); tomar represalias (contra algo/algn) **retaliation** *n* ~ **(against sth/sb/for sth)** represalia (contra algo/algn/por algo)

retarded /rɪˈtɑːdɪd/ *adj* retardado

retch /retʃ/ *vi* dar arcadas

retention /rɪˈtenʃn/ *n (formal)* retención, conservación

rethink /ˌriːˈθɪŋk/ *vt (pret, pp* **rethought** /ˌriːˈθɔːt/) reconsiderar

reticent /ˈretɪsnt/ *adj* reservado **reticence** *n* reserva

retire /rɪˈtaɪə(r)/ **1** *vt, vi* jubilar(se) **2** *vi (formal, joc)* retirarse a sus aposentos **3** *vi (formal, Mil)* retirarse **retired** *adj* jubilado **retiring** *adj* **1** retraído **2** que se jubila

retirement /rɪˈtaɪəmənt/ *n* jubilación, retiro

retort /rɪˈtɔːt/ ◆ *n* réplica, contestación ◆ *vt* replicar

retrace /rɪˈtreɪs/ *vt* retroceder *(camino)*: *to retrace your steps* volver sobre tus pasos

retract /rɪˈtrækt/ *vt, vi (formal)* **1** *(declaración)* retractarse (de) **2** *(garra, uña, etc)* meter(se) **3** replegar(se)

retreat /rɪˈtriːt/ ◆ *vi* batirse en retirada ◆ *n* **1** retirada **2 the retreat** *(Mil)* retreta **3** retiro **4** refugio

retrial /ˌriːˈtraɪəl/ *n* nuevo juicio

retribution /ˌretrɪˈbjuːʃn/ *n (formal)* **1** justo castigo **2** venganza

retrieval /rɪˈtriːvl/ *n (formal)* recuperación

retrieve /rɪˈtriːv/ *vt* **1** *(formal)* recobrar **2** *(Informát)* recuperar **3** *(perro de caza)* cobrar *(la pieza matada)* **retriever** *n* perro de caza

retrograde /ˈretrəgreɪd/ *adj (formal)* retrógrado

retrospect /ˈretrəspekt/ *n* LOC **in retrospect** retrospectivamente

retrospective /ˌretrəˈspektɪv/ ◆ *adj*

1 retrospectivo **2** retroactivo ◆ *n* exposición retrospectiva

return /rɪˈtɜːn/ ◆ **1** *vi* regresar, volver **2** *vt* devolver **3** *vt* (*Pol*) elegir **4** *vt* (*formal*) declarar **5** *vi* (*síntoma*) reaparecer ◆ *n* **1** vuelta, regreso: *on my return* cuando vuelva **2** ~ (**to sth**) retorno (a algo) **3** reaparición **4** devolución **5** declaración: (*income-*)*tax return* declaración de impuestos **6** ~ (**on sth**) rendimiento (de algo) **7** (*tb* **return ticket**) boleto de ida y vuelta ☛ *Comparar con* SINGLE **8** [*antes de sustantivo*] de vuelta: *return journey* viaje de vuelta LOC **in return** (**for sth**) en recompensa/a cambio (de algo)

returnable /rɪˈtɜːnəbl/ *adj* **1** (*dinero*) reembolsable **2** (*envase*) retornable

reunion /riːˈjuːniən/ *n* reunión, reencuentro

reunite /ˌriːjuːˈnaɪt/ *vt, vi* **1** reunir(se), reencontrar(se) **2** reconciliar(se)

rev /rev/ ◆ *n* [*gen pl*] (*coloq*) revolución (*de motor*) ◆ (**-vv-**) PHR V **to rev** (**sth**) **up** acelerar (algo)

revalue /ˌriːˈvæljuː/ *vt* **1** (*propiedad, etc*) revalorar **2** (*moneda*) revalorizar **revaluation** *n* revalorización

revamp /ˌriːˈvæmp/ *vt* (*coloq*) modernizar

reveal /rɪˈviːl/ *vt* **1** (*secretos, datos, etc*) revelar **2** mostrar, descubrir **revealing** *adj* **1** revelador **2** (*vestido*) atrevido

revel /ˈrevl/ *vi* (**-ll-**, *USA* **-l-**) PHR V **to revel in sth/doing sth** deleitarse en algo/en hacer algo

revelation /ˌrevəˈleɪʃn/ *n* revelación

revenge /rɪˈvendʒ/ ◆ *n* venganza LOC **to take** (**your**) **revenge** (**on sb**) vengarse (de algn) ◆ *vt* vengar LOC **to revenge yourself/be revenged** (**on sb**) vengarse (de algn)

revenue /ˈrevənjuː; *USA* -ənuː/ *n* ingresos: *a source of government revenue* una fuente de ingresos del gobierno

reverberate /rɪˈvɜːbəreɪt/ *vi* **1** resonar **2** (*fig*) tener repercusiones **reverberation** *n* **1** (*coloq*) retumbo **2 reverberations** [*pl*] (*fig*) repercusiones

revere /rɪˈvɪə(r)/ *vt* (*formal*) venerar

reverence /ˈrevərəns/ *n* reverencia (*veneración*)

reverend /ˈrevərənd/ (*tb* **the Reverend**) *adj* (*abrev* **Rev**, **Revd**) reverendo

reverent /ˈrevərənt/ *adj* reverente

reversal /rɪˈvɜːsl/ *n* **1** (*opinión*) cambio **2** (*suerte, fortuna*) revés **3** (*Jur*) revocación **4** (*de papeles*) inversión

reverse /rɪˈvɜːs/ ◆ *n* **1 the** ~ (**of sth**) lo contrario (de algo): *quite the reverse* todo lo contrario **2** reverso **3** (*papel*) dorso **4** (*tb* **reverse gear**) marcha atrás ◆ **1** *vt* invertir **2** *vt, vi* poner en/ir marcha atrás **3** *vt* (*decisión*) revocar LOC **to reverse** (**the**) **charges** (*USA* **to call collect**) llamar a cobro revertido

revert /rɪˈvɜːt/ *vi* **1** ~ **to sth** volver a algo (*estado, tema, etc anterior*) **2** ~ (**to sth/sb**) (*propiedad, etc*) revertir (a algo/algn)

review /rɪˈvjuː/ ◆ *n* **1** examen, repaso **2** informe **3** (*crítica*) reseña **4** (*gen, Mil*) revista ◆ *vt* **1** reconsiderar **2** examinar **3** escribir una crítica de **4** (*Mil*) pasar revista a **reviewer** *n* crítico, -a

revise /rɪˈvaɪz/ **1** *vt* revisar **2** *vt* modificar **3** *vt, vi* (*GB*) repasar (*para examen*)

revision /rɪˈvɪʒn/ *n* **1** revisión **2** modificación **3** (*GB*) repaso: *to do some revision* repasar

revival /rɪˈvaɪvl/ *n* **1** restablecimiento **2** (*moda*) resurgimiento **3** (*Teat*) reposición

revive /rɪˈvaɪv/ **1** *vt, vi* (*enfermo*) reanimar(se) **2** *vt* (*recuerdos*) refrescar **3** *vt, vi* (*economía*) reactivar(se) **4** *vt* (*Teat*) reponer

revoke /rɪˈvəʊk/ *vt* (*formal*) revocar

revolt /rɪˈvəʊlt/ ◆ **1** *vi* ~ (**against sth/sb**) sublevarse, rebelarse contra algo/algn **2** *vt* repugnar a, dar asco a: *The smell revolted him.* El olor le repugnaba. ◆ *n* ~ (**over sth**) sublevación, rebelión (por algo)

revolting /rɪˈvəʊltɪŋ/ *adj* (*coloq*) repugnante

revolution /ˌrevəˈluːʃn/ *n* revolución **revolutionary** *n* (*pl* **-ies**) *adj* revolucionario, -a

revolve /rɪˈvɒlv/ *vt, vi* (hacer) girar PHR V **to revolve around sth/sb** centrarse en/girar alrededor de algo/algn

revolver /rɪˈvɒlvə(r)/ *n* revólver

revulsion /rɪˈvʌlʃn/ *n* repugnancia

reward /rɪˈwɔːd/ ◆ *n* recompensa ◆ *vt* recompensar **rewarding** *adj* gratificante

rewrite /ˌriːˈraɪt/ *vt* (*pret* **rewrote** /-rəʊt/ *pp* **rewritten** /-ˈrɪtn/) volver a escribir

rhetoric /ˈretərɪk/ *n* retórica

rhinoceros /raɪˈnɒsərəs/ *n* (*pl* **rhinoceros** *o* **~es**) rinoceronte

rhubarb /ˈruːbɑːb/ *n* ruibarbo

rhyme /raɪm/ ◆ *n* **1** rima **2** (*poema*) verso ◆ *vt, vi* rimar

rhythm /ˈrɪðəm/ *n* ritmo

rib /rɪb/ *n* costilla (*Anat*): *ribcage* caja torácica

ribbon /ˈrɪbən/ *n* cinta LOC **to tear, cut, etc sth to ribbons** hacer añicos algo

rice /raɪs/ *n* arroz: *rice field* arrozal ◊ *brown rice* arroz integral ◊ *rice pudding* arroz con leche

rich /rɪtʃ/ *adj* (**-er**, **-est**) **1** rico: *to become/get rich* enriquecerse ◊ *to be rich in sth* ser rico/abundar en algo **2** (*lujoso*) suntuoso **3** (*tierra*) fértil **4** (*pey*) (*comida*) pesado **the rich** *n* [*pl*] los ricos **riches** *n* riqueza(s) **richly** *adv* LOC **to richly deserve sth** tener algo bien merecido

rickety /ˈrɪkəti/ *adj* (*coloq*) destartalado

rid /rɪd/ *vt* (**-dd-**) (*pret, pp* **rid**) **to rid sth/sb of sth/sb** librar algo/a algn de algo/algn; eliminar algo de algo LOC **to be/get rid of sth/sb** deshacerse/librarse de algo/algn

ridden /ˈrɪdn/ ◆ *pp de* RIDE ◆ *adj* ~ **with/by sth** agobiado, acosado por algo

riddle[1] /ˈrɪdl/ *n* **1** acertijo, adivinanza **2** misterio, enigma

riddle[2] /ˈrɪdl/ *vt* **1** (*a balazos*) acribillar **2** (*pey, fig*): *to be riddled with sth* estar plagado/lleno de algo

ride /raɪd/ ◆ (*pret* **rode** /rəʊd/ *pp* **ridden** /ˈrɪdn/) **1** *vt* (*caballo*) andar a **2** *vt* (*bicicleta, etc*) andar en **3** *vi* andar a caballo **4** *vi* (*en vehículo*) viajar, ir ◆ *n* **1** (*a caballo*) paseo **2** (*en vehículo*) viaje: *to go for a ride* ir a dar una vuelta LOC **to take sb for a ride** (*coloq*) dar gato por liebre a algn **rider** *n* **1** jinete **2** ciclista **3** motociclista

ridge /rɪdʒ/ *n* **1** (*montaña*) cresta **2** (*tejado*) caballete

ridicule /ˈrɪdɪkjuːl/ ◆ *n* ridículo ◆ *vt* ridiculizar **ridiculous** /rɪˈdɪkjələs/ *adj* ridículo, absurdo

riding /ˈraɪdɪŋ/ *n* equitación: *I like riding.* Me gusta andar a caballo.

rife /raɪf/ *adj* (*formal*): *to be rife* (*with sth*) abundar (en algo)

rifle /ˈraɪfl/ *n* fusil, rifle

rift /rɪft/ *n* **1** (*Geog*) grieta **2** (*fig*) división

rig /rɪg/ ◆ *vt* (**-gg-**) arreglar PHR V **to rig sth up** armar algo, improvisar algo ◆ *n* **1** (*tb* **rigging**) aparejo, jarcia **2** aparato

right /raɪt/ ◆ *adj* **1** correcto, cierto: *You are quite right.* Tenés toda la razón. ◊ *Are these figures right?* ¿Son correctas estas cifras? **2** adecuado, correcto: *Is this the right colour for the curtains?* ¿Es éste un buen color para las cortinas? ◊ *to be on the right road* ir por buen camino **3** (*momento*) oportuno: *It wasn't the right time to say that.* No era el momento oportuno para decir eso. **4** (*pie, mano*) derecho **5** justo: *It's not right to pay people so badly.* No es justo pagar tan mal a la gente. ◊ *He was right to do that.* Estuvo bien en hacer eso. **6** (*GB, coloq*) reverendo: *a right fool* un reverendo tonto *Ver tb* ALL RIGHT LOC **to get sth right** acertar, hacer algo bien **to get sth right/straight** dejar algo claro **to put/set sth/sb right** corregir algo/a algn, arreglar algo *Ver tb* CUE, SIDE ◆ *adv* **1** bien, correctamente: *Have I spelt your name right?* ¿Escribí bien tu nombre? **2** exactamente: *right beside you* justo al lado tuyo **3** completamente: *right to the end* hasta el final **4** a la derecha: *to turn right* doblar a la derecha **5** inmediatamente: *I'll be right back.* Enseguida vuelvo. LOC **right now** ahora mismo **right/straight away/off** enseguida *Ver tb* SERVE ◆ *n* **1** bien: *right and wrong* el bien y el mal **2** ~ (**to sth/to do sth**) derecho a algo/a hacer algo: *human rights* los derechos humanos **3** (*tb Pol*) derecha: *on the right* a la derecha LOC **by rights 1** en buena ley **2** en teoría **in your own right** por derecho propio **to be in the right** tener razón ◆ *vt* **1** enderezar **2** corregir

right angle *n* ángulo recto

righteous /ˈraɪtʃəs/ *adj* **1** (*formal*) (*persona*) recto, honrado **2** (*indignación*) justificado **3** (*pey*) virtuoso

rightful /ˈraɪtfl/ *adj* [*sólo antes de sustantivo*] legítimo: *the rightful heir* el heredero legítimo

right-hand /ˈraɪt hænd/ *adj*: *on the right-hand side* a mano derecha LOC **right-hand man** mano derecha **right-handed** *adj* diestro

rightly /ˈraɪtli/ *adv* correctamente, justificadamente: *rightly or wrongly* con o sin razón

right wing ◆ *n* derecha ◆ *adj* de derecha(s), derechista

rigid /ˈrɪdʒɪd/ *adj* **1** rígido **2** (*actitud*) inflexible

rigour (*USA* **rigor**) /ˈrɪgə(r)/ *n* (*formal*) rigor **rigorous** *adj* riguroso

rim /rɪm/ *n* **1** borde ☛ *Ver dibujo en* MUG **2** [*gen pl*] (*anteojos*) armazón **3** llanta

rind /raɪnd/ *n* cáscara (*de queso, limón*) ☛ *Ver nota en* PEEL

ring[1] /rɪŋ/ ◆ *n* **1** anillo: *ring road* anillo de circunvalación **2** aro **3** círculo **4** (*tb* **circus ring**) pista (*de circo*) **5** (*tb* **boxing ring**) ring **6** (*tb* **bullring**) plaza de toros ◆ *vt* (*pret, pp* **-ed**) **1** ~ **sth/sb** (**with sth**) rodear algo/a algn (de algo) **2** (*esp pájaro*) anillar

ring[2] /rɪŋ/ ◆ (*pret* **rang** /ræŋ/ *pp* **rung** /rʌŋ/) **1** *vi* sonar **2** *vt* (*timbre*) tocar **3** *vi* ~ (**for sth/sb**) llamar (a algo/algn) **4** *vi* (*oídos*) zumbar **5** *vt, vi* (*GB*) ~ (**sth/sb**) (**up**) llamar a algo/algn (*por teléfono*) PHR V **to ring (sb) back** volver a llamar (a algn), devolver la llamada (a algn) **to ring off** (*GB*) colgar ◆ *n* **1** (*timbre*) timbrazo **2** (*campanas*) toque **3** [*sing*] sonido **4** (*GB, coloq*): *to give sb a ring* dar un tubazo a algn

ringleader /ˈrɪŋˌliːdə(r)/ *n* (*pey*) cabecilla

rink /rɪŋk/ *n* pista *Ver* ICE RINK

rinse /rɪns/ ◆ *vt* ~ **sth** (**out**) enjuagar algo ◆ *n* **1** enjuague **2** tintura

riot /ˈraɪət/ ◆ *n* disturbio, motín LOC *Ver* RUN ◆ *vi* causar disturbios, amotinarse **rioting** *n* disturbios **riotous** *adj* **1** desenfrenado, ruidoso (*fiesta*) **2** (*formal, Jur*) alborotador

rip /rɪp/ ◆ *vt, vi* (**-pp-**) rasgar(se): *to rip sth open* abrir algo desgarrándolo PHR V **rip sb off** (*coloq*) estafar a algn **rip sth off/out** arrancar algo **to rip sth up** desgarrar algo ◆ *n* desgarro

ripe /raɪp/ *adj* **1** (*fruta, queso*) maduro **2** ~ (**for sth**) listo (para algo): *The time is ripe for his return.* Llegó la hora de su retorno. **ripen** *vt, vi* madurar

rip-off /ˈrɪp ɒf/ *n* (*coloq*) estafa, robo

ripple /ˈrɪpl/ ◆ *n* **1** onda, rizo **2** murmullo (*de risas, interés, etc*) ◆ *vt, vi* ondular (se)

rise /raɪz/ ◆ *vi* (*pret* **rose** /rəʊz/ *pp* **risen** /ˈrɪzn/) **1** subir **2** (*voz*) alzarse **3** (*formal*) (*persona, viento*) levantarse **4** ~ (**up**) (**against sth/sb**) (*formal*) sublevarse (contra algo/algn) **5** (*sol, luna*) salir **6** ascender (*en rango*) **7** (*río*) nacer **8** (*nivel de un río*) crecer ◆ *n* **1** subida, ascenso **2** (*cantidad*) subida, aumento **3** cuesta **4** (*USA* **raise**) aumento (*de sueldo*) LOC **to give rise to sth** (*formal*) dar lugar a algo

rising /ˈraɪzɪŋ/ ◆ *n* **1** (*Pol*) levantamiento **2** (*sol, luna*) salida ◆ *adj* **1** creciente **2** (*sol*) naciente

risk /rɪsk/ ◆ *n* ~ (**of sth/that...**) riesgo (de algo/de que...) LOC **at risk** en peligro **to take a risk/risks** arriesgarse *Ver tb* RUN ◆ *vt* **1** arriesgar(se a) **2** ~ **doing sth** exponerse, arriesgarse a hacer algo LOC **to risk your neck** jugarse el pellejo **risky** *adj* (**-ier**, **-iest**) arriesgado

rite /raɪt/ *n* rito

ritual /ˈrɪtʃuəl/ ◆ *n* ritual, rito ◆ *adj* ritual

rival /ˈraɪvl/ ◆ *n* ~ (**for/in sth**) rival (para/en algo) ◆ *adj* rival ◆ *vt* (**-ll-**, *USA tb* **-l-**) ~ **sth/sb** (**for/in sth**) rivalizar con algo/algn (en algo) **rivalry** *n* (*pl* **-ies**) rivalidad

river /ˈrɪvə(r)/ *n* río: *river bank* orilla (del río) ☛ *Ver nota en* RÍO **riverside** *n* orilla (del río)

rivet /ˈrɪvɪt/ *vt* **1** (*lit*) remachar **2** (*ojos*) clavar **3** (*atraer*) fascinar **riveting** *adj* fascinante

road /rəʊd/ *n* **1** (*entre ciudades*) ruta: *roadblock* control (policial) ◇ *road sign* señal de tránsito ◇ *road safety* seguridad vial ◇ *across/over the road* al otro lado de la ruta ◇ *road accident* accidente de tránsito **2 Road** (*abrev* **Rd**) (*en nombres de calles*): *Banbury Road* la calle Banbury LOC **by road** por ruta **on the road to sth** en camino de algo **roadside** *n* borde de la ruta: *roadside café* bar al costado del camino **roadway** *n* calle

roadworks /ˈrəʊdwɜːks/ *n* [*pl*] obras: *There were roadworks on the motorway.* Había obras en la autopista.

roam /rəʊm/ **1** *vt* vagar por, recorrer **2** *vi* vagar

roar /rɔː(r)/ ◆ *n* **1** (*león, etc*) rugido **2** estruendo: *roars of laughter* carcajadas ◆ **1** *vi* gritar: *to roar with laughter* reírse a carcajadas **2** *vi* (*león, etc*) rugir **3** *vt* decir a gritos **roaring** *adj* LOC **to do a roaring trade (in sth)** vender (algo) como locos

roast /rəʊst/ ◆ **1** *vt, vi* (*carne*) asar(se) **2** *vt, vi* (*café, etc*) tostar(se) **3** *vi* (*persona*) asarse ◆ *adj, n* asado: *roast beef* rosbif

rob /rɒb/ *vt* (**-bb-**) **to rob sth/sb (of sth)** robar (algo) a algo/algn

Los verbos **rob**, **steal** y **burgle** significan "robar". **Rob** se usa con complementos de persona o lugar: *He robbed me (of all my money).* Me robó (toda la plata). **Steal** se usa cuando mencionamos el objeto robado (de un lugar o a una persona): *He stole all my money (from me).* Me robó toda la plata. **Burgle** se refiere a robos en casas particulares o negocios, normalmente cuando los dueños están fuera: *The house has been burgled.* Asaltaron la casa.

robber *n* **1** ladrón, -ona **2** (*tb* **bank robber**) asaltante de bancos ☛ *Ver nota en* THIEF **robbery** *n* (*pl* **-ies**) **1** robo **2** (*violento*) asalto ☛ *Ver nota en* THEFT

robe /rəʊb/ *n* **1** bata **2** (*ceremonial*) manto

robin /ˈrɒbɪn/ *n* petirrojo

robot /ˈrəʊbɒt/ *n* robot

robust /rəʊˈbʌst/ *adj* robusto, enérgico

rock[1] /rɒk/ *n* **1** roca: *rock climbing* andinismo **2** (*USA*) piedra LOC **at rock bottom** en su punto más bajo, por el piso **on the rocks 1** (*coloq*) en crisis **2** (*coloq*) (*bebida*) con hielo

rock[2] /rɒk/ **1** *vt, vi* mecer(se): *rocking chair* mecedora **2** *vt* (*chico*) arrullar **3** *vt, vi* (*lit y fig*) estremecer(se), sacudir (se)

rock[3] /rɒk/ (*tb* **rock music**) *n* (música) rock

rocket /ˈrɒkɪt/ ◆ *n* cohete ◆ *vi* aumentar muy rápidamente

rocky /ˈrɒki/ *adj* (**-ier**, **-iest**) **1** rocoso **2** (*fig*) inestable

rod /rɒd/ *n* **1** barra **2** vara

rode *pret de* RIDE

rodent /ˈrəʊdnt/ *n* roedor

rogue /rəʊg/ *n* **1** (*antic*) sinvergüenza **2** (*joc*) pícaro, -a

role (*tb* **rôle**) /rəʊl/ *n* papel: *role model* modelo a imitar

roll /rəʊl/ ◆ *n* **1** rollo **2** pancito ☛ *Ver dibujo en* PAN **3** (*con relleno*) sandwich **4** balanceo **5** registro, lista: *roll-call* (acto de pasar) lista **6** (*USA, coloq*) (*GB* **bankroll**) fajo ◆ **1** *vt, vi* (hacer) rodar **2** *vt, vi* dar vueltas (a algo) **3** *vt, vi* ~ (**up**) enrollar(se) **4** *vt, vi* ~ (**up**) envolver(se) **5** *vt* (*cigarrillo*) armar **6** *vt* alisar con un rodillo **7** *vt, vi* balancear(se) LOC **to be rolling in it** (*coloq*) estar forrado *Ver tb* BALL PHR V **to roll in** (*coloq*) llegar en grandes cantidades **to roll on** (*tiempo*) pasar **to roll sth out** extender algo **to roll over** darse vuelta **to roll up** (*coloq*) presentarse **rolling** *adj* ondulante

roller /ˈrəʊlə(r)/ *n* **1** rodillo **2** rulero

roller-coaster /ˈrəʊlə kəʊstə(r)/ *n* montaña rusa

roller skate *n* patín

rolling pin *n* palo (*de amasar*)

romance /rəʊˈmæns/ *n* **1** romanticismo: *the romance of foreign lands* el romanticismo de las tierras lejanas **2** amor, amorío: *a holiday romance* una aventura de verano **3** novela de amor

romantic /rəʊˈmæntɪk/ *adj* romántico

romp /rɒmp/ ◆ *vi* ~ (**about/around**) juguetear, corretear ◆ *n* **1** jugueteo **2** (*coloq*) (*cine, teatro, literatura*) obra divertida y sin pretensiones

roof /ruːf/ *n* (*pl* ~**s**) **1** techo **2** (*coche*) techo **roofing** *n* techado

roof-rack /ˈruːf ræk/ *n* portaequipajes

rooftop /ˈruːftɒp/ *n* **1** techo **2** tejado

room /ruːm, rʊm/ *n* **1** habitación, cuarto, sala *Ver* DINING-ROOM, LIVING ROOM **2** lugar: *Is there room for me?* ¿Hay lugar para mí? ◊ *room to breathe* espacio para respirar **3** *There's no room for doubt.* No cabe duda. ◊ *There's room for improvement.* Se puede mejorar. **roomy** *adj* (**-ier**, **-iest**) espacioso

room service *n* servicio de habitaciones

room temperature *n* temperatura ambiente

roost /ruːst/ ◆ *n* percha (*para aves*) ◆ *vi* posarse para dormir

root /ruːt/ ◆ *n* raíz: *square root* raíz

cuadrada LOC **the root cause (of sth)** la causa fundamental (de algo) **to put down (new) roots** echar raíces ◆ PHR V **to root about/around (for sth)** revolver (*en busca de algo*) **to root for sth/sb** (*coloq*) apoyar/animar algo/a algn **to root sth out 1** erradicar algo, arrancar algo de raíz **2** (*coloq*) encontrar algo

rope /rəʊp/ ◆ *n* cuerda LOC **to show sb/know/learn the ropes** enseñarle a algn/conocer/aprender cómo funciona todo ◆ PHR V **to rope sb in (to do sth)** (*coloq*) enganchar a algn (para hacer algo) **to rope sth off** acordonar un lugar

rope ladder *n* escalera de soga

rosary /ˈrəʊzəri/ *n* (*pl* **-ies**) rosario (*oración y cuentas*)

rose[1] *pret de* RISE

rose[2] /rəʊz/ *n* rosa

rosé /ˈrəʊzeɪ; *USA* rəʊˈzeɪ/ *n* (vino) rosado

rosette /rəʊˈzet/ *n* escarapela

rosy /ˈrəʊzi/ *adj* (**rosier**, **rosiest**) **1** sonrosado **2** (*fig*) prometedor

rot /rɒt/ *vt, vi* (**-tt-**) pudrir(se)

rota /ˈrəʊtə/ *n* (*pl* **~s**) (*GB*) lista (*de turnos*)

rotate /rəʊˈteɪt; *USA* ˈrəʊteɪt/ **1** *vt, vi* (hacer) girar **2** *vt, vi* alternar(se) **rotation** *n* **1** rotación **2** alternancia LOC **in rotation** por turno

rotten /ˈrɒtn/ *adj* **1** podrido **2** corrupto

rough /rʌf/ ◆ *adj* (**-er**, **-est**) **1** (*superficie*) áspero **2** (*mar*) encrespado **3** (*comportamiento*) violento **4** (*tratamiento*) inconsiderado **5** (*cálculo*) aproximado **6** (*coloq*) malo: *I feel a bit rough.* No me siento bien. LOC **to be rough (on sb)** (*coloq*) ser duro (con algn) ◆ *adv* (**-er**, **-est**) duro ◆ *n* LOC **in rough** en bruto ◆ *vt* LOC **to rough it** (*coloq*) pasar apuros **roughly** *adv* **1** violentamente **2** aproximadamente

roulette /ruːˈlet/ *n* ruleta

round[1] /raʊnd/ *adj* redondo

round[2] /raʊnd/ *adv* **1** *Ver* AROUND[2] **2** *all year round* durante todo el año ◊ *a shorter way round* un camino más corto ◊ *round the clock* las 24 horas ◊ *round at María's* en lo de María LOC **round about** de alrededor: *the houses round about* las casas de alrededor

round[3] (*tb* **around**) /raʊnd/ *prep* **1** por: *to show sb round the house* mostrarle a algn la casa **2** alrededor de: *She wrapped the towel round her waist.* Se puso la toalla alrededor de la cintura. **3** a la vuelta de: *just round the corner* a la vuelta de la esquina

round[4] /raʊnd/ *n* **1** ronda: *a round of talks* una ronda de conversaciones **2** recorrido (*del cartero*), visitas (*del médico*) **3** vuelta (*de bebidas*): *It's my round.* Esta vuelta la pago yo. **4** (*Dep*) asalto, vuelta **5** *a round of applause* un gran aplauso **6** tiro, ráfaga

round[5] /raʊnd/ *vt* (*una esquina*) doblar PHR V **to round sth off** terminar algo **to round sth/sb up 1** (*personas*) juntar a algn **2** (*ganado*) acorralar algo **to round sth up/down** redondear algo por lo alto/bajo (*cifra, precio, etc*)

roundabout /ˈraʊndəbaʊt/ ◆ *adj* indirecto: *in a roundabout way* de forma indirecta/con rodeos ◆ *n* **1** (*tb* **carousel**, **merry-go-round**) calesita **2** rotonda

rouse /raʊz/ *vt* **1** ~ **sb (from/out of sth)** (*formal*) despertar a algn (de algo) **2** provocar **rousing** *adj* **1** (*discurso*) movilizador **2** (*aplauso*) caluroso

rout /raʊt/ ◆ *n* derrota (*humillante*) ◆ *vt* derrotar

route /ruːt; *USA* raʊt/ *n* ruta

routine /ruːˈtiːn/ ◆ *n* rutina ◆ *adj* de rutina, rutinario **routinely** *adv* rutinariamente

row[1] /rəʊ/ *n* fila, hilera LOC **in a row** uno tras otro: *the third week in a row* la tercera semana consecutiva ◊ *four days in a row* cuatro días seguidos

row[2] /rəʊ/ ◆ *vt, vi* remar, navegar a remo: *She rowed the boat to the bank.* Remó hacia la orilla. ◊ *Will you row me across the river?* ¿Me llevás al otro lado del río (en bote)? ◊ *to row across the lake* cruzar el lago a remo ◆ *n*: *to go for a row* salir a remar

row[3] /raʊ/ ◆ *n* (*coloq*) **1** pelea: *to have a row* pelearse ☛ También se dice **argument**. **2** barullo **3** ruido ◆ *vi* pelear

rowdy /ˈraʊdi/ *adj* (**-ier**, **-iest**) (*pey*) **1** (*persona*) ruidoso, peleador **2** (*reunión*) alborotado

royal /ˈrɔɪəl/ *adj* real

Royal Highness *n*: *your/his/her Royal Highness* Su Alteza Real

royalty /ˈrɔɪəlti/ *n* **1** [*sing*] realeza **2** (*pl* **-ties**) derechos de autor

rub /rʌb/ ◆ (**-bb-**) **1** *vt* refregar, frotar: *to rub your hands together* frotarse las manos **2** *vt* friccionar **3** *vi* **to rub** (**on/against sth**) rozar (contra algo) PHR V **to rub off** (**on/onto sb**) pegarse (a algn) **to rub sth out** borrar algo ◆ *n* frote: *to give sth a rub* frotar algo

rubber /ˈrʌbə(r)/ *n* **1** goma, caucho: *rubber/elastic band* gomita ◇ *rubber stamp* sello de goma **2** (*tb esp USA* **eraser**) goma (*de borrar*)

rubbish /ˈrʌbɪʃ/ *n* [*incontable*] **1** basura: *rubbish dump/tip* basurero **2** (*pey, fig*) tonterías

rubble /ˈrʌbl/ *n* [*incontable*] escombros

ruby /ˈruːbi/ *n* (*pl* **-ies**) rubí

rucksack /ˈrʌksæk/ (*USA tb* **back-pack**) *n* mochila

rudder /ˈrʌdə(r)/ *n* timón

rude /ruːd/ *adj* (**ruder**, **rudest**) **1** grosero, maleducado: *to be rude to do sth* ser de mala educación hacer algo **2** indecente **3** (*chiste, etc*) verde **4** tosco

rudimentary /ˌruːdɪˈmentri/ *adj* rudimentario

ruffle /ˈrʌfl/ *vt* **1** (*superficie*) agitar **2** (*pelo*) despeinar **3** (*plumas*) erizar **4** (*tela*) arrugar **5** perturbar, desconcertar

rug /rʌg/ *n* **1** tapiz **2** manta de viaje

rugby /ˈrʌgbi/ *n* rugby

rugged /ˈrʌgɪd/ *adj* **1** (*terreno*) escabroso, accidentado **2** (*montaña*) escarpado **3** (*facciones*) duro

ruin /ˈruːɪn/ ◆ *n* (*lit y fig*) ruina ◆ *vt* **1** arruinar, destrozar **2** estropear, malograr

rule /ruːl/ ◆ *n* **1** regla, norma **2** costumbre **3** imperio, dominio, gobierno **4** (*gobierno*) mandato **5** (*de monarca*) reinado LOC **as a** (**general**) **rule** en general, por regla general ◆ **1** *vt, vi* ~ (**over sth/sb**) (*Pol*) gobernar (algo/a algn) **2** *vt* dominar, regir **3** *vt, vi* (*Jur*) fallar, decidir **4** *vt* (*línea*) trazar PHR V **to rule sth/sb out** (**as sth**) descartar algo/a algn (por algo)

ruler /ˈruːlə(r)/ *n* **1** gobernante **2** (*instrumento*) regla

ruling /ˈruːlɪŋ/ ◆ *adj* **1** imperante **2** (*Pol*) en el poder ◆ *n* fallo

rum /rʌm/ *n* ron

rumble /ˈrʌmbl/ ◆ *vi* **1** retumbar, hacer un ruido sordo **2** (*estómago*) hacer ruido (a algn) ◆ *n* estruendo, ruido sordo

rummage /ˈrʌmɪdʒ/ *vi* **1** ~ **about/around** revolver, rebuscar **2** ~ **among/in/through sth** (**for sth**) revolver, hurguetear (en) algo (en busca de algo)

rumour (*USA* **rumor**) /ˈruːmə(r)/ *n* rumor: *Rumour has it that...* Hay rumores de que...

rump /rʌmp/ *n* **1** ancas **2** (*tb* **rump steak**) churrasco de cuadril

run /rʌn/ ◆ (**-nn-**) (*pret* **ran** /ræn/ *pp* **run**) **1** *vt, vi* correr: *I had to run to catch the bus.* Tuve que correr para alcanzar el colectivo. ◇ *I ran nearly ten kilometres.* Corrí casi diez kilómetros. **2** *vt, vi* recorrer: *to run your fingers through sb's hair* pasar los dedos por el pelo de algn ◇ *to run your eyes over sth* echar un vistazo a algo ◇ *She ran her eye around the room.* Recorrió la habitación con la mirada. ◇ *A shiver ran down her spine.* Un escalofrío le corrió por la espalda. ◇ *The tears ran down her cheeks.* Las lágrimas le corrían por las mejillas. **3** *vt, vi* (*máquina, sistema, organización*) (hacer) funcionar: *Everything is running smoothly.* Todo marcha sobre ruedas. ◇ *Run the engine for a few minutes before you start.* Tené el motor en marcha unos minutos antes de arrancar. **4** *vi* extenderse: *The cable runs the length of the wall.* El cable recorre todo el largo de la pared. ◇ *A fence runs round the field.* El campo está cercado. **5** *vi* (*micro, tren, etc*): *The buses run every hour.* Hay un micro cada hora. ◇ *The train is running an hour late.* El tren viene con una hora de retraso. **6** *vt* llevar (*en coche*): *Can I run you to the station?* ¿Te llevo a la estación? **7** *vi* **to run** (**for...**) (*Teat*) representarse (durante...) **8** *vt*: *to run a bath* preparar un baño **9** *vi*: *to leave the tap running* dejar la canilla abierta **10** *vi* (*nariz*) chorrear **11** *vi* (*tintura*) desteñir **12** *vt* (*negocio, etc*) administrar, dirigir **13** *vt* (*servicio, curso, etc*) organizar, ofrecer **14** *vt* (*Informát*) ejecutar **15** *vt* (*vehículo*) mantener: *I can't afford to run a car.* No puedo afrontar los gastos de mantenimiento de un auto. **16** *vi* **to run** (**for sth**) (*Pol*) postularse como candidato (a algo) **17** *vt* (*Period*) publicar LOC **to run dry** secarse **to run for it** largarse a correr **to run in the family** ser de familia **to run out of steam** (*coloq*) perder el ímpetu **to run riot** sublevarse **to run the risk** (**of doing sth**) correr el riesgo/peligro (de hacer algo) *Ver tb* DEEP, TEMPERATURE, WASTE PHR V **to run about/around** corretear

to run across sth/sb toparse con algo/ algn

to run after sb perseguir a algn

to run at sth: *Inflation is running at 25%.* La inflación alcanza el 25%.

to run away (**from sth/sb**) escapar (de algo/algn)

to run into sth/sb 1 tropezar con algo/ algn **2** chocarse con/contra algo, atropellar a algn **to run sth into sth**: *He ran the car into a tree.* Chocó contra un árbol.

to run off (**with sth**) escaparse (con algo)

to run out 1 caducar **2** acabarse, agotarse **to run out of sth** quedarse sin algo

to run sb over atropellar a algn

◆ *n* **1** carrera: *to go for a run* salir a correr ◊ *to break into a run* largarse a correr **2** paseo (*en coche, etc*) **3** período: *a run of bad luck* una mala racha **4** (*Teat*) temporada LOC **to be on the run** haberse fugado/estar escapando de la justicia *Ver tb* BOLT[2], LONG[1]

runaway /ˈrʌnəweɪ/ ◆ *adj* **1** fugitivo **2** fuera de control **3** fácil ◆ *n* fugitivo, -a

run-down /ˌrʌn ˈdaʊn/ *adj* **1** (*edificio*) en un estado de abandono **2** (*persona*) desmejorado

rung[1] *pp de* RING[2]

rung[2] /rʌŋ/ *n* peldaño

runner /ˈrʌnə(r)/ *n* corredor, -ora

runner-up /ˌrʌnər ˈʌp/ *n* (*pl* **-s-up** /ˌrʌnəz ˈʌp/) subcampeón, -ona

running /ˈrʌnɪŋ/ ◆ *n* **1** atletismo **2** funcionamiento **3** organización LOC **to be in/out of the running** (**for sth**) (*coloq*) tener/no tener posibilidades (de conseguir algo) ◆ *adj* **1** continuo **2** consecutivo: *four days running* cuatro días seguidos **3** (*agua*) corriente LOC *Ver* ORDER

runny /ˈrʌni/ *adj* (**-ier**, **-iest**) (*coloq*) **1** chirle **2** *to have a runny nose* moquear

run-up /ˈrʌn ʌp/ *n* ~ (**to sth**) período previo (a algo)

runway /ˈrʌnweɪ/ *n* pista (*de aterrizaje*)

rupture /ˈrʌptʃə(r)/ ◆ *n* (*formal*) ruptura ◆ *vt, vi* desgarrarse

rush /rʌʃ/ ◆ **1** *vi* ir con prisa, apurarse: *They rushed out of school.* Salieron corriendo de la escuela. ◊ *They rushed to help her.* Corrieron a ayudarla. **2** *vi* actuar precipitadamente **3** *vt* apurar: *Don't rush me!* ¡No me apures! **4** *vt* llevar de urgencia: *He was rushed to hospital.* Lo llevaron de urgencia al hospital. ◆ *n* **1** [*sing*] precipitación: *There was a rush to the exit.* La gente se precipitó hacia la salida. **2** (*coloq*) apuro: *I'm in a terrible rush.* Estoy apuradísimo. ◊ *There's no rush.* No hay apuro. ◊ *the rush hour* la hora pico

rust /rʌst/ ◆ *n* óxido ◆ *vt, vi* oxidar(se)

rustic /ˈrʌstɪk/ *adj* rústico

rustle /ˈrʌsl/ ◆ *vt, vi* (hacer) crujir, (hacer) susurrar PHR V **to rustle sth up** (*coloq*) preparar algo: *I'll rustle up some coffee for you.* Enseguida te preparo un café. ◆ *n* crujido, susurro

rusty /ˈrʌsti/ *adj* (**-ier**, **-iest**) **1** oxidado **2** (*fig*) falto de práctica

rut /rʌt/ *n* surco LOC **to be** (**stuck**) **in a rut** estar estancado

ruthless /ˈruːθləs/ *adj* despiadado, implacable **ruthlessly** *adv* despiadadamente **ruthlessness** crueldad, implacabilidad

rye /raɪ/ *n* centeno

Ss

S, s /es/ *n* (*pl* **S's**, **s's** /ˈesɪz/) S, s: *S for sugar* S de Susana ☛ *Ver ejemplos en* A, A

the Sabbath /ˈsæbəθ/ *n* **1** (*de los cristianos*) domingo **2** (*de los judíos*) sábado

sabotage /ˈsæbətɑːʒ/ ◆ *n* sabotaje ◆ *vt* sabotear

saccharin /ˈsækərɪn/ *n* sacarina

sachet /ˈsæʃeɪ; *USA* sæˈʃeɪ/ *n* bolsita, sobrecito

sack¹ /sæk/ *n* bolsa (de arpillera)

sack² /sæk/ *vt* (*coloq, esp GB*) despedir **the sack** *n* despido: *to give sb the sack* despedir a algn ◊ *to get the sack* ser despedido

sacred /ˈseɪkrɪd/ *adj* sagrado, sacro

sacrifice /ˈsækrɪfaɪs/ ◆ *n* sacrificio: *to make sacrifices* hacer sacrificios/ sacrificarse ◆ *vt* ~ **sth (to/for sth/sb)** sacrificar algo (por algo/algn)

sacrilege /ˈsækrəlɪdʒ/ *n* sacrilegio

sad /sæd/ *adj* (**sadder**, **saddest**) **1** triste **2** (*situación*) lamentable **sadden** *vt* entristecer

saddle /ˈsædl/ ◆ *n* **1** (*para caballo*) montura **2** (*para bicicleta o moto*) asiento ◆ *vt* **1** ~ **sth** ensillar algo **2** ~ **sb with sth** hacer cargar a algn con algo

sadism /ˈseɪdɪzəm/ *n* sadismo

sadly /ˈsædli/ *adv* **1** tristemente, con tristeza **2** lamentablemente, desafortunadamente

sadness /ˈsædnəs/ *n* tristeza, melancolía

safari /səˈfɑːri/ *n* (*pl* ~**s**) safari

safe¹ /seɪf/ *adj* (**safer**, **safest**) **1** ~ **(from sth/sb)** a salvo (de algo/algn) **2** seguro: *Your secret is safe with me.* Tu secreto está seguro conmigo. **3** ileso **4** (*conductor*) prudente LOC **safe and sound** sano y salvo **to be on the safe side** por si acaso: *It's best to be on the safe side.* Es mejor no correr riesgos. *Ver tb* BETTER **safely** *adv* **1** sin novedad, sin ningún percance **2** tranquilamente, sin peligro: *safely locked away* guardado bajo llave en un lugar seguro

safe² /seɪf/ *n* caja fuerte

safeguard /ˈseɪfgɑːd/ ◆ *n* ~ **(against sth)** garantía, protección (contra algo) ◆ *vt* ~ **sth/sb (against sth/sb)** proteger algo/a algn (de algo/algn)

safety /ˈseɪfti/ *n* seguridad

safety belt *n* cinturón de seguridad

safety net *n* **1** red de seguridad **2** red de protección

safety pin /ˈseɪfti pɪn/ *n* alfiler de gancho

safety valve *n* válvula de seguridad

sag /sæg/ *vi* (**-gg-**) **1** (*cama, sofá*) hundirse **2** (*madera*) curvarse

Sagittarius /ˌsædʒɪˈteəriəs/ *n* Sagitario ☛ *Ver ejemplos en* AQUARIUS

said *pret, pp de* SAY

sail /seɪl/ ◆ *n* vela LOC *Ver* SET² ◆ **1** *vt, vi* navegar: *to sail around the world* dar la vuelta al mundo en barco **2** *vi* ~ **(from...) (for/to...)** salir (desde...) (para...): *The ship sails at noon.* El barco zarpa a las doce del mediodía. **3** *vi* (*objeto*) volar PHR V **to sail through (sth)** hacer (algo) sin dificultad: *She sailed through her exams.* Aprobó los exámenes con los ojos cerrados.

sailing /ˈseɪlɪŋ/ *n* **1** navegar: *to go sailing* salir a navegar **2** *There are three sailings a day.* Hay tres salidas diarias.

sailing boat *n* velero

sailor /ˈseɪlə(r)/ *n* marinero, marino

saint /seɪnt, snt/ *n* (*abrev* **St**) san, santo, -a: *Saint Bernard/Teresa* San Bernardo/Santa Teresa

sake /seɪk/ *n* LOC **for God's, goodness', Heaven's, etc sake** por (amor de) Dios **for sth's/sb's sake**; **for the sake of sth/sb** por algo/algn, por (el) bien de algo/algn

salad /ˈsæləd/ *n* ensalada

salary /ˈsæləri/ *n* (*pl* **-ies**) salario, sueldo (*mensual*) ☛ *Comparar con* WAGE

sale /seɪl/ *n* **1** venta: *sales department* departamento de ventas **2** liquidación: *to hold/have a sale* estar de liquidación **3** remate LOC **for sale** en venta: *For sale.* Se vende. **on sale** a la venta

salesman /ˈseɪlzmən/ *n* (*pl* **-men** /-mən/) vendedor

salesperson /ˈseɪlzpɜːsn/ *n* (*pl* **-people**) vendedor, -ora

saleswoman /ˈseɪlzwʊmən/ *n* (*pl* **-women**) vendedora

saliva /səˈlaɪvə/ *n* saliva

salmon /ˈsæmən/ *n* (*pl* **salmon**) salmón

salon /ˈsælɒn; *USA* səˈlɒn/ *n* salón (*de belleza*)

saloon /səˈluːn/ *n* **1** salón (*de barco, etc*) **2** (*USA*) bar **3** (*tb* **saloon car**) (*GB*) automóvil de dos o cuatro puertas

salt /sɔːlt/ *n* sal **salted** *adj* salado **salty** (**-ier**, **-iest**) (*tb* **salt**) *adj* salado

salt-water /ˈsɔːlt wɔːtə(r)/ *adj* de agua salada

salutary /ˈsæljətri; *USA* -teri/ *adj* saludable

salute /səˈluːt/ ◆ *vt, vi* (*formal*) saludar (*a un militar*) ☛ *Comparar con* GREET ◆ *n* **1** saludo **2** salva

salvage /ˈsælvɪdʒ/ ◆ *n* salvamento ◆ *vt* recuperar

salvation /sælˈveɪʃn/ *n* salvación

same /seɪm/ ◆ *adj* mismo, igual (*idéntico*): *the same thing* lo mismo ◊ *I left that same day.* Salí ese mismo día. ☛ A veces se usa para dar énfasis a la oración: *the very same man* el mismísimo hombre. LOC **at the same time 1** a la vez **2** no obstante, sin embargo **to be in the same boat** estar en la misma situación ◆ **the same** *adv* de la misma manera, igual: *to treat everyone the same* tratar a todos de la misma manera ◆ *pron* **the same** (**as sth/sb**) el mismo, la misma, etc (que algo/algn): *I think the same as you.* Pienso igual que vos. LOC **all/just the same 1** de todos modos **2** *It's all the same to me.* Me da lo mismo. **same here** (*coloq*) lo mismo digo (**the**) **same to you** igualmente

sample /ˈsɑːmpl; *USA* ˈsæmpl/ ◆ *n* muestra ◆ *vt* probar

sanatorium /ˌsænəˈtɔːrɪəm/ (*USA tb* **sanitarium** /ˌsænəˈteərɪəm/) *n* (*pl* ~**s** *o* **-ria** /-rɪə/) sanatorio

sanction /ˈsæŋkʃn/ ◆ *n* **1** aprobación **2** sanción: *to lift sanctions* levantar sanciones ◆ *vt* dar el permiso para

sanctuary /ˈsæŋktʃuəri; *USA* -ueri/ *n* (*pl* **-ies**) santuario: *The rebels took sanctuary in the church.* Los rebeldes se refugiaron en la iglesia.

sand /sænd/ *n* **1** arena **2 the sands** [*pl*] la playa

sandal /ˈsændl/ *n* sandalia

sandcastle /ˈsændkɑːsl; *USA* -kæsl/ *n* castillo de arena

sand dune (*tb* **dune**) *n* duna

sandpaper /ˈsændpeɪpə(r)/ *n* papel de lija

sandwich /ˈsænwɪdʒ; *USA* -wɪtʃ/ ◆ *n* sandwich ◆ *vt* apretujar (*entre dos personas o cosas*)

sandy /ˈsændi/ *adj* (**-ier**, **-iest**) arenoso

sane /seɪn/ *adj* (**saner**, **sanest**) **1** cuerdo **2** juicioso

sang *pret de* SING

sanitarium (*USA*) *Ver* SANATORIUM

sanitary /ˈsænətri; *USA* -teri/ *adj* higiénico

sanitary towel *n* Modess®

sanitation /ˌsænɪˈteɪʃn/ *n* saneamiento

sanity /ˈsænəti/ *n* **1** cordura **2** sensatez

sank *pret de* SINK

sap /sæp/ ◆ *n* savia ◆ *vt* (**-pp-**) socavar, minar

sapphire /ˈsæfaɪə(r)/ *adj*, *n* (color) zafiro

sarcasm /ˈsɑːkæzəm/ *n* sarcasmo **sarcastic** /sɑːˈkæstɪk/ *adj* sarcástico

sardine /ˌsɑːˈdiːn/ *n* sardina

sash /sæʃ/ *n* faja

sat *pret, pp de* SIT

satchel /ˈsætʃəl/ *n* valija (*de colegio*)

satellite /ˈsætəlaɪt/ *n* satélite

satin /ˈsætɪn; *USA* ˈsætn/ *n* satén

satire /ˈsætaɪə(r)/ *n* sátira **satirical** /səˈtɪrɪkl/ *adj* satírico

satisfaction /ˌsætɪsˈfækʃn/ *n* satisfacción

satisfactory /ˌsætɪsˈfæktəri/ *adj* satisfactorio

satisfy /ˈsætɪsfaɪ/ *vt* (*pret, pp* **-fied**) **1** (*curiosidad*) satisfacer **2** (*condiciones, etc*) cumplir con **3** ~ **sb** (**as to sth**) convencer a algn (de algo) **satisfied** *adj* ~ (**with sth**) satisfecho (con algo) **satisfying** *adj* satisfactorio: *a satisfying meal* una comida que te deja satisfecho

satsuma /sætˈsuːmə/ *n* mandarina

saturate /ˈsætʃəreɪt/ *vt* ~ **sth** (**with sth**) empapar algo (de algo): *The market* *is saturated.* El mercado está saturado. **saturation** *n* saturación

Saturday /ˈsætədeɪ, ˈsætədi/ *n* (*abrev* **Sat**) sábado ☛ *Ver ejemplos en* MONDAY

Saturn /ˈsætən/ *n* Saturno

sauce /sɔːs/ *n* salsa

saucepan /ˈsɔːspən; *USA* -pæn/ *n* cacerola

saucer /ˈsɔːsə(r)/ *n* plato ☛ *Ver dibujo en* MUG

sauna /ˈsɔːnə, ˈsaʊnə/ *n* sauna

saunter /ˈsɔːntə(r)/ *vi* pasearse: *He sauntered over to the bar.* Se acercó a la barra con mucha tranquilidad.

sausage /ˈsɒsɪdʒ; *USA* ˈsɔːs-/ *n* salchicha, embutido

sausage roll *n* hojaldre relleno de carne de embutido

savage /ˈsævɪdʒ/ ◆ *adj* **1** salvaje **2** (*perro, etc*) enfurecido **3** (*ataque, régimen*) brutal: *savage cuts in the budget* cortes terribles en el presupuesto ◆ *n* salvaje ◆ *vt* atacar con ferocidad **savagery** *n* salvajismo

save /seɪv/ ◆ *vt* **1** ~ **sb** (**from sth**) salvar a algn (de algo) **2** ~ (**up**) (**for sth**) (*dinero*) ahorrar (para algo) **3** (*Informát*) guardar **4** ~ (**sb**) **sth** evitar (a algn) algo: *That will save us a lot of trouble.* Eso nos evitará muchos problemas. **5** (*Dep*) salvar LOC **to save face** guardar las apariencias ◆ *n* salvada (*de pelota*)

saving /ˈseɪvɪŋ/ *n* **1** ahorro: *a saving of £5* un ahorro de cinco libras **2 savings** [*pl*] ahorros

saviour (*USA* **savior**) /ˈseɪvɪə(r)/ *n* salvador, -ora

savoury (*USA* **savory**) /ˈseɪvəri/ *adj* **1** (*GB*) salado **2** sabroso

saw[1] *pret de* SEE

saw[2] /sɔː/ ◆ *n* sierra, serrucho ◆ *vt* (*pret* **sawed** *pp* **sawn** /sɔːn/ (*USA* **sawed**)) cortar con sierra *Ver tb* CUT PHR V **to saw sth down** talar algo con una sierra **to saw sth off** (**sth**) cortar algo (de algo) con un serrucho: *a sawn-off shotgun* una escopeta de cañones recortados **to saw sth up** cortar algo con sierra **sawdust** *n* aserrín

saxophone /ˈsæksəfəʊn/ (*coloq* **sax**) *n* saxofón

say /seɪ/ ◆ *vt* (*3ª pers sing pres* **says** /sez/ *pret, pp* **said** /sed/) **1 to say sth** (**to sb**) decir algo (a algn): *to say yes* decir que sí

> **Say** suele usarse cuando se mencionan las palabras textuales o para introducir una oración en estilo indirecto precedida por **that**: *'I'll leave at nine', he said.* —Me voy a las nueve, dijo. ◊ *He said that he would leave at nine.* Dijo que se iría a las nueve. **Tell** se usa para introducir una oración en estilo indirecto y tiene que ir seguido de un sustantivo, un pronombre o un nombre propio: *He told me that he would leave at nine.* Me dijo que se iría a las nueve. Con órdenes o consejos se suele usar **tell**: *I told them to hurry up.* Les dije que se apuraran. ◊ *She's always telling me what I ought to do.* Siempre me está diciendo lo que tengo que hacer.

2 digamos, supongamos (que): *Let's take any writer, say Dickens…* Tomemos por caso cualquier escritor, digamos Dickens… ◊ *Say there are 30 in a class…* Supongamos que hay 30 en una clase… **3** *What time does it say on that clock?* ¿Qué hora es en ese reloj? ◊ *The map says the hotel is on the right.* El mapa dice que el hotel está a la derecha. LOC **it goes without saying that…** no es necesario decir… **that is to say** es decir *Ver tb* DARE[1], FAREWELL, LET[1], NEEDLESS, SORRY, WORD ◆ *n* LOC **to have a/some say** (**in sth**) tener voz y voto (en algo) **to have your say** expresar su opinión

saying /ˈseɪɪŋ/ *n* dicho, refrán *Ver tb* PROVERB

scab /skæb/ *n* costra

scaffold /ˈskæfəʊld/ *n* patíbulo

scaffolding /ˈskæfəldɪŋ/ *n* [*incontable*] andamio

scald /skɔːld/ ◆ *vt* quemar ◆ *n* quemadura **scalding** *adj* hirviendo

scale[1] /skeɪl/ *n* **1** (*gen, Mús*) escala: *a large-scale map* un mapa a gran escala ◊ *a scale model* una maqueta **2** alcance, magnitud, envergadura: *the scale of the problem* la magnitud del problema LOC **to scale** a escala

scale[2] /skeɪl/ *n* escama

scale[3] /skeɪl/ *vt* escalar, trepar

scales /skeɪlz/ *n* [*pl*] balanza, báscula

scalp /skælp/ *n* cuero cabelludo

scalpel /ˈskælpəl/ *n* bisturí

scamper /ˈskæmpə(r)/ *vi* corretear

scampi /ˈskæmpi/ *n* [*pl*] langostinos fritos a la milanesa

scan /skæn/ ◆ *vt* (**-nn-**) **1** examinar **2** explorar con un scanner **3** echar un vistazo a ◆ *n* ecografía

scandal /ˈskændl/ *n* **1** escándalo **2** chisme **scandalize, -ise** *vt* escandalizar **scandalous** *adj* escandaloso

scant /skænt/ *adj* (*formal*) escaso **scanty** *adj* (**-ier**, **-iest**) escaso **scantily** *adv* escasamente: *scantily dressed* con poca ropa

scapegoat /ˈskeɪpgəʊt/ *n* chivo expiatorio: *She has been made a scapegoat for what happened.* Fue el chivo expiatorio.

scar /skɑː(r)/ ◆ *n* cicatriz ◆ *vt* (**-rr-**) dejar una cicatriz en

scarce /skeəs/ *adj* (**-er**, **-est**) escaso: *Food was scarce.* Los alimentos escaseaban.

scarcely /ˈskeəsli/ *adv* **1** apenas: *There were scarcely a hundred people present.* Había apenas unas cien personas. **2** *You can scarcely expect me to believe that.* ¿No esperás que me lo crea? *Ver tb* HARDLY

scarcity /ˈskeəsəti/ *n* (*pl* **-ies**) escasez

scare /ˈskeə(r)/ ◆ *vt* asustar PHR V **to scare sb away/off** ahuyentar a algn ◆ *n* susto: *bomb scare* amenaza de bomba **scared** *adj*: *to be scared* estar asustado/tener miedo ◊ *She's scared of the dark.* Le da miedo la oscuridad. LOC **to be scared stiff** (*coloq*) estar muerto de miedo *Ver tb* WIT

scarecrow /ˈskeəkrəʊ/ *n* espantapájaros

scarf /skɑːf/ *n* (*pl* **scarfs** *o* **scarves** /skɑːvz/) **1** bufanda **2** pañuelo

scarlet /ˈskɑːlət/ *adj*, *n* escarlata

scary /ˈskeəri/ *adj* (**-ier**, **-iest**) (*coloq*) espeluznante

scathing /ˈskeɪðɪŋ/ *adj* **1** mordaz **2** feroz: *a scathing attack on...* un feroz ataque contra...

scatter /ˈskætə(r)/ **1** *vt, vi* dispersar(se) **2** *vt* esparcir **scattered** *adj* esparcido, disperso: *scattered showers* chaparrones aislados

scavenge /ˈskævɪndʒ/ *vi* **1** (*animal, ave*) buscar carroña **2** (*persona*) escarbar (*la basura*) **scavenger** *n* **1** animal/ave de carroña **2** persona que escarba las basuras

scenario /səˈnɑːriəʊ; *USA* -ˈnær-/ *n* (*pl* **~s**) **1** (*Teat*) argumento **2** (*fig*) marco hipotético

scene /siːn/ *n* **1** (*gen, Teat*) escena: *a change of scene* un cambio de escena **2** escenario: *the scene of the crime* la escena del crimen **3** escándalo: *to make a scene* armar un escándalo **4 the scene** [*sing*] (*coloq*) el mundillo: *the music scene* el ámbito musical LOC *Ver* SET[2]

scenery /ˈsiːnəri/ *n* [*incontable*] **1** paisaje

> La palabra **scenery** tiene un fuerte matiz positivo, tiende a usarse con adjetivos como *beautiful, spectacular, stunning*, etc y se usa fundamentalmente para describir paisajes naturales. Por otro lado, **landscape** suele referirse a paisajes construidos por el hombre: *an urban/industrial landscape* un paisaje urbano/industrial ◊ *Trees and hedges are typical features of the British landscape.* Los árboles y los cercos son rasgos típicos del paisaje británico.

2 (*Teat*) decorado

scenic /ˈsiːnɪk/ *adj* pintoresco, panorámico

scent /sent/ *n* **1** olor (*agradable*) **2** perfume **3** rastro, pista **scented** *adj* perfumado

sceptic (*USA* **skeptic**) /ˈskeptɪk/ *n* escéptico, -a **sceptical** (*USA* **skep-**) *adj* ~ (**of/about sth**) escéptico (acerca de algo) **scepticism** (*USA* **skep-**) *n* escepticismo

schedule /ˈʃedjuːl; *USA* ˈskedʒʊl/ ◆ *n* **1** programa: *to be two months ahead of/behind schedule* llevar dos meses de adelanto/retraso con respecto al programa previsto ◊ *to arrive on schedule* llegar a la hora prevista **2** (*USA*) horario ◆ *vt* programar: *scheduled flight* vuelo regular

scheme /skiːm/ ◆ *n* **1** plan, proyecto: *training scheme* programa de entrenamiento ◊ *savings/pension scheme* plan de ahorro/de pensiones **2** conspiración **3** *colour scheme* combinación de colores ◆ *vi* conspirar

schizophrenia /ˌskɪtsəˈfriːniə/ *n* esquizofrenia **schizophrenic** /ˌskɪtsəˈfrenɪk/ *adj, n* esquizofrénico, -a

scholar /ˈskɒlə(r)/ *n* **1** becario, -a **2** erudito, -a **scholarship** *n* **1** beca **2** erudición

school /skuːl/ *n* **1** colegio, escuela: *school age/uniform* edad/uniforme escolar *Ver tb* COMPREHENSIVE SCHOOL

> Se usan las palabras **school**, **church** y **hospital** sin artículo cuando alguien va al colegio como alumno o profesor, a la iglesia para rezar, o al hospital como paciente: *She's gone into hospital.* La hopitalizaron. ◊ *I enjoyed being at school.* Me gustaba ir a la escuela. ◊ *We go to church every Sunday.* Vamos a misa todos los domingos. Usamos el artículo cuando nos referimos a estos lugares por algún otro motivo: *I have to go to the school to talk to John's teacher.* Tengo que ir a la escuela a hablar con el profesor de John. ◊ *She works at the hospital.* Trabaja en el hospital.

2 (*USA*) universidad **3** clases: *School begins at nine o'clock.* Las clases empiezan a las nueve. **4** facultad: *law school* facultad de derecho **5** (*Arte, Liter*) escuela LOC **school of thought** corrientes de pensamiento

schoolboy /ˈskuːlbɔɪ/ *n* alumno

schoolchild /ˈskuːltʃaɪld/ *n* alumno, -a

schoolgirl /ˈskuːlgɜːl/ *n* alumna

schooling /ˈskuːlɪŋ/ *n* educación, estudios

school leaver *n* chico, -a que acaba de terminar la escuela

schoolmaster /ˈskuːlmɑːstə(r)/ *n* maestro

schoolmistress /ˈskuːlmɪstrəs/ *n* maestra

schoolteacher /ˈskuːltiːtʃə(r)/ *n* profesor, -ora

scieˈnce /ˈsaˌɪəns/ *n* ciencia: *science fiction* ciencia-ficción **scientific** *adj* científico **scientifically** *adv* científicamente **scientist** *n* científico, -a

sci-fi /saɪ faɪ/ *n* (*coloq*) **science fiction** ciencia ficción

scissors /ˈsɪzəz/ *n* [*pl*] tijeras: *a pair of scissors* unas tijeras ☛ *Ver nota en* TIJERA

scoff /skɒf; *USA* skɔːf/ *vi* ~ (**at sth/sb**) burlarse (de algo/algn)

scold /skəʊld/ *vt* ~ **sb** (**for sth**) retar a algn (por algo)

scoop /skuːp/ ◆ *n* **1** pala: *ice cream scoop* cuchara para servir el helado **2** cucharada: *a scoop of ice-cream* una bola de helado **3** (*Period*) primicia ◆ *vt* cavar, sacar (*con pala*) PHR V **to scoop sth out** sacar algo (*con la mano, una cuchara, etc*)

scooter /ˈskuːtə(r)/ *n* **1** escúter, motoneta **2** monopatín

scope /skəʊp/ *n* **1** ~ (**for sth/to do sth**) potencial (para algo/para hacer algo) **2** ámbito, alcance: *within/beyond the scope of this dictionary* dentro/más allá del ámbito de este diccionario

scorch /skɔːtʃ/ *vt, vi* chamuscar(se), quemar(se) **scorching** *adj* abrasador

score /skɔː(r)/ ◆ *n* **1** tanteador: *to keep the score* llevar la cuenta de los tantos ◊ *The final score was 4–3.* El resultado final fue 4–3. **2** (*Educ*) puntuación **3** **scores** [*pl*] montones **4** (*Mús*) partitura **5** veintena LOC **on that score** en ese sentido ◆ **1** *vt, vi* (*Dep*) marcar **2** *vt* (*Educ*) sacar **scoreboard** *n* marcador

scorn /skɔːn/ ◆ *n* ~ (**for sth/sb**) desdén (hacia algo/algn) ◆ *vt* desdeñar **scornful** *adj* desdeñoso

Scorpio /ˈskɔːpiəʊ/ *n* (*pl* ~**s**) Escorpio ☛ *Ver ejemplos en* AQUARIUS

scorpion /ˈskɔːpiən/ *n* escorpión

Scotch /skɒtʃ/ *n* whisky escocés

scour /ˈskaʊə(r)/ *vt* **1** fregar **2** ~ **sth** (**for sth/sb**) registrar, recorrer algo (en busca de algo/algn)

scourge /skɜːdʒ/ *n* azote

scout /ˈskaʊt/ *n* **1** (*Mil*) explorador **2** (*tb* **Boy Scout**, **Scout**) scout

scowl /skaʊl/ ◆ *n* ceño fruncido ◆ *vi* mirar con el ceño fruncido

scrabble /ˈskræbl/ PHR V **to scrabble**

about (for sth) escarbar (en busca de algo)

scramble /ˈskræmbl/ ◆ **1** *vi* trepar **2** *vi* ~ (**for sth**) pelearse (por algo) ◆ *n* [*sing*] ~ (**for sth**) barullo (por algo)

scrambled eggs *n* huevos revueltos

scrap /skræp/ ◆ *n* **1** pedazo: *a scrap of paper* un pedazo de papel ◊ *scraps* (*of food*) sobras **2** [*incontable*] chatarra: *scrap paper* papel borrador **3** [*sing*] (*fig*) pizca **4** pelea ◆ (**-pp-**) **1** *vt* descartar, desechar **2** *vi* pelearse

scrapbook /ˈskræpbʊk/ *n* álbum de recortes

scrape /skreɪp/ ◆ **1** *vt* raspar **2** *vt* ~ **sth away/off** quitar algo raspando **3** *vt* ~ **sth off sth** quitar algo de algo raspando **4** *vi* ~ (**against sth**) rozar algo PHR V **to scrape in/into sth** tener éxito/ conseguir algo raspando: *She just scraped into university.* Entró en la universidad raspando. **to scrape sth together/up** reunir algo a duras penas **to scrape through** (**sth**) aprobar (algo) raspando ◆ *n* raspadura

scratch /skrætʃ/ ◆ **1** *vt, vi* arañar(se) **2** *vt, vi* rascarse **3** *vt* rayar PHR V **to scratch sth away, off, etc** quitar algo de algo raspándolo ◆ *n* **1** rasguño, arañazo **2** [*sing*]: *The dog gave itself a good scratch.* El perro se rascó de lo lindo. LOC (**to be/come**) **up to scratch** (estar/llegar) a la altura (**to start sth**) **from scratch** (empezar algo) de cero

scrawl /skrɔːl/ ◆ **1** *vt* garabatear **2** *vi* hacer garabatos ◆ *n* [*sing*] garabato

scream /skriːm/ ◆ **1** *vt* gritar **2** *vi* chillar: *to scream with excitement* gritar de emoción ◆ *n* **1** chillido, grito: *a scream of pain* un grito de dolor **2** [*sing*] (*coloq*) algo/algn divertidísimo

screech /skriːtʃ/ ◆ *vi* chillar, chirriar ◆ *n* [*sing*] chillido, chirrido

screen /skriːn/ *n* **1** pantalla ☛ *Ver dibujo en* COMPUTADORA **2** biombo

screw /skruː/ ◆ *n* tornillo ◆ *vt* **1** atornillar, fijar con tornillos **2** enroscar PHR V **to screw sth up 1** (*papel*) hacer una pelota con algo **2** (*cara*) torcer algo **3** (*coloq*) (*planes, situación, etc*) arruinar algo

screwdriver /ˈskruːdraɪvə(r)/ *n* destornillador

scribble /ˈskrɪbl/ ◆ **1** *vt* garabatear **2** *vi* hacer garabatos ◆ *n* garabatos

script /skrɪpt/ ◆ *n* **1** guión **2** letra **3** escritura ◆ *vt* escribir el guión para

scripture /ˈskrɪptʃə(r)/ (*tb* **Scripture/ the Scriptures**) *n* las Sagradas Escrituras

scroll /skrəʊl/ *n* **1** pergamino **2** rollo de papel

scrounge /ˈskraʊndʒ/ **1** *vt* garronear: *Can I scrounge a cigarette off you?* ¿Te puedo garronear un cigarrillo? **2** *vi* vivir de garronero **3** *vi* ~ **off sb** vivir de algn

scrub[1] /skrʌb/ *n* [*incontable*] matorrales

scrub[2] /skrʌb/ ◆ *vt* (**-bb-**) fregar ◆ *n*: *Give your nails a good scrub.* Cepillate bien las uñas.

scruff /skrʌf/ *n* LOC **by the scruff of the neck** por el cuello

scruffy /ˈskrʌfi/ *adj* (**-ier**, **-iest**) (*coloq*) desprolijo

scrum /skrʌm/ *n* scrum

scruples /ˈskruːplz/ *n* escrúpulos

scrupulous /ˈskruːpjələs/ *adj* escrupuloso **scrupulously** *adv* escrupulosamente: *scrupulously clean* impecable

scrutinize, -ise /ˈskruːtənaɪz/ *vt* **1** examinar **2** inspeccionar

scrutiny /ˈskruːtəni/ *n* **1** examen **2** (*tb Pol*) escrutinio

scuba-diving /ˈskuːbə daɪvɪŋ/ *n* buceo

scuff /skʌf/ *vt* hacer rayones en

scuffle /ˈskʌfl/ *n* **1** enfrentamiento **2** forcejeo

sculptor /ˈskʌlptə(r)/ *n* escultor, -ora

sculpture /ˈskʌlptʃə(r)/ *n* escultura

scum /skʌm/ *n* **1** espuma **2** escoria

scurry /ˈskʌri/ *vi* (*pret, pp* **scurried**) dar pasos rápidos y cortos PHR V **to scurry about/around 1** trajinar **2** corretear

scuttle /ˈskʌtl/ *vi*: *She scuttled back to her car.* Volvió a su coche a toda velocidad. ◊ *to scuttle away/off* escabullirse

scythe /saɪð/ *n* guadaña

sea /siː/ *n* **1** mar: *sea creatures* animales marinos ◊ *the sea air/breeze* la brisa marina ◊ *sea port* puerto marítimo ☛ *Ver nota en* MAR **2 seas** [*pl*] mar: *heavy/rough seas* mar picado **3** mar: *a sea of people* un mar de gente LOC **at sea** en el mar **to be all at sea** estar en medio de un mar de dudas

seabed /ˈsiːbed/ *n* fondo del mar

seafood /ˈsiːfuːd/ *n* mariscos
seagull /ˈsiːgʌl/ *n* gaviota
seal[1] /siːl/ *n* foca
seal[2] /siːl/ ◆ *n* sello ◆ *vt* **1** sellar **2** (*documento*) lacrar **3** (*sobre*) cerrar PHR V **to seal sth off** cerrar
sea level *n* nivel del mar
seam /siːm/ *n* **1** costura **2** veta
search /sɜːtʃ/ ◆ **1** *vi* ~ **for sth** buscar algo **2** *vt* ~ **sth/sb** (**for sth**) registrar algo/a algn (en busca de algo): *They searched the house for drugs.* Registraron la casa en busca de drogas. ◆ *n* **1** ~ (**for sth/sb**) búsqueda (de algo/algn) **2** (*policial*) registro **searching** *adj* penetrante
searchlight /ˈsɜːtʃlaɪt/ *n* (*foco*) reflector
seashell /ˈsiːʃel/ *n* caracol (de mar)
seasick /ˈsiːsɪk/ *adj* mareado
seaside /ˈsiːsaɪd/ *n* **1** playa **2** costa
season[1] /ˈsiːzn/ *n* **1** estación **2** temporada: *season ticket* abono de temporada LOC **in season** que está en temporada *Ver tb* MATING **seasonal** *adj* **1** propio de la estación **2** (*trabajo*) de temporada
season[2] /ˈsiːzn/ *vt* condimentar, sazonar **seasoned** *adj* **1** condimentado **2** (*persona*) con mucha experiencia **seasoning** *n* condimento
seat /siːt/ ◆ *n* **1** (*auto*) asiento **2** (*parque*) banco **3** (*teatro*) butaca **4** (*avión*) asiento **5** (*Pol*) banca **6** (*Pol*) circunscripción electoral LOC *Ver* DRIVER ◆ *vt* tener cabida para: *The stadium can seat 5000 people.* El estadio tiene cabida para 5.000 personas.
seat belt (*tb* **safety belt**) *n* cinturón de seguridad
seating /ˈsiːtɪŋ/ *n* [*incontable*] asientos
seaweed /ˈsiːwiːd/ *n* [*incontable*] alga
secluded /sɪˈkluːdɪd/ *adj* **1** (*lugar*) apartado **2** (*vida*) retirado **seclusion** *n* **1** aislamiento **2** soledad
second (*abrev* **2nd**) /ˈsekənd/ ◆ *adj* segundo LOC **second thoughts**: *We had second thoughts.* Cambiamos de opinión. ◊ *On second thoughts…* Pensándolo bien… ◆ *pron, adv* el segundo, la segunda, los segundos, las segundas ◆ *n* **1 the second** el (día) dos **2** (*tb* **second gear**) segunda **3** (*tiempo*) segundo: *the second hand* el segundero ☛ *Ver ejemplos en* FIFTH ◆ *vt* secundar
secondary /ˈsekəndri/ *adj* secundario
second-best /ˌsekənd ˈbest/ *adj* segundo mejor
second-class /ˌsekənd ˈklɑːs/ *adj* **1** de segunda clase: *a second-class ticket* un boleto de segunda (clase) **2** (*correo*) de franqueo simple ☛ *Ver nota en* STAMP
second-hand /ˌsekənd ˈhænd/ *adj, adv* de segunda mano
secondly /ˈsekəndli/ *adv* en segundo lugar
second-rate /ˌsekənd ˈreɪt/ *adj* de segunda
secret /ˈsiːkrət/ *adj, n* secreto **secrecy** *n* **1** secretismo **2** confidencialidad
secretarial /ˌsekrəˈteəriəl/ *adj* **1** (*personal*) administrativo **2** (*trabajo*) de secretario, -a
secretary /ˈsekrətri; *USA* -rəteri/ *n* (*pl* **-ies**) secretario, -a
Secretary of State *n* **1** (*GB*) ministro, -a ☛ *Ver nota en* MINISTRO, -A **2** (*USA*) secretario, -a de Estado
secrete /sɪˈkriːt/ *vt* (*formal*) **1** segregar **2** ocultar **secretion** *n* secreción
secretive /ˈsiːkrətɪv/ *adj* reservado
secretly /ˈsiːkrətli/ *adv* en secreto
sect /sekt/ *n* secta
sectarian /sekˈteəriən/ *adj* sectario
section /ˈsekʃn/ *n* **1** sección, parte **2** (*camino*) tramo **3** (*sociedad*) sector **4** (*ley, código*) artículo
sector /ˈsektə(r)/ *n* sector
secular /ˈsekjələ(r)/ *adj* laico
secure /sɪˈkjʊə(r)/ ◆ *adj* **1** seguro **2** (*prisión*) de alta seguridad ◆ *vt* **1** fijar **2** (*acuerdo, contrato*) conseguir **securely** *adv* firmemente **security** *n* (*pl* **-ies**) **1** seguridad **2** (*préstamo*) fianza
security guard *n* guardia de seguridad
sedate /sɪˈdeɪt/ ◆ *adj* serio ◆ *vt* sedar **sedation** *n* sedación LOC **to be under sedation** estar bajo los efectos de calmantes **sedative** /ˈsedətɪv/ *adj, n* sedante
sedentary /ˈsedntri; *USA* -teri/ *adj* sedentario
sediment /ˈsedɪmənt/ *n* sedimento
sedition /sɪˈdɪʃn/ *n* sedición
seduce /sɪˈdjuːs; *USA* -ˈduːs/ *vt* seducir **seduction** *n* seducción **seductive** *adj* seductor
see /siː/ *vt, vi* (*pret* **saw** /sɔː/ *pp* **seen**

/siːn/) **1** ver: *I saw a programme on TV about that.* Vi un programa en la tele sobre eso. ◊ *to go and see a film* ir a ver una película ◊ *She'll never see again.* Nunca más va a volver a ver. ◊ *See page 158.* Ver página 158. ◊ *Go and see if the postman's been.* Andá a ver si llegó el correo. ◊ *Let's see.* Vamos a ver. ◊ *I'm seeing Sue tonight.* Me encuentro con Sue esta noche. **2** acompañar: *He saw her to the door.* La acompañó hasta la puerta. **3** encargarse: *I'll see that it's done.* Yo me encargo de que se haga. **4** comprender LOC **see you (around)**; **(I'll) be seeing you** (*coloq*) hasta luego **seeing that...** en vista de que... ☛ Para otras expresiones con **see**, véanse las entradas del sustantivo, adjetivo, etc, p.ej. **to make sb see reason** en REASON. PHR V **to see about sth/doing sth** encargarse de algo/hacer algo **to see sb off 1** ir a despedir a algn **2** echar a algn **to see through sth/sb** calar algo/a algn **to see to sth** ocuparse de algo

seed /siːd/ *n* semilla

seedy /ˈsiːdi/ *adj* (**-ier**, **-iest**) sórdido

seek /siːk/ *vt, vi* (*pret, pp* **sought** /sɔːt/) (*formal*) **1** ~ (**after/for sth**) buscar (algo) **2** ~ (**to do sth**) intentar (hacer algo) PHR V **to seek sth/sb out** buscar y encontrar algo/a algn

seem /siːm/ *vi* parecer: *It seems that...* Parece que... ☛ No se usa en tiempos continuos. *Ver tb* APPEAR sentido 2 **seemingly** *adv* aparentemente

seen *pp de* SEE

seep /siːp/ *vi* filtrarse

seething /ˈsiːðɪŋ/ *adj* ~ **with sth** abarrotado (de algo)

see-through /ˈsiː θruː/ *adj* transparente

segment /ˈsegmənt/ *n* **1** (*Geom*) segmento **2** (*de naranja, etc*) gajo

segregate /ˈsegrɪgeɪt/ *vt* ~ **sth/sb** (**from sth/sb**) segregar algo/a algn (de algo/algn)

seize /siːz/ *vt* **1** agarrar: *to seize hold of sth* agarrar algo ◊ *We were seized by panic.* El pánico se apoderó de nosotros. **2** (*armas, drogas, etc*) incautarse de **3** (*personas, edificios*) capturar **4** (*bienes*) embargar **5** (*control*) hacerse con **6** (*oportunidad, etc*) aprovechar: *to seize the initiative* tomar la iniciativa PHR V **to seize on/upon sth** aprovecharse de algo **to seize up** agarrotarse, atascarse **seizure** /ˈsiːʒə(r)/ *n* **1** (*de contrabando, etc*) incautación **2** captura **3** (*Med*) ataque

seldom /ˈseldəm/ *adv* rara vez: *We seldom go out.* No salimos mucho. ☛ *Ver nota en* ALWAYS

select /sɪˈlekt/ ◆ *vt* ~ **sth/sb** (**as sth**) elegir algo/a algn (como algo) ◆ *adj* selecto **selection** *n* selección **selective** *adj* ~ (**about sth/sb**) selectivo (en cuanto a algo/a algn)

self /self/ *n* (*pl* **selves** /selvz/) ser: *She's her old self again.* Volvió a ser la misma de siempre.

self-centred (*USA* **-centered**) /ˌself ˈsentəd/ *adj* egocéntrico

self-confident /ˌself ˈkɒnfɪdənt/ *adj* seguro de sí mismo

self-conscious /ˌself ˈkɒnʃəs/ *adj* inseguro

self-contained /ˌself kənˈteɪnd/ *adj* (*departamento*) independiente

self-control /ˌself kənˈtrəʊl/ *n* autocontrol

self-defence /ˌself dɪˈfens/ *n* defensa propia

self-determination /ˌself dɪˌtɜːmɪˈneɪʃn/ *n* autodeterminación

self-employed /ˌself ɪmˈplɔɪd/ *adj* (*trabajador*) autónomo

self-interest /ˌself ˈɪntrəst/ *n* interés propio

selfish /ˈselfɪʃ/ *adj* egoísta

self-pity /ˌself ˈpɪti/ *n* autocompasión

self-portrait /ˌself ˈpɔːtreɪt, -trɪt/ *n* autorretrato

self-respect /ˌself rɪˈspekt/ *n* dignidad

self-satisfied /ˌself ˈsætɪsfaɪd/ *adj* demasiado satisfecho consigo mismo

self-service /ˌself ˈsɜːvɪs/ *adj* autoservicio

sell /sel/ *vt, vi* (*pp, pret* **sold** /səʊld/) ~ (**at/for sth**) vender(se) (a algo) LOC **to be sold out** (**of sth**) haber agotado existencias PHR V **to sell sth off** vender algo a bajo precio **to sell out** (*entradas*) agotarse

sell-by date /ˈsel baɪ deɪt/ *n* fecha de vencimiento

seller /ˈselə(r)/ *n* vendedor, -ora

selling /ˈselɪŋ/ *n* venta

Sellotape® /ˈseləteɪp/ ◆ *n* (*GB*) (*tb*

sticky tape) cinta Dúrex®/Scotch® ◆ *vt* pegar con cinta Dúrex®/Scotch®

selves *plural de* SELF

semi /ˈsemi/ *n* (*pl* **semis** /ˈsemiz/) (*GB, coloq*) casa o chalé con una pared medianera ☛ *Ver pág 315.*

semicircle /ˈsemisɜːkl/ *n* **1** semicírculo **2** semicircunferencia

semicolon /ˌsemiˈkəʊlən; *USA* ˈsemik-/ *n* punto y coma ☛ *Ver págs 312–3.*

semi-detached /ˌsemi dɪˈtætʃt/ *adj* con una pared medianera: *a semi-detached house* una casa con una pared medianera ☛ *Ver pág 315.*

seminar /ˈsemɪnɑː(r)/ *n* seminario (*clase*)

senate /ˈsenət/ (*tb* **Senate**) *n* [*v sing o pl*] **1** (*Pol*) Senado **2** (*Univ*) rectorado **senator** /ˈsenətə(r)/ (*tb* **Senator**) *n* (*abrev* **Sen**) senador, -ora

send /send/ *vt* (*pret, pp* **sent** /sent/) **1** enviar, mandar: *She was sent to bed without any supper.* La mandaron a la cama sin cenar. **2** hacer (que): *to send sb to sleep* hacer dormir a alguien: *The story sent shivers down my spine.* La historia me dio escalofríos. ◊ *to send sb mad* volver loco a algn **LOC** *Ver* LOVE **PHR V to send for sb** llamar a algn, mandar buscar a algn **to send (off) for sth** pedir/encargar algo
to send sb in enviar a algn (*esp tropas, policía, etc*) **to send sth in** enviar algo: *I sent my application in last week.* Mandé mi solicitud la semana pasada.
to send sth off 1 mandar algo por correo **2** despachar algo
to send sth out 1 (*rayos, etc*) emitir algo **2** (*invitaciones, etc*) mandar algo
to send sth/sb up (*GB, coloq*) parodiar algo/a algn **sender** *n* remitente

senile /ˈsiːnaɪl/ *adj* senil **senility** /səˈnɪləti/ *n* senilidad

senior /ˈsiːniə(r)/ ◆ *adj* **1** superior: *senior partner* socio mayoritario **2** padre: *John Brown, Senior* John Brown, padre ◆ *n* mayor: *She is two years my senior.* Me lleva dos años. **seniority** /ˌsiːniˈɒrəti; *USA* -ˈɔːr-/ *n* antigüedad (*rango, años, etc*)

senior citizen *n* ciudadano de la tercera edad

sensation /senˈseɪʃn/ *n* sensación **sensational** *adj* **1** sensacional **2** (*pey*) sensacionalista

sense /sens/ ◆ *n* **1** sentido: *sense of smell/touch/taste* olfato/tacto/gusto ◊ *a sense of humour* sentido del humor ◊ *It gives him a sense of security.* Lo hace sentirse seguro. **2** juicio, sensatez: *to come to your senses* recobrar el juicio ◊ *to make sb see sense* hacer que algn entre en razón **LOC in a sense** en cierto sentido **to make sense** tener sentido **to make sense of sth** descifrar algo **to see sense** entrar en razón ◆ *vt* **1** sentir, ser consciente de **2** (*máquina*) detectar

senseless /ˈsensləs/ *adj* **1** insensato **2** sin sentido (*inconsciente*)

sensibility /ˌsensəˈbɪləti/ *n* sensibilidad

sensible /ˈsensəbl/ *adj* ☛ *Comparar con* SENSITIVE **1** sensato **2** (*decisión*) acertado **sensibly** *adv* **1** (*portarse*) con prudencia **2** (*vestirse*) adecuadamente

sensitive /ˈsensətɪv/ *adj* ☛ *Comparar con* SENSIBLE **1** sensible: *She's very sensitive to criticism.* Es muy susceptible a la crítica. **2** (*asunto, piel*) delicado: *sensitive documents* documentos confidenciales **sensitivity** /ˌsensəˈtɪvəti/ *n* **1** sensibilidad **2** susceptibilidad **3** (*asunto, piel*) delicadeza

sensual /ˈsenʃuəl/ *adj* sensual **sensuality** /ˌsenʃuˈæləti/ *n* sensualidad

sensuous /ˈsenʃuəs/ *adj* sensual

sent *pret, pp de* SEND

sentence /ˈsentəns/ ◆ *n* **1** (*Gram*) frase, oración **2** sentencia: *a life sentence* cadena perpetua ◆ *vt* sentenciar, condenar

sentiment /ˈsentɪmənt/ *n* **1** sentimentalismo **2** sentimiento **sentimental** /ˌsentɪˈmentl/ *adj* **1** sentimental **2** sensiblero **sentimentality** /ˌsentɪmenˈtæləti/ *n* sentimentalismo, sensiblería

sentry /ˈsentri/ *n* (*pl* **-ies**) centinela

separate /ˈseprət/ ◆ *adj* **1** separado **2** distinto: *It happened on three separate occasions.* Pasó tres veces distintas. ◆ /ˈsepəreɪt/ **1** *vt, vi* separar(se) **2** *vt* dividir: *We separated the children into three groups.* Dividimos a los chicos en tres grupos. **separately** *adv* por separado **separation** *n* separación

September /sepˈtembə(r)/ *n* (*abrev*

Sept) se(p)tiembre ☛ *Ver nota y ejemplos en* JANUARY

sequel /ˈsiːkwəl/ *n* **1** secuela **2** (*película, libro, etc*) continuación

sequence /ˈsiːkwəns/ *n* sucesión, serie

serene /səˈriːn/ *adj* sereno

sergeant /ˈsɑːdʒənt/ *n* sargento

serial /ˈsɪəriəl/ *n* serie: *a radio serial* una serie radiofónica ☛ *Ver nota en* SERIES

series /ˈsɪəriːz/ *n* (*pl* **series**) **1** serie **2** sucesión **3** (*Radio, TV*) serie: *a television series* una serie de televisión

En inglés se usa la palabra **series** para referirnos a las series que tratan una historia diferente en cada episodio, y **serial** para referirnos a una sola historia dividida en capítulos.

serious /ˈsɪəriəs/ *adj* **1** serio: *Is he serious (about it)?* ¿Lo dice en serio? ◊ *to be serious about sb* ir en serio con algn **2** (*enfermedad, error, crimen*) grave **seriously** *adv* **1** en serio **2** gravemente **seriousness** *n* **1** seriedad **2** gravedad

sermon /ˈsɜːmən/ *n* sermón

servant /ˈsɜːvənt/ *n* **1** sirviente **2** *Ver* CIVIL

serve /sɜːv/ ◆ **1** *vt* ~ **sth** (**up**) (**to sb**) servir algo (a algn) **2** *vi* ~ (**with sth**) servir (en algo): *He served with the eighth squadron.* Sirvió en el octavo escuadrón. **3** *vt* (*cliente*) atender **4** *vt* (*condena*) cumplir **5** *vt, vi* ~ (**sth**) (**to sb**) (*deporte de raqueta*) sacar (algo) (a algn) LOC **to serve sb right**: *It serves them right!* ¡Lo tienen bien merecido! *Ver tb* FIRST PHR V **to serve sth out 1** servir algo **2** distribuir algo ◆ *n* (*Tenis*) saque: *Whose serve is it?* ¿A quién le toca sacar?

service /ˈsɜːvɪs/ ◆ *n* **1** servicio: *on active service* en servicio activo ◊ *10% extra for service* un 10% de recargo por servicio ◊ *morning service* los oficios de la mañana **2** (*de coche*) service **3** (*deporte de raqueta*) saque ◆ *vt* hacer un service a

serviceman /ˈsɜːvɪsmən/ *n* (*pl* **-men** /-mən/) militar

service station *n* estación de servicio

servicewoman /ˈsɜːvɪswʊmən/ *n* (*pl* **-women**) militar

session /ˈseʃn/ *n* sesión

set[1] /set/ *n* **1** juego: *a set of saucepans* una batería de cocina **2** (*de personas*) círculo **3** (*Electrón*) aparato **4** (*tenis*) set **5** (*Teat*) decorado **6** (*Cine*) plató **7** *a shampoo and set* lavado y secado

set[2] /set/ (-tt-) (*pret, pp* **set**) **1** *vt* (*localizar*): *The film is set in Austria.* La película se desarrolla en Austria. **2** *vt* (*preparar*) poner: *I've set the alarm clock for seven.* Puse el despertador para las siete. ◊ *Did you set the video to record that film?* ¿Pusiste el video para grabar esa película? **3** *vt* (*fijar*) establecer: *She's set a new world record.* Marcó un nuevo récord mundial. ◊ *They haven't set a date for their wedding yet.* Todavía no fijaron la fecha de casamiento. ◊ *Can we set a limit to the cost of the trip?* ¿Podemos fijar un límite al costo del viaje? **4** *vt* (*cambio de estado*): *They set the prisoners free.* Pusieron en libertad a los prisioneros. ◊ *It set me thinking.* Me dio que pensar. **5** *vt* (*mandar*) poner: *We've been set a lot of homework today.* Hoy nos dieron un montón de deberes. **6** *vi* (*el sol*) ponerse **7** *vi* endurecerse: *Put the jelly in the fridge to set.* Meté la gelatina en la heladera para que se cuaje. **8** *vt* (*formal*) poner, colocar: *He set a bowl of soup in front of me.* Me puso un plato de sopa delante. **9** *vt* (*hueso roto*) enyesar **10** *vt* (*pelo*) marcar **11** *vt* engarzar LOC **to set a good/bad example** (**to sb**) dar buen/mal ejemplo (a algn) **to set a/the trend** marcar una/la tendencia **to set fire to sth/to set sth on fire** prender fuego a algo **to set light to sth** prender fuego a algo **to set sail** (**to/for**) zarpar (rumbo a) **to set sth alight** prender fuego a algo **to set the scene** (**for sth**) **1** describir el escenario (para algo) **2** preparar el terreno (para algo) **to set your heart on** (**having/doing**) **sth** poner el corazón en (tener/hacer) algo *Ver tb* BALL, MIND, MOTION, RECORD, RIGHT, WORK[1]

PHR V **to set about** (**doing**) **sth** ponerse a hacer algo

to set off salir: *to set off on a journey* salir de viaje **to set sth off 1** hacer explotar algo **2** ocasionar algo

to set out 1 emprender un viaje **2** salir: *to set out from London* salir de Londres ◊ *They set out for Australia.* Salieron para Australia. **to set out to do sth**

proponerse hacer algo **to set sth up 1** levantar algo **2** armar algo

set[3] /set/ *adj* **1** situado **2** determinado LOC **to be all set (for sth/to do sth)** estar preparado (para algo/para hacer algo) *Ver tb* MARK[2]

settee /se'tiː/ *n* sofá

setting /'setɪŋ/ *n* **1** montura **2** ambientación **3** [*sing*] (*del sol*) puesta

settle /'setl/ **1** *vi* establecerse, quedarse a vivir **2** *vi* ~ (**on sth**) posarse (en algo) **3** *vt* (*estómago*) asentar **4** *vt* ~ **sth (with sb)** (*disputa*) resolver algo (con algn) **5** *vt* (*cuenta*) pagar **6** *vi* (*sedimento*) depositarse PHR V **to settle down** acostumbrarse: *to marry and settle down* casarse y sentar cabeza **to settle for sth** aceptar algo **to settle in/into sth** adaptarse a algo **to settle on sth** decidirse por algo **to settle up (with sb)** saldar las cuentas (con algn) **settled** *adj* estable

settlement /'setlmənt/ *n* **1** acuerdo **2** colonización, poblado

settler /'setlə(r)/ *n* poblador, -ora

seven /'sevn/ *adj, pron, n* siete ☛ *Ver ejemplos en* FIVE **seventh 1** *adj* séptimo **2** *pron, adv* el séptimo, la séptima, los séptimos, las séptimas **3** *n* séptima parte, séptimo ☛ *Ver ejemplos en* FIFTH

seventeen /ˌsevn'tiːn/ *adj, pron, n* diecisiete ☛ *Ver ejemplos en* FIVE **seventeenth 1** *adj* decimoséptimo **2** *pron, adv* el decimoséptimo, la decimoséptima, los decimoséptimos, las decimoséptimas **3** *n* diecisieteava parte, diecisieteavo ☛ *Ver ejemplos en* FIFTH

seventy /'sevnti/ *adj, pron, n* setenta ☛ *Ver ejemplos en* FIFTY, FIVE **seventieth 1** *adj, pron* septuagésimo **2** *n* setentava parte, setentavo ☛ *Ver ejemplos en* FIFTH

sever /'sevə(r)/ *vt* (*formal*) **1** ~ **sth (from sth)** cortar algo (de algo) **2** (*relaciones*) romper

several /'sevrəl/ *adj, pron* varios, -as

severe /sɪ'vɪə(r)/ *adj* (**-er, -est**) **1** (*semblante, castigo*) severo **2** (*tormenta, helada*) fuerte **3** (*dolor*) intenso

sew /səʊ/ *vt, vi* (*pret* **sewed** *pp* **sewn** /səʊn/ *o* **sewed**) coser PHR V **to sew sth up** coser algo: *to sew up a hole* zurcir un agujero

sewage /'suːɪdʒ, 'sjuː-/ *n* [*incontable*] aguas residuales

sewer /'suːə(r), 'sjuː-/ *n* alcantarilla, cloaca

sewing /'səʊɪŋ/ *n* costura

sewn *pp de* SEW

sex /seks/ *n* **1** sexo **2** relación sexual: *to have sex (with sb)* tener relaciones sexuales (con algn)

sexism /'seksɪzəm/ *n* sexismo

sexual /'sekʃuəl/ *adj* sexual: *sexual intercourse* relaciones sexuales, coito **sexuality** /ˌsekʃu'æləti/ *n* sexualidad

shabby /'ʃæbi/ *adj* (**-ier, -iest**) **1** (*ropa*) raído **2** (*cosas*) en mal estado **3** (*gente*) harapiento **4** (*comportamiento*) mezquino

shack /ʃæk/ *n* choza

shade /ʃeɪd/ ◆ *n* **1** sombra ☛ *Ver dibujo en* SOMBRA **2** pantalla (*de lámpara*) **3** persiana **4** (*color*) tono **5** (*significado*) matiz ◆ *vt* dar sombra a **shady** *adj* (**-ier, -iest**) sombreado

shadow /'ʃædəʊ/ ◆ *n* **1** sombra ☛ *Ver dibujo en* SOMBRA **2 shadows** [*pl*] tinieblas ◆ *vt* seguir y vigilar secretamente ◆ *adj* de la oposición (*política*) **shadowy** *adj* **1** (*lugar*) oscuro **2** (*fig*) indefinido

shaft /ʃɑːft; *USA* ʃæft/ *n* **1** dardo **2** mango largo **3** fuste **4** eje **5** pozo: *the lift-shaft* el hueco del ascensor **6** ~ **(of sth)** rayo (de algo)

shaggy /'ʃægi/ *adj* (**-ier, -iest**) peludo: *shaggy eyebrows* cejas espesas ◊ *shaggy hair* pelo enmarañado

shake /ʃeɪk/ (*pret* **shook** /ʃʊk/ *pp* **shaken** /'ʃeɪkən/) ◆ **1** *vt* ~ **sth/sb (about/around)** sacudir, agitar algo/a algn **2** *vi* temblar **3** *vt* ~ **sb (up)** perturbar a algn LOC **to shake sb's hand/shake hands (with sb)/shake sb by the hand** dar la mano a algn **to shake your head** negar con la cabeza PHR V **to shake sb off** quitarse a algn de encima **to shake sb up** dar una sacudida a algn **to shake sth up** agitar algo ◆ *n* [*gen sing*] sacudida: *a shake of the head* una negación con la cabeza **shaky** *adj* (**-ier, -iest**) **1** tembloroso **2** poco firme

shall /ʃəl, ʃæl/ (*contracción* **'ll** *neg* **shall not** *o* **shan't** /ʃɑːnt/) ◆ *v aux* (*esp GB*) para formar el futuro: *As we shall see...* Como veremos... ◊ *I shall tell her tomorrow.* Se lo voy a decir mañana.

Shall y **will** se usan para formar el futuro en inglés. **Shall** se usa con la primera persona del singular y del plural, **I** y **we**, y **will** con las demás personas. Sin embargo, en inglés hablado **will** (o **'ll**) tiende a usarse con todos los pronombres.

◆ *v modal*

Shall es un verbo modal al que sigue un infinitivo sin TO, y las oraciones interrogativas y negativas se construyen sin el auxiliar *do*.

1 (*formal*) (*voluntad, determinación*): *He shall be given a fair trial.* Tendrá un juicio justo. ◊ *I shan't go.* No voy a ir. ☛ En este sentido, **shall** es más formal que **will**, especialmente cuando se usa con pronombres que no sean *I* y *we*. **2** (*oferta, petición*): *Shall we pick you up?* ¿Te vamos a buscar?

shallow /ˈʃæləʊ/ *adj* (**-er**, **-est**) **1** (*agua*) poco profundo **2** (*pey*) (*persona*) superficial

shambles /ˈʃæmblz/ *n* (*coloq*) desastre: *to be (in) a shambles* estar hecho un desastre

shame /ʃeɪm/ ◆ *n* **1** vergüenza **2** deshonra **3 a shame** (*coloq*) lástima: *What a shame!* ¡Qué lástima! LOC **to put sb to shame** hacer pasar vergüenza a algn *Ver tb* CRY ◆ *vt* **1** avergonzar **2** deshonrar

shameful /ˈʃeɪmfl/ *adj* vergonzoso

shameless /ˈʃeɪmləs/ *adj* descarado, sinvergüenza

shampoo /ʃæmˈpuː/ ◆ *n* (*pl* **-oos**) champú ◆ *vt* (*pret, pp* **-ooed** *pt pres* **-ooing**) lavar (con champú)

shan't /ʃɑːnt/ = SHALL NOT *Ver* SHALL

shanty town /ˈʃænti taʊn/ *n* villa miseria

shape /ʃeɪp/ ◆ *n* **1** forma **2** figura LOC **in any shape (or form)** (*coloq*) de cualquier tipo **in shape** en forma **out of shape 1** deformado **2** fuera de forma **to give shape to sth** (*fig*) plasmar algo **to take shape** ir cobrando forma ◆ *vt* **1** ~ **sth (into sth)** dar forma (de algo) a algo **2** forjar **shapeless** *adj* amorfo

share /ʃeə(r)/ ◆ *n* **1** ~ **(in/of sth)** parte (en/de algo) **2** (*Fin*) acción LOC *Ver* FAIR ◆ **1** *vt* ~ **sth (out) (among/between sb)** repartir algo (entre algn) **2** *vt, vi* ~ **(sth) (with sb)** compartir (algo) (con algn)

shareholder /ˈʃeəhəʊldə(r)/ *n* accionista

shark /ʃɑːk/ *n* tiburón

sharp /ʃɑːp/ ◆ *adj* (**-er**, **-est**) **1** (*cuchillo*) afilado **2** (*curva*) cerrado **3** (*subida*) pronunciado **4** nítido **5** (*sonido*) agudo **6** (*sabor*) ácido **7** (*olor*) acre **8** (*viento*) cortante **9** (*dolor*) agudo **10** poco escrupuloso **11** (*Mús*) sostenido ◆ *n* sostenido ☛ *Comparar con* FLAT ◆ *adv* (*coloq*) en punto **sharpen** *vt, vi* afilar

shatter /ˈʃætə(r)/ *vt, vi* **1** hacer(se) añicos **2** destruir **shattering** *adj* demoledor

shave /ʃeɪv/ *vt, vi* afeitar(se) LOC *Ver* CLOSE[1]

she /ʃiː/ ◆ *pron pers* ella (*se usa también para referirse a coches, barcos o naciones*): *She didn't come.* No vino. ☛ El *pron pers* no puede omitirse en inglés. *Comparar con* HER sentido 3 ◆ *n* hembra: *Is it a he or a she?* ¿Es macho o hembra?

shear /ʃɪə(r)/ *vt* (*pret* **sheared** *pp* **shorn** /ʃɔːn/ *o* **sheared**) **1** (*oveja*) esquilar **2** cortar **shears** /ʃɪəz/ *n* [*pl*] tijeras de podar

sheath /ʃiːθ/ *n* (*pl* ~**s** /ʃiːðz/) vaina, estuche

shed[1] /ʃed/ *n* galpón

shed[2] /ʃed/ *vt* (**-dd-**) (*pret, pp* **shed**) **1** (*hojas*) perder **2** (*la piel*) cambiar **3** (*formal*) (*sangre o lágrimas*) derramar **4** ~ **(on sth/sb)** (*luz*) arrojar, difundir algo (sobre algo/algn)

she'd /ʃiːd/ **1** = SHE HAD *Ver* HAVE **2** = SHE WOULD *Ver* WOULD

sheep /ʃiːp/ *n* (*pl* **sheep**) oveja *Ver tb* EWE, RAM ☛ *Ver nota en* CARNE **sheepish** *adj* tímido, avergonzado

sheer /ʃɪə(r)/ *adj* **1** (*absoluto*) puro **2** (*de la tela*) diáfano **3** (*casi vertical*) escarpado

sheet /ʃiːt/ *n* **1** (*para una cama*) sábana **2** (*de papel*) hoja **3** (*de vidrio, metal*) lámina

sheikh /ʃeɪk/ *n* jeque

shelf /ʃelf/ *n* (*pl* **shelves** /ʃelvz/) estante

shell[1] /ʃel/ *n* **1** (*de un molusco*) conchilla **2** (*huevo, nuez*) cáscara ☛ *Ver nota en* PEEL **3** (*tortuga, crustáceo, insecto*) caparazón **4** (*barco*) casco **5** (*edificio*) armazón

shell[2] /ʃel/ ◆ *n* obús ◆ *vt* bombardear

she'll /ʃiːl/ = SHE WILL *Ver* WILL

shellfish /ˈʃelfɪʃ/ *n* (*pl* **shellfish**) **1** (*Zool*) crustáceo **2** (*como alimento*) marisco

shelter /ˈʃeltə(r)/ ◆ *n* **1** ~ (**from sth**) (*protección*) abrigo, resguardo (contra algo): *to take shelter* refugiarse **2** (*lugar*) refugio ◆ **1** *vt* ~ **sth/sb** (**from sth/sb**) resguardar, abrigar algo/a algn (de algo/algn) **2** *vi* ~ (**from sth**) refugiarse, ponerse al abrigo (de algo) **sheltered** *adj* **1** (*lugar*) abrigado **2** (*vida*) protegido

shelve /ʃelv/ *vt* archivar

shelves *plural de* SHELF

shelving /ˈʃelvɪŋ/ *n* estantería

shepherd /ˈʃepəd/ *n* pastor

sherry /ˈʃeri/ *n* (*pl* **-ies**) jerez

she's /ʃiːz/ **1** = SHE IS *Ver* BE **2** = SHE HAS *Ver* HAVE

shield /ʃiːld/ ◆ *n* escudo ◆ *vt* ~ **sth/sb** (**from sth/sb**) proteger algo/a algn (contra algo/algn)

shift /ʃɪft/ ◆ **1** *vi* moverse, cambiar de lugar: *She shifted uneasily in her seat.* Se movió inquietamente en su asiento. **2** *vt* mover, cambiar de lugar: *Help me shift the sofa.* Ayudame a cambiar el sofá de lugar. ◆ *n* **1** cambio: *a shift in public opinion* un cambio en la opinión pública **2** (*trabajo*) turno

shifty /ˈʃɪfti/ *adj* (**-ier**, **-iest**) sospechoso

shilling /ˈʃɪlɪŋ/ *n* chelín

shimmer /ˈʃɪmə(r)/ *vi* **1** (*agua, seda*) brillar **2** (*luz*) titilar **3** (*luz en agua*) reflejarse

shin /ʃɪn/ *n* **1** (*Anat*) canilla **2** (*tb* **shinbone**) tibia

shine /ʃaɪn/ ◆ (*pret, pp* **shone** /ʃɒn; *USA* ʃəʊn/) **1** *vi* brillar: *His face shone with excitement.* Su cara brillaba de entusiasmo. **2** *vt* (*linterna, etc*) alumbrar **3** *vi* ~ **at/in sth** brillar: *She's always shone at languages.* Siempre se ha destacado en los idiomas. ◆ *n* brillo

shingle /ˈʃɪŋgl/ *n* canto rodado

shiny /ˈʃaɪni/ *adj* (**-ier**, **-iest**) brillante, reluciente

ship /ʃɪp/ ◆ *n* barco, buque: *The captain went on board ship.* El capitán subió al barco. ◊ *to launch a ship* echar un barco al agua ◊ *a merchant ship* un buque mercante ☛ *Ver nota en* BOAT ◆ *vt* (**-pp-**) enviar (por vía marítima)

shipbuilding /ˈʃɪpbɪldɪŋ/ *n* construcción naval

shipment /ˈʃɪpmənt/ *n* cargamento

shipping /ˈʃɪpɪŋ/ *n* embarcaciones, buques: *shipping lane/route* vía/ruta de navegación

shipwreck /ˈʃɪprek/ ◆ *n* naufragio ◆ *vt*: *to be shipwrecked* naufragar

shirt /ʃɜːt/ *n* camisa

shiver /ˈʃɪvə(r)/ ◆ *vi* **1** ~ (**with sth**) temblar (de algo) **2** estremecerse ◆ *n* escalofrío

shoal /ʃəʊl/ *n* banco (*de peces*)

shock /ʃɒk/ ◆ *n* **1** conmoción **2** (*tb* **electric shock**) descarga eléctrica **3** (*Med*) shock ◆ **1** *vt* conmover, trastornar **2** *vt, vi* escandalizarse **shocking** *adj* **1** (*comportamiento*) escandaloso **2** (*noticia, crimen, etc*) espantoso **3** (*coloq*) horrible, pésimo

shod *pret, pp de* SHOE

shoddy /ˈʃɒdi/ *adj* (**-ier**, **-iest**) **1** (*producto*) de mala calidad **2** (*trabajo*) chapuza

shoe /ʃuː/ ◆ *n* **1** zapato: *shoe shop* zapatería ◊ *shoe polish* betún/pomada de zapatos ◊ *What shoe size do you take?* ¿Qué número de zapato usás? ☛ *Ver nota en* PAIR **2** *Ver* HORSESHOE ◆ *vt* (*pret, pp* **shod** /ʃɒd/) herrar

shoelace /ˈʃuːleɪs/ *n* cordón de zapato

shoestring /ˈʃuːstrɪŋ/ *n* (*USA*) *Ver* SHOELACE LOC **on a shoestring** con poca plata

shone *pret, pp de* SHINE

shook *pret de* SHAKE

shoot /ʃuːt/ ◆ (*pret, pp* **shot** /ʃɒt/) **1** *vt* pegar un tiro a: *to shoot rabbits* cazar conejos ◊ *She was shot in the leg.* Recibió un disparo en la pierna. ◊ *to shoot sb dead* matar (a tiros) a algn **2** *vi* ~ **at sth/sb** disparar a algo/contra algn **3** *vt* fusilar **4** *vt* (*mirada*) lanzar **5** *vt* (*película*) rodar **6** *vi* ~ **along, past, out, etc** ir, pasar, salir, etc, volando **7** *vi* (*Dep*) disparar PHR V **to shoot sb down** matar a algn (a tiros) **to shoot sth down** derribar algo (a tiros) **to shoot up 1** (*precios*) dispararse **2** (*planta*) crecer rápidamente **3** (*chico*) pegar un estirón ◆ *n* brote

shop /ʃɒp/ ◆ *n* **1** (*USA* **store**) negocio: *a clothes shop* un negocio de ropa ◊ *I'm going to the shops.* Voy a hacer las compras. **2** *Ver* WORKSHOP LOC *Ver* TALK ◆ *vi* (**-pp-**) ir de compras, hacer compras: *to shop for sth* buscar algo (en los negocios) PHR V **to shop around** (*coloq*) comparar precios

shop assistant *n* vendedor, -ora

shopkeeper /ˈʃɒpkiːpə(r)/ (*USA* **storekeeper**) *n* comerciante

shoplifting /ˈʃɒplɪftɪŋ/ *n* hurto (*en un negocio*): *She was charged with shoplifting.* La acusaron de haber robado. **shoplifter** *n* ladrón, -ona ☛ *Ver nota en* THIEF

shopper /ˈʃɒpə(r)/ *n* comprador, -ora

shopping /ˈʃɒpɪŋ/ *n* compra(s): *to do the shopping* hacer las compras ◊ *She's gone shopping.* Salió de compras. ◊ *shopping bag/trolley* bolsa de compras/ changuito

shopping centre (*tb* **shopping mall**) *n* shopping

shore /ʃɔː(r)/ *n* **1** costa: *to go on shore* desembarcar **2** orilla (*de mar, lago*): *on the shore(s) of Loch Ness* a orillas del Lago Ness ☛ *Comparar con* BANK[1]

shorn *pp de* SHEAR

short[1] /ʃɔːt/ *adj* (**-er**, **-est**) **1** (*pelo, vestido*) corto: *I was only there for a short while.* Sólo estuve allá un rato. ◊ *a short time ago* hace poco **2** (*persona*) petiso **3** ~ (**of sth**) escaso de algo: *Water is short.* Hay escasez de agua. ◊ *I'm a bit short of time just now.* Ando un poco justo de tiempo en este momento. ◊ *I'm £5 short.* Me faltan cinco libras. **4** ~ **for sth**: *Ben is short for Benjamin.* Ben es el diminutivo de Benjamín. LOC **for short** para abreviar: *He's called Ben for short.* Ben es su diminutivo. **in short** resumiendo **to get/receive short shrift** ser echado sin contemplaciones **to have a short temper** tener muy mal carácter *Ver tb* BREATH, TERM

short[2] /ʃɔːt/ ◆ *adv Ver* CUT, FALL, STOP ◆ *n* **1** *Ver* SHORT-CIRCUIT **2** (*Cine*) cortometraje

shortage /ˈʃɔːtɪdʒ/ *n* escasez

short-circuit /ˌʃɔːt ˈsɜːkɪt/ ◆ **1** *vi* tener un cortocircuito **2** *vt* causar un cortocircuito en ◆ *n* (*tb coloq* **short**) cortocircuito

shortcoming /ˈʃɔːtkʌmɪŋ/ *n* deficiencia: *severe shortcomings in police tactics* graves deficiencias en las tácticas policiales

short cut *n* atajo: *He took a short cut through the park.* Tomó un atajo por el parque.

shorten /ˈʃɔːtn/ *vt, vi* acortar(se)

shorthand /ˈʃɔːthænd/ *n* taquigrafía

short list *n* lista final de candidatos

short-lived /ˌʃɔːt ˈlɪvd; *USA* ˈlaɪvd/ *adj* efímero

shortly /ˈʃɔːtli/ *adv* **1** dentro de poco **2** poco: *shortly afterwards* poco después

shorts /ʃɔːts/ *n* [*pl*] **1** short **2** (*USA*) calzoncillos ☛ *Ver nota en* PAIR

short-sighted /ˌʃɔːt ˈsaɪtɪd/ *adj* **1** miope **2** (*fig*) imprudente

short-term /ˈʃɔːt tɜːm/ *adj* a corto plazo: *short-term plans* planes a corto plazo

shot[1] /ʃɒt/ *n* **1** disparo **2** intento: *to have a shot at (doing) sth* intentarlo con algo/intentar hacer algo **3** (*Dep*) golpe **4 the shot** [*sing*] (*Dep*): *to put the shot* lanzar la bala **5** (*Fot*) foto **6** (*coloq*) inyección LOC *Ver* BIG

shot[2] *pret, pp de* SHOOT

shotgun /ˈʃɒtgʌn/ *n* escopeta

should /ʃəd, ʃʊd/ *v modal* (*neg* **should not** *o* **shouldn't** /ˈʃʊdnt/)

> **Should** es un verbo modal al que sigue un infinitivo sin TO, y las oraciones interrogativas y negativas se construyen sin el auxiliar *do*.

1 (*sugerencias y consejos*) deber: *You shouldn't drink and drive.* No deberías manejar si tomaste. ☛ *Comparar con* MUST **2** (*probabilidad*) deber de: *They should be there by now.* Ya deben haber llegado. **3** *How should I know?* ¿Qué sé yo?

shoulder /ˈʃəʊldə(r)/ ◆ *n* hombro LOC *Ver* CHIP ◆ *vt* cargar con

shoulder blade *n* omóplato

shout /ʃaʊt/ ◆ *n* grito ◆ *vt, vi* ~ (**sth**) (**out**) (**at/to sb**) gritar (algo) (a algn) PHR V **to shout sb down** callar a algn a gritos

> Cuando se usa **to shout** con **at sb** tiene el sentido de *reñir*, pero cuando se usa con **to sb** tiene el sentido de *decir a gritos*: *Don't shout at him, he's only little.* No le grites, es chiquito. ◊ *She*

shouted the number out to me from the car. Me gritó el número desde el coche.

shove /ʃʌv/ ◆ **1** *vt, vi* empujar **2** *vt* (*coloq*) meter ◆ *n* [*gen sing*] empujón

shovel /ˈʃʌvl/ ◆ *n* pala ◆ *vt* (**-ll-**, *USA* **-l-**) (re)mover con una pala

show /ʃəʊ/ ◆ *n* **1** demostración, función **2** exposición, feria **3** demostración, alarde: *a show of force* una demostración de fuerza ◊ *to make a show of sth* hacer alarde de algo LOC **for show** para impactar **on show** expuesto ◆ (*pret* **showed** *pp* **shown** /ʃəʊn/ o **showed**) **1** *vt* mostrar, enseñar **2** *vi* verse, notarse **3** *vt* demostrar **4** *vt* (*película*) proyectar **5** *vt* (*Arte*) exponer LOC *Ver* ROPE PHR V **to show off (to sb)** (*coloq, pey*) mandarse la parte (delante de algn) **to show sth/sb off 1** (*aprob*) hacer resaltar algo/a algn **2** (*pey*) llamar la atención con algo/algn **to show up** (*coloq*) aparecerse **to show sb up** (*coloq*) avergonzar a algn

show business *n* mundo del espectáculo

showdown /ˈʃəʊdaʊn/ *n* enfrentamiento decisivo

shower /ˈʃaʊə(r)/ ◆ *n* **1** chaparrón **2** ~ **(of sth)** lluvia (de algo) **3** ducha: *to take/have a shower* ducharse ◆ *vt* ~ **sb with sth** (*fig*) colmar a algn de algo

showing /ˈʃəʊɪŋ/ *n* **1** (*Cine*) función **2** actuación

shown *pp de* SHOW

showroom /ˈʃəʊruːm/ *n* sala de exposición

shrank *pret de* SHRINK

shrapnel /ˈʃræpnəl/ *n* metralla

shred /ʃred/ ◆ *n* **1** (*de verduras*) tira **2** (*de tabaco*) hebra **3** (*de tela*) retazo **4** ~ **of sth** (*fig*) pizca de algo ◆ *vt* (**-dd-**) cortar en tiras

shrewd /ʃruːd/ *adj* (**-er**, **-est**) **1** astuto, perspicaz **2** (*decisión*) inteligente, acertado

shriek /ʃriːk/ ~ **(with sth)** ◆ *vt, vi* gritar, chillar (de algo): *to shriek with laughter* reírse a carcajadas ◆ *n* chillido

shrift /ʃrɪft/ *n Ver* SHORT[1]

shrill /ʃrɪl/ *adj* (**-er**, **-est**) **1** agudo, chillón **2** (*protesta, etc*) estridente

shrimp /ʃrɪmp/ *n* camarón

shrine /ʃraɪn/ *n* **1** santuario **2** sepulcro

shrink /ʃrɪŋk/ *vt, vi* (*pret* **shrank** /ʃræŋk/ o **shrunk** /ʃrʌŋk/ *pp* **shrunk**) encoger(se), reducir(se) PHR V **to shrink from sth/doing sth** vacilar ante algo/en hacer algo

shrivel /ˈʃrɪvl/ *vt, vi* (**-ll-**, *USA* **-l-**) ~ **(sth) (up) 1** secar algo/secarse **2** arrugar algo/arrugarse

shroud /ʃraʊd/ ◆ *n* **1** mortaja **2** ~ **(of sth)** (*fig*) manto, velo (de algo) ◆ *vt* ~ **sth in sth** envolver algo de algo: *shrouded in secrecy* rodeado del mayor secreto

shrub /ʃrʌb/ *n* arbusto pequeño (*de ornato*) ☛ *Comparar con* BUSH

shrug /ʃrʌg/ ◆ *vt, vi* (**-gg-**) ~ **(your shoulders)** encogerse de hombros PHR V **to shrug sth off** no dar importancia a algo ◆ *n* encogimiento de hombros

shrunk *pret, pp de* SHRINK

shudder /ˈʃʌdə(r)/ ◆ *vi* **1** ~ **(with sth)** estremecerse (de algo) **2** dar sacudidas ◆ *n* **1** estremecimiento, escalofrío **2** sacudida

shuffle /ˈʃʌfl/ **1** *vt, vi* (*naipes*) mezclar **2** *vt* ~ **your feet** arrastrar los pies **3** *vi* ~ **(along)** caminar arrastrando los pies

shun /ʃʌn/ *vt* (**-nn-**) evitar, rehuir

shut /ʃʌt/ ◆ *vt, vi* (**-tt-**) (*pret, pp* **shut**) cerrar(se) LOC *Ver* CLICK

PHR V **to shut sth/sb away** encerrar algo/a algn

to shut (sth) down cerrar (algo)

to shut sth in sth pellizcar(se) algo con algo

to shut sth off cortar algo (*suministro*)

to shut sth/sb off (from sth) aislar algo/a algn (de algo)

to shut sth/sb out (of sth) excluir algo/a algn (de algo)

to shut up (*coloq*) callarse **to shut sb up** (*coloq*) hacer callar a algn **to shut sth up** cerrar algo **to shut sth/sb up (in sth)** encerrar algo/a algn (en algo)

◆ *adj* [*siempre se usa después del verbo*] cerrado: *The door was shut.* La puerta estaba cerrada. ☛ *Comparar con* CLOSED *en* CLOSE[2]

shutter /ˈʃʌtə(r)/ *n* **1** contraventana, persiana **2** (*Fot*) obturador

shuttle /ˈʃʌtl/ *n* **1** lanzadera **2** puente (aéreo): *shuttle service* servicio de transbordo **3** (*tb* **space shuttle**) lanzadera espacial

shy /ʃaɪ/ ◆ *adj* (**shyer**, **shyest**) tímido:

to be shy of sth/sb asustarle a uno algo/ algn ◆ *vi* (*pret, pp* **shied** /ʃaɪd/) **to shy (at sth)** (*caballo*) espantarse (de algo) PHR V **to shy away from sth/doing sth** asustarse de (hacer) algo **shyness** *n* timidez

sick /sɪk/ ◆ *adj* (**-er**, **-est**) **1** enfermo: *to be off sick* estar con parte de enfermo ☛ *Ver nota en* ENFERMO **2** mareado **3** ~ **of sth/sb/doing sth** (*coloq*) harto de algo/algn/hacer algo **4** (*coloq*) morboso LOC **to be sick** vomitar **to be sick to death of/sick and tired of sth/sb** (*coloq*) estar hasta la coronilla de algo/algn **to make sb sick** enfermar a algn ◆ *n* (*coloq*) vómito **sicken** *vt* dar asco a algn **sickening** *adj* **1** repugnante **2** irritante

sickly /ˈsɪkli/ *adj* (**-ier**, **-iest**) **1** enfermizo **2** (*gusto, olor*) empalagoso

sickness /ˈsɪknəs/ *n* **1** enfermedad **2** náuseas

side /saɪd/ ◆ *n* **1** cara: *on the other side* al revés **2** lado: *to sit at/by sb's side* sentarse al lado de algn **3** (*de una casa*) costado: *a side door* una puerta lateral **4** (*de una montaña*) ladera **5** (*de un lago*) orilla **6** (*Anat, de una persona*) costado **7** (*de un animal*) flanco **8** parte: *to change sides* pasarse al otro bando ◊ *to be on our side* ser de los nuestros ◊ *Whose side are you on?* ¿De qué lado estás vos? **9** (*GB, Dep*) equipo **10** aspecto: *the different sides of a question* los distintos aspectos de un tema LOC **on/from all sides; on/from every side** por/de todos lados, por/de todas partes **side by side** uno al lado del otro **to get on the right/wrong side of sb** caer bien/mal a algn **to put sth on/to one side** dejar algo a un lado **to take sides (with sb)** tomar partido (con algn) *Ver tb* LOOK[1], SAFE[1] ◆ PHR V **to side with/against sb** ponerse del lado de/en contra de algn

sideboard /ˈsaɪdbɔːd/ *n* aparador

side effect *n* efecto secundario

side street *n* bocacalle

sidetrack /ˈsaɪdtræk/ *vt* desviar

sidewalk /ˈsaɪdwɔːk/ *n* (*USA*) *Ver* PAVEMENT

sideways /ˈsaɪdweɪz/ *adv, adj* **1** de/hacia un lado **2** (*mirada*) de reojo

siege /siːdʒ/ *n* **1** sitio **2** cerco policial

sieve /sɪv/ ◆ *n* tamiz ◆ *vt* tamizar

sift /sɪft/ *vt* **1** tamizar **2** ~ **(through) sth** (*fig*) examinar algo cuidadosamente

sigh /saɪ/ ◆ *vi* suspirar ◆ *n* suspiro

sight /saɪt/ *n* **1** vista: *to have poor sight* tener mala vista **2 the sights** [*pl*] lugares de interés LOC **at/on sight** en el acto **in sight** a la vista **out of sight, out of mind** ojos que no ven, corazón que no siente *Ver tb* CATCH, LOSE, PRETTY

sightseeing /ˈsaɪtsiːɪŋ/ *n* turismo

sign[1] /saɪn/ *n* **1** signo: *the signs of the Zodiac* los signos del Zodíaco **2** (*tráfico*) señal, letrero **3** señal: *to make a sign at sb* hacerle una señal a algn **4** ~ **(of sth)** señal, seña (de algo): *a good/bad sign* una buena/mala señal ◊ *there are signs that…* hay señas de que… **5** ~ **(of sth)** (*Med*) síntoma (de algo)

sign[2] /saɪn/ *vt, vi* firmar PHR V **to sign sb up 1** contratar a algn **2** (*Dep*) contratar a algn **to sign up (for sth) 1** matricularse (en algo) **2** hacerse socio (de algo)

signal /ˈsɪgnəl/ ◆ *n* señal ◆ *vt, vi* (**-ll-**, *USA* **-l-**) **1** hacer señas: *to signal (to) sb to do sth* hacer señas a algn para que haga algo **2** mostrar: *to signal your discontent* dar muestras de descontento

signature /ˈsɪgnətʃə(r)/ *n* firma

significant /sɪgˈnɪfɪkənt/ *adj* significativo **significance** *n* **1** significación **2** significado **3** trascendencia

signify /ˈsɪgnɪfaɪ/ *vt* (*pret, pp* **-fied**) **1** significar **2** indicar

sign language *n* lenguaje por señas

signpost /ˈsaɪnpəʊst/ *n* señal, cartel

silence /ˈsaɪləns/ ◆ *n, interj* silencio ◆ *vt* hacer callar (a algn)

silent /ˈsaɪlənt/ *adj* **1** silencioso **2** callado **3** (*letra, película*) mudo

silhouette /ˌsɪluˈet/ ◆ *n* silueta ◆ *vt* LOC **to be silhouetted (against sth)** dibujarse (sobre algo)

silk /sɪlk/ *n* seda **silky** *adj* (**-ier**, **-iest**) sedoso

sill /sɪl/ *n* umbral

silly /ˈsɪli/ *adj* (**-ier**, **-iest**) **1** tonto: *That was a very silly thing to say.* Lo que dijiste es una tontería. ☛ *Ver nota en* TONTO **2** ridículo: *to feel/look silly* sentirse/parecer ridículo

silver /ˈsɪlvə(r)/ ◆ *n* **1** plata: *silver paper* papel plateado ◊ *silver-plated* con baño de plata **2** cambio en monedas

3 (vajilla de) plata LOC *Ver* WEDDING ◆ *adj* **1** de plata **2** (*color*) plateado **silvery** *adj* plateado

similar /ˈsɪmɪlə(r)/ *adj* ~ (**to sth/sb**) parecido (a algo/algn) **similarity** /ˌsɪməˈlærəti/ *n* (*pl* **-ies**) similitud, semejanza **similarly** *adv* **1** de forma parecida **2** (*también*) del mismo modo, igualmente

simile /ˈsɪməli/ *n* símil

simmer /ˈsɪmə(r)/ *vt, vi* hervir a fuego lento

simple /ˈsɪmpl/ *adj* (**-er**, **-est**) **1** sencillo, simple **2** fácil **3** (*persona*) tonto, lento

simplicity /sɪmˈplɪsəti/ *n* sencillez

simplify /ˈsɪmplɪfaɪ/ *vt* (*pret, pp* **-fied**) simplificar

simplistic /sɪmˈplɪstɪk/ *adj* simplista

simply /ˈsɪmpli/ *adv* **1** sencillamente, simplemente **2** de manera sencilla, modestamente **3** tan sólo

simulate /ˈsɪmjuleɪt/ *vt* simular

simultaneous /ˌsɪmlˈteɪniəs; *USA* ˌsaɪm-/ *adj* ~ (**with sth**) simultáneo (a algo) **simultaneously** *adv* simultáneamente

sin /sɪn/ ◆ *n* pecado ◆ *vi* (**-nn-**) **to sin** (**against sth**) pecar (contra algo)

since /sɪns/ ◆ *conj* **1** desde (que): *How long is it since we visited your mother?* ¿Cuánto hace desde que visitamos a tu mamá? **2** ya que ◆ *prep* desde (que): *It was the first time they'd won since 1974.* Era la primera vez que ganaban desde 1974.

> Tanto **since** como **from** se traducen por "desde" y se usan para especificar el punto de partida de la acción del verbo. **Since** se usa cuando la acción se extiende en el tiempo hasta el momento presente: *She has been here since three.* Está acá desde las tres. **From** se usa cuando la acción ya ha terminado o no ha empezado todavía: *I was there from three until four.* Estuve allá desde las tres hasta las cuatro. ◊ *I'll be there from three.* Voy a estar ahí a partir de las tres. ☛ *Ver nota en* FOR sentido 3

◆ *adv* desde entonces: *We haven't heard from him since.* No sabemos nada de él desde entonces.

sincere /sɪnˈsɪə(r)/ *adj* sincero **sincerely** *adv* sinceramente LOC *Ver* YOURS **sincerity** /sɪnˈserəti/ *n* sinceridad

sinful /ˈsɪnfl/ *adj* **1** pecador **2** pecaminoso

sing /sɪŋ/ *vt, vi* (*pret* **sang** /sæŋ/ *pp* **sung** /sʌŋ/) ~ (**sth**) (**for/to sb**) cantar (algo) (a algn) **singer** *n* cantante **singing** *n* canto, cantar

single /ˈsɪŋgl/ ◆ *adj* **1** solo, único: *every single day* cada día **2** (*cama*) individual **3** (*USA* **one-way**) (*boleto*) de ida ☛ *Comparar con* RETURN **4** soltero: *single parent* madre soltera/padre soltero LOC **in single file** en fila india *Ver tb* BLOW ◆ *n* **1** boleto de ida **2** (*disco*) single ☛ *Comparar con* ALBUM **3 singles** [*pl*] (*Dep*) singles ◆ PHR V **to single sth/sb out** (**for sth**) elegir algo/a algn (para algo)

single-handedly /ˌsɪŋgl ˈhændɪdli/ (*tb* **single-handed**) *adv* sin ayuda

single-minded /ˌsɪŋgl ˈmaɪndɪd/ *adj* decidido, resuelto

singular /ˈsɪŋgjələ(r)/ ◆ *adj* **1** (*Gram*) singular **2** extraordinario, singular ◆ *n*: *in the singular* en singular

sinister /ˈsɪnɪstə(r)/ *adj* siniestro

sink /sɪŋk/ ◆ (*pret* **sank** /sæŋk/ *pp* **sunk** /sʌŋk/) **1** *vt, vi* hundir(se) **2** *vi* bajar **3** *vi* (*sol*) esconderse **4** *vt* (*coloq*) (*planes*) echar a perder LOC **to be sunk in sth** estar sumergido en algo *Ver tb* HEART PHR V **to sink in 1** (*líquido*) absorberse **2** *It hasn't sunk in yet that…* Todavía no me hago a la idea de que… **to sink into sth 1** (*líquido*) penetrar en algo **2** (*fig*) sumirse en algo **to sink sth into sth** clavar algo en algo (*dientes, puñal*) ◆ *n* **1** pileta (*de cocina*) **2** (*USA*) lavamanos (*del baño*) ☛ *Comparar con* WASHBASIN

sinus /ˈsaɪnəs/ *n* seno (*de hueso*)

sip /sɪp/ ◆ *vt, vi* (**-pp-**) beber a sorbos ◆ *n* sorbo

sir /sɜː(r)/ *n* **1** *Yes, sir* Sí, señor **2 Sir**: *Dear Sir* Estimado señor **3 Sir** /sə(r)/: *Sir Laurence Olivier*

siren /ˈsaɪrən/ *n* sirena (*de policía, ambulancia*)

sister /ˈsɪstə(r)/ *n* **1** hermana **2** (*GB, Med*) enfermera jefe **3 Sister** (*Relig*) hermana **4** *sister ship* buque gemelo ◊ *sister organization* organización hermana

sister-in-law /ˈsɪstər ɪn lɔː/ *n* (*pl* **-ers-in-law**) cuñada

sit /sɪt/ (**-tt-**) (*pret, pp* **sat** /sæt/) **1** *vi* sentarse, tomar asiento, estar sentado **2** *vt* **to sit sb (down)** (hacer) sentar a algn **3** *vi* **to sit (for sb)** (*Arte*) posar (para algn) **4** *vi* (*parlamento*) permanecer en sesión **5** *vi* (*comité, etc*) reunirse **6** *vi* (*objeto*) estar **7** *vt* (*examen*) presentarse a

PHR V **to sit around** esperar sentado: *to sit around doing nothing* pasarse el día sin hacer nada

to sit back ponerse cómodo

to sit (yourself) down sentarse, tomar asiento

to sit up 1 incorporarse **2** quedarse levantado

site /saɪt/ *n* **1** emplazamiento: *building site* obra **2** (*de suceso*) lugar

sitting /ˈsɪtɪŋ/ *n* **1** sesión **2** (*para comer*) turno

sitting room (*esp GB*) *Ver* LIVING ROOM

situated /ˈsɪtʃueɪtɪd/ *adj* situado, ubicado

situation /ˌsɪtʃuˈeɪʃn/ *n* **1** situación **2** (*formal*): *situations vacant* ofertas de trabajo

six /sɪks/ *adj, pron, n* seis ☛ *Ver ejemplos en* FIVE **sixth 1** *adj* sexto **2** *pron, adv* el sexto, la sexta, los sextos, las sextas **3** *n* sexta parte, sexto ☛ *Ver ejemplos en* FIFTH

sixteen /ˌsɪksˈtiːn/ *adj, pron, n* dieciséis ☛ *Ver ejemplos en* FIVE **sixteenth 1** *adj* decimosexto **2** *pron, adv* el decimosexto, la decimosexta, los decimosextos, las decimosextas **3** *n* dieciseisava parte, dieciseisavo ☛ *Ver ejemplos en* FIFTH

sixth form *n* (*GB*) los dos últimos años de la enseñanza secundaria

sixty /ˈsɪksti/ *adj, pron, n* sesenta ☛ *Ver ejemplos en* FIFTY, FIVE **sixtieth 1** *adj, pron* sexagésimo **2** *n* sesentava parte, sesentavo ☛ *Ver ejemplos en* FIFTH

size /saɪz/ ◆ *n* **1** tamaño **2** (*ropa, calzado*) talle (*de ropa*), número (*de calzado*): *I take size seven.* Calzo el número 40. ◆ PHR V **to size sth/sb up** (*coloq*) calibrar algo/a algn: *She sized him up immediately.* Lo caló enseguida. **sizeable** (*tb* **sizable**) *adj* considerable

skate /skeɪt/ ◆ *n* **1** (*tb* **ice-skate**) patín **2** *Ver* ROLLER SKATE ◆ *vi* patinar **skater** *n* patinador, -ora **skating** *n* patinaje

skateboard /ˈskeɪtbɔːd/ *n* patineta

skeleton /ˈskelɪtn/ ◆ *n* esqueleto ◆ *adj* mínimo: *skeleton staff/service* personal/servicio mínimo

skeptic (*USA*) *Ver* SCEPTIC

sketch /sketʃ/ ◆ *n* **1** bosquejo **2** (*Teat*) sketch ◆ *vt, vi* bosquejar **sketchy** *adj* (**-ier**, **-iest**) (*frec pey*) superficial, vago

ski /skiː/ ◆ *vi* (*pret, pp* **skied** *pt pres* **skiing**) esquiar ◆ *n* esquí **skiing** *n* esquí: *to go skiing* ir a esquiar

skid /skɪd/ ◆ *vi* (**-dd-**) **1** (*coche*) patinar **2** (*persona*) resbalar ◆ *n* patinada

skies *plural de* SKY

skill /skɪl/ *n* **1** ~ **(at/in sth/doing sth)** habilidad (para algo/hacer algo) **2** destreza **skilful** (*USA* **skillful**) *adj* **1** ~ **(at/in sth/doing sth)** hábil (para algo/hacer algo) **2** (*pintor, jugador*) diestro **skilled** *adj* ~ **(at/in sth/doing sth)** hábil (para algo/hacer algo); experto (en algo/hacer algo): *skilled work* trabajo especializado ◊ *skilled worker* trabajador calificado

skim /skɪm/ *vt* (**-mm-**) **1** descremar, espumar **2** pasar (algo) casi rozando **3** ~ **(through/over) sth** leer algo por encima

skin /skɪn/ ◆ *n* **1** (*de animal, persona*) piel **2** (*de fruta, embutidos*) piel, cáscara ☛ *Ver nota en* PEEL **3** (*de leche*) nata LOC **by the skin of your teeth** (*coloq*) por un pelo ◆ *vt* (**-nn-**) despellejar

skinhead /ˈskɪnhed/ *n* (*GB*) cabeza rapada

skinny /ˈskɪni/ *adj* (**-ier**, **-iest**) (*coloq, pey*) flaco ☛ *Ver nota en* FLACO

skip /skɪp/ ◆ (**-pp-**) **1** *vi* dar saltitos **2** *vi* saltar a la soga: *skipping rope* soga **3** *vt* saltarse ◆ *n* **1** salto **2** contenedor (*para escombros*)

skipper /ˈskɪpə(r)/ *n* (*coloq*) capitán, -ana (*de barco*)

skirmish /ˈskɜːmɪʃ/ *n* escaramuza

skirt /skɜːt/ ◆ *n* pollera ◆ *vt* bordear: *skirting board* zócalo PHR V **to skirt (a)round sth** evadir algo

skull /skʌl/ *n* calavera, cráneo

sky /skaɪ/ *n* (*pl* **skies**) cielo: *sky-high* por las nubes ◊ *skylight* tragaluz ◊ *skyline* línea del horizonte (en una ciudad) ◊ *skyscraper* rascacielos

slab /slæb/ *n* **1** (*mármol*) losa **2** (*hormigón*) bloque **3** (*chocolate*) tableta

slack /slæk/ *adj* (**-er**, **-est**) **1** flojo **2** (*persona*) descuidado

slacken /ˈslækən/ *vt, vi* ~ (**sth**) (**off/up**) aflojar (algo)

slain *pp de* SLAY

slam /slæm/ (**-mm-**) **1** *vt, vi* ~ (**sth**) (**to/shut**) cerrar algo/cerrarse (de golpe) **2** *vt* arrojar, tirar: *to slam your brakes on* frenar de golpe **3** (*coloq*) *vt* (*criticar*) criticar a algn duramente

slander /ˈslɑːndə(r); *USA* ˈslæn-/ ◆ *n* calumnia ◆ *vt* calumniar

slang /slæŋ/ *n* jerga, argot

slant /slɑːnt; *USA* slænt/ ◆ **1** *vt, vi* inclinar(se), ladear(se) **2** *vt* (*frec pey*) presentar de forma subjetiva ◆ *n* **1** inclinación **2** ~ (**on/to sth**) (*fig*) enfoque (en algo)

slap /slæp/ ◆ *vt* (**-pp-**) **1** (*cara*) dar un cachetazo **2** (*espalda*) dar palmadas en **3** arrojar/tirar/dejar caer (con un golpe) ◆ *n* **1** (*espalda*) palmada **2** (*castigo*) cachetada **3** (*cara*) cachetada ◆ *adv* (*coloq*) de lleno: *slap in the middle* justo en medio

slash /slæʃ/ ◆ *vt* **1** cortar **2** cortajear, tajear (*ruedas, pinturas, etc*) **3** (*precios, etc*) rebajar mucho ◆ *n* **1** navajazo, cuchillada **2** tajo, corte

slate /sleɪt/ *n* **1** pizarra **2** teja (de pizarra)

slaughter /ˈslɔːtə(r)/ ◆ *n* **1** (*animales*) carneada, faena **2** (*personas*) masacre ◆ *vt* **1** carnear **2** masacrar **3** (*coloq, esp Dep*) dar una paliza a

slave /sleɪv/ ◆ *n* ~ (**of/to sth/sb**) esclavo, -a (de algo/algn) ◆ *vi* ~ (**away**) (**at sth**) trabajar como un esclavo (en algo)

slavery /ˈsleɪvəri/ *n* esclavitud

slay /sleɪ/ *vt* (*pret* **slew** /sluː/ *pp* **slain** /sleɪn/) (*formal o USA*) matar (*violentamente*)

sleazy /ˈsliːzi/ *adj* (**-ier**, **-iest**) (*coloq*) sórdido, de mala muerte

sledge /sledʒ/ (*tb* **sled**) *n* trineo (*de nieve*) ☛ *Comparar con* SLEIGH

sleek /sliːk/ *adj* (**-er**, **-est**) lustroso

sleep /sliːp/ ◆ *n* [*sing*] sueño LOC **to go to sleep** dormirse ◆ (*pret, pp* **slept** /slept/) **1** *vi* dormir: *sleeping bag* bolsa de dormir ◊ *sleeping pill* pastilla para dormir **2** *vt* albergar, tener camas para PHR V **to sleep in** (*USA*) *Ver* TO LIE IN *en* LIE[2] **to sleep on sth** consultar algo con la almohada **to sleep sth off** dormir para recuperarse de algo: *to sleep it off* dormirla **to sleep through sth** no ser despertado por algo **to sleep with sb** acostarse con algn

sleeper /ˈsliːpə(r)/ *n* **1** durmiente: *to be a heavy/light sleeper* tener el sueño pesado/ligero **2** (*en las vías del tren*) durmiente **3** (*en el tren*) cama **4** (*en el tren*) coche cama

sleepless /ˈsliːpləs/ *adj* en vela

sleepwalker /ˈsliːpwɔːkə(r)/ *n* sonámbulo, -a

sleepy /ˈsliːpi/ *adj* (**-ier**, **-iest**) **1** somnoliento **2** (*lugar*) tranquilo LOC **to be sleepy** tener sueño

sleet /sliːt/ *n* aguanieve

sleeve /sliːv/ *n* **1** manga **2** (*tb* **album sleeve**) (*de disco*) cubierta LOC (**to have sth**) **up your sleeve** traer algo entre manos **sleeveless** *adj* sin mangas

sleigh /sleɪ/ *n* trineo (*de caballos*) ☛ *Comparar con* SLEDGE

slender /ˈslendə(r)/ *adj* (**-er**, **-est**) **1** delgado **2** (*persona*) esbelto *Ver tb* THIN **3** escaso

slept *pret, pp de* SLEEP

slew *pret de* SLAY

slice /slaɪs/ ◆ *n* **1** (*pan*) rebanada ☛ *Ver dibujo en* PAN **2** (*fruta*) rodaja **3** (*jamón*) tajada **4** (*carne*) rodaja **5** (*coloq*) porción ◆ *vt* **1** cortar (*en rodajas, rebanadas, etc*) **2** ~ **through/into sth** cortar algo limpiamente PHR V **to slice sth up** cortar algo en rodajas, rebanadas, etc

slick /slɪk/ ◆ *adj* (**-er**, **-est**) **1** (*representación*) logrado **2** (*vendedor*) astuto ◆ *n* *Ver* OIL SLICK

slide /slaɪd/ ◆ *n* **1** tobogán **2** diapositiva: *slide projector* proyector de diapositivas **3** (*microscopio*) portaobjetos **4** (*fig*) deslizamiento ◆ (*pret, pp* **slid** /slɪd/) **1** *vi* resbalar, deslizarse **2** *vt* deslizar, correr

sliding door *n* puerta corrediza

slight /slaɪt/ *adj* (**-er**, **-est**) **1** imperceptible **2** mínimo, ligero: *without the slightest difficulty* sin la menor dificultad **3** (*persona*) delgado, menudo LOC **not in the slightest** ni lo más mínimo

slightly *adv* ligeramente: *He's slightly better.* Está un poco mejor.

slim /slɪm/ ◆ *adj* (**slimmer**, **slimmest**) **1** (*aprob*) (*persona*) flaco ☛ *Ver nota en* FLACO **2** (*oportunidad*) escaso **3** (*esperanza*) leve ◆ *vt, vi* (**-mm-**) ~ (**down**) adelgazar

slime /slaɪm/ *n* **1** cieno **2** baba **slimy** baboso, viscoso

sling[1] /slɪŋ/ *n* cabestrillo

sling[2] *vt* (*pret, pp* **slung** /slʌŋ/) **1** (*coloq*) lanzar (*con fuerza*) **2** colgar

slink /slɪŋk/ *vi* (*pret, pp* **slunk** /slʌŋk/) deslizarse (*sigilosamente*): *to slink away* irse furtivamente

slip /slɪp/ ◆ *n* **1** resbalón **2** error, desliz **3** (*ropa*) viso **4** (*de papel*) comprobante LOC **to give sb the slip** (*coloq*) lograr zafar de algn ◆ (**-pp-**) **1** *vt, vi* resbalar, deslizar(se) **2** *vi* ~ **from/out of/through sth** escurrirse de/entre algo **3** *vt* ~ **sth** (**from/off sth**) soltar algo (de algo) LOC **to slip your mind**: *It slipped my mind.* Se me fue de la cabeza. *Ver tb* LET[1] PHR V **to slip away** escabullirse **to slip sth off** quitarse algo **to slip sth on** ponerse algo **to slip out 1** salir un momento **2** escabullirse **3** *It just slipped out.* Se me escapó. **to slip up (on sth)** (*coloq*) equivocarse (en algo)

slipper /ˈslɪpə(r)/ *n* zapatilla

slippery /ˈslɪpəri/ *adj* **1** (*suelo*) resbaladizo **2** (*pez, persona*) escurridizo

slit /slɪt/ ◆ *n* **1** ranura **2** (*en una pollera*) tajo **3** corte **4** rendija, abertura ◆ *vt* (**-tt-**) (*pret, pp* **slit**) cortar: *to slit sb's throat* degollar a algn LOC **to slit sth open** abrir algo con un cuchillo

slither /ˈslɪðə(r)/ *vi* **1** deslizarse **2** resbalar, patinar

sliver /ˈslɪvə(r)/ *n* **1** astilla **2** esquirla **3** rodaja fina

slob /slɒb/ *n* (*coloq, GB*) vago, atorrante

slog /slɒg/ *vi* (**-gg-**) caminar trabajosamente PHR V **to slog (away) at sth** (*coloq*) sudar la gota gorda

slogan /ˈsləʊgən/ *n* eslogan

slop /slɒp/ (**-pp-**) **1** *vt* echar **2** *vt, vi* derramar(se)

slope /sləʊp/ ◆ *n* **1** pendiente **2** (*de esquí*) pista ◆ *vi* tener una pendiente

sloppy /ˈslɒpi/ *adj* (**-ier**, **-iest**) **1** descuidado **2** desprolijo **3** (*coloq*) sentimentaloide

slot /slɒt/ ◆ *n* **1** ranura **2** puesto: *a ten-minute slot on TV* un espacio de diez minutos en la tele ◆ (**-tt-**) PHR V **to slot in** encajar **to slot sth in** introducir/meter algo

slot machine *n* máquina tragamonedas

slow /sləʊ/ ◆ *adj* (**-er**, **-est**) **1** lento: *We're making slow progress.* Estamos avanzando lentamente. **2** lento: *He's a bit slow.* Es un poco lento. **3** (*negocio*) flojo: *Business is rather slow today.* El negocio anda bastante flojo hoy. **4** (*reloj*) atrasado: *That clock is five minutes slow.* Ese reloj está atrasado cinco minutos. LOC **in slow motion** a/en cámara lenta **to be slow to do sth/in doing sth** tardar en hacer algo ◆ *adv* (**-er**, **-est**) despacio ◆ **1** *vt* ~ **sth** (**up/down**) reducir la velocidad de algo: *to slow up the development of research* frenar el desarrollo de la investigación **2** *vi* ~ (**up/down**) reducir la velocidad, ir más despacio: *production has slowed (up/down)* el ritmo de la producción ha disminuido **slowly** *adv* **1** despacio **2** poco a poco

sludge /slʌdʒ/ *n* **1** barro **2** sedimento

slug /slʌg/ *n* babosa **sluggish** *adj* **1** lento **2** aletargado **3** (*Econ*) flojo

slum /slʌm/ *n* **1** (*tb* **slum area**) barrio bajo **2** villa miseria

slump /slʌmp/ ◆ *vi* **1** (*tb* **to slump down**) desplomarse **2** (*Com*) sufrir un bajón ◆ *n* depresión, bajón

slung *pret, pp de* SLING[2]

slunk *pret, pp de* SLINK

slur[1] /slɜː(r)/ *vt* (**-rr-**) articular mal

slur[2] /slɜː(r)/ *n* calumnia

slush /slʌʃ/ *n* nieve derretida y sucia

sly /slaɪ/ *adj* (**slyer**, **slyest**) **1** astuto **2** (*mirada*) furtivo

smack /smæk/ ◆ *n* palmada ◆ *vt* dar una palmada a PHR V **to smack of sth** oler a algo (*fig*)

small /smɔːl/ *adj* (**-er**, **-est**) **1** chico, pequeño: *a small number of people* unas pocas personas ◊ *small change* cambio chico ◊ *in the small hours* de madrugada ◊ *small ads* avisos clasificados ◊ *to make small talk* hablar de cosas sin importancia **2** (*letra*) minúscula LOC **a small fortune** un dineral **it's a small world** (*refrán*) el mundo es un pañuelo

the small print la letra chica (*en un contrato*)

Small suele usarse como el opuesto de **big** o **large** y puede ser modificado por adverbios: *Our house is smaller than yours.* Nuestra casa es más chica que la de ustedes. ◊ *I have a fairly small income.* Mis ingresos son bastante modestos. **Little** no suele ir acompañado por adverbios y a menudo va atrás de otro adjetivo: *He's a horrid little man.* Es un hombre horrible. ◊ *What a lovely little house!* ¡Qué casita tan amorosa!

smallpox /ˈsmɔːlpɒks/ *n* viruela

small-scale /ˈsmɔːl skeɪl/ *adj* en pequeña escala

smart /smɑːt/ ◆ *adj* (**-er**, **-est**) **1** elegante **2** listo, vivo ◆ *vi* arder **smarten** PHR V **to smarten (yourself) up** arreglar(se), empilcharse **to smarten sth up** arreglar/mejorar el aspecto de algo

smash /smæʃ/ ◆ **1** *vt* romper, destrozar **2** *vi* hacerse añicos PHR V **to smash against, into, through, etc sth** estrellarse contra algo **to smash sth against, into, through, etc sth** estrellar algo contra algo **to smash sth up** destrozar algo ◆ *n* **1** estrépito **2** (*tb* **smash-up**) accidente de tráfico **3** (*tb* **smash hit**) (*coloq*) éxito rotundo

smashing /ˈsmæʃɪŋ/ *adj* (*GB*) macanudo, bárbaro

smear /smɪə(r)/ *vt* **1** ~ **sth on/over sth** untar algo en algo **2** ~ **sth with sth** untar algo de algo **3** ~ **sth with sth** manchar algo de algo

smell /smel/ ◆ *n* **1** olor: *a smell of gas* un olor a gas ☛ *Ver nota en* ODOUR **2** (*tb* **sense of smell**) olfato: *My sense of smell isn't very good.* No tengo muy buen (sentido del) olfato. ◆ (*pret, pp* **smelt** /smelt/ *o* **smelled**) **1** *vi* ~ **(of sth)** oler (a algo): *It smells of fish.* Hay olor a pescado. ◊ *What does it smell like?* ¿A qué hay olor? **2** *vt* oler: *Smell this rose!* ¡Olé esta rosa!

Es muy normal el uso del verbo **smell** con **can** o **could**: *I can smell something burning.* Hay olor a quemado. ◊ *I could smell gas.* Había olor a gas.

3 *vt, vi* olfatear ☛ *Ver nota en* DREAM **smelly** *adj* (**-ier**, **-iest**) (*coloq*) que tiene mal olor: *It's smelly in here.* Hay mal olor acá.

smile /smaɪl/ ◆ *n* sonrisa: *to give sb a smile* sonreírle a algn LOC *Ver* BRING ◆ *vi* sonreír

smirk /smɜːk/ ◆ *n* sonrisa socarrona o de satisfacción ◆ *vi* sonreír con sorna

smock /smɒk/ *n* guardapolvos (*de pintor*), batón (*de mujer*)

smog /smɒg/ *n* neblina producida por la contaminación

smoke /sməʊk/ ◆ **1** *vt, vi* fumar: *to smoke a pipe* fumar en pipa **2** *vi* echar humo **3** *vt* (*pescado, etc*) ahumar ◆ *n* **1** humo **2** (*coloq*): *to have a smoke* fumar un pucho **smoker** *n* fumador, -ora **smoking** *n* fumar: *'No Smoking'* 'prohibido fumar' **smoky** (*tb* **smokey**) *adj* (**-ier**, **-iest**) **1** (*habitación*) lleno de humo **2** (*fuego*) humeante **3** (*sabor, color, etc*) ahumado

smooth /smuːð/ ◆ *adj* (**-er**, **-est**) **1** liso **2** (*piel, whisky, etc*) suave **3** (*calle*) llano **4** (*viaje, período*) sin problemas: *The smooth reformist period has ended.* El período de reformas sin obstáculos terminó. **5** (*salsa, etc*) sin grumos **6** (*pey*) (*persona*) zalamero ◆ *vt* alisar PHR V **to smooth sth over** allanar algo, limar asperezas (*dificultades*) **smoothly** *adv*: *to go smoothly* ir sobre ruedas

smother /ˈsmʌðə(r)/ *vt* **1** (*persona*) asfixiar **2** ~ **sth/sb with/in sth** cubrir algo/a algn de algo **3** (*llamas*) sofocar

smoulder (*USA* **smolder**) /ˈsməʊldə(r)/ *vi* consumirse, arder (*sin llama*)

smudge /smʌdʒ/ ◆ *n* borrón, manchón ◆ *vt, vi* borronear(se)

smug /smʌg/ *adj* (**smugger**, **smuggest**) (*frec pey*) creído, hueco

smuggle /ˈsmʌgl/ *vt* pasar de contrabando PHR V **to smuggle sth/sb in/out** meter/sacar en secreto algo/a algn **smuggler** *n* contrabandista **smuggling** *n* contrabando

snack /snæk/ ◆ *n* comida rápida, refuerzo: *snack bar* cafetería ◊ *to have a snack* tomar una comida rápida/un refuerzo ◆ *vi* (*coloq*) picar

snag /snæg/ *n* problema

snail /sneɪl/ *n* caracol

snake /sneɪk/ ◆ *n* víbora, culebra ◆ *vi* zigzaguear (*calle, camino, etc*)

snap /snæp/ ◆ (**-pp-**) **1** *vt, vi* chasquear

2 *vt, vi* quebrar(se) en dos PHR V **to snap at sb** hablar/contestar bruscamente ◆ *n* **1** (*ruido seco*) chasquido **2** (*tb* **snapshot**) foto ◆ *adj* (*coloq*) repentino (*decisión*)

snapshot /ˈsnæpʃɒt/ *n* foto

snare /sneə(r)/ ◆ *n* trampa ◆ *vt* atrapar

snarl /snɑːl/ ◆ *n* gruñido ◆ *vi* gruñir

snatch /snætʃ/ ◆ *vt* **1** arrebatar, arrancar **2** (*coloq*) robar de un tirón **3** raptar **4** (*oportunidad*) aprovechar, agarrarse a PHR V **to snatch at sth 1** (*objeto*) tirar de algo, agarrar algo bruscamente **2** (*oportunidad*) agarrarse a algo, aprovechar algo ◆ *n* **1** (*conversación, canción*) fragmento **2** secuestro **3** (*coloq*) robo

sneak /sniːk/ ◆ *vt*: *to sneak a look at sth/sb* mirar algo/a algn a escondidas PHR V **to sneak in, out, away, etc** entrar, salir, irse a escondidas **to sneak into, out of, past, etc sth** entrar en, salir de, pasar por delante de algo a escondidas ◆ *n* (*coloq*) soplón, -ona

sneakers /ˈsniːkəz/ *n* [*pl*] (*USA*) zapatillas de tenis

sneer /snɪə(r)/ ◆ *n* **1** sonrisa sarcástica **2** comentario desdeñoso ◆ *vi* ~ (**at sth/sb**) reírse con desprecio (de algo/algn)

sneeze /sniːz/ ◆ *n* estornudo ◆ *vi* estornudar

sniff /snɪf/ ◆ **1** *vi* sorber **2** *vi* husmear **3** *vt* oler **4** *vt* inhalar **5** *vi* lloriquear ◆ *n* inhalación

snigger /ˈsnɪgə(r)/ ◆ *n* risita ◆ *vi* ~ (**at sth/sb**) reírse (con sarcasmo) (de algo/algn)

snip /snɪp/ *vt* (**-pp-**) cortar con tijeras: *to snip sth off* recortar algo

sniper /ˈsnaɪpə(r)/ *n* francotirador, -ora

snob /snɒb/ *n* esnob **snobbery** *n* esnobismo **snobbish** *adj* esnob

snoop /snuːp/ ◆ *vi* (*coloq*) (*tb* **to snoop about/around**) curiosear ◆ *n* LOC **to have a snoop about/around** reconocer el terreno **to have a snoop about/around sth** curiosear algo

snore /snɔː(r)/ *vi* roncar

snorkel /ˈsnɔːkl/ *n* tubo de bucear

snort /snɔːt/ ◆ *vi* **1** (*animal*) resoplar **2** (*persona*) bufar, gruñir ◆ *n* bufido

snout /snaʊt/ *n* hocico

snow /snəʊ/ ◆ *n* nieve ◆ *vi* nevar LOC **to be snowed in/up** estar aislado por la nieve **to be snowed under (with sth)**: *I was snowed under with work.* Estaba inundado de trabajo.

snowball /ˈsnəʊbɔːl/ ◆ *n* bola de nieve ◆ *vi* multiplicarse (rápidamente)

snowdrop /ˈsnəʊdrɒp/ *n* campanilla blanca (*flor*)

snowfall /ˈsnəʊfɔːl/ *n* nevada

snowflake /ˈsnəʊfleɪk/ *n* copo de nieve

snowman /ˈsnəʊmæn/ *n* (*pl* **-men** /-men/) muñeco de nieve

snowy /ˈsnəʊi/ *adj* (**-ier, -iest**) **1** cubierto de nieve **2** (*día, etc*) de nieve

snub /snʌb/ *vt* (**-bb-**) hacer un desaire a

snug /snʌg/ *adj* (**-gg-**) cómodo y agradable

snuggle /ˈsnʌgl/ *vi* **1** ~ **down** hacerse un ovillo **2** ~ **up to sb** hacerse un ovillo junto a algn

so /səʊ/ *adv, conj* **1** tan: *Don't be so silly!* ¡No seas tan tonto! ◊ *It's so cold!* ¡Qué frío que hace! ◊ *I'm so sorry!* ¡Cuánto lo siento! **2** así: *So it seems.* Así parece. ◊ *Hold out your hand, (like) so.* Extendé la mano, así. ◊ *The table is about so big.* La mesa es más o menos así de grande. ◊ *If so,...* Si es así,... **3** *I believe/think so.* Creo que sí. ◊ *I expect/hope so.* Espero que sí. **4** (*para expresar acuerdo*): *'I'm hungry.' 'So am I.'* —Tengo hambre. —Yo también. ☛ En este caso el pronombre o sustantivo va atrás del verbo. **5** (*expresando sorpresa*): *'Philip's gone home.' 'So he has.'* —Philip se fue a casa. —Cierto. **6** [*uso enfático*]: *He's as clever as his brother, maybe more so.* Es tan inteligente como su hermano, quizá más. ◊ *She has complained, and rightly so.* Se quejó, y con mucha razón. **7** así que: *The shops were closed so I didn't get any milk.* Los negocios estaban cerrados, por eso no compré leche. **8** entonces: *So why did you do it?* ¿Y entonces, por qué lo hiciste? LOC **and so on (and so forth)** etcétera, etcétera **is that so?** no me digas **so as to do sth** para hacer algo **so many** tantos **so much** tanto **so?; so what?** (*coloq*) ¿y qué? **so that** para que

soak /səʊk/ **1** *vt* remojar, empapar **2** *vi* estar en remojo LOC **to get soaked (through)** empaparse PHR V **to soak**

into sth ser absorbido por algo **to soak through** traspasar (*líquido*) **to soak sth up 1** (*líquido*) absorber algo, embeber algo **2** (*fig*) empaparse de algo **soaked** *adj* empapado

soap /səʊp/ *n* [*incontable*] jabón

soap opera *n* telenovela

soapy /ˈsəʊpi/ *adj* (**-ier**, **-iest**) jabonoso

soar /sɔː(r)/ *vi* **1** (*avión*) remontarse **2** (*precios*) dispararse **3** (*ave*) planear

sob /sɒb/ ◆ *vi* (**-bb-**) sollozar ◆ *n* sollozo **sobbing** *n* sollozos

sober /ˈsəʊbə(r)/ *adj* **1** sobrio **2** serio

so-called /ˌsəʊ ˈkɔːld/ *adj* (*pey*) supuestamente llamado, supuesto

soccer /ˈsɒkə(r)/ *n* (*coloq*) fútbol ☛ *Ver nota en* FÚTBOL

sociable /ˈsəʊʃəbl/ *adj* (*aprob*) sociable

social /ˈsəʊʃəl/ *adj* social

socialism /ˈsəʊʃəlɪzəm/ *n* socialismo **socialist** *n* socialista

socialize, -ise /ˈsəʊʃəlaɪz/ *vi* ~ (**with sb**) relacionarse (con algn): *He doesn't socialize much.* No sale mucho.

social security (*USA* **welfare**) *n* seguridad social

social services *n* [*pl*] servicios sociales

social work *n* trabajo social **social worker** *n* asistente, -a social

society /səˈsaɪəti/ *n* (*pl* **-ies**) **1** sociedad **2** (*formal*) compañía: *polite society* gente educada **3** asociación

sociological /ˌsəʊsiəˈlɒdʒɪkl/ *adj* sociológico

sociologist /ˌsəʊsiˈɒlədʒɪst/ *n* sociólogo, -a **sociology** *n* sociología

sock /sɒk/ *n* media LOC *Ver* PULL ☛ *Ver nota en* PAIR

socket /ˈsɒkɪt/ *n* **1** (*ojo*) órbita **2** enchufe (*en la pared*) ☛ *Ver dibujo en* ENCHUFE **3** (*tb* **light socket**) portalámparas

soda /ˈsəʊdə/ *n* **1** soda **2** (*tb* **soda pop**) (*USA*, *coloq*) gaseosa

sodden /ˈsɒdn/ *adj* empapado

sodium /ˈsəʊdiəm/ *n* sodio

sofa /ˈsəʊfə/ *n* sofá

soft /sɒft; *USA* sɔːft/ *adj* (**-er**, **-est**) **1** blando: *soft option* opción fácil **2** (*piel, color, luz, sonido*) suave **3** (*brisa*) leve **4** (*voz*) bajo LOC **to have a soft spot for sth/sb** (*coloq*) tener debilidad por algo/algn **softly** *adv* suavemente

soft drink *n* bebida sin alcohol

soften /ˈsɒfn; *USA* ˈsɔːfn/ **1** *vt, vi* ablandar(se) **2** *vt, vi* suavizar(se)

soft-spoken /ˌsɒft ˈspəʊkən/ *adj* de voz suave

software /ˈsɒftweə(r)/ *n* software

soggy /ˈsɒgi/ *adj* (**-ier**, **-iest**) empapado

soil /sɔɪl/ ◆ *n* tierra ◆ (*formal*) *vt* **1** ensuciar **2** (*reputación*) manchar

solace /ˈsɒləs/ *n* (*formal*) consuelo

solar /ˈsəʊlə(r)/ *adj* solar: *solar energy* energía solar

sold *pret, pp de* SELL

soldier /ˈsəʊldʒə(r)/ *n* soldado

sole[1] /səʊl/ *n* **1** (*pie*) planta **2** suela

sole[2] /səʊl/ *adj* **1** único: *her sole interest* su único interés **2** exclusivo

solemn /ˈsɒləm/ *adj* **1** (*aspecto, manera*) serio **2** (*acontecimiento, promesa*) solemne **solemnity** /səˈlemnəti/ *n* (*formal*) solemnidad

solicitor /səˈlɪsɪtə(r)/ *n* (*GB*) abogado, -a, escribano, -a ☛ *Ver nota en* ABOGADO

solid /ˈsɒlɪd/ ◆ *adj* **1** sólido **2** compacto **3** seguido: *I slept for ten hours solid.* Dormí diez horas seguidas. ◆ *n* **1** **solids** [*pl*] alimentos sólidos **2** (*Geom*) figura de tres dimensiones **solidly** *adv* **1** sólidamente **2** sin interrupción

solidarity /ˌsɒlɪˈdærəti/ *n* solidaridad

solidify /səˈlɪdɪfaɪ/ *vi* (*pret, pp* **-fied**) solidificarse

solidity /səˈlɪdəti/ (*tb* **solidness**) *n* solidez

solitary /ˈsɒlətri; *USA* -teri/ *adj* **1** solitario: *to lead a solitary life* llevar una vida solitaria **2** (*lugar*) apartado **3** solo LOC **solitary confinement** (*tb coloq* **solitary**) incomunicación

solitude /ˈsɒlɪtjuːd; *USA* -tuːd/ *n* soledad

solo /ˈsəʊləʊ/ ◆ *n* (*pl* ~**s**) solo ◆ *adj, adv* en soledad **soloist** *n* solista

soluble /ˈsɒljəbl/ *adj* soluble

solution /səˈluːʃn/ *n* solución

solve /sɒlv/ *vt* resolver

solvent /ˈsɒlvənt/ *n* disolvente

sombre (*USA* **somber**) /ˈsɒmbə(r)/ *adj* **1** sombrío **2** (*color*) oscuro **3** (*manera, humor*) melancólico

some /səm/ *adj, pron* **1** algo de: *There's some ice in the fridge.* Hay hielo en la heladera. ◊ *Would you like some?* ¿Querés un poco? **2** unos (cuantos), algunos: *Do you want some crisps?* ¿Querés papas fritas?

¿**Some** o **any**? Ambos se usan con sustantivos incontables o en plural, y aunque muchas veces no se traducen en castellano, en inglés no se pueden omitir. Normalmente, **some** se usa en las oraciones afirmativas y **any** en las interrogativas y negativas: *I've got some money.* Tengo (algo de) plata. ◊ *Have you got any children?* ¿Tenés hijos? ◊ *I don't want any sweets.* No quiero caramelos. Sin embargo, **some** se puede usar en oraciones interrogativas cuando se espera una respuesta afirmativa, por ejemplo, para ofrecer o pedir algo: *Would you like some coffee?* ¿Querés café? ◊ *Can I have some bread, please?* ¿Me das un poco de pan? Cuando **any** se usa en oraciones afirmativas significa "cualquiera": *Any parent would have worried.* Cualquier padre se habría preocupado. *Ver tb ejemplos en* ANY

somebody /ˈsʌmbədi/ (*tb* **someone** /ˈsʌmwʌn/) *pron* alguien: *somebody else* otra persona ☛ La diferencia entre **somebody** y **anybody**, o entre **someone** y **anyone**, es la misma que hay entre **some** y **any**. *Ver nota en* SOME

somehow /ˈsʌmhaʊ/ (*USA tb* **someway** /ˈsʌmweɪ/) *adv* **1** de alguna manera: *Somehow we had got completely lost.* De alguna manera nos encontramos completamente perdidos. **2** por alguna razón: *I somehow get the feeling that I've been here before.* No sé por qué, me da la impresión de que ya estuve acá.

someone /ˈsʌmwʌn/ *pron Ver* SOMEBODY

somersault /ˈsʌməsɔːlt/ *n* **1** vuelta carnero: *to do a forward/backward somersault* dar una vuelta hacia delante/hacia atrás **2** (*de acróbata*) salto mortal **3** (*de coche*) dar(se) vuelta, volcar

something /ˈsʌmθɪŋ/ *pron* algo: *something else* otra cosa ◊ *something to eat* algo para comer ☛ La diferencia entre **something** y **anything** es la misma que hay entre **some** y **any**. *Ver nota en* SOME

sometime /ˈsʌmtaɪm/ *adv* **1** algún/un día: *sometime or other* un día de estos **2** en algún momento: *Can I see you sometime today?* ¿Podemos hablar hoy en algún momento?

sometimes /ˈsʌmtaɪmz/ *adv* **1** a veces **2** de vez en cuando ☛ *Ver nota en* ALWAYS

somewhat /ˈsʌmwɒt/ *adv* [*con adj o adv*] **1** algo: *I have a somewhat different question.* Tengo una pregunta algo diferente. **2** bastante: *We missed the bus, which was somewhat unfortunate.* Perdimos el colectivo, lo que fue una lástima.

somewhere /ˈsʌmweə(r)/ (*USA tb* **someplace**) ◆ *adv* a/en/por algún lugar/alguna parte: *I've seen your glasses somewhere downstairs.* Vi tus anteojos abajo, en algún lugar. ◊ *somewhere else* en algún otro lugar ◆ *pron*: *to have somewhere to go* tener algún lugar adonde ir ☛ La diferencia entre **somewhere** y **anywhere** es la misma que hay entre **some** y **any**. *Ver nota en* SOME

son /sʌn/ *n* hijo LOC *Ver* FATHER

song /sɒŋ; *USA* sɔːŋ/ *n* **1** canción **2** canto

son-in-law /ˈsʌn ɪn lɔː/ *n* (*pl* **sons-in-law**) yerno

soon /suːn/ *adv* (**-er**, **-est**) pronto, dentro de poco LOC **as soon as** en cuanto, tan pronto como: *as soon as possible* en cuanto sea posible **(just) as soon do sth (as do sth)**: *I'd (just) as soon stay at home as go for a walk.* Me da lo mismo quedarme en casa que salir a pasear. **sooner or later** tarde o temprano **the sooner the better** cuanto antes mejor

soot /sʊt/ *n* hollín

soothe /suːð/ *vt* **1** (*persona, etc*) calmar **2** (*dolor, etc*) aliviar

sophisticated /səˈfɪstɪkeɪtɪd/ *adj* sofisticado **sophistication** *n* sofisticación

soppy /ˈsɒpi/ *adj* (*GB, coloq*) sentimentaloide

sordid /ˈsɔːdɪd/ *adj* **1** sórdido **2** (*comportamiento*) vil

sore /sɔː(r)/ ◆ *n* llaga ◆ *adj* dolorido: *to have a sore throat* tener dolor de garganta ◊ *I've got sore eyes.* Me duelen los ojos. LOC **a sore point** un asunto delicado **sorely** *adv* (*formal*): *She will be sorely missed.* Se la va a extrañar muchísimo. ◊ *I was sorely tempted to do it.* Estuve terriblemente tentado de hacerlo.

sorrow /ˈsɒrəʊ/ *n* dolor: *to my great sorrow* con todo mi dolor

sorry /ˈsɒri/ ◆ *interj* **1** (*para disculparse*) ¡perdón! ☛ *Ver nota en* EXCUSE **2 sorry?** ¿cómo dice?, ¿qué dijiste? ◆ *adj* **1** *I'm sorry I'm late.* Siento llegar tarde. ◊ *I'm so sorry!* ¡Lo siento mucho! **2** *He's very sorry for what he's done.* Está muy arrepentido por lo que hizo. ◊ *You'll be sorry!* ¡Te vas a arrepentir! **3** (**-ier**, **-iest**) (*estado*) lastimoso LOC **to say you are sorry** disculparse *Ver tb* BETTER, FEEL

sort /sɔːt/ ◆ *n* **1** tipo: *They sell all sorts of gifts.* Venden toda clase de regalos. **2** (*antic, coloq*) persona: *He's not a bad sort really.* No es mala persona. LOC **a sort of**: *It's a sort of autobiography.* Es una especie de autobiografía. **sort of** (*coloq*): *I feel sort of uneasy.* Me siento medio inquieto. *Ver tb* NOTHING ◆ *vt* clasificar PHR V **to sort sth out** arreglar, solucionar algo **to sort through sth** clasificar, ordenar algo

so-so /ˌsəʊ ˈsəʊ, ˈsəʊ səʊ/ *adj, adv* (*coloq*) regular

sought *pret, pp de* SEEK

sought-after /ˈsɔːt ɑːftə(r); *USA* -æf-/ *adj* codiciado

soul /səʊl/ *n* alma: *There wasn't a soul to be seen.* No se veía un alma. ◊ *Poor soul!* ¡Pobre! LOC *Ver* BODY

sound[1] /saʊnd/ ◆ *n* **1** sonido: *sound waves* ondas sonoras **2** ruido: *I could hear the sound of voices.* Oía ruido de voces. ◊ *She opened the door without a sound.* Abrió la puerta sin hacer ruido. **3 the sound** volumen: *Can you turn the sound up/down?* ¿Podés subir/bajar el volumen? ◆ **1** *vi* sonar: *Your voice sounds a bit odd.* Tu voz suena un poco rara. **2** *vt* (*trompeta, etc*) tocar **3** *vt* (*alarma*) dar **4** *vt* pronunciar: *You don't sound the 'h'.* No se pronuncia la "h". **5** *vi* parecer: *She sounded very surprised.* Parecía muy sorprendida. ◊ *He sounds a very nice person from his letter.* A juzgar por su carta, parece una persona muy agradable.

sound[2] /saʊnd/ ◆ *adj* (**-er**, **-est**) **1** sano **2** (*estructura*) sólido **3** (*creencia*) firme **4** (*consejo, paliza*) bueno LOC **being of sound mind** hallándose en plenitud de sus facultades mentales *Ver tb* SAFE[1] ◆ *adv* LOC **to be sound asleep** estar profundamente dormido

sound[3] /saʊnd/ *vt* (*mar*) sondar PHR V **to sound sb out (about/on sth)** tantear a algn (sobre algo)

soundproof /ˈsaʊndpruːf/ ◆ *adj* a prueba de sonidos ◆ *vt* hacer algo a prueba de sonidos

soundtrack /ˈsaʊndtræk/ *n* banda sonora

soup /suːp/ *n* sopa, caldo: *soup spoon* cuchara sopera ◊ *chicken soup* sopa de pollo

sour /ˈsaʊə(r)/ *adj* **1** (*sabor, cara*) agrio **2** (*leche*) cortado LOC **to go/turn sour** agriarse/echarse a perder

source /sɔːs/ *n* **1** (*información*) fuente: *They didn't reveal their sources.* No revelaron sus fuentes. **2** (*río*) nacimiento: *a source of income* una fuente de ingresos

south /saʊθ/ ◆ *n* (*tb* **the south**, **the South**) (*abrev* **S**) (el) sur: *Brighton is in the South of England.* Brighton está al sur de Inglaterra. ◊ *southbound* en/con dirección sur ◆ *adj* (del) sur: *south winds* vientos del sur ◆ *adv* al sur: *The house faces south.* La casa da al sur. *Ver tb* SOUTHWARD(S)

south-east /ˌsaʊθ ˈiːst/ ◆ *n* (*abrev* **SE**) sureste ◆ *adj* (del) sureste ◆ *adv* hacia el sureste **south-eastern** *adj* (del) sureste

southern /ˈsʌðən/ (*tb* **Southern**) *adj* del sur, meridional: *southern Italy* el sur de Italia ◊ *the southern hemisphere* el hemisferio sur **southerner** *n* sureño, -a

southward(s) /ˈsaʊθwədz/ *adv* hacia el sur *Ver tb* SOUTH *adv*

south-west /ˌsaʊθ ˈwest/ ◆ *n* (*abrev* **SW**) suroeste ◆ *adj* (del) suroeste ◆ *adv* hacia el suroeste **south-western** *adj* (del) suroeste

souvenir /ˌsuːvəˈnɪə(r); *USA* ˈsuːvənɪər/ *n* recuerdo (*objeto*)

sovereign /ˈsɒvrɪn/ *adj, n* soberano, -a **sovereignty** *n* soberanía

sow[1] /saʊ/ *n* cerda ☛ *Ver nota en* CERDO

sow[2] /səʊ/ *vt* (*pret* **sowed** *pp* **sown** /səʊn/ *o* **sowed**) sembrar

soya /sɔɪə/ (*USA* **soy** /sɔɪ/) *n* soja: *soya bean* semilla de soja

spa /spɑː/ *n* balneario

space /speɪs/ ◆ *n* **1** [*incontable*] (*cabida*) lugar, espacio: *Leave some space for the dogs.* Dejá lugar para los perros. ◇ *There's no space for my suitcase.* No queda lugar para mi valija. **2** (*Aeronáut*) espacio: *a space flight* un vuelo espacial ◇ *to stare into space* mirar al vacío **3** (*período*) espacio: *in a short space of time* en un breve espacio de tiempo ◆ *vt* ~ **sth** (**out**) espaciar algo

spacecraft /ˈspeɪskrɑːft; *USA* -kræft/ *n* (*pl* **spacecraft**) (*tb* **spaceship** /ˈspeɪsʃɪp/) nave espacial

spacious /ˈspeɪʃəs/ *adj* espacioso, amplio

spade /speɪd/ *n* **1** pala **2** **spades** [*pl*] pique (*cartas*) ☛ *Ver nota en* CARTA

spaghetti /spəˈgeti/ *n* [*incontable*] tallarines

span /spæn/ ◆ *n* **1** (*de un puente*) luz **2** (*de tiempo*) lapso, duración: *time span/span of time* lapso de tiempo ◆ *vt* (**-nn-**) **1** (*puente*) cruzar **2** abarcar

spank /spæŋk/ *vt* dar una paliza a, dar un(os) azote(s) a

spanner /ˈspænə(r)/ (*esp USA* **wrench**) *n* llave (*herramienta*)

spare /speə(r)/ ◆ *adj* **1** sobrante, de sobra: *There are no spare seats.* No quedan asientos. ◇ *the spare room* el cuarto de huéspedes **2** de repuesto, de reserva: *a spare tyre/part* una rueda/pieza de repuesto **3** (*tiempo*) libre, de ocio ◆ *n* (pieza de) repuesto ◆ *vt* **1** ~ **sth** (**for sth/sb**) (*tiempo, dinero, etc*) tener algo (para algo/algn) **2** (*la vida de algn*) perdonar **3** escatimar: *No expense was spared.* No repararon en gastos. **4** ahorrar: *Spare me the gory details.* Ahorrame los detalles desagradables. LOC **to spare** de sobra: *with two minutes to spare* faltando dos minutos **sparing** *adj* ~ **with/of/in sth** parco en algo; mesurado con algo

spark /spɑːk/ ◆ *n* chispa ◆ PHR V **to spark sth** (**off**) (*coloq*) provocar algo, ocasionar algo

sparkle /ˈspɑːkl/ ◆ *vi* centellear, brillar ◆ *n* centelleo **sparkling** *adj* **1** (*tb* **sparkly**) brillante **2** (*vino, etc*) espumante

sparrow /ˈspærəʊ/ *n* gorrión

sparse /spɑːs/ *adj* **1** escaso, esparcido **2** (*población*) disperso **3** (*pelo*) ralo

spartan /ˈspɑːtn/ *adj* espartano

spasm /ˈspæzəm/ *n* espasmo

spat *pret, pp de* SPIT

spate /speɪt/ *n* racha, ola

spatial /ˈspeɪʃl/ *adj* (*formal*) del espacio (*de una habitación, etc*) ☛ *Comparar con* SPACE

spatter /ˈspætə(r)/ *vt* ~ **sb with sth**; ~ **sth on sb** rociar, salpicar a algn de algo

speak /spiːk/ (*pret* **spoke** /spəʊk/ *pp* **spoken** /spəʊkən/) **1** *vi* hablar: *Can I speak to you a minute, please?* ¿Puedo hablar con vos un minuto, por favor? ☛ *Ver nota en* HABLAR **2** *vt* decir, hablar: *to speak the truth* decir la verdad ◇ *Do you speak French?* ¿Hablás francés? **3** *vi* ~ (**on/about sth**) dar un discurso (sobre algo) **4** (*coloq*) *vi* ~ (**to sb**) hablar (con algn) LOC **generally, etc speaking** en términos generales **so to speak** por así decirlo **to speak for itself**: *The statistics speak for themselves.* Las estadísticas hablan solas. **to speak for sb** hablar en favor de algn **to speak up** hablar más alto **to speak your mind** hablar sin vueltas *Ver tb* STRICTLY *en* STRICT

speaker /ˈspiːkə(r)/ *n* **1** el/la que habla: *Spanish speaker* persona de habla hispana **2** (*en público*) orador, -ora, conferenciante **3** (*coloq*) altoparlante *Ver* LOUDSPEAKER

spear /spɪə(r)/ *n* **1** lanza **2** (*para pesca*) arpón

special /ˈspeʃl/ ◆ *adj* **1** especial **2** particular: *nothing special* nada en particular **3** (*reunión, edición, pago*) extraordinario ◆ *n* **1** (*tren, programa, etc*) especial **2** (*USA, coloq*) oferta especial **specialist** *n* especialista

speciality /ˌspeʃɪˈæləti/ (*esp USA* **specialty** /ˈspeʃəlti/) *n* (*pl* **-ies**) especialidad

specialize, -ise /ˈspeʃəlaɪz/ *vi* ~ (**in sth**) especializarse (en algo) **specialization, -isation** *n* especialización **specialized, -ised** *adj* especializado

specially /ˈspeʃli/ *adv* **1** especialmente, expresamente

Aunque **specially** y **especially** tienen significados similares, se usan de forma distinta. **Specially** se usa fundamentalmente con participios y **especially** cuando significa "en particular": *specially designed for schools* diseñado especialmente para los colegios ◊ *He likes dogs, especially poodles.* Le encantan los perros, sobre todo los caniches.

2 (*tb* **especially**) particularmente, sobre todo

species /ˈspiːʃiːz/ *n* (*pl* **species**) especie

specific /spəˈsɪfɪk/ *adj* específico, preciso, concreto **specifically** *adv* concretamente, específicamente, especialmente

specification /ˌspesɪfɪˈkeɪʃn/ *n* **1** especificación **2** [*gen pl*] especificaciones, plan detallado

specify /ˈspesɪfaɪ/ *vt* (*pret, pp* **-fied**) especificar, precisar

specimen /ˈspesɪmən/ *n* espécimen, ejemplar, muestra

speck /spek/ *n* **1** (*de suciedad*) manchita **2** (*de polvo*) mota **3** *a speck on the horizon* un punto en el horizonte **4** (*pequeño pedazo*) pizca

spectacle /ˈspektəkl/ *n* espectáculo

spectacles /ˈspektəklz/ *n* (*abrev* **specs**) [*pl*] (*formal*) anteojos ☛ La palabra más corriente es **glasses**. *Ver nota en* PAIR

spectacular /spekˈtækjələ(r)/ *adj* espectacular

spectator /spekˈteɪtə(r); *USA* ˈspekteɪtər/ *n* espectador, -ora

spectre (*USA* **specter**) /ˈspektə(r)/ *n* (*formal, lit y fig*) espectro, fantasma: *the spectre of another war* el fantasma de una nueva guerra

spectrum /ˈspektrəm/ *n* (*pl* **-tra** /ˈspektrə/) **1** espectro **2** espectro, abanico

speculate /ˈspekjuleɪt/ *vi* ~ (**about sth**) especular (sobre/acerca de algo) **speculation** *n* ~ (**on/about sth**) especulación (sobre algo)

speculative /ˈspekjələtɪv; *USA* ˈspekjəleɪtɪv/ *adj* especulativo

speculator /ˈspekjuleɪtə(r)/ *n* especulador, -ora

sped *pret, pp de* SPEED

speech /spiːtʃ/ *n* **1** habla: *freedom of speech* libertad de expresión ◊ *to lose the power of speech* perder el habla ◊ *speech therapy* terapia lingüística **2** discurso: *to make/deliver/give a speech* pronunciar un discurso **3** lenguaje: *children's speech* el lenguaje de los chicos **4** (*Teat*) parlamento

speechless /ˈspiːtʃləs/ *adj* sin habla, mudo: *The boy was almost speechless.* El chico apenas podía articular palabra.

speed /spiːd/ ◆ *n* velocidad, rapidez LOC **at speed** a toda velocidad *Ver tb* FULL, PICK ◆ *vt* (*pret, pp* **speeded**) acelerar PHR V **to speed up** apresurarse **to speed sth up** acelerar algo ◆ *vi* (*pret, pp* **sped** /sped/) ir a toda velocidad: *I was fined for speeding.* Me dieron una multa por exceso de velocidad.

speedily /ˈspiːdɪli/ *adv* rápidamente

speedometer /spiːˈdɒmɪtə(r)/ *n* velocímetro

speedy /ˈspiːdi/ *adj* (**-ier, -iest**) (*frec coloq*) pronto, rápido: *a speedy recovery* una pronta recuperación

spell /spel/ ◆ *n* **1** conjuro, hechizo **2** temporada, racha **3** ~ (**at/on sth**) tanda, turno (en algo) LOC *Ver* CAST ◆ *vt, vi* (*pret, pp* **spelt** /spelt/ *o* **spelled**) ☛ *Ver nota en* DREAM **1** deletrear, escribir **2** suponer, significar PHR V **to spell sth out** explicar algo claramente

spelling /ˈspelɪŋ/ *n* ortografía

spelt *pret, pp de* SPELL

spend /spend/ *vt* (*pret, pp* **spent** /spent/) **1** ~ **sth** (**on/sth**) gastar algo (en algo) **2** (*tiempo libre, etc*) pasar **3** ~ **sth on sth** dedicar algo a algo **spending** *n* gasto: *public spending* el gasto público

sperm /spɜːm/ *n* (*pl* **sperm**) esperma

sphere /sfɪə(r)/ *n* esfera

sphinx /sfɪŋks/ (*tb* **the Sphinx**) *n* esfinge

spice /spaɪs/ ◆ *n* **1** (*lit*) especia(s) **2** (*fig*) interés: *to add spice to a situation* añadir interés a una situación ◆ *vt* condimentar **spicy** *adj* (**-ier, -iest**) condimentado, picante *Ver tb* HOT

spider /ˈspaɪdə(r)/ *n* araña: *spider's web* telaraña *Ver tb* COBWEB

spied *pret, pp de* SPY

spike /spaɪk/ *n* **1** púa, pincho, pinche **2** punta **spiky** *adj* (**-ier, -iest**) puntiagudo

spill /spɪl/ ◆ *vt, vi* (*pret, pp* **spilt** /spɪlt/ *o* **spilled**) ☛ *Ver nota en* DREAM derramar(se), volcar(se) LOC *Ver* CRY PHR V **to spill over** rebalsar, desbordarse ◆ (*tb* **spillage**) *n* **1** derramamiento **2** derrame

spin /spɪn/ ◆ (-nn-) (*pret, pp* **spun** /spʌn/) **1** *vi* ~ (**round**) dar vueltas, girar **2** *vt* ~ **sth** (**round**) (hacer) girar algo; dar vueltas a algo **3** *vt, vi* (*lavarropas*) centrifugar **4** *vt* hilar PHR V **to spin sth out** alargar algo, prolongar algo ◆ *n* **1** vuelta, giro **2** (*coloq*) (*paseo en coche/moto*) vuelta: *to go for a spin* dar una vuelta

spinach /ˈspɪnɪdʒ; *USA* -ɪtʃ/ *n* [*incontable*] espinaca(s)

spinal /ˈspaɪnl/ *adj* de la columna: *spinal column* columna vertebral

spine /spaɪn/ *n* **1** (*Anat*) columna vertebral **2** (*Bot*) espina **3** (*Zool*) púa **4** (*de un libro*) lomo

spinster /ˈspɪnstə(r)/ *n* **1** soltera **2** (*frec ofen*) solterona

spiral /ˈspaɪrəl/ ◆ *n* espiral ◆ *adj* (en) espiral: *a spiral staircase* una escalera caracol

spire /ˈspaɪə(r)/ *n* aguja

spirit /ˈspɪrɪt/ *n* **1** espíritu, alma **2** fantasma **3** brío, ánimo **4** temple **5** **spirits** [*pl*] (*bebida alcohólica*) licor **6** **spirits** [*pl*] estado de ánimo, humor: *in high spirits* de muy buen humor **spirited** *adj* animoso

spiritual /ˈspɪrɪtʃuəl/ *adj* espiritual

spit /spɪt/ ◆ (-tt-) (*pret, pp* **spat** /spæt/ *tb esp USA* **spit**) **1** *vt, vi* escupir **2** *vt* (*insulto, etc*) largar **3** *vi* (*fuego, etc*) echar chispas PHR V **to spit sth out** escupir algo ◆ *n* **1** saliva, esputo **2** punta (*de tierra*) **3** asador, spiedo

spite /spaɪt/ ◆ *n* despecho, resentimiento: *out of/from spite* por despecho LOC **in spite of** a pesar de ◆ *vt* molestar, fastidiar **spiteful** *adj* malévolo, rencoroso

splash /splæʃ/ ◆ *n* **1** chapoteo **2** (*mancha*) salpicadura **3** (*de color*) mancha LOC **to make a splash** (*coloq*) causar sensación ◆ **1** *vi* chapotear **2** *vt* ~ **sth/sb** (**with sth**) salpicar algo/a algn (de algo) PHR V **to splash out** (**on sth**) (*coloq*) derrochar dinero (en algo), permitirse el lujo de comprar (algo)

splatter /ˈsplætə(r)/ (*tb* **spatter**) *vt* salpicar

splendid /ˈsplendɪd/ *adj* espléndido, magnífico

splendour (*USA* **splendor**) /ˈsplendə(r)/ *n* esplendor

splint /splɪnt/ *n* tablilla (*para entablillar un hueso roto*)

splinter /ˈsplɪntə(r)/ ◆ *n* astilla, esquirla ◆ *vt, vi* **1** astillar(se) **2** dividir(se)

split /splɪt/ ◆ (-tt-) (*pret, pp* **split**) **1** *vt, vi* partir(se): *to split sth in two* partir algo en dos **2** *vt, vi* dividir(se) **3** *vt, vi* repartir(se) **4** *vi* rajarse PHR V **to split up** (**with sb**) separarse (de algn) ◆ *n* **1** división, ruptura **2** abertura, hendidura **3** **the splits** [*pl*]: *to do the splits* abrirse completamente de piernas ◆ *adj* partido, dividido

splutter /ˈsplʌtə(r)/ ◆ **1** *vt, vi* farfullar, balbucear **2** *vi* (*tb* **sputter**) (*del fuego, etc*) chisporrotear ◆ *n* chisporroteo

spoil /spɔɪl/ (*pret, pp* **spoilt** /spɔɪlt/ *o* **spoiled**) ☛ *Ver nota en* DREAM **1** *vt, vi* estropear(se), arruinar(se), echar(se) a perder **2** *vt* (*chico*) malcriar

spoils /spɔɪlz/ *n* [*pl*] botín (*de robo, guerra, etc*)

spoilt ◆ *pret, pp de* SPOIL ◆ *adj* malcriado

spoke /spəʊk/ ◆ *pret de* SPEAK ◆ *n* rayo (*de una rueda*)

spoken *pp de* SPEAK

spokesman /ˈspəʊksmən/ *n* (*pl* **-men** /-mən/) portavoz ☛ Se prefiere usar la forma **spokesperson**, que se refiere tanto a un hombre como a una mujer.

spokesperson /ˈspəʊkspɜːsn/ *n* portavoz ☛ Se refiere tanto a un hombre como a una mujer. *Comparar con* SPOKESMAN y SPOKESWOMAN

spokeswoman /ˈspəʊkswʊmən/ *n* (*pl* **-women**) portavoz ☛ Se prefiere usar la forma **spokesperson**, que se refiere tanto a un hombre como a una mujer.

sponge /spʌndʒ/ ◆ *n* **1** esponja **2** (*tb* **sponge cake**) bizcochuelo ◆ PHR V **to sponge on/off sb** (*coloq*) vivir a costa de algn, garronear

sponsor /ˈspɒnsə(r)/ ◆ *n* patrocinador, -ora ◆ *vt* patrocinar **sponsorship** *n* patrocinio

spontaneous /spɒnˈteɪniəs/ *adj*

espontáneo **spontaneity** /ˌspɒntəˈneɪəti/ *n* espontaneidad

spooky /spuːki/ *adj* (*coloq*) (**-ier**, **-iest**) **1** de aspecto embrujado **2** misterioso

spoon /spuːn/ ◆ *n* **1** cuchara: *a serving spoon* una cuchara de servir **2** (*tb* **spoonful**) cucharada ◆ *vt*: *She spooned the mixture out of the bowl.* Sacó la mezcla del bol con una cuchara.

sporadic /spəˈrædɪk/ *adj* esporádico

sport /spɔːt/ *n* **1** deporte: *sports centre* polideportivo ◊ *sports facilities* instalaciones deportivas ◊ *sports field* campo de deportes **2** (*coloq*) buen chico, buena chica: *a good/bad sport* un buen/mal perdedor **sporting** *adj* deportivo

sports car *n* auto sport

sportsman /ˈspɔːtsmən/ *n* (*pl* **-men** /-mən/) deportista **sportsmanlike** *adj* deportivo (*justo*) **sportsmanship** *n* deportividad

sportswoman /ˈspɔːtswʊmən/ *n* (*pl* **-women**) deportista

spot[1] /spɒt/ *vt* (**-tt-**) divisar: *He finally spotted a shirt he liked.* Por fin encontró una camisa que le gustó. ◊ *Nobody spotted the mistake.* Nadie notó el error.

spot[2] /spɒt/ *n* **1** (*diseño*) lunar: *a blue skirt with red spots on it* una pollera azul con lunares rojos **2** (*en animales, etc*) mancha **3** (*Med*) grano **4** lugar **5** ~ **of sth** (*coloq*, *GB*) : *Would you like a spot of lunch?* ¿Querés comer un poco? ◊ *You seem to be having a spot of bother.* Parece que estás pasando por un momento un poco difícil. **6** *Ver* SPOTLIGHT **LOC** *Ver* SOFT

spotless /ˈspɒtləs/ *adj* **1** (*casa*) inmaculado **2** (*reputación*) intachable

spotlight /ˈspɒtlaɪt/ *n* **1** (*tb* **spot**) foco **2** (*fig*): *to be in the spotlight* ser el centro de atención

spotted /ˈspɒtɪd/ *adj* **1** (*animal*) con manchas **2** (*ropa*) con lunares

spotty /ˈspɒti/ *adj* (**-ier**, **-iest**) **1** con muchos granos **2** (*tela*) de lunares

spouse /spaʊz; *USA* spaʊs/ *n* (*Jur*) cónyuge

spout /spaʊt/ ◆ *n* **1** (*de tetera*) pico **2** (*de canaleta*) caño ◆ **1** *vi* ~ (**out/up**) salir a chorros **2** *vi* ~ (**out of/from sth**) salir a chorros, brotar (de algo) **3** *vt* ~ **sth** (**out/up**) echar algo a chorros **4** *vt* (*coloq*, *frec pey*) recitar **5** *vi* (*coloq*, *frec pey*) disertar, declamar

sprain /spreɪn/ ◆ *vt*: *to sprain your ankle* torcerse el tobillo ◆ *n* torcedura

sprang *pret de* SPRING

sprawl /sprɔːl/ *vi* **1** ~ (**out**) (**across/in/on sth**) despatarrarse (por/en algo) **2** (*ciudad, etc*) extenderse (*desordenadamente*)

spray /spreɪ/ ◆ *n* **1** rociada **2** (*del mar*) espuma **3** (*para el pelo, etc*) spray **4** (*aerosol*) pulverizador, spray ◆ **1** *vt* ~ **sth on/over sth/sb**; ~ **sth/sb with sth** rociar algo/a algn de algo **2** *vi* ~ (**out**) (**over, across, etc sth/sb**) salpicar (algo/a algn)

spread /spred/ ◆ (*pret, pp* **spread**) **1** *vt* ~ **sth** (**out**) (**on/over sth**) extender, desplegar algo (en/sobre/por algo) **2** *vt* ~ **sth with sth** cubrir algo de/con algo **3** *vt, vi* untar(se) **4** *vt, vi* extender(se), propagar(se) **5** *vt, vi* (*noticia*) divulgar (se) **6** *vt* distribuir ◆ *n* **1** extensión **2** (*alas*) envergadura **3** propagación, difusión **4** paté, queso, etc para untar

spree /spriː/ *n* excursión: *to go on a shopping/spending spree* salir a gastar dinero

spring /sprɪŋ/ ◆ *n* **1** primavera: *spring clean*(*ing*) limpieza general **2** salto **3** manantial **4** (*colchón, sillón*) resorte **5** elasticidad ◆ (*pret* **sprang** /spræŋ/ *pp* **sprung** /sprʌŋ/) *vi* **1** saltar: *to spring into action* ponerse en acción *Ver tb* JUMP **2** (*líquido*) brotar **LOC** *Ver* MIND **PHR V to spring back** rebotar **to spring from sth** provenir de algo **to spring sth on sb** (*coloq*) tomar a algn de improviso con algo

springboard /ˈsprɪŋbɔːd/ *n* (*lit y fig*) trampolín

springtime /ˈsprɪŋtaɪm/ *n* primavera

sprinkle /ˈsprɪŋkl/ *vt* **1** ~ **sth** (**with sth**) rociar, salpicar algo (de algo) **2** ~ **sth** (**on/onto/over sth**) rociar algo (sobre algo) **sprinkling** *n* ~ (**of sth/sb**) un poquito (de algo); unos, -as cuantos, -as

sprint /sprɪnt/ ◆ *vi* **1** correr a toda velocidad **2** (*Dep*) esprintar ◆ *n* **1** carrera de velocidad **2** sprint

sprout /spraʊt/ ◆ **1** *vi* ~ (**out/up**) (**from sth**) brotar, aparecer (de algo) **2** *vt* (*Bot*) brotar (*flores, brotes, etc*) ◆ *n* **1** brote **2** *Ver* BRUSSELS SPROUT

sprung *pp de* SPRING

spun *pret, pp de* SPIN

spur /spɜː(r)/ ◆ *n* **1** espuela **2 a** ~ (**t**

sth) (*fig*) un aliciente, un incentivo (para algo) LOC **on the spur of the moment** impulsivamente ◆ *vt* (**-rr-**) ~ **sth/sb** (**on**) incitar a algn

spurn /spɜːn/ *vt* (*formal*) rechazar

spurt /spɜːt/ ◆ *vi* ~ (**out**) (**from sth**) salir a chorros (de algo) ◆ *n* **1** chorro **2** arranque

spy /spaɪ/ ◆ *n* (*pl* **spies**) espía: *spy thrillers* novelas de espionaje ◆ *vi* (*pret, pp* **spied**) **to spy** (**on sth/sb**) espiar (algo/a algn)

squabble /ˈskwɒbl/ ◆ *vi* ~ (**with sb**) (**about/over sth**) pelear (con algn) (por algo) ◆ *n* pelea

squad /skwɒd/ *n* [*v sing o pl*] **1** (*Mil*) escuadrón **2** (*policía*) brigada: *the drugs squad* la brigada antidroga **3** (*Dep*) equipo

squadron /ˈskwɒdrən/ *n* [*v sing o pl*] escuadrón

squalid /ˈskwɒlɪd/ *adj* sórdido

squalor /ˈskwɒlə(r)/ *n* miseria

squander /ˈskwɒndə(r)/ *vt* ~ **sth** (**on sth**) **1** (*dinero*) despilfarrar algo (en algo) **2** (*tiempo*) malgastar algo (en algo) **3** (*energía, oportunidad*) desperdiciar algo (en algo)

square /skweə(r)/ ◆ *adj* cuadrado: *one square metre* un metro cuadrado LOC **a square meal** una comida decente **to be** (**all**) **square** (**with sb**) quedar en paz (con algn) *Ver tb* FAIR ◆ *n* **1** (*Mat*) cuadrado **2** cuadro **3** (*en un tablero*) casillero **4** (*abrev* **Sq**) plaza (=Pza.) ◆ PHR V **to square up** (**with sb**) pagar una deuda (a algn)

squarely /ˈskweəli/ *adv* directamente

square root *n* raíz cuadrada

squash /skwɒʃ/ ◆ *vt, vi* aplastar(se): *It was squashed flat.* Estaba aplastado. ◆ *n* **1** *What a squash!* ¡Qué apretujón! **2** (*GB*) refresco (de frutas edulcorado para diluir) **3** (*formal* **squash rackets**) (*Dep*) squash

squat /skwɒt/ ◆ *vi* (**-tt-**) ~ (**down**) **1** (*persona*) ponerse en cuclillas **2** (*animal*) agacharse ◆ *adj* (**-tter**, **-ttest**) retacón

squawk /skwɔːk/ ◆ *vi* graznar, chillar ◆ *n* graznido, chillido

squeak /skwiːk/ ◆ *n* **1** (*animal, etc*) chillido **2** (*bisagra, etc*) chirrido ◆ *vi* **1** (*animal, etc*) chillar **2** (*bisagra*) chirriar **squeaky** *adj* (**-ier**, **-iest**) **1** (*voz*) chillón **2** (*bisagra, etc*) chirriante

squeal /skwiːl/ ◆ *n* alarido, chillido ◆ *vt, vi* chillar

squeamish /ˈskwiːmɪʃ/ *adj* delicado, impresionable

squeeze /skwiːz/ ◆ **1** *vt* apretar **2** *vt* exprimir **3** *vt, vi* ~ (**sth/sb**) **into, past, through, etc** (**sth**): *to squeeze through a gap in the hedge* pasar con dificultad por un hueco en el cerco ◊ *Can you squeeze past/by?* ¿Podés pasar? ◊ *Can you squeeze anything else into that case?* ¿Podés meter algo más en esa valija? ◆ *n* **1** apretón: *a squeeze of lemon* un chorrito de limón **2** (*coloq, Fin*) recortes

squint /skwɪnt/ ◆ *vi* **1** ~ (**at/through sth**) mirar (algo, a través de algo) con los ojos entreabiertos **2** ponerse bizco ◆ *n* estrabismo

squirm /skwɜːm/ *vi* **1** retorcerse **2** avergonzarse

squirrel /ˈskwɪrəl; *USA* ˈskwɜːrəl/ *n* ardilla

squirt /skwɜːt/ ◆ **1** *vt*: *to squirt soda-water into a glass* echar un chorro de soda en un vaso **2** *vt* ~ **sth/sb** (**with sth**) rociar algo/a algn con un chorro (de algo) **3** *vi* ~ (**out of/from sth**) salir a chorros (de algo) ◆ *n* chorro

stab /stæb/ ◆ *vt* (**-bb-**) **1** apuñalar **2** pinchar ◆ *n* puñalada LOC **to have a stab at** (**doing**) **sth** (*coloq*) intentar (hacer) algo **stabbing** *adj* punzante **stabbing** *n* apuñalamiento

stability /stəˈbɪləti/ *n* estabilidad

stabilize, -ise /ˈsteɪbəlaɪz/ *vt, vi* estabilizar(se)

stable[1] /ˈsteɪbl/ *adj* **1** estable **2** equilibrado

stable[2] /ˈsteɪbl/ *n* **1** caballeriza **2** cuadra

stack /stæk/ ◆ *n* **1** pila (*de libros, leña, etc*) **2** ~ **of sth** [*gen pl*] (*coloq*) montón de algo ◆ *vt* ~ **sth** (**up**) apilar algo, amontonar algo

stadium /ˈsteɪdiəm/ *n* (*pl* **~s** *o* **-dia** /-diə/) estadio

staff /stɑːf; *USA* stæf/ ◆ *n* [*v sing o pl*] personal, plantel: *teaching staff* cuerpo docente ◊ *The staff are all working long hours.* Todo el personal está trabajando hasta tarde. ◆ *vt* equipar de personal

stag /stæg/ ◆ *n* ciervo ☛ *Ver nota en*

CIERVO ♦ *adj*: *stag night/party* despedida de soltero

stage /steɪdʒ/ ♦ *n* **1** escenario **2 the stage** [*sing*] el teatro (*profesión*) **3** etapa: *at this stage* en este momento/a estas alturas LOC **in stages** por etapas **stage by stage** paso por paso **to be/go on the stage** ser/hacerse actor/actriz ♦ *vt* **1** poner en escena **2** (*huelga*) organizar

stagger /ˈstægə(r)/ ♦ **1** *vi* tambalearse: *He staggered back home/to his feet.* Volvió a su casa/Se puso en pie tambaleándose. **2** *vt* dejar atónito **3** *vt* (*viaje, vacaciones*) escalonar ♦ *n* tambaleo **staggering** *adj* asombroso

stagnant /ˈstægnənt/ *adj* estancado

stagnate /stægˈneɪt; *USA* ˈstægneɪt/ *vi* estancarse **stagnation** *n* estancamiento

stain /steɪn/ ♦ *n* **1** mancha **2** tintura (*para la madera*) ☛ *Comparar con* DYE ♦ **1** *vt, vi* manchar(se) **2** *vt* teñir: *stained glass* vitreaux **stainless** *adj*: *stainless steel* acero inoxidable

stair /steə(r)/ *n* **1 stairs** [*pl*] escalera: *to go up/down the stairs* subir/bajar las escaleras **2** escalón

staircase /ˈsteəkeɪs/ (*tb* **stairway**) *n* escalera (*parte de un edificio*) *Ver tb* LADDER

stake /steɪk/ ♦ *n* **1** estaca **2 the stake** la hoguera **3** [*gen pl*] apuesta **4** (*inversión*) participación LOC **at stake** en juego: *His reputation is at stake.* Está en juego su reputación. ♦ *vt* **1** apuntalar **2** ~ **sth (on sth)** apostar algo (a algo) LOC **to stake (out) a/your claim (to sth/sb)** mostrar interés (por algo/algn)

stale /steɪl/ *adj* **1** (*pan*) duro **2** (*comida*) pasado **3** (*aire*) viciado **4** (*persona*) estancado

stalemate /ˈsteɪlmeɪt/ *n* **1** (*ajedrez*) tablas **2** (*fig*) punto muerto

stalk /stɔːk/ ♦ *n* **1** tallo **2** (*de fruta*) cabo ♦ **1** *vt* (*a un animal*) acechar **2** *vi* ~ **(along)** caminar majestuosamente

stall /stɔːl/ ♦ *n* **1** (*en mercado*) puesto **2** (*en establo*) casilla **3 stalls** [*pl*] (*GB*) (*en teatro*) platea ♦ **1** *vt, vi* (*coche, motor*) ahogarse **2** *vi* buscar evasivas

stallion /ˈstæliən/ *n* semental (*caballo*)

stalwart /ˈstɔːlwət/ ♦ *n* incondicional ♦ *adj* (*antic, formal*) recio, fornido

stamina /ˈstæmɪnə/ *n* resistencia

stammer /ˈstæmə(r)/ (*tb* **stutter**) ♦ **1** *vi* tartamudear **2** *vt* ~ **sth (out)** decir algo tartamudeando ♦ *n* tartamudeo

stamp /stæmp/ ♦ *n* **1** (*de correo*) estampilla: *stamp collecting* filatelia

> En el Reino Unido existen dos tipos de estampillas: *first class* y *second class*. Las estampillas de primera clase valen un poco más, pero las cartas llegan antes.

2 (*fiscal*) timbre **3** (*de goma*) sello **4** (*para metal*) sello **5** (*con el pie*) pisotón ♦ **1** *vt, vi* pisotear **2** *vi* (*baile*) zapatear **3** *vt* (*carta*) poner estampilla a, franquear **4** *vt* imprimir, estampar, sellar PHR V **to stamp sth out** (*fig*) erradicar algo, acabar con algo

stampede /stæmˈpiːd/ ♦ *n* estampida, desbandada ♦ *vi* desbandarse

stance /stɑːns; *USA* stæns/ *n* **1** postura **2** ~ **(on sth)** postura, actitud (hacia algo)

stand /stænd/ ♦ *n* **1** ~ **(on sth)** (*fig*) postura, actitud (hacia algo) **2** (*a menudo en compuestos*) pie, soporte: *music stand* atril **3** puesto, quiosco **4** (*Dep*) [*a menudo pl*] tribuna **5** (*USA, Jur*) estrado LOC **to make a stand (against sth/sb)** oponer resistencia (a algo/algn) **to take a stand (on sth)** tomar una posición (sobre algo) ♦ (*pret, pp* **stood** /stʊd/) **1** *vi* estar de pie, mantenerse de pie: *Stand still.* Quedate quieto. **2** *vi* ~ **(up)** ponerse de pie, levantarse **3** *vt* poner, colocar **4** *vi* medir **5** *vi* encontrarse: *A house once stood here.* Antes había una casa acá. **6** *vi* (*oferta, etc*) seguir en pie **7** *vi* permanecer, estar: *as things stand* tal como están las cosas **8** *vt* aguantar, soportar: *I can't stand him.* No lo aguanto. **9** *vi* ~ **(for sth)** (*Pol*) presentarse (a algo) LOC **it/that stands to reason** es lógico **to stand a chance (of sth)** tener posibilidades (de algo) **to stand fast** mantenerse firme *Ver tb* BAIL, LEG, TRIAL PHR V **to stand in (for sb)** suplir (a algn) **to stand by sb** apoyar a algn **to stand for sth 1** significar, representar algo **2** apoyar algo **3** (*coloq*) tolerar algo **to stand out (from sth/sb)** (*ser mejor*) destacarse (de algo/algn) **to stand sb up** (*coloq*) dejar plantado a algn **to stand up for sth/sb/yourself** defender algo/a algn/defenderse **to stand up to sb** hacer frente a algn

standard /ˈstændəd/ ◆ *n* estándar LOC **to be up to/below standard** (no) ser del nivel requerido ◆ *adj* **1** estándar **2** oficial

standardize, -ise /ˈstændədaɪz/ *vt* estandarizar

standard of living *n* nivel de vida

standby /ˈstændbaɪ/ *n* (*pl* **-bys**) **1** (*cosa*) recurso **2** (*persona*) reserva **3** lista de espera LOC **on standby 1** preparado para partir, ayudar, etc **2** en lista de espera

stand-in /ˈstænd ɪn/ *n* sustituto, -a, suplente

standing /ˈstændɪŋ/ ◆ *n* **1** prestigio **2** *of long standing* duradero ◆ *adj* permanente

standing order *n* orden de pago

standpoint /ˈstændpɔɪnt/ *n* punto de vista

standstill /ˈstændstɪl/ *n* parado: *to be at/come to/bring sth to a standstill* estar parado/pararse/parar algo LOC *Ver* GRIND

stank *pret de* STINK

staple¹ /ˈsteɪpl/ *adj* principal

staple² /ˈsteɪpl/ ◆ *n* gancho ◆ *vt* abrochar **stapler** *n* abrochadora

star /stɑː(r)/ ◆ *n* estrella ◆ *vi* (**-rr-**) ~ (**in sth**) protagonizar algo

starboard /ˈstɑːbəd/ *n* estribor

starch /stɑːtʃ/ *n* **1** almidón **2** fécula **starched** *adj* almidonado

stardom /ˈstɑːdəm/ *n* estrellato

stare /steə(r)/ *vi* ~ (**at sth/sb**) mirar fijamente (algo/a algn)

stark /stɑːk/ *adj* (**-er**, **-est**) **1** desolador **2** crudo **3** (*contraste*) manifiesto

starry /ˈstɑːri/ *adj* (**-ier**, **-iest**) estrellado

start /stɑːt/ ◆ *n* **1** principio **2 the start** [*sing*] la salida LOC **for a start** para empezar **to get off to a good, bad, etc start** tener un buen/mal comienzo ◆ **1** *vt, vi* empezar: *It started to rain.* Se largó a llover. **2** *vi* (*coche, motor*) arrancar **3** *vt* (*rumor*) iniciar LOC **to start with** para empezar *Ver tb* BALL, FALSE, SCRATCH PHR V **to start off** salir **to start out (on sth/to do sth)** empezar (con algo/a hacer algo) **to start (sth) up 1** (*motor*) arrancar, poner en marcha **2** (*negocio*) aparecer, empezar

starter /ˈstɑːtə(r)/ *n* (*coloq, esp GB*) primer plato

starting point *n* punto de partida

startle /ˈstɑːtl/ *vt* sobresaltar **startling** *adj* asombroso

starve /stɑːv/ **1** *vi* pasar hambre: *to starve (to death)* morir de hambre **2** *vt* matar de hambre, hacer pasar hambre **3** *vt* ~ **sth/sb of sth** (*fig*) privar algo/a algn de algo LOC **to be starving** (*coloq*) morirse de hambre **starvation** *n* hambre ☛ *Ver nota en* HAMBRE

state¹ /steɪt/ ◆ *n* **1** estado: *to be in a fit state to drive* estar en condiciones para manejar ◇ *the State* el Estado **2 the States** [*sing*] (*coloq*) los Estados Unidos LOC **state of affairs** circunstancias **state of mind** estado mental *Ver tb* REPAIR ◆ *adj* (*tb* **State**) estatal: *a state visit* una visita oficial

state² /steɪt/ *vt* **1** manifestar, afirmar: *State your name.* Diga su nombre. **2** establecer: *within the stated limits* en los límites establecidos

stately /ˈsteɪtli/ *adj* (**-ier**, **-iest**) majestuoso

statement /ˈsteɪtmənt/ *n* declaración: *to issue a statement* hacer una declaración

statesman /ˈsteɪtsmən/ *n* (*pl* **-men** /-mən/) estadista

static¹ /ˈstætɪk/ *adj* estático

static² /ˈstætɪk/ *n* **1** (*Radio*) interferencia **2** (*tb* **static electricity**) electricidad estática

station¹ /ˈsteɪʃn/ *n* **1** estación: *railway station* estación (de tren) **2** *nuclear power station* central nuclear ◇ *police station* comisaría ◇ *fire station* cuartel de bomberos ◇ *petrol station* estación de servicio **3** (*Radio*) emisora

station² /ˈsteɪʃn/ *vt* destinar

stationary /ˈsteɪʃənri; *USA* -neri/ *adj* parado

stationer /ˈsteɪʃnə(r)/ *n* dueño, -a de una papelería: *stationer's (shop)* papelería **stationery** /ˈsteɪʃənri; *USA* -neri/ *n* material de escritorio

statistic /stəˈtɪstɪk/ *n* estadística **statistics** *n* [*sing*] estadística (*Mat*)

statue /ˈstætʃuː/ *n* estatua

stature /ˈstætʃə(r)/ *n* **1** (*lit*) estatura **2** (*fig*) talla

status /ˈsteɪtəs/ *n* categoría: *social status* posición social ◇ *marital status* estado civil ◇ *status symbol* símbolo de condición social

statute /ˈstætʃuːt/ *n* estatuto: *statute book* código **statutory** /ˈstætʃətri; *USA* -tɔːri/ *adj* estatutario

staunch /stɔːntʃ/ *adj* (**-er**, **-est**) incondicional

stave /steɪv/ PHR V **to stave sth off 1** (*crisis*) evitar **2** (*ataque*) rechazar

stay /steɪ/ ◆ *vi* quedarse: *to stay (at) home* quedarse en casa ◇ *What hotel are you staying at?* ¿En qué hotel estás? ◇ *to stay sober* permanecer sobrio LOC *Ver* CLEAR, COOL PHR V **to stay away (from sth/sb)** permanecer alejado (de algo/algn) **to stay behind** quedarse **to stay in** quedarse en casa **to stay on (at...)** quedarse (en...) **to stay up** no acostarse: *to stay up late* acostarse tarde ◆ *n* estadía

steady /ˈstedi/ ◆ *adj* (**-ier**, **-iest**) **1** firme: *to hold sth steady* sujetar algo con firmeza **2** constante, regular: *a steady boyfriend* un novio formal ◇ *a steady job/income* un empleo/sueldo fijo ◆ (*pret, pp* **steadied**) **1** *vi* estabilizarse **2** *v refl* ~ **yourself** recuperar el equilibrio

steak /steɪk/ *n* bife

steal /stiːl/ (*pret* **stole** /stəʊl/ *pp* **stolen** /ˈstəʊlən/) **1** *vt, vi* ~ **(sth) (from sth/sb)** robar (algo) (a algo/algn) ☛ *Ver nota en* ROB **2** *vi* ~ **in, out, away, etc**: *He stole into the room.* Entró en la pieza a escondidas. ◇ *They stole away.* Salieron furtivamente. ◇ *to steal up on sb* acercarse a algn sin hacer ruido

stealth /stelθ/ *n* sigilo: *by stealth* con sigilo **stealthy** *adj* (**-ier**, **-iest**) sigiloso

steam /stiːm/ ◆ *n* vapor: *steam engine* máquina/motor de vapor LOC *Ver* LET¹, RUN ◆ **1** *vi* echar vapor: *steaming hot coffee* café muy caliente **2** *vt* cocinar al vapor LOC **to get (all) steamed up (about/over sth)** (*coloq*) sulfurarse (por algo) PHR V **to steam up** empañarse

steamer /ˈstiːmə(r)/ *n* buque de vapor

steamroller /ˈstiːmˌrəʊlə(r)/ *n* aplanadora

steel /stiːl/ ◆ *n* acero ◆ *v refl* ~ **yourself (against sth)** armarse de valor (para algo)

steep /stiːp/ *adj* (**-er**, **-est**) **1** empinado: *a steep mountain* una montaña empinada **2** (*coloq*) excesivo

steeply /ˈstiːpli/ *adv* con mucha pendiente: *The plane was climbing steeply.* El avión ascendía vertiginosamente. ◇ *Share prices fell steeply.* Las acciones bajaron en picada.

steer /stɪə(r)/ *vt, vi* **1** manejar, gobernar: *to steer north* seguir rumbo al norte ◇ *to steer by the stars* guiarse por las estrellas ◇ *He steered the discussion away from the subject.* Desvió la conversación hacia otro tema. **2** navegar LOC *Ver* CLEAR **steering** *n* dirección

steering wheel *n* volante

stem¹ /stem/ ◆ *n* tallo ◆ *v* (**-mm-**) PHR V **to stem from sth** tener el origen en algo

stem² /stem/ *vt* (**-mm-**) contener

stench /stentʃ/ *n* hedor

step /step/ ◆ *vi* (**-pp-**) dar un paso, andar: *to step on sth* pisar algo ◇ *to step over sth* pasar por encima de algo PHR V **to step down** retirarse **to step in** intervenir **to step up** incrementar ◆ *n* **1** paso **2** escalón, peldaño **3 steps** [*pl*] escalones LOC **step by step** paso a paso **to be in/out of step (with sth/sb) 1** (*lit*) (no) llevar el paso (de algo/algn) **2** (*fig*) estar de acuerdo/en desacuerdo (con algo/algn) **to take steps to do sth** tomar medidas para hacer algo *Ver tb* WATCH

stepbrother /ˈstepˌbrʌðə(r)/ *n* hermanastro ☛ *Ver nota en* HERMANASTRO

stepchild /ˈsteptʃaɪld/ *n* (*pl* **-children**) hijastro, -a

stepdaughter /ˈstepˌdɔːtə(r)/ *n* hijastra

stepfather /ˈstepˌfɑːðə(r)/ *n* padrastro

stepladder /ˈstepˌlædə(r)/ *n* escalera de mano

stepmother /ˈstepˌmʌðə(r)/ *n* madrastra

step-parent /ˈstep peərənt/ *n* padrastro, madrastra

stepsister /ˈstepˌsɪstə(r)/ *n* hermanastra ☛ *Ver nota en* HERMANASTRO

stepson /ˈstepsʌn/ *n* hijastro

stereo /ˈsteriəʊ/ *n* (*pl* ~**s**) estéreo

stereotype /ˈsteriətaɪp/ *n* estereotipo

sterile /ˈsteraɪl; *USA* ˈsterəl/ *adj* estéril **sterility** /stəˈrɪləti/ *n* esterilidad **sterilize, -ise** /ˈsterəlaɪz/ *vt* esterilizar

sterling /ˈstɜːlɪŋ/ ◆ *adj* **1** (*plata*) de ley **2** (*fig*) excelente ◆ *n* (*tb* **pound sterling**) libra esterlina

stern¹ /stɜːn/ *adj* (**-er**, **-est**) severo, duro

stern² /stɜːn/ *n* popa

stew /stjuː; *USA* stuː/ ◆ *vt, vi* cocinar, guisar ◆ *n* guiso, estofado

steward /stjuːəd; *USA* ˈstuːərd/ *n* **1** (*fem* **stewardess**) (*en un avión*) auxiliar de vuelo: (*air*) *stewardess* azafata **2** (*en un barco*) camarero, -a

stick¹ /stɪk/ *n* **1** palo, vara **2** bastón **3** barra: *a stick of celery* un tallo de apio ◊ *a stick of dynamite* un cartucho de dinamita

stick² /stɪk/ (*pret, pp* **stuck** /stʌk/) **1** *vt* clavar: *to stick a needle in your finger* clavarse una aguja en el dedo ◊ *to stick your fork into a potato* pinchar una papa con el tenedor **2** *vt, vi* pegar(se): *Jam sticks to your fingers.* El dulce se te pega en los dedos. **3** *vt* (*coloq*) poner: *He stuck the pen behind his ear.* Se puso la birome detrás de la oreja. **4** *vt* atascarse: *The bus got stuck in the mud.* El colectivo se atascó en el barro. ◊ *The lift got stuck between floors six and seven.* El ascensor se atascó entre el sexto y el séptimo piso. **5** *vt* (*coloq*) aguantar: *I can't stick it any longer.* No aguanto más. **6** *vi* ~ **at sth** seguir trabajando, persistir en algo **7** ~ **by sb** apoyar a algn **8** ~ **to sth** atenerse a algo PHR V **to stick around** (*coloq*) quedarse cerca

to stick out salir: *His ears stick out.* Tiene las orejas muy salidas. **to stick it/sth out** (*coloq*) aguantar algo **to stick sth out 1** (*lengua, mano*) sacar **2** (*cabeza*) asomar

to stick together mantenerse unidos

to stick up sobresalir **to stick up for yourself/sth/sb** defenderse/defender algo/a algn

sticker /ˈstɪkə(r)/ *n* etiqueta

sticky /ˈstɪki/ *adj* **1** pegajoso **2** (*coloq*) (*situación*) difícil

stiff /stɪf/ ◆ *adj* (**-er**, **-est**) **1** rígido, duro **2** (*articulación*) entumecido **3** (*sólido*) espeso **4** difícil, duro **5** (*formal*) duro **6** (*brisa, bebida alcohólica*) fuerte ◆ *adv* (*coloq*) extremadamente: *bored/scared stiff* muerto de aburrimiento/miedo

stiffen /ˈstɪfn/ **1** *vi* ponerse rígido/duro **2** *vi* (*articulación*) entumecerse **3** *vt* (*cuello*) almidonar

stifle /ˈstaɪfl/ **1** *vt, vi* asfixiar(se) **2** *vt* (*rebelión*) contener **3** *vt* (*bostezo*) ahogar **4** *vt* (*ideas*) ahogar, suprimir **stifling** *adj* sofocante

stigma /ˈstɪgmə/ *n* estigma

still¹ /stɪl/ *adv* **1** todavía, aún

> **¿Still o yet? Still** se usa en frases afirmativas e interrogativas y siempre va detrás de los verbos auxiliares o modales y adelante de los demás verbos: *He still talks about her.* Todavía habla de ella. ◊ *Are you still here?* ¿Todavía estás acá? **Yet** se usa en frases negativas y siempre va al final de la oración: *Aren't they here yet?* ¿No llegaron todavía? ◊ *He hasn't done it yet.* Todavía no lo hizo. Sin embargo, **still** se puede usar con frases negativas cuando queremos darle énfasis a la oración. En este caso siempre se coloca adelante del verbo, aunque sea auxiliar o modal: *He still hasn't done it.* Aún no lo hizo. ◊ *He still can't do it.* Todavía no sabe hacerlo.

2 aun así, sin embargo, no obstante: *Still, it didn't turn out badly.* De todos modos, no salió del todo mal.

still² /stɪl/ *adj* **1** quieto: *still life* naturaleza muerta ◊ *Stand still!* ¡No te muevas! ☛ *Comparar con* QUIET **2** (*agua, viento*) tranquilo **3** (*bebida*) sin gas

stillness /ˈstɪlnəs/ *n* calma, quietud

stilt /stɪlt/ *n* **1** zanco **2** pilar

stilted /ˈstɪltɪd/ *adj* torpe

stimulant /ˈstɪmjələnt/ *n* estimulante

stimulate /ˈstɪmjuleɪt/ *vt* estimular **stimulating** *adj* **1** estimulante **2** interesante

stimulus /ˈstɪmjələs/ *n* (*pl* **-muli** /-laɪ/) estímulo, incentivo

sting /stɪŋ/ ◆ *n* **1** aguijón **2** (*herida*) picadura **3** (*dolor*) ardor ◆ (*pret, pp* **stung** /stʌŋ/) **1** *vt, vi* picar **2** *vi* arder **3** *vt* (*fig*) herir

stink /stɪŋk/ ◆ *vi* (*pret* **stank** /stæŋk/ o **stunk** /stʌŋk/ *pp* **stunk**) (*coloq*) **1** ~ (**of sth**) apestar (a algo) **2** ~ (**of sth**) (*fig*) oler (a algo) PHR V **to stink sth out** apestar algo ◆ *n* (*coloq*) peste, hedor **stinking** *adj* (*coloq*) maldito

stint /stɪnt/ *n* período: *a training stint*

in Lanzarote un período de aprendizaje en Lanzarote

stipulate /ˈstɪpjuleɪt/ *vt* (*formal*) estipular

stir /stɜː(r)/ ◆ (**-rr-**) **1** *vt* revolver **2** *vt, vi* mover(se) **3** *vt* (*imaginación, etc*) despertar PHR V **to stir sth up** provocar algo ◆ *n* **1** *to give sth a stir* revolver algo **2** alboroto **stirring** *adj* emocionante

stirrup /ˈstɪrəp/ *n* estribo

stitch /stɪtʃ/ ◆ *n* **1** (*costura*) puntada **2** (*tejido*) punto **3** puntada: *I got a stitch.* Me dio una puntada. LOC **in stitches** (*coloq*) muerto de risa ◆ *vt, vi* coser **stitching** *n* costura

stock /stɒk/ ◆ *n* **1** existencias **2** ~ (**of sth**) surtido, reserva (de algo) **3** (*tb* **livestock**) ganado **4** (*Fin*) [*gen pl*] valor **5** (*de empresa*) capital social **6** (*Cocina*) caldo LOC **out of/in stock** agotado/en existencia **to take stock** (**of sth**) pasar revista a algo ◆ *adj* gastado (*frase, etc*) ◆ *vt* tener (existencias de) PHR V **to stock up** (**on/with sth**) abastecerse (de algo)

stockbroker /ˈstɒkˌbrəʊkə(r)/ (*tb* **broker**) *n* corredor, -ora de bolsa

stock exchange (*tb* **stock market**) *n* bolsa (*de valores*)

stocking /ˈstɒkɪŋ/ *n* media

stocktaking /ˈstɒkteɪkɪŋ/ *n* inventario (*acción*)

stocky /ˈstɒki/ *adj* (**-ier**, **-iest**) morrudo

stodgy /ˈstɒdʒi/ *adj* (**-ier**, **-iest**) (*coloq, pey*) pesado (*comida, literatura*)

stoke /stəʊk/ *vt* ~ **sth** (**up**) (**with sth**) cargar algo (de algo)

stole *pret de* STEAL

stolen *pp de* STEAL

stolid /ˈstɒlɪd/ *adj* (*pey*) impasible

stomach /ˈstʌmək/ ◆ *n* **1** estómago: *stomach-ache* dolor de estómago **2** panza **3** ~ **for sth** (*fig*) ganas de algo ◆ *vt* aguantar: *I can't stomach too much violence in films.* No soporto las películas con demasiada violencia.

stone /stəʊn/ ◆ *n* **1** piedra: *the Stone Age* la Edad de Piedra **2** (*esp USA* **pit**) (*de fruta*) carozo **3** (*GB*) (*pl* **stone**) unidad de peso equivalente a 14 libras o 6,348 kg ◆ *vt* apedrear **stoned** *adj* (*coloq*) **1** mamado **2** drogado (*con hachís, etc*)

stony /ˈstəʊni/ *adj* (**-ier**, **-iest**) **1** pedregoso, cubierto de piedras **2** (*mirada*) frío **3** (*silencio*) sepulcral

stood *pret, pp de* STAND

stool /stuːl/ *n* banqueta

stoop /stuːp/ ◆ *vi* ~ (**down**) agacharse, inclinarse LOC **to stoop so low** (**as to do sth**) llegar tan bajo (como para hacer algo) ◆ *n*: *to walk with/have a stoop* andar encorvado

stop /stɒp/ ◆ (**-pp-**) **1** *vt, vi* parar(se), detener(se) **2** *vt* (*proceso*) interrumpir **3** *vt* (*injusticia, etc*) acabar con, poner fin a **4** *vt* ~ **doing sth** dejar de hacer algo: *Stop it!* ¡Basta! **5** *vt* ~ **sth/sb** (**from**) **doing sth** impedir que algo/algn haga algo: *to stop yourself doing sth* hacer un esfuerzo por no hacer algo **6** *vt* cancelar **7** *vt* (*pago*) suspender **8** *vt* (*cheque*) anular **9** *vi* (*GB, coloq*) quedarse LOC **to stop dead/short** pararse en seco **to stop short of** (**doing**) **sth** no llegar a (hacer) algo *Ver tb* BUCK[3] PHR V **to stop off** (**at/in…**) pasar (por…) ◆ *n* **1** parada, alto: *to come to a stop* detenerse/parar(se) **2** (*colectivo, tren, etc*) parada **3** (*ortografía*) punto **stoppage** *n* **1** paro **2** **stoppages** [*pl*] deducciones

stopgap /ˈstɒpgæp/ *n* **1** reemplazo **2** medida provisional

stopover /ˈstɒpəʊvə(r)/ *n* escala (*en un viaje*)

stopper /ˈstɒpə(r)/ (*USA* **plug**) *n* tapón

stopwatch /ˈstɒpwɒtʃ/ *n* cronómetro

storage /ˈstɔːrɪdʒ/ *n* **1** almacenamiento, almacenaje: *storage space* lugar para guardar cosas **2** depósito, almacén

store /stɔː(r)/ ◆ *n* **1** provisión, reserva **2** **stores** [*pl*] provisiones, víveres **3** (*esp USA*) negocio, almacén LOC **to be in store for sb** estar esperando a algn (*sorpresa, etc*) **to have in store for sb** tener reservado a algn (*sorpresa, etc*) ◆ *vt* ~ **sth** (**up/away**) almacenar, guardar, acumular algo

storeroom /ˈstɔːruːm/ *n* despensa, almacén

storey /ˈstɔːri/ *n* (*pl* **storeys**) (*USA* **story**) piso

stork /stɔːk/ *n* cigüeña

storm /stɔːm/ ◆ *n* tormenta, temporal: *a storm of criticism* fuertes críticas ◆ **1** *vi* ~ **in/off/out** entrar/irse/salir furioso **2** *vt* (*edificio*) asaltar **stormy** *adj* (**-ier**,

-iest) **1** tormentoso **2** (*debate*) acalorado **3** (*relación*) turbulento

story[1] /ˈstɔːri/ *n* (*pl* **-ies**) **1** historia **2** cuento **3** (*Period*) noticia

story[2] (*USA*) *Ver* STOREY

stout /staʊt/ *adj* **1** fuerte **2** (*frec eufemismo*) gordo *Ver tb* FAT

stove /stəʊv/ *n* **1** cocina **2** estufa

stow /stəʊ/ *vt* ~ **sth** (**away**) guardar algo

straddle /ˈstrædl/ *vt* poner una pierna a cada lado de

straggle /ˈstrægl/ *vi* **1** (*planta*) desparramarse **2** (*persona*) rezagarse **straggler** *n* rezagado, -a **straggly** *adj* (**-ier**, **-iest**) desprolijo

straight /streɪt/ ◆ *adj* **1** (**-er**, **-est**) recto: *straight hair* pelo lacio **2** en orden **3** derecho LOC **to be straight** (**with sb**) ser franco (con algn) **to keep a straight face** no reírse *Ver tb* RECORD ◆ *adv* (**-er**, **-est**) **1** en línea recta: *Look straight ahead.* Mirá en línea recta. **2** (*sentarse*) derecho **3** (*pensar*) claramente **4** (*irse*) directamente LOC **straight away** inmediatamente **straight out** sin vacilar

straighten /ˈstreɪtn/ **1** *vi* enderezarse **2** *vt, vi* (*la espalda*) poner(se) derecho **3** *vt* (*corbata, pollera*) arreglar PHR V **to straighten sth out** desenmarañar algo **to straighten up** enderezarse

straightforward /ˌstreɪtˈfɔːwəd/ *adj* **1** (*persona*) honrado **2** franco **3** (*estilo*) sencillo

strain /streɪn/ ◆ **1** *vi* esforzarse **2** *vt* (*cuerda*) tensar **3** *vt* (*el oído, la vista*) aguzar **4** *vt* (*músculo, espalda*) torcer **5** *vt* (*vista, voz, corazón*) forzar **6** *vt* ~ **sth** (**off**) colar algo ◆ *n* **1** tensión: *Their relationship is showing signs of strain.* Se empiezan a ver tensiones en su relación. **2** torcedura: *eye strain* vista cansada **strained** *adj* **1** (*risa, tono de voz*) forzado **2** preocupado

strainer /ˈstreɪnə(r)/ *n* colador

straitjacket /ˈstreɪtdʒækɪt/ *n* camisa de fuerza

straits /streɪts/ *n* **1** estrecho: *the Straits of Magellan* el Estrecho de Magallanes **2** *in desperate straits* en una situación desesperada

strand /strænd/ *n* **1** hebra, hilo **2** mechón

stranded /ˈstrændɪd/ *adj* abandonado: *to be left stranded* quedarse colgado

strange /streɪndʒ/ *adj* (**-er**, **-est**) **1** desconocido **2** raro, extraño: *I find it strange that...* Me extraña que... **stranger** *n* **1** desconocido, -a **2** forastero, -a

strangle /ˈstræŋgl/ *vt* estrangular, ahogar

strap /stræp/ ◆ *n* **1** correa, tira ☛ *Ver dibujo en* RELOJ **2** (*de un vestido*) bretel ◆ *vt* ~ **sth** (**up**) (*Med*) vendar algo PHR V **to strap sth on** amarrar, sujetar algo (*con correas*) **to strap sb in** ponerle el cinturón de seguridad a algn

strategy /ˈstrætədʒi/ *n* (*pl* **-ies**) estrategia **strategic** /strəˈtiːdʒɪk/ *adj* estratégico

straw /strɔː/ *n* paja: *a straw hat* un sombrero de paja LOC **the last/final straw** la gota que rebalsó el vaso

strawberry /ˈstrɔːbəri; *USA* -beri/ *n* (*pl* **-ies**) frutilla: *strawberries and cream* frutillas con crema

stray /streɪ/ ◆ *vi* **1** perderse **2** apartarse ◆ *adj* **1** extraviado: *a stray dog* un perro callejero **2** aislado: *a stray bullet* una bala perdida

streak /striːk/ ◆ *n* **1** veta **2** rasgo, vena **3** (*de suerte*) racha: *to be on a winning/losing streak* tener una racha de suerte/mala suerte ◆ **1** *vt* ~ **sth** (**with sth**) rayar, vetear algo (de algo) **2** *vi* correr como un rayo

stream /striːm/ ◆ *n* **1** arroyo, riachuelo **2** (*de líquido, palabras*) torrente **3** (*de gente*) oleada **4** (*de coches*) caravana ◆ *vt, vi* **1** (*agua, sangre*) manar **2** (*lágrimas*) correr **3** (*luz*) entrar/salir a raudales **4** derramar

streamer /ˈstriːmə(r)/ *n* serpentina

streamline /ˈstriːmlaɪn/ *vt* **1** aerodinamizar **2** (*fig*) racionalizar

street /striːt/ *n* (*abrev* **St**) calle: *the High Street* la calle principal ☛ Nótese que cuando **street** va precedido por el nombre de la calle, se escribe con mayúscula. *Ver tb* ROAD *y nota en* CALLE. LOC (**right**) **up your street**: *This job seems right up your street.* Este trabajo te queda pintado. **to be streets ahead** (**of sth/sb**) llevar mucha ventaja (a algo/algn) *Ver tb* MAN[1]

streetcar /ˈstriːtkɑː(r)/ *n* (*USA*) *Ver* TRAM

strength /streŋθ/ *n* **1** [*incontable*] fuerza **2** (*material*) resistencia **3** (*luz, emoción*) intensidad **4** punto fuerte LOC **on the strength of sth** fundándose en algo, confiando en algo **strengthen** *vt, vi* fortalecer(se), reforzar(se)

strenuous /ˈstrenjuəs/ *adj* **1** agotador **2** vigoroso

stress /stres/ ◆ *n* **1** tensión (nerviosa) **2** ~ (**on sth**) énfasis (en algo) **3** (*Ling, Mús*) acento **4** (*Mec*) tensión ◆ *vt* subrayar, recalcar **stressful** *adj* estresante

stretch /stretʃ/ ◆ **1** *vt, vi* estirar(se), alargar(se) **2** *vi* desperezarse **3** *vi* (*terreno, etc*) extenderse **4** *vt* (*persona*) exigir el máximo esfuerzo a LOC **to stretch your legs** estirar las piernas PHR V **to stretch** (**yourself**) **out** tenderse ◆ *n* **1** *to have a stretch* estirarse **2** elasticidad **3** ~ (**of sth**) (*terreno*) trecho (de algo) **4** ~ (**of sth**) (*tiempo*) intervalo, período (de algo) LOC **at a stretch** sin interrupción, seguidos, -as

stretcher /ˈstretʃə(r)/ *n* camilla

strewn /struːn/ *adj* **1** ~ (**all**) **over sth** desparramado por algo **2** ~ **with sth** cubierto de algo

stricken /ˈstrɪkən/ *adj* ~ (**by/with sth**) afligido (por algo): *drought-stricken area* zona afectada por la sequía

strict /strɪkt/ *adj* (**-er**, **-est**) **1** severo **2** estricto, preciso LOC **in strictest confidence** totalmente confidencial **strictly** *adv* **1** severamente **2** estrictamente: *strictly prohibited* terminantemente prohibido LOC **strictly speaking** en rigor

stride /straɪd/ ◆ *vi* (*pret* **strode** /strəʊd/) **1** andar a pasos largos **2** ~ **up to sth/sb** acercarse resueltamente a algo/algn ◆ *n* **1** zancada **2** (*manera de caminar*) paso LOC **to take sth in your stride** tomárselo con calma

strident /ˈstraɪdnt/ *adj* estridente

strife /straɪf/ *n* lucha, conflicto

strike /straɪk/ ◆ *n* **1** huelga: *to go on strike* ponerse en huelga **2** (*Mil*) ataque ◆ (*pret, pp* **struck** /strʌk/) **1** *vt* golpear, pegar **2** *vt* (*coche, etc*) atropellar **3** *vt* chocar contra **4** *vi* atacar **5** *vt, vi* (*reloj*) dar (la hora) **6** *vt* (*oro, etc*) encontrar **7** *vt* (*fósforo*) prender **8** *vt*: *It strikes me that…* Se me ocurre que… **9** *vt* impresionar a, llamar la atención a: *I was struck by the similarity between them.* Me impresionó lo parecidos que eran. LOC *Ver* HOME PHR V **to strike back** (**at sth/sb**) devolver el golpe (a algo/algn) **to strike up** (**sth**) empezar a tocar (algo) **to strike up sth** (**with sb**) **1** (*conversación*) entablar algo (con algn) **2** (*amistad*) trabar algo (con algn)

striker /ˈstraɪkə(r)/ *n* **1** huelguista **2** (*Dep*) delantero

striking /ˈstraɪkɪŋ/ *adj* llamativo

string /strɪŋ/ ◆ *n* **1** hilo: *I need some string to tie up this parcel.* Necesito un hilo para atar este paquete. **2** (*de perlas, etc*) hilo LOC (**with**) **no strings attached/without strings** (*coloq*) sin condiciones *Ver tb* PULL ◆ *vt* (*pret, pp* **strung** /strʌŋ/) ~ **sth** (**up**) colgar algo (*con cuerda, etc*) PHR V **to string** (**sth**) **out** extenderse/extender algo **to string sth together** hilar algo

stringent /ˈstrɪndʒənt/ *adj* riguroso

strip[1] /strɪp/ (**-pp-**) **1** *vt* (*una máquina*) desmantelar **2** *vt* (*papel, pintura, etc*) sacar **3** *vt* ~ **sth of sth** despojar a algo de algo **4** *vt* ~ **sb of sth** sacarle algo a algn **5** *vt, vi* ~ (**off**) desnudar(se)

strip[2] /strɪp/ *n* **1** (*de papel, metal, etc*) tira **2** (*de tierra, agua, etc*) franja

stripe /straɪp/ *n* raya **striped** *adj* a rayas

strive /straɪv/ *vi* (*pret* **strove** /strəʊv/ *pp* **striven** /ˈstrɪvn/) (*formal*) ~ (**for/after sth**) esforzarse (por alcanzar algo)

strode *pret de* STRIDE

stroke[1] /strəʊk/ *n* **1** golpe: *a stroke of luck* un golpe de suerte **2** (*Dep*) brazada **3** trazo (*de lapicera, etc*) **4** campanada **5** (*Med*) apoplejía LOC **at a stroke** de un golpe **not to do a stroke** (**of work**) no hacer nada

stroke[2] /strəʊk/ *vt* acariciar

stroll /strəʊl/ ◆ *n* paseo: *to go for/take a stroll* ir a pasear ◆ *vi* caminar

strong /strɒŋ; *USA* strɔːŋ/ *adj* (**-er**, **-est**) fuerte LOC **to be going strong** (*coloq*) estar muy fuerte **to be your/sb's strong point/suit** ser el fuerte de uno/algn

strong-minded /ˌstrɒŋ ˈmaɪndɪd/ *adj* decidido

strove *pret de* STRIVE

struck *pret, pp de* STRIKE

structure /ˈstrʌktʃə(r)/ ◆ *n* **1** estructura **2** construcción ◆ *vt* estructurar

struggle /ˈstrʌgl/ ◆ *vi* **1** luchar **2** ~ (**against/with sth/sb**) forcejear (con algo/algn) ◆ *n* **1** lucha **2** esfuerzo

strung *pret, pp de* STRING

strut /strʌt/ ◆ *n* puntal, riostra ◆ *vi* (**-tt-**) ~ (**about/along**) darse aires

stub /stʌb/ *n* **1** cabo **2** (*de cigarrillo*) colilla **3** (*de cheque*) talón

stubble /ˈstʌbl/ *n* **1** rastrojo **2** barba (incipiente)

stubborn /ˈstʌbən/ *adj* **1** terco, tenaz **2** (*mancha, tos*) rebelde

stuck /stʌk/ ◆ *pret, pp de* STICK² ◆ *adj* **1** atascado: *to get stuck* atascarse **2** (*coloq*): *to be/get stuck with sth/sb* tener que cargar con algo/tener que aguantar a algn

stuck-up /ˌstʌk ˈʌp/ *adj* (*coloq*) creído

stud /stʌd/ *n* **1** tachuela **2** (*en zapato*) taco **3** caballo semental **4** (*tb* **stud farm**) caballeriza

student /ˈstjuːdnt; *USA* ˈstuː-/ *n* **1** estudiante (*de universidad*) **2** alumno, -a

studied /ˈstʌdid/ *adj* deliberado

studio /ˈstjuːdiəʊ; *USA* ˈstuː-/ *n* (*pl* ~**s**) **1** taller **2** (*Cine, TV*) estudio

studious /ˈstjuːdiəs; *USA* ˈstuː-/ *adj* **1** estudioso **2** (*formal*) deliberado

study /ˈstʌdi/ ◆ *n* (*pl* **-ies**) **1** estudio **2** despacho ◆ *vt, vi* (*pret, pp* **studied**) estudiar

stuff /stʌf/ ◆ *n* **1** material, sustancia **2** (*coloq*) cosas *Ver* FOODSTUFFS ◆ **1** *vt* ~ **sth** (**with sth**) rellenar algo (con algo) **2** *vt* ~ **sth in**; ~ **sth into sth** meter algo a la fuerza (en algo) **3** *v refl* ~ **yourself** (**with sth**) llenarse (de algo) **4** *vt* (*animal*) disecar LOC **get stuffed!** (*GB, coloq*) ¡andá a freír churros! **stuffing** *n* relleno

stuffy /ˈstʌfi/ *adj* (**-ier**, **-iest**) **1** cargado **2** (*coloq*) (*persona*) estirado

stumble /ˈstʌmbl/ *vi* **1** ~ (**over sth**) dar un traspié (con algo): *stumbling block* obstáculo (fig) **2** ~ (**over sth**) equivocarse (en algo) PHR V **to stumble across/on sth/sb** tropezar con algo/algn

stump /stʌmp/ *n* **1** (*de árbol*) cepa **2** (*de miembro*) muñón

stun /stʌn/ *vt* **1** (**-nn-**) (*fig*) asombrar **2** (*lit*) aturdir **stunning** *adj* (*coloq, aprob*) alucinante, impresionante

stung *pret, pp de* STING

stunk *pret, pp de* STINK

stunt¹ /stʌnt/ *n* (*coloq*) **1** truco **2** acrobacia

stunt² /stʌnt/ *vt* frenar el crecimiento de

stupendous /stjuːˈpendəs; *USA* stuː-/ *adj* formidable

stupid /ˈstjuːpɪd; *USA* ˈstuː-/ *adj* (**-er**, **-est**) tonto, estúpido ☛ *Ver nota en* TONTO **stupidity** /stjuːˈpɪdəti; *USA* stuː-/ *n* estupidez

stupor /ˈstjuːpə(r); *USA* ˈstuː-/ *n* [*gen sing*]: *in a drunken stupor* atontado por la bebida

sturdy /ˈstɜːdi/ *adj* (**-ier**, **-iest**) **1** (*zapatos, constitución*) fuerte **2** (*mesa*) sólido **3** (*persona, planta*) robusto

stutter /ˈstʌtə(r)/ (*tb* **stammer**) ◆ *vi* tartamudear ◆ *n* tartamudeo

sty¹ /staɪ/ *n* (*pl* **sties**) chiquero

sty² (*tb* **stye**) /staɪ/ *n* (*pl* **sties**, **styes**) orzuelo

style /staɪl/ *n* **1** estilo **2** modo **3** distinción **4** modelo: *the latest style* la última moda **stylish** *adj* elegante

suave /swɑːv/ *adj* fino (*a veces excesivamente atento*)

subconscious /ˌsʌbˈkɒnʃəs/ *adj, n* subconsciente

subdivide /ˌsʌbdɪˈvaɪd/ **1** *vt* ~ **sth** (**into sth**) subdividir algo (en algo) **2** *vi* ~ (**into sth**) subdividirse (en algo)

subdue /səbˈdjuː; *USA* -ˈduː/ *vt* someter **subdued** *adj* **1** (*voz*) bajo **2** (*luz, colores*) suave **3** (*persona*) abatido

sub-heading /ˈsʌb hedɪŋ/ *n* subtítulo

subject¹ /ˈsʌbdʒɪkt/ *n* **1** tema **2** materia **3** (*Gram*) sujeto **4** súbdito

subject² /ˈsʌbdʒekt/ *adj* ~ **to sth/sb** sujeto a algo/a algn

subject³ /səbˈdʒekt/ *vt* ~ **sth/sb** (**to sth**) someter, exponer algo/a algn (a algo) **subjection** *n* sometimiento

subjective /səbˈdʒektɪv/ *adj* subjetivo

subject-matter /ˈsʌbdʒekt mætə(r)/ *n* tema

subjunctive /səbˈdʒʌŋktɪv/ *n* subjuntivo

sublime /səˈblaɪm/ *adj* sublime

submarine /ˌsʌbməˈriːn; *USA* ˈsʌbməriːn/ *adj, n* submarino

submerge /səbˈmɜːdʒ/ **1** *vi* sumergirse **2** *vt* sumergir, inundar

submission /səbˈmɪʃn/ *n* ~ **(to sth/sb) 1** sumisión (a algo/algn) **2** (*documento, decisión*) presentación

submissive /səbˈmɪsɪv/ *adj* sumiso

submit /səbˈmɪt/ **(-tt-) 1** *vi* ~ **(to sth/sb)** someterse, rendirse (a algo/algn) **2** *vt* ~ **sth (to sth/sb)** presentar algo (a algo/algn): *Applications must be submitted by 31 March.* El plazo de entrega de solicitudes termina el 31 de marzo.

subordinate /səˈbɔːdɪnət; *USA* -dənət/ ◆ *adj, n* subordinado, -a ◆ /səˈbɔːdɪneɪt; *USA* -dəneɪt/ *vt* ~ **sth (to sth)** subordinar algo (a algo)

subscribe /səbˈskraɪb/ *vi* ~ **(to sth)** suscribirse (a algo) PHR V **to subscribe to sth** (*formal*) suscribir algo (*opinión*) **subscriber** *n* **1** suscriptor, -ora **2** abonado, -a **subscription** *n* **1** suscripción **2** cuota

subsequent /ˈsʌbsɪkwənt/ *adj* [*sólo antes de sustantivo*] posterior **subsequently** *adv* posteriormente, más tarde **subsequent to** *prep* (*formal*) posterior a, después de

subside /səbˈsaɪd/ *vi* **1** hundirse **2** (*agua*) bajar **3** (*viento*) amainar **4** (*emoción*) calmarse **subsidence** /səbˈsaɪdns, ˈsʌbsɪdns/ *n* hundimiento

subsidiary /səbˈsɪdiəri; *USA* -dieri/ ◆ *adj* secundario, subsidiario ◆ *n* (*pl* **-ies**) filial

subsidize, -ise /ˈsʌbsɪdaɪz/ *vt* subvencionar

subsidy /ˈsʌbsədi/ *n* (*pl* **-ies**) subvención

subsist /səbˈsɪst/ *vi* ~ **(on sth)** (*formal*) subsistir (a base de algo) **subsistence** *n* subsistencia

substance /ˈsʌbstəns/ *n* **1** sustancia **2** esencia

substantial /səbˈstænʃl/ *adj* **1** considerable, importante **2** (*construcción*) sólido **substantially** *adv* **1** considerablemente **2** esencialmente

substitute /ˈsʌbstɪtjuːt; *USA* -tuːt/ ◆ *n* **1** ~ **(for sb)** sustituto (de algn) **2** ~ **(for sth)** sustitutivo (de algo) **3** (*Dep*) reserva ◆ *vt, vi* ~ **A (for B)/(B with A)** sustituir B (por A): *Substitute honey for sugar/sugar with honey.* Sustituya el azúcar por miel.

subtle /ˈsʌtl/ *adj* **(-er, -est) 1** sutil **2** (*sabor*) delicado **3** (*persona*) agudo, perspicaz **4** (*olor, color*) suave **subtlety** *n* (*pl* **-ies**) sutileza

subtract /səbˈtrækt/ *vt, vi* ~ **(sth) (from sth)** restar (algo) (de algo) **subtraction** *n* sustracción

suburb /ˈsʌbɜːb/ *n* barrio residencial en las afueras: *the suburbs* las afueras **suburban** *adj* /səˈbɜːbən/ suburbano: *suburban trains* trenes suburbanos

subversive /səbˈvɜːsɪv/ *adj* subversivo

subway /ˈsʌbweɪ/ *n* **1** paso subterráneo **2** (*USA*) subte *Ver* TUBE

succeed /səkˈsiːd/ **1** *vi* tener éxito, triunfar: *to succeed in doing sth* conseguir/lograr hacer algo **2** *vt, vi* ~ **(sb)** suceder (a algn) **3** *vi* ~ **(to sth)** heredar (algo): *to succeed to the throne* subir al trono

success /səkˈses/ *n* éxito: *to be a success* tener éxito ◊ *hard work is the key to success* el trabajo es la clave del éxito **successful** *adj* exitoso: *a successful writer* un escritor de éxito ◊ *the successful candidate* el candidato elegido ◊ *to be successful in doing sth* lograr hacer algo con éxito

succession /səkˈseʃn/ *n* **1** sucesión **2** serie LOC **in succession**: *three times in quick succession* tres veces seguidas

successor /səkˈsesə(r)/ *n* ~ **(to sth/sb)** sucesor, -ora (a/para algo/de algn): *successor to the former world title holder* sucesor del último campeón del mundo

succumb /səˈkʌm/ *vi* ~ **(to sth)** sucumbir (a algo)

such /sʌtʃ/ *adj, pron* **1** semejante, tal: *Whatever gave you such an idea?* ¿Cómo se te ocurrió semejante idea? ◊ *I did no such thing!* ¡Yo no hice eso! ◊ *There's no such thing as ghosts.* Los fantasmas no existen. **2** [*uso enfático*] tan, tanto: *I'm in such a hurry.* Estoy apuradísimo. ◊ *We had such a wonderful time.* La pasamos bárbaro. ☛ **Such** se usa con adjetivos que acompañan a un sustantivo y **so** con adjetivos solos. Compárense los siguientes ejemplos: *The food was so good.* ◊ *We had such good food.* ◊ *You are so intelligent.* ◊ *You are such an intelligent person.* LOC **as such** como tal: *It's not a promotion as such.* No es un ascenso propiamente dicho. **in such a way that...** de tal manera que... **such as** por ejemplo

suck /sʌk/ *vt, vi* **1** chupar **2** (*bomba*) succionar **sucker** *n* **1** ventosa **2** (*coloq*) imbécil, bobo, -a

sudden /ˈsʌdn/ *adj* súbito, repentino LOC **all of a sudden** de pronto **suddenly** *adv* de pronto

suds /sʌdz/ *n* [*pl*] espuma

sue /suː, sjuː/ *vt, vi* **to sue (sb) (for sth)** demandar (a algn) (por algo)

suede /sweɪd/ *n* gamuza

suffer /ˈsʌfə(r)/ **1** *vi* ~ **(from/with sth)** sufrir (de algo) **2** *vt, vi* (*dolor, derrota*) sufrir **3** *vi* ser perjudicado **suffering** *n* sufrimiento

sufficient /səˈfɪʃnt/ *adj* ~ **(for sth/sb)** suficiente (para algo/algn)

suffix /ˈsʌfɪks/ *n* sufijo ☛ *Comparar con* PREFIX

suffocate /ˈsʌfəkeɪt/ **1** *vt, vi* asfixiar(se) **2** *vi* ahogarse **suffocating** *adj* sofocante **suffocation** *n* asfixia

sugar /ˈʃʊgə(r)/ *n* azúcar: *sugar bowl* azucarera ◊ *sugar lump* terrón de azúcar

suggest /səˈdʒest; *USA* səgˈdʒ-/ *vt* **1** proponer: *I suggest you go to the doctor.* Te aconsejo que vayas al médico. **2** indicar **3** insinuar **suggestion** *n* **1** sugerencia **2** indicio **3** insinuación **suggestive** *adj* **1** ~ **(of sth)** indicativo (de algo) **2** insinuante

suicidal /ˌsuːɪˈsaɪdl/ *adj* **1** suicida **2** a punto de suicidarse

suicide /ˈsuːɪsaɪd/ *n* **1** suicidio: *to commit suicide* suicidarse **2** suicida

suit /suːt/ ◆ *n* **1** traje: *a two/three-piece suit* un traje de dos/tres piezas **2** (*cartas*) palo ☛ *Ver nota en* CARTA LOC *Ver* STRONG ◆ *vt* **1** quedar bien **2** convenir **3** ir bien

suitability /ˌsuːtəˈbɪləti/ (*tb* **suitableness**) *n* aptitud

suitable /ˈsuːtəbl/ *adj* ~ **(for sth/sb) 1** adecuado (para algo/algn) **2** conveniente (para algo/algn) **suitably** *adv* debidamente

suitcase /ˈsuːtkeɪs/ *n* valija

suite /swiːt/ *n* **1** juego: *a three-piece suite* sofá y dos sillones haciendo juego **2** (*hotel*) suite

suited /ˈsuːtɪd/ *adj* ~ **(for/to sth/sb)** apropiado (para algo/algn): *He and his wife are well suited (to each other).* Él y su esposa están hechos el uno para el otro.

sulk /sʌlk/ *vi* (*pey*) malhumorarse, tener la cara larga **sulky** *adj* **(-ier, -iest)** malhumorado

sullen /ˈsʌlən/ *adj* (*pey*) huraño

sulphur (*USA* **sulfur**) /ˈsʌlfə(r)/ *n* azufre

sultan /ˈsʌltən/ *n* sultán

sultana /sʌlˈtɑːnə; *USA* -ænə/ *n* pasa

sultry /ˈsʌltri/ *adj* **(-ier, -iest) 1** pesado **2** sensual

sum /sʌm/ ◆ *n* suma: *to be good at sums* ser bueno para los cálculos ◊ *the sum of £200* la suma de 200 libras ◆ *v* **(-mm-)** PHR V **to sum (sth) up** resumir (*algo*): *to sum up...* en resumen... **to sum sth/sb up** hacerse una idea de algo/algn

summarize, -ise /ˈsʌməraɪz/ *vt, vi* resumir **summary** *n* (*pl* **-ies**) resumen

summer /ˈsʌmə(r)/ *n* verano: *a summer's day* un día de verano ◊ *summer weather* tiempo veraniego **summery** *adj* veraniego

summit /ˈsʌmɪt/ *n* cumbre: *summit conference/meeting* cumbre

summon /ˈsʌmən/ *vt* **1** convocar, llamar: *to summon help* pedir ayuda **2** ~ **sth (up)** (*valor, etc*) armarse de algo: *I couldn't summon (up) the energy.* No tuve fuerzas. PHR V **to summon sth up** evocar algo

summons /ˈsʌmənz/ *n* (*pl* **-onses**) citación

sun /sʌn/ ◆ *n* sol: *The sun was shining.* Había sol. ◆ *v refl* **(-nn-) to sun yourself** tomar sol

sunbathe /ˈsʌnbeɪð/ *vi* tomar sol

sunbeam /ˈsʌnbiːm/ *n* rayo de sol

sunburn /ˈsʌnbɜːn/ *n* [*incontable*] quemadura de sol: *to get sunburn* quemarse ☛ *Comparar con* SUNTAN **sunburnt** *adj* quemado por el sol

sundae /ˈsʌndeɪ; *USA* -diː/ *n* sundae

Sunday /ˈsʌndeɪ, ˈsʌndi/ *n* (*abrev* **Sun**) domingo ☛ *Ver ejemplos en* MONDAY

sundry /ˈsʌndri/ *adj* varios, diversos: *on sundry occasions* en varias ocasiones LOC **all and sundry** (*coloq*) todos y cada uno

sunflower /ˈsʌnˌflaʊə(r)/ *n* girasol

sung *pp de* SING

sunglasses /ˈsʌnglɑːsɪz/ *n* [*pl*] anteojos

de sol: *a pair of sunglasses* un par de anteojos de sol ☛ *Ver nota en* PAIR

sunk *pp de* SINK

sunken /ˈsʌŋkən/ *adj* hundido

sunlight /ˈsʌnlaɪt/ *n* luz solar, luz del sol

sunlit /ˈsʌnlɪt/ *adj* iluminado por el sol

sunny /ˈsʌni/ *adj* (**-ier**, **-iest**) **1** soleado: *It's sunny today.* Hoy hay sol. **2** (*personalidad*) alegre

sunrise /ˈsʌnraɪz/ *n* amanecer

sunset /ˈsʌnset/ *n* atardecer

sunshine /ˈsʌnʃaɪn/ *n* sol: *Let's sit in the sunshine.* Sentémonos al sol.

sunstroke /ˈsʌnstrəʊk/ *n* insolación: *to get sunstroke* agarrarse una insolación

suntan /ˈsʌntæn/ *n* bronceado: *to get a suntan* broncearse ☛ *Comparar con* SUNBURN **suntanned** *adj* bronceado

super /ˈsuːpə(r)/ *adj* genial

superb /suːˈpɜːb/ *adj* maravilloso **superbly** *adv* maravillosamente: *a superbly situated house* una casa en un lugar magnífico

superficial /ˌsuːpəˈfɪʃl/ *adj* superficial **superficiality** /ˌsuːpəˌfɪʃɪˈæləti/ *n* superficialidad **superficially** *adv* superficialmente, aparentemente

superfluous /suːˈpɜːflʊəs/ *adj* superfluo, innecesario: *to be superfluous* estar de más

superhuman /ˌsuːpəˈhjuːmən/ *adj* sobrehumano

superimpose /ˌsuːpərɪmˈpəʊz/ *vt* ~ **sth** (**on sth**) superponer algo (en algo)

superintendent /ˌsuːpərɪnˈtendənt/ *n* **1** comisario (*de policía*) **2** encargado, -a, superintendente

superior /suːˈpɪəriə(r)/ ◆ *adj* **1** ~ (**to sth/sb**) superior (a algo/algn) **2** (*persona, actitud*) soberbio ◆ *n* superior: *Mother Superior* la Madre Superiora **superiority** /suːˌpɪəriˈɒrəti/ *n* ~ (**in sth**); ~ (**over/to sth/sb**) superioridad (en algo); superioridad (sobre algo/algn)

superlative /suːˈpɜːlətɪv/ *adj, n* superlativo

supermarket /ˈsuːpəmɑːkɪt/ *n* supermercado

supernatural /ˌsuːpəˈnætʃrəl/ *adj* **1** sobrenatural **2 the supernatural** *n* el mundo sobrenatural

superpower /ˈsuːpəpaʊə(r)/ *n* superpotencia

supersede /ˌsuːpəˈsiːd/ *vt* reemplazar, sustituir

supersonic /ˌsuːpəˈsɒnɪk/ *adj* supersónico

superstition /ˌsuːpəˈstɪʃn/ *n* superstición **superstitious** *adj* supersticioso

superstore /ˈsuːpəstɔː(r)/ *n* hipermercado

supervise /ˈsuːpəvaɪz/ *vt* supervisar **supervision** /ˌsuːpəˈvɪʒn/ *n* supervisión **supervisor** *n* supervisor, -ora

supper /ˈsʌpə(r)/ *n* cena: *to have supper* cenar ☛ *Ver pág 314.*

supple /ˈsʌpl/ *adj* (**-er**, **-est**) flexible

supplement /ˈsʌplɪmənt/ ◆ *n* **1** suplemento, complemento **2** (*de libro*) apéndice ◆ *vt* complementar, completar: *supplemented by* complementado por

supplementary /ˌsʌplɪˈmentri; *USA* -teri/ *adj* adicional, suplementario

supplier /səˈplaɪə(r)/ *n* proveedor, -ora

supply /səˈplaɪ/ ◆ *vt* (*pret, pp* **supplied**) **1** ~ **sb** (**with sth**) proveer, abastecer a algn (de algo) **2** ~ **sth** (**to sb**) suministrar, proporcionar, facilitar algo (a algn) ◆ *n* (*pl* **-ies**) **1** suministro, provisión **2** [*pl*] **supplies** víveres **3** [*pl*] **supplies** (*Mil*) provisiones LOC **supply and demand** la oferta y la demanda *Ver tb* PLENTIFUL

support /səˈpɔːt/ ◆ *vt* **1** (*peso*) sostener, soportar **2** (*causa*) apoyar, respaldar: *a supporting role* un papel secundario **3** (*Dep*) seguir: *Which team do you support?* ¿De qué equipo sos? **4** (*persona*) mantener ◆ *n* **1** apoyo **2** soporte **supporter** *n* **1** (*Pol*) partidario, -a **2** (*Dep*) hincha **3** (*de teoría*) seguidor, -ora **supportive** *adj* que ayuda: *to be supportive* apoyar

suppose /səˈpəʊz/ *vt* **1** suponer, imaginarse **2** (*sugerencia*): *Suppose we change the subject?* ¿Qué te parece si cambiamos de tema? LOC **to be supposed to do sth** deber hacer algo **supposed** *adj* supuesto **supposedly** *adv* supuestamente **supposing** (*tb* **supposing that**) *conj* si, en el caso de que

suppress /səˈpres/ *vt* **1** (*rebelión*) reprimir **2** (*información*) ocultar **3** (*sentimiento*) contener, reprimir **4** (*bostezo*) ahogar

supremacy /suːˈpreməsi, sjuː-/ *n* ~ (**over sth/sb**) supremacía (sobre algo/algn)

supreme /suːˈpriːm, sjuː-/ *adj* supremo, sumo

surcharge /ˈsɜːtʃɑːdʒ/ *n* ~ (**on sth**) recargo (sobre algo)

sure /ʃʊə(r)/ ◆ *adj* (**surer**, **surest**) **1** seguro, cierto: *He's sure to be elected.* Seguro que van a elegirlo. **2** estable, firme LOC **to be sure of sth** estar seguro de algo **to be sure to do sth**; **to be sure and do sth** no dejar de hacer algo **for sure** (*coloq*) sin duda alguna **to make sure** (**of sth/that...**) asegurarse (de algo/de que...): *Make sure you are home by nine.* No te olvides de que tenés que estar en casa a las nueve. **sure!** (*coloq, esp USA*) ¡claro! ◆ *adv* LOC **sure enough** efectivamente

surely /ˈʃɔːli; *USA* ˈʃʊərli/ *adv* **1** seguramente, por supuesto **2** (*sorpresa*): *Surely you can't agree?* ¿No estarás de acuerdo?

surf /sɜːf/ ◆ *n* **1** oleaje, olas **2** espuma (*de las olas*) ◆ *vi* hacer surf

surface /ˈsɜːfɪs/ ◆ *n* **1** superficie: *by surface mail* por correo terrestre o marítimo ◇ *the earth's surface* la superficie de la tierra ◇ *a surface wound* una herida superficial **2** cara ◆ **1** *vt* ~ **sth** (**with sth**) recubrir algo (con algo) **2** *vi* salir a la superficie

surge /sɜːdʒ/ ◆ *vi*: *They surged into the stadium.* Entraron en tropel en el estadio. ◆ *n* ~ (**of sth**) oleada (de algo)

surgeon /ˈsɜːdʒən/ *n* cirujano, -a **surgery** *n* (*pl* **-ies**) **1** cirugía: *brain surgery* neurocirugía ◇ *to undergo surgery* someterse a una operación quirúrgica **2** (*GB*) consultorio (*de un médico*): *surgery hours* horario de consulta **surgical** *adj* quirúrgico

surly /ˈsɜːli/ *adj* (**-ier**, **-iest**) arisco

surmount /səˈmaʊnt/ *vt* superar

surname /ˈsɜːneɪm/ *n* apellido ☛ *Comparar con* NAME

surpass /səˈpɑːs; *USA* -ˈpæs/ (*formal*) **1** *vt* superar **2** *v refl* ~ **yourself** superarse

surplus /ˈsɜːpləs/ ◆ *n* excedente: *the food surplus in Western Europe* el excedente de alimentos en Europa Occidental ◆ *adj* sobrante

surprise /səˈpraɪz/ ◆ *n* sorpresa LOC **to take sth/sb by surprise** tomar algo/algn de sorpresa ◆ *vt* **1** sorprender: *I wouldn't be surprised if it rained.* No me extrañaría que lloviera. **2** ~ **sb** agarrar de sorpresa a algn **surprised** *adj* ~ (**at sth/sb**) sorprendido (por algo/con algn): *I'm not surprised!* ¡No me extraña!

surrender /səˈrendə(r)/ ◆ **1** *vi* ~ (**to sb**) rendirse (a algn) **2** *vt* ~ **sth** (**to sb**) (*formal*) entregar algo (a algn) ◆ *n* rendición, entrega

surreptitious /ˌsʌrəpˈtɪʃəs/ *adj* subrepticio, furtivo

surrogate /ˈsʌrəgət/ *n* (*formal*) sustituto, -a: *surrogate mother* madre sustituta

surround /səˈraʊnd/ *vt* rodear **surrounding** *adj* circundante: *the surrounding countryside* el campo de los alrededores **surroundings** *n* [*pl*] alrededores

surveillance /sɜːˈveɪləns/ *n* vigilancia: *to keep sb under surveillance* mantener a algn bajo vigilancia

survey /səˈveɪ/ ◆ *vt* **1** contemplar **2** (*Geog*) ~ **sth** medir algo; levantar un plano de algo **3** (*GB*) hacer un reconocimiento (*de un edificio*) **4** encuestar ◆ /ˈsɜːveɪ/ *n* **1** panorama **2** (*GB*) inspección (*de una casa, etc*) **3** encuesta **surveying** /sɜːˈveɪɪŋ/ *n* agrimensura, topografía **surveyor** /səˈveɪə(r)/ *n* **1** persona que lleva a cabo la inspección y tasación de edificios **2** agrimensor, -ora, topógrafo, -a

survive /səˈvaɪv/ **1** *vi* sobrevivir **2** *vi* ~ (**on sth**) subsistir (a base de algo) **3** *vt* ~ **sth** (*un naufragio, fuego, etc*) sobrevivir a algo **survival** *n* supervivencia **survivor** *n* sobreviviente

susceptible /səˈseptəbl/ *adj* **1** ~ **to sth**: *He's very susceptible to flattery.* Se lo convence fácilmente con halagos. **2** ~ **to sth** (*Med*) propenso a algo **3** sensible, susceptible

suspect /səˈspekt/ ◆ *vt* **1** sospechar **2** (*motivo, etc*) recelar de **3** ~ **sb** (**of sth/of doing sth**) sospechar de algn; sospechar que algn hizo algo ◆ /ˈsʌspekt/ *adj, n* sospechoso, -a

suspend /səˈspend/ *vt* **1** ~ **sth** (**from sth**) colgar algo (de algo): *to suspend sth from the ceiling* colgar algo del techo ☛ La palabra más corriente es **hang**. **2** suspender: *suspended sentence* pena que no se cumple a menos que se cometa otro crimen

suspender /səˈspendə(r)/ *n* **1** (*GB*) liga **2 suspenders** [*pl*] (*USA*) *Ver* BRACE sentido 2

suspense /səˈspens/ *n* suspenso, tensión

suspension /səˈspenʃn/ *n* suspensión: *suspension bridge* puente colgante

suspicion /səˈspɪʃn/ *n* sospecha, recelo: *on suspicion of…* bajo sospecha de…

suspicious /səˈspɪʃəs/ *adj* **1** ~ (**about/of sth/sb**) desconfiado (de algo/algn): *They're suspicious of foreigners.* Desconfían de los extranjeros. **2** sospechoso: *He died in suspicious circumstances.* Murió en circunstancias sospechosas.

sustain /səˈstem/ *vt* **1** (*vida, interés*) mantener: *People have a limited capacity to sustain interest in politics.* La gente tiene una capacidad limitada para mantenerse interesada en la política. **2** sostener: *It is difficult to sustain this argument.* Es difícil sostener este argumento. ◊ *sustained economic growth* crecimiento económico sostenido **3** (*formal*) (*lesión, pérdida, etc*) sufrir

swagger /ˈswægə(r)/ *vi* pavonearse

swallow¹ /ˈswɒləʊ/ *n* golondrina

swallow² /ˈswɒləʊ/ ◆ **1** *vt, vi* tragar **2** *vt* (*coloq*) (*tolerar, creer*) tragarse **3** *vt* ~ **sth/sb** (**up**) (*fig*) tragarse algo/a algn; consumir algo ◆ *n* trago

swam *pret de* SWIM

swamp /swɒmp/ ◆ *n* pantano ◆ *vt* **1** (*lit*) inundar **2** ~ **sth/sb** (**with sth**) (*fig*) inundar algo/a algn (de algo)

swan /swɒn/ *n* cisne

swap (*tb* **swop**) /swɒp/ *vt, vi* (**-pp-**) (*coloq*) (inter)cambiar: *to swap sth round* cambiar algo de lugar

swarm /swɔːm/ ◆ *n* **1** (*abejas*) enjambre **2** (*moscas*) nube **3** (*gente*) multitud: *swarms of people* un mar de gente ◆ PHR V **to swarm in/out** entrar/salir en manadas **to swarm with sth/sb** ser un hervidero de algo/algn

swat /swɒt/ *vt* (**-tt-**) aplastar (*un insecto*)

sway /sweɪ/ ◆ **1** *vt, vi* balancear(se), mecer(se) **2** *vi* tambalearse **3** *vt* influir en ◆ *n* **1** balanceo **2** (*fig*) dominio

swear /sweə(r)/ (*pret* **swore** /swɔː(r)/ *pp* **sworn** /swɔːn/) **1** *vi* decir malas palabras: *swear word* mala palabra ◊ *Your sister swears a lot.* Tu hermana es una boca sucia. **2** *vt, vi* jurar: *to swear to tell the truth* jurar decir la verdad PHR V **to swear by sth/sb** (*coloq*) confiar plenamente en algo/algn **to swear sb in** tomar juramento a algn

sweat /swet/ ◆ *n* transpiración ◆ *vi* transpirar LOC **to sweat it out** (*coloq*) aguantar **sweaty** *adj* (**-ier**, **-iest**) transpirado, que hace transpirar

sweater /ˈswetə(r)/ *n* pulóver

> Las palabras **sweater**, **jumper**, **pullover** significan "pulóver". *Comparar con* CARDIGAN

sweatshirt /ˈswetʃɜːt/ *n* buzo

swede /swiːd/ *n* nabo amarillo

sweep /swiːp/ ◆ (*pret, pp* **swept** /swept/) **1** *vt, vi* barrer **2** *vt* (*chimenea*) deshollinar **3** *vt* arrastrar **4** *vi* extenderse **5** *vi*: *She swept out of the room.* Salió de la habitación con paso majestuoso. **6** *vt, vi* ~ (**through, over, across, etc**) **sth** recorrer algo; extenderse por algo LOC **to sweep sb off their feet** arrebatarle el corazón a algn PHR V **to sweep (sth) away/up** barrer/limpiar (algo) ◆ *n* **1** barrido **2** movimiento, gesto (amplio) **3** extensión, alcance **4** (*de policía*) rasia

sweeping /ˈswiːpɪŋ/ *adj* **1** (*cambio*) radical **2** (*pey*) (*afirmación*) tajante

sweet /swiːt/ ◆ *adj* (**-er**, **-est**) **1** dulce **2** (*olor*) fragante **3** (*sonido*) melodioso **4** (*coloq*) lindo, mono **5** (*carácter*) encantador LOC **to have a sweet tooth** (*coloq*) ser goloso ◆ *n* **1** (*USA* **candy**) caramelo **2** (*GB*) *Ver* DESSERT **sweetness** *n* dulzura

sweetcorn /ˈswiːtkɔːn/ *n* choclo ☛ *Comparar con* MAIZE

sweeten /ˈswiːtn/ *vt* **1** endulzar, poner azúcar a **2** ~ **sb** (**up**) (*coloq*) ablandar a algn **sweetener** *n* edulcorante

sweetheart /ˈswiːthɑːt/ *n* **1** (*antic*) novio, -a **2** (*tratamiento*) mi amor

sweet pea *n* arvejilla

swell /swel/ *vt, vi* (*pret* **swelled** *pp* **swollen** /ˈswəʊlən/ *o* **swelled**) hinchar(se) **swelling** *n* hinchazón

swept *pret, pp de* SWEEP

swerve /swɜːv/ *vt, vi* dar un volantazo:

The car swerved to avoid the child. El coche viró bruscamente para esquivar al chico.

swift /swɪft/ *adj* (**-er**, **-est**) rápido, pronto: *a swift reaction* una reacción inmediata

swill /swɪl/ *vt* ~ **sth** (**out/down**) (*esp GB*) enjuagar algo

swim /swɪm/ ◆ (**-mm-**) (*pret* **swam** /swæm/ *pp* **swum** /swʌm/) **1** *vt, vi* nadar: *to swim the Channel* atravesar el Canal de la Mancha a nado ◇ *to swim breast-stroke* nadar pecho ◇ *to go swimming* ir a nadar **2** *vi* (*cabeza*) dar vueltas (*cuando uno se marea*) ◆ *n* baño: *to go for a swim* ir a nadar **swimmer** *n* nadador, -ora **swimming** *n* natación

swimming /ˈswɪmɪŋ/ *n* la natación

swimming costume *Ver* SWIMSUIT

swimming pool *n* pileta (*de natación*)

swimming trunks (*USA* **swimming shorts**) *n* [*pl*] shorts de baño: *a pair of swimming trunks* un short de baño ☛ *Ver nota en* PAIR

swimsuit /ˈswɪmsuːt/ *n* malla enteriza (*de mujer*)

swindle /ˈswɪndl/ ◆ *vt* (*coloq*) estafar ◆ *n* **1** estafa **2** engaño **swindler** *n* estafador, -ora

swing /swɪŋ/ ◆ (*pret, pp* **swung** /swʌŋ/) **1** *vt, vi* balancear(se) **2** *vt, vi* hamacar(se) **3** *vi* [*seguido de adverbio*]: *The door swung open/shut.* La puerta se abrió/cerró de golpe. PHR V **to swing (a)round** dar(se) media vuelta ◆ *n* **1** balanceo **2** hamaca **3** cambio: *mood swings* cambios bruscos de humor LOC *Ver* FULL

swirl /swɜːl/ *vt, vi* arremolinar(se): *Flakes of snow swirled in the cold wind.* Los copos de nieve se arremolinaban en el viento frío.

switch /swɪtʃ/ ◆ *n* **1** interruptor **2** (*tb* **switch-over**) (*coloq*) cambio: *a switch to Labour* un cambio hacia los laboristas ◆ **1** *vi* ~ (**from sth**) **to sth** cambiar (de algo) a algo **2** *vt* ~ **sth** (**with sth/sb**) intercambiar algo (con algo/algn) PHR V **to switch** (**sth**) **off** desenchufar (algo), apagar (algo) **to switch** (**sth**) **on** prender (algo)

switchboard /ˈswɪtʃbɔːd/ *n* conmutador

swivel /ˈswɪvl/ *v* (**-ll-**, *USA* **-l-**) PHR V **to swivel round** girar(se)

swollen *pp de* SWELL

swoop /swuːp/ ◆ *vi* ~ (**down**) (**on sth/sb**) bajar en picada (sobre algo/algn) ◆ *n* rasia: *Police made a dawn swoop.* La policía hizo una razia al amanecer.

swop *Ver* SWAP

sword /sɔːd/ *n* espada

swore *pret de* SWEAR

sworn *pp de* SWEAR

swum *pp de* SWIM

swung *pret, pp de* SWING

syllable /ˈsɪləbl/ *n* sílaba

syllabus /ˈsɪləbəs/ *n* (*pl* **-buses**) programa (de estudios): *Does the syllabus cover modern literature?* ¿Cubre el programa la literatura moderna?

symbol /ˈsɪmbl/ *n* ~ (**of/for sth**) símbolo (de algo) **symbolic** /sɪmˈbɒlɪk/ *adj* ~ (**of sth**) simbólico (de algo) **symbolism** /ˈsɪmbəlɪzəm/ *n* simbolismo **symbolize, -ise** /ˈsɪmbəlaɪz/ *vt* simbolizar

symmetry /ˈsɪmətri/ *n* simetría **symmetrical** /sɪˈmetrɪkl/ (*tb* **symmetric**) *adj* simétrico

sympathetic /ˌsɪmpəˈθetɪk/ *adj* **1** ~ (**to/towards/with sb**) comprensivo, compasivo (con algn): *They were very sympathetic when I told them I could not sit the exam.* Fueron muy comprensivos cuando les dije que no podía presentarme al examen. ☛ Nótese que "simpático" se dice **nice** o **friendly**. **2** ~ (**to sth/sb**) con buena disposición (hacia algo/algn): *lawyers sympathetic to the peace movement* abogados que apoyan el movimiento pacifista

sympathize, -ise /ˈsɪmpəθaɪz/ *vi* ~ (**with sth/sb**) **1** compadecerse (de algo/algn) **2** estar de acuerdo (con algo/algn) **sympathy** *n* (*pl* **-ies**) **1** ~ (**for/towards sb**) compasión (por/hacia algn) **2** condolencia

symphony /ˈsɪmfəni/ *n* (*pl* **-ies**) sinfonía

symptom /ˈsɪmptəm/ *n* síntoma: *The riots are a symptom of a deeper problem.* Los disturbios son un síntoma de problemas más profundos.

synagogue /ˈsɪnəgɒg/ *n* sinagoga

synchronize, -ise /ˈsɪŋkrənaɪz/ *vt, vi* ~ (**sth**) (**with sth**) sincronizar (algo) (con algo)

syndicate /ˈsɪndɪkət/ *n* sindicato

syndrome /ˈsɪndrəʊm/ *n* (*Med, fig*) síndrome

synonym /ˈsɪnənɪm/ *n* sinónimo **synonymous** /sɪˈnɒnɪməs/ *adj* ~ (**with sth**) sinónimo (de algo)

syntax /ˈsɪntæks/ *n* sintaxis

synthetic /sɪnˈθetɪk/ *adj* **1** sintético **2** (*coloq, pey*) artificial

syringe /sɪˈrɪndʒ/ *n* jeringa

syrup /ˈsɪrəp/ *n* **1** almíbar **2** jarabe (*para la tos*)

system /ˈsɪstəm/ *n* **1** sistema: *the metric/solar system* el sistema métrico/solar **2** método: *different systems of government* diferentes métodos de gobierno LOC **to get sth out of your system** (*coloq*) desahogarse de algo **systematic** /ˌsɪstəˈmætɪk/ *adj* **1** sistemático **2** metódico

Tt

T, t /tiː/ *n* (*pl* **T's, t's** /tiːz/) T, t: *T for Tommy* T de Teresa ☛ *Ver ejemplos en* A, A

tab /tæb/ *n* **1** (*de lata de bebida*) anillo **2** etiqueta **3** (*USA*) cuenta

table /ˈteɪbl/ *n* **1** mesa: *bedside/coffee table* mesa de luz/mesita de café **2** tabla: *table of contents* índice de materias LOC **to lay/set the table** poner la mesa *Ver tb* LAY[1], CLEAR

tablecloth /ˈteɪblklɒθ/ *n* mantel

tablespoon /ˈteɪblspuːn/ *n* **1** cuchara (grande) **2** (*tb* **tablespoonful**) cucharada

tablet /ˈtæblət/ *n* tableta, pastilla

table tennis *n* ping-pong®

tabloid /ˈtæblɔɪd/ *n* diario de tamaño pequeño: *the tabloid press* la prensa sensacionalista

taboo /təˈbuː; *USA* tæˈbuː/ *adj, n* (*pl* **~s**) tabú: *a taboo subject* un tema tabú

tacit /ˈtæsɪt/ *adj* tácito

tack /tæk/ ◆ *vt* clavar (con tachuelas) PHR V **to tack sth on** (**to sth**) (*coloq*) agregar algo (a algo) ◆ *n* tachuela

tackle /ˈtækl/ ◆ *n* **1** [*incontable*] equipo: *fishing tackle* equipo de pescar **2** (*en fútbol*) obstrucción **3** (*en rugby*) tacle ◆ *vt* **1** ~ **sth** hacer frente a algo: *to tackle a problem* abordar un problema **2** ~ **sb about/on/over sth** abordar a algn sobre algo **3** (*en fútbol*) obstruir **4** (*en rugby*) taclear

tacky /ˈtæki/ *adj* (**-ier, -iest**) **1** pegajoso **2** (*coloq*) de medio pelo

tact /tækt/ *n* tacto **tactful** *adj* diplomático, discreto

tactic /ˈtæktɪk/ *n* táctica **tactical** *adj* **1** táctico **2** estratégico: *a tactical decision* una decisión estratégica

tactless /ˈtæktləs/ *adj* indiscreto, poco diplomático: *It was tactless of you to ask him his age.* Fue una indiscreción de tu parte preguntarle su edad.

tadpole /ˈtædpəʊl/ *n* renacuajo

tag /tæg/ ◆ *n* etiqueta ◆ *vt* (**-gg-**) etiquetar PHR V **to tag along** (**behind/with sb**) acompañar a algn, pegarse a algn

tail[1] /teɪl/ *n* **1** rabo, cola **2 tails** [*pl*] frac **3 tails** [*pl*] ceca: *Heads or tails?* ¿Cara o ceca? LOC *Ver* HEAD[1]

tail[2] /teɪl/ *vt* perseguir PHR V **to tail away/off 1** disminuir, desvanecerse **2** (*ruido, etc*) apagarse

tailor /ˈteɪlə(r)/ ◆ *n* sastre, -a ◆ *vt* (*fig*) ~ **sth for/to sth/sb** adaptar algo para/a algo/algn

tailor-made /ˌteɪlə ˈmeɪd/ *adj* **1** a medida **2** (*fig*) a la medida de sus necesidades

taint /teɪnt/ *vt* **1** contaminar **2** (*reputación*) manchar

take /teɪk/ *vt* (*pret* **took** /tʊk/ *pp* **taken** /ˈteɪkən/) **1** tomar: *She took it as a compliment.* Lo tomó como un cumplido. **2** ~ **sth/sb** (**with you**) llevarse algo/a algn: *Take the dog with you.* Llevate el perro. **3** ~ **sth** (**to sb**) llevar algo (a algn) **4** tomar: *to take sb's hand/take sb by the hand* tomar a algn de la mano ◊ *to take the bus* tomar el colectivo **5** ~ **sth from/out of sth** sacar algo de algo **6** (*sin permiso*) llevarse **7** ~

Bring the newspaper.

Fetch the newspaper.

Take the newspaper.

sth (**from sb**) quitar algo (a algn) **8** aceptar: *Do you take cheques?* ¿Aceptan cheques? **9** (*tolerar*) soportar **10** (*comprar*) llevarse **11** (*tiempo*) tardar: *It takes an hour to get there.* Se tarda una hora en llegar. ◇ *It won't take long.* No lleva mucho tiempo. **12** (*cualidad*) necesitarse, hacer falta: *It takes courage to speak out.* Se necesita coraje para decir lo que uno piensa. **13** (*talle*) usar: *What size shoes do you take?* ¿Qué número calzás? **14** (*foto*) sacar LOC **to take it (that...)** suponer (que...) **to take some/a lot of doing** (*coloq*) no ser fácil ☛ Para otras expresiones con **take**, véanse las entradas del sustantivo, adjetivo, etc, p.ej. **to take place** en PLACE.

PHR V **to take sb aback** [*gen pasiva*] dejar a algn sorprendido: *It really took me aback.* Me tomó por sorpresa.

to take after sb salir, parecerse a algn

to take sth apart desarmar algo

to take sth/sb away (from sth/sb) quitar algo/a algn (de algo/algn)

to take sth back 1 (*negocio*) devolver algo **2** retractarse de algo

to take sth down 1 bajar algo **2** desarmar algo **3** anotar algo

to take sb in 1 dar cobijo a algn **2** engañar a algn **to take sth in** entender, asimilar algo

to take off despegar **to take sth off 1** (*prenda*) sacarse algo **2** *to take the day off* tomarse el día libre

to take sb on contratar a algn **to take sth on** aceptar algo (*trabajo*)

to take it/sth out on sb agarrárselas con algn **to take sb out** invitar a algn a salir: *I'm taking him out tonight.* Voy a salir con él esta noche. **to take sth out** sacar, extraer algo

to take over from sb sustituir a algn (en algo) **to take sth over 1** adquirir algo (*empresa*) **2** hacerse cargo de algo

to take to sth/sb: *I took to his parents immediately.* Sus padres me cayeron bien inmediatamente.

to take up sth ocupar algo (*espacio, tiempo*) **to take sb up on sth** (*coloq*) aceptar algo de algn (*oferta*) **to take sth up** empezar algo (*como hobby*) **to take sth up with sb** plantear algo a algn

takeaway /ˈteɪkəweɪ/ (*USA* **take-out**) *n* **1** restaurante que vende comida para llevar ☛ *Ver pág 314.* **2** comida para llevar: *We ordered a takeaway.* Encargamos comida para llevar.

taken *pp de* TAKE

take-off /ˈteɪk ɒf/ *n* despegue

takeover /ˈteɪkəʊvə(r)/ *n* **1** (*empresa*) adquisición: *takeover bid* oferta pública de adquisición **2** (*Mil*) toma del poder

takings /ˈteɪkɪŋz/ *n* [*pl*] recaudación

talc /tælk/ (*tb* **talcum** /ˈtælkəm/) (*tb* **talcum powder**) *n* talco

tale /teɪl/ *n* **1** cuento, historia **2** chisme

talent /ˈtælənt/ *n* ~ (**for sth**) talento (para algo) **talented** *adj* talentoso, de talento

talk /tɔːk/ ◆ *n* **1** conversación, charla: *to have a talk with sb* tener una conversación con algn **2** [*pl*] **talks** negociaciones ◆ **1** *vi* ~ (**to/with sb**) (**about/of sth/sb**) hablar (con algn) (sobre/de algo/algn) ☛ *Ver nota en* HABLAR **2** *vt* hablar de: *to talk business* hablar de negocios ◇ *to talk sense* hablar con sentido **3** *vi* chusmear LOC **to talk shop** (*pey*) hablar del trabajo **to talk your way out of (doing) sth** librarse de (hacer) algo con labia PHR V **to talk down to sb** hablar a algn como si fuera tonto **to talk sb into/out of doing sth** persuadir a algn para que haga/no haga algo **talkative** *adj* conversador

tall /tɔːl/ *adj* (**-er**, **-est**) alto: *How tall are you?* ¿Cuánto medís? ◇ *Tom is six feet tall.* Tom mide un metro ochenta. ◇ *a tall tree* un árbol alto ◇ *a tall tower* una torre alta ☛ *Ver nota en* ALTO

tambourine /ˌtæmbəˈriːn/ *n* pandereta

tame /teɪm/ ◆ *adj* (**tamer**, **tamest**) **1** domesticado **2** manso **3** (*fiesta, libro*) insulso ◆ *vt* domar

tamper /ˈtæmpə(r)/ PHR V **to tamper with sth** alterar algo

tampon /ˈtæmpɒn/ *n* tampón

tan /tæn/ ◆ *vt, vi* (**-nn-**) broncear(se) ◆ *n* (*tb* **suntan**) bronceado (*del cutis*): *to get a tan* broncearse ◆ *adj* de color canela

tangent /ˈtændʒənt/ *n* tangente LOC **to go/fly off at a tangent** irse por la tangente

tangerine /ˌtændʒəˈriːn; *USA* ˈtændʒəriːn/ ◆ *n* mandarina ◆ *adj, n* (de) color naranja oscuro

tangle /ˈtæŋgl/ ◆ *n* **1** enredo **2** lío: *to get into a tangle* hacerse un lío ◆ *vt, vi* ~ (**sth**) (**up**) enredar algo/enredarse **tangled** *adj* enredado

tank /tæŋk/ *n* **1** tanque: *petrol tank* tanque de nafta **2** pecera **3** (*Mil*) tanque

tanker /ˈtæŋkə(r)/ *n* **1** petrolero **2** camión cisterna

tantalize, -ise /ˈtæntəlaɪz/ *vt* atormentar **tantalizing, -ising** *adj* tentador

tantrum /ˈtæntrəm/ *n* rabieta: *Peter threw/had a tantrum.* A Peter le dio una rabieta.

tap[1] /tæp/ ◆ *n* canilla: *to turn the tap on/off* abrir/cerrar la canilla ◆ (**-pp-**) **1** *vt, vi* ~ (**into**) **sth** explotar algo **2** *vt* (*teléfono*) intervenir

tap[2] /tæp/ ◆ *n* golpecito ◆ *vt* (**-pp-**) **1 to tap sth** (**against/on sth**) dar golpecitos con algo (en algo) **2 to tap sth/sb** (**on sth**) (**with sth**) dar golpecitos a algo/algn (en algo) (con algo): *to tap sb on the shoulder* dar una palmadita a algn en la espalda

tape /teɪp/ ◆ *n* **1** cinta: *sticky tape* cinta adhesiva **2** cinta (*de grabación*): *to have sth on tape* tener algo grabado **3** *Ver* TAPE-MEASURE ◆ *vt* **1** ~ **sth** (**up**) atar algo con cinta **2** grabar

tape deck *n* pletina

tape-measure /ˈteɪp meʒə(r)/ (*tb* **tape**, **measuring tape**) *n* cinta métrica

tape recorder *n* grabador, cassette

tapestry /ˈtæpəstri/ *n* (*pl* **-ies**) tapiz

tar /tɑː(r)/ *n* alquitrán

target /ˈtɑːgɪt/ ◆ *n* **1** blanco, objetivo: *military targets* objetivos militares **2** objetivo: *I'm not going to meet my weekly target* No voy a cumplir mi objetivo semanal. ◆ *vt* **1** ~ **sth/sb** dirigirse a algo/algn: *We're targeting young drivers.* Nos estamos dirigiendo a los conductores jóvenes. **2** ~ **sth at/on sth/sb** dirigir algo a algo/algn

tariff /ˈtærɪf/ *n* **1** tarifa **2** arancel

Tarmac® /ˈtɑːmæk/ *n* **1** (*tb* **tarmacadam**) asfalto **2 tarmac** pista (*de aeropuerto*)

tarnish /ˈtɑːnɪʃ/ **1** *vt, vi* deslucir(se) **2** *vt* (*fig*) desacreditar

tart /tɑːt/ *adj* tarta ☛ *Ver nota en* PIE

tartan /ˈtɑːtn/ *n* tartán

task /tɑːsk; *USA* tæsk/ *n* tarea: *Your first task will be to type these letters.* Su primera tarea será pasar estas cartas a máquina.

taste /teɪst/ ◆ *n* **1** sabor **2** ~ (**for sth**) gusto (por algo) **3** (*tb* **sense of taste**) gusto **4** ~ (**of sth**) (*comida, bebida*) poquito (de algo) **5** ~ (**of sth**) muestra (de algo): *her first taste of life in the city* su primera experiencia de la vida en la ciudad ◆ **1** *vt, vi* notar el sabor (de): *I can't taste anything.* No tiene gusto a nada. **2** *vi* ~ (**of sth**) tener gusto (a algo) **3** *vt* probar **4** *vt* (*fig*) experimentar, conocer

tasteful /ˈteɪstfl/ *adj* de buen gusto

tasteless /ˈteɪstləs/ *adj* **1** insípido, soso **2** de mal gusto

tasty /ˈteɪsti/ *adj* (**-ier**, **-iest**) sabroso

tattered /ˈtætəd/ *adj* destrozado

tatters /ˈtætəz/ *n* [*pl*] harapos LOC **in tatters** harapiento

tattoo /təˈtuː; *USA* tæˈtuː/ ◆ *n* (*pl* **~s**) tatuaje ◆ *vt* tatuar

tatty /ˈtæti/ *adj* (**-ier**, **-iest**) (*GB, coloq*) en mal estado

taught *pret, pp de* TEACH

taunt /tɔːnt/ ◆ *vt* burlarse de ◆ *n* burla

Taurus /ˈtɔːrəs/ *n* Tauro ☛ *Ver ejemplos en* AQUARIUS

taut /tɔːt/ *adj* tirante, tenso

tavern /ˈtævən/ *n* (*antic*) taberna

tax /tæks/ ◆ *n* impuesto: *tax return* declaración de impuestos ◆ *vt* **1** (*artículos*) gravar con un impuesto **2** (*personas*) imponer contribuciones a **3** (*recursos*) exigir demasiado a **4** (*paciencia, etc*) poner a prueba, abusar de **taxable** *adj* imponible **taxation** *n* (recaudación/pago de) impuestos **taxing** *adj* agotador, extenuante

tax-free /ˌtæks ˈfriː/ *adj* libre de impuestos

taxi /ˈtæksi/ ◆ *n* (*tb* **taxicab**, *esp USA* **cab**) taxi: *taxi driver* taxista ◆ *vi* rodar (*avión*)

taxpayer /ˈtæksˌpeɪə(r)/ *n* contribuyente

tea /tiː/ *n* **1** té **2** merienda **3** cena ☞ *Ver pág 314.* LOC *Ver* CUP

teach /tiːtʃ/ (*pret, pp* **taught** /tɔːt/) **1** *vt* enseñar: *Jeremy is teaching us how to use the computer.* Jeremy nos está enseñando a usar la computadora. **2** *vt, vi* dar clases (de) *Ver tb* COACH LOC **to teach sb a lesson** darle a algn una lección

teacher /ˈtiːtʃə(r)/ *n* profesor, -ora: *English teacher* profesor de inglés

teaching /ˈtiːtʃɪŋ/ *n* enseñanza: *teaching materials* materiales didácticos ◊ *a teaching career* una carrera docente

team /tiːm/ ◆ *n* [*v sing o pl*] equipo ◆ PHR V **to team up (with sb)** formar equipo (con algn)

teamwork /ˈtiːmwɜːk/ *n* trabajo en equipo

teapot /ˈtiːpɒt/ *n* tetera

tear¹ /tɪə(r)/ *n* lágrima: *He was in tears.* Estaba llorando. LOC *Ver* BRING **tearful** *adj* lloroso

tear² /teə(r)/ ◆ (*pret* **tore** /tɔː(r)/ *pp* **torn** /tɔːn/) **1** *vt, vi* rasgar(se) **2** *vt* ~ **sth out** arrancar algo **3** *vi* ~ **along/past** ir/pasar a toda velocidad PHR V **to be torn between A and B** no poder decidirse entre A y B **to tear sth down** derribar algo **to tear sth up** hacer pedazos algo ◆ *n* desgarrón LOC *Ver* WEAR

tearoom /ˈtiːruːm, -rʊm/ (*tb* **tea shop**) *n* salón de té ☞ *Ver pág 314.*

tease /tiːz/ *vt* tomarle el pelo a, atormentar

teaspoon /ˈtiːspuːn/ *n* **1** cucharita **2** (*tb* **teaspoonful**) cucharadita

teatime /ˈtiːtaɪm/ *n* hora del té

technical /ˈteknɪkl/ *adj* **1** técnico **2** según la ley: *a technical point* una cuestión de forma **technicality** /ˌteknɪˈkæləti/ *n* (*pl* **-ies**) **1** detalle técnico, tecnicismo **2** formalismo **technically** *adv* **1** técnicamente, en términos técnicos **2** estrictamente

technical college *n* (*GB*) instituto superior de formación profesional

technician /tekˈnɪʃn/ *n* técnico, -a

technique /tekˈniːk/ *n* técnica

technology /tekˈnɒlədʒi/ *n* (*pl* **-ies**) tecnología **technological** /ˌteknəˈlɒdʒɪkl/ *adj* tecnológico

teddy bear /ˈtedɪ beə(r)/ *n* osito de peluche

tedious /ˈtiːdiəs/ *adj* aburrido

tedium /ˈtiːdiəm/ *n* aburrimiento

teem /tiːm/ *vi* ~ **with sth** estar colmado de algo

teenage /ˈtiːneɪdʒ/ *adj* de adolescentes **teenager** *n* adolescente

teens /tiːnz/ *n* [*pl*] edad entre los 13 y los 19 años

tee shirt *Ver* T-SHIRT

teeth *plural de* TOOTH

teethe /tiːð/ *vi* salir los dientes LOC **teething problems/troubles** dificultades menores en los inicios de un negocio

telecommunications /ˌtelɪkəˌmjuːnɪˈkeɪʃnz/ *n* [*pl*] telecomunicaciones

telegraph /ˈtelɪɡrɑːf; *USA* -ɡræf/ *n* telégrafo

telephone /ˈtelɪfəʊn/ ◆ *n* (*tb* **phone**) teléfono: *telephone call* llamada telefónica ◊ *telephone book/directory* guía telefónica LOC **on the telephone 1** *We're not on the telephone.* No tenemos teléfono. **2** *She's on the telephone.* Está hablando por teléfono. ◆ *vt, vi* llamar por teléfono a algo/algn

telephone box (*tb* **phone box**, **telephone booth**, **phone booth**) *n* cabina telefónica

telescope /ˈtelɪskəʊp/ *n* telescopio

televise /ˈtelɪvaɪz/ *vt* televisar

television /ˈtelɪvɪʒn/ (*GB, coloq* **telly**) *n* (*abrev* **TV**) **1** televisión: *to watch television* mirar televisión **2** (*tb* **television set**) televisor

En Gran Bretaña hay cinco canales de televisión nacionales: BBC1, BBC2, ITV, Channel 4 y Channel 5. En ITV, Channel 4 y Channel 5 hay avisos (son **commercial channels**). La BBC1 y BBC2 no tienen avisos y se financian a través del pago del **TV licence**, un impuesto anual que permite el uso de uno o más televisores. También existen otros canales privados nacionales e internacionales por cable o vía satélite.

telex /ˈteleks/ *n* télex

tell /tel/ (*pret, pp* **told** /təʊld/) **1** *vt* decir: *to tell the truth* decir la verdad

En estilo indirecto **tell** va generalmente seguido por un objeto directo de persona: *Tell him to wait.* Decile que espere. ◊ *She told him to hurry up.* Le dijo que se apurara. *Ver nota en* SAY

2 *vt* contar: *Tell me all about it.* Contámelo todo. ◊ *Promise you won't tell.* Prometeme que no vas a contarlo. **3** *vt, vi* saber: *You can tell she's French.* Salta a la vista que es francesa. **4** *vt* ~ **A from B** distinguir A de B LOC **I told you (so)** (*coloq*) te lo dije **there's no telling** es imposible saberlo **to tell the time** (*USA* **to tell time**) decir la hora **you never can tell** nunca se sabe **you're telling me!** (*coloq*) ¡Me lo vas a decir a mí! PHR V **to tell sb off (for sth/doing sth)** (*coloq*) retar a algn (por algo/hacer algo) **to tell on sb** (*coloq*) delatar a algn

telling /ˈtelɪŋ/ *adj* revelador, significativo

telling-off /ˌtelɪŋ ˈɒf/ *n* reto

telly /ˈteli/ *n* (*pl* **-ies**) (*GB, coloq*) tele

temp /temp/ *n* (*coloq*) empleado, -a temporal

temper¹ /ˈtempə(r)/ *n* humor, genio: *to get into a temper* ponerse de mal humor LOC **in a (bad, foul, rotten, etc) temper** de mal humor **to keep/lose your temper** dominarse/perder los estribos *Ver tb* QUICK, SHORT¹

temper² /ˈtempə(r)/ *vt* ~ **sth (with sth)** templar algo (con algo)

temperament /ˈtemprəmənt/ *n* temperamento

temperamental /ˌtemprəˈmentl/ *adj* temperamental

temperate /ˈtempərət/ *adj* **1** (*comportamiento, carácter*) moderado **2** (*clima, región*) templado

temperature /ˈtemprətʃə(r); *USA* -tʃʊər/ *n* temperatura LOC **to have/run a temperature** tener fiebre

template /ˈtempleɪt/ *n* plantilla

temple /ˈtempl/ *n* **1** (*Relig*) templo **2** (*Anat*) sien

tempo /ˈtempəʊ/ *n* (*pl* ~**s** *Mús* **tempi** /ˈtempiː/) **1** (*Mús*) tiempo **2** (*fig*) ritmo

temporary /ˈtemprəri; *USA* -pəreri/ *adj* temporal, provisional **temporarily** *adv* temporalmente

tempt /tempt/ *vt* tentar **temptation** *n* tentación **tempting** *adj* tentador

ten /ten/ *adj, pron, n* diez ☛ *Ver ejemplos en* FIVE **tenth 1** *adj* décimo **2** *pron, adv* el décimo, la décima, los décimos, las décimas **3** *n* décima parte, décimo ☛ *Ver ejemplos en* FIFTH

tenacious /təˈneɪʃəs/ *adj* tenaz

tenacity /təˈnæsəti/ *n* tenacidad

tenant /ˈtenənt/ *n* inquilino, -a **tenancy** *n* (*pl* **-ies**) inquilinato

tend /tend/ **1** *vt* cuidar, atender **2** *vi* ~ **to (do sth)** tender, tener tendencia a (hacer algo) **tendency** *n* (*pl* **-ies**) tendencia, propensión

tender /ˈtendə(r)/ *adj* **1** (*planta/carne*) tierno **2** (*herida*) dolorido **3** (*mirada*) cariñoso **tenderly** *adv* tiernamente, con ternura **tenderness** *n* ternura

tendon /ˈtendən/ *n* tendón

tenement /ˈtenəmənt/ *n*: *a tenement block/tenement house* bloque de edificios

tenner /ˈtenə(r)/ *n* (*GB, coloq*) (billete de) diez libras

tennis /ˈtenɪs/ *n* tenis

tenor /ˈtenə(r)/ *n* tenor

tense¹ /tens/ *adj* (**-er**, **-est**) tenso

tense² /tens/ *n* (*Gram*) tiempo: *in the past tense* en tiempo pasado

tension /ˈtenʃn/ *n* tensión, tirantez

tent /tent/ *n* **1** carpa (de campamento) **2** (*de circo*) carpa

tentacle /ˈtentəkl/ *n* tentáculo

tentative /ˈtentətɪv/ *adj* **1** provisional **2** cauteloso

tenth *Ver* TEN

tenuous /ˈtenjuəs/ *adj* tenue

tenure /ˈtenjʊə(r); *USA* -jər/ *n* **1** (*de un puesto*) ocupación: *security of tenure* derecho de permanencia **2** (*de tierra/ propiedad*) tenencia

tepid /ˈtepɪd/ *adj* tibio

term /tɜːm/ ◆ *n* **1** período, plazo: *term of office* mandato (de un gobierno) ◊ *the long-term risks* los riesgos a largo plazo **2** trimestre: *the autumn/spring/ summer term* el primer/segundo/tercer trimestre **3** expresión, término *Ver tb* TERMS LOC **in the long/short term** a largo/corto plazo ◆ *vt* (*formal*) calificar de

terminal /ˈtɜːmɪnl/ *adj*, *n* terminal

terminate /ˈtɜːmɪneɪt/ **1** *vt*, *vi* terminar: *This train terminates at Euston.* Este tren termina en Euston. **2** *vt* (*contrato, etc*) rescindir

terminology /ˌtɜːmɪˈnɒlədʒi/ *n* (*pl* **-ies**) terminología

terminus /ˈtɜːmɪnəs/ *n* (*pl* **termini** /ˈtɜːmɪnaɪ/ o **~es** /-nəsɪz/) (estación) terminal

terms /tɜːmz/ *n* [*pl*] **1** condiciones **2** términos LOC **to be on good, bad, etc terms (with sb)** tener buenas, malas, etc relaciones con algn **to come to terms with sth/sb** aceptar algo/a algn *Ver tb* EQUAL

terrace /ˈterəs/ *n* **1** terraza **2 the terraces** [*pl*] (*Dep*) las gradas **3** hilera de casas del mismo diseño, una pegada a la otra, en la misma cuadra **4** (*tb* **terraced house**) casa que forma parte de una hilera de casas del mismo diseño, en la misma cuadra ☛ *Ver pág 315.* **5** (*Agricultura*) bancal, terraza

terrain /təˈreɪn/ *n* terreno

terrible /ˈterəbl/ *adj* **1** (*accidente, heridas*) terrible **2** (*coloq*) malísimo, terrible **terribly** *adv* terriblemente: *I'm terribly sorry.* Lo siento muchísimo

terrific /təˈrɪfɪk/ *adj* (*coloq*) **1** tremendo **2** fabuloso: *The food was terrific value.* La comida era baratísima.

terrify /ˈterɪfaɪ/ *vt* (*pret*, *pp* **-fied**) aterrorizar **terrified** *adj* aterrorizado: *She's terrified of flying.* Le aterra volar. LOC *Ver* WIT **terrifying** *adj* aterrador, espantoso

territorial /ˌterəˈtɔːriəl/ *adj* territorial

territory /ˈterətri; *USA* -tɔːri/ *n* (*pl* **-ies**) territorio **territorial** *adj* territorial

terror /ˈterə(r)/ *n* terror: *to scream with terror* gritar de terror

terrorism /ˈterərɪzəm/ *n* terrorismo **terrorist** *n* terrorista

terrorize, -ise /ˈterəraɪz/ *vt* aterrorizar

terse /tɜːs/ *adj* conciso: *a terse reply* una respuesta seca

test /test/ ◆ *n* **1** prueba: *blood test* análisis de sangre **2** (*Educ*) test, examen: *I'll give you a test on Thursday.* Tienen una prueba el jueves. ◆ *vt* **1** probar, poner a prueba **2 ~ sth for sth** someter algo a pruebas de algo **3 ~ sb (on sth)** (*Educ*) examinar a algn (de algo)

testament /ˈtestəmənt/ *n* (*formal*) **~ (to sth)** testimonio (de algo)

testicle /ˈtestɪkl/ *n* testículo

testify /ˈtestɪfaɪ/ *vt*, *vi* (*pret*, *pp* **-fied**) declarar

testimony /ˈtestɪməni; *USA* -məʊni/ *n* (*pl* **-ies**) testimonio

test tube *n* tubo de ensayo: *test-tube baby* bebé de probeta

tether /ˈteðə(r)/ ◆ *vt* (*animal*) atar ◆ *n* LOC *Ver* END

text /tekst/ *n* texto: *set text* lectura obligatoria

textbook /ˈtekstbʊk/ *n* libro de texto

textile /ˈtekstaɪl/ *n* [*gen pl*] textil

texture /ˈtekstʃə(r)/ *n* textura

than /ðən, ðæn/ *conj*, *prep* **1** [*después de comparativo*] que: *faster than ever* más rápido que nunca ◊ *better than he thought* mejor de lo que había pensado **2** (*con tiempo y distancia*) de: *more than an hour/a kilometre* más de una hora/ un kilómetro

thank /θæŋk/ *vt* **~ sb (for sth/doing sth)** dar las gracias a algn (por algo/ hacer algo); agradecer algo a algn LOC **thank you** gracias

thankful /θæŋkfl/ *adj* agradecido

thanks /θæŋks/ ◆ *interj* (*coloq*) ¡gracias!: *Thanks for coming!* ¡Gracias por venir! ◆ *n Ver* VOTE

thanksgiving /ˌθæŋksˈgɪvɪŋ/ *n* acción de gracias: *Thanksgiving (Day)* Día de Acción de Gracias

that[1] /ðət, ðæt/ *conj* que: *I told him that he should wait.* Le dije que esperara.

that[2] /ðət, ðæt/ *pron rel* **1** [*sujeto*] que: *The letter that came is from him.* La carta que llegó es de él. **2** [*complemento*] que: *These are the books (that) I bought.*

Estos son los libros que compré. ◊ *the job (that) I applied for* el trabajo que solicité **3** [*con expresiones temporales*] en que: *the year that he died* el año en que murió

that³ /ðæt/ ◆ *adj* (*pl* **those** /ðəʊz/) ese, aquel ◆ *pron* (*pl* **those** /ðəʊz/) eso, ése, -a, ésos, -as, aquello, aquél, -lla, aquéllos, -llas ☛ *Comparar con* THIS **LOC that is (to say)** es decir **that's right/it** eso es ◆ *adv*: *that low* así de bajo ◊ *that near* tan cerca

that⁴ /ðæt/ *adv* tan: *It's that long.* Es así de largo. ◊ *that much worse* tanto peor

thatch /θætʃ/ *vt* poner un techo de paja **thatched** *adj* con techo de paja

thaw /θɔː/ ◆ *vt, vi* deshelar(se) ◆ *n* deshielo

the /ðə/ ☛ Antes de vocal se pronuncia /ði/ o, si se quiere dar énfasis, /ðiː/ . *art def* el/la/lo, los/las **LOC the more/less ... the more/less ...** cuanto más/menos ... más/menos ...

El artículo definido en inglés:
1 No se usa con sustantivos contables en plural cuando hablamos en general: *Books are expensive.* Los libros son caros. ◊ *Children learn very fast.* Los chicos aprenden muy rápido.
2 Se omite con sustantivos incontables cuando se refieren a una sustancia o a una idea en general: *I like cheese/pop music.* Me gusta el queso/la música pop.
3 Normalmente se omite con nombres propios y con nombres que indican relaciones familiares: *Mrs Smith* la Sra Smith ◊ *Ana's mother* la madre de Ana ◊ *Granny came yesterday.* Ayer vino la abuela.
4 Con las partes del cuerpo y los objetos personales se suele usar el posesivo en vez del artículo: *Give me **your hand**.* Dame la mano. ◊ *He put **his tie** on.* Se puso la corbata.
5 Hospital, school y **church** pueden usarse con artículo o sin él, pero el significado es distinto. *Ver nota en* SCHOOL

theatre (*USA* **theater**) /ˈθɪətə(r); *USA* ˈθiːətər/ *n* teatro **LOC** *Ver* LECTURE

theatrical /θiˈætrɪkl/ *adj* teatral, de teatro

theft /θeft/ *n* robo

Theft es el término que se usa para los robos que se realizan sin que nadie los vea y sin recurrir a la violencia: *car/cattle thefts* robos de coches/ganado, **robbery** se refiere a los robos llevados a cabo por medio de la violencia o con amenazas: *armed/bank robbery* robo a mano armada/de un banco y **burglary** se usa para los robos en casas o negocios cuando los dueños están ausentes. *Ver tb notas en* THIEF *y* ROB

their /ðeə(r)/ *adj pos* su(s) (*de ellos*): *What colour is their cat?* ¿De qué color es su gato? ☛ *Ver nota en* MY

theirs /ðeəz/ *pron pos* suyo, -a, -os, -as (*de ellos*): *a friend of theirs* un amigo suyo ◊ *Our flat is not as big as theirs.* Nuestro departamento no es tan grande como el de ellos.

them /ðəm, ðem/ *pron pers* **1** [*como objeto directo*] los, las: *I saw them yesterday.* Los vi ayer. **2** [*como objeto indirecto*] les: *Tell them to wait.* Deciles que esperen. **3** [*después de preposición o del verbo* **to be**] ellos/ellas: *Go with them.* Andá con ellos. ◊ *They took it with them.* Lo llevaron con ellos. ◊ *Was it them at the door?* ¿Eran ellos los que llamaron? ☛ *Comparar con* THEY

theme /θiːm/ *n* tema

themselves /ðəmˈselvz/ *pron* **1** [*uso reflexivo*] se: *They enjoyed themselves a lot.* La pasaron muy bien. **2** [*con preposición*] sí mismos, -as: *They were talking about themselves.* Hablaban de sí mismos. **3** [*uso enfático*] ellos, -as mismos, -as: *Did they paint the house themselves?* ¿Pintaron la casa ellos mismos?

then /ðen/ *adv* **1** entonces: *until then* hasta entonces ◊ *from then on* desde entonces **2** en aquella época: *Life was harder then.* La vida era más dura en aquella época. **3** luego, después: *the soup and then the chicken* la sopa y luego el pollo **4** (*así que*) en ese caso, entonces: *You're not coming, then?* ¿Así que no vienen?

theology /θiˈɒlədʒi/ *n* teología **theological** /ˌθiːəˈlɒdʒɪkl/ *adj* teológico

theoretical /ˌθɪəˈretɪkl/ *adj* teórico

theory /ˈθɪəri/ *n* (*pl* **-ies**) teoría: *in theory* en teoría

therapeutic /ˌθerəˈpjuːtɪk/ *adj* terapéutico

therapist /ˈθerəpɪst/ *n* terapeuta

therapy /ˈθerəpi/ *n* terapia

there /ðeə(r)/ ◆ *adv* ahí, allá: *My car is there, in front of the pub.* Mi coche está allá, delante del bar. LOC **there and then** en el acto, ahí mismo *Ver tb* HERE ◆ *pron* LOC **there + to be**: *There's someone at the door.* Hay alguien en la puerta. ◊ *How many are there?* ¿Cuántos hay? ◊ *There'll be twelve guests at the party.* Va a haber doce invitados en la fiesta. ◊ *There was a terrible accident yesterday.* Hubo un accidente horrible ayer. ◊ *There has been very little rain recently.* Llovió muy poco últimamente. ☛ *Ver nota en* HABER **there + v modal + be**: *There must be no mistakes.* No debe haber ningún error. ◊ *There might be rain later.* Podría haber chaparrones más tarde. ◊ *There shouldn't be any problems.* No creo que haya ningún problema. ◊ *How can there be that many?* ¿Cómo es posible que haya tantos?

> **There** se usa también con **seem** y **appear**: *There seem/appear to be two ways of looking at this problem.* Parece que hay dos formas de ver este problema.

thereafter /ˌðeərˈɑːftə(r); *USA* -ˈæf-/ *adv* (*formal*) a partir de entonces

thereby /ˌðeəˈbaɪ/ *adv* (*formal*) **1** por eso **2** esta manera

therefore /ˈðeəfɔː(r)/ *adv* por (lo) tanto, por consiguiente

thermal /ˈθɜːml/ *adj* **1** térmico **2** (*fuente*) termal

thermometer /θəˈmɒmɪtə(r)/ *n* termómetro

thermostat /ˈθɜːməstæt/ *n* termostato

these /ðiːz/ ◆ *adj* [*pl*] estos, -as ◆ *pron* [*pl*] éstos, -as *Ver tb* THIS

thesis /ˈθiːsɪs/ *n* (*pl* **theses** /ˈθiːsiːz/) tesis

they /ðeɪ/ *pron pers* ellos/ellas: *They didn't like it.* No les gustó. ☛ El *pron pers* no se puede omitir en inglés. *Comparar con* THEM

they'd /ðeɪd/ **1** = THEY HAD *Ver* HAVE = THEY WOULD *Ver* WOULD

they'll /ðeɪl/ = THEY WILL *Ver* WILL

they're /ðeə(r)/ = THEY ARE *Ver* BE

they've /ðeɪv/ = THEY HAVE *Ver* HAVE

thick /θɪk/ ◆ *adj* (**-er**, **-est**) **1** grueso: *The ice was six inches thick.* El hielo tenía quince centímetros de grosor. **2** espeso: *This sauce is too thick.* Esta salsa está demasiado espesa. **3** (*barba*) poblado **4** (*acento*) marcado **5** (*coloq*) (*persona*) burro ◆ *adv* (**-er**, **-est**) (*tb* **thickly**) grueso: *Don't spread the butter too thick.* No le pongas demasiada manteca. ◆ *n* LOC **in the thick of sth** en medio de algo **through thick and thin** contra viento y marea **thicken** *vt, vi* espesar(se) **thickly** *adv* **1** gruesamente, espesamente **2** (*poblado*) densamente **thickness** *n* espesor, grosor

thief /θiːf/ *n* (*pl* **thieves** /θiːvz/) ladrón, -ona

> **Thief** es el término general que se usa para designar a un ladrón que roba cosas, generalmente sin que nadie lo vea y sin recurrir a la violencia, **robber** se aplica a la persona que roba bancos, negocios, etc, a menudo mediante la violencia o con amenazas, **burglar** se usa para los ladrones que roban en una casa o un negocio cuando no hay nadie y **shoplifter** es la persona que se lleva cosas de un negocio sin pagarlas. *Ver tb notas en* ROB *y* THEFT

thigh /θaɪ/ *n* muslo

thimble /ˈθɪmbl/ *n* dedal

thin /θɪn/ ◆ *adj* (**thinner**, **thinnest**) **1** (*persona*) flaco ☛ *Ver nota en* FLACO **2** fino **3** (*sopa*) aguado LOC (**to be**) **thin on the ground** (ser) escaso **to vanish, etc into thin air** desaparecer como por arte de magia *Ver tb* THICK ◆ *adv* (**-nner**, **-nnest**) (*tb* **thinly**) fino ◆ *vt, vi* (**-nn-**) ~ (**sth**) (**out**) hacer algo/hacerse menos denso

thing /θɪŋ/ *n* **1** cosa: *What's that thing*

on the table? ¿Qué es eso que hay en la mesa? ◊ *I can't see a thing.* No veo nada. ◊ *the main thing* lo más importante ◊ *the first thing* lo primero ◊ *Forget the whole thing.* Olvidate del asunto. ◊ *to take things seriously* tomárselo todo en serio ◊ *The way things are going...* Tal como está la situación... **2 things** cosas: *You can put your things in that drawer.* Podés poner tus cosas en ese cajón. **3** *Poor (little) thing!* ¡Pobrecito! **4 the thing**: *Just the thing for tired business people.* Justo lo que necesitan los hombres de negocios cansados. LOC **first/last thing** a primera/última hora **for one thing** para empezar **to be a good thing (that)...** menos mal (que)...: *It was a good thing that...* Menos mal que... **to get/keep things in proportion** ver el asunto en su justa medida **the thing is...** la cosa es que...

think /θɪŋk/ (*pret, pp* **thought** /θɔːt/) **1** *vt, vi* pensar: *What are you thinking (about)?* ¿En qué estás pensando? ◊ *Just think!* ¡Imaginate! ◊ *Who'd have thought it?* ¿Quién lo hubiera pensado? ◊ *The job took longer than we thought.* El trabajo nos llevó más de lo que habíamos pensado. **2** *vi* reflexionar **3** *vt* creer: *I (don't) think so.* Creo que sí/no. ◊ *What do you think (of her)?* ¿Qué opinás (de ella)? ◊ *It would be nice, don't you think?* Sería bárbaro, ¿no te parece? ◊ *I think this is the house.* Me parece que ésta es la casa. LOC **I should think so!** ¡faltaría más! **to think the world of sb** tener a algn en alta estima *Ver tb* GREAT

PHR V **to think about sth/sb 1** reflexionar sobre algo/algn **2** acordarse algo/a algn **3** tener algo/a algn en cuenta **to think about (doing) sth** pensar en (hacer) algo: *I'll think about it.* Lo voy a pensar.

to think of sth 1 pensar en algo **2** imaginar algo **3** acordarse de algo

to think sth out: *a well thought out plan* un plan bien pensado

to think sth over reflexionar sobre algo

to think sth up (*coloq*) inventar/pensar algo

thinker /ˈθɪŋkə(r)/ *n* pensador, -ora

thinking /ˈθɪŋkɪŋ/ ◆ *n* [*incontable*] forma de pensar: *What's your thinking on this?* ¿Qué pensás de esto? ◊ *Quick thinking* ¡Bien pensado! LOC *Ver* WISHFUL *en* WISH ◆ *adj* [*sólo antes de sustantivo*] racional, inteligente: *thinking people* gente inteligente

third (*abrev* **3rd**) /θɜːd/ ◆ *adj* tercero ◆ *pron, adv* el tercero, la tercera, los terceros, las terceras ◆ *n* **1** tercio, tercera parte **2 the third** el tercer día **3** (*tb* **third gear**) tercera ☛ *Ver ejemplos en* FIFTH **thirdly** *adv* en tercer lugar (*en una enumeración*)

third party *n* tercera persona

the Third World *n* el Tercer Mundo

thirst /θɜːst/ *n* ~ (**for sth**) sed (de algo) **thirsty** *adj* (**-ier**, **-iest**) sediento: *to be thirsty* tener sed

thirteen /ˌθɜːˈtiːn/ *adj, pron, n* trece ☛ *Ver ejemplos en* FIVE **thirteenth 1** *adj* decimotercero **2** *pron, adv* el decimotercero, la decimotercera, los decimoterceros, las decimoterceras **3** *n* treceava parte, treceavo ☛ *Ver ejemplos en* FIFTH

thirty /ˈθɜːti/ *adj, pron, n* treinta ☛ *Ver ejemplos en* FIFTY, FIVE **thirtieth 1** *adj, pron* trigésimo **2** *n* treintava parte, treintavo ☛ *Ver ejemplos en* FIFTH

this /ðɪs/ ◆ *adj* (*pl* **these** /ðiːz/) este, -a, estos, -as: *I don't like this colour.* No me gusta este color. ◊ *This one suits me.* Éste me queda bien. ◊ *These shoes are more comfortable than those.* Estos zapatos son más cómodos que ésos. ☛ *Comparar con* THAT[3], TONIGHT ◆ *pron* (*pl* **these** /ðiːz/) **1** éste, -a, éstos, -as: *This is John's father.* Éste es el padre de John. ◊ *I prefer these.* Prefiero éstos. **2** esto: *Listen to this...* Escuchá esto... ◆ *adv*: *this high* así de alto ◊ *this far* tan lejos

thistle /ˈθɪsl/ *n* cardo

thorn /θɔːn/ *n* espina (*de rosal, etc*) **thorny** *adj* (**-ier**, **-iest**) espinoso

thorough /ˈθʌrə; *USA* ˈθʌrəʊ/ *adj* **1** (*investigación, conocimiento*) a fondo **2** (*persona*) meticuloso **thoroughly** *adv* **1** meticulosamente **2** enormemente

those /ðəʊz/ ◆ *adj* [*pl*] aquellos, -as, esos, -as ◆ *pron* [*pl*] aquéllos, -as, ésos, -as *Ver tb* THAT[3]

though /ðəʊ/ ◆ *conj* aunque, pero ◆ *adv* (*coloq*) de todas formas

thought[1] *pret, pp de* THINK

thought[2] /θɔːt/ *n* **1** pensamiento: *deep/lost in thought* perdido en sus propios pensamientos **2** ~ (**of doing sth**) idea (de hacer algo) LOC *Ver* FOOD, SCHOOL, SECOND, TRAIN[1] **thoughtful** *adj* **1** pensativo **2** atento: *It was very thoughtful of you.* Fue muy considerado de tu parte. **thoughtless** *adj* desconsiderado

thousand /ˈθaʊznd/ *adj, pron, n* mil ☛ *Ver ejemplos en* FIVE **thousandth 1** *adj, pron* milésimo **2** *n* milésima parte ☛ *Ver ejemplos en* FIFTH

thrash /θræʃ/ *vt* dar una paliza a **thrashing** *n* paliza

thread /θred/ ◆ *n* ~ (**of sth**) hilo (de algo): *a needle and thread* aguja e hilo ◆ *vt* **1** enhebrar **2** (*perlas, cuentas, etc*) ensartar **3** (*cuerda, cable, etc*) pasar

threat /θret/ *n* ~ (**to sth/sb**) (**of sth**) amenaza (para algo/algn) (de algo): *a threat to national security* una amenaza para la seguridad nacional **threaten** *vt* **1** ~ **sth/sb** (**with sth**) amenazar algo/a algn (con algo) **2** ~ **to do sth** amenazar con hacer algo **threatening** *adj* amenazador

three /θriː/ *adj, pron, n* tres ☛ *Ver ejemplos en* FIVE

three-dimensional /ˌθriː daɪˈmenʃənl/ (*tb* **3–D** /ˌθriː ˈdiː/) *adj* tridimensional

threshold /ˈθreʃhəʊld/ *n* umbral

threw *pret de* THROW[1]

thrill /θrɪl/ *n* **1** escalofrío **2** emoción: *What a thrill!* ¡Que emoción! **thrilled** *adj* entusiasmado, emocionado **thriller** *n* obra de suspenso (*película, novela, etc*) **thrilling** *adj* emocionante

thrive /θraɪv/ *vi* ~ (**on sth**) prosperar, crecer (con algo): *a thriving industry* una industria floreciente

throat /θrəʊt/ *n* garganta: *a sore throat* dolor de garganta

throb /θrɒb/ ◆ *vi* (**-bb-**) ~ (**with sth**) vibrar, palpitar (de algo) ◆ *n* vibración, palpitación

throne /θrəʊn/ *n* trono

through (*USA tb* **thru**) /θruː/ ◆ *prep* **1** a través de, por: *She made her way through the traffic.* Se hizo paso a través del tráfico. ◊ *to breathe through your nose* respirar por la nariz **2** durante, a lo largo de: *I'm halfway through the book.* Ya voy por la mitad del libro. **3** por (culpa de): *through carelessness* por descuido **4** (*USA*) hasta... inclusive: *Tuesday through Friday* de martes a viernes ◆ *part adv* **1** de un lado a otro: *Can you get through?* ¿Podés pasar al otro lado? **2** de principio a fin: *I've read the poem through once.* Leí el poema entero una vez. ◊ *all night through* toda la noche ☛ Para los usos de **through** en PHRASAL VERBS ver las entradas de los verbos correspondientes, p.ej. **to break through** en BREAK. ◆ *adj* directo: *a through train* un tren directo ◊ *No through road* Callejón sin salida

throughout /θruːˈaʊt/ ◆ *prep* por todo, durante todo: *throughout his life* toda su vida ◆ *adv* **1** por todas partes **2** todo el tiempo

throw[1] /θrəʊ/ *vt* (*pret* **threw** /θruː/ *pp* **thrown** /θrəʊn/) **1** ~ **sth** (**to sb**) tirar, echar algo (a algo/algn): *Throw the ball to Mary.* Tirale la pelota a Mary. **2** *vt* ~ **sth** (**at sth/sb**) tirar, lanzar algo (a algo/algn) ☛ **To throw sth at sth/sb** indica que la intención es de darle a un objeto o de hacerle daño a una persona: *Don't throw stones at the cat.* No le tires piedras al gato. **3** [+ *loc adv*] echar: *He threw back his head.* Echó la cabeza para atrás. ◊ *She threw up her hands in horror.* Levantó los brazos horrorizada. **4** (*caballo, etc*) derribar **5** (*coloq*) desconcertar **6** dejar (*de cierta forma*): *to be thrown out of work* quedarse sin trabajo ◊ *We were thrown into confusion by the news.* La noticia nos dejó confusos. **7** (*luz, sombra*) proyectar LOC *Ver* CAUTION, FIT[3] PHR V **to throw sth about/around** desparramar algo **to throw sth away** tirar algo (*a la basura*) **to throw sb out** expulsar a algn **to throw sth out 1** (*propuesta, etc*) rechazar algo **2** tirar algo (*a la basura*) **to throw (sth) up** vomitar (algo)

throw[2] /θrəʊ/ *n* **1** lanzamiento **2** (*dados, básquet, etc*) tiro: *It's your throw.* Te toca a vos (jugar).

thrown *pp de* THROW[1]

thru (*USA*) *Ver* THROUGH

thrust /θrʌst/ ◆ (*pret, pp* **thrust**) **1** *vt, vi* meter, clavar, hundir **2** *vt* ~ **sth at sb** tenderle algo a algn (*de malas maneras*) PHR V **to thrust sth/sb on/upon sb** obligar a algn a aceptar algo/a algn, imponer algo a algn ◆ *n* **1** empujón **2** (*de espada*) estocada **3** ~ (**of sth**) idea fundamental (*sobre algo*)

thud /θʌd/ ◆ *n* ruido (sordo), golpe (sordo) ◆ *vi* (**-dd-**) **1** hacer un ruido sordo, caer con un ruido sordo: *to thud against/into sth* golpear/chocar contra algo con un ruido sordo **2** (*corazón*) latir fuertemente

thug /θʌg/ *n* matón

thumb /θʌm/ ◆ *n* pulgar (*de la mano*) LOC *Ver* TWIDDLE ◆ *vi* ~ **through sth** hojear algo LOC **to thumb a lift** hacer dedo *Ver tb* FINGER

thump /θʌmp/ ◆ **1** *vt* golpear, dar un golpe a **2** *vi* (*corazón*) latir fuertemente ◆ *n* **1** puñetazo **2** ruido sordo

thunder /ˈθʌndə(r)/ ◆ *n* [*incontable*] trueno: *a clap of thunder* un trueno ◆ *vi* **1** tronar **2** retumbar

thunderstorm /ˈθʌndəstɔːm/ *n* tormenta

Thursday /ˈθɜːzdi, -deɪ/ *n* (*abrev* **Thur**, **Thurs**) jueves ☛ *Ver ejemplos en* MONDAY

thus /ðʌs/ *adv* (*formal*) **1** así, de esta manera **2** (*por esta razón*) por (lo) tanto, así que

thwart /θwɔːt/ *vt* frustrar, impedir

tick

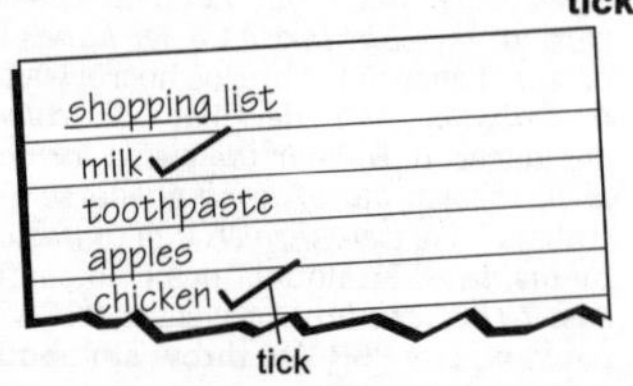

tick /tɪk/ ◆ *n* **1** (*de reloj, etc*) tictac **2** (*marca*) tilde ◆ **1** *vi* (*reloj, etc*) hacer tictac **2** *vt*: *to tick sth* (*off*) marcar algo con una tilde PHR V **to tick away/by** pasar **to tick over** ir tirando

ticket /ˈtɪkɪt/ *n* **1** (*tren, etc*) boleto **2** (*Teat, Cine*) entrada **3** (*biblioteca*) ficha, tarjeta **4** etiqueta

tickle /ˈtɪkl/ ◆ *vt, vi* hacer cosquillas (a) ◆ *n* cosquilleo

ticklish /ˈtɪklɪʃ/ *adj* que tiene cosquillas: *to be ticklish* ser cosquilloso

tidal /ˈtaɪdl/ *adj* de (la) marea

tidal wave *n* maremoto

tide /taɪd/ *n* **1** marea: *The tide is coming in/going out.* La marea está subiendo/bajando. **2** (*fig*) corriente

tidy /ˈtaɪdi/ ◆ *adj* (**tidier**, **tidiest**) **1** ordenado **2** (*apariencia*) prolijo ◆ *vt* (*pret, pp* **tidied**) ~ (**up**) arreglar, ordenar PHR V **to tidy sth away** poner algo en su lugar

tie /taɪ/ ◆ *n* **1** (*tb* **necktie**) corbata **2** [*gen pl*] lazo: *family ties* lazos familiares **3** (*Dep*) empate ◆ *vt, vi* (*pret, pp* **tied** *pt pres* **tying**) **1** atar(se) **2** (*corbata, etc*) anudar(se) **3** (*Dep*) empatar PHR V **to tie sb/yourself down** comprometer(se): *Having children really ties you down.* Tener chicos ata muchísimo. **to tie sth/sb up** atar algo/a algn

tier /tɪə(r)/ *n* grada, fila, piso

tiger /ˈtaɪgə(r)/ *n* tigre **tigress** *n* tigresa

tight /taɪt/ ◆ *adj* (**-er**, **-est**) **1** apretado, ajustado: *These shoes are too tight.* Estos zapatos me quedan demasiado justos. **2** tirante **3** (*control*) riguroso ◆ *adv* (**-er**, **-est**) bien, fuertemente: *Hold tight!* ¡Agárrense bien! **tighten** *vt, vi* ~ (**sth**) (**up**) apretar algo/apretarse: *The government wants to tighten immigration controls.* El gobierno quiere hacer más riguroso el control de la inmigración. **tightly** *adv* bien, fuertemente, rigurosamente

tightrope /ˈtaɪtrəʊp/ *n* cuerda floja

tights /taɪts/ *n* [*pl*] **1** medias bombacha **2** (*para ballet, etc*) mallas ☛ *Ver nota en* PAIR

tile /taɪl/ ◆ *n* **1** teja **2** azulejo, baldosa **3** baldosa ◆ *vt* **1** tejar **2** azulejar **3** embaldosar

till¹ *Ver* UNTIL

till² /tɪl/ *n* caja (registradora): *Please pay at the till.* Pague en la caja, por favor.

tilt /tɪlt/ ◆ *vt, vi* inclinar(se), ladear(se) ◆ *n* inclinación, ladeo

timber /ˈtɪmbə(r)/ *n* **1** madera **2** árboles (madereros) **3** madero, viga

time /taɪm/ ◆ *n* **1** tiempo: *You've been a long time!* ¡Tardaste mucho! **2** hora: *What time is it?/What's the time?* ¿Qué hora es? ◊ *It's time we were going/time for us to go.* Es hora de que nos vayamos. ◊ *by the time we reach home* para cuando lleguemos a casa ◊ (*by*) *this time next year* para esta fecha el año que viene ◊ *at the present time* actualmente **3** vez, ocasión: *last time* la última vez ◊ *every time* cada vez ◊ *for the first time* por primera vez **4** tiempo, época LOC **ahead of time** adelantado **all the time** todo el tiempo (**and**) **about time** (**too**) (*coloq*) ya era hora **at all times** en todo momento **at a time** a la vez: *one at a time* de uno en uno **at one time** en cierta época **at the time** en ese momento **at times** a veces **for a time** (por) un momento, durante algún tiempo **for the time being** por el momento, de momento **from time to time** de vez en cuando **in good time** temprano, con tiempo **in time** con el tiempo **in time (for sth/to do sth)** a tiempo (para algo/para hacer algo) **on time** en hora, puntual ☛ *Ver nota en* PUNTUAL **time after time**; **time and (time) again** una y otra vez **to have a good time** pasarlo bárbaro **to have the time of your life** pasarlo genial **to take your time (over sth/to do sth/doing sth)** tomarse uno el tiempo necesario (para algo/hacer algo) *Ver tb* BIDE, BIG, HARD, KILL, MARK², NICK, ONCE, PRESS, SAME, TELL ◆ *vt* **1** programar, prever **2** *to time sth well/badly* elegir un momento oportuno/inoportuno para (hacer) algo **3** medir el tiempo, cronometrar **timer** *n* reloj automático **timing** *n* **1** coordinación: *the timing of the election* la fecha elegida para las elecciones **2** cronometraje

timely /ˈtaɪmli/ *adj* (**-ier**, **-iest**) oportuno

times /taɪmz/ *prep* multiplicado por: *Three times four is twelve.* Cuatro por tres son doce.

timetable /ˈtaɪmteɪbl/ (*esp USA* **schedule**) *n* horario

timid /ˈtɪmɪd/ *adj* tímido, miedoso: *the first timid steps towards…* los primeros tímidos pasos hacia… ◊ *Don't be timid, and…* No tengan miedo, y…

tin /tɪn/ *n* **1** estaño: *tin foil* papel de aluminio **2** (*tb esp USA* **can**) lata: *tin-opener* abrelatas ☛ *Ver dibujo en* CONTAINER *y nota en* LATA

tinge /tɪndʒ/ ◆ *vt* ~ **sth (with sth)** (*lit y fig*) teñir algo (de algo) ◆ *n* tinte, matiz

tingle /ˈtɪŋgl/ *vi* **1** hormiguear **2** ~ **with sth** (*fig*) estremecerse de algo

tinker /ˈtɪŋkə(r)/ *vi* ~ **(with sth)** chapucear (con algo)

tinned /tɪnd/ *adj* en lata, de lata

tinsel /ˈtɪnsl/ *n* guirnaldas metalizadas usadas como decoración brillante

tint /tɪnt/ *n* **1** matiz **2** (*peluquería*) tinte **tinted** *adj* **1** (*pelo*) teñido **2** (*anteojos*) oscuro

tiny /ˈtaɪni/ *adj* (**tinier**, **tiniest**) diminuto, minúsculo

tip /tɪp/ ◆ *n* **1** punta **2** basurero *Ver tb* DUMP **3** propina **4** consejo ◆ (**-pp-**) **1** *vt, vi* **to tip (sth) (up)** inclinar algo/inclinarse **2** *vt* tirar **3** *vt, vi* dar (una) propina (a) PHR V **to tip sb off** (*coloq*) pasarle el dato a algn **to tip (sth) over** volcarse, volcar algo

tiptoe /ˈtɪptəʊ/ ◆ *n* LOC **on tiptoe** en puntas de pie ◆ *vi*: *to tiptoe in/out* entrar/salir en puntas de pie

tire¹ /ˈtaɪə(r)/ *vt, vi* cansar(se) *vi* ~ **of sth/sb/of doing sth** cansarse, hartarse de algo/algn/de hacer algo PHR V **to tire sb/yourself out** agotar a algn/agotarse **tired** *adj* cansado LOC **tired out** agotado **to be (sick and) tired of sth/sb/doing sth** estar harto de algo/algn/de hacer algo

tire² /ˈtaɪə(r)/ *n* (*USA*) *Ver* TYRE

tireless /ˈtaɪələs/ *adj* incansable

tiresome /ˈtaɪsəm/ *adj* **1** (*tarea*) desagradable **2** (*persona*) pesado

tiring /ˈtaɪrɪŋ/ *adj* cansador: *a long and tiring journey* un viaje largo y cansador

tissue /ˈtɪʃuː/ *n* **1** (*Biol, Bot*) tejido **2** pañuelo de papel **3** (*tb* **tissue-paper**) papel de seda

tit /tɪt/ *n* **1** (*Ornitología*) herrerillo **2** (*coloq*) teta LOC **tit for tat** ojo por ojo, diente por diente

title /ˈtaɪtl/ *n* **1** título: *title page* portada ◊ *title role* papel principal **2** título nobiliario **3** tratamiento **4** ~ **(to sth)** (*Jur*) derecho (a algo): *title deed* título de propiedad

titter /ˈtɪtə(r)/ ◆ *n* risita ◆ *vi* reírse disimuladamente

to /tə, tuː/ *prep* **1** (*dirección*) a: *to go to the beach* ir a la playa ◊ *the road to Edinburgh* el camino a Edimburgo **2** [*con objeto indirecto*] a: *He gave it to Bob.* Se lo dio a Bob. **3** hacia: *Move to the left.* Movete hacia la izquierda. **4** hasta: *faithful to the end/last* fiel hasta el final **5** (*duración*): *It lasts two to three hours.* Dura entre dos y tres horas. **6** (*tiempo*): *ten to one* la una menos diez **7** de: *the key to the door* la llave de la puerta **8** (*comparación*) a: *I prefer walking to climbing.* Prefiero caminar a escalar. **9** (*proporción*) por: *How many miles to the gallon?* ¿Cuántos kilómetros hace por litro de nafta? **10**

(*propósito*): *to go to sb's aid* ir en ayuda de algn **11** para: *to my surprise* para mi sorpresa **12** (*opinión*) a, para: *It looks red to me.* Para mí parece rojo. LOC **to and fro** de un lado a otro

La partícula **to** se usa para formar el infinitivo en inglés y tiene varios usos: *to go* ir ◊ *to eat* comer ◊ *I came to see you.* Vine para/a verte. ◊ *He didn't know what to do.* No sabía qué hacer. ◊ *It's for you to decide.* Tenés que decidirlo vos.

toad /təʊd/ *n* sapo

toast /təʊst/ ◆ *n* [*incontable*] **1** tostada: *a slice/piece of toast* una tostada ◊ *toast and jam* tostadas con dulce ◊ *Would you like some toast?* ¿Querés tostadas? **2** brindis ◆ *vt* **1** tostar **2** brindar por **toaster** *n* tostador

tobacco /təˈbækəʊ/ *n* (*pl* **~s**) tabaco **tobacconist's** *n* cigarrería ☛ *Ver nota en* QUIOSCO

today /təˈdeɪ/ *adv, n* **1** hoy **2** hoy (en) día: *Today's computers are very small.* Las computadoras de hoy en día son muy chicas.

toddler /ˈtɒdlə(r)/ *n* chiquito, -a (*que acaba de aprender a caminar*)

toe /təʊ/ ◆ *n* **1** dedo (*del pie*): *big toe* dedo gordo (del pie) ☛ *Comparar con* FINGER **2** punta (*de media*), puntera (*de zapato*) LOC **on your toes** alerta ◆ *vt* (*pret, pp* **toed** *pt pres* **toeing**) LOC **to toe the line** acatarse

toenail /ˈtəʊneɪl/ *n* uña del pie

toffee /ˈtɒfi; *USA* ˈtɔːfi/ *n* caramelo

together /təˈgeðə(r)/ *part adv* **1** juntos: *Can we have lunch together?* ¿Podemos almorzar juntos? **2** a la vez: *Don't all talk together.* No hablen todos a la vez. LOC **together with** junto con, además de *Ver tb* ACT ☛ Para los usos de **together** en PHRASAL VERBS ver las entradas de los verbos correspondientes, p.ej. **to pull yourself together** en PULL. **togetherness** *n* unidad, armonía

toil /tɔɪl/ ◆ *vi* (*formal*) trabajar duramente ◆ *n* (*formal*) trabajo, esfuerzo *Ver tb* WORK[1]

toilet /ˈtɔɪlət/ *n* **1** inodoro: *toilet paper* papel higiénico **2** (*en casa*) baño **3** (*público*) baños

En inglés británico se dice **toilet** o **loo** (*coloq*) para referirnos al baño de las casas particulares (**lavatory** y **WC** han caído en desuso). **The Gents**, **the Ladies**, **the toilets**, **the cloakroom** o **public conveniences** se usan si hablamos de los baños en lugares públicos. En inglés norteamericano se dice **lavatory**, **toilet** o **bathroom** si es en una casa particular, y **washroom** o **restroom** en edificios públicos.

toiletries *n* [*pl*] productos de tocador

token /ˈtəʊkən/ ◆ *n* **1** señal, muestra **2** ficha **3** vale ◆ *adj* simbólico (*pago, muestra, etc*)

told *pret, pp de* TELL

tolerate /ˈtɒləreɪt/ *vt* tolerar **tolerance** *n* tolerancia **tolerant** *adj* ~ (**of/towards sth/sb**) tolerante (con algo/algn)

toll /təʊl/ *n* **1** peaje **2** número de víctimas LOC **to take its toll (of sth)** cobrarse su saldo (de algo)

tomato /təˈmɑːtəʊ; *USA* təˈmeɪtəʊ *n*/ (*pl* **-oes**) tomate

tomb /tuːm/ *n* tumba **tombstone** *n* lápida

tom-cat /ˈtɒm kæt/ (*tb* **tom**) *n* gato (macho) ☛ *Ver nota en* GATO

tomorrow /təˈmɒrəʊ/ *n, adv* mañana: *tomorrow morning* mañana a la mañana ◊ *a week tomorrow* dentro de ocho días ◊ *See you tomorrow.* Hasta mañana. LOC *Ver* DAY

ton /tʌn/ *n* **1** tonelada ☛ *Comparar con* TONNE **2 tons** [*pl*] **ton (of sth)** (*coloq*) montones (de algo)

tone /təʊn/ ◆ *n* **1** tono: *Don't speak to me in that tone of voice.* No me hables con ese tono. **2** tonalidad ◆ PHR V **to tone sth down** suavizar (el tono de) algo

tongs /tɒŋz/ *n* [*pl*] pinzas: *a pair of tongs* unas pinzas ☛ *Ver nota en* PAIR

tongue /tʌŋ/ *n* **1** lengua **2** (*formal*) idioma, lengua *Ver tb* MOTHER TONGUE *en* MOTHER LOC **to put/stick your tongue out** sacar la lengua (**with**) **tongue in cheek** irónicamente

tonic /ˈtɒnɪk/ *n* **1** tónico **2** (*tb* **tonic water**) (agua) tónica

tonight /təˈnaɪt/ *n, adv* esta noche *What's on TV tonight?* ¿Qué hay en la tele esta noche?

tonne /tʌn/ *n* tonelada (métrica) ☛ *Comparar con* TON

tonsil /ˈtɒnsl/ *n* amígdala **tonsillitis** /ˌtɒnsəˈlaɪtɪs/ *n* [*incontable*] amigdalitis

too /tuː/ *adv* **1** también: *I've been to Paris too.* Yo también estuve en París. ☛ *Ver nota en* TAMBIÉN **2** demasiado: *It's too cold outside.* Hace demasiado frío en la calle. **3** para colmo, encima: *Her purse was stolen. And on her birthday too.* Le robaron el monedero, y encima en su cumpleaños. **4** muy: *I'm not too sure.* No estoy muy seguro.

took *pret de* TAKE

tool /tuːl/ *n* herramienta: *tool box/kit* caja/juego de herramientas

tooth /tuːθ/ *n* (*pl* **teeth** /tiːθ/) diente: *to have a tooth out* sacarse una muela ◊ *false teeth* dentadura postiza LOC *Ver* FIGHT, GRIT, SKIN, SWEET

toothache /ˈtuːθeɪk/ *n* dolor de muelas

toothbrush /ˈtuːθbrʌʃ/ *n* cepillo de dientes ☛ *Ver dibujo en* BRUSH

toothpaste /ˈtuːθpeɪst/ *n* dentífrico

toothpick /ˈtuːθpɪk/ *n* escarbadientes

top¹ /tɒp/ ◆ *n* **1** lo más alto, la parte de arriba: *the top of the page* la cabecera de la página **2** (*de colina*) (*fig*) cumbre **3** (*de una lista*) cabeza **4** tapa **5** prenda de vestir que se lleva en la parte superior del cuerpo LOC **at the top of your voice** a voz en cuello **to be on top (of sth)** dominar (algo) **off the top of your head** (*coloq*) sin pensarlo **on top** encima **on top of sth/sb 1** sobre algo/algn **2** además de algo/algn: *And on top of all that...* Y para colmo... ◆ *adj* **1** superior: *a top floor flat* un departamento en el último piso ◊ *top quality* de primera calidad ◊ *the top jobs* los mejores empleos ◊ *a top British scientist* un científico británico de primera línea **2** máximo ◆ *vt* (**-pp-**) rematar: *ice cream topped with chocolate sauce* helado con chocolate derretido por encima ◊ *and to top it all...* y para rematarlo... PHR V **to top sth up** rellenar algo: *We topped up our glasses.* Llenamos los vasos otra vez.

top² /tɒp/ *n* trompo

top hat (*tb* **topper**) *n* galera

topic /ˈtɒpɪk/ *n* tema **topical** *adj* actual

topple /ˈtɒpl/ ~ **(over) 1** *vt* hacer caer **2** *vi* caerse

top secret *adj* de alto secreto

torch /tɔːtʃ/ *n* **1** linterna **2** antorcha

tore *pret de* TEAR²

torment /ˈtɔːment/ ◆ *n* tormento ◆ /tɔːˈment/ *vt* **1** atormentar **2** fastidiar

torn *pp de* TEAR²

tortoise /ˈtɔːtəs/ *n* tortuga (*de tierra*) ☛ *Comparar con* TURTLE

torture /ˈtɔːtʃə(r)/ ◆ *n* **1** tortura **2** (*fig*) tormento ◆ *vt* **1** torturar **2** (*fig*) atormentar **torturer** *n* torturador, -ora

Tory /ˈtɔːri/ *n* (*pl* **-ies**) *adj* conservador: *the Tory Party* el Partido Conservador *Ver tb* CONSERVATIVE ☛ *Comparar con* LABOUR sentido 4, LIBERAL sentido 3

toss /tɒs; *USA* tɔːs/ ◆ **1** *vt* tirar, echar (*descuidadamente o sin fuerza*) **2** *vt* (*la cabeza*) sacudir **3** *vi* agitarse: *to toss and turn* dar vueltas (en la cama) **4** *vt* (*una moneda*) tirar a cara o ceca: *to toss sb for sth* jugarle algo a algn tirando una moneda **5** *vi*: *to toss (up) for sth* jugarse algo a cara o ceca ◆ *n* **1** (*de la cabeza*) sacudida **2** (*de una moneda*) echada LOC **to win/lose the toss** ganar/perder al echar la moneda (*fútbol, etc*)

total /ˈtəʊtl/ ◆ *adj, n* total ◆ *vt* (**-ll-**, *USA tb* **-l-**) **1** sumar **2** subir a **totally** *adv* totalmente

totter /ˈtɒtə(r)/ *vi* **1** titubear **2** tambalearse

touch¹ /tʌtʃ/ **1** *vt, vi* tocar(se) **2** *vt* rozar **3** *vt* [*en frases negativas*] probar: *You've hardly touched your steak.* Apenas probaste el bife. **4** *vt* conmover **5** *vt* igualar LOC **touch wood** tocá madera PHR V **to touch down** aterrizar **to touch on/upon sth** hablar de pasada de algo

touch² /tʌtʃ/ *n* **1** toque: *to put the finishing touches to sth* dar el toque final a algo **2** (*tb* **sense of touch**) tacto: *soft to the touch* suave al tacto **3 a ~ (of sth)** una pizca, un poco (de algo): *I've got a touch of flu.* Tengo un poco de gripe. ◊ *a touch more garlic* una pizca más de ajo ◊ *It's a touch colder today.* Hoy está un poco más fresco. **4** habilidad: *He hasn't lost his touch.* No perdió la mano. LOC **at a touch** al menor roce **in/out of touch (with sb)** en/fuera de contacto (con algn) **to be in/out of touch with sth** estar/no estar al tanto de algo **to get/keep in touch with sb** ponerse/mantenerse en contacto con algn *Ver tb* LOSE

touched /tʌtʃt/ *adj* conmovido **touching** *adj* conmovedor

touchy /ˈtʌtʃi/ *adj* (**-ier**, **-iest**) **1** (*persona*) susceptible **2** (*situación, tema, etc*) delicado

tough /tʌf/ *adj* (**-er**, **-est**) **1** duro **2** fuerte, sólido **3** tenaz **4** (*medida*) severo **5** (*carne*) duro **6** (*una decisión, etc*) difícil: *to have a tough time* pasarlo muy mal **7** (*coloq*): *Tough luck!* ¡Mala suerte! LOC (**as**) **tough as old boots** (*coloq*) duro como una suela **to be/get tough** (**with sb**) ponerse duro (con algn) **toughen** ~ (**up**) *vt, vi* endurecer(se) **toughness** *n* **1** dureza, resistencia **2** firmeza

tour /tʊə(r)/ ◆ *n* **1** excursión **2** visita: *guided tour* visita guiada **3** gira: *to be on tour/go on tour in Brazil* estar de gira/hacer una gira por Brasil ☛ *Ver nota en* VIAJE ◆ **1** *vt* recorrer **2** *vi* viajar **3** *vt, vi* (*cantantes, etc*) hacer una gira (en)

tourism /ˈtʊərɪzəm, ˈtɔːr-/ *n* turismo

tourist /ˈtʊerɪst, tɔːr-/ *n* turista: *tourist attraction* lugar de interés turístico

tournament /ˈtɔːnəmənt; *USA* ˈtɜːrn-/ *n* torneo

tow /təʊ/ ◆ *vt* remolcar PHR V **to tow sth away** llevarse algo a remolque ◆ *n* [*gen sing*] remolque LOC **in tow** (*coloq*): *He had his family in tow.* Llevaba a la familia a remolque.

towards /təˈwɔːdz; *USA* tɔːrdz/ (*tb* **toward** /təˈwɔːd; *USA* tɔːrd/) *prep* **1** (*dirección, tiempo*) hacia: *towards the end of the film* casi al terminar la película **2** con, respecto a: *to be friendly towards sb* ser amable con algn **3** (*propósito*) para: *to put money towards sth* poner plata para algo

towel /ˈtaʊəl/ *n* toalla

tower /ˈtaʊə(r)/ ◆ *n* torre: *tower block* edificio torre ◆ PHR V **to tower above/over sth/sb** alzarse por encima de algo/algn

town /taʊn/ *n* **1** ciudad **2** centro: *to go into town* ir al centro LOC (**out**) **on the town** de farra **to go to town** (**on sth**) (*coloq*) tirar la casa por la ventana (en algo)

town hall *n* municipalidad (*edificio*)

toy /tɔɪ/ ◆ *n* juguete ◆ PHR V **to toy with sth** **1** juguetear con algo **2** *to toy with the idea of doing sth* considerar la idea de hacer algo

trace /treɪs/ ◆ *n* rastro, huella: *to disappear without trace* desaparecer sin dejar rastro ◊ *She speaks without a trace of an Irish accent.* Habla sin ningún dejo de irlandés. ◆ *vt* **1** seguir la pista de **2** ~ **sth/sb** (**to sth**) dar con algo/algn (en algo) **3** remontar(se): *It can be traced back to the Middle Ages.* Se remonta hasta la Edad Media. **4** ~ **sth** (**out**) delinear, trazar algo **5** calcar

track /træk/ ◆ *n* **1** [*gen pl*] huella (*de animal, rueda, etc*) **2** camino, senda *Ver tb* PATH **3** (*Dep*) pista, circuito **4** (*Ferrocarril*) vía **5** canción (*de disco o cassette*) *Ver tb* SOUNDTRACK LOC **off track** fuera de rumbo **on the right/wrong track** por buen/mal camino **to be on sb's track** seguir la pista a algn **to keep/lose track of sth/sb** seguir/perder la pista de algo/algn: *to lose track of time* perder la noción del tiempo **to make tracks** (**for...**) (*coloq*) irse (a...) *Ver tb* BEAT ◆ *vt* ~ **sb** (**to sth**) seguir la pista/las huellas de algn (hasta algo) PHR V **to track sth/sb down** localizar algo/a algn

tracksuit /ˈtræksuːt/ *n* jogging (*vestimenta*)

trade /treɪd/ ◆ *n* **1** comercio **2** industria: *the tourist trade* la industria turística **3** oficio: *He's a carpenter by trade.* Es carpintero de oficio. ☛ *Ver nota en* WORK[1] LOC *Ver* ROARING *en* ROAR, TRICK ◆ **1** *vi* comerciar, negociar **2** *vt* ~ (**sb**) **sth for sth** cambiar (a algn) algo por algo PHR V **to trade sth in** (**for sth**) dar algo como parte de pago (de algo)

trademark /ˈtreɪdmɑːk/ *n* marca registrada

trader /treɪdə(r)/ *n* comerciante

tradesman /ˈtreɪdzmən/ *n* (*pl* **-men** /-mən/) **1** proveedor: *tradesmen's entrance* entrada de servicio **2** comerciante

trade union *n* sindicato

trading /treɪdɪŋ/ *n* comercio

tradition /trəˈdɪʃn/ *n* tradicíon

traffic /ˈtræfɪk/ ◆ *n* tráfico: *traffic jam* embotellamiento ◊ *traffic warden* agente de tráfico ◆ *vi* (*pret, pp* **trafficked** *pt pres* **trafficking**) ~ (**in sth**) traficar (con algo) **trafficker** *n* traficante

traffic light *n* semáforo

tragedy /ˈtrædʒədi/ *n* (*pl* **-ies**) tragedia

trail /treɪl/ ◆ *n* **1** estela (*de humo*) **2** reguero (*de sangre*) **3** senda **4** rastro (*de* *un animal*): *to be on sb's trail* seguir la pista a algn ◆ **1** *vi* ~ **along behind (sth/ sb)** caminar despacio detrás (de algo/ algn) **2** *vi* perder: *trailing by two goals to three* perdiendo por dos goles a tres

trailer /ˈtreɪlə(r)/ *n* **1** remolque **2** (*USA*) *Ver* CARAVAN **3** (*Cine*) cola

train[1] /treɪn/ *n* **1** tren: *by train* en tren **2** sucesión, serie LOC **train of thought** hilo de pensamiento

train[2] /treɪn/ **1** *vi* estudiar, formarse: *She trained to be a lawyer.* Estudió para abogada. ◊ *to train as a nurse* estudiar enfermería **2** *vt* adiestrar **3** *vt, vi* (*Dep*) entrenar(se), preparar(se) **4** ~ **sth on sth/sb** (*cámara, etc*) apuntarle a algo/ algn con algo **trainee** /treɪˈniː/ *n* aprendiz, -iza **trainer** *n* **1** entrenador, -ora (*de atletas o animales*) **2** [*gen pl*] zapatilla de deporte **training** *n* **1** (*Dep*) entrenamiento **2** formación, preparación

trait /treɪt/ *n* rasgo (*de personalidad*)

traitor /ˈtreɪtə(r)/ *n* traidor, -ora *Ver tb* BETRAY

tram /træm/ (*tb* **tramcar** /ˈtræmkɑː(r)/ (*USA* **streetcar**, **trolley**) *n* tranvía

tramp /træmp/ ◆ **1** *vi* caminar pesadamente **2** *vt* patear ◆ *n* vagabundo, -a

trample /ˈtræmpl/ *vt* ~ **sth/sb (down)**; ~ **on sth/sb** pisotear algo/a algn

tranquillize, -ise /ˈtræŋkwəlaɪz/ *vt* tranquilizar (*sobre todo por medio de sedantes*) **tranquillizer, -iser** *n* tranquilizante: *She's on tranquillizers.* Toma tranquilizantes.

transfer /trænsˈfɜː(r)/ ◆ (**-rr-**) **1** *vt, vi* trasladar(se) **2** *vt* transferir **3** *vi* ~ (**from...**) (**to...**) hacer transbordo (de...) (a...) ◆ /ˈtrænsfɜː(r)/ *n* **1** transferencia, traspaso, traslado **2** (*Dep*) traspaso **3** transbordo **4** (*GB*) calcomanía

transform /trænsˈfɔːm/ *vt* transformar **transformation** *n* transformación **transformer** /trænsˈfɔːmə(r)/ (*Electrón*) transformador

translate /trænsˈleɪt/ *vt, vi* traducir(se): *to translate sth from French (in)to Dutch* traducir algo del francés al holandés ◊ *It translates as 'fatherland'.* Se traduce como "fatherland". ☛ *Comparar con* INTERPRET **translation** *n* traducción: *translation into/ from Spanish* traducción al/del castellano ◊ *to do a translation* hacer una traducción LOC **in translation**: *Cervantes in translation* Cervantes traducido **translator** *n* traductor, -ora

transmit /trænsˈmɪt/ *vt* (**-tt-**) transmitir **transmitter** *n* (*Electrón*) transmisor, emisora

transparent /trænsˈpærənt/ *adj* **1** (*lit*) transparente **2** (*mentira, etc*) evidente

transplant /trænsˈplɑːnt; *USA* -ˈplænt/ ◆ *vt* (*Bot, Med*) trasplantar ◆ /ˈtrænsplɑːnt/ *n* trasplante: *a heart transplant* un trasplante de corazón

transport /trænˈspɔːt/ ◆ *vt* transportar, llevar ◆ /ˈtrænspɔːt/ *n* (*USA* **transportation**) transporte

transvestite /trænzˈvestaɪt/ *n* travesti

trap /træp/ ◆ *n* trampa: *to lay/set a trap* poner una trampa ◆ *vt* (**-pp-**) **1** atrapar, aprisionar **2** engañar

trapdoor /ˈtræpdɔː(r)/ (*tb* **trap**) *n* escotillón

trapeze /trəˈpiːz; *USA* træ-/ *n* trapecio (*circo*)

trash /træʃ/ *n* (*USA*) **1** (*lit y fig*) basura: *trash can* tacho de la basura ◊ *It's trash.* No vale nada.

En inglés británico se usa **rubbish** para *basura*, **dustbin** para *tacho de la basura* y **trash** sólo se usa en sentido figurado.

2 (*coloq, pey*) gentuza **trashy** *adj* malo, de mala calidad

travel /ˈtrævl/ ◆ *n* **1** [*incontable*] los viajes, viajar: *travel bag* bolso de viaje **2 travels** [*pl*]: *to be on your travels* estar de viaje ◊ *Did you see John on your travels?* ¿Viste a John en tus viajes? ☛ *Ver nota en* VIAJE ◆ (**-ll-**, *USA* **-l-**) **1** *vi* viajar: *to travel by car, bus, etc* viajar/ir en coche, colectivo, etc **2** *vt* recorrer

travel agency *n* (*pl* **-ies**) agencia de viajes

travel agent *n* empleado, -a de una agencia de viajes

traveller's cheque (*USA* **traveler's check**) *n* cheque de viaje

tray /treɪ/ *n* bandeja

treacherous /ˈtretʃərəs/ *adj* traicionero, pérfido **treachery** *n* **1** traición, perfidia ☛ *Comparar con* TREASON **2** falsedad

tread /tred/ ◆ (*pret* **trod** /trɒd/ *pp* **trodden** /ˈtrɒdn/ o **trod**) **1** *vi* ~ (**on/in sth**) pisar (algo) **2** *vt* ~ **sth (in/down/**

tʃ	dʒ	v	θ	ð	s	z	ʃ
chin	**June**	**van**	**thin**	**then**	**so**	**zoo**	**she**

out) aplastar algo **3** *vt* (*camino*) hacer LOC **to tread carefully** andar con pies de plomo ◆ *n* [*sing*] paso

treason /ˈtriːzn/ *n* alta traición ☛ **Treason** se usa específicamente para referirse a un acto de traición hacia el propio país. *Comparar con* TREACHERY *en* TREACHEROUS

treasure /ˈtreʒə(r)/ ◆ *n* tesoro: *art treasures* obras de arte ◆ *vt* apreciar muchísimo, guardar como un tesoro: *her most treasured possession* su posesión más preciada

treasurer /ˈtreʒərə(r)/ *n* tesorero, -a

the Treasury /ˈtreʒəri/ *n* [*v sing o pl*] Ministerio de Economía y Hacienda

treat /triːt/ ◆ **1** *vt* tratar: *to treat sth as a joke* tomar algo en broma **2** *vt* ~ **sb** (**to sth**) invitar a algn (a algo): *Let me treat you.* Dejame que te invite. **3** *v refl* ~ **yourself** (**to sth**) darse el gusto (de algo) LOC **to treat sb like dirt/a dog** (*coloq*) tratar a algn como a un perro ◆ *n* **1** placer, gusto: *as a special treat* como algo especial ◊ *to give yourself a treat* darse un gusto **2** *This is my treat.* Invito yo. LOC **a treat** (*coloq*) un placer

treatment /ˈtriːtmənt/ *n* **1** tratamiento **2** trato

treaty /ˈtriːti/ *n* (*pl* **-ies**) tratado

treble[1] /ˈtrebl/ ◆ *adj*, *n* triple ◆ *vt*, *vi* triplicar(se)

treble[2] /ˈtrebl/ ◆ *n* (*Mús*) **1** soprano **2** [*incontable*] agudos ◆ *adj* soprano: *treble clef* clave de sol ☛ *Comparar con* BASS

tree /triː/ *n* árbol

trek /trek/ ◆ *n* caminata ◆ *vi* (**-kk-**) caminar (*penosamente*)

tremble /ˈtrembl/ *vi* ~ (**with/at sth**) temblar (de/por algo)

trembling /ˈtremblɪŋ/ ◆ *adj* tembloroso ◆ *n* temblor

tremendous /trəˈmendəs/ *adj* **1** enorme: *a tremendous number* una gran cantidad **2** genial **tremendously** *adv* enormemente

tremor /ˈtremə(r)/ *n* temblor, estremecimiento

trench /trentʃ/ *n* **1** (*Mil*) trinchera **2** zanja

trend /trend/ *n* tendencia LOC *Ver* BUCK[2], SET[2]

trendy /ˈtrendi/ *adj* (*coloq*) moderno, de moda

trespass /ˈtrespəs/ *vi* ~ (**on sth**) transgredir (en algo): *no trespassing* prohibido el paso **trespasser** *n* intruso, -a

trial /ˈtraɪəl/ *n* **1** juicio, proceso **2** prueba: *a trial period* un período de prueba ◊ *to take sth on trial* llevarse algo a prueba **3** (*deporte*) preselección LOC **to be/go on trial/stand trial** (**for sth**) ser procesado (por algo) **trial and error**: *She learnt to type by trial and error.* Aprendió a escribir a máquina equivocándose. **trials and tribulations** tribulaciones

triangle /ˈtraɪæŋgl/ *n* triángulo **triangular** /traɪˈæŋgjələ(r)/ *adj* triangular

tribe /traɪb/ *n* tribu

tribulation /ˌtrɪbjuˈleɪʃn/ *n Ver* TRIAL

tribute /ˈtrɪbjuːt/ *n* **1** homenaje **2 a** ~ (**to sth**): *That is a tribute to his skill.* Eso es una prueba de su habilidad.

trick /trɪk/ ◆ *n* **1** engaño, broma, trampa: *to play a trick on sb* hacerle una broma a algn ◊ *His memory played tricks on him.* La memoria le jugaba malas pasadas. ◊ *a dirty trick* una mala pasada ◊ *a trick question* una pregunta cargada **2** truco: *The trick is to wait.* El truco está en esperar. ◊ *a trick of the light* un efecto de la luz **3** (*magia*): *conjuring tricks* trucos de magia ◊ *card tricks* trucos con cartas LOC **every/any trick in the book** todos los trucos: *I tried every trick in the book.* Lo intenté todo. **the tricks of the trade** los trucos del oficio *Ver tb* MISS ◆ *vt* engañar: *to trick sb into (doing) sth* embaucar a algn para que haga algo ◊ *to trick sb out of sth* quitarle algo a algn mediante engaño **trickery** *n* engaños, astucia

trickle /ˈtrɪkl/ ◆ *vi* salir en un chorrito, gotear ◆ *n* **1** hilo: *a trickle of blood* un hilo de sangre **2** ~ (**of sth**) (*fig*) goteo (de algo)

tricky /ˈtrɪki/ *adj* (**-ier**, **-iest**) complicado, difícil

tried *pret, pp de* TRY

trifle /ˈtraɪfl/ ◆ *n* **1** postre hecho a base de capas de bizcochuelo, fruta y crema **2** pavada, bagatela LOC **a trifle** algo: *a trifle short* un poquito corto ◆ *vi* ~ **with sth/sb** jugar con algo/algn

trigger /ˈtrɪgə(r)/ ◆ *n* gatillo, disparador ◆ *vt* ~ **sth** (**off**) **1** (*fig*) provocar, desencadenar algo **2** (*alarma, etc*) accionar algo

trillion /ˈtrɪljən/ *adj, n* trillón ☛ *Ver nota en* BILLION

trim¹ /trɪm/ *adj* (**trimmer**, **trimmest**) (*aprob*) **1** bien cuidado, prolijo **2** esbelto, elegante

trim² /trɪm/ ◆ *vt* (**-mm-**) **1** recortar **2** ~ **sth off** (**sth**) quitarle algo (a algo) **3** ~ **sth** (**with sth**) (*vestido, etc*) adornar algo (con algo) ◆ *n* **1** corte: *to have a trim* hacerse cortar las puntas (del pelo) **2** adorno **trimming** *n* **1** adorno **2 trimmings** [*pl*] (*comida*) guarnición

trip¹ /trɪp/ (**-pp-**) **1** *vi* ~ (**over/up**) tropezar: *She tripped* (*up*) *on a stone.* Tropezó con una piedra. **2** *vt* ~ **sb** (**up**) ponerle el pie a algn PHR V **to trip** (**sb**) **up** confundirse/confundir a algn

trip² /trɪp/ *n* viaje, excursión: *to go on a trip* hacer un viaje ◊ *a business trip* un viaje de negocios ◊ *a coach trip* una excursión en micro ☛ *Ver nota en* VIAJE

triple /ˈtrɪpl/ ◆ *adj, n* triple: *at triple the speed* al triple de velocidad ◆ *vt, vi* triplicar(se)

triplet /ˈtrɪplət/ *n* trillizo, -a

triumph /ˈtraɪʌmf/ ◆ *n* triunfo, éxito: *to return home in triumph* regresar a casa triunfalmente ◊ *a shout of triumph* un grito de júbilo ◆ *vi* ~ (**over sth/sb**) triunfar (sobre algo/algn) **triumphal** /traɪˈʌmfl/ *adj* triunfal (*arco, procesión*) **triumphant** *adj* **1** triunfante **2** jubiloso **triumphantly** *adv* triunfalmente, jubilosamente

trivial /ˈtrɪviəl/ *adj* trivial, insignificante **triviality** /ˌtrɪviˈæləti/ *n* (*pl* **-ies**) trivialidad

trod *pret de* TREAD

trodden *pp de* TREAD

trolley /ˈtrɒli/ *n* (*pl* ~**s**) carrito: *shopping trolley* changuito®

troop /truːp/ ◆ *n* **1** tropel, manada **2 troops** [*pl*] tropas, soldados ◆ PHR V **to troop in**(**to**), **out** (**of**), **etc** entrar, salir, etc en tropel

trophy /ˈtrəʊfi/ *n* (*pl* **-ies**) trofeo

tropic /ˈtrɒpɪk/ *n* **1** trópico **2 the tropics** [*pl*] el trópico **tropical** *adj* tropical

trot /trɒt/ ◆ *vi* (**-tt-**) trotar, ir al trote ◆ *n* trote LOC **on the trot** (*coloq*) seguidos

trouble /ˈtrʌbl/ ◆ *n* **1** [*incontable*] problemas: *The trouble is* (*that*)... Lo malo es que... ◊ *What's the trouble?* ¿Qué pasa? **2** problema: *money troubles* problemas de plata **3** [*incontable*] molestia, esfuerzo: *It's no trouble.* No es molestia. ◊ *It's not worth the trouble.* No vale la pena. **4** disturbios, conflicto **5** (*Med*) dolencia: *back trouble* problemas de espalda LOC **to be in trouble** tener problemas, estar en un apuro: *If I don't get home by ten I'll be in trouble.* Si no llego a casa a las diez me matan. **to get into trouble** meterse en un lío: *He got into trouble with the police.* Tuvo problemas con la policía. **to go to a lot of trouble** (**to do sth**) tomarse mucha molestia (para hacer algo) *Ver tb* ASK, TEETHE ◆ **1** *vt* molestar: *Don't trouble yourself.* No te molestes. **2** preocupar: *What's troubling you?* ¿Qué es lo que te preocupa? **troubled** *adj* **1** (*expresión, voz*) preocupado, afligido **2** (*período*) agitado **3** (*vida*) accidentado **troublesome** *adj* molesto

trouble-free /ˌtrʌbl ˈfriː/ *adj* **1** sin problemas **2** (*viaje*) sin ningún percance

troublemaker /ˈtrʌblˌmeɪkə(r)/ *n* agitador, -ora, alborotador, -ora

trough /trɒf; *USA* trɔːf/ *n* **1** abrevadero **2** comedero **3** canal **4** (*Meteor*) depresión

trousers /ˈtraʊzəz/ *n* [*pl*] pantalones: *a pair of trousers* un pantalón ☛ *Ver nota en* PANTALÓN **trouser** *adj*: *trouser leg/pocket* pierna/bolsillo del pantalón

trout /traʊt/ *n* (*pl* **trout**) trucha

truant /ˈtruːənt/ *n* (*Educ*) chico que se hace la rata *Ver tb* PLAY

truce /truːs/ *n* tregua

truck /trʌk/ *n* **1** (*GB*) (*ferrocarriles*) vagón **2** (*USA*) camión

true /truː/ *adj* (**truer**, **truest**) **1** cierto, verdad: *It's too good to be true.* Es demasiado bueno para ser cierto. **2** (*historia*) verídico **3** verdadero, auténtico: *the true value of the house* el valor real de la casa **4** fiel: *to be true to your word/principles* cumplir lo prometido/ser fiel a sus principios LOC **to come true** hacerse realidad **true to life** realista

truly /ˈtruːli/ *adv* sinceramente, verdaderamente, realmente LOC *Ver* WELL²

trump /trʌmp/ *n* triunfo: *Hearts are trumps.* Los corazones son ganadores.

trumpet /ˈtrʌmpɪt/ *n* trompeta

trundle /ˈtrʌndl/ **1** *vi* rodar lentamente **2** *vt* arrastrar **3** *vt* empujar

trunk /trʌŋk/ *n* **1** (*Anat, Bot*) tronco **2** baúl **3** (*elefante*) trompa **4 trunks** [*pl*] malla, shorts (*de caballero*) **5** (*USA*) baúl (*de auto*)

trust /trʌst/ ◆ *n* **1** ~ **(in sth/sb)** confianza (en algo/algn) **2** responsabilidad: *As a teacher you are in a position of trust.* Los profesores están en una posición de responsabilidad. **3** fideicomiso **4** fundación LOC *Ver* BREACH ◆ **1** *vt* fiarse de **2** *vt* ~ **sb with sth** confiar algo a algn PHR V **to trust to sth** confiar en algo **trusted** *adj* de confianza **trusting** *adj* confiado

trustee /trʌˈstiː/ *n* **1** fideicomisario, -a **2** administrador, -ora

trustworthy /ˈtrʌstwɜːði/ *adj* digno de confianza

truth /truːθ/ *n* (*pl* ~**s** /truːðz/) verdad LOC *Ver* ECONOMICAL, MOMENT **truthful** *adj* sincero: *to be truthful* decir la verdad

try /traɪ/ (*pret, pp* **tried**) ◆ **1** *vi* intentar ☛ En uso coloquial, **try to + infinitivo** se puede sustituir por **try and + infinitivo**: *I'll try to/and finish it.* Intentaré terminarlo. **2** *vt* probar: *Can I try the soup?* ¿Puedo probar la sopa? **3** *vt* (*Jur*) (*caso*) ver **4** *vt* **to try sb (for sth)** (*Jur*) procesar a algn (por algo); juzgar a algn LOC **to try and do sth** intentar hacer algo **to try sb's patience** hacer perder la paciencia a algn *Ver tb* BEST PHR V **to try sth on** probarse algo (*ropa, zapatos, anteojos, etc*) ◆ *n* (*pl* **tries**) **1** *I'll give it a try.* Lo voy a intentar. **2** (*rugby*) try **trying** *adj* difícil

T-shirt /ˈtiː ʃɜːt/ *n* remera

tub /tʌb/ *n* **1** palangana **2** pote ☛ *Ver dibujo en* CONTAINER **3** bañadera

tube /tjuːb; *USA* tuːb/ *n* **1** ~ **(of sth)** tubo (de algo) ☛ *Ver dibujo en* CONTAINER **2 the tube** (*coloq*) (*tb* **the underground**) (*GB*) (el) subte: *by tube* en subte

tuck /tʌk/ *vt* **1** ~ **sth into sth** meter algo en algo **2** ~ **sth round sth/sb** arropar algo/a algn con algo: *to tuck sth round you* arroparse con algo PHR V **to be tucked away** (*coloq*) **1** (*dinero*) estar guardado **2** (*pueblo, edificio*) estar escondido **to tuck sth in** meter algo (*camisa*) **to tuck sb up** meter a algn (*en la cama*)

Tuesday /ˈtjuːzdeɪ, ˈtjuːzdi; *USA* ˈtuː-/ *n* (*abrev* **Tue**, **Tues**) martes ☛ *Ver ejemplos en* MONDAY

tuft /tʌft/ *n* **1** (*pelo*) mechón **2** (*plumas*) penacho **3** (*pasto*) manojo

tug /tʌg/ ◆ **(-gg-) 1** *vi* **to tug (at sth)** tirar (con fuerza) de algo: *He tugged at his mother's coat.* Le dio un fuerte tirón al tapado de su madre. **2** *vt* arrastrar ◆ *n* **1 to tug (at/on sth)** tirón (a/de algo) **2** (*tb* **tugboat**) remolcador

tuition /tjuˈɪʃn; *USA* tu-/ *n* (*formal*) instrucción, clases: *private tuition* clases particulares ◊ *tuition fees* aranceles de enseñanza

tulip /ˈtjuːlɪp; *USA* ˈtuː-/ *n* tulipán

tumble /ˈtʌmbl/ ◆ *vi* caer(se), desplomarse PHR V **to tumble down** venirse abajo ◆ *n* caída

tumble-drier (*tb* **tumble-dryer**) /ˌtʌmbl ˈdraɪə(r)/ *n* secadora

tumbler /ˈtʌmblə(r)/ *n* vaso

tummy /ˈtʌmi/ *n* (*pl* **-ies**) (*coloq*) barriga: *tummy ache* dolor de barriga

tumour (*USA* **tumor**) /ˈtjuːmə(r); *USA* ˈtuː-/ *n* tumor

tuna /ˈtjuːnə; *USA* ˈtuːnə/ (*pl* **tuna** *o* ~**s**) (*tb* **tuna-fish**) *n* atún

tune /tjuːn; *USA* tuːn/ ◆ *n* **1** melodía **2** aire LOC **in/out of tune** afinado/desafinado **in/out of tune with sth/sb** de acuerdo/en desacuerdo (con algo/algn) *Ver tb* CHANGE ◆ *vt* **1** (*piano*) afinar **2** (*motor*) poner a punto PHR V **to tune in (to sth)** sintonizar (algo): *Tune in to us again tomorrow.* Vuelva a sintonizarnos mañana. **to tune up** acordar (instrumentos) **tuneful** *adj* melodioso

tunic /ˈtjuːnɪk; *USA* ˈtuː-/ *n* túnica

tunnel /ˈtʌnl/ ◆ *n* **1** túnel **2** galería ◆ (**-ll-**, *USA* **-l-**) **1** *vi* ~ **(into/through/under sth)** abrir un túnel (en/a través de/debajo de algo) **2** *vt, vi* excavar

turban /ˈtɜːbən/ *n* turbante

turbulence /ˈtɜːbjələns/ *n* turbulencia **turbulent** *adj* **1** turbulento **2** alborotado

turf /tɜːf/ ◆ *n* [*incontable*] césped ◆ *vt* encespedar PHR V **to turf sth/sb out (of sth)** (*GB, coloq*) echar algo/a algn (de algo)

turkey /ˈtɜːki/ *n* (*pl* ~**s**) pavo

turmoil /ˈtɜːmɔɪl/ *n* alboroto

turn /tɜːn/ ◆ **1** *vi* girar, dar vueltas **2** *vt* hacer girar, dar (la) vuelta a **3** *vt, vi* volver(se): *She turned her back on Simon and walked off.* Le dio la espalda a Simon y se fue. **4** *vt* (*página*) dar vuelta **5** *vi*: *to turn left* doblar a la izquierda **6** *vt* (*esquina*) dar vuelta **7** *vi* ponerse, volverse: *to turn white/red* ponerse blanco/colorado ☛ *Ver nota en* BECOME **8** *vt, vi* ~ (**sth/sb**) (**from A**) **into B** convertirse, convertir (algo/a algn) (de A) en B **9** *vt*: *to turn 40* cumplir los 40 LOC **to turn a blind eye** (**to sth**) hacer la vista gorda (ante algo) **to turn back the clock** volver al pasado **to turn over a new leaf** empezar una nueva vida **to turn your back on sth/sb** volverle la espalda a algo/algn *Ver tb* MIND, PALE, SOUR

PHR V **to turn around** girar

to turn away (**from sth/sb**) apartar la vista (de algo/algn) **to turn sb away** negarse a ayudar a algn **to turn sb away from sth** echar a algn de algo

to turn back volverse hacia atrás **to turn sb back** hacer volverse a algn

to turn sth/sb down rechazar algo/a algn **to turn sth down** bajar algo (*la radio, etc*)

to turn off desviarse (*de un camino*) **to turn sb off** (*coloq*) desanimar/quitarle las ganas a algn **to turn sth off 1** apagar algo **2** (*canilla*) cerrar algo **3** (*fig*) desconectar algo

to turn sb on (*coloq*) excitar a algn **to turn sth on 1** prender algo **2** (*canilla*) abrir algo

to turn out 1 asistir, presentarse **2** resultar, salir **to turn sb out** (**of/from sth**) echar a algn (de algo) **to turn sth out** apagar algo (*luz*)

to turn (**sth/sb**) **over** dar vuelta (a algo/algn)

to turn (**sth/sb**) **round** (*tb* **to turn around**) girar (algo/a algn)

to turn to sb acudir a algn

to turn up presentarse, aparecer **to turn sth up** subir algo (*volumen*)

◆ *n* **1** vuelta **2** (*cabeza*) movimiento **3** giro, vuelta: *to take a wrong turn* tomar un camino equivocado **4** curva **5** (*circunstancias*) cambio: *to take a turn for the better/worse* empezar a mejorar/empeorar **6** turno, vez: *It's your turn.* Te toca a vos. **7** (*coloq*) susto **8** (*coloq*) ataque, desmayo LOC **a turn of phrase** un giro (*idiomático*) **in turn** sucesivamente, uno tras otro **to do sb a good/bad turn** hacer un favor/una mala pasada a algn **to take turns** (**at sth**) turnarse (para/en algo)

turning /ˈtɜːnɪŋ/ *n* bocacalle

turning point *n* momento crítico, punto decisivo

turnip /ˈtɜːnɪp/ *n* nabo

turnout /ˈtɜːnaʊt/ *n* asistencia, concurrencia

turnover /ˈtɜːnˌəʊvə(r)/ *n* **1** (*negocio*) facturación **2** (*personal/mercancías*) movimiento

turntable /ˈtɜːnteɪbl/ *n* (*tocadiscos*) bandeja

turpentine /ˈtɜːpəntaɪn/ (*tb coloq* **turps** /tɜːps/) *n* aguarrás

turquoise /ˈtɜːkwɔɪz/ ◆ *n* turquesa ◆ *adj* (de) color turquesa

turret /ˈtʌrət/ *n* torreón, torre

turtle /ˈtɜːtl/ *n* tortuga (*marina*) ☛ *Comparar con* TORTOISE

tusk /tʌsk/ *n* colmillo

tutor /ˈtjuːtə(r); *USA* ˈtuː-/ *n* **1** profesor, -ora particular **2** (*GB*) (*universidad*) profesor, -ora

tutorial /tjuːˈtɔːriəl; *USA* tuː-/ ◆ *adj* de tutor ◆ *n* seminario (*clase*)

twang /twæŋ/ *n* **1** (*esp Mús*) punteado (vibrante) **2** (*voz*) gangueo

twelve /twelv/ *adj, pron, n* doce ☛ *Ver ejemplos en* FIVE **twelfth 1** *adj* duodécimo **2** *pron, adv* el duodécimo, la duodécima, los duodécimos, las duodécimas **3** *n* doceava parte, doceavo ☛ *Ver ejemplos en* FIFTH

twenty /ˈtwenti/ *adj, pron, n* veinte ☛ *Ver ejemplos en* FIFTY, FIVE **twentieth 1** *adj, pron* vigésimo **2** *n* veinteava parte, veinteavo ☛ *Ver ejemplos en* FIFTH

twice /twaɪs/ *adv* dos veces: *twice as much/many* el doble LOC *Ver* ONCE

twiddle /ˈtwɪdl/ *vt, vi* ~ (**with**) **sth** jugar con algo; (hacer) girar algo LOC **to twiddle your thumbs** estar de brazos cruzados

twig /twɪg/ *n* ramita

twilight /ˈtwaɪlaɪt/ *n* crepúsculo

twin /twɪn/ *n* **1** gemelo, -a, mellizo, -a **2** (*de un par*) gemelo, pareja, doble: *twin(-bedded) room* cuarto de dos camas

twinge /twɪndʒ/ *n* puntada

twinkle /ˈtwɪŋkl/ *vi* **1** centellear, destellar **2** ~ (**with sth**) (*ojos*) brillar (de algo)

twirl /twɜːl/ *vt, vi* **1** (hacer) girar, dar vueltas (a) **2** retorcer(se)

twist /twɪst/ ◆ **1** *vt, vi* torcer(se), retorcer(se) **2** *vt, vi* enrollar(se), enroscar(se) **3** *vi* (*camino, río*) serpentear **4** *vt* (*palabras, etc*) tergiversar ◆ *n* **1** torsión, torcedura **2** (*camino, río*) recodo, curva **3** (*limón, papel*) pedacito **4** (*cambio*) giro

twit /twɪt/ *n* (*GB, coloq*) tonto, -a

twitch /twɪtʃ/ ◆ *n* **1** movimiento repentino **2** tic **3** tirón ◆ *vt, vi* **1** crispar(se), moverse (nerviosamente) **2** ~ (**at**) **sth** dar un tirón a algo

twitter /ˈtwɪtə(r)/ *vi* gorjear

two /tuː/ *adj, pron, n* dos ☛ *Ver ejemplos en* FIVE **LOC to put two and two together** atar cabos

two-faced /ˌtuː ˈfeɪst/ *adj* falso

two-way /ˌtuː ˈweɪ/ *adj* **1** (*proceso*) a doble mano **2** (*comunicación*) recíproco

tycoon /taɪˈkuːn/ *n* magnate

tying *Ver* TIE

type /taɪp/ ◆ *n* **1** tipo, clase: *all types of jobs* todo tipo de trabajos ◊ *He's not my type (of person).* No es mi tipo. **2** (*modelo*) tipo: *She's not the artistic type.* No es muy artística. ◆ *vt, vi* escribir (a máquina), mecanografiar ☛ Se usa a menudo con **out** o **up** : *to type sth up* pasar algo a máquina

typescript /ˈtaɪpskrɪpt/ *n* texto mecanografiado

typewriter /ˈtaɪpˌraɪtə(r)/ *n* máquina de escribir

typhoid (fever) /ˈtaɪfɔɪd/ *n* (fiebre) tifoidea

typical /ˈtɪpɪkl/ *adj* típico, característico **typically** *adv* **1** típicamente **2** por regla general

typify /ˈtɪpɪfaɪ/ *vt* (*pret, pp* **-fied**) tipificar, ser ejemplo de

typing /ˈtaɪpɪŋ/ *n* mecanografía

typist /ˈtaɪpɪst/ *n* mecanógrafo, -a

tyranny /ˈtɪrəni/ *n* tiranía

tyrant /ˈtaɪrənt/ *n* tirano, -a

tyre (*USA* **tire**) /ˈtaɪə(r)/ *n* (*rueda*) goma

Uu

U, u /juː/ *n* (*pl* **U's, u's** /juːz/) U, u: *U for uncle* U de uno ☛ *Ver ejemplos en* A, A

ubiquitous /juːˈbɪkwɪtəs/ *adj* (*formal*) ubicuo

UFO (*tb* **ufo**) /ˌjuː ef ˈəʊ, ˈjuːfəʊ/ *abrev* (*pl* ~**s**) OVNI (=objeto volador no identificado)

ugh! /ɜː, ʊx/ *interj* ¡uf!, ¡puf!

ugly /ˈʌgli/ *adj* (**uglier, ugliest**) **1** feo **2** siniestro, peligroso

ulcer /ˈʌlsə(r)/ *n* úlcera

ultimate /ˈʌltɪmət/ *adj* **1** último, final **2** mayor **3** principal **ultimately** *adv* **1** al final, finalmente **2** fundamentalmente

umbrella /ʌmˈbrelə/ *n* (*lit y fig*) paraguas

umpire /ˈʌmpaɪə(r)/ *n* árbitro, -a (*tenis, cricket*)

unable /ʌnˈeɪbl/ *adj* (*frec formal*) incapaz, imposibilitado

unacceptable /ˌʌnəkˈseptəbl/ *adj* inaceptable

unaccustomed /ˌʌnəˈkʌstəmd/ *adj* **1** *to be unaccustomed to (doing) sth* no estar acostumbrado a (hacer) algo **2** desacostumbrado, insólito

unambiguous /ˌʌnæmˈbɪgjuəs/ *adj* inequívoco

unanimous /juˈnænɪməs/ *adj* ~ (**in sth**) unánime (en algo)

unarmed /ˌʌnˈɑːmd/ *adj* **1** desarmado, sin armas **2** (*indefenso*) inerme

unattractive /ˌʌnəˈtræktɪv/ *adj* poco atractivo

unavailable /ˌʌnəˈveɪləbl/ *adj* no disponible

unavoidable /ˌʌnəˈvɔɪdəbl/ *adj* inevitable

unaware /ˌʌnəˈweə(r)/ *adj* no consciente: *He was unaware that...* Ignoraba que...

unbearable /ʌnˈbeərəbl/ *adj* insoportable

unbeatable /ʌnˈbiːtəbl/ *adj* invencible, inigualable

unbeaten /ʌnˈbiːtn/ *adj* (*Dep*) nunca superado

unbelievable /ˌʌnbɪˈliːvəbl/ *adj* increíble *Ver tb* INCREDIBLE

unbroken /ʌnˈbrəʊkən/ *adj* **1** intacto **2** ininterrumpido **3** (*récord*) no superado **4** (*espíritu*) indómito

uncanny /ʌnˈkæni/ *adj* (**-ier**, **-iest**) **1** misterioso **2** asombroso

uncertain /ʌnˈsɜːtn/ *adj* **1** inseguro, dudoso, indeciso **2** incierto: *It is uncertain whether...* No se sabe si... **3** variable **uncertainty** *n* (*pl* **-ies**) incertidumbre, duda

unchanged /ʌnˈtʃeɪndʒd/ *adj* igual, sin alteración

uncle /ˈʌŋkl/ *n* tío

unclear /ˌʌnˈklɪə(r)/ *adj* poco claro, nada claro

uncomfortable /ʌnˈkʌmftəbl; *USA* -fərt-/ *adj* incómodo **uncomfortably** *adv* incómodamente: *The exams are getting uncomfortably close.* Los exámenes se están acercando de manera preocupante.

uncommon /ʌnˈkɒmən/ *adj* poco común, insólito

uncompromising /ʌnˈkɒmprəmaɪzɪŋ/ *adj* inflexible, firme

unconcerned /ˌʌnkənˈsɜːnd/ *adj* **1** ~ (**about/by sth**) indiferente (a algo) **2** despreocupado

unconditional /ˌʌnkənˈdɪʃənl/ *adj* incondicional

unconscious /ʌnˈkɒnʃəs/ ◆ *adj* **1** inconsciente **2** *to be unconscious of sth* no darse cuenta de algo ◆ **the unconscious** *n* el subconsciente ☛ *Comparar con* SUBCONSCIOUS

unconventional /ˌʌnkənˈvenʃənl/ *adj* poco convencional

unconvincing /ˌʌnkənˈvɪnsɪŋ/ *adj* poco convincente

uncouth /ʌnˈkuːθ/ *adj* grosero

uncover /ʌnˈkʌvə(r)/ *vt* **1** destapar, descubrir **2** (*fig*) descubrir

undecided /ˌʌndɪˈsaɪdɪd/ *adj* **1** pendiente, sin resolver **2** ~ (**about sth/sb**) indeciso (sobre algo/algn)

undeniable /ˌʌndɪˈnaɪəbl/ *adj* innegable, indiscutible **undeniably** *adv* indudablemente

under /ˈʌndə(r)/ *prep* **1** debajo de: *It was under the bed.* Estaba abajo de la cama. **2** (*edad*) menor de **3** (*cantidad*) menos de **4** (*gobierno, mando, etc*) bajo **5** (*Jur*) según (*una ley, etc*) **6** *under construction* en construcción

under- /ˈʌndə(r)/ *pref* **1** insuficientemente: *Women are under-represented in the group.* Las mujeres tienen poca representación en el grupo. ◊ *under-used* de poco uso **2** (*edad*) menor de: *the under-fives* los menores de cinco años ◊ *the under-21s* los menores de veintiún años ◊ *the under-21 team* el equipo sub-veintiuno ◊ *under-age drinking* el consumo de bebidas alcohólicas por menores de edad

undercover /ˌʌndəˈkʌvə(r)/ *adj* **1** (*policía*) de civil, secreto **2** (*operación*) secreto, clandestino

underestimate /ˌʌndərˈestɪmeɪt/ *vt* subestimar

undergo /ˌʌndəˈgəʊ/ *vt* (*pret* **underwent** /-ˈwent/ *pp* **undergone** /-ˈgɒn; *USA* -ˈgɔːn/) **1** experimentar, sufrir **2** (*prueba*) pasar **3** (*curso*) seguir **4** (*tratamiento, cirugía*) someterse a

undergraduate /ˌʌndəˈgrædʒuət/ *n* estudiante no recibido

underground /ˌʌndəˈgraʊnd/ ◆ *adv* **1** bajo tierra **2** (*fig*) en la clandestinidad ◆ *adj* **1** subterráneo **2** (*fig*) clandestino ◆ *n* **1** (*GB coloq* **the tube**, *USA* **subway**) subterráneo **2** movimiento clandestino

undergrowth /ˈʌndəgrəʊθ/ *n* maleza

underlie /ˌʌndəˈlaɪ/ *vt* (*pret* **underlay** /ˌʌndəˈleɪ/ *pp* **underlain** /-ˈleɪn/) (*fig*) estar detrás de

underline /ˌʌndəˈlaɪn/ (*tb* **underscore** /ˌʌndəˈskɔː(r)/) *vt* subrayar

undermine /ˌʌndəˈmaɪn/ *vt* socavar, debilitar

underneath /ˌʌndəˈniːθ/ ◆ *prep* debajo de ◆ *adv* (por) debajo ◆ **the underneath** *n* [*incontable*] la parte inferior

underpants /ˈʌndəpænts/ (*tb coloq* **pants**) *n* [*pl*] calzoncillos: *a pair of underpants* unos calzoncillos ☛ *Ver nota en* PAIR

underprivileged /ˌʌndəˈprɪvəlɪdʒd/ *adj* desheredado, marginado

underside /ˈʌndəsaɪd/ *n* parte de abajo, costado inferior

understand /ˌʌndəˈstænd/ (*pret, pp* **understood** /-ˈstʊd/) **1** *vt, vi* entender **2** *vt* explicarse **3** *vt* (*saber desenvolverse*) entender de **4** *vt* (*frec formal*) tener entendido **understandable** *adj* comprensible **understandably** *adv* naturalmente

understanding /ˌʌndəˈstændɪŋ/ ◆ *adj* comprensivo ◆ *n* **1** entendimiento, comprensión **2** conocimiento **3** acuerdo (informal) **4** ~ (**of sth**) (*frec formal*) interpretación (de algo)

understate /ˌʌndəˈsteɪt/ *vt* restar importancia a algo

understatement /ˈʌndəsteɪtmənt/ *n*: *To say they are disappointed would be an understatement.* Decir que están desilusionados sería quedarse corto.

understood *pret, pp de* UNDERSTAND

undertake /ˌʌndəˈteɪk/ *vt* (*pret* **undertook** /-ˈtʊk/ *pp* **undertaken** /-ˈteɪkən/) (*formal*) **1** emprender **2** ~ **to do sth** comprometerse a hacer algo **undertaking** *n* **1** (*formal*) compromiso, obligación **2** [*incontable*] (*Com*) empresa

undertaker /ˈʌndəteɪkə(r)/ *n* director, -ora, de pompas fúnebres **the undertaker's** *n* la funeraria

undertook *pret de* UNDERTAKE

underwater /ˌʌndəˈwɔːtə(r)/ ◆ *adj* submarino ◆ *adv* bajo el agua

underwear /ˈʌndəweə(r)/ *n* ropa interior

underwent *pret de* UNDERGO

the underworld /ˈʌndəwɜːld/ *n* **1** el infierno **2** el hampa

undesirable /ˌʌndɪˈzaɪərəbl/ *adj, n* indeseable

undid *pret de* UNDO

undisputed /ˌʌndɪˈspjuːtɪd/ *adj* incuestionable, indiscutible

undisturbed /ˌʌndɪˈstɜːbd/ *adj* **1** (*persona*) tranquilo, sin ser molestado **2** (*cosa*) sin tocar

undo /ʌnˈduː/ *vt* (*pret* **undid** /ʌnˈdɪd/ *pp* **undone** /ʌnˈdʌn/) **1** deshacer **2** desabrochar **3** desatar **4** (*envoltorio*) sacar **5** anular: *to undo the damage* arreglar el daño **undone** *adj* **1** desabrochado, desatado: *to come undone* desabrocharse/desatarse **2** sin terminar

undoubtedly /ʌnˈdaʊtɪdli/ *adv* indudablemente

undress /ʌnˈdres/ *vt, vi* sacarse la ropa ☛ Es más normal decir **to get undressed**. **undressed** *adj* desnudo

undue /ˌʌnˈdjuː; *USA* -ˈduː/ *adj* (*formal*) [*sólo antes de sustantivo*] excesivo **unduly** *adv* (*formal*) excesivamente, en demasía

unearth /ʌnˈɜːθ/ *vt* desenterrar, sacar a la luz

unease /ʌnˈiːz/ *n* malestar

uneasy /ʌnˈiːzi/ *adj* (**-ier**, **-iest**) **1** ~ (**about/at sth**) molesto (por algo) **2** (*silencio*) incómodo

uneducated /ʌnˈedʒukeɪtɪd/ *adj* inculto

unemployed /ˌʌnɪmˈplɔɪd/ *adj* sin empleo, desocupado **the unemployed** *n* [*pl*] los desocupados

unemployment /ˌʌnɪmˈplɔɪmənt/ *n* desempleo, desocupación

unequal /ʌnˈiːkwəl/ *adj* **1** desigual **2** (*formal*): *to feel unequal to sth* no sentirse a la altura de algo

uneven /ʌnˈiːvn/ *adj* **1** desigual **2** (*pulso*) irregular **3** (*suelo*) desnivelado

uneventful /ˌʌnɪˈventfl/ *adj* sin incidentes, tranquilo

unexpected /ˌʌnɪkˈspektɪd/ *adj* inesperado, imprevisto

unfair /ˌʌnˈfeə(r)/ *adj* **1** ~ (**to/on sb**) injusto (con algn) **2** (*competencia*) desleal **3** (*despido*) improcedente

unfaithful /ʌnˈfeɪθfl/ *adj* **1** infiel **2** (*antic*) desleal

unfamiliar /ˌʌnfəˈmɪliə(r)/ *adj* **1** poco familiar **2** (*persona, cara*) desconocido **3** ~ **with sth** poco familiarizado con algo

unfashionable /ʌnˈfæʃnəbl/ *adj* pasado de moda

unfasten /ʌnˈfɑːsn/ *vt* **1** desabrochar, desatar **2** abrir **3** soltar

unfavourable /ʌnˈfeɪvərəbl/ *adj* **1** adverso, desfavorable **2** poco propicio

unfinished /ʌnˈfɪnɪʃt/ *adj* sin terminar: *unfinished business* asuntos pendientes

unfit /ʌnˈfɪt/ *adj* **1** ~ (**for sth/to do sth**) inadecuado, no apto (para algo/para hacer algo); incapaz (de hacer algo) **2** poco en forma

unfold /ʌnˈfəʊld/ **1** *vt* extender, desplegar **2** *vt, vi* (*fig*) revelar(se)

unforeseen /ˌʌnfɔːˈsiːn/ *adj* imprevisto

unforgettable /ˌʌnfəˈgetəbl/ *adj* inolvidable

unforgivable (*tb* **unforgiveable**) /ˌʌnfəˈgɪvəbl/ *adj* imperdonable

unfortunate /ʌnˈfɔːtʃənət/ *adj* **1** desafortunado: *It is unfortunate (that)...* Es de lamentar que... **2** (*accidente*) desgraciado **3** (*comentario*) inoportuno **unfortunately** *adv* por desgracia, desgraciadamente

unfriendly /ʌnˈfrendli/ *adj* (**-ier**, **-iest**) ~ (**to/towards sb**) antipático (con/hacia algn)

ungrateful /ʌnˈgreɪtfl/ *adj* **1** desagradecido **2** ~ (**to sb**) ingrato (con algn)

unhappy /ʌnˈhæpi/ *adj* (**-ier**, **-iest**) **1** desgraciado, infeliz **2** ~ (**about/at sth**) preocupado, disgustado (por algo) **unhappiness** *n* infelicidad

unharmed /ʌnˈhɑːmd/ *adj* ileso

unhealthy /ʌnˈhelθi/ *adj* (**-ier**, **-iest**) **1** enfermizo **2** insalubre **3** (*interés*) morboso

unhelpful /ʌnˈhelpfl/ *adj* poco servicial

uniform /ˈjuːnɪfɔːm/ ♦ *adj* uniforme ♦ *n* uniforme LOC **in uniform** de uniforme

unify /ˈjuːnɪfaɪ/ *vt* (*pret, pp* **-fied**) unificar

unimportant /ˌʌnɪmˈpɔːt(ə)nt/ *adj* sin importancia, insignificante

uninhabited /ˌʌnɪnˈhæbɪtɪd/ *adj* deshabitado, despoblado

unintentionally /ˌʌnɪnˈtenʃənəli/ *adv* sin querer

uninterested /ʌnˈɪntrəstɪd/ *adj* ~ (**in sth/sb**) indiferente (a algo/algn); no interesado (en algo/algn)

union /ˈjuːniən/ *n* **1** unión: *the Union Jack* la bandera del Reino Unido **2** *Ver* TRADE UNION

unique /juˈniːk/ *adj* **1** único **2** ~ **to sth/sb** exclusivo de algo/algn **3** (*poco común*) excepcional, extraordinario

unison /ˈjuːnɪsn, ˈjuːnɪzn/ *n* LOC **in unison** (**with sth/sb**) al unísono (con algo/algn)

unit /ˈjuːnɪt/ *n* **1** unidad **2** (*de mobiliario*) módulo: *kitchen unit* mueble de cocina

unite /juˈnaɪt/ **1** *vt, vi* unir(se) **2** *vi* ~ (**in sth/in doing sth/to do sth**) unirse, juntarse (en algo/para hacer algo)

unity /ˈjuːnəti/ *n* **1** unidad **2** (*concordia*) unidad, armonía

universal /ˌjuːnɪˈvɜːsl/ *adj* universal, general **universally** *adv* universalmente, mundialmente

universe /ˈjuːnɪvɜːs/ *n* (*lit y fig*) universo

university /ˌjuːnɪˈvɜːsəti/ *n* (*pl* **-ies**) universidad: *to go to university* ir a la universidad ☛ *Ver nota en* SCHOOL

unjust /ˌʌnˈdʒʌst/ *adj* injusto

unkempt /ˌʌnˈkempt/ *adj* **1** desprolijo, descuidado **2** (*pelo*) despeinado

unkind /ˌʌnˈkaɪnd/ *adj* **1** (*persona*) poco amable, cruel **2** (*comentario*) cruel

unknown /ˌʌnˈnəʊn/ *adj* ~ (**to sb**) desconocido (para algn)

unlawful /ʌnˈlɔːfl/ *adj* ilegal, ilícito

unleash /ʌnˈliːʃ/ *vt* ~ **sth** (**against/on sth/sb**) **1** (*animal*) soltar algo (contra algo/algn) **2** (*fig*) desatar, desencadenar algo (contra algo/algn)

unless /ənˈles/ *conj* a menos que, a no ser que, si no

unlike /ˌʌnˈlaɪk/ ♦ *adj* **1** distinto **2** (*no típico de*): *It's unlike him to be late.* Es muy raro que llegue tarde. ♦ *prep* a diferencia de

unlikely /ʌnˈlaɪkli/ *adj* (**-ier**, **-iest**) **1** poco probable, improbable **2** (*cuento, excusa, etc*) inverosímil

unlimited /ʌnˈlɪmɪtɪd/ *adj* ilimitado, sin límite

unload /ˌʌnˈləʊd/ *vt, vi* descargar

unlock /ˌʌnˈlɒk/ *vt, vi* abrir(se) (*con llave*)

unlucky /ʌnˈlʌki/ *adj* (**-ier**, **-iest**) **1** desgraciado, desafortunado: *to be unlucky* tener mala suerte **2** funesto

unmarried /ˌʌnˈmærid/ *adj* soltero

unmistakable /ˌʌnmɪˈsteɪkəbl/ *adj* inconfundible, inequívoco

unmoved /ˌʌnˈmuːvd/ *adj* impasible

unnatural /ʌnˈnætʃrəl/ *adj* **1** antinatural, anormal **2** contra natura **3** afectado, poco natural

unnecessary /ʌnˈnesəsəri; *USA* -seri/ *adj* **1** innecesario **2** (*comentario*) gratuito

unnoticed /ˌʌnˈnəʊtɪst/ *adj* desapercibido, inadvertido

unobtrusive /ˌʌnəbˈtruːsɪv/ *adj* discreto

unofficial /ˌʌnəˈfɪʃl/ *adj* **1** no oficial, extraoficial **2** (*fuente*) oficioso

unorthodox /ʌnˈɔːθədɒks/ *adj* **1** poco ortodoxo **2** (*Relig*) heterodoxo

unpack /ˌʌnˈpæk/ **1** *vi* deshacer las valijas **2** *vt* desempaquetar, desembalar **3** *vt* (*valija*) deshacer, desempacar

unpaid /ˌʌnˈpeɪd/ *adj* **1** no pagado **2** (*persona, trabajo*) no retribuido

unpleasant /ʌnˈpleznt/ *adj* **1** desagradable **2** (*persona*) antipático

unpopular /ˌʌnˈpɒpjələ(r)/ *adj* impopular

unprecedented /ˌʌnˈpresɪdentɪd/ *adj* sin precedentes

unpredictable /ˌʌnprɪˈdɪktəbl/ *adj* imprevisible

unqualified /ˌʌnˈkwɒlɪfaɪd/ *adj* **1** sin título, no calificado **2** ~ **to do sth** no competente, inhabilitado para hacer algo

unravel /ˌʌnˈrævl/ *vt, vi* (**-ll-**, *USA* **-l-**) (*lit y fig*) desenmarañar(se), desenredar(se)

unreal /ˌʌnˈrɪəl/ *adj* irreal, ilusorio

unrealistic /ˌʌnrɪəˈlɪstɪk/ *adj* poco realista

unreasonable /ʌnˈriːznəbl/ *adj* **1** irrazonable, poco razonable **2** excesivo

unreliable /ˌʌnrɪˈlaɪəbl/ *adj* **1** poco fiable **2** (*persona*) poco serio

unrest /ʌnˈrest/ *n* **1** malestar, intranquilidad **2** (*Pol*) disturbios

unruly /ʌnˈruːli/ *adj* indisciplinado, revoltoso

unsafe /ʌnˈseɪf/ *adj* peligroso

unsatisfactory /ˌʌnˌsætɪsˈfæktəri/ *adj* insatisfactorio, inaceptable

unsavoury (*USA* **unsavory**) /ʌnˈseɪvəri/ *adj* **1** desagradable **2** (*persona*) indeseable

unscathed /ʌnˈskeɪðd/ *adj* **1** ileso **2** (*fig*) incólume

unscrew /ˌʌnˈskruː/ *vt, vi* **1** (*tornillo, etc*) desatornillar(se) **2** (*tapa, etc*) desenroscar(se)

unscrupulous /ʌnˈskruːpjələs/ *adj* sin escrúpulos, poco escrupuloso

unseen /ˌʌnˈsiːn/ *adj* invisible, inadvertido, no visto

unsettle /ˌʌnˈsetl/ *vt* perturbar, inquietar **unsettled** *adj* **1** (*persona*) incómodo **2** (*situación*) inestable **3** (*cambiable*) variable, incierto **4** (*asunto*) pendiente **unsettling** *adj* perturbador, inquietante

unshaven /ˌʌnˈʃeɪvn/ *adj* sin afeitar

unsightly /ʌnˈsaɪtli/ *adj* antiestético, feo

unskilled /ˌʌnˈskɪld/ *adj* **1** (*trabajador*) no calificado **2** (*trabajo*) no especializado

unspoilt /ˌʌnˈspɒɪlt/ (*tb* **unspoiled**) *adj* intacto, sin estropear

unspoken /ˌʌnˈspəʊkən/ *adj* tácito, no expresado

unstable /ʌnˈsteɪbl/ *adj* inestable

unsteady /ʌnˈstedi/ *adj* (**-ier**, **-iest**) **1** inseguro, vacilante **2** (*mano, voz*) tembloroso

unstuck /ˌʌnˈstʌk/ *adj* despegado LOC **to come unstuck 1** despegarse **2** (*coloq, fig*) fracasar

unsuccessful /ˌʌnsəkˈsesfl/ *adj* infructuoso, fracasado: *to be unsuccessful in doing sth* no lograr hacer algo **unsuccessfully** *adv* sin éxito

unsuitable /ˌʌnˈsuːtəbl/ *adj* **1** no apto, inapropiado **2** (*momento*) inoportuno

unsure /ˌʌnˈʃɔː(r); *USA* -ˈʃʊər/ *adj* **1** ~ (**of yourself**) inseguro (de sí mismo) **2** **to be** ~ (**about/of sth**) no estar seguro (de algo)

unsuspecting /ˌʌnsəˈspektɪŋ/ *adj* confiado

unsympathetic /ˌʌnˌsɪmpəˈθetɪk/ *adj* **1** poco comprensivo **2** (*poco amistoso*) antipático

unthinkable /ʌnˈθɪŋkəbl/ *adj* impensable, inconcebible

untidy /ʌnˈtaɪdi/ *adj* (**-ier**, **-iest**) **1** desordenado **2** (*apariencia*) desprolijo, descuidado **3** (*pelo*) despeinado

untie /ʌnˈtaɪ/ *vt* (*pret, pp* **untied** *pt pres* **untying**) desatar

until /ənˈtɪl/ (*tb* **till**) ◆ *conj* hasta que ◆ *prep* hasta: *until recently* hasta hace poco ☛ *Ver nota en* HASTA

untouched /ʌnˈtʌtʃt/ *adj* ~ (**by sth**) **1** intacto, sin tocar **2** (*comida*) sin probar **3** insensible (a algo) **4** no afectado (por algo) **5** incólume

untrue /ʌnˈtruː/ *adj* **1** falso **2** ~ (**to sth/sb**) infiel (a algo/algn)

unused *adj* **1** /ˌʌnˈjuːzd/ sin usar **2**

/ˌʌnˈjuːst/ ~ **to sth/sb** no acostumbrado a algo/algn

unusual /ʌnˈjuːʒuəl/ *adj* **1** inusual, inusitado **2** (*extraño*) raro **3** distintivo **unusually** *adv* inusitadamente, extraordinariamente: *unusually talented* de un talento poco común

unveil /ˌʌnˈveɪl/ *vt* **1** ~ **sth/sb** sacar el velo a algo/algn **2** (*monumento, etc*) descubrir **3** (*fig*) revelar

unwanted /ˌʌnˈwɒntɪd/ *adj* **1** no deseado: *to feel unwanted* sentirse rechazado ◊ *an unwanted pregnancy* un embarazo no deseado **2** superfluo, sobrante

unwarranted /ʌnˈwɒrəntɪd; *USA* -ˈwɔːr-/ *adj* injustificado

unwelcome /ʌnˈwelkəm/ *adj* inoportuno, molesto: *to make you feel unwelcome* hacer sentir incómodo a algn

unwell /ʌnˈwel/ *adj* indispuesto

unwilling /ʌnˈwɪlɪŋ/ *adj* no dispuesto **unwillingness** *n* falta de voluntad

unwind /ˌʌnˈwaɪnd/ (*pret, pp* **unwound** /-ˈwaʊnd/) **1** *vt, vi* desenrollar(se) **2** (*coloq*) *vi* relajarse

unwise /ˌʌnˈwaɪz/ *adj* imprudente

unwittingly /ʌnˈwɪtɪŋli/ *adv* inconscientemente

unwound *pret, pp de* UNWIND

up /ʌp/ ◆ *part adv* **1** levantado: *Is he up yet?* ¿Ya está levantado? **2** más alto, más arriba: *Pull your socks up.* Subite las medias. **3** ~ (**to sth/sb**): *He came up* (*to me*). Se (me) acercó. **4** en pedazos: *to tear sth up* romper algo en pedazos **5** (*firmemente*): *to lock sth up* guardar/encerrar algo bajo llave **6** (*terminado*): *Your time is up.* Se te acabó el tiempo. **7** en su lugar, colocado: *Are the curtains up yet?* ¿Ya están puestas las cortinas? LOC **not to be up to much** no valer mucho **to be up to sb** depender de algn, ser decisión de algn: *It's up to you.* Depende de vos. **to be up** (**with sb**): *What's up with you?* ¿Qué te pasa? **up and down 1** de arriba a abajo **2** *to jump up and down* dar saltos **up to sth 1** (*tb* **up until sth**) hasta algo: *up to now* hasta ahora **2** capaz de algo, a la altura de algo: *I don't feel up to it.* No me siento capaz de hacerlo. **3** (*coloq*): *What are you up to?* ¿Qué estás haciendo? ◊ *He's up to no good.* Está tramando algo. ☛ Para los usos de **up** en PHRASAL VERBS ver las entradas de los verbos correspondientes, p.ej. **to go up** en GO[1]. ◆ *prep* arriba: *further up the road* calle arriba LOC **up and down sth** de un lado a otro de algo ◆ *n* LOC **ups and downs** altibajos

upbringing /ˈʌpbrɪŋɪŋ/ *n* crianza, educación (*en casa*)

update /ˌʌpˈdeɪt/ ◆ *vt* **1** actualizar **2** ~ **sb** (**on sth**) poner al día a algn (de algo) ◆ *n* **1** (*tb* **updating**) actualización **2** ~ (**on sth/sb**) información actualizada (sobre algo/algn)

upgrade /ˌʌpˈɡreɪd/ *vt* **1** mejorar **2** (*persona*) ascender

upheaval /ʌpˈhiːvl/ *n* agitación

upheld *pret, pp de* UPHOLD

uphill /ˌʌpˈhɪl/ *adj, adv* cuesta arriba: *an uphill struggle* una lucha difícil

uphold /ʌpˈhəʊld/ *vt* (*pret, pp* **upheld** /-ˈheld/) **1** sostener (*decisión, etc*) **2** mantener (*tradición, etc*)

upholstered /ˌʌpˈhəʊlstəd/ *adj* tapizado **upholstery** *n* [*incontable*] tapicería

upkeep /ˈʌpkiːp/ *n* mantenimiento

uplifting /ʌpˈlɪftɪŋ/ *adj* edificante

upon /əˈpɒn/ *prep* (*formal*) *Ver tb* ON, ONCE

upper /ˈʌpə(r)/ *adj* **1** superior, de arriba: *upper case* mayúsculas ◊ *upper limit* tope **2** alto: *the upper class* la clase alta ☛ *Ver ejemplos en* LOW LOC **to gain, get, etc the upper hand** conseguir, etc ventaja

uppermost /ˈʌpəməʊst/ *adj* más alto (*posición*) LOC **to be uppermost in your mind** ser lo que más preocupa a algn

upright /ˈʌpraɪt/ ◆ *adj* **1** (*posición*) vertical **2** (*persona*) recto, honrado ◆ *adv* derecho, en posición vertical

uprising /ˈʌpraɪzɪŋ/ *n* rebelión

uproar /ˈʌprɔː(r)/ *n* [*incontable*] tumulto, alboroto

uproot /ˌʌpˈruːt/ *vt* **1** arrancar (*con las raíces*) **2** ~ **sb/yourself** (**from sth**) (*fig*) desarraigarse, desarraigar a algn (de algo)

upset /ˌʌpˈset/ ◆ *vt* (*pret, pp* **upset**) **1** disgustar, afectar **2** (*plan, etc*) desbaratar **3** (*recipiente*) volcar, derramar ◆ *adj* ☛ Se pronuncia /ˈʌpset/ antes de sustantivo. **1** molesto, disgustado

2 (*estómago*) revuelto ◆ /ˈʌpset/ *n* **1** trastorno, disgusto **2** (*Med*) trastorno

upshot /ˈʌpʃɒt/ *n* **the ~ (of sth)** el resultado final (de algo)

upside down /ˌʌpsaɪd ˈdaʊn/ *adj, adv* **1** al revés, cabeza abajo ☛ *Ver dibujo en* REVÉS **2** (*coloq, fig*) patas arriba

upstairs /ˌʌpˈsteəz/ ◆ *adv* (en el piso de) arriba ◆ *adj* del piso de arriba ◆ *n* (*coloq*) piso de arriba

upstream /ˌʌpˈstriːm/ *adv* contra la corriente (*de un río, etc*)

upsurge /ˈʌpsɜːdʒ/ *n* **1 ~ (in sth)** aumento (de algo) **2 ~ (of sth)** oleada (de algo) (*enojo, interés, etc*)

up-to-date /ˌʌp tə ˈdeɪt/ *adj* **1** de última moda **2** al día

upturn /ˈʌptɜːn/ *n* **~ (in sth)** mejora, aumento (en algo)

upturned /ˌʌpˈtɜːnd/ *adj* **1** (*cajón, etc*) dado vuelta **2** (*nariz*) respingada

upward /ˈʌpwəd/ ◆ *adj* ascendente: *an upward trend* una tendencia al alza ◆ *adv* (*tb* **upwards**) hacia arriba **upwards of** *prep* más de (*cierto número*)

uranium /juˈreɪniəm/ *n* uranio

Uranus /ˈjʊərənəs, jʊˈreɪnəs/ *n* Urano

urban /ˈɜːbən/ *adj* urbano

urge /ɜːdʒ/ ◆ *vt* **~ sb (to do sth)** animar, instar a algn (a hacer algo) PHR V **to urge sb on** animar a algn ◆ *n* deseo, impulso

urgency /ˈɜːdʒənsi/ *n* apremio, urgencia

urgent /ˈɜːdʒənt/ *adj* **1** urgente: *to be in urgent need of sth* necesitar algo urgentemente **2** apremiante

urine /ˈjʊərɪn/ *n* orina

us /əs, ʌs/ *pron pers* **1** [*como objeto*] nos: *She gave us the job.* Nos dio el trabajo. ◊ *He ignored us.* No nos hizo caso. ☛ *Ver nota en* LET[1] **2** [*después de preposición y del verbo* **to be**] nosotros, -as: *behind us* detrás nuestro ◊ *both of us* nosotros dos ◊ *It's us.* Somos nosotros. ☛ *Comparar con* WE

usage /ˈjuːsɪdʒ, ˈjuːzɪdʒ/ *n* uso

use[1] /juːz/ *vt* (*pret, pp* **used** /juːzd/) **1** utilizar, usar, hacer uso de **2** (*esp persona*) usar, aprovecharse de **3** consumir, gastar PHR V **to use sth up** agotar algo, terminar algo

use[2] /juːs/ *n* **1** uso: *for your own use* para uso propio ◊ *a machine with many uses* una máquina con múltiples usos ◊ *to find a use for sth* encontrarle alguna utilidad a algo **2** *What's the use of crying?* ¿De qué sirve llorar? ◊ *What's the use?* ¿Para qué? LOC **in use** en uso **to be of use** servir **to be no use 1** no servir de nada **2** ser (un) inútil **to have the use of sth** poder usar algo **to make use of sth** aprovechar algo

used[1] /juːzd/ *adj* usado, de segunda mano

used[2] /juːst/ *adj* acostumbrado: *to get used to sth/doing sth* acostumbrarse a algo/hacer algo ◊ *I am used to being alone.* Estoy acostumbrado a estar solo.

used to /ˈjuːst tə, ˈjuːst tu/ *v modal*

> **Used to + infinitivo** se usa para describir hábitos y situaciones que ocurrían en el pasado y que no ocurren en la actualidad: *I used to live in London.* Antes vivía en Londres. Las oraciones interrogativas o negativas se forman generalmente con **did**: *He didn't use to be fat.* Antes no era gordo. ◊ *You used to smoke, didn't you?* Antes fumabas, ¿no?

useful /ˈjuːsfl/ *adj* útil, provechoso *Ver tb* HANDY **usefulness** *n* utilidad

useless /ˈjuːsləs/ *adj* **1** inútil, inservible **2** (*coloq*) inepto

user /ˈjuːzə(r)/ *n* usuario, -a: *user-friendly* fácil de manejar

usual /ˈjuːʒuəl/ *adj* acostumbrado, habitual, normal: *later/more than usual* más tarde de lo normal/más que de costumbre ◊ *the usual* lo de siempre LOC **as usual** como siempre

usually /ˈjuːʒuəli/ *adv* normalmente ☛ *Ver nota en* ALWAYS

utensil /juːˈtensl/ *n* [*gen pl*] utensilio

utility /juːˈtɪləti/ *n* (*pl* **-ies**) **1** utilidad **2** [*gen pl*]: *public/privatized utilities* compañía pública/privatizada de suministro

utmost /ˈʌtməʊst/ ◆ *adj* mayor: *with the utmost care* con sumo cuidado ◆ *n* LOC **to do your utmost (to do sth)** hacer todo lo posible (por hacer algo)

utter[1] /ˈʌtə(r)/ *vt* pronunciar, proferir

utter[2] /ˈʌtə(r)/ *adj* total, absoluto **utterly** *adv* totalmente, absolutamente

Vv

V, v /viː/ *n* (*pl* **V's**, **v's** /viːz/) **1** V, v: *V for Victor* V de Valencia ☛ *Ver ejemplos en* A, A **2** *V-neck* (con) escote en V ◊ *V-shaped* en forma de V

vacant /ˈveɪkənt/ *adj* **1** vacante *Ver tb* SITUATION **2** (*mirada*) perdido **3** (*expresión*) distraído **vacancy** *n* (*pl* **-ies**) **1** vacante **2** habitación libre **vacantly** *adv* distraídamente

vacate /vəˈkeɪt; *USA* ˈveɪkeɪt/ *vt* (*formal*) **1** (*casa*) desocupar **2** (*asiento, puesto*) dejar vacío

vacation /vəˈkeɪʃn; *USA* veɪ-/ (*GB tb* **recess**) *n* vacaciones

En Gran Bretaña **vacation** se usa sobre todo para las vacaciones de las universidades y los tribunales de justicia. En el resto de los casos, **holiday** es la palabra más corriente. En Estados Unidos **vacation** tiene un uso más generalizado.

vaccination /ˌvæksɪˈneɪʃn/ *n* **1** vacunación **2** vacuna: *polio vaccinations* vacunas contra la polio

vaccine /ˈvæksiːn; *USA* vækˈsiːn/ *n* vacuna

vacuum /ˈvækjuəm/ *n* (*pl* ~**s**) **1** vacío: *vacuum-packed* envasado al vacío **2** **vacuum cleaner** aspiradora LOC **in a vacuum** aislado (*de otras personas, acontecimientos*)

vagina /vəˈdʒaɪnə/ *n* (*pl* ~**s**) vagina

vague /veɪg/ *adj* (**-er**, **-est**) **1** vago **2** (*persona*) indeciso **3** (*gesto, expresión*) distraído **vaguely** *adv* **1** vagamente **2** aproximadamente: *It looks vaguely familiar.* Me resulta vagamente familiar. **3** distraídamente

vain /veɪn/ *adj* (**-er**, **-est**) **1** vanidoso **2** (*inútil*) vano LOC **in vain** en vano

valiant /ˈvæliənt/ *adj* valiente

valid /ˈvælɪd/ *adj* válido **validity** /vəˈlɪdəti/ *n* validez

valley /ˈvæli/ *n* (*pl* **-eys**) valle

valuable /ˈvæljuəbl/ *adj* valioso ☛ *Comparar con* INVALUABLE **valuables** *n* [*pl*] objetos de valor

valuation /ˌvæljuˈeɪʃn/ *n* tasación

value /ˈvæljuː/ ♦ *n* **1** valor **2** **values** [*pl*] (*moral*) valores LOC **to be good value** tener muy buen precio ♦ *vt* **1** ~ **sth** (**at sth**) valorar algo (en algo) **2** ~ **sth/sb** (**as sth**) valorar, apreciar algo/a algn (como algo)

valve /vælv/ *n* válvula

vampire /ˈvæmpaɪə(r)/ *n* vampiro

van /væn/ *n* camioneta

vandal /ˈvændl/ *n* vándalo, -a **vandalism** *n* vandalismo **vandalize, -ise** *vt* destrozar (*intencionadamente*)

the vanguard /ˈvæŋgɑːd/ *n* la vanguardia

vanilla /vəˈnɪlə/ *n* vainilla

vanish /ˈvænɪʃ/ *vi* desaparecer

vanity /ˈvænəti/ *n* vanidad

vantage point /ˈvɑːntɪdʒ pɔɪnt/ *n* posición estratégica

vapour (*USA* **vapor**) /ˈveɪpə(r)/ *n* vapor

variable /ˈveəriəbl/ *adj*, *n* variable

variance /ˈveəriəns/ *n* discrepancia LOC **to be at variance** (**with sth/sb**) (*formal*) estar en desacuerdo (con algo/algn), discrepar en algo

variant /ˈveəriənt/ *n* variante

variation /ˌveəriˈeɪʃn/ *n* ~ (**in/of sth**) variación, variante (en/de algo)

varied /ˈveərid/ *adj* variado

variety /vəˈraɪəti/ *n* (*pl* **-ies**) variedad: *a variety of subjects* temas variados ◊ *variety show* espectáculo de variedades

various /ˈveəriəs/ *adj* varios, diversos

varnish /ˈvɑːnɪʃ/ ♦ *n* barniz ♦ *vt* barnizar

vary /ˈveəri/ *vt, vi* (*pret, pp* **varied**) variar **varying** *adj* variable: *in varying amounts* en diversas cantidades

vase /vɑːz; *USA* veɪs, veɪz/ *n* jarrón, florero

vast /vɑːst; *USA* væst/ *adj* **1** vasto: *the vast majority* la gran mayoría **2** (*coloq*) (*suma, cantidad*) considerable **vastly** *adv* considerablemente

VAT /ˌviː eɪ ˈtiː/ *abrev* **value added tax** IVA

vat /væt/ *n* tinaja

vault /vɔːlt/ ♦ *n* **1** bóveda **2** cripta **3** (*tb* **bank vault**) bóveda de seguridad **4** salto ♦ *vt, vi* ~ (**over**) **sth** saltar (algo) (*apoyándose en las manos o con pértiga*)

veal /viːl/ *n* ternera ☛ *Ver nota en* CARNE

veer /vɪə(r)/ *vi* **1** virar, desviarse: *to veer off course* salirse del rumbo **2** (*viento*) cambiar (de dirección)

vegetable /ˈvedʒtəbl/ *n* **1** verdura, hortaliza **2** (*persona*) vegetal

vegetarian /ˌvedʒəˈteəriən/ *adj, n* vegetariano, -a

vegetation /ˌvedʒəˈteɪʃn/ *n* vegetación

vehement /ˈviːəmənt/ *adj* vehemente, apasionado

vehicle /ˈviːəkl; *USA* ˈviːhɪkl/ *n* **1** vehículo **2** ~ (**for sth**) (*fig*) vehículo (de/para algo); medio (de algo)

veil /veɪl/ ◆ *n* **1** (*lit y fig*) velo **2** (*de monja*) toca ◆ *vt* (*fig*) velar, disimular, encubrir **veiled** *adj* (*amenaza*) velado: *veiled in secrecy* rodeado de secreto

vein /veɪn/ *n* **1** vena **2** (*Geol*) veta **3** ~ (**of sth**) (*fig*) vena, rasgo (de algo) **4** tono, estilo

velocity /vəˈlɒsəti/ *n* velocidad

> **Velocity** se emplea especialmente en contextos científicos o formales mientras que **speed** es de uso más general.

velvet /ˈvelvɪt/ *n* terciopelo

vending machine /ˈvendɪŋ məʃiːn/ *n* máquina expendedora

vendor /ˈvendə(r)/ *n* (*formal*) vendedor, -ora

veneer /vəˈnɪə(r)/ *n* **1** (*madera, plástico*) chapa **2** ~ (**of sth**) (*frec pey, fig*) barniz (de algo)

vengeance /ˈvendʒəns/ *n* venganza: *to take vengeance on sb* vengarse de algn LOC **with a vengeance** de veras

venison /ˈvenɪzn, ˈvenɪsn/ *n* (carne de) venado

venom /ˈvenəm/ *n* **1** veneno **2** (*fig*) veneno, odio **venomous** *adj* (*lit y fig*) venenoso

vent /vent/ ◆ *n* **1** respiradero: *air vent* rejilla de ventilación **2** (*tapado, etc*) tajo LOC **to give** (**full**) **vent to sth** dar rienda suelta a algo ◆ *vt* ~ **sth** (**on sth/sb**) descargar algo (en algo/algn)

ventilator /ˈventɪleɪtə(r)/ *n* ventilador

venture /ˈventʃə(r)/ ◆ *n* proyecto, empresa *Ver tb* ENTERPRISE ◆ **1** *vi* aventurarse: *They rarely ventured into the city.* Pocas veces se aventuraban en la ciudad. **2** *vt* (*formal*) (*opinión, etc*) aventurar

venue /ˈvenjuː/ *n* **1** lugar (*de reunión*) **2** local (*para música*) **3** cancha (*para un partido*)

Venus /ˈviːnəs/ *n* Venus

verb /vɜːb/ *n* verbo

verbal /ˈvɜːbl/ *adj* verbal

verdict /ˈvɜːdɪkt/ *n* veredicto

verge /vɜːdʒ/ ◆ *n* borde de césped (*en camino, jardín, etc*) LOC **on the verge of** (**doing**) **sth** al borde de algo, a punto de hacer algo ◆ PHR V **to verge on sth** rayar en algo

verification /ˌverɪfɪˈkeɪʃn/ *n* **1** verificación, comprobación **2** ratificación

verify /ˈverɪfaɪ/ *vt* (*pret, pp* **-fied**) **1** verificar, comprobar **2** (*miedo, etc*) ratificar

veritable /ˈverɪtəbl/ *adj* (*formal, joc*) verdadero

versatile /ˈvɜːsətaɪl; *USA* -tl/ *adj* versátil

verse /vɜːs/ *n* **1** poesía **2** estrofa **3** versículo LOC *Ver* CHAPTER

versed /vɜːst/ *adj* ~ **in sth** versado en algo

version /ˈvɜːʃn; *USA* -ʒn/ *n* versión

vertebra /ˈvɜːtɪbrə/ *n* (*pl* **-brae** /-riː/) vértebra

vertical /ˈvɜːtɪkl/ *adj, n* vertical

verve /vɜːv/ *n* brío, entusiasmo

very /ˈveri/ ◆ *adv* **1** muy: *I'm very sorry.* Lo siento mucho. ◊ *not very much* no mucho **2** *the very best* lo mejor posible ◊ *at the very latest* como muy tarde ◊ *your very own pony* un pony sólo para vos **3** mismo: *the very next day* justo al día siguiente ◆ *adj* **1** *at that very moment* en ese mismísimo momento ◊ *You're the very man I need.* Sos justo el hombre que necesito. **2** *at the very end/beginning* justo al final/principio **3** *the very idea/thought of...* la simple idea de.../sólo pensar en... LOC *Ver* EYE, FIRST

vessel /ˈvesl/ *n* **1** (*formal*) buque, barco **2** (*formal*) vasija **3** conducto

vest[1] /vest/ *n* **1** camiseta **2** chaleco **3** (*USA*) *Ver* WAISTCOAT

vest[2] /vest/ *vt* LOC **to have a vested interest in sth** tener intereses creados en algo

vestige /ˈvestɪdʒ/ *n* vestigio

vet[1] /vet/ *vt* (**-tt-**) (*GB*) investigar

vet[2] *Ver* VETERINARY SURGEON

veteran /ˈvetərən/ ◆ *adj, n* veterano, -a ◆ *n* (*USA, coloq* **vet**) ex-combatiente

veterinary surgeon *n* veterinario, -a

veto /ˈviːtəʊ/ ◆ *n* (*pl* ~**es**) veto ◆ *vt* (*pt pres* ~**ing**) vetar

via /ˈvaɪə/ *prep* por, vía: *via Paris* vía París

viable /ˈvaɪəbl/ *adj* viable

vibrate /vaɪˈbreɪt; *USA* ˈvaɪbreɪt/ *vt, vi* (hacer) vibrar **vibration** *n* vibración

vicar /ˈvɪkə(r)/ *n* párroco anglicano ☛ *Ver nota en* PRIEST **vicarage** *n* casa del párroco

vice[1] /vaɪs/ *n* vicio

vice[2] (*USA* **vise**) /vaɪs/ *n* tornillo de sujeción de banco (*de carpintero*)

vice- /vaɪs/ *pref* vice-

vice versa /ˌvaɪs ˈvɜːsə/ *adv* viceversa

vicinity /vəˈsɪnəti/ *n* LOC **in the vicinity (of sth)** (*formal*) en los alrededores (de algo)

vicious /ˈvɪʃəs/ *adj* **1** malo, cruel **2** (*ataque, golpe*) con saña **3** (*perro*) feroz LOC **a vicious circle** un círculo vicioso

victim /ˈvɪktɪm/ *n* víctima LOC *Ver* FALL **victimize, -ise** *vt* **1** escoger como víctima **2** tiranizar

victor /ˈvɪktə(r)/ *n* (*formal*) vencedor, -ora **victorious** /vɪkˈtɔːriəs/ *adj* **1** ~ **(in sth)** victorioso (en algo) **2** (*equipo*) vencedor **3 to be** ~ **(over sth/sb)** triunfar (sobre algo/algn)

victory /ˈvɪktəri/ *n* (*pl* **-ies**) victoria, triunfo

video /ˈvɪdiəʊ/ *n* (*pl* ~**s**) **1** video **2** (*tb* **video (cassette) recorder**) (aparato de) video **videotape** *n* cinta de video

view /vjuː/ ◆ *n* **1** vista **2 viewing** sesión: *We had a private viewing of the film.* Vimos la película en una sesión privada. **3** [*gen pl*] ~ **(about/on sth)** opinión, parecer (sobre algo) **4** (*modo de entender*) criterio, concepto **5** (*imagen*) visión LOC **in my, etc view** (*formal*) en mi, etc opinión **in view of sth** en vista de algo **with a view to doing sth** (*formal*) con miras a hacer algo *Ver tb* POINT ◆ *vt* **1** mirar, ver **2** ~ **sth (as sth)** ver, considerar algo (como algo) **viewer** *n* **1** telespectador, -ora **2** espectador, -ora **3** (*aparato*) visor **viewpoint** *n* punto de vista

vigil /ˈvɪdʒɪl/ *n* vela, vigilia

vigilant /ˈvɪdʒɪlənt/ *adj* vigilante, alerta

vigorous /ˈvɪgərəs/ *adj* vigoroso, enérgico

vile /vaɪl/ *adj* (**viler, vilest**) repugnante, asqueroso

village /ˈvɪlɪdʒ/ *n* pueblo **villager** *n* habitante de un pueblo

villain /ˈvɪlən/ *n* **1** (*esp Teat*) villano, -a **2** (*GB, coloq*) delincuente

vindicate /ˈvɪndɪkeɪt/ *vt* **1** rehabilitar **2** justificar

vine /vaɪn/ *n* **1** vid, parra **2** enredadera

vinegar /ˈvɪnɪgə(r)/ *n* vinagre

vineyard /ˈvɪnjəd/ *n* viña, viñedo

vintage /ˈvɪntɪdʒ/ ◆ *n* **1** cosecha **2** vendimia ◆ *adj* **1** (*vino*) añejo **2** (*fig*) clásico **3** (*GB*) (*coche*) antiguo (*fabricado entre 1917 y 1930*)

vinyl /ˈvaɪnl/ *n* vinilo

violate /ˈvaɪəleɪt/ *vt* **1** violar (*ley, normas*)

> **Violate** casi nunca se usa en sentido sexual. En este sentido, usamos **rape**.

2 (*confianza*) quebrantar **3** (*intimidad*) invadir

violence /ˈvaɪələns/ *n* **1** violencia **2** (*emociones*) intensidad, violencia

violent /ˈvaɪələnt/ *adj* **1** violento **2** (*emociones*) intenso, violento

violet /ˈvaɪələt/ *adj, n* violeta

violin /ˌvaɪəˈlɪn/ *n* violín

virgin /ˈvɜːdʒɪn/ *adj, n* virgen

Virgo /ˈvɜːgəʊ/ *n* (*pl* **Virgos**) Virgo ☛ *Ver ejemplos en* AQUARIUS

virile /ˈvɪraɪl; *USA* ˈvɪrəl/ *adj* viril

virtual /ˈvɜːtʃuəl/ *adj* virtual **virtually** *adv* virtualmente, prácticamente

virtue /ˈvɜːtʃuː/ *n* **1** virtud **2** ventaja LOC **by virtue of sth** (*formal*) en virtud de algo **virtuous** *adj* virtuoso

virus /ˈvaɪrəs/ *n* (*pl* **viruses**) virus

visa /ˈviːzə/ *n* visa

vis-à-vis /ˌviːz ɑː ˈviː/ *prep* (*Fr*) **1** con relación a **2** en comparación con

vise *n* (*USA*) *Ver* VICE[2]

visible /ˈvɪzəbl/ *adj* **1** visible **2** (*fig*) patente **visibly** *adv* visiblemente, notablemente

vision /ˈvɪʒn/ *n* **1** vista **2** (*previsión, sueño*) visión

visit /ˈvɪzɪt/ ◆ **1** *vt, vi* visitar **2** *vt* (*país*) ir a **3** *vt* (*persona*) ir a ver a ◆ *n* visita LOC *Ver* PAY **visiting** *adj* visitante (*equipo, profesor*): *visiting hours* horas de visita **visitor** *n* **1** visitante, visita **2** turista

vista /ˈvɪstə/ *n* (*formal*) **1** vista, panorámica **2** (*fig*) perspectiva

visual /ˈvɪʒuəl/ *adj* visual: *visual display unit* unidad de visualización **visualize, -ise** *vt* **1** ~ (**yourself**) ver(se) **2** prever

vital /ˈvaɪtl/ *adj* **1** ~ (**for/to sth/sb**) vital, imprescindible (para algo/algn): *vital statistics* medidas femeninas **2** (*órgano, carácter*) vital **vitally** *adv*: *vitally important* de vital importancia

vitamin /ˈvɪtəmɪn; *USA* ˈvaɪt-/ *n* vitamina

vivacious /vɪˈveɪʃəs/ *adj* animado

vivid /ˈvɪvɪd/ *adj* vivo (*colores, imaginación, etc*) **vividly** *adv* vivamente

vocabulary /vəˈkæbjələri; *USA* -leri/ *n* (*pl* **-ies**) (*tb coloq* **vocab** /ˈvəʊkæb/) vocabulario

vocal /ˈvəʊkl/ ◆ *adj* **1** vocal: *vocal cords* cuerdas vocales **2** (*que habla mucho*) ruidoso: *a group of very vocal supporters* un grupo de hinchas muy ruidosos ◆ *n* [*gen pl*]: *to do the/be on vocals* ser el cantante/cantar

vocation /vəʊˈkeɪʃn/ *n* ~ (**for/to sth**) vocación (de algo) **vocational** *adj* técnico: *vocational training* formación profesional

vociferous /vəˈsɪfərəs; *USA* vəʊ-/ *adj* vociferante

vogue /vəʊg/ *n* ~ (**for sth**) moda (de algo) LOC **in vogue** en boga

voice /vɔɪs/ ◆ *n* voz: *to raise/lower your voice* levantar/bajar la voz ◊ *to have no voice in the matter* no tener voz en el asunto LOC **to make your voice heard** expresar uno su opinión *Ver tb* TOP[1] ◆ *vt* expresar

void /vɔɪd/ ◆ *n* (*formal*) vacío ◆ *adj* (*formal*) anulado: *to make sth void* anular algo *Ver* NULL

volatile /ˈvɒlətaɪl; *USA* -tl/ *adj* **1** (*frec pey*) (*persona*) voluble **2** (*situación*) inestable

volcano /vɒlˈkeɪnəʊ/ *n* (*pl* **-oes**) volcán

volition /vəˈlɪʃn; *USA* vəʊ-/ *n* (*formal*) LOC **of your own volition** por voluntad propia

volley /ˈvɒli/ *n* (*pl* **-eys**) **1** (*Dep*) volea **2** (*piedras, balas*) lluvia **3** (*fig*) retahíla

volleyball /ˈvɒlibɔːl/ *n* vóleibol

volt /vəʊlt/ *n* voltio **voltage** *n* voltaje: *high voltage* tensión alta

volume /ˈvɒljuːm; *USA* -jəm/ *n* **1** volumen **2** (*libro*) volumen, tomo

voluminous /vəˈluːmɪnəs/ *adj* (*formal*) **1** amplio **2** (*escrito*) copioso

voluntary /ˈvɒləntri; *USA* -teri/ *adj* voluntario

volunteer /ˌvɒlənˈtɪə(r)/ ◆ *n* voluntario, -a ◆ **1** *vi* ~ (**for sth/to do sth**) ofrecerse (voluntario) (para algo); ofrecerse (a hacer algo) **2** *vt* ofrecer (*información, sugerencia*)

vomit /ˈvɒmɪt/ ◆ *vt, vi* vomitar ☛ Es más normal decir **to be sick**. ◆ *n* vómito **vomiting** *n* vómitos

voracious /vəˈreɪʃəs/ *adj* voraz, insaciable

vote /vəʊt/ ◆ *n* **1** voto **2** votación: *to take a vote on sth/put sth to the vote* someter algo a votación **3 the vote** derecho al voto LOC **vote of no confidence** voto de censura **vote of thanks** palabras de agradecimiento ◆ **1** *vt, vi* votar: *to vote for/against sth/sb* votar a favor/en contra de algo/a algn **2** *vt* (*dinero*) asignar **3** *vt* ~ (**that...**) (*coloq*) proponer que... **voter** *n* votante **voting** *n* votación

vouch /vaʊtʃ/ *vi* **1** ~ **for sth/sb** responder de algo/algn **2** ~ **for sth/that...** confirmar algo/que...

voucher /ˈvaʊtʃə(r)/ *n* (*GB*) vale, cupón

vow /vaʊ/ ◆ *n* voto, promesa solemne ◆ *vt* **to vow** (**that**)**.../to do sth** jurar que.../hacer algo

vowel /ˈvaʊəl/ *n* vocal

voyage /ˈvɔɪɪdʒ/ *n* viaje

> **Voyage** se usa generalmente para viajes por mar, por el espacio y en sentido figurado. *Ver nota en* VIAJE

vulgar /ˈvʌlgə(r)/ *adj* **1** vulgar **2** (*chiste, etc*) grosero

vulnerable /ˈvʌlnərəbl/ *adj* vulnerable

vulture /ˈvʌltʃə(r)/ *n* buitre

Ww

W, w /ˈdʌbljuː/ *n* (*pl* **W's, w's** /ˈdʌbljuːz/) W, w: *W for William* W de Wenceslao ☛ *Ver ejemplos en* A, A

wade /weɪd/ **1** *vi* caminar con dificultad por agua, barro, etc **2** *vt, vi* (*riachuelo*) vadear

wafer /ˈweɪfə(r)/ *n* oblea

wag /wæg/ *vt, vi* (**-gg-**) **1** mover(se) (de un lado a otro) **2** (*cola*) menear(se)

wage /weɪdʒ/ ◆ *n* [*gen pl*] sueldo (*semanal*) ☛ *Comparar con* SALARY ◆ *vt* LOC **to wage (a) war/a battle (against/on sth/sb)** librar una batalla (contra algo/algn)

wagon (*GB tb* **waggon**) /ˈwægən/ *n* **1** carromato **2** (*Ferrocarril*) vagón

wail /weɪl/ ◆ *vi* **1** gemir **2** (*sirena*) aullar ◆ *n* gemido, aullido

waist /weɪst/ *n* cintura: *waistband* cinto ◊ *waistline* cintura/talle

waistcoat /ˈweɪskəʊt; *USA* ˈweskət/ (*USA tb* **vest**) *n* chaleco

wait /weɪt/ ◆ **1** *vi* ~ (**for sth/sb**) esperar (algo/a algn): *Wait a minute…* Un momento… ◊ *I can't wait to…* No veo la hora de… ☛ *Ver nota en* ESPERAR **2** *vt* (*turno*) esperar LOC **to keep sb waiting** hacer esperar a algn PHR V **to wait on sb** servir a algn **to wait up (for sb)** esperar levantado (a algn) ◆ *n* espera: *We had a three-hour wait for the bus.* Tuvimos que esperar el colectivo tres horas. ☛ *Comparar con* AWAIT **waiter** *n* mozo **waitress** *n* moza

waive /weɪv/ *vt* (*formal*) **1** (*pago*) renunciar a **2** (*norma*) pasar por alto

wake /weɪk/ ◆ *vt, vi* (*pret* **woke** /wəʊk/ *pp* **woken** /ˈwəʊkən/) ~ (**sb**) (**up**) despertarse, despertar a algn ☛ *Ver nota en* AWAKE *y comparar con* AWAKEN PHR V **to wake (sb) up** despabilarse, despabilar a algn **to wake up to sth** darse cuenta de algo ◆ *n* **1** velorio **2** (*Náut*) estela LOC **in the wake of sth** después de algo

walk /wɔːk/ ◆ **1** *vi* caminar **2** *vt* pasear: *I'll walk you home.* Te acompaño a casa. **3** *vt* recorrer (caminando) PHR V **to walk away/off** irse **to walk into sth/sb** chocar(se) contra algo/con algn **to walk out** (*coloq*) declararse en huelga **to walk out of sth** largarse de algo ◆ *n* **1** paseo, caminata: *to go for a walk* (ir a) dar un paseo ◊ *It's a ten-minute walk.* Está a diez minutos caminando. **2** andar LOC **a walk of life**: *people of all walks of life* gente de todos los tipos o profesiones **walker** *n* paseante **walking** *n* caminar: *walking shoes* zapatos para caminar ◊ *walking stick* bastón **walkout** *n* huelga

Walkman® /ˈwɔːkmən/ *n* (*pl* **-mans**) walkman®

wall /wɔːl/ *n* **1** muro, pared **2** (*ciudad*) (*fig*) muralla LOC *Ver* BACK[1] **walled** *adj* **1** amurallado **2** cercado

wallet /ˈwɒlɪt/ *n* billetera (*para dinero*) ☛ *Comparar con* PURSE, SATCHEL

wallpaper /ˈwɔːlpeɪpə(r)/ *n* empapelado

walnut /ˈwɔːlnʌt/ *n* **1** nuez **2** nogal (*árbol y madera*)

waltz /wɔːls; *USA* wɔːlts/ ◆ *n* vals ◆ *vi* bailar el vals

wand /wɒnd/ *n* vara: *magic wand* varita mágica

wander /ˈwɒndə(r)/ **1** *vi* deambular

A menudo **wander** va seguido de **around**, **about** u otras preposiciones o adverbios. En estos casos, hay que traducirlo por distintos verbos en castellano, y tiene el significado de distraídamente, sin propósito: *to wander in* entrar distraídamente ◊ *She wandered across the road.* Cruzó la calle distraídamente.

2 *vi* (*pensamientos*) vagar **3** *vi* (*mirada*) pasear **4** *vt* (*calles, etc*) vagar por PHR V **to wander away/off** perderse (*animal*), alejarse

wane /weɪn/ (*tb* **to be on the wane**) *vi* menguar, disminuir (*poder, entusiasmo*)

want /wɒnt; *USA* wɔːnt/ ◆ **1** *vt, vi* querer: *I want some cheese.* Quiero queso. ◊ *Do you want to go?* ¿Querés ir?

Nótese que **like** también significa "querer", pero sólo se usa para ofrecer algo o para invitar a alguien: *Would* *you like to come to dinner?* ¿Querés venir a cenar? ◊ *Would you like something to eat?* ¿Querés comer algo?

2 *vt* necesitar: *It wants fixing.* Hay que arreglarlo. **3** *vt* buscar, necesitar: *You're wanted upstairs/on the phone.* Te buscan arriba./Te llaman por teléfono. ◆ *n* **1** [*gen pl*] necesidad, deseo **2** ~ **of sth** falta de algo: *for want of* por falta de ◊ *not for want of trying* no por no intentarlo **3** miseria, pobreza **wanting** *adj* ~ (**in sth**) (*formal*) falto (de algo)

war /wɔː(r)/ *n* **1** guerra **2** conflicto **3** ~ (**against sth/sb**) lucha (contra algo/ algn) LOC **at war** en guerra **to make/ wage war on sth/sb** hacerle la guerra a algo/algn *Ver tb* WAGE

ward /wɔːd/ ◆ *n* sala (*de hospital*) ◆ PHR V **to ward sth off 1** (*ataque*) rechazar algo **2** (*el mal*) ahuyentar algo **3** (*peligro*) prevenir algo

warden /ˈwɔːdn/ *n* guardia, guarda *Ver tb* TRAFFIC

wardrobe /ˈwɔːdrəʊb/ *n* **1** armario (*para colgar ropa*) **2** guardarropa, vestuario

warehouse /ˈweəhaʊs/ *n* depósito

wares /weəz/ *n* [*pl*] (*antic*) mercancías

warfare /ˈwɔːfeə(r)/ *n* guerra

warlike /ˈwɔːlaɪk/ *adj* belicoso

warm /wɔːm/ ◆ *adj* (**-er**, **-est**) **1** (*clima*) templado: *to be warm* hacer calor ☛ *Ver nota en* FRÍO **2** (*cosa*) caliente **3** (*persona*): *to be/get warm* tener calor/ calentarse **4** (*ropa*) de abrigo, abrigado **5** (*fig*) caluroso, cordial ◆ *vt, vi* ~ (**sth/ yourself**) (**up**) calentar algo; calentarse PHR V **to warm up 1** (*Dep*) calentar **2** (*motor*) calentarse **to warm sth up** recalentar algo (*comida*) **warming** *n*: *global warming* el calentamiento de la tierra **warmly** *adv* **1** calurosamente **2** *warmly dressed* vestido con ropa de abrigo **3** (*dar las gracias*) efusivamente **warmth** *n* **1** calor **2** (*fig*) simpatía, afabilidad, entusiasmo

warn /wɔːn/ *vt* **1** ~ **sb** (**about/of sth**) advertir a algn (de algo); prevenir a algn (contra algo): *They warned us about/of the strike.* Nos advirtieron de la huelga. ◊ *They warned us about the neighbours.* Nos previnieron contra los vecinos. **2** ~ **sb that…** advertir a algn que…: *I warned them that it would be expensive.* Les advertí que sería caro. **3** ~ **sb against doing sth** advertir a algn que no haga algo: *They warned us against going into the forest.* Nos advirtieron que no fuéramos al bosque. **4** ~ **sb** (**not**) **to do sth** ordenar a algn que (no) haga algo (bajo amenaza) **warning** *n* aviso, advertencia

warp /wɔːp/ *vt, vi* combar(se) **warped** *adj* retorcido (*mente*)

warrant /ˈwɒrənt; *USA* ˈwɔːr-/ ◆ *n* (*Jur*) orden: *search-warrant* orden de allanamiento ◆ *vt* (*formal*) justificar

warranty /ˈwɒrənti; *USA* ˈwɔːr-/ *n* (*pl* **-ies**) garantía *Ver tb* GUARANTEE

warren /ˈwɒrən; *USA* ˈwɔːrən/ *n* **1** conejera **2** laberinto

warrior /ˈwɒrɪə(r); *USA* ˈwɔːr-/ *n* guerrero, -a

warship /ˈwɔːʃɪp/ *n* buque de guerra

wart /wɔːt/ *n* verruga

wartime /ˈwɔːtaɪm/ *n* (tiempo de) guerra

wary /ˈweəri/ *adj* (**warier**, **wariest**) cauto: *to be wary of sth/sb* desconfiar de algo/algn

was /wəz, wɒz; *USA* wʌz/ *pret de* BE

wash /wɒʃ/ ◆ *n* **1** lavado: *to have a wash* lavarse **2 the wash** [*sing*]: *All my shirts are in the wash.* Todas mis camisas están en el lavarropas. **3** [*sing*] (*Náut*) estela ◆ **1** *vt, vi* lavar(se): *to wash yourself* lavarse **2** *vi* ~ **over sth** cubrir algo **3** *vi* ~ **over sb** (*fig*) invadir a algn **4** *vt* llevar, arrastrar: *to be washed overboard* ser arrastrado por la borda por las olas PHR V **to wash sth/sb away** arrastrar algo/a algn, llevarse algo/a algn **to wash off** sacarse (lavando) **to wash sth off** sacar algo (lavando) **to wash sth out** lavar algo **to wash up 1** (*GB*) lavar los platos **2** (*USA*) lavarse (*las manos y la cara*) **to wash sth up 1** (*GB*) (*platos*) lavar algo **2** (*mar*) llevar algo a la playa **washable** *adj* lavable

washbasin /ˈwɒʃbeɪsn/ (*USA* **washbowl**) *n* lavamanos

washing /ˈwɒʃɪŋ; *USA* ˈwɔː-/ *n* **1** lavado: *washing powder* jabón en polvo **2** ropa sucia **3** ropa lavada

washing machine *n* lavarropas

washing-up /ˌwɒʃɪŋ ˈʌp/ *n* platos (para lavar): *to do the washing-up* lavar los platos ◊ *washing-up liquid* detergente

washroom /ˈwɒʃruːm/ *n* (*USA, eufemismo*) baño ☞ *Ver nota en* TOILET

wasn't /ˈwɒz(ə)nt/ = WAS NOT *Ver* BE

wasp /wɒsp/ *n* avispa

waste /weɪst/ ◆ *adj* **1** *waste material/products* desechos **2** baldío (*terreno*) ◆ *vt* **1** malgastar **2** (*tiempo, ocasión*) perder **3** (*no usar*) desperdiciar LOC **to waste your breath** perder el tiempo PHR V **to waste away** consumirse ◆ *n* **1** pérdida, desperdicio **2** (*acción*) derroche, despilfarro **3** [*incontable*] desperdicios, desechos, basura: *waste disposal* eliminación de basura/desechos LOC **to go/run to waste** echarse a perder, desperdiciarse **wasted** *adj* inútil (*viaje, esfuerzo*) **wasteful** *adj* **1** derrochador **2** (*método, proceso*) antieconómico

wasteland /ˈweɪstlænd/ *n* terreno baldío

waste-paper basket *n* papelera

watch /wɒtʃ/ ◆ *n* **1** reloj (*pulsera*) ☞ *Ver dibujo en* RELOJ **2** (turno de) guardia **3** (*personas*) guardia, vigías LOC **to keep watch (over sth/sb)** vigilar (algo/a algn) *Ver tb* CLOSE[1] ◆ **1** *vt, vi* observar, mirar **2** *vt, vi* (*espiar*) vigilar, observar **3** *vt* (*TV, Dep*) mirar **4** *vt, vi* ~ **(over) sth/sb** cuidar (algo/a algn) **5** *vi* ~ **for sth** estar atento a algo; esperar algo **6** *vt* tener cuidado con, fijarse en: *Watch your language.* No digas palabrotas. LOC **to watch your step** tener cuidado PHR V **to watch out** tener cuidado: *Watch out!* ¡Cuidado! **to watch out for sth/sb** estar atento a algo/algn: *Watch out for that hole.* Cuidado con ese pozo. **watchful** *adj* vigilante, alerta

watchdog /ˈwɒtʃdɒg/ *n* organismo de control

water /ˈwɔːtə(r)/ ◆ *n* agua LOC **under water 1** bajo el agua, debajo del agua **2** inundado *Ver tb* FISH ◆ **1** *vt* (*planta*) regar **2** *vi* (*ojos*) llorar **3** *vi* (*boca*) hacerse agua PHR V **to water sth down 1** diluir algo con agua **2** (*fig*) suavizar algo

watercolour (*USA* **-color**) /ˈwɔːtəkʌlə(r)/ *n* acuarela

watercress /ˈwɔːtəkres/ *n* [*incontable*] berro

waterfall /ˈwɔːtəfɔːl/ *n* cascada, catarata

watermelon /ˈwɔːtəmelən/ *n* sandía

waterproof /ˈwɔːtəpruːf/ *adj, n* impermeable

watershed /ˈwɔːtəʃed/ *n* momento decisivo/crítico

water-skiing /ˈwɔːtə skiːɪŋ/ *n* esquí acuático

watertight /ˈwɔːtətaɪt/ *adj* **1** hermético **2** (*argumento*) irrebatible

waterway /ˈwɔːtəweɪ/ *n* vía fluvial, canal

watery /ˈwɔːtəri/ *adj* **1** (*pey*) aguado **2** (*color*) pálido **3** (*ojos*) lloroso

watt /wɒt/ *n* vatio

wave /weɪv/ ◆ **1** *vt, vi* agitar(se) **2** *vi* (*bandera*) ondear **3** *vi* ~ **(at/to sb)** hacer señas con la mano (a algn) **4** *vt, vi* (*pelo, etc*) ondular(se) PHR V **to wave sth aside** rechazar algo (*protesta*) ◆ *n* **1** ola **2** (*fig*) oleada **3** seña (con la mano) **4** (*Fís*) (*pelo*) onda **wavelength** *n* longitud de onda

waver /ˈweɪvə(r)/ *vi* **1** flaquear **2** (*voz*) temblar **3** vacilar

wavy /ˈweɪvi/ *adj* (**wavier, waviest**) **1** ondulado **2** ondulante

wax /wæks/ *n* cera

way /weɪ/ ◆ *n* **1 way (from ... to ...)** camino (de ... a ...): *to ask/tell sb the way* preguntarle/mostrarle a algn por dónde se va ◊ *across/over the way* enfrente/del otro lado de la calle ◊ *a long way (away)* lejos ◊ *way out* salida **2 Way** (*en nombres*) vía **3** paso: *Get out of my way!* ¡Salí del camino! **4** dirección: *'Which way?' 'That way.'* —¿Por dónde? —Por ahí. **5** forma, manera: *Do it your own way!* ¡Hacelo como quieras! **6** [*gen pl*] costumbre LOC **by the way** a propósito **in a/one way**; **in some ways** en cierto modo **no way!** (*coloq*) ¡ni hablar! **one way or another** como sea **on the way** en (el) camino: *to be on your way* irse **the other way (a)round 1** al revés **2** por el otro camino **to divide, split, etc sth two, three, etc ways** dividir algo entre dos, tres, etc **to get/have your own way** salirse con la suya **to give way (to sth/sb) 1** ceder (ante algo/algn) **2** ceder el paso (a algo/algn) **to give way to sth** entregarse (a algo), dejarse dominar por algo **to go out of your way (to do sth)** tomarse la molestia (de hacer algo) **to make way (for sth/sb)** dejar paso (a algo/algn) **to make your way (to/towards sth)** irse (a/hacia algo) **under way** en marcha **way of life** estilo de vida **ways and means** medios *Ver tb* BAR, FEEL, FIGHT, FIND, HARD, HARM, LEAD², LOSE, MEND, PAVE ◆ *adv* (*coloq*) muy: *way ahead* muy por delante LOC **way back** hace mucho tiempo: *way back in the fifties* allá por los años cincuenta

we /wiː/ *pron pers* nosotros: *Why don't we go?* ¿Por qué no vamos? ☛ El *pron pers* no se puede omitir en inglés. *Comparar con* US

weak /wiːk/ *adj* (**-er**, **-est**) **1** débil **2** (*Med*) delicado **3** (*bebida*) aguado **4** ~ (**at/in/on sth**) flojo (en algo) **weaken 1** *vt, vi* debilitar(se) **2** *vi* ceder **weakness** *n* **1** debilidad **2** flaqueza

wealth /welθ/ *n* **1** [*incontable*] riqueza **2** ~ **of sth** abundancia de algo **wealthy** *adj* (**-ier**, **-iest**) rico

weapon /ˈwepən/ *n* arma

wear /weə(r)/ ◆ (*pret* **wore** /wɔː(r)/ *pp* **worn** /wɔːn/) **1** *vt* (*ropa, anteojos, etc*) tener puesto, usar **2** *vt* (*expresión*) tener **3** *vt, vi* desgastar(se) **4** *vt* (*agujero, etc*) hacer **5** *vi* durar PHR V **to wear (sth) away** desgastar algo/desgastarse por completo **to wear sb down** agotar a algn **to wear sth down** minar algo **to wear (sth) down/out** desgastar algo/desgastarse **to wear off** desaparecer (*novedad, etc*) **to wear sb out** agotar a algn

¿**Wear** o **carry**? **Wear** se usa para referirse a ropa, calzado y complementos, y también a perfumes y anteojos: *Do you have to wear a suit at work?* ¿Tenés que ponerte traje para ir a trabajar? ◊ *What perfume are you wearing?* ¿Qué perfume tenés puesto? ◊ *He doesn't wear glasses.* No usa anteojos. Se usa **carry** para referirse a objetos que llevamos con nosotros, especialmente en las manos o en los brazos: *She wasn't wearing her raincoat, she was carrying it over her arm.* No tenía puesto el impermeable, lo llevaba en el brazo.

◆ *n* **1** desgaste **2** uso **3** ropa: *ladies' wear* ropa de señora LOC **wear and tear** desgaste por el uso

weary /ˈwɪəri/ *adj* (**-ier**, **-iest**) **1** agotado **2** ~ **of sth** hastiado de algo

weather /ˈweðə(r)/ ◆ *n* tiempo: *weather forecast* pronóstico meteorológico LOC **under the weather** (*coloq*) caído ◆ *vt* superar (*crisis*)

weave /wiːv/ (*pret* **wove** /wəʊv/ *pp* **woven** /ˈwəʊvn/) **1** *vt* tejer algo (con algo) **2** *vt* ~ **sth into sth** (*fig*) incluir algo (en algo) **3** *vi* (*pret, pp* **weaved**) serpentear

web /web/ *n* **1** telaraña **2** (*fig*) red **3** (*engaños*) sarta **4 the Web** la web

website /ˈwebsaɪt/ *n* sitio web

we'd /wiːd/ **1** = WE HAD *Ver* HAVE **2** = WE WOULD *Ver* WOULD

wedding /ˈwedɪŋ/ *n* casamiento: *wedding ring/cake* alianza/torta de casamiento LOC **golden/silver wedding** bodas de oro/plata ☛ *Ver nota en* CASAMIENTO

wedge /wedʒ/ ◆ *n* **1** cuña **2** (*queso, torta*) pedazo (grande) **3** (*limón*) trozo (*en forma de gajo*) ◆ *vt* **1** *to wedge sth open* mantener algo abierto con una cuña **2** *to wedge itself/get wedged* atascarse **3** (*esp personas*) apretujar

Wednesday /ˈwenzdeɪ, ˈwenzdi/ *n* (*abrev* **Wed**) miércoles ☛ *Ver ejemplos en* MONDAY

wee /wiː/ *adj* **1** (*Escocia*) chiquito **2** (*coloq*) poquito: *a wee bit* un poquitín

weed /wiːd/ ◆ *n* **1** yuyo: *weedkiller* herbicida **2** [*incontable*] (*en agua*) algas **3** (*coloq, pey*) enclenque **4** persona sin carácter: *He's a weed.* No tiene carácter. ◆ *vt* sacar los yuyos de PHR V **to weed sth/sb out** eliminar algo/a algn

week /wiːk/ *n* semana: *35-hour week* semana laboral de 35 horas LOC **a week on Monday/Monday week** el lunes que viene no, el otro; del lunes en ocho días **a week today/tomorrow** dentro de una semana/ocho días **weekday** *n* día laborable **weekend** /ˌwiːkˈend/ *n* fin de semana

weekly /ˈwiːkli/ ◆ *adj* semanal ◆ *adv* semanalmente ◆ *n* (*pl* **-ies**) semanario

weep /wiːp/ *vi* (*pret, pp* **wept** /wept/) (*formal*) ~ (**for/over sth/sb**) llorar (por algo/algn) **weeping** *n* llanto

weigh /weɪ/ **1** *vt, vi* pesar **2** *vt* ~ **sth** (**up**) sopesar algo **3** *vi* ~ (**against sth/sb**) influir (en contra de algo/algn) LOC **to weigh anchor** levar anclas PHR V **to**

weigh sb down abrumar a algn **to weigh sth/sb down**: *weighed down with luggage* muy cargado de equipaje

weight /weɪt/ ◆ *n* **1** (*lit y fig*) peso: *by weight* por peso **2** pesa, peso LOC **to lose/put on weight** (*persona*) adelgazar/engordar *Ver tb* CARRY, PULL ◆ *vt* **1** poner peso o pesas en **2** ~ **sth (down) (with sth)** sujetar algo (con algo) **weighting** *n* **1** (*GB*): *London weighting* complemento salarial por trabajar en Londres **2** importancia **weightless** *adj* ingrávido **weighty** *adj* (**-ier**, **-iest**) **1** pesado **2** (*fig*) de peso, importante

weir /wɪə(r)/ *n* presa (*colocada en la corriente de un río*)

weird /wɪəd/ *adj* (**-er**, **-est**) **1** sobrenatural, misterioso **2** (*coloq*) raro

welcome /ˈwelkəm/ ◆ *adj* **1** bienvenido **2** agradable LOC **to be welcome to sth/to do sth**: *You're welcome to use my car/to stay.* Mi coche está a tu disposición./Podés quedarte si querés. **you're welcome** de nada ◆ *n* bienvenida, acogida ◆ *vt* **1** dar la bienvenida a, recibir **2** agradecer **3** acoger, recibir **welcoming** *adj* acogedor

weld /weld/ *vt*, *vi* soldar(se)

welfare /ˈwelfeə(r)/ *n* **1** bienestar **2** asistencia: *the Welfare State* el sistema de seguridad/asistencia social **3** (*USA*) *Ver* SOCIAL SECURITY

well[1] /wel/ ◆ *n* pozo ◆ *vi* ~ **(out/up)** brotar

well[2] /wel/ ◆ *adj* (*comp* **better** /ˈbetə(r)/ *superl* **best** /best/) bien: *to be well* estar bien ◊ *to get well* reponerse ◆ *adv* (*comp* **better** /ˈbetə(r)/ *superl* **best** /best/) **1** bien **2** [*después de* **can**, **could**, **may**, **might**]: *I can well believe it.* Lo creo totalmente. ◊ *I can't very well leave.* No puedo irme así nomás. LOC **as well** también ☞ *Ver nota en* TAMBIÉN **as well as** además de **may/might (just) as well do sth**: *We may/might as well go home.* Bien podríamos irnos a casa. **to do well 1** progresar **2** [*sólo en tiempo continuo*] (*paciente*) recuperarse **well and truly** (*coloq*) completamente *Ver tb* DISPOSED, JUST, MEAN[1], PRETTY

well[3] /wel/ *interj* **1** (*asombro*) ¡uy!: *Well, look who's here!* ¡Uy! Mirá quién está acá. **2** (*resignación, duda*) bueno: *Oh well, that's that then.* Bueno, qué le vamos a hacer. ◊ *Well, I don't know…* Bueno, no sé… **3** (*interrogación*) ¿y entonces?

we'll /wiːl/ **1** = WE SHALL *Ver* SHALL **2** = WE WILL *Ver* WILL

well behaved *adj* bien educado: *to be well behaved* portarse bien

well-being /ˈwelbiːɪŋ/ *n* bienestar

well-earned /ˈwel ɜːnd/ *adj* merecido

wellington /ˈwelɪŋtən/ (*tb* **wellington boot**) *n* [*gen pl*] (*esp GB*) bota de lluvia

well-kept /ˈwel kept/ *adj* **1** cuidado, bien conservado **2** (*secreto*) bien guardado

well known *adj* muy conocido, famoso: *It's a well known fact that…* Es sabido que…

well meaning *adj* bienintencionado

well off *adj* rico

well-to-do /ˌwel tə ˈduː/ *adj* adinerado

went *pret de* GO[1]

wept *pret, pp de* WEEP

were /wə(r), wɜː(r)/ *pret de* BE

we're /wɪə(r)/ = WE ARE *Ver* BE

weren't /wɜːnt/ = WERE NOT *Ver* BE

west /west/ ◆ *n* **1** (*tb* **the west**, **the West**) (*abrev* **W**) (el) oeste: *I live in the west of Scotland.* Vivo en el oeste de Escocia. ◊ *westbound* en/con dirección oeste **2 the West** (el) Occidente, los países occidentales ◆ *adj* (del) oeste, occidental: *west winds* vientos del oeste ◆ *adv* al oeste: *to travel west* viajar hacia el oeste *Ver tb* WESTWARD(S)

western /ˈwestən/ ◆ *adj* (*tb* **Western**) (del) oeste, occidental ◆ *n* novela o película del oeste **westerner** *n* occidental

westward(s) /ˈwestwəd(z)/ *adv* hacia el oeste *Ver tb* WEST *adv*

wet /wet/ ◆ *adj* (**wetter**, **wettest**) **1** mojado: *to get wet* mojarse **2** húmedo: *in wet places* en lugares húmedos **3** (*tiempo*) lluvioso **4** (*pintura, etc*) fresco **5** (*GB, coloq, pey*) (*persona*) apocado ◆ *n* **1 the wet** lluvia: *Come in out of the wet.* Entrá y resguardate de la lluvia. **2** humedad ◆ (*pret, pp* **wet** *o* **wetted**) **1** *vt* mojar, humedecer: *to wet the/your bed* hacerse pis en la cama **2** *v refl* **to wet yourself** orinarse

we've /wiːv/ = WE HAVE *Ver* HAVE

whack /wæk/ ◆ *vt* (*coloq*) dar un buen golpe a ◆ *n* aporreo

whale /weɪl/ *n* ballena

wharf /wɔːf/ *n* (*pl* **~s** *o* **-ves** /wɔːvz/) muelle

what /wɒt/ ◆ *adj interr* qué: *What time is it?* ¿Qué hora es? ◊ *What colour is it?* ¿De qué color es? ◆ *pron interr* qué: *What did you say?* ¿Qué dijiste? ◊ *What's her phone number?* ¿Cuál es su número de teléfono? ◊ *What's your name?* ¿Cómo te llamás? LOC **what about...? 1** ¿qué te parece si...? **2** ¿y qué es de...?

> ¿**Which** o **what**? **Which** se refiere a uno o más miembros de un grupo limitado: *Which is your car, this one or that one?* ¿Cuál es tu auto, éste o ése? **What** se usa cuando el grupo no es tan limitado: *What are your favourite books?* ¿Cuáles son tus libros preferidos?

what if...? ¿y (qué pasaría) si...?: *What if it rains?* ¿Y si llueve? ◆ *adj rel, pron rel* el/la/lo que: *what money I have* (toda) la plata que tengo ◊ *I know what you're thinking.* Sé lo que estás pensando. ◆ *adj* qué: *What a pity!* ¡Qué lástima! ◆ *interj* **1 what!** ¡cómo! **2 what?** (*coloq*) ¿qué?, ¿cómo?

whatever /wɒtˈevə(r)/ ◆ *pron* **1** (todo) lo que: *Give whatever you can.* Dé lo que pueda. **2** *whatever happens* pase lo que pase LOC **or whatever** (*coloq*) o el/la/lo que sea: *...basketball, swimming or whatever.* ...básquetbol, natación o lo que sea. ◆ *adj* cualquier: *I'll be in whatever time you come.* Voy a estar a cualquier hora que vengas. ◆ *pron interr* qué (diablos): *Whatever can it be?* ¿Qué diablos puede ser? ◆ *adv* (*tb* **whatsoever**) en absoluto: *nothing whatsoever* nada en absoluto

wheat /wiːt/ *n* trigo

wheel /wiːl/ ◆ *n* **1** rueda **2** volante ◆ **1** *vt* (*bicicleta, etc*) empujar **2** *vt* (*persona*) llevar **3** *vi* (*pájaro*) revolotear **4** *vi* ~ **(a)round** darse vuelta

wheelbarrow /ˈwiːlbærəʊ/ (*tb* **barrow**) *n* carretilla (*de mano*)

wheelchair /ˈwiːltʃeə(r)/ *n* silla de ruedas

wheeze /wiːz/ *vi* respirar con dificultad, resollar

when /wen/ ◆ *adv interr* cuándo: *When did he die?* ¿Cuándo murió? ◊ *I don't know when she arrived.* No sé cuándo llegó. ◆ *adv rel* en (el/la/los/las) que: *There are times when...* Hay veces en que... ◆ *conj* cuando: *It was raining when I arrived.* Llovía cuando llegué. ◊ *I'll call you when I'm ready.* Te llamo cuando esté lista.

whenever /wenˈevə(r)/ *conj* **1** cuando: *Come whenever you like.* Vení cuando quieras. **2** (*todas las veces que*) siempre que: *You can borrow my car whenever you want.* Te puedo prestar mi auto cuando quieras.

where /weə(r)/ ◆ *adv interr* dónde: *Where are you going?* ¿Adónde vas? ◊ *I don't know where it is.* No sé dónde está. ◆ *adv rel* donde: *the town where I was born* el pueblo en que nací ◆ *conj* donde: *Stay where you are.* Quedate donde estás.

whereabouts /ˌweərəˈbaʊts/ ◆ *adv interr* dónde ◆ /ˈweərəbaʊts/ *n* [*v sing o pl*] paradero

whereas /ˌweərˈæz/ *conj* (*formal*) mientras que

whereby /weəˈbaɪ/ *adv rel* (*formal*) según el/la/lo cual

whereupon /ˌweərəˈpɒn/ *conj* después de lo cual

wherever /ˌweərˈevə(r)/ ◆ *conj* dondequiera que: *wherever you like* donde quieras ◆ *adv interr* dónde (diablos)

whet /wet/ *vt* (**-tt-**) LOC **to whet sb's appetite** abrir el apetito a algn

whether /ˈweðə(r)/ *conj* si: *I'm not sure whether to resign or stay on.* No sé si dimitir o seguir. ◊ *It depends on whether the letter arrives on time.* Depende de si la carta llega a tiempo. LOC **whether or not**: *whether or not it rains/whether it rains or not* tanto si llueve como si no

which /wɪtʃ/ ◆ *adj interr* qué: *Which book did you take?* ¿Qué libro te llevaste? ◊ *Do you know which one is yours?* ¿Sabés cuál es el tuyo? ☛ *Ver nota en* WHAT ◆ *pron interr* cuál: *Which is your favourite?* ¿Cuál es tu preferido? ☛ *Ver nota en* WHAT ◆ *adj rel, pron rel* **1** [*sujeto*] que: *the book which is on the table* el libro que está sobre la mesa **2** [*complemento*] que: *the article (which) I read yesterday* el artículo que leí ayer **3** (*formal*) [*después de preposición*] el/la/lo cual: *her work, about which I know nothing...* su trabajo, del cual no sé nada... ◊ *in which case* en cuyo caso ◊

the bag in which I put it la bolsa en la que lo puse ☛ Este uso es muy formal. Lo más normal es poner la preposición al final: *The bag which I put it in.*

whichever /wɪtʃ'evə(r)/ **1** *pron* el/la que: *whichever you like* el que quieras **2** *adj* cualquiera: *It's the same, whichever route you take.* No importa la ruta que elijas.

whiff /wɪf/ *n* ~ (**of sth**) aroma/tufo (a algo); soplo (de algo)

while /waɪl/ ◆ *n* [*sing*] tiempo, rato: *for a while* durante un rato LOC *Ver* ONCE, WORTH ◆ *conj* (*tb* **whilst** /waɪlst/) **1** (*tiempo*) mientras **2** (*contraste*) mientras (que): *I drink coffee while she prefers tea.* Yo tomo café, mientras que ella prefiere el té. **3** (*formal*) aunque: *While I admit that…* Aunque admito que… LOC **while you're at it** ya que estás, vas, etc ◆ PHR V **to while sth away** pasar algo: *to while the morning away* pasar la mañana

whim /wɪm/ *n* capricho, antojo

whimper /'wɪmpə(r)/ ◆ *vi* lloriquear ◆ *n* lloriqueo

whip /wɪp/ ◆ *n* **1** azote, látigo **2** (*Pol*) diputado, -a encargado, -a de la disciplina de su grupo parlamentario ◆ *vt* **1** azotar **2** ~ **sth** (**up**) (**into sth**) (*Cocina*) batir algo (hasta obtener algo): *whipped cream* crema batida PHR V **to whip sth up 1** preparar algo rápidamente **2** causar algo

whirl /wɜːl/ ◆ **1** *vt, vi* (hacer) girar **2** *vi* (*hojas*) arremolinarse **3** *vi* (*cabeza*) dar vueltas ◆ *n* [*sing*] **1** giro **2** remolino: *a whirl of dust* un remolino de polvo **3** (*fig*) torbellino: *My head is in a whirl.* La cabeza me da vueltas.

whirlpool /'wɜːlpuːl/ *n* remolino

whirlwind /'wɜːlwɪnd/ ◆ *n* torbellino ◆ *adj* (*fig*) relámpago

whirr (*esp USA* **whir**) /wɜː(r)/ ◆ *n* zumbido ◆ *vi* zumbar

whisk /wɪsk/ ◆ *n* batidor, batidora (eléctrica) ◆ *vt* (*Cocina*) batir PHR V **to whisk sth/sb away/off** llevarse algo/a algn volando

whiskers /'wɪskəz/ *n* [*pl*] **1** (*de animal*) bigotes **2** (*de hombre*) patillas

whisky /'wɪski/ *n* (*pl* **-ies**) (*USA o Irl* **whiskey**) whisky

whisper /'wɪspə(r)/ ◆ **1** *vi* susurrar **2** *vi* cuchichear **3** *vt* decir en voz baja ◆ *n* **1** cuchicheo **2** susurro

whistle /'wɪsl/ ◆ *n* **1** silbido, pitido **2** silbato, pito ◆ *vt, vi* silbar, pitar

white /waɪt/ ◆ *adj* (**-er**, **-est**) **1** blanco: *white coffee* café con leche **2** ~ (**with sth**) pálido (de algo) ◆ *n* **1** blanco **2** clara (*de huevo*) ☛ *Comparar con* YOLK

white-collar /ˌwaɪt 'kɒlə(r)/ *adj* de oficina: *white-collar workers* oficinistas

whiteness /'waɪtnəs/ *n* blancura

White Paper *n* (*GB*) informe oficial sobre política gubernamental

whitewash /'waɪtwɒʃ/ ◆ *n* pintura a la cal ◆ *vt* **1** pintar a la cal **2** (*fig*) encubrir

who /huː/ ◆ *pron interr* quién, quiénes: *Who are they?* ¿Quiénes son? ◊ *Who did you meet?* ¿Con quién te encontraste? ◊ *Who is it?* ¿Quién es? ◊ *They wanted to know who had rung.* Preguntaron quién había llamado. ◆ *pron rel* **1** [*sujeto*] que: *people who eat garlic* gente que come ajo ◊ *the man who wanted to meet you* el hombre que quería conocerte ◊ *all those who want to go* todos los que quieran ir **2** [*complemento*] que: *I bumped into a woman* (*who*) *I knew.* Me topé con una mujer a la que conocía. ◊ *the man* (*who*) *I had spoken to* el hombre con el que había hablado ☛ *Ver nota en* WHOM

whoever /huː'evə(r)/ *pron* **1** quien: *Whoever gets the job…* Quien consiga el puesto de trabajo… **2** quienquiera que

whole /həʊl/ ◆ *adj* **1** entero: *a whole bottle* una botella entera **2** (*coloq*) todo: *to forget the whole thing* olvidar todo el asunto ◆ *n* todo: *the whole of August* todo agosto LOC **on the whole** en general

wholehearted /ˌhəʊl'hɑːtɪd/ *adj* incondicional **wholeheartedly** sin reservas

wholemeal /'həʊlmiːl/ *adj* integral: *wholemeal bread* pan integral

wholesale /'həʊlseɪl/ *adj, adv* **1** al por mayor **2** total: *wholesale destruction* destrucción total

wholesome /'həʊlsəm/ *adj* sano, saludable

wholly /'həʊlli/ *adv* totalmente

whom /huːm/ ◆ *pron interr* (*formal*) a quién: *Whom did you meet there?* ¿Con quién se encontró allí? ◊ *To whom did you give the money?* ¿A quién le dio la plata? ☛ Este uso es muy formal. Lo más normal es decir: *Who did you meet there?* ◊ *Who did you give the money to?* ◆ *pron rel* (*formal*): : *the investors, some of whom bought shares* los inversores, algunos de los cuales compraron acciones ◊ *the person to whom this letter was addressed* la persona a quien iba dirigida esta carta ☛ Este uso es muy formal. Sería mucho más corriente decir: *the person this letter was addressed to.*

whose /huːz/ ◆ *pron interr, adj interr* de quien: *Whose house is that?* ¿De quién es esa casa? ◊ *I wonder whose it is.* Me pregunto de quién es. ◆ *adj rel* cuyo, -a, -os, -as: *the people whose house we stayed in* las personas en cuya casa nos quedamos

why /waɪ/ *adv interr, adv rel* por qué: *Why was she so late?* ¿Por qué llegó tan tarde? ◊ *Can you tell me the reason why you are so unhappy?* ¿Me podés decir por qué estás tan descontenta? LOC **why not** por qué no: *Why not go to the cinema?* ¿Por qué no vamos al cine?

wicked /ˈwɪkɪd/ *adj* (**-er**, **-est**) **1** malvado **2** maldito **wickedness** *n* maldad

wicker /ˈwɪkə(r)/ *n* mimbre

wicket /ˈwɪkɪt/ *n* **1** meta, palos **2** terreno

wide /waɪd/ ◆ *adj* (**wider**, **widest**) **1** (*fig*) amplio: *a wide range of possibilities* una amplia gama de posibilidades **2** ancho: *How wide is it?* ¿Cuánto tiene de ancho? ◊ *It's two feet wide.* Tiene dos pies de ancho. ☛ *Ver nota en* BROAD **3** extenso ◆ *adv* muy: *wide awake* completamente despierto LOC **wide open** abierto de par en par *Ver tb* FAR **widely** *adv* extensamente, mucho: *widely used* muy usado **widen** *vt, vi* ensanchar(se), ampliar(se)

wide-ranging /ˌwaɪd ˈreɪndʒɪŋ/ *adj* de gran alcance (*investigación, etc*), muy diverso

widespread /ˈwaɪdspred/ *adj* general, difundido

widow /ˈwɪdəʊ/ *n* viuda **widowed** *adj* viudo **widower** *n* viudo

width /wɪdθ, wɪtθ/ *n* anchura, ancho

wield /wiːld/ *vt* **1** (*arma, etc*) empuñar, blandir **2** (*poder*) ejercer

wife /waɪf/ *n* (*pl* **wives** /waɪvz/) mujer, esposa

wig /wɪg/ *n* peluca

wiggle /ˈwɪgl/ *vt, vi* (*coloq*) menear(se)

wild /waɪld/ ◆ *adj* (**-er**, **-est**) **1** salvaje **2** (*planta*) silvestre **3** (*paisaje*) agreste **4** (*tiempo*) tormentoso **5** desenfrenado **6** (*enojado*) furioso **7** (*coloq*) (*entusiasmado*) loco ◆ *n* **1 the wild** la selva: *in the wild* en estado salvaje **2 the wilds** [*pl*] (las) tierras remotas

wilderness /ˈwɪldənəs/ *n* **1** tierra no cultivada, desierto **2** (*fig*) selva

wildlife /ˈwaɪldlaɪf/ *n* flora y fauna

wildly /ˈwaɪldli/ *adv* **1** locamente, como loco **2** violentamente, furiosamente

wilful (*USA tb* **willful**) /ˈwɪlfl/ *adj* (*pey*) **1** (*acto*) voluntario, intencionado **2** (*delito*) premeditado **3** (*persona*) cabeza dura **wilfully** *adv* deliberadamente

will /wɪl/ ◆ (*contracción* **'ll** *neg* **will not** [*pl*] **won't** /wəʊnt/) *v aux* para formar el futuro: *He'll come, won't he?* Va a venir, ¿no? ◊ *I hope it won't rain.* Espero que no llueva. ◊ *That'll be the postman.* Debe ser el cartero. ◊ *You'll do as you're told.* Vas a hacer lo que se te dice. ☛ *Ver nota en* SHALL ◆ *v modal*

> **Will** es un verbo modal al que sigue un infinitivo sin TO, y las oraciones interrogativas y negativas se construyen sin el auxiliar *do*.

1 (*voluntad, determinación*): *She won't go.* No quiere ir. ◊ *Will the car start?* ¿El coche arranca o no arranca? ☛ *Ver nota en* SHALL **2** (*oferta, pedido*): *Will you help me?* ¿Podés ayudarme? ◊ *Will you stay for tea?* ¿Querés quedarte a tomar el té? ◊ *Won't you sit down?* ¿No querés sentarte? **3** (*regla general*): *Oil will float on water.* El aceite flota en el agua. ◆ *n* **1** voluntad **2** deseo **3** (*tb* **testament**) testamento LOC **at will** libremente *Ver tb* FREE

willing /ˈwɪlɪŋ/ *adj* **1** complaciente, bien dispuesto **2** ~ (**to do sth**) dispuesto (a hacer algo) **3** (*apoyo, etc*) espontáneo **willingly** *adv* voluntariamente, de buena gana **willingness** *n* **1** buena voluntad **2** ~ (**to do sth**) voluntad (de hacer algo)

willow /ˈwɪləʊ/ (*tb* **willow tree**) *n* sauce

will-power /ˈwɪl paʊə(r)/ *n* fuerza de voluntad

wilt /wɪlt/ *vi* **1** marchitarse **2** (*fig*) decaer

win /wɪn/ ◆ (**-nn-**) (*pret, pp* **won** /wʌn/) **1** *vi* ganar **2** *vt* ganar, llevarse **3** *vt* (*victoria*) conseguir, lograr **4** *vt* (*apoyo, amigos*) ganarse, granjearse LOC *Ver* TOSS PHR V **to win sth/sb back** recuperar algo/a algn **to win sb over/round (to sth)** convencer a algn (de que haga algo) ◆ *n* victoria

wince /wɪns/ *vi* **1** hacer una mueca de dolor **2** hacer un gesto de disgusto

wind¹ /wɪnd/ *n* **1** viento **2** aliento, resuello **3** [*incontable*] gases LOC **to get wind of sth** enterarse de algo *Ver tb* CAUTION

wind² /waɪnd/ (*pret, pp* **wound** /waʊnd/) **1** *vi* serpentear **2** *vt* ~ **sth round/onto sth** enrollar algo alrededor de algo **3** *vt* ~ **sth (up)** dar cuerda a algo PHR V **to wind down 1** (*persona*) relajarse **2** (*actividad*) llegar a su fin **to wind sb up** (*coloq*) **1** poner nervioso a algn **2** (*fastidiar*) provocar a algn **to wind (sth) up** terminar (algo), concluir (algo) **to wind sth up** liquidar algo (*negocio*) **winding** *adj* **1** tortuoso, serpenteante **2** (*escalera*) de caracol

windfall /ˈwɪndfɔːl/ *n* **1** fruta caída (del árbol) **2** (*fig*) sorpresa caída del cielo

windmill /ˈwɪndmɪl/ *n* molino de viento

window /ˈwɪndəʊ/ *n* **1** ventana: *windowsill/window ledge* alféizar **2** (*coche, boletería*) ventanilla **3** (*tb* **window-pane**) vidrio (*de ventana*) **4** vidriera: *to go window-shopping* ir a mirar vidrieras

windscreen /ˈwɪndskriːn/ (*USA* **windshield**) *n* parabrisas: (*windscreen*) *wiper* limpiaparabrisas

windsurfing /ˈwɪndsɜːfɪŋ/ *n* windsurf

windy /ˈwɪndi/ *adj* (**-ier**, **-iest**) **1** ventoso **2** (*lugar*) expuesto al viento

wine /waɪn/ *n* vino: *wine glass* copa (para vino)

wing /wɪŋ/ *n* **1** (*gen, Arquit, Pol*) ala: *the right/left wing of the party* el ala derecha/izquierda del partido **2** (*vehículo*) guardabarros **3 the wings** [*pl*] bastidores

wink /wɪŋk/ ◆ **1** *vi* ~ **(at sb)** guiñar el ojo (a algn) **2** *vi* (*luz*) parpadear, titilar **3** *vt* (*ojo*) guiñar ◆ *n* guiño

winner /ˈwɪnə(r)/ *n* ganador, -ora

winning /ˈwɪnɪŋ/ *adj* **1** ganador **2** premiado **3** cautivante, encantador **winnings** *n* [*pl*] ganancias

winter /ˈwɪntə(r)/ ◆ *n* invierno ◆ *vi* invernar, pasar el invierno

wipe /waɪp/ *vt* **1** ~ **sth (from/off sth) (on/with sth)** limpiar(se), secar(se) algo (de algo) (con algo) **2** ~ **sth (from/off sth)** (*eliminar*) borrar algo (de algo) **3** ~ **sth across, onto, over, etc sth** pasar algo por algo PHR V **to wipe sth away/off/up** limpiar algo, secar algo **to wipe sth out 1** destruir algo **2** (*enfermedad, crimen*) erradicar algo

wire /ˈwaɪə(r)/ ◆ *n* **1** alambre **2** (*Electrón*) cable **3** [*sing*] alambrada **4** (*USA*) telegrama ◆ *vt* **1** ~ **sth (up)** hacer la instalación eléctrica de algo **2** ~ **sth (up) to sth** conectar algo a algo **3** (*USA*) mandar un telegrama **wiring** *n* [*incontable*] **1** instalación eléctrica **2** cables

wireless /ˈwaɪələs/ *n* (*antic*) **1** radio (*electrodoméstico*) **2** radiotransmisor

wisdom /ˈwɪzdəm/ *n* **1** sabiduría: *wisdom tooth* muela del juicio **2** prudencia, cordura LOC *Ver* CONVENTIONAL

wise /waɪz/ *adj* (**wiser**, **wisest**) **1** acertado, prudente **2** sabio LOC **to be no wiser/none the wiser; not to be any the wiser** seguir sin entender nada

wish /wɪʃ/ ◆ **1** *vi* ~ **for sth** desear algo **2** *vt* ~ **sb sth** desear algo a algn **3** *vt* (*formal*) querer **4** *vt* (*que no se puede realizar*): *I wish he'd go away.* ¡Ojalá se fuera! ◇ *She wished she had gone.* Se arrepintió de no haber ido. ☛ El uso de **were**, y no **was**, con **I, he** o **she** después de **wish** se considera más correcto: *I wish I were rich!* ¡Ojalá fuera rico! **5** *vi* pedir un deseo ◆ *n* **1** ~ **(for sth/to do sth)** deseo (de algo/de hacer algo): *against my wishes* contra mi voluntad **2 wishes** [*pl*]: (*with*) *best wishes, Mary* un abrazo de Mary LOC *Ver* BEST **wishful** *adj* LOC **wishful thinking**: *It's wishful thinking on my part.* Me estoy haciendo ilusiones.

wistful /ˈwɪstfl/ *adj* triste, melancólico

wit /wɪt/ *n* **1** ingenio **2** (*persona*) persona ingeniosa **3 wits** [*pl*] inteligencia, juicio LOC **to be at your wits' end** estar desesperado **to be frightened/**

terrified/scared out of your wits estar muerto de miedo

witch /wɪtʃ/ *n* bruja

witchcraft /ˈwɪtʃkrɑːft; *USA* -kræft/ *n* [*incontable*] brujería

witch-hunt /ˈwɪtʃ hʌnt/ *n* (*lit y fig*) caza de brujas

with /wɪð, wɪθ/ *prep* **1** con: *I'll be with you in a minute.* Un minuto y estoy con vos. ◊ *He's with ICI.* Está trabajando en ICI. **2** (*descripciones*) de, con: *the man with the scar* el hombre de la cicatriz ◊ *a house with a garden* una casa con jardín **3** de: *Fill the glass with water.* Llená el vaso de agua. **4** (*apoyo y conformidad*) (de acuerdo) con **5** (*a causa de*) de: *to tremble with fear* temblar de miedo LOC **to be with sb** (*coloq*) seguir lo que algn dice: *I'm not with you.* No te entiendo. **with it** (*coloq*) **1** al día **2** de moda **3** *He's not with it today.* Hoy no está muy despierto. ☛ Para los usos de **with** en PHRASAL VERBS ver las entradas de los verbos correspondientes, p.ej. **to bear with** en BEAR.

withdraw /wɪðˈdrɔː, wɪθˈd-/ (*pret* **withdrew** /-ˈdruː/ *pp* **withdrawn** /-ˈdrɔːn/) **1** *vt, vi* retirar(se) **2** *vt* (*plata*) sacar **3** *vt* (*formal*) (*palabras*) retractar **withdrawal** /-ˈdrɔːəl/ *n* **1** retirada, retractación **2** (*Med*): *withdrawal symptoms* síndrome de abstinencia **withdrawn** *adj* introvertido

wither /ˈwɪðə(r)/ *vt, vi* ~ (**sth**) (**away/up**) marchitar algo/marchitarse, secar algo/secarse

withhold /wɪðˈhəʊld, wɪθˈh-/ *vt* (*pret, pp* **withheld** /-ˈheld/) (*formal*) **1** retener **2** (*información*) ocultar **3** (*consentimiento*) negar

within /wɪˈðɪn/ ◆ *prep* **1** (*tiempo*) en el plazo de: *within a month of having left* al mes de haberse ido **2** (*distancia*) a menos de **3** al alcance de: *It's within walking distance.* Se puede ir caminando. **4** (*formal*) dentro de ◆ *adv* (*formal*) dentro

without /wɪˈðaʊt/ *prep* sin: *without saying goodbye* sin despedirse ◊ *without him/his knowing* sin que él supiera nada

withstand /wɪðˈstænd, wɪθˈstænd/ *vt* (*pret, pp* **withstood** /-ˈstʊd/) (*formal*) resistir

witness /ˈwɪtnəs/ ◆ *n* ~ (**to sth**) testigo (de algo) ◆ *vt* **1** presenciar **2** ser testigo de

witness box (*USA* **witness-stand**) *n* estrado

witty /ˈwɪti/ *adj* (**-ier**, **-iest**) chistoso, ingenioso

wives *plural de* WIFE

wizard /ˈwɪzəd/ *n* mago, hechicero

wobble /ˈwɒbl/ **1** *vi* (*persona*) tambalearse **2** *vi* (*silla*) cojear **3** *vi* (*gelatina*) moverse **4** *vt* mover **wobbly** *adj* (*coloq*) **1** que se tambalea **2** cojo **3** *a wobbly tooth* un diente flojo

woe /wəʊ/ *n* desgracia LOC **woe betide** (**sb**) pobre de (algn): *Woe betide me if I forget!* ¡Pobre de mí si me olvido!

wok /wɒk/ *n* sartén china para freír verduras, etc ☛ *Ver dibujo en* SAUCEPAN

woke *pret de* WAKE

woken *pp de* WAKE

wolf /wʊlf/ *n* (*pl* **wolves** /wʊlvz/) lobo *Ver tb* PACK

woman /ˈwʊmən/ *n* (*pl* **women** /ˈwɪmɪn/) mujer

womb /wuːm/ *n* útero (*Anat*)

won *pret, pp de* WIN

wonder /ˈwʌndə(r)/ **1** (*formal*) ◆ *vi* ~ (**at sth**) maravillarse (ante algo) **2** *vt, vi* preguntarse: *It makes you wonder.* Te da que pensar. ◊ *I wonder if/whether he's coming.* Me pregunto si va a venir. ◆ *n* **1** asombro **2** maravilla LOC **it's a wonder (that)…** es un milagro (que)… **no wonder (that…)** no es de extrañar (que)… *Ver tb* MIRACLE

wonderful /ˈwʌndəfl/ *adj* maravilloso, genial

won't /wəʊnt/ = WILL NOT *Ver* WILL

wood /wʊd/ *n* **1** madera **2** leña **3** [*a menudo pl*] bosque: *We went to the woods.* Fuimos al bosque. LOC *Ver* TOUCH[1] **wooded** *adj* arbolado **wooden** *adj* **1** de madera **2** (*pierna*) de palo

woodland /ˈwʊdlənd/ *n* bosque

woodwind /ˈwʊdwɪnd/ *n* [*v sing o pl*] instrumentos de viento (*de madera*)

woodwork /ˈwʊdwɜːk/ *n* carpintería

wool /wʊl/ *n* lana **woollen** (*tb* **woolly**) *adj* de lana

word /wɜːd/ ◆ *n* palabra LOC **in other words** en otras palabras, es decir **to give sb your word (that…)** dar su palabra a algn (de que...) **to have a word (with sb) (about sth)** hablar (con algn) (de algo) **to keep/break your word** cumplir/faltar a su palabra **to put in/say a (good) word for sb** recomendar a algn, interceder por algn **to take sb's word for it (that...)** creer a algn (cuando dice que...) **without a word** sin decir palabra **words to that effect**: *He told me to get out, or words to that effect.* Me dijo que me fuera, o algo parecido. *Ver tb* BREATHE, EAT, LAST, MARK², MINCE, PLAY ◆ *vt* expresar, redactar **wording** *n* términos, texto

word processor *n* procesador de textos **word processing** procesamiento de textos

wore *pret de* WEAR

work¹ /wɜːk/ *n* **1** [*incontable*] trabajo: *to leave work* salir del trabajo ◊ *work experience* experiencia laboral/profesional **2** obra: *Is this your own work?* ¿Lo hiciste vos solo? ◊ *a piece of work* una obra/un trabajo **3** obra: *the complete works of Shakespeare* las obras completas de Shakespeare **4 works** [*pl*] obras: *Danger! Works ahead.* ¡Peligro! Obras. ☛ La palabra más corriente es ROADWORKS. LOC **at work** en el trabajo **to get (down)/go/set to work (on sth/to do sth)** ponerse a trabajar (en algo/para hacer algo) *Ver tb* STROKE¹

Las palabras **work** y **job** se diferencian en que **work** es incontable y **job** es contable: *I've found work/a new job at the hospital.* Encontré un trabajo en el hospital. **Employment** es más formal que **work** y **job**, y se usa para referirse a la condición de los que tienen empleo: *Many women are in part-time employment.* Muchas mujeres tienen trabajos de media jornada. **Occupation** es el término que se usa en los formularios oficiales: *Occupation: student* Profesión: estudiante. **Profession** se usa para referirse a los trabajos que requieren una carrera universitaria: *the medical profession* la profesión médica. **Trade** se usa para designar los oficios que requieren una formación especial: *He's a carpenter by trade.* Es carpintero de profesión.

work² /wɜːk/ (*pret, pp* **worked**) **1** *vi* ~ **(away) (at/on sth)** trabajar (en algo): *to work as a lawyer* trabajar de abogado ◊ *to work on the assumption that...* basarse en la suposición de que... **2** *vi* ~ **for sth** esforzarse por algo/por hacer algo **3** *vi* (*Mec*) funcionar **4** *vi* surtir efecto: *It will never work.* No va a funcionar. **5** *vt* (*máquina, etc*) manejar **6** *vt* (*persona*) hacer trabajar **7** *vt* (*mina, etc*) explotar **8** *vt* (*tierra*) cultivar LOC **to work free/loose, etc** soltar (se), aflojar(se) **to work like a charm** (*coloq*) tener un efecto mágico **to work your fingers to the bone** matarse trabajando *Ver tb* MIRACLE PHR V **to work out 1** resultar, salir **2** resolverse **3** hacer ejercicio **to work sth out 1** calcular algo **2** solucionar algo **3** planear algo, elaborar algo **to work sth up 1** desarrollar algo **2** *to work up an appetite* abrir el apetito **to work sb up (into sth)** excitar a algn (hasta algo): *to get worked up* exaltarse **workable** *adj* práctico, factible

worker /ˈwɜːkə(r)/ *n* **1** trabajador, -ora **2** obrero, -a

workforce /ˈwɜːkfɔːs/ *n* [*v sing o pl*] personal

working /ˈwɜːkɪŋ/ ◆ *adj* **1** activo **2** de trabajo **3** laboral, laborable **4** que funciona **5** (*conocimiento*) básico LOC *Ver* ORDER ◆ *n* **workings** [*pl*] ~ **(of sth)** funcionamiento (de algo)

working class ◆ *n* (*tb* **working classes**) clase obrera ◆ *adj* (*tb* **working-class**) de clase obrera

workload /ˈwɜːkləʊd/ *n* cantidad de trabajo

workman /ˈwɜːkmən/ *n* (*pl* **-men** /-mən/) obrero **workmanship** *n* **1** (*de persona*) arte **2** (*de producto*) fabricación

workmate /ˈwɜːkmeɪt/ *n* compañero, -a de trabajo

workplace /ˈwɜːkpleɪs/ *n* lugar de trabajo

workshop /ˈwɜːkʃɒp/ *n* taller

worktop /ˈwɜːktɒp/ *n* mesada

world /wɜːld/ *n* **1** mundo: *all over the world/the world over* por el mundo entero ◊ *world-famous* famoso en el mundo entero **2** mundial, universal: *the world population* la población mundial LOC *Ver* SMALL, THINK **worldly** *adj* (**-ier**, **-iest**) **1** mundano **2** (*bienes*) terrenal **3** de mundo

worldwide /ˈwɜːldwaɪd/ ◆ *adj*

mundial, universal ◆ *adv* por todo el mundo

worm /wɜːm/ *n* **1** gusano **2** (*tb* **earthworm**) lombriz LOC *Ver* EARLY

worn *pp de* WEAR

worn out *adj* **1** gastado **2** (*persona*) agotado

worry /ˈwʌri/ (*pret, pp* **worried**) ◆ **1** *vi* ~ (**yourself**) (**about sth/sb**) preocuparse (por algo/algn) **2** *vt* preocupar, inquietar: *to be worried by sth* preocuparse por algo ◆ *n* (*pl* **-ies**) **1** [*incontable*] intranquilidad **2** problema: *financial worries* problemas económicos **worried** *adj* **1** ~ (**about sth/sb**) preocupado (por algo/algn) **2 to be ~ that...** preocupar a algn que...: *I'm worried that he might get lost.* Me preocupa que se pueda perder. **worrying** *adj* inquietante, preocupante

worse /wɜːs/ ◆ *adj* (*comp de* **bad**) ~ (**than sth/than doing sth**) peor (que algo/que hacer algo): *to get worse* empeorar *Ver tb* BAD, WORST LOC **to make matters/things worse** para colmo (de males) ◆ *adv* (*comp de* **badly**) peor: *She speaks German even worse than I do.* Habla alemán incluso peor que yo. ◆ *n* lo peor: *to take a turn for the worse* empeorar **worsen** *vt, vi* empeorar, agravar(se)

worship /ˈwɜːʃɪp/ ◆ *n* **1** ~ (**of sth/sb**) veneración (de algo/algn) **2** ~ (**of sth/sb**) (*Relig*) culto (a algo/algn) ◆ (**-pp-**, *USA* **-p-**) **1** *vt, vi* adorar **2** *vt* rendir culto a **worshipper** *n* devoto, -a

worst /wɜːst/ ◆ *adj* (*superl de* **bad**) peor: *My worst fears were confirmed.* Pasó lo que más me temía. *Ver tb* BAD, WORSE ◆ *adv* (*superl de* **badly**) peor: *the worst hit areas* las áreas más afectadas ◆ **the worst** *n* lo peor LOC **at (the) worst; if the worst comes to the worst** en el peor de los casos

worth /wɜːθ/ ◆ *adj* **1** con un valor de, que vale: *to be worth £5* valer cinco libras **2** *It's worth reading.* Vale la pena leerlo. LOC **to be worth it** valer la pena **to be worth sb's while** valer la pena ◆ *n* **1** valor **2** (*en plata*): *£10 worth of petrol* diez libras de nafta **3** (*en tiempo*): *two weeks' worth of supplies* provisiones para dos semanas LOC *Ver* MONEY **worthless** *adj* **1** sin valor **2** (*persona*) despreciable

worthwhile /ˌwɜːθˈwaɪl/ *adj* que vale la pena: *to be worthwhile doing/to do sth* valer la pena hacer algo

worthy /ˈwɜːði/ *adj* (**-ier**, **-iest**) **1** meritorio: *to be worthy of sth* ser digno de algo **2** (*causa*) noble **3** (*persona*) respetable

would /wəd, wʊd/ (*contracción* **'d** *neg* **would not** *o* **wouldn't** /ˈwʊdnt/) ◆ *v aux* (*condicional*): *Would you do it if I paid you?* ¿Lo harías si te pagara? ◊ *He said he would come at five.* Dijo que iba a venir a las cinco. ◆ *v modal*

> **Would** es un verbo modal al que sigue un infinitivo sin TO, y las oraciones interrogativas y negativas se construyen sin el auxiliar *do*.

1 (*oferta, pedido*): *Would you like a drink?* ¿Querés tomar algo? ◊ *Would you come this way?* ¿Quiere venir por aquí? **2** (*propósito*): *I left a note so (that) they'd call us.* Dejé una nota para que nos llamaran. **3** (*voluntad*): *He wouldn't shake my hand.* No quería darme la mano.

wouldn't = WOULD NOT *Ver* WOULD

wound[1] /wuːnd/ ◆ *n* herida ◆ *vt* herir: *He was wounded in the back during the war.* Recibió una herida en la espalda durante la guerra. **the wounded** *n* [*pl*] los heridos ☛ *Ver nota en* HERIDA

wound[2] *pret, pp de* WIND[2]

wove *pret de* WEAVE

woven *pp de* WEAVE

wow! /waʊ/ *interj* (*coloq*) ¡uau!

wrangle /ˈræŋgl/ ◆ *n* ~ (**about/over sth**) pelea (sobre algo) ◆ *vi* discutir

wrap /ræp/ ◆ *vt* (**-pp-**) **1** ~ **sth/sb (up)** envolver algo/a algn **2** ~ **sth (a)round sth/sb** poner algo alrededor de algo/algn LOC **to be wrapped up in sth/sb** estar entregado/dedicado a algo/algn, estar absorto en algo PHR V **to wrap (sb/yourself) up** abrigar a algn/abrigarse **to wrap sth up** (*coloq*) terminar algo ◆ *n* chal **wrapper** *n* envoltorio **wrapping** *n* envoltorio: *wrapping paper* papel de regalo

wrath /rɒθ; *USA* ræθ/ *n* (*formal*) furia

wreath /riːθ/ *n* (*pl* **~s** /riːðz/) corona (*funeraria*)

wreck /rek/ ◆ *n* **1** naufragio **2** (*coloq, fig*) ruina **3** restos (*de un vehículo* *accidentado)* ◆ *vt* destrozar, echar abajo **wreckage** *n* restos *(accidente, etc)*

wrench /rentʃ/ ◆ *vt* **1** ~ **sth off (sth)** arrancar algo (de algo) *(de un tirón)* **2** ~ **sth out of sth** sacar algo (de algo) *(de un tirón)* ◆ *n* **1** tirón **2** *(fig)* golpe **3** *(esp USA)* llave inglesa

wrestle /ˈresl/ *vi* *(Dep, fig)* luchar **wrestler** *n* luchador, -ora **wrestling** *n* lucha libre

wretch /retʃ/ *n* desgraciado, -a

wretched /ˈretʃɪd/ *adj* **1** desgraciado, desconsolado **2** *(coloq)* maldito

wriggle /ˈrɪgl/ *vt, vi* **1** ~ **(about)** menear(se), mover(se) **2** retorcer(se): *to wriggle free* conseguir soltarse

wring /rɪŋ/ *vt* *(pret, pp* **wrung** /rʌŋ/*)* **1** ~ **sth (out)** retorcer, exprimir algo **2** ~ **sth (out)** *(trapo)* escurrir algo **3** ~ **sth out of/from sb** sacarle algo a algn LOC **to wring sb's neck** *(coloq)* retorcerle el cuello a algn

wrinkle /ˈrɪŋkl/ ◆ *n* arruga ◆ **1** *vt, vi* arrugar(se) **2** *vt* *(ceño)* fruncir **3** *vt* *(nariz)* arrugar

wrist /rɪst/ *n* muñeca *(de la mano)*

write /raɪt/ *vt, vi* *(pret* **wrote** /rəʊt/ *pp* **written** /ˈrɪtn/*)* escribir

PHR V **to write back (to sb)** contestar (a algn)

to write sth down anotar algo

to write off/away (to sth/sb) for sth escribir (a algo/algn) pidiendo algo **to write sth off 1** anular algo, borrar algo como incobrable **2** dar algo de baja **3** destrozar algo **to write sth/sb off (as sth)** desechar algo/a algn (por algo) **to write sth out 1** escribir algo (en limpio) **2** copiar algo

to write sth up redactar algo

write-off /ˈraɪt ɒf/ *n* desastre: *The car was a write-off.* El coche quedó destrozado.

writer /ˈraɪtə(r)/ *n* escritor, -ora

writhe /raɪð/ *vi* retorcerse: *to writhe in agony* retorcerse de dolor

writing /ˈraɪtɪŋ/ *n* **1** escribir, escritura **2** escrito **3** estilo de redacción **4** letra **5** **writings** *[pl]* obras LOC **in writing** por escrito

written /ˈrɪtn/ ◆ *adj* por escrito ◆ *pp de* WRITE

wrong /rɒŋ; *USA* rɔːŋ/ ◆ *adj* **1** malo, injusto: *It is wrong to…* No está bien… ◊ *He was wrong to say that.* Hizo mal en decir eso. **2** equivocado, incorrecto, falso: *to be wrong* estar equivocado/equivocarse **3** inoportuno, equivocado: *the wrong way up/round* cabeza abajo/al revés **4** *What's wrong?* ¿Qué pasa? LOC *Ver* SIDE ◆ *adv* mal, equivocadamente, incorrectamente *Ver tb* WRONGLY LOC **to get sb wrong** *(coloq)* malinterpretar a algn **to get sth wrong** equivocarse en algo **to go wrong 1** equivocarse **2** *(máquina)* estropearse **3** salir/ir mal ◆ *n* **1** mal **2** *(formal)* injusticia LOC **to be in the wrong** estar equivocado **wrongful** *adj* injusto, ilegal **wrongly** *adv* equivocadamente, incorrectamente

wrote *pret de* WRITE

wrought iron /ˌrɔːt ˈaɪən/ *n* hierro forjado

wrung *pret, pp de* WRING

Xx

X, x /eks/ *n* *(pl* **X's, x's** /ˈeksɪz/*)* X, x: *X for Xmas* X de xilofón ☛ *Ver ejemplos en* A, A

Xmas /ˈeksməs, ˈkrɪsməs/ *n* *(coloq)* Navidad

X-ray /ˈeks reɪ/ *n* radiografía: *X-rays* rayos X

xylophone /ˈzaɪləfəʊn/ *n* xilofón

Y y

Y, y /waɪ/ *n* (*pl* **Y's**, **y's** /waɪz/) Y, y: *Y for Yellow* Y de yeso ☛ *Ver ejemplos en* A, A

yacht /jɒt/ *n* yate **yachting** *n* navegación a vela

yank /jæŋk/ *vt, vi* (*coloq*) dar un tirón brusco (a) PHR V **to yank sth off/out** quitar/sacar algo de un tirón

Yankee /ˈjæŋki/ (*tb* **Yank**) *n* (*coloq*) yanqui

yard /jɑːd/ *n* **1** patio **2** (*USA*) jardín **3** (*abrev* **yd**) yarda (*0,9144 m*)

yardstick /ˈjɑːdstɪk/ *n* criterio

yarn /jɑːn/ *n* **1** hilo **2** cuento

yawn /jɔːn/ ◆ *vi* bostezar ◆ *n* bostezo **yawning** *adj* **1** (*brecha*) grande **2** (*abismo*) profundo

yeah! /jeə/ *interj* (*coloq*) ¡sí!

year /jɪə(r), jɜː(r)/ *n* **1** año: *for years* durante/desde hace muchos años **2** (*Educ*) grado, año **3** *a two-year-old* (*child*) un chico de dos años ◊ *I am ten* (*years old*). Tengo diez años. ☛ Nótese que cuando expresamos la edad en años, podemos omitir **years old**. *Ver nota en* OLD

yearly /ˈjɪəli/ ◆ *adj* anual ◆ *adv* anualmente, cada año

yearn /jɜːn/ *vi* **1** ~ (**for sth/sb**) suspirar (por algo/algn) **2** ~ (**to do sth**) anhelar (hacer algo) **yearning** *n* **1** ~ (**for sth/sb**) anhelo (de algo); añoranza (de algn) **2** ~ (**to do sth**) ansia (por/de hacer algo)

yeast /jiːst/ *n* levadura

yell /jel/ ◆ *vi* **1** ~ (**out**) (**at sth/sb**) gritar (a algo/algn) **2** ~ (**in/with sth**) gritar (de algo) ◆ *n* grito, alarido

yellow /ˈjeləʊ/ *adj, n* amarillo

yelp /jelp/ *vi* **1** (*animal*) gemir **2** (*persona*) gritar

yes /jes/ ◆ *interj* ¡sí! ◆ *n* (*pl* **yeses** /ˈjesɪz/) sí

yesterday /ˈjestədi, -deɪ/ *adv, n* ayer: *yesterday morning* ayer a la mañana *Ver tb* DAY

yet /jet/ ◆ *adv* **1** [*en frases negativas*] todavía, aún: *not yet* todavía no ◊ *They haven't phoned yet.* Todavía no llamaron. ☛ *Ver nota en* STILL[1] **2** [*en frases interrogativas*] ya

> ¿**Yet** o **already**? **Yet** sólo se usa en frases interrogativas y siempre va al final de la oración: *Have you finished it yet?* ¿Lo terminaste ya? **Already** se usa en frases afirmativas e interrogativas y normalmente va detrás de los verbos auxiliares o modales y delante de los demás verbos: *Have you finished already?* ¿Ya terminaste? ◊ *He already knew her.* Ya la conocía. Cuando **already** indica sorpresa de que una acción se haya realizado antes de lo esperado se puede poner al final de la frase: *He has found a job already!* ¡Ya encontró trabajo! ◊ *Is it there already? That was quick!* ¿Ya está ahí? ¡Qué rapidez! *Ver tb ejemplos en* ALREADY

3 [*después de superlativo*]: *her best novel yet* su mejor novela hasta la fecha **4** [*antes de comparativo*] incluso: *yet more work* aun más trabajo LOC **yet again** otra vez más ◆ *conj* aun así: *It's incredible yet true.* Es increíble pero cierto.

yew /juː/ (*tb* **yew tree**) *n* tejo (*Bot*)

yield /jiːld/ ◆ **1** *vt* producir, dar **2** *vt* (*Fin*) rendir **3** *vi* ~ (**to sth/sb**) (*formal*) rendirse (a algo/algn); ceder (ante algo/algn) ☛ La palabra más corriente es **give in**. ◆ *n* **1** producción **2** (*Agricultura*) cosecha **3** (*Fin*) rendimiento **yielding** *adj* **1** flexible **2** sumiso

yoghurt (*tb* **yogurt**, **yoghourt**) /ˈjɒgət; *USA* ˈjəʊgərt/ *n* yogur

yoke /jəʊk/ *n* yugo

yolk /jəʊk/ *n* yema ☛ *Comparar con* WHITE sentido 2

you /juː/ *pron pers* **1** [*como sujeto*] vos, tú, usted, -es: *You said that…* Dijiste que… **2** [*en frases impersonales*]: *You can't smoke in here.* No se puede fumar acá. ☛ En las frases impersonales se puede usar **one** con el mismo significado que **you**, pero es mucho más formal. **3** [*como objeto directo*] te, lo, la, los, las **4** [*como objeto indirecto*] te, le, les: *I told you to wait.* Te dije que esperaras. **5** [*después de preposición*] vos, tú, usted, -es: *Can I go with you?* ¿Puedo ir con ustedes? ☛ El *pron pers* no se puede omitir en inglés.

you'd /ju:d/ **1** = YOU HAD *Ver* HAVE **2** = YOU WOULD *Ver* WOULD

you'll /ju:l/ = YOU WILL *Ver* WILL

young /jʌŋ/ ◆ *adj* (**younger** /ˈjʌŋgə(r)/, **youngest** /ˈjʌŋgɪst/) joven: *young people* jóvenes ◊ *He's two years younger than me.* Tiene dos años menos que yo. ◆ *n* [*pl*] **1** (*de animales*) crías **2 the young** los jóvenes

youngster /ˈjʌŋstə(r)/ *n* joven

your /jɔ:(r); *USA* jʊər/ *adj pos* tu(s), vuestro(s), -a(s), su(s): *to break your arm* romperse el brazo ◊ *Your room is ready.* Su habitación está lista. ☛ *Ver nota en* MY

you're /jʊə(r), jɔ:(r)/ = YOU ARE *Ver* BE

yours /jɔ:z; *USA* jʊərz/ *pron pos* tuyo, -a, -os, -as, suyo, -a, -os, -as: *Is she a friend of yours?* ¿Es amiga tuya/suya? ◊ *Where is yours?* ¿Dónde está el tuyo/suyo? LOC **Yours faithfully/sincerely** Lo saluda atentamente ☛ *Ver págs 308–9.*

yourself /jɔ:ˈself; *USA* jʊərˈself/ *pron* (*pl* **-selves** /-ˈselvz/) **1** [*uso reflexivo*] te, se: *Enjoy yourselves!* ¡Pásenla bien! **2** [*después de prep*] vos/tú/usted (mismo), ustedes (mismos): *proud of yourself* orgulloso de vos mismo **3** [*uso enfático*] vos/tú/usted mismo, ustedes mismos LOC **(all) by yourself/yourselves** (completamente) solo(s) **to be yourself/yourselves** ser natural: *Just be yourself.* Simplemente sé vos mismo.

youth /ju:θ/ *n* **1** juventud: *In my youth...* Cuando yo era joven... ◊ *youth club/hostel* club de jóvenes/albergue juvenil **2** (*pl* ~**s** /ju:ðz/) (*frec pey*) joven **youthful** *adj* juvenil

you've /ju:v/ = YOU HAVE *Ver* HAVE

Zz

Z, z /zed; *USA* zi:/ *n* (*pl* **Z's**, **z's** /zedz; *USA* zi:z/) Z, z: *Z for zebra* Z de Zamora ☛ *Ver ejemplos en* A, A

zeal /zi:l/ *n* entusiasmo, fervor **zealous** /ˈzeləs/ *adj* entusiasta

zebra /ˈzebrə, ˈzi:brə/ *n* (*pl* **zebra** *o* ~**s**) cebra

zebra crossing *n* (*GB*) cruce de peatones

zenith /ˈzenɪθ/ *n* cenit

zero /ˈzɪərəʊ/ *n* (*pl* ~**s**) *adj*, *pron* cero

zest /zest/ *n* ~ (**for sth**) entusiasmo, pasión (por algo)

zigzag /ˈzɪgzæg/ ◆ *adj* en zigzag ◆ *n* zigzag

zinc /zɪŋk/ *n* cinc, zinc

zip /zɪp/ ◆ *n* (*USA* **zipper**) cierre relámpago ◆ (**-pp-**) **1** *vt* **to zip sth** (**up**) cerrar el cierre de algo **2** *vi* **to zip** (**up**) cerrarse con cierre

zodiac /ˈzəʊdiæk/ *n* zodíaco

zone /zəʊn/ *n* zona

zoo /zu:/ (*pl* **zoos**) (*formal* **zoological gardens**) *n* jardín zoológico

zoology /zu:ˈɒlədʒi/ *n* zoología **zoologist** /zu:ˈɒlədʒɪst/ *n* zoólogo, -a

zoom /zu:m/ *vi* ir muy rápido: *to zoom past* pasar zumbando PHR V **to zoom in** (**on sth/sb**) enfocar (algo/a algn) (*con un zoom*)

zoom lens *n* zoom

Apéndices

En esta sección final vas a encontrar los apéndices a los que hacemos referencia a lo largo del diccionario:

Apéndice 1
Expresiones numéricas

Números

Cardinales		Ordinales	
1	one	**1st**	first
2	two	**2nd**	second
3	three	**3rd**	third
4	four	**4th**	fourth
5	five	**5th**	fifth
6	six	**6th**	sixth
7	seven	**7th**	seventh
8	eight	**8th**	eighth
9	nine	**9th**	ninth
10	ten	**10th**	tenth
11	eleven	**11th**	eleventh
12	twelve	**12th**	twelfth
13	thirteen	**13th**	thirteenth
14	fourteen	**14th**	fourteenth
15	fifteen	**15th**	fifteenth
16	sixteen	**16th**	sixteenth
17	seventeen	**17th**	seventeenth
18	eighteen	**18th**	eighteenth
19	nineteen	**19th**	nineteenth
20	twenty	**20th**	twentieth
21	twenty-one	**21st**	twenty-first
22	twenty-two	**22nd**	twenty-second
30	thirty	**30th**	thirtieth
40	forty	**40th**	fortieth
50	fifty	**50th**	fiftieth
60	sixty	**60th**	sixtieth
70	seventy	**70th**	seventieth
80	eighty	**80th**	eightieth
90	ninety	**90th**	ninetieth
100	a/one hundred	**100th**	hundredth
101	a/one hundred and one	**101st**	hundred and first
200	two hundred	**200th**	two hundredth
1 000	a/one thousand	**1 000th**	thousandth
10 000	ten thousand	**10 000th**	ten thousandth
100 000	a/one hundred thousand	**100 000th**	hundred thousandth
1 000 000	a/one million	**1 000 000th**	millionth

Ejemplos

528	*five hundred and twenty-eight*
2 976	*two thousand, nine hundred and seventy-six*
50 439	*fifty thousand, four hundred and thirty-nine*
2 250 321	*two million, two hundred and fifty thousand, three hundred and twenty-one*

☛ *¡Ojo!* En inglés se usa una coma o un espacio (y NO un punto) para marcar el millar, por ejemplo *25 000* o *25,000*.

En cuanto a números como 100, 1 000, 1 000 000, etc, se pueden decir de dos maneras, ***one hundred*** o ***a hundred***, ***one thousand*** o ***a thousand***.

0 (cero) se pronuncia ***nought***, ***zero***, ***nothing***, ***o*** /əʊ/ dependiendo de las expresiones.

Fracciones

½	a half
⅓	a/one third
¼	a quarter
⅖	two fifths
⅛	an/one eighth
1/10	a/one tenth
1/16	a/one sixteenth
1½	one and a half
2⅜	two and three eighths

Hay dos maneras de expresar las fracciones en inglés: lo normal es decir *one eighth of the cake, two thirds of the population*, etc; pero tu profesor de matemáticas te puede pedir que resuelvas el siguiente ejercicio:

Multiply two over five by three over eight (⅖ × ⅜).

Expresiones matemáticas

+	plus
–	minus
×	times *o* multiplied by
÷	divided by
=	equals
%	per cent
3^2	three squared
5^3	five cubed
6^{10}	six to the power of ten (to the tenth power *en EEUU*)

Ejemplos

6 + 9 = 15 *Six* ***plus*** *nine equals/is fifteen.*

5 × 6 = 30 *Five* ***times*** *six equals thirty./ Five* ***multiplied by*** *six is thirty.*

75% *Seventy-five* ***per cent*** *of the class passed the test.*

Decimales

0.1	(nought) point one	((zero) point one *en EEUU*)
0.25	(nought) point two five	((zero) point two five *en EEUU*)
1.75	one point seven five	

☛ *¡Ojo!* En inglés se usa un punto (y NO una coma) para marcar los decimales.

Peso

	Sistema Británico		Sistema Métrico Decimal	
	1 ounce	(oz)	= 28.35 grams	(g)
16 ounces	= **1 pound**	(lb)	= 0.454 kilogram	(kg)
14 pounds	= **1 stone**	(st)	= 6.356 kilograms	

	Sistema en los Estados Unidos		Sistema Métrico Decimal	
	1 ounce	(oz.)	= 31.103 grams	(g)
16 ounces	= **1 pound**	(lb.)	= 0.373 kilogram	(kg)
2 000 pounds	= **1 ton**	(t.)	= 0.907 metric ton	(m.t.)

Ejemplos

The baby weighed 7 lb 4 oz (seven pounds four ounces).

For this recipe you need 500g (five hundred grams) of flour.

Longitud

	Sistema Británico y de EEUU	Sistema Métrico Decimal
	1 inch (in)	= 25.4 millimetres (mm)
12 inches	= **1 foot** (ft)	= 30.48 centimetres (cm)
3 feet	= **1 yard** (yd)	= 0.914 metre (m)
1 760 yards	= **1 mile**	= 1.609 kilometres (km)

Ejemplos

Height: 5 ft 9 in (five foot nine/five feet nine).
The hotel is 30 yds (thirty yards) from the beach.
The car was doing 50 mph (fifty miles per hour).
The room is 11' × 9'6" (eleven foot by nine foot six/eleven feet by nine feet six).

Superficie

	Sistema Británico y de EEUU	Sistema Métrico Decimal
	1 square inch (sq in)	= 6.452 square centimetres
144 square inches	= **1 square foot** (sq ft)	= 929.03 square centimetres
9 square feet	= **1 square yard** (sq yd)	= 0.836 square metre
4 840 square yards	= **1 acre**	= 0.405 hectare
640 acres	= **1 square mile**	= 2.59 square kilometres/259 hectares

Ejemplos

They have a 200-acre farm.
The fire destroyed 40 square miles of woodland.

Capacidad

	Sistema Británico	Sistema Métrico Decimal
	1 pint (pt)	= 0.568 litre (ℓ)
8 pints	= **1 gallon** (gall)	= 4.546 litres

	Sistema en los Estados Unidos	Sistema Métrico Decimal
	1 cup	= 0.2371 litre
2 cups	= **1 pint** (pt.)	= 0.4731 litre
2 pints	= **1 quart** (qt.)	= 0.9461 litre
8 pints	= **1 gallon** (gal.)	= 3.7851 litres

Ejemplos

I asked the milkman to leave three pints of milk.
The petrol tank holds 40 litres.

☛ *¡Ojo!* En las recetas de cocina, una taza (***a cup***) de ingredientes como la harina o el azúcar equivale a 0,275 litros.

Moneda

Reino Unido	Valor de la moneda/billete		Nombre de la moneda/billete
1p	a penny	(one p*)	a penny
2p	two pence	(two p*)	a two-pence piece
5p	five pence	(five p*)	a five-pence piece
10p	ten pence	(ten p*)	a ten-pence piece
20p	twenty pence	(twenty p*)	a twenty-pence piece
50p	fifty pence	(fifty p*)	a fifty-pence piece
£1	a pound		a pound (coin)
£5	five pounds		a five-pound note
£10	ten pounds		a ten-pound note
£20	twenty pounds		a twenty-pound note
£50	fifty pounds		a fifty-pound note

Ejemplos

£5.75: five pounds seventy-five *The apples are 65p a pound.*
25p: twenty-five pence (25p) *We pay £250 a month in rent.*

* Las expresiones que aparecen entre paréntesis son más coloquiales. Nótese que *one p*, *two p*, etc se pronuncian /wʌn piː/, /tuː piː/, etc.

EEUU	Valor de la moneda/billete		Nombre de la moneda/billete
1¢	a cent		a penny
5¢	five cents		a nickel
10¢	ten cents		a dime
25¢	twenty-five cents		a quarter
$1	a dollar		a dollar bill
$5	five dollars	(five bucks*)	a five-dollar bill
$10	ten dollars	(ten bucks*)	a ten-dollar bill
$20	twenty dollars	(twenty bucks*)	a twenty-dollar bill
$50	fifty dollars	(fifty bucks*)	a fifty-dollar bill
$100	a hundred dollars	(a hundred bucks*)	a hundred-dollar bill

Ejemplos

$6.25: six twenty-five *$0.79: seventy-nine cents*

* Las expresiones que aparecen entre paréntesis son más coloquiales.

Fechas

Cómo escribirlas:
15/4/98 (EEUU *4/15/98*)
15 April 1998
April 15th, 1998 (es la forma más normal en EEUU)

Cómo decirlas:
April the fifteenth, nineteen ninety-eight
The fifteenth of April, nineteen ninety-eight (EEUU *April fifteenth*)

Ejemplos

Her birthday is April 9th (April the ninth/the ninth of April/April ninth).
The restaurant will be closed May 3–June 1 (from May the third to June the first) (EEUU *from May third through June first*).

Apéndice 2

Verbos irregulares

Infinitivo	Pasado	Participio
arise	arose	arisen
awake	awoke	awoken
be	was/were	been
bear[2]	bore	borne
beat	beat	beaten
become	became	become
begin	began	begun
bend	bent	bent
bet	bet, betted	bet, betted
bid	bid	bid
bind	bound	bound
bite	bit	bitten
bleed	bled	bled
bless	blessed	blessed
blow	blew	blown
break[1]	broke	broken
breed	bred	bred
bring	brought	brought
broadcast	broadcast	broadcast
build	built	built
burn	burnt, burned	burnt, burned
burst	burst	burst
bust[2]	bust, busted	bust, busted
buy	bought	bought
cast	cast	cast
catch	caught	caught
choose	chose	chosen
cling	clung	clung
come	came	come
cost	cost, costed	cost, costed
creep	crept	crept
cut	cut	cut
deal[3]	dealt	dealt
dig	dug	dug
dive	dived; (*USA*) dove	dived
do[2]	did	done
draw[2]	drew	drawn
dream	dreamt, dreamed	dreamt, dreamed
drink	drank	drunk
drive	drove	driven
eat	ate	eaten
fall	fell	fallen
feed	fed	fed
feel	felt	felt
fight	fought	fought
find	found	found
flee	fled	fled
fling	flung	flung
fly	flew	flown
forbid	forbade; (*USA*) forbad	forbidden
forecast	forecast, forecasted	forecast, forecasted
forget	forgot	forgotten
forgive	forgave	forgiven
freeze	froze	frozen
get	got	got; (*USA*) gotten
give	gave	given
go[1]	went	gone
grind	ground	ground
grow	grew	grown
hang	hung, hanged	hung, hanged
have	had	had
hear	heard	heard
hide[1]	hid	hidden
hit	hit	hit
hold	held	held
hurt	hurt	hurt
keep	kept	kept
kneel	knelt; (*esp USA*) kneeled	knelt; (*esp USA*) kneeled
knit	knitted	knitted
know	knew	known
lay[1]	laid	laid
lead[2]	led	led
lean[2]	leant, leaned	leant, leaned
leap	leapt, leaped	leapt, leaped
learn	learnt, learned	learnt, learned
leave	left	left
lend	lent	lent
let	let	let
lie[2]	lay	lain
light	lit, lighted	lit, lighted
lose	lost	lost
make[1]	made	made

Infinitivo	Pasado	Participio
mean[1]	meant	meant
meet[1]	met	met
mistake	mistook	mistaken
misunderstand	misunderstood	misunderstood
mow	mowed	mown, mowed
overcome	overcame	overcome
pay	paid	paid
plead	pleaded; (*USA*) pled	pleaded; (*USA*) pled
prove	proved	proved; (*USA*) proven
put	put	put
quit	quit, quitted	quit, quitted
read	read	read
ride	rode	ridden
ring[2]	rang	rung
rise[2]	rose	risen
run[1]	ran	run
saw[2]	sawed	sawn; (*USA*) sawed
say	said	said
see	saw	seen
seek	sought	sought
sell	sold	sold
send	sent	sent
set[2]	set	set
sew	sewed	sewn, sewed
shake	shook	shaken
shed[2]	shed	shed
shine	shone	shone
shoe	shod	shod
shoot	shot	shot
show	showed	shown, showed
shrink	shrank, shrunk	shrunk
shut	shut	shut
sing	sang	sung
sink	sank	sunk
sit	sat	sat
sleep	slept	slept
slide	slid	slid
sling[2]	slung	slung
slit	slit	slit
smell	smelt, smelled	smelt, smelled
sow[2]	sowed	sown, sowed

Infinitivo	Pasado	Participio
speak	spoke	spoken
speed	sped, speeded	sped, speeded
spell	spelt, spelled	spelt, spelled
spend	spent	spent
spill	spilt, spilled	spilt, spilled
spin	spun	spun
spit	spat; (*esp USA*) spit	spat; (*esp USA*) spit
split	split	split
spoil	spoilt, spoiled	spoilt, spoiled
spread	spread	spread
spring	sprang	sprung
stand	stood	stood
steal	stole	stolen
stick[2]	stuck	stuck
sting	stung	stung
stink	stank, stunk	stunk
stride	strode	strode
strike	struck	struck
string	strung	strung
strive	strove	striven
swear	swore	sworn
sweep	swept	swept
swell	swelled	swollen, swelled
swim	swam	swum
swing	swung	swung
take	took	taken
teach	taught	taught
tear[2]	tore	torn
tell	told	told
think	thought	thought
throw[1]	threw	thrown
thrust	thrust	thrust
tread	trod	trodden, trod
wake	woke	woken
wear	wore	worn
weave	wove, weaved	woven, weaved
weep	wept	wept
win	won	won
wind[2]	wound	wound
wring	wrung	wrung
write	wrote	written

Apéndice 3

Nombres de persona

de mujer

Alice /ˈælɪs/
Alison /ˈælɪsn/
Amanda /əˈmændə/; Mandy /ˈmændi/
Angela /ˈændʒələ/
Ann, Anne /æn/
Barbara /ˈbɑːbrə/
Carol, Carole /ˈkærəl/
Caroline /ˈkærəlaɪn/
Catherine /ˈkæθrɪn/; Cathy /ˈkæθi/
Christine /ˈkrɪstiːn/; Chris /krɪs/
Clare, Claire /kleə(r)/
Deborah /ˈdebərə/; Debbie /ˈdebi/
Diana /daɪˈænə/
Elizabeth, Elisabeth /ɪˈlɪzəbəθ/; Liz /lɪz/
Emma /ˈemə/
Fiona /fiˈəʊnə/
Frances /ˈfrɑːnsɪs/; Fran /fræn/
Gillian /ˈdʒɪliən/; Gill /dʒɪl/
Helen /ˈhelən/
Jacqueline /ˈdʒækəlɪn/; Jackie /ˈdʒæki/
Jane /dʒeɪn/
Jennifer /ˈdʒenɪfə(r)/; Jenny /ˈdʒeni/
Joanna /dʒəʊˈænə/; Joanne /dʒəʊˈæn/; Jo /dʒəʊ/
Judith /ˈdʒuːdɪθ/
Julia /ˈdʒuːliə/; Julie /ˈdʒuːli/
Karen /ˈkærən/
Linda /ˈlɪndə/
Margaret /ˈmɑːgrət/; Maggie /ˈmægi/
Mary /ˈmeəri/
Michelle /mɪˈʃel/
Nicola /ˈnɪkələ/; Nicky /ˈnɪki/
Patricia /pəˈtrɪʃə/; Pat /pæt/
Penny /ˈpeni/
Rachel /ˈreɪtʃl/
Rebecca /rɪˈbekə/; Becky /ˈbeki/
Rose /rəʊz/; Rosie /ˈrəʊzi/
Sally /ˈsæli/
Sarah, Sara /ˈseərə/
Sharon /ˈʃærən/
Susan /ˈsuːzn/; Sue /suː/
Tracy, Tracey /ˈtreɪsi/
Victoria /vɪkˈtɔːriə/; Vicki /ˈvɪki/

de hombre

Alan, Allan, Allen /ˈælən/
Andrew /ˈændruː/; Andy /ˈændi/
Anthony /ˈæntəni/; Tony /ˈtəʊni/
Benjamin /ˈbendʒəmɪn/; Ben /ben/
Brian /ˈbraɪən/
Charles /tʃɑːlz/
Christopher /ˈkrɪstəfə(r)/; Chris /krɪs/
David /ˈdeɪvɪd/; Dave /deɪv/
Edward /ˈedwəd/; Ted /ted/
Francis /ˈfrɑːnsɪs/; Frank /fræŋk/
Geoffrey, Jeffrey /ˈdʒefri/; Geoff, Jeff /dʒef/
George /dʒɔːdʒ/
Graham, Grahame, Graeme /ˈgreɪəm/
Henry /ˈhenri/; Harry /ˈhæri/
Ian /ˈiːən/
James /dʒeɪmz/; Jim /dʒɪm/
Jeremy /ˈdʒerəmi/
John /dʒɒn/; Jack /dʒæk/
Jonathan /ˈdʒɒnəθən/; Jon /dʒɒn/
Joseph /ˈdʒəʊzɪf/; Joe /dʒəʊ/
Keith /kiːθ/
Kevin /ˈkevɪn/
Malcolm /ˈmælkəm/
Mark /mɑːk/
Martin /ˈmɑːtɪn/
Matthew /ˈmæθjuː/; Matt /mæt/
Michael /ˈmaɪkl/; Mike /maɪk/
Neil, Neal /niːl/
Nicholas /ˈnɪkələs/; Nick /nɪk/
Nigel /ˈnaɪdʒl/
Patrick /ˈpætrɪk/
Paul /pɔːl/
Peter /ˈpiːtə(r)/; Pete /piːt/
Philip /ˈfɪlɪp/; Phil /fɪl/
Richard /ˈrɪtʃəd/; Rick /rɪk/
Robert /ˈrɒbət/; Bob /bɒb/
Sean /ʃɔːn/
Simon /ˈsaɪmən/
Stephen, Steven /ˈstiːvn/; Steve /stiːv/
Thomas /ˈtɒməs/; Tom /tɒm/
Timothy /ˈtɪməθi/; Tim /tɪm/
William /ˈwɪljəm/; Bill /bɪl/

Apéndice 4
Nombres de lugar

Afghanistan /æf'gænɪstɑːn; *USA* -stæn/; Afghan /'æfgæn/, Afghani /æf'gɑːni/, Afghanistani /æfˌgænɪ'stɑːni; *USA* -'stæni/

Africa /'æfrɪkə/; African /'æfrɪkən/

Albania /æl'beɪniə/; Albanian /æl'beɪniən/

Algeria /æl'dʒɪəriə/; Algerian /æl'dʒɪəriən/

America ☛ (the) United States (of America)

America /ə'merɪkə/; American /ə'merɪkən/

Andorra /æn'dɔːrə/; Andorran /æn'dɔːrən/

Angola /æŋ'gəʊlə/; Angolan /æŋ'gəʊlən/

Antarctica /æn'tɑːktɪkə/; Antarctic

Antigua and Barbuda /ænˌtiːgə ən bɑː'bjuːdə/; Antiguan /æn'tiːgən/, Barbudan /bɑː'bjuːdən/

(**the**) **Arctic Ocean** /ˌɑːktɪk 'əʊʃn/; Arctic

Argentina /ˌɑːdʒən'tiːnə/, the Argentine /'ɑːdʒəntaɪn/; Argentinian /ˌɑːdʒən'tɪniən/, Argentine

Armenia /ɑː'miːniə/; Armenian /ɑː'miːniən/

Asia /'eɪʃə, 'eɪʒə/; Asian /'eɪʃn, 'eɪʒn/

Australia /ɒ'streɪliə, ɔː's-/; Australian /ɒ'streɪliən, ɔː's-/

Austria /'ɒstriə, 'ɔːs-/; Austrian /'ɒstriən, 'ɔːs-/

(**the**) **Bahamas** /bə'hɑːməz/; Bahamian /bə'heɪmiən/

Bangladesh /ˌbæŋglə'deʃ/; Bangladeshi /ˌbæŋglə'deʃi/

Barbados /bɑː'beɪdɒs/; Barbadian /bɑː'beɪdiən/

Belgium /'beldʒəm/; Belgian /'beldʒən/

Belize /bə'liːz/; Belizean /bə'liːziən/

Bolivia /bə'lɪviə/; Bolivian /bə'lɪviən/

Bosnia-Herzegovina /ˌbɒzniə ˌhɜːtsəgə'viːnə/; Bosnian /'bɒzniən/

Botswana /bɒt'swɑːnə/; Botswanan /bɒt'swɑːnən/, (*persona*: Motswana /mɒt'swɑːnə/, *gente*: Batswana /bæt'swɑːnə/)

Brazil /brə'zɪl/; Brazilian /brə'zɪliən/

Bulgaria /bʌl'geəriə/; Bulgarian /bʌl'geəriən/

Burundi /bʊ'rʊndi /; Burundian /bʊ'rʊndiən/

Cambodia /kæm'bəʊdiə/; Cambodian /kæm'bəʊdiən/

Cameroon /ˌkæmə'ruːn/; Cameroonian /ˌkæmə'ruːniən/

Canada /'kænədə/; Canadian /kə'neɪdiən/

Cape Verde Islands /ˌkeɪp 'vɜːd aɪləndz/; Cape Verdean /ˌkeɪp 'vɜːdiən/

(**the**) **Caribbean Sea** /ˌkærəˌbiːən 'siː/; Caribbean

Central African Republic /ˌsentrəl ˌæfrɪkən rɪ'pʌblɪk/

Chad /tʃæd/; Chadian /'tʃædiən/

Chile /'tʃɪli/; Chilean /'tʃɪliən/

China /'tʃaɪnə/; Chinese /ˌtʃaɪ'niːz/

Colombia /kə'lɒmbiə/; Colombian /kə'lɒmbiən/

Congo /'kɒŋgəʊ/ Congolese /ˌkɒŋgə'liːz/

(**the Democratic Republic of the**) **Congo** /'kɒŋgəʊ/

Costa Rica /ˌkɒstə 'riːkə/; Costa Rican /ˌkɒstə 'riːkən/

Côte d'Ivoire /ˌkəʊt diː'vwɑː/

Croatia /krəʊ'eɪʃə/; Croatian /krəʊ'eɪʃən/

Cuba /'kjuːbə/; Cuban /'kjuːbən/

Cyprus /'saɪprəs/; Cypriot /'sɪpriət/

(**the**) **Czech Republic** /ˌtʃek rɪ'pʌblɪk/; Czech /tʃek/

Denmark /'denmɑːk/; Danish /'deɪnɪʃ/, Dane /deɪn/

(**the**) **Dominican Republic** /dəˌmɪnɪkən rɪ'pʌblɪk/; Dominican /də'mɪnɪkən/

Ecuador /'ekwədɔː(r)/; Ecuadorian /ˌekwə'dɔːriən/

Egypt /'iːdʒɪpt/; Egyptian /i'dʒɪpʃn/

El Salvador /el 'sælvədɔː(r)/; Salvadorean /ˌsælvə'dɔːriən/

Equatorial Guinea /ˌekwəˌtɔːriəl 'gɪni/; Equatorial Guinean /ˌekwəˌtɔːriəl 'gɪniən/

Ethiopia /ˌiːθi'əʊpiə/; Ethiopian /ˌiːθi'əʊpiən/

Europe /'jʊərəp/; European /ˌjʊərə'piːən/

Fiji /ˌfiː'dʒiː; *USA* 'fiːdʒiː/; Fijian /ˌfiː'dʒiːən; *USA* 'fiːdʒiən/

Finland /'fɪnlənd/; Finnish /'fɪnɪʃ/, Finn /fɪn/

France /frɑːns; *USA* fræns/; French

/frentʃ/, Frenchman /ˈfrentʃmən/, Frenchwoman /ˈfrentʃwʊmən/

Gabon /gæˈbɒn; *USA* -ˈbəʊn/; Gabonese /ˌgæbəˈniːz/

The Gambia /ˈgæmbiə/; Gambian /ˈgæmbiən/

Germany /ˈdʒɜːməni/; German /ˈdʒɜːmən/

Ghana /ˈgɑːnə/; Ghanaian /gɑːˈneɪən/

Gibraltar /dʒɪˈbrɔːltə(r)/; Gibraltarian /ˌdʒɪbrɔːlˈteəriən/

Greece /griːs/; Greek /griːk/

Guatemala /ˌgwɑːtəˈmɑːlə/; Guatemalan /ˌgwɑːtəˈmɑːlən/

Guinea /ˈgɪni/; Guinean /ˈgɪniən/

Guinea-Bissau /ˌgɪni bɪˈsaʊ/

Guyana /gaɪˈænə/; Guyanese /ˌgaɪəˈniːz/

Haiti /ˈheɪti/; Haitian /ˈheɪʃn/

Holland /ˈhɒlənd/ ☛ (the) Netherlands

Honduras /hɒnˈdjʊərəs; *USA* -ˈdʊə-/; Honduran /hɒnˈdjʊərən; *USA* -ˈdʊə-/

Hungary /ˈhʌŋgəri/; Hungarian /hʌŋˈgeəriən/

Iceland /ˈaɪslənd/; Icelandic /aɪsˈlændɪk/

India /ˈɪndiə/; Indian /ˈɪndiən/

Indonesia /ˌɪndəˈniːziə; *USA* -ˈniːʒə/; Indonesian /ˌɪndəˈniːzɪən; *USA* -ʒn/

Iran /ɪˈrɑːn/; Iranian /ɪˈreɪniən/

Iraq /ɪˈrɑːk/; Iraqi /ɪˈrɑːki/

(**the Republic of**) **Ireland** /ˈaɪələnd/; Irish /ˈaɪrɪʃ/

Israel /ˈɪzreɪl/; Israeli /ɪzˈreɪli/

Italy /ˈɪtəli/; Italian /ɪˈtæliən/

Jamaica /dʒəˈmeɪkə/; Jamaican /dʒəˈmeɪkən/

Japan /dʒəˈpæn/; Japanese /ˌdʒæpəˈniːz/

Jordan /ˈdʒɔːdn/; Jordanian /dʒɔːˈdeɪnˈiən/

Kenya /ˈkenjə/; Kenyan /ˈkenjən/

Korea /kəˈriə/; North Korea, North Korean /ˌnɔːθ kəˈriən/; South Korea, South Korean /ˌsaʊθ kəˈriən/

Kuwait /kuˈweɪt/; Kuwaiti /kuˈweɪti/

Laos /laʊs/; Laotian /ˈlaʊʃn; *USA* leɪˈəʊʃn/

Lebanon /ˈlebənən; *USA* -nɒn/; Lebanese /ˌlebəˈniːz/

Libya /ˈlɪbiə/; Libyan /ˈlɪbiən/

Liechtenstein /ˈlɪktənstaɪn, lɪxt-/; Liechtenstein, Liechtensteiner /ˈlɪktənstaɪnə(r), ˈlɪxt-/

Luxembourg /ˈlʌksəmbɜːg/; Luxembourg, Luxembourger /ˈlʌksəmbɜːgə(r)/

Madagascar /ˌmædəˈgæskə(r)/; Madagascan /ˌmædəˈgæskən/, Malagasy /ˌmæləˈgæsi/

Malawi /məˈlɑːwi/; Malawian /məˈlɑːwiən/

Malaysia /məˈleɪziə; *USA* -ˈleɪʒə/; Malaysian /məˈleɪziən; *USA* -ˈleɪʒn/

Maldives /ˈmɔːldiːvz/; Maldivian /mɔːlˈdɪviən/

Mali /ˈmɑːli/; Malian /ˈmɑːliən/

Malta /ˈmɔːltə/; Maltese /ˌmɔːlˈtiːz/

Mauritania /ˌmɒrɪˈteɪniə; *USA* ˌmɔːr-/; Mauritanian /ˌmɒrɪˈteɪniən; *USA* ˌmɔːr-/

Mauritius /məˈrɪʃəs; *USA* mɔː-/; Mauritian /məˈrɪʃn; *USA* mɔː-/

Mexico /ˈmeksɪkəʊ/; Mexican /ˈmeksɪkən/

Monaco /ˈmɒnəkəʊ/; Monegasque /ˌmɒniˈgæsk/

Mongolia /mɒŋˈgəʊliə/; Mongolian /mɒŋˈgəʊliən/, Mongol /ˈmɒŋgl/

Montenegro /ˌmɒntəˈnegrəʊ/; Montenegrin /ˌmɒntəˈnegrɪn/

Montserrat /ˌmɒntsəˈræt/; Montserratian /ˌmɒntsəˈreɪʃn/

Morocco /məˈrɒkəʊ/; Moroccan /məˈrɒkən/

Mozambique /ˌməʊzæmˈbiːk/; Mozambican /ˌməʊzæmˈbiːkən/

Namibia /nəˈmɪbiə/; Namibian /nəˈmɪbiən/

Nepal /nɪˈpɔːl/; Nepalese /ˌnepəˈliːz/

(**the**) **Netherlands** /ˈneðələndz/; Dutch /dʌtʃ/, Dutchman /ˈdʌtʃmən/, Dutchwoman /ˈdʌtʃwʊmən/

New Zealand /ˌnjuː ˈziːlənd; *USA* ˌnuː-/; New Zealand, New Zealander /ˌnjuː ˈziːləndə(r); *USA* ˌnuː-/

Nicaragua /ˌnɪkəˈrægjuə; *USA* -ˈrɑːgwə/; Nicaraguan /ˌnɪkəˈrægjuən; *USA* -ˈrɑːgwən/

Niger /niːˈʒeə(r)/; Nigerien /niːˈʒeəriən/

Nigeria /naɪˈdʒɪəriə/ Nigerian /naɪˈdʒɪəriən/

Norway /ˈnɔːweɪ/; Norwegian /nɔːˈwiːdʒən/

Oman /əʊˈmɑːn/; Omani /əʊˈmɑːni/

Pakistan /ˌpaekɪˈstaen, ˌpɑːkɪ-, -ˈstɑːn/; Pakistani /ˌpaekɪˈstæni, ˌpɑːkɪ-, -ˈstɑːni/
Panama /ˈpænəmɑː/; Panamanian /ˌpænəˈmeɪniən/
Papua New Guinea /ˌpæpuə ˌnjuː ˈgɪni; *USA* -ˌnuː-/; Papuan /ˈpæpuən/
Paraguay /ˈpærəgwaɪ; *USA* -gweɪ/; Paraguayan /ˌpærəˈgwaɪən; *USA* -ˈgweɪən/
Peru /pəˈruː/; Peruvian /pəˈruːviən/
(the) **Philippines** /ˈfɪlɪpiːnz/; Philippine /ˈfɪlɪpiːn/, Filipino /ˌfɪlɪˈpiːnəʊ/
Poland /ˈpəʊlənd/; Polish /ˈpəʊlɪʃ/, Pole /pəʊl/
Portugal /ˈpɔːtʃʊgl/; Portuguese /ˌpɔːtʃuˈgiːz/
Romania /ruˈmeɪniə/; Romanian /ruˈmeɪniən/
Russia /ˈrʌʃə/; Russian /ˈrʌʃn/
Rwanda /ruˈændə/; Rwandan /ruˈændən/
San Marino /ˌsæn məˈriːnəʊ/; San Marinese /ˌsæn ˌmærɪˈniːz/
Sao Tomé and Principe /ˌsaʊ təˌmeɪ ən ˈprɪnsɪpeɪ/
Saudi Arabia /ˌsaʊdi əˈreɪbiə/; Saudi /ˈsaʊdi/, Saudi Arabian /ˌsaʊdi əˈreɪbiən/
Senegal /ˌsenɪˈgɔːl/; Senegalese /ˌsenɪgəˈliːz/
Serbia /ˌsɜːbiə/; Serbian /ˈsɜːbiən/
(the) **Seychelles** /seɪˈʃelz/; Seychellois /ˌseɪʃelˈwa/
Sierra Leone /siˌerə liˈəʊn/; Sierra Leonean /siˌerə liˈəʊniən/
Singapore /ˌsɪŋəˈpɔː(r), ˌsɪŋgə-; *USA* ˈsɪŋgəpɔːr/; Singaporean /ˌsɪŋəˈpɔːriən, ˌsɪŋgə-/
Slovakia /sləˈvaekiə, sləʊ-/; Slovak /ˈsləʊvæk/
(the) **Solomon Islands** /ˈsɒləmən aɪləndz/
Somalia /səˈmɑːliə/; Somali /səˈmɑːli/
(the Republic of) **South Africa** /ˌsaʊθ ˈæfrɪkə/; South African /ˌsaʊθ ˈæfrɪkən/
Spain /speɪn/; Spanish /ˈspænɪʃ/, Spaniard /ˈspænɪəd/
Sri Lanka /sri ˈlæŋkə; *USA* -ˈlɑːŋ-/; Sri Lankan /sri ˈlæŋkən; *USA* -ˈlɑːŋ-/
St Lucia /snt ˈluːʃə; *USA* seɪnt/
Sudan /suˈdɑːn; *USA* -ˈdæn/; Sudanese /ˌsuːdəˈniːz/
Surinam /ˌsʊərɪˈnæm/; Surinamese /ˌsʊərɪmæˈmiːz/
Swaziland /ˈswɑːzilænd/; Swazi /ˈswɑːzi/
Sweden /ˈswiːdn/; Swedish /ˈswiːdiʃ/, Swede /swiːd/
Switzerland /ˈswɪtsələnd/; Swiss /swɪs/
Syria /ˈsɪriə/; Syrian /ˈsɪriən/
Tanzania /ˌtænzəˈniːə/; Tanzanian /ˌtænzəˈniːən/
Thailand /ˈtaɪlænd/; Thai /taɪ/
Togo /ˈtəʊgəʊ/; Togolese /ˌtəʊgəˈliːz/
Trinidad and Tobago /ˌtrɪnɪdæd ən təˈbeɪgəʊ/; Trinidadian /ˌtrɪnɪˈdædiən/, Tobagan /təˈbeɪgən/, Tobagonian /ˌtəʊbəˈgəʊniən/
Tunisia /tjuˈnɪziə; *USA* tuˈniːʒə/; Tunisian /tjuˈnɪziən; *USA* tuˈniːʒn/
Turkey /ˈtɜːki/; Turkish /ˈtɜːkɪʃ/, Turk /tɜːk/
Uganda /juːˈgændə/; Ugandan /juːˈgændən/
United Arab Emirates /juˌnaɪtɪd ˌærəb ˈemɪrəts/
(the) **United States of America** /juˌnaɪtɪd ˌsteɪts əv əˈmerɪkə/; American /əˈmerɪkən/
Uruguay /ˈjʊərəgwaɪ/; Uruguayan /ˌjʊərəˈgwaɪən/
Vatican City /ˌvætɪkən ˈsɪti/
Venezuela /ˌvenəˈzweɪlə/; Venezuelan /ˌvenəˈzweɪlən/
Vietnam /ˌvjetˈnæm, ˌviːet-, -ˈnɑːm/; Vietnamese /ˌvjetnəˈmiːz, viːˌetnə-/
(the) **West Indies** /ˌwest ˈɪndiz/; West Indian /ˌwest ˈɪndiən/
Yemen Republic /ˌjemən rɪˈpʌblɪk/; Yemeni /ˈjeməni/
Zambia /ˈzæmbiə/; Zambian /ˈzæmbiən/
Zimbabwe /zɪmˈbɑːbwi/; Zimbabwean /zɪmˈbɑːbwiən/

Cómo construir el plural

Para construir el plural debemos añadir una ***-s*** final (p. ej. a *Haitian*, two *Haitians*), excepto en el caso de ***Swiss*** y de palabras terminadas en ***-ese*** (tales como *Japanese*), que son invariables. Las nacionalidades que terminan en ***-man*** o ***-woman*** pasan al plural en ***-men*** y ***-women***, p. ej. three *Frenchmen*.

Apéndice 5

Las Islas Británicas

Great Britain (**GB**) o **Britain** está formada por Inglaterra – **England** /ˈɪŋglənd/, Escocia – **Scotland** /ˈskɒtlənd/ y Gales – **Wales** /weɪlz/.

El estado político es oficialmente conocido como **the United Kingdom** (**of Great Britain and Northern Ireland**) (**UK**) e incluye Irlanda del Norte además de Gran Bretaña. Sin embargo muchas veces se usa el término **Great Britain** como sinónimo de **United Kingdom**.

Cuando hablamos de **the British Isles** nos referimos a la isla de Gran Bretaña y la isla de Irlanda /ˈaɪələnd/).

Ciudades principales de las Islas Británicas

Aberdeen /ˌæbəˈdiːn/
Bath /bɑːθ; *US* bæθ/
Belfast /ˌbelˈfɑːst/
Berwick-upon-Tweed /ˌberɪk əpɒn ˈtwiːd/
Birmingham /ˈbɜːmɪŋəm/
Blackpool /ˈblækpuːl/
Bournemouth /ˈbɔːnməθ/
Bradford /ˈbrædfəd/
Brighton /ˈbraɪtn/
Bristol /ˈbrɪstl/
Caernarfon /kəˈnɑːvn/
Cambridge /ˈkeɪmbrɪdʒ/
Canterbury /ˈkæntəbəri/
Cardiff /ˈkɑːdɪf/
Carlisle /kɑːˈlaɪl/
Chester /ˈtʃestə(r)/
Colchester /ˈkəʊltʃɪstə(r)/
Cork /kɔːk/
Coventry /ˈkɒvəntri/
Derby /ˈdɑːbi/
Douglas /ˈdʌgləs/
Dover /ˈdəʊvə(r)/
Dublin /ˈdʌblɪn/
Dundee /dʌnˈdiː/
Durham /ˈdʌrəm/
Eastbourne /ˈiːstbɔːn/
Edinburgh /ˈednbərə/
Ely /ˈiːli/
Exeter /ˈeksɪtə(r)/
Galway /ˈgɔːlweɪ/
Glasgow /ˈglɑːzgəʊ/
Gloucester /ˈglɒstə(r)/
Hastings /ˈheɪstɪŋz/
Hereford /ˈherɪfəd/
Holyhead /ˈhɒlihed/
Inverness /ˌɪnvəˈnes/
Ipswich /ˈɪpswɪtʃ/
Keswick /ˈkezɪk/
Kingston upon Hull /ˌkɪŋstən əpɒn ˈhʌl/
Leeds /liːdz/
Leicester /ˈlestə(r)/
Limerick /ˈlɪmərɪk/
Lincoln /ˈlɪŋkən/
Liverpool /ˈlɪvəpuːl/
London /ˈlʌndən/
Londonderry /ˈlʌndənderi/
Luton /ˈluːtn/
Manchester /ˈmæntʃɪstə(r)/
Middlesbrough /ˈmɪdlzbrə/
Newcastle upon Tyne /ˌnjuːkɑːsl əpɒn ˈtaɪn/
Norwich /ˈnɒrɪdʒ/
Nottingham /ˈnɒtɪŋəm/
Oxford /ˈɒksfəd/
Plymouth /ˈplɪməθ/
Poole /puːl/
Portsmouth /ˈpɔːtsməθ/
Ramsgate /ˈræmzgeɪt/
Reading /ˈredɪŋ/
Salisbury /ˈsɔːlzbəri/
Sheffield /ˈʃefiːld/
Shrewsbury /ˈʃrəʊzbəri/
Southampton /saʊˈθæmptən/
St. Andrews /snt ˈændruːz; *US* seɪnt/
Stirling /ˈstɜːlɪŋ/
Stoke-on-Trent /ˌstəʊk ɒn ˈtrent
Stratford-upon-Avon /ˌstrætfəd əpɒn ˈeɪvn/
Swansea /ˈswɒnzi/
Taunton /ˈtɔːntən/
Warwick /ˈwɒrɪk/
Worcester /ˈwʊstə(r)/
York /jɔːk/

Las Islas Británicas

Apéndice 6
División territorial de los EEUU

Los estados que configuran EEUU

Alabama /ˌæləˈbæmə/
Alaska /əˈlæskə/
Arizona /ˌærɪˈzəʊnə/
Arkansas /ˈɑːkənsɔː/
California /ˌkælɪˈfɔːniə/
Colorado /ˌkɒləˈrɑːdəʊ/
Connecticut /kəˈnetɪkət/
Delaware /ˈdeləweə(r)/
Florida /ˈflɒrɪdə/
Georgia /ˈdʒɔːdʒə/
Hawaii /həˈwaɪi/
Idaho /ˈaɪdəhəʊ/
Illinois /ˌɪlɪˈnɔɪ/
Indiana /ˌɪndɪˈænə/
Iowa /ˈaɪəwə/
Kansas /ˈkænzəs, ˈkænsəs/
Kentucky /kenˈtʌki/
Louisiana /luːˌiːzɪˈænə/
Maine /meɪn/
Maryland /ˈmeərilænd/
Massachusetts /ˌmæsəˈtʃuːsɪts/
Michigan /ˈmɪʃɪgən/
Minnesota /ˌmɪnɪˈsəʊtə/
Mississippi /ˌmɪsɪˈsɪpi/
Missouri /mɪˈzʊri/
Montana /mɒnˈtænə/
Nebraska /nəˈbræskə/
Nevada /nəˈvɑːdə/
New Hampshire /ˌnjuː ˈhæmpʃə(r)/
New Jersey /ˌnjuː ˈdʒɜːzi/
New Mexico /ˌnjuː ˈmeksɪkəʊ/
New York /ˌnjuː ˈjɔːk/
North Carolina /ˌnɔːθ kærəˈlaɪnə/
North Dakota /ˌnɔːθ dəˈkəʊtə/
Ohio /əʊˈhaɪəʊ/
Oklahoma /ˌəʊkləˈhəʊmə/
Oregon /ˈɒrɪgən/
Pennsylvania /ˌpensəlˈveɪniə/
Rhode Island /ˌrəʊd ˈaɪlənd/
South Carolina /ˌsaʊθ kærəˈlaɪnə/
South Dakota /ˌsaʊθ dəˈkəʊtə/
Tennessee /ˌtenəˈsiː/
Texas /ˈteksəs/
Utah /ˈjuːtɑː/
Vermont /vɜːˈmɒnt/
Virginia /vəˈdʒɪniə/
Washington /ˈwɒʃɪŋtən/
West Virginia /ˌwest vəˈdʒɪniə/
Wisconsin /wɪsˈkɒnsɪn/
Wyoming /waɪˈəʊmɪŋ/

Ciudades principales

Atlanta /ətˈlæntə/
Anchorage /ˈæŋkərɪdʒ/
Baltimore /ˈbɔːltɪmɔː(r)/
Boston /ˈbɒstən/
Chicago /ʃɪˈkɑːgəʊ/
Cincinnati /ˌsɪnsɪˈnæti/
Cleveland /ˈkliːvlənd/
Dallas /ˈdæləs/
Denver /ˈdenvə(r)/
Detroit /dɪˈtrɔɪt/
Honolulu /ˌhɒnəˈluːluː/
Houston /ˈhjuːstən/
Indianapolis /ˌɪndiəˈnæpəlɪs/
Kansas City /ˌkænzəs ˈsɪti/
Los Angeles /lɒs ˈændʒəliːz/
Miami /maɪˈæmi/
Milwaukee /mɪlˈwɔːki/
Minneapolis /ˌmɪniˈæpəlɪs/
New Orleans /ˌnjuː ɔːˈliːənz/
New York /ˌnjuː ˈjɔːk/
Philadelphia /ˌfɪləˈdelfiə/
Pittsburgh /ˈpɪtsbɜːg/
San Diego /ˌsæn diˈeɪgəʊ/
San Francisco /ˌsæn frənˈsɪskəʊ/
Seattle /siˈætl/
St. Louis /snt ˈluːɪs/
Washington D.C. /ˈwɒʃɪŋtən ˌdiː ˈsiː/

Los Estados Unidos de América y Canadá

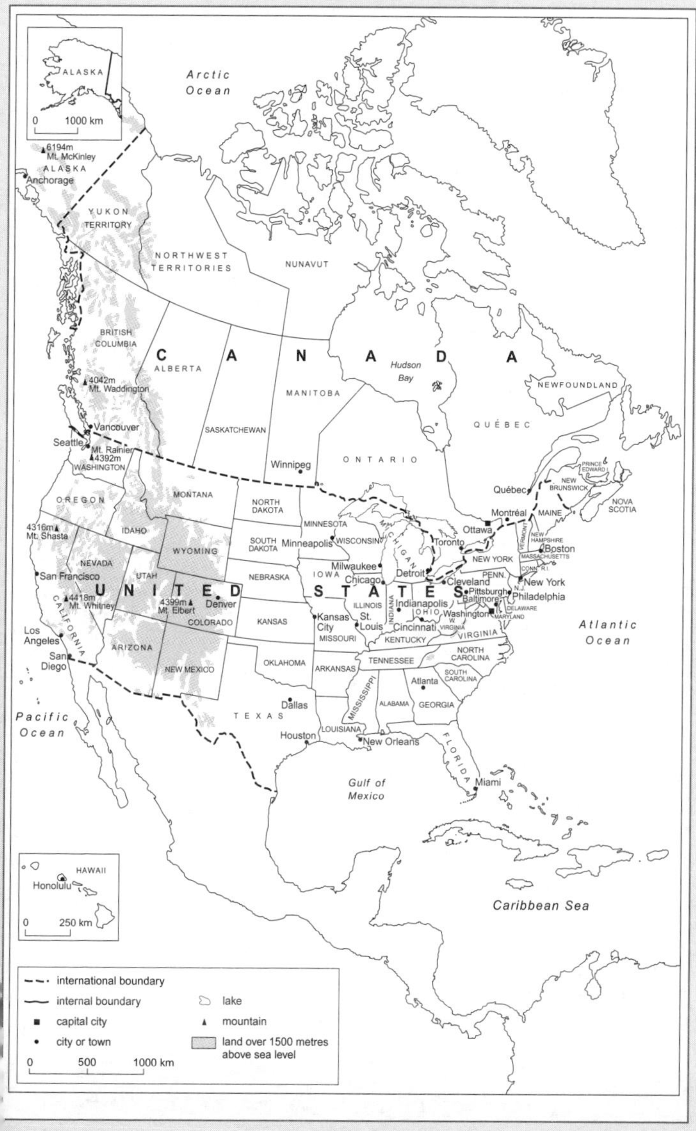